Gobernanza y gestión de áreas protegidas

Editores: Graeme L. Worboys, Michael Lockwood, Ashish Kothari, Sue Feary e Ian Pulsford

UICN (Unión Internacional para la Conservación de la Naturaleza)

La UICN ayuda al mundo a encontrar soluciones pragmáticas para nuestros desafíos más apremiantes relacionados con el ambiente y el desarrollo. La UICN no solo trabaja en temas de biodiversidad, cambio climático, energía y medios de subsistencia humanos; también ecologiza la economía mundial al apoyar la investigación científica, manejar proyectos de campo en todo el mundo y reunir a gobiernos, organizaciones no gubernamentales (ONG), a Naciones Unidas y empresas para desarrollar políticas, leyes y mejores prácticas. La UICN es la organización medioambiental mundial más grande y antigua del mundo, con más de mil doscientos miembros gubernamentales y ONG, y casi once mil expertos voluntarios en cerca de ciento sesenta países. El trabajo de la UICN cuenta con el respaldo de más de mil empleados en 45 oficinas y cientos de aliados en los sectores públicos, no gubernamentales y privados de todo el mundo.

www.iucn.org

Parques Nacionales Naturales de Colombia

Con el proceso de reestructuración del Estado en 2011, mediante Decreto No. 3572 de 2011 se creó Parques Nacionales Naturales de Colombia como una Unidad Administrativa Especial. La entidad esta encargada de la administración y manejo del Sistema de Parques Nacionales Naturales y la coordinación del Sistema Nacional de Áreas Protegidas.

www.parquesnacionales.gov.co

Servicio de Parques Nacionales de Estados Unidos

El Servicio de Parques Nacionales del Departamento del Interior de Estados Unidos preserva intactos los recursos naturales y culturales y los valores del sistema de parques nacionales para el disfrute, la educación y la inspiración de esta y las futuras generaciones. El Servicio de Parques coopera con los aliados para extender los beneficios de la conservación de los recursos naturales y culturales y la recreación al aire libre a lo largo de Estados Unidos y el mundo.

www.nps.gov

From Knowledge to Action for a Protected Planet

BIOPAMA

El Programa de Bioversidad y Manejo de Áreas Protegidas (BIOPAMA, por sus siglas en inglés), aspira a mejorar la conservación y el uso sostenible a largo plazo de los recursos naturales de los países de África, el Caribe y el Pacífico (ACP), en áreas protegidas y comunidades circundantes. Esta es una iniciativa del Grupo de Estados ACP financiada por el 11° Fondo Europeo para el Desarrollo (EDF, por sus siglas en inglés), y es implementado de manera conjunta por la Unión Internacional para la Conservación de la Naturaleza (UICN) y el Centro Común de Investigación de la Unión Europea (JRC, por sus siglas en inglés). Sobre la base de los primeros cinco años de actividades financiadas por el 10° EDF (2012-2017), la segunda fase de BIOPAMA provee herramientas para el manejo de datos e información, servicios para mejorar el conocimiento y la capacidad para la planificación y la toma de decisiones de las áreas protegidas y oportunidades de financiamiento para acciones específicas a nivel de sitio.

www.biopama.org

Esta publicación ha sido producida con el apoyo de los 10° y 11° EDF.

Implementado por:

Convenio sobre la Diversidad Biológica

El Convenio sobre la Diversidad Biológica (CDB), que entró en vigor en diciembre de 1993, es un tratado internacional para la conservación de la biodiversidad, el uso sostenible de sus componentes de la y la distribución equitativa de los beneficios derivados del uso de los recursos genéticos. Con 193 partes integrantes, el Convenio tiene una participación casi universal entre los países. El Convenio busca abordar todas las amenazas contra la biodiversidad y los servicios ecosistémicos mediante evaluaciones científicas; el desarrollo de herramientas, incentivos y procesos: la transferencia de tecnologías y buenas prácticas, y la participación plena y activa de las partes interesadas pertinentes, incluidas las comunidades indígenas y locales, los jóvenes, las ONG, las mujeres y la comunidad empresarial. La décima reunión de la Conferencia de las Partes en el CDB, celebrada en 2010, adoptó un Plan Estratégico para la Diversidad Biológica 2011-2020 revisado y actualizado, el cual comprende cinco objetivos estratégicos y veinte Metas de Aichi para la Diversidad Biológica. El Plan es el marco general de la diversidad biológica, no solo para los convenios relacionados con la biodiversidad, sino para todo el sistema de las Naciones Unidas.

www.cbd.int

CMVC - ONU Medio Ambiente

El Centro Mundial de Vigilancia de la Conservación de ONU Medio Ambiente (CMVC-ONU Medio Ambiente) es el centro especializado de evaluación de la biodiversidad de ONU Medio Ambiente, la organización ambiental intergubernamental más importante del mundo. El Centro funciona desde hace más de treinta años y combina la investigación científica con la asesoría práctica sobre políticas.

www.unep-wcmc.org

ANU Press

ANU Press, originalmente conocida como ANU E Press, se estableció en 2003 para explorar y habilitar nuevos modos de publicación académica. Al aprovechar las nuevas tecnologías de información y comunicación para poner a disposición la producción intelectual de la comunidad académica de la Universidad Nacional de Australia. ANU Press fue la primera editorial académica principalmente electrónica de Australia. La editorial opera desde hace más de diez años y juega un papel crucial en la producción académica de las universidades australianas. El enfoque principal de ANU Press es la producción electrónica de trabajos académicos.

press.anu.edu.au

Escuela Fenner de la Universidad Nacional de Australia

La Escuela Fenner de Sociedad y Ambiente de la Universidad Nacional de Australia es un destacado centro australiano de investigación, capacitación en investigación y educación sobre medio ambiente y sostenibilidad. Con personal, académicos PhD y programas de enseñanza que cubren una amplia gama de disciplinas de ciencias naturales y sociales, la Escuela cuenta con programas importantes en áreas como ecología de la conservación de la biodiversidad, gestión de los recursos hídricos, política ambiental, gestión de la tierra y adaptación al cambio climático.

fennerschool.anu.edu.au

Universidad El Bosque

Desde el enfoque biopsicosocial y cultural, en la Universidad El Bosque asumimos un compromiso con el país teniendo como imperativo supremo la promoción de la dignidad y de la persona humana en su integralidad.
Nos esforzamos al máximo para ofrecer condiciones propias para facilitar el desarrollo de los valores ético-morales, estéticos, históricos y tecnocientíficos enraizados en la cultura de vida, su calidad y su sentido.

www.uelbosque.edu.co

Universidad de Tasmania

La Universidad de Tasmania se encuentra entre el 2% de las mejores universidades del mundo, y tiene una creciente reputación como una de las principales instituciones de aprendizaje e investigación de Australia. La Universidad ofrece un currículo internacionalizado y un amplio acceso a una diversa gama de programas académicos, intercambios estudiantiles y experiencias de aprendizaje. La Universidad de Tasmania está comprometida con la creación y divulgación del conocimiento, con actividades de investigación y experticia reconocidas a nivel mundial. La Universidad desempeña un papel principal en la colaboración sobre aprendizaje e investigación en áreas protegidas que fomenta la excelencia en la gobernanza y gestión de áreas protegidas en las regiones de Asia-Pacífico y Oceanía.

www.utas.edu.au

Iniciativa de las Grandes Cordilleras del Este, Australia

La Iniciativa de las Grandes Cordilleras del Este es un proyecto de conservación de la conectividad que reúne a personas y organizaciones para proteger, conectar y restaurar hábitats saludables a lo largo de más de tres mil seiscientos kilómetros al este de Australia, desde el oeste de Victoria, atravesando Nueva Gales del Sur y el Territorio de la Capital Australiana, hasta el extremo norte de Queensland. Esta una respuesta visionaria, no solo para ayudar a conservar la biodiversidad del país, sino también para mitigar los impactos potenciales de las especies invasoras, el desmonte de tierras, el cambio climático y otros cambios ambientales. La Iniciativa se centra en las Grandes Cordilleras del Este, que incluyen una rica diversidad de plantas y animales, y ayudan a proteger las cuencas que proporcionan un recurso hídrico confiable y limpio para más de once millones de personas. Este es un proyecto de conservación de la conectividad de importancia mundial que involucra a cientos de organizaciones, comunidades locales y propietarios privados.

www.greateasternranges.org.au

Comisión Mundial de Áreas Protegidas (CMAP) de la UICN

La CMAP de la UICN es la principal red mundial de expertos en áreas protegidas. Está administrada por el Programa de Áreas Protegidas de la UICN y cuenta con más de mil cuatrocientos miembros en ciento cuarenta países. El trabajo de la CMAP de la UICN involucra ayudar a los gobiernos y a otros a planear las áreas protegidas e integrarlas en todos los sectores; ofrecer una asesoría estratégica a los responsables de formular las políticas; fortalecer la capacidad y la inversión en las áreas protegidas, y congregar al diverso grupo de partes interesadas de las áreas protegidas para abordar cuestiones desafiantes. Por más de cincuenta años, la UICN y la CMAP han estado a la vanguardia de la acción mundial sobre áreas protegidas.

www.iucn.org/wcpa

Gobernanza y gestión de áreas protegidas

Publicado originalmente por: ANU Press
The Australian National University
Título original: *Protected area governance and management*

Autores y colaboradores de la primera edición en inglés:
Graeme L. Worboys, Michael Lockwood, Ashish Kothari, Sue Feary e Ian Pulsford

De la primera edición en español:
Editorial Universidad El Bosque y ANU Press

Traducción al español: Gilbert Salas
Revisión de la traducción: Paula Bueno

Catalogación de la publicación en español por la Biblioteca Juan Roa Vázquez, Universidad El Bosque

333.78216 W67g
Worboys, Graeme L.
Gobernanza y gestión de áreas protegidas / Graeme L. Worboys, Michael Lockwood, Ashish Kothari, Sue Feary e Ian Pulsford -- Bogotá: Universidad El Bosque y ANU Press, 2019.
1040 páginas

ISBN: 978-958-739-132-9 (Impreso)
ISBN: 978-958-739-133-6 (ebook)

1. Protección del medio ambiente 2. Áreas protegidas - Administración 3. Conservación del medio ambiente I. Lockwood, Michael II. Kothari, Ashish III. Feary, Sue IV, Pulsford, Ian. Fuente. SCDD 23ª ed. - Universidad El Bosque. Biblioteca Juan Roa Vásquez (septiembre de 2018).

Esta edición fue editada por la Editorial Universidad El Bosque, unidad adjunta a la Vicerrectoría de Investigaciones de la Universidad El Bosque. Se produjo con el apoyo de la Unión Internacional para la Conservación de la Naturaleza (UICN); Parques Nacionales Naturales de Colombia, y The Australian National University, representada por la ANU Press. Esta publicación ha sido producida con el apoyo de los 10° y 11° Fondo Europeo de Desarrollo. El contenido de esta publicación es responsabilidad exclusiva de los autores y de ninguna manera puede tomarse como reflejo de las opiniones de las entidades ya mencionadas.

Esta edición fue posible en parte gracias a los fondos de la Sociedad Zoológica de Frankfurt, Patrimonio Natural Fondo para la Biodiversidad y Áreas Protegidas y la Universidad El Bosque.

Editada por la Editorial Universidad El Bosque
Av. Carrera 9ª nº 131 A - 02
Bogotá, D. C., Colombia
PBX: +57 (1) 648 9000, ext. 1395 - 1100
Correo electrónico: editorial@unbosque.edu.co
www.uelbosque.edu.co/editorial

Editor: Miller Alejandro Gallego Cataño
Editor asociado: Gustavo Silva Carrero
Corrección de estilo: Andrés Vélez Cuervo
Diseño y diagramación: Diana Ortiz y Daniel López

Vicerrectoría de Investigaciones
Facultad de Ciencias, Universidad El Bosque
Parques Nacionales Naturales de Colombia
Directora: Julia Miranda Londoño
UICN-WCPA

De la primera edición en inglés:

Publicado por ANU Press
The Australian National University
Acton ACT 2601, Australia
Correo electrónico: anupress@anu.edu.au
Este título también está disponible en línea en press.anu.edu.au

Autor: Worboys, Graeme, *author*, *editor*.
Título: *Protected area governance and management* / Graeme L. Worboys, Michael Lockwood, Ashish Kothari, Sue Feary *and* Ian Pulsford, *authors and editors*.

ISBN: 978-192-502-168-4 (edición en rústica)
ISBN: 978-192-502-169-1 (ebook)

Número de Dewey: 333.78216

Permisos relacionados con los derechos de autor:

Diseño de portada y composición por Teresa Prowse.
Ilustraciones de Ian Charles.
Cartografía por CMVC-ONU Medio Ambiente y US NPS.
Indexación por Jan Borrie.
Citación: G.L. Worboys, M. Lockwood, A. Kothari, S. Feary e I. Pulsford (eds.). (2015). *Protected Area Governance and Management*. Canberra: ANU Press.
Fotografía de la portada: Los picos de Thamserku y
Kangtega se elevan sobre el pueblo de Khumjung,
en el Parque Nacional Sagarmatha, Nepal.
Fuente: Ian Pulsford.

Contenido

Figuras

Tablas

Agradecimientos

El libro *Gobernanza y gestión de áreas protegidas* es un recurso gratuito y disponible electrónicamente para estudiantes y profesionales. Este se logró gracias a los enormes esfuerzos colectivos de muchos voluntarios y profesionales de todo el mundo: miembros de la Comisión Mundial de Áreas Protegidas (CMAP) de la Unión Internacional para la Conservación de la Naturaleza (UICN); otros miembros de la Comisión de la UICN; personal del Programa Global de Áreas Protegidas de la UICN; científicos e investigadores; profesionales y expertos en áreas protegidas; la experiencia profesional de cartógrafos y artistas gráficos, y los editores y el diseñador del equipo de producción de ANU Press. Aquí nosotros, los cinco editores del libro, agradecemos de manera particular por estos aportes.

Apoyo institucional

Comisión Mundial de Áreas Protegidas

En junio de 2010, en la reunión de la CMAP en Jasper, Canadá, Nik Lopoukhine, el presidente de la CMAP, apoyó el concepto del proyecto del libro. Luego, en abril de 2011, en la reunión del Comité Directivo de la CMAP en Gland, Suiza, este fue avalado como un proyecto oficial de la CMAP. En mayo de 2012, en Costa Rica, la CMAP desarrolló los refinamientos de los niveles de estructura, contenido y competencia a abordarse. Las contribuciones particulares en ese momento de Eduard Müller y David Reynolds ayudaron con el desarrollo del libro. Después de una considerable retroalimentación, en julio de 2012 se finalizó un plan para el desarrollo del libro y se inició el proceso de producción completo (voluntario). Muchos miembros del Comité Directivo de la CMAP asumieron las funciones de autores principales. En la reunión de Montenegro de la CMAP en abril de 2013 se completó un examen del progreso y se realizaron nuevos ajustes en la estructura del libro. Estos fueron avalados por el presidente de la CMAP, Ernesto Enkerlin, y la vicepresidenta, Kathy MacKinnon. Se agradece al Comité Directivo de la CMAP y a otros miembros de la CMAP por su aporte y apoyo al concepto del libro durante este período de desarrollo de cuatro años.

Programa Global de Áreas Protegidas

En especial, el Programa Global de Áreas Protegidas (Global Programme on Protected Areas, GPAP) de la UICN y el equipo del programa Biodiversidad y Gestión de Áreas Protegidas (Biodiversity and Protected Areas Management Programme, BIOPAMA) apoyaron este concepto del libro desde sus inicios. Los editores desean expresar su agradecimiento a Trevor Sandwith y a los equipos del GPAP y del BIOPAMA por su ayuda y apoyo. En particular, nos gustaría agradecer a Roxana Bucioaca, Nick Cox, Delwyn Dupuis, Deborah Murith, David Reynolds, Pedro Rosabal y Zsuzsa Toros.

Patrocinadores

Agradecemos a nuestros patrocinadores su compromiso y su apoyo financiero y en especie para este proyecto. En las páginas ii-iii damos nuestro reconocimiento a cada organización patrocinadora.

Consorcio de Territorios y Áreas Conservados por Pueblos Indígenas y Comunidades Locales

Los miembros del Consorcio de Territorios y Áreas Conservados por Pueblos Indígenas y Comunidades Locales fueron de gran ayuda para ubicar las fuentes de información y las personas que podrían brindar aportaciones al libro. Un agradecimiento colectivo se extiende al Consorcio.

Soporte de producción

Comité de dirección del libro

El desarrollo formativo del libro fue guiado por un Comité Directivo de la CMAP compuesto por Kathy MacKinnon (presidenta), David Reynolds, Eduard Müller, Dan Laffoley y Nigel Dudley. Su apoyo fue particularmente importante para dar forma a la estructura y el contenido del libro. En particular, se agradece la retroalimentación de Kathy sobre el libro conforme evolucionaba.

Autores de capítulos, estudios de caso y cuadros especiales

Este libro se fundamenta en la experiencia especial de nuestros autores, a quienes extendemos nuestro agradecimiento por sus contribuciones esenciales. Los autores de los cuadros brindaron una información técnica y conocimientos sobre temas especiales, y los autores de los estudios de casos ayudaron a dar vida al libro con ejemplos ilustrativos de todo el mundo. En cada capítulo se agradece a los autores y se ofrece un reconocimiento especial para otros que ayudaron con el desarrollo de este.

Fotógrafos

Cada fotografía publicada en este libro complementa el texto y tiene como objetivo proporcionar un mensaje educativo relacionado con las áreas protegidas. Extendemos nuestro sincero agradecimiento a los fotógrafos que proporcionaron imágenes para el libro.

Ilustrador

Agradecemos sinceramente a Ian Charles de Nature Tourism Services por su compromiso, apoyo y extenso trabajo en la producción de la mayoría de las figuras presentadas en este libro.

Mapas - Servicio de Parques Nacionales de Estados Unidos

El director del Servicio de Parques Nacionales de Estados Unidos (National Park Service, NPS), Jon Jarvis, se comprometió a apoyar el desarrollo de este libro y específicamente a patrocinar el desarrollo de muchos mapas. Este apoyo es muy apreciado. Los editores agradecen particularmente la facilitación brindada por David Reynolds a lo largo del desarrollo del libro. Muchos otros empleados del NPS ayudaron con su proceso de producción. Los editores desean agradecer en particular a Don Kodak, Stephen Morris, Thomas Patterson (cartógrafo principal) y Lori Simmons (cartógrafa).

Mapas y datos, ONU Medio Ambiente, Centro Mundial de Vigilancia de la Conservación

El Centro Mundial de Vigilancia de la Conservación de ONU Medio Ambiente, con sede en Cambridge (Reino Unido), además de desarrollar en colaboración mapas relacionados con la gestión de áreas protegidas, también realizó varios análisis de los datos en la Base de Datos Mundial sobre Áreas Protegidas y desarrolló figuras para el libro. Este trabajo, liderado por Naomi Kingston, es muy apreciado. A Naomi y su equipo, por su arduo trabajo y apoyo oportuno, nos gustaría expresar nuestros agradecimientos, en especial a Diego Juffe-Bignoli, Brian MacSharry y Yichuan Shi.

Otros trabajos de mapeo

Nuestro agradecimiento se extiende a Clinton Jenkins por el mapa de riqueza animal, del Capítulo 3, y a Bastian Bertzky por el trabajo realizado en la verificación y perfeccionamiento de los mapas preparados para dicho capítulo.

Sitio web

Linda McMillan, vicepresidenta adjunta de la CMAP (Conservación de la Conectividad y Montañas), desarrolló y mantuvo nuestro sitio web protectedareabook.org como una contribución voluntaria. Esta herramienta de comunicación fue de gran ayuda para las partes interesadas del libro y los editores a lo largo de su proceso de producción. Apreciamos la creatividad de Linda en el desarrollo del sitio y su constante trabajo de actualización.

Publicación y producción de ANU Press

Nuestro agradecimiento especial a Lorena Kanellopoulos y al personal y contratistas de ANU Press por su profesionalismo, dedicación y perseverancia. Quisiéramos agradecer sinceramente a David Gardiner, editor de información; Beth Battrick, asistente de redacción; Jan Borrie, corrector de estilo, y Teresa Prowse, diseñadora.

Escuela Fenner de la Universidad Nacional de Australia

La Escuela Fenner de Sociedad y Ambiente de la Universidad Nacional de Australia acogió al director del proyecto durante la producción del libro. Un agradecimiento especial se extiende al profesor Stephen Dovers y a Kevin Mahoney.

Pares revisores

Cada capítulo de este libro fue revisado por al menos una persona con experiencia relevante en el tema del mismo. Además, todo el manuscrito estuvo sujeto a una revisión doble ciego implementada por los profesores Brian Kennett y Mike Smithson de la Universidad Nacional de Australia. En un proceso supervisado por los editores, los autores recibieron y respondieron a las críticas y los comentarios constructivos ofrecidos en estas revisiones. Agradecemos sinceramente a estos revisores por su valioso tiempo y experiencia: Harry Biggs; Tom Brooks, UICN; Guy Castley, Universidad de Griffith; José Corrau, UICN; Don Driscoll, Universidad Nacional de Australia; Michael Dunlop, Organización de Investigaciones Científicas e Industriales de la Commonwealth; Stephen Dovers, Universidad Nacional de Australia; Penny Figgis, miembro de la Orden de Australia, vicepresidenta de la CMAP de la UICN, Oceanía; James Fitzsimons, The Nature Conservancy; Ghana Gurung, WWF Nepal; Dave Harmon, George Wright Forum; Graham Kelleher; Robyn Kruk; Nik Lopoukhine; Gregor Manson, Gobierno de Australia; Karen Markwort, Autoridad del Parque Marino de la Gran Barrera de Coral; Geoffroy Mauvais, UICN; Sue Moore, Universidad de Murdoch; Catherine Pickering, Universidad de Griffith; David Salt, Universidad Nacional de Australia; Peter Shadie, UICN; Dermot Smyth; André Sovinj, Universidad de Klagenfurt; Andy Spate; Sharon Sullivan, Universidad James Cook; Martin Taylor, WWF, y Peter Valentine, Universidad James Cook.

Los editores

GRAEME L. WORBOYS tiene 45 años de experiencia en la gestión de áreas protegidas, y es co-vicepresidente de Conservación de la Conectividad y Montañas, Comisión Mundial de Áreas Protegidas de la Unión Internacional para la Conservación de la Naturaleza (CMAP-UICN), director general de Jagumba Consulting Pty. Ltd. y becario adjunto en la Escuela Fenner, Universidad Nacional de Australia.

MICHAEL LOCKWOOD tiene 39 años de experiencia como profesional ambiental y académico, y es profesor asociado de geografía y ciencias espaciales, Escuela de Suelos y Alimentos, Universidad de Tasmania, Australia.

ASHISH KOTHARI ha trabajado y publicado sobre temas de conservación durante 39 años, es miembro fundador del grupo ambiental Kalpavriksh de India, ha trabajado como docente en el Instituto de Administración Pública de India, co-presidió el Grupo Temático y Dirección Estratégica de Gobernanza, Comunidades, Equidad y Derecho a la Subsistencia en Relación con las Áreas Protegidas de la Unión Internacional para la Conservación de la Naturaleza (UICN), y ayudó a fundar el Consorcio TICCA mundial.

SUE FEARY es arqueóloga y administradora de parques nacionales, con veintiocho años de experiencia en la gestión del patrimonio natural y cultural, y consultoría con aborígenes australianos.

IAN PULSFORD tiene 39 años de experiencia en gestión de áreas protegidas, es consultor independiente y miembro del tema sobre Conservación de la Conectividad y Montañas de la CMAP de la UICN, Australia.

Autores y editores del libro (de izquierda a derecha): Graeme L. Worboys, Michael Lockwood, Sue Feary, Ashish Kothari e Ian Pulsford

Fuente: Lorena Kanellopoulos

PREFACIO

Autor principal:
Trevor Sandwith

Autores de apoyo:
Kathy MacKinnon y Ernesto Enkerlin Hoeflich

IUCN WCPA WORLD COMMISSION ON PROTECTED AREAS Convention on Biological Diversity

AUTOR PRINCIPAL

TREVOR SANDWITH es director del Programa Global de Áreas Protegidas de la Unión Internacional para la Conservación de la Naturaleza (IUCN) y director general del Congreso Mundial de Parques de la UICN 2014.

AUTORES DE APOYO

KATHY MACKINNON es presidenta adjunta de la Comisión Mundial de Áreas Protegidas de la UICN.

ERNESTO ENKERLIN HOEFLICH es presidente de la Comisión Mundial de Áreas Protegidas de la UICN.

AGRADECIMIENTOS

Se agradece a Pedro Rosabal por revisar un borrador inicial del manuscrito.

CITACIÓN

Sandwith, T.S.; MacKinnon, K. y Enkerlin Hoeflich, E. (2019). Prefacio. En: G.L. Worboys, M. Lockwood, A. Kothari, S. Feary e I. Pulsford (eds.). *Gobernanza y gestión de áreas protegidas*, pp. xxi-xxvi. Bogotá: Editorial Universidad El Bosque y ANU Press.

FOTOGRAFÍA DE LA PÁGINA DEL TÍTULO

Dolomitas, área protegida y patrimonio mundial, Italia
Fuente: Graeme L. Worboys

Prefacio

Las más de doscientas mil áreas protegidas del mundo presentan numerosas formas, tanto en la tierra como en el mar, y se encuentran en todos los países (Bertzky *et al.,* 2012). Estas áreas son lugares que la gente establece para conservar el patrimonio natural y cultural, y para preservar los beneficios que ofrecen a la sociedad. Entre otros valores, las áreas protegidas permiten que las personas se conecten con la naturaleza para inspiración, educación, bienestar y recreación. Al tiempo que protegen los ecosistemas que son esenciales para la vida, estas áreas pueden sustentar los medios de vida y las aspiraciones humanas, y ofrecer soluciones basadas en la naturaleza para los complejos desafíos que enfrenta el mundo de hoy. Los sistemas contemporáneos de áreas protegidas incluyen una gran variedad de áreas establecidas a lo largo de generaciones por diversos actores y para muchos propósitos, aunque tienen algunas características muy importantes en común, independientemente de su origen o dirección. La definición de área protegida de la Unión Internacional para la Conservación de la Naturaleza (UICN) crea un marco común para comprender la esencia de la gobernanza y los regímenes de gestión que se encuentran en el corazón de cada área protegida como un "espacio geográfico claramente definido, reconocido, dedicado y gestionado, mediante medios legales u otros tipos de medios eficaces para conseguir la conservación a largo plazo de la naturaleza, de sus servicios ecosistémicos y sus valores culturales asociados" (Dudley, 2008, p. 8).

Las áreas protegidas son las piedras angulares de la conservación de la biodiversidad. En reconocimiento de este papel, el Convenio sobre la Diversidad Biológica (CDB) adoptó un Programa de Trabajo sobre Áreas Protegidas (PTAP), el cual incluye las recomendaciones del Congreso Mundial de Parques de la UICN de 2003 (CBD, 2004; IUCN, 2005). Posteriormente, el CDB adoptó el Plan Estratégico para la Diversidad Biológica 2011-2020, con veinte Metas de Aichi (CDB, 2011), muchas de las cuales dependen de la implementación exitosa de los sistemas y sitios de áreas protegidas. En particular, la Meta 11 sobre Áreas Protegidas requiere que:

> Para 2020, al menos el 17% de las zonas terrestres y de aguas continentales y el 10% de las zonas marinas y costeras, especialmente aquellas de particular importancia para la diversidad biológica y los servicios ecosistémicos, se conserven por medio de sistemas de áreas protegidas administrados de manera eficaz y equitativa, ecológicamente representativos y bien conectados, y otras medidas de conservación

Iguana marina (*Amblyrhynchus cristatus*), Parque Nacional Galápagos, patrimonio mundial

Fuente: Graeme L. Worboys

> eficaces basadas en áreas, y están integradas en los paisajes terrestres y marinos más amplios. (CBD, 2012)

Alcanzar la Meta 11 también contribuirá al logro de muchas de las otras Metas de Aichi, pero requiere una inversión mucho mayor en el desarrollo de capacidades para la implementación, ya que estas metas enfatizan la calidad sobre la cantidad y una mayor integración al interior de los ámbitos de la planeación de la conservación y del desarrollo. Las decisiones del CDB requieren que la UICN, su Comisión Mundial de Áreas Protegidas (CMAP) y otras organizaciones brinden una orientación específica a las partes sobre cómo implementar estos objetivos, muchos de los cuales no se comprenden bien. Este libro es una de las contribuciones al desarrollo de capacidades entre los profesionales de la conservación para una mejor planeación, gestión y gobernanza de los sitios y sistemas de áreas protegidas. Este libro se basa en la amplia experiencia de la UICN en la producción de guías diseñadas para fortalecer la gestión de áreas protegidas (MacKinnon *et al.,* 1986; IUCN, 2005; Lockwood *et al.,* 2006), incluida la Serie de Guías de Buenas Prácticas de la CMAP de la UICN. Una característica clave de este libro es que promueve una mejor gobernanza de las áreas protegidas y, por lo tanto, impulsa una gestión más eficaz que logre los resultados deseados. En algunos países, todas las áreas que cumplen con la definición de la UICN se consideran parte del sistema nacional de áreas protegidas; en otros, algunas formas de áreas protegidas o conservadas, en particular las establecidas por actores no estatales, aún no gozan de pleno reconocimiento (Borrini-Feyerabend *et al.,* 2013). No obstante, la UICN mantiene una definición amplia e incluyente, y promueve el reconocimiento apropiado de todas las formas de áreas protegidas, no importa la manera en que estén establecidas,

Dave Whitfield, un guardaparques del Parque Nacional Namadgi, territorio de la capital australiana, Alpes Australianos

Fuente: Graeme L. Worboys

gobernadas o administradas, lo que permite también el reconocimiento de una variedad de "otras medidas efectivas de conservación basadas en áreas". Lograr una gestión más efectiva y equitativa requiere la capacidad adecuada de todas las instituciones y personas involucradas. Este tomo proporciona un recurso accesible y valioso para apuntalar los esfuerzos futuros para el desarrollo de capacidades.

El desarrollo de capacidades es una empresa compleja que implica el fortalecimiento individual e institucional para apoyar una mejor implementación y desempeño. En su esencia, el aprendizaje, la educación y la capacitación abarcan una complejidad de enfoques que pueden contribuir a las competencias individuales e institucionales para lograr los resultados deseados. En la educación formal e informal, esto puede implicar que se determinen los niveles de competencia y los conocimientos y las habilidades que las instituciones y personas necesitan para gobernar y administrar las áreas protegidas. En entornos más formales, esto incluye a los administradores senior que tengan la responsabilidad general de las redes de áreas protegidas, los administradores de áreas protegidas que sean responsables de los sitios y aquellos que se encarguen de las diversas funciones administrativas cotidianas, es decir, los guardaparques en campo, el personal y las comunidades involucradas en los sitios de áreas protegidas. Para que el manejo sea efectivo, todos estos actores deben ser habilitados por una comunidad competente o instituciones públicas que incluyan toda la gama de participantes que conjuntamente puedan manejar complejos programas operacionales para la conservación y el desarrollo sostenible.

Si se tiene el propósito de mejorar deliberadamente la capacidad de una manera responsable, lo primero es que se establezcan y apliquen estándares de competencia y calificaciones acreditadas para los profesionales de áreas protegidas. En segundo lugar, una vez que se establezcan las competencias para el desempeño efectivo, se requiere un amplio espectro de métodos de aprendizaje, tanto formales como informales, para preparar a las personas en su papel como profesionales en este campo. Tales métodos pueden incluir programas de aprendizaje presenciales o a distancia, ya sea en escuelas, centros de formación técnica o en universidades, que conduzcan a títulos, diplomas y certificados, y que puedan incorporar un aprendizaje experiencial a través de pasantías, asignaciones y otras aplicaciones basadas en el trabajo en campo. Las metodologías de capacitación y educación informal incluyen una gama incluso más diversa de capacitación en el servicio, aprendizaje orientado, pasantías, intercambios entre pares, autoaprendizaje o simplemente aprender al practicar. Los métodos de aprendizaje varían según las competencias. Por ejemplo, la captura y cuidado de animales silvestres requiere un ambiente de aprendizaje muy diferente en comparación con el diseño de un plan de negocios efectivo, y ambos son necesarios para la implementación de una política de translocación que mantenga la diversidad genética en el manejo de la vida silvestre. La complejidad de las habilidades interdisciplinarias necesarias para estas funciones exige mucho más que el programa de capacitación promedio, y el proceso de aprendizaje debe ser llevado a cabo por personas que no solo sean técnicamente competentes, sino también que puedan facilitar la educación y la capacitación de adultos, una profesión exigente y que requiere de habilidades.

Finalmente, aparte de la disponibilidad, disposición y motivación de las personas involucradas en el proceso de desarrollo de capacidades, está toda la cuestión de los recursos disponibles para respaldar los procesos descritos anteriormente. Esto incluye no solo los recursos físicos del espacio y las instalaciones, el tiempo requerido para el aprendizaje, la disponibilidad de educadores, capacitadores y mentores calificados, la existencia de instituciones preparadas para invertir en el desarrollo de habilidades profesionales, y los recursos financieros para apoyar el proceso, sino también los recursos intelectuales de aprendizaje que apoyarán el estudio y el aprendizaje. Por suerte, el mundo de las áreas protegidas y las personas involucradas en ellas han estado dispuestos a prestar su experiencia para el desarrollo de dichos recursos.

La UICN y la CMAP tienen el compromiso a largo plazo de fortalecer la gestión y gobernanza de las áreas protegidas y proporcionar los recursos, las guías de mejores prácticas y la capacitación para fortalecer la gestión de áreas protegidas.

Estudiantes de gestión de áreas protegidas, Parque Nacional Tasman, Tasmania, Australia
Fuente: Graeme L. Worboys

Muchos de estos esfuerzos se derivaron de las experiencias adquiridas en campo e involucraron la red más amplia de profesionales de la conservación de la CMAP mientras aplicaban su experiencia para la resolución de problemas que la práctica enfrenta. Los grupos operativos y los grupos de especialistas voluntarios de la CMAP han desempeñado un papel clave en el desarrollo de materiales de mejores prácticas y en la expansión de redes y habilidades profesionales para las áreas protegidas a nivel mundial. Muchos han contribuido activamente a este tomo. El valor de estas iniciativas ha sido reconocido por las Partes en el CDB, que han exhortado a la UICN, y específicamente a la CMAP y a otras organizaciones internacionales, a desarrollar más guías sobre temas nuevos y emergentes relacionados con la gestión y manejo de áreas protegidas.

Si bien aún existen desafíos importantes para garantizar que la gobernanza y la gestión competentes de las áreas protegidas cumplan sus objetivos, los profesionales de las áreas protegidas también deben responder cada vez más a las nuevas demandas y desafíos, y su trabajo es cada vez más complejo. La justificación para el establecimiento de áreas protegidas incluye el mantenimiento de las funciones y el valor de los ecosistemas naturales para abordar, entre otros objetivos, las preocupaciones y necesidades de la sociedad humana. En lugar de ser "dejadas aparte", estas áreas son un uso legítimo y sabio de los recursos de la tierra y el agua que proporcionarán un valor a la sociedad, tanto ahora como en el futuro. Estas funciones de soporte vital y de servicios ecosistémicos serán cada vez más valiosas a medida que los ecosistemas en el paisaje de producción se vean comprometidos por la extracción excesiva, la pérdida del hábitat y la degradación. Cada vez es más evidente que muchas áreas protegidas no solo proporcionan servicios ecosistémicos esenciales, sino que también pueden aportar soluciones naturales a los desafíos ambientales más críticos (Lopoukhine *et al.*, 2012).

Esta situación presenta dos grandes brechas en el conocimiento, la comprensión y la práctica. Por un lado, los administradores de áreas protegidas deben hacer frente a las crecientes presiones sobre los sistemas de áreas protegidas. Por ejemplo, en las escalas de sistema y sitio, tienen que lidiar con el impacto de un clima cambiante y la manera en que este afecta la distribución y viabilidad de las poblaciones silvestres en entornos cambiantes, o la manera en que el cambio de comportamiento de las especies exóticas invasoras afecta la integridad de los ecosistemas naturales conservados. Por otro lado, los sistemas de áreas protegidas también pueden ser parte de la solución a los nuevos desafíos que enfrenta la sociedad, como el aumento del nivel del mar y las tormentas que afectan las costas e islas, o la mayor incidencia y severidad de los incendios debido a los cambios climáticos estacionales. Los directores y administradores de estas áreas necesitan conocimientos y habilidades, no solo para manejar y mitigar los impactos sobre las áreas protegidas, sino también para colaborar con otros sectores de la sociedad interesados en encontrar soluciones a temas como el cambio climático global y la salud y el bienestar humano, con un abordaje de la seguridad alimentaria y del agua, y la gestión para la reducción del riesgo de desastres.

Para hacer esto, tiene que mejorarse la capacidad de los profesionales de áreas protegidas para planear, gobernar y gestionar en entornos de múltiples agencias y múltiples partes interesadas. Se requieren diversas habilidades y recursos para abordar la implementación de la gobernanza, manejo y gestión de áreas protegidas, con un trabajo conjunto con los planes de acción y estrategias nacionales sobre biodiversidad, con las agencias responsables de la agricultura y los asuntos hídricos, con la industria del ocio y la promoción de la salud, o con sectores de seguros involucrados con la recuperación de desastres. Entonces, aunque este libro se refiere a estas demandas y comienza a preparar a la comunidad de áreas protegidas para lidiar con ellas, sigue siendo un gran desafío identificar este conjunto más amplio de competencias y desarrollar el plan de estudios, los procesos de aprendizaje y los recursos para abordar estas nuevas demandas.

Este libro se preparó como una contribución al Congreso Mundial de Parques de la UICN de Sídney en 2014. La comunidad mundial se encuentra en la interfaz de garantizar la calidad de la gobernanza y gestión de áreas protegidas, junto con la forma en que los sistemas de áreas protegidas gobernados equitativamente y gestionados

Los arroyos limpios y claros alimentados por glaciares del Gran Parque Nacional del Himalaya, Himachal Pradesh, India, proporcionan un recurso hídrico vital para las comunidades aguas abajo
Fuente: Graeme L. Worboys

efectivamente pueden ayudar a la sociedad a enfrentar los desafíos actuales y futuros. Los recursos que respaldan el desarrollo de capacidades son un componente crucial de la cadena de valor para permitir que profesionales competentes e instituciones efectivas alcancen resultados satisfactorios. Esperamos que este recurso de aprendizaje sea una excelente base para la principal empresa en el desarrollo de capacidades que debe seguir, el cual fue uno de los resultados importantes del Congreso Mundial de Parques de la UICN que contribuye a "La promesa de Sídney".

Referencias

Bertzky, B.; Corrigan, C.; Kemsey, J.; Kenney, S.; Ravilious, C.; Besançon, C. y Burgess, N. (2012). *Protected Planet Report 2012: Tracking progress towards global targets for protected areas.* Gland: IUCN y Cambridge: UNEP-WCMC.

Borrini-Feyerabend, G.; Dudley, N.; Jaeger, T.; Lassen, B.; Pathak Broome, N.; Phillips, A. y Sandwith, T. (2013). *Governance of Protected Areas: From understanding to action, Best Practice Protected Area Guidelines Series No. 20.* Gland: IUCN.

Convention on Biological Diversity (CBD). (2004). Conference of the Parties Decision VII/28, para. 8. Recuperado de: www.cbd.int/convention/results/?id=7765yl0=PA

(2011). Strategic Plan for Biodiversity 2011-2020 and the Aichi Targets, Secretariat of the Convention on Biological Diversity, Montreal. Recuperado de: www.cbd.int/doc/strategic-plan/2011-2020/Aichi-Targets-EN.pdf

(2012). Conference of the Parties Decision XI/24, para. 7. Recuperado de: www.cbd.int/doc/decisions/cop-11/cop-11-dec- 24-en.pdf

Dudley, N. (ed.). (2008). *Guidelines for Applying Protected Area Management Categories.* Gland: IUCN.

International Union for Conservation of Nature (IUCN). (2005). *Benefits beyond Boundaries: Proceedings of the Vth IUCN World Parks Congress.* Gland: IUCN.

Lockwood, M.; Worboys, G.L. y Kothari, A. (eds.). (2006). *Managing Protected Areas: A global guide.* Londres: Earthscan.

Lopoukhine, N.; Crawhall, N.; Dudley, N.; Figgis, P.; Karibuhoye, C.; Laffoley, D.; Miranda Londoño, J.; MacKinnon, K. y Sandwith, T. (2012). Protected areas: providing natural solutions to 21st century challenges. *S.A.P.I.E.N.S.*, 5(2). Recuperado de: sapiens.revues.org/1254

MacKinnon, J.; MacKinnon, K.; Child, G. y Thorsell, J. (1986). Managing Protected Areas in the Tropics, Gland: IUCN.

CAPÍTULO 1

INTRODUCCIÓN

Autor principal:
Graeme L. Worboys

AUTOR PRINCIPAL

GRAEME L. WORBOYS es co-vicepresidente de Conservación de la Conectividad y Montañas de la Comisión Mundial de Áreas Protegidas de la Unión Internacional para la Conservación de la Naturaleza, y becario adjunto en la Escuela Fenner, Universidad Nacional de Australia.

AGRADECIMIENTOS

Se agradece a Sue Feary, Ian Pulsford, Ashish Kothari y Michael Lockwood por revisar una versión preliminar de este capítulo.

CITACIÓN

Worboys, G.L. (2019). Introducción. En G.L. Worboys, M. Lockwood, A. Kothari, S. Feary y I. Pulsford (eds.). *Gobernanza y gestión de áreas protegidas,* pp. 1-8. Bogotá: Editorial Universidad El Bosque y ANU Press.

FOTOGRAFÍA DE LA PÁGINA DEL TÍTULO

Dorset y East Devon Coast, sitio patrimonio mundial, Reino Unido. Los acantilados y el litoral de este sitio patrimonio mundial conservan rasgos geológicos y geomorfológicos de valor universal excepcional que incluyen afloramientos ricos en fósiles de 185 millones de años, de la historia de la Tierra, correspondientes al Triásico, el Jurásico y el Cretácico.

Fuente: Graeme L. Worboys

Introducción

Las áreas protegidas se refieren a zonas terrestres y marinas de gran importancia, no solo para la vida y un medio ambiente sano en la Tierra, sino también para la protección del patrimonio y los beneficios directos e indirectos que brindan a la mayoría de los pueblos en el planeta. Dichas zonas son destinos inspiradores y transformadores para millones de personas en todo el mundo cada año. Estas se han establecido en el 3,4% del área marina y en más del 15,4% de la superficie terrestre (fuera de la Antártida) (IUCN y UNEP-WCMC, 2014), y reciben el apoyo de 193 partes (naciones) del Convenio sobre la Diversidad Biológica (CDB) y de otras naciones. Las áreas protegidas, efectivamente manejadas, conservan la biodiversidad, son esenciales para conservar la naturaleza silvestre, ayudan a mantener los servicios ecosistémicos (como agua limpia y aire puro), y son una importante solución natural ante el cambio climático. Además, son de gran importancia social y cultural, y ayudan a conservar el rico patrimonio cultural y las historias de muchos pueblos. Este libro trata sobre la gobernanza, la gestión y el manejo efectivos de estas importantes áreas.

La conservación del patrimonio natural y cultural de las áreas protegidas es una responsabilidad intergeneracional. Las tierras y mares protegidos son gestionados para ser "naturales por siempre" y la responsabilidad es transmitir a la siguiente generación la naturalidad continua de las áreas protegidas. Es en estas áreas donde los procesos evolutivos naturales y la naturaleza dinámica permanecen con un mínimo de interferencia humana, donde se conservan los valores naturales y se responde a las amenazas no naturales. Esta es una responsabilidad moldeada por un contexto más amplio de cambio climático. Se trata de un contexto social orientado por las necesidades esenciales de bienestar de los ambientes sanos en la Tierra, mientras que la protección del patrimonio cultural de las áreas protegidas, a menudo rico, es una responsabilidad paralela e importante.

Tanto la gobernanza como la administración de las áreas protegidas deben ser eficaces. Las personas con responsabilidades de manejo de áreas protegidas, ya sea que pertenezcan a comunidades indígenas, organizaciones privadas o áreas protegidas administradas por el Gobierno, deben ser competentes para llevar a cabo su trabajo. Estas personas tienen una responsabilidad de gestión respecto al cuidado de las tierras y los mares en nombre de las generaciones futuras, así como un papel de custodios, ya que sus decisiones de gobernanza y manejo pueden significar la diferencia entre la presencia y la ausencia de hábitats o incluso la vida y la muerte de las especies.

Guardaparques patrullando un área protegida, montañas Altái, Rusia
Fuente: Graeme L. Worboys

La vida en la Tierra es preciosa. Una especie en riesgo puede haber habitado la Tierra durante millones de años y haber cohabitado con los humanos durante los últimos cien mil. Es posible que no exista margen de error para las decisiones críticas en las áreas protegidas, y los administradores de las mismas, ya sean comunitarias o privadas, al igual que el personal del organismo de áreas protegidas (desde los oficiales de campo hasta el director ejecutivo), deben saber lo que están haciendo, estar informados y ser competentes.

El objetivo principal de este libro de compendio de la Unión Internacional para la Conservación de la Naturaleza (UICN), que trata sobre la gobernanza, la gestión y el manejo de áreas protegidas, es brindar una información altamente accesible y pertinente para apoyar decisiones de manejo que sean competentes, efectivas y profesionales respecto a las áreas protegidas (ver Cuadro 1.1). Este libro también ayudará a muchos actores de las áreas protegidas, al igual que a los investigadores y a las personas interesadas, pero es especialmente una inversión en el desarrollo profesional de los actuales y futuros administradores de áreas protegidas. Es importante destacar que cuando en este libro hablamos de "administradores de áreas protegidas" nos referimos específicamente a las personas que trabajan activamente en las áreas

Cuadro 1.1 Nota de los editores

Este libro trata sobre la gobernanza y el manejo de áreas protegidas, y presenta no solo un compendio de textos originales, estudios de caso y ejemplos de todo el mundo; también se basa en la literatura, el conocimiento y la experiencia de aquellos involucrados en áreas protegidas. El libro puede utilizarse como texto de referencia para profesionales y practicantes en el campo de las áreas protegidas (incluidas las comunidades locales), en la enseñanza de estudiantes, para informar a los hacedores de política, y para una educación pública más amplia. Asimismo, pretende ser una inversión en las habilidades y competencias de las personas y, en consecuencia, en la gobernanza y la gestión eficaces de las áreas protegidas de las que son responsables, ahora y en el futuro.

El libro sintetiza el conocimiento actual y el pensamiento de vanguardia de las diversas ramas de la práctica y el aprendizaje relevantes para la gobernanza, la gestión y el manejo de áreas protegidas. Cada uno de los veintinueve capítulos del libro explora un componente específico de la gobernanza y el manejo de áreas protegidas, desde el pragmatismo de las operaciones de manejo hasta las sutilezas y matices alrededor del papel de las áreas protegidas en la justicia social y la mitigación de la pobreza. Aunque cada capítulo se presenta como un recurso independiente, cada componente de la administración y la gobernanza de un área protegida afecta a otros –al igual que con los ecosistemas que las áreas protegidas pretenden conservar, todo está conectado–.

El éxito global del concepto de áreas protegidas reside en su visión compartida de proteger el patrimonio natural y cultural a largo plazo, y organizaciones como la Unión Internacional para la Conservación de la Naturaleza son una fuerza unificadora a este respecto. No obstante, las áreas protegidas son un fenómeno sociopolítico, y las maneras en que las naciones las comprenden, gobiernan y gestionan están siempre abiertas a la disputa y al debate. Hay diferentes puntos de vista sobre las áreas protegidas y su papel en la protección y conservación de las características naturales y los valores culturales. Esto es saludable y asegura que las áreas protegidas evolucionen continuamente como un concepto y mejoren en la manera como se gobiernan y gestionan.

Este libro no discute si las áreas protegidas son buenas o no; partimos simplemente de la posición de que estas áreas existen. Tampoco intentamos armonizar la información de los capítulos ni presentar una sola posición intelectual. De hecho, aunque parte del contenido del libro no siempre refleje las opiniones de algunos o de todos los editores, o de la UICN, estas se han incluido ya que representan puntos de vista legítimos que beneficiarán la comprensión de los lectores sobre temas clave.

Un enfoque no armonizado también significa que hay variaciones en la manera en que se han utilizado algunos términos, como "paisaje". También se presentan diferencias entre los capítulos sobre asuntos genéricos como la gobernanza, ya que esto refleja la experiencia y la experticia de los autores del capítulo. Por ejemplo, varios capítulos fueron escritos principalmente con grandes organizaciones en mente, incluidos gobiernos, organizaciones no gubernamentales (ONG) y entidades privadas. Algunos se escribieron desde una perspectiva científica de Occidente, mientras que otros hacen referencia a enfoques que se basan más en la comunidad y que emplean el conocimiento o estructuras de gobernanza tradicionales o locales. Esto se suma a la riqueza de este libro y asegura su amplia aplicación y uso para todas las formas de gobernanza y manejo de áreas protegidas.

Este libro pretende iluminar, educar y sobre todo desafiar a los lectores a pensar profundamente acerca de las áreas protegidas –su futuro y su pasado, al igual que su presente–. Esperamos que los lectores disfruten y se beneficien de la gama de información profesional y experiencial que se presenta. También esperamos que se sientan inspirados para contribuir con el futuro de una de las grandes inversiones intergeneracionales de la humanidad; la de las áreas protegidas.

protegidas en una variedad de tipos de gobernanza, incluidos los Territorios y Áreas Conservados por Pueblos Indígenas y Comunidades Locales (TICCA), las Áreas Protegidas Privadas (APP), las áreas protegidas administradas por el Gobierno y otros tipos de gobernanza (Stolton y Dudley, 2010).

Este libro fue preparado por los mejores y más experimentados profesionales y expertos sobre áreas protegidas de todo el mundo. Esta es una compilación integrada que fue diseñada como un viaje de aprendizaje, el cual comienza con un texto introductorio sobre "el concepto y el propósito de las áreas protegidas" y concluye con un capítulo sobre la "evaluación de la efectividad del manejo" (ver Figura 1.1). Todos los pasos son importantes, aunque la compartimentación en veintinueve capítulos reconoce cada uno no solo como un documento autónomo, sino también como una parte crítica e integrada de un libro más grande. La "compartimentación de los capítulos" reconoce la necesidad de que las universidades y otras organizaciones de formación sobre áreas protegidas utilicen temas de gestión específicos en sus planes de estudios. Asimismo, esta compartimentación permite la selección de

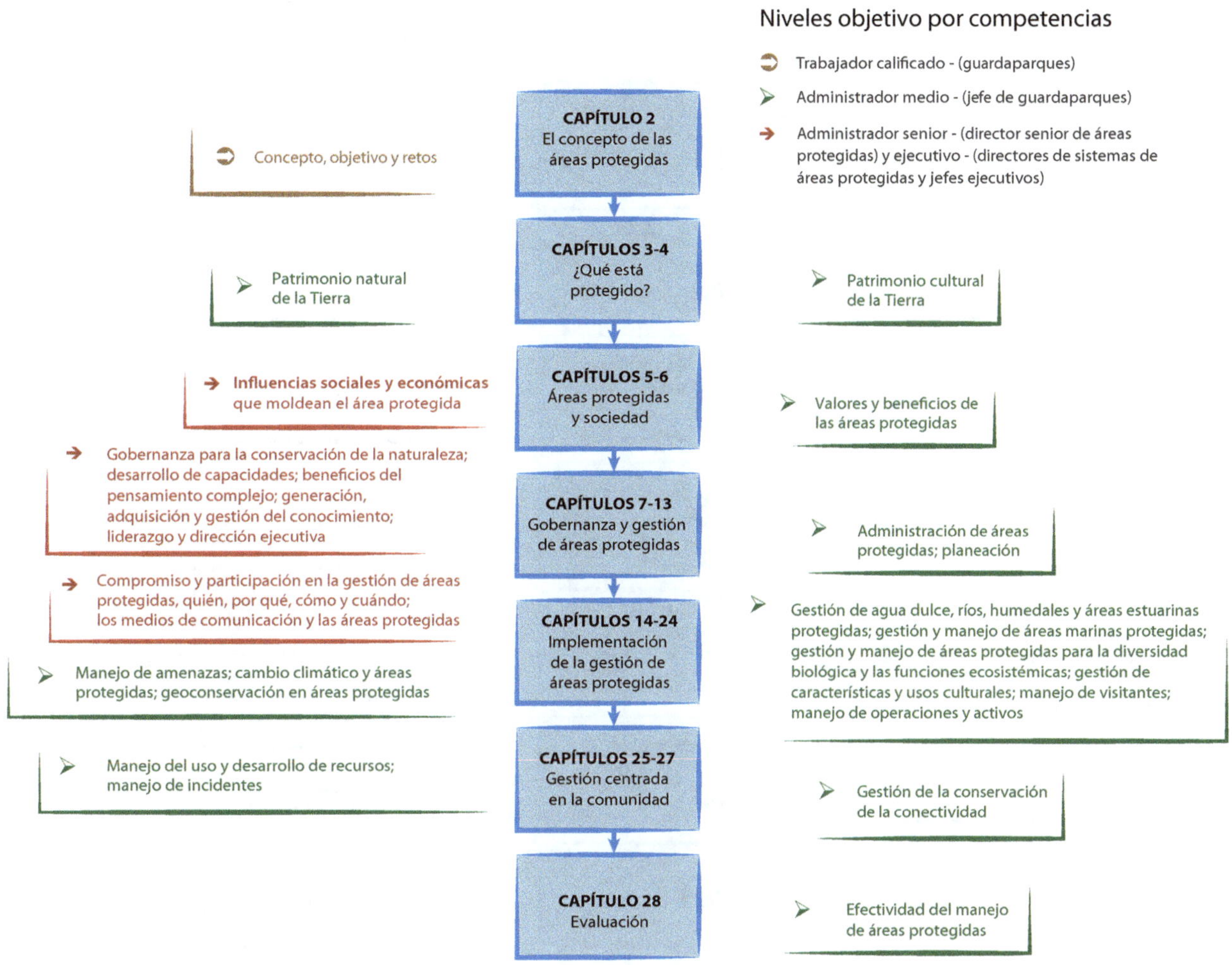

Figura 1.1 Estructura y contenido del libro *Gobernanza y gestión de áreas protegidas*

los mejores capítulos que satisfagan las necesidades de formación situacional y la capacitación de las audiencias en diferentes niveles de necesidad. Este enfoque compartimentado e integrado introduce importantes elementos de diseño en el libro. Aquí se brinda una fuerte referencia cruzada desde el interior de cada capítulo hacia el libro en su conjunto. También hay un refuerzo deliberado de cierta información importante en más de un capítulo, aunque siempre hay una sola ubicación en el capítulo donde se encuentra el texto del tema principal.

Existen diferentes niveles dirigidos de capacitación por competencias y el libro también brinda la oportunidad de tener más que un viaje de aprendizaje. La mayoría de los capítulos se enfoca en la información de capacitación para los niveles medios y superiores de administradores de áreas protegidas (Figura 1.1). Estos capítulos se presentan como un texto altamente referenciado y rico en directrices con estudios de caso y cuadros que contienen información complementaria. Una selección de capítulos en diferentes niveles de competencia puede ser el acercamiento preferido por los lectores, o puede existir un enfoque específico. Por ejemplo, la ruta de aprendizaje preferida para los administradores intermedios puede centrarse en temas operacionales (Figura 1.2). Por otra parte, es posible que los administradores a nivel de sistemas quieran centrarse más en temas que brinden una mayor profundidad en la orientación teórica, la presentación de asuntos conceptuales y la exposición a la rica experiencia de los líderes mundiales en áreas protegidas (Figura 1.3). Este texto de compendio brinda la oportunidad de una amplia gama de diferentes viajes de aprendizaje, los cuales pueden personalizarse para que el desarrollo de capacidades se adapte a las necesidades situacionales.

Para todo el libro, el viaje de aprendizaje sobre gobernanza y gestión de áreas protegidas comienza con el Capítulo 2, con su información introductoria y contextual (Figura 1.1). Este capítulo, además de describir el concepto y el propósito de las áreas protegidas, y brindar

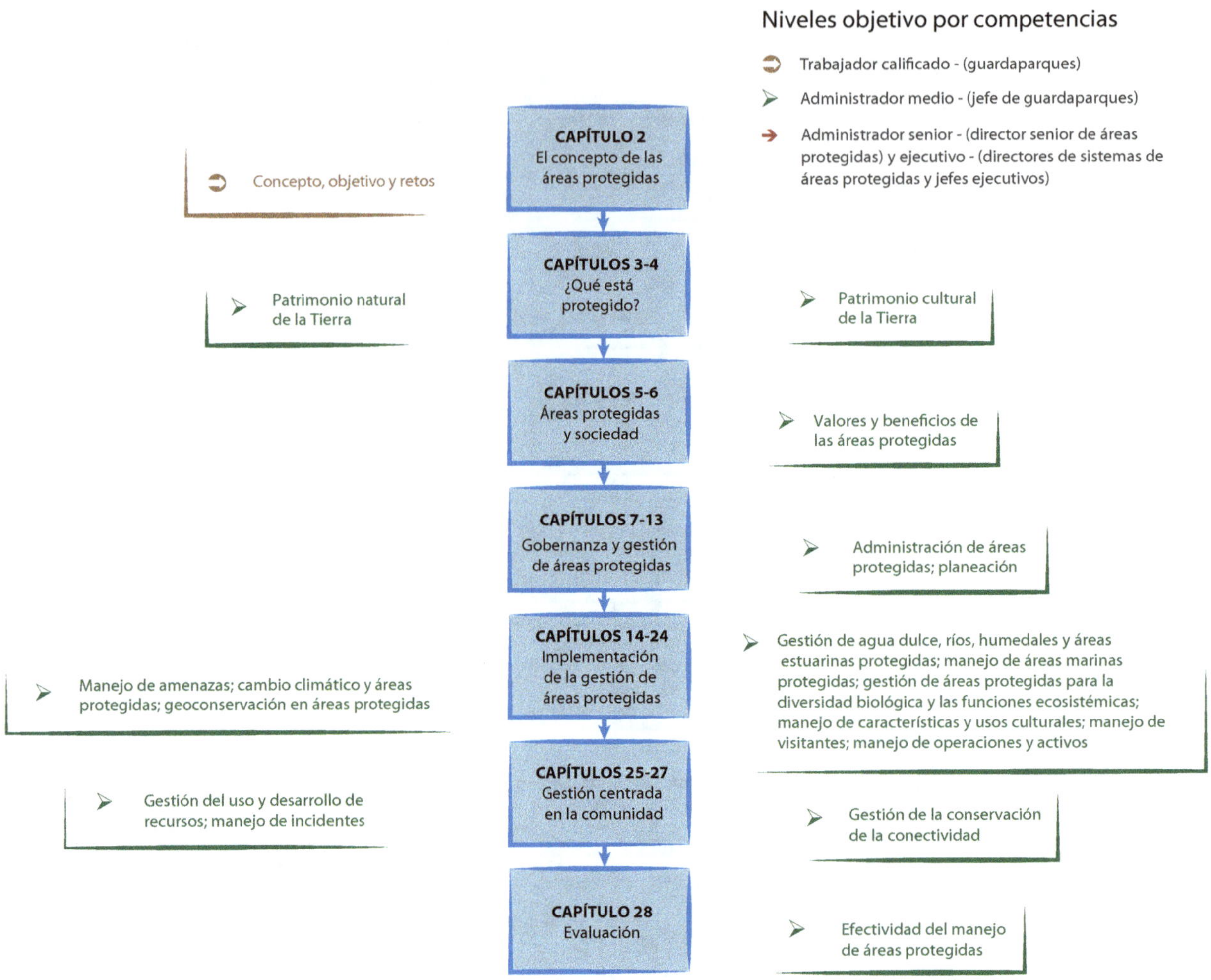

Figura 1.2 Un viaje de aprendizaje para los administradores de áreas protegidas de nivel medio, el cual se centra en la información que sustenta los aspectos prácticos y operacionales

una definición para estas, también menciona que la UICN reconoce seis categorías de gestión de áreas protegidas y describe cada una de ellas. Con el fin de brindar una valiosa ayuda para los lectores que buscan más in formación sobre las directrices de gestión de áreas protegidas, en el Capítulo 2 se incluyó un listado de recursos que enumera la mayoría de las directrices de gestión sobre áreas protegidas generadas entre 1976 y 2014 por la Comisión Mundial de Áreas Protegidas de la UICN.

“Lo que está protegido por un área protegida” se aborda en los capítulos 3 y 4. Allí se describen los valores especiales del patrimonio natural y cultural de la Tierra, aunque a un nivel general. Esta información ayudará a los profesionales de áreas protegidas a establecer un contexto y apreciar mejor la contribución que su área protegida individual hace en favor de la conservación del patrimonio del planeta. El capítulo sobre el patrimonio natural presenta ecorregiones, *hotspots*, la Alianza para la Cero Extinción y otras áreas especiales para la biodiversidad. Esta información contextual es particularmente importante para los profesionales con responsabilidades a nivel nacional e internacional, así como para los administradores de sistemas de áreas protegidas y los administradores de conservación de la conectividad.

Las áreas protegidas son un concepto de la sociedad humana, son apoyadas por la sociedad, y su estado y manejo son guiados y definidos por influencias sociales. La comprensión de estas influencias forma una parte importante de la ruta de aprendizaje sobre áreas protegidas (Capítulo 5). Esta guía ayuda con el desarrollo de la información del contexto situacional necesaria para que los profesionales puedan ser eficaces. Los beneficios de las áreas protegidas son importantes y pueden ser una parte integral de la manera en que la sociedad ve las mismas (Capítulo 6). La comprensión y la comunicación de estos beneficios son partes importantes para garantizar el orgullo en las comunidades respecto a sus reservas, así como su papel y estatus intergeneracional.

Los siguientes capítulos (capítulos 7 al 13) se refieren a la necesidad de organizarse, de emprender liderazgo y planeación, y de prepararse para una gestión bien infor-

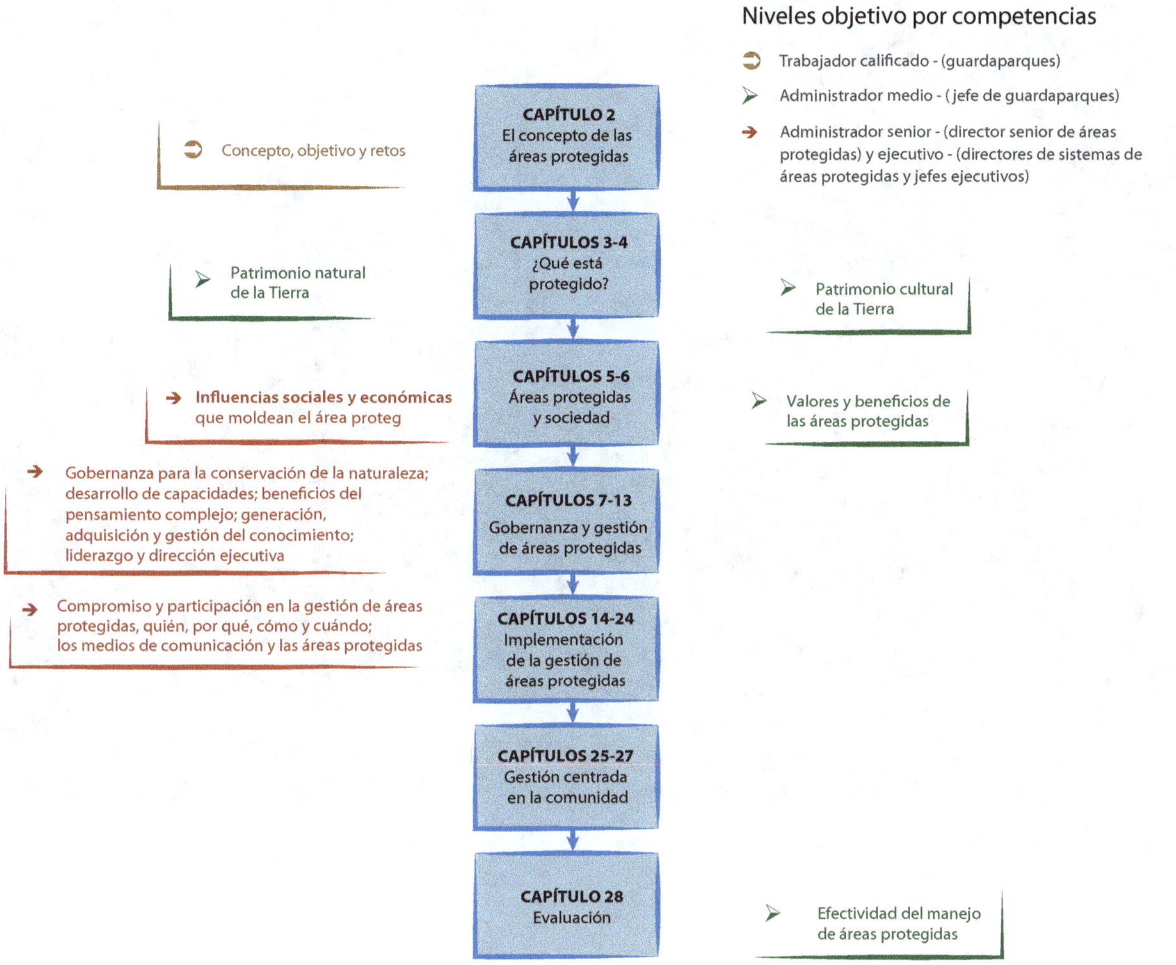

Figura 1.3 Un viaje de aprendizaje para los administradores de áreas protegidas de nivel senior, el cual se centra en la información que sustenta los conceptos y la práctica de los sistemas de áreas protegidas

mada de las áreas protegidas. También es fundamental la implementación por parte de un personal bien capacitado. Una vez se establecen las áreas protegidas, estas deben ser gobernadas y administradas de manera activa y efectiva, dado que la alternativa podría ser un "parque de papel" que sufre la explotación de sus plantas, animales y otros valores patrimoniales. Esta parte del libro se centra en cómo se gobiernan (Capítulo 7) y se administran (Capítulo 8) las áreas protegidas, y cómo garantizar que su personal tenga las habilidades y capacidades adecuadas para realizar su trabajo (Capítulo 9). Los líderes y administradores de áreas protegidas suelen enfrentar problemas complejos, y se describen las metodologías para tratar con la complejidad (Capítulo 10); asimismo, es crítico contar con una información oportuna, pertinente y basada en evidencias (Capítulo 11). En el capítulo dedicado al liderazgo y la gerencia ejecutiva (Capítulo 12) se presenta una guía de inspiración adicional para los futuros líderes de áreas protegidas. También se presenta la manera en que los gestores realizan la planeación para lograr un futuro mejor (Capítulo 13).

Los capítulos de "implementación" (capítulos 14 al 24) se centran en la gestión y manejo activos "en el terreno" y "en el agua". En este nivel detallado de implementación, se brinda una orientación para los administradores de áreas protegidas que trabajan con vecinos y actores clave, ya que las áreas protegidas son parte integral de la sociedad y de las comunidades locales (Capítulo 14). Una parte importante de esta función comprende la comunicación de mensajes y el trato con los medios de comunicación para brindar información importante (Capítulo 15). La comprensión y el manejo de las amenazas son tareas prioritarias para las áreas protegidas (Capítulo 16), en especial la amenaza del cambio climático (Capítulo 17). La gestión del patrimonio natural requiere conocimientos especializados sobre geopatrimonio (Capítulo 18), agua dulce y humedales (Capítulo 19), áreas marinas protegidas incluido alta mar (Capítulo 20), y biodiversidad y servicios ecosistémicos (Capítulo 21). Respecto al patrimonio cultural, nos centramos en la gestión de las características y los usos culturales (Capítulo 22). Se aborda el uso de los visitantes y su manejo,

Visitantes, Reserva del Bosque Nuboso Monteverde, Costa Rica
Fuente: Graeme L. Worboys

incluido el turismo (Capítulo 23), y se describe cómo lidiar con obras de gran envergadura en las áreas protegidas y cómo hacer un seguimiento de los activos de las mismas (Capítulo 24).

El trabajo con la comunidad es una parte fundamental de la gobernanza y gestión de áreas protegidas, y esto puede incluir comunidades que viven dentro de algunas de ellas. Los temas presentados incluyen el desarrollo y uso de recursos en ciertas áreas protegidas (Capítulo 25), el manejo de incidentes que afectan a las personas y a los medios de subsistencia, tanto dentro como fuera de las reservas (Capítulo 26), y la gestión y manejo de las áreas de conservación de la conectividad, las cuales pueden interconectar e integrar áreas protegidas (Capítulo 27).

Nuestro viaje de aprendizaje termina con la presentación del capítulo dedicado a la evaluación de la efectividad del manejo (Capítulo 28). Esta ayuda a garantizar que las áreas protegidas sean realmente intergeneracionales. Luego se presenta una conclusión con ideas importantes de más de dos años de desarrollo de este texto de compendio (Capítulo 29).

Referencias

International Union for Conservation of Nature (IUCN) y United Nations Environment Programme World Conservation Monitoring Centre (UNEP-WCMC). (2014). The World Database on Protected Areas: August 2014. Cambridge: UNEP-WCMC.

Stolton, S. y Dudley, N. (2010). Arguments for protected areas: multiple benefits for conservation and use. Londres: Earthscan.

CAPÍTULO 2

CONCEPTO, OBJETIVO Y RETOS

Autor principal:
Graeme L. Worboys

CONTENIDO

IUCN WCPA WORLD COMMISSION ON PROTECTED AREAS Convention on Biological Diversity

AUTOR PRINCIPAL

GRAEME L. WORBOYS es co-vicepresidente de conservación de la Conectividad y Montañas de la Comisión Mundial de Áreas Protegidas de la Unión Mundial para la Conservación de la Naturaleza, y becario adjunto en la Escuela Fenner, Universidad Nacional de Australia.

AGRADECIMIENTOS

Se agradece a Sue Feary, a Penny Figgis, al profesor emérito Larry Hamilton, a Ashish Kothari, a Michael Lockwood y al profesor emérito Adrian Phillips, quienes hicieron importantes contribuciones al contenido y al desarrollo de las versiones iniciales de este capítulo. Se agradece a Ashish Kothari por sus contribuciones a las secciones del capítulo sobre Territorios y Áreas Conservados por Pueblos Indígenas y Comunidades Locales (TICCA).

CITACIÓN

Worboys, G.L. (2019). Concept, purpose and challenges. En G.L. Worboys, M. Lockwood, A. Kothari, S. Feary e I. Pulsford (eds.). *Gobernanza y gestión de áreas protegidas,* pp. 9-42. Bogotá: Editorial Universidad El Bosque y ANU Press.

FOTOGRAFÍA DE LA PÁGINA DEL TÍTULO

Glaciar del lago Grey, Parque Nacional Torres del Paine, Chile
Fuente: Eduard Müller

Cataratas de Iguazú, Parque Nacional Iguazú, Brasil
Fuente: Eduard Müller

Introducción

Las áreas protegidas son lugares donde buscamos conservar la extraordinaria belleza y riqueza de la Tierra, al igual que todos sus beneficios para la humanidad –el patrimonio evolutivo de más de cuatro mil millones de años, y de acuerdo con lo que sabemos, el único en todo el universo–. Estas áreas pueden incluir grandes paisajes, animales y plantas extraordinarias, montañas escarpadas, cuevas espectaculares ricas en formaciones, bosques con árboles enormes, profundas cataratas, humedales y lagos inmensos, vastos desiertos, litorales vírgenes, cordilleras en el océano profundo y extensos arrecifes de coral. También pueden comprender paisajes de gran belleza y valores culturales, los cuales fueron creados por las comunidades humanas a lo largo del tiempo y mediante prácticas de gestión tradicionales.

Las naciones se enorgullecen de sus áreas protegidas, las que son valoradas, amadas y visitadas por gente de todo el mundo. Las áreas protegidas son fundamentales para mantener ecosistemas saludables y un medio ambiente sano para las personas y todas las demás especies. Estas áreas son esenciales para la conservación de la biodiversidad, brindan agua limpia y aire puro, son vitales para el sustento sostenible de las culturas y los medios de vida de las comunidades tradicionales e indígenas, aportan beneficios de desarrollo sostenible a millones de personas a través del turismo basado en la naturaleza y son una solución natural crítica para el cambio climático. Estas áreas también son importantes por su rica historia y las asociaciones culturales que conservan, incluidos los grandes sitios históricos y sus paisajes culturales especiales, características y lugares de importancia espiritual, social e histórica para los pueblos de una nación. Por lo general, estas áreas están protegidas, a perpetuidad, por las leyes más fuertes de una nación.

En este capítulo incluimos conceptos importantes de las áreas protegidas como la definición de las mismas, sus categorías existentes, su gobernanza y su gestión. También se describen áreas geográficas que contribuyen a la conservación, aparte de las áreas protegidas.

Para ayudar a los lectores e investigadores, en un anexo de este capítulo se encuentra un listado de fuentes que identifica y enumera la mayoría de la información publicada desde 1947 sobre el desarrollo de la capacidad de las áreas protegidas de la Unión Internacional para la Conservación de la Naturaleza (UICN).

Concepto y objetivo

Las áreas protegidas, al igual que su establecimiento y manejo profesional, son en particular un fenómeno de los siglos XX y XXI, pero muchos se sorprenderán al saber que el concepto de áreas protegidas existe desde hace decenas de miles de años. Todavía se pueden encontrar áreas protegidas muy antiguas, incluidas algunas donde la devoción religiosa ayudó a conservar los ambientes naturales. Por ejemplo, la isla de Itsukushima, cerca de Hiroshima, Japón, ha sido un santuario del sintoísmo desde el siglo VI y los bosques naturales sagrados de la isla han sido protegidos, no solo por sus valores intrínsecos, sino también para obtener materiales de reemplazo para las estructuras de madera del santuario. Un ejemplo aún más temprano es el monte Kailas en el Tíbet, el cual fue designado como una montaña sagrada en el siglo IV a. C., y es reverenciado y protegido por los seguidores budistas, hindúes, jainistas y de la religión Bön, lo cual lo convierte

Templo Ta Promh, Angkor, Camboya

Fuente: Graeme L. Worboys

en la montaña más sagrada del mundo. En muchas otras áreas, las comunidades han gestionado sus actividades para conservar los ecosistemas que las sustentan.

Valores

Los valores son fundamentales para el concepto de áreas protegidas. Estos dan sentido e impulso al establecimiento de áreas protegidas; asimismo, ayudan a establecer prioridades para la acción de la gestión y brindan una base para evaluar la condición de las áreas protegidas y su cambio en respuesta a la evolución natural, las amenazas y las intervenciones de gestión (Lockwood, 2006). En el Capítulo 6 se describen con detalle los diferentes valores de las áreas protegidas, tales como los valores intrínsecos, materiales, no materiales y de existencia.

Concepto

El concepto moderno de conservación y áreas protegidas se desarrolló a finales del siglo XIX en respuesta a los rápidos cambios en las tierras de las antiguas colonias europeas y a la preocupación por la pérdida de la tierra silvestre, el deseo de detener la desaparición de especies y de conservar no solo paisajes naturales, sino también vistas y fenómenos naturales excepcionales (Stolton y Dudley, 2010).

El movimiento de conservación del siglo XIX en Norteamérica y Europa parece haber tenido sus orígenes en tres fuentes (Holdgate, 1999, p. 1):

1) El redescubrimiento de lo romántico en la naturaleza.

2) La exploración científica del mundo natural.

3) La aversión por la destrucción de algunas especies silvestres, en especial las aves.

Jean-Jacques Rousseau enfatizó que "la naturaleza era buena, y cuanto más se acercaran las personas a la naturaleza, más libres, más felices y más honestas se volverían" (Holdgate, 1999, p. 3). Este enfoque filosófico ayudó a crear una nueva visión de las relaciones humanas con la naturaleza en la cultura de Europa Occidental, que más tarde hizo eco en Norteamérica gracias a Ralph Waldo Emerson (Holdgate, 1999).

En 1810, el poeta inglés William Wordsworth dijo que veía a su amado Distrito de los Lagos en el noroeste de Inglaterra como "una especie de propiedad nacional, en la que cada hombre tiene el derecho y el interés que tiene un ojo para percibir y un corazón para disfrutar" (Holdgate, 1999, p. 4). Estas palabras inspirarían a los conservacionistas pioneros tanto en los Estados Unidos (John Muir, por ejemplo) como en Gran Bretaña. La visión de Wordsworth fue en parte una respuesta al impacto de la Revolución Industrial, que en ese momento ya estaba en marcha en Inglaterra. En la década de 1830 se expresaba más ampliamente en Europa la necesidad de proteger la naturaleza contra los estragos de la industria, la explotación ilimitada de los recursos, la contaminación y las ciudades de rápido crecimiento. En 1858, Charles Darwin publicó su influyente tratado *Sobre el origen de las especies,* y aproximadamente en este mismo periodo Alexander von Humboldt recibió el crédito por parte de muchos por promocionar la idea de la protección de la naturaleza; sin embargo, fue la explotación destructiva de la naturaleza (caso del bisonte en Norteamérica, los elefantes en África y las garcetas y gaviotas para la industria de la moda) la que también resultó ser un estímulo importante para la conservación. En este periodo emergieron muchas sociedades para la protección de las aves y la sociedad para la protección de los animales (Holdgate, 1999).

Más allá de Europa, las áreas protegidas también se inspiraron en los impactos ecológicos de la conquista y la colonización de Occidente en África, las Américas, Asia y Australia (Grove, 1995; Chape *et al.* 2008). En Estados Unidos se tomó la delantera en la defensa del concepto de áreas protegidas. En 1833, un explorador y artista llamado

Flamencos, panorama, Parque Nacional Celestún, México

Fuente: Eduard Müller

Grandes Montañas Azules, sitio patrimonio mundial, Australia

Fuente: Graeme L. Worboys

George Catlin exaltó las virtudes de la América "primitiva" (Brockman, 1959). Él había visitado el país nativo americano de la parte alta del río Missouri y escribió:

> [Y] qué espléndida contemplación, también, cuando uno [...] los imagina como podrían verse en el futuro (por alguna política protectora del Gobierno) preservados en su belleza prístina y estado salvaje, en un magnífico parque [...] Un parque de la nación, que albergue al hombre y a la bestia, en todo lo salvaje y la frescura de su belleza natural. (Catlin, 1844)

En Australia, una colonia británica al otro lado del mundo, también emergía un pensamiento de conservación. El Gobernador Gipps de la Colonia de Nueva Gales del Sur reconoció la importancia del pino Bunya (*Araucaria bidwillii*) para los indígenas australianos, cuando en 1842 publicó un decreto especial en el cual se indicaba que no se expedirían licencias madereras para ninguna selva tropical al norte de Brisbane que contuviera esta especie (Worboys *et al.*,, 2005). Este fue un edicto de conservación que respetó los valores y las necesidades de los aborígenes australianos. En 1866 se estableció por ley la Reserva de Cuevas de Jenolan en Nueva Gales del Sur con el fin de proteger del vandalismo estas excepcionales cuevas de piedra caliza (Finlayson y Hamilton-Smith, 2003). En 2014, esta misma reserva se adhirió como parte del sitio patrimonio mundial de las Grandes Montañas Azules.

Dos conceptos amplios de conservación surgieron en California durante el debate sobre la controvertida construcción de la represa de 1908-1913 en el Valle de Hetch Hetchy: el concepto conservacionista de John Muir, quien fue impulsado por una reverencia religiosa hacia la naturaleza y la idea del mundo salvaje como antídoto esencial contra el desarrollo, y un concepto utilitario de la conservación propuesto por Gifford Pinchot respecto al uso sabio y de "guardar la naturaleza como si se tratara de un banco" para su posible uso en el futuro. El debate influyó en el desarrollo de un movimiento internacional de conservación: "¡Represa de Hetch Hetchy! ¡Entonces que inunden también las iglesias y catedrales de los pueblos, pues nunca se ha visto un templo construido por el hombre más sagrado que este!"(Muir, 1912).

En el siglo XX pronto se extendió por todo el mundo el concepto de área protegida, y en el siglo XXI nuevas áreas siguen siendo protegidas. En la Tabla 2.1 se presentan algunos acontecimientos históricos importantes relacionados con las áreas protegidas desde el final de la Segunda Guerra Mundial.

Tabla 2.1 Algunos eventos relacionados con las áreas protegidas posteriores a 1945

Fecha	Evento
1948	Se constituyó la Unión Internacional para la Protección de la Naturaleza (IUPN por sus siglas en inglés) como la primera organización mundial para la protección de la naturaleza, con sede en Bruselas
1956	La IUPN cambió su nombre por la Unión Internacional para la Conservación de la Naturaleza (UICN)
1958	Se creó la Comisión Internacional de Parques Nacionales de la UICN
1962	La UICN prepara el primer listado de áreas protegidas de las Naciones Unidas
1962	La primera Conferencia Mundial sobre Parques Nacionales se celebra en Seattle, EE.UU.
1969	En la Asamblea General de la UICN en Nueva Delhi se establece una definición acordada de "parque nacional"
1970	Se lanza el Programa sobre el Hombre y la Biosfera de la UNESCO
1971	En Ramsar, Irán, se adopta la Convención de Ramsar sobre los humedales
1972	Se adopta la Convención sobre la Protección del Patrimonio Mundial
1972	En el Parque Nacional Yellowstone, EE.UU., se lleva a cabo la segunda Conferencia Mundial sobre Parques Nacionales
1973	Se adopta la Convención sobre el Comercio Internacional de Especies Amenazadas de Fauna y Flora Silvestres (CITES, por su sigla en inglés)
1975	La Comisión Internacional sobre Parques Nacionales de la UICN cambió a la Comisión de Parques Nacionales y Áreas Protegidas (CNPPA, por su sigla en inglés) de la UICN
1980	La UICN, el Fondo Mundial para la Naturaleza (World Wildlife Fund, WWF) y el Programa de las Naciones Unidas para el Medio Ambiente (PNUMA) prepararon la "Estrategia Mundial para la Conservación"
1981	El Centro Mundial de Vigilancia de la Conservación del PNUMA (CMVC-PNUMA), con sede en Cambridge, asume la responsabilidad de reunir y recopilar datos sobre áreas protegidas en asociación con la UICN
1982	En Bali, Indonesia, se celebra el tercer Congreso Mundial sobre Parques Nacionales
1987	Se publica el informe de la Comisión Mundial sobre el Medio Ambiente y el Desarrollo (Nuestro Futuro Común), el cual se refiere a la agenda del desarrollo sostenible
1988	La UICN adopta una definición para áreas protegidas marinas
1990	Primer informe del Grupo Intergubernamental de Expertos sobre el Cambio Climático (GIECC)
1991	La UICN, el WWF y el PNUMA prepararon el documento "Cuidando la Tierra: una estrategia para una vida sostenible"
1992	El CMVC del PNUMA en colaboración con la CNPPA de la UICN preparó una revisión en cuatro volúmenes sobre los sistemas de áreas protegidas en el mundo
1992	En Caracas, Venezuela, se celebra el cuarto Congreso Mundial de Parques Nacionales y Áreas Protegidas
1992	Se acuerda el Convenio sobre la Diversidad Biológica (CDB), el cual reconoce la necesidad de conservar la biodiversidad y el papel esencial de las áreas protegidas para hacerlo
1992	Se logra la Convención Marco de las Naciones Unidas sobre el Cambio Climático
1994	La UICN publica las Directrices para las Categorías de Gestión de Áreas Protegidas
1996	El título de Comisión de Parques Nacionales y Áreas Protegidas (CNPPA, por su sigla en inglés) de la UICN cambió a la Comisión Mundial de Áreas Protegidas (CMAP)
2000	Se publican los Objetivos de Desarrollo del Milenio de las Naciones Unidas y se identifica la necesidad de una sostenibilidad ambiental
2000	Conservación Internacional identifica sus *hotspots* ambientales a nivel global
2001	El WWF publica sus ecorregiones globales
2003	En Durban, Sudáfrica, se celebra el quinto Congreso Mundial de Parques de la UICN
2004	La Conferencia de las Partes del Convenio sobre la Diversidad Biológica acuerda el Programa de Trabajo sobre Áreas Protegidas (PoWPA, por su sigla en inglés)
2008	En el Congreso Mundial de la Naturaleza de la UICN en Barcelona se aprueba una definición mejorada de las áreas protegidas, de los tipos de gobernanza y de las categorías de gestión de la UICN
2008	La Base de Datos Mundial sobre Áreas Protegidas (BDMAP) se actualiza y se lanza como una base de datos en línea
2010	Se lanza el Plan Estratégico para la Diversidad Biológica 2011-2020 del CDB, y se pide que se establezcan nuevas áreas protegidas, con una mejor conectividad, una gestión eficaz y con la debida atención a las personas

Fecha	Evento
2010	La CMAP de la UICN preparó "soluciones naturales" para enfatizar la importancia de las áreas protegidas como una respuesta natural al cambio climático
2011	La CMAP y el Centro de Derecho Ambiental de la UICN preparan las directrices para la legislación de áreas protegidas
2014	La UICN emprende el programa de Biodiversidad y Gestión de Áreas Protegidas (Biopama, por su acrónimo en inglés) para abordar las amenazas a la diversidad biológica en los países de África, el Caribe y el Pacífico, mientras se reduce la pobreza en las comunidades de las áreas protegidas y sus alrededores

Fuente: adaptado de Worboys (2014)

Para los lectores interesados en conocer más de la historia de la conservación, de las áreas protegidas y de la UICN, un excelente texto sobre estos temas es *The Green Web* de Martin Holdgate (1999).

El concepto global de áreas protegidas se ha beneficiado en gran medida de este pensamiento, discusión y refinamiento evolutivo después de 1945, y durante este tiempo la importancia de las áreas protegidas ha aumentado, no disminuido. Las áreas protegidas contemporáneas son tierras y mares donde las personas y las comunidades de la Tierra han reconocido los especiales servicios ecológicos y ecosistémicos, al igual que la naturaleza y la biodiversidad, o los valores sociales y culturales, y donde se han tomado medidas para protegerlos a largo plazo. El concepto es intergeneracional y reconoce que la protección está respaldada por las normas comunitarias y consuetudinarias o por la ley de la tierra, y que el área se maneja de manera activa. El concepto puede referirse a áreas muy pequeñas o muy grandes de la Tierra, las cuales pueden ser extremadamente frágiles y manejadas con sensibilidad, pueden sostener comunidades y pueden recibir visitas regulares dada su belleza natural excepcional.

Parque Nacional Uluru-Kata Tjuta, patrimonio mundial, Australia

Fuente: Graeme L. Worboys

Objetivo

Las áreas protegidas son el principal mecanismo para la conservación de la biodiversidad en la Tierra (así como otros patrimonios naturales y culturales). Este papel para la conservación de la biodiversidad fue reconocido formalmente por 168 Estados-nación en 1992, en el Artículo 8 del recientemente creado Convenio sobre la Diversidad Biológica (CBD). En el siglo XXI casi todas las naciones apoyan el concepto de áreas protegidas. Estas áreas sustentan prácticamente todas las estrategias de conservación nacionales e internacionales en las que se ha determinado que la tierra, el agua o el mar son vitales; asimismo, cuentan con una protección especial para mantener en funcionamiento los ecosistemas naturales, actuar como refugio de especies y mantener procesos ecológicos que no pueden sobrevivir en zonas intensamente intervenidas como las áreas agrícolas o urbanas (Dudley, 2008). Las áreas protegidas ayudan a salvaguardar la naturaleza y esto incluye la biodiversidad en los niveles genético, de especie y de los ecosistemas, así como la geodiversidad incluido el geopatrimonio, los accidentes geográficos, el paisaje, los suelos y el agua. Las áreas protegidas también protegen el patrimonio cultural dado que el estatus y la gestión de tales fenómenos culturales no son inconsistentes con los resultados de la conservación de la biodiversidad (Dudley, 2008). Con el fin de ser concisos, de ahora en adelante en este libro, cuando se hable de "conservación de la biodiversidad", debe entenderse que están incluidos los valores adicionales de los servicios ecosistémicos, la geodiversidad y el patrimonio cultural. Articular este propósito más amplio de las áreas protegidas ha ayudado a establecer una definición de las mismas.

Definición

El término "área protegida" está definido por la UICN como:

> [un] espacio geográfico claramente definido, reconocido, dedicado y gestionado, mediante medios legales u otros tipos de medios eficaces para conseguir la

conservación a largo plazo de la naturaleza, de sus servicios ecosistémicos y sus valores culturales asociados (Dudley, 2008, p. 8).

Cada palabra y frase de esta definición es importante y tiene un significado claramente establecido. Una explicación fue preparada por Nigel Dudley de la UICN; aquí se incluye un resumen de su descripción (Dudley, 2008, pp. 8-9) (Tabla 2.2).

Tabla 2.2 Detalles de la definición de área protegida

Palabra o frase	Explicación
Espacio geográfico claramente definido	Área geográfica: incluye tierras, aguas interiores, zonas marinas y costeras o una combinación de dos o más de ellas Espacio: este tiene tres dimensiones y puede incluir el espacio aéreo y el espacio de la columna de agua sobre la tierra o sobre el fondo del cuerpo de agua y las áreas subterráneas (como las cuevas) Definido claramente: implica un área espacialmente definida con límites acordados y demarcados
Reconocida	La protección puede incluir una gama de tipos de gobernanza declarados por colectivos así como las identificadas por un Estado, pero dichos espacios tienen que estar reconocidos de alguna manera (como la inclusión en la Base de Datos Mundial sobre Áreas Protegidas)
Dedicada	Implica un compromiso vinculante específico con la conservación a largo plazo, como los convenios y acuerdos internacionales, las leyes nacionales, provinciales y locales, las leyes consuetudinarias, los convenios con ONG, los acuerdos con fundaciones y empresas privadas, y los esquemas de certificación
Manejada	Esto supone que se toman medidas activas para conservar los valores naturales (y otros) por los cuales se ha establecido el área protegida. También puede incluir una decisión de no intervención como la mejor estrategia de conservación
Medios legales u otros medios efectivos	Las áreas protegidas deben tener un reconocimiento legislativo, estar reconocidas mediante convenios o acuerdos internacionales, o contar con algún tipo de manejo mediante medios eficaces aunque no legalizados formalmente, por ejemplo a través denormas tradicionales reconocidas como las que regulan el funcionamiento de las áreas conservadas por comunidades o los acuerdos con ONG legalmente constituidas
... para conseguir	Esto implica cierto nivel de efectividad de la gestión
Largo plazo	Las áreas protegidas deberían ser gestionadas a perpetuidad y no como una estrategia de gestión a corto plazo o temporal
Conservación	Se trata del mantenimiento *in situ* de los ecosistemas, de los hábitats naturales y seminaturales, y de las poblaciones viables de especies en su entorno natural, y en el caso de especies domesticadas o cultivadas, en los entornos donde desarrollaron sus propiedades distintivas
Naturaleza	(En este contexto) siempre se refiere a la biodiversidad a nivel genético, de especie y de ecosistemas, y a menudo también se refiere a geodiversidad, accidentes geográficos y valores naturales más amplios
Servicios ecosistémicos asociados	Se trata de servicios ecosistémicos que están relacionados con el objetivo de conservación de la naturaleza, pero no interfieren con este. Estos pueden incluir servicios de aprovisionamiento (agua o alimentos), servicios de regulación (control de inundaciones, sequías, degradación de suelos, y enfermedades), servicios de soporte (formación de suelo o ciclos de nutrientes) y servicios culturales como los usos recreativos, espirituales, religiosos y otros beneficios no materiales
Valores culturales	Estos incluyen valores culturales que no interfieren con el resultado de la conservación

Fuente: Dudley, 2008, pp. 8-9

Tipos de áreas protegidas: categorías de la UICN

La UICN desarrolló un sistema de categorías para las áreas protegidas que está aceptado internacionalmente y que identifica seis de ellas (Dudley, 2008). En consonancia con su principal objetivo de gestión, a un área protegida se le asigna una categoría específica de la UICN. Este marco de la UICN sirve como un lenguaje común para distinguir, describir y trabajar con tipos amplios de gestión de áreas protegidas. Esto es crítico dado que los países han asignado una amplia gama de términos des-

Khatunsky Zapovednik, un área protegida de la Categoría Ia cerca de Ust Koksa, República de Altái, Rusia

Fuente: Graeme L. Worboys

criptivos que representan áreas protegidas, como "parque de conservación", "reserva de conservación", "área de protección de características naturales", "reserva de flora", "reserva forestal", "área de protección indígena" "reserva natural cárstica", "parque nacional", "parque natural", "reserva natural", "zona de referencia" y "zona científica", entre otros.

Las seis categorías de la UICN se diferencian por claros objetivos principales de gestión. Este lenguaje común ayuda a brindar uniformidad para la recopilación de datos a nivel internacional y una capacidad de análisis comparativo para el sistema mundial de áreas protegidas. Una definición y directrices de diferenciación más específicas ayudan a definir el rango de seis categorías de áreas protegidas de la UICN, y todas se describen en este texto junto con esta información de orientación. Sin embargo, primero hay un conjunto de principios y objetivos fundamentales de gestión que son comunes a todas las categorías de la UICN.

Principios

Los principios para las categorías de áreas protegidas de la UICN ayudan no solo a aclarar qué quiere decir exactamente la UICN cuando se refiere a áreas protegidas, sino también a mantener la integridad de sus categorías. De acuerdo con la definición de la UICN de un área protegida, los principios clave para sus categorías son:

- Solo pueden considerarse áreas protegidas aquéllas donde el objetivo principal es conservar la naturaleza.
- Las áreas protegidas deben prevenir o eliminar, cuando sea necesario, cualquier práctica de explotación o manejo que pueda perjudicar los objetivos de la designación.
- La elección de la categoría debe basarse en los objetivos principales establecidos para cada área protegida.
- El sistema de categorías no pretende ser jerárquico.
- Cualquier categoría puede existir bajo cualquier tipo de gobernanza y viceversa.
- En general, las áreas protegidas deben tratar de mantener, o de manera ideal, aumentar el grado de naturalidad del ecosistema protegido.
- La definición y las categorías de áreas protegidas no deben utilizarse como excusas para despojar a las personas de sus tierras (Dudley, 2008, p. 10).

Objetivos

Los objetivos de la gestión que son comunes a todas las categorías de áreas protegidas de la UICN incluyen:

- Conservar la composición, estructura, función y potencial evolutivo de la biodiversidad.
- Contribuir a las estrategias regionales de conservación.
- Mantener la diversidad del paisaje o del hábitat, y de las especies y ecosistemas asociados.
- Tener el tamaño suficiente para garantizar la integridad y el mantenimiento a largo plazo de los objetivos de conservación especificados.
- Mantener a perpetuidad los valores por los que fueron creadas.
- Funcionar de acuerdo con un plan de manejo y un programa de monitoreo y evaluación que sirva de apoyo a una gestión adaptativa.
- Contar con un sistema de gobernanza claro y equitativo (Dudley, 2008, p. 12).

Parque Nacional Lagos de Plitvice, patrimonio mundial, Croacia
Fuente: Graeme L. Worboys

Categorías de áreas protegidas de la UICN

De manera individual, se presenta, define e incluye el objetivo principal de las seis categorías de la UICN. Estas descripciones son una guía crítica para el manejo efectivo de las áreas protegidas y siempre deben ser la aspiración, cualesquiera que sean las circunstancias o situaciones de las áreas protegidas individuales.

Categoría Ia: Reserva natural estricta

Las reservas naturales estrictas, Categoría Ia, conservan los ecosistemas, las especies y la geodiversidad, y pueden ser sitios importantes para la investigación científica, el monitoreo ambiental y la educación. También pueden ser sitios importantes para conservar los valores culturales y espirituales asociados con la naturaleza. Las reservas naturales estrictas son extremadamente importantes en el siglo XXI, ya que cada vez hay menos áreas donde sean pocas las actividades de los seres humanos. Estas reservas ayudan a proteger el escaso patrimonio natural que de otro modo se perdería sin esta designación, y pueden, además de brindar una línea de base para el monitoreo ambiental a largo plazo, proteger otros recursos naturales y servicios ecosistémicos limitados.

Definición

La Categoría Ia se refiere a las áreas protegidas que se establecen para proteger de manera estricta la biodiversidad y quizás también las características geológicas/geomorfológicas, donde el turismo, el uso y los impactos humanos son estrictamente controlados y limitados para garantizar la protección de los valores de conservación. Estas áreas protegidas pueden servir como áreas de referencia indispensables para la investigación científica y el monitoreo (Dudley, 2008, p. 13).

Objetivo principal

El objetivo principal de un área protegida de la Categoría Ia es conservar, a escala regional, nacional o global, ecosistemas, especies (presencia o agregaciones) o rasgos de geodiversidad extraordinarios. Tales atributos se habrían formado principal o exclusivamente por fuerzas no humanas y se degradarían o destruirían si se viesen sometidos a cualquier impacto humano significativo (Dudley, 2008, p. 13).

Categoría Ib: Área natural silvestre

Las Áreas naturales silvestres, Categoría Ib, ayudan a proteger ecosistemas relativamente intactos y funcionales, y en consecuencia no solo brindan oportunidades para que la evolución continúe en un estado tan natural como sea posible, sino también un sitio donde las especies puedan sobrevivir. Estas áreas ofrecen oportunidades para que un número limitado de visitantes experimente la vida silvestre, y también pueden incluir sitios donde los pueblos nómadas llevan a pastar su ganado.

Definición

Las áreas protegidas de Categoría Ib son generalmente áreas no modificadas o ligeramente modificadas de gran tamaño, que retienen su carácter e influencia natural, sin asentamientos humanos significativos o permanentes, que están protegidas y gestionadas para preservar su condición natural (Dudley, 2008, p. 14).

Objetivo principal

El objetivo principal de las áreas protegidas de la Categoría Ib es proteger la integridad ecológica a largo plazo de áreas naturales no perturbadas por actividades humanas significativas, libres de infraestructuras modernas y en las que predominan las fuerzas y procesos naturales, de manera que las generaciones presentes y futuras tengan la oportunidad de disfrutar de dichas áreas (Dudley, 2008, p. 14).

Categoría II: Parque nacional

Los parques nacionales son grandes áreas donde los procesos ecológicos naturales pueden tener continuidad, incluidos los procesos evolutivos con menos interferencia humana. Estas áreas ayudan a conservar paisajes naturales superlativos, paisajes diversos, son ricos en geopatrimonio, su biodiversidad incluye especies clave, ofrecen servicios ecosistémicos, poseen un rico patrimonio cultural, y pueden formar un área central para iniciativas de conservación de la conectividad de mayor tamaño. Asimismo, estas áreas pueden ser internacionalmente famosas por su grandeza escénica, sus espectaculares fenómenos naturales y excepcionales especies de vida silvestre, y suelen incluir una amplia gama de servicios para los visitantes e instalaciones de soporte.

Definición

Las áreas protegidas de la Categoría II son grandes áreas naturales o casi naturales establecidas para proteger procesos ecológicos a gran escala, junto con el complemento de especies y ecosistemas característicos del área; igualmente, brindan el escenario para oportunidades espirituales, científicas, educativas, recreativas y de visita que sean ambiental y culturalmente compatibles (Dudley, 2008, p. 16).

Objetivo principal

El objetivo principal de las áreas protegidas de la Categoría II, además de promover la educación y el uso recreativo, es proteger la biodiversidad natural junto con la estructura ecológica subyacente y los procesos ambientales en los que se apoya (Dudley, 2008, p. 16).

Categoría III: Monumento o característica natural

Típicamente, las áreas protegidas de la Categoría III son pequeñas y se enfocan en una característica o características naturales y sus ecosistemas asociados. Estas áreas pueden incluir características naturales tales como acantilados, cascadas, cuevas o bosques, y también pueden ser importantes como sitios culturales, incluidos los sitios naturales sagrados. Es posible que se aliente el uso del sitio por parte de los visitantes.

Definición

Las áreas protegidas de la Categoría III se establecen para proteger un monumento natural concreto, el cual puede ser una formación terrestre, una montaña submarina, una caverna submarina, un rasgo geológico como una cueva o incluso un elemento vivo como una arboleda antigua. Normalmente son áreas protegidas bastante pequeñas y a menudo tienen un gran valor para los visitantes (Dudley, 2008, p. 17).

Objetivo primario

El objetivo principal de las áreas protegidas de la Categoría III es proteger características naturales específicas sobresalientes, al igual que la biodiversidad y los hábitats asociados a ellas (Dudley, 2008, p. 17).

Categoría IV: Áreas de manejo de hábitats/especies

Las áreas protegidas de la Categoría IV, además de ayudar a proteger las especies de flora y fauna que por lo general tienen importancia internacional, nacional o local, también ayudan a proteger hábitats clave. Estas áreas pueden ser pequeñas, pero su tamaño varía, y pueden incluir solo fragmentos de un ecosistema, lo que puede requerir una gestión más regular y activa para su sostenimiento en comparación con las áreas protegidas de las Categorías I y II.

Definición

El objetivo de las áreas protegidas de la Categoría IV es la protección de hábitats o especies concretas, y su gestión refleja dicha prioridad. Muchas áreas protegidas de la Categoría IV van a necesitar intervenciones activas regulares para abordar las necesidades de especies concretas o para mantener hábitats, pero esto no es un requisito de la categoría (Dudley, 2008, p. 19).

Objetivo principal

El objetivo principal de las áreas protegidas de la Categoría IV es mantener, conservar y restaurar especies y hábitats (Dudley, 2008, p. 19).

Categoría V: Paisaje terrestre/marino protegido

Las áreas protegidas de la Categoría V son paisajes terrestres/marinos que poseen una calidad escénica emblemática e incluyen importantes hábitats de flora y fauna, al igual que características culturales. De manera ideal, estos presentan una interacción equilibrada entre los seres humanos y la naturaleza, y brindan oportunidades para la restauración de la naturaleza y el sostenimiento de actividades culturales dependientes del lugar. Estas áreas juegan un papel importante a escala del paisaje terrestre o marino y pueden contribuir a la conservación como parte de un mosaico de tierras de conservación o uso marítimo que podría incluir otras categorías de áreas protegidas y áreas de conservación de la conectividad.

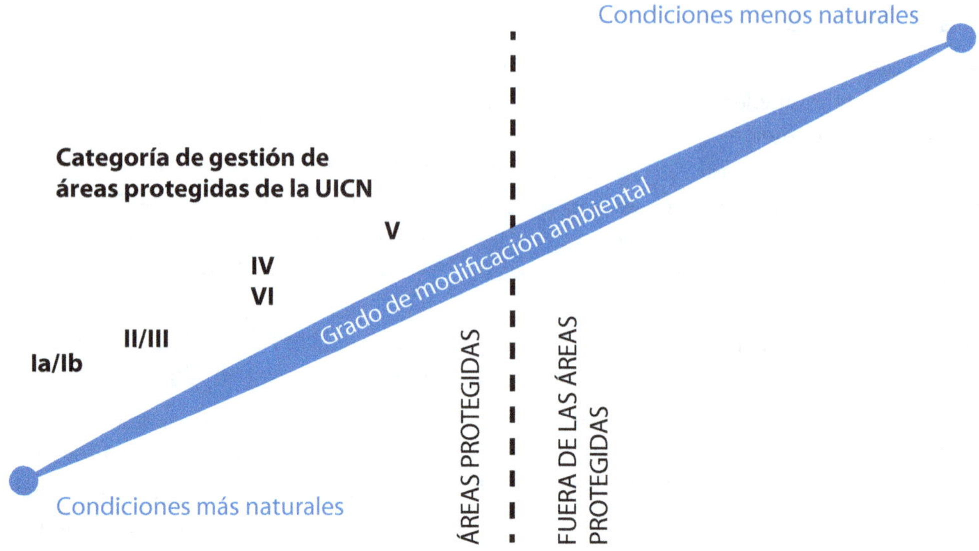

Figura 2.1 Naturalidad y categorías de áreas protegidas de la UICN
Fuente: adaptado de Dudley, 2008, p. 24

Definición

Un paisaje terrestre/marino protegido de la Categoría V es un área protegida en la que la interacción entre los seres humanos y la naturaleza produjo un área de carácter distintivo con valores ecológicos, biológicos, culturales y estéticos significativos, y en la que salvaguardar la integridad de dicha interacción es vital no solo para proteger y mantener el área, sino también para la conservación de su naturaleza asociada y otros valores (Dudley, 2008, p. 20).

Objetivo principal

El objetivo principal de las áreas protegidas de la Categoría V es proteger y mantener paisajes terrestres/marinos importantes y la conservación de la naturaleza asociada a ellos, así como otros valores creados por las interacciones con los seres humanos a través de prácticas de manejo tradicionales (Dudley, 2008, p. 20).

Categoría VI: Área protegida con uso sostenible de los recursos naturales

Las áreas protegidas de la Categoría VI pueden ser áreas extensas y pueden hacen parte de iniciativas de conservación tales como grandes áreas de conservación de la conectividad. Estas son áreas donde el uso sostenible de los recursos naturales es un medio para ayudar a lograr la conservación de la naturaleza junto con objetivos de protección. Esta categoría no permite la recolección industrial a gran escala y la UICN recomienda que una proporción del área (tanto como el 66%) se mantenga en condiciones naturales.

Definición

Las áreas protegidas de la Categoría VI conservan ecosistemas y hábitats, junto con los valores culturales y los sistemas tradicionales de gestión de recursos naturales asociados a ellos. Por lo general, estas áreas son extensas, con la mayoría del área en condiciones naturales, donde una parte cuenta con una gestión sostenible de los recursos naturales. Se considera que uno de los objetivos principales del área es el uso no industrial y de bajo nivel de los recursos naturales, compatible con la conservación de la naturaleza (Dudley, 2008, p. 22).

Objetivo principal

El objetivo principal de las áreas protegidas de la Categoría VI es proteger los ecosistemas naturales y usar los recursos naturales de forma sostenible, cuando la conservación y el uso sostenible puedan beneficiarse mutuamente (Dudley, 2008, p. 22).

Las seis categorías

Las seis categorías no están diseñadas como una serie jerárquica en términos de calidad, importancia o naturalidad; más bien, su aplicación es situacional y se basa en maximizar la conservación de la naturaleza para un contexto particular de paisaje terrestre/marino (Dudley, 2008, p. 24). La aplicación de las categorías de la UICN en el contexto de la "naturalidad" se ilustra en la Figura 2.1.

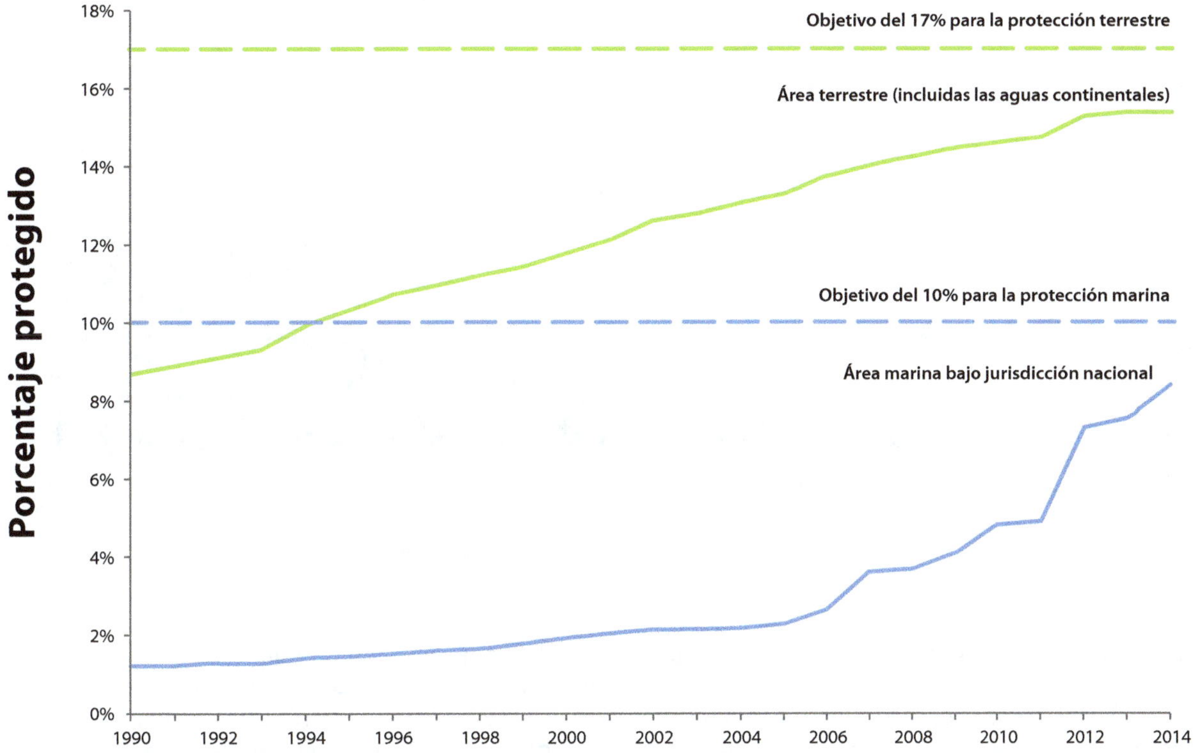

Figura 2.2 Crecimiento del porcentaje de áreas terrestres y marinas cubiertas por áreas protegidas, 1990-2014. Los años se obtuvieron del estatus/año de áreas protegidas reportado a la Base de Datos Mundial sobre Áreas Protegidas (BDMAP). Las áreas protegidas sin reporte de estatus/año se incluyeron en la línea base de 1990. Estadísticas globales de la BDMAP, agosto de 2014.

Fuente: UNEP-WCMC Cambridge

Sistemas de áreas protegidas

Los sistemas de áreas protegidas son una serie de áreas protegidas establecidas por una nación, gobiernos subnacionales, ONG u otras organizaciones privadas. En los sistemas nacionales de áreas protegidas, la diversidad de accidentes geográficos, ecosistemas, fauna y flora que se encuentran en cada nación se conservan idealmente a través de un muestreo de conservación dentro de una serie de áreas protegidas cuidadosamente seleccionadas. Este sistema nacional de áreas protegidas tiene como objetivo maximizar la conservación in situ del patrimonio natural de una nación, y de manera ideal, tiene cinco elementos clave que sustentan el sistema (Davey, 1998; Dudley, 2008). Las áreas protegidas como sistema también necesitan demostrar los principios de buena gobernanza (Capítulo 7), y un sistema de áreas protegidas puede incluir una variedad de tipos de gobernanza como los territorios y áreas administrados por el Gobierno, los co-administrados o los conservados por pueblos indígenas y comunidades locales, al igual que las áreas protegidas privadas. Los cinco elementos clave que caracterizan un sistema de áreas protegidas son los siguientes (Davey, 1998).

1. Representativo, integral y equilibrado: existen ejemplos de alta calidad de toda la gama de tipos de ambientes dentro de un país, y las áreas protegidas en el sistema proporcionan una muestra equilibrada.
2. Adecuado: cada área protegida tiene integridad (está en buenas condiciones), y cuenta con suficiencia en su extensión espacial y disposición de las áreas que contribuyen al sistema para garantizar la viabilidad de especies y procesos ecológicos.
3. Coherente y complementario: existe una contribución positiva de cada área protegida en el sistema hacia la conservación y objetivos de desarrollo sostenible de una nación.
4. Consistente: existe consistencia en la metodología para lograr los objetivos de gestión de todo el sistema.
5. Costo-efectivo, eficiente y equitativo: hay un equilibrio adecuado entre los costos y los beneficios, al igual que equidad en la distribución de recursos financieros dentro del sistema, y existe eficiencia con el sistema (se estableció el mínimo en número y superficie de áreas protegidas necesario para alcanzar los objetivos del sistema).

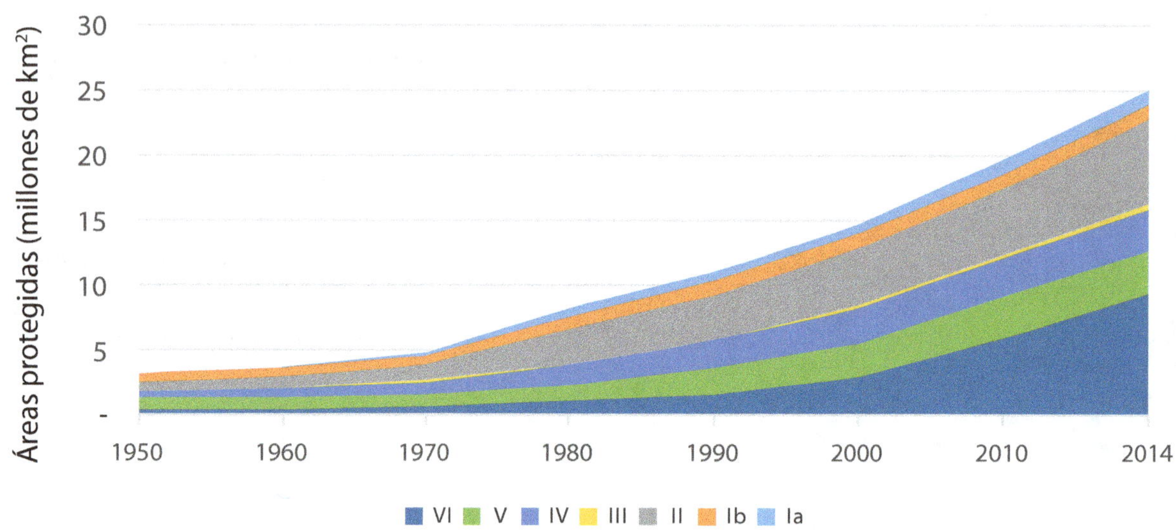

Figura 2.3 Extensión total (km²) de áreas protegidas en la BDMAP en cada una de las categorías de gestión de la UICN, 1950-2014. El área protegida general en todas las categorías está sobrestimada debido a superposiciones de áreas protegidas dentro y entre categorías. El gráfico incluye áreas protegidas sin fecha con información de categoría en todos los años, y excluye áreas protegidas sin información de categoría

Fuente: BDMAP, agosto de 2014

Estado de la cobertura de las áreas protegidas

En 1962, en la primera Conferencia Mundial sobre Parques Nacionales en Seattle, Washington, en el mundo existían 9214 áreas protegidas identificadas (Chape *et al.*, 2003), y solo 52 años después, en 2014, había más de 209.000 áreas protegidas designadas (IUCN y UNEP-WCMC, 2014). Esta transformación de los siglos XX y XXI permitió que en 2014 se protegiera el 15,4% de las aguas terrestres e interiores del mundo, al igual que el 3,4% de la superficie marina total, incluido el 8,4% de las zonas marinas bajo jurisdicción nacional y el 8,0% de las zonas económicas exclusivas nacionales (IUCN y UNEP-WCMC, 2014). Esto ha sido un logro notable; de hecho, es una de las mayores transformaciones pacíficas en el uso de la tierra y del mar en la historia de la humanidad (Figura 2.2). No obstante, este es un trabajo que no termina.

Los datos y estadísticas de las áreas protegidas descritas se compilaron en la Base de Datos Mundial sobre Áreas Protegidas (BDMAP), la cual es administrada por el Centro Mundial de Vigilancia de la Conservación del PNUMA en Cambridge, e incluye áreas protegidas de todos los tipos de gobernanza de la UICN. Además de las áreas protegidas por los gobiernos, incluye cientos de áreas protegidas administradas por la comunidad, co-administradas y privadas (incluidas extensas áreas en Brasil y Australia). Sin embargo, la base de datos no está completa, ya que la mayoría de estas áreas protegidas no gubernamentales no está formalmente reconocida o reportada por los gobiernos; esto por varios motivos. Se completó una estimación indicativa (no registrada) de los Territorios y Áreas Conservados por Pueblos Indígenas y Comunidades Locales (TICCA) de mayor extensión (Kothari *et al.*, 2012). Es posible que el número de TICCA iguale o exceda el número y extensión de las áreas protegidas reconocidas en la BDMAP.

Las áreas protegidas están reconocidas como una herramienta eficaz para conservar la biodiversidad y específicamente muchas especies en peligro en tiempos de un cambio global (Butchart *et al.*, 2012). Esto se da en un momento en que se pronostica el sexto gran evento de extinción en la Tierra, causado principalmente por la actividad humana (UNEP, 2007). El objetivo al cual se aspira para 2020 respecto a las reservas por país, el cual se estableció en el Plan Estratégico para la Diversidad Biológica 2011-2020 (CBD, 2011), es del 17% para sus áreas terrestres y del 10% para sus áreas marinas. El objetivo apunta a que las áreas sean importantes para la conservación de la biodiversidad, como lo son las áreas clave para la biodiversidad descritas en el Capítulo 3. Todas las categorías de áreas protegidas de la UICN son importantes para la conservación de la biodiversidad, aunque algunas áreas clave para la biodiversidad pueden necesitar protección especial con el

Parque Nacional Banff, patrimonio mundial, Canadá

Fuente: Graeme L. Worboys

fin de garantizar que las especies no desaparezcan. Esta gestión puede establecerse mejor bajo los objetivos y directrices de gestión de las áreas protegidas de las Categorías I-IV (Figura 2.3), aunque las categorías V y VI también desempeñan un papel valioso al contribuir con dicha conservación de la biodiversidad.

Otros tipos de conservación y áreas protegidas internacionales

Sitios de patrimonio mundial

En 1972, con la adopción de la Convención sobre la Protección del Patrimonio Mundial (UNESCO, 2013a) por las Naciones Unidas, se estableció la Lista del Patrimonio Mundial y se brindó la oportunidad de reconocer los lugares más excepcionales del patrimonio natural y cultural de la Tierra. Esta es una lista de prestigio, y en 2012 había ciento noventa partes que habían ratificado la convención (UNESCO, 2013b), lo que significa que fue adoptada casi universalmente.

La convención reconoce que los patrimonios naturales y culturales declarados como patrimonio mundial son bienes insustituibles de valor universal excepcional, no solo para cada nación, sino también para la humanidad en su conjunto (UNESCO, 2011). La convención tiene como objetivo la identificación, protección, conservación, presentación y transmisión a las futuras generaciones del patrimonio cultural y natural de "valor universal excepcional" (VUE) (UNESCO, 2011). Para el "patrimonio cultural", la convención reconoce monumentos, grupos de edificaciones y sitios que representan las obras de las personas o las obras combinadas de la naturaleza y las personas (UNESCO, 2011). Los criterios de "patrimonio natural" del patrimonio mundial incluyen características estéticas naturales del paisaje, formaciones geológicas y fisiográficas, ecosistemas y procesos ecosistémicos significativos, especies y áreas naturales definidas con precisión que tengan un VUE (UNESCO, 2011). La Convención también reconoce "bienes de patrimonio cultural y natural mixto", al igual que "paisajes culturales".

Existe un proceso riguroso para lograr la inscripción en la Lista del Patrimonio Mundial, el cual incluye evaluaciones frente a los criterios de VUE, una evaluación de integridad o autenticidad y una revisión de la protección y manejo del bien. Si se logra el estatus de patrimonio mundial, como parte de la Convención, se requiere que cada Estado Parte mantenga el VUE del patrimonio mundial y que brinde informes periódicos sobre la condición y la tendencia en la condición del VUE. Los bienes de patrimonio mundial pueden ser designados sobre cualquier tipo de tenencia de la tierra; sin embargo, se requiere que el VUE esté conservado. Por lo general, los sitios de patrimonio mundial están inscritos en tierras coincidentes con áreas protegidas establecidas, en especial si se tiene en cuenta la necesidad de un régimen de gestión eficaz. Por lo tanto, los sitios de patrimonio mundial en todo el mundo son especiales y representan "lo mejor de lo mejor" del patrimonio natural y cultural de la Tierra. En el Capítulo 3 se ofrece más información sobre los bienes naturales de patrimonio mundial reconocidos por la Convención sobre la Protección del Patrimonio Mundial.

Humedales Ramsar

Los humedales de importancia pueden estar reconocidos oficialmente de conformidad con las disposiciones de la Convención de Ramsar. Este tratado fue adoptado en 1971 en la ciudad de Ramsar, Irán, y en 2013 había 168 partes contratantes en la Convención y 2168 sitios reconocidos en todo el mundo (Ramsar, 2013). La Convención utiliza una definición amplia de los tipos de humedales cubiertos por su misión, los cuales incluyen lagos y ríos; pantanos y ciénagas; pastizales húmedos y turberas; oasis, estuarios, deltas y marismas; zonas marinas cercanas a la costa, manglares y arrecifes de coral, y sitios hechos por humanos tales como estanques de peces, arrozales, embalses y salinas. La misión de la Convención es "la conservación y el uso racional de todos los humedales mediante acciones locales y nacionales y la cooperación internacional, como una contribución al logro del desarrollo sostenible en todo el mundo" (Ramsar, 2013, p. 1). Las partes se comprometen a realizar un inventario de sus humedales y a preparar un marco estratégico para la lista de Ramsar. Esto incluye el establecimiento de una designación nacional sistemática y representativa, al igual que la gestión de los tipos de hábitat de los humedales. No hay ninguna obligación de que los sitios Ramsar estén legalmente protegidos, aunque el estatus en la lista mejora la protección (Dudley, 2008). El Capítulo 19 de este libro trata con mayor detalle el tema de las áreas reconocidas por la Convención de Ramsar.

Programa sobre el Hombre y la Biósfera de la UNESCO (reservas de la biósfera)

Las reservas de la biosfera forman parte del Programa sobre el Hombre y la Biosfera (Man and the Biosphere, MAB). Esta iniciativa fue lanzada en 1971 por la Organización de las Naciones Unidas para la Educación, la Ciencia y la Cultura (UNESCO) como un programa científico intergubernamental que pretende establecer una base científica para el mejoramiento de las relaciones entre las personas y su medio ambiente a nivel mundial (UNESCO, 2013c). En 2013, la Red Mundial de Reservas de la Biosfera incluía 621 reservas en 117 países (UNESCO, 2013c). El Programa MAB combina las ciencias naturales, las ciencias sociales, la economía y la educación para mejorar los medios de subsistencia humanos y salvaguardar los ecosistemas naturales. De esta manera busca promover enfoques innovadores para el desarrollo económico que sean social y culturalmente apropiados, así como ambientalmente sostenibles.

El propósito de las reservas de la biosfera es lograr la gestión integrada de la tierra, el agua dulce, las aguas marinas y los recursos vivos por medio del establecimiento de esquemas de planeación biorregionales (y zonas) para lograr un desarrollo sostenible. La implementación de las zonas se deja a la discreción de los países, e incluyen zonas centrales (idealmente áreas protegidas) que están rodeadas por zonas de amortiguación (donde se enfatiza la conservación) y una zona de transición (o área de cooperación que promueve el desarrollo sostenible) (UNESCO, 2002). Las reservas de la biosfera se describen en su formulario de nominación por la UNESCO (2013b, p. 1):

> Las reservas de la biosfera son áreas de ecosistemas terrestres y costeros/marinos, o una combinación de ellos, las cuales están reconocidas internacionalmente en el marco del Programa sobre el hombre y la biosfera de la UNESCO. Estas áreas se establecen para promover y demostrar una relación equilibrada entre los seres humanos y la biosfera. Las reservas de la biosfera son designadas por el Consejo Internacional de Coordinación del Programa MAB por solicitud del Estado interesado. Las reservas de la biosfera individuales permanecen bajo la jurisdicción soberana del Estado donde se encuentran. Colectivamente, todas las reservas de la biosfera forman una red mundial en la que la participación de los estados es voluntaria.

La Red Mundial de Reservas de la Biosfera se rige por un marco adoptado por la Conferencia General de la UNESCO en 1995, el cual presenta la definición, los objetivos, los criterios y el procedimiento de designación de las reservas de la biosfera. Las acciones recomendadas para la implementación de las reservas de la biosfera se establecen en un documento denominado "Estrategia de Sevilla", el cual se desarrolló adicionalmente como el "Plan de Acción de Madrid" (2008-2013) (UNESCO, 2013d). En el Cuadro 2.1 se encuentran los requisitos para que las áreas sean reconocidas como reserva de la biosfera.

Geoparques de la UNESCO

El concepto de geoparques evolucionó como una base para proteger áreas con características geológicas especiales. La UNESCO adoptó el concepto en 2001, y brindó las siguientes directrices:

> Un geoparque global es un área unificada con un patrimonio geológico de importancia internacional. Los geoparques usan este patrimonio para promover la concientización sobre los problemas más importantes que enfrenta la sociedad en el contexto del planeta dinámico en el que todos vivimos. Muchos geoparques promueven la concientización sobre los peligros geológicos, incluidos los volcanes, los terremotos y los maremotos, y muchos ayudan a preparar estrategias de mitigación de desastres entre las comunidades locales. Los geoparques llevan registros del cambio climático pasado y educan no solo sobre el cambio climático actual, sino también sobre la adopción de un enfoque de

Reserva de la biosfera de Río Plátano, Honduras

Fuente: Eduard Müller

Cuadro 2.1 Criterios de la UNESCO para la designación como reserva de la biosfera

El artículo 4 del marco de las reservas de la biosfera consta de siete criterios generales para que un área califique para ser designada como reserva de la biosfera. Estos son:

1. Abarcar un mosaico de sistemas ecológicos representativos de regiones biogeográficas principales, incluida una gradación de las intervenciones humanas.
2. Tener importancia para la conservación de la diversidad biológica.
3. Ofrecer la oportunidad de explorar y demostrar perspectivas de desarrollo sostenible a escala regional.
4. Tener un tamaño adecuado para servir a las tres funciones de las reservas de la biosfera.
5. Mediante una zonificación adecuada, lograr:
    a. Un área o áreas núcleo legalmente constituidas, consagradas a la protección a largo plazo de acuerdo con los objetivos de conservación de las reservas de la biosfera, y con un tamaño suficiente para alcanzar estos objetivos.
    b. Una zona o zonas de amortiguación claramente identificadas y circundantes o contiguas al área o áreas fundamentales, en las que solo pueden realizarse actividades compatibles con los objetivos de conservación.
    c. Un área de transición externa donde se promueven y desarrollan prácticas de manejo sostenible de los recursos.
6. Contar con arreglos organizacionales que permitan el involucramiento y la participación de una gama adecuada de autoridades públicas, comunidades locales e intereses privados, entre otros, en el diseño y la ejecución de las funciones de una reserva de la biosfera.
7. Tener mecanismos de implementación que incluyan:
    a. Mecanismos para manejar el uso y las actividades humanas en la zona o zonas de amortiguación.
    b. Una política o plan de manejo para el área como una reserva de la biosfera.
    c. Una autoridad o mecanismo designado para implementar esta política o plan.
    d. Programas de investigación, monitoreo, educación y capacitación.

Fuente: UNESCO, 2013b

mejores prácticas para utilizar la energía renovable y emplear los mejores estándares de turismo ecológico (UNESCO, 2014, p. 1).

Los geoparques brindan información sobre el uso sostenible y la necesidad de los recursos naturales, ya sean extraídos por minería, excavados o aprovechados del entorno circundante, al tiempo que promueven el respeto por el medio ambiente y la integridad del paisaje. No son una designación legislativa, aunque los sitios clave del patrimonio geológico dentro de un geoparque deben estar protegidos bajo la legislación apropiada (UNESCO, 2013e). La Red Global de Geoparques Nacionales es una red voluntaria apoyada por la UNESCO, cuyos miembros están comprometidos a trabajar en conjunto, a intercambiar ideas de mejores prácticas y a unirse en proyectos comunes (UNESCO, 2013e). El Capítulo 18 de este libro brinda más información sobre los geoparques de la UNESCO.

Introducción a las áreas protegidas no gubernamentales

Por lo general se considera que las áreas protegidas "convencionales" son aquellas establecidas y administradas por los gobiernos nacionales, en especial por el compromiso de estos con el Convenio sobre la Diversidad Biológica y con la implementación del Plan Estratégico 2011-2020 del CDB. Los gobiernos subnacionales también establecen áreas protegidas. Además de estas áreas protegidas del Gobierno, en el siglo XXI, alrededor del mundo se le ha dado un mayor reconocimiento no solo al papel tradicional y continuo de los pueblos indígenas y las comunidades locales, sino también a las personas, a las organizaciones de la sociedad civil y al sector privado respecto a la conservación de la tierra, incluida la gobernanza y el manejo de las áreas protegidas.

Se ha hecho un llamado a la innovación en la conservación, la protección y la gestión (Figgis 2012) en un momento que existe un cóctel de amenazas como el aumento de las presiones humanas, incluidas la destrucción del hábitat y la caza furtiva, la contaminación y el cambio climático, los incendios y eventos climáticos severos, y las especies introducidas, las cuales afectan la biodiversidad de la Tierra. Se reconocen ampliamente dos tipos de áreas protegidas no gubernamentales, incluidas por la UICN y los gobiernos como parte del Programa de Trabajo sobre Áreas Protegidas del Convenio sobre la Diversidad Biológica: los Territorios y Áreas Conservados por Pueblos Indígenas y Comunidades Locales (TICCA), y las Áreas Protegidas Privadas (APP). Un tercer tipo, las Áreas Protegidas Gestionadas en Colaboración o de Gobernanza Compartida, abarca sitios administrados por dos o más de estos organismos y grupos. Junto con las áreas protegidas del Gobierno, estas áreas constituyen los cuatro tipos de gobernanza ahora reconocidos mundialmente (véase el Capítulo 7).

Territorios y áreas conservadas por pueblos indígenas y comunidades locales

Aparte de los gobiernos tribales formales como los que se encuentran en los Estados Unidos, los pueblos indígenas y las comunidades locales y nómadas pueden establecer, gobernar y administrar los TICCA (Borrini-Feyerabend *et al.*, 2004). En muchas partes del mundo, los TICCA brindan una contribución importante a la conservación de la biodiversidad. Estas áreas se han definido como "ecosistemas naturales y modificados cuyos importantes valores ecológicos, culturales y de biodiversidad son conservados voluntariamente por los pueblos indígenas y comunidades locales a través de leyes consuetudinarias u otros medios efectivos" (Kothari *et al.*, 2012, p. 16).

Esto comprende tres características esenciales (Kothari *et al.*, 2012, p. 17).

1. Una población o comunidad bien definida, con una estrecha y profunda relación con especies o un sitio (un territorio, un área o un hábitat de especies, aunque los límites pueden ser flexibles) igualmente bien definidos. Esta es una relación arraigada en la cultura, sentido de identidad o dependencia para el sustento o el bienestar.
2. El pueblo o comunidad como actor principal en la toma de decisiones y la implementación de la gobernanza y gestión del sitio o de las especies, lo cual implica que las instituciones locales tienen la capacidad *de facto* o *de jure* (igualdad formal) de desarrollar y ejecutar decisiones. Otros titulares de derechos y partes interesadas pueden colaborar como socios, en especial cuando el terreno es propiedad del Estado, pero predominan las decisiones y los esfuerzos de gestión locales.
3. Las decisiones y esfuerzos de gestión del pueblo o de la comunidad conducen a la conservación de hábitats, especies, diversidad genética, funciones/beneficios ecológicos y valores culturales asociados, incluso cuando los objetivos conscientes del manejo no son solo la conservación.

Hay muchos tipos diferentes de TICCA (Cuadro 2.2). No todos los TICCA son áreas protegidas, pero todos ayudan a conservar la biodiversidad e incluyen muchos valores y beneficios (Cuadro 2.3). Los TICCA pueden ser muy pequeños o abarcar varios millones de hectáreas,

Estudio de caso 2.1 Áreas conservadas por la comunidad en la India

Neema Pathak, en su contribución a nuestro conocimiento de las áreas conservadas por la comunidad (ACC) en la India, reconoció el enorme desafío de definir las ACC para su país. Ella estableció una definición de trabajo que identificó a las ACC como:

> Ecosistemas [naturales] (bosque/mar/humedal/pastizal/otros), incluidos aquellos con una influencia humana mínima a sustancial, que tienen un valor significativo para la vida silvestre y la biodiversidad, y que son conservados por las comunidades por motivos religiosos, culturales, políticos o de subsistencia, mediante el uso de leyes consuetudinarias u otros medios eficaces. (Pathak, 2009, p. 49)

Ella también identificó seis criterios para reconocer las ACC en la India.

1. Hay un grupo de personas identificado que puede considerarse una comunidad y que está involucrado en el esfuerzo.
2. Las comunidades interesadas tienen fuertes asociaciones éticas, de subsistencia, culturales, económicas o espirituales con el área conservada y en dependencia de esta.
3. Las comunidades interesadas son los actores principales o están entre los actores principales respecto a la toma de decisiones y la implementación de tales decisiones.
4. Las comunidades interesadas han establecido sistemas (instituciones, reglamentos, procesos) para lograr sus objetivos.
5. Cualquiera que sea el objetivo de la iniciativa, los esfuerzos conducen al mantenimiento o a la mejora de uno o más ecosistemas naturales y especies en él.
6. El esfuerzo se lleva a cabo dentro de una frontera identificada localmente (Pathak, 2009, pp. 50-51).

Fuente: Pathak, 2009

Cuadro 2.2 Tipos de TICCA

Aquí se enumeran los diferentes tipos de TICCA. No todos estos TICCA son áreas protegidas, pero ayudan a conservar la biodiversidad (véase el Capítulo 7).

- Territorios de los pueblos indígenas gobernados y gestionados como parte de su historia y vida. Comprende el uso sostenible, los valores culturales o, más recientemente, los objetivos explícitos de conservación. Por ejemplo, los territorios indígenas con varias aldeas en Surinam, las Áreas Protegidas Indígenas en Australia, las reservas indígenas en Costa Rica y las "Comarcas" indígenas en Panamá.
- Territorios (terrestres o marinos) por donde han deambulado tradicionalmente las comunidades semi-nómadas o nómadas, con un manejo de los recursos por medio de normas y prácticas consuetudinarias. Por ejemplo, las zonas de pastoreo consuetudinarias de las confederaciones tribales en Irán y los paisajes pastoriles en Kenia y Etiopía.
- Lugares o espacios naturales sagrados, que van desde pequeños bosques y humedales hasta paisajes terrestres y marinos enteros, a menudo (pero no necesariamente) dejados completamente o en gran parte sin intervención alguna. Por ejemplo, los bosques sagrados y paisajes del Sur de Asia, los lagos sagrados y los sitios de enterramiento marinos en Filipinas, y los bosques sagrados de Kenia.
- Las áreas de captación de recursos, donde las comunidades obtienen sus medios de subsistencia esenciales o donde se derivan beneficios ecosistémicos clave, las cuales se gestionan de tal manera que estos beneficios se mantengan en el tiempo. Por ejemplo, las áreas marinas gestionadas localmente en el Pacífico Sur y Madagascar, las áreas marinas protegidas autónomas y los paisajes marinos de Satoumi en Japón, las áreas marinas para la pesca responsable en Costa Rica y los bosques comunitarios en Tanzania.
- Áreas conservadas para optimizar la productividad de ecosistemas relacionados. Por ejemplo, los "bosques de pescadores" o "bosques para la crianza de peces" en Japón.
- Áreas y poblaciones de especies manejadas de forma sostenible para obtener beneficios comerciales. Por ejemplo, los sitios gestionados para el ecoturismo en Surinam y Kenia, y las áreas gestionadas para la caza sostenible y el ecoturismo como las zonas de Conservación Comunal de Namibia.
- Sitios de anidación o de descanso, otros hábitats críticos de plantas y animales silvestres, o poblaciones de vida silvestre extendidas por grandes territorios, los cuales son objeto de conservación por motivos éticos o de otra índole, y con una orientación explícita a la protección de estas plantas y animales. Por ejemplo, los sitios de anidación o descanso en la India, los estanques de cocodrilos sagrados de Gambia y Malí, ciertas especies arbóreas como el lapacho amarillo *(Tabebuia serratifolia)* en Surinam, y los sitios de anidación de tortugas marinas en Chile, Costa Rica y Surinam.

Fuente: Kothari *et al.*, 2012

Cuadro 2.3 Valores y beneficios de los TICCA

Los TICCA, muchos de los cuales están formalmente reconocidos como áreas protegidas, incluyen valores importantes y presentan muchos beneficios, como:

- Brindar el contexto y los medios para el bienestar sociocultural, económico, político, espiritual y físico de miles de pueblos indígenas y comunidades locales, lo cual involucra cientos de millones de personas.
- Ayudar a conservar ecosistemas esenciales y especies amenazadas en una amplia gama de regiones biogeográficas del mundo.
- Mantener las funciones esenciales del ecosistema, como la seguridad del agua, la conservación de los suelos y el mantenimiento de la reserva genética.
- Proporcionar corredores y enlaces para la conservación de la conectividad, lo cual permite el movimiento de especies, incluso con frecuencia entre dos o más áreas protegidas.
- Brindar medios de subsistencia seguros y sostenibles (aunque no necesariamente adecuados en todos los casos) en una variedad de asentamientos –tanto de subsistencia como de generación de ingresos– lo cual incluye la silvicultura, la pesca, el pastoreo, las artesanías, la salud y el turismo, entre otros.
- Ayudar a conservar una diversidad de ecosistemas agrícolas, especies/genes y prácticas, así como los vínculos entre la biodiversidad agrícola y la vida silvestre. También brindar un mayor nivel de integración entre los paisajes terrestres y acuáticos para la conservación.
- Ofrecer lecciones cruciales para la gobernanza participativa que son útiles para brindar directrices sobre todas las formas de gobernanza, incluidas las áreas protegidas administradas por el Gobierno.
- Ofrecer lecciones sobre la integración de las leyes consuetudinarias y estatutarias, y las instituciones formales y no formales que buscan lograr una conservación efectiva.
- Construir y validar sofisticados sistemas locales de conocimiento ecológico, cuyos elementos tienen un uso positivo más amplio.
- Ayudar a las comunidades que se resisten al desarrollo destructivo y salvan territorios y hábitats de la minería, las represas, la tala, el turismo, la sobrepesca y la expansión agrícola de las poblaciones de colonos, entre otros.
- Ayudar a las comunidades a empoderarse, en especial para reclamar o asegurar los territorios, la tenencia y los derechos o el control de los recursos de los que dependen o con los que se relacionan.
- Ayudar a las comunidades a definir mejor sus territorios, por ejemplo, con el mapeo.
- Ayudar a crear un mayor sentido de identidad y cohesión comunitaria, así como una vitalidad renovada y un sentido de orgullo en las culturas locales, incluso entre los jóvenes que de otra manera podrían ser alienados por las influencias modernas.
- Crear condiciones para que otros insumos de desarrollo fluyan hacia la comunidad, tales como fondos para escuelas, hospitales, conexiones de agua y empresas de subsistencia.
- Conducir a una mayor equidad dentro de una comunidad (por ejemplo, entre clases, hombres y mujeres, y grupos étnicos) y entre la comunidad y las agencias externas (por ejemplo en la toma de decisiones).
- Permitir la conservación de la biodiversidad a un costo financiero relativamente bajo (aunque la mano de obra suela ser alta), con los costos de gestión a menudo cubiertos a través de los sistemas y estructuras existentes y como parte de las actividades culturales o medios de subsistencia normales.
- Proporcionar ejemplos de estructuras administrativas y de toma de decisiones relativamente simples y eficaces, y evitar burocracias complejas.
- Los valores y beneficios de las áreas protegidas se discuten con más detalle en el Capítulo 6.

Fuente: Kothari *et al.*, 2012

y se encuentran en muchos países del mundo. Neema Pathak (Estudio de caso 2.1) investigó los detalles de sus características en la India. El Capítulo 7 brinda más información sobre los TICCA.

Áreas protegidas indígenas de Australia

Desde 1997, el Gobierno de Australia apoya el desarrollo de las Áreas Protegidas Indígenas (API), y las ha definido como "un área de tierra o mar de propiedad indígena donde los propietarios tradicionales firmaron un acuerdo con el Gobierno de Australia para promover la biodiversidad y la conservación de los recursos culturales" (Government of Australia, 2013, p. 1).

Las API no tienen un marco legal reglamentario; en su lugar, se confía en que las comunidades indígenas identifiquen su deseo de dedicar sus tierras a fines de conservación. Las API son formalmente reconocidas como un área protegida bajo el Sistema Nacional de

Comité de protección forestal de las mujeres en la aldea de Dangejheri, Odisha, India

Fuente: Ashish Kothari

Cuadro 2.4 Gobernanza y manejo

La gobernanza es una parte crítica de las áreas protegidas que identifica la manera en que las organizaciones administran un área protegida, junto con el poder asociado y los arreglos relacionados con la toma de decisiones. La gobernanza también aborda quién toma las decisiones para las áreas protegidas y su gestión, y cómo se toman estas. La gobernanza no es igual a la gestión o al manejo, el cual se centra en qué respuestas se necesitan para una situación dada o un lugar que necesita atención. La gobernanza se refiere a la manera en que se ejerce el poder, cómo se toman las decisiones sobre temas de interés público y cómo los ciudadanos u otros actores pueden dar su opinión (Graham *et al.*, 2003). La política global de conservación también ha reconocido la importancia de la calidad de la gobernanza, la cual incluye si las áreas protegidas individuales o el sistema de áreas protegidas en su conjunto incorporan principios como la responsabilidad, la justicia, la equidad, la participación, la subsidiariedad y la eficacia para lograr la conservación de la biodiversidad, entre otros. El Capítulo 7 discute con más detalle la gobernanza y las áreas protegidas.

La gestión consiste en la coordinación de personas, recursos y actividades para lograr los objetivos de una organización de áreas protegidas (Hitt *et al.*, 2011), y hay cuatro funciones básicas que se llevan a cabo en cualquier proceso de gestión: planeación, organización, dirección y evaluación. Las áreas protegidas necesitan una gestión y manejo activos para la conservación de la biodiversidad, aparte del patrimonio natural y el patrimonio cultural. Si esta gestión no es efectiva, entonces un área protegida puede reducirse a ser un "parque de papel" con sus valores patrimoniales perdidos. El Capítulo 8 de este libro describe con más detalle cómo se establecen y manejan las áreas protegidas, y el Capítulo 28 describe el concepto de evaluación de la efectividad del manejo.

Reservas de Australia mediante la cláusula "legal y otros medios efectivos" de la definición de área protegida de la UICN (Rose, 2013). En 2013 había sesenta API declaradas que cubrían un poco más de cuarenta y ocho millones de hectáreas en toda Australia, las cuales constituyen más de un tercio del Sistema Nacional de Reservas (Government of Australia, 2013). Las API ofrecen más que beneficios ambientales; estas son importantes al brindar a las comunidades beneficios significativos en salud y educación, a nivel económico y social, y al proteger sus valores culturales significativos.

Áreas protegidas privadas

Las áreas protegidas de propiedad y administración privada han existido durante siglos (como las reservas privadas de caza de Mongolia y Europa) (Langholz, 2005). Hoy en día, algunas naciones fomentan las áreas protegidas privadas como un mecanismo para la conservación de la biodiversidad que complementa las reservas comunitarias y gubernamentales. La UICN definió un área protegida privada en el Congreso Mundial de Parques 2003 de la UICN como:

> Una parcela de tierra de cualquier tamaño que sea 1) gestionada predominantemente para la conservación de la biodiversidad; 2) protegida con o sin el reconocimiento oficial del gobierno; y 3) pertenezca o esté asegurada por individuos, comunidades, corporaciones u organizaciones no gubernamentales. (Chape *et al.*, 2008, p. 102)

Las áreas protegidas privadas se han establecido, por ejemplo, en Chile (Parque Pumalín), África Meridional y Oriental (como las reservas de caza que se encuentran junto al Parque Nacional Kruger), Namibia (Reserva

Natural de Namib Rand), Estados Unidos y el Reino Unido (la Sociedad Real para la Protección de las Aves con sus ciento cincuenta reservas que reúnen más de 240.000 hectáreas) (Langholz, 2005). En Australia, varias ONG han adquirido propiedades sustanciales y las han manejado para obtener resultados en materia de biodiversidad. Estas incluyen Bush Heritage Australia, Australian Wildlife Conservancy y Tasmanian Land Conservancy. También se destacan las reservas de The Nature Conservancy y los terrenos de servidumbre en los Estados Unidos que actualmente protegen cerca de 6,1 millones de hectáreas (TNC, 2013).

Otras iniciativas de conservación que complementan las áreas protegidas

Existen muchas iniciativas y medidas eficaces de conservación basadas en el área que no cumplen con la definición de un área protegida o donde no se busca el estatus de área protegida, pero que todavía contribuyen a los resultados de conservación de la biodiversidad. Estas áreas protegidas incluyen santuarios de vida silvestre voluntarios, alamedas de carreteras, áreas riparias conservadas en bosques con fines madereros, áreas de conservación en bosques propiedad del Gobierno, humedales y áreas boscosas mantenidos en tierras de cultivo o a lo largo de arroyos, áreas turísticas, destinos privados de ecoturismo, TICCA fuera del sistema de áreas protegidas, áreas militares e incluso campus universitarios. La recuperación de antiguas áreas agrícolas, parques urbanos, jardines públicos, fincas y jardines privados (en especial con especies nativas) puede contribuir a la conservación de la biodiversidad nativa en el paisaje.

La Meta 11 de Aichi del CDB reconoce que si se va a lograr el objetivo global de conservación del 17% de cobertura terrestre y del 10% de cobertura marina, tendrá que ser mediante una combinación de áreas protegidas y "otras medidas efectivas de conservación basadas en áreas", como los ejemplos anteriores.

Desafíos para las áreas protegidas

Los administradores y las autoridades de gobernanza del área protegida (Cuadro 2.4) tienen enormes desafíos en el siglo XXI. La huella de la perturbación y el cambio humano puede observarse en todos los continentes de la Tierra, incluida la Antártida, y la transformación de los entornos naturales ha ganado impulso, sin que se haya desacelerado durante este siglo. Las evaluaciones de los desafíos que enfrentan las áreas protegidas realizadas por Charles Barber y sus colegas en 2004 no han sufrido cambios esenciales (Barber *et al.*, 2004), aunque quizás sean más claras en 2014, al igual que los efectos cada vez más arraigados del cambio climático (IPCC 2013) y del crecimiento poblacional, que en 2050 podría llegar a nueve mil doscientos millones de personas en la Tierra (UNEP 2013). En este libro evaluamos las causas subyacentes de las amenazas a las áreas protegidas (Capítulo 16) y ofrecemos respuestas a los desafíos consecuentes que enfrentan los directores y administradores de áreas protegidas. Nuestro objetivo es equipar a los profesionales de las áreas protegidas con la información que necesitan para lograr una gestión eficaz de sus áreas como base para la creación de un mejor futuro para las especies, los ecosistemas y otros patrimonios, y para mantener ambientes saludables, y por consiguiente, personas sanas en nuestro planeta. Aquí consideramos brevemente algunos desafíos significativos e incluimos los capítulos del libro que responden a estas cuestiones. Los desafíos mencionados a continuación comprenden hechos, observaciones de muchas personas y algunas reflexiones personales del autor basadas en los cuarenta años de gestión profesional de áreas protegidas.

Desafío: cambio global

El cambio global es un reto importante para los gobernantes y administradores de áreas protegidas. En el siglo XXI, estos profesionales tendrán que lidiar con un clima cambiante, con sistemas meteorológicos y tormentas cada vez más frecuentes e intensas, con el aumento del nivel del mar y la inundación de las islas, de las zonas bajas y de los estuarios, y con la transformación en las montañas de muchas corrientes perennes en corrientes efímeras (Capítulo 17). Estos cambios se verán potenciados por sequías, inundaciones pluviales e incidentes como los incendios forestales, y los efectos de las mareas tormentosas, que serán más frecuentes y requerirán nuevas habilidades y respuestas de los profesionales de áreas protegidas (Capítulo 26). Estas tendencias del cambio climático también estarán acompañadas por cambios en áreas adecuadas para tipos de vegetación, cambios en hábitats e invasiones de especies exóticas que requerirán respuestas de gestión más estratégicas, más frecuentes, a menudo más sofisticadas y a mayor escala (Capítulo 16).

Este mundo tendrá una creciente población humana con una demanda cada vez mayor por los recursos finitos de la Tierra, una mayor industrialización, un comercio globalizado, una comunicación instantánea y la consiguiente transformación y reducción de la superficie de hábitats naturales, al igual que los impactos sobre las especies de la Tierra (Barber *et al.*, 2004). La tensión y los conflictos en aumento tienen el potencial de convertirse

Gran Parque Nacional del Himalaya, India
Fuente: Graeme L. Worboys

en problemas importantes a medida que las demandas humanas y las industrias se esfuerzan por acceder a las áreas protegidas existentes, y las amenazas afuera de las fronteras del parque afectan la salud de los ecosistemas y especies. Se puede esperar no solo un aumento en la contaminación de la atmósfera, los arroyos, los ríos, los estuarios y los océanos, sino también que prevalezcan otras amenazas como la destrucción del hábitat y la caza furtiva, dado que cada vez hay más personas en la Tierra (Barber *et al.*, 2004). Algunos problemas pueden solucionarse por medio de respuestas globales, como la aceptación de una prohibición internacional de la minería en áreas protegidas (Categorías I-V), de acuerdo con la posición de la UICN en el siglo XXI. Otros problemas pueden ser adecuados para una respuesta a nivel del sistema de áreas protegidas, en los que los gobiernos, las organizaciones y las comunidades respalden enérgica y fielmente los objetivos de gestión del área protegida respecto a su categoría de la UICN. No obstante, será necesario afrontar muchos problemas conforme afecten las áreas protegidas individuales.

Se verá un aumento en las presiones de algunos sectores comerciales, empresariales y agrícolas sobre la sociedad para que esta se aleje sustancialmente de la conservación y la protección a favor de la utilización y el desarrollo. Conforme las poblaciones crezcan y los recursos comiencen a escasear, es posible que se presente un crecimiento en las fuerzas que defienden y facilitan la "regresión" y el "retroceso" de las áreas protegidas para su "uso" y para los intereses creados. En diferentes partes del mundo podría ocurrir el equivalente del debate de "utilización versus conservación" de la presa Hetch Hetchy de 1913 en el Parque Nacional Yosemite en los Estados Unidos. En 1912, John Muir escribió:

> Hetch Hetchy es un gran jardín paisajístico, uno de los templos de montaña más raros y preciosos de la naturaleza. Como en Yosemite, las rocas sublimes de sus paredes parecen brillar con la vida [...] mientras los pájaros, las abejas y las mariposas ayudan al río y a las cascadas a agitar todo el aire en música [...] Estos destructores del templo, devotos del comercialismo devastador, parecen tener un perfecto desprecio por la naturaleza, y en vez de levantar su mirada al Dios de las montañas, la levantan al dólar todopoderoso. (Muir, 1912)

Por fortuna, en el siglo XXI, personas como Muir siguen inspirando y tratando de conservar las áreas protegidas para las generaciones futuras. Parte de esta inspiración es el conocimiento de que, si estas áreas son utilizadas y despojadas, quedarán pocos (si es que quedan) terrenos equivalentes en la Tierra finita. Su condición de herencia intergeneracional, su contribución inmensa y sostenible a largo plazo a los servicios ecosistémicos, su propósito de proteger las especies de una nación, su papel en la conservación de ambientes saludables y su belleza natural son lo que tanto disfruta la gente (Capítulo 6).

El liderazgo, al igual que la gobernanza y la gestión eficaces de las áreas protegidas deben anticiparse y hacer frente a las presiones en defensa del "uso" (Capítulos 7, 8 y 12). El concepto de áreas protegidas como tierras intergeneracionales o "protegidas para siempre" tendrá que ser no solo profundamente valorado por todas las sociedades, sino también constantemente defendido. Los líderes de áreas protegidas (Capítulo 12) deberán comunicar eficazmente los mensajes de protección (Capítulo 15), trabajar positivamente con las personas y los tomadores de decisiones (Capítulo 14), y asegurarse de que la información sobre la importancia y los beneficios de las áreas protegidas esté fácilmente disponible (Capítulo 11). Hacer frente a la cuestión más amplia del uso sostenible de los recursos finitos de la Tierra será una parte fundamental para ayudar a proteger los valores naturales de las áreas protegidas a largo plazo (Capítulo 8).

Desafío: establecer nuevas áreas protegidas

Los directores y administradores de áreas protegidas tienen la tranquilidad y el conocimiento de que las áreas protegidas bien manejadas son eficaces en su función de proteger las especies individuales, la biodiversidad, los servicios ecosistémicos y otros patrimonios naturales y culturales. No obstante, para 2014 existía una cobertura inadecuada de áreas protegidas en la Tierra. Solo el 15,4% de la superficie terrestre (fuera de la Antártida) y el 3,4% de su ambiente marino se encuentran bajo áreas protegidas oficialmente reconocidas (IUCN y UNEP-WCMC, 2014), lo cual no es suficiente para conservar adecuadamente las especies de la Tierra. Este desafío se identificó en el Plan Estratégico 2011-20 de la Convención sobre la Diversidad Biológica, y especialmente en la Meta 11:

> Para 2020, al menos el 17 % de las zonas terrestres y de aguas continentales y el 10 % de las zonas marinas y costeras, especialmente aquellas de particular importancia para la diversidad biológica y los servicios ecosistémicos, se conservan por medio de sistemas de áreas protegidas administrados de manera eficaz y equitativa, ecológicamente representativos y bien conectados y otras medidas de conservación eficaces basadas en áreas, y están integradas en los paisajes terrestres y marinos más amplios. (CDB, 2011, p. 3)

En consecuencia, las naciones de la Tierra han acordado que se deben establecer más áreas protegidas, y para cerrar la brecha deben reconocerse las iniciativas de conservación por las comunidades y el sector privado que actualmente no estén reconocidas. Es crítico establecer exactamente dónde se necesitan nuevas áreas protegidas, y para lograr esto suele utilizarse un análisis de brechas apoyado por enfoques sistemáticos de planeación de la conservación (Capítulo 13). En 2014 también se utilizaban enfoques de agregación de datos más sofisticados para identificar áreas clave de biodiversidad (Capítulo 21).

Las descripciones introductorias de los principales tipos de ambientes de la Tierra (Capítulo 3) respaldan una identificación más detallada de las áreas terrestres que representan importantes áreas de biodiversidad y brechas potenciales de importancia para la conservación de la biodiversidad (Capítulos 3 y 21; Butchart *et al.*, 2012). La consideración del patrimonio cultural (Capítulo 4), del geopatrimonio (Capítulo 18), de los ambientes dulceacuícolas y estuarinos (Capítulo 19) y de los ambientes marinos (Capítulo 20) ayuda a identificar la importancia de conservar el patrimonio natural y cultural. Determinar los lugares, los propósitos y los objetivos de la gestión es una parte importante del proceso para crear una reserva, y las seis categorías de la UICN aceptadas universalmente y descritas anteriormente brindan una guía esencial a este respecto. El liderazgo visionario también es una parte clave del establecimiento de nuevas áreas protegidas (Capítulo 12), al igual que un claro entendimiento de los contextos sociales y políticos, de las influencias sociales y del cambio global (Capítulo 5).

Desafío: gobernanza y gestión eficaces

La práctica de la gobernanza y el manejo de áreas protegidas son esenciales facilitar un medio ambiente saludable y para ayudar a conservar la vida en la Tierra. Idealmente, esta práctica está respaldada tanto por las calificaciones formales de nivel técnico o profesional en gobernanza y manejo de áreas protegidas como por la capacitación basada en la vocación (Capítulo 9). Alcanzar este estándar es un reto global. Los conocimientos tradicionales locales de las comunidades indígenas también contribuyen de manera decisiva a la gestión de la conservación (Capítulos 7 y 25).

Es vital lograr una gobernanza eficaz de las áreas protegidas (Capítulo 7). Las organizaciones y las comunidades tendrán que adaptarse y responder a los cambios, y los administradores profesionales locales de las áreas protegidas tendrán que tener libertad de gestión (Capítulo 8), aunque dentro de las directrices estatutarias, corporativas y planificadas establecidas, y con la retroalimentación y orientación de la comunidad. Por ejemplo, la imposición de directivas desde bases de poder centralizadas, lo cual dificulta la capacidad de los "administradores de gestionar" y de proteger la naturaleza, es una mala práctica de gobernanza y una amenaza para la conservación de la naturaleza.

Además de contar con el personal que tenga las competencias y la capacitación adecuadas, la gestión eficaz se basa en una buena planeación (Capítulo 13), una buena gestión corporativa, un alto conocimiento de la gestión de las necesidades de conservación de la biodiversidad (Capítulo 21), la capacidad de gestionar los requisitos administrativos del patrimonio cultural Capítulo 22), el uso de los recursos (Capítulo 25) y el manejo de las operaciones (Capítulo 24), así como la atención de las necesidades de los visitantes (Capítulo 23). Este importante trabajo puede extenderse a la gestión de los sitios de patrimonio mundial (Capítulo 3) o a trabajar fuera de las reservas o áreas de conservación para ayudar a facilitar la conectividad de las

Punta del Cabo, sección del Cabo de la Buena Esperanza, Parque Nacional Table Mountain, Sudáfrica: el parque incluye las comunidades de vegetación de Cape Flora, una de las floras templadas más ricas del mundo, la cual incluye fynbos (matorrales dominados por arbustos de hojas finas). El parque hace parte de la Región Floral del Cabo, sitio patrimonio mundial

Fuente: Graeme L. Worboys

El paseo marítimo permite el acceso de los visitantes a través de ricas comunidades de manglares dentro de la Reserva de la Biosfera Celestún, Estado de Yucatán, México: los cenotes de agua dulce, manglares y estuarios de la reserva ayudan a proteger las bandadas de flamencos (*Phoenicopterus sp.*) y garzas; es un importante lugar de descanso y nidación de aves migratorias, y es un punto de eclosión para algunas especies de tortugas

Fuente: Graeme L. Worboys

áreas de conservación (Capítulo 27). Evaluar la efectividad de todas estas actividades de gestión profesional e informar sobre el buen trabajo es fundamental para el futuro (Capítulo 28). Lograr un estándar profesional mínimo de gobernanza y manejo de áreas protegidas para todas las áreas protegidas en la Tierra representa una contribución fundamental a la conservación de la vida en la Tierra. Esto también es un desafío formidable en la primera parte del siglo XXI, con este libro como una respuesta a dicho reto.

Desafío: el futuro

Las áreas protegidas ofrecen una respuesta clave a muchos de los problemas ambientales que enfrentarán todas las naciones de la Tierra en las próximas décadas, en particular el cambio climático, el estrés hídrico, la seguridad alimentaria, la producción de energía y la pérdida de la biodiversidad (MacKinnon *et al.*, 2011). Las áreas protegidas tienen una inmensa responsabilidad, ya que son las principales herramientas para conservar la diversidad de la vida de la Tierra y para proteger la riqueza del patrimonio natural y cultural en nombre de las naciones. El concepto de áreas protegidas se ha implementado con la confianza de los gobiernos y otros actores desde el siglo XX, y la ciencia ha confirmado que las áreas protegidas manejadas de manera efectiva han tenido éxito en la conservación de la biodiversidad. A medida que avanzamos más y más en el siglo XXI, con el aumento asociado en la población, el desarrollo y el consumo, la profundización de los impactos del cambio climático, los cambios en la energía del petróleo posteriores a la máxima actividad, la escasez de recursos y el desorden social potencial, cada vez serán mayores los desafíos para las áreas protegidas y sus administradores. Las acciones de los siglos XX y principios del siglo XXI para establecer y declarar áreas protegidas, aunque fueron formidablemente difíciles de lograr, se considerarán retrospectivamente como la parte fácil (aunque esencial) de la historia del gobierno y la gestión de las áreas protegidas.

En el futuro, las áreas protegidas podrían estar entre los últimos territorios naturales. Si es así, serían un foco de atención. Serían los únicos lugares donde aún se encuentran ciertos recursos y donde las últimas de algunas especies seguirán existiendo en la naturaleza. Si se tiene en cuenta el comportamiento humano, una amenaza inevitable serán las fuerzas aparentemente irresistibles que buscan acceder y utilizar (legal o ilegalmente) el último de estos recursos, a pesar de las consecuencias. En 2013, el tiroteo ilegal de rinocerontes por sus cuernos en el Parque Nacional Kruger, Sudáfrica, para satisfacer la demanda de los mercados de medicina en Asia (independientemente del descenso de la población de rinocerontes) es el ejemplo de un futuro posible. La minería es otra amenaza enorme. De hecho, actualmente es una de las amenazas más graves para las áreas protegidas e incluso para los sitios de patrimonio mundial, ya que es difícil que las economías en lucha puedan resistirse a los ingresos provenientes de las regalías mineras.

Tenemos que ser optimistas y pensar que el planeta Tierra y sus pueblos nunca permitirán una situación en la que las ganancias de los recursos a corto plazo tengan prioridad sobre las tierras y los mares protegidos por sus valores sobresalientes para todas las generaciones. Necesitamos invertir en un planeta saludable donde la diversidad de la vida pueda continuar, y donde la herencia natural de las generaciones futuras se cuide y se gestione con eficacia. Sin embargo, no hay duda de que los administradores de áreas protegidas tendrán cada vez más desafíos en el futuro. Estos retos vendrán de muchas amenazas ambientales, así como de los contextos sociales y políticos en los que operan las áreas protegidas. Este libro fue diseñado para ayudar a los administradores de áreas protegidas del siglo XXI a afrontar dichos problemas y brindar el tipo de liderazgo necesario para ayudar a salvaguardar las áreas protegidas como bienes atesorados por la comunidad durante mucho tiempo y que son "demasiado valiosos para perderlos".

Conclusión

El siglo XX y la primera parte del siglo XXI han sido testigos de una de las grandes transformaciones pacíficas del uso de la tierra y del mar en la historia de la humanidad, con el establecimiento de áreas protegidas en casi todas las naciones de la Tierra. En 2014, las áreas protegidas cubrían el 15,4% de la superficie terrestre, el 3,4% del mar y el 8,4% de los mares bajo jurisdicción nacional (IUCN y UNEP-WCMC, 2014). La urgencia para establecer áreas protegidas es una respuesta crítica a los desafíos de hoy y del futuro, incluidas las amenazas de la pérdida de hábitat y el cambio climático.

El Plan Estratégico para la Diversidad Biológica 2011-2020 del Convenio sobre la Diversidad Biológica (CBD, 2011) reta a los países a lograr objetivos de áreas protegidas (y otras áreas de conservación eficaces basadas en áreas) con un mínimo del 17% para las áreas terrestres y del 10% para las áreas marinas en 2020. Esto refleja una gran confianza en el concepto de áreas protegidas como una herramienta de conservación crucial. Esta confianza se basa en la experiencia vivida y en los éxitos de conservación demostrados. También es la confianza obtenida a través de la claridad del propósito de las áreas protegidas que se basa en una sólida información de soporte. Las áreas protegidas están claramente definidas, los diferentes tipos de manejo se reconocen formalmente, incluidas las seis categorías de gestión de la UICN, se describen formalmente sus diferentes tipos de gobernanza y los principios de su gestión están claramente articulados. Las áreas protegidas también son eficaces gracias a una gestión planeada, activa y competente, la cual es implementada por profesionales capacitados. Las áreas protegidas ayudan a conservar la biodiversidad y otros patrimonios naturales y culturales, y son una inversión intergeneracional para un mundo mejor.

Lecturas complementarias

La UICN ha elaborado una serie de directrices importantes y otros textos sobre la gobernanza y el manejo de áreas protegidas, muchos de los cuales se enumeran en el Apéndice 2.1.

Referencias

📖 Lecturas recomendadas

Ali, S. (ed.). (2007). *Peace Parks, Conservation and Conflict Resolution.* Cambridge: MIT Press.

Amend, T.; Brown, J.; Kothari, A.; Phillips, A. y Stolton, S. (eds.). (2008). *Protected Landscapes and Agrobiodiversity Values.* Volumen 1, Values of Protected Landscapes and Seascapes Series. Heidelberg, Alemania: IUCN WCPA Specialist Group on Protected Landscapes and GTZ on behalf of the Federal Ministry of Economic Cooperation and Development of Germany.

Barber, C.V.; Miller, K.R. y Boness, M. (eds.). (2004). *Securing Protected Areas in the Face of Global Change: Issues and strategies.* Gland, Suiza: IUCN WCPA.

Beltrán, J. (ed.). (2000). *Indigenous and Traditional Peoples and Protected Areas: Principles, guidelines and case studies.* Gland, Suiza: IUCN.

Bennett, A.F. (2003). *Linkages in the Landscape: The role of corridors and connectivity in wildlife conservation*, 2ª ed. Gland, Suiza: IUCN Forests Program.

Bennett, G. (2004). *Integrating Biodiversity Conservation and Sustainable Use: Lessons learned from ecological networks.* Gland, Suiza: IUCN.

Bernbaum, E. (1990). *Sacred Mountains of the World.* Berkeley: Sierra Club and University of California Press.

📖 Bertzky, B.; Corrigan, C.; Kemsey, J.; Kenney, S.; Ravilious, C.; Besançon, C. y Burgess, N. (2012). *Protected Planet Report 2012: Tracking progress towards global targets for protected areas.* Cambridge: UNEP-WCMC.

📖 Shi, Y.; Hughes, A.; Engels, B.; Ali, M.K. y Badman, T. (2013). *Terrestrial Biodiversity and the World Heritage List: Identifying broad gaps, and potential candidate sites for inclusion in the Natural World Heritage network.* Gland, Suiza: IUCN, Cambridge: UNEP-WCMC.

Bishop, K.; Dudley, N.; Phillips, A. y Stolton, S. (2004). *Speaking a Common Language: The uses and performance of management categories for protected areas.* Gland, Suiza: IUCN.

📖 Borrini-Feyerabend, G.; Dudley, N.; Jaeger, T.; Lassen, B.; Pathak Broome, N.; Phillips, A. y Sandwith, T. (2013). *Governance of Protected Areas: From understanding to action*, Best Practice Series No. 20. Gland: IUCN.

Borrini-Feyerabend, G.; Kothari, A. y Oviedo, G. (2004). *Indigenous and Local Communities and Protected Areas: Towards equity and enhanced conservation.* Gland: IUCN.

Braack, L.; Sandwith, T.; Peddle, D. y Petermann, T. (2006). *Security Considerations in the Planning and Management of Transboundary Conservation Areas.* Gland: WCPA Task Force on Transboundary Conservation, IUCN.

Brockman, C.F. (1959). *Recreational Use of Wild Lands.* Nueva York: McGraw Hill.

Brown, J.; Mitchell, N. y Beresford, M. (eds.). (2005). *The Protected Landscape Approach: Linking nature, culture and community.* Gland: IUCN WCPA.

Butchart, S.H.M.; Scharlemann, J.P.W.; Evans, M.I.; Quader, S.; Aricò, S.; Arinaitwe, J.; Balman, M.; Bennun, L.A.; Bertzky, B.; Besançon, C.; Boucher, T.; Brooks, T.M.; Burfield, I.J.; Burgess, N.D.; Chan, S.; Clay, R.P.; Crosby, M.J.; Davidson, N.C.; de Silva, N.; Devenish, C.; Dutson, G.C.L.; Fernández, D.F.D.Z.; Fishpool, L.D.C.; Fitzgerald, C.; Foster, M.; Heath, M.F.; Hockings, M.; Hoffmann, M.; Knox, D.; Larson, F.W.; Lamoreux, J.F.; Loucks, C.; May, I.; Millett, J.; Molloy, D.; Morling, P.; Parr, M.; Ricketts, T.H.; Seddon, N.; Skolnik, B.; Stuart, S.M.; Upgren, A. y Woodley, S. (2012). Protecting important sites for biodiversity contributes to meeting global conservation targets. *PLoS ONE*, 7(3).

Campbell, C. (ed.). (2011). *A Century of Parks Canada, 1911-2011*. Calgary: University of Calgary Press.

Catlin, G. (1844). Letter No. 31. *Letters and Notes on the Manners, Customs and Condition of the North American Indians*. Nueva York: Wiley y Putnam. Recuperado de: user.xmission.com/~drudy/mtman/html/catlin/

Ceballos-Lascuráin, H. (1996). *Tourism, Ecotourism and Protected Areas*. Protected Areas Programme. Gland: IUCN.

Chape, S.; Blyth, L.; Fish, P. y Spalding, M. (2003). *2003 United Nations List of Protected Areas*. Gland: IUCN, Cambridge: UNEP-WCMC.

Chape, S.; Spalding, M. y Jenkins, M. (2008). *The World's Protected Areas: Status, values and prospects in the 21st century*. Berkeley: University of California.

Commission on National Parks and Protected Areas (CNPPA). (1994). *Guidelines for Protected Area Management Categories*. Gland: IUCN.

Convention on Biological Diversity (CBD). (2011). *Strategic Plan for Biodiversity 2011-2020 and the Aichi Targets*. Montreal: Secretariat of the Convention on Biological Diversity. Recuperado de: www.cbd.int/sp/targets/default.shtml

Davey, A.G. (1998). *National System Planning for Protected Areas*. Gland: IUCN.

Dudley, N. (2008). *Guidelines for Applying Protected Area Management Categories*. Gland: IUCN.

Phillips, A. (2006). *Forests and Protected Areas: Guidance on the use of the IUCN protected area management categories*. Gland: IUCN WCPA.

Stolton, S. (eds.). (2012). *Protected Landscapes and Wild Biodiversity.* Volumen 3, Values of Protected Landscapes and Seascapes Series. Gland: IUCN WCPA Specialist Group on Protected Landscapes.

Stolton, S.; Belokurov, A.; Krueger, L.; Lopoukhine, N.; MacKinnon, K.; Sandwith, T. y Sekran, N. (eds.). (2010). *Natural Solutions: Protected areas helping people cope with climate change*. Gland: IUCN WCPA, The Nature Conservancy and Wildlife Conservation Society, Washington, DC: The World Bank, Nueva York: UNDP yWWF.

Eagles, P.F.J.; McCool, S.F. y Haynes, C.D. (2002). *Sustainable Tourism in Protected Areas: Guidelines for planning and management*. Gland: IUCN.

Emerton, L.; Bishop, J. y Thomas. L. (2006). *Sustainable Financing of Protected Areas: A global review of challenges and options*. Gland: IUCN WCPA.

Figgis, P. (2012). Innovation in conservation. En P. Figgis, J. Fitzsimons y J. Irving (eds.). *Innovation for 21st Century Conservation*, pp. 10-15. Sydney: Australian Committee for IUCN.

Koss R. (eds.). (2012). *Conserving Australia's Marine Environment: Key directions statement*. Sydney: Australian Committee for IUCN.

Leverington, A.; Mackay, R.; Maclean, A. y Valentine, P. (2013). *Keeping the Outstanding Exceptional: The future of world heritage in Australia*. Sydney: Australian Committee for IUCN.

Finlayson, B. y Hamilton-Smith, E. (2003). *Beneath the Surface: A natural history of Australian caves. Sydeny: UNSW Press.*

Government of Australia. (2013). *Indigenous Protected Areas*. Canberra: Australian Government. Recuperado de: www. environment.gov.au/indigenous/ipa/

Graham, J.; Amos, B. y Plumptre, T. (2003). Governance principles for protected areas in the 21st century, artículo preparado para Fifth World Parks Congress, Durban, South Africa. Ottawa: Institute of Governance.

Grove, R. (1995). *Green Imperialism: Colonial expansion, tropical island Edens and the origins of environmentalism, 1600-1860*. Cambridge: Cambridge University Press.

Hamilton, L. y McMillan, L. (2004). *Guidelines for Planning and Managing Mountain Protected Areas.* Gland: IUCN WCPA.

Hamilton, L.S.; Bauer, D. y Takeuchi, H.F. (1993). *Parks, Peaks and People: a collection of papers arising from an international consultation on protected areas in mountain environments held in Hawaii Volcanoes National Park 26 October–2 November 1991.* Honolulú: East West Centre Program on Environment, IUCN Commission on National Parks and Protected Areas, Woodlands Mountain Institute and US National Parks Service.

Mackay, J.C.; Worboys, G.L.; Jones, R.A. y Manson, G.B. (1996). *Transborder Protected Area Cooperation.* Canberra: Australian Alps Liaison Committee.

Harmon, D. y Putney, A.D. (2003). *The Full Value of Parks: From economics to the intangible.* Nueva York: Rowman y Littlefield.

Worboys, G.L. (eds.). (2004). *Managing Mountain Protected Areas: Challenges and responses for the 21st century.* Colledara, Italia: IUCN WCPA, Andromeda Editrice.

Hitt, M.A.; Black, S. y Porter, L.W. (2011). The nature of management. En A. Jayawardana (ed.). *Management and Organisations*, pp. 4-28. Sydney: Pearson Australia.

Hockings, M.; Stolton, S. y Dudley, N. (2000). *Evaluating Effectiveness: a framework for assessing the management of protected areas*, No. 6. Gland: IUCN.

Stolton, S.; Leverington, F.; Dudley, N. y Courrau, J. (2006). *Evaluating Effectiveness: A framework for assessing management effectiveness of protected areas*, 2ª ed., No. 14, IUCN WCPA, Gland.

Holdgate, M. (1999). *The Green Web: a union for world conservation.* Londres: Taylor y Francis.

Hornback, K.E. y Eagles, P.F.J. (1999). *Guidelines for Public Use Measurement and Reporting at Parks and Protected Areas.* Gland: IUCN.

Intergovernmental Panel on Climate Change (IPCC). (2013). *Climate Change 2013: the physical science basis-Headline statements for policy makers.* Ginebra: Intergovernmental Panel on Climate Change. Recuperado de: www.ipcc.ch/

International Union for Conservation of Nature (IUCN). (1992). *Protected Areas of the World: A review of national systems. Volume 1: Indomalaya, Oceania, Australia and Antarctic.* Gland y Cambridge: IUCN.

(1994a). *Guidelines for Protected Area Management Categories*, Gland y Cambridge: IUCN.

(1994b). *Parks for Life: Action for protected areas in Europe.* Gland: IUCN.

(1995). *African Heritage 2000: The future of protected areas in Africa.* Gland: IUCN.

(2005). *Benefits beyond Boundaries: Proceedings of the Vth IUCN World Park's Congress.* Gland: IUCN.

(2010). *50 Years of Working for Protected Areas: A brief history of the IUCN World Commission on Protected Areas.* Gland: IUCN.

United Nations Environment Programme World Conservation Monitoring Centre (UNEP-WCMC). (2014). *The World Database on Protected Areas: August 2014.* Cambridge: UNEP-WCMC.

United Nations Environment Programme and World Wildlife Fund (IUCN/UNEP/WWF). (1980). *World Conservation Strategy: Living resource conservation for sustainable development.* Gland: IUCN, UNEP y WWF.

United Nations Environment Programme and World Wildlife Fund (IUCN/UNEP/WWF). (1991). *Caring for the Earth: a strategy for sustainable living.* Gland: IUCN, UNEP y WWF.

Keenleyside, K.; Dudley, N.; Cairns, S.; Hall, C. y Stolton, S. (2012). *Ecological Restoration for Protected Areas: Principles, guidelines and best practices*, No. 18. Gland: IUCN WCPA Ecological Task Force.

Kelleher, G. (1999). Guidelines for Marine Protected Areas, No. 3. Gland: IUCN.

Kenchington, R. (1992). *Guidelines for Establishing Marine Protected Areas.* Gland: IUCN.

Kopylova, S.L. y Danilina, N.R. (eds.). (2011). *Protected Area Staff Training: guidelines for planning and management*, No. 17. Gland: IUCN WCPA.

Kothari, A. (2006). Community conserved areas: towards ecological and livelihood security. *Parks* 16(1), 3-13.

Corrigan, C.; Jonas, H.; Neumann, A. y Shrumm, H. (eds.). (2012). *Recognising and Supporting Territories and Areas Conserved by Indigenous Peoples and Local Communities: Global overview and national case studies.* Montreal: Secretariat of the Convention on Biological Diversity, CBD Technical Series No. 64, ICCA Consortium, Kalpavriksh and Natural Justice.

Langhammer, P.F.; Bakarr, M.I.; Bennun, L.A.; Brooks, T.M.; Clay, R.P.; Darwall, W.; de Silva, N.; Edgar, G.J.; Eken, G.; Fishpool, L.D.C.; da Fonseca, G.A.B.; Foster, M.N.; Knox, H.D.; Matiku, P.; Radford, E.A.; Rodriques, A.S.L.; Salaman, P.; Sechrest, W. y Tordoff, A.W. (2007). *Identification and Gap Analysis of Key Biodiversity Areas: Targets for comprehensive protected area systems*, No. 15. Gland: IUCN WCPA.

Langholz, J. (2005). Seven myths about private protected areas. *Parks* 15(2), 14-16.

Lausche, B. (2011). *Guidelines for Protected Area Legislation*. Gland: IUCN.

Farrier, D.; Verschuuren, J.; La Vina, G.M.; Trouwborst, A.; Born, C.-H. y Aug, L. (2013). *The Legal Aspects of Connectivity Conservation: a concept paper*. Gland: IUCN.

Lockwood, M. (2006). Values and benefits. En M. Lockwood, G.L. Worboys y A. Kothari (eds.). *Managing Protected Areas: A global guide*, pp. 101-115. Londres: Earthscan.

Worboys, G.L. y Kothari, A. (2006). *Managing Protected Areas: A global guide*. Londres: Earthscan.

MacKinnon, K.; Dudley, N. y Sandwith, T. (2011). Natural solutions: protected areas helping people to cope with climate change. *Oryx* 45(4), 461-462.

Mackinnon, J.; Child, G. y Thorsell, J. (1986). *Managing Protected Areas in the Tropics*. Gland y Cambridge: IUCN.

Mallarach, J.-M. (ed.). (2008). *Protected Landscapes and Cultural and Spiritual Values. Vol.* 2, Values of Protected Landscapes and Seascapes Series. Heidelberg: IUCN WCPA Specialist Group on Protected Landscapes, GTZ, Obra Social La Caixa Catalunya, Kasparek Verlag.

Papayannis, T. (eds.). (2007). *Protected Areas and Spirituality: Proceedings of the first workshop of the Delos Initiative*. Gland: IUCN WCPA Task Force on Cultural and Spiritual Values of Protected Areas, Montserrat: Publicacions de l'Abadia de Montserrat.

Muir, J. (1912). Hetch Hetchy Valley. En *The Yosemite*. Nueva York: Century. Recuperado de: www.sierraclub.org/john_muir_exhibit/writings/the_yosemite/

Pathak, N. (2009). *Community Conserved Areas in India–A directory*. Pune, India: Kalpavriksh.

Phillips, A. (2002). *Management Guidelines for Category V Protected Areas: Protected landscapes/seascapes*, No. 9. Gland: IUCN WCPA.

Poore, D. (ed.). (1992). *Guidelines for Mountain Protected Areas*. Series No. 2. Gland: IUCN Protected Area Programme.

Ramsar (2013) *Introduction to Ramsar*. Recuperado de: www.ramsar. org/cda/en/ramsar-home/main/ramsar/1_4000_0

Rose, B. (2013). Indigenous protected areas–innovation beyond the boundaries. En P. Figgis, J. Fitzsimons y J. Irving (eds.). *Innovation for 21st Century Conservation*, pp. 50-55. Sydney: Australian Committee for IUCN.

Sandwith, T.; Shine, C.; Hamilton, L. y Sheppard, D. (2001). *Transboundary Protected Areas for Peace and Co-Operation*, No. 7. Gland: IUCN.

Stolton, S. (2010). Protected areas: linking environment and well-being. En S. Stolton y N. Dudley (eds.). *Arguments for Protected Areas: Multiple benefits for conservation and use*, pp. 1-12. Londres: Earthscan.

Dudley, N. (2010). *Arguments for Protected Areas: Multiple benefits for conservation and use*. Londres: Earthscan.

Taylor, M. y Figgis, P. (2007). *Protected Areas: Buffering nature against climate change. Proceedings of a WWF and IUCN World Commission on Protected Areas Symposium, 18-19 June 2007*, Canberra. Sydney: WWF Australia.

Thomas, L. y Middleton, L. (2003). *Guidelines for Management Planning of Protected Areas*, No. 10. Gland: IUCN.

Thorsell, J. (ed.). (1990). *Parks on the Borderline: Experience in transfrontier conservation*. Gland: IUCN.

Theme on Indigenous and Local Communities Equity and Protected Areas and Theme on Governance, Equity and Rights (TILCEPA y TGER). (2008). *Recognising and supporting indigenous and community conservation: ideas and experiences from the grassroots*, CEESP Briefing Note 9. Gland: Commission on Environmental, Economic and Social Policy, IUCN.

The Nature Conservancy (TNC). (2013). *Vision and Mission*. Arlington: The Nature Conservancy. Recuperado de: www.nature.org/about-us/vision-mission/index.htm

Trzyna, T. (ed.). (2005). *The Urban Imperative: Urban outreach strategies for protected area agencies.* Sacramento: IUCN WCPA, Santa Monica Mountains Conservancy and Inter Environment California Institute of Public Affairs.

(2014). *Urban Protected Areas: Profiles and best practice guidelines.* Best Practice Guideline No. 22. Gland: IUCN WCPA, IUCN.

United Nations Environment Programme (UNEP). (2007). *Environment for development.* Global Environmental Outlook Geo-5. Nairobi: UNEP.

(2013). *GEO-5: Environment for the future we want.* Malta: Progress Press.

United Nations Environment Programme World Conservation Monitoring Centre (UNEP-WCMC). (1992). *Protected Areas of the World: A review of national systems.* Gland: IUCN.

United Nations Educational, Scientific and Cultural Organisation (UNESCO). (2002). B*iosphere Reserves: On-ground testing for sustainable development.* Sur África: UNESCO Man and the Biosphere Program, GTOZ Print Investments, t/a Capture Press.

(2010). *Global Geoparks Network: Guidelines and criteria for national geoparks seeking UNESCO's assistance to join the Global Geoparks Network.* París: UNESCO.

(2011). *Operational Guidelines for the Implementation of the World Heritage Convention.* París: UNESCO World Heritage Centre.

(2013a). *World Heritage History.* París: UNESCO. Recuperado de: whc.unesco.org/en/ convention/

(2013b). *Parties to the World Heritage Convention.* París: UNESCO. Recuperado de: whc. unesco.org/en/states-parties/

(2013c). *Man and the Biosphere Program.* París: UNESCO. Recuperado de: www. unesco.org/new/en/natural-sciences/environment/ecological-sciences/man-and-biosphere-programme/

(2013d). *Biosphere Reserve Designation Criteria.* París: UNESCO. Recuperado de: www. unesco.org/new/en/natural-sciences/environment/ecological-sciences/biosphere-reserves/designation-process/

(2013e). *About Geoparks.* París: UNESCO. Recuperado de: www.unesco.org/new/en/ natural-sciences/environment/earth-sciences/global-geoparks/some-questions-about-geoparks/what-is-a-global-geopark/

(2014). *What is the Global Geoparks Network?* París: UNESCO. Recuperado de: www.unesco.org/new/en/natural-sciences/environment/earth- sciences/global-geoparks/some-questions-about- geoparks/what-is-a-global-geopark/

Vershuuren, B.; Wild, R.; McNeely, J.A. y Oviedo, G. (2010). *Sacred Natural Sites: Conserving nature and culture.* Londres: Earthscan.

Watson, J.; Hamilton-Smith, E.; Gillieson, D. y Kiernan, K. (1997). *Guidelines for Cave and Karst Protection.* Gland: WCPA Working Group on Cave and Karst Protection, IUCN.

Wild, R. y McLeod, C. (2008). *Sacred Natural Sites: Guidelines for protected area managers,* No. 16. Gland: IUCN WCPA.

Worboys, G.L. (2014). Research completed for the preparation of the protected area governance and management book, Unpublished Protected Area Historical Research Paper. Canberra: The Australian National University.

Worboys, G.L.; Francis, W. y Lockwood, M. (2010). *Connectivity Conservation Management: A global guide.* Londres: Earthscan.

Lockwood, M. y de Lacy, T. (2001). *Protected Area Management: Principles and practice.* Melbourne: Oxford University Press.

Lockwood, M. y de Lacy, T. (2005). *Protected Area Management: Principles and practice,* 2ª ed. Melbourne: Oxford University Press.

World Commission on Protected Areas (WCPA). (1998). *Economic Values of Protected Areas: Guidelines for protected area managers,* No. 2. Gland: Task Force on Economic Benefits of Protected Areas for the IUCN WCPA en colaboración con Economic Service Unit of IUCN.

(2000). *Financing Protected Areas: Guidelines for protected area managers,* No. 5. Gland: Task Force on Economic Benefits of Protected Areas for the IUCN WCPA en colaboración con Economic Service Unit of IUCN.

World Resources Institute, International Union for Conservation of Nature and United Nations Environment Programme (WRI/IUCN/UNEP). (1992). *Global Biodiversity Strategy: Guidelines for action to save, study and use Earth's biotic wealth sustainably and equitably.* Gland: IUCN.

Apéndice 2.1

Publicaciones clave de la CMAP-UICN y otras publicaciones relacionadas

Tenga en cuenta: aunque en el tiempo de investigación se hizo todo lo posible para identificar fuentes clave, este listado no está completo.

Año	Título	Referencia
1973-82		
1976	Lanzamiento de *Parks Magazine* (volúmenes producidos durante algún tiempo)	Varios
1980	*World Conservation Strategy: Living resource conservation for sustainable development*	IUCN *et al.*, 1980
1983-92		
1986	*Managing Protected Areas in the Tropics*	Mackinnon *et al.*, 1986
1990	*Parks on the Borderline: Experience in transfrontier conservation*	Thorsell, 1990
1991	Vuelve a comenzar la revista *Parks* (volúmenes producidos hasta 2008, y luego recomenzaron en 2012)	Varios
1991	*Caring for the Earth*	IUCN *et al.*, 1991
1992	*Global Biodiversity Strategy*	WRI *et al.*, 1992
1992	*Protected Areas of the World: A review of national systems* (cuatro volúmenes)	UNEP-WCMC y IUCN, 1991
1992	*Guidelines for Establishing Marine Protected Areas*	Kelleher y Kenchington, 1992
1992	*Guidelines for Mountain Protected Areas*	Poore, 1992
1992-2003		
1993	*Parks, Peaks and People: A collection of papers arising from an international consultation on protected areas in mountain environments held in Hawaii Volcanoes National Park 26 October - 2 November 1991*	Hamilton *et al.*, 1993
1994	*Guidelines for Protected Area Management Categories*	IUCN, 1994a
1994	*Parks for Life: Action for protected areas in Europe*	IUCN, 1994b
1995	*African Heritage 2000*	IUCN, 1995
1996	*Transborder Protected Area Co-Operation*	Hamilton *et al.*, 1996
1996	*Tourism, Ecotourism and Protected Areas*	Ceballos-Lascuráin, 1996
1997	*Guidelines for Cave and Karst Protection*	Watson *et al.*, 1997
1998	*National System Planning for Protected Areas: Best practice guideline* (No. 1)	Davey, 1998
1998	*Economic Values of Protected Areas: Guidelines for protected area managers* (No. 2)	WCPA, 1998
1999	*The Green Web: A union for world conservation*	Holdgate, 1999
1999	*Guidelines for Marine Protected Areas* (No. 3)	Kelleher, 1999
1999	*Guidelines for Public Use Measurement and Reporting at Parks and Protected Areas*	Hornback y Eagles, 1999
1999	*Linkages in the Landscape: The role of corridors and connectivity in wildlife conservation*	Bennett, 2003
2000	*Indigenous and Traditional Peoples and Protected Areas: Principles, guidelines and case studies* (No. 4)	Beltrán, 2000
2000	*Financing Protected Areas: Guidelines for protected area managers* (No. 5)	WCPA, 2000

Año	Título	Referencia
2000	*Evaluating Effectiveness: A framework for assessing the management of protected areas* (No. 6)	Hockings *et al.*, 2000
2001	*Protected Area Management: Principles and practice*	Worboys *et al.*, 2001
2001	*Transboundary Protected Areas for Peace and Co-Operation* (No. 7)	Sandwith *et al.*, 2001
2002	*Sustainable Tourism in Protected Areas: Guidelines for planning and management* (No. 8)	Eagles *et al.*, 2002
2002	*Management Guidelines for Category V Protected Areas: Protected landscapes/seascapes* (No. 9)	Phillips, 2002
2003	*Guidelines for Management Planning of Protected Areas* (No. 10)	Thomas y Middleton, 2003
2003	*The Full Value of Parks: From economics to the intangible*	Harmon y Putney, 2003
2003-14		
2004	*Integrating Biodiversity Conservation and Sustainable Use: Lessons learned from ecological networks*	Bennett, 2004
2004	*Indigenous and Local Communities and Protected Areas: Towards equity and enhanced conservation* (No. 11)	Borrini-Feyerabend *et al.*, 2004
2004	*Speaking a Common Language: The uses and performance of management categories for protected areas*	Bishop *et al.*, 2004
2004	*Guidelines for Planning and Managing Mountain Protected Areas*	Hamilton y McMillan (2004)
2004	*Managing Mountain Protected Areas: Challenges and responses for the 21st century*	Harmon y Worboys, 2004
2004	*Securing Protected Areas in the Face of Global Change: Issues and strategies*	Barber *et al.*, 2004
2005	*Protected Area Management: Principles and practice* (2ª ed.)	Worboys *et al.*, 2005
2005	*The Urban Imperative: Urban outreach strategies for protected area agencies*	Trzyna, 2005
2005	*The Protected Landscape Approach: Linking nature, culture and community*	Brown *et al.*, 2005
2005	*Benefits beyond Boundaries: Proceedings of the Vth IUCN World Parks Congress, Durban South Africa, 8-17 September 2003*	IUCN, 2005
2006	*Security Considerations in the Planning and Management of Transboundary Conservation Areas*	Braack *et al.*, 2006
2006	*Managing Protected Areas: A global guide*	Lockwood *et al.*, 2006
2006	*Forests and Protected Areas: Guidance on the use of the IUCN protected area management categories* (No. 12)	Dudley y Phillips, 2006
2006	*Sustainable Financing of Protected Areas: A global review of challenges and options* (No. 13)	Emerton *et al.*, 2006
2006	*Evaluating Effectiveness: A framework for assessing management effectiveness of protected areas* (2ª ed.) (No. 14)	Hockings *et al.*, 2006
2007	*Peace Parks*	Ali, 2007
2007	*Protected Areas and Spirituality: Proceedings of the First Workshop of the Delos Initiative*	Mallarach y Papayannis, 2007
2007	*Identification and Gap Analysis of Key Biodiversity Areas: Targets for comprehensive protected area systems* (No. 15)	Langhammer *et al.*, 2007
2007	*Protected Areas: Buffering nature against climate change*	Taylor y Figgis, 2007
2008	*Sacred Natural Sites: Guidelines for protected area managers* (No. 16)	Wild y McLeod, 2008
2008	*Protected Landscapes and Agrobiodiversity Values. Volume 1* en la serie Values of Protected Landscapes and Seascapes	Amend *et al.*, 2008
2008	*Protected Landscapes and Cultural and Spiritual Values.* Vol. *2* en la serie Values of Protected Landscapes and Seascapes	Mallarach, 2008

Año	Título	Referencia
2008	*Guidelines for Applying Protected Area Management Categories*	Dudley, 2008
2010	*Connectivity Conservation Management: A global guide*	Worboys *et al.*, 2010
2010	*Natural Solutions: Protected areas helping people cope with climate change*	Dudley *et al.*, 2010
2010	*Sacred Natural Sites: Conserving nature and culture*	Verschuuren *et al.*, 2010
2010	*Arguments for Protected Areas: Multiple benefits for conservation and use*	Stolton y Dudley, 2010
2010	*50 Years of Working for Protected Areas: A brief history of the IUCN World Commission on Protected Areas*	IUCN, 2010
2011	*IUCN Guidelines for Protected Area Legislation*	Lausche, 2011
2011	*Protected Area Staff Training: Guidelines for planning and management* (No. 17)	Kopylova y Danilina, 2011
2012	*Ecological Restoration for Protected Areas: Principles, guidelines and best practices* (No. 18)	Keenleyside *et al.*, 2012
2012	*Protected Landscapes and Wild Biodiversity.* Vol. *3* en la serie Values of Protected Landscapes and Seascapes	Dudley y Stolton, 2012
2012	*Innovation for 21st Century Conservation*	Figgis *et al.*, 2012
2012	*Conserving Australia's Marine Environment: Key directions statement*	Figgis y Koss, 2012
2012	Relanzamiento de *Parks* como una revista electrónica (después de una brecha en la publicación desde 2008)	Varios
2013	*Terrestrial Biodiversity and the World Heritage List*	Bertzky *et al.*, 2013
2013	*Keeping the Outstanding Exceptional: The future of world heritage in Australia*	Figgis *et al.*, 2013
2013	*The Legal Aspects of Connectivity Conservation*	Lausche *et al.*, 2013
2013	*Governance of Protected Areas: From understanding to action*	Borrini-Feyerabend *et al.*, 2013
2014	*Urban Protected Areas - Profiles and Best Practice Guidelines*	Trzyna, 2014
2015	*Protected Area Governance and Management*	Worboys *et al.*, 2015

CAPÍTULO 3

PATRIMONIO NATURAL DE LA TIERRA

Autores principales:
Bastian Bertzky, Monika Bertzky y Graeme L. Worboys

Autor de apoyo:
Lawrence S. Hamilton

IUCN WCPA WORLD COMMISSION ON PROTECTED AREAS Convention on Biological Diversity

CONTENIDO

AUTORES PRINCIPALES

BASTIAN BERTZKY es investigador postdoctoral de la Comisión Europea, Centro Común de Investigación, Italia, y miembro de la Comisión Mundial de Áreas Protegidas (CMAP) de la UICN.

MONIKA BERTZKY es consultora independiente con sede en Italia y miembro de la CMAP de la UICN.

GRAEME L. WORBOYS es co-vicepresidente de Conservación de la Conectividad y Montañas en la CMAP de la UICN, y becario adjunto en la Escuela Fenner, Universidad Nacional de Australia.

AUTOR DE APOYO

LAWRENCE S. HAMILTON es miembro honorario de la UICN, asesor principal de la CMAP de la UICN y miembro del Grupo Ejecutivo de Especialistas en Conservación de la Conectividad y Montañas de la CMAP.

AGRADECIMIENTOS

Los autores desean agradecer a Guy Castley y a dos revisores anónimos por sus valiosos comentarios de revisión, así como a las siguientes personas y organizaciones por sus contribuciones a este capítulo: Clinton Jenkins, Escola Superior de Conservação Ambiental e Sustentabilidade, Instituto de Pesquisas Ecológicas, Brasil; Naomi Kingston y Diego Juffe-Bignoli, Centro Mundial de Vigilancia de la Conservación del Programa de las Naciones Unidas para el Medio Ambiente (CMMC-PNUMA); Christelle Perruchoud, UICN; Yichuan Shi, UICN y CMMC-PNUMA; y Javier Martínez-López, Comisión Europea, Centro Común de Investigación.

CITACIÓN

Bertzky, B.; Bertzky, M.; Worboys, G.L. y Hamilton, L.S. (2019). Earth's natural heritage. En G.L. Worboys, M. Lockwood, A. Kothari, S. Feary y I. Pulsford (eds.). *Gobernanza y gestión de áreas protegidas,* pp. 43-80. Bogotá: Editorial Universidad El Bosque y ANU Press.

FOTOGRAFÍA DE LA PÁGINA DEL TÍTULO

Jirafa *(Giraffa camelopardalis),* Parque Nacional Kruger, Sudáfrica. La jirafa es el animal terrestre más alto del mundo, de pie mide de cinco a seis metros, y tiene un inconfundible cuello y patas largas. Este animal es nativo de las sabanas áridas africanas y bosques abiertos, y puede ramonear más alto que ningún otro mamífero. Es una especie notable y parte del rico patrimonio natural de la Tierra.

Fuente: Graeme L. Worboys

Introducción

La Tierra es un lugar muy especial. Puede parecer grande, quizás incluso de un tamaño infinito, pero al ver las imágenes capturadas por robots remotos en Marte a principios del siglo XXI, puede apreciarse rápidamente cómo la Tierra es solo un punto brillante en una vasta extensión del espacio. Desde Marte, la Tierra se ve empequeñecida por la inmensidad de la Vía Láctea y el Universo distante; imágenes como estas son las que nos ayudan a entender que la Tierra es realmente un arca finita de la vida. La Tierra alberga maravillas naturales extraordinarias, formadas por más de cuatro mil quinientos millones de años de cambios geológicos y evolutivos. Es un mundo dinámico que muestra no solo acontecimientos geológicos impresionantes, sino también turbulencias oceánicas y atmosféricas, el avance inexorable de las fuerzas de la meteorización, y la erosión y el desarrollo de accidentes geográficos; asimismo, alberga un conjunto extraordinariamente rico de formas de vida con su propia dinámica de adaptación, evolución y contribuciones críticas a un planeta sano y habitable.

Por todas estas razones, la Tierra es un planeta único. Es crucial para los seres humanos y todas las otras especies en la Tierra que sus valores intrínsecos sean comprendidos y respetados, y sus sistemas de soporte vital estén protegidos y conservados. Asegurar el patrimonio natural de la Tierra refuerza el papel y la importancia de las áreas protegidas y las prácticas de conservación en la Tierra a escala mundial. Estas áreas y tales acciones ayudan a conservar no solo el patrimonio natural de la Tierra, sino también hábitats, especies y procesos ecosistémicos esenciales que ayudan a sustentar la vida. La influencia moderadora proporcionada por la protección y la conservación es esencial, en particular si se considera que la población humana en aumento tiene una capacidad voraz de consumir y alterar los recursos naturales a un ritmo que amenaza los sistemas planetarios de soporte vital (MEA, 2005).

Para los profesionales encargados de la gestión de las áreas protegidas es imperativo tener una comprensión amplia de los valores naturales intrínsecos de nuestro planeta. En este capítulo ofrecemos esta visión general y describimos algunos de los procesos naturales de la Tierra, su geodiversidad y biodiversidad excepcionales. Luego presentamos brevemente, a escala global, los impactos que a comienzos del siglo XXI están generando los seres humanos sobre el patrimonio natural de la Tierra. Esto ayuda a enfatizar por qué se necesitan áreas protegidas de todo tipo, incluidas las áreas gubernamentales, no gubernamentales y privadas, al igual que los Territorios y Áreas Conservados por Pueblos Indígenas y Comunidades Locales (TICCA); a su vez, esto ayuda a entender por qué son tan críticos los esfuerzos de cada administrador o guardaparque que trabaja para apoyar su área protegida local o el sistema de áreas protegidas. En esencia, la suma total de estos esfuerzos de conservación individuales y locales es lo que contribuye a que la vida en la Tierra se mantenga.

Este capítulo también ofrece un contexto ecorregional para estas contribuciones individuales de conservación. Asimismo, enfatiza la manera en que los esfuerzos de conservación y protección de cada uno de los profesionales de áreas protegidas, de cada organización de área protegida y de cada nación, son en efecto parte de un esfuerzo global mucho mayor en pro de conservar la diversidad de la vida. Los administradores de parques y guardaparques de todo el mundo se esfuerzan por conservar especies icónicas y amenazadas, al tiempo que mejoran la viabilidad de las poblaciones protegidas. Por ejemplo, esto podría incluir administradores de áreas protegidas en Australia que ayudan a conservar el koala (*Phascolarctos cinereus*) y el canguro (*Macropus spp.*); sus homólogos de la India y Nepal que conservan el tigre (*Panthera tigris*) y el rinoceronte (*Rhinoceros unicornis*); en África, el elefante (*Loxodonta africana*) y el león (*Panthera leo*); y en Norteamérica, el oso pardo (*Ursus arctos*) y el bisonte (*bison bison*), y así sucesivamente. El punto clave aquí es que se trata de un mundo finito y la conservación de la biodiversidad se beneficia de una gran cantidad de trabajo profesional relacionado con las áreas protegidas. En el caso de muchos empleados y organizaciones también existe una colaboración transfronteriza con el fin de ayudar a conservar los hábitats de las especies migratorias internacionales.

Además del texto principal, este capítulo incluye breves descripciones de doce sitios de patrimonio mundial para ejemplificar aspectos del excepcional patrimonio natural de la Tierra. Los estudios de caso representan los principales fenómenos naturales y tipos de ecosistemas en los ambientes terrestres, dulceacuícolas y marinos (Figura 3.1). La Convención sobre la Protección del Patrimonio Mundial, adoptada en 1972, busca fomentar la identificación y protección del patrimonio cultural y natural de "valor universal excepcional". A comienzos del siglo XXI, la Convención cuenta con una adopción casi universal entre las naciones del mundo, y en 2014 incluía 222 de las áreas protegidas más grandes del mundo en su prestigiosa Lista del Patrimonio Mundial. En conjunto, los 222 bienes naturales y mixtos (naturales y culturales) abarcan el 7% del total registrado de áreas protegidas terrestres y el 19% del total registrado de áreas protegidas marinas (IUCN, 2013a), lo cual representa una amplia gama de categorías de gestión y tipos de gobernanza de áreas protegidas.

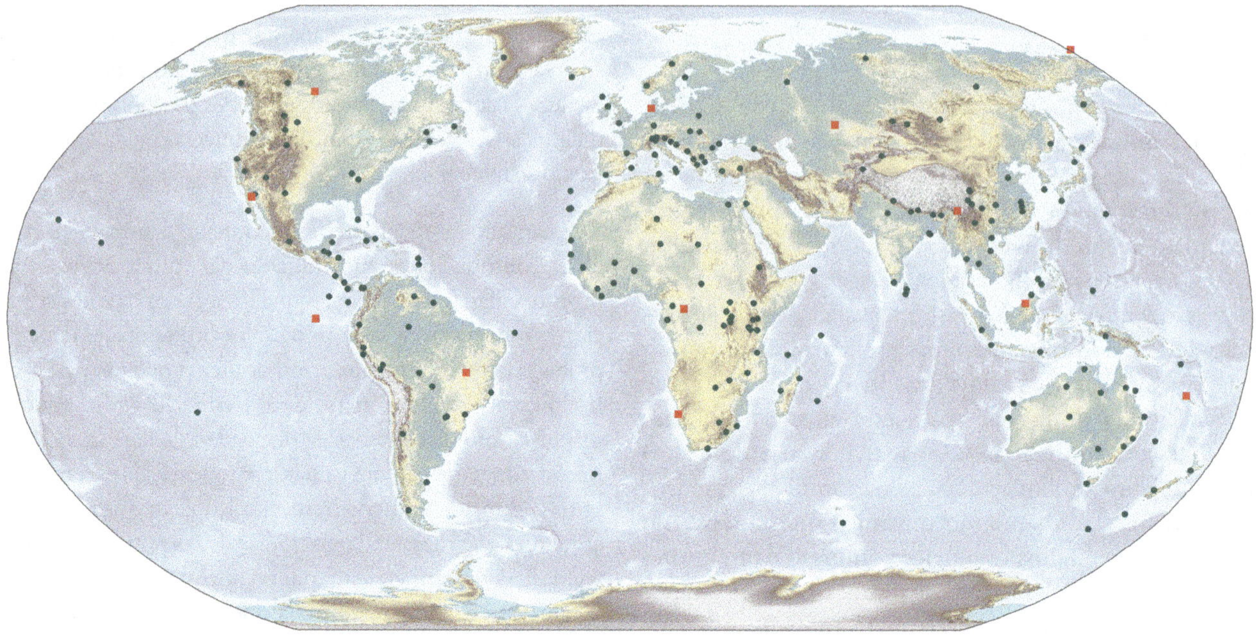

Figura 3.1 Distribución de los 222 sitios naturales y mixtos del patrimonio mundial, y ubicaciones de los estudios de caso (marcas rojas)

Fuente: IUCN y UNEP-WCMC, 2014

Procesos naturales de la Tierra

Las áreas protegidas ayudan a conservar la naturaleza, pero las fuerzas de la misma afectan directamente a dichas áreas y la manera en que se administran. Existe la expectativa básica de que los administradores de áreas protegidas están muy bien informados sobre cómo la naturaleza, en todas sus manifestaciones dinámicas, puede interactuar y afectar su área de responsabilidad. Comprender e interpretar cuándo está funcionando la naturaleza y cuándo no mejora la toma de decisiones y la implementación de intervenciones humanas correctivas.

Parque Nacional de Sagarmatha (Monte Everest), paisaje Patrimonio Mundial y lugar de antiguas prácticas de conservación

Fuente: Ashish Kothari

Procesos geológicos

La corteza terrestre es la capa externa fría y quebradiza que incluye la corteza oceánica y la corteza continental, y se le conoce colectivamente como la litosfera. Existen siete placas tectónicas principales que se mueven constantemente y cubren la mayoría de esta litosfera. Dicho movimiento es poco perceptible si se analiza año tras año, pero se manifiesta claramente sobre el tiempo geológico; de hecho, este movimiento dio lugar a la distribución continental actual. Los efectos localizados de una litosfera dinámica pueden observarse en varios lugares de todo el mundo. Los fenómenos geológicos como la expansión del suelo marino, el movimiento de las placas oceánicas, incluidos los movimientos descendentes por debajo de los continentes (subducción), la formación de montañas, el volcanismo, los terremotos, la erosión, la disolución y la formación de depósitos son procesos que afectan la corteza terrestre. Si bien estos procesos se producen a lo largo de períodos geológicos, las áreas protegidas pueden verse afectadas directamente por ellos de vez en cuando, y en especial por los terremotos, el volcanismo, la meteorización y la erosión. Es primordial que los administradores responsables de estas áreas entiendan las causas subyacentes de estos eventos para estar preparados frente a los posibles efectos e incidentes geológicos.

Muchas áreas protegidas famosas ayudan a conservar las evidencias geológicas del dinamismo de la corteza terrestre (véase el Capítulo 18). Ejemplos sobresalientes de los efectos de estos procesos geológicos son, para las montañas, el Monte Everest y las Dolomitas; para el carst, las inmensas cavernas en el Parque Nacional Phong Nha-Ke Bang en Vietnam; para las cascadas grandes e imponentes, el salto Yosemite en Estados Unidos; y para el volcanismo, los volcanes activos en la península de Kamchatka, Rusia.

Estudio de caso 3.1 Islas Galápagos, Ecuador: patrimonio mundial desde 1978

Reino biogeográfico: neotropical; bioma: desiertos y matorrales xerófilos.

Las Islas Galápagos, un archipiélago de 127 rocas, islotes e islas volcánicas situadas a unos mil kilómetros de la costa ecuatoriana en el Océano Pacífico, cubren más de 140.600 kilómetros cuadrados de tierra y océano. La diferencia de edad entre las islas más jóvenes en el oeste y las más antiguas en el este revela pistas sobre los procesos geológicos y volcánicos en curso. Las Islas Galápagos se encuentran en la unión de tres grandes placas tectónicas, lo que conduce a una constante actividad sísmica. De hecho, las dos islas más jóvenes, Isabela y Fernandina, todavía están en formación.

Charles Darwin fue el primero en dar a conocer la extraordinaria biodiversidad en las Islas Galápagos. El proceso evolutivo de radiación adaptativa puede observarse no solo en el archipiélago aislado en comparación con el continente, sino también de una isla a la otra. Es posible que los pinzones de Darwin sean el ejemplo más conocido de este proceso en el mundo, pero no es el único. Asimismo, se ha demostrado que los sinsontes, las iguanas marinas, los caracoles terrestres, los cormoranes de las Galápagos, las tortugas gigantes y varios grupos de plantas e insectos demuestran especializaciones evolutivas similares, por lo que los niveles de endemismo son elevados.

El mar que rodea las islas está bien protegido en la Reserva Marina de Galápagos y la biodiversidad en estas aguas es tan impresionante como en la tierra. Aquí confluyen tres corrientes oceánicas, lo cual apoya el hecho de que se considere uno de los ecosistemas marinos más ricos del mundo. Hasta la fecha, se han registrado más de dos mil novecientas especies marinas, con niveles de endemismo superiores al 18%. Como consecuencia de todo lo anterior, las Islas Galápagos son también conocidas como un museo viviente y una vitrina de la evolución.

Fuente: adaptado de UNESCO (2014)

Para los administradores de muchas de estas áreas, la probabilidad de tales eventos geológicos puede ser pequeña, pero en otras es un riesgo siempre presente. Por ejemplo, en las Islas Galápagos de Ecuador, declaradas Patrimonio Mundial (Estudio de caso 3.1), se encuentran en la placa de más rápido movimiento en la Tierra, la Placa Tectónica de Nazca. Esta placa se mueve al este y al sur hacia Sudamérica, y se ha movido sobre una pluma térmica estacionaria volcánica, lo cual ha provocado frecuentes erupciones volcánicas (Constant, 2004). Estas erupciones volcánicas (durante un período considerable) formaron un archipiélago de islas, con las más jóvenes en la pluma térmica (o *hotspot*) y las más antiguas, reubicadas por movimientos tectónicos de placas, más cerca del continente sudamericano. La sucesión primaria de islas cada vez más jóvenes, al igual que el aislamiento y la adaptación de las especies ayudó a que uno de los más grandes naturalistas del mundo, Charles Darwin, formulara su teoría de la selección natural como una explicación para la evolución.

Isla Bartolomé, Islas Galápagos, sitio patrimonio mundial, Ecuador

Fuente: Biblioteca de fotos de la UICN © Imène Meliane

Clima

A menudo tomamos la atmósfera de la Tierra por sentado y asumimos que ha sido y será siempre la misma. Pero hacemos esta suposición a nuestro propio riesgo, pues la atmósfera es finita, dinámica y ha cambiado sustancialmente en los cuatro mil quinientos millones de años de la historia de la Tierra. Lo más importante es que los seres humanos entiendan que es la vida en la Tierra la que en realidad ha creado las condiciones adecuadas para todas las formas de vida que dependen del oxígeno. El oxígeno en nuestra atmósfera, el oxígeno que respiramos, ha sido producido por organismos vivos y este oxígeno es el que continúa siendo mantenido por la vida en la Tierra.

Composición atmosférica

En el siglo XXI, la atmósfera está dominada por nitrógeno (cerca del 78 %), oxígeno (cerca del 21 %) y argón (cerca del 1 %), con otros gases como dióxido de carbono y vapor de agua, además de polvo y partículas de humo. Sin embargo, el oxígeno no estaba presente en la Tierra primitiva. Hace aproximadamente tres mil ochocientos millones de años, la atmósfera temprana del planeta fue establecida por una intensa actividad volcánica y la liberación de nitrógeno, dióxido de carbono, vapor de agua, amoníaco, metano y cantidades más pequeñas de otros gases. No había oxígeno atmosférico, pero el agua proveniente de la salida de vapor de los volcanes ayudó a formar los océanos primigenios en la Tierra (Palmer, 2009).

Los organismos vivos, como las algas verde-azuladas, utilizaban el sol, el dióxido de carbono y el agua de la Tierra primigenia para producir carbohidratos, y lo que es más importante, el oxígeno como producto de desecho (Biello, 2009). Los niveles de oxígeno se acumularon gradualmente en la atmósfera, con fluctuaciones en el tiempo, lo cual apoyó la evolución de la vida. En algunos momentos críticos no ha habido suficiente oxígeno. Por ejemplo, durante el período Pérmico-Triásico, hace unos 252 millones de años, se produjeron cambios repentinos y dramáticos en la composición de la atmósfera de la Tierra y se produjo un evento de extinción masiva. Durante este tiempo hubo una intensa actividad volcánica y la expulsión asociada de dióxido de azufre y de vapor de agua en las escaleras siberianas, y el oxígeno se hizo muy escaso en los océanos, con la extinción de la mayoría de las especies marinas y de muchas especies terrestres de plantas y animales (McNamara, 2009).

David Beerling, en su libro *The Emerald Planet* (2007, p. 44), describe el papel del oxígeno atmosférico en los tiempos geológicos más recientes (durante el Fanerozoico) de la siguiente manera: "el contenido de oxígeno atmosférico de la Tierra está íntimamente ligado a la evolución de la vida vegetal [...] Este comienza con la fotosíntesis de las plantas que liberan oxígeno a la atmósfera a medida que fabrican biomasa".

Afirma que cuando las plantas mueren (marinas o terrestres) "hay una rica cosecha para animales, bacterias y hongos que descomponen sus restos, con consumo de oxígeno en el proceso" (Beerling, 2007, p. 44). No obstante, Beerling (2007, p. 44) también menciona que no todo el material orgánico se descompone y:

> que el entierro gradual y continuo de los restos fragmentarios de las plantas en la tierra y en el mar significa que una fracción del oxígeno producido durante su síntesis no puede recuperarse en procesos químicos o biológicos. En su lugar, se acumula libremente, lo cual añade año tras año pequeñas cantidades de oxígeno a nuestra atmósfera.

Luego, procesos geológicos de elevación, meteorización y erosión exponen y degradan estas rocas, los cual consume oxígeno en el proceso (Beerling, 2007). Durante esta oxidación se restablece el equilibrio del oxígeno en la atmósfera y este proceso controla el contenido de oxígeno en la atmósfera durante el tiempo geológico, aunque "el contenido de oxígeno en el aire que respiramos no está fijo en el 21 [por ciento]" (Beerling, 2007, p. 59), este varía.

La composición de la atmósfera es dinámica y los niveles de oxígeno son mantenidos por la vida en la Tierra, así que las actividades humanas como la destrucción del hábitat afectan este equilibrio y los procesos. Las áreas protegidas ayudan a mantener ecosistemas saludables que benefician directamente los niveles de oxígeno en la atmósfera, los procesos ecológicos y la salud de nuestra atmósfera que soporta la vida.

La concentración en la atmósfera del dióxido de carbono, un poderoso gas de efecto invernadero, varía, especialmente en los últimos tiempos, como consecuencia de la actividad humana. Este cambio en la concentración por la contaminación causada por el ser humano tiene serias consecuencias en el clima (véase el Capítulo 17), y la retención y el manejo de las reservas naturales y de los sumideros de carbono es una parte importante de la respuesta humana a esta amenaza. Por ejemplo, las áreas protegidas ayudan a conservar los bosques naturales –el mayor sumidero terrestre de carbono del mundo– para que estos puedan seguir capturando carbono. El mantenimiento de los bosques naturales es una "solución natural" crucial para hacer frente al desafío cada vez mayor del cambio climático en la Tierra (Dudley *et al.*, 2010) (véase el Capítulo 17). Algunos ambientes marinos claves como las praderas marinas también son sumideros de carbono importantes (véase el Capítulo 20). Las áreas protegidas tienen el potencial de ser un elemento clave en nuestros esfuerzos para reducir la contaminación por dióxido de carbono en pro de minimizar los efectos negativos del calentamiento global. Las áreas protegidas también ayudan a reducir el polvo y los contaminantes aéreos, y a lograr una composición química más saludable de la atmósfera.

Circulación atmosférica

El aire se mueve constantemente, y de una manera simplista la circulación atmosférica puede describirse como el aire caliente en movimiento hacia las latitudes más altas y el aire frío en movimiento hacia los trópicos, aunque por supuesto esto se complica por el efecto de Coriolis y los efectos de la corriente de chorro. Los marineros antiguos aprovechaban los vientos predominantes de la Tierra, de la misma manera en que los cambios estacionales en la dirección del viento anuncian la llegada de los monzones y las lluvias vivificantes requeridas para la agricultura. Tales cambios en las condiciones estacionales del viento también pueden reflejar el inicio de la estación seca.

La circulación atmosférica general influye en el clima experimentado por cualquier área protegida. Esta circulación influye en la naturaleza de las estaciones, en las condiciones

Tabla 3.1 Los doce diferentes climas de la Tierra

Climas tropicales lluviosos	
En los climas tropicales lluviosos, las temperaturas anuales promedio son superiores a 18°C, no hay temporada de invierno, la precipitación anual es alta y supera la evaporación anual. Estos incluyen:	
	Climas cálidos con lluvia durante todo el año (la precipitación del mes más seco es > 6 cm)
	Climas cálidos con lluvia de monzón (la precipitación del mes más seco es < 6 cm)
	Climas cálidos con lluvias estacionales, climas de sabana tropical (la precipitación del mes más seco es < 6 cm y la estación seca se desarrolla intensamente)
Climas secos	
En los climas secos, la evaporación supera la precipitación en promedio durante todo el año. Estos climas incluyen:	
	Climas esteparios, caracterizados por pastizales (este es un clima intermedio entre los climas desérticos y climas más húmedos)
	Climas desérticos (son zonas áridas donde la precipitación anual es < 40 cm)
Climas húmedos templados	
Los climas húmedos templados tienen un verano y un invierno, con una temperatura en el mes más frío < 18°C, pero > -3°C, y por lo menos un mes > 10°C. Estos climas incluyen:	
	Climas húmedos templados sin estación seca (la precipitación en el mes más seco es > 3 cm)
	Climas húmedos templados con un invierno seco (en los que el 70% de la precipitación cae en los seis meses más cálidos)
	Climas húmedos templados con un verano seco (en los que el 70 % de la precipitación cae en los seis meses del invierno)
Climas de bosque nevado	
La temperatura promedio del mes más frío es < -3°C y la temperatura promedio del mes más cálido es > 10°C. Estos climas incluyen:	
	Clima de bosque nevado con un invierno húmedo (sin estación seca)
	Clima de bosque nevado con un invierno seco
Climas polares	
La temperatura promedio del mes más cálido es < 10°C y no hay verano verdadero. Estos climas incluyen:	
	Clima de tundra (en el cual la temperatura promedio del mes más cálido es > 0°C pero < 10°C)
	Clima de hielo perpetuo (en el que las temperaturas promedio de todos los meses son < 0°C)

Fuente: Strahler, 2011, pp. 260-262

meteorológicas diarias y en la condición y el cambio en la condición de las especies y sus hábitats. Las mayores temperaturas del aire causadas por el cambio climático pueden resultar en una mayor evaporación, una mayor humedad en la atmósfera, mayores niveles de energía y eventos de tormenta de alta energía más frecuentes en algunas áreas. En otras zonas, estas mayores temperaturas han mejorado la aridez y las sequías. En el mundo del cambio climático en el siglo XXI, la naturaleza de la circulación atmosférica está cambiando, y los administradores de áreas protegidas necesitan comprender las implicaciones de esta dinámica en términos de los eventos meteorológicos que los cambios pueden desencadenar, así como los cambios consecuentes en los entornos naturales de las áreas protegidas de las que son responsables.

Los climas del mundo

El clima es el patrón promedio del tiempo determinado durante un período temporal muy largo por mediciones tales como temperatura, precipitación, viento y presión atmosférica. Para cualquier área protegida dada, el clima también estará influenciado por la latitud, la altitud, el terreno, la proximidad a las montañas y la proximidad a grandes cuerpos de agua. Los climas principales del mundo fueron mapeados con el sistema de clasificación climática de Köppen-Geiger, el cual reconoce doce climas distintos para la Tierra (Tabla 3.1)

Los climas de la Tierra cambian. Los meteorólogos utilizan modelos que les permiten predecir cambios en los climas a partir del aumento de las concentraciones de dióxido de carbono, y se han identificado patrones amplios que incluyen mayores temperaturas, más o menos precipitaciones, sequías intensificadas y eventos de tormentas intensas más frecuentes. Estos efectos del cambio climático desafiarán a los administradores de áreas protegidas y su gestión de la conservación de la biodiversidad, ya que estos cambios climáticos pueden traer a su vez cambios en las distribuciones de especies que no pueden abarcarse con los límites estáticos de las áreas protegidas.

Océanos

Los cinco grandes océanos que cubren más del 70% de la superficie del planeta son una parte considerable de la tierra dinámica. Estos están perpetuamente en movimiento, ya sea por las mareas, la circulación de aguas superficiales, los efectos del viento y las olas, las corrientes locales, las corrientes de aguas profundas, las surgencias u otros procesos. A esto se suman las influencias de tormentas intensas y sus mareas de tempestad asociadas, así como los terremotos y sus posibles fenómenos de maremoto. El nivel del mar relativo también ha cambiado a lo largo del tiempo geológico y estas fluctuaciones han ayudado a formar nuestros ambientes costeros. Por ejemplo, los puntos bajos del nivel del mar en el Pleistoceno y el Holoceno influenciaron el movimiento de los seres humanos fuera de África y la colonización de otros continentes (véase el Capítulo 4). Como resultado del cambio climático causado por el ser humano, el mundo de hoy está presenciando el aumento del nivel del mar debido a la expansión térmica del agua marina y al derretimiento de los glaciares alrededor del mundo; en particular la capa de hielo de Groenlandia y la capa de hielo de la Antártica (IPCC, 2013).

Los mayores niveles de dióxido de carbono en la atmósfera y sus consecuentes aumentos en las temperaturas están afectando tanto a las temperaturas medias de los océanos del mundo como a su acidez (dadas las mayores cantidades de dióxido de carbono disuelto y la formación de un ácido leve). Esto a su vez ha afectado la vida en los océanos, incluido el blanqueamiento de los sistemas de arrecifes de coral y otros impactos de la acidificación como la tasa de calcificación o disolución de organismos marinos como corales, crustáceos y moluscos (véanse los Capítulos 17 y 20).

La tasa reciente de cambios atmosféricos causados por el ser humano ha sido un catalizador para potenciar los fenómenos naturales. El aumento del nivel del mar y una mayor energía en los sistemas de tormentas traerá la transformación de accidentes geográficos costeros que han sido estables al menos ocho mil años, así como la creación de nuevos accidentes geográficos. Esto podría incluir la erosión de los depósitos de arena en las costas tales como playas, espolones arenosos, dunas costeras y sistemas de barrera de dunas; el hundimiento de marismas, humedales, valles poco profundos y deltas; y una erosión más intensa y enérgica de los promontorios y de los sistemas de arrecifes de barrera debido al aumento en la frecuencia de los eventos de tormentas de alta energía (Short y Woodroffe, 2009).

Los administradores de áreas protegidas deben comprender estos procesos marinos dinámicos además de las necesidades de conservación de la biodiversidad marina y costera del mundo. En el futuro, muchas áreas protegidas costeras y marinas sentirán toda la fuerza de la naturaleza potenciada y afectada por el clima. Poder anticipar y responder a estas situaciones inevitables requerirá que los administradores utilicen la ciencia para integrar su conocimiento de estas fuerzas y de los impactos asociados, junto con su experiencia de las circunstancias locales. Sin duda, estas estrategias también estarán influenciadas por regímenes sociopolíticos variables y actitudes globales frente al cambio climático.

Los administradores también deben anticipar la alta probabilidad de que se presenten respuestas políticas reactivas a los problemas de las áreas protegidas cuando finalmente se reconozcan todos los efectos del cambio climático. Un enemigo que enfrentan los administradores es la respuesta política aparentemente "rápida y sencilla", ya que tales respuestas son potencialmente dañinas para sus áreas protegidas. El administrador debe anticipar los problemas inevitables y presentar, con mucha antelación, soluciones cuidadosamente consideradas basadas en la ciencia rigurosa. Los administradores deben presentar estos casos de manera clara y constante para tener respuestas adaptativas (véase el Capítulo 17).

Geodiversidad

La geodiversidad es el término utilizado para describir el componente geológico de la naturaleza abiótica, y Gray (2004, p. 8) lo define como "[el] rango natural (diversidad) de las características geológicas (rocas, minerales, fósiles), geomorfológicas (procesos de los accidentes geográficos) y del suelo. Esto incluye sus ensamblajes, relaciones, propiedades, interpretaciones y sistemas".

Para los administradores, una parte integral de la conservación de áreas protegidas es tener una comprensión fundamental de la geodiversidad y de conceptos más específicos como geopatrimonio y geoconservación. En este libro se definen todos estos términos (véase el Capítulo 18) y también se presenta la importancia de la geodiversidad como base para la vida y como un determinante clave de la biodiversidad en un área protegida.

La geodiversidad de la Tierra se encuentra en un estado dinámico. Las nuevas rocas se forman a través de procesos plutónicos (debajo de la superficie de la Tierra) y volcánicos (por encima de la superficie de la Tierra), a través del depósito y la compactación sedimentaria, y a través del metamorfismo y efectos metasomáticos. Cuando quedan expuestas en la superficie, estas rocas se ven afectadas no solo por la meteorización física, química y biológica, sino también por la erosión. La erosión puede ser por el agua, el viento y el hielo (glaciación), y la formación subsiguiente de depósitos del material erosionado puede producir depósitos arrastrados por el agua, el viento y los glaciares.

Estudio de caso 3.2 Parque Nacional Gunung Mulu, Malasia: patrimonio mundial desde 2000

Reino biogeográfico: bioma indomalayo: bosques latifoliados húmedos tropicales y subtropicales.

Ubicado en la isla de Borneo, el Parque Nacional Gunung Mulu cubre casi quinientos treinta kilómetros cuadrados de terreno e incluye la zona cárstica tropical más estudiada del mundo. Con sus profundos cañones, ríos salvajes, cascadas y montañas cubiertas de selva tropical, la más alta de las cuales alcanza casi 2380 metros, el paisaje de Gunung Mulu tiene una espectacular belleza natural. Además, debajo de su superficie, cuenta con algunas de las cuevas más grandes del mundo. La Cámara de Sarawak, de seiscientos metros de largo, 415 metros de ancho y una altura de ochenta metros, es considerada una de las cámaras de cueva más grandes a de todo el mundo. Aquí puede encontrarse el récord mundial para el pasaje de cueva más grande, al igual que la cueva más larga de Asia. El sitio también es significativo por ser un ejemplo extraordinario de los importantes cambios en la historia de la Tierra. Existen tres formaciones rocosas principales compuestas de esquisto, arenisca y caliza, y sus depósitos aluviales terrestres, junto con la geomorfología e hidrología subterráneas, revelan información importante sobre la evolución tectónica y climática de Borneo.

La biodiversidad de Gunung Mulu también es excepcional. Dentro de diecisiete diferentes tipos de vegetación, el sitio cuenta con cerca de tres mil quinientas especies de plantas vasculares, y al albergar 109 especies de palmas, está entre los sitios más ricos de estas plantas en el mundo. Se han identificado más de doscientas especies de fauna troglobia. La Cueva del Ciervo alberga la mayor riqueza de especies de murciélagos registrada en una sola cueva. También es el hogar de una de las colonias más grandes del mundo de murciélagos de cola libre *(Chaerephon plicata)*, con más de tres millones de individuos. Otra cueva alberga la colonia de salanganas *(Aerodramus sp.)* más grande del mundo. Muchas especies que se encuentran aquí son endémicas y 41 de ellas se consideran en peligro de extinción.

Fuente: adaptado de UNESCO, 2014

Las erupciones volcánicas producen ceniza, flujos piroclásticos (flujo de cenizas volcánicas ultra-calientes que se desplaza rápidamente hacia abajo) y depósitos de aerosoles. Los raros impactos de meteoritos crean cráteres y potencialmente estructuras en forma de anillo.

El movimiento en masa de material en pendientes pronunciadas puede generar, además de avalanchas de detritos rocosos, el movimiento de suelos y detritos no consolidados, y lahares que se mueven rápidamente (flujos de lodo y rocas saturados de agua). Los derrumbes, los colapsos de acantilados, la solifluxión (movimiento causado por el congelamiento y el derretimiento) y los desplomes en pendientes pronunciadas forman parte de estos procesos dinámicos de la erosión. También se generan nuevos accidentes geográficos. La actividad tectónica puede dar lugar a nuevas estructuras montañosas o cuencas; también puede precipitar deslizamientos de tierra que represen ríos y causar maremotos. Es posible que se formen nuevos volcanes, las áreas geotérmicas con sus géiseres producen depósitos de sínter; los ríos cargados de carbonatos generan travertinos y depósitos de tufa; y las cascadas y los sistemas de ríos cargados de sedimentos crean diques, islas y deltas. La geodiversidad de la Tierra es realmente rica en procesos naturales dinámicos que los administradores de áreas protegidas deben considerar al planear y administrar el geopatrimonio de su área (Gray, 2004). Es posible que los administradores deban tener en cuenta cierto nivel de detalle técnico, tal como se ilustra en los siguientes ejemplos.

- Tipo de roca: la presencia de serpentinita y otras rocas ultramáficas suele incluir concentraciones elevadas de cromo y níquel que son tóxicas para algunas plantas e influyen en la composición de la vegetación.

Parque Nacional Gunung Mulu, Borneo, Malasia
Fuente: Biblioteca de fotos de la UICN © Jim Thorsell

- Conveniencia de los tipos de roca como materiales de caminos y carreteras: la composición química de las diferentes rocas volcánicas y plutónicas, en especial el tipo de feldespato (un mineral formador de rocas) presente, influye en la conveniencia del tipo de roca como material de construcción de caminos, y si un camino o carretera debe construirse dentro de dicho material parental. Esto también influirá en el costo de construcción del camino.

- Caliza y dolomita cárstica: la necesidad de manejo de las corrientes subterráneas, la fauna troglobítica y la conservación y protección de cuevas, espeleotemas, depósitos subfósiles y valores culturales en cuevas como en el Parque Nacional Gunung Mulu en Malasia, sitio patrimonio mundial, (Estudio de caso 3.2).
- Áreas geotérmicas: la necesidad de abordar el tema de la seguridad de los visitantes en ambientes de barro y agua sobrecalentada, y la rara flora y fauna extremófila.
- Montañas y áreas de acantilados: consideraciones para la seguridad de las personas en caso del posible colapso de acantilados y deslizamientos de tierra.

Los equipos de gestión de áreas protegidas pueden incluir geólogos o geofísicos, o pueden buscar tal experticia para ayudar en la toma de decisiones respecto a varios de estos procesos dinámicos de la Tierra.

Biodiversidad

La vida en la Tierra es preciosa y tiene un extraordinario desarrollo evolutivo, el cual refleja el comienzo con las formas de vida más simples hace miles de millones de años hasta los últimos seiscientos millones de años. La vida ha sufrido cinco grandes eventos de extinción y puede estar al borde del sexto; el primero en ser causado por los seres humanos (Cuadro 3.1). La vida tiene una inmensa diversidad, desde los polos hasta el ecuador, y de continente a continente. La distribución de plantas, animales y otros organismos no es uniforme y está influenciada por procesos geológicos dinámicos, los climas del mundo, su geodiversidad y su desarrollo evolutivo basado en la geografía. En esta sección presentamos esta rica biodiversidad, incluidas las especies de la Tierra y sus principales hábitats.

Para el establecimiento y gestión de áreas protegidas efectivas es esencial tener al menos un entendimiento básico de las características de la biodiversidad de un área, incluidas las especies y los ecosistemas clave, su estado de conservación y las acciones de conservación requeridas para mantener o mejorar su estado. La información sobre la imposibilidad de remplazar el área a nivel nacional o mundial respecto a la conservación de características específicas de su biodiversidad, en caso de estar disponible, también puede ayudar a orientar el establecimiento y gestión de áreas protegidas (Ricketts *et al.*, 2005; Langhammer *et al.*, 2007; Le Saout *et al.*, 2013).

Definición de biodiversidad

Entonces, ¿qué es la biodiversidad? El término "diversidad biológica" o "biodiversidad" se refiere a la variedad de vida en la Tierra. Esto incluye plantas, animales, hongos y microorganismos, la información genética que contienen, los ecosistemas que forman y los procesos ecológicos que los unen a través de múltiples escalas. La biodiversidad está definida en el Artículo 2 del Convenio sobre la Diversidad Biológica (CDB) de las Naciones Unidas como la "variabilidad de organismos vivos de cualquier fuente, incluidos, entre otras cosas, los ecosistemas terrestres y marinos y otros ecosistemas acuáticos y los complejos ecológicos de los que forman parte; comprende la diversidad dentro de cada especie, entre las especies y de los ecosistemas" (CBD, 1992, p. 3).

Una especie está ampliamente definida como un grupo de organismos con una reserva genética compartida y cerrada (por ejemplo, el panda gigante, *Ailuropoda melanoleuca*, es una especie), aunque la especiación también puede ocurrir sin un aislamiento genético. Los genes guardan la información para desarrollar y mantener las células de un organismo y transmitir esta información a la descendencia. Un hábitat es el ambiente natural en el que vive un organismo particular (por ejemplo, los bosques templados de montaña con densos rodales de bambú en China son el hábitat del panda gigante), y un ecosistema es una comunidad de organismos vivos junto con su entorno no viviente (por ejemplo, un bosque con sus suelos, un lago o un río con su lecho, o un ecosistema de arrecifes de coral con sus aguas circundantes).

Principales divisiones de las especies

Casi todas las especies dependen directa o indirectamente de la producción primaria a través de la fotosíntesis o quimiosíntesis. Las plantas son organismos multicelulares en el reino taxonómico *Plantae* e incluyen, por ejemplo, todas las plantas con flores (angiospermas), coníferas y otras gimnospermas, helechos y musgos. Al utilizar la energía de la luz (fotosíntesis), la mayoría de las plantas producen oxígeno y compuestos orgánicos tales como carbohidratos a partir de moléculas inorgánicas tales como dióxido de carbono y agua. Las plantas son los principales productores de la mayoría de los ecosistemas terrestres y constituyen la base de la red alimentaria en tales ecosistemas. Las algas y el fitoplancton cumplen la misma función en los ecosistemas marinos y acuáticos. Algunos microorganismos como las bacterias también pueden utilizar la energía liberada por las reacciones químicas (quimiosíntesis) para producir materia orgánica.

Tabla 3.2 Especies eucariotas descritas y posible número total de especies

Reino	Número estimado de especies descritas	Número estimado del total de especies
Animalia (animales)	1'424.153	6'836.330
Plantae (plantas)	310.129	390.800
Fungi (hongos)	98.998	1'500.000
Otros eucariotas (por ejemplo, algas)	53.915	> 1'200.500
Total	1'887.195	9'927.630

Fuente: adaptado de Chapman, 2009

Los animales son organismos multicelulares en el reino taxonómico *Animalia* e incluyen, por ejemplo, mamíferos, aves, reptiles, anfibios, peces, insectos, corales y esponjas. Los animales actúan como consumidores en las redes alimentarias terrestres, marinas y acuáticas, y obtienen carbono orgánico al comer a los productores primarios u otros animales. A diferencia de las plantas, la mayoría de los animales son capaces de moverse espontánea y activamente de una manera decidida, al menos en alguna etapa de su vida.

Los hongos forman su propio reino taxonómico (reino *Fungi*), ya que no son ni plantas ni animales, y pueden ser unicelulares (por ejemplo, levaduras) o multicelulares (por ejemplo, setas y champiñones). Estos organismos cumplen un papel esencial en la descomposición de la materia orgánica, y junto con todos los demás organismos, desempeñan un papel importante en el ciclo de nutrientes, el reciclaje y el funcionamiento de los ecosistemas.

Medición de la biodiversidad

La diversidad biológica se puede medir de muchas maneras (Gaston, 2000; Purvis y Hector, 2000; Groombridge y Jenkins, 2002; Hoekstra *et al.*, 2010). Desde una perspectiva de su "composición", una de las preguntas más frecuentes es: ¿cuántas especies hay en la Tierra? Las estimaciones globales de especies varían mucho, y en el pasado oscilaban entre tres millones y más de cien millones de especies. Una estimación reciente llega a 9,9 millones de especies eucariotas, es decir "formas de vida superiores", las cuales tienen un núcleo celular limitado por una membrana, de las cuales se ha descrito el 19% (Chapman, 2009, Tabla 3.2). Otro estudio reciente estima que existen 8,7 millones (± 1,3 millones) de especies eucariotas a nivel mundial, de las cuales se ha descrito cerca del 14% (Mora *et al.*, 2011). Es difícil estimar el número de especies procariotas, es decir las que no tienen un núcleo celular limitado por una membrana (por ejemplo, las bacterias), y las estimaciones recientes todavía varían entre diez mil y más de un millón (Chapman, 2009; Mora *et al.*, 2011).

Cuadro 3.1 El sexto evento de extinción más importante: ¿provocado por los seres humanos?

Es probable que el número de especies vivas nunca haya sido mayor que hoy, aunque hasta el 99% de todas las especies que han vivido en nuestro planeta están extintas. La extinción es un proceso natural diseminado que suele ocurrir lentamente y afecta solo un pequeño número de especies durante largos períodos (Barnosky *et al.*, 2011). Sin embargo, como resultado de las actividades humanas, es probable que las poblaciones de muchas especies se extingan en un futuro próximo o se hayan extinguido en épocas prehistóricas e históricas (Barnosky *et al.*, 2011; Dullinger *et al.*, 2013; Duncan *et al.*, 2013).

Debido a diversas causas naturales, en el pasado la Tierra sufrió cinco extinciones en masa, y cada vez perdió más del 75% de todas las especies en un período geológicamente corto (de varios cientos de miles a varios millones de años) (Barnosky *et al.*, 2011). El más famoso de estos es el evento del Cretáceo alrededor de 65 millones de años atrás, con una alta probabilidad de ser provocado por el impacto de un meteorito y el posterior enfriamiento global rápido, el cual dio final a la "edad de los dinosaurios".

Basándose en las tasas de extinción recientes, que ya son sustancialmente más altas que en los períodos previos a los humanos (Pimm *et al.*, 1995), y el riesgo de extinción de especies existentes que figuran en la Lista Roja de Especies Amenazadas de la UICN (IUCN, 2013b), se ha estimado que la Tierra podría perder de nuevo el 75% de todas las especies dentro de tan solo tres siglos (Barnosky *et al.*, 2011). Esto sugiere que la sexta extinción en masa está en marcha; por primera vez causada por una especie individual: los humanos.

A medida que las sociedades humanas comienzan a responder a la actual crisis de extinción de la biodiversidad, las acciones de conservación –incluidas las medidas de conservación basadas en áreas, como las áreas protegidas– pueden ayudar a prevenir extinciones o reducir el riesgo de extinción de especies y poblaciones (véase, por ejemplo Butchart *et al.*, 2006, 2012). Un caso que sirve como ejemplificación es el de la Alianza para la Cero Extinción (ACE), que está coordinando el trabajo para identificar y proteger los centros de extinción inminente en los que las especies altamente amenazadas están confinadas a sitios únicos (Ricketts *et al.*, 2005, Figura 3.10).

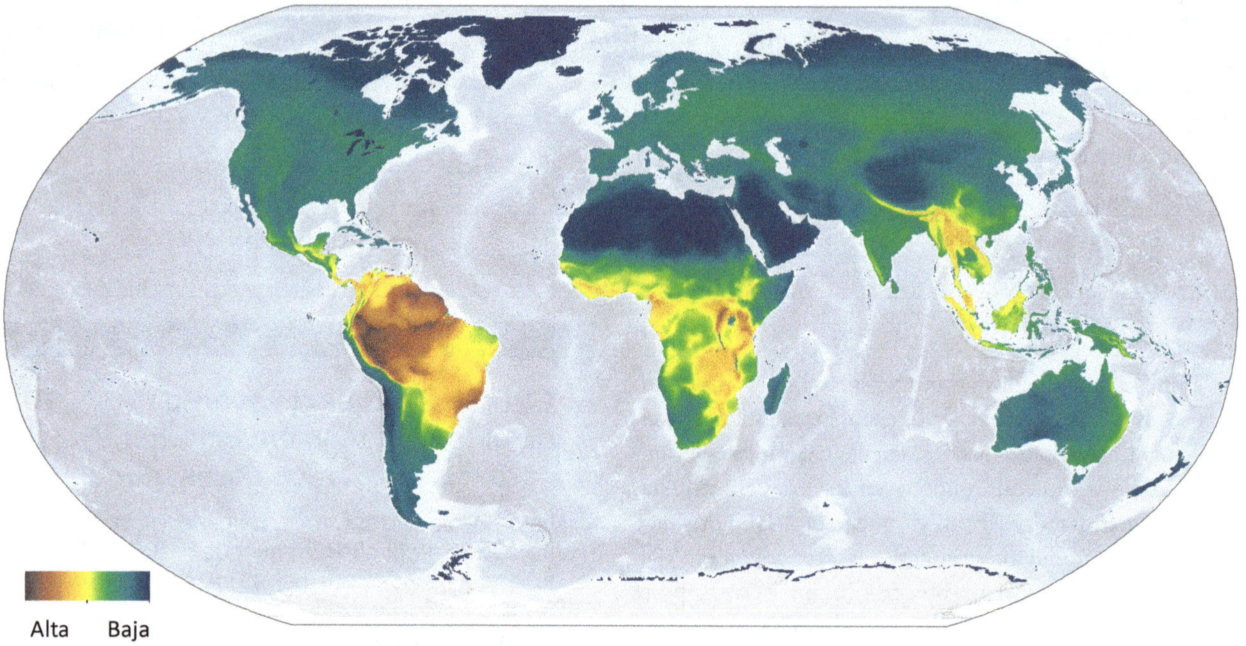

Figura 3.2 Diversidad mundial de especies de anfibios, aves y mamíferos
Fuente: modificado de SavingSpecies y Globaïa, 2012, a partir de datos proporcionados por la UICN, BirdLife International y NatureServe

Muchas de las especies descritas hasta ahora se consideran amenazadas, es decir que se enfrentan a un mayor riesgo de extinción como resultado de los impactos naturales o derivados del ser humano. La Lista Roja de Especies Amenazadas de la UICN representa un estándar mundial para evaluar y registrar el estado de conservación de las especies, las amenazas que las afectan y las acciones de conservación que se realizan o que son requeridas (Rodrigues *et al.*, 2006; Mace *et al.*, 2008; Salafsky *et al.*, 2008). A comienzos del siglo XXI, a nivel global, el 41% de los anfibios, el 25% de los mamíferos y el 13% de las aves se consideran "en peligro crítico de extinción", "en peligro de extinción" o "vulnerables" (IUCN, 2013b). Los grupos de plantas con una alta proporción de especies amenazadas incluyen las cícadas (63%), las coníferas (34%) y las cactáceas (31%) (UICN, 2013b). Las tasas de extinción recientes se han estimado entre cien y mil veces más altas que en tiempos previos a los humanos (Pimm *et al.*, 1995), lo que ha llevado a sugerir que el sexto evento de extinción más importante en la historia de la Tierra podría estar en marcha (Leakey y Lewin, 1992; Cuadro 3.1).

Principales divisiones de los ecosistemas

Un ecosistema se define como una comunidad biótica (una asociación de poblaciones de especies que interactúan) y su entorno abiótico (por ejemplo, el clima, el agua, el suelo y la luz solar), y estos ecosistemas pueden estar a varias escalas, con ecosistemas a mayor escala como sinónimo de paisaje terrestre o marino (Sinclair *et al.*, 2006). La clasificación más básica de los ecosistemas distingue entre terrestres, dulceacuícolas y marinos. Dentro de cada una de estas amplias clases se pueden distinguir varios tipos principales, cada uno caracterizado por comunidades ecológicas y condiciones climáticas bastante similares (por ejemplo, bosques templados y tropicales, montañas, lagos, ríos y arrecifes de coral). Estos tipos de ecosistemas principales (o biomas) se describen en la siguiente sección. Al igual que las especies, los ecosistemas también pueden estar amenazados, y actualmente se está desarrollando una Lista Roja de Ecosistemas Amenazados de la UICN (Rodríguez *et al.*, 2011).

Todos los ecosistemas en conjunto conforman la biosfera del mundo, es decir, todos los lugares desde la cima de la atmósfera hasta el fondo del océano, e incluso las rocas y los suelos de la Tierra que están ocupados por organismos vivos. La biosfera es un sistema intrínsecamente interconectado, y en última instancia establece las reglas para la supervivencia de especies de todo tipo, incluidos los seres humanos (White, 2003). La biosfera ha evolucionado a lo largo de miles de millones de años en interacción con el medio ambiente inerte (atmósfera, hidrósfera y litosfera), y esto ha determinado la distribución natural de la biodiversidad en la Tierra.

Tabla 3.3 Algunos sistemas de clasificación biogeográfica para las áreas terrestres, dulceacuícolas y marinas

Sistema	Descripción	Unidades	Referencias
Ecorregiones terrestres del mundo (terrestrial ecoregions of the world, TEOW)	Brinda una clasificación de los ecosistemas terrestres del mundo. Se basa en la revisión de la información existente y el conocimiento experto. Se traslapan con ecorregiones de agua dulce.	Sistema anidado de ocho reinos, catorce biomas y 827 ecorregiones terrestres.	Olson *et al.*, 2001.
Ecorregiones de agua dulce del mundo (freshwater ecoregions of the world, FEOW)	Brinda una clasificación de los ecosistemas dulceacuícolas del mundo. Se basa en las distribuciones y composiciones de especies de peces de agua dulce y patrones ecológicos y evolutivos importantes. Se traslapan con ecorregiones terrestres.	426 ecorregiones de agua dulce.	Abell *et al.*, 2008.
Ecorregiones marinas del mundo (marine ecoregions of the world, MEOW)	Brinda una clasificación de las aguas costeras y de plataforma continental del mundo (< 200 m de profundidad). Se basa en la revisión de la información existente y el conocimiento experto de las biotas pelágicas y bentónicas. Se alinea estrechamente con las provincias pelágicas del mundo.	Sistema anidado de doce reinos, 62 provincias y 232 ecorregiones marinas.	Spalding *et al.*, 2007.
Provincias pelágicas del mundo	Brinda una clasificación de las aguas superficiales fuera de la plataforma continental (< 200 m de profundidad). Se basa en la revisión de la información existente y el conocimiento experto de la biota pelágica. Se alinea de cerca con las ecorregiones marinas del mundo.	Sistema anidado de cuatro reinos, siete biomas y 37 provincias pelágicas.	Spalding *et al.*, 2012.
Provincias bentónicas de aguas profundas del mundo	Propone provincias biogeográficas globales para el bentos abisal y batial más bajo (> 800 m de profundidad). Se basa en parámetros oceanográficos y datos de localización de especies marinas bentónicas seleccionadas.	El sistema propuesto incluye catorce provincias batiales más bajas (800-3500 m) y catorce abisales (3500-6500 m)	Watling *et al.*, 2013.

Distribución de la biodiversidad

La biodiversidad no se distribuye uniformemente en toda la Tierra. El número y el tipo de especies y ecosistemas presentes cambian de acuerdo con factores como el clima, la altitud, la latitud, el espacio disponible, el tiempo y la energía (Gaston, 2000). Por ejemplo, la riqueza general de especies aumenta de las regiones polares a las regiones templadas, y de estas a los trópicos (Figura 3.2). Esto también se aplica en la mayoría de los grupos taxonómicos (por ejemplo, hay más especies de aves en los trópicos que en las regiones templadas) y en la mayoría de ecosistemas similares –por ejemplo, hay más especies en los bosques tropicales que en los bosques templados– (Gaston, 2000).

La biogeografía es el estudio de la distribución de especies y ecosistemas en el espacio y el tiempo. Los sistemas de clasificación biogeográfica buscan delimitar distintas áreas ecológicas de acuerdo con sus características bióticas y abióticas, incluidas las amplias zonas climáticas de la Tierra. Tales sistemas ayudan a comprender el patrimonio natural de la Tierra y son ampliamente considerados como herramientas esenciales para la ciencia, la política, la planeación y la gestión de conservación de la biodiversidad. Los sistemas de clasificación mundial son utilizados por los convenios relacionados con la diversidad biológica como el CDB, la Convención de Ramsar y la Convención del Patrimonio Mundial, y sirven como guía para la identificación, clasificación y conservación de importantes sitios de biodiversidad, así como para establecer y gestionar redes ecológicamente representativas de áreas protegidas. El CDB también tiene varios programas temáticos que se encargan de "biomas" específicos, incluidos los ecosistemas marinos y costeros, las aguas continentales, las montañas, las islas, los bosques y las tierras áridas. Además de los sistemas de clasificación mundial, existen muchos sistemas de clasificación a nivel nacional y regional que brindan información sobre las políticas y prácticas de conservación.

Con el tiempo se han desarrollado y refinado diferentes perspectivas para la clasificación biogeográfica de los ambientes terrestres, dulceacuícolas y marinos del mundo, y aunque todas ellas tienen limitaciones, sirven para diferentes propósitos (Whitley y Whittaker, 2011). Algunas perspectivas recientes hacen uso de nuestro conocimiento cada vez mayor, pero todavía imperfecto, de las distribuciones de especies y de las relaciones filogenéticas de las especies para delinear regiones biogeográficas (Kreft y Jetz, 2010; Holt *et al.*, 2013).

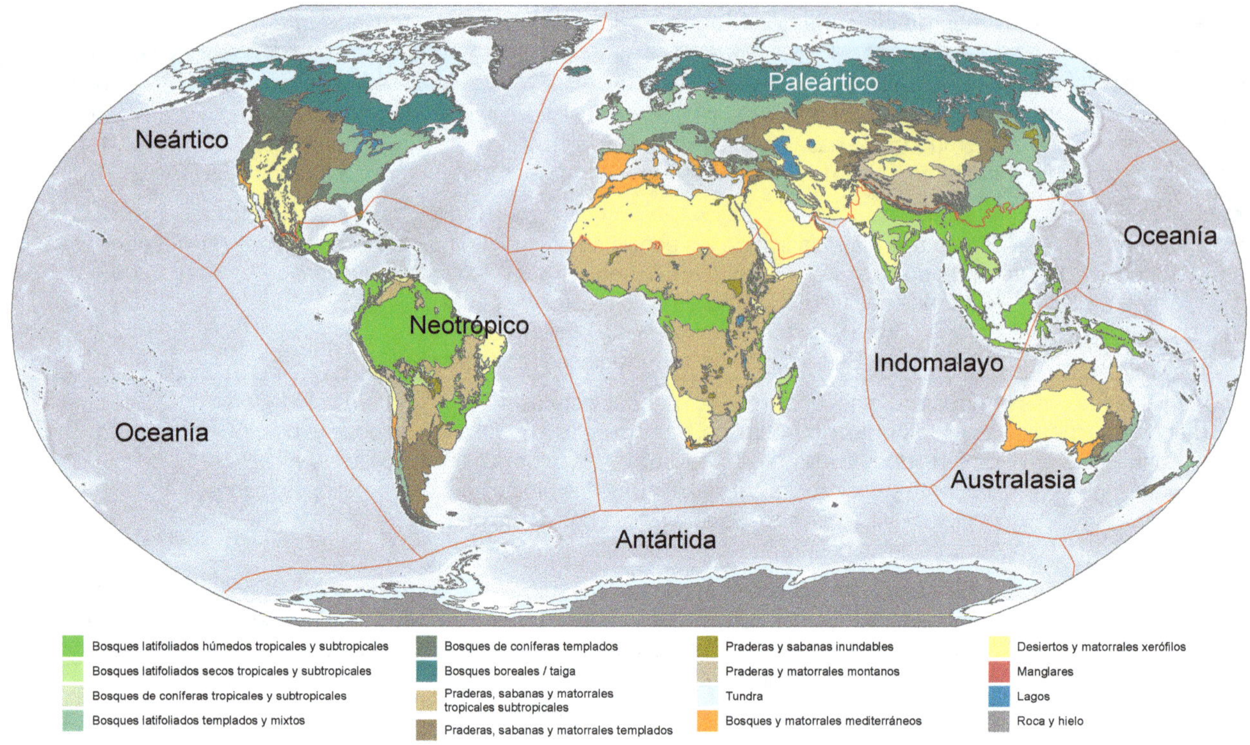

Figura 3.3 Los ocho reinos biogeográficos y catorce biomas del mundo
Fuente: Modificado de Olson *et al.*, 2001

Otras perspectivas subdividen el mundo en grandes biomas y ecorregiones de acuerdo con la distribución de comunidades ecológicas.

Varias de las últimas metodologías se han desarrollado específicamente para el campo de la conservación de la biodiversidad y se ha encontrado que tienen una amplia aplicación en este campo. Tales metodologías incluyen las provincias biogeográficas definidas por Udvardy (1975) bajo el auspicio de la UICN, y las más recientes ecorregiones terrestres, marinas y dulceacuícolas del mundo (Tabla 3.3) (Olson *et al.*, 2001; Spalding *et al.*, 2007; Abell *et al.*, 2008). Estos sistemas se han utilizado, por ejemplo, para analizar las brechas ecológicas de la red mundial de áreas protegidas y para medir el progreso en las metas sobre áreas protegidas del CDB (Brooks *et al.*, 2004; Chape *et al.*, 2005; Spalding *et al.*, 2008; Jenkins y Joppa, 2009; CBD, 2010a; Bertzky *et al.*, 2012). Recientemente se desarrollaron, además, sistemas para cubrir alta mar (Tabla 3.3) (Spalding *et al.*, 2012; Watling *et al.*, 2013). Estos sistemas pueden utilizarse para la ciencia, la política, la planeación y la gestión de la conservación (Hoekstra *et al.*, 2010).

Biomas terrestres

Para describir con mayor detalle la distribución natural de los ecosistemas terrestres en la Tierra, aquí se utiliza el sistema de "ecorregiones terrestres del mundo" de Olson *et al.* (2001). Este sistema re-

Sitio trinacional de Sangha, Camerún, República Centroafricana y República del Congo
Fuente: Biblioteca de fotos de la UICN © Charles Doumenge

Estudio de caso 3.3 Sitio trinacional de Sangha, Camerún, República Centroafricana y República del Congo: Patrimonio Mundial desde 2012

Reino biogeográfico: Afrotrópico; bioma: bosques latifoliados húmedos tropicales y subtropicales

Este sitio Patrimonio Mundial transfronterizo abarca aproximadamente 7500 kilómetros cuadrados de tierra, y combina tres parques nacionales en la cuenca del Congo –el Parque Nacional Lobeké en Camerún, el Parque Nacional Dzanga-Ndoki en la República Centroafricana y el Parque Nacional Nouabalé-Ndoki en la República del Congo–. Los diversos ecosistemas presentes incluyen bosques tropicales de hoja perenne, bosques pantanosos y bosques de inundación periódica, al igual que varios tipos de claros en el bosque, todos los cuales se conectan a nivel del paisaje.

Esta zona es excepcional debido a la conservación de los procesos ecológicos y evolutivos en un paisaje forestal a gran escala casi intacto, y cuenta con una gran zona de amortiguación que rodea la propiedad en los tres países para ayudar a conservar su estado. La zona alberga poblaciones viables de muchas especies que viven en el bosque tales como el mukulungu (*Autranella congolensis*), una especie de árbol en peligro crítico, el gorila occidental (*Gorilla gorilla*) en peligro crítico de extinción, el chimpancé (*Pan troglodytes*) en peligro de extinción, las especies de antílope sitatunga (*Tragelaphus spekii*) y bongo (*Tragelaphus eurycerus*) en peligro de extinción, y el elefante africano de bosque (*Loxodonta cyclotis*). Los numerosos tipos de claros en el bosque son también el hogar de grupos de plantas sin igual.

Fuente: adaptado de UNESCO, 2014

conoce ocho reinos biogeográficos –grandes áreas dentro de las cuales los organismos han estado evolucionando en relativo aislamiento durante largos períodos– y catorce biomas de vegetación (Figura 3.3). Si bien los reinos se caracterizan por la historia evolutiva de los organismos que contienen, los biomas representan los principales tipos de ecosistemas caracterizados por comunidades ecológicas y condiciones climáticas bastante similares. Los biomas principales tales como bosques, pastizales y desiertos se reconocen fácilmente, incluso desde el espacio, e influyen en la distribución de las especies en la Tierra.

Las características clave de cada uno de los catorce biomas, de acuerdo con Olson *et al.* (2000), se resumen a continuación. Las montañas se describen brevemente como un bioma independiente, tal como lo reconoce Udvardy (1975). A lo largo de esta sección utilizamos estudios de caso de sitios patrimonio mundial para ilustrar una muestra seleccionada de los biomas del mundo con mayor extensión.

Bosques latifoliados húmedos tropicales y subtropicales

Este bioma se encuentra en todo el mundo, principalmente a lo largo del cinturón ecuatorial y entre los trópicos de Cáncer y Capricornio, en forma de parches grandes y discontinuos de bosques semiperennifolios y perennifolios. Sus mayores extensiones pueden encontrarse en la cuenca amazónica, en la cuenca del Congo (Estudio de caso 3.3) y en los archipiélagos indomalayos. Este bioma se caracteriza por la baja variabilidad en la temperatura anual combinada con altos niveles de precipitación (> 2000 mm al año). Los bosques latifoliados húmedos tropicales y subtropicales albergan un número de especies mayor que cualquier otro bioma terrestre –se estima que aquí se encuentra hasta la mitad

Áreas Protegidas de los Tres Ríos Paralelos de Yunnan, China

Fuente: Biblioteca de fotos de la UICN © Jim Thorsell

de las especies conocidas del mundo– (Figura 3.2). La riqueza de especies es mayor en los doseles del bosque, mientras que la falta de luz solar hace que la vida en el suelo del bosque sea menos variada. Sin embargo, un kilómetro cuadrado de estos bosques puede albergar hasta mil especies de árboles diferentes. Con un total de cincuenta ecorregiones, los bosques latifoliados húmedos tropicales y subtropicales incluyen más ecorregiones que cualquier otro bioma, lo cual recalca aún más su diversidad y complejidad.

Estudio de caso 3.4 Áreas Protegidas de los Tres Ríos Paralelos de Yunnan, China: patrimonio mundial desde 2003

Reino biogeográfico: Paleártico; bioma: bosques de coníferas templados

Con un total de diecisiete mil kilómetros cuadrados, las áreas protegidas de los Tres Ríos Paralelos de Yunnan en la provincia de Yunnan, al sur de China, combinan quince áreas protegidas agrupadas en ocho conglomerados geográficos. Como su nombre lo indica, este sitio serial (múltiples partes) incluye las cuencas altas de tres de los grandes ríos de Asia –el Yangtsé, el Mekong y el Salween– los cuales corren más o menos paralelos de norte a sur a través del Parque Nacional de los Tres Ríos Paralelos. El paisaje es impresionante, ya que los ríos atraviesan cañones de hasta tres mil metros de profundidad y están flanqueados por picos nevados de hasta seis mil metros de altitud. Las montañas exhiben una gama de diversos tipos y formas de rocas, incluido el carst alpino, los monolitos de granito y la piedra arenisca de Danxia, lo cual refleja la variada historia geológica de la zona. Bosques densos, lagos y praderas dominan el paisaje entre los ríos.

La combinación de una amplia gama de altitudes, climas y hábitats cercanos a la intersección de tres grandes reinos biogeográficos (Asia Oriental, Sudeste Asiático y Meseta Tibetana) favorece una biodiversidad muy alta. En ninguna parte de China la biodiversidad es más rica que en el noroeste de la provincia de Yunnan, y en comparación con otras regiones templadas, esta zona puede ser la de mayor diversidad biológica. Hasta la fecha se han identificado cerca de seis mil especies de plantas, y se cree que hasta el 25% de los animales del mundo se encuentra aquí, muchos de los cuales son endémicos, relictos o en peligro de extinción. Ejemplos bien conocidos son el panda rojo (*Ailurus fulgens*), el urogallo chino (*Bonasa sewerzowi*) y el perro salvaje asiático (*Cuon alpinus*).

Fuente: adaptado de UNESCO, 2014

Bosques secos tropicales y subtropicales

Al igual que en las selvas tropicales, en este bioma la temperatura varía poco y hay suficiente lluvia para que los bosques crezcan. Sin embargo, hay una estación seca que dura varios meses, lo que hace que las especies caducifolias, en lugar de las perennifolias, dominen el bosque. Cuando los árboles se desprenden de sus hojas para conservar el agua durante la estación seca, la luz solar puede alcanzar el suelo del bosque, lo cual fomenta el crecimiento de la vegetación densa del sotobosque. Los bosques secos tropicales y subtropicales proporcionan un hábitat importante para la vida silvestre, incluidos monos, grandes felinos, loros y aves de hábitos terrestres. No obstante, la biodiversidad en general es menor que en los bosques latifoliados húmedos tropicales y subtropicales. Este bioma se encuentra en el sur de México, en los valles del norte de los Andes, en el litoral de Ecuador y Perú, en el este de Bolivia y en el centro de Brasil, en el Caribe, en el sureste de África, en Madagascar, en India central, en Indochina, en las Islas Menores de la Sonda y en Nueva Caledonia.

Bisonte americano de bosque (*Bison bison athabascae*), Parque Nacional Wood Buffalo, Canadá

Fuente: © Jim Thorsell

Bosques de coníferas tropicales y subtropicales

Caracterizados por diferentes especies de coníferas, estos bosques se encuentran en climas semihúmedos de regiones tropicales y subtropicales. Son áreas con precipitaciones limitadas y una moderada variabilidad anual de la temperatura. Los bosques de coníferas tropicales y subtropicales tienen una cobertura densa, lo cual impide que mucha luz solar alcance el suelo del bosque. Hongos y helechos dominan el sotobosque, junto con algunos arbustos y pequeños árboles. Los bosques de coníferas tropicales y subtropicales son importantes para la biodiversidad, ya que a menudo las mariposas o las aves migratorias los usan como refugio de invierno. El endemismo local puede ser alto, especialmente donde el bosque surge en áreas más húmedas o en suelos inusuales. Los bosques más diversos bajo esta categoría se encuentran en México. Las mayores extensiones pueden encontrarse en Norte y Centroamérica, aunque el bioma también se encuentra en algunas partes de Asia.

Bosques latifoliados templados y mixtos

Se trata de bosques en climas templados, donde la variación de las lluvias y la temperatura durante el año es mucho mayor que en las regiones tropicales y subtropicales. Cuando las precipitaciones se distribuyen de manera más uniforme, las especies caducifolias pueden aparecer junto con las especies latifoliadas. En los bosques templados del norte se encuentran comúnmente el roble (*Quercus spp.*), la haya (*Fagus spp.*), el abedul (*Betula spp.*) y el arce (*Acer spp.*), mientras que en el hemisferio sur se encuentran las

Estudio de caso 3.5 Parque Nacional Wood Buffalo, Canadá: patrimonio mundial desde 1983

Reino biogeográfico: Neártico; bioma: bosques boreales y taiga

Situado en la región norte-central de Canadá, el Parque Nacional Wood Buffalo, de 44.807 kilómetros cuadrados, contiene enormes extensiones de bosques boreales y la mayor extensión del ecosistema de praderas boreales de las Grandes Planicies de Norteamérica. También incluye el delta interior más grande del mundo, formado por los ríos Peace, Athabasca y Slave, y ecosistemas asociados como llanuras inundables y llanuras de marea.

La mayor población del bisonte americano de bosque (*Bison bison athabascae*) en Norteamérica recorre las llanuras del Parque Nacional Wood Buffalo y es uno de los pocos lugares del mundo donde no se ha alterado la relación entre depredador y presa; aquí, el lobo gris (*Canis lupus*) y el bisonte americano de bosque. También es el único lugar en el mundo que provee un precioso hábitat de reproducción para la grulla trompetera (*Grus americana*), la cual está en peligro de extinción. El delta interior del río es un popular sitio de descanso para las aves acuáticas migratorias. En total, se han registrado 46 especies de mamíferos y 227 especies de aves, incluido el zorro ártico (*Vulpes lagopus*), el alce (*Alces alces*), el oso negro (*Ursus americanus*), el búho nival (*Bubo scandiacus*) y el carbonero boreal (*Parus hudsonicus*).

Fuente: adaptado de UNESCO, 2014

Estudio de caso 3.6 Áreas Protegidas del Cerrado, Parques Nacionales Chapada dos Veadeiros y Emas, Brasil: patrimonio mundial desde 2001

Reino biogeográfico: Neotrópico; bioma: praderas, sabanas y matorrales tropicales y subtropicales

Las áreas protegidas del Cerrado cubren unos 3670 kilómetros cuadrados y contienen ejemplos excepcionales de uno de los ecosistemas de sabana tropical más antiguos y diversos del mundo. El área abarca dos parques nacionales, Chapada dos Veadeiros y Emas. El primero forma parte de la llanura más alta del centro de Brasil e incluye amplias mesetas, cascadas y manantiales, así como profundos cañones rocosos y valles. El Parque Nacional Emas forma parte de la meseta de la Serra dos Caiapós, una suave llanura que sirve de división entre los ríos La Plata y Amazonas.

El Cerrado sirvió de refugio para las especies clave durante los cambios climáticos pasados, y gracias a sus rangos altitudinales y vastos hábitats no perturbados seguirá haciéndolo para las especies mientras se ajustan a los cambios recientes. Más del 60% de todas las especies de plantas del Cerrado y casi el 80% de sus especies de vertebrados están representadas dentro del área protegida, lo cual incluye la mayoría de sus mamíferos amenazados, como el armadillo gigante (*Priodontes maximus*) y el ciervo de los pantanos (*Blastocerus dichotomus*). El Parque Nacional Emas también alberga una serie de especies de aves especializadas en vivir en estas praderas, algunas de las cuales son endémicas, incluido el capuchino pecho blanco (*Sporophila palustris*) y el atajacaminos de ala blanca (*Eleothreptus candicans*) en peligro de extinción.

Fuente: adaptado de UNESCO, 2014

hayas sureñas (*Nothofagus spp.*). A diferencia de los bosques lluviosos tropicales, en estos bosques la biodiversidad es mucho más alta hacia el suelo en comparación con el dosel. Importantes áreas de bosques latifoliados templados y mixtos se encuentran en el este de Norteamérica, suroeste de Sudamérica, Europa, Rusia, el Cáucaso, el Himalaya, el Este de Asia, Australia y Nueva Zelanda.

Bosques de coníferas templados

Los veranos calurosos y los inviernos fríos apoyan este tipo de bosque perenne, el cual se encuentra típicamente en áreas costeras con inviernos suaves y precipitaciones fuertes, además de tierra adentro, donde los climas son más secos o en áreas montañosas. El pino (*Pinus spp.*), el cedro (*Cedrus spp.*), el abeto (*Abies spp.*), el enebro (*Juniperus spp.*), la pícea (*Picea spp.*), los mañíos (*Podocarpus spp.)* y la secoya (*Sequadia, Sequoiadendron* y *Metasequoia spp.*)

Áreas protegidas del Cerrado: Parques Nacionales Chapada dos Veadeiros y Emas, Brasil

Fuente: © Bruno Poppe

Estudio de caso 3.7 Saryarka, estepa y lagos de Kazajistán Septentrional: patrimonio mundial desde 2008

Reino biogeográfico: Paleártico; bioma: praderas, sabanas y matorrales templados

Saryarka comprende dos áreas protegidas –la reserva natural del Estado de Naurzum y la reserva natural del Estado de Korgalzhyn– localizadas cerca de trescientos cincuenta kilómetros aparte en las tierras altas de Kazakh. En conjunto, estas áreas protegidas cubren unos cuatro mil quinientos kilómetros cuadrados, de los cuales el 44% están formados por la estepa de Asia Central, y el resto está compuesto principalmente por lagos de agua dulce y salada y los ecosistemas de humedales asociados.

La estepa en Saryarka es el hogar de más de la mitad de las especies de flora típicas que se encuentran en el ecosistema de estepa de esta región. Cada año, cuando la hierba comienza a brotar, grandes manadas del antílope saiga (*Saiga tatarica*), el cual se encuentra en peligro crítico de extinción, migran a través de la estepa de sur a norte. La especie solo se encuentra en la estepa de Asia Central, y Saryarka es importante para su supervivencia. Los humedales y lagos del área protegida son de importancia mundial para las aves acuáticas migratorias a lo largo de las rutas migratorias de Asia Central. Especies de África, Asia y Europa visitan los lagos de Saryarka en sus viajes a zonas de reproducción en el este y oeste de Siberia. En conjunto, los lagos de Saryarka albergan hasta ochocientos cincuenta mil aves acuáticas mientras anidan. Muchas de las especies amenazadas a nivel mundial se encuentran entre las migrantes, entre ellas la grulla siberiana (*Grus leucogeranus*), la cual está en peligro crítico de extinción, y dos especies en estado vulnerable, el pelícano ceñudo (*Pelecanus crispus*) y el pigargo de Pallas (*Haliaeetus leucoryphus*).

Fuente: adaptado de UNESCO, 2014

están entre las especies arbóreas más comunes. Las especies de hojas aciculares no siempre dominan este bioma; de hecho, en algunos lugares el bosque se compone de especies perennes latifoliadas o una mezcla de especies latifoliadas y aciculares. Los bosques de coníferas templados almacenan los niveles más altos de biomasa de todos los ecosistemas terrestres, y los árboles pueden alcanzar una altura promedio de 50-85 metros (*Sequoiadendron giganteum*). Estos bosques se encuentran, por ejemplo, en el oeste y sureste de Norteamérica y en muchas cordilleras del reino Paleártico (Estudio de caso 3.4).

Bosques boreales y taiga

Este bioma se encuentra en sitios donde las temperaturas anuales son bajas y la precipitación, que cae principalmente como nieve, oscila entre cuatrocientos y mil milímetros por año. Los suelos pueden estar bajo el permafrost y, por consiguiente, el drenaje es deficiente, lo que lleva a bajos niveles de nutrientes. Muchas especies de árboles no son capaces de crecer en tales suelos, pero hay excepciones, como las coníferas latifoliadas entre las que se encuentran los abetos (*Abies spp.*), las píceas (*Picea spp.*), los alerces (*Larix spp.*), los pinos (*Pinus spp.),* los abedules (*Betula spp.*) y los álamos (*Populus spp.*). Típicamente, musgos y líquenes dominan el estrato del suelo. Aunque es menos rico en especies y endemismos, este bioma es una etapa importante de las migraciones a gran escala del caribú (*Rangifer tarandus*). Además, algunos lugares todavía albergan grupos intactos de depredadores con grandes rangos de hogar. Estas especies dependen de vastas extensiones de bosques boreales y taiga, o al menos corredores a gran escala del hábitat natural que les permitan movimientos en respuesta a regímenes naturales de perturbación. Este vasto bioma está restringido al norte del Paleártico y del Neártico, y las mayores extensiones se encuentran en el centro y este de Rusia, seguido por Canadá (Estudio de caso 3.5).

Sayarka, estepa y lagos de Kazajistán Septentrional, Kazajistán

Fuente: Biblioteca de fotos de la UICN © Jim Thorsell

Praderas, sabanas y matorrales tropicales y subtropicales.

Este bioma se caracteriza por una pequeña variación anual de la temperatura, lluvias entre novecientos y mil quinientos milímetros, y distintas estaciones húmedas y secas. Las condiciones de sequía y los frecuentes incendios naturales durante la estación seca conducen a un paisaje dominado por hierbas y árboles dispersos. Típicamente, las praderas, las sabanas (pastizales arbolados) y los matorrales forman un bioma de transición entre bosques y desiertos. Mientras que los pastizales son dominantes, los árboles y los arbustos que existen suelen ser resistentes a las sequías, incendios o ramoneo. Los grandes herbívoros que atraviesan estas tierras son característicos y en algunas regiones alcanzan grandes números. Ningún otro bioma alberga tantos animales ungulados y en tal densidad, que a su vez dan sustento a grandes poblaciones de depredadores. El mayor y más rico de estos ecosistemas se puede encontrar en África, donde las composiciones de especies más intactas se encuentran en las sabanas

Estudio de caso 3.8 Sistema Natural de la Reserva de la Isla Wrangel, Federación Rusa: patrimonio mundial desde 2004

Reino biogeográfico: Paleártico; bioma: tundra

Situada en el alto Ártico entre el Mar de Chukotka y el Mar Siberiano del Este, la Reserva de la Isla Wrangel consta de la isla Wrangel y la isla Herald, junto con sus aguas circundantes, y llega a cubrir cerca de 9160 kilómetros cuadrados de tierra y agua.

La Reserva de la Isla Wrangel ha evolucionado de manera autosostenida e ininterrumpida por la glaciación en el Cuaternario. Esta fascinante historia natural es visible de muchas maneras. Se ha determinado que los colmillos y cráneos de mamut descubiertos aquí son tan recientes (algunos de solamente tres mil setecientos años) que la isla de Wrangel se considera el último lugar en el mundo donde vivieron estos animales. La gama de tipos de terreno y de formaciones geológicas, al igual que la rápida sucesión y mosaico de los tipos de tundra, crean una variedad de diferentes hábitats para la flora y la fauna. El resultado de todo esto es una biodiversidad notablemente alta y un alto grado de endemismo. Por ejemplo, el número de especies de plantas vasculares identificadas es el doble que el de otros ecosistemas de tundra ártica de tamaño similar, e incluyen veintitrés endémicas. Aproximadamente cien especies de aves migratorias utilizan las islas como su campo de nidación más septentrional, y muchas de ellas están en peligro de extinción. La mayor población mundial de la morsa del Pacífico (*Odobenus rosmarus divergens*) reside en la isla Wrangel, allí también se reproduce la única población de Asia del ánsar nival (*Chen caerulescens*), y es donde se encuentra la mayor densidad de madrigueras de osos polares ancestrales. Las aguas alrededor de las islas, que son bajas en salinidad, pero altas en oxígeno, son un importante punto de alimentación en la migración de las ballenas grises (*Eschrichtius robustus*).

Fuente: adaptado de UNESCO, 2014

de acacias (*Acacia spp.*) de África Oriental y en las sabanas del Zambeze. Debido a su diversidad florística y de hábitat, los Llanos en Colombia y Venezuela son uno de los mejores ejemplos de este bioma en Sudamérica, pero en Brasil se pueden encontrar mayores extensiones (Estudio de caso 3.6). Este bioma también es importante en el norte de Australia y el sur de Papúa Nueva Guinea. Las sabanas australianas reflejan el dominio de las termitas como herbívoros y dan soporte a las singulares comunidades de marsupiales.

Praderas, sabanas y matorrales templados

Por lo general, los niveles de precipitación en este bioma templado son demasiado bajos para que los árboles crezcan en abundancia, y la variación anual de temperatura, generalmente con veranos calurosos e inviernos fríos, es mucho mayor que en los trópicos y subtrópicos. Además, estas áreas suelen tener vientos fuertes, lo cual exacerba la evapotranspiración, y por lo tanto las condiciones de sequía. Por consiguiente, la composición de especies de las praderas, sabanas y matorrales templados es muy diferente de la de sus contrapartes tropicales y subtropicales. Los árboles están casi ausentes, con unas pocas excepciones, como los bosques riparios o de galería que se presentan a lo largo de arroyos y ríos. Un buen número de grandes mamíferos de pastoreo son característicos, junto con los depredadores asociados, y numerosas especies de aves e insectos. Los regímenes naturales del fuego son importantes para sostener este bioma, y se requieren grandes extensiones de tierra para que las especies escapen de tal disturbio, o para que puedan moverse entre los recursos esparcidos o estacionales. Este bioma está muy extendido y se conoce con diferentes nombres de un continente a otro, como praderas en Norteamérica, pampas en Sudamérica y estepas en Asia (Estudio de caso 3.7).

Sistema Natural de la Reserva de la Isla de Wrangel, Federación Rusa

Fuente: © Gabrielle y Michelle Therin-Weise

Praderas y sabanas inundables

Habitualmente ubicados en climas templados-cálidos a tropicales-cálidos, estas praderas y sabanas se inundan estacionalmente o durante todo el año, lo cual crea mosaicos de humedales en todo el paisaje. A menudo se les conoce como pantanos. El suelo es muy húmedo o saturado de agua y es rico en nutrientes. En estos hábitats, que albergan numerosas especies de aves, entre ellas muchas migrantes, se puede encontrar una gran variedad de plantas y animales con adaptaciones únicas. El bioma se encuentra en cuatro continentes –Norteamérica, Sudamérica, África y Asia– con los Everglades en Norteamérica como uno de los ejemplos más conocidos. Otros ejemplos bien conocidos son el Pantanal en Sudamérica y las sabanas inundadas del Sahel y el Zambeze, incluido el delta del Okavango, en África.

Estudio de caso 3.9 Mar de arena del Namib, Namibia: patrimonio mundial desde 2013

Reino biogeográfico: Afrotrópico; bioma: desiertos y matorrales xerófilos

El Mar de Arena del Namib es un desierto hiperárido que cubre treinta mil kilómetros cuadrados de tierra a lo largo de la costa de Namibia, completamente dentro del Parque Namib-Naukluft. La zona cuenta con llanuras de grava, colinas rocosas, una laguna costera y ríos efímeros, pero se compone principalmente de diferentes tipos de dunas cambiantes cuya única fuente de agua es la niebla. Es el único desierto costero del mundo donde este es el caso. Mientras que la mayoría de las otras dunas se componen del material erosionado del lecho de roca *in situ*, el Mar de Arena del Namib se compone de la arena originada en el interior de África, la cual es transportada a la costa desde miles de kilómetros por ríos, corrientes oceánicas y por el viento. Los procesos de transporte de arena impulsados por el viento configuraron posteriormente la geomorfología y la ecología del sitio, lo cual creó un paisaje de "mar de dunas de arena".

La flora y la fauna están muy bien adaptadas a las condiciones climáticas, como se refleja en el comportamiento, la morfología y la fisiología de las especies, dando lugar a un gran número de endemismos. Más del 50% de las especies de plantas e insectos en el mar de arena son endémicas, y en cuanto a los arácnidos (arañas, escorpiones y garrapatas) esta cifra supera el 80%. Algunas adaptaciones fascinantes incluyen formas de filtrar la humedad del aire, lo cual permite que las especies minimicen su dependencia de otras fuentes de agua.

Fuente: adaptado de UNESCO, 2014

Praderas y matorrales montanos

Este bioma, el cual se encuentran en áreas de gran elevación de las regiones tropicales, subtropicales y templadas en cinco continentes, se caracteriza por condiciones frías, a menudo húmedas, y una radiación solar intensa. Con frecuencia, los ecosistemas dentro de este bioma evolucionaron como islas virtuales, separadas de ecosistemas montanos similares por áreas de menor elevación y clima más cálido. Por lo tanto, su flora y fauna no solo se adaptan bien a las condiciones climáticas específicas (por ejemplo, por medio de superficies cerosas y hojas hirsutas), sino que también apoyan endemismos locales o regionales. Las plantas arrosetadas gigantes de diferentes familias, incluidas las del género *Lobelia* en África y las del género *Puya* en Sudamérica, son típicas de praderas y matorrales montanos tropicales y pueden crecer en altitudes de hasta 4600 m. Las praderas y matorrales montanos tropicales y subtropicales pueden encontrarse en los Andes septentrionales, donde el ecosistema recibe el nombre de páramo, en las montañas y las tierras altas de África Oriental y Meridional, en el Monte Kinabalu en Borneo y en las zonas montañosas de Papúa Nueva Guinea. Asimismo, pueden encontrarse praderas y matorrales montanos templados, más áridos, en la meseta tibetana y en la cordillera de Altái.

Mar de Arena del Namib, Namibia

Fuente: Biblioteca de fotos de la UICN © Peter Howard

Tundra

Este bioma se caracteriza por inviernos largos y secos con meses de oscuridad y temperaturas muy bajas, típico de las regiones polares al norte del cinturón de la taiga. Los niveles de precipitación son muy bajos y la mayoría de las lluvias caen durante los meses de verano, mientras que los vientos fuertes tienden a estar durante todo el año. Los suelos, si no están permanentemente congelados, están saturados de agua y son ácidos. Durante los meses de verano, en los sitios donde el permafrost se derrite, la tundra está cubierta por marismas, lagos, pantanos y arroyos. En general, el paisaje es yermo, a menudo cubierto de rocas y parches de vegetación de bajo crecimiento, incluidos brezales, juncias y arbustos enanos, musgos y líquenes. Solo en algunos lugares se encuentran árboles, pero están dispersos. Por lo general, la biodiversidad en estas áreas es baja; no obstante, millones de aves migratorias visitan la tundra cada año para reproducirse en las marismas. Además, la tundra es un hábitat importante para la migración del caribú (*Rangifer tarandus*). La tundra se encuentra principalmente en Alaska, Canadá, Rusia (Estudio de caso 3.8), Groenlandia, Islandia y Escandinavia, así como en la Antártida y varias islas subantárticas.

Bosques y matorrales mediterráneos

Este bioma se caracteriza por veranos largos, cálidos y secos, junto con inviernos suaves y lluviosos, lo cual resulta en diversos tipos de vegetación, que van desde bosques hasta sabanas, matorrales y pastizales. Muy a menudo varios de estos tipos de vegetación se presentan en un mosaico heterogéneo de acuerdo con las características del suelo, la topografía, la exposición al sol, el viento, la lluvia y la his-

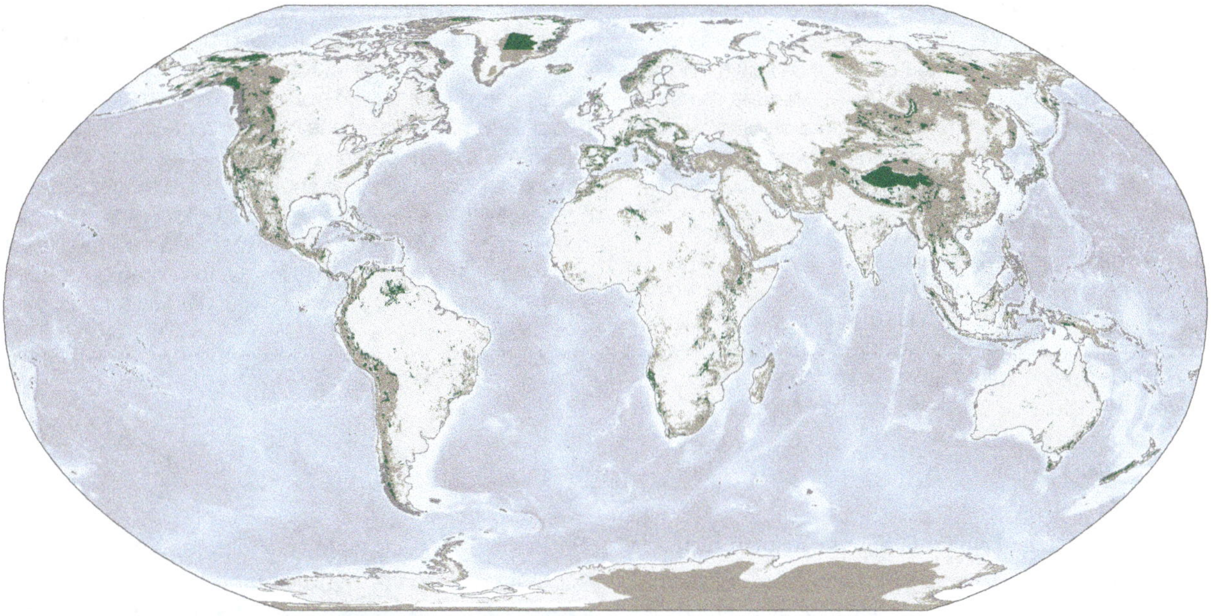

Figura 3.4 Áreas montañosas y áreas protegidas de montaña del mundo
Fuentes: UNEP-WCMC, 2002; IUCN y UNEP-WCMC, 2014

Cuadro 3.2 Los valores especiales de las montañas y las áreas protegidas de montaña

Las montañas son críticas para la biodiversidad, los servicios ecosistémicos y el bienestar humano. Gran parte de la biodiversidad nativa del mundo se encuentra en las montañas. La riqueza de especies y ecosistemas en las montañas se debe en gran parte a la extrema heterogeneidad de ambientes (climas y suelos) resultado de los rápidos cambios altitudinales, orientación variable (caras) y abundantes microhábitats de topografía rugosa. Por otra parte, una gran parte de las especies endémicas del mundo se encuentra en las montañas debido a la naturaleza insular aislada de los macizos de montaña, que suelen ser los últimos bastiones de la naturaleza silvestre.

Al mismo tiempo, las montañas son el hogar del 12% de la población humana del mundo y el 26% de todos los seres humanos vive en estas o en zonas adyacentes (Price, 2004). Más de la mitad de la humanidad depende del agua dulce que emana de las montañas (Linniger *et al.*, 1998), y las áreas protegidas de montaña desempeñan un papel crítico en el suministro de agua dulce para muchas ciudades y comunidades. Muchas montañas también son especiales porque tienen un profundo significado espiritual y cultural (por ejemplo, el monte Fuji en Japón). Para algunos pueblos tradicionales, las montañas despiertan reverencia o asombro, o son lugares sagrados donde se celebran ceremonias religiosas. Por otra parte, es frecuente que las cordilleras formen fronteras nacionales, y los conflictos fronterizos, incluso las guerras abiertas, no han sido pocos.

Los ecosistemas de montaña suelen ser frágiles y sus valores naturales y culturales enfrentan múltiples amenazas (Hamilton, 2002). La mitad de los *hotspots* de biodiversidad del mundo se encuentra en las montañas (Kohler y Maselli, 2009), y de los 587 sitios amenazados con la extinción inminente de especies identificadas por la Alianza para la Cero Extinción (ACE), el 81% son montañosos (Rodríguez-Rodríguez *et al.*, 2011).

Las áreas protegidas de montaña pueden brindar refugios para la biodiversidad. Casi el 17% de la superficie montañosa del mundo, fuera de la Antártida, se encuentra en áreas protegidas (no siempre bien gestionadas), pero muchas de las áreas montañosas prioritarias para la conservación de la biodiversidad continúan desprotegidas, incluido el 45% de las montañas identificadas por la ACE (Rodríguez Rodríguez *et al.*, 2011). Para conservar eficazmente la biodiversidad, las áreas protegidas de montaña deben ampliarse hacia abajo y su zona de amortiguación debe incluir tierras manejadas de manera sostenible. Las áreas protegidas de montaña que se encuentran aisladas necesitan estar conectadas a las tierras bajas para facilitar la migración altitudinal de las especies desde las áreas más bajas en respuesta al cambio climático o a la constante conversión del uso de la tierra. Cuando sea posible, también deben conectarse con otras áreas protegidas de montaña. Por fortuna, muchas cadenas montañosas brindan una conectividad natural para los corredores de conservación (véase el Capítulo 27).

Debido a sus valores naturales o culturales sobresalientes, muchas de las zonas de montaña han sido incluidas en la Lista del Patrimonio Mundial: 159 de los 222 sitios naturales y mixtos (naturales y culturales) del patrimonio mundial contienen áreas de montaña (UNEP-WCMC, 2002; IUCN y UNEP-WCMC, 2014) (Figura 3.1). Esto incluye muchos sitios bien conocidos como las montañas rocosas canadienses, los volcanes de Hawái, los montes Huascarán, el Kilimanjaro, el Kinabalu y el Sagarmatha (Everest), los Alpes suizos Jungfrau-Aletsch, el monte Tongariro y los volcanes de Kamchatka.

Estudio de caso de 3.10 Islas y áreas protegidas del Golfo de California, México: patrimonio mundial desde 2005

Ubicadas en el Mar de Cortez en el noreste de México, las islas y áreas protegidas del Golfo de California incluyen 244 islas, islotes y áreas costeras que cubren casi seis mil novecientos kilómetros cuadrados. La belleza natural de este sitio contrasta los altos acantilados y las playas de arena de las islas desérticas, en su mayoría montañosas o volcánicas, con las aguas circundantes de color turquesa.

En estas aguas se pueden observar casi todos los grandes procesos oceanográficos, como las corrientes de surgencia, las corrientes creadas por los vientos y una alta mezcla de mareas, lo cual contribuye a la extraordinaria productividad marina y la biodiversidad que caracterizan al Golfo de California. Aquí se encuentran casi novecientas especies de peces, noventa de ellas endémicas, así como el 39% de los mamíferos marinos del mundo. La biodiversidad terrestre también es alta y está soportada por la combinación de las islas oceánicas que fueron pobladas por aire y mar y las "islas puente" que fueron pobladas por tierra cuando los niveles oceánicos eran más bajos durante las glaciaciones pasadas. La composición de la flora refleja la del desierto de Sonora, con casi setecientas especies de plantas vasculares. Entre las especies típicas se encuentran el torote colorado (*Bursera microphylla*), el palo fierro (*Olneya tesota*), el chamizo (*Ambrosia spp.*), y los cactus como el cardón (*Pachycereus pringlei*), el viejito (*Mammillaria capensis*) y las peras espinosas (*Opuntia spp.*).

Fuente: adaptado de UNESCO, 2014

toria de incendios. La fauna y la flora se adaptan bien a la escasez de agua y muchas especies también se adaptan al fuego. La persistencia de algunas, de hecho, depende de los regímenes de incendios naturales. Típicamente, la biodiversidad es muy rica y es común el endemismo regional y local. El *fynbos* en la Región Florística de El Cabo en Sudáfrica es un ejemplo importante de este bioma. Aquí, el 68% de las ocho mil seiscientas especies de plantas vasculares conocidas que se encuentran en un área de solo noventa mil kilómetros cuadrados son endémicas. A nivel mundial, este bioma es relativamente raro, restringido a solo cinco regiones donde las condiciones climáticas mediterráneas específicas ocurren: el Mediterráneo, la zona centro-sur y suroeste de Australia, el *fynbos* del sur de África, el matorral chileno y los ecosistemas mediterráneos de California.

Tabla 3.4 Ejemplos de los principales tipos de ecosistemas en ambientes marinos y dulceacuícolas

Marino	Agua dulce
Mar abierto	Lagos
Mar profundo	Estanques
Suelo marino	Ríos
Arrecifes de coral	Arroyos
Lechos de pastos marinos	Manantiales
Marismas	Humedales
Bosques de manglares	

Islas y áreas protegidas del Golfo de California, México

Fuente: Biblioteca de fotos de la UICN © David Sheppard

El Mar de Frisia, Alemania y Países Bajos

Fuente: Biblioteca fotográfica de la UICN © Pedro Rosabal

Estudio de caso 3.11 Mar de Frisia, Alemania y Países Bajos: patrimonio mundial desde 2009

El Mar de Frisia, declarado patrimonio mundial, combina el área de conservación del Mar de Frisia en Holanda con los parques nacionales del Mar de Frisia de Baja Sajonia y de Schleswig-Holstein en Alemania, y cubre 9820 kilómetros cuadrados de costa. El sitio representa uno de los pocos ecosistemas intertidales templados que quedan, donde los procesos naturales a gran escala –como la creación de islas de barrera, canales, llanuras y barrancos– se mantienen casi inalterados. Es también el sistema intacto de arena intertidal y llanuras de lodo más grande del mundo.

En el Mar de Frisia la diversidad de hábitats es notable, con canales de marea, bancos de arena, praderas marinas, lechos de mejillones, barreras de arena, llanuras de marea, marismas, estuarios, playas y dunas. Aunque los humedales costeros en general no tienen una clasificación muy elevada en términos de su diversidad faunística, el Mar de Frisia es diferente. Las marismas albergan cerca de dos mil trescientas especies vegetales y animales, y otras dos mil setecientas especies habitan las áreas marinas y salobres. La abundancia de alimentos atrae a una gran cantidad de especies de aves. El Mar de Frisia es uno de los lugares más importantes del mundo para las aves migratorias y desempeña un papel crucial no solo para las especies que viajan por la Ruta Migratoria del Atlántico, sino también para las aves acuáticas migratorias africano-eurasiáticas.

Más de seis millones de aves pueden estar presentes en un solo momento, y se estima que diez a doce millones pasan por allí cada año.

Fuente: adaptado de UNESCO, 2014

Estudio de caso 3.12 Lagunas de Nueva Caledonia: diversidad de los arrecifes y ecosistemas conexos, Francia. Patrimonio mundial desde 2008

Las lagunas de Nueva Caledonia son vastas; de hecho, abarcan más de quince mil setecientos kilómetros cuadrados principalmente del paisaje marino en el archipiélago francés de Nueva Caledonia en el Océano Pacífico. Aquí se encuentran representados todos los principales tipos de arrecife de coral y ecosistemas asociados, que incluyen lagunas tropicales, islas coralinas, arrecifes periféricos, arrecifes de doble barrera y atolones, así como praderas marinas y manglares. Como una especialidad adicional, el complejo de arrecifes es "autónomo" en el océano, al rodear a Nueva Caledonia, y como consecuencia está expuesto a las corrientes frías y cálidas.

Estas barreras de arrecife y atolones están entre los tres sistemas de arrecifes más extensos del mundo y tienen una diversidad de corales y peces al menos igual o mayor que la Gran Barrera de Coral de Australia, que es mucho más grande. El impresionante mundo submarino de este sitio contiene fisuras, arcos y cuevas de arrecife, así como sorprendentes estructuras de coral y diversidad. Sus ecosistemas intactos dan soporte a poblaciones sanas de una variedad de peces amenazados, lo cual incluye no solo depredadores grandes, sino también tortugas marinas y la tercera población más grande del dugongo (*dugong dugon*), el cual tiene un estado vulnerable.

Fuente: adaptado de UNESCO, 2014

Lagunas de Nueva Caledonia: diversidad de los arrecifes y ecosistemas conexos, Francia

Fuente: Biblioteca de fotos de la UICN © Dan Laffoley

Desiertos y matorrales xerófilos

Los desiertos y matorrales xerófilos se encuentran en regiones tropicales, subtropicales y templadas que reciben un máximo de doscientos cincuenta milímetros de lluvia por año. La evaporación suele exceder las precipitaciones, a veces por mucho. Es típica la variación extrema de la temperatura entre el día y la noche, con una caída abrupta de las temperaturas diurnas en la noche debido a la falta de aislamiento que en otras partes brindan la humedad y las nubes. Los suelos suelen ser arenosos o rocosos, y el contenido de material orgánico tiende a ser bajo. En los sitios donde se encuentra vegetación, esta se compone de arbustos de raíces leñosas y plantas especializadas para minimizar la pérdida de agua. Los animales están bien adaptados a estas duras condiciones climáticas y muchos de ellos son nocturnos para evitar la pérdida de humedad. La diversidad de plantas y animales

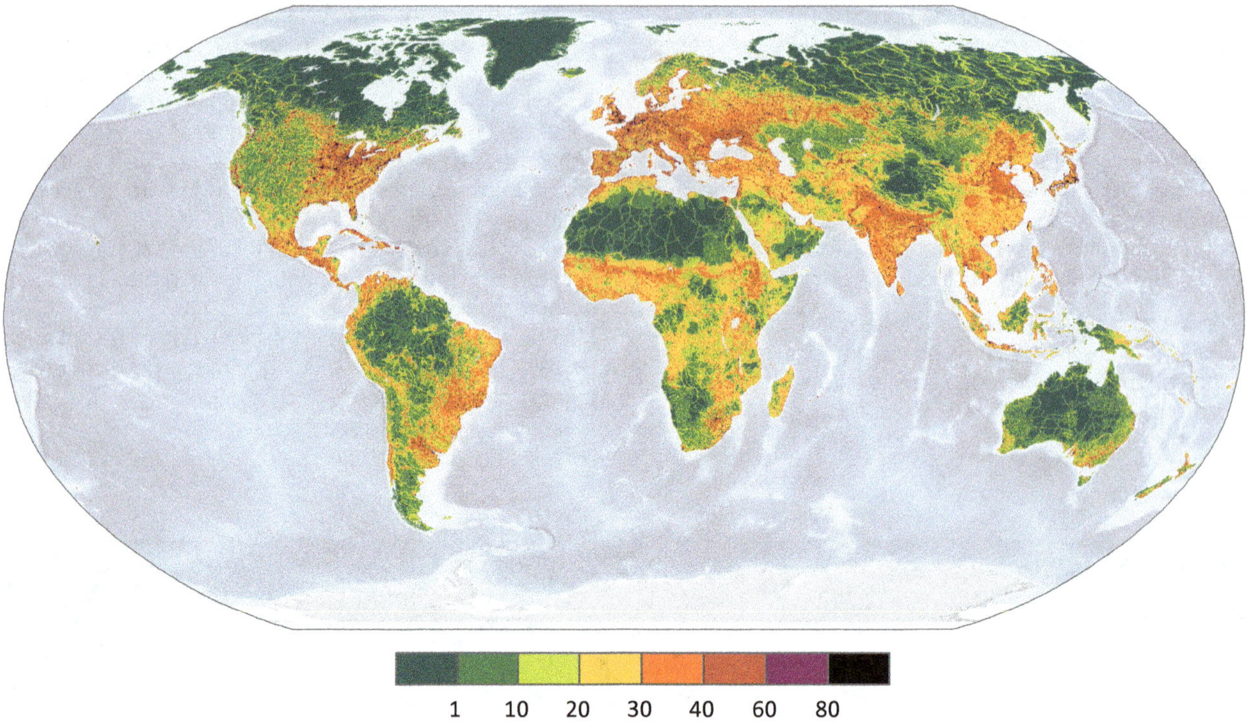

Figura 3.5 La huella humana en el área terrestre mundial
Fuente: modificado de Sanderson *et al.*, 2002

puede ser bastante alta, especialmente la fauna de reptiles, y el endemismo local puede ser alto en algunos lugares. Los desiertos y matorrales xerófilos representan el más grande de todos los biomas, y cubren un estimado del 19% de la superficie terrestre del mundo. A nivel de la flora, el ecosistema más diverso que pertenece a este bioma es el Namib-Karoo en el suroeste de África (Estudio de caso 3.9), seguido de cerca por el desierto de Chihuahua y los desiertos del centro de México en el Neotrópico.

Manglares

Los manglares son un tipo de vegetación dominado por especies de árboles tolerantes a la sal que crecen entre la zona intertidal y la marca de la marea alta de las costas tropicales y subtropicales. Las comunidades de manglares están conformadas por cerca de sesenta especies de árboles de doce géneros. Los suelos inundados poseen una alta concentración de sal y son pobres en oxígeno. A menudo los manglares están expuestos a los movimientos de las mareas y a las fluctuaciones climáticas estacionales. Se puede observar una variedad de adaptaciones diferentes para hacer frente a estas condiciones especiales: un sistema radicular extenso ayuda a los manglares a obtener un punto de apoyo en el suelo blando, las raíces aéreas captan oxígeno del aire y las hojas de los manglares pueden excretar el exceso de sal. Junto con una variedad de otras plantas acuáticas y salinas asociadas, los manglares proporcionan un hábitat importante; en especial, son campos de crianza para numerosas especies de animales marinos como ostras, langostas de lodo y camarones. La biodiversidad de los manglares es más alta en el sur de Asia. Los manglares de Sundarbans compartidos por Bangladesh e India representan la extensión más grande del mundo de este tipo de vegetación.

Debido a sus características especiales, algunas veces las montañas se consideran un bioma separado (Udvardy, 1975), aunque apoyan una amplia gama de tipos de ecosistema importantes como desiertos, pastizales, bosques y tundra alpina. Las montañas son una importante característica de la Tierra; se encuentran en todos los continentes (Hamilton y McMillan, 2004) y en 197 de los 237 países del mundo (Rodríguez-Rodríguez *et al.*, 2011). Las montañas desafían una definición precisa, pero muchos estudiosos de las mismas usan la definición desarrollada por el CMVC (UNEP-WCMC, 2002), la cual considera la elevación, la pendiente y el rango de elevación local, con la inclusión resultante de algunas montañas "bajas" del mundo. Con esta definición, las montañas cubren el 27% de la superficie de la Tierra (UNEP-WCMC, 2002). En el Cuadro 3.2 exploramos los valores especiales de las montañas.

Biomas marinos y dulceacuícolas

En contraste con el sistema de "ecorregiones terrestres del mundo", los sistemas correspondientes para las ecorregiones marinas y dulceacuícolas (Spalding *et al.*, 2007; Abell *et al.*, 2008) no diferencian los principales tipos de ecosistemas como los ejemplos que se muestran en la Tabla 3.4. El sis-

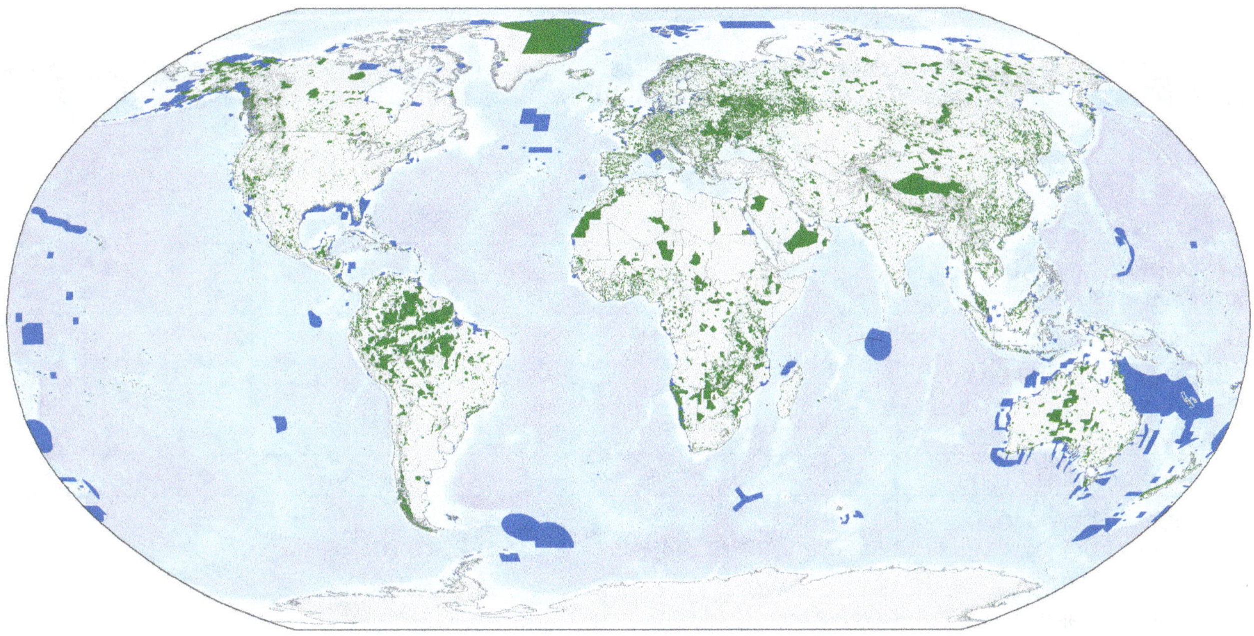

Figura 3.6 Áreas protegidas del mundo

Fuente: IUCN y UNEP-WCMC, 2014

Tabla 3.5 Cobertura de áreas protegidas de los reinos terrestres

Reino terrestre	Área terrestre total (km²)	Área protegida (km²)	Área protegida (%)
Afrotrópico	21'630.400	3'558.059	16,4
Australasia	9'268.092	1'375.024	14,8
Indomalayo	8'543.097	829.286	9,7
Neártico	20'472.280	2'534.229	12,4
Neotrópico	19'386.026	4'633.935	23,9
Oceanía	49.199	4.552	9,3
Paleártico	52'859.883	6'918.957	13,1

La cobertura se calculó sobre la base de todas las áreas protegidas que se muestran en la Figura 3.6, con la eliminación de las superposiciones de espacio de las diferentes áreas protegidas.

Fuentes: Olsen *et al.*, 2001; IUCN y UNEP-WCMC, 2014

tema de las "provincias pelágicas del mundo" (Spalding *et al.*, 2012) reconoce los siguientes siete grandes biomas en las aguas superficiales del mundo:

- Polar
- Giro
- Corrientes limítrofes orientales
- Corrientes limítrofes occidentales
- Ecuatorial
- Transicional
- Mares semicerrados

Los estudios de caso 3.10, 3.11 y 3.12 destacan la diversidad de los ecosistemas costeros y marinos.

Impacto humano en la distribución de la biodiversidad

La alteración humana del medio ambiente mundial ha causado cambios considerables en la distribución natural de la biodiversidad (Chapin *et al.*, 2000; Ellis y Ramankutty, 2008; Ellis *et al.*, 2010; Barnosky *et al.*, 2012). El impacto humano sobre la biosfera puede evaluarse de muchas maneras. Por ejemplo, estimaciones recientes de la apropiación humana de la producción primaria neta sugieren que el 24% de la productividad primaria neta potencial de los ecosistemas terrestres del mundo es consumida por los seres humanos (Haberl *et al.*, 2007).

El nivel de influencia humana en la biosfera terrestre también se puede medir y mapear a través del índice de huella humana (Sanderson *et al.*, 2002) (Figura 3.5). Este índice combina la información sobre la densidad de la pobla-

Tabla 3.6 Cobertura de áreas protegidas de los biomas terrestres

Bioma terrestre	Área terrestre total (km²)	Área protegida (km²)	Área protegida (%)
Bosques latifoliados húmedos tropicales y subtropicales	19'896. 257	4'712.331	23,7
Bosques latifoliados secos tropicales y subtropicales	3'025.997	290.896	9,6
Bosques de coníferas tropicales y subtropicales	712.617	83.513	11,7
Bosques latifoliados templados y mixtos	12'835.688	1'540.766	12,0
Bosques de coníferas templados	4'087.094	687.694	16,8
Bosques boreales / taiga	15'077.946	1'570.569	10,4
Praderas, sabanas y matorrales tropicales subtropicales	20'295.446	2'973.704	14,7
Praderas, sabanas y matorrales templados	10'104.108	456.517	4,5
Praderas y sabanas inundables	1'096.130	339.170	30,9
Praderas y matorrales montanos	5'203.411	1'393.007	26,8
Tundra	8'313.849	1'812.734	21,8
Bosques y matorrales mediterráneos	3'227.268	512.190	15,9
Desiertos y matorrales xerófilos	27'984.645	3'382.967	12,1
Manglares	348.519	97.983	28,1

La cobertura se calculó sobre la base de todas las áreas protegidas que se muestran en la Figura 3.6, con la eliminación de las superposiciones de espacio de las diferentes áreas protegidas. Fuentes: Olsen *et al.*, 2001; IUCN y UNEP-WCMC, 2014

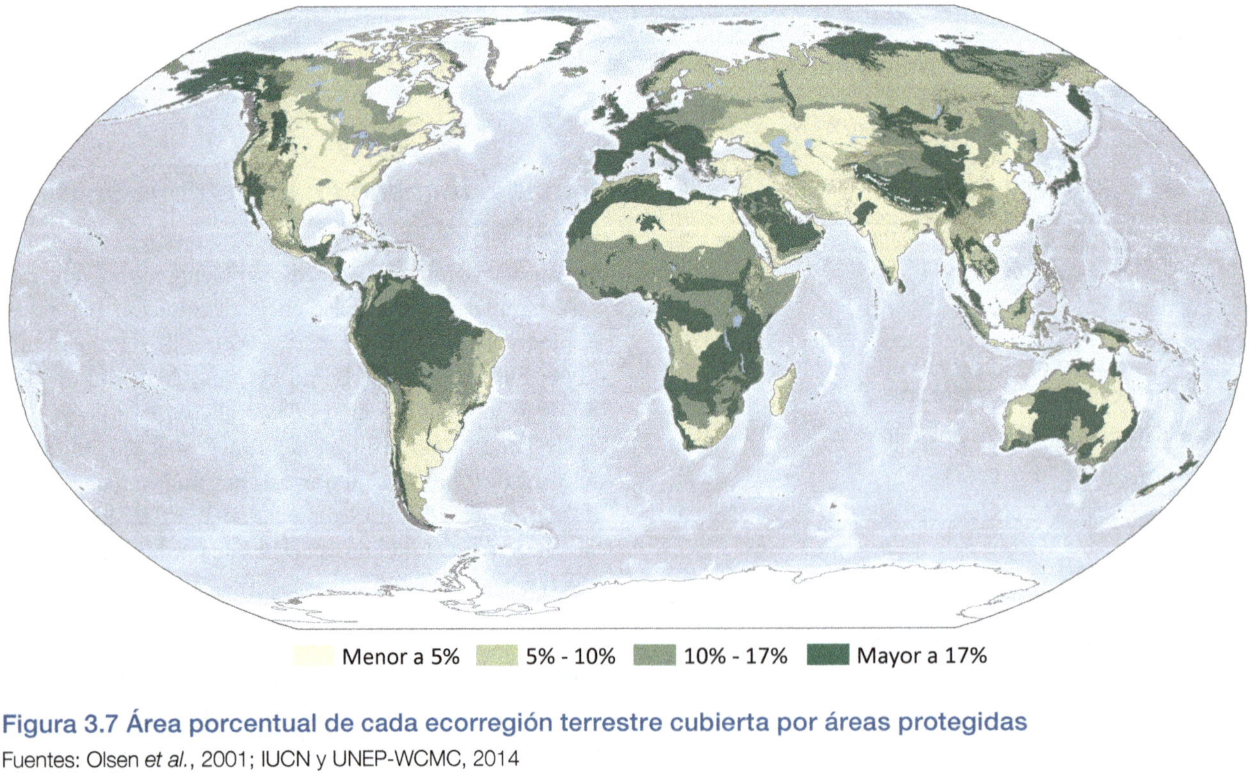

Figura 3.7 Área porcentual de cada ecorregión terrestre cubierta por áreas protegidas

Fuentes: Olsen *et al.*, 2001; IUCN y UNEP-WCMC, 2014

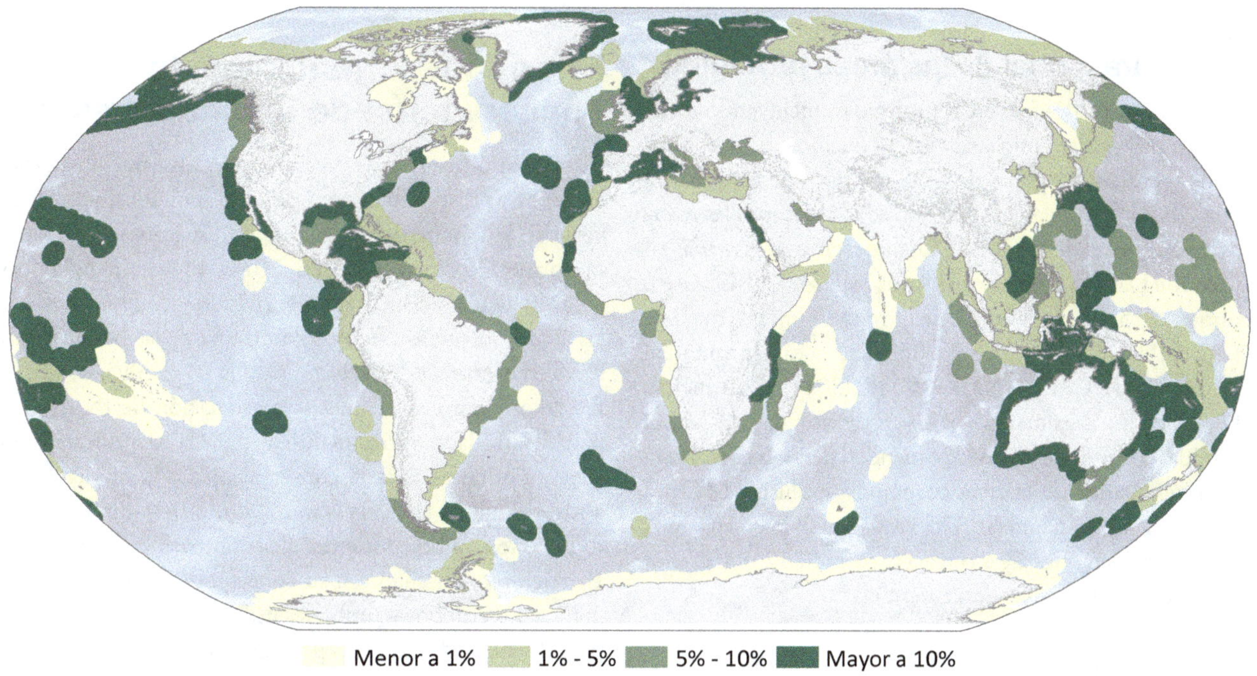

Figura 3.8 Área porcentual de cada ecorregión marina (hasta doscientos metros de profundidad) cubierta por áreas protegidas

Fuentes: Spalding *et al.*, 2007; IUCN y UNEP-WCMC, 2014

ción humana, la transformación de la tierra (por ejemplo, a través de la agricultura o en áreas edificadas), la accesibilidad humana (por ejemplo, a lo largo de carreteras, costas y ríos importantes) y la infraestructura de energía eléctrica (inferida a partir de las luces en la noche). Este índice mide la influencia humana relativa en cada bioma terrestre. Un valor de cero indica la parte menos influenciada de cierto bioma y un valor de cien indica la parte más influenciada del mismo. Así, un puntaje de diez en el índice para los bosques tropicales húmedos en el reino Afrotrópico indica que el área se encuentra entre el 10% de las áreas menos influenciadas en su bioma, lo mismo que un puntaje de diez en la tundra del reino Paleártico, aunque la magnitud absoluta de la influencia en estos dos lugares puede ser muy diferente (Sanderson *et al.*, 2002).

Áreas protegidas como salvaguardas para el patrimonio natural de la Tierra

Las áreas protegidas manejadas eficazmente juegan un papel clave en la conservación del patrimonio natural de la Tierra. A través de los servicios ecosistémicos asociados, las áreas protegidas también apoyan los medios de subsistencia de más de mil millones de personas en todo el mundo (UN Millennium Project, 2005) y contribuyen con miles de millones de dólares a las economías locales, nacionales y globales (Kettunen *et al.*, 2011).

No obstante, para ser efectivas, las áreas protegidas no solo deben estar ubicadas en los lugares adecuados y estar bien gobernadas y administradas, sino también deben contar con una buena planeación y los recursos necesarios (Lockwood *et al.*, 2006). Esto se ha reconocido durante mucho tiempo en varios acuerdos ambientales multilaterales internacionales como el Convenio sobre la Diversidad Biológica (CDB), la Convención de Ramsar y la Convención sobre la Protección del Patrimonio Mundial. En 2010, las 193 partes del CDB adoptaron el Plan Estratégico para la Biodiversidad 2011-2020, el cual incluye veinte metas globales conocidas colectivamente como las Metas de Biodiversidad de Aichi (CBD, 2010b). La Meta 11 se refiere específicamente a las áreas protegidas y establece una agenda ambiciosa para los próximos años:

> Para 2020, al menos el 17% de las zonas terrestres y de aguas continentales y el 10% de las zonas marinas y costeras, especialmente aquellas de particular importancia para la diversidad biológica y los servicios ecosistémicos, son conservadas por medio de sistemas de áreas protegidas administrados de manera eficaz y equitativa, ecológicamente representativos y bien conectados, y otras medidas de conservación eficaces basadas en áreas, y están integradas en los paisajes terrestres y marinos más amplios (CBD, 2010b, p. 9).

Cobertura global de las áreas protegidas

A mediados de 2014, las áreas protegidas, incluyendo todas las áreas protegidas designadas a nivel nacional e internacional de todas las categorías de gestión y tipos de gobernanza de la UICN (incluidas las "desconocidas"), excepto las reservas de la biosfera de la UNESCO, que estaban registradas en la Base de Datos Mundial sobre Áreas Protegidas (BDMAP), cubrían el 15,4% de la superficie terrestre mundial (fuera de la Antártida) y el 3,4% de la superficie oceánica mundial (Figura 3.6, IUCN y UNEP-WCMC, 2014). Esto incluía el 8,4% de las áreas marinas bajo jurisdicción nacional, aquí definidas como aquellas que se extienden desde la costa hasta el límite exterior de la zona económica exclusiva (ZEE) a doscientas millas náuticas (370 kilómetros), y el 10,9% si solo se consideran las áreas cerca a la costa (0-12 millas náuticas, o 0-22 kilómetros, desde tierra).

La red mundial de áreas protegidas aún no cumple con el requisito de representatividad ecológica estipulado en la Meta 11, y varios reinos biogeográficos están subrepresentados, en particular los reinos Oceanía e Indomalayo (Tabla 3.5) (IUCN y UNEP-WCMC, 2014). También se necesita una mayor cobertura en varios biomas, en especial en las praderas, sabanas y matorrales templados y en los bosques latifoliados secos tropicales y subtropicales (Tabla 3.6). En la actualidad, trescientas cincuenta (43%) de las 823 ecorregiones terrestres fuera del continente antártico cumplen con el objetivo del 17% (Figura 3.7) (IUCN y UNEP-WCMC, 2014), y 78 (34%) de las 232 ecorregiones marinas cumplen el objetivo del 10% (Figura 3.8) (véase también Spalding *et al.*, 2013).

Muchos estudios también han demostrado que las redes de áreas protegidas existentes, desde escalas nacionales hasta mundiales, todavía no proporcionan una cobertura adecuada para las especies amenazadas (por ejemplo, Rodrigues *et al.*, 2004; Watson *et al.*, 2011) ni para los sitios clave que les dan soporte (Butchart *et al.*, 2012). No obstante, cabe señalar que un gran número de especies ya está totalmente confinado a áreas protegidas y algunas veces solo a una de ellas.

La cobertura es solo uno de los muchos indicadores que pueden utilizarse para evaluar las fortalezas y debilidades de las redes de áreas protegidas existentes. Los siguientes capítulos de este libro tratan en detalle las mediciones de la efectividad del manejo de áreas protegidas, incluidas la buena gobernanza, la administración competente, la planeación adecuada y los recursos de diferentes tipos de áreas protegidas. Dado que los recursos para la conservación siempre serán limitados, los esfuerzos de conservación deben priorizarse. Este es el tema que trataremos a continuación.

Prioridades mundiales de conservación de la biodiversidad

Es necesario priorizar las acciones de conservación porque los recursos disponibles para esta son limitados, y la biodiversidad y las amenazas a ella no se distribuyen de manera uniforme (Brooks *et al.*, 2006, 2010). En resumen, la priorización ayuda a decidir dónde, cuándo y cómo actuar, con las áreas protegidas efectivas como una de las herramientas clave en el arsenal de acciones para la conservación. Con el fin de orientar las acciones y la asignación de recursos, se han desarrollado varias plantillas para la identificación de áreas prioritarias para la conservación de la biodiversidad a nivel mundial (Brooks *et al.*, 2006, 2010). Sin embargo, todos estos enfoques tienen sus puntos fuertes y débiles. Por ejemplo, en cuanto a su cobertura taxonómica o geográfica, los criterios y umbrales utilizados y el valor práctico para diseñar redes de áreas protegidas eficaces y eficientes.

Todas las plantillas aplican uno o más de los siguientes conceptos para priorizar sitios específicos, (eco)regiones o grupos de ecorregiones para la conservación (Margules y Pressey, 2000; Brooks *et al.*, 2006, 2010; Schmitt, 2011):

- Irremplazabilidad
- Vulnerabilidad
- Representatividad

La irremplazabilidad se refiere a las opciones disponibles para la conservación del espacio, es decir, a la importancia de un área para la conservación de características específicas de la biodiversidad como especies o ecosistemas. Con frecuencia, la irremplazabilidad se mide en función del número de especies endémicas presentes en un área, pero existen otras mediciones (Brooks *et al.*, 2006). Por el contrario, la vulnerabilidad es un indicador de las opciones disponibles de conservación temporal, o la urgencia para la acción de conservación. Por ejemplo, esto puede evaluarse en función de la aparición de especies amenazadas, la pérdida de hábitat pasada o presente, la tenencia de la tierra y la presión de la población humana (Brooks *et al.*, 2006). La representatividad se refiere a la necesidad de representar o muestrear toda la variedad de características de la biodiversidad, incluidos los patrones y procesos, dentro de una red de áreas prioritarias o áreas protegidas (Margules y Pressey, 2000).

La mayoría de las plantillas dan prioridad a la alta irremplazabilidad, pero algunas priorizan la alta vulnerabilidad y otras la baja vulnerabilidad (Brooks *et al.*, 2006). La representatividad fue una consideración importante, por ejemplo, en la identificación de las ecorregiones prioritarias de Global 200 (Olson *et al.*, 2000; Olson y Dinerstein, 2002; Schmitt, 2011).

En la Tabla 3.7 se presenta un resumen de seis plantillas de prioridades para la conservación de la biodiversidad. Con la excepción de las ecorregiones prioritarias de Global 200, que incluyen explícitamente 43 ecorregiones marinas prioritarias, la mayoría de las plantillas conocidas cubren únicamente los ambientes terrestres y dulceacuícolas. No obstante, en los últimos años, un número creciente de estudios también ha identificado áreas prioritarias en ambientes marinos a nivel mundial (Tittensor *et al.*, 2010; Selig *et al.*, 2014), y algunas plantillas existentes se están expandiendo para incluir cada vez más sitios marinos (BirdLife International, 2010).

En Brooks *et al.* (2006, 2010) se puede encontrar un resumen de los enfoques a gran escala, mientras que los enfoques basados en áreas, conocidos colectivamente como "áreas clave para la biodiversidad" (ACB), se resumen en Langhammer *et al.* (2007). En las siguientes subsecciones describimos los *hotspots* de biodiversidad y las áreas silvestres de alta biodiversidad como ejemplos de enfoques a gran escala, y las ACB como un ejemplo de enfoques basados en el área. Cerramos esta sección con información sobre el estándar más amplio de las ACB que incluye los sitios de la ACE.

Table 3.7 Métodos seleccionados para la priorización de la conservación de la biodiversidad

Plantilla	Definición	Escala	Número de áreas o sitios	Área terrestre total (millones de km²)	Porcentaje del área terrestre mundial (%)	Referencias
Hotspots de biodiversidad	Agregaciones biogeográficamente similares de ecorregiones que albergan ≥ 0,5% de las plantas del mundo como endémicas y con ≥ 70% del hábitat primario ya perdido.	*Clusteres* de ecorregiones	35	23.6	15.9%	Myers *et al.*, 2000; Mittermeier *et al.*, 2004; Williams *et al.*, 2011
Áreas silvestres de alta biodiversidad	Agregaciones biogeográficamente similares de ecorregiones que albergan ≥ 0,5% de las plantas del mundo como endémicas y con ≥ 70% del hábitat primario restante y ≤ 5 personas por km².	*Clusteres* de ecorregiones	5	11.8	7.9%	Mittermeier *et al.*, 2002, 2003
Ecorregiones prioritarias de Global 200	Agregaciones de ecorregiones dentro de biomas caracterizados por una alta riqueza de especies, endemismo, singularidad taxonómica, fenómenos inusuales o rareza global del tipo de ecosistema principal.	*Clusteres* de ecorregiones	142 terrestres (más 53 dulceacuícolas y 43 marinos)	55.1	37.0%	Olson *et al.*, 2000; Olson y Dinerstein, 2002
Áreas de aves endémicas	Área única donde se encuentran ≥ 2 especies de aves con rangos de reproducción mundial <50 000 km²	Región o sitio	218	14.2	9.5%	Stattersfield *et al.*, 1998
Sitios de la Alianza para la Cero Extinción	El sitio es un área única donde se encuentra una especie en peligro de extinción (EN) o en peligro crítico de extinción (CR) (o contiene > 95% de la población mundial de la especie EN o CR durante al menos una parte del ciclo de vida).	Site	588	0.6	0.4%	Ricketts *et al.*, 2005; AZE, 2012
Áreas de Importancia para la Conservación de las Aves	Estos sitios albergan números significativos de una o más especies de aves amenazadas a nivel mundial; un área importante para la conservación de las aves es una de un grupo de áreas que en conjunto albergan, a su vez, un grupo de especies de aves de rango restringido o de especies de aves restringidas al bioma; o que tiene un número excepcionalmente grande de especies de aves migratorias o gregarias.	Site	10,993	8.8	5.9%	Evans, 1994; BirdLife International *et al.*, 2012

Fuentes: Brooks *et al.*, 2006, 2010; Schmitt, 2011; Bertzky *et al.*, 2013

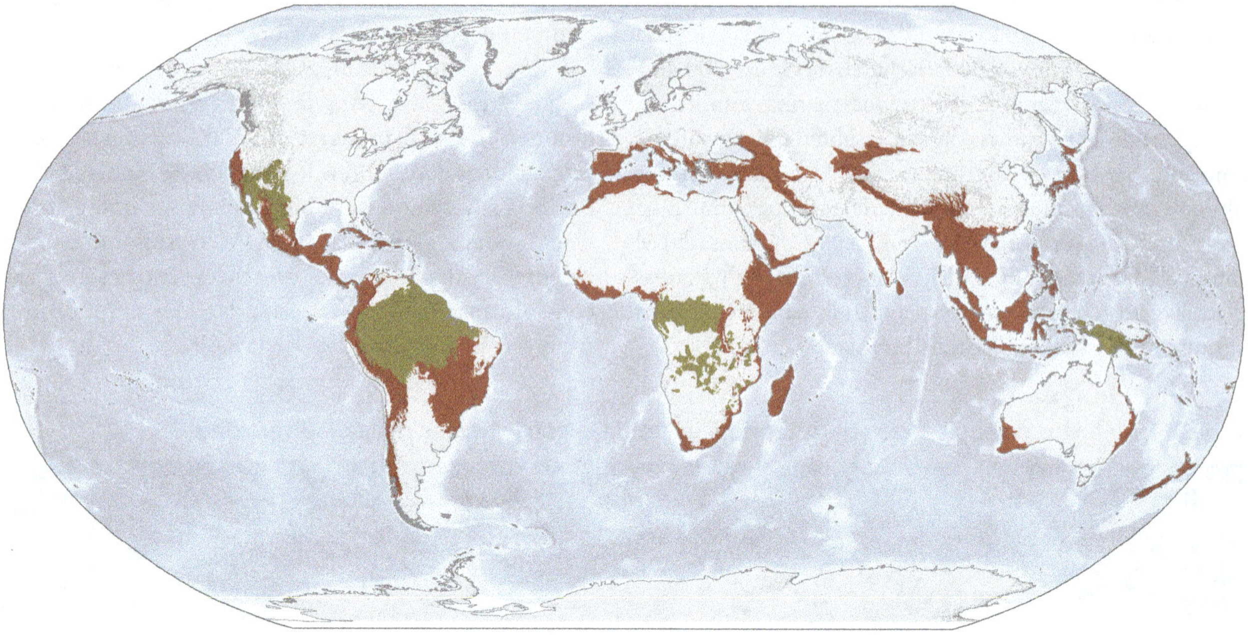

Figura 3.9 *Hotspots* de biodiversidad y áreas silvestres de alta biodiversidad del mundo

Fuentes: Modificado de Mittermeier *et al.*, 2002, 2004; Williams *et al.*, 2011

Hotspots de biodiversidad y áreas silvestres de alta biodiversidad

Tanto los *hotspots* de biodiversidad como las áreas silvestres de gran biodiversidad (high-biodiversity wilderness áreas, HBWA) albergan concentraciones excepcionales de especies endémicas (Tabla 3.7). Cada una de estas áreas prioritarias a gran escala es el hogar de al menos mil quinientas especies endémicas de plantas vasculares; es decir, más del 0,5% del estimado de trescientas mil especies de plantas vasculares en el mundo (Myers *et al.*, 2000; Mittermeier *et al.*, 2002, 2004). Si bien los *hotspots* y las HBWA son comparables en términos de su irremplazabilidad general, difieren en su vulnerabilidad: los *hotspots* ya han perdido más del 70% de su vegetación primaria, mientras que las HBWA retienen más del 70% de su vegetación primaria y están poco pobladas (menos de cinco personas por kilómetro cuadrado).

A la fecha, en todo el mundo se han identificado 35 *hotspots* y cinco HBWA (Figura 3.9). En conjunto, se ha estimado que los *hotspots* y las HBWA albergan más del 50% de todas las especies de plantas vasculares y de vertebrados terrestres (mamíferos, aves, reptiles y anfibios), además de muchas otras especies incluidos invertebrados y hongos (Stork y Habel, 2013), sobre el 23,8% de la superficie terrestre mundial. Aunque es evidente que estas áreas son críticas para la supervivencia de la diversidad de la vida en la Tierra, debe señalarse que no comprenden todas las áreas de prioridad global conocidas para los vertebrados (Jenkins *et al.*, 2013) y menos aún para otros grupos taxonómicos.

Sitios de la Alianza para la Cero Extinción

Por otra parte, los sitios de la ACE son un ejemplo de áreas prioritarias a escala del sitio. En resumen, estos sitios son de excepcional irremplazabilidad y vulnerabilidad ya que representan "centros de extinción inminente, donde las especies altamente amenazadas están confinadas a sitios únicos" (Ricketts *et al.*, 2005, p. 18.497). Los 588 sitios de la ACE identificados hasta la fecha (Figura 3.10, Tabla 3.7) cubren solo el 0,4% de la superficie terrestre mundial, pero son críticos para la supervivencia de 919 especies de coníferas y vertebrados en peligro o en peligro crítico de extinción (Butchart *et al.*, 2012). Es probable que existan más sitios de este tipo para otros taxones, pero aún no se han identificado formalmente como sitios de la ACE.

La protección de los sitios de la ACE sigue siendo inadecuada, aunque se ha demostrado que las especies que se encuentran en aquellos con mayor cobertura de áreas protegidas tienden a estar mejor. Butchart *et al.* (2012) demostraron que el aumento en el riesgo de extinción durante las últimas dos décadas fue un tercio menor para los mamíferos, las aves y los anfibios restringidos a los sitios de la ACE completamente cubiertos por áreas protegidas en comparación

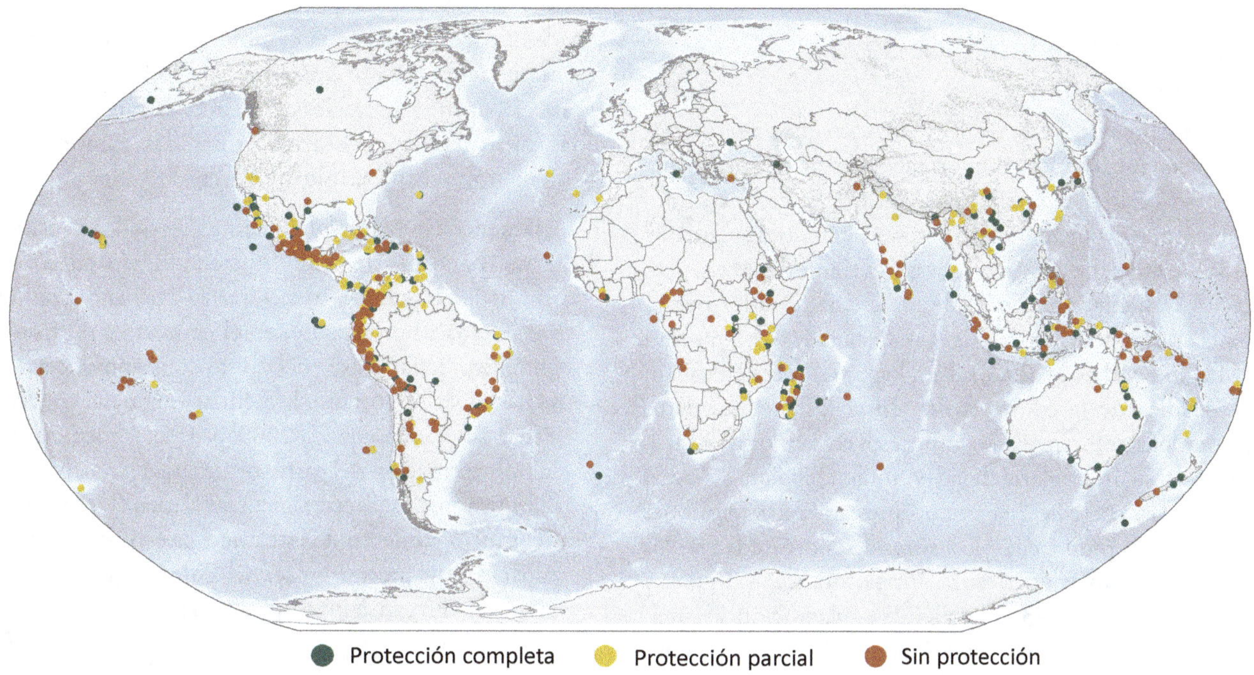

Figura 3.10 Estado de protección de los sitios de la Alianza para la Cero Extinción

Fuente: Modificado de Butchart *et al.* (en preparación)

con aquellos restringidos a sitios no protegidos o parcialmente protegidos. No obstante, también encontraron que solo el 22% de los 588 sitios conocidos de la ACE estaban completamente cubiertos por áreas protegidas, mientras que el 51% permanecía completamente desprotegido en 2008 (Figura 3.10). Los puntos verdes de la Figura 3.10 indican los sitios cubiertos completamente por áreas protegidas, los puntos amarillos los sitios parcialmente cubiertos y los puntos rojos los sitios no protegidos.

Áreas clave para la biodiversidad

Los sitios de la ACE son el subconjunto de mayor prioridad de las Áreas Clave para la Biodiversidad (ACB), es decir, sitios que contribuyen significativamente a la persistencia global de la biodiversidad de acuerdo con los criterios estandarizados a nivel mundial (Langhammer *et al.*, 2007). Otros subconjuntos bien conocidos de las ACB incluyen las áreas de importancia para la conservación de las aves (AICA) (Tabla 3.7) y las áreas importantes para las plantas (important plant áreas, IPA), ya que ambas representan áreas prioritarias identificadas dentro de grupos taxonómicos específicos. El enfoque de ACB también puede aplicarse en ambientes marinos y dulceacuícolas (BirdLife International, 2010; Holland *et al.*, 2012) y, a través del CDB, el concepto complementario de áreas marinas ecológica o biológicamente significativas ha avanzado en los últimos años.

Los inventarios de las ACB han "informado la selección de sitios para la protección bajo la legislación nacional e internacional, considerados acordes con los estándares internacionales de desempeño de la sustentabilidad, e incluidos en acuerdos ambientales multilaterales" (IUCN, 2012, p. 2). Un ejemplo de esto es el uso de sitios de la ACE y de las AICA con el fin de lograr y medir el progreso hacia las Metas de Biodiversidad de Aichi del CDB –por ejemplo, como sitios prioritarios para una reducción en la pérdida de especies y hábitats a través del establecimiento y gestión de áreas protegidas–.

Actualmente, la UICN lidera un proceso de consulta global para consolidar los diferentes criterios y umbrales de las ACB existentes en un nuevo estándar para las ACB. Se ha propuesto que el nuevo estándar se lance en 2015, y se espera que encuentre una amplia aplicación en la planeación y la toma de decisiones respecto a la conservación.

> El propósito final de este proceso es brindar una metodología objetiva y científicamente rigurosa que sea fácil de aplicar para identificar ACB a lo largo de los biomas terrestres, dulceacuícolas y marinos. Este nuevo estándar de la UICN orientará a los responsables de la toma de decisiones en las áreas que requieren salvaguardas, y ayudará a una serie de usuarios finales a definir sus prioridades de conservación, cumplir con sus compromisos internacionales y con sus políticas ambientales. (IUCN, 2012, p. 2)

Planeación sistemática de la conservación

El conocimiento de las ACB y de otras áreas prioritarias también puede brindar información para el importante proceso de la planeación sistemática de la conservación. Este proceso puede ayudar a diseñar áreas protegidas y redes de áreas protegidas efectivas y eficientes que cumplan con los objetivos generales de representatividad y persistencia de la biodiversidad de la manera más costo-efectiva (Margules y Pressey, 2000). Para lograr esto, la planeación sistemática de la conservación utiliza los mejores datos disponibles sobre patrones y procesos de la biodiversidad, incluida su irremplazabilidad y vulnerabilidad, las áreas protegidas existentes, el costo de establecer y gestionar nuevas áreas protegidas y los costos de oportunidad de los usos competitivos de la tierra. En palabras de Margules y Pressey (2000, p. 243), el poder de la planeación sistemática de la conservación proviene de su "eficiencia en el uso de recursos limitados para alcanzar las metas de conservación, su capacidad de defensa y flexibilidad frente a los usos competitivos de la tierra, y su rendición de cuentas al permitir que las decisiones se revisen críticamente". En el Capítulo 13 puede encontrarse más información sobre la planeación sistemática de la conservación.

Introducción al manejo ecosistémico

En este apartado presentamos brevemente el patrimonio natural abiótico y biótico de la Tierra. Los administradores de áreas protegidas están en la primera instancia de gestión para la protección y conservación de los principales ecosistemas que ayudan a mantener la vida en la Tierra. Una vez que las áreas importantes para la biodiversidad que fueron identificadas gozan de una protección formal, deben ser efectivamente manejadas.

Dicho manejo puede incluir respuestas a amenazas tales como la destrucción y la fragmentación del hábitat, la sobreexplotación, las especies exóticas invasoras, las enfermedades, las perturbaciones, la contaminación y el cambio climático (véase el Capítulo 16).

No obstante, los problemas de las áreas protegidas suelen ser más complejos que simples contratiempos. Los administradores deben entender esta complejidad, la que hace parte de la gestión en un mundo dinámico (véase el Capítulo 10). Es importante evaluar y dar respuesta a las causas fundamentales de las amenazas a la biodiversidad de una manera más estratégica que reactiva, ya que esta última podría abordar solamente los síntomas de las amenazas (véase el Capítulo 16).

Un desafío complejo es el cambio climático, que representa una amenaza importante para todas las especies (véase el Capítulo 17), y las directrices estratégicas ofrecidas para la gestión de áreas protegidas comprenden los siguientes seis principios rectores:

1. Mantener un buen funcionamiento de los ecosistemas: "para asegurar un funcionamiento adecuado es crucial mantener o mejorar la resiliencia de los ecosistemas; no obstante, en el contexto del cambio climático, ¿cuándo se vuelve esto contraproducente y se hace más importante la facilitación de nuevos ecosistemas?" (Steffen *et al.*, 2009, p. 150). A medida que la transformación del cambio climático se vuelva más común a finales de este siglo, será crítico el monitoreo del funcionamiento de estos nuevos ecosistemas y su capacidad de prestar los servicios de los que depende la sociedad (véanse los Capítulos 11 y 21).
2. Proteger un conjunto representativo de sistemas ecológicos: "todos los ambientes deben estar representados en los sistemas de reserva regional, y diferentes arquitecturas paisajísticas, en lo que respecta a las distribuciones de parches y conexión de los hábitats, deberían estar representadas en los paisajes regionales que estén dentro y fuera de reservas" (Steffen *et al.*, 2009, p. 150) (véanse los Capítulos 13 y 27).
3. Eliminar o minimizar los factores de estrés existentes: "[Con] atención especial a los que pueden beneficiarse del cambio climático" (Steffen *et al.*, 2009, p. 150) (véase el Capítulo 16).
4. Gestionar una conectividad adecuada de especies, paisajes terrestres, paisajes marinos y procesos ecosistémicos: "este principio implica la necesidad de revertir la tendencia a la simplicidad y la eficiencia (pérdida de diversidad) en los paisajes terrestres y en la zona costera, y construir paisajes terrestres y ecosistemas con mayor complejidad, redundancia y resiliencia" (Steffen *et al.*, 2009, p. 151) (véase el Capítulo 27).
5. Es posible que se necesite una ingeniería ecológica para ayudar a la transformación de algunas comunidades en el contexto del cambio climático: "[Habrá] casos donde un enfoque pasivo de 'permitir que la naturaleza se adapte' puede y debe potenciarse con medidas más proactivas para conservar la biodiversidad" (Steffen *et al.*, 2009, p. 151).

Conclusión

En este capítulo hemos brindado una visión global de asuntos críticos para los administradores de áreas protegidas desde una perspectiva de gestión del patrimonio natural. Enfatizamos que la Tierra es una maravilla de la naturaleza,

El mielero de Nueva Holanda (*Phylidonyris novaehollandiae*) es un visitante frecuente, bienvenido en muchas casas y jardines del sur de Australia. Es una de las 898 especies de aves registradas en Australia y es nativa de hábitats que incluyen bosques, riveras de arroyos, matorrales costeros y brezales. Aquí se ve con una de sus fuentes favoritas de néctar, la flor de una planta nativa del género *Grevillea*, de la familia *Proteaceae*, un vestigio de Gondwana (Gondwana es el antiguo súper continente que incluía la Antártida, Australia, África, India y Sudamérica). Algunos pájaros australianos muestran una evolución convergente con las especies de otras partes; por ejemplo, los mieleros se asemejan a las nectarinas del hemisferio norte

Fuente: Graeme L. Worboys

pero de un tamaño finito. La litosfera que ocupamos, la atmósfera que respiramos y la biosfera y formas de vida con las que compartimos la Tierra son finitas. Determinamos que nuestro planeta también es un lugar dinámico, con procesos geológicos que cambian constantemente la naturaleza de su geodiversidad, y cómo la vida primigenia en la Tierra ayudó a crear las condiciones atmosféricas adecuadas para los organismos presentes en la actualidad. Describimos cómo esto, a su vez, a través de respuestas evolutivas, culminó en un mundo natural rico y biodiverso. Presentamos esta diversidad y describimos los principales tipos de ecosistemas en la Tierra.

También presentamos cómo los sistemas de soporte a la vida de la Tierra han sido afectados por la actividad humana y el subsiguiente cambio climático. Reflexionamos sobre lo que esto significa para los administradores de áreas protegidas en el siglo XXI, y cuáles son los desafíos de trabajar en un mundo natural dinámico que ha sufrido el impacto de los humanos. En efecto, presentamos la naturaleza, el alcance, la complejidad y la magnitud del desafío que tienen los administradores de áreas protegidas de todo el mundo respecto a su papel de ayudar a conservar la vida y los otros tesoros naturales de la Tierra. También mencionamos la base de otros capítulos de este libro que examinan con mayor detalle aspectos particulares de la profesión de gestión de áreas protegidas.

Referencias

Lecturas recomendadas

Abell, R.; Thieme, M.L.; Revenga, C.; Bryer, M.; Kottelat, M.; Bogutskaya, N.; Coad, B.; Mandrak, N.; Balderas, S.C.; Bussing, W.; Stiassny, M.L.J.; Skelton, P.; Allen, G.R.; Unmack, P.; Naseka, A.; Ng, R.; Sindorf, N.; Robertson, J.; Armijo, E.; Higgins, J.V.; Heibel, T.J.; Wikramanayake, E.; Olson, D.; López, H.L.; Reis, R.E.; Lundberg, J.G.; Pérez, M.H.S. y Petry, P. (2008).

Freshwater ecoregions of the world: a new map of biogeographic units for freshwater biodiversity conservation. *BioScience,* 58, 403-414.

Alliance for Zero Extinction (AZE). (2012). 2010 AZE Update: March 2012. Washington, DC.: Alliance for Zero Extinction. Recuperado de: www.zeroextinction.org

Barnosky, A.D.; Hadly, E.A.; Bascompte, J.; Berlow, E.L.; Brown, J.H.; Fortelius, M.; Getz, W. M.; Harte, J.; Hastings, A.; Marquet, P.A.; Martinez, D.; Mooers, A.; Roopnarine, P.; Vermeij, G.; Williams, J.W.; Gillespie, R.; Kitzes, J.; Marshall, C.; Matzke, N.; Mindell, D.P.; Revilla, E. y Smith, A.B. (2012). Approaching a state shift in Earth's biosphere. *Nature*, 486, 52-58.

Matzke, N.; Tomiya, S.; Wogan, G.U.; Swartz, B.; Quental, T.B.; Marshall, C.; McGuire, J.L.; Lindsey, E.L.; Maguire, K.C.; Mersey, B. y Ferrer, E.A. (2011). Has the Earth's sixth mass extinction already arrived? *Nature*, 471, 51-57.

Beerling, D. (2007). *The Emerald Planet.* Oxford: Oxford University Press.

Bertzky, B.; Corrigan, C.; Kemsey, J.; Kenney, S.; Ravilious, C.; Besançon, C. y Burgess, N.D. (2012). Protected Planet Report 2012: Tracking progress towards global targets for protected areas. Gland: IUCN, Cambridge: UNEP-WCMC.

Shi, Y.; Hughes, A.; Engels, B.; Ali, M.K. y Badman, T. (2013). Terrestrial Biodiversity and the World Heritage List: Identifying broad gaps and potential candidate sites for inclusion in the natural World Heritage network. Gland: IUCN, Cambridge: UNEP-WCMC.

Biello, D. (2009, agosto 19). The origin of oxygen in Earth's atmosphere. *Scientific American.* Recuperado de: www.scientificamerican.com/article/origin-ofoxygen-in-atmosphere/

BirdLife International. (2010). Marine Important Bird Areas: Priority sites for the conservation of biodiversity. Cambridge: BirdLife International.

BirdLife International, Conservation International and Partners. (2012). Global Key Biodiversity Areas Dataset: March 2012. Cambridge: BirdLife International. Recuperado de: www.birdlife.org/datazone/site

Brooks, T.M.; Bakarr, M.I.; Boucher, T.; da Fonseca, G.A.B.; Hilton-Taylor, C.; Hoekstra, J.M.; Moritz, T.; Olivier, S.; Parrish, J.; Pressey, R.L.; Rodrigues, A.S.L.; Sechrest, W.; Stattersfield, A.; Strahm, W. y Stuart, S.N. (2004). Coverage provided by the global protected-area system: is it enough? *BioScience*, 54, 1081-1091.

Mittermeier, R.A.; da Fonseca, G.A.B.; Gerlach, J.; Hoffmann, M.; Lamoreux, J.F.; Mittermeier, C.G.; Pilgrim, J.D. y Rodrigues, S.L. (2006). Global biodiversity conservation priorities. *Science*, 313, 58-61.

Mittermeier, R.A.; da Fonseca, G.B.; Gerlach, J.; Hoffmann, M.; Lamoreux, J.F.; Mittermeier, C.G.; Pilgrim, J.D. y Rodrigues, A.S.L. (2010). Global biodiversity conservation priorities: an expanded review. En J. Lovett y D.G. Ockwell (eds.). *A Handbook of Environmental Management*, pp. 8-29. Reino Unido: Edward Elgar, Cheltenham.

Butchart, S.H.M.; Scharlemann, J.P.W.; Evans, M.I.; Quader, S.; Arico, S.; Arinaitwe, J.; Balman, M.; Bennun, L.A.; Bertzky, B.; Besançon, C.; Boucher, T.M.; Brooks, T.M.; Burfield, I.J.; Burgess, N.; Chan, S.; Clay, R.P.; Crosby, M.J.; Davidson, N.C.; de Silva, N.; Devenish, C.; Dutson, G.C.L.; Fernandez, D.; Fishpool, L.D.C.; Fitzgerald, C.; Foster, M.; Heath, M.F.; Hockings, M.; Hoffmann, M.; Knox, D.; Larsen, F.W.; Lamoreux, J.F.; Loucks, C.; May, I.; Millett, J.; Molloy, D.; Morling, P.; Parr, M.; Ricketts, T.H.; Seddon, N.; Skolnik, B. y Stuart, S. (2012). Protecting important sites for biodiversity contributes to meeting global conservation targets. *PLoS ONE*, 7(3), e32529.

Stattersfield, A.J. y Collar, N.J. (2006). How many bird extinctions have we prevented? *Oryx*, 40(3), 266-278.

Chape, S.; Harrison, J.; Spalding, M. y Lysenko, I. (2005). Measuring the extent and effectiveness of protected areas as an indicator for meeting global biodiversity targets. *Philosophical Transactions of the Royal Society,* B 360, 443-455.

Chapin, F.S. III; Zavaleta, E.S.; Eviner, V.T.; Naylor, R.L.; Vitousek, P.M.; Reynolds, H.L.; Hooper, U.; Lavorel, S.; Sala, O.E.; Hobbie, S.E.; Mack, M.C. y Diaz, S. (2000). Consequences of changing biodiversity. *Nature,* 405, 234-242.

Chapman, A.D. (2009). *Number of Living Species in Australia and the World.* 2ª ed. Canberra: Australian Biological Resources Study.

Constant, P. (2004). *Galapagos: a natural history guide.* 6a ed. Hong Kong: Odyssey.

Convention on Biological Diversity (CBD). (1992). *Convention on Biological Diversity.* Montreal: Secretariat of the Convention on Biological Diversity.

(2010a). *Global Biodiversity Outlook 3.* Montreal: Secretariat of the Convention on Biological Diversity.

(2010b). Decision x/2 of the Conference of the Parties to the Convention on Biological Diversity. Montreal: Secretariat of the Convention on Biological Diversity.

Dudley, N.; Stolton, S.; Belokurov, A.; Krueger, L.; Lopoukhine, N.; MacKinnon, K.; Sandwith, T. y Sekran, N. (eds.). (2010). *Natural Solutions: Protected areas helping people cope with climate change.* Gland: IUCN WCPA y WWF, Arlington: The Nature Conservancy, Nueva York: UNDP y Wildlife Conservation Society, Washington D.C.: The World Bank.

Dullinger, S.; Essl, F.; Rabitsch, W.; Erb, K.H.; Gingrich, S.; Haberl, H.; Hülber, K.; Jarošik, V.; Krausmann, F.; Kühn, I.; Pergl, J.; Pyšek, P. y Hulme, P.E. (2013). Europe's other debt crisis caused by the long legacy of future extinctions. *Proceedings of the National Academy of Sciences*, 110, 7342-7347.

Duncan, R.P.; Boyer, A.G. y Blackburn, T.M. (2013). Magnitude and variation of prehistoric bird extinctions in the Pacific. *Proceedings of the National Academy of Sciences*, 110, 6436-6441.

Ellis, E.C. y Ramankutty, N. (2008). Putting people in the map: anthropogenic biomes of the world. *Frontiers in Ecology and the Environment*, 6, 439-447.

Goldewijk, K.K.; Siebert, S.; Lightman, y Ramankutty, N. (2010). Anthropogenic transformation of the biomes, 1700 to 2000. *Global Ecology and Biogeography*, 19, 589-606.

Evans, M.I. (1994). *Important Bird Areas in the Middle East.* Cambridge: BirdLife International.

Gaston, K.J. (2000). Global patterns in biodiversity. *Nature*, 405, 220-227.

Gray, M. (2004). *Geodiversity: valuing and conserving abiotic nature.* Chichester, Reino Unido: Wiley y Sons.

Groombridge, B. y Jenkins, M.D. (2002). *World Atlas of Biodiversity: Earth's living resources in the 21st century.* Berkeley: University of California Press y Cambridge: UNEP-WCMC.

Haberl, H.; Erb, K.H.; Krausmann, F.; Gaube, V.; Bondeau, A.; Plutzar, C.; Gingrich, S.; Lucht, W. y Fischer-Kowalski, M. (2007). Quantifying and mapping the human appropriation of net primary production in earth's terrestrial ecosystems. *Proceedings of the National Academy of Sciences*, 104, 12.942-12.947.

Hamilton, L.S. (2002). Why mountains matter. *IUCN World Conservation Bulletin*, 1, 4-5.

McMillan, L. (2004). *Guidelines for Planning and Managing Mountain Protected Areas.* Gland: IUCN.

Hoekstra, J.; Molnar, J.L.; Jennings, M.; Revenga, C.; Spalding, M. D.; Boucher, T. M.; Robertson, J. C.; Heibel, T.J. y Ellison, K. (2010). *The Atlas of Global Conservation: Changes, challenges, and opportunities to make a difference.* Berkeley: University of California Press.

Holland, R.A.; Darwall, W.R.T. y Smith, K.G. (2012). Conservation priorities for freshwater biodiversity: the key biodiversity area approach refined and tested for continental Africa. *Biological Conservation*, 148, 167-179.

Holt, B.G.; Lessard, J.P.; Borregaard, M.K.; Fritz, S.A.; Araújo, M.B.; Dimitrov, D.; Fabre, P.H.; Graham, C.H.; Graves, G.R.; Jønsson, K.A.; Nogués-Bravo, D.; Wang, Z.; Whittaker, R.J.; Fjeldså, J. y Rahbek, C. (2013). An update of Wallace's zoogeographic regions of the world. *Science*, 339, 74-78.

Intergovernmental Panel on Climate Change (IPCC). (2013). *Climate Change 2013: the physical science basis - Headline statements for policy makers.* Geneva: Intergovernmental Panel on Climate Change. Recuperado de: www.ipcc.ch/

International Union for Conservation of Nature (IUCN). (2012). *Consolidating the Criteria for Identifying Sites of Significance for Biodiversity: a global consultation process - Progress update.* Gland: IUCN.

(2013a). *Natural World Heritage Facts and Figures 2013.* Gland: IUCN. Recuperado de: www.iucn.org/about/work/programmes/wcpa_worldheritage/about/wcpa_whfacts/

(2013b). *The IUCN Red List of Threatened Species: Version 2013.2.* Gland: IUCN. Recuperado de: www.iucnredlist.org

United Nations Environment Programme World Conservation Monitoring Centre (UNEP-WCMC). (2014). *Global Statistics from The World Database on Protected Areas (WDPA): August 2014*. Cambridge: UNEP-WCMC.

Jenkins, C.N. y Joppa, L. (2009). Expansion of the global terrestrial protected area system. *Biological Conservation*, 142, 2166-2174.

Jenkins, C.N.; Pimm, S.L. y Joppa, L. (2013). Global patterns of terrestrial vertebrate diversity and conservation. *Proceedings of the National Academy of Sciences*, 110, 2602-2610.

Kettunen, M.; Dudley, N.; Bruner, A.; Pabon, L.; Conner, N.; Berghöfer, A.; Vakrou, A.; Mulongoy, K.J.; Ervin, J. y Gidda, S.B. (2011). Recognising the value of protected areas. En P. ten Brink (ed.). *The Economics of Ecosystems and Biodiversity in National and International Policy Making*, pp. 345-400. Londres: Earthscan.

Kohler, T. y Maselli, D. (eds.). (2009). *Mountains and Climate Change: from understanding to action*. Berna: Geographica Bernensia.

Kreft, H. y Jetz, W. (2010). A framework for delineating biogeographical regions based on species distributions. *Journal of Biogeography*, 37, 2029-2053.

Ladle, R.J. y Whittaker, R.J. (eds.). (2011). *Conservation Biogeography*. Oxford: Wiley-Blackwell.

Langhammer, P.F.; Bakarr, M.I.; Bennun, L.A.; Brooks, T.M.; Clay, R.P.; Darwall, W.; de Silva, N.; Edgar, G.J.; Eken, G.; Fishpool, L.D.C.; da Fonseca, G.A.B.; Foster, M.N.; Knox, D.H.; Matiku, P.; Radford, E.A.; Rodrigues, A.S.L.; Salaman, P.; Sechrest, W. y Tordoff, A.W. (2007). *Identification and Gap Analysis of Key Biodiversity Areas: Targets for comprehensive protected area systems*. Gland: IUCN.

Leakey, R. y Lewin, R. (1992). *The Sixth Extinction: patterns of life and the future of humankind*. Nueva York: Doubleday.

Le Saout, S.; Hoffmann, M.; Shi, Y.; Hughes, A.; Bernard, C.; Brooks, T.M.; Bertzky, B.; Butchart, S.H.M.; Stuart, S.N.; Badman, T. y Rodrigues, S.L. (2013). Protected areas and effective biodiversity conservation. *Science*, 342, 803-805.

Linniger, H.; Weingartner, R. y Grossjean, M. (1998). *Mountains of the World: Water towers for the 21st century, Mountain Agenda*. Berna: University of Bern.

Lockwood, M.; Worboys, G.L. y Kothari, A. (2006). *Managing Protected Areas: A global guide*. Londres: Earthscan.

Mace, G.M.; Collar, N.J.; Gaston, K.J.; Hilton-Taylor, C.; Akçakaya, H.R.; Leader-Williams, N.; Milner-Gulland, E.J. y Stuart, S.M. (2008). Quantification of extinction risk: IUCN's system for classifying threatened species. *Conservation Biology*, 22, 1424-1442.

Margules, C.R. y Pressey, R.L. (2000). Systematic conservation planning. *Nature*, 405, 243-253.

McNamara, K. (2009). *Prehistoric Life: the definitive visual history of life on Earth*. Londres: Permian, Dorling Kindersley.

Millennium Ecosystem Assessment (MEA). (2005). *Ecosystems and Human Well-Being*. Volume 1: Current State and Trends, Findings of the Condition and Trends Working Group. Washington: Island Press, DC.

Mittermeier, R.A.; Gil, P.R.; Hoffman, M.; Pilgrim, J.; Brooks, T.; Mittermeier, C.G.; Lamoreux, J. y da Fonseca, G.A.B. (2004). *Hotspots Revisited: Earth's biologically richest and most endangered terrestrial ecoregions*. Ciudad de México: CEMEX.

Mittermeier, C.G.; Brooks, T.M.; Pilgrim, J.D.; Konstant, W.R.; da Fonseca, G.A.B. y Kormos, C. (2003). Wilderness and biodiversity conservation. *Proceedings of the National Academy of Sciences*, 100, 10.309-10.313.

Mittermeier, C.G.; Gil, P.R.; Pilgrim, J.; da Fonseca, G.A.B.; Konstant, W.R. y Brooks, T. (2002). *Wilderness: Earth's last wild places*. Ciudad de México: CEMEX.

Mora, C.; Tittensor, D.P.; Adl, S.; Simpson, A.G.B. y Worm, B. (2011). How many species are there on Earth and in the ocean? *PLoS Biology*, 9(8), e1001127.

Myers, N.; Mittermeier, R.A.; Mittermeier, C.G.; da Fonseca, G.A.B. y Kent, J. (2000). Biodiversity hotspots for conservation priorities. *Nature*, 403, 853-858.

Olson, D.M. y Dinerstein, E. (2002). The Global 200: priority ecoregions for global conservation. *Annals of the Missouri Botanical Garden*, 89, 199-224.

Dinerstein, E.; Abell, R.; Allnutt, T.; Carpenter, C.; McClenachan, L.; d'Amico, J.; Hurley, P.; Kassem, K.; Strand, H.; Taye, M. y Thieme, M. (2000). *The Global 200: A representation approach to conserving the Earth's distinctive ecoregions.* Washington, D.C.: WWF-US.

Dinerstein, E.; Wikramanayake, E.D.; Burgess, N.D.; Powell, G.V.N.; Underwood, E.C.; d'Amico, J.A.; Itoua, I.; Strand, H.E.; Morrison, J.C.; Loucks, C.J.; Allnutt, T.F.; Ricketts, T.H.; Kura, Y.; Lamoreux, J.F.; Wettengel, W.W.; Hedao, P. y Kassem, K.R. (2001). Terrestrial ecoregions of the world: a new map of life on Earth. *BioScience*, 51, 933-938.

Palmer, D. (2009). *Prehistoric Life: The definitive visual history of life on Earth, Young Earth.* Londres: Dorling Kindersley.

Pimm, S.L.; Russell, G.J.; Gittleman, J.L. y Brooks, T.M. (1995). The future of biodiversity. *Science*, 269, 347-350.

Price, M.F. (ed.). (2004). *Conservation and Sustainable Development in Mountain Areas.* Gland: IUCN.

Purvis, A. y Hector, A. (2000). Getting the measure of biodiversity. *Nature*, 405, 212-219.

Ricketts, T.H.; Dinerstein, E.; Boucher, T.; Brooks, T.M.; Butchart, S.H.M.; Hoffmann, M.; Lamoreux, J.F.; Morrison, J.; Parr, M.; Pilgrim, J.D.M.; Rodrigues, A.S.L.; Sechrest, W.; Wallace, G.E.; Berlin, K.; Bielby, J.; Burgess, N.D.; Church, D.R.; Cox, N.; Knox, D.; Loucks, C.; Luck, G.W.; Master, L.L.; Moore, R.; Naidoo, R.; Ridgely, R.; Schatz, G.E.; Shire, G.; Strand, H.; Wettengel, W. y Wikramanayake, E. (2005). Pinpointing and preventing imminent extinctions. *Proceedings of the National Academy of Sciences*, 102, 18.497-18.501.

Rodrigues, A.S.L.; Andelman, S.J.; Bakarr, M.I.; Boitani, L.; Brooks, T.M.; Cowling, R.M.; Fishpool, L.D.C.; da Fonseca, G.A.B.; Gaston, K.J.; Hoffmann, M.; Long, J.S.; Marquet, P.A.; Pilgrim, J.D.; Pressey, R.L.; Schipper, J.; Sechrest, W.; Stuart, S.N.; Underhill, L.G.; Waller, R.W.; Watts, M.E.J. y Yan, X. (2004). Effectiveness of the global protected area network in representing species diversity. *Nature*, 428, 640-643.

Pilgrim, J.D.; Lamoreux, J.F.; Hoffmann, M. y Brooks, T.M. (2006). The value of the IUCN Red List for conservation. *Trends in Ecology and Evolution*, 21, 71-76.

Rodríguez, J.P.; Rodríguez-Clark, K.M.; Baillie, J.E.M.; Ash, N.; Benson, J.; Boucher, T.; Brown, C.; Burgess, N.D.; Collen, B.; Jennings, M.; Keith, D.A.; Nicholson, E.; Revenga, C.; Reyers, B.; Rouget, M.; Smith, T.; Spalding, M.; Taber, A.; Walpole, M.; Zager, I. y Zamin, T. (2011). Establishing IUCN Red List criteria for threatened ecosystems. *Conservation Biology*, 25, 21-29.

Rodríguez-Rodríguez, D.; Bomhard, B.; Butchart, S.H.M. y Foster, M. (2011). Progress towards targets for protected area coverage in mountains: a multi-scale assessment. *Biological Conservation*, 144, 2978-2983.

Salafsky, N.; Salzer, D.; Stattersfield, A.J.; Hilton-Taylor, C.; Neugarten, R.; Butchart, S.H.M.; Collen, B.; Cox, N.; Master, L.L.; O'Connor, S. y Wilkie, D. (2008). A standard lexicon for biodiversity conservation: unified classifications of threats and actions. *Conservation Biology*, 22, 897-911.

Sanderson, E.W.; Jaiteh, M.; Levy, M.A.; Redford, K.H.; Wannebo, A.V. y Woolmer, G. (2002). The human footprint and the last of the wild. *BioScience* 52: 891-904.

SavingSpecies y Globaïa. (2012). *Global Diversity of Mammal, Bird and Amphibian Species.* Recuperado de: savingspecies.org/2012/stunning-new-biodiversity-maps-show-where-to-prioritize-conservation/

Schmitt, C.B. (2011). A tough choice: approaches towards the setting of global conservation priorities. En F.E. Zachos y J.C. Habel (eds.). *Biodiversity Hotspots: Distribution and protection of conservation priority areas*, pp. 23-42. Berlin: Springer.

Selig, E.R.; Turner, W.R.; Troëng, S.; Wallace, B.P.; Halpern, B.S.; Kaschner, K.; Lascelles, B.G.; Carpenter, K.E. y Mittermeier, R.A. (2014). Global priorities for marine biodiversity conservation. *PLoS ONE*, 9(1), e82898.

Short, A.D. y Woodroffe, C.D. (2009). *The Coast of Australia.* Nueva York: Cambridge University Press.

Sinclair, A.R.E.; Fryxell, J.M. y Caughley. (2006). *Wildlife Ecology, Conservation and Management.* 2ª ed. Oxford: Blackwell.

Spalding, M.D.; Agostini, V.N.; Rice, J. y Grant, S.M. (2012). Pelagic provinces of the world: a biogeographic classification of the world's surface pelagic waters. *Ocean and Coastal Management*, 60, 19-30.

Fish, L. y Wood, L.J. (2008). Toward representative protection of the world's coasts and oceans - progress, gaps, and opportunities. *Conservation Letters*, 1, 217-226.

Fox, H.E.; Allen, G.R.; Davidson, N.; Ferdaña, Z.A.; Finlayson, M.; Halpern, B.S.; Jorge, M.A.; Lombana, A.; Lourie, S.A.; Martin, K.D.; McManus, E.; Molnar, J.; Recchia, C.A. y Robertson, J. (2007). Marine ecoregions of the world: a bioregionalization of coast and shelf areas. *BioScience*, 57, 573-583.

Meliane, I.; Milam, A.; Fitzgerald, y Hale, L.Z. (2013). Protecting marine spaces: global targets and changing approaches. En Chircop, S. Coffen-Smout y M. McConnell (eds.). *Ocean Yearbook 27*, pp. 213-248. Leiden: Brill/Nijhoff.

Stattersfield, A.J.; Crosby, M.J.; Long, A.J. y Wege, C. (1998). *Endemic Bird Areas of the World: Priorities for biodiversity conservation*. Cambridge: BirdLife International.

Steffen, W.; Burbidge, A.A.; Hughes, L.; Kitching, R.; Lindenmayer, D.; Musgrave, W.; Stafford Smith, M. y Werner, P. (2009). *Australia's Biodiversity and Climate Change*. Melbourne: CSIRO Publishing.

Stork, N.E. y Habel, C. (2013). Can biodiversity hotspots protect more than tropical forest plants and vertebrates? *Journal of Biogeography*, 41, 421-428.

Strahler, A. N. (2011). *Introducing Physical Geography*, 5a ed. Hoboken: John Wiley y Sons.

Tittensor, D.P.; Mora, C.; Jetz, W.; Lotze, H.K.; Ricard, D.; Berghe, E.V. y Worm, B. (2010). Global patterns and predictors of marine biodiversity across taxa. *Nature*, 466, 1098-1101.

Udvardy, M.D.F. (1975). *A Classification of the Biogeographical Provinces of the World*. Morges, Suiza: IUCN.

United Nations (UN) Millennium Project. (2005). *Environment and Human Well-Being: a practical strategy. Report of the Task Force on Environmental Sustainability*. Londres: Earthscan.

United Nations Environment Programme World Conservation Monitoring Centre (UNEP-WCMC). (2002). *Mountain Watch: environmental change and sustainable development in mountains*. Cambridge: UNEP- WCMC.

United Nations Educational, Scientific and Cultural Organisation (UNESCO). (2014). *World Heritage List*. París: UNESCO. Recuperado de: whc.unesco.org/en/list/

Watling, L.; Guinotte, J.; Clark, M.R. y Smith, C.R. (2013). A proposed biogeography of the deep ocean floor. *Progress in Oceanography*, 111, 91-112.

Watson, J.E.M.; Evans, M.C.; Carwardine, J.; Fuller, R.A.; Joseph, L.N.; Segan, D.B.; Taylor, M.F.J.; Fensham, R.J. y Possingham, H.P. (2011). The capacity of Australia's protected area system to represent threatened species. *Conservation Biology*, 25, 324-332.

White, M.E. (2003). *Earth Alive: from microbes to a living planet*. Sydney: Rosenburg Publishing.

Whittaker, R.J.; Riddle, B.R.; Hawkins, B.A. y Ladle, R.J. (2013). The geographical distribution of life and the problem of regionalization: 100 years after Alfred Russel Wallace. *Journal of Biogeography*, 40, 2209-2214.

Williams, K.J.; Ford, A.; Rosauer, D.F.; de Silva, N.; Mittermeier, R.; Bruce, C.; Larsen, F.W. y Margules, C. (2011). Forests of east Australia: the 35th biodiversity hotspot. En F.E. Zachos y J.C. Habel (eds.). *Biodiversity Hotspots: distribution and protection of conservation priority areas*, pp. 295-310. Berlín: Springer.

CAPÍTULO 4

PATRIMONIO CULTURAL DE LA TIERRA

Autor principal:
Sue Feary

Autores de apoyo:
Steve Brown, Duncan Marshall, Ian Lilley, Robert McKinnon, Bas Verschuuren y Robert Wild

CONTENIDO

IUCN WCPA WORLD COMMISSION ON PROTECTED AREAS Convention on Biological Diversity

AUTOR PRINCIPAL

SUE FEARY es arqueóloga y administradora de parques nacionales, con veinticinco años de experiencia en la gestión del patrimonio natural y cultural, y consultoría con aborígenes australianos.

AUTORES DE APOYO

STEVEN BROWN es PhD de la Universidad de Sídney, Australia.

DUNCAN MARSHALL es consultor de patrimonio en Australia.

IAN LILLEY es profesor en la Unidad de Estudios de los Aborígenes e Isleños del Estrecho de Torres de la Universidad de Queensland, Australia.

ROBERT MCKINNON es funcionario de Programas Estratégicos del Servicio Nacional de Parques y Vida Silvestre de Nueva Gales del Sur, Australia.

BAS VERSCHUUREN es investigador del Departamento de Sociología y Cambio del Desarrollo de Wageningen, Países Bajos.

ROBERT WILD es consultor independiente, especializado en recursos naturales y desarrollo comunitario, con sede en el Reino Unido.

AGRADECIMIENTOS

Los autores desean agradecer a Sharon Sullivan por los comentarios útiles sobre una versión inicial del escrito, y a un revisor anónimo.

CITACIÓN

Feary, S.; Brown, S.; Marshall, D.; Lilley, I.; McKinnon, R.; Verschuuren, B. y Wild, R. (2019). Patrimonio cultural de la tierra. En G.L. Worboys, M. Lockwood, A. Kothari, S. Feary e I. Pulsford (eds.). *Gobernanza y gestión de áreas protegidas*, pp. 81-118. Bogotá: Editorial Universidad El Bosque y ANU Press.

FOTOGRAFÍA DE LA PÁGINA DEL TÍTULO

Proteger la naturaleza es parte del patrimonio cultural de la humanidad. Lago Peyto, Parque Nacional Banff, patrimonio mundial, Canadá

Fuente: Graeme L. Worboys

Introducción

Los más de siete mil millones de personas de la Tierra y sus antepasados hemos dejado, y continuamos dejando, un rico legado de creencias, actividades y valores culturales. Este patrimonio cultural colectivo se remonta a cientos de miles de años y toma muchas formas; desde un antiguo utensilio de piedra hasta los restos de una ciudad, e incluso una canción. Esto tiene resonancia en todas las escalas, desde lo intensamente personal, hasta el centro de una identidad nacional, e incluso un ícono internacional.

La existencia de áreas protegidas es un legado cultural en sí mismo. La declaratoria, en los Estados Unidos de América, del Parque Nacional Yellowstone en 1872 formalizó el reconocimiento de las áreas protegidas; sin embargo, durante miles de años antes de esto los seres humanos protegían lugares naturales de alto valor cultural. Aunque no eran identificados conscientemente por lo que la ciencia de Occidente llama su "biodiversidad", estos lugares ancestrales demuestran que las áreas protegidas no son un sello distintivo de la sociedad moderna y de los esquemas gubernamentales complejos.

Con frecuencia, las áreas protegidas encapsulan el patrimonio cultural, el cual puede abarcar evidencias tangibles del empeño humano en el pasado, el patrimonio inmaterial embebido dentro del paisaje natural o las prácticas culturales de las personas que habitan las áreas protegidas. Esto no es sorprendente dado que la historia de los humanos modernos relata una relación diversa y compleja con el medio ambiente natural, que va desde la conexión espiritual profunda hasta la destrucción total. Sería prácticamente imposible que un área protegida no incluya fenómenos derivados de la cultura.

La relación entre las áreas protegidas, el patrimonio cultural dentro de ellas y los pueblos a las que pertenecen ha tenido una historia larga y a veces conflictiva, con regímenes tempranos de gestión que daban escaso reconocimiento al patrimonio cultural, y en ocasiones desfavorecían o despojaban a las comunidades locales en su búsqueda de salvar la naturaleza. Los movimientos globales para lograr los derechos y la justicia social para los pueblos indígenas y las comunidades locales ampliaron el significado del patrimonio cultural al reconocer los vínculos culturales no siempre evidentes entre los seres humanos y la naturaleza.

Este capítulo tiene como objetivo orientar e inspirar a un administrador de tierras en su búsqueda para gestionar profesionalmente todas las manifestaciones del patrimonio cultural dentro de un contexto de área protegida. El capítulo comienza con la evolución humana y una breve historia de las interacciones de los seres humanos con el paisaje. En la siguiente sección se analiza la historia de las ideas sobre el patrimonio cultural, seguida de la exploración de la diversidad del patrimonio cultural que se encuentra en las áreas protegidas. El material sobre "la naturaleza como patrimonio cultural" pone al descubierto las complejidades del patrimonio inmaterial en relación con el lugar. El concepto de "paisajes intrincados" se presenta como una forma de entender que el patrimonio natural y cultural es un sistema integrado y una base para la gestión holística. Se presenta el concepto y la práctica de la gestión del patrimonio cultural, y en la sección final se examina si los sistemas de áreas protegidas son eficaces o no para proteger el patrimonio cultural.

Una breve historia de los seres humanos en la Tierra: la larga visión del cambio cultural y la diversidad

Sin los seres humanos no hay cultura y por lo tanto no hay patrimonio cultural, así que comenzaremos con una breve reseña de la historia de los seres humanos modernos en la Tierra. Esta sección se basa en la investigación científica para explicar el origen y la evolución de los seres humanos modernos. No obstante, reconocemos y respetamos la diversidad de formas en que las diferentes culturas y religiones explican la formación del mundo biofísico y de los seres humanos que lo habitan, incluidas las creencias principales y las cosmologías indígenas.

Fuera de África

Desde una perspectiva científica, el entorno natural de la Tierra ha evolucionado durante casi cinco mil millones de años. Sus ecosistemas carecieron de seres humanos durante la mayor parte de su existencia. Los primeros homínidos aparecieron hace solo seis millones de años, con evidencias paleoantropológicas, arqueológicas y genéticas que apuntan fuertemente a África como el principal centro para los orígenes de los seres humanos tanto antiguos como modernos, aunque las nuevas tecnologías y descubrimientos desafían constantemente las teorías de los orígenes de nuestra especie. Varias especies de homínidos aparecieron sucesivamente y se entrecruzaron o fueron reemplazadas hasta que aparecieron los humanos anatómicamente modernos y comenzaron a desplazarse desde el este de África de cuarentaicinco mil a sesenta mil años atrás (Henn *et al.*, 2012).

Desde África, las poblaciones humanas se expandieron rápidamente, desplegándose para colonizar primero Eurasia, luego Australasia y eventualmente cruzaron el Estrecho de Bering hacia las Américas (Figura 4.1).

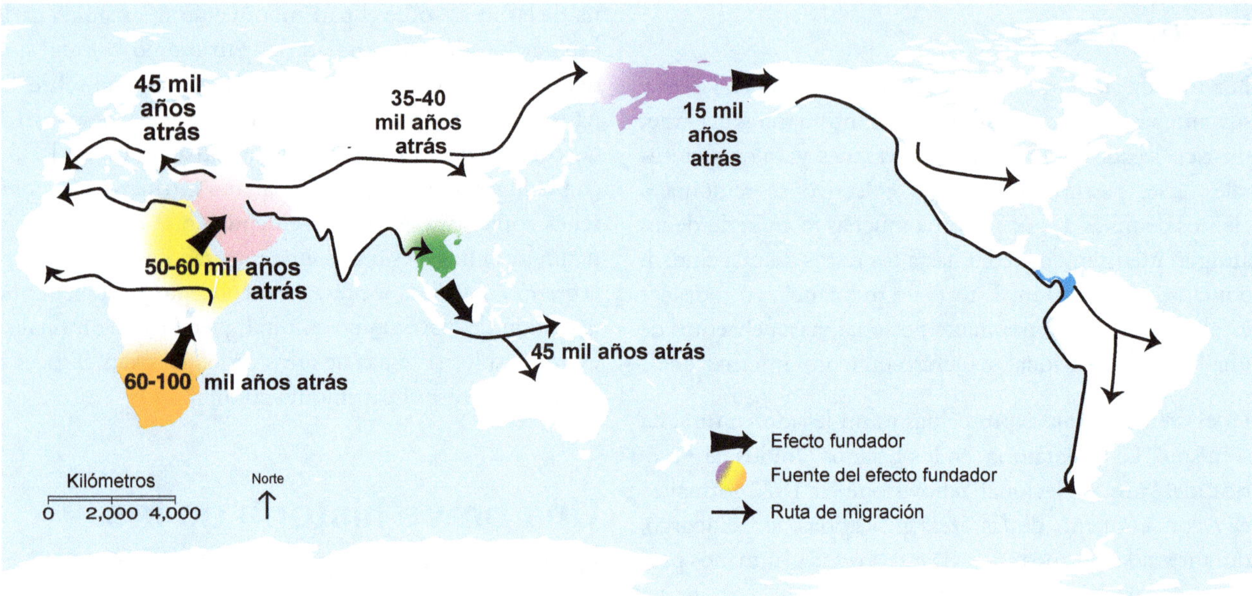

Figura 4.1 Origen y dispersión de los seres humanos modernos
Fuente: adaptado de Henn *et al.*, 2012

Las islas del Pacífico oceánico fueron los últimos lugares de la Tierra en ser colonizados, durante los grandes viajes marítimos de los pueblos de lengua austronésica que comenzaron hace unos cuatro mil años y terminaron con el asentamiento polinesio de Nueva Zelanda y la remota y enigmática Rapa Nui (Isla de Pascua) (Bellwood, 1978; Fischer, 2005).

Comienzos ancestrales

La historia humana se ha ocupado en gran medida de los alimentos; su producción, adquisición, almacenamiento, procesamiento y distribución (Heiser, 1973). Los seres humanos han sido cazadores y recolectores durante la mayor parte de su historia, de manera que han dependido directamente de la naturaleza como fuente de todos los alimentos. Las economías de los cazadores-recolectores se basaban en la disponibilidad estacional de recursos vegetales y animales necesarios para la alimentación, la medicina, el refugio, la actividad ceremonial y la fabricación de herramientas. Estos individuos vivían en extensos grupos familiares nómadas, a menudo con sistemas complejos de propiedad de la tierra y relaciones de parentesco, pero con pocas posesiones materiales. Su relación con la naturaleza era cercana y estaba basada en creencias espirituales y animistas. La supervivencia dependía de un conocimiento íntimo del mundo natural y de su manipulación, entendido este mundo a través de una lente cosmológica. Las adaptaciones localizadas llevaron a distintos tipos morfológicos, tecnologías, tradiciones culturales y lenguas, y hace alrededor de once mil años las poblaciones de cazadores-recolectores se habían diseminado a lo largo y ancho de la Tierra. Esta, la era más larga de la historia humana, conocida como la Edad de Piedra o Paleolítico, dejó un rico registro arqueológico.

La agricultura y después

El surgimiento y la expansión de la agricultura fueron los siguientes grandes acontecimientos de la historia de la humanidad, a menudo denominados "revolución neolítica", aunque en realidad se trataba de un proceso gradual en el que los seres humanos modificaban activamente los ecosistemas locales y manipulaban comunidades bióticas mucho antes de la manifestación de indicadores morfológicos de la domesticación de plantas y animales (Zeder, 2011). Comenzando con las evidencias de domesticación de los cultivos en el Cercano Oriente cerca de once mil quinientos años atrás (Zeder, 2011), los sistemas agrícolas surgieron de forma independiente en la mayoría de los continentes y luego se extendieron a regiones adyacentes (Ellis *et al.*, 2013). Aún se debate sobre los factores determinantes que llevaron a que los seres humanos pasaran de la caza y la recolección a la agricultura, pero es probable que haya sido la presión de la población y el cambio climático. El control del agua y del riego también fue significativo, ya que ambos son esenciales para el crecimiento de cultivos en las montañas áridas de los valles del Tigris y el Éufrates en el Medio Oriente (Heiser, 1973).

La agricultura permitió mayores densidades poblacionales, una existencia más sedentaria y viviendas permanentes. Los excedentes en la producción de alimentos se almacenaban para tiempos más difíciles, y lo que es más importante, podían dar soporte a las personas que no estaban directamente

Estudio de caso 4.1 Las marismas de Mesopotamia: el primer parque nacional de Irak

Las marismas mesopotámicas del sur de Irak fueron una vez los terceros humedales más grandes del mundo, con una extensión original de doce mil a quince mil kilómetros cuadrados. Estas marismas eran un recurso vital a nivel regional para los juncos, pesquerías y otros recursos naturales, al igual que el hogar de los indígenas Árabes de las Marismas o Ma'dan, quienes están directamente relacionados con la antigua Sumeria. Estas marismas son importantes a nivel mundial por su gran número de aves migratorias e invernantes y son el hábitat nativo de aves endémicas y otras especies valiosas de la vida silvestre.

Los medios de subsistencia de los Árabes de las Marismas se vieron comprometidos por la construcción de presas y el drenaje de los humedales durante el régimen de Saddam Hussein, pero desde 2006 se han realizado esfuerzos concertados para restaurar los flujos de agua a las marismas. En 2013 el área fue declarada el primer parque nacional de Irak.

Las marismas han estado en la lista tentativa del patrimonio mundial desde 2003, tanto por sus valores naturales como culturales. La creación del parque nacional no solo busca conservar los valores naturales, sino también demostrar el papel crítico de las marismas y los estilos de vida de su pueblo Ma'dan en el desarrollo de la civilización (UNESCO, 2014a).

involucradas en la producción de alimentos, lo que las dejaba libres para desarrollar habilidades especializadas, lo cual llevó a la diversificación social. Con el tiempo, las comunidades se hicieron más grandes, incorporaron cacicazgos y una estratificación social. Se desarrollaron sistemas más sofisticados para el almacenamiento de alimentos, la ganadería y la manipulación genética y estos, junto con las redes comerciales y de intercambio, fomentaron asentamientos más grandes y cada vez más permanentes.

Algunas aldeas se expandieron para formar ciudades; primero en Mesopotamia, en los valles del Tigris y el Éufrates, donde los principales centros de Asiria, Sumeria y Babilonia eran importantes ejes culturales, políticos y religiosos del mundo antiguo, y más tarde a lo largo de otros ríos importantes como el Nilo, el Yangtsé y el Indo. La importancia cultural de muchos de estos primeros centros de la civilización ha sido reconocida a través de los listados del Patrimonio Mundial (véase el Estudio de caso 4.1).

Lentamente surgieron las grandes civilizaciones del mundo: los Imperios Romano y Chino, al igual que lo albores del Imperio Británico, lo cual dejó extensos vestigios físicos y un profundo efecto sobre el medio ambiente y sobre la humanidad en un área extensa; por ejemplo, el cultivo intensivo en China y el Sudeste Asiático, el profundo efecto del Imperio Romano en África en particular, y el asentamiento europeo en el Nuevo Mundo.

Mecanización y Revolución Industrial

Un período de rápido crecimiento en las poblaciones humanas siguió a las agitaciones sociales y económicas provocadas por la Revolución Industrial en Gran Bretaña a finales del siglo XVIII . La mecanización, que dio lugar a mejoras en la tecnología agrícola y aumentos en la producción de alimentos, se extendió por toda Europa y hacia Norteamérica (Szirmai, 2009). En 1850, la población de la Tierra había llegado a los mil doscientos millones de personas.

A comienzos del siglo XXI, la mayoría de la población mundial sigue siendo de agricultores, y todavía existen algunos grupos minoritarios de cazadores-recolectores y pastores en estados-nación. La urbanización, no obstante, es rápida. Hay países ricos y países desesperadamente pobres; sin embargo, sus ciudadanos han creado y siguen creando un patrimonio cultural. Empero, si el patrimonio cultural de una nación es reconocido, valorado o protegido depende de una multitud de factores políticos, sociales y económicos. Más de siete mil millones de seres humanos ocupamos ahora la mayor parte del planeta, con la excepción de la congelada Antártida y las partes más septentrionales del Ártico. La población continúa expandiéndose a diferentes ritmos en todo el mundo, con un pico previsto de 9100 millones para 2050.

Humanos, cultura y naturaleza

Influencias humanas sobre la naturaleza

Desde el uso del fuego por los cazadores-recolectores miles de años atrás en la prehistoria de Australia hasta la construcción de la represa de las Tres Gargantas en el río Yangtsé en China, el legado humano ha sido y sigue siendo el de la modificación y el impacto ambiental. De hecho, a menudo se considera que un entorno con cambios visibles es un sello distintivo de la cultura. Los primeros exploradores blancos y colonos australianos consideraron a los aborígenes como salvajes incivilizados y sin cultura basándose en que (lo que pensaron que era el caso) no había evidencias del cultivo del suelo ni otros signos de modificación ambiental

(Mulvaney y Kamminga, 1999). Ahora sabemos que el manejo de incendios por parte de los aborígenes ha tenido profundos impactos en algunos ecosistemas australianos.

Los impactos ambientales de las sociedades de cazadores-recolectores fueron benignos en comparación con el desarrollo agrícola de alrededor de once mil quinientos años atrás. Como dice el geógrafo Carl Sauer (1952), la gente prosperó perturbando el orden natural. Una revisión de la deforestación preeuropea en el Pacífico señaló que la agricultura de tala y quema era responsable de la evolución de los bosques climácicos post-incendios, de las sabanas, de las tierras degradadas y de la importante erosión en muchas islas del Pacífico (Thaman y Clarke, 1993). Boyden (2004) ha acuñado el término "biohistoria" –una perspectiva biológica sobre la cultura humana como una fuerza en la naturaleza– para describir cómo la cultura, a través del comportamiento de la gente, afecta a otros seres humanos y a otros sistemas vivientes. La documentación y la comprensión de la naturaleza del cambio ambiental es un campo de estudio importante (Head, 2000).

La protección humana de la naturaleza

La perturbación del medio ambiente puede ser el sello distintivo del desarrollo humano, pero también lo es dejar áreas sin esa perturbación. Durante miles de años, las comunidades indígenas y tribales preindustriales excluyeron ciertos lugares y especies de manera temporal o permanente. Profundamente arraigados en sus cosmologías y visiones del mundo, tales mecanismos incluyen tótems, tabúes y bosques sagrados, a menudo con el concepto de que lo sagrado justifica su protección.

Entre las poblaciones indígenas de Australia y Norteamérica, el totemismo es parte del espectro más amplio de "cuidar la tierra" para ayudar a conservar ciertas especies y su hábitat por motivos religiosos y utilitarios. El término totemismo se utiliza para describir la relación tripartita entre las personas, las especies y la tierra/mar (Rose 1996). Los tótems pueden representar un aspecto del mundo natural y generar vínculos de parentesco entre las personas que se identifican con uno en particular, y con el mundo natural.

Algunas especies de rapaces desempeñan un papel cultural significativo en muchas sociedades indígenas, quizás debido a su posición como depredador superior, gran tamaño y magnífica apariencia. El águila calva norteamericana (*Haliaeetus leucocephalus*) es sagrada para algunas tribus nativas americanas y el pigargo oriental (*H. leucogaster*) es totémico en algunas comunidades aborígenes australianas y para algunas personas (Baldwin, 2010).

En todo el mundo aún existen sistemas de protección localizados de las sociedades preindustriales, pero a finales del siglo XIX se necesitaron más esfuerzos nacionales concertados para salvar la naturaleza. El movimiento de conservación surgió en Gran Bretaña y los Estados Unidos, y se extendió por todo el mundo occidental. Este proceso fue y es un componente fundamental y tangible de la cultura y del patrimonio de la sociedad moderna, el cual opera a nivel global y nacional a través de declaraciones formales, y también a nivel local.

La larga y compleja historia de los seres humanos en la Tierra ha producido un rico legado de fenómenos inmateriales y materiales descritos comúnmente como "patrimonio cultural". Pero existían y aún existen desigualdades en su reconocimiento debido a legados históricos, ignorancia, geopolítica y muchos otros factores socioculturales. Por ejemplo, a veces se oculta el patrimonio cultural del genocidio, o se ignora el de un grupo étnico marginado. Lo que es y lo que no es patrimonio cultural tiene su propia historia, lo cual ha sido objeto de debate durante muchas décadas.

La siguiente sección revisa el significado del patrimonio cultural y el desarrollo de ideas en torno a su construcción, como un concepto y como una realidad.

Definición y comprensión del patrimonio cultural: una breve historia de las ideas sobre el patrimonio cultural

Si bien la mayoría de nosotros tiene alguna idea de lo que es el patrimonio cultural, se trata de un concepto resbaladizo. Un libro que leía mientras investigaba para este capítulo afirmaba que "el patrimonio es omnipresente" (Harrison, 2013, p. 3), mientras que otro opinaba que "no hay tal cosa como el patrimonio" (Smith, 2006, p. 11). Y otro dijo que el patrimonio significa "cualquier cosa que quieras" (Davison, 2008, p. 33). Muchas lenguas indígenas no tienen una palabra para el patrimonio como tal. Tal diversidad respecto al entendimiento es un reto para cualquier administrador de un área protegida. Los dos componentes del patrimonio cultural son "cultura" y "patrimonio", aunque los términos se usan a menudo de manera intercambiable.

Cultura

La cultura denota una unidad de conceptos; un conjunto de representaciones, significados y valores compartidos y asociados con cualquier sociedad o un grupo discreto dentro de una sociedad. Esto sugiere una unidad que sirve para estructurar el pensamiento y el comportamiento humano y poner orden en la sociabilidad (Helliwell y Hindess, 1999). El geógrafo Carl Sauer (1952) se refirió a la cultura en términos simples: como una forma de vida. Ya en 1871, en su influyente publicación *Cultura primitiva*, el antropólogo inglés E. D. Tylor definió la cultura como "aquel todo complejo que incluye el conocimiento, las creencias, el arte, la moral, la ley, la costumbre y cualquier otra capacidad y hábito adquirido por el hombre como miembro de la sociedad" (Seymour-Smith, 1986, p. 60).

Patrimonio

Al igual que la "cultura", el término "patrimonio" es complejo y tiene múltiples capas (Davis, 2007). Este surge de la preocupación por la pérdida de construcciones y monumentos durante la guerra y los desastres naturales (Smith, 2006). Los significados originales del patrimonio se extrajeron de viejas ideas de la herencia: el transferir una propiedad a la siguiente generación (Davison, 2008). Este término también se refiere a la memoria, la reflexión y la transmisión de la cultura (Davis, 2007). Por lo tanto, el patrimonio está embebido en el "pasado" y la "antigüedad", pero ya es algo que se preserva para la posteridad; su marco de referencia es tanto el futuro como el pasado (Davison, 2008). Lowenthal (2005) sostiene que cada generación de seres humanos recibe legados comunales de dos fuentes: el ambiente natural y las creaciones de los seres humanos. Muchos discursos de conservación del patrimonio contienen declaraciones tales como "las cosas que queremos mantener", incluido tanto el patrimonio natural como el cultural.

No obstante, el término "patrimonio" se utiliza a menudo para referirse solamente al patrimonio cultural, con el patrimonio natural perteneciente a un paradigma diferente, tal como se refleja en el formato de este libro. Más adelante en el capítulo exploraremos cómo el término "paisaje cultural" actúa como un concepto unificador para el patrimonio natural y cultural, y evita la necesidad de crear una dicotomía entre los dos.

Patrimonio cultural

Entonces, ¿qué es el patrimonio cultural? Aunque el patrimonio tuvo sus comienzos en la Europa del siglo XIX (Smith, 2006), el uso del pasado para construir ideas de identidad individual y grupal ha sido parte de la condición humana por mucho más tiempo. Harvey (2010) señala que el patrimonio siempre ha estado con nosotros y que cada sociedad tiene una relación con su pasado, incluso aquellos que han optado por ignorarlo.

Una definición universal del patrimonio cultural surgió después de la Segunda Guerra Mundial en el contexto de reconocer la necesidad de proteger los monumentos como parte de la identidad nacional (Lennon, 2006). Desde entonces, la Organización de las Naciones Unidas para la Educación, la Ciencia y la Cultura (UN Educational, Scientific and Cultural Organisation, UNESCO) y el Consejo Internacional de Monumentos y Sitios (International Council of Monuments and Sites, ICOMOS) definieron una terminología común y el ámbito del patrimonio, lo cual surgió de la Carta de Venecia de 1964 (Ahmad, 2006).

Las definiciones tempranas del patrimonio cultural eran eurocéntricas y, debido a la influencia de los arquitectos en la arena global, se puso énfasis en el ambiente construido (Ahmad, 2006). En medio de los grandes cambios sociales de los años sesenta y setenta, las demandas indígenas y tribales de derechos sobre su tierra y su patrimonio llevaron a la comprensión de que las definiciones excluían y desautorizaban a sectores enteros de la comunidad global. En 1992, la definición de la UNESCO se amplió para incluir paisajes culturales, en reconocimiento a la larga historia de modificación del paisaje por parte de los seres humanos, y en 2003 se modificó de nuevo para incluir el patrimonio inmaterial. Esto último es particularmente relevante para las sociedades cuyo patrimonio no se encuentra en edificaciones sino en su conexión con el paisaje natural, corroborado por las tradiciones orales transmitidas a lo largo de generaciones. Debido a que los significados y valores relacionados con el patrimonio cultural están inmersos en estos contextos sociales dinámicos y cambiantes, se ha argumentado que el patrimonio cultural es un proceso en sí mismo (Smith, 2006).

A continuación se presentan algunas definiciones útiles del patrimonio cultural.

> Monumentos, edificaciones, paisajes, artefactos y objetos, así como las tradiciones culturales, la música, el teatro y el dialecto, los cuales pueden ser estéticamente agradables o feos, inseguros y poco atractivos, y pueden ser materiales –como lo son muchas de estas cosas– o inmateriales. También pueden ser antiguos o recientes. Se trata de lo que es valorado por la sociedad, por grupos específicos dentro de esta y por individuos. (Schofield, 2008, p. 19)

> El patrimonio cultural es la forma en que entendemos el mundo y los medios por los que lo moldeamos. Este tiene sus raíces en nuestras identidades culturales y brinda una fuente de sabiduría y conocimiento para fortalecer las políticas y prácticas de desarrollo sostenible (Bokova, 2012, p. ix).

Cuadro 4.1 Investigación del registro arqueológico

La arqueología es el estudio de los vestigios materiales de la historia humana, desde la época de nuestros primeros antepasados hasta ahora. En sus extremos más antiguos, la arqueología se desdibuja con la paleontología en el estudio de los restos fósiles de los progenitores y los parientes de los primeros humanos.
En su extremo más reciente, la arqueología se mezcla con campos como la historia, la geografía y la antropología. La disciplina tiene un enfoque altamente forense de su campo de estudio y trabaja con muchas disciplinas diferentes no solo en las ciencias naturales, físicas y sociales, sino también en las humanidades, y así logra el máximo provecho de sus datos. La arqueología puede informarnos sobre toda la historia humana y brindar información detallada sobre los cambios a largo plazo en los ambientes físicos y biológicos de la Tierra, además de los cambios en el comportamiento humano.

A menudo, la investigación arqueológica implica la excavación sistemática y controlada de la evidencia física que existe debajo de la tierra, tal como se ha visto en la popular serie de la BBC, *Time Team*.

> El concepto moderno del patrimonio cultural abarca todos los signos que documentan las actividades humanas a lo largo del tiempo. Este se relaciona con el entorno material construido en un contexto ecológico y requiere la lectura de capas de evidencia presentes en el ambiente. También abarca el patrimonio inmaterial de la cultura, como el idioma, la danza, la música, las costumbres populares y las habilidades artesanales. A menudo, el patrimonio inmaterial se asocia con determinadas localidades, lo cual da significado e importancia a estos lugares (Lennon, 2006, p. 448).

La inclusión de los paisajes culturales y el patrimonio inmaterial en las definiciones del patrimonio cultural ha tenido un impacto significativo en la forma en que se gestionan las áreas protegidas. El patrimonio cultural ya no se trata de un pasado desconectado; en cambio, este se encuentra vinculado a una sociedad contemporánea que quiere asegurar que su patrimonio sea adecuadamente gestionado y que también contenga la información que le da valor, lo cual da lugar a procesos participativos incluyentes y a un mayor involucramiento de la comunidad.

Después de haber trazado el desarrollo del significado del patrimonio cultural de muy limitado (monumentos) a muy amplio (material e inmaterial), ahora podemos explorar las diversas expresiones del patrimonio cultural, con énfasis en el patrimonio cultural de las áreas protegidas.

La diversidad del patrimonio cultural

En esta sección, expertos reconocidos presentan una imagen global del patrimonio cultural. Aunque clasificamos el patrimonio cultural, reconocemos que las categorías son algo artificiales, con una considerable superposición –por ejemplo, un paisaje cultural también puede ser un sitio arqueológico–. Los “tipos” de patrimonio cultural se describen en las siguientes secciones.

Patrimonio material: la evidencia física

El patrimonio material puede verse y tocarse. Este puede ser mueble o inmueble, y estar por encima o debajo del suelo o en el agua. El patrimonio material incluye el entorno construido, como es el caso de los templos y monumentos, sitios arqueológicos, material mueble y patrimonio subacuático. Esto incluye características del entorno natural tales como vistas, cascadas, afloramientos rocosos, montañas o un lugar específico de expresión cultural asociado con el patrimonio inmaterial. Los paisajes culturales son un patrimonio material ya que contienen modificaciones visibles en el paisaje, que se derivan del esfuerzo humano.

Patrimonio arqueológico

Los sitios arqueológicos son los restos físicos de la actividad humana en el pasado y se encuentran por todas partes alrededor del mundo, sobre el suelo y debajo del agua. En un sentido, todos los paisajes terrestres y muchos paisajes submarinos son paisajes arqueológicos –aquellos que contienen evidencias de la actividad humana en el pasado y pudieron ser moldeados por ella–. La arqueología es el estudio de estos restos (Cuadro 4.1).

Ejemplos de patrimonio arqueológico

Existe una gran diversidad de patrimonio arqueológico, incluido el que se encuentra dentro o es la base de las áreas protegidas, como:

- Campamentos, herramientas de piedra y restos de comida de cazadores ancestrales, como los que se encuentran en el Parque Nacional Uluru-Kata Tjuta en el interior remoto de Australia, o el Parque Nacional Manú en las selvas de Perú, y también los que yacen

Estudio de caso 4.2 Patrimonio arqueológico en las áreas protegidas de Sudáfrica

Muchas de las áreas protegidas de Sudáfrica contienen sitios arqueológicos de inmensa importancia, algunos de los cuales son patrimonio mundial como el sitio de patrimonio mundial uKhahlamba-Drakensberg en el Parque Drakensberg al este de Sudáfrica, el cual contiene cerca de treintaicinco mil pinturas en salientes rocosas hechas por los San (bosquimanos) (Verlag Wolfgang Kunth GmbH y Co., 2010).

El Parque Nacional Mapungubwe (antes Parque Nacional Vhembe Dongola) abarca el paisaje cultural de Mapungubwe, sede de un poderoso reino desde el año 900 d. C. y objeto de investigaciones arqueológicas desde 1933 (Kuman *et al.*, 2005). Entre los hallazgos arqueológicos más significativos se encuentran las ruinas de centros urbanos y una rica cultura material basada en el oro. Estos hallazgos brindan evidencias de la forja temprana del oro en el sur de África y de la gran riqueza y diferenciación social de la gente de Mapungubwe. Lo más espectacular de estos hallazgos es un rinoceronte de lámina de oro moldeado sobre lo que probablemente era un núcleo blando de madera esculpida (UNESCO, 2014b).

En el Parque Nacional de las Cataratas Augrabies, hay numerosos mojones de piedra y tumbas que datan de hace veintidós mil años, y el parque se centra cada vez más en el patrimonio cultural del pueblo Nama (Department of Environmental Affairs and Tourism, 2003).

desprotegidos bajo la autopista M25 alrededor de Londres y entre los arrozales del norte de Japón.

- Aldeas enteras de edificaciones bajo tierra, como el antiguo asentamiento agrícola de ocho mil años de antigüedad de Çatalhöyük en Turquía, el cual se encuentra en la Lista del Patrimonio Mundial.
- El patrimonio mundial agrupa paisajes tan diferentes como el antiguo sitio agrícola de Kuk en las tierras altas de Papúa Nueva Guinea, que data del final de la última edad de hielo, y los viñedos medievales en Hungría.
- Los sitios de arte rupestre en la Lista del Patrimonio Mundial, como los templos budistas pintados en las cuevas de la Ruta de la Seda de Asia Central y las pinturas rupestres en las colinas de Tsodilo del desierto de Kalahari en Botswana, o el arte aborigen en el Parque Nacional Kakadu en Australia.
- Los emplazamientos industriales de todos los tiempos, desde las minas de oro romanas en el sitio patrimonio mundial de Las Médulas en España, hasta las minas del siglo XX como la Ciudad Minera de Sewell en Chile, o la "ciudad bajo la ciudad" que se revela en muchos pueblos y ciudades cada vez que se cava para hacer un nuevo alcantarillado o túnel ferroviario.
- Paisajes culturales en terrazas, como los extensos jardines prehistóricos de taro y ñame en Nueva Caledonia, al igual que lugares patrimonio mundial como las terrazas de arroz de Filipinas y los canales de Venecia y Ámsterdam.
- Los restos sobrevivientes de cualquier balsa, canoa, barco, embarcación y submarino que se haya hundido en alguna parte.

Un equipo internacional de arqueólogos en trabajos de excavación durante la estación de campo de 2012 en Çatalhöyük, Turquía
Fuente: S. Feary

El patrimonio arqueológico incluye todos los restos físicos de la historia humana, y aunque esto evoca imágenes de las pirámides de Egipto, Machu Picchu en Perú o tumbas imperiales chinas llenas de Guerreros de Terracota de tamaño natural, también incluye restos fósiles de especies ancestrales remotas en África y Asia, al igual que el arte, los enterramientos, las ruinas de casas y otras estructuras, las chimeneas, los restos de alimentos (por ejemplo, huesos, escamas, semillas, conchas marinas) y los restos industriales y de artesanías (por ejemplo, huesos, conchas, piedras, herramientas de madera y de metal, armas, utensilios domésticos y adornos, cerámica

Estudio de caso 4.3 Patrimonio arqueológico en las áreas protegidas de Australia

Muchas de las áreas protegidas de Australia contienen sitios arqueológicos pre-europeos, al igual que sitios "históricos" más recientes. Algunos de estos sitios, como los aquellos de los aborígenes en la Lista del Patrimonio Mundial, la Isla Fraser o la Gran Barrera de Coral, se encuentran en áreas protegidas creadas por sus valores "naturales", mientras que, en otros, como los bienes del patrimonio mundial en el sudoeste de Tasmania y Kakadu, el patrimonio aborigen fue el principal motivo de la declaración.

Protegido como un sitio mixto de patrimonio mundial por sus lugares arqueológicos y valores geológicos naturales está el Parque Nacional de los Lagos Willandra en el suroeste de Nueva Gales del Sur. Este parque nacional incluye el dramático Lago Mungo que, aunque seco desde hace mucho, cuenta con una duna vasta y erosionada conocida como los Muros de China, la cual contiene antiguos entierros humanos que datan de cuarenta mil a cincuenta mil años, junto con muchos otros signos de la actividad humana en el pasado (Bowler *et al.*, 1970). Una serie de huellas humanas preservadas se ha datado en dos mil años (Webb *et al.*, 2006). El área de los Lagos Willandra también incluye muchos sitios del patrimonio arqueológico que datan del período histórico después de la colonización europea.

Perfil de una gopura (edificio de entrada) en la pared exterior que encierra Ta Prohm, Angkor, Camboya

Fuente: S. Palu

decorativa y funcional, vidrio y plástico, y los escombros creados en la fabricación de todas estas cosas) dejados en y alrededor de los hogares, lugares sagrados y sitios de trabajo y ocio de todas las personas que alguna vez vivieron (Estudios de caso 4.2 y 4.3).

Reconocimiento del patrimonio arqueológico

Algunas veces, el reconocimiento oficial y la protección del patrimonio arqueológico –como parte de la herencia de la humanidad relacionada con su pasado– han estado limitados por la falta de apreciación del tiempo remoto: la perspectiva a muy largo plazo de la historia humana. Un buen ejemplo es la "ciudad debajo de la ciudad" que sobrevive en casi todas las zonas urbanas modernas. Una gran cantidad de dinero y esfuerzo se destinan a la protección del patrimonio arquitectónico sobre el suelo; sin embargo, es frecuente que las ruinas de aldeas, pueblos y ciudades que yacen debajo de tales monumentos arquitectónicos y dan testimonio de la historia detrás del patrimonio sobre el suelo reciban menos atención. Es importante que estas ruinas sean entendidas y preservadas, ya que nos pueden decir cómo, cuándo y por qué las ciudades modernas emergieron en la manera que lo hicieron, y así pueden ayudarnos a entender por qué las cosas son como son hoy en día.

Otro caso importante es "la arqueología en la naturaleza silvestre". La mayor parte del registro arqueológico del mundo es modesto y apenas perceptible; de hecho, los monumentos considerables son raros, aunque atraigan la mayoría de la atención. Existen vastas extensiones de la Tierra que solo los que tienen un ojo entrenado saben que contienen evidencias físicas de la actividad humana en el pasado, y que la mayoría de la gente ve como desprovistas de actividad humana; así por ejemplo, el cambio en los patrones de vegetación por la quema deliberada a largo plazo, o el cambio de los regímenes hidrológicos mediante prácticas de manejo del agua a largo plazo. La falta de reconocimiento de las evidencias arqueológicas sutiles para los períodos inmensamente largos de ocupación y uso por los seres humanos contribuyó a que los primeros enfoques de conservación negaran la historia de las personas que viven o vivieron en áreas propuestas como áreas protegidas.

Organismos internacionales como el ICOMOS, cuentan con grupos de trabajo especializados, como el Comité Científico Internacional para la Gestión del Patrimonio Arqueológico (International Scientific Committee for Archaeological Heritage Managemen, ICAHM), cuyo objetivo es promover el reconocimiento del patrimonio arqueológico en todas sus manifestaciones. Estas entidades están comenzando a trabajar en estrecha colaboración

Mummarley Homestead, Parque Nacional Kakadu, Australia

Fuente: Duncan Marshall

Old Faithful Inn en el Parque Nacional Yellowstone

Fuente: Jim Peaco, Wikimedia Commons

con la UICN para desarrollar enfoques más integrados del patrimonio cultural y natural. Esto es particularmente relevante cuando la historia y el patrimonio de los propietarios locales consisten en restos arqueológicos poco llamativos que podrían pasar desapercibidos por los tomadores de decisiones.

Los impresionantes sitios monumentales también pueden abrumar el resto de la arqueología en la zona. Un buen ejemplo es el Parque Arqueológico de Angkor, un Patrimonio Mundial bien conocido en Camboya. Los problemas de preservar tales lugares tanto del deterioro natural como del impacto del interés turístico intenso son complejos y costosos de mitigar, y pueden hacerse más difíciles con el descubrimiento continuo de restos monumentales en áreas circundantes. En tales casos es comprensible que haya menos énfasis en los restos no monumentales (arqueológicos) que se encuentran cerca y debajo de estos lugares. No es desconocido que las conexiones de la población local con los sitios principales sean refutadas, incluso cuando las evidencias no monumentales demuestran que es probable que las personas en cuestión siempre hayan vivido en la zona e incluso hayan contribuido con la construcción del monumento como obreros o proveedores de alimentos y otros bienes y servicios para los trabajadores. Esta desconexión que se declara entre las poblaciones modernas y el registro arqueológico monumental local puede crear fricciones y generar una gran resistencia local en contra los esfuerzos de gestión del patrimonio arqueológico.

Patrimonio construido

Quizás los tipos de patrimonio cultural más obvios físicamente que se encuentran en las áreas protegidas sean edificaciones u otras estructuras que reflejan actividades humanas anteriores o que continúan. La gama de edificaciones y otras estructuras que pueden encontrarse en las áreas protegidas es muy amplia, e incluye las asociadas con:

- Actividades residenciales como cabañas, casas más extensas, albergues y hoteles.
- Actividades religiosas como santuarios, templos e iglesias.
- Actividades conmemorativas tales como estructuras individuales y cementerios.
- Actividades militares, incluidas las fortificaciones.
- Minería y otras industrias extractivas, incluidos castilletes, casas de motor, molinos, talleres, oficinas, represas, canales, tanques, ferrocarriles y carreteras.
- Una serie de industrias, desde la fabricación de automóviles hasta la cinematografía.
- Actividades campesinas tales como cobertizos de esquilado, corrales, cercas y cobertizos de almacenamiento.
- Actividades forestales como casas de motor, molinos, talleres, oficinas, canales, equipos de transporte de troncos y ferrocarriles.
- Actividades científicas que incluyen observatorios, telescopios, antenas, oficinas y talleres.
- Actividades de topografía como estaciones trigonométricas o mojones.
- Transporte como carreteras, ferrocarriles, cunetas, muros de contención y puentes.
- Turismo, incluidos albergues y hoteles.
- Prácticas del pasado para el manejo de áreas protegidas.

Estas actividades pueden tener una gran antigüedad, como aquellas asociadas al centro ceremonial con templos, palacios y plazas públicas de la civilización maya del siglo VI a. C., ahora en el Parque Nacional de Tikal en Guatemala (Estudio de caso 4.4). Por otro lado, tales actividades pueden ser de origen relativamente reciente. Así por ejemplo, el Parque Nacional Lushan, en China, el cual tiene una rica variedad de patrimonio cultural que incluye villas construidas por

Estudio de caso 4.4 Parque Nacional Tikal, Guatemala

Este parque es una de las reservas más importantes de Guatemala por su interés arqueológico y bioecológico. Los ríos, lagos, pantanos y sabanas inundables son importantes para la biodiversidad y para las aves migratorias. La reserva contiene la mayor área de selva tropical en Guatemala y Centroamérica, con una amplia gama de hábitats naturales no intervenidos. Una gran área de la reserva todavía comprende densos bosques latifoliados con más de trescientas especies de árboles comercialmente útiles.

En el corazón de la selva se encuentra uno de los principales lugares de la civilización maya. El centro ceremonial contiene templos y palacios, al igual que plazas públicas con acceso por rampas. En el campo circundante también pueden encontrarse ruinas de viviendas dispersas.

La ciudad en ruinas refleja la evolución de la sociedad maya, desde la caza-recolección hasta las granjas y la agricultura. Este pueblo desarrolló una elaborada cultura religiosa, artística y científica que finalmente se derrumbó a finales del siglo IX, pero en su apogeo, entre 700 y 800 d. C., la ciudad tenía una población de noventa mil indígenas mayas, con más de tres mil edificios separados que datan del 600 a. C. al 900 d. C., incluidos templos, residencias y monumentos religiosos a menudo muy decorados con inscripciones jeroglíficas y tumbas. Las excavaciones arqueológicas han encontrado evidencias de algodón, tabaco, fríjoles, calabazas, pimientos y muchas frutas de origen precolombino, lo que demuestra la importancia de la domesticación de las plantas para la cultura maya (UNESCO, 2014c).

Estructuras mayas en el Parque Nacional Tikal
Fuente: Magnus Manske, Wikimedia Commons

visitantes chinos y extranjeros a finales del siglo XIX y XX, cuando el área se convirtió en un centro turístico popular y fue, durante los años 1930 y 1940, la capital de verano oficial de la República de China. Las actividades que han resultado en edificaciones o estructuras, o que están asociadas con ellas, pueden continuar o haber terminado hace mucho tiempo.

Las edificaciones o estructuras pueden estar aisladas, y pueden ser componentes individuales o hacer parte de un complejo. Por ejemplo, el Parque Nacional de Hortobágy - La puszta en Hungría incluye como estructura única el Puente de los Nueve Arcos, que es el puente de piedra más largo del país. En algunos casos, el complejo puede ser un asentamiento o ciudad ubicada dentro del área protegida. En otros casos, las edificaciones o estructuras pueden ser parte de un paisaje cultural o estar fuertemente relacionadas con características naturales particulares. El patrimonio mundial cultural y natural conocido como los Acantilados de Bandiagara, en Malí, contiene 289 aldeas y es un vasto paisaje cultural donde las comunidades locales se han desarrollado durante siglos en estrecha relación con las excepcionales características geológicas y medioambientales como los acantilados y las mesetas de arenisca.

Cómo las edificaciones y las estructuras se vuelven parte de las áreas protegidas

Las edificaciones o estructuras pueden ser parte de un paisaje tradicional que ha estado bajo una gestión tradicional durante siglos. En este contexto, pueden formar parte de un entorno evolucionado orgánicamente que contiene valores de patrimonio natural y cultural y se maneja de una manera integrada. Un ejemplo pueden ser los monasterios construidos sobre impresionantes pináculos rocosos del siglo XI en Meteora, Grecia. En este bien incluido en la Lista del Patrimonio Mundial, los monasterios parecen surgir de la cima de gigantescos pináculos, los cuales estaban imbuidos de significado religioso, y los monasterios se ubicaban de esta manera para brindar lugares de retiro, meditación y protección.

En otros casos, las edificaciones o estructuras no están integradas con el medio ambiente, y en cierto sentido, pueden ser incidentales al entorno natural en el que se encuentran. El Parque Nacional Kakadu en Australia contiene una serie de sitios de patrimonio cultural asociados con el uso pastoril temprano de la zona antes de la creación del parque, como Mummarley Homestead. Este patrimonio cultural no está relacionado con los valores naturales de patrimonio mundial del parque, pero coexiste con ellos.

La gestión del área protegida en sí misma también puede resultar en edificaciones o estructuras que han alcanzado valor de patrimonio. Un ejemplo es el Old Faithful Inn en el Parque Nacional Yellowstone en los

Estados Unidos, el cual data de 1904 y es un hotel para los visitantes del parque. El parque nacional fue declarado en 1872.

Reconocimiento del patrimonio edificado

Suele ser difícil reconocer y comprender los valores patrimoniales de edificaciones o estructuras en áreas protegidas. El foco inicial puede estar en el estado del área protegida y sus valores de patrimonio natural. Es posible que el patrimonio cultural no sea una prioridad para la identificación o protección. En tales casos, la identificación del patrimonio cultural solo puede surgir con el desarrollo de prácticas holísticas de gestión del patrimonio, o quizás como resultado de la presión de la comunidad.

En otros casos, el patrimonio cultural se reconoce como parte integral del área protegida, el cual debe identificarse y protegerse junto con los valores de patrimonio natural como parte de la gestión de todos los valores de patrimonio en el área protegida en cuestión. El Parque Nacional de Sundarbans en la India alberga los bosques de manglares más grandes del mundo y también un patrimonio construido significativo, el cual incluye las ruinas de una ciudad construida por la comunidad de comerciantes de Chaand Sandagar alrededor del 200-300 d. C. Durante el imperio Mogol de la India del siglo XVI, Raja Basand Rai y su sobrino se refugiaron en la ciudad para escapar de los ejércitos en avance del emperador Akbar. Erigieron edificios que posteriormente cayeron a manos de piratas portugueses, contrabandistas de sal y delincuentes armados en el siglo XVII (UNESCO, 2014d).

¿Por qué son importantes las edificaciones y las estructuras?

Como cualquier otra forma de herencia cultural, las edificaciones o estructuras pueden tener valores importantes que reflejan historias o temas de la historia humana que deben ser reconocidos, comprendidos, respetados, apreciados e interpretados. En algunos casos, las edificaciones o estructuras son parte de tradiciones culturales que continúan, y cuidar este patrimonio cultural hace parte de la protección del bienestar cultural de la comunidad asociada. Tal caso es el ejemplo antes mencionado de los Acantilados de Bandiagara, con sus centenares de aldeas. En otros casos, el patrimonio cultural es una importante reliquia o evidencia de la actividad en el pasado, y brinda un recordatorio tangible de un aspecto significativo de la actividad humana. La evidencia física de la civilización maya en el Parque Nacional Tikal es un buen ejemplo. Las edificaciones y las estructuras también pueden ser importantes por otras razones, como su papel en actividades económicas o sociales, o en la agricultura, el transporte y el turismo. Pero estos no son necesariamente valores de patrimonio.

Cuadro 4.2 Definición del patrimonio mueble

El patrimonio mueble se convirtió en una categoría separada del bien o patrimonio cultural, con la siguiente definición adoptada por la UNESCO en 1978:

[Se] entenderá por "bienes culturales muebles" todos los objetos muebles que sean expresión y testimonio de la creación humana o de la evolución de la naturaleza y que tengan valor e interés arqueológico, histórico, artístico, científico o técnico, incluidos artículos en las siguientes categorías:

- Productos de la exploración arqueológica y las excavaciones realizadas en el suelo y debajo del agua.
- Antigüedades como herramientas, cerámica, inscripciones, monedas, sellos, joyas, armas y restos funerarios, incluidas las momias.
- Elementos resultantes de la desarticulación de monumentos históricos.
- Material de interés antropológico y etnológico.
- Artículos relacionados con la historia, incluida la historia de la ciencia y la tecnología, así como la historia militar y social, al igual que aquéllos relacionados con la vida de los pueblos y de los dirigentes nacionales, pensadores, científicos y artistas, y con los acontecimientos de importancia nacional.
- Artículos de interés artístico, tales como: pinturas y dibujos, producidos íntegramente a mano sobre cualquier soporte y en cualquier material (excepto diseños industriales y artículos manufacturados decorados a mano); impresiones originales, carteles y fotografías que hayan servido como medios para la creatividad original; montajes artísticos originales y montajes en cualquier material; obras de arte estatuario y esculturas en cualquier material; trabajos de arte aplicado en materiales tales como vidrio, cerámica, metal, madera, etc.
- Manuscritos e incunables, códices, libros, documentos o publicaciones de interés especial.
- Artículos de interés numismático (medallas y monedas) y filatélico.
- Archivos, incluidos los registros textuales, los mapas y otros materiales cartográficos, las fotografías, las películas cinematográficas, las grabaciones sonoras y los discos legibles por máquina.
- Artículos de mobiliario, tapices, alfombras, vestidos e instrumentos musicales.
- Especímenes zoológicos, botánicos y geológicos.

Fuente: Jokilehto, 2005, p. 27

Estudio de caso 4.5 Protección de las prácticas tradicionales de trashumancia

La región de Laponia en Suecia, declarada patrimonio mundial, es un extenso paisaje ártico que abarca cuatro parques nacionales y dos reservas de naturaleza. Es el hogar del pueblo Saami o Lapón, el único pueblo indígena formalmente reconocido de Escandinavia. Esta es la zona más extensa del mundo (y una de las últimas) con un estilo de vida ancestral basado en el movimiento estacional del ganado. Cada verano, los Saami llevan sus enormes rebaños de renos hacia las montañas después de pasar el invierno en los bosques de coníferas al este. El área tiene un valor universal excepcional por su patrimonio natural y ha estado ocupada continuamente por el pueblo Saami durante siete mil años.

Conexión entre edificaciones/estructuras y áreas protegidas

Esta breve discusión sugiere muchas maneras en las cuales las edificaciones y las estructuras pueden conectarse con las áreas protegidas. Las conexiones pueden ser muy recientes o muy antiguas, pueden ser muy limitadas o extensas geográficamente, pueden haber evolucionado durante un largo período como parte de un entorno orgánicamente evolucionado con relaciones íntimas, o pueden ser incidentales y el estado del área protegida en sí mismo puede haber generado la conexión.

De acuerdo con el significado histórico, la condición física de la estructura (desde la perspectiva de la seguridad pública) y (a veces) la categoría de área protegida, las edificaciones y estructuras pueden ser reconocidas y aceptadas como parte del patrimonio cultural del área protegida. Al contrario, las características pueden considerarse de poca o ninguna importancia cultural, representar un peligro para la seguridad o, en algunos casos, su presencia puede percibirse como incompatible con los objetivos de conservación de la naturaleza; así en áreas silvestres. Por ejemplo, en las primeras décadas del Servicio Nacional de Parques Nacionales y Vida Silvestre de Nueva Gales del Sur, la presencia de cabañas de ganaderos de principios a mediados del siglo XX en las zonas silvestres del Parque Nacional Kosciuszko planteaba un problema de gestión debido a las dificultades logísticas de realizar un mantenimiento regular en tales áreas remotas. Durante un tiempo hubo una política de "administrar como si fuera una ruina", lo que significó no emprender ninguna actividad para conservar la edificación y permitir la decadencia gradual, lo que en última instancia condujo a su eliminación por los riesgos de seguridad del público.

Aunque "no hacer nada" es una opción aceptable bajo las directrices internacionales como las del ICOMOS, en realidad es probable que sea inaceptable para los conservacionistas históricos, y lo que es más importante, para los descendientes de las personas cuyas vidas estaban profundamente arraigadas en el uso de la cabaña y

1500 paintings seized by Nazis found

A private stash of 1500 paintings seized by the Nazis, including works by Pablo Picasso and Henri Matisse, has been found in Germany. Customs investigators found the missing art more than two years ago in the dusty, rubbish-filled Munich apartment of an 80-year-old man, but this was not disclosed at the time, news magazine *Focus* reported. The Nazis seized vast hoards of fine art during their 12 years in power and some of it remains missing. While some items were destroyed in bombing raids, it has always been suspected many items are in private hands. Focus estimated the stash was worth €1 billion ($1.45 billion). The art once belonged to Jewish collectors, who were forced to sell it for a pittance before the Holocaust, or it was confiscated by Nazi censors from galleries because it was allegedly "degenerate". Under German law, most art acquisitions made under Nazi duress have to be reversed and the heirs of the original owners can reclaim the art.

Figura 4.2 Retorno del patrimonio mueble robado

Mil quinientas pinturas incautadas por los nazis

En Alemania se encontró una caleta privada de mil quinientas pinturas que habían sido incautadas por los nazis, incluidas obras de Pablo Picasso y Henri Matisse. Los investigadores de aduanas encontraron el arte perdido hace más de dos años en Múnich, en un apartamento polvoriento y lleno de basura de un hombre de ochenta años. Pero esto no se divulgó en ese momento, informó la revista *Focus*. Los nazis se apoderaron de grandes tesoros de arte durante sus doce años en el poder y algunos de ellos siguen desaparecidos. Mientras que algunos artículos fueron destruidos en bombardeos, siempre se sospechó que muchos otros estaban en manos privadas. *Focus* estimó que el lote podría valer mil millones de euros (1450 millones de dólares). El arte una vez perteneció a los coleccionistas judíos, quienes se vieron obligados a venderlo por una miseria antes del Holocausto, o fue confiscado por los censores nazis de galerías porque supuestamente era "degenerado". Según la ley alemana, la mayoría de las adquisiciones de arte realizadas bajo el dominio nazi tienen que ser revertidas y los herederos de los dueños originales pueden reclamarlas.

Fuente: Sydney Morning Herald, 5 de noviembre de 2013

Estudio de caso 4.6 Excavación y exhibición en museos: el "Mary Rose"

El "Mary Rose", el prestigioso acorazado de Enrique VIII, fue construido en Portsmouth, Inglaterra, en 1509. El 19 de julio de 1545 se hundió en batalla con una fuerza invasora francesa en las aguas confinadas del Solent. Las circunstancias del desastre no están claras, aunque el barco se inclinó de manera inesperada y se hundió rápidamente. De los setecientos hombres a bordo, sobrevivieron menos de cuarenta (McKee, 1982). El naufragio de la nave se acomodó rápidamente en el suave lodo del Solent y el cieno se acumuló adentro. El casco parcialmente intacto del Mary Rose, con sus preciosos contenidos, permaneció relativamente inalterado hasta 1971, cuando comenzó la excavación arqueológica submarina más grande alguna vez realizada en Gran Bretaña. El cieno que envolvió al Mary Rose protegió muchos de los materiales orgánicos que suelen ser los primeros en desaparecer. Se registraron y conservaron miles de hallazgos, y tanto las estructuras internas como los maderos que estaban sueltos fueron cuidadosamente inspeccionados, desmantelados y almacenados para su reconstrucción posterior. El 11 de octubre de 1982 se levantó el casco vacío para aplicarle una cera soluble de polietilenglicol con el fin de preservarlo, y se construyó un museo para albergar los objetos (Throckmorton, 1987).

Estudio de caso 4.7 Puerto de Cesarea, Parque Nacional de Cesarea, Israel

El antiguo puerto de Cesarea, el más grande del Imperio Romano, fue construido por el rey Herodes para honrar a su patrón César Augusto, en el año 10 a. C. Caesarea fue el primer puerto artificial a gran escala de la historia y uno de los puertos más impresionantes de su época. Miles de hombres fueron reclutados para construirlo a lo largo de doce años, entre ellos los buzos que descendían reteniendo la respiración o posiblemente con una campana de buceo. Para construir el puerto, los ingenieros romanos inventaron un tipo de cemento conocido como *pozzolana*, que se compone del polvo volcánico depositado alrededor del monte Vesubio mezclado con cal y escombros endurecidos en agua. Este concreto hidráulico fue importado a Cesarea y se utilizó para rellenar marcos de madera que luego eran sumergidos en el agua para sentar los cimientos del puerto. No obstante, este comenzó a hundirse poco después de la terminación, y hacia el siglo 6 d.C. era inutilizable.

Durante las últimas tres décadas el sitio ha sido excavado por un equipo de la Universidad de Haifa y se ha convertido en uno de los primeros museos submarinos del mundo. El puerto sumergido fue declarado parque nacional en 1952 y es un destino popular para los buzos, quienes pueden recorrer los restos señalizados del magnífico puerto, incluido un naufragio romano, las ruinas de un faro, un antiguo rompeolas, las bases originales del puerto, anclas y pedestales. Los buzos reciben un mapa impermeable que describe en detalle cada uno de los sitios numerados a lo largo del camino. Uno de los senderos es accesible para bucear con snorkel (Old Caesarea Diving Centre, 2014).

el paisaje circundante para el pastoreo. La investigación de la historia de tales construcciones en colaboración con las familias pertinentes puede afirmar la importancia cultural de tales lugares por su valor histórico y social, y elevar su estatus por encima del de una ruina. Este es el caso de Teddy's Hut en el Parque Nacional Kosciuszko (Higgins, 1988).

Patrimonio mueble

El patrimonio mueble es un componente vital del patrimonio cultural a escala local, nacional y mundial. El patrimonio mueble se refiere a los objetos culturales que pueden retirarse de su contexto original, y como tales, suelen existir como colecciones en museos o en manos privadas (Cuadro 4.2). El patrimonio mueble suele ser de naturaleza arqueológica. Los artículos funerarios asociados con un doble entierro humano descubierto en 1992 en el sur de Nueva Gales del Sur, Australia, y datado siete mil años antes del presente, incluían un

Raro collar de dientes de canguro encontrado en un sitio aborigen, sur de Nueva Gales del Sur, Australia

Fuente: Oficina de Medio Ambiente y Patrimonio de Nueva Gales del Sur

collar hecho con más de trescientos dientes de canguro, cada uno con un agujero que se presume fue taladrado originalmente con cuerdas (Feary, 1993). Tales artículos no tienen precio a ningún nivel.

Amenazas al patrimonio mueble

Debido a su facilidad de transporte, el patrimonio mueble es particularmente vulnerable al tráfico ilícito entre países y dentro de ellos, y a ser robado durante las guerras (Figura 4.2). Desde la aceptación de la Convención sobre las Medidas que Deben Adoptarse para Prohibir e Impedir la Importación, la Exportación y la Transferencia de Propiedad Ilícitas de Bienes Culturales de 1970, la UNESCO ha tenido muchos éxitos en la devolución del patrimonio mueble robado a su país legítimo. Para evitar su venta o exportación ilegal, el Consejo Internacional de Museos (International Council of Museums, ICOM) mantiene listas rojas de países y regiones que clasifican en las categorías de peligro por tener objetos arqueológicos u obras de arte en las áreas más vulnerables del mundo.

El patrimonio mueble puede incluir restos esqueléticos humanos tomados de los sitios de entierro en el pasado y enviados a museos dentro y fuera de su país de origen, así como animales culturalmente significativos.

Repatriación de restos esqueléticos humanos

En Australia, durante el siglo XIX y comienzos del XX, los antropólogos y los funcionarios coloniales hicieron extensas colecciones de los restos esqueléticos ancestrales de los aborígenes australianos para satisfacer la curiosidad científica sobre diferentes culturas y por las nociones de superioridad racial alimentadas por el Darwinismo Social. Miles de restos terminaron en colecciones privadas, museos e instituciones científicas de todo el mundo, así como en los principales museos de historia natural de Australia. La repatriación de estos restos ancestrales es un elemento importante del proceso de reconciliación en Australia, y desde la década de 1960 los aborígenes han presionado el retorno de los restos de sus antepasados para que puedan ser enterrados de nuevo en su tierra.

Debido al alto grado de participación de los aborígenes en la gestión de los parques nacionales en Australia, no es raro que los restos sean repatriados dentro de un parque nacional. Por ejemplo, en septiembre de 2005, el Gobierno de Nueva Gales del Sur declaró siete nuevos sitios dentro de los parques y reservas para enterrar de nuevo los restos aborígenes, y les otorgó una protección adicional en virtud de la Ley de Parques Nacionales y Vida Silvestre de Nueva Gales del Sur de 1974 (Truscott, 2006).

El pastoreo y la trashumancia

La trashumancia es una práctica ancestral mediante la cual los pastores se desplazan estacionalmente con sus animales para encontrar agua y pastos. Tanto la tierra accesible para el movimiento estacional de los rebaños como la disponibilidad de agua y tierras adecuadas para el pastoreo son vitales para el mantenimiento de las tradiciones culturales de los pastores. Algunos ejemplos incluyen el ganado de los Maasai en Kenia y los rebaños de renos del pueblo Saami en la región del Ártico (Estudio de caso 4.5). Algunas áreas protegidas, como la región de Laponia en el Ártico al norte de Suecia, la cual está incluida en la Lista de Patrimonio Mundial, están ayudando a preservar las tradiciones culturales de la trashumancia (Verlag Wolfgang Kunth GmbH y Co., 2010, p. 15). Las plantas y los animales culturalmente significativos se discuten más adelante en este capítulo.

Patrimonio subacuático

La Convención sobre la Protección del Patrimonio Cultural Subacuático de la UNESCO define el patrimonio cultural subacuático como todo rasgo de existencia humana de carácter cultural, histórico o arqueológico que ha estado parcial o totalmente bajo el agua, de forma periódica o continua, durante al menos cien años (UNESCO, 2001). La convención ha sido ratificada por veinte países.

La evolución humana ha implicado una estrecha relación con el medio ambiente marino, con una larga historia de vida cerca de la costa. Como consecuencia, gran parte del desarrollo de la humanidad ha tenido lugar en áreas ahora sumergidas debido al aumento del nivel del mar desde el final de la última era glacial. Por consiguiente, es frecuente que se subestime la riqueza del patrimonio cultural subacuático del mundo ya que no puede verse fácilmente y requiere de técnicas especializadas para su documentación y evaluación. El océano ofrece condiciones excelentes para la preservación, y muchos naufragios y ruinas de ciudades y edificaciones subacuáticas se conservan mejor que sitios similares en tierra. El agua ha protegido el patrimonio submarino durante siglos, pero la capacidad de entenderlo y documentarlo es relativamente reciente gracias a las mejoras en las tecnologías de buceo, las cuales, además de hacer más accesible este patrimonio, también lo han vuelto cada vez más vulnerable a ser destruido y saqueado.

Mujeres de la Isla de Tikopia en el Pacífico, XI Festival de las Artes del Pacífico, Honiara, Islas Salomón
Fuente: S. Feary

El patrimonio cultural subacuático es enormemente rico y variado. Se estima que en los fondos oceánicos del planeta se encuentran dispersos más de tres millones de naufragios. Entre las naves destacadas se encuentran los barcos de la Armada Española, el Titanic y los barcos de Colón, la flota hundida de Kublai Khan y los naufragios holandeses como el Batavia frente a la costa oeste de Australia. Los naufragios pueden brindar una información histórica valiosa, y pueden ser vistos como una cápsula del tiempo que brinda una instantánea de la vida a bordo en el momento del hundimiento. Los naufragios son también un indicador del intercambio comercial y cultural entre personas (UNESCO, 2001). Se han localizado muchos tipos de sitios submarinos, incluidas las ruinas del faro de Alejandría y el palacio de Cleopatra (Egipto), parte de la antigua Cartago (Túnez) y el Puerto Real de Jamaica, destruido por un terremoto en 1692. El patrimonio cultural subacuático también incluye paisajes enteros y cuevas de arte rupestre ahora en el fondo del mar (Intergovernmental Oceanographic Commission, 2014).

El patrimonio subacuático puede encontrarse dentro de áreas protegidas, incluidas las áreas protegidas marinas y las áreas protegidas terrestres con un componente marino, como las costeras e insulares; sin embargo, muchos países no han realizado inventarios completos del patrimonio cultural de sus áreas marinas protegidas.

Sitios prehistóricos sumergidos

Aparte de los naufragios, una amplia gama de material arqueológico puede encontrarse bajo el agua, pero solo en la última década se ha reconocido claramente cuán importantes son los datos faltantes de los sitios cubiertos por el aumento del nivel del mar. Este paisaje sumergido conserva valiosos archivos sedimentarios de cambios ambientales y climáticos a largo plazo, y se ha encontrado un número cada vez mayor de restos arqueológicos que documentan la respuesta y la adaptación humana a ambientes rápidamente cambiantes.

Con la intensificación de la actividad comercial en el lecho marino y las mejoras en la tecnología de investigación, la cantidad de evidencias está aumentando rápidamente (Estudio de caso 4.6) y las amenazas de destrucción lo hacen a la par. En respuesta, la Comisión Europea inició el Proyecto de Arqueología Prehistórica Sumergida y Paisajes de la Plataforma Continental (Submerged Prehistoric Archaeology and Landscapes of the Continental Shelf, SPLASHCOS). SPLASHCOS es una red de investigación a cuatro años (2009-2013) financiada por la Comisión Europea. Su objetivo es reunir arqueólogos, geocientíficos marinos, agencias de patrimonio y organizaciones comerciales e industriales interesados en investigar, administrar y preservar la información arqueológica y paleoclimática encerrada en los paisajes prehistóricos sumergidos de la plataforma continental europea, y divulgar este conocimiento a un público más amplio (Splashcos, 2014).

Conservación in situ

El patrimonio cultural subacuático es fascinante debido al misterio de su ubicación bajo el agua y su contexto histórico. Algunas iniciativas recientes han permitido que los visitantes tengan experiencias *in situ*, al tiempo que se garantiza la protección del sitio original (Estudio de caso 4.7).

Estudio de caso 4.8 Monte Kailas: una montaña sagrada

El Monte Kailas en el Tíbet es la montaña más sagrada del mundo para cerca de mil millones de personas en Asia. Este famoso pico sagrado cubierto de nieve, situado al norte de la barrera del Himalaya en el Tíbet Occidental, es uno de los lugares de peregrinación de mayor reverencia para los hindúes, budistas, jainistas y de la religión Bön (pre-budistas), y atrae a peregrinos de India, Nepal, Mongolia, Tíbet, Japón, China, Sudeste Asiático y otras partes del mundo. En las laderas del Kailas, se dice que un arroyo vierte sus aguas en el lago Manasarovar, y desde este lago fluyen cuatro de los grandes ríos de Asia: el Indo, el Brahmaputra, el Karnali y el Sutlej. Este es el lago más sagrado del mundo para la mayoría de los hindúes.

Monte Kalias, Tibet
Fuente: © Edwin Bernbaum

Patrimonio inmaterial

El reconocimiento de que el patrimonio cultural no solo es material sino también inmaterial llegó bastante tarde en el mundo de la protección del patrimonio. No obstante, desde su adopción en 2003, la Convención para la Salvaguardia del Patrimonio Cultural Inmaterial fue ratificada rápidamente por más de ciento cincuenta estados partes en menos de diez años. La convención es ahora el principal marco internacional para considerar el patrimonio inmaterial.

La definición de patrimonio inmaterial en el marco de la convención es:

> [Las] prácticas, representaciones, expresiones, conocimientos, y habilidades –al igual que los instrumentos, objetos, artefactos y espacios culturales asociados– que las comunidades, los grupos, y en algunos casos los individuos reconocen como parte de su patrimonio cultural. Este patrimonio cultural inmaterial, transmitido de generación en generación, es recreado constantemente por las comunidades y los grupos en respuesta a su entorno, su interacción con la naturaleza y su historia, y les da un sentido de identidad y continuidad, lo cual promueve el respeto a la diversidad cultural y la creatividad humana. (UNESCO, 2003, p. 2)

El patrimonio cultural inmaterial se expresa mediante:

- Expresiones y tradiciones orales, incluido el idioma.
- Artes escénicas.
- Prácticas sociales, rituales y eventos festivos.
- Conocimientos y prácticas concernientes a la naturaleza y el universo (incluido el conocimiento etnobotánico).
- Artesanías tradicionales (UNESCO, 2003).

Hace poco la UNESCO añadió a su lista de "patrimonio cultural inmaterial" el *washoku*, que se refiere a las tradiciones culinarias de los japoneses, el modo de preparar y compartir conservas *kimchi* en la República de Corea, y el conocimiento y práctica del cálculo matemático con ábaco en China.

Gran parte de este patrimonio inmaterial se relaciona con el lugar; por ejemplo, los lugares donde se recolectaron recursos para la artesanía tradicional o alimentos, los lugares de actividad ritual, social o ceremonial, o donde la gente siguió una ruta tradicional a un lugar determinado o realizó una actividad específica. Las conexiones continuas con estos lugares pueden ser importantes para la identidad cultural de una diversidad de comunidades, desde los pueblos indígenas hasta las personas que hacen pícnic.

Identificar y proteger el patrimonio inmaterial en el contexto de las áreas protegidas puede ser complejo y desafiante. El patrimonio inmaterial existe intelectualmente dentro de un grupo social y ayuda a unir a ese grupo, y casi siempre se celebra oralmente, a nivel comunitario, familiar e individual. Por lo tanto, es esencial contar con procesos eficaces de consulta con los portadores de tales conocimientos para que la información se incorpore a la gestión de áreas protegidas –por ejemplo, en el desarrollo de un plan de manejo (véase el Capítulo 13)–. A menudo, las medidas de salvaguardia para garantizar la viabilidad del patrimonio cultural inmaterial incluyen

Estudio de caso 4.9 El papel de las áreas protegidas en la vida de los inmigrantes recientes

Mientras que la globalización y el transporte aéreo dan a la gente opciones para moverse por todo el mundo, los ciudadanos de los países en guerra no tienen otra opción que huir a un país que los acepte como refugiados. Un estudio reciente de nuevos inmigrantes en Sídney, la ciudad más grande de Australia, demuestra el importante papel que desempeñan las áreas protegidas en la estabilización de la vida de los pueblos desplazados y traumatizados.

Byrne y Goodall (2013) demostraron que la práctica de "hacer lugares" –la forma en que los habitantes de una zona trabajan para hacer que los espacios sean habitables al impregnarlos con los patrones de su propia vida local– es particularmente importante para los inmigrantes. A través de sus entrevistas y observaciones a inmigrantes recientes de Vietnam y Medio Oriente que visitaban el Parque Nacional Georges River, en Sídney, los investigadores encontraron que hacer picnics en el parque nacional cerca de su suburbio les permitía a los inmigrantes mantener y extender los lazos y los contactos sociales al mismo tiempo que se familiarizaban con el entorno natural australiano. Los picnics tendían a llevarse a cabo en ubicaciones específicas elegidas dentro del parque, y ya que estas áreas llegaron a ser más familiares, se constituyeron en una posición establecida para los inmigrantes recientes en el ambiente del parque. Estos picnics tienen que ver menos con la etnicidad y más con la nostalgia, la identidad y la experiencia compartidas de ser forasteros en una nueva ciudad (Byrne y Goodall, 2013).

Los parques nacionales son atractivos para los inmigrantes recientes, en parte porque constituyen un espacio que no es "fijo" o "restringido", al contrario del espacio urbano construido. Las áreas protegidas, como los parques nacionales, son espacios relativamente desestructurados y sin supervisión que son mucho más abiertos y libres de restricciones frente a la mayoría de los espacios públicos construidos de las ciudades. Durante los picnics se crean relaciones entre una localidad y las experiencias sociales que la gente vive allí. La actividad en un lugar, especialmente si se repite regularmente, crea un "lugar cultural a partir de un espacio natural". Los vínculos formados con el entorno natural no solo juegan un papel en el asentamiento de inmigrantes en tierras desconocidas, sino que también evocan recuerdos de las actividades en el país de origen y una especie de conectividad social transfronteriza denominada "transnacionalismo". Así, algunas aldeas en países como Líbano y China están ahora más íntimamente conectadas con los suburbios de Sídney que con otros centros poblacionales en Líbano y China.

El desarrollo de un sentido de propiedad del espacio del área protegida, a través de la práctica de "hacer lugares", es fundamental para el desarrollo de un sentido de responsabilidad por ese espacio. El reconocimiento de los administradores de áreas protegidas de la práctica de "hacer lugares" por parte de los inmigrantes aumentará el sentido de responsabilidad de estos visitantes, quienes representan una proporción cada vez mayor de interesados de cuyo apoyo dependen los parques nacionales.

la transformación de la información oral en registros escritos. En el proceso de transformación de esta información debe tenerse en cuenta no solo la confidencialidad de la información culturalmente sensible, sino también los derechos de propiedad intelectual.

En la siguiente sección identificamos y discutimos aspectos de la naturaleza asociados con el patrimonio inmaterial y de los que se deriva su significado. Con frecuencia, el patrimonio inmaterial está vinculado a un lugar tangible –una roca, una montaña, una vista o una ubicación particular– pero las conexiones humanas con ella son intangibles: una creencia, una costumbre, una historia o una emoción profunda. Si bien esta interdependencia entre lo tangible y lo intangible puede parecer un reto conceptual, su aplicación práctica no es necesariamente así. Esta sección identifica varias categorías de patrimonio material e inmaterial vinculado y, si bien las categorías no son mutuamente excluyentes, son una herramienta útil para guiar a los administradores en el reconocimiento del patrimonio inmaterial.

La naturaleza como patrimonio cultural

"[Para] los San (bosquimanos) del sur del Kalahari, cada árbol y muchos otros sitios físicos son parte de su patrimonio inmaterial ya que su historia está asociada con estos sitios a través de historias, nombres y canciones" (South African San Institute, 2014).

Lugares sagrados

Los lugares sagrados pueden referirse a ambientes tanto naturales como construidos, pero en esta sección nos enfocamos en los lugares sagrados naturales. Un sitio sagrado natural es una característica natural o una gran área de tierra o agua que tiene un significado espiritual o religioso especial para los pueblos y comunidades (Oviedo y Jeanrenaud, 2007; Wild y McLeod, 2008) (Estudio de caso 4,8).

Casi cualquier característica natural o combinación de características naturales puede tener valores sagrados, tales como:

- Características geológicas: rocas, cuevas, acantilados, lomas, colinas y montañas.

Cuadro 4.3 Naturaleza silvestre: lugares de alto valor social

La naturaleza silvestre (Categoría Ib de la UICN) es la tierra menos modificada por los seres humanos en comparación con otras categorías de la UICN (véanse los Capítulos 2 y 8). Casi indiscutiblemente, el área natural silvestre es la más "socialmente construida" de todas las áreas protegidas, y en los últimos años una de las más controvertidas. Muchas personas han ridiculizado la naturaleza silvestre por poner a los humanos fuera de la naturaleza y negar efectivamente culturas cuyas religiones y visiones del mundo están profundamente arraigadas al ambiente natural. Esto también es enigmático en la medida en que las áreas naturales silvestres se han declarado en terrenos que contienen evidencias sutiles, o incluso obvias, de la mano humana, desde pinturas rupestres aborígenes hasta sitios históricos de minería, caminos de herradura, chozas y cabañas de madera.

Estados Unidos fue el primer país en definir y designar legalmente las áreas naturales silvestres, lo cual refleja una metamorfosis en las actitudes estadounidenses frente a los "lugares silvestres" –de algo que se teme a algo que se debe reverenciar–. Un colono, a comienzos de 1600, declaró que "[La] naturaleza silvestre es un lugar sombrío y deprimente donde merodean toda clase de bestias salvajes sin cocinar" (Wilderness.net, 2014). En las sociedades de colonos como Australia y Norteamérica, la lucha por limpiar y cultivar las tierras naturales era una forma de civilizar los lugares silvestres. En contraste con este ideal utilitario, tres siglos más tarde, un autor estadounidense declaró que las áreas naturales silvestres "son la máxima fuente de salud –terrestre y humana–" (Wilderness.net, 2014). Posteriormente, los países alrededor del mundo cuentan con áreas protegidas inspiradas en la Ley de Vida Silvestre (American Wilderness Act) de 1964.

La naturaleza silvestre significa cosas diferentes para distintas personas. El influyente escritor y crítico literario del siglo XVIII , Samuel Johnson, describió la naturaleza silvestre como "una región de soledad y salvajismo" (Ransom, 1991, p. 19). Estas áreas también se describen en términos de identidad nacional:

> [La] tierra que era –una tierra salvaje más allá de la frontera... una tierra que moldeó el crecimiento de nuestra nación y el carácter de su gente. La naturaleza silvestre es la tierra que es– lugares raros y salvajes donde uno puede retirarse de la civilización, reconectarse con la Tierra y encontrar la curación, el significado y la trascendencia (Wilderness.net, 2014).

También existenlos equivalentes urbanos: "domesticar" la naturaleza silvestre, como franjas de naturaleza o grandes parques en la ciudad (Ransom, 1991, p. 18).

Independientemente de lo "salvajes" que sean en realidad, las áreas naturales silvestres contribuyen a la salud social y el bienestar de los seres humanos, al menos en Occidente. Los beneficios que las áreas naturales silvestres brindan son tan diversos como las propias áreas, y son muy valorados. La naturaleza silvestre sigue siendo un terreno controvertido en los debates sobre la división de la naturaleza y la cultura, pero no se puede negar que se ha convertido en un lugar profundamente espiritual para los caminantes, los artistas y los poetas que se enfrentan al mundo urbanizado de Occidente.

Chimenea en la mina de cobre abandonada de Tolwong, área natural silvestre de Ettrema, Parque Nacional Morton, Australia

Fuente: S. Feary

Estudio de caso 4.10 Interacciones entre los humanos y los delfines

Los delfines son mamíferos marinos salvajes con los cuales muchos humanos forman fuertes vínculos emocionales. Hay numerosos libros y sitios web que defienden la afinidad fuerte y casi espiritual entre los seres humanos y los delfines, incluidas historias de delfines que salvan a las personas de ahogarse o que las protegen de los peligros en el mar; por ejemplo, un surfista fue salvado de un ataque de tiburón por delfines en la Bahía de Monterrey, California. Algunos consideran que los delfines suelen actuar como nuestros guías y protectores, y son cuidadores y sanadores al generar sentimientos de paz, armonía o aceptación general y bienestar (Psychic Universe, 2014). En Australia Occidental, miles de personas visitan la zona del Parque Marino de Bahía Shark para visitar Monkey Mia, uno de los pocos lugares donde es posible "comulgar" con delfines cuasi-domésticos en su entorno natural.

Estudio de caso 4.11 Protección de las razas tradicionales de ganado

Las formas tradicionales de uso de la tierra todavía se practican en el Parque Nacional de Hortobágy - La puszta, en el este de Hungría. El paisaje actual fue moldeado por una cultura de pastoreo que evolucionó a lo largo de muchos siglos, dando como resultado estilos únicos de ropa, arquitectura y cuidado de las especies animales. Los animales que pastan en esta vasta llanura, la más grande de Europa, incluyen la histórica raza de ganado doméstico "gris húngaro" (*Bos primigenius taurus hungaricus*), una raza que estuvo en peligro de extinción. Además de ser el más imponente de todos los animales de granja de Hungría, la raza jugó un papel significativo en la agricultura húngara desde la Edad Media hasta el comienzo del siglo XX. Esta raza se crio como un ganado de carne que podía llevarse a los mercados de los países de Occidente, pero también se utilizaba como animal de tiro. Su presencia en el Parque Nacional Hortobágy mantiene el paisaje cultural, conserva un banco genético y asegura la preservación del conocimiento tradicional asociado con su cría (Puszta.com, 2014). En 1993 la llanura húngara (Puszta) fue declarada paisaje cultural de patrimonio mundial. Esta llanura fue moldeada por una sociedad humana pastoril, y además de conservar intactas y visibles las evidencias de su uso tradicional durante más de dos milenios, también representa la armoniosa interacción entre los seres humanos y la naturaleza (UNESCO, 2014e).

- Características acuáticas: manantiales, pozos, estanques, lagos, arroyos, ríos, aguas costeras y glaciares.
- Características arbóreas: árboles o plantas individuales, partes de árboles, bosques y arboledas.
- Praderas: prados.
- Paisajes: paisajes completos o elementos de ellos, como valles y montañas.

Algunas veces los sitios sagrados naturales se combinan con características hechas por el ser humano, y el elemento "naturaleza" de los sitios sagrados naturales puede estar en riesgo de ser subsumido por el elemento construido. Incluso en las tradiciones en las que está más claro que la naturaleza hace parte de la ética religiosa, ha habido un favorecimiento del elemento construido por el ser humano. Un ejemplo de esto es la "hinduización" o "budización" de los sitios sagrados naturales de las religiones indígenas, donde el templo de un dios remplaza a la característica natural original, como si la presencia divina o deidad indígena estuviera "domada" (Studley, 2010).

Muchos pueblos indígenas y algunas religiones consideran que toda la naturaleza, incluso todo el planeta, son sagrados. En un sentido general, la naturaleza es valorada como la "vestimenta" del lugar sagrado. No existe necesariamente un motivo de conservación en el sentido científico, aunque una revisión reciente de más de cien estudios en África y Asia presentó fuertes evidencias de que muchos sitios sagrados naturales tienen gran importancia para la conservación de la biodiversidad (Dudley *et al.*, 2010).

Los sitios sagrados naturales se encuentran en casi todos los países, y pueden considerarse un fenómeno universal. En algunos países son muy comunes y varían considerablemente en sus detalles específicos. Muchos son antiguos y pueden ser considerados "áreas ancestrales protegidas", mientras que otros son de origen más reciente. Como cualquier fenómeno cultural, no son estáticos y algunos todavía están en creación. Sin embargo, muchos se están perdiendo y hay áreas de un declive muy rápido. En la provincia de Yunnan, en el suroeste de China, las colinas sagradas de la Prefectura Autónoma Dai de Xishuangbanna fueron objeto de tala sin precedentes del 90% de sus bosques sagrados (Shengii, 2010).

Estudio de caso 4.12 Protección de las variedades de papa

En el altiplano peruano, seis comunidades del pueblo quechua han establecido el Parque de la Papa para conservar mil doscientas variedades de papa que se encuentran en más de ocho mil quinientas hectáreas de tierra comunal, así como ecosistemas naturales de los Andes. Este es el proyecto piloto de la red de paisajes protegidos de la Ruta Sagrada del Cóndor-Viracocha, el cual se basa en la agricultura tradicional de siete países, desde Venezuela hasta Chile, y cubre la región andina prehispánica (Sarmiento *et al.*, 2005).

Mujeres que venden sus papas en el mercado, Perú, América del Sur
Fuente: S. Feary

Los significados detrás de los sitios sagrados naturales y sus asociaciones culturales son invisibles y desconocidos hasta que se cuentan las historias y creencias asociadas con estos lugares.

Por este motivo, los sitios sagrados son indivisibles del conocimiento tradicional, y por consiguiente de los pueblos que poseen tal conocimiento. En las últimas dos décadas el movimiento de conservación ha estado involucrándose mucho más en un valioso diálogo con los guardianes de sitios sagrados naturales, algunos de los cuales están interesados en obtener una mejor comprensión de las ciencias naturales como base para gestionar la conservación del sitio.

Lugares sociales

Para los propósitos de este libro, los lugares sociales son diferentes de los lugares sagrados, aunque los límites son difusos. Mientras que el conocimiento de los lugares sagrados suele ser privilegiado y transmitido a los individuos seleccionados a través de un comportamiento ritualizado, los lugares sociales tienen un significado colectivo para una comunidad (Estudio de caso 4.9) o una nación: un fuerte apego emocional que surge del uso histórico o religioso o un evento particular asociado con esa ubicación o característica natural. Las personas de todo el mundo crean intelectual o físicamente sus propios lugares sociales, incluidas las comunidades no indígenas en las sociedades de colonos, grupos étnicos minoritarios y grupos transnacionales como los refugiados que huyen a Australia de los países del Medio Oriente devastados por la guerra.

Las áreas protegidas son lugares sociales en sí mismos, ya sea en su totalidad o en relación con lugares o características dentro de áreas protegidas. Las áreas protegidas formales y el uso de la ciencia para determinar su ubicación, tamaño y regímenes de gestión son tan parte del patrimonio cultural de la sociedad contemporánea como lo son los bosques sagrados y los sitios tabú de las sociedades indígenas y tribales; solo que provienen de caminos diferentes. El sistema de áreas protegidas, además de ser una respuesta política a los impactos en curso y crecientes de los seres humanos sobre el medio ambiente, también refleja el apego emocional de las sociedades al medio natural (Cuadro 4.3).

El hecho de que algunos lugares sean importantes para una comunidad por razones sociales (en vez de utilitarias) se hizo evidente durante los debates de los años ochenta sobre el desarrollo sostenible, los cuales condujeron al enfoque de las "tres razones fundamentales" para el desarrollo, en las que se les dio a los factores "sociales" el mismo nivel de los factores "ambientales" y "económicos" (WCED, 1987).

Estudio de caso 4.13 Reserva Mariposa Monarca, México

En 2008, la Reserva de la Biosfera Mariposa Monarca en México fue inscrita en la Lista del Patrimonio Mundial según el criterio (VII) –valor estético–. Esta es un área de conservación y patrimonio mundial dentro de las zonas de invernada de la mayoría de las mariposas monarca, las cuales recorren en su migración hasta cuatro mil kilómetros, desde el este de las Montañas Rocosas hasta el centro de México. La evaluación de la UICN consideró que la concentración invernal de la mariposa monarca (*Danaus plexippus*) es un fenómeno natural superlativo en el sentido del criterio (VII). La migración de la mariposa monarca se considera el ejemplo clásico de la migración de insectos de dos vías, involucra a millones de individuos y es tanto o más larga que la distancia cubierta por cualquier otra migración de insectos. De las muchas migraciones de insectos, ninguna se compara con la de la mariposa monarca en términos de distancia, regularidad, singularidad y visibilidad en el sitio (Mitchell, 2013).

El discurso sobre el desarrollo sostenible surgió de los amargos enfrentamientos sobre la tala de los bosques y su impacto sobre la gente pobre en los países en desarrollo, el cual pasó a tener consecuencias de gran alcance respecto a la participación de la comunidad en la gestión de los recursos naturales, incluida la gestión de áreas protegidas.

Johnston (1992) adscribe los siguientes atributos a los lugares sociales:

- Son conexiones espirituales y tradicionales con el pasado y el presente (lugares sagrados).
- Atan el pasado al presente de una manera afectiva, pero pueden borrar acontecimientos por los que no tenemos afecto –por ejemplo, el holocausto, el genocidio en la historia colonial o la esclavitud–.
- Son un punto de referencia para la identidad de una comunidad o sentido de sí misma –pero no necesariamente incluyen a toda la comunidad–.
- Son visibles en el trabajo diario de una comunidad, pero también puede incluir lugares sin carácter visible.
- Brindan una función comunitaria que se convierte en un apego más profundo que va más allá de la utilidad, la cual podría ser física o asociada con un lugar.
- Dan forma al comportamiento y a las actitudes de la comunidad.
- Son accesibles al público, permiten un uso repetitivo y una conexión permanente.
- Son el lugar donde las personas se reúnen y se congregan como una comunidad.

El apego social de la gente con el mundo natural es la base de gran parte del conflicto y el debate sobre la gestión de áreas protegidas, particularmente en relación con el acceso y el uso de los recursos. La promoción de las oportunidades de recreación en las áreas protegidas requiere respuestas de manejo para garantizar que no conlleve una degradación ambiental, y en algunos casos esto significa la exclusión de ciertas actividades humanas (Capítulo 23).

A pesar de la sólida justificación de tal exclusión, cuando los visitantes ya no pueden acampar donde lo han hecho por generaciones, cuando los pastores ya no pueden llevar a pastar su ganado o cuando la gente ya no puede recoger leña o pescar, la tristeza y el enojo son un reflejo de su apego a los lugares y cosas que solían tener.

Animales y plantas culturalmente significativos

La historia humana se caracteriza por la naturaleza de sus relaciones con las plantas y los animales, y en este sentido todas las plantas y los animales son culturalmente significativos (Willow, 2011). Muchas especies, al igual que sus firmas genéticas, tienen un significado especial para diferentes culturas de todo el mundo; por ejemplo en la medicina, el comportamiento religioso y ritual, y en la vida ceremonial. La relación entre humanos y plantas/animales es particularmente frecuente en las religiones animistas o indígenas en las que pueden ser "seres espirituales", imbuidos de significado espiritual que conecta a las personas con la naturaleza; son la base de la visión del mundo de muchas culturas indígenas alrededor del mundo.

Una especie cultural es aquella para la cual hay valores culturales profundamente relacionados . Algunos animales son sagrados y nunca consumidos, como las vacas en el hinduismo; otros tienen una función ritual y utilitaria, como los cerdos en Melanesia y el ganado de los Maasai en Kenia, mientras que otros asumen un estatus especial a través de sentimientos humanos, como el vínculo cuasi-espiritual que la sociedad de Occidente ha desarrollado con los cetáceos a través del movimiento de la "nueva era" (Estudio de caso 4.10). Estos apegos son positivos porque generan apoyo del público para la protección de la especie. Por desgracia, este apego no se extiende a otras criaturas menos carismáticas como los lagartos ápodos de Australia (*Aprasia sp.*) o al atún de aleta azul del sur (*Thunnus sp.*), los cuales tienen las mismas necesidades de conservación.

Muchas especies de plantas son también culturalmente significativas. Los ñames (*Dioscorea sp.*), silvestres y cultivados, son uno de los cultivos alimentarios más importantes en las culturas del Pacífico, con un gran significado utilitario y simbólico. Los ñames se utilizan ampliamente en las ceremonias religiosas, y a algunas variedades se les

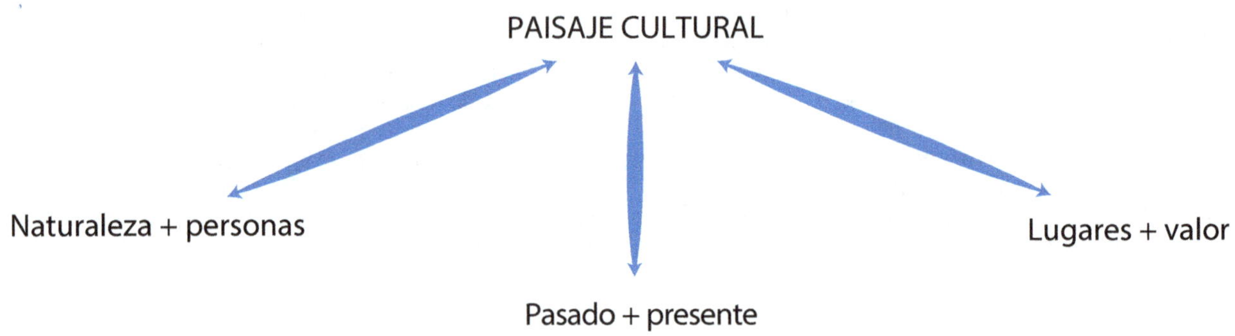

Figura 4.3 Elementos de un paisaje cultural
Fuente: Phillips, 2002

atribuyen propiedades mágicas. Los eventos en el ciclo agrícola del ñame se celebran ampliamente (Alexander y Coursey, 1969).

Las áreas protegidas, en particular las que tienen paisajes habitados, juegan un papel muy importante en la conservación de la agrobiodiversidad (Amend *et al.*, 2008). Existen muchas maneras en que las áreas protegidas pueden salvaguardar la flora y la fauna domesticadas que son culturalmente significativas, las cuales incluyen:

- La protección de las evidencias arqueológicas e históricas de la importancia de la especie –por ejemplo, pinturas, esculturas y figuras que representan la naturaleza de la relación humano-animal–.
- La protección de la especie y su fórmula genética, incluidas las razas domésticas de importancia histórica en peligro de extinción (Estudios de caso 4.11 y 4.12)
- La protección del conocimiento tradicional (patrimonio inmaterial) que da un sentido cultural a la especie. Durante generaciones, los pastores y los nómadas utilizaron sus conocimientos culturales y técnicos para manipular activamente las especies con el fin de aumentar la producción, pero solo ahora se reconoce esto. El conocimiento de la cría por parte de los indígenas se compone de varios conceptos y prácticas utilizados por los criadores de ganado para influir en la composición genética de sus rebaños (Köhler-Rollefson, 2014).

Lugares hermosos

Hay más que una conexión pasajera entre la belleza o el atractivo estético y las áreas protegidas: "la experiencia estética de la naturaleza ha sido y sigue siendo un factor de vital importancia en la protección y preservación de los entornos naturales [y] esta relación entre la apreciación estética y el ambientalismo ha tenido una historia larga e interesante" (Carlson, 2010, p. 290).

La belleza es esa combinación de cualidades que satisfacen los sentidos estéticos de los seres humanos, particularmente los sentidos visuales. Brindar oportunidades para que la gente experimente lugares pintorescos y escénicos condujo a las primeras declaraciones de parques nacionales; de hecho, la protección del Valle de Yosemite a mediados del siglo XIX se basó principalmente en el valor escénico, con ejemplos similares en todo el mundo (Mitchell, 2013). A menudo, la protección de la calidad estética es un objetivo del área protegida; por ejemplo, es un objetivo primordial para algunos de los parques nacionales de China (Wang *et al.*, 2012).

A mediados del siglo XX, la pérdida y degradación de la belleza paisajística se convirtió en una preocupación creciente en muchos países (Selman y Swanwick, 2010). En reconocimiento de la estrecha relación entre el atractivo estético y los atributos del paisaje, la Convención sobre la Protección del Patrimonio Mundial de 1972 definió el "patrimonio natural" como sigue:

- Las características naturales constituidas por formaciones físicas y biológicas o por grupos de esas formaciones que tengan un valor universal excepcional desde el punto de vista estético o científico.
- Los lugares naturales o las zonas naturales estrictamente delimitadas, que tengan un valor universal excepcional desde el punto de vista de la ciencia, de la conservación o de la belleza natural (UNESCO, 1972).

El criterio (VII) para el patrimonio natural en las actuales Directrices Prácticas de la Convención sobre la Protección del Patrimonio Mundial reconoce los lugares hermosos como los que contienen "fenómenos naturales superlativos o áreas de excepcional belleza natural e importancia estética" (UNESCO, 2013, p. 21). Así, de manera problemática, la convención y el criterio (VII) consideran la belleza y el valor estético de los lugares como cualidades intrínsecas o inherentes del mundo natural. Por el contrario, los científicos sociales ven el atractivo estético de los paisajes como una experiencia sensorial humana subjetiva (Mitchell, 2013). La idea de la belleza y la estética se reconoce mejor como una combinación de características naturales y de percepción humana (Estudio de caso 4.13).

Las cualidades o valores estéticos no se limitan a los sentidos visuales. El Comité Australiano del ICOMOS define el valor estético como las respuestas sensoriales humanas a atributos tales como forma, color, escala, textura y materiales, así como olores y sonidos asociados con el lugar y su uso (Australia ICOMOS, 2000). Este significado pretende referirse tanto al entorno construido como a las áreas naturales. A menudo, la gente tiene respuestas viscerales (es decir, dan un significado) respecto a estar en lugares de atractivo estético y belleza excepcional, lo que demuestra el fuerte elemento psicológico relacionado con la estética.

Una revisión reciente de la UICN sobre la aplicación del criterio (VII) de la Lista del Patrimonio Mundial señala que actualmente hay 133 bienes inscritos en la lista sobre la base del criterio (VII), la mayoría de los cuales se encuentran dentro de áreas protegidas (Mitchell, 2013). La revisión identificó inconsistencias en la aplicación del criterio a lo largo del tiempo y discutió los desafíos de encontrar metodologías para la evaluación objetiva de la "importancia estética y la belleza natural excepcional".

En la evaluación del Parque Nacional del Monte Sanqingshan en China, la UICN determinó que cumplía con el criterio (VII) debido a que las "notables formaciones rocosas de granito, junto con diversos bosques, vistas cercanas y distantes, e impactantes efectos meteorológicos, se combinan para crear un paisaje de excepcional calidad escénica [y que] el aspecto más notable es la concentración de pilares y picos fantásticamente formados" (Mitchell, 2013, p. 20).

La estética es un tema complejo y abordamos algunos de los aspectos más relevantes, como la familiaridad, la accesibilidad, el conocimiento y el bienestar. La familiaridad se refiere a los apegos y conexiones que la gente desarrolla con los paisajes y la sensación de pérdida que puede derivarse de los cambios en paisajes familiares (Itami, 1993). Por ejemplo, la nueva pasarela del glaciar en el Parque Nacional Jasper es una impresionante pieza de arquitectura, pero es polémica porque confronta los sentidos de aquellos que anhelan la naturalidad en un parque nacional.

Un profundo afecto por los paisajes puede surgir del conocimiento del lugar (Itami, 1993). Aumentar el conocimiento que las personas tienen del paisaje por medio de la educación puede incrementar el valor que le otorgan al paisaje. De ahí la importancia y la popularidad de los documentales televisivos sobre la naturaleza y de los programas de educación en campo de las áreas protegidas durante las vacaciones escolares.

Existe una gran cantidad de literatura que demuestra los beneficios que el contacto con entornos naturales genera en los seres humanos, lo cual se ejemplifica en la filosofía "Parques sanos, gente sana", que es adoptada por muchos servicios de áreas protegidas en todo el mundo. Dentro del significado de la estética puede entenderse una sensación de bienestar. Por ejemplo, llevar a los jóvenes problemáticos "al monte" es una técnica terapéutica que ha demostrado beneficios. En Australia, la Comisión Real para la Investigación sobre la Muerte de Aborígenes en Custodia de 1991 recomendó programas para lograr que los aborígenes volvieran a su tierra a través de su participación en el manejo de la misma, y así ayudar a mejorar su salud y bienestar cultural (Government of Australia y Johnston, 1991). Este fue un importante motor para el desarrollo de arreglos de cogestión de parques nacionales en muchos estados y territorios de Australia.

Paisajes intrincados de naturaleza y cultura (paisajes bioculturales/culturales)

La naturaleza y la cultura como coevolución

Antes discutimos cómo la idea del patrimonio se originó en los sistemas de conocimiento de Occidente –un esquema que tiene una larga historia de ver a la naturaleza y la cultura como partes separadas del mismo paisaje–. Por ejemplo, esta separación está inscrita en las Directrices Prácticas para la Implementación de la Convención sobre la Protección del Patrimonio Mundial (UNESCO, 2013), las cuales reconocen los sitios como naturales, culturales o mixtos. La historia de las áreas protegidas, de nuevo como un concepto que se originó en Occidente, también tiene una larga historia de conceptualizar la naturaleza y la cultura por separado. Esta separación es difícil de mantener cuando examinamos detenidamente el mundo real de la vida de las personas y su involucramiento con el medio ambiente.

La separación entre la naturaleza y la cultura es una característica distintiva del pensamiento occidental y no es la manera en que otras culturas conceptualizan el mundo. Por ejemplo, para los aborígenes australianos contemporáneos, el concepto de "cuidar la tierra" es una noción compleja que se relaciona con la pertenencia personal

Estudio de caso 4.14 El bosque como artefacto histórico: el paisaje cultural del Parque Nacional Washpool, Australia

El Parque Nacional Washpool comprende un paisaje de diversos tipos de bosques en la Gran Cordillera Divisoria en el este de Australia. En 2007 se realizó un estudio para investigar hasta qué punto los bosques son un producto de la transformación acumulada a través del pastoreo estacional y las operaciones forestales, es decir, un paisaje cultural. El estudio del "bosque como artefacto histórico" trató de integrar la información derivada de fuentes tanto históricas como ecológicas. Los métodos históricos incluyeron una revisión de la literatura de la historia del paisaje, y el estudio de campo involucró discusiones sobre el terreno con usuarios del mismo tanto actuales como antiguos, quienes brindaron inestimables conocimientos de las evidencias basadas en la vegetación sobre las prácticas pasadas y actuales del uso del suelo y el manejo de la tierra. Los métodos ecológicos utilizados para el estudio implicaron una revisión de la literatura de la ecología del paisaje, así como un programa de registro de campo. El estudio de campo examinó doce parcelas de muestreo y dos ejemplos ilustran el proceso de campo y los resultados.

Una parcela de muestreo del terreno se ubicó en el antiguo Bosque Estatal de Curramore, un área que nunca ha sido talada y que fue arrendada para pastoreo de ganado por la familia Sloman desde los primeros años del siglo XX hasta los años noventa. El pastoreo estacional (invierno) en el bosque seco y abierto local involucraba quemas regulares de baja intensidad (primavera) para estimular el recrecimiento del sotobosque. Se reconocieron dos características de la estructura de la vegetación que resultan de los regímenes de incendios de alta frecuencia y de la presión de pastoreo sobre la vegetación. En primer lugar, el régimen de quemas y el pastoreo estacional cambiaron la composición de las especies y la estructura del sotobosque, y aumentaron la densidad de las especies de pastos naturales. En segundo lugar, hubo una reducción en la capacidad de regeneración de los árboles del dosel, lo que conduce a cambios a largo plazo en la estructura de la vegetación.

Una segunda parcela de muestreo de campo (Coombadja Creek) se ubicó en un área de bosque esclerófilo seco que se taló selectivamente a finales de los años sesenta. La evidencia material de la tala incluye múltiples tocones, troncos cortados con sierra que fueron rechazados y que se encuentran por doquier en los caminos, una rampa de carga de troncos, un área de carga de troncos y evidencia de daños a los árboles causados por la maquinaria forestal. Por consiguiente, no es sorprendente que una característica clave de la vegetación local sometida a la tala sea una menor densidad de árboles de viejo crecimiento, lo que refleja el enfoque de los recursos en la producción de troncos de aserrío.

Una tarea compleja dentro de un paisaje forestal es tratar de separar las perturbaciones que evidencian actividades pasadas y presentes de los procesos de los ecosistemas. No obstante, un enfoque de paisaje cultural es útil en la conceptualización de que los paisajes forestales están en continua transformación como resultado de interacciones complejas entre los procesos ecológicos y las actividades humanas. Cada actividad histórica no solo añade una capa nueva y diferente, sino también influye en la trayectoria de los procesos posteriores de regeneración y transformación del bosque.

La implicación para el manejo forestal no es que los paisajes boscosos deben o pueden "congelarse" en el tiempo de tal manera que se conserven los marcadores de la actividad histórica, sino que la documentación y la comprensión de los ecosistemas y el uso humano pasado/presente del suelo son una parte esencial de la conservación. Este enfoque no socava el objetivo de una óptima biodiversidad, salud y resiliencia de los ecosistemas, pero sí desafía a la administración de los parques a tener claridad sobre lo que se está conservando, y ayuda con la gestión de un sistema complejo (véase el Capítulo 10).

Fuentes: adaptado de Dean-Jones y Brown, 2012; Brown, 2012

y grupal, y se da para mantener y cuidar el bienestar ecológico y espiritual de la tierra y de sí mismos. De igual manera, la visión tradicional china de la naturaleza enfatiza la armonía y la "unidad con la naturaleza", en la que esta y las personas forman un todo cosmológico (Han, 2012, pp. 92-93). Aparte de la fuerte influencia de las visiones del mundo indígena y de Oriente, un enfoque para romper la división de la naturaleza/cultura en el pensamiento occidental ha sido adoptar un concepto de paisaje cultural.

¿Qué es un paisaje cultural?

El término "paisaje cultural" tiene su origen en los sistemas de conocimiento de Occidente. En este contexto, "paisaje" significa tierra moldeada por su gente, sus instituciones y sus costumbres (Tuan, 2002). "Cultura", por su parte, significa el "modo de vida" de la gente, de manera que "paisaje cultural", en términos generales, significa "aquellas áreas que claramente representan o reflejan los patrones de asentamiento o uso del paisaje durante mucho tiempo, así como la evolución de las normas, los valores culturales y las actitudes hacia la tierra" (Context *et al.*, 2002, p. 9).

La idea de los paisajes culturales, que surgió del campo de la geografía a finales del siglo XIX, está definida por la UNESCO como las obras combinadas de la naturaleza y la humanidad. Así, el concepto de paisaje cultural enfatiza la escala-paisaje de la historia y el proceso de conectividad entre personas y lugares. Este concepto también reconoce el paisaje actual como el producto de tejidos complejos y de mucho tiempo entre las personas y el medio ambiente, y desafía la dicotomía naturaleza-cultura. Una forma de representar la idea de paisaje cultural se ilustra en la Figura 4.3.

Ejemplos de paisajes culturales

La idea de paisajes culturales enfatiza la coevolución y el tejido entre las áreas geográficas, los procesos biofísicos y la presencia humana. Así, en un sentido, toda la Tierra es un paisaje cultural, ya sea porque los seres humanos han estado presentes o porque la presencia humana ha afectado los ecosistemas. Es posible que algunos pasados "tocaran el paisaje solo ligeramente" –por ejemplo, partes de la cuenca amazónica, los bosques boreales de Canadá, la Antártida o los fondos oceánicos profundos– mientras que algunos lugares de actividad histórica están marcados por imponentes estructuras construidas –así las pirámides de Egipto– o son conmemorados por su asociación con eventos o personas importantes –es el caso de la asociación de Nelson Mandela con la isla Robben en Sudáfrica–.

En la práctica, la idea de paisajes culturales se aplica a partes específicas del planeta con el propósito de identificar, evaluar, administrar y celebrar valores importantes del patrimonio. La Lista del Patrimonio Mundial reconoce actualmente 82 sitios como paisajes culturales. A continuación, se mencionan tres ejemplos de la diversa gama de paisajes culturales:

- Parque Nacional Tongariro (Nueva Zelanda): el primer paisaje cultural patrimonio mundial, el monte volcánico Tongariro juega un papel fundamental, a través de la tradición oral, en la definición y la confirmación de la identidad cultural del iwi Ngati Tuwharetoa; y la belleza natural del Tongariro es el centro espiritual e histórico de la cultura maorí (Lennon, 2006).
- Dominios del jefe Roi Mata (Vanuatu): paisajes terrestres y acuáticos relacionados con la vida y la muerte del último jefe supremo de Vanuatu a principios del siglo XVII (Galla, 2012).

Paisaje Agavero y las Antiguas Instalaciones Industriales de Tequila (México): parte de un extenso paisaje de agave azul, moldeado por la cultura de la planta utilizada desde el siglo XVI para producir tequila y al menos dos mil años para hacer bebidas fermentadas y telas. Este sitio también contiene terrazas agrícolas, viviendas, templos, montículos ceremoniales y canchas de pelota asociadas con la cultura Teuchitlán (UNESCO, 2014f).

Para aplicar la idea de paisaje cultural en la Lista del Patrimonio Mundial, la UNESCO adopta tres categorías:

"Paisajes diseñados": concebidos y creados intencionalmente por el ser humano, como jardines y parques. "Paisajes evolucionados orgánicamente": grandes áreas resultantes de actividades sociales, económicas, administrativas o religiosas a lo largo del tiempo, incluidos los paisajes

Cuadro 4.4 Evaluación del significado cultural: los pasos en el proceso

1. Reconocer la existencia del fenómeno cultural.

Nota: no todo el personal de las áreas protegidas está formalmente capacitado para reconocer el patrimonio cultural material o inmaterial.

2. Registrar y documentar las evidencias físicas, escritas y orales.

Nota: esto suele generar un inventario o una base de datos. Puede haber problemas en torno a la propiedad de dichas bases de datos y quién controla su uso.

3. Decidir lo que es importante sobre el lugar/característica y asignarlo a una o más categorías. Algunas veces, estas categorías se denominan "valores". Se considera que un objeto, lugar o práctica cultural tiene uno o más valores definidos. Para ser reconocidos en la gestión de áreas protegidas, estos valores deben conectarse con un lugar, que podría ser toda el área protegida, un lugar específico o un sendero lineal.

Nota: los valores pueden estar en conflicto, ser interdependientes o estar superpuestos. A veces los valores se equiparan con el significado. En este libro, el significado describe el grado en que un fenómeno de patrimonio posee los valores definidos (Lennon, 2006, p. 450).

4. Evaluar de la importancia del fenómeno de patrimonio cultural frente a un conjunto de criterios determinados por la legislación pertinente o el material oficial de orientación: esto determina el grado en que se expresa ese valor. A menudo, la evaluación del significado cultural se realiza a varias escalas: internacional, nacional, regional y local.

Nota: la evaluación final integra los niveles de significado con respecto a todos los criterios, aunque puede predeterminarse que un criterio tenga un mayor énfasis. Así, por ejemplo, el significado social puede ser más importante que el significado histórico.

5. Decidir sobre el enfoque de manejo más apropiado de acuerdo con el significado cultural, pero también ser consciente de otros factores como los requerimientos financieros, los imperativos políticos y las orientaciones y prioridades más amplias de las áreas protegidas.

Nota: esto puede incluir la preparación de un plan de conservación o manejo del fenómeno cultural.

6. Desarrollar e implementar un programa para administrar/proteger el valor o el lugar, lo cual incluye un componente de informes y monitoreo.

agrícolas."Paisajes asociativos": lugares con poderosas asociaciones religiosas, artísticas o culturales (UNESCO World Heritage Centre, 2011, Annex 3).

En los Estados Unidos, los paisajes regionales a gran escala de importancia nacional son designados como "Áreas de Patrimonio Nacional" (Mitchell y Melnick, 2012). Se trata de paisajes culturales donde la historia y el patrimonio se cruzan con los lugares cotidianos en los que la gente vive y trabaja. Por ejemplo, estos pueden describirse como "paisajes habitados" e incluyen paisajes industriales como el Corredor Patrimonio Nacional Valle del Río Blackstone y el Área de Patrimonio Nacional Canal Augusta.

Aplicación de paisajes culturales en la gestión de áreas protegidas

La idea de paisajes culturales ofrece una herramienta conceptual que puede aplicarse en la gestión de áreas protegidas para trabajar hacia la integración del patrimonio natural, cultural, material e inmaterial, y la diversidad biológica y cultural. Para lograr tal integración, es necesario que el personal de las áreas protegidas esté capacitado no solo en las tradiciones occidentales de las ciencias ambientales, sino también en las ciencias humanas y sociales, de tal manera que puedan romper las fronteras disciplinares para reconocer la construcción socio-natural del paisaje. Esta puede ser una tarea difícil, pero en las últimas décadas, la idea de paisaje cultural se ha aplicado ampliamente en el campo de la gestión de áreas protegidas (Buggey, 1999; Lennon, 2006; Brown, 2010). Anteriormente, los sitios de patrimonio cultural tendían a ser vistos como puntos o caminos que aparecían en un paisaje natural –el enfoque de los "puntos en el paisaje"–. Estos sitios pueden estar sujetos a una legislación y a una regulación aparte de las del ambiente natural.

Un enfoque de paisaje cultural ofrece la oportunidad de integrar la conservación del patrimonio natural y cultural al ver la cultura y la naturaleza como dimensiones interconectadas de un mismo espacio. Como hemos visto, esto se debe a que "[una] perspectiva del paisaje cultural reconoce explícitamente la historia de un lugar y sus tradiciones culturales además de su valor ecológico[...] Una perspectiva paisajística también reconoce la continuidad entre el pasado y las personas que viven y trabajan en la tierra de hoy" (Mitchell y Buggey, 2001, p. 19).

Un enfoque para reconocer los paisajes culturales en áreas protegidas es aplicar principios generales. Por ejemplo, en Nueva Gales del Sur, Australia, la aplicación de un enfoque de paisaje cultural a la gestión de áreas protegidas utiliza una serie de principios generales:

- El paisaje es una entidad viviente, y es el producto del cambio, de los patrones dinámicos y de las interrelaciones en evolución entre la historia, las culturas y los ecosistemas del pasado.
- Las interacciones entre las personas y el paisaje son complejas, de múltiples capas, y son distintivas para cada espacio y tiempo diferentes.
- Cuando todos los valores de las personas son observados y respetados, el compromiso múltiple y el diálogo son distintivos de una mentalidad de paisaje cultural.
- Todas las partes del paisaje australiano tienen una conexión con la comunidad, al igual que valores y significados asociados.
- Un elemento clave de los paisajes culturales es la continuidad del pasado y del presente (Brown, 2010, 2012).

Un énfasis clave de este enfoque del paisaje cultural es la necesidad de que los relatos, las memorias y las aspiraciones de las personas se integren continuamente en los procesos de gestión; es decir, que se reconozca que los valores culturales de los paisajes están indisolublemente ligados no solo con las identidades, conexiones y experiencias vividas de los individuos y comunidades del pasado y el presente, sino también con la ecología, la hidrología y la geodiversidad. Los programas de manejo activo deben tener en cuenta la historia escrita y la evidencia física, al igual que los significados espirituales y simbólicos que la gente atribuye a los paisajes de áreas protegidas. Además, los administradores de áreas protegidas deben entender de qué manera estos significados apoyan los Derechos Humanos, el bienestar y la identidad de la comunidad. Al entender, respetar y reconocer los vínculos y los sentimientos de las personas por los paisajes, los administradores de los parques pueden ayudar a garantizar que las áreas protegidas tengan un apoyo comunitario a largo plazo.

Con propósitos de gestión, quizás sea útil identificar partes seleccionadas de las áreas protegidas como paisajes culturales. Los objetivos específicos de gestión determinarán dónde puede ser efectivo este enfoque de conservación (Estudio de caso 4.14).

Introducción a la gestión del patrimonio cultural

En las secciones anteriores de este capítulo se describió el patrimonio cultural –las evidencias materiales e inmateriales de la presencia humana en la Tierra– y sus puntos de encuentro con las áreas protegidas. Esta sección examina cómo una sociedad llega a valorar su patrimonio, y la traducción de esos valores en la gestión y conservación del patrimonio cultural. Los organismos mundiales encargados de la gestión y la protección del patrimonio cultural son la UNESCO, el Consejo Internacional de Monumentos y Sitios (International Council of Monuments and Sites, ICOMOS), el Centro Internacional de Estudios para la Conservación y la Restauración de los Bienes Culturales (International Centre for the Study of the Preservation and Restoration of Cultural Property, ICCROM) y el Consejo Internacional de Museos (International Council of Museums, ICOM).

La Carta de Venecia de 1974 para la Conservación y Restauración de Monumentos y Sitios fue la primera en desarrollar un código de estándares profesionales que continúa proporcionando un marco internacional para la preservación y restauración de edificaciones antiguas. Desde entonces, numerosos convenios de la UNESCO han reconocido el patrimonio inmaterial y los paisajes culturales como patrimonio cultural. Los procesos, prácticas y políticas establecidos por estos y otros organismos para la gestión y protección del patrimonio cultural han sido moldeados por transformaciones en el significado del patrimonio cultural, que a su vez ha respondido a los cambios sociales en todo el mundo, particularmente el reconocimiento de los valores sociales.

La gestión del patrimonio cultural contemporáneo es un proceso multidimensional y pluralista, y existe una vasta literatura sobre un fenómeno cultural y la forma de brindar tal protección. El proceso se muestra en el Cuadro 4.4.

Uso de los valores como base para la gestión

Los pasos del Cuadro 4.4 son una clara indicación de que el "valor" proporciona la motivación para la protección del patrimonio cultural y la dirección de su gestión (como también lo hace para el patrimonio natural). En este contexto, el valor se refiere a la calidad y el carácter de un fenómeno (Mason, 2008). Es evidente que ninguna sociedad se esfuerza por conservar lo que no valora (Mason, 2008).

Los valores se construyen socialmente y están determinados por una serie de factores sociales y culturales. Es posible que lo que es valorado por una parte de la sociedad no lo sea por otra, o es posible que sea valorado por una razón diferente, o quizás una generación lo valore, pero no la siguiente (Lockwood, 2006, cap. 6). Los valores son dinámicos y se cuestionan con frecuencia, por lo que el proceso de asignar valores a algo debe ser riguroso, transparente y objetivo. Existen diferentes conjuntos de criterios para evaluar y articular los valores del patrimonio cultural. La Australian Burra Charter, una adaptación australiana del ICOMOS, identifica cinco valores culturales que se muestran en la Tabla 4.1. La tabla también incluye una clasificación de los valores de las áreas protegidas.

Tabla 4.1 Valores culturales y de las áreas protegidas

Tipo de valor cultural	Descripción
Valor estético	Percepción sensorial como forma, escala, color, textura y material de la tela o los olores y sonidos asociados con el lugar y su uso.
Valor histórico	Un lugar ha influido o ha sido influenciado por un evento, fase, actividad o figura histórica; sitio de un evento importante.
Valor científico/de investigación	Importancia de los datos; cuán raro es, representatividad, grado en que el lugar puede aportar más información sustancial.
Valor social	Cualidades por las que un lugar se ha convertido en un foco de sentimiento espiritual, político, nacional o de otro sentimiento cultural para un grupo mayoritario o minoritario.
Valor espiritual	Utilizado para captar el apego entre los seres humanos y el medio ambiente/lugar natural. Es más específico que el valor social o estético.
Tipo de valor del área protegida	**Descripción**
Valores intrínsecos	Fauna, flora, ecosistemas, paisajes terrestres y marítimos
Productos y servicios fuera del sitio	Soporte vital; calidad del agua y del aire; pesca y protección de la agricultura; protección de los asentamientos humanos.
Productos y servicios *in situ*	Productos animales y vegetales; recreación y turismo; sitios y artefactos históricos; conocimiento científico, investigación y educación; representaciones.
Valor comunitario (no material)	Cultura, identidad, significado espiritual, bienestar social; legado para generaciones futuras.
Valor individual/valores experienciales (no materiales)	Satisfacción (existencia y experiencia), salud física y mental, bienestar espiritual.

Fuentes: Australia ICOMOS, 2000; Lockwood, 2006

En la Tabla 4.2 se indican las conexiones entre los valores culturales y los valores de las áreas protegidas (destacados). Los valores individuales (área protegida) se pueden equiparar con los valores estéticos y espirituales (culturales) en el sentido más amplio del término, ya que ambos se refieren a experiencias sensoriales personales, mientras que el valor comunitario (área protegida) y el valor social (cultural) son más o menos equivalentes. La definición del área protegida respecto a los bienes y servicios *in situ* incluye valores científicos e históricos y alude a los valores sociales (educación y recreación). Los bienes y servicios *in situ* tienen un valor cultural para las personas que dependen de ellos para su sustento. Los bienes y servicios fuera del sitio (área protegida) incluyen la protección de los asentamientos humanos, que es un valor social, y los servicios ecosistémicos son culturales en la medida en que son críticos para la vida humana.

El valor del área protegida restante, el valor intrínseco, le confiere una valía al ambiente natural por lo que es, independiente de las actitudes o juicios humanos, dándole el derecho a existir (Nash, 1989). Si el patrimonio cultural es o no intrínsecamente valioso sigue siendo un tema de debate académico. Algunos sostienen que el patrimonio existe principalmente en el contexto del surgimiento de la gestión del patrimonio cultural en Occidente a finales del siglo XX. Este se define con referencia a la acción social que selectivamente mercantiliza y enfatiza que algunos lugares particulares son importantes (Harrison *et al.*, 2008).

Randell Mason (2008) ofrece otro punto de vista, en el cual argumenta que las tipologías de valores de patrimonio deberían considerar la noción de autenticidad, que presupone que el valor histórico es inherente a algo verdaderamente antiguo, y por lo tanto auténtico (en la medida en que ha atestiguado la historia y tiene la autoridad de ese testimonio). Del mismo modo, Jane Lennon (2006) atribuye valores inherentes/intrínsecos al carácter histórico acumulado y a las propiedades materiales del patrimonio histórico, ilustrando testimonios históricos y valores culturales asociados. Byrne (2008) también señala que gran parte del discurso sobre el patrimonio respecto a los valores intrínsecos ha prestado poca atención al hecho de que una gran proporción de la población mundial cree que muchos lugares de patrimonio son inherentemente sagrados. Se podría argumentar que el patrimonio inmaterial es intrínsecamente valioso porque no hay otras maneras de evaluarlo. Por ejemplo, si una persona afirma que un lugar es sagrado, ¿se puede evaluar de manera fiable y justa sin cuestionar la base misma de la identidad de esa persona? Esto puede ser desafiante para un administrador de un área protegida, en particular cuando la información sobre el patrimonio inmaterial no puede divulgarse.

¿Quién asigna los valores?

¿Quién está en mejor posición para asignar un valor y realizar una evaluación de la importancia del patrimonio cultural? Aquí las diferencias entre el patrimonio material y el inmaterial se hacen más evidentes. La identificación y la evaluación de la mayoría de los patrimonios materiales (sitios arqueológicos, históricos y marinos/marítimos, y el patrimonio mueble) se basa en testimonios de expertos en patrimonio de diversas profesiones y disciplinas como arqueología, arqueología marina, arquitectura, geografía (física y humana), historia y museología. Así, una extensa industria del patrimonio mundial y sus profesionales se han "adueñado" de la gestión del patrimonio cultural durante muchas décadas.

Por el contrario, el reconocimiento y la comprensión del patrimonio inmaterial requieren la participación y el diálogo con los titulares de la información cultural: las comunidades locales que viven en el parque o en sus alrededores, o los visitantes y usuarios del parque. Para garantizar el respeto por el patrimonio inmaterial y la protección de sus manifestaciones físicas (véase el Capítulo 22), en la gestión y manejo de áreas protegidas

Tabla 4.2 Comparación de los valores culturales y de las áreas protegidas

		Valores de las áreas protegidas				
		Intrínsecos	*In situ*	Fuera del sitio	Comunitarios	Individuales
Valores culturales	Estéticos					
	Históricos					
	Científicos					
	Sociales					
	Espirituales					

El extraordinario arte de los aborígenes australianos en una exhibición pública en la galería del abrigo rocoso de Anbangbang, Parque Nacional Kakadu, patrimonio mundial natural y cultural. Las pinturas incluyen a Namarrgon, el hombre del relámpago (bien arriba a la derecha), quien lleva su relámpago alrededor de él y este conecta sus brazos, piernas y cabeza. Las hachas de piedra que se observan en sus rodillas y codos crean el trueno

Fuente: Graeme L. Worboys

El Museo Banff Park está ubicado en el centro histórico del Parque Nacional Banff de Canadá, un sitio patrimonio mundial. Renovado en 1985, el museo conserva fielmente los productos y el estilo de las vitrinas de interpretación desarrolladas en y alrededor de 1914. El edificio fue construido en 1903 y su presencia y exhibiciones reflejan la energía y el compromiso de Norman Bethune Sanson, curador del Museo de 1896 a 1932

Fuente: Graeme L. Worboys

deben utilizarse procesos participativos que involucren a los titulares de los conocimientos, que a menudo son comunidades indígenas o tribales locales.

Conexiones entre cultura, patrimonio y áreas protegidas

La medida en que la cultura y el patrimonio se benefician de la existencia de áreas protegidas está influenciada por la concordancia o la compatibilidad de los objetivos del patrimonio cultural y la gestión de áreas protegidas. La Tabla 4.2 indica un cierto nivel de sinergia en los valores de los dos sistemas. Esto proporciona una base sólida para la capacidad administrativa y operativa en pro de alcanzar los objetivos de la gestión del patrimonio cultural en un contexto de área protegida.

En otro nivel, las áreas protegidas tienen una capacidad única para proteger el patrimonio cultural. En su mayor parte, estas áreas se han apartado para servir como refugios para la conservación de la biodiversidad y el patrimonio frente a los estragos de los grandes desarrollos o la explotación de recursos a escala industrial. Estos vestigios de paisajes pasados vienen con sus elementos culturales –el patrimonio cultural inmaterial y material– relativamente intactos. Sin embargo, el grado en que el patrimonio cultural es prioritario para los administradores depende de cuatro consideraciones importantes.

Categoría de área protegida

Las categorías de áreas protegidas de la UICN, de la categoría I a la categoría VI (véanse los Capítulos 2 y 8), reflejan una intervención humana en el área protegida de forma diferencial y gradual, tanto en su carácter como en su gestión (véase la Figura 2.1) (Dudley, 2008). La Categoría I (incluida la naturaleza silvestre) les otorga el menor énfasis a los seres humanos, mientras que la categoría V (paisaje terrestre/marino protegido) y la categoría VI (área protegida con uso sostenible de los recursos naturales) reconocen explícitamente las modificaciones humanas a los caracteres paisajísticos o la presencia de comunidades humanas que viven en el área protegida.

Todas las categorías reconocen el patrimonio cultural, en particular cuando se aplica el concepto de paisajes culturales. La categoría VI puede asignar una alta prioridad al patrimonio cultural inmaterial, ya que a menudo las comunidades humanas continúan sus tradiciones culturales en el área protegida y tienen la responsabilidad primaria de su gestión y manejo, como sucede con los Territorios y Áreas Conservados por Pueblos Indígenas y Comunidades Locales (TICCA).

Otras medidas de manejo, como la administración conjunta de un parque nacional, también pueden mejorar la apreciación del patrimonio cultural (véase el Capítulo 7). En Australia, las cincuentaicinco áreas protegidas indígenas cuya administración y propiedad pertenece a los aborígenes (2014) se encuentran en varias categorías de la UICN (Hill *et al.*, 2011).

La legislación sobre áreas protegidas puede definir de manera limitada el patrimonio cultural como un patrimonio material

Esto es particularmente relevante en Occidente, y deja ver un vestigio de las definiciones tempranas del patrimonio cultural. Sin embargo, existen evidencias sólidas que demuestran la posibilidad de que las áreas protegidas no logren su objetivo de proteger la naturaleza sin el apoyo de los ciudadanos –el cual suele ganarse solo reconociendo el patrimonio cultural inmaterial encapsulado dentro de las áreas protegidas–. Por ejemplo, la investigación sobre el manejo sostenible de los recursos en la región ecológicamente rica del monte Elgon, en Kenia, demostró que el malestar social, los daños ambientales y la caza de la fauna silvestre se intensificaron hasta que el gobierno central reconoció la importancia crítica del parque nacional para los medios de subsistencia locales y que las comunidades habían manejado los recursos de manera sostenible durante miles de años antes de la colonización británica.

Como en muchos otros países, el sistema de parques nacionales de China tiene objetivos tanto sociales como ecológicos, y su desempeño se mide en función de su capacidad para reducir la pobreza, promover la rehabilitación a largo plazo de los hábitats de vida silvestre y proteger la cultura china y la biodiversidad (Wang *et al.*, 2012).

Es posible que el personal requiera de capacitación en gestión del patrimonio cultural

Es posible que algunos integrantes del personal de las áreas protegidas (y el personal de manejo de los recursos naturales de manera más general) tengan una escasa capacitación, o un bajo nivel de habilidades o calificaciones en la gestión del patrimonio cultural o en ciencias sociales, o una comprensión poco realista de lo que realmente implica el trabajo.

> Acorde con sus profesiones, los jóvenes administradores ambientales o de recursos naturales suelen sentirse atraídos por el aire libre, lejos de la multitud enloquecida y sus problemas sociopolíticos, y trabajan con recursos físicos y biológicos. No obstante, estos nuevos forestales, biólogos de la vida silvestre o ecólogos suelen encontrarse tan inmersos en cuestiones de valor social menos tangibles y más ambiguas, como lo están en los recursos naturales que aman y quieren administrar (por ejemplo, búhos vs. trabajos vs. valores de la diversidad biológica). Esto es especialmente cierto para los profesionales empleados por los organismos públicos. Muchos jóvenes graduados en profesiones relacionadas con los recursos naturales están decepcionados y frustrados al descubrir que ser un servidor público profesional y eficaz es en última instancia un esfuerzo social. (Kennedy y Thomas, 1995, p. 311)

Para gestionar eficazmente el patrimonio cultural, un administrador de áreas protegidas debe saber cómo construir un equipo que pueda reconocer y proteger un yacimiento arqueológico, estabilizar una edificación histórica, documentar un paisaje cultural, recopilar información sobre la historia oral y comprender las conexiones de la comunidad con el lugar.

Percepciones del manejo del patrimonio cultural como algo demasiado difícil, menos importante que el patrimonio natural o incluso un impedimento para proteger la biodiversidad

La gestión del patrimonio cultural puede ser abrumadora para el personal que no cuenta con la capacitación o la experiencia necesarias. Los que no tienen interés pueden pensar que es poco importante, y en algunos casos que está fuera de las responsabilidades de las áreas protegidas. Es más probable que esto ocurra entre el personal capacitado en Occidente, como lo indica este comentario sobre el Servicio Nacional de Parques Nacionales y Vida Silvestre de NSW, Australia: "El Servicio ha pasado por varias fases de aceptar con agrado o a regañadientes su papel como gestor del sitio histórico, un rol que parece no encajar fácilmente con su papel de conservación de la naturaleza" (Pearson y Sullivan, 1995, p. 60).

Concluimos esta sección señalando que los valores sociales comunitarios no siempre están armonizados con la conservación de la naturaleza. El patrimonio cultural puede conllevar prácticas y tradiciones incompatibles con la protección de la biodiversidad, como matar animales para la medicina tradicional, remover de manera excesiva la vegetación para disminuir la intensidad de los incendios, cazar especies amenazadas para alimento o el sobreuso con fines recreativos.

Conclusión

Este capítulo se ha centrado en el patrimonio cultural desde una perspectiva de la relación en el espacio y en el tiempo entre las personas y el entorno natural. Hemos mostrado que los legados culturales de estas relaciones son fenómenos interesantes y diversos con dimensiones materiales e inmateriales. El patrimonio cultural se refiere al pasado, pero también conecta a los seres humanos con el presente y visualiza un futuro. Asimismo, el patrimonio es la piedra angular de la identidad y, si bien puede ser incómodo, impugnado o polémico, los administradores de áreas protegidas harán bien en no ignorarlo. El concepto y la práctica de la gestión de áreas protegidas son en sí mismos un patrimonio cultural y son las expresiones tangibles de creencias y valores generados por la sociedad sobre el mundo natural que ha existido durante miles de años. Las asociaciones espirituales de los pueblos indígenas con el mundo natural fueron la base de las primeras formas de protección ambiental de base local y siguen siendo pertinentes en muchas partes del mundo. La gestión moderna de áreas protegidas está guiada por sistemas globales que se manifiestan a través de las regulaciones de los estados-nación. El reconocimiento del patrimonio cultural, en especial del patrimonio cultural inmaterial y del valor social, ha sido un importante motor de cambios sustantivos en la filosofía y la práctica de la gestión de las áreas protegidas, que la sitúa firmemente en el ámbito de los derechos y la justicia social. Las definiciones tempranas del patrimonio cultural se limitaban a monumentos y sitios, con privilegio de los países ricos y a ciertas profesiones. La ampliación para abarcar el patrimonio inmaterial y los paisajes culturales aumentó la comprensión de los valores espirituales y sociales de las áreas protegidas y devolvió algo de poder a los dueños de ese patrimonio.

Hemos mostrado que en todo el mundo las áreas protegidas tienen profundos valores culturales, en la medida en que muchos son vistos como buques insignia de la nacionalidad, y a menudo son la piedra angular de las industrias turísticas nacionales. Las áreas protegidas y el patrimonio cultural no solo son compatibles, están inexorablemente interconectados. Es probable que la falta de comprensión que las personas tienen de la importancia del patrimonio cultural resulte en un fracaso en el cumplimiento de los objetivos de la biodiversidad, debido a la falta de apoyo de la comunidad. Así como el patrimonio cultural no puede separarse de las personas que lo valoran, las áreas protegidas tampoco pueden existir aisladas y sin el apoyo de la comunidad en general.

¿Cuáles son los beneficios de las áreas protegidas respecto a la protección del patrimonio cultural? Las áreas protegidas se esfuerzan en proteger la naturaleza y los procesos naturales en un mundo donde el desarrollo y el cambio continúan invadiendo el medio ambiente natural. En 2014, en todo el mundo las áreas protegidas representaban solo el 15,4% de la superficie terrestre –un fenómeno valioso–. Las áreas protegidas son altamente valoradas por los seres humanos, no solo por su biodiversidad, sino también por el patrimonio cultural inmaterial y material que albergan, que de otro modo podría ser destruido por el desarrollo. Ser capaces de dejar el patrimonio cultural material en su entorno paisajístico es mucho mejor que recogerlo y ponerlo en otro lugar, así como es valioso proteger grandes paisajes culturales o lugares de valor espiritual. Es prácticamente imposible hacer esto en cualquier otro lugar. Las áreas protegidas son fundamentales para la conservación del patrimonio cultural.

Referencias

Lecturas recomendadas

Ahmad, Y. (2006). The scope and definitions of heritage: from tangible to intangible. *International Journal of Heritage Studies*, 12(3), 292-300.

Alexander, J. y Coursey, D. (1969). The origins of yam cultivation. En P. Ucko y G. Dimbleby (eds.). *The Domestication and Exploitation of Plants and Animals*, pp. 405-426. Londres: Duckworth.

Amend, T.; Brown, J.; Kothari, A.; Phillips, A. y Stolton, S. (eds.). (2008). *Protected Landscapes and Agrobiodiversity Values*, Volumen 1. Protected Landscapes and Seascapes Series. Heidelberg: IUCN y GTZ, Kasparek Verlag.

Australian National Committee of International Council of Monuments and Sites (Australia ICOMOS). (2000). *The Burra Charter 1999*. Melbourne: Australia ICOMOS.

Baldwin, A. (2010). The white-bellied sea eagle in the Jervis Bay region: an exploration of the cultural, ecological and conservation significance. [Tesis]. University of Wollongong, Wollongong, NSW.

Bellwood, P. (1978). *Man's Conquest of the Pacific*. Auckland: Collins.

Bokova, I. (2012). Preface. En UNESCO, *World Heritage: Benefits beyond borders*. Cambridge: UNESCO y Cambridge University Press.

Bowler, J.; Jones, R.; Allen, H. y Thorne, A. (1970). Pleistocene human remains from Australia: a living site and human cremation from Lake Mungo, western New South Wales. *World Archaeology*, 2, 39-60.

Boyden, S. (2004). *The Biology of Civilisation*. Sydney: UNSW Press.

Brown, S. (2010). *Cultural Landscapes: a practical guide for park management*. Sídney: Department of Environment, Climate Change and Water.

(2012). Applying a cultural landscape approach in park management: an Australian scheme. *Parks*, 18(1), 99-110.

Buggey, S. (1999). *An Approach to Aboriginal Cultural Landscapes*. Ottawa: Historic Sites and Monument Board of Canada, Government of Canada.

Byrne, D. (2008). Heritage as social action. En G. Fairclough, R. Harrison, J. Jameson Jr. y J. Schofield (eds.). *The Heritage Reader*, pp. 149-174. Londres y Nueva York: Routledge.

Goodall, H. (2013). Place-making and transnationalism: recent migrants and a national park in Sydney, Australia. *Parks*, 19(1), 63-72.

Carlson, A. (2010). Contemporary environmental aesthetics and the requirements of environmentalism. *Environmental Values*, 19, 289-314.

Context, Urban Initiatives y Doyle, H. (2002). *Port Arthur Historic Site Landscape Management Plan*. Hobart: Port Arthur Historic Site Management Authority.

Davis, M. (2007). *Writing Heritage*. Melbourne: Australian Scholarly Publishing.

Davison, G. (2008). Heritage: from patrimony to pastiche. En G. Fairclough, R., Harrison, J., Jameson, Jr. y J. Schofield (eds.). *The Heritage Reader*, pp. 31-41. Londres y Nueva York: Routledge.

Dean-Jones, P. y Brown, S. (2012). Forest as historic artefact: understanding cumulative landscape transformation in grazed and logged forests in north east NSW. En B.J. Stubbs, J. Lennon, A. Specht y J. Taylor (eds.). *Australia's Ever-Changing Forests VI: Proceedings of the Eighth National Conference on Australian Forest History, Australian Forest History Society, Lismore*, pp. 57-82. Canberra: Australian Forest History Society Inc.

Department of Environmental Affairs and Tourism. (2003). *People, Parks and Transformation in South Africa: a century of conservation, a decade of democracy*. Pretoria: Department of Environmental Affairs and Tourism.

Dudley, N. (2008). *Guidelines for Applying Protected Area Management Categories*. Gland: IUCN.

Bhagwat, S.; Higgins-Zogib, L.; Lassen, B.; Verschuuren, B. y Wild, R. (2010). Conservation of biodiversity in sacred natural sites in Asia and Africa: a review of the scientific literature. En B. Verschuuren, R. Wild, J. McNeely y G. Oviedo (eds.). *Sacred Natural Sites, Conserving Culture and Nature*, pp. 19-32. Londres: Earthscan.

Ellis, E.; Kaplan, J.; Fuller, D.; Vavrus, S. y Goldewijk, P. (2013). Used planet: a global history. *Proceedings of the National Academy of Science*, 20, 7978-7985.

Fairclough, G.; Harrison, R.; Jameson Jr., J. y Schofield, J. (eds.). (2008). *The Heritage Reader.* Londres y Nueva York: Routledge.

Feary, S. (1993). An Aboriginal burial with grave goods near Cooma, New South Wales. *Australian Archaeology*, 43, 40-42.

Fischer, S. (2005). *Island at the End of the World.* Londres: Reaktion Press.

Galla, A. (2012). Legacy of a chief: Chief Roi Mata's domain, Vanuatu. En UNESCO, *World Heritage: Benefits beyond borders*, pp. 169-177. Cambridge: UNESCO y Cambridge University Press.

Gatunda, C. (2002). Strengthening a community-based approach for resource management: opportunities for achieving sustainability in the Mt. Elgon ecosystem, Kenya. [Tesis de maestría]. Masters of Environmental Science, The Australian National University, Canberra.

Government of Australia y Johnston, E. (1991). *Royal Commission into Aboriginal Deaths in Custody*. Canberra: Australian Government Publishing Service.

Han, F. (2012). Cultural landscape: a Chinese way of seeing nature. En K. Taylor y J. Lennon (eds.). *Managing Cultural Landscapes*, pp. 90-108. Londres y Nueva York: Routledge.

Harrison, R. (2013). *Heritage: critical approaches.* Londres y Nueva York: Routledge.

Fairclough, G.; Jameson Jr., J. y Schofield, J. (2008). Heritage, memory and modernity. En G. Fairclough, R. Harrison, J. Jameson Jr, y J. Schofield (eds.). *The Heritage Reader*, pp. 1-12. Londres y Nueva York: Routledge.

Harvey, D. (2010). Heritage pasts and heritage presents: temporality, meaning and the scope of heritage studies. *International Journal of Heritage Studies*, 7(4), 319-338.

Head, L. (2000). *Cultural Landscapes and Environmental Change*. Londres: Arnold.

Heiser, C. (1973). *Seed to Civilization: the story of man's food.* San Francisco: W. H. Freeman y Company.

Helliwell, C. y Hindess, B. (1999). "Culture", "society" and the figure of man. *History of the Human Sciences*, 12(4), 1-20.

Henn, B.; Cavalli-Sforza, L. y Feldman, M. (2012). The great human expansion. *Proceedings of the National Academy of Sciences*, 109(44), 17, 758-764.

Higgins, M. (1988). *Teddy's Hut: a history.* Canberra: Kosciusko Huts Association Inc.

Hill, R.; Walsh, F.; Davies, J. y Sandford, M. (2011). *Our Country Our Way: Guidelines for Australian Indigenous Protected Area Management Plans.* Cairns, Queensland: CSIRO y Government of Australia.

Intergovernmental Oceanographic Commission. (2014). *Underwater Cultural Heritage*. París: UNESCO. Recuperado de: www.ioc-unesco.org/index.php?option=com_contentyview=articleyid=83:underwater-cultural-heritageycatid=14yItemid=100063

Itami, R. (1993). Characteristics of landscape aesthetic value and implications for assessment methodology. *More than Meets the Eye*. Technical Workshop Series 7, pp. 13-22. Canberra: Australian Heritage Commission.

Johnston, C. (1992). *What is Social Value?* Canberra: Australian Heritage Commission.

Jokilehto, J. (2005). *Definition of Cultural Heritage*. Roma: ICCROM Working Group Heritage and Society.

Kennedy, J. y Thomas, J. (1995). Managing natural resource value. En L. Knight y S. Bates (eds.). *A New Century for Natural Resource Management*, pp. 311-321. Washington, D.C.: Island Press.

Köhler-Rollefson, I. (2014). *Indigenous knowledge of animal breeding and breeds*. GTZ Issues Paper. Eschborn: German Technical Cooperation. Recuperado de: www2.gtz.de/dokumente/bib/04-5104a2.pdf

Kuman, K., Baron, J. y Gibbon, R. (2005). Earlier stone age archaeology of the Vhembe-Dongala National Park (South Africa) and vicinity. *Quaternary International* (2005), 129, 23-32.

Lennon, J. (2006). Cultural heritage management. En M. Lockwood, G.L. Worboys y A. Kothari (eds.). *Managing Protected Areas: A global guide*, pp. 448-473. Londres: Earthscan.

Lockwood, M. (2006). Values and benefits. En M. Lockwood, G.L. Worboys y A. Kothari (eds.). *Managing Protected Areas: A global guide*, pp. 101-115. Londres: Earthscan.

Lowenthal, D. (2005). Natural and cultural heritage. *International Journal of Heritage Studies*, 11(1), 81-92.

McKee, A. (1982). *How We Found the Mary Rose*. Londres: Souvenir Press.

Mason, R. (2008). Assessing values in conservation planning. En G. Fairclough, R. Harrison, J. Jameson Jr, y J. Schofield (eds.). *The Heritage Reader*, pp. 99-124. Londres y Nueva York: Routledge.

Mitchell, N. (2013). *Study on the Application of Criterion (vii): considering superlative natural phenomena and exceptional natural beauty*. Gland: IUCN.

Buggey, S. (2001). *Category V protected landscapes in relation to World Heritage- cultural landscapes: taking advantages of diverse approaches*. Conservation Study Institute Landscape Conservation: an international working session on the stewardship of protected landscapes, conservation and stewardship, Publication No. 1. Woodstock, VT.: IUCN y QLF/Atlantic Centre for the Environment.

Melnick, R. (2012). Shifting paradigms: new dimensions in cultural landscape conservation for twenty-first-century America. En K. Taylor y J. Lennon (eds.). *Managing Cultural Landscapes*, pp. 232-252. Londres y Nueva York: Routledge.

Mulvaney, J. y Kamminga, J. (1999). *Prehistory of Australia*. Sídney: Allen y Unwin.

Nash, R. (1989). *The Rights of Nature*. Sydney: Primavera Press.

Old Ceasera Diving Centre. (2014). *Dive Sites*. Recuperado de: www.caesarea-diving.com

Oviedo, G. y Jeanrenaud, S. (2007). Protecting sacred natural sites of indigenous and traditional peoples. En J. Mallarach y T. Papayannis (eds.). *Protected Areas and Spirituality: Proceedings of the First Workshop of the Delos Initiative, Montserrat, 23-26 November 2006*, pp. 77-100. Gland: IUCN y Montserrat: Publicaciones de l'Abadia de Montserrat.

Pearson, M. y Sullivan, S. (1995). *Looking after Heritage Places*. Melbourne: Melbourne University Press.

Phillips, A. (2002). *Management Guidelines for IUCN Category V Protected Areas: Protected landscapes/seascapes*. Gland y Cambridge: IUCN.

Psychic Universe. (2014). *Dolphins: spiritual messengers from the sea.* Recuperado de: www.psychicsuniverse.com/articles/spirituality/living-spiritual-life/dolphins-spiritual

Puszta.com. (2014). *Hungarian Grey Cattle.* Recuperado de: www.puszta.com/eng/hungary/cikk/szurkemarha

Ransom, D. (1991). Wasteland to wilderness: changing perceptions of the environment. En J. Mulvaney (ed.). *The Humanities and the Australian Environment*, pp. 5-20. Canberra: Highland Press.

Rose, D. (1996). *Nourishing Terrains: Australian Aboriginal views of landscape and wilderness.* Canberra: Australian Heritage Commission.

Sarmiento, F.; Rodriguez, G. y Argumedo, A. (2005). Cultural landscapes of the Andes: indigenous and *colono* culture, traditional knowledge and ethno-ecological heritage. En J. Brown, N. Mitchell y M. Beresford (eds.). *The Protected Landscape Approach: Linking Nature, Culture and Community*, pp. 147-162. Gland: IUCN.

Sauer, C. (1952). *Agricultural Origins and Dispersals.* Nueva York: American Geographical Society.

Schofield, J. (2008). Heritage management, theory and practice. En G. Fairclough, R. Harrison, J., Jameson Jr, y J. Schofield (eds.). *The Heritage Reader*, pp. 15-30. Londres y Nueva York: Routledge.

Selman, P. y Swanwick, C. (2010). On the meaning of natural beauty in landscape legislation. *Landscape Research*, 35(1), 3-26.

Seymour-Smith, C. (1986). *Macmillan Dictionary of Anthropology.* Londres: Macmillan.

Shengii, P. (2010). The road to the future? The biocultural values of the Holy Hill forests of Yunnan Province, China. En B. Verschuuren, R. Wild, J. McNeely y G. Oviedo (eds.). *Sacred Natural Sites*, pp. 98-106. Londres: Earthscan.

Smith, L. (2006). *Uses of Heritage.* Londres y Nueva York: Routledge.

South African San Institute. (2014). *CRAM.* Recuperado de: www.san.org.za/cram.php

Studley, J. (2010). Uncovering the intangible values of earth care: using cognition to reveal the eco-spiritual domains and sacred values of the peoples of eastern Kham. En B. Verschuuren, R. Wild, J. McNeely y G. Oviedo (eds.). *Sacred Natural Sites, Conserving Culture and Nature*, pp. 107-118. Londres: Earthscan.

Submerged Prehistoric Archaeology and Landscapes of the Continental Shelf (Splashcos). (2014). *About Splaschos.* Recuperado de: www.splashcos.org/about

Szirmai, A. (2009). *Industrialisation as an engine of growth in developing countries, 1950-2005.* [UNU-MERIT Working Paper]. Maastricht: United Nations University-Maastricht Economic and Social Research Institute on Innovation and Technology. Recuperado de: www.merit.unu.edu/publications/working-papers/?year_id=2009

Thaman, R. y Clarke, W. (1993). Introduction. En W. Clarke y R. Thaman (eds.). *Agroforestry in the Pacific Islands: systems for sustainability*, pp. 1-16. Tokio: United Nations University Press.

Throckmorton, P. (1987). *History from the Sea.* Londres: Michael Beazley Publishers.

Truscott, M. (2006). Repatriation of Indigenous cultural property. [Artículo preparado para el 2006 Australian State of the Environment Committee]. Canberra: Department of Environment and Heritage.

Tuan, Y.-F. (2002). Foreword. En K. Olwig (ed.). *Landscape, Nature and the Body Politic: From Britain's Renaissance to America's New World.* Madison: University of Wisconsin Press.

United Nations Educational, Scientific and Cultural Organization (UNESCO). (1972). *Convention Concerning Protection of the World Natural and Cultural Heritage.* París: UNESCO.

(2001). *Convention on the Protection of the Underwater Cultural Heritage.* París: UNESCO. Recuperado de: unesdoc.unesco.org/images/0012/001260/126065e.pdf

(2003). *Convention for the Safeguarding of the Intangible Cultural Heritage.* París: UNESCO.

(2012). *World Heritage: benefits beyond borders.* Cambridge: UNESCO y Cambridge University Press.

(2013). *Operational Guidelines for the Implementation of the World Heritage Convention.* París: UNESCO.

(2014a). *The Marshlands of Mesopotamia.* París: UNESCO. Recuperado: whc.unesco.org/en/tentativelists/1838/

(2014b). *Mapungubwe Cultural Landscape.* París: UNESCO. Recuperado de: whc.unesco.org/en/list/1099

(2014c). *Tikal National Park.* París: UNESCO. Recuperado de: whc.unesco.org/en/list/64

(2014d). *Sundarbans National Park.* París: UNESCO. Recuperado de: whc.unesco.org/en/list/452

(2014e). Hortobágy National Park-the Puszta. París: UNESCO. Recuperado de: whc.unesco.org/en/list/474

(2014f). *Agave Landscape and Ancient Industrial Facilities of Tequila.* París: UNESCO. Recuperado de: whc.unesco.org/en/list/1209

World Heritage Centre (2011). *Operational Guidelines for the Implementation of the World Heritage Convention.* París: UNESCO.

Verlag Wolfgang Kunth GmbH y Co. (2010). *World Heritage.* Munich: Monaco Books.

Vershuuren, B.; Wild, R.; McNeely, J.A. y Oviedo, G. (eds.). (2010). *Sacred Natural Sites, Conserving Nature and Culture.* Londres: Earthscan.

Wang, G.; Innes, J.; Wu, S.; Krzyzanowski, J.; Yin, Y.; Dai, S.; Zhang, X. y Liuet, S. (2012). National park development in China: conservation or commercialization. *AMBIO*, 41, 247-261.

Webb, S.; Cupper, M. y Robins, R. (2006). Pleistocene human footprints from the Willandra Lakes, southeastern Australia. *Journal of Human Evolution*, 50(4), 405-413.

Wild, R. y McLeod, C. (2008). *Sacred Natural Sites: Guidelines for protected area managers.* Gland: IUCN.

Wilderness.net. (2014). *The Idea of Wilderness.* Recuperado de: www.wilderness.net/NWPS/WhatIsWilderness

Willow, A. (2011). Culturally significant natural resources - where nature and culture meet. En T. King (ed.). *A Companion to Cultural Resource Management.* Chichester, Reino Unido: Blackwell.

World Commission on Environment and Development (WCED). (1987). *Our Common Future.* Londres: Oxford University Press.

Zeder, M. (2011). The origins of agriculture in the Near East. *Current Anthropology*, 52(sup. 4), S221-S235.

CAPÍTULO 5

INFLUENCIAS SOCIALES Y ECONÓMICAS QUE MOLDEAN LAS ÁREAS PROTEGIDAS

Autor principal:
Nigel Crawhall

CONTENIDO

IUCN WCPA WORLD COMMISSION ON PROTECTED AREAS Convention on Biological Diversity

AUTOR PRINCIPAL

NIGEL CRAWHALL es director de la Secretaría del Comité de Coordinación de los Pueblos Indígenas de África (Indigenous Peoples of Africa Coordinating Committee, IPACC) y copresidente del Tema sobre Pueblos Indígenas, Comunidades Locales, Equidad y Áreas Protegidas de la Unión Internacional para la Conservación de la Naturaleza (UICN).

AGRADECIMIENTOS

Se agradecen las contribuciones a este capítulo de Trisha Kehāulani Sproat-Watson sobre la cultura hawaiana y sobre Elinor Ostrom, de Alejandro Nadal sobre macroeconomía y conservación y de Stephen Dovers sobre instrumentos ambientales multilaterales y apoyo editorial.

CITACIÓN

Crawhall, N. (2019). Influencias sociales y económicas que moldean las áreas protegidas. En G.L. Worboys, M. Lockwood, A. Kothari, S. Feary e I. Pulsford (eds.). *Gobernanza y gestión de áreas protegidas*, pp. 119-148. Bogotá: Editorial Universidad El Bosque y ANU Press.

FOTOGRAFÍA DE LA PÁGINA DEL TÍTULO

Parque Marino de la Gran Barrera de Coral, Queensland Australia, patrimonio mundial de la UNESCO y una de las grandes áreas marinas protegidas del mundo

Fuente: © Autoridad del Parque Marino de la Gran Barrera de Coral

Extracto, Capítulo 5 (p. 139): "[...] en Australia en 2014, el Gobierno de Australia y la Autoridad del Parque Marino de la Gran Barrera de Coral habían tomado decisiones con respecto a los lodos de dragado que representaban una amenaza para la Gran Barrera de Coral –otro sitio icónico patrimonio mundial–. La Gran Barrera de Coral está amenazada por varias industrias extractivas, las fuentes de contaminación relacionadas con combustibles fósiles y las congestionadas rutas de transporte marítimo asociadas y los planes para aumentar las exportaciones de carbón desde Abbot Point. Tales amenazas se están viendo a escala mundial. Las raíces del problema nos devuelven a las tensiones sobre los valores, la custodia y quizás también los cambios en el carácter y los intereses del propio Estado".

Introducción

Este capítulo explora las tendencias en los valores de la sociedad, los Derechos Humanos y la economía que han moldeado la manera en que las áreas protegidas son entendidas, valoradas, administradas y gobernadas. El capítulo destaca algunas de las tendencias sociales y económicas contradictorias que pueden definir el futuro de la formulación de políticas, gobernanza e integridad de las áreas protegidas.

La función del capítulo es ubicar las áreas protegidas en un contexto social y político más amplio, y considerar el papel de la percepción, los valores, las normas y el compromiso del público en la labor de asegurar que los objetivos de conservación, incluido el uso efectivo de las áreas protegidas, sean apoyados por procesos sociales, económicos y políticos que a primera vista no parecen estar relacionados con la formulación de políticas de conservación. Dentro de las diferentes esferas políticas y tendencias sociales, hay margen no solo para formar la opinión del público, la cohesión social, la solidaridad y el compromiso político, sino también para anticipar los problemas derivados de ciertos marcos económicos de referencia que, de no ser monitoreados y abordados, pueden llegar a socavar la eficacia de las áreas protegidas.

El estudio de algunas tendencias históricas puede brindar una visión de lo que en los próximos años pueden esperar los encargados de formular políticas, los administradores, los conservacionistas, los custodios locales, los propietarios tradicionales y la sociedad civil. Entender el pasado y cómo los seres humanos se relacionan con la naturaleza nos da una visión de los asuntos que quizás debemos considerar y preparar para cumplir los objetivos futuros de conservación, la conectividad del paisaje terrestre/marino, respaldar los Derechos Humanos y permitir un compromiso humano compartido con el fin de mantener el planeta para las futuras generaciones. Estamos en una época de rápida integración económica y social a nivel mundial, con capacidades de comunicación de alta velocidad y sistemas culturales globalizantes; factores estos que facilitan la construcción del apoyo y la comprensión del público. En contraste, también vivimos en un contexto de alto grado de desigualdad humana combinado con la expansión de la mercantilización y el consumo de recursos naturales, lo cual crea condiciones de conflicto y competencia. Estas condiciones implican que las áreas protegidas sean sitios de disputa y espacios políticos complejos.

El capítulo concluye con algunas consideraciones clave sobre las amenazas y las oportunidades, y un llamado a considerar la cuestión fundamental de la custodia humana y nuestro deber para con el resto del mundo viviente, el cual da soporte a nuestra salud y bienestar. A medida que avanzamos en un mundo cada vez más acelerado de tecnologías cambiantes, integración económica mundial y cambios en el uso de la tierra, quizás debamos considerar un pacto social humano renovado para conservar la biodiversidad, mejorar la conectividad más allá de las fronteras políticas y prepararse frente a nuevas variables que incluyen la inestabilidad climática, la modificación genética en la agricultura, las nuevas tecnologías energéticas y los cambios en el papel del Estado.

Tendencias y pronósticos

Gran parte de este libro trata de las consideraciones técnicas y administrativas para una conservación exitosa dentro y fuera de las áreas protegidas. No obstante, en última instancia, son otras prioridades en la organización humana, la cultura, la economía y la política las que crean las condiciones en las que surgieron y se desarrollarán las áreas protegidas en las próximas décadas. Algunas de estas tendencias son positivas, pero otras afectarán negativamente los esfuerzos de conservación de la biodiversidad y los ecosistemas. La comprensión de estas tendencias está fuera del dominio habitual de la formación profesional y las ciencias biológicas. Comprender los contextos de las tendencias que afectan a las áreas protegidas requiere mirar la caja de herramientas de las ciencias sociales.

El objetivo principal de este capítulo es considerar cómo ubicar la gestión, la política y la gobernanza exitosa de las áreas protegidas en el contexto más amplio del comportamiento humano, los valores, la economía y las tendencias que pueden dar forma a los planes y maneras de trabajar en el futuro. Este libro describe en varios capítulos la dinámica cambiante de la relación entre los seres humanos y la naturaleza. La tendencia moderna a favor de las áreas protegidas se ha acelerado drásticamente, en parte debido a la evidencia de factores de pérdida de la biodiversidad, a cambios radicales en el uso de la tierra en todo el mundo y a una conciencia creciente de que, si no reaccionamos rápida y efectivamente, experimentaremos consecuencias que son negativas para la vida en la Tierra, incluso para nuestra especie.

El alcance del capítulo es amplio, y por lo tanto se entiende como una visión general de algunas cuestiones clave. Cualquier incursión en la teoría política, social y económica viene con suposiciones, epistemologías y modelos teóricos que están abiertos al debate y la disputa. Aquí tratamos de ver algunas de las cuestiones en trazos amplios y reconocibles, en lugar de presentar un marco específico materialista o positivista.

Para los especialistas, algo de esto puede ser insuficiente. La meta es presentar consideraciones sociales, políticas y económicas para los que no son especialistas, y aportar a los debates en grupos más especializados.

El capítulo comienza con la premisa de que la sociedad y la economía política nunca son estáticas. Dado que nos encontramos en una era conocida como el Antropoceno, cualquier objetivo de conservación que nos propongamos dependerá del grado en que los seres humanos y nuestras instituciones sociales, políticas y económicas tengamos en cuenta la necesidad de conservar la biodiversidad y los ecosistemas. Algunos sistemas humanos, como la globalización de los mercados de materias primas y los marcos macroeconómicos capitalistas en la formulación de políticas nacionales, pueden parecer remotos y autodirigidos, pero solo surgen en la cultura, la imaginación y los sistemas de valores de los humanos. Cambiar los sistemas de valores, al igual que los deberes y las escalas de gobernanza y custodia en relación con las áreas protegidas y otras medidas de conservación basadas en áreas tendrá un impacto tanto en la efectividad como en la disponibilidad de recursos, incluido el apoyo social y político para las áreas protegidas.

Un concepto clave en la discusión es la "custodia": la creencia de que un individuo o una red de seres humanos tiene sentimientos en relación con un territorio o un paisaje terrestre o marino particular, y que tales sentimientos le llevan a conservar, proteger o utilizar de manera sostenible el territorio. En este capítulo sugerimos que en nuestros tiempos modernos la custodia es un área de cambio rápido, polémica, ambigua y de escalas cambiantes, que en última instancia jugarán un papel crucial en la eficacia de las áreas protegidas.

Consideramos el cambio histórico global de la custodia localizada a la creciente autoridad estatal, y luego la naturaleza cambiante del Estado dentro de la economía, el comercio y la extracción de recursos naturales a nivel global. En los últimos tiempos, los deberes de custodia jurídica del Estado pueden reorientarse o incluso desviarse para facilitar la degradación del medio ambiente, la caza furtiva de la vida silvestre y una mayor degradación de la integridad de los ecosistemas, y estos problemas son impulsados principalmente por las ideologías económicas y la influencia de intereses transnacionales privados que no tienen un sistema evolutivo de valores basado en la naturaleza ni tienen que rendir cuentas a otras escalas de custodios.

Dos tendencias notables que no se exploran en el capítulo incluyen el cambio de la demografía humana y el cambio climático antropogénico (véase el Capítulo 17). Estos pueden tomarse como condiciones marco, en el sentido de que aquellos que trabajan en áreas protegidas tienen una capacidad limitada para cambiar las tasas humanas de reproducción o las emisiones mundiales de los gases de efecto invernadero. Para las áreas protegidas, ambas tendencias afectarán de manera compleja la política y la eficacia de las mismas.

Antes de profundizar en la cuestión de la custodia, vale la pena reflexionar sobre cómo y por qué los seres humanos valoran la naturaleza, y cómo las condiciones materiales y sociales cambiantes actúan sobre estos sistemas de valores, que a su vez moldean dónde ponemos nuestra atención, energía y recursos. La sociedad humana ha llegado a un punto en el que ha superado las variables naturales como motor primario de los cambios en la biodiversidad, en los ecosistemas e incluso en los sistemas climáticos. Lo que hagamos en el mañana moldeará toda la historia del planeta, nuestra especie y muchas otras especies.

Antropoceno: los seres humanos toman el mando

En el año 2000, el biólogo Eugene Stoermer y el químico ganador del Premio Nobel Paul Crutzen acuñaron el término "Antropoceno" en un boletín del Programa Internacional Geosfera-Biosfera. El término fue adoptado formalmente por la Sociedad Geológica de Londres en 2008. Este término reconoció que nuestro contexto geológico y climático está ahora menos determinado por las tendencias naturales que por el comportamiento humano y los cambios impulsados por los miembros de nuestra especie tanto en la Tierra física (pérdida de suelo, contaminación, extracción por minería y la exploración) como en nuestra atmósfera (el impacto más notable es la emisión de gases de efecto invernadero que conduce al calentamiento global y a la inestabilidad climática, con impactos como la acidificación de los océanos, el derretimiento de los glaciares y los impactos terrestres).

Calcular el efecto completo de lo que los seres humanos le hicieron a la Tierra y a la atmósfera durante el siglo pasado es angustioso y puede sumergir a una persona en un estado de ansiedad. Como sugiere este capítulo, y de hecho este libro, los impulsores de las amenazas a nuestra biodiversidad, los ecosistemas, la soberanía alimentaria y la estabilidad climática se derivan del comportamiento y la cultura humana (Boyden, 1987), así que es lógico pensar que en nuestras manos está mitigar estas peligrosas tendencias, y a través de nuestras intenciones y acciones conscientes estamos en capacidad de ajustar el rumbo del planeta hacia uno más sostenible.

Tierra del Fuego, Parque Nacional Alberto de Agostini, Reserva de la Biosfera Cabo de Hornos, Chile
Fuente: Eduard Müller

Un punto de partida útil es considerar los hallazgos de la Perspectiva Mundial sobre la Diversidad Biológica 3 (Global Biodiversity Outlook 3, GBO-3) (véase CBD Secretariat, 2010). Este documento de la ONU, presentado ante el Órgano Subsidiario de Asesoramiento Científico, Técnico y Tecnológico del Convenio sobre la Diversidad Biológica de las Naciones Unidas en su décimo quinta reunión, examinó la ciencia disponible sobre la diversidad biológica y las tendencias de los ecosistemas. Este es solo uno de varios documentos importantes sobre las tendencias de la biodiversidad. Lo que se destacó en la GBO-3 fue que la biodiversidad está disminuyendo a un ritmo acelerado en todas las regiones del mundo, y nuevos problemas como la distribución de especies exóticas están aumentando, mientras que la única tendencia aparentemente positiva fue el crecimiento en la designación de áreas protegidas.

Si bien algunos podrían argumentar que el aumento de las áreas protegidas no ha frenado la pérdida de la biodiversidad, poniendo en duda si las áreas protegidas son realmente una respuesta suficiente a los impulsores de la pérdida de biodiversidad, nuestro punto de partida es que las áreas protegidas son cada vez más vistas por los Estados Partes (signatarios del Convenio sobre la Diversidad Biológica) como elementos importantes contra los impactos de tales impulsores (véase el Capítulo 21). Al hacer una reflexión sobre el informe de la GBO-3 y el éxito del Programa de Trabajo sobre Áreas Protegidas (Programme of Work on Protected Areas, PoWPA) bajo el Convenio sobre la Diversidad Biológica (CDB), incluida la renovada Meta 11 sobre áreas protegidas del Plan Estratégico para la Diversidad Biológica 2011-2020 y las Metas de Biodiversidad de Aichi (CBD, 2011), este capítulo postula que en este momento las áreas protegidas son vistas como una solución a otras amenazas y riesgos. Además, parece que el sistema de tratados multilaterales mundiales está teniendo un efecto más positivo en este ámbito de la planeación ambiental estatal que en muchos otros ámbitos; sobre todo respecto al mal desempeño de las negociaciones sobre el cambio climático.

Si los Estados partes ven las áreas protegidas como una solución a ciertos desafíos ambientales, es lógico que esta percepción sea compartida entre muchos ciudadanos y el electorado, al menos donde existen regímenes democráticos funcionales. Aunque puede suceder que el personal de las áreas protegidas sienta que están luchando contra grandes desafíos y un escaso prestigio político, al menos en el nivel político hay tendencias progresistas. No solo hay parques terrestres que reciben cada vez más atención, también vemos un mayor interés en cómo el modelo terrestre de áreas protegidas puede trasladarse a los ambientes costeros y marinos, con ciertos ajustes requeridos para encajar. La décima Conferencia de las Partes (COP) del CDB, que se reunió en Nagoya (Japón), estableció nuevas metas para la protección terrestre y marina mediante la Meta 11 de las Metas de Aichi para la Diversidad Biológica, como parte del plan estratégico 2011-2020 del CDB.

Valores, normas y deberes

Los seres humanos hacen parte del orden de los primates, y a lo largo de la historia se ha dedicado mucho tiempo a entender lo que motiva nuestro comportamiento primate o humano, que es típicamente de naturaleza social, e incluye elementos de cooperación, interés propio y altruismo (para una discusión profunda sobre el papel del lenguaje en los seres humanos como un instrumento para manejar estas tensiones, véase Dunbar, 1996). En lugar de simplemente actuar por instinto, nuestra conducta está modelada por sistemas sociales, sistemas afectivos y de solidaridad, y también por una habilidad general para comprender y comprometerse con la ética, expresada a través de nuestras culturas, idiomas y sistemas de creencias.

A medida que nuestras sociedades se han vuelto más complejas, hemos desarrollado sistemas de jerarquías en nuestras relaciones de poder, y han surgido sistemas de clases que significan que hay sistemas diferenciales en términos de la propiedad de los recursos, control de tierras y capacidad de influir en la toma de decisiones. Así, nos encontramos viviendo en sociedades en las que tenemos la capacidad de una reflexión ética; vivimos en sistemas gobernados por normas y nacemos en sistemas de poder socialmente construidos que no creamos y que producen resultados sustancialmente diferentes para los que tienen acceso al poder y los que no lo tienen.

El carácter social inherente de la sociedad humana y nuestra capacidad de desarrollar sistemas compartidos de creencias crean una base para los sistemas de valores individuales y colectivos que, a su vez, dan forma a lo que protegemos, conservamos, promovemos, estudiamos y defendemos. Cuando hay una intensa disputa de poder o desigualdad respecto al control sobre los recursos, podemos anticipar que los valores también estarán en disputa y es posible que exista menos consenso social sobre lo que es valioso, incluido lo que debe ser conservado y protegido.

Durante la Cumbre de Sostenibilidad en África (24-25 de mayo de 2012), el presidente del Tema sobre Pueblos Indígenas, Comunidades Locales, Equidad y Áreas Protegidas (Theme on Indigenous and Local Communities, Equity, and Protected Areas, TILCEPA) pudo plantearle a Pavan Sukhdev, autor principal de la iniciativa "Economía de los Ecosistemas y la Biodiversidad" (The Economics of Ecosystems and Biodiversity, TEEB) (TEEB, 2010), una pregunta acerca de si la valoración estaba acelerando la mercantilización de la naturaleza y, por consiguiente, facilitando su extracción no renovable para entrar en los mercados de capital. Sukhdev respondió que la valoración no debe confundirse con la mercantilización o incluso con la valoración del capital. Él contó que en su trabajo en la India pudo trabajar con aldeanos rurales con poca o ninguna alfabetización ni experiencia en los mercados de capitales, quienes no solo dependían en gran medida de los recursos naturales para subsistir, sino también tenían su propio sistema de valoración que los guiaba en sus actividades de conservación. Según Sukhdev, el problema no es si la naturaleza tiene un valor, sino cómo ese valor (y su valoración) está representado en la formulación de políticas nacionales.

En esta sección, reflexionamos sobre cómo los humanos valoramos la naturaleza, por qué la valoramos y cómo esto afecta las decisiones que tomamos y las prioridades que establecemos para nosotros y nuestros sistemas políticos y sociales. Puede establecerse una dicotomía inicial entre las cosas que vemos con un valor "intrínseco" y las que consideramos con un valor "extrínseco" (para una discusión adicional sobre la valoración y el valor intrínseco de la naturaleza, véase Phillips, 2003, Capítulo 6). Algo con valor intrínseco tiene un valor en sí mismo. Si la naturaleza tiene un valor intrínseco, o al menos si la sociedad humana se adhiere a tal principio, es fundamental para ubicar nuestros deberes de conservación dentro de nuestros sistemas sociales, políticos y económicos.

Los éticos ambientales contemporáneos han argumentado que los seres humanos tienden a ver la naturaleza con un valor intrínseco. Sandler (2012) cita a Soulé (1985) para sostener que "la diversidad biótica tiene un valor intrínseco". Esta opinión también es sostenida por éticos influyentes como Rolston (1986) y Callicott (1989). El valor intrínseco de la naturaleza fue consagrado en instrumentos recientes de la ONU, incluida la Carta Mundial de la Naturaleza de 1982 y la Carta de la Tierra de 2000.

Las expresiones típicas de los seres humanos que valoran las cualidades intrínsecas de la naturaleza o un recurso natural (especie, paisaje, ecosistema) incluyen no solo los sitios naturales sagrados, sino también las acciones legislativas o estatales para conservar las especies, los sistemas de agua o los paisajes, principalmente por sus cualidades estéticas, al igual que las asociaciones espirituales o los valores intrínsecos respecto al sostenimiento de la vida (por ejemplo, véanse los Capítulos 3 y 4). Las áreas protegidas modernas son en parte una expresión de un sistema de valores intrínsecos que se aplica a un paisaje terrestre, un paisaje marino, un ecosistema, una formación geológica o un territorio necesario para la conservación de las especies.

En su libro *Pisa suavemente sobre la Tierra* (*Tread Lightly on the Earth*), Sri Lankabhimanya Christopher Weeramantry, vicepresidente de la Corte Internacional de Justicia, desarrolla el argumento de que todas las principales religiones del mundo contienen obligaciones escriturales específicas para que los seguidores valoren, respeten y protejan la naturaleza. Él sostiene que antes de nuestra edad moderna, el valor intrínseco de la naturaleza era una base de los sistemas religiosos y legales (Weeramantry, 2009). Las obligaciones escriturales van desde la conservación de especies específicas y obligaciones paisajísticas hasta enfoques más generales para comprender nuestros deberes como humanos dentro de un mundo natural abundante pero frágil.

Weeramantry sugiere que los deberes con la Tierra eran normales en todas las culturas, pero se marginaron durante la fase del desarrollo económico colonial moderno y la industrialización. La ley natural, que alguna vez incluyó leyes sobre los valores intrínsecos de la naturaleza y los deberes concomitantes, fue distorsionada para facilitar un cambio a la valoración extrínseca, en la que la naturaleza estaba subordinada a otras prioridades, especialmente para favorecer el uso excesivo de los recursos por parte de los poderosos a expensas de los pobres. El aspecto sagrado de la naturaleza también crea una relación entre los enfoques intrínsecos e instrumentales frente a la naturaleza, y brinda de manera evidente un mayor punto de referencia externo que va más allá de los intereses a corto plazo (Weeramantry, 2009).

El valor extrínseco postula que el valor de algo es relacional. Para los propósitos de esta discusión, la línea evidente de pensamiento es que la naturaleza, un ecosistema o una especie tienen un valor porque sirven a algún propósito que es valorado por los seres humanos. Típicamente, para la sociedad humana, suele considerarse que la naturaleza tiene un valor instrumental. El agua es esencial para la vida humana, por lo tanto la conservación del agua y las cuencas, incluidos los bosques u otras características del sistema de agua, tienen un valor instrumental. La mayoría de las sociedades parecen tener reglas claras sobre la conservación del agua y los derechos de acceso, y a veces sobre los derechos de propiedad y control.

Los Principios y Directrices de Addis Ababa para la Utilización Sostenible de la Diversidad Biológica (Addis Ababa Principles and Guidelines for the Sustainable Use of Biodiversity, AAPG), adoptados en 2004 por la séptima COP del CDB, se refieren directamente al principio de que cuando una comunidad depende de un recurso natural o un paisaje que apoya tales recursos, se entiende que ellos serán los custodios naturales de tal recurso. Los AAPG crean un principio multilateral de custodia dentro de la lógica del valor instrumental. Este principio fue ampliamente elaborado por la ya fallecida ganadora del Premio Nobel de Economía, Dra. Elinor Ostrom (1990, Ostrom *et al.*, 1994, 2010).

La noción de que necesitamos áreas protegidas es un juicio de valor en sí mismo. Aunque este libro ofrece numerosos ejemplos de diferentes tipos de paisajes terrestres y marinos conservados a lo largo de la historia y en todas las culturas, nuestros problemas modernos crean un contexto en el cual las áreas protegidas se establecen, diseñan, gobiernan y miden. En la raíz de este patrimonio moderno se encuentra una extraña mezcla de altruismo y juego de poder; un interés en la conservación de la naturaleza, mientras que en algunos casos también se utiliza la legislación de conservación para socavar los poderes de custodia y los deberes de un grupo de personas en favor de un grupo dominante.

En Mongolia, la reserva natural Bogd Khan Uul fue establecida en 1778, lo cual le da la aparente corona de la primera área protegida "moderna", es decir, un territorio proclamado por el Estado que está dedicado al propósito primario de la conservación de la naturaleza. El Parque Nacional Yellowstone fue declarado como el primer parque nacional en 1872, y por lo general se considera el primero de su tipo por ser un área dedicada a la conservación de la vida silvestre.

Algunos de los parques nacionales más emblemáticos se establecieron como parte de la experiencia global de colonización, conquista y desplazamiento después de un conflicto violento con los pueblos indígenas (Colchester, 2004a, 2004b). El Parque Nacional Yellowstone, conocido por los pueblos indígenas como Héetíhco'oo, fue proclamado en las tierras de los Arapajó, quienes fueron desplazados como parte del ciclo de conquista y proclamación de esta área protegida. En Sudáfrica, el Parque Nacional Kruger fue establecido por las autoridades coloniales en 1898, lo cual lo convierte en la primera área protegida moderna de África. El parque Kruger, al igual que el parque Yellowstone, implicó el desplazamiento de los pueblos locales que habían ocupado el territorio durante siglos. Con frecuencia, esta forma colonial de protección se asociaba a las luchas étnicas y de poder entre los pueblos indígenas

Cuadro 5.1. Sistemas de gobernanza de los recursos naturales en la Finlandia de hoy

Finlandia cuenta con al menos tres grandes sistemas regulatorios no estatales que son anteriores al Estado finlandés y funcionan en paralelo con el sistema estatal moderno. Estas instituciones basadas en la custodia tienen la fuerza de las leyes administrativas y en algunos casos hay una legislación nacional de soporte adicional. Estos sistemas incluyen el *kalastuskunta* (un organismo regulador administrativo específico del sitio para los derechos de pesca y otros tipos de gobernanza de la hidrología), el *paliskunta* (los organismos reguladores administrativos del pastoreo de renos del norte) y el *yhteismetsä* (un moderno organismo regulatorio administrativo, privado, forestal y colectivo, que permitió que los pequeños territorios forestales privados se agruparan en un área común gestionada por el organismo regulador no estatal). Estos existen en paralelo con las municipalidades y son específicos de los sistemas finlandeses de uso más antiguos. Los organismos regulatorios finlandeses eran tan fuertes que cuando el sector privado empezó a represar los ríos en los años sesenta, la persuasión moral local los obligó a garantizar no solo que el desove del salmón podría continuar en paralelo, sino también que se realizarían programas para la cría de peces con el fin de mantener los sistemas de pesca funcionales.

Un fallo judicial de 1642 hace referencia específica al derecho consuetudinario, a las regulaciones *kalastuskunta* y a la delimitación territorial municipal. En 1902, varios años antes de la independencia nacional finlandesa, la *Vesioikeuslaki* (ley de derechos de agua) formalizó el reconocimiento estatal de estos organismos consuetudinarios regulatorios del agua.

Finlandia había estado bajo la influencia de dos imperios vecinos, Suecia y Rusia. Debido a su autonomía auto-gestionada, logró mantener sus instituciones consuetudinarias de recursos naturales en la era actual. El Estado finlandés moderno fue proclamado en 1917. Los sistemas reguladores no estatales permanecieron, operados por las comunidades locales, y las leyes administrativas y el reconocimiento de estos sistemas emergieron orgánicamente, sin que el Estado asumiera una mayor autoridad. De manera paralela, el Estado desarrolló una red de áreas protegidas, dirigida por el *Metsähallitus* (literalmente, "gobierno forestal").

Fuente: Comunicación personal de Jorma Leinonen de Paltamo, Kainuu, según lo interpretado por su hijo Tuomo Leinonen. Véase también Vesitalous, 2010

y las poblaciones de colonos. Asimismo, esta forma de protección se racionalizó basándose en la disminución repentina de la biodiversidad asociada con la ocupación colonial, en particular el desmonte de tierras para la agricultura y el pastoreo, los grandes impactos de la

Instalaciones para visitantes, Parque Nacional Linnansaari, Finlandia, a cargo del Metsähallitus
Fuente: Graeme L. Worboys

caza sin controles regulatorios, y las preocupaciones de los paisajes "civilizados" mientras se mantenían los que serían considerados paisajes "prístinos" seleccionados (véase, por ejemplo, Crosby, 1986; Beinart y Coates, 1995; MacKenzie, 1997).

Existen algunas creencias sobre los pioneros en la colonia que sugieren que fueron ellos quienes inventaron la conservación, sin embargo, la idea de limitar el uso humano de los recursos en territorios específicamente definidos para proteger la biodiversidad y los servicios ecosistémicos, de manera permanente o temporal, parece haber sido una práctica antigua y común a la mayoría de las culturas y civilizaciones. Algunos de estos ejemplos incluyen el sistema polinesio de *tapu* (o tabú) para controlar el acceso a los recursos marinos.

En Hawái, el sistema de gestión de los derechos de agua dulce y otros recursos naturales deriva directamente del sistema tradicional de tenencia de la tierra del archipiélago y es totalmente único entre los sistemas de gestión de recursos utilizados en los Estados Unidos. El sistema *ahupuaʻa*, desarrollado por primera vez en los años 1400 por el jefe de la isla Mʻilikūkahi, dividió el área terrestre en ecosistemas sostenibles que se extendían desde la parte superior de la vertiente individual hasta el arrecife periférico. Los recursos estaban regulados por un sistema de *kapu* estricto, similar al sistema de *tapu* polinesio. Después del contacto extranjero en el siglo XVIII, los *mōʻī* (reyes) hawaianos establecieron un Estado-nación soberano para hacer resistencia a la globalización emergente del mundo. Al reconocer la importancia de la gestión de los recursos naturales para el bienestar de su gente, el *mōī* codificó las prácticas de pre-contacto en leyes y posteriormente en títulos de propiedad. Estas codificaciones, profundamente arraigadas en la ley, la tenencia de la tierra y la costumbre, han sobrevivido a los cambios socioeconómicos y continúan hoy en día.

La India está cubierta con una red de arboledas y bosques sagrados, así como otros sitios naturales sagrados asociados no solo con los sistemas de creencias de los pueblos indígenas y locales, sino también con las costumbres religiosas hindúes. De manera similar, África está atravesada por manantiales, lagos, montañas y bosques naturales sagrados, al igual que otros sitios específicos que son conservados y administrados localmente. Los pueblos nómadas, como los M'bororo de África Occidental, tienen una terminología indígena específica para las áreas protegidas, *haddaade*, que originalmente se utilizaba para territorios apartados por los jefes locales para su conservación, pero ahora se usa en referencia a los parques nacionales (IPACC, 2012).

Estos sistemas tradicionales de conservación de la biodiversidad y los ecosistemas no son exclusivos de los pueblos indígenas. Varias formas de conservación basada en la comunidad se encuentran en la mayoría de las sociedades que dependen de los recursos naturales. En aquellos sitios donde el colonialismo y la posterior "modernización" no han dislocado la relación entre los sistemas tradicionales de gobernanza y los regímenes de acceso, pueden encontrarse ejemplos interesantes de un sistema estatal que crece orgánicamente en torno a un sistema de custodia local. Finlandia ofrece algunos ejemplos de este flujo desde la custodia local hasta nuevos modelos de formas sinérgicas de gobernanza y espacios conservados paisajísticos/riparios/lacustres (Cuadro 5.1).

A partir del siglo XVI Europa se convirtió en una poderosa fuerza colonizadora, y junto con la aceleración del sistema económico mercantilista europeo en la Revolución Industrial, esto significó que Occidente experimentara un cambio dramático que se alejó de los valores intrínsecos y espirituales de la conservación de la naturaleza. Este cambio hizo surgir un nuevo conjunto de valores, en los que el valor de la naturaleza no solo era extrínseco, sino que también se centraba en la riqueza que podía extraerse de los recursos proporcionados por el mundo natural. Este proceso de cambio económico fue el principal impulsor de un ciclo de pérdida biológica, contaminación extrema y agitación social, que se extendía fuera del contexto europeo a una red global de extracción de los recursos coloniales.

A medida que Europa avanzaba hacia el pico de su fase de industrialización, con rápidos cambios tecnológicos y cambios importantes en la demografía y la densidad humana, algunos de sus sistemas de valores más profundos también cambiaron. Europa, una vez sede de poderosas doctrinas religiosas y poder religioso, comenzó a alejarse de sus convicciones religiosas en un creciente interés por la ciencia y la secularización del Estado y la sociedad. Esta transición no ocurrió de la noche a la mañana, y escritores como B. Alan Wallace (Wallace y Hodel, 2008) han sugerido que la ciencia occidental nunca abandonó parte de su epistemología y referencias judeocristianas.

En 1967, el profesor Lynn Townsend White Jr. publicó un artículo fundamental en *Science*, en el que argumentó que ciertas cuestiones doctrinales en el pensamiento cristiano medieval sentaron las bases para un antropocentrismo en las sociedades judeocristianas que, combinadas con la Revolución Industrial, condujeron a nuestra crisis ecológica moderna. En el corazón del argumento de White estaba la noción de que los cristianos habían sido alentados a verse a sí mismos no como custodios de la creación de Dios, sino a tener el dominio dado por Dios sobre la naturaleza (White, 1967). Esta mentalidad de dominio redujo la percepción social de que el cristianismo obligaba a sus seguidores a respetar el valor intrínseco de la naturaleza como creación de Dios, y la reemplazó por una noción del derecho a explotarla.

La crítica de White se produjo en los años sesenta, en un momento en que la crisis ambiental global se estaba haciendo evidente, y llevó a un debate más profundo en círculos religiosos sobre lo que las Escrituras decían sobre el valor de la naturaleza y las obligaciones religiosas de defender este valor. Filósofos religiosos como Thomas Berry (1999, 2006) han vuelto a examinar las escrituras cristianas y llegaron a una conclusión diferente, enfatizando el carácter sagrado de la creación de Dios y el deber humano de actuar como administradores de la creación, además de prestar atención a los problemas de equidad, compasión y justicia en la gobernanza de los recursos naturales. Más que simplemente plantear un desafío particular a las iglesias cristianas sobre su papel en la conservación y la custodia de la naturaleza, podemos ver que la crítica de White puede aplicarse más ampliamente a los valores occidentales que también están presentes en los elementos seculares y científicos de la sociedad. Es decir, el pensamiento de dominio del raciocinio cristiano medieval, amortiguado por la conquista y la supremacía colonial, que emerge como una economía política capitalista secular, pudo facilitar una cadena de justificaciones éticas en evolución para el terrible tratamiento de la naturaleza, la biodiversidad y los ecosistemas, al igual que el derecho de los custodios tradicionales por sociedades tecnológicamente "modernas".

Weeramantry (2009) concluye que restaurar un marco legal global para la conservación de la naturaleza requiere que los juristas y defensores del medio ambiente restablezcan un marco universal de respeto a la naturaleza tanto en la ley como en la religión, de manera que pongan de nuevo a la "naturaleza" en las leyes naturales y luego apliquen esto en una jurisprudencia que evolucione. Uno de los aspectos interesantes de su trabajo es que sugiere que el camino hacia un nuevo paradigma de custodia renovada de la Tierra puede implicar una convergencia de los valores espirituales (es decir, intrínsecos) y de las normas legales e interpretaciones del derecho natural que también hablan del valor extrínseco de la sostenibilidad.

En lo que se refiere al futuro de las áreas protegidas, el valor social puesto en la conservación de la naturaleza, tal como se expresa en la religión, la identidad nacional, el liderazgo político, los medios de comunicación y demás, determinará invariablemente dónde encaja la conservación de la naturaleza dentro de las prioridades nacionales. Cuanto más claros sean el sentido nacional de custodia y deber, más fácil será para los conservacionistas diseñar la asignación de recursos para asegurar una conservación efectiva. En los casos en que exista una ideología neutralizante de que no tenemos responsabilidad por la manera en que abusamos de la naturaleza, de otras especies o de los ecosistemas, será una lucha constante tratar de establecer las áreas protegidas como una prioridad nacional.

La custodia controvertida y los deberes del Estado

¿De quién es el trabajo de la conservación? La respuesta a esta pregunta ha cambiado con el tiempo y será fundamental para cambiar la trayectoria actual de la pérdida de biodiversidad y la desestabilización climática. El asunto incluye nuestra comprensión del deber, el compromiso, la capacidad y la probabilidad de cooperación. En un estudio mundial de la Universidad de Queensland sobre la eficacia de la gestión de áreas protegidas, Hockings observó que tres de las siete variables más significativas se relacionan con la política social y la cohesión de intenciones entre los administradores profesionales y la sociedad en la que se ubica el área protegida (IUCN TILCEPA, 2010, p. 9).

En esta sección consideramos la manera en que la custodia ha cambiado en función de los cambiantes contextos económicos y políticos. Esta reflexión nos lleva entonces a una nueva generación de derechos que implica la reafirmación de la custodia por grupos subnacionales, así como la necesidad de repensar el pacto social humano necesario para que las áreas protegidas y la conservación sean eficaces en nuestro contexto moderno.

Está más allá del ámbito de este capítulo discutir la historia mundial de la administración de recursos naturales, la conservación y la custodia de áreas protegidas. En cambio, aquí se propone un patrón general que nos permita saltar de los primeros sistemas indígenas de dependencia directa de los recursos naturales y los sistemas culturales de custodia, a considerar el surgimiento de entidades de poder más grandes, en particular el surgimiento del Estado moderno, que hasta cierto punto ha usurpado el papel de custodio sobre la vida silvestre, las tierras y los recursos naturales.

El patrón heurístico se describe aquí como un flujo histórico desde la custodia local embebida en sistemas culturales de conocimiento y gobernanza, y la tenencia de la tierra consuetudinaria –sistemas bioculturales– los cuales se transformaron durante el siglo pasado debido al surgimiento de sistemas de autoridad Estado-nación recién organizados y el principio multilateral de soberanía estatal. Otros capítulos de este libro nos darán más detalles sobre los patrones de gobernanza de áreas protegidas y recursos naturales en los niveles supra-comunitarios en tiempos antiguos; por ejemplo, el marco legislativo del Imperio Mauriano de India en el 300 a. C. Es evidente que no saltamos directamente de los sistemas autónomos cazador-recolector de gestión de los recursos naturales al moderno Estado-nación. No obstante, se puede argumentar que la expansión del poder europeo a través de la colonización creó una dinámica que rompió los sistemas de tenencia consuetudinarios de los pueblos indígenas y locales, y los reemplazó, en la mayoría de los casos, con un Estado centralizado cuya función primaria era extraer riquezas para su uso en Europa (durante el colonialismo) y más tarde para las elites nacionales y los socios globales (en el contexto poscolonial). Hay una gran cantidad de literatura sobre la comprensión de las economías poscoloniales en el sistema global (véase, por ejemplo, Ralston Saul, 2005; Shivji, 2009; Amin-Khan, 2012).

Al menos desde el siglo XVIII hasta el XX, la consolidación de Estados coloniales y metropolitanos generó una intensificación en el desplazamiento o modificación del patrón de custodia local. En Europa y en los territorios ocupados por esta, hubo una nueva administración estatal centralizada, la cual se convirtió en la norma mundial.

Este patrón fue más pronunciado donde hubo una colonización europea total, lo que socavó muchos sistemas subordinados de gobernanza de los recursos naturales, el uso consuetudinario y los sistemas políticos previamente autónomos. Sin embargo, el mismo patrón también es evidente en las sociedades que solo fueron ligeramente colonizadas o mantuvieron su propia autonomía. El patrón en los sistemas políticos colonizados y no colonizados refuerza el argumento de que el importante aumento en la designación de áreas protegidas modernas en los siglos XIX y XX está estrechamente asociado con la consolidación de la autoridad del Estado-nación y su papel como custodio principal de la conservación de la naturaleza. Otros factores, como la evidente disminución de la biodiversidad y el aumento de la población humana, fueron significativos, pero para nuestros propósitos el elemento interesante es entender dónde residía el poder en términos de la custodia territorial y luego considerar lo que indican las tendencias actuales.

Las variables importantes en esta evaluación de las tendencias son el papel y el carácter del propio Estado. El Estado es un producto del ordenamiento particular de la sociedad humana, y surge de contextos históricos, económicos, geográficos y culturales. Asimismo, el Estado es moldeado por fuerzas internas y por el contexto externo. Este capítulo argumenta que el surgimiento de la soberanía estatal moderna, particularmente en los contextos coloniales y poscoloniales, causó el colapso de la custodia local y una centralización de la toma de decisiones. Aunque es probable que esto contribuyera a la formulación de políticas y estandarización de las áreas protegidas, también creó nuevos retos en la rendición de cuentas, en particular cuando el Estado se asoció con la globalización económica y las demandas globalizadas para la extracción de recursos.

A pesar de argumentar que existe una tendencia visible en términos de la autoridad de la custodia, el flujo histórico de la autoridad y el deber no es lineal ni unidireccional. A menudo, este flujo se ve interrumpido por afirmaciones de actores no estatales y titulares de derechos, así como otras disputas sobre paradigmas de economía política. Mientras que la función, los deberes y el carácter del Estado moderno cambian, el poder y la responsabilidad de la custodia siguen en disputa.

Cuando la colonización y la industrialización se combinaron para crear una hegemonía económica y política mundial, también hubo por primera vez una nueva ética global de redefinir la naturaleza como un recurso que se explotaría y convertiría en un beneficio económico sin tener en cuenta la sostenibilidad de las personas o de los ecosistemas. Pasamos de un paradigma localizado que combinaba los valores intrínsecos e instrumentales a un paradigma claramente extrínseco y de consumo, liberado de todas las asociaciones sagradas y destinado a subyugar la naturaleza y a extraer su valor.

Este paradigma del dominio humano sobre la naturaleza todavía es casi indiscutiblemente el paradigma dominante en el planeta, en particular en Occidente. Hay otros paradigmas significativos sobre la relación entre la humanidad y la naturaleza, como el concepto japonés de *satoyama* y *satoumi*, en el que la armonía se logra manteniendo una relación entre la naturaleza y el uso humano. El Congreso de Parques de Asia de 2013 pasó un tiempo explorando si existe una ética distinta en Asia respecto a las relaciones humanas con la naturaleza y los paisajes (APC, 2013). Este congreso también desencadenó un efecto inverso, al tratar de distinguir entre paisajes prístinos y románticos, pronto convertidos en áreas protegidas, y el enfoque más general sobre la degradación insostenible de los recursos naturales y los ecosistemas. La era colonial asociaba la extracción de mano de obra y de recursos naturales con un mayor poder, orgullo y crecimiento económico nacionales, sin importar las consecuencias naturales o el sufrimiento humano que esto significaba. Esta tendencia afectó tanto a los países colonizadores como a las tierras lejanas, gobernadas por personas que nunca pusieron su mirada en esos territorios. Esta disyunción entre usuarios y consumidores de recursos naturales, y el sistema habitual de uso local y custodia local, también se manifestó como un cambio importante en la ideología de nuestra relación humana con la naturaleza.

Los patrones coloniales de uso de la tierra se caracterizan por desconexiones radicales entre la antigua gestión de recursos naturales basada en los ecosistemas y el poder de las autoridades centralizadas para crear reservas de uso exclusivo sin referencia a las características del ecosistema ni a los modelos de gobernanza preexistentes que sustentaban tales áreas. Tenemos el modelo colonial que se ajusta a los contextos poscoloniales en que las élites estatales ven que las áreas protegidas son importantes para el turismo y el financiamiento internacional. Estos modelos mixtos coloniales y poscoloniales han generado nuevos patrones de áreas protegidas, particularmente en África, los cuales han complicado las relaciones con los custodios locales y los titulares de derechos (véanse Anderson y Grove, 1995; Nelson y Hossack, 2003).

Observar la conservación y las áreas protegidas a través de la lente de la economía política colonial puede dar la impresión de que al menos las primeras áreas protegidas eran el resultado de una mezcla de altruismo y conquista. Tal como lo exploran otros capítulos de este libro, la gravedad de la crisis de la biodiversidad en los siglos XIX y XX fue el desencadenante para los movimientos de conservación de Occidente, y eventualmente de todo el mundo. El surgimiento de la conciencia sobre nuestro impacto en el mundo se manifestó más claramente con la idea de apartar territorios para la conservación, expresados como la tradición moderna de las áreas protegidas. La relación general entre el poder para explotar de manera insostenible y la tendencia inversa al afirmar el valor intrínseco de la naturaleza y su importancia psicosocial para la humanidad, pasó de un espacio muy disputado a una dirección general en busca de la armonía entre las diferentes perspectivas culturales de la conservación de paisajes terrestres y marinos dentro de un enfoque de gobernanza basado en los derechos.

En muchos países todavía se discute la cuestión de quién está calificado y quién tiene el mandato de conservar. Aún se debate sobre la cogestión y co-manejo, la gestión y manejo privado, la gestión y manejo indígena y otras formas de cooperación con los custodios recientes y tradicionales. Las investigaciones sobre el éxito en el manejo sostenible de tierras y de recursos naturales continúan apuntando a la combinación de la conservación profesionalizada con una buena gobernanza y un entorno propicio para los pueblos indígenas y otros custodios locales. La resistencia a tales evidencias de eficacia no deriva de un argumento científico, y sus orígenes pueden encontrarse en el legado de las primeras luchas de poder, el racismo, la corrupción o la centralización burocrática del poder. En conjunto, el Estado y la sociedad civil constituyen el marco que facilitará o impedirá una conservación que esté exitosamente embebida en los paisajes humanos, las economías y los sistemas de gobernanza que puedan apoyar los objetivos de conservación.

Uno de los teóricos más importantes e investigadores empíricos sobre el tema de la custodia de recursos naturales es Elinor Ostrom, quien estudió diferentes sistemas indígenas y locales para la gobernanza sostenible de los recursos naturales. Ella enfatizó que la sostenibilidad requiere algún tipo de sistema de gobernanza humana que permita impedir que personas externas hagan uso de recursos, el cual debe estar apoyado por un sistema local de monitoreo y toma de decisiones para proteger los niveles sostenibles de biodiversidad y las funciones del ecosistema. Típicamente, los sistemas de gobernanza local están regidos por normas, pero también son bastante flexibles para hacer frente a los cambios estacionales o repentinos en la configuración de la abundancia de la biodiversidad y las necesidades humanas (Ostrom y Hess, 2007; Ostrom *et al.*, 1994, 2010).

Ostrom demostró que una comunidad podía administrar eficientemente los recursos colectivos cuando existían ciertas variables. Al contrario de otros investigadores que creían que los bienes comunes u otras acciones colectivas estaban inevitablemente condenados al fracaso, Ostrom encontró evidencias en diversas comunidades en las que los recursos comunes eran administrados con éxito y de manera sostenible en el largo plazo. En su contribución a la conferencia Sharing Power de 2011 en Whakatane, Nueva Zelanda, presentó tres comunidades de pescadores diferentes a lo largo de la costa de Baja California, las cuales mostraban diferentes grados de conservación marina directamente relacionados con la capacidad de la comunidad para controlar y gobernar sus recursos colectivos. Influenciada por un compromiso con la etnografía y la comprensión del papel que desempeñaban los valores culturales en el desarrollo de los regímenes de gestión cooperativa a nivel local, Ostrom desestabilizó la creencia dominante de que los recursos comunes no podían ser manejados por una ciudadanía local y en cambio debían ser privatizados o administrados por el Estado.

Este trabajo tiene implicaciones importantes para las áreas protegidas y habla de un cambio en el pensamiento sobre lo que constituye una conservación efectiva a largo plazo. Mientras que a una agencia estatal se le pueden otorgar poderes para excluir completamente el acceso humano a los recursos naturales en un territorio determinado, es posible que esto no genere los resultados deseados. Algunos paisajes prosperan en parte debido a la gestión humana y a los sistemas tradicionales de uso de recursos, como, por ejemplo, la ganadería tradicional, la cual puede estimular más que obstaculizar la biodiversidad. Los famosos ejemplos del programa *Campfire* de Zimbabue y las zonas de conservación comunitaria de Namibia son evidencia de que un acuerdo equitativo sobre el reparto de beneficios que esté bien planeado y que refuerce la custodia comunitaria puede brindar los mejores resultados viables de biodiversidad en paisajes que de otra manera serían sobreexplotados.

El enfoque de que la conservación solo es posible si se destruyen los derechos tradicionales o consuetudinarios de los custodios indígenas y locales puede contribuir a la pérdida de la biodiversidad en lugar de su restauración. El desconocimiento de la forma en que funciona el manejo de los bienes comunes y los complejos sistemas de conocimiento, reciprocidad, obligaciones morales y sanciones consuetudinarias que lo sustentan, incluido el derecho a excluir a los usuarios que no tienen derechos sobre el paisaje, puede ser uno de los factores que impiden la conservación de los paisajes terrestres y marinos. Por otra parte, podemos encontrar que simplemente afirmar que una comunidad tiene los derechos tradicionales para reclamar un territorio, sin analizar de qué manera los cambios en la demografía humana, la distribución de poder, la densidad humana y animal, al igual que los otros cambios en el uso de la tierra en el área, no solo provocará cambios significativos en la sostenibilidad, sino también sería ingenuo y no garantizará la sostenibilidad. Es probable que no existan formulas establecidas, pero cualesquiera que sean las opciones que se busquen, deben estar respaldadas por una comprensión completa de la manera en que las áreas protegidas se ajustan a las normas de gobernanza, custodia y sistemas culturales preexistentes, que no necesariamente son entendidos por la autoridad nacional de áreas protegidas.

Nuestra conclusión en este punto es que las áreas protegidas son inherentes a la mayoría de las culturas humanas (véase el Capítulo 4), pero la manera en que se codifican en los sistemas culturales, sociales y políticos humanos varía sustancialmente. Este patrimonio cultural, espiritual y religioso de la conservación del paisaje terrestre y marino proporciona un marco para entender la idea moderna de las áreas protegidas y para desarrollar sistemas compartidos de valores con el fin de promover su sostenibilidad y éxito. Al mismo tiempo, podemos reconocer las tensiones entre los pueblos indígenas y las comunidades locales que han tenido relaciones históricas de custodia con las tierras y mares en sus territorios y el cambio de poder a las autoridades estatales, a veces dentro del marco colonial/poscolonial, a veces dentro del marco de Estados no democráticos o no representativos, y la posibilidad de un choque entre los Derechos Humanos y los objetivos de conservación.

Al entrar en el siglo XXI, el péndulo parece estar retrocediendo de un enfoque excluyente para las áreas protegidas a una mejor integración de la custodia local y el apoyo a partir de un deber estatal de conservar. Este fue el mensaje claro en el diseño del CDB en 1992, en el Congreso Mundial de Parques de la UICN de 2003 y en el PoWPA (véase el Capítulo 8). Esta tendencia de conservación ha sido influenciada y moldeada por las reivindicaciones renovadas de que los custodios locales de la naturaleza tienen derechos, además de un papel en la conservación. Esto se expresa claramente en la Declaración de las Naciones Unidas sobre los Derechos de los Pueblos Indígenas de 2007 (UN Declaration on the Rights of Indigenous Peoples, UNDRIP).

En la siguiente sección de este capítulo se analizan estas tendencias, con una revisión de las normas cambiantes en la política internacional de Derechos Humanos que afectan a las áreas protegidas.

Derechos Humanos, derechos indígenas y custodia en el siglo XXI

Las Naciones Unidas se conformaron después de la Segunda Guerra Mundial, en un intento por gobernar los conflictos entre los Estados y tratar de garantizar la sostenibilidad y la paz mundial. Su nacimiento se produjo después de dos devastadoras guerras mundiales y tras el anterior organismo de la Sociedad de las Naciones, en un momento en que el colonialismo se desvanecía y los vientos de cambio soplaban en los países del "Sur" global. Muchos Estados nuevos entraban en el sistema multilateral y aportaban nuevas ideas sobre los Derechos Humanos, las libertades fundamentales, la igualdad y las normas de gobernanza mundial.

El sistema de las Naciones Unidas se basó en una dicotomía importante que ha permanecido pertinente hasta este día. Las Naciones Unidas se establecieron sobre el principio de la soberanía estatal. Al menos en teoría, todos los Estados son iguales en las Naciones Unidas: son soberanos y pueden optar por asociarse con tratados, acuerdos y acciones específicos. En diciembre de 1948, las Naciones Unidas adoptaron la Declaración Universal de los Derechos Humanos. Esta declaración establece el principio de contrapeso a la soberanía estatal; es decir, que los Derechos Humanos son universales y están por encima de la soberanía del Estado en las Naciones Unidas. La idea era y sigue siendo que ningún Estado pueda violar los derechos fundamentales de sus ciudadanos o no ciudadanos bajo su vigilancia. Si esto ocurriera, existen mecanismos y principios que les permiten a otros Estados tomar medidas para proteger los derechos de esas personas, o al menos ejercer una presión moral sustancial sobre el Estado parte para que cumpla con las normas y estándares internacionales.

Estos principios se elaboraron en las décadas posteriores con una atención específica a los derechos de los grupos que luchaban por ser reconocidos bajo la rúbrica de Derechos Humanos "universales" (Cuadro 5.2). En los años sesenta, otros dos documentos importantes fueron producidos por las Naciones Unidas: uno, el Pacto Internacional de Derechos Civiles y Políticos, y el segundo, el Pacto Internacional de Derechos Económicos, Sociales y Culturales. Estos dos pactos se denominan respectivamente derechos de "primera generación" y derechos de "segunda generación".

Se considera que los derechos de primera generación restringen el comportamiento del Estado en relación con los seres humanos. Estos afirman los derechos que las personas tienen a la libertad de reunión, la libertad de

Cuadro 5.2 Instrumentos de Derechos Humanos de las Naciones Unidas

El sistema de las Naciones Unidas tiene diferentes tipos de instrumentos con distintos grados de obligaciones para aplicar y ajustar la legislación nacional.

Una declaración es un instrumento normativo y no requiere la ratificación o ajuste de las leyes nacionales. Una convención es un instrumento vinculante y una vez ratificada exige que el Estado ajuste la legislación nacional e informe a las Naciones Unidas sobre su implementación.

Aunque puede parecer que un instrumento no vinculante es más débil, esto no siempre es así, ya que la Declaración Universal de los Derechos Humanos es uno de los instrumentos normativos más influyentes y se utiliza de manera regular en los procesos de los tribunales nacionales y en el derecho internacional, a pesar de que no requiere de ratificación.

Los principales instrumentos de Derechos Humanos del sistema de las Naciones Unidas incluyen:

- Declaración Universal de los Derechos Humanos.
- Convención Internacional sobre la Eliminación de Todas las Formas de Discriminación Racial.
- Pacto Internacional de Derechos Civiles y Políticos.
- Pacto Internacional de Derechos Económicos, Sociales y Culturales.
- Convención sobre la Eliminación de Todas las Formas de Discriminación Contra la Mujer.
- Convención contra la Tortura y Otros Tratos o Penas Crueles, Inhumanas o Degradantes.
- Convención Sobre los Derechos del Niño.
- Convención Internacional sobre la Protección de los Derechos de Todos los Trabajadores Migratorios y de sus Familiares.
- Convención Internacional para la Protección de todas las Personas contra las Desapariciones Forzadas.
- Convención sobre los Derechos de las Personas con Discapacidad.
- Declaración sobre los Derechos de los Pueblos Indígenas.

filiación política, el derecho a no ser lesionado o torturado, y a que el Estado y sus representantes no afecten negativamente su calidad de vida de manera injusta o indebida. Los derechos de primera generación incluyen los derechos relacionados con el acceso a la justicia y la debida conducta de los tribunales, la policía y los servicios de seguridad. Un Estado no puede impedir el disfrute de tales derechos de primera generación.

Los derechos de la segunda generación se consideran derechos positivos; estos destacan las responsabilidades del Estado respecto a las garantías que debe ofrecer, incluido el reconocimiento positivo de los derechos a la diversidad lingüística y cultural, el derecho a los medios de subsistencia, la salud, la vivienda y ciertos estándares de vida, y el derecho a participar en la vida económica del país. Los derechos de segunda generación hacen hincapié en la igualdad de los ciudadanos, las garantías de deberes y el acceso a los servicios estatales.

En los años setenta comenzó a defenderse una "tercera generación" de derechos, comúnmente asociada con los derechos ambientales y de desarrollo (véase Harris, 2013). Estos fueron articulados en documentos como la Declaración de Estocolmo de 1972 y elaborados en su forma multilateral más desarrollada en la Conferencia de las Naciones Unidas sobre el Medio Ambiente y el Desarrollo (CNUMAD, o Cumbre de la Tierra) celebrada en Río de Janeiro (Brasil) en 1992. En la CNUMAD, la sociedad civil, los científicos, las iglesias, los pueblos indígenas y otras personas presionaron a los Estados para que adoptaran tres importantes documentos de legislación multilateral sobre el medio ambiente, conocidos como la Declaración de Río: la Convención Marco de las Naciones Unidas sobre el Cambio Climático (CMNUCC), el Convenio sobre la Diversidad Biológica (CDB), y la Convención de las Naciones Unidas de Lucha contra la Desertificación y la Sequía (CNULD).

Aunque en las Naciones Unidas los derechos de tercera generación han tenido menos elaboración y compromiso que los derechos de la primera y la segunda generación, existe una clara tendencia a su expansión y uso, desde tribunales nacionales hasta normas y estándares multilaterales. Esta tendencia hacia las tres generaciones de derechos es evidente en la UNDRIP, adoptada en 2007. África fue una de las regiones más progresistas, ya que incluyó derechos de la primera y la segunda generación en su tratado regional, y también incorporó tales derechos como derechos colectivos de autodeterminación en la Carta Africana de Derechos Humanos y de los Pueblos.

En un proceso interrelacionado y paralelo, los pueblos indígenas trabajaron con las Naciones Unidas para hacer valer sus Derechos Humanos y elaborar un marco

Nelson Mandela, Durban, Congreso Mundial de Parques de 2003
Fuente: Gary Tabor

de derechos que hablara de su experiencia específica de depender de los recursos naturales, de haber sido colonizados por Estados que no surgían de sus propias culturas y de afirmar su derecho colectivo a la supervivencia a través de la autodeterminación.

Hay mucho que decir sobre la larga lucha por el reconocimiento de los derechos de los pueblos indígenas. Lo importante aquí es que estos no solo han afirmado su carácter distintivo cultural, sino que también han cuestionado si el Estado parte oficial representa sus intereses. Estos pueblos han afirmado que tienen sus propias formas de gobernanza, estrechamente asociadas con la custodia del paisaje terrestre y marino, las cuales deben considerarse en un sentido legal y moral.

Las reivindicaciones de los pueblos indígenas se basan en la agregación de los instrumentos antes citados: la Declaración Universal de los Derechos Humanos, los dos pactos relativos a los derechos civiles y políticos, y los derechos económicos, sociales y culturales, y luego los derechos de tercera generación asociados con el medio ambiente y el desarrollo. Los argumentos y afirmaciones de estos pueblos hablan al corazón de la dicotomía original de la ONU entre la soberanía del Estado y los derechos de las personas que viven dentro de ese territorio gobernado este. Como las Naciones Unidas solo están compuestas por Estados partes, no es sorprendente que la aprobación del primer instrumento internacional importante para reconocer los derechos de los pueblos indígenas sea una ardua negociación de veinticinco años, desde

la iniciación hasta la adopción (Charters y Stavenhagen, 2009). Dos artículos clave de la Declaración de las Naciones Unidas sobre los Derechos de los Pueblos Indígenas son relevantes para las áreas protegidas:

> Artículo 3
>
> Los Pueblos Indígenas tienen derecho a la libre determinación. En virtud de ese derecho determinan libremente su condición política y persiguen libremente su desarrollo económico, social y cultural. (UN, 2007, p. 4)
>
> Artículo 29
>
> Los Pueblos Indígenas tienen derecho a la conservación y protección del medio ambiente y de la capacidad productiva de sus tierras o territorios y recursos. Los Estados deberán establecer y ejecutar programas de asistencia a los pueblos indígenas para asegurar esa conservación y protección, sin discriminación. (UN, 2007, p. 11)

Dentro de esta formulación está la idea de revitalizar y afirmar la custodia. Los derechos indígenas, a diferencia de los derechos de las minorías, suponen que la identidad y la sostenibilidad de un pueblo están asociadas con su territorio. Esto se basa en la comprensión contemporánea de que las lenguas y las culturas están estrechamente alineadas con los paisajes y ecosistemas donde florecieron inicialmente (Nettle y Romaine, 2000).

Los pueblos indígenas no solo lograron que las Naciones Unidas adoptaran la UNDRIP en 2007, sino que también tuvieron un impacto transformacional en el funcionamiento de las Naciones Unidas al afirmar el derecho de los actores no estatales a estar en la mesa de negociaciones para hacer demandas morales y legales, y para proporcionar información, asesoramiento e informes sobre normas y estándares multilaterales. Es probable que este último punto sea una tendencia que veamos en las próximas décadas. Cada vez es menos aceptable la idea de que los Estados puedan tomar decisiones entre sí sin consultar a los grupos afectados por tales decisiones.

El proceso de lograr que las Naciones Unidas aceptaran la declaración estuvo acompañado por una movilización mucho más amplia de los pueblos indígenas dentro de diferentes instituciones multilaterales y mecanismos de tratados, incluido el CDB y al interior de la UICN. En 2003, la UICN organizó el quinto Congreso Mundial de Parques (CMP 5), un evento decenal y un influyente foro de políticas y prácticas.

El CMP 5 se distinguió por su serio compromiso respecto a las cuestiones de los titulares de derechos, la gobernanza y la forma de entender las áreas protegidas como parte de los paisajes humanos –su relevancia cultural, el paisaje económico y el paisaje político–. El CMP 5 ayudó a contextualizar las áreas protegidas de una manera que antes había sido negada o eludida, pero que reflejaba la creciente atención global tanto a la fragilidad del planeta como a la necesidad de conciliar los Derechos Humanos y la conservación.

El CMP 5 se celebró en Durban, Sudáfrica, y tuvo como patrocinador a Nelson Mandela, la imagen de la emancipación y los Derechos Humanos. El propio servicio de Parques Nacionales sudafricano estaba ocupado abordando el legado colonial de hacendado, y el gobierno democrático estaba trabajando con muchos grupos para reconciliar el compromiso de Sudáfrica con la biodiversidad y sus retos para corregir las violaciones de Derechos Humanos y combatir la pobreza sistémica. En muchos sentidos, Sudáfrica sirvió de punto de referencia para el CMP 5: situado entre Oriente y Occidente, Norte y Sur, entre el Primer Mundo industrializado y el Tercer Mundo poscolonial, con Sudáfrica como representante de la nueva generación de economías "emergentes".

Durante la primera década del siglo XXI, una serie de eventos se combinaron para realzar y afirmar los derechos de los pueblos indígenas y las comunidades locales como actores, titulares de derechos y poseedores de conocimientos en relación con las áreas protegidas. En resumen, vimos una evolución progresiva del nuevo paradigma, incluido el CMP 5 de 2003 y su histórico "Acuerdo de Durban", la conversión de los resultados del CMP 5 en el PoWPA del CDB en 2004, la adopción de la UNDRIP en 2007 y de la declaración como una referencia de los estándares por parte del Congreso Mundial de la Naturaleza de la UICN en Barcelona en 2008. Aunque algunos pueden haber percibido la dinámica de los derechos versus la conservación como antagónica, también es posible mirar los mismos procesos y ver la relación entre la afirmación de la diversidad humana y la diversidad biológica como complementaria. Dentro de este nexo también estaba la siguiente corriente de pensamiento de "resiliencia" socio ecológica y una mayor atención a la interfaz entre la diversidad cultural humana y la diversidad biológica natural (Kassam, 2009; Maffi y Woodley, 2010).

Existen otros instrumentos y decisiones complementarios adoptados en los sistemas multilaterales; sobre todo los artículos 8j y 10c del CDB, en los que se afirma la importancia de los sistemas de conocimiento de los pueblos indígenas y los derechos de uso consuetudinario. La séptima COP del CDB adoptó los Principios y Directrices de Addis Ababa para el Uso Sostenible de la Diversidad Biológica (CBD Secretariat, 2004), en los que se destacaba la importancia del uso sostenible y el papel de los custodios y poseedores de conocimientos locales y tradicionales. La Organización de las Naciones Unidas para la Educación, la Ciencia y la Cultura (UNESCO) elaboró un nuevo trabajo sobre el patrimonio inmaterial y los sistemas de conocimiento indígenas, incluida una conexión de estos con la mitigación y la adaptación al cambio climático.

A lo largo del sistema multilateral, hemos atestiguado el esfuerzo por conciliar una serie de intereses en conflicto: los derechos de los custodios locales, el papel del Estado, la creciente urgencia de una conservación efectiva, y los desafíos de la pobreza y el cambio en los patrones de uso de la tierra, incluido el surgimiento de poblaciones humanas y la rápida urbanización.

Estas tendencias de hacer valer los derechos humanos y los derechos de los custodios de manera complementaria a las áreas protegidas, al igual que los objetivos de conservación, no aparecieron de la noche a la mañana. Tales tendencias se desarrollaron a lo largo de la vida del sistema de las Naciones Unidas, potenciadas por los diálogos dentro de la UICN; ganaron impulso poco a poco y representaron un reordenamiento del poder y la necesidad de corregir los impactos de la colonización tanto en el ambiente como en los pueblos indígenas y las comunidades locales.

Es probable que este enfoque de una conservación basada en los derechos no se marchite y desaparezca, sino que se mantenga como una característica duradera de la política, la planeación y las prácticas de conservación de las áreas protegidas en las próximas décadas. Esto no significa que se hayan resuelto las tensiones entre los Derechos Humanos y la conservación de la naturaleza. Hay relatos diarios de conflictos e incluso violencia en este ámbito. Lo que estamos viendo es una tendencia a una mayor participación (véase el Capítulo 14), y a una mayor atención a la gobernanza para garantizar que los pueblos indígenas y las comunidades locales reciban el apoyo como actores principales en la conservación territorial y como socios activos de las áreas protegidas, o al menos como una parte del proceso, de tal manera que se comparta una visión de la conservación, de la gestión y del manejo del paisaje terrestre y marino.

La UICN ha sido una plataforma importante para el diálogo, la réplica y la innovación en este ámbito. El Tema sobre Pueblos Indígenas, Comunidades Locales, Equidad y Áreas Protegidas (TILCEPA), una iniciativa conjunta de la Comisión Mundial de Áreas Protegidas (CMAP) y de la Comisión de Política Ambiental, Económica y Social (Commission on

Environmental, Economic and Social Policy, CEESP) ha servido de órgano consultor y agente catalizador en los procesos de la UICN.

El TILCEPA ha enfatizado la necesidad de vincular una serie de herramientas y enfoques, incluida la eficacia de la gestión de áreas protegidas, con la evaluación social de las áreas protegidas y la elaboración de prácticas de gobernanza tanto para las áreas protegidas como para los paisajes terrestres y marinos de conectividad mayor (IUCN TILCEPA, 2010). El TILCEPA ha fomentado las sinergias entre los custodios marinos y terrestres locales y el sistema de áreas protegidas manejado por el Estado.

El TILCEPA, la CEESP y la CMAP, junto con sus socios, realizaron una serie de informes y publicaciones que tratan de los principales temas de derechos, gobernanza y evaluación social, al igual que las reconocidas directrices sobre la gestión de áreas protegidas y los tipos de gobernanza.

En 2011, la CEESP organizó una conferencia influyente e histórica sobre el poder compartido (*Sharing Power*) en la conservación. La conferencia mundial fue organizada por el iwi (tribu) Ngãti Awa en Whakatane, Nueva Zelanda/Aotearoa. La autoridad tribal maorí es en sí misma un estudio de caso de colonización, desposesión, tratados, reivindicaciones territoriales, reparación y restauración. Como el iwi ha recuperado su autoridad y derechos territoriales, ha enfatizado la necesidad de equilibrar el uso humano con la conservación ambiental. Los miembros del iwi tienen calificaciones formales y no formales en conservación y han establecido relaciones contractuales con el gobierno nacional para conservar el territorio costero y marino; en particular, un conjunto de islas, Rurima, Moutoki y Tokata, que son reservas naturales despobladas. Los sitios estaban bajo la autoridad nacional de conservación, pero con el proceso de la restitución de la tierra, desde 2011 el iwi Ngãti Awa maneja las islas como reserva natural y lleva a cabo la erradicación de las especies no nativas de acuerdo con los conocimientos tradicionales maoríes y los principios científicos (Wikipedia, 2014).

La conferencia *Sharing Power* de 2011 enfatizó los derechos, deberes y sistemas de valores de los pueblos indígenas y las comunidades locales como custodios de la naturaleza y como conservacionistas competentes. Esta conferencia también señaló la necesidad de una discusión franca sobre el poder dentro del sector de la conservación, incluido el análisis de la relación entre la conservación del Estado y los derechos y roles de los pueblos indígenas y las comunidades locales.

La tendencia que estamos viendo en relación con la política social y el papel de los custodios locales tiene dos elementos diferentes: una mayor afirmación y reconocimiento de los Derechos Humanos en relación con la conservación, y una creciente confianza de que la sostenibilidad y el éxito de la conservación requieren la cooperación entre los conservacionistas profesionales y los custodios locales. Estas dos tendencias interactúan entre sí en torno a la tenencia de la tierra, la autoridad y la cogestión, así como el desafío de que la ciencia y otros sistemas de conocimiento (tradicionales, locales, indígenas y espirituales) sean aceptados dentro de un proceso de toma de decisiones.

La cuestión de las múltiples corrientes de conocimiento y cómo encontrar relaciones entre las diferentes formas de conocimiento, datos y evidencias para gestionar y monitorear la conservación ha ido ganando atención en el CDB y en la Plataforma Intergubernamental sobre Biodiversidad y Servicios Ecosistémicos. También vemos esto en términos del crecimiento de la "ciencia ciudadana" –es decir, la participación en proyectos científicos de voluntarios no acreditados– y la aplicación del conocimiento indígena en la ciencia de la conservación. Las autoridades gubernamentales parecen estar reconociendo poco a poco la importancia de los diversos sistemas de conocimiento y las habilidades asociadas, como las destrezas tradicionales de rastreo y observación. Con la conservación de la conectividad, la necesidad de reconocer la diversidad del conocimiento es aún más aguda como parte de la negociación de nuevos pactos sociales para la conectividad de paisajes terrestres y marinos, en los que los sistemas de tenencia son diversos y se requieren alianzas sociales y una cohesión de mayor envergadura.

No todo el mundo aprecia la diversidad de la comprensión humana de la naturaleza. Todavía hay desafíos en la armonización de enfoques muy diferentes sobre los conocimientos y valores asociados con la biodiversidad y la gestión y manejo de paisajes terrestres y marinos. Un enfoque científico, comparado con un sentido cultural de deberes espirituales y ancestrales hacia las tierras, el agua y las especies, puede centrarse en diferentes variables, evidencias y modelos. El reto no es simplemente comprender que hay diferentes sistemas de conocimiento y valores, sino también que existe una dinámica de poder que influencia la manera en que los poseedores de dicho conocimiento son respetados y tratados en su encuentro intercultural.

> [Lo] primero y más importante es que los pueblos indígenas deben controlar su propia información. También ha quedado claro a lo largo de los años que la base de conocimientos

> de los Pueblos Indígenas es vital, dinámica y en evolución. De hecho, simplemente "recabar" y "documentar" el conocimiento ambiental indígena es contraproducente. Estos sistemas de conocimiento han estado bajo serios ataques durante siglos y los sistemas sociales que los apoyan han sido gravemente socavados [...] No se trata de recuperar y registrar el conocimiento indígena, sino de respeto y revitalización. (Brooke y Kemp, 1995, p. 27)

Los custodios de los territorios locales han estado afirmando su papel en la conservación y la gobernanza en combinación con mecanismos multilaterales que respaldan los Derechos Humanos, el debido proceso y las libertades fundamentales. Como líderes o socios en la conservación, los custodios externos a la función pública, que representan diversos grupos, traen consigo diversos valores, conocimientos y habilidades. Cada una de estas aserciones y asociaciones requiere un proceso de mediación interactivo e intercultural (Rambaldi *et al.*, 2007; Crawhall, 2008).

La más reciente adición conceptual a los acuerdos multilaterales de áreas protegidas es la de los Territorios y Áreas Conservados por Pueblos Indígenas y Comunidades Locales (TICCA), que recibieron un gran interés en el último decenio y se formalizaron en el PoWPA del CDB en 2010, en la décima COP del CDB en Nagoya (véase el Capítulo 8). Esto los convierte en un término reciente de política multilateral, pero en la práctica se reconoce este antiguo patrón humano global de gestión y manejo de paisajes terrestres y marinos según los sistemas de creencias y responsabilidades intergeneracionales, de acuerdo con sistemas de gobernanza específicos, junto con los derechos y deberes concomitantes. El reconocimiento de los TICCA y la introducción del concepto de la Meta 11 "otras medidas eficaces de conservación basadas en áreas" sugieren una tendencia importante de mayores sinergias entre las áreas protegidas estatales, las medidas consuetudinarias de conservación (incluidos los sitios naturales sagrados y las áreas conservadas por pueblos indígenas y comunidades locales) y los predios privados de conservación.

Tendencias económicas que afectan al Estado, a las comunidades y a las áreas protegidas

No es posible pensar en el futuro de las áreas protegidas sin prestar suficiente atención a las tendencias económicas. Durante décadas, el sector ambiental y de conservación ha estado luchando con las contradicciones evidentes entre las presiones políticas para el crecimiento de las economías y la necesidad de conservar nuestro patrimonio natural y ecosistemas.

El argumento principal que se presenta aquí es que no estamos logrando el equilibrio entre la economía y la sostenibilidad. Como se mencionó anteriormente, este es un tema de valores y prioridades, no una fuerza inmutable en el universo. Como tal, las comunicaciones alrededor de la economía y la conservación siguen siendo críticas en esta generación.

Hay diferentes interpretaciones de lo que está impulsando la pérdida de biodiversidad y el papel de nuestros modelos económicos actuales. Según algunos escritores, un elemento clave es que la macroeconomía es la herramienta nacional dominante para la planeación y la medición económica. Las herramientas orientadas al crecimiento y basadas en la producción para guiar la política macroeconómica pueden distorsionar la imagen de nuestra creciente vulnerabilidad y desigualdad. De hecho, el sesgo en estos instrumentos de política puede estar impulsando una predisposición a facilitar la expansión de las industrias extractivas a expensas de paisajes terrestres, paisajes marinos y ecosistemas sanos.

Recientemente, varios proyectos importantes han considerado con cierto detalle la relación entre la naturaleza y la economía: se destacan La Economía de los Ecosistemas y la Biodiversidad (The Economics of Ecosystems and Biodiversity, TEEB), la Iniciativa de Economía Verde (Green Economy Initiative, GEI) del Programa de las Naciones Unidas para el Medio Ambiente (ONU Medio Ambiente), y el marco internacional del Sistema de Contabilidad Ambiental y Económica (SCAE).

A pesar de las críticas sobre su lógica y diseño (véase IPACC, 2011), la GEI de la ONU Medio Ambiente argumenta con éxito que los gobiernos no entienden, evalúan o trabajan con el verdadero valor de la naturaleza, de los servicios ecosistémicos y de los recursos naturales en relación con mantener el bienestar humano, la salud y la nutrición. El hecho de no calcular el valor real de la naturaleza en la vida humana está llevando a una disminución acelerada de la capacidad del ecosistema, y con ello a un crecimiento en la pobreza humana y la desintegración social. Según la GBO-3, las áreas protegidas parecen ser la principal herramienta de política global para la conservación, pero en la práctica, las áreas protegidas están sujetas a las mismas tendencias macroeconómicas que otros paisajes, y por lo tanto vemos que en las áreas protegidas se está permitiendo un crecimiento de las industrias mineras y extractivas, incluso en sitios emblemáticos del patrimonio mundial (véase IUCN 2011, 2013). Aunque es posible que los predios de áreas protegidas estén creciendo, podemos anticipar que, si la tendencia actual continúa, la efectividad de las áreas protegidas disminuirá constantemente.

La forma en que debemos responder al problema de la política macroeconómica que excluye la conservación, la sostenibilidad y la planeación eficaz del paisaje terrestre/marino es un tema controversial. Una de las respuestas de tendencia ha sido concentrarse en cómo deben "valorarse" el medio ambiente, los ecosistemas y la naturaleza. Según la TEEB y la GEI, el argumento es que la naturaleza tiene una serie de valores que pueden ser entendidos por los que formulan las políticas económicas nacionales. Estos pueden ser en términos de su valor como materia prima y longevidad, pueden implicar la medición del valor de un servicio ecosistémico, así como la disponibilidad de agua potable y su valor de reemplazo si se daña o se destruye, o pueden considerar cómo las rutas industriales y energéticas alternativas podrían generar nuevas formas de riqueza que no son tan destructivas para el ambiente natural; por ejemplo, el uso de la energía solar.

Los críticos del enfoque de la "valoración" enfatizan que asignarle un valor de materia prima a la naturaleza solo alienta al sector privado y a los macroeconomistas a acelerar la extracción del bien (esto es, cambiarlo de su estado natural a una materia prima de valor de capital), o puede conducir a su privatización. En el caso de lo primero, esto podría degradar la naturaleza a un ritmo cada vez más acelerado, aumentando así la pobreza y la vulnerabilidad. En caso de lo segundo, hace que algunas personas sean muy ricas, pero en general empobrece a quienes no son los propietarios, y a su vez deben extraer mayor cantidad de un conjunto más pequeño de recursos naturales, lo que crea una espiral decreciente tanto ecológica como humana.

El modelo capitalista de organización económica surgió como el sistema dominante en el siglo XXI. La riqueza y la brecha de poder entre los antiguos países colonizadores y colonizados se ha transformado; aunque las desigualdades son mayores a escala mundial, hay más países del Sur global que están emergiendo como importantes desde el punto de vista político y económico. Países como China, Brasil, India y Sudáfrica han entrado en las filas de países de ingresos medios con sus propias bases de producción industrial y la capacidad de explotar los recursos naturales y los mercados laborales para sus propios territorios nacionales y en otros países lejanos. Estas tendencias han transformado las relaciones de poder y el consumo de energía, las emisiones de gases de efecto invernadero y la demanda de materias primas para el comercio y la producción. Los países africanos más pobres han descubierto que es de su interés político conectarse con Asia y Occidente como socios económicos y mercados para recursos de materias primas. África busca cada vez más opciones para venderles a las economías emergentes de Asia, de las que también garantizan una cooperación ventajosa en materia de préstamos e infraestructura, mientras mantiene sus vínculos económicos con Occidente, ya sea con los colonizadores europeos anteriores o con Norteamérica y Australia. La crisis actual de la caza furtiva de marfil y cuernos de rinoceronte, impulsada por los consumidores asiáticos que extraen de manera insostenible de los Estados clientes de África, plantea cuestiones interesantes sobre dónde encaja la naturaleza en esas relaciones económicas Sur-Sur. La creciente capacidad y necesidad de extracción de combustibles fósiles también ha abierto nuevas oportunidades para la globalización de la extracción y la mercantilización de nuevas fuentes de dichos combustibles, incluso en ambientes marinos sensibles.

El siglo XX estuvo definido por fuertes disputas sobre las teorías económicas y políticas. La distinción más nítida se dio entre los países occidentales capitalistas de "libre mercado" y la alianza de los países socialistas del Segundo Mundo, en especial la Unión Soviética y la República Popular China. África, Asia y Latinoamérica se encontraron en un continuo entre estas visiones de polos opuestos sobre cómo debe organizarse la economía política humana y el papel del Estado en relación con la provisión de confort, riqueza y justicia.

En relación con la conservación del medio ambiente y la sostenibilidad, el aspecto interesante es que a pesar de la oposición amarga y a veces violenta entre estas dos visiones del mundo sobre la economía política, ambos tendían a ver el ambiente desde una perspectiva instrumentalista y utilitarista. Por lo general, tanto capitalistas como comunistas consideraban que cualquier extracción de la naturaleza que pudiera contribuir a la producción ayudaría al crecimiento de una sociedad acaudalada. A veces las economías socialistas son particularmente señaladas por su asalto a la custodia local para obligar que los recursos naturales estén bajo el control de una economía centralizada y planeada (para una discusión sobre el Socialismo y la coherencia de la economía campesina en Tanzania, véase Hyden, 1980).

Cuadro 5.3 Toma de decisiones sobre macroeconomía y medio ambiente

La macroeconomía es el estudio del gran diseño y desempeño de una economía. Esta puede ser a nivel nacional, regional o incluso global. La macroeconomía se centra en la información agregada de toda la economía e influye en la formulación de políticas nacionales. La formulación de políticas macroeconómicas se centra en indicadores agregados como el Producto Interno Bruto (PIB) o la suma de las transacciones nacionales en bienes y servicios. En las economías nacionales se ha prestado cada vez más atención a los indicadores de crecimiento, así como a la escala de comercio, consumo e inversión.

El conjunto de políticas macroeconómicas es un poderoso instrumento de cambio e incluye la política fiscal, monetaria y financiera, las políticas de ingresos, la política comercial y la postura general de la balanza de pagos. También incluye políticas que afectan los precios de los bienes que tienen implicaciones generales para la economía (alimentos básicos, energía, etc.).

Las políticas macroeconómicas afectan la tasa de actividad económica y la dinámica de la inversión, las tasas de uso de los recursos naturales, las relaciones entre los sectores real y financiero, la composición de los activos de las carteras de inversión, la distribución del ingreso y la inserción de un país en la economía internacional. Las políticas macroeconómicas desempeñan un papel fundamental en las transformaciones estructurales o de toda la economía. Desde las perspectivas ambientales y de sostenibilidad, estas desempeñan un papel de suma importancia ya que determinan la cantidad total de recursos asignados para la conservación y la gestión ambiental. En resumen, estas políticas afectan las estrategias de producción y las capacidades de manejo de recursos de todos los agentes económicos, desde las corporaciones más grandes hasta el agricultor de subsistencia más pequeño.

La macroeconomía es importante porque el desarrollo sostenible no es una noción restringida a sectores económicos individuales. Esta se ocupa de las relaciones globales de las economías modernas expresadas en la dinámica del ingreso, el ahorro, la inversión y el empleo. Los asuntos fundamentales de la equidad en el acceso a las oportunidades, la preservación de los medios de subsistencia y la distribución equitativa de los ingresos son componentes fundamentales del desarrollo sostenible. Y si no llevamos la macroeconomía a la discusión de la sostenibilidad, fracasaremos en el esfuerzo por hacer de este un mundo mejor.

Alejandro Nadal, especialista macroeconómico de la CEESP criticó la manera en que la política macroeconómica configura la toma de decisiones sectoriales. Su argumento es que los gobiernos nacionales subsumen todas las decisiones sectoriales –incluyendo la agricultura, la energía y la conservación– a los indicadores más amplios. Estos no tienen en cuenta la sostenibilidad de los recursos, solo sus escalas de extracción, producción y venta. Los peligros para el ambiente son evidentes, ya que los ecosistemas y la biodiversidad, incluida la seguridad del agua, pueden ser destruidos en una búsqueda por aumentar la producción minera y las exportaciones.

Los conservacionistas, y en particular los interesados en la custodia de la comunidad y los beneficios del uso sostenible, necesitan estar mejor informados sobre lo que constituye la política macroeconómica y cómo influir en este nivel de formulación de políticas. Hoy en día, las prioridades de las políticas macroeconómicas, como la estabilidad de precios y los presupuestos equilibrados, siguen dominando las políticas sectoriales y ambientales. Esta es la razón por la cual hay una asignación insuficiente para las áreas protegidas, ya sea que tengan un enfoque de manejo basado en la comunidad o no, y es por eso que hay poco apoyo para la agricultura a pequeña escala. De hecho, estas prioridades macroeconómicas han dado forma a un estilo de política agrícola que en muchos casos compromete la supervivencia a largo plazo de las áreas protegidas. Las políticas macroeconómicas deben estar subordinadas a las prioridades generales del desarrollo sostenible, la integridad ambiental, la equidad y la justicia económica.

Fuente: Nadal, 2011

En el lenguaje capitalista, la producción y el crecimiento están asociados con la iniciativa privada, la recompensa y una sociedad generalmente más acaudalada de arriba hacia abajo. Desde la perspectiva socialista y comunista, el crecimiento de la producción nacional representaba una oportunidad de bienestar para el proletariado, que ahora era dueño de la producción, la cual, en la economía socialista no debía ser impulsada por el beneficio individual, sino que se pretendía lograr una sociedad más justa y equilibrada. En ninguno de los dos casos le fue particularmente bien al ambiente, ni siquiera las superpotencias socialistas utilizaron su modelo revolucionario para proteger la biodiversidad y los ecosistemas.

Tal vez la mejor experiencia capturada de la devastación ambiental socialista se encuentra en el lago Baikal (para una visión general de los problemas ambientales soviéticos, véase Josephson *et al.*, 2013). El único legado positivo que surgió de la experiencia fue que aquellos países que se liberaron de la ocupación y el control soviéticos procuraron enfatizar una mayor atención a la conservación ambiental. La protección del medio ambiente local y el papel del movimiento ambientalista para unir a la población en los estados bálticos fueron elementos del proceso de transformación y puntos de orgullo nacional en el período postsoviético de independencia (véase, por ejemplo, Högselius, 2008).

A finales del siglo XX, esta gran tensión entre los caminos políticos económicos había terminado. La Unión Soviética se había derrumbado y se había convertido en una forma agresiva de acumulación de capital privado, y la República Popular China, aunque nominalmente aún comunista y dirigida por el Partido Comunista de China, en la práctica se entusiasmó con el enriquecimiento personal y el sector privado.

Capitalismo, modelos de crecimiento y sostenibilidad

Para entender más acerca de la teoría económica de Occidente y la tenacidad de un enfoque de la economía que nos coloca en una trayectoria de colisión con la capacidad del planeta de sostenernos, volvemos a uno de los clásicos al considerar los supuestos y principios del Capitalismo en los Estados Unidos. En su libro de referencia sobre el Capitalismo, *The Affluent Society*, John Kenneth Galbraith (1998) brinda un resumen de las promesas y premisas del Capitalismo para lograr el confort universal en el mundo de Occidente. El libro de Galbraith no solo describe el aumento de la riqueza en el mundo occidental y examina su herencia ideológica, sino que también desafía la creencia dominante de que el Capitalismo es una ley universal que los gobiernos deben reconocer y facilitar, y no bloquear con medidas reguladoras.

El argumento principal de Galbraith es que la civilización occidental adoptó la premisa de que el éxito de una sociedad se mide por la producción de bienes, lo que permitió tanto la generación de ingresos como el consumo. El ciclo de la producción, el ingreso, el consumo y la producción adicional creó lo que se creyó un ciclo virtuoso que llevó a una sociedad acaudalada, en la que la pobreza universal y transhistórica comenzó a dar paso a un cambio general hacia la riqueza. Galbraith desafía esta creencia y cuestiona si tal visión reduccionista de la felicidad y el bienestar es adecuada tanto para el individuo como para la sociedad. No obstante, defiende la opinión de que el Capitalismo ofrecía (al menos al mundo occidental) un nivel de seguridad económica y una distribución de los recursos de base más amplia, lo cual brindó un atractivo modelo de economía política a pesar de sus contra-ideologías. Sin embargo, Galbraith señaló que la pobreza no había sido erradicada, y en contraste con sistemas anteriores, la idea de que la pobreza era un problema se convirtió en una característica central del pensamiento económico y político de Occidente (Galbraith, 1998, pp. 238-241).

Según los capitalistas ortodoxos, el crecimiento de la producción podría ser ilimitado y guiado por una "mano invisible" de interés propio, lo cual conduce al individuo a combatir las amenazas de escasez a través de una noble búsqueda económica. En teoría, el matrimonio de intereses personales y la dinámica de la oferta y la demanda deberían crear un modelo cada vez más amplio de crecimiento económico y distribución de la riqueza. El compendio de Galbraith regresó a la influencia de Adam Smith, filósofo escocés del siglo XVIII y pionero de la teoría de la economía política, quien se enfocó en la riqueza agregada derivada de un modelo clásicamente liberal de una economía capitalista (Galbraith, 1998, p. 21).

> Cada individuo[...] generalmente, de hecho, ni pretende promover el interés público, ni sabe cuánto lo está promoviendo. Al preferir el apoyo de lo interno a lo propio de la industria extranjera, el individuo busca solo su propia seguridad; y por la dirección de esa industria, de tal manera que sus productos pueden ser de gran valor, busca solo su propio beneficio, y en este, como en muchos otros casos, es dirigidos por una mano invisible a promover un fin que no formaba parte de su intención (Smith, 1904, p. 265).

En el escrito de Smith, la idea de que la agregación del interés individual generaba un patrón para la economía fue una observación novedosa. La idea de la "mano invisible" pronto alcanzó proporciones míticas, particularmente en los Estados Unidos, y continúa informando a la ideología macroeconómica global. Smith, sin embargo, no dijo que el Estado no tenía un papel en la mediación de la vulnerabilidad social, los derechos o la conservación de la naturaleza; esta fue una extrapolación posterior.

La ideología de la mano invisible –de que es lógico para el Capitalismo que este se encuentra fuera del dominio de la intervención humana, y por lo tanto debe facilitarse en lugar de bloquearse– tiene un impacto muy directo en la toma de decisiones contemporáneas sobre si se debe someter a las áreas protegidas a los mismos tipos de fuerzas económicas (véase también el Cuadro 5.3).

La interpretación moderna de la mano invisible de Smith, y la teoría de que los únicos indicadores económicos que vale la pena conocer son los que demuestran la producción, o más generalmente, el crecimiento del PIB, pueden verse como diametralmente opuestos a los estudios de Ostrom sobre la gestión exitosa de los recursos naturales mediante sistemas de recursos comunes. Ostrom demostró que la cooperación social y la atención a la capacidad de los ecosistemas, las normas negociadas y los sistemas de conocimiento compartido determinan la sostenibilidad exitosa. El credo capitalista en su forma cruda no tiene tal concepto de la sostenibilidad, ni siquiera la valoración de los recursos naturales aparte de materias primas o capital. Esto tiene importantes implicaciones para la formulación de políticas y el futuro de las áreas protegidas. También tiene un impacto sobre si los tomadores de decisiones consideran la conservación del paisaje terrestre y marino como acciones cooperativas o subsumidas en modelos de dominio, extracción y mercantilización. La historia de las áreas protegidas sugiere que estamos atrapados en este dilema particular.

Otra tendencia en las últimas décadas ha sido el aumento en el apoyo para la privatización de las propiedades.

> En toda sociedad civilizada los derechos de propiedad deben ser cuidadosamente salvaguardados; normalmente y en la gran mayoría de los casos, los derechos humanos y los derechos de propiedad son idénticos, tanto a nivel fundamental como en el largo plazo (Roosevelt, 1910, p. 8)

Los sistemas tradicionales de manejo de la tierra y el mar se basaban en una mezcla de deberes y derechos familiares sobre un territorio o recurso específico, y un mayor control, responsabilidades y sistemas colectivos de gobernanza, generalmente ajustados minuciosamente a las tendencias ecológicas y a la abundancia de recursos. El grado de exclusión en el sistema de gobernanza –es decir, el grado en que un grupo humano definido tenía derechos exclusivos o las condiciones para el acceso a través del acceso recíproco– estaba relacionado con la abundancia de los recursos, la capacidad del ecosistema para regenerarse y las presiones de la población humana sobre el territorio. Esto es evidente en las sociedades de pastores nómadas, en las que vastas zonas de pastoreo eran gobernadas por normas para asegurar la sostenibilidad de la biodiversidad de las plantas, los recursos hídricos, el ganado, la vida silvestre y las poblaciones humanas.

A medida que el Capitalismo se estableció más firmemente en el mundo de Occidente, la idea de privatizar la tierra y los recursos, y de legalizar la propiedad con exclusión de otros usuarios, se normalizó y surgió como tema dominante en el derecho constitucional occidental, y desde entonces la tendencia se diseminó a todos los rincones del planeta (para una particular y controvertida perspectiva de la propiedad, véase de Soto, 2000). El colapso de la Unión Soviética y la influencia estadounidense en la reconstrucción de Europa Oriental brindaron un impulso adicional para la promoción de la agenda de privatización a escala mundial. A nivel ideológico, la privatización está directamente asociada con los principios económicos del Capitalismo en los que la riqueza y el bienestar deben medirse por los productos de producción, el crecimiento en el consumo y el comercio, así como la reducción de un entorno regulador para proteger otros valores humanos, y en algunos casos, el bienestar de la naturaleza y de los servicios ecosistémicos.

La privatización tiene implicaciones para el futuro de las áreas protegidas. En primer lugar, la privatización de la tierra para la producción industrial y la extracción de recursos plantea importantes amenazas para el medio ambiente, y la tendencia es una mayor penetración nunca antes vista de las industrias extractivas en las áreas protegidas. Este patrón ha adquirido incluso su propio acrónimo: PADDD (degradación, reducción o desafectación de las áreas protegidas) (WWF, 2014). La lógica de la PADDD está siendo impulsada por una perspectiva macroeconómica que considera que cualquier actividad que implique la producción y la mercantilización tiene un mayor valor intrínseco que cualquier beneficio y recurso público que no genere los mismos indicadores.

El otro aspecto de la privatización ha sido un aumento concomitante en las áreas protegidas privadas. Diferentes partes del planeta han visto varios modelos de privatización de tierras con fines de conservación, o al menos con beneficios turísticos asociados con la conservación (efectiva o no). Además, ha habido empresas conjuntas en las que personas adineradas han apoyado adquisiciones de áreas protegidas privadas en terceros países, en particular como una asociación "Norte-Sur". Hay agencias no gubernamentales, fundaciones privadas y filántropos privados que apoyan proyectos para privatizar la tierra y llevarla a un estado de conservación gestionado desde el sector privado.

El otro patrón es que la privatización de tierras y recursos representa una amenaza directa para las áreas protegidas existentes y otros esfuerzos de conservación basados en áreas. África ha experimentado un proceso repentino y dramático de privatización y alienación de tierras, lo que ha dejado a los pueblos indígenas, las comunidades locales y los conservacionistas con paisajes cada vez más fragmentados, en que los sistemas tradicionales de trashumancia y migraciones estacionales han sido interrumpidos, lo cual ha ejercido mayores presiones poblacionales sobre áreas más pequeñas de tierras comunales disponibles.

La tendencia a la privatización no ha estado sin resistencia: los pueblos indígenas en algunas partes del mundo han sido muy críticos con la privatización, lo que demuestra que es inherentemente insensible a las necesidades de la naturaleza. Estos pueblos piden un acuerdo socialmente justo dentro de la humanidad, entre los pueblos y entre los seres humanos y otras especies. En 2010 hubo una reunión mundial de la sociedad civil en Cochabamba, Bolivia, para la Conferencia Mundial de los Pueblos sobre el Cambio Climático y los Derechos de la Madre Tierra. La Declaración de Cochabamba y otros esfuerzos de la sociedad civil afirman que el actual modelo económico no es sostenible, que está conduciendo a una catastrófica inestabilidad climática y que debemos reconsiderar un modelo más equitativo de "buen vivir" con la naturaleza y entre nosotros. La Fundación Gaia y sus alianzas de pueblos indígenas alrededor del planeta han promovido la "jurisprudencia de la Tierra" y los derechos de la Madre Tierra, bajo el argumento de que hay sistemas legales tradicionales que reconocen a la Tierra como una entidad viviente y que la privatización y explotación de los recursos naturales deben estar en equilibrio con los derechos de la Tierra misma; los cuales deben limitar nuestras acciones y nuestros propios derechos.

La tendencia a la privatización va acompañada de un proceso paralelo de fortalecimiento de las leyes y acuerdos multilaterales aplicables a los derechos privados de propiedad intelectual. Las patentes de las formas de vida y del material genético natural, incluidas las semillas, se ha convertido en un importante ámbito de disputa jurídica. Uno de los instrumentos más importantes de la legislación multilateral en años recientes es el Protocolo de Nagoya sobre Acceso a los Recursos Genéticos y Participación Justa y Equitativa en los Beneficios que se Deriven de su Utilización (Protocol on Access and Benefit Sharing of Genetic Resources, ABS Protocol), adoptado por la décima Conferencia de las Partes del CDB en Nagoya (Japón). La relevancia del Protocolo ABS para las áreas protegidas aún está por entenderse y explorarse.

La sociedad civil de la India ha reaccionado con vehemencia frente a las amenazas de las patentes de semillas, la promoción legalista de los organismos genéticamente modificados y la privatización del conocimiento tradicional. La Dra. Vandana Shiva se ha convertido en portavoz mundial de la lucha contra lo que se ha conocido como "biopiratería", en contra de los organismos genéticamente modificados, la privatización de las formas de vida y los esfuerzos para despojar a los pobres de su patrimonio biocultural. La Asociación Internacional para el Estudio de los Bienes Comunes ha organizado una serie de conferencias mundiales para reunir a diversos grupos de la sociedad civil interesados en defender regímenes de recursos naturales de propiedad común y estrategias de resiliencia.

En su resumen de las amenazas a los ecosistemas y las áreas protegidas en África, Leo Niskanen, experto regional de la UICN para África Oriental y Meridional, destacó que los cambios en las biotecnologías, al igual que la modificación genética de semillas (organismos modificados genéticamente, OMG) y la promoción de biocombustibles, suponen la posibilidad de penetrar biomas y ecosistemas previamente hostiles para convertirlos en terrenos agrícolas que antes no eran viables (IUCN, 2014).

Una iniciativa que llamó la atención de todo el mundo fue la aparición del Índice de Felicidad Nacional Bruta de Bután (Bhutanese Gross National Happiness - GNH Index). El término fue acuñado en 1972 por el antiguo rey de Bután Jigme Singye Wangchuk, y posteriormente se elaboró como una medida para cuantificar la felicidad de los ciudadanos en lugar de confiar en los indicadores económicos para determinar el éxito relativo de una economía política nacional. Desde sus inicios, el GNH llamó la atención sobre la relación entre la naturaleza y el bienestar humano, y abogó por un fuerte compromiso con la conservación como un contexto para la sostenibilidad y la felicidad humana.

El GNH fue propuesto por Bután durante los preparativos de las Naciones Unidas para los Objetivos de Desarrollo del Milenio. En ese momento, los economistas occidentales encontraban difícil acomodar una noción subjetiva de felicidad y estuvieron más interesados en medir los ingresos en dólares y otros indicadores del desarrollo básico. Los psicólogos consideran que el GNH es un concepto útil y válido, y ha permanecido en el discurso público global, particularmente en aquellos países que están encontrando que el crecimiento de la riqueza material no se traduce en satisfacción o sostenibilidad.

Existe una gran cantidad de literatura sobre las tendencias económicas y la relación entre el Capitalismo, la globalización y el uso o conservación de los recursos naturales. El asunto que tiene la mayor probabilidad de requerir un monitoreo y que está anclado a estos modelos económicos, prioridades y marcos políticos, tiene que ver con el sistema regulatorio relacionado con las industrias extractivas –principalmente la minería y la extracción de combustibles fósiles–. Tales industrias plantean amenazas directas a la biodiversidad y a los ecosistemas, y cada vez más se ve que violan los límites de los sitios patrimonio mundial y de las áreas protegidas. Más allá de las cuestiones de política reguladora, existe una discusión política y conceptual más amplia sobre lo que nos importa a los seres humanos, lo que necesitamos para vivir bien, y cómo estos asuntos pueden ser parte de la política macroeconómica y de la toma de decisiones.

Las industrias extractivas y eficacia de las áreas protegidas

La primera parte de este capítulo y varios capítulos del libro muestran un creciente apoyo político a las áreas protegidas, que están respaldadas no solo por acuerdos, normas y metas multilaterales, sino también por un mayor profesionalismo, una mayor comprensión de los pactos sociales requeridos para una conservación exitosa, y la afirmación tanto de los Derechos Humanos como de los derechos y deberes de custodia para lograr los objetivos de conservación. En la sección sobre la economía capitalista, notamos que existe una fuerte tensión sobre qué valor tiene la naturaleza dentro de la planeación económica nacional. Existen tendencias económicas que pueden llegar a representar un desafío importante para las áreas protegidas. Un desafío clave es el aumento de las industrias extractivas globalizadas y la incapacidad o falta de voluntad de los Estados-nación para restringir las actividades destructivas en y alrededor de las áreas protegidas y otros paisajes terrestres/marinos frágiles.

Es axiomático que la política y la economía tengan impactos complejos e íntimos entre sí. Las industrias extractivas mundiales han dejado de tener fuertes raíces nacionales y han pasado a una esfera de autonomía que el sistema multilateral se esfuerza por regular. El Estado es la principal agencia que tiene poderes reguladores sobre las multinacionales dentro de su territorio nacional. Algunos Estados pueden mostrar patrones de reducción de su propia soberanía para facilitar el acceso a los recursos por parte de las industrias extractivas, mineras y de combustibles fósiles, lo cual representa una amenaza directa al medio ambiente en general y a las áreas protegidas en particular.

En la actualidad, esto se expresa como el aumento del poder de las industrias extractivas multinacionales para penetrar territorios cada vez más remotos y ecosistemas frágiles, a veces independientemente de las políticas ambientales nacionales. El Estado cuenta ahora con un alto grado de autoridad con respecto a las áreas protegidas, pero también se encuentra atrapado entre las demandas de los derechos de custodia y de uso consuetudinario de las comunidades locales y los pueblos indígenas por un lado, y la creciente influencia de la privatización de tierras y recursos, las presiones cambiantes del uso de la tierra y el poder de las industrias extractivas mundiales por el otro.

Este capítulo no explora las consecuencias biofísicas o sociales de las industrias extractivas. Tal literatura está disponible. La tendencia de interés aquí es la sorprendente disposición de un número creciente de países a proclamar áreas protegidas, a establecer sitios de patrimonio mundial de la UNESCO, y luego también a otorgar el acceso a estos sitios o al ecosistema general para industrias extractivas, incluida la minería y la extracción de combustibles fósiles.

Abordar las causas profundas de esta amenaza sustancial para las áreas protegidas implica encontrar conexiones entre diferentes herramientas políticas. Este capítulo intenta mostrar que posiblemente las medidas reguladoras que protegerán los paisajes terrestres y marinos están posiblemente moldeadas por la consideración de los Derechos Humanos, la afirmación de los titulares de derechos y los custodios de las áreas conservadas localmente, la participación en la valoración y las políticas económicas, y el uso del sistema multilateral para crear normas y estándares que configuren los comportamientos y las políticas nacionales.

En octubre de 2013, en el décimo Congreso Mundial de Tierras Silvestres (CMTS) llevado a cabo en Salamanca, España, se reunió una diversa coalición de interesados para generar una resolución sobre la minería y las industrias extractivas en relación con las áreas conservadas y protegidas. La resolución titulada "Resolución 12: Construcción de una Alianza Global para reivindicar 'Áreas de No Intrusión' para la minería y otras industrias extractivas y actividades destructivas que amenazan los sitios patrimonio mundial y las áreas protegidas, incluidos los Territorios y Áreas Conservados por Pueblos Indígenas y Comunidades Locales (TICCA) y los Territorios y Sitios Naturales Sagrados" contó con el apoyo del Comité de Coordinación de los Pueblos Indígenas de África (Indigenous Peoples of Africa Coordinating Committee, IPACC), la Red Africana para la Biodiversidad, la Fundación Gaia, la CMAP y la CEESP.

La resolución pedía que se detuviera la minería y la extracción industrial destructiva en áreas protegidas, sitios patrimonio mundial, territorios indígenas y sitios naturales sagrados. La resolución no tiene peso legal ni fuerza vinculante y se adoptó en un foro fuera de los sistemas de la ONU y de la UICN. Sin embargo, indica el grado de preocupación que tanto los conservacionistas como los custodios comparten sobre los impactos de la minería y las industrias extractivas.

Algunos pueblos indígenas han expresado su preocupación por el hecho de que las industrias extractivas y la minería se están trasladando a zonas rurales cada vez más remotas. En los casos en que los pueblos indígenas no tienen una tenencia asegurada, se enfrentan con el desalojo y las consecuencias nefastas de los impactos. Durante el Foro de Tierras y Mares Indígenas y Comunitarios en el décimo CMTS, Aboubacar Albachir, vicesultán de Air en el norte de Níger, relató los traumas de la contaminación radiactiva por la minería de uranio en las comunidades desérticas de ese país, y cómo las grandes rentabilidades de la minería no se traducen en infraestructura o servicios dentro del te-

Los maestros de ceremonias que presentaron la apertura del Sexto Congreso Mundial de Parques de la UICN, Parque Olímpico, Sídney, Australia, noviembre de 2014. En el congreso se discutió la idea de un nuevo pacto social

Fuente: Graeme L. Worboys

rritorio indígena. El delegado australiano de Kimberley, Wayne Bergman, explicó que ellos sentían que no tenían otra opción que negociar directamente con las minas. O negociaban o sus tierras serían tomadas sin su consentimiento y sin que fueran capaces de influir en los impactos. Estos grupos pueden considerarse marginales en comparación con las corporaciones mineras internacionales, aunque sabemos que los Derechos Humanos y específicamente la capacidad de los pueblos indígenas para representarse a sí mismos, de utilizar el derecho nacional e internacional y de afirmar su papel de custodia están más en aumento que en declive.

Si se considera la manera en que han florecido los acuerdos ambientales multilaterales desde 1992, tal vez sea sorprendente que tengamos muy pocos relacionados con las industrias extractivas o su relación con las áreas protegidas u otros territorios conservados.

En los diferentes congresos de la UICN se han formulado una serie de resoluciones sobre sitios y ecosistemas específicos respecto a la minería y las industrias extractivas. La resolución mundial más importante sobre la minería y las áreas protegidas se dio en el segundo Congreso Mundial de la Naturaleza de la UICN, celebrado en Ammán, Jordania, en 2000. La Resolución 2.82, "Protección y conservación de la diversidad biológica de las áreas protegidas de cara a los efectos negativos de la exploración y la extracción minera" hizo un llamado a la UICN y a sus miembros para que mantuvieran la exclusión de la minería en las áreas protegidas de las Categorías I-IV. La resolución pidió a los Estados miembros el uso de la legislación y las políticas para proteger y conservar la diversidad biológica de estas áreas protegidas frente a los impactos negativos de la minería y la exploración.

Desde Ammán en 2000, parece que el problema ha empeorado, con formas nuevas y más destructivas de extracción, particularmente en la industria de los combustibles fósiles, y una mayor penetración en ecosistemas remotos y sensibles, lugares emblemáticos del patrimonio mundial y áreas protegidas.

La UICN, en su papel de experto, tiene el reto de asesorar al Comité del Patrimonio Mundial de la UNESCO y la repentina diseminación de contratos mineros y permisos para la industria extractiva dentro de los bienes Patrimonio Mundial. Por ejemplo, la República Unida de Tanzania autorizó la extracción de uranio en la Reserva de Caza de Selous, declarada patrimonio mundial. Mientras la UICN se preparaba para el sexto Congreso Mundial de Parques, en Australia en 2014, el gobierno de dicho país y la Autoridad del Parque Marino de la Gran Barrera de Coral habían tomado decisiones con respecto a los lodos de dragado que representaban una amenaza para la Gran Barrera de Coral; otro sitio icónico patrimonio mundial. La Gran Barrera de Coral está amenazada por varias industrias extractivas, las fuentes de contaminación relacionadas con combustibles fósiles, las congestionadas rutas de transporte marítimo asociadas y los planes para aumentar las exportaciones de carbón desde Abbot Point. Tales amenazas se están viendo a escala mundial. Las raíces del problema nos devuelven a las tensiones sobre los valores, la custodia y quizás también los cambios en el carácter y los intereses del propio Estado.

Durante el Sexto Congreso Mundial de Parques en Australia y las reuniones multilaterales subsiguientes, una amplia gama de actores y titulares de derechos debatieron sobre esta oleada de amenazas al medio ambiente y las áreas protegidas. Es menos evidente que algunas coaliciones efectivas estén listas para formarse entre grupos con diferentes conceptos de la economía, la custodia y el lugar de la naturaleza en la cultura humana y en la economía política.

Conclusión

El mensaje de este capítulo es que nada es certero y al mismo tiempo podemos ver un flujo de eventos de causa a efecto que moldea nuestro interés por las áreas protegidas, su uso como instrumentos de conservación y las amenazas planteadas en su contra. La economía, la política y la sociedad son producto de dinámicas complejas, pero todas ellas se originan en la mente humana. Si queremos que la conservación de la vida sea efectiva, y que las áreas protegidas sean una piedra angular de esta estrategia, se requerirá que, de manera continua, se comprendan e influencien los valores humanos, las prioridades y la toma de decisiones.

Es probable que algunas tendencias conocidas continúen y otros cambios en los valores, la economía, la política, la demografía y el clima darán forma al futuro de las áreas protegidas. Es poco probable que ignorar la economía política beneficie a los interesados en áreas protegidas, así que la anticipación es clave para mitigar los impactos de las diferentes tendencias y cambios en los valores. También es imprudente ignorar los grupos sociales y los posibles aliados. El enfoque de la "fortaleza" para la conservación no solo plantea dilemas morales; de hecho, este capítulo sugiere que también plantea debilidades estratégicas ya que debilita el sentido de custodia de las personas con las que se cuenta para apoyar las áreas protegidas.

Durante los últimos siglos y décadas podemos observar un patrón de escalas cambiantes tanto en la custodia como en la responsabilidad por la conservación del paisaje y los ecosistemas. Es probable que la cuestión del poder y la custodia siga siendo muy importante. Si consideramos que los ecosistemas funcionan a diferentes escalas, es importante que la custodia y la gobernanza de los mismos, en el contexto del Antropoceno y de manera ideal, debieran estar alineados para crear sinergias y una cohesión positiva. Los derechos, los deberes y la capacidad de cada escala de gobernanza de los ecosistemas deben contar con una buena atención, y las diferentes escalas no deben funcionar unas contra otras.

En la conferencia de la Red Indígena Mundial en mayo de 2013 en Darwin, Australia, Ashley Iserfoff, Gran Jefe Adjunto del Gran Consejo de los Cree (Eeyou Istchee), hizo una presentación sobre cómo la autoridad tribal Cree en el norte de Quebec no pudo encontrar un marco adecuado en la política legislativa provincial o nacional que permitiera una conexión conjunta de áreas protegidas terrestres y marítimas. La legislación existente no facilitó esta iniciativa Cree para mejorar la conectividad terrestre-marina. Con un sentido del deber y la custodia, los Cree fueron capaces de elaborar un marco legal innovador, el cual se basó finalmente en su propio sentido de deber y responsabilidad. Hasta ahora no hemos visto muchos de estos enfoques holísticos para la gobernanza de los paisajes terrestres y marinos. El creciente interés en la conectividad social y ecológica sugiere que esta podría ser la nueva agenda.

Este capítulo argumentó que los Estados coloniales y centralizados, de manera intencional o no, redujeron no solo la autoridad y los poderes de los custodios locales de la naturaleza, sino también sus poderes para gobernar y responder a los cambios ambientales. El medio ambiente comenzó a verse cada vez más como el dominio de un Estado centralizado con nuevas escalas de planeación, nuevos intereses en los paisajes terrestres y marinos, y diversos grados de conflicto y convergencia con los sistemas antiguos. Más recientemente, los sistemas estatales se han integrado cada vez más en los mercados globalizados de materias prìmas, en los que la custodia nacional es menos segura y las nuevas amenazas están motivadas por las ganancias y los mercados de materias primas, a veces determinados por empresas al otro lado del planeta. Esto ha dejado la custodia de los paisajes terrestres y marinos en patrones complejos que mezclan la custodia local *de facto* con la autoridad legal nacional *de jure* del Estado, y una relación ambigua entre los intereses comerciales transnacionales y las élites nacionales. Dentro de esta economía política cambiante también vemos cierto grado de ambigüedad respecto al valor de la naturaleza (intrínseco versus dependencia del uso sostenible local versus utilitarismo y mercantilización) y lo que constituye un deber humano en relación con la naturaleza y la integridad del ecosistema.

La mayoría de las culturas y religiones parece atribuirle un valor a la naturaleza. Si esto se ha perdido de la conciencia humana, podría ser una aberración temporal. Quizás nuestro cambio repentino hacia la industrialización y el Capitalismo creó condiciones psicológicas y económicas que nos alejaron tanto de nuestras percepciones espirituales como del papel que desempeña la naturaleza en nuestro bienestar, salud y supervivencia. La crisis actual de la pérdida de la biodiversidad, la creciente población humana, la degradación de la integridad de los ecosistemas y la rápida desestabilización de nuestro clima tendrán consecuencias que podrían hacer que la humanidad revise sus obligaciones con el mundo viviente. En un sistema tradicional existían derechos, responsabilidades, costumbres sociales y normas que orientaban el uso equitativo y sostenible de la naturaleza. Estos sistemas eran gobernados por las reglas que eran flexibles, y todavía existen en muchas áreas rurales del mundo. Es evidente que muchos territorios gobernados por indígenas, comunidades locales y con fines espirituales mantienen sus formas más antiguas de gobernanza hasta el día de hoy, junto con innovaciones y transformaciones. Estos grupos humanos se están involucrando cada vez más en discusiones sobre áreas protegidas, gobernanza, gestión y formulación de políticas.

A medida que el mundo cambia, cualquier sostenibilidad futura que esperemos lograr exigirá la reconciliación entre la administración humana del medio ambiente y otros intereses, incluida la acumulación de la riqueza, la macroeconomía, la política internacional y la naturaleza cambiante del Estado. Lo cierto es que no hay manera de regresar a una forma de vida anterior y cualquier cosa dentro de las posibilidades vendrá de hacer frente al contexto cambiante y encontrar la voluntad suficiente para ajustar nuestro impacto en la tierra, el agua y la atmósfera.

La creciente atención internacional a la conectividad y a mayores escalas de gestión y conservación de paisajes terrestres y marinos no es solo de interés científico, también tiene importantes implicaciones sociales, políticas y económicas. Por definición, los paisajes terrestres y marinos de conservación de la conectividad nos sacan del marco de los territorios controlados por el Estado y nos llevan a complejos paisajes de múltiples tenencias, en los que la gobernanza se negocia con diferentes tipos de propietarios y usuarios de tierras, aguas y recursos naturales (véase el Capítulo 27). Como destacan Worboys *et al.* (2010), la conectividad no es un nuevo proceso técnico de conservación, y cada caso involucra un compromiso sustancial con la sociedad y los grupos de interés, lo que conduce a una nueva forma de pacto social que combina diversos intereses, culturas y valores dentro de un paradigma general de cooperación.

Otro mensaje de este capítulo es que, así como los seres humanos somos los motores del cambio climático y la pérdida de la biodiversidad, también somos capaces de ser buenos custodios. La economía política y las políticas que dan forma a la economía y a la conservación de la naturaleza surgen en corazones y mentes humanas. Estas no están separadas de nuestra voluntad, aunque estén formadas por sistemas en los que nacemos: sistemas culturales, económicos, sociales, políticos y ambientales que forman la base de nuestras acciones. La conservación y la sostenibilidad son una cuestión de valores humanos, de voluntad y de un entorno político propicio.

Es poco probable que solo aumentar el número o la extensión territorial de las áreas protegidas logre los objetivos de conservación trazados. Esto es particularmente cierto si las tendencias económicas que socavan la eficacia de las áreas protegidas continúan ganando impulso al mismo tiempo que aumentamos su extensión física. De hecho, si estamos construyendo un puente de sostenibilidad en un lado del río, mientras lo destruimos a un ritmo cada vez mayor en el otro lado, el pronóstico es el colapso repentino que nos subyace y el hundimiento en un contexto sustancialmente diferente.

La sincronización de las escalas de gobernanza y las escalas de los ecosistemas habla de una comprensión humana de la ciencia y los sistemas de valores. El éxito depende de cuestiones de deberes compartidos, responsabilidades aliadas, controles y equilibrios, rendición de cuentas, autoridad y responsabilidad.

Para el personal de áreas protegidas, esto puede parecer desalentador o imposible de alcanzar. Con todos los otros desafíos de profesionalización y mejoramiento de la capacidad de conservación, este capítulo sugiere que las áreas protegidas sostenibles, en el sentido amplio del término, también requieren una interacción con quienes comprenden y son competentes en otras disciplinas y áreas de especialización que, a primera vista, pueden parecer lejanos respecto a la gestión de la vida silvestre. No menos importante es la capacidad de desarrollar alianzas y solidaridad con las comunidades, los movimientos sociales, los economistas, los responsables de la toma de decisiones, los de la industria y los involucrados en la legislación y los sistemas de tratados multilaterales.

El Sexto Congreso Mundial de Parques de la UICN en 2014 exploró la idea de un nuevo pacto social – un replanteamiento de cómo trabajamos juntos en diferentes contextos económicos, políticos, culturales y sociales para garantizar la custodia–. Tanto la sostenibilidad como un grupo de custodios que apoyen las áreas protegidas y otros regímenes de conservación y uso sostenible basados en áreas requerirán no solo de solidaridad y cooperación, sino también de derechos y la distribución de beneficios, costos y deberes. Un nuevo pacto social para proteger la fragilidad de la Tierra y la base de recursos naturales implicaría un cambio sustancial de paradigma, en el que las áreas protegidas y los paisajes terrestres y marinos de conectividad tengan un papel importante.

Referencias

Lecturas recomendadas

Amin-Khan, T. (2012). *The Post-Colonial State in the Era of Capitalist Globalization: Historical, political and theoretical approaches to state formation.* Nueva York: Routledge.

Anderson, D y Grove, R. (eds.). (1995 [1987]). *Conservation in Africa: Peoples, policies and practice.* Cambridge: Cambridge University Press.

Asia Parks Congress (APC). (2013). First Asia Parks Congress, Sendai, Japan. Recuperado de: asia-parks.org/

Beinart, W. y Coates, P. (1995). *Environment and History: The taming of nature in the USA and South Africa.* Londres: Routledge.

Berry, T. (1999). *The Great Work: Our way into the future.* Nueva York: Bell Tower/Random House.

(2006). *Evening Thoughts: Reflecting on Earth as sacred community.* Berkeley: Sierra Club y University of California Press.

Borrini-Feyerabend, G.; Pimbert, M.; Farvar, M.T.; Kothari, A. y Renard, Y. (2004). *Sharing Power: learning by doing in co-management of natural resources throughout the world.* Teherán: IIED y IUCN/CEESP/CMWG, Cenesta.

Boyden, S.V. (1987). *Western Civilization in Biological Perspective: Patterns in biohistory.* Oxford: Clarendon Press.

Brooke, L. y Kemp, W. (1995). Towards information self-sufficiency: the Nunavik Inuit gather information on ecology and land use. *Cultural Survival Quarterly Special Issue: Geomatics: Who needs it?,* 18(4). Recuperado de: www.culturalsurvival.org/publications/cultural-survival-quarterly/canada/towards-information-self-sufficiency-nunavik-inuit-g

Callicott, J.B. (1989). *In Defense of the Land Ethic: essays in environmental philosophy.* Albany: State University of New York Press.

Campese, J.; Sunderland, T.; Greiber, T. y Oviedo, G. (eds.). (2009). *Rights-Based Approaches: Exploring issues and opportunities for conservation.* Bogor, Indonesia: Center for International Forestry Research and IUCN.

Charters, C. y Stavenhagen, R. (eds.). (2009). *Making the Declaration Work: The United Nations Declaration on the Rights of Indigenous Peoples.* Copenhague: IWGIA.

Chatty, D. y Colchester, M. (eds.). (2002). *Conservation and Mobile Indigenous Peoples: displacement, forced settlement and sustainable development.* Studies in Forced Migration, vol. 10. Nueva York y Oxford: Berghahn Books.

Colchester, M. (2004a). Conservation policy and indigenous peoples. *Environmental Science and Policy,* 7, 145-153.

(2004b). Indigenous lands or national park? *Cultural Survival Quarterly Issue: Conservation Policy and Indigenous Peoples,* 28(1). Recuperado de: www.culturalsurvival.org/publications/cultural-survival-quarterly/none/indigenous-lands-or-national-parks

Convention on Biological Diversity (CBD). (2011). *Strategic Plan for Biodiversity 2011-2020 and the Aichi Biodiversity Targets.* Montreal: Secretariat of the Convention on Biological Diversity. Recuperado de: www.cbd.int/sp/default.shtml

Crawhall, N. (2008). *Heritage Education for Sustainable Development: Dialogue with indigenous communities in Africa.* París: IPACC y UNESCO. Recuperado de: www.ipacc.org.za/uploads/docs/090505b_ESD_composite_report_Africa08_final.pdf

Crosby, A.W. (1986). *Ecological Imperialism: the biological expansion of Europe, 900-1900.* Cambridge: Cambridge University Press.

Crutzen, P.J. y Stoermer, E.F. (2000). The "Anthropocene". *Global Change Newsletter*, 41, 17-18.

De Soto, H. (2000). *The Mystery of Capital: why Capitalism triumphs in the West and fails everywhere else*. Nueva York: Basic Books.

Dunbar, R. (1996). *Grooming, Gossip and the Evolution of Language*. Cambridge: Harvard University Press.

Galbraith, J.K. (1998 [1958]). *The Affluent Society*. Boston y Nueva York: Houghton Mifflin Company.

Harris, P. (ed.). (2013). *The Routledge Handbook of Global Environmental Politics*. Londres: Routledge.

Högselius, P. (2008). *The Country of Mountains of Black Ash*. Recuperado de: balticworlds.com/environment-the-country-of-mountains-of-black-ash/

Hyden, G. (1980). *Beyond Ujamaa in Tanzania: underdevelopment and an uncaptured peasantry*. Londres: Heinemann.

Indigenous Peoples of Africa Coordinating Committee (IPACC) (ed.). (2008). African Indigenous Peoples' Workshop on Effective Use of Information Communication Technology in Environmental Advocacy. Ciudad del Cabo: IPACC.

Indigenous Peoples of Africa Coordinating Committee (IPACC). (2011). *African Indigenous Peoples and the UNEP Green Economy Initiative: Hui!gaeb report on green economy, equity y green governance*. Ciudad del Cabo: IPACC.

(2012). *Influencing Regional Policy Processes in Climate Change Adaptation through the Interaction of African Pastoralist Traditional Knowledge and Meteorological Science*. Ciudad del Cabo: IPACC.

International Union for Conservation of Nature (IUCN). (2011). *Mining Threats on the Rise in World Heritage Sites*. Gland: IUCN. Recuperado de: www.iucn.org/?7742/Mining-threats-on-the-rise-in-World-Heritage-sites

(2013). *IUCN World Heritage Advice Note: Mining and oil/gas projects*. Gland: IUCN. Recuperado de: cmsdata.iucn.org/downloads/iucn_advice_note_on_mining_in_wh_sites_final_060512_ _.pdf

(2014). Improving Protected Area Governance for Livelihood Security and Biodiversity in Southern Africa: A High Level Dialogue, Windhoek, 21-22 de Mayo de 2014.

International Union for Conservation of Nature Commission on Environmental, Economic and Social Policy (IUCN CEESP). (2004). *Policy Matters: History culture and conservation*. Gland: IUCN.

(2006). *Policy Matters: Poverty, wealth and conservation*. Gland: IUCN.International Union for Conservation of Nature Theme on Indigenous and Local Communities, Equity, and Protected Areas (IUCN TILCEPA). (2010). *Protected Areas: Joint PAEL-TILCEPA workshop on protected areas management evaluation and social assessment of protected areas*. Gland: IUCN.

Josephson, P.; Dronin, N.; Mnatsakanian, R.; Cherp, A.; Efremenko, D. y Larin, V. (2013). *An Environmental History of Russia*. Studies in Environment and History. Cambridge: Cambridge University Press.

Kassam, K.A.S. (2009). *Biocultural Diversity and Indigenous Ways of Knowing: Human ecology in the Arctic*. Clagary: University of Calgary Press.

MacKenzie, J. (1997). Empire and the ecological apocalypse: the historiography of the imperial environment. En T. Griffiths y L. Robin (eds.). *Ecology and Empire: environmental history of settler societies*, pp. 215-228. Edimburgo: Keele University Press.

Maffi, L. y Woodley, E. (2010). *Biocultural Diversity Conservation: a global sourcebook*. Nueva York: Earthscan.

Nadal, A. (2011). *Rethinking Macroeconomics for Sustainability*. Londres: Zed Books.

Nelson, J. y Hossack, L. (2003). *From Principles to Practice: indigenous peoples and protected areas in Africa*. Reino Unido: Forest Peoples Programme.

Nettle, D. y Romaine, S. (2000). *Vanishing Voices: the extinction of the world's languages*. Oxford: Oxford University Press.

Ostrom, E. (1990). *Governing the Commons: the evolution of institutions for collective action*. Nueva York: Cambridge University Press.

(2012). *The Future of the Commons: beyond market failure and government regulation*. Londres: The Institute of Economic Affairs.

Hess, C. (eds.). (2007). *Understanding Knowledge as a Commons: from theory to practice*. Cambridge: MIT Press.

Dietz, T.; Dolšak, N.; Stern, P.C.; Stonich, S. y Weber, E. (eds.). (2002). *The Drama of the Commons*. Washington, D.C.: Committee on the Human Dimensions of Global Change, National Research Council, National Academies Press.

Gardner, R. y Walker, J. (1994). *Rules, Games, and Common-Pool Resources*. Ann Arbor: University of Michigan Press.

Poteete, A.R. y Janssen, M.A. (2010). *Working Together: collective action, the commons, and multiple methods in practice*. Princeton: Princeton University Press.

Phillips, A. (2003). Turning ideas on their head: the new paradigm for protected areas. *George Wright Forum*, 20(2), 8-32.

Ralston Saul, J. (2005). *The Collapse of Globalism*. Londres: Atlantic Books.

Rambaldi, G.; Muchemi, J.; Crawhall, N. y Monaci, L. (2007). Through the eyes of hunter-gatherers: participatory 3D modelling among Ogiek indigenous peoples in Kenya. *Information Development*, 23(2-3), 113-128.

Rolston, H. III. (1986). *Philosophy Gone Wild: Essays in environmental ethics*. Buffalo: Prometheus Press.

Roosevelt, T. (1910, abril 23). Citizenship in a republic, Address at the Sorbonne. París. Recuperado de: www.theodore-roosevelt.com/images/research/speeches/maninthearena.pdf

Sandler, R. (2012). Intrinsic value, ecology, and conservation. *Nature Education Knowledge*, 3(10), p. 4. Recuperado de: www.nature.com/scitable/knowledge/library/intrinsic-value-ecology-and-conservation-25815400

Secretariat of the Convention on Biological Diversity (CBD Secretariat). (2004). *Addis Ababa Principles and Guidelines for the Sustainable Use of Biodiversity*, Montreal.

(2010). *Global Biodiversity Outlook-3*. Montreal.

Shivji, I. (2009). *Accumulation in an African Periphery: a theoretical framework*. Dar es Salaam, Tanzania: Mkuki Na Nyota Publishers.

Smith, A. (1904 [1776]). *An Inquiry into the Nature and Causes of the Wealth of Nations*, 5ª ed. Londres: Methuen y Co.

Soulé, M.E. (1985). What is conservation biology? *BioScience*, 35(11), 727-734.

The Economics of Ecosystems and Biodiversity (TEEB). (2010). *The Economics of Ecosystems and Biodiversity: Mainstreaming the economics of nature - A synthesis of the approach, conclusions and recommendations of TEEB*. Ginebra.

United Nations (UN). (2007). *United Nations Declaration on the Rights of Indigenous Peoples*. Nueva York y Ginebra: United Nations. Recuperado de: www.un.org/esa/socdev/unpfii/documents/DRIPS_en.pdf>

Vesitalous. (2010). Document dealing with Finland's resource governance. [En finés]. Recuperado de: www.vesitalous.fi/wp-content/uploads/2010/02/5_2002.pdf

Wallace, B.A. y Hodel, B. (2008). *Embracing Mind: the common ground of science and spirituality*. Boston y Londres: Shambhala Publications.

Weeramantry, C.G. (2009). *Tread Lightly on the Earth: religion, the environment and the human future*. Sri Lanka: Stamford Lake.

White Jr., L.T. (1967, marzo 10). The historical roots of our ecological crisis. *Science*, 155(3767), 1205.

Wikipedia. (2014). *Rurima Island*. Recuperado de: en.wikipedia.org/wiki/Rurima_Island

Worboys, G.L.; Francis, W. y Lockwood, M. (eds.). (2010). *Connectivity Conservation Management: a global guide*. Londres: Earthscan.

World Wide Fund for Nature (WWF). (2014). *Protected Area Downgrading, Downsizing and Degazettement (PADDD)*. Gland: WWF. Recuperado de: www.padddtracker.org/

CAPÍTULO 6

VALORES Y BENEFICIOS DE LAS ÁREAS PROTEGIDAS

Autores principales:
Sue Stolton y Nigel Dudley

Autores de apoyo:
Başak Avcıoğlu Çokçalışkan, Danny Hunter, Kasandra-Zorica Ivanić, Erustus Kanga, Marianne Kettunen, Yoshitaka Kumagai, Nigel Maxted, John Senior, Mike Wong, Karen Keenleyside, Dan Mulrooney y John Waithaka

CONTENIDO

IUCN WCPA WORLD COMMISSION ON PROTECTED AREAS Convention on Biological Diversity

AUTORES PRINCIPALES

SUE STOLTON es socia en Equilibrium Research y miembro de la Comisión Mundial de Áreas Protegidas (CMAP) de la Unión Internacional para la Conservación de la Naturaleza (UICN) y de la Comisión de Política Ambiental, Económica y Social (Commission on Environmental, Economic and Social Policy, CEESP) de la UICN.

NIGEL DUDLEY es socio en Equilibrium Research y miembro de la CMAP de la UICN y de la CEESP de la UICN.

AUTORES DE APOYO

BAŞAK AVCIOĞLU ÇOKÇALIŞKAN es arquitecto paisajista y miembro de la CMAP de la UICN.

DANNY HUNTER es científico senior en Bioversity International y miembro de la CMAP de la UICN.

KASANDRA-ZORICA IVANIĆ trabaja para el Fondo Mundial para la Naturaleza (World Wildlife Fund, WWF) Med PO, Croacia.

ERUSTUS KANGA trabaja para el Servicio de Vida Silvestre de Kenia.

MARIANNE KETTUNEN es analista senior de políticas en el Instituto para la Política Ambiental Europea en Londres, y miembro la CMAP de la UICN.

YOSHITAKA KUMAGAI es profesor de la Universidad Internacional de Akita, Japón, y Vicepresidente Regional para Asia Oriental de la CMAP de la UICN.

NIGEL MAXTED es profesor de la Universidad de Birmingham, Co-Presidente del Grupo de Especialistas en Parientes Silvestres de Cultivos de la Comisión de Supervivencia de Especies de la UICN; Presidente del Comité del Grupo de Recursos Fitogenéticos del Reino Unido, y Asesor Científico Senior del Fondo para el Medio Ambiente Mundial (FMAM)/Banco Mundial sobre Recursos Fitogenéticos.

JOHN SENIOR fue hasta hace poco el gerente de las Asociaciones del Sector de Parques en Parques Victoria (Australia) y está encargado del proyecto de preparación de las guías de buenas prácticas de "Parques sanos, gente sana" para la UICN.

MIKE WONG es director ejecutivo de Conservación de Recursos Naturales, Parques Canadá.

KAREN KEENLEYSIDE es consejero nacional de ciencias, Oficina del Científico Jefe de Ecosistemas, Parques Canadá.

DAN MULROONEY es socioeconomista senior con Parques Canadá.

JOHN WAITHAKA es biólogo de conservación, Conservación de Recursos Naturales, Parques Canadá.

CITACIÓN

Stolton, S.; Dudley, N.; Avcıoğlu Çokçalışkan, B.; Hunter, D.; Ivanić, K.-Z.; Kanga, E.; Kettunen, M.; Kumagai, Y.; Maxted, N.; Senior, J.; Wong, M.; Keenleyside, K.; Mulrooney, D. y Waithaka, J. (2019). Valores y beneficios de las áreas protegidas. En G.L. Worboys, M. Lockwood, A. Kothari, S. Feary e I. Pulsford (eds.). *Gobernanza y gestión de áreas protegidas,* pp. 149-174. Bogotá: Editorial Universidad El Bosque y ANU Press.

FOTOGRAFÍA DE LA PÁGINA DEL TÍTULO

Cataratas Fitzroy, Parque Nacional Morton, NSW Australia
Fuente: Graeme L. Worboys

Introducción

Las áreas protegidas son lugares donde se hacen esfuerzos conscientes para preservar no solo las especies silvestres, sino también los ecosistemas donde viven ellas. En las partes del mundo donde la mayor parte del paisaje ya ha sido transformado por la agricultura o la industria, las áreas protegidas pueden ser los únicos ecosistemas naturales o casi naturales que quedan en grandes áreas. Los valores socioeconómicos y culturales más amplios de estos ecosistemas naturales son cada vez más reconocidos, al igual que los importantes servicios ecosistémicos que brindan (véase el Cuadro 6.1). Hasta hace poco, estos servicios se habían dado tanto por sentado que sus valores solían estar subestimados u olvidados, o simplemente nunca se percibían. El reconocimiento de los servicios ecosistémicos fue potenciado por un artículo fundamental escrito por Robert Costanza (1997), quien señaló que los bienes (como los alimentos) y los servicios (como la asimilación de desechos) del ecosistema representan los beneficios que las poblaciones humanas obtienen directa o indirectamente de las funciones del ecosistema. En 2003, la Evaluación de los Ecosistemas del Milenio sugirió una tipología simple para resumir los diversos servicios de los ecosistemas naturales (MEA, 2003). Esta tipología se ha ampliado y adaptado para diferentes propósitos, incluso para las áreas protegidas (Kettunen y ten Brink, 2013). En la Figura 6.1 se describen los diversos servicios ecosistémicos que podemos esperar de las áreas protegidas y se enumeran los beneficios asociados con estos servicios (estos beneficios se presentan con más detalle en la siguiente sección).

No debemos olvidar que la conservación de la naturaleza sigue siendo el objetivo principal de las áreas protegidas. La conservación de la biodiversidad –de las especies, de la diversidad genética dentro de estas y de los hábitats y ecosistemas– respalda la función del ecosistema (Cardinale *et al.*, 2012) y tiene muchos beneficios prácticos y utilitarios, como se describe a continuación.

Además, existe un amplio acuerdo de que tenemos la obligación ética de mantener toda la diversidad viviente del planeta; es decir, no acelerar la tasa de extinción más allá de lo que se esperaría en circunstancias naturales. Claramente, en la actualidad estamos fallando en este objetivo, con especies que declinan y desaparecen todo el tiempo, a menudo incluso antes de que puedan ser reconocidas y descritas por los científicos. Sin embargo, la investigación a través de múltiples conjuntos de datos ofrece pruebas sólidas de que las áreas protegidas son una de las herramientas más efectivas para frenar la pérdida de la biodiversidad, y muchas especies continúan sobreviviendo solo por la protección brindada por los parques nacionales, las reservas naturales y otras áreas protegidas (véase el Capítulo 21). La base ética de la conservación de la biodiversidad es reconocida no solo por los signatarios del Convenio sobre la Diversidad

SERVICIOS DE SOPORTE
(Es decir, los servicios necesarios para el suministro de todos los otros servicios ecosistémicos)

- Mantenimiento de los procesos de los ecosistemas (formación de suelos, ciclo de los nutrientes, producción primaria, etc.)
- Mantenimiento del ciclo de vida (hábitats de cría, dispersión de semillas, interacciones entre especies, etc.)
- Mantenimiento y protección de la biodiversidad (diversidad genética, de especies y de hábitats)

SERVICIOS DE APROVISIONAMIENTO
(Es decir, la capacidad de los ecosistemas de brindar recursos)

- Aprovisionamiento de alimentos
- Aprovisionamiento de agua
- Aprovisionamiento de materias primas (madera, leña, combustible, fibras)
- Aprovisionamiento de recursos medicinales /productos bioquímicos (medicamentos y cosméticos naturales, productos farmacéuticos, etc.)
- Aprovisionamiento de recursos ornamentales
- Aprovisionamiento de recursos genéticos

SERVICIOS DE REGULACIÓN
(Es decir, los procesos reguladores benéficos de los ecosistemas)

- Regulación climática
- Regulación de peligros naturales
- Purificación y desintoxicación del agua, el aire y el suelo
- Regulación del agua/flujo de agua
- Regulación de la erosión y la fertilidad del suelo
- Polinización
- Regulación de plagas y enfermedades

SERVICIOS CULTURALES
(Es decir, los beneficios no materiales de los ecosistemas)

- Oportunidades de recreación y turismo
- Valores estéticos
- Inspiración para las artes
- Información para la educación y la investigación
- Experiencia espiritual y religiosa
- Patrimonio e identidad cultural
- Salud y bienestar mental
- Paz y estabilidad

Figura 6.1 Servicios ecosistémicos y bienes relacionados de las áreas protegidas

Fuentes: Kettunen y ten Brink, 2013, adaptado de MEA, 2003; Groot *et al.*, 2010 y UK NEA, 2011

Cuadro 6.1 ¿Qué sucede cuando perdemos el funcionamiento de los ecosistemas y los servicios ecosistémicos?

Nigel Dudley

Los servicios ecosistémicos son un ejemplo perfecto de la antigua obviedad de que solo valoramos las cosas una vez que se pierden. Cuando los ecosistemas naturales se degradan, pierden aspectos clave de su funcionamiento ecológico o desaparecen por completo, y casi siempre sufrimos las consecuencias. Pero cuando tales funciones del ecosistema y los servicios que mantienen se perdieron hace mucho tiempo, o desaparecen tan lentamente que nadie se da cuenta, a veces los problemas resultantes permanecen desconectados de la ecología en la mente de muchas personas. La pérdida de la vegetación natural en los ecosistemas de tierras áridas crea desiertos, tormentas de polvo y niveles alarmantemente altos de enfermedades respiratorias en ciudades como Kuwait. La sobrepesca ha reducido dramáticamente las poblaciones de peces en muchos océanos, pero necesitamos mirar los registros antiguos de pesca para entender realmente lo que hemos perdido. La tala de manglares ha dejado a las comunidades costeras vulnerables a las tormentas y al oleaje marino en el Sudeste Asiático y en otros lugares. Muchas ciudades africanas se enfrentan a una crisis de agua contaminada y diarrea infantil debido a la pérdida de los bosques de tierras altas. En algunas partes de China, los agricultores ahora tienen que polinizar sus cultivos manualmente con pinceles porque los insectos polinizadores han disminuido de manera dramática. Cuando decimos que las áreas protegidas nos brindan recursos insustituibles, el término "insustituible", al menos en muchas partes del mundo, no es una exageración, y nuestra capacidad de adaptarnos a estas pérdidas se está volviendo cada vez más difícil.

Tucán esmeralda (*Aulacorhynchus prasinus*), Reserva biológica Bosque Nuboso Monteverde, Costa Rica

Source: Charles Besançon

Biológica, sino también por cada nación a través de la legislación sobre protección de la vida silvestre y áreas protegidas, por los altos miembros de todas las principales religiones del mundo (Palmer y Finlay, 2003) y por gran parte del público general.

Hay tres aspectos para transformar estos servicios ecosistémicos reconocidos en beneficios socioeconómicos medibles para las comunidades humanas:

1. Cuantificar y evaluar (a menudo cualitativamente) el valor de los diversos beneficios.
2. Comprenderlos en relación con otros beneficios, incluidos los beneficios no aprovechados al conservar el ecosistema.
3. Entender quién recibe los diversos beneficios. Ninguno de estos aspectos es particularmente sencillo.

A continuación, resumimos la información sobre varias técnicas para cuantificar y valorar los beneficios en términos económicos, entre otros. Pero los beneficios también deben entenderse en el contexto de los beneficios competitivos (llamados sacrificios) –por ejemplo, conservar un bosque para proteger el agua también significa que la madera en el bosque no está disponible para la venta o que el terreno no está disponible para la conversión a la agricultura o al desarrollo– y que estos beneficios y sus valores relativos se derivan para diferentes personas. Uno de los desafíos persistentes para asegurar los servicios ecosistémicos es que muchos servicios mantenidos por la gestión sostenible o la protección de los ecosistemas tienen una naturaleza difusa, y brindan a muchas personas un pequeño número de beneficios difíciles de medir (por ejemplo, no monetizados y sin derechos de propiedad claros), mientras que el uso insostenible les brinda a una o a pocas personas un gran beneficio (por ejemplo, bien monetizado con derechos de propiedad claros).

Así, el propietario de la tierra que corta un bosque en una cuenca y vende la madera recibe una pila de dinero para su bolsillo, mientras que la ciudad aguas abajo pierde la calidad del agua y paga en costos adicionales de purificación o un aumento en los trastornos estomacales. Los valores netos de las cuencas hidrográficas para la sociedad en su conjunto pueden ser mucho mayores que el valor neto obtenido de la madera, pero no para el propietario que tiene derechos de propiedad claros sobre la madera, mientras que los habitantes de la ciudad no tienen derechos de propiedad claros sobre el agua potable producida por el bosque.

A su vez, esto significa que tanto la percepción como las actitudes hacia los beneficios de las áreas protegidas cambiarán de acuerdo con quién se beneficie. En un extremo, es probable que las personas en condición de pobreza, desigualdad y desplazamiento de sus tierras tradicionales para crear un área protegida sigan resentidas y en gran medida inconscientes de cualquier valor más amplio para la región o para el mundo. Por otra parte, es probable que las personas que se beneficien cultural o espiritualmente, por empleos directos o indirectos y a través de servicios ecosistémicos reconocidos, tengan una perspectiva muy diferente. Y la manera en que las personas ven las áreas protegidas también puede cambiar con el tiempo a medida que los beneficios se aprecien más, se asegure el acceso justo y el reparto equitativo de los beneficios y la administración aprenda a responder con mayor sensibilidad a las necesidades de una amplia variedad de partes interesadas.

Hallar maneras de recompensar a las personas por conservar los servicios ecosistémicos es uno de los pasos críticos para capturar de manera concreta el valor socioeconómico de los beneficios de las áreas protegidas, y como consecuencia, conservar o recuperar el apoyo a las políticas de áreas protegidas. Los administradores de áreas protegidas que son conscientes de toda la gama de beneficios de las áreas protegidas y de la gama de actores afectados tienen una mejor oportunidad de una gestión exitosa.

En el resto de este capítulo ofrecemos una visión general de la gama de beneficios que pueden provenir de las áreas protegidas y vemos cómo tales beneficios se pueden medir, utilizar y administrar.

Área de captación de agua en los páramos de gran altitud de la Reserva Ecológica Cayamba-Coca, Ecuador, la cual brinda servicios ecológicos (agua) para la ciudad capital de Quito

Fuente: Graeme L. Worboys

Beneficios de las áreas protegidas: mantenimiento de nuestros sistemas de soporte vital

¿Cuáles son exactamente los beneficios de las áreas protegidas? Sigue un breve resumen; existen fuentes más detalladas (Stolton y Dudley, 2010a; Kettunen y ten Brink, 2013). Aunque la mayoría de estos beneficios pueden provenir de cualquier ecosistema natural, las áreas protegidas suelen tener la ventaja de que ya están establecidas como herramientas eficientes, exitosas y rentables para la gestión sostenible del ecosistema, con leyes y políticas, instituciones de gestión, manejo y gobernanza, conocimiento, personal y capacidad. Por lo tanto, con frecuencia mantienen una gama más amplia de servicios ecosistémicos que otras áreas y también cuentan con una mayor seguridad asociada en comparación con las áreas

Manglares, Pelican Cayes, Belice
Fuente: Eduard Müller

no gestionadas y no reguladas que están más abiertas a la rápida degradación y cambio. Sin embargo, no estamos afirmando que las áreas protegidas sean la única opción de este tipo: otras tierras y cuerpos de agua bien gestionados y controlados por comunidades, gobiernos y empresas pueden desempeñar funciones similares.

Servicios de soporte

En un momento en que muchos sistemas agrícolas dependen cada vez más de fertilizantes, pesticidas y grandes cantidades de energía de combustibles fósiles, los ecosistemas naturales que son autorregulados y alimentados únicamente por el sol son cada vez más raros. Los "procesos y funciones de soporte" se refieren al funcionamiento básico de un ecosistema: la formación del suelo y el ciclo de nutrientes; el mantenimiento del ciclo de vida de las especies mediante la prestación de servicios, como los hábitats que funcionan como criaderos de peces, medios de dispersión de semillas e interacciones constantes de especies; junto con la conservación de toda la gama de biodiversidad. Al resguardar los ecosistemas en funcionamiento, las áreas protegidas proporcionan servicios a los ecosistemas circundantes, no solo a través del vertimiento directo de suelos, nutrientes y energía solar captada, sino también por el potencial de usar áreas protegidas como líneas de base de información y materias primas para la restauración del resto del paisaje.

Por ejemplo, la demostración de las oportunidades para la restauración de tierras mediante la protección del hábitat de zonas áridas no solo aporta una información importante, sino también genera confianza para que las autoridades aborden los problemas de la desertificación en la Península Arábiga. Las reducciones de la desertificación y de las tormentas de polvo son dos resultados concretos que pueden hacerse evidentes en unos pocos años; sin embargo, los desafíos principales aquí son que una generación o más de personas crecieron creyendo que los ecosistemas altamente degradados que cubren la mayoría de las partes asentadas de la península son "naturales". Los cambios en las políticas no solo se basan en la prueba de que la protección y la restauración pueden funcionar, sino también en un esfuerzo a largo plazo para mejorar la comprensión de la ecología en los países afectados.

Servicios de aprovisionamiento

De interés más inmediato para las personas son los diversos recursos tangibles a los que las áreas protegidas dan soporte o que brindan de manera directa.

Alimento

Los ecosistemas naturales bien gestionados desempeñan un papel clave en la seguridad alimentaria, en particular para los miembros más pobres de la sociedad, muchos de los cuales siguen liderando un estilo de vida de subsistencia y dependen de una diversidad de productos comestibles de las áreas protegidas. Por ejemplo, las áreas protegidas marinas y dulceacuícolas, al igual que los manglares costeros, constituyen valiosos criaderos de peces y aseguran que las poblaciones no colapsen y puedan expandirse hacia las aguas circundantes (Roberts y Hawkins, 2000). Muchas áreas marinas protegidas también permiten la pesca sostenible para las comunidades locales o siguen las vedas estacionales tradicionales. Las áreas protegidas terrestres también mejoran la seguridad alimentaria por medio de medidas tales como el pastoreo de emergencia durante las épocas de sequía en las tierras áridas, las fuentes de forraje siempre y cuando se cosechen de manera sostenible, e incluso al permitir la extracción controlada de especies para alimento dentro de los límites de las áreas protegidas.

Las cuencas de alta montaña del Parque Nacional Kosciuszko, el cual forma parte de los parques nacionales de los Alpes australianos, generan al año aproximadamente nueve mil seiscientos gigalitros de agua de alta calidad, con un valor estimado de nueve mil millones de dólares anuales (Worboys y Good, 2011)

Fuente: Graeme L. Worboys

Por el contrario, la caza ilegal excesiva dentro de estas áreas es un problema importante. Se destaca el uso de áreas protegidas como suministro de alimentos "de emergencia", por ejemplo, en algunas partes del norte y el este de África (Dudley *et al.*, 2008).

Agua

Algunos ecosistemas también aumentan la cantidad neta de agua disponible, en particular en las cuencas que tienen bosques nubosos, donde las hojas "recogen" el agua de la niebla y las nubes, la condensan en partes que evolucionaron de manera especial, y luego la canalizan hacia el suelo por ramas y troncos. La ciudad de Tegucigalpa en Honduras es una de las grandes ciudades latinoamericanas que protegen el bosque nuboso circundante para garantizar el abastecimiento de agua, en este caso en el Parque Nacional La Tigra (Hamilton, 2008). En algunos ecosistemas, los bosques pueden retener más lluvia en la cuenca que en las tierras despejadas, lo cual reduce la exportación de agua (de acuerdo con la geología) y aumenta el almacenamiento del acuífero (Siriwardena *et al.*, 2006).

Materias primas

Muchas áreas protegidas se establecieron explícitamente para conservar los recursos naturales como la madera y algunas plantas valiosas. Pero un número cada vez mayor también aprueba algún nivel de recolección, normalmente por parte de las comunidades locales y se centra en artículos como postes de construcción y cercas, hierbas para techado, leña y la madera más valiosa para talla, construcción de embarcaciones y muchos otros productos forestales no maderables (PFNM). Se han establecido explícitamente algunas reservas extractivas (Categoría VI de la UICN) para permitir la recolección sostenible de productos clave de los ecosistemas naturales, y aquí la protección y la producción van inherentemente de la mano. La recolección de caucho en las reservas extractivas amazónicas es el ejemplo clásico y original. La Reserva de Desarrollo Sostenible Mamirauá en Brasil forma parte de un gran complejo de conservación de más de seis millones de hectáreas donde la conservación de la biodiversidad se equilibra con las necesidades del desarrollo sostenible. Pero hoy en día estos enfoques se utilizan en áreas protegidas terrestres y acuáticas de todo el mundo; de hecho, estas zonas ahora tienen el más rápido crecimiento de todas las categorías de gestión de áreas protegidas (Bertzky *et al.*, 2012).

Cuadro 6.2 Parientes silvestres de cultivos

Danny Hunter y Nigel Maxted

Los parientes silvestres de cultivos contienen una gran cantidad de rasgos genéticamente importantes debido a su adaptación a una diversidad de hábitats y al hecho de que no han pasado por los cuellos de botella genéticos de la domesticación. Actualmente se cuestiona la capacidad de los cultivadores de aumentar o incluso mantener el rendimiento y la calidad de los cultivos frente a una creciente magnitud de amenazas sin un uso mucho mayor del rango natural de diversidad que se encuentra en los taxones de los CWR y los rasgos genéticos que brindan. Se calcula que el valor global de la introducción de nuevos genes de los CWR a los cultivos es de 115.000 millones de dólares anuales (Pimental *et al.*, 1997). No obstante, los taxones no pueden seguir siendo utilizados por los fitomejoradores para mantener la seguridad alimentaria si no se conservan y están disponibles para su utilización. En nuestros días, la conservación de los CWR es, en gran medida, descuidada, por desgracia incluso en las áreas protegidas (Hunter y Heywood, 2011; Maxted *et al.*, 2012). Es probable que los CWR en estos sitios se conserven pasivamente, y podrían estar amenazados o incluso perderse totalmente.

Aunque todavía son raros los lugares donde las poblaciones *in situ* de CWR son objeto de un manejo activo, la posición ha mejorado significativamente en los últimos años debido a la creciente amenaza contra la seguridad alimentaria global y la comprensión de que estos pueden ofrecer al menos una solución parcial. La amenaza a los CWR es muy real; en una evaluación reciente de la Lista Roja de 572 especies europeas de veinticinco grupos de cultivos económicamente importantes, el 11,5% (66) de las especies estaban amenazadas, y el 3,3% (19) estaban en peligro crítico (Kell *et al.*, 2012). La Meta 13 del Plan Estratégico del CDB establece que "[...] para 2020 habrá mejorado no solo la situación de la diversidad genética de las especies vegetales cultivadas y de los animales de granja y domesticados, sino también la de los parientes silvestres relacionados". Aunque en este momento los CWR tienen mecanismos de conservación deficientes y están amenazados, su conservación más activa en áreas protegidas es esencial para sostener a la humanidad (Hunter *et al.*, 2012).

Recursos medicinales

Pública de varias maneras: además de brindar una fuente sostenible de hierbas medicinales, las cuales siguen siendo las medicinas de elección para la mayoría de las personas pobres del mundo, también proporcionan recursos genéticos para las compañías farmacéuticas, algunas de las cuales han firmado acuerdos para pagarles derechos de prospección a algunas áreas protegidas individuales. Se han realizado estudios etnobotánicos en numerosas áreas protegidas, los cuales mostraron no solo la amplia gama de valores que contienen estos lugares, sino también que en muchas partes del mundo algunas especies, y a veces también los conocimientos sobre el uso de estas, están cada vez más confinados a las áreas protegidas. En países como Nepal, el acceso a las hierbas medicinales ha disminuido tan abruptamente en algunas áreas que la única opción que queda son los acuerdos de gestión para recolectar pequeñas cantidades en los parques nacionales (Stolton y Dudley, 2010b).

Recursos genéticos

Como se mencionó anteriormente, la biodiversidad tiene más que simplemente valores estéticos o éticos, ya que proporciona materias primas para diferentes productos, incluidos los productos farmacéuticos ya destacados, y particularmente los parientes silvestres de cultivos (Crop Wild Relatives, CWR); especies silvestres que están estrechamente relacionadas con los cultivos domesticados y que pueden suministrar valiosos genes para la reproducción con el fin de abordar problemas como la tolerancia a la sequía o la resistencia a las enfermedades (Stolton *et al.*, 2006; Hunter y Heywood, 2011). Los parientes silvestres de cultivos ya respaldan un negocio de semillas de varios miles de millones de dólares al año y su necesidad aumenta sin parar conforme varían las condiciones ambientales por el cambio climático, el cual ejerce un estrés adicional sobre la agricultura. En Armenia, por ejemplo, en uno de los centros mundiales para la diversidad de cultivos se han establecido varias micro reservas con el fin de proteger CWR importantes (véanse los Cuadros 6.2 y 6.6).

Servicios de regulación

Los ecosistemas naturales bien gestionados también mantienen una serie de procesos y funciones benéficas que tienen relevancia directa para el bienestar humano. Estos llamados "servicios de regulación" se refieren principalmente al papel de los ecosistemas naturales en ayudar a controlar los aspectos del clima, la hidrología y el ciclo del agua, los fenómenos meteorológicos y los sistemas naturales clave que repercuten en la agricultura, como la polinización. Nuestra comprensión del valor de estos sistemas aumenta todo el tiempo.

Almacenamiento y secuestro de carbono

Aunque, comparativamente, solo hace poco se reconoció el papel de los ecosistemas naturales tanto en el almacenamiento como en el secuestro de carbono, y por consiguiente en la reducción de la tasa del cambio climático, ahora es para muchas personas una razón principal para la conservación. Los ecosistemas naturales conforman acumulaciones críticas de carbono, incluida la vegetación como bosques, pastizales y humedales, y la vegetación marina como lechos de pastos marinos y algas, junto con el almacenamiento subterráneo en suelos ricos en humus, y particularmente la turba. Por el contrario, su destrucción y posterior liberación de carbono son factores que actualmente conducen a un cambio climático descontrolado. Así, las áreas protegidas ayudan a prevenir nuevas pérdidas de carbono a la atmósfera y, en ecosistemas saludables, a secuestrar más carbono (Dudley *et al.*, 2009). El Centro Mundial de Vigilancia de la Conservación del Programa de las Naciones Unidas para el Medio Ambiente (UNEP-WCMC, 2008) ha calculado que al menos el 15% del carbono almacenado en el mundo ya se encuentra dentro de áreas protegidas. La oportunidad de aumentar esta cifra a través del secuestro de carbono significa que el papel de la restauración en áreas protegidas se vuelve cada vez más importante (Keenleyside *et al.*, 2012). Canadá es uno de los países que ha calculado los beneficios del almacenamiento de carbono de su sistema de parques nacionales existente.

En 2000, se estimó que sus 39 parques nacionales de entonces almacenarían 4432 millones de toneladas de carbono (Kulshreshtha *et al.*, 2000). El manejo del carbono se considera un factor importante para persuadir a los gobiernos a conservar los ecosistemas naturales, aunque los actuales esquemas de compensación propuestos en la Reducción de Emisiones por Deforestación y Degradación Forestal (Reducing Emissions from Deforestation and Forest Degradation, REDD+) no suelen bastar por sí solos para compensar los valores perdidos respecto al desarrollo. El financiamiento del carbono también amplía el ámbito del crecimiento estratégico de las áreas protegidas para abarcar tierras degradadas o deforestadas que son regeneradas, replantadas o restauradas con el fin de proteger ecosistemas, hábitats o especies amenazadas, incluidos los corredores, que también contribuyen a la adaptación al cambio climático.

Mitigación de los peligros naturales

Los ecosistemas naturales también representan formas rentables de mitigar varios fenómenos meteorológicos extremos y los efectos posteriores de los movimientos de tierra más importantes, y muchos de estos fenómenos son cada vez más frecuentes y más intensos debido al cambio climático. Los ecosistemas naturales de las áreas protegidas pueden atenuar una amplia variedad de peligros:

1. La vegetación natural, en especial los bosques, puede ayudar a controlar el deslizamiento de tierras debido a nevadas y avalanchas, la erosión del suelo en laderas o el deslizamiento de tierras.
2. Los manglares, los arrecifes de coral y las dunas de arena actúan como barreras contra las tormentas, los tifones, el aumento del nivel del mar y el oleaje marino después de los maremotos.
3. Los bosques ribereños al igual que las llanuras inundables naturales protegidas ayudan a absorber las aguas de las inundaciones.
4. La vegetación natural en las zonas áridas y en las zonas con bajas precipitaciones puede prevenir la desertificación y reducir las tormentas de polvo y el movimiento de las dunas.
5. Varios ecosistemas forestales intactos, particularmente en los trópicos, son mucho más resistentes al fuego que los ecosistemas degradados o fragmentados (Stolton *et al.*, 2008).

El término "mitigación" debe definirse claramente. Nadie sugiere que la vegetación natural puede prevenir todos los daños causados por cualquier fenómeno climático extremo, como tampoco pueden las soluciones de ingeniería como los diques, los canales de drenaje y los cortafuegos. Pero la experiencia sugiere que los ecosistemas bien gestionados pueden prevenir o reducir el daño de muchos, a menudo la mayoría, de tales eventos y ahorrar dinero y vidas en el proceso (Stolton *et al.*, 2008).

Purificación y desintoxicación del agua, el aire y el suelo

En un mundo cada vez más contaminado, se necesitan con urgencia formas de reducir la carga contaminante. Los ecosistemas naturales, si no están abrumados, pueden ayudar a reducir muchas formas de contaminación. Los bosques y algunos tipos de vegetación como los páramos en Latinoamérica producen agua pura de manera natural, y algunas plantas dulceacuícolas juegan un papel activo en la desintoxicación de ciertos contaminantes. Por ejemplo, en los pantanos de cipreses de la Florida, el 98% de todo el nitrógeno y el 97% de todo el fósforo de las aguas residuales que entraban en los humedales fueron eliminados antes de que esta agua llegara a los reservorios de agua subterránea (Ramsar Convention Bureau, 2008). La investigación encontró que un tercio de las cien ciudades más grandes del mundo extraen una proporción sustancial de su agua potable de las áreas protegidas forestales (Dudley y Stolton, 2003). Del mismo modo, los bosques y otros tipos de vegetación pueden absorber una cierta cantidad de contaminación atmosférica y brindar una apreciada sombra. La capacidad de un ecosistema para neutralizar los contaminantes es significativa e importante, pero de

Coral y manglares, Pelican Caye, patrimonio mundial, Belice
Fuente: Eduard Müller

ninguna manera infinita, y los altos niveles de contaminación también son una gran amenaza para algunas áreas protegidas, como es el caso más dramático de la acidificación del océano debido al aumento de los niveles de dióxido de carbono en la atmósfera. Las áreas protegidas de humedales también proporcionan valiosos servicios de almacenamiento de agua, y la protección de las zonas de amortiguación alrededor de lagos y ríos ayuda a prevenir la contaminación.

Polinización

Aparte de su papel crítico en el mantenimiento de la diversidad de especies y patrones de vegetación, la polinización tiene un papel utilitario directo para los seres humanos, como parte esencial de la agricultura y la fruticultura, y como estimulante para la producción de miel. En un mundo donde los pesticidas, la contaminación industrial y la pérdida del hábitat han tenido un impacto catastrófico sobre el número de insectos, las áreas protegidas se ven cada vez más como una herramienta para mantener los servicios de polinización. Muchas áreas protegidas permiten a los apicultores locales colocar colmenas con especies de abejas nativas dentro del área protegida. Los agricultores se benefician de los servicios de polinización mantenidos dentro del área protegida y de los que se diseminan hacia tierras de cultivo y huertos; asimismo, los planificadores de áreas protegidas comienzan a darse cuenta de que en los ejercicios de planeación de la conservación deben incluir la retención y, cuando es necesario, también la restauración de las rutas de polinización.

Regulación de plagas y enfermedades

El control de plagas y enfermedades graves es cada vez más importante, en particular por el grado de amenaza que representan las especies exóticas invasoras y el impulso del cambio climático a la propagación de plagas y enfermedades hacia nuevos ecosistemas. Las áreas protegidas pueden ayudar a minimizar estos problemas de varias maneras, en especial al bloquear físicamente especies no deseadas: muchas plantas invasoras son especies colonizadoras y no penetran en la vegetación madura. Lo mismo ocurre con algunas plagas de insectos como la mosca tse-tse, y también se ha registrado que los mosquitos de la malaria se mueven mucho más lentamente a través de bosques densos.

Servicios culturales

Es evidente que no todos los beneficios que se derivan de los ecosistemas naturales son estrechamente utilitarios: los seres humanos disfrutan de una gran cantidad de complicados vínculos culturales, psicológicos y espirituales con el mundo natural. Debido a que las áreas protegidas tienden a ser establecidas en sitios particularmente llamativos y prístinos de la naturaleza, estos servicios culturales están representados fuertemente (véase el Capítulo 4).

Visitantes, sendero entablado y las espectaculares cascadas del Parque Nacional de los Lagos de Plitvice, patrimonio mundial, Croacia

Fuente: Graeme L. Worboys

Recreación y turismo

Los usos cotidianos de la naturaleza para la relajación, el ejercicio y la renovación psicológica se extienden mucho más allá de la historia registrada y han sido un motor importante para la creación de áreas protegidas. La mayoría de los visitantes tienden a agruparse en los bordes de las grandes reservas y permanecen en los senderos –para paseos, salidas familiares, picnics y observación de la naturaleza–, mientras que un subconjunto más pequeño de visitantes disfruta ingresar a la profundidad del parque, y caminan, montan a caballo o utilizan canoas durante varios días dentro de los parques nacionales más grandes. Para estas personas, la sensación de aislamiento y vida silvestre es una parte clave de la atracción. Ya que el turismo es casi indiscutiblemente la mayor industria del mundo, el potencial de ecoturismo en las áreas protegidas está creciendo constantemente, y ya es el mayor proveedor de divisas en países como Tanzania (véase el Capítulo 23).

Bienestar físico y mental (basado en la naturaleza)

Además de los beneficios por el uso recreativo de las áreas protegidas, la investigación y la práctica han encontrado que las personas con problemas físicos y mentales, alcoholismo o adicción a las drogas, pueden beneficiarse positivamente de la inmersión en un paisaje atractivo. Las autoridades de salud del Reino Unido están alentando el uso de las reservas naturales locales como lugares seguros y atractivos para el ejercicio, y así combatir el problema nacional de la obesidad. El movimiento "Parques sanos, gente sana", que comenzó en Melbourne, Australia, vincula a áreas protegidas y organismos de salud, y usa los parques para ofrecer lugares relajantes para personas con problemas de salud mental o adicción a sustancias. Estos enfoques han sido muy alentadores, y un ambiente agradable ha demostrado ser una buena terapia psicológica y física (Stolton y Dudley, 2010b).

Valor estético y un sentido de lugar e inspiración para las artes, la ciencia y la tecnología

Las percepciones de la belleza se forman culturalmente. El movimiento Romántico en las artes fue un estímulo importante para el desarrollo de parques nacionales en Europa (Cuadro 6.3). Los parques nacionales icónicos como Yellowstone en los Estados Unidos, las Montañas Azules a las afueras de Sídney, Australia, el Distrito de los Lagos en el Reino Unido y los Alpes Japoneses han inspirado a artistas y escritores por generaciones, y en una escala más local las áreas protegidas brindan ricas fuentes de ideas y energía para poetas, pintores, músicos y otros artistas. Un "sentido de lugar" también es un concepto útil para describir y comprender los apegos que

Hermoso azul translúcido de un pozo geotérmico de agua hirviente, Parque Nacional Yellowstone, EE.UU.
Fuente: Graeme L. Worboys

algunas personas forman con las áreas protegidas (Lin y Lockwood, 2013). Estos apegos pueden incluir aspectos emocionales (incluida la identidad) y funcionales, incluso para las comunidades que solo tienen conexiones recientes con un área protegida (Byrne y Goodall, 2013).

Educación e investigación

Las áreas protegidas ofrecen un lugar ideal para la investigación ecológica, ya que suelen estar en condiciones bastante prístinas, tienen un personal amable, y a veces también cuentan con instalaciones para la visita de científicos. Una parte de las reservas se establece específicamente para fines de investigación, y estas se encuentran entre las áreas más estrictamente protegidas en términos de acceso y perturbación, de tal manera que los procesos ecológicos y las interacciones pueden estudiarse en las mejores circunstancias posibles. Otras áreas protegidas tienen amplios programas de educación, a menudo desarrollados en asociación con escuelas y colegios locales, lo que les da a los niños una oportunidad cada vez más rara de interactuar directamente con la naturaleza.

Experiencia espiritual y religiosa

Muchas áreas protegidas contienen sitios de importancia espiritual (véanse los Capítulos 4 y 23). Las áreas protegidas pueden, si son gestionadas de manera sensata, acomodar tales intereses y brindar una protección adicional y un entorno agradable para la meditación y la adoración. En el Parque Nacional de la Montaña de Ámbar, en el norte de Madagascar, la gente local puede visitar una cascada sagrada dentro del parque, y en el Parque Nacional de Donaña, en el sur de España, se lleva a cabo una gran peregrinación todos los años, vinculada a la Iglesia Católica. Los grupos religiosos residentes dentro de las áreas protegidas están participando cada vez más en la conservación, como en el Parque Nacional de Rila, en Bulgaria, donde los monjes del Monasterio de Rila administran sus propias tierras como reserva natural, de acuerdo con las enseñanzas sobre la santidad de la naturaleza (Mallarach y Torcal, 2009).

Patrimonio e identidad cultural

Los valores culturales e históricos que se encuentran dentro de las áreas protegidas también suelen ser muy importantes, aunque a veces difíciles de definir. De la misma manera en que las edificaciones icónicas, los escritores, los músicos y los equipos de fútbol pueden meterse en el corazón de una nación o de una región, así también pueden hacerlo las vistas espectaculares, los paisajes o las especies silvestres. Escalar el monte Triglav, en el parque nacional del mismo nombre, es algo que muchos eslovenos pretenden hacer al menos una vez en su vida. Más al este en Europa, el Monte Kazbegi tiene una potente mezcla de valores culturales y espirituales para muchos georgianos, quienes visitan la antigua iglesia construida en lo alto de las montañas bajo su sombra. Estos temas se discuten con mayor detalle en el Capítulo 23.

Cuadro 6.3 Enlaces estéticos con el Parque Nacional Snowdonia, Gales

Nigel Dudley

El movimiento de los parques nacionales en el Reino Unido se basa en una sensibilidad derivada del movimiento Romántico, tipificado por poetas como William Wordsworth, quien revirtió milenios de desinterés por los paisajes silvestres y accidentados para convertirlos en lugares de especial importancia en la mente de la gente. Como todos los parques nacionales del Reino Unido, Snowdonia en Gales fue designado principalmente por sus valores paisajísticos de montañas, valles escarpados y brezales. Artistas como Richard Wilson popularizaron por primera vez las escenas silvestres de montaña a pesar de las objeciones de algunos de los críticos culturales de la época. Pero estas áreas no eran silvestres en el sentido usual del término: la mayoría de las tierras altas se usan para pastoreo de ovejas y silvicultura, y estos usos se superponen a una densa historia de asentamientos prehistóricos, y a una minería y explotación de canteras más recientes. Todo el paisaje se ha transformado y cicatrizado. La designación tampoco era una preocupación local; las decisiones se tomaron en el Parlamento de Londres, impulsadas principalmente por los ingleses de clase media que habían absorbido la estética romántica. Hoy en día todavía es un desafío la transformación de estas sensibilidades externas en un medio para la conservación de la biodiversidad y los servicios ecosistémicos, apoyada además por las comunidades que viven allí (Hourahane *et al.*, 2008).

Paz y estabilidad

Muchos conflictos entre Estados-nación se centran en las fronteras entre los países. La primera iniciativa de conservación transfronteriza en el sentido moderno del término se le atribuye al Parque Internacional de la Paz Waterton-Glacier, que fue declarado en 1932 para conmemorar la paz y la buena voluntad que existen entre la frontera más larga no defendida del mundo entre Canadá y los Estados Unidos. Otras áreas protegidas transfronterizas han sido eficaces para ayudar a resolver disputas fronterizas entre países. Por ejemplo, el establecimiento de áreas protegidas en los Cárpatos de Europa Central y Oriental entre 1949 y 1967 ayudó a resolver disputas limítrofes, y la declaración del Área Protegida Transfronteriza de la Cordillera del Cóndor a lo largo de una parte de la frontera entre Ecuador y Perú hizo parte de la resolución de un conflicto fronterizo entre los dos países (Stolton y Dudley, 2010b).

Comprender y gestionar los beneficios

Reconocer los beneficios socioeconómicos es solo el primer paso, también necesitamos entender el valor relacionado (incluidos los valores relativos comparados con los usos alternativos de los recursos naturales) y tener un plan acordado para su manejo. A lo largo de los años se ha desarrollado una variedad de herramientas para medir y valorar los recursos naturales, incluidos aquellos que se encuentran dentro de áreas protegidas. Tales herramientas van desde técnicas detalladas y costosas para la valoración económica y social, hasta metodologías sencillas basadas en cuestionarios que son más rápidas de usar, pero brindan una información más aproximada. Si bien la valoración económica es importante, no es la única manera de evaluar el valor del mundo natural o los recursos, y la excesiva confianza en los valores económicos puede ser peligrosa, ya que podría pasar por alto el rango más amplio de beneficios relacionados con el bienestar y los valores asociados mencionados en la información anterior.

Categorizar e ilustrar valores

"Valor" es una palabra vaga, aunque existen varias tipologías que ayudan a brindar más detalles (Harmon y Putney, 2003; Pagiola *et al.*, 2004; van Beukering *et al.*, 2007).

En primer lugar, las evaluaciones suelen distinguir entre el "valor intrínseco" y el "valor para los seres humanos" (o "valor instrumental"). El significado de este último es bastante claro y es tema de gran parte de este capítulo. Por otro lado, el valor intrínseco intenta capturar valores que difieren de los intereses humanos. Inevitablemente, esto es muy difícil: los seres humanos son los que están tratando de definir los valores no humanos, aunque seguimos viéndolos a través de nuestros ojos. No obstante, intentarlo es un ejercicio importante. El valor intrínseco de las especies es su lugar en el proceso evolutivo, que es responsable de que la vida en la Tierra continúe; las especies tienen ese valor independientemente de que las personas las usen o no de manera directa o indirecta, o incluso si su continuidad es incompatible con los intereses de la gente. El desarrollo de las teorías del valor intrínseco marca un importante paso hacia adelante: sobre todo en Occidente, la gente solía creer que la naturaleza solo tenía valor en la medida de su utilidad y no tenía "derechos" independientes de los humanos. Estas ideas (que nunca fueron aceptadas por la mayoría de las filosofías de Oriente) son cada vez más cuestionadas.

El valor general del mundo natural para los seres humanos consiste en valores económicos y culturales más amplios, al igual que otros no económicos, y puede recogerse en la siguiente tipología. Aunque son más fáciles de definir que

Frontera internacional entre Canadá (izquierda) y EE.UU. (derecha), y los parques transfronterizos de la paz: el Parque Nacional Waterton (Canadá) y el Parque Nacional Glacier (EE.UU.)

Fuente: Graeme L. Worboys

los intrínsecos, los valores humanos también contienen una serie de matices y hay que señalar que las distinciones hechas a continuación no están necesariamente bien.

Valores de uso directo

Estos se refieren a los usos inmediatos que hacemos de los servicios ecosistémicos. Los ejemplos podrían incluir la captura de peces cuyas poblaciones se mantienen dentro de áreas marinas protegidas, o los trabajos que ofrece el área protegida. A menudo, estos valores se refieren a algún tipo de recolección y suelen ser servicios de aprovisionamiento. En general, es relativamente fácil entender los valores de uso directo y también asignarles valores socioeconómicos.

Valores de uso indirecto

Estos se refieren a aquellos que vienen en una forma más difusa, a menudo afectan a un gran número de personas y a veces incluyen poblaciones alejadas del origen del valor. Estos tienden a no estar relacionados con el consumo y a menudo son servicios de regulación. Los valores de uso indirecto tienden a incluir beneficios tales como el agua potable de una cuenca forestal o la reducción del riesgo de desastres por la protección costera y la estabilización del suelo. Aunque tienen importantes consecuencias económicas y de bienestar, es relativamente más difícil asignarles valores económicos y aún más difícil vincularlos con beneficiarios particulares.

Valores de no uso u opciones para el uso futuro

Estos se refieren a los valores de dejar una especie o un ecosistema natural en su lugar, incluso cuando no nos beneficiamos inmediatamente de su existencia. Hay varias categorías, entre ellas: los valores de opción, que se refieren a mantener un área en caso de que sus recursos naturales puedan necesitarse en el futuro; los valores de legado, al dejar las cosas en su lugar para las generaciones futuras, y los valores de existencia, que consideramos importantes, aunque no nos beneficiemos de ellos. Claramente, los valores de opción y de legado son valores de uso, mientras que los de existencia también podrían considerarse una especie de indicador antropogénico de valores intrínsecos. Aunque se ha intentado asignar valores económicos y de bienestar a los valores de no uso, se ha cuestionado la conveniencia de estos intentos.

Evaluación de los beneficios socioeconómicos

Hoy en día se espera cada vez más que los administradores de áreas protegidas –ya sean funcionarios gubernamentales, organizaciones privadas sin ánimo de lucro o comunidades– muestren los beneficios más amplios de sus sitios en términos de sociedad, reducción de la pobreza y desarrollo. Los especialistas en áreas protegidas tienen opiniones divididas sobre cómo se deben presentar estos beneficios. Algunos creen que la valoración, especialmente en términos económicos, es crítica para que los conservacionistas puedan hablar con los gobiernos y la industria en su propio idioma. El enfoque de la iniciativa La Economía de los Ecosistemas y la Biodiversidad (The Economics of Ecosystems and Biodiversity, TEEB) (TEEB, 2011) ha destacado el papel de la evaluación económica, aunque TEEB tiene cuidado de señalar que esta es solo una forma de valoración. Otros siguen preocupados porque la valoración económica es peligrosa, sobre todo porque los economistas astutos suelen argumentar que el uso de un recurso ahora es más valioso que dejarlo para el futuro, y también porque las bases filosóficas nos dicen que no tenemos derecho a reducir el resto de la naturaleza a cifras en un balance. Reconocemos estas dificultades, pero creemos que el uso cuidadoso de la valoración económica puede ser útil.

Pescadores, Reserva de la Biosfera de Río Plátano, Honduras
Fuente: Eduard Müller

Evaluación de múltiples beneficios para múltiples interesados

Al abordar las valoraciones de las áreas protegidas es importante considerar todos los valores y todas las partes interesadas durante un largo período. Hemos señalado que a nivel individual, los usos extractivos no sostenibles (como la tala de árboles maderables) suelen ser inmediatos y altamente rentables para el propietario del recurso, mientras que los costos (como la erosión del suelo, una baja calidad del agua y la liberación de carbono en la atmósfera) son soportados en pequeña medida por muchas personas durante un período mucho más largo. Eventualmente, todos los "pequeños" costos ocultos de la degradación ambiental se suman en un gran costo para la sociedad en su conjunto. Del mismo modo, una valoración que solo ve, por ejemplo, las ganancias del ecoturismo, pero que ignora los beneficios no aprovechados por las comunidades locales, no producirá una imagen completa. Por lo tanto, en la medida de lo posible, es importante que una evaluación tenga en cuenta las opiniones y los valores de todas las partes interesadas (véase el Cuadro 6.4). Además, la valoración no debe considerar un solo instante en el tiempo, sino también las implicaciones a largo plazo: algunos valores son a corto plazo, mientras que otros existen durante años, décadas o incluso siglos. Esto hace que la valoración sea inherentemente compleja; de hecho, nuestra comprensión de los beneficios y su valor cambia con el tiempo. Hace diez años apenas se debatía el papel de las áreas protegidas en el secuestro de carbono y hoy está en la parte superior de la lista para muchos estudios de valoración.

También es importante reconocer que los beneficios ofrecidos por las áreas protegidas tienen costos relacionados con la implementación de actividades de gestión y manejo. Al igual que los beneficios, los costos pueden ser asumidos por diferentes actores en diferentes niveles, desde el global hasta el local, desde los donantes internacionales hasta las comunidades locales. Por lo tanto, al evaluar el valor total de los beneficios proporcionados por las áreas protegidas también es necesario pensar en los costos asociados. Esto permite extraer conclusiones sobre los beneficios netos reales (para más información, véase Kettunen y ten Brink, 2013). Es importante tener en cuenta que complementar la evaluación de los beneficios con la información sobre los costos relacionados orienta una adecuada aplicación de los resultados de la valoración en la práctica (como se explica en la siguiente sección).

Diferentes indicadores de valor como fundamento

El valor de los beneficios puede evaluarse en tres niveles: cualitativo, cuantitativo y monetario (Kettunen y ten Brink, 2013). La valoración cualitativa se centra en las indicaciones no numéricas del valor –por ejemplo, al describir el papel de un área protegida como soporte de la cultura y la identidad local–. Los indicadores cuantitativos del valor se enfocan en datos numéricos como, por ejemplo, los visitantes o la cantidad de carbono almacenado en un área protegida. La valoración monetaria se centra en capturar o reflejar los diferentes valores en términos monetarios –por ejemplo, al calcular los ingresos generados por los visitantes o al definir el valor del almacenamiento de carbono–. Solo unos pocos beneficios pueden captarse a través de indicadores monetarios. Por lo tanto, es probable que una evaluación integral de los beneficios de las áreas protegidas se base en una combinación de indicadores de valor cualitativo, cuantitativo y monetario.

Actualmente se utiliza una serie de métodos para estimar el valor de los beneficios de las áreas protegidas. Kettunen y ten Brink (2013) proporcionan una visión más integral de los métodos disponibles y su aplicación adecuada. Como regla general, los precios y los valores de mercado suelen ser útiles cuando se evalúa el valor de los beneficios relacionados con el acceso a los recursos de la biodiversidad y con las oportunidades para la recreación y el turismo. También hay varios beneficios que actualmente no son captados por los mercados, pero que

Cuadro 6.4 La PA-BAT en los Balcanes y Turquía

Sue Stolton, Başak Avcıoğlu Çokçalışkan y Kasandra-Zorica Ivanić

La Herramienta de Evaluación de Beneficios de Áreas Protegidas (Protected Area Benefit Assessment Tool, PA-BAT) proporciona un formato estandarizado para documentar y evaluar múltiples beneficios de las áreas protegidas entre diferentes partes interesadas (Stolton y Dudley, 2009). La PA-BAT es esencialmente un conjunto de hojas de datos que recopila información básica sobre los tipos de beneficios (es decir, las actividades permisibles en relación con el uso de los recursos y los servicios ecosistémicos), para quiénes son importantes, información cualitativa sobre su nivel de importancia, su relación con el área protegida y las épocas del año en que dicha importancia tiene lugar. Veinticuatro hojas cubren el análisis de los valores de la biodiversidad, manejo de áreas protegidas (empleos), beneficios relacionados con los alimentos, beneficios relacionados con el agua (provisión y servicios de regulación), beneficios y valores culturales y espirituales, valores de salud y recreación, conocimiento, materiales y servicios ambientales.

En julio de 2000 fue declarado el Parque Nacional de las Montañas Küre (Küre Dağları Milli Parkı, KDMP) en Turquía. Casi no hay asentamientos en la zona central del KDMP, pero hay alrededor de veinte mil aldeanos en 123 aldeas en la zona de amortiguación. En marzo de 2009 se implementó la PA-BAT en el KDMP. En ese momento el KDMP no tenía un plan de manejo, pero la dirección tenía un fuerte enfoque en la participación de la población local en la planeación de iniciativas relacionadas con el parque nacional y la zona de amortiguación.

En torno al KDMP se realizaron tres reuniones para evaluar los valores y beneficios del área protegida en dos provincias (Bartın y Kastamonu). A la primera reunión pública asistieron principalmente los Muhtar locales (líderes de la aldea). La reunión se concentró en utilizar una versión simplificada de la PA-BAT basada en una presentación en PowerPoint, con la cual se analizaron los valores (de subsistencia, económicos y potenciales) para la población local que vive dentro y cerca del área protegida. La segunda reunión fue para representantes de la administración del parque (parques nacionales y silvicultura) y departamentos universitarios locales. El grupo se dividió en dos grupos de trabajo, entre quienes se completaron todas las hojas de datos de la PA-BAT relevantes para el parque. La tercera reunión fue también una de carácter pública, principalmente conformada por funcionarios locales de los sectores de bosques, agua y parques.

La evaluación y discusión de cada uno de los valores puso de relieve las diferencias significativas en las percepciones de la población local, los administradores y los proveedores de servicios. Por ejemplo, la comunidad local señaló la importancia de los manantiales sagrados en la zona, mientras que los administradores, los investigadores y los proveedores de servicios consideraron que estos manantiales tenían poca importancia. Entre los grupos también se evaluó de manera diferente la importancia de la agricultura tradicional permitida, las plantas silvestres destinadas a alimento y las hierbas medicinales en la zona de amortiguación; por ejemplo, para los administradores la agricultura tradicional era más importante que para la gente local, y los administradores pensaban que la recolección de hierbas medicinales no tenía importancia, mientras que la población local consideraba que esto tenía una gran importancia.

Ya que la PA-BAT fue uno de los primeros ejemplos en Turquía respecto a la evaluación de los servicios ecosistémicos y sus beneficios en áreas protegidas, este ejemplo sirvió de base para el desarrollo de un plan de negocios para el KDMP durante el proceso de planeación de la gestión y el manejo. La herramienta también aumentó la conciencia y la capacidad técnica de los administradores de parques y los expertos sobre cómo integrar los beneficios en la planeación, la gestión y el manejo de áreas protegidas.

En la región del Arco Dinárico de Europa, la PA-BAT estaba implementándose en 2013 y 2014 en todos los parques nacionales de los ocho países de la región –la primera vez que se utilizaba tal herramienta a nivel regional–. En muchas áreas protegidas de la región, los talleres de la PA-BAT representaban la primera vez que se les pedía a los interesados que participaran activamente y dieran su opinión sobre la gestión del parque. Para los administradores e interesados involucrados en el proceso, los talleres brindaron una fascinante visión de las culturas y tradiciones locales, y aumentaron la conciencia de la gama de beneficios proporcionados por el parque (por ejemplo, es frecuente que los servicios ecosistémicos sean un nuevo concepto que se presenta durante los talleres). A lo largo de la región están surgiendo algunos patrones claros de cómo las áreas protegidas pueden no solo promover mejor la conservación, sino también proteger la cultura local y desarrollar estrategias de financiamiento sostenibles. Por ejemplo, es evidente el potencial de desarrollar una marca para los productos locales/regionales de áreas protegidas (miel, setas, plantas medicinales y queso, entre otros) que destaque que estos productos provienen de fuentes "saludables y sostenibles". Científicamente se conoce el papel de las áreas protegidas en las regiones montañosas del Arco Dinárico (una región kárstica) respecto al suministro de agua potable a la población de toda la región. En teoría, el desarrollo de los esquemas de Pago por Servicios Ecosistémicos (PES) podría ayudar a apoyar la conservación de estas áreas; sin embargo, estos recursos se han dado por sentado durante tanto tiempo que antes de que se pueda desarrollar uno de tales esquemas es necesario educar a los encargados de la formulación de políticas y a los ciudadanos respecto al papel que las áreas protegidas desempeñan en el suministro de agua.

Acceso de los visitantes a caballo a las áreas protegidas remotas en las montañas Altái-Sayán, Rusia

Fuente: Graeme L. Worboys

pueden ser valorados en términos monetarios. Por ejemplo, el valor de las áreas protegidas al purificar el agua puede captarse como los costos que las compañías de acueducto se evitan en el pretratamiento. Del mismo modo, existen varios métodos basados en encuestas, los cuales están diseñados para evaluar los valores de mercado indicativos o "hipotéticos" de los diferentes beneficios. Los valores más amplios del bienestar (no económicos) son difíciles de captar en términos monetarios. Por ejemplo, es difícil encontrar indicadores monetarios que reflejen de manera sensible el papel que desempeñan las áreas protegidas en el apoyo a la salud mental y a la identidad cultural. En estos casos, los métodos cualitativos y cuantitativos suelen ser los enfoques más factibles para la valoración.

El propósito de las evaluaciones

Identificar el propósito de una actividad es la clave de su éxito: para orientar la toma de decisiones prácticas, la evaluación de beneficios y la valoración relacionada tienen que estar en línea con su propósito (Kettunen y ten Brink, 2013; TEEB, 2013). Por ejemplo, la evaluación socioeconómica de los beneficios, basada principalmente en información cualitativa y cuantitativa (véase la información anterior), suele ser muy adecuada para aumentar la conciencia inicial de los beneficios entre las partes interesadas. Estas evaluaciones pueden llevarse a cabo en el contexto de un estudio exploratorio diseñado para recabar información y para involucrar a las partes interesadas relevantes (por ejemplo, Stolton y Dudley, 2009; Kettunen y ten Brink, 2013). Tales evaluaciones también constituyen un punto de partida útil para una valoración ulterior: ayudan a evitar una visión desequilibrada de los beneficios, al centrarse en aquellos para los que se dispone de evidencia monetaria, e ignorando los que tienen información menos accesible.

La valoración económica detallada, incluida la evaluación monetaria, puede, además de ser un complemento útil, especificar mejor el panorama general de los beneficios totales (véase el Cuadro 6.5). Por ejemplo, es posible que se requiera una valoración económica cuando sea necesario demostrar los beneficios de las áreas protegidas en relación con las prácticas alternativas de uso del suelo. Del mismo modo, el desarrollo de mecanismos de gestión concretos, como el pago por servicios ecosistémicos o los nuevos mercados para los bienes producidos de manera sostenible, requiere una evaluación económica detallada.

Gestión de múltiples beneficios en áreas protegidas

Identificar y evaluar el valor de los beneficios, al igual que comprender la dinámica de las partes interesadas involucradas en el mantenimiento y el uso de los beneficios, son pasos claves para su gestión (véase el Cuadro 6.6). Una vez que tengamos esta información, contamos con las herramientas necesarias para llegar a algún tipo de consenso sobre cómo se pueden dividir, gestionar y mantener de una manera sostenible y equitativa los diversos beneficios de un área protegida.

Comprender los conflictos entre diferentes beneficios, beneficiarios y usos

Un aspecto clave de la administración de áreas protegidas incluye comprender las sinergias y conflictos entre los deseos y las necesidades de los diferentes usuarios, gestionar concesiones mutuas y aprovechar las oportunidades que se generan. Un aspecto importante de esto es el manejo de exigencias diferentes, y a veces conflictivas, respecto a los servicios ecosistémicos, y a la vez tener en cuenta sus diversas implicaciones para la conservación de la biodiversidad. El conflicto entre los humanos y la vida silvestre es un ejemplo clásico de conflicto y concesiones mutuas. Una población en expansión de elefantes, grandes felinos o monos puede ser un éxito para el área protegida, en términos tanto de lograr objetivos de conservación como de aumentar

Cuadro 6.5 Parques Canadá: servicios ecosistémicos del Parque Nacional de las Mil Islas

Dan Mulrooney y Karen Keenleyside

El Parque Nacional de las Mil Islas (Thousand Islands National Park, TINP) lleva el nombre del ecosistema de las Mil Islas en el este de Ontario, Canadá. El parque se estableció en 1904 y es uno de los parques nacionales más pequeños de Canadá. El área total es 22,3 kilómetros cuadrados, mientras que el ecosistema entero cubre un área de tres mil kilómetros cuadrados que está dividida en dos por la frontera internacional entre Canadá y los Estados Unidos.

Históricamente, las Mil Islas ha sido un área rica que ha proporcionado una serie de servicios ecosistémicos (comida, agua, recreación) a las Primeras Naciones, a los primeros colonos y a los residentes y visitantes modernos. El parque en sí fue creado principalmente como un lugar para actividades recreativas como pícnic, *camping* y paseos en bote. Más recientemente, el parque se ha hecho más conocido por proteger un singular ecosistema transfronterizo entre Canadá y Estados Unidos, el cual forma parte de una extensión del Escudo Canadiense, que conecta el bosque de los Apalaches del sureste de los Estados Unidos con el bosque boreal del norte. El parque provee un hábitat crítico para una gran diversidad de plantas y animales, incluidas más de treinta especies en riesgo.

La población del este de Ontario ha crecido significativamente en los últimos años. Por ejemplo, en 2011 cerca de dos millones de personas vivían a menos de cien kilómetros del ecosistema de las Mil Islas –un aumento de la población del 47% desde 1981–. Hoy, el ecosistema del TINP está influenciado por la fragmentación del hábitat, la contaminación y otras actividades en el paisaje que están asociadas con un rápido crecimiento demográfico en la región. Si bien el crecimiento de la población y otras presiones han creado desafíos para el parque, también han puesto de relieve la importancia y el valor de los servicios ecosistémicos que este protege. Parques Canadá está trabajando ampliamente con las Primeras Naciones, comunidades adyacentes, organizaciones y voluntarios para proteger y conectar a los visitantes con este lugar especial mientras se evalúa y se asegura un flujo duradero de los servicios ecosistémicos.

Un análisis de la cobertura terrestre por medio de imágenes satelitales formó la base de datos a partir de la cual se produjeron estimaciones del valor de los servicios ecosistémicos. En el ecosistema de las Mil Islas, las tres coberturas terrestres principales fueron bosques (31%), tierras de cultivo (24%) y agua (22%), mientras que los humedales y las zonas urbanas cubrían el 7% y el 6% del área, respectivamente.

En comparación con todo el ecosistema, el TINP tiene una mayor cobertura de bosques (82%) y humedales (10%), y una menor cobertura de tierras de cultivo/prados (2%) y áreas edificadas (2%).

La estimación de los valores monetarios de los servicios ecosistémicos protegidos por y que fluyen del TINP apoya la gestión del parque, el desarrollo de políticas y los objetivos de educación del público. Se utilizaron dos métodos para estimar los valores monetarios de los servicios ecosistémicos: el primer método reprodujo para el área los resultados del estudio Estimación de los Servicios Ecosistémicos en el sur de Ontario (Estimating Ecosystem Services in Southern Ontario), realizado por Troy y Bagstad (2009); el segundo método consistía en hacer estimaciones de los servicios ecosistémicos seleccionados por tipo de cobertura terrestre a partir de estudios de valoración publicados y la transferencia de valores monetarios encontrados en áreas similares dentro del parque. Con la primera metodología se obtuvieron estimaciones del valor anual de los servicios ecosistémicos para el TINP, que van de 12,5 millones de dólares a 14,7 millones de dólares canadienses (dólares de 2012). Con el segundo método se obtuvo el valor de los servicios recreativos del parque, así como los valores de opción, legado y existencia asociados con los humedales del parque. Los servicios recreativos anuales para todos los tipos de cobertura terrestre en el parque se avaluaron en 3,9 millones de dólares canadienses (dólares de 2012). Finalmente, los valores anuales como opción, legado y existencia de los humedales del parque oscilaron entre $434.000 y $531.000 dólares canadienses (dólares de 2012).

Los valores monetarios identificados para el TINP son estimaciones conservadoras y representan un esfuerzo experimental de los departamentos y agencias del Gobierno de Canadá. Se puede obtener una gama de estimaciones de los valores de acuerdo con la metodología adoptada y los conjuntos de datos utilizados para apoyar el análisis. Es necesario prestar mucha atención a los métodos de valoración, los datos de apoyo y la selección del servicio o grupo de servicios ecosistémicos que se miden e informan. Como lo demuestra el estudio de caso del TINP, incluso con la selección de un área pequeña y rica en datos, el análisis no representa el valor total del área del parque nacional.

Para más información sobre el estudio de caso y la generación de las valoraciones monetarias experimentales para el TINP, véase Statistics Canada (2013).

Cuadro 6.6 Manejo de los parientes silvestres de los cultivos

Nigel Maxted y Danny Hunter

Para evitar el costo de establecer sitios nuevos, la mayoría de las reservas genéticas (áreas donde el objetivo específico es conservar la diversidad genética de las especies parientes silvestres de los cultivos –*crop wild relatives*, CWR–) se establecerán en áreas protegidas existentes (Maxted, 2003). Su implementación puede dividirse en cinco etapas.

1. Potencial de "realidad sobre el terreno" en sitios de conservación *in situ*. Una vez establecidas las metas de conservación *in situ*, debe establecerse una lista ordenada de posibles sitios de conservación *in situ*. Es posible que la lista de sitios potenciales se haya hecho remotamente con el uso de técnicas basadas en sistemas de información geográfica (SIG) o ecogeográfica, de manera que los sitios potenciales deben ser visitados para comprobar si la predicción coincide con la realidad en el sitio y la viabilidad de la población de CWR.
2. Reformular las metas de gestión de las áreas protegidas. El primer paso en la formulación del plan de gestión revisado es observar la dinámica biótica y abiótica del sitio para las especies CWR y no-CWR. Se debe realizar un estudio de las especies presentes en el lugar para ayudar a entender las interacciones ecológicas dentro de la reserva. Debe decidirse una meta de conservación clara y deben hacerse recomendaciones sobre las intervenciones de manejo en el sitio, y cómo se va a hacer el monitoreo de los CWR para garantizar que la administración promueva la salud de la población de CWR.
3. Garantizar que los sitios de conservación *in situ* cumplan con (al menos) los estándares mínimos de calidad. Los estándares de calidad están relacionados con permitir que la reserva genética funcione y cumpla con sus metas de conservación (Iriondo *et al.*, 2012) e incluyen factores tales como: sitios identificados a través de un proceso científico riguroso; el sitio tiene un tamaño suficiente para conservar las poblaciones del taxón objetivo, su hábitat natural y para mantener los procesos naturales; se ha elaborado un plan de manejo basado en la evidencia y en criterios participativos, y se tiene una base legal que sustenta la estabilidad del sitio a largo plazo.
4. Integrar las prioridades de conservación *in situ* con esquemas agroambientales nacionales e internacionales. Las áreas protegidas seleccionadas que contengan reservas genéticas constituyen una red nacional de reservas genéticas y deben estar integradas con esquemas agroambientales.
5. Garantizar que las comunidades locales valoren y usen su diversidad local de CWR. Para que la conservación sea eficaz, a menudo es crucial promover la participación de las comunidades locales en la conservación y la gestión *in situ* de los CWR. Es posible que se deba aumentar la concientización de los distintos grupos de interés sobre el valor de los CWR.

Por último, cabe destacar que la implementación de acciones de conservación *in situ* específicas para los CWR dentro de áreas protegidas será en última instancia pragmática y dictada por los recursos disponibles, la voluntad gubernamental a nivel nacional y regional, y la participación de ONG y comunidades locales (Hunter *et al.*, 2012).

el potencial para el turismo, pero es un problema para los aldeanos locales cuyos cultivos sufren daños o cuyos niños están en peligro. De manera similar, un nuevo complejo turístico puede traer visitantes y dinero al área protegida, pero también generar grandes corrientes de residuos que pueden contaminar las aguas marinas cercanas, afectar negativamente las funciones como zonas de cría natural del ecosistema marino y poner en peligro los medios de subsistencia de las comunidades pesqueras locales. Impedir que la gente local monte caballos dentro de las áreas protegidas puede crear un ambiente más prístino para la biodiversidad y para los visitantes y ayudar a mantener la capacidad de regeneración natural del suelo, pero se pierde el apoyo entre los grupos clave. El manejo de estos conflictos es un aspecto esencial de la vida de la mayoría de los administradores de áreas protegidas y una prioridad importante es garantizar que el beneficio de una persona no socave sustancialmente a otras. Al mismo tiempo, el papel primordial de la conservación de la naturaleza no debe ser empequeñecido en el afán por desarrollar otros valores de áreas protegidas. Un buen análisis, y cuando sea necesario, la valoración de los servicios ecosistémicos, puede ayudar a resolver estos conflictos. Aquí las sinergias y las oportunidades pueden jugar un importante papel. Por ejemplo, comprender los vínculos entre las áreas protegidas y el paisaje circundante puede asegurar el apoyo de los apicultores locales para ayudar a conservar las plantas con flores que producen miel de alta calidad, o de los agricultores locales que confían en los polinizadores que prosperan en la flora de un área protegida para polinizar cultivos o huertos.

Paisaje de Cairngorms, Escocia

Fuente: Michael Lockwood

Cuadro 6.7 Parques sanos, gente sana

John Senior

En el Reino Unido, el proyecto Caminar por Salud en Cairngorms (Cairngorms Walking to Health) comenzó en 2004 como una iniciativa comunitaria de salud y aprendizaje. Inspirado en un primer paseo de salud como demostración, organizado como parte de una feria de salud, el proyecto ha ido creciendo con éxito, extendiéndose geográficamente cada año a nuevas áreas y con la participación de más personas. En 2009, el proyecto original centrado en Deeside y Donside en Escocia, se amplió para incluir no solo la totalidad del Parque Nacional Cairngorms y sus alrededores, sino también programas de caminata dirigidos a problemas específicos de salud.

El proyecto está dirigido por Cairngorms Outdoor Access Trust (COAT), el cual emplea a un gerente de proyectos como trabajador independiente a tiempo parcial y dos empleados, también a tiempo parcial, que apoyan a los líderes de caminata voluntarios. El proyecto ha establecido 37 grupos de caminata diferentes, liderados por sesenta voluntarios entrenados y activos, y atrae un promedio de 215 caminantes cada semana; un número de participantes que aumenta todas las semanas.

Los paseos semanales, cuya duración varía de treinta a sesenta minutos, pretenden fomentar el ejercicio al aire libre de manera segura y socialmente agradable. Los paseos están dirigidos a las personas que se beneficiarían de aumentar su actividad física, que van desde las personas que luchan por perder peso hasta los que sufren de cáncer o diabetes. Se ha invertido mucho tiempo y esfuerzo en el desarrollo de vínculos estrechos con los médicos y en el fomento de la remisión directa, pero la participación de los usuarios del servicio y sus cuidadores es totalmente voluntaria. Aproximadamente el 95% de los participantes está compuesto por mujeres, la mayoría mayores de 55 años, pero también se han establecido paseos dirigidos a personas más jóvenes.

Los desafíos del podómetro han animado a las nuevas madres y a los adultos vulnerables de Aviemore a aumentar la distancia de caminata cada día, mientras que en Deeside, las evidencias académicas sobre los beneficios de caminar respecto al retraso de los síntomas de la enfermedad de Alzheimer de inicio temprano se utilizan para animar a los pacientes diagnosticados con la afección para que participen en caminatas de salud. Las caminatas en grupo también forman parte de la gama de servicios que se ofrecen para apoyar a las personas después de dejar de fumar.

Para demostrar los beneficios del programa Caminar por Salud en Cairngorms, COAT ha trabajado en colaboración con Senderos para Todos (Paths for All), el Centro de Salud Rural (un departamento de la Universidad de Tierras Altas e Islas) y el Colegio Agrícola Escocés (Scottish Agricultural College) para realizar una evaluación integral con el uso de seis métodos de investigación diferentes. Los cuestionarios de nuevo caminante y de seguimiento de la actividad física para monitorear el mejoramiento de la salud se complementaron con entrevistas, grupos focales, postales de retroalimentación de los participantes, estudios de casos y estudios longitudinales con participantes y líderes. La evaluación demostró claramente que el proyecto hacía una contribución significativa y muy rentable a las prioridades del Gobierno de Escocia y del gobierno local en relación con el mejoramiento de la salud, el desarrollo del voluntariado, la condición de salud a largo plazo y las estrategias de autocuidado, el desarrollo y la participación de la comunidad, y a brindar un acceso de alta calidad al medio ambiente local.

Caminar por Salud en Cairngorms cuesta aproximadamente treinta mil libras esterlinas al año, está financiado por la Autoridad del Parque Nacional Cairngorms, el Programa LEADER, el Patrimonio Natural Escocés y Senderos para Todos, con el apoyo adicional de NHS Grampian y NHS Highland.
Per cápita, el costo de ejecutar el proyecto es de aproximadamente ciento cuarenta libras esterlinas por caminante al año, lo que representa una excelente relación calidad-precio en términos de la salud asociada y los beneficios para la comunidad en general.

Cuadro 6.8 Restauración ecológica en los parques nacionales de Kenia y sus alrededores

John Waithaka, Karen Keenleyside y Erustus Kanga

Kenia es famosa por sus hermosos parques nacionales, gran diversidad de vida silvestre y paisajes panorámicos, y depende de los recursos biológicos para gran parte de su desarrollo social y económico. La agricultura, la ganadería, la silvicultura, el turismo basado en la naturaleza y la industria pesquera representan casi todo el empleo, la producción económica y los ingresos por exportaciones. Para salvaguardar sus ricos recursos de biodiversidad, Kenia designó una extensa red de áreas protegidas.

El turismo de fauna silvestre, el cual se basa principalmente en áreas protegidas, es una de las principales fuentes de ingresos para Kenia, y aporta el 21% del total de divisas, el 12% del PIB del país y el sustento de varios millones de personas (WRI, 2007).

Además del turismo, las áreas protegidas de Kenia apoyan otros sectores de la economía como la energía, el agua, la agricultura, la seguridad, la silvicultura y la horticultura. Por ejemplo, en el Parque Nacional Tsavo Oeste, los manantiales de Mzima, que son la característica natural más importante del parque, proporcionan un hábitat para la vida silvestre, atraen a miles de visitantes y suministran trescientos sesenta millones de litros de agua diariamente a unos 2,5 millones de personas río abajo, incluida la segunda ciudad más grande de Kenia, Mombasa (NWCPC, 1998). En el Parque Nacional Tsavo Este, el más grande del país, el río Voi es una fuente de agua importante para la vida silvestre y para las comunidades que bordean el parque. Del mismo modo, los pantanos que se encuentran principalmente en el Parque Nacional Amboseli mantienen la vida silvestre y a las personas en el ecosistema de Amboseli. En las montañas del centro de Kenia, el Parque Nacional del Monte Kenia (que también fue declarado patrimonio mundial por la UNESCO) y el Parque Nacional Aberdare son las fuentes de los ríos que abastecen de agua a cerca de la mitad de la población de Kenia y producen casi el 60% del poder hidroeléctrico del país (UNEP, 2009).

Muchos de los importantes beneficios que los parques nacionales de Kenia le ofrecen al pueblo keniano y su economía son aún más cruciales en el contexto del cambio climático. En el sur, las sequías son cada vez más frecuentes, prolongadas y severas, y los patrones climáticos inusuales parecen contribuir con la imposibilidad de predecir los flujos de los ríos y las fluctuaciones en el nivel de aguas lacustres en las tierras altas centrales y el Valle del Rift. Estos cambios pueden aumentar la presión sobre los recursos naturales y los beneficios derivados de ellos. La conservación de los ecosistemas saludables de los parques es reconocida como una estrategia importante para ayudar a la fauna y las comunidades humanas de Kenia a adaptarse al cambio climático. Sin embargo, las presiones adicionales sobre los ecosistemas del parque, como el sobrepastoreo de la fauna y la ganadería y la diseminación de especies invasoras, que a veces también se agrava con el cambio climático, obligan a los administradores de los parques a gestionar activamente estos sistemas con el fin de que puedan seguir brindando estos importantes beneficios en el futuro.

El Servicio de Vida Silvestre de Kenia está tomando medidas para reducir las presiones sobre los ecosistemas de los parques nacionales y restaurar áreas que ya han sido dañadas; esto con el fin de mejorar la resiliencia de los ecosistemas y las comunidades que dependen de ellos frente al cambio climático y otros factores de estrés. Por ejemplo, las zonas riparias alrededor de los manantiales de Mzima en el Parque Nacional Tsavo Oeste, las cuales se vieron afectadas por el sobrepastoreo de la fauna silvestre, fueron cercadas y revegetadas para reducir la erosión y la sedimentación. Al mismo tiempo, se han instalado abrevaderos alternativos para la vida silvestre dentro del parque, lo cual ayuda a proteger el agua potable para los usuarios intermedios y a reducir el riesgo de conflictos humanos versus vida silvestre que podrían resultar de la búsqueda de fuentes de agua alternativas fuera del parque. En el Parque Nacional Amboseli se ha realizado un trabajo similar para restaurar el hábitat terrestre y los pantanos. Allí también se han mejorado los abrevaderos comunitarios y ganaderos fuera del parque para reducir la presión de pastoreo en el ecosistema del mismo, mientras se ayuda a mantener el estilo de vida tradicional de la población local.

La reforestación en los parques nacionales del Monte Kenia y Aberdare ha sido una parte importante de los esfuerzos de restauración encaminados a ayudar a retener el agua en las cuencas importantes que estos parques protegen. El trabajo también ha brindado beneficios para la población local, incluida la capacitación de miembros de asociaciones de bosques comunitarios locales sobre técnicas modernas de propagación y repoblación forestal, y la modernización de viveros forestales comunitarios. Junto con los grupos comunitarios, los visitantes del parque han participado directamente en los esfuerzos de restauración como, por ejemplo, plantar árboles, que no solo les brindan experiencias memorables, sino que también les ayudan a fortalecer el apoyo a los esfuerzos de restauración y a concientizarse sobre los importantes beneficios de adaptación al cambio climático que proporcionan las áreas protegidas.

Como es el caso en muchas áreas protegidas, las especies invasoras son un problema de manejo para las de Kenia, así como para las comunidades locales que practican la agricultura de subsistencia. En los parques nacionales Amboseli, Tsavo Este y Lago Nakuru, la gente local recibió capacitación sobre la identificación de las especies invasoras y fue empleada por el Servicio de Vida Silvestre de Kenia para ayudar con los esfuerzos de erradicación. La remoción de especies invasoras no solo ha mejorado el hábitat de la vida silvestre en los parques, sino que también ha mejorado las oportunidades de observación de vida silvestre para los visitantes. Las oportunidades de empleo proporcionadas por los parques han sido importantes para las comunidades locales, pero quizás lo más significativo es que la gente local ha adquirido conocimientos y habilidades que son transferibles a otros aspectos de su vida cotidiana.

Si los beneficios de las áreas protegidas están asociados con el turismo, el abastecimiento de agua, la regulación o adaptación al cambio climático, la transferencia de conocimientos o el apoyo a estilos de vida tradicionales, a menudo es necesario implementar estrategias activas de gestión dirigidas a mantener o restablecer estos beneficios. El trabajo de Kenia descrito anteriormente es solo un ejemplo de cómo se pueden mantener o restaurar múltiples beneficios a través de acciones que abordan simultáneamente cuestiones ecológicas asociadas con la estructura y función de los ecosistemas, y al mismo tiempo consideran la experiencia del visitante, las oportunidades de aprendizaje y las necesidades y valores de la gente local.

Cuadro 6.9 Parque Nacional Kenozersky, Rusia: los beneficios de la administración conjunta

John Senior

Establecido en 1991, el Parque Nacional Kenozersky se encuentra en el norte de la parte europea de Rusia. El parque es uno de los lugares más atractivos del país y recrea una atmósfera de la asombrosa armonía entre los seres humanos y la naturaleza al fomentar la participación significativa de los residentes locales en la administración conjunta.

Los residentes locales activos dentro del parque estaban interesados en el desarrollo de la economía local y querían que "sus vidas dependieran de ellos mismos". El establecimiento e implementación del autogobierno público territorial, denominado localmente "Chispa de Esperanza", ha logrado este objetivo.

Durante la última década, un programa de desarrollo turístico ha ayudado a la población local a estar más abierta a la cooperación con la administración del parque. El programa tiene varios elementos: la producción de alimentos, el turismo basado en actividades, la restauración del patrimonio y la educación. El primero de ellos se refiere a la producción de alimentos orgánicos, con la restauración de las tradiciones culinarias de los pomor, uno de los grupos étnicos de la población en el norte de Rusia.

Se creó un fondo de microcrédito para apoyar a la población local en el desarrollo y mantenimiento de pequeñas empresas amigas de la naturaleza para servir a los visitantes. Desde 2001, el parque ha desarrollado activamente el turismo rural, que es un atractivo para los turistas rusos y extranjeros. Más de treinta familias locales convirtieron sus casas dentro del parque en casas de huéspedes que ofrecen servicios basados en actividades (paseos en bote, pesca, turismo, ciclismo y senderismo) con un alojamiento relativamente barato para pasar una noche, el fin de semana o las vacaciones en casas rurales acogedoras. Los anfitriones siempre están dispuestos a mostrar todas las atracciones de la vecindad y ofrecer oportunidades para probar la cocina casera tradicional del lugar, pescar, recoger setas y bayas, y montar a caballo. Los visitantes también pueden participar en algunos trabajos agrícolas sencillos, como la siega del heno, la alimentación de los animales y la cosecha de hortalizas.

El parque nacional Kenozersky es ahora bien conocido en Rusia, no solo por sus pintorescos bosques naturales y lagos, sino también por los numerosos ejemplos de la arquitectura de madera restaurada (especialmente capillas y edificaciones de granja) que se mezclan en los paisajes del norte. Una vez que estas estructuras han sido restauradas con el uso de las habilidades tradicionales a un costo estatal, los líderes comunitarios se convierten en empleados permanentes del parque como guardianes de estas edificaciones de patrimonio. La especial experiencia espiritual creada a través de la presencia de objetos "vivos" del patrimonio cultural, junto con el resurgimiento de las tradiciones de la población local, son algunos de los principales factores que atraen a los turistas a la zona.

La educación para niños con campamentos ambientales anuales se ha convertido en una característica importante del parque. A los campamentos asisten estudiantes de la región de Arkhangelsk, así como de Moscú e incluso de la vecina Finlandia. Estos campamentos también aceptan niños de las aldeas ubicadas en el parque, así como de orfanatos y familias socialmente desfavorecidas. El sitio para acampar principal está en un entorno pintoresco cerca del pueblo de Maselga. Este es un "pueblo" de pequeñas cabañas de troncos en un entorno muy diferente al que están acostumbrados los niños citadinos visitantes. Los niños participan activamente en una amplia gama de temas, como meteorología, geobotánica e hidrobiología, así como el estudio de la historia del pueblo y el patrimonio cultural de la región. Además de la exploración al aire libre, cada niño participa en clases magistrales sobre artesanías tradicionales, incluidos los tejidos con corteza de abedul, el modelado de juguetes de arcilla y el aprendizaje de canciones folclóricas tradicionales. Los ancianos y artesanos locales imparten una cantidad importante de estas clases.

En conjunto, estos cuatro elementos han permitido un renacimiento de la economía local, brindan orgullo y autoestima a los lugareños, y le dieron un nuevo comienzo al Parque Nacional Kenozersky como una vibrante atracción turística.

Acceso y distribución de beneficios

La necesidad de una distribución equitativa de los costos y beneficios ha ganado un respaldo importante a través del desarrollo de acuerdos de "acceso y distribución de beneficios" (access and benefit sharing, ABS) en varios tratados e instrumentos internacionales, incluido el Convenio sobre la Diversidad Biológica (CDB) (véase el Capítulo 26). En particular, el Protocolo de Nagoya sobre Acceso a los Recursos Genéticos y Participación Justa y Equitativa en los Beneficios que se Deriven de su Utilización fue aprobado por la Conferencia de las Partes en la décima reunión del CDB celebrada el 29 de octubre de 2010 en Nagoya, Japón. Se trata de un acuerdo internacional destinado a compartir de manera justa y equitativa los beneficios derivados de la utilización de los recursos genéticos. Esto incluye el acceso adecuado a los recursos genéticos y la transferencia de las tecnologías pertinentes.

Las modalidades de implementación del protocolo de ABS aún son objeto de discusión: desde la perspectiva de las áreas protegidas esto tiene importantes consideraciones relativas a los derechos de los propietarios tradicionales, las comunidades locales y los propios administradores de los parques, dependiendo de la historia del área. Si bien el protocolo de ABS no aborda todos los beneficios de las áreas protegidas, sigue siendo crucial la necesidad de garantizar que los beneficios y costos de las mismas sean equitativamente equilibrados entre quienes se benefician y aquellos que manejan o experimentan los costos.

Comunicación de los beneficios a una variedad de audiencias

Un aspecto clave de la gestión y manejo exitosos es asegurarse de que la gente entienda y aprecie la amplia gama de beneficios de las áreas protegidas. Muchos de los valores, particularmente indirectos, han sido tratados como "bienes libres" y los problemas que han surgido solo cuando desaparecen, como la contaminación del agua, la erosión del suelo y los daños costeros, son los que han centrado la atención en su buena gestión.

Por lo tanto, la comunicación es fundamental. Las áreas protegidas tienen la oportunidad de alcanzar a una gran variedad de visitantes, y junto con la información sobre la vida silvestre y los senderos para caminar, un número creciente de personas le cuentan a otras acerca de los demás valores que contienen (véase el Capítulo 15). Quizás lo más importante sea trabajar con las comunidades locales para comprender la gama completa de valores –por medio de evaluaciones comunitarias (véase el Cuadro 6.5), reuniones, debates en la radio comunitaria y artículos en periódicos locales–. Sin embargo, desde el punto de vista del área protegida, es igualmente esencial que los grandes usuarios río abajo comprendan y, cuando sea necesario, contribuyan a los beneficios a través de iniciativas como los pagos por servicios ecosistémicos (véase el Capítulo 8).

Aprender de las mejores prácticas

Hay un número creciente de estudios de casos de áreas protegidas en todo el mundo donde la gente local, los titulares de derechos y las partes interesadas están trabajando en estrecha colaboración para garantizar que se conserve la gama completa de beneficios socioeconómicos. Tres ejemplos se presentan en los Cuadros 6.7, 6.8 y 6.9, y muchos más pueden encontrarse en la literatura revisada por pares y publicada (véase, por ejemplo, Stolton y Dudley, 2010b; Kettunen y ten Brink, 2013).

Referencias

Lecturas recomendadas

Bertzky, B.; Corrigan, C.; Kemsey, J.; Kenney, S. y Ravilous, C. (2012). *Protected Planet Report 2012.* Cambridge: UNEP-WCMC.

Byrne, D. y Goodall, H. (2013). Placemaking and transnationalism: recent migrants and a national park in Sydney, Australia. *PARKS: The International Journal of Protected Areas and Conservation*, 19(1), 63-72.

Cardinale, B.J.; Duffy, J.E.; González, A.; Hooper, D.U.; Perrings, C.; Venail, P.; Narwani, A.; Mace, G.M.; Tilman, D.; Wardle, D.A.; Kinzig, A.P.; Daily, G.C.; Loreau, M.; Grace, J.B.; Larigauderie, A.; Srivastava, D.S. y Naeem, S. (2012). Biodiversity loss and its impact on humanity. *Nature*, 486, 59-67.

Costanza, R. (1997). The value of the world's ecosystem services and natural capital. *Nature*, 387, 253-260.

De Groot, R.; Fisher, B.; Christie, M.; Aronson, J.; Braat, L.; Gowdy, J.; Haines-Young, R.; Maltby, E.; Neuville, A.; Polasky, S.; Portela, R. y Ring, (2010). Integrating the ecological and economic dimensions in biodiversity and ecosystem services valuation. En P. Kumar (ed.). *The Economics of Ecosystems and Biodiversity (TEEB) Ecological and Economic Foundations*, pp. 9-40. Londres: Earthscan.

Dudley, N. y Stolton, S. (eds.). (2003). *Running Pure: the importance of forest protected areas to drinking wáter.* Gland: WWF International y Washington D.C.: The World Bank.

Mansourian, S.; Stolton, S. y Suksuwan, S. (2008). *Safety Net: protected areas and poverty reduction.* Gland: WWF International.

Stolton, S.; Belokurov, A.; Krueger, L.; Lopoukhine, N.; MacKinnon, K.; Sandwith T. y Sekhran, N. (eds.). (2009). *Natural Solutions: protected areas helping people cope with climate change, IUCN WCPA.* Gland: The Nature Conservancy and Wildlife Conservation Society, Washington D.C.: The World Bank, Nueva York: United Nations Development Programme y WWF.

Hamilton, L. (2008). *Forests and Water.* FAO Forestry Paper 155. Roma: FAO.

Harmon, D. y Putney, A.D. (2003). *The Full Value of Parks: from economics to the intangible.* Lanham, Estados Unidos: Rowman y Littlefield.

Hunter, D. y Heywood, V.H. (eds.). (2011). *Crop Wild Relatives: a manual of in situ conservation.* Issues in Agricultural Biodiversity. Londres: Earthscan.

Maxted, N.; Heywood, V.; Kell, S. y Borelli, T. (2012). Protected areas and the challenge of conserving crop wild relatives. *PARKS: The International Journal of Protected Areas and Conservation*, 18(1), 87-97.

Iriondo, J.M.; Maxted, N.; Kell, S.P.; Ford-Lloyd, B.V.; Lara-Romero, C.; Labokas, J. y Magos Brehm, J. (2012). Quality standards for genetic reserve conservation of crop wild relatives. En N. Maxted, M.E. Dulloo, B.V. Ford-Lloyd, L. Frese, J.M. Iriondo y M.A.A. Pinheiro de Carvalho (eds.). *Agrobiodiversity Conservation: Securing the diversity of crop wild relatives and landraces*, pp. 72-77. Wallingford, Reino Unido: CAB International.

Keenleyside, K.; Dudley, N.; Cairns, S.; Hall, C. y Stolton, S. (eds.). (2012). *Ecological Restoration for Protected Areas: principles, guidelines and best practice.* Best Practice Protected Area Guidelines No. 18. Gland: IUCN.

Kell, S.P.; Maxted, N. y Bilz, M. (2012). European crop wild relative threat assessment: knowledge gained and lessons learnt. En N. Maxted, M.E. Dulloo, B.V. Ford-Lloyd, L. Frese, J.M. Iriondo y M.A.A. Pinheiro de Carvalho (eds.). *Agrobiodiversity Conservation: securing the diversity of crop wild relatives and landraces,* pp. 218-242. Wallingford, Reino Unido: CAB International.

Kettunen, M y ten Brink, P. (eds.). (2013). *Social and Economic Benefits of Protected Areas: an assessment guide.* Adbingdon, Reino Unido: Routledge.

Kulshreshtha, S.N.; Lac, S.; Johnston, M. y Kinar, C. (2000). *Carbon sequestration in protected areas of Canada: an economic valuation.* Economic Framework Project Report 549. Ontario: Canadian Parks Council, Warsaw.

Lin, C.-C. y Lockwood, M. (2013). Assessing sense of place in natural settings: a mixed-method approach. *Journal of Environmental Planning and Management*, 1-24. Doi: dx.doi.org/10.1080/0964 0568.2013.811401

Mallarach, J.M. y Torcal, L.M. (2009). Rila Monastery Natural Park, Bulgaria. En T. Papayannis y J.M. Mallarach (eds.). *The Sacred Dimension of Protected Areas: Proceedings of the Second Workshop of the Delos Initiative - Ouranoupolis, Greece,* 24-27 de octubre de 2007, pp. 173-176. Gland: IUCN y Athens: Med-INA.

Maxted, N. (2003). Conserving the genetic resources of crop wild relatives in European protected areas. *Biological Conservation*, 113(3), 411-417.

Kell, S.P.; Ford-Lloyd, B.V.; Dulloo, M.E. y Toledo, A. (2012). Toward the systematic conservation of global crop wild relative diversity. *Crop Sciences*, 52(2), 774-785.

Millennium Ecosystem Assessment (MEA). (2003). *Ecosystems and Human Wellbeing: a framework for assessment.* Nueva York: Millennium Ecosystem Assessment, Island Press.

National Water and Conservation Pipeline Corporation (NWCPC). (1998). *National Water and Conservation Pipeline Corporation, Ministry of Water Resources, Annual Report 1997.* Nairobi: National Water and Conservation Pipeline Corporation, Republic of Kenya, Government Printer.

Pagiola, S.; von Ritter, K. y Bishop, J. (2004). *Assessing the economic value of ecosystem conservation*, Paper No. 101. Washington D.C.: The World Bank Environment Department en colaboración con The Nature Conservancy y IUCN. Recuperado de: www.biodiversityeconomics.org/library/basics/index. html

Palmer, M. y Finlay, V. (2003). *Faith in Conservation: new approaches to religions and the environment.* Washington D.C.: The World Bank.

Pimentel, D.; Wilson, C.; McCullum, C.; Huang, R.; Dwen, P.; Flack, J.; Tran, Q.; Saltman, T. y Cliff, B. (1997). Economic and environmental benefits of biodiversity. *BioScience* 47, 747-757.

Ramsar Convention Bureau. (2008). *Water Purification: Wetland values and functions.* Gland: Leaflet, Ramsar Bureau.

Roberts, C.M. y Hawkins, J.P. (2000). *Fully-Protected Marine Reserves: a guide.* Washington D.C.: WWF Endangered Seas Campaign y Heslington, Reino Unido: Environment Department, University of York.

Siriwardena, L.; Finlayson, B.L. y McMahon, T.A. (2006). The impact of land use change on catchment hydrology in large catchments: The Comet River, Central Queensland, Australia. *Journal of Hydrology*, 326(1), 199-214.

Statistics Canada. (2013, diciembre). *Human Activity and the Environment - Measuring ecosystem goods and services in Canada.* Environment Accounts and Statistics Division, Catálogo No. 16-201-X, ISSN 1923-6751. Otawa: Statistics Canada.

Stolton, S. y Dudley, N. (2009). *The Protected Areas Benefits Assessment Tool.* Gland: WWF.

(2010a). *Vital Sites: the contribution of protected areas to human health.* Gland: WWF.

(eds.). (2010b). *Arguments for Protected Areas.* Londres: Earthscan.

Hourahane, S.; Falzon, C.; Dudley, N.; Phillips, A. y Lee, G. (2008). Landscape, aesthetics and changing cultural values in the British national parks. En J.-M. Mallarach (ed.). *Protected Landscapes and Cultural and Spiritual Values*, Vol. 2, Values of Protected Landscapes and Seascapes Series, pp. 177-189. Heidelberg: IUCN, GTZ y Obra Social La Caixa Catalunya, Kasparek Verlag.

Dudley, N. y Randall, J. (2008). *Natural Security: protected areas and hazard mitigation.* Gland: WWF.

Maxted, N.; Ford-Lloyd, B.; Kell, S. y Dudley, N. (2006). *Food Stores: using protected areas to secure crop genetic diversity.* Gland: WWF.

The Economics of Ecosystems and Biodiversity (TEEB). (2011). *The Economics of Ecosystems and Biodiversity in National and International Policy Making.* Londres: Earthscan.

(2013). *Guidance Manual for TEEB Country Studies. Version 1.0.* Ginebra: Recuperado de: www.teebweb.org/media/2013/10/TEEB_GuidanceManual_2013_1.0.pdf

Troy, A. y Bagstad, K. (2009). *Estimating Ecosystem Services in Southern Ontario.* Ontario: Ministry of Natural Resources, Peterborough. Recuperado de: www.mnr.gov.on.ca/stdprodconsume/groups/lr/@mnr/@lueps/documents/document/279512.pdf

United Kingdom National Ecosystem Assessment (UK NEA). (2011). *The UK National Ecosystem Assessment: synthesis of the key findings*. Cambridge: National Ecosystem Assessment, UNEP-WCMC. Recuperado de: uknea.unep-wcmc.org

United Nations Environment Programme (UNEP). (2009). *Kenya: atlas of our changing environment*. Division of Early Warning and Assessment. Nairobi: UNEP.

Van Beukering, P.; Brander, L.; Tompkins, E. y McKenzie, E. (2007). *Valuing the Environment in Small Islands: an environmental economics toolkit*. Peterborough, Reino Unido: Joint Nature Conservation Committee. Recuperado de: www.jncc.gov.uk/page-4065

United Nations Environment Programme World Conservation Monitoring Centre (UNEP-WCMC). (2008). *State of the World's Protected Areas: an annual review of global conservation progress*. Cambridge: UNEP-WCMC.

Worboys, G.L. y Good, R.B. (2011). *Caring for Our Australian Alps Catchments: summary report for policy makers*. Canberra: Department of Climate Change and Energy.

World Resources Institute (WRI). (2007). *Nature's Benefits in Kenya: an atlas of ecosystems and human well-being*. Washington D.C.: World Resources Institute.

CAPÍTULO 7

GOBERNANZA PARA LA CONSERVACIÓN DE LA NATURALEZA

Autores principales:
Grazia Borrini-Feyerabend y Rosemary Hill

CONTENIDO

IUCN WCPA WORLD COMMISSION ON PROTECTED AREAS Convention on Biological Diversity

AUTORES PRINCIPALES

GRAZIA BORRINI-FEYERABEND es coordinadora global del Consorcio TICCA, miembro de la Junta de Gobierno de Parques Nacionales de Francia y presidenta de la Fundación Paul K. Feyerabend.

ROSEMARY (RO) HILL es investigadora principal en la Organización de Investigación Científica e Industrial de la Commonwealth (Commonwealth Scientific and Industrial Research Organisation, CSIRO) en Australia y es miembro del Equipo de Expertos sobre Sistemas de Conocimiento Indígenas y Locales de la Plataforma Intergubernamental de Biodiversidad y Servicios Ecosistémicos.

AGRADECIMIENTOS

Las autoras agradecen los comentarios reveladores de Dermot Smyth, Trevor Sandwith, Jackie Sunde, Mike Jones y dos evaluadores anónimos. La Dra. Borrini-Feyerabend desea agradecer el apoyo moral y el valioso aprendizaje que obtuvo de los miembros del Consorcio TICCA, quienes fueron esenciales para el desarrollo de este capítulo. La Dra. Hill desea agradecer el apoyo del Centro de Ecosistemas Tropicales del Programa Nacional de Investigación Ambiental de Australia, de Land and Water Flagship de la CSIRO, y de la División de Ambientes y Sociedades Tropicales de la Universidad James Cook, quienes hicieron posibles sus contribuciones a este capítulo.

CITACIÓN

Borrini-Feyerabend, G. y Hill, R. (2019). Gobernanza para la conservación de la naturaleza. En: G.L. Worboys, M. Lockwood, A. Kothari, S. Feary e I. Pulsford (eds.). *Gobernanza y gestión de áreas protegidas*, pp. 175-214. Bogotá: Editorial Universidad El Bosque y ANU Press.

FOTOGRAFÍA DE LA PÁGINA DEL TÍTULO

Las reuniones para discutir temas importantes para la conservación de la naturaleza son comunes entre las comunidades que se dedican a gobernar sus territorios y recursos naturales, como aquí en los icónicos TICCA de la Isla de Coron, Palawan, Filipinas

Fuente: Grazia Borrini-Feyerabend

Introducción

Los seres humanos de muchas culturas consideran que son capaces de tomar decisiones trascendentales sobre qué hacer con la naturaleza e implementar tales decisiones a través de medios potenciados por el conocimiento experto y la tecnología. Otras culturas consideran que las decisiones sobre la naturaleza surgen de seres espirituales y ancestrales que son parte de la naturaleza, quienes pueden afectarnos mucho más de lo que nosotros a ellos. Algunas personas perciben la naturaleza como benigna y sagrada, para ser tratada con reverencia y moderación. Otros la ven como una condición de la vida, que necesita ser dominada y controlada. Otros la perciben como un fenómeno inescrutable que nos controla desde adentro: para ellos es un acto de arrogancia tratar de doblegar la naturaleza a la voluntad de la gente. Ya sea que creamos que ejercemos el poder sobre la naturaleza, que sintamos que esta nos controla, que busquemos su poder o que simplemente nos sintamos en paz dentro de ella, todos vivimos con la naturaleza y damos sentido a esa interacción para sobrevivir y mejorar el significado de nuestras vidas.

La gobernanza, entendida ampliamente como la determinación consciente de la acción a través del uso de diversas formas de poder, es un fenómeno atemporal que los seres humanos experimentan en su interacción con la naturaleza. Hoy en día, el fenómeno está alcanzando proporciones y consecuencias extremas en el Antropoceno, ya que los seres humanos estamos alterando las condiciones de todo el planeta (Crutzen, 2006). El impacto humano en la Tierra es el resultado final de innumerables actos de toma de decisiones que afectan la naturaleza, o en un sentido más institucional, innumerables actos de ejercicio de poder, autoridad y responsabilidad relacionados directamente con la misma. Por ende, la gobernanza tiene que ver con la política (intenciones declaradas y respaldadas por la autoridad) y con la práctica (los actos directos de los seres humanos que afectan la naturaleza). En medio, la gobernanza tiene que ver con una compleja red de condiciones –comprensión, comunicación y asignación de poder y recursos– que crea coincidencias e incongruencias entre la política y la práctica.

La gobernanza para la conservación de la naturaleza busca un equilibrio entre los requerimientos del desarrollo humano y económico y los de la conservación de la diversidad biológica. Las principales expresiones de la política internacional son el Convenio sobre la Diversidad Biológica (CDB) y la Convención Marco de las Naciones Unidas sobre el Cambio Climático (CMNUCC). En este capítulo nos referiremos a estos amplios acuerdos internacionales, pero centraremos la atención a nivel nacional y local, y en particular en las medidas basadas en áreas. Abordaremos el tema de la gobernanza para la conservación de la naturaleza a partir de una comprensión de sus raíces históricas y culturales, y trataremos de aclarar cómo esta puede verse afectada, así como las posibilidades de mejorarla.

Historia, poder, cultura y naturaleza

La gestión/manejo y la gobernanza son fenómenos estrechamente relacionados, pero diferentes (Tabla 7.1). Sin embargo, hasta comienzos del nuevo milenio, al describir las decisiones y acciones destinadas a conservar la naturaleza, solo se utilizaba el término "manejo". Esto implicaba una tendencia a centrarse en los aspectos técnicos más que en los aspectos políticos –es decir, los relacionados con la política y el poder– de la conservación.

Tabla 7.1 ¿Cuál es la diferencia entre gestión/ manejo y gobernanza?

Gestión/ manejo	es sobre...	Qué se hace para tratar de alcanzar determinados objetivos Los medios y las acciones para alcanzar tales objetivos
Gobernanza	es sobre...	¿Quién decide cuáles son los objetivos, qué hacer para ir en pos de ellos y con qué medios Cómo se toman esas decisiones Quién tiene poder, autoridad y responsabilidad Quién es (o debería ser) responsable de rendir cuentas

En la realidad, la política y la práctica de la conservación siempre han estado enredadas con las luchas por el "poder sobre la naturaleza" que se han desarrollado a lo largo de la historia. Las consideraciones de gobernanza –quiénes tienen la autoridad, la responsabilidad y el poder *de facto* para tomar e implementar las decisiones– son cruciales para la conservación de la naturaleza. Pero, ¿qué decisiones estamos discutiendo aquí?

Es más probable que en un pasado lejano la interacción entre las personas y el medio ambiente fuera moldeada por patrones de necesidad y adaptación y no por "decisiones". La pesca y la recolección de conchas son una manera natural de sobrevivir en un estuario tropical, al igual que el pastoreo nómada en las llanuras de tierras áridas, el pastoreo trashumante en condiciones alpinas, el cultivo de arroz en zonas con inundaciones regulares o el estilo de vida de cazador-recolector en los bosques tropicales. A menudo, estas interacciones –la "vocación percibida" de un ambiente dado– permitían mantener los medios de subsistencia con una perturbación escasa de las funciones del ecosistema.

Paisajes terrestres, paisajes marinos y sus "unidades"

A lo largo del tiempo, los paisajes terrestres y marinos fueron identificados como "unidades" o territorios de diferentes personas, a menudo con base en las diferentes vocaciones y patrones de interacción entre las personas y la naturaleza. Tales interacciones y unidades han cambiado, a veces de manera dramática, gracias a la creciente complejidad de las sociedades, la expansión de la comunicación y el comercio, el mejor conocimiento del medio ambiente y la tecnología potenciada para explotar sus riquezas. Por lo tanto, hoy nos referimos a una zona como la "despensa del país", un centro de comunicación, una zona recreativa nacional o una zona industrial. La vocación percibida de un entorno dado sigue siendo el resultado de condiciones intrínsecas –como la accesibilidad, el clima o la presencia de recursos naturales– pero cada vez más también de decisiones tomadas por personas y autoridades relevantes. Del mismo modo, las unidades (un territorio de una aldea, una provincia, una región administrativa, la propiedad de una familia dada) se determinan cada vez más a nivel político que por las propiedades intrínsecas de los ecosistemas.

Las generaciones anteriores en el planeta tenían un acceso mucho menor a la información almacenada en comparación con la mayoría de nosotros, pero gozaban de una capacidad asombrosa para aprender y acumular observaciones y experiencias, en particular con respecto a lugares específicos. A lo largo del tiempo, al actuar sobre la naturaleza y recibir retroalimentación de ella, las observaciones y experiencias se consolidaron en cuerpos de conocimientos y habilidades locales, variedades de semillas y razas cuidadosamente seleccionadas, y una asignación de diferentes usos a diferentes unidades en los paisajes terrestres y marinos que se basaban en un profundo conocimiento y comprensión de su potencial. Muchos pueblos indígenas y comunidades locales continúan gobernando y gestionando sus paisajes a partir de estas observaciones y experiencias acumuladas.

No obstante, a lo largo de la historia los seres humanos no solo percibieron y se adaptaron a sus ecosistemas, sino también los afectaron de manera importante. Esto comenzó con el uso del fuego, el movimiento de las semillas por los cazadores-recolectores y los cambios hechos por los pueblos agrícolas sobre el suelo y el agua (Goudie, 1990). En los últimos siglos, los combustibles fósiles y las poderosas tecnologías nos han permitido afectar a la naturaleza en formas mucho más allá de su capacidad para restablecerse como era originalmente (regenerarse). Vertemos cemento y construimos asentamientos sobre la capa vegetal más productiva de un país; explotamos acuíferos hasta secarlos y agregamos fertilizantes químicos a la tierra para cultivar tomates y caña de azúcar en terrenos inadecuados; construimos casas en medio de bosques que bajo condiciones naturales deben quemarse para regenerarse –y luego invertimos recursos en la prevención de incendios–. Entendemos los ecosistemas con la ayuda de sofisticadas investigaciones, instrumentos y análisis, pero a menudo elegimos transformarlos en maneras irreversibles.

Nuestros paisajes terrestres y marinos se dividen en unidades administrativas para ser gobernadas por políticos (elegidos o designados) con la ayuda de expertos técnicos. Las decisiones sobre tales unidades tienen que ver principalmente con la forma en que se va a desarrollar el paisaje terrestre o marino y la importancia que se da a las consideraciones de sostenibilidad y la conservación de los valores ecológicos y culturales. En otras palabras: ¿se va a poner freno a las presiones de urbanización, comercio, infraestructura, industria, agricultura, piscicultura, minería, tala o turismo a gran escala? ¿Los responsables de la toma de decisiones respetan los valores ecológicos y culturales locales al declarar que al menos un área determinada está "protegida", que una cuenca no debe ser alterada o que una especie dada está en peligro y debe ser protegida? Los compromisos alcanzados por los políticos sobre estas cuestiones están en el corazón de la gobernanza actual de la conservación de la naturaleza. De hecho, en muchas situaciones de este tipo la decisión fundamental es fraccionar el paisaje terrestre o marino en subunidades de gobernanza –algunas dedicadas al desarrollo y otras a la conservación–, generalmente bajo diferentes órganos de gobierno.

La coherencia socioeconómica de las "unidades" de gobernanza

El grado de coherencia ecológica y social de las unidades de gobernanza es un tema básico en el gobierno de paisajes terrestres y marinos para la conservación. ¿El órgano de gobierno toma decisiones sobre una unidad que tiene un sentido ecológico; es decir, forma un ecosistema? ¿Puede este órgano tomar decisiones que tengan un sentido económico; por ejemplo, generar retornos sobre las inversiones? ¿Es legítimo el órgano de gobierno? ¿Dicho órgano está respaldado por una entidad social coherente? (Estudio de caso 7.1).

Un ejemplo claro son las cuencas. Es posible que los órganos locales de toma de decisiones vean que no están

Estudio de caso 7.1 La toma de decisiones a nivel del ecosistema

Los Ghats Occidentales son una cordillera que representa una de las principales características ecológicas de la península indostánica. Un análisis experto reciente que evaluó la importancia ecológica de los Ghats para la península indostánica recomendó la creación de una autoridad de gobernanza a escala del ecosistema para los Ghats Occidentales (Western Ghats Ecology Expert Panel, 2011). La autoridad propuesta cortaría las fronteras administrativas y tendría jurisdicción sobre toda la cadena montañosa. Tal autoridad presidiría la legislación ambiental, aprobaría los desarrollos industriales y las grandes infraestructuras, coordinaría la planeación del uso de la tierra y aseguraría los derechos de las comunidades con menos poder. Cualquier actividad propuesta que pudiera tener un impacto adverso sobre la ecología y la sociedad tendría que ser sometida a la aprobación de esta autoridad, y esta consideraría los problemas a escala del ecosistema –más grande que cualquier área protegida individual dentro de los Ghats–.

La propuesta prevé que la Autoridad Ecológica de los Ghats Occidentales ejerza sus poderes en virtud de la Ley de Protección del Medio Ambiente. Esta autoridad se centraría en cuestiones ambientales (por ejemplo, protección de la parte alta de la cuenca de los ríos, conservación del germoplasma de parientes silvestres de las plantas cultivadas, prevención de la contaminación de las aguas subterráneas), organizaría investigaciones de campo, y ordenaría e instituiría la acción. La autoridad formaría parte de un sistema de gobierno que involucra a muchos niveles y actores –estatales y no estatales– y así abarcaría diversos dominios de conocimiento, relaciones sociales e intereses opuestos. En el momento de redactar este documento, la propuesta era muy cuestionada y aún no se aceptaba en teoría, y mucho menos se hacía cumplir.

Flores silvestres en la meseta de Kaas, Ghats Occidentales, India

Fuente: Ashish Kothari

en capacidad de incidir en la salud de todo el río ya que solo son responsables de una pequeña parte de su curso. Por este motivo, las inversiones económicas son menos seguras (por ejemplo, ¿podemos tener certeza de que las inundaciones no dañarán las cosechas?) y la voluntad de invertir en la conservación disminuye (por ejemplo, ¿por qué invertir en la protección de las cuencas si los beneficios los recibirán otras personas?). Sin embargo, puede ser políticamente difícil establecer un órgano de gobierno para el río en su totalidad, ya que es posible que la cuenca no tenga suficiente "coherencia social": las partes superior e inferior de la cuenca pueden estar habitadas por diferentes pueblos y solo en unidades más pequeñas a lo largo de la cuenca podría encontrarse la cohesión, la legitimidad, la cooperación y el cumplimiento necesarios para que las normas se acuerden y se respeten. Además, a medida que aumenta la movilidad, las comunidades tienden a volverse aún más diversas y menos cohesionadas.

Como señala Murphree (2000), mientras que las consideraciones ecológicas y económicas sugieren regímenes a gran escala, la topografía social suele sugerir regímenes. Algunas decisiones que afectan a la naturaleza no se aplican específicamente a todo el paisaje terrestre o marino (por ejemplo, la prohibición de encender fogatas o matar una especie), mientras que otras se aplican específicamente a una determinada subunidad y se denominan "medidas basadas en áreas". Las medidas basadas en áreas y las no basadas en áreas se interrelacionan bajo cualquier sistema de gobernanza y su coherencia es clave para conservar la naturaleza.

Medidas basadas en áreas para la conservación, y sus actos y procesos constitutivos

Una medida basada en área se aplica a un área definida de tierra, aguas continentales, intertidales o marinas. Esta medida puede ser antigua o reciente, explícita o implícita, y puede requerir una intervención activa de la administración sobre los recursos, como eliminar una especie invasora, o solo intervenciones pasivas, tales como imponer restricciones o limitaciones al acceso. El área en cuestión puede poseer o carecer de cualquier demarcación visible sobre el terreno. El área puede incluso ser inestable en términos de posición o extensión, ya que

Estudio de caso 7.2 ¿Socavar un símbolo nacional?

La región de Menabé alberga el símbolo nacional de Madagascar: los espectaculares baobabs (*Adansonia grandidieri*) del callejón de los baobab de Bamanonga. La sorpresa es encontrar sus troncos en el agua incluso en la estación seca –una condición reciente que posiblemente rompa su ciclo reproductivo y los elimine del paisaje–. Por desgracia, la región se opuso a su "vocación pastoril" –el medio de subsistencia elegido por la población indígena de este ambiente semiárido– cuando permitió la producción intensiva de caña de azúcar gracias a la irrigación con acuíferos profundos. Esta producción fue posible por el capital, las tecnologías, los cultivos y las personas de fuera de la región. Hoy en día, la invasión de las enormes áreas de producción está alterando lenta pero infaliblemente el entorno natural. Con esto, las opciones locales de turismo pueden disminuir y Madagascar podría incluso perder su símbolo nacional. Si bien hay más de una sola decisión involucrada aquí, la inversión masiva en la producción de caña de azúcar en un ambiente de tierras áridas va claramente "en contra de la tierra".

Baobab en Bamanonga, región de Menabé, Madagascar

Fuente: Grazia Borrini-Feyerabend

algunas unidades ecológicas, como el lecho de un río, son dinámicas y diseñan su propia forma a través del tiempo. Con frecuencia, las medidas basadas en áreas resultan de una combinación de entendimientos, prácticas, restricciones y presiones a diferentes niveles.

El acto constitutivo de una medida de conservación basada en área para un territorio natural determinado (por ejemplo, un lago) se origina cuando una autoridad pertinente establece una visión para ella (por ejemplo, mantener su integridad ecológica para poder garantizar el abastecimiento de agua potable) y algunos objetivos claros sobre cómo lograr la visión (por ejemplo, mantener el flujo y la calidad del agua afluente, y prevenir la contaminación y la diseminación de especies invasoras). Un buen ejemplo de tal acto constitutivo –que es un acto clave de gobernanza– es un decreto para declarar la cuenca de un lago como un área protegida (véase también el Estudio de caso 7.3). El decreto podría ser firmado por el ministro de medio ambiente, establecer un consejo de gestión y asignar recursos humanos y financieros a las tareas de manejo. El decreto podría emitirlo un consejo de ancianos, con el cual se reafirma y repite un patrón tradicional de cuidado y respeto por el lago y sus tributarios, con reglas estrictas para la isla sagrada dentro de él; o podría emitirlo una corporación que compra los derechos para embotellar agua del lago y exige una cláusula de conservación de la cuenca en su contrato de concesión. En algunos casos pueden operar decretos paralelos en el mismo lugar y al mismo tiempo –por ejemplo, un parque nacional establecido bajo el mandato del ministro de medio ambiente y el consejo de ancianos en el que se reafirma un patrón tradicional de cuidado y respeto–. Siempre se necesita claridad sobre quiénes son los encargados de implementar las decisiones (administradores responsables), cómo se obtendrán y asignarán los recursos necesarios, qué normas locales, nacionales e internacionales se aplicarán (por ejemplo, sobre las sanciones, el respeto por los derechos preexistentes, los procedimientos de resolución de conflictos), y de qué manera interactuarán los distintos grupos con diferentes autoridades sobre la toma de decisiones. También debe ser inequívoco qué órgano de gobierno tiene la autoridad para revisar, mantener, fortalecer o revocar el acto o actos constitutivos.

Dentro de la propia área, una vez se determinan la visión y los objetivos, es probable que las otras decisiones de gestión y manejo aborden la demarcación del área y las reglas y procedimientos de acceso a los recursos naturales, quizás mediante un plan de manejo con o sin un sistema de zonificación que establezca distintas normas para diferentes zonas. Tales decisiones son importantes y deben hacerse con la participación de los actores locales que conocen y se preocupan por las cuestiones en juego. Los debates pueden abarcar dónde y cuándo establecer una zona de veda total, cuánto se debe gastar para erradicar una especie invasora o si se deben relajar las regulaciones de uso en un momento de estrés social. Las decisiones a este nivel, las cuales afectan los medios de subsistencia locales, el desarrollo y el reparto local de los beneficios y los costos de la medida basada en áreas, se toman mejor por medio de un "aprender haciendo".

Los actores clave que participan en el acto o actos constitutivos son fundamentales para la existencia y el funcionamiento de una determinada medida basada en área. A través de dichos actos, estos actores no solo asumen la autoridad de gobernanza, sino también la responsabilidad y la rendición de cuentas de esa área o territorio.

Estudio de caso 7.3 Isla Meares: la resistencia indígena como un "acto constitutivo"

Los Parques Tribales Tla-o-qui-aht de la Columbia Británica, Canadá, se basan en una larga historia de relaciones entre las personas y las cuencas hidrográficas, las zonas costeras y las islas en su territorio ancestral, en lo que ahora es la Isla de Vancouver en la Columbia Británica. Parte del territorio tradicional Tla-o-qui-aht, isla Meares fue declarada Parque Tribal en 1984 por un pronunciamiento de los jefes hereditarios Hawiih. Básicamente, los jefes establecieron un bloqueo pacífico para impedir que una corporación forestal talara los antiguos árboles de su isla. Sobrevino una acción legal y el tribunal concedió una orden judicial para parar la tala, pues los jefes hereditarios todavía tenían una demanda no resuelta sobre su territorio tradicional. En 2007, las Primeras Naciones Tla-o-qui-aht tomaron varias medidas adicionales para formalizar la isla Meares y varias cuencas hidrográficas adyacentes como Parques Tribales, que ahora son reconocidos por la Reserva del Parque Nacional de la Cuenca del Pacífico, así como varios municipios y ministerios.

Eli Enns

Isla Meares, Columbia Británica, Canadá

Fuente: Eli Enns, Parques Tribales Tla-o-qui-aht

Una medida basada en área obtiene gran parte de su eficacia y fortaleza de la coherencia entre sus actos constitutivos y destinos, y los que prevalecen en el paisaje terrestre o marino circundante. Por lo tanto, el área puede dedicarse explícitamente al desarrollo industrial, a la protección de la biodiversidad o como territorio de migración de un pueblo indígena, pero otros destinos, posiblemente contrarios, pueden interactuar o coexistir con estos, con resultados determinados por las interacciones entre diversas fuerzas y valores. En otras palabras, el acto de gobernanza que establece una medida basada en áreas siempre está anidado dentro de otras decisiones y niveles de gobernanza, y tiene que ver con condiciones cruciales que incluyen la viabilidad política, los recursos humanos y financieros disponibles, y las percepciones y valores preponderantes. Aún más, cualquier acto constitutivo está arraigado en un momento particular en el tiempo, y las medidas están obligadas a evolucionar en respuesta a los cambios en el contexto y las necesidades.

Un acto constitutivo, como la firma de un decreto o la compra de un terreno, suele ser crucial, pero las decisiones que se aplican de manera efectiva y que tienen un impacto fuerte y duradero son procesos complejos que surgen y evolucionan tanto en el espacio como en el tiempo. Por lo tanto, si bien es cierto que las decisiones individuales adoptadas en el momento apropiado pueden hacer una diferencia fundamental para las personas y la naturaleza, los sistemas de gobernanza también necesitan aprender, cambiar y evolucionar; en una palabra, tener una medida de "vitalidad".

Por este motivo, el análisis de gobernanza debería encargarse no solo de quién y cómo toma las decisiones, sino también de la manera en que los actores y las decisiones se conectan y relacionan con otros actores y decisiones en la sociedad, y cómo estos aprenden y evolucionan a través del tiempo para formar la historia ecológica y social del territorio o área de interés.

Si bien la gobernanza para la conservación de la naturaleza es un fenómeno político, también es, y siempre, una expresión cultural que refleja los conceptos, los valores y las visiones del mundo de diversas sociedades. Decidir acerca de un territorio –o patria, hogar o provincia, tal como se expresa en diferentes culturas– involucra temas de subsistencia, identidad, autonomía y libertad. El territorio es un vínculo entre las generaciones que preserva los recuerdos del pasado y los conecta con el futuro deseado. También es el terreno donde las comunidades aprenden, identifican valores y desarrollan riqueza material y espiritual. Para muchos, el territorio es también una conexión entre las realidades visibles e invisibles, al igual que una fuente de dignidad, normas propias y autodeterminación como pueblo.

Áreas protegidas y conservadas

Si bien los análisis históricos y culturales pueden fundamentar la comprensión de la gobernanza, es probable que muchos lectores de este volumen vean la gobernanza, ante todo, como un gran cuerpo de políticas y reglamentos ejecutivos nacionales, arraigados en presiones de cabildeo, conflictos no resueltos, una probable escasez de recursos y una variedad de relaciones demasiado humanas.

Normalmente, dentro del sistema jurídico de un país existe una jerarquía de instrumentos legales y herramientas operacionales para regular la conservación. Un elemento legislativo principal (un acto o ley) suele proporcionar los requerimientos clave, y varios códigos, decretos, políticas, normas, reglas y órdenes subsidiarias añaden los detalles de implementación. Cuando existe más de un cuerpo de leyes (por ejemplo, derecho estatutario y consuetudinario), su relación puede estar claramente articulada, puede ser difícil de discernir o puede darse una mezcla. En general, los instrumentos jurídicos importantes se refieren a medidas basadas en áreas y participan varias organizaciones, desde los ministerios y agencias nacionales hasta los comités asesores, los comités científicos y los órganos de implementación locales formales e informales.

La legislación y la política nacionales que se ocupan de las áreas protegidas suelen especificar –implícita o explícitamente– los tipos de gobernanza que pueden reconocerse formalmente. Las prácticas voluntarias de conservación pueden ser reconocidas, promovidas y reguladas (Lausche y Burhenne, 2011). La provisión de incentivos y desincentivos es un instrumento importante para fomentar estas prácticas, las cuales son fundamentales para la conectividad, la restauración de la biodiversidad y el mantenimiento de procesos ecológicos fuera de las áreas protegidas (Lausche *et al.*, 2013).

Áreas protegidas

Los contextos legales y políticos nacionales que gobiernan las áreas protegidas están incorporados en marcos legales internacionales: convenios, planes de trabajo, declaraciones, pronunciamientos y buenas prácticas ampliamente aceptadas que los vinculan con un cuerpo evolutivo de aprendizaje y trabajo, lo cual es una característica esperanzadora y emocionante de las sociedades modernas. La definición amplia de un área protegida adoptada por la Unión Internacional para la Conservación de la Naturaleza (UICN) (Dudley, 2008, p. 9) es fundamental para nuestro conocimiento de la gobernanza para la conservación de la naturaleza: "un espacio geográfico claramente definido, reconocido, dedicado y gestionado, mediante medios legales u otros tipos de medios eficaces para conseguir la conservación a largo plazo de la naturaleza y de sus servicios ecosistémicos y sus valores culturales asociados". La definición va acompañada, entre otros, de este principio fundamental: "solo las áreas donde el objetivo principal es conservar la naturaleza pueden ser consideradas áreas protegidas [...] en caso de conflicto, la conservación de la naturaleza será la prioridad" (Dudley, 2008, p. 10). Estos son puntos de partida instructivos para comenzar nuestra discusión sobre lo que significa la gobernanza, en la práctica, respecto a las áreas protegidas.

Las preguntas de la Tabla 7.2 pueden usarse para desglosar la definición de área protegida y explorar los detalles de la designación formal y la autoridad para revelar de qué manera las decisiones que afectan la conservación están influenciadas por la historia y la cultura, y por la interacción entre instituciones formales, consuetudinarias y específicas del contexto. La gobernanza no solo se refiere a quién tiene autoridad *de jure*, sino también a quién toma decisiones *de facto*, y cómo se toman tales decisiones. Vale la pena entrar en algún detalle respecto a las cuestiones clave incluidas en la definición de la UICN.

Tabla 7.2 Comprensión de la gobernanza en la definición de áreas protegidas de la UICN

Términos	Aspectos de la gobernanza
Espacio geográfico claramente definido	¿Quién define el espacio geográfico que ha de ser "protegido"? ¿Quién traza y demarca los límites? ¿Quién puede modificarlos y cómo?
Dedicado	¿Quién dedica la tierra y los recursos a la conservación? ¿Cómo? ¿Por medios legales? ¿A través de leyes y normas consuetudinarias? ¿La decisión es impuesta por la ley? ¿Es voluntaria? ¿Quién resolverá las controversias entre las prioridades y los objetivos contradictorios?
Reconocida	¿Cómo se reconoce el área protegida? ¿Por quién? Considerar las modalidades de reconocimiento informal y formal, y los diferentes niveles de reconocimiento, incluidos: • Por los pueblos y comunidades locales • Por la sociedad en general • Por las autoridades legales o consuetudinarias locales • Por las autoridades nacionales • Por los organismos gubernamentales multinacionales
Gestionada	¿Quién desarrolla y aprueba las normas de recursos naturales o el plan de manejo, cuando exista? ¿Quién designa a los administradores encargados de implementar las normas o el plan? ¿Cuál es el alcance de las decisiones de los administradores al interpretar las normas o el plan?
Medios legales u otros medios efectivos	¿En la legislación se encuentra codificada la autoridad, la responsabilidad y la rendición de cuentas sobre el área? ¿Están reguladas por acuerdos específicos o procesos, instituciones y medios consuetudinarios? ¿Cómo se formulan y hacen cumplir las normas?

Términos	Aspectos de la gobernanza
Para lograr	¿Quién decide cómo implementar el plan o las normas de gestión? ¿Quién decide qué es eficaz? ¿Quién define los indicadores? ¿Quién está a cargo de monitorear y evaluar los resultados? ¿Quién decide sobre los posibles cambios necesarios en el plan o en las prácticas de gestión?
A largo plazo	¿Quién desarrolló la visión de lo que el área protegida debería ser "a largo plazo"? ¿Qué significa en realidad "a largo plazo"? ¿Qué garantías existen para que el área protegida realmente exista en el largo plazo? ¿Quién será responsable de esto?
Conservación	¿Quién decide qué se debe conservar y cómo? ¿Quién define las prioridades de conservación?
Naturaleza	¿De quién es la definición de "naturaleza" que se aplica? ¿Quién interpreta la definición para la aplicación en políticas, mandatos o sitios específicos?
Servicios ecosistémicos asociados	¿Quién se beneficia de los servicios ecosistémicos? ¿Quién lleva la carga de mantenerlos, incluidos los costos de oportunidad relacionados?
Valores culturales	¿La cultura de quién? ¿Quién se beneficia de los "valores culturales" conservados? ¿Cómo se toman las decisiones para conservar o promover ciertos valores culturales en lugar de otros?

Conservación

La Estrategia Mundial para la Conservación (UNEP *et al.*, 1980, p. 1) estipula que la conservación incluye "la preservación, el mantenimiento, el uso sostenible, la restauración y la mejora del medio ambiente natural". La preservación o protección es un esfuerzo consciente para evitar o limitar el daño a la capacidad que la naturaleza tiene de autor regenerarse. El uso sostenible se esfuerza por el mantenimiento de los recursos renovables mientras se utilizan en beneficio de las generaciones presentes y futuras. Y la restauración y mejora pretenden recuperar los ecosistemas degradados para llevarlos a condiciones más sanas y sostenibles –por ejemplo, mediante la reforestación con especies nativas locales o el mejoramiento de hábitats para una mayor resiliencia o autenticidad–. En cualquier sitio específico, la conservación suele significar una combinación de actividades para proteger, usar de manera sostenible y restaurar la naturaleza en diferentes proporciones de acuerdo con la situación, las percepciones y los objetivos de su órgano de gobierno. Las prioridades relativas entre estas actividades son objeto de debate, y la forma en que se realiza y resuelve este caracteriza la calidad de un régimen de gobernanza.

Dedicación

La definición de la UICN hace hincapié en la "dedicación" como un requisito: la conservación de la naturaleza debe ser un objetivo consciente y, de hecho, el objetivo principal de cualquier área protegida, la cual debe prevalecer en caso de conflicto con otros objetivos igualmente legítimos. Este requisito para las áreas protegidas deja afuera aquellas que podrían ser conservadas efectivamente, pero de manera incidental o como una consideración secundaria: un área restringida por seguridad nacional, un paisaje manejado para atraer turistas, un bosque preservado como un lugar de descanso sagrado de los antepasados y un lugar de rituales. En algún momento, algunas de estas medidas eficaces basadas en áreas pueden dedicarse explícita y principalmente a la conservación y, por lo tanto, podrían considerarse áreas protegidas bajo la definición de la UICN. Pero este no será el caso para otras, y todavía es importante que sus contribuciones –si es que tienen una expectativa razonable de perdurar en el tiempo– se reconozcan y apoyen adecuadamente (Estudio de caso 7.4). El término "conservación voluntaria" recoge la idea de que la conservación puede ser un resultado deseado de la gobernanza como objetivo primario, pero también puede ser un objetivo secundario, ya sea implícito o no del todo consciente. En otros casos, cuando la conservación es una consecuencia totalmente no intencionada de la gestión de la naturaleza, es más apropiado el término "conservación secundaria".

Reconocimiento

El reconocimiento de áreas protegidas ocurre en varios niveles –especialmente a nivel internacional, nacional y local–. La definición de la UICN y sus categorías de gestión y tipos de gobernanza brindan un lenguaje internacional y puntos de referencia para el reconocimiento y la comparación. El artículo 2 del CDB establece que un área protegida es "un área definida geográficamente que haya sido designada o regulada y administrada a fin de alcanzar objetivos específicos de conservación" (CBD, 1992, p. 4). La definición de la UICN, que no es igual a la definición del CDB, pero que se considera plenamente compatible (Dudley, 2008), especifica que el reconocimiento puede ocurrir por medios legales u otras medidas eficaces. Es importante

Estudio de caso 7.4 Los Mapuche-Pewenche: el pueblo del árbol de *Araucaria*

En una ceremonia ancestral (*ngillatun*), los pueblos indígenas del sur de Chile piden a los espíritus que favorezcan la reproducción del pewen (*Araucaria araucana*), el cual juega un papel central en su vida social, económica y espiritual. Estas personas están tan conectadas con los pewen que ellos se autodenominan "Mapuche-Pewenche" ("el pueblo del árbol de Araucaria"). En este caso, cuando el Pueblo se siente en comunión con la tierra y los árboles, dedicar el territorio a la conservación puede ser un eufemismo para un fenómeno arraigado en la identidad del pueblo y en siglos de experiencia. Y aun así, estas mismas personas podrían no afirmar que la conservación es el objetivo principal de su relación con la naturaleza.

Pueblo Mapuche-Pewenche con árboles de *Araucaria*, al sur de Chile

Fuente: © Associación Mapuche-Pewenche Markan Kura

destacar que esto implica que una medida basada en área que está reconocida de una manera informal pero efectiva –por ejemplo, por la costumbre o por la voluntad de un terrateniente– puede ser "reconocida internacionalmente" como un área protegida incluso cuando no califica, no es reconocida ni figura como tal en su país pertinente. Por otra parte, en el plano nacional, la legislación y la política nacionales suelen ser los únicos medios de reconocimiento aceptados. Además, en cada país existe una gran variedad de definiciones, medios y reglas sobre áreas protegidas, y solo algunas de ellas son totalmente compatibles con las definiciones de la UICN y del CDB. Por lo tanto, es posible que una medida basada en áreas que un país dado reconozca y catalogue como área protegida no sea reconocida internacionalmente como tal. Estas capas de complejidad se ilustran en la Tabla 7.3 junto con el concepto de "área conservada".

Áreas conservadas

Como se mencionó arriba, las medidas basadas en áreas dentro de un paisaje terrestre o marino más amplio son definidas por la UICN como áreas protegidas solo cuando son reconocidas y dedicadas a lograr una conservación a largo plazo. Sin embargo, a nivel local tenemos que llegar a un acuerdo con otra consideración, que es la conservación *de facto*.

¿Qué podemos observar a nivel de un recurso terrestre, acuático y natural específico? ¿Hay conservación? ¿Es posible percibir una tendencia de conservación positiva? ¿Es probable que esta tendencia se mantenga a largo plazo? Aquí utilizamos el término "área conservada" para describir medidas basadas en áreas que, independientemente de su reconocimiento y dedicación, y a veces incluso independientemente de las prácticas de gestión y manejo explícitas y conscientes, logran una conservación *de facto* o están en una tendencia de conservación positiva y es probable que se mantengan a largo plazo. De acuerdo con esta definición, las áreas conservadas tienen una gran superposición con las áreas protegidas (según lo definido por la UICN, pero también por los gobiernos nacionales de todo el mundo), pero no coinciden. Por ejemplo, algunas medidas basadas en áreas que a nivel nacional están definidas como áreas protegidas no logran conservar la naturaleza (son áreas protegidas pero no áreas conservadas, y algunos usan el término despectivo "parques de papel" para describirlas). Otras son áreas conservadas, pero no áreas protegidas (no encajan en la definición de la UICN, en la del país pertinente o en ninguna de ellas). También están aquellas que, aunque encajen en estas definiciones, los pueblos interesados simplemente no desean que se les reconozca como áreas protegidas.

Es notable que las áreas conservadas que no son áreas protegidas de acuerdo a un país específico (no reconocidas por la legislación o la política) pueden ser reconocidas localmente por el derecho consuetudinario (es decir, por los pueblos indígenas y las comunidades locales) o por la voluntad de sus terratenientes. Ejemplos de áreas donde la biodiversidad puede prosperar, independientemente del reconocimiento y la dedicación legal o la política nacional, incluyen las operaciones de caza comercial diseñadas para ser sostenibles, los sistemas agrícolas bien manejados, las cuencas hidrográficas, los manglares comunitarios restaurados y las áreas militares con acceso restringido. Entre tales prácticas, las descritas anteriormente como conservación voluntaria pueden ajustarse a la definición de áreas protegidas de la UICN. Está claro que otras –en particular la conservación secundaria o la negligencia benigna– no encajan. Con esto en mente, podemos representar *grosso modo* la situación, como se muestra en la Figura 7.1, en la que se ve cómo las áreas conservadas cubren una mayor proporción de tierra, agua y mar que las áreas protegidas (según definiciones internacionales y nacionales).

La figura también muestra la amplia pero no total superposición entre las dos.

Figura 7.1 Superposición incompleta entre las áreas conservadas y las áreas protegidas

"Otras medidas eficaces de conservación basadas en áreas" y la Meta 11 de Aichi del CDB

El concepto de áreas conservadas o de conservación *de facto* se ha vuelto aún más importante desde que los países partes del CDB comenzaron a utilizar el término "otras medidas efectivas de conservación basadas en áreas" (OMEC). El Plan Estratégico para la Diversidad Biológica 2011-2020 del CDB (CBD, 2011) estableció veinte metas para todos los 193 países partes para el año 2020. La Meta 11 se refiere a la conservación basada en áreas y estipula que el 17% de las áreas terrestres y de aguas continentales, al igual que el 10% de las áreas costeras y marinas estarán conservadas en 2020 mediante sistemas de "áreas protegidas y otras medidas efectivas de conservación basadas en áreas" (CBD, 2011, p. 3).

Si bien el término "otras" indica que estas medidas no son áreas protegidas (para la UICN o para el país interesado), los términos "efectivas" y "basadas en áreas" nos recuerdan las áreas conservadas definidas anteriormente. En la interpretación más simple y más directa, las OMEC serían "un espacio geográfico claramente definido en el que se logra la conservación *de facto* de la naturaleza, de los valores culturales y los servicios ecosistémicos relacionados, y se espera que se mantengan en el largo plazo independientemente del reconocimiento y la dedicación específicos". En este sentido, las OMEC incluirían, en primer lugar, áreas bien conservadas que razonablemente se espere que continúen así en el largo plazo y que no sean reconocidas como áreas protegidas a nivel nacional o internacional (Tabla 7.3). En particular, respecto a la definición de la UICN, estas áreas incluirían medidas basadas en áreas para la conservación voluntaria secundaria al igual que la conservación subsidiaria, con una expectativa razonable de mantenerse a largo plazo.

Tabla 7.3 Posibles combinaciones del reconocimiento nacional e internacional de las áreas conservadas (conservación *de facto*)

Áreas conservadas (áreas conservadas *de facto*, con una expectativa razonable de que la conservación se mantendrá a largo plazo)	Reconocida como un área protegida bajo la definición internacional (UICN/CDB)	No reconocida como un área protegida bajo la definición internacional (UICN/CDB)
Reconocida como área protegida por la legislación o la política nacional	El área es un área protegida en el país en cuestión e internacionalmente	El área es un área protegida en el país en cuestión, aunque no internacionalmente, donde podría ser considerada como una medida eficaz de conservación basada en área
No reconocida como área protegida por la legislación o la política nacional	El área es un área protegida a nivel internacional, aunque no en el país en cuestión, donde debe ser considerada como una medida eficaz de conservación basada en áreas	El área no es un área protegida; podría considerarse como una medida eficaz de conservación basada en áreas

Cuando un país revise su sistema de áreas protegidas para informarle al CDB sobre el progreso hacia la Meta 11 de Aichi, sería importante realizar un análisis de casos específicos, sus contextos, historia y progreso, y abordar con una mente abierta los arreglos de gobernanza que no se reconozcan como áreas protegidas pero que en la realidad resulten en la conservación de la naturaleza. Se pueden proponer estas reglas generales:

- En el caso de los arreglos que cumplan con la definición de la UICN de un área protegida pero que no estén reconocidos como parte del sistema nacional, deben considerarse OMEC e incluirse en el informe (y se podría iniciar una discusión para ver si la etiqueta de área protegida es posible, adecuada y deseable).
- En el caso de los arreglos que no cumplan con la definición de la UICN de un área protegida, deben iniciarse discusiones para determinar si pueden asegurar la conservación a largo plazo y si desean ser incluidos en la presentación de los informes nacionales como OMEC; si estos arreglos brindan las garantías y están dispuestos, deben incluirse como tales; si no pueden o no quieren ser incluidos, no deben considerarse.

Cuadro 7.1 Titulares de derechos y partes interesadas

En el contexto de las áreas protegidas y conservadas, nos referimos a los "titulares de derechos" como actores que socialmente tienen derechos legales o consuetudinarios con respecto a la tierra, el agua y los recursos naturales.

Las "partes interesadas" tienen intereses o preocupaciones directas o indirectas sobre ellos, pero no gozan necesariamente de una titularidad que esté reconocida legal o socialmente.

Cuadro 7.2 Instrumentos y poderes

Los actores clave utilizan diversos instrumentos y poderes para ejercer la autoridad y la responsabilidad sobre las áreas protegidas y conservadas. En el caso de las áreas protegidas formales, los instrumentos fundamentales son leyes, planes y acuerdos nacionales, a menudo respaldados por acuerdos y convenios internacionales, estándares de mejores prácticas y el apoyo financiero de los ministerios nacionales y posiblemente también de organismos internacionales. Los incentivos y desincentivos financieros pueden estar en juego, al igual que iniciativas a largo plazo, incluida la educación, los programas de investigación y capacitación, el asesoramiento técnico, el personal y los guardaparques en campo, y los procesos de cumplimiento. Con frecuencia, las áreas protegidas formales están demarcadas y bajo vigilancia, y cuentan con un plan de manejo, personal dedicado, un presupuesto, un sistema de información geográfica funcional y un protocolo de monitoreo y evaluación. Por otra parte, en las áreas conservadas las leyes consuetudinarias y las normas sociales están en juego más a menudo, al igual que mecanismos y poderes financieros cuando las organizaciones no gubernamentales (ONG), las personas, las comunidades y las corporaciones compran territorios y recursos para conservarlas, o cuando las conservan en realidad para obtener sus medios de subsistencia, beneficios económicos o visibilidad en un sector dado. Aquí también se utilizan barreras físicas y vigilancia activa, así como reglas interiorizadas a través de convicciones espirituales y culturales o presión social para obedecer. De manera general, tanto las áreas protegidas como las conservadas se rigen por una combinación de diversos instrumentos y poderes, aplicados estratégicamente a diferentes niveles por diferentes actores y agencias.

Aquí la consideración crucial es que las contribuciones a la conservación hechas por arreglos de gobernanza, que algunos pueden considerar inusuales, no deben ignorarse ni desacreditarse, sino más bien reconocerse y asegurarse. Y, en caso de que un país incluya un conjunto de OECM para la Meta 11 de Aichi, ¿cuáles son las obligaciones morales y legales (bajo el CDB) que este asume para apoyarlas, asegurarlas, fortalecerlas, respetarlas o defenderlas? Esto debería aclararse antes de que se le permita a un país "incluir" estas OMEC para cumplir con la Meta 11 de Aichi.

Gobierno de áreas protegidas y conservadas

Por lo general, las áreas conservadas que no son reconocidas como áreas protegidas formales gozan de menores niveles de protección legal y apoyo de programas gubernamentales, y enfrentan mayores amenazas que las áreas protegidas al ser más vulnerables a la apropiación para usos alternativos. Para algunos, las áreas conservadas pueden parecer tierras no gestionadas y subexplotadas –lugares ideales para desarrollar industrias extractivas, monocultivos a gran escala o grandes infraestructuras–. Aún menos evidente que para los ambientes terrestres, las áreas costeras y marinas conservadas por la gobernanza consuetudinaria pueden parecer no manejadas e invitar a la explotación no sostenible por parte de foráneos. ¿Cómo se puede mejorar el respeto y el reconocimiento de las áreas conservadas? ¿Puede ayudar la "gobernanza"? De hecho, la gobernanza puede, y para comprender cómo, a continuación se describe de qué manera, desde el comienzo del nuevo milenio, se definió e incluyó la gobernanza de las áreas protegidas en el ámbito de la conservación.

En 2003, el Instituto Canadiense de Gobernanza ofreció una definición de la gobernanza de áreas protegidas como "las interacciones entre estructuras, procesos y tradiciones que determinan cómo se ejercen el poder y las responsabilidades, cómo se toman las decisiones y cómo expresan su opinión los ciudadanos y otras partes interesadas" (Graham *et al.*, 2003, p. 2). Esta definición es elegante, pero brinda pocos parámetros e indicadores (que son muy útiles) para analizar y evaluar el fenómeno.

Un punto de partida práctico para considerar la gobernanza son los actores clave, tanto gubernamentales como no gubernamentales, que participan en la toma de decisiones. Los actores cruciales son aquellos que cuenten con un mandato nacional (por ejemplo, un organismo encargado a partir de un decreto ministerial), que posean derechos legales (por ejemplo, propiedad, arrendamiento, concesión) o que posean derechos consuetudinarios (por ejemplo, uso tradicional, asociación ancestral, residencia continua) con respecto a la tierra, el agua y los recursos naturales. Otros actores también poseen intereses y preocupaciones legítimas (por ejemplo, aquellos que desean crear una empresa turística o están dedicados a la investigación científica) y pueden estar dispuestos a realizar inversiones importantes en el cuidado de la naturaleza. En este capítulo nos referimos ampliamente a ellos como "titulares de derechos" y "partes interesadas", respectivamente (Cuadro 7.1).

Una clasificación más detallada distingue entre los diferentes tipos de instrumentos y poderes –por ejemplo, regulatorios, financieros, relacionados con el conocimiento o relacionados con la coerción (Cuadro 7.2)– que los actores clave aplican cuando toman e implementan decisiones. Y otra consideración importante es la escala de la toma de decisiones y de las operaciones (por ejemplo, local, a nivel del ecosistema, nacional, transfronterizo, internacional).

Para simplificar, la UICN primero optó por dar sentido al concepto de gobernanza como relacionado con las áreas protegidas, centrándose en dos parámetros principales: la diversidad y la calidad de la gobernanza. Actualmente se está explorando una tercera: la vitalidad de la misma, que describiremos más adelante. Mientras que los dos primeros parámetros se definieron y discutieron inicialmente en relación con las áreas protegidas solamente, aquí ampliamos el marco para considerar los tres parámetros en relación con las áreas protegidas y con las áreas conservadas.

Por otra parte, para la diversidad de gobernanza de las áreas protegidas, la UICN solo las distingue con base en los actores claves implicados en los actos primarios o principales constitutivos. Esta decisión se ha criticado en la literatura especializada (Eagles, 2009; Paterson, 2010, 2011) por ser incapaz de representar plenamente una realidad mucho más compleja. Si bien la crítica tiene mérito, un conjunto más complejo y numeroso de tipos de gobernanza haría que la clasificación sea más engorrosa, y es incierto si esto sería un aporte valioso para la comprensión del fenómeno.

Diversidad de gobernanza

La UICN caracteriza la diversidad de gobernanza de las áreas protegidas de acuerdo con los principales actores que tienen autoridad y responsabilidad sobre las principales decisiones que las afectan. Sin embargo, ya que tantas decisiones están involucradas, ¿cuáles son las más importantes? Por ejemplo, ¿"establecer formalmente el área protegida" está al mismo nivel de importancia que "aprobar un plan de zonificación"? Como regla general, nos referimos a los actores responsables del acto o actos constitutivos del área protegida o conservada, o a la mejor respuesta a la pregunta: ¿hoy, quién podría decidir la cancelación del régimen de protección o conservación (es decir, quitar el estatus oficial/legal o deslegitimar las prácticas que conducen a la conservación) para el área en cuestión? La respuesta nos orientaría hacia uno de los cuatro principales tipos de gobernanza:

1. Gobernanza por el Gobierno (en varios niveles).
2. Gobernanza conjunta entre varios titulares de derechos e interesados (gobernanza compartida).
3. Gobernanza por individuos y organizaciones privadas.
4. Gobernanza por pueblos indígenas o comunidades locales.

Junto con la categoría de gestión, el tipo de gobernanza es una característica clave de las áreas protegidas, tal como se representa gráficamente en la Matriz de Áreas Protegidas de la UICN (Cuadro 7.5) de Dudley (2008), modificada por Borrini-Feyerabend *et al.* (2013). Es evidente que las cuestiones de la tenencia legal y consuetudinaria (quién tiene los derechos legales o consuetudinarios sobre la tierra y los recursos) son importantes para determinar el tipo de gobernanza, pero no son el único determinante. Por el contrario, en todos los tipos de gobernanza puede existir una combinación de regímenes de tenencia, al igual que una variedad de instrumentos tales como la delegación, el arrendamiento y los acuerdos formales. Como lo indican las Directrices para la Legislación Relativa a Áreas Protegidas de la UICN: "la tenencia es una consideración separada de la gobernanza, (aunque) importante al considerar los enfoques apropiados de gobernanza para un sitio en particular" (Lausche y Burhenne, 2011, p. 126).

Tipo A. Gobernanza por parte del Estado

En este tipo, uno o más organismos gubernamentales (como un ministerio o un organismo de áreas protegidas que dependen directamente del Gobierno o de un órgano subnacional o municipal) están a cargo de la autoridad, la responsabilidad y la rendición de cuentas respecto a la gestión y manejo de un área protegida, no solo determinando sus objetivos de conservación (como los que distinguen las categorías de la UICN), sino también desarrollando y haciendo cumplir su plan de manejo. Con frecuencia, el Estado o el gobierno central son los titulares de la tierra, el agua y los recursos naturales, pero no siempre, ya que el área protegida puede incluir tierras, aguas y recursos en posesión legal o control consuetudinario de particulares o empresas, comunidades locales o pueblos indígenas, o bajo múltiples regímenes de derechos. Es posible que los gobiernos también sean responsables de las áreas conservadas, como las reservas militares, donde la conservación *de facto* es subsidiaria.

Al reflejar una tendencia a la descentralización administrativa, los gobiernos subnacionales y municipales han adquirido notoriedad en la declaración y gestión de áreas protegidas. En algunos casos, el gobierno pertinente mantiene el control general y la toma todas las decisiones importantes, pero delega la planeación o la gestión diaria del área protegida a otros actores, como una ONG,

Estudio de caso 7.5 Gestión delegada de áreas protegidas gobernadas por el Estado: Parque Nacional Retezat

Rumanía adoptó el enfoque delegado para todas sus áreas protegidas, y el Ministerio de Medio Ambiente es el que establece los contratos de administración para cada una de ellas con la Administración Nacional de Bosques, varias ONG, universidades, concejos de condados e incluso particulares. La delegación no cuenta con recursos ni con una coordinación y un seguimiento adecuados, por lo que este enfoque es menos eficaz de lo que podría ser. En cuanto al Parque Nacional Retezat, la gestión se delega a la Administración Nacional de Bosques, pero este parque también fue pionero en establecer consejos con fines consultivos –es decir, plataformas de las principales partes interesadas para coordinar y discutir todas las decisiones importantes de gestión y manejo–.

Fuente: Stanciu e Ioniţă (2013)

Parque Nacional Retezat, Rumanía

Fuente: Andreas Beckmann

Cuadro 7.3 Gobernanza de la conservación transfronteriza

La conservación transfronteriza ofrece oportunidades para promover la conservación de la naturaleza, los servicios ecosistémicos y los valores culturales, al tiempo que fomenta la paz y la cooperación entre las naciones. Las áreas de conservación transfronterizas (*trans-boundary conservation áreas*, TBCA) son muy diversas y su gobernanza suele ser compleja, es decir, desde arreglos formales entre gobiernos hasta iniciativas informales que se originan en la sociedad civil. Las partes pueden incluir agencias gubernamentales, terratenientes privados, ONG, pueblos indígenas y comunidades locales. En todos los casos la gobernanza es "compartida", pero puede implicar diferentes niveles de cooperación, desde las decisiones mínimas hasta formales del Estado.

Los enfoques informales suelen ser efectivos ya que se aprovechan del conocimiento local, y tienen legitimidad local y una implementación más fácil.

Muchos retos pueden interponerse en el camino de una gobernanza transfronteriza eficaz. La indiferencia política es el más común, lo que conduce a un compromiso gubernamental inadecuado o poco confiable. Otros desafíos incluyen la ausencia de recursos financieros adecuados; la escasa compatibilidad entre la legislación y los sistemas de políticas de los países involucrados; la falta de claridad en cuanto a la autoridad y la responsabilidad interinstitucional; las capacidades inadecuadas de los asociados; las barreras de idioma; las diferencias culturales que causan malentendidos; y las tensiones políticas entre los países.

No hay un modelo único para la gobernanza de la conservación transfronteriza –cada arreglo debe estar diseñado y administrado para satisfacer las necesidades y los intereses específicos de la región en particular–. Por lo general, los ajustes son dinámicos y evolucionan sobre la base de la negociación y la adaptabilidad.

Los arreglos de gobernanza más efectivos son auténticamente colaborativos, anidados en varios niveles y adaptables. Sin la colaboración en la gobernanza, la gestión y el manejo, un área de conservación transfronteriza activa y funcional no es viable. Y sin procesos constantes de monitoreo y evaluación, no hay una gestión ni un manejo adaptativos. Una gobernanza adecuada debe ajustarse al contexto y puede incluir arreglos formales o informales, redes, asociaciones o instituciones dedicadas (IUCN WCPA, 2013).

Adaptado de Maja Vasilijevic (comunicación personal, 2014)

un operador privado o una comunidad (Estudio de caso 7.5). Bajo un sistema de gobernanza y un marco jurídico nacional, es posible que exista o no la obligación legal de informar o consultar a los titulares de derechos locales y partes interesadas antes de establecer el área protegida o tomar las decisiones de manejo y hacerlas cumplir. Las medidas públicas para la rendición de cuentas también varían de un país a otro.

Tipo B. Gobernanza compartida

La gobernanza compartida se basa en mecanismos y procesos institucionales mediante los cuales se comparten la autoridad y la responsabilidad entre dos o más actores. Es muy frecuente que para las áreas protegidas se adopte este modelo, y muchos países han adoptado leyes, políticas y arreglos administrativos específicos para ello. En el caso

Estudio de Caso 7.6 Elaboración de decisiones complejas para la Reserva Marina Galápagos

Mediante una ley especial aprobada por el Gobierno de Ecuador en 1998 se acordó una Junta de Manejo Participativo (Participatory Management Board, PMB) de cinco miembros para la Reserva Marina Galápagos.
La Junta no estaba diseñada para tener poder de decisión, pero las propuestas técnicas que lograban un consenso en la Junta de Manejo Participativo tenían un peso social importante en el nivel de autoridad ministerial superior, en el que las propuestas debían aprobarse y, básicamente, se aprobaban sin modificaciones. Curiosamente, dicha junta participativa permitió negociar y concluir acuerdos difíciles sobre cuestiones que parecían imposibles de resolver en discusiones uno a uno con las partes individuales, tales como las zonas de veda total que se extienden hasta el 30% de las áreas costeras del archipiélago, y los calendarios de pesca.

Fuente: Bravo y Heylings, 2002

Toma de decisiones en la Reserva Marina Galápagos, Ecuador

Fuente: Grazia Borrini-Feyerabend

de las áreas conservadas, las instituciones consuetudinarias han ideado modelos y procesos específicos en todo el mundo. Se pueden identificar diferentes matices o subtipos de gobernanza compartida (Borrini-Feyerabend *et al.*, 2004). En la "gobernanza colaborativa", la autoridad formal respecto a la toma de decisiones, la responsabilidad y la rendición de cuentas recae en un organismo (por ejemplo, una agencia del gobierno nacional), pero este organismo debe, por ley o política, colaborar con otras partes interesadas. En una connotación débil, tal colaboración puede significar simplemente informar y consultar a otras partes. En una connotación fuerte, puede significar que un organismo multipartidista desarrolle y apruebe las propuestas técnicas que se decidirán más adelante. En la "gobernanza conjunta", tanto la autoridad respecto a la toma de decisiones, como la responsabilidad y la rendición de cuentas se comparten de manera formal con varios actores con derecho a uno o más escaños en un órgano de gobierno. Esto también se puede estipular en un acuerdo que establezca la manera en que las diferentes autoridades interactúan entre sí. Debido a la necesidad de involucrar a varios actores, alguna forma de gobernanza compartida es particularmente adecuada para la conservación transfronteriza (Sandwith *et al.*, 2001, véase también el Cuadro 7.3).

La gobernanza compartida responde a una variedad de derechos recíprocos que las sociedades democráticas aceptan, en virtud de los cuales los diferentes actores reconocen la legitimidad y la capacidad del otro de representar a su comunidad (Estudio de caso 7.6). Los representantes suelen ser expertos confiables, líderes de opinión, directores de línea o políticos elegidos. Se puede especificar que el proceso de toma de decisiones tiene que ser totalmente transparente, en cuyo caso los debates deben estar abiertos al escrutinio público, y es probable que la rendición de cuentas mejore. Como un inconveniente, los debates abiertos tienden a polarizar posiciones y a favorecer el populismo. Las modalidades de toma de decisiones son cruciales para el funcionamiento de este tipo de gobernanza.

Tipo C. Gobernanza por actores privados

La gobernanza privada tiene una historia relativamente larga, ya que monarcas y aristocracias de todo el mundo conservan para sí áreas de tierra o el privilegio de caza de la fauna. Tales reservas privadas tenían importantes beneficios de conservación subsidiaria. Hoy en día, la propiedad privada sigue siendo una fuerza enormemente poderosa en la conservación. Por ejemplo, muchas ONG de conservación compran, arriendan o administran tierras específicamente para la conservación, o las reciben de filántropos individuales para ese propósito. Los terratenientes individuales persiguen objetivos de conservación debido a su sentido de respeto por la tierra o su deseo de mantener su belleza y valor ecológico. Y los organismos corporativos se involucran a través de políticas de responsabilidad social o iniciativas de compensación de biodiversidad. Los propósitos utilitarios, como obtener ingresos del ecoturismo o reducir las tasas e impuestos, pueden ser incentivos adicionales o incluso el principal objetivo final. En todos los casos, bajo la gobernanza privada, la autoridad para la gestión de la tierra y los recursos naturales recae en los terratenientes, quienes determinan los objetivos de conservación y las reglas a respetar.

Un área conservada privada se refiere a una parcela de tierra de propiedad de individuos, corporaciones u ONG que es conservada *de facto*. Cuando la tierra y los recursos también se dedican a la conservación y se reconocen como tales –por ejemplo, por un gobierno nacional o

Estudio de caso 7.7 Reserva de Rinocerontes Zululand

La Reserva de Rinocerontes Zululand se estableció en 2004 como una asociación entre diecisiete terratenientes que eliminaron las cercas en su tierra con el fin de crear una santuario para las especies en peligro de extinción. Situada al norte de Zululand en la provincia de KwaZulu-Natal, Sudáfrica, el área incluye la sabana abierta con plantas espinosas, sabanas con arbustos y el bosque ripario.

La reserva cuenta con más de setenta especies de mamíferos y una excepcional diversidad de aves. El Proyecto de Expansión del Rinoceronte Negro del Fondo Mundial para la Naturaleza (WWF) fue el conducto para la formación de la reserva, la cual se eligió como sitio de liberación para los rinocerontes provenientes de otras áreas protegidas en Sudáfrica.

La reserva ha invertido recursos sustanciales en el monitoreo y protección de los rinocerontes, y esta nueva población se está reproduciendo bien. En abril de 2009, fue proclamada reserva natural bajo la Ley 57 de áreas protegidas de 2003, lo que significa que ahora contribuye oficialmente a los objetivos provinciales de áreas protegidas.

Sue Stolton

Cuadro 7.4 ¿Qué son las "comunidades locales" y los "pueblos indígenas"?

Una comunidad local es un grupo humano que comparte un territorio y participa en aspectos diferentes pero relacionados con los medios de subsistencia, como el manejo de los recursos naturales considerados "comunes", el desarrollo de tecnologías y prácticas productivas, y la producción de conocimiento y cultura. Hablamos de una comunidad local cuando es probable que sus miembros tengan encuentros cara a cara o influencias mutuas en su vida diaria, ya sea que estén asentados de manera permanente o sean nómadas. A menudo se comparten tanto el sentido de identidad como las características culturales de la comunidad, aunque se pueden encontrar varios grupos étnicos en la misma. Una comunidad local solo puede identificarse a sí misma.

Aunque la mayoría de la gente tiene una comprensión intuitiva de lo que es una comunidad local, es frecuente que el término "pueblos indígenas" no se entienda bien. El Convenio 169 de la Organización Internacional del Trabajo (OIT) define a los pueblos indígenas como:

[...] los pueblos tribales en países independientes, cuyas condiciones sociales, culturales y económicas les distingan de otros sectores de la colectividad nacional, y que estén regidos total o parcialmente por sus propias costumbres o tradiciones o por una legislación especial, al igual que los pueblos considerados indígena por el hecho de descender de poblaciones que habitaban en el país o en una región geográfica a la que pertenece el país en la época de la conquista o la colonización o del establecimiento de las actuales fronteras estatales y que, cualquiera que sea su situación jurídica, conservan todas sus propias instituciones sociales, económicas, culturales y políticas, o parte de ellas. (ILO, 1989)

La autoidentificación como indígena o tribal debe considerarse un criterio fundamental para determinar los grupos a los que se aplican las disposiciones del convenio. Basándose en el Convenio 169 de la OIT, en 2007 se adoptó un importante paso para el estatus internacional de los pueblos indígenas con la Declaración de las Naciones Unidas sobre los Derechos de los Pueblos Indígenas.

Indígenas nómadas Qashqai, Irán
Fuente: CENESTA

Estudio de caso 7.8 TICCA numerosos y bien administrados, tanto marinos como costeros

En Japón, el Gobierno les asigna a las Asociaciones de Cooperativas Pesqueras el acceso exclusivo a los recursos pesqueros costeros. Las asociaciones adquieren la licencia correspondiente y establecen normas colectivas para la explotación de los recursos, incluidas las limitaciones específicas de la pesca y las zonas de veda total. Esto ha fomentado el establecimiento de más de mil zonas pesqueras reguladas bajo normas acordadas localmente que poseen todos los atributos de los TICCA y que se denominan localmente *sato-umi*. Muchos de estos TICCA incluyen áreas de veda total muy respetadas, a veces limitadas estacionalmente, y dos tercios de estos territorios reciben algún tipo de reconocimiento gubernamental.

A partir de la experiencia japonesa, parece que las reglas autoimpuestas de los pescadores son efectivas en términos de vigilancia, ejecución y cumplimiento, y esto es cierto incluso cuando las reglas se aplican solo en los tiempos estipulados. Los científicos y los gobiernos apoyan los TICCA marinos locales al proporcionar datos científicos y al ayudar a llegar a un consenso entre los pescadores respecto a las reglas colectivas más apropiadas.

Shinichiro Kakuma y Nobuyuki Yagi

Restauración del hábitat costero en Mikayo, Prefectura de Iwate, Japón
Fuente: Satoshi Yoshinaga

por una agencia internacional– se puede hablar de áreas protegidas privadas de acuerdo con la definición de la UICN. En las áreas conservadas privadas, la visibilidad de la conservación puede ser deficiente y la rendición de cuentas frente a la sociedad en general puede ser limitada. No obstante, con los gobiernos nacionales puede acordarse el reconocimiento formal del valor de la propiedad para la conservación a través de una variedad de procedimientos a nivel nacional, tanto legislativos como políticos. En tales casos, la visibilidad y la rendición de cuentas pueden negociarse como parte del reconocimiento nacional de "áreas protegidas privadas" u otras formas de pacto para la conservación (Mitchell y Brown, 1998). Tales acuerdos pueden restringir la libertad de los terratenientes, quienes voluntariamente aceptan ciertas obligaciones a cambio de formas específicas de reconocimiento social o económico. En pocos casos se establece un área protegida privada mediante la entrega involuntaria de los derechos de administración debido a restricciones legales impuestas (Dudley, 2008). La Figura 7.2 representa gráficamente las áreas conservadas privadas como un subconjunto de todas las áreas conservadas y con una superposición, pero no una coincidencia general, con las áreas protegidas (según lo reconocido por la UICN y a nivel nacional). Aunque no se representa, es posible el caso de las áreas protegidas privadas que no conservan la naturaleza *de facto*, y por lo tanto no encajan dentro de las "áreas conservadas".

Un creciente interés en la conservación a escala paisajística ha alentado a grupos de propietarios privados colindantes a formar cooperativas que gestionan en conjunto grandes unidades de conservación (Estudio de caso 7.7). Mientras se mantiene la propiedad individual, las propiedades privadas son manejadas de manera eficaz como una sola entidad y los propietarios son mutuamente responsables unos con otros y ayudan a hacer cumplir los objetivos comunes de conservación y los planes de gestión. Las áreas protegidas o conservadas a nivel privado también pueden abordar la rendición de cuentas al formar alianzas y asociaciones cuyos miembros deben adherirse a algunas directrices de buenas prácticas. Tales asociaciones reciben importantes formas de reconocimiento cuando participan en una variedad de programas, desde la educación hasta el monitoreo y la vigilancia.

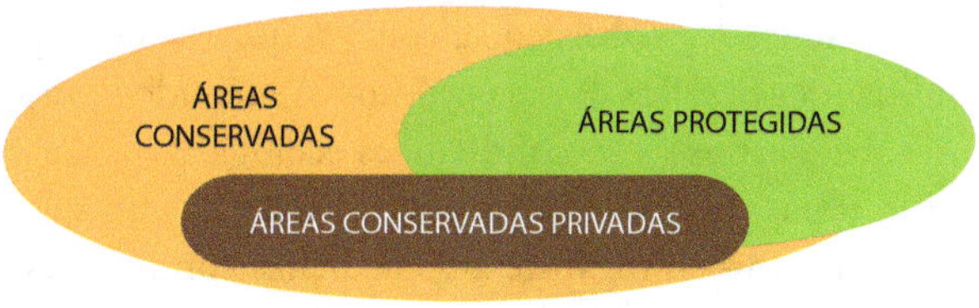

Figura 7.2 Superposiciones incompletas entre las áreas conservadas, las áreas protegidas y las áreas conservadas privadas

Tipo D. Gobernanza por pueblos indígenas y comunidades locales

La gobernanza por pueblos indígenas y comunidades locales (Cuadro 7.4) es la forma más antigua de gobernanza de la tierra y de los recursos naturales, y aún sigue en expansión, aplicándose a todas las formas de "bienes

Estudio de caso 7.9 Reconocimiento y fortalecimiento de las formas tradicionales de respeto y cuidado

Desde que se tiene memoria, el archipiélago de las Bijagos de Guinea-Bissau ha sido conservado *de facto* por sus habitantes. En particular, algunas islas se han mantenido en un estado prístino, ya que la gente podía visitarlas solo una vez al año para las prácticas ceremoniales. En la década de los noventa, algunas de estas islas fueron reconocidas como los lugares de anidación más importantes para la tortuga verde (*Chelonia mydas*) y otras especies de tortugas marinas en el lado atlántico de África. Esto motivó su reconocimiento como parque nacional João Vieira-Poilão –ofrecido como un "regalo a la Tierra" en 2001–. Ya que esta declaración solo refuerza el respeto local, todo debería estar bien.

Sin embargo, los pescadores locales están molestos por no poder pescar en una gran área que rodea al parque, donde se permite la pesca deportiva con una licencia expedida por los funcionarios del Gobierno. En teoría, las medidas socialmente legítimas y legales coinciden, pero en la práctica hay conflictos debido a las diferentes interpretaciones de lo que esto implica. No siempre es fácil la relación entre los funcionarios gubernamentales, los residentes locales y los extranjeros adinerados.

Pescadores en João Vieira-Poilão, Guinea-Bissau
Fuente: Hellio y Van Ingen

comunes" –es decir, la tierra, el agua y los recursos naturales gobernados y gestionados colectivamente por una comunidad, ya sea asentada o móvil–. En todo el mundo y durante miles de años las comunidades desarrollaron sus estrategias de subsistencia como respuesta a las oportunidades y desafíos de sus entornos. A menudo, esto significaba ajustarse a las condiciones ecológicas locales –es decir, tratar de usar, administrar, conservar y enriquecer la naturaleza– en lugar de alterar dichas condiciones de manera sustancial. Muchas culturas humanas se crearon realmente alrededor de este proceso de "ajuste", lo cual generó una rica diversidad biocultural (Posey, 1999). Aunque es poco probable que la conservación intencional de la biodiversidad estuviera en juego, al perseguir otros objetivos (por ejemplo, supervivencia, seguridad, espiritualidad, belleza) lograron la conservación de los ecosistemas, las especies y los valores relacionados con los ecosistemas.

La mayoría de los pueblos indígenas y muchas comunidades tradicionales se caracterizan por una relación muy estrecha con sus territorios y recursos naturales, lo cual les otorga ventajas y limitaciones únicas como órganos rectores de áreas conservadas y protegidas. En general, ellos defienden los derechos colectivos y no individuales sobre sus tierras, recursos hídricos y naturales, y ese enfoque colectivo tiende a mantener la integridad de un territorio, evitar la fragmentación ecológica y fomentar objetivos a largo plazo –todos estos son requisitos clave para la conservación de la biodiversidad–. Las relaciones colectivas tienen más que ver con la identidad que con la propiedad y los valores monetarios. Los derechos colectivos también ofrecen una base sólida para el funcionamiento de las instituciones comunitarias, que son indispensables para una buena gobernanza y prácticas de gestión y manejo a largo plazo. A su vez, reconocer el papel y las capacidades de conservación de los pueblos indígenas y las comunidades locales constituye un argumento sólido para promover el reconocimiento formal de sus derechos colectivos consuetudinarios.

Un régimen de gobernanza eficaz implica un arreglo institucional para tomar decisiones y desarrollar normas para la tierra, el agua y los recursos naturales. Para los pueblos indígenas y las comunidades locales, las organizaciones y normas consuetudinarias y locales son tan diversas y complejas como las culturas. Por ejemplo, la tierra puede ser de propiedad y manejo colectivos, pero los recursos particulares, tales como un tipo de árbol, pueden ser propiedad o estar bajo una gestión individual o por clanes. Diferentes pueblos o comunidades indígenas pueden estar a cargo de la misma área en diferentes épocas del año, o de diferentes recursos dentro de la misma área. Para que las actividades se permitan es posible que deban respetarse algunos procedimientos o rituales específicos.

En un sentido genérico, y respetando su singularidad y variabilidad innatas, los territorios y áreas conservados por los pueblos indígenas y las comunidades locales se conocen hoy en día con la sigla "TICCA" (Dudley, 2008; Kothari *et al.*, 2012). La conservación puede implicar una protección estricta o el mantenimiento de un área en su estado natural; la preservación de características naturales específicas; el uso restringido de especies o hábitats; la conformación y mantenimiento de valiosos paisajes terrestres y marinos; y el uso sostenible y amigable de la diversidad biológica y de los recursos naturales (Borrini-Feyerabend *et al.*, 2010, Estudio de caso 7.8). Los TICCA tienen en común tres características esenciales:

- Un pueblo indígena o una comunidad local posee una estrecha y profunda relación con un sitio (territorio, área o hábitat).
- El pueblo o la comunidad son los actores principales en la toma de decisiones relacionadas con el sitio y tienen capacidad *de facto* o *de jure* para desarrollar y hacer cumplir las regulaciones.
- Las decisiones y esfuerzos del pueblo o de la comunidad conducen a la conservación de la biodiversidad, las funciones ecológicas y los valores culturales asociados, independientemente de las motivaciones originales o primarias.

Debido a que por definición son "áreas conservadas", los TICCA constituyen solo un subconjunto de todos los territorios y áreas gobernados por pueblos indígenas y comunidades locales. Cuando sus instituciones gobernantes deciden tener una dedicación explícita a la conservación y aseguran cierta forma de continuidad de la gestión, la UICN reconoce que tales TICCA también poseen las características de las áreas protegidas. Sin embargo, la mayoría de los TICCA en el mundo no son reconocidos por su valor de conservación en sus propios países –es decir, no son reconocidos como parte de sus sistemas nacionales de áreas protegidas (lo cual puede ser o no deseable), ni se les ofrece reconocimiento y apoyo por los beneficios de conservación que le ofrecen a la sociedad en general–. La Figura 7.3 ilustra la superposición incompleta entre los TICCA y las áreas protegidas, lo cual difiere si se consideran áreas protegidas reconocidas por la UICN o por los gobiernos nacionales.

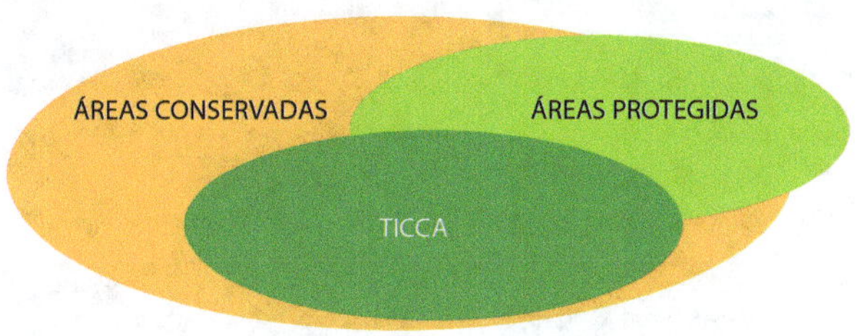

Figura 7.3 Superposiciones incompletas entre las áreas conservadas, las áreas protegidas y los TICCA

Tipos de gobernanza anidados y superpuestos

En algunos casos, un área protegida o conservada de determinado tipo de gobernanza se anida dentro de otro tipo o se superpone parcialmente con él. Los ejemplos incluirían una gran área protegida gobernada por el Estado y que contiene una reserva privada, como el Parque Nacional Repovesi (Finlandia) o un valle sagrado para un pueblo indígena, como el Parque Nacional Sagarmatha (monte Everest) (Nepal). Otro ejemplo sería un territorio indígena conservado que incluye un humedal de importancia internacional, como el sitio Ramsar de Kushk-e Zar (Namdan), el corazón del territorio migratorio de la tribu Kuhi (Irán). En el primer caso, es posible que el Estado no le haya dejado otra opción a una comunidad o a un terrateniente privado aparte de aceptar la imposición de un área protegida en su tierra. Con mucha frecuencia esto estaba acompañado por el desalojo de los habitantes y cuidadores de la zona, lo cual generaba trágicas situaciones de pérdida y resentimiento. En otros casos, los pueblos indígenas, las comunidades locales y los terratenientes siguen viviendo en el área protegida y contribuyen a la conservación manteniendo sus propias prácticas de gobernanza, gestión y manejo.

El caso de los TICCA dentro de áreas protegidas gobernadas por el Estado es bastante común. Si el TICCA se mantiene bajo la gobernanza de la comunidad sin el reconocimiento o la coordinación con el Gobierno, existe el riesgo de que las prácticas de gobernanza y manejo se vean socavadas o deliberadamente suprimidas y reemplazadas, lo cual genera conflictos entre los gobiernos y las comunidades. Los intentos del Gobierno de asegurar su autoridad pueden percibirse como amenazas a la integridad del TICCA, y los residentes locales pueden temer una violación de sus derechos y de su capacidad para ejercer responsabilidades colectivas. Sin embargo, a veces se encuentra el reconocimiento mutuo y la colaboración positiva entre los órganos rectores de las áreas protegidas y los

El patrimonio mundial y paisaje biocultural de Sagarmatha comprende varios TICCA y un parque nacional

Fuente: Ashish Kothari

TICCA, en beneficio de todos los involucrados. Incluso es posible que un gobierno se adhiera a la "visión a largo plazo" de un parque nacional gobernado solamente por su comunidad aborigen que posee los derechos (Farrier y Adams, 2011). Sobre la base de un examen de varios casos de superposición, se recomienda que las autoridades de las áreas protegidas reconozcan y valoren los TICCA, se abstengan de interferir con ellos y los apoyen de una manera mutuamente acordada (Stevens y Pathak-Broome, 2014).

Sean o no parte de los TICCA, una gran proporción de las áreas protegidas del mundo está habitada por pueblos indígenas y comunidades locales, o en muchos aspectos siguen siendo cruciales para ellos por sus relaciones culturales y espirituales o medios de subsistencia. Dichos pueblos y comunidades están entre los más interesados y mejor equipados para conservar los territorios y recursos pertinentes, si se les da la oportunidad y los medios adecuados (Ostrom y Nagendra, 2006; Estudio de caso 7.9). El desafío para los organismos de conservación es superar las prácticas del pasado e involucrar a la gente en la gobernanza para el beneficio de sus medios de subsistencia y de su conservación. Como parte de ello, el Programa de Trabajo sobre Áreas Protegidas (PTAP) (Programme of Work on Protected Areas, PoWPA) del CDB y la UICN recomiendan adoptar y apoyar una variedad de tipos de gobernanza en áreas protegidas y conservadas (Borrini-Feyerabend *et al.*, 2013). En este sentido, las combinaciones y superposiciones de diversos tipos de gobernanza son una oportunidad de conservación, mediante las cuales los gobiernos y las sociedades en general pueden compartir más fácilmente las cargas y los beneficios de la conservación.

Calidad de la gobernanza

El PTAP del CDB no solo enfatiza la necesidad de reconocer y apoyar los diferentes tipos de gobernanza de áreas protegidas, sino también alienta a las partes a mejorar la calidad de la gobernanza de sus áreas protegidas, independientemente del tipo. El establecimiento de criterios, principios y valores puede ayudar a orientar la acción. La inspiración puede obtenerse de una variedad de principios discutidos por las Naciones Unidas como parte del trabajo sobre los Derechos Humanos y la promoción de la participación pública en la gobernanza ambiental, los cuales se impulsan desde la Conferencia de las Naciones Unidas sobre Medio Ambiente y Desarrollo en 1992 (PNUD, 1997, 1999, 2002). Con base en ese trabajo, la UICN publicó recientemente un volumen de directrices para los países dispuestos a participar en los procesos de valoración y evaluación de la gobernanza de los sistemas de áreas protegidas o sitios individuales (Borrini-Feyerabend *et al.*, 2013). La Tabla 7.4, un extracto de ese trabajo, ofrece una variedad de consideraciones relacionadas con los cinco principios más importantes de una buena gobernanza que la UICN reconoce para las áreas protegidas.

Los principios alientan a las personas e instituciones responsables de gobernar las áreas protegidas y conservadas a que fusionen las preocupaciones acerca de la efectividad (visión, desempeño, responsabilidad) y las preocupaciones

Cuadro 7.5 Sistemas de áreas protegidas y matriz de la UICN

Las categorías de gestión y los tipos de gobernanza capturan características importantes de cualquier área protegida, y por ser independientes, pueden yuxtaponerse en una matriz, lo cual crea una "baraja de opciones" útil para visualizar sus posibles combinaciones. La matriz de la UICN resultante modificada por el autor (Figura 7.4) es particularmente útil para visualizar las combinaciones de categorías de gestión y los tipos de gobernanza que existen en el sistema de áreas protegidas de un país -y las que podrían existir–.

Por ejemplo, la matriz de la UICN ha sido valiosa para mostrar que un sistema nacional puede incluir mucho más que solo las áreas protegidas por agencias gubernamentales, y fue capaz de generar reformas útiles en los sistemas nacionales de conservación (Borrini-Feyerabend y Dudley, 2005). Curiosamente, la matriz de la UICN puede aplicarse no solo a las áreas protegidas, sino también a los territorios y áreas conservadas que encajen, en la práctica, en los objetivos clave de las categorías de gestión de la UICN.

Tipo de gobernanza / Categoría de gestión	A. Gobernanza por parte del Gobierno			B. Gobernanza compartida			C. Gobernanza privada			D. Gobernanza por pueblos indígenas y comunidades locales	
	Ministerio o agencia federal o nacional a cargo	Ministerio o agencia subnacional a cargo	Gestión delegada por el Gobierno (por ejemplo, una ONG)	Gobernanza transfronteriza	Gobernanza en colaboración (distintas formas de influencia pluralista)	Gobernanza conjunta (órganos de decisión pluralistas)	Áreas conservadas establecidas y dirigidas por terratenientes individuales	... por organizaciones sin ánimo de lucro (por ejemplo, propietarios de terrenos corporativos)	... por organizaciones con fines de lucro (por ejemplo, propietarios de terrenos corporativos)	Territorios y áreas conservados por pueblos indígenas - establecidos y administrados por pueblos indígenas.	Territorios y áreas conservados por comunidades - establecidos y administrados por comunidades locales.
Ia. Reserva natural estricta											
Ib. Área silvestre											
II. Parque nacional											
III. Monumento natural											
IV. Áreas de gestión de hábitats/especies											
V. Paisaje terrestre/ marino protegido											
VI. Área protegida con uso sostenible de los recursos naturales											

Figura 7.4 Matriz de áreas protegidas de la UICN, actualizada (modificada por los autores): un sistema de clasificación que comprende tanto la categoría de gestión como el tipo de gobernanza

Fuente: Borrini-Feyerabend *et al.*, 2013

por la equidad (justicia, respeto a los derechos procesales y sustanciales). Sin embargo, a diferencia del tipo de gobernanza, la calidad de la misma no se relaciona con una clasificación o escala específica. De hecho, la calidad de la gobernanza solo puede entenderse en relación con un contexto particular, ya que la cultura y los valores afectan en gran medida los estándares de lo que se considera apropiado. Además, en diferentes situaciones puede ser importante enfatizar diferentes principios, o componentes de principios, como el intercambio de información (por ejemplo, ¿la gente conoce y discute la visión y el objetivo del área protegida?), la legitimidad (por ejemplo, las decisiones reflejan las verdaderas prioridades de la sociedad) o la equidad (por ejemplo, algún grupo está realmente en desventaja por las decisiones que se toman).

Típicamente, los gobiernos nacionales son responsables del sistema general de áreas protegidas en sus países y deben rendir cuentas tanto de su efectividad en el manejo (véase el Capítulo 28) como de la calidad de la gobernanza. Respecto a la efectividad del manejo, los gobiernos tienen que desarrollar y fomentar las capacidades pertinentes y promover las condiciones generales (incluido el apoyo presupuestario y las autoridades que funcionen bien y que se perciban como legítimas). Respecto a la calidad de la gobernanza, los gobiernos deben garantizar leyes y normas justas y bien aplicadas, que dejen espacio para que la sociedad civil se organice y asuma roles autónomos o de colaboración. En este sentido, la buena gobernanza de las áreas protegidas y conservadas depende en gran medida de las relaciones generales y el compromiso mutuo entre los gobiernos, los propietarios privados y corporativos, las ONG, las comunidades indígenas y locales y la sociedad civil en general.

En el nuevo milenio, las preocupaciones, las capacidades y las instituciones de los actores no gubernamentales –los pueblos indígenas, las comunidades locales, las ONG, los terratenientes privados y corporativos, e incluso la sociedad civil en conjunto– han adquirido mayor peso y visibilidad en la conservación en general y en las medidas basadas en áreas en particular. A pesar de esto, en materia de gobernanza las agencias gubernamentales nacionales continúan desempeñando un papel primordial. Por un lado, son el actor de refuerzo cuando otros tienen poco interés en la conservación. Por otro, los organismos gubernamentales tienen la obligación moral de dar voz a la "naturaleza silenciosa", proteger el valor intrínseco de las plantas, los animales y los sistemas naturales, y conservarlos para las generaciones futuras. En algunos países, como Ecuador, esto se está incluyendo en los principios constitucionales.

Para que las cuestiones sean más concretas, ahora examinaremos algunos temas de la "calidad de la gobernanza" que son de especial interés para los diferentes actores de la conservación.

Calidad de la gobernanza para organismos gubernamentales nacionales y subnacionales

A nivel mundial, la mayoría de las áreas protegidas y sus respectivos sistemas son gobernados por el Estado, el cual supone sistemas complejos de ministerios, agencias, niveles administrativos y actores que trabajan unos con otros en colaboración, y a veces en tensión. A menudo, tales agencias tienen diferentes agendas y capacidades, y mandatos poco claros. Aunque las luchas interinstitucionales por la influencia son relativamente comunes, gracias al impulso del Programa de Trabajo sobre Áreas Protegidas se ha producido un cambio hacia una toma de decisiones más colaborativa (Dearden *et al.*, 2005). Este cambio se incluye cada vez más en la legislación.

Un aspecto importante de la gobernanza de áreas protegidas por parte de las agencias gubernamentales es la rendición de cuentas ante el público –el uso de mecanismos que informan que las tareas y los objetivos se completan a tiempo y los fondos públicos se gastan para el propósito previsto–. Es evidente una tendencia hacia un mayor uso de estos mecanismos y mejores esfuerzos de comunicación. Los informes sobre el estado de las áreas protegidas, al igual que los informes anuales y las auditorías externas están disponibles cada vez con mayor frecuencia, y cada vez más a menudo se utilizan comités consultivos nacionales, mesas redondas de las partes interesadas y debates parlamentarios. También hay indicios de que la proporción de fondos para las áreas protegidas asignados por organismos gubernamentales y donantes privados ha ido disminuyendo, mientras que la proporción asignada por las ONG y las cuotas de los usuarios han aumentado (Dearden *et al.*, 2005).

En las últimas décadas se ha vuelto más común que las áreas protegidas se establezcan y administren a nivel provincial, regional y local, donde los arreglos pueden ser más sencillos, más flexibles y estar mejor conectados con los actores locales, incluso mediante arreglos de gobernanza innovadores que involucren directamente a la sociedad civil. Los organismos gubernamentales a nivel nacional continúan desempeñando papeles únicos como responsables de la formulación de políticas, coordinadores de sistemas de áreas protegidas, monitores y evaluadores del desempeño, agencias encargas de la capacitación y distribuidores de recursos. De manera prudente se aconseja a las agencias nacionales que fortalezcan su capacidad para prestar estos servicios en lugar de centrarse únicamente en la administración directa de las áreas protegidas.

Tabla 7.4 Consideraciones útiles para evaluar la "calidad de la gobernanza" en diferentes circunstancias y en todos los tipos de gobernanza

Principios	Consideraciones relacionadas con los principios
Legitimidad y voz	Establecer y mantener instituciones de gobernanza que gocen de amplia aceptación y aprecio por parte de la sociedad. Garantizar que todos los titulares de derechos y partes interesadas que sean afectados reciban una información adecuada y suficiente, y que puedan estar representados y tener voz en el asesoramiento o en la toma de decisiones. Fomentar la participación activa de los actores sociales en apoyo de las áreas protegidas, dando respaldo a la diversidad y a la igualdad de género. Extender un apoyo especial a los grupos vulnerables, como los pueblos indígenas, las mujeres y los jóvenes, y prevenir la discriminación por motivos de etnia, género, clase social, activos financieros, etc. Mantener un diálogo activo y buscar consenso sobre soluciones que satisfagan, al menos en parte, las preocupaciones y el interés de todos. Promover el respeto mutuo entre todos los titulares de derechos y partes interesadas. Honrar las normas acordadas, las cuales se respetan porque son "propiedad" de la gente y no solo por el temor a la represión y el castigo. En la medida de lo posible, atribuir la autoridad de la administración y la responsabilidad a las instituciones capaces más cercanas a los recursos naturales (subsidiariedad).
Dirección	Desarrollar y seguir una visión estratégica inspiradora y coherente (perspectiva amplia y a largo plazo) para las áreas protegidas y sus objetivos de conservación, la cual se fundamenta en los valores acordados y una apreciación de las complejidades ecológicas, históricas, sociales y culturales propias de cada contexto. Garantizar que las prácticas de gobernanza y gestión de las áreas protegidas sean coherentes con los valores acordados. Garantizar que las prácticas de gobernanza y gestión de las áreas protegidas sean compatibles y estén bien coordinadas con los planes y políticas de otros niveles y sectores en el paisaje terrestre/marino más amplio, y que respeten las obligaciones nacionales e internacionales (incluido el PTAP del CDB). Brindar directrices políticas claras sobre las principales cuestiones de interés para el área protegida, y en particular para cuestiones contenciosas (por ejemplo, las prioridades de conservación, las relaciones con los intereses comerciales y las industrias extractivas), y asegurar que estas sean compatibles con las asignaciones presupuestarias y las prácticas de gestión. Evaluar y guiar el progreso basándose en los resultados de un monitoreo regular y un enfoque consciente de manejo adaptativo. Favorecer el surgimiento de líderes, generar nuevas ideas y permitir/promover cuidadosamente la prueba de innovaciones, incluidas las innovaciones de gobernanza y gestión para áreas protegidas.
Desempeño	Lograr la conservación y otros objetivos según lo planeado y monitoreado, incluida la evaluación continua de la efectividad del manejo. Promover una cultura de aprendizaje para la política de las áreas protegidas y la práctica de gobernanza sobre la base de mecanismos, herramientas y asociaciones que promuevan el aprendizaje colaborativo continuo y el enriquecimiento mutuo de la experiencia. Participar en actividades de promoción y divulgación en beneficio de las áreas protegidas. Responder a las necesidades de los titulares de derechos y de las partes interesadas, incluida la respuesta oportuna y eficaz a las solicitudes de información y a las exigencias razonables de un cambio en las prácticas de gobernanza y gestión. Garantizar que el personal de las áreas protegidas, los titulares de derechos y las partes interesadas, según corresponda, tengan las capacidades necesarias para asumir sus funciones y responsabilidades de gestión, y que estas capacidades se utilicen de manera eficaz. Usar de manera eficiente los recursos financieros y promover una sostenibilidad financiera. Promover la resiliencia y la sostenibilidad social; es decir, la capacidad de manejar los riesgos, superar las crisis inevitables y salir fortalecido de la experiencia.

Principios	Consideraciones relacionadas con los principios
Rendición de cuentas	Mantener la integridad y el compromiso de todos los que estén a cargo de responsabilidades específicas de las áreas protegidas.
	Garantizar la transparencia, de manera que los titulares de derechos y las partes interesadas tengan un acceso oportuno a la información sobre: ¿qué está en juego en la toma de decisiones? ¿Qué procesos e instituciones pueden ejercer influencia? ¿Quién es responsable de qué? y ¿cómo hacer para que estas personas sean responsables respecto a la rendición de cuentas?
	Garantizar una distribución clara y apropiada de las funciones de las áreas protegidas, así como de las líneas de responsabilidad e informe/rendición de cuentas.
	Garantizar que los recursos financieros y humanos asignados al manejo de las áreas protegidas se orienten adecuadamente de acuerdo con los objetivos y planes establecidos.
	Evaluar el desempeño del área protegida, de sus tomadores de decisiones y de su personal, y vincular la calidad de los resultados con recompensas y sanciones concretas y adecuadas.
	Establecer vías de comunicación (por ejemplo, sitios web) mediante las cuales sean accesibles los registros e informes de desempeño de las áreas protegidas.
	Fomentar la retroalimentación sobre el desempeño por parte de los grupos de la sociedad civil y de los medios de comunicación.
	Garantizar que una o más instituciones públicas independientes (por ejemplo, un defensor del pueblo, una comisión de Derechos Humanos, un ente de control y auditoría) tengan la autoridad y la capacidad de supervisar y cuestionar las acciones de los órganos rectores y el personal del área protegida.
Imparcialidad y derechos	Esforzarse no solo por una distribución equitativa de los costos y beneficios del establecimiento y manejo de las áreas protegidas, sino también por la equidad respecto a la toma de todas las decisiones pertinentes.
	Garantizar que los medios de subsistencia de las personas vulnerables no se vean afectados negativamente por las áreas protegidas; que las áreas protegidas no generen o agraven la pobreza y los patrones de migración socialmente negativos; y que los costos de las áreas protegidas –en especial cuando son asumidos por personas vulnerables– no pasen sin una compensación adecuada.
	Garantizar que la conservación se lleva a cabo con decencia y dignidad, sin humillar ni perjudicar a la gente.
	Tener un trato equitativo con el personal del área protegida y los empleados temporales.
	Aplicar las leyes y reglamentos de forma imparcial y consistente a través del tiempo, sin discriminación y con derecho a apelar (estado de derecho).
	Adoptar medidas concretas para respetar los derechos sustantivos (legales o consuetudinarios, colectivos o individuales) sobre la tierra, el agua y los recursos naturales relacionados con las áreas protegidas, y reparar las violaciones pasadas de estos derechos.
	Adoptar medidas concretas para respetar los derechos procesales sobre cuestiones relativas a las áreas protegidas, entre ellas: información y consulta adecuadas de los titulares de derechos y de las partes interesadas; prácticas justas de resolución de conflictos, y el recurso no discriminatorio a la justicia.
	Respetar los Derechos Humanos, incluidos los derechos individuales y colectivos, y la igualdad de género.
	Respetar los derechos de los pueblos indígenas, tal como se describe en la Declaración de la ONU sobre los Derechos de los Pueblos Indígenas.
	Garantizar estrictamente el consentimiento libre, previo e informado de los pueblos indígenas para cualquier reasentamiento propuesto relacionado con las áreas protegidas.
	Promover la participación activa de los titulares de derechos y de las partes interesadas en el establecimiento y manejo de las áreas protegidas.

Calidad de la gobernanza de las ONG

En los últimos treinta años han aumentado dramáticamente en número e influencia de las ONG internacionales, nacionales y locales que se ocupan de los problemas ambientales y de las áreas protegidas bajo todos los tipos de gobernanza. Para las áreas protegidas gobernadas por el Estado, las ONG pueden actuar como administradores delegados (este es el caso de la Sociedad Audubon en Belice) o proveedores de asesoría técnica. Muchas organizaciones no gubernamentales desempeñan funciones decisivas de asesoramiento sobre políticas para los gobiernos, con una influencia adicional relacionada con su capacidad de ofrecer o retener fondos o servicios de apoyo, o afectar la opinión de los donantes. Por lo general, las ONG abogan para que las disposiciones nacionales incorporen acuerdos internacionales, como el CDB, la Convención sobre la Protección del Patrimonio Mundial o la Convención de Ramsar, y desempeñan un papel vital en la elaboración de acuerdos e iniciativas supra-nacionales sobre áreas protegidas.

En las áreas protegidas bajo una gobernanza compartida, las ONG pueden ser socios plenos, con un papel a veces consagrado en la legislación nacional, o pueden actuar como facilitadores, capacitadores, mediadores, resolutores de conflictos y proveedores de apoyo legal, técnico y administrativo. Muchas ONG de conservación también son administradores de áreas protegidas privadas, ya que compran tierras o las reciben de donantes privados, explícitamente con fines de conservación. Esto es común en los Estados Unidos, el Reino Unido y Australia, donde las ONG asumen la responsabilidad de la confianza pública como entidades sin ánimo de lucro, lo que les confiere exenciones de impuestos y otros beneficios. Otras ONG desempeñan papeles invaluables como promotoras de coaliciones de propietarios privados para establecer sus propias áreas protegidas a través de fideicomisos de uso de la tierra. Un número cada vez mayor de ONG se ha comprometido a ayudar a los pueblos indígenas y a las comunidades locales no solo a afirmar, defender, establecer y gestionar sus propias áreas conservadas o protegidas, sino también a establecer coaliciones y federaciones nacionales con los mismos propósitos.

Las ONG están especialmente capacitadas para promover mejoras en la calidad de la gobernanza. Difunden información e ideas innovadoras, ayudan a la sociedad civil a movilizarse y facilitan diálogos y procesos de negociación. Asimismo, brindan apoyo técnico y capacitación a las comunidades o a las ONG más pequeñas y jóvenes, supervisan el cumplimiento de las leyes y políticas ambientales, sirven como defensores de las políticas y sugieren prácticas innovadoras (por ejemplo, crear una demanda por bienes certificados o ayudar a las personas a acudir a los tribunales). No obstante, las ONG también tienen limitaciones y de manera inadvertida pueden tener impactos negativos. A veces las ONG sobrepasan sus roles, absorben todos los recursos disponibles o centralizan en sí mismas cuestiones técnicas, lo cual afecta negativamente el empoderamiento de los actores locales. Las ONG también pueden quedar indebidamente enredadas en la política local, creando nuevos conflictos o pasando por encima de las agendas y prioridades locales. En particular, las ONG extranjeras solo deben implementar programas basándose en una comprensión cuidadosa de la historia y la dinámica de la comunidad (Alcorn *et al.*, 2005).

Aldea juvenil de Nayakheda, India Occidental, en un bosque comunitario reconocido recientemente
Fuente: Ashish Kothari

Calidad de la gobernanza por propietarios privados

Muchos terratenientes privados manejan parte o la totalidad de sus tierras con importantes resultados para la conservación, y han obtenido alguna forma de reconocimiento de diferentes países por las propiedades protegidas (Langholz y Krug, 2004). En países como Costa Rica, Brasil, Chile y Sudáfrica, se estima que la cantidad de tierras protegidas bajo la gobernanza privada es mayor que la de las agencias gubernamentales nacionales (Anderson, 2003). En Sudáfrica y Namibia los terratenientes suelen agrupar sus tierras con fines de conservación, lo cual permite grandes hábitats de vida silvestre, y también establecen empresas turísticas, a menudo en asociación con los entes gubernamentales que administran los parques adyacentes. Los terratenientes corporativos también están cada vez más dispuestos a dedicar parte de sus tierras a la conservación, a veces como una forma de compensación por los daños que le causan a la naturaleza en otros lugares.

Una ventaja de la gobernanza de los terratenientes privados es que la propiedad privada confiere un amplio conjunto de poderes, y la dedicación a la conservación puede establecerse fácilmente e incluso inscribirse en los títulos de propiedad, lo cual obliga también a los futuros propietarios. Sin embargo, como esto suele implicar ventajas sociales y económicas, algunos han expresado su preocupación ya que los parques privados pueden contribuir con la concentración de la propiedad de la tierra en manos de los más acaudalados. De hecho, un gran problema social de los parques privados es que pueden convertirse en "islas para las élites" –lugares donde ricos propietarios acogen a turistas acomodados (Langholz y Krug, 2004)–. A medida que el ecoturismo y las reservas privadas de caza crecen en popularidad y rentabilidad, el valor de la tierra que puede apoyar a estas empresas aumenta. Dependiendo de los contextos legales y políticos, las comunidades que viven en estas tierras o cerca de ellas pueden verse forzadas a alejarse, ya sea por amenaza del uso de la fuerza o por necesidad económica, o pueden quedarse pero perder el derecho de acceso a la caza, a las plantas medicinales o a otros recursos del terreno designado como reserva. Las cuestiones de equidad se vuelven aún más preocupantes cuando se trata de propiedades de extranjeros. Los gobiernos deben desempeñar un papel proactivo en el monitoreo y la evaluación de la efectividad y la equidad de los esfuerzos privados de conservación, en particular cuando están en juego incentivos de conservación.

Calidad de la gobernanza de los pueblos indígenas y de las comunidades locales

Muchas comunidades locales y pueblos indígenas cuentan con organizaciones consuetudinarias que tienen un papel en gobernar la naturaleza y sus recursos –algunas con siglos de experiencia, otras relativamente nuevas o revividas recientemente en formas contemporáneas–. Lo que más tienen en común es que estas representan a los titulares de derechos locales –las personas que primero pagarán el precio de tomar decisiones de gestión y manejo equivocadas y que poseen conocimientos y habilidades tradicionales, así como una experiencia local acumulada necesaria para proteger o restaurar sitios específicos, o usar los recursos naturales de manera sostenible–. A pesar de su diversidad y complejidad, y posiblemente debido a ello, las instituciones consuetudinarias y locales parecen funcionar eficazmente y hacer importantes contribuciones para conservar los ecosistemas naturales y modificados (Kothari, 2006). Tales contribuciones las hacen voluntariamente, en países de todo el mundo, a través de leyes consuetudinarias u otros medios efectivos (CBD, 2010).

Además de ser el repositorio de conocimientos y habilidades ancestrales, arraigados en los detalles específicos de los territorios y los recursos, las instituciones de gobernanza basadas en la comunidad son generalmente flexibles, receptivas y capaces de ajustarse alrededor de una variedad de factores y responder al cambio de maneras que pueden ser rápidas y eficaces. Igualmente, estas instituciones suelen estar automotivadas y autofinanciadas, ya que la gobernanza de un área conservada o protegida localmente es crucial para las personas cuyos medios de subsistencia e identidad cultural están íntimamente relacionados con los recursos naturales. Sin embargo, también tienen limitaciones. Por un lado, las instituciones consuetudinarias son propias de sus culturas y algunas no reflejan los logros de los Derechos Humanos y los principios liberadores, como el derecho a la información, la participación en la toma de decisiones o la rendición de cuentas. Por otra parte, a menudo se enfrentan a problemas en su relación con los gobiernos –en particular, en la interfaz entre las instituciones tradicionales y modernas–.

Es frecuente que el Estado no ofrezca un reconocimiento formal a las organizaciones étnicas y locales que gobiernan las áreas conservadas, ni siquiera a los pueblos indígenas o a la comunidad local, quienes podrían "no existir" como sujeto jurídico colectivo sino solo como aglomeraciones de individuos. Esto es cierto en muchos lugares de África, Asia y Europa. En otros países, por ejemplo en Sudáfrica, el derecho consuetudinario es reconocido por la constitución como un cuerpo legal independiente. Con ello, los pueblos indígenas y las comunidades locales están ganando la tenencia colectiva legal de al menos parte de sus tierras y, con esto, el derecho a gobernarlas colectivamente. Aunque la implementación es muy variable, esto ha venido ocurriendo en países tan diversos como Colombia, Filipinas, Australia, Brasil, Bolivia, Italia, Estados Unidos, Canadá, India, Irán, Madagascar, Tanzania e Indonesia, lo cual ha abierto las puertas para que los gobiernos reconozcan sus contribuciones a la conservación.

Los territorios indígenas de conservación, los parques tribales, los bosques conservados por las comunidades de montaña, las áreas protegidas indígenas y los dominios ancestrales conservados ahora están reconocidos formalmente a través de una variedad de acuerdos negociados, que a veces requieren garantías sobre la eficacia de la gestión y la calidad de la gobernanza.

Calidad de la gobernanza de la sociedad civil en general

La sociedad civil se refiere a una variedad de actores e iniciativas colectivas –distintas de la familia, el Estado y el mercado– que mantienen un cierto grado de autonomía, garantizan espacio y nutrición para el pluralismo y entablan relaciones constructivas con la política y las políticas públicas. Todas las asociaciones voluntarias que intentan influir en la toma de decisiones relacionadas con las áreas conservadas o protegidas pertenecen a la sociedad civil y representan un formidable potencial para la conservación. No obstante, a veces también representan una fuente de inestabilidad y problemas. Las asociaciones creadas específicamente para desarrollar e incidir en un área protegida particular pueden ser muy influyentes. Además de enfrentarse a las amenazas externas, también pueden luchar contra decisiones que sacrifican parte de sus intereses locales por el bien común más amplio.

Los actores laicos y la sociedad civil pueden influir en las decisiones de conservación a través de su poder de posi-

Figura 7.5 Un resumen esquemático de las características de la gobernanza
Fuente: Reproducido con permiso de la CSIRO

ción o conocimiento único; a través de la influencia personal, familiar o de grupo y el poder económico; mediante la influencia política y la pericia jurídica, e incluso a través de coerción violenta o desobediencia civil no violenta. Estos poderes pueden ejercerse, más o menos de manera abierta, sobre los tomadores de decisiones. Un modelo de área protegida que invita abiertamente a la participación de la sociedad civil en general es el de los parques nacionales y los parques naturales regionales de Francia, donde se prevé por ley el uso masivo de talleres, consultas y deliberaciones públicas para discutir y desarrollar ideas que se recopilarán en un estatuto de áreas protegidas que incluirá los objetivos clave y las prioridades de gestión.

También existen caminos menos justos para la influencia. Por ejemplo, algunos pueden tratar de saltarse la cadena de toma de decisiones con una llamada telefónica persuasiva a las autoridades de alto rango. Esto puede o no funcionar, pero ofrece un ejemplo de por qué el compromiso de la sociedad civil es visto por algunos como antidemocrático, ya que depende de la acción y las opiniones de unos pocos, y no de los votos contados de la mayoría de los que tienen derechos legítimos (por otra parte, un representante elegido rara vez discute con sus electores las decisiones específicas con respecto a un área protegida).

Vitalidad de la gobernanza

La comunidad de la conservación se está acostumbrando poco a poco a utilizar dos parámetros principales para entender la gobernanza: el tipo (¿quién está a cargo de la autoridad, la responsabilidad y la rendición de cuentas respecto a las decisiones clave y el "acto constitutivo" de la medida basada en áreas?) y la calidad (¿son decisiones que se toman respetando los principios de "buena gobernanza"?). Si bien estos parámetros son útiles e informativos, no describen si un escenario de gobernanza es capaz de aprender, evolucionar y cumplir su función y responsabilidades de manera oportuna, inteligente, apropiada y satisfactoria para todos los interesados. Nos referimos a esta particularidad como la vitalidad de la gobernanza y aquí describiremos algunas consideraciones e ideas iniciales al respecto. Este no es un tema plenamente desarrollado, y en los meses y años venideros esperamos que la comunidad de conservación llegue a definir esta particularidad de la gobernanza de una manera más precisa y completa. Sin embargo, la precisión no es necesaria para comprender la utilidad del concepto o para tener un sentido amplio de qué hacer con el fin de enriquecerlo para el mejoramiento de la naturaleza y las personas.

Como punto de partida, argumentamos que la vitalidad de un escenario de gobernanza (véase la Figura 7.5) se relaciona con:

- Estar bien integrado y funcionalmente conectado; es decir, tener interacciones abundantes, significativas y sistémicas con una variedad de actores en los diversos niveles de la sociedad y entre los sectores (incluidos los actores que toman decisiones eficaces mediante el apoyo político, social y financiero).
- Ser adaptable; es decir, flexible, reflexivo, comprometido con el intercambio de conocimientos, el diálogo y el debate, capaz de aprender de la experiencia, capaz de sopesar las opciones y tomar decisiones rápidas y significativas incluso en circunstancias difíciles.
- Ser sabio; es decir, haber acordado tomar decisiones de alcance significativo (por ejemplo, en cuanto al tamaño y la coherencia socioeconómica de la unidad a gestionar, el número de actores a involucrar); estar motivado por el bien común y la solidaridad en lugar de la codicia (por ejemplo, evitando la acumulación y el desperdicio, fomentando el respeto, la buena voluntad, la convivencia y la generosidad), y no solo permitir, sino también fomentar el compromiso de tantos actores relevantes en la sociedad como sea posible.
- Ser innovador y creativo; es decir, abierto a nuevas ideas, capaz de reinventarse y renovarse como un sistema vivo, aportando soluciones innovadoras, apoyando el surgimiento de nuevas reglas y normas, respondiendo positivamente al cambio y al desarrollo.

- Estar empoderado; es decir, consciente de sí mismo y autodirigido, capaz de demostrar respuestas de liderazgo frente a las condiciones, problemas y oportunidades ambientales que surjan; auto disciplinado y autocrítico, y capaz de asumir responsabilidades de manera efectiva y confiable.

Una gobernanza que está bien integrada y funcionalmente conectada

Con mucha frecuencia, las áreas protegidas se conciben como "islas" de conservación en un "mar" de desarrollo. Hoy en día, cada vez más reconocemos que la conservación dentro de las áreas protegidas depende esencialmente de sus conexiones físicas y biológicas con la naturaleza a través de paisajes terrestres y marinos, con la atmósfera arriba y con los suelos y acuíferos abajo. También hemos comenzado a comprender las conexiones sociales menos visibles entre los actores de la sociedad –los campesinos que deciden qué y dónde sembrar los cultivos, las ONG que hacen campaña para cambiar las políticas y las agencias que fijan metas nacionales de conservación y planes para alcanzarlas–. Una gobernanza efectiva para la conservación de la naturaleza implica el establecimiento de conexiones positivas y coherentes entre las personas, los sectores y los niveles de toma de decisiones que determinan los diferentes factores y condiciones que contribuyen o impiden la conservación. Este entendimiento no es nuevo y hace eco con lo que las culturas tradicionales han sabido durante siglos.

Un patio trasero, una granja, una unidad administrativa local, una provincia, una nación, un continente, el planeta Tierra son ejemplos de diferentes escalas espaciales, de local a global. Los actores e instituciones clave en la gobernanza de la naturaleza operan en estas escalas diferentes, tanto en el espacio como en el tiempo. El principio de subsidiariedad –es decir, la idea de que la gobernanza debe transferirse a las comunidades locales más cercanas a los recursos naturales con capacidad para cuidar de ellos– ganó importancia a principios de este siglo como una forma de garantizar la tenencia por parte de la comunidad y el empoderamiento de las instituciones locales que contribuyen a la sostenibilidad y la justicia social (Berkes, 2004). No obstante, la experiencia ha demostrado que puede tener resultados mixtos, a veces reforzando a las élites locales que hacen cumplir la conformidad y marginan a las minorías.

Ya que algunos tipos de decisiones se toman mejor en escalas particulares, algunas personas subrayan el valor de las redes que permiten la colaboración entre los actores de la gobernanza que operan en diferentes escalas espaciales y temporales (Cash y Moser, 2000). Por ejemplo, la familia está en mejor posición para decidir qué cultivar en su patio trasero y cómo cuidar de ello, pero los consejos locales pueden ayudar a garantizar que las aves nativas y la vida silvestre todavía puedan prosperar en las ciudades al brindar directrices para plantaciones amigables con la vida silvestre o prohibir la tala de árboles clave en hábitats que sean lugares esenciales para los mamíferos o de anidación para aves. Basándonos en Hill *et al.* (2010), nos referimos a este fenómeno como una ventaja comparativa dependiente de la escala. En todas las redes, las personas que afrontan las consecuencias más directas de las decisiones deben tener voz en la formulación de tales decisiones y utilizar sus conocimientos, habilidades y ventajas comparativas incuestionables.

Forjar vínculos y conexiones a través de las escalas es fundamental para lograr resultados efectivos, y sucede a través de todos los tipos de flujo de información y aprendizaje social –por ejemplo, a través de la colaboración entre organizaciones en la planeación de escenarios, la formación de una visión y la discusión abierta de alternativas–. De manera crucial, el flujo de información y la colaboración pueden tender puentes entre los grupos con diferentes culturas, intereses y niveles de poder hacia objetivos positivos para la naturaleza y las personas (Lebel *et al.*, 2006). Se utilizan términos como "gobernanza ambiental multinivel", "policéntrica" y "colaborativa" para describir tanto el sistema de gobernanza como los procesos que la vinculan activamente a través de las escalas.

Gobernanza adaptativa

Nuestro mundo está cambiando, y lo está haciendo a un ritmo y alcance sin precedentes. En todo el planeta, la población está creciendo en número, se está moviendo a las ciudades y las está convirtiendo en mega-ciudades, con un cambio en sus patrones demográficos, de fortalezas y vulnerabilidades. Los tipos de alimentos necesarios y su consumo están cambiando y aumentando en general, lo que lleva a estimar que este siglo el mundo tendrá que duplicar la producción de alimentos y realizar grandes inversiones para entregar alimentos en las mega-ciudades (Tilman *et al.*, 2011), donde las interrupciones en los sistemas de transporte, ya sea por problemas climáticos o por la falta de suministro de combustible, podrían conducir a una grave escasez en cuestión de días. El creciente consumo de recursos minerales y de combustibles fósiles está aumentando la frecuencia y el riesgo de desastres ambientales –como los derrames de petróleo– y la aceleración del cambio climático inducido por el ser humano y la pérdida de la biodiversidad en curso. Esta combinación amenaza la vida tal como existe en nuestro planeta (Hansen *et al.*, 2013). Las economías y tecnologías, al igual que las sociedades y las culturas, están cambiando rápidamente, influenciadas por la revolución en las tecnologías de la información (Young *et al.*, 2006). ¿Cómo responder

Estudio de caso 7.10 Evaluación de la gobernanza en un entorno de selva tropical

Los pueblos aborígenes de la selva tropical (Rainforest Aboriginal Peoples) están involucrados en el gobierno de sus tierras tradicionales en la región de la selva tropical de Australia con muchos actores, incluidos los gobiernos nacionales, provinciales y locales, ONG ambientales, terratenientes locales y empresas privadas. A través de un proyecto de co-investigación con científicos sociales, analistas espaciales y otros socios, se desarrolló una herramienta de diagnóstico para medir las fortalezas y debilidades de tales asociaciones. Los pueblos aborígenes definieron la co-gobernanza como "un proceso continuo de construcción de soluciones, no un estado fijo, que involucra extensas conversaciones, negociaciones y aprendizaje conjunto, por lo que mejora con el tiempo" (Hill *et al.*, 2013a, p. 1).

La herramienta de diagnóstico contiene una serie de partes, una de las cuales se centra en la medición de la salud de sus instituciones para "mantener fuerte el compromiso". Ellos reconocieron que su compromiso efectivo con sus socios requiere que ellos prosperen y que sean capaces de mantener vivos sus propios sistemas de conocimiento. Por lo tanto, la herramienta de diagnóstico también evalúa los factores que "mantienen fuertes a los Pueblos Aborígenes de la Selva Tropical".

La evaluación participativa de estos pueblos identificó que las áreas protegidas indígenas, que son áreas protegidas dedicadas por los pueblos indígenas bajo su propia autoridad cultural (Rose, 2013), reunían a las personas en torno a una relación flexible y permanente que cambia con el tiempo, mientras que la negociación de derechos y acuerdos legales por sí sola (como los acuerdos sobre el uso de tierras indígenas que ponen al Gobierno y a los partidos indígenas en lados opuestos de la mesa) produjo un documento estático como resultado. Si bien el reconocimiento de derechos es la base de un gran progreso y los Acuerdos de Uso de Tierras Indígenas pueden contribuir al manejo colaborativo, es crítico contar con procesos para una construcción constante de soluciones.

Taller de la Alianza de los Pueblos Aborígenes de la Selva Húmeda, al norte de Queensland, Australia

Fuente: © Michelle Esparon
Reproducido con el permiso de las personas en la fotografía

a los múltiples desafíos que el cambio dominante y rápido le plantea a la gobernanza de la naturaleza?

La gobernanza adaptativa puede ser la respuesta. El concepto de gobernanza adaptativa se basa en el de la gestión adaptativa (Holling, 1978; Walters, 1986), que en su forma más simple es "aprender haciendo" (véase el Capítulo 8). La gobernanza adaptativa es la adopción consciente de una actitud de aprendizaje en las organizaciones (Borrini-Feyerabend *et al.*, 2004), en la que se permite que las funciones y los acuerdos en evolución moldeen la organización de toma de decisiones en lugar de que las formas organizacionales se impongan como camisas de fuerza.

A través del diálogo, la negociación, la buena voluntad y la experimentación cuidadosa, las instituciones de toma de decisiones pueden evolucionar de manera satisfactoria y conducir a disposiciones más respetadas. En la gobernanza adaptativa gran parte del aprendizaje se lleva a cabo en la toma de decisiones, en la aplicación de las mismas y en su revisión constante. De esta manera, las crisis y la reestructuración de las organizaciones de arriba hacia abajo, que son experiencias traumáticas para muchos, pueden reemplazarse por ajustes y aprendizajes conscientes y constantes.

Adoptar un enfoque de gobernanza adaptativa significa permitir que las instituciones maduren en el tiempo. Por ejemplo, después de hacer hincapié en la legalidad y la experticia técnica, una organización de gobernanza puede evolucionar hacia una mayor legitimidad, responsabilidades compartidas más ampliamente o el apoyo al desarrollo de nuevas asociaciones entre los titulares de derechos. Tanto la experiencia empírica como la teoría sugieren que la "cultura organizacional" –es decir, la combinación de las opiniones individuales, el conocimiento compartido, los valores y las normas de las personas que pertenecen a la organización– es el nivel más fundamental en el que debe producirse la transformación. Para los profesionales y el personal de las áreas protegidas, las perspectivas sobre las interacciones entre las personas y el medio ambiente son el elemento central de estas culturas organizacionales. Por ejemplo, el énfasis en ecosistemas relativamente estables alimenta el desarrollo de políticas y prácticas científicas para la conservación que están controladas por profesionales y organizaciones distantes. Por el contrario, las nociones de incertidumbre, la variabilidad espacial y las complejas dinámicas ecológicas sin equilibrio hacen hincapié en la flexibilidad, la movilidad y el manejo adaptativo de recursos, con la población local como un actor central.

Las perspectivas simplificadas y ahistóricas que son perpetuadas por los poderosos han sido una característica persistente de las políticas e intervenciones ambientales.

La población local (a menudo representada como destructiva, sin educación, atrasada o no innovadora) es culpada por la degradación ambiental y se imponen intervenciones para "evitar un mayor deterioro". Tales narrativas y prácticas de crisis son robustas y difíciles de desafiar, y cambian lentamente. Dentro de las burocracias y círculos profesionales es así como se estructuran opciones, se definen datos relevantes y se excluyen otros puntos de vista. No obstante, con frecuencia la investigación ha desacreditado opiniones ortodoxas sobre las interacciones entre las personas y el medio ambiente (Borrini-Feyerabend *et al.*, 2004; Fairhead *et al.*, 2012), y los análisis históricos, la antropología social, los métodos participativos y las perspectivas desde la ecología en condiciones de no-equilibrio (*non-equilibrium ecology*) están promoviendo lentamente diferentes narrativas en las que la atención a la gobernanza es un componente crucial, así como más culturas organizacionales centradas en las personas.

Una actitud de aprendizaje en las organizaciones puede promoverse de manera consciente y constructiva a través de:

- El análisis y la planeación participativos (por ejemplo, visión, escenarios, análisis de tendencias y mapeo participativo).
- La coproducción y un amplio intercambio de conocimientos (por ejemplo, el diálogo y los intercambios entre científicos académicos y personas con formas de conocimiento tradicionales y basadas en la experiencia; el uso de mapas y modelos que hacen explícitos las suposiciones y los valores; la adopción de nuevas plataformas y variables tales como la etnobiología digital y las mediciones de diversidad biocultural).
- El desarrollo de acuerdos a través del tiempo. Por ejemplo, al anticipar procesos, mecanismos y herramientas para compartir información, con una comunicación entre diversas formas de conocimiento, valores y visiones del mundo; al adoptar formas tranquilas e inteligentes de resolver conflictos y de supervisar funciones, resultados, aceptación social de las decisiones e impactos en la sociedad –incluso en términos de colaboración y equidad–.

Algo más fundamental es que una actitud de aprendizaje puede promoverse con políticas organizacionales que fomenten la comunicación lateral, la autoridad colegiada y los roles y procedimientos flexibles. Los equipos pequeños autogestionados dentro de una organización dada pueden dotarse con la libertad de experimentar, motivar y aprender de los errores. Los profesionales pueden ser alentados a trabajar como "intra-empresarios" (empresarios dentro de las organizaciones), para gestionar directamente parte del presupuesto e innovaciones piloto. Las recompensas y los incentivos específicos pueden fomentar la colaboración, la integridad, la confianza mutua, la continuidad de las iniciativas, el intercambio de conocimientos, el diálogo, el debate, la mejora continua del desempeño y el surgimiento de "campeones" (líderes) con actitudes y valores que les confieren mayores capacidades.

A través de estas políticas, la gobernanza tiene la oportunidad de volverse más flexible e inteligente, capaz de aprender de la experiencia, de sopesar opciones y tomar decisiones rápidas y significativas incluso en circunstancias difíciles. Pero la gobernanza adaptativa tiene sus propios desafíos (Estudio de caso 7.10). Lidiar con incertidumbres relativas puede ser un problema para las partes que se dan cuenta de que los patrones de gobernanza están cambiando y los incentivos para respetar los actuales sistemas de gobernanza están disminuyendo, haciéndolos menos seguros respecto a la inversión en el largo plazo. Los procesos participativos y la negociación de diferentes valores, reivindicaciones, derechos y responsabilidades que en evolución requieren mucho tiempo y pueden agotar la motivación, las capacidades y los recursos de los actores participantes. Se requiere el financiamiento de los costos de transacción (consultas, reuniones) para guiar y adaptar los regímenes de gobernanza adaptativa, pero esto también puede ser costoso y puede superar los recursos existentes.

Gobernanza sabia

Una persona sabia suele ser honesta y buena, pero una persona honesta y buena no es necesariamente sabia. Del mismo modo, una gobernanza sabia es más que una "buena gobernanza". Aquí proponemos que un entorno de gobernanza sabia es aquél en el que se toman decisiones con un alcance significativo, las cuales realzan el bien común y la solidaridad, y que además de permitir también fomentan el compromiso de todos los actores relevantes de la sociedad.

Qué implicaría un alcance significativo? Tal como se mencionó anteriormente, las unidades de gobernanza deben tener una coherencia socioeconómica, y por consiguiente no ser tan grandes que sean inmanejables o tan pequeñas que sean irrelevantes. El número de actores a involucrar debe ser manejable y no abrumador, de tal manera que puedan trabajar juntos de manera armoniosa y efectiva. Además, la sabiduría se da cuando las decisiones son motivadas por el bien común y la solidaridad. Por ejemplo, los que toman las decisiones pueden esforzarse por evitar la acumulación y el desperdicio, fomentar el respeto, la buena voluntad y la convivencia, y desalentar el egoísmo y la codicia. En este sentido, la gobernanza sabia necesita cualidades humanas: sentido de apreciación y comprensión, actitud positiva, curiosidad, atención, cuidado, generosidad, paciencia, incluso humildad, al igual que perseverancia, determinación y, la mayoría de veces, coraje. A partir de estas cualidades, algunas "decisiones" pueden ayudar a las personas a ser lo mejor que pueden ser.

No obstante, las estructuras de toma de decisiones también son extremadamente importantes. Si la Democracia es el gobierno por el pueblo, en la Democracia Representativa el poder conferido a las personas se ejerce mediante la elección de algunos representantes que gobiernan en su nombre. De manera alternativa, en la Democracia Participativa o fuerte, el poder conferido a las personas se ejerce directamente a través de procesos que fortalecen las conexiones de las personas entre sí, y a través de diversas asociaciones, contempla la supervisión de los gobiernos y permite que surja la sabiduría innata de los pueblos y las naciones para aprovechar las capacidades de todos. Para muchos TICCA en sociedades tradicionales, la Democracia Fuerte es el patrón básico para la toma de decisiones. La forma que suele tomar es la asamblea general a nivel de aldea, a veces reforzada por el requisito de que la toma de decisiones solo se puede hacer por consenso. Los sistemas de conocimiento que sustentan los derechos a la comarca y a la cultura y que están mediados por las conexiones con los parientes se ven fortalecidos por estas formas de gobernanza indígenas y comunitarias (Hill *et al.*, 2012). Mientras la gente se sienta libre y competente para hablar sobre los problemas, una democracia fuerte les permite diseñar caminos y oportunidades de gobernanza. Los amplios debates públicos y las "deliberaciones" permiten que las personas intenten persuadirse mutuamente respecto al valor de sus reivindicaciones, mientras que sus propias opiniones y entendimientos evolucionan en el proceso. Por ejemplo, cuando desarrollan sus planes de vida, muchos pueblos indígenas y comunidades locales de Latinoamérica participan en una democracia fuerte que se basa en su espacio de vida compartido; una práctica que tiene raíces ancestrales pero que se propagó recientemente, también como una forma de resistencia frente a los planes de desarrollo impuestos desde afuera (Aparicio, 2002).

Gobernanza innovadora y vital

Los múltiples y aparentemente intratables desafíos que enfrenta nuestro mundo –el cambio climático, la pérdida de la biodiversidad, la creciente necesidad de alimentos, agua dulce y servicios sociales para un gran número de personas– resaltan la necesidad de encontrar nuevas soluciones y descubrir nuevos valores, reglas y normas. Una nueva forma de pensar se ha centrado en los "sistemas complejos", la dinámica no lineal, los umbrales, la incertidumbre, la sorpresa y las interacciones a través de escalas temporales y espaciales (Folke, 2006). En este sentido, las innovaciones surgen a través de cambios graduales y repentinos, en ciclos adaptativos que incluyen períodos de cambio rápido (explotación), periodos de rigidez (conservación), periodos de reajuste y colapso (liberación) y períodos de reorganización (renovación). Algún tipo de perturbación desencadena la secuencia de un período de cambio gradual a uno de cambio rápido, posiblemente en conjunto con ciclos más grandes. Mirar este mundo como un sistema adaptativo complejo puede ayudarnos a entender cómo las partes se influencian mutuamente y cómo podemos intervenir para hacer que el sistema esté en mejor posición de innovar y así obtener los resultados sociales, ambientales, económicos y culturales deseados (Hill *et al.*, 2013b; Simonsen *et al.*, 2014).

La capacidad de reinventarse y renovarse a sí mismos es una característica de todos los sistemas vivos y saludables, y parece estar relacionada con una "actitud de aprendizaje" –apertura a nuevas ideas, voluntad de experimentar y curiosidad que motivan a las personas a llevar a cabo la investigación-acción y no estar satisfechas con explicaciones fáciles, banalidades y chivos expiatorios–. Un poderoso desencadenante puede ser la sabia fusión de conocimientos y habilidades locales y no locales, los que se fundamentan no solo en las tradiciones y la experiencia acumulada de los pueblos indígenas y las comunidades locales, sino también en el conocimiento desarrollado por científicos formales a través de un cuidadoso análisis de diferentes casos y contextos o simplemente basados en la experiencia de pueblos pertenecientes a diversos ambientes. Algunos se refieren a esto como soluciones sincréticas –la sabia fusión de pedazos con una naturaleza aparentemente incompatible, que puede resultar sorprendentemente fresca y efectiva–. De hecho, es posible que esto sea la esencia de la gobernanza adaptativa; la existencia de instituciones vitales, capaces de responder a través del tiempo a las condiciones cambiantes que integran la conservación, los medios de subsistencia y las culturas humanas.

Gobernanza empoderada

Entendemos como gobernanza empoderada un sistema de toma de decisiones que es autoconsciente y autodirigido, capaz no solo de organizar sus propias respuestas a las condiciones ambientales cambiantes, sino también de hacer cumplir sus decisiones. Esta afirmación puede parecer trivial. Por definición, la gobernanza es el ejercicio de la autoridad y la responsabilidad, pero el verdadero empoderamiento es poco común, es, más que nada, una cuestión de capacidades y un profundo reconocimiento y apropiación de la responsabilidad. Para hacer que la autoridad sea significativa, se requiere de capacidad, la cual incluye conocimientos, medios y cualidades de liderazgo. Tener autoridad sobre la vida silvestre en un territorio dado significa poco sin datos confiables sobre la presencia de tal vida silvestre y sobre el hábitat y las condiciones de reproducción, y sin contar con los medios necesarios para inspeccionar el territorio y defenderlo de los cazadores furtivos. También significará poco sin la voluntad de demostrar liderazgo. Y la responsabilidad significa ser lo suficientemente maduro como para limitar algunos de los derechos y privilegios propios para reconocer los de los demás –las generaciones futuras, los desposeídos, otras especies en este planeta–; todos los que asumen los costos de lo que hoy hacen los poderosos.

El verdadero empoderamiento no es solo con respecto a los demás, sino con respecto a uno mismo. Incluso los entornos de gobernanza legalmente autónomos –como una junta de administración legalmente a cargo de un área protegida o una autoridad consuetudinaria que gobierna un territorio indígena– incluyen actores legítimos marginados de la toma de decisiones por una variedad de razones, desde el pobre acceso a los medios de comunicación, hasta la falta de reconocimiento social. A menudo, estas personas incluyen a las mujeres, a los que no tienen tierra, a los jóvenes, a las minorías indígenas, étnicas o religiosas, a los pastores nómadas, a las personas desplazadas durante los conflictos violentos o como resultado de desastres naturales como inundaciones y sequías, y a los hogares afectados por el VIH/SIDA, etcétera (Katz, 2010). Para lograr una gobernanza empoderada es crucial que se nivele el campo de juego, de modo que los que tienen una posición de autoridad expresen con justicia las preocupaciones de la totalidad de sus circunscripciones, incluidos los menos poderosos. Por último, pero no menos importante, el empoderamiento consiste en ser disciplinado y autocrítico; capacidades necesarias para asumir responsabilidades de manera efectiva y confiable.

Las fronteras de la gobernanza

A pesar del reciente crecimiento en la cobertura de las áreas protegidas, todavía hay grandes brechas que deben someterse a la gobernanza y la gestión de la conservación para asegurar especies y ecosistemas específicos (CBD, 2010). Además, incluso las medidas de conservación basadas en áreas que ya existen deben estar mucho más conectadas y mejorar dramáticamente sus prácticas de gestión (Leverington *et al.*, 2010). En general, la sociedad como un todo debe estar cada día más consciente de los problemas ambientales, apoyar las actividades apropiadas y ser capaz de establecer límites razonables a las fuerzas del desarrollo económico. Trabajar en la gobernanza es la expresión de que tenemos esperanza en que todavía podemos frenar el crecimiento económico excesivo y distribuido de manera desigual, de la misma manera que el consumismo y la destrucción ambiental; en que aún podemos detener la especulación financiera destructiva, y encontrar desafíos más sostenibles, equitativos y satisfactorios para la evolución de la sociedad y de las culturas.

Ya podemos ver los beneficios de un mejor conocimiento y acción de la gobernanza.

La atención puesta en ella ha permitido un aumento en la cobertura de áreas protegidas en los sistemas nacionales. Muchas naciones partes del CDB han revisado sus sistemas de áreas protegidas y entienden que solo un tratamiento innovador de la gobernanza les permitirá ampliar su cobertura según lo previsto en la Meta 11 del Plan Estratégico para la Diversidad Biológica 2011-2020 y las Metas de Aichi. En 2006, Francia instituyó una nueva Ley de Áreas Protegidas que exige la gobernanza compartida de todos sus parques nacionales. Gracias a esta ley fue posible crear tres nuevos parques nacionales desde 2006, los cuales protegen más de dos millones de hectáreas. En Australia, la innovadora gobernanza bajo las áreas protegidas indígenas ha dado como resultado, en los últimos quince años, la dedicación de más de sesenta nuevas áreas protegidas, con un total de más de 48 millones de hectáreas, con una representación cercana al 40% del área protegida total de Australia. En Namibia, la cobertura de las áreas de conservación comunitarias y otros arreglos similares ha aumentado hasta cerca de la cuarta parte de la superficie del país, lo cual ha generado importantes beneficios financieros para sus residentes y para la nación en su conjunto (NACSO, 2013). Ecuador y Madagascar también han adoptado todo el conjunto de tipos de gobernanza de la UICN para sus sistemas de áreas protegidas (Ministerio del Ambiente del Ecuador, 2006; Madagascar Protected Area System, 2009), lo cual ha permitido no solo su expansión, sino también su consolidación y responsabilidades mejor compartidas.

La atención en la gobernanza ha mejorado la eficacia y la eficiencia de la gestión. Además de los análisis globales que confirman la relación entre la gobernanza y la efectividad del manejo (Leverington *et al.*, 2010), países como Finlandia y Canadá (Väisänen, citado en Borrini-Feyerabend *et al.*, 2013; Johnston, 2006) brindan evidencias de que invertir en la rendición de cuentas y en la participación del público hace que el trabajo de las agencias nacionales de áreas protegidas sea más eficaz y mejor apreciado en la sociedad. De Australia a Colombia, de Canadá a Namibia, los gobiernos, las agencias de financiamiento, los organismos reguladores y las partes interesadas en general están también conscientes de que los territorios bajo gobernanza compartida o directamente conservados por los pueblos indígenas, las comunidades locales y los terratenientes privados proporcionan beneficios de conservación a bajo costo para la sociedad –una fuerte recomendación para apoyar sus esfuerzos–.

La solidaridad enriquecida es un subproducto de las iniciativas exitosas de conservación comunitaria en Casamance, Senegal
Fuente: Grazia Borrini-Feyerabend

La atención en la gobernanza ha mejorado la idoneidad y la equidad de las decisiones. Las áreas protegidas requieren muchos tipos de decisiones que respondan a las oportunidades y amenazas relacionadas con su integridad ecológica e importancia social y cultural. Con frecuencia, los resultados débiles se deben al fracaso de la legislación, las políticas y los procesos de toma de decisiones, no solo para comprender y "encajar" en la situación, sino también para brindar una orientación significativa e incentivos eficaces (por ejemplo, reconocimiento social y apoyo financiero) para los administradores y otros. Tal como lo demuestran los procesos actuales en Filipinas (Lim, 2012), cuando los organismos gubernamentales apoyan una configuración de gobernanza legítima y responsable, pueden resolver dilemas socioeconómicos, incluidos los conflictos con los pueblos indígenas. La diversidad de la gobernanza también puede maximizar los beneficios ecológicos, sociales y culturales derivados de las medidas de conservación basadas en áreas. Por ejemplo, las áreas de conservación de vida silvestre en Tanzania y los ranchos grupales en Kenia están generando importantes beneficios para las comunidades comprometidas, las que solían soportar los costos, sin beneficios, de la presencia de vida silvestre en sus territorios.

La atención a la gobernanza ha promovido mejores vínculos entre las medidas de conservación basadas en áreas y los paisajes terrestres y marinos circundantes. Los arreglos de gobernanza que se ajustan a su contexto alimentan los vínculos con el paisaje terrestre/marino más extenso y ayudan a hacer una conexión con una toma de decisiones más amplia. Los procesos de gobernanza apropiados y receptivos involucran a los titulares de derechos y las partes interesadas que viven y trabajan con la tierra y el mar y que pueden abordar problemas ambientales fuera de las fronteras de las medidas de conservación basadas en áreas. Por ejemplo, en Australia, los grupos aborígenes Wiling gin, Dambimangari, Uunguu y Balanggarra trabajan con el proyecto de Control de Incendios de North Kimberley para crear negocios basados en "quemar el campo de la manera correcta" con el fin de reducir las emisiones de gases de efecto invernadero bajo la Iniciativa de Agricultura de Carbono del Gobierno de Australia (KLC, 2014) dentro y fuera de sus áreas protegidas indígenas.

La atención en la gobernanza ha sido una ayuda valiosa para afrontar los desafíos actuales y el cambio global. Lejos de ser inmutables, las medidas basadas en áreas para la conservación pueden ser procesos dinámicos y adaptativos, capaces de responder a los desafíos existentes y al cambio global. Hace una década, ¿quién habría podido prever que en una de las regiones más pobres y olvidadas de Senegal, la conservación de base restauraría los manglares y la biodiversidad de los peces, cuadruplicaría la pesca, inspiraría a las comunidades, convencería a las autoridades regionales y nacionales y captaría la atención internacional en unos pocos años? (ICCA Registry, 2012). Las nuevas medidas de conservación basadas en áreas, como estas que son pioneras en la fusión de las características tradicionales y modernas y se basan en la gobernanza de las instituciones de base popular, deben aceptarse con cautela y sobre la base de un análisis exhaustivo; pero la conservación debe estar abierta a ellas si desea ser visionaria y nutrir nuevas energías y perspectivas.

Mejoramiento de la gobernanza para una vida sostenible

El enfoque en la gobernanza de las áreas protegidas que comenzó en Durban en 2003, además de ayudar a ampliar el espectro de actores legítimos y de las medidas basadas en áreas para la conservación, también enfatiza consideraciones sobre los principios y valores que producen beneficios concretos para dicha conservación. Ahora estamos listos para implementar soluciones, más allá de los parámetros establecidos y de las zonas de confort, con el fin de mejorar la gobernanza para la conservación de la naturaleza, que es la base para una vida sostenible en nuestro planeta.

Pero, ¿cómo mejora la gobernanza? En algunos casos, el cambio viene de adentro, y en otros es provocado por recriminaciones y conflictos de afuera. Otra forma posible es a través de un análisis y una planeación colectiva consciente. Numerosas decisiones del CDB, al igual que las resoluciones y recomendaciones de la UICN, parecen alentar esta última opción, y un trabajo reciente, copatrocinado por la UICN y el CDB, ofrece una metodología no solo para analizar y evaluar la gobernanza, sino también para planificar su mejoramiento frente a los sistemas de áreas protegidas o sitios individuales (Borrini-Feyerabend *et al.*, 2013).

Una novedad importante de la metodología de la UICN y del CDB es que se centra claramente en paisajes terrestres, marinos y territorios y áreas conservadas, incluidas, entre otras, las áreas protegidas. En la práctica, ¿qué funciona para conservar la naturaleza? ¿Quién puede tomar las decisiones clave de gobernanza? ¿Qué hemos aprendido sobre la toma de decisiones como proceso informado,

Reunión entre los visitantes Neema Pathak y Michael Lockwood y los aldeanos/custodios en Baripada, cerca de Pune, India, para escuchar sobre la gestión de conservación en el área, incluida la manera en que la protección de las cuencas y el trabajo de restauración habían mejorado la fiabilidad del abastecimiento local de agua y los subsecuentes beneficios para el cultivo

Fuente: Graeme L. Worboys

legítimo, justo, apropiado, rápido y lo más sabio posible? La metodología sugiere que los actores involucrados deben abordar estas cuestiones a partir de una comprensión profunda de la historia local tanto natural como social. ¿Qué especies parecen crecer y vivir bien en el contexto? ¿Qué fenómenos naturales principales –migraciones de animales, flujos de agua, procesos de regeneración– lo caracterizan? ¿Cómo ha vivido la gente allí por generaciones? ¿Cómo hicieron frente a las estaciones? ¿Dónde construyeron? ¿Qué comían? ¿Cuáles son las características fundamentales de su cultura; aquellas que no se desarrollaron imitando a otros pueblos distantes sino por la adaptación al ambiente local único? Podemos extraer lecciones útiles sobre la conservación y el desarrollo a partir de una comprensión de la historia ecológica y social y la identidad del lugar. ¿Estamos apoyando y facilitando la naturaleza, o estamos restringiéndola? ¿Estamos tratando de cultivar maíz en tierras áridas, aptas para el pastoreo nómada? ¿Estamos criando ganado en suelos delgados tropicales? ¿Estamos plantando eucaliptos o pinos donde la castaña o la araucaria podrían prosperar? ¿Estamos asfixiando las vías fluviales, erosionando las laderas, agotando los acuíferos? ¿Qué podemos hacer para vivir bien en sintonía con la naturaleza y sin desperdiciar los recursos naturales, para no ir en contra de la naturaleza?

En el mundo, muchos paisajes culturales terrestres y marinos se ven estéticamente atractivos y llenos de cultura porque expresan la capacidad de las personas para comprender la naturaleza y prosperar siguiendo esa comprensión. A veces esto implica dejar que la naturaleza siga su propio curso, como la protección de un bosque y el uso de sus recursos de una manera cuidadosa y limitada. En otras ocasiones la gente trabaja duro para construir terrazas, canales, pasos y caminos, huertos y jardines, pastizales y pozos. Cuando lo hacen con respeto, inteligencia y cuidado, tanto el paisaje como el pueblo se benefician, y los resultados se visualizan inmediatamente. Estos pueblos expresan una forma de conectividad profunda entre las personas y la naturaleza, un modo de interacción que mantiene viva la naturaleza distintiva dentro y fuera de las áreas protegidas.

Pero, ¿tal conectividad profunda está relacionada con la gobernanza? Parece destinada a estarlo. La hipótesis que viene inmediatamente a la mente es que solo los escenarios de gobernanza del tipo apropiado y arraigados en la historia socioecológica del lugar pueden alimentar este tipo de conectividad; solo el aprendizaje a través del tiempo puede nutrir su acumulación de conocimientos, habilidades, decisiones e instituciones locales. Esta es un área de análisis e investigación, ya que tendrían que desarrollarse y estudiarse parámetros medibles que puedan describir la conectividad profunda en relación con la diversidad, la calidad y la vitalidad de la gobernanza.

Mientras tanto, pueblos, comunidades, agencias gubernamentales, investigadores, empresas, ancianos, líderes espirituales y ciudadanos están promoviendo y poniendo a prueba –con inteligencia, cuidado y voluntad de participar– una variedad de rutas innovadoras hacia la gobernanza de la naturaleza para una vida sostenible, lo cual combina el bienestar humano y la conservación de la naturaleza. Estas rutas incluyen:

- Repensar y reorganizar el paisaje terrestre y marino en unidades socioecológicas más coherentes.
- Asignarles potestad respecto a los asuntos de desarrollo a las autoridades, a lo ancho del ecosistema, responsables (y a cargo de la rendición de cuentas) de conservar las funciones del mismo y promover la paz social, la equidad económica y el bienestar.
- Proporcionar reconocimiento e incentivos a la proliferación de modelos de conservación, tales como áreas protegidas bajo cualquier tipo adecuado de gobernanza, áreas conservadas, conservación voluntaria y subsidiaria.
- Revitalizar los bienes comunes al garantizar los derechos colectivos sobre la tierra y los recursos naturales a favor de los pueblos indígenas y las comunidades locales que están fuertemente conectadas con ellos.
- Fomentar métodos deliberativos e inclusivos para la toma de decisiones ambientales. Por ejemplo, la discusión abierta de alternativas a través de jurados ciudadanos, búsquedas de un futuro, conferencias de consenso, votaciones, referendos, comparaciones abiertas de los conocimientos ecológicos a partir de la ciencia y la tradición, modelos empresariales y economías solidarias.
- Promover un modelo comercial sólido para el sector ambiental, por ejemplo, mediante el uso de incentivos y desincentivos financieros para regular el comportamiento, como el principio de "quien contamina paga" para el cambio climático.
- Centrar la atención en la justicia social y erradicar las desigualdades basadas en el género, la clase, la casta, la etnia, la raza, etc.
- Intensificar las conexiones y la retroalimentación entre los responsables de la toma de decisiones en diferentes sectores y en distintos niveles a través de inversiones importantes en información y comunicación.
- Aplicar en el campo de la conservación las lecciones aprendidas de movimientos políticos innovadores a lo largo de la historia y las lecciones sobre la resiliencia en una variedad de sectores (por ejemplo, educación y salud).

- Promover la democracia económica con mecanismos como el diseño participativo de presupuestos, el ingreso ciudadano (liberación de la pobreza abyecta y las condiciones degradantes), el ahorro y los préstamos comunitarios (economía solidaria), los impuestos altos sobre las especulaciones financieras, la producción innovadora verdaderamente verde y el control del productor y del consumidor sobre el mercado.
- Promover la democracia de la información mediante reformas en el sector de la educación (educación para el pensamiento crítico y toma de decisiones bien informadas) y en el sector de las comunicaciones (periodismo de investigación, pluralismo de las noticias, regulación de los negocios de los medios de comunicación).
- Desarrollar planes comunitarios para vivir bien –incluida la producción local de alimentos y la satisfacción de las necesidades básicas– y compartirlos, compararlos e integrarlos en varios niveles.
- Mejorar la formulación de políticas mediante la investigación y la planeación participativas obligatorias, la acción afirmativa para redistribuir la autoridad y las responsabilidades (por ejemplo, para compensar la discriminación de género), y mecanismos transparentes para la rendición de cuentas.
- Apoyar a las agencias ambientales para promover una cultura interna de aprendizaje, de tal manera que se conviertan en organizaciones planas y receptivas que ofrezcan incentivos para el compromiso y la innovación.
- Garantizar una medida de democracia directa, en la que las personas siempre tengan la oportunidad de participar en la toma de decisiones clave cuyas consecuencias sean afrontadas principalmente por ellas mismas, y en la que puedan asumir sus responsabilidades hacia la sociedad en general y los principios constitucionales en los cuales se cimienta la misma.

Conclusión

En la víspera del Congreso Mundial de Parques de 2003 en Durban, comenzaron a examinarse ampliamente las cuestiones sobre gobernanza para las áreas protegidas en todo el mundo. Sobre la base de un entendimiento inicial, en la década siguiente fue posible desarrollar un sistema de tipos de gobernanza y se recomendó la adherencia a los principios de una buena gobernanza que los Estados Partes del CDB están adoptando lenta pero firmemente. En la actualidad, el rostro visible de una mayor diversidad y calidad de la gobernanza para la conservación de la naturaleza es evidente no solo en las colaboraciones y actores nuevos y emergentes, sino también en las nuevas políticas que se están aprobando y en las nuevas prácticas que se están arraigando en el terreno. En el espacio de unos pocos años, esto ha ampliado la cobertura de las áreas protegidas y ha mejorado la eficacia y la eficiencia de la gestión, al igual que la equidad de las decisiones. Esto también ha proporcionado mejores vínculos con los paisajes terrestres y marinos circundantes, al igual que una valiosa ayuda para afrontar los desafíos actuales y el cambio global. Asimismo, está surgiendo una avalancha de ideas y caminos –en combinación o como alternativas– con el fin de fomentar la vitalidad de la gobernanza y el aprendizaje práctico para la conservación de la naturaleza.

No obstante, no debemos descuidarnos. Todas las partes interesadas no pueden tener una igualdad de opinión en asuntos cruciales para los medios de subsistencia y la conservación. La equidad no es igualdad, y los derechos existentes, la cantidad y la calidad del compromiso y la compensación justa no pueden dejarse de lado. Del mismo modo, es necesario un sentido de estabilidad de la gobernanza.

La gobernanza adaptativa es necesaria, pero el cambio constante, las reglas que no son confiables y la falta de seguridad para las inversiones generan caos. La subsidiariedad, la atención a los contextos y el respeto por las culturas y valores locales son importantes, pero también lo es el bien común, incluidos los ecosistemas viables y un clima estable, al igual que los valores humanos universales, como los que ponen freno a la codicia y el egoísmo, y a los comportamientos violentos y destructivos. Es importante escuchar y poner a dialogar a las personas con valores diversos, al igual que a quienes tengan interpretaciones opuestas del mundo e intereses divergentes, pero no pueden perseguirse al mismo tiempo valores y visiones de futuro que sean contradictorios. Para que la gobernanza tenga resultados coherentes, las decisiones deben tomarse y mantenerse en el tiempo.

¿Cómo lograr un equilibrio entre justicia y derechos adquiridos, estabilidad e innovación, significado y valores locales y principios liberadores más amplios? Sugerimos un "enfoque basado en los Derechos Humanos", mediante el cual se respeta una multiplicidad de derechos procesales y sustantivos. Pero también sugerimos que se garanticen la efectividad en la toma de decisiones y el estado de derecho, y que los derechos siempre estén equilibrados con responsabilidades, incluso los de las generaciones futuras y los de la naturaleza. No hay ninguna receta para garantizar lo anterior, pero se están acumulando lecciones e ideas a partir de procesos de aprendizaje práctico en todo el mundo. Con esfuerzos conscientes y participativos para mejorar su propia diversidad, calidad y vitalidad, la gobernanza puede desarrollarse en su mejor forma para la conservación de la naturaleza.

Referencias

Lecturas recomendadas

Alcorn, J.; Luque, A. y Weisman, W. (2005). Non-governmental organizations and protected area governance. En D. Pansky (ed.). *Governance Stream of the Vth World Parks Congress.* Ottawa: Parks Canada y IUCN WCPA.

Anderson, P. (2003). The contributions made by private game reserves and landowners to conservation in South Africa. Presentado en Governance Stream to Benefits beyond Boundaries, Fifth World Parks Conference, septiembre 8-17, Durban.

Aparicio, M. (2002). *Los pueblos indígenas y el Estado.* Barcelona: Cedes Editorial.

Berkes, F. (2004). Rethinking community-based conservation. *Conservation Biology*, 18(3), 621-630.

Borrini-Feyerabend, G. y Dudley, N. (2005). *Les Aires Protégées à Madagascar: bâtir le système à partir de la base.* Reporte para IUCN y SAPM Commission. Glande IUCN WCPA/CEESP.

Dudley, N.; Jaeger, T.; Lassen, B.; Broome, N.P.; Phillips, A. y Sandwith, T. (2013). *Governance of protected areas: from understanding to action.* Gland: IUCN.

Pimbert, M.; Farvar, M.T.; Kothari, A. y Renard, Y. (2004). *Sharing power: learning by doing in co-management of natural resources throughout the world.* Teherán: IIED y IUCN CEESP/CMWG, Cenesta.

Lassen, B.; Stevens, S.; Martin, G.; Riasco de la Pena, J.C.; Raez-Luna, E.F. y Farvar, T. (2010). *Biocultural Diversity Conserved by Indigenous Peoples and Local Communities.* Teherán: ICCA Consortium, Cenesta for GEF SGP, GTZ, IIED e IUCN CEESP.

Bravo, M. y Heylings, P. (2002). Sistema de manejo participativo de la Reserva Marina de Galápagos - actividades en 2001 y resultados de la primera evaluacion participative. *Policy Matters*, 10, 115-120.

Cash, D.W. y Moser, S.C. (2000). Linking global and local scales: designing dynamic assessment and management processes. *Global Environmental Change*, 10(2), 109-120.

Convention on Biological Diversity (CBD). (1992). *Convention on Biological Diversity.* Nueva York: United Nations.

(2010). *Global Biodiversity Outlook 3.* Montreal: Secretariat of the Convention on Biological Diversity.

(2011). *Strategic Plan for Biodiversity 2011-2020 and the Aichi Targets.* Montreal: Secretariat of the Convention on Biological Diversity.

Crutzen, P.J. (2006). The "anthropocene". En: E. Ehlers y T. Krafft (eds.). *Earth System Science in the Anthropocene*, pp. 13-18. Berlin y Heidelberg: Springer.

Dearden, P.; Bennett, M. y Johnston, J. (2005). Trends in global protected area governance, 1992-2002. *Environmental Management*, 36(1), 89-100.

Diegues, A.C. (s.f.). *The Myth of Wilderness in the Brazilian Rainforest.* Recuperado de: www.iccaconsortium.org/wpcontent/uploads/images/stories/Database/myth%20final.pdf

Dudley, N. (2008). *Guidelines for Applying Protected Area Management Categories.* Gland: IUCN.

Eagles, P.F.J. (2009). Governance of recreation and tourism partnerships in parks and protected areas. *Journal of Sustainable Tourism*, 17(2), 231-248.

Estifania, E.; de Vera, P.; Lucero-Diola, F. y Silang, P. (eds.). (2012). *Nature Conservation in the Footsteps of Our Ancestors. Proceedings of the First National Conference on Indigenous Community Conserved Areas (ICCAs) in the Philippines.* Manila: University of the Philippines National College of Public Administration and Governance y Protected Areas and Wildlife Bureau in partnership with New-CAPP Project, UNDP-GEF. Recuperado de: www.google.com/url?sa=tyrct=jyq=yesrc=syfrm=1ysource=webycd=6ycad=rjayuact=8yved=0CEAQFjAFyurl=http%3A%2F%2Fwww.newcapp.org%2Fimages%2Fwhatsnew%2Fdownload%2F10082012032949ICCA%2520Conference.pdfyei=pTInU62fGofn4QSorYCgBAyusg=AFQjCNFh85567UHG0UFxuOT-ZCsdlQxNBQybvm=bv.62922401,d.bGE

Fairhead, J.; Leach, M. y Scoones, I. (2012). Green grabbing: a new appropriation of nature? *Journal of Peasant Studies*, 39(2), 237-261.

Farrier, D. y Adams, M. (2011). Indigenous-government co-management of protected areas: Booderee National Park and the national framework in Australia. En B. Lausche y F. Burhenne (eds.). *Guidelines for Protected Area Legislation*. Gland: IUCN.

Folke, C. (2006). Resilience: the emergence of a perspective for social-ecological systems analyses. *Global Environmental Change*, 16(3), 253-267.

Goudie, A. (1990). *The Human Impact on the Natural Environment*. Oxford: Basil Blackwell.

Graham, J.; Amos, B. y Plumptre, T. (2003). *Governance principles for protected areas in the 21st century*. [Artículo de discusión]. Ottawa: Institute on Governance in collaboration with Parks Canada y Canadian International Development Agency.

Hansen, J.; Kharecha, P.; Sato, M.; Masson-Delmotte, V.; Ackerman, F.; Beerling, D.J.; Hearty, P.J.; Hoegh-Guldberg, O.; Hsu, S.-L.; Parmesan, C.; Rockstrom, J.; Rohling, E.J.; Sachs, J.; Smith, P.; Steffen, K.; van Susteren, L.; von Schuckmann, K. y Zachos, J.C. (2013). Assessing "dangerous climate change": required reduction of carbon emissions to protect young people, future generations and nature. *Plos One*, 8(2).

Hill, R.; Williams, K.J.; Pert, P.L.; Robinson, C.J.; Dale, A.P.; Westcott, D.A.; Grace, R.A. y O'Malley, T. (2010). Adaptive community-based biodiversity conservation in Australia's tropical rainforests. *Environmental Conservation*, 37(1), 73-82.

Grant, C.; George, M.; Robinson, C.J.; Jackson, S. y Abel, N. (2012). A typology of indigenous engagement in Australian environmental management: implications for knowledge integration and social-ecological system sustainability. *Ecology and Society*, 17(1), 23. Doi: dx.doi.org/10.5751/ES-04587-170123

Maclean, K.; Pert, P.L.; Rist, P.; Joyce, A.; Schmider, J. y Tawake, L. (2013a). *Participatory evaluation of co-management in wet tropics country. Interim report*. Reporte para National Environmental Research Program. Queensland: Reef and Rainforest Research Centre Limited, Cairns.

Halamish, E.; Gordon, I.J. y Clark, M. (2013b). The maturation of biodiversity as a global social-ecological issue and implications for future biodiversity science and policy. *Futures*, 46(1), 41-49.

Holling, C.S. (ed.). (1978). *Adaptive Environmental Assessment and Management*. Nueva York: John Wiley & Sons.

ICCA Registry. (2012). Association Kawawana, ICCA Registry 2012. Cambridge: UNEP-WCMC. Recuperado de: www.iccaregistry.org/en/sites/26

International Labour Organisation (ILO). (1989). *Convention No. 169*. Ginebra: International Labour Organisation. Recuperado de: www.ilo.org/indigenous/Conventions/no169/lang--en/index.htm

International Union for Conservation of Nature World Commission on Protected Areas (IUCN WCPA). (2013). *Global Transboundary Conservation Network*. Gland: IUCN. Recuperado de: www.tbpa.net/page.php?ndx=83

Johnston, J. (2006). Information for G. Borrini-Feyerabend, J. Johnston y D. Pansky, Governance of protected areas. En: M. Lockwood, A. Kothari y G.L. Worboys (eds.). *Managing Protected Areas: A global guide*, p. 139. Londres: Earthscan.

Katz, E. (2010). *Land Tenure, Property Rights, and Natural Resource Management: land tenure and property rights reform in the developing world - who is vulnerable*. Burlington, Estados Unidos: United States Agency for International Development.

Kimberley Land Council (KLC). (2014). *North Kimberley Ranger Groups and Aboriginal Corporations Discuss Carbon Business*. Broome, Australia: Kimberley Land Council. Recuperado de: klc.org.au/2013/01/23/north-kimberley-ranger-groups-and-aboriginal- corporations-discuss-carbon-business/

Kothari, A. (2006). Community conserved areas: towards ecological and livelihood security. *PARKS*, 16(1), 3-13.

Corrigan, C.; Jonas, H.; Neumann, A. y Shrumm, H. (eds.). (2012). *Recognising and Supporting Territories and Areas Conserved by Indigenous Peoples and Local Communities: global overview and national case studies*, Technical Series No. 64. Montreal: Secretariat of the Convention on Biological Diversity, ICCA Consortium, Kalpavriksh y Natural Justice.

Langholz, J.A. y Krug, W. (2004). New forms of biodiversity governance: non-state actors and the private protected area action plan. *Journal of International Wildlife Law and Policy*, 7(1-2), 9-29.

Lausche, B. y Burhenne, F. (2011). *Guidelines for Protected Area Legislation*. Gland: IUCN.

Farrier, D.; Verchuuren, J.; La Vina, A.G.M.; Trouwborst, A.; Born, C.H. y Aug, L. (2013). *The legal aspects of connectivity conservation: a concept paper*. Gland: IUCN.

Lebel, L.; Anderies, J.M.; Campbell, B.; Folke, C.; Hatfield-Dodds, S.; Hughes, T.P. y Wilson, J. (2006). Governance and the capacity to manage resilience in regional social-ecological systems. *Ecology and Society*, 11(1), 21.

Leverington, F.; Costa, K.L.; Pavese, H.; Lisle, A. y Hockings, M. (2010). A global analysis of protected area management effectiveness. *Environmental Management*, 46(5), 685-698.

Lim, T.M. (2012). ICCA recognition in the Philippines and its role in the achievement of Aichi Targets. Presentación realizada en el Coloquio sobre TICCAs del CDD, COP 11, Hyderabad, India, 13 de octubre.

Madagascar Protected Area System (SAPM). (2009). *Capitalisation des expériences et des acquis en matière de gouvernance des aires protégées en cogestion et des aires protégées communautaires à Madagascar*. Antananarivo, Madagascar: Ministry of Environment, Forests and Tourism of Madagascar.

Ministerio de Ambiente del Ecuador. (2006). Políticas *y Plan Estratégico del Sistema Nacional de Áreas Protegidas 2007-2016*. Quito: Proyecto Sistema Nacional de Áreas Protegidas (SNAP-GEF).

Mitchell, B.A. y Brown, J.L. (1998). Stewardship: a working definition. *Environments*, 26(1), 8-17.

Murphree, M. (2000). Boundaries and borders: the question of scale in the theory and practice of common property management. Artículo presentado en Eighth IASCP Conference, Bloomington, Indiana, mayo 31 - junio 4.

Namibian Association of CBNRM Support Organisations (NACSO). (2013). *The State of Community Conservation in Namibia*. Windhoek, Namibia: NACSO.

Nelson, R.; Howden, M. y Smith, M.S. (2008). Using adaptive governance to rethink the way science supports Australian drought policy. *Environmental Science and Policy*, 11(7), 588-601.

Ostrom, E. y Nagendra, H. (2006). Insights on linking forests, trees and people from the air, on the ground, and in the laboratory. *Proceedings of the National Academy of Sciences of the United States of America*, 103(5), 19.224-231.

Paterson, A.R. (2010). Clearing or clouding the discourse - a South African perspective on the utility of the IUCN protected areas governance typology. *South African Law Journal*, 127(3), 490-514.

(2011). Bridging the gap between conservation and land reform: communally- conserved areas as a tool for managing South Africa's natural commons. [Tesis]. Department of Public Law, University of Cape Town, Sur África.

Posey, D.A. (ed.). (1999). *Cultural and Spiritual Values of Biodiversity*. Londres: UNEP, Nairobi e Intermediate Technology Publications.

Rose, D.B. (1996). *Nourishing Terrains: Australian Aboriginal views of landscapes and wilderness*. Canberra: Australian Heritage Commission.

(2013). Indigenous Protected Areas - innovation beyond the boundaries. Recuperado de : www.nature.org/cs/groups/webcontent/@web/@australia/documents/document/prd_062372.pdf

Sandwith, T.; Shine, C.; Hamilton, L. y Sheppard, D. (2001). *Transboundary Protected Areas for Peace and Cooperation*. Gland: IUCN.

Simonsen, S.H.; Biggs, R.; Schlüter, M.; Schoon, M.; Bohensky, E.L.; Cundill, G.; Dakos, V.; Dayw, T.; Kotschy, K.; Leitch, A.M.; Qunilan, A.; Peterson, G. y Moberg, F. (2014). *Applying Resilience Thinking. Seven principles for building resilience in social-ecological systems*. Estocolmo: Stockholm Resilience Centre.

Stanciu, E. y Ioni, A. (2013). *Governance of Protected Areas in Eastern Europe. Overview on different governance types, case studies and lessons learned.* Braov, Rumanía: Study commissioned to ProPark, Romania, por German Federal Agency for Nature Conservation BfN, Skripten.

Stevens, S. y Pathak-Broome, N. (2014). Appropriate recognition and respect for indigenous peoples' and community conserved territories and areas which overlap protected areas. Documento borrador para ICCA Consortium.

Tilman, D.; Balzer, C.; Hill, J. y Befort, B.L. (2011). Global food demand and the sustainable intensification of agriculture. *Proceedings of the National Academy of Sciences of the United States of America*, 108(50), 20.260-264.

United Nations Development Programme (UNDP). (1997). *Governance for Sustainable Human Development: A UNDP policy document*. Nueva York: United Nations Development Programme.

(1999). *Human Development Report 1999: Globalisation with a human face*. Nueva York: United Nations Development Programme.

(2002). *Human Development Report 2002: Deepening democracy in a fragmented world*, Nueva York: United Nations Development Programme.

United Nations Environment Program (UNEP), International Union for Conservation of Nature (IUCN) y World Wildlife Fund (WWF). (1980). *World Conservation Strategy*. Gland: IUCN. Recuperado de: data.iucn.org/dbtw-wpd/edocs/WCS-004.pdf

Walters, C. (1986). *Adaptive Management of Renewable Resources*. Nueva York: Macmillan.

Western Ghats Ecology Expert Panel. (2011). *Report of the Western Ghats Ecology Expert Panel. Part I*. Enviado al Ministerio de Ambiente y Bosques de la India. Recuperado de: moef.nic.in/downloads/public-information/wg-23052012.pdf

Woodley, S.; Bertzky, B.; Crawhall, N.; Dudley, N.; Miranda Londoño, J.; MacKinnon, K.; Redford, K. y Sandwith, T. (2012). Meeting Aichi Target 11: what does success look like for protected area systems? *PARKS*, 18(1), 24-34.

Wyborn, C. y Bixler, R.P. (2013). Collaboration and nested environmental governance: scale dependency, scale framing, and cross-scale interactions in collaborative conservation. *Journal of Environmental Management*, 123(1), 58-67.

Young, I.M. (2001). Activist challenges to deliberative democracy. *Political Theory*, 29(5), 670-690.

Young, O.R.; Berkhout, F.; Gallopin, G.C.; Janssen, M.A.; Ostrom, E. y Leeuw, S.V.D. (2006). The globalization of socio-ecological systems: an agenda for scientific research. *Global Environmental Change - Human and Policy Dimensions*, 16(3), 304-316.

CAPÍTULO 8

GESTIÓN Y MANEJO DE ÁREAS PROTEGIDAS

Autor principal:
Graeme L. Worboys

Autor de apoyo:
Ted Trzyna

CONTENIDO

IUCN WCPA WORLD COMMISSION ON PROTECTED AREAS Convention on Biological Diversity

AUTOR PRINCIPAL

GRAEME L. WORBOYS es co-vicepresidente de Conservación de la Conectividad y Montañas, de la Comisión Mundial de Áreas Protegidas de la Unión Internacional para la Conservación de la Naturaleza y becario adjunto en la Escuela Fenner, Universidad Nacional de Australia

AUTOR DE APOYO:

TED TRZYNA es presidente del Grupo de Especialistas Urbanos de la CMAP de la UICN y presidente del InterEnvironment Institute, afiliado de la Universidad Claremont Graduate en California, Estados Unidos.

AGRADECIMIENTOS

Se agradece a Michael Lockwood y Ashish Kothari por revisar una versión anterior de este capítulo. Se agradece a Nitin D. Rai, Ankila J. Hiremath, Siddappa Setty y Michael Treanor por sus contribuciones al mismo.

CITACIÓN

Worboys, G.L. y Trzyna, T. (2019). Gestión y manejo de áreas protegidas. En: G.L. Worboys, M. Lockwood, A. Kothari, S. Feary e I. Pulsford (eds.). *Gobernanza y gestión de áreas protegidas*, pp. 215-262. Bogotá: Editorial Universidad El Bosque y ANU Press.

FOTOGRAFÍA DE LA PÁGINA DEL TÍTULO

Entrada al lago Kayangan, Isla Corón, Filipinas, "dominio ancestral" formal del pueblo Tagbanwa, uno de los grupos étnicos más antiguos de Filipinas: el área protegida también es reconocida como reserva nacional y reserva marina. Fuente: Ashish Kothari

Introducción

La "gestión y manejo de áreas protegidas" es un capítulo fundamental, no solo para los profesionales de las áreas protegidas, sino también para los encargados de formular políticas. Al igual que con la gobernanza (Capítulo 7), este es un componente básico como información de apoyo esencial para la gestión profesional de las áreas protegidas. Este capítulo se centra principalmente en las grandes organizaciones de administración de estas, incluidas las agencias gubernamentales, las organizaciones no gubernamentales (ONG) y las organizaciones privadas. Al adoptar este enfoque, reconocemos que para muchos Territorios y Áreas Conservados por Pueblos Indígenas y Comunidades Locales (TICCA), la gestión es menos formal, con una planeación no documentada y que hace parte de las decisiones cotidianas de las comunidades informales e intuitivas en evolución (Kothari, comunicación personal). Sin embargo, los principios y prácticas descritos en este capítulo son ampliamente relevantes para todas las áreas protegidas, e indicamos aspectos específicos que son relevantes para los TICCA, para los administradores de tierras y para los que actúan en nombre de organizaciones pequeñas. Este capítulo también enfatiza, para todos los tipos de gobernanza, la necesidad de una gestión activa de las áreas protegidas con el fin de lograr los resultados de conservación.

El capítulo presenta algunas teorías de gestión para brindar una definición de gestión que incluya sus cuatro funciones principales. Presentamos consideraciones de la gestión estratégica, marcos de planeación y muchas herramientas y marcos de soporte para ayudar a los profesionales a mejorar la efectividad del manejo e inspirar innovaciones adicionales. Aquí se considera la gestión de los sistemas nacionales de áreas protegidas. Estos sistemas pueden incluir áreas protegidas del Gobierno y privadas, así como TICCA. Respecto a las áreas protegidas individuales, se brindan orientaciones de manejo para cada una de las seis categorías de gestión de las mismas, de la Unión Internacional para la Conservación de la Naturaleza (UICN). También se presentan consideraciones de manejo para trabajar con funcionarios y otras personas que viven, trabajan y utilizan las áreas protegidas. Los diferentes arreglos de gobernanza requieren diferentes enfoques de gestión, y se describe la gestión asociada con cuatro tipos de gobernanza reconocidos por la UICN, incluido el trabajo y la operación dentro de un sistema de áreas protegidas del Gobierno, arreglos de gobernanza compartida y la introducción a los arreglos de gobernanza de áreas protegidas privadas y de los TICCA. Las áreas protegidas también se establecen en contextos especiales y, de la misma manera, se describen reservas dentro o cerca de áreas urbanas, tales como las áreas protegidas de Categoría II.

La necesidad de administrar

A mediados de 2014, se había reconocido oficialmente como áreas protegidas un 15,4% de la superficie terrestre del planeta y un 3,4% de su superficie marina, lo cual incluía el 8,4% de las zonas marinas bajo jurisdicción nacional (UNEP-WCMC, 2014). Estas áreas protegidas necesitan una gestión constante y eficaz para responder a múltiples problemas y responsabilidades respecto a la gestión de la tierra y el mar. Esto implica realizar una inversión en entornos saludables, en conservación de la biodiversidad, del patrimonio natural, del patrimonio cultural y en personas sanas.

Gestión y manejo activos

En todo momento las áreas protegidas enfrentan amenazas tales como los efectos del cambio climático, las especies introducidas, el impacto de los visitantes, el vandalismo, la caza furtiva, los eventos de contaminación, el desarrollo y las actividades extractivas, los disturbios civiles, y algunos incidentes como tormentas intensas e incendios forestales. Tener la capacidad de responder de una manera planeada y eficaz es primordial. Los profesionales de áreas protegidas realizan muchas otras tareas como el manejo de especies, el patrullaje contra la caza furtiva, el suministro de servicios para los visitantes, el tratamiento de emergencias, la investigación y el monitoreo, y el trabajo de restauración. A nivel de las políticas gubernamentales, es necesario responder a las amenazas que el desarrollo genera para las áreas protegidas. Los resultados sociales, económicos y ambientales de la gestión activa y receptiva de las áreas protegidas benefician a visitantes, vecinos, investigadores, comunidades locales, empresas, organizaciones privadas, gobiernos y generaciones futuras.

Cambios en el uso de la tierra

Con el aumento del número de áreas protegidas y las recomendaciones del Convenio sobre la Diversidad Biológica (CDB) para aumentos adicionales, es muy frecuente que existan problemas sociales y políticos asociados con el cambio del uso de las tierras que requieran de algún tipo de manejo. Las áreas protegidas son un concepto relativamente nuevo (Capítulo 2), y en la década de 2010 existen muchas personas, vecinos y comunidades que por primera vez experimentan directamente este uso de la tierra. Este es un cambio para las personas, y acostumbrarse a un nuevo uso de la tierra como área protegida llevará algún tiempo. La aceptación será inmediata para algunos, mientras que para otros podría tomar algún tiempo; igualmente, es esencial que en el terreno no solo se logre una gestión activa con las comunidades y los vecinos, sino también un trabajo y una participación constantes respecto al manejo. Para otras áreas como los TICCA, es probable que asegurar el estatus de área protegida signifique que se mantendrán las prácticas de uso de la tierra para la conservación que han estado vigentes por generaciones. La protección adicional que brinda el estatus de área protegida ayudaría a los miembros de la comunidad a disuadir los desarrollos no deseados.

Hay perspectivas históricas de tales cambios en el uso de la tierra. Los visitantes del Parque Nacional Real en Australia, con más de un siglo de antigüedad, del Parque Nacional Banff en Canadá y del Parque Nacional Yosemite en los Estados Unidos podrían estar muy agradecidos con aquellos cuya visión de futuro los llevó a proteger estas áreas excepcionales. También hay una apreciación latente por la gestión activa de la conservación realizada por varias generaciones de profesionales en la administración de parques que mantuvieron estas tierras intactas (aunque con un énfasis de la gestión que ha evolucionado a lo largo del tiempo), ya que la belleza natural de estos parques es, efectivamente, la misma que en la década de 1870.

Hotel Historical Banff Springs, Parque Nacional Banff, Canadá: este parque nacional, que es el más antiguo del país, fue establecido en 1885 y el hotel privado abrió sus puertas al público en 1888
Fuente: Graeme L. Worboys

Liderazgo de la gestión

Los profesionales de áreas protegidas están plenamente conscientes de la necesidad de una gestión activa, eficaz y receptiva. Las respuestas de manejo indecisas o incompetentes –o peor aún, la falta de acción– pueden conducir a un escenario de "parque de papel", y lamentablemente a la explotación y degradación de una reserva. En el siglo XXI es necesario contar con un liderazgo sólido y una gestión eficaz de las áreas protegidas que esté respaldada por las mejores herramientas, experiencia y experticia profesional gerencial. En este capítulo brindamos información que ayudará con dicha capacidad profesional gerencial. Comenzamos presentando cierta información teórica importante respecto al concepto de la gestión.

Gestión: definición y funciones

¿Qué es la gestión? La gestión se ha descrito como "el proceso de articular y usar conjuntos de recursos de un modo dirigido a los objetivos con el fin de realizar tareas en una organización" (Hitt *et al.*, 2011, p. 4). Esto tiene sentido en el contexto de las áreas protegidas. Cada una de las palabras clave y frases de esta definición es importante (Worboys y Winkler, 2006a; Hitt *et al.*, 2011).

- **Proceso:** se trata de asumir cuatro funciones de gestión y las actividades y operaciones que están asociadas con ella. Las cuatro funciones son "planeación", "organización", "liderazgo" (implementación) y "control" (evaluación); cada una de estas se analizan más adelante.
- **Articular y usar recursos:** estos recursos incluyen a las personas y sus experiencias vividas, competencias y habilidades individuales; los recursos financieros; la planta y el equipo; al igual que la calidad y la información relevantes a partir de diferentes fuentes. La tarea de articular los recursos para llevar a cabo el manejo es apoyada, por la organización de áreas protegidas, la forma en que se gobierna (Capítulo 7) y la forma en que está estructurada.
- **Orientación a los objetivos:** esto reconoce que la organización de áreas protegidas brinda claridad en cómo dirigir. La actividad que se gestiona tiene un propósito y una dirección dentro de un contexto de administración estratégica y pretende alcanzar un cierto nivel de resultados deseados.
- **En una organización:** esto identifica la gestión realizada por personas con diferentes funciones dentro de una organización de áreas protegidas, la cual está estructurada y coordinada para alcanzar propósitos comunes predeterminados. Esto también refleja que la conservación de la biodiversidad a escala de las áreas protegidas y de los sistemas de áreas protegidas es un esfuerzo en equipo. Las organizaciones de administración de los TICCA y muchas áreas protegidas privadas serán muy diferentes en tamaño, estructura y proceso en comparación con las agencias gubernamentales o las ONG grandes.

Emprender un "proceso de gestión" incluye la realización de cuatro funciones de gestión, ya sea de manera explícita o intuitiva. Estas funciones constituyen el fundamento de los marcos de gestión de áreas protegidas descritos en este capítulo. Las cuatro funciones se describen aquí desde la perspectiva de las organizaciones de áreas protegidas de mayor envergadura.

La función "planeación"

La planeación es una función clave de la gestión. Esta se basa en la mejor información sobre el contexto ambiental, social, cultural, histórico, gerencial y político, y mediante la inclusión de modelos y análisis de datos, la planeación puede identificar tanto los futuros preferidos como las circunstancias y condiciones dentro de los cuales pueden ser facilitados. En las grandes organizaciones de áreas protegidas se reconocen tres niveles de planeación.

1. **Planeación estratégica:** por lo general, estos planes tienen una aplicación transversal en la organización de áreas protegidas y definen las metas buscadas a largo plazo.
2. **Planes tácticos:** estos planes no solo ayudan a implementar un plan estratégico, sino también proporcionan un orden y prioridades en la implementación de objetivos organizacionales para un área funcional o para una parte geográfica de un sistema de áreas protegidas.
3. **Planes operativos:** son documentos muy específicos, los cuales pueden prepararse para implementar proyectos individuales o las acciones de una unidad organizacional de áreas protegidas de acuerdo con las metas y prioridades de la organización.

Normalmente, se hace una planeación para la mayoría de las actividades de gestión de las áreas protegidas y se discute específicamente en el Capítulo 13 y en los capítulos que incluyen la planeación de visitantes (Capítulo 23), de operaciones (Capítulo 24) y de incidentes (Capítulo 26).

La función "organización"

Una acción administrativa debe planearse minuciosamente, pero es la "función de organización" la que coordina de manera eficiente y eficaz la experiencia, los recursos materiales, el equipo y los servicios de apoyo como el transporte, el alojamiento y la seguridad, que son necesarios para emprender una acción. Las operaciones rutinarias que realizan los administradores de áreas protegidas requieren que estén en capacidad de responder constantemente en diferentes campos como los servicios de visitantes, las acciones de cooperación con

Cuadro 8.1 Competencias de áreas protegidas a nivel mundial

La UICN dio inicio a una Alianza Global para Profesionalizar la Gestión de las Áreas Protegidas, y parte de su trabajo es el desarrollo de estándares internacionales de competencia para cinco niveles de profesionales de áreas protegidas (Capítulo 9).

Nivel 5. Ejecutivo

Las competencias se relacionan principalmente con actividades que implican la elaboración de estrategias y la dirección de todo un sistema de áreas protegidas, y la promoción y el apoyo del sistema a nivel nacional e internacional. Estas competencias implican procesos más que habilidades individuales. Las responsabilidades incluirían la elaboración de políticas nacionales y regionales, al igual que la planeación espacial y estratégica. Estos profesionales serían responsables de la dirección de planes y programas complejos.

Nivel 4. Administrador senior

Las competencias se relacionan principalmente con actividades que implican planeación, gestión, manejo y toma de decisiones. Los funcionarios de nivel 4 pueden dirigir y gestionar organizaciones de tamaño mediano. Su trabajo podría incluir la planeación y gestión de proyectos y programas dentro de marcos estratégicos, y pueden conducir e implementar asignaciones específicas y técnicas de acuerdo con la especialidad técnica, lo cual requiere una combinación de capacitación de tipo técnico y teórico, y la oportunidad de aplicar lo aprendido en el lugar de trabajo dentro del curso de un ciclo de gestión.

Nivel 3. Administrador medio, especialista técnico

Las competencias se relacionan con grupos de habilidades técnicas y tareas que requieren organización, supervisión y toma de decisiones. Estos funcionarios son responsables de la organización y dirección de secciones técnicas y equipos que implementan planes y proyectos. Ellos pueden completar asignaciones específicas y técnicas que requieran cierta capacidad técnica y responsabilidad, lo que requerirá una capacitación de tipo técnico y teórico seguida de oportunidades para practicar y ganar experiencia en el lugar de trabajo.

Nivel 2. Trabajador calificado con algunas responsabilidades de supervisión

Las competencias se refieren a conjuntos individuales o relativamente pequeños de habilidades prácticas que se pueden enseñar o aprender en el lugar de trabajo o en cursos cortos. Los trabajadores completan principalmente tareas prácticas y asignaciones que requieren cierta capacidad técnica y responsabilidad.

Nivel 1. Trabajador no calificado

Realizan tareas prácticas bajo una supervisión constante.

Fuente: Appleton, 2013

los vecinos y las comunidades, las tareas policiales y los incidentes y emergencias. Los arreglos de gobernanza, en especial las estructuras organizacionales, deben apoyar esta necesidad constante.

La UICN reconoce cinco niveles de competencia para las organizaciones que gestionan sistemas nacionales de áreas protegidas (Cuadro 8.1). La apreciación de estos cinco niveles es muy importante cuando se organiza al personal como parte de una respuesta de gestión. Para los fines de este capítulo, describimos el personal clave del área protegida como funcionarios de primera línea (personal de campo de al menos el nivel 2); funcionarios de nivel medio (personal de nivel medio con experiencia que tienen responsabilidades de supervisión o competencias técnicas especializadas, normalmente en el nivel 3), y funcionarios de alto nivel que en última instancia tienen la responsabilidad de partes de una organización o de una organización completa (niveles 4 y 5) (Cuadro 8.1). También cabe señalar que este libro se centra en brindar información de apoyo para los profesionales de áreas protegidas de los niveles 2 al 5 (véase el Capítulo 1). Estos funcionarios pueden operar en cualquier escenario de gobernanza, pero la información suministrada está dirigida especialmente a las organizaciones formales de áreas protegidas. La información que ofrece este libro se complementaría con el desarrollo de capacidades vocacionales y prácticas adicionales, y los enfoques adoptados por las comunidades para manejar los TICCA.

Funcionarios del área protegida, Parque Nacional Phong Nha-Ke Bang, patrimonio mundial, Vietnam: estos profesionales de áreas protegidas juegan un papel clave, no solo en la protección del bosque contra la tala ilegal, sino también en otros deberes
Fuente: Graeme L. Worboys

La función "liderar" (dirigir)

La función de liderar involucra a personas que influyen en otras para apoyar el logro de tareas y acciones que ayudan a cumplir los objetivos de una organización. Esta función también ha sido descrita como la función "dirigir" (Hitt *et al.*, 2011), aunque es posible que este título sea demasiado militarista para la gestión contemporánea de las áreas protegidas. La función de liderar puede manifestarse de muchas maneras en un nivel interpersonal, dependiendo de la naturaleza de la acción de gestión, del contexto situacional y de los antecedentes, la experiencia y las competencias de las personas afectadas (Capítulo 12). Un líder puede utilizar una gama de enfoques que incluyen la motivación, la comunicación y el trabajo con grupos o equipos. A nivel de toda la organización, la función de liderar puede guiarse por una serie de consideraciones, como el juicio en la toma de decisiones y las características inherentes de las instituciones para permitir la capacidad adaptativa de la sociedad y el potencial para el mejoramiento del diseño institucional (Gupta *et al.*, 2010).

Respecto a cualquier acción, el personal de las áreas protegidas agradece que se le brinde información sobre el contexto organizacional estratégico de una acción propuesta, por qué es importante, cuál es su papel y cuáles son los resultados esperados. Esta comunicación suele ser inspiradora, ya que los funcionarios aprecian que se les diga cuán significativa es su contribución al trabajo y que será un "valor agregado" a la misión de la organización. Incluso con algunas tradiciones culturales que son altamente respetuosas con las jerarquías organizacionales, esta comunicación de liderazgo de dos vías en las áreas protegidas es sabia, ya que el personal experimentado responsable de realizar las tareas casi siempre tiene contribuciones que mejoran la implementación. Este enfoque interactivo y de trabajo en equipo para el liderazgo en áreas protegidas es común y ayuda a generar creatividad e innovación en el lugar de trabajo. Asimismo, refleja fuertemente la necesidad de que el personal de las áreas protegidas trabaje en equipo para responder a asuntos como las amenazas (Capítulo 16), los incidentes (Capítulo 26), las operaciones del parque (Capítulo 24) y la atención a los visitantes (Capítulo 23).

Este liderazgo también lo manifiestan los funcionarios de nivel superior y medio al interesarse por el progreso de las operaciones, como hablar con el personal de campo y recibir retroalimentación de primera mano, e incluso llegar a resolver perturbaciones que, aunque pequeñas, entorpecen la implementación de un proyecto.

La función "evaluación"

La planeación de las acciones de manejo debe identificar un proceso de evaluación que revise el progreso de la implementación frente a los objetivos y estándares predeterminados. La función de evaluación responde a este requisito. La evaluación puede identificar si durante el curso de una acción se han cumplido los hitos o si se ha alcanzado un producto o un resultado. Estos hitos podrían estar enmarcados, por ejemplo, en objetivos de administración financiera, en hitos operacionales, en estándares de seguridad, de construcción y de calidad, en la eficiencia y la efectividad de los procesos de gestión, y en indicadores de sostenibilidad ambiental. Tales medidas de evaluación deben planearse antes de que comience un proyecto, con la evaluación de los datos recabados como una acción de la gestión que se adelanta. Esta revisión constante (de rutina) del desempeño frente a estándares u objetivos predeterminados proporciona la base para cualquier acción correctiva que deba implementarse.

La función de evaluación siempre es importante, ya sea que la acción se lleve a cabo como parte de un programa de una organización de grandes áreas protegidas o que se trate de un área protegida privada o un TICCA. La forma en que esta se lleve a cabo variará entre estos diferentes entornos de gobernanza.

Gestión estratégica

La gestión estratégica de una gran organización de áreas protegidas suele estar guiada por una "visión" inspiradora del futuro deseado para la organización y para las tierras, el agua y el patrimonio natural y cultural de los que es responsable la organización. También está orientada por un propósito articulado y claro, no solo para su trabajo (o una misión), sino también para un conjunto discreto de metas de gestión que articulan sucintamente la manera en que se lograrán los resultados preferidos de la organización, y para un conjunto de acciones prioritarias (estratégicas) de toda la organización que están diseñadas para lograr los objetivos deseados. Una vez establecida, esta dirección debe someterse a un escrutinio continuo, y cuando proceda, a un refinamiento y ajuste.

El posicionamiento de la gestión estratégica se basa en un pensamiento cuidadoso, una investigación minuciosa y un considerable esfuerzo de planeación. En el caso de una gran organización de áreas protegidas, además de una visión y una misión, esta puede incluir la preparación de planes estratégicos como una estrategia corporativa, un plan de negocios y estrategias funcionales. Más adelante discutimos estas inversiones de gestión estratégica con más detalle.

Comprensión del entorno operativo

La comprensión del entorno operativo de una organización de áreas protegidas incluye:

- Entender el contexto histórico, sociocultural, económico y político.
- Identificar los requisitos legales, las necesidades del Gobierno, las determinaciones de la junta de administración y las necesidades de las comunidades locales.
- Identificar los valores del patrimonio natural y cultural a proteger y su importancia.
- Evaluar las amenazas, al igual que la condición y la tendencia en la condición de los recursos del patrimonio natural y cultural a ser administrados.
- Revisar el entorno operativo interno y la capacidad de la organización de áreas protegidas para gestionar, incluidas las consideraciones de las cuatro funciones de la gestión.
- Investigar y analizar tendencias en el entorno operativo.
- Responder a la evaluación de la efectividad del manejo de las áreas protegidas, como en el caso del informe sobre el estado de los parques, las auditorías independientes, los requerimientos del Gobierno, los requerimientos parlamentarios y los hallazgos en las audiencias judiciales.
- La necesidad de trabajar a nivel nacional e internacional, y de compartir y globalizar los esfuerzos de conservación para ayudar a lograr los resultados de conservación de la biodiversidad.

Declaración sobre la visión

Una declaración de visión responde a la pregunta "¿qué queremos ser?" (Lockwood, 2006). Es la declaración sobre la visión la que comunica al personal y a los demás una dirección muy clara respecto a lo que la organización aspira ser. Por ejemplo, el Departamento de Conservación (Department of Conservation, DOC) de Nueva Zelanda, el cual no solo administra el sistema de áreas protegidas del país, sino que también tiene otras responsabilidades ambientales y de conservación, expresa su declaración de visión de una manera positiva y proactiva. La información complementaria también articula la interpretación pretendida de la declaración de visión:

> Nueva Zelanda es el espacio vital más grandioso sobre la Tierra
>
> *Kāore he wāhi i tua atu i a Aotearoa, hei wahi noho i te ao*
>
> Por "espacio vital" nos referimos a nuestro ambiente físico y las personas, plantas y animales que soporta.
>
> Por "más grandioso" queremos decir que Nueva Zelanda es lo mejor que puede ser –un país que prospera social, económica y ambientalmente–. (DOC, 2013, p. 1)

Declaración sobre la misión

Una declaración sobre la misión es una declaración duradera del propósito (Lockwood, 2006). Se diferencia de la declaración de visión al enfocarse exclusivamente en la organización. Esta declaración brinda claridad para el personal y para otros acerca de lo que una organización de áreas protegidas está tratando de lograr y sobre el ámbito de sus productos y servicios. Esta declaración brinda orden, dirección y prioridades organizacionales. Continuando con nuestro ejemplo de Nueva Zelanda, el DOC proporciona una declaración de su propósito (misión), seguida de una aclaración de cómo debe interpretarse la misma:

"Liderazgo de conservación para una Nueva Zelanda próspera

Por 'Nueva Zelanda próspera' nos referimos a un país que está floreciendo social, económica y ambientalmente" (DOC, 2013, p. 1).

Planeación estratégica

La planeación estratégica sustenta la gestión estratégica de una organización y ayuda a definir sus metas dentro del contexto de la visión y la misión. El desarrollo de planes estratégicos involucra a directores de alto nivel de las áreas protegidas y un proceso de planeación que puede usar un análisis de "debilidades, oportunidades, fortalezas y amenazas" (DOFA). Dado su papel útil, el análisis DOFA se describe en la Figura 8.1.

Las organizaciones que utilizan estos procesos DOFA pueden desarrollar tres tipos de documentos de planeación estratégica: una estrategia corporativa, una estrategia empresarial y estrategias funcionales (Robbins *et al.*, 2012).

Estrategia corporativa

Una estrategia corporativa identifica la naturaleza de las metas prioritarias de una organización de áreas protegidas en el contexto de su misión, visión y objetivos, y metas gubernamentales más amplias. Este tipo de estrategia identifica lo que la organización quiere hacer y los roles que desempeñarán las diferentes partes de la organización. Continuando con nuestro ejemplo de Nueva Zelanda, el resultado primario del DOC es: "los neozelandeses obtienen beneficios ambientales, sociales

	Útil	Perjudicial
Interno	**FORTALEZAS** Las fortalezas internas de una organización, tales como las actividades que se implementan excepcionalmente bien o aquellas en las que sus recursos son únicos y proporcionan una ventaja, se evalúan junto con las debilidades.	**DEBILIDADES** Las debilidades podrían incluir actividades que una organización no hace bien o los recursos que necesita para completar su trabajo. Este análisis interno puede incluir aspectos tales como los activos financieros, los activos físicos, las habilidades del personal y el perfil demográfico, los conocimientos, las bases de datos, la capacidad de tecnologías de la información, la cultura del personal y muchas otras consideraciones de gestión y manejo de las áreas protegidas.
Externo	**OPORTUNIDADES** Las oportunidades son tendencias positivas a nivel externo y que se identifican después de una revisión minuciosa del entorno operativo de una organización de áreas protegidas. Estas podrían incluir nuevas políticas gubernamentales, tecnología emergente que beneficia a las áreas protegidas y nuevas asociaciones.	**AMENAZAS** Las amenazas son tendencias negativas en el entorno externo y pueden incluir asuntos tales como los impactos del cambio climático sobre la biodiversidad, cambios en el comportamiento de los incendios, desarrollos, conflictos, y nuevas especies introducidas.

Figura 8.1 Análisis de debilidades, oportunidades, fortalezas y amenazas

Fuente: Adaptado de Robbins *et al.*, 2012

y económicos de los ecosistemas funcionales saludables, de las oportunidades de recreación y de vivenciar nuestra historia" (DOC, 2013, p. 1).

Una estrategia corporativa puede usarse para orientar las estrategias de expansión, renovación y revitalización, o también puede ser un documento importante para guiar el *statu quo* o una disminución de los servicios (Robbins *et al.*, 2012). Un plan corporativo puede, por ejemplo, guiar a una organización de áreas protegidas que ha recibido la solicitud por parte del Gobierno de establecer y administrar nuevas áreas protegidas como parte de la expansión de un sistema de reserva.

Estrategia empresarial

Por lo general, una organización nacional de áreas protegidas es una gran empresa. Millones de personas pueden visitar áreas protegidas, se brindan servicios comerciales, y las economías locales e incluso nacionales dependen de que estén bien administradas y sean accesibles. La administración comercial es una parte integral de muchas áreas protegidas modernas, y un plan empresarial, desarrollado en el contexto del plan corporativo de una organización de áreas protegidas, es una herramienta importante. Las principales razones para desarrollar un plan empresarial son:

Cuadro 8.2 Planeación de negocios

Una planeación de negocios robusta ayudará a garantizar que cada componente de un área protegida –desde el personal interno y los programas hasta los socios externos y los operadores de servicios comerciales– esté trabajando hacia la misma misión y dentro de los mismos parámetros.

Los planes de negocios y el plan de manejo

Los planes de negocios toman muchas formas de acuerdo con el tamaño y la complejidad del área protegida, pero deben basarse en un plan de manejo a largo plazo (diez o más años) que define la misión y el estado deseado del área (Capítulo 13). El plan rector de la gestión debería incluir una evaluación de las características clave del área protegida, incluidos los hábitats críticos, los recursos culturales e históricos y los ecosistemas sensibles; asimismo, debería desarrollarse con la participación de la comunidad y basarse en la ciencia objetiva. Esto se traducirá en un plan que delimite la prohibición absoluta del desarrollo en el área protegida o cierto grado de desarrollo apropiado, al igual que la intensidad de uso en áreas cuidadosamente seleccionadas y zonificadas.

El plan de negocios

El propio plan de negocios encaja dentro del plan de manejo a largo plazo, centrándose en las operaciones a corto y mediano plazo. Un plan de negocios es lo suficientemente específico y detallado como para conducir la planeación anual del trabajo dentro del área protegida. Un plan de negocios eficaz debe:

- Estar enfocado en un horizonte de tiempo realista –idealmente de dos a cinco años–.
- Estar orientado por los datos y ser riguroso.
- Ser lo suficientemente conciso para ser útil.
- Ser realista y estar fundamentado en proyecciones y suposiciones presupuestarias sólidas.

Los componentes de un plan de negocios pueden variar de acuerdo con el modelo a través del cual se entreguen los servicios comerciales (compañías con fines de lucro, organizaciones sin fines de lucro, o servicios que además de ser propiedad también son operados por el Gobierno). En general, un plan de negocios debe incluir lo siguiente:

- Una definición de la misión y las bases jurídicas del área protegida.
- El contexto operativo actual, incluidos la estructura de la organización, el presupuesto actual, las fuentes de financiación, las tendencias históricas y la asignación de recursos (tanto el presupuesto como las horas de trabajo).
- Una planeación de las responsabilidades del programa y de las metas y prioridades a corto plazo.
- Métricas financieras y programáticas que estén vinculadas a las prioridades de las áreas protegidas y que puedan ser monitoreadas en el tiempo para apoyar las actividades de gestión del desempeño.
- Proyecciones de ingresos que incluyan tanto hipótesis realistas del panorama presupuestario a corto plazo como una evaluación de la estabilidad/riesgo relativo de cada fuente de financiación.
- Escenarios de costos que se basen en prioridades y la posible dotación de personal e inversiones.
- Estrategias que vinculen las prioridades con la asignación de recursos y ayuden al área protegida a cerrar las brechas entre la financiación proyectada y los costos.

Jason Gibson, gerente de programa, Grupo de Gestión Empresarial del Servicio de Parques Nacionales de Estados Unidos.

Grupo de ballenas jorobadas (*Megaptera novaeangliae*) lejos de las costas del Parque Nacional Ben Boyd, Nueva Gales del Sur, Australia. Estas ballenas migran al sur a las aguas antárticas para el verano. En Nueva Gales del Sur, el personal del Servicio de Parques Nacionales y Vida Silvestre es responsable de la seguridad y el bienestar de esta especie protegida

Fuente: Graeme L. Worboys

- Proporcionar un plan claro y práctico para el desarrollo futuro de una organización.
- Permitir que todos en la organización acuerden y compartan metas comunes.
- Garantizar la participación de las partes interesadas más importantes.
- Garantizar que los recursos disponibles permitan alcanzar las metas de la organización.
- Identificar los riesgos clave y poner en marcha planes para mitigarlos.
- Lograr un traspaso sin contratiempos en momentos de cambio del personal (UNESCO, 2008).

Adicionalmente, contar con un plan de negocios puede:

- Apoyar las solicitudes de apoyo financiero.
- Informar estrategias para iniciativas particulares de capital o ingresos.
- Revisar la estructura organizacional, los enfoques para la capacitación y el manejo del personal, los recursos tecnológicos o los procedimientos de monitoreo (UNESCO, 2008).

A nivel del área protegida individual, un plan de negocios es diferente pero complementario a un plan de manejo. El plan de manejo establece los objetivos de la administración y las acciones necesarias para responder al propósito de un área protegida, mientras que el plan de negocios se centra en las dimensiones financiera y organizacional. Dicho plan documenta cómo brindar los recursos para la ejecución del plan de manejo (UNESCO, 2008). En el Cuadro 8.2 se describe con más detalle la planeación de negocios a nivel de un área protegida individual.

Estrategias funcionales

Lograr la implementación de una estrategia corporativa y un plan empresarial en toda la organización puede requerir una serie de lo que se ha descrito como “estrategias funcionales” (Robbins *et al.*, 2012). Estas estrategias funcionales logran una estandarización corporativa de los asuntos operacionales de las áreas protegidas y pueden incluir, por ejemplo, manuales de gestión de recursos humanos, un estándar de diseño para la señalización, un manual de estándares de infraestructura, directrices para el establecimiento y administración de instalaciones, y un manual de administración de la flota de vehículos.

Gestión del cambio

La implementación de una gestión innovadora, nueva y estratégica puede requerir cambios en la forma en que una organización está estructurada para cumplir con sus objetivos de gestión. Es crítico que el cambio se implemente de una manera respetuosa, transparente y con un propósito claro en relación con la visión y la misión de una organización; asimismo, es importante la gestión profesional del proceso de cambio. Normalmente, el cambio organizacional estaría guiado por un "plan de gestión del cambio" y tendría un personal con experiencia técnica en la gestión de recursos humanos. Es posible que las organizaciones necesiten ajustar las prioridades, reorientar las inversiones y adaptarse a las nuevas circunstancias sociales, políticas y ambientales. Se necesita una gestión eficaz del cambio para que la conservación de la biodiversidad y otras acciones de conservación del patrimonio sean exitosas.

Prioridades de conservación de la biodiversidad

Las organizaciones de áreas protegidas ayudan a conservar las especies y la biodiversidad en los sistemas de áreas protegidas, lo que es especialmente importante debido a la marcada disminución en las especies de todo el mundo (Capítulo 3). Además de la implementación rutinaria y de los aparentemente interminables procesos de gobernanza y administración de la organización de áreas protegidas, es necesario realizar importantes acciones para la implementación estratégica de la conservación. Las respuestas de conservación deben estar en el contexto de los requerimientos de los procesos del ecosistema, las necesidades de hábitat y los requerimientos específicos de las especies de flora y fauna (Capítulo 21). Esto podría incluir la conservación y restauración de hábitats, la protección de las rutas migratorias de los animales, las necesidades especializadas de conservación de la temporada reproductiva, la protección contra las vulnerabilidades de las especies y lidiar con las amenazas. Estas acciones son una prioridad fundamental para la gestión estratégica de las áreas protegidas. A partir de estas prioridades se puede evaluar el potencial de implementación de otros programas organizacionales.

Evaluación

Es necesario evaluar las inversiones en gestión estratégica. Es preferible que tal evaluación de toda la organización se realice en términos de resultados para la conservación de la biodiversidad y del patrimonio cultural, así como otras medidas de evaluación. Por ejemplo, los administradores deben tratar de estar en condiciones de responder preguntas básicas sobre el monitoreo, tales como: ¿qué especies nativas están presentes en un área protegida? ¿Cuál es su condición? ¿Cuál es la tendencia en su condición? ¿Qué amenazas existen? ¿Cuál es la gravedad de estas amenazas? y ¿cuál es la tendencia en la gravedad de las mimas?

Estas son preguntas fundamentales y es una misión legítima aspirar a que los directivos de alto nivel busquen las respuestas adecuadas, ya que estas ayudan a sostener

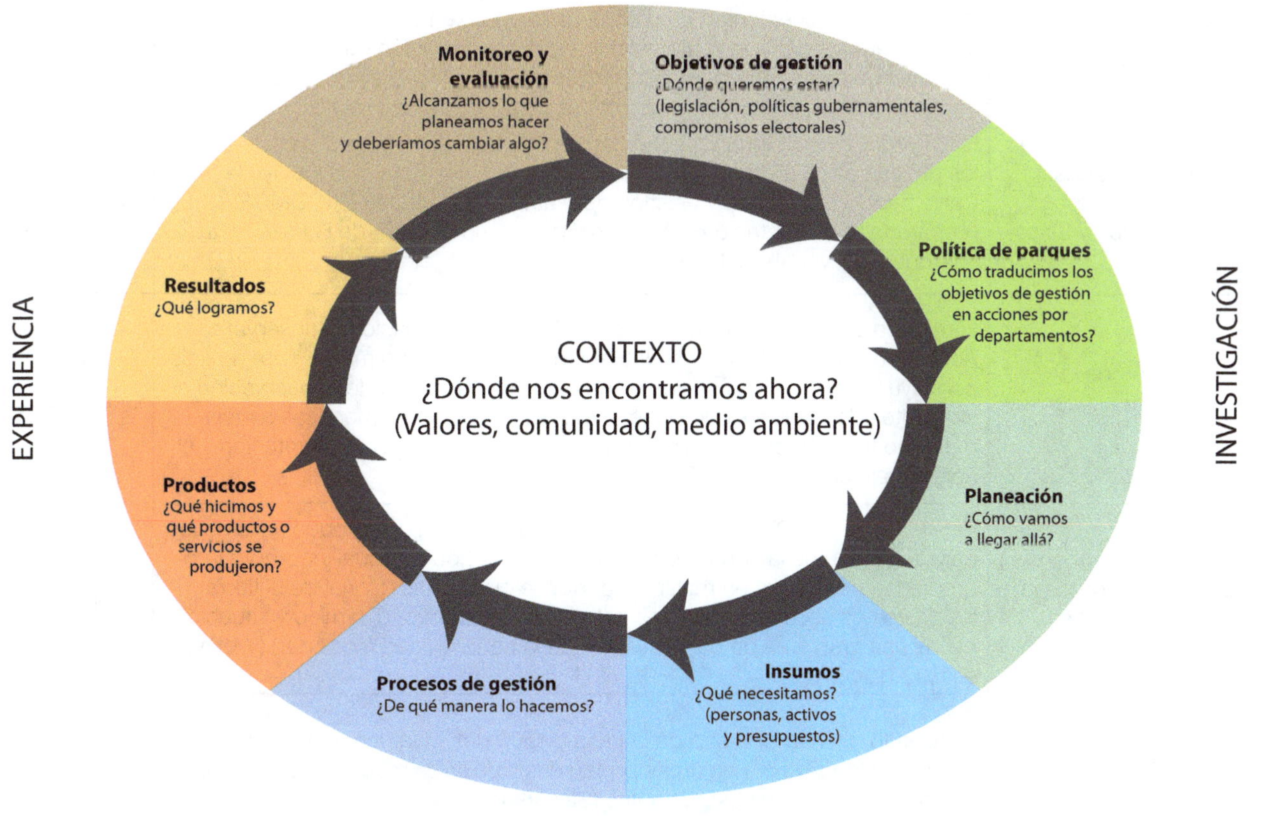

Figura 8.2 El marco de gestión de parques utilizado por el NPWS de Nueva Gales del Sur

Fuente: Adaptado de DEC, 2005

la gestión estratégica futura de los sistemas de áreas protegidas. Este es el tipo de enfoque organizacional que ha seguido Parques Canadá al implementar su programa de integridad ecológica (Capítulo 21), y lo que los Parques Nacionales de Sudáfrica (SANParks) han intentado con su trabajo pionero "umbrales de preocupación potencial" en el Parque Nacional Kruger (du Toit *et al.*, 2003).

Marcos y herramientas

Hay una serie de marcos y herramientas de gestión y manejo que ayudan a las organizaciones que administran áreas protegidas a realizar sus operaciones. Estos marcos y herramientas ayudan a brindar un enfoque de gestión ordenado y sistemático a través de lo que puede ser un sistema de áreas protegidas grande, diverso y descentralizado, ya sea nacional o subnacional. En la Tabla 8.1 se ofrecen ejemplos de marcos y herramientas de gestión y manejo que son útiles para los administradores de áreas protegidas dentro de una gama de tipos de gobernanza. Por ejemplo, el marco de gestión de parques proporciona un valioso método para guiar su manejo. Este marco fue desarrollado por el Servicio de Parques Nacionales y Vida Silvestre de Nueva Gales del Sur (National Parks and Wildlife Service, NPWS), en Australia, con el fin de orientar un enfoque ordenado para su manejo (DEC, 2005) (Figura 8.2).

Tabla 8.1 Herramientas y marcos de gestión para apoyar el manejo de áreas protegidas (organizado por la función de gestión)

Herramienta o marco de gestión	Notas de antecedentes y referencia	Referencia cruzada del capítulo (si procede)
Planeación		
Carta del Patrimonio Natural	Desarrollada en Australia, la Carta del Patrimonio Natural describe un proceso de diez pasos para la conservación del patrimonio natural. Dicha carta, además de proporcionar un proceso de planeación detallado y ofrecer información de orientación para cada paso, también es una herramienta muy valiosa para ayudar con la planeación de la conservación de un lugar o sitio de patrimonio natural (CoA, 2003).	
Carta del patrimonio Cultural del Consejo Internacional de Monumentos y Sitios (ICOMOS)	El ICOMOS proporciona una orientación de planeación para el trabajo de los profesionales de la conservación del patrimonio. Esta guía incluye la Carta para la Protección y Gestión del Patrimonio Cultural. El ICOMOS ha preparado una orientación más específica, como la Carta de Burra, Australia (Marquis-Kyle y Walker, 1992).	Capítulo 22
Planeación de la acción para la conservación	El método de Planeación de la Acción para la Conservación (Conservation Action Planning, CAP) de The Nature Conservancy es un marco para no solo para ayudar a los profesionales a enfocar sus estrategias de conservación en elementos de biodiversidad o metas de conservación y amenazas asociadas, sino también para medir el éxito con el fin de permitir la adaptación y el aprendizaje con el tiempo (TNC, 2007).	Capítulo 13
Marco de la UICN para la gestión de la conservación de la conectividad	La CMAP de la UICN desarrolló un marco que brinda un enfoque sistemático para la gestión de la conservación de la conectividad, el cual incorpora la propiedad de la tierra en múltiples partes, el uso multisectorial de la tierra y las diferentes escalas espaciales del entorno operativo, dinámico y situacional de una gran área de conservación de la conectividad (corredor) (Worboys *et al.*, 2010).	Capítulo 27
Herramienta de planeación del Instituto de Vida Silvestre de la India	El Instituto de Vida Silvestre de la India diseñó una guía para planear la gestión de la vida silvestre en áreas protegidas y paisajes manejados; cada área protegida debe seguir estas pautas (Sawarkar, 2002).	

Herramienta o marco de gestión	Notas de antecedentes y referencia	Referencia cruzada del capítulo (si procede)
Un kit de herramientas para apoyar la conservación por parte de los pueblos indígenas y comunidades locales	Una guía para fortalecer la capacidad y el intercambio de conocimientos, la cual está enfocada en los Territorios y Áreas Conservados por Pueblos Indígenas y Comunidades Locales (TICCA) e incluye la planeación de la gestión, el monitoreo y la evaluación, la comunicación, las finanzas y los valores (Corrigan y Hay-Edie, 2013).	Capítulo 7
Sistemas de gestión ambiental	Los sistemas de gestión ambiental como el ISO 14001 establecen un proceso mediante el cual las organizaciones pueden minimizar sus impactos ambientales. La Organización Internacional de Normalización (International Organization for Standardization, ISO) se encuentra en Ginebra. La ISO 14001, por ejemplo, se basa en un sistema de mejoramiento continuo que incluye "planear" (establecer objetivos), "hacer" (implementar la tarea), "verificar" (monitorear el desempeño) y "actuar" (mejorar el desempeño) (EPA, 2013).	Capítulo 24
Evaluación del impacto ambiental	La evaluación del impacto ambiental es un medio para proteger y conservar el medio ambiente. Es un procedimiento que evalúa los efectos de las actividades sobre este, con una evaluación de los hallazgos que influye en las decisiones acerca de si un desarrollo debe proceder según lo presupuestado, debe proceder con algunas condiciones o no debe proceder (Thomas, 2001). Su aplicación en áreas protegidas puede guiarse por la legislación.	Capítulo 24
Herramienta de planeación del espectro de oportunidades de recreación	El espectro de oportunidades de recreación fue desarrollado por el Servicio Forestal de los EE.UU. para manejar la recreación en áreas naturales. Se trata de una poderosa herramienta de planeación para un administrador de áreas protegidas, la cual distingue un rango de entornos recreativos que les ofrecen a los visitantes una variedad de oportunidades de recreación. Esta herramienta brinda una fuerte orientación para la naturaleza y los límites de los servicios e instalaciones respecto a escenarios que garanticen que los tipos de recreación se conservan (Clarke y Stankey, 1979).	Capítulo 23
Sistema de medición y reporte del uso por parte del público	Preparado por Kenneth Hornback y Paul Eagles para la CMAP de la UICN, esta herramienta ayuda a los administradores a preparar un enfoque integral con el fin de recabar información, realizar análisis y hacer reportes sobre el uso de las áreas protegidas por parte del público (Hornback y Eagles, 1999).	
Herramienta de estándares de diseño	Muchas organizaciones de áreas protegidas establecen estándares de diseño corporativo para sus logotipos, diseño de mobiliario de parques, diseño de edificaciones de los parques y otros activos. También es común que utilicen estándares de diseño de la industria que están aprobados para el acceso de discapacitados y para la seguridad de estructuras tales como plataformas de observación y edificios. Los símbolos internacionales de diseño pueden utilizarse para ayudar a los visitantes con diferentes idiomas. Las organizaciones pueden desarrollar un kit de herramientas sobre los estándares de diseño.	
Organización Herramientas de apoyo a la administración y al personal		
Sistemas de gestión financiera	Casi siempre, los sistemas de gestión financiera en el siglo XXI están sistematizados, con aplicaciones estándar como las aplicaciones empresariales SAP™. Los sistemas son útiles para: 1) rastrear los insumos con productos y resultados, y 2) rastrear las necesidades de mantenimiento de los activos y de prestación de servicios. El sistema financiero de algunas organizaciones de áreas protegidas puede hacer parte de sistemas gubernamentales mucho más grandes y, por lo general, estos sistemas tendrán que ajustarse aún más para lidiar con las operaciones en campo 24/7 de las áreas protegidas.	

Herramienta o marco de gestión	Notas de antecedentes y referencia	Referencia cruzada del capítulo (si procede)
Sistemas de gestión del personal	Los sistemas de gestión del personal y de nómina están sistematizados (por lo general están vinculados a sistemas de gestión financiera) y usan productos estándar como SAP™. El reporte corporativo de los datos demográficos, las competencias, el entrenamiento terminado y los niveles de aptitud del personal pueden ser importantes para las organizaciones cuyo personal se enfrenta de manera regular a operaciones físicamente exigentes, como el trabajo en áreas remotas, el trabajo en condiciones climáticas extremas y las operaciones de respuesta a incidentes.	
Sistemas de inducción del personal	La inducción del personal es una inversión importante, y los sistemas pueden incluir la capacitación del personal y la formación vocacional asociadas con equipos, vehículos, vida silvestre, incidentes, aplicación de la ley, derechos de los empleados, aplicaciones informáticas y otros procesos y sistemas organizacionales.	
Servicios de consejería para el personal	Estos servicios pueden contratarse con terceros, pero son una parte importante en el manejo de las presiones cotidianas en la gestión de áreas protegidas. Los incidentes que involucran personas en contacto con la vida silvestre, las operaciones contra incendios y los conflictos pueden afectar al personal e indicar la necesidad de dicha consejería.	
Sistemas de seguridad y salud ocupacional	Los sistemas de salud y seguridad ocupacional ayudan a garantizar un ambiente de trabajo seguro para los funcionarios. A menudo, las organizaciones que cuentan con estos sistemas y tienen buenos registros de seguridad pagan primas de seguro más bajas.	
Sistemas de seguros	Las áreas protegidas incluyen una gama de activos: desde centros de visitantes, oficinas, talleres, instalaciones de alojamiento y capacitación, hasta plantas y equipos. Es crucial contar con sistemas de seguros que brinden una cobertura para la pérdida o daño de estos activos, así como el seguro para las personas.	
Sistemas de gestión de activos	Las áreas protegidas incluyen una gama de activos físicos que brindan servicios para el disfrute o gestión de áreas protegidas. Típicamente, estos activos incluyen vías de acceso y carreteras, miradores, baños, edificios, instalaciones, equipos, vehículos y otros activos. Los sistemas de gestión de activos suelen estar computarizados y registran los detalles del activo, su historia de vida y los requisitos de mantenimiento.	Capítulo 25
Herramientas de soporte de la información		
Sistemas informáticos	Los sistemas informáticos y su aplicación evolucionan rápidamente. Los mejores sistemas de gestión serán aquellos que sean adaptativos y que permitan a los individuos y a las organizaciones estar a la vanguardia de su trabajo y estar respaldados (donde sea posible) por un equipo de tecnologías de la información.	
Sistemas de información geográfica	La información espacial es fundamental para la gestión de las áreas protegidas. Los datos del sistema de información geográfica de las áreas protegidas individuales y su sistema nacional asociado pueden facilitar los inventarios del patrimonio, el análisis espacial de la información y la presentación inmediata de los datos entrantes a partir de una serie de fuentes, incluidos los datos satelitales y en vivo.	Capítulo 11

Herramienta o marco de gestión	Notas de antecedentes y referencia	Referencia cruzada del capítulo (si procede)
Herramientas de internet e intranet para acceder y divulgar información	Los motores de búsqueda modernos permiten la recuperación inmediata de la información necesaria para la gestión de las áreas protegidas. Para las áreas protegidas individuales esto puede incluir su historia y todos los aspectos de su gestión. En el futuro, la implementación de estos sistemas logrará que los costos sean eficientes. Los sistemas de gestión de contenidos web también están disponibles.	Capítulo 11
Sistemas integrados de información de la gestión	El Servicio de Parques y Vida Silvestre de Tasmania desarrolló un sistema para la gestión de sus visitantes que integra su planeación de escenarios del espectro de oportunidades de recreación, sus niveles de determinación de servicios, su información de activos, su evaluación de gestión de riesgos y su información presupuestaria para ayudar en sus decisiones de priorización (Poll, 2006).	Capítulo 25
Herramientas de apoyo a las decisiones		
Software de Marxan	El *software* de priorización espacial de Marxan incluye un conjunto de herramientas que ayudan a la planeación de la conservación. Este contiene consideraciones económicas y no solo ayuda a los administradores a priorizar las tareas, sino también incluye el uso de insumos financieros (costos).	Capítulo 8
El marco de inversión para recursos ambientales (INFFER)	El marco de inversión para recursos ambientales *(Investment Framework for Environmental Resources*, INFFER) es un método que ayuda a los administradores a priorizar entre una serie de proyectos de gestión de la conservación que sean competitivos.	
Toma de decisiones estructurada	Se trata de un proceso de toma de decisiones que involucra a expertos y profesionales, el cual se ocupa de cuestiones complejas, establece objetivos claros y brinda una justificación transparente para una decisión de gestión preferida.	
Liderazgo (implementación) **Herramientas para las operaciones de áreas protegidas**		
Herramientas de gestión de proyectos	El Sistema de Planeación de la Acción para la Conservación (TNC, 2007) y el *software* Miradi de Estándares Abiertos (CMP, 2013) son dos herramientas que proporcionan una gestión de proyectos eficaz para las acciones en las áreas protegidas.	Capítulo 13
Sistemas de gestión de riesgos	Los sistemas de gestión de riesgos identifican los riesgos que deben ser objeto de gestión. Tales riesgos se analizan en función de criterios organizacionales para la evaluación de los mismos y se abordan cuando el riesgo es inaceptablemente alto. Estos sistemas monitorean constantemente dichos riesgos (Worboys y Winkler, 2006b).	
Sistemas de gestión de incidentes	El Sistema Nacional Interinstitucional de Gestión de Incidentes desarrollado en los Estados Unidos ha sido modificado y adoptado por muchas naciones y organizaciones. Este sistema identifica las funciones del controlador de incidentes, de la planeación, las operaciones y la logística, al igual que conceptos tales como el rango de control y los cambios de turno de doce horas. Ha sido un método exitoso para múltiples organizaciones que trabajan en conjunto.	Capítulo 26

Herramienta o marco de gestión	Notas de antecedentes y referencia	Referencia cruzada del capítulo (si procede)
Sistemas de organizaciones sostenibles	Los sistemas de gestión de organizaciones sostenibles como la herramienta comercial Earthcheck (Earthcheck, 2013) les permiten a las organizaciones evaluar su desempeño ambiental cuantificado para el consumo de energía, de agua y la generación de desechos líquidos y sólidos en comparación con los estándares de referencia. También pueden evaluarse algunas consideraciones de diseño ambiental.	
Guía de Operaciones de la Red de Áreas Marinas Gestionadas Localmente de Fiyi	Directrices u objetivos, incluido el establecimiento de prioridades y protocolos de investigación de la comunidad y de la red, los cuales rigen a los investigadores que colaboran, los enfoques de monitoreo mínimo, las comunicaciones y los asuntos de propiedad intelectual, al igual que los criterios de membresía (Govan y Meo, 2011).	Capítulo 20
Sistemas de manejo de medios	Algunas organizaciones de áreas protegidas emplean sistemas comerciales para el monitoreo de medios con el fin de rastrear sistemas internos y de comentarios a través de los cuales se comunican rutinariamente a la oficina central los problemas (y respuestas) de las áreas protegidas locales, con o sin una cobertura de medios asociada.	Capítulo 15
Evaluación **Evaluación y monitoreo de la eficacia de la gestión**		
Sistema de monitoreo de la integridad ecológica	El monitoreo de la Integridad Ecológica (IE) de Parques de Canadá es un sistema para medir e informar el mantenimiento o restauración de la IE en las áreas protegidas. El sistema permite una evaluación cuantificada de la condición y el cambio en la condición de la biodiversidad, y permite medir los resultados en relación con los objetivos establecidos (PC, 2007).	Capítulo 21
Informe sobre el "estado de los parques"	Las organizaciones de áreas protegidas de varios países (como Canadá, Corea del Sur y Finlandia) y de los estados dentro de un país federal (como Nueva Gales del Sur y Victoria en Australia) han establecido el informe del estado de los parques para sus sistemas de áreas protegidas. Tales organizaciones pueden informar sobre la integridad ecológica (condición de la biodiversidad), las amenazas y la eficacia de la gestión en sus áreas protegidas.	Capítulo 28
Marco de evaluación de la eficacia de la gestión de la UICN	El marco de Evaluación de la Efectividad del Manejo de Áreas Protegidas (Protected Area Management Effectiveness Evaluation, PAME) se basa en un ciclo de gestión de las organizaciones de áreas protegidas con seis elementos clave: contexto, planeación, insumos, proceso, productos y resultados (Hockings *et al.*, 2000, 2006). El marco de la PAME de la UICN fue adoptado por el Banco Mundial y muchas organizaciones de áreas protegidas como su principal herramienta de marco de evaluación.	Capítulo 28
Fondo Mundial para la Naturaleza (WWF) / Herramienta de seguimiento del Banco Mundial	Esta herramienta de puntuación es muy breve, se basa en los seis elementos del marco de la PAME de la UICN, y es muy eficaz (Worboys, 2007). Se centra en la evaluación de áreas protegidas individuales y monitorea la eficacia en relación con los objetivos.	Capítulo 28
Lista Verde de Áreas Protegidas Bien Gestionadas de la UICN	La Lista Verde es una iniciativa de la UICN para alentar, medir y celebrar el éxito de las áreas protegidas respecto a su logro de buenos estándares de gestión y manejo (Hockings, 2012). Esta lista se basa en la adopción generalizada de la PAME (Hockings *et al.*, 2000, 2006) e identifica buenas prácticas de gestión y manejo.	

Herramienta o marco de gestión	Notas de antecedentes y referencia	Referencia cruzada del capítulo (si procede)
Patrimonio Mundial: mejorando nuestra herencia	La UNESCO y la UICN desarrollaron este marco de evaluación que se basa en el método de la PAME y se utiliza para evaluar los sitios de patrimonio mundial y sus actividades actuales con el fin de identificar problemas, inconvenientes y respuestas (Hockings *et al.*, 2008)	Capítulo 28
Uso de los visitantes: límites de cambio aceptable	Este método evalúa los límites de cambio aceptable para el uso de las áreas naturales por parte de los visitantes y está estrechamente alineado con la herramienta de planeación del espectro de oportunidades de recreación. Este método fue diseñado por George Stankey y otros investigadores del Servicio Forestal de los Estados Unidos (Stankey *et al.*, 1985).	Capítulo 23
Otros sistemas para la evaluación de la eficacia de la gestión	Existen otras herramientas de evaluación que fueron desarrolladas en el pasado y que son aplicables a las áreas protegidas, incluida la Tabla de Puntuación de Consolidación de Sitios del Programa de Parques en Peligro y el Proceso Mejorado de Gestión de Proyectos 5S desarrollado por The Nature Conservancy (Worboys, 2007).	

Gestión adaptativa

La gestión adaptativa es un proceso de gestión de áreas protegidas que pueden utilizar los profesionales y los encargados de formular políticas (Capítulo 13). Aunque puede parecer que se trata de un enfoque intuitivo, en realidad se basa en la investigación, y esto no siempre se entiende completamente. La gestión adaptativa se ha definido como "un enfoque sistemático para mejorar la gestión de los recursos mediante el aprendizaje a partir de los resultados de la gestión" (Williams *et al.*, 2009, p. 1). Se ha descrito que la gestión adaptativa involucra seis pasos clave.

1. Identificación de metas de gestión claras.
2. Especificación de múltiples opciones de gestión.
3. Formulación de hipótesis sobre cómo el sistema responderá a las intervenciones de gestión.
4. Implementación de las acciones de gestión.
5. Monitoreo de la respuesta del sistema para ver si apoya la hipótesis o no.
6. Con base en los resultados del análisis, refinar y ajustar la práctica de gestión (Williams *et al.*, 2009).

El investigador del Servicio Forestal de Estados Unidos George Stankey y sus colegas revisaron la teoría y los conceptos de la gestión adaptativa y llegaron a las siguientes conclusiones clave:

- Aunque ha sido un modelo ampliamente aclamado para la gestión de recursos en condiciones de riesgo e incertidumbre, la gestión adaptativa sigue siendo ante todo un ideal.
- Hay muchas definiciones, aunque típicamente no incluyen las características básicas de un enfoque adaptativo al no tener en cuenta el proceso de prueba, el monitoreo y la evaluación de hipótesis explícitas.
- La experimentación es el núcleo de la gestión adaptativa, e implica hipótesis, controles y replicación.
- Esta incluye diseños de investigación explícitos (entre ellos procesos de definición y solución de problemas, protocolos de documentación y monitoreo, y procesos de valoración y evaluación).
- Esta tiene una naturaleza irreductiblemente sociopolítica.
- Se basa en un reconocimiento y aceptación del riesgo y la incertidumbre.
- El aprendizaje es un producto clave (Stankey *et al.*, 2005).

Estándares abiertos para la práctica de la conservación

Los estándares abiertos para la práctica de la conservación (CMP, 2013) son un método que incluye la gestión adaptativa y que fue diseñado por un grupo conocido como la Asociación de Medidas de Conservación (Conservation Measures Partnership, CMP); un consorcio de organizaciones de conservación "cuya misión es promover la práctica de la conservación mediante el desarrollo, la prueba y la promoción de principios y herramientas para evaluar y mejorar de manera creíble la eficacia de las acciones de conservación" (CMP,

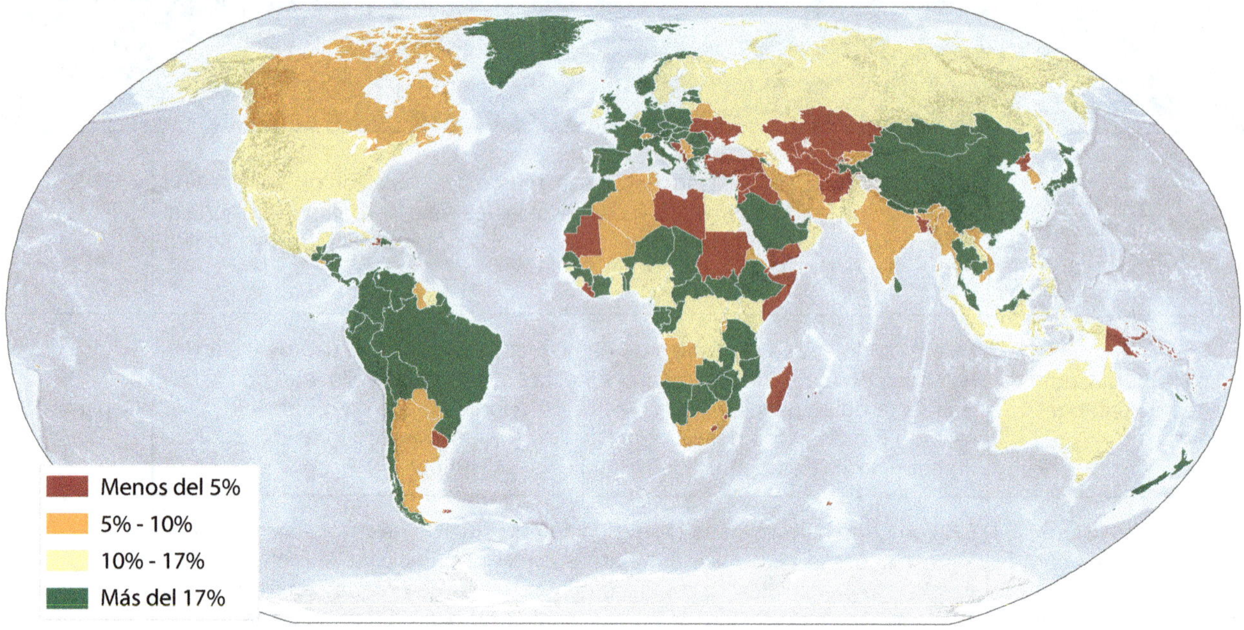

Figura 8.3 Porcentaje del área terrestre de las naciones que está reservado como área protegida en 2014

Nota: las naciones que han alcanzado la meta espacial (solamente) de la Meta 11 del CDB en 2014 respecto a las áreas protegidas se muestran en verde. No se presentan las áreas conservadas por otros medios efectivos.

Descargo de responsabilidad: a los territorios en disputa se les asigno un "sin valor" y no están coloreados en el mapa. Las fronteras de las naciones identificadas no representan los puntos de vista del CMMC de ONU Medio Ambiente.

Fuente: IUCN y UNEP-WCMC, 2014

2013, p. i). Para crear los estándares abiertos, la CMP combinó los principios y las mejores prácticas de la gestión adaptativa y de la gestión basada en los resultados. Los estándares abiertos son un proceso dirigido a establecer un buen nivel en el diseño, gestión y monitoreo de proyectos, y están organizados en un ciclo de gestión de proyectos de cinco pasos.

1. Conceptualizar la visión y el contexto del proyecto.
2. Planear acciones y monitoreo.
3. Implementar acciones y monitoreo.
4. Analizar los datos, utilizar los resultados y adaptarse.
5. Capturar y compartir el aprendizaje (CMP, 2013).

Estos pasos describen el proceso general necesario para la implementación exitosa de proyectos de conservación. Es importante destacar que todo el proceso y su análisis incluyen aspectos del bienestar humano y consideraciones del cambio climático. El proceso no solo desarrolla cadenas de resultados, sino también prioriza las estrategias; crea un plan de monitoreo con métodos e indicadores, así como un plan operativo con estrategias de trabajo a corto plazo asociadas; prepara un presupuesto; emprende la implementación, y analiza el desempeño.

Gestión de sistemas de áreas protegidas

Un sistema nacional de áreas protegidas bien diseñado proporciona un enfoque estratégico para la conservación de la biodiversidad de una nación (Davey, 1998). Idealmente, estos sistemas se desarrollaron con el uso de técnicas de planeación sistemática de la conservación o fueron influenciados por estas. En el Capítulo 13 se analiza el establecimiento de las áreas protegidas y de los sistemas de áreas protegidas.

Sistemas de áreas protegidas: objetivos estratégicos

Tras largas negociaciones y discusiones entre los países signatarios del CDB y el desarrollo de un plan estratégico, finalmente pudo establecerse una directriz mundial para un área mínima ideal que debe reservarse en los sistemas nacionales de áreas protegidas. En 2010, en Nagoya (Japón), las partes del CDB adoptaron el Plan Estratégico para la Diversidad Biológica 2011-2020 y las Metas de Aichi con el propósito de inspirar a todos los países y partes interesadas para que implementen una acción amplia de apoyo a la conservación de la biodiversidad durante la próxima década (CBD, 2011).

La estrategia brinda, además de algunas directrices, una justificación, visión, misión y objetivos para la conservación de la biodiversidad, y a través de estas "Metas de Aichi", el establecimiento de mejores sistemas de áreas protegidas. Esta es una importante acción de gestión para los gobiernos y organizaciones o grupos de áreas protegidas, ya sean gubernamentales, privadas, de pueblos indígenas o de grupos comunitarios. La Meta 11 del Plan Estratégico identifica específicamente las metas en cobertura de área para el establecimiento de sistemas nacionales de reservas marinas y terrestres.

La estrategia 2011-2020 establece un contexto de planeación que identifica la importancia de la biodiversidad de la Tierra:

> La diversidad biológica respalda el funcionamiento de los ecosistemas y la provisión de servicios ecosistémicos que son esenciales para el bienestar humano. La biodiversidad no solo proporciona seguridad alimentaria, salud humana y suministros de aire y agua limpios, sino también contribuye con los medios de subsistencia locales y al desarrollo económico, y es esencial para el logro de los Objetivos de Desarrollo del Milenio, incluida la reducción de la pobreza. Además, es un componente central de muchos sistemas de creencias, visiones del mundo e identidades. Sin embargo, a pesar de su importancia fundamental, la biodiversidad sigue perdiéndose. (CBD, 2011, p. 4)

La visión de la estrategia identifica claramente que se necesita un liderazgo a largo plazo y que aún queda mucho por hacer para garantizar la conservación de la biodiversidad: "Para 2050, la diversidad biológica se valora, conserva, restaura y utiliza en forma racional, manteniendo los servicios ecosistémicos, sosteniendo un planeta sano y brindando beneficios esenciales para todos" (CBD, 2011, p. 2).

La declaración de la misión de la estrategia identifica una necesidad imperiosa y la inmediatez de la acción para lograr la conservación de la biodiversidad con expresiones como "urgente", "acción eficaz" y "detener la pérdida":

> Se busca tomar medidas efectivas y urgentes para detener la pérdida de diversidad biológica a fin de asegurar que, para 2020, los ecosistemas sean resilientes y sigan suministrando servicios esenciales, asegurando de este modo la diversidad de la vida en el planeta y contribuyendo al bienestar humano y a la erradicación de la pobreza. Para este fin, las presiones sobre la diversidad biológica se reducen, los ecosistemas se restauran, los recursos biológicos se utilizan de manera sostenible y los beneficios que surgen de la utilización de los recursos genéticos se comparten en forma justa y equitativa; se proveen recursos financieros adecuados; se mejoran las capacidades; se transversalizan las cuestiones y los valores relacionados con la diversidad biológica; se aplican eficazmente las políticas adecuadas, y la adopción de decisiones se basa en fundamentos científicos sólidos y el enfoque de precaución. (CDB, 2011, p. 3)

La estrategia reconoce veinte objetivos, muchos relacionados con áreas protegidas. La Meta 11 reconoce la eficacia de las áreas protegidas en la conservación de la biodiversidad (Capítulo 2), y la estrategia identifica tanto objetivos mejorados como atributos de calidad de las áreas protegidas para los sistemas de áreas protegidas en las naciones:

> Para 2020, al menos el 17% de las zonas terrestres y de aguas continentales y el 10% de las zonas marinas y costeras, especialmente aquellas de particular importancia para la diversidad biológica y los servicios de los ecosistemas, se conservan por medio de sistemas de áreas protegidas administrados de manera eficaz y equitativa, ecológicamente representativos y bien conectados, y otras medidas de conservación eficaces basadas en áreas. Además, estas están integradas en los paisajes terrestres y marinos más amplios. (CBD, 2011, p. 2)

Estos objetivos se relacionan con gobiernos y otras organizaciones y comunidades, ya que el sistema de áreas protegidas de una nación puede comprender una mezcla de áreas gubernamentales, privadas, indígenas y comunitarias. El objetivo estratégico para 2020 del CDB respecto a la conservación de la biodiversidad es un desafío para las naciones y para los sistemas nacionales de áreas protegidas, dado que en 2014 muchas naciones no habían alcanzado las metas mundiales. En la Figura 8.3 se indica el progreso en el logro de la Meta 11 (desde una perspectiva espacial de área).

Gobiernos y sistemas de áreas protegidas

Los gobiernos emprenden muchas acciones de gestión críticas para apoyar los sistemas de áreas protegidas. Estas incluyen facilitar la expansión del sistema de áreas protegidas, facilitar la conservación de la biodiversidad a nivel de todo el Gobierno, gestionar convenios y tratados internacionales, facilitar la cooperación transfronteriza, proporcionar datos sobre áreas protegidas nacionales y facilitar los corredores de conservación de la conectividad. Cada gobierno nacional tiene la responsabilidad de recabar y suministrar datos de alta calidad sobre el espacio de áreas protegidas y sobre las categorías de áreas protegidas de la UICN en el contexto del sistema de estas en un país (Capítulo 11).

Nuevas áreas protegidas

Con el fin de mejorar el sistema de áreas protegidas, los gobiernos pueden establecer este tipo de áreas por derecho propio; asimismo, pueden fomentar su establecimiento al facilitar mecanismos para que las ONG y el sector privado reserven y gestionen la tierra, y pueden ayudar a que los pueblos indígenas y las comunidades locales establezcan áreas protegidas, o pueden reconocer a los TICCA existentes como áreas protegidas, previo consentimiento de las personas o comunidades pertinentes.

Conservación de la biodiversidad y áreas protegidas

Los gobiernos pueden facilitar la conservación de la biodiversidad en áreas protegidas, e incluso más:

- Al aplicar la totalidad de las disposiciones de la estrategia del CDB (CBD, 2011) en todos los sectores pertinentes del Gobierno y la sociedad.
- Al preparar una estrategia nacional de conservación de la biodiversidad que reconozca y responda a las brechas que puedan existir en las áreas protegidas.
- Al preparar un plan nacional para las áreas de conservación a gran escala e importantes para la conectividad que interconecten las áreas protegidas y el paisaje natural.
- Al brindar incentivos para que el sector privado, los pueblos indígenas y las comunidades locales participen en el establecimiento de áreas protegidas.

Consideraciones internacionales

Las consideraciones internacionales que forman parte de la responsabilidad de una organización para la gestión de un sistema de áreas protegidas incluyen:

- Observar y responder a los convenios internacionales (Cuadro 8.2).
- Participar en la gestión cooperativa de las áreas protegidas transfronterizas (Capítulo 7).
- Observar y facilitar acuerdos internacionales sobre especies migratorias (Capítulo 21).
- Trabajar en corredores de conservación de la conectividad a gran escala (Capítulo 27).
- Brindar datos compartidos sobre las áreas protegidas nacionales para la Base de Datos Mundial sobre Áreas Protegidas (BDMAP) del CMMC de ONU Medio Ambiente (Capítulo 11).
- Cumplir con los estándares de gestión del Patrimonio Mundial y los requisitos de presentación de informes (Capítulo 2).
- Cumplir con los requisitos de Reserva de la Biosfera y Ramsar (Capítulo 2).
- Tener en cuenta los tratados y declaraciones internacionales como la Declaración de las Naciones Unidas sobre los Derechos de los Pueblos Indígenas.

Tabla 8.2 Ejemplos de convenios/convenciones internacionales pertinentes para la gestión y manejo de las áreas protegidas

Año	Convenio/convención internacional	Referencia
1946	Convención para la regulación de la caza de ballenas La Convención Internacional para la Regulación de la Caza de Ballenas se estableció para proveer la conservación apropiada de las poblaciones de ballenas y ayudar a facilitar el desarrollo ordenado de la industria ballenera. Esta convención estableció la Comisión Ballenera Internacional e incluyó la disposición para la fijación de áreas de santuario.	UN (2014a)
1971	Convención de Ramsar En 1971, la Convención de Ramsar sobre Humedales de Importancia Internacional, especialmente como hábitat de aves acuáticas, fue adoptada en Ramsar, Irán. La convención es un tratado intergubernamental que brinda el marco para la acción nacional y la cooperación internacional para la conservación y uso racional de los humedales y sus recursos.	Ramsar (2013)
1972	Convención del Patrimonio Mundial En 1972, la Convención sobre la Protección del Patrimonio Mundial Cultural y Natural se desarrolló a partir de la fusión de dos iniciativas diferentes: la primera se centró en la preservación de los sitios culturales y la segunda en la conservación de la naturaleza. La Convención del Patrimonio Mundial protege el patrimonio natural y cultural del mundo que sea considerado de valor universal excepcional.	UNESCO (2013)

Año	Convenio/convención internacional	Referencia
1973	Convenio CITES La Convención sobre el Comercio Internacional de Especies Amenazadas de Fauna y Flora Silvestres (CITES) fue adoptada en 1973 por muchos países. La convención ayuda a proteger las especies que despiertan interés para su comercio ilegal, como las medicinas tradicionales y las pieles. Por ejemplo, estos productos animales podrían obtenerse de leopardos de las nieves (*Panthera uncia*) (pieles), tigres (*Panthera tigris*) (medicina), ciervos almizcleros (*Moschus spp.*) (medicina), elefantes africanos (*Loxodonta spp.*) (marfil), y rinocerontes (*Ceratothirium simum y Diceros bicornis*) (medicina).	CITES (2013)
1979	Convenio sobre las especies migratorias La Convención sobre la Conservación de las Especies Migratorias de Animales Silvestres (también conocida como CMS o la Convención de Bonn) tiene por objeto la conservación de las especies migratorias terrestres, acuáticas y aviarias en toda su extensión. Se trata de un tratado intergubernamental, celebrado bajo el amparo del Programa de las Naciones Unidas para el Medio Ambiente y se ocupa de la conservación de la vida silvestre y los hábitats a escala mundial.	CMS (2013)
1982	Convención sobre el Derecho del Mar En 1982 las Naciones Unidas adoptaron la Convención sobre el Derecho del Mar (CNUDM) y esta (entre muchas cosas) les otorgó a los estados costeros derechos de soberanía para una zona económica exclusiva de doscientas millas náuticas con respecto a los recursos naturales, ciertas actividades económicas, jurisdicción sobre la investigación de las ciencias del mar y la oportunidad de una protección ambiental dentro de esta zona. Esta convención no entró en vigencia hasta 1994.	UN (2013)
1992	Convenio sobre la Diversidad Biológica El CDB ha sido fundamental para reconocer la necesidad de conservar la biodiversidad y el papel y la importancia de las áreas protegidas como parte de esto. Las áreas protegidas son reconocidas por las partes del convenio como una respuesta clave para detener la pérdida de la biodiversidad, y el Artículo 8 del convenio exige a cada parte contratante, en la medida de lo posible y apropiado, establecer un sistema de áreas protegidas o áreas donde deban tomarse medidas especiales para conservar la diversidad biológica.	CBD (1992)
1992	Convención Marco de las Naciones Unidas sobre el Cambio Climático La Convención Marco de las Naciones Unidas sobre el Cambio Climático (CMNUCC) de 1992 brinda un marco para la negociación de tratados internacionales específicos (llamados "protocolos") que puedan establecer límites obligatorios respecto a la emisión de gases de efecto invernadero. Este marco fue un comienzo para una respuesta internacional frente a la contaminación de la atmósfera con gases de efecto invernadero.	UNFCCC (2014)
1994	La Convención de las Naciones Unidas sobre el Derecho del Mar La Convención de las Naciones Unidas sobre el Derecho del Mar (CNUDM) entró en vigencia y fue fundamental para los esfuerzos mundiales por establecer áreas marinas protegidas. Esta convención define los derechos y responsabilidades de las naciones respecto al uso de los océanos del mundo y establece directrices para las empresas, el medio ambiente y la gestión de los recursos naturales marinos.	UN (2014b)

Hasta la fecha, el Programa de Trabajo sobre Áreas Protegidas (PoWPA) del CDB representa el mayor compromiso de la comunidad internacional con las áreas protegidas. Este programa brinda un marco para la cooperación entre los gobiernos, los donantes, las ONG y las comunidades locales con el fin de desarrollar un sistema de áreas protegidas nacional y regional que no solo sea participativo y ecológicamente representativo, sino también que esté gestionado de manera eficaz (Cuadro 8.3) (CBD, 2004).

Guía de gestión para las categorías de áreas protegidas de la UICN

En esta sección presentamos los principios de gestión y la información de orientación para cada una de las categorías de gestión de la UICN, y discutimos el énfasis de conservación de cada categoría. Esta guía es particularmente relevante para propósitos de planeación, ya que puede ayudar en el desarrollo de objetivos de gestión.

Cuadro 8.3 Programa de Trabajo sobre Áreas Protegidas del Convenio sobre la Diversidad Biológica

El Programa de Trabajo sobre Áreas Protegidas (Programme of Work on Protected Areas, PoWPA) es una de las reflexiones más fuertes de las políticas de la UICN y sus miembros. El PoWPA fue acordado por el CDB en febrero de 2004 y se basa en gran medida en el Plan de Acción de Durban, el cual surgió seis meses antes como resultado del quinto Congreso Mundial de Parques de la UICN. La esencia del PoWPA es el compromiso de que los países desarrollen sistemas de áreas protegidas nacionales y regionales que no solo sean participativos y ecológicamente representativos, sino también que estén gestionados de manera efectiva y que se extiendan, en caso de ser necesario, a través de las fronteras nacionales, que se integren a los otros usos de la tierra y contribuyan al bienestar humano. El PoWPA incluye cuatro elementos del programa, dieciséis objetivos (cada uno con una meta más específica) y 92 actividades para las partes, muchas con cronogramas para la implementación sugerida. Los cuatro temas principales y los elementos asociados son los siguientes..

1. Dirigir acciones para la planeación, selección, creación, fortalecimiento y gestión de sistemas y sitios de áreas protegidas.
   - Construcción de redes de áreas protegidas y el enfoque ecosistémico.
   - Planeación y gestión de áreas protegidas basadas en el sitio.
   - Enfrentar las amenazas a las áreas protegidas.
2. Gobernanza, participación, equidad y participación en los beneficios.
   - Mejorar los beneficios sociales de las áreas protegidas.
3. Actividades favorables.
   - Crear un entorno normativo propicio.
   - Construir capacidades.
   - Asegurar la sostenibilidad financiera.
4. Estándares, evaluación y monitoreo.
   - Estándares de gestión y manejo efectivo.
   - Uso de la ciencia.

Fuente: Stolton *et al.*, 2008

Pardela rabo de cuña (*Puffinus pacificus*), costa sur de Nueva Gales del Sur, Australia: esta especie migra grandes distancias entre hemisferios y se reproduce durante el verano meridional en muchas islas en el sur de Australia. Esta y muchas otras especies se benefician de convenios que ayudan a proteger las aves migratorias

Fuente: Graeme L. Worboys

También describimos el manejo de "personas oficiales", quienes viven dentro de diferentes tipos de reservas en las categorías de áreas protegidas de la UICN.

En las seis categorías de manejo de áreas protegidas (I-VI) de la UICN se lleva a cabo la conservación de la biodiversidad y la conservación del patrimonio natural y cultural, aunque existen diferencias importantes en el enfoque. En los Cuadros 8.4-8.11 se presentan los materiales australianos de orientación para cada categoría de la UICN, y tales materiales tienen relevancia internacional. Los principios tienen su origen en la Ley de Protección del Medio Ambiente y Conservación de la Biodiversidad del Gobierno de Australia (1999) y en algunos documentos de apoyo (Cuadro 8.4).

Gestión de las categorías I-IV de la UICN

Todas las categorías de gestión de la UICN son importantes para la conservación de la biodiversidad, pero las categorías I a IV prestan una atención especial a la protección de la biodiversidad y de otros bienes naturales y culturales (Dudley, 2008). Esta protección y gestión es lo que contribuye directamente a la conservación de las especies y la biodiversidad en un momento en que hay un rápido declive de las mismas y una

Cuadro 8.4 Principios generales de gestión para las categorías de áreas protegidas de la UICN

El Gobierno de Australia desarrolló los siguientes principios de gestión para las áreas protegidas del país en las seis categorías de áreas protegidas de la UICN. Estos principios tienen relevancia internacional.

Participación comunitaria

En la medida de lo posible, los arreglos de gestión deberían prever una participación amplia y significativa de la comunidad, de las organizaciones públicas y de los intereses privados en el diseño y el desempeño de las funciones de la zona o reserva.

Gestión eficaz y adaptativa

Los arreglos de gestión deben ser efectivos y apropiados para los objetivos de biodiversidad y el contexto socioeconómico de la zona o reserva. Estos deben tener un carácter adaptativo para garantizar la capacidad de responder a la incertidumbre y al cambio.

Principio de precaución

La falta de una certeza científica absoluta no debe utilizarse como excusa para aplazar las medidas encaminadas a prevenir la degradación del patrimonio natural y cultural de una zona o reserva donde exista una amenaza de daño grave o irreversible.

Impacto mínimo

La integridad de una zona o reserva se conserva mejor protegiéndola de los procesos de perturbación y amenaza. En la medida de lo posible, deben reducirse al mínimo los efectos adversos sobre los entornos naturales, culturales y sociales, en y las comunidades circundantes.

Uso ecológicamente sostenible

Si el uso de los recursos es compatible con los principios de gestión aplicables a una zona o reserva, este debe (si se lleva a cabo) basarse en el principio del uso ecológicamente sostenible, que es el siguiente:

- Los recursos naturales solo deben utilizarse dentro de su capacidad para sostener los procesos naturales mientras se mantengan los sistemas de soporte vital de la naturaleza.
- El beneficio del uso para la generación actual no debe disminuir el potencial de la zona o reserva para satisfacer las necesidades y aspiraciones de las generaciones futuras.

Transparencia en la toma de decisiones

Debe haber transparencia en el marco y los procesos de toma de decisiones para la gestión de la zona o reserva. Las razones para tomar decisiones deben estar a disposición del público, excepto cuando la información, incluida la que sea culturalmente sensible o de confidencialidad comercial, tenga que tratarse como confidencial.

Gestión conjunta

Si parte o toda la zona o reserva es propiedad de pueblos aborígenes, debe reconocerse el uso tradicional y continuo de la zona o reserva por los indígenas residentes, incluida la protección y el mantenimiento del patrimonio cultural.

Nota: en el texto anterior, "reserva" o "zona" se refiere a un contexto de gestión del Gobierno australiano en el que los principios pueden aplicarse a toda el área protegida o a una parte geográfica de esa área protegida (comúnmente identificada por un plan de gestión como una zona).

Fuente: CoA, 1999

pérdida constante de hábitats. Estas reservas, además de contribuir de manera crítica a que las especies comunes sigan siéndolo, proporcionan una contribución clave a la conservación de muchas de las especies más raras y más amenazadas del mundo.

Gestión de "reservas naturales estrictas" (Categoría ia de la UICN)

Las reservas naturales estrictas están entre las pocas áreas en la Tierra donde las actividades humanas están estrictamente limitadas, y estas son muy importantes para ayudar a conservar el patrimonio del planeta (Dudley, 2008). Muchas de las especies de la Tierra no existirían sin esta categoría. Con frecuencia, la gestión de estas áreas es difícil y debe tener en cuenta los principios de orientación para las áreas protegidas de la Categoría ia (Cuadro 8.5). La gestión debe contemplar:

- Regulación estricta del uso por parte de funcionarios y otros visitantes, y el acceso por medio de permisos y con el apoyo de patrullas en campo, y respuestas regulatorias frente al acceso ilegal y la caza furtiva. Esto puede referirse en especial a los requisitos para el manejo de la vida silvestre como en las estaciones de cría y reproducción, requerimientos de dormancia en el invierno (murciélagos en cuevas), patrones de migración de especies y la presencia de animales peligrosos.
- Aplicación de las mejores prácticas para la prevención de especies invasoras, las cuales están vinculadas a la gestión del acceso, incluidas las medidas de cuarentena.

Cuadro 8.5 Principios de gestión de reservas para las áreas protegidas de la Categoría ia de la UICN (reserva natural estricta) - Australia

La zona o reserva debe administrarse principalmente para investigación científica o monitoreo ambiental de acuerdo con los siguientes principios.

- Los hábitats, los ecosistemas y las especies nativas deben preservarse en un estado tan inalterado como sea posible.
- Los recursos genéticos deben mantenerse en un estado dinámico y evolutivo.
- Deben mantenerse los procesos ecológicos establecidos.
- Deben salvaguardarse las características estructurales del paisaje o las exposiciones rocosas.
- Deben garantizarse ejemplos del entorno natural para estudios científicos, monitoreo ambiental y educación, incluidas las áreas de referencia en las que se prohíba cualquier acceso evitable.
- Las perturbaciones deben minimizarse mediante una cuidadosa planeación y ejecución de investigaciones y otras actividades permitidas.
- El acceso del público debe limitarse a lo que sea compatible con estos principios.

Fuente: CoA, 1999

Para este trabajo son útiles las directrices de la UICN preparadas por Wittenberg y Cock (2001).

- Implementación de programas para la erradicación de especies introducidas, como los que se aplican en la isla de Macquarie, Tasmania, Australia (TPWS, 2014).
- Fomento y facilitación de la investigación científica, incluido el establecimiento de sitios de referencia para la medición del medio ambiente con un nivel inicial y a largo plazo.
- Respeto y reconocimiento de los valores y normas de las comunidades que gobiernan sitios considerados sagrados o con otra importancia cultural donde no se permite el uso de recursos.
- Una comunicación regular con los científicos acerca de las responsabilidades especiales que ellos tienen cuando entran a las áreas protegidas y particularmente en una reserva natural estricta. Es importante brindar una orientación sobre la entrada y el uso (así como el permiso de acceso), tal como se identifica en la versión inicial del Código de Prácticas para la Investigación de la UICN de 2013 (Cuadro 8.6).

Gestión de "áreas naturales silvestres" (Categoría ib de la UICN)

La UICN reconoce formalmente a las áreas naturales silvestres como una categoría de área protegida. Típicamente, estas son grandes áreas naturales, y muchas especies necesitan para su supervivencia estas grandes extensiones que en esencia carecen de modificaciones por los seres humanos y tienen pocos asentamientos permanentes o significativos de nuestra especie. Con frecuencia, son las únicas áreas donde puede darse esta oportunidad. Las áreas naturales silvestres designadas son gestionadas para proteger a largo plazo su integridad ecológica y las fuerzas y procesos naturales predominantes. También son gestionadas para tener una mínima perturbación por actividades humanas y estar libres de infraestructuras modernas (Dudley, 2008). Asimismo, se entiende que algunas personas no aceptan el término "natural silvestre", y muchas culturas en todo el mundo no tienen un término equivalente para lo que en algunos países occidentales se considera una dicotomía evidente entre "silvestre" y "domesticado". Tales puntos de vista y diferencias culturales contribuyeron a dar forma al concepto de "natural silvestre" preparado por la UICN en Barcelona en 2008 (Dudley, 2008), y se esperan más debates en el futuro.

La gestión de las áreas naturales silvestres de la Categoría ib de la UICN debe contemplar:

- Material de orientación preparado para estos espacios (Cuadro 8.7).
- Ofrecer el acceso al público con niveles bajos de uso y de una manera que se mantenga la condición de naturaleza silvestre (natural) del área, lo cual puede incluir políticas que enfaticen la recreación autosuficiente y restrinjan el uso de animales de carga (como caballos), vehículos motorizados (motocicletas, tracción en las cuatro ruedas) y aeronaves (ala fija y ala rotativa).
- Orientación brindada por un Manual de la Ley y la Política Internacional sobre la Naturaleza Silvestre *(A Handbook on International Wilderness Law and Policy)*, elaborado por la Fundación Silvestre (Wild Foundation), el cual establece que "[la] legislación vigente busca proteger grandes áreas naturales en un estado tan silvestre como sea posible y mantener la integridad biológica de estas áreas para el futuro" (Kormos, 2008, p. 355), y que la naturaleza silvestre no se trata de excluir a las personas, "sino que el punto clave es que la legislación sobre la naturaleza silvestre regule el uso humano de determinadas áreas para preservar ciertos valores de la naturaleza silvestre, mientras se permite el uso compatible con tales valores" (p. 356).

Cuadro 8.6 Versión inicial del código de prácticas para el monitoreo y la investigación responsable en áreas protegidas

1. Todas las investigaciones deben contar con las aprobaciones y permisos nacionales, estatales, territoriales y locales necesarios; pagar las tarifas requeridas, y seguir estrictamente las leyes, reglamentos, normas sociales y protocolos relacionados con la investigación dentro de las áreas protegidas, incluido el acceso y la distribución de beneficios dentro del marco del CDB.
2. Todas las investigaciones deben obtener la aprobación ética necesaria por parte de las organizaciones de investigación, agencias de financiamiento y áreas protegidas con respecto a la investigación con animales y a la investigación social.
3. Los investigadores de campo deben adoptar los más altos estándares de precaución para evitar la introducción y distribución accidental de organismos invasivos y patógenos.
4. La investigación de campo debe minimizar la perturbación tanto de los organismos estudiados como de otras especies y ecosistemas.
5. La recolección de datos que implique la muerte de un organismo solo debe tener lugar cuando esto sea absolutamente esencial para la investigación, haya sido acordado por los administradores y siga las normas nacionales.
6. Normalmente, las investigaciones que impliquen una alteración significativa de los ecosistemas, incluso mediante el sacrificio/colecta de organismos, no deben realizarse en áreas protegidas de las Categorías I-IV de la UICN, a menos que no exista otro sitio factible para la investigación o que esta sea de importancia significativa para los objetivos de conservación del área protegida. En todos estos casos, antes de otorgarse el permiso, debe realizarse una evaluación detallada del impacto y un análisis costo-beneficio, y la investigación debe centrarse en las zonas menos protegidas del área. Debe prestarse una atención especial no solo al hecho de que las áreas o especies sean consideradas sagradas o tengan una importancia cultural para los pueblos indígenas o las comunidades locales, sino también al grado de amenaza que enfrente la especie (según las categorías de la Lista Roja de Especies Amenazadas de la UICN).
7. Cuando la investigación implique el trabajo de campo en áreas ocupadas por personas, o afecte especies o ecosistemas a los cuales las personas tengan derechos de tenencia *de facto* o *de jure* o tengan conexiones culturales con los mismos, debe obtenerse el libre consentimiento previo e informado de los titulares de derechos en relación con los derechos que puedan verse afectados, y tal investigación debe realizarse de manera que respete las creencias locales, los derechos y los intereses económicos y culturales.
8. Los administradores de áreas protegidas deben tratar de asociarse con organizaciones de investigación para desarrollar una investigación colaborativa que le brinde información a la administración y que satisfaga las necesidades de la comunidad investigativa respecto a la ciencia de vanguardia. A su vez, los investigadores deben buscar relaciones de colaboración con los administradores cuando los resultados de sus investigaciones tengan el potencial de brindar información para el área protegida o para la gestión de la conservación y la formación de capacidades.
9. Es muy importante que los investigadores consideren los valores estéticos de las áreas protegidas y los impactos en la experiencia de los visitantes cuando seleccionen métodos de recolección de datos, monitoreo por telemetría, construcción de parcelas de investigación, bases de campo y otras acciones; una vez finalice la investigación, deben retirar la totalidad del equipo y otros materiales.
10. Cuando sea aplicable, los investigadores empleados por organizaciones de áreas protegidas o departamentos gubernamentales asociados deben respetar las mismas reglas y códigos de conducta que los investigadores externos.
11. Los administradores de áreas protegidas deben acoger la investigación como un valor importante de las mismas; adicionalmente y de manera ideal, deben establecer condiciones claras para permitir y fomentar la investigación adecuada en áreas protegidas a través de un proceso (como un grupo de trabajo de investigación) que identifique las prioridades investigativas.

Fuente: Hockings *et al.*, 2013

- Permitir a las comunidades indígenas que mantengan su estilo de vida tradicional en áreas de naturaleza silvestre de una manera compatible con los objetivos de conservación del área protegida.
- Proteger los valores culturales y espirituales de las áreas silvestres que sean especiales para las poblaciones indígenas y no indígenas.
- Facilitar la investigación y las actividades educativas de bajo impacto.
- Restauración de cualquier área perturbada.

Cuadro 8.7 Principios de gestión de reservas para las áreas protegidas de la Categoría ɪb de la UICN (naturaleza silvestre) - Australia

La reserva o zona debe protegerse y gestionarse para conservar su condición no modificada de acuerdo con los siguientes principios:

- Las generaciones futuras deberían tener la oportunidad de experimentar, comprender y disfrutar de reservas o zonas que no han sido perturbadas por la acción humana durante un largo período.
- Los atributos y cualidades esenciales del medio ambiente deben mantenerse a largo plazo.
- Tanto los niveles como el tipo de acceso público deben tener la mayor probabilidad de brindar un bienestar físico y espiritual para los visitantes, y deben mantener las cualidades de naturaleza silvestre de la reserva o zona para las generaciones presentes y futuras.
- Las comunidades indígenas que viven en baja densidad y en equilibrio con los recursos disponibles deben ser capaces de mantener su estilo de vida.

Fuente: CoA, 1999

- Manejo activo de amenazas tales como plantas y animales introducidos, caza furtiva y otras causadas por el ser humano (Capítulo 16).

Gestión de los "parques nacionales" (categoría II de la UICN)

Es posible que los parques nacionales sean la categoría de áreas protegidas de la UICN que mejor entienden y más visitan las personas y comunidades de todo el mundo. Estos parques son administrados principalmente para proteger la biodiversidad junto con su estructura ecológica subyacente y para apoyar los procesos ambientales; no obstante, lo más importante es que brindan oportunidades para la educación y la recreación en algunas de las áreas naturales más hermosas de la Tierra (Dudley, 2008).

Los parques nacionales son fundamentales para la conservación y protección de las especies y pueden contribuir a la conservación, no solo de aquellas que deambulan en un amplio territorio, sino también de los procesos ecológicos regionales y rutas migratorias, y a menudo forman territorios centrales de grandes áreas de conservación de la conectividad. Estos parques se administran para el uso apropiado de los visitantes con fines de inspiración, educación, cultura y recreación. Además, la gestión de los parques nacionales sobre el turismo basado en la naturaleza contribuye de manera importante a las economías locales (véase el Capítulo 23). La política mundial contemporánea para los parques nacionales tiene en cuenta las necesidades de los pueblos indígenas y las comunidades locales de manera responsable y equitativa, de acuerdo con los objetivos de gestión de las reservas, aunque en la práctica, en algunos países es necesario hacer más. Los parques nacionales ofrecen importantes oportunidades de investigación, y muchos sitios de investigación monitorean los cambios en los entornos naturales, como los provocados por el cambio climático.

La gestión de los parques nacionales de la Categoría II de la UICN debe contemplar:

- Material de orientación para la gestión de parques nacionales (Cuadro 8.8).
- Planeación de la gestión y zonificación para garantizar no solo la protección de los procesos ecológicos a gran escala, sino también las oportunidades para la conservación de la naturaleza silvestre, y que las áreas de conectividad se mantengan para la vida silvestre; asimismo, que se les brinde a los visitantes una gama de oportunidades para la recreación y el disfrute del parque.
- Trabajo con vecinos y comunidades locales.
- Restauración de áreas perturbadas.
- Gestión activa de amenazas e incidentes.
- Facilitación de la investigación y oportunidades de la misma.
- Gestión activa de las instalaciones para visitantes, de los servicios para estos, y de cualquier emergencia que involucre a personas dentro de un parque.

Gestión de "monumentos o características naturales" (Categoría III de la UICN)

La gestión de las áreas protegidas de la Categoría III de la UICN se centra en la protección de características naturales excepcionales y su biodiversidad y hábitats asociados (Dudley, 2008). Muchas de estas características son fenómenos geológicos tales como sitios de carst o características del paisaje volcánico, los cuales se describen en el Capítulo 18. Muchas de estas áreas protegidas pueden ser culturalmente significativas y gestionadas por sus valores de patrimonio natural y cultural. La gestión de la Categoría III de la UICN "monumentos o características naturales" debe contemplar:

- Material de orientación para las áreas protegidas de la Categoría III de la UICN (Cuadro 8.9).
- Uso del material de orientación especializado de la UICN para la protección cavernas y sitios de carst preparado por Watson *et al.* (1997).

Cuadro 8.8 Principios de gestión para las áreas protegidas de la Categoría II de la UICN (parque nacional) - Australia

La reserva o zona debe protegerse y gestionarse para conservar su condición natural de acuerdo con los siguientes principios:

- Las áreas naturales y escénicas de importancia nacional e internacional deben protegerse con fines espirituales, científicos, educativos, recreativos o turísticos.
- Los ejemplos representativos de regiones fisiográficas, comunidades bióticas, recursos genéticos y especies nativas deben perpetuarse en un estado tan natural como sea posible para proporcionar diversidad y estabilidad ecológica.
- El uso de los visitantes debe manejarse con fines educativos, culturales, recreativos y de inspiración a un nivel que mantenga la reserva o zona en un estado natural o casi natural.
- La administración debe tratar de garantizar que no se produzca una explotación o una ocupación que sea incompatible con estos principios.
- Debe mantenerse el respeto por los atributos ecológicos, geomorfológicos, sagrados y estéticos para los cuales la reserva o zona fue asignada a esta categoría.
- Deben tenerse en cuenta las necesidades de los pueblos indígenas, incluido el uso de los recursos de subsistencia, en la medida en que no entren en conflicto con estos principios.
- Es importante reconocer y tener en cuenta las aspiraciones de los propietarios tradicionales de las tierras dentro de la reserva o zona, sus prácticas continuas de manejo del territorio, la protección y el mantenimiento del patrimonio cultural, y el beneficio que los propietarios tradicionales obtienen de las empresas establecidas en la reserva o zona compatible con estos principios.

Fuente: CoA, 1999

Cuadro 8.9 Principios de gestión para la Categoría III de la UICN (monumento natural) - Australia

La reserva o zona debe protegerse y gestionarse para conservar sus características naturales o culturales de acuerdo con los siguientes principios:

- Debido a su importancia natural, calidad única o representativa, o connotaciones espirituales, las características naturales sobresalientes específicas deben protegerse o conservarse a perpetuidad.
- Es importante brindar oportunidades de investigación, educación, interpretación y apreciación del público en una medida compatible con estos principios.
- La administración debe tratar de garantizar que no se produzca una explotación o una ocupación que sea incompatible con estos principios.
- Las personas con derechos o intereses en la reserva o zona deben tener derecho a los beneficios derivados de las actividades en la reserva o zona que sean consistentes con estos principios.

Fuente: CoA, 1999

Cueva Hang Sung Sot, Bahía de Ha Long patrimonio mundial, Vietnam: esta característica cárstica de piedra caliza del patrimonio mundial, con su gran número de visitantes, cuenta con una gestión activa para ayudar a conservar sus valores geológicos y geomorfológicos

Fuente: Graeme L. Worboys

- Uso de la gestión activa de amenazas, el trabajo de conservación y las acciones de restauración que apunten a la conservación de especies específicas que se encuentran solo en el monumento o característica, lo cual podría incluir, por ejemplo, colonias de murciélagos dentro de cuevas y especies de flora que se encuentran solo dentro de la zona de rocío de las caídas de agua.
- Facilitación de investigaciones del área protegida y sus fenómenos naturales.
- Gestión activa del uso adecuado del área protegida por parte de los visitantes.

Cuadro 8.10 Principios de gestión para la Categoría IV de la UICN (área de gestión de hábitats/especies) - Australia

La reserva o zona debe gestionarse principalmente –incluso, si es necesario, mediante una intervención activa– para garantizar el mantenimiento de hábitats o para satisfacer los requerimientos de especies o colección de especies específicas de acuerdo con los siguientes principios:

- Deben asegurarse y mantenerse las condiciones de hábitat necesarias para proteger especies, grupos o colecciones de especies, comunidades bióticas o características físicas del medio ambiente, si es necesario, mediante una manipulación humana específica.
- La investigación científica y el monitoreo ambiental que contribuyan a la gestión de las reservas deben facilitarse como actividades primarias relacionadas con la gestión sostenible de los recursos.
- La reserva o zona puede desarrollarse para la educación del público y la apreciación, no solo de las características de los hábitats, las especies o las colecciones, sino también del trabajo relacionado con el manejo de la vida silvestre.
- La administración debe tratar de garantizar que no se produzca una explotación o una ocupación que sea incompatible con estos principios.
- Las personas con derechos o intereses en la reserva o zona deben tener derecho a los beneficios derivados de las actividades en la reserva o zona que sean consistentes con estos principios.
- Si la reserva o zona se declara para un jardín botánico, también debe gestionarse para el aumento del conocimiento y la apreciación, y el disfrute del patrimonio vegetal de un país; con este fin, es importante establecer como recurso integrado una colección de especímenes vivos y de herbario de las plantas nativas y afines para su estudio, interpretación, conservación y exhibición.

Fuente: CoA, 1999

Gestión de "áreas de manejo de hábitats/especies" (Categoría IV de la UICN)

Muchas áreas protegidas se reservan específicamente para conservar especies de flora y fauna, al igual que sus hábitats. Aunque estas áreas suelen ser muy pequeñas, son críticas para la vida silvestre, como islas remotas y su uso por las aves para descansar durante la migración o para anidar. En contraste con las áreas protegidas de las categorías I-III de la UICN, estas áreas pueden requerir una intervención de gestión regular para hacer frente a las amenazas y para lograr la restauración y la conservación de las especies y sus hábitats (Dudley, 2008). La gestión de las áreas de manejo de hábitats/especies de la Categoría IV de la UICN debería contemplar:

- Material de orientación para las áreas protegidas de la Categoría IV de la UICN (Cuadro 8.10).
- Los requerimientos de gestión estacional (centrados en la fauna silvestre) para estas áreas protegidas y el papel que pueden brindar como parte integral de la protección de toda una ruta de migración para una especie migratoria trans-hemisférica.
- El papel que estas áreas pueden desempeñar como parte de un área protegida central dentro de un área más grande de conservación de la conectividad (corredor).
- La posible necesidad constante de una restauración activa y de una gestión de las amenazas.

Las oportunidades que están disponibles para educar al público y la apreciación de las especies silvestres.

Gestión de las áreas protegidas de las categorías V y VI de la UICN

Mientras que las áreas protegidas de la Categoría v de la UICN implican un cambio humano constante sobre un paisaje terrestre y marino como el criterio de valor para un paisaje particular, las áreas protegidas de la Categoría VI implican el uso de los recursos. Un objetivo clave es conservar la biodiversidad –como en todas las categorías de áreas protegidas de la UICN–, pero la gestión también implica equilibrar la naturaleza y el uso humano, al igual que la gestión de las características del paisaje cultural humano.

Gestión de "paisajes terrestres/marinos protegidos" (Categoría V de la UICN)

La gestión de las áreas protegidas de la Categoría V se centra en proteger y mantener paisajes terrestres y marinos importantes (y su conservación asociada de la naturaleza y otros valores) que fueron creados por los humanos a través de prácticas de manejo tradicionales (Dudley, 2008).

Cuadro 8.11 Principios de gestión de reservas para las áreas protegidas de la Categoría V de la UICN (paisajes terrestres/marinos protegidos) - Australia

La reserva o zona debe gestionarse para salvaguardar la integridad de las interacciones tradicionales entre las personas y la naturaleza, de acuerdo con los siguientes principios:

- Debe mantenerse la interacción armoniosa de la naturaleza y la cultura a través de la protección del paisaje terrestre o marino y la continuidad de los usos tradicionales, las prácticas de construcción y las manifestaciones sociales y culturales.
- Debe brindarse apoyo a los estilos de vida y actividades económicas que estén en armonía con la naturaleza y la conservación del tejido social y cultural de las comunidades de la reserva o zona en cuestión.
- Debe mantenerse la diversidad de paisajes terrestres, paisajes marinos y hábitats, así como de las especies y los ecosistemas asociados.
- No deben existir usos y actividades en la tierra o en el mar que no sean apropiados en escala o carácter.
- Deben brindarse oportunidades para el disfrute del público a través de la recreación y el turismo, las cuales deben ser acordes con el tipo y la escala de las cualidades esenciales de la reserva o zona.
- Es importante fomentar actividades científicas y educativas que a largo plazo contribuyan al bienestar de las poblaciones residentes y al desarrollo del apoyo del público para la protección ambiental de áreas similares.
- Es importante que a través de la provisión de productos y servicios naturales, siempre y cuando sean consistentes con estos principios, se busquen y promuevan beneficios para la comunidad local, así como contribuciones a su bienestar.

Fuente: CoA, 1999

Cuadro 8.12 Principios de gestión para la Categoría VI de la UICN (área protegida con uso sostenible de los recursos naturales) - Australia

La reserva o zona debe gestionarse principalmente para un uso ecológicamente sostenible de los ecosistemas naturales de acuerdo con los siguientes principios:

- La diversidad biológica y otros valores naturales de la reserva o zona deben protegerse y mantenerse a largo plazo.
- Deben aplicarse prácticas de manejo para garantizar el uso ecológicamente sostenible de la reserva o zona.
- La gestión de la reserva o zona debe contribuir al desarrollo regional y nacional, en la medida en que esto sea compatible con estos principios.

Fuente: CoA, 1999

La gestión de paisajes terrestres/marinos protegidos de la Categoría V de la UICN debe contemplar:

- Material de orientación para las áreas protegidas de la Categoría V de la UICN (Cuadro 8.11).
- Material de orientación preparado por Phillips (2002) y el material subsiguiente generado por la CMAP de la UICN (Brown *et al.*, 2005; Amend *et al.*, 2008; Mallarach, 2008; Dudley y Stolton, 2012).
- Lograr un equilibrio de la interacción entre la naturaleza y la cultura mediante la protección activa de la naturaleza y el trabajo con las comunidades locales y los pueblos indígenas para ayudar a conservar las prácticas tradicionales.
- Reconocer y trabajar con las comunidades locales y los pueblos indígenas para ayudar a conservar las prácticas tradicionales, incluida la gobernanza sostenible de sus paisajes bioculturales terrestres y marinos (Capítulo 7).
- Tratar con especies nativas que han evolucionado en asociación con los sistemas culturales de manejo.
- Trabajar con el paisaje como zona de amortiguación de las áreas protegidas centrales.
- Trabajar con el paisaje terrestre/marino como parte de un área/corredor más grande de conservación de la conectividad.

Gestión de "áreas protegidas con uso sostenible de los recursos naturales" (Categoría VI de la UICN)

Algunas áreas grandes y esencialmente naturales pueden gestionarse con objetivos de conservación y uso sostenible que son mutuamente benéficos, las cuales han sido reconocidas como áreas de Categoría VI (Dudley, 2008). La gestión de estas áreas debe contemplar:

Casa del Superintendente, Mammoth, Parque Nacional Yellowstone: esta estructura histórica fue construida alrededor de 1910 como parte de la intervención del ejército estadounidense dentro del parque, y hace parte de la presencia del personal oficial en el parque

Fuente: Graeme L. Worboys

- Material de orientación para las áreas protegidas de la Categoría VI de la UICN (Cuadro 8.12).
- Lograr el uso sostenible de los recursos naturales desde la perspectiva de las dimensiones ecológicas, económicas y sociales como medio para garantizar la conservación de la naturaleza (Capítulo 25).
- Trabajar con las comunidades locales para ayudar a garantizar beneficios sociales y económicos, y para conservar los ecosistemas y los hábitats.
- Reconocer y facilitar los TICCA –por ejemplo, silvicultura comunitaria sostenible, áreas marinas administradas localmente y otros enfoques similares– (Capítulo 7).
- Trabajar para garantizar que las amenazas se gestionen activamente, incluido el potencial de aprovechamiento industrial a gran escala de los recursos naturales.
- Garantizar que una gran proporción de la zona protegida de la Categoría VI se conserve como zona de "veda total" (algunos países han utilizado la proporción de dos tercios como directriz) (Dudley, 2008).

Gestión para personas con una presencia reconocida en las áreas protegidas

Típicamente, las áreas protegidas de un país son parte de paisajes culturales ricos y diversos, y de sociedades multisectoriales (Capítulo 5). Además de los visitantes (Capítulo 23), es posible que algunas personas vivan dentro de áreas protegidas porque son miembros de la comunidad de un TICCA, son dueños o copropietarios del área protegida o están presentes por otros motivos oficiales. Tales personas viven, trabajan y usan las áreas protegidas como parte de su vida cotidiana, y aquí se describen algunas actividades relevantes para la gestión de dichas áreas. Estas personas y comunidades están presentes de manera oficial, son parte integral de las áreas protegidas y es necesario que los profesionales de áreas protegidas manejen este caso.

Personas que viven en áreas protegidas por motivos oficiales

Es posible que muchas personas vivan en las áreas protegidas por motivos oficiales. Estas personas pueden incluir:

- Guardaparques y personal que haga cumplir la ley dentro de las áreas protegidas.
- Oficiales de campo de las áreas protegidas responsables de obras y servicios.
- Personal de la estación de entrada, del centro de visitantes y de seguridad del área protegida.
- Personal de investigación y científicos que participan en proyectos de investigación a largo plazo en los parques.
- Personal de manejo de cuarentena y seguridad fronteriza.
- Personal médico, de ambulancia, de policía y bomberos.

Tipos de gobernanza / Categorías de áreas protegidas	A. Gobernanza por parte del Gobierno			B. Gobernanza compartida			C. Gobernanza privada			D. Gobernanza por parte de los pueblos indígenas y las comunidades locales	
	Ministerio federal o nacional de la agencia a cargo	Agencia o ministerio subnacional a cargo	Gestión delegada por el Gobierno (por ejemplo, a una ONG)	Gestión transfronteriza	Gestión colaborativa (diversas formas de influencia pluralista)	Gestión conjunta (junta de gestión pluralista)	Declarada y administrada por terratenientes individuales	... por organizaciones sin ánimo de lucro (por ejemplo, ONG, universidades)	.. por organizaciones con fines de lucro (por ejemplo, propietarios de empresas, cooperativas)	Territorios y áreas protegidas por pueblos indígenas - establecidas y administradas por estos	Áreas conservadas por la comunidad - declaradas y administradas por comunidades locales
Ia. Reserva natural estricta											
Ib. Área de naturaleza silvestre											
II. Parque nacional											
III. Monumento natural											
IV. Área de gestión de hábitats/especies											
V. Paisaje terrestre/ marino protegido											
VI. Área protegida con uso sostenible de los recursos naturales											

Figura 8.4 Matriz de áreas protegidas de la UICN: un sistema de clasificación para áreas protegidas que comprende tanto el tipo de gobernanza como la categoría de gestión de la UICN

Fuente: Dudley, 2008

- Personal de mantenimiento general y de manejo de carreteras (por ejemplo, para la limpieza de la nieve y el control del hielo en la carretera).
- Personal militar dentro del área protegida que ayude con la protección de la reserva y que pueda lidiar con los posibles conflictos.
- Contratistas externos responsables de la operación de servicios tales como el suministro de agua, la eliminación de residuos y el tratamiento de aguas residuales.
- Personal de apoyo para el servicio de visitantes en puntos de venta, alojamiento, restaurantes, excursiones y expediciones, apoyo de transporte/taxi y otros servicios.
- Personas que vivían en el área protegida antes de su establecimiento.
- Comunidades que viven en áreas protegidas de diversos tipos de gobernanza y con varios derechos como propiedad, uso de recursos y estatus de residencia.

Se espera que los administradores ayuden a las personas en asuntos relacionados con la gestión de áreas protegidas, incluyendo:

- Asuntos operacionales como los sistemas de permisos para residentes oficiales que se ocupan de emergencias tales como altercados entre la fauna silvestre y los humanos, evacuaciones médicas de emergencia y la respuesta a eventos de emergencia tales como incidentes con vehículos o derrames de contaminantes.
- Cuestiones logísticas como la prestación de servicios de energía, agua, eliminación de residuos sólidos y alcantarillado; equipos de telecomunicaciones y alojamiento, y servicios de apoyo para diferentes organizaciones oficiales.
- Problemas sociales sensibles como lidiar con los traumas y la muerte –algunos organismos como el Servicio de Parques Nacionales de Estados Unidos

(National Park Service, NPS) tienen protocolos para manejar estos asuntos–.

De vez en cuando, es posible que se deba lidiar con una minoría de "personas oficiales" para garantizar que la reserva esté protegida. Esta intervención de "personas oficiales" podría incluir la respuesta a actividades ilegales como la caza furtiva, el robo de recursos protegidos y el acceso ilegal.

Personas que trabajan en las áreas protegidas

Muchas personas se desplazan hacia, desde o a través de áreas protegidas mientras realizan sus actividades laborales cotidianas. Estas personas suelen llevar consigo el equipo y los materiales necesarios para su trabajo. Este acceso se refiere a todos los aspectos de la gestión, lo cual incluye los servicios de acceso a los visitantes, los servicios turísticos y los que sustentan las operaciones y el trabajo dentro del área protegida. Las consideraciones de gestión pueden incluir:

- Sistemas de permisos para el acceso que sean prácticos y ayuden a los lugareños.
- Sistemas de permisos que sean prácticos y faciliten el acceso para el trabajo temporal, como para filmaciones o eventos especiales.
- El peligro de las interacciones entre los vehículos y la vida silvestre y otras preocupaciones de seguridad.
- Problemas de cuarentena –la introducción de materiales y organismos que son adversos al área protegida–.
- Actividades ilegales como la caza furtiva.

Personas que usan y contribuyen con las áreas protegidas

Muchas personas usan y contribuyen positivamente con las áreas protegidas y disfrutan de estas de muchas maneras. Es muy importante garantizar que su visita sea una experiencia segura y positiva. De acuerdo con las categorías específicas de la UICN, las consideraciones de gestión del acceso y apoyo a los servicios pueden incluir:

- Para los visitantes recreativos, una variedad de oportunidades recreativas y de instalaciones que concuerden, en la medida de lo posible, con los segmentos del mercado turístico que buscan el uso del área protegida (Capítulo 23).
- Para los visitantes que acceden por razones culturales y espirituales, la prestación de servicios de acceso y un respaldo respetuoso, en especial para los eventos y las ceremonias más importantes.
- Para los voluntarios, la prestación de una capacitación adecuada y el acceso al transporte, los equipos y los materiales, cuando sea necesario.
- Para zonas remotas y otros usuarios, la capacidad de brindar instalaciones de primeros auxilios, y cuando sea necesario, la evacuación de emergencia.
- Para los lugareños, brindar apoyo para conmemorar eventos históricos especiales y ocasiones consuetudinarias.

Gestión de los tipos de gobernanza de áreas protegidas

Existen diferentes formas de gobernanza de áreas protegidas (Capítulo 7), y se reconocen cuatro tipos principales (Figura 8.4). La gestión y manejo de las áreas protegidas dentro de estos diferentes tipos de gobernanza varía; aquí se describen algunos aspectos de la gestión para los tipos de gobernanza de áreas protegidas por parte del Gobierno, compartidas, privadas y de TICCA. Muchas de las consideraciones de gestión presentadas se aplican a todos los tipos de gobernanza.

Áreas protegidas administradas por el Gobierno

En todo el mundo, un gran número de áreas protegidas de las Categorías I-IV de la UICN son administradas por los gobiernos como parte de un área protegida nacional o subnacional o un sistema de áreas protegidas del gobierno local. Aquí se presentan algunos de los muchos requisitos de gestión de un sistema gubernamental. Ya hemos descrito la importante gobernanza de las áreas protegidas y su enfoque en la asignación y uso del poder en diferentes organizaciones y estructuras organizacionales (Capítulo 7). Ahora, para la gestión y el manejo, nos enfocamos en las características de los sistemas, las acciones y los procesos de gestión que pueden requerirse dentro de una organización gubernamental de áreas protegidas. Cabe esperar que también existan algunos procesos y sistemas paralelos para las ONG y para las instituciones del sector privado.

Procesos del Gobierno en su conjunto

Con frecuencia, una organización gubernamental de áreas protegidas hace parte del entorno gubernamental y debe manejarse dentro de este contexto. Dependiendo de la constitución de la nación, sus estructuras de gobernanza y las leyes del suelo, este contexto puede incluir la recepción de solicitudes de respuesta de la administración que son enviadas por el Gobierno, el parlamento, el gobierno ejecutivo y el poder judicial. El director ejecutivo de una agencia de áreas protegidas tendrá que responder a tales solicitudes.

Estudio de caso 8.1 Los incendios como manejo forestal autóctono: los Soliga del Santuario del Templo Biligiri Rangaswamy

La Reserva del Tigre del Templo Biligiri Rangaswamy en la India es el hogar de la comunidad indígena Soliga y es un área de alta diversidad biológica. El área forestal fue declarada como santuario de vida silvestre en 1974, lo cual condujo al desplazamiento de los Soliga de sus asentamientos tradicionales, quienes se establecieron en colonias a lo largo de los caminos o en la periferia de la reserva. Se prohibieron las prácticas consuetudinarias –incluida la rotación de cultivos, la caza y el uso de los incendios a comienzos de la estación seca–. La declaración del santuario de vida silvestre alteró las prácticas sociales, agrícolas y ecológicas de los Soliga. Ahora son evidentes los resultados de este cese de la práctica consuetudinaria. Hoy en día el bosque está cubierto por lantana *(Lantana camara)*, una especie invasora. El monitoreo a largo plazo del bosque del templo a lo largo de sus 540 kilómetros cuadrados ha demostrado la velocidad y la extensión de la diseminación de la lantana. Entre 1997 y 2008 se duplicó la extensión de la presencia de esta planta en las parcelas de muestreo, y se encontró un aumento de seis veces en su densidad (Sundaram y Hiremath, 2011). Se ha presentado una disminución correspondiente en las especies de plantas nativas, con menos árboles adultos de importantes productos forestales no maderables como la grosella de la India *(Phyllanthus emblica)* y el microbálano *(Terminalia chebula)*, así como los árboles *Anogeissus Latifolia* y *Kydia calycina*.

Los Soliga tienen una comprensión matizada del papel de los incendios y su interacción con la lantana. Ellos afirman que el cese de los incendios produjo las consecuencias mencionadas por el aumento de la mortalidad en relación con la falta de luz solar para la regeneración, y la disponibilidad de áreas de pastoreo para la vida silvestre se ha reducido de manera significativa. Sostienen que los incendios de baja intensidad tempranamente en la estación seca (*taragu benki* o quemar la basura) ayudan a controlar las malezas, fomentan la regeneración de especies nativas y producen pastos frescos para la vida silvestre. Sin embargo, los administradores han hecho oídos sordos a esta comprensión, lo que ha resultado en una acumulación de biomasa que causa incendios del dosel en la estación seca, lo cual afecta a muchas especies de vida silvestre.
Los estudios ecológicos generan cada vez más evidencias que apoyan la teoría de los incendios de los Soliga, incluido que el fuego mata las semillas de lantana en el suelo.

Los Soliga también han destacado las interacciones entre el fuego, los muérdagos y la mortalidad de los árboles huésped. Los muérdagos son hemiparásitos de los árboles que eventualmente reducen el rendimiento de frutas y matan los árboles que infestan. Las observaciones han demostrado un aumento en la presencia de muérdago en la grosella, lo cual resulta en una mortalidad de más del 50%. Si se consideran los conocimientos de los Soliga y los estudios a largo plazo, es evidente que la suspensión de las prácticas de gestión consuetudinarias en los años setenta dio lugar a consecuencias no intencionadas y adversas. Esto demuestra que el conocimiento local y los estudios científicos pueden facilitar nuestra comprensión de la dinámica de los impactos humanos sobre los paisajes naturales. Si queremos prevenir la erosión de los valores ecológicos y los sistemas de conocimiento, es urgente que la política de áreas protegidas incorpore prácticas de manejo adaptativas y contextualizadas.

Nitin D. Rai, Ankila J. Hiremath y Siddappa Setty

Requerimientos legislativos

En muchos países, como administradora de los ambientes terrestres, dulceacuícolas y marinos, una organización de áreas protegidas será responsable no solo ante la legislación de áreas protegidas, sino también (potencialmente) ante una variedad de otros requisitos legislativos (o ejecutivos). Es posible que también esté reglamentada la rendición de cuentas específicas, incluida la planeación ambiental del uso del suelo, la administración del gobierno local, los códigos y estándares de construcción, el manejo y respuesta de emergencias, los incidentes criminales, las medidas de cuarentena en la agricultura, el control de plagas animales, el control de especies vegetales, el manejo de incendios, las respuestas anti-contaminación (agua, aire, residuos sólidos), los derechos mineros, el control de la pesca, la protección de mamíferos marinos, el uso de armas de fuego, la construcción de carreteras, el uso de explosivos, los estándares de diseño, las leyes de gestión en entornos laborales y los requisitos de seguridad y salud ocupacional. En el ejercicio de administrar sus áreas protegidas, los administradores tendrán que asegurarse de conocer todas las responsabilidades legislativas a su cargo.

Requerimientos del Parlamento

El Parlamento (o las organizaciones equivalentes) puede ordenar que una organización de áreas protegidas emprenda ciertas acciones. Curiosamente, esto podría incluir una legislación aprobada por el parlamento que no sea la legislación del gobierno electo en el poder. Esta circunstancia se presentó en un parlamento democrático en el que el gobierno elegido no tenía la mayoría y dependía de los independientes para el poder. Se promulgó una legislación fuera del gobierno electo, esta se convirtió en ley y se le exigió al director ejecutivo del área protegida que implementara tal legislación, aunque esta no era ni la política ni (desde su perspectiva) una prioridad del gobierno electo. El Parlamento también puede solicitar que los expertos en áreas protegidas y los directores de alto nivel brinden evidencias formales en relación con las investigaciones que el parlamento realiza, y es posible que las delegaciones y las consultas parlamentarias requieran de apoyo para las inspecciones *in situ* de las áreas protegidas.

Requerimientos del Gobierno

En una democracia, las políticas electorales, los compromisos y las promesas de un gobierno entrante establecerán

Kingsmill Creek y el antiguo arrecife de caliza (Precámbrico) de Arkaroola, Área de protección de Arkaroola, un área protegida privada en el norte de la Sierra de Flinders, Australia Meridional
Fuente: Graeme L. Worboys

el escenario para las prioridades de la organización de áreas protegidas. Responder a estos compromisos tendrá la más alta prioridad para las organizaciones de áreas protegidas y es posible que se requiera una realineación sustancial de las prioridades, incluido el cese de algunos trabajos y el inicio de nuevas tareas. Una vez que se haya logrado este realineamiento organizacional, es importante que la organización de áreas protegidas implemente las políticas de manera eficiente y efectiva. Esto requiere una gestión del cambio, y es una parte normal y esencial del funcionamiento de una organización. Las organizaciones de áreas protegidas son independientes de la política partidista y están obligadas a brindarle información al Gobierno para responder a los problemas. Tales procesos necesitan una gestión eficiente. También se espera que las organizaciones brinden una información rutinaria sobre el estado de conservación y la gestión de las áreas protegidas, a través del informe del estado de los parques, de los reportes anuales y, quizás en el futuro, de los procesos de la Lista Verde de la UICN.

Requerimientos ministeriales

Un ministro a cargo de una cartera de áreas protegidas tendrá múltiples requisitos logísticos que deben gestionarse. Todo debe manejarse con gran precisión, desde la organización de reuniones informativas, la preparación de políticas y el flujo de papeleo para la aprobación y firma, hasta la organización de reuniones con personas muy importantes para organizar eventos de lanzamiento especiales y la preparación de discursos e inspecciones de campo. Por lo general, las organizaciones cuentan con sistemas internos y procesos de verificación para garantizar que las notas de información para el ministro, por ejemplo, sean oportunas, precisas y concisas. Para un nuevo ministro, las organizaciones suelen preparar un portafolio de información y le brindan oportunidades para reunirse con el personal y visitar las principales localidades de áreas protegidas tan pronto como sea posible dentro del período del ministro (la mayoría de los ministros a cargo de los parques nacionales creen que tienen la mejor cartera en el Gobierno). Las peticiones de acción específicas por parte del ministro deben tener un responsable asignado y deben implementarse procesos para dar cumplimiento a la solicitud. Es posible que para una agencia de áreas protegidas esto también requiera de cambios organizacionales internos.

Requerimientos de los tribunales

Dado que los tribunales nacionales son independientes del poder legislativo y de la policía, las organizaciones de áreas protegidas pueden recibir órdenes de los tribunales en relación con la gestión de sus áreas que pueden entrar en conflicto con otras directivas. Por lo general, las investigaciones realizadas por forenses y tribunales terminan con una serie de recomendaciones de implementación, y muchas (o todas) son confirmadas por el Gobierno en forma de directivas para los administradores. Como una interesante posibilidad, los administradores de áreas protegidas a cargo de un área podrían estar obligados a responder a los requerimientos del Gobierno, a las recomendaciones

Cuadro 8.13 Gobernanza compartida

Se utilizan mecanismos y procesos institucionales complejos para compartir la autoridad y la responsabilidad de la gestión entre una pluralidad de actores gubernamentales y no gubernamentales, tanto de manera formal como informal. La gobernanza compartida –a veces también conocida como "cogestión"– adopta muchas formas. En la gestión "colaborativa", la autoridad y la responsabilidad de la toma de decisiones recaen en una agencia, la cual, sin embargo, está obligada –por ley o política– a informar o consultar a otras partes interesadas. La participación en la gestión colaborativa puede fortalecerse asignándoles a organismos de múltiples partes interesadas la responsabilidad de elaborar propuestas técnicas para la reglamentación y la gestión de las áreas protegidas, las cuales se someterán en última instancia a una autoridad decisoria para su aprobación. En la gestión "conjunta", varios actores forman parte de un órgano de gestión con autoridad y responsabilidad en la toma de decisiones, las cuales pueden o no requerir un consenso.

En cualquiera de estos casos, una vez que se toman las decisiones sobre la gestión, su implementación debe delegarse a organismos o individuos acordados.

Fuente: Dudley, 2008

de los tribunales y a las directrices del Parlamento –todo en relación con el mismo asunto–.

Requerimientos de otras autoridades

Es posible que la geografía de un área protegida esté sujeta a una serie de leyes, y de acuerdo con las circunstancias, la administración puede tener responsabilidades y rendiciones de cuentas diferentes y primordiales respecto a la gobernanza. En una emergencia, como en el caso de una búsqueda y rescate, es posible que la Policía se haga cargo de las operaciones en un área protegida. Para un incendio forestal, el servicio de bomberos puede ser el responsable de la emergencia, y para un problema de cuarentena, la responsabilidad administrativa puede estar en manos del departamento de agricultura. Los administradores deben asegurarse de que cada administrador de alto nivel a cargo (y su personal de apoyo) de estas diferentes áreas de responsabilidad esté completamente informado sobre el propósito y la gestión del área protegida, y de sus necesidades especiales de protección y conservación.

Directores ejecutivos de áreas protegidas que realizan una gestión para la conservación de la biodiversidad

Además de dirigir una organización de áreas protegidas de manera eficiente y efectiva, un director ejecutivo puede ser convocado a asesorar a un ministro y al Gobierno sobre temas clave de conservación de la biodiversidad. Las áreas protegidas pueden ser la última locación de algunas especies en la Tierra, y un director ejecutivo estará ocupado no solo ayudando a un gobierno a lograr sus políticas, sino también protegiendo a las especies nativas de una nación. Lamentablemente, algunas veces los requerimientos propuestos por la política gubernamental entrarán en conflicto con las necesidades de las especies, y algunas decisiones pueden significar la desaparición de una de ellas en un lugar o incluso su extinción. Por supuesto, al trabajar con un ministro y un gobierno para resolver estos asuntos difíciles, los directores ejecutivos serían respetuosos y corteses, utilizarían sus habilidades de negociación, su conocimiento detallado de las necesidades de la especie, su comprensión del tema específico y las alternativas prácticas preparadas con antelación para ayudar a garantizar un resultado que favorezca la conservación de las especies. Si queremos detener la pérdida de flora y fauna en nuestro planeta, quizás necesitemos de este compromiso y este liderazgo proactivo. También es útil tener en cuenta que los atributos de un director ejecutivo descritos aquí se consideran esenciales en el siglo XXI y se describen más adelante en el Capítulo 12.

Cambio organizacional

El cambio organizacional es normal para las organizaciones de áreas protegidas, y es necesario llevarlo a cabo por razones legítimas, y en especial, como una inversión para lograr objetivos de manera más eficaz, incluidos los resultados en la conservación de la biodiversidad. En el mejor de los casos, el cambio organizacional se lleva a cabo en colaboración con el personal y puede incluir la reducción del mismo debido a recortes presupuestales o la ampliación de una organización debido a la adición de nuevas áreas protegidas. Por lo general, los cambios organizacionales importantes implican una estrategia empresarial, una para la gestión de recursos humanos y una para el cambio organizacional. Las estrategias para la manejo de recursos humanos consideran todos los aspectos del trabajo con personas en una organización afectada por el cambio, incluidos, cuando sea apropiado, el flujo de información y las sesiones informativas, el desarrollo de capacidades, el cumplimiento de los requerimientos del sector, las oportunidades de empleo, las oportunidades por despidos, las nuevas estructuras organizacionales, las descripciones de los cargos y los requisitos de entrevista. Los factores que son importantes para desarrollar una estrategia de recursos humanos incluirían la magnitud del cambio propuesto y el tipo de liderazgo necesario para este (Dunphy y Stace, 1991). Es importante que estos enfoques se logren de manera correcta, y los especialistas en gestión del cambio suelen desempeñar un papel clave en este proceso.

Presupuestos e insumos financieros

Administrar las finanzas es una parte básica, rutinaria y esencial de las responsabilidades de un administrador de áreas protegidas dentro del Gobierno (y dentro de otras organizaciones). Las organizaciones de áreas protegidas preparan un presupuesto financiero, al igual que los administradores de áreas protegidas individuales y de proyectos particulares. Los mismos principios se aplican en cada uno de estos niveles, aunque es evidente que la complejidad es diferente. El plan presupuestal es el corazón del manejo financiero. En el nivel de sistemas de áreas protegidas, este plan se habrá desarrollado a partir de prioridades corporativas para la planeación (estratégicas), estimaciones financieras rutinarias de los insumos y costos operativos anuales a partir de un proceso de licitación en el que se presenten propuestas presupuestales corporativamente alineadas y realistas. Las características del plan presupuestario a doce meses de una organización de áreas protegidas incluyen:

- Detalles del presupuesto organizacional total disponible.
- Fuentes de ingresos, las cuales incluirían fondos de capital, fondos recurrentes, fondos provenientes de ingresos y otras fuentes tales como donaciones.
- Gastos de funcionamiento tales como los salarios de los empleados, los impuestos sobre la nómina, jubilación, seguros y otros costos.
- Activos y pasivos.
- Programas de gastos presupuestarios prioritarios (los cuales están vinculados a las prioridades gubernamentales y, en consecuencia, a las prioridades de planeación corporativa y de planeación estratégica).

Los administradores a cargo de los proyectos son responsables del seguimiento y el manejo de sus gastos y compromisos financieros, ya que los gastos por encima o por debajo de lo esperado son un problema para la organización al final del año fiscal. Los controles financieros básicos con una hoja de cálculo (o *software* equivalente en línea) no solo detallarían los ingresos, los egresos y los gastos previstos, sino también permitirían conciliar el presupuesto ordinario e identificar los hitos del presupuesto del proyecto. Dependiendo del tipo de organización y la ubicación, lo anterior puede lograrse con el uso de un libro mayor de contabilidad tradicional, un programa de hoja de cálculo o un sistema de gestión financiera de toda la organización.

Aldeanos de Munsiari, Himalaya occidental, India, mientras reciben una capacitación sobre la identificación de aves

Fuente: Ashish Kothari

Los administradores de nivel medio suelen tener la responsabilidad de manejar eficiente y eficazmente los presupuestos de múltiples proyectos. Los administradores de alto nivel son responsables del presupuesto de toda la organización. Por lo general, hay un informe anual al final del año fiscal, el cual explica todos los aspectos del desempeño presupuestario de una organización, y hay una auditoría financiera (anual) de rutina. De vez en cuando, las organizaciones gubernamentales externas, como la veeduría o la contraloría general, pueden realizar una auditoría independiente del manejo financiero de una organización.

La corrupción siempre es un riesgo en el manejo de las finanzas, y todos los gerentes deben estar alerta a esta posibilidad. Esperemos que esto nunca suceda; sin embargo, las mejores prácticas recomendadas incluyen la vigilancia, las auditorías regulares y un "plan anticorrupción" para evitar conductas deshonestas. Las áreas de gestión financiera particularmente vulnerables a la corrupción incluyen los procedimientos de licitación, el otorgamiento de licencias, la recepción de ingresos y el manejo de gastos.

Es posible que las organizaciones tengan que considerar la posibilidad de implementar una capacitación sobre ética para los empleados, y tal vez tengan que establecerse mecanismos especiales de protección para los denunciantes.

Contribuciones del recurso humano

Una gestión eficaz de los recursos humanos no solo garantiza que las personas adecuadas sean designadas para los cargos correctos en el momento apropiado, sino también que existan los sistemas adecuados para apoyar al personal. Un proceso de gestión de recursos humanos del Gobierno puede incluir:

- Planeación de recursos humanos (incluidos los niveles de dotación de personal aprobados y los requisitos de gestión).
- Llevar a cabo procesos formales de contratación.
- Selección (que puede incluir objetivos organizacionales de acción afirmativa para sectores específicos de la fuerza de trabajo).
- Inducción.
- Capacitación y desarrollo.
- Gestión del desempeño.
- Pago compensatorio (por servicios prestados, incluyendo contraprestaciones por destacarse en el sector).
- Promociones, descensos, despidos o movimientos laterales.
- Bienestar social, servicios y alojamiento de los empleados, así como el apoyo a las transferencias, a la seguridad y a la salud ocupacionales (Worboys y Winkler, 2006c).

Es necesario manejar cuidadosamente cada uno de estos aspectos. La seguridad y la salud ocupacionales también son particularmente importantes para la gestión de áreas protegidas. Es posible que los funcionarios trabajen dentro de áreas protegidas en climas o ambientes extremos; asimismo, el personal puede no solo enfrentarse a circunstancias peligrosas como incendios forestales, animales salvajes y cazadores furtivos armados, sino también utilizar productos químicos potentes tales como herbicidas y pesticidas, y pueden trabajar en aviones, barcos, vehículos de tracción en las cuatro ruedas y utilizar equipos como las motosierras. Es fundamental garantizar la seguridad y el bienestar de estas personas, y es muy importante tener en cuenta su entrenamiento, equipo de seguridad, cobertura de seguro y soporte médico en caso de accidente (si es necesario) (véase el Capítulo 24). La seguridad también puede ser más que prevenir accidentes. Por ejemplo, en los Estados Unidos, los agentes de la ley en las áreas protegidas pueden sufrir heridas o ser asesinados en el cumplimiento de su deber. En África y en otros lugares, se estima que entre 2004 y 2014 fueron asesinados cerca de mil guardaparques de áreas protegidas en el cumplimiento de su deber, en su mayoría por cazadores furtivos y grupos de milicias (TGL, 2014). Es posible que las organizaciones deban tener una gestión activa y prepararse ante estos peligros para los funcionarios.

Conocimiento local

El aprovechamiento de la experiencia y los conocimientos locales es una parte importante de la gestión de las áreas protegidas. Cuando estos se combinan con la experiencia de la gestión profesional y los aportes científicos (véase el Capítulo 21), pueden ser de gran ayuda para la conservación de la biodiversidad. En el Estudio de caso 8.1 se aborda un aspecto del conocimiento local y su aplicación a la gestión y manejo de áreas protegidas.

Gobernanza compartida de las áreas protegidas

La gobernanza compartida es un enfoque importante para la gestión de áreas protegidas que conlleva requerimientos especiales de gestión. En el Cuadro 8.13 se explica este concepto.

La gobernanza compartida puede incluir una gama de respuestas administrativas que incluyen:

- Fortalecimiento de la capacidad de conciencia cultural entre los profesionales de las áreas protegidas.
- Fortalecimiento de la capacidad operacional en todos los profesionales de las áreas protegidas y en particular la capacitación vocacional respecto al uso de instalaciones y equipos especializados.
- Mejora de los procesos de consulta y reunión.
- Procedimientos acordados de resolución de disputas.
- Diferentes marcos temporales para la toma de decisiones.

Por ejemplo, a partir de las recientes experiencias relacionadas con la gestión de las Áreas Protegidas Indígenas (API) de Australia, los requerimientos especiales de gestión incluyen:

- Mayor colaboración y participación de los indígenas para mejorar los arreglos de gestión cooperativa o conjunta a lo largo de una gama de diferentes áreas protegidas del Gobierno.
- Reconocimiento de las aspiraciones culturales de los pueblos indígenas, así como de los propósitos de la gestión de áreas protegidas.
- Revisión de los planes de manejo de las áreas protegidas y de los posibles acuerdos *lease-back* para la gestión (Rose, 2012).

Cuadro 8.14 Áreas protegidas urbanas en todo el mundo

Los siguientes ejemplos de áreas protegidas urbanas representan diferentes regiones, situaciones socioeconómicas, entornos naturales, tamaños y estilos de gestión de todo el mundo.

- La interacción armónica de la naturaleza y la cultura: Parque Nacional Montaña de la Mesa: Ciudad del Cabo, Sudáfrica (población metropolitana: 3,9 millones; categoría II; veinticinco mil hectáreas de tierra y cien mil hectáreas del Océano Atlántico). El parque incluye la icónica Montaña de la Mesa, el cabo de Buena Esperanza y una diversidad de flora inigualable. Este parque está administrado por Parques Nacionales de Sudáfrica y hace parte de un sitio patrimonio mundial natural.

- Parques rurales de Hong Kong: Hong Kong (población metropolitana: siete millones; categoría V; 44.000 hectáreas de tierra y 1430 hectáreas de parque marino). Estos parques montañosos cubren el 40% del territorio de Hong Kong, de otro modo intensamente desarrollado, y son administrados por el Gobierno de la Región Administrativa Especial de Hong Kong de la República Popular de China.

- Parque Nacional Blue and John Crow Mountains: Kingston, Jamaica (población metropolitana: quinientos ochenta mil; categoría II; quinientos ochenta mil hectáreas). Este parque nacional protege los bosques tropicales húmedos que son el hábitat de diversas formas de vida silvestre y una fuente clave de agua para las ciudades y la agricultura. Bajo un contrato con el gobierno nacional, este parque es administrado por Jamaica Conservation and Development Trust, una ONG.

- London Wetland Center: Londres, Reino Unido (población metropolitana: 8,3 millones; categoría IV, 42 hectáreas). Esta área es una "re-creación" de humedales a lo largo del río Támesis, la cual ha sido creada y administrada por Wildfowl and Wetlands Trust, una ONG.

- Área Nacional de Recreación de las Montañas Santa Mónica: Los Ángeles, California, EE.UU. (población metropolitana: dieciocho millones; categoría v; 62.300 hectáreas). Esta zona de recreación se extiende desde el corazón de la ciudad hasta el Océano Pacífico, y el puma es el depredador superior (*Felix concolour*) que la habita. El área de recreación se maneja como un esfuerzo cooperativo entre el Servicio de Parques Nacionales de Estados Unidos y dos agencias de áreas protegidas del Estado de California.

- Parque Nacional de Calanques: Marsella, Francia (población metropolitana: 1,5 millones; categoría II; ocho mil quinintas hectáreas de tierra y 43.500 hectáreas del mar Mediterráneo, más zonas de amortiguación). Este parque incluye cabos, islas y ensenadas rocosas que han sido fuertemente intervenidas por los humanos durante milenios.
  El parque es administrado por un consejo administrativo compuesto por representantes de agencias nacionales y regionales y gobiernos locales, varios grupos de interés, residentes y personal del parque.

- Parque Nacional de Nairobi: Nairobi, Kenia (población metropolitana: tres millones; categoría II; 11.700 hectáreas). Este parque es un rincón protegido de un gran ecosistema de sabana, y es el hogar de una impresionante variedad de especies de vida silvestre, incluido el rinoceronte negro (*Diceros bicornis*) (clasificado en peligro crítico por la UICN), el león (*Panthera leo*), el leopardo (*Panthera pardus*), el búfalo (*Syncerus cafer*) y el hipopótamo (*Hippopotamus amphibus*). El parque es manejado por el Servicio de Vida Silvestre de Kenia.

- Parque Nacional de la Tijuca: Río de Janeiro, Brasil (población metropolitana: 12,8 millones; categoría II; cuatro mil hectáreas). Se trata de un parque nacional montañoso que está cubierto casi totalmente por una selva tropical restaurada.
  Es parte de un sitio patrimonio mundial cultural y es administrado conjuntamente por el municipio y la agencia federal de áreas protegidas, el Instituto Chico Mendes para la Conservación de la Biodiversidad (Instituto Chico Mendes de Conservação da Biodiversidade).

- Parque Nacional de Bukhansan: Seúl, República de Corea (población metropolitana: veinticinco millones; categoría V; ocho mil hectáreas). El parque está dominado por laderas de granito y valles boscosos, y recibe más de diez millones de visitantes al año. Este es administrado por el Servicio Nacional de Parques de Corea.

- Parque Nacional Real: Sídney, Australia (población metropolitana: 4,7 millones; categoría II; dieciséis mil hectáreas). Este parque nacional, establecido en 1879, es el segundo más antiguo del mundo. Anteriormente en las afueras de Sídney, ahora se encuentra al este de extensos suburbios.
  El parque incluye brezales naturales, bosques, selvas tropicales, arroyos y humedales, y limita con el Océano Pacífico, una ensenada estuarina, suburbios y un corredor de transporte. Este parque es administrado por el Servicio Nacional de Parques y Vida Silvestre de Nueva Gales del Sur.

Iniciativas transfronterizas

Una forma de gobernanza compartida se refiere a las áreas protegidas transfronterizas, las cuales involucran al menos dos o más gobiernos, y posiblemente otros actores locales (Dudley, 2008). Los acuerdos cooperativos transfronterizos entre las naciones pueden ayudar a conservar hábitats, como los que necesitan las especies migratorias. Por ejemplo, respecto al área de Altai-Sayan de Rusia, un acuerdo transfronterizo de 2009 entre Kazajistán y Rusia (para dos áreas protegidas adyacentes) fue una contribución importante a la protección de especies amenazadas (Badenkov *et al.*, 2012). Los acuerdos transfronterizos se examinan más a fondo en los capítulos 7 y 27.

Private protected areas

Las reservas de caza exclusivas establecidas por los monarcas y aristócratas de Europa y de otros lugares reflejan la antigüedad del concepto de áreas protegidas privadas. La gobernanza privada comprende áreas protegidas bajo un control individual, cooperativo, de ONG, o de control corporativo o de pertenencia, las cuales se manejan bajo esquemas con o sin fines de lucro (Dudley, 2008). En todo el mundo está aumentando rápidamente el número de sistemas de reservas privadas (Mitchell, 2005) y si estos sistemas se encuentran integrados en el marco del sistema nacional de áreas protegidas, pueden brindar una gran contribución a la conservación de la biodiversidad (Figgis *et al.*, 2005). Hay muchas áreas protegidas privadas en todo el mundo y Brent Mitchell de la CMAP de la UICN elaboró una descripción contemporánea, donde se establece que:

> El origen del enfoque privado de las áreas protegidas puede atribuirse a iniciativas privadas para crear áreas protegidas públicas convencionales, y en la mayoría de los casos están inseparablemente vinculadas a los regímenes de conservación del Gobierno. (Son muchos y familiares los ejemplos de individuos que crean áreas protegidas y las regalan al público para que los gobiernos las manejen. Algunas de estas áreas son el eje de sistemas nacionales de áreas protegidas). Lo que distingue a las áreas protegidas privadas es que la propiedad de la tierra no se le entrega al Estado, o al menos no del todo. La palabra "privado" proviene del latín *privatus*, "retirado de la vida pública", derivado a su vez de *privus*, "individual, único". Pero extrañamente ninguno de estos se aplica necesariamente a las áreas protegidas privadas. Aunque se conserva la propiedad privada, cuando se manejan realmente como áreas protegidas, las reservas privadas tienen beneficios públicos, ya sean directos (por ejemplo, acceso inmediato al público) o indirectos (conservación de la biodiversidad o servicios ecológicos). Y *privus* no se aplica necesariamente: de hecho la mayoría de áreas protegidas privadas no son propiedad de un solo individuo. (Mitchell, 2005, p. 1)

La definición de un área protegida privada se desarrolló en 2003 en el Congreso Mundial de Parques de Durban: "una parcela de cualquier tamaño que: 1) sea gestionada predominantemente para la conservación de la biodiversidad; 2) esté protegida con o sin el aval oficial del Gobierno; y 3) pertenezca o esté asegurada por individuos, comunidades, corporaciones u organizaciones no gubernamentales" (Mitchell, 2013, p. 1).

La definición significa que una variedad de individuos, grupos u organizaciones pueden ejercer la "posesión".

Propósito de las áreas protegidas privadas

Los propietarios de tierras pueden tener objetivos de conservación debido a su compromiso personal con la naturaleza, aunque también pueden buscar beneficios personales por las ganancias del ecoturismo, el costo de valorización de la tierra y la exención de impuestos. Pueden también buscar un mejoramiento de las relaciones públicas o pueden tener varios motivos diferentes. Dentro de los límites de la ley, los propietarios de las tierras son libres de ejercer el manejo de las mismas.

Una suposición subyacente al reciente crecimiento de las áreas protegidas privadas es que la gestión será más efectiva cuando los administradores tengan un interés en la tierra –un interés legal o económico, o un interés como individuo, grupo o corporación–. Pero no debemos ser ingenuos. Aunque no son antagónicos, y en la mayoría de los casos son apolíticos y están dispuestos a trabajar voluntariamente, los terratenientes no siempre están motivados por intenciones altruistas (Mitchell, 2005, p. 2).

Mitchell (2005) advierte además que hay que trabajar más en la cuestión de los estándares de gestión de las áreas protegidas privadas.

Junta de administración

Algunas áreas protegidas privadas son gestionadas por una junta de administración. Una junta creativa y visionaria enfocada en los resultados de conservación de la biodiversidad (y libre de las restricciones que pueden limitar a los gobiernos) puede permitir la inversión en prácticas innovadoras para la gestión y manejo de áreas protegidas. Cuando hay un mayor enfoque comercial y empresarial, la prioridad puede

Estudio de caso 8.2 Gestión del Parque Nacional del Puerto de Sídney: un desafío único

Tanto dentro como alrededor del puerto de Sídney, existe un conjunto único de reservas naturales que conforman el Parque Nacional del Puerto de Sídney. Con poco menos de cuatrocientas hectáreas, el parque está formado por islas, grandes cabos de arenisca y remanentes de arbustos aislados por el área urbana de la ciudad de Sídney. Los bosques naturales y los acantilados del parque preparan el escenario para uno de los puertos más bellos y famosos del mundo. Estas gemas naturales se salvaron porque eran importantes para fines militares y como sitio de cuarentena, o fueron conservadas por las comunidades locales que las utilizan y disfrutan. Los gobiernos federal y de Nueva Gales del Sur establecieron el parque en abril de 1975, lo cual completó una visión que comenzó a finales de la primera década del siglo XIX.

El parque ha protegido muchos sitios aborígenes importantes y tenemos la suerte de que después de más de doscientos años, la comunidad Koori ha sobrevivido y prosperado, y está recuperando su herencia, sabiduría y conexión con la tierra alrededor del puerto. El parque es administrado por un pequeño equipo profesional apoyado por secciones especializadas del Servicio Nacional de Parques y Vida Silvestre de Nueva Gales del Sur (National Parks and Wildlife Service, NPWS). Un presupuesto anual cercano a los tres millones de dólares australianos en 2014 se complementa con programas departamentales tales como obras de infraestructura, subvenciones destinadas por el Gobierno y el exterior, y los ingresos a partir de muchas empresas turísticas, eventos, filmaciones y operadores comerciales que utilizan el parque.

El personal que administra el parque debe equilibrar una gama de valores, usos y activos que a veces son contrarios. Esto requiere un enfoque de gestión robusto y adaptativo, fuertemente centrado en las comunicaciones y la consulta. La clave para lograrlo es el plan de manejo (2012), en el que se esbozan los principios rectores, los valores clave, las amenazas y los resultados deseados.

La naturaleza diversa del parque significa que los diferentes distritos requieren, a su vez, un manejo diferencial, con una serie de estrategias para abordar los valores de conservación, los usos recreativos y las necesidades de la comunidad local. Por ejemplo, North Head se ocupa principalmente de las comunidades en peligro de extinción de los pingüinos pequeños (*Eudyptula minor*), de los bandicut de nariz larga (*Perameles nasuta*) y de los arbustos del género *Banksia* al oriente de Sídney (queda menos del 3%, en Nueva Gales del Sur). Por otro lado, el Parque Nielsen es un "ambiente natural modificado" altamente gestionado que incluye parques abiertos y la histórica Greycliffe House (1852), junto con la única población conocida del roble hembra de Nielsen Park (*Allocasuarina portuensis*).

Si bien el objetivo principal del plan de gestión es la protección de los valores naturales y de patrimonio, también se hace hincapié en mejorar la visita, la accesibilidad y los enlaces de transporte con las islas y los cabos del parque. También existe el creciente desafío del manejo de eventos y encuentros, incluidas bodas y filmaciones, al igual que espectáculos como la noche de año nuevo en el puerto, los cuales atraen no solo a millones de visitantes alojados en múltiples sitios, sino también a las autoridades responsables.

El equipo del parque también tiene la responsabilidad de la vida silvestre en la mayoría de la zona interna de Sídney. Esto puede abarcar desde problemas básicos con la fauna nativa hasta el manejo intensivo de recursos y monitoreo de ballenas, delfines y otras especies marinas en el puerto y las aguas costeras. Los expertos, los voluntarios y los medios de comunicación ayudan a implementar estrategias adaptativas e integradas de gestión, educación y comunicación, que son esenciales para tener un buen resultado.

El parque está forjando lazos más estrechos con el sector privado en un intento por mejorar su eficiencia de gestión y rendimiento financiero en apoyo de los objetivos clave. El objetivo es mantener los valores de patrimonio de cientos de sitios y edificaciones históricas, incluyendo la reutilización adaptativa de muchos activos patrimoniales significativos. Cada año, los voluntarios comunitarios y corporativos contribuyen con decenas de miles de horas de su tiempo para mejorar el parque, además de proporcionar una importante financiación a través de subvenciones y donaciones. Estos voluntarios están involucrados principalmente en la regeneración exitosa de los arbustos de ecosistemas semi-naturales o "antropogénicos" fuertemente impactados, lo que ha conducido a que muchos animales nativos, incluidas más de ciento cincuenta especies de aves registradas, vuelvan a poblar esta "nueva naturaleza".

El Parque Nacional del Puerto de Sídney, con su puerto emblemático y el escenario internacional, sirve para destacar la importancia de los parques nacionales de Nueva Gales del Sur y de las áreas protegidas a nivel nacional y mundial. El parque ofrece una oportunidad única para que el público se inspire e involucre activamente en la gestión cuidadosa de sus parques, reservas y el medio ambiente más general. Este parque también desempeña un papel vital, no solo al permitir que la próxima generación conozca el bosque –una versión mini de los "grandes" parques–, sino también al proteger nuestra herencia europea más antigua en Australia, al igual que algunos de los patrimonios indígenas más antiguos en Sídney.

Michael Treanor, administrador de área, Parque Nacional del Puerto de Sídney, NPWS, Oficina de Medio Ambiente y Patrimonio, Nueva Gales del Sur, Australia

Parque Nacional del Puerto de Sídney, sendero Spit to Manly: zona de arbustos naturales en el corazón de la ciudad de Sídney, Nueva Gales del Sur, Australia

Fuente: Hamilton Lund, DNSW

ser una gestión para obtener ganancias o incluso para lograr el equilibrio financiero que permita continuar con su trabajo. Esto puede llevar a que las inversiones para enfrentar las amenazas contra la biodiversidad no siempre sean una prioridad.

Áreas protegidas gobernadas por pueblos indígenas y comunidades locales

Este tipo de gobernanza incluye dos subconjuntos principales: el primero, los territorios y las áreas de los pueblos indígenas establecidos y administrados por estos, y el segundo, las áreas conservadas por la comunidad local, establecidas y administradas por esta. Los subconjuntos, que pueden no estar perfectamente separados, se aplican a las comunidades y pueblos sedentarios y nómadas (Dudley, 2008). El concepto y el papel de los TICCA como grandes contribuyentes a la conservación del patrimonio, y especialmente a la conservación de la biodiversidad, han sido defendidos por varias organizaciones e individuos, en particular por el Tema sobre Pueblos Indígenas, Comunidades Locales, Equidad y Áreas Protegidas (*Theme on Indigenous Peoples, Local Communities, Equity and Protected Areas*, TILCEPA) de la UICN y por el Consorcio TICCA. Kothari (2006, p. 1) afirma que los TICCA se destacan en el escenario global de la conservación y "son el desarrollo más emocionante desde que el concepto de 'áreas protegidas' entró en boga más de un siglo atrás". Aunque el término genérico TICCA se utiliza cada vez más, también se usan otros términos como "áreas protegidas indígenas", "sitios de patrimonio biocultural" y "reservas comunitarias" (Kothari *et al.*, 2012). "La conservación de sitios y especies por pueblos indígenas y comunidades locales es antigua. Pero solo hasta hace poco se ha reconocido el hecho de que estas son equivalentes en muchos aspectos a las 'áreas protegidas' convencionales administradas por el Gobierno" (Kothari, 2006, p. 1).

Los TICCA en el paisaje

Los TICCA pueden ser muy pequeños o muy grandes, y pueden brindar múltiples valores de conservación, albergar una biodiversidad importante, formar vínculos integrales con otras áreas protegidas o formar parte de iniciativas de conservación del paisaje como las áreas de conservación de la conectividad. Muchos TICCA son parte de los sistemas de reservas nacionales, pero en su mayoría aún no están reconocidos formalmente como sitios de importancia para la conservación.

La visión de los TICCA

Con frecuencia, muchos pueblos indígenas y comunidades locales no tienen una visión escrita del área protegida; por el contrario, esta visión se transmite oralmente a través de generaciones y está incluida en un entendimiento más amplio, de tal manera que no puede distinguirse claramente de otros aspectos de la vida.

La gestión de los TICCA

Los TICCA se presentaron y definieron en el Capítulo 2, su gobernanza se describió en el Capítulo 7, y otros aspectos de su gestión se presentan en el Capítulo 25. Las acciones de gestión y manejo pueden incluir:

- Trazar claramente los límites de su TICCA.
- Establecer un reconocimiento oficial del TICCA por parte del Gobierno.
- Desarrollar un protocolo comunitario para la conservación del área.
- Crear consultas con grupos externos cuyos desarrollos no deseados puedan representar una amenaza.
- Preparar e implementar un plan de monitoreo de recursos naturales para rastrear el estado de especies escasas.
- Preparar e implementar un plan de manejo para el área.
- Llevar a cabo una planeación para tomar conciencia del cambio climático y las respuestas.
- Gestionar las finanzas para mantener las tradiciones locales y los medios de subsistencia mientras se protege el TICCA (UNEP-WCMC, 2013).

Gestión de áreas protegidas en contextos especiales

Muchas áreas protegidas fueron establecidas o existen en contextos sociales, políticos y ambientales muy diferentes. En este libro, por ejemplo, reconocemos específicamente la gestión de áreas protegidas para sitios de geopatrimonio (Capítulo 18), áreas dulceacuícolas (Capítulo 19), ambientes marinos (Capítulo 20) y sitios biodiversos (Capítulo 21). En este capítulo nos centramos en las áreas protegidas situadas dentro o en el borde de los grandes centros de población, las cuales se denominan "áreas protegidas urbanas".

Gestión de áreas protegidas urbanas

Técnicamente, un área protegida urbana puede estar en cualquiera de las categorías de la UICN, de la IA a la VI, pero la mayoría de las veces se trata de áreas protegidas entre las Categorías II y V. Desde un punto de vista técnico, estas áreas pueden tener cualquiera de los cuatro tipos de gobernanza, aunque la mayoría de ellas son administradas por gobiernos a nivel nacional, estatal, provincial o local, algunas son administradas por ONG, empresas o comunidades y otras mediante esfuerzos de colaboración. En todos los sentidos, estas son áreas protegidas de las categorías de la UICN y no incluyen parques urbanos convencionales con césped, jardines y campos deportivos. A menudo, estas áreas requieren una gestión especial. Las áreas protegidas urbanas son distintas de muchas maneras:

- Reciben un gran número de visitantes, muchos de los cuales son regulares –incluso de frecuencia diaria–. Muchos de estos visitantes carecen de la experiencia de formas más silvestres de la naturaleza y tienden a tener una mayor diversidad étnica y económica que los visitantes de las áreas protegidas no urbanas.
- Se relacionan con numerosos actores en el ámbito urbano, incluidos los tomadores de decisiones gubernamentales, los medios de comunicación, los líderes de opinión y las principales instituciones educativas y culturales.
- Están amenazadas por la expansión y la intensificación del desarrollo urbano.
- Están afectadas de manera desproporcionada por la delincuencia, el vandalismo, la basura, el vertimiento de desechos y la contaminación lumínica y acústica.
- Están sujetas a efectos urbanos tales como incendios más frecuentes y más severos, contaminación del aire y del agua, y la introducción de especies exóticas invasoras (Trzyna, 2014).

Por qué son importantes

Las áreas protegidas urbanas son importantes por todas las razones por las cuales cualquier área protegida tiene importancia, tales como proveer servicios ecosistémicos, proteger las especies y apoyar la economía local con ingresos provenientes del turismo. Sin embargo, estas áreas tienen un papel crítico que las distingue de otras áreas protegidas, ya que gracias a ellas muchos citadinos tienen la oportunidad de experimentar la naturaleza, incluidas muchas personas que no pueden visitar áreas protegidas más remotas (Cuadro 8.14). Esto es importante por dos razones:

1. El contacto regular con la naturaleza es bueno para la gente. Aparte de los beneficios del ejercicio al aire libre, hay una creciente evidencia científica que apoya la idea de que pasar tiempo en la naturaleza mejora la salud física y mental, y ha surgido el concepto de "parques sanos, gente sana" (Capítulo 6).
2. La población urbana es clave para la conservación de la naturaleza a nivel nacional y mundial.

Más de la mitad de la humanidad vive en zonas urbanas y esta proporción está creciendo dramáticamente. La riqueza se concentra en las ciudades, al igual que los medios de comunicación. En todo el mundo existe una tendencia general hacia sistemas políticos más democráticos en los que los votantes tienen el poder final. La conservación depende del apoyo de los votantes, los donantes y los comunicadores urbanos. Sin embargo, los citadinos tienden a tener un contacto con la naturaleza cada vez menor. La gente valorará la naturaleza solo si se preocupa por aquella existente donde vive.

Doce retos y oportunidades especialmente relevantes para las áreas protegidas urbanas

Los siguientes retos y oportunidades de gestión son pertinentes para algunas áreas protegidas de la UICN, pero son especialmente relevantes para áreas protegidas de la Categoría II de la UICN, por ejemplo, dentro o contiguos a los grandes centros poblacionales.

1. **Proporcionar acceso para todos, con alcance a los diversos grupos étnicos y los desfavorecidos:** esto incluye acomodar a las personas con discapacidad, elegir cuidadosamente las palabras y los símbolos para las señales de cumplimiento, y usar varios idiomas en carteles y publicaciones en que sea apropiado. También incluye el fomento al transporte público directo, la provisión de transporte si es necesario, contar con senderos bien mapeados y claramente demarcados, hacer rutas para bicicletas y brindar la posibilidad de alquilarlas cuando sea posible.
2. **Generar un sentido local de pertenencia:** para promover la apreciación de su área protegida entre los residentes locales, los administradores deben recurrir a escritores, artistas y otras personas creativas, y a sus obras e ideas que se relacionen con dicha área. Los administradores deben promover la apreciación de los bienes culturales y naturales de su área. Asimismo, disponer de instalaciones para los eventos de agencias gubernamentales, ONG y empresas, que ayuden a construir buenas relaciones con estas organizaciones.
3. **Demostrar, facilitar y promover el buen comportamiento medioambiental:** las áreas protegidas urbanas ofrecen la oportunidad de llegar a un gran número de personas con información sobre las causas y consecuencias del cambio climático, y permiten demostraciones de la eficiencia energética, la conservación del agua y la energía, y la reducción, reutilización y reciclaje de materiales.
4. **Demostrar, facilitar y promover los beneficios para la salud de estar en contacto con la naturaleza, así como los buenos hábitos alimenticios:** las áreas protegidas urbanas tienen un papel importante en fomentar un estilo de vida saludable. Pasar tiempo en el ambiente saludable de la naturaleza mejora la salud física y mental. En los parques que tienen establecimientos de venta de alimentos, una alternativa a la venta de comidas rápidas convencionales puede ser la provisión para los visitantes de alimentos frescos, nutritivos, locales y sostenibles.
5. **Prevención de que la gente arroje basura:** la disposición inadecuada de las basuras es un problema constante en muchas áreas protegidas urbanas, con su gran número de visitantes, muchos de los cuales consideran estos lugares como extensiones del entorno construido. Los administradores deben basarse en los resultados de las investigaciones locales sobre el comportamiento de arrojar las basuras; sin embargo, en todas partes se aplican ciertas medidas: limpiar la basura con frecuencia y de forma consistente, ofrecer contenedores para la basura y las colillas de los cigarrillos, e informar a los visitantes sobre la importancia y las razones para no arrojar basura.
6. **Reducir la interacción y los conflictos entre humanos y animales silvestres:** aunque el conflicto entre las personas y la vida silvestre puede ocurrir en casi cualquier lugar, las densas poblaciones humanas cercanas a las áreas protegidas urbanas aumentan la probabilidad de tales encuentros. Los animales depredadores son una preocupación especial. Los administradores deben ayudar a que las personas se protejan de los depredadores y deben tratar de mantener un equilibrio entre ellos y sus presas naturales. La educación del público tiene un papel clave. Mantener el hábitat lo más natural posible ayuda a controlar las enfermedades zoonóticas emergentes (enfermedades transmitidas entre otros animales y los seres humanos).
7. **Control de especies invasoras:** las principales vías por las que las especies exóticas invaden nuevos territorios son urbanas. Estas vías incluyen puertos marítimos y fluviales, aeropuertos, ferrocarriles y camiones, viveros y jardines. Las áreas protegidas urbanas pueden ser tanto facilitadoras como víctimas de dicho tráfico. Los administradores deben inspeccionar sus tierras y aguas con regularidad para detectar nuevas invasiones y participar en alianzas locales y nacionales para la cuarentena,

prevención, detección temprana, erradicación y control (Capítulo 16).

8. **Promover conexiones con otras áreas naturales:** los administradores deben cooperar con otros organismos públicos y ONG para evitar que sus áreas se conviertan en islas verdes. Esto incluye la contención u orientación de la expansión urbana, el mantenimiento y la creación de corredores a otras áreas naturales y tierras rurales, y la creación y mantenimiento de zonas de amortiguación. Los senderos que conectan las áreas naturales urbanas son conectores físicos y psicológicos al ambiente natural.

9. **Ayudar a implantar la naturaleza en el entorno construido:** los administradores de áreas protegidas urbanas y sus partidarios deben participar en coaliciones regionales de conservación de la naturaleza, proyectos para desarrollar estrategias globales de biodiversidad y esfuerzos para proteger, restaurar e implantar elementos naturales en el entorno construido.

10. **Controlar la invasión:** la construcción ilegal en áreas protegidas puede estar asociada con los pobres, así como con los ricos y políticamente bien conectados. Los administradores deben prevenir y controlar toda invasión al permanecer vigilantes, hacer cumplir la ley, buscar ayuda de las autoridades locales y alentar la cooperación de la población local.

11. **Reducción de los impactos del ruido y de las luces nocturnas artificiales:** el ruido –definido como un sonido no deseado– y la luz nocturna artificial pueden ser un problema en cualquier área protegida, pero las que están en contextos urbanos son especialmente vulnerables. Los seres humanos y la vida silvestre se ven estresados por el ruido de los visitantes, el tráfico por carretera y por ferrocarril, los aviones y otras fuentes. La luz nocturna artificial interfiere con la función del organismo y del ecosistema, impide el disfrute de los visitantes del cielo nocturno, así como la astronomía, y puede interferir en la apreciación de los sitios de patrimonio cultural en su estado auténtico. Algunas áreas protegidas urbanas están avanzando hacia la protección de paisajes sonoros naturales y el cielo nocturno mediante el desarrollo de indicadores y estándares, la educación de los visitantes, la aplicación de las normas y el trabajo con las autoridades locales y las empresas en las comunidades adyacentes.

12. **Cooperación con instituciones que tienen misiones complementarias:** la educación de los jóvenes sobre la naturaleza a través de visitas de grupos escolares y juveniles es una misión central de casi todas las áreas protegidas urbanas. Otro conjunto de conexiones es menos obvio. Normalmente existen varios tipos de museos e instituciones similares en las áreas metropolitanas destinadas a educar y sensibilizar a las personas respecto al mundo natural, pero estas instituciones rara vez trabajan en conjunto. Los administradores de áreas protegidas urbanas podrían alentar a los museos de historia natural, centros científicos, zoológicos, acuarios y jardines botánicos a proporcionar información y exhibiciones sobre la naturaleza y los desafíos de conservación en sus regiones, y a cooperar con ese propósito. Esto puede comenzar con la promoción cruzada, como un museo que les brinde información a los visitantes sobre lugares naturales cercanos, y exposiciones en las áreas protegidas que dirijan, a su vez, a los visitantes a los museos.

Otros problemas especialmente relevantes para las áreas protegidas urbanas incluyen incendios, crímenes, vandalismo, inundaciones y contaminación del aire y del agua. Otras oportunidades incluyen la capacitación de maestros urbanos, aprovechar los voluntarios urbanos altamente motivados y bien educados, y cooperar con universidades urbanas. Estas cuestiones se analizan con más detalle en Trzyna (2014).

Comprender las diferencias entre las áreas protegidas urbanas y no urbanas

En un sistema de áreas protegidas, los parques nacionales urbanos y las reservas naturales son casi siempre una minoría. Las culturas organizacionales de estos sistemas tienden a basarse en áreas protegidas que son más remotas. Sus funcionarios suelen ir a asignaciones urbanas desde puestos en áreas protegidas no urbanas. Por consiguiente, es imperativo que los empleados con experiencia en el manejo de áreas protegidas urbanas la compartan con sus colegas no urbanos (Estudio de caso 8.2). Esto puede hacerse en las sesiones de capacitación de las organizaciones de áreas protegidas, en salidas de campo y en intercambios de personal.

Conclusión

La gestión es un concepto intuitivo y hace parte de lo que hacemos en nuestra vida cotidiana. Por lo general, para las acciones oficiales de gestión y manejo, necesitamos estar más organizados, y este capítulo ha reforzado la importancia de un proceso de gestión y cuatro funciones de apoyo de esta: planeación, organización, implementación y evaluación. Estas funciones son comunes a la mayoría de administraciones –escritas o no escritas– y sustentan los marcos de gestión y muchas herramientas de soporte para el manejo. Cuando la gestión y manejo de los sistemas de áreas protegidas y de las áreas protegidas individuales se hace de una manera estratégica y consistente con los principios establecidos, estos brindan una base para la conservación efectiva de la biodiversidad y otros patrimonios naturales y culturales. Esto incluye consideraciones a nivel global, así como los requisitos de acuerdo con cada sitio. Cuatro tipos de gobernanza diferentes ayudan a lograr la implementación de la gestión, pero a su vez cada uno necesita un soporte de manejo diferente. También existen variaciones en cómo las áreas protegidas se gestionan en contextos físicos, sociales y políticos particulares: en este capítulo se examinaron detalladamente las áreas protegidas en áreas urbanas.

Referencias

Lecturas recomendadas

Amend, T.; Brown, J.; Kothari, A.; Phillips, A. y Stolton, S. (eds.). (2008). *Protected Landscapes and Agrobiodiversity Values*, Values of Protected Landscapes and Seascapes Vol. 1. Heidelberg: IUCN WCPA Specialist Group on Protected Landscapes y GTZ en nombre del Ministerio de Cooperación Económica y Desarrollo alemán.

Appleton, M. (2013). *Instruction for the Review of the First Working Draft of the Global Competence Standards for Protected Area Personnel.* Gland: Global Partnership for Professionalising Protected Area Management, IUCN Capacity Development Programme, IUCN.

Badenkov, Y.; Yashina, T. y Worboys, G.L. (2012). Altai-Sayan, Eurasia. En: J.A. Hilty, C.C. Chester y M.S. Cross (eds.). *Climate and Conservation: landscape and seascape science, planning and action.* Washington, D.C.: Island Press.

Brown, J.; Mitchell, N. y Beresford, M. (eds.). (2005). *The Protected Landscape Approach: linking nature, culture and community.* Gland: IUCN WCPA.

Clarke, R.N. y Stankey, G.M. (1979). *The Recreation Opportunity Spectrum: a framework for planning, management and research.* Fort Collins, Estados Unidos: General Technical Report PNW-98, US Forest Service, Department of Agriculture.

Commonwealth of Australia (CoA). (1999). *Environmental Protection and Biodiversity Conservation Act, 1999: Regulations.* Canberra: Commonwealth of Australia. Recuperado de: www.environment.gov.au/topics/about-us/legislation/environment-protection-and-biodiversity-conservation-act-1999

(2003). *Protecting Natural Heritage, Using the Australian Natural Heritage Charter*, 2ª ed. Canberra: Commonwealth of Australia.

Conservation Measures Partnership (CMP). (2013). *Open Standards for the Practice of Conservation. 3a edición.*. Recuperado de: www.conservationmeasures.org/wp-content/uploads/2013/05/CMP-OS-V3-0-Final.pdf

Convention on Biological Diversity (CBD). (1992). *Convention on Biological Diversity.* Montreal: Secretariat of the Convention on Biological Diversity.

(2004). *Programme of Work on Protected Areas.* Montreal: Secretariat of the Convention on Biological Diversity.

(2011). *Strategic Plan for Biodiversity 2011-2020 and the Aichi Targets.* Montreal: Secretariat of the Convention on Biological Diversity. Recuperado de: www.cbd.int/doc/ strategic-plan/2011-2020/Aichi-Targets-EN.pdf

Convention on International Trade in Endangered Species of Wild Fauna and Flora (CITES). (2013). CITES Background and History. Recuperado de: www.cites.org/eng/disc/what.php

Convention on the Conservation of Migratory Species of Wild Animals (CMS). (2013). *Introduction and Background.* Recuperado de: www.cms.int/about/intro.htm

Corrigan, C. y Hay-Edie, T. (2013). *A Toolkit to Support Conservation by Indigenous Peoples and Local Communities.* Cambridge: UNEP-WCMC.

Davey, A. (1998). *National System Planning for Protected Areas*, IUCN Best Practice Series No. 1. Gland: IUCN.

Department of Conservation (DOC). (2013). *Vision Statement.* Wellington: New Zealand Department of Conservation. Recuperado de: www.doc.govt.nz/about-doc/role/vision-role-overview-and-statutory-mandate/vision-purpose-and-outcome/

Department of Environment and Conservation (DEC). (2005). *State of the Parks 2004*. Sydney: NSW Department of Environment and Conservation.

Dudley, N. (2008). *Guidelines for Applying Protected Area Management Categories*. Gland: IUCN.

Stolton, S. (eds.). (2012). *Protected Landscapes and Wild Biodiversity*, Values of Protected Landscapes and Seascapes Series Vol. 3. Gland: IUCN WCPA Specialist Group on Protected Landscapes.

Dunphy, D. y Stace, D. (1991). *Under New Management: Australian organizations in transition*. Sydney: McGraw-Hill.

Du Toit, J.T.; Rogers, K.H. y Biggs, H.C. (eds.). (2003). *The Kruger Experience: ecology and management of savanna heterogeneity*. Washington, D.C.: Island Press.

Earthcheck. (2013). *Earthcheck Certified Organization*. Brisbane, Australia: Earthcheck. Recuperado de: www.earthcheck.org/

Environmental Protection Agency (EPA). (2013) *ISO 14001: Frequently asked questions*, Washington D.C.: US EPA. water.epa.gov/polwaste/wastewater/Environmental-Management-System- ISO-14001-Frequently-Asked-Questions.cfm

Figgis, P.; Humann, D. y Looker, M. (2005). Conservation on private land in Australia. *Parks*, 15(2), 19-29.

Govan, H. y Meo, S. (2011). *Fiji Locally Managed Marine Area Operations Guide: the way we work together*. Fiyi: FLMMA. Recuperado de: bit.ly/m3WrkC

Gupta, J.; Termeer, K.; Klostermann, J.; Meijerink, S.; van den Brink, M.; Nooteboon, S. y Bergsma, E. (2010). The adaptive capacity wheel: a method to assess the inherent characteristics of institutions to enable the adaptive capacity of society. *Environmental Science and Policy*, 13(6), 459-71.

Hitt, M.A.; Black, S. y Porter, L.W. (2011). *Management*, 3ª ed. Upper Saddle River, Estados Unidos: Pearson Education.

Hockings, M. (2012). *IUCN Green List of Well- Managed Protected Areas*. Gland: IUCN. Recuperado de: www.iucn.org/about/work/programmes/gpap_home/gpap_quality/gpap_greenlist/

Adams, W.M.; Brooks, T.M.; Dudley, N.; Jonas, H.; Lotter, W.; Mathur, V.; Väisänen, R. y Woodley, S. (2013). A draft code of practice for research and monitoring in protected areas. *Parks*, 19(2), 85-94.

James, R.; Stolton, S.; Dudley, N.; Mathur, V.; Makombo, J.; Corrau, J. y Parrish, J. (2008). *Enhancing Our Heritage Toolkit: assessing management effectiveness of natural World Heritage sites*. París: UNESCO World Heritage Centre.

Stolton, S. y Dudley, N. (2000). *Evaluating Effectiveness: a framework for assessing the management of protected areas*. Gland: IUCN.

Stolton, S.; Leverington, F.; Dudley, N. y Corrau, J. (2006). *Evaluating Effectiveness: a framework for assessing the management of protected areas*, 2ª ed. Gland: IUCN.

Hornback, K.E. y Eagles, P.F.J. (1999). *Guidelines for Public Use Measurement and Reporting at Parks and Protected Areas*. Gland: IUCN.

International Union for Conservation of Nature (IUCN) y United Nations Environment Programme World Conservation Monitoring Centre (UNEP-WCMC). (2014). *Percentage Terrestrial Area of Nations Reserved as Protected Area, August 2014*. Cambridge: IUCN y UNEP-WCMC.

Kormos, C. (ed.). (2008). *A Handbook on International Wilderness Law and Policy*. Golden, Estados Unidos: Fulcrum Publishing.

Kothari, A. (2006). Community conserved areas. [Editorial]. *Parks*, 16(1), 1.

Corrigan, C.; Jonas, H.; Nuemann, A. y Shrumm, H. (eds.). (2012). *Recognising and Supporting Territories and Areas Conserved by Indigenous Peoples and Local Communities*, CBD Technical Series No. 64. Montreal: Secretariat of the Convention on Biological Diversity, ICCA Consortium, Kalpavriksh y Natural Justice.

Lockwood, M. (2006). Management planning. En M. Lockwood, G.L. Worboys y A. Kothari (eds.). *Managing Protected Areas: A global guide*, pp. 292-327. Londres: Earthscan.

Mallarach, J.-M. (ed.). (2008). *Protected Landscapes and Cultural and Spiritual Values*, Values of Protected Landscapes and Seascapes Series Vol. 2. Heidelberg: IUCN WCPA Specialist Group on Protected Landscapes, GTZ, Obra Social La Caixa Catalunya y Kasparek-Verlag.

Marquis-Kyle, P. y Walker, M. (1992). *The Illustrated Burra Charter: making good decisions about the care of important places*. Sydney: Australia ICOMOS.

Mitchell, B. (2005). Private protected areas. [Editorial]. *Parks*, 15(2), 1.

(2013). *Private Protected Areas*. Gland: IUCN. Recuperado de: www.iucn.org/about/work/programmes/gpap_home/gpap_people/gpap_tilcepa/gpap_privatepas/

Parks Canada (PC). (2007). *Monitoring and Reporting Ecological Integrity in Canada's National Parks. Volume 2: A park level guide to establishing EI monitoring*. Ottawa: Parks Canada.

Phillips, A. (2002). *Management Guidelines for Category V Protected Areas: protected landscapes / seascapes (No. 9)*. Gland: IUCN WCPA.

Poll, M. (2006). Reserves standards framework: a levels-of-service approach, Tasmania, Australia. En: M. Lockwood, G.L. Worboys y A. Kothari (eds.). *Managing Protected Areas: A global guide*, pp. 514-516. Londres: Earthscan.

Rai, N.; Madegowda, C. y Setty, S. (2007). *Taragu Benki*: fire use by Soliga Adivasis in Biligiri Rangaswamy Temple Wildlife Sanctuary, Karnataka. En R. Pai, A. Hiremath y Umakant (eds.). *Rethinking Forest Fires: Proceedings of the National Workshop on Forest Fires*, pp. 87-89. Nueva Delhi: Ministry of Environment and Forests.

Robbins, S.; Bergman, R.; Coulter, M. y Stagg, I. (2012). Strategic management. En: S. Robbins, R. Bergman, I. Stagg y M. Coulter. *Management*, pp. 321-354, 6ª ed. Sydney: Pearson Australia.

Rose, B. (2012). Indigenous protected areas - innovation beyond the boundaries. En: P. Figgis, J. Fitzsimons y J. Irving (eds.). *Innovation for 21st Century Conservation*, pp. 50-55. Sydney: Australia Committee for IUCN.

Sawarkar, V.B. (2002). *A Guide for Planning Wildlife Management in Protected Areas and Managed Landscapes*. Dehradun, India: Wildlife Institute of India.

Stankey, G.H., Clark, R.N. y Bormann, B.T. (2005). *Adaptive management of natural resources: theory, concepts and management institutions*. Washington, D.C.: General Technical Report PNW-GTR-654, US Department of Agriculture.

Cole, D.N.; Lucas, R.C.; Petersen, M.E. y Frissell, S.S. (1985). *The limits of acceptable change (L.A.C.) system for wilderness planning*, General Technical Report INT-176. Fort Collins, Estados Unidos: US Forest Service, Department of Agriculture.

Stolton, S.; Ervin, J. y Dudley, N. (2008). [Editorial]. *Parks*, 17(1), 1-3.

Sundaram B. y Hiremath, A.J. (2011). *Lantana camara* invasion in a heterogeneous landscape: patterns of spread and correlation with changes in native vegetation. *Biological Invasions*, 14(6), 1127-1141.

Tasmania Parks and Wildlife Service (TPWS). (2014). *Macquarie Island Pest Eradication Project*. Hobart, Australia: Tasmania Parks and Wildlife Service. Recuperado de: www.parks.tas.gov.au/index.aspx?base=12982

The Nature Conservancy (TNC). (2007). *Conservation Action Planning Handbook: developing strategies, taking action and measuring success at any scale*. Arlington: The Nature Conservancy.

The Ramsar Convention on Wetlands (Ramsar). (2013). *Introduction to Ramsar*. Gland: Ramsar Secretariat. Recuperado de: www.ramsar.org/cda/en/ramsar-home/main/ramsar/1_4000_0

Thin Green Line Foundation (TGL). (2014). *Information on Rangers Killed on Duty*. Melbourne: Thin Green Line Foundation. Recuperado de: thingreenline.org.au/

Thomas, I. (2001). *Environmental Impact Assessment in Australia: theory and practice*. Sydney: The Federation Press.

Trzyna, T. (2014). *Urban Protected Areas: profiles and best practice guidelines*, IUCN WCPA Best Practice Guideline No. 22. Gland: IUCN.

United Nations (UN). (2013). *United Nations Convention on the Law of the Sea of 10 December 1982*. Nueva York: United Nations. Recuperado de: www.un.org/depts/los/convention_agreements/convention_overview_convention.htm

(2014a). *International Convention for the Regulation of Whaling*. Nueva York: United Nations. Recuperado de: treaties.un.org/pages/showDetails.aspx?objid=0800000280150135

(2014b). *International Convention on the Law of the Sea: Overview*. Nueva York: United Nations. Recuperado de: www.un.org/depts/los/convention_agreements/convention_overview_convention.htm

United Nations Educational, Scientific and Cultural Organization (UNESCO). (2008). *Business Planning for Natural World Heritage Sites: a toolkit*. París: Shell Foundation, UNESCO. Recuperado de: whc.unesco.org/en/businessplanningtoolkit/

(2013) *World Heritage History*. París: UNESCO. Recuperado de: whc.unesco.org/en/convention/

United Nations Environment Programme World Conservation Monitoring Centre (UNEP-WCMC). (2013). *A Toolkit to Support Conservation by Indigenous Peoples and Local Communities*. Cambridge: UNEP-WCMC.

(2014). *Global Statistics from the World Database on Protected Areas, August 2014*. Cambridge: UNEP-WCMC.

United Nations Framework Convention on Climate Change (UNFCCC). (2014). *Background about the Convention*. Bonn: Climate Change Secretariat. Recuperado de: unfccc.int/essential_background/convention/items/2627.php

Watson, J.; Hamilton-Smith, E.; Gillieson, D. y Kiernan, K. (1997). *Guidelines for Caves and Karst Protection*. Gland: IUCN WCPA.

Williams, B.K.; Szaro, R.C. y Shapiro, C.D. (2009). *Adaptive Management: The U.S. Department of the Interior technical guide*. Washington, D.C.: Adaptive Management Working Group, US Department of the Interior.

Wittenberg, R. y Cock, M.J.W. (2001). *Invasive Alien Species: a toolkit of best prevention and management practices*. Wallingford, Reino Unido: Global Invasive Species Programme, CAB International. Recuperado de: www.issg.org/pdf/publications/GISP/Guidelines_Toolkits_BestPractice/WittenbergyCock_2001_ EN.pdf

Worboys, G.L. (2007). Evaluation subjects and methods required for managing protected areas. [Tesis doctoral]. Griffith University, Gold Coast, Queensland.

Winkler, C. (2006a). Process of management. En: M. Lockwood, G.L. Worboys y A. Kothari (eds.). *Managing Protected Areas: A global guide*, pp. 146-163. Londres: Earthscan.

Winkler, C. (2006b). Operations for management. En M. Lockwood, G.L. Worboys y A. Kothari (eds.). *Managing Protected Areas: A global guide*, pp. 406-420. Londres: Earthscan.

Winkler, C. (2006c). Managing staff, finances and assets. En: M. Lockwood, G.L. Worboys y A. Kothari (eds.). *Managing Protected Areas: A global guide*, pp. 359-376. Londres: Earthscan.

Francis, W.L. y Lockwood, M. (eds.). (2010). *Connectivity Conservation Management: A global guide*. Londres: Earthscan.

CAPÍTULO 9

DESARROLLO DE CAPACIDADES

Autores principales:
Eduard Müller, Michael R. Appleton y Glenn Ricci

Autores de apoyo:
Allan Valverde y David W. Reynolds

CONTENIDO

IUCN WCPA World Commission on Protected Areas Convention on Biological Diversity

AUTORES PRINCIPALES

EDUARD MÜLLER es vicepresidente de educación y aprendizaje de la Comisión Mundial de Áreas Protegidas de la Unión Internacional para la Conservación de la Naturaleza, presidente de la Universidad para la Cooperación Internacional de Costa Rica, Cátedra UNESCO de Reservas de la Biosfera y Patrimonio Mundial Natural y Mixto, y coordinador de la Alianza Global para Profesionalizar la Gestión de las Áreas Protegidas de la CMAP.

MICHAEL R. APPLETON es un consultor independiente con sede en el Reino Unido, especializado en áreas protegidas y desarrollo sostenible, y asesor de proyectos financiados por el Fondo Mundial para el Medio Ambiente.

GLENN RICCI es especialista en manejo costero en el Centro de Recursos Costeros de la Universidad de Rhode Island, en Narragansett, Rhode Island, Estados Unidos.

AUTORES DE APOYO

ALLAN VALVERDE es especialista en capacitación, Universidad para la Cooperación Internacional (UCI), Costa Rica.

DAVID W. REYNOLDS es asesor principal de desarrollo de capacidades del Programa Global de Áreas Protegidas de la UICN, quien tiene sede en Medford, Nueva Jersey, Estados Unidos.

AGRADECIMIENTOS

Se agradece a Theresa Sowry, James Barborak, Ryan Finchum, Wayne Lotter, Natalia Danilina, Vinod Mathur y Michael Lockwood por su trabajo en el Apéndice 9.1.

CITACIÓN

Müller, E.; Appleton, M.R.; Ricci, G.; Valverde, A. y Reynolds, D. (2019). Desarrollo de capacidades. En: G.L. Worboys, M. Lockwood, A. Kothari, S. Feary e I. Pulsford (eds.). *Gobernanza y gestión de áreas protegidas*, pp. 263-304. Bogotá: Editorial Universidad El Bosque y ANU Press.

FOTO DE LA PÁGINA DEL TÍTULO

Estudiante recibiendo una licenciatura en gestión de áreas protegidas, diciembre de 2007, Costa Rica
Fuente: Eduard Müller

Introducción

Las áreas protegidas de hoy se están convirtiendo en instituciones cada vez más complejas que requieren una fuerza laboral competente, motivada y con los recursos adecuados, que además tenga acceso a las ideas más recientes y a las mejores prácticas desarrolladas en todo el mundo gracias a décadas de aprendizaje. Sin embargo, muchos directores, administradores y funcionarios de las áreas protegidas carecen del rango de competencias necesarias para garantizar una gestión eficaz e imparcial de estas áreas, y tienen una capacidad limitada para una gestión organizacional adaptativa y sostenible. A pesar de ser responsable de la compleja gestión de una proporción significativa del capital natural del mundo, en muchos países aún no se reconoce la administración de áreas protegidas como una profesión diferente con sus propios estándares, calificaciones y estructura de carrera. En este capítulo discutiremos la necesidad de avanzar hacia la profesionalización del personal de las áreas protegidas y cómo diferentes enfoques para el desarrollo de capacidades pueden conducir a niveles de competencia que permitan una gestión efectiva.

Con el desarrollo de capacidades entendido como el desarrollo de conocimientos, habilidades y actitudes en individuos, organizaciones, instituciones y en la sociedad, con el fin de establecer y alcanzar sus propios objetivos, discutiremos la gestión del conocimiento, el desarrollo de habilidades y el papel que juega la actitud para garantizar las competencias. También se discuten desarrollos recientes que están orientados hacia un cambio en los paradigmas educativos, en los que el aprendizaje basado en competencias y el uso de alternativas educativas en línea están cambiando rápidamente la forma en que desarrollamos capacidades en todo el mundo.

Este capítulo será útil para cualquier persona interesada en el desarrollo de capacidades relacionadas con las áreas protegidas, aunque está dirigido principalmente a profesionales

Cuadro 9.1 Resumen de los conceptos clave del desarrollo de las capacidades

Capacidad

La capacidad es más que solo el conocimiento y las habilidades de las personas. Las organizaciones e instituciones también tienen capacidades que desempeñar, aunque las personas son fundamentales para hacer que cualquier cosa funcione. La capacidad también tiene que ver con la motivación y el liderazgo de los individuos en línea con la organización y los actores de la sociedad. Para lograr la efectividad de la gestión de las áreas protegidas debe haber un desempeño combinado de individuos y organizaciones trabajando juntos. Esto suele lograrse mejor en la sociedad a través de la profesionalización del campo de actividad.

Métodos

Los métodos para desarrollar capacidades se están expandiendo, aunque el avance más crítico es la codificación de las competencias que impulsan el desarrollo de capacidades individuales y organizacionales.

Los métodos utilizados para desarrollar competencias están aumentando debido a las nuevas tecnologías y a las limitaciones de los recursos financieros. Existe un enfoque renovado respecto a ir más allá de los cursos de capacitación de corta duración y los grados formales tradicionales, los cuales siguen siendo efectivos en algunos contextos. Cuando se manejan a través del sistema de gestión de conocimientos de una organización, la tutoría interna, las pasantías y el aprendizaje en línea pueden ser muy eficaces. Además, el enfoque se está moviendo hacia una metodología de capacitación que ajuste el proceso en torno a las necesidades del alumno individual y adopte una perspectiva holística para resolver los problemas reales en el trabajo. Cuando se unen como un sistema para el desarrollo de las capacidades, todos los métodos son apropiados de acuerdo con la situación.

Desarrollo de las capacidades individuales

El desarrollo de las capacidades individuales, de acuerdo con la función laboral en las áreas protegidas puede agruparse en tres niveles básicos: política y planeación, manejo del sitio y operaciones de campo. Para ser un profesional de áreas protegidas a cualquier nivel se requieren diferentes competencias, incluidas las áreas tradicionales de ciencia, la aplicación de la conservación, el desarrollo de políticas, las estrategias de cumplimiento, las comunicaciones, los servicios ecosistémicos más amplios, el financiamiento/presupuesto, la construcción de consenso, el liderazgo y la ética.

Desarrollo de capacidades organizacionales

La capacidad de los individuos/funcionarios tiene poco valor si la organización no está estructurada, responde y trabaja en asociación con las comunidades y otros actores. Profesionalizar el campo de la gestión de áreas protegidas también influirá en la capacidad y el desempeño de la organización.

Profesionalización de la gobernanza y gestión de áreas protegidas

Una profesión sirve de marco para unir todos los elementos del desarrollo de capacidades, desde individuos hasta organizaciones, e incluso instituciones de actores interrelacionados. Las profesiones se centran en las competencias requeridas para cumplir con los estándares mínimos, crear un lenguaje común y medios formales e informales para aprender competencias, promover el liderazgo e identificar la ética para la comunidad profesional. Actualmente, en los sistemas de áreas protegidas existen muchos programas de competencias establecidos, así como algunos programas innovadores de certificación para completar el sistema.

Cataratas Virginia, Parque Nacional Nahanni, Canadá
Fuente: Alison Woodley

responsables del desarrollo de capacidades en las áreas protegidas y en los sistemas de áreas protegidas, desde la planeación hasta la implementación y la evaluación. La discusión de los conceptos y métodos más relevantes facilitará la selección de los mejores programas para tareas específicas de desarrollo de capacidades a nivel del área protegida o dentro de un sistema. Las instituciones académicas también pueden ayudar e incorporar nuevos enfoques para la capacitación o la educación. Hemos incluido un breve resumen de algunos conceptos y avances clave en el desarrollo de capacidades, lo cual brinda una introducción a este capítulo (Cuadro 9.1).

Desarrollo de capacidades en sistemas de áreas protegidas

Las áreas protegidas son los medios más eficaces para conservar la biodiversidad, los ecosistemas y una gran variedad de servicios para el mantenimiento de la diversidad de la vida en la Tierra, incluido el bienestar humano. Aunque existe un gran progreso en el establecimiento de una red global de áreas protegidas, todavía queda un gran camino por recorrer. Por sí solo, el establecimiento de áreas protegidas y sistemas de áreas protegidas no garantiza que sus objetivos se cumplan. El análisis global de las evaluaciones de eficacia de la gestión revela que una gran proporción de las áreas protegidas designadas todavía se gestionan de manera inadecuada (IUCN, 2014a). A fin de lograr una gestión eficaz de las áreas protegidas y de los sistemas de áreas protegidas, no solo se requieren arreglos institucionales y de gobernanza apropiados, sino también profesionales competentes.

La naturaleza tiene su propio valor, el cual se refleja en los miles de años que los seres humanos han dependido de ella su subsistencia. Conservar la biodiversidad es nuestra responsabilidad, ya que los factores humanos son la causa más relevante de la pérdida que estamos observando. En el mundo de Occidente, donde suele darse más importancia al valor monetario que a los valores sociales o espirituales, podemos argumentar que las áreas protegidas albergan mayores activos económicos que muchas de las alternativas productivas que a menudo los afectan. El valor de los servicios ecosistémicos y del capital natural del mundo se reconoce cada vez más desde que Costanza *et al.* (1997) publicaron uno de los primeros trabajos sobre el tema, en el que se estimaba que los servicios ecosistémicos tenían un valor de 33 billones de dólares al año. Con el uso de datos actualizados, valores unitarios y cambios en las áreas de biomas, el total de los servicios ecosistémicos globales en 2011 fue de 125 billones de dólares al año, con una pérdida anual del orden de veinte billones (Costanza *et al.*, 2014).

El logro de las metas de conservación y la futura provisión de estos servicios dependen no solo de la capacidad de las personas de tomar las decisiones correctas, sino también de la capacidad institucional y el entorno propicio para permitir una acción eficaz. Las decisiones tomadas por el personal de las áreas protegidas deben basarse en el conocimiento, la experiencia y las habilidades. Las formas en que se implementan las decisiones dependen de la actitud del personal en todos los niveles. La capacidad institucional se compone de muchos factores, incluido el financiamiento, el respaldo legal y de las políticas, el número de empleados, la conciencia del público y muchos otros. No obstante, lograr la capacidad institucional también se reduce a la capacidad de los individuos dentro de la institución para construirla y dirigirla eficazmente. En todos los niveles, cada vez más se reconoce el papel del desarrollo de las capacidades en las áreas protegidas, incluido el Objetivo 3.2 del Programa de Trabajo sobre Áreas Protegidas (Programme of Work on Protected Areas, PoWPA) del Convenio sobre la Diversidad Biológica (CDB) (CBD, 2014a, Cuadro 9.2). Las Metas de Aichi –en especial la Meta 11– brindan las bases para la acción hasta finales de 2020. Dentro de cada meta/objetivo podemos identificar la capacidad que tiene que desarrollarse a nivel individual, institucional, nacional y mundial.

Dentro de los sistemas de áreas protegidas existen grandes variaciones en las estructuras de trabajo, las cuales dependen de numerosos factores como la disponibilidad de recursos (especialmente la financiación), si el país es desarrollado o está en vías de desarrollo, los años del establecimiento, el reconocimiento social y político, el tipo de gobernanza a nivel del sitio, y muchos otros. En los sistemas con una buena planta de personal y una buena capacitación podemos encontrar descripciones específicas de los cargos, mientras que en algunos países el escaso personal asignado a un área (en algunos casos solo una persona) requiere que cumplan un gran conjunto de actividades. No obstante, podemos establecer al menos tres niveles básicos de personal –gestión del sistema (incluida la política y la planeación), gestión y manejo del sitio y el nivel operacional o de campo (guardaparques, guardianes, etc.)– y en algunos casos un nivel más bajo que incluye a los trabajadores menos calificados. Los dominios de estos niveles pueden ser muy similares, pero las competencias para cada uno son diferentes. Es posible que para un administrador del sistema la planeación del sitio implique un ámbito nacional, en que las brechas de conservación y la planeación del uso del suelo a largo plazo sean el área de interés, mientras que el administrador del sitio se ocupa de la zonificación, las áreas de amortiguación y conectividad, o el desarrollo de la comunidad. El nivel operacional estará más involucrado con la ejecución sobre el terreno, el manejo de visitantes y la protección. Estas diferencias requieren que cada uno de estos niveles tenga especificidades en las estrategias para el desarrollo de capacidades.

Cuadro 9.2 Objetivo 3.2 del Programa de Trabajo sobre Áreas Protegidas del Convenio sobre la Diversidad Biológica:

Este objetivo se refiere al desarrollo de capacidades para la planeación, el establecimiento y la gestión de áreas protegidas. El objetivo se estableció en 2004 tras el Congreso Mundial de Parques de 2003 en Durban. Para 2014, la implementación de los objetivos había sido estable, pero se necesitaba más trabajo. Los objetivos originales se repiten aquí, ya que establecen un contexto para el trabajo constante enfocado en el desarrollo de capacidades.

Objetivo: para 2010, se ejecutan programas e iniciativas integrales para el desarrollo de capacidades con el fin de desarrollar conocimientos y habilidades a los niveles individual, comunitario e institucional, y mejorar los estándares profesionales.

Las actividades las partes sugeridas incluyen las siguientes:

- Para 2006, completar evaluaciones de las necesidades nacionales de capacidad en relación con las áreas protegidas y establecer programas para el desarrollo de capacidades con base en estas evaluaciones, incluida la creación de currículos, recursos y programas para la entrega sostenible de capacitación en materia de gestión de áreas protegidas.
- Establecer mecanismos eficaces para documentar los conocimientos y experiencias existentes en materia de la administración de áreas protegidas, incluidos los conocimientos tradicionales, de conformidad con el Artículo 8(j) y disposiciones conexas, e identificar lagunas de conocimientos y habilidades.
- Intercambiar lecciones aprendidas, información y experiencias de desarrollo de capacidades entre los países y las organizaciones pertinentes, ya sea por medio de mecanismos de facilitación o por otros medios.
- Fortalecer las capacidades de las instituciones con el fin de establecer colaboraciones intersectoriales para la administración de áreas protegidas a los niveles regional, nacional y local.
- Mejorar la capacidad de las instituciones de áreas protegidas para recaudar fondos de manera sostenible mediante incentivos fiscales, servicios ecológicos y otros instrumentos.

Fuente: CBD, 2014a

Conceptos básicos y enfoques de desarrollo de capacidades

Con el fin de diseñar e implementar procesos efectivos para el desarrollo de capacidades, necesitamos entender los diferentes componentes relacionados con el desempeño en la ejecución del trabajo. A través de los procesos de autoevaluación, una persona u organización pueden identificar dónde están las falencias principales y buscar un fortalecimiento específico. Podemos diseñar diferentes estrategias para el desarrollo de capacidades que se centren en diversos aspectos. En los párrafos siguientes definimos algunos de los componentes más relevantes para el desarrollo de las capacidades.

Destreza

"Por lo general, se considera que la destreza es un conjunto de atributos innatos que determinan nuestro potencial para una actividad dada. Tal potencial puede desarrollarse en un comportamiento experto a través del entrenamiento y la práctica" (Egate y Groome, 2005, p. 100). En otras palabras, la destreza no es algo que pueda enseñarse fácilmente y está relacionada con las capacidades genéticas y el ambiente en el cual creció la persona. Los ejemplos incluyen la destreza para bailar samba o aprender diferentes idiomas.

Habilidades

Hay muchas definiciones para las habilidades de acuerdo con el área del esfuerzo, como el deporte, los negocios y las artesanías, entre otros. Para el propósito de este capítulo, definimos la habilidad como "la capacidad de hacer algo que viene del entrenamiento, experiencia o práctica" (Merriam-Webster Dictionary, 2012) o "la capacidad aprendida de producir resultados predeterminados con la máxima certeza, a menudo con el gasto mínimo de tiempo o energía, o ambos" (Knapp, 1963, p. 11). Las habilidades tienen cuatro características principales:

1. Una destreza aprendida.
2. Resultados predeterminados: se alcanza un objetivo o una meta específica.
3. Máxima certeza: resultados repetibles cada vez.
4. Máxima eficiencia: menor esfuerzo y tiempo.

Cornford (1999, p. 266) definió los siguientes atributos de la habilidad y del desempeño experto:

1. La habilidad se aprende o adquiere y no consiste en las acciones innatas, instintivas y acciones simples o reflejas que todos tenemos.
2. La habilidad involucra motivación, propósito y metas.
3. Se requiere un plan o esquema mental antes de que se pueda poner en práctica una habilidad; esto debe incluir componentes, procesos, secuencias correctas de componentes y elementos temporales.
4. Las habilidades requieren un contenido específico y un conocimiento del contexto, al igual que estímulos específicos, los cuales señalan el momento apropiado y las circunstancias en las cuales realizar o aplicar el conocimiento.
5. Las habilidades implican la resolución de problemas relevantes para un contexto particular.
6. Hay diferencias individuales en el desempeño experto y no siempre se puede obtener el mismo nivel de desempeño de las habilidades con diferentes personas.
7. Se requieren estándares de excelencia para juzgar el desempeño.
8. La habilidad implica una replicación comparable o una consistencia de la aplicación en el tiempo.
9. Se requiere un tiempo considerable para lograr altos niveles de habilidad, especialmente cuando se involucran patrones de pensamiento y comportamiento más complejos.

En relación con el desempeño laboral, también tenemos más refinamientos de los términos del desarrollo de capacidades.

Habilidades duras

Estas son las capacidades requeridas para profesiones específicas, generalmente relacionadas con las herramientas, técnicas o conocimientos profesionales que nos permiten trabajar dentro de nuestra profesión. Estas no solo son fáciles de observar, cuantificar y medir, también suelen ser fáciles de enseñar cuando son nuevas para el alumno y donde no es necesario "desaprender".

Habilidades blandas

También denominadas "habilidades de las personas", estas comprenden el conjunto completo de nuestros comportamientos sociales, de comunicación y de autogestión, y son vitales para el éxito profesional. Estas son las habilidades que nos permiten trabajar eficazmente y "encajar" en el lugar de trabajo. Por lo general, las habilidades blandas son difíciles de observar, cuantificar o medir, y se utilizan tanto para la vida cotidiana como para el trabajo. Es frecuente que se necesite un mayor esfuerzo para cambiarlas o desarrollarlas, ya que suelen estar embebidas en el comportamiento. El cambio en las habilidades blandas puede lograrse a través del refuerzo frecuente en el largo plazo, preferiblemente por un capacitador experto o compañeros de trabajo (Coates, 2006). Los ejemplos de las habilidades blandas incluyen: manejo del tiempo; confiabilidad; trabajo en equipo; comunicación interpersonal; lenguaje; deseo de aprender y de recibir capacitación; demostrar integridad y un comportamiento ético; estar motivado y tener una actitud positiva, y analizar críticamente la información (Phani, 2007).

Competencias

Las competencias se pueden definir como "[la] capacidad del individuo dentro de una profesión para llevar a cabo una tarea definida" (Appleton *et al.*, 2003, p. 2). Una defi-

Figura 9.1 Marco para la evaluación clínica

Fuente: adaptado de Miller, 1990

nición más detallada puede encontrarse en Sánchez y Ruiz (2008, p. 29), en la cual la competencia es "buen desempeño en contextos diversos y auténticos, basado en la integración y activación de conocimientos, reglas y estándares, técnicas, procedimientos, habilidades y destrezas, actitudes y valores". El concepto de competencia no es nuevo. White (1959, p. 297) usó el término, relacionándolo con "la capacidad de un organismo para interactuar eficazmente con su entorno". Miller (1990) desarrolló un marco para la evaluación clínica que simplifica la comprensión de la transición de la educación basada en el conocimiento a aquella basada en las competencias (Figura 9.1). El aprendizaje basado en competencias se basa en la existencia de tres dominios de aprendizaje: cognitivo (conocimiento), psicomotor (habilidades) y afectivo (actitudes).

El aprendizaje basado en competencias es cada vez más popular. Su característica más importante es que el enfoque de la educación no está en lo que los académicos creen que los estudiantes necesitan saber (centrado en el docente), sino en lo que los estudiantes necesitan saber y ser capaces de hacer en situaciones variadas y complejas (centrado en el trabajo) (Coates, 2006). Los programas basados en competencias no asumen que el logro de los resultados de aprendizaje se alcancen al completar con éxito una serie de cursos dentro de un plan de estudios. Más bien se centran en el alumno, se enfocan más en el uso de muchas oportunidades de aprendizaje y actividades diferentes que les permitan aprender y demostrar sus capacidades a su propio ritmo.

En los últimos años, los programas basados en competencias incluyen redes sociales entre pares, fuentes educativas abiertas, sistemas de gestión del aprendizaje y orientación

Cuadro 9.3 Acerca del liderazgo

Acciones

- Manos sucias y pies mojados.
- Iniciativa: guiar a partir del ejemplo.
- No pedir a los demás que hagan lo que usted no haría (es decir, aprehender).
- Sontido do anticipación (mantenerse en todo momento al corriente de la situación).
- Tomar una decisión difícil en el momento adecuado.
- Éxito propio; reconocer como propio el fracaso.
- Consistencia.

Interacciones con el personal

- Motivar a los demás a través de la tutoría y el desarrollo del equipo.
- Delegar adecuadamente; sin microgerenciar.
- Mostrar confianza en el personal.
- Asumir la responsabilidad de errores honestos por parte del personal junior.
- Estar preparado para mantenerse firme.

Interacciones con las comunidades

- Ser respetuoso.
- Escuchar primero.
- Convertirse casi en parte de la comunidad (integrado, accesible, justo).
- No faltar al respeto, pero hacer su trabajo.
- Buscar el respeto (del personal y de las partes interesadas) –y no solo "gustar"–.

Fuente: Squillante *et al.*, 2010

y asesoramiento en línea (Klein-Collins, 2013). El aprendizaje basado en competencias requiere la definición de las competencias necesarias en relación con una profesión o un trabajo. El conocimiento se integra entonces con actitudes y valores de acuerdo a la vida profesional o personal de cada estudiante. Es importante señalar que este tipo de aprendizaje busca promover la capacidad de los estudiantes para aprender a aprender (Sánchez y Ruiz, 2008).

Las competencias también se están utilizando para el aprendizaje y la capacitación en las áreas protegidas. Appleton *et al.* (2003) desarrollaron estándares de competencia para los trabajos en áreas protegidas del Sudeste Asiático. Estos estándares son recomendaciones para las habilidades y conocimientos requeridos para veinticuatro empleos clave en las áreas protegidas, divididos en diecisiete categorías y cinco niveles. Durante 2013 y 2014 se emprendió un nuevo esfuerzo, liderado por Appleton como parte del Grupo de Trabajo de Educación y Aprendizaje de la Comisión Mundial de Áreas Protegidas (CMAP), con el fin de definir competencias globales para los trabajos en dichas áreas. Otra iniciativa en África desarrolló competencias adaptadas a las áreas marinas protegidas, con medios para evaluar el rendimiento que conduce a la certificación (Squillante *et al.*, 2010). Esto se discute más adelante en este capítulo.

El liderazgo es una competencia blanda pero crítica para la mayoría de los cargos dentro de los sistemas de áreas protegidas con poco personal que enfrentan desafíos significativos en el cumplimiento de sus mandatos. La forma en que el personal de las áreas protegidas internaliza el concepto de liderazgo se ilustra en el Cuadro 9.3 (Squillante *et al.*, 2010). El liderazgo en las áreas protegidas se discute más adelante en el Capítulo 12.

Aprendizaje

El aprendizaje es un proceso continuo de creación de conocimiento basado en la experiencia (Kolb, 1984). El aprendizaje se construye sobre los conocimientos o experiencias preexistentes. Así, un educador no solo debe implantar nuevas ideas, sino que también tiene que ayudar a modificar o eliminar las viejas. Es importante tener esto en cuenta al diseñar y aplicar un proceso de capacitación. Cuanto más podamos aprovechar el conocimiento o la experiencia existente, más fácil le será al estudiante captar lo que se enseña. Si el conocimiento o las prácticas existentes son incorrectos, se debe hacer un mayor esfuerzo en el proceso de aprendizaje.

La motivación es fundamental para el aprendizaje; solo un individuo que quiere aprender puede hacerlo. Por lo tanto, la motivación es uno de los aspectos más importantes para el desarrollo de las capacidades y debe

Estudiantes del posgrado en gestión de áreas protegidas de la Universidad de Tasmania. Ellos están trabajando en campo con el personal experimentado y senior de la gestión de áreas protegidas de Tasmania en Cockle Creek, Parque Nacional del Suroeste, Tasmania

Fuente: Graeme L. Worboys

trabajarse en la fase inicial de cualquier evento educativo o de capacitación. El aprendiz debe saber cuál es el alcance del evento de capacitación y qué resultados se esperan de él. Una persona aprende más fácilmente si puede identificar con claridad cuál es el uso de lo aprendido en su trabajo cotidiano o desempeño personal. Esto es algo que rara vez se tenía suficientemente en cuenta en la capacitación sobre áreas protegidas, en especial cuando los proyectos de cooperación tenían componentes de capacitación incorporados que eran diseñados por el proveedor de educación, con poca o ninguna participación del personal de áreas protegidas en el proceso de diseño.

También es importante relacionar nuevas áreas de conocimiento o habilidades con el conocimiento o habilidades existentes del individuo. La construcción de esquemas o planes mentales permite un mejor aprendizaje al relacionar los conocimientos adquiridos con el conocimiento existente en la memoria. Las estrategias de aprender a aprender le facilitan al estudiante la construcción de modelos y esquemas mentales que orientarán el desempeño (Cornford, 1997). La construcción de modelos mentales requiere atención, retención y motivación: "La mayoría del comportamiento humano se aprende por la observación a través del modelado: a partir de la observación de los demás, uno forma una idea de cómo se ejecutan nuevos comportamientos, y en ocasiones posteriores esta información codificada sirve de guía para la acción" (Bandura, 1977, p. 22).

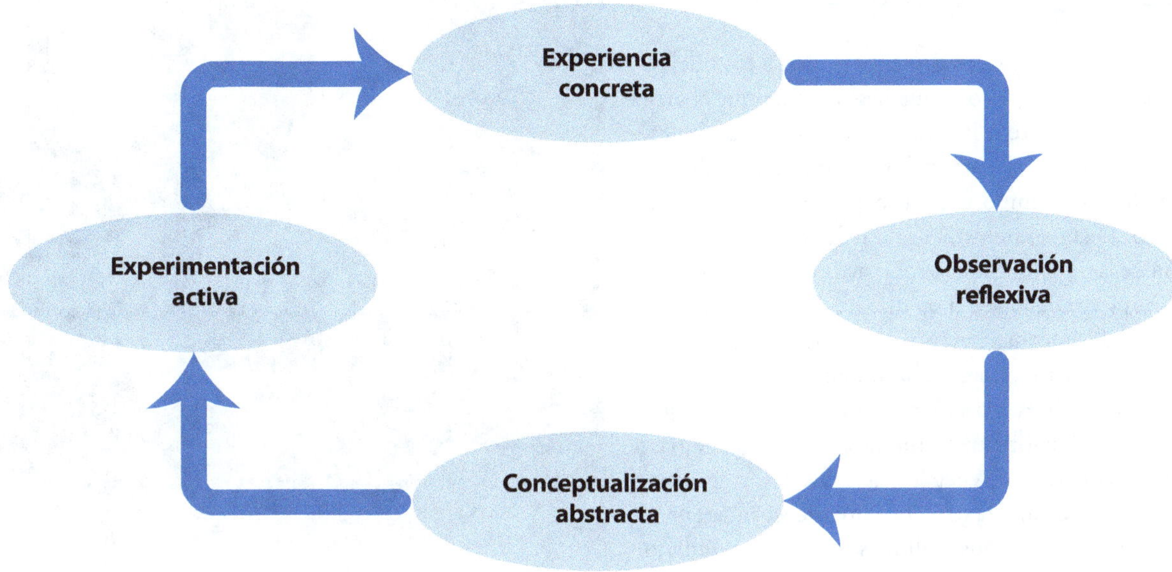

Figura 9.2 Ciclo de aprendizaje experiencial de Kolb
Fuente: adaptado de Oxendine *et al.*, 2004

Aprendizaje basado en la experiencia o aprender haciendo

> "Dime algo y lo olvidaré. Enséñame algo y lo recordaré. Hazme partícipe de algo y lo aprenderé" (Confucio, citado por Ostashewski *et al.*, 2011).

El aprendizaje empírico es "el proceso mediante el cual se crea conocimiento por la transformación de la experiencia" (Kolb, 1984, p. 38), o en otras palabras, "la adquisición personal de conocimiento a través de la práctica" (University of Iowa, 2014). Mientras que el aula tradicional se enfoca en el conocimiento, el aprendizaje empírico involucra tres dominios del estudiante: intelecto, sentimientos y sentidos (Andresen *et al.*, 1999).

Kolb (1984) describe el aprendizaje empírico como un ciclo que comienza con una experiencia concreta, seguida de una reflexión personal sobre esta (Figura 9.2). La persona entonces aplica reglas generales o teorías conocidas a dicha experiencia –lo cual se conoce como "conceptualización abstracta" (el proceso de dar sentido a lo observado) (Kolb, 2014)– para construir maneras de tener la posibilidad de modificar la siguiente ocurrencia de la experiencia. En otras palabras, se trata de cómo podemos poner esto en práctica (experimentación activa) para finalmente ir a la próxima experiencia. Un estudiante efectivo debe entonces percibir información, reflexionar sobre cómo esta afecta su vida, compararla con su propia experiencia y luego pensar cómo puede encontrar nuevas maneras de actuar (Conner, 2007). Esto puede ocurrir muy rápidamente o durante un período más largo. Para aquellos que quieran entrar en un análisis más detallado y la aplicación de este ciclo, hay informes adicionales (véase Atherton, 2013).

Para que el aprendizaje basado en la experiencia tenga éxito, primero debemos definir claramente el objetivo y cómo este es significativo para el individuo. Luego necesitamos asegurar un compromiso personal con la experiencia, para luego aportar experiencias y conocimientos previos al proceso de aprendizaje en aras de garantizar un proceso adecuado de reflexión y conceptualización (Andresen *et al.*, 1999). El aprendizaje basado en la experiencia es idóneo para el desarrollo interno de la capacidad institucional, en el cual el personal experimentado de las áreas protegidas puede servir como mentor del personal más joven o más reciente.

Aprendizaje o capacitación vocacional

La capacitación vocacional está orientada a mejorar o actualizar los conocimientos y las competencias, o a la adquisición de nuevos conocimientos o competencias necesarias para una función o un oficio específico. Por lo general, esta capacitación se orienta al nivel técnico y se puede utilizar de manera exitosa para mejorar el desempeño laboral al aprender a utilizar nuevos instrumentos, metodologías o tecnologías. En las áreas protegidas suele utilizarse a nivel operativo o de los guardaparques, especialmente para aprender a usar nuevas herramientas o técnicas tales como un sistema de posicionamiento global (GPS), para la construcción de senderos o el monitoreo de la vida silvestre.

Entrenamiento de inducción

El entrenamiento de inducción se les brinda a los nuevos empleados o a los empleados que llegan a una nueva área para facilitar su ajuste a las nuevas funciones laborales, a otros miembros del personal y al ambiente laboral, lo cual reduce el tiempo necesario para comenzar a ser productivo. Dicho entrenamiento puede abarcar la misión y la visión de la organización; los objetivos y el organigrama; los términos y condiciones; la cultura de trabajo; el equipo; los sistemas de información y comunicación; la salud y la seguridad, y el monitoreo y la evaluación. Asimismo, este entrenamiento es específico de un sitio o una organización y puede cubrir una amplia gama de geografías, topografías, coberturas vegetales, agua, cuevas, presencia de animales salvajes, extremos climáticos, incidentes, entornos sociales, entornos políticos, zonas de conflicto y otras consideraciones medioambientales y de gestión. El entrenamiento de inducción no se trata de habilidades, sino de las tareas rutinarias básicas que deben entenderse. A menudo, los sistemas de áreas protegidas llevan a cabo una capacitación interna para el personal nuevo o para actualizar al existente.

Aprendizaje informal/autodirigido

Gracias al mejoramiento de las comunicaciones, la importancia del aprendizaje autodirigido está creciendo rápidamente. El mayor acceso a Internet, los navegadores eficientes y fáciles de usar, los foros de discusión, las redes sociales, la instrucción por video (TedX, por ejemplo), los cursos en línea (muchos gratuitos, como Coursera) y la transmisión en directo de reuniones y conferencias, entre otros, permiten un acceso fácil y oportuno a la información más reciente.

Tutoría/pasantía

La tutoría o el aprendizaje informal entre pares pueden ser muy efectivos y de muy bajo costo, especialmente para capacitar al personal joven. Se debe promover una cultura de tutoría dentro de la organización, evitando que el conocimiento y las habilidades se utilicen como juego de poder. La posibilidad de que el personal de un área protegida interactúe con mentores de otras áreas protegidas también puede ser muy eficaz, con el uso de las áreas protegidas con una buena capacidad de gestión y manejo como lugares de entrenamiento. Este también es el caso de las asociaciones, incluidas las internacionales, las cuales permiten que los funcionarios de diferentes países realicen prácticas en áreas protegidas bien administradas.

Instrucción *in situ* en el posgrado de gestión de áreas protegidas por parte de un experimentado guardaparques del Servicio de Parques y Vida Silvestre de Tasmania, Parque Nacional del Suroeste, Tasmania

Fuente: Graeme L. Worboys

Educación formal

La educación formal es suministrada por instituciones acreditadas y se basa en un plan de estudios que conduce a programas que otorgan grados –a menudo requeridos por asociaciones profesionales para permitir que las personas trabajen en un campo determinado–. La educación formal tiene la importante ventaja de permitir la transformación profunda de una persona y generar cambios en su forma de pensar. Con esta, se requiere la acreditación o el reconocimiento formal, ya sea a través de un ministerio de educación, una junta de acreditación u otros medios. En muchos casos, la validez de un título obtenido en un país extranjero debe someterse a una serie de pasos para recibir el reconocimiento final de equivalencia a un grado similar dentro de otro país. En muchos sistemas de áreas protegidas, el título formal es un requisito previo para los cargos más altos dentro de una institución y normalmente está acompañado por mejores salarios.

En el mundo aún es escasa la educación formal específicamente diseñada para las áreas protegidas. En parte, esto podría deberse a que en el pasado no se reconocía la necesidad de profesionalizar la gestión de áreas protegidas, aunque también pueden identificarse fácilmente otras limitaciones. Los programas de grado universitario en áreas protegidas son difíciles de ejecutar, ya que se abren muy pocos puestos de trabajo y la mayoría de los estudiantes potenciales, de hecho, hacen parte del personal de las áreas protegidas y no pueden salir de sus áreas para asistir a las aulas. No es fácil lograr una sostenibilidad a largo plazo,

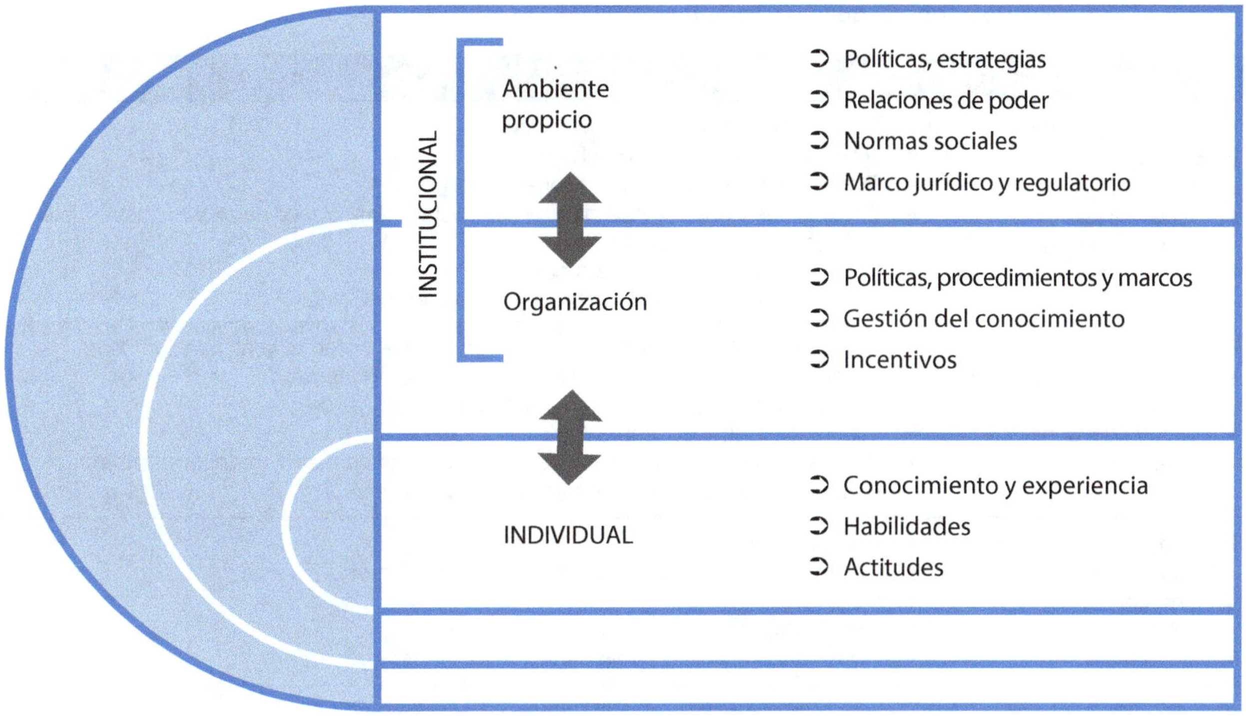

Figura 9.3 Un enfoque sistémico para el desarrollo de capacidades

Fuente: adaptado del Programa de las Naciones Unidas para el Desarrollo (UNDP), 2009

especialmente en los países más pequeños, donde el total del personal que tiene el potencial de recibir la capacitación se limita a unos pocos cientos, teniendo en cuenta que no todo el personal desea o puede pasar por un programa de grado (con frecuencia, el personal del área protegida no tiene los requisitos para la educación superior y muchas veces ni siquiera ha terminado la educación secundaria).

Es difícil encontrar profesores idóneos que tengan los antecedentes académicos requeridos en áreas protegidas, las habilidades de enseñanza/aprendizaje y la experiencia en el mundo real de las áreas protegidas. La Escuela Latinoamericana de Áreas Protegidas de la Universidad para la Cooperación Internacional ha tratado de superar algunas de estas limitaciones al ofrecer alternativas en línea y de aprendizaje combinado que llegan a los sistemas de áreas protegidas en muchos países. La educación en línea (que se discute más adelante en este capítulo) permite la participación de estudiantes y profesores de muchos países, pero no resuelve el tema de los escasos fondos para la educación formal dentro de los sistemas de áreas protegidas y la incapacidad del personal de áreas protegidas para pagar sus propios estudios debido a los bajos ingresos. Esta situación compromete la sostenibilidad financiera a largo plazo de tal estrategia. Muchos esfuerzos para establecer escuelas de gestión de áreas protegidas terminaron cuando se terminaron las subvenciones internacionales que las iniciaron.

Desarrollo de capacidades

Según la Organización para la Cooperación y el Desarrollo Económicos (OECD, 2006), la capacidad adecuada de los países es uno de los factores críticos que faltan en el desarrollo. Si no se presta la debida atención al desarrollo de capacidades sostenibles, los esfuerzos de desarrollo fracasarán, incluso si se brinda el apoyo con un aumento sustancial de la financiación. En la primera parte del siglo XXI se está poniendo mucho empeño en repensar el desarrollo de capacidades. Este debe ir más allá de la mejora de las habilidades y el conocimiento de las personas, y está estrechamente relacionado con la calidad de las organizaciones en las que trabajan. Un entorno propicio es crucial para que una organización sea eficaz. Por lo tanto, el desarrollo de capacidades debe tener lugar en tres niveles –individuos, organizaciones y sociedad (Nuffic, 2014)– tal como se representa en el siguiente modelo clásico y de citación frecuente de la capacidad en una estructura anidada (Figura 9.3).

Con el uso de este modelo, en términos de las áreas protegidas, podemos identificar muchas iniciativas para el desarrollo de capacidades en diferentes escalas (Tabla 9.1).

Tabla 9.1 Desarrollo de capacidades en diferentes escalas

Escala de capacidades	Ejemplos
Entorno propicio (sistema) • políticas, estrategias • relaciones de poder • normas sociales • marco legal y regulatorio	• Trabajo de la UICN sobre legislación. • Trabajo de la UICN sobre gobernanza. • Trabajo de la UICN (y otros) sobre financiamiento. • Comisión de Supervivencia de Especies (listas rojas, planes de acción para especies). • Categorías de áreas protegidas. • Programa de Trabajo sobre Áreas Protegidas. • Metas de Aichi, Convenio sobre la Diversidad Biológica.
Organización • políticas, procedimientos y marcos • gestión del conocimiento • incentivos	• Guías de la UICN/CMAP sobre la planeación del sistema, la planeación de la gestión, la gobernanza y la financiación (véase el Capítulo 2). • Evaluación de la efectividad del manejo y la Lista Verde. • Programa de Trabajo sobre Áreas Protegidas. • Procesos y procedimientos tales como recursos humanos, monitoreo e informes, desarrollo institucional y culturas organizacionales.
Individual • conocimiento y experiencia • habilidades • actitudes	• Competencia. • Recursos de aprendizaje (cuerpo de conocimientos). • Currículos. • Certificación de las personas. • Apoyo al aprendizaje como capacitación, cursos y tutoría.

El modelo anidado descrito en la Tabla 9.1 es muy simplista, así que en la Figura 9.4 se incluye una representación más adecuada, la cual refleja la verdadera dinámica que existe entre los tres niveles.

En el pasado, la construcción de capacidades se consideraba un proceso técnico mediante el cual se transferían los conocimientos o los modelos organizacionales de los países con un alto índice de desarrollo humano (IDH) a los países con un bajo IDH, donde la enseñanza y la capacitación estaban dirigidas a los individuos (OECD, 2006; Walters, 2007). La palabra "construcción" sugería que no existía una capacidad previa.

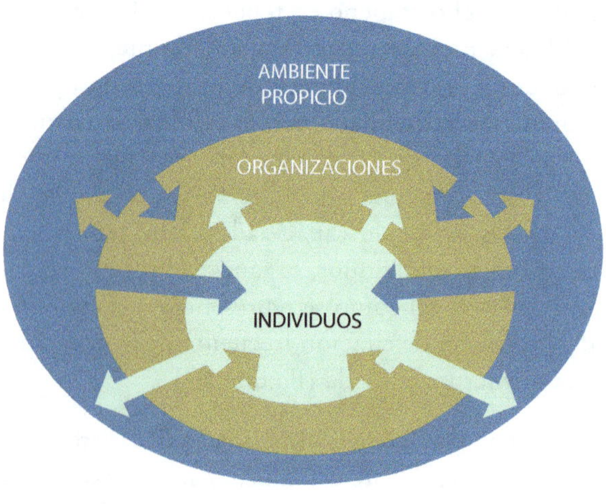

Figura 9.4 Modelo dinámico del desarrollo de capacidades

No se tenía en cuenta el contexto político y social más amplio en que se daban los esfuerzos de desarrollo de capacidades (OECD, 2006). El énfasis en proporcionar las respuestas correctas sin conocer las preguntas correctas solía llevar a iniciativas de desarrollo de capacidades que no respondían a las verdaderas necesidades, especialmente en los países en vías de desarrollo. Esto condujo entonces a la falta de reconocimiento de la importancia del desarrollo de capacidades, y podría explicar por qué tiene muy poco reconocimiento el hecho de contar con un personal bien capacitado y educado en la gestión y manejo de áreas protegidas.

Muchos proyectos con el objetivo de resolver diversos desafíos de conservación y desarrollo se han centrado en la provisión de soluciones técnicas y financiación, con muy poco esfuerzo (y financiamiento) enfocado en un verdadero desarrollo de capacidades. Esto demostró ser insuficiente y condujo a un "enfoque renovado en las capacidades que los seres humanos y las organizaciones poseen, las cuales deben fortalecerse a través de un trabajo más estrecho con las personas, la organizaciones y las sociedades, que eran los beneficiarios previstos del apoyo al desarrollo" (Capacity.org, 2013).

Muchas de las iniciativas actuales y pasadas para el desarrollo de capacidades se ejecutaron a través de proyectos de cooperación técnica o de proveedores de capacitación, muchos de los cuales eran activos a escala mundial. Esto solía crear un desarrollo de capacidades impulsado por la oferta que se basaba en los insumos. Hoy en día es obvio que la atención debe centrarse en la demanda y en las necesidades a partir de los resultados (Figura 9.5), y los programas de desarrollo de capacidades deben ajustarse a esto. Es fundamental la inclusión de opiniones y conocimientos locales, y los "receptores" deben apropiarse del proceso de desarrollo de capacidades para que este sea efectivo, duradero y contribuya realmente al desarrollo de las capacidades individuales, institucionales y de la sociedad.

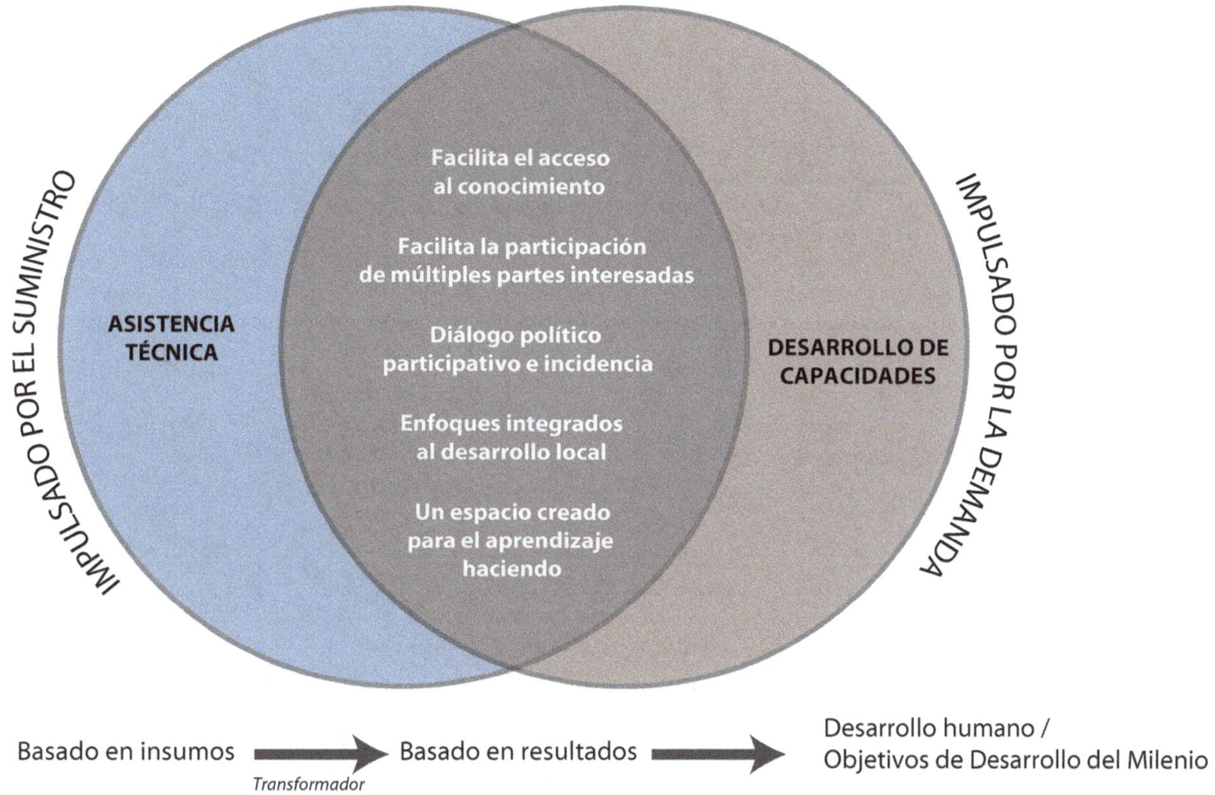

Figura 9.5 El cambio en el paradigma para un enfoque en el desarrollo de capacidades
Fuente: adaptado del Programa de las Naciones Unidas para el Desarrollo (UNDP), 2009

El nuevo consenso, articulado enérgicamente en la Declaración de París sobre la Eficacia de la Ayuda al Desarrollo de 2005, considera que el desarrollo de capacidades es un proceso necesariamente endógeno, fuertemente dirigido dentro un país, con los donantes desempeñando un papel de apoyo (OECD, 2006, p. 12).

Esto requiere un reconocimiento político y un liderazgo sobre la importancia de estimular el desarrollo de capacidades como la base para lograr un verdadero progreso a nivel del país.

Hay muchas definiciones del desarrollo de capacidades y su alcance. La Organización para la Cooperación y el Desarrollo Económicos (OECD, 2006, p. 12) definió la "capacidad" como "la habilidad de las personas, las organizaciones y la sociedad en su conjunto para gestionar sus asuntos con éxito, y el 'desarrollo de capacidades' se entiende como el proceso mediante el cual las personas, las organizaciones y la sociedad desatan, fortalecen, crean, adaptan y mantienen las capacidades en el tiempo". Ubels *et al.* (2010, p. 4) enfatizan el carácter dinámico intrínseco cuando definen la capacidad como "la habilidad de un sistema humano para desempeñarse, sostenerse y renovarse". Estos autores refinaron esto un poco más, al afirmar que no es un estado estático, sino que conduce a cambios en la capacidad a

Trabajos de prevención de la erosión por corrientes de agua y conservación de suelos, TICCA de Baripada, cerca de Pune, India: los niños de las aldeas "aprenden haciendo" a una edad temprana
Fuente: Graeme L. Worboys

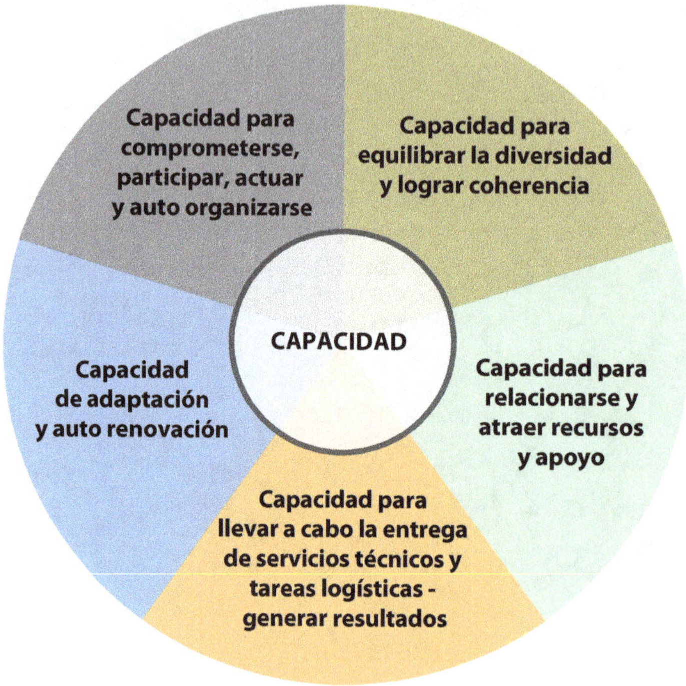

Figura 9.6 Cinco capacidades básicas necesarias para alcanzar la capacidad organizacional
Fuente: adaptado de Baser y Morgan, 2008

lo largo del tiempo. Se trata de crear un valor agregado para los miembros y el mundo externo a través de la acción permanente, el ajuste y el desarrollo en el tiempo. Definir el desarrollo de capacidades como un sistema humano refleja el hecho de que hay diferentes escalas o niveles de organización humana –desde individuos hasta equipos, organizaciones y redes–.

Más importante aún, especialmente en tiempos de cambios rápidos, es el hecho de que las capacidades siempre evolucionarán en interacción con el medio ambiente circundante. Para desarrollar o construir capacidades, debemos hacer esfuerzos deliberados para "estimular, orientar, fortalecer, desatar, nutrir y hacer crecer las capacidades más allá de la condición existente" (Ubels *et al.*, 2010, p. 4). Por consiguiente, la capacidad es la "habilidad de las personas involucradas para (colectivamente) realizar y entregar resultados en un área elegida, y para mantener las actividades requeridas y adaptarlas en el tiempo" (Ubels *et al.*, 2010, p. 5).

Según Ubels *et al.* (2010, p. ix), esto significa que el desarrollo de las capacidades requiere un vínculo con los problemas y resultados de la vida real, de manera que "las habilidades organizacionales abstractas deben ser vistas para ser creídas", y "las capacidades se desarrollan tanto a través de las relaciones entre los actores como dentro de una organización individual, lo cual conlleva que la colaboración se haga realidad".

Por último, las capacidades son alimentadas por las ambiciones y los recursos de los actores locales, que no pueden remplazarse con insumos y financiamientos externos.

El desarrollo de capacidades a nivel de las áreas protegidas puede ser desafiante, ya que la persona o grupo de personas que define cualquier programa de desarrollo de capacidades debe tener la facultad de responder claramente a las preguntas "¿la capacidad para qué?" y "¿la capacidad para quién?", y debe centrarse en las capacidades específicas requeridas para cumplir con objetivos claramente definidos dentro de las circunstancias particulares (técnicas, ambientales, políticas y financieras) en que deban alcanzarse tales objetivos. Por ejemplo, las rápidas transformaciones producto del cambio climático requieren un análisis permanente de los principales factores de cambio, los cuales deben identificarse, cuantificarse y monitorearse, con el requerimiento de un proceso permanente de desarrollo de capacidades. Debemos identificar las capacidades que ya existen, y debemos poder determinar si estas permiten que los individuos y sus organizaciones trabajen en los objetivos que desean alcanzar y los logren. Bajo esta premisa, el desarrollo de las capacidades consiste en cerrar la brecha entre el rendimiento real y el deseado (Walters, 2007).

Al nivel de los sistemas de áreas protegidas, la perspectiva del desarrollo de capacidades de los encargados de la planeación o de las políticas se beneficiará de enfoques más holísticos en relación a las capacidades. El Centro Europeo de Gestión de Políticas de Desarrollo, en un informe del estudio de Baser y Morgan (2008) y el libro *Capacity Development in Practice* (Ubels *et al.*, 2010), identifica cinco capacidades básicas requeridas para alcanzar la capacidad organizacional (aunque también se aplican a las capacidades individuales). Los resultados combinados se presentan en la Figura 9.6.

Si tratamos de relacionarlos con los sistemas existentes de áreas protegidas y su funcionamiento, podríamos identificar con mayor eficacia dónde debe mejorarse el desarrollo de las capacidades.

1) Comprometerse y participar

Es frecuente que esta capacidad básica no se reconozca. Tiene que ver con la importancia de la pertenencia y la motivación, y es lo que les permite a las organizaciones empoderarse y tener aptitudes intrínsecas para el desarrollo de capacidades a largo plazo. Esta capacidad está estrechamente ligada con los componentes esenciales de las competencias, que son la actitud y la autopercepción, cuyo lado humano suele ser lo que hace que las personas se sientan motivadas, tengan la energía para actuar y alcanzar sus metas, lo cual conduce a una mayor autoestima y a un mejoramiento de las competencias en general (Baser y Morgan, 2008).

2) Tareas técnicas de prestación de servicios y logísticas

Esta capacidad básica se asocia más comúnmente con los procesos tradicionales de desarrollo de capacidades y se centra en el desempeño y los resultados (Baser y Morgan, 2008). Dentro de los sistemas de áreas protegidas, esto suele abordarse con la contratación de consultores o empresas que ofrecen cursos cortos impulsados por la oferta.

3) Capacidad de relacionarse y atraer recursos y apoyo

Esta capacidad básica se relaciona con los logros verdaderos y demostrados que resultan del desarrollo de las relaciones clave necesarias para la supervivencia de la organización. Esta capacidad tiene que ver con ganar la confianza de los demás a través de la credibilidad y la legitimidad, incluidas las relaciones internas y externas (Baser y Morgan, 2008). Dicha capacidad es muy necesaria, tanto a nivel de las áreas protegidas al involucrar a las comunidades locales y a las partes interesadas, como a nivel del sistema, donde, por ejemplo, una buena estrategia de comunicación con el ministro de hacienda podría resolver la falta de reconocimiento gubernamental del papel de las áreas protegidas en la contabilidad nacional y así resolver muchos de los problemas relacionados con la falta de financiación o apoyo político. Lograr la capacidad a este nivel requiere de la actitud y las habilidades correctas, y se reforzará a través de la experiencia y la habilidad personal.

4) Adaptación y auto renovación

Esta capacidad básica es fundamental para la sostenibilidad a largo plazo, especialmente en tiempos de cambio rápido. Dicha capacidad requiere una conciencia colectiva del estado, de las capacidades intrínsecas y del liderazgo, al igual que una necesidad crítica de previsión, discusiones continuas y lluvias de ideas, y una comprensión de la importancia de adaptarse al cambio (Baser y Morgan, 2008). Dentro de los sistemas de las áreas protegidas no suelen encontrarse los espacios de interacción colectiva que permiten esto. Además, el mayor desafío es superar la resistencia al cambio de los individuos y de las estructuras organizacionales –una resistencia a menudo relacionada con cuestiones de poder–.

5) Equilibrar la diversidad y la coherencia

Esta capacidad básica consiste en encontrar un equilibrio entre la diversidad de pensamientos, perspectivas, creencias y maneras de hacer las cosas, y desarrollar la coherencia necesaria para evitar la fragmentación, con el fin de no perder el enfoque o disgregarse (Baser y Morgan, 2008). Esto puede ser desafiante para el sistema y la gestión de áreas protegidas, en especial por la diversidad y complejidad de los campos y los diversos antecedentes individuales que tienen que integrarse.

Definir las capacidades básicas puede ser un desafío para los sistemas de áreas protegidas, sobre todo porque debe contemplarse la estructura institucional, que además de ser compleja, también suele depender de una toma de decisiones centralizada o descentralizada, de áreas temáticas o programáticas muy diversas, de una distribución territorial y de canales institucionales de comunicación eficaces. En muchos sistemas de áreas protegidas existe una falta de personal con formación o educación de alto nivel en gerencia, administración o gestión de proyectos, a menudo debido al hecho de que el personal fue ascendido del campo a las oficinas centrales gracias a su desempeño sobre el terreno, lo que no siempre es suficiente para una gestión estratégica de alto nivel.

La educación en un mundo cambiante

Hoy en día es menos importante poseer conocimiento que poder encontrarlo, seleccionarlo y aplicarlo –y hacer todo esto rápidamente–. El cambio, incluso el cambio ambiental, ya no es una excepción sino la regla. Esto hace que sea imperativa la búsqueda permanente de nuevos enfoques y soluciones a la creciente complejidad del desarrollo actual. Para la gestión adaptativa, miramos hacia atrás los resultados del monitoreo, haciendo los cambios necesarios a medida que avanzamos para alcanzar nuestros objetivos planeados.

Hoy en día, el cambio rápido no nos permite basar nuestras estrategias solo en experiencias pasadas; también debemos mirar los escenarios futuros y sentar las bases para tratar de alcanzar los mejores escenarios. Esta es la gestión creativa.

La necesidad de estar permanentemente alerta y elegir diferentes fuentes de información ha cambiado la percepción de lo que es un estudiante o profesional exitoso. Hace algunas décadas los estudiantes iban a la escuela con una "maleta vacía", que se llenaba lentamente cada semestre hasta la graduación. Después de varios años en la universidad, los estudiantes podían irse a casa y abrir esta "maleta" y empezar a ejercitarse para obtener las competencias requeridas por el mercado laboral. Estos profesionales eran capaces de utilizar los conocimientos adquiridos durante muchos años de práctica profesional con solo actualizaciones ocasionales. Hoy en día, si un graduado no es capaz de actualizarse permanentemente y seguir desarrollando sus conocimientos, habilidades e incluso actitudes, entonces será obsoleto para el mercado laboral poco después de graduarse.

Este cambio en el proceso de aprendizaje no se ha producido por casualidad. La accesibilidad de la información en la era de Internet y las tecnologías de la información, en las que los teléfonos móviles con su mayor poder y transportabilidad están reemplazando a los ordenadores, y la gran cantidad de información que se ha puesto a disposición de un solo clic, permiten que cerca de dos mil millones de personas que tienen acceso a Internet sean parte de la era de la información. Los desarrollos tecnológicos están cambiando permanentemente nuestra forma de educar y aprender. Tomó muchas décadas que la educación a distancia ganara reputación, y en unos pocos años el aprendizaje en línea, el *e-learning* y la educación virtual cambiaron el paradigma educativo. La mayoría de los detractores de la educación en línea son personas que no están conectadas. Si bien es cierto que hay muchas cosas que no pueden o no deben enseñarse sin tiempo cara a cara, en la mayoría de los procesos de aprendizaje actuales se necesita del apoyo de la tecnología.

Otro cambio importante en la gestión del conocimiento viene de la comprensión de que en muchos casos, los enfoques científicos convencionales no son suficientes para el desarrollo de soluciones a los problemas actuales. Se ha demostrado que el uso de sistemas de conocimiento alternativos, como el conocimiento comunitario o indígena, es esencial para la comprensión del funcionamiento de los ecosistemas y el uso de los servicios ecosistémicos por parte de las comunidades locales. De manera inherente, la restauración de los paisajes funcionales debe incorporar el conocimiento local. De hecho, la ciencia moderna ha demostrado que los ecosistemas "naturales" como los bosques de la península de Yucatán (Levy-Tacher *et al.*, 2002) o la cuenca del Amazonas (Coomes *et al.*, 2009) han sido modificados por los humanos durante cientos de años para ajustar su productividad a las necesidades de las personas en cuanto a alimentos, fibra, combustible, medicina, etc. Respecto a la toma de decisiones, hoy debemos aprender a reconocer que el conocimiento local tiene la misma importancia. Es crucial llevar la ciencia a la población local para que puedan comprender fenómenos, como el cambio climático, que no están impresos en el conocimiento tradicional.

Aprendizaje versus enseñanza

Un cambio importante en el desarrollo de las capacidades es la transición de la enseñanza al aprendizaje. Hoy en día, la tecnología de la información y las comunicaciones hace que el conocimiento esté disponible a través de la mayoría de los teléfonos inteligentes. Por lo tanto, en la actualidad, un programa de desarrollo de capacidades exitoso no es aquel que enseña conocimientos, sino el que facilita un proceso de aprendizaje, al permitir la construcción colectiva del conocimiento a través de las comunidades de aprendizaje y el aprender haciendo. La posibilidad de que el aprendiz aplique inmediatamente los conocimientos y habilidades conducirá a que sea una persona más segura y con una actitud positiva hacia su entorno laboral. Para el educador, no suele ser un cambio fácil pasar de ser un profesor a convertirse en un tutor o moderador de un proceso de aprendizaje. Esto no deja de lado la importancia de la experiencia que un profesor pudo adquirir o su inmenso conocimiento, a menudo construido a través de sus propias experiencias. El proceso de aprendizaje debe realizarlo el estudiante de acuerdo con sus capacidades y deficiencias existentes. Los estudiantes aprenden mediante la autoevaluación a través del hacer en el mundo real, más que a través de evaluaciones o exámenes del profesor. Al igual que en otras disciplinas, en las áreas protegidas, los profesores suelen tener un buen conocimiento de las asignaturas, pero no han sido entrenados y no son muy activos en la pedagogía y su desarrollo. La experiencia personal demuestra que no es fácil que los expertos en áreas protegidas asuman el papel de tutores para apoyar el proceso de aprendizaje, ya que la mayoría de ellos todavía quieren "enseñar" (Estudio de caso 9.1).

Enfoques reduccionistas versus holísticos

Desde hace algunas décadas se critica cada vez más el marco reduccionista tradicional de la educación, en el que un todo complejo se desmonta en "cajas" que se estudian a través de diferentes disciplinas. La suposición es que si entendemos las partes, podemos entender el todo. Donde esto falla es en que muchas de las interacciones se pierden, lo que hace difícil lidiar con la complejidad. Un buen ejemplo de esto es el cambio climático. La enorme complejidad de este fenómeno hace que sea difícil encontrar soluciones efectivas a

Estudio de caso 9.1 Enfoque basado en el aprendizaje: Escuela Latinoamericana de Áreas Protegidas, Costa Rica

Lejos del enfoque tradicional en el que un estudiante primero "aprende" todas las áreas temáticas y luego pasa a la implementación y la integración, aquí el alumno comienza mapeando el área protegida en la que trabaja, incluido sus alrededores. La tarea consiste en utilizar mapas o sistemas de información geográfica (SIG) para identificar y trazar todos los aspectos que influyen o afectan el área protegida. Al trabajar con cada uno de los temas, el alumno tiene que ir a diferentes fuentes y ver qué aspectos tienen la mayor relevancia para un resultado deseado. Cualquiera de las áreas temáticas puede servir como punto de partida; por ejemplo, los aspectos de ecología y de biología de la conservación, identificar si el tamaño y las fronteras permiten alcanzar los objetivos de conservación, determinar si la conectividad y las zonas de amortiguación están presentes o dónde pueden establecerse, y su efectividad para diferentes especies, bajo la influencia del cambio climático. Es posible mapear las comunidades, identificando no solo amenazas y oportunidades, sino también áreas para el manejo de conflictos o apoyo para la educación, participación y desarrollo de la comunidad.

Se puede analizar el manejo de los visitantes, incluidos los esfuerzos conjuntos con los proveedores de *tours* locales para aumentar la experiencia del visitante y buscar co-inversiones. Además de priorizar los requerimientos de investigación encaminados a brindar información para la gestión y el manejo, también es posible identificar los enlaces con las instituciones académicas. Dentro de los pasos finales está determinar cuáles son los vínculos requeridos con todo el sistema de áreas protegidas en términos de presupuesto, asistencia técnica, alineación con políticas nacionales y globales como el Programa de Trabajo sobre Áreas Protegidas, y fuentes de financiamiento innovadoras. El alumno puede usar diferentes fuentes para obtener información, incluida la orientación de un tutor o compañeros, búsquedas en Internet, informes impresos, planes de manejo y entrevistas con compañeros de trabajo o incluso miembros de la comunidad.

El estudiante puede elegir la secuencia al priorizar los problemas, las lagunas o la experiencia previa. Al final, el mapa permite una visión holística del área protegida y todos los procesos requeridos para alcanzar los objetivos de conservación; asimismo, el estudiante tiene la oportunidad de adquirir conocimientos y habilidades en el conjunto de campos que afectan a un área protegida.

través de instituciones que se establecen dentro de un marco sectorial y que ven solo partes, y no hay ninguna institución que supervise el conjunto.

En el marco reduccionista, el proceso educativo busca que un profesor le transfiera al estudiante lo que sabe. La suposición es que el conocimiento es discreto, identificable, objetivo e impersonal, y el aprendizaje tiene una naturaleza estática y aditiva. Bajo este enfoque:

> [...] el conocimiento se compone de unidades elementales de experiencia que se agrupan, se relacionan y se generalizan,
>
> [...] y las partes de una experiencia de aprendizaje dada son iguales al todo.
>
> [...] En este modelo, el profesor o un especialista en currículo determina las unidades que van a enseñarse y la secuencia en que van a presentarse. (MacInnis, 1995, p. 8)

Los educadores holísticos se centran en la construcción del conocimiento, de manera que el aprendiz transforma las nuevas experiencias en conocimiento, relacionándolas con aquel adquirido previamente y transformándolas en algo nuevo y significativo. El aprendizaje va de un todo a las partes y luego de vuelta al todo. Un buen ejemplo para una mejor comprensión es la necesidad de aprender las letras del alfabeto antes de intentar escribir o comunicarse por escrito; las letras se aprenderán según sea necesario (MacInnnis, 1995). Si realmente pretendemos aumentar la eficacia de los objetivos de conservación y desarrollo, la complejidad de la gestión y manejo de las áreas protegidas se beneficiará de un cambio hacia enfoques más holísticos, tanto en el manejo como en el desarrollo de las capacidades.

Formas de enseñanza: enseñanza presencial, en línea o en combinación

No vamos a entrar en una discusión detallada de los diferentes métodos de enseñanza y sus ventajas y desventajas, ya que este no es el alcance de este capítulo, y lo más frecuente es que estos aspectos estén vinculados a las instituciones de educación o capacitación. Sin embargo, es importante que el personal de las áreas protegidas entienda los conceptos básicos de estos métodos de enseñanza y el potencial que cada uno de ellos tiene para los diferentes esfuerzos de desarrollo de capacidades en las áreas protegidas. El acceso a Internet crece rápidamente, en especial a través de los teléfonos inteligentes, lo que hace que los problemas de conectividad sean menos relevantes conforme pasa el tiempo.

En su mayoría, las personas han recibido una educación a través del aprendizaje tradicional frente a frente (presencial), ya sea en las aulas, como un sistema intergeneracional (mayores a jóvenes) o dentro del campo de trabajo. El principal inconveniente es que los estudiantes tienen que viajar al sitio de capacitación y el número de estudiantes que pueden asistir a una clase con resultados satisfactorios tiene un límite. Los costos son elevados, y especialmente cuando se trata de viajes aéreos, algunos de estos cursos se están volviendo demasiado costosos para llevarse a cabo.

La educación presencial tiene muchas ventajas, comenzando con la interacción humana que es esencial, por ejemplo, para el aumento de la comunicación y de las habilidades de trabajo en equipo. Este tipo de educación es valioso para procesos de campo complejos en los que la observación directa y la práctica posterior con la supervisión de expertos pueden conducir a un dominio más efectivo de estas habilidades. Los juegos de roles y otros métodos interactivos son excelentes eventos de capacitación, especialmente cuando se realizan dentro de una organización o equipo.

El aprendizaje a distancia se refiere a que los profesores y los estudiantes están en lugares diferentes. La estrategia se dio originalmente a través de materiales enviados por correo con diseños de instrucción que le permitían al estudiante aprender mediante el estudio de dichos materiales, a su propio ritmo; a menudo se les llamaba "cursos por correspondencia". El aprendizaje en línea o *e-learning*, también llamado "aprendizaje virtual", ha ganado un terreno enorme en las últimas dos décadas gracias a las mejoras en la conectividad a Internet y la velocidad y el desarrollo de diferentes plataformas, especialmente Moodle, que fue la interfaz más utilizada a comienzos del siglo XXI. La principal característica de la educación en línea es el cambio rápido a medida que la tecnología se desarrolla. Hace menos de una década nadie pensaría en la posibilidad de asistir a programas universitarios a través de un teléfono móvil. La prestación de servicios de Internet se consideraba algo para unos pocos y dejaba a muchas personas, especialmente las de países menos desarrollados, en una situación difícil. En 2013, el 39% de la población mundial utilizaba Internet, frente al 16% en 2005. En el mundo en vías de desarrollo, el 31% de la población

Cuadro 9.4 ¿Qué es un plan para las capacidades de áreas protegidas?

Aunque la mayoría de los estudios sobre la efectividad del manejo de las áreas protegidas identifican y priorizan las amenazas críticas y las debilidades clave, es frecuente que no identifiquen las capacidades específicas ni las oportunidades y estrategias correspondientes que se necesitan para abordarlas. Por otra parte, muchos planes de capacidades se basan en una lista de verificación genérica de las posibles capacidades necesarias, más que en una evaluación sistemática de las debilidades y amenazas reales para la gestión dentro del sistema de áreas protegidas.

Idealmente, los encargados de la planeación integrarán los resultados de la efectividad del manejo en el proceso de planeación de las capacidades con el fin de garantizar que los resultados sean relevantes y estén enfocados en mejorar las debilidades más urgentes y disminuir las amenazas más prevalentes. Además, muchas evaluaciones de las capacidades se centran exclusivamente en las capacidades necesarias y en el desarrollo de habilidades de los individuos, y no en capacidades más amplias de las instituciones y de la sociedad. En el mejor de los casos, los encargados de la planeación considerarán el rango de niveles de capacidad que se necesitan para garantizar un sistema de áreas protegidas integral y bien administrado.

Un plan de acción para las capacidades del área protegida se define como un conjunto de estrategias y acciones encaminadas a fortalecer las capacidades individuales, institucionales y sociales que son necesarias no solo para crear una red representativa y amplia de áreas protegidas, sino también para abordar las debilidades críticas de la gestión y el manejo, reducir las amenazas clave y mejorar el entorno propicio dentro de un sistema de áreas protegidas.

Si bien el proceso real de desarrollar un plan de acción para las capacidades variará de un país a otro, los siguientes son algunos principios básicos que podrían aplicarse a todos los casos.

- Basado en los resultados de las evaluaciones existentes sobre la efectividad del manejo de las áreas protegidas.
- Como base para el plan de acción, un enfoque en las capacidades necesarias para abordar las debilidades clave de la gestión y reducir las amenazas críticas.
- Considerar las capacidades individuales e institucionales, y de acuerdo con el alcance de la evaluación y los recursos disponibles, también las capacidades de la sociedad.
- Involucrar a los actores adecuados en el momento adecuado –los guardias del parque y el personal de campo pueden brindar un nivel de aporte al plan de capacidades, mientras que el personal ministerial y los encargados de formular políticas pueden brindar otro nivel–. Con frecuencia se necesitan varias reuniones para incluir diferentes niveles de experticia.
- Incluir múltiples actores de diferentes sectores como, por ejemplo, turismo, desarrollo económico, ordenamiento territorial, silvicultura, pesca y agricultura.
- Enfatizar un enfoque de autoevaluación, empoderando al personal y a los administradores de áreas protegidas para identificar sus limitaciones y necesidades de capacidades.
- Garantizar que la dirección de alto nivel apoya que se haga la evaluación de las capacidades y el seguimiento de los resultados.
- Garantizar que el plan de acción para las capacidades está integrado en los procesos presupuestarios nacionales a fin de aumentar la probabilidad de implementación del plan.

Fuente: CBD, 2014b, pp. 4-6

utilizaba Internet en 2013, frente al 8% en 2005, mientras que el 77% de las personas en el mundo desarrollado utilizaban Internet en 2013 (ITU, 2014).

Los educadores presenciales, e incluso las autoridades educativas, han ofrecido resistencia al proceso en línea, y durante muchos años se consideró que era de menor calidad que el proceso presencial. Si bien es cierto que, bajo las condiciones actuales, algunas disciplinas todavía son imposibles de aprender exclusivamente a través de Internet, la tecnología está tomando cartas en el asunto y ahora tenemos, por ejemplo, un entrenamiento en cirugía a través de sistemas de comunicación de alta tecnología, en los que los cirujanos expertos ayudan a los estudiantes o profesionales con menos experiencia en áreas remotas con el uso de la comunicación por video, lo cual permite capacitar al aprendiz paso a paso.

El aprendizaje combinado es una mezcla de ambos mundos, y ha demostrado que mejora el proceso de aprendizaje cuando se requieren experiencias prácticas. Los programas en línea ahora están fomentando encuentros cara a cara entre estudiantes de acuerdo con su proximidad geográfica. Estos grupos de trabajo autogestionados ayudan a construir conocimientos colectivamente, lo que permite el desarrollo de habilidades y actitudes. En los últimos años, los cursos en línea masivos y abiertos (*Massive Online Open Courses, MOOC*) han ganado popularidad, y es probable que transformen completamente el proceso educativo, incluso en universidades de renombre mundial como el Instituto Tecnológico de Massachusetts (Massachusetts Institute of Technology, MIT) y la Universidad de Stanford, que han invertido significativamente en su desarrollo.

Planeación y evaluación del desarrollo de capacidades

Establecer un plan de acción para el desarrollo de capacidades permite una mejor alineación y sincronización entre los esfuerzos de desarrollo de capacidades y los objetivos personales, institucionales y comunitarios. El CDB desarrolló un proceso de orientación enfocado en el establecimiento de planes de acción para el desarrollo de capacidades en las áreas protegidas (Cuadro 9.4).

Hay muchos métodos diferentes para evaluar qué capacidades se necesitan. La base suele ser una comparación entre la situación actual (capacidad existente) y la deseada (evaluación de la capacidad futura), y la hoja de ruta para saber cómo llegar. Existen varias guías respecto a la metodología para la evaluación de las capacidades (UNPD, 2007, 2008). También existen diferentes niveles de evaluación de las capacidades en relación con el entorno propicio, las organizaciones y los individuos (Kay *et al.*, 2008); otros autores añaden otra capa relacionada con el nivel de la red de organizaciones, en que el desarrollo de capacidades debe apuntar a mejorar las relaciones entre diferentes partes interesadas con el fin de aprovechar plenamente sus diversas habilidades (Nielsen, 2011).

En los sistemas de áreas protegidas encontramos muchas evaluaciones diferentes respecto a las necesidades de desarrollo de capacidades, y para establecerlas se adoptan muchos enfoques diferentes. Algunas evaluaciones se basan en la opinión de expertos (Don Carlos *et al.*, 2013), otras se basan en encuestas al personal que trabaja en áreas protegidas, zonas de amortiguamiento y oficinas centrales (Acevedo *et al.*, 2006), y otras utilizan muestras más amplias, incluidos cuestionarios *in situ* y cuestionarios detallados de autoevaluación (Gombos *et al.*, 2011). También encontramos evaluaciones más complejas en las que se utiliza una combinación de métodos participativos e iterativos, incluidas discusiones de grupos focales, visitas de campo, entrevistas, revisión de literatura y consultas intensivas con los principales actores involucrados a nivel de la comunidad.

Este es el caso de la evaluación sobre las necesidades de desarrollo de capacidades del Centro para las Personas y los Bosques (Centre for People and Forests, RECOFTC) para el desarrollo de la silvicultura comunitaria y las áreas protegidas comunitarias en Camboya (The Learning Institute y RECOFTC, 2011) y para el desarrollo de la silvicultura comunitaria en Indonesia (Siscawati y Zakaria, 2010). Aunque suelen generar resultados más precisos, los procesos más complejos requieren mayores inversiones, tanto en términos de tiempo como de financiación.

El avance en las evaluaciones de efectividad del manejo (Hockings *et al.*, 2006) basadas en el establecimiento de estándares de gestión y la evaluación del desempeño en relación con estos estándares (lo cual conduce a puntos de referencia para la gestión y manejo de áreas protegidas con un sistema de puntuación escalonado desde un "completo fracaso" hasta un "cumplimiento total") pueden facilitar la identificación de áreas que requieren un desarrollo de capacidades, que entonces pueden abordarse con una capacitación específica. En un estudio global (Leverington *et al.*, 2010), la eficacia general de la gestión estuvo fuertemente ligada a la idoneidad de la infraestructura, el equipo y la información, a una buena administración y comunicación, a la idoneidad de la información y la capacitación del personal, y a una buena planeación del manejo –todos estos relacionados con las capacidades–.

No obstante, debemos estar conscientes de la brecha fundamental que suele existir cuando se evalúan las necesidades de desarrollo de capacidades, y dicha brecha tiene que ver con la premisa de que uno no sabe lo que no sabe. En otras palabras, es frecuente que las organizaciones y las personas no estén al día con las tendencias del conocimiento, de la ciencia y del desarrollo, y por lo tanto podrían no estar conscientes de la necesidad de desarrollar capacidades en uno u otro campo. Esto es especialmente cierto cuando existe una menor capacidad o cuando las barreras lingüísticas o tecnológicas no han permitido incorporar nuevas tendencias o necesidades. Un buen ejemplo de esto es el cambio climático. Es frecuente que las palabras "cambio climático", "mitigación" y "adaptación" se encuentren en las evaluaciones sobre las necesidades de desarrollo de capacidades, pero con una mayor indagación suele encontrarse que existe una mala interpretación o una vaga definición de lo que realmente se requiere para el caso de cada una de estas etiquetas.

Para superar estas limitaciones, es necesario buscar un apoyo experto o al menos establecer procesos para mantener actualizados los sistemas en términos de conocimiento, ciencia y tecnología. Para que esto suceda es fundamental un liderazgo político adecuado, pero también que se reconozca la importancia de todos los niveles y esto, en sí mismo, es parte del desarrollo de capacidades. Involucrar actores externos y "clientes" puede ayudar a que una organización evalúe sus capacidades, o lo que es más importante, su desempeño, y a determinar si la brecha se debe o no a una cuestión de capacidades.

Con frecuencia, es difícil medir el impacto de las actividades de desarrollo de capacidades, especialmente a corto plazo. Dado que el desarrollo de estas ocurre a nivel individual, organizacional y comunitario, la evaluación también debe darse en estos niveles. Sin embargo, los resultados dependen en gran medida del entorno propicio, que depende a su vez de factores externos como la política, la capacidad de los funcionarios de alto rango designados políticamente, los sindicatos de trabajadores, la financiación y otros factores. El cambio constante en las organizaciones también afecta las capacidades, al igual que la falta de respuesta organizacional al cambio, ya que esto hará que las capacidades más altas sean inútiles con el tiempo. El nivel de evaluación más difícil es el nivel de la comunidad o de la sociedad debido a la alta complejidad de este escenario y a la tarea casi imposible de identificar resultados directos de los procesos de desarrollo de capacidades. A largo plazo, el comportamiento de una comunidad o sociedad permitirá un reconocimiento más amplio de las capacidades que, no obstante, serán difíciles de atribuir directamente a los procesos específicos de desarrollo de las mismas. Esto se vuelve muy relevante cuando se evalúan los programas de alcance comunitario de las áreas protegidas, especialmente aquellos que son financiados por donaciones y exigen un reporte de la efectividad.

Una de las evaluaciones más utilizadas para los programas de capacitación fue desarrollada por Kirkpatrick en 1959, y redefinida por el mismo autor en 1998 (Kirkpatrick, 1998). El modelo de evaluación tiene cuatro niveles.

- Paso 1: Reacción. ¿Qué tanto les gustó a los estudiantes el proceso de aprendizaje?
- Paso 2: Aprendizaje. ¿Qué aprendieron? (conocimientos y habilidades adquiridos por los estudiantes).
- Paso 3: Comportamiento. Cambios resultantes en el desempeño laboral a partir del proceso de aprendizaje (capacidad de realizar las habilidades recién aprendidas mientras están en el trabajo).
- Paso 4: Resultados. Resultados tangibles del proceso de aprendizaje en términos de reducción de costos, mejoramiento de la calidad, aumento de la producción, eficiencia y otras medidas.

Si queremos sistemas de áreas protegidas efectivos, el desarrollo de la capacidad organizacional tiene la mayor importancia. En este nivel, evaluar el impacto del desarrollo de capacidades puede resultar complejo y desafiante. Hailey *et al.* (2005, p. 12) identificaron algunos desafíos metodológicos y prácticos evidentes asociados con la medición del impacto:

1. Programa y diseño de procesos poco claros.
2. Poder, control y pertenencia: agenda y necesidades de quién.
3. Medición del cambio complejo e intangible.
4. Demostración de causalidad y atribución.
5. Respuesta al contexto y a la cultura.
6. Compromiso con los costos de inversión.

Estos autores desarrollaron enfoques que fueron adoptados para superar los desafíos y poner en práctica la evaluación del impacto:

1. Participación y priorización de las partes interesadas.
2. Autoevaluación.
3. Triangulación.
4. Equilibrio de los diferentes métodos y herramientas.
5. Simple y sistémico.
6. Aceptación de una asociación plausible, sin atribución directa.
7. Reconocimiento de los niveles de inversión.
8. Aprendizaje organizacional: vincular la evaluación con la acción (Hailey *et al.*, 2005, pp. 12-13).

Evaluar el impacto a nivel individual es un poco más fácil, aunque esto varía con el alcance del proceso. Cuando las actividades de capacitación se centran en herramientas específicas como el uso de los SIG, el diseño y construcción de senderos, el control de incendios, los primeros auxilios

Bosque de araucarias: biodiversidad excepcional en el Parque Nacional Villarrica, Chile
Fuente: Eduard Müller

o similares, se vuelve más sencillo. Los procesos más estructurados y a más largo plazo requerirán diferentes enfoques para la evaluación. Sin embargo, es fundamental reconocer que puede haber limitaciones institucionales que no permitan que el personal capacitado ponga en práctica lo aprendido. Esto es especialmente cierto cuando los niveles jerárquicos superiores no han recibido entrenamiento y se sienten amenazados por subordinados más capaces.

Debido a la creciente necesidad, cada vez se desarrollan más marcos de evaluación. El Centro Australiano para la Investigación Agrícola Internacional (Australian Centre for International Agricultural Research, ACIAR) desarrolló un marco de evaluación progresivo bien diseñado (Gordon y Chadwick, 2007; Templeton, 2009), el cual tiene como objetivo mapear y corroborar los vínculos entre la capacitación proporcionada y los beneficios previstos o materializados, lo cual facilita la atribución de beneficios a inversiones específicas en materia de desarrollo de capacidades. Este marco se basa en estimar el valor del impacto resultante del cambio en la práctica y el comportamiento de las organizaciones, y luego determinar qué parte de estos beneficios puede atribuirse a la actividad de desarrollo de capacidades (Gordon y Chadwick, 2007). Un esfuerzo similar para las áreas protegidas o para los esfuerzos de conservación podría facilitar la evaluación del impacto.

¿Por qué necesitamos profesionales de áreas protegidas?

Cuando las áreas protegidas comenzaron a designarse, los administradores se enfrentaban principalmente con la preservación del paisaje para las visitas. Posteriormente, se reconoció la importancia de las áreas protegidas para conservar la naturaleza, especialmente las especies emblemáticas. Con la transición de la preservación a la conservación y el desarrollo de conceptos como la biodiversidad y los servicios ecosistémicos, se reconoció cada vez más el papel de las áreas protegidas para los medios de subsistencia locales, y esta incorporación de aspectos sociales y económicos a la gestión supuso un reto para la formación en ciencias naturales de gran parte del personal de las áreas protegidas. Hoy en día vemos las áreas protegidas como una de las soluciones naturales más eficientes y costo-efectivas para ayudar en la lucha contra el cambio climático. Al mismo tiempo, los desafíos de los impactos del cambio climático –con una gran variabilidad a lo largo de las regiones y los países, la necesidad de manejar las incertidumbres y los riesgos, y desarrollar estrategias de manejo que requieren una mirada al futuro con el análisis de escenarios y la búsqueda de soluciones creativas para la adaptación y la mitigación– han superado la capacidad actual de muchos de los empleados involucrados en la gestión de áreas protegidas.

En un intento por llenar las brechas, es frecuente que el personal reciba capacitación a través de cursos cortos y es común que encontremos funcionarios con largos listados de eventos para el desarrollo de capacidades en su *curriculum vitae*. Curiosamente, a diferencia de otras profesiones, en la gestión de áreas protegidas no se establecieron programas profesionales o de grado hasta los años ochenta. Por ejemplo, en 1983 el Riverina College of Advanced Education en Australia estableció un diplomado asociado inicial sobre la gestión de parques y poco después ofreció un curso que otorgaba un grado. En todo el mundo existen unas pocas instituciones académicas que ofrecen programas formales sobre la gestión de áreas protegidas y en estos programas suele existir un sesgo hacia la formación en biología y ecología. Las áreas protegidas en muchos países en desarrollo suelen ser gestionadas por personas sin grado profesional o por profesionales en campos como la biología, la geografía, la geología, la antropología, la silvicultura, la agronomía, la arquitectura o alguna otra profesión, quienes han modificado sus trayectorias profesionales. Por lo general, en sectores económicos diferentes a las áreas protegidas solo se contratan profesionales bien preparados para ocupar puestos directivos, lo que requiere al menos un MBA o un título equivalente relacionado con lo que están administrando. Sería difícil imaginar el diseño de una casa sin un arquitecto y construirla sin un ingeniero, o la contratación de una persona sin una educación adecuada para la administración bancaria.

La complejidad de la gestión de áreas protegidas de hoy requiere de profesionales con competencias adecuadas en diversos campos que hayan recibido una capacitación apropiada para ser capaces de asumir un papel de liderazgo en la integración de diversas áreas de conocimiento y tener las habilidades y actitudes necesarias para triunfar. No obstante, aún no se reconoce debidamente la necesidad de profesionalizar la gestión de las áreas protegidas, especialmente en los países en vías de desarrollo. Ofrecer programas efectivos de desarrollo profesional para un gran número de profesionales es crucial con el fin de garantizar que sean capaces de enfrentar los problemas actuales y estén preparados para los nuevos retos de la adaptación al cambio climático.

Un gestor de áreas protegidas efectivo debe comprender los aspectos ecológicos y biológicos con un amplio conocimiento de la biología de la conservación y el monitoreo, incluidas la dinámica de poblaciones, la diversidad genética y las cadenas tróficas. Este profesional también debe comprender la dinámica social y el desarrollo de la comunidad local, el cumplimiento de la ley y las normas policivas, la gobernanza, las cuestiones socioeconómicas, la mediación y el manejo de conflictos para integrar las áreas protegidas con las comunidades a su alrededor. También son necesarios conocimientos de administración general, contabilidad, gestión de proyectos, planeación, presupuestos, manejo de recursos humanos, gestión de riesgos y emergencias, uso del público y turismo, educación para la sostenibilidad, mantenimiento de infraestructuras, recaudación de fondos y muchas otras áreas. Esta persona también debe ser un líder y tener una capacidad aguda de observación, análisis y creatividad para poder llevar a cabo una verdadera gestión adaptativa.

Esta persona también debe estar familiarizada con la legislación y la naturaleza institucional de las áreas protegidas, el papel económico y la valoración de los servicios, especialmente los servicios ecosistémicos y el valor de la biodiversidad. Los valores espirituales e intangibles son muy relevantes en muchas partes del mundo. Esta persona también debe ser capaz de influir en las políticas y los responsables de la toma de decisiones. Tal como se mencionó, el cambio climático añade nuevas exigencias para los administradores de áreas protegidas, muchas de las cuales aún no están bien definidas. Las áreas marinas y costeras conllevan grandes desafíos, con procesos muy dinámicos que suceden con muchas partes interesadas diferentes y en la planeación espacial.

Los objetivos de la gestión de áreas protegidas pueden ser muy diversos, incluidos la conservación, el uso sostenible de la biodiversidad y los servicios ecosistémicos, la protección de los medios de vida de los indígenas, el turismo sostenible, la recreación multiuso y la resiliencia al cambio climático. La complejidad de la gestión y manejo modernos de las áreas protegidas requiere profesionales con conocimientos de campos dispares que hayan recibido una capacitación adecuada para integrar cómodamente diversas habilidades. Los programas de desarrollo profesional avanzado para una diversa gama de funciones del personal son cruciales con el fin de garantizar que las áreas protegidas sean capaces de resistir las amenazas actuales y estén preparadas para nuevos desafíos, como el cambio climático.

Muchos sistemas nacionales de áreas protegidas carecen del personal suficiente, tanto en número como en experiencia. Esta limitación ha llevado a que se dependa de organizaciones no gubernamentales (ONG) internacionales y nacionales, y de proyectos bilaterales de asistencia técnica que a menudo no perduran. Debido al limitado número de programas académicos en gestión de áreas protegidas, pocos empleados a largo plazo cuentan con una educación especializada que integre los campos de la gestión de áreas protegidas mencionados anteriormente. Los gobiernos enfrentan cada vez más desafíos, ya que muchos profesionales migran a las ONG o sectores de consultoría, y es frecuente que la capacidad de los sistemas nacionales para capacitar personal nuevo sea muy limitada.

Si reconocemos el valor del patrimonio nacional y los servicios ecosistémicos en juego, nos damos cuenta de la urgencia de profesionalizar la gestión de áreas protegidas. Necesitamos profesionales no solo para que se encarguen de los problemas en el campo y en las oficinas de las áreas protegidas individuales, sino también para que administren los sistemas nacionales y regionales, e incluso los transnacionales. Estos profesionales requieren habilidades avanzadas en política, planeación estratégica, construcción de consenso, comunicaciones y recaudación de fondos. Los profesionales de todos los niveles requieren una capacitación especializada y una amplia gama de oportunidades de seguimiento.

La educación para la gestión de áreas protegidas debe expandirse globalmente bajo nuevos paradigmas educativos. Hoy enfrentamos la necesidad de profesionales que puedan manejar disciplinas transversales con el uso de enfoques holísticos sobre una base cotidiana. La complejidad de los problemas que enfrentan la conservación en general, y las áreas protegidas en especial, exige una búsqueda permanente de soluciones innovadoras. Por ejemplo, no hay una receta para la adaptación al cambio climático. Habrá importantes diferencias en las estrategias de adaptación para los sitios que están a corta distancia, como las partes alta, media y baja de una cuenca. Por lo tanto, la capacidad de un profesional de recabar toda la información necesaria, incluyendo modelos de predicción, desarrollo de escenarios, tendencias de políticas y desarrollo, tendencias comerciales nacionales e internacionales, acuerdos comerciales y uso de recursos naturales, lo hará más competente y por consiguiente, exitoso.

Gestión del conocimiento

La gestión adecuada del conocimiento es fundamental para el éxito de la gestión, incluida la gestión y manejo de áreas protegidas. Con frecuencia, una organización tiene un montón de conocimientos dispersos en documentos, otros medios y procesos organizacionales, e incluso en su gente. A menudo, si este conocimiento no se sistematiza de manera adecuada, terminar por no ser utilizado de manera efectiva o simplemente no se hace uso de él. El uso adecuado del conocimiento puede conducir, por ejemplo, a un conjunto de mejores prácticas y lecciones aprendidas. El uso oportuno del conocimiento puede ayudar a resolver problemas o generar estrategias. La complejidad de la gestión de los sistemas de áreas protegidas y de las áreas protegidas requiere una gestión del conocimiento adecuada con el fin de construir estrategias sólidas. Esto utiliza tanto las experiencias positivas, que se transforman en mejores prácticas, como las experiencias negativas, que se utilizan como lecciones aprendidas para mejorar la práctica. Sin embargo, rara vez encontramos una gestión del conocimiento o sistemas de gestión del conocimiento adecuados para permitir búsquedas rápidas que apoyen la toma de decisiones en la gestión cotidiana de las áreas protegidas. Con mucha frecuencia, los resultados de las investigaciones se encuentran en una copia impresa sobre un escritorio o en una estantería, lo cual no solo dificulta el acceso, sino también oculta su existencia. La posibilidad de disponer de sistemas de información modernos basados en la web y de asegurar su uso generalizado mejoraría las capacidades en todos los niveles.

"El conocimiento es información o datos, organizados de una manera que sea útil para la organización" (Suryanarayana y Adapa, 2013, p. 53). Se trata de obtener el conocimiento adecuado para la persona adecuada en el momento adecuado. El conocimiento es abundante y accesible a través de Internet. El desafío radica en cómo reunir, evaluar, clasificar, sistematizar y utilizar este conocimiento de una manera constructiva para lograr los objetivos de la organización. El capital intelectual y el conocimiento institucional u organizacional son altamente relevantes, y todas las organizaciones deben tener mecanismos para no perderlos. Además, el uso del conocimiento local, comunitario o indígena se ha vuelto muy relevante y es prácticamente indispensable para el manejo y la restauración de

Cuadro 9.5 Estrategias de gestión del conocimiento

Las estrategias de gestión del conocimiento incluyen:

- Recompensas (como un medio para motivar el intercambio de conocimientos).
- Contar historias (como medio de transferir el conocimiento tácito).
- Aprendizaje entre proyectos.
- Revisiones pos acción.
- Mapeo del conocimiento (un mapa de los repositorios de conocimiento dentro de una empresa, accesible para todos).
- Comunidades de práctica.
- Directorios de expertos (para permitir que la persona que busca conocimientos llegue a los expertos).
- Transferencia de las mejores prácticas.
- Ferias de conocimiento.
- Gestión de competencias (evaluación sistemática y planeación de las competencias para cada miembro de la organización).
- La proximidad y la arquitectura (la situación física de los empleados puede propiciar u obstruir el intercambio de conocimientos).
- Relaciones maestro-aprendiz.
- Tecnologías de colaboración, como el *software* compartido (*groupware*).
- Repositorios de conocimientos (bases de datos, motores de marcadores, etc.)
- Medir y reportar el capital intelectual (una forma de hacer que el conocimiento sea explícito para las empresas).
- Intermediarios de conocimientos (algunos miembros de la organización asumen la responsabilidad de un campo específico y actúan como primera referencia para otros sobre un tema específico).
- *Software* social (wikis, marcadores sociales, blogs, etc.)
- Transferencia de conocimientos entre proyectos.

Fuente: Suryanarayana y Adapa, 2013, pp. 55-56

los ecosistemas y el establecimiento de paisajes funcionales (Levy-Tacher *et al.*, 2002; Diemont *et al.*, 2011; Aronson *et al.*, 2007).

La gestión del conocimiento puede definirse como un enfoque multidisciplinario para lograr los objetivos de la organización por medio del máximo aprovechamiento del conocimiento. Dicha gestión incluye procesos como la adquisición, organización, desarrollo e intercambio de conocimientos, y las bases culturales y técnicas que apoyan y promueven su uso (Kundu, 2013, véase también el Capítulo 11). La gestión del conocimiento puede verse en términos de:

- Identificación de recursos y necesidades de conocimiento.
- Adquisición, creación, evaluación, clasificación o eliminación de procesos, entornos o recursos relacionados con el conocimiento.
- Personas. La manera en que se incrementa la capacidad de un individuo para influenciar a los demás con su conocimiento.
- La tecnología como un facilitador crucial más que como una solución: esta debe escogerse de acuerdo con los requerimientos de una iniciativa de gestión del conocimiento y no debe ser el punto de partida.
- Cultura centrada en el conocimiento dentro de la organización; este es el mayor facilitador de organizaciones exitosas impulsadas por el conocimiento.
- Estructura, lo cual se refiere a los procesos empresariales y a las estructuras organizacionales que facilitan el almacenamiento, la recuperación, la aplicación y el intercambio de conocimientos (Balakumaran, 2013; University of North Carolina, 2014).

El conocimiento solo es útil si se usa. Una organización debe contar con estrategias que no solo promuevan el uso y el intercambio de conocimientos, sino también que establezcan mejores prácticas y garanticen que los nuevos conocimientos se construyan permanentemente, en especial si esto se hace de manera colectiva (Cuadro 9.5).

Enfoques basados en las competencias para el desarrollo de capacidades

Tal como se discutió anteriormente, la educación universitaria tradicional se ha basado principalmente en el conocimiento, con el desarrollo de algunas habilidades dentro de cada área de conocimiento. Hoy estamos viendo un cambio hacia la educación basada en las competencias. Con el fin de que el personal de áreas protegidas involucrado en la educación y la capacitación tenga una idea más clara, describiremos una iniciativa en curso de la CMAP que no solo busca establecer competencias, sino también una educación basada en las mismas y la certificación en áreas protegidas a nivel mundial.

El enfoque basado en las competencias aborda la necesidad de desarrollar y medir las capacidades, centrándose principalmente en la capacidad que las personas tienen para tener un desempeño eficaz en sus puestos de trabajo, en lugar de impartir una capacitación y adquirir calificaciones. Una competencia es la capacidad comprobada de hacer un trabajo, y a menudo se define en términos de la combinación requerida de conocimientos ([*knowledge*] saber), habilidades ([*skills*] saber cómo hacer) y actitudes ([*attitude*] saber cómo ser) –conocida como KSA [*knowledge, skills, attitude*]– que permiten que los individuos funcionen en el mundo real. El conocimiento proporciona una comprensión de los antecedentes técnicos y teóricos de la tarea y una apreciación de su propósito; las habilidades garantizan la capacidad de realizar una tarea de manera confiable y consistente, y tener la actitud correcta ayuda a garantizar que una persona trabaja a conciencia y de manera ética y profesional.

El nivel adecuado de una competencia para desempeñar una tarea o un trabajo determinado suele definirse como un "estándar de competencia" o un "estándar profesional", que es "una definición, generalmente desarrollada y aceptada por la industria respecto a las competencias y los conocimientos necesarios para realizar con éxito las funciones relacionadas con un trabajo dentro de una profesión" (IUCN WCPA *et al.*, 2003, p. 207).

Los estándares de competencia se desarrollan con el sector pertinente –por ejemplo, una agencia de áreas protegidas, apoyada por educadores y equipos multidisciplinarios (y no solo por instituciones académicas y de capacitación)–. Un estándar de competencia completo para un trabajo en particular suele comprender:

- Lo que una persona debería ser capaz de hacer.
- El conjunto de condiciones en las que la persona debe estar en capacidad de demostrar su competencia (a veces denominado "ámbito" de la competencia o "declaración de alcance").
- Los conocimientos básicos necesarios para que la persona sea competente.
- Las formas en que la competencia puede ser juzgada de manera objetiva.

El enfoque de la competencia difiere en muchos sentidos de los enfoques convencionales para la capacitación, el aprendizaje y la evaluación. Estas diferencias se resumen en la Tabla 9.2.

Tabla 9.2 Comparación de los enfoques para la capacitación y el aprendizaje

Elemento de capacitación, aprendizaje y evaluación	Enfoque "convencional"	Enfoque de competencias (adicional al enfoque convencional)
Desarrollo del "currículo" y objetivos de aprendizaje	Instituciones de educación y capacitación Expertos en la materia	Profesionales Representantes del sector
Implementación del currículo	Cursos disciplinarios, basados en el conocimiento con capacitación práctica para las habilidades Basado en el profesor	Enfoque holístico basado en problemas con la integración de diversas áreas de conocimientos y habilidades, lo cual fortalece el desarrollo de un comportamiento adecuado Basado en el estudiante
Aprendizaje	Aprendizaje en el aula Capacitación práctica	Múltiples enfoques, con un fuerte énfasis en el aprendizaje en el lugar de trabajo y en el aprendizaje autodirigido
Acceso a la capacitación y al aprendizaje	Personas debidamente calificadas Asistentes a programas de capacitación y educación formal	Cualquier persona motivada en el sector
Evaluación	Exámenes, pruebas y tesis Asistencia a cursos de capacitación	Evaluación y verificación de habilidades relacionadas con el trabajo Demostración de todos los aspectos de la competencia en el lugar de trabajo
Modo de aprendizaje	Cursos a tiempo completo y a tiempo parcial	Múltiples rutas hacia el aprendizaje de por vida: capacitación vocacional, tutoría, aprendizaje haciendo, aprendizaje autodirigido
Entrega de la capacitación	Instituciones de capacitación y educación Expertos y capacitadores	Organizaciones de aprendizaje Colegas, tutores, individuos

El aprendizaje basado en competencias no es nuevo; de hecho, se ha utilizado en múltiples sectores durante mucho tiempo. Es probable que el estándar de competencia más familiar para la mayoría de personas sea la prueba de conducción. También esperamos que los profesionales, como los médicos, sean competentes y tengan las calificaciones adecuadas. La Organización Internacional del Trabajo (OIT) ha publicado directrices para la elaboración de estándares de competencia (ILO, 2006).

En los últimos veinte años ha aumentado el interés respecto a adoptar un enfoque basado en las competencias para el personal de las áreas protegidas. Esto puede ayudar a resolver la necesidad de mejorar las capacidades de muchas formas. Los estándares profesionales pueden ayudar no solo a establecer un perfil profesional para la gestión de áreas protegidas, sino también a fomentar su reconocimiento formal como profesión, a establecer trayectorias de carrera claras, a atraer un mayor número de nuevas contrataciones, a fomentar el desarrollo de cursos por parte de instituciones educativas y a atraer más fondos. Aquí se describen algunas áreas clave en las que puede aplicarse un enfoque basado en las competencias.

Profesionalización de la gestión de áreas protegidas

Los estándares profesionales pueden ayudar no solo a establecer un perfil profesional para la gestión de áreas protegidas, sino también a fomentar su reconocimiento formal como profesión, a establecer trayectorias de carrera claras, a atraer un mayor número de nuevas contrataciones, a fomentar el desarrollo de cursos por parte de instituciones educativas y a atraer más fondos.

Ampliación del acceso al desarrollo de capacidades y calificaciones

La adopción de estándares de competencia puede permitir que muchos más funcionarios de las áreas protegidas mejoren sus habilidades y adquieran calificaciones en el ejercicio de sus funciones.

Mejoramiento de las estructuras organizacionales y de la contratación

Los estándares de competencia pueden ayudar a las autoridades de áreas protegidas a desarrollar descripciones detalladas de los puestos de trabajo y estructuras

Cuadro 9.6 Alianza Global para Profesionalizar la Gestión de las Áreas Protegidas

La CMAP de la UICN y el Programa Global de Áreas Protegidas (Global Protected Areas Program, GPAP) de la Secretaría de la UICN están liderando una iniciativa denominada Alianza Global para Profesionalizar la Gestión de las Áreas Protegidas (Global Partnership for Professionalising Protected Area Management, GPPPAM). Esta iniciativa mundial fue lanzada con el apoyo de la Secretaría del CDB en el Congreso Mundial de la Naturaleza de la UICN en Jeju, Corea del Sur, en 2012.

La GPPPAM tiene como objetivo apoyar todo el ciclo de desarrollo de los profesionales y de las organizaciones de áreas protegidas. Esta iniciativa es innovadora al ir más allá de los programas de capacitación independientes que se basan en el supuesto de que los conocimientos, no las competencias, son la base principal del desempeño laboral. La GPPPAM logra esto no solo construyendo los cimientos para una profesión con sus elementos asociados, sino también atendiendo las necesidades de los profesionales de áreas protegidas jóvenes y veteranos a lo largo de su carrera. El objetivo final de esta iniciativa es formalizar y apoyar la práctica profesional de las áreas protegidas, profesionalizar estas áreas como organizaciones y conducir a una mayor efectividad de la gestión. Si bien los factores externos no pueden controlarse de manera directa, las áreas protegidas deben comenzar con lo que puedan influenciar –los procesos internos y las competencias del personal–. Al comenzar con el personal de las áreas protegidas, todo su espectro de competencias básicas fluirá para involucrar una participación total de las otras partes interesadas. Los individuos competentes estarán mejor preparados para transformar sus organizaciones y, en última instancia, los sistemas de áreas protegidas. Hay cuatro componentes principales.

1. Estándares de competencia básicos

La GPPPAM está identificando la gama completa de habilidades, cualidades personales y conocimientos que puedan llegar a ser necesarios para el desempeño laboral en las áreas protegidas de hoy. Con base en estos estándares se está desarrollando un conjunto integral de competencias para el trabajo en áreas protegidas que corresponden a cuatro niveles de personal: trabajadores calificados, administradores de nivel medio, administradores *senior* de áreas protegidas y personal de alto nivel de los sistemas de áreas protegidas. Estas competencias pueden utilizarse de muchas maneras: para planear estructuras organizacionales, para definir descripciones de los puestos de trabajo, para medir y evaluar las habilidades y el desempeño actuales, y como base para los programas de capacitación y calificaciones.

2. Cuerpo de conocimiento

Una profesión debe codificar sus mejores prácticas para lograr las competencias requeridas. Una base de datos de código abierto que será manejada por reconocidos profesionales de áreas protegidas tendrá el objetivo de incluir los mejores materiales existentes en el campo de la gestión de áreas protegidas con el fin de ayudar en el desarrollo del personal y el desempeño organizacional. Los materiales incluyen este libro, varias metodologías, Directrices sobre Buenas Prácticas en Áreas Protegidas de la UICN (véase el Capítulo 2), informes técnicos, recursos para capacitación y aprendizaje, presentaciones, videos, ejercicios y más.

3. Currículos formales que conducen a certificados y grados

Se desarrollarán currículos detallados a partir de las competencias y el cuerpo de conocimientos, y estos se pondrán en línea para las personas u organizaciones que estén dispuestas a utilizarlos para trabajar en pos de estándares comunes en todo el mundo. La retroalimentación a nivel mundial facilitará un desarrollo o una adaptación adicional. Una red de instituciones acreditadas ofrecerá los cursos.

4. Evaluación y certificación

Una profesión se fortalece cuando reconoce a quienes son competentes. Esto puede lograrse mediante evaluaciones de desempeño en el trabajo o certificaciones independientes. La GPPPAM creará directrices y criterios para desarrollar o reconocer programas de certificación nacionales/regionales que se basen en las competencias, el cuerpo de conocimientos y los currículos.
La certificación aborda el llamado que los profesionales de áreas protegidas hacen respecto al reconocimiento de su trabajo, la orientación y el crecimiento de su carrera, y la creación de redes (*networking*). Adicionalmente, la iniciativa brinda incentivos para un compromiso a lo largo de la carrera y para un liderazgo innovador.

La GPPPAM se desarrolla a través de un esfuerzo de colaboración con socios, incluidas instituciones académicas, ONG, sistemas nacionales de áreas protegidas y otras organizaciones.

organizacionales, así como juzgar la idoneidad de los aspirantes a los cargos (desde el director ejecutivo hasta el oficial de campo) y evaluar el desempeño.

Ayuda a analizar las necesidades de capacidades

Las competencias brindan un marco integral para evaluar e identificar tanto las capacidades como las necesidades de desarrollo de las mismas, permitiendo la focalización precisa y eficiente de los recursos para el desarrollo de las capacidades.

Ayuda a los proveedores de capacitación

Los estándares de competencia pueden proporcionar la base para diseñar e implementar programas de educa-

Curso de capacitación sobre áreas protegidas, Paraguay
Fuente: Eduard Müller

ción y capacitación, garantizando que los proveedores trabajen bajo estándares comunes y ayudando a los aprendices a evaluar el alcance de los cursos que se les ofrecen.

Reconocimiento de diferentes modos de aprendizaje

La adopción de estándares de competencia puede ayudar a las personas a reconocer sus habilidades de maneras nuevas y diferentes.

Permitir la transferibilidad y el reconocimiento regional de habilidades y cursos

Los estándares comunes pueden hacer que las calificaciones sean "portables" y brinden un lenguaje común para las competencias en todo el sector.

En la gestión y conservación de áreas protegidas, los enfoques basados en las competencias han evolucionado de varias maneras y durante muchos años. Desde 1985, el Reino Unido ha desarrollado calificaciones vocacionales nacionales (*National Vocational Qualifications*, NVQ) basadas en competencias para casi todas las profesiones, incluida la conservación del medio ambiente (Lantra, 2014). En 1995, más de doscientos empleados del Servicio de Parques Nacionales de Estados Unidos contribuyeron al desarrollo de más de 225 descripciones de competencias laborales y un conjunto de competencias esenciales universales aplicables a todos los empleados del servicio (NPS, 1995). En Nueva Zelanda existe un conjunto de calificaciones vocacionales basadas en competencias (NZQA, 2014), mientras que en Canadá, los Estándares Laborales Nacionales para los Trabajos Ambientales se desarrollaron a través de la Organización de Carreras Ambientales (Environmental Careers Organization, ECO) (ECO Canada, 2014). La Asociación Caribeña de Agencias Nacionales de Formación (Caribbean Association of National Training Agencies) desarrolló competencias y certificaciones para el Mantenimiento de Parques y Áreas Protegidas Terrestres (Nivel 2) (NTATT, 2014). El tercer Congreso Mundial de la Federación Internacional de Guardaparques en el año 2000 identificó tres niveles de guardaparques y acordó las "competencias esenciales universales" en términos de conocimientos y habilidades para los guardaparques del nivel de "guardaparques maestro" (*Master Ranger*) (IRF, 2000).

En 2002, el Centro Regional para la Conservación de la Biodiversidad de la Asociación de Naciones del Sudeste Asiático (Association of South-East Asian Nations, ASEAN) desarrolló un conjunto de estándares de competencia para el personal de las áreas protegidas en el Sudeste Asiático con el objetivo de proporcionar una plataforma común y flexible en los diez países de la ASEAN y así mejorar el manejo y las capacidades de las áreas protegidas (Appleton *et al.*, 2009). A través de un proceso participativo, se identificó un conjunto de doscientas cincuenta competencias para un máximo de cinco niveles en diecisiete categorías. Los estándares se publicaron (NZQA, 2014) y se tradujeron a las lenguas regionales, y la ASEAN los adoptó formalmente en 2009. Los estándares se desarrollaron como una "herramienta y no como una norma", y su aplicación e implementación específica

Estudio de caso 9.2 El programa WIO-COMPAS

En 2004, las áreas marinas protegidas (AMP) de ocho países de la región del Océano Índico Occidental no estaban logrando los resultados de desempeño necesarios a partir de cursos y guías de capacitación a corto plazo. Para abordar la necesidad de mejorar la efectividad del manejo, la Asociación de Ciencias Marinas del Océano Índico Occidental, en colaboración con el Centro de Recursos Costeros de la Universidad de Rhode Island, impulsaron el desarrollo de un programa voluntario de certificación profesional adaptado a las necesidades de los profesionales de las AMP en la región, el cual estuvo apoyado por los organismos de gestión y manejo de las AMP que tendrían que integrar el programa en sus objetivos de gestión.

El objetivo general del programa de Certificación de los Profesionales de Áreas Marinas Protegidas del Océano Índico Occidental (Western Indian Ocean Certification of Marine Protected Area Professionals, WIO-COMPAS) es establecer una asociación profesional que ofrezca un marco para promover las competencias, el profesionalismo, el liderazgo, la innovación y la conducta ética en la gestión de las AMP, el cual brinde un reconocimiento a las personas que trabajen en las AMP y cuyos conocimientos y habilidades cumplan con un estándar profesional claramente definido. Además, el programa mejora los conocimientos y las habilidades de las personas mediante el diálogo y la creación de redes con otros profesionales como una forma de compartir nuevas ideas y pensar en la gestión de las AMP y la gobernanza de las costas. El proceso de certificación no se trata de una capacitación, aunque las competencias brindan una orientación sobre las brechas específicas que los proveedores de capacitación pueden abordar para ayudar a las personas a alcanzar las competencias.

El WIO-COMPAS es un programa de certificación profesional que:

- Establece estándares de competencias internacionalmente reconocidos para los profesionales de las AMP en tres niveles: política y planeación, administración de sitios y operaciones de campo en el mar.
- Evalúa rigurosamente el desempeño de los profesionales en estas competencias.
- Reconoce y certifica formalmente a los profesionales de las AMP cuyo desempeño cumpla con los estándares.
- Incentiva a las agencias de gestión de AMP a basar su contratación y capacitación del personal de las AMP en estos estándares de competencia.
- Refuerza la carrera profesional de los profesionales de las AMP.
- Alberga una red regional de profesionales de AMP para compartir el aprendizaje y las experiencias entre las AMP y entre los países.
- Promueve el desarrollo del liderazgo y el cumplimiento de un código de ética profesional.
- Promueve el crecimiento profesional a través de intercambios y cursos cortos, y al compartir las últimas reflexiones, investigaciones y tendencias en el campo de la gestión de las AMP.

El programa de certificación lo han completado más de sesenta profesionales de las AMP que son líderes en la región del Océano Índico Occidental. Una evaluación del programa estableció que "un gran número de profesionales en AMP han cambiado significativamente su enfoque respecto a la gestión y manejo de las AMP, como lo demuestra su mayor confianza en abordar los problemas de manejo, su fomento a la colaboración entre las partes interesadas y la gestión comunitaria, su evaluación del desempeño de su propio personal y el mejor manejo de los visitantes de los parques" (Sisitka *et al.*, 2013, p. 27).

En este momento el programa WIO-COMPAS está apoyando a las agencias de gestión y manejo de las AMP en el fortalecimiento de sus sistemas de desarrollo de capacidades y en la formalización de la relación con el programa WIO-COMPAS como certificador independiente. Los planes futuros incluyen la ampliación del programa WIO-COMPAS para la certificación de sitios con el fin de abordar el desempeño organizacional.

se dejaron en manos de los países y usuarios individuales; desde entonces, estos estándares se utilizan ampliamente en toda la región y en muchos otros países.

El programa de 2014 para la Certificación de los Profesionales de Áreas Marinas Protegidas del Océano Índico Occidental (Western Indian Ocean Certification of Marine Protected Area Professionals, WIO-COMPAS) vincula los estándares con las calificaciones, lo que proporciona un marco para promover las competencias, el profesionalismo, el liderazgo, la innovación y la conducta ética en la gestión y manejo de áreas marinas protegidas. El programa:

- Define todo el espectro de las competencias básicas necesarias para desempeñar una serie de funciones en tres niveles profesionales, los cuales están asociados con el manejo efectivo de las áreas marinas protegidas.
- Establece estándares dentro de cada una de estas áreas de competencia.
- Garantiza que los empleadores/donantes contraten a individuos con las calificaciones adecuadas.
- Les asegura a las comunidades que cuentan con un profesional comprometido a trabajar de manera ética, lo que incluye la consideración de las necesidades de los clientes/partes interesadas.

En 2014, en Madagascar, la Red de Educadores y Profesionales de la Conservación (Network of Conservation Educators and Practitioners) trabajó con el fin de fortalecer a largo plazo las capacidades para la conservación de la biodiversidad en Madagascar a través de la expansión y el mejoramiento de las oportunidades de capacitación en conservación de la biodiversidad para las universidades y los profesionales de la conservación. Esta iniciativa, además de revisar y validar los estándares nacionales de competencia para la gestión de áreas protegidas, también definió las habilidades y conocimientos que requieren los administradores de un área protegida o un sitio de conservación para ser eficaces. La red también desarrolló currículos para la capacitación y certificación en once áreas temáticas.

La línea temática del desarrollo de capacidades en el quinto Congreso Mundial de Parques de la UICN en Durban en 2003 recomendó que la CMAP debería avanzar hacia estándares de competencia comunes al:

- Acordar los estándares de competencia genéricos a nivel mundial para el personal de áreas protegidas, los cuales pueden adaptarse a nivel local, regional y nacional.
- Fomentar y facilitar el uso de estándares y autoevaluaciones para apoyar no solo la capacitación, sino también un mejoramiento de la eficacia del personal de áreas protegidas.

La CMAP, al reconocer la necesidad de profesionalizar la gestión de áreas protegidas, ha puesto en marcha la Alianza Global para Profesionalizar la Gestión de las Áreas Protegidas (Global Partnership for Professionalising Protected Area Management, GPPPAM) (Cuadro 9.6). La GPPPAM ha trabajado hacia estos objetivos con el desarrollo de un conjunto global de competencias para el personal de áreas protegidas. La GPPPAM abarca todo el ciclo de desarrollo de los profesionales de áreas protegidas y es innovadora, ya que va más allá de los programas de capacitación al brindar incentivos para que el personal de áreas protegidas busque nuevas oportunidades que profesionalicen la gestión de áreas protegidas. Muchos sistemas de áreas protegidas ya han dado los primeros pasos en esta dirección: Costa Rica, Chile, Bolivia, Sudáfrica y Rusia, entre otros. Un esfuerzo global de la GPPPAM hará que estas iniciativas sean más fáciles para los países, y al contar con profesionales en la gestión de áreas protegidas, se podrán lograr los objetivos establecidos en el CDB.

Programas de revisión y certificación del desempeño

La identificación de las competencias básicas y la oferta de oportunidades de aprendizaje son los primeros pasos para desarrollar las capacidades de los individuos y las organizaciones. Sin embargo, si estas capacidades no se aplican adecuadamente, la brecha en el desempeño permanece. Por lo tanto, un elemento importante de un programa de desarrollo de capacidades (o mejor, un sistema con bucles [ciclos] de retroalimentación) es el uso de herramientas para la evaluación del desempeño. Estas herramientas son para evaluar el desempeño en el trabajo, al contrario de las evaluaciones al final del curso o de la capacitación. El método más común es la revisión anual del desempeño del personal; sin embargo, otra herramienta se está volviendo cada vez más valiosa conforme avanzamos hacia la profesionalización de la gestión de áreas protegidas: la certificación. Utilizadas en tándem, estas pueden cerrar el bucle en un sistema para el desarrollo de capacidades con el fin de lograr la eficacia de la gestión.

Las revisiones del desempeño (o evaluaciones) están definidas como una "interacción formal estructurada entre un subordinado y un supervisor, que generalmente toma la forma de una entrevista periódica (anual o semestral) en la que se examina el desempeño laboral del subordinado y tiene el fin de identificar las debilidades y fortalezas, así como las oportunidades de mejoramiento y el desarrollo de habilidades" (North, 2010). Estas revisiones del desempeño tienen aspectos a favor y en contra, que en su mayoría tiene que ver con la calidad de las revisiones, los incentivos vinculados a los resultados y las acciones de seguimiento para mejorar el desempeño. Cuando las revisiones del desempeño se examinan desde el punto de vista del desarrollo de las capacidades y son impulsadas por competencias transparentes, estas pueden servir como una valiosa herramienta para acelerar el proceso de aprendizaje del personal de las áreas protegidas. Las organizaciones también pueden identificar sus propias fortalezas y debilidades cuando examinan las competencias generales del personal.

Varios programas de áreas protegidas, como el Servicio de Vida Silvestre de Kenia y Cape Nature en Sudáfrica, están trabajando para mejorar sus programas de revisión del desempeño existentes al vincularlos con competencias individuales y un programa de certificación (Estudio de caso 9.2). Con el uso de herramientas de evaluación basadas en la evidencia e implicadas con las competencias y la certificación, los administradores tienen una orientación clara para juzgar el desempeño del personal, pasando de lo subjetivo a lo más objetivo. Al dinamizar el sistema, los administradores de áreas protegidas pueden vincular sus objetivos organizacionales con los planes de acción para el desarrollo de las capacidades del personal y sus actividades cotidianas. Esto puede acelerar los períodos de aprendizaje y desempeño. Cuando las revisiones del desempeño están vinculadas a las acciones y a los incentivos, existe un interés compartido en el proceso.

Si bien cada organización puede utilizar un proceso para la revisión del desempeño, algunas están optando por incluir también los sistemas de certificación. Desde hace muchos años se utilizan las certificaciones en múltiples profesiones y áreas profesionales, desde los campos médicos hasta el desarrollo de *software* y la gestión de proyectos. La mayoría de los procesos de certificación tratan de determinar si una persona está en condiciones de llevar a cabo tareas específicas de acuerdo con sus conocimientos y habilidades –desempeño real en el trabajo–. Los programas de certificación basados en las competencias son algo más recientes y también comprenden una evaluación conjunta que incluye la actitud –a menudo incluida en el concepto de "habilidades blandas"–. Muchas profesiones utilizan las certificaciones como una metodología para certificar el nivel de habilidad del profesional en su área de experticia. Las certificaciones no tienen la intención de enseñarle a un individuo cómo "convertirse" en un cierto tipo de profesional, sino más bien medir sus conocimientos y habilidades y su capacidad para aplicarlos en situaciones profesionales reales. Las diferencias entre el individuo que ha obtenido un certificado y el que ha obtenido una certificación se resumen en la Tabla 9.3. La certificación reconoce que el individuo certificado ha cumplido con las calificaciones predeterminadas y significa que es competente para desempeñarse en el trabajo. Una meta de la certificación es estandarizar las credenciales de excelencia en una profesión y ayudar a garantizar que los profesionales que reciben la certificación hablen el mismo lenguaje (profesional), tengan un entendimiento común de los problemas y compartan los mismos conceptos –aunque la aplicación de estos pueda diferir y deban adaptarse a las diferencias en los contextos geopolíticos, sociales y económicos–.

Capacitación, Reserva de la Biosfera Montes Azules, sureste de México

Fuente: Eduard Müller

Tabla 9.3 Diferencia entre las calificaciones de certificación y certificado

Certificación	Certificado
Resulta de un proceso de evaluación que reconoce los conocimientos, las habilidades y las competencias de una persona en una especialidad particular	Resultados de un proceso educativo
Normalmente requiere de experiencia profesional	Para principiantes y profesionales experimentados
Concedido por una organización independiente que establece estándares	Concedido por programas o instituciones educativas
Indica la maestría/competencia medida contra un conjunto defendible de estándares - generalmente por aplicación, examen, demostración, etc.	Indica la finalización exitosa de un curso o una serie de cursos con un enfoque específico (diferente de un programa para otorgar un título)
Estándares establecidos a través de un proceso defendible a nivel de la industria (análisis del trabajo/ delineación de roles), lo que resulta en una descripción de los conocimientos y destrezas requeridos	Contenido del curso determinado por el proveedor o institución específica; no necesariamente estandarizado
Normalmente resulta en las credenciales que se enumeran después del nombre de la persona	Por lo general, aparece en un currículo que detalla la educación
Tiene requisitos continuos para mantener la validez; el titular debe demostrar que sigue cumpliendo con los requisitos	Demuestra el conocimiento del contenido del curso al final de un período determinado

Fuente: AALNC, 2014

¿Cuáles son los beneficios de la certificación?

La mayoría de los gobiernos exige que un programa de certificación esté formalmente reconocido antes de que pueda brindar recompensas salariales por la certificación. Trabajando de manera voluntaria, los organismos de gestión pueden incluir la certificación en su consideración para promociones, ubicación laboral y asignaciones especiales a corto plazo basadas en el mérito. Los organismos de gestión también valoran el proceso de evaluación por entes independientes, lo cual evita los conflictos de interés cuando un supervisor debe decidir el destino de su personal –especialmente cuando se trata de incentivos–.

¿Cuáles son los organismos de certificación?

¿Es un programa voluntario u obligatorio? Si es voluntario, cualquier organización establecida puede brindar la certificación. La calidad y la rigurosidad de la evaluación, tal como lo juzguen los profesionales y las organizaciones de áreas protegidas, son las mejores medidas del valor.

¿Qué se certifica?

La certificación puede ser limitada (por ejemplo, manejar un arma de fuego) o amplia (como el manejo de áreas protegidas *in situ*). El criterio más importante es que la certificación da sentido tanto al individuo como a la organización. Las certificaciones también pueden ser para un individuo o una organización. No recomendamos la certificación para habilidades limitadas tales como el manejo de armas de fuego, la capitanía de barcos o la aplicación de la ley. Existen organismos nacionales que ya certifican la competencia en estas habilidades específicas. La complejidad de la gestión y manejo de áreas protegidas exige la certificación de las competencias a través de un amplio conjunto de habilidades, que a menudo no se evalúan en los sectores existentes.

¿Cuáles son los niveles de certificación?

Una vez se conoce el tipo específico de certificación, la siguiente decisión es determinar cuántos niveles o tipos de certificación van a ofrecerse. Las competencias varían entre las organizaciones de áreas protegidas y requieren habilidades y conocimientos únicos relacionados con el cargo. Las principales funciones laborales incluyen política y planeación, administración del sitio y operaciones en campo.

¿Cuáles son las competencias específicas?

Como base para la evaluación de cada nivel de certificación se requiere un conjunto de competencias con diferentes estándares. Cada competencia debe tener un estándar, una declaración de rango y una ponderación/puntuación asignada a ella. Es posible que las competencias varíen de acuerdo con la región o el país; no obstante, un guardaparques sigue siendo un guardaparques cualquiera sea el país en el que opere, por lo que la mayoría de las competencias serán las mismas a nivel internacional. Un factor clave a considerar es que, si bien más competencias brindan mayores detalles del cargo, esto también aumenta la complejidad de la evaluación tanto para los candidatos como para los evaluadores. Existe un delicado equilibrio para garantizar que un mínimo de competencias cubra los aspectos principales de un profesional que se desempeña a ese nivel.

¿Qué instrumentos de evaluación utilizar?

Existen varios métodos, conocidos como instrumentos de evaluación, que pueden evaluar con precisión las competencias de una persona. La selección de los instrumentos debe evaluarse en función de las cualidades clave de validez, factibilidad y relevancia para la práctica real.

¿Cómo asignar un puntaje a las competencias?

El proceso de puntuación de las competencias puede llegar a ser complejo. Algunas pueden ser más significativas que otras y por lo tanto requieren algún tipo de sistema de ponderación. ¿Cuál es la puntuación de aprobación? ¿Todas las áreas de competencia requieren un puntaje de aprobación o simplemente el promedio general?

¿Cuáles son los requisitos para renovar la certificación?

Como todos los profesionales, uno debe mejorar continuamente para estar al día con los avances en la profesión. Considere cuánto dura una certificación y cuáles son los requisitos que una persona certificada debe cumplir para obtener la renovación. Es importante aclarar que la certificación es diferente del certificado tradicional ofrecido por las instituciones académicas, como se muestra en la Tabla 9.3 (Squillante *et al.*, 2010).

Lecciones sobre la certificación

Aunque la certificación es nueva para la comunidad de áreas protegidas, los primeros resultados indican que los individuos valoran mucho la certificación y la profesionalización general de su campo por motivos de desarrollo profesional, retención y motivación del personal. Las organizaciones también valoran el sistema de desarrollo de capacidades incorporado en un programa profesional, ya que este alinea los objetivos organizacionales

Parque Nacional Amboró, Bolivia
Fuente: Eduard Müller

con el desarrollo del personal y al mismo tiempo utiliza muchos de sus sistemas de gestión existentes. Aunque el establecimiento de programas de certificación incluye los costos iniciales del desarrollo, existen algunos modelos que pueden adaptarse rápidamente y dar lugar a certificaciones con costos equivalentes a los de los cursos cortos tradicionales, pero con impactos significativos en las personas y en las organizaciones. Todos los conceptos e innovaciones abordados en este capítulo pueden organizarse en un sistema de desarrollo de capacidades más amplio, con bucles de retroalimentación significativos. La profesionalización de la comunidad de áreas protegidas proporciona esa estructura, con la certificación simplemente como una pieza del programa.

Recursos de aprendizaje

Hoy en día, a través de Internet, se puede tener acceso a una gran cantidad de información relacionada con las áreas protegidas, la conservación de la naturaleza, la biodiversidad, la conservación de la conectividad, etc. La UICN es reconocida por sus guías de buenas prácticas (véase el Capítulo 2, IUCN, 2014b). También existen recursos multimedia (IUCN, 2014c). Las publicaciones de la UICN abarcan muchos aspectos diferentes, desde la conservación de la naturaleza y el desarrollo de las capacidades (este libro) hasta lograr la calidad, respetar a la gente y ofrecer soluciones. La UICN también publica electrónicamente la revista *Parks*. Esta revista es el instrumento ideal para el intercambio de experiencias y alienta no solo a los científicos, sino también a los profesionales de todo el mundo a compartirlas.

Muchas otras organizaciones también ofrecen una gran cantidad de publicaciones y recursos (Tabla 9.4). Es importante saber que hoy en día existen muchas fuentes de conocimiento distintas aparte de los documentos impresos o electrónicos. Los recursos multimedia son abundantes y en muchos casos están disponibles en varios idiomas diferentes al inglés. Se han realizado importantes esfuerzos para establecer portales de aprendizaje, como los cursos de capacitación sobre conservación (*Conservation Training*) (CT, 2014) o los módulos de aprendizaje electrónico del CDB (CBD, 2014b). Otra herramienta muy útil es *Protected Planet*, un portal sobre áreas protegidas del Centro Mundial de Vigilancia de la Conservación - Programa de las Naciones Unidas para el Medio Ambiente (CMMC-PNUMA) y la UICN (Protected Planet, 2014).

Tabla 9.4 Referencias y materiales de capacitación para las áreas protegidas

Fundación Africana de Vida Silvestre	(AWF, 2014)
Red de educadores y profesionales de la conservación del Museo Americano de Historia Natural	(AMNH, 2014)
Organización Ashoka	(Ashoka, 2014)
Organización Audubon	(Audubon, 2014)
Instituto Australiano de Estudios Aborígenes y de los Pueblos Isleños del Estrecho de Torres	(AIATSIS, 2014)
Birdlife International	(Birdlife International, 2014)
Alianza para la Financiación de la Conservación	(CFA, 2014)
Conservación Internacional	(CI, 2014)
Alianza para las Medidas de Conservación	(CMP, 2014)
Conservation Training	(CT, 2014)
Conserve Online	(CO, 2010)
Convenio sobre la Diversidad Biológica	(CBD, 2014c)
Centro Cornell para la Conservación de la Vida Silvestre	(CCWC, 2014)
Equilibrium Research	(Equilibrium Research, 2014)
Fondo Mundial para el Medio Ambiente	(GEF, 2014)
Red Mundial para la Conservación Transfronteriza	(GTCN, 2011)
Centro Internacional para la Gestión Ambiental	(ICEM, 2014)
Federación Internacional de Guardaparques	(IRF, 2014)
Biblioteca del Congreso	(LC, 2014)
Administración Nacional de Aeronáutica y el Espacio	(NASA, 2013)
Natural England	(Natural England, 2014)
Natural Justice	(Natural Justice, 2011)
Revista *Nature Conservation*	(Pensoft Publishers, 2014)
Convención de Ramsar sobre los humedales	(Ramsar, 2014)
Routledge Environment and Sustainability/Earthscan	(Routledge, 2014)
Sierra Club, BC	(Sierra Club, 2014)
The Nature Conservancy	(TNC, 2014)
Organización de las Naciones Unidas para la Educación, la Ciencia y la Cultura	(UNESCO, 2014)
Programa de Naciones Unidas para el Medio Ambiente - ONU Medio Ambiente	(UNEP, 2014)
Organización Mundial de Turismo de las Naciones Unidas	(UNWTO, 2014)
Servicio de Pesca y Vida Silvestre de los Estados Unidos	(USFWS, 2014)
Servicio forestal de los Estados Unidos	(USFS, 2014)
Wetlands International	(WI, 2014)
Wild Foundation	(Wild Foundation, 2014)
Wildlife Conservation Society	(WCS, 2014)
Banco Mundial	(World Bank, 2014)
Fondo Mundial para la Naturaleza	(WWF, 2014)
YouTube	(YouTube, 2014)

Conclusión

Las áreas protegidas de hoy requieren una fuerza laboral competente, motivada y con los recursos adecuados, que tenga acceso no solo a las ideas más actuales, sino también a las mejores prácticas desarrolladas a través de décadas de lecciones aprendidas en todo el mundo. Las áreas protegidas son instituciones complejas que albergan gran parte del capital natural restante del mundo, el cual, además de comprender paisajes, ecosistemas y biodiversidad, también está avaluado en billones de dólares, y es un componente vital de las soluciones naturales para el cambio climático y global. En la mayor parte del mundo están aumentando las amenazas del desarrollo y del cambio climático a las áreas protegidas. La búsqueda de alternativas de uso sostenible requiere no solo de estrategias claramente definidas que integren plenamente a todas las partes interesadas, sino también de verdaderos enfoques interdisciplinarios. La pérdida de la biodiversidad es crítica y puede obstaculizar gravemente la capacidad de los ecosistemas para continuar brindando a perpetuidad los servicios ecosistémicos esenciales. Las áreas protegidas son el almacenamiento natural más importante para la diversidad biológica y genética, necesaria para restaurar los ecosistemas y recuperar las tierras degradadas. La seguridad alimentaria, la salud, la economía y el bienestar general dependen de paisajes funcionales que puedan lograrse mediante la conservación de la conectividad.

Aunque todavía no se reconoce lo suficiente, esta complejidad en la gestión y manejo de áreas protegidas y de su integración con los paisajes terrestres y marinos más amplios requieren el establecimiento de trayectorias profesionales adecuadas que le permitan al personal un desarrollo pleno de las competencias para los diferentes niveles profesionales que se requieren para enfrentar adecuadamente la diversidad de temas que influyen en la gestión y el logro de las metas de conservación a largo plazo. Las tecnologías de la información y la comunicación de hoy, vinculadas a los nuevos métodos de aprendizaje, nos permiten ir más allá de los enfoques tradicionales para el desarrollo de capacidades. El nuevo paradigma de aprendizaje, en el que la enseñanza presencial basada en los conocimientos está siendo sustituida por el aprendizaje basado en las competencias, ya sea en línea o combinado, junto con el aumento de la cobertura de Internet en la mayor parte del mundo, plantean nuevos desafíos a los que participan en el desarrollo de capacidades, y al mismo tiempo ofrecen una amplia gama de nuevas posibilidades que pueden ayudar no solo en el desarrollo de capacidades, sino también en la gestión del conocimiento, la construcción colectiva del mismo y el aumento necesario de la capacidad a nivel individual, organizacional, institucional y social. En el desarrollo de las capacidades de áreas protegidas también está presente la tendencia hacia la certificación profesional en lugar de obtener certificados, y si la misma tendencia se presenta en otras áreas profesionales, podríamos esperar un aumento en estos procesos.

Actualmente, son pocas las oportunidades para la educación profesional en la gestión de áreas protegidas, y puede parecer un logro imposible la profesionalización de su gestión en todo el mundo. La CMAP ha asumido el liderazgo para facilitar esta tarea con el establecimiento de la GPPPAM, la cual está no solo en el proceso de identificar las competencias mundiales que se utilizarán para el currículo basado en las competencias, sino también en el desarrollo de cursos que las instituciones académicas y de capacitación en todo el mundo puedan utilizar para fortalecer o desarrollar sus propios programas con bucles de retroalimentación permanente, lo que es posible gracias a las mejores comunicaciones de hoy. Gracias a esta mayor capacidad, los esfuerzos que la UICN realiza desde hace tiempo para proporcionar materiales de capacitación y educación verán un mejoramiento. Este libro es parte de ese esfuerzo, y el enfoque verdaderamente global establece una base sólida para el desarrollo en el futuro. En el Apéndice 9.1 se describen algunas instituciones que ofrecen el desarrollo de capacidades relacionadas con las áreas protegidas.

Referencias

Lecturas recomendadas

Acevedo, C.; Vásquez, N. y Robles, G. (2006). *Capacitación para el manejo de áreas protegidas en América Latina; una aproximación a la demanda de los actores.* Reporte de Protected Area Alliance for Conservation Learning. San José, Costa Rica: CATIE, CCT, UPeace, OTS, ELAP-UCI y ICOMVIS.

African Wildlife Foundation (AWF). (2014). Washington, D.C.: African Wildlife Foundation. Recuperado de: www.awf.org/

American Association of Legal Nurse Consultants (AALNC). (2014). *Certification vs. Certificate.* Chicago: AALNC. Recuperado de: www.aalnc.org/?page=certificate

American Museum of Natural History (AMNH). (2014). Nueva York: American Museum of Natural History. Recuperado de: ncep.amnh.org

Andresen, L.; Boud, D. y Cohen, R. (1999). Experience-based learning. En: G. Foley (ed.). *Understanding Adult Education and Training*, 2ª ed., pp. 225-239. Sydney: Allen y Unwin. Recuperado de: complexworld.pbworks.com/f/Experience-based%20learning.pdf

Appleton, M.R.; Texon, G.I. y Uriarte, M.T. (2009). *ASEAN Guidelines on Competence Standards for Protected Area Jobs*. Los Baños, Filipinas: ASEAN Regional Centre for Biodiversity Conservation.

(2003). *Competence Standards for Protected Area Jobs in South-East Asia*. Los Baños, Filipinas: ASEAN Regional Centre for Biodiversity Conservation.

Ioniţă, A.; Niţu, R. y Stanciu, E. (2014). *Assessment of Capacity Development Needs of Protected Area Staff in Eastern Europe*. Brasov, Rumanía: PROPARK Foundation for Protected Areas. Recuperado de: www.propark.ro/en/publicatii/assessment-of-capacity-development-needs-of-protected-area-staff-in-eastern-europe-187.html

Aronson, J.; Renison, D.; Rangel-Ch., J.O.; Levy-Tacher, S.; Ovalle, D. y Del Pozo, A. (2007). Restauración del Capital Natural: sin reservas no hay bienes ni servicios. *Ecosistemas*, 16(3), 15-24.

Ashoka. (2014). Página web. Arlington, Estados Unidos: Ashoka. www.ashoka.org/

Atherton, J.S. (2013). *The Experiential Learning Cycle*. Recuperado de: www.learningandteaching.info/learning/experience.htm

Audubon. (2014). *Audubon Magazine*. Nueva York: Recuperado de: mag.audubon.org/multimedia

Australian Institute of Aboriginal y Torres Strait Islander Studies (AIATSIS). (2014). *AIATSIS Research Program: Peer-reviewed publications and other research resources*. Canberra: AIATSIS. Recuperado de: www.aiatsis.gov.au/research/publications.html

Balakumaran, S. (2013). Enhancement of humans' potential through knowledge management. *Research Journal of Social Science & Management*, 2(11), 137-141.

Bandura, A. (1977). *Social Learning Theory*. Englewood Cliffs, Estados Unidos: Prentice-Hall.

Baser, H. y Morgan, P. (2008). *Capacity, change and performance study report*. ECDPM Discussion Paper 59B. Maastricht, Países Bajos: European Centre for Development Policy Management.

Birdlife International. (2014). Página web. Cambridge, Reino Unido: Birdlife International. www.birdlife.org/

Capacity.org. (2013). *People Matter: introduction to capacity development*. Recuperado de: capacity.org/capacity/opencms/en/topics/introduction-to-cd/index.html

Coates, D. (2006). *People Skills Training: are you getting a return on your investment?* Recuperado de: www.praxisconsulting.org/PeopleSkills.pdf

Conner, M.L. (2007). Learning from experience. En: *Ageless Learner, 1997-2007*. Recuperado de: agelesslearner.com/intros/experiential.html

Conservation Finance Alliance (CFA). (2014). Biblioteca digital. Recuperado de: conservationfinance.org/library.php

Conservation International (CI.) (2014). Página web. Arlington, Estados Unidos: Conservation International. www.conservation.org

Conservation Measures Partnership (CMP). (2014). Página web. www.conservationmeasures.org/

Conservation Training (CT). (2014). Página web. Arlington, Estados Unidos: Conservation Training. www.conservationtraining.org/

Conserve Online (CO). (2010). *Measures: Key reports, sites and materials from Conserve Online*. Recuperado de: www.conservationgateway.org/Pages/COL.aspx?Src=

Convention on Biological Diversity (CBD). (2014a). *Programme of Work on Protected Areas: Goal 3.2*. Montreal: Secretariat of the Convention on Biological Diversity. Recuperado de: www.cbd.int/protected/pow/learnmore/intro/

(2014b). *Capacity Action Planning for Protected Areas: a quick guide for protected area practitioners*. Montreal: Secretariat of the Convention on Biological Diversity. Recuperado de: www.cbd.int/doc/pa/tools/Capacity%20action%20planning%20for%20protected%20areas.pdf

(2014c). Página web. Montreal: Secretariat of the Convention on Biological Diversity. www.cbd.int/

Coomes, O.T., Abizaid, C. y Lapointe, M. (2009). Human modification of a large meandering Amazonian river: genesis, ecological and economic consequences of the Masisea cutoff on the central Ucayali, Perú. *Ambio*, 38(3), 130-134.

Cornell Centre for Wildlife Conservation (CCWC). (2014). Página web. Ithaca, Estados Unidos: Cornell University. www.ccwc.cornell.edu/

Cornford, I.R. (1997). Competency-based training: an assessment of its strengths and weaknesses by New South Wales vocational teachers. *Australian and New Zealand Journal of Vocational Education Research*, 5(1), 53-76.

(1999). Skill learning and the development of expertise. En: J. Athanasou (ed.). *Adult Educational Psychology*, p. 266. Katoomba, Australia: Social Science Press.

Costanza, R.; d'Arge, R.; de Groot, R.; Farber, S.; Grasso, M.; Hannon, B.; Limburg, K.; Naeem, S.; O'Neill, R.V.; Paruelo, J.; Raskin, R.G.; Sutton, P. y van den Belt, M. (1997). The value of the world's ecosystem services and natural capital. *Nature*, 387, 253-260.

de Groot, R.; Sutton, P.; van der Ploeg, S.; Anderson, S.J.; Kubiszewski, I.; Farber, S. y Turner, R.K. (2014). Changes in the global value of ecosystem services. *Global Environmental Change*, 26(2014), 152-158.

Council on Education for Public Health. (2006). *Competencies and Learning Objectives*. Silver Spring, Estados Unidos: Council on Education for Public Health. ceph.org/assets/Competencies_TA.pdf

Coursera. (2014). Coursera website. Stanford: Stanford University. www.coursera.org/

Diemont, S.A.W.; Bohn, J.; Rayome, D.; Kelsen, S. y Cheng, K. (2011). Comparisons of Mayan forest management, restoration, and conservation. *Forest Ecology and Management*, 261, 1696-1705.

Don Carlos, A.W.; Teel, T.; Manfredo, M.F. y Mathur, V.B. (2013). Building capacity to enhance protected area management effectiveness: a current needs assessment for the Asian context. *George Wright Forum*, 30(2). Recuperado de: www.georgewright.org/302doncarlos.pdf

Egate, A. y Groome, D. (2005). *An Introduction to Applied Cognitive Psychology*. Nueva York: Psychology Press.

Environmental Careers Organization (ECO Canada). (2014). *Occupational Standards*. Alberta: Environmental Careers Organization, Calgary. Recuperado de: www.eco.ca/occupational-standards/

Equilibrium Research. (2014). Página web. Bristol, Reino Unido: Equilibrium Research. www.equilibriumresearch.com/

Global Environment Facility (GEF). (2014). Protected area publications. Washington D.C.: Global Environment Facility. Recuperado de: www.thegef.org/gef/taxonomy/term/251

Global Transboundary Conservation Network (GTCN). (2011). Página web. www.tbpa.net/page.php?ndx=77

Gombos, M.; Arrivillage, A.; Wusinich-Mendez, D.; Glazer, B.; Frew, S.; Bustamante, G.; Doyle, E.; Vanzella-Khourie, A.; Acosta, A. y Causey, B. (2011). *A Management Capacity Assessment of Selected Coral Reef Marine Protected Areas in the Caribbean*. Fort Pierce, Estados Unidos: comisionado por NOAA, CRCP, GCFI y CaMPAM, Caribbean Challenge y Gulf and Caribbean Fisheries Institute. Recuperado de: campam.gcfi.org/CapAssess/CaMPAMCapacityAssessment2011.pdf

Gordon, J. y Chadwick, K. (2007). *Impact assessment of capacity building and training: assessment framework and two case studies*. CGIAR Impact Assessment Series Report No. 44. Montpellier, Francia: Consultative Group on International Agricultural Research.

Hailey, J.; James, R. y Wrigley, R. (2005). *Rising to the Challenges: assessing the impacts of Organizational capacity building*. Oxford: The International NGO Training y Research Centre.

Hockings, M.; Stolton, S.; Leverington, F.; Dudley, N. y Courrau, J. (2006). *Evaluating Effectiveness: A framework for assessing management effectiveness of protected areas*, 2ª ed. Gland: IUCN.

International Centre for Environmental Management (ICEM). (2014). *Materials*. Hanoi, Vietnam: International Centre for Environmental Management. Recuperado de: www.icem.com.au/02_contents/06_materials/06-04-pad-reports.htm

International Labour Organization (ILO). (2006). *Guidelines for Development of Regional Model Competency Standards (RMCS)*. Bangkok: International Labour Organization. Recuperado de: www.ilo.org/wcmsp5/groups/public/---asia/---ro-bangkok/documents/publication/wcms_bk_pb_234_en.pdf

International Ranger Federation (IRF). (2000). *Resolution of the Third World Congress of the International Ranger Federation, Sept. 10-17, 2000, Kruger National Park, South Africa*. Golden, Estados Unidos: Association of National Park Rangers. Recuperado de: www.internationalrangers.org/wp-content/uploads/2012/06/Kruger-Resolution_2000_english.pdf

(2014). Página web. Sydney: International Ranger Federation. internationalrangers.org/

International Telecommunication Union (ITU). (2014). Página web. Ginebra: International Telecommunication Union. www.itu.int/en/Pages/default.aspx

International Union for Conservation of Nature (IUCN). (2014a). *Global Protected Areas Programme.* Gland: IUCN. Recuperado de: www.iucn.org/about/work/programmes/gpap_home/gpap_capacity2/

(2014b). *Reports and Publications.* Gland: IUCN. Recuperado de: www.iucn.org/about/work/programmes/gpap_home/gpap_capacity2/gpap_bpg/

(2014c). *Multimedia Reports.* Gland: IUCN. Recuperado de: www.iucn.org/knowledge/multimedia/

International Union for Conservation of Nature World Commission on Protected Areas (IUCN WCPA), Southeast Asia Regional Forum, Association of South-East Asian Nations Regional Centre for Biodiversity Conservation, Ambassade y Philippines Department of Environment and Natural Resources. (2003). *Building on Lessons from the Field: Protected area management experiences in Southeast Asia. Proceedings of the IUCN-World Commission on Protected Areas 3rd Southeast Asia Regional Meeting, April 1-5, 2003, Edsa Shangri-la, Mandaluyong City, Philippines.* Gland: IUCN.

📖 Kay, M.; Franks, T. y Tato, S. (2008). *Capacity Needs Assessment Methodology and Processes.* Roma: Food y Agriculture Organization. Recuperado de: ftp.fao.org/docrep/fao/008/y5899e/y5899e01.pdf

Kirkpatrick, D. (1998). *Evaluating Training Programs: the four levels.* San Francisco: Berrett-Koehler Publishers.

Klein-Collins, R. (2013). *Sharpening Our Focus on Learning: the rise of competency-based approaches to degree completion.* National Institute for Learning Outcomes Assessment, University of Illinois at Urbana-Champaign. Recuperado de: learningoutcomesassessment.org/documents/Occasional%20Paper%2020.pdf

Knapp, B. (1963). *Skill in Sport: the attainment of proficiency.* Londres: Routledge & Kegan Paul.

Kolb, D.A. (1984). *Experiential Learning: experience as the source of learning and development.* Englewood Cliffs, Estados Unidos: Prentice Hall.

📖 Kopylova, S.L. y Danilina, N.R. (eds.). (2011). *Protected Area Staff Training: Guidelines for planning and management.* Gland: IUCN Best Practice Guidelines.

Kundu, S. (2013). Knowledge management: value, technologies and its implications. *International Journal of Computer Engineering & Technology*, 4(5), 182-188.

Lantra. (2014). *Environmental Conservation: national occupational standards.* Coventry, Reino Unido: Lantra. Recuperado de: www.lantra.co.uk/NOS/atech

Leverington, F.; Costa, K.L.; Pavese, H.; Lisle, A. y Hockings, M. (2010). *Management Effectiveness Evaluation in Protected Areas: a global study*, 2ª ed. Brisbane, Australia: University of Queensland.

Levy-Tacher, S.; Aguirre, J.R.; Martínez, M.M. y Durán, A. (2002). Caracterización del uso tradicional de la flora espontánea en la comunidad Lacandona de Lacanhá, Chiapas-México. *Interciencia*, 27(10), 512-520.

Library of Congress (LC). (2014). *Classroom Materials.* Washington D.C.: Library of Congress. Recuperado de: www.loc.gov/teachers/classroommaterials/themes/nature/ exhibitions.html

MacInnnis, C. (1995). Holistic and reductionist approaches in special education: conflicts and common ground. *McGill Journal of Education*, 30(1), 7-20.

Merriam-Webster Dictionary. (2012). *Merriam-Webster Dictionary Online.* Recuperado de: www.merriam-webster.com/dictionary/skill

Miller, G.E. (1990). The assessment of clinical skills/competence/performance. *Academic Medicine*, 65(Supplement), S63-67.

Mobbs, R. (2014). *How to be an E-Tutor.* Graduate School, University of Leicester, UK. Recuperado de: www2.le.ac.uk/departments/gradschool/training/eresources/teaching/theories/kolb

National Aeronautics and Space Administration (NASA). (2013). *Multimedia.* Washington D.C.: NASA. Recuperado de: www.nasa.gov/multimedia/#.Uxdt4fl5Nio

National Park Service (NPS). (1995). *Essential Competencies for National Park Service Employees.* Washington D.C.: National Park Service, US Department of the Interior. Recuperado de: www.nps.gov/training/npsonly/npsescom.htm

National Training Agency-Trinidad y Tobago (NTATT). (2014). *Maintenance of Parks and Protected Terrestrial Areas: Level 2*. Chaguanas, Trinidad y Tobago: National Training Agency-Trinidad y Tobago. Recuperado de: ntatt.org/images/stories/PDF/ROS/Maintenance%20of%20Parks%20and%20Protected%20Terrestrial%20Areas%20Level%202.pdf

Natural England. (2014). Página web. Sheffield, Reino Unido: Natural England. www.naturalengland.org.uk/

Natural Justice. (2011). *Protected Areas*. Ciudad del Cabo: Natural Justice. Recuperado de: naturaljustice.org/our-work/international-advocacy/biodiversity/protected-areas

Network of Conservation Educators and Practitioners (NCEP). (2014). *Network of Conservation Educators and Practitioners Program*. Nueva York: American Museum of Natural History. Recuperado de: ncep.amnh.org/index.php?lang=fryglobalnav=aboutysectionnav=

New Zealand Qualifications Authority (NZQA). (2014). *Qualifications and Standards*. Wellington, Nueva Zelanda: NZQA, Government of New Zealand. Recuperado de: www.nzqa.govt.nz

Nielsen, G. (2011). Capacity development in protected area management. [Tesis]. University of Greifswald Institute for Geography and Geology, Greifswald, Alemania.

North, A. (2010). *Introduction to Performance Appraisal*. Australia: Archer North y Associates. Recuperado de: www.performance-appraisal.com/intro.htm

Nuffic. (2014). *The Five Capabilities Approach in Capacity Development of Organizations*. La Haya: Netherlands Organization for International Cooperation in Higher Education. Recuperado de: www.nuffic. nl/en/library/the-five-capabilities-approach-in-capacity-building-of-Organizations.pdf/view?searchterm=5%20capabilities

Organization for Economic Cooperation and Development (OECD). (2006). *The Challenge of Capacity Development: working towards good practice*. París: OECD.

Ostashewski, N.; Moisey, S. y Reid, D. (2011). Applying constructionist principles to online teacher professional development. *The International Review of Research in Open and Distance Learning*, 12(6), 143-156. Recuperado de: www.irrodl.org/index.php/irrodl/article/view/976/1958

Oxendine, C.; Robinson, J. y Willson, G. (2004). Experiential learning. En M. Orey (ed.). *Emerging Perspectives on Learning, Teaching, and Technology*. Athens, Estados Unidos: Department of Educational Psychology and Instructional Technology, University of Georgia. Recuperado de: projects.coe.uga.edu/epltt/

Pensoft Publishers. (2014). *Nature Conservation*. Sofía, Bulgaria: Pensoft Publishers. www.pensoft.net/journals/natureconservation/

Phani, C. R. (2007, enero 8). The top 60 soft skills at work. *Rediff News*. www.rediff.com/getahead/2007/jan/08soft.htm

Protected Planet. (2014). Página web. Recuperado de: www.protectedplanet.net/

Ramsar Convention on Wetlands (Ramsar). (2014). Página web. www.ramsar.org

Routledge. (2014). Página web. Abingdon, Reino Unido: Routledge Environment and Sustainability. www.routledge.com/sustainability/

Sanchez, V.A. y Ruiz, M. (eds.). (2008). *Competence-Based Learning*. Bilbao, España: University of Deusto.

Sierra Club. (2014). Parks and protected area publications. Victoria, Canadá: Sierra Club of BC Foundation. Recuperado de: www.sierraclub.bc.ca/publications/parks-protected-areas-publications

Siscawati, M. y Zakaria, R.Y. (2010). *Capacity building needs assessment for community forestry development in Indonesia*, Summary Report, C. Veer (ed.). Bangkok: The Center for People & Forests. Recuperado de: www.recoftc.org/site/uploads/content/pdf/CBNA%20Indonesia%20Report%20Short%20Version_365.pdf

Sisitka, L.; Ricci, G. y Squillante, L. (2013). Certifying Marine Protected Area Professionals: Reflections on the first generation and setting a new course. Zanzibar, Tanzania: WIO-COMPAS.

Smith, L. (2012, julio 31). 5 education providers offering MOOCs now or in the future. *Education DIVE*. Recuperado de: www.educationdive.com/news/5-mooc-providers/44506/

Squillante, L.J.; Ricci, G.; Francis, J. y Sisitka, L. (2010). Innovations in capacity building: certification of marine protected area professionals. *Coastal Management*, 38(3), 272-290.

Suryanarayana, V. y Adapa, R. (2013). Role of knowledge management in business environment. *International journal of Innovative Research in Management*, 2(2), 53-58.

Templeton, D.J. (2009). *A Framework for Assessing the Impact of Capacity Building*. Canberra: Australian Centre for International Agricultural Research.

The Learning Institute y The Center for People and Forests (RECOFTC). (2011). *Capacity development needs assessment for community forestry and community protected areas in Cambodia*, Summary Report. Bangkok: The Center for People y Forests. Recuperado de: www.recoftc.org/site/uploads/content/pdf/Cambodia_CBNA%20Report%20Summary_12282011_Final_Text_200.pdf

The Nature Conservancy (TNC). (2014). Página web. Arlington, Estados Unidos: The Nature Conservancy. www.nature.org/

Ubels, J.; Acquaye-Baddoo, N.-A. y Fowler, A. (2010). *Capacity Development in Practice*. Londres: Earthscan.

United Nations Development Group (UNDG). (2009). *Capacity Assessment Methodology*. Nueva York: UNDG. Recuperado de: www.undg.org/docs/8948/Capacity-Development-UNDG-August-2009.pdf

United Nations Development Programme (UNDP). (2007). *Capacity Assessment Methodology Users' Guide*. Nueva York: United Nations Development Programme. Recuperado de: europeandcis.undp.org/uploads/public/File/Capacity_Development_Regional_Training/UNDP_Capacity_Assessment_Users_Guide_MAY_2007.pdf

(2008). *Capacity Assessment Practice Note*. Nueva York: UNDP. Recuperado de: www.unpcdc.org/media/12068/undp_practice_note_on_ca_october-2008.pdf

(2009). *Capacity Assessment Methodology*. Nueva York: UNDP. Recuperado de: www.undg.org/docs/8948/Capacity-Development-UNDG-August-2009.pdf

(2014). *A Training Guide to Capacity Assessment*. Nueva York: UNDP. Recuperado de: regionalcentrebangkok.undp.or.th/practices/capacitydevelopment/documents/ TRAININGGUIDETOCAPACITY ASSESSMENT.pdf

United Nations Educational, Scientific and Cultural Organization (UNESCO). (2014). Recurso en línea. París: UNESCO. Recuperado de: www.unesco.org/new/en/unesco/resources/

United Nations Environment Programme (UNEP). (2014). *UNEP Knowledge Repository*. Nairobi, Kenia: UNEP. Recuperado de: www.unep.org/publications/

United Nations World Tourism Organization (UNWTO). (2014). *Ecotourism and Protected Areas*. Madrid: UNWTO. Recuperado de: sdt.unwto.org/en/content/ecotourism-and-protected-areas

United States Fish and Wildlife Service (USFWS). (2014). Página web. Washington D.C.: Fish and Wildlife Service. www.fws.gov/

United States Forest Service (USFS). (2014). Multimedia. Washington D.C.: Forest Service, US Department of Agriculture. www.fs.usda.gov/main/conservationeducation/programs/multimedia

University of Iowa. (2014). *Experience-Based Learning*. Iowa: University of Iowa. Recuperado de: honors.uiowa.edu/academics/experience-based-learning

University of North Carolina. (2014). *Introduction to Knowledge Management*. University of North Carolina at Chapel Hill. Recuperado de: www.unc.edu/~sunnyliu/inls258/Introduction_to_Knowledge_Management. html

Walters, H. (2007). Capacity development, institutional change and theory of change: what do we mean and where are the linkages. [Manuscrito].

Western Indian Ocean Certification of Marine Protected Area Professionals (WIO-COMPAS). (2014). Página web: Recuperado de: www.wio-compas.org/

Wetlands International (WI). (2014). Página web. www.wetlands.org/

White, R.W. (1959). Motivation reconsidered: the concept of competence. *Psychological Review*, 66(5), 297-333.

Wild Foundation. (2014). Página web. www.wild.org/

Wildlife Conservation Society (WCS). (2014). Página web. www.wcs.org/

Wildlife Institute of India (2010). *Annual Report of the Wildlife Institute of India 2009-2010*. Dehradun, India: Wildlife Institute of India.

World Bank. (2014). *Publications*. Washington D.C.: The World Bank. publications.worldbank.org/

World Wide Fund for Nature (WWF). (2014). *Publication and Resources*. Washington D.C.: WWF. Recuperado de: wwf.panda.org/about_our_earth/all_publications/

YouTube. (2014). Página web. www.youtube.com

Apéndice 9.1: Ejemplo de organizaciones para el desarrollo de capacidades

África: Escuela de Vida Silvestre del África Meridional (Southern African Wildlife College)

En 1997 se estableció la Escuela de Vida Silvestre del África Meridional para satisfacer las necesidades de capacitación de las organizaciones de conservación, y en 2007 ya era un centro de especialización reconocido por la Comunidad de Desarrollo de África Austral gracias a su papel en el desarrollo de capacidades para el personal de las áreas de conservación en la región. La escuela también es un centro reconocido de excelencia ocupacional que está acreditado por la autoridad competente en Sudáfrica.

Los programas de la escuela están diseñados como una respuesta directa a las necesidades de la industria de la conservación, y la escuela se enorgullece de la frecuente (intervalo de pocos años) supervisión y evaluación de los programas para mantenerse al día con lo que ofrece. Fue muy importante que la escuela desarrollara dos titulaciones de educación superior para el registro ante la Autoridad Sudafricana de Calificaciones. La escuela también abrió recientemente una división específicamente enfocada en el desarrollo de guardaparques en diferentes niveles para el trabajo de campo en las áreas protegidas. Esta división ahora abarca los Servicios Africanos para la Capacitación de Guardaparques en Campo (African Field Ranger Training Services), una entidad que contaba con más de veinte años de capacitación especializada y era un proveedor de capacitación bien conocido y respetado en la industria. Esta división, importante para el creciente flagelo de la caza furtiva en la primera parte del siglo XXI, puede responder rápidamente a las necesidades y fue capaz de desarrollar la capacitación en diferentes idiomas, con especialización en la lucha contra la caza furtiva y la profesionalización de los guardaparques.

La Escuela de Vida Silvestre del África Meridional abrió la división de Innovación y Desarrollo, la cual evalúa las mejores prácticas y los nuevos conceptos para su implementación en toda la región. De especial interés es el papel de las comunidades respecto a garantizar el uso sostenible de los recursos naturales y permitir que se comprenda el verdadero valor y la gobernanza de los flujos de beneficios.

Australia-Oceanía-Asia: colaboración para el aprendizaje y la investigación en áreas protegidas

La CMAP identificó que Asia y Oceanía tenían la necesidad de desarrollar capacidades para equipar a los profesionales de las áreas protegidas con los conocimientos, habilidades y competencias necesarios para una gestión eficaz de los sistemas de áreas protegidas en tierra y mar. Para satisfacer esta necesidad se estableció un consorcio de profesionales de áreas protegidas a partir de las universidades, el Gobierno, las áreas protegidas privadas y las organizaciones de conservación. Los socios fundadores incluyen la Universidad de Tasmania, Tasmanian Land Conservancy, el Servicio de Parques y Vida Silvestre de Tasmania, la Universidad de Murdoch, la Universidad Charles Darwin, la Universidad James Cook, Parques Australia, Parques Victoria, la Secretaría del Programa Ambiental Regional del Pacífico y la CMAP. La colaboración continúa creciendo, con la reciente participación de la Universidad del Pacífico Sur y el Instituto de Vida Silvestre de la India, entre otros. Los propósitos de la colaboración incluyen, entre otras cosas:

- Ofrecer programas de capacitación acreditados que satisfagan las necesidades del sector de áreas protegidas, con énfasis en las regiones de Australasia, Pacífico Occidental y Asia.
- Fortalecer la capacidad internacional y la colaboración para la capacitación y la gestión de áreas protegidas con el fin de apoyar el aprendizaje y el mejoramiento continuos.
- Fomentar, coordinar y difundir la investigación en las áreas protegidas.

En su primer año en 2015, la colaboración ofrecerá cursos cortos, cursos de posgrado y maestrías impartidos por la Universidad de Tasmania, la Universidad James Cook y la Universidad de Murdoch. Estos cursos, al igual que las ofertas futuras desarrolladas bajo la colaboración, abordarán específicamente los estándares de competencia identificados por la GPPPAM (Cuadro 9.6).

Rusia: Centro de Educación Ambiental para Zapovédnik

El Centro de Educación Ambiental para Zapovédnik es una ONG rusa establecida en 1996 para aumentar la conciencia y el apoyo del público respecto a las áreas protegidas. Su misión es reunir a los profesionales de la conservación y a otros que tengan un interés común en alentar al público a apoyar las reservas naturales estatales y los parques nacionales de Rusia.

Durante dieciocho años (hasta 2014), el Centro para Zapovédnik ha organizado eventos de desarrollo de capacidades para administradores de áreas protegidas, incluidos cursos de capacitación en diferentes aspectos de la gestión de áreas protegidas, seminarios y *tours* profesionales de estudio. La primera historia exitosa del centro fue el desarrollo de una nueva especialización sobre áreas protegidas en Rusia, "Especialistas en Educación Ambiental en Áreas Protegidas". El Gobierno aprobó esta nueva especialidad para áreas protegidas, y desde 2005 este es el único centro de formación sobre áreas protegidas en Rusia. Los currículos de los cursos de capacitación se ajustan anualmente en función de las necesidades del personal de las áreas protegidas, de acuerdo con el Ministerio de Recursos Naturales y Protección Ambiental, el cual administra el Sistema Federal de Áreas Protegidas. El centro inició y promovió el establecimiento de centros de capacitación para el personal de áreas protegidas en Ucrania, Kazajstán y Bielorrusia (dentro del proyecto del Fondo Mundial para el Medio Ambiente del PNUMA en 2005-2008). Desde el año 2000, todos los nuevos directores de los parques y reservas nacionales en Rusia asisten a seminarios de capacitación en el Centro para Zapovédnik. Los seminarios se organizan en Moscú, donde el Centro para Zapovédnik tiene su base, así como en las áreas protegidas de toda Rusia. Otras áreas de trabajo del centro incluyen el desarrollo de senderos ecológicos y centros para visitantes en parques nacionales y otras áreas protegidas, la publicación de mejores prácticas en la educación ambiental, el turismo en áreas protegidas, los medios de vida sostenibles, la enseñanza de la ecología para niños y campamentos de voluntarios, entre otros trabajos.

Latinoamérica y el Caribe: Escuela Latinoamericana de Áreas Protegidas, Universidad para la Cooperación Internacional

La Universidad para la Cooperación Internacional (UCI) se estableció en Costa Rica en 1994 con el fin de educar a los profesionales para que lideren los cambios necesarios en el desarrollo económico, ambiental, sociocultural y político de Latinoamérica y el Caribe, con estudiantes de cerca de sesenta países. La UCI es conocida no solo por sus programas innovadores, sino también por su experiencia amplia y pionera en la educación en línea. En 1997, a través de la Escuela Latinoamericana de Áreas Protegidas (ELAP) de la UCI, se estableció uno de los primeros programas de grado profesional en la gestión de áreas protegidas. Hoy en día, la UCI ofrece programas de posgrado innovadores en muchos campos relacionados con las áreas protegidas: manejo costero y oceánico, conservación de la conectividad, legislación ambiental, adaptación basada en ecosistemas, economía ecológica, adaptación al cambio climático y gestión de riesgos, y gerencia de proyectos, entre otros.

La escuela ofrece educación, capacitación y asistencia técnica para fortalecer las capacidades de los administradores de áreas protegidas y conservación en Latinoamérica, el Caribe y otros lugares. La ELAP cuenta con currículos "a la medida" para las áreas protegidas en varios países y ha trabajado de cerca con la CMAP para el desarrollo de la GPPPAM, con la Secretaría del CDB para apoyar el desarrollo de capacidades para la implementación efectiva del Programa de Trabajo sobre Áreas Protegidas en Latinoamérica, y también alberga la Cátedra UNESCO de Reservas de Biosfera y Sitios del Patrimonio Mundial Naturales y Mixtos. La UCI está dedicada a la implementación total de la GPPPAM y al desarrollo de cursos en línea masivos y abiertos (Massive Online Open Courses, MOOC), así como otros métodos en línea para aumentar masivamente las capacidades de conservación, desarrollo sostenible y gestión de áreas protegidas en todo el mundo.

Estados Unidos de América: Colegio Warner de Recursos Naturales (Warner College of Natural Resources)

A menudo llamado la "fábrica de guardaparques" por su papel en la formación de generaciones de profesionales de áreas protegidas, el Colegio Warner de Recursos Naturales (Warner College of Natural Resources, WCNR) en la Universidad Estatal de Colorado es una de las más antiguas y mayores facultades de recursos naturales en los Estados Unidos. El colegio posee más de un siglo de experiencia en la enseñanza, investigación y divulgación de temas de conservación, y trabaja de manera conjunta con los sectores público y privado en la gestión de áreas protegidas a nivel local, regional, nacional e internacional. Un rasgo distintivo del enfoque de la universidad es vincular a los estudiantes y graduados con el empleo y con las oportunidades de aprendizaje permanente y de trabajo en red. El aprendizaje en el servicio y la preparación para la carrera se promueven a través de programas que ubican a los estudiantes en puestos de voluntariado y pasantías con empresas, ONG y agencias gubernamentales que trabajan en temas de conservación. Los programas promueven comunidades de práctica a través de sitios web, medios sociales y portales de aprendizaje. El colegio se está expandiendo rápidamente hacia metodologías en línea y combinadas para satisfacer mejor las necesidades de los conservacionistas que carecen del tiempo, los recursos o el acceso para matricularse en programas de titulación tradicionales. La Universidad Estatal de Colorado se asoció con el Servicio de Parques Nacionales de Estados Unidos y otras cinco universidades con el fin de crear un programa certificado de liderazgo aplicado a terrenos públicos que se imparte a través de un enfoque combinado para los administradores de áreas protegidas. El Centro para la Gestión de Áreas Protegidas de la universidad desarrolla proyectos de enseñanza, investigación y divulgación relacionados con áreas protegidas en todo el mundo. El equipo principal del centro se asocia con la comunidad mundial de la conservación, con el objetivo de determinar las necesidades y diseñar, implementar y evaluar la efectividad de los programas para el desarrollo de capacidades. Los programas de capacitación sobre conservación para profesionales están vinculados con los programas de grado virtuales y en el campus, lo cual les permite a los graduados de cursos cortos, como los del Curso de Gestión de Áreas Protegidas del centro, matricularse posteriormente en programas de titulación en la Universidad Estatal de Colorado. El centro también está asociado con universidades e institutos externos.

India: Instituto de Vida Silvestre de la India

El Instituto de Vida Silvestre de la India se creó en 1986 como una institución autónoma del Ministerio de Medio Ambiente y Bosques, con la misión de "fomentar el desarrollo de la ciencia de la vida silvestre y promover su aplicación en el campo de acuerdo con las políticas económicas y el entorno socio-cultural del país" (Wildlife Institute of India, 2010, p. 4).

El instituto tiene la obligación de:

- Construir conocimientos científicos de los recursos de la vida silvestre.
- Capacitar al personal en varios niveles para la conservación y la gestión de la vida silvestre.
- Realizar investigaciones pertinentes a la gestión, incluido el desarrollo de técnicas apropiadas para las condiciones de la India.
- Proporcionar información y asesoramiento sobre problemas específicos de manejo de la vida silvestre.
- Colaborar con organizaciones internacionales en materia de capacitación, investigación y gestión de la vida silvestre.
- Desarrollarse como un centro regional de importancia internacional respecto a la conservación de la vida silvestre y los recursos naturales.

El instituto ha surgido como un eminente centro regional para los académicos, la capacitación y la investigación en el campo de la conservación de la vida silvestre en el Sur y el Sudeste Asiático. Este es un lugar destacado de aprendizaje para los profesionales de áreas protegidas, para los estudiantes que cursan posgrados en ciencias de la vida silvestre y para los administradores de recursos naturales, guardabosques y administradores de áreas protegidas que buscan una capacitación especializada en el manejo de la vida silvestre. En 2014, el instituto fue reconocido como el primer Centro de Capacitación y Gestión del Patrimonio Mundial Natural de la UNESCO para la región de Asia y el Pacífico.

Mundial: Federación Internacional de Guardaparques

La Federación Internacional de Guardaparques es una organización sin ánimo de lucro que se estableció para crear conciencia y apoyar el esencial trabajo que los guardaparques de todo el mundo hacen para la conservación de nuestro patrimonio natural y cultural. Fundada en 1992, la federación tiene una membresía de sesenta asociaciones de guardaparques de 46 países, en seis continentes. El papel de la Federación Internacional de Guardaparques es empoderar a los guardaparques, apoyándolos a través de sus organizaciones de guardaparques nacionales o estatales. La federación existe, entre otras cosas, para promover los estándares profesionales de los guardaparques en todo el mundo, para compartir conocimientos y recursos, y para fomentar los intercambios profesionales. Esta federación brinda capacitación, desarrollo de capacidades y programas de intercambio para sus miembros, con el fin de garantizar que los guardaparques estén bien entrenados y debidamente preparados para manejar las zonas de vida silvestre más valiosas del mundo. Esto se hace a través de organizaciones que hacen parte de la federación y que tienen la capacidad necesaria para hacerlo –por ejemplo, la Fundación PAMS y la Asociación de Trabajadores de Áreas Protegidas– y con el apoyo del principal socio de recaudación de fondos de la Federación Internacional de Guardaparques, la Fundación La Delgada Línea Verde.

CAPÍTULO 10

BENEFICIOS DEL PENSAMIENTO COMPLEJO

Autores principales:
Stephen F. McCool, Wayne A. Freimund y Charles Breen

Autores de apoyo:
Julia Gorricho, Jon Kohl y Harry Biggs

CONTENIDO

IUCN WCPA WORLD COMMISSION ON PROTECTED AREAS Convention on Biological Diversity

AUTORES PRINCIPALES

STEPHEN F. MCCOOL es profesor emérito en el Departamento de Sociedad y Conservación de la Universidad de Montana.

WAYNE A. FREIMUND es Profesor Arkwright de Estudios en Áreas Protegidas y presidente del Departamento de Sociedad y Conservación de la Universidad de Montana.

CHARLES BREEN es becario e investigador honorario asociado de la Universidad de KwaZulu-Natal, Sudáfrica.

AUTORES DE APOYO

JULIA GORRICHO es candidata a doctorado en el Instituto de Ciencias Sociales Ambientales y Geografía, Albert-Ludwigs-Universität, Freiburg.

JON KOHL es coordinador facilitador del PUP Global Heritage Consortium.

HARRY BIGGS fue integrador de programa, Resultados de la Biodiversidad Adaptativa, (Adaptive Biodiversity Outcomes), con Parques Nacionales de Sudáfrica (SANParks), hasta que se jubiló en 2014.

AGRADECIMIENTOS

Los autores agradecen a sus amigos y colegas no solo por su inspiración durante muchos años, sino también por sus observaciones y preguntas desafiantes sobre la complejidad de los sistemas socioecológicos y su manejo. También agradecen a los revisores por sus observaciones y sugerencias sobre cómo hacer que el capítulo fuese más legible y persuasivo.

CITACIÓN

McCool, S.F.; Freimund, W.A. y Breen, C. (2019). Beneficios del pensamiento complejo. En: G.L. Worboys, M. Lockwood, A. Kothari, S. Feary e I. Pulsford (eds.). *Gobernanza y gestión de áreas protegidas*, pp. 305-342. Bogotá: Editorial Universidad El Bosque y ANU Press.

FOTOGRAFÍA DE LA PÁGINA DEL TÍTULO

La simbólica complejidad entremezclada de los troncos de un antiguo bosque lluvioso, las raíces de refuerzo y una liana acompañante, parte del corredor de Great Eastern Ranges, Parque Nacional Monga, Nueva Gales del Sur, Australia
Fuente: Graeme L. Worboys

> Cuanto más estudiamos los principales problemas de nuestro tiempo, más nos damos cuenta de que no pueden entenderse aisladamente. Estos son problemas sistémicos, lo que significa que están interconectados y son interdependientes.
> (Capra, 1996, p. 4)

Introducción

Conforme nuestro conocimiento crece, la tecnología avanza y las poblaciones humanas aumentan y exigen que nuestros recursos naturales se profundicen y diversifiquen, nos damos cuenta de que ya no se puede evitar o ignorar la complejidad de la gestión y manejo de áreas protegidas, su gobernanza y su papel dentro de la intersección de sistemas socioecológicos. Si bien todos enfrentamos la complejidad en nuestra vida cotidiana, la mayoría de nosotros no tiene el entrenamiento para usar este conjunto de habilidades en una capacidad profesional. De hecho, pasamos una parte considerable de nuestra vida aprendiendo a simplificar la abrumadora cantidad de información y el carácter complicado de los problemas que encontramos en el día a día. Pequeños experimentos que hacemos todos los días (conocidos como ensayo y error) nos guían sutilmente a los comportamientos que llevarán a resultados predecibles. Simplificamos nuestro mundo de muchas maneras y, finalmente, estas simplificaciones se implantan en nosotros como hábitos. Tales hábitos pueden llegar a inhibir el grado en que aprendemos, asimilamos nueva información, nos adaptamos y actuamos como administradores de áreas protegidas.

En este capítulo examinaremos cómo nuestros hábitos –que son funciones de los modelos mentales que discutimos más adelante en el capítulo– pueden entorpecer nuestra capacidad de sentir el cambio alrededor a tiempo para que tratemos de influir de manera proactiva y constructiva en este. A veces estos cambios ocurren en transformaciones a gran escala de la percepción de la sociedad, lo cual resulta en nuevas presiones sobre los sistemas de gobernanza. En otras ocasiones, estos cambios son más sutiles e influyen en la forma en que interactuamos con nuestros socios, colegas, miembros del personal o personas de la comunidad. Otros cambios son dramáticos, visibles e inmediatos. Estos surgen porque la complejidad del mundo es enorme, de manera que produce incertidumbre y da lugar a sorpresas para las cuales prepararon mal nuestros nuestros hábitos.

En las páginas siguientes ofrecemos una forma de pensar que ve esta complejidad como una oportunidad benéfica en lugar de una fuente de confusión abrumadora. El pensamiento sistémico es la herramienta que utilizamos para ayudarnos a caracterizar la complejidad y luego para entender cómo podemos simplificarla cuando nos confronta. Se trata de un proceso por el cual vemos un conjunto de partes interrelacionadas como un "todo" en lugar de verlas como componentes no relacionados. Al utilizar este enfoque, ofrecemos formas de reconocer que en nuestras simplificaciones todavía podemos ser estratégicos para comprender los cambios que se producen a nuestro alrededor y cómo podemos influenciarlos tanto en la gobernanza como en la gestión y el manejo. Una vez que entendemos las características básicas de cómo funciona un sistema, podemos tratar de utilizar su comportamiento a nuestro favor y encontrar sitios en ese sistema donde los recursos que tenemos generarán la mayor influencia. Nos beneficiamos de este tipo de pensamiento al construir resiliencia en los sistemas socioecológicos que gestionamos y gobernamos. Concluimos sugiriendo seis prácticas para involucrar la complejidad que, si se usan estratégicamente, les permitirán a los administradores de áreas protegidas beneficiarse de la complejidad con la que se relacionan en lugar de ser controlados por ella. Los principales puntos filosóficos del capítulo se describen en la Figura 10.1. Comenzamos este viaje relatando dos historias de gestión y gobernanza de recursos que creemos ilustran la importancia de entender los sistemas complejos.

Protección de las estepas bajas en Sudáfrica

Históricamente, las estepas bajas (*lowveld*) a lo largo de la frontera oriental de Sudáfrica eran inhóspitas. La malaria, la tripanosomiasis, la fiebre aftosa, la peste equina, la peste porcina y el carbunco, entre otras enfermedades, tuvieron un papel importante en la protección del área contra la influencia humana y posteriormente contra la expansión agrícola que llegó con los colonos. Estas condiciones hicieron que el establecimiento del Parque Nacional Kruger (Kruger National Park, KNP) fuera menos polémico de lo que pudo ser. Junto con la preocupación por la caza de los animales que salían del parque en busca de agua y pastoreo durante los períodos de sequía (Mabunda *et al.*, 2003), estas características fueron una justificación para cercar el parque con el fin de minimizar el riesgo de transmisión de enfermedades animales (Bengis *et al.*, 2003). Esta fue una decisión política que tendría muchas consecuencias imprevistas y de largo alcance que dejarían al descubierto la inherente complejidad socioecológica del parque.

La cerca impedía que los animales de caza accedieran al agua en las zonas más húmedas fuera del parque, especialmente durante las sequías. Y a medida que la agricultura se expandía, el agua disminuía, reduciendo las corrientes de los ríos a través del parque. La solución parecía obvia y simple: obligar a los animales a ser menos dependientes del suministro de agua desde el exterior del parque mediante la construcción de represas y bombas de viento para brindar sustento a la vida silvestre durante las sequías.

Cerca fronteriza para la fauna silvestre entre el Parque Nacional Kruger (izquierda) y los terrenos agrícolas

Fuente: Graeme L. Worboys

Los arquitectos de dicha política creían que esto garantizaría "un medio ambiente saludable y productivo que pudiera acomodarse a cambios naturales a largo plazo, que condujera a una estabilidad relativa y que garantizara fluctuaciones poblacionales de proporciones manejables" (Pienaar, 1983, citado en Gaylard *et al.*, 2003, p. 29).

Las primeras estructuras se construyeron en 1933 después de un período de sequía, y para 1995 se habían construido 365 pozos de perforación y cincuenta represas de tierra (Gaylard *et al.*, 2003). Esto cambió el patrón espacial de agua disponible para la vida silvestre y puso en movimiento una compleja red de interacciones que no podían predecirse, pero que tendrían implicaciones de largo alcance sobre la diversidad de especies y la heterogeneidad en el parque. Especies como el antílope acuático, la cebra, el ñu y el impala, que se encuentran generalmente cerca del agua, ahora podían vivir permanentemente en los lugares que en el pasado solo se podían utilizar durante los períodos de lluvias.

Las poblaciones de herbívoros aumentaron y los impactos del pastoreo se hicieron más homogéneos en todo el parque, dejando poco forraje disponible durante las sequías. En resumen, el sistema de las estepas bajas se transformó de uno en el que las fuerzas naturales dominaban, a uno en el que las influencias humanas movieron el sistema de una trayectoria de desarrollo a otra.

Cruzar este umbral condujo entonces a una serie de otras preocupaciones e impactos –ninguno esperado–. La aglomeración alrededor de los pozos de agua aumentó la probabilidad de propagar enfermedades contagiosas y parásitos entre herbívoros y carnívoros (y entre herbívoros) (Bengis *et al.*, 2003). Las consecuencias se hicieron evidentes durante 1982-1983 cuando una sequía resultó en una mortalidad del 20%-30% de la población herbívora en el parque. En la vecina Reserva Natural Privada Klaserie, que tenía una mayor densidad de puntos de agua hechos por el ser humano, se calculó que la mortalidad llegó al 70%-90% (Bengis *et al.*, 2003).

El miedo a la mortalidad durante las sequías y la creciente evidencia de impacto en la vegetación alrededor de los puntos de agua motivaron otra respuesta de la administración: el sacrificio durante las temporadas de lluvias (Freitag-Ronaldson y Foxcroft, 2003). Los elefantes fueron una de las

LA COMPLEJIDAD ES ABRUMADORA E IGNORADA

- La complejidad es vista como inmanejable
- No se logra una mejor comprensión de los sistemas
- La simplificación se realiza sin un escrutinio

EL PENSAMIENTO SISTÉMICO SE UTILIZA PARA ENCONTRAR ORDEN Y COMPORTAMIENTO EN LOS SISTEMAS

- Las conexiones entre los elementos de un sistema se vuelven evidentes
- Se entiende mejor la retroalimentación entre acciones y efectos
- La simplificación se hace con un propósito
- Se descubren puntos de apalancamiento dentro del sistema

LA COMPLEJIDAD SE CARACTERIZA COMO BENÉFICA

- El cambio se anticipa mejor
- El comportamiento del sistema se utiliza en beneficio de la gobernanza y la gestión
- Se implementan mejor las metas organizacionales
- Los recursos son apalancados
- Se mejoran el aprendizaje y las relaciones organizacionales

Figura 10.1 Puntos clave en el capítulo

Rinoceronte blanco (*Ceratotherium simum*) y represa de poca profundidad, Parque Nacional Kruger
Fuente: Graeme L. Worboys

Elefante africano de sabana (*Loxodonta africana*), Parque Nacional Kruger
Fuente: Graeme L. Worboys

especies seleccionadas, y entre 1966 y 2002, fueron "eliminados de la población" 16.666 individuos (Whyte *et al.*, 2003, p. 339), lo que generó una fuerte oposición política al sacrificio. En 1994, el cabildeo de los grupos de defensa de los derechos de los animales llevó a una suspensión de la matanza. Una evaluación científica realizada en 2006 concluyó, entre otras cosas, que "el sacrificio de elefantes por sí solo puede tener consecuencias secundarias" y que "los problemas sociopolíticos parecen generar una preocupación más inmediata que los ecológicos, al menos en el Parque Nacional Kruger" (Owen-Smith *et al.*, 2006, p. 393).

Al simplificar e intentar controlar el sistema, los administradores lo hicieron más vulnerable a las presiones y fuerzas "externas", y redujeron así su resiliencia. En 1997 se revirtió la política de distribución de agua (Pienaar *et al.*, 1997): se rompieron las represas y se cerraron los puntos de agua. No obstante, el legado persiste en reconocimiento de la naturaleza socioecológica de las áreas protegidas, de su conexión inherente, de las interacciones y complejidad entre escalas, y de la necesidad de un enfoque adaptativo tanto en la gestión como en la gobernanza.

Fuego en el oeste americano

En una turbulenta tarde de verano en 1973, una tormenta generada por un frente frío que avanzaba a través de las remotas montañas del centro-norte de Idaho en los Estados Unidos produjo una serie de rayos. Uno de ellos impactó una conífera en los tramos superiores de White Cap Creek Drainage (en Fitz Creek) e inició un incendio forestal que quemó cerca de quinientas cincuenta hectáreas del Área silvestre Selway-Bitterroot. En una revocación histórica de una política que había estado vigente desde el "Gran Incendio" (*Big Burn*) de 1910, ningún bombero acudió a este incendio, no se levantó pala alguna para arrojar tierra en las llamas y no se ordenó que los aviones/helicópteros antiincendios retardaran su avance.

El Gran Incendio tuvo lugar durante un período de dos días en agosto de 1910. Consumió 1,4 millones de hectáreas de bosque en el norte de Idaho y el oeste de Montana, arrasó pequeños pueblos y aldeas, quemó el suelo con temperaturas por encima de 1000ºC y mató al menos 85 personas. Después del Gran Incendio, el Servicio Forestal de Estados Unidos finalmente adoptó una política de supresión inmediata, la cual exigía que todos los incendios forestales fueran controlados a las 10:00 am del día siguiente a su inicio. La agencia fue eminentemente exitosa en implementar esta política, quizás con más del 98% de todos los incendios suprimidos casi de inmediato (Tidwell, 2013). La nueva política le permitía a la agencia monitorear los incendios, permitiéndoles arder sin interferencia en áreas designadas como zonas silvestres bajo ciertas condiciones.

Si el Servicio Forestal tuvo tanto éxito en lograr su objetivo de supresión, y por lo tanto en prevenir los daños, ¿por qué cambió su política a principios de los años setenta? Cambiar esta política de las "10:00 am" no fue fácil:

muchas personas –bomberos, científicos y administradores dentro y fuera de la entidad– lucharon contra el cambio, ya que sentían que los riesgos de la nueva política eran no solo grandes, sino también ampliamente desconocidos. Así que, ¿por qué permitir que algunos incendios forestales ardieran? ¿Fue un cambio en el ambiente natural? O ¿fueron cambios en el conocimiento, las instituciones y las preferencias públicas los que llevaron a esta decisión?

La política del Servicio Forestal para el manejo de incendios forestales y los intentos de Sudáfrica de manejar la vida silvestre ejemplifican el contenido de este capítulo. Las instituciones, los valores públicos y los sistemas biofísicos están en constante cambio; la incertidumbre desafía a los administradores de las áreas protegidas todos los días; ocurren sorpresas; el conocimiento es tentativo; la complejidad dinámica permea los mundos social y biofísico en que trabajan los administradores; los valores y significados públicos importan, y enfrentamos conflictos en cada coyuntura. En cada opción que un administrador considera, los riesgos –algunos conocidos, muchos no– abundan. La implementación conduce a consecuencias que son tanto intencionales como no intencionales y que pueden no percibirse durante mucho tiempo. Por ejemplo, seis décadas de extinción de incendios condujeron a la acumulación de combustibles en los bosques donde el fuego era un proceso natural, lo cual eventualmente reconoció la ciencia. Los combustibles acumulados, una vez encendidos, hicieron que los incendios ardieran con mayor intensidad, aumentando los daños y acelerando los costos de extinción (los costos de extinción de incendios forestales en los Estados Unidos ahora alcanzan los dos mil millones de dólares al año). En resumen, la política de extinción de incendios llevó a incendios más graves cuyo control cuesta más.

Y los años de desarrollo de los puntos de agua llevaron no solo a aumentos en las poblaciones, sino también a su redistribución –consecuencias que no se esperaban–. Los intentos de simplificar y controlar el sistema como otra consecuencia llevaron a otras acciones basadas en el control, como el sacrificio de los elefantes, lo que dio lugar a protestas internacionales, que presionaron al gobierno sudafricano para que cambiara su política. La administración fue sorprendida por los efectos de segundo y tercer orden a través de muchas escalas, lo que indicaba cuán complejo era ahora el sistema.

En este capítulo argumentamos que sumergirse en esta complejidad con el uso del pensamiento sistémico les permite a los administradores desarrollar ideas nuevas y útiles acerca de los sistemas en los que trabajan. Pensar y actuar en términos de complejidad lleva a estrategias que retienen su complejidad y resiliencia, no a intentos de simplificar y controlar.

Resumen

Los dos ejemplos revelan que los sistemas socioecológicos son inherentemente complejos; que cuando tomamos acción en la gobernanza o decisiones de manejo sin entender esta complejidad, es frecuente que sigan las sorpresas y las consecuencias imprevistas; que las respuestas poco informadas a las sorpresas conducen inevitablemente a más problemas, menos resiliencia y trayectorias de desarrollo que son más difíciles de abordar. En este capítulo sugerimos que cuando comprendemos y nos relacionamos con esta complejidad, nos volvemos más conscientes de cuán eficaces son nuestras intervenciones y políticas, desarrollamos mejores percepciones sobre el sistema socioecológico particular en el que trabajamos diariamente y usamos estas nuevas percepciones para hacer mejores elecciones (Cuadro 10.1). Igualmente, reconocemos mejor los riesgos asociados con estas elecciones.

Nos beneficiamos del pensamiento complejo (la aplicación del pensamiento sistémico a los sistemas complejos), con lo que hacemos que los sistemas sean más resilientes, y comprendemos las consecuencias equitativas de las alternativas, de manera que dejamos más opciones disponibles para el futuro. Enmarcar un área protegida como un componente de un sistema socioecológico ayuda a lidiar con las incertidumbres inherentes que enfrentan los administradores a partir de una variedad de fuentes: "la incertidumbre fundamental es introducida por nuestra limitada comprensión de los procesos humanos y ecológicos, por el indeterminismo intrínseco de los sistemas dinámicos complejos (que incluyen componentes naturales, humanos y hechos por los humanos) y por una miríada de opciones y objetivos humanos" (Gallopin *et al.*, 2001, p. 222).

Caracterización de la complejidad

> La búsqueda de soluciones sencillas –o ingenuas– a los problemas complejos es una consecuencia de la incapacidad de abordar eficazmente la complejidad (Ackoff, 1999a, p. 252).

Si el mundo es tan complejo, incierto y contencioso, ¿por qué seguimos aquí? Si hemos sobrevivido tanto tiempo, ¿por qué el pensamiento complejo nos beneficiaría tanto personal como profesionalmente? Lo cierto es que tratamos con la complejidad a nivel personal casi inconscientemente (y la mayoría de las veces lo suficientemente bien para sobrevivir), con el uso de modelos y simplificaciones que funcionan en la mayoría de las situaciones, pero tenemos el reto de funcionar a escalas sociales y espaciales más amplias. Como sugirió Capra al comienzo de este capítulo, comenzamos a darnos cuenta de la conexión entre los problemas de la época que representan un desafío social y político, y no podemos resolverlos por separado.

Para trabajar en un mundo complejo, primero debemos esforzarnos por entenderlo. Una vez que comprendamos esta complejidad, podemos desarrollar enfoques y métodos para simplificarlo, de tal manera que podamos aplicar nuestro entendimiento a la gobernanza, a la gestión y al manejo. Debajo de este entendimiento está la descripción, que es el centro de esta sección. Describimos el mundo en el que trabajamos y vivimos utilizando los conceptos, la terminología y las ideas del pensamiento sistémico. Comenzamos por abordar nuestra propia experiencia personal al tratar con la complejidad, y luego ampliamos la escala de discusión.

Aunque todos tenemos patrones en nuestra rutina diaria, rara vez conocemos todos los eventos específicos que aparecerán en el día. De hecho, la mayoría dependemos todos los días de nuestra rutina para ayudarnos a afrontar los eventos inesperados que encontramos. Los patrones de comportamiento asociados con la rutina nos permiten la simplificación que necesitamos para poder tomar decisiones, asignar nuestro tiempo, priorizar nuestras actividades y tratar con los eventos inesperados que encontramos de manera inevitable.

En nuestra dura vida laboral, es posible que no nos tomemos el tiempo para considerar lo que necesitamos para desarrollar nuestras rutinas. Quizás consideremos que nuestro buen juicio, experiencia, intuición o intelecto son lo que nos guía en nuestras acciones. Todas estas son características importantes de nuestra personalidad, pero, de hecho, lo que hacemos de forma regular es simplificar un conjunto abrumadoramente complejo de estímulos en una serie de significados relevantes y procesables. Una de las maneras en que simplificamos a nivel personal es al estereotipar (generalizar el específico al general) personas, situaciones y eventos de manera que reflejen y refuercen nuestras experiencias y creencias anteriores. Filtramos nueva información a través de esas creencias y decidimos si debemos aceptar o rechazar sus significados. Otra forma es aplazar nuestro juicio sobre una situación y consultar a alguien que consideramos con mayor autoridad sobre el tema. Por ejemplo, contratamos a administradores forestales o de áreas protegidas capacitados para cuidar de lugares especiales y complejos.

Además, desarrollamos estructuras institucionales, como una agencia de manejo de áreas protegidas, para organizar el sistema de áreas protegidas en un grupo más amplio y fácilmente comprensible de lugares, todo con reglas y procesos para hacer la vida más simple y más predecible. Tales instituciones adoptan reglas para nuestro comportamiento dentro de las áreas protegidas, de tal manera que podamos desenvolvernos cómodamente respecto a la manera en que nos conectamos con los lugares de la naturaleza.

Necesitamos estar en capacidad de describir un sistema de áreas protegidas de una manera que promueva nuestro entendimiento, de tal manera que cuando simplifiquemos, lo hagamos reconociendo las consecuencias de la simplificación. El lenguaje del pensamiento sistémico nos ayuda a describir la complejidad, a disipar los mitos y eventualmente a formular modelos que simplifiquen esa complejidad en formas que promuevan el aprendizaje. Esto es lo más importante, en especial si se consideran los supuestos cambiantes sobre el mundo (Cuadro 10.1).

El mito de la estabilidad

Un área protegida –incluidos los vínculos con otros elementos, personas y organizaciones que la manejan e interactúan con ella– puede concebirse como una bola en un cuenco, que es una metáfora presentada por Walker y Salt (2006). Las fuerzas y acoplamientos externos al sistema y dentro de él definen su forma y profundidad. El cuenco describe el conjunto de estados posibles que un sistema socioecológico puede tener y aún conservar su estructura y función. En cualquier momento dado, el sistema estará en un estado particular (véase la Figura 10.2 para representaciones del cuenco), representado por la posición de la bola en el cuenco. La forma y la profundidad del cuenco indican el rango de variabilidad que normalmente ocurre, y mientras la bola permanezca dentro de este, cualquier condición potencial podría ser descrita como “normal”. Por lo tanto, los ecosistemas no son estáticos, sino que cambian todo el tiempo.

Dentro de un cuenco (donde el sistema tiene esencialmente la misma estructura y función, y los mismos tipos de retroalimentación), la bola tiende a rodar hasta el fondo. En términos de sistemas, tiende a cierto estado de equilibrio. En la realidad, este equilibrio cambia constantemente debido a las cambiantes condiciones externas; sin embargo, la bola siempre se moverá hacia él. El efecto neto es que nunca se encuentra un sistema en equilibrio, es decir, con la bola en el fondo del cuenco. La forma del cuenco siempre está cambiando conforme cambian las condiciones externas, y también cambia la posición de la bola. Así que el sistema siempre sigue un objetivo en movimiento y es empujado fuera del curso conforme lo hace. Desde una perspectiva de resiliencia, la pregunta es cuánto cambio puede ocurrir en el cuenco y en la trayectoria del sistema sin que el sistema abandone el cuenco.

Más allá de un límite (el borde del cuenco), hay un cambio en las retroalimentaciones que impulsa la dinámica del

Cuadro 10.1. Cambios en los supuestos respecto al carácter de los sistemas socioecológicos

Desde la escuela primaria, la mayoría de los administradores de parques han aprendido supuestos sobre el mundo mucho antes de que se dieran cuenta de que había otras maneras de entender el cambio. Por lo tanto, la visión convencional todavía controla la manera en que ellos manejan el cambio en las áreas protegidas. Pero con la complejidad creciente y el cambio acelerado de la civilización, la visión anterior ya no logra hacer el trabajo. Podríamos caracterizar las perspectivas viejas y nuevas como un choque entre las visiones del mundo PLUS y DICE. PLUS, que lleva el nombre en inglés (más) de la simple operación matemática, significa "predictibilidad, linealidad, comprensibilidad y estabilidad" y permea casi todas las herramientas y procesos que se usan hoy en día en las áreas protegidas. Debido a que nuestra civilización de diez mil años de antigüedad surgió durante un clima relativamente estable y en medio de un lento cambio en los frentes culturales, sociales y ambientales, la sociedad moderna tiene una fuerte fe en su capacidad para predecir o prever el futuro. De hecho, desde la historia antropológica más reciente, el futuro se ve muy parecido al pasado.

Al asumir un futuro predecible, los administradores formulan planes de manejo con horizontes de planeación de cinco o de diez años, durante los cuales predicen condiciones y ofrecen soluciones para los retos de la gestión en el futuro. El mismo Isaac Newton enseñaba que si tenemos suficiente información acerca de la velocidad de una pelota saltarina, ángulo de aproximación, composición, etc., podemos calcular exactamente dónde rebotará. Del mismo modo, los encargados de la planeación asumen que si pueden generar suficiente información, también pueden calcular la probabilidad de los eventos en el futuro.

También se nos enseña muy temprano acerca de la linealidad, que asume que el efecto es proporcional a la causa y que las cosas ocurren cercanamente en el tiempo y en el espacio. Por ejemplo, muchas personas asumen que x cantidad de emisiones de gases de efecto invernadero producirá x cantidad de calentamiento, y cuando comencemos a ver realmente ese calentamiento, podremos bajar de nuevo los niveles del gas y enfriar el planeta de manera proporcional. Además, si vemos cierta cantidad de caza furtiva, los administradores deben incrementar poco a poco las medidas contra la caza furtiva para mitigar la amenaza. La capacidad de carga es la herramienta lineal por excelencia por la cual cada persona adicional implica una cantidad mayor de impacto adicional: dos personas son dos veces más perjudiciales que una. Además, los administradores necesitan que el mundo sea comprensible. Si los administradores pueden comprender la naturaleza de un problema de manejo –proteger a una especie en peligro de extinción de un nuevo virus– entonces pueden idear soluciones racionales y cuantitativas. Así, cualquier límite de nuestra comprensión, según este pensamiento, debe atribuirse a la falta de dinero, tiempo, personal o información.

La previsibilidad se apoya en la estabilidad. En el pasado, los padres solían esperar que sus hijos tuvieran condiciones muy parecidas a las de ellos. Tal como lo demuestra el cambio climático, el crecimiento demográfico, el consumo económico, la evolución de la conciencia y la primavera árabe, las fuerzas del cambio continúan acelerándose. Aunque los planes de manejo extrapolan rutinariamente las condiciones en el momento de la planeación hacia el futuro, el supuesto de la estabilidad crece riesgosamente en un mundo que cada vez ofrece más sorpresas. Dado que la adhesión a las suposiciones PLUS suele precipitar planes que no se implementan, problemas persistentes o problemas que vuelven después de haber sido "resueltos", muchos campos han promovido nuevas teorías: co-gestión adaptativa, pensamiento sistémico, pensamiento de resiliencia, aprendizaje organizacional, organización de alta resiliencia, límites de cambio aceptable, liderazgo situacional, diálogo, planeación holística, enfoque de ganancias mutuas, teoría integral, teoría del caos, teoría de la complejidad e iluminación evolutiva. Podemos resumir estas teorías con el mundo DICE ("dados" en inglés), una referencia al lanzamiento semi-aleatorio de los dados. Esta visión del mundo, en contraste con la visión PLUS, es dinámica, imposible de comprender completamente, compleja, y siempre cambiante o en evolución.

"Dinámico" se refiere a la continuidad en el cambio, la actividad o el progreso. Un mundo dinámico socava los intentos simplistas de predecir el futuro, como estimar las llegadas de turistas, las curvas de crecimiento poblacional y los retornos económicos de la inversión. Por supuesto, cuanto más miramos al futuro, mayores son las probabilidades de error. Los mundos dinámicos son no lineales y bailan melodías de puntos de inflexión, umbrales y cambios masivos del sistema.

En el mundo DICE, no importa cuánta información tengamos, no podemos conocer completamente el futuro, ni siquiera podemos entender completamente un problema. Podemos simplificar problemas sociales y ecológicos complejos, pero eso no los hace simples. Las cosas cambian demasiado rápido y las relaciones resultan ser demasiadas para comprenderlas adecuadamente, por lo que DICE significa que debemos decidir con humildad y no con exceso de confianza. La "complejidad" se refiere a un acomodamiento interconectado y a la interacción de partes, unidades, lo cual exhibe comportamientos que no pueden predecirse al estudiar las partes individuales por separado. Descartes nos mostró el poder del reduccionismo para las preguntas más simples, pero para los sistemas con muchas partes que operan en diferentes momentos, escalas, lugares y objetivos, el resultado debe ser el asombro y no la certeza. Por último, el mundo DICE siempre está cambiando y en muchos sentidos evolucionando a formas superiores de auto organización, interconectividad y conciencia. Vivir en un mundo DICE significa que los administradores deben ser conscientes del cambio, tomar decisiones bajo una incertidumbre estresante y aprender de prisa en un mundo que no se quedará quieto.

Jon Kohl

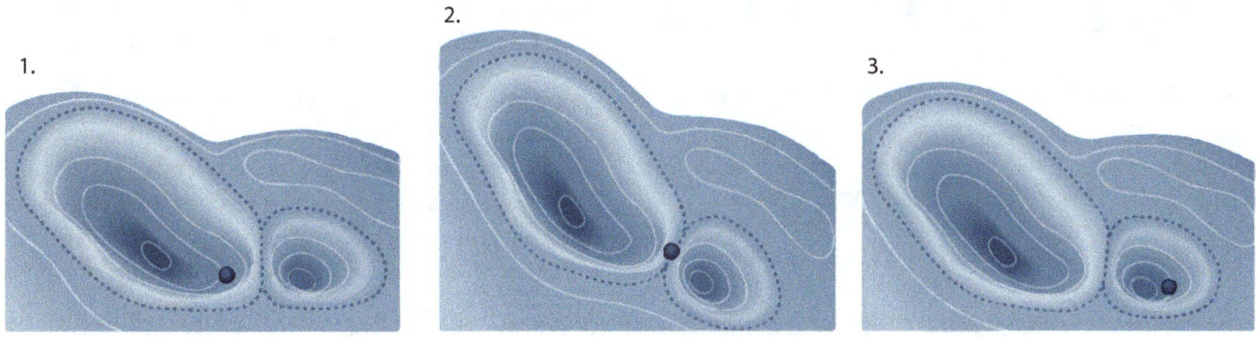

1.

La bola es el estado del sistema socioecológico.
El cuenco en el que se mueve la bola es el conjunto de estados que tienen el mismo tipo de funciones y realimentaciones.
La línea punteada es un umbral que separa un cuenco alternativo. En el cuenco alternativo el sistema se comporta de manera diferente (tiene distintas funciones y realimentaciones).

2.

Una perturbación empujó la bola por encima del umbral.

3.

La figura de arriba representa el estado del sistema que se movió a un cuenco alternativo, que algunas veces se denomina "cambio de régimen".

Figura 10.2 Un sistema puede concebirse como un cuenco

sistema, y este tiende a un equilibrio diferente. El sistema en este nuevo cuenco tiene una estructura y una función diferentes. Se dice que el sistema cruzó un umbral en un nuevo cuenco de atracción –un nuevo régimen–. Estas diferencias pueden tener consecuencias importantes para la sociedad, por lo que algunos cuencos de atracción se consideran "deseables", mientras que otros no.

Y no solo es importante el estado del sistema (la posición de la bola) en relación con el umbral. Si las condiciones hacen que el cuenco se vuelva más pequeño, la resiliencia disminuye y se vuelve más fácil el posible paso del sistema a un cuenco de atracción diferente. Entonces se necesita una perturbación cada vez más pequeña para empujar el sistema sobre el umbral.

De vuelta al ejemplo del incendio, vemos que la política de supresión llevó a intervenciones de gestión que cambiaron la posición de la bola (el estado del sistema) en el cuenco. Como el sistema se adaptó a la ausencia de fuego, este se desplazó progresivamente hacia el umbral del cuenco, y si las prácticas hubieran persistido el tiempo suficiente, pudo haber alcanzado el umbral y sobrepasado el borde, de manera que pasara a un cuenco caracterizado por la ausencia de fuego. De haberlo hecho, exhibiría propiedades fundamentalmente diferentes al "cuenco" anterior; sin embargo, el fuego natural, que estaba más allá de nuestra capacidad de control, devolvió la bola a un estado que era más consistente con el rango de variabilidad ambiental al que se había adaptado. Esto estuvo acompañado por una serie de decisiones políticas de gobernanza relacionadas con la evolución de condiciones inaceptables, lo que aumentó los niveles de riesgo de incendio tanto para los seres humanos como para su entorno natural. Si bien no podemos describir estas acciones como una verdadera gobernanza adaptativa, se reconoció que sin cambios en las políticas era posible superar los umbrales, que un entorno de incendios simplificado amenazaba los sistemas socioecológicos y que existía incertidumbre con respecto a la supresión constante. Bajo las políticas y las prácticas de manejo revisadas, la bola no se ve forzada a una trayectoria que la lleve al borde del cuenco. La capacidad de retener la integridad del sistema –definida por Walker y Salt (2006) como la capacidad de autoestructuración de los sistemas después de una perturbación (un régimen impuesto para el manejo de los incendios)– es indicativa de la resiliencia.

La estabilidad en el contexto de la complejidad dinámica, tanto a nivel personal como a mayor escala, puede ser algo que deseamos o buscamos, pero los sistemas complejos siempre están cambiando porque un cambio en un elemento de ese sistema afecta a los otros. Esto se ilustra particularmente en el ejemplo sudafricano, en el que la colocación de pozos y represas alteró la distribución de los animales, lo cual no solo afectó la vegetación, sino que también aumentó la vulnerabilidad de las poblaciones animales a la sequía. Estos sistemas socioecológicos son sistemas adaptativos complejos, es decir que responden a cambios y procesos y se ajustan a ellos siguiendo un ciclo de renovación y adaptación. En un sentido muy real, tales sistemas muestran, más o menos, la propiedad de la resiliencia. La resiliencia describe la capacidad de un sistema para retener su integridad y regresar a su trayectoria de desarrollo después de la perturbación (véase el Cuadro 10.2 para más definiciones).

Cuadro 10.2. ¿Qué es la resiliencia?

Uno de los objetivos declarados de la gestión de sistemas socioecológicos complejos es mantener su resiliencia. Pero, ¿qué es la resiliencia? Walker *et al.* (2006, p. 14) utilizaron la siguiente definición: "la resiliencia es la capacidad de un sistema para experimentar impactos y mantener esencialmente la misma función, estructura y retroalimentación y, por lo tanto, su identidad". Folke *et al.* (2010, p. 20) definen la resiliencia como "[la] capacidad de un sistema para absorber perturbaciones y reorganizarse mientras sufre el cambio, pero todavía conserva esencialmente la misma función, estructura y retroalimentación y, por tanto, su identidad, es decir, la capacidad de cambiar con el fin de mantener la misma identidad".

Básicamente, lo que esto quiere decir es que la resiliencia es la capacidad de un sistema socioecológico para regresar a una trayectoria de desarrollo anterior después de ser afectado por una perturbación o disturbio. Por ejemplo, un tifón puede golpear a un pequeño país insular en el Pacífico Sur, destruir el transporte y otras infraestructuras, aislarlo por un tiempo y obstaculizar los esfuerzos de mejoramiento de la pobreza. Un país con resiliencia podría volver a su curso previo de desarrollo sin un impacto irreversible en su estructura, función y retroalimentación anteriores. La resiliencia no significa necesariamente regresar a un estado preexistente. Los sistemas siempre están cambiando, adaptándose y avanzando en respuesta a las perturbaciones y procesos en curso. Así, el mantenimiento de la capacidad de adaptación del sistema es un objetivo fundamental de la gestión y manejo de áreas protegidas.

Así, la estabilidad es una meta imposible de lograr, pero la resiliencia es un deseo más probable. El cambio está en todas partes, y responder a él, como se muestra en la Figura 10.2, requiere de diferentes estrategias, dependiendo de la magnitud de cambio. La adaptación se produce cuando el sistema está sujeto a perturbaciones, pero permanece dentro del dominio de la variación natural –el cuenco en la Figura 10.2–. No obstante, en algunas épocas y lugares, los cambios han sido tan dramáticos que se han cruzado los umbrales y las condiciones resultantes son insostenibles; en estas situaciones, se requiere la transformación a otro sistema o a uno anterior. En los ejemplos anteriores se necesitaron procesos transformadores para devolver las condiciones a una situación más manejable. En ambos ejemplos, los sistemas de gobernanza se vieron obligados a actuar. En Sudáfrica, se necesitó de la gobernanza para dirigir la gestión respecto al problema del sacrificio de elefantes en respuesta a unas relaciones internacionales insostenibles. En los Estados Unidos, el Congreso aprobó leyes y asignó fondos para el manejo de combustibles peligrosos (mediante el uso del fuego y la tala) cerca de las comunidades, lo que redujo el riesgo de pérdidas y una mayor intensidad del fuego.

Compartir el poder y estructurar los procesos de toma de decisiones son asuntos relacionados con la gobernanza que son factores clave para desarrollar la resiliencia, al igual que la gestión. La gobernanza adaptativa requiere la devolución de cierta autoridad de toma de decisiones administrativas a niveles más locales, la participación de múltiples intereses y el poder compartido entre las escalas de la política (véase Folke *et al.*, 2005). La participación de los intereses, la distribución del poder y la estructura de los procesos de toma de decisiones también son elementos importantes en cualquier caracterización de un sistema complejo, ya que la forma en que estas cambian o permanecen influye en las relaciones entre los elementos del sistema (para más información sobre cómo la gobernanza puede facilitar la resiliencia, véase el Capítulo 7).

La dirección y la intensidad del cambio son dictadas por la naturaleza de las relaciones entre los diversos elementos del sistema y están sujetas a retrasos de magnitudes variables. Así, en nuestra vida cotidiana, en el trabajo interactuamos con otras personas, y nuestras interacciones son mediadas a través de reglas y normas organizacionales para producir planes e implementarlos. En un sistema, no podemos entender la función de las partes sin entender su relación con otras. Si uno de nuestros compañeros de trabajo se enferma y deja de atender una reunión o una tarea asignada, los efectos sobre el todo dependen del cargo y la responsabilidad de esa persona en la organización y de la naturaleza de cualquier tarea específica.

¿Qué hace que un sistema sea complejo?

Un sistema se ocupa de un "todo", y como tal, el sistema tiene propiedades que existen como un todo, o como Jackson (2003, p. 3) menciona, "[definido] de manera simple, un sistema es un todo complejo cuyo funcionamiento depende de sus partes y de las interacciones entre esas partes". Por lo tanto, un automóvil puede ser definido como un sistema, siendo el motor, la puerta delantera, la transmisión y las piezas eléctricas algunos de sus componentes. Cada componente tiene una función que solo puede definirse en relación con los otros componentes. Y en un sistema, las propiedades del todo (el automóvil) no pueden derivarse de las propiedades de las partes. Por ejemplo, no podemos describir lo que hace un automóvil si solo tenemos un parachoques trasero en la mano. Y cuando cambiamos una parte, cambiamos el sistema. Las propiedades del todo se denominan "propiedades emergentes". Por lo tanto, si uno de nosotros decide no ir a

Centro de investigación y gestión Skukuza, Parque Nacional Kruger, Sudáfrica
Fuente: Graeme L. Worboys

trabajar un día (supongamos que está enfermo), el producto del trabajo resultante será diferente.

Lo que hace que algunos sistemas sean complejos es que las relaciones, o la interacción causa-efecto, entre al menos algunas de las partes son dinámicas no lineales, es decir, un cambio pequeño en un componente puede conducir a un cambio grande en otro componente (o viceversa) o en el sistema como un todo. Por ejemplo, una conversación informal sobre una cascada del río Carabinani en el Parque Nacional de Jaú de Brasil podría llevar a un aumento dramático en los visitantes de la cascada, particularmente personas que desean realizar el primer descenso del río en kayak. Esto a su vez generaría otra serie de impactos, que van desde una mayor visibilidad de los biofísicos inducidos por los visitantes, hasta mayores gastos realizados por estos, lo que genera más puestos de trabajo para los residentes locales y un aumento de la incertidumbre respecto a las consecuencias sociales y políticas a largo plazo de los visitantes. Así, mientras disfrutamos de un día libre en el que todo va según lo planeado, es evidente que estamos superados por el número de formas en que la incertidumbre puede introducirse en los sistemas en que nos encontramos.

Nuestras rutinas de pensamiento o comportamiento se basan en una suposición errónea de que el pasado puede predecir el futuro, y pueden volverse resistentes al cambio. Disipar ese mito es nuestra única esperanza de desarrollar una resiliencia personal frente al cambio continuo. Si vamos más allá de aceptar la importancia e inevitabilidad de lo inesperado, al acogerlo se puede mejorar tanto el aprendizaje como la introspección y la eficacia profesional. Así, no solo desarrollamos mejores percepciones sobre el sistema socioecológico particular en el que funcionamos, sino también entendemos cómo estas percepciones nos ayudan a tomar mejores decisiones. Por lo tanto, la rigidez en las estructuras de gobernanza, en las políticas y en las burocracias no funciona bien en un mundo que cambia. Las políticas a nivel nacional pueden llevar a problemas de equidad a nivel local o pueden afectar la resiliencia, con la amenaza de la biodiversidad vulnerable o las comunidades humanas.

Obsérvese aquí que los componentes de los sistemas pueden estar acoplados de forma apretada u holgada. En los sistemas acoplados de manera apretada, los cambios en un componente afectan a los inmediatamente adyacentes, es decir, las relaciones de causa y efecto son más o menos deterministas y los efectos pueden producirse después de retrasos cortos. Por ejemplo, dado que el acceso a un área protegida suele estar acoplado de manera apretada con la política y el financiamiento del Gobierno, los cambios pueden llevar a pérdidas financieras catastróficas para las empresas locales que dependen del turismo, tal como se demostró en octubre de 2013 por una disputa sobre el financiamiento entre los poderes del Gobierno de Estados Unidos, lo cual llevó al cierre de unidades de parques nacionales.

Cuadro 10.3 Navegación de la complejidad dentro y alrededor del Parque Nacional Kruger

Comenzar a pensar en la complejidad

La colaboración entre la ciencia y la administración ayudó a formar los cimientos para que el Parque Nacional Kruger (PNK) de Sudáfrica sea considerado un líder en beneficiarse del pensamiento complejo. Una larga tradición de decisiones basadas en la ciencia, junto con la democratización del país en 1994 y las ideas resultantes de un enfoque adaptativo sobre el manejo de los ríos en un programa único dentro y alrededor del parque durante la década de 1990, sentaron las bases para ver que el PNK se encuentra principalmente inmerso dentro de un complejo sistema socioecológico (Berkes *et al.*, 2000). Esta tendencia se vio reforzada por una variedad de otros factores, como darse cuenta de los beneficios de la reflexión (Biggs *et al.*, 2011), la interacción a largo plazo con los estudiosos de la resiliencia y la complejidad (Walker y Salt, 2012; Cilliers *et al.*, 2013), la colaboración y la prueba de las ideas de gestión adaptativa en las cuencas de abastecimiento de agua del parque (Pollard *et al.*, 2014), así como la incorporación del parque en un área protegida transfronteriza más amplia (Cumming, 2004). Como consecuencia, las decisiones se volvieron más informadas y con mejores fundamentos sistémicos, como puede verse, por ejemplo, en el debate sobre el manejo de los elefantes (Scholes y Mennell, 2008).

Gestión estratégica adaptativa como una respuesta

Los científicos y administradores del PNK respondieron al creciente reconocimiento de que el parque era parte de un sistema socioecológico y desarrollaron un enfoque de gestión estratégica adaptativa (*Strategic Adaptive Management*, SAM) para las decisiones. La SAM implica una variedad de innovaciones de gestión, incluido un amplio escaneo contextual (con un fuerte énfasis en sacar a la luz las diferentes creencias profundamente arraigadas), la construcción conjunta de una versión simple requerida (Stirzaker *et al.*, 2010) de los principales factores de interacción que influyen en el sistema, y el desarrollo no solo de objetivos específicos y cuantificables, sino también de umbrales de cambio que desencadenen la acción de gestión y las retroalimentaciones que permitan la adaptación, la reflexión y el aprendizaje continuos en múltiples niveles anidados.

Con el ímpetu del PNK, la SAM se amplió a otros parques nacionales en Sudáfrica (Roux y Foxcroft, 2011) y al hacerlo señaló el papel de la cultura organizacional (Stirzaker *et al.*, 2011) en la construcción de interés y apoyo. La implementación de la SAM también influyó en otros aspectos de la gestión de recursos, como la Ley Nacional del Agua de Sudáfrica después del Apartheid, la cual, entre otras cosas, ayuda a la gestión de la cuenca de los ríos que alimentan al PNK. El pensamiento de los sistemas socioecológicos o el proceso de planeación adaptativa a partir de la SAM son la base de estas y otras estrategias, como la iniciativa de Salud Animal para el Ambiente y el Desarrollo (Animal Health for the Environment and Development, AHEAD) (Cumming, 2004) desarrollada en respuesta al Congreso Mundial de Parques, y otras iniciativas de investigación que operan en la región (Coetzee *et al.*, 2012). Muchas de estas iniciativas han incorporado dimensiones importantes a partir del diálogo de la complejidad, el cual proporciona el fundamento conceptual para las intervenciones en tales dimensiones, como el desarrollo económico sostenible y la reducción de la pobreza.

¿Qué se ha logrado?

Uno de los principales aprendizajes a partir de la aplicación del pensamiento complejo es que, en primer lugar, no hay panaceas para los problemas que surgen en sistemas complejos, y en segundo lugar, se necesita tiempo para implantar y obtener los impactos visibles de un enfoque de gestión como este. Esto ayuda a que los científicos, gerentes, consultores, financiadores, administradores y ciudadanos se sientan más cómodos con la variación en el tiempo, el espacio y la cultura operativa, y a que utilicen intervenciones más concienzudas y más transdisciplinarias como plataformas de aprendizaje. Existen algunas evidencias de una visión sistémica fuertemente compartida por varios actores clave, y muchos ejemplos de individuos y grupos que se ven a sí mismos como parte de un cuadro interconectado. Estas actitudes, junto con los valores explícitos evocados por la SAM, pueden conducirnos a un futuro más sostenible en el que la ciencia, en lugar de tratar de liderar sola, juegue un papel importante pero contextualizado con el valor.

¿Adónde va todo esto?

Algunos de los avances más apasionantes documentados en relación con el pensamiento complejo incluyen el uso de dimensiones de aprendizaje social transdisciplinario para las comunidades en la cuenca del río Olifants y la adaptación de arreglos institucionales para tratar de ayudar a integrar múltiples proyectos de desarrollo similares en la Reserva de la Biosfera Kruger to Canyons (Coetzee *et al.*, 2012). Junto con varias de las iniciativas mencionadas anteriormente y las emergentes que utilizan marcos similares, esperamos que los entusiastas pragmáticos en la región continúen aprendiendo juntos. Esto les ayudaría a navegar y administrar el complejo sistema socioecológico en el que el PNK desempeña un papel crítico. Comenzamos a sentir el beneficio del pensamiento complejo y de una orientación más sistémica, no para rechazar los enfoques alternativos (a veces más convencionales), sino para complementarlos, lo cual brinda una base que se construye conjuntamente y que es más defendible para gestionar y tomar decisiones. Debido a que la visión sistémica suele ser novedosa y algunos participantes pueden considerarla amenazante, esta requiere suficiente mediación y énfasis, al igual que una posición conciliadora en el enfoque general más amplio. Nuestra experiencia al hacerlo nos hace modestos pero optimistas.

Harry C. Biggs

Los sistemas acoplados de manera holgada se caracterizan por retrasos más largos entre las causas y los efectos, múltiples causas que conducen a los mismos efectos, tiempos de retroalimentación lentos, número de vínculos entre causas y consecuencias, discontinuidades espaciales entre causas y efectos, etc. (Weick, 1976). Por ejemplo, el cambio climático causa incertidumbre respecto a la distribución de la vegetación en algunas áreas protegidas, como en la Reserva de la Biosfera Mariposa Monarca en México, donde tiene el potencial de amenazar el escaso y vulnerable hábitat de invierno para la mariposa. Los sistemas socioecológicos tienen conexiones acopladas de manera apretada y holgada; no obstante, debido a la compulsión por reducir la complejidad de algo que es (ilusoriamente) manejable, el discurso de la planeación tiende a estar dominado por los supuestos implícitos de que tales sistemas están estrecha y rígidamente definidos por la presencia de relaciones acopladas de manera apretada. Como resultado, es frecuente que muchas "reparaciones" (acciones de gestión o manejo) fallen, o que realmente empeoren las cosas (Senge, 1990).

Un subsistema individual sigue su propia trayectoria de adaptación y renovación en respuesta a las "llamadas" influencias externas (Walker *et al.*, 2004). Estas trayectorias se pueden modificar significativamente en respuesta a perturbaciones inducidas por la naturaleza o los humanos, como la extracción de agua de un río para el riego, el desarrollo de nuevas instalaciones turísticas, la introducción de nuevas especies animales o vegetales, un evento meteorológico o un cambio en el régimen climático. Es importante destacar que estos eventos no se tratan como variables exógenas al sistema de áreas protegidas sino como endógenas, y por lo tanto están sujetas a algún tipo de influencia o respuesta de la administración.

Complejidad y liderazgo

En contraste con la búsqueda del control, la estabilidad y la predictibilidad, recuerde a alguien que usted considere que es un muy buen líder o administrador de un área protegida. Lo más probable es que esa persona tenga un buen repertorio de habilidades técnicas, pero se distingue por su capacidad de anticipar y comprender las cambiantes condiciones sociales y ecológicas. Es probable que esta persona tenga habilidades sociales muy eficaces que incluyen respetar, escuchar, aprender y validar el valor de una variedad de opiniones y conocimientos. Esta persona anticipa desafíos o amenazas emergentes e inspira a otros a unirse en torno a una visión para abordar esos desafíos. Asimismo, además de hacer buenas preguntas y haber construido una considerable red de asesores que también se benefician de sus conocimientos, esta persona también brinda un buen consejo sobre cuándo y dónde actuar, y su consejo suele tener un efecto considerable y visible. En otras palabras, esta persona utiliza ciertas habilidades para beneficiarse de la complejidad que la rodea y contribuir mejor con la gestión. Es consciente de su lugar en un sistema y su contexto, y no ve los problemas como simples. Asimismo, no solo presta mucha atención a las operaciones y sugiere acciones que resulten en grandes ganancias en relación con los insumos de personal u otros recursos, sino también acepta y aprende del fracaso, y se soporta y contribuye con las redes de conocimiento que son amplias y a menudo desafiantes. Esta persona, invierte en las relaciones, a menudo dando más de lo que parece recibir y, sobre todo, el aprendizaje continuo es una parte de su rutina. Por último, se beneficia consciente o inconscientemente de la complejidad.

Comprender la complejidad requiere la aceptación de la conexión inherente de los sistemas en los que estamos inmersos. Además, requiere habilidades de experimentación, pensamiento constructivo, percepción de nuestro entorno, aprendizaje y adaptación, copia de buenos ejemplos, respuesta a la incertidumbre, comunicación, construcción de sistemas de apoyo e imaginación de futuros posibles. Estas habilidades aumentan la capacidad de manejar las relaciones sociales y materiales, y de encontrar un mayor significado en nuestras vidas. Aunque usamos estas habilidades a menudo, con mucha frecuencia lo hacemos de manera inconsciente y no nos retamos a refinarlas o a sacar un mayor provecho y una comodidad personal de los ambientes aparentemente caóticos.

Cuando dejamos de aplicar estas habilidades podemos caer en lo que Peter Senge (1990) denomina como "discapacidades de aprendizaje organizacional", como permitir que se nos defina por nuestras descripciones laborales, culpar de los resultados negativos del cambio a un "enemigo por ahí", engañarnos nosotros mismos acerca de cuánto control tenemos sobre las situaciones o fallar en ver los patrones de cambio más grandes que están ocurriendo debido a una fijación en los eventos. Cuando la gobernanza no actúa de manera adaptativa también puede promoverse el uso de panaceas.

Algunas herramientas para caracterizar la complejidad

Nuestra habilidad para caracterizar los sistemas complejos y para responder a las perturbaciones se ve impactada directamente por las herramientas que usamos. Existen varias herramientas que nos ayudan a entender los componentes y las relaciones que existen en los sistemas complejos, así como las políticas que pueden ser robustas ante un cambio incierto. En primer lugar, la Alianza por la Resiliencia (Resilience Alliance, 2010) creó un cuaderno de trabajo útil para identificar y evaluar los diversos componentes de un sistema socioecológico que puede estar bajo estrés. El cuaderno de trabajo cubre la dinámica del sistema, las interacciones entre escalas y la gobernanza, y orienta al usuario a través de un proceso para identificar acciones.

En segundo lugar, se puede optar por utilizar la planeación de escenarios como un método para identificar los posibles estados o condiciones en el futuro y luego probar qué políticas pueden ser robustas en ellos (Peterson *et al.*, 2003). La planeación de escenarios para la conservación es útil en situaciones con altos grados de incertidumbre y poca "capacidad de control". Desarrollar y examinar escenarios con la participación de las comunidades de usuarios les brinda oportunidades para discutir, involucrarse y aprender acerca de cómo varias políticas pueden funcionar en diferentes condiciones que puedan presentarse en el futuro.

Tenga en cuenta que para representar a quienes tienen un interés en un área protegida sugerimos el término "comunidad de usuarios" en lugar de "partes interesadas", que se utiliza con mayor frecuencia. Una comunidad de usuarios representa a los que reciben servicios de una organización o se benefician de un área protegida. Las partes interesadas son aquellas que tienen una inversión o tienen una participación en algo. Se prefiere el término "comunidad de usuarios" en lugar de las "partes interesadas" porque implica una diversidad más amplia de individuos y valores afectados por un área protegida. Creemos que el término "comunidad de usuarios" no solo es más inclusivo, sino también más apropiado para el pensamiento sistémico.

Una tercera herramienta que puede ayudar involucra el mapeo mental; un proceso para descubrir cómo las personas ven las conexiones y las variables involucradas en un asunto o problema particular, el cual revela los modelos mentales subyacentes (véase la siguiente sección) que influyen en la gobernanza, la política y la gestión. Mosimane *et al.* (2013) utilizaron el mapeo mental para exponer los factores críticos que afectan el conflicto entre humanos y la vida silvestre en Namibia, y encontraron que algunos ministerios que parecían no estar involucrados tenían una gran influencia en tales conflictos.

Resumen de la sección

Al reconocer la naturaleza de la complejidad, dimos el primer paso para poder beneficiarnos de esta. Hasta este punto del capítulo hemos discutido lo siguiente.

- Administramos y gobernamos las áreas protegidas en un contexto que se describe mejor como dinámico, imposible de entender completamente, complejo y siempre cambiante: el mundo DICE. Así, los administradores deben ser conscientes del cambio cuando toman decisiones bajo la estresante incertidumbre y deben aprender rápidamente en un mundo que no se quedará quieto.
- Debemos esforzarnos por comprender este mundo complejo y nuestro propio comportamiento respecto a la forma en que nos relacionamos con él. A través de este entendimiento, veremos patrones en nuestra tendencia a simplificar la complejidad en los niveles personal, profesional y social. La simplificación, si bien es importante, tiene que ser estratégica si queremos beneficiarnos conscientemente de la complejidad.
- El pensamiento sistémico nos libera del mito de la estabilidad y nos da herramientas para comprender cómo los sistemas se organizan y cambian todo el tiempo. Los conocimientos adquiridos al examinar el cambio nos permiten comprender mejor las causas del cambio y prever mejor las condiciones emergentes del futuro.
- Conceptos como la resiliencia nos ayudan a involucrarnos con la complejidad del sistema en el que estamos interesados.
- Lo que hace que algunos sistemas sean complejos es que las relaciones, o las interacciones causa-efecto, entre algunas de las partes no son lineales: un pequeño cambio en un componente puede conducir a un cambio grande en otro (o viceversa) o en el sistema como un todo. Además, los tiempos de retraso entre la causa y el efecto pueden ser largos y pueden disimular las relaciones fundamentales que influyen en el cambio.
- El liderazgo dentro de un contexto de complejidad requiere la aceptación de la conexión inherente de los sistemas en los que estamos inmersos. Además, demanda habilidades de experimentación, pensamiento constructivo, percepción de nuestro entorno, aprendizaje y adaptación, copia de buenos ejemplos, responder a la incertidumbre, comunicación, construcción de sistemas de apoyo e imaginación de futuros posibles. Con frecuencia, los líderes efectivos son aquellos que saben cómo beneficiarse de la complejidad en la que están inmersos.

Simplificación de la complejidad

> La simplicidad no precede a la complejidad, sino que más bien la sigue (Perlis, 1982, p. 8).

Si los sistemas son tan complejos –y complicados– ¿cómo es posible hacer que nuestras vidas sean más fáciles y obtener beneficios a partir de las perspectivas que brinda el pensamiento complejo? Si reconocemos un sistema como complejo, ¿cómo funcionamos sin abrumarnos? En resumen, simplificamos. Pero simplificamos basándonos en una comprensión de los sistemas complejos con los que nos involucramos. Esto es lo que queremos decir con "llegar al otro lado de la complejidad". Abordamos esa complejidad enfocándonos en algunas variables, procesos y relaciones clave a través de la aplicación del pensamiento sistémico. Gharajedaghi (2011, p. 335) sostiene que "[el] pensamiento sistémico es el arte de simplificar la complejidad. Se trata de ver a través del caos. Vemos al mundo como cada vez más complejo y caótico porque usamos conceptos inadecuados para explicarlo. Cuando comprendemos algo, ya no lo vemos como caótico o complejo".

Simplificamos la complejidad inherente de un sistema para ser capaces de conceptualizar mejor, comunicar al respecto, entender y actuar sobre una decisión por tomar. Cuando se piensa en ello, en realidad remitimos una gran parte de nuestra toma de decisiones a expertos, clérigos, celebridades, instituciones, familiares y amigos o líderes comunitarios, científicos, biólogos, encargados de la planeación, etc. Este proceso de simplificación de la complejidad de nuestro mundo es notablemente efectivo y a menudo refuerza positivamente nuestras decisiones –por ejemplo, la recomendación del médico funcionó–. Tal como discutimos sobre el mito de la estabilidad, hay un lado negativo en nuestra búsqueda de una vida simplificada, predecible y estable. Si bien la simplificación es necesaria para que funcionemos efectivamente, esta implica el riesgo de asumir la previsibilidad para la que puede haber poca justificación. Cuando esto ocurre, a menudo nos sorprenden acontecimientos que no anticipamos. Nuestros estereotipos pueden ser contraproducentes –por ejemplo, el racismo y el sexismo–. Por lo tanto, es muy valioso construir una expectativa de complejidad en nuestras rutinas, de tal manera que podamos anticipar mejor el cambio y ser más estratégicos en la forma en que manejamos sus alteraciones.

Modelos como métodos de simplificación

Al aplicar el pensamiento sistémico construimos un modelo de nuestro ambiente. Un modelo es una representación simplificada del mundo real, del sistema en el que operamos, ya sea nuestro hogar, comunidad, infraestructura de transporte, sistema biofísico o una gran área protegida. Los modelos vienen en varias formas: como ideas que conectan un componente del sistema con otro a través de algún tipo de relación, como ecuaciones que predicen un resultado de una o más variables o componentes del sistema, o como figuras que representan componentes del mismo conectados por relaciones y bucles de retroalimentación. El modelo que elegimos para representar cualquier sistema en particular está influenciado por nuestros propios conocimientos y necesidades, la importancia de un sistema en particular, los recursos y capacidades que tenemos a nuestra disposición, y los riesgos y consecuencias que entrañan la elección de enfoques alternativos.

Al desarrollar un modelo, es frecuente que nos enfrentemos con la cuestión de qué incluir en ese modelo que representa un sistema. Donella Meadows (2008, p. 97) sostiene que "[el] dónde trazar una frontera alrededor de un sistema depende de las preguntas que queremos hacer" (énfasis agregado). Así, en un sentido muy real, el área protegida puede estar involucrada en una variedad de sistemas y, por lo tanto, no existe una representación "correcta" o "acertada" del sistema para la gobernanza y la gestión de un sistema de áreas protegidas. Como resultado, abundan múltiples modelos mentales del mismo sistema, los cuales resultan de las diferentes preguntas hechas y de las diferentes perspectivas que tienen las comunidades de usuarios de las áreas protegidas.

Un propósito fundamental de la modelación es desarrollar ideas para crear conciencia situacional. Endsley (2000, p. 4) define la conciencia situacional como "saber lo que sucede alrededor". La conciencia situacional se ve afectada por una variedad de factores: la experiencia, los antecedentes, la formación, los modelos mentales personales y organizacionales, y el contexto dentro del cual funciona un encargado de la planeación, un administrador o una comunidad de usuarios. Cada factor influye en qué señales se perciben, cómo se interpretan y qué significados se les asignan. Por ejemplo, el manejo de los elefantes en el Parque Nacional Kruger en Sudáfrica ahora está impulsado por las creencias en los derechos de los animales, por la ecología y el carácter reproductivo de las poblaciones de estos animales. Brindar una gestión cuidadosa del patrimonio mundial de la Gran Barrera de Coral en Australia requiere no solo comprender los usos, los valores y las preferencias de los humanos, sino también la relación entre arrecifes, ríos y corrientes.

La manera en que un administrador o una comunidad de usuarios describen una situación particular –qué variables contextuales son operativas, qué factores legales, normativos y políticos se destacan– influye en el proceso utilizado para la formulación de problemas y la toma de decisiones (Endsley, 1995). Los modelos mentales determinan la caracterización de una situación, la cual se desarrolla a través de la construcción de sentido y la toma de conciencia. Los modelos mentales son las "representaciones internas de la realidad externa que las personas usan para interactuar con el mundo que les rodea" (Jones *et al.*, 2011, p. 1). Estos modelos mentales simplifican nuestras percepciones de cómo se comportan los sistemas del mundo real (Nkhata y McCool, 2012) y tienen una gran influencia en las cosas a las que les prestamos atención. Estos modelos simplificados son necesarios para que los seres humanos funcionen efectivamente en un mundo de complejidad –y muchos de ellos se desarrollaron a partir de experiencias pasadas exitosas–.

La prueba de un modelo apropiado es su utilidad para construir el sentido, crear conciencia situacional, mejorar el aprendizaje y elegir entre alternativas. Para que los administradores puedan trabajar de manera eficaz, los modelos de los sistemas en que se encuentran las áreas protegidas deben reflejar la complejidad dinámica, la turbulencia y la conflictividad de tales sistemas. Aunque todos los modelos siempre estarán equivocados (Sterman, 2002) en el sentido de que son representaciones simplistas de la realidad, serán más o menos útiles en el sentido del aprendizaje que estimulan (Box y Draper, 1987). Por lo tanto, la prueba de un modelo adecuado será la magnitud en que promueva el aprendizaje.

La construcción y la adaptación de modelos son procesos incrustados en la vida humana cotidiana –que en muchos casos se hacen bien, y en otros llevan a desafíos imprevistos–. A medida que crece la escala del sistema, la construcción de modelos se vuelve más difícil y necesita ser más explícita, aunque solo sea en nuestra mente. El beneficio de modelar un sistema, cuando lo hacemos explícitamente, no radica tanto en los resultados de utilizar el modelo sino más bien en el hecho de que mejora y acelera el aprendizaje sobre el sistema que estamos modelando (Sterman, 2002).

Las áreas protegidas como componente de un modelo socioecológico complejo

Dado el creciente reconocimiento de que las áreas protegidas son un componente de un sistema socioecológico complejo, es evidente que se necesitan modelos más explícitos para una gestión y una gobernanza más efectivas. Este reconocimiento se debe al surgimiento de conflictos, la creciente diversidad de expectativas, la dependencia incremental de las áreas protegidas para preservar el patrimonio natural y la progresiva esperanza de que se conviertan en una herramienta importante para aumentar los ingresos y aliviar la pobreza en las comunidades cercanas. Es posible que varias comunidades de usuarios tengan sus propios modelos mentales, los cuales podrían verse como si tuvieran poco en común.

Las áreas protegidas existen como un componente de un sistema socioecológico anidado dentro de otro más amplio, el cual puede expresarse sucintamente como sociedad civil y sus interacciones con el ambiente biofísico. Por ejemplo, el manejo de los elefantes en el PNK

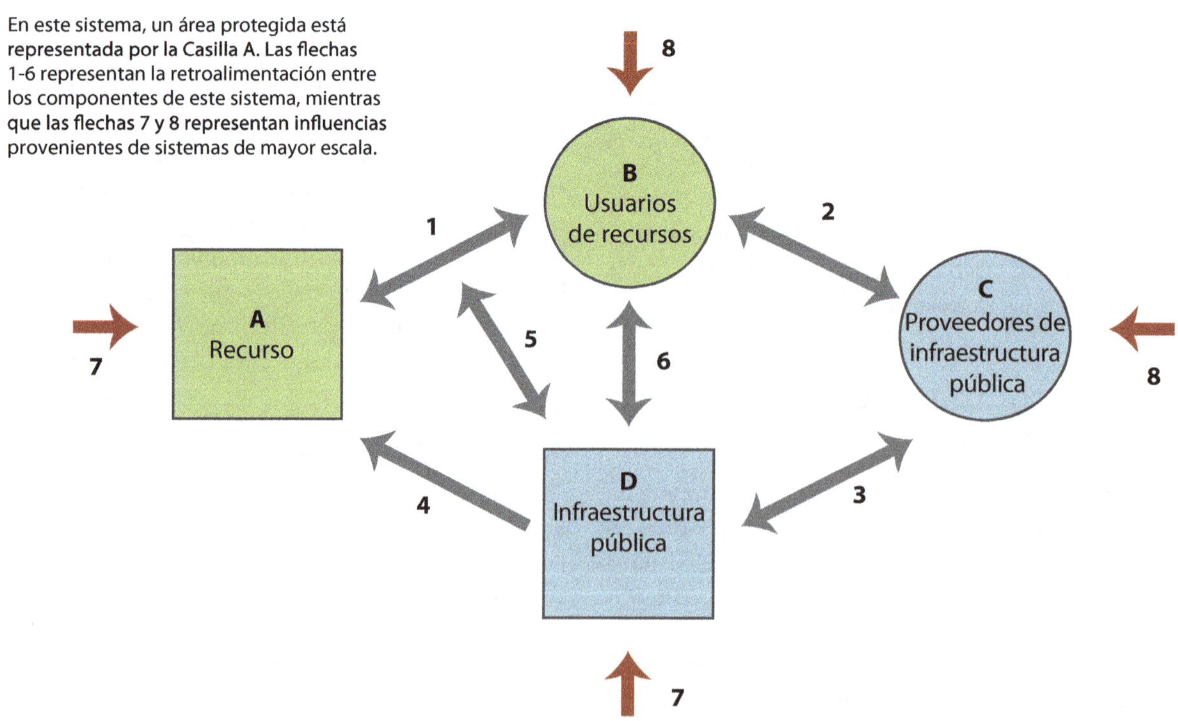

Figura 10.3 Representación simplificada de un sistema socioecológico complejo

Fuente: adaptado de Anderies *et al.*, 2004, p. 18

se sitúa ahora dentro de un debate más amplio sobre los derechos de los animales, la dinámica de la vegetación y los conflictos entre los humanos y la vida silvestre. Es posible que el manejo de los elefantes esté más influenciado por las percepciones y la valoración de la sociedad de los elefantes que por las descripciones científicas de su ecología. La sociedad es la "nube" más grande dentro de la cual están incrustadas las áreas protegidas (incluidos su gobernanza y gestión). A medida que cambian los valores, las preferencias y las necesidades en esta nube, también evolucionan los significados y, por lo tanto, la gestión de las áreas protegidas.

La conceptualización de un área protegida como un componente de un sistema socioecológico complejo es claramente diferente de la concepción común de que es un área geográfica definida por un límite visible y políticamente definido, aunque permeable, que se asume es relativamente independiente de las actividades y procesos que ocurren fuera de ella. Debido a que las áreas protegidas son establecidas por la sociedad, estas son sistemas integrados dentro de otros más grandes que influencian e impactan al área protegida, con sistemas dentro del área protegida que suelen tener un impacto sobre los que están fuera de ella.

Hay muchas maneras de modelar y caracterizar gráficamente un sistema socioecológico. Optamos por utilizar el modelo preparado por Anderies *et al.* (2004), ya que coincide con nuestro modelo mental de tales sistemas y posiblemente también con el de muchos administradores de áreas protegidas. A continuación, trabajamos con este modelo, al discutir y ejemplificar su aplicabilidad a las áreas protegidas.

El término "sistema socioecológico" denota un subsistema social en el cual las interacciones humanas son mediadas a través de conexiones (acopladas de manera apretada u holgada) con el subsistema ecológico. Mientras que este se refiere a un sistema interdependiente de organismos o unidades biofísicas (a diferentes escalas espaciales), el subsistema social representa relaciones humanas interdependientes que se desarrollan en diferentes escalas temporales, espaciales, sociales y organizacionales. El sistema socioecológico consiste en múltiples subsistemas que están inmersos en múltiples sistemas más grandes. Aunque los sistemas ecológicos y sociales comprenden subsistemas que parecen independientes entre sí, cada uno afecta y se ve afectado por otros sistemas a través de relaciones acopladas.

El sistema de la Figura 10.3 consiste de:

a) El recurso (en este caso un área protegida –los valores contenidos en ella, al igual que el acopio y el flujo de materiales, y los procesos biofísicos) y los significados atribuidos a él por diversas comunidades de usuarios–.

b) Los usuarios del recurso (comunidades de usuarios como los visitantes, los proveedores de turismo, las empresas que extraen materias primas y materiales, los residentes que acceden al área por plantas medicinales o pesca, las comunidades que utilizan el agua que fluye del área protegida, grupos que valoran diferentes aspectos del medio ambiente –como la vida silvestre– y demás) que tienen expectativas y articulan exigencias respecto a qué valores hay que proteger y cómo se deben tomar decisiones sobre la gestión y el manejo.

c) Los proveedores de infraestructura (la organización de áreas protegidas y su personal, y en muchos casos otros organismos de gestión o regulación de tierras, organizaciones no gubernamentales, leyes y políticas gubernamentales sobre el medio ambiente, la toma de decisiones y la gobernanza).

d) La infraestructura pública (instalaciones, caminos, políticas que orientan la gestión, el acceso y los procesos de toma de decisiones).

Los componentes del sistema están acoplados y existen en diferentes escalas temporales y organizacionales. La política de manejo de incendios del Servicio Forestal de Estados Unidos (proveedor de infraestructura pública) cambió durante escalas temporales muy largas (medio siglo y más) en respuesta a un mayor conocimiento respecto a los efectos de la supresión de incendios sobre la acumulación de combustibles, particularmente en bosques secos de baja elevación, que antes de la supresión agresiva se quemaban con cierta frecuencia y con una baja intensidad. Ya que la definición misma de un sistema significa un acoplamiento de componentes, los cambios en uno de ellos –por ejemplo, la política del proveedor de infraestructura establecida por algún mecanismo de gobernanza– afectan a otros, pero puede haber demoras o impactos temporales significativos en otro lugar. Por ejemplo, la implementación exitosa de la política de manejo de incendios de White Cap Creek llevó a cientos de decisiones más en otros lugares respecto a dejar que los incendios con un inicio natural en las zonas de vida silvestre ardan sin interferencia. Otro ejemplo es que una decisión del Gobierno Central de Brasil que prohíbe la pesca en los parques nacionales afecta a un grupo de usuarios del recurso: la población local que vive a lo largo de un río.

Por otra parte, los pozos de perforación en el PNK se construyeron sobre supuestos de control y simplificación –supuestos que resultaron no ser válidos en mayores escalas de tiempo–. A medida que las consecuencias de esta política se hicieron más evidentes, lo cual se produjo

Cuadro 10.4. Complejidad y conflicto en el Parque Nacional Natural Sierra de la Macarena, Colombia

El Parque Nacional Natural Sierra de la Macarena abarca seis mil doscientos kilómetros cuadrados de un territorio ecológicamente único donde se congregan la flora y la fauna de regiones como la Amazonía, la Orinoquía y los Andes. Ubicado en el centro-sur de Colombia, este parque cuenta con una gran diversidad de ecosistemas y vastos recursos ambientales, que son cruciales para el secuestro de carbono y el suministro de agua dulce a grandes cuencas subcontinentales como la amazónica. Debido a su ubicación geográfica estratégica, la Sierra de la Macarena ha estado en el corazón del conflicto armado y de la economía ilícita de las drogas en Colombia.

En los años ochenta, la situación de seguridad en Colombia se deterioró rápidamente con el surgimiento de la producción ilícita a gran escala y el tráfico de cocaína, influenciado en una gran proporción por la demanda de drogas de otras partes del mundo. Aparecieron poderosas organizaciones de traficantes y grupos paramilitares de extrema derecha, lo que llevó a la violencia y a la guerra con el gobierno convencional. Con el tiempo, todos los grupos armados no estatales de Colombia se involucraron profundamente en el negocio de drogas ilegales (Pécaut, 2001; ICG, 2002, 2008). La Sierra de la Macarena se convirtió en sitio de producción de drogas ilícitas y de conflicto militar entre estos grupos y las fuerzas armadas del Gobierno. Los ingresos monetarios de esta economía ilícita atrajeron un gran número de colonos sin tierra a la región.

Históricamente, el Estado colombiano ha tenido poca o ninguna presencia en la región. Las Fuerzas Armadas Revolucionarias de Colombia (FARC) explotaron esta debilidad institucional y construyeron un "Estado virtual dentro de un Estado" (de Shazo *et al.*, 2009), de manera que controlaban el área y proveían nuevas infraestructuras físicas (como escuelas y centros de salud) y sociales (como las normas de ordenamiento y conservación de los recursos naturales), ambas incompatibles con la misión del parque nacional, lo cual demuestra los intereses de las diferentes escalas de gobernanza. La construcción no reglamentada de carreteras improvisadas afectó especialmente a los ecosistemas únicos a través de la fragmentación. Estas carreteras controladas por las FARC alentaron más la colonización alrededor y dentro de la Sierra de la Macarena, y la aplicación de la ley por parte de los guardaparques era casi imposible. La pesca en los ríos que rodean al parque y la caza de la fauna silvestre fueron reguladas por las FARC a través de la "conservación a punta de pistola" (Álvarez, 2003), lo cual incluyó el uso de minas antipersonales prohibidas y toques de queda. Como consecuencia, el parque es hoy una de las áreas protegidas de Colombia con el mayor número de minas terrestres implantadas.

La Unidad de Parques Nacionales Naturales de Colombia se enfrentó a la ardua tarea de desarrollar estrategias efectivas de manejo para esta área protegida. ¿Cómo podría lograrse esto? El primer paso consistió en comprender los diferentes componentes y relaciones de este particular sistema socioecológico. Este ejercicio, realizado en una evaluación de 2002, reveló que muchos de los retos y amenazas a los que se enfrentaba la Sierra de la Macarena estaban vinculados al contexto político y de conflicto más amplio.

Se hizo evidente que una serie de problemas complejos relacionados con la seguridad nacional y el narcotráfico transnacional impactaron la dinámica de los recursos naturales del lugar, al igual que sus usuarios y los diferentes actores que proveían infraestructura. Esta situación requirió un nuevo modelo de intervención que sería diferente al modo en que los parques nacionales de Colombia habían sido manejados hasta el momento, es decir, como unidades independientes y aisladas. En su lugar, Parques Nacionales Naturales de Colombia necesitaba utilizar el poder de las redes y llegar a otros sectores del Gobierno y de la sociedad civil para buscar soluciones conjuntas. Esto se facilitó mediante el establecimiento de un acuerdo de gobernanza que reunió a diferentes instituciones estatales y organizaciones de la sociedad civil.

En este esfuerzo fue crucial el papel desempeñado por la Unidad de Parques Nacionales Naturales de Colombia. En primer lugar, ya que había sido una de las pocas instituciones gubernamentales con una presencia continua en la región, su trabajo fue percibido por la gente de la Sierra de la Macarena, incluidas las FARC, como neutral y confiable. Este apalancamiento era esencial para empoderar a las organizaciones locales de colonos al fomentar su participación activa, lo cual era importante en un escenario caracterizado por la violencia y el conflicto armado.

En segundo lugar, la Unidad de Parques Nacionales Naturales de Colombia enfatizó la importancia de la gestión ambiental del territorio, abogando, por ejemplo, por un enfoque integral de reubicación de colonos fuera del parque. Un gran impulso fue identificar áreas donde la reubicación de estas familias no tendría un impacto ecológico negativo. También se necesitaron intervenciones para dotar a las personas de la infraestructura necesaria, como el acceso legal a la tierra y las actividades productivas. Esto requirió la coordinación entre una gama de instituciones centrales, regionales y locales, incluido el Ministerio de Agricultura, la entidad encargada del desarrollo rural, el Ministerio de Defensa y los municipios locales.

Hubo que sortear muchos desafíos. Esencialmente, Parques Nacionales Naturales de Colombia se puso a prueba con esta ampliación de su misión fundamental de conservación. Aunque no era su responsabilidad asegurar el acceso a la tierra, la vivienda y los medios de vida alternativos para las familias que vivían en el parque, su liderazgo era crucial para la coordinación con otras instituciones. Sin embargo, lo ha hecho sin los fondos adecuados y ha sido un desafío tratar de ejercer un liderazgo sin arriesgarse a dañar su buena reputación entre las comunidades locales.

Estas intervenciones enviaron un fuerte mensaje de que no se toleraría la colonización de la tierra en el parque. A nivel nacional, la Unidad de Parques Nacionales

Naturales de Colombia tomó la delantera en la adopción de un enfoque de planeación para la gestión de áreas protegidas que involucra una amplia gama de entidades gubernamentales centrales y regionales. Esto llamó la atención sobre la necesidad de una definición más amplia de la conservación que la simple gestión de la biodiversidad en un sistema socioecológico complejo caracterizado por instituciones débiles.

Julia Gorricho

de manera simultánea con un cambio en la estructura de gobernanza a nivel nacional, los objetivos de la gestión se orientaron hacia la construcción de resiliencia en lugar de controlar la estabilidad.

Debido a que el sistema es una jerarquía anidada, los cambios que ocurren en el sistema socioecológico más grande tienen un impacto sobre los procesos y condiciones a escalas más pequeñas y viceversa. Por ejemplo, el mayor conocimiento científico sobre el papel del fuego en los ecosistemas boscosos del occidente de Norteamérica, junto con la promulgación de la Ley de Vida Silvestre (American Wilderness Act) de 1964 (la cual establecía que una zona de vida silvestre se mantendría "sin obstáculos", lo que significa que el carácter silvestre de los procesos naturales no tendría intervención alguna), provocaron cambios significativos en las actitudes hacia la naturalidad y los procesos naturales, no solo en el público (usuarios del recurso), sino también en las entidades (proveedores de infraestructura). Los cambios en ambos interactuaron, dando lugar a nuevas exigencias, modelos mentales, políticas y acciones de manejo.

Las retroalimentaciones positivas y negativas (flechas 1-6 en la Figura 10.3) entre los subsistemas le dan forma a la estructura y a la función de un sistema socioecológico. La fuerza, el acoplamiento y el carácter de estos bucles de retroalimentación son los que hacen que los cuatro componentes sean un sistema. Los cambios en un componente –por ejemplo, la política de manejo de incendios– inevitablemente llevan a cambios en los otros tres componentes, a menudo a través de una variedad de mecanismos de retroalimentación con retrasos variables. Tal como señalamos anteriormente, el retraso entre la política de represión agresiva implementada después del Gran Incendio y la acumulación de combustibles en los bosques secos se midió en décadas. El retraso entre notar tal acumulación, la reflexión sobre esto, el desarrollo de la política en respuesta y la aplicación de esta también tomó mucho tiempo. Estos retrasos reflejan las diferencias de conocimiento entre los usuarios de los recursos y los proveedores de infraestructura, los retrasos en la transferencia de conocimientos de uno a otro, la resistencia permanente a considerar el fuego en entornos naturales como un proceso benéfico y los procesos burocráticos involucrados en evaluar las consecuencias de considerar al fuego de una nueva manera.

El subsistema ecológico interactúa con el subsistema social a través de flujos de información, energía y materia. Los significados que los diversos usuarios de los recursos (comunidades de usuarios) les asignan a estos forman un componente importante de este proceso. Por ejemplo, gran parte del debate sobre el sacrificio de elefantes en el sur de África ha sido influenciado por valores y creencias cambiantes sobre estos animales entre las comunidades de usuarios que viven fuera de esa región. Y en el noroeste de los Estados Unidos en la década de 1990, la gente se opuso a la extracción de madera en los bosques antiguos al caracterizarlos como "bosques ancestrales", para aumentar el apoyo en contra de la extracción.

Tal como se mencionó, el sistema socioecológico de la Figura 10.3 es susceptible a varios insumos (entradas): biofísico (flecha 7) e infraestructura pública y condiciones socioeconómicas (flecha 8). Sin embargo, estos insumos pueden tratarse como perturbaciones o fuerzas exógenas cuando nuestro modelo mental es el de un sistema más pequeño. Cuando se incluye la nube (por ejemplo, la sociedad en general), no son perturbaciones sino simplemente procesos que existen a grandes escalas. Este punto se ilustra explícitamente en el Cuadro 10.4, el cual utiliza la perspectiva del pensamiento complejo para describir la situación aparentemente caótica en el Parque Nacional Natural Sierra de la Macarena en Colombia.

Los usuarios de los recursos o las comunidades de usuarios tienen diferentes valores y perspectivas. Estos están influenciados por procesos y fuerzas que ocurren en el sistema socioecológico de contextualización, como la demanda de cocaína que proviene de Norteamérica en el caso del Parque Nacional Natural Sierra de la Macarena, los cambios en las actitudes hacia los animales que suceden en Europa y en otras partes del mundo, como en el caso del manejo de los elefantes en el sur de África, o las expectativas crecientes de los pueblos indígenas en la Amazonía de Brasil respecto a una mayor autonomía en la gobernanza de la conservación.

Comprender estas exigencias, a las comunidades de usuarios que las expresan y cómo estas evolucionan con el tiempo requiere de mecanismos de "detección" que monitoreen los cambios en los contextos sociales y políticos. Esto significa que los administradores interactúen con las comunidades de usuarios de manera regular, consciente e inconsciente (Pimbert y Pretty, 1995). En el pasado era difícil la detección de cambios en las preferencias y los valores de las comunidades de usuarios, ya que algunas comunidades (como los pueblos indígenas, las minorías y las mujeres) contaban con pocas oportunidades de tener voz o de ser escuchadas en algunas sociedades. Además, los modelos convencionales de planeación y de toma de decisiones privilegian el conocimiento científico y técnico sobre las fuentes basadas en la experiencia (véase, por ejemplo, Yankelovich, 1991 y su discusión sobre la "cultura del control técnico"). Los nuevos modelos de gobernanza (que se desarrollan en el sistema socioecológico más amplio) requieren que las organizaciones avancen y gestionen redes para atender a las relaciones, que escuchen y respondan a una variedad más amplia de voces y, a veces, que se vuelvan más que organismos de conservación de la biodiversidad.

Las comunidades de usuarios actúan para mantener o cambiar las políticas desarrolladas e implementadas por los proveedores de infraestructura. Por ejemplo, en el Parque Nacional Kruger, los grupos de derechos de los animales ejercieron su influencia no solo sobre la organización SANParks para cambiar su política de sacrificio de elefantes, sino también sobre el gobierno sudafricano. Las comunidades de usuarios también hacen cabildeo en los parlamentos para que financien programas que beneficien sus intereses.

Siempre simplificamos. Pero hacer nuestra simplificación explícita nos ayuda a preguntarnos si realmente entendemos qué es el sistema y por qué funciona de la manera que lo hace (Ackoff, 1999b). Para brindar ideas útiles, los modelos deben basarse en el conocimiento de cómo funciona algo –la caracterización de un sistema complejo–. Una vez que tengamos conocimiento y comprensión, podemos ocuparnos de la complejidad que enfrentamos cada día.

También debemos considerar que, por más que tratemos de simplificar "nuestro" sistema, siempre estamos conectados con otras personas, cada una de las cuales construirá una simplificación diferente conforme traten de dar sentido a su mundo. Cada persona se ocupa de manera diferente de la complejidad y aplica su forma personal de simplificación para entenderla. Cada uno tiene en funcionamiento sus propios estereotipos para filtrar nueva información. Como resultado, hay múltiples significados asociados con cualquier situación dada y es posible que una información que rete y no refuerce una creencia particular sea cuestionada cuando choque en la resolución de demandas contrapuestas.

Buscamos autoridades como científicos, líderes espirituales y aquellos con más experiencia para que nos simplifiquen las situaciones; esto con el fin de construir una gobernanza que refleje nuestra comprensión de cómo está estructurado y funciona el sistema. Es posible que queramos copiar los enfoques que otros profesionales han utilizado u ofrecen como las mejores prácticas de gestión y manejo. Dentro de estos escenarios controvertidos, algunas voces serán más fuertes que otras y algunas podrían tener más poder real que otras –por ejemplo, voces políticas o financieras–. Podemos caer en nuestras propias rutinas de entender y aprender y no escuchar las voces importantes porque no reconocemos la legitimidad de su autoridad. También es posible que no podamos anticipar el cambio ni reconocer cómo se están desarrollando los contextos o apreciar la naturaleza holgadamente acoplada de las causas y las consecuencias. A la inversa, podemos llegar a estar tan convencidos de que podemos dirigir el cambio que tomamos demasiado tiempo para acomodarlo. En suma, mientras tratamos de resolver problemas en un ambiente complejo y controvertido, es probable que contribuyamos a nuevos problemas que quizás no surjan de maneras obvias. En otras palabras, podemos hacer bien nuestro trabajo pero no brindamos el liderazgo necesario para algo tan complejo como administrar y gobernar las áreas protegidas.

Resumen de la sección

Después de reconocer la complejidad y el carácter del sistema, podemos ver rápidamente cómo simplificar la complejidad en un conjunto de significados y prácticas que son manejables. Algunos de los métodos comunes que utilizamos para dar sentido al mundo pueden conducir a la simplificación excesiva o a ser impulsados por la intensidad de los problemas o de las voces que surgen de una pequeña parte del sistema. En esta sección, analizamos las prácticas comunes utilizadas para simplificar constructivamente los sistemas. Las ideas que surgen de tal proceso son las siguientes:

- Cuando entendemos algo, ya no parece tan complejo.
- Simplificamos la complejidad inherente de un sistema para ser capaces de conceptualizar mejor, comunicar al respecto, entender y actuar sobre una decisión por tomar.
- Si bien la simplificación es necesaria para que funcionemos eficientemente, conlleva el riesgo de asumir la previsibilidad para la cual puede haber poca justificación. Cuando nos centramos en la predicción en lugar de la comprensión, a menudo somos sorprendidos por acontecimientos que no anticipamos.

- Al aplicar el pensamiento sistémico, construimos un modelo de nuestro entorno basado en nuestra comprensión de los vínculos, los componentes y las influencias contextuales. Un modelo es una representación simplificada del mundo real y del sistema en el que operamos.
- Los modelos conectan un componente del sistema con otro por medio de algún tipo de relación. El modelo que elegimos para representar cualquier sistema en particular está influenciado no solo por nuestros propios conocimientos y necesidades, sino también por la importancia de un sistema en particular, los recursos y capacidades que tenemos a nuestra disposición, y los riesgos y consecuencias que entraña la elección de vías alternativas.
- Un modelo debería ayudarle no solo a describir y delimitar su sistema, sino también a encontrar puntos de apalancamiento entre las relaciones dentro de aquél. Los puntos de apalancamiento son aquellos lugares dentro del sistema donde una pequeña cantidad de cambio puede conducir a cambios más grandes en otras partes.
- La modelación nos ayuda a desarrollar perspectivas para crear conciencia situacional, que es una práctica clave para beneficiarse de la complejidad. Cuando se sabe dónde y cómo mirar, es mucho más fácil saber lo que sucede a su alrededor.
- Los modelos mentales dentro de nosotros son la manera en que le damos sentido a la realidad externa con la que interactuamos. Estos modelos mentales simplifican nuestras percepciones del mundo real y tienen una gran influencia en las cosas a las que les prestamos atención y de las que somos conscientes.
- Existen muchos modelos que nos ayudan a comprender las propiedades del sistema y las relaciones inherentes a la gestión y la gobernanza de las áreas protegidas. Estos modelos nos ayudan a ver el cuadro más amplio del complejo sistema socioecológico en el que operamos. Al ver cómo funciona el sistema, podemos evaluar nuestros propios modelos mentales y los procesos de simplificación en relación con un contexto más amplio. Esta evaluación provee un control y equilibrio para nuestra toma de decisiones, y garantiza que no simplifiquemos demasiado una situación o que escuchemos solo las voces que surgen de una parte del sistema.

Conexión con la complejidad

> Los seres humanos, vistos como sistemas de comportamiento, somos muy simples. La aparente complejidad de nuestro comportamiento en el tiempo es en gran medida un reflejo de la complejidad del entorno en que nos encontramos. (Simon, 1996, p. 110)

¿Cómo podemos evitar los peligros de la simplificación y ponernos en la posición de conectarnos con la complejidad de manera efectiva? Sterman (2002, p. 504) nos advierte que, si queremos tener éxito en la gobernanza y la gestión de áreas protegidas, también debemos alejarnos de "la visión del mundo estrecha, reduccionista y orientada a los eventos con la que vive la mayoría de la gente". En otras palabras, debemos simplificar para entender, pero no "simplificar demasiado", lo cual repetiría los enfoques del pasado que eran ineficaces para los problemas complejos.

Actuar en el complejo mundo de la gobernanza y la gestión de áreas protegidas requiere que nos ocupemos de la complejidad que hemos caracterizado y modelado. Conectarnos con la complejidad requiere de sabiduría, la cual se ha desarrollado a partir del conocimiento y la comprensión creados a través de la caracterización y la simplificación de la complejidad. La sabiduría, según Ackoff (1999b, p. 16), es la "capacidad de percibir y evaluar las consecuencias del comportamiento a largo plazo". En esta sección, discutimos seis "prácticas de complejidad" que creemos no solo llevarán a la sabiduría, sino también mejorarán la gobernanza y la gestión vistas a través de las lentes de la complejidad y el pensamiento sistémico. Las prácticas no se limitan a los proveedores de recursos; recomendamos que todas las comunidades de usuarios las pongan en funcionamiento.

1. Crear conciencia situacional

Ser un observador perspicaz de la situación

Los administradores trabajan en una era de cambio, incertidumbre y sorpresa. Nuestra estrategia para funcionar en este contexto es aumentar la conciencia, de tal manera que percibamos tempranamente lo inesperado y nos preparemos para administrar de una manera que ayude a mantener la resiliencia (Weick y Sutcliffe, 2001). En otras palabras, los administradores que tienen una conciencia situacional bien desarrollada realizan ajustes continuos que evitan que los errores se acumulen y aumenten (Weick y Sutcliffe, 2001).

No es necesario pasar mucho tiempo con los animales en la naturaleza para apreciar la relevancia evolutiva de la conciencia situacional para estos y para los seres humanos. Quizás lo que nos separa de la mayoría de los otros animales es nuestra capacidad de reflexionar y desarrollar de manera intencional una conciencia situacional. Somos capaces de crear normas que ordenan el comportamiento, lo que hace que nos sea más fácil interpretar y responder a lo que observamos para poder enfrentar mejor la complejidad presente en nuestras vidas. Por ejemplo, la conducción en el tráfico de la ciudad se ha hecho más predecible gracias al desarrollo y cumplimiento de las normas que orientan el comportamiento. Los usuarios de la carretera aprenden qué esperar, las señales que deben buscar y cómo responder, lo que transforma situaciones potencialmente caóticas en ordenadas, consistentes, más predecibles y menos confusas. Las normas "simplifican" la complejidad y reducen la incertidumbre, lo que nos permite construir una conciencia situacional adecuada para el contexto. Cuando llegamos al trabajo, aunque el contexto cambia, nos guiamos por otras normas y señales. Por ejemplo, en una reunión, prestamos mucha atención al lenguaje corporal o al tono de voz para planear cómo y cuándo responder a los problemas emergentes, reflexionamos sobre las experiencias anteriores con los participantes para interpretar sus respuestas y orientar nuestro comportamiento. Cuando nos proponemos conscientemente construir una conciencia situacional, lo mejor es extraer lecciones a partir de experiencias pasadas, dar forma a nuestra respuesta al presente, y planear para el futuro.

¿Cómo construimos habilidades de conciencia situacional?

Un primer paso es entender cómo la conciencia situacional desempeña un papel determinante en nuestras actividades cotidianas, y ya que vivimos en un mundo cambiante, la conciencia es en gran medida una consecuencia de cómo recabamos información, reflexionamos y aprendemos. Dado que las "reglas del juego" que adoptamos a medida que avanzamos en la vida pueden ser muy eficaces en simplificar la complejidad, fácilmente nos volvemos insensibles, quizás incluso resistentes, a los signos y a la información que no concuerdan con la comprensión y las preferencias actuales. Cuando esto ocurre, las sorpresas se vuelven más frecuentes y pueden alcanzar niveles serios antes de que comencemos a estar dispuestos a reconocerlos. Por consiguiente, tenemos que cambiar nuestros hábitos, construir y mantener conscientemente relaciones de aprendizaje, caracterizar el sistema, modelarlo y fomentar la aceptación de la complejidad. En lugar de sentirnos amenazados por las diferentes comprensiones que la gente tiene de la estructura, la función y el cambio del sistema, debemos verlas como oportunidades de aprendizaje. Debido a la incertidumbre asociada con los sistemas complejos y cambiantes, no podemos esperar que las ideas o entendimientos se expresen claramente; en este sentido, tenemos que ser pacientes, inquisitivos y motivadores para que surjan nuevos entendimientos compartidos, y debemos brindar la base para una colaboración y una acción colectiva que sean apropiadas para las condiciones emergentes.

La historia de las áreas protegidas tiene su origen en una fuerte convicción de la necesidad de proteger el patrimonio natural. No es sorprendente que los primeros enfoques de gobernanza de muchos parques nacionales fomentaran una cultura caracterizada por la protección, la exclusión y el control, a menudo con una pasión que polarizaba la ciudadanía y la gestión. Esta cultura ayudó a definir el contexto en el que se ejercía la gobernanza, estableciendo el orden en roles y rutinas que simplificaban la complejidad y proporcionaban un filtro para la información; la que se ajustaba era aceptada y la que no era rechazada. Esto hizo que el sistema, y más particularmente las personas en él, fueran resistentes al cambio y lentos en su consecución. Paul Cilliers (2008) llamó la atención respecto a la necesidad de "estructuras duraderas" para que un sistema complejo mantenga su identidad. Continuó argumentando que, si bien los sistemas deben cambiar para seguir existiendo, también deben resistirse a ciertos cambios si quieren conservar una identidad reconocible. Construir una conciencia situacional nos ayuda a prepararnos y manejar la tensión entre la necesidad de estabilidad e identidad en la conservación, y el imperativo del cambio.

Aquí hay algunas cosas específicas que podemos hacer para construir la conciencia situacional: atraer a otros al diálogo; animar a los escépticos y escuchar atentamente para que los intercambios se conviertan en oportunidades de aprendizaje; ya que todos experimentamos el mundo de manera diferente, buscar y estar abiertos a marcos de referencia alternativos; prestar atención a las habilidades interpersonales para que otros se sientan seguros planteando preocupaciones y nuevas ideas, y en su proceso de pensamiento, dar la bienvenida a otros al pensar en voz alta. Debido a que el aprendizaje social a través de interacciones con familiares, amigos y colegas nos beneficia, debemos invertir en desarrollar y mantener relaciones personales.

2. Invertir en relaciones personales

En la sección anterior de este capítulo mostramos cómo el sistema en el que se desarrolla la gobernanza y la gestión de áreas protegidas incluye muchos actores. Dentro de ese sistema, estos actúan como usuarios de recursos y proveedores de infraestructura pública; muchos otros se relacionan indirectamente con estas dos funciones. Por consiguiente, para el éxito de la gobernanza de áreas protegidas es un ingrediente crítico la manera en que se desarrollen, nutran, alienten y mantengan las relaciones entre estos actores.

Interacción entre los humanos y la vida silvestre en el Parque Nacional Yellowstone, EE.UU.
Fuente: Graeme L. Worboys

Algunas consideraciones importantes incluyen tanto la naturaleza de la relación entre las partes dentro del sistema como las estructuras que proveen la plataforma para que dichas relaciones ocurran (control, gobernanza, mecanismos de coordinación, normas, contratos, rutinas de monitoreo, etc.). Estas estructuras entre organizaciones y entre individuos pueden brindar coherencia y predictibilidad dentro de las relaciones. Con el tiempo, estas estructuras también brindan un ambiente para el aprendizaje, la creatividad y la construcción de confianza y respeto. Las relaciones interpersonales nos ayudan a construir el capital relacional y la cohesión social, las cuales pueden adaptarse y permanecer resilientes frente a los retos o los cambios. Cuando vemos nuestro trabajo como una parte de la gestión de relaciones (McCool *et al.*, 2013), nos posicionamos bien para construir formas colaborativas de gobernanza que puedan tener una mayor probabilidad de éxito a largo plazo cuando trabajamos dentro de una jerarquía anidada de escalas sociales y organizacionales. Desde esta perspectiva, la colaboración puede verse como un enfoque conductual para la gobernanza, guiada por la creencia de que una variedad de componentes que funcionan en conjunto proporcionará beneficios más allá de lo que ocurriría en una toma de decisiones unilateral. Trabajar juntos, en especial si sucede durante un período prolongado, reduce los costos transaccionales, mejora el rendimiento y desarrolla una mayor resiliencia socioecológica.

¿De qué manera el pensamiento sistémico conduce a relaciones benéficas?

Debido a la complejidad de los sistemas de gobernanza, también sabemos que estas relaciones se producen en varias escalas. El término "Panarquía" suele referirse a una estructura en la cual los elementos del sistema a varias escalas no solo están interrelacionados, sino también se adaptan conjuntamente dentro de un sistema no jerárquico. Respecto a estas escalas, podemos pensar que están anidadas una dentro de la otra, pero su valor e importancia son variables para el comportamiento del sistema. También podemos pensar que las escalas se presentan a través de marcos temporales. Por lo tanto, un administrador debe pensar en las relaciones que las escalas deben mantener dentro de un sistema en un sentido de cuatro dimensiones. Existen las relaciones obvias que son necesarias dentro de la misma escala: colegas, socios y demás. El administrador también debe pensar no solo en las relaciones que van más alto en el Gobierno en comparación con el sitio donde trabaja, sino también en las relaciones que deben mantenerse con aquellos que son afectados por las decisiones tomadas.

Además, los administradores deben percatarse de que algunos de los problemas que enfrentan hoy son el resultado de relaciones que ocurrieron en el pasado.

Del mismo modo, los resultados de las decisiones que tomen hoy no se materializarán hasta cierto tiempo en el futuro. Aunque identificamos fácilmente las relaciones formales que debemos mantener entre las organizaciones e instituciones, también debemos considerar las relaciones interpersonales con los que hacen que esas organizaciones e instituciones funcionen (Nkhata *et al.*, 2008).

¿De qué manera nos ayuda la gestión de relaciones a conectarnos con la complejidad? En primer lugar, darle un buen vistazo al sistema, tal como se describe en la sección "Caracterización de la complejidad" de este capítulo, nos permite no solo ver quién está involucrado en el sistema, sino también entender mejor cómo las relaciones existentes son legados de las interacciones anteriores o de la falta de interacción. En segundo lugar, ser conscientes del sistema en el que trabajamos puede conducir a una mejor comprensión de la necesidad de relaciones que podrían parecer contrarias a la lógica. Por ejemplo, los administradores pueden hallar que es muy favorable para el patrimonio natural de las áreas protegidas que se construya una relación funcional con el personal clave dentro de las empresas que representan los intereses extractivos asociados con las áreas protegidas que administran. Aunque en algunos momentos los objetivos de estas dos partes pueden parecer dispares, en otras situaciones es muy posible que las agendas de ambas partes se complementen.

Las relaciones, al igual que otros componentes de los sistemas complejos, siempre están cambiando. Además, es posible que estos cambios no sean lineales en su dirección o desarrollo. Por lo tanto, uno no puede esperar que las relaciones con los colegas mejoren automáticamente por medio de más interacciones. Más bien, como vemos en nuestros lazos familiares más cercanos, la evolución en la fuerza de nuestras relaciones suele darse cuando la relación es puesta a prueba y desafiada. Nkhata *et al.* (2008) utilizaron recientemente el ciclo adaptativo de Holling para ilustrar cómo pueden anticiparse los cambios en las relaciones y cómo estos cambios pueden poner a prueba la resiliencia de la relación. En su artículo, los autores sostienen que la colaboración puede ocurrir mejor cuando hay un alto grado de conexión relacional y un alto potencial para el capital relacional. En otras palabras, si dos o más partes están claramente obligadas a conectarse y lo hacen con el beneficio de relaciones sólidas, su oportunidad de una colaboración creativa es alta. Sin embargo, si su grado de conexión es alto pero no tienen el beneficio de relaciones constructivas, es mucho más probable que operen en una relación del tipo confrontación. No es raro que una relación que ha sido colaborativa por algún tiempo pierda rápidamente el capital relacional y descienda a una estructura de confrontación. Aunque suelen existir muchos motivos para estos cambios, los cuales están fuera del control de los administradores, hay muchas cosas que estos puede hacer a nivel interpersonal para nutrir y mantener un buen ambiente para las relaciones colaborativas.

¿Cómo desarrollamos y mantenemos relaciones positivas?

Existen muchas sugerencias sobre cómo mantener relaciones sanas. Si bien el éxito o fracaso de muchas estrategias dependerá del contexto de una interacción, hay algunas ideas básicas que tienden a trascender a la humanidad. Por ejemplo, en el libro *Blink* (2005), Malcolm Gladwell describe la obra del psicólogo John Gottman. En la carrera del Dr. Gottman de examinar el éxito o el fracaso de las relaciones interpersonales, desarrolló varios predictores universales del éxito. Entre los más significativos está proporcionar, de manera sincera, cinco interacciones positivas para cada interacción negativa en una relación. Este principio sugiere que como seres humanos reaccionamos más fuertemente a los encuentros negativos que a los positivos. Algunos encuentros negativos son peores que otros. Por ejemplo, mostrar señales de menosprecio o superioridad sobre una parte dentro de la relación es una señal segura de que vendrán tiempos difíciles. Infortunadamente, no es raro ver exactamente esta forma de interacción en los problemas relacionados con el manejo de áreas protegidas. Es frecuente mostrar menosprecio por aquellos que abarcan diferentes fuentes de información y conocimiento, que tienen diferentes niveles de autoridad en relación con la gestión de la tierra o que expresan valores que no son compartidos por la otra parte. Nos corresponde, como administradores de áreas protegidas, superar estas formas de interacción.

Un enfoque sistémico nos enseña que las pérdidas en el capital relacional pueden tener efectos devastadores en nuestra capacidad de ser eficaces en la gestión de las áreas protegidas. Apartarse de los estilos de interacción de confrontación requiere una reorganización de las relaciones dentro del sistema, y con frecuencia el desarrollo de una nueva visión para avanzar. Así, antes de desestimar las preocupaciones de los que están en desacuerdo con él, el administrador debe pensar cuidadosamente en la magnitud del cambio que esta área puede absorber.

3. Apreciar el poder de las redes

¿Qué es una red?

Los sistemas complejos en los que están insertas las áreas protegidas están compuestos de muchas entidades separadas, las cuales se encuentran conectadas a varias escalas y crean un sistema cuyo propósito es mayor que la suma de sus partes. Las redes son lo que mantienen los sistemas juntos. Estas brindan mecanismos y vías de comunicación, intercambio entre los actores y desarrollo de visiones compartidas o dispares. El uso de redes de personas ayuda a construir las diversas perspectivas necesarias para caracterizar y simplificar la complejidad. Ormerod (2012) describe tres tipos de redes. Las "redes sin escala" son aquellas en las que la mayoría de las personas no están conectadas, pero una pequeña parte del sistema está estrechamente conectada a muchas personas. Este es el tipo de red que se puede entender fácilmente a través de ideas tales como los seis grados de separación, en la que se sugiere que la mayoría de las personas dentro de un sistema pueden conocer a otra con no más de seis personas entre ellas. Por consiguiente, aunque los lectores de este libro pueden ser de todo el mundo, con un análisis cuidadoso pueden ser capaces de encontrar a las personas que los relacionan en común. En muchos casos, tomará mucho menos de seis personas para hacer la conexión. Por ejemplo, si usted trabaja en áreas protegidas, cualquiera sea el país, probablemente conoce a alguien que conoce a alguien que conoce a los otros lectores de este libro.

El segundo tipo de red se denomina "red de mundo pequeño". En lugar de ser un escaso número de personas que están muy conectadas con muchas personas, estos son conjuntos superpuestos de conocidos o amigos. Por lo tanto, aunque los puntos de apalancamiento de la influencia son menos evidentes en estos tipos de redes, el potencial de adopción de ideas todavía es bastante alto. De hecho, en las redes de un mundo pequeño es menos imperativo pasar tiempo encontrando a las personas clave para la conexión en redes sin escala. Muchas de las redes sociales que guían la forma en que nos comunicamos hoy podrían caracterizarse como redes de mundo pequeño. A menudo, esta es la manera en que los videos, las imágenes, los incidentes o las historias pueden volverse rápidamente virales y llegar al consumo global. En las redes de mundo pequeño, la atracción por cosas populares tiene un efecto desproporcionado sobre las elecciones de las personas. Por ejemplo, si en YouTube se publica el vídeo de un guardaparques que persigue a un elefante y se convierte en "popular" o "tendencia", muchas personas lo verán simplemente por su popularidad. Cuanto más novedoso, provocativo o interesante sea el tema, más probable es que siga diseminándose a través de redes de amigos, hasta el punto de alcanzar una escala mundial.

El tercer tipo de red a la que se hace referencia es una "red aleatoria". En estas redes, el comportamiento se transmite a través de una conductividad aleatoria dentro del sistema. Con frecuencia, este tipo de sistema puede compararse con la transmisión de un virus. Por ejemplo, en un tren usted puede tener la mala suerte de sentarse al lado de alguien que tiene resfriado y contagiarse. Luego, a medida que avanza el día, transmite el mismo virus a otras personas que también tuvieron la mala suerte de entrar en contacto con usted. Una vez que una cantidad suficiente de personas entran en contacto con otros, este resfriado puede infectar todo un sistema. O en un avión podemos sentarnos junto a una persona que comparte un interés por las áreas protegidas y que también es un actor importante. Esa red aleatoria entonces puede convertirse en una red de mundo pequeño.

¿Por qué el uso de redes es importante para conectarse con la complejidad?

Ormerod (2012, p. 153) nos dice:

> El desafío más importante para los responsables de la formulación de políticas es comprender y tener en cuenta el hecho de que las redes son cada vez más importantes en el mundo social y económico. Obviamente, un factor clave es la revolución de Internet en la tecnología de las comunicaciones. Pero toda la segunda mitad del siglo XX se caracterizó por el aumento masivo de la globalización, un enorme aumento de los viajes y una proporción cada vez mayor de la población mundial viviendo en las ciudades, expuesta a muchas más personas, muchas más redes de las que encontrarían en los confines de la aldea.

Por consiguiente, puesto que la escala y el ámbito de los sistemas con los que tratamos son globales, tanto los comportamientos como las presiones en este sistema pueden ocurrir de maneras que nunca anticipamos y pueden venir de lugares que están lejos de nuestras mentalidades cotidianas. Por ejemplo, anteriormente señalamos que ahora los grupos internacionales de derechos de los animales pueden tener un impacto sobre la política de gestión dentro de un país dado. De acuerdo con los tipos de redes que operen, las reacciones internacionales a un problema pueden ser casi instantáneas y abrumadoras. Por consiguiente, debemos considerar la forma en que las redes afectan no solo el comportamiento de los individuos, sino también las fuerzas que afectan los sistemas socioecológicos con los que estamos conectados.

Cuando nos enfrentamos a la complejidad y el deseo de simplificarla, un mecanismo es copiar las acciones de otros (Ormerod, 2012). Al hacerlo, asumimos que otros pueden estar más informados que nosotros sobre algún tema dado. El acceso a ejemplos o herramientas que copiar puede ser uno de los beneficios más poderosos de la participación en redes. De hecho, organizamos oportunidades considerables para la capacitación, la educación

Cuadro 10.5 El Seminario Internacional sobre Gestión de Áreas Protegidas como medio para construir redes

En el Seminario Internacional sobre Manejo de Áreas Protegidas, un programa de capacitación que se lleva a cabo anualmente desde el año 2000, se demostró el poder de las redes como agente de cambio. En sus quince años, más de cuatrocientos administradores han pasado por el programa intensivo de tres semanas. A lo largo de ese tiempo, los autores de este capítulo, que también están involucrados en dirigir el seminario, han visto cómo este ha funcionado como una fuerza involucrada en el cambio de uno de los paradigmas convencionales de la planeación de áreas protegidas, de uno de comando y control, o vallas y multas, a uno de mayor inclusión. Este paradigma convencional consideraba que el medio principal para la conservación de la biodiversidad era la mayor protección posible de la naturaleza frente a la intervención humana.

No obstante, durante la última década del seminario hemos visto un movimiento dramático que se aleja de los enfoques convencionales y se acerca a un mayor entusiasmo por la adopción de más paradigmas de gestión comunitaria, que no solo buscan formas de compartir los beneficios de la conservación con la gente local, sino también demostrar la conexión positiva y benéfica entre la conservación y la vida de la gente de la comunidad. Con frecuencia, los participantes en el seminario se interesan por discusiones que desafían los paradigmas convencionales mientras buscan enfoques de conservación que involucren a las comunidades, ya que consideran que tales enfoques son simplemente más efectivos.

Sin embargo, para nosotros como instructores es evidente que la comprensión general de lo que significa involucrar a las comunidades es muy superficial. Los participantes en nuestro seminario comentan rápidamente que involucrar a las comunidades es esencial para la conservación. Pero cuando se les hacen preguntas básicas sobre cómo involucrar a las comunidades o incluso encontrarlas, las respuestas son limitadas y bastante variadas. Esto demuestra cómo se presenta un cambio en la percepción fundamental de lo que es la gestión y manejo de áreas protegidas, no porque los administradores estén profundamente empapados en la teoría, el análisis o la experiencia, sino porque el discurso sobre la gestión de áreas protegidas ha incluido rápidamente la necesidad del compromiso de la comunidad. La gente de la comunidad de gestión está adoptando este lenguaje con una comprensión limitada de lo que realmente significa.

Este ejemplo ilustra que las redes a diferentes escalas pueden funcionar de manera muy diferente, con consecuencias muy diversas. Así, mientras una red mundial de administradores de áreas protegidas puede crear conciencia sobre los nuevos enfoques, desafíos u oportunidades, es probable que las redes de menor escala sean más adecuadas para construir competencias y confianza. Esta adopción de un nuevo paradigma de gestión es un ejemplo de lo que Ormerod (2012, p. 127) menciona como "un mundo caracterizado por la psicología de la sociedad de individuos, cada uno de los cuales se esfuerza por copiar a los demás. Un mundo en el que la decisión óptima nunca puede conocerse [...] Y un mundo en el que lo inesperado sucede todo el tiempo". Por supuesto, de acuerdo con su perspectiva, si este cambio hacia la conservación por parte de la comunidad es positivo o negativo dependerá de cómo usted filtra esta nueva información a través de su visión del mundo existente. El punto aquí es que incluso aquellos que se resistieron durante gran parte de sus carreras a un mayor acceso de los miembros de la comunidad local, cambiaron rápidamente de opinión y avanzaron hacia una idea que apareció y cada vez es más popular.

superior, la tutoría y varias certificaciones para mejorar nuestra conciencia y comprensión de las herramientas y conceptos. Cuando se combinan con relaciones personales positivas, como se describió en la sección anterior, estas redes pueden ayudarnos a aumentar nuestras capacidades (intelectual, financiera o laboral) y a abordar la complejidad.

No obstante, las redes pueden generar su propio comportamiento. Por ejemplo, esto puede ocurrir cuando muchas personas empiezan a copiarse unas a otras, todas pensando que el otro está más informado, lo cual conduce a una mentalidad de rebaño; la diseminación puede ser casi instantánea y conducir a un cambio rápido con consecuencias impredecibles. Vemos ejemplos de este comportamiento en los mercados financieros y en las recientes protestas y rebeliones políticas apoyadas en plataformas digitales de redes sociales.

Aprovechar las redes

Desde una perspectiva de las áreas protegidas, podemos pensar en muchas formas en que se forman las redes. Por ejemplo, considere un área protegida como el Parque Nacional Yellowstone, que recibe más de tres millones de visitas al año, con un máximo treinta mil visitantes en el parque en un día de verano cualquiera. Cada uno tiene la oportunidad de interactuar con los otros y pueden tener muchos intereses afines que harían probables tales interacciones. A través de estas, pueden informarse mutuamente sobre las ubicaciones de los avistamientos de vida silvestre, cómo encontrar buenas zonas de *camping* o dónde hallar buena comida en el parque. Ormerod consideraría estos vínculos positivos, por ser del tipo en que la red adopta su propio comportamiento, dando lugar a resultados mutuamente benéficos para las personas conectadas en una red. Con el fácil acceso a la tecnología digital de comunicaciones, estas treinta mil personas también pueden interactuar con muchas más que están fuera de Yellowstone a través de redes de pequeña escala. Al actualizar sus páginas de Facebook, YouTube o cuentas de Twitter, pueden formar una red mucho más grande centrada en el parque. Si ocurriera un incidente, como una interacción hombre-vida silvestre con un desenlace trágico, es probable que tal incidente llegue a miles de personas y se vuelva a enviar a miles más antes de que la administración tenga la oportunidad de hacer una comunicación para los visitantes o para la sociedad en general. Este es un ejemplo de cómo las redes de mundo pequeño están cambiando la relación que la administración tiene con la sociedad, e ilustra cuán limitados están los administradores respecto al control de los eventos.

Entonces, ¿qué significa todo esto para la gobernanza y la gestión? En primer lugar, debemos reconocer la importancia de las redes dentro de los sistemas en los que estamos inmersos. En muchos casos, las personas dentro de esas redes pueden tener más influencia en el sistema que la política que podamos proponer. En todos los tipos de redes, la toma de decisiones suele basarse en entendimientos relativamente superficiales, con mucha fe en poder copiar a otras personas. Así, la popularidad tiene una influencia desproporcionada en la difusión de ideas, comportamientos y apoyo o resistencia a la política. Al anticipar esto, es fundamental que nos involucremos en las redes en lugar de ignorarlas o evitarlas. Los autores han escuchado con frecuencia el discurso de la gerencia que rechaza el surgimiento o la importancia de las tecnologías de la información y de los sistemas de redes sociales. Por consiguiente, es frecuente que las aplicaciones para teléfonos inteligentes, las páginas de Facebook o los sitios web interactivos se consideren triviales, artificiales o inadecuados para un escenario de áreas protegidas. Rechazamos estas plataformas a nuestro propio riesgo. La sociedad está avanzando en esta dirección y al no tener la capacidad de conectarnos con estas redes de manera constructiva abandonamos la poca influencia que tenemos sobre la manera en que las personas se conectan con nuestras áreas protegidas.

En segundo lugar, al participar en las redes, en particular en las redes sin escala, podemos encontrar oportunidades para una incidencia considerable mediante la expansión de los recursos, la influencia de la opinión pública o el diseño y la implementación de políticas. Al tomarnos el tiempo para entender quién en una red dada parece estar conectado con todos los demás e invertir en las relaciones con esos individuos, no solo podemos aprender lecciones considerables sobre lo que piensan las personas, sino que también tenemos una mayor oportunidad de influenciar el sistema en el que estamos inmersos.

En tercer lugar, al analizar una red, en particular una red sin escala, podemos entender quién es el más conectado dentro de ella y, por consiguiente, podría ser un buen aliado o una buena fuente de información. Por ejemplo, si usted trabaja en una comunidad, es probable que algunas personas conozcan a todos y que tengan una influencia considerable. Por lo tanto, conocer la perspectiva de estas personas respecto a las metas, las visiones y las intervenciones puede tener un efecto enorme en una gran parte de la comunidad. La importancia de las redes se demostró en el Seminario Internacional sobre la Gestión de Áreas Protegidas (Cuadro 10.5).

4. Identificar y utilizar puntos de apalancamiento

Aunque tengan una escasa comprensión de la física de las palancas, los niños que juegan en el balancín de un parque aprenden rápidamente la relación entre la acción y la reacción, entre la causa y el efecto, y entre la fuente y el resultado. Ellos saben dónde y cómo actuar para lograr (apalancar) el cambio y así lograr el resultado preferido. Cuando la causa y el efecto tienen una relación lineal y están acoplados de manera apretada, es relativamente fácil identificar puntos de apalancamiento. Esto es mucho más difícil en los sistemas complejos debido a la forma en que los efectos se propagan a través de redes, se debilitan o se refuerzan, o surgen inesperadamente y a veces después de largos retrasos. Sin embargo, debido a que la sociedad depende de conjuntos deseables de beneficios provenientes de los ecosistemas, la gestión se enfoca en la identificación de puntos de apalancamiento que puedan aplicarse para mantener o lograr este conjunto deseable.

Un punto de apalancamiento es un punto en un sistema en el que los administradores pueden intervenir para cambiar las condiciones o trayectorias de desarrollo del mismo. Lo más frecuente es que busquemos puntos de apalancamiento porque detectamos un fracaso en el logro de una meta o por un problema que se convierte en un gran desafío.

Piense en un administrador de áreas protegidas que debe afrontar el creciente número de visitantes en un sitio popular pero sensible dentro de un parque nacional, como las cataratas Victoria, patrimonio mundial, en el río Zambeze, justo en la frontera entre Zimbabue y Zambia. Un sinnúmero de opciones esperan al administrador, ya que no hacer nada pondría en peligro los mismos valores para los que se estableció el área protegida. Estas opciones involucran muchos dominios: identificar metas específicas para la manejo de visitantes y el turismo, construir acciones o intervenciones alternativas de gestión, desplegar personal, asegurar financiamiento para la implementación, elegir indicadores para monitorear esta y los resultados, medir las consecuencias para la comunidad empresarial local, definir en qué punto los impactos se vuelven inaceptables, entender cómo incorporar y explotar diversas formas de conocimiento en las decisiones a tomar, convencer a los políticos para que apoyen acciones que podrían impactar negativamente en la economía local a corto plazo y determinar qué oportunidades existen y son apropiadas para que los visitantes experimenten. ¿Qué acción tiene el mayor potencial de influencia para abordar los impactos?

Además de hacer una selección entre muchas vías de intervención, es frecuente que los administradores trabajen en entornos en los que la información disponible es inadecuada, la comprensión es superficial, la investigación proporciona interpretaciones ambiguas, incluso conflictivas, y los niveles de incertidumbre son altos. Si la intervención parece necesaria, centrarse en la identificación de los puntos de apalancamiento no solo ayuda a decidir dónde y cómo intervenir, sino que, lo que es más importante, permite que la lógica que se utilizó para tomar la decisión se registre de una manera significativa. Volver sobre la lógica nos permite aprender de la experiencia y es un proceso importante en la gestión adaptativa.

¿Por qué enfocarse en el apalancamiento?

Las intervenciones son la manera en que se cambian los sistemas, las condiciones y los procesos. Nos centramos en el apalancamiento porque queremos que nuestras intervenciones sean efectivas y eficientes. Queremos lograr el máximo cambio con el mínimo esfuerzo. A menudo buscamos puntos de apalancamiento para determinar cómo lograr metas o cambiar el sistema. Estas búsquedas suelen relacionarse con términos como la "bala de plata, el "número mágico" o "sacar el mayor provecho de la inversión".

Quizás no sea evidente de manera intuitiva dónde intervenir en el sistema, cómo intervenir y qué intervenciones llevarían a las mayores consecuencias positivas o negativas. Dado que las metas de las áreas protegidas suelen estar vagamente definidas y ser al menos un poco opuestas, la situación es, en el mejor de los casos, confusa. Los sistemas de áreas protegidas tienen bucles de retroalimentación positiva y negativa, y elegir dónde intervenir puede dar lugar a consecuencias imprevistas e incluso conducir a efectos completamente opuestos a lo que se pretendía.

Donella Meadows (1999) identificó varios puntos en los que puede intervenirse un sistema. Estos se muestran en la Tabla 10.1. Lo que queda claro gracias a esta tabla es que los administradores deben entender la naturaleza del sistema en el que trabajan para elegir intervenciones que funcionen y tengan potencial de influencia sobre las condiciones cambiantes.

Tabla 10.1 Puntos de un sistema para hacer la intervención, ordenados por el aumento del apalancamiento

Lugares a intervenir en un sistema	Ejemplo de cómo estos lugares podrían utilizarse para administrar niveles altos de uso por parte de los visitantes
Constantes, parámetros, números →	Cambiar la duración de la estadía
Tamaños de amortiguadores y otras existencias estabilizadoras en relación con sus flujos →	Reducir el tamaño del parqueadero
Estructura de flujos y existencias materiales (como las redes de transporte y la estructura etaria de la población) →	Construir senderos adicionales para dispersar el uso de los visitantes
Duración de los retrasos en relación con la velocidad de cambio del sistema →	Monitorear el uso y los impactos con mayor frecuencia
Fuerza de los bucles de retroalimentación negativa, en relación con los impactos que están tratando de corregir →	Hacer el acceso más difícil, por ejemplo, al cobrar tarifas de acuerdo con el tamaño del grupo de visitantes
Ganancias alrededor de manejar los bucles de retroalimentación positiva →	Brindar más educación a los visitantes sobre la importancia de los valores del patrimonio natural
Estructura de los flujos de información (quién tiene y quién no tiene acceso a qué tipo de información) →	Brindar una información oportuna a los visitantes sobre los patrones temporales de visita
Reglas del sistema (por ejemplo, incentivos, castigos y restricciones) →	Cobrar diferentes tarifas por uso del visitante de acuerdo con la hora
El poder de añadir, cambiar, evolucionar o auto organizar la estructura del sistema →	Revisar el plan de gestión para abordar los impactos biofísicos y sociales inducidos por los visitantes
Objetivos del sistema →	Cambiar los objetivos con respecto a las experiencias de los visitantes
Mentalidad o paradigma del cual surge el sistema →	Reformular el propósito del área protegida
Poder para trascender los paradigmas →	Considerar formas alternativas de administrar el área protegida (por ejemplo, contratar el parque, permitir la administración del sector privado, prohibir el uso a visitantes)

Fuente: Meadows, 1999

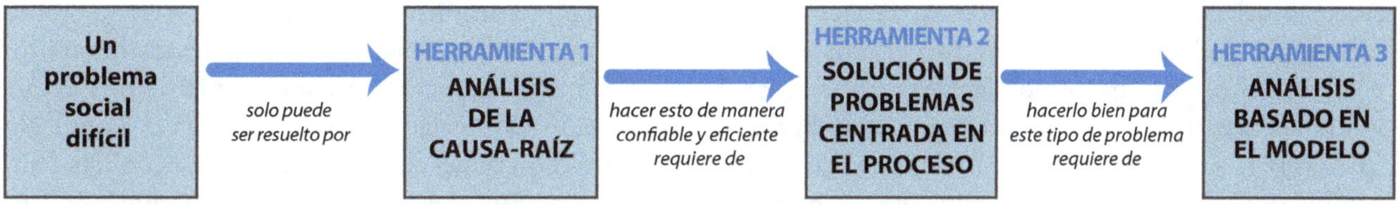

Figura 10.4 Uso del análisis de causa-raíz

Fuente: adaptado de Thwink, 2014

Aumento del uso del apalancamiento

Hay una serie de maneras en que el apalancamiento puede utilizarse y mejorarse. Sin embargo, algunas veces no es obvio ni fácil identificar e implementar los puntos de apalancamiento. Cuanto más abajo nos movemos en la Tabla 10.1, más costosas se vuelven las intervenciones. No obstante, cuanto más abajo vayamos, más probable es que ocurra el cambio y más probable es que nuestras acciones provoquen que este sea fundamental en lugar de sintomático. En la Figura 10.4 se presenta un proceso para ayudar a identificar puntos de apalancamiento. Se comienza con el análisis de causas-raíz, el cual intenta identificar las causas fundamentales del problema.

Algunas veces esto se realiza simplemente preguntando cinco veces ¿por qué? Cada vez que se responde a esta pregunta, la respuesta se somete nuevamente a un ¿por qué? Así, por ejemplo, si los impactos del uso de visitantes son altos, uno pregunta ¿por qué? Si la respuesta es "demasiada gente", uno podría preguntar ¿por qué? otra vez, repitiendo esta secuencia hasta que se identifique la causa o causas fundamentales. Al progresar hacia las causas que parecen fundamentales, estamos en posición de identificar los puntos de apalancamiento que son más propensos a generar cambios que conduzcan al estado deseable.

A diferencia de los sistemas mecánicos, los sistemas socioecológicos tienen un acoplamiento holgado, lo que significa que siempre hay "holgura", cosa que permite tiempo para la reflexión. Y si nos comportamos con una conciencia situacional intensificada que nos permita volvernos más conscientes de pequeños cambios y advertencias tempranas, podemos experimentar y aprender del cambio.

También se puede llevar a cabo un proceso de resolución de problemas. Por ejemplo, Mosimane *et al.* (2013) preguntaron por qué en Namibia los conflictos entre los humanos y la vida silvestre estaban aumentando a pesar de las inversiones significativas y cada vez mayores en la gestión para prevenirlas. Informaron que los modelos mentales del conflicto incluyeron al Ministerio de Agricultura y Tierras porque este identificó suelos aptos para la agricultura que incluían regularmente hábitats de vida silvestre. Por consiguiente, este análisis sugirió que trabajar con este ministerio podría ser un elemento clave para reducir los conflictos.

5. Emplear diferentes formas de conocimiento

¿Qué entendemos por "conocimiento"?

El conocimiento es, como argumentó Russell Ackoff (1999b), el *knowhow* o la información sobre cómo funcionan los sistemas. El conocimiento de cómo hacer las cosas es fundamental no solo para planear, implementar y monitorear las intervenciones enfocadas en mantener o restaurar la estructura, la función y el patrón del sistema, sino también para determinar si un sistema está cerca de un umbral importante o para identificar puntos de apalancamiento. En la sociedad occidental contemporánea, típicamente pensamos que el conocimiento proviene de la ciencia. Los administradores suelen decir que no hay suficientes datos para indicar qué alternativa elegir, cómo evaluar las consecuencias o determinar cómo una especie podría verse afectada por una intervención particular. Pero el conocimiento como *knowhow* no se limita a lo desarrollado por los científicos. El conocimiento se acumula a partir de la experiencia, ya sea que esté construido formalmente a partir de la experimentación científica y la investigación, o a partir de otros tipos de experiencia. Nuestra experiencia puede ser directa o podemos aprender de los demás –todo el punto de la educación formal– de manera directa o indirecta. También acumulamos conocimientos de otras maneras, como a través de interacciones informales con amigos y colegas, y por medio de rituales, normas y comportamientos de nuestra cultura o de la de otros. Al tratar con los sistemas complejos en los cuales están inmersas las áreas protegidas, la mayor parte de nuestro conocimiento realmente vendrá de otros. Por ejemplo, los administradores de incendios del Servicio Forestal de Estados Unidos tenían poca experiencia directa respecto a la acumulación de combustibles, pero se apoyaban en mediciones de la acumulación realizadas por otros y en teorías sobre la sucesión vegetal formuladas también por otros.

Además del conocimiento basado en la ciencia y la tecnología, ha habido un aumento en el interés por el conocimiento indígena como algo importante para la gestión de sistemas socioecológicos complejos. Berkes *et al.* (2000, p. 1252) definen este tipo como "un cuerpo acumulativo de conocimientos, prácticas y creencias que evoluciona por procesos adaptativos y que se transmite de generación en generación por la transmisión cultural, el cual tiene que ver con las relaciones entre los seres vivos (incluidos los seres humanos) y su entorno". Este conocimiento indígena puede desempeñar un papel importante en la toma de decisiones sobre las intervenciones, en particular cuando son deficientes otras formas de conocimiento.

¿Por qué debemos utilizar diferentes formas de conocimiento?

Para sobrevivir en un mundo de desafíos siempre cambiantes, la gente confía en el conocimiento y en los modelos mentales de los sistemas en los que están inmersos. Hemos observado cómo estos modelos mentales están influenciados por nuestra propia experiencia, los antecedentes y otros factores. Los modelos mentales no son ni correctos ni incorrectos, pero son más o menos útiles. Durante mucho tiempo, la gestión de las áreas protegidas estuvo dominada por una dependencia de los sistemas formales de conocimiento, que por lo general denominamos "de base científica o tecnológica". Esta dependencia estaba influenciada por un modelo mental de planeación basado en la eficacia percibida de la experiencia para la solución de problemas. El resultado fue un enfoque que solía denominarse "planeación racional-integral", que se basaba en –y por lo tanto requería– cantidades enormes –y costosas– de datos para las decisiones.

No obstante, un examen minucioso de las suposiciones subyacentes de la planeación racional-integral revela importantes limitaciones. Por ejemplo, esta planeación asume un único objetivo sobre el cual existe un consenso. Además, asume una búsqueda exhaustiva de alternativas, la cual requiere enormes cantidades de información para la evaluación, a pesar de la realidad de que rara vez el presupuesto, el tiempo o la voluntad política permiten recabar dicha información. Quizás lo más importante es que este tipo de planeación trata implícitamente los problemas como algo técnico y libre de valor –y por lo tanto los problemas están sujetos a un análisis y una resolución técnico-racional– cuando cada vez más se reconoce que el principal propulsor de tales problemas tiene una naturaleza política y se basa en el valor: visiones que se construyeron en los supuestos del mundo PLUS. Y el tipo de conocimiento que necesitamos se basa en la comprensión de las respuestas a las preguntas "¿por qué?" mencionadas en la información anterior. Por ejemplo, respecto a la controversia de una década sobre el manejo de las motos de nieve en el Parque Nacional Yellowstone, el tipo de gestores de conocimiento que busca resolver este problema ahora también incluye un mayor énfasis en las creencias y valores subyacentes respecto al propósito del parque y el papel del acceso a las motos de nieve en ese sentido.

En cuanto a la toma de decisiones, es frecuente que las otras formas de conocimiento, como las que se basan en la experiencia personal y los valores culturales, sean tan útiles como el conocimiento científico. Este conocimiento involucra descripciones y usos de plantas, animales y minerales, la distribución espacial y temporal de la disponibilidad de estos, y un marco social de referencia sobre la forma en que las personas usan, asignan y gestionan estos atributos como recursos dentro del contexto de su experiencia y normas culturales (Johannes, 1993).

Mediante la incorporación de diversas formas de conocimiento, nuestros modelos mentales se vuelven más útiles para crear ideas sobre la manera en que algo funciona, y eventualmente para desarrollar sabiduría, nuestra comprensión de un sistema complejo, y particularmente su propósito y cómo este se relaciona con otros sistemas. Este entendimiento mueve las preocupaciones sobre las intervenciones del campo de la eficiencia al campo de la eficacia y la equidad.

6. Aprender continuamente

¿Por qué necesitamos aprender?

Está claro que gobernar y administrar áreas protegidas son prácticas que no solo deben tener una base de conocimientos diversa, sino también deben reconocer que el conocimiento es tentativo, que la ciencia y otras formas de conocimiento evolucionan y conducen a nuevos descubrimientos, ideas y entendimientos, y que el aprendizaje es una estrategia esencial para los administradores y las comunidades de usuarios inmersos dentro de los sistemas socioecológicos del área protegida. Dada la complejidad dinámica de estos sistemas, surgen sorpresas, se producen consecuencias imprevistas y los impactos pueden ser mayores o menores de lo previsto. A medida que aplicamos nuevos conocimientos, comenzamos a reducir el riesgo de estos resultados. Y a medida que se aplican diversas fuentes de conocimiento, comenzamos a acentuar la capacidad de los administradores de áreas protegidas para comprender mejor los sistemas y estructuras subyacentes a esta complejidad y así aumentar la capacidad de las organizaciones y las comunidades de usuarios para anticipar, absorber y responder a los procesos lentos y rápidos que afecten al área protegida.

¿Qué es el aprendizaje?

Construir la resiliencia del sistema requiere nuevas formas de pensar sobre el aprendizaje, la gobernanza, la gestión y la planeación (Garmestani y Benson, 2013). Al enmarcar las metas como parte del proceso de construcción de la resiliencia del sistema, comenzamos a hacer preguntas nuevas y profundas acerca de cómo y por qué aprendemos, cuál es el objetivo del aprendizaje y qué papel desempeñan los administradores de áreas protegidas, científicos y otros actores en mejorar el aprendizaje. Al considerar la noción de un sistema, hacemos preguntas sobre los retrasos y los puntos de apalancamiento –que son características importantes de los sistemas de áreas protegidas– (Meadows, 1999).

El aprendizaje puede definirse como la detección y corrección del error (Argyris y Schon, 1978) o la adquisición de información, conocimiento o sabiduría (Ackoff, 1999b). Aprendemos cuando cometemos errores, reflexionamos sobre ellos, comprendemos sus causas y los corregimos con acciones. Aprendemos cuando nos confrontamos con perspectivas y puntos de vista alternativos, reflexionamos sobre estos y evaluamos su relevancia y validez en el sistema que se discute. Aprendemos a través del conflicto y la contención cuando intentamos resolver demandas conflictivas. Aprendemos cuando tomamos medidas, consideramos los resultados y revisamos las acciones para hacerlas más efectivas, eficientes y equitativas.

El aprendizaje requiere la capacidad de percibir el entorno de contextualización (en varios dominios diferentes), comprender los cambios que se producen, reflexionar sobre ellos, evaluarlos y luego actuar adecuadamente. Hacer esto conduce al aprendizaje de un solo ciclo –un proceso de detección y corrección de errores–. Este estilo de aprendizaje es con el que nos sentimos más cómodos y es el que, por lo general, se nos ha enseñado. El bucle de retroalimentación es estrecho en el sentido de que el monitoreo de una acción de gestión y la reflexión sobre los resultados pueden brindar una información relativamente inmediata respecto a sus consecuencias.

No obstante, en el complejo mundo de las áreas protegidas, varias variables "gobernantes" –como el diseño de una organización de conservación, sus normas culturales o el modelo mental de su misión– operan y hacen que el aprendizaje sea más desafiante. Al considerar las relaciones y condiciones de mayor escala que brindan el contexto para las acciones de gestión a menor escala, aprendemos acerca de los factores que pueden cuestionar si la norma o el estándar es el más apropiado. Argyris y Schon (1978) denominan este aprendizaje de "doble bucle". Este es particularmente importante en épocas de cambio, incertidumbre y complejidad, cuando las causas sistémicas de los errores pueden ser difíciles de descubrir.

Por ejemplo, los cambios en las preferencias y valores de la sociedad en la "nube" pueden poner en tela de juicio la misión de un área protegida definida únicamente como la conservación de la biodiversidad. Es posible que tal misión impida el uso humano de los recursos que históricamente habían sido utilizados. La acción de prohibir la extracción de un recurso –por ejemplo, los techos de paja– puede ponerse a prueba para ver cuán efectiva es la prohibición. Esto representaría el aprendizaje de un solo bucle. El resultado de esta implementación de gestión adaptativa podría ser que la población local siga violando la prohibición. Sin embargo, el análisis de la misión de la organización podría mostrar que un replanteamiento de la misión para que contemple la integración de la conservación de la biodiversidad y el mejoramiento de la vida de los residentes locales ganaría una mayor influencia sobre la conservación de la biodiversidad. Esto desarrollaría un sentido de pertenencia respecto a la gestión de la cosecha para techos de paja por parte de la comunidad local, y así se reducirían más los impactos sobre la biodiversidad que con una prohibición total de esta actividad.

Fomentar el aprendizaje

Existen muchas maneras en que podemos animar a los administradores a aprender, aquí presentamos brevemente tres de ellas.

Monitoreo de la implementación de la acción de manejo

El monitoreo puede definirse como la medición periódica y sistemática de las variables clave que reflejan los resultados de una acción de manejo específica. El monitoreo brinda los medios para que la gerencia pueda detectar el error y da las bases para la corrección del error y su monitoreo. Sin embargo, casi siempre el monitoreo es visto como una acción externa a la gestión real, y muchas agencias de áreas protegidas mencionan que no tienen fondos para el monitoreo.

Reflexión y evaluación

Para aprender, debemos detectar los errores, las equivocaciones y las consecuencias imprevistas. Esto significa que no solo monitoreamos explícitamente los resultados de una acción de gestión, sino que también reflexionamos sobre los resultados y los evaluamos a la luz del objetivo de dicha acción –por ejemplo, reducir los impactos de la cosecha para techos de paja–. Reflexionamos sobre los datos desarrollados a partir de la implementación de monitoreo. Si los resultados no son los esperados, necesitamos tiempo para la reflexión y la evaluación con el fin de identificar las causas del error y las maneras para hacer una corrección eficiente, eficaz y equitativa.

Enfoque en el desarrollo, la adaptación y la revisión de modelos

Sterman (2002, p. 521) señaló que el principal beneficio de los modelos explicativos es que enfocarse en "la modelación en lugar de hacerlo en los resultados de algún modelo particular acelera el aprendizaje y conduce a mejores modelos, mejores políticas y mayores posibilidades de implementación y de mejoramiento del sistema". Este aprendizaje es fundamental para la adaptación. Sin el aprendizaje, nuestra adaptación es simplemente ensayo y error.

Resumen de la sección

Si queremos tener éxito en gobernar y manejar áreas protegidas, debemos simplificar para entender, pero no "simplificar demasiado" el sistema en el que estamos inmersos. Sugerimos seis prácticas que, si implementamos en nuestras rutinas, nos ayudarán a equilibrar nuestra necesidad de simplificación con nuestra necesidad de progresar dentro de un ambiente complejo. Al seguir estas prácticas, los directores y los administradores estarán mejor preparados para beneficiarse de la complejidad.

- La conciencia situacional nos permite ver y comprender mejor el sistema en el que estamos inmersos. Comprender nuestro papel dentro del sistema nos ayuda a ser mejores en cuanto a ver los efectos de nuestras decisiones y anticipar el cambio.
- Los puntos de apalancamiento son los lugares dentro del sistema donde podemos tener el mayor efecto. Encontrar y enfocarnos en los puntos de apalancamiento generará la mayor ventaja a partir de los recursos que tenemos, de tal manera que podamos priorizar nuestra energía en las áreas en las que, siendo realistas, tengamos la posibilidad de lograr el mayor impacto.
- El pensamiento sistémico nos ayuda a ver que las relaciones son un componente fundamental dentro de un sistema. El enfocarnos en estas relaciones nos ayudará a apalancar nuestros recursos y detectar el cambio, los problemas, las nuevas demandas y las preocupaciones dentro del sistema social que nos afecta. Al enfocarnos proactivamente en las relaciones entre los individuos, las entidades y las organizaciones que son centrales para nuestra misión, construimos un capital relacional durante los buenos tiempos que es indispensable en los tiempos difíciles.
- Los sistemas sociales se caracterizan en gran medida por las redes. Entender cómo funcionan las redes y cómo se utiliza la información dentro de diferentes tipos de estas es una habilidad emergente requerida para una gestión eficaz. Solo al comprender los efectos de la red, los administradores de áreas protegidas o aquellos que las gobiernan serán capaces de involucrar proactivamente las redes para ayudar en la construcción de relaciones y la conciencia situacional.
- Modelar la complejidad del sistema ilustra rápidamente una variedad de relaciones que ocurren entre las áreas protegidas y su contexto social. Aunque son bastante diferentes, cada una de esas relaciones variables señala la oportunidad de adquirir conocimientos y sabiduría acerca del sistema. Por lo tanto, ya no podemos confiar en el poder de la ciencia, la educación académica o la política para entender con precisión la naturaleza del sistema. Debemos emplear y aprovechar una variedad de formas de conocimiento para beneficiarnos verdaderamente de la complejidad de los sistemas con los que estamos conectados.
- El rápido ritmo de cambio que estamos experimentando ahora demuestra que el conocimiento de hoy es claramente tentativo y que lo que aprendimos ayer puede no ser lo que necesitemos mañana. Por lo tanto, la construcción específica del aprendizaje en nuestra rutina es más importante ahora que nunca.

Conclusión: gobernar y gestionar de forma adaptativa

En los sistemas complejos en los que se ejerce la gobernanza y la gestión de las áreas protegidas, la incertidumbre es grande, el conocimiento es tentativo en el mejor de los casos y probablemente incompleto, y las consecuencias suelen ser discontinuas, tanto a nivel temporal como espacial. No queda otra opción que administrar las áreas protegidas de manera adaptativa. Con esto queremos decir que una cultura de reflexión, aprendizaje y adaptación impregna la organización de conservación.

Los errores y los problemas son inevitables y, como el matemático cuántico David Deutsch (2011) promete, también tienen solución. Y así administramos de forma adaptativa, tanto a nivel personal como organizativo. Hacerlo de otra manera es facilitar nuestra desaparición. Ciertamente, el Servicio Forestal de Estados Unidos encontró que la supresión total del fuego no conducía a una reducción en los incendios forestales o en su capacidad destructiva, y tal supresión no pudo "mantener el rumbo" a la luz de este conocimiento.

La gobernanza crea el entorno en el que la gestión puede ser adaptativa, pero para crear verdaderamente ese entorno, esta debe reflejar la adaptabilidad que se espera de la gestión. Los procesos de gobernanza adaptativa están diseñados para permitir el diálogo estratégico y las negociaciones en torno a las creencias y valores sociales representados por diversas comunidades de usuarios, que luego se expresan formalmente a través de mandatos, políticas e instituciones de múltiples niveles. Cuando la gobernanza crea este entorno, nos beneficiamos de la variedad de perspectivas expresadas y debatidas, lo cual brinda la oportunidad de abordar la resiliencia.

Administrar de manera adaptativa significa que decidimos, monitoreamos, reflexionamos, aprendemos y decidimos de nuevo. Y otra vez. La gestión adaptativa significa que nos movemos hacia la expansión de la comprensión y el desarrollo de la sabiduría –que son formas de aprendizaje orientadas hacia el futuro, no centradas en el pasado–. En muchos casos, gestionar de manera adaptativa significa que las instituciones y culturas organizacionales también deben cambiar; lejos de percibir la conservación como una rutina, se debe asumir como algo que siempre cambia. A veces toma algún tiempo que esta conclusión se desarrolle, como en el caso del Servicio Forestal de Estados Unidos y su política de manejo de incendios.

Las organizaciones tendrán que ser ágiles si quieren gestionar de forma adaptativa. Tendrán que estar funcionalmente en forma –mantener las capacidades necesarias para gestionar de forma adaptativa, emplear al personal que pueda pensar críticamente y alentar a los líderes a que promuevan la cultura de la reflexión y el aprendizaje, lo cual es fundamental para una gestión adaptativa–.

El mundo es complejo, está lleno de incertidumbre y casi siempre es polémico. Estos son hechos de la vida, por lo que la cuestión principal para las áreas protegidas es, en un mundo así, ¿cómo podemos operar con mayor eficacia? Podemos hacerlo primero caracterizando la complejidad que nos enfrenta, luego simplificándola de acuerdo con ese conocimiento y, posteriormente, conectándonos con ella. Como resultado, nos movemos hacia la resiliencia y nos beneficiamos. La clave para entender y operar eficazmente es aceptar la necesidad de simplificación, mientras se mantiene una sana reticencia a simplificar. Integramos estas dos consideraciones cuando tomamos decisiones, sabiendo que son una forma de poner a prueba nuestra interpretación simplificada de experimentación, aprendizaje y adaptación. Con este enfoque, lo más frecuente es que tomemos decisiones más pequeñas, menos perjudiciales y menos inciertas, y que con menos frecuencia tomemos grandes decisiones que tengan el potencial de ser muy perjudiciales e inciertas.

Caracterizar la complejidad requiere de conocimiento de la manera en que funcionan las cosas. Simplificar la complejidad se trata de entender por qué las cosas funcionan de la manera en que lo hacen. Conectarse con la complejidad se trata de la sabiduría, que consiste en detectar las consecuencias a largo plazo. Al pensar en términos de complejidad, nos beneficiamos de ella.

Hemos mostrado cómo la complejidad enriquece nuestras vidas y cómo aprendemos a lidiar con ella. Y lo mismo ocurre con la gobernanza y la gestión de las áreas protegidas, que están insertadas en complejos sistemas socioecológicos. Cuando aceptamos esa complejidad y simplificamos después de desarrollar conocimientos y una conciencia situacional: somos mejores en la construcción de relaciones que amplíen nuestros círculos de aprendizaje, lo cual nos ayuda a recoger y dar sentido a los signos de alerta temprana que apuntan a una pérdida de la resiliencia; estamos mejor preparados para las sorpresas y nos volvemos menos reactivos y más reflexivos y dispuestos a aceptar la falibilidad humana; permitimos que la trayectoria del cambio moldee nuestro enfoque acerca de la gestión, de tal manera que el sistema retenga la identidad mientras cambia, y así somos capaces de una gestión intencional hacia formas que promuevan la resiliencia.

Mount Painter, Área de Protección de Arkaroola, Australia Meridional: la cima de esta montaña tiene un antiguo valle (Pérmico) con evidencias geológicas de actividad geotérmica similar a los géiseres modernos y a los pozos ardientes del Parque Nacional Yellowstone. Las rocas circundantes contienen muchos minerales raros y excepcionales, estructuras y características petrológicas, incluidas algunas evidencias de la mineralización de uranio. Este es un *hotspot* geológico de inmenso valor para el entrenamiento de trabajo en campo de los geólogos y, a pesar de la complejidad de concesiones mineras y de procesos políticos anteriores, el área privada está protegida permanentemente por el Gobierno de Australia Meridional

Fuente: Graeme L. Worboys

El canguro gris oriental (*Macropus giganteus*) se encuentra en libertad en el este de Australia y en muchas áreas protegidas. Esta especie se ha beneficiado de un ambiente libre de depredadores y muchas poblaciones han superado la capacidad de soporte de sus reservas de origen. En el caso de las zonas urbanas y cercanas a las ciudades en particular, el problema de los administradores que realizan cualquier sacrificio de canguros (por razones de supervivencia de otras especies en las reservas) suele generar tensiones y ser complejo, y ha incluido una intervención política de alto nivel

Referencias

Lecturas recomendadas

Ackoff, R.L. (1999a). *Re-Creating the Corporation: a design of organizations for the 21st century*. Nueva York: Oxford University Press.

(1999b). On learning and the systems that facilitate it. *Reflections: The SoL Journal*, 1(1), 14-24.

Álvarez, M.D. (2003). Forests in the time of violence. *Journal of Sustainable Forestry*, 16(3-4), 47-68. Doi: 10.1300/J091v16n03_03

Anderies, J.M.; Janssen, M.A. y Ostrom, E. (2004). A framework to analyze the robustness of social-ecological systems from an institutional perspective. *Ecology and Society*, 9(1), 18. Recuperado de: www.ecologyandsociety.org/vol9/iss1/art18/

Argyris, C. y Schon, D. (1978). *Organizational Learning: a theory of action approach*. Reading, Reino Unido: Addison-Wesley.

Bengis, R.; Grant, R. y de Vos, V. (2003). Wildlife diseases and veterinary controls: a savannah ecosystem perspective. En: J.T. du Toit, K.H. Rogers y H.C. Biggs (eds.). *The Kruger Experience: ecology and management of savanna heterogeneity*, pp. vi-vii. Washington D.C.: Island Press.

Berkes, F.; Colding, J. y Folke, C. (2000). Rediscovery of traditional ecological knowledge as adaptive management. *Ecological Applications*, 10(5), 1251-1262.

Biggs, H.C.; Breen, C.; Slotow, R.; Freitag, S. y Hockings, M. (2011). How assessment and reflection relate to more effective learning in adaptive management. *Koedoe*, 53(2), 1001. Doi:10.4102/koedoe.v53i2.1001

Bourque, J.; Inglis, J.T. y LeBlanc, P. (1993). Preface. En J. Inglis (ed.). *Traditional Ecological Knowledge: concepts and cases*, pp. 349-369. Ottawa: International Development Research Center.

Box, G.E.P. y Draper, N.R. (1987). *Empirical Model-Building and Response Surfaces*. Hoboken, Estados Unidos: Wiley.

Capra, F. (1996). *The Web of Life: a new scientific understanding of living systems*. Nueva York: Random House.

Christensen, N.L.; Agee, J.K.; Brussard, P.F.; Hughes, J.; Knight, D.H.; Minshall, G.W.; Peek, J.M.; Pyne, S.J.; Swanson, F.J.; Thomas, J.W.; Wells, S.; Williams, S.E. y Wright, H.A. (1989). Interpreting the Yellowstone fires of 1988. *Bioscience*, 39(10), 678-685.

Cilliers, P. (1998). *Complexity and Postmodernism: understanding complex systems*. Londres: Routledge.

(2008). On the importance of a certain slowness. *ECO*, 8(3), 106-113.

Biggs, H.C.; Blignaut, S.; Choles, A.G.; Hofmeyr, J.S.; Jewitt, G.P.W. y Roux, D.J. (2013). Complexity, modeling, and natural resource management. *Ecology and Society*, 18(3), 1. Doi: doi.org/10.5751/ES-05382-180301

Coetzee, M.; Biggs, H.C. y Malan, S. (2012). *Sharing the benefits of biodiversity: a regional action plan to nurture and sustain the contribution of biodiversity and ecosystem services to livelihoods and resilient economic development within the Kruger to Canyons Biosphere*. Report first officially presented 16 November 2012, Nelspruit, South Africa. Recuperado de: www.kruger2canyons.org/consolidatedtechnicalreportvfin.pdf

Cumming, D.H.M. (2004). *Sustaining animal health and ecosystem services in large landscapes - 2nd draft*. [Concepto para un programa para tratar asuntos de vida salvaje, recursos ambientales y de relación entre salud humana y ecosistema en Greater Limpopo Transfrontier Conservation Area]. Recuperado de: www.wcs-ahead.org/documents/gltfca_cumming.pdf

Department of Water Affairs and Forestry (DWAF). (2007). *Guidelines for the Development of Catchment Management Strategies: towards equity, efficiency and sustainability in water resources management*. Pretoria, Sudáfrica: Department of Water Affairs and Forestry.

De Shazo, P.; McLean, P. y Mendelson, J. (2009). *Colombia's Plan de Consolidacion Integral de la Macarena: an assessment*. Washington D.C.: CSIS Americas Program.

Deutsch, D. (2011). *The Beginning of Infinity: explanations that transform the world*. Nueva York: Penguin Press.

Du Toit, J.T.; Rogers, K.H. y Biggs, H.C. (eds.). (2003). *The Kruger Experience: ecology and management of savanna heterogeneity*. Washington D.C.: Island Press.

Endsley, M.R. (1995). Toward a theory of situation awareness in dynamic systems. *Human Factors*, 37(1), 32-64.

(2000). Theoretical underpinnings of situation awareness. En: M.R. Endsley y D.J. Garland (eds.). *A Critical Review in Situation Awareness Analysis and Measurement*, pp. 3-28. Mahwah, Estados Unidos: Lawrence Erlbaum Associates.

Folke, C.; Carpenter, S.R.; Walker, B.; Scheffer, M.; Chapin, T. y Rockström, J. (2010). Resilience thinking: integrating resilience, adaptability and transformability. *Ecology and Society*, 15(4), 20. Recuperado de: www.ecologyandsociety.org/vol15/iss4/art20/

Hahn, T.; Olsson, P. y Norberg, J. (2005). Adaptive governance of social-ecological systems. *Annual Review of Environmental Resources*, 30, 441-473.

Freitag-Ronaldson, S. y Foxcroft, L.C. (2003). Anthropogenic influences at the ecosystem level. En: J.T. du Toit, K.H. Rogers y H.C. Biggs (eds.). *The Kruger Experience: ecology and management of savanna heterogeneity*, pp. 391-421. Washington D.C.: Island Press.

Gallopín, G.C.; Funtowicz, S.; O'Connor, M. y Ravetz, J. (2001). Science for the 21st century: from social contract to the scientific core. *International Social Science Journal*, (168), 219-229.

Garmestani, A.S. y Benson, M.H. (2013). A framework for resilience-based governance of social-ecological systems. *Ecology and Society*, 18(1), 9. Doi: doi.org/10.5751/ES-05180-1801099

Gaylard, A.; Owen-Smith, N. y Redfern, J. (2003). Surface water availability: implications for heterogeneity and ecosystem processes. En: J.T. du Toit, K.H. Rogers y H.C. Biggs (eds.). *The Kruger Experience: ecology and management of savanna heterogeneity*, pp. 171-188. Washington D.C.: Island Press.

Gharajedaghi, J. (2011). *Systems Thinking: managing chaos and complexity. A platform for designing business architecture*. Boston: Butterworth-Heinemann.

Gladwell, M. (2005). *Blink: the power of thinking without thinking*. Nueva York: Little, Brown y Co.

Hanson, T.; Brooks, T.M.; da Fonseca, G.A.; Hoffmann, M.; Lamoreux, J.F.; Machlis, G. y Pilgrim, J.D. (2009). Warfare in biodiversity hotspots. *Conservation Biology: The Journal of the Society for Conservation Biology*, 23(3), 578-587.

International Crisis Group (ICG). (2002). *Colombia's Elusive Quest for Peace*. Bogotá y Brussels: International Crisis Group.

(2008). *Latin American Drugs I: losing the fight*. Bogotá y Brussels: International Crisis Group.

Jackson, M.C. (2003). *Systems Thinking: creative holism for managers*. Chichester, Reino Unido: John Wiley y Sons.

Johannes, R.E. (1993). Integrating traditional ecological knowledge and management with environmental impact assessment. En: J. Inglis (ed.). *Traditional Ecological Knowledge: Concepts and cases*, pp. 33-40. Ottawa: International Development Research Center.

Jones, N.A.; Ross, H.; Lynam, T.; Perez, P. y Leitch, A. (2011). Mental models: an interdisciplinary synthesis of theory and methods. *Ecology and Society*, 16(1), 46. Recuperado de: www.ecologyandsociety.org/vol16/iss1/art46/

Mabunda, D.; Pienaar, D.J. y Verhoef, J. (2003). The Kruger National Park: a century of management research. En: J.T. du Toit, K.H. Rogers y H.C. Biggs (eds.). *The Kruger Experience: ecology and management of savanna heterogeneity*, pp. 3-21. Washington D.C.: Island Press.

McCool, S.F.; Nkhata, B.; Breen, C. y Freimund, W. (2013). A heuristic framework for reflecting on protected areas and their stewardship in the 21st century. *Journal of Outdoor Recreation and Tourism*, 1(1-2), 9-17.

Meadows, D. (1999). *Leverage Points: places to intervene in a system*. Hartland, Vermont, Estados Unidos: The Sustainability Institute.

(2008). *Thinking in Systems*. D. Wright (ed.). White River Junction, Estados Unidos: Chelsea Green.

Mosimane, A.W.; McCool, S.; Brown, P. y Ingrebretson, J. (2013). Using mental models in the analysis of human-wildlife conflict from the perspective of a social-ecological system in Namibia, *Oryx*, 48(1), 64-70. Doi:10.1017/S0030605312000555

Nkhata, A.B. y Breen, C.M. (2010). A framework for exploring integrated learning systems for the governance and management of public protected areas. *Environmental Management*, 45(2), 403-413.

McCool, S.F. (2012). Coupling protected area governance and management through planning. *Journal of Environmental Policy and Planning*, 14(4), 394-410.

Breen, C.M. y Freimund, W.A. (2008). Resilient social relationships and collaboration in the management of social-ecological systems. *Ecology and Society*, 13(1), 2. Recuperado de: www.ecologyandsociety.org/vol13/iss1/art2

Ormerod, P. (2012). *Positive Linking: how networks can revolutionize the world.* Londres: Faber y Faber.

Owen-Smith, N.; Kerley, G.I.H.; Page, B.; Slotow, R. y van Aarde, R.J. (2006). A scientific perspective on the management of elephants in the Kruger National Park and elsewhere. *South African Journal of Science*, 102, 389-394.

Pécaut, D. (2001). *Guerra contra la sociedad.* Bogotá: Espasa.

Perlis, A.J. (1982). Epigrams on programming. *ACM SIGPLAN*, 17(9), 7-13.

Peterson, G.D.; Cummings, G.S. y Carpenter, S.R. (2003). Scenario planning: a tool for conservation in an uncertain world. *Conservation Biology*, 17, 358-366.

Pienaar, D.; Biggs, H.; Deacon, A.; Gertenbach, W.; Joubert, S.; Nel, F.; van Rooyen, L. y Venter, F. (1997). *A Revised Water-Distribution Policy for Biodiversity Maintenance in the KNP Kruger Park Management Plan.* Vol. 8. Skukuza, South Africa: South African National Parks.

Pienaar, U. de V. (1970). Water resources of the Kruger Park. *African Wildlife*, 24, 180-191.

Pimbert, M.P. y Pretty, J.N. (1995). *Parks, People and Professionals: putting 'participation' into protected area management.* Discussion Paper No. 57. Ginebra: United Nations Research Institute.

Pollard, S.P.; Biggs, H.C. y du Toit, D. (2014). A systemic framework for context-based decision making in natural resource management: reflections on an integrative assessment of water and livelihood security outcomes following policy reform in South Africa. *Ecology and Society*, 19(2), 63. Recuperado de: www.ecologyandsociety.org/vol19/iss2/art63/

Resilience Alliance. (2010). *Assessing Resilience in Social-Ecological Systems: workbook for practitioners*, version 2, 54. Recuperado de: www.resilience.org

Roux, D.J. y Foxcroft, L.C. (2011). The development and application of strategic adaptive management within South African national parks. *Koedoe*, 53(2), 1049. Doi:10.4102/koedoe.v53i2.1049

Scholes, R.J. y Mennell, K.G. (eds.). (2008). *Elephant Management: a scientific assessment for South Africa.* Johannesburgo: Wits University Press.

Senge, P. (1990). *The Fifth Discipline: the art and practice of the learning organization.* Nueva York: Double Day.

Simon, H.A. (1996). *The Sciences of the Artificial*, 3ª ed. Cambridge: MIT Press.

Sterman, J.D. (2002). All models are wrong: reflections on becoming a systems scientist. *System Dynamics Review*, 18(4), 501-531.

Stirzaker, R.J.; Biggs, H.C.; Roux, D.J. y Cilliers, P. (2010). Requisite simplicities to help negotiate complex problems. *Ambio*, 39, 600-607. Doi:10.1007/s13280-0100075-7, PMid:21141779.

Roux, D.J. y Biggs, H.C. (2011). Learning to bridge the gap between adaptive management and Organizational culture. *Koedoe*, 53(2), 1007. Doi:10.4102/koedoe.v53i2.1007

Thwink. (2014). Process Driven Problem Solving. Recuperado de: www.thwink.org/sustain/glossary/ProcessDrivenProblemSolving.htm

Tidwell, T. (2013). Wildland fire management. [Declaración de Tom Tidwell, Jefe de USDA Forest Service, frente al Committee on Energy and Natural Resources, US Senate, Washington D.C.].

Turner, M.G.; Romme, W.H. y Tinker, D.B. (2003). Surprises and lessons from the 1988 Yellowstone fires. *Frontiers in Ecology and the Environment*, 1(7), 351-358.

United States Agency for International Development (USAID). (2013). *Resilience in the Limpopo Basin Program (RESILM): olifants catchment.* Washington D.C.: USAID. Recuperado de: www.usaid.gov/sites/default/files/documents/1860/RESILIM%20O%20Fact%20Sheet.pdf

Walker, B. y Salt, D. (2006). *Resilience Thinking: sustaining ecosystems and people in a changing world.* Washington D.C.: Island Press.

(2012). *Resilience Practice: building capacity to absorb disturbance and maintain function.* Covelo, Estados Unidos: Island Press.

Walker, B.H.; Gunderson, L.H.; Kinzig, A.P.; Folke, C.; Carpenter, S.R. y Schultz, L. (2006). A handful of heuristics and some propositions for understanding resilience in social-ecological systems. *Ecology and Society,* 11(1), 13. Recuperado de: www.ecologyandsociety.org/vol11/iss1/art13/

Walker, B.; Holling, C.S.; Carpenter, S.R. y Kinzig, A. (2004). Resilience, adaptability and transformability in social-ecological systems. *Ecology and Society,* 9(2), 5. Recuperado de: www.ecologyandsociety.org/vol9/iss2/art5/

Weick, K. (1976). Educational organizations as loosely coupled systems. *Administrative Science Quarterly,* 21, 1-9.

Weick, K.E. y Sutcliffe, K.M. (2001). *Managing the Unexpected.* San Francisco: Jossey-Bass.

Whyte, I.J.; van Aarde, R. y Pimm, S.L. (2003). Kruger's elephant population: its size and consequences for ecosystem heterogeneity. En: J.T. du Toit, K.H. Rogers y H.C. Biggs (eds.). *The Kruger Experience: ecology and management of savanna heterogeneity,* pp. 332-348. Washington D.C.: Island Press.

Yankelovich, D. (1991). *Coming to Public Judgment: making Democracy work in a complex world.* Syracuse, Estados Unidos: Syracuse University Press.

CAPÍTULO 11

GENERACIÓN, ADQUISICIÓN Y GESTIÓN DEL CONOCIMIENTO

Autores principales:
Naomi Kingston, Brian MacSharry, Marcelo Gonçalves de Lima, Elise M. S. Belle y Neil D. Burgess

CONTENIDO

IUCN WCPA WORLD COMMISSION ON PROTECTED AREAS Convention on Biological Diversity

AUTORES PRINCIPALES

NAOMI KINGSTON es jefa del Programa de Áreas Protegidas en el Centro Mundial de Vigilancia de la Conservación del Programa de Naciones Unidas para el Medio Ambiente (CMVC-PNUMA), Cambridge, Reino Unido.

BRIAN MACSHARRY es oficial *senior* de programa en el Programa de Áreas Protegidas en el CMVC-PNUMA, en el que administra la Base de Datos Mundial sobre Áreas Protegidas, Cambridge, Reino Unido.

MARCELO GONÇALVES DE LIMA es oficial *senior* de programa en el Programa de Áreas Protegidas en el CMVC-PNUMA y trabaja con la Efectividad de Áreas Protegidas y Conservación de la Conectividad, Cambridge, Reino Unido.

ELISE BELLE es oficial *senior* de programa en el Programa de Áreas Protegidas en el CMVC-PNUMA, Cambridge, Reino Unido.

NEIL D. BURGESS es jefe de ciencia en el CMVC-PNUMA y profesor de Ciencias de la Conservación a tiempo parcial en la Universidad de Copenhague, Dinamarca.

AGRADECIMIENTOS

Los autores desean agradecer a las siguientes personas que contribuyeron con el desarrollo de este capítulo: Charles Besançon, Secretaría del CDB; Christian Elloran, Centro para la Biodiversidad de la Asociación de Naciones del Sudeste Asiático (Association of South-East Asian Nations, ASEAN); Diego Juffe-Bignoli, Kelly Malsch y Alison Rosser, CMVC-PNUMA; Noelle Krumpel y Olivia Needham, Sociedad Zoológica de Londres; Jane Smart y Thomas Brooks, Unión Internacional para la Conservación de la Naturaleza (UICN); Yichuan Shi, UICN y CMVC-PNUMA.

CITACIÓN

Kingston, N.; MacSharry, B.; de Lima, M.G.; Belle, E.M.S. y Burgess, N.D. (2019). Generación, adquisición y gestión del conocimiento. En: G.L. Worboys, M. Lockwood, A. Kothari, S. Feary e I. Pulsford (eds.). *Gobernanza y gestión de áreas protegidas*, pp. 343-370. Bogotá: Editorial Universidad El Bosque y ANU Press.

FOTOGRAFÍA DE LA PÁGINA DEL TÍTULO

La recopilación de datos primarios es una parte crítica de la generación, adquisición y gestión del conocimiento. Aquí, en la cueva de Hang Moi, en el complejo paisajístico de Trang An, patrimonio mundial, Vietnam, los arqueólogos de la fotografía dan un informe breve a un grupo de inspección del patrimonio mundial sobre una excavación, los sedimentos en capas que la excavación arqueológica vertical expuso y el posterior análisis del material de las diferentes capas y su datación. La información obtenida incluyó evidencias de ocupación humana de la cueva entre diez mil AC y cinco mil quinientos AC, lo cual forma parte de los importantes valores del patrimonio cultural de este patrimonio mundial

Fuente: Graeme L. Worboys

Introducción

Todos los días se toman decisiones relacionadas con la gestión de las áreas protegidas. La toma de decisiones puede darse en diferentes escalas, como la local, la nacional o la mundial, y por una variedad de actores, tales como administradores de sitios, encargados de la planeación o de la formulación de políticas, políticos, gerentes comerciales u organismos de financiación. Para que todos estos actores tomen buenas decisiones, necesitan el acceso a datos e información de calidad, de tal manera que puedan comprender y mitigar las amenazas y las presiones que afectan a las áreas protegidas, así como las implicaciones de tales amenazas para la biodiversidad, los servicios ecosistémicos y las comunidades humanas a las que dan sostén. Este capítulo se centra en la generación, adquisición y gestión de conocimientos, con una referencia especial a las áreas protegidas. Muy a menudo se usan los términos "datos", "información" y "conocimiento" sin distinción alguna, pero hay importantes diferencias entre estos, y su comprensión es crítica en el contexto de este capítulo.

¿Qué es conocimiento?

Los datos son números en bruto asociados con mediciones u observaciones, tal vez con un proceso ecológico o especie. La naturaleza de dichos datos, su recolección, análisis, manejo y comunicación puede representarse como un ciclo.

La información se obtiene cuando los datos se analizan u organizan para un contexto particular y el conocimiento se basa en entender el significado de esa información. Cleveland (1982) consideró el entendimiento como un continuo, en que los datos son una visión del pasado y el conocimiento es el presente, y un paso más allá se describe la "sabiduría" como el resultado futuro (Figura 11.1). En el caso de las áreas protegidas, el conocimiento se relacionaría con la manera en que la información basada en los datos se utilice para tomar decisiones que brinden información a las políticas o que afecten las actividades de gestión.

Los escasos recursos significan que la recopilación de datos, la generación de información y la gestión del conocimiento deben ser lo más eficientes posible. Las tecnologías modernas permiten flujos de datos optimizados, desde la recolección en campo hasta el análisis basado en la web, lo cual produce información de una manera que puede interpretarse. En los últimos años, la modernización, la interoperabilidad (la capacidad de los sistemas para conectarse y trabajar de forma integrada) y el intercambio de datos basado en Internet han dado lugar a un cambio de paradigma en la gestión del conocimiento. Por ejemplo, en el pasado, los datos de biodiversidad se recopilaban a nivel de sitio, cuando los especímenes eran tratados en museos, y eran publicados a través de la literatura científica; ahora, las iniciativas mundiales de intercambio de datos, los portales a nivel nacional, la publicación en línea y los artículos publicados científicamente facilitan la distribución amplia de datos e información en poco tiempo y cada vez más, casi

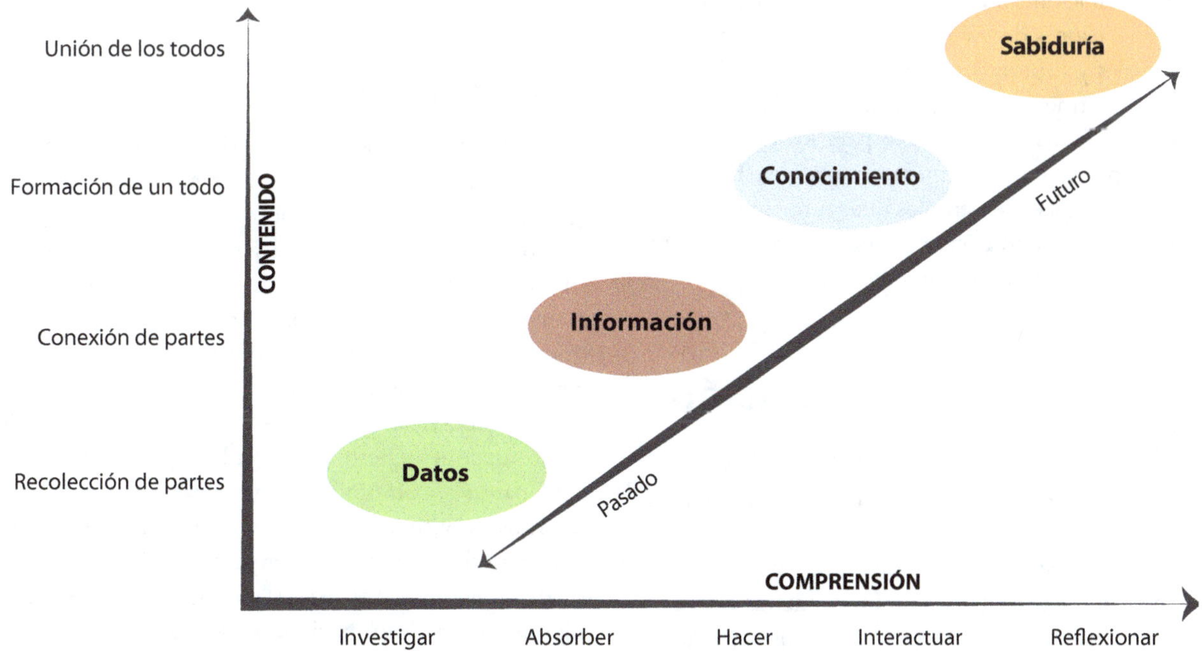

Figura 11.1 El proceso continuo de comprender, desde la recopilación de datos, la presentación de la información, la generación de conocimiento y la sabiduría final

Fuente: adaptado de Cleveland, 1982

El guardaparques Mike Smithson y el oficial de manejo de incendios Paul Black, del Servicio de Parques y Vida Silvestre de Tasmania, Australia, miden los niveles de humedad del combustible de incendios como parte de la planeación de las quemas para la reducción de combustibles

Fuente: Graeme L. Worboys

Recolección de datos en campo por guardias comunitarios, Conservancy, Namibia

Fuente: Olga Jones

en tiempo real –por ejemplo, la Base de Datos Mundial sobre Áreas Protegidas (BDMAP), la Infraestructura Mundial de Información sobre Biodiversidad (Global Biodiversity Information Facility, GBIF), NatureServe y la Unión Internacional para la Conservación de la Naturaleza (UICN)–.

En este capítulo exploramos los impulsores de la generación de conocimiento sobre las áreas protegidas, la importancia de la estandarización e interoperabilidad entre los sistemas, y las consideraciones de gestión, uso y recursos para los sistemas actuales y futuros. La gestión del conocimiento es un campo enorme y diverso, así que en lugar de tratar de presentar un manual completo para los profesionales de las áreas protegidas, presentamos temas genéricos, que ilustramos con el uso de ejemplos que representan las mejores prácticas, y proporcionamos enlaces a recursos clave en los que pueden obtenerse más detalles.

Impulsores de la generación de conocimiento

La recopilación de datos e información sobre las áreas protegidas es importante para una serie de objetivos fundamentales. El conocimiento y la comprensión más profunda que se generan nos permiten ubicar mejor nuevas áreas protegidas, administrarlas con éxito respecto a sus objetivos de conservación, promover el valor y la importancia de las mismas para la biodiversidad y la sociedad, hacer que las áreas protegidas tengan una mayor justicia social y garantizar que cuenten con los recursos adecuados.

Los datos también nos permiten trabajar para identificar dónde sabemos muy poco acerca de los sitios (Pino-Del-Carpio *et al.*, 2014), dónde las redes de áreas protegidas no son representativas (Bertzky *et al.*, 2013) o si la gestión de estas áreas es insuficiente (Leverington *et al.*, 2010).

Gestión del sitio

Una de las principales razones para la recopilación de datos es mejorar la gestión y el manejo de las áreas protegidas, lo que requiere el acceso a una amplia gama de información. La gestión del sitio es multifacética y se necesita una gran cantidad de datos, información y conocimiento para lograr los objetivos de conservación de un sitio. Esta información puede variar desde datos espaciales o de atributos sobre las fronteras, tenencia de la tierra, tendencias ecológicas, fuentes de agua, registros de sanciones y permisos hasta listas de contacto para guardaparques, comunidades indígenas y terratenientes, recuentos de visitantes, registros financieros, regímenes de manejo de los hábitats e impactos sociales. La información requerida y la escala de la recopilación dependerán de los usos de esa información, por lo que los responsables de la recolección de la información tendrán que considerar esto en la etapa de diseño del proyecto.

Existen varias herramientas para apoyar un ejercicio de recolección de información; sin embargo, cualquiera sea la herramienta utilizada, adoptar un enfoque estratégico es clave, centrado en la obtención y recolección de los datos relevantes para el objetivo en cuestión. Con frecuencia, la gestión del sitio será adaptativa y estará apoyada por la información recolectada a través de los programas de monitoreo. Cuando las áreas protegidas están abiertas al público, las autoridades de gestión pueden decidir que debe recolectarse información sobre el número de visitantes y su uso en un sitio, de tal manera que puedan administrar las instalaciones y la infraestructura para visitantes, reducir los impactos y las amenazas tanto para los visitantes como para la biodiversidad y enfocar actividades de educación y recreación.

La planeación sistemática de la conservación es un enfoque basado en objetivos para el diseño de redes de áreas protegidas y otros paisajes terrestres/marinos de conservación. Esta planeación trata de brindar una información transparente y científicamente defendible que pueda utilizarse para orientar a los responsables de la toma de decisiones y a los encargados de la planeación espacial (Margules y Pressey, 2000). Existen muchas herramientas

Cuadro 11.1 Miradi: *software* para la planeación de proyectos de conservación

La Alianza para las Medidas de Conservación (Conservation Measures Partnership, CMP) desarrolló un *software* fácil de usar llamado "Miradi" (del Swahili, que significa "proyecto" u "objetivo"), el cual permite que los profesionales de la conservación, como los administradores de parques, diseñen, administren, monitoreen y, sobre todo, reciban y perciban la retroalimentación de sus proyectos y así emprendan una gestión adaptativa para aumentar las probabilidades de alcanzar sus objetivos. Para las áreas protegidas, esto se traduce en una mejor eficacia de la gestión hacia la conservación de la biodiversidad. Miradi puede utilizarse, entre muchas otras opciones, en la planeación específica de un proyecto de conservación para una especie o un conjunto de especies, para todo un paisaje o ecosistema, o para elaborar planes de manejo con el uso del ciclo de gestión adaptativa de los estándares abiertos que se muestra en la Figura 11.2 (véase también el Capítulo 13).

Figura 11.2 El ciclo de planeación del proyecto de gestión adaptativa de la Alianza para las Medidas de Conservación (Conservation Measures Partnership, CMP)

Fuente: Adaptado de la CMP, 2013

Cuadro 11.2 SMART

La Herramienta de Monitoreo e Información Espacial (Spatial Monitoring and Reporting Tool, SMART) está diseñada para mejorar los esfuerzos contra la caza furtiva y la efectividad general de la aplicación de la ley en áreas de conservación y zonas de manejo establecidas. La SMART permite recopilar, almacenar, comunicar y evaluar datos sobre los esfuerzos de patrulla (como el tiempo dedicado a las patrullas, las áreas visitadas y las distancias recorridas), los resultados de la patrulla (por ejemplo, las trampas eliminadas y los arrestos hechos) y los niveles de amenaza. Cuando se utiliza de manera efectiva para crear y mantener flujos de información entre los equipos de guardaparques, los analistas y los administradores de conservación, el enfoque de la herramienta SMART puede ayudar a mejorar sustancialmente la protección de la vida silvestre y sus hábitats.

El enfoque de la SMART puede incluirse en cualquier área de conservación que dependa de equipos de patrullaje para proteger la vida silvestre y los ecosistemas naturales de los que depende. En muchos lugares del mundo este enfoque ya ha demostrado su eficacia respecto a mejorar los esfuerzos de aplicación de la ley, mejorar la moral de los equipos encargados de hacer cumplir la ley y reducir las amenazas a la fauna y a otros recursos naturales.
En la actualidad, la herramienta SMART se está implementando en más de ciento veinte áreas de conservación en veintisiete países de todo el mundo, y rápidamente se está convirtiendo en un estándar mundial para el monitoreo y el manejo de la aplicación de la ley. La ventaja de utilizar un sistema como SMART es que:

- Utiliza el poder de la información y la rendición de cuentas para ayudar a dirigir los recursos a los lugares donde más se necesitan.
- Empodera a los administradores de la conservación con información oportuna y precisa sobre las amenazas que se presentan, dónde se presentan y cómo están respondiendo los equipos que hacen cumplir la ley.
- Orienta a los administradores de la conservación para que utilicen la información de manera estratégica con el fin de planear y administrar mejor las operaciones de patrullaje.
- Garantiza la rendición de cuentas y la buena gobernanza al brindar medidas claras y estandarizadas del desempeño de las fuerzas de la ley para el personal, la gerencia, la administración y la presentación de informes.
- Es asequible. SMART es gratuita para descargar y usar. Fue lanzada formalmente a comienzos de 2011 por los seis miembros fundadores de la Alianza SMART: el Monitoreo de la Matanza Ilegal de Elefantes de la Convención sobre el Comercio Internacional de Especies Amenazadas de Fauna y Flora Silvestres (CITES-MIKE), la Sociedad Zoológica de Frankfurt, el Zoológico de Carolina del Norte, la Sociedad para la Conservación de la Vida Silvestre (Wildlife Conservation Society, WCS), el Fondo Mundial para la Naturaleza (WWF) y la Sociedad Zoológica de Londres.

Olivia Needham, Sociedad Zoológica de Londres, en nombre de la Alianza SMART

El investigador Roger Good registra los datos de condición y cambio en la condición proporcionados por los guardabosques del Parque Nacional Alpino (Alpine National Park) en Victoria, Australia

Fuente: Graeme L. Worboys

que pueden ayudar con la planeación sistemática de la conservación, lo cual requiere diferentes niveles de complejidad e información de entrada (se discute con detalle en Bowles-Newark *et al.*, 2014).

La Alianza para las Medidas de Conservación (Conservation Measures Partnership, CMP) desarrolló el *software* Miradi, el cual aplica los Estándares Abiertos para la Práctica de la Conservación –basados en las experiencias de varias organizaciones respecto a la planeación de la conservación (Cuadro 11.1)–. Tales estándares se apoyan en los ciclos de los proyectos o en la gestión adaptativa para alcanzar los objetivos de conservación.

En todo el mundo se han desarrollado y se utilizan sistemas cuyo objetivo es medir cuán bien administradas están las áreas protegidas y si cumplen con sus objetivos de conservación. En algunos casos, estos mecanismos de evaluación examinan las actividades de gestión y manejo, y en otros las tendencias de monitoreo en las respuestas de la biodiversidad. Las evaluaciones de la efectividad del manejo de áreas protegidas (Protected Area Management Effectiveness, PAME) pueden utilizar formatos para la adquisición de datos que están adaptados a la necesidad de una organización de estar informada sobre la utilización eficaz de los recursos y para planear su gestión posterior. En los últimos años se han desarrollado más de cuarenta herramientas para la PAME; los resultados de estas evaluaciones se resumen en Coad *et al.* (2013). Una revisión de las buenas metodologías de evaluación para la PAME se puede encontrar en Hockings *et al.* (2009) y en Leverington *et al.* (2010) (véase también el Capítulo 28).

Los delitos contra la vida silvestre, en particular la caza furtiva, son algunas de las principales amenazas contra la biodiversidad que requieren una metodología particular para la recopilación de datos, el monitoreo y el cumplimiento de la ley. Las iniciativas globales como el Consorcio Internacional para Combatir los Delitos contra la Vida Silvestre (International Consortium on Combating Wildlife Crime, ICCWC) se han unido para abordar este problema. El consorcio desarrolló un conjunto de herramientas para el análisis de crímenes contra la vida silvestre y el bosque, el cual brinda una orientación sobre la recopilación y el análisis de datos (ICCWC, 2012). La recopilación de datos a través de herramientas específicas, como la Herramienta de Monitoreo e Información Espacial (Spatial Monitoring and Reporting Tool, SMART) (Cuadro 11.2), garantiza que la información recabada en los sitios a través de las actividades cotidianas del cumplimiento de la ley esté estandarizada y sea adecuada para su objetivo.

Informes nacionales y seguimiento del cambio global

Los países se han adherido a una serie de acuerdos regionales e internacionales pertinentes a las áreas protegidas –como los Informes Nacionales del Convenio sobre la Diversidad Biológica (CDB), las Metas de Aichi y las Estrategias y Planes de Acción Nacionales en materia de Diversidad Biológica (EPANDB), la Convención Relativa a los Humedales de Importancia Internacional especialmente como Hábitat de Aves Acuáticas (Convención de Ramsar), la Convención del Patrimonio Mundial, los Informes Nacionales de la Convención sobre el Comercio Internacional de Especies Amenazadas de Fauna y Flora Silvestres (Convention on International Trade in Endangered Species of Wild Fauna and Flora, CITES) y el sistema de permisos comerciales–. Estos acuerdos tienen diferentes niveles de requerimientos para los países respecto a los informes sobre las áreas protegidas (para un ejemplo de la presentación de estos a las Directivas sobre la Naturaleza de la Unión Europea, véase el Cuadro 11.3). En algunos casos se necesita información detallada sobre el sitio, mientras que en otros la información puede

Cuadro 11.3 Obligaciones nacionales respecto a la presentación de informes de acuerdo con las Directivas sobre la Naturaleza de la Unión Europea

Dentro de la Unión Europea, dos directivas se centran en la conservación de la naturaleza: la Directiva de Aves (79/409/CEE; 2009/147/CE) y la Directiva de Hábitats (92/43/CEE), conocidas conjuntamente como las Directivas sobre Naturaleza. Abarcan muchos aspectos relacionados con la diversidad biológica, pero dos son particularmente pertinentes en términos de recopilación de datos. En primer lugar, las directivas exigen a los países que designen y recopilen información sobre una serie de áreas protegidas con el fin de proteger un conjunto establecido de tipos de hábitats y especies. En febrero de 2014, había 27.221 sitios que cubrían una superficie de más de un millón de kilómetros cuadrados, lo que equivale a aproximadamente el 18% de la superficie terrestre y el 4% de la superficie marina de la Unión Europea. En segundo lugar, las directivas exigen a los países que recopilen conjuntos de datos sobre biodiversidad de las especies y los hábitats establecidos. Se recopilan datos sobre la distribución, el área, la población, la tendencia y el estado general de conservación de las especies y los tipos de hábitats enumerados en estas directrices. Los datos recabados en el marco de este proceso forman una parte central de la estrategia general para la biodiversidad de la Unión Europea y están a disposición del público a través de la Agencia Europea del Medio Ambiente.

Cuadro 11.4 Species+

Species+, desarrollado por la Secretaría de la CITES y el Centro Mundial de Vigilancia de la Conservación (CMVC-PNUMA), es un sitio web diseñado para ayudar a las partes en la implementación de la CITES, la Convención sobre la Conservación de las Especies Migratorias de Animales Silvestres (Convention on the Conservation of Migratory Species of Wild Animals, CMS) y otros acuerdos ambientales multilaterales. Species+ ofrece un portal centralizado para acceder a información clave sobre las especies de preocupación mundial. En particular, Species+ contiene información sobre todas las especies que figuran en los apéndices de la CITES y de la CMS, así como otros listados de la familia CMS y especies incluidos en los anexos de la Normativa de la Unión Europea sobre el Comercio de Fauna y Flora Silvestres.

Kelly Malsch y Alison Rosser (UNEP-WCMC, 2014)

Un geólogo del Servicio de Parques Nacionales de Estados Unidos brinda una sesión de información para los expertos en áreas protegidas sobre la medición, monitoreo y mapeo de la expansión de la corteza geotérmica, en las cercanías del Géiser Viejo Fiel (Old Faithful), Parque Nacional Yellowstone, EE.UU.

Fuente: Graeme L. Worboys

Parcela de investigación ecológica a largo plazo que se estableció en el Parque Nacional Kosciuszko en la década de 1960 después de la remoción de los herbívoros alpinos del parque. El objetivo de esta parcela era hacer un seguimiento de la recuperación de los ambientes alpinos australianos y medir la erosión constante por la corriente activa

Fuente: Dane Wimbush

generalizarse a nivel nacional. En todos los casos, los acuerdos hacen hincapié en la necesidad de que los informes se basen en información pertinente y de buena calidad. Los informes que los países están obligados a presentar para los diferentes acuerdos son complejos y exigentes. Esto ha llevado a un bajo cumplimiento entre los países de menor capacidad. Como resultado, en todos los acuerdos ambientales multilaterales se están haciendo esfuerzos para racionalizar y armonizar los requisitos de presentación de informes. El desarrollo de sistemas de reporte en línea –que aún se encuentra en sus primeras etapas para las áreas protegidas– tiene por objeto reducir la carga de informes y de acceso a los datos (por ejemplo, CITES, Cuadro 11.4).

En 2010, las partes del CDB acordaron un nuevo plan estratégico (CBD, 2011) que incluye un conjunto de metas (las Metas de Aichi). Este plan brinda un marco general para la biodiversidad, no solo para las convenciones relacionadas con la biodiversidad, sino también para todo el sistema de las Naciones Unidas y todos los otros asociados que participan en el desarrollo de políticas y la gestión de la diversidad biológica. Las áreas protegidas dan soporte a varias de las metas, pero son particularmente relevantes para la Meta 11, que establece:

> Para 2020, al menos el 17% de las zonas terrestres y de aguas continentales y el 10% de las zonas marinas y costeras, especialmente aquellas de particular importancia para la diversidad biológica y los servicios de los ecosistemas, se conservan por medio de sistemas de áreas protegidas administrados de manera eficaz y equitativa, ecológicamente representativos y bien conectados y otras medidas de conservación eficaces basadas en áreas, y están integradas en los paisajes terrestres y marinos más amplios. (CBD, 2011)

Con el fin de hacer un seguimiento de los progresos alcanzados en la Meta 11, los países apoyados por iniciativas mundiales deben movilizar e interpretar un volumen enorme de datos de referencia y de seguimiento sobre todos los aspectos relativos a la ubicación, cobertura, designación, manejo y gobernanza de las áreas protegidas. Para seguir el progreso se utilizan indicadores (Cuadro 11.5). En 2012 se lanzó una nueva iniciativa mundial, la Plataforma Intergubernamental sobre Biodiversidad y Servicios Ecosistémicos (Intergovernmental Platform on Biodiversity and Ecosystem Services, IPBES), como órgano intergubernamental independiente centrado en el fortalecimiento de la interfaz ciencia-política, de manera que:

- La información científica es relevante para las necesidades políticas y está formulada de manera que es accesible para los responsables de la formulación de políticas y para los encargados de tomar decisiones.
- Los responsables de formular políticas y de tomar decisiones tienen en cuenta la información científica disponible en sus deliberaciones y formulan sus demandas o preguntas de una manera que les permite a los científicos brindar la información pertinente.

Insumos para la generación de conocimiento

Además de existir una gran cantidad de impulsores y motivaciones para la recolección de datos e información, también hay numerosas herramientas y métodos para recopilar estos datos e información, los cuales deben considerarse y desarrollarse en el contexto del proyecto o propósito para el que se recolectan los mismos. Por consiguiente, cuando se habla sobre los tipos de datos, vale la pena considerar cinco categorías principales de conocimiento: 1) El conocimiento científico obtenido como parte de levantamientos en campo. 2) El conocimiento científico obtenido a partir de la teledetección. 3) El conocimiento de los "valores", como los valores económicos o los beneficios humanos. 4) El conocimiento obtenido a través de la ciencia ciudadana. 5) El enorme cuerpo de conocimientos tradicionales.

En todas las categorías de conocimiento, dado que se requieren recursos significativos para la recolección y el análisis de los datos con el fin de generar información, es importante que siempre que sea posible se emplee el principio de "recabar una sola vez, usar a menudo". Las partes responsables deben considerar el intervalo de vida de los datos que recopilan más allá del alcance del proyecto que realicen en ese momento. A menudo, la adición de uno o dos parámetros puede aumentar la aplicabilidad y el valor de los conjuntos de datos más allá de un único proyecto, y los mecanismos y estándares globales para el intercambio de datos pueden asegurar que más adelante otras partes o proyectos puedan integrarlos y reutilizarlos.

"Recabar una sola vez, usar a menudo" es un principio básico de una serie de sistemas de recolección de datos en línea. A fin de evitar la duplicación, es necesario que los diversos sistemas de recopilación nacionales, regionales e internacionales puedan comunicarse entre sí, de tal manera que los países puedan reportar una vez y otros sistemas puedan utilizar los datos. Iniciativas como la Infraestructura Mundial de Información sobre Biodiversidad (Global Biodiversity Information Facility, GBIF) pueden aceptar datos recopilados para múltiples propósitos y ponerlos a disposición de otros investigadores de todo el mundo (véase el Cuadro 11.16). Un elemento clave en este ideal de "recabar una sola vez, usar a menudo" es la necesidad de que los datos vengan asociados con metadatos –a menudo denominados "datos sobre los datos"–. Los metadatos permiten que los futuros usuarios de datos e información comprendan los antecedentes de cómo se recabaron estos, con qué fin, a qué escala y nivel de precisión, y cualquier condición respecto al uso del conjunto de los mismos. Además, los metadatos pueden incluir información sobre usos sensibles de un conjunto de datos o producto de información, y así reducir la obtención de resultados inapropiados o engañosos en futuros análisis. Más adelante en este capítulo se presentan detalles adicionales sobre algunos de los estándares de datos comunes que están en uso tanto para la biodiversidad como para las áreas protegidas.

Conocimiento científico

Es probable que el mayor acervo de información relevante para las áreas protegidas se recabe como parte de programas de levantamiento, vigilancia y monitoreo científicos.

Cuadro 11.5 ¿Qué es un indicador exitoso?

De acuerdo con la Alianza sobre Indicadores de Biodiversidad (BIP, 2011), un indicador exitoso debería ser:

- Científicamente válido: a) existe una teoría aceptada de la relación entre el indicador y su propósito, con el consenso de que el cambio en el indicador indica un cambio en el asunto de preocupación, y b) los datos utilizados son fiables y verificables.
- Se basa en los datos disponibles: de tal manera que el indicador pueda producirse con el tiempo.
- Responde al cambio en el asunto de interés.
- Fácilmente comprensible: a) conceptualmente, cómo la medición se relaciona con el propósito; b) en su presentación, y c) en la interpretación de los datos.
- Relevante para las necesidades del usuario.
- Utilizado: para medir el progreso, como alerta temprana de problemas, para comprender un problema, para presentar informes, para la concientización y otras necesidades.

Estos programas no solo abarcan todas las facetas de la biodiversidad, el medio ambiente, la gestión y los procesos socioeconómicos, sino también se apoyan en la metodología científica y los diseños experimentales para hacer que los resultados sean más robustos y comparables entre los sitios y a lo largo del tiempo. La recolección de datos pueden hacerla investigadores de campo o personas locales capacitadas en técnicas de muestreo y habilidades de gestión de datos –por ejemplo, uso de hojas de cálculo y análisis simples–.

En el nivel más básico de recolección de datos están los levantamientos que generan listados o inventarios, mapeos geológicos o indicadores socioeconómicos que pueden servir como referencia para estudios y monitoreos adicionales. Con frecuencia, estos datos se utilizan para propuestas de nuevas áreas protegidas o planes de manejo. No obstante, algunos datos científicos provienen de proyectos a largo plazo, como los sitios de investigación ecológica a largo plazo, y es posible que no estén disponibles fácilmente, aunque algunos proyectos de este tipo tienen políticas que específicamente promueven el intercambio de datos de sus sitios y utilizan un protocolo de evaluación rápida modificado para estandarizar métodos y así hacer que sus datos no solo sean más comparables entre los sitios, sino también más baratos (por ejemplo, PPBio).

"Monitoreo" es el término utilizado para referirse a esta observación o medición repetitiva con el fin de determinar el estado y la tendencia, evaluada como un cambio con respecto a una medición de referencia –a menudo considerada

Cuadro 11.6 PROBUC: Programa de monitoreo de la biodiversidad y del uso de los recursos naturales en las áreas protegidas del Estado de Amazonas

El objetivo de este programa, creado en 2006 por el Gobierno del Estado de Amazonas en Brasil, era obtener información sobre la presencia y uso de la biodiversidad en áreas protegidas de "uso sostenible" a nivel estatal. En Brasil, estas áreas protegidas se definen como áreas naturales que albergan poblaciones tradicionales cuya existencia depende de sistemas basados en el uso sostenible de los recursos naturales. Por siglos, estos sistemas se han adaptado a la ecología local y tienen un papel preponderante en la protección de la naturaleza y el mantenimiento de la biodiversidad. Las áreas en cuestión cumplen los criterios para la Categoría VI de la UICN. El programa tiene por objeto capacitar y utilizar los conocimientos locales para adquirir información no solo del uso de subsistencia de la fauna y la flora (como la caza y la pesca, y la cosecha de nueces del Brasil), sino también de las amenazas (como la caza y la deforestación ilegal, y la extracción de oro), y así ayudar a monitorear las tendencias y las amenazas de las especies y planear las acciones de manejo necesarias.

Los miembros de las aldeas locales reciben capacitación sobre cómo diligenciar los cuestionarios y realizar un monitoreo por transectos de la fauna con énfasis en las especies cazadas para alimento. Estas personas también adquieren información sobre las poblaciones de tortugas (la liberación anual de tortugas bebé es promovida por los residentes locales) y el tráfico de botes dentro del área protegida. La información adquirida, luego de ser transmitida a la agencia estatal de medio ambiente para ser analizada respecto a la información de gestión relevante, es almacenada en bases de datos a las que pueden acceder investigadores y otras instituciones. Las comunidades locales reciben retroalimentación cuando los resultados se presentan y se explican de manera integral durante las reuniones de la comunidad, incluidas las reuniones del consejo comunitario del área protegida. La capacitación tiene un seguimiento constante para aumentar la precisión y fiabilidad de los datos.

Fuentes: Fonseca *et al.*, 2011; de Lima *et al.*, 2012

como un indicador–. En comparación, en los levantamientos se toman las mediciones, generalmente en un solo punto en el tiempo (por ejemplo, para determinar la distribución de una especie). Gardner (2010) clasifica el monitoreo de la biodiversidad en tres tipos generales según sus propósitos.

- Monitoreo de la implementación: comprueba si se están implementando los procesos de gestión y las recomendaciones.
- Monitoreo de la efectividad: se utiliza para recabar información sobre la condición (estado y tendencia) de un resultado medido. En otras palabras, si se ha alcanzado o no un objetivo de gestión de la conservación. No pregunta por qué tuvo éxito o fracasó.
- Monitoreo de validación: recaba información para validar las intervenciones de gestión, analizando si fueron exitosas y por qué. Este es un componente central de la gestión adaptativa (véase el Cuadro 11.1).

El monitoreo de la biodiversidad es un requisito de muchos acuerdos internacionales. Así, por ejemplo, en el Plan Estratégico del CDB (2011), el cual describe las Metas de biodiversidad de Aichi; en el Parágrafo 25 del convenio también se pide a los países mecanismos de apoyo para "monitorear el estado y las tendencias de la biodiversidad, mantener y compartir datos".Con el fin de enfocar el ejercicio de recolectar y recabar la información pertinente en un tamaño de muestra suficientemente grande para producir análisis sólidos y resultados fiables, es frecuente que en los proyectos de monitoreo se utilicen indicadores. Estos son una forma útil de reducir el número de parámetros complejos que deben medirse, lo que es particularmente importante cuando el personal, el tiempo y los recursos financieros son escasos. De manera ideal, los indicadores son cuantitativos (fácilmente medibles, como el tamaño de la población de una especie o los niveles de nitrógeno en el suelo), pero también pueden ser cualitativos (como la presencia de una especie indicadora o la condición percibida de un hábitat), y a menudo son jerárquicos y se alimentan de la evaluación desde el sitio hasta el nivel nacional (Cuadro 11.5).

Conocimiento de los ciudadanos

Tradicionalmente, los levantamientos y el monitoreo son llevados a cabo por investigadores calificados, pero cada vez más se utilizan enfoques de "ciencia ciudadana" para involucrar y educar a las comunidades y al público general (Cuadro 11.6). Si esto se hace bien, los proyectos tendrían la ventaja agregada de acelerar el proceso de recopilación de datos, así como de aumentar el tamaño de la muestra y su cobertura. Una investigación reciente (Bird *et al.*, 2014) destacó el valor de los datos científicos de los ciudadanos, siempre y cuando se establezcan restricciones en torno a la recopilación, la gestión, el análisis y los sesgos de los datos. De manera similar, las investigaciones han demostrado el valor y los beneficios potenciales del uso de las comunidades locales para el monitoreo de los recursos naturales de los bosques tropicales (Danielsen *et al.*, 2014a) y para el monitoreo del progreso en los indicadores de biodiversidad (Danielsen *et al.*, 2013). Con un diseño de protocolo cuidadoso para minimizar la cantidad de datos inexactos que ingresan al sistema, especialmente a través de plantillas de ingreso de datos, los proyectos de ciencia ciudadana pueden funcionar para mejorar nuestro conocimiento y aumentar la participación del público. Tecnologías como los teléfonos inteligentes y las tabletas con capacidades de geolocalización hacen de la ciencia ciudadana un enfoque atractivo; sin embargo, en la etapa de diseño del proyecto deben tomarse consideraciones respecto a la calidad, la cantidad y la complejidad de los datos, y también cabe preguntarse si la ciencia ciudadana es el mecanismo más apropiado para involucrar a la comunidad o recabar datos sobre un problema particular. Proyectos como Nature's Notebook (Rosemartin *et al.*, 2014) e Instant Wild (Cuadro 11.7) son excelentes ejemplos de la ciencia ciudadana en acción.

Conocimiento de teledetección

Además de los levantamientos en campo, los datos también provienen de fuentes teledetectadas (sensores remotos), lo cual comprende desde las imágenes adquiridas vía satélite hasta las imágenes y datos de escaneado láser derivados de plataformas convencionales aerotransportadas y el uso emergente de vehículos aéreos no tripulados operados remotamente. En la última década se produjo una rápida evolución en la mejora de la calidad, la reducción de los costos y la disponibilidad simplificada de los datos teledetectados. En gran medida, estos cambios han facilitado el uso de dicho tipo de datos para analizar los cambios en el hábitat dentro de las áreas protegidas con el tiempo, incluyendo sofisticados paralelismos con áreas comparables fuera de las áreas protegidas. A medida que

Cuadro 11.7 Instant Wild

La aplicación (*app*) para iPhone *Instant Wild* de la Sociedad Zoológica de Londres es una herramienta única de ciencia ciudadana que les permite a las personas identificar y discutir imágenes transmitidas instantáneamente desde las cámaras trampa activadas por movimiento colocadas en todo el mundo. En los primeros veinticuatro meses después de su lanzamiento, esta aplicación tuvo más de cien mil descargas y los participantes iniciaron más de un millón de identificaciones de imágenes, con una tasa de éxito en la identificación de más del 90%. La aplicación no solo le permite al público general involucrarse en el trabajo de conservación en el campo, sino también mejora la conciencia y el conocimiento de las especies en las ubicaciones de las cámaras. Asimismo, esta aplicación permite que la sociedad tenga la capacidad de saber instantáneamente si una especie rara y amenazada fue vista –por ejemplo, el leopardo de Java (*Panthera pardus melas*), una especie en peligro crítico, fue visto por la cámara indonesia de la sociedad en 2013, y el increíblemente raro ciervo ratón de Sri Lanka (*Moschiola meminna*) fue avistado en la cámara de la sociedad en dicho país–. Hay cámaras que transmiten desde Kenia, Namibia y Estados Unidos. A medida que más cámaras entran en línea, la aplicación tiene el potencial de salvar miles de horas de trabajo de los conservacionistas, ya que los miembros del público ayudan a clasificar las imágenes por grupo de especies, lo que permite un análisis más rápido de los datos.

Sociedad Zoológica de Londres, Unidad de Tecnología de la Conservación, Londres, 2014

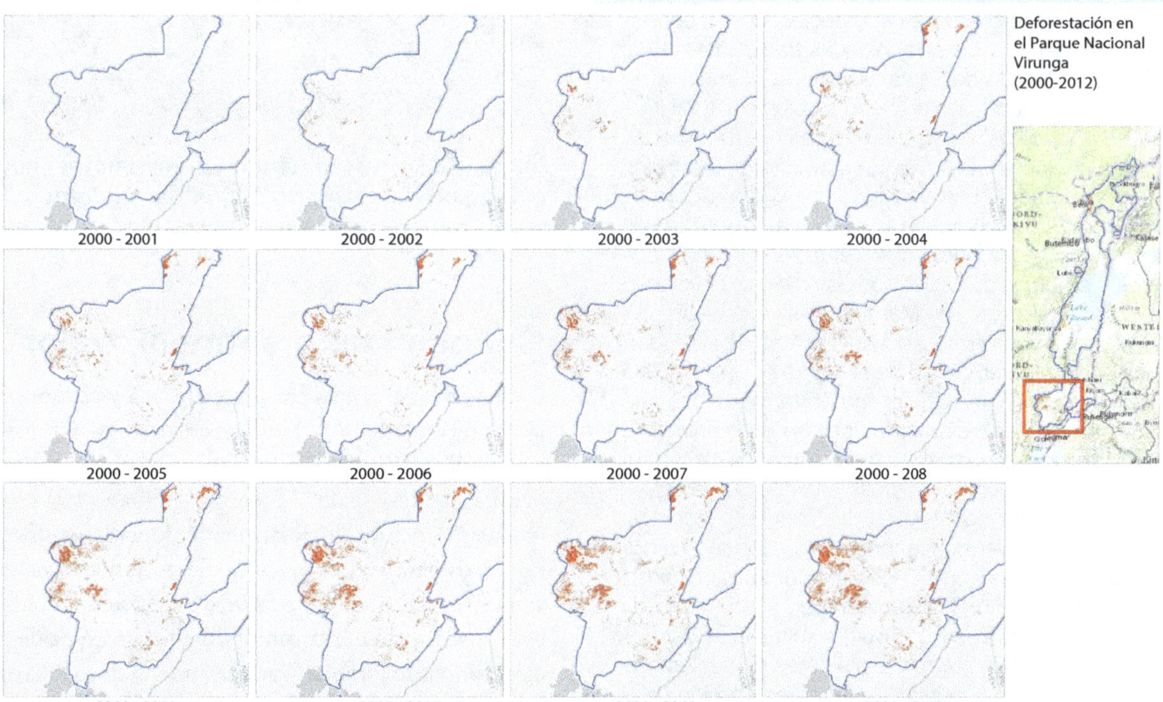

Figura 11.3 Deforestación (áreas rojas) en el Parque Nacional Virunga (delineado en azul), República Democrática del Congo, medida de 2000 a 2012

Fuente: adaptado de Hansen *et al.*, 2013

Cuadro 11.8 Kit de Herramientas para las Evaluaciones de Servicios Ecosistémicos a Escala de Sitio

El Kit de Herramientas para las Evaluaciones de Servicios Ecosistémicos a Escala de Sitio (Toolkit for Ecosystem Service Site-based Assessment, TESSA) permite que los no especialistas locales, mediante una selección de métodos relativamente accesibles, estén en capacidad no solo de identificar qué servicios ecosistémicos pueden ser importantes en un sitio, sino también de evaluar la magnitud de los beneficios que las personas obtienen de ellos en el momento, en comparación con los esperados con los usos alternativos del suelo. El kit de herramientas recomienda utilizar los datos existentes cuando proceda, y hace hincapié en que los usuarios puedan recopilar nuevos datos de campo con un costo y un esfuerzo relativamente bajos. Al utilizar el TESSA, los usuarios también podrían obtener información valiosa sobre usos alternativos del suelo, y los datos recolectados en el campo podrían ser incorporados en programas de monitoreo regulares.

Fuente: Peh *et al.*, 2013

Cuadro 11.9 Conocimientos tradicionales de las comunidades Kogi, Colombia

Los pueblos indígenas y las comunidades locales que han ocupado y utilizado territorios de tierra y mar se han adaptado durante largos períodos a la complejidad ecológica y a la naturaleza no lineal e impredecible de los ecosistemas. Por ejemplo, las comunidades tradicionales Kogi de la Sierra Nevada de Santa Marta en Colombia viven en estrecho contacto con el medio ambiente natural (Rodriguez-Navarro, próximamente). Durante generaciones de viajes constantes a través de su territorio con todos sus sitios sagrados, han adquirido una visión excepcional de cómo proteger y utilizar de forma sostenible sus recursos biológicos, incluso en situaciones impredecibles. Sus sistemas culturales son complejos y dependen de las decisiones de los "Mamos" (o sacerdotes) y del modo de vida comunitario, del cual la "Ley de la Madre" es una parte integral. La Ley de la Madre es un complejo código de reglas que regula el comportamiento humano en armonía con los ciclos de las plantas y los animales, los movimientos de los astros, los fenómenos climáticos y la trashumancia en la geografía sagrada del territorio. La cultura denota costumbres, tradiciones y códigos, lo cual tiene que ver con la forma en que estas comunidades indígenas viven colectivamente. La humanidad y su diversidad cultural interactúan con y dependen de los componentes vivos y no vivos del planeta –y esto es algo que los Mamos siempre consideran en sus esfuerzos por mantener el equilibrio–. La representación ritual relacionada con estos ritos sagrados es un mecanismo innovador de monitoreo.

Ashish Kothari

estos conjuntos de datos se vuelven más detallados, también se hacen mucho más grandes, lo que ha aumentado los retos de descargarlos, procesarlos y analizarlos.

El enorme potencial fue demostrado recientemente por Hansen *et al.* (2013), quienes utilizaron datos satelitales de treinta metros de resolución de los archivos "Landsat" gratuitos para mostrar la magnitud del cambio forestal mundial. Este ejemplo ilustra el valor potencial de la teledetección para el monitoreo de áreas protegidas, a escalas y niveles de precisión que no podrían medirse mediante levantamientos en campo o revisiones de indicadores nacionales. Como ejemplo, la deforestación en el Parque Nacional Virunga en África Central se muestra de 2000 a 2012 a partir de los datos analizados por Hansen *et al.* (2013, Figura 11.3).

La detección de cambios para otros tipos de hábitat o ecosistemas puede ser mucho más difícil, ya que las variaciones en la "firma" de los píxeles pueden ser más difíciles de detectar y, por lo tanto, es fácil confundir hábitats –por ejemplo, un pastizal natural se vería similar a una zona cultivada (Mello *et al.*, 2012)–.

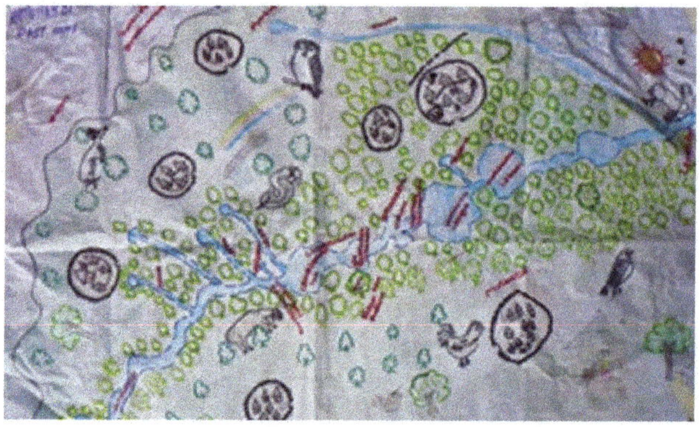

Mapa ancestral del pasado que muestra el orden ecológico del territorio en Venda, Sudáfrica

Fuente: Dzomo la Mupo, Fundación Mupo, Fundación Gaia

Conocimiento sobre el "valor"

Cada vez más, la justificación científica y económica para la conservación de la biodiversidad se da a través de la promoción del valor de los "servicios ecosistémicos" y el "capital natural" para el bienestar humano y la economía global. Con el fin de desarrollar enfoques científicamente rigurosos para esta valoración y la posterior toma de decisiones, los datos sobre los servicios ecosistémicos no solo se están recabando e incorporando a los procesos de planeación, sino que también se utilizan para desarrollar nuevos marcos de políticas y mecanismos financieros. Iniciativas como la Economía de los Ecosistemas y la Biodiversidad (Kumar, 2010) han ampliado, refinado y mejorado las metodologías utilizadas en estas evaluaciones.

Cruce de elefantes, Reserva Nacional de Samburu, Kenia, un área protegida de Categoría II de la UICN
Fuente: Geoffroy Mauvais

En Kettunen y ten Brink (2013) se encuentra una guía detallada para la evaluación, incluidos los requisitos de información y los beneficios sociales y económicos de las áreas protegidas. También se han desarrollado varias herramientas para permitir que los no especialistas evalúen los servicios ecosistémicos importantes en un sitio, como el Kit de Herramientas para las Evaluaciones de Servicios Ecosistémicos a Escala de Sitio (Toolkit for Ecosystem Service Site-based Assessment, TESSA) (Cuadro 11.8).

Conocimientos tradicionales

Es posible que sea difícil medir y comprender la información y el conocimiento (incluidas las técnicas y las mejores prácticas) que con el tiempo fueron acumulados y transmitidos por las comunidades de generación en generación –a menudo denominados "conocimientos tradicionales" o "conocimientos indígenas"–, pero no son aspectos menos importantes de la base de conocimientos del área protegida. Esta información suele ser ignorada en la planeación y gestión de estas áreas, lo que puede tener consecuencias problemáticas. Los datos sobre estacionalidad, resiliencia, propiedades medicinales, prácticas de manejo tradicionales y sus valores de conservación o restauración pueden recolectarse a partir de las comunidades, al igual que la información relacionada con la tenencia de la tierra, los derechos de propiedad y los impactos de las áreas protegidas. Los conocimientos tradicionales también pueden ayudar a monitorear la abundancia y los cambios en las especies y los hábitats clave dentro del área protegida, y las tendencias generadas

Cuadro 11.10 Registro de Territorios y Áreas Conservados por Pueblos Indígenas y Comunidades Locales

El Registro de los TICCA se creó para construir una base de conocimiento que aumente la información sobre estas áreas especiales, documente sus valores, mejore la comprensión y el reconocimiento de sus propósitos e impactos, y aumente la participación de las comunidades locales y tradicionales en los campos de la conservación de la biodiversidad y de la política. Los dos tipos principales de información almacenada incluyen: 1) información descriptiva, como los principales hábitats dentro del TICCA y los nombres de la comunidad o comunidades que viven dentro o cerca del TICCA, y 2) información espacial, como el tamaño, la ubicación y los límites del área. Se incluyen detalles adicionales cuando estén disponibles, como la información sobre la historia, la gobernanza, las leyes consuetudinarias y el manejo de un área, y detalles sobre los procesos de toma de decisiones en la comunidad y factores socioeconómicos. Los datos multimedia, como fotos y videos, se incorporan dentro de estudios de caso para ampliar las características visuales de las comunidades y la riqueza de sus conocimientos y esfuerzos de conservación. El Registro de los TICCA se adhiere al principio de "consentimiento libre, previo e informado" (CLPI), así que cualquier comunidad que registre su permiso para que la información se incluya en la base de datos de los TICCA puede especificar de manera adicional si esta debe mantenerse confidencial y no ser divulgada. El Registro de los TICCA es mantenido por el Consorcio TICCA y el CMVC-PNUMA.

Cuadro 11.11 El estándar de datos para la información de áreas protegidas de la Base de Datos Mundial sobre Áreas Protegidas

La Base de Datos Mundial sobre Áreas Protegidas (BDMAP) es un proyecto conjunto entre el Programa de las Naciones Unidas para el Medio Ambiente (hoy ONU Medio Ambiente) y la Unión Internacional para la Conservación de la Naturaleza (UICN), el cual es administrado por el Centro Mundial de Vigilancia de la Conservación (CMVC) del PNUMA en Cambridge, Reino Unido. La BDMAP comenzó como la Lista de Áreas Protegidas de la ONU, producida bajo el mandato de la Asamblea General de la ONU desde 1962, y se ha convertido en una base de datos de mapas de sistemas de información geográfica (SIG) sobre áreas protegidas en todo el mundo. Esta base de datos incluye información sobre áreas protegidas de todas las categorías y tipos de gobernanza de la UICN. En colaboración con los gobiernos, las organizaciones no gubernamentales (ONG), el mundo académico y la industria, la BDMAP es la base de datos mundial más completa de las áreas protegidas marinas y terrestres, y comprende datos espaciales (límites) junto con datos de atributos asociados (información tabular). La BDMAP está disponible en línea a través del sitio web de Planeta Protegido (www.protectedplanet.net), donde los datos pueden verse y descargarse.

El Estándar de Datos de la BDMAP se desarrolló en 2009 como un mecanismo para que todos los proveedores de datos tuvieran claros los requisitos para la inclusión de estos en la BDMAP y para garantizar la interoperabilidad de su conjunto. Este estándar se amplió en 2014 con el fin de modernizar la BDMAP con los requisitos de la Meta 11 de Aichi, la cual subraya la importancia de "otras medidas de conservación eficaces basadas en áreas".

Bajo el nuevo estándar de datos, la BDMAP seguirá incorporando sitios que se ajusten a las definiciones de área protegida de la UICN y del CDB, junto con los sitios que no se ajusten a estas definiciones, pero que tengan un valor de conservación. Esta distinción se hará claramente dentro de los datos de atributos, lo cual le ofrece a los usuarios de datos la opción de diferenciar fácilmente entre los sitios que se ajustan a la definición y los que no.

Para ser incluidos en la BDMAP, los envíos de datos deben cumplir los siguientes cinco requisitos.

1. El sitio debe ajustarse a la definición de área protegida de la UICN o del CDB, o debe tener un valor claro de conservación y un compromiso a largo plazo.

2. Siempre que sea posible, los límites espaciales de las áreas protegidas se deben proporcionar como *shapefiles* en un formato de polígono multiparte. Cuando no se disponga de datos sobre los límites, la ubicación del punto geográfico central (latitud y longitud) debe

Parque Natural de las Salinas de Sečovlje, Eslovenia, un área protegida de las categorías IV y V que incluye una importante zona de humedales para aves y una industria activa y sostenible de producción de sal que se basa en métodos utilizados en el lugar durante cientos de años
Fuente: Andrej Sovinj

darse como punto de referencia para el área protegida. Por lo tanto, cada área protegida en la BDMAP se representa como un límite poligonal, o si no es posible, como una ubicación puntual. Deben proporcionarse datos espaciales, preferiblemente en formato *shapefile*. Debe enviarse un máximo de dos *shapefiles* –uno que contenga todos los datos del polígono y otro con los datos puntuales para cualquier área protegida sin datos de los límites–. La BDMAP se basa en el Sistema Geodésico Mundial (World Geodetic System, WGS), por lo que idealmente todos los datos deberían presentarse en este sistema de referencia. Se prefiere que los datos SIG estén en formato *shapefile*, pero también se aceptan otros formatos como .gdb y .kml.

3. Con el fin de garantizar que la propiedad de los datos se mantenga y sea rastreable, en la BDMAP es importante el registro preciso de la fuente de la información. La tabla de fuentes de la BDMAP se ajusta a los estándares mínimos de servicios e información geográfica que se describen en las normas ISO sobre la información geográfica (SIO/TC 211). Solo se aceptará un envío de datos si se incluye el mínimo de información de la fuente. Bajo el nuevo estándar de datos de la BDMAP, los datos se almacenarán tanto en la fuente de los datos como en la parte responsable de verificarlos cuando proceda.

4. Los atributos representan piezas esenciales de información sobre los datos espaciales que ayudan en el análisis, reporte y seguimiento de las tendencias en el crecimiento y la cobertura de las áreas protegidas del mundo. En la BDMAP hay veinticinco atributos asociados con cada área protegida, los cuales se categorizan como atributos "mínimos", "fundamentales" o "mejorados". El requisito básico mínimo para que los datos sean aceptados en la BDMAP es que se brinde la información de atributos mínimos.

5. Los datos deben ser proporcionados o verificados por un gobierno nacional u otra fuente autorizada. Se solicita a los que contribuyen con datos para incluir en la BDMAP que firmen el Acuerdo de Contribución con Datos de la BDMAP. Esto garantiza que hay un registro escrito del proveedor en el que acuerda que sus datos estén en la BDMAP. El acuerdo menciona específicamente cómo se utilizarán los datos proporcionados y que estarán sujetos a los términos y condiciones de la BDMAP. Solo se aceptará un envío de datos si el Acuerdo de Colaborador de Datos de la BDMAP está firmado.

Fuente: UNEP-WCMC, 2014

por estos métodos pueden ser tan confiables como los levantamientos en campo realizados por científicos (Danielsen *et al.*, 2014a). Otro valor del conocimiento tradicional se relaciona con la generación de hipótesis para una investigación científica adicional.

Debido a que muchos paisajes y sistemas ecológicos fueron modificados con el tiempo por las comunidades humanas que habitan en ellos, el entendimiento de las prácticas tradicionales de manejo y de los sistemas de manejo de recursos basados en la comunidad puede ser clave para construir una buena comprensión del manejo de áreas protegidas (Cuadro 11.9). Esto es especialmente importante para las áreas protegidas que permiten que las poblaciones humanas sean residentes o que exploren y exploten los recursos naturales. Uno de los desafíos aquí es traducir este conocimiento tradicional –a menudo basado en metáforas– en información que pueda usarse para la planeación de la conservación y el monitoreo de tendencias en las especies o los hábitats clave. Por ejemplo, Oba *et al.* (2008) describen cómo el conocimiento tradicional de los pastores en el centro de Uganda puede ayudar a identificar las mejores prácticas para la conservación de los paisajes y de la fauna y la flora asociadas. En otro estudio, Constantino *et al.* (2008) muestran cómo el conocimiento tradicional de la caza del grupo étnico Kaxinawá en Brasil puede ayudar al monitoreo de la biodiversidad mediante el mejoramiento de los listados de especies de fauna. Danielsen *et al.* (2014b), quienes trabajan en Nicaragua, encontraron que complementar los hallazgos de las investigaciones con los conocimientos indígenas y locales podía aumentar la cantidad y el alcance geográfico de la información disponible para las evaluaciones. Un ejemplo de una base de datos que pretende registrar la información sobre los conocimientos tradicionales es el Registro Internacional de los Territorios y Áreas Conservados por Pueblos Indígenas y Comunidades Locales (TICCA) (Cuadro 11.10), aunque también se mantienen o están en preparación varias bases de datos a nivel nacional (Kothari *et al.*, 2012).

Importancia de los estándares

Un componente crítico de cualquier proceso de recolección, gestión o análisis de datos, no solo relacionado con la información de áreas protegidas, es la necesidad de contar con estándares de datos –perfiles documentados para la representación uniforme y el formato de los datos–. En su mayoría, los estándares de datos permiten la recopilación de estos de una manera controlada por la calidad, lo que conduce a una calidad mejorada y una confianza asociada en el uso de los datos recabados. Cuantos más conjuntos de datos existan dentro de un sistema, más importante es que existan estándares claros para cada conjunto. Todo esto pone de manifiesto la importancia de garantizar que al inicio de un proceso de recolección de datos se establezcan estándares claros que permitan recabar la información científica pertinente y que garanticen que estos puedan manejarse de una manera eficaz.

A medida que la información geográfica o los datos geoespaciales mejoran su disponibilidad y se basan más en la web, la necesidad de tales estándares es crucial. Tanto la Organización Internacional para la Normalización (International Organization for Standardisation, ISO) como el Consorcio Geoespacial Abierto (Open Geospatial Consortium, OGC) han desarrollado un conjunto de estándares para la información geográfica. La ISO ha creado toda una serie de estándares que cubren la información geográfica (series ISO 19100).

Los Estándares para la Gestión de Información sobre Biodiversidad (Biodiversity Information Standards), también conocidos como el Grupo de Trabajo Internacional de Bases de Datos Taxonómicas (Taxonomic Databases Working Group), han desarrollado un conjunto de estándares para el intercambio de datos de biodiversidad. Un ejemplo es "*Darwin Core*", que incluye un conjunto de términos relacionados con los taxones y su presencia en la naturaleza, al igual que un conjunto de prácticas sobre el uso de estos términos en la publicación de datos e información sobre la diversidad biológica (GBIF, 2010). Los estándares *Darwin Core* son utilizados por la Infraestructura Mundial de Información sobre Biodiversidad (Global Biodiversity Information Facility, GBIF) y por muchos nodos nacionales de datos sobre biodiversidad.

Para las áreas protegidas, la BDMAP actúa como el estándar mundial (Cuadro 11.11), con un conjunto de atributos fundamentales que todo sitio debe tener para ser incluido en el listado. Los estándares también garantizan la movilización de la información sobre biodiversidad. La Biblioteca del Patrimonio de la Biodiversidad (Biodiversity Heritage Library) es uno de tales recursos en colaboración que permite el acceso abierto a las principales colecciones de literatura sobre historia natural, las cuales fueron recopiladas por un grupo de organizaciones de todo el mundo.

Un requisito básico para los sistemas de datos es la necesidad de que cada objeto o medición (por ejemplo, las áreas protegidas) tenga un identificador único. Estos deben cumplir como mínimo dos criterios básicos. Deben ser:

1. Únicos; es decir que el identificador debe ser único en toda la organización.

2. Persistentes; el identificador debe permanecer sin cambios durante la vida de ese objeto.

Con la llegada de sistemas de posicionamiento global (GPS) cada vez más fáciles de usar y la disponibilidad de conjuntos de datos digitales, las posibilidades de recabar datos espaciales de biodiversidad con alta precisión son cada vez mayores. Como ejemplo, en el caso de la digitalización de los límites de las áreas protegidas, la escala exacta utilizada es una función de los recursos disponibles. La topografía detallada de los sitios producirá límites muy precisos pero a un alto costo, mientras que la digitalización de los límites a partir de mapas catastrales digitales a una escala apropiada puede brindar límites relativamente precisos de una manera rentable.

Intercambio del conocimiento

Intercambio de datos significa la divulgación de datos –en este caso, datos de biodiversidad– de una parte, a otra, ya sea dentro de una organización o a organizaciones externas. El intercambio de datos puede verse influenciado por una serie de factores, tanto positivos como negativos, los cuales incluyen: la presencia o ausencia de documentos sobre las mejores prácticas organizacionales en relación con el intercambio de datos, la propiedad de los mismos, sus derechos de autor o los mapas base desde los que se crean, los retos técnicos, las leyes nacionales relativas a la utilización de datos y su descarga, y las restricciones a la difusión a terceros. La propiedad de los datos puede estar atada a normas institucionales, a temas de derechos de autor y a sensibilidades comerciales, y es posible que la difusión por medios digitales no esté cubierta por las leyes nacionales o que estas no cubran el uso de datos digitales en los sistemas en línea y su posterior descarga. Es posible que existan restricciones respecto a permitir que terceros difundan los datos. En el lado positivo, hay una serie de acuerdos nacionales y regionales sobre el uso y difusión de datos públicos, como Conservation Commons (2006), que promueve la liberación de datos sobre biodiversidad para facilitar la conservación de la biodiversidad.

La imposibilidad de compartir datos es un problema crítico en la evaluación de la biodiversidad mundial: con datos incompletos, surge un panorama incompleto. Siempre que existan problemas relacionados con el intercambio de datos, deben encontrarse soluciones, ya sea con la adopción de las mejores prácticas de otros países u organizaciones o con acuerdos claros de intercambio. En el caso de los TICCA y muchos otros aspectos del conocimiento tradicional e indígena, las restricciones para el intercambio de datos pueden

Cuadro 11.12 Centro para la Biodiversidad de la ASEAN

El Centro para la Biodiversidad de la ASEAN es un centro intergubernamental regional que facilita la cooperación y la coordinación entre los diez estados miembros de la ASEAN respecto a la conservación y el uso sostenible de la biodiversidad y la participación justa y equitativa en los beneficios derivados de la utilización de tales tesoros naturales. Para ayudar a la organización de la información sobre biodiversidad, la cual constituye la base de las evaluaciones, decisiones y políticas, el Centro para la Biodiversidad adoptó el archivo *Darwin Core* y la BDMAP como una estructura de datos estándar para compartir y publicar datos sobre biodiversidad. Con este estándar, el centro esperaba que los Estados miembros estuvieran equipados para poblar sus mecanismos de intercambio de información sobre biodiversidad, y por consiguiente, estarían en capacidad de proporcionar y procesar la información necesaria para la conservación.

Las instalaciones donde se realiza la codificación en línea y fuera de línea se desarrollaron sobre la base del formato estandarizado para mejorar la interoperabilidad y ayudar a la digitalización de especies e información de áreas protegidas en la región de la ASEAN. El propósito principal del archivo *Darwin Core* y de la BDMAP fue crear una estructura común para compartir datos de biodiversidad que estén armonizados y reutilizar estándares de metadatos a partir de otros dominios de conjuntos de datos. Todos los puntos focales del mecanismo para compartir información fueron advertidos de estos desarrollos y se les animó a participar en un acuerdo de capacitación de costo compartido para mejorar la capacidad de su personal y de los socios respecto a la gestión de datos. La Unidad de Gestión de Información sobre Biodiversidad desarrolló un mecanismo para compartir información sobre biodiversidad a nivel regional y presenta tendencias y mapas interactivos cuando es útil para el análisis. Las herramientas de codificación en línea y fuera de línea se hicieron accesibles en el sitio web del mecanismo para compartir información a nivel regional con el fin de ayudar a los estados miembros a digitalizar sus datos sobre biodiversidad.

Christian Elloran, Centro para la Biodiversidad de la ASEA

Cuadro 11.13 Sistema Compartido de Información Medioambiental

El Sistema Compartido de Información Medioambiental (Sharod Environmontal Information System, SEIS) tiene como objetivo crear un sistema mejorado de información ambiental para Europa. El objetivo es que se base en una red de proveedores públicos de información que compartan sus datos e información ambientales. Los sistemas y procesos existentes se simplificarán, racionalizarán y modernizarán, incluido el acceso a través de Internet. El sistema general sería descentralizado pero integrado. Como resultado, se mejorará la calidad, la disponibilidad, la accesibilidad y la comprensión. El SEIS también se trata de un cambio de enfoque en el que se pasa de países individuales o regiones que reportan datos a organizaciones internacionales específicas, a la creación de sistemas en línea con servicios que ponen la información a disposición de múltiples usuarios –personas y máquinas–.

El SEIS se basa en siete "principios". La información debe ser/estar:

- Gestionada lo más cerca posible de su fuente.
- Recabada una vez y compartida con otros para muchos propósitos.
- Rápidamente disponible para cumplir fácilmente con las obligaciones de reporte.
- De fácil acceso para todos los usuarios.
- Accesible para permitir comparaciones en la escala geográfica apropiada y para permitir la participación ciudadana.
- Totalmente accesible al público en general y a nivel nacional en el idioma nacional pertinente.
- Soportada por estándares comunes de *software* abierto y gratuito.

A través de los principios anteriores, un objetivo clave del SEIS es maximizar y ampliar el uso.

Fuente: Comisión Europea, 2008, pp. 111-112

relacionarse con leyes nacionales, sensibilidades culturales o información relacionada con la propiedad. Todos los sitios enviados al Registro de los TICCA (Cuadro 11.10) se someten a un proceso de CLPI acordado. Esto les permite a las comunidades involucradas elegir si sus datos estarán o no disponibles al público.

Gestión del conocimiento

En los últimos años, y conforme se ha reconocido la importancia de la gestión del conocimiento, los gobiernos nacionales y las organizaciones de investigación de muchos países han creado instalaciones de información o centros de datos sobre biodiversidad.

Cuadro 11.14 Productos del conocimiento entregados a través de la UICN

Por ser una organización que se basa en la ciencia, la UICN brinda una amplia gama de conocimientos para informar las decisiones de la sociedad sobre cómo valorar y conservar la naturaleza de manera equitativa. Es a través de esta unión, bajo el mandato del programa de la UICN 2013-16 que los productos del conocimiento se desarrollan, mantienen, actualizan y diseminan.

La UICN tiene seis productos del conocimiento en diferentes fases de desarrollo (Figura 11.4). Los productos del conocimiento son combinaciones de estándares, datos, procesos, herramientas y productos desarrollados y mantenidos por la UICN como bienes públicos mundiales destinados a la conservación y uso sostenible de la biodiversidad del mundo.

Las siguientes características son comunes a todos los conjuntos de datos:

- Son científicamente impulsados, transparentes y repetibles. Todos involucran a científicos (de las seis comisiones de la UICN, miembros, la Secretaría y otros) en su desarrollo y mantenimiento.
- Están estructurados para garantizar una gobernanza independiente y evitar la manipulación política. En particular, los procesos para mantener sus estándares y responder a las peticiones son responsables ante los presidentes relevantes de las comisiones de la UICN.
- Son inclusivos; sus estándares y datos se desarrollan a través de procesos internacionales participativos (por ejemplo, "talleres de formulación") con todas las partes pertinentes e interesadas. El logro de consenso entre las partes interesadas es fundamental para el éxito y hace que el producto resultante sea mucho más sólido de lo que sería de otra manera.
- Reciben apoyo a través de sus relaciones con la Secretaría de la UICN, a menudo en colaboración con muchas otras instituciones asociadas.
- Requieren la revisión de expertos antes de su acepta ción y publicación.
- No se enfocan en aplicaciones específicas y estrechas, sino que son aplicables, a menudo en combinación con otra información, para aumentar la concientización sobre la biodiversidad y brindar información que respalde la toma de decisiones sobre políticas y prácticas –no solo en el sector de conservación sino también en la sociedad en general–.
- Se mantienen (o se mantendrán) en el tiempo, y a través de tales series temporales, brindando información para los indicadores del monitoreo.
- Son producidos por la UICN (comisiones, miembros y la Secretaría) y por los socios a fin de ser dispuestos libremente para aplicaciones no comerciales en investigación científica, conservación de la biodiversidad y uso sostenible.
- Las aplicaciones comerciales pueden, a través de políticas acordadas y cuando corresponda, aportar recursos para mantener la calidad y la circulación de los datos subyacentes.

La UICN mantiene muchas otras bases de datos y sistemas de información, tales como la Base de Datos Mundial de Especies Invasoras (Global Invasive Species Database,

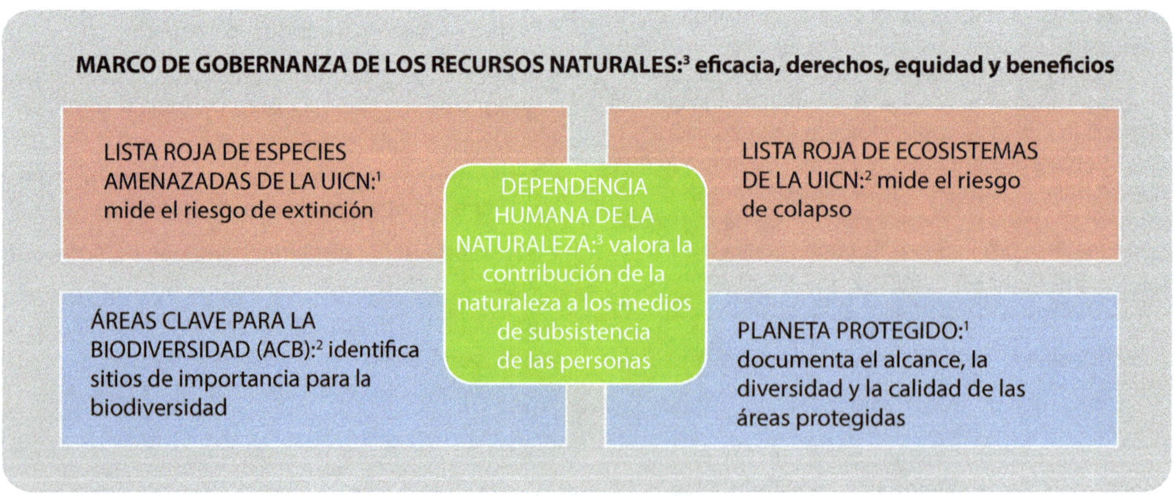

Figura 11.4 Los seis productos del conocimiento entregados a través de la UICN

1) Disponibilidad de conjuntos de datos avanzados, ampliamente publicados, concertados y globales

2) Bajo una revisión y una consolidación en curso. Disponibilidad de conjuntos de datos globales sobre áreas clave para la biodiversidad

3) En la fase inicial o en las primeras etapas de desarrollo

GISD) y cuatro catálogos de bibliotecas, incluido ECOLEX, que ofrece sus servicios como el catálogo más completo y autorizado sobre el derecho ambiental. Cada uno de los productos del conocimiento es fundamental en sí mismo. Sin embargo, estos tienen el potencial de ofrecer incluso más de lo que se considera posible a través de cada una de las partes de manera individual.

Jane Smart, Thomas Brooks y Diego Juffe-Bignoli*, UICN (*ahora con el CMVC-PNUMA)

Cuadro 11.15 Centro Mundial de Vigilancia de la Conservación (CMVC) del PNUMA (ONU Medio Ambiente)

El CMVC-PNUMA, el cual trabaja con socios en todo el mundo y es el brazo especializado del PNUMA en la evaluación de la biodiversidad, tiene su sede en Cambridge, Reino Unido. El CMVC ofrece productos y servicios objetivos y científicamente rigurosos para ayudar a los encargados de la toma de decisiones a conocer el valor de la biodiversidad y a aplicar este conocimiento. El centro no solo recopila y verifica los datos sobre la biodiversidad y los servicios ecosistémicos, sino que también realiza análisis e interpretación, lo cual permite que los resultados estén disponibles en formas accesibles.

La visión del CMVC es un mundo donde los encargados de la toma de decisiones de todos los sectores y de todos los niveles reconocen y tienen en cuenta los valores de la biodiversidad como el cimiento de una economía verde global y el bienestar humano. La misión es brindar una información oficial sobre la biodiversidad y los servicios ecosistémicos de una manera que sea útil para los encargados de la toma de decisiones que están impulsando el cambio en la política del medio ambiente y el desarrollo. En colaboración con el PNUMA y la UICN, el CMVC-PNUMA administra la Base de Datos Mundial sobre Áreas Protegidas (BDMAP) (véase el Cuadro 11.11).

Cuadro 11.16 Infraestructura Mundial de Información sobre Biodiversidad

La Infraestructura Mundial de Información sobre Biodiversidad (Global Biodiversity Information Facility, GBIF) es una infraestructura internacional de datos abiertos que es financiada por los gobiernos, lo cual garantiza que cualquier persona en cualquier lugar pueda acceder a los datos sobre todos los tipos de vida en la Tierra, los cuales se comparten vía Internet a través de las fronteras nacionales. Al alentar y ayudar a las instituciones a publicar datos de acuerdo con estándares comunes, la GBIF permite investigaciones que antes eran imposibles e informa sobre las mejores decisiones para conservar y utilizar de manera sostenible los recursos biológicos del planeta.

La GBIF opera a través de una red de nodos y no solo coordina las infraestructuras de información sobre biodiversidad de los países y organizaciones participantes, sino también colabora con cada uno de ellos y con la Secretaría para compartir habilidades, experiencias y capacidades técnicas. La GBIF ofrece un único punto de acceso (a través de este portal y sus servicios web) a más de cuatrocientos millones de registros que son compartidos libremente por cientos de instituciones de todo el mundo, lo cual la convierte en la mayor base de datos sobre biodiversidad en Internet.

Los datos accesibles a través de la GBIF se relacionan con evidencias sobre más de un millón de especies, las cuales se recabaron durante tres siglos de exploración de historia natural e incluyen observaciones actuales de científicos ciudadanos, investigadores y programas de monitoreo automatizados. Más de novecientas publicaciones de investigación revisadas por pares han citado a la GBIF como una fuente de datos, en estudios que abarcan los impactos del cambio climático, la propagación de plagas y enfermedades, las áreas prioritarias para la conservación y la seguridad alimentaria. Cerca de veinte documentos de este tipo se publican cada mes. Muchos países participantes de la GBIF han establecido portales nacionales con el uso de herramientas, códigos y datos disponibles libremente a través de la GBIF para informar mejor a sus ciudadanos y a quienes formulan las políticas sobre su propia biodiversidad.

Fuente: GBIF, 2012

Estas instalaciones utilizan una variedad de enfoques y modelos que dependen en gran medida de los datos y la información que se recaban, la base de usuarios del sistema, de qué manera debe ser accesible la información necesaria y los recursos disponibles.

No obstante, la gestión del conocimiento a nivel de la comunidad puede adoptar un enfoque muy diferente. Corrigan y Hay-Edie (2013) ofrecen ideas sobre el intercambio de conocimientos en los TICCA y otras áreas de conservación dirigidas por la comunidad, incluidos

Cuadro 11.17 El uso de análisis comparativos para la evaluación de las nominaciones de patrimonio mundial bajo los criterios de biodiversidad

Bajo la Convención sobre la Protección del Patrimonio Mundial de la Organización de las Naciones Unidas para la Educación, la Ciencia y la Cultura (UNESCO), los Estados Partes envían propuestas de nominación al Comité del Patrimonio Mundial, el cual determina, de acuerdo con las recomendaciones de sus organismos asesores, si la candidatura cumple al menos uno de los criterios necesarios para inscribirse en la Lista del Patrimonio Mundial. Una de las funciones de la UICN en el marco de la Convención sobre la Protección del Patrimonio Mundial es brindarle un asesoramiento técnico al Comité del Patrimonio Mundial respecto a las nominaciones de sitios naturales. Para los sitios designados bajo criterios de biodiversidad, criterios IX y X, el CMVC-PNUMA realiza análisis comparativos para ayudar a dar soporte a las recomendaciones que la UICN le hace a la UNESCO.

Los análisis espaciales utilizan conjuntos de datos globales para responder a una serie de preguntas con el fin de dar soporte a la evaluación del valor universal excepcional del sitio.

Para el criterio IX:

- ¿El sitio nominado representa ecosistemas/comunidades que actualmente están subrepresentados o no están representados en la Lista del Patrimonio Mundial?

Se realizan análisis espaciales para determinar el número de sitios del patrimonio mundial existentes y los sitios de la lista tentativa que se encuentran en las mismas unidades biogeográficas que el sitio nominado: provincia de Udvardy, reino terrestre, bioma o ecorregión y la provincia marina o la ecorregión, si corresponde.

- ¿Son estos ecosistemas/comunidades globalmente significativos y el sitio nominado es el mejor ejemplo o uno de los mejores ejemplos de estos ecosistemas/comunidades?

Con el uso los siguientes conjuntos de datos globales se realizan análisis espaciales para determinar si el sitio nominado pertenece a una de las siguientes prioridades de conservación a gran escala: *hotspot* de biodiversidad terrestre, área silvestre de alta biodiversidad, ecorregión terrestre/dulceacuícola/marina prioritaria de Global 200, Área de Endemismo de Aves (Endemic Bird Area, EBA) y Centro de Diversidad Vegetal (Centre of Plant Diversity, CPD).

Para el criterio X:

- ¿Es el sitio nominado el más diverso o representativo, o uno de las más diversos o representativos de su tipo?
- ¿El sitio nominado se ha identificado como una prioridad de conservación global? Por ejemplo, para la preservación de especies amenazadas o de rango de distribución restringido.

Si el archivo de nominación cuenta con una lista de especies amenazadas, esta se compara con los datos mundiales de la Lista Roja de Especies Amenazadas de la UICN. La UICN también examina el número indicativo de especies amenazadas que pueden encontrarse en el sitio basándose en sus rangos geográficos con el uso de especies evaluadas globalmente en la Lista Roja. Se realizan análisis espaciales para evaluar si el sitio nominado pertenece a una de las siguientes prioridades globales de conservación a escala del sitio: sitios de Alianza para la Cero Extinción (ACE) y áreas clave para la biodiversidad que no sean sitios de la ACE (por ejemplo, áreas de importancia para la conservación de las aves). Los resultados de estos análisis espaciales globales se utilizan para dar soporte a las evaluaciones del Panel del Patrimonio Mundial de la UICN, el cual considera todas las nominaciones de sitios naturales y mixtos a la Lista del Patrimonio Mundial. La reunión del Panel del Patrimonio Mundial de la UICN conduce a recomendaciones para la UNESCO respecto a la posición de la UICN en relación con cada nueva nominación natural.

Cuadro 11.18 Herramienta Integrada de Evaluación de la Biodiversidad

La Herramienta Integrada de Evaluación de la Biodiversidad (Integrated Biodiversity Assessment Tool, IBAT) es un innovador sistema en línea diseñado para facilitar el acceso a una información precisa y actualizada sobre biodiversidad que pueda apoyar la toma de decisiones críticas. La herramienta es el resultado de una innovadora alianza de conservación entre BirdLife International, Conservación Internacional, la UICN y el CMVC-PNUMA. A través de un vanguardista sistema de mapas en línea, los usuarios pueden ver, superponer y consultar los conjuntos de datos de biodiversidad a nivel mundial, incluida la BDMAP, las Áreas Clave para la Biodiversidad, los sitios de la ACE, la Lista Roja de Especies Amenazadas de la UICN, los *hotspot* de biodiversidad, las Áreas de Endemismo de Aves y las Áreas Naturales de Alta Biodiversidad.

Reserva Nacional Natural de Chishui, Provincia de Guizhou, China, un patrimonio mundial que protege los excepcionales paisajes de Danxia

Fuente: Graeme L. Worboys

la documentación y el mapeo, la planeación de la gestión y manejo local, el monitoreo, el aprendizaje adaptativo, la comunicación y el financiamiento sostenible. Aquí las estructuras regionales también desempeñan un papel, en particular en las regiones en desarrollo, ya que garantizan las mejores prácticas en la gestión de la información y el acceso para la toma de decisiones, a menudo en algunos de los lugares más biodiversos del mundo, mientras reducen la carga administrativa y los recursos requeridos para un centro de datos actualizados sobre el estado del área. Algunos ejemplos son el Centro para la Biodiversidad de la Asociación de Naciones del Sudeste Asiático (Association of South-East Asian Nations, ASEAN) (Cuadro 11.12) y el Sistema Compartido de Información Medioambiental (Shared Environmental Information System, SEIS) (Cuadro 11.13).

El CDB invita a las Partes en el convenio a implementar y expandir los mecanismos de intercambio de información a nivel nacional (Artículo 18.3). Un mecanismo de intercambio de información comprende un portal basado en la web y servicios de localización para facilitar la implementación de estrategias y planes de acción

Cuadro 11.19 Uso del conocimiento en México

La Comisión Nacional para el Conocimiento y Uso de la Biodiversidad (CONABIO) es una comisión interministerial dedicada, entre otras actividades, al desarrollo, mantenimiento y actualización del Sistema Nacional de Información sobre Biodiversidad; al apoyo de proyectos y estudios centrados en el conocimiento y uso de la biodiversidad; a asesorar a las instituciones gubernamentales y otros sectores; a emprender proyectos y programas especiales y compartir conocimientos sobre la diversidad biológica; al seguimiento de los acuerdos internacionales sobre temas relacionados con la diversidad biológica, y a la prestación de servicios para el público. La misión de esta entidad es promover, coordinar, apoyar y llevar a cabo actividades encaminadas a mejorar nuestra comprensión de la diversidad biológica, así como su conservación y uso sostenible en beneficio de la sociedad mexicana.

La CONABIO no solo asesora a los encargados de formular políticas y a los responsables de la toma de decisiones respecto a la conservación de la biodiversidad y su uso de manera sostenible, sino que también les proporciona datos, información y conocimientos. Esta entidad es líder e innovadora en informática de la biodiversidad y procesos eficientes, y mantiene productos y servicios de alta calidad. Algunas actividades y logros de la CONABIO son:

- Creación de la Red Mundial de Información sobre Biodiversidad (REMIB) y de un sistema automatizado de alerta temprana para la detección de incendios forestales en México y Centroamérica.
- El Programa Regiones Prioritarias para la Conservación de la Biodiversidad de México.
- El desarrollo del gestor de información curatorial BIOTICA.
- La publicación de más de trescientos cincuenta títulos y artículos de investigación.

Además, la CONABIO actúa como la autoridad científica de la CITES y como el centro de coordinación del mecanismo para el intercambio de información, el Órgano Subsidiario de Asesoramiento Científico, Técnico y Tecnológico (OSACTT), la Iniciativa Mundial sobre Taxonomía y la Estrategia Global para la Conservación de las Especies Vegetales del CDB. A nivel nacional, la CONABIO también coordina la implementación del Corredor Biológico Mesoamericano en México y la elaboración del Segundo Estudio de País de la Biodiversidad, la Estrategia Nacional de Biodiversidad y procesos similares para cada estado/provincia en México, entre otros. CONABIO proporciona datos, información y asesoramiento a diversos usuarios e implementa las redes nacionales y mundiales de información sobre diversidad biológica, en cumplimiento con los compromisos internacionales sobre biodiversidad firmados por México; asimismo, realiza acciones dirigidas a la conservación y uso sostenible de la biodiversidad en el país.

Fuente: CBD, 2014

Cuadro 11.20 Resiliencia de las áreas protegidas frente al cambio climático en África Occidental

El proyecto de Resiliencia de las Áreas Protegidas Frente al Cambio Climático (Protected Areas Resilient to Climate Change, PARCC), implementado por el CMVC-PNUMA, tiene como objetivo evaluar la vulnerabilidad de las redes de áreas protegidas en África Occidental frente a los impactos del cambio climático, aumentar su resiliencia al mejorar la eficacia de su gestión y construir capacidades en la región para garantizar que las nuevas herramientas y estrategias puedan usarse de manera efectiva después de la finalización del proyecto.

Para lograr estos objetivos, el proyecto se basa en un intercambio eficaz de datos entre todos los socios del mismo, incluidos el Programa de Áreas Protegidas de África Central y Occidental de la UICN, los gobiernos de los cinco países del proyecto (Chad, Gambia, Malí, Sierra Leona y Togo) y varias instituciones de alto nivel científico asociadas al desarrollo de nuevas metodologías basadas en la ciencia (Figura 11.5). Existe una producción efectiva y un intercambio de datos mundiales y regionales.

- Los oficiales de enlace y los consultores nacionales, al igual que los gobiernos nacionales, participan en la recopilación de datos a nivel nacional (por ejemplo, sobre el clima, la distribución de especies y las políticas).
- El Centro Hadley de la Agencia Meteorológica brinda datos climáticos de alta resolución y futuros escenarios regionales del cambio climático para alimentar las evaluaciones de vulnerabilidad.
- BirdLife International aporta datos sobre la avifauna de África Occidental, los cuales se incorporan en las evaluaciones de vulnerabilidad de especies.
- La Universidad de Durham desarrolla modelos de distribución de especies enfocados en África Occidental y los aplica a escenarios climáticos futuros sobre la red de áreas protegidas.
- El Programa Global de Especies de la UICN proporciona datos sobre el riesgo de extinción de especies y la vulnerabilidad al cambio climático en función de sus características biológicas específicas.
- El Instituto Durrell de Conservación y Ecología, de la Universidad de Kent, desarrolla –con base en todos los datos proporcionados por otros asociados sobre

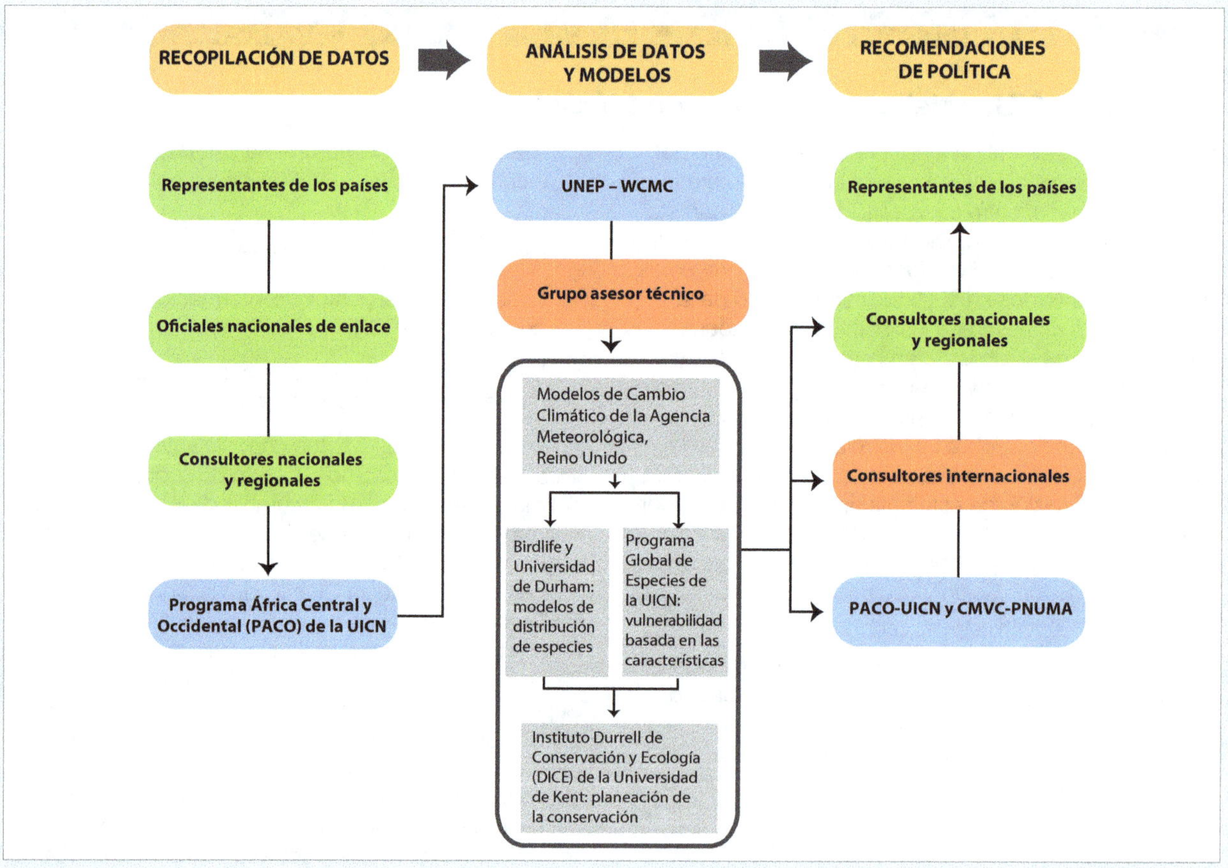

Figura 11.5 Proceso del proyecto Resiliencia de las Áreas Protegidas Frente al Cambio Climático (Protected Areas Resilient to Climate Change, PARCC) para la producción e intercambio de datos globales, regionales y nacionales

el cambio climático y la vulnerabilidad de las especies– sistemas para la planeación sistemática de la conservación en la región de África Occidental.

Estos sistemas de planeación se utilizan entonces para dar soporte al desarrollo de estrategias para el cambio climático y para hacer recomendaciones respecto a las políticas en los países de África Occidental. Para que la información científica proporcionada sea exacta, y por lo tanto la metodología acertada y el proyecto exitoso, todos los datos que los distintos socios intercambien tienen que ser interoperables, seguir los estándares de datos y pasar por un riguroso control de calidad.

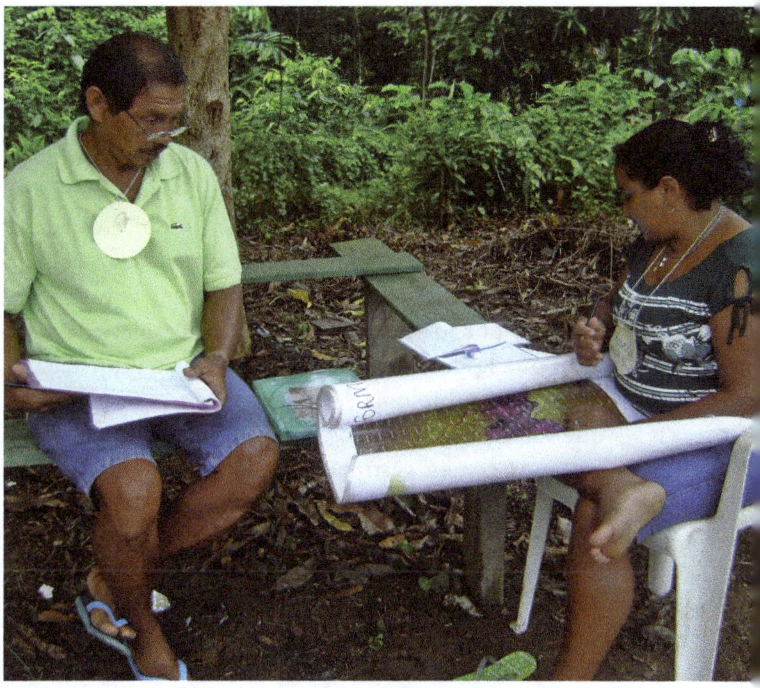

Habitantes rivereños mientras reciben capacitación sobre la interpretación de imágenes satelitales para el monitoreo de recursos de biodiversidad en el río Unini, Amazonía Central. Tomada durante un curso de capacitación para monitores de recursos de biodiversidad del río Unini, Amazonía Central, dirigida por la Fundação Vitória Amazônica, una ONG brasileña

Fuente: Fundação Vitória Amazônica

sobre diversidad biológica a nivel nacional. Estos mecanismos también se han implementado a nivel regional y mundial.

Las iniciativas mundiales desempeñan un papel importante en la gestión y movilización de datos. Los productos de la UICN ponen a disposición conocimientos relacionados con la conservación (Cuadro 11.14). En otros casos, las iniciativas mundiales de información permiten el seguimiento de los objetivos mundiales para la diversidad biológica –como la Alianza sobre Indicadores de Biodiversidad y la BDMAP, ambas administradas por el CMVC-PNUMA (Cuadro 11.15)–.

Las redes temáticas, como BirdLife International, el Sistema de Información Biogeográfica de los Océanos o la Base de Datos Mundial de Especies Invasoras (Global Invasive Species Database, GISD), juegan un papel importante al centrarse en los requisitos de información sobre temas, biomas o grupos taxonómicos específicos. No obstante, el uso de estándares mundiales para la gestión de datos garantiza que los datos temáticos puedan intercambiarse sin problemas con los sistemas regionales u otras redes. En algunos casos, los estándares permiten la repatriación de datos entre regiones –por ejemplo, de museos en el mundo desarrollado a gestores de áreas protegidas de países en desarrollo, donde los especímenes fueron recolectados a través de la GBIF (Cuadro 11.16)–.

Uso del conocimiento

El acceso a los mejores datos disponibles sobre la diversidad biológica es un requisito esencial para el éxito en los resultados de conservación (Cuadro 11.17). Al poner a disposición los diversos conjuntos de datos relacionados con la diversidad biológica que están en manos de diferentes organismos, los profesionales de la conservación (desde los investigadores hasta los encargados de formular las políticas) pueden tomar decisiones basadas en los mejores datos disponibles. Además, al permitir que los conjuntos de datos estén a disposición, se crean nuevos y novedosos análisis y productos, algo similar a la proliferación de los "*mashup*" disponibles en Internet. Estos "*mashup*" se centran sobre el principio de usar datos de múltiples fuentes para presentarlos de una nueva manera o para crear nuevos productos (como la IBAT, Cuadro 11.18). Esto no solo sirve para destacar los requisitos clave y los retos necesarios para expandir y mejorar el uso de los conjuntos de datos existentes, sino también nos recuerda la importancia de mantener la inversión en la recopilación, el cotejo, la gestión y la difusión de datos. Sin inversión no pueden mantenerse la calidad y la circulación de los datos, y disminuye la relevancia y exactitud de los "*mashup*".

En las secciones anteriores se discutieron los principales retos enfrentados, pero vale la pena reiterarlos (Cuadros 11.19 y 11.20). Los datos sobre biodiversidad suelen ser muy heterogéneos y no centralizados, ya que a menudo se encuentran en varias organizaciones, tanto a nivel nacional como internacional. Como se destacó en la sección sobre la "importancia de los estándares", a nivel mundial existe una falta de estos y de procedimientos relacionados con el control de la calidad de los datos, e incluso la recopilación de datos puede variar drásticamente dependiendo de los objetivos de un proyecto y la organización involucrada. Es frecuente que los conjuntos de datos no puedan comunicarse entre sí, por lo tanto no son interoperables. Es necesario que las habilidades de gestión de la información, tecnología y biología se superpongan para garantizar que los datos recabados sean científicamente sólidos y se almacenen, gestionen y difundan de manera que puedan ser utilizados por la comunidad en general.

El uso de datos para generar un mejor conocimiento exige no solo que estos sean accesibles y estén abiertos para ser compartidos, sino también que se basen en estándares internacionales para que sus diferentes conjuntos puedan entenderse y los datos sean creíbles (calidad verificada, científicamente robustos). Si se pueden cumplir estas condiciones, se verá mejorado el potencial de análisis e interpretación de los conjuntos de datos de biodiversidad. Sin embargo, hay que tener en cuenta las cuestiones de sensibilidad y riesgo, los usuarios siempre deben familiarizarse con los términos y condiciones para el uso de los datos, y revisar los metadatos para garantizar que los casos de uso son apropiados y no son susceptibles de una mala interpretación. Además, deben tenerse en cuenta los posibles resultados cuando exista la probabilidad de que las comunidades o grupos específicos (como mujeres, terratenientes o pastores) se vean afectados por el uso de los datos o las decisiones resultantes.

Consideraciones sobre los recursos

A menudo, la recopilación de datos, información y conocimientos se considera como un fin en sí mismo, sin tener en cuenta el valor a largo plazo de la gestión del conocimiento como recurso. Con mucha frecuencia, los proyectos y sus sitios web asociados o los procesos de gestión de datos terminan una vez que el proyecto finaliza y la financiación se acaba. Esto significa que una gran cantidad de información potencialmente valiosa se pierde para los administradores locales, las comunidades, las comunidades científicas y de políticas, y los encargados de tomar las decisiones en campo. Desde el principio, los proyectos e iniciativas deben hacer una planeación para todo el ciclo de vida de la recopilación de información y la gestión a largo plazo. Esto incluye los recursos suficientes y la asignación de fondos para la preparación de datos y su mantenimiento a largo plazo, incluido el envío a los repositorios mundiales, las publicaciones científicas y una organización y archivado adecuados.

Cada vez más, los gobiernos nacionales toman nota del valor de la gestión del conocimiento y construyen marcos políticos e infraestructuras técnicas que no solo movilicen el conocimiento para el uso del público, sino también que garanticen que dicho conocimiento está disponible para hacer un seguimiento de las tendencias a largo plazo. El financiamiento es necesario para todas las actividades en el ciclo, y este debe incorporarse en el presupuesto del gobierno con el fin de garantizar la continuidad por medio de la sostenibilidad financiera a largo plazo, junto con una legislación apropiada sobre la recolección, el intercambio y el almacenamiento de datos –ya que esto puede consumir mucho tiempo y dinero si no se hace correctamente–. Costello *et al.* (2014) recomiendan que para que las bases de datos tengan una sostenibilidad a largo plazo deben integrarse en proyectos de colaboración más amplios y deben ser custodiadas por una organización o institución con un mandato adecuado. En el caso de la información de las áreas protegidas, esto incluiría organizaciones como la UICN, el CMVC-PNUMA y la GBIF.

Para la adquisición de datos, las agencias deben considerar los costos de expediciones al campo, la capacitación continuada y el desarrollo de capacidades en los recolectores de datos y analistas. A nivel de campo, los datos pueden ser recabados por investigadores o por comunidades locales. En ambos casos, el método más rentable es implementar parcelas permanentes y transectos que diferentes equipos temáticos puedan evaluar durante varios años. Tales áreas de muestreo deben mantenerse y los protocolos deben estandarizarse. Para evitar sesgos e interpretaciones erróneas de los datos y afinar la entrada de datos (por ejemplo, el nombre de la especie, las posiciones de observación a lo largo de los transectos), los equipos requieren sesiones frecuentes de capacitación y discusiones –todo lo cual tiene implicaciones financieras–.

Para el análisis y el almacenamiento de datos, lo ideal es que las instituciones cuenten con un equipo permanente que trabaje en los datos como parte de la gestión general de las áreas protegidas. Si esto no es posible, los datos deben tener estándares de análisis, protocolos y metadatos para permitir que el personal entrante continúe con un trabajo de la misma calidad. Iniciativas importantes en relación con el manejo de áreas protegidas han fracasado por la mayor rotación del personal capacitado debido a fuentes variables de financiamiento y a la falta de protocolos estándar para la recolección, análisis y almacenamiento de datos.

Conclusión

Existen varios principios básicos que deben considerarse cuando se trabaja en los diferentes puntos del ciclo de adquisición y generación de datos, su análisis y consulta para brindar una información significativa y la comprensión y la comunicación del conocimiento resultante.

- Existen muchos motivos para recabar datos, y tanto los datos requeridos como la escala de recolección dependerán de los usos de tal información, por lo que los responsables de recabar la información deben tener en cuenta si los datos que recopilan son apropiados para la pregunta que se formula en la etapa de diseño del proyecto.
- Es importante considerar la vida útil de los datos recopilados más allá del alcance del proyecto y modificar el protocolo de recolección de datos para aumentar la aplicabilidad de los conjuntos de estos y su valor más allá de un solo proyecto.
- El uso de estándares globales para datos y de mecanismos de intercambio garantizará no solo que los datos puedan ser integrados y reutilizados por otras partes o proyectos en el futuro, sino también que serán interoperables con otros conjuntos de datos similares.
- El mantenimiento de metadatos garantiza que los futuros usuarios entenderán cómo y por qué se recopilaron los datos, y cuál sería un uso o interpretación apropiada y razonable de la información.
- Las organizaciones, las personas o los proyectos que generen datos deben esforzarse por asegurar que estén disponibles a través de una de las infraestructuras globales o, de otra manera, al menos deben hacerlos disponibles a través de un recurso en línea y de acceso abierto, siempre que sea posible.
- Para garantizar lo anterior, se debe alentar la publicación de datos a través de canales oficiales.
- Es crucial respetar los términos, condiciones y uso adecuado de los datos y la información, en particular cuando pueda existir un impacto en hábitats, grupos comunitarios, sitios o especies sensibles.
- Con el fin de garantizar la accesibilidad y el mantenimiento adecuado de los datos, los recursos a largo plazo deben integrarse en el diseño y el cierre del proyecto.

Referencias

📖 Lecturas recomendadas

Bertzky, B.; Shi, Y.; Hughes, A.; Engels, B.; Ali, M.K. y Badman, T. (2013). *Terrestrial Biodiversity and the World Heritage List: Identifying broad gaps and potential candidate sites for inclusion in the natural World Heritage network.* Gland: IUCN y Cambridge: UNEP-WCMC.

📖 Biodiversity Indicators Partnership. (2011). *Guidance for National Biodiversity Indicator Development and Use.* Cambridge: UNEP-WCMC.

Bird, T.J.; Bates, A.E.; Lefcheck, J.S.; Hill, N.A.; Thomson, R.J.; Edgar, G.J.; Stuart-Smith, R.D.; Wotherspoon, S.; Krkosek, M.; Stuart-Smith, J.F.; Pecl, G.T.; Barrett, N. y Frusher, S. (2014). Statistical solutions for error and bias in global citizen science datasets. *Biological Conservation*, 173, 144-154.

Bowles-Newark, N.J.; Arnell, A.P.; Butchart, S.; Chenery, A.; Brown, C. y Burgess, N.D. (2014). *Incorporating and Utilising Spatial Data and Mapping for NBSAPs: Guidance to support NBSAP practitioners.* Cambridge: UNEP-WCMC.

Cleveland, H. (1982). Information as resource. *The Futurist*, (diciembre), 34-39.

Coad, L.; Leverington, F.; Burgess, N.D.; Cuadros, I.C.; Geldmann, J.; Marthews, T.R.; Mee, J.; Nolte, C.; Stoll-Kleemann, S.; Vansteelant, N.; Zamora, C.; Zimsky, M. y Hockings, M. (2013). Progress towards the CBD protected area management effectiveness targets. *Parks*, 19(1), 13-24.

Conservation Commons. (2006). Joint statement to the parties to the Convention on Biological Diversity on open access to biodiversity data and information. Recuperado de: conservationcommons.org/media/document/docuwdsvdq.pdf

📖 Conservation Measures Partnership (CMP). (2013). *Open Standards for the Practice of Conservation.* Versión 3.0. Recuperado de: www.conservationmeasures.org

Constantino, P.A.L.; Fortini, L.B.; Kaxinawa, F.R.S.; Kaxinawa, A.M.; Kaxinawa, E.S.; Kaxinawa, A.P.; Kaxinawa, L.S.; Kaxinawa, J.M. y Kaxinawa, J.P. (2008). Indigenous collaborative research for wildlife management in Amazonia: the case of the Kaxinawá, Acre, Brazil. *Biological Conservation*, 141, 2718-2729.

Convention on Biological Diversity (CBD). (2011). *Strategic Plan for Biodiversity 2011-2020 and the Aichi Targets*. Montreal: Secretariat of the Convention on Biological Diversity. Recuperado de: www.cbd.int/decision/cop/?id=12268

(2014). The Mexican Commission for the Knowledge and Use of Biodiversity. Recuperado de: www.cbd.int/cooperation/conabio.shtml

Corrigan, C. y Hay-Edie, T. (2013). *A Toolkit to Support Conservation by Indigenous Peoples and Local Communities: Building capacity and sharing knowledge for Indigenous Peoples' and Community Conserved Territories and Areas (ICCAs)*. Cambridge: UNEP- WCMC.

Costello, M.J.; Appeltans, W.; Bailly, N.; Berendsohn, W.G.; de Jong, Y.; Edwards, M.; Froese, R.; Huettmann, F.; Los, W.; Mees, J.; Segers, H. y Bisby, F. (2014). Strategies for the sustainability of online open-access biodiversity databases. *Biological Conservation*, 173, 155-165.

Danielsen, F.; Jensen, P.M.; Burgess, N.D.; Altamirano, R.; Alviola, P.A.; Andrianandrasana, H.; Brashares, J.S.; Burton, A.C.; Coronado, I.; Corpuz, N.; Enghoff, M.; Fjeldså, J.; Funder, M.; Holt, S.; Hübertz, H.; Jensen, A.E.; Lewis, R.; Massao, J.; Mendoza, M.M.; Ngaga, Y.; Pipper, C.B.; Poulsen, M.K.; Rueda, R.M.; Sam, M.K.; Skielboe, T.; Sørensen, M. y Young, R. (2014a). A multicountry assessment of tropical resource monitoring by local communities. *BioScience*, 64, 236-251.

Jensen, P.M.; Burgess, N.D.; Coronado, I.; Holt, S.; Poulsen, M.K.; Rueda, R.M.; Skielboe, T.; Enghoff, M.; Hemmingsen, L.H.; Sørensen, M. y Pirhofer-Walzl, K. (2014b). Testing focus groups as a tool for connecting indigenous and local knowledge on abundance of natural resources with science-based land management systems. *Conservation Letters*, 7, 12-24.

Pirhofer-Walzl, K.; Adrian, T.P.; Kapijimpanga, D.P.; Burgess, N.D.; Jensen, P.M.; Bonney, R.; Funder, M.; Landa, A.; Levermann, N. y Madsen, J. (2013). Linking public participation in scientific research to the indicators and needs of international environmental agreements. *Conservation Letters*, 7, 12-24.

De Lima, M. G., Cooper, A. H., Boubli, J. P. y Lemos, P. (2012) *Wildlife Conservation Society Workshop on Participatory Biodiversity Monitoring in Amazonas State*, WCS Brazil, Manaus.

Dudley, N. (ed.). (2008). *Guidelines for Applying Protected Area Management Categories*. Gland: IUCN.

European Commission. (2008). *Communication from the Commission to the Council, the European Parliament, the European Economic and Social Committee and the Committee of the Regions: Towards a Shared Environmental Information System (SEIS)*. Bruselas: European Commission. Recuperado de: eur-lex.europa.eu/legal-content/EN/TXT/PDF/?uri=CELEX:52008DC004 6yfrom=EN

Fonseca Jr., S.F.; Marinelli, C.E.; Carlos, H.H.S.; Weigand Jr., R.; Fernandes, R.B.; Campos e Silva, J.V.; Lemos, P.F. y Calandino, D. (2011). *Programa de monitoramento da biodiversidade e do uso de recursos naturais-ProBUC: a experiência das unidades de conservação estaduais do Amazonas*. Manaos: State Centre for Protected Areas.

Gardner, T. (2010). *Monitoring Forest Biodiversity: improving conservation through ecologically-responsible management*. Londres: Earthscan.

Global Biodiversity Information Facility (GBIF). (2012). *Darwin Core Quick Reference Guide*. Versión 1.3, con aportes de J. Wieczorek, R. de Giovanni, D. Vieglais, D.P. Remsen, M. Döring y T. Robertson. Copenhague: Global Biodiversity Information Facility.

Hansen, M.C.; Potapov, P.V.; Moore, R.; Hancher, M.; Turubanova, S.A.; Tyukavina, A.; Thau, D.; Stehman, S.V.; Goetz, S.J.; Loveland, T.R.; Kommareddy, A.; Egorov, A.; Chini, L.; Justice, C.O. y Townshend, J.R.G. (2013). High- resolution global maps of 21st-century forest cover change. *Science*, 342(6160), 850-853.

Hockings, M.; Stolton, S.; Dudley, N. y James, R. (2009). Data credibility: what are the "right" data for evaluating management effectiveness of protected areas? *New Directions for Evaluation*, 122, 53-63.

International Consortium on Combating Wildlife Crime (ICCWC). (2012). *Wildlife and Forest Crime Analytic Toolkit*. Nueva York: United Nations.

Kettunen, M. y ten Brink, P. (eds.). (2013). *Social and Economic Benefits of Protected Areas: an assessment guide*. Londres: Earthscan.

Kothari, A.; Corrigan, C.; Jonas, H.; Neumann, A. y Shrumm, H. (eds.). (2012). *Recognising and Supporting Territories and Areas Conserved by Indigenous Peoples and Local Communities: global overview and national case studies*. Montreal: Secretariat of the Convention on Biological Diversity, ICCA Consortium, Kalpavriksh y Natural Justice.

Kumar, P. (ed.). (2010). *The Economics of Ecosystems and Biodiversity: ecological and economic foundations*. Londres: Earthscan.

Leverington, F.; Lemos Costa, K.; Courrau, J.; Pavese, H.;Nolte, C.; Marr, M.; Coad, L.; Burgess, N.; Bomhard, B. y Hockings, M. (2010). *Management Effectiveness Evaluation in Protected Areas: a global study*, 2ª ed. Brisbane, Australia: University of Queensland.

Margules, C.R. y Pressey, R.L. (2000). Systematic conservation planning. *Nature*, 405, 243-253.

Mello, A.Y.I.; Alves, D.S.; Linhares, C.A. y de Lima, F.B. (2012). Classification techniques for Landsat TM imagery under different landscape patterns in Rondônia. *Revista Árvore*, 36, 537-547.

Oba, G.; Byakagaba, P. y Angassa, A. (2008). Participatory monitoring of biodiversity in East African grazing lands. *Land Degradation & Development*, 19, 636-648.

Peh, K.S.-H.; Balmford, A.; Bradbury, R.B.; Brown, C.; Butchart, S.H.M.; Hughes, F.M.R.; Stattersfield, A.; Thomas, D.H.L.; Walpole, M.; Bayliss, J.; Gowing, D.; Jones, J.P.G.; Lewis, L.; Mulligan, M.; Pandeya, B.; Stratford, C.; Thompson, J.R.; Turner, K.; Vira, B.; Willcock, S. y Birch, J.C. (2013). TESSA: a toolkit for rapid assessment of ecosystem services at sites of biodiversity conservation importance. *Ecosystem Services*, 5, 51-57.

Pino-del-Carpio, A.; Ariño, A.H.; Villarroya, A.; Puig, J. y Miranda, R. (2014). The biodiversity data knowledge gap: assessing information loss in the management of biosphere reserves. *Biological Conservation*, 173, 74-79.

Rodríguez-Navarro, G. (Próximamente). Traditional knowledge: an innovative contribution to landscape management. En: K. Taylor, A. St Clair Harvey y N. Mitchell (eds.). *Conserving Cultural Landscapes: challenges and new directions*. Abingdon, Reino Unido: Routledge.

Rosemartin, A.H.; Crimmins, T.M.; Enquist, C.A.F.; Gerst, K.L.; Kellerman, J.L.; Posthumus, E.E.; Denny, E.G.; Cuertin, P.; Marsh, L. y Weltzin, J.F. (2014). Organizing phenological data resources to inform natural resource conservation. *Biological Conservation*, 173, 90-97.

UN Environment Programme World Conservation Monitoring Centre (UNEP-WCMC). (2014). *Data Standards for the World Database on Protected Areas*. Camridge: UNEP-WCMC.

CAPÍTULO 12

LIDERAZGO Y GERENCIA EJECUTIVA

Autores principales:
Julia Miranda Londoño, Jon Jarvis, Nik Lopoukhine y Moses Wafula Mapesa

CONTENIDO

IUCN WCPA WORLD COMMISSION ON PROTECTED AREAS Convention on Biological Diversity

AUTORES PRINCIPALES

JULIA MIRANDA LONDOÑO es directora general de la Unidad de Parques Nacionales Naturales de Colombia y vicepresidente regional para Sudamérica de la Comisión Mundial de Áreas Protegidas de la Unión Internacional para la Conservación de la Naturaleza (CMAP de la UICN).

JONATHAN JARVIS es el director del Servicio de Parques Nacionales de Estados Unidos.

NIKITA LOPOUKHINE es expresidente de la CMAP de la UICN y recientemente recibió el Premio J.B. Harkin por su compromiso de toda la vida con la conservación canadiense.

MOSES WAFULA MAPESA fue director ejecutivo de la Autoridad de Vida Silvestre de Uganda y actualmente es vicepresidente regional de la CMAP de la UICN para África Oriental y Meridional, también es miembro de la Junta de Liderazgo para la Conservación de África.

AGRADECIMIENTOS

Se agradece a Andre Sovinj por su contribución a este capítulo.

CITACIÓN

Londoño, J.M.; Jarvis, J.; Lopoukhine, N. y Mapesa, M.W. (2019). Liderazgo y gerencia ejecutiva. En: G.L. Worboys, M. Lockwood, A. Kothari, S. Feary e I. Pulsford (eds.). *Gobernanza y gestión de áreas protegidas*, pp. 371-400. Bogotá: Editorial Universidad El Bosque y ANU Press.

FOTO DE LA PÁGINA DEL TÍTULO

Monte Everest, 8848 metros, Parque Nacional Sagarmatha, Nepal: el punto más alto de la superficie terrestre y un patrimonio mundial

Fuente: Ian Pulsford

Introducción

Julia Miranda Londoño

Este capítulo aborda un tema que en principio podría parecer que no tiene una relación directa con las áreas protegidas, ya que su ámbito suele referirse a la administración de empresas privadas o asuntos públicos. No obstante, ahora más que nunca es evidente que un liderazgo fuerte y firme es esencial para lograr la conservación efectiva de las áreas protegidas de todo el mundo. El liderazgo es necesario, no solo para dirigir el curso de una institución encargada de la administración de áreas protegidas, sino también para la planeación, para brindar una dirección, para guiar e inspirar al personal y para definir y promover la conservación. Asimismo, el liderazgo es necesario para que la gente entienda por qué las áreas protegidas son esenciales para el desarrollo de los países, el bienestar de las personas y la salud del planeta. El liderazgo también es necesario para trabajar con otros sectores de la economía, con los gobiernos locales y nacionales y con los medios de comunicación, de tal manera que entiendan el papel de la conservación y así la apoyen dentro de sus propias capacidades y responsabilidades.

Nuestro planeta está cambiando rápidamente. Por consiguiente, se requiere que los responsables de ejercer el liderazgo en la conservación del medio ambiente y la biodiversidad abandonen criterios antiguos, sean más creativos y estén dispuestos a asumir riesgos en el diseño de estrategias que influyan en el público para acercarlo a la naturaleza. Esto nos permitirá lograr una respuesta eficaz para su protección y conservación. Una autoridad mundial en el tema del liderazgo, Ronald Heifetz, quien es director del Proyecto de Educación sobre Liderazgo en la Escuela de Gobierno John F. Kennedy de la Universidad de Harvard, dice que el nuevo papel de un líder está cambiando de manera positiva. Este nuevo papel es "ayudar a las personas a enfrentar la realidad y movilizarlas para hacer cambios" (Taylor, 1999). Taylor (1999) señala que al hacer el cambio –y de nuevo cita a Heifetz– "[las] personas temen que perderán algo que es valioso. Las personas tienen miedo de tener que renunciar a algo con lo que se sienten cómodas".

Heifetz reconoce los desafíos del liderazgo junto con el dolor del cambio, pero también dice esto:

> [...] no debería disminuir la disposición de alguien por cosechar las recompensas de crear valor y significado en la vida de otras personas. Hay una emoción que viene con la creación de valor –y por supuesto hay dinero y estatus– y no hay duda de que tales recompensas hacen que valga la pena el dolor que viene con el territorio. Hay muchas cosas en la vida que hacen que el dolor valga la pena. El liderazgo es una de ellas [...] El verdadero heroísmo del liderazgo implica tener el coraje de enfrentar la realidad –y ayudar a las personas a su alrededor a enfrentar la realidad–. (Taylor, 1999)

Desarrolla muchas ideas interesantes aplicables a la gestión de áreas protegidas. Heifetz afirma:

> [El] liderazgo significa ejercer una influencia en la organización para afrontar sus problemas y vivir en las oportunidades [...] movilizar a la gente para enfrentar desafíos difíciles [...] es lo que define el nuevo trabajo del líder [...] Al más alto nivel, el trabajo de un líder es conducir conversaciones sobre lo que es esencial y lo que no lo es. (Taylor, 1999)

En este capítulo se discuten estas cuestiones del liderazgo. Con relatos muy personales que incluyen sus pensamientos y lecciones aprendidas, tres directores ejecutivos altamente calificados de organismos de áreas protegidas de diferentes partes del mundo contribuyeron con este capítulo. En este texto tenemos el privilegio de conocer las perspectivas de cada uno de los directores ejecutivos, quienes han desempeñado un papel importante en la historia del siglo XXI relacionada con las áreas protegidas de su propio país y la conservación de estas en todo el mundo. Este es un enfoque diferente del que suele encontrarse en los libros de texto más tradicionales sobre liderazgo. Aquí usted "escuchará a través de palabras" las experiencias personales de cada uno de los directores ejecutivos en sus respectivas secciones; todos vivieron y trabajaron en áreas protegidas durante sus carreras y para ellos fue un placer contar su historia y transmitir sus lecciones aprendidas.

En el momento de escribir en 2014, Jon Jarvis era el director del Servicio de Parques Nacionales de Estados Unidos (US National Park Service, NPS), Nikita Lopoukhine era exdirector general de Parques Canadá y Moses Mapesa era exdirector ejecutivo de la Autoridad de Vida Silvestre de Uganda (Uganda Wildlife Authority, UWA). En tres partes de este capítulo, las cuales cubren dos áreas funcionales, presentamos sus relatos de liderazgo y gerencia ejecutiva en sus respectivas organizaciones. Tales relatos reflejan lecciones aprendidas importantes mientras trabajaban en sus organizaciones de áreas protegidas. En cada sección (Cuadros 12.2, 12.3 y 12.4) también se incluyen breves testimonios que establecen el contexto para las organizaciones en las que trabajaban. La información de fondo sobre la organización en la que yo misma trabajo se incluye en el Cuadro 12.1.

Dividimos este capítulo en tres partes principales que abordan dos temas de áreas protegidas: "liderazgo" y "gerencia ejecutiva". El motivo de esta división, según las palabras de

Algunos funcionarios del Servicio de Parques Nacionales Naturales de Colombia

Fuente: Parques Nacionales Naturales de Colombia

Cuadro 12.1 Unidad de Parques Nacionales Naturales de Colombia

La Unidad de Parques Nacionales Naturales de Colombia es un organismo gubernamental, con autonomía administrativa y financiera bajo el mandato político del Ministerio de Medio Ambiente y Desarrollo Sostenible. La entidad como tal fue creada por ley en 1993 (el primer parque nacional colombiano fue declarado en 1960) como una unidad administrativa del Sistema Nacional Ambiental (Ley 99 de 1993), se encarga de la gestión de las áreas dentro del sistema de parques nacionales y la coordinación del sistema nacional de áreas protegidas. Sus objetivos son conservar *in situ* la diversidad biológica y ecosistémica del país, proporcionar y salvaguardar bienes y servicios ambientales, proteger el patrimonio cultural y los hábitats naturales de las culturas tradicionales y contribuir al desarrollo humano sostenible. Parques Nacionales Naturales está directamente a cargo de la administración de 59 áreas protegidas y articula los criterios básicos de gestión para cuatrocientas cuarenta áreas protegidas a nivel regional y local, incluidas áreas privadas y reservas forestales. Con un presupuesto total de $33,3 millones de dólares y 1250 empleados a tiempo completo, Parques Nacionales Naturales protege 14'269.644 hectáreas, lo que representa el 9,98% de la superficie terrestre y el 1,48% del territorio marino de Colombia.

Jon Jarvis, es que "[a] partir de mi experiencia, hay una diferencia entre liderazgo y gerencia. El liderazgo se trata de la inspiración, la visión y la toma de decisiones estratégicas. La gerencia consiste en trabajar con los presupuestos, el personal, los equipos y las operaciones cotidianas de un área protegida". Para servir mejor a nuestra comunidad de áreas protegidas, este capítulo abordará ambos temas, pero por separado, de tal manera que el lector pueda entender que es posible ser un excelente administrador, pero no un gran líder, o un excelente líder y no un buen administrador. Con frecuencia, el ascenso en la carrera dentro de las áreas protegidas comienza con la gestión y se convierte en liderazgo. En pequeñas áreas protegidas una persona puede hacer ambas cosas, pero en áreas grandes o en el nivel de director ejecutivo estas funciones suelen estar divididas (como debería ser). El director ejecutivo debe dividir su tiempo apropiadamente entre el liderazgo y la gerencia, o delegar el papel de la gestión a un representante o a un equipo de asistentes.

En la primera parte del capítulo, Jon Jarvis describe el liderazgo en el NPS, una de las organizaciones gubernamentales de áreas protegidas más grandes y antiguas del mundo. En la segunda parte, bajo el tema de la gerencia ejecutiva, Nik Lopoukhine describe sus pensamientos y experiencias respecto al trabajo en los niveles más altos de gestión ejecutiva en Parques Canadá y otros sitios; y en la tercera parte, Moses Mapesa presenta su historia de trabajo con la gente, la cual se basa en sus experiencias como director ejecutivo de la UWA. El relato de Moses también está bajo el tema de la gerencia ejecutiva. El relato de su experiencia difícil y gratificante como director ejecutivo es fascinante y es una lección importante para todo lo que se relaciona con el triunfo de la integridad personal y el coraje sobre el comportamiento corrupto de otros.

Cada uno de estos tres relatos es diferente –son situacionales y están personalizados– pero hay algunos mensajes muy importantes respecto al liderazgo de un director ejecutivo de áreas protegidas que son recurrentes. Además, ofrecemos una sección final en la que reflexionamos un poco sobre estos asuntos y brindamos una orientación para el futuro. Lo que es particularmente importante para el mundo en rápida evolución de la administración de áreas protegidas es que este capítulo trata sobre el liderazgo ejecutivo de estas, para estas y realizada por directores de áreas protegidas experimentados.

Liderazgo

Jon Jarvis

Concepto

Nosotros, quienes trabajamos como líderes de las áreas protegidas del mundo, estamos en el negocio de la perpetuidad. Se ha escrito mucho sobre el liderazgo en el sector privado, pero hay muy poco sobre el liderazgo en el sector público y menos sobre el liderazgo en las áreas protegidas. A diferencia de los líderes del sector privado, que proporcionan productos y servicios al público en un período de tiempo determinado, nuestra hipótesis de trabajo es que la sociedad siempre necesitará áreas protegidas y nuestras decisiones deben considerar la conservación a largo plazo y la preservación del recurso y de los beneficios para el público general. Nuestra gestión cuidadosa se lleva a cabo en nombre de la confianza que el público deposita en nosotros, por lo tanto, la gente merece los mejores líderes y administradores. Este capítulo es específico respecto a las cualidades y atributos de los grandes líderes de las áreas protegidas.

Los atributos de un líder

Ante todo, el liderazgo de las áreas protegidas se basa en valores fundamentales de conservación y preservación. Si el líder no tiene una profunda y permanente convicción de que la conservación y la preservación son esenciales para nuestra supervivencia, todas las decisiones se considerarán superficiales y motivadas por factores externos. El líder también debe tener la visión de que las cosas pueden y van a mejorar gracias a su trabajo. El optimismo es esencial para la efectividad, en especial porque sabemos que las áreas protegidas rara vez tendrán el nivel de financiamiento y personal que creemos que merecen. La perseverancia también es esencial –perseguir cada amenaza u oportunidad con paciencia y una obstinada determinación de triunfar–. Por desgracia, ningún líder de un área protegida cuenta con toda la ciencia, la experiencia pasada frente a los problemas o una habilidad semejante a la de un sabio para ver los resultados. En cambio, el líder requiere cierta comodidad con la ambigüedad. Un gran líder es un excelente comunicador de sus ideas, visión, compromiso y optimismo. Un gran líder de áreas protegidas inspira a otros dentro y fuera de la organización para que actúen. Un gran líder ve todas las partes interactuando y las coloca en un plan estratégico que resulta en una mejora notable de la protección efectiva de estas tierras legadas. Un gran líder fomenta la innovación y la creatividad. Un líder puede navegar en las aguas traicioneras de la política y sabe cuándo ceder y cuándo presionar. Por último, el liderazgo de las áreas protegidas es solitario, y aunque es importante una red de pares, uno debe desarrollar confianza en sí mismo para defender las áreas protegidas cuando se encuentre en un estado de inferioridad física y numérica.

No hay mayor vocación que la de ser un gran líder de áreas protegidas, ya que los líderes son la voz de quienes no pueden hablar por sí mismos, la voz de los antepasados que nos entregaron esta responsabilidad, la voz de los animales y las plantas con los que compartimos la Tierra y la voz de las generaciones futuras, que cuentan con nosotros para dejarles un mundo en el que quieran vivir.

Cuadro 12.2 Servicio de Parques Nacionales de Estados Unidos

El Servicio de Parques Nacionales (NPS) es una oficina del Gobierno de los Estados Unidos dentro del Departamento del Interior. Con un personal de tiempo completo de veinticinco mil, aproximadamente diez mil empleados estacionales y cientos de miles de voluntarios, el NPS administra más de 32 millones de hectáreas en 401 parques nacionales, monumentos, sitios históricos y áreas recreativas en cada estado y territorio de los Estados Unidos. El NPS recibe anualmente doscientos ochenta millones de visitantes en estos parques, con un presupuesto operacional de dos mil ochocientos millones de dólares. El NPS tiene responsabilidades adicionales de programas y subsidios para la recreación y la preservación histórica en comunidades de todo el país. En 2016 el NPS cumplió cien años y entró en su segundo siglo de administración cuidadosa y participación pública.

El liderazgo y los valores éticos

El liderazgo de la conservación de áreas protegidas es la confianza del público puesta en práctica para el beneficio de todas las personas, no solo de algunas de ellas; por lo tanto, el comportamiento ético del líder es esencial para el éxito. Además, a diferencia de muchos otros empleos, el valor ético de los líderes de la conservación continúa veinticuatro horas al día, siete días a la semana y 365 días al año, dentro y fuera del trabajo. Todo líder que trabaje en conservación o preservación puede esperar que quienes se opongan a sus esfuerzos lleguen a atacar su integridad personal en algún momento. Si sus opositores no pueden destruir su política, intentarán destruir su reputación y, al hacerlo, socavarán su iniciativa y eficacia. De hecho, si encuentran alguna desviación respecto a los estándares más altos, incluso en una ocasión fuera del trabajo, la utilizarán en su contra. Al final de su mandato como líder de un área protegida, incluso si usted pierde algunas batallas, nunca debe perder su integridad. El líder también establece el tono de comportamiento ético para todos los empleados. Si el líder muestra un comportamiento poco ético, será imposible esperar estándares más altos de los subordinados.

La capacidad de promover el entusiasmo

El autor y famoso conservacionista estadounidense Aldo Leopold dijo que tener una educación ecológica es caminar en un "mundo de heridas" (Leopold, 1993, p. 165). En una reunión de biólogos e historiadores, mientras se discutían los impactos sobre los recursos naturales y culturales del cambio climático, un biólogo comentó que al menos los profesionales de la cultura tenían un método para documentar un recurso condenado y para decir adiós. Sin embargo, no existe un proceso equivalente en el campo de los recursos naturales. No es raro ver que el personal que trabaja en el campo de la conservación está deprimido y tiene una moral baja. Por consiguiente, es esencial que el líder transmita un sentido de optimismo y entusiasmo. El líder puede lograr esto al demostrar un interés honesto en el trabajo esmerado de los empleados y al celebrar el éxito, no importa cuán pequeño sea. Pasar tiempo con cada empleado, cualquiera sea su nivel dentro de la organización, puede transmitirles un sentido de valor. También es importante que el líder centre la atención en las victorias y no en las derrotas. Un área de impacto positivo es la restauración del hábitat de una especie eliminada localmente. Tal restauración de un recurso natural también puede restaurar el entusiasmo y la moral. No hay usuarios más entusiastas del aire libre que los niños, cuya capacidad de maravillarse puede ser contagiosa. En el Parque Nacional Olímpico de 373.383 hectáreas en el Estado de Washington, en el oeste de los Estados Unidos, cuando el personal estuvo listo para liberar una población de "pescadores" para reintroducirlos en este bosque del noroeste, el equipo del NPS permitió que estudiantes de secundaria hicieran la liberación y compartieran su emoción.

La excelencia en las comunicaciones

Un gran líder es también un gran comunicador. El líder no tiene que saber todo acerca de un área, asunto o tema, pero debe ser capaz de comunicar los componentes clave a diferentes audiencias. El estilo, la profundidad, la entrega y el tono de la comunicación del líder deben adaptarse a las diferentes audiencias. Es muy diferente hablar con un representante elegido popularmente que con un líder indígena. La clave para convertirse en un gran comunicador es primero observar y emular a quienes lo hacen bien, y segundo, practicar, practicar y practicar. Tome una pista de los grandes comediantes: ellos practican sus rutinas una y otra vez en frente de audiencias en vivo hasta que lo hacen bien. Como un administrador de campo del NPS, particularmente en las comunidades rurales, siempre me aseguré de contactar a los líderes comunitarios mucho antes de que hubiera una crisis que me obligara a hacerlo. Establecer comunicaciones abiertas de manera temprana conducirá a relaciones mucho mejores cuando haya problemas que resolver. Las crisis requieren comunicaciones más frecuentes de lo usual.

El trabajo en equipo

Los días de comando y control desaparecieron hace tiempo, al igual que los días del líder heroico. Los mejores logros son el resultado de un trabajo en equipo eficaz. Hay muchos libros sobre el desarrollo, el funcionamiento y el manejo eficaz del equipo, y le recomendaría a cualquier líder que trabaje con un equipo que investigue la literatura sobre la dinámica de equipo. A continuación, se presentan algunas lecciones u orientaciones "sabias" que he recopilado y aplicado con éxito.

- Reúna un equipo de personas que quieran trabajar juntas y que tengan habilidades complementarias.
- Apunte a la diversidad y a una estructura de la organización de áreas protegidas transversal y diagonal.
- Entréguele al equipo una tarea importante y metas claras, pero tenga cuidado de no estipular el proceso que utilizarán para trabajar. Dígales cuándo y cómo inhibirán la creatividad y el funcionamiento del equipo.
- Manténgalo a pequeña escala. Los equipos abocados a tomar decisiones deben tener entre seis y diez miembros. Los equipos más grandes tienen dificultades para llegar a un consenso.
- Observe las interacciones del equipo y evite que una voz sea dominante. Cree un espacio para las voces minoritarias en el equipo, de tal manera que todas sean escuchadas.
- Busque que el equipo tenga victorias tempranas y recompense el éxito; luego aumente los desafíos.
- Tome el consejo del equipo y úselo. Si no lo hace, entonces está perdiendo el tiempo y los talentos.
- Si el asunto se basa en el campo, lleve al equipo al lugar y tenga la discusión sobre el terreno.

Toma de decisiones estratégicas

El fin último de un líder es tomar la decisión final. Los tres componentes más importantes de una buena toma de decisiones son los siguientes.

1. Utilice la mejor ciencia fundamentada disponible, al igual que otra información académica. Tenga en cuenta que esto es lo "mejor disponible", lo que implica que es posible que la información científica esté incompleta, aunque sigue siendo informativa y pertinente. También tenga en cuenta que la "ciencia

Opciones de dirección: área protegida, Taiwán. Típicamente, la toma de decisiones estratégicas no es simple y requiere los tres componentes de la buena toma de decisiones, los cuales se describieron en la información anterior

Fuente: Graeme L. Worboys

fundamentada" implica una información revisada por pares, publicada o bien documentada.

2. Mantenga una posición ceñida a la ley. Trabajamos dentro de un cuerpo de leyes y políticas, y un gran líder debe entender el fundamento legal, al igual que la letra de la ley. No ceñirse a la ley pone en riesgo la decisión y los recursos.

3. Actúe de acuerdo con el interés público a largo plazo. Dado que con las áreas protegidas estamos en el "negocio de la perpetuidad", las decisiones deben basarse en una visión a largo plazo de lo que es lo mejor para el interés público y no deben tener en cuenta la conveniencia política a corto plazo.

Estos principios establecen las bases para tomar decisiones. El líder también debe tener una estrategia para tomar una decisión que se sostenga frente a las pruebas a las que será sometida. Recuerde que "la luz del sol es un gran desinfectante"; en otras palabras, la decisión debe soportar el escrutinio del público y, por lo tanto, debe tomarse de una manera abierta, no a puertas cerradas. Esto también debe ser coherente con la política, las prácticas previas y otras decisiones tomadas en circunstancias similares. Si hay una desviación significativa de estos principios, el líder debe ser capaz de justificar claramente la causa detrás de la discrepancia.

Tratar con el cambio

Como dicen, la única constante es el cambio. Todo cambia, desde la opinión pública y la demografía hasta la economía, la financiación, la política y el clima. El líder debe ser capaz de monitorear y mantenerse al tanto de todo esto, y también debe comunicarse de manera eficaz con diferentes grupos, especialmente los empleados y los socios. Los grandes líderes pueden usar el cambio a su favor para hacer correcciones estratégicas y positivas a la organización, a sus políticas o incluso a su estructura. Por ejemplo, un entorno económico cada vez más reducido representa una oportunidad para una mayor colaboración e innovación dentro de la organización. Uno de los mayores desafíos para el liderazgo en el mundo de la conservación es que el cambio climático está afectando a nuestras áreas protegidas de formas que no entendemos del todo. Por lo tanto, es esencial que comencemos a planear para ese cambio y permitir múltiples futuros, mientras construimos tanta resiliencia en el sistema como sea posible.

Soluciones creativas para el cambio

Dado que sabemos que el cambio es inevitable, como líderes debemos aceptarlo. Los grandes líderes articulan una visión y usan el cambio como una oportunidad para impulsar esa visión. Tomemos el ejemplo del aumento del nivel del mar que afecta a las áreas protegidas costeras. Una pregunta simple sería cuál área será el próximo humedal costero creado por el nuevo nivel del mar; será necesario garantizar que esa área, si es posible, se incluya dentro de los límites del área protegida mediante la adquisición. Esto podría asegurar que el ambiente costero tendrá la resiliencia para soportar el aumento del nivel del mar. De igual manera, el aumento del nivel del mar y el aumento de las mareas de tormenta están empezando a demostrar que la "infraestructura verde", como los manglares, puede ser mucho más resiliente y sostenible que la "infraestructura gris" tradicional, como los malecones. Esto puede conducir a que las comunidades costeras hagan importantes inversiones en espacios abiertos, parques recreativos y áreas protegidas como componentes de la protección para su comunidad. Cuando estas inversiones se unen geográficamente, puede restaurarse la función del ecosistema, y las especies nativas pueden prosperar.

Perseverancia

En las cordilleras altas y azotadas por el viento del Parque Nacional de la Gran Cuenca, en Nevada, oeste de los EE.UU., se encuentran los troncos nudosos de los pinos longevos (*Pinus spp.*). Algunos individuos tienen cinco mil años de edad y crecen en ese lugar desde antes de que el primer faraón gobernara Egipto en 3000 A.C. En estos árboles grandes y viejos podemos inspirarnos para la perseverancia. La naturaleza persevera a pesar de los esfuerzos humanos por subyugarla. Además, lo maravilloso de la naturaleza es que, dada la oportunidad, también puede recuperarse. Gracias a que están comprometidos a largo plazo, los grandes líderes tienen la capacidad de perseverar a pesar de contratiempos importantes.

Restauración en el río Elwha

También es útil reflexionar sobre la necesidad de perseverar como líder. Algunos proyectos requieren décadas de liderazgo para lograr el éxito. Uno de tales proyectos en el que he estado involucrado durante más de veinte años es la remoción de dos represas en el río Elwha. Este río drena 181 kilómetros cuadrados de hábitat prístino dentro del Parque Nacional Olímpico y luego golpea dos represas hidroeléctricas antes de fluir hacia el océano Pacífico. Hace más de cien años el río era vital para cientos de miles de salmones y hacía parte de la esencia de la tribu de nativos americanos Lower Elwha Klallam. El trabajo de un equipo durante más de veinte años condujo a que las represas estén ahora en proceso de ser removidas, lo cual abrirá completamente el parque –después de cien años– para el retorno de varias especies de salmón y de la trucha arco iris (*Oncorhynchus mykiss irideus*), otra especie de pez. La persistencia, la paciencia, las alianzas, la coherencia y la continuidad han logrado lo que muchos consideraban imposible. Mi participación personal ha sido intermitente durante todo el período, con un papel clave de liderazgo durante diez años como director regional supervisando el Parque Nacional Olímpico y como director de todo el NPS. Esto me obligó no solo a garantizar un financiamiento cercano a los trescientos cincuenta millones de dólares para el proyecto, sino también a superar una oposición periódica, fortalecer alianzas frágiles, trabajar con políticos, seleccionar contratistas, celebrar éxitos y contratar a gente nueva para dirigir el parque –todo el tiempo manteniendo obstinadamente mi ojo en el objetivo final de eliminar las represas–. Esto ha sido un esfuerzo de equipo extraordinario.

Construcción de redes de apoyo

La gestión de áreas protegidas a través de redes es un campo emergente. Este concepto puede aplicarse tanto a la tierra en sí misma como a la organización. A escala del paisaje, las redes de áreas protegidas interconectadas pueden crear corredores para la vida silvestre y construir una resiliencia a largo plazo en el ecosistema. Al igual que un ecosistema organizacional, los grandes líderes desarrollan a lo largo del tiempo una red de apoyo, asesoramiento y consultoría, en la cual pueden confiar cuando se enfrentan a un asunto de grandes proporciones. Puede que los líderes no conozcan la respuesta, pero saben a quién recurrir. Estos puntos de la red también interactúan de manera recíproca cuando tienen la oportunidad. Las redes de áreas protegidas también incluyen socios, otras instituciones, comunidades locales, voluntarios, defensores y visitantes, todos los cuales contribuyen a la visión a largo plazo. Los grandes líderes construyen y alimentan estas redes.

Gestión del cambio organizacional

El cambio organizacional es difícil, y el líder debe dedicar enormes esfuerzos personales para lograr un cambio positivo significativo. Antes de intentar cualquier cambio organizacional importante, un líder debe autoevaluar su propio compromiso y capacidad para llevarlo a cabo. En primer lugar, el líder debe comunicarles a los empleados por qué sucede el cambio, a quiénes afectará y cuándo. Los mejores líderes tienen en cuenta la retroalimentación y acumulan aportes que llevan a alternativas para lograr los objetivos. Una vez que se decide la dirección, el líder debe permanecer involucrado y al corriente de las reacciones. La comunicación frecuente es esencial. También debe hacerse una evaluación honesta de los resultados y un compromiso para revisar y corregir los errores.

Innovación

La innovación es esencial en todas las organizaciones de áreas protegidas, ya que los desafíos requieren constantemente nuevas ideas. La respetada autora y consultora organizacional Margaret Wheatley (2006) concluyó que la innovación y la creatividad ya existen en cualquier organización y que es responsabilidad del liderazgo encontrarla, destacarla y nutrirla para hacerla crecer. Los grandes líderes adoptan este enfoque respecto a la innovación y crean un espacio en el que la innovación y la creatividad pueden florecer. El liderazgo entonces selecciona cuál innovación debe nutrirse y, por consiguiente, la dirección del cambio organizacional impulsado por esta innovación.

Inversión en nuevas ideas y nuevos sistemas

Las nuevas ideas son una manera genial de adaptar la organización al cambio, y los nuevos sistemas son adiciones importantes para llevar a cabo el trabajo. Dicho esto, todas las ideas nuevas deben ponerse a prueba, aunque los sistemas nuevos pueden ser costosos, consumir tiempo y ser una distracción del trabajo principal. Los grandes líderes fomentan nuevas ideas, pero las prueban en campo antes de implementarlas en toda la organización.

Comunicación y defensa

Las áreas protegidas necesitan defensores. Los grandes líderes saben cómo nutrir y comunicarse con los principales defensores y organizaciones de defensa. Por su naturaleza, los grandes líderes son también defensores de las áreas protegidas, de los recursos en ellas y de su personal y socios. No obstante, la defensa es una habilidad cuidadosamente afinada. En algunos países, las organizaciones de "incidencia" tienen un estatus legal especial y pueden ser partes en litigios. Los grandes líderes aprenden a caminar en la delgada línea entre su propia defensa y la del defensor externo. Cuando se comunica con las organizaciones de defensa, el líder debe demostrar tanto pasión como moderación.

Mensajes de las áreas protegidas en nombre de la vida

Temas tan importantes como la conservación y el manejo de las áreas protegidas nunca deben reducirse a pequeñas frases. Dicho esto, el público ama las frases pegajosas y puede ser motivado por ellas. Los líderes de las áreas protegidas que utilizan este tipo de mensajes deben ser capaces de profundizar en el significado detrás de ellos o la frase pronto perderá todo su atractivo.

Lidiar con las protestas de la comunidad contra las decisiones clave de conservación

No es raro que una decisión sobre un área protegida, tomada pensando en el bien de todo el público, también restrinja una actividad emprendida por la comunidad local. Esto es particularmente problemático cuando tal decisión restringe una actividad tradicional que podría llevar generaciones, pero ahora se reconoce que tiene un impacto significativo sobre los propósitos y valores del área protegida. En primer lugar, un gran líder debe hacer todo lo que esté a su alcance para involucrar a la comunidad antes de que ellos recurran a la protesta pública. Por ningún motivo debe permitirse que la protesta sea sobre la falta de participación de la comunidad, sino sobre la decisión en sí misma. Una de mis citas favoritas es de un mentor mío, quien solía decir "cualquier idiota puede decir que no; es mucho más difícil llegar al sí". Cualquier líder de áreas protegidas puede determinar cuándo un problema resultará en una respuesta negativa de la comunidad, así que con ese conocimiento es necesario comprometerse con la comunidad para encontrar un terreno común. Por ejemplo, un gran líder debe ser capaz de explicar el motivo de una decisión que va a restringir la actividad de una comunidad, y al mismo tiempo debe mencionar otros beneficios, como un aumento en el beneficio económico general para la comunidad porque se verán atraídos más visitantes o porque se restaurarán el medio ambiente o los servicios ecosistémicos para brindar un medio ambiente más sano.

Definición de un problema

Un antiguo mentor siempre decía "lo que ves depende de donde te pares". Una de las principales responsabilidades del liderazgo es poder definir todos los elementos pertinentes de un problema –la ciencia, la política, el pragmatismo, la historia, la opinión pública, el riesgo y las ramificaciones jurídicas– y ponerlos en contexto. Este proceso se logra reuniendo en la misma conversación a todos los expertos en el problema y permitiendo que cada uno hable de manera abierta y honesta. Los problemas que no están claros deben ser asignados a alguien que realice un análisis adicional y los devuelva al grupo. Con frecuencia, todo problema genera fuertes opiniones en todos los lados. Es responsabilidad del líder garantizar que se escuchen todas las opiniones y pasar tiempo tratando de discernir lo que sabe y lo que no sabe. Los grandes líderes buscan a los que tienen opiniones opuestas sobre un tema y escuchan sus opiniones, aunque no estén de acuerdo.

Definir las consecuencias de la falta de acción

No actuar o no tomar una decisión "es una decisión", ya que los recursos que administramos no son estáticos, no están congelados en el tiempo y la dilación o la demora solo permiten que el presente continúe, a menudo con consecuencias no deseadas. Además, cuanto más tiempo se permita una actividad incompatible con los propósitos de un área protegida, más difícil será eliminarla o restringirla. "No actuar" durante un período largo permite que las actividades incompatibles se conviertan en una práctica estándar y aceptable –y casi imposible de alterar–. Hay momentos en los que es apropiado no actuar, pero esta opción siempre debe verse como si fuera una decisión, en lugar de solo una dilación o la incapacidad de tomar una decisión.

Describir con claridad la respuesta necesaria

A menudo, el papel de un gran líder es aclarar un problema para que las acciones se vuelvan obvias para todos. La clave es escuchar atentamente y articular lo más importante o la esencia de lo que se oyó. El líder debe entonces fusionar todas las aportaciones en una visión clara respecto a la dirección necesaria para resolver el problema. Muy pocos líderes pueden hacer esto sin tener mucha práctica y experiencia con problemas complejos. Con la práctica, los líderes pueden ser muy buenos en esta tarea esencial. Si la decisión o respuesta es compleja, el líder

Investigadores del NPS de EE.UU. mientras brindan una sesión de información para los líderes de gestión de áreas protegidas de todo el mundo acerca de sus investigaciones y asesoría para la gestión en relación con los peces introducidos, lago Yellowstone, Parque Nacional Yellowstone, EE.UU.

Fuente: Graeme L. Worboys

debe ser muy específico en cuanto a lo que debe ser el siguiente paso, quién lo va a hacer y cuándo. La orquestación de la respuesta puede ser tan importante como la decisión en sí.

Garantizar el apoyo de los políticos

La política es una realidad que cada líder de áreas protegidas debe aceptar, usar con eficacia y con la cual debe aprender a vivir. Algunos políticos operan bajo el principio de que "la virtud y el servicio público son su propia recompensa", y con estos es más fácil trabajar debido al valor intrínseco que se encuentra dentro de las áreas protegidas. Dicho esto, todos los políticos se ven impulsados por varios factores: el deseo de ser reelegidos por sus electores, tomar el crédito por los logros y la atención mediática positiva. Las áreas protegidas pueden entregar los tres factores de forma eficaz. El primer paso es construir una relación de trabajo con un político, de tal manera que usted pueda contactarlo directamente cuando haya la oportunidad de que sea visto por sus electores haciendo algo positivo, cuando exista un anuncio del que pueda tomar el crédito o cuando pueda participar en un evento o acción en el área protegida que cuente con una atención mediática positiva. Ofrecer este tipo de oportunidades construirá el apoyo necesario cuando existan problemas políticos difíciles y cuando usted lo necesite para defender las áreas protegidas. No hay lugar para la corrupción, negociaciones clandestinas ni consideraciones especiales para los políticos, sus amigos o colegas. Nunca debe considerarse la posibilidad de comprometer la integridad del líder o del área protegida para el beneficio de un político, no importa cuán poderoso sea.

Anticipar y planear el interés de los medios

Al igual que la política, los medios de comunicación son una parte de nuestras vidas. Cada área protegida debe tener al menos una persona capacitada para trabajar con los medios de comunicación, escribir comunicados de prensa y estar en la escena con los periodistas y sus cámaras. Los medios de comunicación se interesan en historias buenas y malas, puntos de vista interesantes, cosas que asusten y de interés humano, y personajes especialmente interesantes. Las áreas protegidas tienen todas estas historias. Los medios de comunicación quieren hablar con el "líder" del área protegida y los grandes líderes siempre están dispuestos a hablar con la prensa. Esta es un área en que la práctica lleva a la perfección. No tenga miedo de pasar frente a la cámara. Critique su actuación de manera brutal. Revise todo, desde la ropa que usa hasta la manera en que mira al reportero y la confianza en sus respuestas. Si el área de reportaje pertenece a los medios tradicionales como los periódicos, la radio y la televisión, se puede construir una relación para conceder "primicias" a determinados medios de comunicación. Desarrolle una relación con el reportero que suele cubrir las actividades en el área protegida. Invítelo en momentos de baja actividad, de tal manera que tenga una idea de la operación del área protegida y su complejidad. Haga que los reporteros conozcan historias que usted crea que puedan gustarles. Realice conferencias de prensa cuando los problemas sean complejos y polémicos, y responda a las preguntas con honestidad. Nunca ataque a los medios de comunicación en sí, ya que esto no lleva al éxito.

Asegurar la acción para lograr resultados de conservación

En esencia, este es el quid de la cuestión. Como líderes, debemos tener una estrategia para lograr nuestros objetivos de conservación. La naturaleza nos necesita, ya que hay muchas fuerzas, desde el cambio climático hasta las industrias extractivas, que sin nuestro compromiso activo podrían tener un impacto negativo en las áreas protegidas bajo nuestra mirada. Un gran líder combina todos los elementos de la ciencia, los medios de comunicación, la política, el esfuerzo del personal, el apoyo de la comunidad y el compromiso del público en una serie de acciones estratégicas que conducen a un resultado positivo para las áreas protegidas y para la visión a largo plazo del interés público. No existen muchas vocaciones que sean más importantes.

Gerencia ejecutiva

Nikita Lopoukhine

Concepto

Las agencias de áreas protegidas consisten en una sede principal –normalmente cerca de la sede del Gobierno– y un sistema de áreas protegidas dispersas geográficamente. En el siglo XXI las comunicaciones pueden ser instantáneas, lo que permite que los problemas se aborden colectivamente. Cada departamento de la agencia se enfrenta a situaciones únicas y a diferentes partes interesadas. Los gerentes ejecutivos deben estar preparados para abordar los problemas conforme surjan localmente, al mismo tiempo que son conscientes de los intereses mundiales, nacionales y regionales. Esta es la realidad común de cada gerente ejecutivo en una agencia de áreas protegidas, lo cual incluye desde el director ejecutivo hasta el superintendente de un área protegida. Para tener éxito, los gerentes ejecutivos de las áreas protegidas deben tener habilidades interpersonales y personales que incluyan una comunicación clara. Con tales habilidades, un gerente cuenta con las bases para la planeación y la implementación de estrategias a corto y largo plazo.

Cuadro 12.3 Parques Canadá

Parques Canadá es una agencia del Gobierno de Canadá bajo la responsabilidad del Ministro de Medio Ambiente, quien le encarga "proteger y presentar ejemplos significativos a nivel nacional del patrimonio natural y cultural de Canadá, y fomentar la comprensión, aprecio y disfrute del público en formas que aseguren la integridad conmemorativa y ecológica de estos lugares para las generaciones presentes y futuras" (Parks Canada, 2012, p. 5). Parques Canadá administra 44 parques nacionales (incluidas siete reservas de parques nacionales), cuatro áreas marinas nacionales de conservación, un hito nacional y 167 lugares históricos nacionales. El presupuesto anual de Parques Canadá es de aproximadamente cuatrocientos cincuenta millones de dólares y la agencia tiene cuatro mil empleados, muchos de los cuales son estacionales.

Atributos de un gerente ejecutivo

Liderazgo inspirador

En este capítulo Jon Jarvis ya describió el liderazgo del director ejecutivo. El liderazgo es una cualidad que todo gerente ejecutivo exitoso tiene y, aunque es fácil de analizar, es más una habilidad que se adquiere y no que se enseña. Demostrar liderazgo es una fuente de inspiración para el personal. Características como la capacidad de decisión, la imparcialidad y el liderazgo estratégico inculcan confianza en quienes trabajan con los gerentes ejecutivos y se reportan con ellos. Sin duda, las responsabilidades de un gerente pueden ser difíciles, ya que suelen enfrentarse a decisiones que, en circunstancias extremas, pueden afectar la vida de las personas. Siempre que sea posible, el gerente debe estar abierto a las opiniones de la gente y considerar las preocupaciones e intereses de los afectados; sin embargo, la decisión final es suya.

Comunicación con la gente

Las áreas protegidas, ya sean privadas o públicas, son dirigidas por personas, dependen de las personas y, como construcción social, son para las personas. Si bien uno de los objetivos principales de un área protegida es conservar la biodiversidad, el éxito depende de la capacidad de manejar a las personas. El manejo de las personas se lleva a cabo a través de la comunicación de las ideas, los planes y el régimen regulatorio. Las comunicaciones internas de la agencia de áreas protegidas son tan críticas como las comunicaciones externas. Un gerente ejecutivo exitoso dedica tiempo y esfuerzo a comunicarse con los empleados. Esto es fundamental para garantizar que los empleados de la agencia estén informados sobre los objetivos, propósitos e intenciones en común. A su vez, el personal de campo puede infundir un entendimiento entre las partes interesadas respecto a los valores y los planes de las áreas protegidas. Por lo tanto, son fundamentales las inversiones en el desarrollo de habilidades de comunicación tanto para el gerente ejecutivo como para el personal de campo.

Escuchar

La comunicación es una habilidad de dos vías. Usar una variedad de medios para imponer las opiniones propias no es una comunicación válida. Si no hay un esfuerzo equivalente dedicado a escuchar, es inevitable que la comunicación fracase en lograr los resultados deseados. Escuchar abarca oportunidades de retroalimentación y de responder a la misma. De hecho, es la señal que indica que uno fue escuchado.

Habilidades de negociación

En el proceso de la toma de decisiones, los gerentes ejecutivos negocian entre puntos de vista alternativos, que algunas veces pueden ser conflictivos. La decisión debe tener en cuenta la fuente de los puntos de vista y al mismo tiempo debe seguir la dirección estratégica general y los planes generales. Los intereses políticos y los puntos de vista de los sindicatos podrían ser los más difíciles de negociar. Algunas veces los jefes políticos son indiferentes a la realidad de la política, a la legislación y a los planes aprobados a largo plazo. A su vez, los sindicatos pueden tener una agenda más allá de los beneficios inmediatos que reciben los empleados del área protegida. Adicionalmente, es muy difícil convencer a un empresario sobre los beneficios de un nuevo plan para el área protegida cuando su negocio puede verse afectado por dicho plan. Para superar estas situaciones y llegar a una decisión que respalde la dirección estratégica general de la agencia, utilice las habilidades de comunicación, la claridad del propósito y esté abierto a las soluciones que puedan apaciguar al sindicato, al político o al empresario con quien negocie.

Resolución de conflictos

Las negociaciones conducen a soluciones, pero a lo largo del camino pueden surgir conflictos. Es posible que esto suceda cuando las diferencias percibidas por una o ambas partes son vistas como amenazantes para sus intereses. Los conflictos pueden generarse por nuevas ideas, diferentes enfoques y métodos, y cambios en las responsabilidades. Mucho se ha escrito sobre cómo resolver los conflictos y se han identificado dos enfoques fundamentales: trabajar en la comprensión de los diferentes puntos de vista de los protagonistas y desarrollar confianza. Es fundamental que un gerente ejecutivo con la responsabilidad de lidiar con el conflicto entienda la base de las diferencias, y que ambas partes confíen en él. Evitar los sesgos es un paso crítico para resolver un conflicto. Si bien es importante ser justo, también es importante que el conflicto o un punto de vista específico no conduzca a una desviación de los planes organizacionales o de las indicaciones establecidas por un gerente ejecutivo.

Delegar

Delegar implica empoderar a un subordinado para que tome decisiones de las que el gerente ejecutivo sigue siendo responsable. Al delegar (que es lo contrario de la micro-administración), el gerente ejecutivo comparte responsabilidades, pero lo que es más importante, construye capacidades, confianza y eficiencia en los miembros del personal de la organización. Delegar de una buena manera requiere instrucciones claras que establezcan las expectativas y también brindar retroalimentación sobre los resultados. Delegar se reconoce ampliamente como la práctica de gerencia más importante. También requiere que el gerente ejecutivo conozca claramente qué decisiones y tareas delegar, cuándo delegarlas y, lo que es más importante, a quién delegarlas.

Toma de decisiones estratégicas

Lidiar con decisiones para la conservación de especies

Según la Unión Internacional para la Conservación de la Naturaleza (UICN), el propósito principal de un área protegida es la conservación de la naturaleza. En efecto, la naturaleza triunfa sobre los otros valores. Si bien existen muchos valores importantes, como el turismo u otros beneficios socioeconómicos, estos no pueden comprometer la naturaleza. Por lo tanto, cuando las decisiones pueden afectar a una especie nativa o la función de un ecosistema, un gerente ejecutivo debe ser consciente del propósito fundamental de un área protegida. En cualquier caso, la legislación aplicable brinda una orientación general para todas las decisiones.

Más allá de la toma de decisiones basada en la experiencia

Aunque el beneficio de la experiencia es invaluable, no siempre es posible que un gerente ejecutivo aplace una decisión hasta que esté disponible la información obtenida de la experiencia operativa. De hecho, los gerentes ejecutivos se enfrentan a miles de decisiones que tienen implicaciones humanas, fiscales y ecológicas. La gerencia tiene que decidir. No tomar una decisión tiene las mismas repercusiones que actuar. En ambos casos hay resultados. Las decisiones tomadas con los aportes de colegas, la ciencia y las consideraciones socioeconómicas superan la falta de experiencia.

Ardilla roja (*Tamiasciurus hudsonicus*), Parque Nacional Banff, Canadá: un mamífero relativamente común que se encuentra a lo largo de la zona boreal de Canadá y en áreas de hasta ochocientos metros de altitud. Esta especie es parte importante de la biodiversidad de este patrimonio mundial

Fuente: Graeme L. Worboys

Facilitar un análisis óptimo de los datos

Los datos de calidad son el mejor amigo de un gerente ejecutivo. Las buenas decisiones se agilizan cuando se basan en la información desarrollada a partir de buenos datos basados en la evidencia. No obstante, los datos de calidad requieren una planeación avanzada, así como un compromiso con la recopilación de los mismos a largo plazo. Los problemas específicos requieren datos específicos. Por ejemplo, no se puede resolver el problema presupuestario fiscal de un parque con el uso de datos sobre el estado de los carnívoros. Se necesitan datos de ingresos y egresos para abordar problemas presupuestarios y se necesitan datos de los carnívoros para manejar las especies silvestres. Un gerente ejecutivo tiene que invertir en la recopilación de datos como estos para lo inmediato y, lo que es más importante, para el futuro.

Los costos de la recopilación de datos pueden parecer exorbitantes, sin embargo, si están estandarizados (campos de datos consistentes) y si están enfocados en abordar objetivos primarios, los beneficios para la gestión de áreas protegidas son inmensos. Sin la estandarización, se corre el riesgo de adoptar métodos y muestreos de datos que no son compatibles de un año al otro, datos que son poco útiles para un monitoreo a largo plazo y que terminan siendo un desperdicio de los recursos. Es imprescindible invertir en el diseño inicial para una recopilación de datos replicable. Si esto se hace, se garantiza un análisis óptimo de los datos y que las decisiones se tomen de acuerdo con la información basada en la evidencia y no en las percepciones. La priorización de la recolección de datos siempre dependerá del objetivo principal del análisis que tenga que hacerse y de los problemas principales que afecten al parque.

Evaluación del riesgo

La evaluación del riesgo requiere del buen juicio del gerente ejecutivo respecto al peligro percibido, su estado de amenaza inminente y la magnitud de esta. Las respuestas a la amenaza se basan en una evaluación del riesgo y de las vulnerabilidades. Por ejemplo, la trayectoria proyectada de un incendio forestal en relación con las instalaciones de un parque nacional orienta la decisión de cómo minimizar los riesgos, la cual puede incluir la evacuación de la gente o un cambio en las tácticas de extinción de incendios. Una vez evaluado, el factor de riesgo se maneja posteriormente. Aunque en este ejemplo se usa un incendio, la evaluación del riesgo es un elemento que hace parte de todas las decisiones que afectan a un área protegida. Un proyecto de infraestructura a gran escala tiene riesgos relacionados con los sobrecostos, con implicaciones para el presupuesto del parque. Además, las implicaciones de no proceder con el proyecto también requieren una evaluación del riesgo. La promoción de un empleado sobre otro tiene implicaciones de riesgo para los recursos humanos. Las implicaciones negativas son inevitables en el momento y no deben causar una falta de acción. Las decisiones buenas o malas se evalúan como tales solo después de haberlas implementado.

El buen juicio en la toma de decisiones

Quizás el atributo administrativo más difícil de cuantificar sea el buen juicio. Sin embargo este –entendido como la capacidad de discernir y aplicar la sabiduría en las decisiones– suele definir a un buen gerente ejecutivo. El buen juicio es inevitable cuando se trata de incertidumbre. La tecnología del siglo XXI permite un acceso a la información sin precedentes. Si bien la información, las herramientas, los procesos o las técnicas no generan una respuesta a los problemas de manejo, el uso de estas herramientas ayuda a tomar una decisión informada que se combina con el buen juicio.

Estructura, metas y objetivos organizacionales

Los distintos modelos de las organizaciones de áreas protegidas del mundo, al igual que las otras estructuras de gobernanza para la gestión de áreas protegidas, hacen que sea imposible señalar un enfoque organizacional como mejor que los otros. Al interior de estos diferentes modelos hay varios atributos que ayudan a garantizar un cuerpo de gobierno exitoso que cumpla con sus metas y objetivos.

Definición de las metas de gestión de las áreas protegidas

Las metas son definidas por personas con un interés en las áreas protegidas. En tales casos, las personas podrían ser indígenas interesados en sus tierras tradicionales, políticos, ciudadanos e incluso turistas extranjeros. En todas las circunstancias, el marco legislativo que gobierna la asignación del uso de la tierra, la ocupación y la autoridad es el que brinda el contexto para establecer las metas de una agencia de áreas protegidas, ya sea a nivel nacional, regional o comunitario. Un marco legislativo en el contexto de una comunidad indígena o local puede basarse en las prácticas o las creencias tradicionales como una guía para saber dónde y qué proteger. A nivel nacional y regional, las metas pueden centrarse en la representación ecológica del país o en captar aspectos estéticos o únicos del mismo. No obstante, en todos los casos, el propósito principal de las áreas protegidas es salvaguardar la naturaleza. También son importantes otras metas –como brindar experiencias para los visitantes, trabajar con las comunidades vecinas y garantizar la participación de las comunidades aborígenes y locales en la gestión– y pueden redactarse como adicionales.

El mejor proceso para definir las metas organizacionales es a través de una consulta que involucre tanto al personal como a las partes interesadas. Con un proceso abierto de este tipo es posible lograr un conjunto de metas que resistirán el escrutinio y el tiempo. Para ser claros, tal proceso requiere esfuerzo, genera gastos y requiere el compromiso de los intereses políticos y de los gerentes ejecutivos.

Parque Nacional Banff, patrimonio mundial, Canadá, donde se observan las dramáticas secuencias de rocas plegadas de las Montañas Rocosas. Parques Canadá establece las metas para la gestión de esta área protegida mundialmente famosa

Fuente: Graeme L. Worboys

Administración de presupuestos

El enfoque más simple, y con frecuencia el más común, para preparar el presupuesto es hacer un seguimiento de las asignaciones del año anterior. Aunque es simplista, esto no es progresivo e ignora completamente las prioridades a establecer. Los presupuestos deben reflejar las decisiones estratégicas para una agencia de áreas protegidas –no al revés–. Para lograr las metas y objetivos de una organización, un gerente ejecutivo debe contar con un presupuesto adecuado y con la capacidad de recursos humanos.

Con frecuencia, las circunstancias son tales que los presupuestos deben someterse a una revisión. Los retrasos causados por miles de motivos, o a veces incluso la finalización anticipada de un proyecto, conducen a la reasignación de fondos. De acuerdo con la estructura de gobierno respecto a la administración del dinero, algunos fondos podrían transferirse al año siguiente, prestarse a otro proyecto como un anticipo o simplemente devolverse para que la agencia los utilice en otro lugar. Es importante revisar las asignaciones a lo largo del curso de un año y cada vez con mayor frecuencia conforme el año llega a su fin. Los informes sobre las variaciones son un medio crítico para determinar los compromisos fiscales. Las auditorías y otros mecanismos tales como las revisiones de los contralores también son importantes para garantizar que los fondos se utilicen de acuerdo con las aprobaciones. Cuando los presupuestos dependen de fuentes externas o de la financiación de proyectos, es necesario dedicar un esfuerzo particular a enfocar parte del proyecto en los medios para financiar el proyecto más allá de la asignación.

Medición de los logros y el éxito de los planes

En su poema *To a Mouse*, Robert Burns escribió que "[a] menudo los mejores planes trazados por ratones y hombres salen mal" (Burns, 2004). Los planes organizacionales parten de ideas sobre lo que le debe suceder a una organización de áreas protegidas e identifican las metas y los medios para llevarlas a cabo. Ya que las circunstancias cambian para una organización y los factores imprevistos entran en juego, los cambios son de esperar. La realidad del cambio no debe ser un factor disuasivo para poner un esfuerzo considerable en la consulta con la comunidad o en la revisión y actualización de estos planes. Además, desconocer la opinión de las partes interesadas y de la comunidad puede conducir a confrontaciones.

Es importante revisar periódicamente los planes estratégicos de la organización, con el compromiso de informar sobre los hallazgos. Esto es particularmente cierto cuando las áreas protegidas son terrenos públicos. Los ciudadanos requieren un informe periódico sobre el logro proyectado y si este se alcanzó. Muchas agencias producen un "informe sobre el estado del parque", que es una excelente forma de comunicarse con las partes interesadas. Dicho informe también brinda una exposición franca de los desafíos que enfrenta un administrador de áreas protegidas. En cualquier informe de este tipo deben figurar por igual los retos ecológicos, fiscales y humanos. La revisión de los planes organizacionales es particularmente útil para la preparación de los planes posteriores, de tal manera que las lecciones aprendidas puedan reflejarse en el nuevo plan y las experiencias pasadas sirvan como base para formular nuevas direcciones.

Eficiencia y eficacia

La eficacia se trata de la utilidad, mientras que la eficiencia es cuán bien uno hace las cosas. Si estos dos términos se reflejan en la formulación del plan de manejo del área protegida y se llevan a cabo con consistencia, el área protegida en cuestión estará muy bien administrada. Para ser eficaz, uno debe pensar en lo que debe hacerse para lograr una meta. El uso de los pasos correctos y evitar el ensayo y el error aseguran la eficiencia. Por ejemplo, la capacitación impartida de manera expedita y óptima es eficiente, pero si el cambio deseado dentro de la organización no se logra (en consecuencia) gracias a dicha capacitación, no es eficaz. Otra forma de destacar la diferencia es que la eficacia se enfoca en el logro de objetivos, mientras que la eficiencia es el proceso para lograr los objetivos con la menor cantidad de recursos.

Cuadro 12.4 Autoridad de Vida Silvestre de Uganda

La Autoridad de Vida Silvestre de Uganda (Uganda Wildlife Authority, UWA) es una agencia paraestatal del gobierno. Esta agencia es semi autónoma y cuenta con una junta de directores y un director ejecutivo. La agencia se estableció en 1996 como una fusión entre los Parques Nacionales de Uganda de entonces, establecidos en 1952, y el Departamento de Caza, establecido en 1896. Antes de los años sesenta, las operaciones dominantes del Departamento de Caza eran la caza y el control de la fauna, mientras que los Parques Nacionales de Uganda eran responsables de preservar la vida silvestre y sus hábitats. La ciencia, el trabajo con las comunidades y el manejo de los recursos humanos se convirtieron en componentes de la gestión de las áreas protegidas solo en los años sesenta, noventa y en la primera década del siglo XXI. A partir de 1994 se llevaron a cabo importantes reformas políticas que condujeron a la creación de la UWA, que hasta la fecha ha implementado todos los cambios, convirtiéndola en una de las principales agencias de áreas protegidas de África. La agencia cuenta con mil quinientos empleados permanentes y más de quinientos temporales, y es responsable de la gestión de todos los recursos de vida silvestre en Uganda, incluidos diez parques nacionales, doce reservas de vida silvestre y catorce santuarios de vida silvestre. El presupuesto anual es de unos ciento veinte millones de dólares. La junta le reporta al ministro responsable del turismo y la vida silvestre

El patrullaje de un área protegida con un guardaparque puede ser tan eficaz como el patrullaje con dos guardaparques y lleva a la conclusión evidente de que es más eficiente, si se mide con base en el salario devengado y el tiempo de ausencia en otras tareas. No obstante, por motivos de seguridad una patrulla de dos guardaparques puede ser más eficaz si en el camino existen dificultades o riesgos para la vida.

Gerencia ejecutiva: trabajo con las personas

Moses Wafula Mapesa

Esta sección enfatiza el hecho de que los administradores de vida silvestre en áreas protegidas (gerentes ejecutivos) trabajan con la gente. Siempre se ha asumido erróneamente que los administradores de vida silvestre trabajan con animales y por lo tanto se preocupan más por los animales que por la gente. A veces las acciones e incluso el comportamiento de algunos administradores de la vida silvestre han reforzado este argumento. De manera ideal, debe existir un equilibrio y los administradores de vida silvestre deben esforzarse por demostrar que tienen el mismo cuidado y preocupación por las personas, los animales y las plantas. Esto incluye su propio personal, las comunidades que viven dentro o cerca de sus áreas protegidas, las personas involucradas en la industria del turismo, los políticos, los líderes tradicionales y otros funcionarios del Gobierno. Todas estas categorías de personas desempeñan un papel en el cumplimiento de la gestión y manejo de áreas protegidas, así que la interacción debe suscitar el apoyo y el esfuerzo complementario, así como la resolución del conflicto. Aunque existen políticas y leyes sobre la administración de las áreas protegidas, estas deben entenderse como principios rectores que están sujetos a cambios de acuerdo con las circunstancias políticas y legales cambiantes y la aportación de todas las partes interesadas relevantes, lo cual refuerza la necesidad de trabajar con todas estas categorías de personas.

Guardaparques de la Autoridad de Vida Silvestre de Uganda en una zona de gran altitud del Parque Nacional Monte Elgon, Uganda: este es un parque nacional transfronterizo con Kenia y se encuentra en un volcán en escudo extinto

Fuente: Stuart Cohen

Trabajo con la gente dentro de la agencia de áreas protegidas

Una agencia de áreas protegidas comprende las áreas protegidas y cualquier infraestructura y equipo que pueda existir, así como los funcionarios con su familia y dependientes. Otras personas también pueden vivir legalmente dentro de las áreas protegidas o entrar a ellas con regularidad para proporcionar servicios de apoyo al personal y a los turistas.

Por lo tanto, los gerentes ejecutivos de áreas protegidas deben, por necesidad, establecer con estas personas una relación de trabajo, la cual se apoya en directrices y principios rectores. Deben existir sistemas de acceso al transporte, educación, atención médica, recreación, comercios, servicios públicos como electricidad, agua y alcantarillado y manejo de residuos sólidos. Un asunto clave es controlar el número de personas que viven dentro o que ingresan a las áreas protegidas, ya que esto tiene una relación directa con los costos de manejo y el entorno general del área protegida. Las restricciones y el control policial por sí solos no son suficientes para controlar el número y las actividades de estas personas, ya que son familiares o amigos del personal o prestan los servicios necesarios, como salud, educación, transporte, alimentos y otros elementos esenciales. Los gerentes ejecutivos deben relacionarse con estas personas, apreciar su papel de apoyo al personal del área protegida y planear con ellos la mejor manera en que pueden ofrecer sus servicios e interactuar con el personal sin un aumento indebido de su número en el área protegida. Algunos de los principios rectores pueden incluir opciones para establecer la infraestructura del personal dentro, alrededor o fuera del área protegida, e iniciar creativamente esquemas que aborden las cuestiones sociales a medida que surjan. Todas estas opciones tendrán un costo, al igual que implicaciones ecológicas y sociales, las cuales deben evaluarse de acuerdo con la categoría de la UICN y los objetivos de gestión (véase el Capítulo 2) del área protegida. En muchos casos, será prudente ubicar los asentamientos del personal en la periferia o fuera de las áreas protegidas para permitir el acceso a los servicios sociales existentes y a los proveedores de servicios que ya están afuera de las áreas protegidas o según lo planee el gobierno local. No obstante, cuando tales opciones no sean posibles, a nivel de la entidad deben desarrollarse mecanismos bien pensados para trabajar con las personas dentro de las áreas protegidas en forma de políticas orientadoras y luego implementarlas.

Para llevar una vida armoniosa y abordar problemas sociales como el alcoholismo, las enfermedades epidémicas y el desarrollo personal, los gerentes ejecutivos de áreas protegidas deben implementar programas que aborden estos temas, en especial cuando los asentamientos del personal se encuentren dentro de las áreas protegidas. Dichos programas deben ser regulares y supervisarse de manera eficaz, y no deben convertirse en visitas ocasionales de los trabajadores sociales cuando los problemas ya están bien arraigados y perjudican el desempeño del personal (véase también la subsección "Relaciones y bienestar del personal").

Las personas dentro de la agencia de áreas protegidas son muy importantes ya que su presencia, sus necesidades sociales y de infraestructura y sus servicios en el área protegida resultan en costos directos de manejo, y todo esto tiene implicaciones ambientales a largo plazo.

Para ilustrar el punto sobre el trabajo con personas en un área protegida, me gustaría compartir la experiencia de algunos colegas de áreas protegidas en el Parque Nacional Virunga en la República Democrática del Congo. En la década de 1920 se estableció la sede principal del parque en Rumangabo, en la periferia del parque nacional. Esto se hizo para albergar la infraestructura administrativa y el alojamiento para el personal. El número de funcionarios no ha parado de crecer, al igual que el número de otras personas que viven en la sede, por lo cual la infraestructura ha sufrido un proceso de expansión. La gestión del parque ha pasado por muchos ciclos de agitación con las diferentes fuerzas políticas en juego. Esto resultó en unas condiciones laborales bastante difíciles que obligaron a la gerencia ejecutiva a pensar críticamente sobre la difícil situación de las personas que no hacían parte del personal, especialmente sus familiares y dependientes.

Entre 2000 y 2012, el parque tuvo que albergar hasta doscientas viudas y familiares de guardaparques muertos en el cumplimiento de su deber. Muchos más guardaparques siguen muriendo, dejando atrás viudas, huérfanos y dependientes. Después de un incidente en 2013, un compañero guardaparques dijo esto sobre un colega asesinado: "un guardaparques de Virunga, Paluku Matembela, asesinado en el ataque de hoy, deja atrás a un hijo de seis meses, cuya madre murió en el parto, y a su hija de catorce años" (Virunga National Park, 2014). El jefe de superintendencia de Merode señaló lo siguiente:

> En momentos como estos en el pasado, la gran familia de Virunga ha acogido a los que quedan atrás, y espero sinceramente que podamos reunirnos de nuevo para apoyar a los que han pagado el mayor precio por defender el Parque Nacional Virunga. Incluso en tiempos de paz, la vida en el Congo oriental es increíblemente dura, así que es difícil poner en palabras lo que debe afrontar la familia de un guardaparques cuando pierde la cabeza de su hogar, un marido, un padre, y usualmente el único ingreso familiar. (Virunga National Park, 2014)

Y agregó: "Nos gustaría recaudar suficiente dinero para los próximos cinco años como parte del compromiso del Fondo para los Guardaparques Asesinados (Fallen Rangers' Fund) de apoyar a las familias de nuestro personal asesinado en el cumplimiento de su deber" (Virunga National Park, 2014). Con la financiación inicial de donantes, fundaciones privadas y particulares, el Parque Nacional Virunga creó el Fondo para los Guardaparques Asesinados con el fin de ayudar a sus viudas y huérfanos.

La empatía demostrada por el jefe de superintendencia hacia las familias de los guardaparques asesinados impulsó poderosamente la moral del resto del personal e hizo que la comunidad que rodea al parque (de donde provienen estas personas) le tomara aprecio a la gerencia. Por supuesto, la decisión del jefe tiene un enorme costo administrativo; los guardaparques asesinados deben ser remplazados y las familias de los nuevos requieren un apoyo similar. Esto duplica el costo, pero con la alternativa creativa del Fondo para los Guardaparques Asesinados, la carga administrativa y financiera cambió respecto a la responsabilidad de la gestión del parque, y las viudas y las familias pueden ser trasladadas fuera del Parque Nacional Virunga con cierto capital de inicio. Esta es una victoria en tres frentes.

Trabajo con la gente de la comunidad vecina

En la gestión de áreas protegidas, las comunidades vecinas son una categoría importante de personas con quienes trabajar e interactuar. En primer lugar, son vecinos, y en algunos casos son los dueños de la tierra donde se encuentra el área protegida o en el pasado eran los dueños y aún la reclaman. Estas personas son ricas en conocimientos sobre la ecología y las interacciones sociales a lo largo del tiempo y, en muchos casos, ellas y sus antepasados vivieron dentro de los ecosistemas del área protegida durante cientos de años antes de que se convirtieran en reservas. Asimismo, estas personas coexistieron con los sistemas ecológicos mucho antes de que se establecieran los sistemas de gestión contemporáneos. Estos sistemas de gestión/normas comunitarias y conocimientos tradicionales puestos a prueba por el tiempo son lo que el gerente ejecutivo del área protegida debe aprovechar. A menudo estos sistemas/conocimientos comunitarios no están documentados y si lo estuvieran, diferirían de un lugar a otro. La comunidad tiene una gran cantidad de información sobre las personas errantes en su entorno que acostumbran cazar ilegalmente, invadir o participar en actividades destructivas, pero a menudo son indiferentes o protegen a estas personas si la relación de trabajo con la administración del área protegida no es mutuamente productiva y respetuosa o si sienten que fueron despojados de los recursos del área protegida.

Por lo tanto, el reconocimiento del fuerte vínculo entre las comunidades vecinas y las áreas protegidas debe orientar y brindar información de apoyo a la relación de trabajo del gerente ejecutivo con la comunidad. Es frecuente que las comunidades obtengan su sustento de las áreas protegidas, incluida la extracción directa de productos como alimentos, medicinas y materiales de construcción; sin embargo, existen restricciones.

La interacción entre las agencias de áreas protegidas y las comunidades no debe dejarse solo a cargo del personal de los departamentos de conservación comunitaria. A través del diálogo, el cual alimenta la planeación, el administrador del área protegida debe interactuar de manera regular con las comunidades respecto a problemas actuales como la extracción y uso de recursos, la zonificación del manejo, el desarrollo de infraestructura, la prestación de servicios, el monitoreo, la aplicación de la ley y los desarrollos turísticos. Si bien los informes del personal y de los expertos pueden ser útiles, la interacción regular en el campo agrega un valor enorme. Los gerentes ejecutivos deben, pues, hallar el tiempo para relacionarse directamente con las comunidades. Ganar el apoyo de la comunidad, al igual que la implementación y el monitoreo conjuntos de los programas de conservación y desarrollo, se verán fortalecidos por la participación directa de los gerentes de áreas protegidas de niveles superiores. Esta interacción regular evitará los conflictos y permitirá el diálogo constructivo y la negociación, incluso en las situaciones más difíciles, como después de la pérdida de bienes o de una vida humana por animales problemáticos.

Trabajo con líderes tradicionales

Muchas comunidades aún tienen sistemas tradicionales de liderazgo arraigados dentro de sus sociedades. En estas, los líderes tradicionales ejercen una fuerte autoridad e influencia sobre la comunidad. Incluso cuando los valores tradicionales han sido erosionados por los sistemas contemporáneos, los líderes tradicionales todavía tienen una autoridad cultural vestigial que es benéfica para la conservación y el manejo de áreas protegidas. Esto se suma a la riqueza de conocimiento en términos de las normas tradicionales que pueden reavivarse, como las sociedades o clanes que se identifican con ciertos animales, plantas o localidades y los protegen por considerarlos sagrados.

Aunque los líderes tradicionales pueden ser muy exigentes algunas veces, los gerentes ejecutivos no deben ignorarlos, sino más bien involucrarlos para aprovechar sus conocimientos, ganar su apoyo y trabajar con ellos para influir en la comunidad en general. Esto tiene en cuenta (especialmente) los aspectos culturales que son compatibles con los esfuerzos contemporáneos de conservación. Los curanderos y líderes tradicionales también pueden ser poderosos como agentes de cambio con respecto a las normas destructivas de la sociedad, tales como rituales de iniciación que requieren partes raras de plantas y animales, y pueden ayudar a encontrar sustitutos o abandonar o moderar tales prácticas.

Trabajo con líderes políticos

Hoy por hoy, los líderes políticos asumen el papel de los defensores del pueblo. En muchos casos, se presentan no solo como representantes de la gente, sino también como la persona con las soluciones a los problemas de todas las personas. Para ganar una elección pueden llegar a prometer el cambio de las leyes que gobiernan las áreas protegidas o dar por terminada la declaración de la totalidad o partes de las áreas protegidas para beneficiar a la gente. De hecho, en estas áreas han ocurrido muchos cambios fronterizos y, en algunos casos, el estatus de un área protegida ha cambiado a instancias de los políticos.

En muchos países, los funcionarios públicos están excluidos de la participación "activa" en la política y por lo tanto, cuando los políticos están en campaña para un cargo, los administradores de áreas protegidas se ven muy presionados a brindar una información veraz para un público ansioso. En algunos casos, el público está en desacuerdo con los gerentes ejecutivos respecto a la existencia de un área protegida o el uso de sus recursos. Ya que el ciclo electoral suele ser predecible, tales situaciones requieren un pensamiento estratégico y que los administradores de áreas protegidas hagan una planeación con mucha anticipación y a intervalos regulares. Estas situaciones deben anticiparse con suficiente antelación y debe haber una participación activa y no partidista de los principales actores políticos y de los líderes de distintos niveles.

Se ha demostrado que una herramienta útil para crear armonía y relaciones de trabajo productivas es el intercambio eficaz de información sobre los objetivos y los programas de gestión de las áreas protegidas que se llevan a cabo continuamente en diversos niveles políticos y de liderazgo; dicho intercambio de información debe darse a través de la documentación e informes, los medios de comunicación, las reuniones formales y los compromisos individuales. Los políticos tienen influencia sobre las poblaciones, e incluso cuando son impopulares, todavía influyen o toman decisiones, así que los administradores de áreas protegidas no deben ser indiferentes, ignorarlos o no tener contacto con ellos. Comprometer a los líderes políticos puede tomar mucho tiempo, ya que podrían simplemente salir a apaciguar al electorado, y los líderes individuales cambian. Este compromiso se da cuando el gerente ejecutivo tiene que utilizar directamente las habilidades de negociación, la comunicación efectiva, el conocimiento del tema y la comprensión de la dinámica social, o mediante el trabajo en equipo y posiblemente el apoyo técnico externo. Al trabajar de esta manera, el ciclo electoral se vuelve menos perjudicial para la gestión de las áreas protegidas y, al mismo tiempo, los problemas que surgen una y otra vez pueden abordarse de manera sistemática a través del diálogo.

Trabajo con la industria del turismo

Cuando se trata de justificar la existencia de las áreas protegidas en términos económicos, los administradores de áreas protegidas suelen recurrir al turismo. En muchos países las áreas protegidas poseen muchas atracciones turísticas que incluyen formaciones únicas y espectaculares, comunidades vegetales y plantas raras, y una diversidad de vida silvestre. En su mayoría, las áreas protegidas se promueven como atracciones turísticas. Inevitablemente, la infraestructura turística se desarrolla en y alrededor de las áreas protegidas. Un aspecto clave de esto es lograr el equilibrio óptimo entre el nivel de desarrollo turístico y los objetivos de conservación. Si bien la renta extranjera es buena para las economías nacionales y el turismo estimula el desarrollo, esto tiene un lado amargo para la conservación y las normas sociales, el cual deben tener muy en cuenta los administradores de áreas protegidas.

En la práctica, los actores de la industria turística se esfuerzan por adquirir los mejores sitios dentro de las áreas protegidas para obtener el máximo retorno financiero. Los administradores de áreas protegidas siempre deben recordar que la conservación es su responsabilidad principal y fundamental y que el desarrollo del turismo es secundario. La selección de sitios para el desarrollo de infraestructuras turísticas debe sopesarse fuertemente contra las consideraciones ecológicas y estéticas, y no ceder simplemente a los deseos o presiones de los jugadores de la industria del turismo, que suelen ser poderosos. Los sitios atractivos desde el punto de vista escénico no deben ser exclusivos, sino más bien accesibles para todos. Con las áreas protegidas bajo una presión de desarrollo cada vez mayor, lo mejor es ubicar tan pocos desarrollos turísticos e instalaciones dentro de las áreas protegidas como sea posible. Al igual que en el caso del manejo de la infraestructura para el personal, los desarrollos turísticos en la periferia generan menos impactos ecológicos y una menor exclusión social de los trabajadores, al tiempo que permiten que el personal y sus familias tengan acceso a otros servicios sociales. Los gerentes ejecutivos de áreas protegidas deben estar en capacidad de articular los objetivos de gestión para un ecosistema dado y producir las capacidades óptimas para los desarrollos turísticos, de tal manera que se mejore no solo la generación de ingresos, sino también las metas de conservación. Es importante hacer una evaluación de las opciones de desarrollo turístico de bajo impacto y esta debe tener en cuenta la capacidad de carga del turismo y los impactos acumulativos a lo largo del tiempo. Los administradores de áreas protegidas necesitan esta información para negociar y monitorear profesionalmente las concesiones para el turismo. Los desarrollos turísticos se dan a nivel del sitio, por lo que es esencial que los actores de esta industria se comprometan de manera firme y directa con los gerentes ejecutivos de las áreas protegidas.

Debido a los altos retornos económicos y a las posibles inversiones, los agentes de la industria del turismo tienen acceso a los responsables de la toma de decisiones de alto nivel, quienes pueden ser influenciados por los argumentos económicos sin tener en cuenta las consideraciones ambientales. Dicho esto, para la toma de decisiones los gerentes ejecutivos de áreas protegidas no deben basarse únicamente en argumentos ecológicos o en recomendaciones sobre inversiones, sino que deben adoptar un enfoque holístico, no solo para evaluar una variedad de opciones que deben compartir de una manera transparente con los posibles agentes de la industria turística, sino también para brindar la información necesaria a los responsables de la toma de decisiones de alto nivel. Los límites de uso aceptable deben negociarse con base en un enfoque científico, con medidas inherentes de monitoreo. Además de la experiencia social y ecológica, las habilidades empresariales o un asesoramiento empresarial sólido deben formar las bases para la interacción con la industria turística.

Trabajo con otros órganos gubernamentales

Las áreas protegidas se encuentran en diferentes paisajes donde no se interrumpen otras actividades de manejo y en la práctica existen vínculos con otros departamentos y órganos a nivel local y nacional. A menudo, las áreas protegidas abarcan terrenos que pueden utilizarse de manera alternativa, como en el caso de la agricultura, el pastoreo de ganado, la silvicultura o la extracción de recursos como minerales o agua. En muchos casos, la política y el marco legislativo del área protegida excluyen otras actividades o el acceso a cualquier recurso. En otros casos, son incluyentes, pero requieren de colaboración. En la realidad, siempre existe el debate y el deseo de considerar usos alternativos de la tierra o hay una superposición de mandatos, dependiendo de los recursos sobre el suelo o subterráneos en un área determinada.

Los administradores de áreas protegidas tienden a "proteger" sus áreas de jurisdicción con la citación de políticas y leyes. Por lo general, las ubicaciones remotas de las áreas protegidas también limitan la interacción regular de los gerentes con otros colegas de la agencia, salvo en situaciones críticas. La experiencia ha demostrado que la tendencia protectora solo provoca el resentimiento y el conflicto con otros organismos. Además, las políticas y las leyes están sujetas a cambios; de hecho, se han producido cambios para permitir la colaboración y el acceso a los recursos en función de la categoría del área protegida.

En casos extremos se han presentado conflictos con los respectivos gobiernos locales por los recursos de las áreas protegidas y se ha culpado a las agencias de áreas protegidas por la muerte de humanos y ganado en situaciones de sequía que han causado escasez de alimentos y pastos, o como resultado del saqueo de los cultivos y la muerte del ganado por parte de los animales silvestres. A veces los problemas se relacionan con el acceso al agua o con las oportunidades de desarrollo hidroeléctrico, o con el acceso a los recursos madereros. En otros escenarios, el problema son las enfermedades y el control de plagas. En tales situaciones se ha culpado a las organizaciones de áreas protegidas no solo de ser demasiado conservadoras, protectoras e insensibles a las necesidades de las personas, sino también de una escasa cooperación con las instituciones cercanas. Tales situaciones pueden evitarse fácilmente trabajando de manera proactiva con los organismos pertinentes para encontrar medios que permitan colaborar y abordar creativamente los problemas sin comprometer los valores de conservación del área protegida. Los gerentes ejecutivos de áreas protegidas no necesitan permiso ni instrucciones expresas para comprometerse con las contrapartes de otras entidades, pero obviamente deben consultar con sus superiores y mantenerlos al tanto. Si no hay apoyo, no deben desanimarse, y en su lugar deben ser resilientes y persuasivos de manera consistente. Los tipos de colaboración pueden ser amplios, extendiéndose a muchas agencias para incluir la salud (en el caso de brotes de enfermedades o el riesgo de brotes) y los desarrollos industriales (con respecto a la contaminación). Por lo tanto, en la práctica, puede ser difícil establecer límites para la participación colaborativa; sin embargo, es aquí donde entra en juego la evaluación del riesgo y la amenaza, al igual que la priorización basada en evaluaciones/estudios integrales de impacto ambiental tanto a nivel estratégico como del sitio. Algunos de los problemas son puntuales o temporales, o cíclicos como los brotes de enfermedades, las inundaciones o las sequías; asimismo, los problemas pueden ser predecibles, lo que permite un tiempo razonable para consultar, intercambiar y planear con antelación.

Los gerentes ejecutivos de áreas protegidas deben vivir con la realidad de que, debido a la escasez de recursos como el agua, los pastos, la energía, los alimentos y otras necesidades básicas que de otra manera podrían obtenerse fácilmente de las áreas protegidas, y con la creciente población humana, siempre existirán exigencias de otras agencias gubernamentales y de la gente para tener acceso a estos recursos. Por lo tanto, la colaboración, la cooperación y la firme determinación de un esfuerzo colectivo para una planeación participativa del paisaje con otras entidades gubernamentales, en especial a nivel de los gobiernos locales, son más importantes que simplemente citar y hacer cumplir la ley. Una vez más, la información científica y cultural sobre un área protegida determinada resulta crucial para que todos los involucrados fundamenten el proceso de toma de decisiones respecto al uso de la tierra o el acceso a los recursos. Si bien las concesiones mutuas pueden negociarse, esto solo se puede dar cuando no se comprometan el propósito y los objetivos del área protegida.

Liderazgo: una experiencia personal

Una experiencia que me gustaría compartir, la cual podría servir de inspiración para los gerentes ejecutivos, sucedió hacia el final de mi contrato como director ejecutivo de la UWA. En 2009, cerca de un año antes de que terminara mi contrato de cinco años como director ejecutivo de la UWA, el mandato de la Junta de Administración de esta entidad estaba por expirar. Le informé al ministro responsable (por escrito), tres meses antes de la expiración de la Junta, llamando la atención con respecto a las disposiciones legales de los criterios para el nombramiento de los nuevos miembros. También era la época de las elecciones generales nacionales. A pesar de varios recordatorios oficiales, el mandato de la Junta expiró y no se nombró una nueva. Trabajé sin una Junta durante nueve meses. Mientras tanto, la terminación de mi contrato también se acercaba y así se lo indiqué al ministro. Él respondió inmediatamente ofreciéndome la reelección. Yo protesté humildemente, advirtiendo que tenía que nombrar primero una Junta de Administración, que a su vez manejaría el proceso de contratación de un nuevo director ejecutivo o recomendaría mi reelección después de evaluar mi desempeño. El ministro me escribió y volvió a nombrarme oficialmente por otros cinco años. A continuación, propuso personas para su nombramiento en la Junta y me dio indicaciones para garantizar que sus currículos fuesen enviados al gabinete ministerial. Al examinarlos, encontré que siete de los nueve nominados no cumplían con los requisitos legales para ser nombrados en la Junta. Una vez más, respetuosamente le señalé esto al ministro. Él ignoró mi recomendación y sometió los nombres al gabinete. En el gabinete ministerial surgieron cuestionamientos, pero el ministro fue lo suficientemente poderoso para prevalecer sobre sus colegas. Las partes interesadas se preocuparon cuando se anunció la nueva Junta. Una vez que esta comenzó a operar, quedó claro que su único interés colectivo era tener acceso a los fondos obtenidos de los ingresos internos. Estos fondos se habían ahorrado e invertido durante siete años, mientras contábamos con el apoyo financiero del Banco Mundial. Los miembros de la Junta necesitaban tener acceso a estos fondos dado que, para ese entonces, en su mayoría, estaban muy involucrados en campañas electorales.

En ese momento tenía que tomar algunas decisiones difíciles. En primer lugar, había sido reelegido sin seguir el proceso legal. En segundo lugar, la Junta había sido nombrada sin seguir los criterios legales estipulados en la Ley de Vida Silvestre. En tercer lugar, la Junta y el ministro estaban decididos a acceder fraudulentamente a millones de dólares de los fondos de la UWA que se habían ahorrado durante siete años. Tenía claro que mi reelección fraudulenta debilitaría mi posición. Pude renunciar o sucumbir a la presión y actuar según las instrucciones impartidas. Elegí detener el saqueo y volver al orden. Era una labor ardua que casi me cuesta la vida o una cadena perpetua, ya que el ministro me acusó de traición, entre otros cargos. Después de fracasar en el intento de una solución interna mediante la participación del ministro y el primer ministro, fui a las altas cortes y gané. Se le ordenó al ministro que disolviera la Junta y luego fue transferido. Se nombró una nueva Junta según la ley y se contrató a un nuevo director ejecutivo siguiendo el procedimiento adecuado. Los fondos se salvaron. Lo que es más importante, los programas de la UWA en áreas protegidas no se vieron afectados significativamente y, en todo caso, la UWA ha seguido registrando un crecimiento. Aunque se destituyeron las dos primeras capas de administradores (el director ejecutivo y los directores) como parte de las repercusiones, la tercera capa era lo suficientemente fuerte para que colectivamente pudieran "hacerse cargo" de la UWA. Esta fuerza institucional se debió a un esfuerzo deliberado para el desarrollo de capacidades que había ayudado a poner en marcha durante mi mandato. En cuanto a mí, mi contrato había expirado de todos modos y seguí adelante. Miro hacia atrás con satisfacción, a pesar de los tiempos difíciles que pasé para mantener unos principios de liderazgo aceptables.

Manejo del personal

Mientras asistía a un curso corto sobre gobernanza y liderazgo en Montreal en 2007, el facilitador le dijo a nuestra clase: "las personas no quieren ser administradas. Ellas quieren ser lideradas". Y continuó preguntando: "¿alguna vez han oído hablar de un gerente mundial?". Luego respondió a su pregunta: "un líder mundial, sí; líder educativo, líder político, líder religioso, líder Scout, líder comunitario, líder sindical, líder empresarial. Sí a todos" y continuó: "ellos lideran, no administran". Uno puede administrar un banco, un museo, un área protegida e incluso un hogar, pero

Fogata de una patrulla de guardaparques: es el punto de partida para la buena comida, las bebidas calientes y conversaciones en todo el mundo. Esta fogata se encuentra en la República de Altái, Rusia, cerca del patrimonio mundial de las Montañas Doradas del Altái y el monte Beluja

Fuente: Graeme L. Worboys

cuando se trata de personas, y si vamos al caso del personal, lo que necesitan es un líder –liderazgo– porque la administración es sobre el control y la asignación de recursos.

Entonces, ¿a qué nos referimos con "manejo del personal"? Se trata de liderar al personal, proporcionando un liderazgo eficaz para este, de tal manera que pueda ser productivo en sus respectivos puestos de trabajo. Por supuesto, para facilitar que el personal haga su trabajo, existe cierto nivel de control en forma de directrices y asignación de recursos. Entonces, ¿qué implica el liderazgo del personal y qué es el liderazgo? En una búsqueda en la literatura pueden encontrarse varias definiciones de "liderazgo", incluidas las siguientes: "la capacidad de lograr resultados prioritarios a través de las personas; la capacidad de moverse a sí mismo y a los demás hacia lo que se quiere; hacer las preguntas correctas e inspirar a otros para que trabajen a través de la acción individual y colectiva en lugar de darles instrucciones sobre qué hacer" (D'Souza, 1994).

El encabezado de esta sección pudo ser "Liderazgo del personal", pero en aras de la sabiduría convencional, se utiliza la terminología "manejo del personal". Jon Jarvis describió el liderazgo a partir de detalles inspiradores. Aquí deseo centrarme en el liderazgo del personal. El liderazgo (o manejo) del personal se refiere a la formación de equipos, el bienestar y las relaciones del personal, el desarrollo de capacidades, el desarrollo profesional, la tutoría, la comprensión de los diferentes tipos de personas y culturas, y las relaciones laborales.

Trabajo en equipo

Por lo general, el trabajo en equipo se trata de un grupo de personas que están de acuerdo en lo que les gustaría lograr, que tienen o se suscriben a una visión y una misión, y que avanzan para establecer metas y definir los resultados deseados. Luego, deciden cómo quieren lograr dichos resultados. Todo equipo debe tener un líder y cada equipo debe tener directrices. Los recursos deben estar disponibles, las funciones deben estar claramente definidas, y la rendición de cuentas debe ser abierta y honesta. Al final de cada esfuerzo, habrá consecuencias tanto positivas como negativas, dependiendo del nivel de obtención de los resultados deseados. El líder debe reconocer rápidamente las debilidades del equipo y ayudar a los miembros débiles a mejorar o remplazarlos.

Los equipos se construyen, y se necesita tiempo y una cuidadosa selección para construir equipos ganadores. Las características de los equipos incluyen las siguientes:

- Un conjunto de personas de primera categoría. Estas personas deben estar calificadas y tener habilidades en campos diferentes pero complementarios, ser inteligentes y confiables, tener perspectivas diversas, y algunas de ellas deben contar con experiencia. En la práctica, siempre hay varios equipos que se unen para formar un gran equipo. Por ejemplo, los administradores de áreas protegidas tendrán equipos de conservación comunitaria, finanzas, aplicación de la ley, turismo, ingeniería, etc. –todos se reúnen para conformar un gran equipo del área protegida–. Las áreas protegidas individuales entonces se unen para conformar un equipo aún mayor para la agencia.
- Deben existir directrices, pero también deben ser flexibles. Es inútil contratar gente inteligente para quitarles luego la oportunidad de ser creativos y tomar la iniciativa.
- Cada equipo debe tener un líder, quien debe tener una visión o estar comprometido con una, la cual es compartida por los miembros del equipo. El líder debe permitir la creatividad, pero también ser un escudo en caso de que algunas de las ideas novedosas tengan un efecto contraproducente.
- Los equipos exitosos creen que lo que hacen es importante. Ellos creen que tienen una misión que cumplir y se comprometen a hacer una contribución colectiva. La mayoría de las agencias de áreas protegidas tiene una declaración formal de la misión que todos los miembros del personal deben conocer. El líder del equipo tiene la responsabilidad de inspirar a los miembros a tener un sentido de misión.
- Los equipos tienden a establecer su propia cultura, estilo de vestir, lenguaje, hábitos de trabajo, valores y comportamientos, y estas características los distinguen de los demás. Sin embargo, la cultura no debe ser estática; debe ajustarse a los cambios según convenga. No obstante, la identidad es muy importante y se debe hacer que los miembros del equipo se sientan orgullosos. Las agencias de áreas protegidas tienen uniformes, banderas, etc.
- Los equipos deben ser optimistas, aunque no necesariamente realistas. Estos equipos "expanden al máximo sus capacidades" –ellos creen que las cosas se pueden hacer porque creen en sí mismos–. Si realmente examinaran las "probabilidades" (la realidad), posiblemente admitirían la derrota y se rendirían; pero es su legado, así que expanden al máximo sus capacidades, creen en sus habilidades y en las de sus colegas, así como en que lo lograrán. Por ejemplo, analice las probabilidades de éxito contra la caza furtiva de elefantes, rinocerontes y tigres, o el comercio de marfil, la invasión agrícola, las industrias extractivas como el petróleo y el gas en las áreas protegidas. Los equipos exitosos expandirán al máximo sus capacidades y trabajarán en contra de estas probabilidades para lograr un resultado ganar-ganar.
- Es importante facilitar la comunicación abierta y el trabajo en red dentro del equipo a través de medios formales e informales, con reuniones virtuales y presenciales. En un equipo no es aceptable ocultar el conocimiento y la información. Cada persona está en el trabajo adecuado para su experiencia particular. Todo el mundo aporta algo único y valioso al equipo y todos confían en las capacidades de los demás.

La lista puede ser más larga, con más elementos que agregar por parte de los equipos exitosos que exhiben un buen trabajo en equipo.

Bienestar y relaciones con el personal

Para todos los miembros del personal, lo mejor es un ambiente de trabajo libre y creativo. Esto estimula la creatividad y la iniciativa. A menudo los funcionarios del área protegida se enfrentan a decisiones muy difíciles en el campo y necesitan actuar con rapidez. Es posible que la comunicación sea difícil, que el refuerzo no sea práctico y que haya vidas que salvar. El personal debe sentirse seguro para tomar algunas decisiones rápidas, actuar e informar a los superiores más tarde. El éxito debe reconocerse y recompensarse, mientras que el fracaso debe reconocerse como una oportunidad de aprendizaje.

Al principio de mi carrera, mientras estaba en un campamento para pasar la noche durante una de mis estadías con guardaparques, en una conversación uno de ellos se preguntó en voz alta por qué los médicos son elogiados en los funerales de sus pacientes. Esto suscitó un debate sobre si era correcto elogiar a los médicos cuando no habían salvado la vida de estos pacientes. Se llegó al consenso de que se debía al esfuerzo realizado por los equipos médicos, aunque no pudieran salvar al paciente. Además, el funeral es también una celebración de la vida del fallecido y ofrece la oportunidad para que los vivos reflexionen sobre sus vidas. Luego, para aprender algunas lecciones, revisamos a lo largo de los años varias misiones de guardaparques que fueron difíciles o que fracasaron.

A lo largo de mi carrera, esto se convirtió en algo que hago de manera regular con todas las categorías del personal, y aún se practica en toda la agencia, no solo para la planeación anual de la operación, sino también para la planeación y revisión de la gestión y la revisión de políticas.

Al interactuar libremente con el personal en varios niveles y ofrecerles la oportunidad de expresar su opinión y compartir experiencias, no solo se aprende mucho, sino también se pueden acordar nuevos enfoques para abordar los problemas. Este es un modelo de aprendizaje vivencial de tres vías entre el supervisor y los subordinados, y entre los pares. Del mismo modo, la interacción libre permite que un gerente ejecutivo de áreas protegidas experimente y compruebe las necesidades de bienestar como las provisiones médicas, las raciones de alimento, el equipo de campamento, los uniformes y el transporte. No se puede confiar solo en los informes escritos y las directrices de políticas; de hecho, es útil comprobar periódicamente si la práctica está en línea con la política y si los planes de manejo se están implementando. La interacción también permite la retroalimentación que ayuda en la planeación de la gestión y en las revisiones de las políticas.

Obviamente, entre el personal habrá casos de negligencia, omisiones y errores –algunos casos tan graves como para tener un carácter delictivo– pero el manejo de estos contratiempos debe estar de acuerdo con las directrices de las políticas, los manuales de operación, las leyes laborales y otras leyes pertinentes. Tarde o temprano se presentarán casos de rencor, traición, favoritismo, nepotismo y otros vicios negativos; un gerente ejecutivo siempre debe verificar los hechos, escuchar a la víctima y ofrecer una oportunidad para enmendar el error.

Guardaparques de la Autoridad de Vida Silvestre de Uganda en patrulla dentro de un área boscosa de las laderas más bajas del Parque Nacional Monte Elgon, Uganda

Fuente: Stuart Cohen

Los acuerdos/prestaciones/planes de bienestar social son fundamentales para la lealtad y la productividad del personal. En la medida de lo posible, estos arreglos deberían cubrir a la familia inmediata, especialmente en los países donde los servicios sociales públicos sean deficientes. Tales planes pueden incluir un seguro médico, educación, transporte y vivienda. Estos planes, además de los salarios competitivos, son un medio para mitigar la corrupción, la malversación y el fraude, al igual que el mal uso de los equipos. Asimismo, estos planes mejoran las relaciones con la comunidad más cercana al área protegida, ya que algunas personas de la comunidad tendrán acceso a los servicios de manera directa o indirecta, y parte del personal vendrá de esta comunidad o se desplazará a ella. Esto puede reducir los conflictos y la aparición de actividades ilegales, o mejorar la cooperación para abordar estos problemas.

Otro aspecto del bienestar del personal es la motivación. Al igual que los planes de bienestar social atractivos para el personal, tener un ambiente laboral libre y creativo también es un factor de motivación; sin embargo, el desempeño individual de cada miembro del personal debe ser reconocido, y hay muchas maneras de hacerlo. Aunque los equipos pueden recibir un reconocimiento, es importante que cada miembro reciba un premio individual. El reconocimiento puede incluir cartas de recomendación, certificados, premios, ofertas de vacaciones, regalos, bonos, oportunidades de formación adicionales, aumentos del sueldo y promociones –por supuesto, de manera coherente con las directrices de la organización–.

Aprender del fracaso: la experiencia de un guardaparques

En 1993, como nuevo superintendente encargado de hacer cumplir la ley en el Parque Nacional Kidepo, en Uganda, me enfrenté con el desafío de un gran número de mineros artesanales de oro que entraban al parque con ganado. Estas personas también se dedicaban a la caza furtiva. Planeé e implementé tres patrullas de guardaparques para resolver el problema y todas fallaron. Yo mismo dirigí la tercera patrulla y una noche, un guardaparques anciano me preguntó qué haría si esta nueva operación fallaba al igual que las dos anteriores. Instintivamente respondí que "celebraríamos" el fracaso y pensaríamos otra vez –en otras palabras, tratar de aprender de los tres fracasos y planear de nuevo, como una forma de mantener la moral alta–. De hecho, estaba considerando una acción disciplinaria contra los líderes de la patrulla. Tal como lo temían los guardaparques, encontramos muchas personas, principalmente mujeres y niños, involucradas en la minería de oro artesanal, una gran cantidad de ganado bajo el cuidado de algunos jóvenes y los restos de un kudú y un avestruz recién cazados. "Arrestamos" más de ciento cincuenta personas, tres de cada cuatro eran jóvenes y mujeres. Al igual que con las dos operaciones anteriores, les advertimos y liberamos a todos, ya que no teníamos capacidad para trasladarlos hasta la sede del parque (a noventa kilómetros) o a la estación de policía más cercana (a ciento cincuenta kilómetros). Las represalias de estas tres operaciones fallidas incluyeron acusaciones por parte de la policía, los líderes locales y la comunidad de que la administración del parque acosaba a vecinos "inocentes" que extraían oro para sobrevivir y que habíamos confiscado ilegalmente grandes cantidades de oro. Había estado a punto de creer las mismas acusaciones contra los guardaparques e incluso había considerado una acción disciplinaria, hasta que decidí dirigir la tercera operación. Mientras tanto, las comunidades se movilizaron en mayor número para ir al parque y se armaron con rifles automáticos, ya que habían sido envalentonados por sus líderes. Fue entonces cuando optamos por revisar nuestros fracasos, decidimos en contra de cualquier medida disciplinaria, y a "manera de celebración" (se sirvieron comidas y bebidas locales con una actuación musical local), invitar a todos los guardaparques a aportar ideas sobre cómo abordar el problema.

En resumen, estuvimos de acuerdo en que los motivos para la invasión del parque tenían que ver con una estación seca prolongada, lo que significaba que no había comida, y con un incentivo externo para la minería de oro impulsado por una empresa autorizada que operaba fuera del parque; pero lo más importante es que había sido un error confiscar todas las herramientas y liberar a los detenidos sin involucrar a los líderes locales y a la policía. Así que, en la cuarta operación, todos los jefes de la policía local y los líderes locales fueron trasladados al sitio y en lugar de confrontar a las comunidades con la ley, iniciamos un diálogo para averiguar por qué invadían en grandes números y se concertaron soluciones. Después de cuatro días de diálogo, se acordó que la minería de oro artesanal en el parque debía parar, y con ella la caza furtiva y el pastoreo de ganado, pero la administración del parque les ayudaría a tener acceso a los alimentos del Programa Mundial de Alimentos que suministraba alimentos en la región. Los infractores recurrentes serían arrestados y acusados por la policía con pleno conocimiento de los líderes locales.

Desarrollo de capacidades

Puesto que vivimos y trabajamos en un entorno cambiante a nivel ecológico, económico, social y tecnológico, el desarrollo de capacidades es un proceso continuo a lo largo de la carrera. Todos los funcionarios deben tener igualdad de oportunidades para los programas internos y externos enfocados en el desarrollo de capacidades. El objetivo de estos programas debe ser el mejoramiento de las competencias y las aptitudes para obtener mejores resultados, en lugar de obtener promociones. En muchos países, después de pasar por programas para el desarrollo de capacidades, algunos funcionarios exigen erróneamente ascensos o asignaciones más grandes, que quizá ni siquiera estén disponibles en la entidad o para los cuales tal vez no estén listos. Con frecuencia, esto da lugar a que el personal abandone la organización a expensas del esfuerzo puesto en el desarrollo de capacidades. Por consiguiente, deben establecerse sistemas para retener al personal y debe hacerse hincapié en el mejoramiento del rendimiento en los cargos existentes.

Programas de capacitación y desarrollo profesional

El personal tiene un deseo inherente de crecer a nivel académico y profesional en diferentes niveles, y esto debe apoyarse y alentarse. En teoría, el personal que manifiesta esta característica es relativamente más fácil de manejar porque tiene un interés en mejorar. Sin embargo, este personal también requerirá de orientación para que su deseo

Flora de grandes alturas, Parque Nacional Monte Elgon, Uganda

Fuente: Stuart Cohen

de mejorar no sea anulado por la ambición de llegar a la cima demasiado rápido. Estos miembros del personal pueden ser buenos candidatos para programas de investigación a largo plazo que desarrollen o mejoren conocimientos. Aquellos que no muestren el deseo de mejorar pueden ser alentados para tomar una capacitación más corta sobre competencias o basada en habilidades vocacionales. Para obtener los mejores resultados, debe permitirse que los funcionarios que asisten a los programas de capacitación para el desarrollo profesional tengan dentro su cargo del área protegida un tiempo razonable para la capacitación. Algunas veces, los requerimientos inmediatos de personal alteran tales programas de desarrollo profesional. En lugar de interrumpir los programas de desarrollo profesional que estén en curso, las agencias podrían contratar personal a corto plazo para las necesidades temporales y urgentes de recursos humanos. Los programas de desarrollo profesional deben apuntar a llenar vacíos críticos en la institución para abordar requerimientos específicos de la gestión, como responder a los problemas del cambio climático, ya que estos pueden impactar en la gestión de áreas protegidas y en la reducción del riesgo de desastres.

Oportunidades de tutoría y suplencia

En cualquier escenario de la gestión de áreas protegidas, el personal se retirará una y otra vez de sus cargos por diferentes motivos, quedarán vacantes puestos clave que posiblemente no puedan cubrirse inmediatamente. El liderazgo prudente requiere que se anticipen tales escenarios y se construyan mecanismos para abordarlos. Deben realizarse esfuerzos deliberados para que los funcionarios reciban orientación y tutoría, de tal manera que puedan actuar en ausencia de los gerentes ejecutivos por períodos cortos, o en última instancia, para que cubran dichos cargos cuando surja la necesidad en la entidad o en otro lugar.

Es muy importante garantizar que las asignaciones de tutoría y suplencia no sobrecarguen al beneficiario. Un enfoque de tutoría eficaz es delegar. En tal relación, todos deben tener claro el propósito y la dirección, y la orientación debe provenir del supervisor/mentor. La confianza y el compromiso son esenciales, y es importante que el beneficiario tenga una sensación de optimismo –una actitud de "yo puedo hacerlo"–. La tutoría, en gran medida, mejora la eficacia del supervisor, aumenta la productividad de la unidad y desarrolla la capacidad profesional del personal. La tutoría se logra mediante la asignación de tareas. Cuando estas se asignan, el mentor la asigna con objetivos y requisitos muy claros, transfiere la autoridad necesaria para realizarla, permite flexibilidad, y cuando se completa, brinda el reconocimiento y el crédito por el éxito. Esto ofrece una oportunidad para el desarrollo del personal; sin embargo, el tutor conserva el control, la rendición de cuentas y los beneficios en relación con el apoyo del personal que recibe la tutoría.

En los sistemas de áreas protegidas, las áreas protegidas están dispersas geográficamente y en algunos casos son muy grandes, así que en la práctica el poder ejecutivo tiene que delegarse a los administradores del sitio o de la sección. Esto significa que el proceso de tutoría siempre está en curso. No obstante, los supervisores de los gerentes ejecutivos tienen que estar alerta a este hecho, y en lugar de tratar de acaparar la autoridad en la sede principal, deben devolverla a los sitios y brindar orientación. De manera ideal, un proceso exitoso de tutoría debería resultar en un modelo de liderazgo ejecutivo de tres capas y la práctica en todos los niveles de la agencia. El modelo de liderazgo de tres capas garantiza una jerarquía clara en los roles de liderazgo con autoridad para tomar decisiones. El efecto es que siempre habrá un oficial sustituto (asignación de suplentes) en caso de que falten las dos capas superiores por algún motivo.

Comprender la cultura y los diferentes tipos de personas

La práctica cultural forma una identidad para los diferentes tipos de personas. Se puede leer acerca de distintas culturas y seres humanos, y así obtener una información muy útil. Un aspecto clave de la comprensión de las diferentes culturas y personas es darse cuenta y aceptar que existen diferencias.

Estudio de caso 12.1 Liderazgo en Colombia

Con un liderazgo excepcional, desde hace nueve años, Fabio Villamizar Durán dirige la División Noroeste de la Región Andina de Parques Nacionales Naturales de Colombia, donde se ubican ocho parques nacionales. Fabio es economista especializado en finanzas y regulación y gestión de telecomunicaciones. Él se las arregla para asumir sus funciones dentro y fuera de la organización, con un liderazgo innato y ejemplar.

En Parques Nacionales, trabaja directamente con los administradores de los parques y su respectivo personal, conoce sus trabajos de cerca y tiene el control de lo que sucede en el campo dentro de las áreas protegidas. Él le brinda confianza a su personal, muestra interés en sus situaciones personales y los apoya, y al mismo tiempo es riguroso y exigente. Fabio y su personal hacen una planeación conjunta, definen las líneas estratégicas y establecen planes operativos para abordar temas importantes como la tenencia de la tierra y el control por parte del Estado, la restauración, la aplicación de la ley ambiental, la investigación, el monitoreo, el control y la vigilancia; todo con un enfoque que promueve la participación de la comunidad, el cual ha desarrollado por medio de una estrecha relación con las familias campesinas y las comunidades indígenas. Organiza reuniones constantes de seguimiento y evaluación para medir el progreso, y su prioridad "son las áreas protegidas, que son la razón de ser de la institución, nos dedicamos a ellas, y necesitan todo nuestro apoyo". En sus palabras, "no hay lugar para la duda o la apatía".

Fabio ha desarrollado iniciativas innovadoras y muy exitosas para recaudar el dinero necesario para realizar estudios, comprar propiedades dentro de los parques que están bajo una tenencia privada y la posterior restauración de la tierra –uno de los problemas más difíciles que enfrentan los parques en Colombia–. Para lograrlo, ha construido proyectos con cooperación internacional, con gobiernos locales y regionales, así como con empresas privadas por más de cincuenta millones de dólares.

Gracias a su trabajo altamente calificado, técnico y serio, Fabio ha ganado respeto y reconocimiento en otras instituciones públicas, tanto en su región como a nivel nacional. Participa activamente en los procesos regionales para la planeación del uso del suelo con otros organismos públicos y entidades privadas, y no solo brinda una visión conjunta y articulada, sino también hace que se involucren y se convenzan de la importancia de la conservación.

Ha participado en estrategias de conservación con paisajes de páramo y ha impulsado la creación de áreas protegidas regionales. Ha participado en discusiones sobre el cambio climático, la planeación del uso del suelo y la promoción del reconocimiento de los derechos de las comunidades indígenas. Su estrategia ha sido generar confianza basada en un amplio conocimiento de su región, siempre con el uso de sólidos argumentos, persuasión y habilidades de negociación para interactuar con donantes potenciales. La primera preocupación de Fabio es satisfacer las necesidades de las áreas protegidas por encima de los deseos del donante. Los resultados de su trabajo son cruciales e innegables para todo el país.

Fabio Villamizar Durán (extremo derecho), Dirección Territorial Andes Nororientales de Parques Nacionales Naturales de Colombia, junto a algunos funcionarios mientras descansan durante una inspección de campo del área protegida

Fuente: Parques Nacionales Naturales de Colombia

Estudio de caso 12.2 Liderazgo y gestión ejecutiva en Eslovenia

El Parque Natural de las Salinas de Sečovlje está situado en la costa adriática en la parte más septentrional del mar Mediterráneo, cubre más de 6,5 kilómetros cuadrados y se considera uno de los sitios más importantes del patrimonio natural y cultural de Eslovenia. Este Parque Natural pertenece a la Categoría v de la UICN, es un sitio Ramsar, un sitio Natura 2000 y un monumento cultural de importancia nacional. El área se conoce como uno de los *hotspot* clave de la biodiversidad en Eslovenia.
El Parque Natural de las Salinas de Sečovlje es el hogar de unas trescientas especies de aves, varias plantas halófilas y algunos tipos de hábitat amenazados, los cuales dependen del ambiente altamente salino.

Las Salinas de Sečovlje representan una de las últimas salinas tradicionales en el mar Adriático. Debido a las dificultades en el mercado europeo de la sal por la llegada de la sal producida principalmente en África del Norte, donde los costos de producción eran más bajos, la mayoría de las salinas tradicionales del norte del Mediterráneo fueron abandonadas después de la Segunda Guerra Mundial y se transformaron en destinos turísticos de masas, zonas urbanas o sitios para la acuicultura. Esto casi sucede en Sečovlje –los procesos tradicionales de extracción de sal casi se detienen al final del siglo XX–.

No obstante, en 2002 ocurrió un cambio importante, cuando la compañía Soline, con un permiso para la producción de sal, fue comprada por una compañía de telefonía móvil. Soline tiene un estatus específico en cuanto a la gestión del Parque Natural de las Salinas de Sečovlje, protegido por el Estado. Gracias a una concesión otorgada por el Gobierno de la República de Eslovenia, la compañía es responsable de la gestión del parque natural y el uso de sus recursos naturales. Todas las tierras y propiedades del parque siguen siendo propiedad del Estado.

El nuevo propietario de la compañía dividió sus actividades en acciones comerciales (producción tradicional de sal y turismo) y la implementación del servicio público de conservación de la naturaleza (manejo del parque, incluido el manejo de visitantes). Se desarrollaron nuevos productos a base de sal totalmente artesanal, la cual es rica en minerales y esto permitió alcanzar nuevos grupos de compradores. Se restauraron más de veinticinco cuencas para la producción tradicional de sal, junto con la infraestructura básica para los visitantes. Una vez más, la sal se produce con métodos de setecientos años de antigüedad y ahora está disponible en varios países, desde Japón hasta los Estados Unidos y en toda Europa. La compañía de telefonía móvil utilizó sus habilidades de mercadeo para desarrollar, promover y vender el producto de sal tradicional.

La gestión activa del parque y su promoción aumentaron el número de visitantes en más de seis veces en los últimos diez años. Las Salinas de Sečovlje ahora se consideran como un valor agregado para desarrollar el ecoturismo con la comunidad de Piran –la comunidad turística más desarrollada de Eslovenia–. Algunas partes de las salinas son áreas estrictamente protegidas, previstas para mantener un estado ecológico favorable para varios hábitats y especies amenazadas. En estas áreas no se permiten actividades comerciales e incluso las visitas están limitadas y se controlan de manera estricta. Las tendencias poblacionales de los últimos años para las principales especies indicadoras de biodiversidad son estables o incluso crecientes. Se ha buscado el apoyo para la conservación de la biodiversidad en el parque a través de programas de financiación de la Unión Europea, en especial los proyectos LIFE.

El número de empleados de Soline aumentó de diecisés trabajadores en 2002 a más de noventa en 2013. Durante el verano se ofrecen más de treinta trabajos estacionales adicionales. Esta sociedad público-privada tiene beneficios directos e indirectos. La compañía de telefonía móvil decidió invertir en la protección de la naturaleza y el patrimonio cultural en Sečovlje para generar beneficios directos mediante la venta de sal y el cobro de tarifas a los visitantes del parque y a los asistentes a programas específicos para los visitantes (por ejemplo, "sea un productor de sal por un día"). La compañía también planea invertir en el desarrollo de una mayor infraestructura turística fuera del área del parque.

Para la compañía, los beneficios más importantes de esta empresa conjunta son indirectos. La reputación corporativa de la compañía mejoró: varios clientes expresaron agradecimiento por su responsabilidad ambiental al invertir en la protección del patrimonio natural y cultural, lo cual los llevó a convertirse en clientes de la empresa.

No hay que olvidar que este modelo de gestión delegada por el Estado no sería posible sin la participación de altos directivos de Soline que tengan un gran respeto por la conservación y estén conscientes de la importancia de preservar la tradición y el patrimonio cultural.

La experiencia en la creación y gestión del Parque Natural de las Salinas de Sečovlje demostró que en el parque natural pueden coexistir la actividad comercial (producción tradicional de sal y turismo) y las necesidades de protección de la naturaleza, del patrimonio cultural y de la tradición. Los esfuerzos de conservación también se consideran un valor agregado, tanto para el desarrollo de prácticas sostenibles de uso de la tierra como para el suministro de beneficios para la comunidad local.

Andre Sovinj

Explotación tradicional de la sal, Parque Natural de las Salinas de Sečovlje, Eslovenia

Fuente: Andre Sovinj

Se requiere una actitud positiva y un deseo más de entender que de influir, imponer o abusar de las diferentes culturas y pueblos. La regla de oro es que "ninguna cultura es superior y ninguna cultura es mejor, y punto". La cultura y la gente cambian constantemente y lo mejor es apreciar la espontaneidad del cambio, incluso cuando hay que ejercer influencia.

Una manera simple, práctica y poderosa de entender diferentes culturas y diferentes personas es entablar una conversación e interactuar con ellas de manera informal. Una muy buena oportunidad para entender la cultura y la gente es asistir a los actos informales (y formales) en una localidad determinada, y en especial honrar las invitaciones personales, incluso para el almuerzo, el té o una bebida por la noche.

Las personas mayores con las que he conversado han afirmado que en estos días, cuando los problemas son cada vez más complejos y no hay una causa y un efecto simples, es imposible imaginar cuán estresante es ser un líder y pretender que se tienen todas las respuestas. Un líder afirmativo es aquel que sabe confiar y usar el arte de la conversación que existe en todas las partes de las comunidades. Estos líderes actúan como receptores y guardianes de la creatividad y la inteligencia de otras personas. Este tipo de líder no nos da las respuestas, pero se reúne con nosotros para que juntos podamos descubrirlas.

Al respetar las diferentes culturas y los pueblos, es posible neutralizar los conflictos, ganar apoyo y aprender sobre muchos aspectos de la conservación de la naturaleza en todas partes del mundo, porque la cultura y la conservación siempre se han entrelazado y han seguido evolucionando en medio de los nuevos desarrollos. Todos los pueblos tienen una cultura rica, que cuando se entiende y se respeta (usted no tiene que creer en ella), tiene mecanismos de conservación inherentes y eficaces. Este es el motivo por el cual en el siglo XXI se habla tanto del conocimiento indígena y el trabajo con las comunidades; también es el motivo para que la Organización de las Naciones Unidas para la Educación, la Ciencia y la Cultura (UNESCO) reconozca el vínculo entre la cultura y la naturaleza, y la razón por la que cada vez más sitios de patrimonio mundial se denominan "bienes mixtos" que incluyen valores universales excepcionales, tanto naturales como culturales.

Relaciones laborales

Las relaciones laborales son el vínculo entre los patronos (propietarios de empresas o compañías) y los empleados. En muchos casos, esto resulta en un acuerdo con terceros que funcionan de intermediarios para las relaciones entre los patronos y los empleadores, y así se mejora el desarrollo del personal y se garantizan unas condiciones laborales adecuadas. En la práctica, algunas veces los patronos rechazan el acuerdo con las organizaciones sindicales (terceros que funcionan de intermediarios), pero en los arreglos de gobernanza de las áreas protegidas los empleados suelen trabajar para los gobiernos, y en este caso se designan juntas, fideicomisos o comisiones para que funcionen como patronos. No obstante, ahora las áreas protegidas privadas y las áreas conservadas por la comunidad no solo existen, sino también tienen el potencial de crecer. En consecuencia, existen disposiciones legales que brindan directrices sobre las relaciones entre patronos y empleados.

Lo que es importante en las relaciones laborales es el reconocimiento de que los acuerdos con terceros dan voz a los empleados y sirven como un instrumento práctico y útil para los controles y equilibrios que garantizan el seguimiento de las disposiciones legales. Estos acuerdos también facilitan la creatividad para mejorar la productividad y el bienestar del personal. Tales esquemas de apoyo al personal pueden incluir el acceso a préstamos personales para el desarrollo individual, consejería para una vida sana (VIH, alcohol, abuso de drogas), orientación profesional, jubilación y clubes de responsabilidad social. Curiosamente, hay muchos ejemplos en que los altos funcionarios de las agencias tratan de eludir los acuerdos de relaciones laborales o incluso asfixian su existencia u operaciones, solo para remitir a estos sistemas de apoyo al empleado cuando tienen problemas personales.

Conclusión

Julia Miranda Londoño

¿Cuál es el futuro para los líderes de las áreas protegidas? Lo más probable es que sea uno de mayor inestabilidad. Es de esperar que los cambios en los entornos operativos de las agencias de áreas protegidas sean rápidos y bruscos. El clima es tan solo uno de los impulsores anticipados de ese cambio. Los avances biotecnológicos, como la manipulación del ADN, están a punto de desafiar la definición y la autenticidad de los entornos naturales, que son la razón de ser de las áreas protegidas. El alcance global de las comunicaciones a través de Internet puede mejorar o destruir instantáneamente la reputación de las agencias de áreas protegidas, lo que puede tener repercusiones significativas en los ingresos y las decisiones gubernamentales. La demografía es otro impulsor de cambio, aunque a un ritmo algo más lento; en algunos países la edad promedio aumenta mientras que en otros disminuye. Los niveles de urbanización sin precedentes en todo el mundo, y con ellos un creciente número de personas sin contacto personal con la naturaleza, plantean un creciente dilema que los gestores tendrán que enfrentar ahora o más adelante. Para sobrevivir en el futuro, las organizaciones y sus líderes deben aprender a adaptarse continuamente a lo que será un entorno cada vez más volátil.

Uno de los retos del líder es gerenciar dentro de la complejidad del futuro. Más que nunca, se requerirá una metodología de equipo que fomente enfoques de abajo hacia arriba en lugar de los enfoques jerárquicos de arriba hacia abajo. Brindar un liderazgo en este entorno supone escuchar, incluir, orientar y capacitar mucho más que dirigir, que suele ser la norma actual. El líder debe evitar resolver los problemas con un enfoque de "yo soy el jefe y tengo las respuestas" y debe basarse más en escuchar y decidir en consecuencia. Sin duda, incluso en el futuro, los líderes tendrán que tomar decisiones; sin embargo, tomar una decisión se vuelve más fácil cuando el líder inculca una cultura que empodera a los individuos y, por consiguiente, alienta la creatividad. Se necesita un estilo de liderazgo de apertura con valores éticos claros. Las burocracias predominantes y las organizaciones paramilitares del pasado no serán lo suficientemente ágiles como para sobrevivir a los rápidos cambios que se espera moldeen nuestro futuro.

Una consideración primordial de todo lo anterior es que liderar una institución de áreas protegidas es una de las vocaciones más nobles y satisfactorias. Proteger la naturaleza para las generaciones futuras y ayudar a las personas a descubrirse a sí mismas a través del contacto con la naturaleza son solo dos de los innumerables beneficios que se derivan de liderar una agencia de áreas protegidas. Los líderes de las áreas protegidas deben dar una voz a los que no la tienen: los que vinieron antes y encargaron a los líderes de hoy la responsabilidad de dejar un legado de conservación; los del futuro, que esperan que les brindemos un mundo natural en el que querrán vivir, y la naturaleza misma, que no puede hablar cuando se toman decisiones sobre su futuro. Inspirarse en estas responsabilidades ayudará a generar un liderazgo responsable que evite la corrupción, el abuso del rango, la miopía y la ignorancia, lo cual podría socavar a los líderes y a la organización que se les pide dirigir.

Antes de terminar este capítulo, quisiera presentar estudios de caso sobre el trabajo de dos destacados líderes de áreas protegidas con los que he tenido el placer de trabajar. Uno describe el destacado trabajo de Fabio Villamizar Durán, de mi país natal, Colombia (Estudio de caso 12.1) y el segundo es sobre el excelente trabajo de mi colega Andrej Sovinc de la Comisión Mundial de Áreas Protegidas (CMAP), en Eslovenia. Andrej es director del Parque Natural de las Salinas de Sečovlje, en dicho país y director adjunto de Soline Salt Making Limited. Él es el protagonista de la historia que relata el Estudio de caso 12.2. Estos dos estudios de caso ayudan a demostrar la importancia del liderazgo en la gestión de áreas protegidas y lo que se puede lograr cuando hay una gran claridad en la dirección, el propósito y la iniciativa, combinados con la perseverancia, el tacto y un deseo de proteger la cultura y la naturaleza de la Tierra.

Referencias

Lecturas recomendadas

Abrashoff, D.M. (2001). Retention through redemption. *Harvard Business Review*, 79(2), 136-141.

Bartol, K.; Martin, D.; Tein, M. y Mathews, G. (1998). *Management: A Pacific Rim focus.* Sydney: McGraw-Hill.

Bazerman, M. (1998). *Judgement in Managerial Decision Making*, 4ª ed. Nueva York: John Wiley.

Burns, R. (2014 [1786]). The best-laid plans of mice and men often go awry. *The American Heritage New Dictionary of Cultural Literacy*, 3ª ed. Recuperado de: dictionary.reference.com/browse/thebest-laidplansofmiceandmenoftengoawry

D'Souza, A. (1994). *Leadership: trilogy on leadership and effective management.* Limuru, Kenya: Kolbe Press.

Heifetz, R.A. y Laurie, D.L. (2001). The work of leadership. *Harvard Business Review*, 79(11), 131-141.

Linsky, M. (2002). A survival guide for leaders. *Harvard Business Review*, 80(6), 65-74.

Grashow, A. y Linsky, M. (2009). Leadership in a (permanent) crisis. *Harvard Business Review*, 87(7-8), 62-69.

Leopold, L.B. (ed.). (1993). *Round River: from the journals of Aldo Leopold.* Nueva York: Oxford University Press.

Parks Canada. (2012). *Corporate Plan 2012-2013/2016-2017.* Quebec: Parks Canada, Gatineau.

Robbins, S.P. y Coulter, M. (2005). *Management*, 8ª ed. Englewood Cliffs, Estados Unidos: Prentice Hall.

Bergman, R.; Stagg, I. y Coulter, M. (2003). *Foundations of Management.* Sydney: Prentice Hall.

Stayer, R. (1990). How I learned to let my workers lead. *Harvard Business Review*, 68(6), 66-83.

Taylor, W.C. (1999). *The Leader of the Future: Harvard's Ronald Heifetz offers a short course on the future of leadership*. Fast Company y Inc. Recuperado de: www.fastcompany.com/37229/leader-future

Virunga National Park. (2014). *Rebels Attack Ranger Patrol, Killing Three*. Democratic Republic of the Congo: Virunga National Park Archives. Recuperado de: virunga.org/archives/rebels-attack-ranger-patrol-killing-three/

Wheatley, M.J. (2006). *Leadership and the New Science: discovering order in a chaotic world.* San Francisco: Berrett-Koehler Publishers.

CAPÍTULO 13

PLANEACIÓN

Autor principal:
Penny Spoelder

Autores de apoyo:
Michael Lockwood, Stuart Cowell,
Patrick Gregerson y Alistair Henchman

CONTENIDO

IUCN WCPA WORLD COMMISSION ON PROTECTED AREAS Convention on Biological Diversity

AUTOR PRINCIPAL

PENNY SPOELDER es consultor senior de TRC Tourism.

AUTORES DE APOYO

MICHAEL LOCKWOOD es profesor asociado de Geografía y Ciencias Espaciales en la Escuela de Suelos y Alimentos, Universidad de Tasmania, Australia.

STUART COWELL es director de gestión de la conservación en Hobart.

PATRICK GREGERSON es jefe de planeación y estudios especiales del Servicio de Parques Nacionales de Estados Unidos.

ALISTAIR HENCHMAN es director de SAJE Consulting, Australia.

CITACIÓN

Spoelder, P.; Lockwood, M.; Cowell, S.; Gregerson, P y Henchman, A. (2019). Planeación. En: G.L. Worboys, M. Lockwood, A. Kothari, S. Feary e I. Pulsford (eds.). *Gobernanza y gestión de áreas protegidas*, pp. 401-434. Bogotá: Editorial Universidad El Bosque y ANU Press.

FOTOGRAFÍA DE LA PÁGINA DEL TÍTULO

Isla de Tasmania, parte del Parque Nacional de Tasmania, Tasmania, Australia
Fuente: Graeme L. Worboys

El Parque Nacional de Tasmania es administrado por el Servicio de Parques y Vida Silvestre de Tasmania de acuerdo con su plan de manejo de 2011. En 2010, la isla de Tasmania estaba infestada con una población de gatos ferales que afectaba a las aves marinas que anidaban. El plan de manejo recomendó la erradicación y se implementó con éxito un plan de erradicación de gatos ferales cuidadosamente investigado, planeado y ejecutado. La implementación en campo fue posible gracias a las subvenciones filantrópicas de la Fundación Pennicott, y gracias a este trabajo se salvan unas cincuenta mil aves marinas al año.

Introducción

La planeación implica tomar decisiones sobre un estado deseado en el futuro y el curso de acción para llegar a él. En su forma más simple, el propósito de la planeación es establecer cómo llegar de donde estamos hoy (aquí) a donde queremos estar mañana (allí). Para hacer esto necesitamos tener claro dónde estamos, a dónde queremos llegar y nuestra ruta propuesta para llegar a dicho lugar. Esto es algo que la mayoría de nosotros hacemos todos los días y es una función clave de la gestión.

Conceptos como los servicios ecosistémicos, la resiliencia y la conservación de la conectividad están trayendo enfoques nuevos e innovadores a la planeación. Si bien alguna vez fue el dominio de los procesos liderados por el Gobierno, la planeación de áreas protegidas es ahora y cada vez más el resultado de esfuerzos colaborativos de científicos, profesionales, comunidades, pueblos indígenas, organizaciones no gubernamentales (ONG), propietarios individuales, grandes corporaciones y organismos internacionales. Los enfoques de planeación se están sometiendo a una reingeniería para reflejar los intereses de estos grupos y los nuevos acuerdos de gobernanza.

Para ser profesionales eficaces de áreas protegidas es necesario que entendamos qué es la planeación, por qué es esencial y el papel importante que juega en la gobernanza, la gestión y el manejo de las áreas protegidas. También es necesario que entendamos los diversos enfoques de la planeación, sus limitaciones y su aplicación práctica para construir y fortalecer sistemas de áreas protegidas que puedan contrarrestar, mitigar y adaptarse al cambio socioeconómico y biofísico global.

La planeación ofrece múltiples beneficios a las áreas protegidas y a las organizaciones e individuos responsables de su gobernanza y gestión. En particular, una planeación eficaz puede fortalecer la capacidad de los profesionales de las áreas protegidas para:

- Cumplir con las responsabilidades a nivel mundial en virtud de acuerdos como el Convenio sobre la Diversidad Biológica (CDB) para construir una red integral de áreas protegidas.
- Cumplir con las obligaciones legales dentro de las cuales operan.
- Aumentar la eficacia al direccionar la gestión hacia el logro de los objetivos.
- Prever los riesgos y tomar las precauciones necesarias para evitarlos.
- Optimizar la utilización de todos los recursos disponibles para alcanzar los objetivos.
- Reducir el desperdicio de recursos importantes y aumentar la eficiencia general.
- Coordinar planes a corto, mediano y largo plazo a través de áreas funcionales y geográficas.
- Brindar responsabilidad y continuidad en la gestión.
- Controlar y monitorear la eficacia y adaptarse al cambio.
- Colaborar, involucrarse y asociarse con las partes interesadas de la comunidad para la toma de decisiones.
- Desarrollar capacidades entre los profesionales y la comunidad (Thomas y Middleton, 2003; Lockwood, 2006).

Uno de los problemas presentes en gran parte de lo que se escribe sobre la planeación, así como en muchos planes en sí, es la falta de claridad sobre los términos clave de la planeación. En este capítulo seguimos las siguientes definiciones:

- Las *metas* son declaraciones de los resultados deseados que no son medibles, pero que establecen una dirección amplia para el establecimiento o gestión de las áreas protegidas.
- Los *objetivos* se refieren a resultados medibles y desafiantes pero alcanzables que la gestión persigue.
- Las *políticas* especifican los instrumentos y los tipos de actividades que constituyen los medios por los cuales se abordarán las metas.
- Las *acciones* son declaraciones de actividades específicas cuyo propósito es ser los medios para alcanzar un objetivo.
- Las *estrategias* son un tipo de plan que presenta una combinación de metas y políticas.

En primer lugar, describimos los tipos de planes típicamente asociados con las áreas protegidas, la evolución de los enfoques para la planeación de las mismas y su aplicación práctica al establecimiento y gestión de las redes de reservas. También brindamos ejemplos de cómo en las áreas protegidas de todo el mundo se han aplicado con éxito varios enfoques de planeación.

Tipos de planes relevantes para las áreas protegidas

La planeación de áreas protegidas implica muchos tipos diferentes de planeación a diferentes escalas geográficas y niveles organizacionales. En la Figura 13.1 se presenta una típica jerarquía de planeación asociada con el manejo de áreas protegidas.

Figura 13.1 La jerarquía de la planeación
Fuente: adaptado de Thomas y Middleton, 2003, p. 12

Planes corporativos

Típicamente, los planes corporativos al nivel más alto indicarán los objetivos generales de la organización y a menudo incluirán una declaración sobre cómo la organización quisiera que las cosas fuesen en el futuro (una declaración de la visión). Normalmente, un plan corporativo puede tener una vida de cinco a diez años, con revisiones programadas anualmente o con intervalos de unos pocos años. Un plan corporativo sólido debe ser una poderosa herramienta de gestión que oriente las actividades de una organización. Por lo general, las recomendaciones de estos planes son aportaciones al proceso de planeación operacional. Con frecuencia, las agencias gubernamentales, las ONG y algunas autoridades de áreas protegidas privadas cuentan con planes corporativos para orientar sus actividades. Tales planes son menos relevantes para las áreas protegidas que son gobernadas por la comunidad y para las que son propiedad de terratenientes individuales.

Planes del uso de la tierra y del mar

La planeación del uso de la tierra y el mar es el proceso de determinar para qué fines se utilizarán los ambientes terrestres y marinos. Muchas jurisdicciones han legislado sobre los procesos para la planeación de los asentamientos, los recursos naturales y la conservación, lo cual determina qué áreas se utilizarán para el desarrollo residencial, comercial e industrial, la silvicultura, la pesca, la conservación y otros usos. En este capítulo el enfoque se centra en los procesos para determinar qué áreas deben ser o serán declaradas como áreas protegidas y cómo deben ser manejadas.

Planes de manejo para áreas o reservas

La planeación del manejo se refiere a la forma en que debe administrarse el área terrestre de conformidad con su asignación en el marco del plan de ordenamiento territorial. Los planes de manejo son planes específicos para una reserva o un lugar que tienen en cuenta los valores de un área, los problemas y las amenazas que pueden afectarla, y las acciones requeridas para administrar mejor el lugar de tal manera que se mantenga o mejore su conservación y otros valores.

Los planes de manejo del área para las reservas también están estrechamente ligados con planes funcionales o subsidiarios tales como los de gestión para la conservación, los distritales, los planes para el manejo de incendios, para el manejo de visitantes y para el manejo de plagas, los cuales contribuyen con, o se desprenden del, plan de gestión del área.

Las acciones específicas en los planes de manejo se incluyen en los planes operativos para garantizar que se pongan a disposición los recursos necesarios para su implementación. En los planes estratégicos y corporativos

Humedales del Parque Nacional Everglades, Florida, Estados Unidos, un área protegida bajo una planeación y una administración intensivas

Fuente: Ashish Kothari

de la entidad responsable del área también es posible que deban considerarse las políticas recomendadas y las amenazas significativas.

En el Estudio de caso 13.1 se discute la importancia de la planeación para el Servicio de Parques Nacionales de Estados Unidos y cómo este utiliza la planeación para llevar lógica, análisis, participación pública y rendición de cuentas al proceso de toma de decisiones en áreas particulares; además, este estudio de caso ilustra la interrelación entre los diferentes niveles y tipos de planes, la importancia atribuida a los valores del parque y el enfoque receptivo y flexible adoptado para proteger estos valores. Esto ayuda a los administradores a determinar la mejor manera no solo de cumplir con la ley y la política, sino también de lidiar con los muchos intereses opuestos en los parques que la ley o la política no abordan directamente. La planeación del parque y la toma de decisiones se llevan a cabo como un ciclo continuo y dinámico. Cada parque es capaz de demostrarles a los tomadores de decisiones, al personal y al público de qué manera las decisiones se relacionan entre sí en términos de un enfoque integral y lógico.

Más adelante en el capítulo se examina con más detalle la planeación del manejo de las áreas protegidas.

Planes subsidiarios

Los planes subsidiarios se enfocan en una información política más específica y operan en un marco temporal más corto que los planes de manejo de reservas. Thomas y Middleton (2003) proporcionan una lista de posibles planes subsidiarios que suelen estar vinculados con los planes de manejo de las reservas tales como los planes de desarrollo, los planes para la conservación y otros planes de gestión del sitio.

Planes operativos

Los planes operativos de nivel inferior se usan para establecer cómo se implementarán los objetivos de alto nivel en el plan corporativo. Si bien los planes corporativos pueden establecer objetivos para lograr cosas que no se pueden financiar en el momento, los planes operativos solo deben incluir actividades que puedan lograrse con el personal y los otros recursos existentes. Por lo general, se elaboran planes operativos para las partes de la organización responsables de las áreas funcionales (por ejemplo, conservación de la vida silvestre o gestión de activos) y para las áreas geográficas (manejo de áreas regionales y locales). Los planes operativos suelen completarse cada año. Estos también son relevantes para las

Estudio de caso 13.1 Marco de planeación del Servicio de Parques Nacionales de Estados Unidos

El Servicio de Parques Nacionales de Estados Unidos planea por una razón: garantizar que las decisiones tomadas para cada parque logren el propósito de este de una manera tan rentable y consistente como sea posible.
El propósito de cada parque está definido, por una parte, por el propósito fundamental del Servicio de Parques Nacionales (National Park Service, NPS), que es conservar sus recursos y valores, y permitir su disfrute en maneras que los dejen intactos y, por otra parte, por una dirección más específica incluida en la proclamación presidencial o la legislación individual de cada parque. Debido a que cada uno tiene un propósito particular, las políticas de gestión del NPS permiten una considerable discreción de la administración respecto a determinar el mejor curso de la gestión y el manejo para cada parque con base en su propósito y trascendencia, las interrelaciones que existen entre los recursos y valores, el rango de intereses de las partes interesadas, el conocimiento de las mejores prácticas y otros factores.

El marco de planeación del NPS se basa en los siguientes principios.

- Mejorar la capacidad de planeación en todo el servicio al lograr que las otras necesidades de planeación de los programas del NPS se integren en los programas de planeación regionales y nacionales.
- Ratificar el documento de creación del parque (descrito abajo) como base para toda la planeación y toma de decisiones futuras en el mismo.
- Presentar el concepto de "portafolio de planeación" para implementar un enfoque receptivo y flexible que satisfaga las necesidades de planeación del parque.

El principio de integración de los programas se implementa conforme surgen las oportunidades. La idea es mejorar el amplio potencial de los programas a lo largo de todo el espectro para contribuir con la planeación del parque de una manera más eficaz. El marco reconoce el perfil de la planeación dentro del SNP y se basa en las capacidades existentes para mejorar la eficacia de la planeación del parque.

El "documento de creación" del parque

Se requiere que cada unidad del sistema de parques nacionales tenga una declaración formal de su misión central, la cual proporcionará una guía básica y un base para todas las decisiones de planeación y gestión. El documento de creación del parque puede ser útil en todos los aspectos de la administración para garantizar que se alcancen los objetivos primarios de gestión antes de abordar otros factores que también sean importantes, pero no directamente esenciales para lograr el propósito del parque y mantener su trascendencia. Este documento brinda la información necesaria para administrar eficazmente el parque a largo plazo y para proteger sus recursos y valores que sean una parte integral de su propósito e identidad.

La ventaja principal de desarrollar y adoptar un documento de creación es la oportunidad de integrar y coordinar todos los tipos y niveles de planeación y toma de decisiones a partir de un entendimiento único y compartido de lo que es más importante respecto al parque. El documento de creación se desarrolla como un esfuerzo de colaboración entre el personal del parque y los especialistas en diversas áreas del programa. El enfoque multidisciplinario brinda la oportunidad de recopilar e integrar una variedad de fuentes y jerarquías de información sobre el parque. Entonces, la información se refina y enfoca para determinar los atributos más importantes del parque.

Los componentes de un documento de creación del parque son los siguientes:

- La declaración de propósito del parque identifica las razones específicas para el establecimiento de un parque particular y lo que es más importante respecto al mismo. Esta declaración se desarrolla a través de un análisis de la legislación que estableció el parque y la historia legislativa que influyó en su desarrollo.
- Las declaraciones de trascendencia expresan por qué los recursos y valores de un parque son lo suficientemente importantes como para merecer la designación como una unidad del sistema de parques nacionales. Estas declaraciones describen la naturaleza distintiva del parque y por qué un área es importante dentro de contextos globales, nacionales, regionales y de todo el sistema.
- Los recursos y valores fundamentales son aquellos que merecen una consideración primaria durante los procesos de planeación y manejo, ya que son esenciales para lograr el propósito del parque y mantener su trascendencia.
- Otros recursos o valores importantes son aquellos que se consideran una parte integral de la planeación y manejo del parque, aunque no estén relacionados con el propósito del mismo. Estos merecen una consideración especial en los procesos de planeación. Por ejemplo, los temas interpretativos son las historias o conceptos clave que los visitantes deben entender después de visitar un parque –estos definen las ideas o los conceptos más importantes que se comunican a los visitantes sobre el parque–.
- Muchas decisiones de gestión para un parque están dirigidas o influenciadas por mandatos especiales y compromisos administrativos con otras agencias federales, gobiernos estatales y locales, compañías de servicios públicos, organizaciones asociadas y otras entidades. Es posible que deban discutirse y considerarse algunos requisitos legislativos o judiciales específicos del parque, junto con algunos compromisos administrativos, porque: 1) son inusuales (como una disposición especial en la legislación que estableció el parque donde se permite el pastoreo); 2) añaden otra dimensión al propósito y trascendencia de un área (como la designación de un área en el parque como parte del sistema nacional de preservación de la vida silvestre, la inclusión de un río en el sistema nacional de ríos naturales y pintorescos, la designación de hito histórico nacional para una parte de un parque, o la designación de un parque como patrimonio mundial o reserva de la biosfera), o 3) comprometen a los administradores del parque con acciones específicas (como una requerida por una orden judicial).

La evaluación de las necesidades de planeación y datos plantea problemas de planeación, los proyectos de planeación que abordarán estos problemas y los requisitos de información asociados para la planeación, como los inventarios de recursos y la recopilación de datos, incluidos los datos de los sistemas de información geográfica (SIG). La evaluación incluye: 1) un análisis de los recursos y valores fundamentales y de otros que también son importantes; 2) la identificación de problemas clave y las necesidades conexas de planeación y datos, y 3) la identificación de las necesidades de planeación y datos (incluidas las actividades de mapeo espacial o mapas SIG).

El atlas del parque es un componente del documento de creación de aquel. El atlas es una herramienta de apoyo a la planeación basada en SIG que presenta elementos de datos geográficos importantes para el manejo del parque, tales como recursos naturales y culturales, patrones de uso de los visitantes, instalaciones y el entorno regional. Este sirve de referencia para los proyectos del parque y facilita las decisiones de planeación.

El Programa de Planeación de Parques del NPS encabeza el esfuerzo para completar los documentos de creación en todas las 401 unidades de parques en 2016. Los administradores de los parques respondieron con entusiasmo a esta iniciativa y los administradores regionales –después de ver el beneficio de un entendimiento compartido sobre un parque– están promoviendo la preparación de los documentos de creación para los nuevos parques establecidos.

Portafolio de planeación del parque

Los documentos de creación son el núcleo del "portafolio de planeación" de cada parque –el conjunto de planes individuales–. El concepto se basa en el supuesto de que las necesidades de planeación de un parque se cumplen a través de la totalidad de los documentos de planeación que este use en el momento, actualizados según se requiera para brindar una orientación oportuna. Este es un enfoque contrastante respecto al formato integral del plan que antes se utilizaba para la planeación, en el cual un solo documento del plan para cada parque preparaba el terreno para los esfuerzos de planeación subsiguientes. Durante algún tiempo la entidad trató de lidiar con los plazos largos y los altos costos asociados con los planes integrales a gran escala, e intentó apoyar una manera más ágil y sensible de entregar los productos de planeación. La estructura de portafolio representa una mayor flexibilidad para los administradores de los parques, apoya los esfuerzos formales de planeación para algunos problemas y reconoce que los planes y la orientación existentes son adecuados para otros asuntos.

El portafolio puede visualizarse como un encuadernador de hojas sueltas, en el que pueden eliminarse y actualizarse elementos de planeación específicos, y se agregan nuevos elementos, sin revisar todo el cuerpo de trabajos. En algunos parques, el portafolio puede asumir la estructura física de una estantería o un armario para libros que está lleno de planes; en otros, podría existir electrónicamente como una compilación virtual de documentos con referencias cruzadas. Cualquiera sea el formato, el portafolio representa una serie de bloques de construcción para guiar las acciones futuras de la administración del parque y el personal, con la actualización de ítems individuales según se requiera.

Patrick Gregerson, jefe de estudios especiales y planeación de parques, Servicio de Parques Nacionales de Estados Unidos

Especialista en recursos del Servicio de Parques Nacionales de Estados Unidos, área geotérmica del "Viejo Fiel", Parque Nacional Yellowstone
Fuente: Graeme L. Worboys

áreas protegidas gobernadas por la comunidad, ya que pueden usarse para orientar a que las decisiones de asignación de recursos reflejen la intención de los planes de nivel superior. Estos planes son menos relevantes para las reservas de conservación que son propiedad de terratenientes individuales.

Enfoques de planeación

Antes de examinar los detalles específicos de la selección de reservas y la planeación de la gestión, es útil considerar cómo, en teoría, puede abordarse un problema de planeación. Según Alexander (1992), la teoría es una forma de entender el mundo –un marco para organizar hechos y experiencias e interpretarlos de manera sistemática–. La teoría de la planeación brinda las bases para la práctica de la misma, y se utiliza para guiar y establecer diversos enfoques para la planeación de áreas protegidas. La práctica necesita teoría, no solo para estructurar el mundo y el ambiente, que son los objetos de las acciones, sino también para explicar las acciones a los propios actores (Alexander, 1992). La teoría también nos permite ver los supuestos y los juicios de valor que sustentan la práctica de la planeación, y brinda una manera de entender los procesos de planeación que son externos a nuestra propia experiencia, intuición o sentido común (Lockwood, 2006).

Los nuevos enfoques redefinen continuamente la planeación de áreas protegidas. A lo largo de los años ha evolucionado nuestra comprensión científica de la biología de la conservación, al igual que nuestra comprensión del papel y la importancia de la planeación, los beneficios y los escollos de los diversos enfoques. Con el tiempo, las ideas que se generaron inicialmente a partir de la investigación en ecología y otras disciplinas como las ciencias sociales y económicas se integraron con éxito en lo que hoy conocemos como la "planeación de áreas protegidas". Durante este mismo período, la planeación creció más (y no menos) en complejidad (Alexander, 1992), y los desafíos para los encargados de la planeación de las áreas protegidas se han multiplicado.

La complejidad y la incertidumbre asociadas con la gestión de los sistemas naturales influyen constantemente en cómo planeamos para el futuro. Barber *et al.* (2004) sugieren que la complejidad, la incertidumbre, el cambio y el conflicto son las fuerzas clave que influyen en nuestro enfoque de planeación de la conservación. Estas fuerzas se describen a continuación.

Complejidad

La interdependencia de los sistemas naturales y las ramificaciones de las interacciones de la actividad humana con el entorno natural son complejas. Nuestra comprensión de los diferentes componentes, procesos y sus interacciones se ha desarrollado con el tiempo (Alexander, 1992; Barber *et al.*, 2004; Figgis *et al.*, 2012). En respuesta a esta complejidad, los enfoques de planeación se han desplazado de la conservación de la biodiversidad centrada en el manejo de especies y hábitats amenazados a enfoques para la planeación de la conservación basados en la resiliencia y en las funciones de los ecosistemas entre paisajes "permeables" a gran escala (Pirot *et al.*, 2000; Figgis *et al.*, 2012; Wardrop y Zammit, 2012).

Incertidumbre

Debido a la complejidad de los sistemas socioeconómicos y ecológicos, es poco probable que alguna vez tengamos una información completa sobre todos los factores que influyen en nuestras decisiones de planeación (Alexander, 1992). Sin embargo, las decisiones deben tomarse a pesar de la falta de información sobre el área donde tales decisiones puedan llegar a tener consecuencias. Ahora los enfoques de planeación reconocen esta incertidumbre y nos permiten adaptar nuestras acciones con base en el aprendizaje.

Cambio

Los sistemas ambientales y socioeconómicos están en un proceso constante de cambio. Muchos de estos cambios son provocados por las actividades humanas. Con el tiempo se han desarrollado enfoques para la planeación de áreas protegidas que consideran los posibles cambios y ahora están diseñados para ser lo suficientemente flexibles como para tener la capacidad de responder (Wardrop y Zammit, 2012).

Conflicto

Diferentes, y a menudo contradictorios, los valores y las perspectivas suelen estar involucrados en la asignación de recursos y en las decisiones de uso. Conforme nos fijamos en los enfoques de paisaje a gran escala con el fin de lograr los objetivos de conservación, para la planeación de las áreas protegidas se ha convertido en un factor importante la necesidad de involucrar, motivar y tener en cuenta los derechos y perspectivas de otros terratenientes y administradores (Figgis *et al.*, 2012). Con el tiempo, los enfoques para la participación de la comunidad han reconocido las necesidades y aspiraciones de las comunidades locales y han avanzado hacia modelos de toma de decisiones más compartidos (Barber *et al.*, 2004; Davies *et al.*, 2013).

Tal como se resume en la Tabla 13.1, Barber *et al.* (2004) y Wardrop y Zammit (2012), entre otros, han realizado observaciones sobre cómo la complejidad, la incertidumbre, el cambio y el conflicto han influido en nuestro enfoque de planeación de las áreas protegidas en las últimas décadas. El pensamiento para la resiliencia se ha vuelto particularmente influyente. Cada vez más se cita el desarrollo o el mantenimiento de la resiliencia dentro de la red de áreas protegidas como un medio para alcanzar las metas de conservación a largo plazo frente al cambio climático y otros impactos humanos (Figgis *et al.*, 2012). La planeación para la resiliencia es una aplicación de la planeación adaptativa y existe una tendencia emergente entre los profesionales de las áreas protegidas a utilizar este tipo de planeación para desarrollar estrategias que puedan afrontar la incertidumbre y el cambio (véase el Capítulo 10).

La planeación para la resiliencia implica identificar un estado deseado y desarrollar estrategias para reducir las vulnerabilidades, aumentar la capacidad de adaptación y monitorear la retroalimentación del sistema. El enfoque involucra la construcción de un modelo conceptual de un sistema que incluya recursos, partes interesadas e instituciones, e identifique umbrales potenciales entre los estados alternativos del sistema con el fin de proporcionar una visión de los factores que construyen o erosionan la resiliencia de un sistema. Los enfoques de resiliencia para la planeación se aplican cada vez más en las redes de áreas marinas protegidas, cuencas hidrográficas y en el Ártico (Resilience Alliance, 2014), al igual que en las comunidades locales de Chile, Nepal, China y Tailandia (IUCN, 2014).

Mientras que un enfoque de planeación tradicional puede centrarse en mantener las condiciones actuales (por ejemplo, composición y abundancia de especies nativas) o promover la eficiencia del sistema (por ejemplo, rendimiento máximo sostenible), un enfoque basado en la resiliencia se centra más en el régimen del sistema deseado, mantener la capacidad funcional y la diversidad de la respuesta.

Los teóricos de la planeación como Friedmann (1987), Briassoulis (1989) y Allmendinger (2009) también ofrecen diversas formas de clasificar los enfoques de planeación. Los cuatro de mayor relevancia para los encargados de la planeación de áreas protegidas son los enfoques racional-comprensivo, adaptativo, participativo y de abogacía. Ya que se trata de tipos generales, estos enfoques rara vez se usan en su forma pura y la mayoría de los proyectos de planeación se pueden describir en términos de mezclas de estos enfoques (Lockwood, 2006).

Tabla 13.1. Cambios en el enfoque para la planeación de la conservación

Enfoque	Enfoques anteriores para la planeación de la conservación	Enfoques actuales y futuros para la planeación de la conservación
Conservación de la biodiversidad	Especies y hábitats amenazados Áreas protegidas consideradas la prioridad más alta Enfoque terrestre Participación limitada de las tierras privadas Procesos dirigidos por el Gobierno	Planeación sistemática de la conservación que refleja las funciones del ecosistema Múltiples partes interesadas que se involucran en la evaluación Varias tenencias Enfoques para la planeación de la conservación que se basan en el paisaje y en la resiliencia Especies críticas identificadas Manejo de la distribución y la abundancia de las especies a lo largo del paisaje (tenencia cegada) Marco de resiliencia para estrategias y planeación regional Mar y paisajes marinos identificados
Insumo científico	Estructuras de ecosistemas estáticos Modelos de cambio predecible Optimización y herramientas económicas utilizadas para apoyar la toma de decisiones	Dinámica no lineal y sistemas complejos Choques, retroalimentaciones y umbrales Interacciones entre escalas Interacciones socioecológicas complejas Conceptos para la valoración relacionados con el mercado
Objetivos	Enfoques mixtos Objetivos a corto plazo Objetivos fijos Métodos mixtos para medir la efectividad	Mezcla de enfoques con cambios Objetivos a mayor plazo Objetivos flexibles/adaptables Aprendizaje incorporado en la planeación y el desarrollo de capacidades
Modelos de gestión	Estructuras institucionales rígidas Coordinación de todo el Gobierno Gestión lineal	Integración entre las instituciones y la comunidad Planeación integrada entre múltiples escalas Participación y pertenencia indígena Gobernanza adaptativa y estructuras Intercambio descentralizado y toma de decisiones sobre una variedad de conocimientos, incluidas las comunidades indígenas Asociaciones basadas en ecosistemas
Participación comunitaria	Consulta dirigida por el Gobierno Integración limitada de la ciencia y la comunidad Divulgación de información para aumentar la comprensión	Participación y decisiones compartidas Gama de herramientas disponibles (digitales) Consulta dirigida por la comunidad Reconocimiento de la participación, la pertenencia y el conocimiento indígena Aprendizaje y desarrollo de capacidades como parte del proceso de consulta Intercambio de conocimientos

Planeación racional-comprensiva

El enfoque racional-comprensivo (también conocido como "planeación sinóptica") es la tradición dominante y el punto de partida para la mayoría de los otros enfoques de planeación, los cuales representan modificaciones o reacciones frente a este (Alexander, 1992). El enfoque racional-comprensivo de la planeación implica lograr un estado futuro deseado mediante la definición de metas y objetivos, y la articulación de las acciones específicas necesarias para lograrlos. Se trata de una serie de etapas que enlazan los pensamientos con la acción, lo cual resulta en decisiones que se basan en la razón/lógica. Típicamente, las etapas de un enfoque de planeación racional-comprensiva incluyen:

- Documentación exhaustiva del sistema bajo análisis.
- Articulación de metas y objetivos.
- Identificación de recursos y restricciones relevantes.
- Diseño de soluciones o cursos de acción alternativos.
- Proyección del resultado probable de estas alternativas.
- Evaluación de estas alternativas a la luz de criterios objetivos.
- Selección de una o más acciones que de acuerdo con el análisis cumplirán mejor los objetivos (Alexander, 1992; Worboys *et al.*, 2005).

La planeación racional suele producir decisiones que pueden explicarse y justificarse de manera clara. A menudo, en esta planeación se examinan los problemas desde un punto de vista de los sistemas, con el uso de modelos conceptuales o matemáticos que relacionan los fines (objetivos) con los medios (acciones). El debate sobre los problemas tiende a centrarse en cuestiones técnicas como la fiabilidad de los datos. Los supuestos centrales que sustentan el enfoque racional-comprensivo de la planeación pueden resumirse como:

- Es posible encontrar la mejor solución para todos los problemas de planeación.
- El medio ambiente es controlable mediante el uso de conocimientos científicos y tecnologías modernas.
- Se encuentran soluciones gracias a la recopilación y análisis de los datos.
- Existe un interés público común en resolver el problema o encontrar una solución.
- Esto requiere la evaluación de cursos alternativos de acción y la creación de sistemas de implementación.
- El cambio tiene que diseñarse desde arriba (Alexander, 1992; Allmendinger, 2009).

La formalidad y el rigor del enfoque racional-comprensivo son tanto una fortaleza como una debilidad. Por el lado de la fortaleza, la planeación racional-comprensiva debería producir decisiones que puedan explicarse y justificarse de manera clara (Lockwood, 2006). Esto es particularmente evidente cuando se aplica a procesos complejos a gran escala y a largo plazo, como la planeación de la conservación cuando la conexión entre la intención y el resultado se hace más contingente (Madanipour, 2010). El debate sobre las decisiones tiende a centrarse en cuestiones técnicas como la fiabilidad de los datos utilizados o la validez de los modelos utilizados para procesar los datos.

Sin embargo, es poco probable que un encargado de la planeación tenga suficiente calidad o cantidad de información para adoptar este enfoque para cada aspecto de un proyecto de planeación. El enfoque racional-comprensivo también tiende a ser inflexible, y con frecuencia ignora los factores sociales y políticos. Es muy difícil acomodar la incertidumbre y el riesgo. Por lo tanto, los resultados de un proceso racional-comprensivo podrían dejar de reflejar los valores o aspiraciones de la comunidad e ignorar las limitaciones políticas e institucionales. Como resultado, es posible que los planes desarrollados con el uso de este enfoque no les brinden a los administradores una orientación realista, y también pueden quedar obsoletos rápidamente. Existe un riesgo real de que tales planes "se queden en el estante" y no actúen como una guía práctica para la gestión continua, y por consiguiente no llegarán a implementarse (Lockwood, 2006).

Planeación adaptativa

La planeación adaptativa es un enfoque que busca superar los desafíos de la incertidumbre y el cambio. Este enfoque analiza los problemas sistemáticamente, integra continuamente la nueva información y los conocimientos aprendidos, y en consecuencia ajusta la respuesta de la gestión y el manejo (Braus, 2011). En lugar de intentar ser exhaustivos, los enfoques adaptativos utilizan la comprensión de los sistemas para identificar los aspectos clave del sistema como el foco de la planeación y la intervención de la administración.

La planeación y la implementación se consideran un proceso iterativo de revisión y revisión, no como una serie de recetas estáticas (como en el enfoque racional-comprensivo). Las intervenciones son vistas como una serie de adaptaciones sucesivas y continuas a las condiciones variables. El enfoque hace hincapié en la flexibilidad, requiere de la voluntad de aprender a través de la experiencia, y es posible que se sacrifiquen las

Estudio de caso 13.2 Planeación adaptativa con el uso de sistemas socioecológicos: Parque Nacional Kruger

La red de diecinueve áreas protegidas de Parques Nacionales de Sudáfrica (South African National Parks, SANParks) comprende amplios gradientes ambientales y una gran biodiversidad, y está expuesta a una presión poblacional mundial siempre cambiante y cada vez mayor. En respuesta, SANParks adoptó un enfoque de gestión adaptativa para la conservación de la biodiversidad.

Los umbrales de preocupación potencial de SANParks forman una parte integral del marco estratégico de gestión adaptativa. El sistema implica un sistema simplificado de recopilación de datos, análisis, presentación de resultados y apropiación del conocimiento. Se recaban datos para monitorear el estado del medio ambiente. Para cada programa de monitoreo se personalizó una aplicación de computadora de mano (CyberTracker) con el fin de garantizar que la exactitud de los datos se conservara y que el proceso de recolección estuviese estandarizado.

Con el uso de un dispositivo digital de asistencia personal que cuenta con GPS, este sistema basado en íconos permite que los trabajadores en campo registren observaciones, con coordenadas de latitud y longitud. De esta forma, los datos recolectados en campo se capturan electrónicamente de manera simultánea usando listas gráficas de comprobación, lo que mejora la precisión de los datos.

El proceso de recopilación permite que los guardaparques contribuyan directamente al manejo e investigación de cada parque al recabar datos ambientales básicos durante sus patrullas diarias regulares (por ejemplo, distribución de especies raras y en peligro de extinción, disponibilidad de agua superficial y brotes de enfermedades).

La administración de SANParks utiliza la información recabada durante las patrullas de guardaparques para:

- Planear patrullas por secciones para el mapeo de la integridad del área.
- Proporcionar un sistema de alerta temprana para los brotes de enfermedades.
- Identificar las tendencias en los puntos ilegales de salida y entrada.
- Permitir la detección y el control de especies exóticas invasoras.
- Notificar de los daños en las vallas al Departamento de Veterinaria del Estado con fines de sanidad animal.

Los datos almacenados en la base de datos de los SANParks se utilizan en análisis estandarizados de rutina para evaluar si se han superado los umbrales de variables ecológicas específicas. Este enfoque permite una cierta cantidad de cambio en el ecosistema provocada por el uso de los recursos, siempre que se mantenga dentro de los límites naturales de la variación. En consecuencia, estos umbrales crean un bucle de retroalimentación entre el monitoreo y la gestión, el cual sirve como un sistema de detección temprana de los cambios indeseables en los ecosistemas e impulsa intervenciones de manejo informadas para promover el aprendizaje cíclico. También hay un componente socioeconómico para el uso sostenible de los recursos, ya que el proceso de elaborar los indicadores y umbrales de monitoreo requiere muchos recursos y tiempo. Este proceso implica la participación activa y el apoyo de todas las partes interesadas para garantizar un monitoreo eficaz del uso sostenible de los recursos y el cumplimiento de las normas. Se alienta la participación de las partes interesadas en la gestión del uso de los recursos, incluida la incorporación de los conocimientos locales en los sistemas de monitoreo y evaluación. Los roles y responsabilidades de las partes interesadas varían según el contexto local y el propósito del uso de los recursos.

Fuente: adaptado de Kruger y MacFadyen, 2011

ganancias actuales o de corto plazo para lograr objetivos a más largo plazo (Briassoulis, 1989). El énfasis está en aprender cómo funciona el sistema a través de intervenciones de gestión que son experimentales y orientadas a los problemas. Tres elementos clave de la planeación adaptativa son:

- *Poner a prueba las suposiciones*: intentar sistemáticamente diferentes intervenciones para lograr un resultado deseado.
- *Adaptación*: utilizar sistemáticamente la información obtenida a través del monitoreo para tomar medidas que mejoren la eficiencia y la eficacia de la gestión.
- *Aprendizaje*: documentar sistemáticamente las acciones, los procesos y los resultados para que las lecciones puedan integrarse en la toma de decisiones y compartirse con los profesionales y los investigadores.

En el contexto de las áreas protegidas, esto significa que los encargados de la planeación pueden estudiar la relación cambiante entre los ecosistemas, los sistemas sociales y el uso de la tierra y de los recursos naturales, y aplicar esta información para desarrollar nuevas estrategias y acciones para alcanzar los objetivos (Barber *et al.*, 2004). Los defensores de este enfoque (Madanipour, 2010; Barber *et al.*, 2004; Wardrop y Zammit, 2012) sugieren que la adaptación es un requisito clave de los proyectos de conservación porque en muchos casos no hay suficiente conocimiento para identificar la "mejor" respuesta a un problema de conservación y, por consiguiente, las acciones deben comenzar basándose en la mejor información disponible y luego adaptarse a medida que el proyecto evoluciona. Estos autores también sugieren que el tiempo necesario para lograr mejorías en la biodiversidad puede ser de muchas décadas; por lo tanto, los proyectos deben definir las actividades y los resultados esperados, y luego medir los resultados a corto plazo de una manera que genere confianza en la obtención de resultados a largo plazo. Se trata de un proceso iterativo que conduce a estrategias y acciones más robustas basadas en resultados medidos de iteraciones anteriores.

Planeación del manejo en la Reserva de la Biósfera de Bosawas, Nicaragua

Fuente: Eduard Müller

La planeación adaptativa también reconoce los cambios que ocurren en un equipo a medida que comprenden y desarrollan respuestas en su contexto de planeación. En pocas palabras, las cosas que un equipo de planeación y sus socios y partes interesadas aprenden mientras hacen un plan cambian la forma en que entienden el contexto y las respuestas al mismo; el plan que un equipo desarrolla e implementa es simplemente un "paso intermedio" para el siguiente, y así sucesivamente.

Tal como se mencionó, el entendimiento de los sistemas en la planeación adaptativa se basa cada vez más en el pensamiento de resiliencia y en los análisis asociados de los sistemas socioecológicos (para más detalles sobre este pensamiento, véase el Capítulo 10). En un contexto de áreas protegidas, la planeación de la gestión del Parque Nacional Kruger en Sudáfrica es un ejemplo importante (Estudio de caso 13.2). Las lecciones clave para los encargados de la planeación de áreas protegidas a partir de la experiencia del Parque Nacional Kruger son:

- Para que la gestión adaptativa sea efectiva se necesitan datos de monitoreo a largo plazo e indicadores de cambio apropiados a nivel ecológico y socioeconómico.
- Es esencial contar con una estructura de soporte eficaz no solo para la recopilación de datos, sino también para la reflexión y la difusión de los conocimientos con el fin de facilitar decisiones de manejo oportunas y las acciones asociadas.
- La participación de los usuarios de recursos locales y de otras partes interesadas puede apoyar la recopilación de datos, incorporar el conocimiento local y dar una mayor legitimidad a las decisiones de manejo respecto al uso sostenible de los recursos.

Para que la planeación adaptativa sea eficaz, es esencial contar con una fuerte capacidad institucional, gobernanza y sistemas para captar y aprovechar la memoria y el aprendizaje corporativo. Esto es más que simplemente una base de datos, que en algunas agencias suele sugerirse como una solución; se trata más bien de brindar un marco de apoyo para aplicar el aprendizaje clave. No obstante, la implementación del enfoque de planeación adaptativa es un desafío constante. En la mayoría de los casos, las personas son las principales fuerzas impulsoras detrás del cambio o la adopción de nuevas tecnologías dentro de una organización. Si uno o más de estos conductores o agentes de cambio desaparecen del sistema, los programas que se encontraban bajo su supervisión pueden estar en riesgo de colapso si no existen las estructuras adecuadas para absorber el impacto (Kruger y MacFadyen, 2011). El tiempo transcurrido entre la evaluación (una evaluación inmediata de la trascendencia o el desempeño) y la reflexión (una consideración larga y profunda) es un componente importante de la gestión adaptativa que conduce al aprendizaje (Biggs *et al.*, 2011). Con frecuencia, los administradores se enfrentan con problemas relacionados con:

1. Mantener la participación y el apoyo continuo de las partes interesadas durante un período largo.
2. Asegurar el apoyo político y financiero para el enfoque experimental.
3. Poner a prueba las innovaciones que tengan cierto grado de riesgo asociado con ellas.
4. Mantener el esfuerzo de liderazgo y la atención tanto en la evaluación como en la reflexión para mejorar las decisiones de aprendizaje y gestión.

Estas dificultades son particularmente agudas para las agencias gubernamentales de áreas protegidas. Las áreas gobernadas por la comunidad y por entes privados o por las ONG pueden estar mejor situadas, ya que suelen tener más agilidad y flexibilidad para responder a la nueva información y aprovechar las oportunidades emergentes, y están menos limitadas por las necesidades y agendas políticas.

Planeación participativa

Junto con la planeación adaptativa, cada vez más se reconoce que las formas participativas de planeación son esenciales para la gestión y manejo de áreas protegidas. Ya que se ha reconocido que sin la participación de los beneficiarios del plan es frecuente que la implementación y los resultados fracasen, la participación se ha convertido en un principio básico de la planeación de áreas protegidas. Esto supone la importancia de reconocer las diferentes voces, las metas y los intereses contradictorios, y los cambios en los intereses y alianzas en el proceso de planeación (Dawkins y Searle, 2003).

El término "participación de la comunidad" recoge ampliamente los procesos públicos en los que se invita al público en general y a otras partes interesadas, como los grupos de interés, los responsables de las decisiones políticas y las organizaciones locales, a participar en la elaboración de planes o a dar su opinión sobre propuestas particulares o cambios políticos. Los tipos de personas que pueden participar en la preparación de un plan incluyen individuos y organizaciones que puedan tener un gran interés o conocimiento del asunto o del área geográfica, incluidos los pueblos indígenas, los representantes gubernamentales, los grupos de usuarios de recreación, los investigadores, los grupos de conservación, las organizaciones de turismo y las empresas.

Establecer y administrar un área protegida puede resultar en costos y beneficios para varias partes interesadas. Ya que afecta el valor de la tierra y la calidad de vida y suele ser la intersección entre los intereses del sector público y privado, la planeación puede involucrar rivalidades y confrontaciones. Es difícil alcanzar un consenso universal frente a diversos puntos de vista e intereses; sin embargo, se reconoce ampliamente que la participación temprana de la comunidad, tanto en la formulación de planes como en su implementación, ofrece considerables beneficios para todas las partes involucradas. Esto puede ayudar a mejorar los resultados de la planeación como resultado de tener en cuenta una amplia gama de opiniones, lo que aumenta la integridad y la calidad de las decisiones.

Debido a que nuestro conocimiento de lo que debe ser objeto de conservación se ha desarrollado a lo largo de décadas, también lo ha sido nuestra comprensión de cómo las áreas protegidas deben planearse y administrarse. Para las autoridades gubernamentales de las áreas protegidas, la participación de la comunidad pasó de limitarse a facilitar la información o recabar las opiniones y actitudes de las personas y organizaciones interesadas, a un intercambio más activo de información y puntos de vista entre la organización patrocinadora, las partes interesadas y la comunidad en general, lo cual, en algunos casos, conduce a una toma de decisiones compartida. Para las áreas protegidas gobernadas por la comunidad, una mayor conciencia de la comunidad, el intercambio de conocimientos, el desarrollo de capacidades y la toma de decisiones en colaboración fortalecen la "apropiación" del área protegida y el manejo de los problemas asociados.

Para las áreas protegidas de entes privados o de ONG, la colaboración puede facilitar proyectos que creen vínculos físicos en todo el paisaje y ofrezcan opciones que suelen ser muy difíciles de lograr por parte de los gobiernos.

Además de producir un plan más efectivo, la participación de organizaciones y personas externas en la planeación de áreas protegidas tiene los siguientes beneficios:

- Promueve el papel de diversas organizaciones y comunidades en la conservación.
- Proporciona un mecanismo para que las organizaciones y la comunidad hagan contribuciones positivas y significativas al proceso de toma de decisiones y al desarrollo de capacidades.
- Genera ideas y pensamientos externos que pueden conducir a la innovación.

- Fomenta la comprensión de los valores y problemas del parque, y el desarrollo y aceptación de las soluciones administrativas establecidas en un plan.
- Construye una relación más fuerte y mejorada entre el área protegida y la comunidad.
- Fomenta amplias alianzas y asociaciones intersectoriales que pueden aumentar el acceso a los recursos financieros y de otros tipos (Lockwood, 2006; Figgis *et al.*, 2012).

Las metas de cualquier planeación participativa deben ser explícitas desde el principio y entendidas tanto por la persona que coordina el proceso de participación como por los involucrados. Por ejemplo, además de decidir la razón de involucrar a otras partes, es importante determinar:

- ¿Cómo debe organizarse a las personas para facilitar el proceso de planeación?
- ¿Quiénes son las partes interesadas o las personas involucradas?
- ¿Quién debe tener el poder de tomar decisiones?
- ¿Cuál es la mejor manera de garantizar la participación efectiva de los diversos grupos?
- ¿Qué métodos o procedimientos de planeación deben utilizarse?
- ¿Quién debe decidir cuáles deben ser los objetivos de planeación?
- ¿Qué criterios deben utilizarse para seleccionar los mejores cursos de acción y quién decide? (Lockwood, 2006).

De acuerdo con las preguntas anteriores, puede tomarse una decisión sobre los medios de participación más apropiados, que pueden adoptar diferentes formas y grados variables. Alrededor del mundo existen muchos ejemplos excelentes de la planeación participativa en áreas protegidas, y algunos se presentan en los Estudios de caso 13.4 y 13.7. El aprendizaje clave de estos estudios de caso incluye:

- La participación debe ser un proceso abierto, colaborativo e interactivo que se establezca para permitir que en el proceso de planeación se identifiquen e incluyan los valores, aspiraciones y necesidades de la comunidad.
- Las estrategias de participación y compromiso deben diseñarse para involucrar de manera efectiva a los individuos y a los grupos que tengan un interés en el plan y sus resultados.
- La participación debe verse como un proceso continuo en la gestión de áreas protegidas, la cual se extiende más allá de la planeación a la implementación, evaluación y mejoramiento continuo.
- A largo plazo, es más probable que el desarrollo de estrategias de participación sea eficaz y relevante con quienes deben involucrarse en la planeación antes de que comience.
- Los encargados de la planeación deben tener claro el propósito de la participación, las diversas estrategias disponibles, y los recursos financieros y humanos necesarios para que la participación sea efectiva y significativa.
- Es importante explicar el propósito y las limitaciones de la participación de una manera honesta y clara para que la comunidad entienda el proceso y el propósito de la participación, aunque esto pueda estar en desacuerdo con el contenido del plan.

La premisa de la planeación participativa es que existe la posibilidad de lograr un consenso entre los participantes sobre los objetivos y las acciones requeridas. Es posible que llegar a ese consenso sea difícil, ya que los participantes suelen tener intereses y objetivos diferentes, y a veces conflictivos. En muchos aspectos, los procesos participativos son procesos de negociación que tienen como objetivo resolver y manejar los conflictos existentes y potenciales (entre los usuarios de los recursos, entre los usos de los recursos o entre los objetivos y las estrategias de administración de los mismos).

Cuando se enfrentan de una manera adecuada, los conflictos que surgen en la planeación participativa presentan oportunidades de evaluación y valoración, y pueden actuar como catalizadores del cambio. En el contexto de la planeación participativa, los conflictos pueden ayudar a resolver los problemas que podrían obstaculizar la gestión en una etapa posterior del proceso. Sin embargo, si no se manejan adecuadamente, los conflictos pueden ser contraproducentes y llegar a socavar la gestión y el manejo de las áreas protegidas.

El manejo de conflictos es una de las responsabilidades inevitables de los administradores de áreas protegidas, a quienes con frecuencia se les exige desempeñar una serie de diferentes funciones en el proceso de planeación, desde facilitador hasta negociador e incluso encargado de tomar decisiones. En los casos en que el organismo de administración es una de las partes en conflicto, es responsabilidad del administrador identificar un método para la resolución y manejo de conflictos que sea apropiado y aceptable para todos los involucrados. La comunicación efectiva es la herramienta esencial para el manejo de conflictos y, de acuerdo con la naturaleza de este, se deben considerar técnicas como la auto negociación, la facilitación, la mediación y el arbitraje.

Planeación para la incidencia (abogacía)

El concepto de planeación de incidencia o defensa y promoción, surgió en la década de 1960 en parte como una reacción al fracaso de los enfoques de planeación racional-comprensiva e incremental para lidiar con la pobreza y la exclusión. La participación del público es un principio central de este modelo, el cual busca garantizar que todas las personas estén igualmente representadas en el proceso de planeación, lo cual no solo aboga por los intereses de los menos privilegiados, sino también busca el cambio social. Se asume una pluralidad de intereses públicos y el papel del encargado de la planeación es esencialmente como un facilitador que aboga por la reforma social o las agendas de transformación social (Friedmann, 1987).

En el contexto de las áreas protegidas, los encargados de la planeación pueden abogar por la conservación de la naturaleza o del patrimonio cultural, por una toma de decisiones justa e inclusiva en la planeación y por formas particulares de interacciones ser humano-naturaleza. Un ejemplo bien conocido de planeación de la incidencia es la Iniciativa de Conservación de Yellowstone a Yukón (Y2Y). La Y2Y es una ONG medioambiental orientada a la incidencia o defensa de la conectividad de hábitats para los osos pardos (*Ursus arctos horribilis*) desde el Parque Nacional Yellowstone hasta el Yukón, la cual comenzó en los primeros años de la década de los noventa. La Y2Y trabaja con las comunidades locales a través de programas de educación y gestión cuidadosa para fomentar la conservación del área. La Y2Y cubre cinco estados de los Estados Unidos, dos provincias canadienses y los territorios tradicionales de 31 grupos de las Primeras Naciones (Y2Y, 2014).

Planeación de redes de áreas protegidas

Históricamente, se han establecido áreas protegidas por diferentes razones, desde la conservación de sitios de particular belleza hasta la protección de hábitats de especies de alto perfil. El establecimiento de tales áreas era en su mayor parte era incremental o *ad hoc*, y a menudo se basaba en factores tales como la oportunidad (no se veía que el sitio tuviera algún valor comercial, como para la agricultura), el paisaje, la recreación y el potencial turístico o la protección de actividades asociadas con la caza o el suministro de agua (Langhammer *et al.*, 2007). Con el tiempo, los objetivos de planeación de la conservación y las estrategias asociadas evolucionaron y en consecuencia también cambiaron las nociones de planeación de las áreas protegidas (Barber *et al.*, 2004).

La planeación de las redes de áreas protegidas –es decir, tomar una decisión sobre cuáles tierras y mares deben considerarse para la designación de áreas protegidas– se lleva a cabo a escala mundial, nacional y subnacional. Esta sección tratará primero los marcos de planeación clave en las primeras dos escalas y luego considerará el método asociado de "planeación sistemática de la conservación".

Planeación de la red de áreas protegidas a escala mundial

En los últimos veinticinco años, la planeación de la conservación a escala mundial se ha llevado a cabo principalmente a través de convenios internacionales. Estos establecen prioridades mundiales para la conservación de la biodiversidad y ayudan a cada país a planear la conservación de esta mediante la declaración de áreas protegidas y la protección y gestión geográfica y de las especies. Estos convenios establecen las metas principales y los objetivos de conservación a los que las naciones deben aspirar. Estos convenios son el pilar del marco de planeación para la conservación.

En la Cumbre de la Tierra de 1992, en Río de Janeiro, los líderes mundiales acordaron una estrategia integral para el desarrollo sostenible. Uno de los acuerdos clave adoptados fue el Convenio sobre la Diversidad Biológica (CDB). Este acuerdo entre la mayoría de los gobiernos del mundo establece compromisos para mantener los valores ecológicos del planeta mientras los países se esfuerzan por el desarrollo económico. El CDB establece tres objetivos principales:

1. La conservación de la diversidad biológica.
2. El uso sostenible de sus componentes.
3. La distribución justa y equitativa de los beneficios del uso de los recursos genéticos (CBD, 2013).

El CDB reconoce que las áreas protegidas juegan un papel crítico en el logro de estas metas.

Un principio central del CDB es un "enfoque ecosistémico" para la planeación de la conservación (mencionado más adelante en este capítulo), el cual expande el enfoque a paisajes terrestres y marinos más amplios. Esto implica el desarrollo de metodologías para dividir la Tierra en unidades espaciales discretas que posean distintas características biológicas y ecológicas, al igual que una evaluación estratégica de las áreas que necesitan protección (CBD, 2013).

En 2004, las partes integrantes del CDB hicieron un compromiso integral y específico para las áreas protegidas mediante la adopción del Programa de Trabajo sobre Áreas Protegidas (PTAP). El PTAP ratifica el desarrollo de sistemas de áreas protegidas nacionales y regionales que se extiendan sobre las fronteras nacionales, en caso de ser necesario, y que sean participativos, ecológicamente representativos y efectivamente gestionados. El PTAP se considera el marco definitorio para la planeación de las áreas protegidas en las próximas décadas (CBD, 2013). Este es un marco para la cooperación entre gobiernos, donantes, ONG y comunidades locales para planear y establecer una red de áreas protegidas en todo el mundo (Barber *et al.*, 2004).

Tal como se describió en el Capítulo 2, en 2010 las partes del CDB adoptaron el Plan Estratégico para la Diversidad Biológica 2011-2020 y las Metas de Aichi (CBD, 2011). Este plan presenta el marco general para la biodiversidad de todo el sistema de las Naciones Unidas y se utiliza con el fin de informar las estrategias y planes de acción sobre la diversidad biológica para cada nación. La Meta 11 del Plan Estratégico reconoce que el establecimiento de redes de áreas protegidas integradas, ecológicamente representativas, que cuenten con una gestión eficaz y seguridad financiera, es una estrategia crítica no solo para la conservación de la biodiversidad sino también para garantizar los bienes y servicios de los ecosistemas, y para apoyar la adaptación y mitigación del cambio climático.

Este objetivo de planeación busca garantizar que los ecosistemas, las especies y la diversidad genética estén protegidos tanto en los paisajes terrestres como marinos, que se protejan los hábitats clave y que puedan darse las migraciones y los movimientos de especies. La Meta reconoce a las áreas protegidas como la piedra angular de las acciones de conservación y, como tal, es una de las principales herramientas con las que cuenta un país para reducir la pérdida de hábitats.

Las ONG también están utilizando varios métodos para ayudar a determinar las prioridades de conservación globales que se centran en la irremplazabilidad, apuntando a las áreas altamente diversas con taxones endémicos de plantas, aves o vertebrados terrestres. Algunos de estos enfoques para establecer prioridades se consideran proactivos, los cuales se centran en sitios con una baja amenaza pero con un alto carácter irremplazable; otros son reactivos y priorizan tanto la amenaza como la irremplazabilidad (Brooks *et al.*, 2006).

Quizás el método más conocido para establecer las prioridades de conservación geográfica a nivel mundial es el enfoque de los "*hotspot*", el cual ha sido adoptado ampliamente por la comunidad de conservación en los últimos años. En pocas palabras, estas son áreas que son importantes a nivel local o nacional para la manifestación de la biodiversidad (a nivel genético, de especies y ecosistemas). Estas áreas cubren diferentes taxones. Por ejemplo, el enfoque de las Áreas Clave para la Biodiversidad (ACB) utiliza cuatro criterios para establecer las prioridades, los cuales enfatizan la irremplazabilidad y la vulnerabilidad. Con el uso de criterios globales coherentes de vulnerabilidad e irremplazabilidad, las organizaciones nacionales de conservación mapean las ACB. La identificación de las ACB se centra en los ambientes terrestres, dulceacuícolas y marinos bajo jurisdicción nacional. Este es un enfoque importante para los análisis nacionales de brechas y la priorización con el fin de aumentar la efectividad y el establecimiento de áreas protegidas. La Campaña LifeWeb Zero Extinction representa otro ejemplo del establecimiento de prioridades para la biodiversidad a escala mundial. La campaña promueve la Meta 12 de Aichi para la biodiversidad con el fin de prevenir la extinción de especies amenazadas conocidas. Para abordar la amenaza de extinción, la campaña promueve dos enfoques principales: protección de sitios clave no protegidos y protección mejorada de los sitios actualmente protegidos. Un ejemplo de un enfoque reactivo para la planeación de la conservación de la biodiversidad es la iniciativa *Last of the Wild* de la Sociedad para la Conservación de la Vida Silvestre (Wildlife Conservation Society, WCS) (Sanderson *et al.*, 2002). Los lugares *Last of the Wild* se identifican con el uso de índices de biodiversidad en combinación con indicadores de amenaza, como la densidad poblacional humana, la accesibilidad de las regiones al desarrollo humano y la transformación del suelo (Sanderson *et al.*, 2002; Naro-Maciel y Sterling, 2008).

Planeación de la red de áreas protegidas a escala nacional

En todo el mundo, la integridad y la gestión eficaz de las áreas protegidas a nivel nacional siguen teniendo la mayor prioridad. Un plan es el diseño de un sistema total de áreas protegidas que cubra toda la gama de ecosistemas y comunidades que se encuentran en un país en particular (Davey, 2008).

El plan debe ser un medio para establecer las prioridades de un sistema nacional de áreas protegidas que sea viable y debe abordar los siguientes aspectos:

Estudio de caso 13.3 Sistema Nacional de Reservas de Australia

Australia tiene un Sistema Nacional de Reservas (National Reserve System, NRS) en evolución que incluye reservas y parques terrestres que conservan ejemplos de sus paisajes naturales y ecosistemas. Este sistema también cuenta con una extensa red de áreas marinas protegidas que incluyen el Parque Marino de la Gran Barrera de Coral, así como reservas de hábitat para peces, santuarios de peces, reservas acuáticas, áreas de conservación, parques marinos y parques marinos y costeros.

Áreas protegidas terrestres y dulceacuícolas continentales

El NRS de Australia es una red nacional de áreas protegidas públicas, indígenas y privadas que cubren las tierras y las aguas dulces continentales. El objetivo del NRS es desarrollar y gestionar de manera eficaz un sistema nacional completo, adecuado y representativo de áreas protegidas como el medio principal de garantizar la protección a largo plazo de la biodiversidad terrestre de Australia.

La completitud se refiere al objetivo de incluir muestras de toda la gama de ecosistemas regionales reconocibles a una escala apropiada dentro y entre cada biorregión de la IBRA.

La idoneidad se refiere a cuánto de cada ecosistema debe muestrearse para proporcionar una viabilidad ecológica e integridad de poblaciones, especies y comunidades ecológicas a una escala biorregional. El concepto de idoneidad incorpora la viabilidad ecológica y la resiliencia de los ecosistemas para las áreas protegidas individuales y para el sistema de áreas protegidas como un todo.

La representatividad es la completitud considerada a una escala más fina. Reconoce que al interior del sistema de reservas se muestrea la variabilidad regional dentro de los ecosistemas.

El NRS complementa otros esfuerzos (en particular, acciones para mejorar la vegetación, el hábitat y la calidad del agua) para conservar la biodiversidad a lo largo de los ecosistemas terrestres, dulceacuícolas continentales y marinos con el fin de cumplir con las obligaciones internacionales de Australia respecto a la protección de las especies y los hábitats nativos.

La estrategia del NRS 2009-30 (Government of Australia, 2010) no solo ofrece una orientación para mejorar la coordinación, sino también apoya la acción colaborativa entre los administradores de áreas protegidas y las partes interesadas clave. La estrategia identifica las acciones prioritarias para brindar un enfoque coordinado a nivel nacional en cada tema, incluidas las siguientes metas nacionales para un NRS:

- Para 2015, ejemplos de al menos el 80% de todos los ecosistemas regionales en cada biorregión.
- Para 2025, ejemplos de al menos el 80% de todos los ecosistemas regionales en cada subregión.
- Para 2030, áreas centrales para la supervivencia a largo plazo de ecosistemas amenazados y hábitats de especies amenazadas en cada una de las biorregiones australianas.
- Para 2030, áreas críticas para la resiliencia al cambio climático, como refugios, de tal manera que actúen como tierras centrales de enfoques más amplios a escala de todo el paisaje para la conservación de la biodiversidad.

Las acciones para cumplir con las metas nacionales son apoyadas por:

- Identificación clara y protección adecuada de los activos de biodiversidad de cada biorregión a través de una gestión colaborativa e integrada con otros terratenientes y administradores; esto con el uso de un enfoque de todo el paisaje para abordar las prioridades de conservación.
- Ciencia rigurosa y monitoreo robusto.
- Regímenes de manejo efectivos y adaptativos.
- Enfoques coherentes basados en el desarrollo de marcos nacionales para la eficacia de la gestión y áreas protegidas en tierras privadas.
- Fuertes asociaciones entre gobiernos, propietarios privados, pueblos indígenas, industria, comunidades locales y ONG.
- Informes rutinarios a una comunidad australiana que está bien informada y brinda apoyo.

Cada estado y territorio en Australia debe preparar un plan quinquenal para implementar la estrategia. Estos planes apoyan la estrategia y reflejan las diferencias regionales respecto a la conservación de la biodiversidad a lo largo del paisaje y los desafíos de conservación que conllevan.

El NRS terrestre sentó los cimientos para la conservación de la biodiversidad en Australia y en la Base de Datos Colaborativa Australiana de Áreas Protegidas (Collaborative Australian Protected Area Database, CAPAD), una base de datos nacional. El NRS se encuentra registrado junto con la clasificación de cada reserva de acuerdo con las categorías de áreas protegidas de la UICN. La CAPAD se actualiza cada dos años y proporciona el registro oficial de los avances en la presentación de informes en relación con numerosas obligaciones nacionales e internacionales, lo que la hace cuantificable y abierta al escrutinio público y a la rendición de cuentas (Government of Australia, 2014).

Sistema Nacional Representativo de Áreas Marinas Protegidas

La creación y la gestión de reservas marinas constituyen una estrategia importante para la conservación y el uso sostenible del medio ambiente marino. Las reservas marinas, cuando están bien diseñadas y se administran de manera efectiva, contribuyen de manera importante al mantenimiento de la salud general y la resiliencia de los océanos del mundo (Capítulo 20).

Esto se reconoce en la meta principal del Sistema Nacional Representativo de Áreas Marinas Protegidas (National Representative System of Marine Protected Areas NRSMPA) de Australia, el cual consiste en establecer y gestionar un sistema completo, adecuado y representativo de áreas marinas protegidas, no solo para contribuir a la viabilidad ecológica a largo plazo de los ecosistemas marinos y estuarinos, sino también para mantener los procesos y sistemas ecológicos, y proteger la diversidad biológica de Australia en todos los niveles (Government of Australia, 2014). Las metas del NRSMPA permiten un amplio espectro de actividades, incluida la recreación, el turismo, el transporte marítimo y el uso o extracción de recursos naturales y vivos, siempre y cuando tales actividades sean compatibles con la meta principal (Government of Australia, 2014).

Tras un acuerdo entre el Gobierno de Australia, los Estados y el Territorio del Norte, la creación del NRSMPA está en curso desde 1998. Los estados y el Territorio del Norte están estableciendo áreas marinas protegidas en sus aguas costeras, mientras que el Gobierno de Australia está estableciendo áreas marinas protegidas en las aguas de la Commonwealth alrededor de Australia. Una vez se complete, el NRSMPA cumplirá los compromisos internacionales de Australia como signatario del CDB para establecer un sistema representativo de áreas marinas protegidas dentro de la Zona Económica Exclusiva de Australia (Government of Australia, 2014).

Los principios utilizados en la selección de áreas apropiadas para su inclusión en el NRSMPA comprenden:

- La capacidad de una reserva marina para mitigar las amenazas identificadas sobre los valores de conservación.
- La existencia de hábitats espacialmente definidos para agregaciones de especies amenazadas o migratorias.
- La existencia de características pelágicas ecológicamente importantes que tengan una distribución espacial consistente y definible.
- La existencia de ecosistemas conocidos de pequeña escala asociados con el medio bentónico/demersal.
- Disponibilidad de información pertinente sobre la distribución a pequeña escala de tipos y tamaños de sedimentos y otras variables geo-oceanográficas.
- La existencia de sitios de patrimonio incluidos en la lista (cuando la inclusión en la red de reservas marinas mejoraría la administración de los regímenes de protección).
- Costos socioeconómicos.

La Metas y Principios para el Establecimiento del NRSMPA en Aguas de la Commonwealth (Government of Australia, 2014) orientan la identificación de áreas representativas de los diversos ecosistemas y hábitats en las aguas de la Commonwealth. Estos también brindan una orientación sobre cómo diseñar redes regionales de reservas marinas que cumplan los principios de "completitud", "adecuación" y "representatividad". Actualmente, la planeación de los usos y la gestión y manejo de las reservas marinas utilizan los siguientes aportes:

- Información científica para cada biorregión.
- Datos sobre la ubicación y distribución de las actividades humanas en una región marina.
- Las opiniones de los usuarios de los océanos y de las partes interesadas en cada región marina.
- La consideración de la contribución que las medidas de ordenamiento espacial existentes pueden hacer al NRMSPA.
- La consideración de la eficacia potencial de la gestión; por ejemplo, la factibilidad del cumplimiento (Government of Australia, 2014).

- Definir la prioridad de las áreas protegidas como una preocupación nacional meritoria y con una importancia estratégica.
- Definir las relaciones entre: a) diferentes unidades y categorías de áreas protegidas y b) áreas protegidas y otras categorías pertinentes de tierras.
- Definir las funciones de los actores claves en relación con las áreas protegidas y las relaciones entre estos actores, tales como la construcción del apoyo y una comunidad de usuarios.
- Identificar brechas en la cobertura de áreas protegidas (incluidas las oportunidades y necesidades de conectividad) y deficiencias en la gestión.
- Identificar los impactos actuales y potenciales, tanto los que afectan las áreas protegidas desde las tierras circundantes como los que emanan de las áreas protegidas y que afectan las tierras circundantes (Davey, 2008).

En Australia existe un buen ejemplo de un enfoque de planeación y un establecimiento de prioridades de conservación a escala nacional (Estudio de caso 13.3). Una decisión de todo el Gobierno adoptada por el Consejo de Gobiernos Australianos en 1992 acordó un marco político estratégico para establecer un sistema de áreas protegidas a lo largo de Australia que fuera integral, adecuado y representativo (Government of Australia, 2010). Veinte años después, esta sigue siendo una de las principales políticas de conservación de Australia y se refleja en la reciente Estrategia de Australia para el Sistema Nacional de Reservas 2009-2030. Algunos años después, a este compromiso lo siguió la decisión del Consejo para el Medio Ambiente y Conservación Australiano y Neozelandés de promover un Sistema Nacional Representativo de Áreas Marinas Protegidas (Government of Australia, 2014).

La base científica que sustentó y orientó la estrategia representa más de veinticinco años de una colaboración significativa entre todos los gobiernos y numerosos organismos científicos para establecer la Regionalización Biogeográfica Provisional para Australia (Biogeographic Regionalisation for Australia, IBRA) y la Regionalización Biogeográfica Costera y Marina Provisional para Australia. Ambas han continuado su proceso de perfeccionamiento a medida que se dispone de nueva información y datos.

Este sólido enfoque para la planeación de la conservación ha permitido que gobiernos y ONG desarrollen estrategias para nuevas declaraciones y compra de tierras. Este también ha sido un catalizador importante en la creación de asociaciones entre el Gobierno, las ONG y la comunidad. Por ejemplo, el sector privado de fideicomiso

Estudio de caso 13.4 Planeación de la gestión para las Áreas Protegidas Indígenas

Las Áreas Protegidas Indígenas (API) son áreas de tierra o mar respecto a las cuales los propietarios o custodios tradicionales indígenas firmaron un acuerdo voluntario con el Gobierno Australiano con el propósito de promover la conservación de la biodiversidad y de los recursos culturales (Davies *et al.*, 2013).

Los planes de gestión de las API se basan en establecer conexiones entre los pueblos indígenas, la tierra, el derecho tradicional, la tradición y la cultura con los sistemas australianos e internacionales de gestión de áreas protegidas. Los planes de gestión de las API son más eficaces si garantizan que los pueblos indígenas manejen y determinen cómo se cumplirán los requisitos de gestión de las áreas protegidas.

Los planes de manejo de las API no solo brindan una base para el reconocimiento oficial del gobierno de las tierras indígenas como parte del sistema nacional australiano de áreas protegidas, sino también son vistos por el Gobierno Australiano como un mecanismo importante para apoyar y dinamizar el uso del conocimiento ecológico indígena en la conservación de la biodiversidad. El desarrollo de un plan de manejo ha sido parte integral de las declaraciones hechas por cincuenta grupos indígenas en Australia respecto a su intención de administrar una parte o la totalidad de sus propiedades consuetudinarias en pro de la conservación a perpetuidad como API.

La mayoría de los primeros planes de las API adoptaban una distinción convencional entre los valores naturales y culturales, lo cual refleja un principio fundamental del pensamiento modernista de Occidente que puede dificultar una comunicación intercultural profunda (Davies *et al.*, 2013). Estas preocupaciones llevaron a los directores de programas de las API a iniciar el desarrollo de directrices que pudieran utilizar los propietarios tradicionales y los encargados de la planeación de las API para garantizar que los planes de manejo reflejaran las características distintivas de las API. Innovaciones recientes en el desarrollo de planes de manejo apropiados para las áreas conservadas por pueblos indígenas y por comunidades, que fueron descritas por Davies *et al.* (2013), permiten que los administradores de áreas protegidas comprendan y se adapten mejor a los entornos comunitarios cuando desarrollen planes.

Nuevos enfoques en algunos planes de gestión recientes de las API, los cuales fueron documentados por Davies *et al.* (2013), incluyen:

- Reconocimiento manifiesto de la prevalencia de la gobernanza consuetudinaria.
- Formatos de planeación estratégica que reflejan las interrelaciones entre personas, lugares, plantas y animales.
- Marcos de planeación que abarcan territorios consuetudinarios, identifican problemas entre las escalas y desafían las relaciones de poder embebidas en las tenencias coloniales.
- Un conjunto de documentos de planeación para diferentes audiencias y propósitos, con énfasis en el plan principal sobre modos de comunicación visual y espacial que facilitan el acceso a los propietarios tradicionales.

Estas innovaciones no están generalizadas en todos los planes de manejo de las API existentes, pero su inclusión en las directrices del plan de manejo fomentará su amplia adopción y la innovación continua, y sin duda promoverá la confianza entre los propietarios tradicionales respecto a mantener el control de la gestión, el conocimiento y la gobernanza de las API.

de tierras ha podido aprovechar la fórmula de financiación de dos por uno del Gobierno Australiano para atraer a los principales donantes. Se han desarrollado nuevos modelos para la gestión de la conservación y como resultado ahora se reconocen cuatro tipos de áreas protegidas en el Sistema Nacional de Reservas (National Reserve System, NRS):

- Reservas públicas (o propiedad del Gobierno).
- Áreas Protegidas Indígenas (API).
- Áreas protegidas privadas.
- Reservas de gestión compartida.

A pesar de la robustez del enfoque de planeación y del crecimiento constante del sistema de áreas protegidas en Australia, aún quedan retos pendientes. Australia no ha logrado detener la pérdida de especies y ecosistemas y cada vez es más evidente que las áreas protegidas no pueden manejarse de manera aislada respecto a otros problemas del manejo de tierras como el aumento de la fragmentación, el manejo inapropiado de incendios, el uso de recursos y la falta de control de las especies invasoras que debilitan tanto las especies como los ecosistemas a escala nacional. Ya que el liderazgo del Gobierno y la capacidad de recursos del NRS disminuyeron en los últimos años, el liderazgo de donantes privados, ONG y organizaciones comunitarias será vital para la implementación de la estrategia.

En la última década se produjo un cambio en la gobernanza de la tierra, el agua y los recursos naturales, así como en la propiedad o la gestión a las ONG, las comunidades, los pueblos indígenas y los privados –ya sea solos o en asociación–. Este cambio del establecimiento de áreas protegidas administradas por el gobierno a nuevos modelos de gobernanza también dio lugar a nuevos enfoques de planeación. Esto se ilustra mejor en el modelo del Área Protegida Indígena (API) –un modelo de contrato totalmente voluntario entre los propietarios tradicionales y el gobierno australiano para manejar la tierra de acuerdo con las prioridades de conservación acordadas– (Estudio de caso 13.4). Este concepto ha tenido éxito con 55 API declaradas hasta 2014, las cuales cubren 43 millones de hectáreas o el 5,6% de Australia, y muchas más comunidades han expresado su interés respecto a desarrollar un API (IUCN, 2014). Esta es una contribución significativa a la integralidad, idoneidad y representatividad del sistema de áreas protegidas, con el 20% del continente bajo la propiedad indígena. De igual forma, esto brinda importantes beneficios sociales para las comunidades indígenas y ayuda a mantener y fortalecer el apego a la tierra.

Si bien las API son inherentemente distintas de las áreas protegidas públicas en términos de la seguridad formal de la tenencia de la conservación y sus instituciones gobernantes, los acuerdos de gestión para garantizar la conservación de la biodiversidad se hacen a través de otros medios efectivos, como los planes de gestión, que tienen en cuenta específicamente los aspectos culturales indígenas.

Estos enfoques han ampliado tanto los tipos de asociados que contribuyen al NRS como los acuerdos de planeación, manejo y gobernanza. Estos acuerdos brindarán información, y con suerte fomentarán otros enfoques para expandir el NRS de Australia y quizás de otros países.

Planeación sistemática de la conservación

Mientras desarrollamos un mejor sentido global de dónde están las prioridades más altas para la conservación, también se logran avances en el desarrollo de herramientas enfocadas en una planeación sistemática de la conservación a una escala más precisa para los sistemas de áreas protegidas, las cuales se basan en criterios explícitos y cuantificables de conservación de la biodiversidad a una escala regional. Esto abarca el tamaño, la forma, la replicación, la complementariedad y la conectividad de las áreas protegidas. La planeación de la conservación a nivel regional y local aborda no solo el contenido y la ubicación de las áreas protegidas y los conjuntos de áreas protegidas, sino también su diseño, el cual incluye variables tales como tamaño, conectividad y alineación de límites para lograr la máxima eficacia.

Según Margules y Pressey (2000), la ciencia es un componente fundamental que apoya la planeación sistemática de la conservación, y su efectividad proviene de su eficiencia en el uso de recursos limitados para alcanzar los objetivos de conservación, su capacidad de ser defendible y flexible frente a los usos competitivos de la tierra y su rendición de cuentas al permitir que las decisiones se revisen críticamente.

Margules y Pressey (2000) describen la planeación sistemática de la conservación como un proceso en seis etapas que tiene muchos ciclos de retroalimentación. El marco se aplica igualmente bien a muchos problemas en la conservación "fuera de las reservas", incluida la restauración del hábitat. Los autores sugieren que la planeación sistemática de la conservación a nivel nacional y regional requiere de:

- Decisiones sobre las características que en el proceso de planeación se utilizarán como objetivos de conservación (especies, comunidades o hábitats, o características ambientales relacionadas con la cobertura vegetal y las características geográficas) para la biodiversidad en general.
- Metas claras traducidas en objetivos operacionales cuantitativos.
- Reconocimiento de la magnitud en la que las metas de conservación ya se han alcanzado en las reservas existentes.
- Métodos sencillos para localizar y diseñar nuevas reservas con el fin de complementar las existentes.
- Aplicación de criterios para la implementación, especialmente en lo que respecta a las acciones escalonadas cuando sea improbable que todas las acciones se lleven a cabo de manera simultánea.
- Objetivos y mecanismos para mantener las condiciones en las reservas necesarias para apoyar los rasgos naturales clave, el monitoreo y la gestión adaptativa.

Margules y Pressey (2000) describen las etapas de la planeación sistemática de la conservación de la siguiente manera. Un ejemplo de la aplicación de estas etapas se muestra en el Estudio de caso 13.5.

1. Compilar datos sobre la biodiversidad de la región objeto de la planeación.

- Revisar los datos existentes y decidir qué conjuntos de datos son suficientemente consistentes para representar la diversidad biológica a lo largo de la región objeto de la planeación.
- Si el tiempo lo permite, recopilar nuevos datos para mejorar o remplazar algunos conjuntos de datos existentes.
- Recabar información sobre las localidades en la región donde se encuentren especies consideradas raras o amenazadas (es probable que estas no se encuentren o que estén subrepresentadas en áreas de conservación seleccionadas solo en virtud de las clases de suelos, como los tipos de vegetación).

Estudio de caso 13.5 Uso de la planeación sistemática de la conservación en Mozambique y Sudáfrica

El Centro de Endemismo de Maputalandia, que forma parte del *hotspot* de Maputalandia-Pondolandia-Albania, es un área de aproximadamente diecisiete mil kilómetros cuadrados que se encuentra en Mozambique, Sudáfrica y Suazilandia (Steenkamp *et al.*, 2004). Un poco más de la mitad del área se encuentra en Sudáfrica, y el 28% está dentro de reservas. Esta zona se conoce como Maputalandia. Maputalandia es el foco de una serie de iniciativas de conservación, lo que llevó a que se necesitara un ejercicio de planeación sistemática de la conservación para orientar al administrador de las tierras, Ezemvelo KwaZulu-Natal Wildlife (EKZNW), y a otras partes interesadas, en la selección de las ubicaciones preferentes para los nuevos proyectos compatibles con la conservación fuera de las reservas manejadas por el Estado.

Desde su concepción, se determinó que el proceso tendría que apoyarse en datos de biodiversidad con una escala espacial fina; sin embargo, estos datos eran limitados. Como resultado, se realizó un análisis de planeación preliminar sobre la distribución de los tipos de cobertura de la región, ya que estos podrían mapearse a un costo relativamente bajo a partir de imágenes satelitales.

Producción de los datos SIG

A partir de las imágenes de Landsat se produjo un mapa de cobertura del suelo. La clasificación de la cubierta vegetal se basó en un sistema existente desarrollado para el norte de Maputalandia y modificado para reflejar trabajos más recientes sobre las comunidades vegetales de la región. Se identificaron cinco zonas ecológicas, que contenían veintinueve tipos de hábitat naturales y cinco tipos que habían sido transformados por la agricultura o la urbanización. La precisión se midió registrando los tipos de cobertura real y prevista en 723 puntos a lo largo del área de estudio.

Formulación de los objetivos de biodiversidad

Los objetivos de biodiversidad fueron desarrollados por personal de EKZNW con experiencia en la planeación de la conservación y la ecología de Maputalandia. El personal decidió que los objetivos deberían basarse en la extensión de la cobertura original del suelo para evitar que los hábitats altamente transformados quedaran subrepresentados. En el proceso ayudó tanto la opinión de expertos como los datos sobre los niveles de transformación actuales de cada una de las zonas ecológicas. También se decidió que los tipos de cobertura del suelo endémicos para el Centro de Endemismo de Maputalandia, o que se consideraban en un mayor riesgo de transformación, deberían tener objetivos de conservación más elevados. Por lo tanto, los objetivos se establecieron en el 20% de la extensión original para la mayoría de los tipos de cobertura del suelo y en el 40% de su extensión original para los tipos de cobertura del suelo endémicos y amenazados.

Identificación de áreas de alto valor de conservación

Los datos se analizaron utilizando MARXAN, un programa de planeación de la conservación que utiliza técnicas de recocido simulado para identificar un gran número de conjuntos de unidades de planeación casi óptimos (cada conjunto se denomina "portafolio") con base en un método de mejoramiento iterativo que incorpora retrocesos ocasionales. MARXAN mide la efectividad de un portafolio de unidades de planeación calculando su costo de portafolio, que en este caso se basó en tres elementos. El primero fue el costo combinado de la unidad de planeación, que se estableció como el área combinada de las unidades de planeación, medida en hectáreas. El segundo fue el costo combinado de sanción por objetivo, que es la suma de los costos por no cumplir con los objetivos de representación individuales. Idealmente, estos valores de sanción deben tener una relevancia práctica, lo que le permite a MARXAN hacer concesiones mutuas entre los costos de incluir más unidades de planeación en un portafolio y el costo de no cumplir con un objetivo. El tercer elemento fue la longitud perimetral total del portafolio de la unidad de planeación o "longitud de la frontera", multiplicada por un modificador de la longitud de la frontera. MARXAN minimiza este costo de la longitud de la frontera eligiendo parches de unidades de planeación, en lugar de una serie de unidades aisladas.

El proceso de recocido simulado implicó ejecutar el *software* varias veces, ya que se basa en un proceso de selección iterativo que suele identificar diferentes portafolios al final de cada ejecución. MARXAN identifica entonces el mejor de los portafolios producidos –es decir, los portafolios con el costo total más bajo de acuerdo con la suma de la unidad de planeación, la sanción de acuerdo a los objetivos y los costos de la frontera–. Además, este *software* genera un resultado acumulado de las soluciones, que calcula el número de veces que cada unidad de planeación apareció en los diferentes portafolios producidos por las diferentes ejecuciones del *software*. Aumentar el número de iteraciones y el número de ejecuciones aumenta la probabilidad de identificar portafolios de bajo costo, pero también aumenta el tiempo de procesamiento de la computadora.

El proceso utilizó 37.943 unidades de planeación en el análisis, y cada unidad tuvo una superficie de veinticinco hectáreas. Las unidades de planeación con más del 50% de su área dentro de las reservas existentes se consideraron como si ya estuvieran bajo conservación. Además, se excluyeron las unidades de planeación de cualquier portafolio de conservación posible si más del 25% de su área comprendía la agricultura comercial o si más del 80% de su área comprendía la agricultura de subsistencia. Estas unidades se excluyeron porque MARXAN solo puede seleccionar áreas de acuerdo con su valor de conectividad, y se pensó que estas unidades altamente transformadas no serían adecuadas para tal papel, ya que la agricultura comercial altamente transformada es menos adecuada que la agricultura de subsistencia.

Resultados

La actual protección ofrecida a los tipos de cobertura del suelo por el conjunto existente de reservas oscilaba entre el 8,8% para el pastizal de Lebombo y el 100% para el matorral cerrado de dunas. El mapa acumulativo de soluciones generado por MARXAN identificó 316 unidades de planeación (el 0,8% de la región de planeación) que formaban parte de cada portafolio de planeación identificado por las doscientas ejecuciones del *software*. Todas estas unidades insustituibles bordeaban las reservas existentes y contenían veinte tipos diferentes de cobertura natural del suelo, con una mejor representación de las arboledas de *Terminalia* y de las llanuras de inundación con pastizales. Se identificaron 3244 unidades adicionales (el 8,6% de la región de planeación) como parte de la mitad o más de los diferentes portafolios de conservación. La mayoría de estas unidades de alto puntaje se encontraron en áreas adyacentes a las reservas existentes; no obstante, también se identificaron importantes parches de vegetación de llanura costera.

El análisis mostró que la mayoría de los tipos de cobertura del suelo están bien representados, aunque muchas de estas reservas están ecológicamente aisladas. Además, este ejercicio proporcionó datos valiosos sobre la ubicación de importantes áreas de conservación en la región y esta información ha ayudado a sustentar las decisiones locales sobre el uso del suelo. En particular, EKZNW utilizó el mapa acumulativo de soluciones para identificar dónde no debían ubicarse las nuevas plantaciones de eucalipto, lo que ilustra el papel de las evaluaciones de conservación para reducir el riesgo de perder una biodiversidad importante.

Fuente: adaptado de Smith *et al.*, 2006

Ejercicio de planeación de la conservación por parte de la comunidad local, Unidad de Administración de Wasini Beach, Kenia

Fuente: Lorna Slade

2. Identificar metas de conservación para la región objeto de la planeación.

- Establecer objetivos de conservación cuantitativos para las especies, los tipos de vegetación u otras características (por ejemplo, al menos tres observaciones de cada especie, mil quinientas hectáreas de cada tipo de vegetación u objetivos específicos adaptados a las necesidades de conservación de las características individuales). A pesar de la inevitable subjetividad en su formulación, el valor de tales metas es su claridad.
- Establecer objetivos cuantitativos para el tamaño mínimo, la conectividad u otros criterios de diseño.
- Identificar objetivos o preferencias cualitativas (por ejemplo, en la medida de lo posible, las nuevas áreas de conservación deberían tener una mínima perturbación previa por pastoreo o tala).

3. Revisar las áreas de conservación existentes.

- Medir hasta qué punto las áreas de conservación existentes han alcanzado los objetivos cuantitativos de representación y diseño. También puede llevarse a cabo un "análisis de vacíos" (Estudio de caso 13.6).
- Identificar no solo la inminencia de la amenaza sobre las características subrepresentadas, como las especies o los tipos de vegetación, sino también las amenazas planteadas sobre las áreas que serán importantes para garantizar unos objetivos de diseño satisfactorios.

4. Seleccionar áreas de conservación adicionales.

- Considerar las áreas de conservación establecidas como "restricciones" o puntos focales para el diseño de un sistema expandido.
- Identificar conjuntos preliminares de nuevas áreas de conservación para considerarlos como una adición a las áreas establecidas. Las opciones para hacerlo incluyen algoritmos para la selección de reservas o un *software* de soporte a decisiones para permitir que las partes interesadas diseñen sistemas expandidos que logren las metas regionales de conservación sujetas a restricciones tales como reservas existentes, presupuestos de adquisición o límites en los costos de oportunidad factibles para otros usos del suelo.

5. Implementar acciones de conservación.

- Decidir sobre la forma de gestión más apropiada o factible que se aplicará a las áreas individuales (algunos enfoques de gestión serán una alternativa de la opción preferida).
- Si, de manera inesperada, resulta que una o más áreas seleccionadas están degradadas o son difíciles

Estudio de caso 13.6 Uso del análisis de vacíos en Sudáfrica

El Departamento de Asuntos Hídricos y Silvicultura de Sudáfrica (2005) utilizó el análisis de vacíos para determinar las prioridades de planeación de la conservación del bioma forestal de Sudáfrica. El tamaño del área y el gran número de límites administrativos involucrados hacen que la implementación de la planeación de la conservación de los bosques en Sudáfrica sea un desafío.
La planeación nacional es esencial para brindar un marco para una planeación más precisa –necesaria a nivel provincial y local–. También existe la necesidad de facilitar la integración de la planeación nacional con los numerosos marcos de desarrollo biorregional y espacial.

El bioma forestal se intersecta con varios programas biorregionales para la planeación de la conservación, algunos de los cuales han sido identificados por Conservación Internacional como *hotspot* de la biodiversidad global. Se estima que el área total de bosques en Sudáfrica es de 4867 kilómetros cuadrados. Como parte del proceso de evaluación, se evaluaron 16.185 parches forestales, de los cuales solo 5856 eran mayores de diez hectáreas y un poco más de ochocientas parcelas tenían más de cien hectáreas. Al estar altamente fragmentado, el bioma forestal es particularmente vulnerable y está cada vez más amenazado por el desarrollo urbano, la extracción de subsistencia no sostenible, la agricultura, la minería, las especies exóticas invasoras y los incendios. Muchos bosques de alto valor ecológico considerados como amenazados también son importantes para el sustento de las comunidades rurales pobres. Este proyecto identificó agrupaciones forestales con una mayor probabilidad de ser más resilientes al cambio climático, y se basó en la identificación de importantes agrupaciones forestales situadas a lo largo de los grandes corredores fluviales. Para la priorización, se calcularon y utilizaron las puntuaciones de los indicadores en cada parche forestal (y agrupación forestal). Tales indicadores incluyen la irremplazabilidad, la amenaza y el valor de los medios de subsistencia, la vulnerabilidad a los efectos de borde, la pobreza, la densidad poblacional, la accesibilidad y la transformación del hábitat de las zonas forestales de amortiguación circundantes.

El objetivo del análisis de vacíos fue responder a cuatro preguntas principales.

1. ¿Cuánto de cada tipo de bosque está bajo alguna forma de protección?
2. ¿Cuánto bosque está bajo una estricta protección y qué porcentaje de cada tipo de bosque sigue siendo necesario para alcanzar los objetivos?
3. Para cada tipo de bosque, ¿qué porcentaje del 100% de los bosques insustituibles se encuentra en áreas protegidas Tipo 1?
4. ¿Cuál es la contribución provincial al logro del objetivo para cada tipo de bosque?

El estudio identificó áreas forestales prioritarias que tenían una necesidad urgente de ser incluidas en una red de áreas protegidas forestales. El análisis de vacíos proporcionó una clasificación detallada que puede utilizarse para supervisar el progreso de la conservación y el logro/brecha para lograr el objetivo para cada tipo de bosque. El estudio encontró que la actual red de áreas protegidas estrictas en Sudáfrica subrepresenta de manera significativa la biodiversidad forestal. En general, el 44% del área total de bosques autóctonos está bajo alguna forma de protección (esto incluye las áreas protegidas Tipo 1 y Tipo 2, así como los bosques estatales). Para la mayoría de los tipos de bosque, muchos de los de gran valor (100% insustituibles) no estaban bajo una protección estricta. En general, solo el 32,6% del área cubierta por bosques 100% insustituibles se encontraba dentro de áreas protegidas estrictas (Tipo 1). El análisis de vacíos también consideró el "déficit del objetivo" o el porcentaje aún pendiente para los objetivos de tipo forestal. Solo dos tipos de bosque estaban razonablemente cerca de alcanzar sus objetivos de conservación.

Fuente: adaptado del Departamento de Asuntos Hídricos y Silvicultura, 2005

de proteger, regresar a la etapa cuatro y buscar alternativas como la restauración.

- Decidir sobre el momento relativo en la gestión de la conservación cuando los recursos son insuficientes para implementar todo el sistema a corto plazo (como es usual).

6. Mantener los valores requeridos de las áreas de conservación.

- Establecer metas de conservación a nivel de las áreas de conservación individuales (por ejemplo, mantener varios hábitats para una o más especies para las que el área sea importante). Idealmente, estas metas reconocerán los valores particulares del área en el contexto de todo el sistema.
- Implementar acciones de gestión y, cuando sea posible, zonificaciones en y alrededor de cada área para lograr las metas.
- Monitorear los indicadores clave que reflejarán el éxito de las acciones de gestión o zonificaciones en el logro de los objetivos.
- Modificar el manejo según sea necesario.

Análisis de vacíos

Aunque el crecimiento en área y número de las áreas protegidas del mundo ha sido espectacular en las últimas décadas, aún no está cerca de cumplir con los objetivos del PTAP ni con las necesidades de las especies y los ecosistemas, dado que un gran número de especies,

Cuadro 13.1 Ejemplos de planeación de la gestión para los TICCA

Por siglos, los pueblos indígenas y las comunidades locales que gobiernan los TICCA (véase el Capítulo 7) han hecho planes para el manejo de sus territorios y áreas. Sin embargo, la planeación no es una actividad aparte, sino más bien una parte integral de sus vidas y costumbres, que es una respuesta a los desafíos externos, o un medio de garantizar el futuro. La mayoría de los TICCA continúan con el uso de esta planeación informal. No obstante, algunos comenzaron a hacer de la planeación una actividad aislada y formal, especialmente como un medio para buscar el reconocimiento del Gobierno o responder al mismo.

En Irán, las normas y tradiciones de los pueblos indígenas y de las comunidades locales han sostenido varias formas de vida y formas de manejo de los recursos naturales durante miles de años. En el caso de los pueblos móviles o nómadas, esto se aplica particularmente a la planeación de la migración, el intercambio de beneficios del manejo de los recursos naturales, la restauración (*qoroqs*) de áreas degradadas, el manejo consuetudinario de los pastizales y bosques, la recolección y dispersión de semillas, el uso sostenible de plantas y animales, y la resolución de conflictos.
Los conocimientos y prácticas personificados en estas actividades constituyen la base de las iniciativas recientes enfocadas en asegurar sus territorios para la conservación, incluido el uso sostenible y el mejoramiento de los medios de subsistencia. Esto implica un conjunto de ejercicios de planeación y visión, que son facilitados por el grupo de la sociedad civil Cenesta. Una propuesta para un programa de manejo de las zonas de pastoreo basado en el territorio tiene como objetivo mejorar el manejo y la conservación de los pastizales, reconociendo la importancia del conocimiento tradicional en el manejo de la complejidad ecológica (incluidos los ecosistemas que no están en equilibrio) y el mapeo y el monitoreo con base en la comunidad.

En Kenia, las unidades de manejo de playas (Beach Management Units, BMU) son asociaciones de pescadores, comerciantes y otros usuarios de la pesca y partes interesadas, centradas alrededor de los sitios de desembarque en las costas. Con el apoyo y la aprobación del Departamento de Pesca, estas BMU están en capacidad de desarrollar y hacer cumplir las normas que gobiernan su actividad pesquera, incluida la demarcación de sus límites y la exclusión de los no miembros que vienen de afuera del área. Para esto, las unidades pueden crear sus propios planes de manejo. Ejemplos de regulaciones desarrolladas bajo este marco incluyen la designación de ciertas áreas como zonas de veda o reguladas de otra manera para usos particulares, la recaudación de pagos o impuestos sobre los desembarques de pesca u otras actividades como el turismo, la regulación de los tipos de artes de pesca que pueden usarse y la restricción de la pesca para los pescadores y barcos registrados. Por lo tanto, las BMU brindan un marco de gobernanza claro para restringir y regular a los usuarios pesqueros locales. Esto hace que la pesquería pase de un contexto general de gobernanza de acceso abierto a una que se basa en el establecimiento y ejecución de los derechos locales sobre el territorio y el acceso a los recursos marinos.
El Departamento de Pesca desempeña un papel clave en el registro de las BMU y facilita el desarrollo y la aprobación final de los planes de gestión locales, y también supervisa de manera general las BMU para garantizar que se sigan las normas locales.

En Filipinas, los pueblos indígenas que obtienen el título de sus territorios tradicionales en virtud de la Ley de Derechos de los Pueblos Indígenas quedan en capacidad de preparar Planes de Protección y Desarrollo Sostenible del Dominio Ancestral (Ancestral Domain Sustainable Development and Protection Plans, ADSDPP). Grupos como KASAPI (la asociación nacional de pueblos indígenas) y la organización no gubernamental PAFID ayudan en su preparación. La Comisión Nacional de Pueblos Indígenas brinda asistencia financiera para los ADSDPP. No obstante, muchos pueblos indígenas critican el formato uniforme establecido para la formulación de los ADSDPP, argumentando que viola su derecho a la autodeterminación y la gobernanza. Esto ilustra las dificultades en la formalización de arriba hacia abajo de los TICCA y sus procesos de planeación.

Fuentes: Naghizadeh, 2012; Nelson, 2012; Pedragosa, 2012

ecosistemas y procesos ecosistémicos no están cubiertos adecuadamente por las áreas protegidas existentes (CBD, 2013). Un desarrollo importante en el último decenio es el uso del análisis de vacíos ecológicos para evaluar qué tan bien las áreas protegidas conservan la biodiversidad y cuáles son las prioridades más importantes para ampliar y reforzar las áreas protegidas (Langhammer *et al.*, 2007; Dudley, 2010; Figgis *et al.*, 2012).

Los dos criterios principales para determinar los objetivos y las prioridades de conservación son la irremplazabilidad y la vulnerabilidad (CBD, 2013). Estos criterios pueden aplicarse a todas las regiones biogeográficas y grupos taxonómicos, y están diseñados para que esto se haga a través de un proceso iterativo de abajo hacia arriba a nivel nacional o regional, que involucre a las partes interesadas (Langhammer *et al.*, 2007).

El análisis de vacíos ecológicos analiza en qué medida las características clave de la biodiversidad (especies, comunidades naturales, sistemas ecológicos y procesos ecológicos que las sustentan) están suficientemente representadas dentro de una red de áreas protegidas. El objetivo es identificar las características clave de la

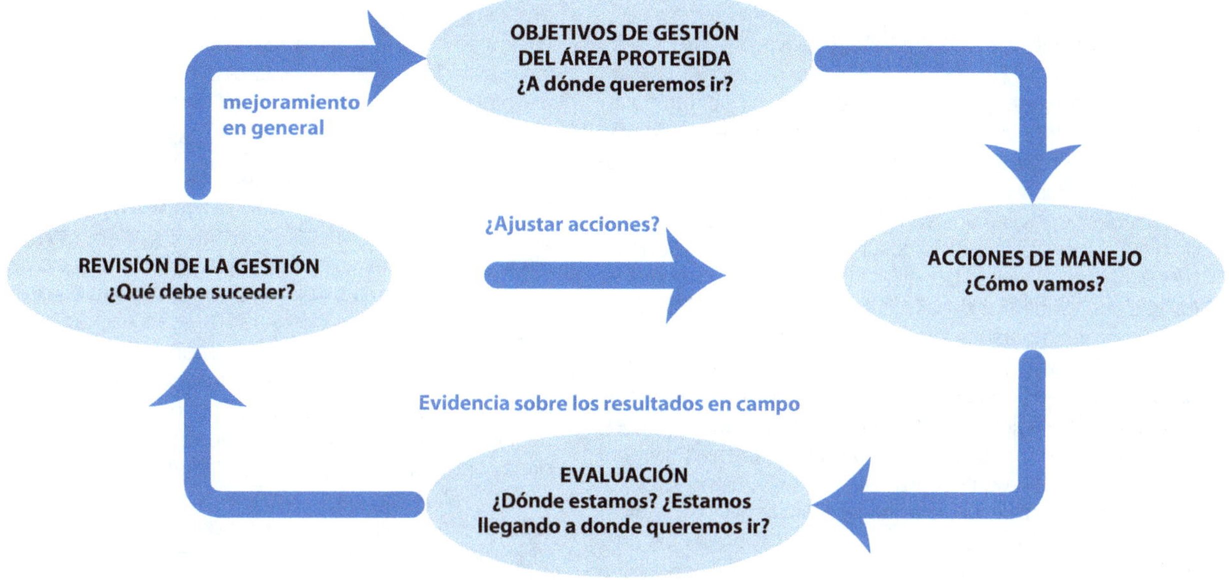

Figura 13.2 Proceso de planeación racional, adaptativa y participativa
Fuente: adaptado de Lockwood, 2006

biodiversidad que no están bien representadas. La representación ecológica brinda una metodología unificadora para abordar los vacíos en un sistema de áreas protegidas a escala nacional.

Planeación del manejo de áreas protegidas

Los planes de manejo son planes específicos de la reserva o del lugar que toman en cuenta los valores de un área, los problemas y las amenazas que pueden afectarla, y las estrategias y acciones requeridas para gestionar mejor el lugar con el fin de mantener o mejorar su conservación y otros valores.

Por lo general, los propósitos de los planes de manejo apuntan a:

- Garantizar que las áreas protegidas se gestionen para lograr los objetivos de la legislación, las expectativas de las partes interesadas (incluidas las comunidades indígenas locales), las metas corporativas y los objetivos de gestión de la conservación: control de calidad, consistencia y prevención de la degradación creciente mediante una toma de decisiones *ad hoc*.
- Obtener la participación del público en la gestión de las áreas protegidas: darle a la comunidad una manera de expresar su opinión sobre la gestión.
- Desarrollar un entendimiento compartido y una visión para una reserva: identificar la trascendencia de un área, consolidar los asuntos legislativos y políticos, integrar diversos elementos de la gestión, y comunicarles al público y al personal administrativo cómo se protegerá el área y cómo se ofrecerá a los visitantes.
- Brindar al público una rendición de cuentas: una "declaración de intenciones" para la comunidad, lo que queremos lograr y cómo, y los criterios con los que se evaluará el desempeño de la gestión de acuerdo con el plan.

Tal como se describe en Lockwood (2006), en los años setenta y ochenta, los planes de manejo tendían a incluir mucha información sobre los recursos que no era directamente relevante para las estrategias de manejo. Además, el proceso de planeación solía prolongarse e involucraba a encargados de la planeación especializados o equipos de planeación. Más recientemente, la tendencia ha sido hacia planes de manejo más estratégicos y más escuetos. En la preparación de los planes para ciertas categorías de reservas hay un mayor énfasis en el establecimiento y cumplimiento de los objetivos, y ahora los administradores de parques y la comunidad tienen una participación más directa en la preparación de los planes de manejo. Los marcos temporales para la preparación del plan se han condensado y esta tendencia se ha visto apoyada por el uso de manuales de planeación y de formatos estándar para planes con algunas secciones genéricas, como la zonificación.

Estudio de caso 13.7 Un plan de manejo para el Parque Nacional Kosciuszko

El Parque Nacional Kosciuszko es el más grande de Nueva Gales del Sur y una de las reservas de conservación más grandes e importantes de Australia. El parque contiene relieves glaciales y posee una diversidad de especies y comunidades vegetales alpinas que ofrecen hábitats para una serie de especies animales raras e inusuales. En otros lugares, el parque contiene importantes sistemas cársticos, valles profundos y hondonadas congeladas, así como comunidades vegetales que van desde bosques de eucaliptos de nieve y pastizales subalpinos, hasta extensos bosques de eucaliptos, áreas de bosques fríos templados y plataformas con pinos ciprés nativos. Los ríos alimentados por la nieve de las montañas forman algunas de las cuencas hidrográficas más importantes de Australia. El parque contiene grandes intereses comerciales como estaciones de esquí y el Sistema Hidroeléctrico de las Montañas Nevadas, los cuales contribuyen de manera significativa a las economías del Estado y la región. El parque también es rico en evidencias de, o asociaciones con, la cultura aborigen y las fases de los usos históricos del suelo, el empeño científico y los esfuerzos de recreación y conservación de muchas generaciones.

La revisión del Plan de Manejo del Parque Nacional Kosciuszko comenzó en enero de 2002 con una amplia consulta pública. La planeación involucró a la comunidad en general, así como a los usuarios del parque, los vecinos, los científicos y los grupos de interés. Este enfoque se consideró la piedra angular no solo para ayudar a desarrollar la comprensión del público, sino también para garantizar una buena toma de decisiones y aumentar la probabilidad de que el plan sea respaldado por todos los grupos.
El plan final dio mayor reconocimiento a los valores sociales y culturales del parque, la importancia de la participación de la comunidad en la gestión del parque y la gestión ambiental cuidadosa por parte de todas las instituciones y organizaciones que lo operan. Algunos representantes de la comunidad que estuvieron involucrados en el proceso de planeación luego se convirtieron en representantes en el Comité Asesor del parque, lo que sugiere que el proceso de planeación también dio lugar al desarrollo de capacidades y a una gestión cuidadosa constante. Los detalles del proceso de consulta se encuentran en otros documentos (Worboys *et al.*, 2005) y este estudio de caso se centrará en los resultados del proceso de planeación y una descripción general de la implementación del plan.

El nuevo plan reconoce la importancia de los valores culturales y sociales del parque, al igual que la necesidad de proteger estos valores de las amenazas clave, como los regímenes de quemas inapropiados, el cambio climático, las plantas y los animales introducidos, el desarrollo inadecuado y los aumentos no administrados en el número de visitas. Cada año se evalúa la condición de estos valores en el parque, no solo como una medición importante de la efectividad del manejo, sino también como una herramienta para dar soporte a la gestión adaptativa. Para hacer esto, un programa integrado de monitoreo y evaluación hace un seguimiento de la condición y la tendencia en la condición de cada valor; esto con el uso de los resultados de programas de monitoreo, de la información científica independiente, de otros datos registrados por el personal o de informes corporativos.

El plan requiere que cada año se prepare un informe público anual que describa el progreso hecho en la implementación del plan. Hasta el momento se han preparado seis informes anuales y cada uno resume los principales logros de la gestión, los programas de investigación y monitoreo, la evaluación anual de la condición de los valores del parque, así como una revisión del plan en sí (cinco años después de su adopción). En el período de presentación de informes 2011-2012, de los diecisiete valores evaluados, nueve se encontraron en condiciones aceptables bajo el régimen de manejo actual. Los otros ocho valores tienen una condición actual de preocupación y se requieren acciones de gestión adaptativa.

Desde la finalización del plan, el Servicio Nacional de Parques y Vida Silvestre de NSW, el administrador de las tierras, se comprometió a asignar anualmente los ingresos por entradas al parque a las acciones adaptativas necesarias para mantener o mejorar los valores del mismo.

Flores silvestres de verano, área alpina, Parque Nacional Kosciuszko
Fuente: Graeme L. Worboys

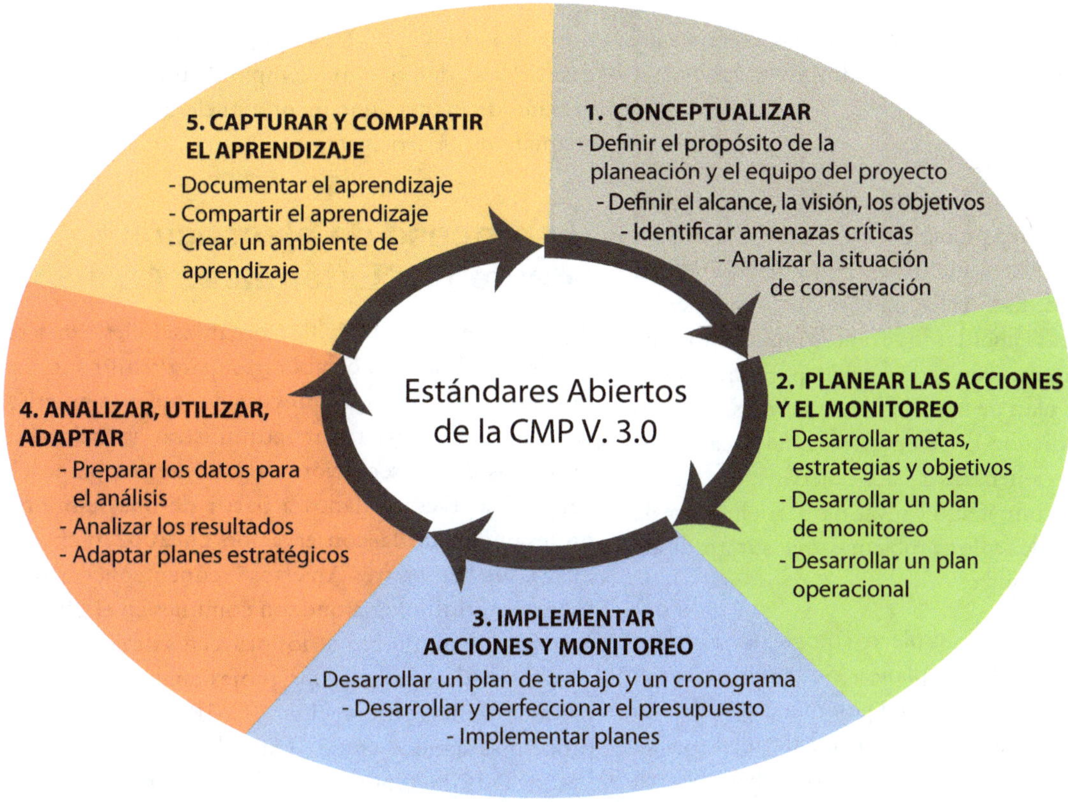

Figura 13.3 Los Estándares Abiertos para la Práctica de la Conservación
Fuente: adaptado de la CMP, 2013

Algunos planes para los parques de mayor tamaño han adoptado un enfoque basado en el desempeño, el cual especifica los resultados esperados para cada uno de los principales componentes de la planeación (por ejemplo, protección de recursos, acceso, recreación y turismo) y las estrategias con mediciones e indicadores del desempeño. Los enfoques basados en el desempeño comprenden dos componentes: primero, los criterios que describen el resultado final deseado y segundo, los métodos para definir los estándares utilizados para medir los límites aceptables de los impactos con el fin de garantizar el resultado final deseado (como los impactos de la recreación). Este estilo de plan proporciona certidumbre a través de un estado final deseado que se articula claramente. Para lograr el resultado final, el enfoque permite flexibilidad en su adopción.

El contenido, el apoyo y la implementación efectiva de los planes de manejo están influenciados por las partes interesadas y las comunidades involucradas en los enfoques de planeación participativa. El Estudio de caso 13.7 presenta un ejemplo de un enfoque de planeación participativa para una de las áreas protegidas más complejas de Australia. Este estudio de caso demuestra que las ventajas a largo plazo de involucrar a una amplia variedad de comunidades y grupos en el desarrollo del plan incluyen el apoyo continuo y la defensa para la implementación del plan.

La creciente importancia de la gobernanza comunitaria de las áreas protegidas está comenzando a generar nuevos enfoques para la planeación del manejo, tal como se presenta en el Estudio de caso 13.4. Este estudio de caso ilustra algunas de las características que deben tener los planes de manejo para ser apropiados para los TICCA, donde las comunidades, en lugar del Gobierno, son los principales actores en la toma de decisiones (Figgis *et al.*, 2012). El Cuadro 13.1 contiene ejemplos de cómo los gobernadores de los TICCA abordan la planeación del manejo para sus territorios.

Procesos para preparar planes de manejo

Si bien no existen fórmulas para preparar un plan de manejo, hay algunos pasos que son comunes al desarrollo de la mayoría de los planes. Las directrices de la UICN respecto a la planeación de la gestión de áreas protegidas (Thomas y Middleton, 2003) describen los elementos de las buenas prácticas para la planeación del manejo y reconocen que se basan principalmente en las experiencias de las áreas protegidas terrestres administradas por el Gobierno.

Para resumir, los planes de manejo más efectivos son documentos sucintos que identifican las características o valores clave del área protegida, establecen claramente los objetivos de gestión que deben cumplirse e indican las acciones a ejecutar. Tales planes son lo suficientemente flexibles para abordar los eventos imprevistos que puedan surgir durante la vigencia del plan. El proceso de desarrollo de un plan de manejo puede ser más o menos complejo dependiendo de los objetivos del área protegida, los riesgos o amenazas a estos objetivos, el número de intereses que compiten, el nivel de participación de las partes interesadas y los problemas que surjan desde afuera del área protegida.

Cualquiera sea el plan, simple o complejo, se deben aplicar principios sólidos de planeación para orientar el proceso de planeación y ayudar a garantizar que el plan de manejo completado pueda implementarse. Los factores que determinan si este será el caso se describen en Thomas y Middleton (2003) y se pueden resumir como:

- El proceso utilizado durante la preparación del plan.
- La presentación, el estilo y el contenido del plan resultante.
- El contexto dentro del cual debe operar el plan.
- Los recursos, el compromiso y la capacidad para implementar el plan.

En esta sección se resumen dos procesos de planeación y se consideran sus aportes a las buenas prácticas: un proceso mixto, racional-adaptativo y participativo (Estudio de caso 13.7) y un proceso adaptativo llamado "Estándares Abiertos" (Estudio de caso 13.8). El Estudio de caso 13.7 demuestra el valor de la participación en el diseño y la ejecución del proceso de planeación y los recursos, el compromiso y la capacidad para implementar el plan. El Estudio de caso 13.8 demuestra la importancia de diseñar un proceso práctico para la preparación del plan que reconozca no solo las necesidades y los valores de la comunidad, sino también el contexto dentro del cual debe operar el plan.

Un proceso mixto racional, adaptativo y participativo

Este modelo demuestra cómo una combinación particular de enfoques en la orientación del proceso de planeación influirá exactamente en cómo se lleve a cabo cada paso, su importancia relativa y su relación entre unos y otros. En la Figura 13.2 se presenta y en el Estudio de caso 13.7 se describe un ejemplo de un proceso de planeación de manejo que incorpora elementos racionales, adaptativos y participativos.

Un proceso de planeación adaptativa: Estándares Abiertos

Algunas de las principales organizaciones conservacionistas del mundo colaboraron para reunir sus experiencias y desarrollar un proceso de "mejores prácticas" con el fin de desarrollar, administrar y mejorar los proyectos de conservación a través de una planeación adaptativa. Desarrollados a partir de una reunión de profesionales de la conservación en 2002 (Schwartz, 2012), los Estándares Abiertos "reúnen conceptos, enfoques y terminología que son comunes en el diseño, la gestión y el monitoreo de los proyectos de conservación con el fin de ayudar a los profesionales a mejorar la práctica de la conservación" (CMP, 2013, p. 1). Este proceso se conoce como "Estándares Abiertos para la Práctica de la Conservación" (Estándares Abiertos). Los Estándares Abiertos establecen paso a paso el proceso para definir, planear, implementar y analizar los proyectos de conservación. En particular, los Estándares Abiertos abarcan:

- La gestión adaptativa: en la cual los proyectos se adaptan a medida que progresan, en función de los resultados que se alcanzan.
- La gestión basada en los resultados: un enfoque que integra el diseño, la administración y el monitoreo del proyecto para proporcionar un marco que no solo ponga a prueba sistemáticamente los supuestos, sino también que promueva el aprendizaje y ofrezca una información oportuna para las decisiones de manejo; el foco está en el desempeño y el logro de resultados e impactos sobre la biodiversidad.

Los Estándares Abiertos aprovechan y combinan un rico enfoque intelectual para la planeación, con un enfoque pragmático basado en la acción para la planeación. Los principales precursores son:

- El Marco de Evaluación de la CMAP (por ejemplo, Hockings, 2000).
- La lógica del programa (por ejemplo, Tucker, 2005).
- La práctica basada en la evidencia (por ejemplo, CEBC, 2008).
- El monitoreo, la evaluación, el reporte y el mejoramiento (por ejemplo, ANAO, 2004).

Estudio de caso 13.8 Proceso de planeación del Territorio Saludable de Wunambal Gaambera

La aplicación de los Estándares Abiertos en un contexto transcultural se contempló por primera vez en Australia como parte del proceso de planeación del Territorio Saludable de Wambamballa Gaambera y posteriormente dio lugar a un número significativo de proyectos de planeación bajo el enfoque de planeación general del Territorio Saludable. El territorio (tierra natal) de los Wunambal Gaambera abarca 2,5 millones de hectáreas del noroeste de Australia. La región es rica en patrimonio cultural y biofísico, con una serie de humedales y ríos importantes a nivel nacional, así como una significativa cantidad de plantas y animales de importancia para la conservación.

En 2007, el pueblo Wunambal Gaambera buscó el apoyo y la asistencia de varias organizaciones para desarrollar un marco de Territorio Saludable con el fin de orientar sus aspiraciones de ocuparse de su tierra y del desarrollo económico. A medida que comenzaba la planeación, rápidamente se hizo evidente que no era adecuada para el contexto en términos del lenguaje y los conceptos básicos, y que los objetivos debían incluir el bienestar y el patrimonio cultural (Figura 13.4). Se adaptó el proceso para permitir que la gobernanza local guiara mejor el proceso y el contenido. En segundo lugar, los conceptos centrales se modificaron para incorporar mejor la visión del mundo del pueblo Wunambal Gaambera. Ambas adaptaciones ahora forman el núcleo de la capacitación regular en el norte de Australia.

El pueblo Wunambal Gaambera estableció un comité de revisión regular y permanente, el cual está compuesto por miembros indígenas y no indígenas, quienes se encargan de revisar periódicamente el plan. Para una discusión detallada del proyecto Wunambal Gaambera, véase Moorcroft *et al.* (2012).

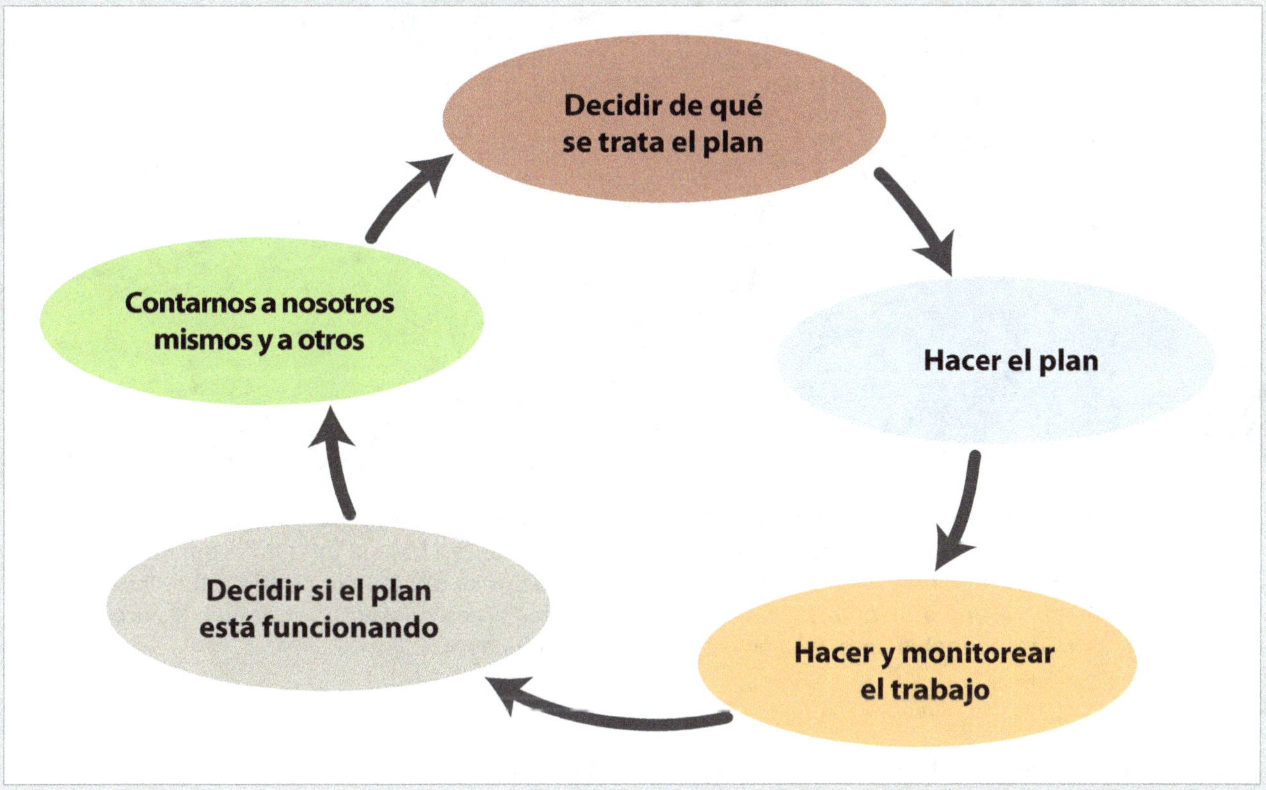

Figura 13.4 Enfoque Revisado de Estándares Abiertos como Planeación del Territorio Saludable con el uso de un lenguaje más apropiado y conceptos simplificados

Fuente: adaptado de la CMP, 2013

Los Estándares Abiertos pretenden mejorar la calidad de los planes, guiarlos en su implementación y analizar los resultados que se están logrando para que los planes se puedan adaptar a medida que avanza la implementación. Los Estándares Abiertos establecen un lenguaje común y un conjunto estándar de pasos (Figura 13.3). El uso de términos consistentes a cierta escala permite una mejor agregación, no solo para comprender los impactos acumulativos de la acción, sino también para ver cómo la conservación a pequeña escala puede contribuir a una escala mayor. Los Estándares Abiertos usan una "taxonomía común" para las amenazas y las acciones de manejo.

Los pasos anteriores se combinan en un proceso que identifica los objetivos clave –u "objetos", de acuerdo con Ungar y Strand (2012), o bloques de construcción–, identifica y clasifica amenazas (problemas), evalúa los factores que contribuyen a esas amenazas e identifica estrategias y acciones priorizadas que mitigarán las amenazas

Erosión por mareas de tormenta en Bar-mouth Beach, Parque Nacional Ben Boyd, Nueva Gales del Sur, costa sur, Australia. A medida que los niveles del mar aumentan bajo la influencia del cambio climático pronosticado (véase el Capítulo 17), los encargados de la planeación tendrán que lidiar con las consecuencias de una erosión marina más agresiva de las áreas costeras, y también tendrán que considerar las consecuencias ambientales, sociales y políticas asociadas

Fuente: Graeme L. Worboys

o restaurarán los objetivos. Al establecer un enfoque, los Estándares Abiertos proponen que los equipos registren sus supuestos acerca de cómo funcionan sus objetivos, la manera en que se ven afectados y cómo esperan que las intervenciones tengan un impacto, lo cual fomenta la transparencia (Schwartz *et al.*, 2012).

Los Estándares Abiertos requieren que los profesionales sean tan claros y específicos como sea posible cuando establezcan metas y objetivos, los cuales deben ser, en la medida de lo posible, "SMART": específicos, medibles, alcanzables, realistas y ajustados al tiempo (Specific, Measurable, Actionable, Realistic, Time-bound). Los Estándares Abiertos luego se centran en "la evaluación repetitiva y la priorización basada en los resultados medidos [que son] centrales para mantener un plan de proyecto coherente" (Schwartz *et al.*, 2012, p. 171). Por consiguiente, debido a su naturaleza, los Estándares Abiertos son un enfoque adaptativo. Si bien brindan un "marco" básico de gestión adaptativa, su implementación requiere de la capacidad y la disposición para adaptar el marco y usarlo en el contexto específico del proyecto. Un ejemplo de la aplicación de los Estándares Abiertos se presenta en el Estudio de caso 13.8.

En su revisión del uso de los Estándares Abiertos, Schwartz *et al.* (2012) sugirieron cinco áreas que deben considerarse en su uso y aplicabilidad. Estas son consistentes con una serie de problemas identificados en el estudio de caso de Wunambal Gaambera y la propia experiencia de los profesionales. Los autores destacan la necesidad de considerar a los Estándares Abiertos tanto en términos de la teoría de la gestión adaptativa como en la aplicación práctica del enfoque.

Estructura versus flexibilidad

Tal como se mencionó anteriormente, las guías estructuradas de los Estándares Abiertos brindan un marco dentro del cual se construye un enfoque razonable para establecer acciones de conservación. Estos estándares no son una herramienta imperativa y para su aplicación en las situaciones del mundo real se necesitan flexibilidad y adaptabilidad.

Integración de múltiples perspectivas

En apoyo a las afirmaciones de Ungar y Strand (2012) respecto al impacto de diferentes perspectivas culturales sobre la definición de los objetivos del plan (activos/bloques de construcción), estos deben incluir elementos culturales y de medios de subsistencia, no solo los elementos biofísicos. El uso de un enfoque de servicios ecosistémicos (como se describe actualmente en los Estándares Abiertos) es insuficiente para incorporar diferencias culturales significativas. Además, puede ser el caso que la amenaza para una persona sea el sustento para otra persona y esto debe manejarse y comprenderse con cuidado y sensibilidad.

Uso de muchas herramientas

Los Estándares Abiertos no prescriben el uso de herramientas específicas en cada paso, sino que proponen entradas y salidas. Existen muchas herramientas de planeación específicas que pueden aplicarse en cada paso del proceso de acuerdo con las necesidades puntuales del proyecto particular y la capacidad del equipo, y en especial allí donde se requiera un alto nivel de competencia técnica (véase el Capítulo 8).

Ciencia y método científico

Un punto relacionado es que los Estándares Abiertos son "un conjunto de herramientas para ayudar a los profesionales a planear e implementar la gestión de la conservación, nada más" (Schwartz *et al.*, 2012, p. 175). Es decir, no son en sí mismos la realización de la ciencia de la conservación, particularmente en relación con determinar la contribución y la atribución de las medidas implementadas a través de un plan sobre los cambios observados en los objetivos o amenazas que se abordan. Esto requiere de programas de investigación bien construidos, con sus requerimientos de recursos concomitantes (tiempo, capacidad, fondos). Game *et al.* (2012) enfatizan aún más este punto.

Costo-beneficio

Los Estándares Abiertos pueden aplicarse en muchas escalas a nivel espacial, y de acuerdo con el momento y las expectativas, y el uso de herramientas debe ajustarse en consecuencia. Es evidente que un proceso como el proyecto Wunambal Gaambera, el cual establece un plan estratégico de diez años para 2,5 millones de hectáreas que involucran una gran comunidad, requerirá una mayor inversión que un proyecto pequeño a corto plazo. Es importante que los profesionales tengan clara la escala de inversión que sea apropiada para el contexto, y que ajusten el uso de las herramientas en consecuencia.

Conclusión

Los procesos de planeación de las áreas protegidas han evolucionado para incluir una clara articulación de imperativos de conservación predominantes, los cuales son definidos por prioridades globales y vínculos con estrategias a mayor escala, lo cual brinda un enfoque estratégico a nivel del paisaje. Una planeación exitosa ha involucrado la integración de varias disciplinas, al igual que procesos inclusivos y accesibles, sistemas de investigación, monitoreo y comunicación sofisticados y accesibles, y personas experimentadas para guiar los procesos e implementar los planes.

La importancia y la posición central de los valores (tanto de la agencia como de los valores ambientales), una clara comprensión de los problemas que los afectan (como se ilustra en el Estudio de caso 13.1), los vínculos claros y medibles entre los objetivos y los acciones, los regímenes de manejo efectivos y adaptativos, las decisiones transparentes y los informes de rutina (ilustrados en el Estudio de caso 13.7), al igual que los marcos institucionales que respaldan la implementación y la adaptación del plan, todos son elementos importantes de una planeación acertada.

Un tema clave que surge de este capítulo es la posición central de la participación y la colaboración en los procesos de planeación y en el mejoramiento de la gestión de las áreas protegidas. El paso hacia la planeación adaptativa y participativa es en parte el reconocimiento de que una comunidad que aprecia la importancia de la biodiversidad y los ecosistemas saludables es un ingrediente crítico para mantener el impulso de la conservación inclusiva e innovadora de estas áreas en el futuro.

Referencias

Lecturas recomendadas

Alexander, E.R. (1992). *Approaches to Planning: introducing current planning theories, concepts and issues*. Luxemburgo: Gordon y Breach Science Publishers.

Allmendinger, P. (2009). *Planning Theory*, 2ª ed. Nueva York: Palgrave.

Australian National Audit Office (ANAO). (2004). *Better Practice Guide: better practice in annual performance reporting*. Canberra: Commonwealth of Australia.

Barber, C.V.; Miller, K.R. y Boness, M. (eds.). (2004). *Securing Protected Areas in the Face of Global Change: issues and strategies*. Gland: IUCN.

Biggs, H.; Breen, C.; Slotow, R.; Freitag, S. y Hockings, M. (2011). How assessment and reflection relate to more effective learning in adaptive management. *Koedoe*, 53(2), 1001. Doi:10.4102/koedoe.v53i2.1001

Braus, J. (2011). *Tools of Engagement: a toolkit for engaging people in conservation*. Nueva York: National Audubon Society.

Bridges, A. (2013). Territory eco-link: large framework, small budget. En: P. Figgis, J. Fitzsimons y J. Irving (eds.). *Innovation for 21st Century Conservation*, pp. 72-77. Gland: IUCN.

Brooks, T.M.; Mittermeier, R.A.; da Fonseca, G.A.B.; Gerlach, J.; Hoffmann, M.; Lamoreux, J.F.; Mittermeier, C.G.; Pilgrim, J.D. y Rodrigues, S.L. (2006). Global biodiversity conservation priorities. *Science*, 313, 58-61.

Centre for Evidence Based Conservation (CEBC). (2008). *Guidelines for Systematic Review in Conservation and Environmental Management. Version 3*. Birmingham: School of The Environment and Natural Resources, University of Birmingham.

Conservation Measures Partnership (CMP). (2013). *Open Standards for the Practice of Conservation*. Versión 3.0. Recuperado de: www.conservationmeasures.org

Convention on Biological Diversity (CBD). (2011). *Strategic Plan for Biodiversity 2011-2020 and the Aichi Targets*. Montreal: Secretariat of the Convention on Biological Diversity. Recuperado de: www.cbd.int/doc/strategic-plan/2011-2020/Aichi-Targets-EN.pdf

(2013). *Convention on Biological Diversity*. Recuperado de: www.cbd.int/doc/strategic-plan/2011-2020/Aichi-Targets-EN.pdf

Davey, A.G. (1998). *National System Planning for Protected Areas*. Gland: IUCN.

Davies, J.; Hill, R.; Walsh, F.J.; Sandford, M.; Smyth, D. y Holmes M.C. (2013). Innovation in management plans for community conserved areas: experiences from Australian indigenous protected areas. *Ecology and Society*, 18(2), 14. Doi: dx.doi.org/10.5751/ES-05404-180214

Dawkins, J. y Searle, G. (2003). Direct application of theory to practice: collaborative place management of Sydney Harbour 1998-2002. Artículo presentado a Australia and New Zealand Association of Planning Schools Conference, University of Auckland, Auckland.

Department of Water Affairs and Forestry. (2005). *Systematic Conservation Planning for the Forest Biome of South Africa*. Pretoria, Sur África: Department of Water Affairs and Forestry, Republic of South Africa.

Dudley, N. (2010). Nature conservation: leaving space for biodiversity. En: N. Dudley y S. Stolton (eds.). *Arguments for Protected Areas: multiple benefits for conservation and use*, pp. 239-522. Londres: Earthscan.

Fazey, I.; Salisbury, J.G.; Lindenmayer, D.B.; Maindonald, J. y Douglas, R. (2004). Can methods applied in medicine be used to summarize and disseminate conservation research? *Environmental Conservation*, 31(3), 190-198.

Figgis, P.; Fitzsimons, J. y Irving, J. (eds.). (2012). *Innovation for 21st Century Conservation*. Sydney: Australian Committee for IUCN.

Friedmann, J. (1987). *Planning in the Public Domain: from knowledge to action*. Princeton: Princeton University Press.

Game, E.T.; Karieva, P. y Possingham, H.P. (2012). Six common mistakes in conservation priority setting. *Conservation Biology*, 27(3), 480-485.

Government of Australia. (2010). *Australia's Strategy for the National Reserve System 2009-2030*. Canberra: Australian Government.

(2013). *Land*. Recuperado de: www.environment.gov.au/topics/land

(2014). *Marine Reserves*. Recuperado de: www.environment.gov.au/topics/marine/marine-reserves/marine-reserves-review

Hockings, M. (2000). *Evaluating Protected Area Management: a review of systems for assessing management effectiveness of protected areas*. Brisbane, Australia: University of Queensland.

International Union for Conservation of Nature (IUCN). (2014). *Key Biodiversity Areas*. Gland: IUCN. Recuperado de: www.biodiversitya-z.org/areas/22

Parks Australia y NSW National Parks and Wildlife Service. (2014). *Australia's Indigenous Protected Areas*. Recuperado de: worldparkscongress.org/drupal/node/34

Kramar, R.M.S.R. (1997). *Human Resource Management in Australia*. Melbourne: Addison Wesley Longman.

Kruger, J.M. y MacFadyen, S. (2011). Science support within the South African National Parks adaptive management framework. *Koedoe*, 53(2), 1010.

Langhammer, P.; Sechrest, W. y Tordoff, A.W. (2007). *Identification and Gap Analysis of Key Biodiversity Areas: targets for comprehensive protected area systems*. Gland: IUCN.

📖 Lockwood, M. (2006). Management planning. En M. Lockwood, G. Worboys y A. Kothari (eds.). *Managing Protected Areas: A global guide*, pp. 292-327. Londres: Earthscan.

Mackey, B.; Sobey, E.; Letcher, R.A. y Cuddy, S.M. (2007). *InCReMent Phase 1: Design & feasibility*. Canbera: The Australian National University.

Madanipour, A. (2010). Connectivity and contingency. *Planning Theory*, 9(4), 351-368.

📖 Margules, C.R. y Pressey, R.L. (2000). Systematic conservation planning. *Nature*, 405, 243-253.

Melick, D.R.; Kinch, J.P. y Gowan, H. (2012). How global biodiversity targets risk becoming counterproductive: the case of Papua New Guinea. *Conservation and Society*, 10(4), 344-353.

Moorcroft, H.; Ignjic, E.; Cowell, S.; Goonack, J.; Mangolomara, S.; Oobagooma, J.; Karadada, R.; Williams, D. y Waina, N. (2012). Conservation planning in a cross cultural context: the Wunambal Gaambera Healthy Country project in the Kimberley, Western Australia. *Ecological Management y Restoration*, 13(1), 16-25.

Naghizadeh, N.; Abbas, D. y Farvar, T. (2012). Recognition and Support of ICCAs in Iran'. En: A. Kothari, C. Corrigan, H. Jonas, A. Neumann y H. Shrumm (eds.). *Recognising and Supporting Territories and Areas Conserved by Indigenous Peoples and Local Communities: Global overview and national case studies*. Montreal: Secretariat of the Convention on Biological Diversity, ICCA Consortium, Kalpavriksh, y Natural Justice.

Naro-Maciel, E. y Sterling, E. (2008). *Protected Areas and Biodiversity Conservation I: reserve planning and design synthesis*. Nueva York: American Museum of Natural History. Recuperado de: ncep.amnh.org/linc

Nelson, F. (2012). Recognition and Support of ICCAs in Kenya. En A. Kothari, C. Corrigan, H. Jonas, A. Neumann y H. Shrumm (eds.). *Recognising and Supporting Territories and Areas Conserved by Indigenous Peoples and Local Communities: global overview and national case studies*. Montreal: Secretariat of the Convention on Biological Diversity, ICCA Consortium, Kalpavriksh, y Natural Justice.

Pedragosa, S. (2012). Recognition and Support of ICCAs in the Philippines. En: A. Kothari, C. Corrigan, H. Jonas, A. Neumann y H. Shrumm (eds.). *Recognising and Supporting Territories and Areas Conserved by Indigenous Peoples and Local Communities: global overview and national case studies*. Montreal: Secretariat of the Convention on Biological Diversity, ICCA Consortium, Kalpavriksh, y Natural Justice.

433

Pirot, J.Y.; Meynell, P.J. y Elder, D. (2000). *Ecosystem Management: lessons from around the world*. Gland: IUCN.

Pullin, A.S. y Knight, T.M. (2001). Effectiveness in conservation practice: pointers from medicine and public health. *Conservation Biology*, 15(1), 50-54.

Resilience Alliance. (2014). *Resilience Assessment.* Recuperado de: www.resalliance.org/index.php/resilience_assessment

Salafsky, N.; Salzer, D.; Stattersfield, A.; Hilton-Taylor, C.; Neugarten, R.; Butchart, S.; Collen, B.; Cox, N.; Master, L.; O'Connor, S. y Wilkie, D. (2008). A standard lexicon for biodiversity conservation: unified classifications of threats and actions. *Conservation Biology*, 22(4), 897-911.

Sanderson, E.W.; Jaiteh, M.; Levy, M.A.; Redford, K.H.; Wannebo, A.V. y Woolmer, G. (2002). The human footprint and the Last of the Wild. *BioScience*, 52(10), 891-904.

Schwartz, M.W.; Deiner, K.; Forrester, T.; Grof-Tisza, P.; Muir, M.J.; Santos, M.J.; Souza, L.E.; Wilkerson, M.L. y Zylberberg, M. (2012). Perspectives on the Open Standards for the practice of conservation. *Biological Conservation*, 155, 169-177.

Smith, R.; Goodman, S. y Matthews, W. (2006). Systematic conservation planning: a review of perceived limitations and an illustration of the benefits, using a case study from Maputaland, South Africa. *Oryx*, 40(4), 400-410.

Steenkamp, Y.; van Wyk, B.; Victor, J.; Hoare, D.; Smith, G.; Dold, T. y Cowling, R. (2004). Maputaland-Pondoland-Albany. En R.A. Mittermeier, P. Robles Gil, M. Hoffmann, J.D. Pilgrim, T.M. Brooks, C.G. Mittermeier y G.A.B. da Fonseca (eds.). *Hotspots Revisited: Earth's biologically richest and most endangered ecoregions*, pp. 219-228. Monterrey, México: CEMEX.

Thomas, L. y Middleton, J. (2003). *Guidelines for Management Planning of Protected Areas.* Gland: IUCN.

Tucker, G. (2005). *A Review of Biodiversity Conservation Performance Measures.* Oxford: Earthwatch Institute.

Ungar, P. y Strand, R. (2012). Inclusive protected area management in the Amazon: the importance of social networks over ecological knowledge. *Sustainability*, 4(12), 3260-3278.

Wardrop, M. y Zammit, C. (2012). Innovation in public policy for conservation of biodiversity. En P. Figgis (ed.), *Innovation for 21st Century Conservation*, pp. 56-65. Sydney: Australian Committee for IUCN.

Worboys, G.L.; Lockwood, M. y de Lacy, T. (2005). *Protected Area Management*, 2ª ed. Melbourne: Oxford University Press.

Yellowstone to Yukon Conservation Initiative (Y2Y). (2014). *Yellowstone to Yukon Conservation Initiative.* Recuperado de: www.y2y.net

CAPÍTULO 14

COMPROMISO Y PARTICIPACIÓN EN LA GESTIÓN Y MANEJO DE ÁREAS PROTEGIDAS: ¿QUIÉN, POR QUÉ, CÓMO Y CUÁNDO?

Autores principales:
Stephen Dovers, Sue Feary, Amanda Martin, Linda McMillan, Debra Morgan y Michael Tollefson

CONTENIDO

IUCN WCPA World Commission on Protected Areas
Convention on Biological Diversity

AUTORES PRINCIPALES

STEPHEN DOVERS es profesor y director de la Escuela Fenner de Medio Ambiente y Sociedad, Universidad Nacional de Australia, Canberra.

SUE FEARY es arqueóloga y administradora de parques nacionales, con veinticinco años de experiencia en la gestión del patrimonio natural y cultural, y consultoría con aborígenes australianos.

AMANDA MARTIN es oficial ejecutiva de la Red Australiana de Donantes Ambientales, Melbourne.

LINDA MCMILLAN es vicepresidenta adjunta de Comunicaciones de la Federación Internacional de Montaña y Escalada (International Mountaineering and Climbing Federation, UIAA); presidenta de la Comisión de Protección de las Montañas, y miembro del Grupo Temático Conservación de la Conectividad y Montañas, Comisión Mundial de Áreas Protegidas de la Unión Internacional para la Conservación de la Naturaleza (CMAP-UICN).

DEBRA MORGAN es gerente de filantropía de la Red Australiana de Donantes Ambientales, Melbourne.

MICHAEL TOLLEFSON es presidente de Yosemite Conservancy, EE.UU.

CITACIÓN

Dovers, S.; Feary, S.; Martin, A.; McMillan, L.; Morgan, D. y Tollefson, M. (2019). Compromiso y participación en la gestión y manejo de áreas protegidas: ¿quién, por qué, cómo y cuándo?. En: G.L. Worboys, M. Lockwood, A. Kothari, S. Feary e I. Pulsford (eds.). *Gobernanza y gestión de áreas protegidas*, pp. 435-466. Bogotá: Editorial Universidad El Bosque y ANU Press.

FOTOGRAFÍA DE LA PÁGINA DEL TÍTULO

Manuel Castellanos, un indígena lacandón, habla sobre la restauración de ecosistemas con visitantes en la Reserva de la Biosfera Montes Azules, en el estado de Chiapas, sudeste de México

Fuente: Eduard Müller

Introducción

Este capítulo explora los requerimientos que enfrentan y las oportunidades que obtienen los administradores de áreas protegidas, cuando se relacionan con personas, comunidades y organizaciones que tienen intereses que se entrecruzan con la gestión de las áreas protegidas. La primera sección señala el surgimiento de los acuerdos de colaboración para la gestión de los recursos y del medio ambiente y cómo estos se aplican a la gestión y manejo de áreas protegidas. Luego se presentan los principios generales que se aplican al compromiso y la participación del público. Las últimas cuatro secciones exploran cuatro preguntas: ¿con quién participan los administradores de áreas protegidas?, ¿por qué estas personas y grupos participan en la gestión de áreas protegidas, sus valores y motivaciones?, ¿cómo son las formas y las estrategias para el compromiso y la participación? y ¿cuándo debería ocurrir la participación?

La participación con otras personas, organizaciones y comunidades no solo implica valores y aspiraciones muy diferentes –pueden considerarse como clientes, usuarios y colaboradores– sino también es compleja y se produce en una variedad de entornos geográficos, sociales y políticos. Los detalles de cómo participar con éxito dependerán del contexto específico, por lo que este capítulo no impone qué hacer en una situación particular, sino que presenta conceptos y principios para permitir que los administradores reconozcan esta diversidad y seleccionen y adopten, a partir de una variedad de herramientas y estrategias, los enfoques más adecuados para sus circunstancias. Para tener un mayor nivel de detalle, el capítulo finaliza con cinco estudios de caso que demuestran cómo se materializan los temas del capítulo en diferentes contextos y las diferentes partes interesadas con quienes trabajan el personal y los administradores de áreas protegidas.

1. Los estudios de caso 14.1 y 14.2 discuten la participación con los pueblos indígenas, y enfatizan cómo las partes interesadas tienen una variedad de intereses y motivaciones, cómo se requerirán diferentes estrategias de acuerdo con el contexto cultural, y cómo se debe tener cuidado para entender "quién es la comunidad" y quién habla por ella.
2. Los estudios de caso 14.3 y 14.4 exploran el compromiso filantrópico con la gestión de las áreas protegidas y enfatizan la necesidad de una comprensión clara de las expectativas de los administradores y de las partes interesadas, así como la importancia de la transparencia y el buen proceso.
3. El estudio caso de 14.5 explora la participación de los usuarios recreativos y expone un tema central del capítulo: la variedad de motivaciones de quienes interactúan con las áreas protegidas. Este estudio de caso también enfatiza la importancia de los procesos cuidadosos y respetuosos necesarios para satisfacer las diversas necesidades de una manera mutuamente benéfica.

El éxito en la participación de la comunidad exige habilidad y dedicación, ejecutadas de una manera que responda a situaciones específicas. Pueden encontrarse más detalles en los materiales a los que se hace referencia más adelante y en la literatura sobre participación en la gestión de los recursos naturales y el medio ambiente (por ejemplo, Beierle y Cayford, 2002; Creighton, 2005; Evans-Cowley y Hollander, 2010; O'Faircheallaigh, 2010). Este capítulo se cruza con temas de gobernanza, gestión, manejo y liderazgo que se cubren en los capítulos 7, 8, 12, 16 y 27 de este libro.

El surgimiento de los acuerdos de colaboración

Las áreas protegidas son un sector y una profesión en los que, en los últimos años, hemos visto cada vez más requisitos para colaborar con una diversidad de partes interesadas. La gestión ambiental y de los recursos naturales ha evolucionado desde un estilo regulatorio de arriba hacia abajo, a uno que presenta alianzas y colaboraciones cercanas y diversas entre las agencias de administración y las comunidades locales, los usuarios de recursos, las otras entidades de gestión, las organizaciones no gubernamentales (ONG) y el sector privado. Esto es coherente con argumentos más amplios respecto al papel de los ciudadanos y el poder y la participación compartidos para la toma de decisiones políticas y normativas, y un cambio de la dirección impartida por el Gobierno hacia una gobernanza más incluyente que involucre a múltiples partes (véase Rhodes, 1997 y el Capítulo 7 del presente libro). Estos debates y tendencias se han centrado especialmente en la gestión ambiental y de los recursos naturales, y la mayoría de la literatura proviene de las democracias industrializadas (véase por ejemplo Healey, 1997; Dobson, 2003; Paehklke, 2003; Dryzek y Niemeyer, 2010; Holley *et al.*, 2012).

En algunas situaciones y hasta cierto punto se requiere de la participación de la comunidad y de la gestión colaborativa para la planeación formal y los procesos normativos; en otras situaciones, las comunidades y las agencias han buscado esta participación de la comunidad y esta gestión colaborativa no como un requisito obligatorio, sino como algo voluntario para lograr los resultados de gestión y las aspiraciones de la comunidad. En el sector de la administración de áreas protegidas, la participación con las partes interesadas puede ser una pieza formal de los procesos de planeación y gestión, como en el desarrollo de planes de manejo, y en algunos casos es una pieza formal de los acuerdos internacionales, como el caso de los bienes del patrimonio mundial.

Los primeros trabajos de participación del público se centraron en argumentar la necesidad de un mayor compromiso y en el grado de participación. Arnstein (1969) presentó una definición influyente de la "escalera" de la participación ciudadana, en la que las posiciones superiores indican un mayor nivel del poder público o ciudadano. Los peldaños en la escalera, de arriba a abajo, son:

- Control ciudadano
- Poder delegado
- Asociación
- Apaciguamiento
- Consulta
- Información
- Terapia
- Manipulación

Todos estos grados de participación se presentan en la gestión de áreas protegidas. Hacia el extremo superior de la "escalera" de Arnstein hay acuerdos de manejo fuertemente colaborativos, como la cogestión de reservas, en que los representantes de la comunidad ocupan puestos formales en una junta administrativa con un poder compartido o delegado para la toma de decisiones. Tal participación puede implicar un rol sustancial en el establecimiento de líneas estratégicas –ser parte de la gobernanza de una o más áreas protegidas–. En medio de estos puede existir un comité asesor de parques nacionales con aportes pero sin poder formal, y en el extremo inferior los visitantes están sujetos a controles regulatorios sobre el uso y quedan comprometidos por materiales que dan a conocer estas regulaciones. No es cierto que un nivel de participación sea mejor que otro –depende del contexto–. Por ejemplo, los controles estrictos sobre el comportamiento y el uso de los visitantes –o incluso la exclusión total– son apropiados para áreas altamente sensibles, y la mayoría de los visitantes aceptan, y de hecho entienden, que los valores especiales que experimentan en su visita solo existen gracias a tales controles.

La escalera de Arnstein comparte similitudes con otras categorizaciones del grado y el propósito de la participación. En el contexto de la participación de la comunidad en la gestión del patrimonio, Hall y McArthur (1998) clasifican los objetivos de participación como dar información, recibir información, compartir información y tomar decisiones participativas y técnicas de mapeo frente a estos objetivos (véase más adelante la sección "¿Cómo?: formas de compromiso y participación").

El trabajo más reciente citado en la información anterior se enfoca en múltiples estrategias de participación y colaboración, y en la calidad y la longevidad de las relaciones colaborativas. Tanto en la literatura de la gestión ambiental y de recursos naturales como en la práctica se utilizan numerosos términos y conceptos para denotar este estilo de gobernanza más participativo y en evolución: gobernanza multicéntrica o policéntrica, gestión adaptativa, gobernanza adaptativa, gestión colaborativa, alianzas de múltiples partes interesadas y gobernanza participativa de los recursos.

Estos diferentes términos y conceptos pueden crear confusión. El Cuadro 14.1 resume las tendencias relevantes en la gestión contemporánea de los recursos naturales.

Los acuerdos de gobernanza colaborativa, al igual que la gestión adaptativa emprendida dentro de estos acuerdos, amplían el contexto de la gestión de los recursos naturales en términos de la gama de organizaciones y grupos de personas involucradas, lo cual exige una buena comprensión de la política y los contextos organizacionales (Tabla 14.1). Toda gestión de recursos naturales opera dentro de escenarios institucionales y organizacionales con algunos elementos básicos, que se muestran en la Figura 14.1 (adaptado de Dovers y Hussey, 2013; véase también Howlett *et al.,* 2009). Aunque los detalles de los acuerdos varían entre jurisdicciones y contextos políticos, dos principios generales se aplican. En primer lugar, las tasas de cambio a través de los tres niveles varían significativamente, entre un cambio institucional lento y un cambio más rápido en las acciones de manejo. En segundo lugar, las oportunidades de participación en los acuerdos cambiantes son diferentes entre los tres niveles. Las secciones posteriores de este capítulo amplían estos dos puntos.

Colaboración en la gestión y manejo de áreas protegidas

Los movimientos crecientes hacia una gestión de los recursos naturales y de la biodiversidad bajo una tenencia conjunta o a escala del paisaje, como la gestión integrada de cuencas de captación y la conservación de la conectividad (Fitzsimons *et al.,* 2013; Worboys *et al.,* 2013; Capítulo 27), colocan a las áreas protegidas como parte de un sistema más amplio de recursos, valores, organizaciones y actores (Fitzsimons y Wescott, 2008; Lockwood, 2010a; Wyborn, 2013). Incluso cuando las áreas protegidas no son parte de una iniciativa más amplia para la conservación de la conectividad, los administradores establecen –y de hecho deben hacerlo– relaciones con los terratenientes vecinos, con otras agencias gubernamentales, y con los visitantes y las ONG. Esto añade consideraciones sociales a la mezcla de consideraciones naturales,

Cuadro 14.1 Gobernanza y gestión adaptativa

La gestión contemporánea de los recursos naturales, incluida la de las áreas protegidas, se ve cada vez más influenciada por ideas tales como la gobernanza colaborativa o adaptativa, lo cual sigue la teoría y la práctica desarrolladas durante las últimas décadas. En vista de la incertidumbre sobre la función del ecosistema y las estrategias óptimas de gestión, las múltiples partes interesadas y los diversos valores, el concepto de gestión adaptativa alienta las intervenciones de gestión como "experimentos" intencionales que sirvan de base para el mejoramiento continuo de la comprensión y la gestión. El cambio de la "gestión" por parte del Gobierno a una "gobernanza" por parte de múltiples partes interesadas reconoce la importancia de las estructuras y relaciones sociales y de las instituciones formales e informales (Capítulo 7). La gobernanza establece la política y la estrategia y, por consiguiente, el rumbo del manejo operacional (véase más adelante, así como Nkhata y McCool, 2012; Plummer *et al.*, 2013). La gobernanza adaptativa reconoce la participación entre las diversas partes interesadas como una alternativa a los rígidos esquemas de gestión burocrática que se basan únicamente en las aportaciones de un conocimiento "experto".

Cuatro conceptos clave dan forma a la gobernanza adaptativa.

1. Colaboración: la cual involucra que los derechos y responsabilidades se compartan entre las partes interesadas, y la resolución de diversas aspiraciones.
2. Aprendizaje social: el cual involucra alianzas para apoyar actividades colectivas y una producción y apropiación mutua y constante del conocimiento.
3. Flexibilidad: que en un sentido institucional, brinda la capacidad de adaptar las políticas y la gestión a lo largo del tiempo, conforme cambian los conocimientos o las circunstancias.
4. Policentrismo (o multicentrismo): en el que la gestión no es emprendida por una sola autoridad, sino que existen nodos múltiples, semiautónomos e interconectados de autoridad y toma de decisiones con inclusión de múltiples actores estatales y no estatales (Holling, 1978; Ostrom, 1990; Lee, 1993; Folke *et al.*, 2005; Keen *et al.*, 2005; Armitage *et al.*, 2009; Bäckstrand *et al.*, 2010; Lockwood, 2010a; Cundill y Rodela, 2012; McCool *et al.*, 2013; Ojha *et al.*, 2013).

La gestión adaptativa puede estar totalmente controlada por una agencia gubernamental u otra organización individual con poca participación; sin embargo, la literatura y la práctica recientes indican que la flexibilidad y el aprendizaje son difíciles sin una participación más amplia de las partes interesadas. La gobernanza adaptativa incluye explícitamente a múltiples partes interesadas y admite su rol en el establecimiento de metas y líneas estratégicas, no solo en la implementación de estos objetivos.

La evolución de la gestión de los recursos naturales hacia la gobernanza adaptativa –y de la gestión participativa de las áreas protegidas– es un proceso continuo y difícil de cambio en la gestión, la organización y la parte profesional. El propósito es desarrollar procesos incluyentes que involucren a los actores necesarios y que logren resultados tangibles. Los acuerdos legislativos y administrativos tradicionales dentro de los que operan las agencias gubernamentales no siempre facilitan una gestión compartida, experimental y flexible a largo plazo (Wyborn y Dovers, 2014).

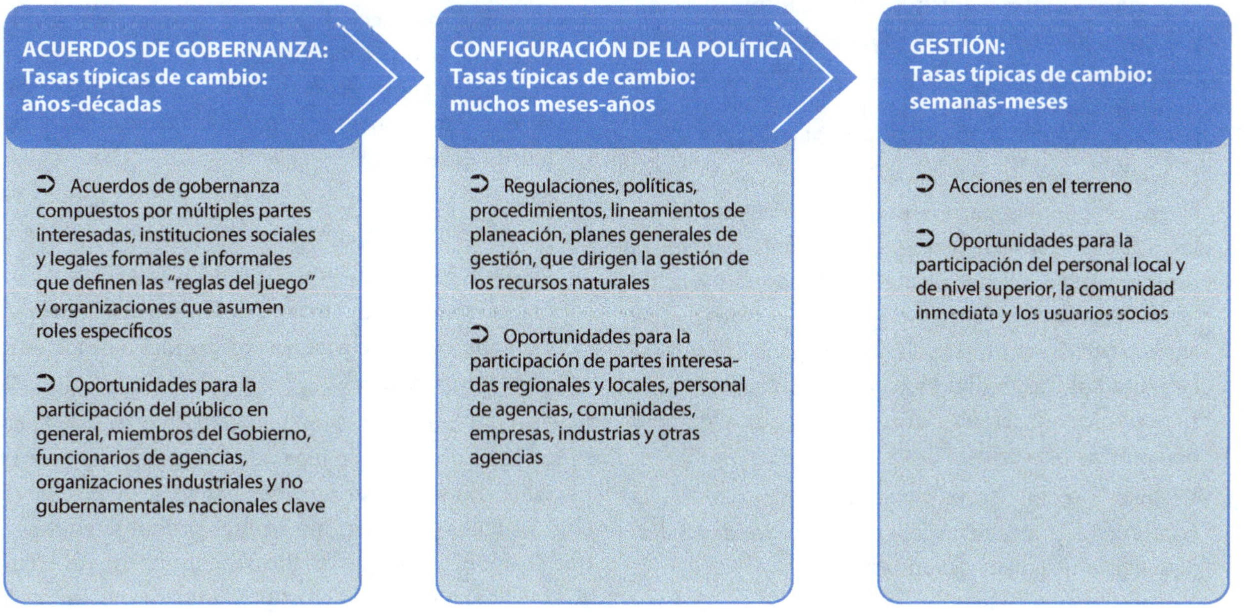

Figura 14.1 Jerarquía de la gobernanza y la participación

legales, financieras e institucionales que deben reconocerse y abordarse (Anderson y James, 2001; Lockwood, 2010b; McCool *et al.*, 2013; McNeely, 2006). Por ejemplo, para el desarrollo de planes de manejo se requiere de cierto grado de participación de la comunidad. Sin embargo, normalmente existe una necesidad práctica de más y diferentes formas que las estipuladas en los procesos legislativos o de planeación: la gestión y manejo de áreas protegidas ocurre dentro de una matriz compleja de intereses y grupos. Estas consideraciones sociales incluyen asuntos relacionados con diferentes grupos culturales que usan las áreas protegidas o que tienen un interés en su gestión, y por consiguiente incluyen cuestiones interculturales de entendimiento y comunicación.

La gestión de áreas protegidas existe dentro de un contexto político, el cual varía de acuerdo con los países y las localidades. En este, aquella se ve influenciada por los diferentes valores y expectativas con respecto a las áreas naturales y el uso por parte del ser humano. Las agencias de parques y organizaciones similares de algunas jurisdicciones tienen un estatus, autoridad y recursos considerables, aunque es posible que este no siempre sea el caso. Por lo tanto, las relaciones entre estas organizaciones y otras agencias, ONG y comunidades variarán, y los estilos de participación deberán configurarse de acuerdo con el contexto político. Un factor que influye en el contexto político es el grado de libertad de los medios, el interés de estos en la conservación y la actitud de aquellos más poderosos que tienen intereses. Es posible que lo que funciona en un lugar no funcione en otro, de acuerdo con las normas y estructuras políticas y legales, la fuerza de los diferentes valores sociales y el poder de los diferentes grupos.

- Trabajar con múltiples partes interesadas no solo impone diferentes requisitos sobre la administración y las agencias responsables (por ejemplo, un servicio de parques nacionales), sino también diferentes requerimientos sobre el tiempo y las habilidades del personal de manejo en todos los niveles y en todos los roles. La participación de la comunidad, el enlace con las partes interesadas, la gestión de las alianzas público-privadas y las colaboraciones interinstitucionales se han convertido en parte de la declaración de funciones para el personal y las agencias de áreas protegidas. Vale la pena considerar la variedad de individuos y organizaciones que tienen roles o intereses claros en la gestión y manejo de las áreas protegidas:
- Vecinos –sector privado o terratenientes de la comunidad y arrendatarios–, ya sean residenciales, agrícolas o de conservación privada.
- Comunidades locales en el área circundante, incluidas comunidades indígenas y residentes urbanos cercanos.
- Comunidades indígenas y locales que residen en un área protegida o dependen de recursos en ellas para su sustento (véase el Capítulo 25).
- Otras instituciones de gestión de recursos naturales o tierras del sector público y su personal, en el mismo nivel de gobierno –agencias forestales, autoridades de protección ambiental, autoridades de gestión de cuencas de captación o comisiones de agua, o agencias marítimas y pesqueras en el caso de las reservas costeras y marinas–.
- Otras agencias públicas, en el mismo nivel de gobierno, que puedan requerir el acceso o la colaboración con las áreas protegidas –manejo de emergencias, militares, policía o proveedores de infraestructura y transporte–.
- Agencias en niveles de gobierno distintos a los responsables del área protegida, en todo el espectro de local, regional, provincial/estatal, nacional e internacional –por ejemplo, la Unión Europea o las Naciones Unidas–.
- Políticos y partidos o movimientos políticos que influyen (positiva o negativamente) en la política y la gestión de las áreas protegidas.
- Las ONG interesadas en la conservación de la naturaleza, incluidos los grupos de incidencia y aquellos dedicados a la gestión colaborativa y las organizaciones filantrópicas que contribuyen a la adquisición o el manejo de las áreas protegidas.
- Turistas y usuarios recreativos, locales o de sitios alejados, regulares u ocasionales, individuos o grupos de interés organizados.
- Intereses del sector privado (comercial) local o regional, como firmas de guías turísticos y operadores de alojamiento, generalmente de pequeña escala, pero que pueden estar vinculados a empresas o redes más grandes.
- Intereses comerciales a mayor escala (con o sin presencia local permanente), hasta la escala de poderosas corporaciones transnacionales.
- Organizaciones de investigación cuyas actividades dependen del acceso a áreas protegidas o de la gestión de la información.

Este listado indica una gran variedad de intereses, lo cual es realista en cualquier lugar donde exista un área importante. En todos estos grupos hay socios y posibles socios, aquellos que están interesados o desinteresados, los que se oponen, los que colaboran con un interés común y aquellos enfocados en oportunidades comerciales.

Algunas personas desempeñarán múltiples roles –por ejemplo, un miembro de la comunidad local que visita el área protegida para recreación y que también está involucrado en la promoción del turismo como miembro elegido del gobierno local y como empresario local–.

Dentro de las agencias de gestión de áreas protegidas, los diferentes miembros del personal se relacionarán con diferentes partes por diferentes motivos. Los altos ejecutivos se relacionarán formalmente con altos funcionarios de otras agencias, con organismos de la industria o grupos de cabildeo de usuarios recreativos y con los medios, mientras que el personal de operaciones interactuará día a día con el personal de la agencia local, con las comunidades y empresas locales, con los políticos locales y con los vecinos inmediatos y los visitantes. De manera similar, la participación variará según el tipo y la ubicación de un área protegida –remota o cerca de una ciudad–. La definición de área protegida de la Unión Internacional para la Conservación de la Naturaleza (UICN) es "un espacio geográfico claramente definido, reconocido, dedicado y gestionado, mediante medios legales u otros tipos de medios eficaces para conseguir la conservación a largo plazo de la naturaleza y de sus servicios ecosistémicos y sus valores culturales asociados" (Dudley, 2008, p. 8).

Es evidente que existe una gran diversidad de "partes interesadas": individuos y grupos que tienen un interés en la gestión de las áreas protegidas, ya sea una sola área o un sistema de áreas protegidas. Esto coincide con la diversidad de áreas protegidas y los objetivos de estas áreas. La UICN define seis categorías de áreas protegidas, que son aquellas que se manejan principalmente para (véase el Capítulo 8):

I. Protección estricta: Ia, reserva natural estricta; Ib, área natural silvestre.

II. Conservación y protección del ecosistema (parque nacional).

III. Conservación de los rasgos naturales (monumento natural).

IV. Conservación mediante manejo activo (área de manejo de hábitats/especies).

V. Conservación de paisajes terrestres/marinos y recreación (paisaje terrestre/marino protegido).

VI. Uso sostenible de los recursos naturales (área protegida manejada).

Estas categorías definen diferentes propósitos primarios, y por lo tanto diferentes relaciones que los grupos en una sociedad tendrán con el personal y la administración de las áreas protegidas. También indican un mayor o menor grado de control sobre el uso o las visitas de un área protegida, a menudo definido en la legislación y otras políticas formales. Por ejemplo, una reserva natural estricta (Categoría Ia) o un monumento natural (Categoría III) pueden tener controles regulatorios estrictos sobre otros usos, mientras que las áreas de las Categorías V y VI pueden permitir la recreación, los operadores turísticos, los pescadores, los mineros o la recolección de alimentos de subsistencia de una manera más o menos manejada. Las categorías V y VI se gestionan como paisajes culturales donde la conservación de la naturaleza existe en conjunto con los medios de subsistencia y las prácticas sociales de las comunidades residentes; en estas situaciones el compromiso entre las comunidades y los administradores no es opcional sino esencial para el propósito central del manejo de la tierra.

No obstante, estos propósitos son el fin último de la administración de un área, y en la mayoría de los casos existe una mezcla de usos y usuarios, y por lo tanto de relaciones con individuos, organizaciones y grupos sociales. Esta combinación de usuarios comprende a los clientes, los usuarios y los colaboradores de la gestión y manejo de áreas protegidas –aquellos cuyos servicios son buscados y utilizados por los administradores, aquellos que utilizan o compran los servicios proporcionados por las áreas protegidas y aquellos que trabajan con los administradores de áreas protegidas con un propósito común–. Estas son relaciones fundamentalmente diferentes que se basan, de diversos modos, en los valores y objetivos compartidos, en las obligaciones comerciales, en las expectativas de prestación de servicios o en los requisitos regulatorios o políticos que deben cumplirse.

De un modo simplista, se piensa que las relaciones e interacciones entre los administradores de áreas protegidas y los "otros" involucran principalmente a usuarios recreativos y turistas que utilizan el área para disfrutar de sus comodidades naturales, y quizás se extienden a los visitantes ilegales o no deseados, a los operadores comerciales dentro o alrededor del parque nacional y a los terratenientes que colindan con el parque. Los administradores de áreas protegidas saben que hay muchos más: ONG ambientales, guardaparques voluntarios, empresas de extracción de recursos, comunidades locales que de alguna manera dependen del área protegida, una variedad de otras agencias gubernamentales, etc. El listado de aquellos con quienes "participa" un administrador de áreas protegidas puede ser muy largo, y a medida que avance hacia el manejo de la tierra y la conservación del paisaje como un todo, es inevitable que el listado y la variedad aumenten.

La gestión de áreas protegidas no es la única en avanzar hacia alianzas y una gobernanza colaborativa, ya que esto se ha vuelto más importante para la gestión del agua y su captación, la silvicultura, la pesca, la planeación urbana, las políticas de adaptación al cambio climático y otras áreas, y desde este campo más amplio han surgido perspectivas valiosas (por ejemplo, Borrini-Feyerabend *et al.*, 2007; Lockwood *et al.*, 2010). Al consultar a sus pares en otras agencias y sectores dentro de su jurisdicción, los administradores de áreas protegidas pueden obtener información de otros procesos participativos.

El resto de este capítulo ubica la gestión de las áreas protegidas dentro de un marco más amplio de participación pública y compromiso comunitario, con un trabajo que se basa en cuatro preguntas: ¿quién puede participar en la gestión y manejo de las áreas protegidas? ¿Por qué quisieran ser invitados a hacerlo? ¿Cómo se puede abordar tal participación? Y ¿cuándo y con qué frecuencia debe darse la participación? De esta forma el capítulo le presta una atención especial a la naturaleza de los subconjuntos de lo que suele etiquetarse vagamente como "la comunidad", sus imperativos y motivaciones, y los medios a través de los cuales se produce la participación. La nomenclatura y los argumentos generales provienen de Dovers y Hussey (2013) y del conjunto más amplio de literatura sobre la gestión ambiental participativa.

Principios generales de la participación

Los siguientes principios reflejan problemas genéricos en la gestión colaborativa de los recursos y en la participación pública de manera más amplia. Estos principios son generales, se superponen en cierta medida (por ejemplo, reconocen las motivaciones, la reciprocidad y la claridad) y pueden estar en tensión (por ejemplo, la persistencia y los límites del voluntariado).

1. **Reconocimiento de diferentes motivaciones:** aunque los administradores de áreas protegidas interactúan con otras partes en torno a la preocupación común de la gestión de un área o de unas áreas protegidas, o a las implicaciones de dicha gestión para otras áreas e intereses, es muy raro que las motivaciones sean las mismas. El administrador se preocupará por el área protegida por encima de todo, mientras que la otra parte puede preocuparse más por la conservación de la biodiversidad, el manejo regional de los incendios, los medios de subsistencia locales y el desarrollo económico, el mantenimiento de sitios culturales o el turismo y el acceso recreativo. Incluso dentro de un grupo de usuarios se encuentran diferentes motivaciones, como con los usuarios recreativos de un área protegida (para un ejemplo, véase el Estudio de caso 14.5). En los extremos hay quienes se oponen a las áreas protegidas como medio para buscar la conservación de la naturaleza, o aquellos que exigen medidas de conservación más estrictas de lo que los administradores pueden aprobar. Las diferentes motivaciones pueden coincidir, pueden ser la posible base para una participación o pueden llevar a conflictos. De hecho, es posible que sea difícil discernir la motivación principal de una parte interesada, como cuando la ganancia privada se combina con el desarrollo económico de la comunidad, o cuando el profundo apego cultural se combina con la conservación de la naturaleza. Con el fin de evitar "agendas ocultas" o tensiones que permanezcan sin ser reconocidas, y por lo tanto sin abordarse de manera adecuada, es muy importante que las diferentes motivaciones no solo se identifiquen claramente, sino también que se debatan abiertamente.
2. **Reciprocidad:** de acuerdo con las diferentes motivaciones, para un administrador de áreas protegidas el propósito del compromiso y la participación es la integridad y la protección del área en cuestión, mientras que para un cliente, usuario o colaborador podría no ser el objetivo principal. De manera directa, la gente querrá algo de la relación, ya sea la protección de una especie, las oportunidades de recreación, las perspectivas de negocios, la protección de un sitio culturalmente significativo, el agua limpia río abajo, el acceso a fuentes de alimentos o la información. Los estudios de caso 14.3 y 14.4 recalcan esto desde la perspectiva de los socios filantrópicos. Las estrategias de participación, al igual que la actitud y el enfoque de los administradores de áreas protegidas frente a la participación, deben reconocer estos deseos y ver la participación como un arreglo recíproco cuyo propósito es satisfacer –si es posible– estos deseos diferentes. Al menos puede llegarse a una comprensión del por qué algunas necesidades y demandas no pueden cumplirse de manera transparente.
3. **Claridad y transparencia:** la apertura y la honestidad son la base de las relaciones y de la colaboración, o al menos del compromiso y la tolerancia, e incluso de un conflicto no resuelto que, no obstante, termina con el respeto mutuo de cada parte. El compromiso y la participación en la gestión y manejo de áreas protegidas deben basarse en la claridad del propósito de la participación, lo que está en la agenda y quién tomará las decisiones. Las comunidades o los intereses comerciales aceptan una participación

Participación y desarrollo de capacidades con líderes indígenas de Centroamérica, Costa Rica
Fuente: Eduard Müller

limitada, pero no falsas expectativas sobre el grado de influencia que tienen. Por ejemplo, si el aporte continuo de la comunidad a la gestión de un área protegida es solo consultivo, esto debería quedar claro en el título y los términos de referencia, sin implicar lo contrario ni dejar que el posible grado de influencia sea ambiguo. También es muy importante la transparencia del proceso, desde la duración, los términos de referencia y el calendario de las reuniones, hasta los flujos de información y la retroalimentación. Debe prestarse una atención especial a las personas y los grupos para quienes la participación en consultas formales sea una experiencia desconocida.

4. **Persistencia:** la participación requiere de tiempo y esfuerzo, y una vez que se satisface una necesidad inmediata existe una tendencia comprensible a terminar el proceso de participación o la alianza. Los grupos de interés y las comunidades locales ven la consulta "que va y viene de manera intermitente" como algo vago, y se convierten en socios negativos en lugar de positivos si sienten que son utilizados simplemente para servir a los propósitos cortoplacistas de los administradores y los gobiernos. Las relaciones no se construyen rápidamente, pero pueden destruirse a gran velocidad, y es posible que en muchas situaciones se requiera de persistencia y compromiso a largo plazo.

5. **Límites al voluntariado y a la capacidad de participar:** la participación requiere de tiempo y esfuerzo por parte del personal del área protegida, pero es parte de su trabajo (o debería serlo). No obstante, las habilidades del personal varían respecto a su participación y comunicación con las partes externas, así que quizás se necesite de formación y del desarrollo de capacidades. Para muchos otros, particularmente las comunidades locales o las ONG, la contribución a la gestión y manejo de las áreas protegidas es voluntaria, ya sea que la agencia de administración pertinente las haya o no invitado. Esto debe tenerse en cuenta y deben respetarse los límites del voluntariado, de tal manera que no se impongan expectativas o exigencias onerosas a las personas y se respete su capacidad de participación (tiempo, costos de viaje, apoyo tecnológico, etc.). Para permitir su participación, algunos miembros de la comunidad pueden requerir asistencia financiera o técnica. En el caso de los pueblos indígenas, este principio se explora y enfatiza en el Estudio de caso 14.1.

6. **La exclusión y la inclusión pueden interactuar:** cuando se establece un proceso participativo, es posible que la estructura del proceso excluya a algunas personas e intereses, con o sin intención. Como dijo el politólogo Schattschneider (1983, p. 102), "quien decida de qué se trata el juego también decide quién puede entrar en él". Los administradores y los gobiernos toman decisiones sobre la escala geográfica de una consulta (y por lo tanto, quién está incluido), sobre los temas que son relevantes (y por lo tanto, quién estará interesado) y sobre el momento y

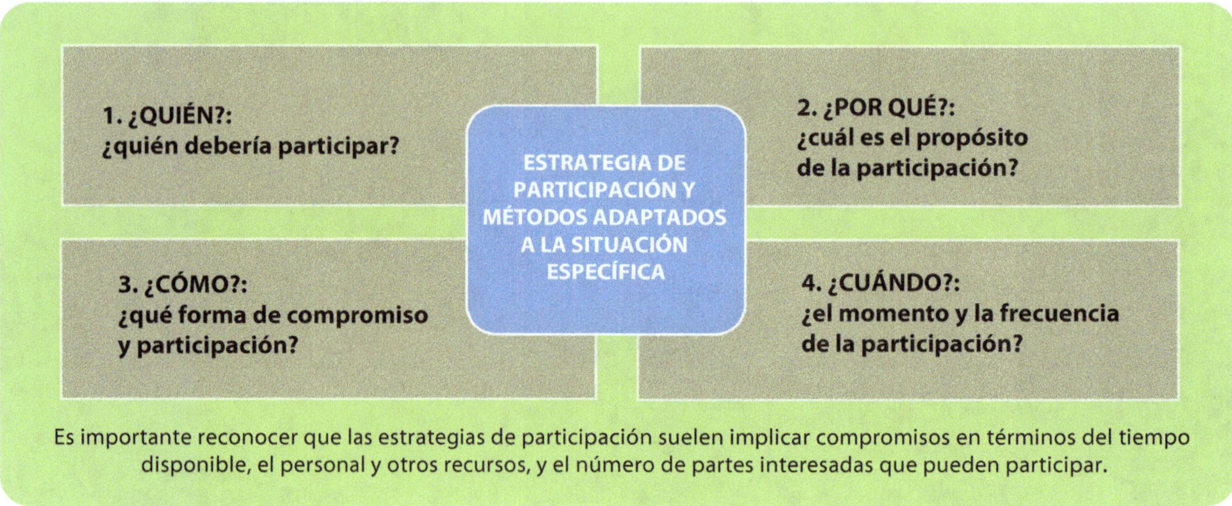

Figura 14.2 Marco general para fundamentar el diseño de una estrategia de participación

ubicación de las reuniones o el acceso a materiales impresos o en la web (y por tanto, quién puede acceder al proceso). Tales decisiones pueden hacer que la participación sea fácil y obvia para algunos grupos e individuos, o difícil e incluso imposible para otros.

7. **Representatividad:** las estrategias de participación implican decidir quién participará (véase la sección "¿Con quién involucrarse?" más adelante), y esto suele implicar una decisión sobre cuáles individuos u organizaciones particulares pueden representar mejor los intereses relevantes.

   Esto requiere que los administradores de áreas protegidas no solo estén al tanto de los intereses y grupos relevantes, sino también que se aseguren de que el proceso sea suficientemente representativo para ser justo y defendible, y que se produzcan resultados que sean aceptados o al menos comprendidos por las partes interesadas. Por ejemplo, una cámara de comercio local puede o no representar a las empresas más interesadas en el área protegida, y un grupo de residentes o de la comunidad puede o no representar a las personas que viven cerca y que se vean más afectadas por los planes de manejo. Una persona puede tener dificultades para representar una "comunidad" que no tiene un punto de vista homogéneo. Es muy importante ser consciente de las dificultades respecto a la participación y la representación de los grupos marginados de la sociedad, como los pobres, los jóvenes y las mujeres de lugares remotos. La representación puede ser un asunto muy diferente con muchas comunidades locales, indígenas o tribales (Estudio de caso 14.1) en comparación con las empresas organizadas o los grupos de conservación, y para identificar a los representantes es posible que se requieran estrategias, como una serie de reuniones comunitarias. Pedirle a una persona que "represente" a un grupo en particular puede inhibir su aporte y limitar su papel a la defensa o al avance de solo ese conjunto de intereses. En algunas situaciones puede ser aconsejable que se involucre a algunas personas de acuerdo con su conocimiento y experiencia, lo que les permite tener aportes con un alcance más amplio. Quizás sea efectiva una combinación de membresía representativa y de expertos a partir de grupos asesores o consultores.

8. **Habilidades y recursos para la colaboración:** la participación toma tiempo y recursos, y requiere de las habilidades adecuadas. Los procesos de participación que son apresurados, que están mal diseñados o que se implementan de manera inadecuada pueden crear tensiones y dañar relaciones valiosas. El compromiso y la participación requieren habilidades que deben desarrollarse y valorarse, desde el diseño de la encuesta hasta las comunicaciones escritas y la celebración de reuniones comunitarias. La participación también puede llevar un tiempo considerable, y los procesos de gestión (como una revisión del plan de manejo) deben reconocer esto y tenerlo presente. La participación también requiere recursos, como la asignación adecuada de fondos, personal e información.

Estos son los principios rectores, no las reglas ni los ingredientes de una receta, que reflejan las lecciones acumuladas durante muchas décadas a partir de los procesos participativos sobre la gestión de los recursos naturales y el medio ambiente. Si se considera de manera temprana y cuidadosa, la aplicación de estos principios aumentará la probabilidad de una participación positiva.

Las siguientes cuatro secciones establecen las cuatro variables centrales del compromiso y la participación –quién, por qué, cómo y cuándo– como la base para que los administradores de áreas protegidas en una situación específica formulen y respondan las cuatro preguntas como parte del diseño y la posterior implementación de estrategias para el compromiso y la participación (Figura 14.2).

1. ¿Quién tiene un interés en la gestión de las áreas protegidas en esta situación particular y, por lo tanto, con cuáles individuos y grupos se debería participar?
2. ¿Por qué están interesados estos grupos y cuáles son sus valores? O en esta situación particular, ¿cuál es el propósito de involucrar a estas partes en la gestión y manejo del área protegida?
3. En esta situación particular, ¿cuáles son las formas apropiadas de participación y compromiso para estos grupos y propósitos respecto a la gestión y manejo del área protegida?
4. ¿Cuándo se requiere la participación, o cuándo es el mejor momento, y en qué intervalos?

Un ejemplo exitoso de participación. Celebración cerca de Bega en 2006 de la "devolución" del Parque Nacional Biamanga por parte del exministro de Asuntos Aborígenes del Gobierno de Nueva Gales del Sur, Milton Orkopoulos, y el ministro de Medio Ambiente, Bob Debus (miembro de la Orden de Australia) [extremo derecho], a los ancianos que representan a la Nación Yuin para una futura administración conjunta con el Servicio Nacional de Parques y Vida Silvestre de Nueva Gales del Sur, Australia

Fuente: Ian Pulsford

La consideración de cada uno de los principios anteriores, y los marcos y listas de verificación que se presentan en las siguientes cuatro secciones, aumentarán la probabilidad de seleccionar un enfoque adecuado en una situación específica.

Es importante reconocer que las estrategias de participación suelen implicar compromisos en términos de tiempo disponible, personal y otros recursos, el número de partes interesadas que pueden incluirse en las discusiones y el grado en que pueden abordarse todos los valores y expectativas. Los administradores de áreas protegidas y los otros grupos harán concesiones mutuas, y el principio de transparencia ordena que al menos estas limitaciones se hagan evidentes de tal manera que todos los involucrados tengan una comprensión compartida del proceso en el que participan.

¿Con quién involucrarse?

"Compromiso" y "participación" son términos de moda en la política moderna, las políticas públicas y la gestión. Estas palabras orientan a los encargados de formular políticas y al personal de las organizaciones a interactuar con el "público", las "comunidades" y las "partes interesadas". Con frecuencia, los motivos para tal participación son claros (véase en la información anterior, y la sección más adelante "¿Por qué?: los propósitos de la participación"), pero es posible que no sea tan evidente quién exactamente va a participar –quién constituye el público o la comunidad y quién tiene una participación o un interés–. Tal como se indicó, los distintos grupos y personas tendrán razones claramente diferentes para participar en la gestión de las áreas protegidas, ya sea que la administración del parque los invite a hacerlo o que deseen o exijan hacerlo. No existe una "comunidad" única u homogénea, ya que las personas forman comunidades en torno a muchos y variados intereses comunes. La Tabla 14.1 define las principales comunidades relevantes para la participación pública y el compromiso de la comunidad, e indica la relevancia de estas para la gestión y manejo de las áreas protegidas. Algunas de estas tienen una relevancia obvia, como las comunidades locales (espaciales) o recreativas, y algunas son menos obvias, como las culturales o económicas, aunque estas últimas estructuran las relaciones sociales y bajo algunas circunstancias pueden ser relevantes o incluso cruciales.

Tabla 14.1 Comunidades y partes interesadas en la gestión del medio ambiente y de los recursos naturales, con ejemplos relevantes para el manejo de las áreas protegidas

Tipo de comunidad	Bases de interés común
Espacial (basada en el lugar)	Determinada por la afinidad o la participación en la condición de un sistema natural o humano definido espacialmente (localidad, distrito, región, jurisdicción). Las comunidades locales tendrán un interés en las áreas protegidas cercanas en términos de oportunidades recreativas, entretenciones escénicas, empleo, perspectivas comerciales como el turismo, manejo de incendios, salud de la captación de agua, etc.
Comunidades asentadas dentro de las áreas protegidas	Una categoría particular de comunidades espaciales o asentadas (información anterior) que viven cerca o dentro de un área protegida, y por razones culturales o de subsistencia dependen directamente de los recursos dentro de tales áreas. Los grupos indígenas son especialmente importantes en relación con algunas áreas protegidas.
Política/electoral	También definida geográficamente, pero como ciudadanos de la jurisdicción en la que se ubica y gestiona una función pública particular y, por lo tanto, pueden tratar de influir en la gestión mediante la votación o mediante el contacto con representantes elegidos; por ejemplo, un estado/provincia donde el gobierno de esa jurisdicción es responsable de las áreas protegidas, o un área del gobierno local donde las áreas protegidas se administran a nivel municipal.
Familiar	Miembros de una familia localizada o extendida, o una red de parentesco. Una variable estructural primaria de todas las sociedades, y aunque puede ser una consideración secundaria, podría ser relevante para los administradores de áreas protegidas al relacionarse con las comunidades.
Cultural	Comunidades, quizás definidas espacialmente, pero a menudo no, unidas por la cultura, la etnicidad, las creencias religiosas, la ideología social, etc. De manera similar al tipo de comunidad familiar, puede ser una variable secundaria pero que influye en la gestión de las áreas protegidas al definir oportunidades para las estrategias de información comunitaria a través de redes sociales, o por ejemplo, diferentes actitudes de la comunidad respecto a asuntos como el uso de la vida silvestre.
Profesional/económica	Grupos de personas reconocibles, a menudo dispersos espacialmente, vinculados por la profesión o el empleo dentro de una carrera o tipo de negocio en particular. Intereses individuales o miembros de una agrupación más amplia –por ejemplo, operadores de ecoturismo, guías de caza, cadenas de alojamiento, fotógrafos profesionales de la naturaleza, etc.– interesados en la viabilidad o el acceso a las áreas protegidas.
Definida por incidentes y eventos	A menudo organizacional o profesional, pero el interés se define por eventos específicos donde sea que ocurran, como militares en tiempos de conflicto que afectan áreas protegidas, servicios de emergencia y rescate durante desastres o accidentes, y servicios de salud durante brotes de enfermedades.
Conocimiento/epistémica	Comunidades definidas por un sistema de conocimiento; por ejemplo, una disciplina académica o un grupo de interés especial, como la biología de la conservación, los estudios de turismo o una sociedad de patrimonio geológico.
En relación con asuntos	Grupos con una identidad y un propósito gracias a su interés o su compromiso con una cuestión importante, como los servicios sociales, el acceso para discapacitados a los edificios, los problemas específicos de salud, etc. Por ejemplo, sociedades de conservación de la vida silvestre, ONG ambientales, organizaciones internacionales para la conservación, grupos de defensa de los derechos de los animales.
Recreación organizada	Grupos vinculados mediante la participación o promoción de actividades recreativas (grupos deportivos, clubes de servicio, etc.); grupos de caza, clubes de excursionismo, montañistas, etc.
Industria del turismo y turistas	Tanto proveedores como consumidores de visitas organizadas/promocionadas y servicios al usuario. Si bien son una combinación de las categorías económica y recreativa anteriores, son lo suficientemente importantes como para garantizar su reconocimiento por separado en el contexto de las áreas protegidas.
Personas o comunidades ilegítimas o ilegales	Individuos o redes de individuos involucrados en actividades ilegales o inaceptables en el contexto relevante; por ejemplo, cazadores furtivos de vida silvestre, cazadores ilegales, productores de drogas, colonos informales (ocupantes ilegales), usuarios recreativos que desafían las regulaciones.

Fuente: adaptado y ampliado de Dovers y Hussey, 2013

Estas son categorías amplias y contienen mucha variación, como al interior de las comunidades ilegales, recreativas o epistémicas. Por consiguiente, las personas y las organizaciones específicas, al igual que los problemas y las preocupaciones, variarán enormemente entre los diferentes lugares y situaciones. Es importante destacar que una persona puede pertenecer o relacionarse con más de una comunidad, como en el caso de un miembro de la comunidad local que es un usuario recreativo de un parque nacional y también es miembro de, por ejemplo, una asociación de observación de aves o una alianza empresarial. Las áreas protegidas tienen múltiples valores y afectan otros más fuera de sus fronteras, y estos hacen eco con las creencias arraigadas en la sociedad. Los valores son fundamentales para las personas y deben tomarse en serio. Las comunidades o las redes de personas se forman en torno a valores e inquietudes comunes y trabajan para buscar o proteger estos valores, ya sean recreativos, comerciales, criminales, culturales o ambientales. La categorización anterior es un instrumento para fomentar la consideración de múltiples valores, y por lo tanto, múltiples comunidades.

Tratar con segmentos muy diferentes de la "comunidad" o del "público" requerirá una cuidadosa elección del estilo y los medios de comunicación. Algunas partes interesadas y socios esperarán una comunicación formal, mientras que otros tal vez solo se sientan cómodos con el contacto informal y la discusión. La comunicación, así como el formato de las reuniones, siempre debe adaptarse a las expectativas de los demás, incluidos los ajustes a las normas y estándares culturales. Por ejemplo, los procedimientos de reunión formales que involucran la asignación de una silla, el establecimiento de la agenda y el uso de la palabra pueden ser inapropiados en algunos entornos sociales y culturales. La asesoría de los representantes locales es muy útil para conocer los estilos apropiados de participación y comunicación.

Los diferentes grupos dentro de una sociedad o comunidad tienen diferentes niveles de poder y recursos, y diferentes niveles de acceso a la información, y por lo tanto, un acceso desigual a las oportunidades de participación. Además, ciertos grupos con intereses particulares pueden dominar las discusiones públicas o los procesos de participación a expensas de otros grupos. El conocimiento de una comunidad local y del contexto político de la gestión de áreas protegidas puede servir como base de estrategias que les garanticen a todos los grupos relevantes la oportunidad de ser escuchados.

A menudo, es posible que una "comunidad" particular no tenga una relevancia obvia para la gestión y manejo del área protegida, pero puede ser valiosa como una vía de comunicación con otros. Las instituciones informales (a diferencia de las formales) son importantes en la gestión de recursos naturales, particularmente en áreas rurales y regionales, ya que representan vínculos sociales, normas de comportamiento y conocimiento local (véase, por ejemplo, Connor y Dovers, 2004). Las instituciones y redes informales ofrecen medios de comunicación y participación. El conocimiento de los trabajadores locales de la reserva sobre una comunidad local puede brindar información a los administradores sobre las instituciones informales y las redes sociales que puedan ser difíciles de identificar desde el "exterior"; no obstante, si bien un trabajador local puede comprender mejor las condiciones y a las personas locales, quizás no tenga margen para tratar con las personas con las que interactúa –es posible que deba cumplir con las políticas y prácticas de la agencia establecidas por sus superiores–.

Tenga en cuenta que la descripción general de estas "comunidades" puede aplicarse a una gran variedad de sectores y asuntos, como la salud, la equidad o el empleo, así como a la gestión y manejo de áreas protegidas. Vale la pena enfatizar lo anterior, ya que nos recuerda que el compromiso y la participación son preocupaciones importantes en otros campos. Surgen dos consideraciones: primero, que en otros campos pueden encontrarse ideas y métodos de participación y, segundo, que siempre habrá otras demandas sobre el tiempo y la atención de los ciudadanos, de los grupos comunitarios y de las organizaciones del sector público y privado. A este respecto, y al recordar el principio general de respetar los límites del voluntariado y la capacidad de la comunidad, en la gestión de los recursos naturales surgió el problema del "agotamiento" (Byron y Curtis, 2001).

Con frecuencia, la identificación de "comunidades" o de las partes interesadas es una cuestión de familiaridad local o profesional por parte de los administradores, y algunas veces estará definida en un plan de gestión o en un proceso regulatorio, o es una tarea de la que se encargan los responsables superiores de la toma de decisiones. No obstante, pueden utilizarse métodos más formales y detallados para la identificación de las partes interesadas cuando los administradores no estén familiarizados con las comunidades afectadas o cuando la importancia del asunto a decidir justifique un mayor esfuerzo. El análisis de las partes interesadas y el análisis de las redes sociales son los principales métodos empleados y se han utilizado en contextos de áreas protegidas (véase, por ejemplo, Eadens *et al.*, 2009; Prell *et al.*, 2009). Para identificar a los interesados en la gestión y manejo de las áreas protegidas o las actitudes hacia la conservación de la naturaleza y la gestión del parque pueden utilizarse encuestas de visitantes y de la comunidad, al igual que encuestas de la opinión pública.

Una última consideración se relaciona con la pertenencia a diferentes comunidades, no solo de los funcionarios y los administradores de áreas protegidas, sino también del personal local de otras agencias gubernamentales estrechamente asociadas con la administración de áreas protegidas. De acuerdo con la Tabla 14.1, estas personas pertenecen a las comunidades profesionales y de conocimiento al ser empleados de las áreas protegidas o al ser empleados de una agencia forestal o una similar. No obstante, el personal también hará parte de comunidades familiares o locales al ser residentes de asentamientos cercanos y al estar estrechamente conectados con familiares, vecinos o miembros de grupos sociales con valores muy diferentes. En muchas áreas remotas o regionales, dicho personal puede estar dentro del pequeño subconjunto de la comunidad con calificaciones profesionales o de enseñanza superior, y a menudo son los únicos con calificaciones formales en áreas específicas, como la ecología o la gestión del suelo. Aquí surgen dos problemas importantes. En primer lugar, cuando el personal de manejo representa, o se espera que represente, intereses que puedan entrar en conflicto con los de la administración, la identificación de cualquier conflicto de intereses debe hacer parte del diseño de un ejercicio de participación. En segundo lugar, es posible que las estrategias de participación deban diseñarse de una manera solidaria para evitar que el personal quede en situaciones difíciles o peligrosas dentro de sus propias comunidades al tener que defender posiciones consideradas contrarias a los intereses de esa comunidad.

El mensaje principal de esta sección es que las áreas protegidas tienen muchos valores, y por consiguiente son de interés para muchas personas, comunidades y organizaciones que estén en ubicaciones cercanas o alejadas. Los administradores de áreas protegidas deben reconocer estos múltiples intereses y ser minuciosos al identificar e involucrar a todos los que tengan una participación en el área o áreas protegidas en cuestión, cualquiera sea su interés. Esta sección brindó una orientación general para responder a la importante pregunta: ¿quién tiene un interés en la gestión de áreas protegidas en esta situación particular?

¿Por qué?: los propósitos de la participación

En la sección anterior vimos una amplia gama de individuos y grupos con intereses en las áreas protegidas. En consecuencia, sus intereses y valores –por qué están interesados– también variarán. Las estrategias de participación deben permitir que una consulta o un proceso similar ayuden a identificar y abordar estos diferentes valores. Es posible que un gobierno o un organismo de administración de áreas protegidas decida que no se atenderán algunos intereses (el quién y el por qué), y determine la cantidad de poder compartido o la toma de decisiones que otros disfrutarán –es decir, el punto en la escalera de Arnstein (véase en la información anterior)–. Aunque dichas decisiones pueden ser racionales y defendibles, deben basarse en una consideración transparente de los múltiples propósitos posibles, de modo que la exclusión de algunos propósitos se dé por un motivo y no simplemente porque se pasaron por alto o se olvidaron. La Tabla 14.2 describe algunas categorías amplias de los propósitos junto con ejemplos de las áreas protegidas.

La identificación de los propósitos, junto con la identificación de las partes interesadas, será la base para el diseño de un ejercicio de participación. Es importante que todos los involucrados tengan una comprensión similar de cuál es el propósito de un ejercicio de participación, y lo que es igualmente importante, de cuál no es el propósito. Si una consulta en torno a la gestión de áreas protegidas no puede considerar cambios a ciertas normas del manejo, esto debe quedar claro. Para evitar malentendidos o expectativas poco realistas, si un cambio en una política más amplia relacionada con el acceso está fuera del ámbito de una revisión del plan de manejo, esto debe entenderse claramente.

El mensaje central de esta sección es que la participación con las comunidades y otras organizaciones no tiene un único propósito, sino que se lleva a cabo para permitir la realización de distintas metas en manos de diferentes individuos y grupos. Los administradores de áreas protegidas deben tener claro cuáles son los objetivos a lograr por medio de la participación –es decir, sus propias motivaciones, pero también las de los socios– de modo que sea más probable alcanzar tales objetivos. Esta sección brindó una orientación general para responder a la importante pregunta: ¿cuál es el propósito de involucrar a otras partes en la gestión y manejo de áreas las protegidas en esta situación particular?

Tabla 14.2 Los propósitos de la participación, con ejemplos relevantes para la gestión y el manejo de las áreas protegidas

Propósito	Explicación	Ejemplos a partir del manejo de las áreas protegidas
Debate social	Permitir el debate sobre objetivos y valores sociales más amplios	Debates públicos y debates políticos sobre conservación de la naturaleza, acceso, conflictos sobre el uso de la tierra, desarrollo turístico, conflicto entre grupos de usuarios, desarrollos importantes
Formulación de políticas	Definir problemas políticos, formular políticas o desarrollar principios políticos	Aportes a procesos políticos sobre la declaración, gestión y uso de las áreas protegidas, a través de consultas, aportes o enlaces interdepartamentales, medios de comunicación, encuestas de opinión pública, etc
Responsabilidad legal o administrativa	Para exonerar responsabilidades profesionales o regulatorias, incluida la aplicación de la ley	Otras agencias de gestión de tierras y demás que participen en interacciones de política y gestión con los administradores y las agencias de áreas protegidas
Respuesta a eventos o amenazas	Para responder a un evento específico como un miembro profesional o de la comunidad	Por diversas razones, incluida la seguridad de la comunidad (por ejemplo, incendios, inundaciones, conflictos sociales, guerras), razones éticas o culturales (por ejemplo, amenazas a sitios culturales, bienestar animal) o motivos económicos o de subsistencia (por ejemplo, la recolección ilegal de recursos alimentarios localmente importantes)
Información y habilidades	Aprovechar la información o una experiencia particular	Juntas consultoras o asesoría científica individual, grupos de referencia de la comunidad.
Implementación de políticas y cumplimiento de programas	Implementar o ayudar a la implementación de la política	Distribución de información relacionada con áreas protegidas, con un apoyo en la aplicación o el monitoreo regulatorio
Gestión	Participar en trabajos de gestión o en el terreno	Juntas o comités asesores de áreas protegidas, grupos de amigos o de cuidado de parques, guardaparques voluntarios, programas para el control de malezas que utilizan voluntarios
Investigación	Para usar las áreas protegidas como sitios de investigación	Ecología de la vida silvestre, ciencia de incendios, investigación del turismo, etc., a menudo vinculados al monitoreo
Monitoreo ambiental	Monitorear las condiciones ambientales	Monitoreo de la calidad del agua, recuentos de aves, estudios de malezas, etc., realizado por voluntarios y grupos comunitarios
Mantenimiento de los medios de subsistencia o ganancia comercial	Subsistencia, ingresos, mantenimiento de bienes y valores culturales	Operadores comerciales dentro o cerca de las áreas protegidas, usuarios de recursos naturales, comunidades locales e indígenas

Fuente: adaptado de Dovers y Hussey, 2013

¿Cómo?: formas de compromiso y participación

Existe una amplia gama de marcos y métodos de participación y compromiso que dan lugar a una “caja de herramientas”, con la que pueden construirse estrategias (véanse, por ejemplo, Hall y McArthur, 1998; Beierle y Cayford, 2002; Creighton, 2005; Evans-Cowley y Hollander, 2010; O’Faircheallaigh, 2010). El alcance de “quién y por qué” de la información anterior puede orientar la elección del enfoque, en lugar de seleccionar los medios antes que los fines –es decir, elegir el método antes de considerar suficientemente la intención y el contexto–.

En el Cuadro 14.2 se presenta una categorización de las formas de participación relevantes para la gestión y manejo de áreas protegidas (para otra versión, véase Hall y McArthur, 1998, p. 75). Dentro de cada una de estas formas, los administradores tendrán a su disposición métodos y procesos más específicos.

Cuadro 14.2 Formas de participación en la gestión ambiental y de los recursos naturales, con comentarios sobre la relevancia para las áreas protegidas

Nota: cualquier persona o grupo puede involucrarse en más de una forma de participación, al mismo tiempo o durante un período.

- **Como votantes** en diferentes niveles del Gobierno (nacional, estatal/provincial, local) dentro de sistemas democráticos y **como individuos** a través de cartas a los representantes políticos o periódicos, con propuestas a las consultas del Gobierno (ahora suelen ser en línea), o al expresar las opiniones en los programas radiales de discusión, entre otros. Los administradores de áreas protegidas se involucrarán poco con esta forma de participación del público, aunque es posible que se requiera que algunos funcionarios de alto nivel brinden asesoría o respondan públicamente en nombre de sus gobiernos si se presentan una politización de las áreas protegidas o de la política de conservación. No obstante, como el rostro visible de las áreas protegidas, el personal en el terreno influirá en la manera en que el público percibe a las áreas protegidas y su valor.
- Como miembros de **grupos de interés y presión,** o como ONG ambientales, grupos de agricultores, partidos políticos o asociaciones de consumidores. Los administradores de áreas protegidas, tanto a nivel operativo como a nivel superior, suelen tener relaciones cercanas y constantes con dichos grupos, a escala de un área protegida individual o en toda la agencia o jurisdicción. Los intereses y objetivos de tales grupos pueden estar en línea o en clara oposición a los de la gestión de las áreas protegidas.
- **Como titulares de derechos** especificados en la ley, en los planes de manejo o en los contratos que definen el uso y la asignación de recursos. Pueblos locales que residen dentro de las áreas protegidas o que dependen de estas y tiene derechos sobre los recursos dentro de las mismas (en particular los pueblos indígenas), o entidades comerciales con derechos de acceso garantizados por medio de un acuerdo formal.
- **Como consumidores,** a través de la adaptación del consumo y las opciones de compra para apoyar o evitar determinados bienes, servicios o asuntos. A medida que algunos sistemas de reservas adoptan un mayor costo total para el usuario (por ejemplo, tarifas de ingreso) o incorporan operaciones comerciales, los visitantes y usuarios se convierten tanto en consumidores (pagan por la experiencia deseada) como en ciudadanos (disfrutan de la oportunidad recreativa suministrada por el Estado). Es posible que este cambio modifique las expectativas del visitante y su relación con los administradores y trabajadores de las áreas protegidas. Por ejemplo, es probable que las expectativas de los usuarios de instalaciones gratuitas sean más bajas o más indulgentes que las expectativas de los usuarios que pagan por el uso de las instalaciones.
- **Como empleados y trabajadores** en muchas industrias, comercios y profesiones que implementan nuevas prácticas medioambientales y se relacionan con otras empresas o agencias públicas. Los empleados de empresas o agencias que prestan servicios a las áreas protegidas o a las autoridades de parques (contratistas que fabrican cercas, operadores turísticos, personal de aseo en los hostales, empresas de mantenimiento de vehículos, etc.) suelen tener una relación cercana y constante con las agencias de áreas protegidas y su personal, y no solo tendrán que cumplir con las reglamentaciones y las expectativas, sino también transmitirán a los demás las percepciones sobre el valor de las áreas protegidas o la calidad de la gestión.
- **Como receptores de información,** incluida la información científica sobre cambios ambientales o mensajes sobre opciones, cambios o la implementación de políticas. Los visitantes de las áreas protegidas suelen ser abordados con mensajes específicos y generales sobre la protección ambiental, la conservación de la biodiversidad, el patrimonio y otros asuntos.
- **Como proveedores pasivos de información** que actúan como fuentes para investigadores, analistas de políticas o empresas de encuestas de opinión que brindarán información para las decisiones políticas y el diseño de políticas, o **como participantes activos en proyectos de investigación y monitoreo** sobre la gestión ambiental y de recursos que brindarán información para las políticas. Los visitantes y los usuarios de áreas protegidas suelen ser encuestados o monitoreados (pasivamente), o pueden participar más activamente en la recolección e incluso en el análisis de los datos. Esto cubre el monitoreo de las condiciones ambientales (conteos de aves, estudios de malezas) y el éxito de las intervenciones de manejo. Los usuarios también pueden involucrarse más intensamente en la investigación a través de la participación en procesos deliberativos tales como "*charrettes*" (reunión de expertos convocados a fin de resolver un problema) participativos utilizados en la planeación, jurados ciudadanos o conferencias de consenso, cuyos resultados pueden influir en la gestión.
- **A través de los derechos legales** generales en la planeación ambiental y de los recursos naturales, incluidas las leyes de libertad de

información, los derechos a objetar o expresar una opinión sobre las propuestas de desarrollo, la postura legal en los tribunales o mediante procesos de evaluación del impacto ambiental o social. La declaración de reservas, las propuestas para un cambio de la gestión o los desarrollos físicos en o adyacentes a las áreas protegidas pueden implicar aprobaciones y procesos de consulta pública bajo los regímenes regulatorios de la jurisdicción.

- **A través de procesos de mediación o resolución de conflictos** que se ejecutan para permitir el debate y la resolución de problemas específicos. Los gobiernos suelen utilizar procesos de negociación para resolver diferencias sobre asuntos específicos, y dichos procesos pueden usarse en relación con las áreas protegidas y su declaración o manejo, lo que lleva a los administradores a participar de cerca con una variedad de grupos comunitarios y de partes interesadas.
- **A través de aportes a las propuestas políticas** o procesos de aprobación del desarrollo tales como los libros verdes o blancos del Gobierno, los paneles o tribunales de planeación, las comisiones de investigación, las consultas parlamentarias, los foros de discusión de políticas o grupos de tareas, etc. Los asuntos relacionados con las áreas protegidas pueden ser el tema de tales procesos o parte de la agenda de los mismos (por ejemplo, en torno a la biodiversidad o el turismo en general), lo cual requiere que los administradores no solo participen en los procesos normativos y políticos, sino también que suministren información o se presenten en este tipo de foros.
- **A través de aportes a los planes de manejo,** construidos dentro de procesos de políticas más amplios. En muchas jurisdicciones, esta es una gran oportunidad para que las partes interesadas participen en la gestión de las áreas protegidas, cuando los planes de manejo se crean o se revisan periódicamente.
- **A través de la representación en comités o juntas asesoras,** entre otros, los que se encargan de asesorar al Gobierno sobre la política o la gestión de un área particular (por ejemplo, conservación de la biodiversidad, manejo forestal) o en un sentido más amplio (por ejemplo, un consejo nacional sobre el desarrollo sostenible).
- **A través de la inclusión en los comités o juntas reglamentarias de administración** con un mandato legal y administrativo y una función de gestión real (a diferencia de las funciones puramente de asesoría). Muchas áreas protegidas y sistemas de reservas dentro de las jurisdicciones tienen juntas asesoras o comités representativos de la comunidad y organismos similares, los cuales brindan información, ofrecen opiniones o colaboran con la gestión. Estos varían considerablemente respecto al grado de participación y la influencia real sobre la gestión.
- **A través de la participación en grupos y programas de monitoreo** de base comunitaria, ya sean dirigidos por la comunidad o patrocinados por el Gobierno o una combinación de los dos, con un enfoque en un problema y una localidad específicos como las malezas o la calidad del agua, y **como miembros de grupos de gestión de base comunitaria** que participan en la gestión de los recursos y el medio ambiente, con un enfoque en un problema específico en una localidad particular. Hay una gran variedad de grupos voluntarios y comunitarios que participan activamente en la gestión y manejo de las áreas protegidas, como los grupos para el cuidado de los parques, los clubes ornitológicos, las asociaciones de caza, etc., que suelen trabajar en una estrecha colaboración con las agencias y los administradores, y proporcionan datos, actividades físicas u otros servicios que complementan el trabajo de las agencias.
- **Acuerdos de gestión de base comunitaria o cooperativa** (cogestión), en los cuales se definen y se transfieren las responsabilidades de gestión reales y existe un alto grado de autonomía local. Estos acuerdos pueden limitarse a la gestión dentro de un plan de manejo conjunto, o extenderse a un establecimiento de metas y a una gobernanza más amplia del área protegida. En algunos lugares, las áreas protegidas de múltiples usos, tanto terrestres como marinas, al igual que las zonas de manejo para la conservación pesquera y las zonas de amortiguación, operan en un modelo de gobernanza colaborativa en el que las comunidades locales o los usuarios de los recursos son parte de los acuerdos formales de manejo. Muchos sistemas de áreas protegidas involucran a los miembros de la comunidad local como guardaparques voluntarios, con al menos un estatus semi-formal dentro de la agencia y el régimen de gestión o manejo.

Fuente: adaptado de Dovers y Hussey, 2013

El público tiene múltiples formas de compromiso y participación. Dentro de cada una de las formas existen opciones de herramientas y métodos precisos. Por ejemplo, para buscar el aporte del público a las propuestas de políticas o gestión pueden hacerse publicaciones y propuestas en línea, encuestas por correo a los destinatarios identificados, reuniones con la comunidad local, enlaces con las entidades pertinentes, o una combinación de estos métodos. De manera similar, hay grados de formalidad de los posibles arreglos para los guardaparques voluntarios o para las actividades de los grupos "de cuidado" o "de amigos". Las capacidades de la organización administradora y su personal, los recursos disponibles, las tecnologías de comunicación disponibles para la comunidad local y los marcos regulatorios y normativos que rigen el manejo de áreas protegidas influirán en qué métodos específicos son más apropiados.

Una consideración importante al elegir una forma de participación es la idoneidad de los diferentes medios para la comunicación entre los administradores de las áreas protegidas y los demás (Capítulo 15). La capacidad de las comunidades y otras organizaciones es un factor determinante respecto a los mejores medios de comunicación: así por ejemplo Internet el correo electrónico, los niveles de alfabetización en ciertos grupos comunitarios, el uso de elementos visuales como mapas o programas interactivos y la disponibilidad de medios. La gama de opciones disponibles se ha ampliado gracias a la rápida evolución de las tecnologías de la información y las comunicaciones, incluidas las redes sociales, junto con las formas más tradicionales de comunicación. Sin embargo, es poco probable que todos los miembros de una comunidad local tengan el mismo acceso a diferentes mecanismos de comunicación, y debe tenerse cuidado para garantizar que algunas personas no queden excluidas inadvertidamente de las oportunidades de participación.

El mensaje central de esta sección es que existe una gama de estrategias y métodos participativos, así como medios de comunicación, para satisfacer diferentes propósitos, así como a diferentes personas. Al igual que alguien que usa una caja de herramientas, los administradores de áreas protegidas deben considerar quién y por qué, y luego seleccionar la forma de participación –el "cómo"– adecuada a su situación. Esta sección brindó una orientación general para responder a la importante pregunta: ¿cuál es la forma apropiada de compromiso y participación en la gestión y manejo de las áreas protegidas en esta situación particular?

¿Cuándo debería ocurrir la participación?

El momento adecuado para un ejercicio de participación variará de acuerdo con el contexto, en función de la necesidad de participación y los grupos comprometidos. La Tabla 14.3 presenta una tipología tripartita simple sobre la frecuencia con la que puede necesitarse una participación que brinde una mejor información para la

Tabla 14.3 El momento de la participación, con ejemplos genéricos a partir de la gestión y manejo de las áreas protegidas

Momento y regularidad	Justificación	Ejemplos
Único o *ad hoc*	Para fines específicos que surjan a intervalos irregulares o impredecibles (nota: el proceso para manejar estas circunstancias puede estar guiado por planes de manejo u otros documentos regulatorios o políticos)	Consulta sobre turismo y otros. Propuestas de desarrollo dentro o cerca del área protegida Brotes inesperados y programas de control para especies plaga
Regular pero ocasional	Un problema que no está constantemente en la agenda, pero surge con cierta regularidad predecible	Reducción estacional de combustibles para protección contra incendios Revisión de los planes de manejo a intervalos establecidos
En curso	Cuestiones que están constantemente en la agenda y por lo tanto deben atenderse con disposiciones de participación continua	Encuestas de experiencia del visitante u oportunidades para hacer comentarios Reuniones de los comités asesores o de gestión con partes externas Planeación con o retroalimentación para los grupos de cuidado o de amigos del parque, o para los voluntarios de monitoreo

organización y la planeación de una estrategia general de participación. Aunque algunas veces surgen problemas acuciantes, como regla general se aplica un principio clave: temprano mejor que tarde. Una comunicación demasiado tardía o efectiva alienará a los socios, y una advertencia insuficiente será frustrante o parecerá simbólica (véase el Capítulo 15).

La importancia de revisar la participación contra la frecuencia y el momento adecuado radica en que el mantenimiento y la preparación de cosas como las estrategias de información y comunicación, así como las listas de contactos y los recursos de personal, se regularizarán en los programas de trabajo y, por lo tanto, no se olvidarán ni se atenderán de manera apresurada. No solo los administradores de áreas protegidas pueden estar bien preparados para una participación efectiva, también es posible que otros individuos y grupos tengan la debida notificación y preparación.

El mensaje principal de esta sección es que la participación con las comunidades y otras organizaciones varía en el tiempo, en los requerimientos para la preparación y en la regularidad del contacto y la comunicación. El tiempo variará según los propósitos y las formas de participación. Esta sección brindó una orientación general para responder a la importante pregunta: ¿cuándo debe ocurrir una estrategia o proceso de participación, a qué intervalos y cómo puede prepararse la gestión y manejo del área protegida?

Conclusión

La gestión y manejo de áreas protegidas implica negociación, consultas, alianzas y, a veces, conflictos con vecinos, clientes, usuarios y colaboradores. Estas relaciones integran a las áreas protegidas dentro de complejos paisajes sociales, económicos e institucionales –lejos de la idea de que las áreas se gestionan de una manera aislada, como "islas" en el paisaje–. Esto representa para los administradores tanto el desafío de encontrar la mejor manera de interactuar con diversos grupos e individuos como la oportunidad de mejorar los resultados que ofrecen estas relaciones. El compromiso y la colaboración se han convertido –y lo serán cada vez más– en competencias básicas de los administradores de áreas protegidas, las cuales requieren tiempo, recursos y habilidades. Además, el éxito de la gestión adaptativa es más probable se puede aprovechar el conocimiento y las habilidades de las comunidades, así como el apoyo de estas a las iniciativas de manejo.

Estudio de caso 14.1 Participación con los pueblos indígenas

Los pueblos indígenas son los guardianes originales del medio ambiente y en el siglo XXI siguen siendo los custodios de algunas de las áreas más biodiversas del mundo. Algunas de estas áreas son propiedad de y están manejadas por pueblos indígenas, en otras, la gestión reconoce los derechos de uso y participación y existen algunas más en las que estos derechos y usos siguen sin ser reconocidos. El reconocimiento formal de la importancia de las áreas protegidas para los pueblos indígenas es reciente. Desde 1945, las Naciones Unidas y otras organizaciones como la Organización Internacional del Trabajo (OIT) se esfuerzan por corregir el legado histórico de despojo e injusticia experimentado por las comunidades indígenas, incluido el desplazamiento de las tierras declaradas como áreas protegidas. Por consiguiente, la consulta con las comunidades indígenas contemporáneas nunca se referirá únicamente a la conservación, sino que siempre incluirá cuestiones relacionadas con los derechos, la justicia social y la reconciliación.

¿Quiénes son pueblos indígenas?

Las Naciones Unidas y otras agencias internacionales optan por no tener una definición formal y, en cambio, confían en un proceso de autoidentificación y una definición de trabajo:

> Las comunidades, pueblos y naciones indígenas son aquellos que, además de tener una continuidad histórica con las sociedades pre-invasión y precoloniales que se desarrollaban en sus territorios, se consideran a sí mismos distintos de otros sectores de las sociedades que actualmente prevalecen en partes o la totalidad de esos territorios. En la actualidad, los indígenas forman sectores no dominantes de la sociedad y están decididos a preservar, desarrollar y transmitir a las generaciones futuras sus territorios ancestrales y su identidad étnica como la base de su existencia continuada como pueblos, de acuerdo con sus propios patrones culturales, instituciones sociales y sistema legal. (United Nations, 2004, p. 2)

Esta definición no incluye a los pueblos indígenas que conforman la población mayoritaria de una nación o tienen el poder del Gobierno –por ejemplo, en la mayoría de los países insulares del Pacífico–.

Según esta definición, los pueblos indígenas representan aproximadamente el 5% de la población humana de la Tierra en unos noventa países (United Nations, 2009). La variación geopolítica es considerable, desde los maoríes neozelandeses ampliamente integrados que constituyen el 15% de la población nacional, hasta las diminutas poblaciones marginadas de los Ainu en Japón y los Dayak de Borneo, al igual que los habitantes ampliamente dispersos de los bosques lluviosos de África Central y los pastores de renos Sami del norte de Asia y Europa escandinava. Los pueblos indígenas representan el 15%

de los pobres del mundo y muchos sobreviven de la tierra como agricultores de subsistencia, pastores o cazadores-recolectores.

Debido a su posición como guardianes originales, sus continuas conexiones espirituales con la naturaleza y su posición frecuentemente marginada en la sociedad, la relación de los pueblos indígenas con las áreas protegidas (y sus administradores) es única. Una consulta significativa

Un grupo de mujeres Wunambal Gaambera discute los objetivos para su plan de territorio saludable con Heather Moorcroft de Bush Heritage Australia

Fuente: H. Moorcroft

con los pueblos indígenas exige atención especial por parte de los administradores de las áreas protegidas, sobre todo porque los indígenas no se ven a sí mismos como otra "parte interesada" que debe consultarse –como lo demuestra una cita de un indígena australiano–:

> No obstante, en la realidad no es adecuado utilizar este término cuando se habla de comunidades aborígenes. Tenemos una asociación muy larga con la tierra, con profundas conexiones espirituales. Esto significa que nos vemos como dueños de la tierra de una manera muy real y única. Simplemente el término "parte interesada" no logra representar de manera adecuada estos lazos que tenemos con la tierra. (ANUTECH Development International, 1998, p. 8)

Desde la década de 1980, una serie de convenciones, políticas y leyes nacionales e internacionales anunciaron un "nuevo paradigma" en el discurso de conservación de la naturaleza que reconocía la necesidad de armonizar los objetivos de conservación con las necesidades sociales y económicas, con declaraciones explícitas en torno a mejorar la manera en que los pueblos indígenas participaban con las agencias de áreas protegidas (Alcorn, 2010). En 2008, las Naciones Unidas declararon formalmente los derechos de los pueblos indígenas, desarrollaron objetivos que enfatizaban su participación e incluyeron algunos puntos de referencia cualitativos (Larson, 2006). El Congreso Mundial de Parques (CMP) de 2003 tuvo un alto nivel de representación de los pueblos indígenas, quienes fueron muy activos durante todo el evento al hacer que sus voces fueran escuchadas como "titulares de derechos" (DeRose, 2004). El CMP ha sido fundamental para que la participación de los indígenas avance en la gestión y manejo de áreas protegidas.

La participación indígena en la gestión y manejo de áreas protegidas

Todas las categorías de áreas protegidas invitan a cierto grado de participación de los pueblos indígenas dentro del entorno más amplio de su compromiso con la sociedad civil. Sin embargo, existen grandes variaciones en el nivel de dicha participación y en la satisfacción de los pueblos indígenas con los resultados. En las áreas protegidas donde estos son los propietarios formales, ellos son los administradores, no simples participantes. Las "normas de involucramiento" desarrolladas en el ámbito internacional fomentan un proceso que va más allá de la consulta –con la intención de hacer algo más que informar a los pueblos indígenas sobre las acciones propuestas en el área protegida o buscar opiniones sobre el proyecto del plan de manejo–. Las Categorías V y VI de áreas protegidas ofrecen las mejores oportunidades para acuerdos de colaboración con las comunidades indígenas y locales, lo cual fomenta alianzas equitativas y la búsqueda de objetivos comunes.

Se han forjado alianzas exitosas en el contexto de otras categorías. La más conocida es la gestión conjunta de parques nacionales, particularmente en Nueva Zelanda, Australia y Norteamérica. En este modelo, la tierra propiedad de un grupo/organización indígena es arrendada (*lease-back*) al Gobierno como un parque nacional, el cual es administrado por una junta de administración que incluye una mayoría de los propietarios indígenas tradicionales (Smyth, 2001). Este modelo otorga un poder en la toma de decisiones casi equitativo entre el grupo indígena y el otro socio, que suele ser el Gobierno. Australia también cuenta con un sistema de Áreas Protegidas Indígenas (API) que se basa en la planeación colaborativa con los propietarios aborígenes (Hill *et al.,* 2011).

Un ejemplo proviene de la remota región de Kimberley, en Australia Occidental, donde el pueblo Uunguu preparó un plan de "comarca saludable" para el API de los Wunamabal Gaambera en colaboración con la ONG Bush Heritage Australia (WGAC, 2010). Si bien la planeación de acciones de conservación (CAP, por sus siglas en inglés) basada en la ciencia occidental (Capítulo 13) proporcionó el marco para la planeación participativa, se reconoció que el proceso necesitaba adaptaciones importantes para respetar y apoyar las prioridades, las estructuras de gobernanza, el conocimiento, las capacidades y los objetivos locales. En primer lugar, para apoyar las importantes contribuciones de los participantes en la planeación, el proceso, en lugar de ser impulsado por encargados de la planeación y facilitadores de la conservación, incorporó estructuras de gobernanza indígena, protocolos y prioridades locales, incluidas las reuniones en la comarca y la adopción de marcos temporales flexibles. En segundo lugar, se modificaron los conceptos centrales de la CAP, basados en procesos y sistemas ecológicos, para incorporar categorías definidas por los propietarios tradicionales Wunambal Gaambera y el conocimiento cultural indígena (Moorcroft *et al.,* 2012).

Fuera de las áreas protegidas formales, la UICN reconoce los Territorios y Áreas Conservados por Pueblos Indígenas y Comunidades Locales (TICCA) como áreas de alto valor para la conservación, donde la gestión y el manejo se basan en la gobernanza colaborativa con las poblaciones locales e indígenas. Hay fuertes defensores de una mayor participación indígena en todas las formas de gestión de los recursos naturales, esto con el fin de mejorar los resultados de la conservación y mantener medios de vida sostenibles (Ross *et al.*, 2011).

Aquí surgen dos puntos importantes. El primero, que la consulta adecuada es un elemento fundamental para las alianzas efectivas entre las áreas protegidas y los pueblos indígenas. Los sistemas con comunicaciones deficientes conducen a un fracaso de las alianzas. El segundo, que como regla general, los pueblos indígenas ven la consulta como un medio para un fin –un fin que no se limita a una mayor participación en la toma de decisiones sobre las áreas protegidas, sino que incluye lograr justicia social, trabajo, empoderamiento, igualdad y reconciliación y, lo más importante, el derecho a cuidar los paisajes culturales–.

En las ciencias sociales existe una vasta literatura sobre cómo consultar a los pueblos indígenas. Por décadas, las ONG globales como el Programa para los Pueblos del Bosque (Forest Peoples Programme) y el Instituto Internacional para el Medio Ambiente y el Desarrollo han sido testigos de graves casos de eliminación de oportunidades y negación de los derechos por parte de empresas multinacionales que desean explotar los recursos de países pobres. Gran parte de la inequidad se debe a una consulta inadecuada, lo que lleva a malentendidos y al otorgamiento de un consentimiento que estaba lejos de ser completamente informado. En respuesta, estas agencias han desarrollado procesos y políticas para garantizar que la consulta y el diálogo conduzcan a alianzas equitativas (Mayers y Vermeulen, 2002). Esta base de conocimiento, junto con un sólido marco internacional, es un entorno propicio en el que el personal de las áreas protegidas puede interactuar con las comunidades indígenas.

Si bien cada lugar y grupo de personas específico es diferente y los administradores de áreas protegidas deben comprender y respetar estas diferencias, hay un conjunto de consideraciones fundamentales en cuanto a por qué se debe consultar a los pueblos indígenas y los factores que deben tenerse en cuenta al hacerlo.

¿Por qué consultar a los pueblos indígenas?

La consulta con los pueblos indígenas es fundamental por los siguientes motivos:

1. Ellos son los propietarios originales, quienes pudieron ser desplazados de sus tierras o que aún viven dentro de un área protegida. Como propietarios originales, ellos tienen el derecho básico de participar en la toma de decisiones con respecto al área protegida.
2. Los pueblos indígenas poseen conocimientos ecológicos tradicionales que son aplicables en un contexto contemporáneo del manejo.
3. Los pueblos indígenas tienen una participación importante en las áreas protegidas porque son algunos de los pocos lugares que quedan en la Tierra donde sus paisajes culturales tradicionales permanecen relativamente intactos, lo cual es importante para la identidad cultural y como base para los acuerdos de poder compartido.
4. Se sabe que las áreas protegidas fracasan si no cuentan con el apoyo de los pueblos indígenas locales.

¿Cuáles son los factores importantes que deben considerarse?

1. Invariablemente, la participación indígena en la administración de las áreas protegidas se basa en los derechos. Por lo tanto, siempre hay múltiples agendas. Es posible que un tema parezca "fuera de lugar", pero podría ser central para los intereses de la comunidad.
2. Si usted representa a una agencia del Gobierno, es posible que la comunidad no confíe en usted debido a los legados históricos. Es crucial crear confianza a nivel individual.
3. Los pueblos indígenas suelen estar en desventaja, lo que genera graves desigualdades en el poder y dificulta una negociación equitativa. Los sentimientos de impotencia tienden a conducir a resultados de negociación que no son equitativos. Es posible que los pueblos indígenas no tengan las habilidades y las capacidades necesarias para negociar de manera efectiva, o en algunos casos, para comprender completamente lo que se negocia o discute. Es posible que ellos no tengan los sistemas de gobernanza establecidos para responder a las solicitudes de información o para organizar la asistencia a las reuniones.
4. La representación en las comunidades indígenas es diferente de la mayoría de las otras sociedades. Por lo general, la escala de consenso en las comunidades indígenas es de unos pocos ancianos en un grupo de clanes u otro grupo social. Un área protegida puede involucrar a muchos de estos grupos que no tienen sistemas tradicionales para llegar a un consenso entre todos ellos. Es posible que usted termine en una negociación con la persona o grupo equivocado, o quizás se sienta frustrado porque nadie está preparado para hablar en nombre de otros.
5. Aunque son sutiles, las diferencias culturales en las comunicaciones interpersonales pueden ser la causa del fracaso en la consulta. Por ejemplo, es inapropiado enviar a un funcionario de bajo rango a una negociación con un titular de conocimientos que sea importante en la comunidad (hay otros ejemplos, véase Annandale y Feary, 2009).
6. Todos llegan a la mesa de negociaciones con diferentes agendas y expectativas. Las de los pueblos indígenas diferirán de las de un administrador de áreas protegidas, por lo que es fundamental que se realicen suficientes reuniones y discusiones para aclarar todo.
7. En conclusión, los pueblos indígenas son "partes interesadas" especiales que requieren, por lo tanto, atención y respeto especiales. Es a través de un mecanismo de participación efectiva que los pueblos indígenas pueden mantener o renovar su conexión con la tierra y el agua, lo que trae consigo una serie de beneficios que incluyen la justicia social y una mejor protección de la naturaleza mediante el uso del conocimiento tradicional.

Estudio de caso 14.2 Área aborigen Cullunghutti: una alianza para proteger una montaña

Celebración Cullunghutti: Rod Wellington (anciano Jerrinja y oficial de patrimonio cultural de la Oficina del Medio Ambiente y Patrimonio) pronuncia un discurso en una reunión para celebrar la declaración del Área Aborigen Cullunghutti, Nueva Gales del Sur, Australia, octubre de 2013

Fuente: S. Feary

Los proyectos de patrimonio cultural en los que los pueblos indígenas comparten el conocimiento cultural con el personal de las áreas protegidas pueden conducir a alianzas a más largo plazo para la protección de lugares de importancia cultural. Tal fue el caso en el reconocimiento formal de una montaña sagrada cerca de Nowra en el sudeste de Australia. Aunque la Oficina de Medio Ambiente y Patrimonio (Office of Environment and Heritage, OEH) de Nueva Gales del Sur conocía desde hacía mucho tiempo la importancia cultural de la montaña Coolangatta (o Cullunghutti) para las comunidades aborígenes locales, no existía una documentación adecuada para respaldar su protección legal. En 2004, el Servicio Nacional de Parques y Vida Silvestre de Nueva Gales del Sur (National Parks and Wildlife Service, NPWS; una división de la OEH) comenzó un estudio sobre el patrimonio cultural aborigen destinado a sentar las bases para la administración de varias reservas naturales nuevas en el área. Durante este estudio, que involucró una extensa investigación de la historia oral, se hizo evidente el significado de la montaña (Waters y Moon, 2005).

Unos años más tarde, un miembro del personal del NPWS notó un anuncio de la venta de 67 hectáreas de tierras privadas en las laderas de la montaña Coolangatta y alertó a la sección encargada de la OEH. El personal del departamento se reunió con los aborígenes locales para discutir la propuesta de compra de la tierra, ya que su apoyo era fundamental para que la compra se llevara a cabo. La mayoría dio su apoyo y la tierra se compró en 2008. En 2011 esta se declaró como Área Aborigen en virtud de la Ley de Parques Nacionales y Vida Silvestre de Nueva Gales del Sur. Esta categoría de uso poco frecuente protege los lugares y los rasgos que tienen un valor cultural excepcional para los pueblos aborígenes.

A partir de estas primeras reuniones se desarrolló un comité informal de pueblos aborígenes que representan a organizaciones, grupos comunitarios y familias, el cual se reúne periódicamente con el personal del área protegida para discutir la gestión de esta pequeña parcela de tierra. La creación del Área Aborigen ha permitido la discusión (y el desacuerdo) sobre los aspectos de la propiedad de la tierra, el empoderamiento, el derecho a hablar en nombre de la "comarca" y la mejor manera de proteger la tierra con valores culturales. Entonces, aunque el camino ha sido y sigue siendo desafiante, la compra y el reconocimiento legal del Área Aborigen Cullunghutti tiene muchos resultados positivos.

Aunque el Área Aborigen Cullunghutti es pequeña, su reconocimiento legal significó que la comunidad no aborigen apreciara y entendiera más ampliamente el valor de toda la montaña. Este entendimiento mejoró gracias a un minucioso "Estudio de la Historia Viviente Cullunghutti", el cual documentó los valores, los relatos y el historial de contacto de las personas del distrito (Waters Consultancy Pty. Ltd., 2013). En octubre de 2013 se celebró un emotivo y conmovedor día de celebración para conmemorar el establecimiento del área aborigen. Esta fue la primera vez que las comunidades aborígenes locales contaron públicamente la historia de la montaña y su significado cultural.

Estudio de caso 14.3 Participación con los filántropos: la experiencia de Yosemite

"Los donantes resolverán todos nuestros problemas fiscales". Si bien esto podría ser cierto, tener un programa filantrópico exitoso requiere un gran compromiso de tiempo y recursos por parte del personal de la organización, su junta y la agencia del área protegida. Las áreas protegidas obtienen los mayores beneficios cuando el Gobierno y los ciudadanos cuidadores que están comprometidos con el área trabajan juntos para ese objetivo en común. Cuando los ciudadanos se preocupan lo suficiente, también están lo suficientemente comprometidos para dar su tiempo personal y sus recursos financieros. La filantropía es el producto natural de esta preocupación.

No obstante, los grupos filantrópicos colaboran con muchas funciones importantes para las áreas protegidas, no solo en la recaudación de fondos. Muchos de estos grupos ven a las áreas protegidas como un templo o su lugar especial para la restauración espiritual y, por medio de sus comunicaciones apasionadas, cultivan y dan alas a los cuidadores. A través de estos grupos, las personas con diferentes puntos de vista y motivos pueden compartir su amor por el lugar.

Las alianzas público-privadas reúnen lo mejor de ambos mundos. Estas alianzas proporcionan el margen de excelencia para la protección de los recursos y el mejoramiento de la experiencia del visitante mucho más allá de lo que puede lograr el presupuesto estatal. Los particulares y las organizaciones pueden agregar un valor adicional a los recursos públicos de las áreas protegidas, los cuales constituyen la base necesaria para la conservación.

Desde los inicios del Servicio de Parques Nacionales de Estados Unidos (National Park Service, NPS) la filantropía individual jugó un papel fundamental en la construcción del sistema de parques. En algunas áreas, partes de los terrenos fueron compradas por particulares y donadas al NPS. Durante los años veinte y treinta del siglo XX, los alumnos de colegios donaron centavos para ayudar a comprar los terrenos que se convirtieron en el Parque Nacional de las Grandes Montañas Humeantes (*Great Smoky Mountains*). En el Parque Nacional de Yosemite, gracias a una generosa donación, se construyó el primer museo en terrenos del NPS. Como resultado, en 1923 se estableció la primera ONG para administrar el museo. Noventa y un años después, Yosemite Conservancy continúa con esa tradición. Estos tipos de socios filantrópicos fueron y son críticos para la sostenibilidad de nuestras áreas protegidas.

Como se aclara en este capítulo, existen muchas motivaciones diferentes para que los individuos y las organizaciones se relacionen con las áreas protegidas; esto también se aplica a la filantropía. No obstante, el enfoque aquí se centra en un aspecto principal: el cuidado. Además de recaudar fondos para apoyar las diversas necesidades de un área protegida, la filantropía puede inspirar a las personas comprometidas con la protección del área. Esta conexión con un área ayuda a construir el deseo de proteger y apoyar un área protegida. El cuidado se refiere al compromiso de tiempo del personal y de los recursos fiscales.

Los donantes de Yosemite Conservancy hacen posible que el Parque Nacional Yosemite reciba subvenciones para ayudar a preservar y proteger a Yosemite, no solo hoy sino también para las generaciones futuras. Yosemite Conservancy se dedica a mejorar la experiencia del visitante para que las personas aprovechen al máximo su tiempo en Yosemite; sus partidarios son los cuidadores del parque. A través de su compromiso de apoyo, Yosemite Conservancy permite que más de 43.000 personas tengan la oportunidad de expresar cuánto valoran a Yosemite. Parte de la misión de esta ONG es

Carnero de las Rocallosas (Ovis canadensis), Parque nacional Banff, Canadá

Fuente: Graeme L. Worboys

enriquecer la experiencia del visitante, lo que ayuda a crear nuevos posibles cuidadores para Yosemite. Una parte clave en el desarrollo de nuevos cuidadores se centra en una importante área, que son las subvenciones para jóvenes. Cada año, Yosemite Conservancy ayuda a que unos veintisiete mil jóvenes aprecien el parque.

Por supuesto, los proyectos para la gestión de recursos y vida silvestre también son un aspecto importante del programa de subvenciones de Yosemite. Yosemite Conservancy ha otorgado subvenciones para reintroducir el carnero de las Rocallosas (*Ovis canadensis sierra*), para ayudar a proteger a los halcones peregrinos (*Falco peregrinus*) y para estudiar y reintroducir las ranas de patas amarillas (*Rana sierrae*), por nombrar algunas. La restauración del hábitat es otro componente importante del programa de subvenciones para la conservación. La restauración de las secuoyas gigantes (*Sequoiadendron giganteum*) de Mariposa Grove es el próximo gran esfuerzo de conservación apoyado por una subvención, el cual conmemorará los ciento cincuenta años de Yosemite como área protegida.

Lecciones importantes

La filantropía es una alianza que debe cultivarse.
El papel de la agencia es administrar el área protegida; el papel del grupo filantrópico es brindar apoyo en forma de subvenciones, proyectos y programas. Ambas entidades deben respetar las funciones y responsabilidades del otro –una tarea difícil que requiere vigilancia–.

Una entidad que intenta administrar a la otra solo puede conducir al fracaso de la alianza. La clave para evitar este fracaso es un acuerdo integral firmado que establezca el marco para la relación entre las dos organizaciones.

Un grupo filantrópico no debe enfocarse en la defensa o incidencia. El objetivo principal es apoyar las necesidades de la agencia encargada de la administración del área protegida con subvenciones respaldadas por sus donantes.

¿Cómo mantener a los donantes comprometidos y entusiasmados?

Es importante que los donantes estén informados de las actividades tanto de la organización sin ánimo de lucro como del área protegida. Los donantes quieren ver que sus recursos se usen de manera eficaz y quieren saber que sus donaciones no cubrirán el presupuesto de la agencia gubernamental, sino que se sumarán a los fondos estatales. Las subvenciones deben gastarse a tiempo y dentro del presupuesto mientras se alcanzan los objetivos del proyecto. Es esencial que haya transparencia y se informe a los donantes. El éxito de Yosemite Conservancy en más de cuatrocientos cincuenta proyectos con más de ochenta millones de dólares en los últimos años se basa en una alianza con el NPS que ofrece subvenciones completas y proyectos que los donantes pueden ver y de los cuales pueden sentirse orgullosos.

Cada año, el NPS le entrega a Yosemite Conservancy una lista de solicitudes de subvención. La junta de Yosemite Conservancy selecciona los proyectos que en su concepto entusiasmarán más a los donantes y que proporcionarán ese margen de excelencia por encima del presupuesto del Gobierno. Este proceso funciona bien para Yosemite Conservancy. Con suerte, usted también encontrará una fórmula perfecta para lograr el éxito de su alianza.

Estudio de caso 14.4 Compromiso con organizaciones filantrópicas: una perspectiva australiana y un ejemplo de Nueva Zelanda

Las organizaciones filantrópicas y las personas han sido catalizadores importantes en el crecimiento y el desarrollo de las áreas protegidas públicas y privadas en Australia, y es probable que desempeñen un papel cada vez más importante en la conservación del medio ambiente. Dado que los niveles globales de donación como porcentaje del producto interno bruto (PIB) son ligeramente más bajos en Australia que en el Reino Unido y Canadá, y mucho más bajos que en Estados Unidos, y que las contribuciones de los individuos ricos son más bajas, la filantropía en Australia tiene un gran potencial de crecimiento.

El paisaje que dona

Las iniciativas del Gobierno son clave para el fortalecimiento del sector. Según Philanthropy Australia (2014), el máximo organismo para la filantropía en Australia, las donaciones van en aumento gracias a la implementación de incentivos fiscales, al crecimiento en los programas de donaciones en el lugar de trabajo y a una mayor conciencia del público respecto a los beneficios de la filantropía.

Philanthropy Australia (2014) estima que hay aproximadamente cinco mil fundaciones en Australia que donan anualmente entre quinientos millones de dólares australianos (USD $466 millones) y mil millones de dólares australianos (USD $932 millones). Además, entre 2010 y 2011, los contribuyentes individuales reclamaron más de 2200 millones de dólares australianos (USD $2050 millones) en donaciones deducibles, lo que representa una inversión sustancial en filantropía. Sin embargo, según un informe de Credit Suisse (Sydney Morning Herald, 2013) y de acuerdo con algunos parámetros, los australianos son los más ricos del mundo y el 10% de los más ricos de Australia han experimentado el mayor crecimiento de ingresos en las últimas tres décadas –un crecimiento que aún no equipara el nivel de donaciones–.

Los australianos dirigen aproximadamente el 7% de la totalidad de sus donaciones filantrópicas a cuestiones ambientales. Si bien esto no es insignificante y se están logrando avances en el área de la conservación del medio ambiente, las crecientes amenazas son tales que es necesario que más personas donen más.
La Red Australiana de Donantes Ambientales (Australian Environmental Grantmakers Network), una organización que apoya a los donantes ambientales, tiene más de ochenta miembros, entre los que se encuentran filántropos, fideicomisos y fundaciones.

Entre 2011 y 2012, el gobierno australiano reportó donaciones públicas de aproximadamente ciento treinta millones de dólares australianos (USD $121 millones) para ayudar a la protección y mejoramiento del ambiente natural (SEWPAC, 2013, p. 193). Las investigaciones de la red sugieren que la mayoría de estas donaciones se destinan a la financiación de la biodiversidad, y que aproximadamente el 65% de los miembros de la red apoyan la biodiversidad. El apoyo para la protección de la biodiversidad incluye donaciones a grupos comunitarios para la adquisición y manejo de áreas protegidas privadas, y para la incidencia en pro de más áreas protegidas públicas y mejor administradas.

Si bien la mayor parte de los fondos se destinan a la adquisición de tierras y grandes proyectos, las donaciones más pequeñas también contribuyen colectivamente de manera sustancial a la protección de la biodiversidad. Aún existen muchos financiadores que apoyan proyectos más pequeños con objetivos tangibles, como el control de especies invasoras, la plantación de árboles y el monitoreo de especies.

Doug Humann, exdirector ejecutivo de Bush Heritage Australia (una ONG de conservación), habla con representantes de la comunidad, incluidos los donantes, en el lanzamiento de Scottsdale Conservation Reserve en el sur de Nueva Gales del Sur. En marzo de 2007 se compraron los terrenos con fondos de donantes filantrópicos y del programa del Sistema Nacional de Reservas del gobierno australiano para la protección de una comunidad ecológica amenazada (*White Box, Yellow Box, Blakely's Red Gum Grassy Woodland* [una comunidad ecológica caracterizada por pastizales y una mezcla de especies dominada por árboles como *Eucalyptus albens, Eucalyptus melliodora* o *Eucalyptus blakelyi*]) en el área de Southern Tablelands, bajo un acuerdo de conservación a perpetuidad

Fuente: Ian Pulsford

Con menores cantidades de dinero, los donantes individuales también apoyan a los grupos comunitarios que defienden el medio ambiente. De hecho, una gran cantidad de pequeñas donaciones ayudó a lograr el primer conjunto integral de parques nacionales marinos a lo largo de la línea costera de Victoria en 2002, y una colaboración entre fundaciones e individuos financió la promoción de una nueva red nacional de parques marinos en 2013 –la más grande del mundo–.

Catalizadores y líderes

En las últimas décadas se ha observado una gran cantidad de personas y organizaciones que se desempeñan como catalizadores del aumento de las áreas protegidas en Australia.

A principios de la década de 1990, un filántropo, Martin Copley, financió la compra de cinco propiedades en Australia Occidental que abarcaban cuatrocientas cincuenta mil hectáreas en Kimberley, en el sudoeste de Australia, y la bahía Tiburón, que se encuentra en la Lista de Patrimonio Mundial. La pasión de este hombre por la tierra y los animales nativos lo llevó a fundar Australian Wildlife Conservancy, que, con el apoyo de las contribuciones de un grupo diverso de australianos, ahora posee y administra más de tres millones de hectáreas en todo el país.

Otro filántropo, David Thomas, de la Fundación Thomas, apalancó un adicional de 12,6 millones de dólares australianos (USD $11,7 millones) de dinero privado y 6,2 millones de dólares australianos (USD $5,8 millones) de fondos gubernamentales, además del compromiso de su fundación de diez millones (USD $9,3 millones), para contribuir a una variedad de proyectos relacionados con las áreas protegidas. Uno de tales proyectos fue Gondwana Link en el sudoeste de Australia –un *hotspot* de biodiversidad–. Con su operación a una gran escala del paisaje, Gondwana Link representa una nueva forma de integrar terrenos públicos, privados e indígenas para garantizar la protección de la biodiversidad.

El apoyo filantrópico como el de Thomas garantiza que esta gran visión se pueda realizar y es una inspiración para muchos proyectos similares. Tanto las organizaciones como las personas han sido pioneras de la participación privada y filantrópica en la conservación de la naturaleza y en las iniciativas de áreas protegidas, en Australia y otros países. Dos ejemplos incluyen el Fondo Mundial para la Naturaleza (WWF) y Earthwatch.

Consideraciones de la participación

Al interrelacionarse con filántropos para lograr su apoyo de proyectos en el futuro, es importante considerar una gama compleja de factores.

Las áreas protegidas privadas cuentan principalmente con el respaldo de fondos filantrópicos y son administradas por organizaciones como Australian Wildlife Conservancy y Bush Heritage Australia. Con frecuencia, el apoyo filantrópico se compone de grandes contribuciones catalíticas (a menudo para la adquisición de tierras o un proyecto clave) de un individuo o fundación (a menudo con un aporte de fondos públicos de igual cuantía), que luego se ven reforzadas por muchas donaciones pequeñas de particulares. Gracias a las conexiones personales que la gente tiene con paisajes particulares, al atractivo de las áreas de gran belleza natural y a los beneficios a largo plazo de la inversión en la adquisición y el manejo de tierras, el apoyo a las áreas protegidas y a la biodiversidad suele ser una propuesta atractiva para aquellos que desean hacer una donación. Es importante tener en cuenta las consideraciones de lo que motiva e inspira a los filántropos, y estas consideraciones también son relevantes dadas las oportunidades actuales para involucrarse en proyectos de áreas protegidas.

Las oportunidades de participación filantrópica en la gestión de áreas protegidas han aumentado en respuesta a la expansión de las áreas protegidas bajo la gestión indígena, sin ánimo de lucro o conjunta. Actualmente, los pueblos indígenas gobiernan un poco más del 30% del sistema de reservas naturales de Australia (SEWPAC, 2012). Con estas oportunidades surgen más desafíos para involucrar a los mecenas. Cada vez más, los fondos filantrópicos se asignan a proyectos con un enfoque multidimensional que apunten no solo al medio ambiente, sino también a la salud, a la justicia social y a la educación. Las Áreas Protegidas Indígenas (API) y los programas indígenas para la gestión de tierras y aguas son proyectos de esta naturaleza.

Además de estas consideraciones, a pesar de la popularidad de los filántropos ambientales por apoyar a las áreas protegidas, la mayoría de las ONG ambientales concuerdan en que acceder a los fondos filantrópicos es difícil. Fuera de las campañas regulares para la recaudación de fondos (generalmente en busca de pequeñas cantidades de dinero de benefactores y miembros), la gran mayoría de los fondos filantrópicos, y particularmente las grandes donaciones, provienen de fuentes no publicitadas, y con mucha frecuencia por iniciativa del filántropo y no de la organización que busca los fondos.

Los filántropos y los solicitantes de subvenciones también tienen que considerar cuestiones legales y fiscales. De acuerdo con el medio para el financiamiento, la mayoría de los filántropos y entidades filantrópicas requieren que sus beneficiarios tengan un estatus de destinatario de donaciones deducibles (*Deductible Gift Recipient,* DGR). Garantizar el estatus de DGR suele ser un proceso complejo, lento y demasiado oneroso para los grupos más pequeños dirigidos por voluntarios.

Además, a pesar del gran número de fundaciones en Australia, la gran mayoría tiene distribuciones relativamente pequeñas y poco personal. De hecho, muchos fideicomisos y fundaciones tienen una capacidad limitada para aceptar solicitudes y realizar investigaciones, no cuentan con procesos abiertos para subvenciones y tienen poca información sobre fideicomisos individuales disponibles para el público. Existen pocos requerimientos para que el sector filantrópico informe al público sobre sus actividades.

En el contexto de asegurar los fondos, vale la pena recordar que en la mayoría de los casos los filántropos no están obligados a donar. Ellos lo hacen por su pasión, su generosidad y su deseo de dejar un legado positivo. La buena comunicación, la honestidad y el respeto son clave para fomentar y mantener relaciones filantrópicas robustas.

El Proyecto Janszoon: un ejemplo de Nueva Zelanda

El Proyecto Janszoon (2014) es un fideicomiso de capital privado que trabaja en asociación con Abel Tasman Birdsong Trust, el Departamento de Conservación (Department of Conservation, DOC) de Nueva Zelanda y la comunidad, para garantizar que los valores de la biodiversidad se restauren y gestionen en el Parque Nacional Abel Tasman. Este icónico parque nacional se encuentra en la parte superior de la Isla Sur, y aunque es el más pequeño de Nueva Zelanda, con veintitrés mil quinientas hectáreas, atrae a ciento cincuenta mil visitantes al año, quienes disfrutan de su gran belleza y su avifauna mientras lo recorren a pie o en kayak. No obstante, al igual que la mayoría de los parques nacionales, Abel Tasman tiene una gran cantidad de malezas y animales ferales, y el DOC reconoce el papel fundamental de la filantropía para abordar estos problemas.

La reintroducción exitosa de especies clave de aves, plantas y animales en el Parque Nacional Abel Tasman tiene una alta prioridad para el Proyecto Janszoon, que actualmente se enfoca en la eliminación de malezas, ratas y armiños. Estos últimos se introdujeron a fines de la década de 1880 para controlar los conejos y las liebres introducidos, y ahora son una gran amenaza para las aves y los animales nativos. Desde 2012, el Proyecto Janszoon, junto con el DOC y la colaboración de las escuelas secundarias locales, ha colocado más de dos mil trampas para armiño en todo el parque. El número de armiños es ahora lo suficientemente bajo como para permitir la primera reintroducción en el continente de una especie en peligro crítico. A principios de 2014 se liberaron doce pericos maoríes cabeciguales (*Cyanoramphus auriceps*), también conocidos como periquitos kakariki, que fueron criados especialmente para unirse a los pocos individuos que aún sobreviven en los rincones más remotos del parque.

Janszoon es el segundo nombre de Abel Tasman, un explorador holandés que divisó Nueva Zelanda en 1642. El Proyecto del Fideicomiso Janszoon fue establecido por una familia filantrópica de la Isla Norte y ha estado operando desde 2012. Con un fuerte apoyo de la comunidad y una relación muy positiva con el DOC, el Proyecto Janszoon fue capaz de ponerse la meta de transformar la ecología del parque en las próximas tres décadas, antes de la celebración en diciembre de 2042 del cuadringentésimo aniversario de la visita de Abel Janszoon Tasman a esta tierra y el centenario de la fundación del Parque Nacional Abel Tasman.

Estudio de caso de 14.5 Colaboración con las partes interesadas de la recreación: la experiencia de la Federación Internacional de Montaña y Escalada

En la primera década del siglo XX, una relación colaborativa y productiva entre el presidente estadounidense Theodore Roosevelt y un grupo diverso de usuarios recreativos como pescadores, jinetes, cazadores, excursionistas y montañistas llevó a la creación de diecisiete millones de hectáreas (ciento setenta mil kilómetros cuadrados) de bosques nacionales, 53 refugios nacionales de vida silvestre y dieciocho áreas de "interés especial" como el Parque Nacional del Gran Cañón. Hoy en día, estas áreas protegidas aún atraen cada año a millones de personas interesadas en la recreación y a otros visitantes de todo el mundo para disfrutar de sus espectaculares recursos naturales, culturales y recreativos.

La escalada en bloque (*bulder*) recreativa es una actividad popular para desarrollar habilidades de escalada en el Parque Nacional de Árboles de Josué en California, EE.UU.

Fuente: Clancy Pamment

Al forjar un estilo de trabajo colaborativo, respetuoso y mutuamente benéfico, al igual que una visión compartida para la conservación de estos lugares especiales que todos llevan en el corazón, Roosevelt y estas diversas partes interesadas en las áreas protegidas también crearon un cambio radical en el mundo respecto al concepto y la escala del manejo de la tierra. El resultado fue la creación de una red continental de parques nacionales, bosques nacionales, costas nacionales, refugios y reservas naturales de vida silvestre, la cual está abierta a todos los visitantes a un bajo costo o sin costo alguno. Este sistema sigue siendo un modelo global para crear y mantener parques y otros tipos de áreas protegidas.

Desde el comienzo de su presidencia en 1901, Roosevelt entendió que por su propia cuenta no tendría éxito en la creación de su visión de conservación a gran escala para Estados Unidos y que necesitaba la ayuda de los poderosos actores con intereses recreativos de esa época, quienes querían tener un acceso constante a las áreas protegidas para llevar a cabo sus actividades. Él se centró en diseñar un "camino hacia la gestión basada en el cuidado" viable que se basaba en hallar maneras de reunir positiva y constructivamente a las partes interesadas para discutir sus metas opuestas y compartidas, sus intereses especiales y sus ideas y preocupaciones. Luego Roosevelt destacó los beneficios a largo plazo para todos ellos si adoptaban y apoyaban su gran visión de conservación, la cual ofrecía un prestigioso sentido compartido de cuidado y orgullo.

Hoy en día, los interesados en la recreación todavía se preocupan por los problemas de acceso para llevar a cabo sus actividades en las áreas protegidas, y su poder e influencia son formidables. Se estima que en 2012 la industria de recreación al aire libre de EE.UU. generó aproximadamente $646.000 millones de dólares en la actividad económica y 6,1 millones de empleos directos, por lo que es tres veces mayor que la industria del petróleo y el gas (OIA, 2012). Estos totales incluyen los otros sectores relacionados con la industria de la recreación al aire libre, como la fabricación, las ventas mayoristas y al por menor, el transporte y el almacenamiento, y el alojamiento y los servicios cercanos a los sitios de recreación al aire libre.

El proceso colaborativo del "camino hacia la gestión basada en el cuidado" utilizado por Roosevelt todavía es muy útil para ayudar a las partes interesadas en la recreación a apoyar las áreas protegidas. Este proceso también puede ser una herramienta importante que ayude a las partes interesadas en la recreación y a otras partes interesadas en las áreas protegidas a encontrar ideas innovadoras y formas efectivas de minimizar su impacto sobre las áreas protegidas. A continuación se presentan dos ejemplos.

Promoción de una gestión basada en el cuidado

En 2012, la Federación Internacional de Montaña y Escalada (Union Internationale des Associations d'Alpinisme, UIAA) buscó una forma de promover la defensa de la montaña y minimizar los impactos de los viajes a la montaña, el montañismo y la escalada en todo el mundo. Su primer impulso fue simplemente

Montañismo en el Diente del Gigante, Macizo del Monte Blanco, Francia
Fuente: Clancy Pamment

buscar y financiar una serie de proyectos adecuados para la protección de la montaña. Aunque esto parecía simple, resultó que requería mucho tiempo, que tenía limitaciones geográficas y que era difícil hacer una comparación justa entre el valor de los proyectos.

La UIAA se dio cuenta de que tendría más éxito en la búsqueda de proyectos meritorios si, en cambio, colaboraba como un "puente de partes interesadas" entre los mundos mucho más amplios del turismo de montaña y la protección de la montaña. Por lo tanto, en 2013, la UIAA lanzó con éxito su Premio de Protección de la Montaña (UIAA, 2013a). Este premio anual ofrece un generoso reconocimiento en efectivo para un servicio de guía, una comunidad, una asociación o una agencia de viajes cuyo trabajo en una región montañosa del mundo aborde eficazmente al menos uno de los siguientes problemas relacionados con la gestión a largo plazo:

- Conservación de la biodiversidad.
- Energía sostenible y manejo de recursos.
- Manejo y disposición de residuos.
- Adaptación o mitigación frente a los efectos del cambio climático.
- Preservación de las culturas locales e indígenas y promoción de la educación para todos.

Con este sistema, cada año en su sitio web la UIAA puede presentar y promover varios proyectos o programas bien diseñados para la gestión de montañas en todo el mundo, y luego recompensar a uno de ellos con la atención enfocada en los medios globales y un importante premio en efectivo para ayudarlos a continuar sus programas y logros. Este enfoque, en lugar de invertir en una pequeña cantidad de proyectos separados, tiene un impacto más amplio a través del reconocimiento y la comunicación de las buenas prácticas, y llega a una comunidad más amplia de partes interesadas en la recreación y a otras involucradas en la gestión y manejo de las áreas protegidas.

Del conflicto a la colaboración

Desde mediados del siglo XX, el acceso espontáneo a oportunidades de recreación sobresalientes y diversas ha aumentado enormemente el interés y el apoyo del público a las áreas protegidas de todo el mundo. A medida que la urbanización continúa extendiéndose y las sociedades adoptan tecnologías modernas de comunicación, más personas eligen mudarse a regiones dentro o cerca de las áreas protegidas. Hoy en día, las áreas protegidas no solo se perciben como lugares naturales para disfrutar como un contraste con la "civilización". Aquellas que cuentan con una variedad de oportunidades de recreación ahora también se perciben como servicios regionales de alto valor, de bajo costo y que mejoran la salud.

Aunque una mayor popularidad de las áreas protegidas puede aumentar las presiones e impactos de las visitas, también puede generar un mayor compromiso del público y un mayor apoyo político para una protección constante. Los administradores de áreas protegidas que se involucran de manera proactiva, regular y productiva con los usuarios recreativos suelen descubrir que pueden ser socios motivados y expertos en la gestión basada en el cuidado.

Cuando se involucran con diversos usuarios recreativos, la gobernanza colaborativa y la gestión adaptativa (exploradas en este capítulo) les ofrecen a los administradores de áreas protegidas un marco para crear un papel valioso para cada tipo de usuario recreativo (excursionistas, montañistas, jinetes, pescadores, etc.). Al involucrarse activamente y reunirse periódicamente con grupos de usuarios recreativos, los administradores pueden comprender mejor sus valores especiales, sus intereses, sus motivaciones y preocupaciones, al igual que la manera en que se conectan –física y mentalmente– con las áreas protegidas.

Los administradores deben reconocer que cada tipo de recreación tiene su propio y distinto conjunto de valores compartidos, historia y estilo de comunicación. Una forma efectiva de interactuar con varios segmentos de usuarios recreativos es vincularlos con miembros del personal o miembros de la comunidad local que también sean entusiastas de ese tipo de recreación. Estos individuos sirven entonces como contactos clave para el área protegida –un vínculo confiable entre los administradores de áreas protegidas y los usuarios recreativos–. Este simple paso puede llevar a un gran salto hacia la construcción de una relación con los usuarios recreativos.

Por ejemplo, los montañistas y escaladores de todo el mundo tienen una larga historia de liderazgo en ayudar a crear y promover áreas protegidas, especialmente en las regiones de montaña; sin embargo, algunas veces sus culturas deportivas poco convencionales e individualistas pueden generar conflictos con la administración. En 1997, la UIAA, que representa a 4,5 millones de miembros de la comunidad mundial de escalada (UIAA, 2013b), le ayudó al Club Alpino Americano (American Alpine Club, AAC) a colaborar con el Servicio de Parques Nacionales (NPS) para representar a los escaladores de todo el mundo como partes interesadas históricas y tradicionales en el Parque Nacional Yosemite, sitio patrimonio mundial de la Organización de las Naciones Unidas para la Educación, la Ciencia y la Cultura (UNESCO).

Después de una inundación catastrófica en el río Merced que devastó el valle Yosemite en 1997, parte de los planes iniciales de recuperación del NPS requerían la reconstrucción de las habitaciones del hotel lejos del río, en una ubicación adyacente al Campamento 4, donde acampan los escaladores rústicos y tradicionales, el cual se encuentra en un terreno más alto. Alertados por el AAC y la UIAA, escaladores de todo el mundo expresaron su fuerte oposición a este plan por considerar que degradaría la experiencia natural de acampar en el Campamento 4.
Las discusiones iniciales entre el NPS y el AAC no lograron resolver el problema y se entabló una demanda para detener el proceso de planeación.

No obstante, la situación mejoró enormemente cuando el NPS envió a uno de sus miembros del personal de planeación, un escalador de Yosemite conocido y respetado, a reunirse con los representantes del AAC y de la UIAA, y con los líderes de la comunidad de escalada local. Este escalador fue muy eficaz al comunicar los enormes desafíos que los planeadores del NPS enfrentaron al elaborar un plan de recuperación realista que equilibrara los intereses de todas las partes interesadas de Yosemite dentro del esfuerzo para la recuperación de las inundaciones. Los escaladores lo consideraron un mensajero de confianza, capaz de comunicarle al NPS de manera efectiva sus necesidades, inquietudes e ideas.

Este colega cerró la brecha entre las partes interesadas y permitió las primeras interacciones tentativas que finalmente florecieron en una relación de colaboración entre los escaladores y los guardaparques. Un homenaje perdurable a esta exitosa colaboración se dio en 2003, cuando el Departamento del Interior de los Estados Unidos incluyó oficialmente al Campamento 4 en el Registro Nacional de Lugares Históricos. Una placa oficial de bronce colocada cerca de una popular roca de escalada en el Campamento 4 ahora les recuerda a campistas y visitantes esta designación especial.

No obstante, el resultado más valioso de este argumento ha sido una relación fuerte, respetuosa y colaborativa con las partes interesadas, la cual mejora desde ese momento. Al utilizar la "chispa" de este emisario de confianza que compartía los valores de ambos grupos, los escaladores y los funcionarios del NPS encendieron un diálogo cálido y mutuamente benéfico que condujo a un terreno común sobre este problema en el Parque Nacional Yosemite.

En el manejo de áreas protegidas puede lograrse un progreso impresionante cuando los usuarios recreativos no son vistos como una "parte del problema", sino que se involucran productivamente como socios respetados que pueden ser "parte de la solución". Al desarrollar un estilo de trabajo colaborativo y de beneficio mutuo como este, basado en el respeto entre las partes interesadas en las áreas protegidas y una visión compartida para estos lugares, se pueden optimizar el concepto y la escala del manejo de la tierra.

Referencias

Lecturas recomendadas

Alcorn, J. (2010). *Indigenous Peoples and Conservation.* Conservation White Paper Series. Chicago: MacArthur Foundation.

Anderson, T.L. y James, A. (eds.). (2001). *The Politics and Economics of Park Management.* Lanham, Estados Unidos: Rowman y Littlefield.

Annandale, M. y Feary, S. (2009). *Consulting with Aboriginal and Torres Strait Islander communities: agroforestry in north Queensland.* RIRDC Report, 08(168). Canberra: Rural Industries Research and Development Corporation.

ANUTECH Development International. (1998). *Ecological Sustainable Forest Management and Native Title.* Canberra: ANUTECH Proprietary Limited.

Armitage, D.R.; Plummer, R.; Berkes, F.; Arthur, R.I.; Charles, A.T.; Davidson-Hunt, I.J.; Diduck, A.P.; Doubleday, N.C.; Johnson, D.S.; Marschke, M.; McConney, P.; Pinkerton, E.W. y Wollenberg, E.K. (2009). Adaptive co-management for social-ecological complexity. *Frontiers in Ecology and the Environment,* 7, 95-102.

Arnstein, S. (1969). A ladder of citizen participation. *Journal of the American Institute of Planners,* 35, 216-324.

Bäckstrand, K.; Khan, J.; Kronsell, A. y Lövbrand, E. (eds.). (2010). *Environmental Politics and Deliberative Democracy: Examining the promise of new modes of governance.* Cheltenham, Reino Unido: Edward Elgar.

Beierle, T.C. y Cayford, J. (2002). *Democracy in Practice: Public participation in environmental decisions.* Washington D.C.: RFF Press.

Borrini-Feyerabend, G.; Pimbert, M.; Farver, M.T.; Kothari, A. y Renard, Y. (2007). *Sharing Power: A global guide to collaborative management of natural resources.* Sterling, Estados Unidos: Earthscan.

Byron, I. y Curtis, A. (2001). Landcare in Australia: burned out and browned off. *Local Environment,* 6(3), 311-326.

Connor, R. y Dovers, S. (2004). *Institutional Change for Sustainable Development.* Cheltenham, Reino Unido: Edward Elgar.

Creighton, J.L. (2005). *The Public Participation Handbook: Making better decisions through citizen involvement.* San Francisco: Jossey-Bass.

Cundill, G. y Rodela, R. (2012). A review of assertions about the processes and outcomes of social learning in natural resource management. *Journal of Environmental Management,* 113, 7-14.

DeRose, A. (2004). Overview of community participation at the Vth IUCN World Parks Congress. *Parks,* 14(2), 18-29.

Dobson, A. (2003). *Citizenship and the Environment.* Oxford: Oxford University Press.

Dovers, S. y Hussey, K. (2013). *Environment and Sustainability: A policy handbook,* 2ª ed. Sydney: The Federation Press.

Dryzek, J.S. y Niemeyer, S. (2010). *Foundations and Frontiers of Deliberative Governance.* Oxford: Oxford University Press.

Dudley, N. (2008). *Guidelines for Applying Protected Area Management Categories.* Gland: IUCN.

Eadens, L.M.; Jacobson, S.K.; Stein, T.V.; Confer, J.J.; Gape, L. y Sweeting, M. (2009). Stakeholder mapping for recreational planning of a Bahamian National Park. *Society and Natural Resources,* 22, 111-127.

Evans-Cowley, J. y Hollander, J. (2010). The new generation of public participation: internet-based participation tools. *Planning, Practice and Research,* 25, 397-408.

Fitzsimons, J.A. y Wescott, G. (2008). Evolving governance arrangements in multi-tenure reserve networks. *Environmental Conservation,* 35, 3-7.

Fitzsimons, J.; Pulsford, I. y Wescott, G. (eds.). (2013). *Linking Australia's Landscapes: Lessons and opportunities from large-scale conservation networks.* Melbourne: CSIRO Publishing.

Folke, C.; Hahn, T.; Olsson, P. y Norberg, J. (2005). Adaptive governance of social-ecological systems. *Annual Review of Environment and Resources,* 30, 441-473.

Hall, M.C. y McArthur, S. (1998). *Integrated Heritage Management: Principles and practice.* Londres: Stationery Office.

Healey, P. (1997). *Collaborative Planning: Shaping places in fragmented societies.* Londres: Macmillan:

Hill, R.; Walsh, F.; Davies, J. y Sandford, M. (2011). *Our Country Our Way: Guidelines for Australian Indigenous protected area management plans.* Cairns: CSIRO and Australian Government.

Holley, C., Gunninham, N. y Shearing, C. (2012). *The New Environmental Governance.* Nueva York: Routledge/Earthscan.

Holling, C.S. (ed.). (1978). *Adaptive Environmental Management and Assessment.* Chichester, Reino Unido: Wiley.

Howlett, M.; Ramesh, M. y Perl, A. (2009). *Studying Public Policy: Policy cycles and policy subsystems,* 3ª ed. Ontario: Oxford University Press, Don Mills.

International Union for Conservation of Nature (IUCN). (2014). *Hope for a Protected Planet with Protected Areas. Gland:* IUCN. Recuperado de: www.iucn.org/about/work/programmes/gpap_home/pas_gpap/

Keen, M., Brown, V. y Dyball, R. (eds.). (2005). *Social Learning in Environmental Management: Towards a sustainable future.* Londres: Earthscan.

Larson, P. (2006). *Reconciling indigenous peoples and protected areas: rights, governance and equitable cost and benefit sharing* [artículo de discusión]. Gland: IUCN.

Lee, K.N. (1993). *Compass and Gyroscope: Integrating science and politics for the environment.* Washington D.C.: Island Press.

Lockwood, M. (2010a). Good governance for terrestrial protected areas: a framework, principles and performance outcomes. *Journal of Environmental Management,* 91, 754-766.

Lockwood, M. (2010b). Scoping the territory: considerations for connectivity conservation managers. En: G.L. Worboys; W. L. Francis y M. Lockwood (eds.). *Connectivity Conservation Management: A global guide*, pp. 34-51. Londres: Earthscan.

Davidson, J.; Curtis, A.; Stratford, E. y Griffith, R. (2010). Governance principles for natural resource management. *Society and Natural Resources,* 23, 986-1001.

McCool, S.; Nkhata, B.; Breen, C. y Freimund, W.A. (2013). A heuristic framework for reflecting on protected areas and their stewardship in the 21st century. *Journal of Outdoor Recreation and Tourism,* 1-2, 9-17.

McNeely, J. (ed.). 2006. *Friends for Life: New partners in support of protected areas.* Gland: IUCN.

Mayers, J. y Vermeulen, S. (2002). *Company- Community Forestry Partnerships: From raw deals to mutual gains.* Londres: IIED.

Moorcroft, H.; Ignjic, E.; Cowell, S.; Goonack, J.; Mangolomara, S.; Oobagooma, J. y Waina, N. (2012). Conservation planning in a cross-cultural context: the Wunambal Gaambera Healthy Country Project in the Kimberley, Western Australia. *Ecological Management and Restoration,* 13(1), 16-25.

Nkhata, B.A. y McCool, S. (2012). Coupling protected area governance and management through planning. *Journal of Environmental Policy and Planning,* 14, 394-410.

O'Faircheallaigh, C. (2010). Public participation and environmental impact assessment: purposes, implications, and lessons for public policy making. *Environmental Impact Assessment Review,* 30, 19-27.

Ojha, H.; Hall, A. y Sulaiman, R. (eds.). (2013). *Adaptive Collaborative Approaches in Natural Resource Governance: Rethinking participation, learning and innovation.* Nueva York: Routledge/Earthscan.

Ostrom, E. (1990). *Governing the Commons: The evolution of institutions for collective action.* Cambridge: Cambridge University Press.

Outdoor Industry Association (OIA). (2012). *Ensuring the Growth and Success of the Industry [reporte anual].* Boulder, Estados Unidos: Outdoor Industry Association. Recuperado de: outdoorindustry.org/PDF/2012-OIA-Annual-Report-med-res.pdf

Paehlke, R.C. (2003). *Democracy's Dilemma: Environment, social equity and the global economy.* Cambridge, Estados Unidos: MIT Press.

Philanthropy Australia. (2014). *Frequently Asked Questions.* Recuperado de: www.philanthropy.org.au/tools-resources/frequently-asked-questions-faq/

Plummer, R.; Armitage, D.R. y de Loë, R.C. (2013). Adaptive co-management and its relationship to environmental governance. *Ecology y Society,* 18, 1-15.

Prell, C.; Hubacek, K. y Reed, M. (2009). Stakeholder mapping and social network analysis in natural resource management. *Society and Natural Resources,* 22, 501-518.

Project Janszoon. (2014). *Together Restoring the Abel Tasman*,.Project Janszoon. Nelson, Nueva Zelanda. Recuperado de: www.janszoon.org/

Rhodes, R.A.W. (1997). *Understanding Governance.* Maidenhead, Reino Unido: Open University Press.

Ross, A.; Sherman, K.; Snodgrass, J.; Delcore, H. y Sherman, R. (2011). *Indigenous Peoples and the Collaborative Stewardship of Nature.* Walnut Creek, Estados Unidos: Left Coast Press.

SEWPAC (Department of Sustainability, Environment, Water, Population and Communities). (2012). *CAPAD National Summary.* Recuperado de: www.environment.gov.au/noide/34737

(2013). *Annual Report 2012-13. Canberra: Commonwealth of Australia.*

Schattschneider, E.E. (1983 [1975]). *The Semisovereign People: A realist's view of democracy in America.* Fort Worth, Estados Unidos: Holt, Rinehart y Winston.

Smyth, D. (2001). Joint management of national parks En: R. Baker, J. Davies y E. Young (eds.). *Working on Country*, pp. 60-74. Melbourne: Oxford University Press.

Sydney Morning Herald. (2013). *Aussies the world's richest people: Credit Suisse.* Recuperado de: www.smh.com.au/business/the-economy/aussies-the-worlds-richest- people-credit-suisse-20131009-2v7qy.html

UIAA (International Climbing and Mountain Federation). (2013a). *UIAA Mountain Protection Award.* Berna, Suiza: UIAA. Recuperado de: www.mountainprotection.theuiaa.org

(2013b). Página web. www.theuiaa.org

United Nations. (2004). *The Concept of Indigenous Peoples.* Nueva York: UN.

(2009). *State of the World's Indigenous Peoples.* Nueva York: UN.

Waters Consultancy Proprietary Limited. (2013). *Cullunghutti: The mountain and its people.* Nowra, Australia: Office of Environment and Heritage.

Waters, K. y Moon, C. (2005). *Lower Shoalhaven River Valley Aboriginal cultural mapping places project* [reporte comunitario]. Nowra, Australia: NSW National Parks and Wildlife Service.

Worboys, G.L.; Francis, W.L. y Lockwood, M. (eds.). (2013). *Connectivity Conservation Management: A global guide.* Londres: Earthscan.

Wunambal Gaambera Aboriginal Corporation (WGAC). (2010). *Wunambal Gaambera Healthy Country Plan - Looking after Wunambal Gaambera country 2010-2020.* Garmbemirri: WGAC.

Wyborn, C. (2013). Collaboration across scales: the governance challenges of linking landscapes. En: J. Fitzsimons, I. Pulsford y G. Wescott (eds.). *Linking Australia's Landscapes: Lessons and opportunities from large-scale conservation networks*, pp. 267-276. Melbourne: CSIRO Publishing.

Dovers, S. (2014). Prescribing adaptiveness in agencies of the state. *Global Environmental Change,* 24, 5-7.

CAPÍTULO 15

LOS MEDIOS DE COMUNICACIÓN Y LAS ÁREAS PROTEGIDAS

Autor principal:
Stuart Cohen

Autores de apoyo:
John Dengate, Lucy Morrell y Kimberley Lee

CONTENIDO

IUCN WCPA WORLD COMMISSION ON PROTECTED AREAS Convention on Biological Diversity

AUTOR PRINCIPAL

STUART COHEN es oficial senior de asuntos públicos de la Oficina de Medio Ambiente y Patrimonio de Nueva Gales del Sur, Australia.

AUTORES DE APOYO

JOHN DENGATE, es naturalista, trabaja como autor y para medios de comunicación. Anteriormente fue gerente de asuntos públicos en la Autoridad de Protección Ambiental de Nueva Gales del Sur y el Servicio Nacional de Parques y Vida Silvestre, Australia.

LUCY MORRELL trabaja en medios de comunicación y relaciones públicas para el Gobierno de Nueva Gales del Sur, Australia.

KIMBERLEY LEE es consultora independiente de medios digitales y redes sociales con sede en Nueva Gales del Sur, Australia.

CITACIÓN

Cohen, S.; Dengate, J.; Morrell, L. y Lee, K. (2019). Los medios de comunicación y las áreas protegidas. En: G.L. Worboys, M. Lockwood, A. Kothari, S. Feary e I. Pulsford (eds.). *Gobernanza y áreas protegidas*, pp. 467-500. Bogotá: Editorial Universidad El Bosque y ANU Press.

FOTOGRAFÍA DE LA PÁGINA DEL TÍTULO

Geoff Ross, especialista marino de Parques Nacionales y Vida Silvestre de Nueva Gales del Sur, mientras informa a los medios sobre un incidente con un mamífero marino. Newport Beach, Sídney, Australia
Fuente: Stuart Cohen

Introducción

No importa en qué parte del mundo se encuentre, los medios de comunicación siempre jugarán un papel crítico en la gestión de las áreas protegidas a largo plazo, por lo que será útil saber cómo funcionan y cómo su manejo efectivo le ayudará a lograr sus objetivos de conservación.

Antes de comenzar a pensar en cómo manejar los medios para lograr su objetivo de comunicar mensajes importantes a un público amplio, hay una advertencia muy importante: no se deje engañar al pensar que los medios masivos de comunicación son una herramienta de comunicación separada de otros canales a su alrededor. Los medios son complementarios y en la era digital, las formas y los medios para comunicarse con su público se han revolucionado.

Ciertamente, los medios de comunicación convencionales son vitales para llegar a un público más amplio, pero es frecuente que tenga mucho trabajo por hacer para comunicarse con el público y con las partes interesadas clave mucho antes de entregar cualquier información a los medios.

En el manejo de las comunicaciones vale la pena que adopte como su mantra la idea de que las personas o grupos que se sienten directamente afectados por cualquier cosa que usted haga o diga tienen el derecho –ciertamente, una expectativa justificable y razonable– de ser los primeros en recibir la información. En otras palabras, si lo que hace como administrador de un área protegida es realmente importante para las partes interesadas o las afectará de alguna manera, no deberían leer en un periódico sobre lo que usted hace sin tener un conocimiento previo. Esto requiere un plan de comunicaciones más amplio que identifique los objetivos y las acciones de comunicación, en el que los medios son solo un elemento en el proceso de comunicación y no el primero ni el único.

Como administradores de áreas protegidas utilizamos los medios para que los mensajes e información que respaldan los objetivos de gestión lleguen a una audiencia amplia, ya sea para crear conciencia y entendimiento de la razón detrás de nuestras acciones o para lograr el cumplimiento y la cooperación del público gracias a que entienden y apoyan nuestros objetivos. Los medios de comunicación son muy importantes para la forma en que sus mensajes de conservación y la reputación de su agencia se manejan y son percibidos en el resto del mundo.

Filmación de un documental, Cueva Jillabenan, Cuevas Yarrangobilly, Parque Nacional Kosciuszko, un área protegida incluida en la Lista del Patrimonio Nacional de Australia

Fuente: Graeme L. Worboys

La definición actual que tenemos para "los medios" es muy diferente de la que habríamos dado en los últimos cien años. La llegada de las redes sociales cambió a perpetuidad nuestros conceptos tradicionales de lo que siempre entendimos que eran los medios de comunicación. La capacidad y la facilidad con las que cualquier individuo u organización puede establecer y administrar su propio "canal de transmisión" de manera simple y económica con el uso de una gran cantidad de plataformas de redes sociales resultó en una dilución significativa de la influencia y el poder de los medios tradicionales, y les dio a lo que tenían pocos recursos la capacidad de transmitir al mundo. La democratización de la información significa que cualquier persona con una computadora y una conexión a Internet tiene el potencial de transmitir información.

También hubo un cambio fundamental en la manera en que las personas reciben la información en la que basan sus decisiones importantes. Internet también creó una plataforma para el "periodista ciudadano", y hay muchos que a diario ejercen influencia sobre las opiniones e ideas de la comunidad en general; algo que alguna vez fue el dominio único de los medios de comunicación tradicionales.

Para los administradores de áreas protegidas esto representa importantes beneficios y desafíos adicionales. Para transmitir los mensajes clave ya no enfocamos nuestra atención únicamente en los medios tradicionales. Hoy debemos considerar cosas como las plataformas de redes sociales y su audiencia, los blogueros y su influencia, así como un ejército de individuos con talento creativo para transmitir e involucrar a un público objetivo e influyente.

Por consiguiente, es muy importante que elabore sus mensajes y su enfoque de una manera mucho más compleja que considere los diferentes modos de divulgación, desde el periódico y la televisión hasta el correo electrónico, y desde Facebook hasta Twitter, etc.

Tipos de medios de comunicación

Principales medios de comunicación tradicionales

A lo largo del siglo XX, la definición de los medios de comunicación cubría los tres principales, que eran la radio, la televisión y la prensa (impresa), pero en la última década las tecnologías digitales e Internet cambiaron significativamente el rango y los tipos de medios que se usan actualmente. Los principales medios tradicionales y las redes sociales más recientes se fusionaron para convertirse en plataformas de comunicación multifacéticas. Por ejemplo, pocos de los principales medios tradicionales funcionan hoy en día sin un sitio web que ofrezca toda la gama de medios. Un periódico tradicional, aunque sigue existiendo en versión impresa, también existe como una versión digital a la que se puede acceder desde dispositivos móviles. Este sistema ofrece un acceso adicional a videos y fotografías, infografías y *podcasts*, además de la capacidad del lector de interactuar y responder de una manera instantánea y constante. También hay un número creciente de periódicos en línea que no imprimen en papel. Sobre todo, la llegada de las redes sociales y el enorme aumento de la gama de opciones para que el público obtenga las noticias diarias provocó no solo una disminución constante en la audiencia de los principales medios tradicionales, sino también una caída en las ganancias que afectó significativamente la capacidad de los medios de presentar noticias tal como lo hacían en el pasado. Esto tuvo un gran impacto en cómo se recopilan las noticias y quién lo hace, con el resultado de que los medios –antes bastante exigentes sobre lo que informarían– ahora tienen una mayor probabilidad de publicar una historia suya si está bien presentada.

Lo que significa todo esto es que los medios tradicionales aún existen, pero ahora lo hacen en paralelo con los nuevos medios digitales como medios de comunicación independientes y superpuestos. Esto se debe a que algunas personas, particularmente las que pertenecen a las generaciones de más edad, siguen accediendo a sus noticias e información de la forma tradicional, mientras que es evidente que la población más joven ya comenzó a alejarse de estos medios tradicionales y está adoptando formatos de noticias digitales más rápidos, más instantáneos e interactivos que son accesibles con una gama cada vez mayor de dispositivos móviles, como el teléfono inteligente y la tableta.

Es muy importante darse cuenta de que dentro de los medios tradicionales hay varios matices, colores y actitudes que destacan diferentes agendas sociopolíticas. A pesar de la filosofía subyacente de mantener la objetividad dentro del proceso de recabar y presentar las noticias, las programadoras comerciales y públicas, al igual que los periódicos, pueden abordar las cuestiones relacionadas con la gestión de áreas protegidas con actitudes muy diferentes. Incluso las nociones de objetividad y equilibrio ya no pueden darse por sentadas ya que la democratización de la información en la era de Internet ha desdibujado las líneas divisorias entre los informes tradicionales y los comentarios. Como un administrador de áreas protegidas, es importante que tenga en cuenta dichas actitudes, ya que estas regirán la dirección que tomará un periodista sobre una historia en particular.

Tenga en mente que, aparte de los medios de financiación pública, los medios en general están ahí para obtener ganancias, principalmente a través de la publicidad, y para hacer eso, los periódicos deben venderse y debe haber una audiencia para la radio y la televisión. Por lo tanto, el contenido divulgado por los medios debe atraer, captar y mantener un número de lectores o audiencia, y esto impulsa el enfoque adoptado al informar las noticias. A diferencia de una estación financiada con fondos públicos, las estaciones de televisión más comerciales pueden tomar una línea mucho más dura o más emotiva cuando informan sobre conflictos. Algunos periódicos (y periodistas) serán más comprensivos con el medioambiente que otros. Antes de llamar o explicar una posible historia a un periodista, siempre debe saber dónde está parado.

El espectacular paisaje del Parque Nacional Waterton, un Parque Internacional de la Paz, Canadá
Fuente: Charles Besançon

Redes sociales

El advenimiento y la rápida manifestación de las redes sociales y de las comunicaciones por Internet revolucionaron la difusión de la información y la capacidad de las personas para escribirse y conectarse. La comunicación de uno a uno, de uno a muchos y de muchos a muchos nunca fue tan fácil en escalas hiperlocales y globales. El público ya no depende de los medios de comunicación tradicionales para recibir noticias e información.

La capacidad de compartir instantáneamente eventos y noticias a través de dispositivos móviles le dio impulso al fenómeno de los "periodistas ciudadanos" y de los "influenciadores en línea", quienes pueden establecer sus propios canales de transmisión desde los miles de plataformas de redes sociales disponibles. Muchas de estas tienen una función integrada que les permite publicar en una plataforma y al mismo tiempo impulsar el contenido en muchas otras.

Lo que antes era el dominio exclusivo de las grandes compañías de medios, con un gran capital para pagar costosas infraestructuras, ahora está al alcance del público en general. Por ejemplo, en 1990 la producción de noticias de televisión y la capacidad de transmitirlas solo eran posibles con el respaldo de recursos técnicos y financieros mucho más allá del individuo promedio. Hoy, el mismo individuo puede filmar, editar y producir una transmisión de noticias multimedia de alta calidad desde su dormitorio con un solo teléfono inteligente o una tableta.

No obstante, la facilidad de crear contenidos ha resultado en una sobrecarga de la información disponible, y la capacidad de filtrar la información que es precisa se ve empañada por esta enorme cantidad de ruido en línea. Esto significa que aquellos con funciones y responsabilidades gubernamentales reconocidas, como las agencias gubernamentales, necesitan fortalecer su voz como la fuente oficial de información.

Las redes sociales permiten que usted comparta información directamente con las partes interesadas y con las comunidades de una manera más fácil y eficiente. Ahora usted puede publicar tanta información como quiera y tantas veces como sea necesario, sin depender de los medios tradicionales para la divulgación.

Las redes sociales tienen una sed insaciable de imágenes impresionantes en fotos y videos, y esto es muy útil para que los administradores de áreas protegidas de todo el mundo promuevan los valores de la conservación. Esto es posible gracias a que las áreas protegidas y las especies que viven en ellas son muy fotogénicas, ya sea una panorámica del paisaje o una especie de insecto descubierta recientemente.

Quema controlada con el fin de reducir los combustibles de incendios, Parque Nacional Alpino en Victoria, Australia
Fuente: Graeme L. Worboys

El canal de transmisión de las redes sociales

Una transmisión típica por redes sociales podría verse así: se publica una noticia en el blog de la organización que puede estar dentro de su sitio web o como una marca derivada. Si la publicación del blog contiene imágenes, video o audio, este contenido puede estar alojado en una plataforma específica como Flickr, YouTube, Vimeo o SoundCloud que se encuentra insertada en la publicación del blog. Luego se comparte un enlace a la noticia con el encabezado u otro descriptor apropiado a través de varias plataformas de redes sociales, cada uno con un propósito y una audiencia específica como Facebook, Twitter, Instagram o Vine.

Las redes sociales permitieron el desarrollo de un servicio de noticias en constante evolución que cuenta con información relevante e interesante para una audiencia que eligió recibir el contenido. Ofrecer "notificaciones *push*", disponibles en algunas redes sociales como Twitter, puede alertar a las personas sobre las noticias en tiempo real. Esta audiencia puede crecer para convertirse en una robusta comunidad en línea cuyos miembros comparten, comentan y entablan una conversación entre ellos y con la organización o la agencia.

La diferencia fundamental respecto al uso por parte de las personas entre los medios de comunicación tradicionales y las plataformas de redes sociales es que estas facilitan la interacción con y entre cualquier persona que utilice esa red social de una manera que los medios de comunicación tradicionales no ofrecían en el pasado. No obstante, es importante tener en cuenta la integración de las redes sociales con las noticias tradicionales, y cómo los medios usan las redes sociales para mantenerse relevantes y conectados con sus audiencias. Los medios tradicionales también buscan en las redes sociales noticias, fuentes y contenido. La relación entre los medios de comunicación tradicionales y las redes sociales evoluciona a un ritmo acelerado, por lo que es importante mantenerse al día sobre cómo se utilizan de manera conjunta.

Aunque le tomará algún tiempo construir una audiencia propia, es posible hacer crecer una comunidad en línea con un mayor alcance que los canales de los medios tradicionales. Si bien su audiencia puede ser pequeña, una de sus cualidades más valiosas es que llegó a usted voluntariamente y con un interés directo en las noticias y la información que usted tiene para compartir. Para la gestión de áreas protegidas alrededor del mundo es cada vez más importante que se establezca un canal propio para la transmisión por redes sociales, y de esta manera divulgar los mensajes que le ayudarán a cumplir sus objetivos de gestión.

Compartir noticias y contenido puede ayudar a que una organización direccione la agenda de discusión. Por otro lado, conocer las conversaciones en línea sobre su organización y los temas y asuntos relevantes puede ayudar a que la organización no solo comprenda mejor el sentir y las necesidades de las partes interesadas, sino también a colaborar con el manejo de problemas y crisis.

La oportunidad realmente existe, y podría sorprenderse de que el contenido que publicó toque una fibra sensible de la audiencia, de repente se vuelva viral y sea visto de la noche a la mañana por miles o, si realmente da en el blanco, por millones.

Uso estratégico de los medios de comunicación

No importa cuán grande o pequeña sea, toda agencia de conservación u organización no gubernamental (ONG) que administre áreas protegidas debe considerar estratégicamente la gestión de los medios. No hacerlo es un error. Debe prestarse mucha atención a diferentes aspectos del manejo de los medios. La estrategia de medios de su agencia debe considerar lo siguiente.

Una zarigüeya pigmea de montaña (*Burramys parvus*), una especie rara y amenazada, Parque Nacional Kosciuszko, Nueva Gales del Sur, Australia. Esta especie se encuentra cerca de las cimas de las montañas más altas de Australia y está amenazada por el cambio climático

Fuente: Luciana Porfirio

- Objetivos: ¿qué es exactamente lo que intenta lograr para la gestión de áreas protegidas en el proceso de involucrar a los medios?
- Mensajes: ¿cuáles son los mensajes clave que la agencia quiere promover?
- Recursos: ¿qué equipo será necesario para implementar un manejo efectivo de los medios, como infraestructura de oficinas, computadoras, grabadoras de sonido y cámaras?
- Dotación de personal: ¿cuántas personas se necesitarán y qué conjunto de habilidades deben tener?
- Portavoces: ¿quiénes serán elegidos como los principales voceros de la agencia? Y ¿Ellos hacen una buena presentación? ¿Qué personas estarán en mejores condiciones para representar a la agencia en temas específicos?
- Política de medios y protocolos: ¿a quién se le delegará la responsabilidad de hablar con los medios? ¿Qué pasos deben tomar los funcionarios cuando son contactados por un periodista? ¿Cuándo debería escalarse un problema con los medios a las autoridades superiores?

Uso de los medios para dar fuerza a su perspectiva

Cuando quiera darle fuerza a su perspectiva o argumento sobre un tema de importancia para la gestión de las áreas protegidas, los medios jugarán un papel importante. Ya sea que se trate del manejo de incendios o plagas, o cuestiones relacionadas con el acceso de visitantes, un plan de medios considerado cuidadosamente puede ser muy útil para hacer que la opinión pública se mueva en la dirección que usted necesita. El objetivo es encontrar situaciones y circunstancias relacionadas directamente con el problema y promoverlas en los medios durante un período prolongado de una manera que valide y fortalezca su argumento.

Tome el ejemplo del manejo de los materiales combustibles en los parques nacionales –un tema polémico en muchos países donde los incendios forestales y su impacto sobre las vidas y las propiedades son un problema importante–. Si desea enfatizar y promover el compromiso de la entidad con el manejo efectivo de los materiales combustibles en los incendios, debe preparar mensajes clave y tratar de promover cada instancia del manejo de materiales combustibles que aquella lleve a cabo; todo respaldado con datos y cifras actualizadas, videos, fotos y una presencia sólida en las redes sociales siempre que sea posible. Esto, en efecto, es una campaña en curso y puede aplicarse a problemas puntuales o a los objetivos de gestión en curso.

Cómo funcionan los medios de comunicación

"Los medios" es un término que abarca una amplia gama de comunicaciones dedicadas a la difusión de noticias e información a múltiples audiencias. Hoy esto incluye medios de noticias tradicionales y redes sociales que llegan a una audiencia en forma de medios electrónicos, impresos e Internet. El enfoque principal de los medios tradicionales es brindar una información relevante, interesante y fundamentalmente de "interés periodístico", y aunque esto también se aplica en gran medida al mundo de las redes sociales, es además una verdad obvia que el contenido de las redes sociales puede y suele ser irrelevante y trivial, lo que genera un "ruido" en el espacio que puede dificultar que su mensaje se abra paso.

Entonces, ¿qué califica como "noticia"? ¿Cuándo algo es una noticia y cuándo no? La "noticia" conlleva ciertos valores que hacen que valga la pena leerla, escucharla o verla, y estos valores suelen ser evidentes. Los criterios de lo que constituye una noticia son incontables, y los siguientes son solo algunos de los valores noticiosos que individual o colectivamente resultarán en una historia que se divulgue debido a su interés periodístico.

- Actualidad: las noticias son de "ahora", no de ayer. Si sucedió hace una semana, no saldrá en un boletín de noticias. Puede ayudar si es la primera vez que se revelan estas noticias, pero serán más relevantes si acaban de suceder.
- Prominencia: lo que dice el presidente de los Estados Unidos tiene importancia, y por lo tanto es de interés periodístico a diferencia de las opiniones y los pensamientos generales de un ciudadano común del mismo país.
- Impacto: a escala internacional, un desastre natural que cause una pérdida significativa de propiedades y vidas tiene un impacto y recibe cobertura a gran escala, pero un desastre menor a nivel local puede ser menos impactante y solo relevante para el periódico de un país-ciudad.
- Conflicto: gran parte de nuestras noticias diarias se refieren a conflictos, ya sean guerras lejanas o discusiones entre partidos políticos. El conflicto es un ingrediente principal de lo que constituye una noticia.
- Proximidad: la ubicación de una historia y cuán cercana esté de una audiencia determinada, combinada con otros valores noticiosos, puede hacer que una historia sea noticiosa. En otras palabras, si el evento, incidente o conflicto ocurrió dentro del área de transmisión de una estación de radio, la proximidad asegurará que sea una historia principal en un boletín.

El Ministro de Medio Ambiente del gobierno australiano, el Honorable Greg Hunt (miembro del parlamento), hace el lanzamiento oficial del inicio de la preparación para el Congreso Mundial de Parques de la UICN en Sídney, noviembre de 2014, Puerto de Sídney, Australia
Fuente: Graeme L. Worboys

- Magnitud: cuando algo es grande en una escala que sea notoria para una audiencia, tiene una magnitud que lo convierte en una noticia.
- Rareza: cuando algo es extraño o muy fuera de lo común puede ser una noticia; por ejemplo, el descubrimiento de una criatura inusual, eventos o comportamientos extraños. Una vez se dijo que "el perro que muerde al hombre" no es noticia, pero "el hombre que muerde al perro" sí lo es.
- Negatividad: todo el mundo sabe que las malas noticias venden un periódico mejor que las buenas noticias. Cuando algo sale mal o cuando alguien hace algo mal, es mucho más probable que se reporte que cuando pasa lo contrario.
- Celebridad: alguien que sea famoso, a nivel local o internacional, también tiene asegurado el espacio en un boletín de noticias, y a menudo no por hacer algo de particular notoriedad sino por ser muy conocido.
- El factor "máximo/mínimo": si describe la magnitud o escala de algo que es lo máximo o lo mínimo (lo más rápido, lo más grande, lo más pequeño, etc.), entonces más o menos usted tiene una historia que

puede ser noticia. En otras palabras, si se trata del más grande, el más ancho, el más largo, el más rápido o el peor, es muy probable que los medios lo cubran.

En última instancia, el factor más importante es la relevancia para la audiencia. Los editores se preguntan a sí mismos: "¿cuánto afecta este evento a mi público?" Si la respuesta es "mucho", entonces el artículo tiene valor como noticia.

El proceso de recopilar noticias

El proceso de recopilar noticias es interminable e implacable. Apenas se divulga una historia otra debe reemplazarla en un proceso de veinticuatro horas. Para recopilar noticias, los periodistas deben buscar información a partir de una amplia variedad de fuentes, analizarla rápidamente y decidir si contiene suficientes "valores noticiosos" para garantizar su publicación o transmisión. Esta información llega al periodista desde una variedad de fuentes, tanto formales como informales. Quizás la forma más común sea el "boletín informativo", también llamado "comunicado de prensa". En general, el periodista recibe estos documentos de personas u organizaciones que desean dar a conocer ideas o historias para promover sus agendas, mensajes o necesidades particulares.

Los periodistas también reciben información directamente por teléfono, por correo electrónico o al monitorear a otras organizaciones de noticias. Es importante destacar que los "contactos personales" son un pilar en el proceso de recopilar noticias. Los periodistas mantendrán y cultivarán un buen contacto como fuente primaria de noticias. Esta relación suele ser mutuamente benéfica para el periodista y para el contacto. Las redes sociales se han convertido en otra herramienta importante en el proceso de recopilar noticias. Una encuesta reciente de más de cuatrocientos periodistas australianos encontró que el 40% de las historias diarias provenían de las redes sociales, dos tercios mencionaron que las redes sociales habían facilitado la obtención de contenidos y el 89% dijeron que estas divulgaban las historias más rápidamente para aumentar el círculo de lectores (Newsmaker, 2013).

También existen organizaciones de noticias conocidas como "servicios electrónicos de información" como Reuters y Associated Press, que no transmiten directamente al público sino que producen noticias las veinticuatro horas para otras organizaciones de noticias que pagan por este servicio.

Conferencia de prensa en la que participa el Primer Ministro de Nueva Gales del Sur, Centro de Operaciones del Estado, Sídney
Fuente: Stuart Cohen

Planeación de los medios de comunicación

Preparación de un plan de medios

De manera inevitable, la planeación para involucrar a los medios de comunicación en un tema particular suele ser parte de un plan más amplio destinado a comunicar mensajes específicos a un público específico. Muy pocas veces los planes de medios son complicados, pero deben considerar algunos objetivos estratégicos. Las consideraciones clave incluyen:

- Objetivo.
- Mensajes clave.
- Audiencia o público.
- Medios objetivo.
- Portavoz o portavoces.
- Si se requiere un comunicado de prensa.
- Si se requieren otros materiales de soporte.
- Suministro de videos o fotos.
- Transporte.
- Ubicaciones.
- Conferencia de prensa.
- Monitoreo.

Chital (*Axis axis*), Parque Nacional Bandhavgarh, India

Fuente: Ashish Kothari

Tipos de eventos con los medios

Aperturas y lanzamientos

Usted querrá una buena razón para emprender una apertura o un lanzamiento de cualquier tipo, ya que suelen requerir una gran cantidad de recursos y personal. Hay dos razones para organizar una apertura o un lanzamiento. La primera es una buena gestión de las partes interesadas –es decir, una oportunidad para celebrar un logro por el cual la comunidad y las partes interesadas puedan recibir elogios y en la que la cobertura de los medios sea de menor importancia–. La segunda razón es si existe la posibilidad de que la cobertura de los medios compense los problemas y sea definitivamente positiva.

Un evento de esta naturaleza puede involucrar:

- Aprobación ejecutiva.
- Invitados de honor y VIP.
- Listas de invitados cuidadosamente consideradas (no invite al evento a personas que puedan ser detractores, si esto puede evitarse).
- Listas de invitados: asegúrese de invitar a las personas más adecuadas, con la debida consideración de aquellos que quizás se ofendan si quedan fuera de esta lista.
- Información: informes, hojas de datos y kit de medios con información adicional.
- Organización de ubicación y sede: ¿la sede es apropiada y de fácil acceso para los medios y los invitados?
- Consideración del momento para que el evento o lanzamiento no entre en conflicto con otros eventos, vacaciones o grandes eventos deportivos o culturales.
- Transporte, especialmente para los grupos o individuos menos favorecidos a nivel económico o social.
- Notas del discurso e información general para oradores e invitados clave.
- Fotógrafos. Si es posible, asegúrese de contar con un fotógrafo o un videógrafo y aproveche la oportunidad para twittear imágenes y videos, o incluso publicar en Facebook o YouTube para promocionar el evento.

Conferencias de prensa

Al igual que con cualquier evento importante, usted querrá pensar detenidamente en el por qué desea organizar una conferencia de prensa. Usted tomará la decisión de organizar una conferencia de prensa por dos razones. La primera es porque el anuncio que debe hacer es de tal importancia que es muy probable que muchos medios de comunicación soliciten una entrevista, así que la manera más fácil de abordar varios medios a la vez es organizar una conferencia de prensa en la que todos los medios puedan estar. La otra razón es que desea darle un mayor impacto al anuncio. Tener muchos periodistas reunidos en un solo lugar para escuchar los detalles de su anuncio genera un impacto adicional, lo que le da a su anuncio un sentido de seriedad que no se lograría mediante entrevistas individuales.

Es bueno recordar que su anuncio debe ser importante, en el verdadero sentido de la palabra. Podría ser embarazoso realizar una conferencia de prensa en la que hay poca o ninguna asistencia de los medios. Si tiene que dar malas noticias, piense cuidadosamente si una conferencia de prensa es lo mejor. Las reuniones de muchos medios para anunciar algo que pueda recibirse de manera negativa o con recelo pueden generar una verdadera atmósfera de tensión, en especial cuando los medios comienzan a cuestionar fuertemente a los portavoces clave que se presentan en la conferencia.

Tipo de medio objetivo

Cuando tome decisiones sobre cuál es la mejor forma de presentar el tema o la historia que desea promover en los medios de comunicación, tendrá que pensar en el tipo de medio que mejor se adapte. Lo más frecuente es que la historia que envíe a los medios de comunicación funcione

Fotógrafo de medios, Parque Nacional Langshan, China

Fuente: Graeme L. Worboys

en todos ellos; sin embargo, no siempre será así. Una historia de radio puede no ser adecuada para la televisión, y una historia de televisión puede no funcionar para un periódico.

Televisión

Este es un medio altamente visual. A menudo, la falta de imágenes significa que no hay historia. Lo "visual" –es decir, las imágenes de video– es esencial para ilustrar la narración de la historia.

Por suerte, la mayoría de las historias sobre áreas protegidas encajan bien en la televisión debido a la naturaleza misma del tema y las imágenes coincidentes. No obstante, debido a que las áreas protegidas suelen estar alejadas de las principales estaciones de televisión, quizás lo mejor sea que presente un video que usted haya organizado previamente.

Impresos

Los periódicos y las revistas no difieren de la televisión en el deseo del impacto visual, aunque las fotos no son esenciales. No obstante, la promesa de una gran foto suele brindar una motivación adicional para que un periodista persiga una historia. Una buena foto puede, y con frecuencia lo hará, aumentar la importancia de su historia y llevarla de las últimas páginas de una revista o periódico hasta las primeras páginas de todos los periódicos. Una foto espectacular puede conducir a que una noticia relativamente normal llegue a la primera página. En el caso de los periódicos regionales más pequeños, los cuales carecen de los recursos de los grandes diarios metropolitanos, siempre es una buena idea incluir fotos de buena calidad en su publicación.

Radio

Desde la perspectiva de las noticias, el principal atributo de la radio es su inmediatez. La radio tiene la capacidad de transmitir cosas tal como suceden en tiempo real. Por lo general, las estaciones que producen noticias y asuntos de actualidad como parte de su producción básica suelen transmitir boletines de noticias cada media hora o cada hora, y programas de conversación y contenidos de actualidad en el intermedio, con la capacidad adicional de interrumpir la programación regular para actualizar a la audiencia sobre eventos importantes que acaban de ocurrir. Aunque en muchas ocasiones las historias no son adecuadas para la televisión o la prensa porque no es posible obtener videos o fotografías, la radio suele estar en capacidad de cubrir la mayoría de los asuntos.

Redes sociales

Existen cientos de plataformas de redes sociales que son herramientas valiosas para promover las áreas protegidas y su gestión. Un enfoque integrado para el manejo de las redes sociales y de los medios tradicionales logrará fortalecer la comunicación y la participación con sus actores interesados. Las herramientas de las redes sociales evolucionan rápidamente. Si bien, en comparación con el sector privado, muchas agencias gubernamentales de todo el mundo parecen lentas en la adopción de los numerosos canales de redes sociales como medio de comunicación, el ritmo de crecimiento en esta área gana cada día más impulso.

Como medio de publicación, el blogueo es una de las prácticas de redes sociales más antiguas, aunque no necesariamente la más utilizada. Una de las ventajas de desarrollar un blog es la funcionalidad central que ofrece para alojar todo el contenido y el control que usted tiene como propietario de su contenido y el espacio que este ocupa. Por lo general, cuando usted publica un contenido en las redes sociales, este pasa a ser propiedad de la plataforma en la que lo publica. Por ejemplo, si Facebook decidiera cerrar y volverse inaccesible, usted perdería todo su contenido. No obstante, los blogs pueden requerir para su mantenimiento una mayor dedicación, compromiso y diligencia en comparación con muchas redes sociales más recientes que ofrecen más características y funciones de novedad y mensajería instantánea.

YouTube, la red social de alojamiento de videos, también ha tenido un impacto significativo sobre la creación de contenido, lo que la ha posicionado como uno de los motores de búsqueda en línea más populares. Facebook también ha captado la atención masiva y la inversión de tiempo y emoción al compartir actualizaciones, me gusta, pinchazos y fotos de los usuarios; sin embargo, conforme cambia el modelo de negocio de la plataforma, también lo hace el uso y el sentimiento sobre la red social.

Ya que Facebook es una de las primeras redes sociales en ganar popularidad masiva y una de las más utilizadas, cada vez más agencias establecen páginas en esta plataforma. Sin embargo, es importante que usted evalúe si es realmente la más adecuada para cumplir sus objetivos, ya que hay cambios en los usuarios respecto a la forma en que usan Facebook y cómo se sienten respecto a las marcas allí presentes. Y ya que el gigante global avanza hacia una exigencia monetaria a las marcas, esto afecta el alcance y el éxito del contenido en Facebook.

A continuación se enumeran algunas de las redes sociales disponibles más utilizadas, pero usted debe investigar la gama de redes disponibles y cuáles satisfacen mejor sus objetivos.

Facebook

Es importante tener en cuenta que las personas usan Facebook para registrar y compartir con otros los momentos especiales de sus vidas. Hasta la fecha, esta red social ha permitido que las agencias de áreas protegidas tengan la oportunidad de convertirse en programadores directos para las partes interesadas que optan por recibir mensajes, con lo que se evita la necesidad de recurrir a los medios masivos tradicionales. Como una marca en Facebook, usted debe buscar guías y estudios de caso sobre las mejores prácticas para manejar su reputación. También debe abrir una línea directa de comunicación con su audiencia en un dominio público. Defina por qué quiere usar Facebook, qué quiere lograr, los riesgos asociados, los recursos necesarios, las expectativas de éxito y de qué manera quiere su público que su marca se comporte en Facebook.

YouTube

No hace mucho la única forma de transmitir noticias en video era a través de una estación de televisión. Hoy, publicar en YouTube es inmediato y puede hacerse solo con un teléfono inteligente y un acceso a Internet. El costo de las herramientas y los equipos de edición más sofisticados también se ha vuelto asequible, por lo que cualquiera puede filmar, editar y divulgar noticias y asuntos de actualidad. Las agencias de áreas protegidas de todo el mundo están empezando a adoptar YouTube, con excelentes resultados. YouTube puede integrarse en su sitio web y compartirse a través de otras redes sociales, y el uso de etiquetas, encabezados y descripciones le permite a la gente descubrir contenidos más fácilmente. Después de Google, YouTube también es uno de los motores de búsqueda más utilizados.

Vimeo

Vimeo tiene una funcionalidad similar a la de YouTube, pero le permite al emisor mantener la propiedad sobre los derechos de autor. Algunas organizaciones ahora utilizan Vimeo como una instalación de almacenamiento en la nube para mantener y compartir grabaciones de video con calidad de transmisión cuyo enlace puede enviarse de manera fácil y directa a las emisoras de televisión. Es muy útil que las estaciones de televisión puedan utilizar las grabaciones de video, ya que las crecientes presiones financieras limitan la posibilidad de justificar viajes a destinos remotos para cubrir historias. Una agencia de áreas protegidas con personal capacitado para filmar videos de una calidad razonable puede almacenar y enviar las grabaciones sin editar a una estación, donde luego pueden "recortarlas" como una noticia o una historia de actualidad. Ya que usted proporcionó las imágenes, tendrá más control sobre lo que se transmite. Unas imágenes de calidad también pueden generar una cobertura mediática que quizás, de otro modo, no habría logrado. Usted puede incluso dar entrevistas que contengan exactamente los mensajes que desea.

Twitter

Twitter es una red social en línea y un servicio de micro-blogueo que permite que los usuarios reciban y envíen públicamente "tuits", que son mensajes de texto con un límite de 140 caracteres. Como parte de estos, en los tuits pueden agregarse directamente imágenes y enlaces a sitios como YouTube. Esta es una forma rápida y sencilla de comunicarse con grandes audiencias. Los tuits pueden compartirse al "re-tuitearlos", lo que puede ayudar a obtener una mayor exposición a las audiencias de otros usuarios, y también puede ayudar a crear seguidores en Twitter. Entre más conversaciones entable con otros usuarios, más rápido crecerá su comunidad de Twitter, pero recuerde consultar su estrategia de redes sociales para que sigan siendo relevantes los tuits y la promoción cruzada con otros usuarios. La respuesta a los tuits también debe ser oportuna, ya que la expectativa de inmediatez es mayor en Twitter que en muchas otras redes sociales. Esta red es popular entre personas influyentes, como políticos y celebridades, con un usuario promedio de más de treinta años.

Flickr

Además de ser una biblioteca de imágenes barata y confiable, este es quizás el sitio más útil para compartir fotos de alta calidad con un público amplio, especialmente con los medios de comunicación. Atrás quedaron los días de tener que enviar por correo electrónico pequeños grupos de imágenes a los medios de comunicación; ahora usted puede cargar una gran cantidad de fotos en su cuenta de Flickr como un "conjunto", y luego enviar por correo electrónico o un tuit el enlace directamente al medio, para que este pueda descargar las fotos de manera fácil y rápida. Su agencia mantiene el control de los derechos de autor y es una instalación de almacenamiento en la nube que es muy útil.

Instagram

La naturaleza visual de esta red social de intercambio de fotos y videos ha atraído a una gran audiencia. Su popularidad crece cada vez más entre aquellos con contenido visualmente interesante para compartir, y es utilizada por celebridades, personas influyentes y marcas para brindar una perspectiva diferente de la información o las noticias que se comparten públicamente. El uso de *hashtags* y re-publicaciones puede ayudar con el descubrimiento de contenido, lo que puede fomentar que su número de seguidores crezca.

Podcast

Contar historias es el quid de las redes sociales, y los *podcast* constituyen una forma efectiva de compartir entrevistas, debates, lecturas, música y sonidos que se comunican mejor como una grabación directa. Por ejemplo, los ruidos nocturnos en un área protegida pueden superponerse con una voz en *off* que cuente la historia de la actividad nocturna. Usted también puede compartir con los medios tradicionales sus declaraciones grabadas cuando se requiera audio o cuando esto agregue un valor mediático a su presentación.

Comunicados de prensa y entrevistas a los medios

Escribir un comunicado de prensa

Los periodistas deciden en segundos el valor de un comunicado de prensa. Esto podría suceder solo con ver su línea de asunto en la bandeja de entrada del correo electrónico. Si usted supera este primer obstáculo, ellos abrirán el correo electrónico e invertirán entre diez y veinte segundos en el escaneo de los primeros párrafos para determinar el interés periodístico. Si un periodista invierte tiempo en su comunicado de prensa solo para decidir que no es noticia, entonces usted corre el riesgo de ser ignorado y es posible que en el futuro él no se moleste en abrir los correos electrónicos que usted le envíe. Si usted lo hace bien y al periodista le gusta el contenido, entonces está en camino de establecer una relación fructífera y productiva con él.

Los comunicados de prensa encapsulan el mensaje o la historia que usted desea presentar y se emiten explícitamente para obtener una respuesta de los medios. En otras palabras, cuando usted publica un comunicado de prensa en los medios, los invita a ponerse en contacto con usted para obtener más información y, probablemente, una entrevista. Por consiguiente, debe ponerse a disposición de la agencia de medios a la que envió el comunicado. Con frecuencia –y este es en especial el caso de los medios regionales más pequeños– el comunicado de prensa se reproduce como una noticia sin llamarlo para una entrevista.

Los beneficios de emitir un comunicado de prensa son muchos y variados. El comunicado de prensa siempre debe ser un documento bien redactado y considerado, escrito para las noticias, que no solo le ahorre tiempo al periodista al tratar de comprender el problema, sino también que ayude a garantizar que el periodista que lo reciba obtenga las cifras y los datos correctos.

El comunicado de prensa, escrito de manera correcta, debe llegar directamente al meollo del asunto. Por lo general, este se utiliza textualmente e incluirá citas directas que no pueden usarse fuera de contexto. Asimismo, el comunicado de prensa permite que usted aclare la información para que la alta gerencia la apruebe, y manifiesta su argumento de una manera lógica, bien articulada y fácilmente asimilable, con mensajes clave que usted repetirá, si se requiere una entrevista.

En la actualidad, la mayoría de los medios de comunicación desean recibir comunicados por correo electrónico, con enlaces a imágenes, videos y audios, cuando sea posible. El correo electrónico directo es mejor porque el destinatario puede responder; sin embargo, los servicios de distribución pagados son respaldos útiles si usted no tiene contactos en los medios de una región o para un tema en particular.

Sea estratégico en el desarrollo y distribución de los comunicados de prensa. No importa cuán valiosa sea su idea o su historia, usted está básicamente solicitando publicidad gratuita, por lo que el contenido debe ser juzgado instantáneamente como de alta calidad.

El magnífico colibrí esmeralda jardinera (*Chlorostilbon assimilis*), una especie endémica de Costa Rica y del oeste de Panamá, área protegida, Costa Rica

Fuente: Charles Besançon

Un comunicado de prensa bien redactado puede usarse tal como lo envíe, y esto es particularmente cierto para los periódicos regionales y locales con pocos recursos. Por consiguiente, es útil asegurarse de que su comunicado de prensa esté bien escrito y redactado como noticia para los medios de comunicación. Tradicionalmente, los comunicados de prensa están escritos en un estilo para los periódicos, no como noticias para radio o televisión. Al escribir un comunicado de prensa, tenga en cuenta:

- Asegúrese de que en la parte superior de la página diga en letra grande "Comunicado de prensa".
- Coloque la marca o el logotipo de la institución al lado del nombre junto al título "Comunicado de prensa".
- Asegúrese de colocar la fecha en la parte superior de la página, y si envía más de un comunicado sobre el mismo tema durante el transcurso de un día, como en el caso de un incendio forestal, asegúrese de indicar la hora en la que se emite el comunicado.
- Incluya un titular impactante que resuma la historia en pocas palabras.
- La primera oración debe resumir exactamente de lo que se trata el comunicado o la historia. Esta frase contiene sus noticias "gancho" o "ángulo" –esta es la parte más crítica de los comunicados de prensa, ya que le dice al periodista si esto tiene un interés periodístico–.
- Asegúrese de que su comunicado contenga el qué, quién, cómo, cuándo, dónde y por qué, aunque no necesariamente en ese orden.
- Recuerde los puntos clave de interés periodístico.
- Cuente la historia.
- Incluya hechos y cifras críticas.
- Utilice citas directas.
- Evite el uso de la jerga de la entidad, la terminología interna y los acrónimos.
- Siempre escriba el nombre completo de la entidad cuando se utilice por primera vez, y luego el acrónimo en adelante.
- Siempre asegúrese de incluir en la parte inferior un nombre de contacto y otros detalles de contacto como números de teléfono y direcciones de correo electrónico, de tal manera que los medios puedan contactarlo a cualquier hora.
- Verifique dos veces todos los hechos y las cifras.

El especialista marino del Servicio de Parques Nacionales y Vida Silvestre de Nueva Gales del Sur, Geoff Ross, da una entrevista en vivo a los medios sobre un problema con mamíferos marinos, Newport Beach, Sídney, Australia

Fuente: Stuart Cohen

- Utilice un lenguaje simple, activo, animado y atractivo.
- Ajuste el comunicado de prensa a una página en una fuente legible con márgenes normales.
- Incluya enlaces relevantes a sitios de Internet útiles, como Flickr o Vimeo, en donde el periodista pueda descargar fotos o videos.

¿A dónde enviar su comunicado de prensa?

Para el manejo de los medios es fundamental contar con un listado completo de los contactos en los medios de comunicación. Es esencial la construcción de uno de estos listados, el cual cambiará constantemente ya que los periodistas van y vienen.

También es importante la forma en que decida estructurar dicho listado. Como la mayoría de los administradores de áreas protegidas, usted tendrá que desarrollar listados que contengan los medios de comunicación regionales con intereses directos en lo que usted hace como organización. En el caso de las áreas grandes, quizás tenga que dividirlo en regiones más pequeñas. Es posible que un periódico en el extremo norte de su región no tenga interés alguno en las áreas protegidas en el sur, así que usted no querrá enviar todos sus comunicados a un gran listado, ya que de esta manera haría que los periodistas pierdan su tiempo.

Como un grupo de contacto con los medios, una región puede tener tres o cuatro periódicos, una estación de radio y una estación de televisión. Es posible que usted tenga media docena de grupos diferentes como este, y en algunas ocasiones, cuando necesite comunicar un mensaje que sea relevante para todos los medios dentro del área que administra, simplemente tendrá que enviar su comunicado a todos los grupos. Usted también establecerá un grupo o grupos de contacto con los medios metropolitanos cuando exista un problema que sea relevante para un público mucho más amplio, y esto suele relacionarse con incidentes significativos.

También es importante que establezca un listado de contactos basado en intereses particulares –quizás grupos de recreación y estilo de vida que incluyan revistas y programas con intereses recreativos relacionados con las áreas protegidas que usted administra–. Estos podrían ser medios de comunicación especializados en pesca y navegación, *camping* y caminatas. Otro grupo a considerar seriamente se relaciona con incidentes y emergencias importantes. Es clave que usted cuente con un listado de correos electrónicos a los que debe enviar información urgente en caso de emergencia, y es algo que usted no querrá tener que hacer cuando esté ocurriendo algún incidente (véase el Capítulo 26).

Fichas descriptivas

Los hechos y las cifras, además de fascinar a los medios, también son adiciones importantes a su paquete de información, que ilustran mejor lo que usted quiere decir. Aunque un comunicado de prensa contiene muchos datos, no siempre puede incluir todos, por lo que puede ser útil enviar una ficha descriptiva junto con el comunicado de prensa. Es sabio contar con una serie de fichas descriptivas sobre una variedad de temas, desde el manejo de plagas hasta la gestión de incendios y el turismo, etcétera.

Videos, fotografías y otras herramientas útiles

A fin de lograr una buena cobertura de las áreas protegidas, la habilidad y la capacidad de ofrecer a los medios de comunicación videos y fotografías que ilustren mejor su historia nunca fueron tan importantes como hoy en día. En general, los medios aprecian la posibilidad de contar con buenas imágenes de video y fotografías, especialmente de lugares demasiado remotos para su acceso. A veces la calidad no tiene que ser tan buena. Los videos que se ven en la televisión y en los sitios web de los periódicos y de las estaciones de radio fueron filmados por periodistas o por el público en general con teléfonos inteligentes y tabletas.

Con los teléfonos inteligentes y las tabletas de hoy es muy fácil capturar imágenes y videos de una calidad razonable, los cuales pueden editarse inmediatamente en la cámara y luego "compartirse" directamente con los medios de comunicación. Este es el caso de algunos incidentes, como los incendios forestales, en los que los mismos bomberos toman imágenes y videos y desde la línea de fuego los suben a una plataforma de redes sociales de videos o fotografías.

Tener una biblioteca de videos y fotos de buena calidad tiene otro beneficio real: estas imágenes de hermosos paisajes y plantas y animales increíbles representan una justificación constante para mantener las áreas protegidas. Este es un mensaje publicitario seductor y funciona. También pueden ser herramientas muy útiles las infografías, los mapas y los diagramas que pueden reimprimirse y transmitirse.

Portavoz

Al emitir un comunicado de prensa, siempre es esencial considerar de antemano quién representará a la organización o al asunto una vez que usted reciba una solicitud de entrevista de parte de los medios. En general, será la persona mencionada como portavoz en el comunicado de prensa; sin embargo, no tiene que ser así. Debido a limitaciones de tiempo y disponibilidad, bajo ciertas circunstancias vale la pena considerar opciones de respaldo y seleccionar a una segunda persona para que responda a la entrevista.

En muchas organizaciones es una práctica generalizada que el portavoz sea el director ejecutivo o un alto directivo, en especial para asuntos politizados y anuncios importantes. Usted no quiere que un funcionario de bajo rango responda a preguntas que están más allá de su capacidad profesional.

Lo mejor es que el portavoz sea alguien que tenga la capacidad de comprometerse y explicar asuntos operativos o científicos complicados de una manera simple que la audiencia más amplia pueda entender. Algunas agencias de conservación tienen portavoces especializados en dar entrevistas, y son la "cara" de una organización. No obstante, casi siempre los medios prefieren entrevistar a alguien "real", es decir, a la persona más directamente relacionada con el tema o problema en lugar de un portavoz de medios corporativos.

El momento oportuno para el comunicado de prensa

Cuándo enviar su comunicado de prensa es una pregunta importante a considerar para tener la mejor exposición posible en los medios. En primer lugar, debe pensar en el "ciclo de noticias" –es decir, ¿en qué momento del ciclo diario de noticias los periodistas buscan información para llenar los periódicos y los boletines de noticias de la radio y la televisión?

Dentro de un contexto metropolitano, las noticias en la radio son un proceso de veinticuatro horas, ya que la mayoría de las estaciones de un área metropolitana publican boletines al menos una vez por hora, y muchas brindan un servicio cada media hora desde temprano en la mañana. Por lo general, el consumo diario de noticias en la radio llega a su punto máximo en las mañanas, así que lo mejor sería emitir un comunicado de prensa alrededor de las seis de la mañana. A las nueve de la mañana el pico ya ha terminado.

No obstante, las noticias televisivas se centran en un boletín nocturno, y los periodistas de este campo comienzan el proceso de recopilación de noticias alrededor de las 9:00 a.m., cuando el jefe de cualquier sala de redacción de un área metropolitana habla con los periodistas sobre qué historias cubrir durante el curso del día para el boletín de la noche. Los periódicos siguen un horario similar a la televisión. Si bien tienen la capacidad de incluir historias tardías, los periódicos suelen quedar "listos" alrededor de las 8:00 p.m. Todo esto indica que lo mejor es enviar el comunicado de prensa a los medios de comunicación metropolitanos a primera hora de la mañana, a menos que dicho comunicado esté relacionado con un incidente o una emergencia, en cuyo caso se publicará tan pronto como sea apropiado. Los periódicos lideran el ciclo diario de noticias. La radio de la mañana toma su contenido de las primeras páginas del periódico, y si usted aparece en el periódico, la historia será de gran interés para la radio y la televisión.

Tratar con los medios regionales puede ser bastante diferente, ya que tienen un ciclo de noticias algo distinto. Por ejemplo, muchos periódicos locales y regionales más pequeños pueden ser semanales, quincenales o incluso trisemanales, así que los plazos serán diferentes. Usted debe conocer los plazos de cada uno. En algunos casos tendrá que emitir un comunicado de prensa en una re-

Equipo de filmación de documentales, Parque Nacional Kosciuszko, Nueva Gales del Sur, Australia. Incluye un camarógrafo, un ingeniero de sonido, un entrevistador y un fotógrafo

Fuente: Graeme L. Worboys

gión donde existan varios periódicos pequeños, todos con plazos diferentes. Piense en cuál de ellos es el más importante para usted en términos de lectores e impacto, y en lugar de esforzarse por cumplir con todos, enfóquese en el plazo del más importante.

Si ha desarrollado una buena relación de trabajo con sus contactos en los medios, valdría la pena que de antemano discuta la historia con un periodista respecto al momento oportuno del comunicado y cómo este podría coincidir con otras historias del periodista planeadas para el mismo periódico. El periodista incluso podría sugerirle que haga el anuncio antes o que espere a una edición posterior para lograr una mejor cobertura.

La entrevista

Ya emitió su comunicado de prensa en el momento adecuado y el periodista solicitó por teléfono una entrevista. Usted sabe quién será el portavoz y está a la expectativa de lograr el mejor resultado posible. La forma en que maneje una entrevista dependerá en gran medida del medio con el que trate, la naturaleza de la consulta –es decir, negativa o positiva– y si es una entrevista para un artículo en un medio impreso o parte de un programa para la televisión o la radio.

Cualquiera sea su historia, de buenas o malas noticias, nunca vaya a una entrevista sin tener un plan. Lo fundamental para su entrevista es el "mensaje clave", y la mejor manera de pensar en cuál debería ser este mensaje es preguntarse a sí mismo, "¿qué es lo más importante que quiero que alguien que escuche mi entrevista recuerde e interiorice?" Considérelo con cuidado, expréselo minuciosamente y asegúrese de que sea el mismo mensaje que aparece en los comunicados de prensa, en las publicaciones de las redes sociales, en su entrevista y en cualquier otra forma de comunicación que tenga con el mundo exterior sobre el mismo tema. Siempre tómese el tiempo para predecir cuáles serán las posibles preguntas y reflexionar o escribir las respuestas.

Si se trata de una entrevista de "noticias" en la que el periodista trata de encontrar los puntos fundamentales, aproveche cada oportunidad para repetir estos puntos, lo cual aumenta la probabilidad de que el periodista los utilice en el boletín informativo o en el periódico como una cita. A esto lo llamaremos sus puntos "A".

Sus puntos "B" son una serie de afirmaciones o hechos secundarios, aunque importantes, que quizás también quiera utilizar para ilustrar su punto, si se da la oportunidad.

También vale la pena estar al tanto de los problemas desagradables sobre los que puede ser cuestionado y cómo va a responder a este respecto. Y finalmente, la entrevista no termina hasta que usted o el periodista abandonen el sitio.

Reunión entre los representantes de la comunidad y los funcionarios del área protegida, Parque Nacional Taining, China

Fuente: Graeme L. Worboys

Más de una persona siguió hablando después de que pensaba que la entrevista había terminado, solo para descubrir que la respuesta más relajada, y a veces la menos ceñida, se había transmitido o había llegado a la prensa.

Antes de ir a una entrevista con los medios, considere las siguientes preguntas, cuando corresponda.

- ¿Notifiqué a mi supervisor y a los profesionales de medios dentro de la organización?
- ¿A qué audiencia está orientada la entrevista?
- ¿El tiempo y los arreglos para la entrevista son convenientes para mí?
- ¿Le pregunté al entrevistador de qué puntos podía tratarse la entrevista y el área general que va cubrir?
- ¿Evité el uso de acrónimos y de la jerga propios del campo profesional?
- ¿Me aseguré de hacer referencia al nombre completo de mi organización y no a un acrónimo?
- ¿Consideré qué preguntas pueden surgir?
- ¿Cuáles son los puntos principales que quiero recalcar en mi entrevista (puntos A)?
- ¿Qué otra información podría dar a conocer (puntos B)?
- ¿Hay algo negativo que puedan preguntarme sobre este tema?
- ¿Hay algún material adicional que pueda brindar y que pueda ser útil para el periodista, como fotos, videos o mapas?
- ¿Hice una entrevista "ficticia" con alguien a manera de ensayo?

Radio

En general, en la radio hay dos tipos de entrevistas. El primero es una entrevista de "noticias" que suele hacerse por teléfono. Dicha entrevista implicará una serie de preguntas bastante obvias, generalmente en torno a las cuestiones de qué, quién, cómo, cuándo, dónde y por qué. En la estación de radio grabarán la entrevista y luego tomarán una o dos secciones cortas (conocidas como "tomas" o "fragmentos de entrevista"), generalmente de no más de quince segundos, y las insertarán en un boletín de noticias con una introducción leída por un presentador de noticias.

Ya que la entrevista de "noticias" se edita, si usted no está satisfecho con la forma en que expresó su respuesta, suele ser aceptable que detenga la entrevista a mitad de camino y solicite recomenzar esa parte. Recuerde que el periodista que lo entrevista desea contar una historia clara y coherente, así que él está interesado en brindarle la oportunidad de ser claro y contar la historia lo mejor que usted pueda.

Dado que usted tiene una idea clara de las posibles preguntas, vale la pena pensar de antemano en lo que podrían ser sus "puntos fundamentales": cómo los expresa y qué tono o qué palabras podría usar. Usted tendrá un mensaje clave que quiere transmitir, y lo importante es no separarse del mensaje.

Por lo general, las entrevistas extendidas para los programas durarán aproximadamente cinco minutos y no mucho más, a menos que sea un tema muy polémico. Estas entrevistas suelen transmitirse en su totalidad, por lo que no existe la misma flexibilidad para detenerse y recomenzar. Preferentemente, se trata de entrevistas "en vivo" –es decir que se transmiten en tiempo real– aunque pueden ser pregrabadas en caso de problemas con la disponibilidad. Por naturaleza, tales entrevistas son exploratorias y de amplio alcance.

Usted utilizará este tipo de entrevista como una oportunidad para contar una historia completa que cubra los aspectos básicos del problema. Para los administradores de áreas protegidas, estas entrevistas son oportunidades extraordinarias de dar a conocer sus mensajes clave y promover el valor de las áreas protegidas que administran a un público más amplio. Aproveche esto al máximo. No vaya a una entrevista como esta sin tener al menos un plan básico. Si espera preguntas difíciles, entonces debe pensar y planear antes de enfrentarse a esta situación.

Televisión

La televisión es una criatura algo diferente de la radio, ya que la logística de la entrevista y su escenificación son más complicadas, requieren la cooperación de más personas, hay mucho más que recorrer y más equipos. En la mayoría de los casos, la entrevista de televisión es cara a cara, ya sea en un lugar o en un estudio, y generalmente involucra al menos un periodista y un operador de cámara, y en ocasiones un ingeniero de sonido. Sin embargo, cada vez es más frecuente que sea recibido y entrevistado por un solo periodista que maneja una cámara.

Las entrevistas de noticias televisivas son similares a las de la radio. Se le hará una serie de preguntas que se cortan para encajar en un guion escrito que el periodista lee, pero las tomas de las noticias televisivas de hoy en día suelen ser mucho más cortas que las de radio y pueden durar unos pocos segundos. Al igual que con la radio, a menudo es aceptable pedir una pausa y reformular sus respuestas, a menos que sea una situación conflictiva, en cuyo caso lo mejor es continuar.

En algunas ocasiones es posible que a su organización se le pida enviar un portavoz para que participe en entrevistas extendidas de programas relacionados con temas de actualidad. Siempre debe prepararse adecuadamente para esto y asegurarse de que el portavoz esté bien informado y tenga un plan para abordar la entrevista.

Periódico

Hay similitudes obvias con la radio y la televisión, pero debido a que la entrevista no se transmite al público como una pieza de información grabada, hay una gran oportunidad de "discutir" los problemas con un periodista en lugar de abordarlos como si se tratara de una entrevista grabada. Usted puede hacer una pausa y reformular su respuesta, pero recuerde que en todo momento puede ser citado, casi como si lo estuvieran grabando, de modo que si comete un error en alguna respuesta, es muy probable que las mismas palabras aparezcan impresas. Mientras mejor sea su relación con el periodista, es menos probable que esto suceda. En la mayoría de los casos, no es la primera vez que interactúa con el periodista y podrá asegurarse de que sus citas se redacten correctamente a su gusto. Aunque es raro, a veces el periodista puede leerle la historia para garantizar la exactitud antes de imprimir, pero no espere esto.

Habilidades en el manejo de los medios de comunicación

La habilidad de manejar los medios con el fin de promover sus áreas protegidas y la marca de la institución es algo que se adquiere con el tiempo. En su mayoría, la gente tiene una comprensión general de los medios porque ve la televisión, escucha la radio y lee los periódicos, pero la forma en que se desarrollan estos productos suele ser un misterio para muchas personas, a menos que hayan recibido alguna capacitación o tengan alguna experiencia. Si bien la mayoría de las agencias y organizaciones de conservación emplean profesionales de la comunicación, la responsabilidad de manejar los medios e implementar las estrategias de medios y comunicaciones debe ser compartida. En consecuencia, tanto el personal como la administración deben recibir capacitación y desarrollo por parte de aquellos con este conjunto específico de habilidades. Aunque exista un equipo de medios que oriente el manejo de los medios, la publicación frecuente de mensajes e información entrará en el conjunto de responsabilidades que tienen los administradores de áreas protegidas. Esto requiere de capacitación.

En el campo de la gestión y manejo de áreas protegidas hay muchas razones por las que trabajar estrechamente con los medios le ayudará a su organización a alcanzar los objetivos de gestión. Usted tiene algo que comunicar a una comunidad o usted quiere influir en un debate público sobre un aspecto particular de la conservación.

Podrían ser simplemente los mensajes sobre lo que quiere o no quiere que suceda en relación con un área protegida. El caso suele ser que usted quiere que la comunidad comprenda, conozca y reconozca los valores de las áreas protegidas y por qué y cómo se administran de la forma en que se hace.

En la gestión y manejo de áreas protegidas usted debe contar con una comunidad que lo apoye, y una manera de lograrlo, junto con una gestión estratégica y considerada de las partes interesadas, es ayudar a que las personas comprendan de qué manera el logro de sus objetivos beneficiará tanto al área protegida que administra como a la comunidad en general. Los medios de comunicación en general cuentan con plataformas y estructuras sobre las que puede transmitirse una gran cantidad de información a la comunidad, por lo que es vital trabajar con los ellos de una manera positiva y colaborativa.

En todo el mundo, la cobertura de las áreas protegidas por parte de los medios es una mezcla constante de positivos y negativos. Este es un proceso interminable de empujar y tirar, de grupos dispares con puntos de vista contradictorios sobre cómo deben gestionarse las áreas protegidas. No obstante, hay una gran oportunidad, no solo para enfocarse en los atributos positivos y los puntos de vista de la comunidad, sino también para cultivar una relación positiva y productiva con los medios, de tal manera que estos representen sus argumentos para una gestión eficaz del patrimonio cultural y natural de su área protegida.

Apoyo de los medios

Con frecuencia, las áreas protegidas cuentan con un buen apoyo de las comunidades, las cuales entienden su importancia para la salud y el bienestar general de las personas y del planeta. Este punto de vista es ampliamente compartido por muchos periodistas y vale la pena cultivar y fomentar estas relaciones a largo plazo. Hay muchas maneras de lograrlo.

"Gancho" o "ángulo"

Lo primero y lo más importante es poder identificar historias y problemas con valores noticiosos reales, de tal manera que valga la pena informarlos a una audiencia más amplia. Esto significa encontrar el "ángulo" o el "gancho" de una historia que sea más atrayente para un periodista. Una vez que lo tenga, debe considerar las necesidades del periodista que informará sobre la historia. ¿Qué oportunidades fotográficas o de video pueden aprovecharse para ilustrar mejor su mensaje? ¿Qué hechos, cifras y anécdotas pueden hacer que la historia sea más interesante y que la diferencien de otras historias del día? ¿Tiene usted un portavoz que cuente bien una historia, que sea atrayente y entretenido, y que esté bien documentado y sea creíble? ¿Usted puede ofrecer el transporte e incluso el alojamiento? ¿Usted puede ofrecer la exclusividad durante algún tiempo?

Historias exclusivas

La "exclusividad" puede ser una forma importante de lograr una cobertura de alto perfil, gracias a la relación con un periodista particular, sobre una historia que normalmente no alcanzaría la cobertura si se emitiera en un comunicado de prensa para los medios en general. Esto significa ofrecer una historia solo a ese periodista para que tenga la primicia. Para el editor, esto es mucho más atractivo que una historia que se entrega a todos los medios. Es frecuente que una exclusiva logre una buena cobertura con el medio o el periodista con los que ha trabajado, y estos a su vez se esforzarán más, y en la mayoría de los casos enviarán a un fotógrafo o a un equipo de noticias de televisión para cubrirla. La exclusividad también puede garantizar un mayor protagonismo; por ejemplo, con el traslado de su historia a la portada de un periódico, mientras que, bajo circunstancias normales, habría sido enterrada en las últimas páginas.

Construcción de relaciones con los medios

Para los administradores de áreas protegidas es muy importante mantener buenas relaciones con los medios locales o regionales, pues estos suelen cubrir las historias cotidianas para las que usted quiere una cobertura mediática; los medios metropolitanos no cubren este tipo de historias más pequeñas porque carecen de los valores noticiosos más altos que buscan los medios de la ciudad. Por ejemplo, puede ser muy desalentador para el editor de un periódico regional descubrir que usted le dio la exclusiva a un medio de comunicación metropolitano sin primero apoyar a los medios regionales que con frecuencia cubren para usted las historias menos importantes. Por consiguiente, en esta ecuación siempre vale la pena considerar a sus medios locales y asegurarse de que estén informados de su historia de alto perfil, de tal manera puedan cubrirla al mismo tiempo que los medios metropolitanos. Aunque esto suele ser difícil de lograr, no hacerlo puede afectar negativamente su relación con los medios locales, y eso no es bueno.

El momento oportuno de una historia

Es fundamental que la información o un comunicado de prensa sobre una historia de alto perfil se publiquen en el momento oportuno. Siempre trate de garantizar que la divulgación de la información a los medios locales coincida tanto como sea posible con la publicación de la misma historia exclusiva por parte del periodista metropolitano de noticias con el que trabajó.

Extraoficialmente versus oficialmente

En términos prácticos, lo que le diga o le escriba a un periodista siempre es oficial y puede citarse o parafrasearse; pueden atribuírselo, incluso si usted solicita lo contrario. Muchos comunicadores profesionales se rigen por el adagio "no existe nada extraoficial", y esta es la postura más segura, pero hay lugar para incluir los antecedentes o una información para que el periodista comprenda mejor un problema; sin embargo, hay advertencias respecto a este enfoque.

Hablar extraoficialmente permite que el periodista (y generalmente su dirección) tenga el crédito por adherirse a su código de ética. Lamentablemente, este crédito no siempre es merecido. Al igual que con todas las comunicaciones, sus revelaciones extraoficiales deben ser honestas y precisas.

Hacer comentarios de manera extraoficial puede tener beneficios poderosos. Esto puede fortalecer su relación con un periodista, puede evitar la cobertura negativa de los medios o puede brindar un contexto valioso para guiar a un periodista hacia una historia más equilibrada.

Por lo general, hablar de manera extraoficial no es algo que usted haría al tratar por primera vez con un periodista. Esto es algo que solo debe considerar con alguien con quien se entiende bien gracias a un contacto regular previo.

Si un periodista solicita comentarios extraoficiales, debe aplicarse la misma regla. Sea estratégico y solo haga comentarios extraoficiales si conoce al periodista y ha tenido trato con él durante un buen tiempo. Los comentarios extraoficiales brindan un beneficio mutuo, por lo que muchos periodistas los respetarán, pero recuerde que siempre existe el riesgo.

No subestime a los principiantes

Si bien un reportero agresivo y posicionado puede hacer que la vida sea un reto, algunos de los reporteros más peligrosos son en realidad los nuevos reclutas o incluso los estudiantes. Ellos tratan de impresionar a jefes o docentes, y es poco probable que ellos aprecien el valor de tener una relación con usted. Cuando el tiempo y las circunstancias lo permitan, ayude a estas personas, pero con cautela. Trátelos con gran precaución hasta que haya establecido una relación de confianza y respeto mutuos.

Otra perspectiva de esto es reconocer que los estudiantes de periodismo, los principiantes y los nuevos reclutas están en proceso de formación de sus estándares profesionales y métodos de trabajo, y usted tiene cierta responsabilidad. Usted no gana nada si un estudiante se convierte en un enemigo, en particular si es alguien que llega a ser un periodista influyente. Sus colegas alrededor del mundo no le agradecerán por hacer que un periodista no se interese en los problemas de conservación, o lo que es peor, hacer que se interese, pero de una manera antagónica.

Manejo de las redes sociales

Una estrategia de redes sociales desarrollada para cumplir con los objetivos generales y con los objetivos de comunicación mantendrá el contenido y la actividad enfocados y con un propósito. Esto debería abarcar a toda la organización, y los planes de redes sociales desarrollados específicamente para todos los programas, campañas o iniciativas deberían estar en línea con la estrategia.

Equipo de redes sociales

Es posible que necesite que un miembro del personal o un equipo se dedique al manejo de todas las actividades de las redes sociales, y de esta manera garantizar que se cumplan sus objetivos y que la organización se mantenga actualizada e informada sobre las actividades relevantes en línea.

Planear minuciosamente

Tenga un plan. Junto con su estrategia, desarrolle un plan de gestión de riesgos que tenga protocolos y procesos para abordar los conflictos en sus canales de redes sociales. Considere cómo responderá a los críticos más sonados que atacan su marca en sus canales sociales: ¿cómo monitoreará sus redes sociales? ¿Cuánto tiempo le tomará responder? ¿Cuál es el proceso de escalamiento para las preguntas o comentarios que usted debe consultar con otros?

Las mejores prácticas respecto al manejo de la reputación en línea significan que usted debe monitorear las conversaciones sobre su agencia en los canales sociales.

¿Cómo va a encontrar estas menciones en línea? ¿Cómo responderá de una manera apropiada a esa red social y para esa comunidad?

Un plan para el manejo de contenidos le ayudará a organizar la creación y divulgación de contenidos para garantizar que la actividad en las redes sociales sea estratégica y cumpla con los objetivos. A continuación se presentan algunas sugerencias sobre qué incluir en su plan.

- Idea: ¿cuál es el concepto general o la idea que quiere dar a conocer a través de las redes sociales?
- Justificación: ¿por qué hacerlo? ¿Qué es lo que va a lograr? ¿Cómo esto cumple con las metas empresariales?
- Plataformas sociales: ¿qué plataformas de redes sociales usará –por ejemplo, un video alojado en YouTube que se incrusta en la publicación de un blog y que se comparte a través de Facebook y Twitter–.
- Implementación: logística operacional de lo que debe hacerse, ¿cómo se hará?, ¿quién lo hará? y ¿cuándo se hará?
- Informes: ¿cómo se medirá el éxito?
- Presupuesto: ¿qué recursos necesitará y cuánto costará?

Sea transparente

Sea honesto con su público y brinde información útil que posicione a su organización como accesible y abierta. La transparencia es primordial y tiene un gran impacto en el éxito de su actividad en las redes sociales. Si su marca es vista como reservada y reacia a compartir información, que no está disponible para responder preguntas o si ignora las conversaciones en línea, usted generará sentimientos negativos y desconfianza, que son perjudiciales para su reputación.

Sea interesante

Su presencia en las redes sociales debe ser atractiva, entretenida, útil e interesante, de tal manera que genere conversaciones y sea compartida por otros. Cuente historias y comparta noticias oportunas, hechos y puntos de vista interesantes que ayuden a construir una relación con su audiencia, y así tendrá una comunidad leal y comprometida que respaldará y magnificará su agencia. Lleve a la gente tras bambalinas y preséntela a las personas detrás de su marca. Hágalo personal y construya una conexión humana.

Sea ágil

Las conversaciones que se dan en las redes sociales ocurren en tiempo real. Usted debe construir una presencia consistente y constante en las redes sociales como parte de su estrategia de comunicaciones más amplia en la gestión de las áreas protegidas. El vínculo con su comunidad debe generarse tan rápido como sea posible, pero usted puede manejar las expectativas de su disponibilidad en línea al incluir detalles sobre esto en los perfiles de sus redes sociales y a través de mensajes a su comunidad en tiempo real.

En las áreas protegidas administradas por burocracias puede ser difícil que se dé una respuesta inmediata, ya que algunas respuestas requieren un proceso de escalamiento a otros; por consiguiente, antes de comprometerse en línea es importante que los involucrados conozcan las expectativas y el proceso. Hasta que se brinde más información, debe desarrollarse una declaración de espera para dar una respuesta inmediata en línea.

Tono de voz

Tenga en cuenta el estilo del contenido que desarrollará, el tono de voz y el lenguaje utilizado en sus publicaciones y respuestas. Por lo general, la comunicación debe ser informal, coloquial, vernácula e interesante, de tal manera que la comunidad se sienta obligada a hacer preguntas y compartir sus propias opiniones e historias.

Escuche y responda

Las redes sociales son una herramienta poderosa para construir su comunidad y comunicarse con su audiencia, pero también pueden ser destructivas y perjudiciales para su causa si no se planean minuciosamente desde el principio. Antes de participar en línea, haga su trabajo y escuche lo que se dice sobre su agencia y cualquier persona, organización o tema relevante.

Comprenda los matices de las diferentes redes sociales y quiénes son las voces dominantes de tales comunidades. Cuando interactúe en línea, sea útil, accesible, amistoso e incluyente, y sepa cuándo desconectarse de las conversaciones si son hostiles o irrelevantes para un público más amplio.

Establezca contacto con sus pares y personas influyentes

Identifique los usuarios complementarios de las redes sociales y entable con ellos una conversación o interactúe con ellos para contribuir a su propio contenido. Estos usuarios pueden ser voluntarios de la conservación, agencias similares, celebridades que simpaticen con su trabajo y periodistas. Comparta el contenido de estos usuarios y promueva publicaciones relevantes a través de sus propios canales sociales. De manera recíproca, si se le pide que se vincule en línea de esta manera, a no ser que exista una buena razón para no hacerlo, estaría obligado, ya que esto también le ayudará a construir su red y a fortalecer su relación con personas influyentes.

El especialista marino del Servicio de Parques Nacionales y Vida Silvestre de Nueva Gales del Sur, Geoff Ross, responde por teléfono sobre un incidente con un mamífero marino.

Fuente: Lucy Morrell

Recursos

Las redes sociales requieren una inversión de tiempo y existen herramientas comerciales para la gestión, el mercadeo y el análisis de la comunidad que brindan datos de mayor calidad y eficiencia que las herramientas gratuitas. Usted debe indagar no solo sobre la necesidad de emplear plataformas o servicios pagos y los costos asociados a estos, sino también sobre los recursos humanos para el manejo de las redes sociales. También es posible que deba consultar a especialistas para la capacitación, el desarrollo de estrategias y el manejo de la comunidad de redes sociales, por lo que esto también debe considerarse como un costo.

Otra asignación presupuestaria a considerar es el costo del contenido de pago. En los últimos años ha habido un aumento en las personas influyentes en línea y personalidades que cobran una tarifa por trabajar con las marcas con el fin de generar conciencia entre sus seguidores a través de las redes sociales. Por ejemplo, los blogueros profesionales, los *youtubers* y los *instagrammers*, pueden ser manejados por un agente de talentos que negociará una tarifa por la actividad. La publicidad dirigida en blogs y redes sociales también puede ser una forma efectiva de llegar a un gran público, y esto debe considerarse en la planeación de las actividades en las redes sociales.

Medios adversos

Las normas para enfrentar los enfoques adversos son muy diferentes de las relaciones normales con los medios. Las áreas protegidas de todo el mundo suelen verse presionadas por ciertos sectores para que relajen sus normas y regulaciones. Algunos sectores de la comunidad desean explotar los recursos naturales u obtener acceso para la recreación de maneras que pueden dañar los valores para los que se creó el área. Cuando las agencias de conservación se responsabilizan de un área protegida, a veces cierran el acceso a áreas que son muy importantes para los miembros de la comunidad –para la recreación, la recolección de leña, la apicultura u otras actividades–.

Como resultado, es raro que sean pocas las personas dispuestas a criticar a la administración. Dada la gran atracción de los medios hacia el valor noticioso del "conflicto", hay muchas organizaciones de medios y periodistas deseosos de informar sobre dicho conflicto, y en algunos casos brindan una plataforma para atacar las razones fundamentales para la conservación de las áreas protegidas. Como consecuencia, al interior de los medios de comunicación son muchos los administradores de áreas protegidas que se involucran en debates públicos eternos para defender la causa de su área protegida.

Estar en esta posición es muy complicado. Usted debe juzgar cuándo es un movimiento inteligente participar en un debate, y cuándo no. En muchas situaciones adversas lo correcto es defender su caso, pero en otras circunstancias es posible que le brinde oxígeno a un debate que, sin su participación, se extinguiría, mientras que al involucrarse le agrega más combustible. Esta es una decisión que se toma mejor con base en la experiencia. No obstante, la mayoría de las veces, tratar con los medios, ya sea de una manera positiva o negativa, es una oportunidad para exponer su caso.

Si su gestión de las áreas protegidas o la justificación para su conservación se ven atacadas, esta es una oportunidad para reiterar su punto de vista. Con frecuencia, la falta de respuesta o la falta de participación significan que las críticas quedarán sin respuesta, lo que deja a la audiencia solo con una de las partes de un debate. Esta es una reacción común de muchos para apaciguar y evitar el conflicto, y también es común el temor de que una respuesta fuerte a la crítica solo exacerbe el conflicto; cosa que ciertamente puede ocurrir. No obstante, en la mayoría de los casos, el debate se basa en suposiciones egoístas de los críticos que deben abordarse de inmediato.

A diferencia de los argumentos de sus críticos, es frecuente que su defensa de la forma en que administra su área protegida se base en el sentido común y en la ciencia.

Estudio de caso 15.1 La peor pesadilla de los padres

Un niño de diez años murió trágicamente al caer de un mirador en un parque nacional administrado por una institución. Aunque el área estaba cercada, pocos de los miradores tenían cercas a prueba de niños. El niño logró pasar la cerca y cayó.

Esa tarde, con emociones exaltadas en la comunidad y en la institución, varios medios de televisión solicitaron entrevistas sobre el tema. La agencia sospechó que los medios pretendían mostrar que la cerca era inadecuada y que no le daba importancia.

El portavoz de la organización se sintió tentado a defender enérgicamente la idoneidad de la cerca al señalar que más de un millón de personas visitan el sitio cada año y nunca antes se había presentado un incidente como este.

El peligro con este enfoque es que la agencia podría quedar tan atrapada en la defensa de su historial de seguridad que se vería insensible e irrespetuosa. Se acordó que el mensaje clave sería:

- El incidente fue un accidente trágico y extraño.
- Nuestros corazones están con los padres.
- Habrá una investigación completa.

También fue vital que el portavoz fuera empático y respetuoso en esta terrible situación.

Las entrevistas se volvieron hostiles, con acusaciones de que el cercado era inadecuado y el sitio tenía una administración deficiente. El portavoz mantuvo una conducta apropiada en todo momento, respetuosa con la terrible pérdida de los padres.

Aunque la historia recibió una mención en las noticias de esa noche, ninguna de las redes presentó mal a la agencia y nadie utilizó imágenes de su portavoz –un resultado razonable de una situación horrenda no solo para los padres, sino también para el personal y el portavoz de la agencia–.

Estudio de caso 15.2 Algunas decisiones no compensan el daño mediático

Imagine esta situación: un oficial de medios de una agencia de conservación recibe una llamada de un guardaparques sobre una propuesta para sacrificar los ciervos ferales.

–Vamos a alimentar a los ciervos con un sedante mezclado con comida– dice el guardaparques.

–Cuando se duerman les disparamos y luego llevamos los restos al relleno sanitario.

El oficial de medios pregunta si el desplazamiento al relleno sanitario requiere el cruce de alguna población.

–Ah, sí– dice el guardaparques –tenemos que pasar por Springfield– (una ciudad de cinco mil habitantes).

–Mire, solo debe verificar esto con el director regional– dice el oficial de medios –Nos pondremos en contacto con usted y muchas gracias por informarnos.

El oficial de medios corre a la oficina del director regional, se disculpa por interrumpir una reunión importante y pinta una imagen de un camión lleno de ciervos ferales muertos que recorre la calle principal de Springfield. El director telefonea al supervisor de área e indica muy bien la posibilidad de que la indignación del público por el programa de sacrificio supere cualquier beneficio para la conservación. Además, el director señala que la magnitud del frenesí mediático por la operación podría impactar la popularidad del ministro y que tanto el presupuesto de la agencia como sus empleos podrían verse afectados si las operaciones de campo siguen generando problemas para el ministro.

El sacrificio se cambió en gran medida para garantizar que la comunidad local lo supiera y que no se transmitieran imágenes inapropiadas. Lo importante aquí es que el trabajo de los medios en una agencia es una vía de doble sentido. Los profesionales de medios tienen la función de ayudar a que las acciones de la organización tengan el máximo apoyo del público, y también ayudan a que los administradores de las agencias se percaten de cuándo un curso de acción propuesto constituye un suicidio corporativo y cuándo los costos políticos o comunitarios superan con creces las ganancias para la conservación.

Los profesionales de medios pueden ejercer una influencia significativa sobre otras organizaciones a través del contacto con sus colegas en otras instituciones. Es posible que otro departamento tome decisiones que sean perjudiciales para la conservación, y por lo tanto, impopulares entre la comunidad en general. Alertar a los profesionales de medios en ese departamento puede ser todo lo que se necesite para que usen su influencia con el fin de evitar un resultado negativo.

Al final del día, el proceso político en una democracia significa que una agencia u organización solo prospera cuando tiene el apoyo del público.

Un riesgo significativo para dicho apoyo es tomar decisiones que van en contra de las expectativas de la comunidad. Las agencias de conservación siempre deben tomar decisiones impopulares, pero tienen que manejarlo, y lo último que necesitan es que las decisiones impopulares se manejen mal y socaven los beneficios de la conservación.

Teatro callejero con un mensaje de conservación de las áreas protegidas, en una comunidad adyacente al Gran Parque Nacional del Himalaya, India

Fuente: Graeme L. Worboys

La conservación de nuestro patrimonio cultural, natural e histórico suele ser un esfuerzo desinteresado, que con frecuencia involucra la moderación por parte de las comunidades, y en ocasiones de las personas, por lo que como administrador de un área protegida usted tiene la ventaja moral. Use esto y responda de conformidad.

No obstante, en el ámbito de las redes sociales es prudente tener mucho cuidado, ya que la capacidad de los críticos para impulsar campañas anónimas puede provocar que los administradores sean recriminados por un número considerable de participantes. Su respuesta en los medios tradicionales puede terminar como el tema de una condena viral en las redes sociales; por consiguiente, cuando analice si debe involucrarse y responder, es importante que considere de qué manera el debate podría transferirse a las plataformas de redes sociales.

En general, desde el primer contacto por correo electrónico o por teléfono, se hace evidente si está tratando con un periodista adversario. Esto podrá evidenciarlo en el tono y el tipo de preguntas que le hagan. Tan pronto como se percate de que existe la posibilidad de que el periodista tome una posición crítica frente a su gestión, debe comenzar a pensar cómo obtener el mejor resultado de una situación difícil.

Nunca haga un comentario de manera inmediata. Gane algo de tiempo: "solo necesito consultar la información más reciente sobre eso" o "tendré que hablar con algunos de nuestros científicos/personal de campo para obtener los detalles que usted necesita; quiero estar seguro de contar con una información más precisa".

Sea tan metódico como lo justifique la situación, y considere las siguientes "reglas básicas" generales:

1. Obtenga una lista completa de los puntos que el periodista desea cubrir.
2. Póngase en contacto con los profesionales de medios de su agencia. Ellos ya pasaron por esto antes y saben cómo actuar. Trabaje con ellos para redactar la respuesta de la agencia.
3. Piense cuidadosamente en la línea de los cuestionamientos. ¿Qué puntos serán los más difíciles de responder? ¿Cuál es la inclinación que podría tomar el periodista y cómo usted podría defender mejor su posición? Escriba las preguntas probables y las que menos le gustaría que le hagan, y prepare respuestas o "temas de conversación" que presenten mejor sus argumentos.
4. Los temas de conversación cubrirán el contenido de la entrevista, pero eso es solo la mitad del problema. La otra mitad se refiere a su imagen. Un portavoz

puede dar a conocer el contenido perfectamente y aún tener un resultado desastroso si la imagen fue negativa. Por ejemplo, una persona que defiende con firmeza el historial de seguridad de su agencia puede verse extremadamente indiferente frente a un evento trágico.

5. Considere las imágenes que podrían capturar los medios con la intención de exponerlo a la crítica. Piense dónde preferiría que lo entrevisten. Si se encuentra en una oficina con un traje, corre el riesgo de verse como si no tuviera contacto con el mundo real. Piense en lo que vestirán sus críticos (probablemente los conoce bastante bien). Asegúrese de que su imagen coincida con la de ellos.

Por ejemplo, si usted defiende el manejo de la entidad respecto a la calidad del agua para nadar, considere hacerlo en la playa con un traje de neopreno. Si el portavoz de la agencia está feliz de sumergirse en el agua, la imagen visual que envía a los espectadores vale más que mil palabras. ¿Usted usará un uniforme? ¿Usted aparecerá en vehículos con la marca o logotipo de la agencia?

Al final de este proceso habrá resuelto dos cosas: el mensaje clave que desea presentar y la forma en que desea presentarlo. Es crítica la forma en que su portavoz conduzca la entrevista adversa. El periodista buscará presentar la organización de una manera particular y negativa. Para transmitir la verdad a la audiencia, el portavoz debe apegarse al mensaje clave.

El portavoz debe responder a cada pregunta de una manera que presente no solo el mensaje clave de la agencia, sino también la imagen adecuada. El mensaje es el contenido de las respuestas, pero la forma en que estas se presentan tiene la misma importancia.

No es fácil dar la misma respuesta a una docena o más de preguntas, pero es lo que tiene que hacerse. Si no quiere verlo en las noticias de la noche, no lo diga ahora. Esto no es una conversación, es una transacción comercial.

Un enfoque útil es abordar la pregunta y luego establecer un puente hacia su mensaje clave, por ejemplo:

- "Esa es una pregunta importante, pero mi preocupación aquí hoy es...".
- "Puedo entender por qué la gente pregunta sobre eso, pero mi mensaje para ellos hoy es...".
- "Sí, eso es parte del panorama, pero sugeriría que el punto clave es...".
- "¿No sería genial si las cosas fueran así de sencillas? Pero en la realidad es mucho más complicado...".

Si bien el enfoque descrito anteriormente puede ayudar a que la organización lidie con los medios adversos inclinados a la malicia, es muy importante reconocer cuándo usted o su agencia cometieron un error. Aunque suele ser difícil admitir los errores, es importante evitar la tentación de la negación o la evasión, ya que es muy probable que estas actitudes no solo empeoren la situación con respecto a la cobertura de los medios, sino también que prolonguen el discurso público sobre las deficiencias de su entidad. Estas actitudes dan lugar a un mayor escrutinio sobre dónde está el problema y la vergüenza adicional que usted ha tratado de evitar al tener que aceptar su responsabilidad en el error.

Al final, esto daña su reputación, crea desconfianza con la comunidad y socava su credibilidad. Cuando los medios de comunicación se acerquen a usted por una circunstancia en la que su agencia u organización falló, lo mejor es admitir que se cometieron errores, y tan rápido como sea posible. Entonces es vital dar una declaración que se enfoque en el futuro –que destaque lo que la organización está haciendo para asegurarse de que el error no se repita, e idealmente, terminar con un llamado a la acción de la comunidad–. El daño a la reputación puede limitarse y el debate puede cerrarse, aunque es frecuente que los grupos adversarios traten de mantener este debate vivo, así que por lo general es aconsejable evitar nuevas provocaciones.

Cuando su agencia u organización aparece en una historia impresa negativa, al día siguiente habrá un gran interés en la radio. Usted puede utilizar esto a su favor al hacer que su portavoz contacte a primera hora de la mañana a todas las salas de redacción de las estaciones de radio locales para hablar con ellos sobre los hechos reales.

Los estudios de caso 15.1 y 15.2 ilustran cómo podría responder a otras dos situaciones difíciles con los medios.

Planeación de las comunicaciones

Si bien los medios juegan un papel muy importante en la comunicación de los mensajes clave sobre las áreas protegidas, tal como se dijo al comienzo de este capítulo, en realidad esto es parte de un proceso de comunicación más amplio que implica una planeación cuidadosa. En la mayoría de los casos, la participación de los medios será un paso final, aunque primordial, en un proceso de comunicación por etapas con las partes interesadas. Esto se debe a que, antes de que los medios informen al resto del mundo, siempre hay mucho por hacer para comunicar los mensajes más importantes a las personas más influyentes. Hacer lo contrario es irrespetuoso con los actores interesados y podría dañar su relación con ellos.

La mejor comunicación es creíble y confiable. Los métodos de comunicación directa, como una llamada telefónica, o incluso una carta personal o una reunión frente a frente, ayudan a generar confianza y credibilidad de una manera que los reportajes de los medios no pueden. Pero este proceso requiere una planeación cuidadosa.

Hay muchas opciones para que se comunique de manera más directa con un público, de una forma que genere confianza y credibilidad, y su imaginación es lo único que limita la manera en que lo haga. Sin duda lo mejor es adoptar el lema "lo que sea que funcione" como su orientación. En otras palabras, piense en el mensaje que desea transmitir y use la herramienta que tenga a su alcance, no importa cuán extraño parezca, lo que usted crea que logrará su objetivo final –transmitir información y mensajes clave que ayuden a lograr los objetivos de gestión de la conservación para su área protegida–. Desde la escenificación en un teatro callejero o la producción de videos, hasta las caminatas guiadas o una reunión frente a frente más convencional, si usted cree que es la mejor manera de comunicarse y generar confianza y credibilidad, entonces es posible y debe intentarse. Siempre recuerde: "lo que sea que funcione". Piense con originalidad.

Redactar un plan de comunicaciones

No hay una plantilla estándar (ni debería existir) para un plan de comunicaciones que sea mejor que el sentido común. Por naturaleza, somos una especie altamente sofisticada y comunicativa. Somos capaces de las formas de comunicación más extraordinarias y complejas, y las redes sociales son solo el ejemplo más reciente de lo excepcionales que se han vuelto nuestras comunicaciones.

Somos muy buenos para la "comunicación", y cuando se nos pide escribir y planear una comunicación para un público pequeño o amplio, existe una variedad enorme de métodos –no obstante, el plan es mucho menos complicado de lo que podría esperarse–. En el mundo de las relaciones públicas y los medios masivos de comunicación, la idea de desarrollar un "plan o estrategia de comunicaciones" puede parecer desalentadora para los inexpertos, pero es algo que hacemos a diario, que aprendimos a hacer desde muy pequeños y que refinamos a lo largo de los años. Esto involucra los principios del sentido común y "lo que sea que funcione".

Una estrategia de comunicaciones puede ser un documento de cien páginas que incluya detalles increíbles, puede ser una única página o puede solo estar en su cabeza.

Una cosa más sobre el lenguaje: como todo lo demás relacionado con la comunicación de mensajes, si hace las cosas complicadas, tediosas y llenas de jerga y burocracia, entonces será difícil que las personas entiendan. Mantenga el lenguaje simple y atractivo. Un plan complicado siempre es un desafío, así que no haga las cosas más difíciles de lo que deban ser.

La siguiente plantilla sugiere los elementos importantes que deben considerarse cuando se prepara un plan de comunicaciones enfocado en manejar un problema o un evento. Usted también podría llamarlo un plan para el manejo de problemas. Esta estructura puede aplicarse fácilmente a la mayoría de los problemas de comunicaciones con un pequeño ajuste. No piense que esto es una fórmula exacta, y es posible que algunas partes no sean relevantes para su problema.

Definir el problema

¿Cuál es exactamente el problema? A veces esto puede ser más complejo de lo que usted cree, pero vale la pena detenerse para considerarlo y comenzar con una pregunta como "¿cuál es el problema?" Defínalo en una sola oración. Asegúrese de abordar el problema correcto.

Propietario del problema

En última instancia, ¿quién en su agencia tiene la responsabilidad final de este plan? ¿Quién es responsable de que este plan se implemente correctamente? Puede ser un par de nombres o solo uno. Si todo sale mal, ¿de quién es la reputación profesional que está en juego? Es necesario definir esto para garantizar que aquellos realmente responsables de hacer el trabajo tengan su nombre adjunto al plan y al resultado.

Contexto (trasfondo)

Entonces, ¿qué está pasando? ¿Cuál es el trasfondo de este problema o evento? ¿Qué y por qué es tan importante que necesita un "plan" para las comunicaciones? Dentro de esto, es posible que quiera hablar no solo sobre las "cosas desagradables" que llevaron a la necesidad de redactar el plan, sino también sobre los beneficios de lo que se propone.

Posición organizacional (opcional)

Dentro de los objetivos generales de la organización, ¿en dónde encaja lo que se propone? Por lo general, esto puede formularse en una o dos oraciones. Esta es una declaración de la organización, y es un punto de vista sobre por qué esto es importante y por qué debería hacerse.

Estudio de caso 15.3 Plan de comunicaciones para la evaluación de áreas silvestres

En 1999, el Servicio Nacional de Parques y Vida Silvestre (National Parks and Wildlife Service, NPWS) de Nueva Gales del Sur tuvo un complejo y difícil dilema de comunicaciones después de que una organización conservacionista prominente utilizara la legislación del Estado para nominar diecisiete grandes áreas de tierras privadas y públicas para la "evaluación de áreas silvestres" en el sudeste del Estado. En su mayoría, las áreas nominadas eran parques nacionales, pero también incluían áreas privadas y bosques estatales que se manejaban principalmente para la producción maderera. Cuando se determinaba que un área tenía valores silvestres, tal como se describe en la Ley de áreas silvestres, esta podía declararse como área silvestre y debía administrarse en consecuencia.

Después de declararse área silvestre, solo se permitían actividades recreativas autosuficientes. En otras palabras, legalmente solo se permitía el senderismo y se prohibían todas las otras formas de recreación: la conducción de vehículos, la equitación e incluso andar en bicicleta eran, en ese momento, actividades prohibidas dentro de las áreas silvestres declaradas. La principal dificultad que tuvo que afrontar el NPWS por la nominación fue que varios cientos de terratenientes tendrían parte de sus tierras "nominadas" para una evaluación que determinaría si las áreas calificadas bajo la legislación eran verdaderas áreas silvestres. Es importante destacar que, si bien podía hacerse una nominación de las tierras privadas, eventualmente no podrían declararse áreas silvestres sin el consentimiento por escrito del propietario de la tierra. La principal preocupación era la posibilidad de que los críticos tradicionales del NPWS trataran de alarmar a los terratenientes con propiedades que habían sido nominadas, al afirmar que este proceso de evaluación era un intento del Gobierno de confiscar sus tierras una vez que la evaluación indicara la presencia de valores silvestres, aunque esto fuese imposible sin el consentimiento de los propietarios.

Para limitar la posibilidad de que esto sucediera, el NPWS desarrolló un plan de comunicaciones detallado e integral dirigido principalmente a disipar las preocupaciones de los terratenientes antes de que la noticia del proceso de evaluación de áreas silvestres se anunciara al público general. Esto significó comunicarse con los terratenientes con información detallada en la que no solo se explicaba claramente el proceso, sino también se enfatizaba que incluso si se evaluaba que sus tierras poseían valores silvestres, no podían declararse áreas silvestres sin su consentimiento, y que de hecho podían ignorar totalmente el proceso si así lo querían. El primer paso en el proceso de desarrollar un plan de comunicaciones en torno a la evaluación de las áreas silvestres fue la decisión de comunicarse, en primer lugar, con los más afectados por la propuesta: los terratenientes. Se formó un pequeño "equipo de acción" para discutir y considerar las opciones de comunicación, y se desarrolló un plan de comunicaciones detallado en estrecha colaboración con el personal de campo del NPWS, quienes serían en gran parte responsables de implementar el plan. Se identificaron objetivos claros y se desarrollaron mensajes clave junto con una estrategia de medios, así como temas de conversación para entrevistas, mapas, fichas descriptivas, cartas a los propietarios, presentaciones en PowerPoint y una lista de tareas detallada para identificar quién hizo qué y cuándo.

La piedra angular del plan fue la decisión de que el personal de campo del NPWS, en un lapso de unos pocos días, contactara por teléfono a todos los terratenientes afectados, no solo para explicarles lo que sucedía, que no tenían nada de qué preocuparse y que sus propiedades no podían declararse áreas silvestres sin su consentimiento, sino también para ofrecerles una reunión informativa cara a cara en campo si el propietario así lo quería. Para el éxito del plan fue clave llegar a todos los propietarios con un mensaje claro antes de que otros, que querían entorpecer la evaluación de las áreas silvestres, tuvieran tiempo para organizar una campaña mediática que pudiera socavar seriamente la evaluación de las áreas silvestres y dañar las relaciones con los vecinos del NPWS, cuyas propiedades serían evaluadas. En unos pocos días debían contactarse cerca de trescientos cincuenta propietarios. Un equipo de unos treinta oficiales del NPWS recibió una información completa y, para garantizar que el mensaje fuera coherente, se entregó un guion que debían seguir cuando llamaran a los propietarios. Solo después de informar detalladamente a los terratenientes, incluidas las sesiones informativas, se contactó e informó a otra lista de partes interesadas importantes (identificadas con anterioridad) con un gran interés en la evaluación de las áreas silvestres y con la capacidad e influencia para tener un gran impacto negativo o positivo en el debate público. En una semana, cuando se completaron todas las sesiones informativas, finalmente se emitió un comunicado de prensa en el que se explicaba el proceso de evaluación de las áreas silvestres.

Cuando la noticia de la evaluación finalmente llegó a los medios, todos los que tenían un interés en el proceso o podían verse afectados de alguna manera ya estaban bien informados, y lo más importante, los terratenientes cuyas propiedades entraban en la nominación entendían claramente que sus propiedades no podían declararse como áreas silvestres sin su consentimiento. Durante todo el proceso de evaluación, que duró varios meses, no se transmitió ni publicó una sola historia mediática que criticara al NPWS o al proceso, y esto se debe a que los mensajes clave los recibieron las personas más importantes: los terratenientes. La razón principal por la cual este plan de comunicaciones fue tan exitoso es porque a las personas más afectadas por el proceso de evaluación de las áreas silvestres, los propietarios, se les dijo directamente, antes que a nadie, qué sucedía y cómo podía o no afectarles. Estas personas no se despertaron una mañana y leyeron en el periódico una historia ligeramente sesgada o potencialmente crítica.

Se realizó una sesión informativa de lo ocurrido a lo largo del proceso, con la asistencia de todo el personal involucrado, y se aceptó universalmente que el enfoque directo, aunque novedoso en ese momento, fue fundamental para el éxito del plan. Curiosamente, todo el personal que participó en el proceso de información telefónica notó que los propietarios quedaban sorprendidos, pero también agradecían la atención y la comunicación.

No hay necesidad de hacerlo interminable, y en su lugar debe ayudar a hacer una declaración transparente sobre la posición de la organización frente al "problema".

Equipo de acción

Nunca querrá implementar alguno de estos grandes planes por su cuenta, por lo que el plan necesita una apropiación más amplia. Usted también necesita la aprobación de la dirección, así que para ayudar a desarrollar un plan vale la pena que todos estén a bordo desde el principio. Algunas veces hay un equipo involucrado y es necesario identificar a sus miembros y acordar el plan, de tal manera que estas personas queden comprometidas y no puedan eludir su responsabilidad después de la primera reunión. Compartir el trabajo y la responsabilidad es realmente útil. Si, desde el comienzo, escribe sus nombres en una lista titulada "equipo de acción", esto significa que los ojos estarán puestos en ellos y que existirán expectativas de lo que "entregarán". Usted no estará solo.

Partes interesadas

¿Con quién está tratando? Enumere a las personas y quizá pueda agruparlas.

Análisis de las partes interesadas

¿De dónde vienen las partes interesadas? ¿Quiénes son los que pueden llevar al éxito o al fracaso y por qué? Y con esto nos referimos a quiénes son las personas con la capacidad de tener la mayor influencia positiva o negativa sobre el problema o evento. ¿Qué dicen ellos sobre su organización? Vale la pena analizar de cerca las motivaciones de cada una de las partes interesadas involucradas. Esto puede ser tan detallado como lo necesite, y a veces ayuda a refinar la manera en que comunique mensajes ligeramente diferentes.

Objetivos

Este es quizás uno de los elementos más importantes de un plan de comunicaciones. Usted debe considerar y pensar muy bien sus objetivos. ¿Qué intenta lograr con este plan? Tendrá que volver a consultar una y otra vez los planes más complejos para asegurarse de que sus acciones realmente le ayuden a alcanzar sus objetivos. Estos serán el parámetro contra el que eventualmente medirá el éxito de su plan después de la implementación. A menudo existen cerca de tres objetivos, tal vez incluso cuatro o cinco, pero puede ser solo uno.

Mensajes clave

Al tener en cuenta sus objetivos, ¿cuál es el mensaje? Los mensajes clave son el "mantra" que aparece básicamente igual en todo lo que hace. Este es la misma declaración o mensaje "simple" y bien elaborado que se repetirá en los comunicados de prensa, las cartas, las publicaciones en redes sociales y los puntos fundamentales de las noticias. En los planes más detallados usted puede poner a prueba los mensajes clave con un grupo piloto para ver si se "entiende" lo que usted quiere decir. El mensaje clave está en el corazón de lo que usted trata de transmitir, por lo que debe ser muy claro y fácil de entender.

Acciones

Al considerar los objetivos, ¿qué acciones va a tomar para tratar de alcanzarlos? Esta es la verdadera parte empresarial del plan y brinda una descripción general de cómo encaja cada acción con las otras. Esto puede tener muchas partes, lo cual depende de qué tan complejo sea su plan.

Sincronización

La sincronización es absolutamente elemental para el éxito del plan. Sus acciones deberán ocurrir en momentos muy específicos, y esos momentos deben identificarse claramente desde el comienzo. Todas las fichas de dominó en el plan deben caer en el momento preciso y en el orden correcto, y este puede ser el aspecto más importante del plan. Por consiguiente, valdría la pena que sea explícito sobre los tiempos en el mismo y la necesidad de que todos sincronicen sus relojes. Con frecuencia (aunque no siempre), usted tendrá los tiempos establecidos explícitamente en la hoja de cálculo de las tareas que se menciona más adelante, aunque si es necesario y útil para el plan, quizás quiera hacer una referencia especial a los "tiempos".

Terminologías

Asegúrese de que todos utilicen la misma terminología y que no existan dos maneras de decir lo mismo, pues este error podría hacer que el plan mejor elaborado se deshaga totalmente. Acuerde la descripción de los nombres de cosas y lugares. Reduzca la jerga a algo con lo que todos estén felices. Con mucha frecuencia las personas se atascan en este punto, cuando debería ser algo sencillo. En algunas situaciones, incluso podría ser útil tener un glosario como apéndice.

Lista de tareas

Por lo general, esta es una hoja de cálculo que identifica quién hace qué, cuándo y cómo, y puede incluir los costos estimados.

Estudio de caso 15.4 Manejo de los medios y de la información pública para un incendio de grandes proporciones

En enero de 2003, bajo terribles condiciones climáticas, los rayos encendieron 45 incendios forestales diferentes a lo largo de las 675.000 hectáreas del Parque Nacional Kosciuszko en el sur de Nueva Gales del Sur, Australia, al igual que cientos de otros incendios en Nueva Gales del Sur y en el Estado de Victoria al sur. Las autoridades de lucha contra incendios se enfrentaron a una demanda de información sin precedentes por parte de una multitud de pequeñas comunidades, pueblos y terratenientes alrededor del parque.

Pronto se estableció una unidad de información para el público (Public Information Unit, PIU) como parte de la estructura principal del equipo de manejo de incidentes que se activó para manejar el incendio. En su punto máximo, el equipo contaba con dieciséis personas. El objetivo principal de la PIU era garantizar que las comunidades locales tomaran las medidas adecuadas y consideraran todas las contingencias en caso de verse afectadas por un incendio forestal.

Los desafíos que enfrentó la PIU fueron muchos y variados. La atención de los medios nacionales no se enfocó en los incendios en el Parque Nacional Kosciuszko, sino en los incendios cerca de los principales centros urbanos donde muchas personas y hogares estaban bajo amenaza, por lo que las comunidades adyacentes al Parque Nacional Kosciuszko inicialmente no reconocieron la gravedad de la situación, y por lo tanto no se percataron de la absoluta necesidad de prepararse contra la amenaza del fuego.

Si bien los medios siguen siendo la herramienta tradicional para obtener rápidamente la información esencial, tienen limitaciones obvias. Las historias suelen reescribirse, reinterpretarse y homogenizarse para simplificar el producto. El control sobre los tiempos y la frecuencia de transmisión también es limitado. En respuesta, la PIU adoptó medidas adicionales para garantizar que todos en la comunidad tuvieran acceso a una información detallada.

La piedra angular de la campaña de información de la PIU fue el Resumen de Hechos sobre el Incendio (Fire Facts Summary), un documento que contenía datos sobre los incendios y su estado, las estrategias de lucha contra incendios, los pronósticos meteorológicos, los cierres de carreteras, las actualizaciones de los servicios de emergencia, la información sobre el manejo del ganado, las advertencias de salud y cualquier otro detalle que pudiera ayudar a las comunidades locales. Dicho documento estaba acompañado por un mapa, actualizado diariamente, que brindaba una ayuda visual para comprender el avance de los incendios. Es importante destacar que estos mapas eran enviados por fax y correo electrónico a una lista en constante evolución de las partes interesadas. Hoy, por supuesto, gran parte de esto se divulgaría a través de una gama de canales de redes sociales directamente a los teléfonos inteligentes y tabletas; sin embargo, el principio con respecto a la calidad y la naturaleza de la información, así como el público objetivo, siguen siendo los mismos.

En varios sitios web se publicaban tanto el resumen como el mapa, que durante el pico de la emergencia se actualizaban dos veces al día. Los correos electrónicos, que permitían que la información se dirigiera específicamente a un público muy grande pero segmentado, contenían detalles que los medios no podían transmitir con la misma frecuencia o a una audiencia tan específica, y podían reenviarse fácilmente a otros. Esto permitió que la información actualizada se distribuyera, de manera casi instantánea, a un gran número de personas con un interés específico en la emergencia. Los estimados indican que el número de personas que recibieron el resumen osciló entre diez mil y cuarenta mil al día, y fácilmente pudo ser mayor.

Todos los días, las copias impresas del Resumen de Hechos sobre el Incendio y del mapa se ampliaban y se exhibían en 75 ubicaciones destacadas de la región, incluidas las oficinas de correo, las tiendas generales y los bares. La PIU también entregó un total de veintiún mil boletines informativos a comunidades en la periferia, llevó a cabo dieciocho reuniones públicas para tres mil personas, realizó reuniones informativas periódicas con partes interesadas locales clave y mantuvo un flujo constante de anuncios de servicio comunitario en la radio local. Las entrevistas con los medios fueron constantes durante el día y la noche.

Otro medio efectivo para brindar información al público fue a través de un servicio telefónico de información pública de veinticuatro horas ampliamente publicitado. Los operadores se basaban en el Resumen de Hechos sobre el Incendio y en el mapa, y recibían información actualizada conforme transcurrían los acontecimientos. Durante el pico de la crisis, más de veinte mil personas utilizaron este servicio.

Los oficiales de enlace en campo de la PIU fueron enviados a áreas periféricas bajo amenaza, mientras que otros funcionarios de la unidad telefonearon a varios cientos de propietarios en terrenos adyacentes al

Los incendios de 2003 en los Alpes Australianos, Parque Nacional Kosciuszko

Fuente: Michelle Watson

parque para determinar la vulnerabilidad y la capacidad de cada propietario para defender sus propiedades.

En muchos casos, la PIU pudo disipar temores inmediatos, ofrecer asesoría y evaluar el riesgo relativo para diferentes personas.

Después de los incendios forestales de Kosciuszko, un análisis detallado del desempeño y de los resultados de la PIU determinó que la comunidad estaba muy satisfecha con la forma en que se había proporcionado la información pública durante los incendios.
El Resumen de Hechos sobre el Incendio resultó ser la herramienta de información más popular, mientras que el correo electrónico, los sitios web, la línea de información pública de veinticuatro horas y la radio fueron medios populares para acceder a la información.

La PIU garantizó que la comunidad estuviera bien informada sobre cómo prepararse frente a la amenaza de un incendio. Esto se logró gracias a un enfoque multifacético del manejo de la información que fue capaz de aprovechar al máximo la tecnología de Internet de ese momento.

Estos incendios se dieron en un período anterior a las aplicaciones y a la naturaleza altamente avanzada de Internet en la actualidad. Si ocurrieran de nuevo mañana, se implementaría una gama adicional de herramientas de redes sociales; pero lo que este caso ilustra es la necesidad de encontrar un amplio rango de canales de comunicación para garantizar no solo que la información llegue rápidamente al mayor número posible de personas, sino también que el equipo que maneje la información para el público tenga a su disposición todos los recursos posibles para completar la tarea.

Materiales de apoyo

¿Qué cosas necesitará?: mapas, folletos, página de Facebook, guiones, fotos, videos, sitios web, cartas y herramientas de redes sociales, presentación de PowerPoint, etc. ¿Qué materiales de apoyo empleará para lograr sus objetivos?

Monitoreo

Aunque puede ser un desafío, es necesario hacer un seguimiento de si sus mensajes clave hacen eco en las personas de una manera que logre sus objetivos de comunicación. ¿Ha logrado, a través de sus acciones y mensajes clave,

Medios de comunicación en la ceremonia de apertura del Congreso Mundial de la Naturaleza de la UICN de 2008 en Barcelona, España. Las transmisiones en vivo de tales eventos de importancia mundial garantizan que los mensajes del Congreso de la UICN se transmitan instantáneamente a audiencias de todo el mundo, lo cual beneficia a aquellos que no tuvieron la oportunidad de estar presentes

Fuente: Graeme L. Worboys

Uso de los medios para comunicar un mensaje de manera espectacular en el Congreso Mundial de Parques de la UICN de 2014 en Sídney, mientras la directora general de la UICN, Julia Marton-Lefèvre, y el presidente de la CMAP de la UICN, Ernesto Enkerlin, conversan en vivo con un buzo sumergido en la exhibición del acuario de coral viviente, oficinas principales de la Autoridad del Parque Marino de la Gran Barrera de Coral, Townsville, Queensland. La conversación reforzó los mensajes clave sobre la importancia del Patrimonio Mundial del Parque Marino de la Gran Barrera de Coral y la necesidad de protegerlo contra todas las amenazas

Fuente: Graeme L. Worboys

el cambio conductual o actitudinal identificado en sus objetivos? Si no es así, ¿qué cambios o modificaciones necesitaría para alcanzar sus objetivos? El monitoreo también es algo que usted hace para estar en capacidad de detectar si los mensajes clave necesitan algún ajuste. Hay una serie de herramientas comerciales de redes sociales, al igual que Google Analytics y las estadísticas de Facebook, que pueden ayudarlo a medir el éxito u otros resultados.

Evaluar

Si bien suele subestimarse, esto es importante, especialmente para los planes grandes. La evaluación puede ser un encuentro para hablar de lo ocurrido, una ronda de correos electrónicos, o incluso el momento para detenerse a pensar si el plan funcionó. En otras palabras, ¿el plan cumplió con los objetivos? Remítase a los objetivos como punto de partida para su evaluación. En los planes de comunicaciones por etapas esta es una buena oportunidad para reagruparse y prepararse para la siguiente. Este es el último paso en lo que se conoce como "gestión adaptativa": planear, implementar, monitorear, evaluar, ajustar y luego repetir el ciclo (véanse los Capítulos 8 y 13).

En el Estudio de caso 15.3 se presenta el ejemplo de un plan de comunicaciones efectivo.

Manejo de los medios de comunicación en incidentes importantes

Las áreas protegidas de todo el mundo abarcan una gran variedad de paisajes terrestres y marinos, que a menudo cubren grandes extensiones en las que pueden presentarse incidentes, ya sean naturales o causados por el ser humano, lo que representa, en cuanto al manejo de los impactos sobre las personas y el ambiente natural, un gran desafío para los administradores de áreas protegidas de todos los niveles. Inundaciones, tormentas, incendios forestales, terremotos, tornados, ciclones y derrames de sustancias químicas se encuentran entre las muchas catástrofes que pueden ocurrir, cuya destrucción y devastación pueden arrasar o alterar significativamente el entorno natural y dejar en peligro a un sinnúmero de personas. Con toda seguridad, la respuesta a las grandes calamidades involucrará la cooperación de múltiples agencias, mientras que en los incidentes de menor escala los administradores de áreas protegidas pueden quedar por su propia cuenta para enfrentar los desafíos complejos y difíciles generados por tales incidentes (véase el Capítulo 26).

En cada caso, el manejo de los medios puede desempeñar un papel fundamental en el alivio y la previsión de los peligros para las personas y los impactos sobre el medio ambiente. En primer lugar, la protección de la vida y la propiedad es y debe ser siempre la prioridad número uno, y para ello el buen manejo de los medios desempeñará un papel vital, ya que, tanto los tradicionales como las redes sociales, son clave para brindar una información rápida y en tiempo real. Por ejemplo, los incendios forestales siempre son eventos que causan temor, pero bajo condiciones extremas pueden ser aterradores, incluso para los bomberos veteranos. En este escenario, el manejo de la información pública consiste en ofrecer una información concisa, honesta, precisa y oportuna que pueda ayudar a las personas y las comunidades a superar sus temores, y permitir que tomen buenas decisiones en medio del caos. La información pública durante una emergencia no debe hacer que las personas entren en pánico ni que se duerman en los laureles, sino que debe tratar de lograr un equilibrio entre estar alerta y la obligación de estar preparados. En una emergencia es fundamental brindar una información honesta, y si se desconocen ciertos detalles y hechos clave, es importante decir "esto es lo que sabemos con certeza hasta el momento", en lugar de fingir o hacer omisiones.

En medio del caos, las personas necesitan una información detallada en tiempo real, no resúmenes que describan vagamente lo que sucede en el momento. También será crítica la elección del modo de divulgar la información, y aunque los medios juegan un papel importante, ciertamente no son el único vehículo de divulgación que puede utilizarse en una crisis. En el mundo digital actual, las redes sociales han demostrado que son más importantes y más efectivas que nunca para ayudar a las personas a tomar decisiones que salven vidas en una situación de emergencia que cambia rápidamente.

Por lo general, durante una crisis regional una persona o un equipo pequeño manejarán la información para el público y los medios, pero en condiciones catastróficas cuando hubo una devastación considerable en un área extensa el número de equipos puede aumentar, ya que se necesitan cada vez más manos para enfrentar la creciente demanda de información. No se puede enfatizar lo suficiente lo importante que es contar con los recursos adecuados para brindar información al público. En una crisis, la falta de recursos adecuados para informar al público puede resultar catastrófica.

Una unidad de manejo de información para el público tendrá que enfrentar múltiples y variados desafíos. No se puede confiar en que la cobertura de los medios brinde una información precisa y oportuna en todo momento, por lo que se debe contar con una planeación de las contingencias. En el mundo desarrollado cada vez se confía más en las nuevas plataformas de redes sociales, como Facebook y Twitter, para que el público afectado reciba de las agencias de gestión de emergencias una información rápida y directa.

Es importante recalcar que lo que el público quiere es una información detallada y honesta relacionada con su conjunto específico de circunstancias, y que la quiere en tiempo real. Por ejemplo, en una situación de incendios forestales, al público no le interesará por dónde pasó el incendio, sino a dónde va, qué tan rápido se propaga y cuándo podría llegar a su puerta, de tal manera que la decisión vital de salir o quedarse en casa pueda tomarse con bastante anticipación. Para garantizar que se aprovechen todas las oportunidades de comunicar mensajes claves, es importante que se utilicen todos los canales de comunicación de manera simultánea. Esto significa el uso de los medios tradicionales, y en esta situación la radio será el medio más importante, ya que puede transmitirse al instante. Del mismo modo, son muy útiles las plataformas de redes sociales como Twitter y Facebook; sin embargo, en las agencias de manejo de emergencias hay una tendencia creciente hacia el desarrollo de nuevas aplicaciones para teléfonos inteligentes y tabletas que puedan descargarse fácilmente y que le brinden al usuario una información detallada en tiempo real. Por ejemplo, el Servicio de Incendios Rurales (Rural Fire Service, RFS) de Nueva Gales del Sur, en Australia, implementó una aplicación llamada "Incendios Cerca de Mí" (*Fires Near Me*), la cual ofrece la información que deben conocer las personas en áreas afectadas por los incendios.

Después de que el polvo se asienta y la emergencia pasa, es fundamental realizar una evaluación detallada del esfuerzo para informar al público con el fin de determinar qué funcionó y qué no, lo que permitirá mejorar la divulgación de la información en la próxima emergencia.

En el Estudio de caso 15.4 se presenta un ejemplo de comunicación efectiva y del manejo de los medios en un incidente importante.

Conclusion

Para todos los administradores de áreas protegidas, sin excepción, las relaciones con los medios de comunicación debe ser parte de una estrategia de gestión integrada más amplia. Usted desea una comunidad que comprenda por qué las áreas protegidas son importantes y que sus objetivos de gestión sean, en última instancia, benéficos para el medio ambiente y la comunidad en general. Las relaciones con los medios de comunicación no lograrán todo esto, pero jugarán un papel crítico que no puede ignorarse.

La interacción con los medios no puede ser tentativa o a medias. Usted debe interactuar con confianza y con objetivos claros en mente. También se recomienda que, antes de involucrar a los medios masivos, considere cuáles medios de comunicación alternativos podrían ayudarle a lograr sus objetivos de gestión, ya que una vez que comience a hablar con los medios masivos sobre un tema determinado, no hay vuelta atrás.

El involucramiento de los medios debe ser parte de una estrategia de comunicaciones más amplia que busque formas de transmitir información directamente a las personas y comunidades más afectadas por su agencia. Antes de comenzar a interactuar con los medios, que a menudo es el último paso en un plan de comunicaciones, hay mucho trabajo por hacer en la comunicación con las personas.

Las redes sociales deben incluirse en su estrategia de comunicaciones y, antes de que pueda emplear un enfoque integrado de los medios y las redes sociales como capacidades complementarias, estas deben considerarse aparte de la comprensión tradicional de "los medios". Las redes sociales son una revolución de la información que acaba de comenzar y que se mueve muy rápido en todas las direcciones; por consiguiente, para las redes sociales desarrolle estrategias, sistemas y procesos sólidos que sirvan de base para una ejecución de tácticas ágil y receptiva.

De muchas maneras, hoy las redes sociales ocupan el espacio y la función de los medios tradicionales, y dominan lo que ahora describimos como medios impresos, radio y televisión para convertirse en una forma única de comunicación conocida como "contenido", que incluye impresión, audio e imágenes. Aproveche al máximo los beneficios de las redes sociales como una forma asequible de comunicarse con el mundo, interactúe directamente con las partes interesadas y construya un público objetivo, algo que no era posible cuando solo se contaba con los medios tradicionales.

En el caso de los que administran nuestras áreas protegidas, comenzar a relacionarse con los medios y con una comunicación más amplia puede parecer una tarea desalentadora, y tal vez no es una que habrían anticipado cuando se consagraron a su trabajo. Cuando los recursos lo permitan, lo mejor es contratar a un profesional o invertir en la capacitación de un miembro entusiasta de su equipo para quien los medios y la comunicación sean un placer y un desafío, no una causa de pánico o una molestia. Contar con una persona capacitada que pueda interactuar con un periodista o llevar a cabo una campaña en las redes sociales fortalecerá cada vez más sus filas, de tal manera que pueda sentirse cómodo y ver el valor de contar sus historias.

Como administrador de áreas protegidas usted habla por la flora, la fauna y la tierra; si bien estas no tienen voz, al contar bien sus historias usted aumenta el valor de ellas entre su comunidad y sus líderes.

Referencias

📖 Lecturas recomendadas

Farmery, A. (2014). *The Engaging Brand Podcasts*. Recuperado de: www.blubrry.com/engaging/

📖 Jackobson, S.K. (2009). *Communication Skills for Conservation Professionals*, 2ª ed. Washington D.C.: Island Press,.

Newsmaker. (2013). *Newsmaker Australian Media Survey 2013*. www.newsmaker.com.au

📖 Pearson, M. y Polden, M. (2011). *The Journalist's Guide to Media Law*, 4ª ed. Sidney: Allen y Unwin.

📖 Scott, D.M. (2014). *Web Ink Now Blog*. www.webinknow.com/

📖 Tymson, C.; Lazar, P. y Lazar, R. (2006). *The New Australian and New Zealand Public Relations Manual*. Sidney: Tymson Communications.

CAPÍTULO 16

MANEJO DE AMENAZAS

Autores principales:
V.B. Mathur, Malvika Onial y Geoffroy Mauvais

CONTENIDO

IUCN WCPA WORLD COMMISSION ON PROTECTED AREAS Convention on Biological Diversity

AUTORES PRINCIPALES

VINOD MATHUR es el director del Instituto de Vida Silvestre de la India (Dehradun), vicepresidente regional de la Comisión Mundial de Áreas Protegidas de la Unión Mundial para la Conservación de la Naturaleza (CMAP-UICN) y miembro del Panel Multidisciplinario de Expertos del Panel Intergubernamental de Biodiversidad y Servicios Ecosistémicos de las Naciones Unidas.

MALVIKA ONIAL es consultora en el Instituto de Vida Silvestre de la India (Dehradun), donde revisa y reporta sobre los compromisos de la India con el Convenio sobre la Diversidad Biológica.

GEOFFROY MAUVAIS es veterinario en Nairobi, se unió a la UICN en 2006 y dirige el Programa sobre Áreas Protegidas y Conservación en África.

AGRADECIMIENTOS

Los autores desean expresar su agradecimiento a las siguientes personas y organizaciones que contribuyeron al desarrollo de este capítulo y sus estudios de caso: Ashish Kothari, CMAP-UICN; Ninad Sastry Mungi, Qamar Qureshi y Asha Rajvanshi, Instituto de Vida Silvestre de la India, y Graeme Worboys, CMAP-UICN.

CITACIÓN

Mathur, V.B.; Onial, M. y Mauvais, G. (2019). Manejo de amenazas. En: G.L. Worboys, M. Lockwood, A. Kothari, S. Feary e I. Pulsford (eds.). *Gobernanza y gestión de áreas protegidas*, pp. 501-524. Bogotá: Editorial Universidad El Bosque y ANU Press.

FOTOGRAFÍA DE LA PÁGINA DEL TÍTULO

Turistas que visitan Ta Prohm cerca de Angkor Wat, Camboya, un sitio patrimonio mundial: el gran número de personas y la frecuencia de visitas a destinos culturales (y naturales) pueden ser una amenaza para los valores de tales destinos; dicho uso por parte de los visitantes requiere una gestión activa.

Fuente: Graeme L. Worboys

WCPA World Commission on Protected Areas · BIOPAMA · UNEP WCMC · Australian National University PRESS · UNIVERSITY of TASMANIA · THE GREAT EASTERN RANGES connecting people...connecting nature · UNIVERSIDAD EL BOSQUE

Introducción

Las áreas protegidas, entre otras cosas, tratan de ayudar a la persistencia de la biodiversidad y la conservación del patrimonio natural y cultural. Si bien la definición de áreas protegidas (véase el Capítulo 2) puede interpretarse de más de una manera, muchos países alrededor del mundo han adoptado el concepto de las áreas protegidas y lo han adaptado a sus contextos nacionales o locales específicos. Las áreas protegidas realizan importantes funciones de conservación y protección de la biodiversidad, especialmente contra la destrucción indiscriminada; no obstante, aunque parezca que mantienen sus valores, es posible que experimenten cambios y disminuciones imperceptibles, lo que conduce a "bosques medio vacíos" con una pérdida de la biodiversidad (Peres y Palacios, 2007). Las áreas protegidas de todo el mundo están plagadas de amenazas que socavan los objetivos de conservación. La gestión y manejo de áreas protegidas debe desarrollar la capacidad y aplicar enfoques innovadores y adaptativos para manejar un espectro de amenazas complejas, y a menudo interrelacionadas, que no solo surgen de problemas específicos de un área protegida individual sino que también son impulsadas por factores que van mucho más allá de los límites y el control de las áreas protegidas.

Este capítulo brinda, en primer lugar, una descripción de las amenazas contra las áreas protegidas y ofrece una clasificación de la naturaleza y las características de tales amenazas, de acuerdo con la clasificación propuesta por Worboys *et al.* (2006). Luego, el capítulo analiza enfoques genéricos para responder a amenazas como las intrusiones en las áreas protegidas, el consumo humano de activos ecológicos, la caza furtiva de vida silvestre, el uso de fertilizantes (depósito de nitrógeno), la sobreexplotación de poblaciones de peces y el cambio climático. Como un ejemplo concreto, el capítulo se centra en el proceso de gestión de las amenazas relacionadas con las especies invasoras, exponiendo ejemplos de África y Asia, ya que esta amenaza a la biodiversidad fue identificada como una de las principales presiones a nivel mundial (Butchart *et al.*, 2010). Los conflictos entre los humanos y la vida silvestre también se usan como un ejemplo de cómo abordar una amenaza. Finalmente, el capítulo analiza la importancia y la aplicación de los principios de buena gobernanza en la gestión de las amenazas.

Clasificación de las amenazas

El Convenio sobre la Diversidad Biológica (CDB) define una amenaza contra un área protegida como "cualquier actividad humana o proceso relacionado que tenga un impacto negativo sobre las características clave de la biodiversidad, procesos ecológicos o activos culturales dentro de un área protegida" (CBD, 2014a). Las amenazas contra las áreas protegidas también pueden surgir de causas y eventos naturales tales como incendios naturales, terremotos, inundaciones, etc. Las amenazas ponen en peligro los valores del área protegida (véase el Capítulo 6) y están estrechamente relacionadas con ellos. Por consiguiente, las amenazas tienen una naturaleza muy diversa y lo que puede ser una amenaza en un sitio puede no verse como tal en otra área protegida, o con el tiempo puede evolucionar y convertirse en una amenaza. Es difícil establecer una lista global e integral de las amenazas contra las áreas protegidas, aunque aquellas contra las áreas protegidas, la biodiversidad y los ecosistemas han sido clasificadas y evaluadas por varios marcos para la evaluación de las mismas.

Tales marcos se han hecho de diferentes maneras (Carey *et al.*, 2000; MEA, 2005; Salafsky *et al.*, 2008; WWF, 2012). Por ejemplo, con el fin de proporcionar un esquema unificado para clasificar las amenazas a nivel mundial, la Alianza para las Medidas de Conservación (Conservation Measures Partnership, CMP) de la Unión Internacional para la Conservación de la Naturaleza (UICN) desarrolló una clasificación de amenazas contra la biodiversidad (Salafsky *et al.*, 2008). Esta Clasificación Unificada para Amenazas y Acciones se construyó de manera escalonada, con las amenazas directas clasificadas en tres niveles (análogos a las familias, los géneros y las especies en el sistema de clasificación biológica de Linneo). Lo que esto significa es que una amenaza contra la diversidad biológica identificada en el primer nivel se subdivide en varias entradas de segundo nivel que a su vez se subdividen en un tercer nivel (Figura 16.1).

Con respecto a las áreas protegidas específicamente, Worboys *et al.* (2006) desarrollaron una clasificación de las amenazas contra las áreas protegidas y las causas subyacentes que las impulsan, tanto directas como indirectas. Esta clasificación, aunque no está organizada de forma jerárquica o por niveles como la clasificación de Salafsky *et al.* (2008), comparte un enfoque conceptual similar para analizar las amenazas contra las áreas protegidas como directas e indirectas, e identifica las causas subyacentes y gestiona las áreas protegidas para tener acciones de conservación que aborden dichas amenazas. En particular, Worboys *et al.* (2006) distinguieron las amenazas directas e indirectas por sus características espaciales, como se explica en la siguiente sección.

Entender las amenazas a través de dicho marco tiene como objetivo ayudar a los administradores de áreas protegidas y a los funcionarios de primera línea a identificar las amenazas en sus áreas protegidas, a conocer otras áreas y los tipos de amenazas que enfrentan, y cómo

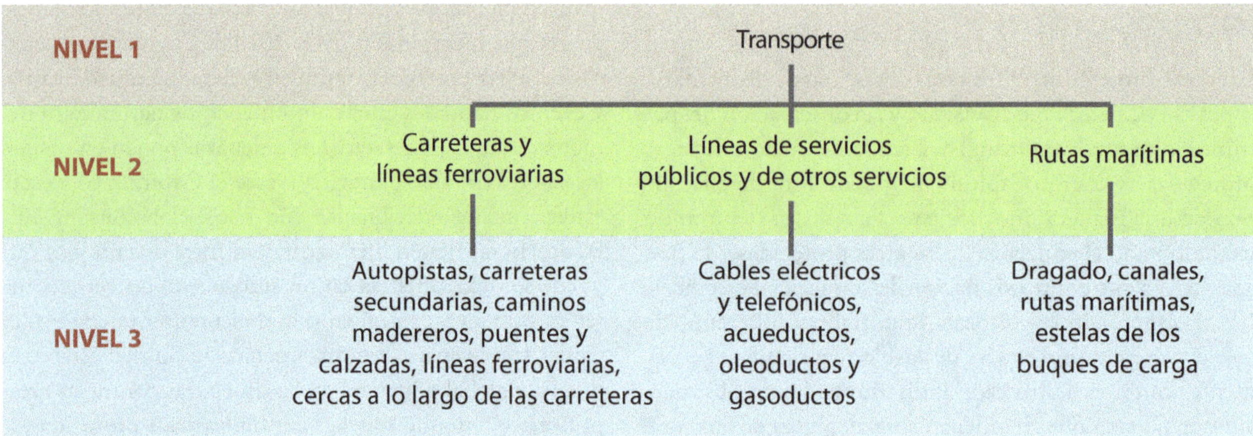

Figura 16.1 Ejemplo de una clasificación de amenazas de tres niveles

Fuente: adaptado de Salafsky *et al.*, 2008

A pesar de los mejores esfuerzos de los administradores de áreas protegidas, la disposición inadecuada de las basuras (como en esta, en Asia) es una fuente constante de frustración y parte del costo real de la gestión activa de las áreas protegidas

Fuente: Graeme L. Worboys

pueden abordarse. En el contexto de los Territorios y Áreas Conservados por Pueblos Indígenas y Comunidades Locales (TICCA) las amenazas también se han clasificado en externas e internas, ya que los TICCA suelen ser vulnerables a los impactos negativos de las amenazas de una manera diferente a otros tipos de áreas protegidas (Cuadro 16.1).

Amenazas directas

Las amenazas directas son el resultado de actividades o procesos humanos cercanos (en general, dentro del área protegida) que causan la degradación de los valores del área protegida y obstruyen el progreso hacia el cumplimiento de los objetivos de conservación establecidos para ella. Con frecuencia –no siempre– las amenazas directas son causadas por actividades humanas que pueden abordarse mediante intervenciones de gestión apropiadas. Las amenazas directas también son el resultado de eventos naturales como incendios y maremotos, entre otros de tipo extremo o catastrófico. Las amenazas directas van desde la contaminación en el sitio, la extracción de agua y el desarrollo de infraestructura turística dentro de las áreas protegidas hasta actividades ilegales, especies invasoras, guerras y conflictos civiles.

En la Tabla 16.1 se presenta una descripción de las amenazas directas y sus consecuencias para las áreas protegidas. Por su parte, el Estudio de caso 16.1 brinda un ejemplo de una amenaza directa (caza furtiva) en el sistema nacional de áreas protegidas de Ghana.

Tabla 16.1 Amenazas contra las áreas protegidas: ejemplos de amenazas directas

Amenaza directa	Consecuencias potenciales	Capítulos relacionados en este libro
Contaminación en el sitio, impactos de sustancias químicas	Daño a las especies y ecosistemas naturales, a los valores turísticos y de recreación, y a la salud humana	19, 20, 23, 24
Represamiento *in situ* / desvío de arroyos y ríos, extracción de aguas subterráneas	Daño a las especies y ecosistemas naturales, bloqueo de pasos migratorios	19
Sobrepastoreo de ganado	Daño a las especies y ecosistemas naturales, y a los valores turísticos y de recreación	25
Minería	Daño a las especies y ecosistemas naturales, a los valores turísticos y de recreación, y al patrimonio cultural	25
Infraestructura y desarrollo industrial dentro del área protegida	Daño a las especies y ecosistemas naturales, y al patrimonio cultural	24
Turismo insostenible	Daño a las especies y ecosistemas naturales, y al patrimonio social y cultural	23
Extracción excesiva de recursos; sobreexplotación incluida la explotación ilegal, la caza, la pesca, la extracción de forraje y leña, y la tala (legal e ilegal)	Daño a las especies y ecosistemas naturales, y a los valores turísticos, recreativos y del patrimonio cultural	25
Guerra y conflictos civiles	Daño a especies y ecosistemas naturales, al patrimonio social y cultural, a la infraestructura y a la vida humana	26
Acciones, procesos y recursos inadecuados o incompetentes a nivel técnico en la gestión de áreas protegidas	Daño a las especies y ecosistemas naturales, al patrimonio social y cultural, a la infraestructura y a la vida humana	8, 12, 13, 24
Especies invasoras de plantas y animales	Daño a las especies y ecosistemas naturales	21
Eventos naturales catastróficos en el lugar (como incendios, inundaciones, terremotos, actividad volcánica)	Daño a las especies y ecosistemas naturales, a la infraestructura, a la propiedad y a la vida humana	24, 26

Fuente: adaptado de Worboys *et al.*, 2006

Un automóvil destrozado y saqueado en un área protegida de matorrales al sur de Nueva Gales del Sur, Australia: en particular, la zona de transición entre el área protegida y el área urbana se ve afectada por tales actos ilegales, y los guardaparques tienen que limpiar constantemente este tipo de desperdicios

Fuente: Graeme L. Worboys

Estudio de caso 16.1 Evaluación de las amenazas contra las áreas protegidas de Ghana: el caso de la caza furtiva

Las tres principales amenazas identificadas en el sistema de áreas protegidas de Ghana a través de la metodología de Evaluación Rápida y Priorización del Manejo de Áreas Protegidas (*Rapid Assessment and Prioritisation of Protected Area Management*, RAPPAM), la cual se implementó en diciembre de 2009, son: caza furtiva, incendios forestales y la conversión de tierras principalmente debido a la agricultura alrededor de las áreas protegidas (Figura 16.2). Otras amenazas mencionadas son la pesca ilegal, las especies invasoras (plantas) y la contaminación, pero afectan a las áreas protegidas en menor medida.
La caza furtiva es la amenaza con mayor distribución y su intensidad varía de un parque a otro.

De hecho, la caza furtiva existe en todas las áreas protegidas de Ghana con diferentes grados de intensidad (Figura 16.3). Esta es particularmente alta en el Parque Nacional Kakum, a pesar de la buena estrategia en marcha para la aplicación de la ley; también se presenta en los parques nacionales Ankasa, Shai Hills y Mole. En todo el país existe una gran demanda de carne de animales silvestres. El ratán se extrae ilegalmente para hacer artesanías, el elefante es cazado furtivamente por sus colmillos y el leopardo por su piel. En Bia, la matanza de animales se debe principalmente a un conflicto entre los humanos y la vida silvestre. En Kyabobo, esta presión es muy baja, a pesar de la alta demanda de carne de animales silvestres. Esto se debe a una mejor aplicación de la ley, lo cual conduce a una gran reducción en las actividades de caza furtiva. Además, el parque ha alentado la creación de comités comunitarios para el manejo de recursos, que al regular la recolección de productos forestales no maderables, contribuyen a la disminución de los efectos de la caza furtiva/recolección ilegal. Con respecto a Bia, hay pequeños mercados locales cerca de sus fronteras internacionales que están seriamente involucrados en el comercio de carne de animales silvestres; la población de vida silvestre fuera de los parques es limitada, por lo que las áreas protegidas son la principal fuente de carne de animales silvestres, sobre todo para satisfacer los requerimientos de proteínas de la población local.

Fuente: IUCN PAPACO, 2010

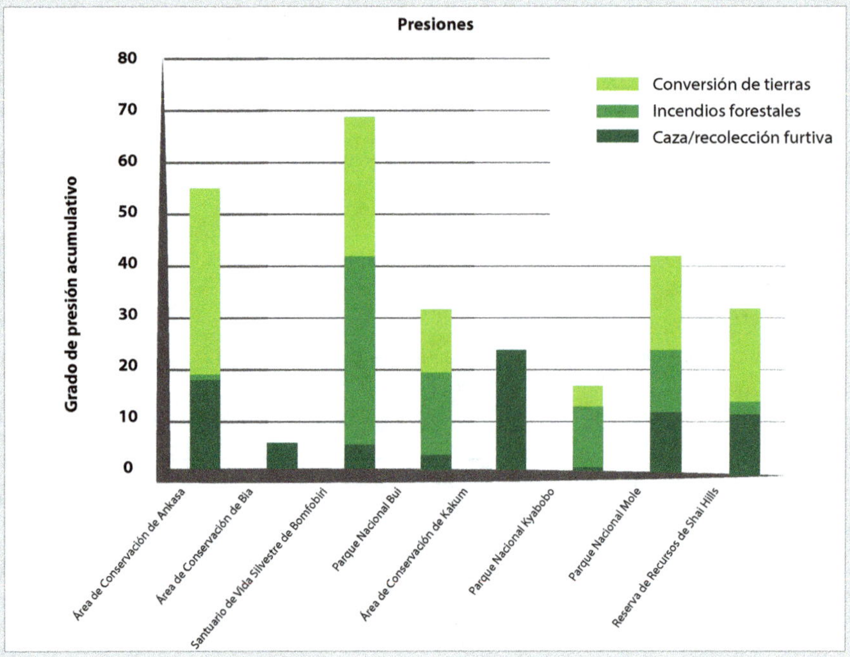

Figura 16.2 Las amenazas más importantes para el sistema de áreas protegidas de Ghana

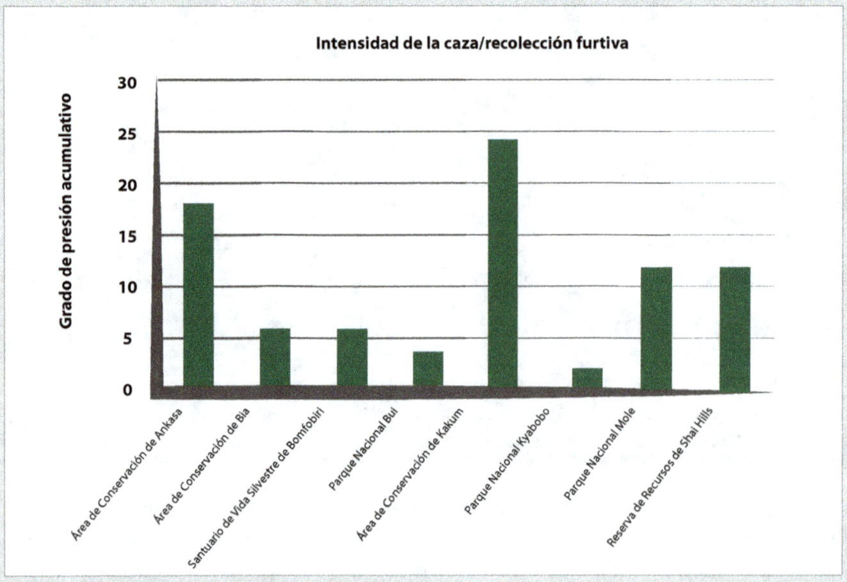

Figura 16.3 Intensidad de la caza/recolección furtiva en las áreas protegidas de Ghana

Incendio forestal en el este de Australia: los frecuentes incendios forestales no planeados pueden afectar los valores del patrimonio natural de las áreas protegidas

Fuente Graeme L. Worboys

Agua ácida de minería que fluye de una mina abandonada: el agua contaminada, como esta que fluye hacia alguna cuenca de captación y en particular a las cuencas de captación de las áreas protegidas, debe recibir un tratamiento minucioso y adecuadow

Fuente: Graeme L. Worboys

Amenazas indirectas

Las amenazas indirectas son aquellas que, a pesar de originarse fuera de las áreas protegidas, afectan los valores dentro de las mismas y ponen en peligro sus objetivos de conservación (Tabla 16.2). Las amenazas indirectas incluyen el cambio climático (véase el Capítulo 17) y las actividades fuera del sitio como la contaminación, el represamiento de ríos, la desviación de corrientes de agua, la aplicación de pesticidas en los cultivos y los cambios en el uso de la tierra alrededor del área protegida que no solo son incompatibles estas, sino que también reducen la conectividad del paisaje.

Tabla 16.2 Amenazas contra las áreas protegidas: ejemplos de amenazas indirectas

Amenaza indirecta	Consecuencias potenciales	Capítulos relacionados en este libro
Contaminación fuera del sitio	Agua contaminada que afecta a las especies y a los ecosistemas terrestres o marinos en áreas protegidas, aire contaminado que afecta a las especies y ecosistemas	19, 20, 24
Represamiento de arroyos y ríos fuera del sitio, desviación de aguas, extracción de agua subterránea	Recursos hídricos inadecuados o alteración de los patrones hidrológicos y de depósito de suelos y nutrientes para la vida silvestre en las áreas protegidas, bloqueo de los pasos migratorios, y daños a los ecosistemas naturales	19
Uso inapropiado de la tierra y del mar	Cambio de uso de la tierra, pérdida y fragmentación del hábitat debido a asentamientos humanos, desarrollo urbano, agricultura, y extracción de recursos	27
Cambio climático	Cambios en la distribución y abundancia de especies y hábitats, con un mayor riesgo de extinción de especies Cambios en los patrones de las precipitaciones, en los regímenes de los causales, en los patrones de inundaciones, en la distribución del hielo, en la frecuencia e intensidad de las tormentas/otros fenómenos meteorológicos extremos, y en la frecuencia e intensidad de los incendios Inundación de áreas bajas por el aumento del nivel del mar Impactos sobre los corales, blanqueo de corales	17

Fuente: adaptado de Worboys *et al.*, 2006

Tabla 16.3 Amenazas contra las áreas protegidas: ejemplos de causas subyacentes

Causas subyacentes	Consecuencias potenciales	Capítulos relacionados en este libro
Crecimiento demográfico	Consumo insostenible de recursos naturales, generación de residuos	5
Mayor consumo, aspiraciones materiales	Consumo insostenible de recursos naturales, generación de residuos	5
Sistemas económicos inadecuados, crecimiento económico inequitativo, mecanismos de gobernanza, socioeconómicos y políticos inadecuados	No tener en cuenta la totalidad de los costos y beneficios ambientales Pobreza y falta de oportunidades, falta de opciones para adoptar prácticas sostenibles Capacidad de los ricos para extraer recursos sin sentir una retroalimentación negativa Subsidios perjudiciales, falta de incentivos para actividades ambientalmente positivas Falta de recursos para el manejo y la conservación de áreas protegidas Desigualdad en la gestión, la propiedad y los costos, al igual que en la distribución de beneficios Fines de lucro priorizados por encima de todo lo demás	5
Sistemas legales y políticos inadecuados	Políticas que no garantizan la protección del medio ambiente Falta de compromiso y voluntad política Prevalencia de la corrupción, lo que conduce al fracaso en la aplicación, la gestión y la gobernanza La tenencia legal, al igual que los derechos sobre la tierra y los recursos, son débiles, inapropiados o inexistentes Reconocimiento débil, inapropiado o inexistente de las prácticas de conservación de los actores no gubernamentales, incluidos los pueblos indígenas y las comunidades locales Control excesivamente centralizado, falta de participación pública en la gobernanza	5
Ruptura o disfunción de las relaciones sociales, culturales o políticas	Guerras, conflictos y enfrentamientos civiles que dificultan el manejo de las áreas protegidas o las destruyen	5
Valores y actitudes incompatibles con las metas de conservación	Deterioro de la gestión de áreas protegidas, fallas en la conservación	5
Gobernanza y gestión inapropiadas	Políticas y acciones de gestión perjudiciales, planeación deficiente, implementación incorrecta, ejecución incompetente, gobernanza injusta o deficiente	7, 8, 12, 13
Falta de información, conocimiento y educación, reconocimiento inadecuado de los sistemas de conocimiento relevantes	Falta de conocimiento de las amenazas contra los valores y los beneficios de las áreas protegidas	5, 6, 11
Falta de capacidad técnica y humana, bajos niveles de recursos humanos para la gestión de áreas protegidas	Identificación inapropiada o inadecuada de problemas y soluciones a los problemas ambientales, respuesta de gestión inadecuada, incapacidad para implementar	8, 9, 10, 12, 13

Fuente: adaptado de Worboys *et al.*, 2006

Estudio de caso 16.2 Monte Nimba: un sitio de patrimonio mundial bajo una gran presión

Desde 1981, la reserva natural estricta del monte Nimba está catalogada como reserva de la biosfera y como sitio patrimonio mundial por la Organización de las Naciones Unidas para la Educación, la Ciencia y la Cultura (UNESCO). El monte Nimba se encuentra entre Costa de Marfil, Guinea y Liberia, y además de ser un ecosistema muy rico y específico, también es una gran reserva de mineral de hierro. En teoría, el monte Nimba está totalmente protegido; sin embargo, los depósitos de hierro se extraen tanto en Liberia, con un ferrocarril que une al monte Nimba con el puerto minero de Buchanan, como en Guinea, donde un área con una alta mineralización fue retirada de la Lista de Patrimonio Mundial para permitir que se llevara a cabo una prospección. Dada la inestabilidad económica y política de Liberia, Guinea planea construir más de mil kilómetros de línea ferroviaria entre el monte Nimba y el puerto minero de Kamsar. La línea planeada pasaría a lo largo del límite de la reserva natural estricta de la cadena montañosa de Ziama.

Por más de veinte años, la extracción de mineral de hierro en el monte Nimba de Guinea ha sido un tema de disputa entre los activistas ambientales y los partidarios de la minería. Existe un ecosistema montañoso único que alberga especies endémicas, en particular el sapo vivíparo de África occidental (*Nimbaphrynoides occidentalis*) y la musaraña nutria de Nimba (*Micropotamogale lamottei*). La altitud del monte Nimba influye en el clima de la región. Hay un proyecto por varios miles de millones de dólares (en 2008, se estimó que la línea ferroviaria y el puerto de aguas profundas de Conakry tenían un valor de cuatro mil millones de dólares, a lo que se pueden agregar varios cientos de millones de dólares para desarrollar la mina) con decenas de miles de empleos y regalías garantizados por cerca de veinte años.

Hasta la fecha, el proyecto no se está ejecutando por el alto costo de la inversión. Sin embargo, si los metales mantienen sus precios actuales, el proyecto podría comenzar pronto. Se ha observado una prospección preliminar en el lado de Costa de Marfil.

Fuente: IUCN PAPACO, 2014

Causas subyacentes

Las causas subyacentes son los factores que en última instancia impulsan las amenazas contra las áreas protegidas. Estos suelen ser factores económicos, sociales, políticos, institucionales o culturales que contribuyen de una manera interrelacionada a crear una o varias amenazas directas e indirectas. Entre las muchas causas subyacentes de las amenazas están el crecimiento demográfico, el aumento del consumo, las aspiraciones y las actividades del desarrollo económico, los sistemas legales débiles o inadecuados, los poderosos intereses creados, el desequilibrio de poder, la mala toma de decisiones, la falta de voluntad política, una tenencia o derechos de propiedad débiles o ausentes, los errores políticos y los valores contradictorios u opuestos. A continuación se encuentra un ejemplo de oposición entre la conservación y las industrias extractivas en Guinea (Estudio de caso 16.2). Otros problemas incluyen la falta de información, conciencia y educación, y el financiamiento inadecuado para la conservación (Tabla 16.3).

Aunque las amenazas identificadas en las Tablas 16.1, 16.2 y 16.3 se han presentado como problemas aislados, para los administradores estas suelen interactuar y relacionase entre sí. Por ejemplo, las amenazas contra las áreas protegidas relacionadas con la recreación y el turismo pueden incluir el desarrollo de infraestructura, la fragmentación por el tendido de carreteras y líneas eléctricas, la contaminación, un mayor riesgo de incendios forestales, la caza y la pesca, y un aumento demográfico en las áreas adyacentes.

Si se quieren idear e implementar soluciones de gestión eficaces y sostenibles, entonces la evaluación y la planeación para una mejor gestión no solo deben tener en cuenta las interrelaciones entre las amenazas sino también identificar sus causas fundamentales. Además, muchas amenazas se relacionan con la interfaz entre la conservación y el bienestar humano, y por lo tanto son muy difíciles de resolver. Esto se presenta incluso con mayor frecuencia en las regiones con poblaciones en rápido crecimiento y economías en desarrollo. Muchas otras amenazas se relacionan con patrones de desarrollo y consumo profundamente arraigados que son difíciles de cambiar, especialmente en los países industrializados y entre las poblaciones ricas de todos los países. En el Cuadro 16.1 se describen algunas de las amenazas que enfrentan los TICCA.

Evaluación y manejo de amenazas

Según el Programa de Trabajo sobre Áreas Protegidas (PTAP) del CDB, una evaluación de las amenazas para las áreas protegidas debe incluir un análisis del tipo, extensión e impacto de una serie de amenazas sobre la salud y la integridad de la biodiversidad dentro de un área de este tipo (CBD, 2014a). En la Figura 16.4 se describen los pasos típicos involucrados en la evaluación de las amenazas contra la biodiversidad de áreas protegidas.

Existen varias herramientas de gestión para evaluar las amenazas; algunas de ellas se encuentran en el sitio web del CDB (CBD, 2014b), incluido un curso en línea sobre el manejo de amenazas. En las evaluaciones de efectividad

Cuadro 16.1 Amenazas contra los TICCAs

La UICN define a los TICCA como "ecosistemas naturales y modificados cuyos importantes valores ecológicos, culturales y de biodiversidad son conservados voluntariamente por los pueblos indígenas y comunidades locales a través de leyes consuetudinarias u otros medios efectivos" (Kothari *et al.*, 2012, p. 16). Los TICCA son cada vez más reconocidos como áreas de gran diversidad biológica y cultural que no solo necesitan el reconocimiento apropiado sino también el apoyo para combatir las amenazas contra su existencia. Las amenazas clave que afectan a los TICCA se han clasificado ampliamente en indirectas (o externas, es decir, aquellas amenazas que se originan a partir de actores o fenómenos externos) y directas (o internas, es decir, que surgen dentro de la comunidad o de las personas).

Amenazas directas

- **Desigualdades entre las clases económicas y sociales y los grupos** de género dentro de la comunidad, lo que genera conflictos sobre la gestión de los recursos naturales y los beneficios derivados de su uso.
- **Valores cambiantes,** integración dentro de la sociedad y la economía dominantes, pérdida de interés en los conocimientos y las prácticas tradicionales, y pérdida del idioma original del grupo, especialmente entre los jóvenes.
- **Crecimiento de la población** o, por el contrario, la disminución de la población, lo cual conduce, respectivamente, a una mayor presión sobre los recursos naturales de los TICCA o la pérdida de los conocimientos tradicionales y los arreglos institucionales.

Amenazas indirectas

- **Falta o reconocimiento** inadecuado del TICCA por parte del Estado o la sociedad civil, lo que lo hace vulnerable frente a otras amenazas, como las derivadas del cambio en el uso de la tierra. Por ejemplo, en Irán, prácticamente no existe un reconocimiento oficial de los TICCA y los controles sobre la gestión de los recursos naturales permanecen a cargo del Estado a pesar de que los pueblos nómadas han conservado las tierras de pastoreo durante largos períodos.
- **Tenencia o derechos legales débiles o inadecuados** sobre los TICCA y sus recursos. Por ejemplo, en el África subsahariana, los derechos consuetudinarios sobre la tierra y los regímenes de gobernanza de los recursos naturales de propiedad común no se reconocen ampliamente, y en la práctica, las comunidades son inquilinos del Estado.
- **Procesos de desarrollo y explotación** de los recursos tales como minería y extracción de combustibles fósiles, tala, pesca industrial, dragado, conversión a monocultivos (incluidos cultivos de agrocombustibles), represas, urbanización, carreteras, puertos, aeropuertos y turismo. Por ejemplo, en muchos países las represas han provocado la pérdida de la biodiversidad, el desplazamiento de las comunidades locales o los pueblos indígenas y la pérdida del patrimonio cultural.
- **Presión creciente sobre los recursos** por las demandas de una economía de mercado externa más grande. Por ejemplo, en Australia, el empleo y otros beneficios ofrecidos por las compañías mineras suelen ganarle a la resistencia tradicional de los terratenientes, a pesar de los derechos de veto contra la minería en sus tierras.
- **Intromisión en el TICCA** de políticas patrocinadas por el Estado o de intereses no autorizados pero más poderosos.
- **Formas inapropiadas de reconocimiento** que crean un conflicto entre los sistemas de gobernanza tradicionales de los TICCA y los sistemas impuestos por la legislación o por acuerdos de arriba hacia abajo. Por ejemplo, en Inglaterra, los sistemas tradicionales de gobernanza de los bienes comunes pueden estar en conflicto con los sistemas impuestos por la legislación pertinente o en relación con las áreas protegidas.
- **Aculturación inapropiada y activa de las comunidades,** por ejemplo, a través de programas de educación que no respetan las culturas locales, los medios de vida y los valores, o con programas de evangelización de diferentes credos.

Fuente: Adaptado de Kothari *et al.* 2012

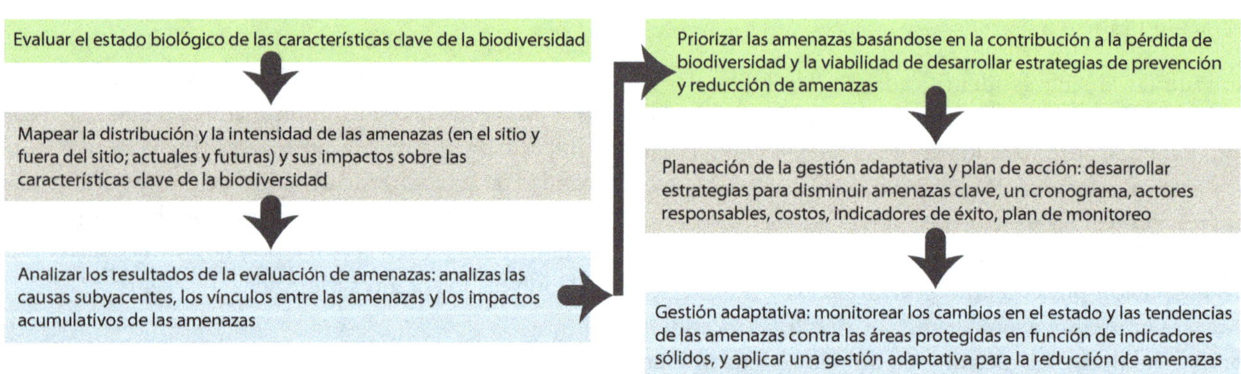

Figura 16.4 Pasos clave para evaluar las amenazas contra la biodiversidad en áreas protegidas

Fuente: adaptado de CBD, 2014a

Estudio de caso 16.3 Parque Nacional Kakum, Ghana

Las amenazas pueden identificarse fácilmente mediante una evaluación consultiva rápida de la efectividad del manejo. En 2011, el Parque Nacional Kakum de 36.000 hectáreas (Categoría II de la IUCN) en el sur de Ghana se sometió a una evaluación con la Herramienta de Seguimiento de la Efectividad del Manejo; esto se hizo con el fin de apoyar una revisión de su plan de gestión y el desarrollo de una respuesta de gestión adaptativa para ayudar a proteger sus principales valores.

Los valores naturales, culturales y sociales identificados para el Parque Nacional Kakum fueron:

- Una red de ríos.
- Tierras altas, paisajes de zonas pantanosas y fangosas.
- Una muestra de un ecosistema prístino de bosque lluvioso.
- Un modelo típico de reforestación del bosque tropical lluvioso superior de Guinea.
- Especies amenazadas como el bongo (*Tragelaphus eurycerus*), el elefante africano de bosque (*Loxodonta cyclotis*), el mono colobo blanco y negro (*Colobus sp.*), el duiquero de lomo amarillo (*Cephalophus silvicultor*) y el cercopiteco diana (*Cercopithecus diana*).
- Especies carismáticas como el leopardo (*Panthera pardus*), el pangolín gigante de bosque (*Manis pangolin*) y varias aves y mariposas.
- Valores culturales que incluyen sitios sagrados y ritos tradicionales estrechamente relacionados con la selva, como el uso de tambores.
- Valores económicos, incluida la mitigación y el control del cambio climático a nivel local, regional y mundial; la protección de las fuentes de los principales ríos que llevan agua a las poblaciones circundantes; la conservación de plantas de valor económico, y el turismo.

Las principales amenazas que se identificaron en relación con estos valores fueron:

- Caza furtiva.
- Uso excesivo de los turistas en ciertas áreas.
- Especies invasoras (plantas).
- Contaminación de los ríos con productos químicos utilizados para la pesca o procedentes de las tierras de cultivo circundantes.
- Recolección de productos vegetales (como la palma rafia para techos, las plantas medicinales y la leña para combustible).

Fuente: IUCN-PAPACO, 2011a

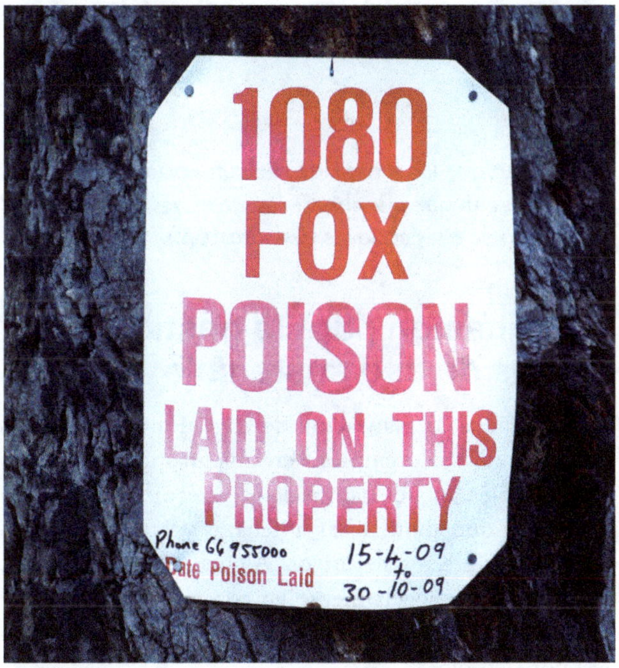

En Australia, el zorro rojo (*Vulpes vulpes*) introducido es una amenaza grave para los mamíferos pequeños y las aves, y se planean e implementan programas de control activo para las áreas protegidas, incluido el uso de cebos venenosos que se diseñan y distribuyen cuidadosamente para los zorros

Fuente: Graeme L. Worboys

del manejo de áreas protegidas se incluyen otras herramientas (véase el Capítulo 28), tales como la Herramienta de Seguimiento de la Efectividad del Manejo y la metodología RAPPAM. Con estas herramientas, las amenazas suelen ser vinculadas a los valores que el área protegida intenta conservar, como lo ejemplifica el Parque Nacional Kakum en Ghana (Estudio de caso 16.3).

Planeación de acciones de conservación para enfrentar amenazas

Las acciones generales de gestión incluyen establecer prioridades, desarrollar un análisis de la situación, diseñar e implementar un plan estratégico y uno de monitoreo, y analizar y comunicar los resultados (CMP, 2013). Estas acciones también incluyen la recaudación de fondos, la presentación de informes, el trabajo administrativo y el desarrollo y la gestión de las instituciones relacionadas con un área protegida. Algunas veces estas acciones pueden implicar la creación o el fortalecimiento de estructuras institucionales para tal propósito. Al contrario, las acciones específicas de conservación son intervenciones concretas para contrarrestar amenazas específicas contra la biodiversidad o restaurar los objetivos de biodiversidad deteriorados. Las estrategias y los planes

Cuadro 16.2 Herramienta de Monitoreo del Sistema de Información: un *software* para monitorear la aplicación de la ley y abordar la caza furtiva en áreas protegidas

La lucha contra la caza furtiva –una de las principales amenazas en las áreas protegidas de África– está sujeta a la aplicación de la legislación actual. Esto requiere no solo el conocimiento inicial de la ley, sino también la capacidad subsiguiente de utilizar los pocos recursos humanos y materiales de una manera eficaz y eficiente. Para hacerlo, es esencial contar con datos espaciotemporales pertinentes, regulares y oportunos sobre las amenazas contra el área protegida, de tal manera que los administradores de áreas protegidas puedan tomar decisiones de vigilancia informadas (evaluación de actividades, patrullas y planeación). Los guardaparques son los únicos que pueden recabar estos datos. El "monitoreo basado en información provista por los guardaparques" es un sistema para organizar la recopilación de datos por parte de los guardaparques, de tal manera que dicha información pueda utilizarse para las necesidades estratégicas y administrativas. Los datos que brindan los guardaparques se utilizan para monitorear los esfuerzos de conservación, desalentar las actividades ilegales, identificar las áreas más amenazadas y evaluar las amenazas futuras o potenciales.

El *software* denominado Herramienta de Monitoreo del Sistema de Información (Monitoring Information System Tool, MIST) ha demostrado ser una aplicación efectiva para el monitoreo basado en la información provista por los guardaparques. Este *software* no solo facilita la planeación y el monitoreo, sino también evita los problemas que presenta el *software* de los sistemas de información geográfica (SIG), el cual requiere demasiada asistencia especializada y equipos. MIST funciona en computadoras normales y, una vez configurado, puede ser administrado por una persona no especialista. Además, la información puede compartirse o respaldarse fácil y rápidamente entre diferentes sitios mediante el uso de correo electrónico. Aparte de ser amigable para el usuario, MIST puede producir rápidamente mapas de patrullaje y realizar un análisis simple o sofisticado de los datos agregados.

Por último, MIST puede almacenar datos sobre el monitoreo legal cuando se registran infracciones. Por ejemplo, la red de parques nacionales en Gabón utiliza MIST desde 2011. Los datos recabados por los guardaparques durante sus rondas se resumen en informes mensuales, trimestrales y anuales. Esta información la utilizan los administradores de los parques para tomar decisiones sobre las estrategias de vigilancia, y ahora pueden verse los esfuerzos realizados para cubrir sus parques nacionales y los resultados. La nueva versión de MIST, bautizada SMART, se está probando en 2014 en cinco países africanos (incluido Gabón) y en cinco países asiáticos.

Fuente: IUCN PAPACO, 2011c

de acción para gestionar las amenazas deben guiarse por los resultados de conservación deseados, los cuales deberían identificarse con la mayor claridad posible desde que se comienza a planear la gestión.

De manera ideal, toda entidad (gubernamental, no gubernamental, comunitaria o de cogestión) responsable de gestionar un área protegida debe tener un plan de gestión (formal o informal) diseñado para tener en cuenta las amenazas reales y potenciales contra el área protegida, al igual que las consecuencias de tales amenazas y las formas de evitarlas o mitigarlas (véase el Capítulo 13). Aunque la gestión de las amenazas contra las áreas protegidas se basa en el principio de precaución, especialmente para las amenazas con consecuencias graves y potencialmente irreversibles, a menudo las respuestas de la administración pueden estar motivadas por factores situacionales específicos de la historia local y de los climas económicos y políticos prevalentes. También se reconoce muy bien la importancia de aplicar una gestión adaptativa, que al basarse en la evaluación de los resultados y las lecciones aprendidas, pueda evolucionar de acuerdo con los requerimientos dinámicos de la conservación del área protegida (CMP, 2013). Al mismo tiempo, es importante que las actividades de conservación específicas tengan un enfoque que aborde las amenazas, la gestión y el monitoreo de estas acciones (Cuadro 16.2).

Zonificación para la gestión y límites de uso sostenible

Por lo general, la planeación de la gestión para las áreas protegidas no solo emplea herramientas de planeación, sino también esquemas, modelos y técnicas de gestión por zonas que abordan las amenazas y que buscan minimizar sus efectos negativos. Algunas áreas protegidas se diferencian espacialmente en zonas con objetivos de gestión específicos que abordarán las amenazas potenciales, por ejemplo:

- Una zona central donde las actividades humanas no están permitidas, excepto por el manejo necesario o los usos socioculturales ocasionales.
- Una zona de amortiguación que está destinada a actuar como una barrera para el área protegida anidada en el paisaje más grande; una zona de amortiguación suele ser una zona de múltiples usos donde la administración

Señal de seguridad que advierte a los visitantes sobre el bisonte (*Bison bison*), un animal salvaje que deambula libremente en el Parque Nacional Yellowstone, EE.UU.

Fuente: Graeme L. Worboys

Un comportamiento entusiasta pero potencialmente inseguro del visitante, quien está cerca de bisontes salvajes, Parque Nacional Yellowstone, EE.UU.

Fuente: Graeme L. Worboys

permite diferentes niveles de uso y extracción de recursos, los cuales pueden llevarse a cabo en virtud de los derechos de las comunidades locales o para la recaudación de ingresos destinados al Gobierno.

- Una zona de recreación o turismo donde es clave el manejo de visitantes.

Para garantizar un uso sostenible, la administración del área protegida debe aplicar límites al uso de los recursos o el número de visitantes. Por ejemplo, la cantidad de leña pequeña que pueden extraer las comunidades dependientes del bosque, el número de permisos de pastoreo para el ganado o la cantidad diaria de turistas que pueden visitar un área protegida. Cada vez más se busca que los límites al uso de los recursos se establezcan a través de un proceso de consulta por o con las comunidades, los investigadores y los administradores de áreas protegidas, con el uso de un enfoque que respete los derechos tradicionales y consuetudinarios (Capítulo 25).

Si se quieren evitar las amenazas contra los valores del patrimonio natural y cultural de las áreas protegidas por el exceso de turistas o el turismo inapropiado, entonces deben definirse claramente las fórmulas para establecer los límites en el uso de los visitantes. Para ayudar a identificar las amenazas y minimizar los impactos sociales y ambientales, pueden utilizarse marcos para la planeación recreativa, como el espectro de oportunidades de esparcimiento y otros sistemas para la gestión de oportunidades de esparcimiento, así como los marcos de gestión para el impacto de los visitantes, (véase el Capítulo 23). Además, el turismo comunitario y el turismo gestionado por la comunidad ofrecen oportunidades para la gestión equitativa de las áreas protegidas y promueven la distribución de los ingresos del turismo y de otros beneficios con las comunidades locales.

Uso de la evaluación del impacto ambiental para abordar las amenazas

La evaluación del impacto ambiental es un proceso que siguen muchos países de todo el mundo para ayudar a armonizar las propuestas de desarrollo con las necesidades de conservación (Byron, 2000; UNEP, 2002). No obstante, a veces la naturaleza de las actividades de desarrollo es tal, que abordar las amenazas de manera eficaz está más allá del alcance de un proceso convencional para evaluar el impacto ambiental. Esto es particularmente cierto para la minería y otras industrias extractivas, y cada sector tiene sus normas y procesos específicos (Estudio de caso 16.4). Otro ejemplo, el desarrollo de las hidroeléctricas, puede implicar la construcción de una serie de represas (grandes, medianas y pequeñas) cuyo impacto potencial no puede medirse con un enfoque caso por caso como se practica en la evaluación del impacto ambiental. En tales situaciones, la mitigación de las amenazas puede abordarse mejor mediante una evaluación del impacto ambiental acumulativo (Rajvanshi *et al.,* 2012) o una evaluación ambiental estratégica. Las experiencias en todo el mundo sugieren que los procesos para la evaluación del impacto ambiental y del impacto ambiental acumulativo son relevantes para abordar las amenazas derivadas de procesos de desarrollo

Estudio de caso 16.4 Evaluaciones de impacto ambiental de petróleo y gas en África Occidental

La exploración o extracción de petróleo y gas es una amenaza seria para cualquier área protegida. Es el mismo caso para el desarrollo de una mina. Sin embargo, las leyes petroleras suelen diferir significativamente de las leyes mineras. Un estudio realizado en África Occidental mostró que los bloques de exploración de petróleo son delineados por el Gobierno y se otorgan a través de un proceso de licitación o mediante una negociación directa con las compañías petroleras. Las licencias de exploración y producción de petróleo están totalmente cubiertas por acuerdos o contratos petroleros que rigen los derechos y obligaciones de los titulares de una manera más específica que las leyes mineras. Si bien los acuerdos petroleros estándar son de dominio público, los acuerdos específicos no lo son, y es imposible conocer su contenido particular.

A modo de ejemplo, el acuerdo petrolero estándar en Guinea-Bissau contiene las siguientes cláusulas:

- La empresa (petrolera) reconoce y acepta que las operaciones petroleras pueden causar daños ambientales. Por consiguiente, durante la ejecución de este contrato, la empresa debe garantizar que se conserven el medio ambiente y los recursos naturales. Para este fin, la empresa debe:
  a. Utilizar técnicas que cumplan con las buenas prácticas de la industria petrolera para evitar daños.
  b. Cuando el daño ambiental sea inevitable, limitar los efectos sobre las personas y los bienes de conformidad con la legislación y las buenas prácticas de la industria petrolera.

La evaluación del impacto ambiental es obligatoria, pero rara vez se especifica la relación entre las licencias mineras y las áreas protegidas, y un buen número de bloques de exploración petrolera contienen áreas protegidas (por ejemplo, en Mauritania, Senegal, Malí y Guinea-Bissau), incluidos parques nacionales y áreas inscritas o propuestas para su inscripción como patrimonio mundial, como el Parque Nacional del Banco de Arguin (Mauritania), el Archipiélago Bijagós (Guinea-Bissau), el Parque Nacional de las Aves del Djoudj (Senegal) y el Parque Nacional del Delta del Salum (Senegal).

Fuente: IUCN PAPACO, 2011b

Guardias forestales y la estación de entrada al Gran Parque Nacional del Himalaya, India: protección en el parque contra el uso ilegal, como la extracción de hierbas nativas. El personal del parque ha facilitado el cultivo de hierbas en el área de amortiguación adyacente como una fuente alternativa
Fuente: Graeme L. Worboys

específicos. No obstante, para enfrentar el desafío más grande desde un abordaje La evaluación ambiental estratégica (o sectorial) es un enfoque participativo para incorporar problemas ambientales y sociales de abajo hacia arriba que influyen en la planeación del desarrollo, en la toma de decisiones y en los procesos de implementación a nivel estratégico (Mercier, 2004). Este es un proceso sistemático para evaluar los impactos ambientales de una política, plan o programa (o sector) propuesto a fin de garantizar que las consecuencias ambientales del desarrollo se aborden en la etapa más temprana y apropiada de la toma de decisiones (Sadler y Verheem, 1996). Aunque muy pocos países han promulgado la evaluación ambiental estratégica como un instrumento legal, es urgente incorporar dicha evaluación en la planeación ambiental a través de otros mecanismos habilitantes de los procesos de gobernanza, las iniciativas políticas y las prácticas voluntarias. Se han preparado guías para la evaluación ambiental estratégica (Slootweg *et al.,* 2006; Partidário, 2012). Este enfoque también es relevante en el contexto de las áreas protegidas que se incorporan en las áreas de conservación de la conectividad, así como en las que se integran en paisajes terrestres y marinos más amplios (Capítulo 27; Ervin *et al.,* 2010).

Manejo de amenazas directas

La mayoría de las evaluaciones sobre la efectividad del manejo de las áreas protegidas analizan, en cierta medida, los tipos y los niveles de amenazas contra los valores de las áreas protegidas y su administración. En un estudio integral sobre la evaluación de la efectividad del manejo en áreas protegidas, Leverington *et al.* (2010) obtuvieron un panorama mundial de las amenazas a partir de 227 informes de la efectividad del

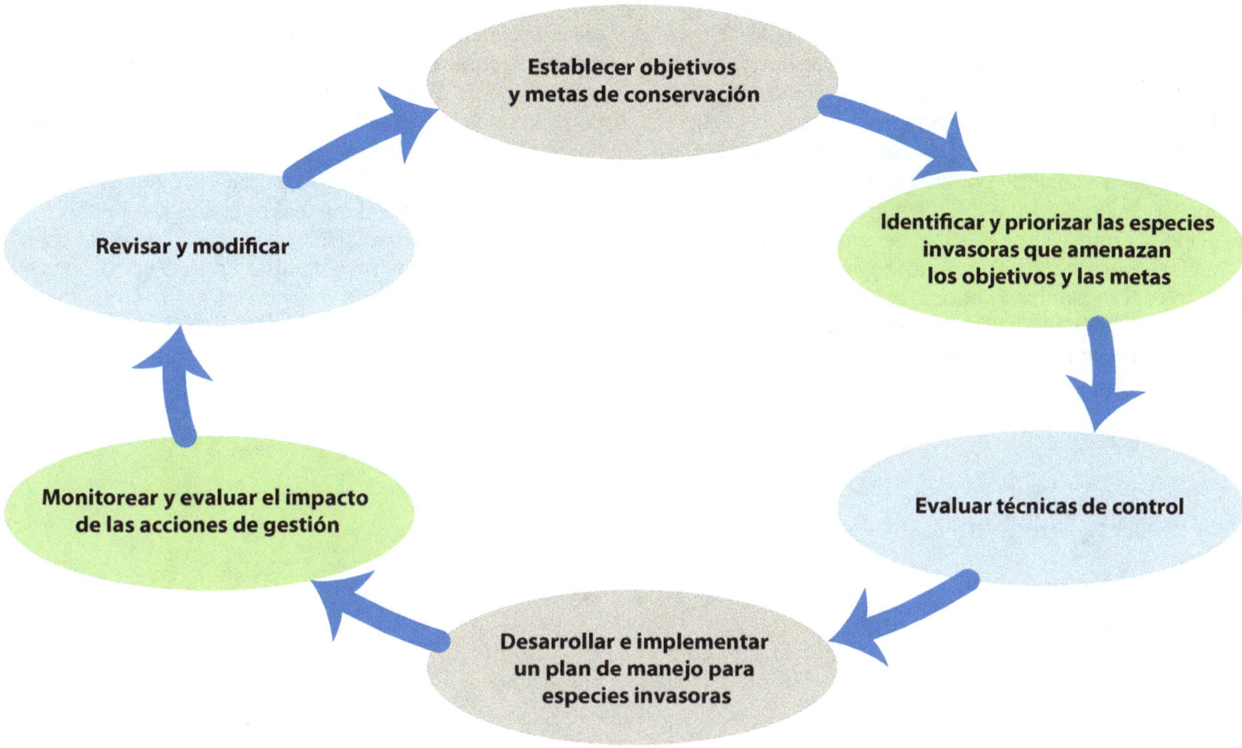

Figura 16.5 Enfoque de gestión adaptativa para especies invasoras

Fuente: adaptado de Tu, 2009

Maleza invasora en Australia: la manera en que la hiedra del Cabo (*Delairea odorata*) invade y sofoca la flora nativa, área de reserva costera de Costa Sur, Nueva Gales del Sur

Fuente: Graeme L. Worboys

manejo de áreas protegidas que abarcaron 125 países y 6125 evaluaciones individuales de áreas protegidas. Al adaptar la clasificación de amenazas desarrollada por la UICN y la CMP (IUCN-CMP, 2006; Salafsky *et al.*, 2008; Leverington *et al.*, 2010), la investigación identificó las amenazas más comunes. En la mayoría de las regiones, las amenazas reportadas con mayor frecuencia incluyeron: cazar, matar y recolectar animales; talar y recolectar madera; recolectar productos forestales no maderables; actividades recreativas; especies exóticas invasoras, y el manejo de tierras adyacentes. En algunas regiones como Australia, las especies invasoras y la gestión de incendios se presentaron con mayor frecuencia, mientras que el desarrollo residencial o comercial surgió como la amenaza más frecuente en Latinoamérica. En general, la amenaza mencionada con mayor frecuencia fue el uso de los recursos biológicos, incluida la extracción ilícita de recursos, la caza y la caza/recolección furtiva. Los delitos contra la vida silvestre también plantean serios desafíos para las áreas protegidas (Dudley *et al.*, 2013). Otras amenazas mencionadas con frecuencia incluyen la minería, las canteras y la extracción de petróleo, la contaminación de diversa índole, la fragmentación causada por las carreteras y otras líneas de servicios, el clima severo y el cambio climático.

Estudio de caso 16.5 Evaluación de la presencia y distribución de especies vegetales invasoras en India

A nivel mundial, es un desafío importante la identificación, el monitoreo y el manejo de las especies exóticas invasoras. La India comenzó a identificar y evaluar la magnitud de la cobertura de especies vegetales invasoras como parte de un estudio nacional llamado "Estado de los tigres, de las especies de presas y de otros depredadores, 2010", el cual es llevado a cabo por la Autoridad Nacional para la Conservación del Tigre y el Instituto de Vida Silvestre de la India. Entre 2009 y 2010 se desarrolló un protocolo para la evaluación del hábitat que incluyó la recopilación de datos sobre plantas invasoras en diecisiete estados del área de distribución del tigre en India. Aunque el ejercicio de evaluación se centró en los tigres, las especies de presas y de otros depredadores, incluyó un esfuerzo sin precedentes de aproximadamente 477.000 días-persona del personal forestal y treinta y siete mil días-persona de biólogos profesionales, y se crearon conjuntos de datos valiosos sobre diversos parámetros del hábitat en un dominio espacial. El análisis de datos reveló la presencia de quince especies invasoras en los estados estudiados, y en la Figura 16.6 se muestran mapas para cuatro especies representativas. De una manera priorizada se trabaja en la planeación e implementación de intervenciones de gestión que sean adecuadas para abordar estas cuatro especies a fin de mitigar las amenazas contra las áreas protegidas en los diecisiete estados.

Fuente: Mungi *et al.*, 2013

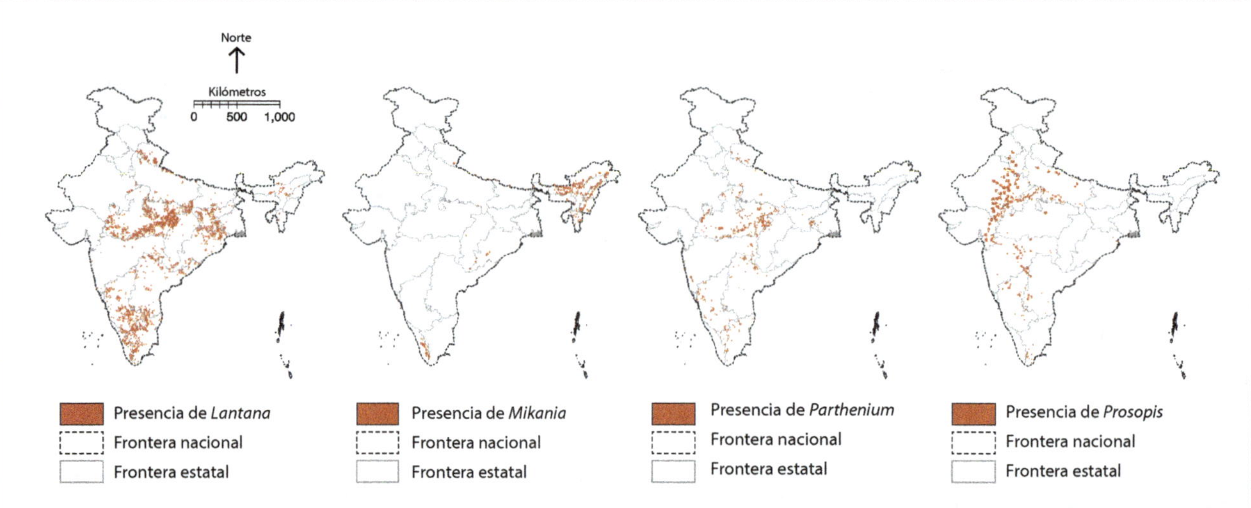

Figura 16.6 Distribución de cuatro especies invasoras representativas, India

Estudio de caso 16.6 Manejo de especies vegetales invasoras en Zambia, África

En cuatro países africanos (Etiopía, Ghana, Uganda y Zambia), entre 2005 y 2010, se implementó el proyecto Eliminación de Obstáculos al Manejo de Plantas Invasoras en África. Bajo este proyecto, en el Parque Nacional Lochinvar de Zambia se erradicaron ochocientas hectáreas de llanuras de inundación infestadas con arbustos de carpinchera (Mimosa pigra). La operación de erradicación, llevada a cabo con el apoyo del Gobierno de Zambia, redujo en aproximadamente un 30% la extensión de la infestación con estas leguminosas en el sector del parque correspondiente a la laguna Chunga. Después de la erradicación bajo el proyecto, se registraron aumentos en la composición y la abundancia de aves y otros animales. Las especies que regresaron al área después del despeje incluyeron la grulla carunculada (Grus carunculatus), una especie amenazada, al igual que otras especies de aves, en especial las limícolas.

En el Parque Nacional Mosi-oa-Tunya de Zambia, el proyecto fue clave para erradicar la lantana (Lantana camara) de un área de aproximadamente treinta hectáreas, la cual representaba más del 6% de la superficie total afectada de unas 524 hectáreas.

Con una combinación de erradicación manual, poda y aplicación de herbicidas sistémicos, se eliminaron matorrales enteros de lantana de algunos tramos en las riberas. Con el fin de complementar la regeneración natural a partir de las plántulas en germinación dentro del banco de semillas existente en el suelo, en las áreas despejadas se sembraron plántulas de una variedad de árboles y arbustos autóctonos que habían sido cultivados en viveros establecidos en los hoteles y los establecimientos turísticos locales. Se hizo un monitoreo cercano de todas las áreas rehabilitadas para medir la recuperación del ecosistema. También se emplearon agentes de control biológico, importados de Sudáfrica bajo los términos de la Ley Fitosanitaria y de Cuarentena Vegetal de Zambia. El escarabajo minador (Uroplata girardi) se usó como un agente de control biológico. Este se alimenta de las hojas de Lantana camara y retarda su crecimiento, lo que desacelera su propagación.

Fuente: adaptado de Roy y Witt, 2013

Estudio de caso 16.7 Manejo de amenazas por el conflicto entre los humanos y la vida silvestre en paisajes dominados por los humanos

En muchas regiones del mundo, las áreas protegidas ahora se encuentran en paisajes dominados por humanos. Se han vuelto frecuentes las amenazas de los animales salvajes (como tigres, leopardos y elefantes) a la propiedad y a la vida humana, al igual que las amenazas contra estos animales en forma de matanzas en represalia (Lenin, 2010). En ambos casos, la causa de la conservación se ve perjudicada. En 2014, la Autoridad Nacional para la Conservación del Tigre (National Tiger Conservatory Authority, NTCA) de India preparó un procedimiento operativo estándar para tratar las emergencias que surgen cuando los tigres ingresan a los paisajes dominados por humanos (NTCA, 2014). El objetivo del documento es garantizar el mejor manejo posible de estos animales, de tal manera que se evite no solo la muerte o las lesiones a los seres humanos, al tigre y al ganado, sino también la pérdida de bienes.

El procedimiento también incluye:

- Un protocolo sobre la inmovilización y la contención de los tigres.
- Pautas para la declaración de los grandes felinos como "devoradores de hombres".
- Medidas preventivas/proactivas a seguir en los incidentes con tigres.
- Monitoreo de tigres en el paisaje.

Hay la necesidad de desarrollar procedimientos similares para otros animales salvajes a fin de reducir o minimizar dichas amenazas en las áreas protegidas y sus alrededores.

Fuente: Mungi *et al.*, 2013

Estudio de caso 16.8 De la explotación ilícita a la protección en la Reserva de Tigres de Periyar, Kerala, India

Durante años, la Reserva de Tigres de Periyar en India luchó contra el problema de la explotación ilícita del árbol de canela (*Cinnamomum sp.*), pero ya no es así. El cambio se produjo hace más de quince años cuando los administradores de la reserva comenzaron a trabajar con las personas que solían dedicarse a la explotación ilegal del árbol de canela. Las personas que se dedicaban a esta explotación ilegal se convirtieron en protectores del bosque. Todo comenzó cuando una organización no gubernamental (ONG) local ayudó a establecer un comité de ecodesarrollo con antiguos recolectores de corteza a través de un programa participativo que involucró a ONG locales, hoteleros, funcionarios de Periyar y operadores turísticos (Alers *et al.*, 2007). Con su conocimiento íntimo y extenso de los bosques, el comité de ecodesarrollo estableció un modelo de ecoturismo que fomenta la protección. De acuerdo con el programa, pequeños grupos de turistas son llevados al campamento en las zonas turísticas de los bosques, áreas donde estas personas solían "recolectar ilegalmente" la corteza del árbol de canela. Su presencia es un disuasivo para los recolectores furtivos y contrabandistas, quienes se mantienen alejados de los campamentos turísticos.

Más de dos tercios de las ganancias van a la cuenta del comité de ecodesarrollo para ser distribuidas equitativamente entre los miembros, mientras que el dinero restante se desembolsa por igual para ingresos del Gobierno y honorarios del personal de campo en el bosque, para los gastos de alimentación y para el fondo de bienestar comunitario. Aunque los miembros del comité podían ganar más con la venta de la corteza del árbol de canela, ahora obtienen otros tipos de beneficios. Antes tenían que perder una gran parte de sus ganancias en multas y sobornos y como cortes a los intermediarios. Ahora están libres de estas imposiciones. Además, su estatus social ha mejorado y su relación con la comunidad se ha beneficiado considerablemente. El bosque también ha mejorado bajo este programa. El monitoreo ecológico ha demostrado una reducción en el daño por descortezado y un mejoramiento en la regeneración de los árboles de canela. En estas áreas el patrullaje aumentó y los miembros del comité de ecodesarrollo atraparon a los delincuentes y presentaron casos legales contra ellos. Todo esto resultó en un mayor avistamiento de animales en la zona turística. Por un lado, esta iniciativa brinda un apoyo a los medios de vida, y por otro, mejora la experiencia de la naturaleza para los turistas.

Fuentes: Uniyal y Zacharias, 2001; Alers *et al.*, 2007; Gubbi *et al.*, 2009

Señal de advertencia para los visitantes sobre los leopardos (*Panthera pardus*) salvajes residentes, Parque Nacional Sanjay Gandhi, Mumbai, India

Fuente: Graeme L. Worboys

Un tigre (*Panthera tigris tigris*) mientras descansa en el Parque Nacional Bandhavagarh, India

Fuente: Ashish Kothari

Cuadro 16.3 Industrias extractivas alrededor de áreas protegidas en África Occidental: gestión de la fase de exploración

Un estudio realizado en 2011 en Burkina Faso, Malí, Níger, Guinea y Senegal identificó las principales amenazas mineras que podrían afectar un área protegida durante la fase de exploración (una fase que dura de uno a cinco años, y a veces un poco más). Esta fase debe gestionarse estrechamente con el desarrollador del proyecto para abordar los siguientes problemas clave:

- Muestreo de suelos: en áreas boscosas, esta etapa puede requerir la apertura de las rutas de acceso existentes para permitir el paso de los investigadores que hacen prospección. El impacto es mínimo y generalmente no implica la tala de árboles. No se necesita una gestión específica, excepto el monitoreo de los trabajadores en el sitio para evitar efectos indirectos, como la compra de carne de animales silvestres y el aumento de la caza furtiva.
- Prospección geofísica: si se utilizan métodos eléctricos, las líneas en áreas boscosas deben limpiarse para tender el cableado. Se crean transectos solo para permitir que las personas pasen a pie. Es posible que se requiera la supervisión de los trabajadores.
- Métodos sísmicos (solo para la exploración petrolera): en esta situación, las vías de espacio regular deben ampliarse para permitir el paso de camiones; por consiguiente, se despejan más terrenos y las mediciones sísmicas pueden causar vibraciones perturbadoras. Se debe garantizar la gestión adecuada para la recuperación de los ecosistemas, ya que estas vías pueden abrir el acceso al área protegida e incrementar la caza furtiva, el pastoreo y la explotación maderera.
- Excavación de zanjas: esto requiere que se amplíen las vías para permitir el paso de maquinaria (buldóceres y excavadoras mecánicas), por lo tanto se talan árboles y se despejan áreas pequeñas (en promedio se cavan de mil a cinco mil metros de zanjas de un metro de ancho, así que se despeja un máximo de cinco mil metros cuadrados). Las guías de buenas prácticas recomiendan dejar la tierra arable a un lado, de tal manera que pueda utilizarse para rellenar las zanjas tan pronto como se tomen las muestras y así limitar los peligros potenciales en el tiempo (por ejemplo, el riesgo de que los animales caigan en las zanjas). Una campaña de muestreo de zanjas lleva varias semanas, durante las cuales el ruido y las actividades pueden molestar a los animales. La restauración del área debe ser monitoreada con el administrador del área protegida para evitar el asentamiento allí (ya que las personas acceden al sitio fácilmente), así como cualquier impacto nuevo.
- Muestreo de perforación: al igual que con las zanjas, deben crearse vías de acceso para los taladros y deben construirse plataformas de perforación (un área de aproximadamente doscientos metros cuadrados). Una campaña de perforación puede durar desde algunas semanas hasta algunos meses. Los principales impactos son el ruido, que puede molestar a los animales, y todas las demás actividades ilegales que puedan estar relacionadas con la presencia humana. También en este caso, los administradores de las áreas protegidas deben garantizar un monitoreo riguroso de las actividades y la restauración para reducir los impactos a corto plazo y los efectos a largo plazo.

Fuente: IUCN PAPACO, 2011b

Estudio de caso 16.9 Planeación participativa dentro y más allá de las áreas protegidas en Bután

Bután desarrolló un sistema bien organizado de gobierno local. De acuerdo con Alers *et al.* (2007), este sistema ha contribuido en gran medida no solo al empoderamiento y el desarrollo de las comunidades locales, sino también a la resolución local de las amenazas identificadas. En Bután, cada distrito *(dzongkhag)* se divide en una serie de subdistritos llamados *"geog"*. Cada *geog* tiene su propio comité de desarrollo. Tanto el *dzongkhag* como el *geog* trabajan para el desarrollo socioeconómico de las comunidades locales. Cada *geog* prepara un plan de cinco años y un plan anual que se basa en las necesidades y requerimientos que identifiquen los propios miembros de la comunidad. Por consiguiente, estos planes reflejan las preocupaciones y prioridades de las comunidades, y por lo general cubren temas tales como la provisión de instalaciones de salud y educación, así como la suplementación forrajera y el mejoramiento del ganado, y la creación de apoyo a los medios de subsistencia y oportunidades alternativas de ingresos.

Esto se logra a través de planes de conservación y desarrollo bien integrados, así que no hay mucha diferencia entre la administración del gobierno local dentro y fuera de las áreas protegidas. El personal del área protegida no solo tiene representación en los comités de desarrollo de los *geog* y de los *dzonkhag,* sino que también está directamente involucrado en los procesos de planeación local para que las comunidades puedan abordar de manera eficiente las posibles amenazas. Por ende, la planeación de la gestión no está restringida únicamente a un área protegida, sino que implica la interacción y la participación en las decisiones que afectan al área protegida y a su paisaje circundante. Esto permite la identificación y el manejo de amenazas existentes y potenciales que surjan de las decisiones y los procesos más allá de los límites de las áreas protegidas.

Fuente: adaptado de Alers *et al.*, 2007

Cuadro 16.4 Gobernanza de las áreas protegidas: conceptos clave para el manejo de amenazas

Participación: la planeación de la gestión y la toma de decisiones basadas en el sitio deben garantizar no solo la participación plena y efectiva de los titulares de derechos y las partes interesadas pertinentes, incluidas las comunidades locales y los pueblos indígenas, sino también el debido reconocimiento de los derechos consuetudinarios, las consideraciones de género y la equidad social.

Innovación: el área protegida y otras medidas de conservación basadas en áreas deben gestionarse de manera efectiva a través de enfoques de gobernanza nuevos e innovadores. Estos pueden incluir áreas protegidas administradas y gobernadas por agencias gubernamentales, áreas conservadas por la comunidad, territorios conservados por pueblos indígenas, áreas protegidas privadas y áreas bajo gobernanza compartida.

Respeto: deben respetarse las necesidades de los medios de subsistencia, los derechos y las contribuciones, al igual que los conocimientos, prácticas e instituciones locales/tradicionales.

Participación en los beneficios: los beneficios deben distribuirse equitativamente con las comunidades locales, con el reconocimiento de la carga desproporcionada que quizás tengan que soportar en relación con los costos derivados del establecimiento y la gestión de las áreas protegidas.

Consentimiento libre, previo e informado: las decisiones sobre los límites o los cambios en el acceso a los recursos del área protegida, o la reubicación y el reasentamiento de las comunidades locales e indígenas requieren su consentimiento libre, previo e informado.

Buena gobernanza: la toma de decisiones para la gestión debe seguir los principios generales de la

Área de limpieza de minas terrestres en una popular área protegida y patrimonio cultural cerca de Angkor Wat, Camboya. Los administradores de áreas protegidas deben lidiar con estos problemas en áreas que fueron o son escenarios de conflictos

Fuente: Graeme L. Worboys

Especies exóticas invasoras

Si bien las especies exóticas invasoras no son la única amenaza para las áreas protegidas, son una grave amenaza existente y emergente que suele no reconocerse debido a los vacíos en la información sobre estas especies. Si bien se aprecia la amenaza potencial de las especies exóticas invasoras, "el estado del conocimiento y el nivel de manejo de las plantas exóticas invasoras en áreas protegidas difiere considerablemente en todo el mundo" (Foxcroft *et al.*, 2014, p. 621). Además, "muchas plantas buena gobernanza, los cuales incluyen el acceso justo a la información y la promoción de un diálogo constructivo, la rendición de cuentas en la toma de decisiones, el respeto por los derechos y el estado de derecho, y la resolución de disputas a través de procedimientos institucionales justos y honestos.

Fuente: adaptado de Borrini-Feyerabend *et al.*, 2013

invasoras han disminuido, o pueden llegar a disminuir, en gran medida el potencial de las áreas protegidas de lograr el objetivo para el que fueron declaradas, esto es, brindar un refugio para las especies, los hábitats y los servicios ecosistémicos que sustentan" (Foxcroft *et al.*, 2014, pp. 621-622).

Las especies invasoras también constituyen una amenaza cada vez más grave para la biodiversidad en los ecosistemas marinos, pero su papel sigue sin entenderse adecuadamente (Molnar *et al.*, 2008; IPBES, 2013). Las amenazas que estas especies representan deben abordarse para la preservación, no solo de los valores y funciones de las áreas protegidas, sino también del soporte que brindan a los medios de subsistencia de millones de personas. Las pérdidas económicas por las especies invasoras son muy elevadas, y se ha estimado que el costo global del daño por especies exóticas invasoras supera los 1,4 billones de dólares, lo que representa el 5% de la economía mundial (IPBES, 2013).

Las directrices del CDB respecto a la evaluación y el manejo de especies invasoras dentro de las áreas protegidas (Tu, 2009) brindan una visión global de las estrategias, métodos, técnicas y desarrollo de los planes de manejo que pueden utilizar los profesionales de áreas protegidas. Al abordar las amenazas que representan las especies invasoras, las directrices describen como pasos clave la prevención, la detección temprana y la respuesta rápida, así como el manejo, el control y la restauración. Estos pasos pueden adaptarse para hacer frente a la mayoría de las amenazas que afectan a las áreas protegidas (Figura 16.5). Los Estudios de caso 16.5 y 16.6 son ejemplos de la evaluación y el manejo de amenazas por especies invasoras en áreas protegidas.

La cohabitación de los humanos y la vida silvestre

En muchas áreas protegidas, el conflicto entre los humanos y la vida silvestre es un desafío importante. Esto es particularmente cierto en los paisajes dominados por los humanos. Con una población creciente en la mayoría de los países y la pérdida de espacio y conectividad para

Pasaje peatonal elevado en el monte Kosciuszko: el camino hacia la cima de la montaña más alta del continente australiano, el monte Kosciuszko (2228 metros), es muy popular, y cerca de ciento veinte mil visitantes utilizaron esta ruta durante los meses sin nieve de 2014. La ruta para caminantes se planeó con mucho detalle de tal manera que minimizara muchas de las amenazas potenciales contra la sensible flora alpina, los humedales amenazados y los paisajes alpinos. La estructura del pasaje peatonal también se diseñó con cuidado. Este se elevó ligeramente (lo cual anima a las personas a permanecer en el sendero) y está hecho de mallas (diseñadas para dejar pasar la luz) de hierro negro colocadas en armazones del mismo material, que se apoyan en pilones de acero (el zinc de la galvanización era tóxico para las plantas alpinas y la oxidación es inhibida por las bajas temperaturas alpinas). Esto permitió que las plantas alpinas nativas crecieran a través de la malla y que mezclaran (visualmente) a la malla con el paisaje. La estructura es fuerte, duradera, requiere poco mantenimiento y es segura y cómoda para caminar

Fuente: Graeme L. Worboys

la vida silvestre, los conflictos entre los seres humanos –y sus actividades– y la "naturaleza" son cada vez más frecuentes y menos aceptables para las personas. Esto representa un problema creciente para el cual deben identificarse nuevas respuestas (Estudio de caso 16.7). Si bien los conflictos entre los humanos y la vida silvestre suelen ser muy difíciles de manejar, a veces son la base para desarrollar una colaboración entre las áreas protegidas y las personas (comunidad), que puede no solo resolver el problema sino también mejorar la conservación en el terreno (Estudio de caso 16.8).

Manejo de amenazas indirectas

La mayoría de las amenazas indirectas contra las áreas protegidas se originan afuera de la reserva y, por consiguiente, apenas son manejables por los administradores. Algunas veces, estas amenazas son similares a las amenazas directas –como las especies invasoras, ya que muy pocas veces aparecen solo dentro del área protegida, o los conflictos entre los humanos y la vida silvestre, ya que se presentan con mayor frecuencia en el límite del área protegida– y ocurren tanto dentro como alrededor del área protegida. Sin embargo, estas amenazas suelen ser más globales, como el cambio climático, la inestabilidad política, los problemas de seguridad, la deficiencia en los esquemas de planeación del uso de la tierra alrededor del área protegida, el crecimiento demográfico, el desarrollo de infraestructura, las actividades mineras o extractivas cerca de un área protegida (Cuadro 16.3), la desviación del agua y la contaminación fuera del sitio. En este sentido, lo más frecuente es que estas amenazas estén más allá de la responsabilidad y el control del administrador del área protegida (véase por ejemplo, el Capítulo 17 sobre cambio climático). Si estas amenazas están vinculadas a desastres naturales, podría instituirse un sistema de gestión de incidentes (véase el Capítulo 26).

Dimensiones de gobernanza para abordar las amenazas

El manejo de amenazas no solo se trata de qué hacer para abordarlas, sino también de quién asume la responsabilidad. Invariablemente, esto implica tomar decisiones que tengan consecuencias de largo alcance, no solo para las características biofísicas del área protegida sino también para las vidas de las personas asociadas con el área protegida, en particular para las comunidades locales y los pueblos indígenas. Por lo tanto, es crucial analizar los problemas de gobernanza del manejo de amenazas. Estos problemas pueden comenzar en tempranas etapas, desde reconocimiento de la designación de un área protegida (quién hace los planes para el área y la reconoce –una autoridad nacional, autoridades de la comunidad local o cualquier otro organismo–) hasta la gestión activa de un área protegida (¿cómo y quién desarrolla y aprueba el plan de manejo, las normas sobre el uso de los recursos y otros permisos? ¿Cómo y quién nombra los administradores? ¿Quién tiene la autoridad, la responsabilidad, el poder y la obligación de dar cuenta respecto a la ejecución de los planes y el cumplimiento de las normas?). En cualquier caso, cuando se trata de abordar las amenazas y del manejo de amenazas, debe determinarse quién o qué se ve afectado por estas amenazas y quién está en posición de hacer un manejo de las mismas. Por consiguiente, la calidad de la gobernanza del área protegida (o del sistema de áreas protegidas) es crucial para garantizar que todas las partes interesadas participen efectivamente y puedan hacer su contribución (Caso de estudio 16.9).

En su decisión de establecer el PTAP, las partes del CDB enfatizaron la importancia de los conceptos clave de la gobernanza de áreas protegidas. Estos conceptos (Cuadro 16.4) se aplican bien al manejo de amenazas contra las áreas protegidas (véase también el Capítulo 8 y los Capítulos 20, 21, 25 y 27 en el contexto de las áreas protegidas marinas, la gestión de la biodiversidad, el uso de recursos y el manejo de amenazas contra los corredores de conservación de la conectividad, respectivamente).

Conclusión

Las causas subyacentes de las amenazas son muchas y la mayoría de ellas están relacionadas con el rápido crecimiento de la población humana en la Tierra. La naturaleza de las amenazas directas e indirectas es muy diversa y se necesitan respuestas y enfoques planeados para priorizar cómo responder a las amenazas. Existen herramientas y marcos de gestión que ayudan a evaluar el alcance de las amenazas, como la RAPPAM, que a nivel de los sistemas de áreas protegidas ayuda a dar una respuesta a las amenazas, mientras que la planeación de proyectos y la gestión adaptativa pueden responder a las amenazas específicas con el uso de herramientas como el proceso de planeación de la Alianza para las Medidas de Conservación. Para el manejo de amenazas también es primordial una gobernanza solidaria y eficaz. En este capítulo se presentaron estudios de caso centrados en el manejo de amenazas en Asia y África, los cuales brindan importantes referencias cruzadas a los capítulos de este libro sobre cambio climático, agua dulce, mares, operaciones, gestión y gobernanza; de esta manera se espera alentar a los lectores a obtener una información más específica sobre estas áreas temáticas.

Por último, a partir del rango y la naturaleza dinámica de las amenazas contra las áreas protegidas que se analizaron en este capítulo, está claro que el establecimiento de una reserva es solo el comienzo de su inversión en conservación. La gestión activa y constante de las áreas protegidas es un principio fundamental para todos los administradores de áreas protegidas del siglo XXI. Al igual que manejar una granja, administrar un área protegida es una operación de siete días a la semana y veinticuatro horas al día, que debe responder constantemente a una serie de problemas y amenazas; muchos son viejos y recurrentes, y muchos nuevos y potencialmente insidiosos. Este capítulo ofrece una guía para responder a esta formidable responsabilidad.

Referencias

📖 Lecturas recomendadas

Alers, M.; Bovarnick, A.; Boyle, T.; Mackinnon, K. y Sobrevila, C. (2007). *Reducing Threats to Protected Areas: Lessons from the field*. Nueva York: UNDP and The World Bank.

Borrini-Feyerabend, G.; Dudley, N.; Jaeger, T.; Lassen, B.; Pathak Broome, N.; Phillips, A. y Sandwith, T. (2013). *Governance of Protected Areas: From understanding to action*. IUCN Best Practice Protected Area Guidelines Series No. 20. Gland: IUCN.

Butchart, S.H. *et al.* (2010). Global biodiversity: indicators of recent declines. *Science*, 328, 1164-1168.

Byron, H. (2000). *Biodiversity and Environmental Impact Assessment: A good practice guide for road schemes*. Sandy, Reino Unido: The RSPB, WWF-UK, English Nature and the Wildlife Trusts.

Carey, C.; Dudley, N. y Stolton, S. (2000). *Squandering Paradise? The importance and vulnerability of the world's protected areas*. Gland: WWF.

📖 Conservation Measures Partnership (CMP). (2013). *Open Standards for the Practice of Conservation. Version 3.0 April 2013*. The Conservation Measures Partnership. Recuperado de: www.conservationmeasures.org/wp-content/uploads/2013/05/CMP-OS-V3-0-Final.pdf

📖 Convention on Biological Diversity (CBD). (2014a). *Programme of Work on Protected Areas*. Montreal: Secretariat of the Convention on Biological Diversity. Recuperado de: www.cbd.int/protected/pow

(2014b). *Tools for Managing Threats*. Montreal: Secretariat of the Convention on Biological Diversity. Recuperado de: www.cbd.int/protected/tools/

Dudley, N.; Stolton, S. y Elliott, W. (2013). Wildlife crime poses unique challenges to protected areas. *PARKS*, 19(1), 7-12.

Ervin, J.; Mulongoy, K.; Lawrence, K.; Game, E.; Sheppard, D.; Bridgewater, P.; Bennett, G.; Gidda, S. y Bos, P. (2010). *Making Protected Areas Relevant: A guide to integrating protected areas into wider landscapes, seascapes and sectoral plans and strategies*. CBD Technical Series No. 44. Montreal: Secretariat of the Convention on Biological Diversity. Recuperado de: www.cbd.int/doc/publications/cbd-ts-44-en.pdf

Foxcroft, L.C.; Richardson, D.M.; Pyšek, P. y Genovesi, P. (2014). Invasive alien plants in protected areas: threats, opportunities, and the way forward'. En: L.C. Foxcroft, P. Pyšek, D.M. Richardson y P. Genovesi (eds.). *Plant Invasions in Protected Areas: Patterns, problems and challenges*, pp. 621-639. Dordrecht, Holanda: Springer.

Gubbi, S.; Linkie, M. y Leader-Williams, N. (2009). Evaluating the legacy of an integrated conservation and development project around a tiger reserve in India. *Environmental Conservation*, 35(4), 331-339.

Intergovernmental Science-Policy Platform on Biodiversity and Ecosystem Services (IPBES). (2013). *Initial Scoping for the Thematic Assessment of Invasive Alien Species and their Control*. IPBES/2/16/Add.3. Ciudad de Panamá: Intergovernmental Science-Policy Platform on Biodiversity and Ecosystem Services. Recuperado de: www.ipbes.net/images/K135340-en.docx

International Union for Conservation of Nature Programme on African Protected Areas and Conservation (IUCN PAPACO). (2010). *Assessment of Protected Area Management Effectiveness in Ghana*. Gland: IUCN. Recuperado de: www.papaco.org

(2011a). *Assessment of Five Protected Areas in Ghana*. Gland: IUCN. Recuperado de: www.papaco.org

(2011b). *Mining Sector Development in West Africa and its Impact on Conservation*. Gland: IUCN. Recuperado de: www.papaco.org

(2011c). *Report of the Weotenga Meeting*, 2011. Gland: IUCN. Adaptado de R. Starkey, R. Calaque y W.C.S. Gabon. Recuperado de: www.papaco.org

(2014). *Evaluation of the Impact of World Heritage Classification on West African Protected Areas*. Gland: IUCN. Recuperado de: www.papaco.org

International Union for Conservation of Nature and Conservation Measures Partnership (IUCN-CMP). (2006). *Unified Classification of Threats and Conservation Actions. Version 1: June 2006*. Gland: IUCN y The Conservation Measures Partnership. Recuperado de: www.iucn.org/themes/ssc/sis/classification.htm

Kothari, A.; Corrigan, C.; Jonas, H.; Neumann, A. y Shrumm, H. (eds.). (2012). *Recognizing and Supporting Territories and Areas Conserved by Indigenous Peoples and Local Communities: Global overview and national case studies*. CBD Technical Series No. 64. Montreal: ICCA Consortium, Kalpavriksh and Natural Justice.

Lenin, J. (2010). Sugarcane leopards. *Current Conservation*, 4(4), 22-27.

Leverington, F.; Costa, K.; Courrau, J.; Pavese, H.; Nolte, C.; Marr, M.; Coad, L.; Burgess, N.; Bomhard, B. y Hockings, M. (2010). *Management Effectiveness Evaluation in Protected Areas: A global study*, 2ª ed. Brisbane, Australia: University of Queensland.

Mercier, J. (2004). *Strategic Environmental Assessment: The structured learning program at the World Bank*. Washington D.C.: Environment Department, The World Bank.

Millennium Ecosystem Assessment (MEA). (2005). *Ecosystems and Human Well-Being: Synthesis*. Washington D.C.: Island Press.

Molnar, J.L.; Gamboa, R.L.; Revenga, C. y Spalding, M.D. (2008). Assessing the global threat of invasive species to marine biodiversity. *Frontiers in Ecology and the Environment*, 6. Doi:10.1890/070064

Mungi, N.; Qureshi, Q. y Jhala, Y. (2013). *Species Distribution Modelling of Select Invasive Plants in India*. Dehradun, India: Wildlife Institute of India.

National Tiger Conservation Authority (NTCA). (2014). *Standard Operating Procedures to Deal with Emergencies arising due to Straying of Tigers in Human Dominated Landscapes*. Nueva Delhi: NTCA. Recuperado de: www.projecttiger.nic.in

Partidário, M.R. (2012). *Strategic Environmental Assessment Better Practice Guide: Methodological guidance for strategic thinking in SEA*. Amadora, Portugal: Portuguese Environment Agency and Redes Energéticas Nacionais. Recuperado de: www.iaia.org/publicdocuments/special-publications/SEA%20Guidance%20Portugal.pdf

Peres, C. y Palacios, E. (2007). Basin-wide effects of game harvest on vertebrate population densities in Amazonian forests: implications for animal-mediated seed dispersal. *Biotropica*, 39, 304-315.

Rajvanshi, A.; Arora, R.; Mathur, V.B.; Sivakumar, K.; Sathyakumar, S.; Rawat, G.S.; Johnson, J.A.; Ramesh, K.; Dimri, N.K. y Maletha, A. (2012). *Assessment of cumulative impacts of hydroelectric projects on aquatic and terrestrial biodiversity in Alaknanda and Bhagirathi basins, Uttarakhand*. Technical Report. Dehradun, India: Wildlife Institute of India.

Roy, G. y Witt, A. (2013). *Invasive Alien Plants and their Management in Africa*. UNEP/GEF Removing Barriers to Invasive Plant Management Project International Coordination Unit. Nairobi: UNEP.

Sadler, B. y Verheem, R. (1996). *SEA: status, challenges and future directions*. Report 53, Spatial Planning and the Environment. La Haya: Netherlands Ministry of Housing.

Salafsky, N.; Salzer, D.; Stattersfield, A.J.; Hilton-Taylor, C.; Neugarten, R.; Butchart, S.; Collen, B.; Cox, N.; Master, L.L.; O'Connor, S. y Wilkie, D. (2008). A standard lexicon for biodiversity conservation: unified classifications of threats and actions. *Conservation Biology*, 22(4), 897-911.

Slootweg, R.; Kolhoff, A.; Verheem, R. y Höft, R. (eds.). (2006). *Biodiversity in EIA and SEA: voluntary guidelines on biodiversity-inclusive impact assessment.* Background Document to CBD Decision VIII/28. Montreal: Secretariat of the Convention on Biological Diversity. Recuperado de: www.cbd.int/doc/publications/imp-bio-eia-and-sea.pdf

Tu, M. (2009). *Assessing and Managing Invasive Species within Protected Areas.* Protected Area Quick Guide Series. J. Ervin (ed.). Arlington, Estados Unidos: The Nature Conservancy.

United Nations Environment Programme (UNEP). (2002). *Environmental Impact Assessment Training Resource Manual.* 2ª ed. Nairobi: UNEP. Recuperado de: www.unep.ch/etu/publications/EIA-man_2edition_toc. htm

Uniyal, V. y Zacharias, J. (2001). Periyar Tiger Reserve: building bridges with local communities for biodiversity conservation. *PARKS*, 11(2), 14-23.

Worboys, G.L.; Winkler, C. y Lockwood, M. (2006). Threats to protected areas. En: M. Lockwood, G.L. Worboys y A. Kothari (eds.). *Protected Area Management: A global guide*, pp. 223-261. Londres: Earthscan.

World Wide Fund for Nature (WWF). (2012). *Living Planet Report 2012.* Gland: WWF International.

CAPÍTULO 17

CAMBIO CLIMÁTICO Y ÁREAS PROTEGIDAS

Autores principales:
Angas Hopkins, Richard McKellar, Graeme L. Worboys y Roger Good

CONTENIDO

IUCN
WCPA WORLD COMMISSION ON PROTECTED AREAS
Convention on Biological Diversity

AUTORES PRINCIPALES

ANGAS HOPKINS es consultor ambiental y trabaja en Australia y en países de Suramérica.

RICHARD MCKELLAR es becario de investigación en el Instituto de Políticas de Sostenibilidad de la Universidad de Curtin, Australia.

GRAEME L. WORBOYS es co-vicepresidente de Conservación de la Conectividad y Montañas de la Comisión Mundial de Áreas Protegidas de la Unión Internacional para la Conservación de la Naturaleza y becario adjunto en la Escuela Fenner de la Universidad Nacional de Australia.

ROGER GOOD es becario visitante de la Escuela Fenner de Medio Ambiente y Sociedad de la Universidad Nacional de Australia y asociado de investigación del Jardín Botánico Nacional de Australia, Canberra.

AGRADECIMIENTOS

Se agradece a Adrienne Nicotra la preparación de un texto especializado que trata sobre la priorización de las respuestas de manejo para las especies en un entorno de cambio climático. Nuestro agradecimiento se extiende a Michael Dunlop por revisar partes del manuscrito.

CITACIÓN

Hopkins, A.; McKellar, R.; Worboys, G.L.; y Good, R. (2019). Áreas protegidas y cambio climático. En: G.L. Worboys, M. Lockwood, A. Kothari, S. Feary e I. Pulsford (eds.). *Gobernaza y gestión de áreas protegidas*, pp. 525-564. Bogotá: Editorial Universidad El Bosque y ANU Press.

FOTOGRAFÍA DE LA PÁGINA DEL TÍTULO

El Glaciar Athabasca con el Campo de Hielo Columbia detrás, Parque Nacional Banff, Canadá: la marca de 1890 identifica una ubicación histórica del frente del glaciar y la magnitud del retroceso en un poco más de ciento veinte años. En general, a medida que aumenta el promedio de las temperaturas globales, los glaciares retroceden en casi todo el mundo.

Fuente: Graeme L. Worboys

Introducción

En la primera parte del siglo XXI son inequívocas las evidencias del calentamiento general del sistema climático de la Tierra, debido a la contaminación de la atmósfera por los gases de efecto invernadero generados por el ser humano. El principal organismo internacional para la evaluación científica del cambio climático, el Grupo Intergubernamental de Expertos sobre el Cambio Climático (GIECC, mejor conocido como IPCC, por sus siglas en inglés), informó que "los cambios en el clima han causado impactos en los sistemas naturales y humanos en todos los continentes y en todos los océanos" (IPCC, 2014a, p. 6). Las temperaturas medias de la superficie del planeta para la tierra y el océano aumentaron en 0,85°C entre 1880 y 2012, y la temperatura media de la superficie global aumentó en 0,12°C por década entre 1951 y 2012 (IPCC, 2013a). Los niveles del mar también están en aumento. "La tasa de aumento del nivel del mar desde mediados del siglo XIX ha sido mayor que la tasa media durante los dos últimos milenios" (IPCC, 2013a, p. 11).

Las conclusiones del IPCC presentan un panorama desolador. Por desgracia, para 2014 (año de elaboración de este libro) las emisiones de gases de efecto invernadero seguían en aumento. Después de considerar una amplia gama de escenarios futuros para el desarrollo y las emisiones de gases de efecto invernadero, el IPCC informó sobre la probabilidad de que en 2100 las temperaturas superficiales del planeta estén más de 1,5°C por encima de las temperaturas medias superficiales en el período de 1850 a 1900. No obstante, algunos escenarios de desarrollo y emisión son peores. Es posible que las temperaturas medias de la superficie del planeta en 2100 aumenten más de 2°C en comparación con 1850-1900, y podrían superar un calentamiento de la superficie de 4°C en el escenario descrito como "seguir como vamos, sin medidas de mitigación" (IPCC, 2013a).

El aumento en la frecuencia de las temperaturas altas extremas es prácticamente una realidad en la mayoría de las áreas terrestres, tanto en las escalas diarias como estacionales. La temperatura del océano aumentará en todas las profundidades y afectará la circulación oceánica. El volumen de los glaciares continuará disminuyendo y los niveles del mar continuarán aumentando. El IPCC pronostica que los cambios en las precipitaciones no serán uniformes. "El contraste entre las regiones húmedas y secas y entre las estaciones húmedas y secas aumentará, aunque puede haber excepciones regionales" (IPCC, 2013a, p. 20). Los ecosistemas ya están afectados por el cambio climático: "en respuesta al cambio climático en curso, muchas especies terrestres, dulceacuícolas y marinas cambiaron sus rangos geográficos, actividades estacionales, patrones de migración, abundancias e interacciones entre las especies" (IPCC, 2014a, p. 4).

Está claro que estos efectos serán profundos para las áreas protegidas. El cambio climático representa una de las mayores amenazas para las especies y los ecosistemas que enfrentan las personas de la Tierra, y esto incluye a las organizaciones de áreas protegidas y a las comunidades responsables de las mismas. En este capítulo nos centramos en el cambio climático en relación con la gobernanza, la gestión y el manejo de las áreas protegidas. Para sentar las bases, presentamos los hallazgos clave de la investigación sobre el cambio climático respecto a las tendencias actuales y los cambios esperados, y describimos las implicaciones. Presentamos un enfoque de "solución basada en la naturaleza" e incluimos las posibles respuestas de mitigación y adaptación para el cambio climático, con un enfoque en las respuestas bajo consideraciones de cambio climático por parte de los administradores de áreas protegidas. Luego el capítulo se centra en estar "preparado para el cambio climático" y brindamos no solo una información explicativa sobre este importante concepto, sino también una serie de consideraciones de gobernanza, gestión y manejo, que en consecuencia, pueden ser importantes para los administradores.

Resultados de la investigación sobre el cambio climático

En 2013, el Quinto Informe de Evaluación del Grupo de Trabajo I del IPCC sintetizó investigaciones recientes basadas en la ciencia física para el cambio climático (IPCC, 2013a). Esto incluyó tanto la situación en 2013 como las proyecciones de posibles condiciones climáticas futuras. Aquí resumimos algunos de los hallazgos clave.

Hallazgos del cambio climático

El sistema climático

El calentamiento del sistema climático es inequívoco, y desde la década de 1950 muchos de los cambios observados no tienen precedentes durante décadas o milenios. La atmósfera y el océano se han calentado, las cantidades de nieve y hielo han disminuido, el nivel del mar ha aumentado y las concentraciones de gases de efecto invernadero han aumentado (IPCC, 2013a, p. 4).

Pinos inclinados de manera caótica, Montañas Doradas del Altái, sitio patrimonio mundial, República de Altái, Rusia: las temperaturas más altas derritieron el permafrost que daba soporte para estos árboles que normalmente se erguían rectos

Fuente: Graeme L. Worboys

Influencia humana

Es evidente la influencia humana sobre el sistema climático. No cabe duda de lo anterior por el aumento de las concentraciones de gases de efecto invernadero en la atmósfera, el forzamiento radiactivo positivo, el calentamiento observado y la comprensión del sistema climático (IPCC, 2013a, p. 15).

La atmósfera

"Cada una de las tres últimas décadas ha sido sucesivamente más cálida en la superficie de la Tierra que cualquier década anterior desde 1850 [...] En el hemisferio norte, es probable que 1983-2012 fuese el período de 30 años más cálido de los últimos 1400 años (confianza media)" (IPCC, 2013a, p. 5).

Los océanos

El calentamiento de los océanos domina el aumento de la energía almacenada en el sistema climático, que representa más del 90% de la energía acumulada entre 1971 y 2010 (confianza alta). Es prácticamente seguro que la parte superior del océano (0-700 m) se calentó entre 1971 y 2010 [...] Y es posible que se calentara entre los años 1870 y 1971 (IPCC, 2013a, p. 6).

Nieve y paisajes cubiertos de hielo

"En las últimas dos décadas las capas de hielo de Groenlandia y de la Antártida han perdido masa, los glaciares siguen encogiéndose en casi todo el mundo, y la extensión de la capa de hielo del Ártico y del hemisferio norte sigue en declive" (IPCC, 2013a, p. 9).

Nivel medio del mar

"La tasa de aumento del nivel del mar desde mediados del siglo XIX es mayor que la tasa media durante los dos milenios anteriores (confianza alta). Durante el período de 1901 a 2010, el nivel medio del mar en todo el mundo aumentó en 0,19 [0,17 a 0,21] metros" (IPCC, 2013a, p. 11).

Ciclo del carbono y otros ciclos biogeoquímicos

> Las concentraciones atmosféricas de dióxido de carbono (CO_2), metano y óxido nitroso han aumentado a niveles sin precedentes en al menos los últimos ochocientos mil años. Desde los tiempos preindustriales, las concentraciones de CO_2 han aumentado en un 40%, principalmente por las emisiones de combustibles fósiles y, en segundo lugar, por las emisiones netas del cambio en el uso de la tierra. El océano ha absorbido aproximadamente el 30% del CO_2 antropogénico emitido, lo que ha causado la acidificación de los océanos. (IPCC, 2013a, p. 11)

En 2014, los efectos del cambio climático y del calentamiento se podían ver fácilmente en las áreas protegidas y en otras partes del mundo, incluido el derretimiento de los glaciares, los casquetes polares y el permafrost; la mayor energía y el comportamiento de las tormentas; las condiciones catastróficas de los incendios (Capítulo 26); las olas de calor del verano que baten records; el cambio de comportamiento de la vida silvestre; el aumento del nivel del mar, y la mayor acidez de los océanos. Dadas estas tendencias adversas, el IPCC fue muy claro sobre su consejo de limitar los efectos del cambio climático al afirmar: "las emisiones continuas de gases de efecto invernadero causarán un mayor calentamiento y cambios en todos los componentes del sistema climático. Limitar el cambio climático requerirá de reducciones sustanciales y sostenidas de las emisiones de gases de efecto invernadero" (IPCC, 2013a, p. 19).

Proyecciones climáticas: temperatura

Si bien los impactos del cambio climático son generalizados, la naturaleza y la escala de los impactos pueden diferir enormemente entre las regiones o incluso al interior de ellas. Es importante que los administradores de áreas protegidas logren apreciar las posibles condiciones

Cuadro 17.1 Glosario de algunos acrónimos utilizados por el Grupo Intergubernamental de Expertos sobre el Cambio Climático (IPCC)

AR5

El Quinto Informe de Evaluación del IPCC.

CMIP5

Proyecto de Intercomparación de Modelos Acoplados Fase 5 del Programa Mundial de Investigaciones Climáticas. Este es un contexto multimodelo para una mejor evaluación de los modelos climáticos, incluida la retroalimentación poco comprendida entre el ciclo del carbono y las nubes, que examina no solo la predictibilidad del clima, sino también los diferentes modelos.

RCP

Trayectorias de concentración representativas. Estas son cuatro trayectorias de concentración (no emisiones) de gases de efecto invernadero adoptadas por el IPCC para su quinto informe de evaluación. Estas describen cuatro escenarios climáticos posibles y se describen como RCP2.6, RCP4.6, RCP6 y RCP8.5.

RCP2.6

Esta RCP supone pequeñas emisiones netas negativas constantes después de 2100 e implica emisiones netas negativas de dióxido de carbono después de aproximadamente 2070 y durante toda la extensión; las concentraciones de dióxido de carbono se reducen lentamente hacia 360 partes por millón en volumen (ppmv) en 2300.

RCP8.5

Esta RCP supone la estabilización con altas emisiones entre 2100 y 2150, luego una disminución lineal hasta 2250. La RCP8.5 estabiliza las concentraciones solo en 2250, con concentraciones de dióxido de carbono de aproximadamente 2000 ppmv –casi siete veces el nivel preindustrial–.

SPM

Resumen para responsables de políticas.

Fuentes: IPCC, 2012, 2013a, 2013b

Cuadro 17.2 Proyecciones para fenómenos de cambio climático diferentes a la temperatura

Algunos cambios proyectados amplios se muestran en los dos escenarios climáticos (Figura 17.1).

El ciclo del agua

"Los cambios en el ciclo del agua a nivel global en respuesta al calentamiento del siglo XXI no serán uniformes. El contraste de la precipitación entre las regiones húmedas y secas y entre las estaciones húmedas y secas aumentará, aunque puede haber excepciones regionales" (IPCC, 2013a, p. 20).

Océanos

Al reflejar una tendencia general de calentamiento, el IPCC hizo una declaración respecto a los océanos: "[los] océanos de todo el planeta continuarán calentándose durante el siglo XXI. El calor atravesará la superficie hasta el océano profundo y afectará la circulación oceánica" (IPCC, 2013a, p. 24).

Criosfera

La criosfera se refiere a los lugares donde el agua de la Tierra se encuentra en forma sólida como nieve o hielo.

"Es muy probable que la capa de hielo del Ártico siga disminuyendo de extensión y grosor, y que la capa de nieve primaveral del Hemisferio Norte disminuya durante el siglo XXI a medida que aumente la temperatura media de la superficie global. El volumen mundial de glaciares disminuirá aún más" (IPCC, 2013a, p. 24).

Nivel del mar

"El nivel medio del mar en todo el mundo seguirá aumentando durante el siglo XXI [...] En todos los escenarios de las RCP, es muy probable que la tasa de aumento del nivel del mar exceda la observada entre 1971 y 2010 debido al aumento del calentamiento oceánico y a la mayor pérdida de masa de los glaciares y de los mantos de hielo" (IPCC, 2013a, p. 25).

Ciclo del carbono y otros procesos biogeoquímicos

"El cambio climático afectará los procesos del ciclo del carbono de una manera que exacerbará el aumento de CO_2 en la atmósfera (confianza alta). Una mayor captación de carbono por el océano aumentará la acidificación del océano" (IPCC, 2013a, p. 26).

Estabilización del clima

"Las emisiones acumulativas de CO_2 determinarán en gran medida el calentamiento medio de la superficie global a finales del siglo XXI y más allá [...] La mayoría de los aspectos del cambio climático persistirán durante muchos siglos, incluso si se detienen las emisiones de CO_2. Esto representa un compromiso sustancial con el cambio climático durante varios siglos, creado por las emisiones de CO_2 pasadas, presentes y futuras" (IPCC, 2013a, p. 27).

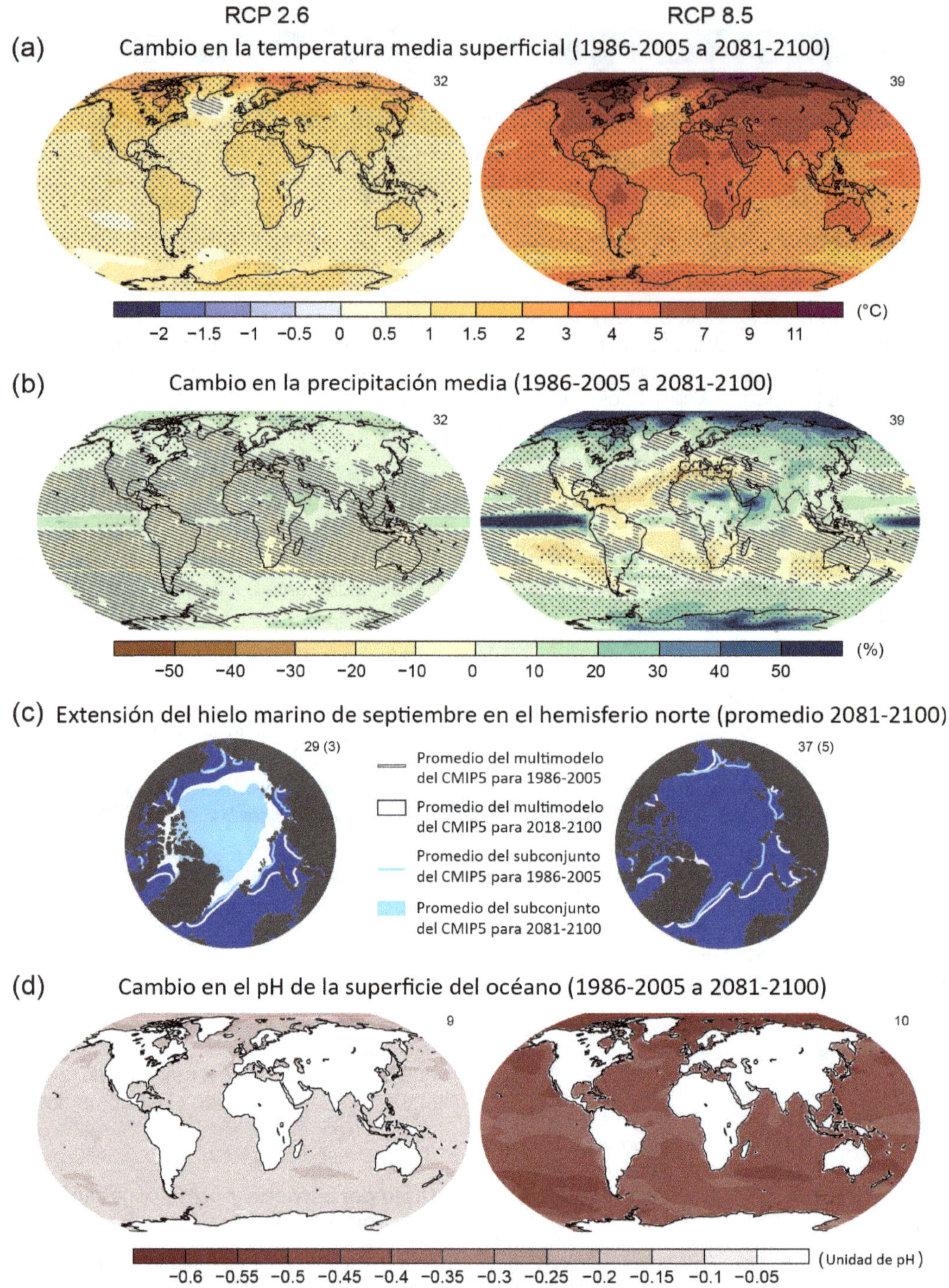

Figura 17.1 Proyecciones del cambio climático del IPCC para dos niveles de concentración de dióxido de carbono respecto a la temperatura, la precipitación, la extensión del hielo marino y el pH de la superficie del océano

Notas: mapas a partir de los resultados promedio de los multimodelos del CMIP5 para los escenarios RCP2.6 y RCP8.5 en 2081-2100 de: a) cambio de la temperatura superficial media anual, b) promedio del cambio porcentual en la precipitación media anual, c) extensión del hielo marino de septiembre en el hemisferio norte, y d) el cambio en el pH de la superficie del océano. Los cambios en los paneles (a), (b) y (d) se muestran en relación con 1986-2005. El número de modelos CMIP5 utilizados para calcular la media multimodelo se indica en la esquina superior derecha de cada panel. Para los paneles (a) y (b), el entramado indica regiones donde la media multimodelo es pequeña en comparación con la variabilidad interna natural –es decir, menos de una desviación estándar de la variabilidad interna natural en las medias de veinte años–. El punteado indica regiones donde la media multimodelo es grande en comparación con la variabilidad interna natural (es decir, más de dos desviaciones estándar de la variabilidad interna natural en las medias de veinte años) y donde al menos el 90% de los modelos coincide en la señal de cambio. En el panel (c), las líneas son las medias modeladas para 1986-2005; las áreas llenas son para el final del siglo. La media multimodelo del CMIP5 se muestra en blanco; en azul claro se muestra la extensión media proyectada del hielo marino de un subconjunto de modelos (número de modelos entre paréntesis) que reproduce más fielmente el estado climatológico medio y la tendencia para 1979-2012 de la extensión del hielo marino ártico.

Fuente: IPCC, 2013a, p. 10. Reproducido con permiso del IPCC. Para la leyenda completa de la figura, véase IPCC, 2013a, p. 10.

Algunas personas se refrescan en un parque del centro de Moscú el 21 de julio de 2010, durante la gran ola de calor rusa de ese año, la cual rompió récords e incluyó veintiocho días consecutivos de temperaturas superiores a 35°C desde el 14 de julio. El calor extremo no tenía precedentes y provocó incendios forestales y de turba, al igual que muertes relacionadas con el calor y ahogamientos

Fuente: Graeme L. Worboys

climáticas que en el futuro puedan afectar sus áreas. Específicamente, respecto a los cambios de temperatura proyectados en el futuro, el IPCC basó sus proyecciones en cuatro "trayectorias de concentración representativas" (*Representative Concentration Pathways*, RCP) y declaró:

> Es probable que el cambio en la temperatura de la superficie global para el final del siglo XXI exceda 1,5ºC con respecto al periodo de 1850-1900 en todos los escenarios de las RCP, excepto la RCP2.6. Es probable que exceda los 2ºC para las RCP6.0 y RCP8.5, y es casi seguro que exceda los 2ºC para la RCP4.5. El calentamiento continuará más allá de 2100 en todos los escenarios de las RCP, excepto la RCP2.6. El calentamiento continuará mostrando una variabilidad interanual a decenal y no será regionalmente uniforme. (IPCC, 2013a, p. 20)

El lenguaje del IPCC es rico en acrónimos. Para ayudar al lector, preparamos un glosario de algunas de sus abreviaturas (Cuadro 17.1), y esto es especialmente relevante para interpretar la información de respaldo de dos de las figuras del IPCC presentadas en este capítulo (Figuras 17.1 y 17.2).

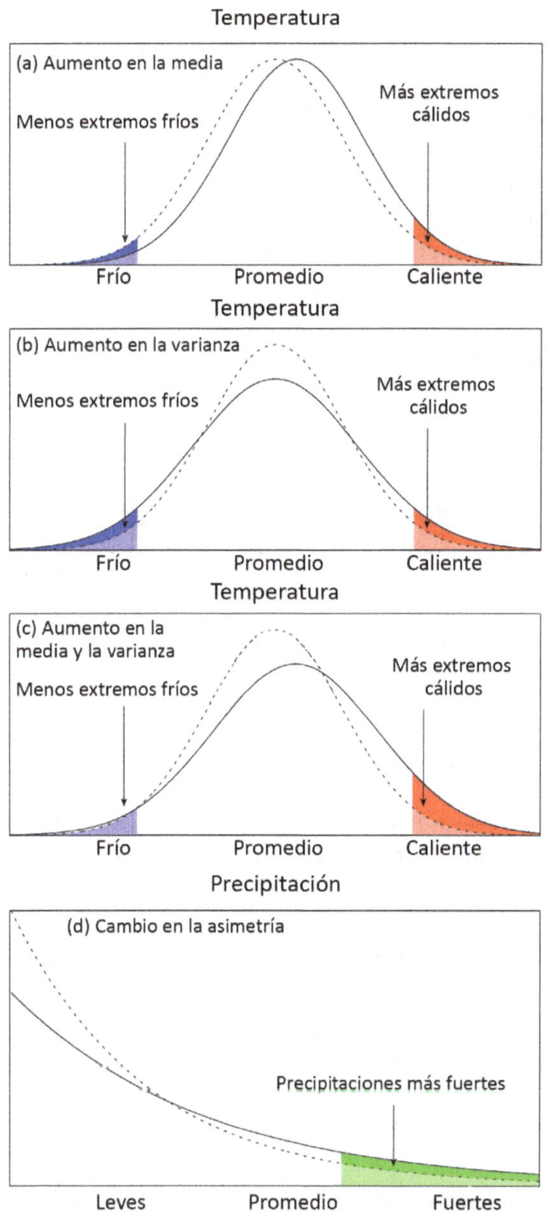

Figura 17.2 Extremos climáticos: esquemas de probabilidad

Notas: representaciones esquemáticas de la función de densidad de probabilidad de la temperatura diaria, que tiende a ser aproximadamente gaussiana, y de la precipitación diaria, que tiene una distribución asimétrica. Las líneas punteadas representan una distribución previa y las líneas continuas una distribución modificada. Las áreas sombreadas denotan la probabilidad de ocurrencia, o frecuencia, de los extremos. En el caso de la temperatura, los cambios en las frecuencias de los extremos se ven afectados por cambios: a) en la media, b) en la varianza o forma, y c) tanto en la media como en la varianza. d) En una distribución asimétrica como la de la precipitación, un cambio en la media de la distribución suele afectar su variabilidad o dispersión y, por consiguiente, un aumento en la precipitación media también implicaría un aumento en los extremos de precipitaciones fuertes y viceversa. Además, la forma de la cola de la derecha también podría cambiar, lo que afecta a los extremos. Asimismo, el cambio climático puede alterar la frecuencia de las precipitaciones y la duración de los períodos de sequía entre los eventos de precipitación (Partes a-c modificadas de Folland et al., 2001, y d modificada de Peterson et al., 2008, como en Zhang y Zwiers, 2012).

Fuente: IPCC, 2013b, p. 134. Reproducido con permiso del IPCC. Para la leyenda completa de la figura, véase IPCC, 2013b, p. 134.

En la Figura 17.1 se ilustran dos proyecciones de temperatura preparadas por el IPCC. La RCP2.6 identifica reducciones en las concentraciones de dióxido de carbono hacia 2100 (Cuadro 17.1). Ambos escenarios muestran un calentamiento gradual, con el mayor calentamiento para la curva que se aproxima a un escenario futuro titulado "seguir como vamos, sin medidas de mitigación" (RCP8.5) (Figura 17.1). Las proyecciones indican mayores niveles de calentamiento para el hemisferio norte que para el hemisferio sur, con masas terrestres que se calientan más rápidamente que los océanos.

Otras proyecciones climáticas

El Quinto Informe de Evaluación del IPCC también entregó proyecciones de 2081 a 2100 para fenómenos distintos a la temperatura, los cuales se resumen en el Cuadro 17.2.

Eventos extremos

La presentación cambiante y la naturaleza de los eventos extremos forman la tendencia más desafiante del cambio climático. Esto se debe a que la relación entre la media climática y los eventos extremos no es lineal (IPCC, 2013b), y estas relaciones no lineales se muestran esquemáticamente (Figura 17.2). Conforme aumenta la temperatura media superficial, la proporción de días sobre un umbral de temperatura definido aumentará exponencialmente y habrá un marcado aumento en el número de períodos extremadamente cálidos (algunos o muchos días). Por ejemplo, estos períodos extremadamente cálidos son los que impulsarán algunos de los cambios más importantes en los sistemas biológicos y tendrán un impacto en las áreas protegidas y su manejo. La presentación de eventos climáticos extremos puede cambiar en frecuencia, intensidad, extensión espacial, duración y tiempo. Algunas de las posibles implicaciones incluyen un aumento en los años de sequía, olas de calor más intensas o prolongadas, inundaciones más grandes o eventos de tormenta más extremos. Las gráficas en la Figura 17.2 ilustran cómo los pequeños cambios en la temperatura media entre los climas presentes y futuros podrían afectar el potencial de eventos extremos.

Soluciones basadas en la naturaleza

Todas las naciones de la Tierra deben reducir las emisiones antropogénicas de gases de efecto invernadero y emplear todas las ventajas posibles para reducir el dióxido de carbono atmosférico y otras concentraciones de gases de efecto invernadero. Los ambientes naturales del planeta, terrestres y marinos, desempeñan un papel sustancial en mitigar los efectos del cambio climático y en apoyar las respuestas de adaptación (Cuadro 17.3). Las áreas protegidas son una parte clave de este mundo natural y existen en una parte sustancial de la superficie de la Tierra. En 2014 se encontraba

Cuadro 17.3 Definiciones: mitigación y adaptación al cambio climático

Hay dos respuestas amplias al cambio climático. La mitigación consiste en evitar o reducir las emisiones de gases de efecto invernadero y en aumentar el secuestro de dichos gases. Por su parte, la adaptación consiste en hacer frente y responder al cambio climático. El IPCC define ambos términos.

Definición de mitigación

"La mitigación es una intervención humana para reducir el forzamiento antropogénico del sistema climático: esta incluye estrategias que reduzcan las fuentes y emisiones de los gases de efecto invernadero y que mejoren los sumideros de gases de efecto invernadero" (IPCC, 2007, p. 878). Esta se puede definir de manera más sencilla como una intervención humana para reducir las fuentes o mejorar los sumideros de los gases de efecto invernadero (IPCC, 2014b).

Las áreas protegidas pueden ayudar a mitigar el cambio climático al almacenar carbono (al evitar la pérdida del que ya se encuentra en la vegetación y los suelos) y al capturarlo mediante el secuestro de dióxido de carbono de la atmósfera en los ecosistemas naturales.

Definición de adaptación

La adaptación es: el proceso de ajuste al clima real o proyectado y sus efectos. En los sistemas humanos, la adaptación trata de moderar o evitar los daños o aprovechar las oportunidades benéficas. En algunos sistemas naturales, la intervención humana puede facilitar el ajuste al clima proyectado y a sus efectos. La adaptación puede ser incremental (el objetivo central es mantener la esencia e integridad de un sistema o proceso a una escala determinada) o transformacional (adaptación que cambia los atributos fundamentales de un sistema en respuesta al clima y sus efectos) (IPCC, 2014c, p. 1).

Las áreas protegidas pueden adaptarse al cambio climático al proteger o mantener la integridad del ecosistema, al amortiguar el clima local y al reducir los riesgos e impactos de los eventos extremos. Las áreas protegidas también pueden proporcionar servicios ecosistémicos esenciales que ayuden a las personas a hacer frente al cambio.

Fuentes: IPCC, 2007; Dudley *et al.*, 2010

bajo protección un 15,4% de la superficie terrestre y un 3,4% de los océanos (IUCN y UNEP-WCMC, 2014). La vegetación de un área protegida puede ayudar a capturar carbono de la atmósfera a través de la fotosíntesis. Además, el carbono se almacena en el ecosistema no solo como biomasa viva y muerta, sino también como suelo. Estos importantes roles se reconocen como una "solución basada en la naturaleza" para el cambio climático.

Los beneficios de las áreas protegidas como una solución basada en la naturaleza se destacaron en la publicación *Soluciones Naturales de 2010*, la cual fue preparada por un consorcio de organizaciones que incluyó a la Unión Internacional para la Conservación de la Naturaleza (UICN), The Nature Conservancy (TNC), el Programa de las Naciones Unidas para el Desarrollo (PNUD), la Sociedad para la Conservación de la Vida Silvestre (Wildlife Conservation Society), el Banco Mundial y el Fondo Mundial para la Naturaleza (WWF) (Dudley *et al.,* 2010). En el texto pueden encontrarse opciones de respuesta costo-efectivas que podrían contribuir a la mitigación y a la adaptación al cambio climático (Cuadro 17.3).

Mitigación

Casi todos los ecosistemas naturales y seminaturales, incluidas las áreas designadas como áreas protegidas, capturan y almacenan carbono mediante la captura de dióxido de carbono de la atmósfera a través de la fotosíntesis (Dudley *et al.,* 2010). El Centro Mundial de Vigilancia de la Conservación del Programa de las Naciones Unidas para el Medio Ambiente (CMVC-PNUMA) estimó que la red mundial de áreas protegidas almacena 312 gigatoneladas de carbono, y esto corresponde al 15% del carbono terrestre mundial (Dudley *et al.,* 2010). Tal estatus de protección reduce la probabilidad de pérdida de carbono que ya se encuentra en la vegetación y los suelos, y algunas áreas protegidas pueden gestionarse activamente para mantener o aumentar su potencial de secuestro. Las áreas protegidas gestionadas activamente promueven la mitigación al:

- Evitar la conversión a otros usos de la tierra y evitar la destrucción del hábitat y la pérdida de carbono.
- Brindar oportunidades para la restauración ecológica y la protección de sitios degradados y ricos en carbono, como turberas perturbadas, y el recrecimiento de bosques perturbados.
- Brindar oportunidades para ayudar a secuestrar carbono, incluidas las áreas de aguas continentales, estuarios y turberas (Dudley *et al.,* 2010).

Ambiente de arrecife saludable, Parque Marino de la Gran Barrera de Coral, Queensland, Australia: los sistemas de arrecifes de coral de todo el mundo (incluida la Gran Barrera de Coral) se ven afectados por el blanqueo de corales ocasionado por las temperaturas más altas y los niveles de acidez en aumento

Fuente: © Autoridad del Parque Marino de la Gran Barrera de Coral

Adaptación

Las áreas protegidas reducen el impacto del cambio climático en las comunidades locales y brindan servicios de soporte a los ecosistemas. Con protección, esta adaptación basada en ecosistemas ayuda no solo a mantener la integridad del ecosistema, sino también a amortiguar el clima local y a reducir los riesgos e impactos de los eventos extremos como tormentas, inundaciones, sequías y el aumento del nivel del mar (después Dudley *et al.,* 2010). Las áreas protegidas ayudan directamente a:

- Hacer frente a las inundaciones al proporcionar un espacio para la dispersión del agua y a través de la capacidad natural que tiene la vegetación de absorber impactos.
- Minimizar los deslizamientos de tierra gracias a la vegetación natural que estabiliza el suelo y la nieve, de manera que se previene el deslizamiento y se absorben los impactos si este se produce.
- Minimizar los impactos de las mareas de tormenta costeras a través de la presencia de manglares, arrecifes de coral, islas de barrera, dunas y marismas.
- Reducir la presión del pastoreo y, en consecuencia, mejorar la protección de la cuenca de captación y la

retención de agua en el suelo, y minimiza los efectos de la sequía y la desertificación.

- Gestionar de manera activa los incendios mediante programas de reducción de combustible y capacidad de respuesta inicial (Dudley *et al.*, 2010).

En las áreas protegidas, el mantenimiento de los servicios ecosistémicos esenciales ayuda a que las personas hagan frente a los cambios causados por el cambio climático en los suministros de agua, la pesca, la incidencia de enfermedades y la productividad agrícola (Dudley *et al.*, 2010). La gestión activa de las áreas protegidas ayuda a aumentar la resiliencia de los recursos y servicios naturales esenciales, y a reducir la vulnerabilidad de los medios de subsistencia, incluidos:

- El agua, al ayudar a mantener la calidad de la misma, los regímenes de caudal y el rendimiento a través de cuencas de captación bien manejadas y no erosionadas.
- Los recursos de pesca en áreas marinas y dulceacuícolas, al ayudar a conservar y recuperar las poblaciones de peces.
- Los recursos alimenticios, al ayudar no solo a conservar los parientes silvestres de las plantas cultivadas para facilitar el mejoramiento vegetal y los servicios de polinización de los cultivos, sino también a brindar alimentos sostenibles para las comunidades.
- La salud, al ayudar a frenar la expansión de las enfermedades transmitidas por vectores que prosperan en los ecosistemas degradados y al mantener el acceso a las medicinas tradicionales (Dudley *et al.*, 2010).

Las áreas protegidas también ayudan a mejorar la resiliencia de los ecosistemas frente al cambio climático.

Inversiones que responden al cambio climático

Cuando se consideran en su totalidad, las áreas protegidas se han establecido en un área considerable de la Tierra y, en consecuencia, es importante la forma en que se gestionen para el cambio climático. Los enfoques de las soluciones basadas en la naturaleza forman una parte integral de la respuesta internacional para enfrentar las amenazas del cambio climático. Con este contexto más amplio en mente, este capítulo desarrolla aún más lo que es posible para responder a (mitigar) y trabajar con (adaptación) los efectos del cambio climático y para lograr tales acciones. Los científicos nos advierten que el mundo del futuro será diferente –muy diferente– y las áreas protegidas cambiarán. En las siguientes secciones evaluamos las implicaciones del cambio climático para los administradores de áreas protegidas.

Implicaciones para la biodiversidad

Los cambios en las temperaturas de los ambientes, las concentraciones de dióxido de carbono, la disponibilidad de agua (para los organismos terrestres) y la naturaleza de los eventos extremos son impactos serios del cambio climático sobre los sistemas naturales. Estos cambios afectarán las áreas protegidas tanto directa como indirectamente, y las respuestas a los cambios en los eventos o parámetros climáticos variarán entre las especies y los ecosistemas. En la Tabla 17.1 se describen algunos impactos sobre la biodiversidad.

Tabla 17.1 Ejemplos de los impactos sobre la biodiversidad de los cambios en los parámetros atmosféricos y climáticos

Parámetro	Impactos y respuestas
Temperatura y radiación solar	"El aumento de las temperaturas interactuará con el estrés hídrico tanto en las plantas como en los animales, y afectará los tiempos de los eventos importantes del ciclo de vida, como la reproducción y la diapausa (un período de inactividad durante el ciclo de vida). Es probable que muchas especies tengan un adelanto en los eventos de primavera y una demora en los eventos de otoño" (Steffen *et al.*, 2009, p. 73) La temperatura durante el desarrollo del organismo afecta las proporciones de sexos de muchas especies de reptiles, mientras que las temperaturas extremas influirán en los rangos geográficos fundamentales de muchas especies de plantas y animales, y algunas especies buscarán refugios en elevaciones más altas y frías, o características más frías y resguardadas. El aumento de la temperatura del ambiente contribuirá a aumentar el riesgo de fenómenos meteorológicos extremos, como las tormentas y la actividad de los rayos, lo que provocará que los incendios y las inundaciones tengan un mayor impacto sobre las especies y las comunidades. En áreas de alta montaña, la reducción de la capa de nubes contribuirá a que la biota, particularmente las plantas, tenga una mayor exposición a la luz ultravioleta, con los consiguientes impactos sobre la floración, la formación de semillas y el porcentaje de germinación. Esto será particularmente notable para las especies actualmente protegidas por una capa de nieve semipermanente

Fuerte tormenta oceánica cerca de tierra firme, sur de Nueva Gales del Sur, Australia

Fuente: Graeme L. Worboys

Parámetro	Impactos y respuestas
Concentraciones de dióxido de carbono	El aumento de los niveles de dióxido de carbono en la atmósfera o en el agua dará lugar a mayores tasas de fotosíntesis hasta que las concentraciones de dióxido de carbono u otro factor (como la luz o los nutrientes) se vuelvan limitantes. Los mayores niveles de dióxido de carbono también aumentan la eficiencia del uso del agua al reducir la conductancia estomática. Los cambios en la productividad impulsados por el dióxido de carbono suelen ir acompañados de cambios en la composición química de las plantas y su estructura. Por ejemplo, el aumento en el crecimiento de las plantas contribuirá a una mayor acumulación de combustibles de incendios en muchas ubicaciones de pastizales y bosques. Los océanos y los cuerpos de agua dulce se volverán más ácidos a medida que absorban más dióxido de carbono. Esto aumentará la solubilidad del carbonato de calcio, que es un componente principal del material esquelético de algunos organismos acuáticos
Producción y suministros de agua	"El agua es vital para todos los organismos terrestres, y esta, junto con la temperatura del ambiente, establece finalmente el límite de distribución fundamental para todas las especies" (Steffen *et al.*, 2009, p. 73). Es posible que el estrés hídrico aumente por las sequías e inundaciones prolongadas, y también por los regímenes de lluvias estacionales; sin embargo, el aumento del dióxido de carbono en la atmósfera también puede mitigar el estrés hídrico en algunas plantas. La reducción en la ocurrencia y extensión de la nieve puede tener un impacto considerable en la producción del agua de las cuencas de captación y escorrentías dentro de los principales sistemas fluviales. La reducción en la duración de la capa de nieve puede afectar a muchas especies de plantas y animales, que de otro modo sobrevivirían al frío extremo protegidos por una capa aislante de la cubierta de nieve
Eventos extremos (tormentas, inundaciones, incendios forestales y sequías)	Los fenómenos meteorológicos extremos tales como inundaciones, sequías, tormentas e incendios pueden afectar la dinámica de la población, los límites, la morfología, la reproducción y el comportamiento de las especies, al igual que la estructura y la composición de la comunidad, y los procesos del ecosistema. Es probable que los cambios en la frecuencia, intensidad y estacionalidad ["deriva estacional"] de los eventos extremos tengan mayores impactos en muchas especies, ecosistemas y comunidades que los cambios individuales y direccionales de la temperatura y que los cambios en los patrones de precipitación (Steffen *et al.*, 2009, p. 73) Los eventos extremos pueden brindar una ventaja ecológica para muchas especies invasoras que (en consecuencia) amenazarán la supervivencia de algunas especies nativas. En ambientes marinos, las mareas de tormenta y el aumento del nivel del mar amenazarán la existencia continua de comunidades/ecosistemas naturales que actualmente son barreras naturales contra el daño costero causado por las tormentas (arrecifes de coral, manglares y lechos de pastos marinos, comunidades de las dunas costeras y humedales costeros). La pérdida de comunidades como los manglares y los humedales dará como resultado la liberación de dióxido de carbono, lo que aumentará aun más los niveles de gases de efecto invernadero en la atmósfera

Fuente: modificado de Steffen *et al.*, 2009

Algunos grupos taxonómicos principales de plantas y animales pueden ser especialmente vulnerables o más adaptables que otros a los impactos del cambio climático. Con la situación australiana como ejemplo, en la Tabla 17.2 se describen algunas de estas vulnerabilidades. Los efectos identificados serían representativos de los efectos para los grupos taxonómicos en otros lugares.

Tabla 17.2 Factores que aumentarán la vulnerabilidad de los grupos taxonómicos australianos frente al cambio climático

Grupo taxonómico	Vulnerabilidad potencial
Mamíferos	En general, los mamíferos son móviles y pueden dispersarse. Serán vulnerables algunas "especies endémicas de rango limitado, particularmente en regiones montañosas o alpinas que son susceptibles a un rápido cambio climático *in situ*" (Steffen *et al.*, 2009, p. 93) Puede haber "cambios en la competencia entre los macrópodos que pastan (marsupiales australianos que se alimentan de plantas, incluidos canguros y ualabíes) en las sabanas tropicales, los cuales son mediados por cambios en los regímenes de incendios y la disponibilidad de agua; herbívoros afectados por la disminución en la calidad nutricional del follaje como resultado de la fertilización con CO_2" (Steffen *et al.*, 2009, p. 93)
Aves	En general, las aves son muy móviles y pueden dispersarse. Habrá cambios fenológicos, incluida la migración y la puesta de huevos. Aumento de la competencia por zonas de reproducción Las zonas de reproducción de las aves acuáticas y de las especies costeras serán susceptibles a la reducción de los caudales de agua dulce hacia los humedales, el aumento del nivel del mar y las mareas de tormenta, y el ingreso de agua salada Las mayores especies depredadoras serán vulnerables a los cambios en el suministro de alimentos y las migraciones tempranas o tardías en respuesta a los movimientos del cambio estacional
Reptiles	En el caso de los reptiles hay un rango de movilidad, pero la dispersión suele ser escasa Las temperaturas en ascenso pueden alterar la proporción de sexos; algunas especies pueden estar en capacidad de modificar su uso de microhábitats Las especies que anidan en la costa serán susceptibles al aumento del nivel del mar y las mareas de tormenta
Anfibios	Los anfibios tienen una alta especificidad del hábitat y un rango de características de movilidad y dispersión Las ranas pueden ser los taxones terrestres en mayor riesgo. El efecto del hongo quítrido de los anfibios (*Batrachochytrium dendrobatidis*) puede cambiar con las alteraciones en la susceptibilidad del huésped y la actividad del patógeno El secado y la quema de turberas y de los suelos de turba afectarán a las zonas de reproducción de algunas especies
Peces	Las especies de peces de agua dulce tienen una capacidad limitada para migrar Las especies dulceacuícolas serán vulnerables a una disminución en el caudal y la calidad del agua (incluida la acidez), el aumento de la temperatura del agua y la reducción de la sombra por la vegetación riparia; todas las especies serán susceptibles a los efectos indirectos del calentamiento sobre las redes tróficas cuya base es el fitoplancton Por lo general, las especies marinas son móviles, pero las especies confinadas a los hábitats rocosos o de arrecifes de coral pueden ser menos móviles y así vulnerables a la pérdida de hábitat Las especies son vulnerables a los cambios en las corrientes oceánicas, que de otro modo proporcionan nutrientes y dispersan a los juveniles Hay umbrales de temperatura del mar para la reproducción, y la mayoría de las especies son susceptibles a los efectos del aumento de la acidez sobre el desarrollo de estructuras óseas

Grupo taxonómico	Vulnerabilidad potencial
Invertebrados terrestres	En cuanto a los invertebrados, "se espera que puedan responder mejor que los vertebrados debido a los cortos tiempos de generación, las altas tasas de reproducción y la sensibilidad a las variables climáticas [...] Los insectos voladores como las mariposas pueden adaptarse al cambiar los rangos, si estos no están limitados por las distribuciones de la planta huésped; las especies no voladoras con rangos limitados son susceptibles a un cambio rápido *in situ*" (Steffen *et al.*, 2009, p. 93)
	Los invertebrados de bosques húmedos y ambientes montañosos restringidos pueden verse amenazados a medida que estos hábitats desaparezcan
	Cambios genéticos ya observados en algunas especies de distribución amplia como *Drosophila spp.* e invertebrados herbívoros también afectados por la reducción de la calidad foliar bajo concentraciones elevadas de dióxido de carbono (Steffen *et al.*, 2009, p. 93)
	Los invertebrados acuáticos se verán afectados por la alteración en los caudales y en la calidad y la temperatura del agua. Es probable que las aguas superficiales se vuelvan más ácidas y esto disolverá los exoesqueletos
	Todas las especies marinas con conchas, placas, espículas y tubos de carbonato de calcio se verán afectadas por el aumento en la acidez del océano. El grupo afectado más notable son los corales, pero los impactos del aumento en la acidez serán omnipresentes; con temperaturas crecientes los corales también sufrirán un blanqueamiento
Plantas	Las plantas más longevas, como los árboles, pueden ser muy vulnerables si el cambio climático afecta las oportunidades de reclutamiento y arraigo.
	Las plantas endémicas de rangos limitados serán vulnerables si las condiciones requeridas son poco frecuentes; cuando otros factores como el agua y los nutrientes no sean limitantes, el dióxido de carbono elevado aumentará las tasas de fotosíntesis
	La productividad puede aumentar en algunas regiones gracias a una combinación de aumento del dióxido de carbono y temporadas de crecimiento más prolongadas; los niveles más altos de dióxido de carbono aumentarán la eficiencia del uso del agua, pero es posible que el uso total del agua no disminuya por el decrecimiento del área foliar total y una mayor evaporación del suelo
	La competencia entre plantas C3 y C4 (C3 y C4 se refieren a características evolutivas por la forma en que las plantas capturan dióxido de carbono. Las plantas C3 son más primitivas) puede verse afectada por el aumento en el dióxido de carbono, pero la humedad del suelo puede tener una influencia más fuerte que las rutas metabólicas de la fotosíntesis.
	Los cambios en los regímenes de incendios tendrán un impacto significativo sobre la vegetación
	Los cambios en la fenología de la planta y en los ciclos de vida de los insectos afectarán la polinización y algunas formas de dispersión; la hibridación y la especiación pueden aumentar conforme las plantas sufren cada vez más presión y estrés
	Las plantas acuáticas y marinas pueden verse afectadas por el aumento de la acidez; serán particularmente vulnerables las algas con cortezas, cáscaras, láminas y vainas que contengan carbonato de calcio

Fuente: modificado de Steffen *et al.*, 2009

Cambios en las distribuciones de plantas y animales

Las distribuciones actuales de la mayoría de los organismos vivos (con la notable excepción del *Homo sapiens*) están definidas por parámetros climáticos –condiciones que definen sus nichos (junto con otras características)–. La dinámica poblacional de las especies se desarrolla conforme estos parámetros cambian a nivel local, y la combinación de dispersión y colonización de nuevos hábitats y de extinciones locales da la impresión de que las especies y comunidades se mueven a través del paisaje, aunque el aparente "movimiento" de especies es un resultado de procesos dinámicos complejos. Como regla general, las especies tenderán a moverse a lo largo de los gradientes térmicos que van desde el Ecuador hacia los polos, y desde las elevaciones bajas hacia las más altas. Por ejemplo, un meta-análisis de datos para más de mil setecientas especies (Parmesan y Yohe, 2003) encontró un desplazamiento promedio de 6,1 kilómetros por década hacia los polos, pero un aumento de solo unos metros por década en la elevación, con un avance promedio de los eventos clave de la primavera de 2,3 días por década.

Zarigüeya pigmea de montaña (*Burramys parvus*) de los Alpes australianos: este marsupial en peligro de extinción se encuentra en zonas con nieve de las partes más altas de los Alpes de Australia. Este animal es un verdadero invernante, y es muy probable que se vea afectado por el aumento de las temperaturas y un futuro ambiente sin nieve en los Alpes

Fuente: Oficina de Medio Ambiente y Patrimonio de Nueva Gales del Sur, reproducida con permiso

No obstante, esta regla general se ve complicada por la capacidad de dispersión (en respuesta a los estímulos difiere entre las especies y los grupos taxonómicos), los requerimientos estrictos (algunas especies tienen requerimientos específicos para el tipo de suelo, polinizadores, fuentes de alimento o condiciones climáticas estacionales) y los tipos de hábitats (es posible que los hábitats no sean continuos y no permitan la dispersión incluso para las especies más móviles –de ahí que se necesite una mayor conectividad–. Véase el Capítulo 27). Los administradores de áreas protegidas pueden utilizar modelos bioclimáticos para obtener información sobre cómo pueden redistribuirse las especies y los ensamblajes, pero estos análisis están limitados por la incertidumbre sobre las condiciones climáticas futuras (Yates *et al.,* 2010). Además, es frecuente que las especies se vean más afectadas por combinaciones de factores climáticos, y la mayoría de los modelos bioclimáticos actuales no cuentan con información sobre factores críticos inducidos por el clima como la sequía, las olas de calor y los incendios. Incluso si se contara con proyecciones climáticas muy buenas, existe un conocimiento limitado sobre la interacción entre los factores clave relacionados con el clima y las especies importantes y las relaciones interespecíficas.

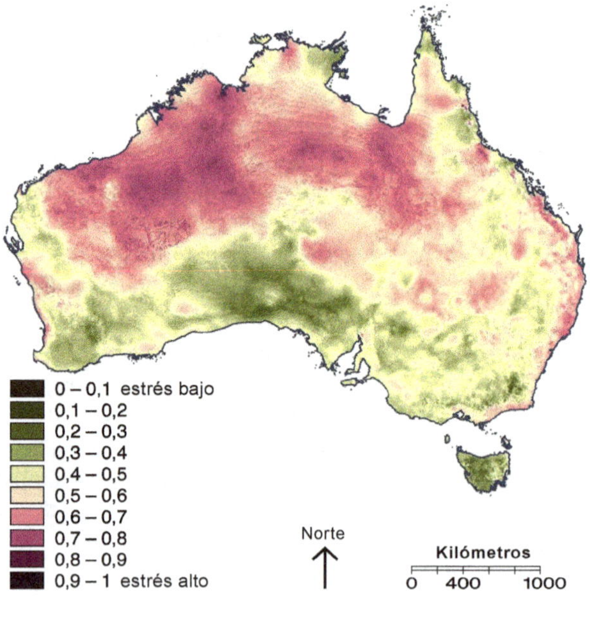

Figura 17.3 Modelado de los impactos del cambio climático sobre las plantas vasculares en Australia, donde el rojo identifica el mayor cambio y el verde el menor cambio

Nota: disimilitud prevista de 2010 a 2030 para la composición de una cuadrícula de un kilómetro en el escenario climático del IPCC "seguir como vamos" (A1FI).

Fuente: adaptado de Ferrier *et al.*, 2010

Para complicar aún más la predicción de los impactos del cambio climático sobre los ecosistemas, cada especie que forma un ensamblaje identificado (una comunidad ecológica) o que contribuye al carácter y función de un ecosistema, responderá de manera diferente a los cambios en las condiciones climáticas. Siempre que exista una fuente de

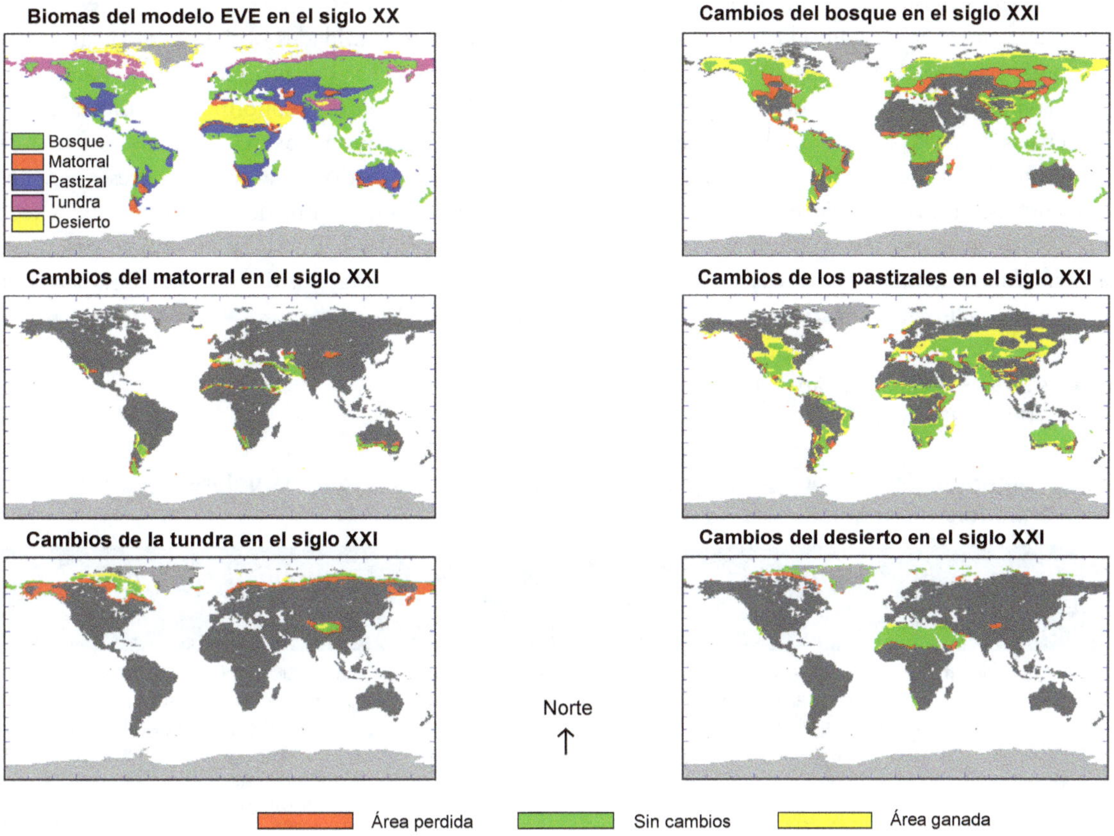

Figura 17.4. Cambios previstos en las distribuciones de cinco biomas principales hasta el final del siglo XXI

Nota: derivado de los mapas de cobertura fraccional con 110 formas de vida del modelo de Ecología de la Vegetación en Equilibrio (*Equilibrium Vegetation Ecology*, EVE), tal como se determinó con las variables del EVE para el escenario "seguir como vamos" del IPCC, en una cuadrícula de 1° × 1°.

Fuente: adaptado de Bergengren *et al.*, 2011

nuevas especies con una funcionalidad equivalente a la de aquellas que se ven obligadas a abandonar del ensamblaje o del ecosistema o son forzadas a desplazarse, ese ecosistema puede mantener su función general. Este proceso puede dar como resultado nuevos ensamblajes y ecosistemas, con combinaciones de especies que no existían antes.

Se ha evaluado el posible grado de cambio en los ensamblajes de especies de plantas vasculares que podría esperarse para Australia en 2030, por ejemplo, bajo un cambio climático severo en el que el verde y el rojo representan la menor y la mayor diferencia en la composición, respectivamente (Figura 17.3). Un punto clave aquí es que se pronostica un cambio y deben tomarse las medidas necesarias.

Cambios en el bioma

Cuando el modelado a nivel del bioma indica la probabilidad de un cambio de un bioma a otro, es frecuente que pueda identificarse un umbral fisiológico vegetal importante. Por ejemplo, la pérdida de tundra producto del aumento de las temperaturas superficiales y la prolongación asociada de la temporada de crecimiento resulta en la invasión por especies de árboles del bosque boreal con un crecimiento más lento. Por este motivo es muy importante identificar los umbrales fisiológicos a través de investigaciones de laboratorio o el monitoreo. Si bien la investigación de otros biomas puede brindar cierta orientación, es un reto aplicar los hallazgos de investigaciones en ecosistemas relativamente menos complejos a ecosistemas relativamente más complejos (McKellar *et al.*, 2010). Por ejemplo, en la Figura 17.4 se ilustran los cambios anticipados para los cinco biomas principales –bosques, matorrales, pastizales, tundra y desierto–.

Implicaciones para los valores que las personas y las comunidades obtienen de las áreas protegidas

Los impactos de los extremos climáticos recientes, como las olas de calor, las sequías, las inundaciones, los ciclones y los incendios forestales, revelan una exposición y una vulnerabilidad significativas de algunos ecosistemas y muchos sistemas humanos frente a la variabilidad climática actual. Los impactos de estos extremos relacionados con el clima incluyen la alteración de los ecosistemas, la interrupción de la producción de alimentos y el suministro de agua, el daño a la infraestructura y los asentamientos, la morbilidad y la mortalidad, y las consecuencias para la salud mental y el bienestar humano. En los países, cualquiera sea su nivel de desarrollo, estos impactos son consistentes con una falta significativa de preparación de algunos sectores frente a la variabilidad climática actual. (IPCC, 2014a, p. 6)

El cambio climático afectará los valores que las personas y las comunidades obtienen de las áreas protegidas. El valor general del mundo natural para los humanos consiste en valores económicos y culturales, y en otros valores no económicos más amplios que pueden ser caracterizados mediante la tipología presentada en el Capítulo 6, y un conjunto de valores culturales reconocidos en el Capítulo 4. En la Tabla 17.3 se describen los impactos representativos del cambio climático sobre estos.

Tabla 17.3 Ejemplos de los impactos de los cambios en el clima sobre los valores que los humanos les confieren a los fenómenos naturales y culturales

Valores naturales de las áreas protegidas (Capítulo 6)	Descripción	Ejemplo de los impactos del cambio climático
Valores de uso directo	Estos valores se refieren al uso directo que hacemos de los valores naturales y de los servicios ecosistémicos, que pueden incluir la extracción de algunos recursos y la pesca	La función del ecosistema puede permanecer inalterada a través del manejo activo, pero con el cambio climático es posible que las especies utilizadas tradicionalmente ya no estén disponibles en la naturaleza
Valores de uso indirecto	Estos valores tienden a estar en una forma más difusa, como el agua limpia de las cuencas hidrográficas, los bosques que ayudan a prevenir avalanchas y la vegetación que evita la erosión del suelo en las laderas empinadas	Los eventos climáticos extremos, las sequías y los incendios catastróficos pueden impactar los bosques y las cuencas hidrográficas y afectar los valores indirectos; puede implementarse una gestión de restauración
Valores de no uso (valores de uso en el futuro)	Estos valores pueden ser valores de opción, que se relacionan con mantener un área en caso de que se necesite en el futuro por sus recursos naturales; el valor de legado de dejar las cosas tal como están para las generaciones futuras, y los valores de existencia que consideramos importantes aunque no nos beneficiemos	Los valores específicos de un área pueden cambiar con el tiempo, aunque se conservará el valor natural general, dado que existe una gestión activa para minimizar las amenazas no naturales
Valores culturales de las áreas protegidas (Capítulo 4)		
Valor estético	Estos valores incluyen percepciones sensoriales tales como forma, escala, color, textura y material del tejido o los olores y sonidos asociados con el lugar y su uso	El entorno del paisaje cultural puede cambiar y esto puede afectar la estética
Valor histórico	El lugar ha influido o ha sido influenciado por una figura, un evento, una fase o una actividad histórica; sitio de un evento importante	El contexto y el escenario de un evento o lugar histórico pueden cambiar
Valor científico/de investigación	Importancia de los datos; rareza, representatividad, grado en que el lugar puede contribuir con información sustancial	Un sitio de referencia científica puede volverse más importante por su rol de línea base para la medición del cambio
Valor social	Cualidades por las que un lugar se convirtió en un foco de sentimiento espiritual, político, nacional u otro sentimiento cultural para un grupo mayoritario o minoritario	El cambio climático puede cambiar las cosas que usted solía hacer, como una playa de la costa transformada en un humedal. Los valores sociales de un sitio pueden cambiar
Valor espiritual	Se usa para capturar el vínculo entre los humanos y el entorno/lugar natural. Es más específico que los valores sociales o estéticos	Los valores espirituales de un lugar pueden verse disminuidos, como en el caso de la falta permanente de agua en un pozo

En el futuro, estos cambios en los valores naturales y culturales podrían significar que, bajo ciertas circunstancias, existan desafíos ambientales tensos acompañados de presiones sociales y políticas para responder a ellos. Para ilustrar esto, describimos algunos impactos del cambio climático que en el futuro afectarán a las personas y a las comunidades, así como los tipos de respuestas con las que podrían estar asociados los administradores de áreas protegidas (Tabla 17.4). Aquí hay un mensaje de fondo muy claro. Trabajar con la población local y como parte de una comunidad local será más necesario que nunca, ya que esto ayudará a que las comunidades valoren y respalden plenamente las cualidades especiales y los beneficios intergeneracionales de las áreas protegidas.

En su mayoría, los administradores de áreas protegidas estarán plenamente conscientes de la necesidad de trabajar con las comunidades (Capítulo 12). Además, la experiencia en la gestión de recursos naturales de los administradores de áreas protegidas puede ser especialmente valiosa para las comunidades locales, particularmente en áreas rurales y remotas: "las agencias de áreas protegidas tienen el potencial de ser grandes facilitadores del manejo de los recursos naturales en un paisaje más amplio, con una contribución a la adaptación sectorial y comunitaria" (Dudley *et al.*, 2010, p. 93).

Tabla 17.4 Ejemplos de los impactos del cambio climático y del trabajo con las comunidades

Impacto del clima	Impacto potencial sobre la región y las comunidades	Trabajo con las comunidades en la gestión de las áreas protegidas
Inundación marina	A medida que aumentan los niveles del mar y conforme los efectos de las mareas de tormenta afectan aún más el interior, las comunidades, las industrias y las infraestructuras costeras se desplazan gradualmente	Existe la necesidad de un trabajo cooperativo constante con las comunidades para mantener el apoyo respecto a la conservación de las áreas protegidas remanentes en la localidad (no inundadas). Los administradores de áreas protegidas trabajarían con las comunidades para ayudar con el restablecimiento funcional de asentamientos, industrias e infraestructura
Sequía extrema y prolongada	Las fuentes y sistemas existentes de suministro de alimentos y agua se ven afectados, y es posible que se necesiten acuerdos alternativos a corto plazo	Los administradores tendrán que trabajar con las comunidades locales para ayudar con las necesidades de apoyo. Se necesitarán programas efectivos de educación e información a largo plazo para ayudar a que las comunidades locales comprendan y respeten las áreas protegidas que sufren estrés por la sequía, y la vida silvestre en ellas también necesita una protección especial durante los tiempos de sequía
Migración proveniente de otras regiones	Las personas desplazadas significarán un aumento en el número de población local, lo cual podría resultar en un aumento en el uso ilegal de los recursos naturales de las áreas protegidas	Los administradores tendrán que trabajar estrechamente con las organizaciones estatales, nacionales y de ayuda, y con los funcionarios locales, para ayudar con las necesidades de bienestar de las personas desplazadas, así como con los requisitos especiales de protección de las reservas. Hasta que se establezca el orden, podrían establecerse alianzas con el Ejército para satisfacer las necesidades de protección a corto plazo
Pérdida o reducción de la cubierta perpetua de hielo y nieve del glaciar	Los suministros de agua de ríos perennes a efímeros pueden perderse o reducirse, lo que afecta la seguridad de los suministros de agua regionales, incluida el agua necesaria para el riego	Los administradores deberán trabajar con las autoridades locales para ayudar con el manejo del agua disponible desde el área protegida, de una manera que apoye a las comunidades locales y que sea consistente con las necesidades de conservación del área protegida
Eventos extremos: tormentas, vientos	Las tierras y las aguas dentro y fuera de las áreas protegidas pueden sufrir daños debido a la naturaleza extrema de las tormentas y de los fenómenos meteorológicos	Los administradores deben no solo ser una parte integral de la respuesta de la comunidad a los incidentes, sino también ayudar con la recuperación (Capítulo 26)

Generación de electricidad renovable: parte de un parque eólico en operación, South Gippsland Hills cerca de Toora, Victoria, Australia

Fuente: Graeme L. Worboys

Uno de los vehículos híbridos de gasolina y electricidad de la flota de Parks Canada (con su tecnología para una emisión más baja de gases de efecto invernadero), Parque Nacional Banff, Canadá

Fuente: Graeme L. Worboys

Mitigación del cambio climático

Dado que las implicaciones del cambio climático son tan trascendentales, tan insidiosas para la vida en la Tierra y tan amenazantes para la prosperidad y el bienestar de los humanos, este libro asume de manera optimista que prevalecerán los intereses de un bien mayor para la generación actual y las del futuro, y las naciones de la Tierra reducirán sus emisiones de gases de efecto invernadero muy por debajo de los peligrosos niveles actuales. Todos tendrán que hacer su parte. Los administradores de áreas protegidas son gestores del medio ambiente, y de hecho, deben liderar con el ejemplo. Esto es especialmente importante para el cambio climático. Como un principio esencial, los administradores deberían, donde y cuando sea posible, minimizar la cantidad de gases de efecto invernadero que generan.

Minimización de las emisiones de gases de efecto invernadero

Un papel de liderazgo respecto a las operaciones de bajas emisiones dentro de la gestión de áreas protegidas incluye la reducción de los usos directos e indirectos de la energía derivada de los combustibles fósiles. Este enfoque necesita desarrollar un plan de acción que incluya tantos de los siguientes puntos como sea posible:

- Establecer e implementar objetivos de reducción de emisiones para toda la organización.
- Utilizar mecanismos oficiales para la compensación de las emisiones de carbono, como las plantaciones de reforestación biodiversas dentro del sistema de áreas protegidas, para responder al consumo de energía inevitable, como el uso de aeronaves durante incidentes o para viajes oficiales.
- Implementar políticas de compra tales como la compra de electricidad verde; cambiar la flota de vehículos (cuando sea práctico) a vehículos eléctricos, híbridos o de bajo consumo de combustible, y realizar evaluaciones del ciclo de vida (consumo de energía) de los productos antes de la compra.
- Como parte de la planeación operacional, llevar a cabo evaluaciones del consumo de energía como fundamento para minimizar las emisiones (Capítulo 24), incluidas:
  - Implementar políticas de diseño que incluyan edificaciones eficientes con energía solar y edificaciones que requieran un bajo consumo de energía para la calefacción y la refrigeración.

- Uso de fuentes de energía alternativas, como la energía solar y la energía eólica.
- Proporcionar al personal, si procede, un transporte oficial con vehículos de bajo consumo de energía para el acceso desde y hacia los centros de trabajo.
- Emprender una campaña interna de sensibilización para el personal de la organización sobre la reducción del consumo de energía y fomentar planes de acción personales de los empleados para el mismo fin.
- Reducir la generación de residuos a través de políticas de compra, reutilización y reciclaje y, en consecuencia, reducir el consumo de energía para la eliminación de residuos.
- Reducir el consumo de agua y, en consecuencia, reducir la energía utilizada para suministrar agua.
- Emprender la quema de reducción de combustible para la gestión de incendios después de estimar las emisiones producidas, y planear y abordar las posibles metodologías alternativas.

Gestión para la mitigación en áreas protegidas

Una gestión de áreas protegidas que sea sensible al clima puede contribuir a los esfuerzos mundiales de mitigación del efecto invernadero mediante la captura y el almacenamiento de carbono en los bosques, las turberas, las aguas continentales y marinas, los pastizales y los sistemas agrícolas. Todos estos son depósitos importantes de carbono, pero pueden perder fácilmente aquel que han almacenado como resultado de los cambios en el uso de la tierra y el agua. La gestión eficaz de las áreas protegidas puede ayudar a garantizar que sigan actuando como absorbentes netos de carbono ("sumideros de carbono") en lugar de convertirse en fuentes de emisiones de este elemento. Tales acciones pueden incluir:

- Restauración de turberas y humedales deteriorados.
- Desarrollo de una comprensión clara de la dinámica del carbono de las comunidades vegetales, y la gestión responsable de los incendios para proteger las reservas de carbono.
- Realizar la quema programada para reducir los combustibles (como en el norte de Australia) y así evitar que se presenten incendios más intensos cuando las condiciones climáticas favorables al fuego sean más adversas (lo cual conduce a mayores emisiones de dióxido de carbono).
- Manejar las comunidades de pastos marinos para que no se vean afectadas por la perturbación o la contaminación.

Humedal muy perturbado, Pilot Wilderness, Parque Nacional Kosciuszko, Nueva Gales del Sur, Australia. Sin perturbaciones, estos humedales de turba, que son ricos desde el punto de vista orgánico, retienen carbono en su entorno montañoso del área protegida y ayudan a conservar las zonas de captación de agua. A pesar de algunas medidas de control, el número de caballos salvajes, que son una plaga en este sitio, creció en la década de 2010 y perturbaron considerablemente este y otros humedales en los ambientes subalpinos de Kosciuszko

Fuente: Graeme L. Worboys

- Manejar los bosques antiguos para brindar una protección adicional contra las perturbaciones.

Se requiere una mayor comprensión de los procesos y ciclos del carbono en todos estos sistemas, y esto debería ser una prioridad de investigación y gestión para muchas áreas protegidas.

Manejo de la adaptación

El manejo para la adaptación al cambio climático significa pensar de manera un poco diferente sobre la forma en que asumimos la gestión y manejo de las áreas protegidas, dado que las prácticas de implementación se introducen en un entorno dinámico de cambio climático. El IPCC define las prácticas de adaptación como un "ajuste de los sistemas naturales o humanos en respuesta a estímulos climáticos reales o esperados, o a sus efectos, que atenúa los efectos perjudiciales o explota las oportunidades benéficas" (IPCC, 2007, p. 720). Sin embargo, las áreas protegidas bien gestionadas tienen una ventaja, ya que "una buena red de áreas protegidas libres de otras presiones es una de las mejores adaptaciones de la sociedad y la naturaleza al cambio climático" (Welch, 2005, p. 90).

A nivel internacional, dos importantes enfoques de adaptación se han puesto en operación: respuestas de adaptación basadas en ecosistemas (Cuadro 17.4) y enfoques de adaptación basados en la comunidad (Cuadro 17.5). Ambos son potencialmente relevantes para las áreas protegidas. Estos dos enfoques tienen cierta superposición, y podría preferirse un enfoque integrado que incluya algunos elementos esenciales de ambos.

Para garantizar su sostenibilidad y ayudar a lograr su apropiación por parte de las comunidades locales, las estrategias de adaptación deben integrarse en los marcos de planeación locales, regionales y nacionales (y a veces internacionales). Para las áreas protegidas, las prácticas de adaptación suelen ser una parte integral de la gestión de áreas protegidas –aunque con un propósito muy claro y bien fundamentado–. Es importante tener claro qué objetivos buscan las prácticas de adaptación al cambio climático.

Objetivos bajo consideraciones de cambio climático

Dunlop *et al.* (2013) brindan una orientación importante para que en la gestión de la adaptación se establezcan unos objetivos "bajo consideraciones de cambio climático". El enfoque de estos investigadores ayuda a que los profesionales de las áreas protegidas conceptualicen los problemas del cambio climático en cuestión y enmarquen los tipos de respuesta adaptativa de la gobernanza y la gestión que se necesitan. Prepararse para la adaptación al cambio climático es una tarea crucial. Las condiciones cambiantes significan que en el futuro serán muy diferentes las necesidades de gestión y las características de las áreas protegidas de un país. Es crítico que se evalúen los objetivos estratégicos bajo consideraciones de cambio climático y, en parte, esto se relaciona con identificar lo que es realmente posible y práctico en un mundo que cambia rápidamente. Los resultados de biodiversidad que puedan lograrse de manera factible –los fines de la gestión de la conservación– están limitados fundamentalmente por el cambio climático:

> [La] adaptación debe incluir la reevaluación de los resultados previstos o de los objetivos de conservación de la biodiversidad que se articulan en los documentos estratégicos de conservación.

Cuadro 17.4 Adaptación basada en ecosistemas

La adaptación basada en ecosistemas integra el uso de la biodiversidad y los servicios ecosistémicos en una estrategia general que ayude a las personas a adaptarse a los impactos adversos del cambio climático. El objetivo de esto es reducir la vulnerabilidad y aumentar la resiliencia frente a los efectos del cambio climático. Este es un enfoque de adaptación natural que se compara directamente con las iniciativas de adaptación centradas en el uso de tecnologías e infraestructuras resilientes al cambio climático. Como amortiguadores naturales, los ecosistemas suelen ser más baratos de mantener y a menudo son más efectivos que las estructuras de ingeniería física como diques o muros de concreto. Asimismo, las personas pobres en zonas rurales pueden acceder fácilmente a los ecosistemas y estos pueden integrarse fácilmente en la adaptación basada en la comunidad. Este trabajo de adaptación puede incluir:

- Gestión del uso sostenible.
- Conservación de los ecosistemas.
- Restauración de ecosistemas.

Fuente: Colls *et al.*, 2009

Cuadro 17.5 Adaptación basada en la comunidad

La adaptación basada en la comunidad se trata de ayudar a las personas. Esta adaptación asume una perspectiva local y se enfoca en aquellas comunidades que son particularmente vulnerables al cambio climático de acuerdo con los pronósticos de cómo este afectará el medioambiente local y los activos y capacidades de una comunidad. El objetivo es permitir que la comunidad comprenda e integre el concepto de riesgo climático en sus actividades de subsistencia a fin de aumentar su resiliencia a la variabilidad climática inmediata y al cambio climático a largo plazo. La diferencia entre un proyecto de adaptación basado en la comunidad y un proyecto de desarrollo estándar no está en la intervención, sino en la forma en que se desarrolla la intervención, por qué se desarrolla y con qué conocimientos. Un objetivo principal es mejorar la capacidad de las comunidades locales para adaptarse al cambio climático.

Fuente: Enser y Berger, 2009

Por objetivos nos referimos a las declaraciones de resultados para la biodiversidad que la sociedad desea y que la administración debe enfocarse en tratar de alcanzar. Estos objetivos se incluyen en múltiples etapas de la política, la planeación y el proceso de implementación de

Cuadro 17.6 Objetivos de conservación bajo consideraciones de cambio climático en el contexto de un paisaje

[Texto incluido para estimular el interés y la discusión sobre el concepto de los objetivos bajo consideraciones de cambio climático y su posible uso en las áreas protegidas].

Al considerar e interpretar los objetivos de conservación bajo consideraciones de cambio climático y el ciclo de políticas (Figura 17.5) para paisajes de tenencias múltiples, es importante tener en cuenta los siguientes puntos resumidos de Dunlop *et al.* (2013). Estos autores recalcan que establecer objetivos bajo consideraciones de cambio climático consiste en repensar el futuro y ajustar la gestión para enfrentar estos nuevos futuros.

- Las acciones de manejo son los medios para alcanzar los resultados de los fines de biodiversidad, y los objetivos de conservación son declaraciones de los fines deseados.
- Los objetivos son herramientas que ayudan a diagnosticar hasta qué punto las políticas y la planeación están preparadas para el cambio climático, y también ayudan a definir la naturaleza de la tarea de acomodar las proposiciones del cambio climático dentro de varios procesos de toma de decisiones con sus múltiples aportaciones y limitaciones.
- El proceso de revisión de la política y la planeación será mucho más complejo que una simple actualización de objetivos: puede llegar a ser un proceso de varias décadas y dependerá del contexto específico de las diferentes instituciones. Pensar en la necesidad de recalibrar los objetivos y en los factores que hacen que estos atiendan consideraciones sobre cambio climático ayudará a desarrollar la capacidad de los responsables de la toma de decisiones, las partes interesadas y los investigadores, para comenzar a abordar el problema.
- Los objetivos bajo consideraciones de cambio climático pueden ser muy diferentes de los objetivos actuales.
- Los objetivos de las políticas deben reflejar no solo las metas sociales, sino también las aspiraciones y las preferencias de la comunidad, en especial cuando se planea una política de adaptación; este paso de enmarcación en el ciclo de la política se conoce como "valores comunitarios de la biodiversidad" (Figura 17.5).
- Los valores dentro de este enfoque no se refieren a activos de biodiversidad (que podrían ser valiosos) ni a valores monetarios (del mercado o no); se refieren a preferencias y aspiraciones que son productos de la relación entre las personas y la naturaleza.
- Se espera que dichos valores cambien como resultado de la comprensión de las personas sobre el cambio de la naturaleza, incluida la comprensión

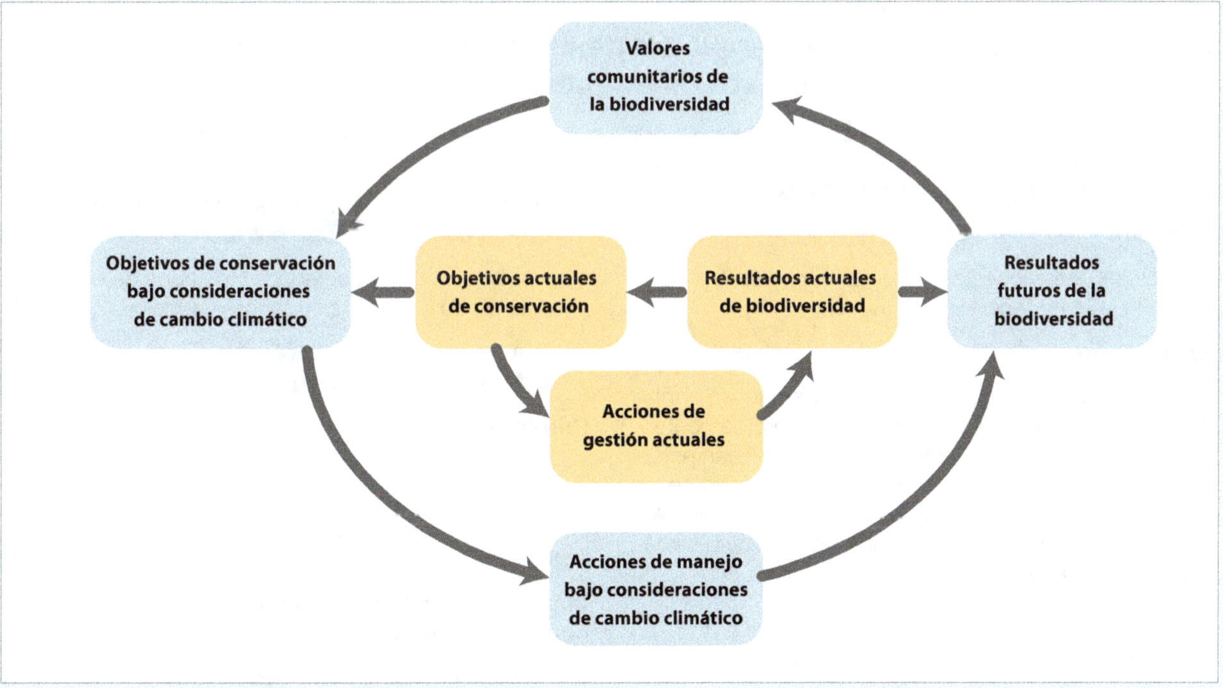

Figura 17.5 El ciclo de la política de conservación

Nota: el ciclo incorpora objetivos recalibrados que describen resultados de biodiversidad deseados y factibles que conducen a una gestión actualizada y a resultados revisados.

Fuente: Dunlop *et al.*, 2013, p. 20

de la inevitabilidad de varios cambios en las especies, los ecosistemas y los paisajes.

- Los valores comunitarios de la biodiversidad son aspectos motivacionales fundamentales para la conservación. Los objetivos de conservación bajo consideraciones de cambio climático son el producto de recalibrar los resultados de conservación actuales para que reflejen los resultados de biodiversidad que son técnicamente viables y socialmente deseables dentro del cambio climático futuro. Para las áreas protegidas, esto incluiría una sociedad que desea hacer una gestión enfocada en la retención de los procesos ecosistémicos naturales y la biodiversidad asociada.
- Las acciones de gestión bajo consideraciones de cambio climático son el conjunto de actividades necesarias para implementar los nuevos objetivos; es posible que sean tipos de acciones similares, pero que podrían implementarse de diferentes maneras y en diferentes lugares para diferentes fines. Los resultados futuros de la biodiversidad son el resultado de una nueva gestión, de las amenazas cambiantes, de los impactos del cambio climático y de otros factores.

Se han desarrollado criterios preliminares para evaluar hasta qué punto los objetivos de conservación de la biodiversidad pueden atender consideraciones sobre cambio climático, los cuales son aplicables a todos los objetivos (prospectivos) que busquen conservar la biodiversidad frente a cualquier amenaza, no solo a los que aborden específicamente el cambio climático. De esta manera, abordar el cambio climático se integra en la conservación como un todo. Estos criterios preliminares para evaluar el estatus de "bajo consideraciones de cambio climático" de los objetivos de conservación son los siguientes.

- o El objetivo se adapta a grandes cantidades de cambios ecológicos y a la probabilidad de una pérdida significativa de la biodiversidad inducida por el cambio climático.
- o El objetivo sigue siendo relevante y factible bajo el rango de posibles trayectorias futuras del cambio ecológico.
- o Los objetivos (como un conjunto) buscan conservar las múltiples y diferentes dimensiones de la biodiversidad que la sociedad experimenta y valora.

- Los objetivos deben ser lo suficientemente detallados para cumplir explícitamente con los criterios, y no simplemente ser consistentes con ellos.

Fuente: adaptado de Dunlop *et al.*, 2013, pp. 19-20

Cuadro 17.7 Objetivo de conservación de especies "bajo consideraciones de cambio climático" en el contexto de un paisaje

[Texto incluido para estimular el interés y la discusión sobre el concepto de los objetivos bajo consideraciones de cambio climático y su posible uso en las áreas protegidas].

Objetivo

Reducir las extinciones de especies a medida que cambian la abundancia y la distribución.

Explicación

El objetivo reconoce de manera explícita que las poblaciones de especies pueden variar considerablemente con el tiempo, y que a medida que se produzcan estos cambios, puede ser factible reducir la posibilidad de que las especies se extingan, pero también es inviable prevenir todas las extinciones debidas al cambio climático (y a otras amenazas).

Problemas conceptuales

- ¿Cuánta reducción se busca en la extinción?
- Hibridación: un posible mecanismo para que los genes sobrevivan, pero actualmente se reconoce como una amenaza.
- La distribución cambia en las diferentes comunidades ecológicas: bueno para las especies móviles, pero puede ser una amenaza para la comunidad existente.
- ¿Qué niveles son deseables respecto a la riqueza y el recambio de especies entre los sitios?
- ¿Cuánto valora la sociedad otros tipos de diversidad (niveles taxonómicos superiores, funcionales, etc.)?
- ¿La presencia de cualquier especie es aceptable en cualquier lugar, en cualquier abundancia?

Pérdidas residuales

Dada la aceptación de que cierto nivel de extinción es inevitable, habrá pérdidas a causa de los cambios en la abundancia y las distribuciones de las especies, al igual que pérdidas asociadas con las especies que se extingan.

Manejo de especies bajo consideraciones de cambio climático

- Mantener el hábitat en una amplia variedad de tipos de ambiente (de tal manera, con suerte, que las especies puedan encontrar un hábitat adecuado en algún lugar del paisaje conforme se muevan en respuesta al cambio climático).

- Minimizar el impacto de otras amenazas (plagas, malezas, pérdida y degradación del hábitat, extracción de agua), de tal manera que las especies tengan menos competencia para establecer poblaciones en áreas nuevas (y tengan la posibilidad de continuar en sus distribuciones actuales).
- Mantener y mejorar la conectividad de la vegetación y de las vías fluviales para facilitar el movimiento de las especies hacia áreas donde puedan sobrevivir mejor.
- Proteger los refugios para ayudar a las especies a sobrevivir a una mayor variabilidad y a extremos climáticos y ambientales.
- Proteger a las poblaciones actualmente alejadas como fuentes potenciales para poblaciones en áreas nuevas.

Consideraciones sociales

Las especies y el lugar están fuertemente relacionados, y esto tiene el potencial de ser una barrera para la adopción del objetivo bajo consideraciones de cambio climático. Si es inevitable cierto nivel de extinción, ¿cómo se toman decisiones sobre qué especies se conservan? ¿Cómo puede la comunidad evaluar el éxito si la pérdida de una cantidad (incierta) es inevitable?

Consideraciones institucionales

Es necesario desarrollar formas no espaciales o espacialmente más dinámicas para caracterizar las especies y sus futuras necesidades de conservación. Existe una gran cantidad de trabajos dedicados a la caracterización de los patrones de diversidad, pero es más complejo traducir esto en formas que puedan incorporarse en los objetivos o las prioridades.

Fuente: resumido de Dunlop *et al.*, 2013

Cuadro 17.8 Objetivo de conservación de "ecosistema" bajo consideraciones de cambio climático en el contexto de un paisaje

[Texto incluido para estimular el interés y la discusión sobre el concepto de los objetivos bajo consideraciones de cambio climático y su posible uso en las áreas protegidas].

Objetivo

Mantener la salud del ecosistema conforme cambian el tipo, la composición, la estructura y la función.

Explicación

El objetivo se centra en la calidad o la salud de un ecosistema que se encuentre en una ubicación particular, con el tipo específico de ecosistema en dicha ubicación visto como transitorio. Esto reconoce explícitamente que los cambios en la abundancia y la distribución de las especies, así como los cambios en los regímenes de perturbación, afectarán la composición, la estructura y la función de los ecosistemas –que son las características que lo definen–. No obstante, existe un concepto intuitivo de que cualquier tipo de ecosistema podría estar en una condición más saludable o más degradada, y a medida que cambia el tipo, sería deseable que una ubicación pasara de tener un ecosistema saludable del tipo actual a un ecosistema saludable de un nuevo tipo en lugar de una versión degradada del tipo original (o del tipo futuro). La salud del ecosistema podría verse como el potencial del mismo para proporcionar servicios ecosistémicos.

En este objetivo, "ecosistema" se refiere al sistema de los procesos ecológicos que interactúan y los organismos individuales. Como tal, un ecosistema podría ser pequeño (un parche de vegetación) o muy grande. Este objetivo se enfoca en la biodiversidad de una ubicación, ya que esta viene y va y cambia, no en el destino en otro lugar de las especies individuales o de los tipos de ecosistemas que se encuentran actualmente en la ubicación.

Problemas conceptuales

- El objetivo se refiere a las propiedades de los ecosistemas que las personas experimentan y valoran directamente, no a la gestión de los ecosistemas para la conservación de las especies per se.
- ¿Cómo debe definirse la salud del ecosistema? ¿Qué parámetros deberían incluirse?
- De acuerdo con la tasa de cambio, cierta pérdida de salud podría ser inevitable durante la transición (continua).
- Si el cambio en el tipo se considera aceptable, debido a que es inevitable bajo el cambio climático, ¿qué magnitud en el cambio de tipo debido a las actividades humanas también es aceptable?
- ¿Cómo deben determinarse los puntos de referencia para la salud de los ecosistemas nuevos o en transición?
- Si bien la salud de los ecosistemas se aplica a todos ellos, ¿qué lugares podrían tener mayor prioridad? En todos los sitios, ¿deberíamos aspirar a ejemplos de una salud del ecosistema muy buena o de una salud del ecosistema aceptable?

Pérdidas residuales

Las pérdidas residuales en este objetivo surgen de los cambios en los tipos de ecosistemas que se encuentran en lugares específicos y potencialmente de la medida en que algunos tipos de ecosistemas se reducen o desaparecen por completo. También puede darse cierta pérdida de valor asociada con algunas reducciones en la salud de los ecosistemas cuando entran en una fase de transición continua en respuesta al cambio climático continuo, de modo que esencialmente siempre están fuera de equilibrio con el clima del día.

Manejo de los ecosistemas bajo consideraciones de cambio climático

- Gestionar las perturbaciones para evitar el degaste de los parámetros clave (como el suelo, las estructuras tróficas, la productividad primaria).
- Limitar la "sobredominancia" de especies clave (monocultivos, depredación excesiva).
- Manejar las presiones extractivas (como el pastoreo, la recolección).
- Hacer una gestión de la diversidad de tipos funcionales y de la redundancia ecológica.
- Procurar la resiliencia de los procesos clave.

Consideraciones ecológicas

- Una definición acordada de la salud del ecosistema. Muchos aspectos que pueden alinearse intuitivamente con la salud están bien definidos ecológicamente (como la riqueza de especies, la diversidad funcional, la productividad primaria y la respuesta a las perturbaciones).
- Una variedad de medidas relacionadas con la salud del ecosistema (como la condición) que está desacoplada del tipo de ecosistema.
- Definir puntos de referencia adecuados a medida que cambia el clima. Algunos puntos de referencia cambiantes podrían ser predecibles a partir de la teoría actual, los modelos mecanicistas y el análisis estadístico de patrones, como la productividad primaria potencial o la riqueza de especies.
  Sin embargo, no está claro si estas predicciones o la extrapolación de climas contemporáneos similares serán lo suficientemente precisas o realmente adecuadas.

Consideraciones sociales

¿Qué parte del valor que tiene el ecosistema en un lugar se asocia con el tipo de ecosistema y con su salud? ¿Qué tanto importa a nivel social la tasa de cambio en el tipo? ¿Qué tanto afecta la familiaridad con el ecosistema actual a las percepciones del cambio en el tipo y la salud?

Consideraciones institucionales

Existen muchas mediciones diferentes que son relevantes para la salud de los ecosistemas, pero pocas están lo suficientemente bien caracterizadas como para brindar herramientas simples que puedan desarrollarse de manera efectiva dentro de las instituciones.

Fuente: resumido de Dunlop *et al.*, 2013

Cuadro 17.9 Objetivo de conservación de "paisaje" bajo consideraciones de cambio climático

[Texto incluido para estimular el interés y la discusión sobre el concepto de los objetivos bajo consideraciones de cambio climático y su posible uso en las áreas protegidas].

Objetivo

Mantener un equilibrio entre la dominación humana y natural de los procesos ecológicos, conforme cambian los ecosistemas y los usos de la tierra/agua.

Explicación

La intención de este objetivo es centrarse en la cantidad de naturaleza en un paisaje, con los ecosistemas nativos particulares y los usos humanos en el paisaje vistos como transitorios. Esto reconoce los paisajes como lugares con una mezcla de influencias naturales y humanas, y se centra en el equilibrio entre tales influencias. Al igual que el objetivo del ecosistema, este se basa en el lugar, pero aquí se reconoce que tiene múltiples tipos de ecosistemas (incluidos los naturales y humanos) y no se centra en la calidad sino en la "cantidad de naturaleza" entre estos diferentes ecosistemas o la cantidad de recursos disponibles para la naturaleza. Mientras que el objetivo del ecosistema se relaciona con la capacidad de un lugar para proporcionar servicios ecosistémicos, este objetivo se relaciona más con la cantidad de servicios ecosistémicos que brinda el paisaje. El objetivo puede aplicarse a cualquier escala –por ejemplo, un continente o un patio trasero urbano–.

Problemas conceptuales

El objetivo es sobre las propiedades de los paisajes que las personas experimentan y valoran directamente, no sobre la gestión de paisajes para la conservación de las especies *per se*.

- ¿Qué "equilibrio" de dominación humana y natural es el correcto? Si bien es evidente que esta es una pregunta importante para la sociedad, este objetivo se centra en el impacto sobre el equilibrio de las alteraciones debidas al cambio climático. Cuando el equilibrio (no solo los tipos) afecta la forma en que las personas experimentan y valoran un paisaje, quizás sea deseable que cualquier cambio en el equilibrio se maneje (detenga, reduzca o estimule) en lugar de simplemente permitir que ocurra.
- El cambio climático podría empujar el equilibrio hacia una dominación más o menos natural. Cualquiera puede ser deseable.

- ¿Es importante el patrón de actividades naturales y humanas, y cómo estas se distribuyen en el paisaje, así como sus cantidades relativas?
- ¿Qué aspectos de los ecosistemas, de los procesos ecológicos y de los impactos humanos deberían usarse para juzgar en qué medida están dominados de forma natural? ¿Cómo debe considerarse el impacto humano sobre la variación (como los regímenes del caudal)? ¿Cómo pueden considerarse los impactos sobre los paisajes visuales y los paisajes sonoros?

Pérdidas residuales

Las pérdidas residuales en este objetivo surgen de los cambios en los tipos de ecosistemas y de los usos del suelo y el agua que ocurren en el paisaje. Es evidente que en muchos paisajes se valoran los tipos de ecosistemas específicos y los usos humanos, y el cambio en estos llevará a algunas pérdidas.

Gestión de paisajes bajo consideraciones de cambio climático

- Comprender los impulsores institucionales y físicos de equilibrios particulares en los paisajes, y su sensibilidad al cambio climático, tanto directamente como a través del cambio en el uso de la tierra y el agua.
- Reservar los recursos de suelo y agua para la biodiversidad.
- Incluir la naturalidad de los ríos y ecosistemas seminaturales en la cuantificación del equilibrio del paisaje (en lugar de simplemente el área del hábitat nativo frente al área despejada).
- Mantener influencias naturales sobre la variabilidad en los sistemas hidrológicos y los regímenes de perturbación.
- Ajustar la recolección (de madera, pesca, pastoreo) en respuesta a la productividad cambiante.

Consideraciones sociales

El sentido de apego al lugar es un concepto poderoso en la cultura; ¿Cuánto de esto está ligado a tipos de ecosistemas familiares, en oposición a un equilibrio? Si los tipos cambian, ¿cuánta de esta conexión puede permanecer? ¿Vale la pena retener el equilibrio si los tipos cambian?

Consideraciones institucionales

Existen pocas herramientas de fácil acceso para caracterizar eficazmente el grado de influencia humana y natural a lo largo del espectro de equilibrio en un paisaje.

Fuente: resumido de Dunlop *et al.*, 2013

Cuadro 17.10 La asignación de prioridad a las especies, los ensamblajes y los ecosistemas para la investigación de la adaptación y la gestión de la conservación

[Una posible "primera etapa" del marco relacionado con las consideraciones sobre cambio climático en el contexto de la gestión de especies].

Para gestionar con éxito los desafíos de adaptación se requerirán considerables investigaciones ecológicas y de restauración específicas del área protegida. En muchas áreas protegidas será difícil determinar y articular de manera clara los requerimientos de investigación y, cuando estos se identifiquen, será difícil abordarlos en el corto plazo. En términos de la biodiversidad, la asignación de prioridad a las especies, los ensamblajes y los ecosistemas para la investigación y la conservación pueden apoyarse en un enfoque de sistemas expertos, tal como se describe más adelante. Cabe señalar que esta "primera etapa" en un enfoque de pensamiento para abordar las especies no incluye consideraciones sociales ni políticas y que estas serían un insumo crítico para cualquier decisión final sobre la acción de manejo.

Asignación de especies a un espacio de respuesta de gestión de la adaptación

Este marco conceptual (Figura 17.6) brinda un punto de partida útil para priorizar acciones, pero debe reconocerse que la asignación de especies a estas categorías no es simple. La resiliencia o la capacidad adaptativa depende de tres factores que interactúan: las características ecológicas innatas (como los rasgos del ciclo de vida); la variación genética, que confiere el potencial de una respuesta evolutiva adaptativa, y la plasticidad, que puede amortiguar el impacto del cambio climático, ampliar la tolerancia ambiental o brindar tiempo para que se den la evolución adaptativa y los cambios de rango. Por consiguiente, la asignación de taxones en el marco debe ser un proceso iterativo, que tenga en cuenta la opinión experta y los datos históricos disponibles, y que luego haga una verificación cruzada con las investigaciones sobre las áreas mencionadas para aquellas especies que se consideren más importantes en el sistema.

El marco

Al combinar la opinión de expertos, los datos históricos comparados con datos contemporáneos y las investigaciones sobre las características ecológicas y la capacidad adaptativa, es posible asignar las especies a un espacio de "adaptación" con ejes que represente la importancia funcional y la resiliencia (pero véase la advertencia más adelante).

Eje x

El eje x representa la contribución funcional del taxón al ecosistema. Los taxones puntuarían como de alta importancia funcional si fueran especies clave o muy abundantes y con grandes contribuciones a la función del ecosistema.

Eje y

El eje y representa la resiliencia (o capacidad adaptativa) de un taxón. Los taxones tendrían un puntaje bajo si ya muestran signos de disminución en la abundancia, retraso en el crecimiento o en la reproducción, o un aumento de la sensibilidad a las plagas y enfermedades. Además, es posible que en el lado bajo de este eje caigan los taxones conocidos por tener una baja variación genética o límites ambientales estrechos. Los taxones que no muestren los impactos actuales del cambio climático o que estén aumentando en la comunidad calificarían como altamente resilientes. Desde una perspectiva de la gestión, la identificación de estas categorías proporciona un punto de partida para la asignación de acciones de conservación y manejo.

Cuadrante I

Los taxones que caen en el cuadrante I son resilientes y funcionalmente importantes. Tales taxones deberían ser las especies "fundamentales" para los esfuerzos de restauración. Aunque las acciones de protección y conservación suelen pasar por alto los taxones comunes, tales especies son importantes para mantener en una conservación *ex situ* y sobre las cuales obtener información biológica básica, ya que pueden desempeñar un papel clave en la respuesta a las perturbaciones generadas por el cambio climático. La información biológica básica podría incluir una mejor comprensión de las tolerancias ambientales de la especie y de los patrones de variación genética dentro de la misma.

Cuadrante II

Los taxones que caen en el cuadrante II son actualmente de gran importancia funcional, pero muestran señales de impactos negativos generados por el cambio climático. Estos taxones deben pensarse como especies para las que puede considerarse un "rescate genético". Por otro lado, estas son especies que probablemente serán reemplazadas en la comunidad y debe considerarse una preparación para este cambio. En algunas de estas especies es posible que exista una variación genética que ofrezca una mayor resiliencia y, cuando sea posible, tales variantes deberían favorecerse para la conservación y la restauración (Flecha A).

Cuadrante III

Los taxones que caen en el cuadrante III son en apariencia muy resilientes, pero actualmente desempeñan un pequeño papel funcional en el sistema. El cambio climático indirectamente –o directamente a través de la gestión– puede servir para aumentar el papel que desempeñan estos taxones en la comunidad (Flecha B). Los taxones en el Cuadrante III también pueden ser de interés por su posible contribución a nuestra comprensión de lo que hace a un taxón resiliente.

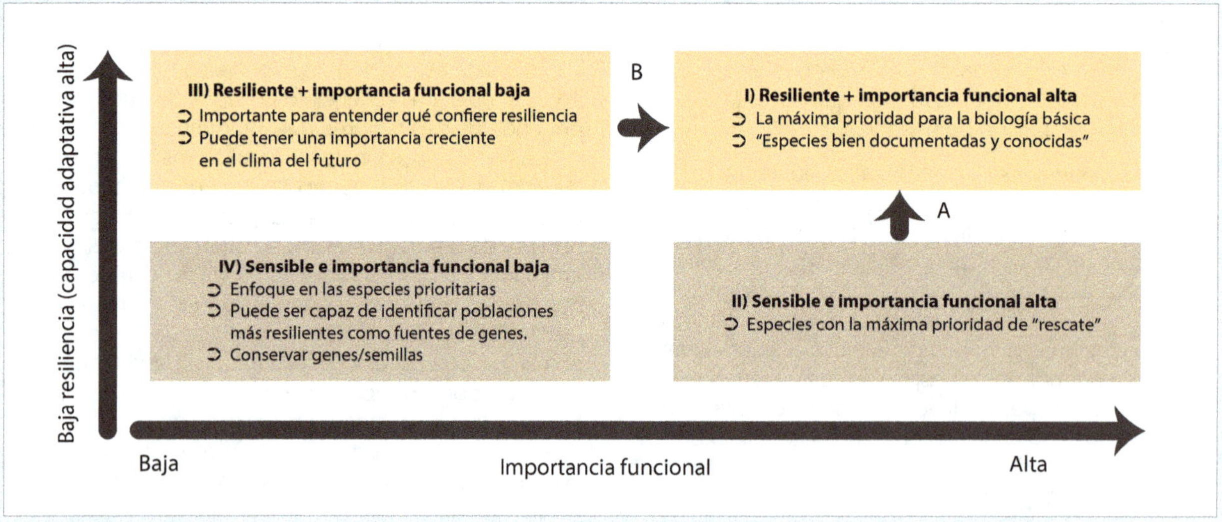

Figura 17.6 Asignación de especies a un "espacio de respuesta de gestión de la adaptación"

Nota: este enfoque utiliza una combinación de opinión de expertos, datos históricos comparados con datos contemporáneos e investigación sobre características ecológicas y capacidad adaptativa.

Fuente: Nicotra *et al.*, 2014

Cuadrante IV

Los taxones que caen en el cuadrante IV muestran signos de baja resiliencia y actualmente desempeñan un papel funcional bajo en la comunidad. Estos pueden incluir taxones que son raros o en el límite actual de su distribución. Los taxones del cuadrante IV deben conservarse *ex situ* como posibles recursos genéticos y pueden ser de interés desde la perspectiva de la futura contribución genética. Sin embargo, es probable que estos taxones incluyan a los que tengan una menor probabilidad de persistir en las comunidades futuras y, por lo tanto, deberían ser una prioridad menor para los esfuerzos de gestión.

Adrienne Nicotra y Roger Good

> la conservación. Bajo un enfoque que considera el cambio climático, la pregunta crítica se convierte en: ¿los objetivos de biodiversidad de una estrategia de conservación son ecológicamente factibles dado el impacto potencial del cambio climático? Y, si no, ¿cómo pueden desarrollarse objetivos bajo consideraciones de cambio climático? (Dunlop *et al.*, 2013, pp. 18-19)

En su trabajo sobre los objetivos de conservación preparados para el cambio climático, Dunlop *et al.* (2013) consideraron un paisaje con una gama de tenencias. Para las áreas protegidas, la atención se centraría más específicamente en la gestión de los procesos ecológicos naturales; sin embargo –y esto es lo más importante–, lo que se ejemplifica aquí es un proceso de repensar y perfeccionar los objetivos de gestión para que atiendan las consideraciones sobre cambio climático. Tal proceso es más importante para las áreas protegidas.

En este libro utilizamos el concepto de establecer objetivos bajo consideraciones de cambio climático con el fin de ayudar a orientar el proceso de especificar las posibles acciones de gestión preparadas para el cambio climático en las áreas protegidas. En consecuencia, proporcionamos un mayor detalle sobre este concepto, incluidos algunos de los términos utilizados (Cuadro 17.6) y el "ciclo de la política de conservación" (Figura 17.5).

Tres ejemplos de objetivos de conservación que atienden consideraciones de cambio climático

A fin de ayudar a ilustrar los elementos que hacen parte del enfoque "bajo consideraciones de cambio climático" en relación con los paisajes, Dunlop *et al.* (2013) desarrollaron tres prototipos de objetivos "que atienden consideraciones sobre cambio climático" para la conservación de la biodiversidad. Los objetivos se prepararon por especie (Cuadro 17.7), ecosistema (Cuadro 17.8) y paisaje (Cuadro 17.9). Los ejemplos de "especie", "ecosistema" y "paisaje" relacionados con los objetivos de conservación bajo consideraciones de cambio climático son valiosos para afinar el enfoque de pensamiento que atiende consideraciones sobre cambio climático que deben adoptar los administradores cuando seleccionen acciones de gestión adaptativa apropiadas para las áreas protegidas. Cada objetivo para los tres ejemplos consta de tres elementos clave:

1. Una acción (reducir o mantener un resultado de biodiversidad).
2. Un resultado de biodiversidad que es el foco del objetivo (lo que se intenta conservar).
3. Un resultado de biodiversidad que se considera transitorio –es decir que el cambio en él se considera aceptable, en virtud de la inevitabilidad de ese cambio bajo el cambio climático– (Dunlop *et al.*, 2013).

Una característica clave de este enfoque es que considera objetivos comunitarios y sociales. Como una meta social clave se reforzaría la importancia de retener y gestionar los procesos ecológicos naturales en las áreas protegidas.

En la gestión de las especies de un ambiente preparado para el cambio climático es posible que deban tomarse algunas decisiones de gestión difíciles. En el Cuadro 17.10, Adrienne Nicotra y Roger Good presentan un enfoque conceptual que puede ayudar en dicha toma de decisiones. Es fundamental contar con objetivos de gestión claros y que atiendan consideraciones sobre cambio climático, ya que al estar establecidos son el precursor de unas acciones de gestión bien estudiadas. Poner en funcionamiento estos objetivos como acciones incluiría una planeación; habría una organización para lograr la implementación y se realizaría una evaluación de seguimiento. Utilizamos estas cuatro funciones de gestión (Capítulo 8) como un marco para presentar una gama de consideraciones sobre cambio climático enfocadas en los profesionales de las áreas protegidas. De manera ideal, cualquier respuesta

Cuadro 17.11 Enfoque de las acciones de manejo planeadas

Se considera que las acciones tempranas de respuesta adaptativa son una inversión inteligente, y la planeación es el primer paso crítico. En un entorno de incertidumbre en la planeación, algunas de las consideraciones de planeación que pueden identificarse claramente podrían ser las siguientes.

- **Acciones sin efectos negativos:** son acciones que rinden beneficios incluso en ausencia del cambio climático y en las que los costos son bajos.
- **Acciones de beneficio mutuo:** se trata de acciones que no solo tienen el resultado deseado en términos de minimizar los riesgos climáticos o aprovechar las posibles oportunidades, sino que también tienen otros beneficios sociales, ambientales o económicos.
- **Reversibles y flexibles:** son acciones que permiten realizar modificaciones.
- **Ampliadas:** se trata de acciones para las que se brindan márgenes de seguridad con el fin de garantizar la dependencia de una variedad de efectos del cambio climático.
- **Retrasadas:** acciones identificadas que no brindan beneficio alguno cuando se realizan de inmediato.

Fuente: ECAP, 2014

situacional identificada se prepararía como un plan de respuesta bajo consideraciones de cambio climático en el contexto del área protegida.

Planeación bajo consideraciones de cambio climático

A continuación, se describen muchas consideraciones para la planeación de áreas protegidas que podrían ayudar a facilitar los objetivos bajo consideraciones de cambio climático. La atención sobre la planeación se presenta como una pregunta con preferencia a una acción de gestión específica para cada uno de los temas que atienden consideraciones sobre cambio climático que se identificaron. En lugar de presentar las acciones como una lista de verificación de las tareas, este enfoque se centra en el desarrollo conceptual posterior y la definición de las verdaderas acciones de respuesta bajo consideraciones de cambio climático que se necesitarán.

La forma en que se desarrolle cada acción de planeación para la adaptación también variará de acuerdo con las necesidades de la política de gestión (Cuadro 17.11).

Las consideraciones de "planeación" que pueden formar acciones de respuesta para los objetivos bajo consideraciones de cambio climático incluyen: gestión de riesgos, consideraciones del sistema de áreas protegidas, planeación de la mitigación, consideraciones del proceso de planeación, gestión de activos y planeación empresarial. Las consideraciones se basaron en una serie de referencias de orientación que incluyen a Welch (2005), Jarvis (2007), Mackey *et al.* (2008), Laffoley y Grimsditch (2009), OEH (2011) y el IPCC (2014c).

Planeación de la gestión de riesgos

¿Cuáles son los impactos clave del cambio climático que pueden afectar un área protegida? Comprender la vulnerabilidad y los riesgos de un área protegida o un sistema de áreas protegidas brinda un contexto de planeación para las respuestas de manejo. El IPCC (2014d) identifica algunos criterios que pueden usarse para identificar vulnerabilidades clave frente al cambio climático:

- Magnitud de los impactos.
- Momento de los impactos.
- Persistencia y reversibilidad de los impactos.
- Probabilidad (estimados de la incertidumbre) de los impactos y vulnerabilidades, y confianza en tales estimados.
- Potencial de adaptación.
- Aspectos distributivos de los impactos y las vulnerabilidades.
- Importancia de los sistemas en riesgo.

¿Qué riesgos asociados con el cambio climático existen para las comunidades locales y los vecinos, y para los valores del patrimonio cultural? Realizar evaluaciones de riesgo bajo consideraciones de cambio climático permite que los administradores de áreas protegidas y las comunidades locales evalúen qué riesgos son probables y prioricen cualquier planeación y preparación relativa a la probabilidad y la consecuencia de un incidente (Capítulo 26). Los riesgos aumentados por el cambio climático podrían incluir desbordamientos e inundaciones, un aumento en la frecuencia de las temperaturas extremas, sequías e incendios forestales, un cambio en la intensidad de las lluvias, tormentas de nieve severas, un clima extremo, la erosión costera y muchos otros (Capítulo 16). Por ejemplo, el aumento del nivel del mar y las mareas de tormenta pueden inundar los recursos costeros patrimoniales de importancia cultural (como un sitio de ocupación indígena), y quizás deba consultarse a la comunidad, y es posible que deban realizarse algunas acciones de recuperación asociadas con estos activos.

Desde una perspectiva preparada para el cambio climático, ¿qué riesgos existen para los valores naturales de las áreas protegidas individuales y de los sistemas de áreas protegidas? Tal evaluación de los riesgos ayudará a identificar los tipos de cambios que pueden pronosticarse para los valores naturales de una nación y de las áreas protegidas individuales. Esto establece un contexto para respuestas como la revisión de la suficiencia del sistema de áreas protegidas, la anticipación de áreas que pueden inundarse y perderse, la identificación de áreas que serán diferentes y la gestión especial para áreas que pueden ser refugios o áreas de conservación de la conectividad.

¿Qué riesgos existen para la seguridad del personal, los visitantes y la comunidad local? Las consideraciones de seguridad para el personal y los visitantes de las áreas protegidas desde una perspectiva bajo consideraciones de cambio climático pueden incluir aspectos como el cambio en el comportamiento de los incendios, el calor intenso, la inestabilidad en las laderas de las montañas debido al derretimiento de los suelos congelados, el derretimiento de los glaciares donde las aguas se represan temporalmente y luego se liberan intempestivamente, niveles del mar más altos, mares bravíos a lo largo de las costas bajo condiciones meteorológicas adversas y otras consideraciones. Debe hacerse una evaluación y gestión de estos riesgos de seguridad para el personal.

Planeación de los sistemas de áreas protegidas

¿Es adecuado el sistema de áreas protegidas? Con base en el modelado del cambio climático a nivel regional y la predicción del cambio en el bioma, es importante identificar los biomas que están en riesgo y llevar a cabo una planeación de la respuesta práctica. Esto incluye evaluar los límites de algunas áreas protegidas y determinar si pueden mejorarse para ayudar a la conservación de la biodiversidad (Capítulo 13).

Los sistemas de áreas protegidas tendrán que ajustarse, y a menudo ampliarse, para cumplir sus posibles roles de mitigación y adaptación en la respuesta climática, con implicaciones para la planeación, la evaluación, las políticas y la capacitación. Las áreas protegidas individuales requerirán una gestión adaptativa para cumplir con las condiciones cambiantes (Dudley *et al.,* 2010, p. 93).

Si es posible, vale la pena seleccionar y crear nuevas áreas protegidas que puedan ayudar a mantener una diversidad de especies y ecosistemas de acuerdo con los cambios pronosticados. Los desafíos específicos forzados por el cambio climático pueden incluir:

- Gestión para la conservación de valores específicos, como el establecimiento de "áreas protegidas móviles" en el ambiente marino para garantizar la protección de valores específicos, aunque la ubicación de dichos valores cambie.
- Gestión de las rutas migratorias de especies terrestres, cuando estas rutas cambian con el tiempo, y la protección especial que esto puede requerir, independientemente de la tenencia.

¿Las áreas protegidas están resguardadas adecuadamente en un mundo de cambio climático? Conforme se profundicen los efectos del cambio climático, la gobernanza de las áreas protegidas se verá sometida a una enorme presión. Se necesitarán esfuerzos especiales de liderazgo, de apoyo de la comunidad y de apoyo político para mantenerlas resguardadas, debido a las presiones de "retroceso" causadas por los problemas esperados por el cambio climático (Capítulo 5). Por ejemplo, las presiones pueden venir de:

- Propuestas de embalses y la inundación de áreas naturales.
- Propuestas de energía hidroeléctrica y el represamiento de corrientes naturales.
- Propuestas para el uso de espacios abiertos con el fin de generar electricidad a partir de energía solar, eólica y mareomotriz.
- Pastoreo de ganado para aliviar la sequía en áreas naturales afectadas por la sequía.
- Personas que buscan recursos naturales dado que ya no están disponibles en ningún otro lado.

¿El sistema de áreas protegidas resguarda adecuadamente los sitios de refugio? Las especies pueden persistir al reducir el rango a microhábitats que conserven los requerimientos necesarios de nicho y hábitat –los llamados refugios–. Las ubicaciones pueden funcionar como refugios gracias a las respuestas de las especies al cambio ambiental a largo o a corto plazo. Los parches remanentes de bosque natural en un paisaje fragmentado también pueden brindar refugios importantes para las especies.

¿Las áreas protegidas son una parte integral de las áreas de conservación de la conectividad más grandes? Donde sea posible y benéfico, las áreas protegidas deberían estar integradas en redes de áreas de conservación de la conectividad a gran escala.

Se deben tomar medidas para minimizar todo aquello que impida el libre movimiento de la vida silvestre a través de estas áreas (Capítulo 27). Las áreas protegidas formarían áreas centrales para estas áreas de conservación de la conectividad, que también podrían ser muy grandes y de escala continental. Debe minimizarse la destrucción y la fragmentación del hábitat.

Planeación de la mitigación

¿Se consideraron adecuadamente las áreas protegidas por su papel de restauración en la captura de carbono y la mitigación de los efectos del cambio climático? Por ejemplo, la restauración de las marismas salobres de marea y las comunidades de manglares es una excelente manera de aumentar los sumideros de carbono naturales. También puede considerarse la gestión de pastos marinos y los bosques de algas marinas. Por ejemplo, en los entornos terrestres la restauración de los humedales y los bosques puede desempeñar un papel importante en la captura de carbono y el mejoramiento del hábitat para las especies.

Procesos de planeación

¿Las áreas protegidas definieron claramente e implementaron sus objetivos bajo consideraciones de cambio climático? Una inversión crítica es el compromiso de tiempo y recursos de calidad para formular objetivos claros y adecuados frente al cambio climático en los niveles estratégico, táctico y operacional de la gestión áreas protegidas.

Planes de gestión para áreas protegidas individuales

¿Los planes de gestión del área protegida incluyeron objetivos y acciones que atienden consideraciones sobre cambio climático? Los objetivos bajo consideraciones de cambio climático para las áreas protegidas individuales serán geográficamente más específicos, pero en general seguirán centrándose en mantener los procesos de los ecosistemas y la biodiversidad en lugar de biomas o especies específicas. Los planes podrían contar con una mejor recopilación de información a través del monitoreo, y brindar un apoyo adicional a las investigaciones sobre la condición y tendencia en la condición. Los pronósticos climáticos podrían brindar una guía planeada para las inversiones de restauración en el futuro.

Planeación del impacto ambiental

¿La evaluación del impacto ambiental de una propuesta de desarrollo o de una propuesta de arrendamiento y licenciamiento incluyó adecuadamente las consideraciones preparadas para el cambio climático? Estas valoraciones son muy importantes y deben considerar cuidadosamente las implicaciones del cambio climático. Por ejemplo, el éxito comercial de las propuestas de arrendamiento o licenciamiento puede requerir el acceso a recursos como la nieve o a sitios en áreas propensas a incendios forestales donde el acceso se garantiza durante el periodo de arrendamiento. La disminución o la ausencia de nieve dentro del periodo de arrendamiento, o el cierre de destinos turísticos debido a incendios más frecuentes, podrían tener implicaciones legales para el arrendador si esto no se gestiona cuidadosamente.

Condición y tendencia en la condición de las áreas protegidas

¿Los administradores describieron la condición y la tendencia en la condición de sus áreas protegidas? ¿Los administradores utilizan dicha información como base para mantener un seguimiento de las tendencias a largo plazo de su área protegida? El cambio climático significa que, ahora más que nunca, es necesario comprender la condición de las áreas protegidas que se administran y la tendencia en su condición. Este es un programa a largo plazo que tendrá que institucionalizarse y que será fundamental para ayudar a definir las prioridades de la gestión. La información estaría vinculada a la información obtenida de la investigación con modelados que ayuden a pronosticar los futuros preparados para el cambio climático. Esta podría ser una nueva capacidad para las organizaciones de áreas protegidas y podría incluir:

- Análisis de integridad ecológica en la legislación (obligatoria) (Capítulo 21).
- Nuevas alianzas con organizaciones de investigación.
- Empleo rutinario de especialistas debidamente calificados en el manejo de ecosistemas en el terreno, como personal calificado con posdoctorado.
- Enfoques nuevos y mejorados para comunicarse de manera efectiva con el público respecto a la condición y la tendencia en la condición de su área protegida local o su sistema de áreas protegidas.

¿Hay una inversión adecuada en el pronóstico de futuros climáticos para ayudar con la planeación y la gestión de las áreas protegidas? Los administradores se enfrentarán a entornos rápidamente cambiantes y cuanta más información tengan sobre los futuros posibles, mejor será su respuesta a estos cambios anticipados. La planeación e implementación de inversiones en investigación que incluyan modelados y pronósticos proporcionará una mejor información, la cual podrá usarse en la administración de áreas protegidas individuales y de los sistemas de áreas protegidas.

Planeación de activos

¿El pronóstico y la planeación bajo consideraciones de cambio climático se utilizan en el desarrollo de los planes operacionales de la administración de activos a largo plazo? Los muelles, los embarcaderos, las rampas de lanzamiento de embarcaciones, los puentes y otras infraestructuras costeras de las áreas protegidas tendrán que renovarse conforme suba lentamente el nivel del mar. Es posible que las edificaciones históricas requieran una atención especial a medida que se presenten lluvias torrenciales más intensas, y los senderos y las carreteras en terrenos montañosos o en latitudes altas pueden verse afectados por el derretimiento del permafrost. Los sistemas de gestión de activos tendrán que reconocer estos cambios como parte de su planeación (Capítulo 24). Otra consideración importante es el papel del sistema de administración de activos para ayudar a minimizar la generación de gases de efecto invernadero.

Visitantes y un antiguo eucalipto barril pardo (*Eucalyptus fastigata*), montaña marrón, Parque Nacional Bosque del Sudeste, Nueva Gales del Sur, Australia. Los bosques antiguos como este ayudan a retener el carbono en el paisaje y no en la atmósfera

Fuente: Graeme L. Worboys

Planeación empresarial

Cuando se firman nuevos acuerdos legales (de arrendamiento o licenciamiento) ¿se tienen en cuenta los pronósticos en la planeación bajo consideraciones de cambio climático? Esta es una pregunta básica; en cuanto a los contratos de arrendamiento y licenciamiento a largo plazo, por ser documentos legales, si la condición de los recursos naturales cambia durante el período de arrendamiento o licenciamiento debido a las influencias del cambio climático (como playas sumergidas, acuíferos que se secan o falta de nieve), ¿el arrendador es responsable de alguna manera?

¿Los pronósticos en la planeación preparada para el cambio climático orientan la gestión de los acuerdos existentes de arrendamiento y licenciamiento a largo plazo? El cambio climático significa que puede haber cambios en la condición de los destinos en las áreas protegidas. Esto podría significar cambios en el comportamiento de los animales salvajes (como las grandes migraciones de vida silvestre africana), en los arreglos de seguridad para los visitantes (por ejemplo, condiciones más extremas de incendios forestales) y en la naturaleza de las atracciones (como una disminución en los campos nevados y en los recursos de nieve). Los administradores tendrán que ayudar a los arrendatarios a manejar esta dinámica. No obstante, una posible amenaza es que a través del cabildeo, los arrendatarios aseguren el ajuste adicional de las oportunidades de arrendamiento existentes para establecer desarrollos comerciales que no concuerden con los objetivos del área protegida (como los desarrollos de infraestructura urbana). Este posible escenario tendrá que manejarse (Capítulo 23).

¿Qué pronósticos de gestión de ingresos preparados para el cambio climático deben hacerse? La planeación de los ingresos para las organizaciones deberá tener en cuenta los cambios en los patrones de uso de los visitantes como resultado del cambio climático.

Organización bajo consideraciones de cambio climático

Las consideraciones organizacionales, especialmente la gobernanza, formarán una parte fundamental de un enfoque bajo consideraciones de cambio climático. Por ejemplo, los marcos legales y políticos bajo los cuales pueden establecerse y gestionarse las áreas protegi-

Texto de la señal informativa que indica la ubicación del frente del Glaciar Athabasca en la década de 2010, Parque Nacional Banff, Canadá
Fuente: Graeme L. Worboys

das deben apoyar una gestión efectiva bajo consideraciones de cambio climático. Podrían utilizarse tres criterios para evaluar las leyes, las políticas y las estrategias de conservación de la biodiversidad existentes o propuestas respecto a su idoneidad en un clima cambiante. Estas deberían:

- Adaptarse al cambio.
- Ser relevantes y factibles bajo un rango de posibles trayectorias del cambio climático.
- Fortalecer el apoyo de una amplia sección transversal de la comunidad (Dunlop *et al.,* 2013).

La mayoría de los instrumentos existentes para la conservación de la biodiversidad intentan mantener el *statu quo,* tal y como ha estado por milenios, de las especies, las comunidades, los hábitats, los ecosistemas y los procesos de los ecosistemas. No obstante, el cambio climático alterará la distribución de las especies, la composición de los ensamblajes de especies (comunidades) y la naturaleza y el funcionamiento de los ecosistemas. Tendrá que reconsiderarse el enfoque actual de la legislación y la política sobre la identificación y gestión de especies, comunidades y ecosistemas amenazados.

En este documento se describieron otras consideraciones "organizacionales" que pueden implementarse en respuesta a los objetivos bajo consideraciones de cambio climático, las cuales se incluyeron bajo los temas de gobernanza y gestión, desarrollo de políticas y sistemas, desarrollo de capacidades y trabajo con la comunidad. Estas consideraciones se orientaron en las referencias preparadas por Welch (2005) y Dunlop *et al.* (2013). En cada uno de los temas que atienden consideraciones sobre cambio climático identificados, la consideración organizacional se presentó como una pregunta con preferencia a una acción de gestión específica para centrarse en el desarrollo conceptual posterior y la definición de las acciones reales de respuesta bajo consideraciones de cambio climático que fueran necesarias.

Desarrollo de políticas y sistemas

¿Los sistemas y las políticas organizacionales de las áreas protegidas están preparados para el cambio climático? Esto incluiría tanto la eliminación de las políticas y prácticas desadaptadas por parte de las organizaciones como el establecimiento de políticas y arreglos de gobernanza preparados para el cambio climático. Una mejora importante podría ser el aumento en lo que se delega a los administradores en campo.

Desarrollo de capacidades

¿Los funcionarios del área protegida que trabajan en los niveles estratégico, táctico y operacional poseen competencias de gestión preparadas para el cambio climático? Es posible que las organizaciones deban implementar una serie de programas de capacitación para la sensibilización sobre el cambio climático, así como una capacitación específica para el desarrollo de competencias del personal. Esto puede incluir una capacitación de alto nivel para enfrentar incendios catastróficos en condiciones extremas, una capacitación especializada en el monitoreo y una capacitación técnica para la gestión de la restauración. También se necesitará una capacitación especial y el desarrollo de habilidades para trabajar con la comunidad local.

Trabajo con la comunidad

¿Qué arreglos especiales de gobernanza se necesitan para ayudar a implementar las difíciles decisiones políticas bajo consideraciones de cambio climático que tendrán que tomarse? Los valores de importancia especial para las comunidades se verán afectados por el cambio climático. Por ejemplo, en Australia muchos concheros costeros aborígenes acumulados durante miles de años se verán afectados por el aumento del nivel del mar. Será esencial que las comunidades aborígenes participen no solo en las decisiones de cómo se abordarán los impactos del nivel creciente del mar sobre los concheros, sino también en los arreglos especiales de gobernanza necesarios para esto.

Espectacular tormenta monzónica y humedales de agua dulce, Parque Nacional Kakadu, bien de patrimonio mundial, Territorio del Norte, Australia. Los pronósticos del cambio climático indican que las áreas bajas de los humedales de Kakadu serán vulnerables a la salinidad como resultado del aumento del nivel del mar, y el ingreso de agua salada a las aguas subterráneas convertirá los humedales de agua dulce en llanuras de marea salobres

Fuente: Graeme L. Worboys

Dosel denso del bosque lluvioso, Reserva del Bosque Nuboso Monteverde, Costa Rica. Los pronósticos del cambio climático sugieren que se reducirá la capa de nubes de bajo nivel, lo que generará condiciones más cálidas y posiblemente un desecamiento y el cambio de los bosques y sus ecosistemas

Fuente: Graeme L. Worboys

Gobernanza ambiental adaptativa

¿Con qué información cuentan los administradores de áreas protegidas que facilite la capacidad adaptativa de las comunidades para responder al cambio climático? Las comunidades locales implementan cada vez más el uso sostenible de los ecosistemas y paisajes, y deben reconciliar una serie de valores individuales y colectivos. Los procesos de colaboración, los arreglos de gobernanza y las respuestas de implementación pueden beneficiarse de la información provista, como la información sobre la condición y la tendencia en la condición de las áreas protegidas adyacentes. Esta información puede llegar a influenciar las formas en que los arreglos institucionales evolucionan para satisfacer las necesidades y deseos de la comunidad en un entorno cambiante (gobernanza adaptativa).

Implementación bajo consideraciones de cambio climático

Existe una gama de consideraciones de implementación que tienen en cuenta el cambio climático que pueden responder a los objetivos relacionados, las cuales incluyen: gestión adaptativa, información de gestión, integridad del ecosistema, gestión de la resiliencia, gestión de la conservación, gestión a escala del paisaje, gestión de la transición y trabajo con la comunidad. Estas consideraciones se orientaron en las referencias preparadas por Welch (2005), Jarvis (2007), Taylor y Figgis (2007), Dunlop y Brown (2008), Dudley (2008), la Universidad Nacional de Australia (The Australian National University, 2009) y Mantyka-Pringle *et al.* (2012). Al igual que con la planeación y la organización, las consideraciones de implementación se presentaron como preguntas.

Gestión adaptativa

¿Las áreas protegidas están lo suficientemente preparadas para introducir una gestión adaptativa? La gestión adaptativa es especialmente adecuada para la restauración de ecosistemas y el manejo de especies en un entorno dinámico de cambio climático. No obstante, para su implementación total, el sistema necesita los recursos adecuados, el apoyo administrativo de alto nivel y el apoyo de la comunidad y los políticos (Capítulo 8).

Uso de información

¿Los administradores operacionales tienen un fácil acceso a la información necesaria para manejar una situación preparada para el cambio climático, y la información disponible se utiliza de manera eficaz? De manera cuidadosa, las organizaciones deben considerar cómo brindar la información disponible a los administradores de áreas protegidas. Siempre que sea posible, la información debe pre-analizarse y automatizarse de manera que forme parte de una revisión mensual o trimestral regular sobre la condición, la tendencia en la condición y los procesos de respuesta operacional del área protegida. El acceso a la información debe ser fácil.

Gestión para la integridad del ecosistema

¿Los administradores le comunicaron de manera efectiva a la comunidad los beneficios que las áreas protegidas tienen respecto a la reducción de los riesgos e impactos de los eventos climáticos extremos? Las áreas protegidas pueden ayudar a reducir los impactos de casi todos los peores desastres naturales, como inundaciones, deslizamientos de tierra, mareas de tormenta, sequías y desertificación. Estos beneficios deben darse a conocer.

¿Las áreas protegidas están lo suficientemente preparadas para el cambio climático como para responder a los peores incidentes que puedan afectar las áreas protegidas? Tales incidentes podrían incluir incendios catastróficos, ciclones, tornados, fuertes tormentas de nieve y otros fenómenos extremos impulsados por los niveles de energía atmosférica influenciados por el cambio climático. Dichos eventos requerirán de respuestas de gestión de incidentes (Capítulo 26) y de niveles muy altos de capacitación y competencia del personal, incluido el manejo de *software* sofisticado para la planeación y el modelado de incidentes. La respuesta formaría parte de una más amplia de la comunidad.

Mantenimiento de los servicios ecosistémicos esenciales

¿Los administradores comunicaron efectivamente el papel vital que juegan las áreas protegidas en el mantenimiento de los servicios y los recursos naturales esenciales? Las áreas protegidas son fundamentales para ayudar a proveer agua, recursos pesqueros y alimentos, y para la salud. Este importante mensaje debe reforzarse constantemente.

Fomento de la resiliencia

¿Hay la capacidad de responder rápidamente a los eventos perturbadores y emprender los trabajos de restauración? La planeación bajo consideraciones de cambio climático anticipará la inevitabilidad de los incidentes graves, y las áreas protegidas y su personal tendrán que contar con la capacitación, los equipos y la organización para responder. Un ejemplo de esto es la implementación de la restauración de áreas severamente quemadas con el fin de minimizar los efectos de la erosión después lluvias torrenciales posteriores al incendio.

¿Qué amenazas existen para los procesos del ecosistema natural? Y ¿son adecuadas las respuestas de gestión? La minimización de las amenazas contra los procesos naturales podría incluir el control de animales introducidos (no nativos), la eliminación de plantas introducidas cuando sea práctico, el manejo de la frecuencia de los incendios y una mayor protección contra amenazas como la caza, la pesca y la extracción ilegal (Capítulo 16). Por ejemplo, las malezas pueden tener una mayor expansión en un entorno de cambio climático y es posible que se requieran mejores respuestas.

¿Se identificaron y protegieron de manera adecuada los refugios para el cambio climático? Los refugios son lugares donde el hábitat favorable persiste o se desarrolla a medida que cambia el clima. Muchas áreas protegidas serán refugios climáticos para algunas especies y es posible que requieran una gestión activa para ayudar a conservar tales cualidades especiales.

¿Se identificaron y protegieron de manera adecuada los depósitos naturales de carbono? Algunas características de las áreas protegidas tienen un alto valor para el almacenamiento de carbono, incluidos los bosques viejos y la turba. Estos sitios deben protegerse para evitar que este carbono adicional se libere en la atmósfera.

¿Se formularon políticas de restauración bajo consideraciones de cambio climático que guíen a los administradores en la gestión de la restauración? Dichas políticas tendrán que orientar a los administradores sobre la naturaleza del trabajo de restauración y si la selección de especies a usar incluye aquellas preparadas para el cambio climático o que se encuentran naturalmente en el sitio. Cualquiera que sea el tratamiento, los profesionales de áreas protegidas tendrán la responsabilidad especial de documentar este trabajo.

Para algunas especies, ¿es apropiado diseñar hábitats con base en la latitud (más hacia el polo) o en la altitud (hacia arriba)? En el futuro, a medida que se pierdan los hábitats originales, es posible que esta pregunta deba considerarse cuidadosamente para algunas especies en algunos lugares. Se supone que la comunidad participaría en tales decisiones y que estaría vinculada al concepto de translocación de especies.

Gestión de la preservación

¿Se necesitan intervenciones especiales para preservar las reservas de semillas de algunas especies de plantas? Como parte de estar preparado para el cambio climático, quizás se requiera conservar reservas de semillas de la flora silvestre (como las variedades silvestres de alimentos básicos) en bancos de semillas especiales *ex situ*. Esta sería una póliza de seguro para ayudar a proteger los suministros de alimentos en el futuro. La recolección de semillas puede llevarse a cabo para otras especies distintivas de flora, que de acuerdo con los pronósticos desaparecerán en el mundo futuro del cambio climático.

¿La comunidad desea mantener poblaciones cautivas de especies silvestres que de otro modo se extinguirían por causa del cambio climático? Debido a la exigencia de la comunidad, puede que muchas especies se mantengan como poblaciones cautivas en zoológicos locales o en zoológicos urbanos más grandes mucho después de que desaparezcan los ecosistemas y los hábitats naturales que las sustentaban. Los administradores de áreas protegidas pueden tener un papel especial en el cuidado de estas especies, o pueden aliarse con los zoológicos para ayudar a manejar estas especies.

¿Es adecuado hacer una translocación de especies como una respuesta preparada para el cambio climático? Cuando una especie no pueda migrar de forma natural, una respuesta de manejo puede ser la translocación de especies de hábitats que cambiaron y con un clima hostil hacia hábitats con un clima favorable.

Gestión a escala del paisaje

¿Qué alianzas y acuerdos de colaboración se están implementando para responder a los procesos a escala del paisaje con el fin de estar preparados para el cambio climático? Un buen ejemplo de este tipo de trabajo es contribuir como aliado a las respuestas de varias agencias contra los incendios forestales en un paisaje local (Capítulo 26).

¿Cómo pueden las áreas protegidas integradas dentro de las grandes áreas de conservación de la conectividad facilitar que el área esté preparada para el cambio climático? La gestión eficaz de las áreas protegidas se vinculará e integrará cada vez más con la gestión y la sostenibilidad de las regiones más amplias en las que se ubican y con el bienestar de los residentes y las comunidades de esas regiones. La planeación del cambio climático debe tener en cuenta la dependencia mutua entre las áreas protegidas y sus regiones huésped, e incorporar muchas alianzas de cooperación, incluidas las áreas de conservación de la conectividad (Capítulo 27). Las áreas protegidas forman áreas centrales críticas para la conservación de la conectividad, y pueden estar en posición no solo de brindar información sobre una condición crítica y una tendencia en la condición que beneficie al área más grande del corredor, sino también de servir como un centro desde el cual se inicie el trabajo de control de plantas o animales introducidos. El área protegida puede desempeñar un papel especial al albergar y facilitar iniciativas de alianzas para áreas de conectividad más grandes.

Gestión de la transición

¿De qué manera los pronósticos de inundación de las costas a largo plazo influyen en cómo se gestionan las áreas protegidas costeras? La gestión de las instalaciones costeras de las áreas protegidas, al igual que su reemplazo bajo sistemas de administración de activos tales como embarcaderos, puentes y otras instalaciones públicas, pueden verse influenciados por pronósticos a más largo plazo de las mareas de tormenta y del nivel del mar, y pueden adoptarse enfoques para la gestión de la transición.

Trabajo con la comunidad

¿El área protegida comunica los mensajes sobre el cambio climático de una manera adecuada y eficaz? La comunicación eficaz y la transmisión de mensajes son un arte, especialmente cuando se trata de estar preparados para el cambio climático. La comunidad debe estar bien informada, y es posible que el personal de las organizaciones y de las comunidades del área protegida requiera del desarrollo de capacidades; asimismo, para ayudar a transmitir estos mensajes, podrían emplearse expertos en comunicaciones (Capítulo 15).

¿Los mensajes preparados para el cambio climático se incluyen en los programas de interpretación y educación de las áreas protegidas? Ya que es probable que los paisajes y los entornos de las áreas protegidas sean muy diferentes en el futuro, es necesario comunicar esto y preparar a las personas para el cambio. Los sistemas de áreas protegidas descentralizados y dispersos pueden, además de jugar un papel vital en la comunicación del mensaje del cambio climático, estar preparados para este, con relación a los visitantes, los vecinos, las comunidades locales y las personas interesadas de todas las naciones.

¿Cuán preparada para el cambio climático está la comunidad local, incluidos los vecinos y las partes interesadas? Las áreas protegidas son parte de una comunidad local, por lo que las organizaciones tienen un nivel de responsabilidad con el trabajo colaborativo y quizás también con una serie de alianzas para ayudar a garantizar que las comunidades estén lo más preparadas posible para el cambio climático. Esto puede incluir trabajar y capacitar a los servicios de emergencia para anticipar incidentes, trabajar en el control de plagas animales a escala del paisaje y ayudar con la vida silvestre que se desplace en áreas fuera de los límites de las áreas protegidas.

¿La comunidad tiene un fácil acceso a la información local preparada para el cambio climático? Las áreas protegidas pueden encargar investigaciones sobre la condición y el cambio de la condición, y sobre el pronóstico del cambio climático, y estas pueden recopilar datos de la condición ambiental. Esta información podría compartirse con las comunidades locales, y parte de dicha información podría divulgarse en línea y en tiempo real. Durante los incidentes, la información de los mismos en tiempo real también podría publicarse como un servicio comunitario.

¿Los políticos locales están informados adecuadamente sobre la "preparación para el cambio climático"? Una inversión crítica es informar regularmente a los políticos a nivel local, estatal, territorial o nacional sobre las acciones bajo consideraciones de cambio climático y la condición actual, la tendencia en la condición y la condición pronosticada. De manera ideal, el cambio climático y las respuestas de manejo son un problema político bipartidista y las reuniones informativas contribuyen a la implementación de un mejor futuro.

Evaluación bajo consideraciones de cambio climático

Existe una serie de consideraciones de "evaluación" que tienen en cuenta el cambio climático, que pueden responder a los objetivos bajo consideraciones de cambio climático. Una tarea crítica y permanente es la evaluación del grado de preparación de las áreas protegidas frente al cambio climático y las respuestas adaptativas al mismo. Este trabajo de evaluación, respaldado por el monitoreo, es lo que brinda la oportunidad de rastrear cómo cambian en el tiempo las condiciones de las áreas protegidas. Estas consideraciones se orientaron en las referencias preparadas por Welch (2005), Dunlop y Brown (2008) y Dunlop *et al.* (2013). Al igual que con la planeación, la organización y la implementación, las consideraciones de evaluación se presentaron como preguntas.

Monitoreo

¿Se ha establecido un monitoreo a largo plazo para las áreas protegidas, y estas inversiones están protegidas adecuadamente? Algunas áreas protegidas ya tienen sitios o parcelas de monitoreo a largo plazo cuyo valor se vuelve cada vez más importante a medida que los efectos del cambio climático se vuelven más pronunciados. Estos sitios necesitan una protección especial por parte de la administración, y el monitoreo debe ser constante.

Condición y tendencia en la condición

¿El área protegida está preparada para el cambio climático en términos del seguimiento de su tendencia en la condición respecto a una línea de base establecida? Estar en capacidad de registrar los cambios en la condición de un área protegida a partir de una línea base conocida será una contribución fundamental a la gestión bajo consideraciones de cambio climático del futuro. Esta información también es crítica para las comunidades locales y sería parte de la información que se comparte a nivel local.

Evaluación e informes bajo consideraciones de cambio climático

En todos los aspectos de la gestión de áreas protegidas, ¿existe un sistema en el que se evalúe e informe de manera regular el grado de preparación para el cambio climático? Se considera esencial una revisión regular del grado de preparación para el cambio climático de todos los aspectos de la gestión de las áreas protegidas.

Conclusión

El cambio climático antropogénico está alterando la naturaleza del clima de la Tierra tal como se lo ha conocido en el "período geológico reciente", incluidos sus sistemas climáticos, la criosfera, los biomas, los océanos y la vida silvestre, y está generando eventos más extremos como sequías, récords de temperaturas altas, incendios catastróficos y tormentas severas. Además de las acciones esenciales que los gobiernos de la Tierra deben hacer para reducir la generación de gases de efecto invernadero, las áreas protegidas brindan una importante solución basada en la naturaleza para la mitigación y adaptación frente a las amenazas del cambio climático. Al facilitar una gestión eficaz de las áreas protegidas, se generan oportunidades para una mayor conservación de la biodiversidad y entornos más saludables para las personas gracias a la protección de los procesos de los ecosistemas, de una gama de especies y de la naturalidad en un entorno ambiental dinámico.

Con la profundización de los efectos del cambio climático, la gestión de las áreas protegidas tendrá que ser diferente, y los objetivos bajo consideraciones de cambio climático cuidadosamente desarrollados guiarán los refinamientos para la planeación, la gobernanza y la implementación de la gestión y el manejo de áreas protegidas. La información –en una forma fácil de usar que incluya condiciones ambientales, tendencias en la condición y la información sobre pronósticos del cambio climático basados en la investigación– será cada vez más crítica para los administradores, y esta misma información estará disponible para la comunidad, lo cual contribuye a que la comunidad comprenda los efectos del cambio climático. En el futuro, las áreas protegidas serán diferentes, pero no menos valiosas, y más que nunca, los administradores trabajarán constantemente con las comunidades locales para reforzar la importancia y los beneficios intergeneracionales de las áreas protegidas como una parte fundamental del paisaje local y de la sociedad.

Referencias

Lecturas recomendadas

Bergengren, J.C.; Waliser, D.E. y Yung, Y.L. (2011). Ecological sensitivity: a biospheric view of climate change. *Climatic Change*, 107, 433-457.

Colls, A.; Ash, N. y Ikkala, N. (2009). *Ecosystem-Based Adaptation: A natural response to climate change.* Gland: IUCN.

Dudley, N. (ed.). (2008). *Guidelines for Applying Protected Area Management Categories.* Gland: IUCN.

Stolton, S.; Belokurov, A.; Krueger, L.; Lopoukhine, N.; MacKinnon, K.; Sandwith, T. y Sekhran, N. (eds.). (2010). *Natural Solutions: Protected areas helping people cope with climate change.* Gland: IUCN WCPA, TNC, UNDP, WCS; Washington D.C., y Nueva York: The World Bank y WWF.

Dunlop, M. y Brown, P.R. (2008). *Implications of Climate Change for Australias National Reserve System: A preliminary assessment.* [Reporte al Departamento de Cambio Climático]. Canberra.

Parris, H.; Ryan, P. y Kroon, F. (2013). *Climate-Ready Conservation Objectives: A scoping study.* Queensland: National Climate Change Adaptation Research Facility, Gold Coast.

Enser, J. y Berger, R. (2009). Community-based adaptation and culture in theory and practice. En: W.N. Adger, I. Lorenzoni y K. OBrien (eds.). *Adapting to Climate Change: Thresholds, values, governance.* Cambridge: Cambridge University Press.

European Climate Adaptation Platform (ECAP). (2014). *How to Factor Uncertainty into Adaptation Decision Making.* European Climate Adaptation Platform. Recuperado de: climate-adapt.eea.europa.eu/

Ferrier, S.; Harwood, T. y Williams, K. (2010). *Using generalized dissimilarity modelling to assess potential impacts of climate change on biodiversity composition in Australia, and on the representativeness of the national reserve system.* [Reporte a Department of Sustainability, the Environment, Water, Population and Communities]. Canberra: CSIRO Ecosystem Sciences for the Impacts of Climate Change for the National Reserve System Project.

Folland, C.K.; Karl, T.R.; Christy, J.R.; Clarke, R.A.; Gruza, G.V.; Jouzel, J.; Mann, M.E.; Oerlemans, J.; Salinger, M.J. y Wang, S.-W. (2001). Observed climate variability and change. En: T. Houghton, Y. Ding, D.J. Griggs, M. Noquer, P.J. van der Linden, X. Dai, K. Maskell y C.A. Johnson (eds.). *Climate Change 2001: The scientific basis. Contribution of Working Group I to the Third Assessment Report of the Intergovernmental Panel on Climate Change*, pp. 101-181. Cambridge: Cambridge University Press.

Holling, C.S. (1978). *Adaptive Environmental Assessment and Management.* Londres: John Wiley & Sons.

Intergovernmental Panel on Climate Change (IPCC). (2007). *Climate Change 2007: Working Group II. Impacts, adaptation and vulnerability: Glossary.* Intergovernmental Panel on Climate Change. Recuperado de: www.ipcc.ch/publications_and_data/ar4/wg2/en/annexessglossary-a-d.html

(2012). Glossary of terms. En: C.B. Field, V. Barros, T.F. Stocker, D. Qin, D.J. Dokken, K.L. Ebi, M.D. Mastrandrea, K.J. Mach, G.-K. Plattner, S.K. Allen, M. Tignor y P.M. Midgley (eds.). *Managing the Risks of Extreme Events and Disasters to Advance Climate Change Adaptation. A special report of Working Groups I and II of the Intergovernmental Panel on Climate Change (IPCC).*, pp. 555-564. Cambridge: Cambridge University Press.

(2013a). Summary for policymakers. En: T.F. Stocker, D. Qin, G.K. Plattner, M. Tignor, S.K. Allen, J. Boschung, A. Nauels, Y. Xia, V. Bex y P.M. Midgley (eds.). *Climate Change 2013: The physical science basis. Contribution of Working Group I to the Fifth Assessment Report of the Intergovernmental Panel on Climate Change*, pp. 3-29. Cambridge: Cambridge University Press.

(2013b). Introduction. En: T.F. Stocker, D. Qin, G.K. Plattner, M. Tignor, S.K. Allen, J. Boschung, A. Nauels, Y. Xia, V. Bex y P.M. Midgley (eds.). *Climate Change 2013: The physical science basis. Contribution of Working Group I to the Fifth Assessment Report of the Intergovernmental Panel on Climate Change*, pp. 111-158. Cambridge: Cambridge University Press.

(2014a). Final draft: summary for policymakers. En: *Report of Working Group II to the Fifth Assessment Report of the Intergovernmental Panel on Climate Change*. Cambridge: Cambridge University Press.

(2014b). *Criteria for Assessing Key Vulnerabilities*. Intergovernmental Panel on Climate Change. Recuperado de: www.ipcc.ch/publications_and_data/ar4/wg2/en/ch19s19-2.html

(2014c). *IPCC WGII AR5 Glossary*. Report of the Intergovernmental Panel on Climate Change, pp. 1-30. Cambridge: Cambridge University Press. Recuperado de: ipcc-wg2.gov/AR5/images/uploads/WGIIAR5-Glossary_FGD.pdf

(2014d). Final draft: Chapter 19 Emergent risks and key vulnerabilities. En: *Report of Working Group II to the Fifth Assessment Report of the Intergovernmental Panel on Climate Change*. Cambridge: Cambridge University Press.

International Union for Conservation of Nature (IUCN) y United Nations Environment Programme World Conservation Monitoring Centre (UNEP-WCMC). (2014, agosto). *World Database on Protected Areas Statistics*. Cambridge: World Conservation Monitoring Centre.

Jarvis, J. (2007). An inarticulate truth: communicating the science of global climate change. *The George Wright Forum*, 24(1), 82-90.

Laffoley, D. y Grimsditch, G. (eds.). (2009). *The Management of Natural Coastal Carbon Sinks*. Gland: IUCN.

Mackey, B.; Watson, J.; Hope, G. y Gilmour, S. (2008). Climate change, biodiversity conservation and the role of protected areas: an Australian perspective. *Biodiversity*, 9(3-4). Recuperado de: www.uq.edu.au/spatialecology/docs/Publications/2008_Mackey_EtAl_ClimateChangeBiodiversity.pdf

Mantyka-Pringle, C.S.; Martin, T.G. y Rhodes, J.R. (2012). Interactions between climate and habitat loss effects on biodiversity: a systematic review and meta-analysis. *Global Change Biology*, 18, 1239-1252.

McKellar, R.; Midgley, G.F.; Yates, C.J.; Abbott, I.; Gioia, P. y Le Maitre, D. (2010). The need to develop a coherent research approach for climate change vulnerability impact assessment and adaptation in high biodiversity terrestrial ecosystems. *Austral Ecology*, 35(4), 371-373.

Nicotra, A.B.; Hoffmann, A.A.; Morgan, J.W. y Millar, A.D. (2014). Adaptive restoration and management in the Australian Alps catchment. Presentado en Alpine Ecology Symposium, Australian National Botanic Gardens, Canberra.

Office of Environment and Heritage (OEH). (2011). *Guide to Climate Change Risk Assessment for Local Government*. Sidney: NSW Office of Environment and Heritage. Recuperado de: www.environment.nsw.gov.au/resources/climatechange/20110593riskassesslg.pdf

Parmesan, C. y Yohe, G. (2003). A globally coherent fingerprint of climate change impacts across natural systems. *Nature*, 421, 37-42.

Peterson, T.C.; Anderson, D.M.; Cohen, S.J.; Cortez-Vázquez, M.; Murnane, R.J.; Parmesan, C.; Phillips, D.; Pulwarty, R.S. y Stone, J.M. (2008). Why weather and climate extremes matter. En: T.R. Karl, G.A. Meehl, C.D. Miller, J. Hassol, A.M. Waple y W.L. Murray (eds.). *Weather and Climate Extremes in a Changing Climate. Regions of Focus: North America, Hawaii, Caribbean, and U.S. Pacific Islands*, pp. 11-33. Washington D.C.: US Climate Change Science Program y Subcommittee on Global Change Research.

Steffen, W.; Burbidge, A.A.; Hughes, L.; Kitching, R.; Lindenmayer, D.; Musgrave, W.; Stafford Smith, M. y Werner, P.A. (2009). *Australias Biodiversity and Climate Change: A strategic assessment of the vulnerability of Australias biodiversity to climate change*. Melbourne: CSIRO Publishing

Taylor, M. y Figgis, P. (eds.). (2007). *Protected Areas: Buffering nature against climate change, Proceedings of a WWF and IUCN World Commission on Protected Areas Symposium*, junio 18-19, Canberra. Sídney: WWF-Australia.

The Australian National University (2009). *Implications of climate change for Australias World Heritage properties: a preliminary assessment.* [Reporte al Department of Climate Change and the Department of the Environment, Water, Heritage and the Arts]. Canberra: Fenner School of Environment and Society, The Australian National University.

Welch, D. (2005). What should protected areas managers do in the face of climate change? *The George Wright Forum*, 22(1), 75-93.

Yates, C.J.; Elith, J.; Latimer, A.M.; Le Maitre, D.; Midgley, G.F.; Schurr, F.M. y West, A.G. (2010). Projecting climate change impacts on species distributions in megadiverse South African cape and southwest Australian floristic regions: opportunities and challenges. *Austral Ecology*, 35, 374-391.

Zhang, X. y Zwiers, F. (2012). Statistical indices for diagnosing and detecting changes in extremes. En: A. Agha Kouchak, D. Easterling, K. Hsu, S. Schubert y S. Sorooshian (eds.). *Extremes in a Changing Climate: Detection, analysis and uncertainty*, pp. 1-14. Heidelberg y Nueva York: Springer Science+Business Media.

CAPÍTULO 18

GEOCONSERVACIÓN EN ÁREAS PROTEGIDAS

Autores principales:
Roger Crofts y John E. Gordon

Autor de apoyo:
Vincent L. Santucci

CONTENIDO

IUCN WCPA WORLD COMMISSION ON PROTECTED AREAS Convention on Biological Diversity

AUTORES PRINCIPALES

ROGER CROFTS es emérito en la Comisión Mundial de Áreas Protegidas (CMAP) de la Unión Mundial para la Conservación de la Naturaleza (UICN), fue director ejecutivo fundador del Patrimonio Natural Escocés (1992-2002), vicepresidente regional de la CMAP para Europa (2000-2008), y es presidente de la Real Sociedad Geográfica Escocesa.

JOHN E. GORDON es vicepresidente del Grupo de Especialistas de Geopatrimonio de la CMAP y profesor honorario de la Escuela de Geografía y Geociencias de la Universidad de St. Andrews, Escocia, Reino Unido.

AUTOR DE APOYO

VINCENT SANTUCCI es geólogo y paleontólogo sénior del Servicio de Parques Nacionales de Estados Unidos, EE.UU.

AGRADECIMIENTOS

Agradecemos los útiles comentarios acerca del borrador del texto de: Jay Anderson, Australia; Tim Badman, UICN, Suiza; José Brilha, Universidad de Minho, Portugal; Margaret Brocx, Sociedad Geológica de Australia, Australia; Enrique Díaz-Martínez, Patrimonio Geológico y Minero (IGME), España; Neil Ellis, Comité Conjunto de Conservación de la Naturaleza (Joint Nature Conservation Committee, JNCC), Reino Unido; Lars Erikstad, Instituto Noruego para la Investigación de la Naturaleza (Norwegian Institute for Nature Research, NINA), Noruega; Murray Gray, Universidad Queen Mary de Londres, Reino Unido; Bernie Joyce, Universidad de Melbourne, Australia; Ashish Kothari, Kalpavriksh, India; Jonathan Larwood, Natural England, Reino Unido; Estelle Levin, Estelle Levin Limited, Reino Unido; Sven Lundqvist, Servicio Geológico de Suecia, Suecia; Colin MacFadyen, Patrimonio Natural Escocés, Reino Unido; Colin Prosser, Natural England, Reino Unido; Chris Sharples, Universidad de Tasmania, Australia; Kyung Sik Woo, Universidad Nacional de Kangwon, Corea, y Graeme Worboys, Universidad Nacional de Australia, Australia.

CITACIÓN

Crofts, R. y Gordon, J.E. (2019). Geoconservación en áreas protegidas. En: G.L. Worboys, M. Lockwood, A. Kothari, S. Feary e I. Pulsford (eds.). *Gobernanza y gestión de áreas protegidas*, pp. 565-606. Bogotá: Editorial Universidad El Bosque y ANU Press.

FOTOGRAFÍA DE LA PÁGINA DEL TÍTULO

Géiser Viejo Fiel (Old Faithful) y área geotérmica, uno de los sitios de geopatrimonio más destacados del mundo y sitio patrimonio mundial, Parque Nacional Yellowstone, EE.UU.

Fuente: Graeme L. Worboys

Introducción

La Tierra es un planeta dinámico con una geodiversidad asombrosa. Las masas continentales y los océanos en la superficie del planeta han cambiado continuamente durante gran parte del tiempo geológico. Los océanos se han abierto y cerrado, y los continentes se han fragmentado y colisionado, junto con una actividad ígnea plutónica, vulcanismo y la deformación de la corteza a gran escala. Los procesos abióticos de la Tierra han operado de manera continua y episódica en escalas temporales muy diferentes, desde minutos hasta cientos de millones de años, y en diferentes escalas espaciales, desde el nivel microscópico hasta el de las placas continentales enteras. Las cordilleras se formaron y erosionaron, y los fragmentos de roca se acumularon y reciclaron. A medida que los continentes cambiaban y migraban a través de la superficie del globo y a través de diferentes zonas climáticas, las rocas se formaban en muchos entornos diferentes. La historia de la vida en la Tierra también está archivada en el registro fósil contenido en estas rocas. El cambio climático global a largo plazo ha influido en los procesos de la superficie, lo que ha llevado a condiciones periódicas de glaciación (*icehouse*) e interglaciación (*hothouse*). Todos estos procesos y eventos dejaron un legado en el registro rocoso y crearon la diversidad de paisajes y accidentes geográficos visibles en todo el mundo. Nuestro geopatrimonio es la historia de la Tierra; una narración a través del tiempo conservada en sus rocas, accidentes geográficos, fósiles, minerales y suelos que brinda un fuerte argumento a favor de la geoconservación.

La geodiversidad de la Tierra no solo contribuye de manera fundamental a la mayoría de los servicios ecosistémicos reconocidos en la Evaluación de los Ecosistemas del Milenio (MEA, 2005), sino que también es el cimiento de las plantas, los animales y los seres humanos, y un vínculo vital entre las personas, la naturaleza, los paisajes y el patrimonio cultural. Asimismo, la geodiversidad contribuye al desarrollo sostenible y beneficia la salud pública al brindar activos para la recreación al aire libre y el disfrute del mundo natural. El conocimiento y la comprensión de cómo funciona la Tierra también son esenciales para dar soporte al manejo de los suelos, los ríos y la costa en un momento de gran incertidumbre sobre los efectos del cambio climático y el aumento del nivel del mar. Por lo tanto, es vital que la geodiversidad y el geopatrimonio estén totalmente integrados en la gestión de las áreas protegidas y se les otorgue un nivel de importancia equivalente a la biodiversidad como parte de un enfoque ecosistémico que reconozca el valor y la integridad de los procesos abióticos y bióticos en la conservación de la naturaleza.

Siccar Point, un Sitio de Especial Interés Científico, Escocia, Reino Unido, donde se encuentra el sitio histórico donde James Hutton, el fundador de la geología moderna, observó una gran brecha de tiempo en las rocas (una discordancia)

Fuente: Lorne Gill / Patrimonio Natural Escocés

Este razonamiento fue aceptado por la Unión Internacional para la Conservación de la Naturaleza (UICN) con la aprobación de las resoluciones 4.040 en Barcelona (IUCN, 2008) y 5.048 en Jeju, Corea del Sur (IUCN, 2012), en las que se establece claramente que la geodiversidad es parte de la naturaleza y que el geopatrimonio es parte del patrimonio natural.

En los últimos años, a medida que la práctica de la geoconservación evolucionaba, se desarrollaron varias definiciones importantes. Las siguientes definiciones capturan los elementos clave. Para definiciones en español de todos los términos clave, véase Carcavilla *et al.* (2012).

Geodiversidad

La geodiversidad es "el rango natural (diversidad) de rasgos geológicos (rocas, minerales y fósiles), geomorfológicos (accidentes geográficos, topografía y procesos físicos), hidrológicos y de suelos, lo cual incluye sus ensamblajes, estructuras, sistemas y contribuciones a los paisajes" (Gray, 2013, p. 12).

El estuario del Tay, Escocia, Reino Unido, un sitio de especial interés científico y un sitio Ramsar. El río lleva los sedimentos que mantienen a los juncales, los que a su vez dan soporte al importante interés de biodiversidad. Ilustra los vínculos entre la geodiversidad y la biodiversidad

Fuente: Roger Crofts

Kvarken, sitio patrimonio mundial, al oeste de Finlandia, donde nuevas tierras emergen del mar como resultado del ascenso (elevación glacioisostática) tras el derretimiento del manto de hielo escandinavo, cuyo peso deprimía la superficie terrestre

Fuente: UNESCO

"La geodiversidad es la variedad de rocas, minerales, fósiles, accidentes geográficos, sedimentos y suelos, junto con los procesos naturales que los forman y los alteran" (Dudley, 2008, p. 66).

Geodiversidad es un término relativamente reciente; su primer uso en inglés tuvo lugar en Tasmania, Australia (Sharples, 1993; Gray, 2008). A pesar de cierta resistencia inicial y preocupaciones sobre la validez de los paralelismos implícitos con la biodiversidad, el término ahora se acepta ampliamente (Gray, 2013). La geodiversidad es el equivalente abiótico de la biodiversidad y, por lo tanto, es un complemento natural de la biodiversidad en lugar de un tema separado e independiente. La geodiversidad cubre los procesos de la Tierra pasados y presentes, abarca rasgos estáticos que tienen un rango de edades y reflejan la variedad de procesos a lo largo de la historia de la Tierra, e incluye procesos modernos que influyen significativamente en la biodiversidad. Durán *et al.* (1998), Nieto (2001) y Carcavilla *et al.* (2008) discuten la relación entre geodiversidad y geopatrimonio.

Geopatrimonio

El geopatrimonio comprende aquellos elementos de la geodiversidad de la Tierra considerados con un significativo valor científico, educativo, cultural o estético (Díaz-Martínez, 2011; GSA, 2012). Estos incluyen lugares y objetos especiales (especímenes *in situ* y en museos) que tienen un papel clave en nuestra comprensión de la evolución abiótica y biótica de la Tierra (ProGEO, 2011). Un sitio o área de gran importancia como geopatrimonio puede comprender un solo rasgo de valor, y no tiene que contar con la presencia de una diversidad de rasgos.

Geoconservación

La geoconservación se define como "la conservación de la geodiversidad por sus valores intrínsecos, ecológicos y de (geo)patrimonio" (Sharples, 2002, p. 6).

Una definición más amplia es "una acción tomada con la intención de conservar y mejorar los rasgos y procesos geológicos, geomorfológicos y del suelo, sitios y especímenes, incluidas las actividades promocionales y de concientización asociadas, y el registro y rescate de datos o especímenes de rasgos y sitios amenazados por pérdidas o daños" (Prosser, 2013, p. 568).

En algunas tradiciones, la geología y la geomorfología se consideran temas separados pero relacionados; en otras, la geomorfología es parte de la geología. Cualquiera sea el enfoque que se siga, es importante enfatizar que tanto la geología como la geomorfología se incluyen explícitamente dentro de la geodiversidad, el geopatrimonio y la geoconservación, tal como se definieron, y que el término "geositio" puede abarcar rasgos tanto geológicos como geomorfológicos. A veces se utilizan los términos "diversidad geológica", "patrimonio geológico" y "conservación geológica" para incluir intereses tanto geológicos como geomorfológicos. Por consiguiente, para evitar confusiones, recomendamos el uso de geodiversidad, geopatrimonio y geoconservación tal como se definieron anteriormente –es decir, que se abarquen los rasgos geológicos y geomorfológicos–.

En este capítulo, los administradores y el personal de las áreas protegidas pueden encontrar una información práctica y una orientación genérica sobre el papel de la geoconservación en las áreas protegidas. Así se enfatiza tanto la importancia de proteger el geopatrimonio en sí mismo como el valor de comprender la influencia formativa de la geodiversidad sobre la flora y la fauna en las escalas de sitio, hábitat, paisaje, ecosistema y bioma.

El capítulo se divide en dos secciones. La primera establece el caso de la geoconservación en las áreas protegidas y la segunda ofrece consejos sobre los principios rectores de la evaluación y la conservación del sitio. La Comisión Mundial de Áreas Protegidas (CMAP) de la UICN preparará una orientación detallada en una "guía de mejores prácticas para la gestión y conservación de sitios de geopatrimonio".

La necesidad de geoconservación en las áreas protegidas

Valores de geopatrimonio

Muchos administradores y funcionarios de las áreas protegidas, al igual que sus asesores, estarán familiarizados con la importancia fundamental de la conservación de la biodiversidad. Ya que este tema es la base del Convenio sobre la Diversidad Biológica (CDB) de 1992, y tiene un programa de trabajo asociado con las áreas protegidas, muchos consideran que la conservación de la biodiversidad es la razón de ser de las áreas protegidas y su gestión. No obstante, también son vitales las rocas, los sedimentos y los suelos subyacentes, al igual que su evolución y los procesos terrestres recientes y actuales a los que están sujetos. ¿Por qué?

Gray (2004) resumió los valores clave de la geoconservación como: intrínsecos, culturales, estéticos, económicos, funcionales y para la investigación y la educación. En general, se pone énfasis en el valor del geopatrimonio para la investigación científica y la educación, pero ahora hay una mayor conciencia de la importancia más amplia de la geoconservación, especialmente en un contexto de los ecosistemas (Gray, 2013).

Muchas áreas protegidas son declaradas gracias a sus valores de geopatrimonio, incluido uno de los primeros parques nacionales del mundo: Yellowstone, en Estados Unidos. Algunas áreas protegidas son sitios de tipo global o regional para etapas críticas en la historia de la Tierra, y los cronohorizontes en las rocas representan los límites entre los diferentes períodos geológicos. Otras son ejemplos de procesos geológicos del pasado que representan eventos importantes en la evolución de los continentes y los océanos, como la colisión entre las placas tectónicas de India y Eurasia para crear el Himalaya y la meseta tibetana. No obstante, otras son declaradas por su importancia para la investigación, como las secuencias de rocas invertidas resultantes de las colisiones entre placas tectónicas y el cabalgamiento de estratos más antiguos sobre estratos más jóvenes, que se muestran, por ejemplo, en la zona de cabalgamiento de Moine en Escocia. Muchas son importantes porque sus fósiles muestran etapas clave en la evolución de la vida en la Tierra, como Burgess Shale en los parques nacionales Yoho y Kootenay, Columbia Británica, Canadá. Otras áreas protegidas son importantes por el tipo de minerales que se

Arte rupestre en el Parque Nacional Royal Natal, KwaZulu-Natal, Sudáfrica, la cual ilustra las asociaciones culturales con las cavernas naturales
Fuente: Roger Crofts

encuentran allí, los que reflejan una compleja evolución geoquímica. Y algunas son importantes por sus procesos geológicos actuales, como la separación de placas tectónicas en Islandia, o el desarrollo de accidentes geográficos glaciales en la Península Antártica.

Además, muchas áreas protegidas son declaradas debido a que sus rasgos geológicos y geomorfológicos son visual y escénicamente dominantes en el paisaje, y muy a menudo tienen un significado icónico en la historia cultural del área y la nación. Ejemplos de esto son las Montañas Doradas del Altái en la Federación Rusa, la montaña Bogd Khan en Mongolia y el Parque Nacional de Triglav en Eslovenia. Muchos componentes de la geodiversidad también tienen un significado cultural directo, como las cuevas que conservan pinturas e inscripciones u otros valores sagrados de períodos antiguos de la ocupación humana.

El geopatrimonio en las áreas protegidas puede existir en varias escalas, desde pequeños rasgos individuales, como piedras esculpidas por el viento (ventifactos) en ambientes desérticos y rocas (erráticas) transportadas largas distancias por glaciares, hasta cadenas montañosas completas y grandes cuencas hidrográficas. Todas las escalas son importantes, y la geoconservación debe tener en cuenta los rasgos y los procesos en toda la secuencia ininterrumpida, desde la escala del sitio hasta el paisaje.

Pero las áreas no tienen que tener una alta geodiversidad para calificar como área protegida. Por ejemplo, una secuencia densa de calizas de aguas profundas puede representar una parte importante de la historia de la cuenca y evidenciar la evolución de la vida. La aparente baja geodiversidad en las rocas puede esconder una rica biodiversidad que no se ve a simple vista, pero es crucial como un estratotipo o localidad de referencia para una determinada fase o cambio evolutivo.

Tabla 18.1 Principales amenazas inducidas por el ser humano contra el geopatrimonio en áreas protegidas

Amenazas y presiones	Ejemplos de impactos en el patrimonio geológico en áreas protegidas
Urbanización, construcción (incluidos los desarrollos comerciales e industriales tierra adentro y en la costa), infraestructura, parques eólicos en tierra y actividades relacionadas	Destrucción de accidentes geográficos y exposiciones de sedimentos y rocas Fragmentación de la integridad del sitio y pérdida de las relaciones entre los rasgos Interrupción de los procesos geomorfológicos Cambios a los regímenes del suelo y el agua; destrucción de suelos y de la estructura del suelo
Minería y extracción de minerales (incluida la extracción en minas a cielo abierto, pozos, canteras, dunas y playas, lechos de ríos, extracción de áridos marinos y minería en aguas profundas)	Destrucción de accidentes geográficos y exposiciones de sedimentos y rocas Fragmentación de la integridad del sitio y pérdida de las relaciones entre los rasgos Interrupción de los procesos geomorfológicos Destrucción de suelos y de la estructura del suelo Cambios a los regímenes del suelo y el agua
Cambios en el uso y manejo del suelo (incluida la agricultura y la silvicultura)	Daño a los accidentes geográficos a través del arado, la nivelación del suelo y el drenaje Pérdida del accidente geográfico, de la visibilidad del afloramiento y del acceso a las exposiciones Estabilización de accidentes geográficos dinámicos (por ejemplo, dunas de arena) Erosión del suelo Cambios en la química del suelo y en los regímenes hídricos del mismo Compactación del suelo, pérdida de materia orgánica
Protección costera y manejo e ingeniería de ríos (incluidas las represas y la extracción de agua)	Daños a accidentes geográficos y exposiciones de sedimentos y rocas Pérdida de acceso a las exposiciones Interrupción de los procesos geomorfológicos La inhibición de la erosión permite que las exposiciones se degraden
Actividades en alta mar (incluidos el dragado, la pesca con redes de arrastre, los desarrollos de energías renovables, la explotación de hidrocarburos y la disposición de residuos)	Daño físico a accidentes geográficos y sedimentos Interrupción de los procesos geomorfológicos Barrido/penetración de la superficie del lecho marino o por debajo del lecho marino
Recreación y geoturismo	Daño físico a accidentes geográficos, afloramientos rocosos, procesos y suelos (compactación) por la presión del turismo Fragmentación de la integridad del sitio Erosión de senderos y otras erosiones localizadas del suelo, y pérdida de la materia orgánica del mismo
Cambio climático	Cambios en los procesos del sistema activo Cambios en el estado del sistema (reactivación o estabilización) Pérdida de rasgos clave como casquetes polares y glaciares, lagos glaciares y desembocaduras
Aumento del nivel del mar (causas antropogénicas)	Pérdida de visibilidad y acceso a las exposiciones y afloramientos costeros por quedar bajo el agua Pérdida de exposiciones por un aumento en la erosión Cambios en accidentes geográficos y exposiciones costeras Pérdida de la totalidad o partes sustanciales de las áreas protegidas Desarrollo de nuevos rasgos a partir de, por ejemplo, mareas de tormenta

Amenazas y presiones	Ejemplos de impactos en el patrimonio geológico en áreas protegidas
Restauración de pozos y canteras (incluidos los vertederos)	Pérdida de exposiciones y de accidentes geográficos naturales
Estabilización de las paredes rocosas (por ejemplo, cortes de caminos) con mallas y hormigón	Pérdida de exposiciones
Recolección irresponsable de fósiles y minerales, y de núcleos de roca	Daño físico a las exposiciones de roca y pérdida del registro fósil

Fuentes: adaptado de Gordon y Barron, 2011; Brooks, 2013; Gray, 2013

Meandros del río Clyde, Sitio de Especial Interés Científico, Escocia, Reino Unido. Permitir que los ríos se inunden naturalmente mantiene los procesos de las llanuras de inundación y ayuda a mitigar los impactos de las inundaciones río abajo

Fuente: Patricia y Angus Macdonald / Patrimonio Natural Escocés

Parque Nacional del Mar de Frisia, Jutlandia, Dinamarca. El acceso vehicular a las dunas de arena puede causar inestabilidad y pérdida del interés del geopatrimonio

Fuente: Roger Crofts

Amenazas contra el geopatrimonio

Suele argumentarse que el geopatrimonio en las áreas protegidas no necesita conservación porque este no cambia y ninguna amenaza evidente de las actividades humanas puede socavar el estado o el valor de los rasgos de interés. Esto no es cierto. Muchas disputas de conservación se han centrado en las amenazas a la geodiversidad –por ejemplo, la disputa en Tasmania sobre el desarrollo hidroeléctrico en el lago Pedder– (Houshold y Sharples, 2008). De hecho, las presiones y amenazas que enfrenta el geopatrimonio son muchas y variadas (Tabla 18.1), y pueden surgir de impulsores económicos para el desarrollo y cambios en la política agrícola y forestal que afectan las decisiones sobre el uso de la tierra. Estos rasgos y accidentes que son estáticos y aparentemente robustos pueden sufrir daños o ser destruidos fácilmente por desarrollos urbanos, industriales, comerciales y de infraestructura, al igual que por industrias extractivas, defensas costeras, cambios en el uso de la tierra, actividades científicas descuidadas, recolectores de rocas, minerales y fósiles, y las presiones de los visitantes. Tanto en el pasado como en el presente se han producido daños importantes a sitios clave y pérdidas de los mismos (Gray, 2013). Muchos rasgos son relictos o están inactivos y, por lo tanto, no son renovables, y una vez dañados o destruidos no pueden remplazarse. Otros rasgos son altamente dinámicos y es vital mantener el interés y la contribución que brindan a la conservación como un todo –por ejemplo, el suministro de sedimentos para mantener las llanuras de marea y las marismas para las poblaciones de aves invernantes–. No puede recalcarse demasiado la necesidad de las áreas protegidas para el geopatrimonio y su gestión eficaz frente a estas amenazas inducidas por el ser humano.

En general, los rasgos de interés del geopatrimonio en las áreas protegidas se presentan como exposiciones naturales y creadas por el ser humano, accidentes geográficos y sistemas activos de procesos geomorfológicos. Así, algunos son creados y mantenidos por procesos naturales,

Aberdeen, Escocia, Reino Unido: ejemplos de rompeolas y malecones de concreto que interrumpen los procesos naturales y causan problemas corriente abajo.
Fuente: Roger Crofts

mientras que otros por actividades humanas como la explotación de canteras. Prosser *et al.* (2006) consideran las posibles amenazas a los diferentes tipos de áreas protegidas. Los principales impactos son el daño físico, la destrucción o eliminación del interés, la pérdida de visibilidad o acceso a las exposiciones por enterramiento con escombros u ocultamiento por la vegetación, el daño a la integridad del sitio por la fragmentación del interés y la pérdida de relaciones entre los rasgos, y la interrupción de procesos naturales o del estado natural. Por ejemplo, las exposiciones en las canteras en desuso pueden perderse por vertederos, los accidentes geográficos glaciares primarios pueden ser destruidos por la explotación de arena y grava, y las exposiciones clave pueden ser selladas y los procesos naturales pueden verse afectados por medidas de protección en las costas, la protección de las riberas y las defensas contra inundaciones. La extracción de minerales puede tener impactos positivos y negativos. Las canteras y las graveras son un recurso geológico significativo, particularmente en áreas donde las exposiciones naturales son pobres o escasas. La extracción en canteras puede revelar nuevas secciones de valor, y muchos sitios importantes se encuentran en antiguas canteras donde el interés geológico no se habría expuesto bajo otras circunstancias. No obstante, la extracción en canteras puede representar una amenaza directa para determinados accidentes geográficos –por ejemplo, la extracción de piedra caliza puede destruir parte de los sistemas de cavernas y los pavimentos de caliza–. Si bien existe la tendencia a estar en contra de cualquier nueva explotación de canteras en áreas protegidas que pueda dañar los accidentes geográficos intactos, es posible que en otros casos sea importante equilibrar el valor potencial de las nuevas secciones –por ejemplo, al revelar la arquitectura sedimentaria tridimensional de un sistema esker– frente a una mayor pérdida de la integridad del accidente geográfico. En tales casos, debe hacerse un juicio cuidadoso para garantizar que los motivos de la exposición sean totalmente compatibles con los objetivos particulares de conservación de los rasgos. Diferentes actividades agrícolas pueden tener un impacto sobre los sitios geológicos y los accidentes geográficos. Estos pueden sufrir daños no solo por el arado profundo y la nivelación del suelo, sino también por los caminos de extracción, y pueden quedar ocultos bajo la reforestación comercial. Los suelos están bajo presión por las prácticas de uso de la tierra y la contaminación, la intensificación

Las plantas termófilas representan la dependencia biótica del cóctel químico hirviente del valle volcánico de Waimangu, Rotorua, Nueva Zelanda
Fuente: Roger Crofts

de la agricultura, la reforestación, la disposición de desechos, los depósitos ácidos y la expansión urbana.

Por lo general, los enfoques convencionales para la protección costera y rivereña contra la erosión y las inundaciones implican una ingeniería "dura" a gran escala, la cual sella las principales exposiciones con diques de concreto, armaduras rocosas o gaviones. Los procesos naturales de suministro y movimiento de sedimentos se ven alterados, y el problema suele desplazarse a otra parte. Por lo tanto, también pueden presentarse impactos más amplios fuera del sitio –por ejemplo, la erosión de las defensas costeras corriente abajo–. Otras amenazas pueden surgir de los efectos del cambio climático y del aumento del nivel del mar, y en particular de las respuestas humanas (por ejemplo, en forma de una protección "dura" contra las inundaciones y las defensas costeras), especialmente en sistemas dinámicos. Estos retos de gestión actuales requieren de la colaboración entre los gobiernos, los encargados de la planeación, los responsables de la toma de decisiones y las comunidades locales, de tal manera que se garantice una gestión sostenible de la geodiversidad como parte de estrategias de adaptación más amplias a largo plazo que permitan la protección de los servicios ecosistémicos (Prosser *et al.,* 2010).

Las presiones y las amenazas sobre el entorno marino incluyen la pesca en el fondo marino, la extracción de agregados, las instalaciones de petróleo y gas, las instalaciones de energía renovable, los cables y tuberías, el dragado para la navegación, la eliminación de desechos y la actividad militar. Estas actividades tienen el potencial de afectar los rasgos geomorfológicos y geológicos del lecho marino (DEFRA, 2010; Brooks, 2013). Dada la naturaleza dinámica del entorno marino, todas estas actividades pueden tener impactos más amplios al interrumpir las rutas de transporte de sedimentos existentes y al alterar los patrones de sedimentación y los procesos hidrodinámicos

Hace poco se reconoció que el cambio climático es un problema emergente para la geoconservación (Prosser *et al.,* 2010; Sharples, 2011). Es probable que los sistemas activos geomorfológicos, hidrológicos y del suelo,

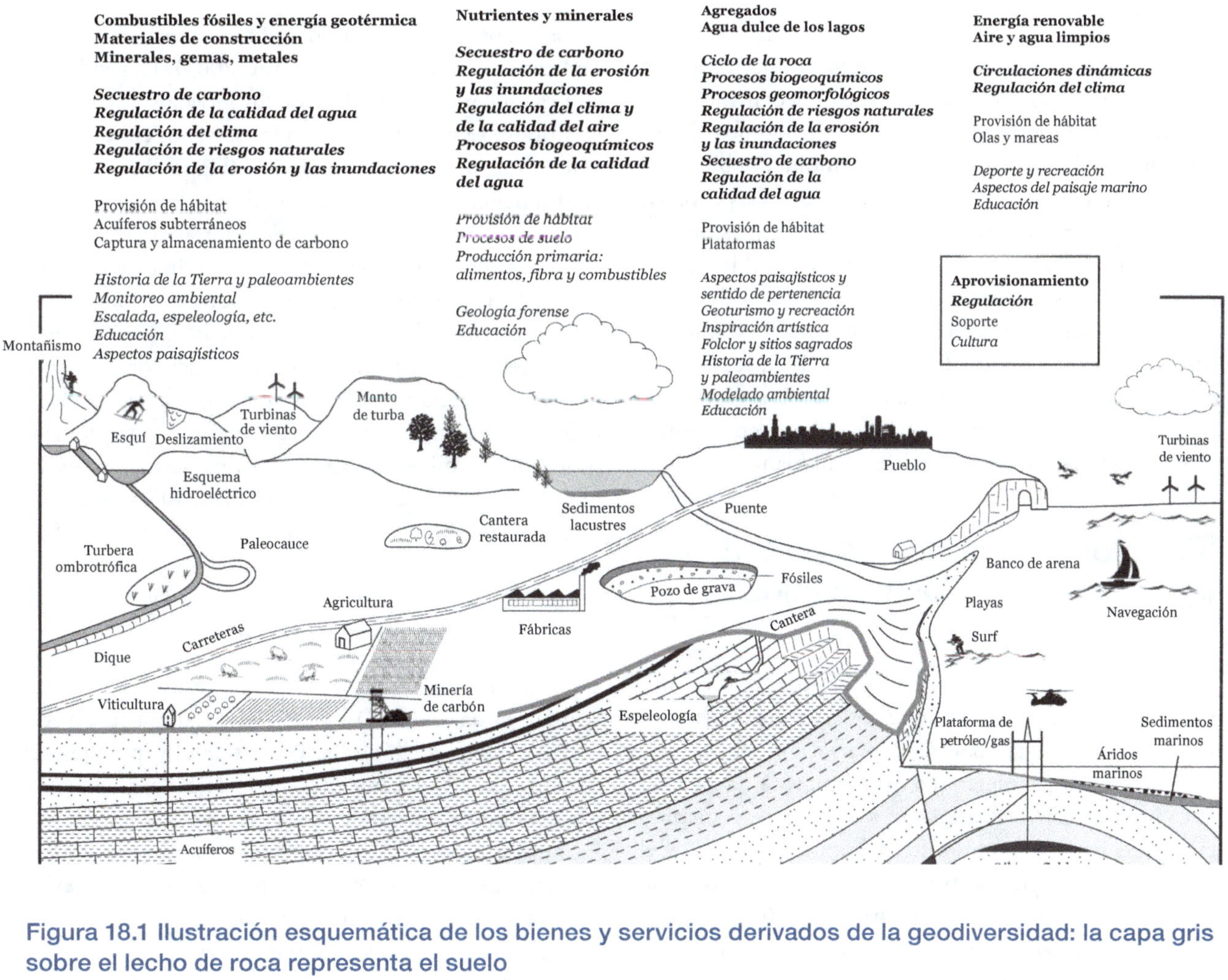

Figura 18.1 Ilustración esquemática de los bienes y servicios derivados de la geodiversidad: la capa gris sobre el lecho de roca representa el suelo

Fuente: reimpreso de Gray *et al.,* 2013. Reproducido con permiso de Elsevier

San Cristóbal, Parque Nacional Galápagos, Ecuador, donde las salientes erosionadas entre las capas de lava ofrecen lugares perfectos para que el huairavo de corona amarilla (*Nyticorax violaceus*) se pose

Fuente: Roger Crofts

Alvar de Öland, Suecia, sitio patrimonio mundial, donde la flora dependiente de calizas se encuentra sobre el pavimento de piedra caliza

Fuente: Roger Crofts

en particular, experimenten cambios importantes en respuesta al cambio climático. Estos pueden incluir la erosión o el entierro por depósitos de algunos de los elementos más antiguos del geopatrimonio. Si bien será posible evitar la pérdida de algunos sitios de geopatrimonio específicos, a una escala de paisaje más amplia es poco probable que puedan evitarse cambios generalizados en los procesos; de hecho, la escala de intervención requerida para hacerlo comprometería muchos otros valores naturales. La acción más apropiada (y costo-efectiva) a escala del paisaje puede ser permitir que los procesos abióticos activos se adapten naturalmente a las condiciones climáticas cambiantes.

Vínculos con la biodiversidad, las funciones y los servicios ecosistémicos

La geoconservación en áreas protegidas ofrece muchas contribuciones importantes a la naturaleza biótica y a la sociedad. Esta apoya la conservación del paisaje y la biodiversidad; el desarrollo económico; la adaptación al cambio climático y la gestión sostenible de la tierra y el agua; el patrimonio histórico y cultural, y la salud y el bienestar de las personas (véase, por ejemplo, Johansson, 2000; Brilha, 2002; Stace y Larwood, 2006; Gordon *et al.*, 2012; Gray *et al.*, 2013). Quizás lo más significativo es que la geodiversidad respalda o brinda la mayoría de los servicios ecosistémicos identificados en la Evaluación de Ecosistemas del Milenio (MEA, 2005). La geodiversidad es un componente clave de los servicios de soporte y contribuye significativamente a los servicios culturales, de aprovisionamiento y de regulación (Figura 18.1). Sin las contribuciones de la geodiversidad, muchos de los servicios ecosistémicos esenciales para soportar la vida sobre la Tierra simplemente no existirían o requerirían alternativas tecnológicas mucho más costosas; por ejemplo, el suministro de agua dulce, la regulación de la calidad del agua y del aire, y la formación del suelo y el ciclo de nutrientes para la producción de alimentos. La geodiversidad también brinda bienes y servicios adicionales e indispensables (por ejemplo, minerales, agregados y combustibles fósiles) que son bienes de capital no renovables, así como importantes beneficios de "conocimiento" (por ejemplo, los registros de cambios climáticos en el pasado, la comprensión de cómo funcionan los sistemas de la Tierra y las tendencias de los servicios ecosistémicos).

En su forma más simple, la geodiversidad brinda los cimientos para la vida en la Tierra y para la diversidad de especies, hábitats, ecosistemas y paisajes. La mayoría de las especies dependen de la "fase" abiótica en la que existen (Anderson y Ferree, 2010), no solo las raras o especializadas (por ejemplo, aquellas asociadas con suelos calizos o suelos metalogénicos), y existe una estrecha conexión entre la flora y la fauna, el suelo y las rocas subyacentes, y la topografía y el agua y otros nutrientes de los que dependen para su crecimiento y supervivencia (véase, por ejemplo, Semeniuk *et al.*, 2011). Ahora que nos concentramos mucho más en preservar la salud ecológica de los ecosistemas y sus componentes, es vital comprender los vínculos entre los procesos abióticos naturales de la Tierra y la contribución que hacen a la conservación de la biodiversidad.

La naturaleza y las variaciones dentro de los ecosistemas forestales se determinan no solo por el lecho de roca y los tipos de suelo, la exposición climática y la topografía del accidente geográfico –que determinan las variaciones locales en la disponibilidad de agua y los flujos de nutrientes– sino también por la diversidad de su flora y fauna. Las áreas protegidas costeras reflejan la interacción del lecho de roca y los tipos de sedimentos con los procesos fluviales y marinos en su evolución y estado actual, aunque la protección pueda ser para aves migratorias o la flora del litoral. Las áreas protegidas de altas latitudes y altitudes, importantes para la megafauna y la flora ártica/alpina, se caracterizan por la congelación y descongelación del suelo y el suministro estacional de nutrientes. De hecho, la lista de relaciones entre los principales biomas y sus procesos terrestres pasados y actuales es interminable y, por lo tanto, fundamental para la identificación, designación y manejo de muchas áreas protegidas. En pocas palabras, sin una comprensión de los procesos de la Tierra que condujeron a su formación y que se experimentan actualmente, la gestión de los aspectos biológicos de las áreas protegidas no será tan efectiva como debería (Santucci, 2005). Esto se ve acentuado por el interés actual en el enfoque de "conservación del escenario", en el que la flora y la fauna son vistas como los actores y la geodiversidad como el escenario en el que prosperan. Según este enfoque, la conservación de la biodiversidad se logra mejor al conservar el escenario, particularmente en tiempos del cambio climático, cuando puede ser crucial que las plantas y los animales cuenten con una variedad de hábitats a los que pueden trasladarse para sobrevivir (Anderson y Ferree, 2010).

Es fundamental la protección de los sitios que revelan registros paleoambientales. Por ejemplo, el análisis de los cambios en fósiles, polen y esporas de hongos, al igual que los factores cambiantes que afectan la biodiversidad (por ejemplo, cambio climático, vulcanismo, erosión y sedimentación) en las áreas protegidas, pueden proporcionar una mejor comprensión de la dinámica de la biodiversidad. Si bien es poco probable que el pasado brinde análogos exactos para la ecología de la restauración, los registros paleoambientales tienen un importante papel de apoyo para la biología de la conservación al permitir la comprensión de los procesos ecológicos y evolutivos, la dinámica del ecosistema y los rangos pasados de la variabilidad natural (Gillson y Marchant, 2014). Además, las perspectivas a largo plazo provistas por los registros paleoambientales deberían no solo mejorar el conocimiento de las tendencias en los servicios ecosistémicos, sino también ayudar a validar las decisiones de gestión de la conservación y priorizar los limitados recursos para las intervenciones de gestión.

Parque Nacional Cotopaxi, Ecuador, donde se construyeron cronologías de la actividad volcánica a partir de sucesivas capas de cenizas volcánicas (tefra)

Fuente: Roger Crofts

La ecología de la restauración es un elemento importante en la gestión de las áreas protegidas cuando, por ejemplo, se ven afectadas por una degradación y la pérdida de su capacidad funcional. Para garantizar que la restauración pueda tener éxito y que la geodiversidad no se vea afectada negativamente, al desarrollar planes de restauración debe tenerse en cuenta la contribución de los procesos abióticos naturales.

En consecuencia, la geoconservación es crucial para mantener especies y hábitats vivos, para mantener tanto la "fase" o el escenario abiótico como los procesos naturales (por ejemplo, inundaciones, erosión y formación de depósitos) necesarios para la diversidad del hábitat y las funciones ecológicas. Existen argumentos sólidos que respaldan una gestión de áreas protegidas con enfoques más integrados, los cuales beneficiarían tanto a la biodiversidad como a la geoconservación (Hopkins *et al.*, 2007; IUCN, 2012; Matthews, 2014).

Relevancia de la definición de la UICN para la geoconservación en áreas protegidas

La definición revisada de la UICN de un área protegida se refiere por primera vez a la naturaleza abiótica al sustituir el término específico "biodiversidad" por el término más amplio "naturaleza": "un espacio geográfico claramente definido, reconocido, dedicado y gestionado, mediante medios legales u otros tipos de medios eficaces para conseguir la conservación a largo plazo de la naturaleza y de sus servicios ecosistémicos y sus valores culturales asociados" (Dudley, 2008, p. 8).

El uso de la palabra "naturaleza" es bastante deliberado por varias razones. Este permite el reconocimiento específico de los elementos abióticos en las áreas protegidas que fueron excluidos en la definición anterior, la cual se refería solo a la biodiversidad. Este no solo reconoce que muchas áreas protegidas existen para conservar la naturaleza abiótica de una forma u otra, sino también que la naturaleza abiótica es importante por sí misma, ya que es un elemento intrínseco de cualquier definición de naturaleza.

En la elaboración de las directrices se explica que "naturaleza" siempre se refiere a la biodiversidad, a nivel genético, de especies y de ecosistemas, y también suele referirse a la geodiversidad, los accidentes geográficos y los valores naturales más amplios (Dudley, 2008, Tabla 1, p. 9).

Cuadro 18.1 Categorías de sitios en la Revisión para la Conservación del Geopatrimonio en Gran Bretaña

1. Sitios de importancia internacional: estratotipos de intervalo o límite; localidades tipo para biozonas basadas en fósiles y zonas temporales basadas en estratos rocosos particulares; localidades clave para tipos rocosos particulares, minerales o fósiles, y accidentes geográficos; sitios históricamente importantes donde se hicieron descubrimientos significativos o se incrementó significativamente el conocimiento, o donde los rasgos y los fenómenos se descubrieron y describieron por primera vez.
2. Sitios que son científicamente importantes porque contienen rasgos excepcionales que son extremadamente raros en su formación o su existencia.
3. Sitios que son de importancia nacional porque son representativos de un rasgo, evento o proceso del geopatrimonio que es fundamental para la historia de la Tierra de Gran Bretaña.

El uso del término "naturaleza" se detalla aun más en la Resolución 5.048 de la UICN (IUCN, 2012, p. 66), "para garantizar que, cuando en el Programa de la UICN 2013-2016 se haga referencia a la naturaleza en general, se dé preferencia a términos incluyentes tales como "naturaleza", "diversidad natural" o "patrimonio natural", de modo que no se excluyan la geodiversidad ni el geopatrimonio".

El ejemplo dado en las directrices de 2008 es la Reserva Natural Nacional de Rùm en Escocia, la cual se estableció para proteger rasgos geológicos únicos, específicamente la separación y la estratificación de las rocas de la cámara magmática durante la actividad ígnea del Paleógeno; esta reserva también es de importancia en la región europea por sus especies de aves.

Un enfoque sistemático para identificar los intereses de la geoconservación

Para identificar los rasgos y sitios de interés geotécnico es esencial contar con un marco metodológico claro, lógico y basado en la objetividad (Sharples, 2002; ProGEO, 2011). Esto se aplica a todos los niveles, desde las evaluaciones internacionales hasta los inventarios locales. Sin este enfoque no habrá forma de juzgar si se incluyen todos los aspectos del geopatrimonio, la medida en que las áreas seleccionadas son representativas, raras o únicas, y cómo puede extenderse el sistema conforme aumente el conocimiento y se reconozcan nuevos intereses del geopatrimonio.

En el siguiente texto mencionamos algunos ejemplos de las metodologías que los administradores de áreas protegidas individuales podrían desarrollar y aplicar en un rango de escalas, desde las evaluaciones internacionales hasta los inventarios locales de los intereses de geopatrimonio.

Se recomienda que las naciones y organizaciones que se embarquen en el desarrollo de áreas protegidas para el geopatrimonio consideren seriamente el uso de los sistemas y clasificaciones existentes, ya que estos prestan una atención cuidadosa a todos los aspectos. Es evidente que deben hacerse modificaciones y adiciones para adaptarse a las circunstancias nacionales, pero dentro de un sistema internacional probado y comprobado.

En general, un enfoque sistemático que es relevante para otros países es la Revisión para la Conservación del Geopatrimonio (*Geological Conservation Review*, GCR) en Gran Bretaña (Inglaterra, Escocia y Gales), la cual se desarrolló y aplicó durante las últimas tres décadas (Ellis, 2011). En este sistema basado en las geociencias se incorporan tres categorías de sitios, que son distintas pero complementarias (Cuadro 18.1).

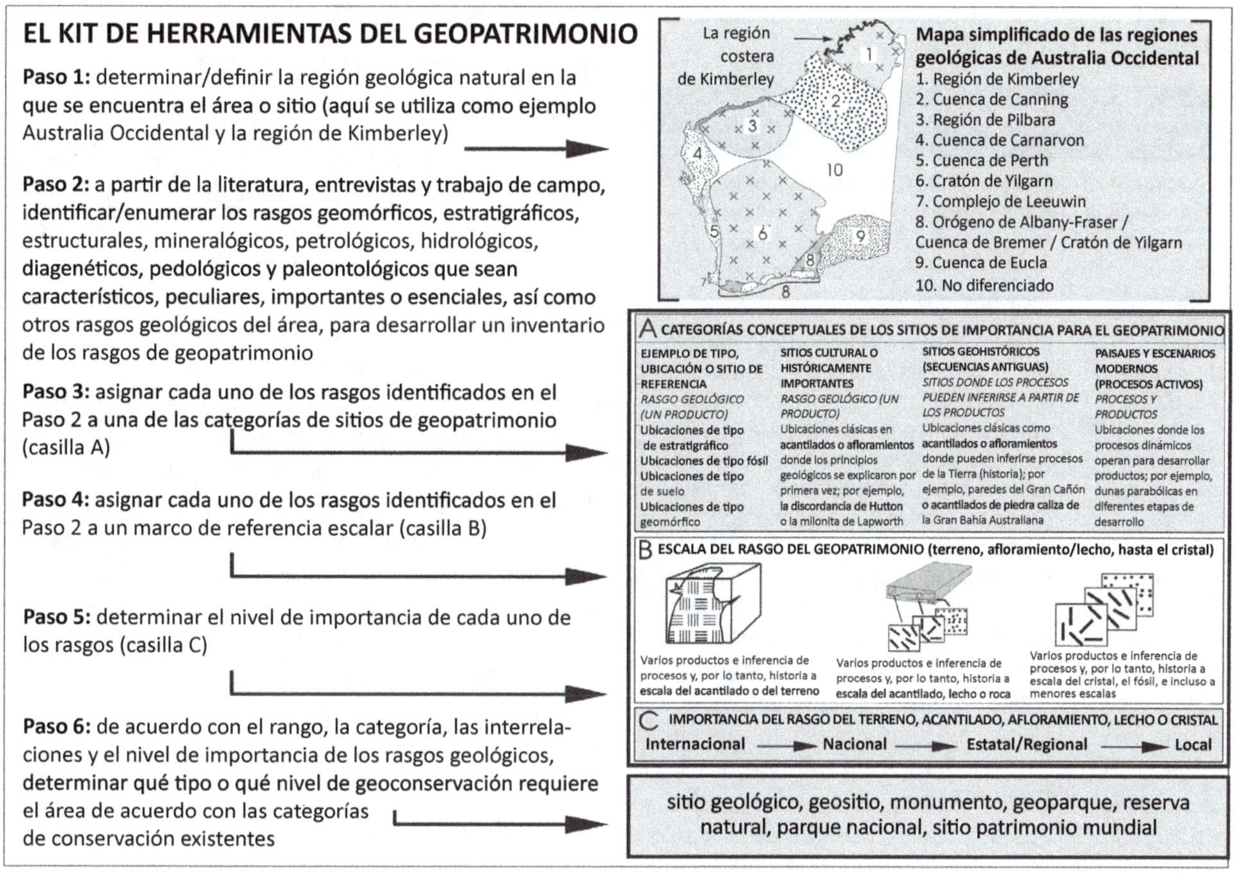

Figura 18.2 Pasos en el uso de la Caja de Herramientas del Geopatrimonio para identificar y evaluar sitios de importancia de geopatrimonio

Fuente: Brocx y Semeniuk, 2011. Ilustración reproducida con permiso de los autores y la Sociedad Real de Australia Occidental

Los sitios se evaluaron en siete agrupaciones amplias: estratigrafía, paleontología, geología cuaternaria, geomorfología, petrología ígnea, geología estructural y metamórfica, y mineralogía. A efectos prácticos, estas agrupaciones se subdividieron a su vez en "bloques" temáticos según la edad estratigráfica, el tipo de formación, el área geográfica o los diferentes procesos geológicos y geomorfológicos. Obviamente, otros países y regiones podrían elegir diferentes agrupaciones de acuerdo con su geología y su geomorfología específicas. Además, de acuerdo con el propósito del inventario, los criterios pueden, además del valor científico, incluir valores estéticos, culturales, educativos, históricos, económicos y ecológicos, así como el uso potencial y la vulnerabilidad (véase más adelante).

Se propone que, en cualquier región o país, son siete elementos clave los que brindan la base para un sistema integral de áreas protegidas de geopatrimonio (Tabla 18.2).

A fin de garantizar la protección del geopatrimonio, como una de varias estrategias posibles, se requiere la gestión de la conservación a través de redes dedicadas de sitios protegidos. En la medida de lo posible, la geoconservación debe integrarse en la gestión de la conservación de todas las categorías de áreas protegidas. Para hacerlo, es necesario que los vínculos entre la geodiversidad y la biodiversidad sean mucho más explícitos en la planeación de la conservación y la selección de las áreas protegidas, y en cuanto a la biodiversidad, optimizar la sinergia con los servicios ecosistémicos en la planeación de la conservación.

Tabla 18.2 Elementos clave de un sistema de áreas protegidas de geopatrimonio

Elementos clave	Geositios que demuestran:
Etapas clave en la historia de la Tierra	Estratotipos límite o intervalo, localidades tipo para biozonas basadas en fósiles y localidades tipo para zonas de tiempo basadas en estratos de roca particulares
Rasgos estructurales principales	Eventos/episodios tectónicos asociados con movimientos de placas. Los ejemplos incluyen rasgos asociados con colisiones de placas que resultan, por ejemplo, en la formación de cadenas montañosas, acompañadas de cabalgamiento, plegamiento y compresión de estratos. Otros ejemplos asociados con la convergencia de placas incluyen la formación de arcos insulares, volcanes centrales y flujos de lava extensos
Formación de minerales	Depósitos de minerales raros y representativos, y tipos de ubicaciones de minerales
Evolución de la vida	Fósiles y ensamblajes fósiles que representan las etapas en la evolución de la vida y gradaciones e interrupciones en las secuencias de esta dentro del registro fósil que reflejan las tendencias evolutivas y los eventos catastróficos, como el impacto de meteoritos y las erupciones de los súper volcanes
Procesos modernos de la Tierra	Rasgos representativos de procesos activos particularmente asociados con las placas tectónicas, como diferentes tipos de volcanes y otras formas eruptivas, y aquellos asociados con la interfaz entre la tierra y el mar alrededor de costas y estuarios, sistemas fluviales y ambientes glaciales y periglaciales
Rasgos representativos por encima o por debajo de la superficie	Rasgos representativos de períodos particulares de la historia de la Tierra, así como formaciones rocosas o procesos de la Tierra que son particulares, inusuales o distintivos -por ejemplo, sistemas de cavernas, chimeneas de hadas, formaciones rocosas en domo y otras formaciones rocosas verticales–
Registros de condiciones ambientales del pasado	Condiciones ambientales del pasado como las fases glaciales, periglaciales e interglaciares del período Cuaternario, incluidos accidentes geográficos, sedimentos y secuencias de rocas de todos los períodos de la historia de la Tierra

Kit de herramientas del geopatrimonio en áreas protegidas

A nivel internacional, nacional y local existen muchos sistemas diferentes para la evaluación de las áreas protegidas. En todos los niveles, un requisito fundamental es un inventario del geopatrimonio y un total conocimiento de los sitios clave que deben protegerse (Sharples, 2002; ProGEO, 2011). La Caja de Herramientas del Geopatrimonio (Geoheritage Toolkit), desarrollado en Australia Occidental para identificar y evaluar las áreas protegidas con importancia de geopatrimonio para la ciencia y la educación, ilustra los pasos principales (Figura 18.2) (Brocx y Semeniuk, 2011). La Caja de Herramientas del Geopatrimonio es un método basado en categorías en el que primero se identifican distintas regiones, luego se hace un inventario de los principales rasgos geológicos y geomorfológicos a todas las escalas (desde la escala montañosa hasta la microescala), los rasgos se asignan a una categoría del geopatrimonio y su importancia se evalúa con la evaluación semicuantitativa de Brocx y Semeniuk (2007).

Geoconservación y designaciones de áreas protegidas

Existen muchos tipos de sistemas de áreas protegidas del geopatrimonio –algunos internacionales o nacionales y otros locales–. Aquí se describen los tipos principales.

Internacional

Patrimonio mundial

La Convención sobre la Protección del Patrimonio Mundial reconoce los valores del geopatrimonio, no solo directamente por medio de la inscripción de sitios en la Lista del Patrimonio Mundial de la Organización de las Naciones Unidas para la Educación, la Ciencia y la Cultura (UNESCO) bajo el Criterio VIII, ya sea solos o en combinación con otros criterios naturales o culturales, sino también indirectamente, al reconocer el papel que tienen los valores del geopatrimonio en el sustento y apoyo a la diversidad biológica, cultural y del paisaje (Dingwall *et al.*, 2005). Para ser incluidos en la Lista del Patrimonio Mundial, los sitios deben tener un valor universal excepcional y cumplir al menos uno de los diez criterios de selección. De los 981 sitios inscritos en la Lista del Patrimonio Mundial para 2013, 759 son sitios culturales, 193 naturales y veintinueve mixtos. Alrededor de ochenta sitios están inscritos principalmente debido a su interés de geopatrimonio bajo el Criterio VIII como "ejemplos excepcionales que representan las prin-

Figura 18.3 Logotipo de la red mundial de geoparques apoyada por la UNESCO
Fuente: UNESCO

cipales etapas de la historia de la Tierra, incluido el registro de la vida, procesos geológicos significativos activos relacionados con el desarrollo de accidentes geográficos, o importantes rasgos geomórficos o fisiográficos". Algunos sitios también pueden calificar bajo el Criterio VII: "contienen fenómenos naturales superlativos o áreas de excepcional belleza natural e importancia estética". Como base para evaluar el potencial de sitios que aspiren a la designación como patrimonio mundial, Dingwall *et al.* (2005) propusieron trece temas geológicos y geomorfológicos.

Geoparques

Los geoparques son áreas con un geopatrimonio excepcional que se establecen principalmente para promover el geoturismo y apoyar el desarrollo económico local. Estos parques no son áreas protegidas *per se*, pero pueden estar total o parcialmente cubiertos por áreas protegidas. Asimismo, no se identifican ni se clasifican sistemáticamente como una red global integral; muchos se basan en iniciativas voluntarias dirigidas por la comunidad y otros en una designación de arriba hacia abajo. No obstante, la Red Mundial de Geoparques Nacionales o Red Mundial de Geoparques (Global Geoparks Network, GGN), apoyada por la UNESCO (Figura 18.3), brinda un marco internacional para conservar y mejorar el valor del patrimonio de la Tierra, sus paisajes y formaciones geológicas, y es probable que la creación de geoparques proporcione *de facto* un nivel de coordinación a escala del paisaje para la conservación, el uso sostenible y el desarrollo social y económico complementario, aunque no siempre dentro de las definiciones estrictas de las categorías de la UICN. En 2014, la red comprendía 111 geoparques nacionales en todo el mundo (UNESCO, 2014a).

Los geoparques combinan la conservación del geopatrimonio con el estímulo de su disfrute, comprensión y educación, y el apoyo al desarrollo socioeconómico y cultural sostenible a través del geoturismo (McKeever *et al.,* 2010). La GGN opera en estrecha sinergia con la Convención sobre la Protección del Patrimonio Mundial, la Red Mundial de Reservas de la Biosfera del Programa del Hombre y la Biosfera (Man and the Biosphere, MAB), y con organizaciones no gubernamentales (ONG) nacionales e internacionales y programas para la conservación del geopatrimonio. Se exige que los sitios dentro de la GGN cumplan con los criterios relacionados con el tamaño y el entorno, la gestión y la participación local, el desarrollo económico, la educación, la protección y la conservación (UNESCO, 2010). Los geoparques no son necesariamente áreas protegidas específicas, y están sujetos a revisiones cuatrienales de su desempeño y gestión. Si un geoparque no cumple con los criterios y los problemas planteados no se abordan en los dos años siguientes, este se elimina de la lista de la GGN.

Dingwall *et al.* (2005) recomendaron que la GGN debe verse como un enfoque complementario a la inclusión en el patrimonio mundial; sin embargo, debe reconocerse que la GGN no es en primera instancia una lista de sitios importantes, sino que son sitios seleccionados para fines de turismo y promoción. Aun existe la necesidad de una inclusión internacional de los geositios importantes junto a los sitios patrimonio mundial y los geoparques, ya que cada uno de ellos desempeña un papel diferente en la geoconservación internacional.

Geositios de importancia internacional

Como contribución al programa mundial de inventario de los geositios (Wimbledon *et al.,* 2000), algunos países como España (García-Cortés *et al.,* 2001, 2009) y Portugal (Brilha *et al.,* 2005) completaron inventarios de los sitios de importancia internacional. Para garantizar su gestión adecuada, los geositios identificados bajo este programa se incorporan a los sistemas nacionales de áreas protegidas. Originalmente adoptado por la Unión Internacional de Ciencias Geológicas, y luego abandonado debido a problemas financieros, el programa mundial de geositios se encuentra en desarrollo en muchos otros países europeos (Wimbledon y Smith-Meyer, 2012) y sus principios siguen siendo válidos para la identificación y comparación global de los marcos geológicos y sitios de geopatrimonio de relevancia internacional.

Una brecha importante en la red internacional de sitios protegidos para el geopatrimonio es la red de más de cien Secciones Estratotipo y Puntos de Límite Global (*Global Stratotype Sections and Points*, GSSP) establecidas por la Comisión Internacional de Estratigrafía, una comisión de la Unión Internacional de Ciencias Geológicas (Gray, 2011). Esta red comprende todos los sitios clave para el piso, el sistema y los límites de serie de la columna geológica, los cuales conforman los elementos básicos de la estratigrafía.

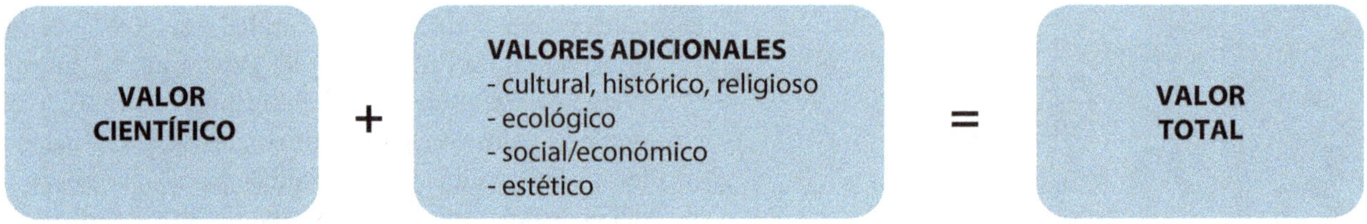

Figura 18.4 Valores centrales y adicionales de geopatrimonio

Fuente: adaptado de Reynard, 2009b

Nacionales

Muchos países han adoptado sistemas de evaluación para los rasgos geológicos y geomorfológicos de los sitios que utilizan una variedad de criterios (Wimbledon y Smith-Meyer, 2012). La mayoría de estos sistemas se basa en criterios que incluyen el valor científico, la representatividad, la rareza, la diversidad de los rasgos y la integridad (Lima *et al.,* 2010), y la evaluación comparativa y la información publicada por expertos en el área, con un trabajo dentro de un marco geológico definido (Erikstad *et al.,* 2008; ProGEO, 2011). Por lo general, las evaluaciones se basan en un enfoque de juicio experto, pero en algunos casos se han adoptado o propuesto enfoques paramétricos numéricos (por ejemplo, Lima *et al.,* 2010; Bruschi *et al.,* 2011). Es probable que estos últimos sean más útiles cuando se aplica una gama más amplia de criterios (por ejemplo, uso educativo y turístico, vulnerabilidad), y a los diferentes criterios se les pueden asignar distintas ponderaciones. Cuando el enfoque se centra específicamente en el valor científico, las metodologías de puntaje paramétrico corren el riesgo de perder de vista el raciocinio científico fundamental. Por lo tanto, es vital que se brinde una justificación científica completa, como en el caso de la Revisión para la Conservación del Geopatrimonio (*Geological Conservation Review*, GCR) en Gran Bretaña.

La GCR, y la análoga Revisión para la Conservación de las Ciencias de la Tierra (*Earth Science Conservation Review*) en Irlanda del Norte (National Museums Northern Ireland, 2003), son buenos ejemplos de una evaluación nacional sistemática (véase la información anterior). El raciocinio subyacente es que los sitios se seleccionan únicamente por su interés científico a través de un proceso de revisión por expertos y deben hacer una contribución especial a la comprensión y apreciación del geopatrimonio de Gran Bretaña. Se han seleccionado más de tres mil sitios, que en su mayoría están designados como sitios de especial interés científico (*Sites of Special Scientific Interest*, SSSI) y tienen protección legal. En Escocia, este tipo de enfoque se ha extendido al medio marino para identificar áreas clave de geodiversidad en el lecho marino, desde la costa hasta el borde de la plataforma continental (Brooks *et al.,* 2013). Dadas las limitaciones de recursos y las dificultades para administrar y monitorear las áreas submarinas, un enfoque pragmático podría ser priorizar las acciones con base en la sensibilidad y la vulnerabilidad de los intereses del geopatrimonio, y tanto como sea posible, alinear la geoconservación marina con la conservación de la biodiversidad mediante un enfoque integrado (Gordon *et al.,* 2013). Por ejemplo, en Noruega la aplicación del mapeo de "áreas naturales" en el medio marino pretende proporcionar una base para la conservación integrada, al reflejar los estrechos vínculos entre la geodiversidad marina y la biodiversidad (Dolan *et al.,* 2009; Thorsnes *et al.,* 2009).

En general, no se han completado evaluaciones sistemáticas de los sitios nacionales fuera de Europa, y esto se considera una brecha importante. No obstante, en todo el continente australiano se inició una gran cantidad de trabajos, y la Sociedad Geológica de Australia desempeña un papel principal junto a los organismos estatales (Sharples, 2002; Brocx, 2008; Joyce, 2010; Worboys, 2013). La Base de Datos de Geoconservación de Tasmania (Tasmanian Geoconservation Database, TGD) (DPIPWE, 2014) ofrece un buen modelo en funcionamiento. La TGD es un extenso inventario de sitios de importancia para la geoconservación y se compiló inicialmente a partir de una gama de anteriores inventarios *ad hoc*. En los últimos quince años, esta base de datos ha sido gestionada activamente por un grupo de referencia especializado nombrado por la agencia gubernamental relevante (Departamento de Industrias Primarias, Parques, Agua y Medio Ambiente, DPIPWE, por sus siglas en inglés), y como resultado, se está convirtiendo poco a poco en un inventario de geopatrimonio más completo y sistemáticamente organizado. A pesar de no tener poder legal, este se ha convertido en una herramienta clave para la gestión del suelo en Tasmania (DPIPWE, 2014).

Además del valor científico, otros enfoques han reconocido los valores estéticos, culturales/históricos, económicos y ecológicos de las áreas protegidas para la geoconservación (Kiernan, 1996; Panizza, 2001; Coratza y Panizza, 2009; Reynard, 2009a). Reynard (2009b) propuso que el valor geológico era el valor central y los otros eran valores adicionales (Figura 18.4).

Algunos enfoques también han aplicado métodos cuantitativos para la evaluación del sitio al incorporar valores tanto científicos como más amplios –por ejemplo, en Suiza (Reynard *et al.,* 2007), España (Bruschi *et al.,* 2011; Pellitero *et al.,* 2011), Portugal (Pereira *et al.,* 2007) y Grecia (Fassoulas *et al.,* 2011)–. Rovere *et al.* (2011) ampliaron este enfoque para evaluar el geopatrimonio en dos áreas submarinas frente a las costas de Grecia e Italia. Algunos enfoques se han centrado en subconjuntos de geositios. Por ejemplo, la Asociación Internacional de Geomorfólogos ha abordado la evaluación y conservación de sitios geomorfológicos (Reynard *et al.,* 2009).

En las evaluaciones de geoconservación ha existido la tendencia a pasar por alto el valor del suelo, aunque este se aborda en las evaluaciones de los servicios ecosistémicos (por ejemplo, Haygarth y Ritz, 2009; Dobbie *et al.,* 2011). No obstante, para los suelos en Escocia, Towers *et al.* (2005) desarrollaron una metodología para un índice de conservación del suelo que se basa en la evaluación de la rareza, la representatividad y la diversidad del suelo de acuerdo con las características pedológicas del mismo.

Locales

En todo el mundo existen muchos enfoques diferentes para la geoconservación local. Por ejemplo, en Gran Bretaña se han identificado redes de sitios de importancia local o regional. Estos son conocidos de varias formas, como "sitios locales" o "sitios geológicos locales" (Inglaterra), "sitios de geodiversidad local" (Escocia) y "sitios de geodiversidad regionalmente importantes" (Gales) (DEFRA, 2006; Scottish Natural Heritage, 2006). Estos tienen una orientación de protección discrecional en relación con las aplicaciones de desarrollo, y su valor radica en el hecho de que pueden designarse para una gama de criterios mucho más amplia que los SSSI, incluida la importancia educativa, estética e histórica (Burek, 2012). Otros países también han identificado redes regionales de geositios, como España (véase, por ejemplo, Fuertes-Gutiérrez y Fernández-Martínez, 2010). Para la planeación local, incluida la gestión de grandes áreas protegidas, como los parques nacionales, será importante el reconocimiento de los valores del geopatrimonio, incluso si no aparecen en las listas nacionales o no cumplen los criterios normales como áreas protegidas autónomas (Erikstad, 2012).

Principios de geoconservación

Esta sección establece los principios generales para la geoconservación en áreas protegidas.

El papel de las categorías de gestión de la UICN y la geoconservación

La geoconservación en las áreas protegidas se aplica a todas las categorías de gestión de áreas protegidas de la UICN, y específicamente a la Categoría III. Las directrices de 2008 (Dudley, 2008) explican la situación en ambos casos y se citan más adelante.

Relevancia de todas las categorías

Las categorías de gestión de áreas protegidas de la UICN (Capítulo 2) tienen una amplia aplicación en la gestión del geopatrimonio. Esto refleja el vínculo entre la conservación abiótica y biótica, y también con los valores culturales. Como resultado, la geoconservación puede aplicarse al manejo de áreas protegidas asignadas a cualquiera de las seis categorías de gestión, así como a aquellas asignadas a la Categoría III. En la Tabla 18.3 se muestran los ejemplos. Los valores de geopatrimonio también pueden aplicarse a todas las otras categorías. Las directrices de 2008 proporcionan los ejemplos que figuran en la Tabla 18.4.

Áreas protegidas de la Categoría III de la UICN

Tradicionalmente, se considera que la Categoría III es la única para la conservación de rasgos y procesos específicos de geopatrimonio. Tal como se discute a continuación, esto no es del todo cierto. La definición detallada de esta categoría es:

> Las áreas protegidas de Categoría III se establecen para proteger un monumento natural concreto, que puede ser un accidente geográfico, una montaña submarina, una caverna submarina, un rasgo geológico como una cueva o incluso un elemento vivo como una arboleda antigua. Normalmente son áreas protegidas bastante pequeñas y a menudo tienen un gran valor para los visitantes (Dudley, 2008, p. 17).

Tal como se define en las directrices, el objetivo principal de la Categoría III es "proteger rasgos naturales sobresalientes específicos, así como su biodiversidad y hábitats asociados" (Dudley, 2008, p. 17). También pueden aplicar otros objetivos, tales como:

- Brindar protección a la biodiversidad en paisajes terrestres o marinos que de otro modo experimentaría cambios importantes.
- Proteger sitios naturales específicos que tengan valores espirituales o culturales, cuando también tengan valores de biodiversidad.

- Conservar los valores espirituales y culturales tradicionales del sitio (Dudley, 2008, p. 17).

Un área protegida de la Categoría III podría incluir algunos de los siguientes elementos.

1. Rasgos geológicos y geomorfológicos naturales: como cascadas, acantilados, cráteres, cuevas, lechos de fósiles, dunas de arena, formaciones rocosas, estratotipos y secciones estratigráficas; valles y rasgos marinos como montes submarinos o formaciones de coral.
2. Rasgos naturales influenciados culturalmente: tales como asentamientos trogloditas y antiguas huellas humanas.
3. Sitios cultural-naturales: como las múltiples formas de sitios naturales sagrados (bosques sagrados, manantiales, cascadas, montañas, calas, etc.) de importancia para uno o más grupos de creencias.
4. Sitios culturales con ecología asociada: donde la protección de un sitio cultural también protege una biodiversidad significativa e importante, como los sitios arqueológicos e históricos que están inseparablemente vinculados a un área natural.

Tabla 18.3 Ejemplos de áreas protegidas de geopatrimonio en las categorías de gestión de la UICN

Categoría	Ejemplos nacionales y motivo	Ejemplos de sitios del patrimonio mundial
Ia. Reserva natural estricta	Casquete glaciar de Groenlandia, Groenlandia: capa de hielo y los nunatak Valle de los géiseres, Kronotsky Zapovednik, Rusia: rasgos volcánicos	Reserva Natural de la isla Macquarie, Australia: rocas del manto de la Tierra Surtsey, Islandia: procesos bióticos y abióticos en la nueva isla formada en 1963-1967
Ib. Área natural silvestre	Reserva Natural Especial de las Dunas de Maspalomas, España: marismas dentro de dunas del Pleistoceno Reserva Nacional Noatak, Alaska, EE.UU.: cuenca hidrográfica	Meseta de Putorana, Rusia: meseta de basalto
II. Parque nacional	Parque Nacional del Gran Cañón, EE.UU.: registro estratigráfico y erosión de tierras áridas	Parque Nacional Dolomitas de Belluno, Italia: carst, glaciocarst y filones
III. Monumento o rasgo natural	Reserva de Conservación Cárstica Cuevas Jenolan, Australia: sistema cárstico Bosques Petrificados, Argentina: bosque petrificado	Parque Nacional Boodjamulla (Lawn Hill), Australia: fósiles de vertebrados terrestres Parque Provincial de los Dinosaurios, Canadá: fósiles de dinosaurios
IV. Áreas de manejo de hábitats/especies	Reserva Natural Parcial de la Montaña de Montserrat, España: rocas sedimentarias, cuevas y formas de erosión de las montañas Parque Marino de la isla Lord Howe, Australia: monte submarino volcánico	Parque Nacional Galápagos, Ecuador: procesos geológicos modernos
V. Paisaje terrestre/marino protegido	Parque Nacional Cairngorms, Reino Unido: historia de la Tierra y procesos geomorfológicos modernos Parque Natural Cabo de Gata-Níjar, España: historia volcánica y cuaternaria Área protegida del paisaje de los Alpes de Lyngen, Noruega: montañas alpinas con glaciares, morrenas, protección de la geodiversidad	Reserva regional de las cuevas de Škocjan, Eslovenia: dolinas, cuevas y ríos subterráneos
VI. Área protegida con uso sostenible de los recursos naturales	Parque Rural del Nublo, España: vulcanología, geomorfología Parque Natural de las Salinas de Sečovlje, Eslovenia: extracción de sal	Parque Marino de la Gran Barrera de Coral, Australia: evolución del sistema de arrecifes de coral

Fuentes: Lockwood *et al.*, 2006; Dudley, 2008; UNESCO, 2014b; para los ejemplos de España, E. Díaz-Martínez, comunicación personal; para los ejemplos de Noruega, L. Erikstad, comunicación personal

Tabla 18.4 Geopatrimonio y la categoría de gestión de la UICN apropiada

Carácter del geopatrimonio	Categoría adecuada de la UICN
La protección está dirigida principalmente a un rasgo individual de interés (monumento natural como una cascada o una cueva) o un sitio de valor nacional o internacional para comprender la historia de la Tierra (por ejemplo, un estratotipo)	Principalmente la Categoría III
Un ensamblaje de accidentes geográficos (por ejemplo, sistema de valle glaciar, cordillera) o procesos o rasgos geológicos	Principalmente las categorías Ia, Ib, II y V
Los rasgos tienen potencial para la interpretación y el geoturismo	Principalmente las categorías II y III
El interés de geopatrimonio es en sí mismo una base para hábitats y especies (por ejemplo, plantas amantes del calcio o especies adaptadas a dunas de arena dinámicas)	Principalmente las categorías Ia, Ib, II, IV, V y VI
El geopatrimonio tiene vínculos importantes con paisajes culturales (por ejemplo, cuevas usadas como viviendas o relieves adaptados a la agricultura en terrazas)	Principalmente la categoría V, y también las categorías II y III
El geopatrimonio es la base para la gestión sostenible (actividades asociadas con procesos naturales, como el turismo de volcanes, o el uso de llanuras de inundación como áreas tradicionales para el cultivo de arroz)	Principalmente compatible con las categorías V y VI
Protección que incluye rasgos geológicos que tienen valores particulares, ya sean espirituales o de credo, para algunas de las partes interesadas	Principalmente las categorías Ia y III

Tabla 18.5 Áreas protegidas de la Categoría III en comparación con otras categorías

Categorías Ia y Ib	La Categoría III no se limita a paisajes naturales y prístinos, sino que podría establecerse en áreas que de otro modo serían paisajes culturales o fragmentados. Con frecuencia se fomenta el turismo y la recreación, y la investigación y el monitoreo se limitan a la comprensión y el mantenimiento de un rasgo natural particular
Categoría II	El énfasis de la gestión de la Categoría III no está en la protección de todo el ecosistema, sino en rasgos naturales particulares; de lo contrario, la Categoría III es similar a la Categoría II y se gestiona de la misma manera, pero a una escala bastante pequeña en cuanto al tamaño y la complejidad de la gestión
Categoría IV	El énfasis de la gestión de la Categoría III no está en la protección de las especies o hábitats clave, sino en la protección de rasgos y procesos naturales particulares
Categoría V	La Categoría III no se limita a los paisajes culturales, y es probable que las prácticas de manejo se centren más en una protección más estricta del rasgo y de los procesos particulares que en el caso de la Categoría V
Categoría VI	La Categoría III no tiene como objetivo el uso sostenible de los recursos

Fuente: Dudley, 2008

Los componentes de biodiversidad de las áreas protegidas de la Categoría III son de dos tipos principales:

1. Biodiversidad que depende de las condiciones del rasgo natural –como los humedales costeros dependientes de la inundación de las mareas, la zona de rocío de una cascada, las condiciones ecológicas en las cuevas, las especies de plantas confinadas a los acantilados, o los pastizales confinados a planicies bajas de piedra caliza–.
2. Biodiversidad que sobrevive debido a la presencia de valores culturales o espirituales en el sitio, los cuales han permitido que se mantenga un hábitat natural o seminatural en lo que de otra manera sería un ecosistema modificado –como algunos sitios naturales sagrados o sitios históricos que tienen áreas naturales asociadas–. En estos casos, los criterios clave para la inclusión como área protegida serán: 1) el valor del sitio como contribución a la conservación a gran escala; y 2) priorización de la conservación de la biodiversidad dentro de los planes de manejo.

Se ha sugerido que la Categoría III proporciona un enfoque de gestión natural para muchos sitios naturales sagrados, como los bosques sagrados. Aunque los sitios naturales sagrados se encuentran en todas las categorías y pueden beneficiarse de una amplia gama de enfoques de gestión y manejo, pueden ser particularmente adecuados para la gestión como monumentos naturales.

La Categoría III está realmente destinada a proteger lo inusual en lugar de proporcionar componentes lógicos en un enfoque a gran escala para la conservación, por lo que algunas veces su papel en el paisaje o en las estrategias ecorregionales puede ser más oportunista que planeado. En otros casos –por ejemplo, en los sistemas de cuevas– dichos sitios pueden desempeñar un papel ecológico clave identificado dentro de planes de conservación más amplios. A veces, los monumentos naturales importantes pueden ofrecer un incentivo para la protección y una oportunidad para la educación ambiental/cultural, incluso en áreas donde otras formas de protección encuentran resistencia debido a las presiones poblacionales o del desarrollo, como en el caso de importantes sitios sagrados o culturales. En estos casos, la Categoría III puede conservar muestras de hábitats naturales en paisajes culturales o fragmentados.

La Categoría III se distingue de las otras categorías, ya que la administración suele enfocarse en proteger y mantener rasgos naturales particulares y los procesos que aseguran su continuidad (Tabla 18.5).

El hecho de que un área contenga un importante monumento natural no significa que se manejará inevitablemente como un área de Categoría III –por ejemplo, el Gran Cañón en Arizona se maneja como una Categoría II, a pesar de ser uno de los monumentos naturales más famosos del mundo, ya que también es un área grande y diversa con actividades recreativas asociadas, por lo que es más adecuado para un modelo de Categoría II. La Categoría III es más adecuada cuando la protección del rasgo es el objetivo único o dominante.

Surtsey, sitio patrimonio mundial, Islandia: una nueva isla formada entre 1963 y 1967 en la zona de separación de placas geológicas a lo largo de la Dorsal Mesoatlántica

Fuente: Roger Crofts

Establecimiento de nuevas áreas protegidas de geopatrimonio

Dentro de los marcos sistemáticos para la identificación de áreas protegidas con fines de geoconservación (véase la información anterior) surgirán oportunidades para que se designen nuevos sitios. Esto será el resultado de una serie de circunstancias, tales como nuevos conocimientos y comprensión de las características y procesos, nuevas exposiciones generadas por la erosión natural o las canteras, nuevas inspecciones de sitios en áreas previamente ignoradas y la formación de nuevos terrenos con los depósitos minerales asociados tanto en la tierra como debajo del nivel del mar como resultado de la actividad tectónica y volcánica. Cuando se determine si deben incluirse nuevas áreas protegidas, es crucial tener en cuenta que encajen dentro del marco sistemático existente, y cualquier ajuste hecho a la red de sitios debe considerar los nuevos conocimientos o interpretaciones.

Directrices a partir de los marcos estratégicos de geoconservación

Una jerarquía de directrices para la geoconservación puede ser una parte valiosa de la caja de herramientas para la gestión y manejo de áreas protegidas. La transmisión vertical que parte de un marco de geodiversidad nacional, luego toma los planes de acción locales y regionales para la geodiversidad, y finalmente los planes de manejo para las áreas protegidas de geoconservación, permite que la gestión del área protegida se ubique en un

Cuadro 18.2 Marcos estratégicos para la geoconservación: experiencia del Reino Unido

El Plan de Acción para la Geodiversidad del Reino Unido (UKGAP, 2014) brinda un marco estratégico para las acciones de geodiversidad en todo el Reino Unido, en el que se vinculan las actividades nacionales, regionales y locales. Dicho plan de acción, acordado por organizaciones, grupos e individuos que actualmente participan en actividades de geodiversidad, brinda un mecanismo para alentar las alianzas, promover las buenas prácticas e influir en los responsables de la toma de decisiones y de la formulación de políticas, y en los organismos de financiación. El UKGAP comprende seis temáticas:

1. Fomentar la comprensión de la geodiversidad.
2. Influir en el diseño de la política, la legislación y el desarrollo.
3. Gestión y recopilación de información.
4. Conservación y gestión de la geodiversidad.
5. Inspiración para que las personas valoren y cuiden la geodiversidad.
6. Mantenimiento de los recursos (humanos y financieros) para la geodiversidad.

Cada temática tiene un conjunto de objetivos y metas (áreas de trabajo que contribuyen a lograr los objetivos).

El Foro Escocés de Geodiversidad (Scottish Geodiversity Forum) promueve la geodiversidad de Escocia y busca ampliar el perfil de la geodiversidad e influenciar las políticas nacionales y locales sobre educación, participación comunitaria y salud, desarrollo del turismo y economía en general. Los miembros incluyen grupos de geoconservación locales, geoparques, sectores industriales, educativos y académicos, organizaciones no gubernamentales y relacionadas con el Gobierno, y personas interesadas. La Carta de Geodiversidad de Escocia, producida por el foro, establece un enfoque estratégico para la geoconservación centrado en una metodología ecosistémica, la cual incluye la visión de que la geodiversidad de Escocia es reconocida como una parte integral y vital del medio ambiente, la economía, el patrimonio y el desarrollo sostenible futuro, y debe salvaguardarse y gestionarse adecuadamente para las generaciones presentes y futuras (Scottish Geodiversity Forum, 2013). Los signatarios (actualmente 51) se comprometen a contribuir a las actividades del foro y cumplir los objetivos de la carta a través de cuatro áreas principales de actividad:

1. Concientización sobre la importancia de la geodiversidad y sus vínculos más amplios con el paisaje, la cultura y el sentido de pertenencia, y fomentar un sentimiento de orgullo a través de la educación (en todos los niveles, incluidas las escuelas, las universidades y la educación continuada), la promoción, la divulgación y la interpretación del público.
2. Integración de la geodiversidad en las políticas pertinentes para garantizar la gestión sostenible del patrimonio natural, la tierra y el agua a escala del paisaje y el ecosistema.
3. Conservación y mejoramiento del geopatrimonio y su carácter especial, no solo dentro de los sitios y áreas designadas existentes, mediante la designación adicional de sitios importantes a nivel local y nacional, sino también en los entornos rurales, urbanos y marinos más amplios.
4. Investigaciones para, además de mejorar la comprensión del papel de la geodiversidad en la provisión de beneficios a los ecosistemas y las personas, abordar brechas de conocimiento clave tales como los vínculos funcionales entre la geodiversidad y la biodiversidad en ambientes terrestres, dulceacuícolas y marinos.

contexto más amplio y que se establezcan vínculos que refuercen la gestión y asignen responsabilidades en otros actores para actuar de manera solidaria. Las aplicaciones específicas deben coincidir con las condiciones locales, la legislación y los sistemas de gestión

A nivel nacional, un marco de geodiversidad puede ser particularmente útil no solo para desarrollar un enfoque estratégico de geoconservación, sino también para establecer objetivos de alto nivel que puedan usarse para medir e informar sobre el progreso, ayudar a conseguir socios y a coordinar actividades, y promover la geoconservación (por ejemplo, Gordon y Barron, 2011). Actualmente, en muchos países europeos están en desarrollo múltiples planes de acción y estrategias de geoconservación (Wimbledon y Smith-Meyer, 2012). Algunos ejemplos de marcos nacionales incluyen el Plan de Acción para la Geodiversidad del Reino Unido (*UK Geodiversity Action Plan*, UKGAP) y la Carta de Geodiversidad de Escocia (Cuadro 18.2).

A nivel local o regional, es necesario contar con planes de acción locales para la geodiversidad (*Local Geodiversity Action Plans*, LGAP) con el fin de evaluar los

Cuadro 18.3 Principios rectores para la geoconservación en áreas protegidas

1. Debe reconocerse la inevitabilidad del cambio natural: ningún sistema o elemento de un sistema permanece estático para siempre y el cambio ocurrirá; particularmente como resultado del cambio climático global. En los casos en que la preservación no sea el objetivo de la gestión, debería reconsiderarse el enfoque tradicional de mantener el estado actual para preservar los rasgos (véase también el Capítulo 10 para una explicación más detallada).
2. Los cambios resultantes del cambio climático global, cualquiera sea la extensión atribuida a factores naturales o antropogénicos, inevitablemente desafiarán los objetivos de la gestión. Se necesitará una consideración cuidadosa cuando, por ejemplo, los rasgos se pierdan o los procesos se reduzcan o intensifiquen, lo cual cambia los fundamentos para la protección. Esto puede significar que el estatus de protección ya no sea justificable.
3. Los sistemas y procesos naturales deben manejarse para mantener no solo las magnitudes de cambio y las tasas naturales, sino también su capacidad de evolucionar a través de la acción de procesos naturales.
4. Los sistemas y procesos naturales deberían manejarse de una manera integrada a nivel espacial -por ejemplo, para alcanzar objetivos complementarios, como la conservación de la geodiversidad, la biodiversidad y la diversidad del paisaje-.
5. Cualquier gestión e intervención debería trabajar con, y no en contra de, los procesos naturales: imitar la naturaleza y los procesos naturales es más efectivo que tratar de imponer soluciones humanas que buscan controlar o detener los procesos naturales.
6. Los sistemas naturales deberían manejarse dentro de los límites de su capacidad para absorber cambios: algunos sistemas serán más capaces que otros de absorber el cambio, y otros serán muy frágiles con un bajo umbral de cambio.
7. Debe reconocerse la sensibilidad de los sistemas naturales, incluido el potencial de cambios irreversibles si se cruzan los umbrales limitantes. Es raro que los sistemas abióticos sean robustos y puedan absorber cualquier cambio que se les imponga. Si se realizan ciertos tipos o niveles de cambio, el esfuerzo de conservación quedará anulado ya que los rasgos y procesos originales se habrán cambiado de manera irreversible.
8. La gestión de conservación de los sistemas activos debe basarse en una sólida comprensión de los procesos físicos subyacentes -por ejemplo, la implementación de celdas costeras en la preparación de los planes de manejo de las costas; la integración de los procesos de ríos, suelos y pendientes en los planes de gestión de las cuencas de captación; el monitoreo de procesos activos-.
9. Es importante evitar las soluciones de ingeniería que se basan en estructuras "duras" como el hormigón, ya que pueden arruinar los rasgos y procesos del área protegida. En cambio, deberían adoptarse enfoques "blandos" para el manejo con el uso de materiales naturales que imiten la naturaleza lo más posible -por ejemplo, debe evitarse la eliminación y el remplazo de manglares con estructuras sólidas como los muros de concreto, ya que los manglares sirven como una protección natural del borde costero y están protegidos por su interés biológico-.

Nota: estos principios se desarrollan aun más en Crofts y Gordon (2014).

usos potenciales de las áreas protegidas, focalizar y priorizar los recursos, y enfocar la gestión e interpretación apropiadas de las áreas protegidas (English Nature, 2004; Burek y Potter, 2006). Actualmente, en el Reino Unido existen muchos ejemplos de LGAP (por ejemplo, Lawrence *et al.,* 2007). En algunos casos, estos están integrados con planes de acción locales para la biodiversidad. En Italia, la gestión proactiva del geopatrimonio en el programa Piemonte (PROGEO-Piemonte) tiene como objetivo no solo desarrollar una planeación de acciones para la gestión del geopatrimonio con la participación de socios locales, sino también satisfacer las necesidades de las comunidades locales en materia de turismo, desarrollo sostenible y conciencia de los riesgos geológicos (Ferrero *et al.,* 2012). Dichos planes también pueden brindar un modelo para desarrollar la protección del geopatrimonio y su integración en la gestión de la conservación de diferentes categorías de áreas protegidas.

El componente fundamental para los planes de acción locales es un inventario o auditoría de sitios y recursos de geodiversidad dentro de un área, tal como se hizo, por ejemplo, en el Reino Unido (véase, entre otros, Lawrence *et al.,* 2004) y en Tasmania (así el caso de DPIPWE, 2014).

Principios rectores para la geoconservación en áreas protegidas

El desarrollo de enfoques más integrados para la gestión de los sistemas naturales depende, en parte, de la aplicación eficaz de los principios de la geoconservación. Tales principios son de aplicación general, son relevantes específicamente para la gestión de áreas protegidas (Cuadro 18.3), y son más fáciles de enumerar que de implementar en la práctica, ya que es inevitable que exista resistencia a aceptar cambios y adaptarse a nuevos enfoques. Tomará tiempo y paciencia para conciliar todos los intereses y pensar de forma creativa. El personal clave del área protegida necesitará experiencia en negociación y resolución de conflictos.

Muchos de estos principios ahora se aplican en la gestión y manejo de áreas protegidas. Esto no solo se ejemplifica en los planes de manejo de las líneas costeras y la gestión integrada de las cuencas de captación de los ríos, sino también se reconoce en marcos de planeación integrales basados en el ecosistema que se desarrollan, por ejemplo, en el Plan de Conservación de Oak Ridges Moraine, Ontario (Ontario Ministry of Municipal Affairs and Housing, 2012). En particular, el enfoque ecosistémico se ha adoptado por el CDB como un marco primario para la acción y brinda un medio para una integración más cercana de la geodiversidad y la biodiversidad a una escala más amplia.

Directrices para la planeación del sitio

Algunos sitios no serán designados y administrados exclusivamente para la geoconservación. Los intereses de la geoconservación se incluirán en los sitios gestionados para diversos aspectos de conservación de la biodiversidad o para los servicios ecosistémicos o por razones culturales, de conformidad con la definición de la UICN. En todos los casos, cualquiera sea el equilibrio de importancia entre las diferentes razones para la designación de un área protegida, se requerirá un enfoque integral para gestionar todos los intereses valorados.

En todas estas situaciones es esencial que el componente de geoconservación se incluya en la totalidad de la documentación del sitio y en sus especificaciones de gestión, así como en los planes de trabajo y las actividades de todo el personal. Este material debe ser una parte intrínseca del plan de manejo del área protegida descrito en el Capítulo 13. Para formar parte de dicho plan de manejo, el material de documentación del sitio para la geoconservación debe incluir:

- Las razones para conservar el interés de geopatrimonio (por ejemplo, científico, educativo), incluido el tipo de interés y el nivel o escala de importancia (local, regional, nacional e internacional).
- Especificación de los elementos particulares (por ejemplo, materiales, estructuras, accidentes geográficos), sistemas y procesos que se conservarán, incluida su clasificación (por ejemplo, estratigrafía, tectónica, geomorfología, paleontología, mineralogía, hidrogeología, petrología) y ubicaciones precisas dentro del sitio (establecidas a través de mapas y fotografías).
- Especificación del grado de fragilidad, riesgos de daños, amenazas potenciales y otras causas de pérdida de interés de los rasgos y procesos.
- Enlaces con otros aspectos de la naturaleza y la cultura que se protegen.
- Conflictos potenciales con el manejo de los intereses no abióticos, especialmente los intereses bióticos y culturales, y cómo estos pueden resolverse.
- Requerimientos de gestión para mantener o mejorar los intereses, de acuerdo con los motivos de la designación, y la necesidad de minimizar el conflicto con los otros motivos para la designación.
- Acuerdos de gestión o manejo dentro del área, incluida la definición de límites, las zonas centrales y de amortiguación, y la asignación a las categorías de gestión y los tipos de gobernanza de la UICN apropiados.
- Un protocolo para monitorear y revisar el estado de conservación del interés de geopatrimonio.

Wimbledon *et al.* (2004) mencionan un estudio de caso ejemplar sobre la aplicación de dicha metodología en la gestión de un geositio en Gales.

El uso de zonas núcleo y de amortiguación

La identificación de zonas núcleo y de amortiguación circundantes debería ser un elemento importante de los arreglos de manejo para la geoconservación. Los dos conceptos están estrechamente relacionados y la zona de amortiguación es un complemento necesario para la zona núcleo ya que, sin ella, será mucho más difícil proteger los rasgos y la integridad de la zona central. El enfoque de Reservas de la Biosfera del Programa del Ser humano y la Biosfera de la UNESCO ofrece una base práctica para identificar las dos zonas. En cuanto a las reservas de la biosfera, estas se definen de la siguiente manera.

- Áreas núcleo: sitios protegidos de manera segura para la conservación de la diversidad biológica, el monitoreo de ecosistemas mínimamente perturbados y la realización de investigaciones no destructivas y otros usos de bajo impacto (como la educación). Además de su función de conservación, el área núcleo contribuye a una gama de servicios ecosistémicos que, en términos de funciones de desarrollo, pueden calcularse económicamente (por ejemplo, secuestro de carbono, estabilización del suelo, suministro de agua y aire limpios, etc.). Las oportunidades de empleo también pueden complementar las metas de conservación (por ejemplo, educación ambiental, investigación, rehabilitación ambiental y medidas de conservación, recreación y ecoturismo).
- Zona de amortiguación: por lo general rodea o colinda con las áreas centrales y se utiliza para actividades cooperativas compatibles con prácticas ecológicas sólidas, incluida la educación ambiental, la recreación, el ecoturismo y la investigación básica y aplicada. Además de la función de amortiguación relacionada con las áreas núcleo, las zonas de amortiguación pueden tener sus propias funciones intrínsecas (autónomas) para mantener la diversidad antropogénica, biológica y cultural. Estas áreas también pueden tener una función de conectividad importante en un contexto espacial más amplio, ya que conectan los componentes de biodiversidad dentro de las áreas núcleo con los de las áreas de transición (UNESCO, 2014c).

Aunque esto se redacta desde el punto de vista de la conservación de la diversidad biológica, para nuestros propósitos, la frase "abiótica o geoconservación" puede sustituirse o añadirse.

Una sola zona núcleo rodeada por una zona de amortiguación no siempre será el enfoque correcto. Es posible que existan varios elementos importantes de geopatrimonio que requieran de conservación dentro de un área protegida, y el enfoque más adecuado en tales circunstancias será con múltiples zonas núcleo y sus zonas de amortiguación circundantes.

En términos prácticos, la identificación y la gestión de las zonas núcleo y de amortiguación para las áreas protegidas de geoconservación dependen de la razón específica para la designación y, por lo tanto, del tipo de área que se protege. Es posible que exista una diferencia sustancial entre la definición de las zonas núcleo y las zonas de amortiguación para las áreas pequeñas y discretas –por ejemplo, para proteger un rasgo particular del geopatrimonio, como un monumento nacional– y los sitios de geopatrimonio grandes que combinen muchos rasgos y donde sea crítico que se mantenga un funcionamiento eficaz de los procesos de la Tierra.

Enfoque para los sitios de la Categoría III

Si los rasgos que se protegen son relativamente estáticos, inactivos o relictos, es frecuente que el área núcleo pueda trazarse bastante ceñida alrededor del área de los rasgos. La definición del límite dependerá de la necesidad de controlar las actividades externas que tengan un efecto perjudicial en el sitio, como el número excesivo de visitantes, los levantamientos geológicos para investigación o educación que requieran la extracción de muestras grandes, o el crecimiento de vegetación que impediría la visualización del interés. Además, las actividades que dañan los intereses clave protegidos deben prohibirse en el área núcleo y deben imponerse restricciones similares en el área de amortiguación, con declaraciones hechas en el plan de manejo y en el sitio mismo para indicar las restricciones y las razones por las cuales se establecieron. También puede requerirse un límite más grande cuando los sitios necesiten excavaciones periódicas para mantener las exposiciones despejadas, o para dejar espacio para que las exposiciones retrocedan cuando se erosionen de manera natural (por ejemplo, en la costa).

Enfoque para las áreas protegidas de geopatrimonio a mayor escala

Muchas áreas protegidas de geopatrimonio tendrán un área considerable y se necesitará un enfoque diferente para garantizar la protección de los rasgos clave y de los procesos que operan allí. Una forma comparable de ver este aspecto es pensar en los requerimientos para proteger un sitio de biodiversidad designado como área de nidificación y descanso para las aves. Sin una protección adicional de las áreas de suministro de alimentos a través de algunas medidas adecuadas, como zonas de amortiguación o una ampliación del área núcleo, el sitio de anidación y descanso se volverá redundante si las aves no tienen un suministro de alimento a su disposición.

De igual manera, para las áreas protegidas de geopatrimonio, la zona de amortiguación debe definirse como el área que requiere de una gestión de conservación para proteger los rasgos y formas, y los sistemas y procesos que justifican la protección. Por ejemplo, un sistema fluvial con lecho de grava sobre un sandur moderno solo conservará su interés dinámico si se mantiene el suministro fluctuante de agua desde el

Tabla 18.6 Clasificación de los tipos de geositio para la gestión de la conservación en el Reino Unido

Categoría	Tipo de sitio
Exposición o extenso	Canteras y minas activas
	Canteras y minas en desuso
	Acantilados costeros y zonas intermareales
	Secciones de ríos y arroyos
	Afloramientos tierra adentro
	Exposiciones en túneles y minas subterráneas
	Interés enterrado extenso
	Cortes de carreteras, ferrovías y canales
Integridad	Proceso geomorfológico activo
	Geomorfológico estático
	Cuevas
	Carst
Finito	Mineral, fósil u otro geológico finito
	Vertederos de minas
	Minas y túneles subterráneos finitos
	Interés enterrado finito

Fuente: Prosser *et al.*,2006

glaciar o la capa de hielo. Por lo tanto, el sandur debe designarse como el área protegida núcleo y las fuentes de agua deben protegerse (por ejemplo, contra represas y la extracción para hidroeléctricas) a través de su designación como zona de amortiguación. Del mismo modo, las zonas hidrogeológicas de captación más amplias de los sistemas de cavernas son susceptibles a todo tipo de actividad de uso de la tierra que afecte la descarga de agua y sedimentos en los pasajes de la cueva y, por lo tanto, estos sistemas requieren zonas de amortiguación apropiadas. Con el fin de garantizar que los procesos naturales continúen operando en toda su gama de variabilidad natural (por ejemplo, la migración de un cinturón de meandro a lo largo de una llanura de inundación), es posible que también se necesiten zonas de amortiguación para los rasgos con procesos dinámicos –por ejemplo, en entornos fluviales y costeros–.

Gestión de la geoconservación en áreas protegidas

La conservación requiere de un desarrollo de objetivos de gestión claros y del monitoreo periódico. En el Reino Unido se han desarrollado principios genéricos de gestión de la conservación para diferentes categorías de áreas protegidas de geoconservación, con una importante distinción entre sitios de "exposición", "integridad" y "finitos" (Tabla 18.6). Ya que pueden ser aplicables en otras partes del mundo, estos sitios se explican a continuación. Algunos ejemplos de la aplicación de este sistema en Inglaterra pueden encontrarse en Natural England (2014).

Sitios de exposición

Las áreas protegidas con exposiciones contienen rasgos geológicos (unidades rocosas o sedimentos) que son espacialmente extensos por debajo del nivel del suelo, por lo que, si se pierde un sitio o exposición, existe la posibilidad de excavar otro en un lugar cercano. Estos sitios incluyen exposiciones en canteras activas y en desuso, acantilados costeros y fluviales, y exposiciones en la zona intermareal, cortes de carreteras y ferrocarriles, y afloramientos rocosos naturales tierra adentro. El principio básico de conservación es que la remoción de material no necesariamente daña el recurso, ya que nuevas exposiciones del mismo tipo aparecerán de nuevo. El principal objetivo de gestión para dichos sitios es lograr y mantener un nivel aceptable de exposición del rasgo de interés, pero la ubicación precisa de la exposición no es crucial. Por lo general, los sitios de exposición no se dañan por canteras o erosión, pero las exposiciones pueden ser opacadas por los rellenos de escombros y el vertimiento de basuras. No obstante, la

Parque Nacional Lago Lomond y los Trossachs, Escocia, Reino Unido (área protegida de la Categoría V de la UICN), donde los desechos de la mina de oro Cononish crean problemas con la calidad visual y del agua, pero ofrecen la oportunidad de examinar especímenes
Fuente: Roger Crofts

pérdida de exposiciones puede compensarse con la excavación mecánica de nuevas exposiciones de conservación en otras ubicaciones apropiadas.

Sitios de integridad

Los sitios de integridad son sitios geomorfológicos que incluyen rasgos estáticos (inactivos) (por ejemplo, formaciones glaciales del Pleistoceno) y rasgos activos, como los formados por los ríos, la costa, el carst y los procesos glaciares contemporáneos. Dichos sitios pueden ser grandes e incluir conjuntos de rasgos estáticos y activos. Es probable que el daño a una parte de un sitio de integridad afecte el valor de todo el sitio. El principal objetivo de gestión para los rasgos estáticos es proteger la integridad del recurso: si se dañan o destruyen, no pueden restablecerse ni remplazarse ya que son únicos o los procesos que los crearon ya no están activos. Estos también son susceptibles al daño parcial y a la fragmentación del interés, así que puede perderse la integridad de importantes relaciones espaciales entre los accidentes geográficos individuales. Por lo general, hay pocas opciones para reconciliar la conservación y el desarrollo a través de la gestión o la compensación. La mitigación dependerá de las circunstancias locales y puede incluir la reubicación de partes del desarrollo para evitar accidentes geográficos clave. En algunas ocasiones, aunque se pierda la integridad, es posible la reconstrucción o la replicación del accidente geográfico con fines estéticos o educativos.

El principal objetivo de la gestión para la conservación de los sitios geomorfológicos activos es mantener la capacidad que tienen los procesos activos de evolucionar naturalmente, y permitirles operar en la mayor parte o la totalidad de su rango natural de variabilidad y así mantener las magnitudes de cambio y las tasas naturales, al igual que la conectividad entre los diferentes rasgos (por ejemplo, entre ríos y sus llanuras de inundación). Una consecuencia es que los accidentes geográficos producidos por ellos pueden cambiar con el tiempo y algunos pueden ser transitorios. Por ejemplo, los depósitos de grava en el lecho de un río pueden ser arrasados en una gran inundación, pero pueden formarse de nuevo a medida que la descarga y el transporte de sedimentos se reajustan a las condiciones "normales" del caudal. Estos depósitos también pueden volver a formarse en otros lugares. Los sitios de procesos activos también son susceptibles a los cambios fuera del límite del sitio de conservación –por ejemplo, por cambios aguas arriba que afectan la descarga de los ríos y las entradas de sedimentos–. Es más probable que esto ocurra en sitios con procesos fluviales, costeros, de cuevas o pendientes (movimiento en masa) y sus rasgos asociados. Algunos sitios geomorfológicos activos también pueden contener formaciones inactivas que hagan parte del ensamblaje del accidente geográfico total.

Sitios finitos

Los sitios finitos comprenden rasgos de extensión limitada que se agotarán y dañarán si se remueve o se pierde alguno de los recursos. Los ejemplos incluyen sitios de tipo geológico, depósitos interglaciares cuaternarios y horizontes que contienen fósiles. Estos pueden presentarse en una variedad de ubicaciones, incluidas las canteras activas y en desuso, y las secciones costeras y fluviales. En algunos casos, el interés puede quedar sepultado debido a dificultades prácticas para mantener la exposición en sedimentos blandos o intencionalmente como una medida práctica de conservación para proteger un interés particularmente vulnerable (por ejemplo, Bridgland, 2013). Los sitios finitos requieren un control estricto sobre la remoción o pérdida de material e incluyen muchos yacimientos minerales y fósiles, vertederos de minas, minas subterráneas e intereses enterrados (cuando se sabe que el interés se encuentra debajo del suelo y solo puede exponerse mediante excavación). Por lo general, es raro que exista la posibilidad de medidas de mitigación o compensación. De acuerdo con el tipo y el nivel del uso principal de un sitio (por ejemplo, interpretación del público o investigación), quizás no sea práctico o necesario mantener una exposición. En tales casos, debe mantenerse el acceso para

La restructuración controlada de la costa con promontorios rocosos artificiales en Montrose ha ayudado a mantener el suministro de sedimentos a los adyacentes St Cyrus (Reserva Natural Nacional de St Cyrus) y Kinnaber Links (sitio de especial interés científico), Escocia, Reino Unido

Fuente: Roger Crofts

la excavación cuando sea necesario (por ejemplo, para la investigación científica).

En general, debe existir una presunción contra el desarrollo en las áreas protegidas, el cual dañaría el área y socavaría los motivos para su protección. Cuando un desarrollo pueda conducir a un daño significativo en un área protegida de geopatrimonio que no pueda prevenirse o mitigarse adecuadamente, deben buscarse otros sitios adecuados para el desarrollo. En ausencia de tales sitios alternativos, el desarrollo que pueda afectar adversamente al sitio solo debería permitirse cuando existan razones imperiosas de sostenibilidad o importancia nacional que respalden la necesidad del desarrollo. En este caso, deben buscarse medidas de compensación, incluida la creación de exposiciones o el mejoramiento del sitio en otro lugar, si es práctico, para mantener, restaurar y, cuando sea posible, mejorar el valor del geopatrimonio del sitio o el área.

Gestión de riesgos

Robustez y sensibilidad

Tal como se señaló anteriormente, los geositios y los rasgos muestran diversos grados de sensibilidad a los diferentes tipos de actividad humana. Algunos rasgos pueden ser relativamente robustos (el grado en que pueden resistir las perturbaciones) y, por lo tanto, requieren una intervención de gestión relativamente pequeña. No obstante, otros son muy sensibles (susceptibles a una degradación o daños por las actividades humanas). La mayoría, sin embargo, con la excepción de algunos rasgos de proceso activo a pequeña escala (por ejemplo, el suelo periglacial con patrones o los depósitos de grava en un río), tienen una resiliencia limitada (la capacidad de volverse a formar en caso de daño o destrucción). Estas son consideraciones importantes cuando se priorice la gestión de los sitios y los rasgos en las áreas protegidas. Basándose en estudios anteriores, Kirkbride y Gordon (2010) compilaron una evaluación de sensibilidad de los relictos de accidentes geográficos y de los sitios de procesos geomorfológicos activos frente a una gama de actividades humanas en la parte central del Parque Nacional Cairngorms en Escocia. La evaluación de sensibilidad de los relictos de accidentes geográficos es relativamente sencilla y se basa en una evaluación simple de la escala probable del impacto y la pérdida del interés. No obstante, para los sistemas geomorfológicos activos, los factores adicionales a considerar son la resiliencia del sistema y su posible respuesta dinámica, incluido un reajuste prolongado (que puede o no llevar a la recuperación) o el cambio en el estado (por ejemplo, de un río trenzado a uno meándrico).

Evaluaciones del riesgo

Una variedad de procesos naturales que operan más allá del área protegida no solo afecta al área, sino también a los rasgos, las formas y los procesos que fueron la base de su designación. Por consiguiente, un componente importante de la gestión es determinar el impacto probable y las opciones para responder a él. Se tendrán que realizar evaluaciones de riesgos y una priorización de las acciones de manejo en función de la probabilidad y los efectos potenciales, especialmente de:

- Actividad de la tectónica de placas, como terremotos y otras actividades sísmicas, erupciones volcánicas y flujos de lava, maremotos, deslizamientos de tierra y flujos de lodo.
- Cambio climático global, incluidos eventos extremos especialmente en áreas montañosas, a lo largo de los ríos y en la costa, cambios en los regímenes de precipitación, aumentos en la imprevisibilidad del clima, aumento del nivel del mar, derretimiento de glaciares y desbordes violentos de lagos glaciares, y derretimiento del permafrost.

Es importante ser realista, ya que en cualquier conjunto de circunstancias algunos rasgos serán más vulnerables y se perderán o dañarán, y otros cambiarán radicalmente. Sin embargo, es necesario un juicio cuidadoso para garantizar que la respuesta de gestión no tenga un efecto más dañino que el fenómeno natural. La evaluación sistemática de los impactos sobre el geopatrimonio, tal como se llevó a cabo para el área del patrimonio mundial de vida silvestre de Tasmania (Sharples, 2011), permitiría la priorización de las acciones con base en el riesgo. En el caso de los rasgos de roca dura, es cuestionable si una intervención de gestión eficaz sería benéfica o incluso práctica. En línea con el principio de dar espacio para procesos naturales, en lugar de intentar "arreglar y controlar", la respuesta preferida para los sistemas geomorfológicos sería permitir que los procesos naturales evolucionen sin perturbaciones y manejar las consecuencias del cambio (por ejemplo, adaptar los límites del sitio). Cuando otros intereses estén amenazados, la opción preferida debería ser las formas blandas de intervención que tengan un impacto mínimo sobre los rasgos del área protegida (para ejemplos de la gestión de ríos y costas, respectivamente, véase The RRC, 2013; Scottish Natural Heritage, 2000). Cuando esto no sea posible, la respuesta más realista será registrar o archivar muestras *ex situ*. En el caso de sitios geomorfológicos dinámicos, donde el interés está en los procesos activos o donde la mitigación de peligros para los visitantes sea impráctica, será esencial una evaluación de los riesgos potenciados, al igual que la implementación de acciones apropiadas, incluida la exclusión o el cambio de ruta para el acceso de visitantes y el manejo de las expectativas de los visitantes.

Gestión de amenazas específicas contra el geopatrimonio en áreas protegidas

Es inevitable que existan interacciones y conflictos potenciales entre la geoconservación en áreas protegidas y la biodiversidad y la conservación cultural, así como conflictos con otras actividades, particularmente aquellas que buscan explotar los recursos naturales para uso humano, ya sea legítimamente o de otra forma (véase la Tabla 18.1). Aquí se abordan algunas de las principales amenazas de acuerdo con la orientación general mencionada anteriormente.

Explotación minera

La interacción con la minería y la extracción de minerales subterránea y a cielo abierto es un problema de vieja data. Los diálogos entre la CMAP de la UICN y la industria, representada por el Consejo Internacional de Minería y Metales (Council on Mining and Minerals, ICMM), dieron como resultado un protocolo para la industria (ICMM, 2003) y la declaración de posición de la UICN respecto a los sitios patrimonio mundial (IUCN, 2013).

Todavía existe la visión de algunos intereses mineros, en particular, y que comparten algunos miembros de la CMAP, de que la minería está prohibida en las áreas protegidas de las categorías I-IV de la UICN, pero puede permitirse en las áreas protegidas de las categorías V y VI. En Europa, esta posición ha generado problemas en muchas áreas protegidas de paisajes de la Categoría V. Por ejemplo, existe la aprobación para la minería de oro en el Parque Nacional Lago Lomond y los Trossachs en Escocia, y para las canteras de piedra en el Parque Nacional del Distrito de los Picos en Inglaterra. Por el contrario, una resolución conjunta de los pueblos indígenas y de la Comisión de Política Ambiental, Económica y Social de la UICN establece que no se debe permitir la minería en las áreas protegidas, los sitios patrimonio mundial, los territorios indígenas y los sitios naturales sagrados (véase el Capítulo 5). Este es un asunto desafortunado sin resolver que requiere de atención urgente dentro de la UICN en su conjunto. Mientras tanto, se recomienda un enfoque cauteloso para garantizar que las actividades mineras en curso no resulten en la pérdida o daño de los intereses de geopatrimonio. Respecto a las nuevas propuestas de minería, antes de tomar cualquier decisión, es esencial que se haga una evaluación adecuada de los riesgos. En todos los casos, antes de tomar cualquier decisión, es necesario consultar a la totalidad de las comunidades locales, cuyas vidas y medios de subsistencia podrían verse afectados.

Debe reconocerse que no todas las actividades extractivas tienen un impacto negativo sobre los intereses de geopatrimonio, ya que las nuevas exposiciones brindan la oportunidad de investigar y generar una nueva comprensión de la evolución de la Tierra, tanto en el sitio como a nivel más general. Sin embargo, hay que tener cuidado de que las nuevas exposiciones o especímenes valiosos no se pierdan por el imperativo comercial de

Centro de visitantes del Viejo Fiel (Old Faithful), Parque Nacional Yellowstone, EE.UU.: instalaciones de visitantes compatibles con la conservación de las aguas termales geotérmicas

Fuente: Roger Crofts

eliminar la mayor cantidad de material en el menor tiempo posible. Si se autoriza la extracción en el sitio, deben celebrarse acuerdos jurídicamente vinculantes entre las autoridades de gestión y los propietarios de los recursos, incluida la colocación de bonos financieros para la restauración del sitio o para mantener determinadas exposiciones para la investigación y la enseñanza como parte del plan de restauración. También tendrán que tomarse decisiones sobre la cantidad de recursos que se permitirá extraer. Con frecuencia, desde la perspectiva de la geodiversidad, es valioso dejar parte del recurso en el terreno para permitir futuras investigaciones y para la enseñanza y la demostración.

Cuando se solicitan permisos de minería en el subsuelo de áreas protegidas, como la minería de carbón o la extracción de petróleo y gas, incluida la fractura hidráulica, es necesario realizar evaluaciones detalladas de los posibles efectos sobre los intereses del geopatrimonio –los rasgos y formas en el sitio, y muy especialmente los procesos que operan allí–.

La minería legal bajo las áreas protegidas sigue siendo un asunto controvertido. La remoción de un recurso no renovable no es sostenible, puede provocar el colapso de la superficie y tener impactos más amplios. Si se otorga el permiso, este debe estar acompañado por regulaciones, incluidos acuerdos legales sólidos con el monitoreo del cumplimiento y la ejecución de los acuerdos.

La minería artesanal y en pequeña escala puede tener profundos efectos en las áreas protegidas, y debe tenerse cuidado al evaluar los posibles efectos y al definir las soluciones. En África se ideó y probó una metodología, la cual ofrece una caja de herramientas de seis elementos centrados en evaluar el alcance del problema y en trabajar con las partes interesadas pertinentes para identificar las soluciones y los enfoques alternativos (ASM-PACE, 2013).

Una vez que se termina la extracción o las canteras entran en un desuso prolongado, suele existir la exigencia de utilizarlas como sitios para depositar materiales de desecho de industrias, residencias u otras fuentes. En especial, este será el caso cuando a nivel local existan pocos lugares donde se puedan eliminar los materiales de desecho. Antes de tomar decisiones, es esencial que se evalúen la importancia local, nacional e internacional de las exposiciones y su valor para fines de enseñanza e investigación.

Desarrollo y planeación del desarrollo

El desarrollo de todo tipo de infraestructura (transporte, edificaciones comerciales, casas, etc.) tendrá un impacto sobre la conservación del geopatrimonio en las áreas protegidas. Lo más sensible estará en áreas protegidas existentes o adyacentes a ellas, donde los efectos se transferirán a través del límite del área protegida. Considerar la posible pérdida de rasgos, así como la pérdida de los procesos naturales que aseguran su conservación, son dos temas clave que deben abordarse antes de tomar cualquier decisión sobre el desarrollo real o antes de que las propuestas de desarrollo se incluyan en los planes.

Un espectacular depósito en masa de fósiles de amonitas jurásicas (a menudo denominado cementerio de amonitas) yace expuesto en un suelo litoral resistente a la erosión cerca de Lyme Regis, Costa Jurásica, sitio patrimonio mundial de la Costa de Dorset y East Devon, Inglaterra. Este es un sitio de especial interés científico. Pueden verse las amonitas fósiles, y su ubicación a lo largo de la plataforma se identifica por las múltiples pocetas circulares que señalan los fósiles erosionados de manera selectiva

Fuente: Graeme L. Worboys

Los grandes desarrollos comerciales, industriales y residenciales afectarán los procesos naturales y podrían conducir a la pérdida permanente de áreas protegidas. Se debe tratar de conservar estas áreas dentro de los desarrollos y garantizar que se designe una zona de amortiguación adecuada para salvaguardar su integridad.

Por ejemplo, cuando los procesos naturales de los caudales y las formas y los rasgos creados sean el motivo de protección, entonces la canalización y el alcantarillado de los cursos de agua y las obras de prevención de inundaciones a lo largo de las riberas de los ríos son demasiado perjudiciales para permitirlos. Del mismo modo, estas obras también ocultarán las exposiciones clave con algún estatus de protección en las riberas de los ríos, y no deberían permitirse a menos que existan y se preserven exposiciones cercanas de igual valor.

Protección costera

La exposición de secciones a lo largo de la costa puede revelar nuevas fuentes de información sobre la evolución de la vida en la Tierra y sobre los procesos que operaban en el pasado. Todo intento de detener la erosión costera mediante la construcción de barreras ocultará automáticamente estos intereses y se perderán los motivos para el estatus de área protegida.

Muchos sistemas costeros naturales tienen una gran escala, son altamente dinámicos y su protección a perpetuidad está justificada. Los intentos de remover materiales, especialmente arenas, gravas y guijarros para su uso en la construcción, al igual que la colocación de barreras de madera o piedra en la playa para detener el flujo natural de sedimentos, socavarán inevitablemente la lógica de protección y deberían evitarse.

El aumento de los niveles del mar y el aumento de días tempestuosos en algunas partes del mundo incrementan la demanda de una mayor protección de las líneas costeras desarrolladas mediante la construcción de estructuras duras de ingeniería, como los muros de contención. Tales estructuras dañarán de manera irremplazable el interés del área protegida adyacente. Es importante tratar de utilizar nuevas soluciones, como permitir que la línea costera se repliegue naturalmente hacia el interior, y al mismo tiempo reubicar las actividades en la orilla de la costa hacia sitios más interiores, de tal manera que tengan una menor probabilidad de verse afectadas. Cuando esto no sea una opción, una alternativa puede ser utilizar una "infraestructura verde" (por ejemplo, por medio de la estabilización de las islas barrera existentes mediante la plantación de vegetación natural) o desarrollar barricadas artificiales en la costa o cerca de ella. Estas son cuestiones desafiantes, ya que es posible que la protección contra la posible pérdida de las propiedades se considere de mayor importancia que la pérdida de los sitios protegidos. No obstante, en un histórico caso legal en Inglaterra en el que la propiedad estaba amenazada por la erosión de la costa, los tribunales confirmaron los principios fundamentales de la designación del sitio y la geoconservación, incluido el permitir que los procesos naturales siguieran su curso (Prosser, 2011).

Conservación de la biodiversidad

Las interacciones entre el geopatrimonio y la conservación de la biodiversidad pueden ser tanto positivas como negativas. En este capítulo ya se describieron los elementos positivos. Es importante que los administradores de áreas protegidas reconozcan los elementos negativos y encuentren las soluciones. La esencia para llegar a una resolución debe ser el reconocimiento de las interconexiones entre los rasgos bióticos y abióticos, los procesos que los llevaron a existir, y los procesos que los mantienen. Es poco probable que adoptar un enfoque unidimensional, en el que se favorezca al geopatrimonio o a la conservación de la biodiversidad, resulte en una resolución que beneficie a la conservación en su conjunto. Las preguntas que deberán abordarse incluyen las siguientes.

- ¿Cuál es la base del conflicto entre los intereses bióticos y abióticos, dentro y alrededor del área protegida?
- ¿El conflicto puede resolverse sin socavar ambos intereses o es más fundamental?
- Si es este último, ¿uno de los intereses es más importante que el otro a largo plazo para la conservación de la naturaleza nacional e internacional y este debe salvaguardarse y el otro sacrificarse?

También existen preguntas prácticas para abordar, como las siguientes.

- ¿El crecimiento de la vegetación daña o bloquea la visualización del interés del geopatrimonio y su remoción o restricción afectaría el interés de la biodiversidad? De manera alternativa, ¿el interés relacionado con el geopatrimonio debe retirarse del sitio o debe permitirse que pierda su visibilidad, siempre que pueda volverse a exponer periódicamente, si un nuevo examen a la luz del nuevo conocimiento lo justifique?
- ¿Los procesos actuales de la Tierra –por ejemplo, el derretimiento de glaciares o la erosión fluvial– que son importantes para mantener el interés relacionado con el geopatrimonio tienen un efecto perjudicial sobre el interés relativo a la biodiversidad? De ser así, a fin de lograr beneficios en la conservación de la biodiversidad, ¿puede emprenderse una manipulación de los procesos que tenga un efecto mínimo en su patrón natural?

A veces no será posible lograr una solución a nivel del área protegida y será necesario tener en cuenta el contexto más amplio del hábitat, el ecosistema o el bioma para determinar los méritos relativos de conservar un elemento en un lugar y el otro en otro lugar dentro de la unidad biogeográfica.

Finalmente, es importante desalentar todo intento de maximizar la diversidad de hábitats/especies mediante modificaciones del paisaje que resulten en la creación de accidentes geográficos/paisajes incongruentes –por ejemplo, levantar el suelo mediante el relleno en áreas de topografía plana, o la creación de estanques con formas que son atípicas de los rasgos naturales locales– (Gray, 2013).

Educación e interpretación del geopatrimonio

Junto con la protección y la gestión del sitio, una parte clave de la geoconservación es la concientización y la participación a través de la educación y la interpretación. El propósito debe ser informar y entretener, al igual que educar, tal como se reconoce en la aspiración futurista de James Hutton (1785), quien afirmó que el estudio de la Tierra "puede brindar a la mente humana tanto información como entretenimiento". La educación abarca un amplio espectro, desde el aprendizaje a través de la educación didáctica formal y, de manera informal, mediante la experiencia proporcionada por la interpretación. La educación también abarca un amplio espectro de audiencias, desde aquellos que simplemente desean "estar ahí" hasta aquellos que buscan activamente la educación como su enfoque principal. Gran parte de la interpretación convencional del geopatrimonio está dirigida al amplio sector en el medio. La geoconservación eficaz dependerá en última instancia de una mejor conciencia, comprensión y apoyo del público.

Cuadro 18.4 Día Nacional del Fósil, Estados Unidos

En 2010, en los Estados Unidos se estableció el Día Nacional del Fósil como una alianza educativa para promover los valores científicos y educativos de los fósiles. Distribuidos en los cincuenta estados, cerca de trescientos socios, incluidos museos, profesionales de la ciencia y organizaciones de docentes, grupos de aficionados a la paleontología, sitios de fósiles, universidades, bibliotecas y otros, ofrecen actividades educativas relacionadas con los fósiles para los niños y familias a nivel local. El Día Nacional del Fósil, que se realiza en la segunda semana de octubre durante la Semana de las Ciencias de la Tierra, se ha convertido en una celebración nacional en los Estados Unidos.

Fuente: National Park Service, 2014a

Monte Baker, Parque Nacional de las Cascadas del Norte, Estado de Washington, EE.UU.: señal fácil de entender que interpreta la evolución geológica del paisaje

Fuente: Roger Crofts

La interpretación de la geodiversidad y el turismo geológico (geoturismo) no son nuevos, como lo demuestra la fascinación y el interés cultural desde hace mucho tiempo en las cuevas, los glaciares, las montañas sagradas y otras maravillas naturales. En los siglos XVIII y XIX, las personas se vincularon con el paisaje físico de un modo experiencial, y los rasgos, lugares y eventos pasados naturales inspiraron una sensación de asombro a través de conexiones con el paisaje, la literatura, la poesía, el arte y el turismo. No obstante, la interpretación geológica tradicional se ha basado en un enfoque didáctico que proporciona más información que interpretación y los geólogos utilizan folletos y paneles explicativos. El problema ha sido que estos no están dirigidos a las necesidades del visitante ya que son demasiado detallados y utilizan un lenguaje muy técnico, por lo que el usuario general no puede entenderlos. Por desgracia, hay muchos ejemplos de esta metodología. Podrían aprenderse lecciones de los enfoques adoptados por los pueblos indígenas y las comunidades locales tradicionales que han vivenciado e interpretado los paisajes o los elementos del paisaje (o paisajes marinos) de muchas maneras diferentes. Ellos los han integrado en sus vidas cotidianas, a menudo de acuerdo con su significado espiritual, cultural y de otro tipo, y con frecuencia los utilizan para funciones fundamentales tanto ecológicas como de subsistencia (véase, por ejemplo, Cruikshank, 2005).

Desarrollos recientes incluyen un enfoque más experiencial para la geo-interpretación, la cual abarca la dimensión cultural de la geodiversidad y resulta en una comunicación más efectiva, a través de alianzas (Cuadro 18.4) y de la producción de materiales más adecuados, no solo presentados de una manera que despierta el interés a través de una variedad de medios, sino también en las mejores prácticas interpretativas y en sólidos principios educativos (véase, por ejemplo, Tilden, 1977; Ham 1992, 2007; Veverka, 1994; Brown, 2004; Scottish Natural Heritage, 2011). Los administradores de áreas protegidas pueden aprender de estos desarrollos de mejores prácticas para interpretar y promover el geopatrimonio de manera sostenible. Los enfoques innovadores incluyen una interpretación más integrada que vincula, por ejemplo, la geología, el paisaje, el patrimonio cultural y la arqueología industrial. La iniciativa de geoparques respaldada por la UNESCO se ha convertido en un importante impulsor de la innovación en la geo-interpretación, con una agenda para involucrarse con un público amplio y variado a través de la promoción del geoturismo y las actividades relacionadas (Cuadro 18.5).

Monitoreo y evaluación

La medición y el monitoreo de la condición de las áreas protegidas de geopatrimonio son esenciales para establecer su condición y estado, y la manera en que cambian. El Servicio de Parques Nacionales de Estados Unidos ha establecido directrices para monitorear los recursos geológicos y paleontológicos (Santucci y Koch, 2003; Santucci *et al.*, 2009). Del mismo modo, actualmente el Servicio Geológico de España desarrolla un sistema de indicadores para evaluar y hacer un seguimiento del estado de conservación del geopatrimonio (García-Cortés *et al.*, 2012).

Cuadro 18.5 Geoparques y geoturismo

La justificación de los geoparques es promover la conservación del geopatrimonio, así como el desarrollo económico y social sostenible, a través de la comprensión y la experiencia que une la geología, el patrimonio natural y el patrimonio cultural. La mayoría de los geoparques enfatiza los vínculos de la evolución geológica del paisaje, la biodiversidad, los estilos de vida y las tradiciones culturales de las personas, con la protección y uso de los recursos geológicos mediante el desarrollo del turismo sostenible y la vinculación con la educación, el aprendizaje permanente, la guía e iniciativas de protección ambiental más amplias –por ejemplo, Jeju en Corea, los geoparques de las islas Oki y San'in Kaigan en Japón y los geoparques del Bosque de Piedra (Shilin) y Sanqingshan en China–. Muchos han desarrollado una interpretación innovadora que vincula estos diferentes temas a través del hilo conductor de la geología. Por ejemplo, el geoparque Katla en el sur de Islandia desarrolló una interpretación innovadora que integra historias geológicas y culturales del área con base en senderos y paneles en el sitio, herramientas digitales y exhibiciones e instalaciones novedosas diseñadas para estimular el interés de la gente en lugar de simplemente presentar información, junto con una participación creativa con las escuelas locales (Katla Geopark, 2014), mientras que el Parque Nacional de las Cascadas del Norte en el Estado de Washington, EE.UU., cuenta con placas informativas de interpretación en los senderos de las zonas de subducción y señales evocadoras, incluida la prosa poética de John Muir (National Park Service, 2014b). Explorar el geopatrimonio de esta manera puede permitir que los administradores de áreas protegidas:

1. Ayuden a la gente local y a los visitantes a (re) descubrir una sensación de asombro respecto al geopatrimonio y sus vínculos con las raíces culturales y el sentido de pertenencia.

2. Generen oportunidades para que, por medio de formas creativas, las personas se involucren y aprecien el geopatrimonio a través de diferentes experiencias culturales.

3. Promuevan una comprensión más holística del mundo natural.

Para obtener más información y estudios de caso sobre el geoturismo, véase Dowling y Newsome (2010) y Newsome y Dowling (2010).

En Gran Bretaña existen protocolos para monitorear los SSSI –el sistema básico de áreas protegidas domésticas para intereses abióticos y bióticos– (Ellis, 2004). En parte, el componente geomorfológico se basa en el trabajo de Werritty *et al.* (1998), quienes proporcionaron un marco conceptual y metodológico para monitorear los rasgos y sistemas geomorfológicos. Los atributos clave medidos y las metas basadas en la clasificación en la Tabla 18.6 son:

1. Atributos del área protegida que deben monitorearse.

- "Visibilidad": los factores a monitorear serán la falta de ocultamiento por la vegetación / el suelo / los aumentos del terraplén / las construcciones de ingeniería.
- Calidad de la apariencia o falta de perturbación de la estructura interna de los rasgos: condición física de rocas, sedimentos, accidentes geográficos, pilas de escombros (por ejemplo, falta de interrupción de los sedimentos en un accidente geográfico que aun no es visible); falta de fragmentación de la exposición, sin daños físicos a partes importantes de paredes rocosas, pilas de sedimentos y accidentes geográficos, y la calidad y visibilidad son atributos íntimamente relacionados.
- Extensión de los rasgos: por ejemplo, la cantidad de material geológico, como el volumen de un importante material de escombros en un vertedero de minas, o el área de pared rocosa en un sitio de exposición donde sea ventajoso contar con una mayor cantidad de exposición de la roca para su estudio.
- Dinámica del proceso: libertad de los procesos geomorfológicos para evolucionar de forma natural y sin obstáculos.

2. Indicadores clave de una condición de conservación favorable

- Los elementos del accidente geográfico permanecen a plena vista.
- La composición física, la morfología y la estructura interna de los accidentes geográficos y los sedimentos clave permanecen intactos y sin perturbación por intervenciones antropogénicas.
- La extensión de los rasgos geomorfológicos clave no disminuye por el daño físico o la fragmentación.

- Los procesos geomorfológicos naturales no tienen impedimentos: los niveles de actividad de los procesos geomorfológicos y su dominio espacial conservan la capacidad de operar en toda su gama de variabilidad natural.
- La exposición geológica permanece a plena vista, intacta y no modificada por la intervención antropogénica.
- La extensión de los rasgos geológicos clave no ha disminuido: tanto la extensión vertical como horizontal de los rasgos son constantes o crecientes (Ellis, 2004).

El gobierno de Tasmania desarrolló un enfoque muy similar, el cual identifica tres categorías amplias de los indicadores de la geoconservación:

- Los indicadores de cobertura de los datos representan el estado de conocimiento de la geodiversidad, el cual rige nuestra capacidad de garantizar su conservación exitosa.
- Los indicadores de integridad del sitio se aplican a sitios de particular importancia para la geoconservación, donde se ha identificado el grado de integridad física (o degradación) de los sitios y los rasgos (por ejemplo, en la Base de Datos de Geoconservación de Tasmania).
- Los indicadores de integridad del proceso miden el grado de integridad o degradación de los procesos geomorfológicos y del suelo: estos procesos rigen la integridad a largo plazo de los sitios, los rasgos y los sistemas de importancia para la geoconservación, y la integridad de los procesos del ecosistema en general. Los indicadores de integridad del proceso proporcionarán una medida de la sostenibilidad de los procesos naturales del accidente geográfico y del suelo (RPDC, 2013).

Oportunidades y requerimientos de experticia sobre geoconservación en la gestión de áreas protegidas

La diversidad de áreas protegidas de geopatrimonio, así como la cantidad y la variedad de conocimientos necesarios para identificarlas y manejarlas de manera efectiva, significan que existe una gran necesidad de expertos especializados en geoconservación. El conocimiento científico geológico y geomorfológico es esencial, no solo para que las áreas protegidas se identifiquen sólidamente y se ubiquen dentro de sistemas de patrimonio de la Tierra más amplios, sino también para que las redes de áreas se mantengan actualizadas con nuevos conocimientos e interpretaciones. La seguridad de los trabajadores y visitantes es una preocupación primordial en las áreas protegidas de geoconservación, por lo que es esencial la experticia en evaluaciones de riesgos y las prescripciones de manejo. Predecir y hacer frente a los efectos de inundaciones, maremotos, terremotos, erupciones volcánicas y sitios geotérmicos activos, inestabilidad de taludes, inestabilidad de acantilados y derretimiento de glaciares y permafrost son todos ejemplos de la necesidad de un conocimiento técnico. Debería haber margen para emplear expertos locales que realicen trabajos especializados y también garantizar que se busquen los conocimientos locales y tradicionales para obtener el mejor resultado.

Se necesita una gestión de tipos específicos de áreas protegidas de geopatrimonio, como los sitios con patrimonio mueble (fósiles, minerales) o con procesos activos (áreas costeras, ríos, etc.) y así garantizar no solo que se mantengan los valores clave, sino también que las acciones externas y los cambios no afecten negativamente los rasgos y los procesos clave. Un requisito importante del personal especializado es la capacidad de comunicar la importancia de los rasgos y los procesos de las áreas protegidas de una manera que el público entienda y se sienta inspirado.

Con el objetivo de lograr un enfoque integrado para la conservación de la naturaleza, los equipos de las áreas protegidas deberían incorporar progresivamente la experticia en ciencias de la Tierra. Hacer que los especialistas en patrimonio geológico, biológico y cultural se reúnan en equipos ayudará a garantizar la comprensión y conservación de los recursos naturales (Díaz-Martínez y Díez-Herrero, 2011).

Conclusión

La geodiversidad de la Tierra es una consideración esencial en la gestión de las áreas protegidas, particularmente en el contexto de la gestión de la naturaleza, tanto abiótica como biótica. El geopatrimonio está constituido por aquellos elementos de la geodiversidad que tienen valores significativos a nivel científico, educativo, cultural o estético. Tal geopatrimonio especial puede categorizarse sistemáticamente de acuerdo con las etapas clave en la historia de la Tierra, los rasgos estructurales, la formación de minerales, la evolución de la vida, los procesos del planeta, los rasgos por encima y por debajo de la superficie, y los registros de condiciones ambientales del pasado (Tabla 18.2). Es crucial que se protejan los ejemplos clave de los fenómenos de geopatrimonio, como en los geoparques, en las áreas protegidas de la Categoría III de la UICN o dentro de otras categorías de áreas protegidas de la UICN. Una vez establecidas, se necesitan respuestas activas de los administradores de áreas protegidas para abordar amenazas tales como la explotación de minerales y el desarrollo de infraestructuras. Las respuestas incorporan la planeación y los trabajos en el terreno, mientras que los principios rectores de la gestión (Cuadro 18.3) establecen un marco para dicha acción. Al igual que con otros fenómenos naturales, el monitoreo de la condición y de las tendencias en la condición forma una parte integral de la gestión activa.

Referencias

Lecturas recomendadas

Anderson, M.G. y Ferree, C.E. (2010). Conserving the stage: climate change and the geophysical underpinnings of species diversity. *PLoS ONE*, 5(7), e11554.

ASM-PACE. (2013). *Projects*. Recuperado de: www.asm-pace.org/projects.html

Barettino, D.; Wimbledon, W.A.P. y Gallego, E. (eds.). (2000). *Geological Heritage: Its conservation and management*. Madrid: Instituto Technológico Geominero de España. Recuperado de: www.igme.es/patrimonio/publicaciones/congresos/Barettino%20et%20al%20 2000%20-%20 ProGEO%20Symposium%20 Madrid%20 1999%20EN.pdf [inglés] y Recuperado de: www.igme.es/patrimonio/publicaciones/ congresos/Barettino%20et%20al%202000%20-%20 ProGEO%20Symposium%20Madrid%20 1999%20ES.pdf.

Bridgland, D.R. (2013). Geoconservation of Quaternary sites and interests. *Proceedings of the Geologists Association*, 124, 612-624.

Brilha, J. (2002). Geoconservation and protected areas. *Environmental Conservation*, 29(3), 273-276.

(2005). *Património Geológico e Geoconservação.* Braga, Portugal: Palimage. Recuperado de: geoduma.files.wordpress.com/2010/02/jb_livro.pdf

Andrade, C.; Azerêdo, A.; Barriga, F.J.A.S.; Cachão, M.; Couto, H.; Cunha, P.P.; Crispim, J.A.; Dantas, P.; Duarte, L.V.; Freitas, M.C.; Granja, M.H.; Henriques, M.H.; Henriques, P.; Lopes, L.; Madeira, J.; Matos, J.M.X.; Noronha, F.; Pais, J.; Piçarra, J.; Ramalho, M.M.; Relvas, J.M.R.S.; Ribeiro, A.; Santos, A.; Santos, V. y Terrinha, P. (2005). Definition of the Portuguese frameworks with international relevance as an input for the European geological heritage characterisation. *Episodes*, 28, 177-186.

Brocx, M. (2008). *Geoheritage: From global perspectives to local principles for conservation and planning*. Perth, Australia: Western Australian Museum.

Semeniuk, V. (2007). Geoheritage and geoconservation-history, definition, scope and scale. *Journal of the Royal Society of Western Australia*, 90, 53-87.

Semeniuk, V. (2011). The global geoheritage significance of the Kimberley coast, Western Australia. *Journal of the Royal Society of Western Australia*, 94, 57-88.

Brooks, A.J. (2013). *Assessing the sensitivity of geodiversity features in Scotlands seas to pressures associated with human activities*. Commissioned Report No. 590. Inverness, Escocia: Scottish Natural Heritage. Recuperado de: www.snh.gov.uk/publications-data-and-research/publications/search-the-catalogue/ publication-detail/?id=2036

Kenyon, N.H.; Leslie, A.; Long, D. y Gordon, J.E. (2013). *Characterising Scotlands marine environment to define search locations for new marine protected areas. Part 2: The identification of key geodiversity areas in Scottish waters.* Report No. 432. Inverness, Escocia: Scottish Natural Heritage Commissioned. Recuperado de: www.snh.gov.uk/publications-data-and-research/publications/search-the-catalogue/publication-detail/?id=2037

Brown, E.J. (2004). *Development of a framework for interpreting ice age landscapes in the Loch Lomond and The Trossachs National Park*, Scottish Natural Heritage Commissioned Report No. 036, Inverness, Scotland. Recuperado de: www.snh.org.uk/pdfs/publications/commissioned_reports/f98ac106a.pdf

Bruschi, V.M.; Cendrero, A. y Cuesta Albertos, J.A. (2011). A statistical approach to the validation and optimisation of geoheritage assessment procedures. *Geoheritage*, 3, 131-349.

Burek, C.V. (2012). The role of LGAPs (Local Geodiversity Action Plans) and Welsh RIGS as local drivers for geoconservation within geotourism in Wales. *Geoheritage*, 4, 45-63.

Burek, C. y Potter, J. (2006). *Local Geodiversity Action Plans-setting the context for geological conservation.* Natural England Report No. 560. Sheffield, Inglaterra: Natural England. Recuperado de: publications.naturalen.gland.org.uk/ publication/137007?category=30050

Carcavilla, L.; Delvene, G.; Díaz-Martínez, E.; García-Cortés, A.; Lozano, G.; Rábano, I.; Sánchez, A. y Vegas, J. (2012). *Geodiversidad y Patrimonio Geológico,* 2ª ed. Madrid: Instituto Geológico y Minero de España. Recuperado de: www.igme.es/patrimonio/ novedades/Folleto_Patrimonio2edicion.pdf

Durán, J.J. y López-Martínez, J. (2008). Geodiversidad: concepto y relación con el patrimonio geológico. *Geo-Temas, 10, 1299-1303. Recuperado de: www.igme.es/*patrimonio/descargas/ concepto_Geodiversidad.pdf

López-Martínez, J. y Durán, J.J. (2007). *Patrimonio geológico y geodiversidad: investigación, conservación, gestión y relación con los espacios naturales protegidos.* Cuadernos del Museo Geominero, Vol. 7. Madrid: Instituto Geológico y Minero de España.

Coratza, P. y Panizza, M. (eds.). (2009). Geomorphology and cultural heritage. *Memorie Descrittive della Carta Geologica d'Italia*, 87.

Crofts, R. y Gordon, J.E. (2014). Geoheritage conservation in protected areas. *Parks*, 20(2), 61-76.

Cruikshank, J. (2005). *Do Glaciers Listen? Local knowledge, colonial encounters, and social imagination.* Vancouver: University of British Columbia Press; Seattle: University of Washington Press.

Department for Environment, Food and Rural Affairs (DEFRA). (2006). *Local Sites: Guidance on their identification, selection and management.* Londres: Department for Environment, Food and Rural Affairs. Recuperado de: archive.defra.gov.uk/rural/ documents/protected/localsites.pdf

(2010). *Charting Progress 2. The state of UK seas.* Londres: Department for Environment, Food and Rural Affairs. Recuperado de: chartingprogress. defra.gov.uk

Department of Primary Industries, Parks, Water and Environment (DPIPWE). (2014). *Tasmanian Geoconservation Database.* Hobart, Australia: Tasmanian Department of Primary Industries, Parks, Water and Environment. Recuperado de: dpipwe.tas.gov. au/conservation/geoconservation/ tasmanian-geoconservation-database

Díaz-Martínez, E. (2011). Typology of heritage: where does geoheritage fit in? Villeneuve d'Ascq, Francia: Forum GeoReg, octubre 23-27 de 2011. Résumés/Abstracts: 102. Recuperado de: www. igme.es/patrimonio/publicaciones/congresos/ D%C3%ADaz-Mart%C3%ADnez%202011%20 -%20Typology%20of%20geoheritage%20-%20 GeoReg%20y%20SW-ProGEO%20Meeting.pdf

Díez-Herrero, A. (2011). Los elementos biológicos y culturales de interés geológico: un patrimonio a conservar. En: E. Fernández-Martínez y R. Castaño de Luis (eds.). *Avances y Retos en la Conservación del Patrimonio Geológico en España*, pp. 85-90. León: Universidad de León. www.igme.es/patrimonio/ publicaciones/congresos/Díaz-Martínez%20y%20 Díez-Herrero%202011%20-%20Elemetos%20 biológicos%20y%20culturales%20de%20 interés%20geológico.pdf

Dingwall, P.; Weighell, T. y Badman, T. (2005). *Geological World Heritage: A global framework. A contribution to the Global Theme Study of World Heritage Natural Sites.* Gland: IUCN.

Dobbie, K.E.; Bruneau, P.M.C. y Towers, W. (eds.). (2011). *The State of Scotlands Soil.* Edimburgo: Natural Scotland. Recuperado de: www.sepa.org.uk/ land/land_publications.aspx

Dolan, M.F.J.; Buhl-Mortensen, P.; Thorsnes, T.; Buhl-Mortensen, L.; Bellec, V. y Bøe, R. (2009). Developing seabed nature-type maps offshore Norway: initial results from the MAREANO programme. *Norwegian Journal of Geology*, 89: 17-28.

Dowling, R.K. y Newsome, D. (eds.). (2010). *Global Geotourism Perspectives.* Oxford: Goodfellow Publishers.

Dudley, N. (ed.). (2008). *Guidelines for Applying Protected Area Management Categories.* Gland: IUCN.

Durán, J.J.; Brusi, D.; Pallí, L.; López-Martínez, J.; Palacio, J. y Vallejo, E. (1998). Geología ecológica, geodiversidad, geoconservación y patrimonio geológico: la Declaración de Girona. En: J.J. Durán y M. Vallejo (eds.). *Comunicaciones de la IV Reunión Nacional de Patrimonio Geológico*, pp. 69-72. Miraflores de la Sierra, España: Sociedad Geológica de España.

Ellis, N. (2004). *Common Standards Monitoring Guidance for Earth Science Sites.* Peterborough, Reino Unido: Joint Nature Conservation Committee. Recuperado de: jncc.defra.gov.uk/pdf/CSM_earth_science.pdf

(2011). The Geological Conservation Review (GCR). En: Great Britain: rationale and methods. *Proceedings of the Geologists Association*, 122, 353-362.

English Nature. (2004). *Local Geodiversity Action Plans. Sharing good practice.* Peterborough, Reino Unido: Natural England. Recuperado de: publications.naturalenGland:org.uk/publication/76016?category=30050

Erikstad, L. (2012). Geoheritage and geodiversity management - the questions for tomorrow. *Proceedings of the Geologists Association*, 122, 713-719.

Lindblom, I.; Jerpåsen, G.; Hanssen, M.A.; Bekkby, T.; Stabbetorp, O. y Bakkestuen, V. (2008). Environmental value assessment in a multidisciplinary EIA setting. *Environment Impact Assessment Review*, 28, 131-143.

Fassoulas, C.; Mouriki, D.; Dimitriou-Nikolakis, P. y Iliopoulos, G. (2011). Quantitative assessment of geotopes as an effective tool for geoheritage management. *Geoheritage*, 4, 177-193.

Ferrero, E.; Giardino, M.; Lozar, F.; Giordano, E.; Belluso, E. y Perotti, L. (2012). Geodiversity action plans for the enhancement of geoheritage in the Piemonte region (north-western Italy). *Annals of Geophysics*, 55, 487-495.

Fuertes-Gutiérrez, I. y Fernández-Martinez, E. (2010). Geosites inventory in the Leon Province (northwestern Spain) a tool to introduce geoheritage into regional environmental management. *Geoheritage*, 2, 57-75.

García-Cortés, A.; Águeda Villar, J.; Palacio Suárez-Valgrande, J. y Salvador González, C.I. (eds.). (2009). *Spanish Geological Frameworks and Geosites. An approach to Spanish geological heritage of international relevance.* Madrid: Instituto Geológico y Minero de España. Recuperado de: www.igme.es/patrimonio/GEOSITES/publication.htm

Rábano, I.; Locutura, J.; Bellido, F.; Fernández-Gianotti, J.; Martín-Serrano, A.; Quesada, C.; Barnolas, A. y Durán, J.J. (2001). First Spanish contribution to the Geosites Project: list of the geological frameworks established by consensus. *Episodes*, 24, 79-92.

Vegas, J.; Carcavilla, L. y Díaz- Martínez, E. (2012). Un sistema de indicadores para la evaluación y seguimiento del estado de conservación del patrimonio geológico. *Geo-Temas* ,13, 1272-1275. Recuperado de: www.igme.es/patrimonio/publicaciones/ congresos/García%20Cortés%20et%20al%20 2012%20-%20Sistema%20de%20indicadores%20 para%20estado%20conservación%20PG.pdf

Geological Society of America (GSA). (2012). *GSA Position Statement: Geoheritage.* Boulder, Estados Unidos. Recuperado de: www.geosociety.org/positions/pos20_Geoheritage. pdf

Gillson, L. y Marchant, R. (2014). From myopia to clarity: sharpening the focus of ecosystem management through the lens of palaeoecology. *Trends in Ecology and Evolution*, 29: 317-325.

Gordon, J.E. y Barron, H.F. (2011). *Scotlands geodiversity: development of the basis for a national framework*. Report No. 417. Inverness, Escocia: Scottish Natural Heritage Commissioned. Recuperado de: www.snh.org.uk/pdfs/publications/commissioned_reports/417.pdf

Barron, H.F.; Hansom, J.D. y Thomas, M.F. (2012). Engaging with geodiversity - why it matters. *Proceedings of the Geologists Association*, 123, 1-6.

Brooks, A.J.; Rennie, A.G.; James, B.D.; Chaniotis, P.D.; Kenyon, N.H.; Leslie, A.B. y Long, D. (2013). *The selection of Nature Conservation Marine Protected Areas (MPAs) - assessment of geodiversity interests*. Report No. 633. Inverness, Escocia: Scottish Natural Heritage Commissioned. Recuperado de: www.snh.org.uk/pdfs/publications/commissioned_reports/633.pdf

Gray, M. (2004). *Geodiversity: Valuing and conserving abiotic nature*. Wiley, Chichester, Reino Unido: geoduma. Recuperado de: files.wordpress.com/2010/02/geodiversity.pdf

(2008). Geodiversity: the origin and evolution of a paradigm. En: C.V. Burek y C.D. Prosser (eds.). *The History of Geoconservation*, Special Publications 300, pp. 31-36. Londres: The Geological Society.

(2011). GSSPs: the case for a third, internationally recognised, geoconservation network. *Geoheritage*, 3, 83-88.

(2013). *Geodiversity: Valuing and conserving abiotic nature*, 2ª ed. Chichester, Reino Unido: Wiley-Blackwell.

Gordon, J.E. y Brown, E.J. (2013). Geodiversity and the ecosystem approach - the contribution of geoscience in delivering integrated environmental management. *Proceedings of the Geologists Association*, 124: 659-673.

Ham, S. (1992). *Environmental Interpretation: A practical guide for people with big ideas and small budgets*. Golden, Estados Unidos: North America Press.

(2007). From interpretation to protection. *Interpretation Journal*, 12(3), 20-23. Recuperado de: www.ahi.org.uk/include/pdf/TVSpapers/AHI_journal_The_Vital_Spark.pdf

Haygarth, P.M. y Ritz, K. (2009). The future of soils and land use in the UK: soil systems for the provision of land-based ecosystem services. *Land Use Policy*, 26S, S187-197.

Hopkins, J.J.; Allison, H.M.; Walmsley, C.A.; Gaywood, M. y Thurgate, G. (2007). *Conserving Biodiversity in a Changing Climate: Guidance on building capacity to adapt*. Londres: Department for Environment, Food and Rural Affairs. Recuperado de: webarchive.nationalarchives.gov.uk/20110303145213/http:/ukbap.org.uk/Library/BRIG/CBCCGuidance.pdf

Houshold, I. y Sharples, C. (2008). Geodiversity in the wilderness: a brief history of geoconservation in Tasmania. En: C.V. Burek y C.D. Prosser (eds.). *The History of Geoconservation*, Special Publications 300, pp. 257-272. Londres: The Geological Society.

Hutton, J. (1785). *Abstract of a Dissertation Read in the Royal Society of Edinburgh, upon the Seventh of March, and Fourth of April, MDCCLXXXV, Concerning the System of the Earth, its Duration, and Stability*. Edimburgo. Recuperado de: facstaff.gpc.edu/~janderso/historic/hutton.htm

International Council on Mining and Minerals (ICMM). (2003). *Mining and Protected Areas: Position statement. Londres*. Recuperado de: www.icmm.com/document/43

International Union for Conservation of Nature (IUCN). (2008). *Resolutions and Recommendations adopted at the 4th IUCN World Conservation Congress. Resolution 4 040: Conservation of geodiversity and geological heritage*. Gland: IUCN. portals.iucn.org/library/node/44190

(2012). *Resolutions and Recommendations, World Conservation Congress, Jeju, Republic of Korea, 6-15 September 2012, WCC-2012-Res-048-EN Valuing and conserving geoheritage within the IUCN Programme 2013-2016*. Gland: IUCN, pp. 5-6. Recuperado de: portals.iucn.org/library/node/44015

(2013). *IUCN World Heritage Advice Note: Mining and oil/gas projects*. Gland: IUCN. Recuperado de: cmsdata.iucn.org/downloads/iucn_advice_note_on_mining_in_wh_sites_final_060512__.pdf

Johansson, C.E. (ed.). (2000). *Geodiversitet i Nordisk Naturvård*. Copenhage: Nordic Council of Ministers.

Joyce, E.B. (2010). Australias geoheritage: history of study, a new inventory of geosites and applications to geotourism and geoparks. *Geoheritage*, 2, 39-56.

Katla Geopark. (2014). *Katla Geopark*. www.katlageopark.is/

Kiernan, K. (1996). *Conserving Geodiversity and Geoheritage: The conservation of glacial landforms*. Hobart, Australia: Forest Practices Unit.

Kirkbride, V. y Gordon, J.E. (2010). *The geomorphological heritage of the Cairngorm Mountains*. Report No. 348. Inverness, Escocia: Scottish Natural Heritage Commissioned. Recuperado de: www.snh.org.uk/pdfs/publications/commissioned_reports/348.pdf

Lawrence, D.J.D.; Arkley, S.L.B, Everest, J.D.; Clarke, S.M.; Millward, D.; Hyslop, E.K.; Thompson, G.L. y Young B. (2007). *Northumberland National Park Geodiversity Audit and Action Plan*. Report No. CR/07/037N. Hexham, Reino Unido: British Geological Survey Commissioned. Recuperado de: www.northumberlandnationalpark.org.uk/data/assets/pdf_file/0005/147524/geodiversity_audit_hi.pdf

Vye, C.L. y Young, B. (2004). *Durham Geodiversity Audit*. Durham, Reino Unido: Durham County Council. Recuperado de: content.durham.gov.uk/PDFRepository/County_Durham_Geodiversity_Audit.pdf

Lima, F.; Brilha, J. y Salamuni, E. (2010). Inventorying geological heritage in large territories: a methodological proposal applied to Brazil. *Geoheritage*, 2, 91-99.

Lockwood, M.; Worboys, G.L. y Kothari, A. (eds.). (2006). *Managing Protected Areas: A global guide*. Londres: Earthscan.

McKeever, P.J.; Zouros, N. y Patzak, M. (2010). The UNESCO Global Geoparks Network. *European Geoparks Magazine*, 7, 10-13. Recuperado de: www.scribd.com/doc/80356479/EGN-Magazine-Issue-7

Matthews, T.J. (2014). Integrating geoconservation and biodiversity conservation: theoretical foundations and conservation recommendations in a European Union context. *Geoheritage*, 6, 57-70.

Millennium Ecosystem Assessment (MEA). (2005). *Ecosystems and Human Well-Being: Synthesis*. Washington D.C.: Island Press.

National Museums Northern Ireland (2003). *Geological Sites in Northern Ireland: Earth science conservation review*. Holywood. Recuperado de: www.habitas.org.uk/escr/index.html

National Park Service. (NPS). (2014a). *National Fossil Day*. National Park Service. Washington D.C. Recuperado de: nature.nps.gov/geology/nationalfossilday/

(2014b). *North Cascades*. National Park Service. Washington D.C. Recuperado de: www.nps.gov/noca/index.htm

Natural England. (2014). *Geology and Geodiversity*. Peterborough, Reino Unido: Natural England. Recuperado de: publications.naturalenGland:org.uk/category/30050

Newsome, D. y Dowling, R.K. (eds.). (2010). *Geotourism: The tourism of geology and landscape*. Oxford: Goodfellow Publishers.

Nieto, L.M. (2001). Geodiversidad: propuesta de una definición integradora. *Boletín Geológico y Minero*, 112(2), 3-12.

Ontario Ministry of Municipal Affairs and Housing. (2012). *Land Use Planning: The Oak Ridges Moraine*. Recuperado de: www.mah.gov.on.ca/Page322.aspx

Panizza, M. (2001). Geomorphosites: concepts, methods and example of geomorphological survey. *Chinese Science Bulletin*, 46, 4-6.

Pellitero, R.; González-Amuchastegui, M.J.; Ruiz-Flaño, P. y Serrano, E. (2011). Geodiversity and geomorphosite assessment applied to a natural protected area: the Ebro and Rudron Gorges Natural Park (Spain). *Geoheritage*, 3, 163-174.

Pereira, P.; Pereira, D. y Caetano Alves, M.I. (2007). Geomorphosite assessment in Montesinho Natural Park. *Geographica Helvetica*, 62, [suplemento],159-168.

ProGEO. (2011). *Conserving Our Shared Geoheritage: A protocol on geoconservation principles, sustainable site use, management, fieldwork, fossil and mineral collecting*. European Association for the Conservation of the Geological Heritage. Upsala, Suecia. Recuperado de: www.progeo.se/progeo-protocol-definitions-20110915.pdf

Prosser, C.; Murphy, M. y Larwood, J. (2006). *Geological Conservation: A guide to good practice*. Peterborough, Reino Unido: Natural England. Recuperado de: naturalengland.org.uk/publication/83048

Prosser, C.D. (2011). Principles and practice of geoconservation: lessons and case law arising from a legal challenge to site-based conservation on an eroding coast in eastern England, UK. *Geoheritage*, 3, 277-287.

(2013). Our rich and varied geoconservation portfolio: The foundation for the future. *Proceedings of the Geologists Association*, 124, 568-580.

Burek, C.V.; Evans, D.H.; Gordon, J.E.; Kirkbride, V.B.; Rennie, A.F. y Walmsley, C.A. (2010). Conserving geodiversity sites in a changing climate: management challenges and responses. *Geoheritage*, 2, 123-136.

Resource Planning and Development Commission (RPDC). (2013). Land, geodiversity and geoconservation. En: *State of the Environment Report: Tasmania*. Hobart. Recuperado de: soer.justice.tas.gov.au/2003/lan/2/issue/77/index.php#zmanagement

Reynard, E. (2009a). The assessment of geomorphosites. En: E. Reynard, P. Coratza y G. Regolini-Bissig (eds.). *Geomorphosites*, pp. 63-71. Munich: Verlag Dr. Friedrich Pfeil.

Geomorphosites: definitions and characteristic. En: E. Reynard, P. Coratza y G. Regolini-Bissig (eds.). *Geomorphosites*, pp. 9-20. Munich: Verlag Dr. Friedrich Pfeil.

Coratza, P. y Regolini-Bissig, G. (eds.). (2009). *Geomorphosites*, Munich: Verlag Dr. Friedrich Pfeil.

Fontana, G.; Kozlik, L. y Scapozza, C. (2007). A method for assessing "scientific" and "additional values" of geomorphosites. *Geographica Helvetica*, 62, 148-158.

Rovere, A.; Vacchi, M.; Parravicini, V.; Bianchi, C.N.; Zouros, N. y Firpo, M. (2011). Bringing geoheritage underwater: definitions, methods, and application in two Mediterranean marine areas. *Environmental Earth Sciences*, 64, 133-142.

Santucci, V.L. (2005). Historical perspectives on biodiversity and geodiversity. *George Wright Forum*, 22(3), 29-34.

Koch, A.L. (2003). Paleontological resource monitoring strategies for the National Park Service. *Park Science*, 22(1), 22-25.

Kenworthy, J.P. y Mims, A.L. (2009). Monitoring in situ paleontological resources. En: R. Young y L. Norby (eds.). *Geological Monitoring*, pp. 189-204. Boulder, Estados Unidos: Geological Society of America.

Scottish Geodiversity Forum. (2013). *Scotlands Geodiversity Charter*. Recuperado de: scottishgeodiversityforum.org/charter/

Scottish Natural Heritage. (2000). *A Guide to Managing Coastal Erosion in Beach/Dune Systems*. Scottish Natural Heritage. Battleby, Escocia. Recuperado de: www.snh.gov.uk/publications-data-and-research/publications/ search-the-catalogue/publication-detail/?id=112

(2006). *Guidance on Establishing and Managing Local Nature Conservation Site Systems in Scotland.* Scottish Natural Heritage. Battleby, Escocia. Recuperado de: www.snh.gov.uk/publications-data-and-research/publications/search-the-catalogue/publication-detail/?id=562

(2011). *Interpretive Planning.* Scottish Natural Heritage. Battleby, Escocia. Recuperado de: www.snh.gov.uk/policy-and-guidance/heritage-interpretation/interpretive-planning/

Semeniuk, V.; Semeniuk, C.A.; Tauss, C.; Unno, J. y Brocx, M. (2011). *Walpole and Nornalup Inlets: Landforms, stratigraphy, evolution, hydrology, water quality, biota, and geoheritage.* Perth, Australia: Wetlands Research Association, Western Australian Museum.

Sharples, C. (1993). *A Methodology for the Identification of Significant Landforms and Geological Sites for Geoconservation Purposes.* Technical Report. Hobart, Australia: Forestry Commission Tasmania.

(2002). *Concepts and Principles of Geoconservation.* Hobart, Australia: Tasmanian Parks and Wildlife Service. Recuperado de: www.dpiw.tas.gov.au/inter.nsf/Attachments/SJON-57W3YM/$FILE/geoconservation.pdf

(2011). *Potential Climate Change Impacts on Geodiversity in the Tasmanian Wilderness World Heritage Area: a management response position paper.* Nature Conservation Report Series 11/04. Hobart, Australia: Resource Management and Conservation Division, Department of Primary Industries, Parks, Water and Environment. Recuperado de: www.dpiw.tas.gov.au/inter.nsf/Attachments/LJEM-8P983Y?open

Stace, H. y Larwood, J.G. (2006). *Natural Foundations: Geodiversity for people, places and nature.* Peterborough, Reino Unido: Natural England. Recuperado de: publications.naturalenGland:org.uk/publication/60005

The River Restoration Centre (RRC). (2013). *Manual of River Restoration Techniques.* The River Restoration Centre. Cranfield, Reino Unido. Recuperado de: www.therrc.co.uk/rrc_manual.php

Thorsnes, T.; Erikstad, L.; Dolan, M.F.J. y Bellec, V. (2009). Submarine landscapes along the Lofoten-Vesterålen-Senja margin, northern Norway. *Norwegian Journal of Geology*, 89, 5-16.

Tilden, F. (1977). *Interpreting Our Heritage*, 3ª ed. Chapel Hill, Estados Unidos: University of North Carolina Press.

Towers, W.; Malcolm, A. y Bruneau, P. (2005). *Assessing the nature conservation value of soil and its relation with designated features.* Report No. 111. Inverness, Escocia: Scottish Natural Heritage Commissioned. Recuperado de: www.snh.org.uk/pdfs/publications/commissioned_reports/F03AC104.pdf

UK Geodiversity Action Plan (UKGAP). (2014). *UK Geodiversity Action Plan. Recuperado de: www.ukgap.org.uk/*

United Nations Educational, Scientific and Cultural Organization (UNESCO). (2010). *Guidelines and Criteria for National Geoparks Seeking UNESCOs Assistance to Join the Global Geoparks Network (GGN).* París: UNESCO. Recuperado de: www.globalgeopark.org/UploadFiles/2012_9_6/GGN2010.pdf

(2014a). *Earth Sciences: Global Geoparks.* París: UNESCO. Recuperado de: www.unesco. org/new/en/natural-sciences/environment/earth- sciences/global-geoparks/

(2014b). *World Heritage List.* París: UNESCO. Recuperado de: whc.unesco.org/en/list

(2014c). *Main Characteristics of Biosphere Reserves.* París: UNESCO. Recuperado de: www.unesco.org/new/en/natural-sciences/environment/ecological-sciences/biosphere-reserves/main-characteristics

Veverka, J.A. (1994). *Interpretive Master Planning.* Helena, Estados Unidos: Falcon Press.

Werritty, A.; Duck, R.W. y Kirkbride, M.P. (1998). *Development of a conceptual and methodological framework for monitoring site condition in geomorphological systems.* Survey and Monitoring Report No. 105. Inverness, Escocia: Scottish Natural Heritage Research. Recuperado de: www.snh.org.uk/pdfs/publications/research/105.pdf

Wimbledon, W.A.P. y Smith-Meyer, S. (eds.). (2012). *Geoheritage in Europe and its Conservation.* Oslo: ProGEO.

Barnard A.F. y Peterken A.G. (2004). Geosite management: a widely applicable, practical approach. En: M.A. Parkes (ed.). *Natural and Cultural Landscapes: The geological foundation*, pp. 187-192. Dublín: Royal Irish Academy.

Ishchenko, A.A.; Gerasimenko, N.P.; Karis, L.O.; Suominen, V.; Johansson, C.E. y Freden, C. (2000). Geosites: an IUGS initiative - science supported by conservation. En: D. Barettino, W.A.P. Wimbledon y E. Gallego (eds.). *Geological Heritage: Its conservation and management*, pp. 69-94. Madrid: Instituto Tecnológico Geominero de España. Recuperado de: www.igme.es/patrimonio/publicaciones/Wimbledon_et_al_2000_english.PDF

Worboys, G.L. (2013). *Conserving Australias Geoheritage*. Canberra: Department of the Environment. Recuperado de: www.environment.gov.au/system/files/pages/f4d5ba7d-e4eb-4ced-9c0e-104471634fbb/files/essay-conserving-worboys.pdf

CAPÍTULO 19

GESTIÓN DE ÁREAS PROTEGIDAS DE AGUA DULCE, RÍOS, HUMEDALES Y ESTUARIOS

Autor principal:
Jamie Pittock

Autores de apoyo:
Max Finlayson, Angela H. Arthington, Dirk Roux, John H. Matthews, Harry Biggs, Esther Blom, Rebecca Flitcroft, Ray Froend, Ian Harrison, Virgilio Hermoso, Wolfgang Junk, Ritesh Kumar, Simon Linke, Jeanne Nel, Catia Nunes da Cunha, Ajit Pattnaik, Sharon Pollard, Walter Rast, Michele Thieme, Eren Turak, Jane Turpie, Lara van Niekerk, Daphne Willems y Joshua Viers

CONTENIDO

IUCN WCPA WORLD COMMISSION ON PROTECTED AREAS Convention on Biological Diversity

AUTOR PRINCIPAL

JAMIE PITTOCK es profesor asociado en la Escuela Fenner de Medio Ambiente y Sociedad, Universidad Nacional de Australia, Canberra.

AUTORES DE APOYO

MAX FINLAYSON es director del Instituto de Tierra, Agua y Sociedad, y profesor de ecología y biodiversidad en la Universidad Charles Sturt, Australia.

ANGELA H. ARTHINGTON es profesora emérita en la Facultad de Ciencias Ambientales de la Universidad Griffith, Brisbane, Australia.

JOHN H. MATTHEWS es copresidente de la Alianza Global por el Agua y la Adaptación (Alliance for Global Water Adaptation, AGWA) y director de Agua Dulce y Cambio Climático de Conservación Internacional, EE.UU.

DIRK ROUX es científico de conservación del agua dulce en los Parques Nacionales de Sudáfrica y en la Unidad de Investigaciones para la Sustentabilidad de la Universidad Metropolitana Nelson Mandela, Sudáfrica.

HARRY BIGGS trabaja con Parques Nacionales de Sudáfrica.

ESTHER BLOM es jefe del Programa para Agua Dulce del Fondo Mundial para la Naturaleza (WWF), Países Bajos.

REBECCA FLITCROFT es bióloga ictióloga del Servicio Forestal de los EE.UU. en la Estación de Investigación del Noroeste del Pacífico, Oregon, EE.UU.

RAY FROEND es profesor de Gestión Ambiental y director del Centro para el Manejo de Ecosistemas de la Universidad Edith Cowan, Australia.

IAN HARRISON es gerente senior en el Centro para el Medio Ambiente y la Paz, Conservación Internacional, EE.UU.

VIRGILIO HERMOSO es investigador en el Instituto Australiano de Ríos, Universidad Griffith, Australia.

WOLFGANG JUNK es afiliado del Grupo de Trabajo de Ecología Tropical en el Instituto Max Planck de Limnología en Alemania y al Instituto Nacional de Ciencia y Tecnología en Humedales (INCT-INAU) de la Universidad Federal de Mato Grosso, Brasil.

RITESH KUMAR es gerente del Programa de Conservación de Wetlands International South Asia, India.

SIMON LINKE es investigador senior en el Instituto Australiano de Ríos, Universidad Griffith, Australia.

JEANNE NEL es investigadora principal en el Consejo de Investigación Científica e Industrial, Sudáfrica.

CATIA NUNES DA CUNHA es profesora en el Instituto de Biociencias de la Universidad Federal de Mato Grosso en Cuiabá, Brasil.

AJIT PATTNAIK es director ejecutivo de la Autoridad de Desarrollo de Chilika, India.

SHARON POLLARD es directora de la Asociación para el Agua y el Desarrollo Rural, Sudáfrica.

WALTER RAST es director de Estudios Internacionales de Cuencas Hidrográficas, Centro Meadows para el Agua y el Medio Ambiente, en la Universidad Estatal de Texas, EE.UU.

MICHELE THIEME es científica senior de Conservación del Agua Dulce del Fondo Mundial para la Naturaleza (WWF), EE.UU.

EREN TURAK es líder de equipo senior e investigador científico en la Oficina de Medio Ambiente y Patrimonio, Nueva Gales del Sur, Australia.

JANE TURPIE es directora de Anchor Environmental Consultants y directora adjunta de la Unidad de Investigación de Política Económica Ambiental de la Universidad de Ciudad del Cabo, Sudáfrica.

LARA VAN NIEKERK es científica senior del Consejo de Investigación Científica e Industrial, Sudáfrica.

DAPHNE WILLEMS es ecóloga senior de ríos y trabaja en el campo del desarrollo natural integral para Stroming BV/Daphnia-Vision on Rivers, Países Bajos.

JOSHUA VIERS es profesor asociado en la Escuela de Ingeniería de la Universidad de California Merced, EE.UU.

AGRADECIMIENTOS

Agradecemos a Heidi Congdon por su ayuda en la producción de este capítulo y a los fotógrafos que nos facilitaron sus imágenes. Graeme Worboys e Ian Pulsford fueron los editores más pacientes. Lori Simmons (US NPS) y Clive Hilliker (ANU) hicieron un excelente trabajo al diseñar y armonizar las figuras. También agradecemos a los revisores anónimos y al personal de publicación que mejoraron este texto, y a nuestras respectivas agencias de apoyo.

CITACIÓN

Pittock, J.; Finlayson, M.; Arthington, A.H.; Roux, D.; Matthews, J.H.; Biggs, H.; Harrison, I.; Blom, E.; Flitcroft, R.; Froend, R.; Hermoso, V.; Junk, W.; Kumar, R.; Linke, S.; Nel, J.; Nunes da Cunha, C.; Pattnaik, A.; Pollard, S.; Rast, W.; Thieme, M.; Turak, E.; Turpie, J.; van Niekerk, L.; Willems, D. y Viers, J. (2019). Gestión de áreas protegidas de agua dulce, ríos, humedales y estuarios. En: G.L. Worboys, M. Lockwood, A. Kothari, S. Feary e I. Pulsford (eds.). *Gobernanza y gestión de áreas protegidas*, pp. 607-650. Bogotá: Editorial Universidad El Bosque y ANU Press.

FOTOGRAFÍA DE LA PÁGINA DEL TÍTULO

Humedales Ramsar, inscritos en la Lista de Patrimonio Mundial, Parque Nacional Kakadu, Australia

Fuente: Graeme L. Worboys

WCPA World Commission on Protected Areas · BIOPAMA · UNEP WCMC · Australian National University PRESS · University of Tasmania · The Great Eastern Ranges connecting people...connecting nature · Universidad El Bosque

Introducción

Este capítulo se enfoca en las mejores prácticas para gestionar los ecosistemas acuáticos continentales en áreas protegidas, incluidos los ríos, otros ecosistemas de agua dulce y salobre, y los estuarios costeros. La mayoría de las áreas naturales protegidas se designan como "terrestres" o "marinas", y la pregunta obvia para la mayoría de los administradores es "¿por qué debería preocuparme por la (usualmente) pequeña parte de mi área protegida que involucra un hábitat dulceacuícola?"

Por el contrario, en este capítulo sostenemos que los hábitats estuarinos y de agua dulce son importantes para conservar la biodiversidad en la mayoría de las áreas protegidas terrestres, y que, para hacer un buen trabajo, los administradores deben aplicar las herramientas específicas para la conservación del agua dulce descritas aquí. Los ecosistemas de agua dulce tienen la mayor diversidad de especies por unidad de área, una gran parte de las especies estuarinas y de agua dulce están amenazadas, y los servicios ecosistémicos de estos biomas se usan de una manera menos sostenible que los de cualquier otro bioma (MEA, 2005; Dudgeon *et al.,* 2006). Muchas especies terrestres dependen de los ecosistemas de agua dulce. Más que una parte marginal de la gestión, la conservación del agua dulce es fundamental para el mantenimiento de las áreas protegidas y su biodiversidad.

Comenzamos definiendo ecosistemas acuáticos continentales. Luego examinamos los principios y procesos que son esenciales para la conservación de los ecosistemas de agua dulce y las especies acuáticas. Brevemente, mencionamos las amenazas contra los ecosistemas de agua dulce y las implicaciones de un caudal continuo para el diseño de áreas protegidas. Más adelante se detallan algunas de las implicaciones contrarias a las expectativas lógicas y los conflictos entre el diseño y la gestión de áreas protegidas terrestres y de agua dulce. Los estudios de caso se utilizan para ilustrar principios y prácticas aplicadas en todo el mundo.

La siguiente sección del capítulo considera las necesidades específicas de manejo de los ríos y pantanos, lagos, turberas, ecosistemas dependientes del agua subterránea y estuarios. También se resumen los métodos y opciones para proporcionar caudales ambientales con el fin de conservar la biodiversidad y los servicios ecosistémicos. Luego pasamos a la gestión del agua dulce en las áreas protegidas en un paisaje más amplio y mostramos cómo pueden aprovecharse los procesos de gobernanza de los recursos naturales para gestionar mejor la biodiversidad del agua dulce en las áreas protegidas. La última sección es vital para todas las áreas protegidas con componentes de agua dulce, ya que en ella se aborda cómo podemos adaptarnos al cambio climático.

Ecosistemas de agua dulce

Definición de ecosistemas de agua dulce

En este capítulo se usan indistintamente los términos "humedales" (no marinos) y "ecosistemas de agua dulce". En la jerga del Convenio sobre la Diversidad Biológica (CDB, 2010), los ecosistemas de agua dulce se denominan "aguas continentales". Los humedales son zonas donde el agua es el principal factor controlador del medio y la vida vegetal y animal asociada a él. Los humedales se dan donde la capa freática se halla en la superficie terrestre o cerca de ella, o donde la tierra está cubierta por aguas. La Convención de Ramsar sobre los Humedales define los humedales como "las extensiones de marismas, pantanos y turberas, o superficies cubiertas de agua, sean estas de régimen natural o artificial, permanentes o temporales, estancadas o corrientes, dulces, salobres o saladas, incluidas las extensiones de agua marina cuya profundidad en marea baja no exceda de seis metros" (Ramsar, 2009a, Artículo 1, cláusula 1).

En consecuencia, en este capítulo se incluyen los humedales salinos. En el Capítulo 20 se consideran los humedales marinos. Los humedales ribereños y "pantanosos" a lo largo de los ríos son el foco de la sección sobre los caudales ambientales y los regímenes hidrológicos de los humedales. Las turberas, los ecosistemas dependientes del agua subterránea, los lagos y los humedales estuarinos se tratan en secciones separadas. A continuación, describimos con mayor detalle la diversidad y la distribución de los ecosistemas de agua dulce.

Diversidad y distribución de los ecosistemas de agua dulce

Existe una gran diversidad de ecosistemas de agua dulce y varios enfoques para clasificarlos en diferentes escalas (Finlayson y van der Valk, 1995; Higgins *et al.,* 2005). A escala global, los ecosistemas de agua dulce se han agrupado en 426 ecorregiones de agua dulce que en gran medida siguen las divisorias de aguas y capturan las distribuciones de peces de agua dulce y los patrones ecológicos y evolutivos (Abell *et al.,* 2008). Lehner y Döll (2004) usaron herramientas de teledetección para mapear la presencia de humedales y así hacer un

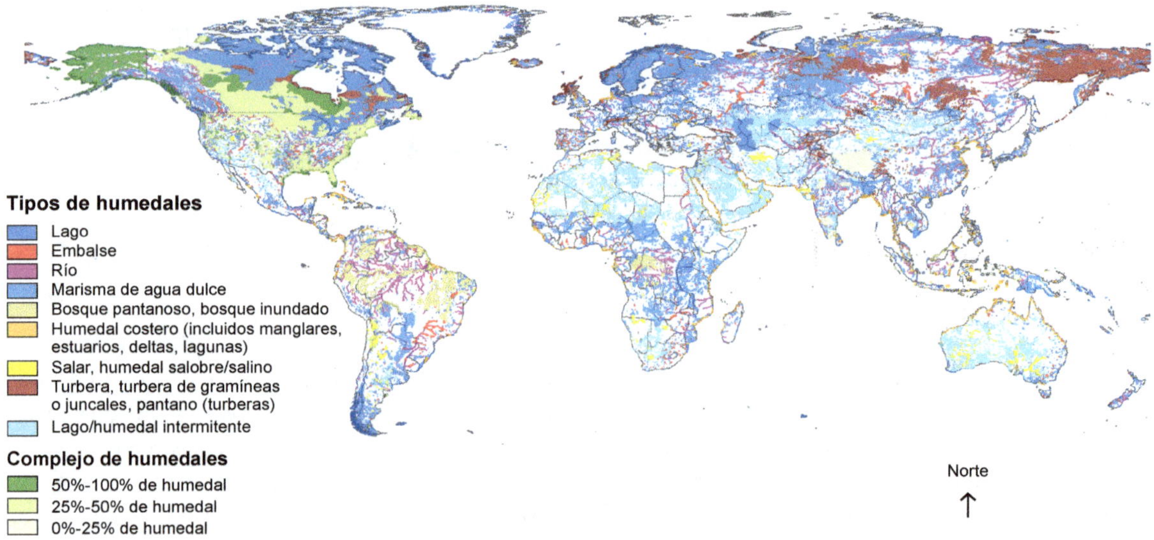

Figura 19.1 Distribución mundial de los humedales

Fuente: modificado de Lehner y Döll, 2004

mapa global de la distribución de estos (Figura 19.1). En un nivel más detallado, muchos gobiernos han mapeado los sistemas de humedales dentro de sus fronteras –por ejemplo, el Estado de Queensland en Australia– (Government of Queensland, 2014). A pesar de tales esfuerzos, los datos de la distribución y la extensión de los humedales varían considerablemente (Cuadro 19.1) debido a las diferencias en las definiciones y los enfoques utilizados para el mapeo (Finlayson *et al.*, 1999).

Tabla 19.1 Estimados del área de humedales continentales (millones de hectáreas)

Región	Finlayson *et al.* (1999)	Lehner y Döll (2004)
África	121–4	136
Asia	204	286
Europa	258	26
Neotrópico	415	159
Norteamérica	242	287
Oceanía	36	28
Total	12,76-21,29	917

Nota: en la literatura no se han analizado las grandes diferencias en las cifras para el área de humedales en Europa y el Neotrópico.

El porcentaje estimado de humedales incluidos en áreas protegidas es relativamente alto en comparación con muchos ecosistemas terrestres –alrededor del 30% en Europa, Norteamérica y Sudamérica (Chape *et al.*, 2008)– pero estas áreas no han sido objeto de una reserva sistemática y pocas veces tiene una gestión prioritaria.

Principios ecológicos del agua dulce

Los ecosistemas de agua dulce son expresiones de las historias geofísicas y ecológicas del paisaje por donde fluye el agua. El agua presente en cualquier ecosistema dulceacuícola forma parte del ciclo global del agua –el movimiento del agua en toda la Tierra y su sistema atmosférico– (Shiklomanov, 1993). Los ecosistemas terrestres y de agua dulce están íntimamente relacionados por el agua que fluye en ellos. En consecuencia, cada decisión sobre el uso de la tierra es también una decisión sobre el uso del agua (Bossio *et al.*, 2010).

En muchas partes del mundo se ha demostrado claramente el efecto de una reducción de los caudales sobre los hábitats terrestres y las comunidades. Por ejemplo, la desviación excesiva de los ríos afluentes con fines de

Un oso negro (*Ursus americanus*) en un río de Canadá

Fuente: Rod Mast

riego para la agricultura desde la década de 1960 llevó a que el mar de Aral solo tuviera el 10% de su área original en 2007, lo cual degradó la tierra circundante con agua salobre y polvo contaminado (Micklin y Aladin, 2008). Para los flujos hidrológicos es compleja la importancia de la cobertura del suelo, en particular la cubierta forestal (Bruijnzeel, 2004).

Los efectos de las diferentes cuencas de captación río arriba se combinan a medida que el agua se desplaza río abajo. Esto puede ser un desafío cuando se combinan múltiples efectos negativos, o puede ofrecer soluciones cuando los efectos negativos de una cuenca de captación se reducen por el agua que fluye desde una cuenca de captación no afectada –por ejemplo, los ríos Olifants y Blyde en Sudáfrica– (Kotze, 2013). Los caudales de agua dulce transportan carbono, nitrógeno, oxígeno y otras sustancias que son esenciales para el funcionamiento de los ecosistemas río abajo, lo que sustenta una rica variedad de formas de vida. Estos caudales también transportan sedimentos que son arrastrados desde los hábitats terrestres río arriba y de la erosión de las orillas. La conectividad que existe entre los ríos, sus afluentes y los humedales asociados sustenta la diversidad de especies presentes, brinda acceso a los hábitats para la alimentación y la reproducción, y promueve el crecimiento de la población, la productividad y la diversidad de la comunidad (Bunn y Arthington, 2002; Campbell-Grant *et al.,* 2007).

En algunos casos son vitales los vínculos con el mar, como cuando los peces anádromos regresan a su río natal para desovar y, al morir allí, depositan en los sistemas de agua dulce muchas sustancias provenientes de los océanos. Por ejemplo, en el noroeste del Pacífico de Norteamérica hay algunos bosques donde gran parte del nitrógeno del suelo proviene de fuentes marinas gracias a la migración del salmón (Helfield y Naiman, 2006) (véase la fotografía de arriba).

Los ecosistemas de agua dulce dependen de la cantidad, el momento y la calidad del agua que fluye a través de ellos. Muchos cambios en el régimen natural de los caudales pueden comprometer la supervivencia de las especies adaptadas al régimen histórico (Laizé *et al.,* 2014). Muchas especies terrestres y aves de humedales realizan migraciones extensas en respuesta a los cambios estacionales en la disponibilidad de agua, hábitat y alimento en los ríos y humedales. La alteración del régimen del caudal en los ecosistemas de agua dulce también puede promover la invasión de especies introducidas y exóticas que pueden tolerar las modificaciones en las condiciones del caudal (Bunn y Arthington, 2002). Una aplicación importante del concepto de régimen natural del caudal está en la definición de "caudales ambientales", lo cual se detalla en una sección posterior.

Gestión de amenazas contra los sistemas de agua dulce

Los ecosistemas de agua dulce y estuarinos están entre los más amenazados del mundo y, de acuerdo con la Evaluación de los Ecosistemas del Milenio (MEA, 2005), tienen un uso excesivo, están poco representados en las áreas protegidas y tienen la mayor proporción de especies en peligro de extinción. La gente está indisolublemente unida a los ecosistemas de agua dulce y tanto las personas como la naturaleza se benefician de gestionar los riesgos para la salud de estos hábitats (Dudgeon *et al.*, 2006; Vörösmarty *et al.*, 2010). Los principales impulsores directos de la degradación y pérdida de humedales ribereños y de otros tipos incluyen el desarrollo de infraestructura, la conversión de tierras, la extracción de agua, la contaminación, la captura excesiva y la sobreexplotación de especies de agua dulce, la introducción de especies exóticas invasoras y el cambio climático global (MEA, 2005; Dudgeon *et al.*, 2006). La Comisión Mundial de Áreas Protegidas (CMAP) describe cómo la biodiversidad de los sistemas de agua dulce está particularmente amenazada porque su conservación depende del mantenimiento de los caudales subterráneos y superficiales, de la gestión de las actividades dentro de la cuenca de captación y de la coordinación de las actividades de múltiples autoridades de gestión (Dudley, 2013).

Algunas secciones posteriores brindan una orientación sobre la gestión de las amenazas a escala del paisaje, mientras que aquí se resume brevemente la gestión de las amenazas contra los ecosistemas de agua dulce dentro de las áreas protegidas (véanse también los Capítulos 16 y 17).

Infraestructura y desviaciones del agua

Las desviaciones de agua y la infraestructura alteran los caudales que son vitales para mantener la biodiversidad de los sistemas de agua dulce. Siempre que sea posible, deben desmantelarse los depósitos de agua redundantes en las áreas protegidas. Existe una serie de manuales para eliminar las represas (Bowman *et al.*, 2002; Lindloff, 2000). Por ejemplo, en los Estados Unidos, dos grandes represas en el río Elwha están en proceso de desmantelamiento para permitir que el salmón recolonice el hábitat dentro del Parque Nacional Olímpico en el Estado de Washington (Howard, 2012) (véase el Capítulo 12).

Cuando se conserva la infraestructura, existen cuatro medidas clave que reducirán, aunque no compensarán del todo, su impacto sobre los ecosistemas de agua dulce (Davies, 2010; Pittock y Hartmann, 2011): restauración del paso de peces alrededor de las represas, provisión para la liberación de caudales ambientales (véase la sección a continuación), construcción de estructuras para la salida de la represa que eliminen la contaminación térmica y la conservación del corredor del río debajo de la presa –por ejemplo, al restaurar la vegetación riparia–. Para evitar la pérdida de peces y otros animales acuáticos, también puede ayudar la detección de conexiones para la desviación de agua (Baumgartner *et al.*, 2009).

Especies invasoras

Las especies exóticas de animales y plantas, una vez introducidas en los cuerpos de agua, son particularmente difíciles de eliminar o controlar. Para prevenir su introducción y controlar aquellas que se presenten es necesario seguir estos pasos:

- Identifique vectores para la introducción de especies (por ejemplo, granjas acuícolas, jardines ornamentales) y busque medidas voluntarias o reglamentarias para prevenir la liberación de plagas.
- Monitoree los ecosistemas de agua dulce para identificar nuevas especies problemáticas, basándose en una recopilación de información sobre las especies plaga en su país o región.
- Elimine poblaciones recientemente observadas de especies que constituyan una amenaza (manejo de incursiones).
- Evite la diseminación de especies plaga (este puede ser un caso en el que se usa una barrera de contención para proteger las poblaciones de especies autóctonas río arriba contra la diseminación de especies exóticas presentes río abajo).
- Instituya medidas de control, cuando esto sea factible (Chatterjee *et al.*, 2008).

Uso recreativo de cuerpos de agua

En la mayoría de las áreas protegidas, los ecosistemas dulceacuícolas son un foco importante de las actividades de los visitantes, lo cual requiere de concesiones mutuas entre el uso de los visitantes y la conservación de la biodiversidad (Hadwen *et al.*, 2012) (véase también el Capítulo 23). Las áreas ribereñas suelen ofrecer un corredor biodiverso de vegetación adaptada a condiciones húmedas que atraviesa regiones más secas, lo cual crea microclimas húmedos y hábitats para muchas especies. La fragmentación y el pisoteo de esta vegetación pueden tener un impacto significativo en los ecosistemas dulceacuícolas. La biota acuática puede verse seriamente afectada por la escorrentía cargada de sedimentos que va de las carreteras y los caminos a los cuerpos de agua; esta reduce los animales que se alimentan por filtración y la visibilidad de las presas, además sofoca los sustratos rocosos que sirven para el desove de los peces y el desarrollo de algunos insectos. El más pequeño de los "saltos" sobre una calzada elevada o una alcantarilla que atraviesa un cuerpo de agua puede ser una barrera para la migración de especies acuáticas como peces e invertebrados.

Las respuestas clave de manejo deben incluir: zonificación del acceso a la tierra, ubicación de las instalaciones para visitantes alejadas de los cuerpos de agua, uso de cercas para alejar a los visitantes de las áreas riparias, creación de pasarelas y puntos de acceso al agua, y regulación del uso de vehículos motorizados (Mosisch y Arthington, 1998; Chatterjee *et al.*, 2008). Las carreteras y los caminos deben ubicarse de tal manera que la escorrentía drene lejos de los cuerpos de agua y hacia la tierra. Los cruces deben construirse como puentes o alcantarillas amplias hundidas en el lecho del arroyo para mantener el paso de la fauna acuática. La regulación de las actividades pesqueras es esencial para conservar la biodiversidad (Ramsar, 2005). Para prevenir la contaminación de las masas de agua, es particularmente importante que se evite la descarga de contaminantes y el tratamiento de aguas residuales. Las instalaciones sanitarias deben ubicarse lejos de los cuerpos de agua.

Derrames de contaminantes

El manejo de áreas protegidas requiere el uso de químicos como combustibles y herbicidas, los cuales podrían tener impactos negativos si se vierten en cuerpos de agua. Siempre que sea posible, los derrames deben evitarse por medio de buenas prácticas de salud y seguridad en el lugar de trabajo, incluida la ubicación de los productos químicos lejos de los cuerpos de agua y el aseguramiento y etiquetado de los productos químicos almacenados. Los contaminantes potenciales deben almacenarse y usarse sobre superficies duras que drenen internamente y puedan contener derrames accidentales. En el sitio deben estar disponibles materiales para absorber cualquier derrame, como heno, aserrín o arena para gatos, además de las herramientas y las bolsas con qué retirarlos para su tratamiento. En la medida de lo posible, los derrames en las vías navegables requieren el aviso urgente a las autoridades aguas abajo para cerrar las tomas de agua y evitar que las personas, la fauna y el ganado consuman el agua contaminada (véase también el Capítulo 26).

Inundaciones, sequías e incendios

Las inundaciones, las sequías y los incendios son procesos naturales en muchos ecosistemas y por lo general las plantas y los animales pueden tolerarlos o recuperarse de ellos. En particular, muchas especies y ecosistemas de agua dulce están adaptados a la variabilidad en los volúmenes de agua y la temporalidad de los caudales, y requieren de esta variabilidad para prosperar, de modo que los cuerpos de agua regulados no deben manejarse con caudales no naturales, permanentes o estables (Postel y Richter, 2003). Algunos ecosistemas de agua dulce están adaptados a los incendios, como los bosques de las llanuras de inundación en el sur de Australia, mientras que otros son destruidos por estos y deben ser protegidos –por ejemplo, los bosques palustres de turba en Borneo–. Con frecuencia, los bosques riparios son naturalmente resistentes al fuego, incluso entre otros tipos de vegetación inflamable. Las prácticas tradicionales de los poblaciones locales e indígenas de las quemas controladas en parches alrededor de estos ecosistemas pueden protegerlos de los incendios forestales más intensos.

Esta breve sección sobre las amenazas no puede detallar todas las medidas de mitigación. Una fuente de información particularmente concisa sobre cómo evitar o mitigar estas amenazas dentro de la gestión de humedales en áreas protegidas es *Planeación del manejo de humedales: una guía para los administradores de sitios* (*Wetland Management Planning: A guide for site managers*, Chatterjee *et al.*, 2008). Las resoluciones y directrices de la Convención de Ramsar y los Manuales de Ramsar para el Uso Racional de los Humedales (Ramsar, 2011) ofrecen excelentes consejos sobre buenas prácticas internacionales para casi cualquier desafío en la gestión de los humedales. Es importante un enfoque de gestión adaptativa para facilitar la participación y el empoderamiento de las partes interesadas y de los titulares de los derechos, el aprendizaje incluyente e iterativo, y la acción decidida en medio de las complejidades inherentes (Kingsford *et al.*, 2011).

Pasamos ahora a la conservación de las especies de agua dulce y las opciones de diseño de las áreas protegidas que implican la mitigación de amenazas y la maximización de la protección de la biodiversidad.

Conservación de las especies de agua dulce

Las especies de agua dulce incluyen "especies acuáticas reales" cuyo ciclo de vida se lleva a cabo total o parcialmente en o sobre el agua, y especies "semiacuáticas", que muestran una dependencia estrecha y específica de los hábitats acuáticos (por ejemplo, para la alimentación o el hábitat). La primera evaluación global de la diversidad de animales de agua dulce (Balian *et al.*, 2008) encontró que había 126.000 especies animales de agua dulce, que representan aproximadamente el 9,5% de todas las especies conocidas.

Dentro de las áreas protegidas, la inversión eficiente de los recursos en la protección de las especies de agua dulce requiere encontrar el equilibrio adecuado entre las acciones dirigidas al nivel de ecosistemas y paisajes, y las que se enfocan en especies individuales. Las acciones a escala del paisaje que responden a las principales amenazas contra los ecosistemas de agua dulce pueden ser eficaces para proteger una gran proporción de las especies de agua dulce (por ejemplo, el control de la erosión). No obstante, muchas amenazas significativas contra las poblaciones de especies de agua dulce no se ven reflejadas en la condición de las cuencas de captación de aguas superficiales –por ejemplo, las barreras artificiales aguas abajo–. Por consiguiente, es frecuente que exista la necesidad de emprender acciones cuidadosamente planeadas para proteger las poblaciones de estas especies. Esto es particularmente importante cuando el cambio climático puede llevar a una rápida expansión de las especies invasoras de agua dulce, lo que resulta en una disminución de las poblaciones de especies nativas (Rahel *et al.,* 2008).

Uno de los primeros pasos en el desarrollo de planes de acción para la gestión de especies de agua dulce en áreas protegidas es acceder a datos relevantes, que a menudo se encuentran dispersos entre diferentes custodios (por ejemplo, agencias de pesca e investigadores en las universidades). La Infraestructura Mundial de Información sobre Biodiversidad (GBIF, 2014) y el portal de datos BioFresh (BioFresh, 2013) son dos fuentes importantes de datos sobre especies de agua dulce. Cada vez ganan más importancia las observaciones de especies realizadas por voluntarios (científicos ciudadanos), cuyos archivos se suben a bases de datos con el uso de aplicaciones para teléfonos móviles, como Global Freshwater Fish BioBlitz (FFSG, 2013). También hay una gran cantidad de evaluaciones nacionales, regionales y continentales –por ejemplo, para África– (Darwall *et al.,* 2011).

Entonces se necesita una priorización de especies e intervenciones. Los factores importantes a considerar en este proceso incluyen: el estatus en la Lista Roja de la Unión Internacional para la Conservación de la Naturaleza (IUCN, 2003), la legislación local sobre especies amenazadas, el interés de la comunidad, las especies utilizadas para establecer objetivos regionales para la conservación de sistemas de agua dulce (por ejemplo, Khoury *et al.,* 2011), y las especies que son esenciales como fuente de alimento o hábitat para las especies amenazadas. Cuando sean limitados los datos de presencia para una especie de interés, pueden usarse modelos de distribución de especies (Pearson, 2007). Estos modelos también pueden evaluar la distribución de especies invasoras, y los resultados pueden utilizarse para desarrollar planes regionales para la conservación de sistemas de agua dulce (por ejemplo, Esselman y Allan, 2011). Un buen diseño del área protegida es vital para la conservación de especies amenazadas y la biodiversidad.

Diseño de áreas protegidas de agua dulce

Tradicionalmente, la planeación para la conservación de sistemas de agua dulce ha quedado rezagada respecto de la planeación sistemática y cuantitativa para los dominios terrestres y marinos, principalmente debido a las complejidades espaciales y temporales características de los sistemas de agua dulce. Por fortuna, en los últimos años los estudios de conservación han brindado los métodos para planear mejor los sistemas de agua dulce (Collier, 2011).

Para ser eficaces, las áreas protegidas deben considerar algunas peculiaridades de los ecosistemas de agua dulce. La conectividad espacio-temporal juega un papel clave en el mantenimiento de procesos ecológicos importantes (Ward, 1989), como la dispersión, el flujo genético o el transporte de materia y energía que son esenciales para la permanencia de poblaciones y especies. Existen ejemplos de cómo incorporar de manera eficaz todas las dimensiones de la conectividad –longitudinal (Hermoso *et al.,* 2011), lateral (Hermoso *et al.,* 2012a), vertical (Nel *et al.,* 2011) y temporal (Hermoso *et al.,* 2012b)– dentro de marcos sistemáticos para la planeación de la conservación, lo cual ayuda a diseñar áreas protegidas que sean ecológicamente funcionales desde el punto de vista del agua dulce. También se han visto avances en la integración de las amenazas y los procesos de degradación en la planeación de la conservación, de tal manera que se evite la asignación de esfuerzos de conservación en áreas donde la existencia de amenazas o su propagación pueda comprometer la persistencia de la biodiversidad (por ejemplo, Moilanen *et al.,* 2011; Linke *et al.,* 2012).

La planeación para lograr la persistencia de la biodiversidad al mantener la resiliencia ecológica requiere considerar los factores políticos y socioeconómicos que influyen en los sistemas acuáticos. Los aspectos sociales (Knight *et al.,* 2011) y políticos (Faleiro y Loyola, 2013) de la conservación desempeñan un papel importante en el éxito o el fracaso de un plan. Este fenómeno está ampliamente documentado, y en la ciencia fluvial se aborda en iniciativas intergubernamentales a escala nacional (Pittock y Finlayson, 2011) e internacional (Haefner, 2013).

La clave final para la conservación eficaz de los sistemas de agua dulce es incorporar esquemas de protección en un contexto ambiental más amplio –idealmente a escala de toda la cuenca de captación–. Abell *et al.* (2007) identificaron este problema como un punto crítico

Estudio de caso 19.1 Pantanal, Sudamérica

TEl Pantanal es un gran delta interno, y con ciento sesenta mil kilómetros cuadrados, es uno de los humedales más grandes del mundo. Este se divide entre Brasil, Bolivia y Paraguay (Figura 19.2). Un régimen de inundación anual ha generado un mosaico dinámico entre hábitats terrestres permanentes y hábitats acuáticos permanentes (Nunes da Cunha y Junk, 2011). El Pantanal alberga una industria pastoril tradicional y puede considerarse un paisaje cultural gestionado con un alto valor estético y una gran diversidad de especies y hábitats (Junk *et al.*, 2006). Solo el 5% del Pantanal brasileño está totalmente protegido en sitios Ramsar y otros tipos de áreas protegidas.

Las plantas de energía hidroeléctrica han comenzado a modificar los regímenes de inundación. La ocupación de la cuenca de captación por las grandes agroindustrias ha llevado a un aumento de la erosión del suelo y de la carga de sedimentos. Los desarrollos agrícolas están invadiendo el Pantanal y han llevado a reconsiderar la canalización "hidrovía" del río Paraguay. El estudio de caso del Pantanal destaca la necesidad de definir mejor los límites del humedal y proteger los hábitats clave, colaborar con las comunidades locales para obtener medios de subsistencia favorables a los humedales y mantener regímenes de inundación casi naturales mediante el control de las liberaciones de agua de las represas (Junk y Nunes da Cunha, 2012).

Figura 19.2 Humedales del Pantanal, Sudamérica
Fuente: Servicio de Parques Nacionales de Estados Unidos

para el éxito de la conservación de los sistemas de agua dulce; asimismo, los autores pidieron múltiples niveles para la protección de los sistemas de agua dulce –desde áreas protegidas estrictas hasta zonas para el manejo de cuencas de captación–. La reserva por parches de los humedales del Pantanal en Sudamérica (Estudio de caso 19.1) resalta estos problemas.

Consideraciones únicas

¿Qué es diferente en comparación con los sistemas terrestres?

Una pregunta obvia para los administradores de áreas protegidas terrestres es ¿por qué tengo que hacer algo diferente para conservar la biodiversidad de los sistemas de agua dulce? Las diferencias están bien detalladas en las Directrices para la Aplicación de las Categorías de Gestión de las Áreas Protegidas (Dudley, 2013) y se pueden resumir de la siguiente manera.

- Regímenes del caudal: el agua es fundamental para mantener la biodiversidad de los sistemas de agua dulce, incluidos el volumen, el momento y la calidad de los caudales de agua superficial, así como la dinámica de las aguas superficiales y subterráneas.
- Conectividad longitudinal y lateral: es esencial la protección de los caudales a lo largo de los ríos y de los canales hacia las llanuras de inundación. Esto implica prevenir o eliminar las barreras físicas y químicas artificiales, y proporcionar instalaciones de derivación para la vida silvestre acuática.
- Interacciones entre aguas subterráneas y superficiales: es necesaria la protección de los caudales de aguas subterráneas, ya que la mayoría de las aguas superficiales dependen en cierta medida o en algún momento de los acuíferos (el nivel freático).
- Relación con el paisaje más amplio: los sistemas de humedales en un área protegida no suelen estar "aislados" de los impactos que surgen en el paisaje terrestre más amplio, y normalmente requerirán una gestión integral de las amenazas a escala de la cuenca de captación.
- Múltiples autoridades de gestión: por lo general, diferentes agencias gubernamentales tienen responsabilidades superpuestas y a menudo contradictorias con respecto a la gestión de los sistemas de agua dulce. La conservación se complica por la necesidad de coordinar las actividades de gestión entre las agencias gubernamentales con diversos mandatos.

Las próximas secciones sugieren algunas maneras de manejar estas diferencias. A continuación, antes de considerar la conservación de tipos específicos de ecosistemas de humedal, se describen los tipos únicos de áreas

Estudio de caso 19.2 Reserva del río Cosumnes, EE.UU.

La "prehumectación" del lecho del río ayuda a la conservación de los peces en la Reserva del río Cosumnes, EE.UU.

Fuente: Carson Jeffres

Los recursos hídricos en el Valle Central de California se han destinado al agua potable y al riego de la agricultura. El desarrollo agrícola ha visto una reducción de los humedales a menos del 6% de los 1,8 millones de hectáreas originales (Whipple, 2012). La Reserva del río Cosumnes conserva remanentes clave en veinte mil hectáreas de llanuras de inundación y ecosistemas fluviales gestionados que se distribuyen en más de ciento cincuenta kilómetros cuadrados, y se administra a través de una asociación formal (Figura 19.3; Kleinschmidt Associates, 2008). The Nature Conservancy y la Oficina Federal de Gestión de Suelos son los principales propietarios de las tierras, con otras contribuciones de seis agencias gubernamentales federales, estatales y locales, una organización no gubernamental (ONG) y tierras privadas con derechos de servidumbre para la conservación. Los memorandos entre estas entidades fomentan la protección de la naturaleza y el uso sostenible de algunas tierras, particularmente porque algunas prácticas, como la producción de forraje y arroz, crean un hábitat estacional para especies focales de aves (Kleinschmidt Associates, 2008). Esta forma de gestión es comparable a la Categoría VI de la UICN. Este ejemplo ilustra cómo un área protegida de agua dulce puede comprender muchas formas de tenencia de tierra, propietarios y acuerdos legales.

El principal desafío de la gestión es contrarrestar la extracción de agua subterránea para satisfacer las demandas municipales y agrícolas, ya que el río Cosumnes y el mosaico adyacente de humedales (ecosistemas dependientes de aguas subterráneas del tipo II, véanse las secciones más adelante) ahora están desconectados del nivel freático y se secan estacionalmente. "Prehumedecer" el canal del río con agua manejada antes de la precipitación invernal podría maximizar los beneficios de los caudales naturales para la biodiversidad (Fleckenstein *et al.*, 2004). Otras formas de gestión adaptativa incluyen la ruptura de diques y canales para reconectar antiguas tierras de cultivo con las crecidas y promover la cría de juveniles de especies de peces, como en el caso del salmón Chinook (*Oncorhynchus tshawytscha*) (Jeffres *et al.*, 2008).

Figura 19.3 Reserva del río Cosumnes, Estados Unidos de América

Fuente: modificado de Josh Viers

protegidas de agua dulce y los conflictos entre la conservación terrestre y de agua dulce.

Tipos de áreas protegidas de agua dulce

Las características únicas de los ecosistemas de agua dulce hacen que algunas veces se presenten confusiones respecto a lo que constituye un área protegida de agua dulce y el reconocimiento insuficiente de algunos tipos únicos de áreas protegidas. La UICN declara que "un área protegida es un espacio geográfico claramente definido, reconocido, dedicado y gestionado, mediante medios legales u otros tipos de medios eficaces para conseguir la conservación a largo plazo de la naturaleza y de sus servicios ecosistémicos y sus valores culturales asociados" (Dudley, 2013, p. 8).

Las áreas gestionadas para la conservación de la biodiversidad en sistemas de agua dulce son áreas protegidas, incluso si se presentan en una variedad de tenencias de la tierra o son administradas sin legislación específica o por administradores no gubernamentales, siempre y cuando sean "eficaces". En este contexto, los sitios designados bajo la Convención de Ramsar son áreas protegidas, incluso si no están reconocidas en la legislación nacional (véase la sección a continuación sobre Ramsar). Del mismo modo, los "Ríos de Patrimonio" de Canadá son áreas protegidas. También son áreas protegidas las áreas de agua dulce conservadas por las leyes tradicionales de los pueblos indígenas y las zonas de humedales de las Áreas Protegidas Indígenas (API) no legisladas en Australia. Otro ejemplo son las reservas bajo la legislación pesquera. La reserva del río Cosumnes en los Estados Unidos (Estudio de caso 19.2) es un ejemplo de un área protegida de agua dulce que implica una gestión coordinada de diferentes organizaciones entre las tenencias. La consulta de las Directrices para la Aplicación de las Categorías de Gestión de las Áreas Protegidas ayudará a que los administradores puedan asignar las áreas de agua dulce a las categorías correspondientes para fines de los inventarios de áreas protegidas (Dudley, 2013).

Conflictos entre la conservación de los sistemas terrestres y de agua dulce

Por desgracia, muchas áreas protegidas terrestres se crean como mecanismo de compensación por el daño a los ecosistemas de agua dulce, y muchas medidas de conservación otrora positivas tienen impactos perversos sobre la biota y los ecosistemas acuáticos. A menudo, el establecimiento de áreas protegidas está relacionado con el desarrollo de represas hidroeléctricas o para el suministro de agua. Por ejemplo, el establecimiento del Parque Nacional Kosciuszko en Australia tenía como objetivo reducir la erosión en las cuencas de captación del Sistema Hidroeléctrico de Snowy Mountains, el cual se construyó dentro del parque entre 1949 y 1974. Fue solo en 2002 que se llegó a un acuerdo para restablecer los caudales ambientales mínimos hacia estos ríos degradados (Miller, 2005). Más recientemente, en las cuencas montañosas de los países en desarrollo se han establecido áreas protegidas como compensación por los impactos del desarrollo hidroeléctrico. El proyecto de energía hidroeléctrica Nam Theun II en Laos es un ejemplo de gestión mejorada de las áreas forestales protegidas, el cual se acordó para compensar la degradación de los ecosistemas fluviales de importancia internacional (Porter y Shivakumar, 2010).

Conservación de cabeceras y ríos de tierras bajas: Parque Nacional Richtersveld, Sudáfrica

Fuente: Conservación Internacional/Haroldo Castro

En muchos lugares, los generadores de energía hidroeléctrica o los consumidores de agua pagan tarifas por la conservación de las cuencas hidrográficas de las represas, incluidas las áreas protegidas (Postel y Thompson, 2005). Si bien el pago por los servicios de cuencas hidrográficas puede beneficiar la conservación terrestre y la conservación de las cabeceras de los ríos, rara vez se reconoce el grave daño ambiental causado por las represas, que son la fuente de los ingresos. A menudo, la riqueza y la abundancia de especies acuáticas son menores en las áreas protegidas de las tierras altas (Chessman, 2013). En los ecosistemas de agua dulce, los grandes ríos de la mitad del gradiente y de las tierras bajas suelen ser los que tienen la mayor diversidad de especies acuáticas y brindan corredores vitales para los animales migratorios. Por lo general, estas son las partes de los ríos destinadas al desarrollo de la infraestructura hídrica (Sheldon, 1988; Tockner *et al.*, 2008).

El desmantelamiento de la represa restablece la conectividad fluvial y el paso de peces, Represa Veazie, río Penobscot, EE.UU.

Fuente: Joshua Royte, The Nature Conservancy

Bajo estas circunstancias, los administradores tienen la obligación de garantizar que los recursos proporcionados por los desarrolladores de la infraestructura hídrica contribuyan a la conservación de la biodiversidad de los sistemas de agua dulce, tanto aguas abajo como aguas arriba de las represas. Hay cuatro intervenciones clave, a saber: restauración del paso de los peces alrededor de las presas, provisión para liberación de caudales ambientales, construcción de estructuras de salida de las represas que puedan eliminar la contaminación térmica aguas abajo y la conservación del corredor fluvial debajo de la presa, por ejemplo, al restaurar la vegetación riparia (Davies, 2010; Pittock y Hartmann, 2011). Estas medidas reducirán, aunque nunca compensarán del todo, el impacto de la infraestructura hídrica sobre los ecosistemas de agua dulce. Por lo tanto, los administradores deben resistirse a la construcción de infraestructuras hídricas que afecten las áreas protegidas. En una era de creciente escasez del agua, es probable que surjan más propuestas para explotar los recursos hídricos dentro de las reservas naturales y es importante hacer resistencia contra ellas, pero si logran imponerse, las medidas de mitigación descritas anteriormente deberían ser obligatorias.

Muchos administradores de áreas protegidas han instalado represas, ya sea para el suministro de agua para el personal y los visitantes o para mejorar la observación de la vida silvestre. El establecimiento de puntos de hidratación para la vida silvestre es una noción equivocada que solo debe considerarse en circunstancias excepcionales, como en el caso de un plan de recuperación de especies amenazadas específicas. Para reducir los impactos ecológicos de la infraestructura para el suministro de agua, el acceso a esta debe ser a partir de aguas subterráneas, tanques de almacenamiento fuera del río o pequeñas represas. Incluso las pequeñas represas en las corrientes pueden bloquear el paso de la vida silvestre acuática. La concentración del pastoreo de herbívoros genera impactos negativos en los ecosistemas terrestres y riparios. En general, deben retirarse las represas para la vida silvestre y otros almacenamientos de agua redundantes en áreas protegidas, tal como ocurre en el Parque Nacional Kruger (Brits *et al.*, 2002).

Cada vez surgen nuevos tipos de impactos nefastos, a menudo asociados con medidas para la mitigación del cambio climático que consumen una gran cantidad de agua (Pittock *et al.*, 2013). Un ejemplo es la plantación de árboles para capturar carbono –un enfoque respaldado por muchos administradores ambientales como una forma de financiar la restauración de la biodiversidad–. Sin embargo, de manera inevitable, la plantación de bosques aumenta la evapotranspiración y reduce los aportes a los ecosistemas de agua dulce (Jackson *et al.*, 2005; van Dijk y Keenan, 2007). Una proyección para el sobreasignado río Macquarie en Australia sugirió que la reforestación del 10% de la cuenca de captación superior reduciría en un 17% los caudales de los ríos hacia la Reserva Natural de las Marismas del Macquarie, que es un sitio Ramsar (Herron *et al.*, 2002). Existen formas de reconciliar estos conflictos –por ejemplo, al exigir la adquisición de derechos del

Estudio de caso 19.3 Ríos del Parque Nacional Kruger, Sudáfrica

Los cinco ríos principales que atraviesan el Parque Nacional Kruger (Kruger National Park, KNP) (Categoría II de la IUCN) son cruciales para la conservación de su biodiversidad (Figura 19.4). La mayoría de los ríos se originan o fluyen a través de áreas altamente desarrolladas, urbanizadas, industrializadas, mineras o agrícolas, lo que hace que el parque sea particularmente vulnerable a los impactos río arriba. En respuesta al deterioro de la cantidad y la calidad de muchos de estos ríos, los Parques Nacionales de Sudáfrica (SANParks) iniciaron el Programa de Investigación de los Ríos del KNP, el cual es multi-institucional (véase Biggs y Rogers, 2003). SANParks considera que el KNP está incrustado en un sistema socioecológico más amplio (la cuenca de captación) que necesita gestionarse de manera adaptativa y colaborativa con las comunidades circundantes. Este enfoque se ha fortalecido gracias a una serie de iniciativas, especialmente el trabajo de la Asociación para el Agua y el Desarrollo Rural (Association for Water and Rural Development), una ONG de investigación, y la Agencia para la Gestión de la Cuenca del Inkomati (Pollard y du Toit, 2011).

La presión del desarrollo provoca una disminución en la condición de casi todos los ríos del KNP, incluido el incumplimiento de los caudales ambientales definidos por la ley para la calidad y cantidad del agua.
No obstante, la defensa por parte de redes de actores competentes, junto con el monitoreo continuo y las respuestas adaptativas, significan que es probable que los ríos estén en una mejor forma de lo que estarían bajo otras circunstancias (Pollard y du Toit, 2011).
Además, una esperanza surge de la creciente movilización de la opinión, el esfuerzo y la acción concertada por parte de las agencias para la gestión de las cuencas.
El trabajo de SANParks destaca el importante papel que desempeñan los administradores de los parques como guardianes en el contexto de la gobernanza del agua y las cuencas en múltiples escalas (Pollard y du Toit, 2011).

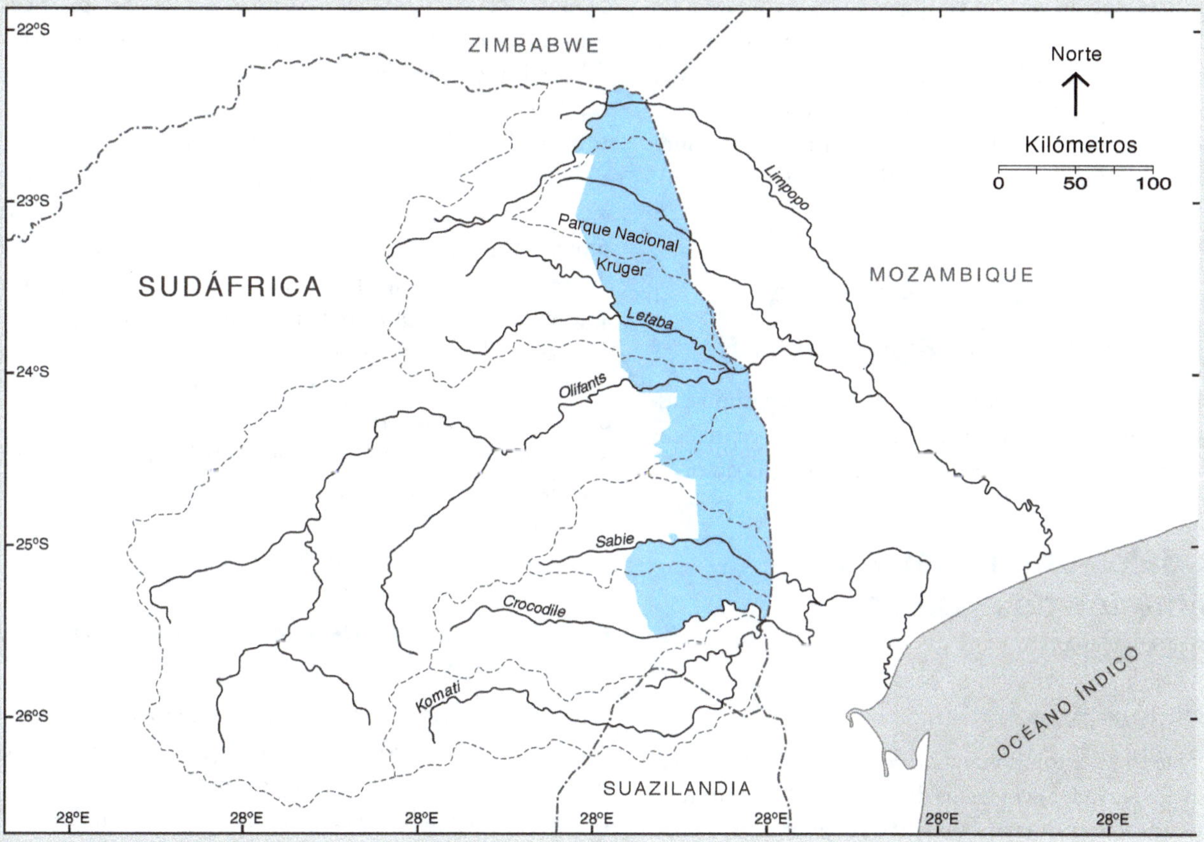

Figura 19.4 Parque Nacional Kruger, Sudáfrica
Fuente: © Clive Hilliker, Universidad Nacional de Australia

agua para el medio ambiente con el fin de compensar la mayor evapotranspiración de los árboles o restaurar la vegetación en áreas que contribuyen con menos agua a los ríos (Pittock *et al.*, 2013)–. Puede haber compensaciones aceptables –por ejemplo, los múltiples beneficios que tiene la restauración de los bosques riparios para la conservación de los ecosistemas de agua dulce pueden compensar el consumo de agua–.

Fronteras problemáticas: gestión de sistemas de agua dulce divididos

Una gran parte de las áreas protegidas terrestres del mundo tiene fronteras definidas que están relacionadas con los ríos. Obviamente, las amenazas contra la biodiversidad de los sistemas de agua dulce son mayores cuando parte de la cuenca hidrográfica se encuentra fuera de los límites de un área protegida. Entre las posibles amenazas se encuentran: contaminantes diluidos y sedimentos erosionados que llegan a los cuerpos de agua, vertimientos de contaminantes a partir de fuentes puntuales, extracción de agua, introducción de especies exóticas, extracción de plantas y animales acuáticos, minería en lechos y márgenes de los ríos, y tala de bosques riparios. En cierto sentido, tener un río como frontera es solo una expresión de no tener toda la cuenca hidrográfica dentro de un área protegida; sin embargo, cuando el límite es un río sinuoso, dicho límite suele ser más extenso, lo que expone a los ecosistemas de agua dulce a amenazas dispersas contra la conservación y hace que las respuestas de gestión sean más difíciles..

Entonces, ¿cómo deberían los administradores de áreas protegidas mejorar la conservación en los casos donde el río es el límite? Uno de los principales enfoques es que en los acuerdos de gestión cooperativa se involucre a las partes interesadas y a los titulares de derechos de afuera del área protegida. Algunas de estas oportunidades se detallan en la siguiente sección sobre gestión del paisaje. Los administradores del Parque Nacional Kruger en Sudáfrica han aplicado estos enfoques (Estudio de caso 19.3).

Gestión de ecosistemas particulares de agua dulce

En esta sección, antes de revisar las opciones de gestión a escala de paisaje, consideramos los requerimientos específicos para la gestión de ecosistemas particulares de agua dulce.

Caudales ambientales y regímenes de agua de los humedales

Caudales ambientales

Para mantener la biodiversidad de los sistemas de agua dulce y los servicios ecológicos dentro de las áreas protegidas, los administradores de reservas de conservación deben tratar de garantizar la protección de los regímenes hídricos naturales de lagos, humedales y ríos contra el uso excesivo, la desviación y los embalses. La gestión del agua dulce se ha integrado al ámbito más amplio de la sostenibilidad ecológica mediante la provisión de los caudales ambientales, que se definen como "la cantidad, el tiempo y la calidad de los caudales necesarios para mantener los ecosistemas estuarinos y de agua dulce, así como los medios de subsistencia y el bienestar humano de quienes dependen de estos ecosistemas" (Brisbane Declaration, 2007).

Ahora se reconoce ampliamente que se requiere un régimen hídrico dinámico y variable para mantener la fenología de las especies (la estacionalidad de los eventos en el ciclo de vida), la biodiversidad nativa y los procesos ecológicos característicos de cada ecosistema de ríos y humedales. El régimen natural de los caudales y los diversos principios hidroecológicos (por ejemplo, Bunn y Arthington, 2002) sustancian la influencia de la estacionalidad, la variabilidad y el volumen del caudal sobre la biodiversidad acuática, el reclutamiento poblacional y la productividad del ecosistema. Estos principios hidroecológicos son la base para la evaluación de los requerimientos del caudal ambiental de plantas y animales acuáticos.

El desafío más importante para los administradores cuyas áreas protegidas reciben agua de cuencas de captación río arriba que no son reservas es involucrar a los administradores y usuarios del agua para acordar un proceso que evalúe y decida sobre los caudales ambientales. Existen más de doscientos cincuenta modelos, marcos y métodos prácticos para vincular los volúmenes de agua y los patrones del caudal con la biodiversidad y los procesos ecológicos (Dyson *et al.*, 2003; Tharme, 2003). Si bien la evaluación del caudal ambiental puede parecer compleja, incluso desalentadora, en la Tabla 19.2 se presenta una guía sencilla de las opciones técnicas disponibles para que los administradores de áreas protegidas puedan evaluar lo que se requiere. Estos métodos se enfocan principalmente en los ríos; sin embargo, son aplicables en concepto y práctica a los cuerpos de agua que, a pesar de fluir en raras ocasiones, presenten patrones naturales estacionales y espaciales de fluctuación en el nivel del agua, humedecimiento y secado, y conexiones con aguas subterráneas. Los estuarios también necesitan recibir caudales de agua dulce (véase la sección a continuación). En Arthington (2012) pueden encontrarse métodos y aplicaciones para todos los tipos de ecosistemas acuáticos.

Establecimiento de límites a la alteración hidrológica

A pesar de los enormes avances en los métodos, establecer un límite a la alteración hidrológica sigue siendo el aspecto más desafiante en la ciencia de los caudales ambientales y la gestión sustentable del agua. Los métodos simples establecen este límite como un porcentaje del caudal natural o definen la descarga del río que mantiene el hábitat de los peces y la conectividad a través de la red de canales. En los marcos holísticos "Respuesta río abajo ante la transformación impuesta al caudal" (*Downstream Response to Imposed Flow Transformations*, DRIFT) y "Límites ecológicos de las alteraciones hidrológicas" (*Ecological Limits of Hydrologic Alteration*, ELOHA) (Tabla 19.2), así como en varios protocolos de restauración (por ejemplo, Richter *et al.*, 2006), los científicos, las partes interesadas, los propietarios de derechos y los administradores entran a considerar un conjunto de relaciones entre las alteraciones del caudal y la respuesta ecológica para cada sistema en estudio. Un concepto importante es la idea de un umbral más allá del cual es probable que se produzcan cambios ecológicos inaceptables. Cuendo existan umbrales de respuesta evidentes (por ejemplo, desbordamientos necesarios para sustentar la vegetación riparia o para permitir el acceso de los peces a remansos y hábitats de llanuras de inundación), un caudal ambiental de "bajo riesgo" sería uno que no cruce el umbral de alteración hidrológica para los desbordamientos. En el caso de una respuesta lineal en el que no exista un umbral evidente que delimite el riesgo bajo o alto, será necesario un proceso de consenso con las partes interesadas a fin de determinar el "riesgo aceptable" para un activo ecológico valioso, como la pesca estuarina dependiente de los caudales de agua dulce (Loneragan y Bunn, 1999). Es importante diferenciar entre la evaluación científica de los límites ecológicos de la alteración hidrológica y el proceso social de decidir finalmente el caudal recomendado (Arthington, 2012).

Tabla 19.2 Métodos de caudal ambiental: comparación de los cuatro tipos principales de métodos utilizados en todo el mundo para estimar los caudales ambientales = asignaciones de agua para el medio ambiente (*Environmental Water Allocations*, EWA)

Tipo	Componentes del ecosistema fluvial	Requerimientos de datos e intensidad de recursos (tiempo, costo y capacidad técnica)	Resolución de salida (EWA)	Niveles apropiados de aplicación
Hidrológico	Componentes del ecosistema completo, no específicos o del ecosistema, como los peces (Tennant, 1976)	Bajo Principalmente de escritorio Uso de registros históricos del caudal naturalizado/virgen Cierto uso de datos datos ecológicos históricos	Baja Expresada como el porcentaje del caudal mensual o anual (mediana o media), o como límites al cambio en los parámetros del caudal vital, por ejemplo, el enfoque del rango de variabilidad (Richter *et al.*, 1996, 2006)	Nivel de reconocimiento de los desarrollos de recursos hídricos, o como una herramienta dentro de la simulación del hábitat o metodologías holísticas (ecosistema) **Usado ampliamente**
Calificación hidráulica	Hábitat del curso para la biota objetivo	Bajo-medio Escritorio, campo limitado Registros históricos del caudal Descarga relacionada con variables hidráulicas, típicamente sección representativa de un solo río	Media-baja Variables hidráulicas (por ejemplo, perímetro humedecido) utilizadas como sustituto de las necesidades de caudal de los hábitats de especies o ensamblajes objetivo	Desarrollos de recursos hídricos en los que se requiere poca negociación, o como una herramienta dentro de la simulación del hábitat o las metodologías ecosistémicas **Usado ampliamente**
Simulación del hábitat	Principalmente el hábitat del curso para la biota objetivo Algunos consideran la forma del canal, el transporte de sedimentos, la calidad del agua, la vegetación riparia, la vida silvestre, el esparcimiento y la estética, por ejemplo, el sistema de modelado computacional para la simulación del hábitat físico (*Physical Habitat Simulation*, PHABSIM) desarrollado por el Servicio de Pesca y Vida Silvestre de EE.UU. (Bovee, 1982)	Medio-alto Escritorio y campo Registros históricos del caudal Se modelan muchas variables hidráulicas en el rango de descarga en múltiples secciones representativas del caudal Datos de preferencia o idoneidad del hábitat físico necesarios para las especies objetivo	Media-alta Salida en forma de área utilizable ponderada de hábitat para las especies objetivo (peces, invertebrados, plantas) Puede involucrar series temporales de disponibilidad del habitat	Desarrollos de recursos hídricos, a menudo a gran escala, que involucran ríos de alta importancia estratégica, a menudo con concesiones mutuas negociadas y complejas entre los usuarios, o como método dentro de enfoques holísticos (ecosistema) **Utilizado principalmente en países desarrollados**

Tipo	Componentes del ecosistema fluvial	Requerimientos de datos e intensidad de recursos (tiempo, costo y capacidad técnica)	Resolución de salida (EWA)	Niveles apropiados de aplicación
Marcos holísticos (ecosistema)	Ecosistema completo, todos o varios componentes ecológicos La mayoría considera los componentes riparios y en el curso, algunos también consideran: aguas subterráneas, humedales, llanuras de inundación, estuarios y aguas costeras Puede evaluar la dependencia social y económica de las especies/ ecosistemas (por ejemplo, la respuesta río abajo ante la transformación impuesta al caudal (DRIFT); King *et al.*, 2003)	Medio-alto Escritorio y campo Utiliza registros históricos del caudal naturalizado/ virgen o registros de precipitaciones en comparación con los registros medidos actuales Muchas variables hidráulicas, múltiples secciones representativas Datos biológicos sobre el caudal y los requerimientos relacionados con el hábitat de la biota y algunos/todos los componentes ecológicos	Media-alta Los métodos avanzados de pesca utilizan datos sobre el movimiento y la migración, desove, requerimientos de larvas/juveniles, tolerancias a la calidad del agua; especies exóticas incluidas (por ejemplo, la respuesta río abajo ante la transformación impuesta al caudal (DRIFT); Arthington *et al.*, 2003) Límites ecológicos de las alteraciones hidrológicas (ELOHA) cuantifican las "normas" del caudal ecológico para ríos de tipo hidrológico contrastante a una escala regional definida por el usuario (Poff *et al.*, 2010)	Desarrollos de recursos hídricos, típicamente a gran escala, que involucran ríos de alta conservación o importancia estratégica, o con complejas concesiones mutuas entre los usuarios Con frecuencia se utilizan enfoques más simples (por ejemplo, paneles de expertos) cuando el conocimiento de la ecología del caudal es limitado, o existen concesiones mutuas limitadas entre los usuarios, o limitaciones de tiempo **Utilizado en países desarrollados y en vías de desarrollo**

Fuente: adaptado de Tharme, 2003. Para ejemplos, véase Arthington, 2012

Adaptación al cambio climático

En muchas áreas del mundo, los regímenes ambientales naturales que rigen los ecosistemas acuáticos, especialmente los regímenes hídricos, fueron remplazados por regímenes alterados bajo una creciente presión humana por el agua dulce y en respuesta a los climas cambiantes. En este momento, la combinación del cambio climático y la regulación del caudal impulsa ecosistemas estructuralmente incipientes que pueden requerir nuevos conceptos y una variedad de enfoques para la gestión del agua con el fin de hacer frente a escenarios cada vez más inciertos (Palmer *et al.*, 2008). Una de las mejores opciones para estar preparados es a través de investigaciones que identifiquen las características del régimen del caudal y las respuestas ecológicas asociadas a la variabilidad. El estudio de las respuestas ecológicas a lo largo de los gradientes contemporáneos de la variabilidad del caudal (zonas tropicales húmedas a secas, zonas costeras a zonas áridas) puede brindar análogos para los cambios climáticos futuros (Arthington *et al.*, 2006). No obstante, la manera más segura de avanzar en la comprensión de los roles ecológicos del caudal y mejorar el uso del agua para el beneficio humano y del ecosistema es a través de un monitoreo bien diseñado de los resultados ecológicos a lo largo del tiempo (Arthington *et al.*, 2010; Davies *et al.*, 2014)

Los administradores de la conservación pueden asumir el liderazgo en la aplicación de conceptos y métodos del caudal ambiental a las diversas áreas protegidas que administran. Los pasos clave que son comunes a los diferentes métodos del caudal ambiental descritos anteriormente incluyen:

- Consultar a las partes interesadas y a los titulares de derechos para identificar los diferentes elementos medioambientales relacionados con el caudal que se valoran; así por ejemplo las migraciones de peces.
- Identificar umbrales para la calidad del agua, el volumen y la periodicidad de los caudales necesarios para mantener esos valores; por ejemplo, el agua necesaria para que las aves acuáticas se reproduzcan con éxito en un humedal.
- Considerar la variabilidad del caudal natural de sus ríos y humedales, y tratar de imitar las características importantes tanto como sea posible; por ejemplo, con descargas de agua de las represas.

Caudal ambiental desde la Represa Alamo hacia el río Bill Williams, EE.UU. Un sitio de demostración del Proyecto de Ríos Sostenibles del Cuerpo de Ingenieros del Ejército de EE.UU. y The Nature Conservancy

Fuente: Cuerpo de Ingenieros del Ejército de EE.UU.

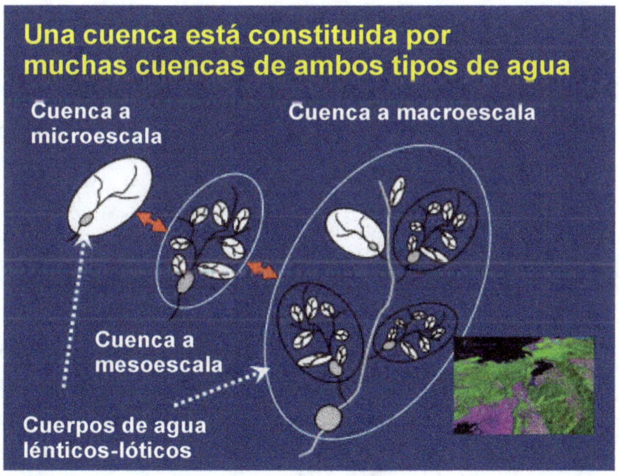

Figura 19.5 Vínculos entre cuencas hidrográficas a diferentes escalas y de diferentes tipos

Fuente: Nakamura y Rast, 2011

- Negociar acuerdos con las agencias encargadas del manejo del agua, otras partes interesadas y titulares de derechos, incluidos los departamentos del agua y las empresas de servicios públicos, con el fin de generar caudales ambientales.
- Monitorear el impacto, evaluar y ajustar los caudales ambientales para lograr los objetivos ambientales y sociales deseados.

Los caudales ambientales deben aplicarse para conservar lagos y estuarios, tal como se describe en las siguientes subsecciones.

Lagos

Se estima que en todo el mundo hay veintisiete millones de lagos naturales y medio millón de lagos artificiales (embalses) con un área de más de una hectárea. El término "lagos" se utiliza en adelante para referirse tanto a los lagos naturales como a los embalses artificiales. Cabe señalar que los valores de biodiversidad de los lagos artificiales suelen ser mucho más bajos que los de los naturales. En su conjunto, los lagos contienen más del 90% del agua dulce líquida en la superficie de nuestro planeta. Además de brindar un hábitat para las especies acuáticas, ofrecen una gran variedad de servicios para la humanidad. Los lagos y los embalses se contaminan y degradan fácilmente (Illueca y Rast, 1996).

La gestión de estos cuerpos de agua para su conservación es una tarea compleja que involucra una serie de elementos científicos, socioeconómicos y de gobernanza. Los lagos están hidrológicamente vinculados con los ríos aguas arriba o afluentes que desembocan en ellos, con los sistemas hidrológicos aguas abajo en los que descargan, y en ocasiones también a los acuíferos de aguas subterráneas subsuperficiales (Figura 19.5). Algunas veces, las necesidades de agua corriente abajo pueden dictar de manera preponderante los requerimientos de gestión de los lagos corriente arriba que les suministran agua; un ejemplo es el complejo del lago Biwa-río Yodo en Japón (Nakamura *et al.*, 2012).

La conservación de los lagos se traduce en su gestión, de sus cuencas y de sus recursos, con el fin de contar con servicios ecosistémicos sostenibles (MEA, 2005). Las consideraciones científicas incluyen la cantidad y calidad de las fuentes de agua tanto superficiales como subterráneas, las características de drenaje de las cuencas, la flora y la fauna, los suelos, la topografía, el uso de la tierra y el clima –todos los cuales definen colectivamente la presencia física y el estado de las aguas del lago–. Los aspectos institucionales incluyen el marco legal e institucional dentro de la cuenca de drenaje del lago, las consideraciones económicas, la demografía, las costumbres culturales y sociales, las posibilidades de participación de las partes interesadas y las realidades políticas. Podría decirse que los últimos comprenden los elementos más importantes, ya que definen los factores que controlan la manera en que los humanos usan sus recursos hídricos (GWP, 2000).

La gestión eficaz de los lagos para la conservación y la sostenibilidad también requiere el reconocimiento de tres características únicas:

1. Una naturaleza integradora.
2. Tiempo prolongado de retención del agua.
3. Dinámicas complejas en la respuesta (ILEC, 2005).

Debido a su ubicación en el centro de una cuenca de drenaje, los lagos son los integradores del régimen del caudal dentro de todo el complejo de la cuenca lago-río. La naturaleza integradora de un lago se refiere a que su función es esencialmente la de un "crisol" para todo lo que ingresa a él desde su cuenca de drenaje circundante, y algunas veces incluso más allá de su cuenca, debido a los contaminantes transportados grandes distancias por el aire. El tiempo prolongado de retención del agua se refiere al tiempo promedio que el agua pasa en un lago determinado. Es frecuente que los problemas en un lago se desarrollen gradualmente, y es posible que no sean evidentes hasta que se conviertan en problemas graves en la totalidad del cuerpo de agua, los cuales podrían tener un impacto significativo en los usos humanos del agua y la integridad del ecosistema. Esta misma característica de amortiguación también puede producir un fenómeno de "retraso" en la respuesta a los programas de recuperación implementados para restaurarlos. Todos los problemas en los lagos son esencialmente problemas que afectan su totalidad, y cuando estos experimentan una degradación seria, incluidas las comunidades acuáticas a las que brindan hábitats, no suelen volver a la condición que tenían antes de la degradación (Nakamura y Rast, 2011).

La causa subyacente de la degradación o sobreexplotación de casi todos los lagos y otros ecosistemas acuáticos es una gobernanza inadecuada. Con base en el análisis sobre las experiencias de gestión de los lagos en todo el mundo, el Comité Internacional de Ambientes Lacustres (ILEC, 2005) identificó seis pilares principales en la gobernanza de los lagos que requieren reconocimiento y consideración:

1. Políticas, que esencialmente representan las "reglas del juego".
2. Organizaciones, que representan las entidades responsables de ejecutar las reglas del juego.
3. Participación de las partes interesadas. La participación significativa de todas las partes interesadas y de los titulares de derechos pertinentes en la implementación de planes de gestión eficaces.
4. Tecnología, que implica la selección de enfoques de gestión duros (construcciones) versus blandos (cambio de comportamiento).
5. Conocimiento e información, que puede comprender tanto los estudios científicos como el conocimiento indígena.

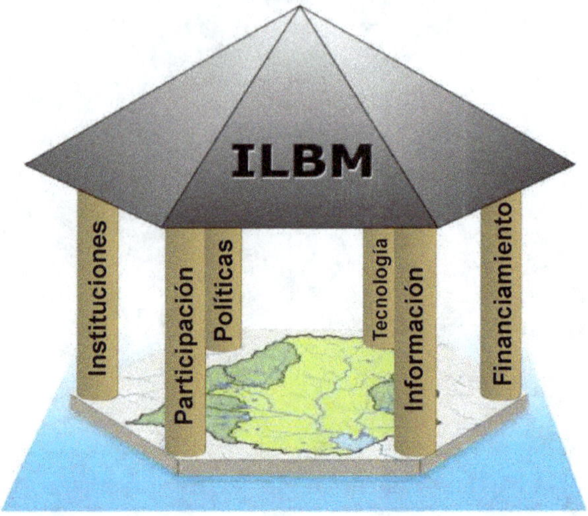

Figura 19.6 Gestión integrada de cuenca lacustre

Fuente: adaptado de Nakamura y Rast, 2012

6. Finanzas, incluida la identificación y la garantía de fuentes sostenibles para un apoyo financiero adecuado.

Estos seis pilares conforman los elementos esenciales de gobernanza que colectivamente forman el régimen de gestión para un enfoque integrado de la gestión de los lagos y sus cuencas, tal como Nakamura y Rast (2011) discutieron de manera detallada. Un enfoque práctico para la gestión de los lagos que considera los elementos científicos y de gobernanza se circunscribe dentro del concepto de "gestión integrada de cuencas lacustres" (*Integrated Lake Basin Management*, ILBM), como se ejemplifica en el proceso plataforma de la ILBM desarrollado por el Comité Internacional de Ambientes Lacustres (ILEC, 2005; Figura 19.6).

Turberas

En todo el mundo, las turberas cubren cerca de cuatro millones de kilómetros cuadrados, aunque existe cierto grado de incertidumbre respecto a su extensión real (Joosten, 2009; Figura 19.7). Las turberas tienen varias definiciones, pero generalmente se considera que son áreas terrestres con una capa de turba acumulada de forma natural, la cual está formada por materia vegetal muerta y en descomposición, rica en carbono en condiciones de anegamiento, la cual comprende al menos un 30% de masa seca de materia orgánica muerta y tiene más de treinta centímetros de profundidad. Las turberas pueden desarrollarse bajo una variedad de tipos de vegetación, incluidos pantanos de tierras bajas o altas, juncales, bosques húmedos, ciénagas y manglares.

Las turberas se encuentran en muchos países y podrían representar más de un tercio de los humedales de todo el mundo. Las áreas más grandes se encuentran en el hemisferio norte, especialmente en la zona boreal, con

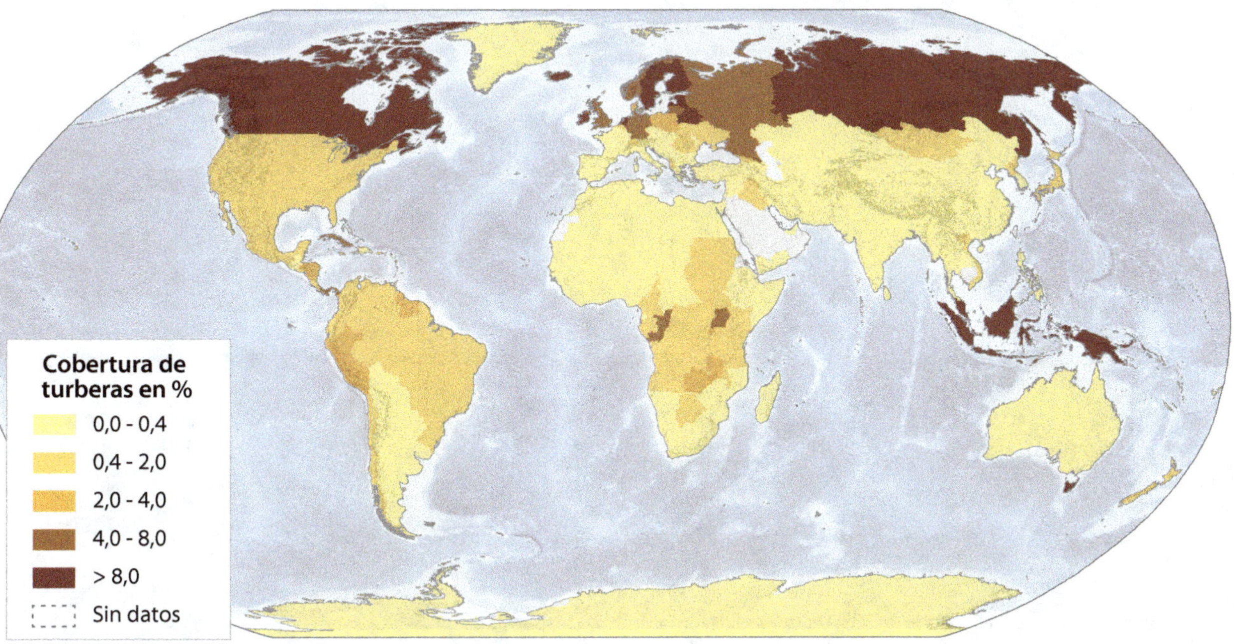

Figura 19.7 Distribución mundial de las turberas

Fuente: adaptado de la Base de Datos Mundial sobre Turberas del Grupo Internacional para la Conservación de las Turberas (International Mire Conservation Group, IMCG), 2014

1'375.690 kilómetros cuadrados en Rusia y 1'133.926 kilómetros cuadrados en Canadá (Joosten, 2009). Las estimaciones de las turberas en regiones tropicales a partir de fuentes anteriores a 1990 oscilan entre los 275.424 y los 570.609 kilómetros cuadrados, aunque en los últimos años ha habido una gran destrucción (Hooijer *et al.,* 2010).

Las turberas no solo contienen el 10% del volumen de agua dulce en el planeta y son importantes para mantener la calidad del agua dulce y la integridad hidrológica de muchos ríos; también juegan un papel importante en el mantenimiento del permafrost y en la prevención de la desertificación. En los últimos años, su importancia como depósitos y sumideros de carbono a nivel global ha pasado a primer plano (Joosten, 2009; Hooijer *et al.,* 2010; Joosten *et al.,* 2012). Asimismo, las turberas albergan una importante diversidad biológica y son refugio de algunas de las especies más raras e inusuales de flora y fauna dependientes de los humedales (Joosten y Clarke, 2002). En condiciones de anegamiento, además de conservar un registro paleoecológico único, que incluye valiosos restos arqueológicos y registros de la contaminación ambiental, las turberas dan soporte a las necesidades humanas de alimento, agua dulce, refugio, calor y empleo (Joosten y Clarke, 2002).

Las presiones humanas sobre las turberas son directas –a través del drenaje, la conversión de tierras (por ejemplo, para palma de aceite y arenas petrolíferas), la excavación y la inundación– e indirectas, como resultado de la contaminación del aire, la contaminación del agua y su extracción, así como de agua y el desarrollo de infraestructura. Cuando las turberas son destruidas, liberan grandes cantidades de carbono y no se restauran fácilmente. En respuesta a la degradación de las turberas, la Convención de Ramsar adoptó unos Lineamientos para la Acción Mundial sobre las Turberas (Ramsar, 2002), que incluyen: el establecimiento de una base de datos mundial de las turberas y la detección de cambios; el desarrollo y la promoción de concientización, educación y capacitación; la revisión de las redes nacionales de áreas protegidas de turberas y la implementación de los lineamientos para su gestión, y el estímulo a la cooperación internacional para la investigación y la transferencia de tecnología.

Recientemente se proporcionaron algunos lineamientos para limitar la pérdida de carbono de las turberas y alentar su retención y restauración como parte de las medidas de mitigación para el cambio climático (Joosten *et al.,* 2012). Esto es particularmente importante dada la pérdida de turberas a nivel mundial y la degradación más reciente de las turberas tropicales (Joosten *et al.,* 2012).

Ecosistemas dependientes de aguas subterráneas

Por lo general, el agua subterránea es crucial para mantener el régimen hidrológico que sustenta los ecosistemas: estos se conocen como ecosistemas dependientes de aguas subterráneas (*Groundwater-Dependent Ecosystems,* GDE).

Con frecuencia, el área de estos ecosistemas es definida de manera deficiente.

La restauración del lago Chilika en India, un sitio Ramsar, apoya los medios de subsistencia de los pescadores

Fuente: Ritesh Kumar

Un cambio en la cantidad o la calidad del agua subterránea, a menudo asociado con la actividad humana, tendrá un impacto en el estado y la condición de los GDE (Eamus y Froend, 2006).

Richardson *et al.* (2011a) reconocen tres tipos de GDE:

1. Ecosistemas acuíferos y de caverna que ofrecen hábitats únicos para los organismos (por ejemplo, la fauna estigobionte y la fauna troglobia –los animales que viven en sistemas subterráneos–), incluidos los sistemas acuíferos cársticos, las rocas fracturadas y los sedimentos saturados.
2. Ecosistemas que dependen total o parcialmente de la expresión superficial de las aguas subterráneas, incluidos humedales, lagos, filtraciones, manantiales, el caudal base del río y algunos ecosistemas estuarinos y marinos.
3. Ecosistemas que dependen de la presencia subsuperficial de aguas subterráneas (a través de la franja capilar), incluida la vegetación terrestre que depende del agua subterránea por completo o de forma irregular.

El grado de dependencia del agua subterránea en relación con otras fuentes de agua es importante para diferenciar estos ecosistemas y su respuesta a los cambios en la disponibilidad de agua subterránea (Eamus *et al.,* 2006). De particular importancia son las oscilaciones espaciales y temporales en las capas freáticas y la naturaleza de la descarga de las aguas subterráneas dentro de los cuerpos de agua superficial, quietos o corrientes. De acuerdo con estas interacciones, se desarrollan diferentes propiedades fisicoquímicas y ensamblajes de especies (Horwitz *et al.,* 2008).

En gran medida, el interés por los GDE se desarrolló por la necesidad de comprender las consecuencias del uso directo o la contaminación de los acuíferos. Tanto la cantidad como la calidad del agua subterránea son importantes, al igual que la variabilidad espacial y temporal. Estas relaciones pueden verse afectadas por los cambios en las aguas subterráneas debidos a la extracción, la contaminación y la reducción de la recarga por lluvias. El manejo eficaz de los GDE requiere la integración de los recursos asociados de las aguas superficiales y subterráneas, y necesita la comprensión de los orígenes, las rutas y los depósitos de agua. Por ejemplo, algunos GDE se mantienen completamente por la descarga continua de aguas subterráneas, mientras que otros se mantienen gracias a los caudales de agua subterránea, menores pero críticos, restringidos a estaciones particulares o episodios interanuales.

En general, los procesos que amenazan a los GDE no son diferentes de los que amenazan a otros ecosistemas. Los cambios en las aguas subterráneas pueden derivarse de una reducción en la recarga por lluvias, el desmonte, la silvicultura y la agricultura, la urbanización y la extracción directa de aguas subterráneas para el suministro de agua. Los cambios ecológicos provocados por estas actividades variarán de acuerdo con los requerimientos hidrológicos de los tipos de GDE (Hatton y Evans, 1998; Richardson *et al.,* 2011a).

Identificar la importancia de las aguas subterráneas en los ecosistemas antes de desarrollar recursos hídricos subterráneos (u otras actividades en una cuenca de captación) sentará las bases para planear los recursos y las posibles compensaciones. En Richardson *et al.,* (2011b) se resume la gama de enfoques actuales para identificar los requerimientos de agua subterránea de los GDE, los cuales abarcan desde la medición de la transpiración del agua subterránea por árboles individuales hasta los balances hidrológicos y la teledetección a escala del paisaje. En la mayoría de los casos, se requiere una integración de diferentes enfoques y de las disciplinas y conocimientos asociados.

La gestión de los GDE también puede basarse en la comprensión del potencial que tienen los ecosistemas para adaptarse a los cambios en la disponibilidad de aguas subterráneas. Por ejemplo, es posible que algunos GDE de la llanura costera del Swan en Australia Occidental hayan cambiado a un estado alternativo (definido por la biota y los procesos ecológicos) de acuerdo con los cambios en el régimen de aguas subterráneas (Froend y Sommer, 2010; Sommer y Froend, 2014). No obstante, el potencial de adaptación de los GDE puede verse limitado por cambios catastróficos (y en gran medida irreversibles) en la disponibilidad de las aguas subterráneas, como la mortalidad generalizada de la vegetación dependiente del agua subterránea (freatofítica) por la extracción de aguas subterráneas en épocas de sequía (Sommer y Froend, 2011). En respuesta, las agencias de gestión evaluaron las amenazas contra la vegetación freatofítica (Barron *et al.,* 2013) y se restringió el bombeo de aguas subterráneas cerca de ecosistemas de humedales vulnerables (McFarlane *et al.,* 2012). Para evitar tales escenarios, se requiere integrar la gestión de la cuenca de captación y equilibrar las demandas de agua con la conservación.

Estuarios

La ubicación de los estuarios en la interfaz de los ambientes terrestres y marinos los hace vulnerables a los impactos de casi todas las actividades humanas, ya sean terrestres o marinas, incluidos los impactos del cambio climático. Los estuarios también son un imán para la actividad humana. Por consiguiente, administrar los estuarios como áreas protegidas puede ser particularmente desafiante, y su eficacia suele depender del manejo de las

El pez ojo azul de aleta roja (*Scaturiginichthys vermeilipinnis*) es una especie en peligro que solo vive en manantiales artesianos, Reserva Edgbaston, Australia

Fuente: Adam Kerezsy

influencias externas, incluso más que del manejo de las actividades *in situ*. El éxito en la gestión de las áreas protegidas estuarinas depende de la gobernanza cooperativa entre un número de partes interesadas de la comunidad y el Gobierno.

El funcionamiento del estuario está impulsado principalmente por la cantidad y la calidad de los aportes de agua dulce y su distribución temporal, además de los aportes del medio ambiente marino (Borja *et al.,* 2011; Whitfield *et al.,* 2012). Mediados por los caudales de agua dulce y las mareas, las aguas dulces y saladas se mezclan en un ambiente rico en nutrientes que da sostén a una diversidad de especies acuáticas. La extracción de agua dulce disminuye la cantidad total de agua dulce que ingresa a los estuarios. Por otra parte, los esquemas de transferencia entre cuencas, las obras de tratamiento de aguas residuales y el aumento de la escorrentía de cuencas de captación "endurecidas" (por ejemplo, redes de carreteras) aumentan el caudal de agua dulce (Nirupama y Simonovic, 2007).

De manera ideal, el caudal de agua dulce que entra a un estuario debe mantenerse en toda su variabilidad para así apoyar su estructura y dinámica general del hábitat (van Niekerk y Turpie, 2012). Por lo general, los caudales base son responsables de mantener el régimen de salinidad, y en el caso de los sistemas abiertos temporalmente, su conectividad con el mar (estado de la boca del estuario). Por el contrario, las inundaciones dan forma a los aspectos geomorfológicos, como el tamaño y la forma de un estuario y su estructura sedimentaria característica.

Estudio de caso 19.4 Restauración del lago Chilika, India

Chilika es un lago estuarino en el Estado de Odisha que estacionalmente cubre un área de 906-1165 kilómetros cuadrados, y está flanqueado por una llanura de inundación transitoria de cuatrocientos kilómetros cuadrados (Figura 19.8). El lago Chilika comprende ecosistemas de agua dulce, salobres y marinos de poco profundos a muy poco profundos con características estuarinas y es un *hotspot* de biodiversidad, con más de un millón de aves migratorias invernantes (Kumar y Pattnaik, 2012). En 1981 el lago Chilika fue designado como sitio Ramsar (Categoría VI de la UICN).

Los medios de subsistencia de unos docientos mil pescadores y unos cuatrocientos mil agricultores dependen del lago, pero se vieron amenazados cuando el aumento de los sedimentos de una cuenca de captación degradada redujo la conectividad del lago con el mar, lo que provocó un rápido descenso en la pesca (Mohapatra *et al.*, 2007). La introducción del cultivo de camarón y la disminución de la pesca generaron resentimientos entre los pescadores tradicionales y los inmigrantes (Dujovny, 2009).

Para restaurar el lago, en 1991 el gobierno de Odisha creó la Autoridad de Desarrollo de Chilika, presidida por el primer ministro e integrada por representantes de alto rango de todos los departamentos pertinentes, así como por representantes de las comunidades pesqueras. Dicha Autoridad cuenta con programas para la restauración de cuencas, el monitoreo hidrobiológico, el desarrollo sostenible de la pesca, la conservación de la vida silvestre, la participación y el desarrollo comunitario y el desarrollo de capacidades.

En el año 2000 se creó un canal para reconectar el lago con el mar y para restaurar los regímenes hidrológico y de salinidad (Ghosh *et al.*, 2006), lo cual condujo a la recuperación de la pesca y la biodiversidad. En 2008 se inició un proceso integrado para la planeación de la gestión en el que participan las partes interesadas clave y los titulares de derechos con el fin de orientar la conservación del lago Chilika. Se desarrolló un marco para la planeación de la gestión (Kumar y Pattnaik, 2012), y en 2012 se hizo el lanzamiento de un plan.

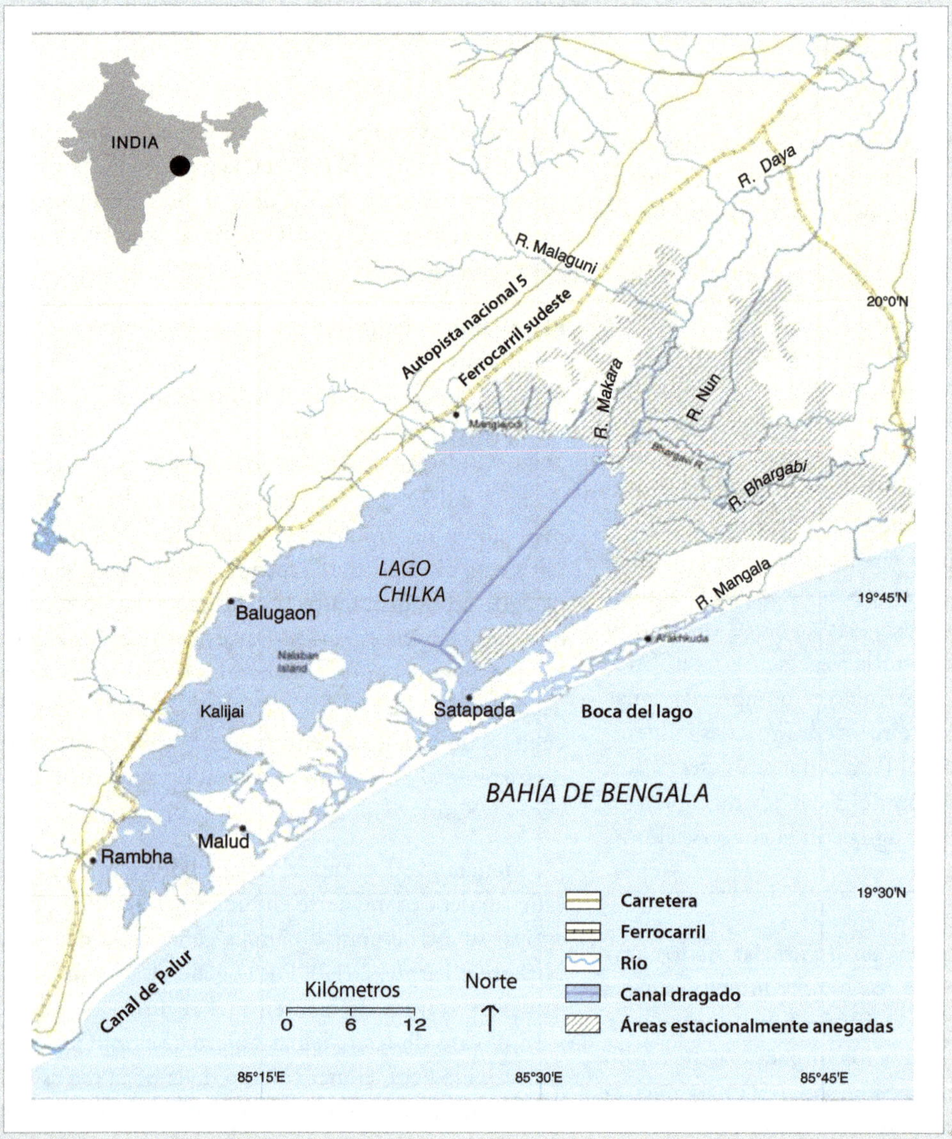

Figura 19.8 Laguna Chilika, India

Fuente: modificado de la Autoridad de Desarrollo de Chilika y Wetlands International

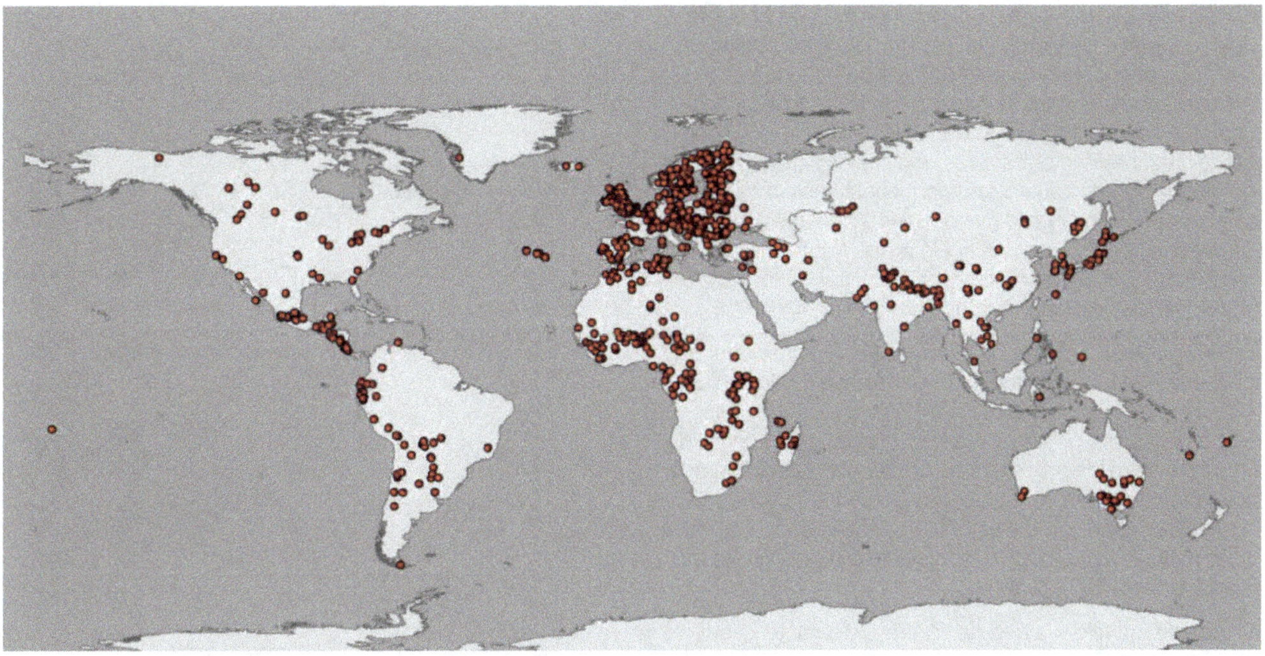

Figura 19.9 Distribución de los sitios Ramsar de agua dulce continental
Fuente: adaptado del Servicio de Información sobre Sitios Ramsar

Estos procesos ayudan a mantener los vínculos entre los estuarios y los sistemas terrestres, de agua dulce y marinos que los rodean. Hay muchas especies cuyas estrategias en su ciclo biológico dependen del movimiento entre estos sistemas, por lo cual es esencial que se mantengan las condiciones de boca abierta del estuario en el momento adecuado del año. Esto incluye muchas especies marinas de valor para la conservación y el comercio. Por consiguiente, los estuarios no deben manejarse como sistemas aislados (van Niekerk y Turpie, 2012).

Además de la cantidad de agua que entra a los estuarios, las actividades de captación e infraestructura también afectan la calidad de esta agua en términos de las cargas de sedimentos, nutrientes y otros contaminantes (Turner *et al.*, 2004). Esto puede provocar la sofocación de los hábitats, el aumento de la turbidez y la eutrofización –todo esto puede dar lugar a cambios significativos en las comunidades bióticas y extinciones a nivel local–. Si bien parte de la contaminación que llega a los estuarios proviene de sus usuarios y de los asentamientos adyacentes, en gran parte estos son problemas que vienen de toda la cuenca y requieren que los administradores de las áreas protegidas colaboren con las partes interesadas relevantes.

Por lo tanto, a fin de mantener el funcionamiento ecológico y la biodiversidad en un estado relativamente natural, la protección de un estuario implica asegurar que la cantidad y calidad de los caudales de agua dulce se mantengan lo más cerca posible de lo natural. En la realidad, los administradores de los estuarios tienen que lidiar con muchos cambios que son difíciles de revertir en la medida deseada. Cuando este sea el caso, la protección de los estuarios puede implicar la imposición de medios artificiales, como la liberación de caudales de inundación de las represas y la apertura artificial de la boca del estuario. Estas intervenciones son mucho más complejas que tratar de mantener los procesos naturales y requieren una inversión considerable en investigación y monitoreo para diseñar estrategias que logren los objetivos de conservación. Un ejemplo es el lago Chilika (Estudio de caso 19.4).

Las principales presiones que deben abordarse dentro de los sistemas estuarinos son los desarrollos que invaden los hábitats del estuario, la recolección de recursos como peces y manglares, la acuicultura y la erradicación o control de especies exóticas invasoras (Perissinotto *et al.*, 2013). Gestionar el uso de un estuario implica hacer concesiones mutuas entre los diferentes tipos de valores que este puede generar (Turpie *et al.*, 2007). Por ejemplo, permitir la pesca de subsistencia tendrá un impacto en la provisión de servicios ecosistémicos, ya que los estuarios funcionan como áreas de cría que dan soporte a la pesca marina, y permitir un desarrollo y acceso excesivo tendrá un impacto sobre la biodiversidad del sistema y su valor como destino ecoturístico.

Para que la protección de los estuarios sea exitosa, es necesario realizar todas las siguientes intervenciones a escala local y nacional:

Estudio de caso 19.5 Humedales del Parque Nacional Kakadu, Australia

El Parque Nacional Kakadu (Categoría II de la UICN) está ubicado al este de Darwin, en el norte de Australia (Figura 19.10), y abarca aproximadamente veinte mil kilómetros cuadrados, incluida la mayor parte de la cuenca de captación del río Alligator South. Los humedales incluyen manglares, bajos intermareales con suelos salinos, llanuras de inundación de agua dulce, pequeños lagos (meandros abandonados), así como manantiales y pocetas (Finlayson y Woodroffe, 1996). La importancia de los humedales ha sido reconocida por la Convención de Ramsar y la Convención sobre la Protección del Patrimonio Mundial.

El parque es un paisaje cultural vivo que se administra conjuntamente por terratenientes indígenas tradicionales y el Gobierno Federal. El plan de manejo apoya la administración conjunta; pretende mantener una asociación sólida y exitosa entre los propietarios tradicionales, los gobiernos, la industria turística y los grupos de usuarios del parque, y contempla las mejores prácticas mundiales para el cuidado de la naturaleza y el turismo sostenible (Kakadu Board of Management, 2007, p. 8).

El plan de manejo y la descripción de las características ecológicas de Ramsar describen los principales problemas de gestión (BMT WBM, 2010). El parque cuenta con equipos activos de guardaparques que controlan las incursiones de malezas clave y animales introducidos. El cambio climático y el aumento del nivel del mar representan una amenaza creciente, con un mayor ingreso del agua salada en los humedales de agua dulce y el movimiento de los manglares hacia el interior. La extracción y el procesamiento de mineral de uranio en un enclave rodeado por el parque representan una amenaza constante para los humedales.

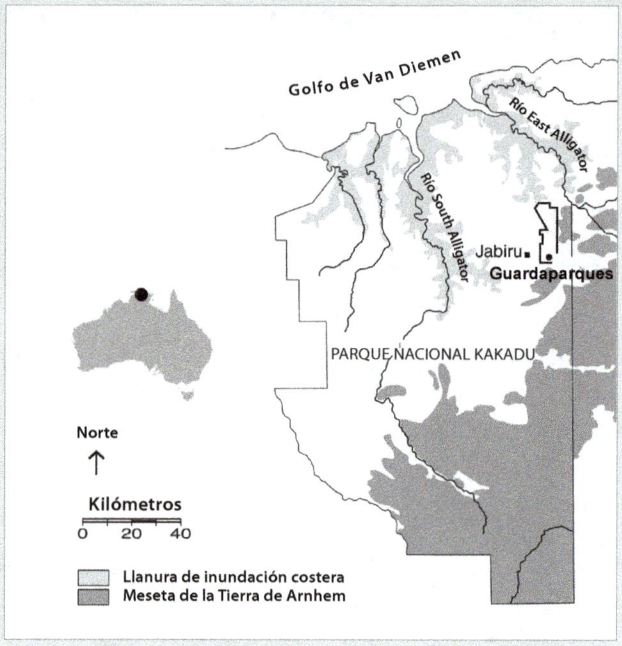

Figura 19.10 Parque Nacional Kakadu
Fuente: Servicio de Parques Nacionales de Estados Unidos, adaptado de © Clive Hilliker, Universidad Nacional de Australia

- Planeación integrada de la conservación que tenga en cuenta los procesos del paisaje y las compensaciones socioeconómicas (Turpie y Clark, 2007).
- Gestión de la cuenca de captación y establecimiento de los requerimientos del caudal ambiental para garantizar la provisión de agua en la cantidad y calidad adecuadas para mantener los estuarios protegidos en el estado de salud deseado (Adams, 2013).
- Planes de manejo para controlar los usos en pugna dentro de los estuarios.
- Restricción del uso consuntivo para priorizar la conservación de la biodiversidad y el suministro de servicios de regulación, tales como las áreas de cría para crustáceos y peces, el secuestro de carbono y la protección de las costas.
- Delineación de los límites de construcción de los desarrollos, no solo para proteger el valor del paisaje, sino también para acomodar la migración de la boca del estuario y los niveles de agua asociados con los cambios en el estado de la boca y el aumento del nivel del mar.

La Agencia de Protección Ambiental de Estados Unidos (EPA, 2012) cuenta con más información para una buena gestión de los estuarios.

El río Ovens está protegido como un "río patrimonio" que fluye libremente, Australia
Fuente: Jamie Pittock

Gestión de áreas protegidas con agua dulce en el paisaje

Convención de Ramsar sobre humedales

La Convención sobre los Humedales de Importancia Internacional surgió de las preocupaciones de los gobiernos y las ONG por conservar los humedales en proceso de disminución. Este fue el primer tratado ambiental moderno y se acordó en la ciudad iraní de Ramsar en 1971. La Convención de Ramsar también implementa el programa de trabajo de aguas continentales en nombre del Convenio sobre la Diversidad Biológica (CDB) y complementa las actividades de la Convención sobre la Conservación de las Especies Migratorias de Animales Silvestres (y tratados relacionados). Aunque otros tratados también cubren sitios o valores específicos, debido a su enfoque en los humedales, aquí se analiza en profundidad la Convención de Ramsar.

Las partes contratantes (países) en Ramsar deben designar al menos un humedal para su inclusión en la Lista de Humedales de Importancia Internacional, conocida como la Lista de Ramsar (Ramsar, 2008). Estos sitios son áreas protegidas y para su selección se utilizan nueve criterios (Tabla 19.3).

Tabla 19.3 Criterios para la inclusión de sitios en la lista Humedales de Importancia Internacional y objetivos a largo plazo para la Lista de Ramsar

Criterio específico	Objetivo a largo plazo
Contiene un ejemplo representativo, raro o único de un tipo de humedal natural o casi natural que se halla dentro de la región biogeográfica apropiada	Incluir al menos un representante adecuado de cada tipo de humedal, según el sistema de clasificación de Ramsar, que se encuentre dentro de cada región biogeográfica
Sustenta especies vulnerables, en peligro o en peligro crítico, o comunidades ecológicas amenazadas	Incluir los humedales que se consideren importantes para la supervivencia de especies vulnerables, en peligro o en peligro crítico o comunidades ecológicas amenazadas
Sustenta poblaciones de especies vegetales o animales importantes para mantener la diversidad biológica de una región biogeográfica determinada	Incluir los humedales que se consideren importantes para mantener la diversidad biológica dentro de cada región biogeográfica
Sustenta especies vegetales o animales cuando se encuentran en una etapa crítica de su ciclo biológico, o les ofrece refugio cuando prevalecen condiciones adversas	Incluir los humedales que sean los más importantes para brindar hábitat a especies vegetales o animales durante las etapas críticas de su ciclo de vida o cuando prevalezcan condiciones adversas
Sustenta de manera regular una población de veinte mil o más aves acuáticas	Incluir todos los humedales que sustenten regularmente veinte mil aves acuáticas o más
Sustenta de manera regular el 1% de los individuos de una población de una especie o subespecie de aves acuáticas	Incluir todos los humedales que soporten regularmente el 1% o más de una población biogeográfica de una especie o sub especie de aves acuáticas
Sustenta una proporción significativa de las subespecies, especies o familias de peces autóctonas, etapas del ciclo biológico, interacciones de especies o poblaciones que son representativas de los beneficios o los valores de los humedales y contribuye de esa manera a la diversidad biológica del mundo	Incluir los humedales que sustenten una proporción significativa de subespecies, especies o familias y poblaciones de peces autóctonos
Es una fuente de alimentación importante para peces, es una zona de desove, un área de desarrollo y crecimiento o una ruta migratoria de la que dependen las existencias de peces dentro o fuera del humedal	Incluir los humedales que brinden importantes fuentes de alimento para peces, o que sean zonas de desove, áreas de cría o que se encuentren en su ruta migratoria
Sustenta habitualmente el 1% de los individuos de la población de una especie o subespecie dependiente de los humedales que sea una especie animal no aviaria	Incluir todos los humedales que alberguen regularmente el 1% o más de una población biogeográfica de una especie o subespecie de un animal no aviar

Fuente: Ramsar, 2008

Tabla 19.4 Número de humedales de agua dulce continental incluidos en la Lista de Ramsar en febrero de 2014

Región	Número de humedales	Área de los humedales (millones de km2)	Número de humedales con planes de manejo
África	149 (19%)	71,2 (68%)	87 (58%)
Asia	105 (13%)	4,9 (5%)	74 (70%)
Europa	412 (52%)	5,5 (5%)	362 (85%)
Neotrópico	55 (7%)	16,8 (16%)	44 (80%)
Norteamérica	51 (6%)	3,7 (4%)	47 (92%)
Oceanía	23 (3%)	2,6 (2%)	23 (100%)
Total	795	104,7	637 (80%)

Fuente: Servicio de Información sobre Sitios Ramsar

La Convención tiene una amplia definición de humedales que incluye ecosistemas costeros, marinos, artificiales y continentales. Cada humedal designado cuenta con una descripción en una ficha informativa de Ramsar que incluye datos sobre parámetros científicos, de conservación y gestión, y un mapa para marcar los límites del sitio (Ramsar, 2009b). Se alienta a los países a establecer inventarios nacionales de humedales como base para promover la designación del mayor número posible de sitios de humedales apropiados. Para 2012, solo el 43% de los países había hecho un inventario. Un marco estratégico brinda una visión de la lista para "crear y mantener una red internacional de humedales que revistan importancia para la conservación de la diversidad biológica mundial y para el sustento de la vida humana debido a los componentes, procesos y beneficios/servicios de sus ecosistemas" (Ramsar, 2008, cláusula 6).

El marco estratégico tiene objetivos para:

- Establecer redes nacionales de sitios Ramsar que representen plenamente la diversidad de los humedales y sus funciones ecológicas e hidrológicas clave.
- Contribuir a mantener la diversidad biológica mundial mediante la designación y gestión de sitios de humedales apropiados.
- Fomentar la cooperación en la selección, designación y gestión de los sitios.
- Utilizar la red de sitios como una herramienta para promover la cooperación nacional, supranacional/regional e internacional con base en tratados ambientales complementarios (Ramsar, 2008).

En 2014, la lista contenía 2177 sitios que abarcaban 2,08 millones de kilómetros cuadrados, lo que representa el 16% del estimado de 12,8 millones de kilómetros cuadrados de humedales en todo el mundo (Finlayson *et al.*, 1999). En la Lista de Ramsar hay 795 humedales interiores de agua dulce, que abarcan un área total de 104,7 millones de kilómetros cuadrados (Figura 19.9; Tabla 19.4).

Otro requerimiento para los países en virtud de la Convención es preparar e implementar planes de manejo adecuados para los humedales incluidos en la Lista. La Tabla 19.4 muestra la extensión regional de los instrumentos de planeación de la gestión para los humedales continentales de agua dulce. La información provista no indica si los planes de manejo tienen una implementación total, si se actualizan de manera regular, o si son eficaces para lograr el objetivo establecido.

Los países se comprometen a hacer un uso racional de todos los humedales y a mantener sus características ecológicas –la combinación de los componentes, procesos y beneficios/servicios del ecosistema que caracterizan al humedal–. La Convención también registra informes sobre los cambios adversos en las características ecológicas de los sitios Ramsar (Finlayson *et al.*, 2011). Estos compromisos cuentan con el apoyo de un amplio conjunto de lineamientos para los administradores (Ramsar, 2011). Las revisiones de la implementación de la Convención sugieren que los sitios Ramsar tienen un estatus legal más fuerte y están mejor conservados que las áreas protegidas no Ramsar (Bowman, 2002). El Parque Nacional Kakadu en Australia es un ejemplo de un sitio Ramsar destacado (Estudio de caso 19.5).

Corredores de agua dulce

Los ríos son corredores naturales de la vida silvestre. El flujo de agua, nutrientes y sedimentos, al igual que el movimiento de especies a lo largo de las corrientes, generan hábitats consistentes en corredores riparios a través de los paisajes terrestres. Estos corredores riparios y de llanuras de inundación son particularmente biodiversos y suelen formar un hábitat clave para los animales en el paisaje terrestre (Naiman *et al.*, 1993). Tockner *et al.*

Estudio de caso 19.6 Millingerwaard, Países Bajos

El Millingerwaard es un área de antiguas tierras de cultivo en las llanuras de inundación a lo largo del río Rin (Figura 19.11). Durante dos décadas se han restaurado los bosques aluviales, las marismas, los pastizales naturales, las aguas superficiales y las dunas fluviales para la conservación de la naturaleza, el esparcimiento y la gestión de las inundaciones (Bekhuis *et al.,* 2005). Las ochocientas hectáreas son un sitio de Natura 2000 y un área de Categoría II de la UICN que es administrada por la Comisión Forestal del Estado.

Un acuerdo con compañías dedicadas a la extracción de arcilla y arena permitió la extracción de depósitos históricos de arcilla que seguían el relieve geográfico subyacente para descubrir la estructura natural del paisaje ribereño (Bekhuis *et al.,* 2005). De esta manera se mejoró la seguridad del río, ya que se permitió que tuviera espacio para manejar los picos de las inundaciones. A las llanuras de inundación han regresado especies como el castor europeo (*Castor fiber*), el tejón europeo (*Meles meles*), la cigüeña negra (*Ciconia nigra*) y el pigargo europeo (*Haliaeetus albicilla*). Por la zona deambulan viejas razas de ganado y caballos que se parecen a herbívoros extintos que, junto con los castores, los ciervos y los gansos, controlan la vegetación para mejorar la variedad espacial y crear hábitats para otras especies. Millingerwaard es un sitio de demostración de la visión "Ríos Vivos" desarrollada por el Fondo Mundial para la Naturaleza (WWF) en los Países Bajos en la década de 1990 (Helmer *et al.,* 1992). El enfoque se ha replicado a lo largo de otras partes del río Rin para contribuir con la reducción del riesgo de inundación, el esparcimiento y la conservación de la biodiversidad.

Millingerwaard, ya restaurado, se ha convertido en un área recreativa muy popular, y se estima que la economía regional ha tenido un aumento de seis millones de euros al año (Bekhuis *et al.*, 2005). Los factores de éxito incluyen la cooperación entre las empresas y las agencias de gestión de la naturaleza y el agua, y los beneficios económicos de la recreación. Los desafíos incluyen el mantenimiento de altos valores naturales y la seguridad durante las inundaciones, por ejemplo, los refugios no inundables para los herbívoros silvestres pueden obstruir el flujo del río.

Restauración de las llanuras de inundación, río Rin, en Millingerwaard, Países Bajos

Fuente: Dirk Oomen, Stroming Ltd.

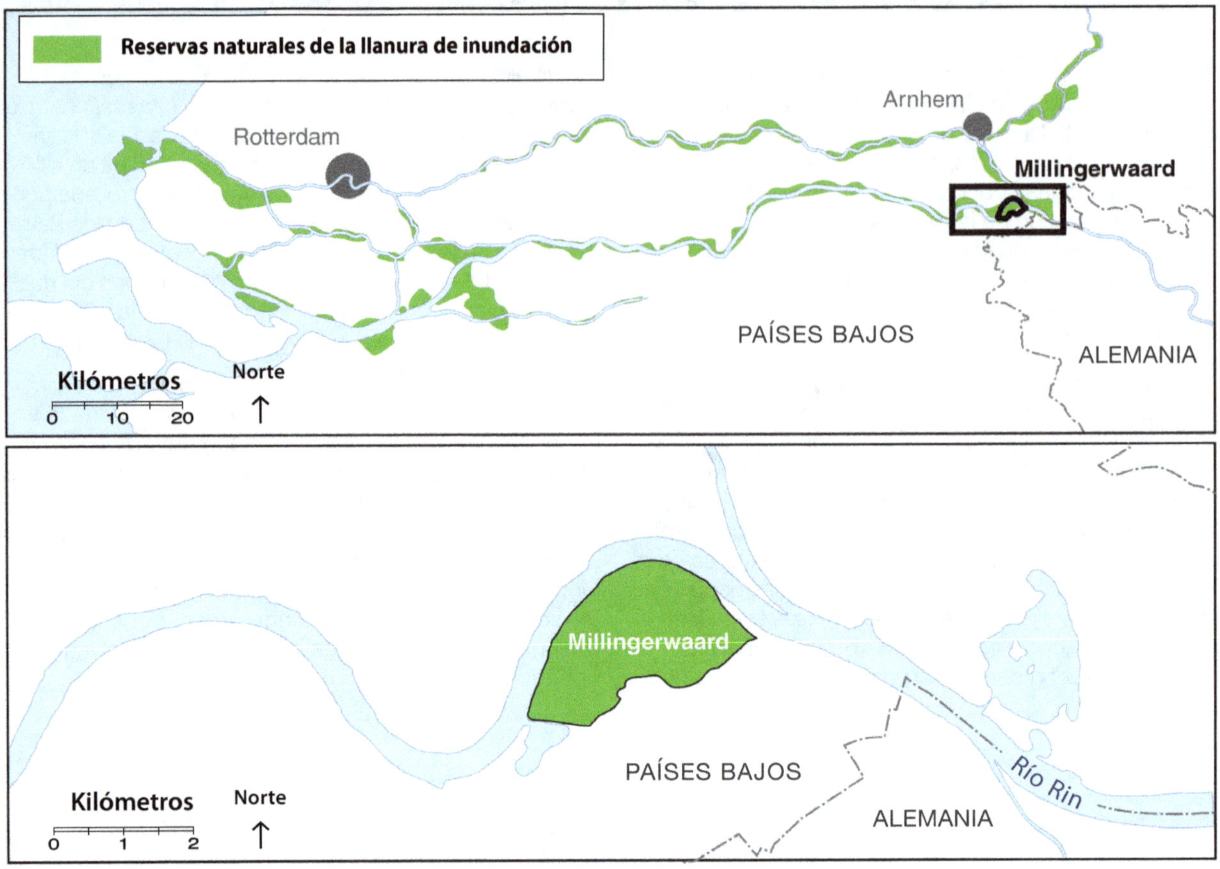

Figura 19.11 Millingerwaard, Países Bajos; se muestran las reservas naturales desarrolladas a lo largo del río Rin

Fuente: © Clive Hilliker, Universidad Nacional de Australia

(2008, p. 51) concluyen que "en la mayoría de las regiones del mundo, en las llanuras de inundación se encuentran muchas más especies de plantas y animales que en cualquier otra unidad de paisaje".

En consecuencia, el mantenimiento y la restauración de los corredores riparios son prioridades de conservación tanto para los ecosistemas de agua dulce como para los terrestres.

La restauración de los bosques riparios puede generar beneficios considerables (Lukasiewicz *et al.,* 2013). Los bosques riparios no solo desempeñan un papel clave en el suministro de materia orgánica que impulsa la cadena alimentaria acuática, sino también forman un hábitat físico, filtran los contaminantes y mantienen una temperatura adecuada en el agua. Como resultado de su evolución geomórfica, los ríos ofrecen los gradientes de elevación más suaves en el paisaje y, por lo tanto, en el escenario del cambio climático, son los corredores ideales para los cambios en la distribución de muchas especies.

Una cuestión clave para los administradores que restauran los corredores riparios en áreas donde se compite por el uso de la tierra es "qué tan ancho es suficiente". La respuesta simple es "lo más ancho posible", pero en cada caso se requiere una evaluación específica (Spackman y Hughes, 1995). La respuesta más sencilla podría ser "lo suficientemente ancho para permitir el desarrollo completo del dosel con el fin de maximizar la sombra a lo largo del cuerpo de agua relevante y formar un microclima mésico (húmedo) adecuado". Con frecuencia, la vegetación riparia es espesa, forma una sombra extensa y reduce el movimiento del aire, lo cual forma un microclima mésico que alberga especies particulares y resiste los incendios. Una respuesta más cercana al ideal es que debería restaurarse todo el ancho de los terrenos riparios que se inundan de manera regular, esto incluye, la llanura de inundación que se distingue por la vegetación y los suelos de humedales (DWAF, 2008; Kotze *et al.,* 1996).

En los últimos años se han iniciado proyectos de conexión a escala del paisaje (véase el Capítulo 27) en muchas regiones del mundo, incluidas Australia, Estados Unidos y Europa (Wyborn, 2011; Fitzsimons *et al.,* 2013). Asombrosamente, muy pocas de estas iniciativas se centran en los corredores fluviales, a diferencia de muchos proyectos de conexión que están repletos de barreras biofísicas. Las excepciones son los programas de restauración de las llanuras de inundación que buscan un "espacio para los ríos" a lo largo de los ríos principales, como los que se encuentran a lo largo del Danubio

Planeación para la conservación del agua dulce por parte de agencias nacionales y provinciales en Sudáfrica

Fuente: Dirk Roux

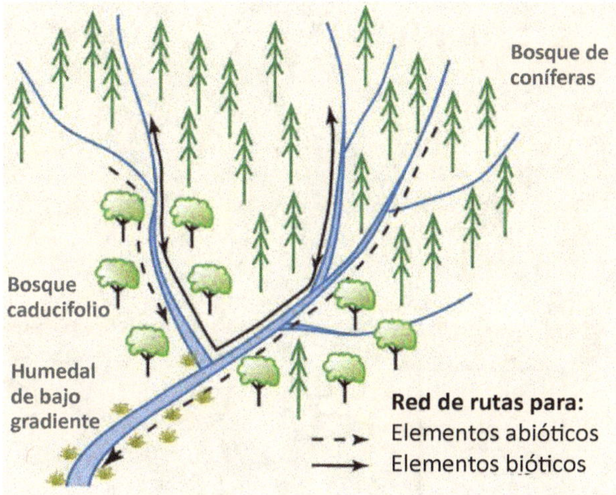

Figura 19.12 Rutas de movimiento ecológico: en un sistema de corriente las rutas de movimiento difieren entre los elementos bióticos y los abióticos; los elementos abióticos deben moverse en la dirección de la corriente de agua, en comparación con los elementos bióticos que también pueden moverse contra la corriente del río

Fuente: Departamento de Agricultura de EE.UU.

(Ebert *et al.,* 2009) y el Rin (Caso de estudio 19.6). Tales programas combinan la restauración del hábitat, el establecimiento de corredores y la adaptación al cambio climático basada en los ecosistemas, así como la reducción en el riesgo de inundación.

Planeación de cuencas de captación y del agua

El uso antropogénico de la tierra es un impulsor crítico de las condiciones terrestres que afectan directamente la estructura, la función y la resiliencia de los ecosistemas acuáticos (Dudgeon *et al.,* 2006), incluso dentro de las áreas protegidas. Diferentes lugares dentro de una cuenca de captación sostendrán varias rutas de movimiento para los elementos bióticos y abióticos, que a su vez impulsan diferentes procesos acuáticos (Figura 19.12). Por lo general, las cuencas de captación de los ríos no coinciden con los linderos de las propiedades humanas, incluidos los límites de las áreas protegidas (Figura 19.13), lo cual exige que los administradores participen en la planeación del uso de la tierra y el agua en toda la cuenca de captación fuera de las áreas protegidas. Estos procesos pueden incluir la formulación de la visión para las cuencas de captación, los escenarios y las concesiones mutuas respecto al uso y asignación del agua, y el otorgamiento de licencias de agua para nuevos desarrollos fuera del área protegida.

Por desgracia, la gestión de la conservación suele estar separada del manejo de los recursos hídricos (Gilman *et al.,* 2004). No obstante, las autoridades del área protegida tienen la responsabilidad por mandato de participar en la planeación de la conservación del agua dulce. Cuando no exista una planeación proactiva del desarrollo a nivel regional, las autoridades de áreas protegidas deben catalizar estos procesos. Dichos enfoques de planeación proactiva ayudarán a garantizar que en las áreas protegidas aguas abajo se satisfagan la calidad y la asignación de agua necesarias para la conservación de los sistemas de agua dulce (Estudio de caso 19.7). Si el área protegida se encuentra en la cabecera de una cuenca de captación, es posible que las autoridades del área protegida también quieran buscar oportunidades para compartir los beneficios del agua suministrada con las comunidades aguas abajo. Por lo tanto, las autoridades del área protegida actúan como poderosas partes interesadas y negociadores respecto a la conservación del agua dulce dentro de los procesos integrados para la gestión de recursos hídricos. Cuando se requiera un desarrollo hídrico (por ejemplo, la construcción de represas y otros sistemas hídricos) aguas arriba de un área protegida, los administradores deben insistir en el establecimiento y aplicación de los requerimientos de caudales ambientales para mantener los ecosistemas (Tabla 19.2; Hirji y Davis, 2009).

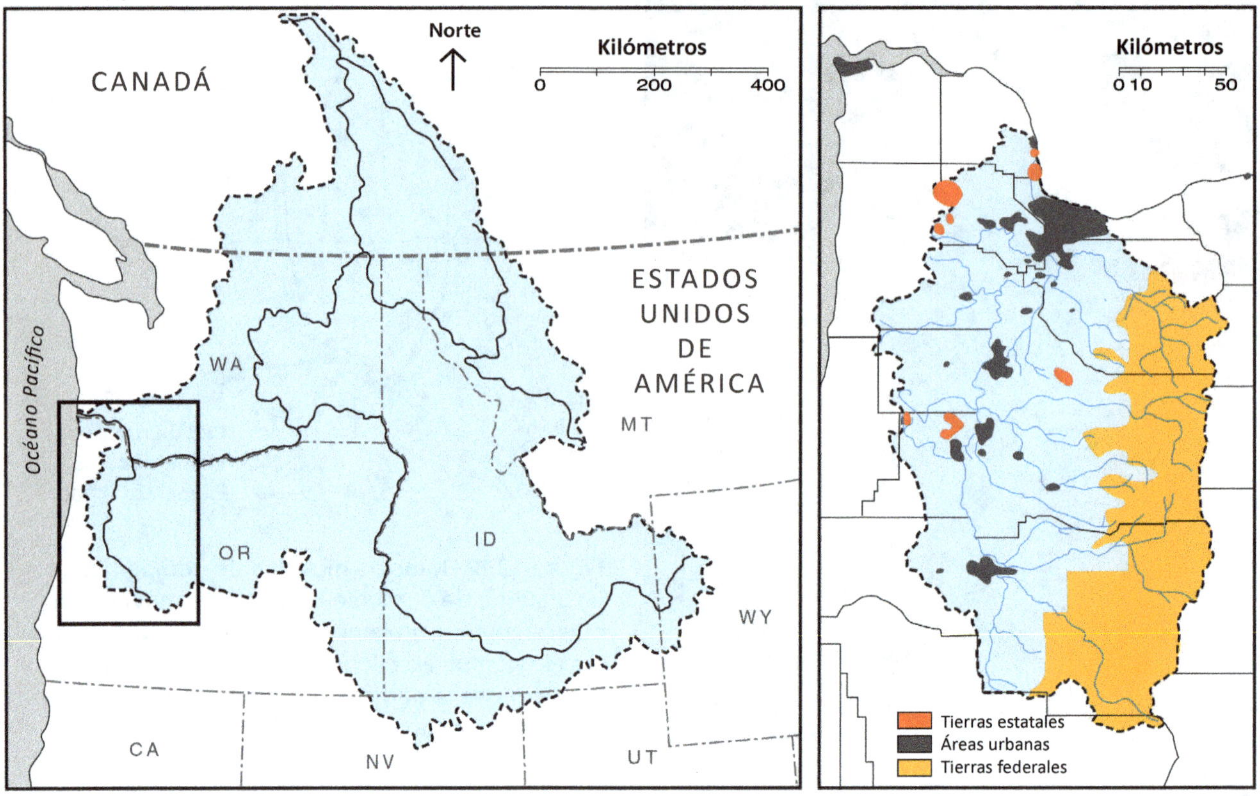

Figura 19.13 Cuencas de captación y límites jurisdiccionales: la cuenca de captación del río Columbia cruza fronteras internacionales y estatales/provinciales; la cuenca de captación más pequeña del río Willamette cruza múltiples fronteras del gobierno local y tenencias de tierras divididas entre el Gobierno Federal de los EE.UU.; el Estado de Oregón y propiedades privadas

Fuente: © Clive Hilliker, Universidad Nacional de Australia

Los planes de gestión de las cuencas de captación son un medio para integrar los diversos usos de suelos y aguas, al igual que sus propietarios, que en conjunto pueden influir directa o indirectamente en la calidad de un sistema fluvial compartido (Abell *et al.,* 2007; Russi *et al.,* 2013). Estos planes son oportunidades para que los administradores de áreas protegidas influyan favorablemente en las partes interesadas, los titulares de derechos y los usuarios de tierras en la vecindad (Estudio de caso 19.3). Por lo general, los ejemplos exitosos de gestión y planeación de las cuencas de captación involucran la colaboración entre los titulares de derechos y las partes interesadas comunitarias, gubernamentales y no gubernamentales. Existen ejemplos documentados en Estados Unidos (Flitcroft *et al.,* 2009), Australia (Curtis y Lockwood, 2000), Sudáfrica (King y Brown, 2010) y Europa (Warner *et al.,* 2013). Cada vez hay más ejemplos de lo que funciona y lo que no (Sadoff *et al.,* 2008).

En todo el mundo se utilizan muchos nombres para la gestión de las cuencas de captación. Por lo general, el sector hídrico utiliza "gestión integrada de recursos hídricos" para la gestión entre los sectores que utilizan el agua y las partes interesadas/titulares de derechos (GWP, 2000). Para centrarse en las unidades ecológicas, muchas organizaciones se han enfocado en la "gestión integrada de cuencas hidrográficas" (WWF, 2003) y la "gestión integrada de cuencas lacustres" (como se discutió anteriormente). En Norteamérica, el término "cuencas" suele aplicarse a las cuencas de captación. El concepto también se aplica a la gestión de cuencas de aguas subterráneas. Independientemente de la jerga, una buena gestión de las cuencas de captación involucra a múltiples partes interesadas y titulares de derechos en la aplicación de una visión común para manejar de forma sostenible una cuenca compartida. Definir y gestionar los niveles sostenibles de extracción de agua y de la calidad del agua son elementos comunes y reforzarán los esfuerzos de conservación dentro de las áreas protegidas.

Los foros de aprendizaje ayudan a construir un entendimiento, una visión y una política comunes alrededor del uso y la protección del agua, que son fundamentales para estimular la cooperación necesaria en apoyo a la sostenibilidad de los recursos hídricos (Ison y Watson, 2007). Con este fin, los administradores de áreas protegidas deben convocar o participar en foros de aprendizaje intersectoriales para una gestión integrada y eficaz de los recursos hídricos. A nivel comunitario, el personal de las áreas protegidas puede enfocarse principalmente en construir relaciones de confianza con

Estudio de caso 19.7 Humedales Ramsar de la cuenca del Murray-Darling, Australia

La cuenca del Murray-Darling abarca alrededor de un millón de kilómetros cuadrados (o una séptima parte) de Australia (Figura 19.14). Grandes bosques de llanuras de inundación y otros humedales cubren más de 5,7 millones de hectáreas (5,6% de la cuenca), con 636.300 hectáreas designadas como dieciséis sitios Ramsar (Pittock *et al.,* 2010). La tenencia de estos sitios incluye reservas naturales (Categoría II de la UICN) administradas por gobiernos estatales y ONG, reservas forestales y de caza (Categoría VI de la UICN) administradas por gobiernos estatales, y pequeños terrenos pastoriles de gestión privada (Categoría VI de la UICN). Las aguas de la cuenca sufren una explotación tal que la media anual de los caudales al final del río ha disminuido a un 29% de los niveles previos al desarrollo. Grandes áreas de humedales se han visto afectadas por los cambios en los caudales, la desecación, la salinidad y la generación de sulfato ácido (Pittock y Finlayson, 2011).

En 2007-2008 se adoptó la Ley Nacional del Agua con base en las obligaciones de Australia de implementar el Convenio sobre la Diversidad Biológica y la Convención de Ramsar, y exige la conservación de activos ambientales clave y de las funciones y servicios ecosistémicos (Pittock *et al.,* 2010).

En 2012 se adoptó un plan para la cuenca, que para el año 2024 podría generar un reintegro al medio ambiente de hasta tres mil doscientos gigalitos por año (29% del agua desviada para consumo). Los derechos adquiridos del agua son propiedad y se gestionan de manera independiente para la conservación por parte de Commonwealth Environmental Water Holder, una entidad del Gobierno Federal (Connell, 2011).

Las intervenciones de ingeniería conocidas como "obras y medidas ambientales" se realizan en un intento de conservar la biodiversidad de los humedales con menos agua. Estas intervenciones conllevan el riesgo de interrumpir la conectividad del hábitat y de aumentar la concentración de sal en los humedales, y dependen de las operaciones y el mantenimiento oportunos del gobierno estatal (Pittock *et al.,* 2012). Aunque es importante restaurar los caudales

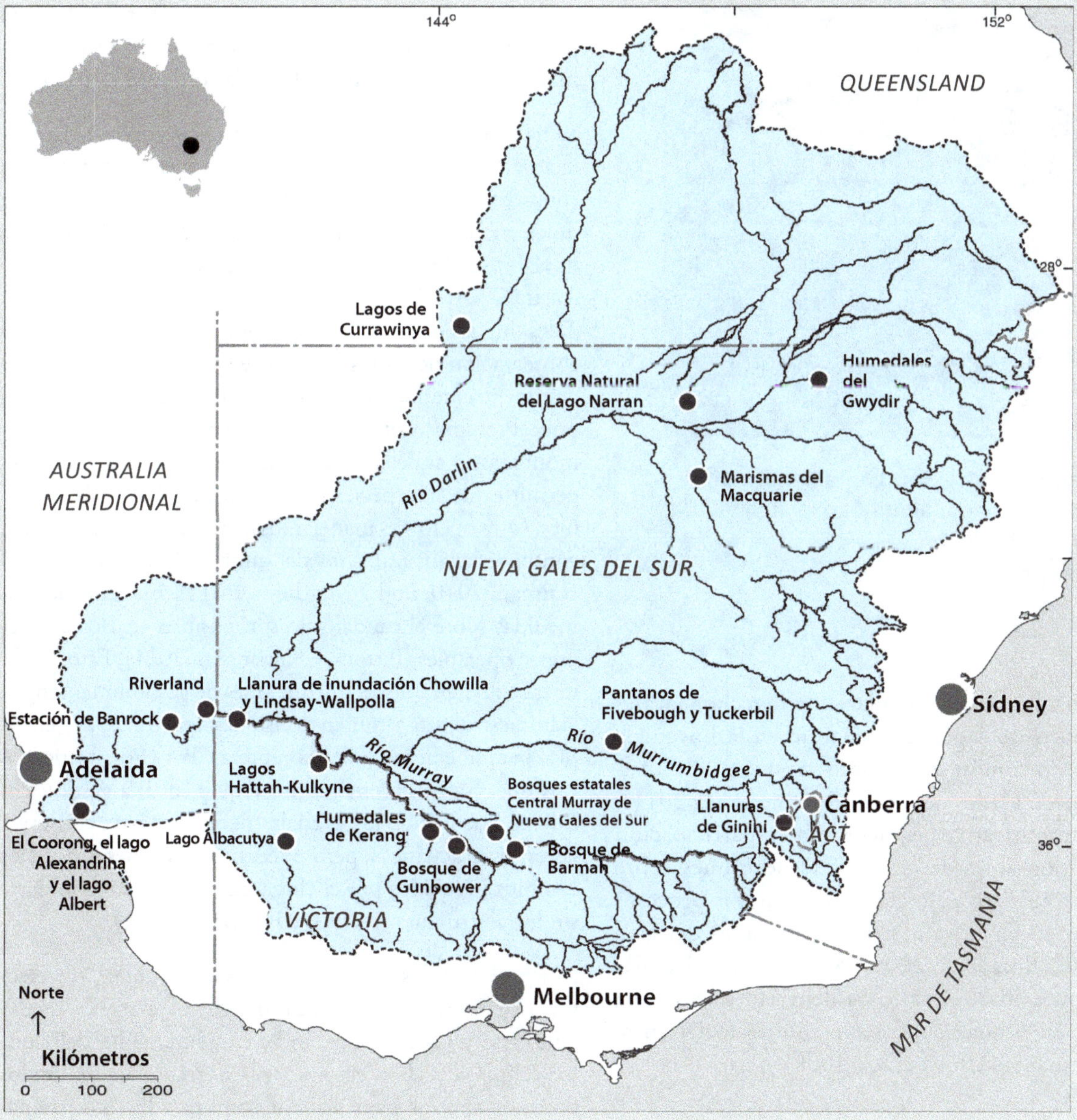

Figura 19.14 Cuenca del Murray-Darling; se muestra la ubicación de dieciséis humedales Ramsar designados

Fuente: © Clive Hilliker, Universidad Nacional de Australia

adecuados, se han pasado por alto otras acciones importantes, incluida la restauración de los bosques riparios, la protección de los ríos que fluyen libremente, la reingeniería de represas para eliminar la contaminación del agua fría y la restauración del paso de los peces (Pittock y Finlayson, 2011). Dado que el plan de la cuenca se someterá a revisión al menos cada diez años, existe un mayor potencial para una gestión adaptativa adicional de las asignaciones de agua y otras medidas.

Necesita agua: Bottle Bend, una llanura de inundación desecada, acidificada y salinizada, río Murray, Australia

Fuente: Jamie Pittock

otras partes interesadas y titulares de derechos locales en las cuencas de captación, siempre en la búsqueda de un acuerdo común sobre cómo satisfacer colectivamente las necesidades de todos (Etienne *et al.,* 2011). A nivel administrativo, es necesaria la participación con los responsables de la toma de decisiones sobre los recursos hídricos para garantizar que sus procesos políticos estén en línea con las necesidades del área protegida (Collins *et al.,* 2009). A nivel de los sistemas de áreas protegidas, estos foros deberían buscar una visión común y una cooperación intersectorial entre los departamentos (Roux *et al.,* 2008).

Cambio climático

El clima tiene conjuntos de influencias primarias, directas e indirectas sobre la ubicación, la fenología y la expresión fenotípica de un cuerpo de agua, y sobre las interacciones dentro de las poblaciones y entre las especies (Parmesan, 2006). Los caudales y la biota dependiente están íntimamente relacionados con el clima (Poff y Matthews, 2013). El cambio climático verá la extensión del rango de "nuevas" especies nativas en las áreas protegidas, y esto puede indicar una adaptación autónoma efectiva en lugar de una invasión de especies a la que debe hacerse resistencia. Del mismo modo, las disminuciones en la abundancia pueden ser evidencia de un cambio de rango. Será necesario monitorear y manejar las especies a escala regional (Poff *et al.,* 2010). Las especies más sésiles o aisladas pueden necesitar ayuda para dispersarse y establecerse en nuevos hábitats (Hannah, 2010). Además, la gestión para una comunidad ecológica bajo una definición estática puede ser contraproducente para una gestión adaptativa y eficaz para el cambio climático (Matthews *et al.,* 2011; Catford *et al.,* 2012).

Se ha propuesto una serie de intervenciones para la adaptación al cambio climático, las cuales están encaminadas a conservar mejor la biodiversidad de los sistemas de agua dulce en las áreas protegidas de humedales y los sistemas fluviales, incluido un conjunto de opciones descritas en Australia (Arthington, 2012; Lukasiewicz *et al.,* 2013). Tales intervenciones implican identificar y priorizar la conservación de partes del paisaje de agua dulce que puedan ser más resilientes al cambio climático y que puedan ofrecer refugios, como los tramos de ríos bajo la sombra de montañas, o aquellas que forman corredores que puedan permitir que las especies se muevan a hábitats más favorables. Otra opción es manejar los caudales ambientales para contrarrestar los impactos del cambio climático (Olden y Naiman, 2010; Poff y Matthews, 2013). En general, estas medidas sobre el caudal solo son posibles en ríos con represas operables (Pittock y Hartmann, 2011). Estos enfoques requieren que las instituciones de gestión mantengan la infraestructura y tomen decisiones oportunas, por ejemplo, para liberar agua de las represas. Por el contrario, los ríos que fluyen libremente no requieren una gestión cotidiana que brinde los caudales necesarios para conservar las especies acuáticas, pero pueden estar en riesgo ante los cambios inducidos por el clima que no puedan abordarse sin infraestructura (Pittock y Finlayson, 2011).

Muchas medidas de adaptación son medidas "sin efectos negativos" que ofrecen beneficios para el medio ambiente y las personas, independientemente del cambio climático. Un ejemplo es la restauración de los bosques riparios para brindar sombra a los ecosistemas adyacentes de agua dulce y proporcionar otros beneficios de conservación (Davies, 2010). En Millingerwaard (Estudio de caso 19.6), la restauración de las llanuras de inundación del río Rin, como una medida de adaptación al cambio climático, reduce el riesgo de inundación y conserva la biodiversidad. Los cobeneficios para los diferentes grupos de personas asociados con estas medidas de adaptación sin efectos negativos brindan oportunidades para que las partes interesadas y los titulares de derechos generen un mayor apoyo a la conservación.

Actualizar los estándares de seguridad de la infraestructura hídrica existente frente al cambio climático ofrece oportunidades para que los administradores de áreas protegidas puedan garantizar cambios adicionales que ayuden a la adaptación de la biodiversidad, como instalar pasos para los peces en las represas (Matthews *et al.,* 2011; Pittock y Hartmann, 2011). Las intervenciones de ingeniería propuestas que usan menos agua para conservar la biodiversidad acuática, conocidas como "gestión ambiental de la demanda de agua" u "obras y medidas ambientales", son políticamente atractivas, pero conllevan el riesgo de impactos ambientales imprevistos y fallas de gestión, y deben considerarse con precaución (Pittock *et al.,* 2012; Estudio de caso 19.7).

La infraestructura incluye componentes hidroecológicos del paisaje, tanto "naturales" como artificiales. Muchas instituciones promueven una mayor conservación del medio ambiente para aumentar la adaptación y la resiliencia ante los impactos del cambio climático. La jerga usada para describir este enfoque incluye "infraestructura verde", "capital natural", "gestión de ecosistemas", "adaptación basada en ecosistemas" y "servicios ecosistémicos" (IEMP, 2011). A menudo, estos enfoques favorecen la conservación de los ecosistemas de agua dulce.

Con mucha frecuencia, los encargados de la toma de decisiones fijan su atención en una intervención cuando cada opción de adaptación tiene riesgos y costos, así como beneficios que deben identificarse. La adopción de un conjunto de intervenciones diferentes pero complementarias puede repartir el riesgo, maximizar los beneficios y evitar resultados nocivos. Un ejemplo es el uso de caudales ambientales en los ríos regulados en conexión con la protección de los ríos que fluyen libremente. Con esto en mente, Lukasiewicz *et al.* (2013) desarrollaron un marco a escala de la cuenca de captación para trabajar con las partes interesadas y los titulares de derechos a fin de evaluar los riesgos, los costos y los beneficios de las opciones para la adaptación al cambio climático. Ya que el cambio climático afectará la mayoría de las áreas protegidas, si no todas, estas medidas pueden ayudar a que los administradores evalúen las prioridades y logren los mejores resultados posibles (véase el Capítulo 17).

Las cascadas Yellowstone y el Gran Cañón del río Yellowstone, Parque Nacional Yellowstone, EE.UU.; un sitio patrimonio mundial. Este extraordinario río es un afluente no perturbado del río Missouri, que luego desemboca en el río Mississippi antes de que las aguas lleguen al Golfo de México

Fuente: Graeme L. Worboys

Conclusión

Si bien el área de la Tierra que alberga ecosistemas de agua dulce y estuarios es relativamente pequeña, la biodiversidad que estos sistemas contienen está particularmente amenazada a escala global. Describimos las características de diversos tipos de ecosistemas y cómo su conservación es crítica para una misión fundamental de los administradores de áreas protegidas, que es la conservación de la biodiversidad.

Los ecosistemas de agua dulce son difíciles de conservar porque los procesos ecológicos que los impulsan, en particular los caudales, se ven fácilmente alterados por las demandas de energía, alimentos y agua de las personas.

Las personas viven de los sistemas de agua dulce y los cambian irrevocablemente, y aunque esto crea desafíos, también genera oportunidades para que los administradores de áreas protegidas ganen nuevos públicos y defensores.

Hay dos reglas de oro para mantener o restaurar la biodiversidad de los sistemas de agua dulce. La primera, conservar la calidad, el momento y el volumen de los caudales. La segunda, garantizar que se mantenga la conectividad a lo largo de los ríos, entre los cuerpos de agua y sus llanuras de inundación, y verticalmente con la variabilidad natural en la profundidad de los cuerpos de agua y la conectividad con las aguas subterráneas. En este capítulo se explicó por qué es fundamental y cómo los administradores de áreas protegidas pueden involucrar a otras partes interesadas y titulares de derechos en la gestión del agua a escala del paisaje. Instamos a los administradores a cuestionar a los proponentes y operadores de desarrollos, de tal forma que se garantice que la infraestructura hídrica existente y la nueva sean esenciales, y de ser así, que las estructuras y los regímenes de gestión incorporen medidas de mitigación como los caudales ambientales y la instalación de pasos para los peces. Dentro de las áreas protegidas, la vida silvestre y las actividades de los visitantes suelen centrarse en los cuerpos de agua, lo que los convierte en un objetivo y un desafío para sus administradores.

Muchas áreas protegidas con un enfoque terrestre implican compensaciones e intervenciones que inconscientemente degradan los hábitats de agua dulce. Los desarrollos de energía hidroeléctrica y para el suministro de agua que establecen o financian áreas protegidas en las cuencas de captación pueden hacerlo a expensas de la biodiversidad de agua dulce. Bajo estas circunstancias, los administradores tienen la obligación de garantizar que se conserve la biodiversidad de los sistemas de agua dulce de la manera más efectiva posible a lo largo de todo el curso de los ríos.

En muchas partes del mundo, la realidad del cambio climático exacerbará la competencia por el agua dulce entre las personas y los ecosistemas. Los administradores de áreas protegidas deben contemplar los conflictos y sinergias positivas que existen entre las diferentes medidas para el agua respecto a la mitigación y la adaptación al cambio climático. Por ejemplo, la plantación de árboles para secuestrar carbono normalmente disminuirá los caudales de los ríos, mientras que el reforzamiento de las represas para enfrentar mayores extremos climáticos brindará oportunidades para mitigar los impactos ecológicos, como la instalación de pasos para los peces y la provisión de caudales ambientales. Además, los ríos son los corredores paisajísticos naturales con caudales, nutrientes, especies y gradientes variables, que no solo conectan las áreas protegidas, sino también sirven como medio de adaptación al cambio climático.

Conservar los ecosistemas de agua dulce también implica oportunidades para asegurar el futuro de las áreas protegidas. El interés de las personas, no solo por el agua limpia y segura, sino también por los ecosistemas de agua dulce, es una oportunidad para involucrar a los vecinos y al público en general en las actividades colaborativas de gestión y visión.

Por supuesto, la conservación de cada ecosistema está vinculada con los resultados de otros, y en ningún caso más que en las áreas protegidas de agua dulce y marinas. Los ríos y muchos acuíferos desembocan en el mar, y con ellos llevan nutrientes que alimentan, o contaminantes y limo que sofocan a las comunidades marinas. Los ríos y estuarios son criaderos críticos para muchas especies principalmente marinas y requieren una gestión integrada.

Referencias

Lecturas recomendadas

Abell, R.; Allan, J.D. y Lehner, B. (2007). Unlocking the potential of protected areas for freshwaters. *Biological Conservation*, 134, 48-63.

Thieme, M.; Revenga, C.; Bryer, M.; Kottelat, M.; Bogutskaya, N.; Coad, B.; Mandrak, N.; Contreras-Balderas, S.; Bussing, W.; Stiassny, M.L.J.; Skelton, P.; Allen, G.R.; Unmack, P.; Naseka, A.; Ng, R.; Sindorf, N.; Robertson, J.; Armijo, E.; Higgins, J.; Heibel, T.J.; Wikramanayake, E.; Olson, D.; Lopez, H.L.; Reis, R.E.; Lundberg, J.G.; Sabaj Perez, M.H. y Petry, P. (2008). Freshwater ecoregions of the world: a new map of biogeographic units for freshwater biodiversity conservation. *Bioscience*, 58, 403-414.

Adams, J.B. (2013). A review of methods and frameworks used to determine the environmental water requirements of estuaries. *Hydrological Sciences Journal*, 59, 451-465.

Arthington, A.H. (2012). *Environmental Flows: Saving rivers in the third millennium*. Berkeley: University of California Press.

Bunn, S.E.; Poff, N.L. y Naiman, R.J. (2006). The challenge of providing environmental flow rules to sustain river ecosystems. *Ecological Applications*, 16, 1311-1318.

Naiman, R.J.; McClain, M.E. y Nilsson, C. (2010). Preserving the biodiversity and ecological services of rivers: new challenges and research opportunities. *Freshwater Biology*, 55, 1-16.

Rall, J.L.; Kennard, M.J. y Pusey, B.J. (2003). Environmental flow requirements of fish in Lesotho rivers using the DRIFT methodology. *River Research and Applications*, 19, 641-666.

Balian, E.V.; Segers, H.; Martens, K. y Lévêque, C. (2008). The freshwater animal diversity assessment: an overview of the results. En: E.V. Balian, C. Lévêque, H. Segers y K. Martens (eds.). *Freshwater Animal Diversity Assessment*, Vol. 198, Países Bajos: Springer.

Barron, O.; Froend, R.H.; Hodgson, G.; Ali, R.; Dawes, W.; Davies, P. y McFarlane, D. (2013). Projected risks to groundwater-dependent terrestrial vegetation caused by changing climate and groundwater abstraction in the Central Perth Basin, Western Australia. *Hydrological Processes*. Doi:10.1002/hyp.10014

Baumgartner, L.J.; Reynoldson, N.K.; Cameron, L. y Stanger, J.G. (2009). Effects of irrigation pumps on riverine fish. *Fisheries Management and Ecology*, 16, 429-437.

Bekhuis, J.; Litjens, G. y Braakhekke, W. (2005). *A Policy Field Guide to the Gelderse Poort: A new, sustainable economy under construction*. Zeist, Países Bajos: WWF.

Biggs, H. y Rogers, K.H. (2003). An adaptive system to link science, monitoring and management in practice. En: J.T. du Toit, K.H. Rogers y H.C. Biggs (eds.). *The Kruger Experience: Ecology and management of savanna heterogeneity*, pp. 59-80. Washington D.C.: Island Press.

BioFresh. (2013). BioFresh data portal, BioFresh Project, Berlin. data.freshwaterbiodiversity.eu/

BMT WBM. (2010). *Ecological Character Description for Kakadu National Park Ramsar Site*. Department of Sustainability. Canberra: Environment, Water, Population and Communities.

Borja, A.; Basset, A.; Bricker, S.; Dauvin, J.-C.; Elliott, M.; Harrison, T.D.; Marques, J.-C.; Weisberg, S.B. y West, R. (2011). Classifying ecological quality and integrity of estuaries. En: E. Wolanski y D. McLusky (eds.). *Treatise on Estuarine and Coastal Science*, pp. 125-162. Waltham, Estados Unidos: Academic Press.

Bossio, D.; Geheb, K. y Critchley, W. (2010). Managing water by managing land: addressing land degradation to improve water productivity and rural livelihoods. *Agricultural Water Management*, 97, 536-542.

Bovee, K.D. (1982). *A guide to stream habitat analysis using the IFIM*. Report FWS/OBS-82/26. Fort Collins, Estados Unidos: US Fish and Wildlife Service.

Bowman, M. (2002). The Ramsar Convention on Wetlands: has it made a difference? En: O.S. Stokke y Ø.B. Thommessen (eds.). *Yearbook of International Co-Operation on Environment and Development 2002/2003*, pp. 61-68. Londres: Earthscan.

Bowman, B.; Higgs, S.; Maclin, E.; McClain, S.; Sicchio, M.; Amy Souers, A.; Johnson, S. y Brian Graber, B. (2002). *Exploring Dam Removal: A decision-making guide*. Washington D.C. y Madison: American Rivers and Trout Unlimited.

Brisbane Declaration. (2007). *The Brisbane Declaration*. Recuperado de: www.eflownet.org/

Brits, J.; van Rooyen, M.W. y van Rooyen, N. (2002). Ecological impact of large herbivores on the woody vegetation at selected watering points on the eastern basaltic soils in the Kruger National Park. *African Journal of Ecology*, 40, 53-60.

Bruijnzeel, L.A. (2004). Hydrological functions of tropical forests: not seeing the soil for the trees? *Agriculture, Ecosystems y Environment*, 104, 185-228.

Bunn, S.E. y Arthington, A.H. (2002). Basic principles and ecological consequences of altered flow regimes for aquatic biodiversity. *Environmental Management*, 30, 492-507.

Campbell-Grant, E.H.; Lowe, W.H. y Fagan, W.F. (2007). Living in the branches: population dynamics and ecological processes in dendritic networks. *Ecology Letters*, 10, 165-175.

Catford, J.; Naiman, R.; Chambers, L.; Roberts, J.; Douglas, M. y Davies, P. (2012). Predicting novel riparian ecosystems in a changing climate. *Ecosystems*, 16, 382-400.

Chape, S.; Spalding, M. y Jenkins, M.D. (2008). *The Worlds Protected Areas*. Berkeley: UNEP-WCMC, University of California Press.

Chatterjee, A.; Phillips, B. y Stroud, D.A. (2008). *Wetland Management Planning: A guide for site managers*. Gland: WWF, Wetlands International, IUCN y Ramsar Convention Secretariat.

Chessman, B.C. (2013). Do protected areas benefit freshwater species? A broad-scale assessment for fish in Australias Murray-Darling Basin. *Journal of Applied Ecology*, 50, 969-976.

Collier, K.J. (2011). The rapid rise of streams and rivers in conservation assessment, *Aquatic Conservation - Marine and Freshwater Ecosystems*, 21, 397-400.

Collins, K.; Colvin, J. y Ison, R. (2009). Building "learning catchments" for integrated catchment managing: designing learning systems based on experiences in the UK and South Africa. *Water Science and Technology*, 59, 687-693.

Commonwealth of Australia. (2012). *Basin Plan*. Canberra: Commonwealth of Australia.

Connell, D. (2011). The role of the Commonwealth Environmental Water Holder. En: D. Connell y R.Q. Grafton (eds.). *Basin Futures: Water reform in the Murray-Darling Basin*, pp. 327-338. Canberra: ANU Press.

Convention on Biological Diversity (CBD). (2010). *X/28. Inland waters biodiversity*, UNEP/CBD/COP/DEC/X/28. Montreal: Secretariat of the Convention on Biological Diversity.

Curtis, A. y Lockwood, M. (2000). Landcare and catchment management in Australia: lessons for state-sponsored community participation. *Society and Natural Resources: An International Journal*, 13, 61-73.

Darwall, W.R.T.; Smith, K.G.; Allen, D.J.; Holland, R.A.; Harrison, I.J. y Brooks, E.D.E. (2011). *The Diversity of Life in African Freshwaters: Underwater, under threat. An analysis of the distribution of freshwater species throughout mainland Africa*. Cambridge y Gland: Cambridge Publishers.

Davies, P.M. (2010). Climate change implications for river restoration in global biodiversity hotspots. *Restoration Ecology*, 18, 261-268.

Naiman, R.J.; Warfe, D.M.; Pettit, N.E.; Arthington, A.H. y Bunn, S.E. (2014). Flow-ecology relationships: closing the loop on effective environmental flows. *Marine and Freshwater Research*, 65, 133-141.

Dudgeon, D.; Arthington, A.H.; Gessner, M.O.; Kawabata, Z.I.; Knowler, D.J.; Lévêque, C.; Naiman, R.J.; Prieur Richard, A.H.; Soto, D. y Stiassny, M.L. (2006). Freshwater biodiversity: importance, threats, status and conservation challenges. *Biological Reviews*, 81, 163-182.

Dudley, N. (ed.). (2013). *Guidelines for Applying Protected Area Management Categories*. Gland: IUCN.

Dujovny, E. (2009). The deepest cut: political ecology in the dredging of a new sea mouth in Chilika Lake, Orissa, India. *Conservation y Society*, 7, 192-204.

Department of Water Affairs and Forestry (DWAF). (2008). *Updated Manual for the Identification and Delineation of Wetlands and Riparian Areas*. Pretoria, Sadáfrica: Department of Water Affairs and Forestry.

Dyson, M.; Bergkamp, G. y Scanlon, J. (eds.). (2003). *Flow: The essentials of environmental flows*. Gland: IUCN.

Eamus, D. y Froend, R. (2006). Groundwater-dependent ecosystems: the where, what and why of GDEs. *Australian Journal of Botany*, 54, 91-96.

Froend, R.; Loomes, R.; Hose, G. y Murray, B. (2006). A functional methodology for determining the groundwater regime needed to maintain the health of groundwater-dependent vegetation. *Australian Journal of Botany*, 54, 97-114.

Ebert, S.; Hulea, O. y Strobel, D. (2009). Floodplain restoration along the Lower Danube: a climate change adaptation case study. *Climate and Development*, 1, 212-219.

Environmental Protection Agency (EPA). (2012). *Estuaries and Coastal Watersheds*. Washington D.C.: United States Environmental Protection Agency. Recuperado de: water.epa.gov/type/oceb/nep/index.cfm

Esselman, P. y Allan, J.D. (2011). Application of species distribution models and conservation planning software to the design of a reserve network for the riverine fishes of northeastern Mesoamerica. *Freshwater Biology*, 56, 71-88.

Etienne, M.; du Toit, D.R. y Pollard, S. (2011). ARDI: a co-construction method for participatory modeling in natural resources management. *Ecology and Society*, 16, 44.

Faleiro, F.V. y Loyola, R.D. (2013). Socioeconomic and political trade-offs in biodiversity conservation: a case study of the Cerrado Biodiversity Hotspot, Brazil. *Diversity and Distributions*, 19, 977-987.

Finlayson, C.M. y van der Valk, A.G. (1995). Wetland classification and inventory: a summary. *Vegetation*, 118, 185-192.

Woodroffe, C.D. (1996). Wetland vegetation. En: C.M. Finlayson y I. von Oertzen (eds.). *Landscape and Vegetation Ecology of the Kakadu Region, Northern Australia*, pp. 81-112. Dordrecht, Países Bajos: Kluwer Academic Publishers.

Davidson, N.; Pritchard, D.; Milton, G.R. y MacKay, H. (2011). The Ramsar Convention and ecosystem-based approaches to the wise use and sustainable development of wetlands. *Journal of International Wildlife Law & Policy*, 14, 176-198.

Davidson, N.C.; Spiers, A.G. y Stevenson, N.J. (1999). Global wetland inventory - current status and future priorities. *Marine and Freshwater Research*, 50: 717-727.

Fitzsimons, J.; Pulsford, I. y Wescott, G. (2013). Lessons from large-scale conservation networks in Australia. *Parks*, 19, 115-125.

Fleckenstein, J.; Anderson, M.; Fogg, G. y Mount, J. (2004). Managing surface water-groundwater to restore fall flows in the Cosumnes River. *Journal of Water Resources Planning and Management*, 130, 301-310.

Flitcroft, R.L.; Dedrick, D.C.; Smith, C.L.; Thieman, C.A. y Bolte, J.P. (2009). Social infrastructure to integrate science and practice: the experience of the Long Tom Watershed Council. *Ecology and Society*, 14(36). Recuperado de: www.ecologyandsociety.org/vol14/iss2/art36/

Freshwater Fish Specialist Group (FFSG). (2013). *Global Freshwater Fish Bioblitz*. Chester, Reino Unido: IUCN Freshwater Fish Specialist Group.

Froend, R. y Sommer, B. (2010). Phreatophytic vegetation response to climatic and abstraction-induced groundwater drawdown: examples of long-term spatial and temporal variability in community response. *Ecological Engineering*, 36, 1191-1200.

Ghosh, A.K.; Pattnaik, A.K. y Ballatore, T.J. (2006). Chilika Lagoon: restoring ecological balance and livelihoods through re-salinization. *Lakes y Reservoirs: Research y Management*, 11, 239-255.

Gilman, R.T.; Abell, R.A. y Williams, C.E. (2004). How can conservation biology inform the practice of integrated river basin management? *International Journal of River Basin Management*, 2, 135-148.

Global Biodiversity Information Facility (GBIF). (2014). Global Biodiversity Information Facility. Copenhague: GBIF Secretariat. Recuperado de: www.gbif.org/

Global Water Partnership (GWP). (2000). *Integrated Water Resources Management*. Estocolmo: Global Water Partnership.

Government of Queensland (2014). WetlandInfo. *Queensland Wetlands Program*. Brisbane, Australia: Government of Queensland. Recuperado de: wetlandinfo.ehp.qld.gov.au/wetlands/

Hadwen, W.L.; Boon, P.J. y Arthington, A.H. (2012). Aquatic ecosystems in inland Australia: tourism and recreational significance, ecological impacts and imperatives for management. *Marine and Freshwater Research*, 63, 325-340.

Haefner, A. (2013). Regional environmental security: cooperation and challenges in the Mekong subregion. *Global Change, Peace and Security*, 25, 27-41.

Hannah, L. (2010). A global conservation system for climate-change adaptation. *Conservation Biology*, 24(1), 70-77.

Hatton, T. y Evans, R. (1998). *Dependence of Ecosystems on Groundwater and its Significance to Australia*. Canberra: Land and Water Research and Development Corporation.

Helfield, J.M. y Naiman, R.J. (2006). Keystone interactions: salmon and bear in riparian forests of Alaska. *Ecosystems*, 9, 167-180.

Helmer, W.; Litjens, G.; Overmars, W.; Barneveld, H.; Kink, A.; Sterenburg, H. y Janssen, B. (1992). *Living Rivers*. Zeist, Países Bajos: WWF.

Hermoso, V.; Kennard, M.J. y Linke, S. (2012a). Integrating multidirectional connectivity requirements in systematic conservation planning for freshwater systems. *Diversity and Distributions*, 18, 448-458.

Linke, S.; Prenda, J. y Possingham, H.P. (2011). Addressing longitudinal connectivity in the systematic conservation planning of fresh waters. *Freshwater Biology*, 56, 57-70.

Ward, D.P. y Kennard, M.J. (2012b). Using water residency time to enhance spatio- temporal connectivity for conservation planning in seasonally dynamic freshwater ecosystems. *Journal of Applied Ecology*, 49, 1028-1035.

Herron, N.; Davis, R. y Jones, R. (2002). The effects of large-scale afforestation and climate change on water allocation in the Macquarie River catchment, NSW, Australia. *Journal of Environmental Management*, 65, 369-381.

Higgins, J.V.; Bryer, M.T.; Khoury, M.L. y FitzHugh, T.W. (2005). A freshwater classification approach for biodiversity conservation planning. *Conservation Biology*, 19, 432-445.

Hirji, R. y Davis, R. (2009). *Environmental Flows in Water Resources Policies, Plans, and Projects. Findings and recommendations*. Washington D.C.: The International Bank for Reconstruction and Development and The World Bank.

Hooijer, A.; Page, S.; Canadell, J.G.; Silvius, M.; Kwadijk, J.; Wösten, H. and Jauhiainen, J. (2010). Current and future CO_2 emissions from drained peatlands in Southeast Asia. *Biogeosciences*, 7(5), 1505-1514.

Horwitz, P.; Bradshaw, D.; Hopper, S.; Davies, P.; Froend, R. y Bradshaw, F. (2008). Hydrological change escalates risk of ecosystem stress in Australias threatened biodiversity hotspot. *Journal of the Royal Society of Western Australia*, 91, 1-12.

Howard, B.C. (2012, agosto 21). Salmon re-enter Olympic National Park river thanks to Elwha Dam removal. *National Geographic NewsWatch*. Recuperado de: newswatch.nationalgeographic.com/2012/08/21/salmon-enter-olympic-national-park-for-the-first-time-thanks-to-elwha-dam-removal/

Illueca, J. y Rast, W. (1996). Precious, finite and irreplaceable. *Our Planet* 8. Recuperado de: www.ourplanet.com/imgversn/83/rast.html

Intergovernmental Panel on Climate Change (IPCC). (2007). *Impacts, Adaptation and Vulnerability. Intergovernmental Panel on Climate Change. Climate Change 2007: Working Group II. Contribution to the Intergovernmental Panel on Climate Change Fourth Assessment Report.* Ginebra: Intergovernmental Panel on Climate Change.

International Ecosystem Management Partnership (IEMP). (2011). *Restoring the natural foundation to sustain a green economy.* UNEP Policy Series on Ecosystem Management No. 6. Nairobi: International Ecosystem Management Partnership, United Nations Environment Programme.

International Lake Environment Committee Foundation (ILEC). (2005). *Managing Lakes and their Basins for Sustainable Use: A report for lake basin managers and stakeholders.* Kusatsu, Japón: International Lake Environment Committee Foundation. Recuperado de: www.ilec.or.jp/en/pubs/p2/lbmi

International Union for Conservation of Nature (IUCN). (2003). *Guidelines for Application of IUCN Red List Criteria at Regional Levels: Version 3.0.* Gland y Cambridge: IUCN Species Survival Commission.

Ison, R. y Watson, D. (2007). Illuminating the possibilities for social learning in the management of Scotlands water. *Ecology and Society*, 12, 21. Recuperado de: www.ecologyandsociety.org/vol12/iss1/art21/

Jackson, R.B.; Jobbágy, E.G.; Avissar, R.; Roy, S.B.; Barrett, D.J.; Cook, C.W.; Farley, K.A.; le Maitre, D.C.; McCarl, B.A. y Murray, B.C. (2005). Trading water for carbon with biological carbon sequestration. *Science*, 310, 1944-1947.

Jeffres, C.A.; Opperman, J.J. y Moyle, P.B. (2008). Ephemeral floodplain habitats provide best growth conditions for juvenile Chinook salmon in a California river. *Environmental Biology of Fishes*, 83, 449-458.

Joosten, H. (2009). *The Global Peatland CO_2 Picture: Peatland status and drainage related emissions in all countries of the world.* Waganingen, Países Bajos: Greifswald University and Wetlands International.

Clarke, D. (2002). *Wise Use of Mires and Peatlands: Background and principles including a framework for decision-making.* Saarijärvi, Finlandia: International Mire Conservation Group and International Peat Society.

Tapio-Biström, M.L. y Tol, S. (eds.). (2012). *Peatlands: Guidance for climate change mitigation through conservation, rehabilitation and sustainable use.* Roma, Italia y Ede, Países Bajos: FAO y Wetlands International.

Junk, W.J. y Nunes da Cunha, C. (2012). Wetland management challenges in the South-American Pantanal and the international experience. En: A.A.R. Loris (ed.). *Tropical Wetland Management: The South-American Pantanal and the international experience*, pp. 315-332. Farnham, Reino Unido: Ashgate.

Nunes da Cunha, C.; Wantzen, K.M.; Petermann, P.; Strüssmann, C.; Marques, M.I. y Adis, J. (2006). Biodiversity and its conservation in the Pantanal of Mato Grosso, Brazil. *Aquatic Sciences*, 68, 278-309.

Kakadu Board of Management. (2007). *Kakadu National Park Management Plan 2007-2014.* Canberra: Government of Australia.

Khoury, M.; Higgins, J. y Weitzell, R. (2011). A freshwater conservation assessment of the Upper Mississippi River basin using a coarse-and fine-filter approach. *Freshwater Biology*, 56, 162-179.

King, J. y Brown, C. (2010). Integrated basin flow assessments: concepts and method development in Africa and South-East Asia. *Freshwater Biology*, 55, 127-146.

Brown, C. y Sabet, H. (2003). A scenario-based holistic approach to environmental flow assessments for rivers. *River Research and Applications*, 19(5-6), 619-639.

Kingsford, R.T.; Biggs, H.C. y Pollard, S.R. (2011). Strategic adaptive management in freshwater protected areas and their rivers. *Biological Conservation*, 144, 1194-1203.

Kleinschmidt Associates. (2008). *Cosumnes River Preserve Management Plan.* Galt, Estado Unidos: Cosumnes River Preserve.

Knight, A.T.; Grantham, H.S.; Smith, R.J.; McGregor, G.K.; Possingham, H.P. y Cowling, R.M. (2011). Land managers willingness-to-sell defines conservation opportunity for protected area expansion. *Biological Conservation*, 144, 2623-2630.

Kotze, D.C.; Klug, J.R.; Hughes, J.C. y Breen, C.M. (1996). Improved criteria for classifying hydric soils in South Africa. *South African Journal of Plant and Soil*, 13(3), 67-73.

Kumar, R. y Pattnaik, A.K. (2012). *Chilika: An integrated management planning framework for conservation and wise use*. Nueva Delhi y Bhubaneswar, India: Wetlands International - South Asia and Chilika Development Authority.

Laizé, C.L.R.; Acreman, M.C.; Schneider, C.; Dunbar, M.J.; Houghton-Carr, H.A.; Flörke, M. y Hannah, D.M. (2014). Projected flow alteration and ecological risk for pan-European rivers. *River Research and Applications*, 30, 299-314.

Lehner, B. y Döll, P. (2004). Development and validation of a global database of lakes, reservoirs and wetlands. *Journal of Hydrology*, 296, 1-22.

Lindloff, S. (2000). *Dam Removal: A citizens guide to restoring rivers*. Madison y Arlington, Estados Unidos: River Alliance of Wisconsin and Trout Unlimited.

Linke, S.; Kennard, M.J.; Hermoso, V.; Olden, J.D.; Stein, J. y Pusey, B.J. (2012). Merging connectivity rules and large-scale condition assessment improves conservation adequacy in river systems. *Journal of Applied Ecology*, 49, 1036-1045.

Loneragan, N.R. y Bunn, S.E. (1999). River flows and estuarine ecosystems: implications for coastal fisheries from a review and a case study of the Logan River, southeast Queensland. *Australian Journal of Ecology*, 24, 431-440.

Lukasiewicz, A.; Finlayson, C.M. y Pittock, J. (2013). *Incorporating Climate Change Adaptation into Catchment Management: A user guide*. Albury, Australia: Charles Sturt University.

McFarlane, D.; Strawbridge, M.; Stone, R. y Paton, A. (2012). Managing groundwater levels in the face of uncertainty and change: a case study from Gnangara. *Water Science and Technology: Water Supply*, 12, 321-328.

Matthews, J.H.; Wickel, B.A. y Freeman, S. (2011). Converging currents in climate-relevant conservation: water, infrastructure, and institutions. *PLoS Biology*, 9, 1001-1159.

Micklin, P. y Aladin, N.V. (2008). Reclaiming the Aral Sea. *Scientific American*, 298, 64-71.

Millennium Ecosystem Assessment (MEA). (2005). *Ecosystems and Human Well-Being: Wetlands and water synthesis*. Washington D.C.: World Resources Institute.

Miller, C. (2005). *The Snowy River Story: The grassroots campaign to save a national icon*. Sydney: ABC Books.

Mohapatra, A.; Mohanty, R.K.; Mohanty, S.K.; Bhatta, K.S. y Das, N.R. (2007). Fisheries enhancement and biodiversity assessment of fish, prawn and mud crab in Chilika lagoon through hydrological intervention. *Wetlands Ecology and Management*, 15, 229-251.

Moilanen, A.; Leathwick, J.R. y Quinn, J.M. (2011). Spatial prioritization of conservation management. *Conservation Letters*, 4, 383-393.

Mosisch, T.D. y Arthington, A.H. (1998). A review of literature examining the effects of water-based, powered recreational activities on lakes and rivers. *Lakes and Reservoirs: Research and Management*, 3, 1-17.

Naiman, R.J.; Decamps, H. y Pollock, M. (1993). The role of riparian corridors in maintaining regional biodiversity. *Ecological Applications*, 3, 209-212.

Nakamura, M. y Rast, W. (2011). *Development of ILBM Platform Process: Evolving guidelines through participatory improvement*. Kusatsu, Japan: ILEC.

(2012). *Primer: Development of ILBM Platform Process - Evolving guidelines through participatory improvement.* Kusatsu, Japón: International Lake Environment Committee y Research Centre for Sustainability and Environment, Shiga University.

Yoshihiko, O.; Michio, A. y Moriyasu, K. (2012). Evolving history of Lake Biwa and Yodo River basin management. En: H. Kawanabi, M. Nishino y M. Maehata (eds.). *Lake Biwa: Interactions between Nature and People*, pp. 371-417. Dordrecht, Países Bajos: Springer.

Nel, J.L.; Reyers, B.; Roux, D.J.; Impson, N.D. y Cowling, R.M. (2011). Designing a conservation area network that supports the representation and persistence of freshwater biodiversity. *Freshwater Biology*, 56, 106-124.

Nirupama, N. y Simonovic, S.P. (2007). Increase of flood risk due to urbanisation: a Canadian example. *Natural Hazards*, 40, 25-41.

Nunes da Cunha, C. y Junk, W.J. (2011). A preliminary classification of habitats of the Pantanal of Mato Grosso and Mato Grosso do Sul, and its relation to national and international classification systems. En: W.J. Junk, C.J. da Silva, C. Nunes da Cunha y K.M. Wantzen (eds.). *The Pantanal: Ecology, biodiversity and sustainable management of a large neotropical seasonal wetland*, pp. 127-141. Sofía: Pensoft.

Olden, J.D. y Naiman, R.J. (2009). Incorporating thermal regimes into environmental flows assessments: modifying dam operations to restore freshwater ecosystem integrity. *Freshwater Biology*, 55, 86-107.

(2010). Incorporating thermal regimes into environmental flows assessments: modifying dam operations to restore freshwater ecosystem integrity. *Freshwater Biology*, 55(1), 86-107.

Palmer, M.A.; Reidy Liermann, C.A.; Nilsson, C.; Flörke, M.; Alcamo, J.; Lake, P.S. y Bond, N. (2008). Climate change and the worlds river basins: anticipating management options. *Frontiers in Ecology and the Environment*, 6, 81-89.

Parmesan, C. (2006). Ecological and evolutionary responses to recent climate change. *Annual Review of Ecology, Evolution, and Systematics*, 637-669.

Duarte, C.; Poloczanska, E.; Richardson, A.J. y Singer, M.C. (2011). Overstretching attribution. *Nature Climate Change*, 1, 2-4.

Pearson, R.G. (2007). *Species Distribution Modelling for Conservation Educators and Practitioners: Synthesis*. Nueva York: American Museum of Natural History. Recuperado de: ncep.amnh.org

Perissinotto, R.; Stretch, D.D. y Taylor, R.H. (eds.). (2013). *Ecology and Conservation of Estuarine Ecosystems: Lake St. Lucia as a global model.* Nueva York: Cambridge University Press.

Pittock, J. y Finlayson, C.M. (2011). Australias Murray-Darling Basin: freshwater ecosystem conservation options in an era of climate change. *Marine and Freshwater Research*, 62, 232-243.

Finlayson, C.M. y Howitt, J.A. (2012). Beguiling and risky: "environmental works and measures" for wetlands conservation under a changing climate. *Hydrobiologia*, 708, 111-131.

Finlayson, C.M.; Gardner, A. y McKay, C. (2010). Changing character: the Ramsar Convention on Wetlands and climate change in the Murray Basin. *Environmental and Planning Law Journal*, 27, 401-425.

Hartmann, J. (2011). Taking a second look: climate change, periodic re-licensing and better management of old dams. *Marine and Freshwater Research*, 62, 312-320.

Hussey, K. y McGlennon, S. (2013). Australian climate. Energy and water policies: conflicts and synergies. *Australian Geographer*, 44, 3-22.

Poff, N. L. y Matthews, J.H. (2013). Environmental flows in the Anthropocence: past progress and future prospects. *Current Opinion in Environmental Sustainability*, 5, 667-675.

Richter, B.D.; Arthington, A.H.; Bunn, S.E.; Naiman, R.J.; Kendy, E.; Acreman, M.; Apse, C.; Bledsoe, B.P.; Freeman, M.C.; Henriksen, J.; Jacobson, R.B.; Kennen, J.G.; Merritt, D.M.; OKeeffe, J.H.; Olden, J.D.; Rogers, K.; Tharme, R.E. y Warner, A. (2010). The ecological limits of hydrologic alteration (ELOHA): a new framework for developing regional environmental flow standards. *Freshwater Biology*, 55, 147-170.

Pollard, S. y du Toit, D. (2011). Towards adaptive integrated water resources management in southern Africa: the role of self-organisation and multi-scale feedbacks for learning and responsiveness in the Letaba and Crocodile catchments. *Water Resources Management*, 25, 4019-4035.

Porter, I.C. y Shivakumar, J. (2010). *Doing a Dam Better: The Lao Peoples Democratic Republic and the story of Nam Theun 2 (NT2).* Washington D.C.: The World Bank.

Postel, S. y Richter, B. (2003). *Rivers for Life: Managing water for people and nature.* Washington D.C.: Island Press.

Postel, S.L. y Thompson, B.H. (2005). Watershed protection: capturing the benefits of natures water supply services. *Natural Resources Forum*, 29, 98-108.

Rahel, F.J.; Bierwagen, B. y Taniguchi, Y. (2008). Managing aquatic species of conservation concern in the face of climate change and invasive species. *Conservation Biology*, 22, 551-561.

Ramsar. (2002). *Guidelines for Global Action on Peatlands (GAP).* Gland: Ramsar Convention Secretariat.

(2005). *Resolution IX.4: The Ramsar Convention and conservation, production and sustainable use of fisheries resources.* Gland: Ramsar Convention Secretariat.

(2008). *Strategic Framework and Guidelines for the Future Development of the List of Wetlands of International Importance of the Convention on Wetlands.* Gland: Ramsar Convention Secretariat.

(2009a). *Convention on Wetlands of International Importance Especially as Waterfowl Habitat. Ramsar (Iran). 2 February 1971. UN Treaty Series No. 14583. As amended by the Paris Protocol, 3 December 1982, and Regina Amendments, 28 May 1987.* Gland: Ramsar Convention Secretariat.

(2009b). *Information sheet on Ramsar wetlands (RIS).* Gland: Ramsar Convention Secretariat.

(2011). *The Ramsar Handbooks for the Wise Use of Wetlands*, 4ª ed. Gland: Ramsar Convention Secretariat.

Richardson, S.; Irvine, E.; Froend, R.; Boon, P.; Barber, S. y Bonneville, B. (2011a). *Australian groundwater-dependent ecosystems toolbox part 1: assessment framework.* Waterlines Report Series 69. Canberra: National Water Commission.

(2011b). *Australian groundwater-dependent ecosystems toolbox part 2: assessment tools.* Waterlines Report Series 70. Canberra: National Water Commission.

Richter, B.D.; Baumgartner, J.V.; Powell, J. y Braun, D.P. (1996). A method for assessing hydrologic alteration within ecosystems. *Conservation Biology*, 10, 1163-1174.

Warner, A.T.; Meyer, J.L. y Lutz, K. (2006). A collaborative and adaptive process for developing environmental flow recommendations. *River Research and Applications*, 22, 297-318.

Roux, D.J.; Ashton, P.J.; Nel, J.L. y MacKay, H.M. (2008). Improving cross-sector policy integration and cooperation in support of freshwater conservation. *Conservation Biology*, 22, 1382-1387.

Russi, D.; Ten Brink, P.; Farmer, A.; Badura, T.; Coates, D.; Förster, J.; Kumar, R. y Davidson, N. (2013). *The Economics of Ecosystems and Biodiversity for Water and Wetlands.* Londres y Bruselas: IEEP.

Sadoff, C.; Greiber, T.; Smith, M. y Bergkamp, G. (2008). *Share: Managing water across boundaries.* Gland: IUCN.

Sheldon, A.L. (1988). Conservation of stream fishes: patterns of diversity, rarity, and risk. *Conservation Biology*, 2, 149-156.

Shiklomanov, I.A. (1993). World fresh water resources. En: P.H. Gleick (ed.). *Water in Crisis*, pp. 13-24. Oxford: Oxford University Press.

Sommer, B. y Froend, R. (2011). Resilience of phreatophytic vegetation to groundwater drawdown: is recovery possible under a drying climate? *Ecohydrology*, 4, 67-82.

Froend R.H. (2014). Alternative states of phreatophytic vegetation in a drying Mediterranean-type landscape. *Journal of Vegetation Science*, 25, 1045-1155.

Spackman, S.C. y Hughes, J.W. (1995). Assessment of minimum stream corridor width for biological conservation: species richness and distribution along mid-order streams in Vermont, USA. *Biological Conservation*, 71, 325-332.

Tennant, D.L. (1976). Instream flow regimens for fish, wildlife, recreation and related environmental resources. *Fisheries*, 1, 6-10.

Tharme, R.E. (2003). A global perspective on environmental flow assessment: emerging trends in the development and application of environmental flow methodologies for rivers. *River Research and Applications*, 19, 397-441.

Tockner, K.; Bunn, S.E.; Gordon, C.; Naiman, R.J.; Quinn, C.P.; Standord, J. y Polunin, N. (2008). Flood plains: critically threatened ecosystems. En: N. Polunin (ed.). *Aquatic Ecosystems: Trends and global prospects*, pp. 45-61. Cambridge: Cambridge University Press.

Turner, L.; Tracey, D.; Tilden, J. y Dennison, W.C. (2004). *Where River Meets Sea: Exploring Australias estuaries*. Cooperative Research Centre for Coastal Zone. Brisbane, Australia: Estuary and Waterway Management.

Turpie, J.K. y Clark, B.M. (2007). *The Health Status, Conservation Importance, and Economic Value of Temperate South African Estuaries and Development of a Regional Conservation Plan*. AEC/07/01. Ciudad del Cabo: Anchor Environmental Consultants.

Sihlope, N.; Carter, A.; Maswime, T. y Hosking, S. (2007). Maximising the socio-economic benefits of estuaries through integrated planning and management: a rationale and protocol for incorporating and enhancing estuary values in planning and management. En: *Profiling estuary management in integrated development planning in South Africa with particular reference to the Eastern Cape Province*, Appendix 1. Water Research Commission Publication 1485/1/07. Pretoria, Sudáfrica: Water Research Commission.

Van Dijk, A.I.J.M. y Keenan, R.J. (2007). Planted forests and water in perspective. *Forest Ecology and Management*, 251, 1-9.

Van Niekerk, L. y Turpie, J.K. (eds.). (2012). *South African National Biodiversity Assessment 2011: Technical report. Volume 3: Estuary component*. Stellenbosch, Sudáfrica: Council for Scientific and Industrial Research.

Vörösmarty, C.J.; McIntyre, P.B.; Gessner, M.O.; Dudgeon, D.; Prusevich, A.; Green, P.; Glidden, S.; Bunn, S.E.; Sullivan, C.A.; Liermann, C.R. y Davies, P.M. (2010). Global threats to human water security and river biodiversity. *Nature*, 467, 555-561.

Ward, J.V. (1989). The four-dimensional nature of lotic ecosystems. *Journal of the North American Benthological Society*, 8, 2-8.

Warner, J.F.; van Buuren, A. y Edelenbos, J. (eds.). (2013). *Making Space for the River: Governance experiences with multifunctional river flood management in the US and Europe*. Londres: IWA Publishing.

Whipple, A. (2012). *Sacramento-San Joaquin Delta Historical Ecology Investigation: Exploring pattern and process*. Richmond, Estados Unidos: San Francisco Estuary Institute.

Whitfield, A.K.; Bate, G.C.; Adams, J.B.; Cowley, P.D.; Froneman, P.W.; Gama, P.T.; Strydom, N.A.; Taljaard, S.; Theron, A.K.; Turpie, J.K.; van Niekerk, L. y Wooldridge, T.H. (2012). A review of the ecology and management of temporarily open/closed estuaries in South Africa, with particular emphasis on river flow and mouth state as primary drivers of these systems. *African Journal of Marine Science*, 34, 163-180.

World Wide Fund for Nature (WWF). (2003). *Managing Rivers Wisely: Lessons from WWFs work for integrated river basin management.* Gland: WWF.

Wyborn, C. (2011). Landscape scale ecological connectivity: Australian survey and rehearsals. *Pacific Conservation Biology*, 17, 121-131.

CAPÍTULO 20

GESTIÓN DE ÁREAS MARINAS PROTEGIDAS

Autores principales:
Jon C. Day, Dan Laffoley y Katherine Zischka

Autores de apoyo:
Paul Gilliland, Kristina Gjerde, Peter J.S. Jones, John Knott, Laurence McCook, Amy Milam, Peter J. Mumby y Aulani Wilhelm

Contenido

IUCN WCPA WORLD COMMISSION ON PROTECTED AREAS Convention on Biological Diversity

AUTORES PRINCIPALES

JON DAY fue director de conservación del patrimonio en la Autoridad del Parque Marino de la Gran Barrera de Coral y ahora es estudiante de doctorado en el Centro de Excelencia para Estudios de Arrecifes de Coral del Consejo de Investigación de Australia, Universidad James Cook, Australia.

DAN LAFFOLEY es asesor senior de Conservación y Ciencias Marinas del Programa Global Marino y Polar de la Unión Internacional para la Conservación de la Naturaleza (UICN), y vicepresidente de áreas marinas de la Comisión Mundial de Áreas Protegidas (CMAP) de la UICN, Reino Unido.

KATHERINE ZISCHKA es consultora de investigación marina, miembro de la CMAP de la UICN y ha trabajado en investigación, conservación, incidencia y gestión de los mares.

AUTORES DE APOYO

PAUL GILLILAND es director de planeación del medio marino en la Organización de Administración Marina, Cambridge, Reino Unido.

KRISTINA GJERDE es asesora senior de alta mar del Programa Global Marino y Polar de la UICN, EE.UU.

PETER J.S. JONES es profesor titular en el Departamento de Geografía del Colegio Universitario de Londres, Reino Unido.

JOHN KNOTT es director de Knott and Associates, Hall, Territorio de la Capital Australiana, Australia.

LAURENCE McCOOK es gerente de conservación y resiliencia de ecosistemas, Autoridad del Parque Marino de la Gran Barrera de Coral, Australia.

AMY MILAM es oficial del Programa de Áreas Protegidas en el Centro Mundial de la Vigilancia de la Conservación del Programa de las Naciones Unidas para el Medio Ambiente (CMVC-PNUMA), Cambridge, Reino Unido.

PETER J. MUMBY es profesor en el laboratorio de ecología espacial marina de la Universidad de Queensland, Australia.

AULANI WILHELM es superintendente del Monumento Nacional Marino Papahānaumokuākea, Oficina Nacional de Administración Oceánica y Atmosférica, EE.UU.

AGRADECIMIENTOS

Agradecemos la ayuda de todos los autores de apoyo mencionados y de los autores de los estudios de caso y de los cuadros (Michael Coyle, Fanny Douvere, Charles Ehler, Erich Hoyt, Paul Marshall, Giuseppe Notarbartolo di Sciara, David Obura, John Roff y Rod Salm), así como a John Baxter y Graeme Worboys por sus comentarios sobre los primeros borradores del documento.

CITACIÓN

Day, J. C.; Laffoley, D. y Zischka, K. (2019). Gestión y manejo de áreas marinas protegidas. En: G.L. Worboys, M. Lockwood, A. Kothari, S. Feary e I. Pulsford (eds.). *Gobernanza y manejo de áreas protegidas*, pp. 651-696. Bogotá: Editorial Universidad El Bosque y ANU Press.

FOTOGRAFÍA DE LA PÁGINA DEL TÍTULO

Vista aérea del Parque Marino de la Gran Barrera de Coral, Australia
Fuente: © Autoridad del Parque Marino de la Gran Barrera de Coral

Introducción

A nivel mundial, la protección de áreas marinas ha sido una iniciativa relativamente reciente en comparación con el uso de áreas protegidas para la conservación terrestre y la gestión de recursos. Los océanos cubren el 70% de la superficie de la Tierra y contienen el 97% del agua del planeta. Asimismo, controlan el estado del tiempo y el clima, regulan la temperatura, generan gran parte del oxígeno en la atmósfera, absorben gran parte del dióxido de carbono y reabastecen el agua dulce tanto en la tierra como en el mar a través de la formación de nubes. Los océanos representan más del 90% del hábitat biológicamente útil del planeta y contienen la mayor parte de la vida en la Tierra, incluidos casi todos los principales grupos de animales, plantas y microorganismos. Este sistema de vida acuática es fundamental para el funcionamiento de nuestro mundo. Los océanos suministran alimentos, brindan oportunidades de esparcimiento y generan miles de millones de dólares para las economías nacionales.

En las últimas décadas, en todo el mundo se han realizado considerables esfuerzos para establecer áreas marinas protegidas (AMP). Cada vez se entiende mejor la necesidad de hacer mucho más para gestionar adecuadamente nuestro uso de las costas, los mares y los océanos a fin de garantizar la sostenibilidad económica y ambiental. Existe una comprensión emergente de que una protección efectiva del mar requiere que identifiquemos y protejamos ejemplos representativos de los hábitats marinos, en lugar de tratar de proteger especies amenazadas específicas o áreas especiales o paisajísticas (Day y Roff, 2000). Para ser eficaz en la protección de la biodiversidad marina, este enfoque debe aplicarse en aguas alejadas de las costas y en mar abierto, así como en las zonas costeras y cercanas a la costa.

En este capítulo describimos el avance en el establecimiento de áreas marinas protegidas a lo largo de los océanos del mundo, consideramos los diversos tipos de áreas marinas protegidas y sus beneficios, y describimos los aspectos clave de su gestión y gobernanza.

Arrecife de Coral, Área de Conservación de Múltiples Usos de Ha'apai, Reino de Tonga
Fuente: Katherine Zischka

Avances en el establecimiento de áreas marinas protegidas

En el caso de los océanos, hasta hace poco más de cien años se logró un pequeño progreso en su protección, cuando en Australia se declararon las primeras AMP del mundo. La más antigua de estas áreas –el Parque Nacional Real, parte del cual incluye un gran canal de marea– está ubicada en las afueras del sur de Sídney y fue designada en 1879. La mayoría de estas AMP iniciales se centraban en la protección de especies icónicas o hábitats especiales en lugar de un enfoque basado en los ecosistemas. Lo que algunos llaman la primer AMP "apropiada" del mundo para los ecosistemas fue el Monumento Nacional Fort Jefferson en Florida, EE.UU., un sitio marino costero designado en 1935.

No obstante, el mayor impulso para las AMP surgió mucho más tarde con el Congreso Mundial de Parques en 1962 y una reunión de seguimiento en 1982 en la que se hacía un llamado a la incorporación de sitios marinos, costeros y de agua dulce en la red mundial de áreas protegidas. El movimiento por las AMP creció a partir de ese punto, al reconocerse que la demanda para alimentar a una población mundial en constante aumento estaba superando el suministro de bienes y

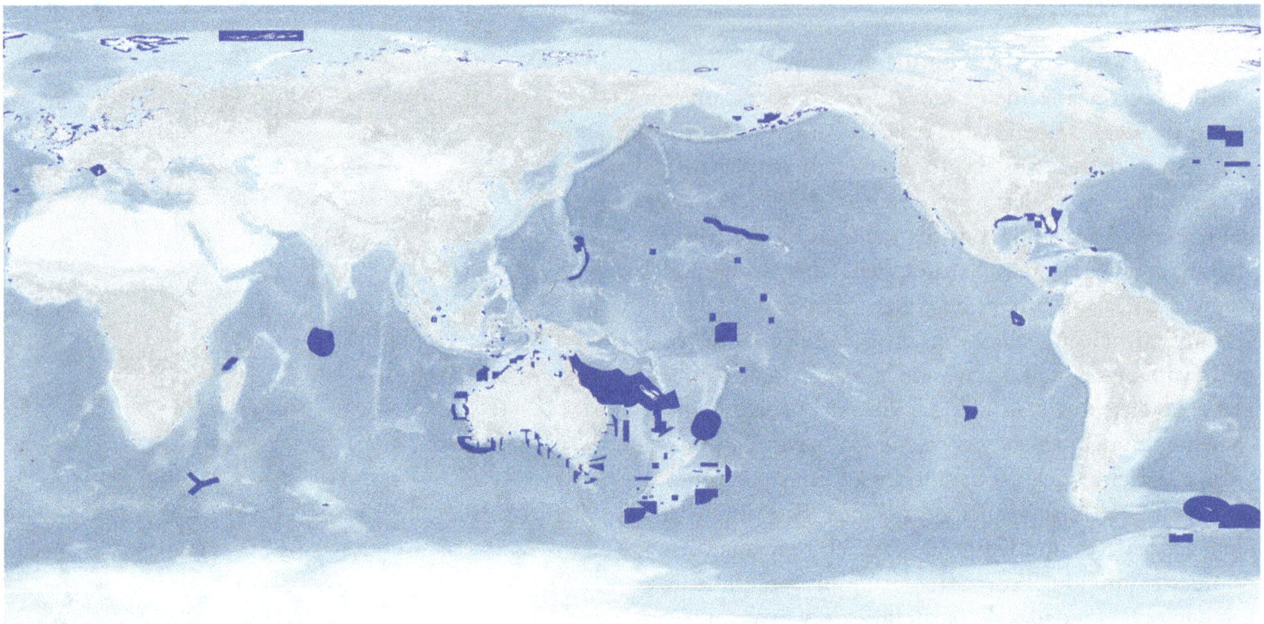

Figura 20.1 Extensión global de las áreas marinas protegidas (AMP). Las AMP cubren aproximadamente el 3,4% de los océanos de la Tierra. Respecto a las jurisdicciones nacionales (cero a doce millas náuticas), estas cubren el 8,4%, y las zonas económicas exclusivas (doce a doscientas millas náuticas) cubren el 8,0% (UNEP-WCMC, 2014)

Fuente: IUCN y UNEP-WCMC, 2014

servicios del océano. Además, la Convención de las Naciones Unidas sobre el Derecho del Mar de 1982 (CONVEMAR), que es el marco fundamental para la gobernanza de los mares a nivel mundial, obligó a todos los Estados a proteger y preservar el medio ambiente marino.

En 1995, una serie de cuatro volúmenes recomendó una red globalmente representativa de AMP (GBRMPA *et al.,* 1995); este fue el primer enfoque global real sobre la protección marina por medio de las AMP, y en el año 2000 fue seguido por una guía para encargados de la planeación y administradores de las AMP (Salm *et al.,* 2000). La Cumbre Mundial sobre el Desarrollo Sostenible (CMDS) en 2002 instó al establecimiento de redes de AMP antes de 2012 (UN, 2002). Para apoyar aun más este objetivo, cuatro años después, el Convenio sobre la Diversidad Biológica (CDB) de las Naciones Unidas reforzó la decisión de la CMDS al establecer un objetivo global para que en 2012 al menos el 10% de cada una de las regiones ecológicas marinas del mundo se conservara de manera eficaz (CBD, 2004). En 2003, las recomendaciones del quinto Congreso Mundial de Parques de la Unión Internacional para la Conservación de la Naturaleza (UICN) ampliaron esto para "establecer en 2012 un sistema mundial representativo de redes de áreas marinas protegidas y costeras gestionadas de manera eficaz" (IUCN WCPA, 2003b, p. 191), lo cual se incluyó en el plan estratégico del CDB 2011-2020 (CBD, 2011).

Aunque es posible que las escalas de tiempo se cambiaran recientemente, estos siguen siendo los principales objetivos mundiales para las AMP. Después de establecer el objetivo global inicial para 2012 de conservar de manera eficaz al menos el 10% de cada una de las regiones ecológicas marinas del mundo, una década después el mundo reconoció que el objetivo del 10% no se lograría y la fecha límite se pospuso hasta 2020, con un texto revisado:

> Para 2020, al menos el 17% de las zonas terrestres y de aguas continentales y el 10% de las zonas marinas y costeras, especialmente aquellas de particular importancia para la diversidad biológica y los servicios de los ecosistemas, se conservan por medio de sistemas de áreas protegidas administrados de manera eficaz y equitativa, ecológicamente representativos y bien conectados y otras medidas de conservación efectivas basadas en áreas, y están integradas en los paisajes terrestres y marinos más amplios (CBD, 2011).

Al incluir los servicios ecosistémicos y declarar que la protección basada en áreas debe gestionarse de una manera eficaz y equitativa, y ecológicamente representativa, la Meta 11 de Aichi se ha convertido en un objetivo mucho más importante para el mundo (Figura 20.1). La meta no solo es más significativa para el océano sino también más alcanzable, y para los países implica un esfuerzo impulsado científicamente que es culturalmente incluyente y equilibrado; sin embargo, todavía no hay una guía para que los países garanticen que sus esfuerzos de conservación contribuyen a las nuevas metas revisadas, que ahora incluyen el 10% de las áreas marinas. Esta falta de claridad deja que cada país miembro descifre lo que esto significa dentro de los respectivos contextos políticos.

A pesar del crecimiento evidente en la red de AMP, todavía estamos muy por debajo del objetivo del 10% para los océanos de todo el mundo. La razón es que el crecimiento de la protección marina se ha producido principalmente en las zonas cercanas a las costas (Spalding *et al.*, 2014). Del 3,4% del océano actualmente protegido en todo el mundo, la proporción más grande todavía se concentra en los mares territoriales (dentro de las doce millas náuticas desde la línea de costa). Más allá de este punto, la protección cae bruscamente en zonas económicas exclusivas (ZEE) (hasta doscientas millas náuticas) y se reduce aún más en alta mar, más allá de la jurisdicción nacional (Toropova *et al.*, 2010). De acuerdo con estas estadísticas, para alcanzar el objetivo marino del 10% solo en áreas bajo la jurisdicción nacional (cero a doscientas millas náuticas), se estima que para 2020 tendrá que protegerse un adicional de 6,5 millones de kilómetros cuadrados de áreas marinas y costeras.

Aunque existe una constante preocupación sobre cómo y cuándo se cumplirá la Meta de Aichi para las AMP, el mundo continúa haciendo progresos significativos para alcanzar niveles cada vez más altos de protección de los mares. Toropova *et al.* (2010) mostraron que en siete años la red de AMP había crecido en un 150%. En términos de representatividad ecológica, estimados recientes indican que el 59% de las 232 ecorregiones marinas aún tiene menos del 1% de su área protegida (Bertzky *et al.*, 2012).

Hay indicios de que el nivel actual de protección marina podría estar empezando a equilibrarse, ya que el número y la extensión de las AMP, incluidas las AMP muy grandes alejadas de las costas y las AMP con el apoyo de la comunidad, han aumentado rápidamente en los últimos años y en los próximos años se planea el establecimiento de 3,6 millones de kilómetros cuadrados adicionales de reservas marinas (Pala, 2013).

Tipos de áreas marinas protegidas

Categorías de la UICN y las áreas marinas protegidas

Entonces, ¿qué cuenta como un AMP? Tal como se mencionó anteriormente en este libro, de acuerdo con la definición de la UICN, un área protegida debe tener la conservación de la naturaleza como objetivo principal. Esta definición, al igual que lo hace para las áreas protegidas terrestres, sienta las bases para definir las AMP. Otros valores existentes pueden tener una importancia similar, pero en caso de algún conflicto entre los valores, la conservación de la naturaleza debe considerarse lo más importante. Por lo tanto, un sitio puede considerarse un AMP siempre que:

1. Tenga límites definidos que puedan mapearse.
2. Sea reconocida por medios legales u otros medios efectivos.
3. Tenga objetivos de gestión definidos e inequívocos que pueden asignarse a una categoría de área protegida en particular.

En Dudley (2008) se establecen los seis tipos de categorías de gestión y los cuatro tipos de gobernanza (véanse los Capítulos 2 y 7).

Al igual que en la tierra, en el mar existen muchas áreas administradas que protegen la biodiversidad de manera indirecta, incidental o fortuita. De hecho, un principio del enfoque ecosistémico del CDB es que toda gestión de la tierra y el agua debe contribuir a la conservación y, como resultado, a veces no es fácil distinguir entre lo que es y lo que no es un área protegida; no obstante, tales áreas no necesariamente cumplen con la definición de área protegida de la UICN.

Este es particularmente el caso en el medio marino, donde es frecuente que la planeación espacial y la gestión de las actividades no tengan un objetivo o un interés declarado respecto a la conservación de la naturaleza; este es solo un vínculo incidental. Mientras que algunas áreas pueden ser relativamente fáciles de clasificar, otras pueden ser más difíciles, y los siguientes tipos de medidas basadas en áreas no son necesariamente AMP:

- Áreas de ordenamiento pesquero (temporales o permanentes) sin objetivos de conservación más amplios.

Cuadro 20.1 Ejemplos áreas marinas conservadas por la comunidad

En muchas partes del mundo, los pueblos indígenas y las comunidades locales administran las áreas marinas y costeras de formas que ayudan a garantizar la conservación. Tales TICCA incluyen:

- En Fiyi, 149 áreas marinas manejadas localmente (*Locally Managed Marine Areas*, LMMA), que están gobernadas por comunidades y reconocidas por ley, conforman todas las AMP de Fiji, que cubren 1,77 millones de hectáreas (más del 50% del área marina costera del país).
- En Madagascar, dieciséis LMMA de diferentes tamaños cubren 394.000 hectáreas.
- En Kenia, algunas comunidades de pescadores administran varias áreas de arrecifes cercanos a la costa en virtud de la Ley de Pesca, la cual permite la creación de Unidades de Manejo de Playas para desarrollar y aplicar normas que rijan sus pesquerías, incluida la demarcación de límites y la exclusión de no miembros ajenos al área.
- En Japón se han documentado más de mil áreas marinas protegidas o conservadas, incluidas 387 AMP comunitarias autoimpuestas donde no se permite la captura.
- En Costa Rica hay un número creciente de "áreas marinas de pesca responsable" donde las comunidades de pescadores están autorizadas a establecer normas locales y hacerlas cumplir.
- En España, unas doscientas treinta cofradías rigen los TICCA marinos. Las cofradías son antiguos órganos de gobernanza local que gestionan el uso común de todas las pesquerías profesionales en las costas del país.
- En Australia, Canadá, Filipinas y otros países, varios territorios indígenas reconocidos o en proceso de reconocimiento cubren áreas marinas cruciales para la conservación de la biodiversidad.
- Las comunidades protegen los sitios de anidación de las tortugas marinas en Chile, Costa Rica, Surinam y varios países del sur de Asia; en Surinam también se benefician de dicha protección otras especies marinas, incluido el manatí del caribe (*Trichechus manatus*).

Fuente: Kothari *et al.*, 2012

Área marina administrada localmente en Laitoko Village, Islas Salomón

Fuente: Hugh Govan

- Áreas comunitarias administradas principalmente para la extracción sostenible de productos marinos (como coral, peces y conchas).
- Sistemas de gestión marina y costera administrados principalmente para el turismo, lo cual también incluyen zonas de interés para la conservación.
- Parques eólicos y plataformas petrolíferas que incidentalmente ayudan a aumentar la biodiversidad alrededor de las estructuras submarinas al excluir la pesca y el tránsito de otros buques.

Dados los desafíos en interpretar a Dudley (2008) respecto a las AMP, en 2012 se emitieron directrices complementarias para garantizar que las categorías de la UICN pudieran aplicarse de manera efectiva a todos los tipos de AMP, así como a cualquiera de los componentes marinos de las áreas protegidas terrestres adyacentes (Day *et al.*, 2012). Aunque las directrices están destinadas principalmente a los responsables de la formulación de políticas, también pueden ayudar a los administradores de las AMP a comprender los objetivos de gestión de la categoría a la que se asignó un AMP y de este modo orientar la planeación y la implementación.

Territorios y áreas marinas conservados por pueblos indígenas y comunidades locales

Los Territorios y Áreas Conservados por Pueblos Indígenas y Comunidades Locales (TICCA) están definidos por la UICN como "ecosistemas naturales o modificados que contienen importantes valores de biodiversidad, funciones y beneficios ecológicos, y valores culturales voluntariamente conservados

Vida de corales y arrecifes, Parque Marino de la Gran Barrera de Coral, Australia
Fuente: © Autoridad del Parque Marino de la Gran Barrera de Coral

por pueblos indígenas y comunidades locales tanto sedentarias como móviles –por medio de leyes consuetudinarias u otros medios efectivos–" (Corrigan y Granziera, 2010, p. 1).

Al igual que con otros tipos de gobernanza, las áreas comunitarias administradas principalmente para la extracción sostenible de productos marinos no se considerarán AMP según la definición de la UICN, a menos que el principal objetivo declarado del régimen de gestión sea la conservación de la naturaleza.

Muchas comunidades costeras han establecido TICCA en ecosistemas marinos (Cuadro 20.1). El Registro de los TICCA es un portal de información en línea y una base de datos segura que fue desarrollado por el Centro Mundial de la Vigilancia de la Conservación (CMVC-PNUMA) con el apoyo del Programa de Pequeñas Donaciones del Fondo Mundial para el Medio Ambiente, que documenta las áreas de conservación indígena y comunitaria, incluidas las del medio marino (Day *et al.,* 2012a). El Registro de los TICCA tiene como objetivo aumentar el conocimiento de los valores de la biodiversidad en las áreas administradas por comunidades y ofrece una amplia gama de información. Se espera que se desarrollen más guías sobre la implementación de las categorías de la UICN en los TICCA marinos. En el Consorcio TICCA puede encontrarse más información. Una referencia primaria es Dudley (2008) (véase el Capítulo 8).

Áreas marinas protegidas privadas

Junto a los tipos tradicionales de AMP, hay un número pequeño pero creciente de AMP privadas, que al igual que otras áreas protegidas aún deben cumplir los criterios establecidos por la UICN para contar como un AMP. Un buen ejemplo es Chumbe Island Coral Park Limited (CHICOP). Esta es una reserva natural privada galardonada, la cual se desarrolló inicialmente en 1991 para la conservación y gestión sostenible de la deshabitada isla Chumbe, a las afueras de Zanzíbar, una de las últimas islas de coral prístinas de la región.

Aunque los objetivos de la compañía no son comerciales, sus operaciones siguen principios comerciales. El objetivo general de CHICOP es crear un modelo de gestión de parques que sea sostenible desde el punto de vista financiero y ecológico, en el que el ecoturismo apoye la conservación, la investigación y los programas integrales de educación ambiental para las escuelas locales, así como otros beneficios para la población local (Kloiber, 2013).

Alta mar

Hasta hace poco, la mayor atención se centraba en las áreas costeras dentro de la ZEE nacional de doscientas millas náuticas y el mar territorial de doce millas náuticas, donde los países han establecido políticas y marcos legales para proporcionar medidas basadas en áreas como las AMP. No obstante, durante algún tiempo se ha prestado una atención especial a las aguas antárticas (océano Antártico) y a otras zonas más allá de las ZEE, donde los países pertinentes han acordado acciones cooperativas (por ejemplo, el mar Mediterráneo y el océano Atlántico Nordeste, véase más adelante).

Sitios Ramsar

Algunas AMP costeras y estuarinas también han sido reconocidas como humedales de importancia internacional (es decir, sitios Ramsar, véanse los Capítulos 2 y 19), incluidas la Bahía de Shoalwater y la Bahía de Moreton (Australia), el Estuario de la Bahía de Delaware y la Bahía de San Francisco (EE.UU.), y el Archipiélago de Røstøyan (Noruega).

Patrimonio mundial

Hasta 2014, 46 AMP se han inscrito en la Lista del Patrimonio Mundial. Estas incluyen tres de las diez AMP más grandes del mundo. Una de las más conocidas es la Gran Barrera de Coral (Australia) y otras incluyen las Islas Galápagos (Ecuador), Tubbataha (Filipinas) y los fiordos noruegos del oeste.

El movimiento reciente hacia áreas marinas protegidas a gran escala

La última década ha visto una tendencia global hacia el establecimiento de AMP a gran escala (muy grandes). A la creación de la Reserva de Ecosistemas de Arrecifes Coralinos de las Islas Hawaianas del Noroeste (ahora Monumento Nacional Marino Papahānaumokuākea) en 2000, le siguieron otros países que declararon grandes AMP dentro de sus jurisdicciones nacionales. Entre 2000 y 2012 se establecieron cinco sitios de tamaño similar –casi todos en el océano Pacífico– (Tabla 20.1). Se han establecido o están en proceso de establecerse otras áreas oceánicas considerables, con otras áreas propuestas por gobiernos y organizaciones no gubernamentales (ONG) (Wood *et al.*, 2008; Leenhardt *et al.*, 2013). Estas áreas se encuentran principalmente en zonas remotas con pocos o ningún humano, donde los impactos antropogénicos han sido menos severos. Las áreas contienen algunos de los ecosistemas más prístinos y menos impactados que quedan en el planeta (Halpern *et al.*, 2008).

Son varios los impulsores para proteger estas áreas oceánicas designadas recientemente. Algunas áreas fueron designadas por su valor intrínseco natural o cultural, otras para avanzar hacia los objetivos globales de aumentar la proporción del océano destinada a la protección (Toonen *et al.*, 2013), mientras que otras buscan un equilibrio entre el crecimiento económico y la conservación de la biodiversidad. Acorde con la variedad de los objetivos, hay diferentes enfoques de gestión. Algunos sitios son áreas de no extracción/excluidas de la explotación pesquera, mientras que otras permiten la pesca comercial y otros usos humanos en áreas definidas, a menudo por necesidad. Según un estimado de 2013, los sitios pioneros a gran escala (Tabla 20.1) representaban el 80% del área dentro de todas las AMP del mundo (Toonen *et al.*, 2013), lo cual hace evolucionar la definición y el concepto de diseño y gestión de las AMP.

Sin embargo, las AMP a gran escala no son una panacea, y solo son una de las muchas herramientas para lograr la conservación del océano. La crítica más frecuente de las AMP a gran escala es que son difíciles de hacer cumplir. Dadas las altas mediciones de la biomasa, estas áreas pueden ser atractivas para la pesca ilegal, no declarada y no reglamentada, lo que aumenta la necesidad de una vigilancia y cumplimiento efectivos. Hacer cumplir la normativa de estas áreas es un desafío obvio y costoso que requiere de vigilancia remota y otras capacidades tecnológicas para monitorear efectivamente grandes áreas. Por fortuna, es posible que los avances legales y tecnológicos pronto permitan que tal monitoreo y aplicación se vuelvan mucho más rentables y factibles.

Tabla 20.1 Primeras áreas marinas protegidas a gran escala

Nombre	País	Fundada	Tamaño (km^2)	Proporción del sitio que es una zona de no extracción (%)	Comentarios
Parque Marino de la Gran Barrera de Coral	Australia	1975	344.000	33	Sitio patrimonio mundial de la ONU desde 1981
Monumento Nacional Marino Papahānaumokuākea	Estados Unidos de América	2000	362.074	100	Se creó como Reserva Ecosistémica de las Islas Hawaianas del Noroeste en 2000 y se convirtió en Monumento Nacional Marino en 2006; sitio patrimonio mundial de la ONU desde 2010
Área Protegida de las Islas Fénix	República de Kiribati	2008	408.250	4	Declarada en 2006 y establecida en 2008; sitio patrimonio mundial de la ONU desde 2010
Monumento Nacional Marino Fosa de las Marianas	Mancomunidad de las Islas Marianas Septentrionales, EE.UU.	2009	246.609	~95	La única fosa de aguas profundas protegida en el mundo, pero las aguas superficiales permanecen abiertas a la pesca
Área protegida Marina del Territorio Británico del Océano Índico	Territorios Británicos de Ultramar	2010	640.000	100	El Territorio Británico del Océano Índico está compuesto en su totalidad por el archipiélago de Chagos y las aguas circundantes, con la excepción del atolón Diego García a tres millas náuticas
Parque Marino Motu Motiro Hiva	Chile	2010	150.000 (con una expansión planeada hasta 411.000)	100	Arrecifes aislados al noreste de Rapa Nui (isla de Pascua), creado explícitamente para proteger uno de los últimos ecosistemas prístinos en el Océano Pacífico y avanzar hacia el objetivo del 10% que está contemplado por la Meta Aichi de Biodiversidad
Parque Marino de las Islas Cook	Islas Cook	2012	1'065.000	Por determinar	Atolones remotos y las islas volcánicas altas rodeadas de arrecifes periféricos y la fauna no contaminada asociada con las montañas submarinas –el proceso de planeación de la gestión y el manejo aún está en curso–; es probable que contenga una variedad de zonas con diferentes niveles de protección

Fuente: adaptado de Toonen *et al.*, 2013

Anse Mais, atolón de Aldabra, sitio patrimonio mundial, Seychelles

Fuente: Carl Gustaf Lundin, UICN

Beneficios de las áreas marinas protegidas

Las AMP ofrecen una gama de beneficios tanto para los ecosistemas naturales como para las comunidades humanas que habitan en las áreas marinas y costeras. Estos incluyen beneficios ecológicos tales como mantener y aumentar la diversidad biológica y mejorar las poblaciones de peces; los beneficios sociales de la implicación y la apreciación de la naturaleza; y los beneficios económicos de facilitar la sostenibilidad de la pesca y el turismo, así como el uso recreativo del medio marino. La importancia de la salud de los océanos en relación con el clima mundial es fundamental, ya que los océanos absorben dióxido de carbono y generan la mayor parte del oxígeno del mundo.

Las AMP brindan muchos beneficios cuando se implementan a través de una metodología científica rigurosa, pero no deben considerarse como el único enfoque de gestión para conservar toda la biodiversidad marina. Las AMP debidamente establecidas son la mejor herramienta para proteger la biodiversidad oceánica, pero a su vez no pueden protegerse de los factores de estrés externos como la contaminación, la escorrentía terrestre y el cambio climático. En consecuencia, las AMP deben considerarse en conjunto con otros enfoques amplios de gestión basados ecosistemas.

Los beneficios de las AMP relacionados con la biodiversidad incluyen:

- Mantener o restablecer la estructura, función e integridad del ecosistema al:
  1. Proteger los hábitats contra el daño físico de la pesca y otras actividades humanas.
  2. Evitar la pérdida de la biodiversidad y la pérdida de la productividad al mantener la integridad genética y restaurar el tamaño poblacional, la estructura etaria y la composición de la comunidad.
  3. Proteger las funciones y los procesos ecológicos clave que son las fuerzas motrices de muchos sistemas marinos –por ejemplo, mantener las redes alimentarias y la estructura trófica, lo que incluye evitar las cascadas tróficas y los efectos umbral, y mantener la abundancia de especies clave importantes–.
  4. Contribuir a una gestión holística basada en los ecosistemas y mejorar la resiliencia de los ecosistemas a gran escala frente a las presiones.
- Proporcionar una "póliza de seguro" para mitigar cualquier efecto perjudicial, especialmente en áreas adyacentes (por ejemplo, por sobrepesca).
- Proteger las áreas que puedan ofrecer "bancos de semillas" a partir de los cuales los huevos y las larvas de las especies marinas puedan diseminarse a otras áreas (Day, 2006).

Conectividad ecosistémica

Un estudio de 2014 sobre las prioridades mundiales para la conservación de la biodiversidad marina destacó que "proteger la biodiversidad y los servicios ecosistémicos esenciales que esta sustenta se ha convertido en una prioridad para la comunidad científica, los administradores de recursos y los acuerdos políticos nacionales e internacionales" (Selig *et al.,* 2014).

Las especies marinas individuales existen como parte de redes de ecosistemas más grandes, conectadas e interdependientes, como los arrecifes de coral, los hábitats costeros de los manglares o las comunidades de aguas profundas que dependen de respiraderos hidrotermales. La conectividad de estos ecosistemas brinda a los organismos marinos importantes servicios ecológicos, como la provisión de alimento, zonas de apareamiento y de cría, o refugio frente a los depredadores durante las etapas vulnerables del desarrollo planctónico. La importancia de la conectividad marina puede verse en ejemplos de conectividad entre plataformas continentales (Cuadro 20.2), en que la dispersión de larvas puede ocurrir a lo largo de miles de kilómetros.

La interconectividad de los sistemas marinos requiere una gestión amplia y basada en los ecosistemas. Las redes de AMP ofrecen una herramienta clave para proteger la biodiversidad marina en una escala más amplia, integrada e interconectada, en la que el mantenimiento de ecosistemas holísticos conduce a mayores beneficios ecológicos, económicos y sociales generales. A continuación, se describe el éxito de la zonificación efectiva de las AMP y cómo esta contribuye a la protección de la biodiversidad marina.

Función del ecosistema

Cuando las AMP generan grandes efectos benéficos para los "ingenieros" de los ecosistemas, como los corales o las algas marinas (Ling y Johnson, 2012), los beneficios pueden extenderse a funciones y servicios ecosistémicos importantes. Por ejemplo, servicios como la pesca productiva, el atractivo turístico y la protección costera contra las tormentas dependen de la existencia de un arrecife saludable con una estructura compleja (Done *et al.,* 1996). No obstante, los procesos que matan a los corales y aceleran la erosión de las estructuras de los arrecifes podrían cambiar el arrecife hacia un presupuesto negativo de carbonato, lo que significa que el arrecife se erosionará gradualmente con el tiempo. Los arrecifes que experimentan una erosión de la red pierden su complejidad, biodiversidad y función. En 2013 se desarrolló un modelo que contabilizó los impactos del cambio global sobre los arrecifes de coral, incluido el aumento de la temperatura del mar y la acidificación de los océanos (Kennedy *et al.,* 2013). Este modelo descubrió que los presupuestos positivos de carbonato aun eran posibles hacia finales del siglo, pero requerían la protección local de las cuencas y la pesca a nivel del AMP, así como una acción agresiva para reducir las emisiones de gases de efecto invernadero.

Mejoramiento de las poblaciones de peces dentro y fuera de las áreas marinas protegidas

Además de mantener la biodiversidad, las AMP pueden desempeñar un papel importante en el mejoramiento de la productividad biológica, en particular de las poblaciones de peces, tanto dentro como fuera de las AMP. El establecimiento de las AMP brinda refugio y protección para los peces durante las etapas críticas de su ciclo de vida, como el desove o el crecimiento de los juveniles. Al proteger los hábitats de cría como los manglares, los pastos marinos y los sistemas de arrecifes, las AMP ofrecen un refugio seguro para los peces juveniles conforme crecen y se desarrollan hasta la edad adulta, y protegen a los peces mientras se reproducen, como en las concentraciones para la reproducción.

Los refugios seguros son particularmente importantes como áreas de recuperación para las especies que experimentan presiones de pesca de alta intensidad. Las AMP de no extracción o las zonas de no extracción dentro de grandes AMP ofrecen áreas seguras para que las poblaciones de peces aumenten, se recuperen y expandan sin las presiones de la pesca. A medida que las poblaciones de peces aumentan dentro de las AMP, se crea un efecto de flujo positivo para las áreas adyacentes en el que el exceso de peces de poblaciones sanas y florecientes dentro de las AMP se dispersa a las áreas no protegidas adyacentes. Este fenómeno, denominado "efecto derrame" (*spillover*), conduce a un aumento general de la abundancia de peces en las áreas adyacentes en donde sí se permite la pesca, lo que en última instancia facilita cambios positivos a gran escala para diversas actividades comerciales, recreativas o de pesca indígena.

El impacto positivo de las AMP sobre las poblaciones de peces se ha documentado ampliamente (Cuadro 20.3). Los estudios demuestran que los peces en las zonas de no extracción y otras áreas protegidas producen más crías (es decir, tienen una mayor fecundidad) y son más grandes en tamaño y abundancia que los peces fuera de estas áreas. Halpern (2003) informó que la biomasa promedio de peces en 89 reservas marinas era casi el triple que la de los peces en áreas sin ninguna categoría de protección,

Cuadro 20.2 Conectividad ecosistémica: hábitats utilizados durante el ciclo de vida del pargo imperial

En la Gran Barrera de Coral de Australia, la conectividad entre plataformas en un sistema de arrecife es fundamental para mantener los hábitats de peces de arrecife de gran importancia recreativa y comercial, como el pargo imperial (*Lutjanus sebae*). Al contrario de lo que se creía inicialmente, el pargo imperial utiliza una gama mucho más amplia de hábitats interconectados durante las diferentes etapas de su ciclo de vida, desde estuarios cercanos a la costa hasta comunidades de corales y pastos marinos de aguas profundas (Figura 20.2).

Figura 20.2 Conectividad ecosistémica

Fuente: basado en un concepto desarrollado por Russell Kelley e ilustrado por Gavin Ryan; © Cappo y Kelley (2001); reproducido con permiso

con un aumento del 20%-30% en el tamaño promedio. En 2009, un análisis global de casi ciento cincuenta estudios revisados por pares sobre reservas marinas de no extracción totalmente protegidas de veintinueve países informó un aumento general en el tamaño de los peces y en la biomasa dentro de las reservas (Lester *et al.,* 2009).

Mayores beneficios indirectos de las áreas marinas protegidas

En muchas áreas tropicales, las reservas donde no se permite la extracción pesquera se han convertido en el medio *de facto* para abordar múltiples objetivos de gestión. Existe un creciente interés en utilizar áreas de no extracción para mejorar la salud de los arrecifes, en particular dada la creciente avalancha de amenazas a los corales, incluidos el blanqueo y una enfermedad (Weil y Rogers, 2011). La idea es simple: si las redes tróficas pueden restaurarse un poco al impedir la pesca, ¿podrían las interacciones tróficas imbricarse y beneficiar a los corales?

De hecho, los impactos positivos de las reservas también pueden observarse más ampliamente en la salud de las comunidades de arrecifes de coral. Dado que una enfermedad causó la extinción en todo el Caribe del erizo negro de púas largas (*Diadema antillarum*) en 1983-1984, la recuperación ha sido limitada. Esta especie era un herbívoro importante en los arrecifes del Caribe y su pérdida resultó en cambios de fase hacia una mayor biomasa de algas marinas (Steneck y Dethier, 1994). En un estudio realizado en el Parque Marino y Terrestre de los Cayos de Exuma en el centro de las Bahamas, se encontró que las poblaciones del erizo negro de púas largas permanecían virtualmente inexistentes dentro de la reserva, pero en niveles medibles en las áreas de pesca vecinas (Harborne *et al.*, 2009). Es probable que las mayores densidades de depredadores de erizos dentro de la reserva explicaran el fracaso en la recuperación de estos erizos. Por suerte, la densidad de peces loro herbívoros se duplicó dentro de Parque Marino y Terrestre de los Cayos de Exuma en respuesta al cese de la pesca, lo cual parece haber desencadenado una importante cascada trófica que comenzó con una reducción de cuatro veces en la cobertura de algas marinas (Mumby *et al.*, 2006), lo cual beneficia a los corales.

La capacidad de las reservas para crear tales cascadas tróficas variará de acuerdo con la magnitud del impacto de la reserva –la diferencia en la biomasa de las especies recolectadas entre los límites de las reservas y por lo tanto la efectividad del manejo– y el grado en que las especies recolectadas influyen en otras. En el caso de los arrecifes del Caribe, donde las algas crecen rápidamente (Roff y Mumby, 2012), existe un fuerte vínculo trófico entre la biomasa de los peces herbívoros y la cubierta de algas (Williams y Polunin, 2000).

Arrecifes de coral, Gran Laguna Sur, parte de un sitio marino patrimonio mundial, Nueva Caledonia
Fuente: Dan Laffoley

Beneficios sociales de las áreas marinas protegidas

Las AMP también brindan importantes beneficios sociales a los visitantes y comunidades locales, incluido el disfrute recreativo y la apreciación del medio ambiente, así como la conectividad cultural con las áreas oceánicas.

Las redes de AMP pueden mostrar beneficios sociales importantes cuando se establecen a través de la participación de la comunidad, la gestión colaborativa y la incorporación de la cultura en las estrategias de gestión de las AMP. El Área de Conservación Marina de Arnavons en las Islas Salomón es cogestionada por los gobiernos nacionales y provinciales, una ONG y tres comunidades locales. Este enfoque de cogestión ha resultado en una mayor seguridad y cohesión social entre las comunidades aisladas, y también ha facilitado la comunicación entre los diferentes grupos culturales. En las islas Apo de Filipinas y el AMP Bunaken en Indonesia, se han establecido acuerdos de gestión colaborativa que involucran no solo a representantes de la comunidad local en la gestión, sino también la participación de toda la comunidad en la gestión del AMP y el respeto por los derechos tradicionales de uso y acceso. Esto ha generado un aumento del empleo, un mayor empoderamiento de las mujeres y una mejor salud y salubridad pública (Mulongoy y Gidda, 2008).

Un beneficio social importante de las AMP manejadas de manera eficaz es el mantenimiento de la cultura local. Esto es particularmente importante en las islas del Pacífico, como Fiyi, Islas Salomón y Hawái, o en las comunidades indígenas de Norteamérica o Australia, cuya cultura local está estrechamente relacionada con el medio ambiente marino. Por ejemplo, el Monumento Nacional Marino Papahānaumokuākea (que cubre las islas hawaianas del noroeste) tiene un profundo significado tradicional para la vida de la cultura hawaiana nativa, como medio ambiente ancestral, como una encarnación del concepto hawaiano de parentesco entre las personas y el mundo natural, y como el lugar en donde se cree que se origina la vida y al cual regresan los espíritus después de la muerte. En dos de las islas hay restos arqueológicos relacionados con asentamientos y usos preeuropeos.

Cuadro 20.3 El efecto derrame: ejemplos de todo el mundo

Uno de los beneficios mejor estudiados de las reservas –la diseminación de adultos a las zonas pesqueras vecinas (Kellner *et al.,* 2007)– se revisó para las comunidades pesqueras de Filipinas. Las capturas con trampas y redes de enmalle cerca de la reserva de la isla Sumilon aumentaron un 27% en los seis años posteriores a la creación de la reserva, y después de veinte años se encontraron aumentos en la captura del 41% cerca de la reserva de la isla Apo (Alcala *et al.,* 2005).

Los principales resultados de la prohibición de la pesca son el aumento del tamaño y la abundancia de los peces dentro de un área protegida (Halpern, 2003). En una comparación de la abundancia de peces entre los parques marinos kenianos de diferentes antigüedades (McClanahan *et al.,* 2007), encontraron que algunos grupos de peces de arrecife, como el pez loro, se recuperaron dentro de los diez años de protección, mientras que otros, como los acantúridos de gran tamaño corporal (peces cirujanos y peces unicornio), todavía no mostraban signos de alcanzar una meseta después de treinta años. Los datos de Filipinas revelan que pueden encontrarse aumentos significativos en la biomasa de peces dentro de los cinco años de la creación de la reserva, aunque la biomasa de los grandes depredadores continuaba en aumento después de diecinueve años, el máximo período de protección en el momento del censo (Russ *et al.*, 2005). No obstante, solo dos años después de la formación de nuevas áreas de no extracción en el Parque Marino de la Gran Barrera de Coral en 2004 se observaron rápidos aumentos de la trucha de coral (*Plectropomus spp.*), los cuales implicaron un aumento en la densidad de peces de aproximadamente el 65% (Russ *et al.,* 2008). La abundancia de tiburones arrecifales también fue considerablemente más alta en las zonas de no extracción de la Gran Barrera de Coral, pero aún más alta en las zonas con entrada restringida a largo plazo (McCook *et al.,* 2010).

La rápida recuperación de las poblaciones de peces es factible, en parte, gracias a que la dispersión de las larvas de peces de arrecife parece ser bastante local. En un extremo, dos tercios de los peces payaso (*Amphiprion polymnus*) que habitan en anémonas de mar se asentaron a menos de cien metros de sus padres a pesar de haber pasado hasta doce días en el plancton (Jones *et al.,* 2005). La dispersión es mayor en los peces de arrecife más grandes, como el mero troncón (*Plectropomus areolatus*), pero incluso aquí la evidencia sugiere que aproximadamente el 50% de los juveniles se reclutan dentro de catorce kilómetros alrededor de un sitio de concentración de peces adultos para la reproducción y el 95% se reclutan dentro de 33 kilómetros del sitio de desove (Almany *et al.,* 2013). De hecho, nuevos estudios genéticos han confirmado que la exportación de larvas de peces de arrecife comercialmente importantes desde las reservas es significativamente mayor que desde las áreas de pesca, y esto puede ayudar a reponer las poblaciones de peces explotadas y a formar redes de larvas entre las reservas. En este caso, las reservas se encuentran a veinte kilómetros una de la otra (Harrison *et al.,* 2012).

Peter J. Mumby

Beneficios económicos de las áreas marinas protegidas

Los recursos ecológicos de los océanos del mundo ofrecen a los humanos una variedad de beneficios económicos. Desde 2007, la iniciativa "Economía de los Ecosistemas y la Biodiversidad" (The Economics of Ecosystems and Biodiversity, TEEB) no solo llama la atención sobre los beneficios económicos de la biodiversidad y el costo creciente de la pérdida de la biodiversidad y la degradación de los ecosistemas, sino también ofrece herramientas para apoyar una toma de decisiones eficaz. Si bien es difícil cuantificar el valor de los múltiples servicios que brindan los ecosistemas, especialmente de los no monetarios, los beneficios económicos que resultan directamente de un ambiente marino saludable pueden medirse en áreas como el turismo marino y la pesca sostenibles. Por ejemplo, en 2004 se estimó que el valor de las 166.000 hectáreas del sistema de arrecifes frente a las principales islas de Hawái tenían un valor de trescientos sesenta millones de dólares por año (TEEB, 2010). En el caso de la Gran Barrera de Coral de Australia, en 2012 se estimó que el total de la contribución económica combinada a la economía australiana de turismo, recreación, pesca comercial e investigación científica por parte de la cuenca de captación de la Gran Barrera de Coral y sitio patrimonio mundial fue de 5700 millones (Deloitte Access Economics, 2013), lo cual excede en gran medida la cantidad gastada en protección (McCook *et al.,* 2010).

Turismo sostenible

En todo el mundo está bien establecida la apreciación de los ambientes marinos a través de actividades de turismo comercial como el buceo, el careteo o la observación de ballenas. En 2012, el turismo en la Gran Barrera de Coral y la cuenca de captación contigua generó una ganancia de aproximadamente 4900 millones de dólares (o el 90% de la contribución económica total del parque marino a la economía nacional), y generó un

Mero negro (*Mycteroperca bonaci*), Bahamas

Fuente: Craig Dahlgran

equivalente de 64.000 trabajos de tiempo completo. El turismo también contribuye con 6,5 millones anuales a la gestión de los arrecifes (véase la subsección "Tarifas y cargos" más adelante).

El ecoturismo específico para especies de megafauna marina protegidas por el AMP (por ejemplo, las ballenas y los tiburones) genera beneficios económicos sostenibles a largo plazo para las comunidades locales. En 2008, un estudio sobre la observación de ballenas estimó que la industria mundial generó más de 2100 millones de dólares (O'Connor *et al.*, 2009) y el estimado de 2013 para la industria mundial del buceo con tiburones fue de 314 millones al año (Cisneros-Montemayor *et al.*, 2013). El ecoturismo con tiburones ballena está bien establecido en Australia Occidental (arrecife Ningaloo), México, Seychelles y Filipinas –y se está expandiendo por todo el mundo–. Se estima que esta industria genera más de 47,5 millones en todo el mundo (Graham 2004). El turismo de buceo con tiburones en el santuario de tiburones establecido recientemente en Palaos se estimó en un valor de doscientos millones de dólares durante el tiempo de vida de un tiburón, según el valor a largo plazo de cien tiburones (Vianna *et al.*, 2012).

Recreación sostenible

Los beneficios económicos de las AMP también incluyen el uso recreativo sostenible (es decir, no comercial) de áreas protegidas como el surf, el careteo, la pesca o el canotaje. En 2008, se estimó que cada año más de catorce millones de turistas recreativos visitaban el Parque Marino de la Gran Barrera de Coral. En 2012, las actividades recreativas se clasificaron como el segundo uso directo más grande de la Gran Barrera de Coral, que generó trescientos diez millones y el equivalente a 2724 empleos de tiempo completo (GBRMPA, 2013).

Pesca sostenible

La pesca brinda un importante apoyo económico a las comunidades costeras (particularmente a las comunidades que subsisten de los recursos pesqueros), con impactos positivos gracias a las AMP que incluyen un mayor tamaño y abundancia de peces, hábitats de protección para el crecimiento y la reproducción de peces y la provisión de santuarios para la recuperación frente a la sobreexplotación. Muchas poblaciones con valor comercial son sobreexplotadas como resultado de la mayor presión indígena por parte de las flotas pesqueras industriales altamente subsidiadas, la deficiente regulación y la débil aplicación de las normas (World Bank y FAO, 2009). En los 53 países que aportan el 95% de las capturas pesqueras mundiales, se ha estimado que los subsidios de las AMP a la pesca tienen un valor de ochocientos setenta millones de dólares (Cullis-Suzuki y Pauly, 2008).

Gobernanza de las áreas marinas protegidas

> Los beneficios ecológicos, económicos y sociales de las áreas protegidas solo pueden mantenerse y potenciarse cuando se gestionan de manera eficaz por medio de una buena gobernanza. (Mulongoy y Gidda, 2008, p. 28)

La gobernanza se puede definir como "la participación de una amplia gama de instituciones y actores para la producción de resultados a partir de las políticas [...] lo que implica la coordinación por medio de redes y asociaciones" (Johnston *et al.*, 2000, p. 317). Históricamente, la gobernanza de zonas marinas se ha desarrollado esporádicamente y de manera fragmentada para satisfacer las necesidades individuales de manejo que surgen, y pocas veces ha sido de una manera holística, a largo plazo y basada en el ecosistema.

La gobernanza de las redes de áreas protegidas puede enmarcarse en diversos acuerdos, incluidos los convenios internacionales sobre medio ambiente a nivel mundial, la coordinación entre países vecinos a nivel regional, la legislación gubernamental a nivel nacional y la gobernanza de la comunidad o impulsada por ONG a nivel local.

Tiburón y otros peces, Parque Marino de la Gran Barrera de Coral, Australia

Fuente: © Autoridad del Parque Marino de la Gran Barrera de Coral

Más adelante se tratan con detalle los diversos tipos de gobernanza y la forma en que estos contribuyen a la gestión eficaz de las AMP (véase también el Capítulo 7).

Contexto internacional

La mayoría de los países costeros (y muchos no costeros) de todo el mundo son signatarios de acuerdos o convenios internacionales sobre el mar. Estos acuerdos/convenios brindan marcos legales para establecer mecanismos que permitan gobernar y administrar las áreas marinas bajo sus jurisdicciones nacionales, o de modo más sencillo, dentro de sus aguas nacionales. Se han establecido leyes ambientales internacionales para abordar una amplia gama de cuestiones marinas, desde la delimitación básica de las fronteras marítimas nacionales hasta la navegación, el manejo pesquero, el comercio internacional de especies amenazadas, la conservación de la biodiversidad y el establecimiento de AMP. Dichas leyes internacionales pueden incluir leyes duras (legalmente vinculantes) y blandas (no vinculantes).

La Convención de las Naciones Unidas sobre el Derecho del Mar (CONVEMAR) es ampliamente reconocida como el marco general para la gobernanza marina. En vigor desde 1994, esta brinda a las naciones la capacidad legal para trazar los límites marítimos nacionales (como la ZEE), regular las actividades extractivas dentro de esos límites, como la pesca, y establecer áreas protegidas dentro de las doscientas millas náuticas de la ZEE y las doce millas náuticas del mar territorial de un litoral nacional consistente con los derechos de transporte marítimo internacional. Esta convención está respaldada ampliamente, con más de ciento sesenta naciones signatarias en todo el mundo en 2014 (UN, 2014).

La CONVEMAR proporciona un marco legal general para que los estados protejan el medio ambiente marino y el CDB brinda los objetivos y planes de acción para la implementación, particularmente para la conservación de la diversidad biológica, incluido el mecanismo de gobernanza legalmente vinculante para enmarcar las Metas de Aichi discutidas anteriormente. Otras convenciones como la Convención Internacional sobre la Regulación de la Caza de Ballenas, la Convención sobre el Comercio Internacional de Especies Amenazadas de Fauna y Flora Silvestres, y la Convención sobre la Conservación de las Especies Migratorias de Animales Silvestres también facilitan indirectamente el establecimiento de AMP, por ejemplo, al facilitar el establecimiento de santuarios de ballenas como medio de protección para especies individuales en peligro de extinción (véase el Capítulo 8).

Contexto regional

En todo el mundo se han establecido enfoques regionales para mejorar la gestión de los mares y la distribución de información y beneficios a nivel regional, como el Programa de Mares Regionales de ONU Medio Ambiente. Establecido en 1974, este incluye dieciocho regiones de todo el mundo con programas regionales establecidos por separado. Catorce de ellas han adoptado convenciones legalmente vinculantes que sirven de base para los programas de gestión implementados a través de la acción.

Contexto nacional

La mayoría de las AMP del mundo se gobiernan por medio de leyes y mecanismos regulatorios establecidos a nivel del gobierno nacional o subnacional. En la mayoría de los países costeros, el medio ambiente marino no se rige por una sola ley, sino que se aborda mediante un conjunto de leyes y mecanismos, a menudo fragmentados, que fueron establecidos para gestionar diferentes aspectos del entorno marino como la conservación, el turismo, la contaminación o la pesca. En consecuencia, es común que las leyes se administren en jurisdicciones separadas y sean gestionadas por una variedad de partes interesadas, incluidas no solo las agencias gubernamentales de orden nacional, regional, provincial, estatal, territorial o local, sino también los consejos, las ONG o las comunidades locales. Con frecuencia, la superposición jurisdiccional, las brechas y la falta de integración entre múltiples organizaciones pueden significar un reto para la gobernanza de las AMP. Es fundamental que las AMP cuenten con sistemas de gobernanza funcionales, holísticos e inter-jurisdiccionales.

Contexto local

El contexto local se vuelve cada vez más importante en la gobernanza, la gestión y el manejo de las AMP. La gobernanza local, en la que las comunidades costeras son responsables de gobernar y administrar sus propios recursos marinos, suele denominarse "tenencia consuetudinaria del mar". Esto es común en regiones como el Pacífico, donde ha llevado al establecimiento de LMMA en varios países, incluidos Fiyi, Papúa Nueva Guinea e Islas Salomón. Las LMMA son cada vez más importantes como enfoque de gobernanza marina (Cuadro 20.1).

Tanto en Papúa Nueva Guinea como en Islas Salomón, los ecosistemas marinos cercanos a la costa no son propiedad del gobierno nacional, sino de clanes o tribus que reclaman la propiedad consuetudinaria, y en los que la propiedad tiene diversos grados de reconocimiento según la legislación nacional. La región de la bahía de Kimbe en Papúa Nueva Guinea contiene una red de AMP que incluye nueve LMMA y representa un estudio de caso interesante sobre la gobernanza local por parte de las comunidades costeras (White *et al.*, 2014; Estudio de caso 20.1).

No importa si las AMP son gobernadas por sistemas administrados a nivel nacional, regional o local; para que los regímenes de gobernanza sean más eficaces, deben establecerse obligaciones regulatorias internacionales, regionales, nacionales o locales que exijan una gestión eficaz y el cumplimiento de la ley (Jones, 2014). Un modelo de gestión completo y bien integrado que es considerado por gestores de mares y costas de todo el mundo como ampliamente eficaz es el Parque Marino de la Gran Barrera de Coral en Australia. Dicho modelo representa una colaboración completa e integral entre las autoridades de gestión nacionales y estatales, y de estas a su vez con los propietarios tradicionales, los consejos y comunidades locales, la industria y los grupos de investigación científica, a fin de brindar un enfoque eficaz basado en los ecosistemas para la gestión de los mares.

Tipos de gobernanza marina

Los sistemas de gobernanza pueden dividirse ampliamente en tres enfoques generales: de arriba hacia abajo, de abajo hacia arriba y gobernanza basada en los in-

Guardaparques mientras ayuda a una tortuga marina en Mapoon, Queensland, Australia
Fuente: Craig Wheeler

centivos del mercado. El enfoque de arriba hacia abajo enfatiza la gobernanza dirigida por el Gobierno desde "arriba", a través del establecimiento de leyes y otros mecanismos regulatorios que hacen cumplir la conservación de la biodiversidad. El enfoque de abajo hacia arriba se concentra en descentralizar los procesos de toma de decisiones del Gobierno nacional para incorporar enfoques basados en la comunidad local, y a menudo se centra en aprovechar los conocimientos locales o tradicionales. Se ha demostrado que un sistema que integra la gobernanza de arriba hacia abajo y de abajo hacia arriba es el más eficaz. El enfoque de los incentivos del mercado se centra en los incentivos económicos o monetarios que provienen de la valoración de la naturaleza y los servicios que ofrecen los ecosistemas, como el apoyo a medios de subsistencia alternativos para las comunidades mediante el cambio del uso no renovable de recursos extractivos al ecoturismo renovable (Jones, 2014).

El análisis de la gobernanza de las AMP que Jones (2014) realizó con el "Marco de gobernanza de las AMP" identificó cinco enfoques amplios de gobernanza, cada uno con distintos grados de participación del Gobierno, la comunidad y el sector privado (Tabla 20.2). Se acepta ampliamente que ningún enfoque puede brindar un sistema de gobernanza perfecto, y un enfoque de cogestión colaborativa puede maximizar la gobernanza eficaz de las AMP; esto se destacó en el Acuerdo de Durban del Quinto Congreso Mundial de Parques de la UICN en 2003.

Estudio de caso 20.1 Áreas marinas gestionadas localmente de la bahía de Kimbe, Papúa Nueva Guinea

La bahía de Kimbe se encuentra en Papúa Nueva Guinea dentro del área marina más biodiversa del mundo: el Triángulo de Coral (Weeks *et al.*, 2014; Figura 20.3). Aproximadamente cien mil personas viven en las comunidades costeras de la bahía y dependen de los recursos terrestres y marinos para su subsistencia. La bahía comprende una gran diversidad de hábitats marinos superficiales y profundos de alto valor para la conservación, donde la propiedad de la tierra y el mar se basa en clanes y las comunidades toman decisiones con respecto a la conservación local y la gestión de los recursos (Green *et al.*, 2009).

En 2006, The Nature Conservancy lideró el diseño de una red de AMP para la bahía de Kimbe que fuese resiliente y que tuviera bases científicas –la primera de su tipo en el Triángulo de Coral– con la evaluación de la biodiversidad y los valores socioeconómicos para identificar catorce "áreas de interés" (areas of interest, AOI) (Green *et al.*, 2009). Desde entonces, The Nature Conservancy y sus aliados han apoyado un proceso de planeación comunitario, el cual llevó a catorce comunidades a establecer nueve LMMA dentro de siete de las AOI, incluidos acuerdos de co-manejo entre algunas comunidades (Weeks *et al.*, 2014). El proceso de diseño de las LMMA involucró:

1. Participación de la comunidad.
2. Visión de la comunidad.
3. Planeación participativa de la conservación.
4. Desarrollo comunitario de un plan para las LMMA.
5. Preparación de un borrador del plan y el acuerdo.
6. Consulta con las partes interesadas y finalización del plan y acuerdo por parte de la comunidad (Green *et al.*, 2009).

También se ha logrado un gran progreso hacia el establecimiento de un marco de gobernanza y gestión para la bahía de Kimbe, con leyes para la gestión y protección del mar (creadas para los tres gobiernos locales con áreas marinas) que brindan una base legal para los planes de manejo de las LMMA desarrollados por la comunidad. Un progreso adicional de la gobernanza incluye el establecimiento de la "Red de capacitación y aprendizaje de Papúa Nueva Guinea", que tiene como objetivo identificar y compartir herramientas y métodos de buenas prácticas para la gestión de los recursos y la conservación comunitaria; un memorando de entendimiento entre The Nature Conservancy y el gobierno provincial con el fin de desarrollar un sistema de gobernanza para el Área de Gestión Marina de la bahía de Kimbe, que incluye el establecimiento de una secretaría de gobierno, y un comité directivo integrado por miembros de ONG, el Gobierno y el sector privado, que ahora se ha hecho cargo del proceso de implementación (Weeks *et al.*, 2014).

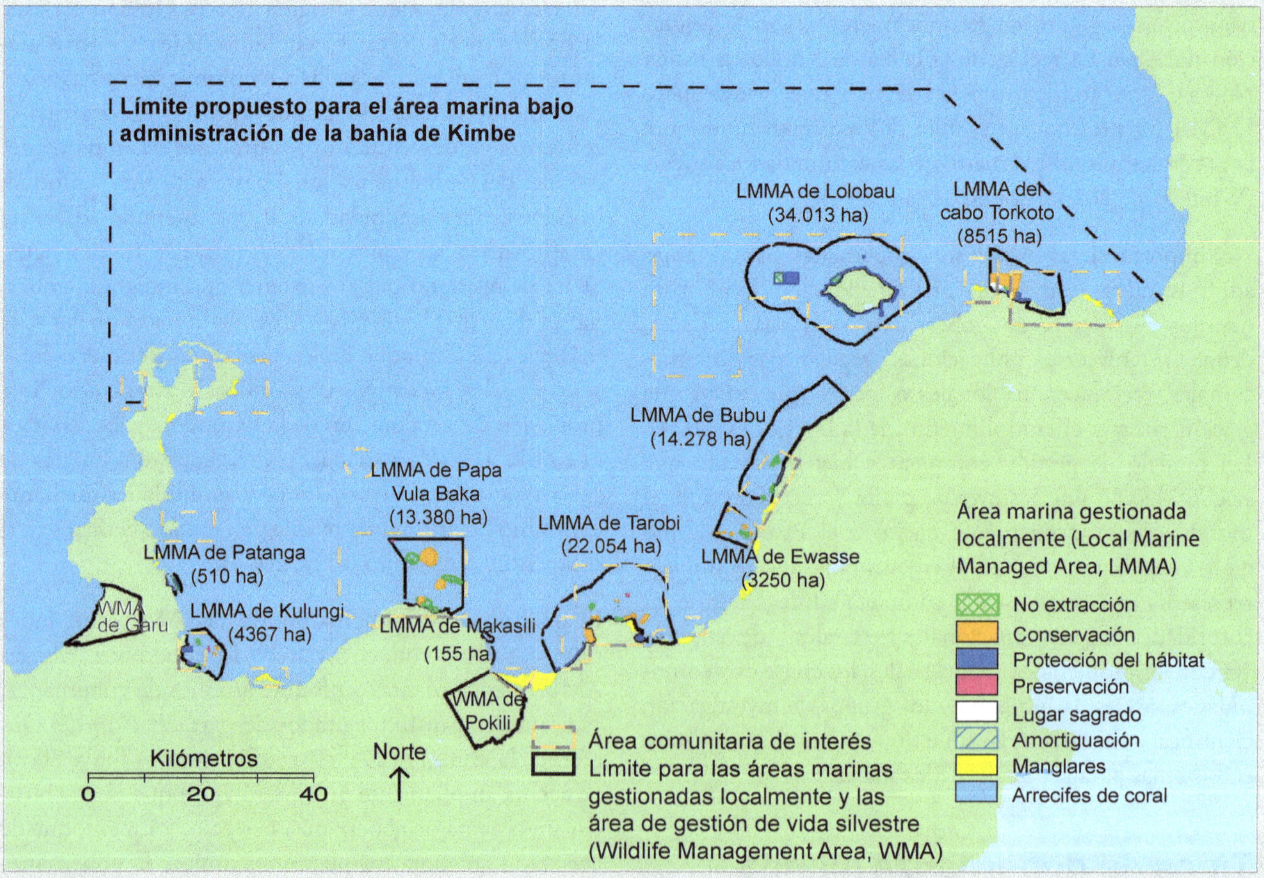

Figura 20.3 Área de gestión marina de la bahía de Kimbe, incluidas las áreas marinas gestionadas localmente (*Locally Managed Marine Areas*, LMMA) establecidas dentro de áreas de interés

Fuente: modificado de Weeks *et al.*, 2014

Tabla 20.2 Cinco enfoques de gobernanza de las áreas marinas protegidas, con ejemplos

Enfoque de gobernanza	Detalles del enfoque	Ejemplos de AMP en las que se adopta tal enfoque
Dirigida por el Gobierno	Gestionada principalmente por el Gobierno bajo un marco legal claro	Parque Marino de la Gran Barrera de Coral (Australia) Darwin Mounds, propuesto como Área Especial de Conservación (Reino Unido) Sitio Marino Europeo del Noroeste de Kent (Reino Unido) Sitio Marino Europeo de la Costa Norte de Norfolk y Wash (Reino Unido) Ley de Protección de la Vida Marina de California (EE.UU.) Sistema de Santuarios Marinos Nacionales de los Estados Unidos (EE.UU.)
Descentralizada	Gestionada en un enfoque compartido por el Gobierno con una importante descentralización o influencias del sector privado	Reserva Nacional Natural Marina del Arrecife de Coral de Sanya (China) AMP Seaflower (Colombia) Reserva Marina Galápagos (Ecuador) Parque Nacional Marino Karimunjawa (Indonesia) Parque Nacional Wakatobi (Indonesia) Parque Natural de los Arrecifes de Tubbataha (Filipinas) Sitio de Patrimonio Mundial Natural de la Bahía de Ha Long (Vietnam)
Dirigida por la comunidad	Gestionada principalmente por las comunidades locales bajo acuerdos de gestión colectiva	Isla Natividad (México) Reserva Marina de Interés Pesquero Os Miñarzos (España)
Dirigida por privados	Gestionada principalmente por el sector privado u ONG con derechos de gestión/propiedad	Parque Coralino Isla de Chumbe (Tanzania) Área de Conservación Marina de la Gran Bahía Sur (EE.UU.)
Sin un marco de gobernanza claro	No existe un marco de gobernanza claro y eficaz	Área de Protección Ambiental de Baleia Franca (Brasil) Reserva de Extracción Marina de Pirajubaé (Brasil) Reserva Marina Especial Cres-Lošinj (Croacia)

Fuente: Jones, 2014

Incentivos de gobernanza del área protegida marina

Los resultados positivos de la gobernanza pueden promoverse mediante el uso de incentivos que "contemplen ciertos resultados de políticas estratégicas, en particular los objetivos de conservación de la biodiversidad" (Jones *et al.*, 2011, p. 13). Un análisis mundial de veinte estudios de caso de AMP realizado por Jones (2014) identificó cinco categorías de incentivos (Tabla 20.3).

Los marcos legales y los incentivos implementados a través del liderazgo de arriba hacia abajo de los Estados juegan un papel importante en la estructuración de una gobernanza eficaz de las AMP. Estos brindan el marco para hacer cumplir la ley y pueden promover el cuidado por parte de la comunidad local a través de derechos de propiedad comunitarios legalmente vigentes, los cuales ayudan a proteger las áreas contra la explotación externa de los recursos. Si, como parte de su enfoque de gobernanza, una iniciativa de AMP intenta comprometer y obtener el apoyo de las comunidades locales, es importante que los Estados permitan y respalden la gestión a nivel local o la propiedad comunitaria.

Además de los incentivos legales impulsados por el Estado, los incentivos económicos se consideran la herramienta de gobernanza más utilizada. Por ejemplo, los beneficios económicos renovables y a largo plazo del ecoturismo de buceo con tiburones en el santuario de tiburones de Palaos, el cual se estableció recientemente, superaron en gran medida los ingresos provenientes de las prácticas no renovables del cercenamiento de aletas (Vianna *et al.*, 2012).

Además, para impulsar e implementar la gobernanza de las AMP son importantes los roles de abajo hacia arriba que tienen el conocimiento y la participación tradicional y local, así como la orientación experta de individuos u organizaciones, como las ONG ambientales. Es fundamental que se logre un equilibrio justo entre una comunidad local sana y próspera que tenga un

Tabla 20.3 Cinco categorías de incentivos

Categoría del incentivo	Definición (número de incentivos en esta categoría empleados en el Marco de Gobernanza de las AMP)
Económico	Uso de enfoques de derechos económicos y de propiedad para promover el cumplimiento de los objetivos del AMP (10)
Interpretativo	Promover el conocimiento de las características de conservación del AMP, los objetivos relacionados con su conservación y los enfoques para lograr estos objetivos, y promover el apoyo para las medidas relacionadas (3)
Conocimiento	Respetar y promover el uso de diferentes fuentes de conocimiento (local-tradicional y experto-científico) para fundamentar mejor las decisiones del AMP (3)
Legal	Establecimiento y aplicación de leyes, reglamentos y otras normas pertinentes como fuente de "dirección estatal" para promover el cumplimiento de las decisiones y, por lo tanto, el cumplimiento de las obligaciones del AMP (10)
Participativo	Brindar a los usuarios, comunidades y otros grupos de interés la posibilidad de participar e influir en la toma de decisiones del AMP que puedan afectarlos, a fin de promover su "apropiación" del AMP y, por consiguiente, su potencial de cooperar en la implementación de las decisiones (10)

Fuente: Jones, 2014

acceso controlado a los recursos locales y garantizar una protección adecuada que evite la sobreexplotación de los recursos dentro de las AMP.

Para una gobernanza eficaz es importante contar con una combinación de incentivos legales y económicos con otros incentivos interpretativos, participativos y de conocimiento. Veinte estudios de caso a nivel mundial identificaron que es poco probable que uno de los enfoques de gobernanza sea el más apropiado, y que un enfoque que combine una diversidad de incentivos apropiados de diferentes categorías de incentivos aumenta la resiliencia de los sistemas de gobernanza y maximiza la eficacia de la gobernanza marina. Así como la diversidad es la clave para la resiliencia de las especies y los ecosistemas, la clave para la mejor práctica de la gobernanza es un enfoque diverso de gobernanza con múltiples incentivos y que combine el papel de las personas, los mercados y el Estado.

Desafíos de la gobernanza

Límites de la gobernanza marina: fronteras marítimas y gobernanza de alta mar

Entre los principales desafíos para la gobernanza marina se encuentran las diferencias legales entre los ecosistemas terrestres y marinos. El 64% del océano mundial –y casi la mitad de la superficie de la Tierra– están fuera de los poderes legales de los sistemas tradicionales de gobernanza nacional. A pesar de su vastedad, las especies y los ecosistemas marinos en alta mar, al igual que los lechos marinos en áreas internacionales más allá de la jurisdicción nacional, están amenazados en múltiples frentes, lo que hace que los esfuerzos para abordar áreas dentro y fuera de la jurisdicción nacional sean vitales para alcanzar los objetivos internacionales sobre la conservación de los mares.

Es esencial que se establezca una gobernanza en todo el océano. Los sistemas cercanos y alejados de la costa están enlazados de muchas maneras: las corrientes oceánicas mueven masas de agua, contaminantes y desechos marinos; los animales marinos como los cetáceos, las tortugas marinas, las aves marinas y el atún emprenden migraciones extensas; muchas especies marinas costeras se encuentran en el océano abierto durante una gran parte de su ciclo de vida (Ban *et al.,* 2014). Las poblaciones de peces y los rasgos del lecho marino, como los montes submarinos, las fuentes hidrotermales y los arrecifes de coral de aguas frías pueden tender puentes entre las fronteras nacionales e internacionales. A ambos lados de las fronteras legales pueden encontrarse sitios de desove, zonas de reproducción y otros hábitats necesarios para algunas etapas críticas del ciclo de vida de especies comercialmente importantes y de especies raras, amenazadas o en peligro (Ban *et al.,* 2014).

Por consiguiente, existe un vacío crítico de gobernanza para una gran parte del medio ambiente marino mundial. En la CONVEMAR se establece un marco amplio para la cooperación encaminada a proteger y preservar el medioambiente marino, incluso en áreas fuera de la jurisdicción nacional, según el cual todos los países tienen el deber no solo de proteger y preservar el medio ambiente marino incluidos los ecosistemas raros y frágiles y los hábitats de especies diezmadas, amenazadas o en peligro de extinción (Artículo 194.5), sino también de conservar los recursos vivos de alta mar (Artículo 117). Sin embargo, no existe un marco legal específico para

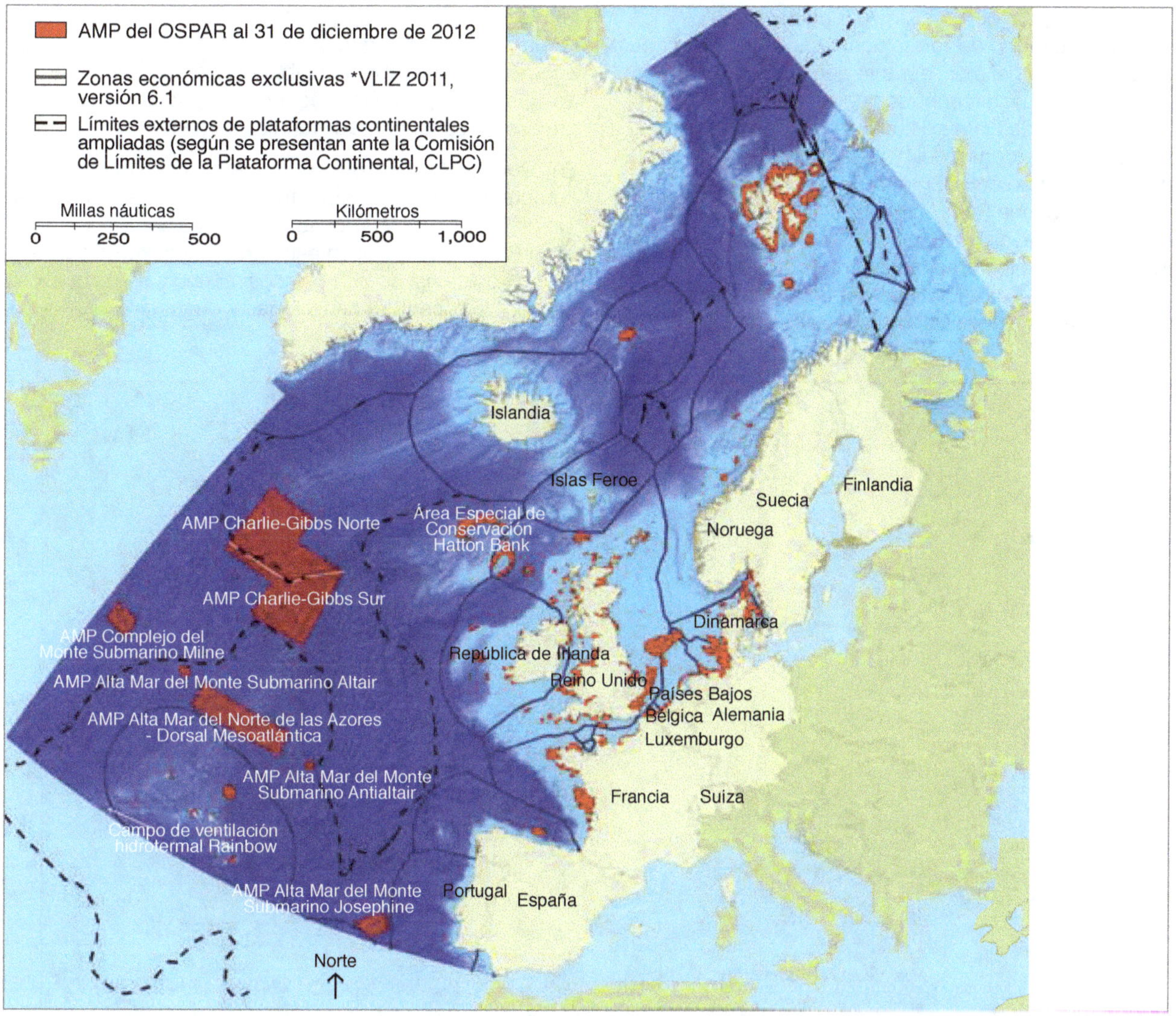

Figura 20.4 Red de AMP del Convenio para la Protección del Medio Ambiente Marino del Atlántico Nordeste (OSPAR), a diciembre de 2012

Fuente: modificado de la Comisión del OSPAR (2013), reproducido con permiso de la Comisión del OSPAR, Londres

una gestión integrada y basada en los ecosistemas, como tampoco un mandato específico sobre el establecimiento de AMP para aquellos organismos con la autoridad de regular actividades humanas puntuales. Hasta 2014, el avance en el establecimiento de redes representativas de AMP de alta mar ha sido muy lento (Gjerde y Rulska-Domino, 2012).

A pesar de esto, se han establecido AMP en alta mar. La primera de ellas fue designada en el Mediterráneo en 1999, una parte de la cual se encuentra en alta mar. En 2010 se estableció en el océano Antártico la primera AMP del mundo ubicada totalmente en alta mar, el AMP Plataforma Sur de las Islas Orcadas del Sur. Ese mismo año comenzó a establecerse una red de AMP de alta mar en el océano Atlántico Nordeste bajo el Convenio para la Protección del Medio Ambiente Marino del Atlántico Nordeste (Convention for the Protection of the Marine Environment of the North-East Atlantic, OSPAR).

Para diciembre de 2012 se habían designado siete áreas del Atlántico Nordeste como AMP en áreas fuera de la jurisdicción nacional y en alta mar. Aproximadamente el 40% del área marítima del OSPAR se encuentra fuera de la jurisdicción nacional de los estados costeros (OSPAR Commission, 2013; Figura 20.4). Los Estados en el océano Antártico se comprometieron a seguir esta acción mediante el desarrollo de una red completa de AMP en esta área (Gjerde y Rulska-Domino, 2012). Aunque el establecimiento de redes de AMP en alta mar representa un avance temprano en la gobernanza de las AMP en alta mar, destaca el hecho de que el progreso sigue siendo lento.

Junto a estas acciones específicas, las organizaciones enfocadas en actividades también pueden aplicar herramientas de gestión basadas en áreas que puedan tener beneficios para la conservación. Las organizaciones regionales para el ordenamiento pesquero pueden

Estudio de caso 20.2 Gobernanza de las comarcas marinas indígenas en Australia: acuerdos sobre el uso tradicional de los recursos marinos

En la Gran Barrera de Coral, los aborígenes locales y los isleños del Estrecho de Torres han nutrido las conexiones con la "comarca del mar" durante decenas de miles de años. Hoy en día, se reconoce que aproximadamente setenta grupos de clanes tienen lazos con la comarca del mar en áreas dentro del parque marino. La Autoridad del Parque Marino de la Gran Barrera de Coral (Great Barrier Reef Marine Park Authority, GBRMPA) reconoce las conexiones sociales, culturales, económicas y espirituales entre los propietarios tradicionales y la región, y ha establecido estructuras de gobernanza que buscan asegurar alianzas efectivas, incluidos acuerdos sobre el uso de tierras indígenas y el uso tradicional de los recursos marinos (Figura 20.5). Estos acuerdos permiten una relación de trabajo colaborativo entre los gobiernos de Australia (Federal) y Queensland (Estado) y los grupos de usuarios tradicionales locales.

En 2005, los propietarios tradicionales de Girringun, que comprendían nueve grupos tribales de comarcas del mar, fueron los primeros propietarios de este tipo dentro de la Gran Barrera de Coral en establecer un acuerdo sobre el uso tradicional de los recursos marinos; esto abordó el manejo de la captura de tortugas y dugongos.

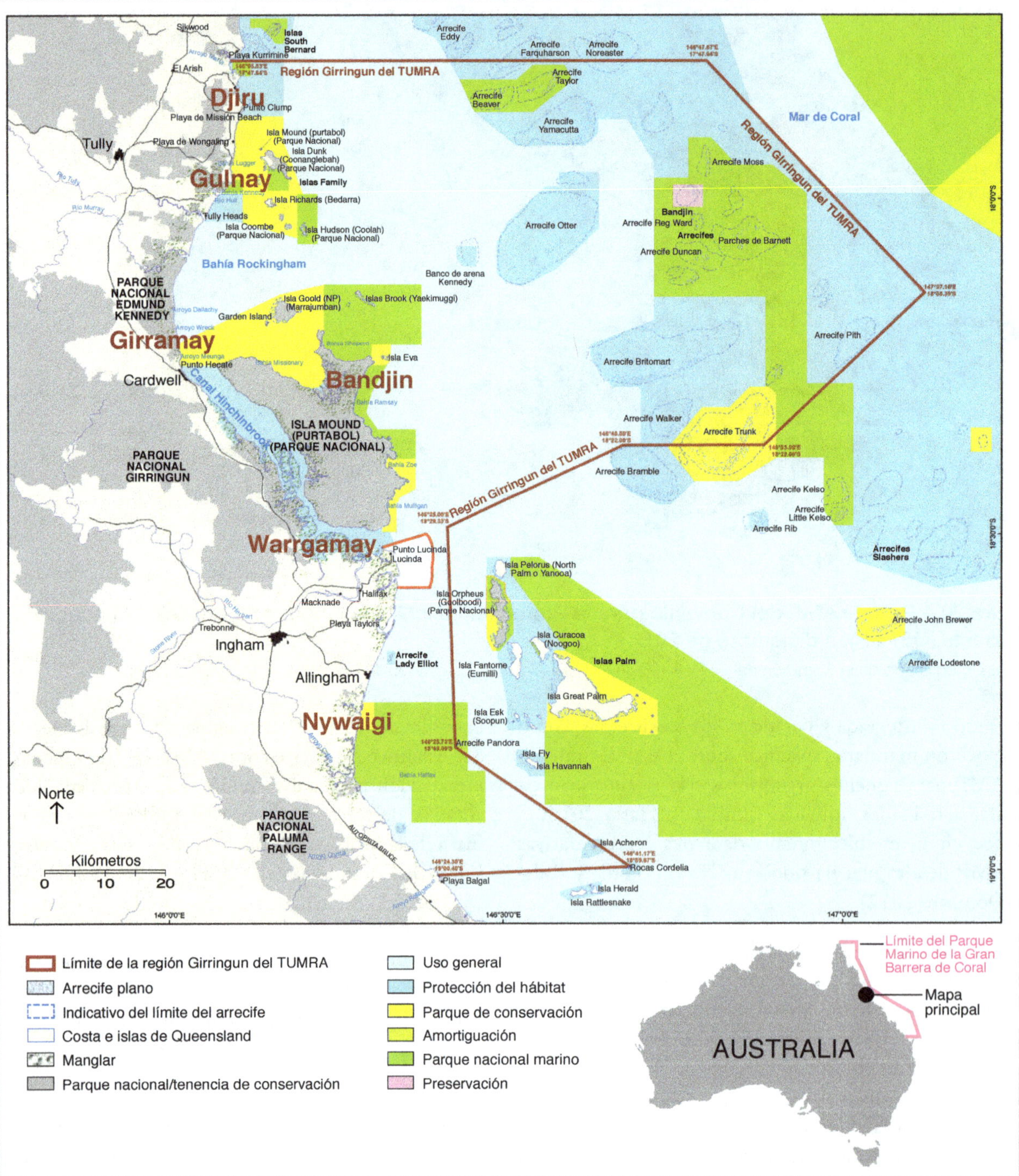

Figura 20.5 Área del acuerdo sobre el uso tradicional de los recursos marinos (*Traditional-Use Marine Resource Agreement Area*, TUMRA)

Fuente: modificado de la Autoridad del Parque Marino de la Gran Barrera de Coral, 2014

Estudio de caso 20.3 Gobernanza Inuit de AMP en Canadá: Áreas Nacionales de Vida Silvestre de Ninginganiq, Akpait y Qaqulluit

En el Área de Asentamiento de Nunavut en el extremo noreste de Canadá, a través del Acuerdo de Impacto y Beneficio para los Inuit, se estableció una relación de colaboración entre el gobierno canadiense y los Inuit de Nunavut. En virtud de este acuerdo, las tres Áreas Nacionales de Vida Silvestre de Ninginganiq, Akpait y Qaqulluit, que abarcan 4534 kilómetros cuadrados de la costa noreste de la isla de Baffin, son cogestionadas por la comunidad local Inuit y el Servicio de Vida Silvestre de Canadá. Esta cogestión "garantiza que el conocimiento tradicional y la experiencia de los Inuit, así como los mejores datos científicos, se combinen de manera eficaz en todos los procesos de toma de decisiones" (Department of Oceans and Fisheries Canada, 2014).

adoptar áreas cerradas a nivel espacial o temporal, o modificaciones en los aparejos de pesca. La Organización Marítima Internacional cuenta con directrices y criterios para designar "Zonas Marinas Especialmente Sensibles - (ZMES)", las cuales brindan un marco para la adopción de rutas, informes, descargas u otras medidas de protección dentro de su competencia. Con respecto a la explotación minera de los lechos marinos, la Autoridad Internacional de los Fondos Marinos adoptó un sistema representativo de "Áreas de Especial Interés Ambiental" en la zona Clarion-Clipperton del Océano Pacífico, lo que podría replicarse en otras áreas donde puede darse la explotación minera de los lechos marinos. No obstante, hasta la fecha, estas medidas no se aplican como parte de un enfoque sistemático para desarrollar una red representativa de AMP.

Tal como se mencionó, algunas regiones oceánicas se benefician de las convenciones preexistentes sobre mares regionales que proporcionan un foro de cooperación para, entre otras cosas, identificar y designar AMP y gestionar actividades específicas. También es posible estimular la cooperación sin un marco regional para los mares; un buen ejemplo es el mar de los Sargazos en el Atlántico Central (Freestone *et al.,* 2014). Sin embargo, para estimular la cooperación y la coordinación mundial, los Estados miembros de las Naciones Unidas han discutido sobre un posible nuevo acuerdo de implementación bajo la CONVEMAR para la conservación y uso sostenible de la biodiversidad marina más allá de la jurisdicción nacional. Tal acuerdo podría no solo proporcionar un marco legal para el establecimiento de AMP en alta mar, sino también establecer normas para la evaluación del impacto ambiental y acelerar el avance hacia una gestión y gobernanza integradas y basadas en los ecosistemas (Gjerde y Rulska-Domino, 2012). Para construir una base científica que ayude a las naciones y organizaciones internacionales, en 2008 el CDB adoptó los criterios de "Áreas Marinas de Importancia Ecológica y Biológica - Ecologicaly or Biologically Significant Marine Areas (EBSAs)-" (CBD, 2008) y en 2010 comenzó una serie de talleres para facilitar su descripción en todas las cuencas oceánicas (Dunn *et al.,* 2014). Desde entonces se han estudiado tres cuartas partes del área oceánica total estimada –265,7 millones de kilómetros cuadrados– (CBD SBSTTA, 2014).

Uso tradicional de las áreas marinas protegidas: cogestión en la gobernanza

La importancia de un enfoque de cogestión diversa y colaborativa para la gobernanza se recalcó en el Quinto Congreso Mundial de Parques de la UICN, celebrado en 2003, y en el Acuerdo de Durban se instó al "compromiso con la innovación en la gestión de las áreas protegidas, incluidas las estrategias de adaptación, colaboración y cogestión" (IUCN WCPA, 2003a, p. 223).

La cogestión tiene el potencial de incorporar en los procesos de toma de decisiones una amplia gama de partes interesadas y conocimientos para mejorar la gobernanza eficaz de las AMP.

> La diversidad de los enfoques de cogestión los hace capaces de encajar en diferentes contextos. Si se comprende y se adopta apropiadamente, la cogestión puede conducir no solo a un intercambio más efectivo y transparente de los poderes en la toma de decisiones, sino también a un papel más activo, amigable con la conservación y central de las comunidades indígenas, nómadas y locales en la gestión de las áreas protegidas, y a una mejor sinergia de las capacidades de conservación de las diferentes partes interesadas. (IUCN WCPA, 2003b, p. 201)

La gobernanza eficaz de las AMP requiere un enfoque equilibrado que mantenga e incorpore los valores culturales, las costumbres y el conocimiento de las comunidades tradicionales que viven dentro y alrededor de las áreas marinas. En todo el mundo se han establecido acuerdos de gobernanza que integran las comunidades tradicionales con la gobernanza nacional a través de acuerdos de cogestión. Los acuerdos de cogestión y uso tradicional de Australia y Canadá se tratan en los Estudios de caso 20.2 y 20.3.

Cuadro 20.4 Planeación espacial marina y AMP: de la teoría a la implementación

La planeación espacial marina es:

> [Un] proceso público para analizar y asignar la distribución espacial y temporal de las actividades humanas dentro de las áreas marinas con el fin de alcanzar objetivos ecológicos, económicos y sociales que suelen especificarse a través de un proceso político (Ehler y Douvere, 2009, p. 18).

La planeación espacial marina proporciona un proceso con un enfoque basado en un plan estratégico e integrado para la gestión marina, el cual permite observar el "panorama general" e identificar y gestionar los usos conflictivos actuales y potenciales, así como los efectos acumulativos de las actividades humanas. Esta también ofrece una información contextualizada para la planeación y la gestión de las AMP. Los procesos se vuelven más transparentes y esto permite que los desarrolladores y administradores ambientales tengan una mayor certidumbre en la concesión de permisos y otros procesos de planeación y asignación. Lo ideal es que esto se lleve a cabo como un proceso continuo, iterativo y adaptativo, y conste de al menos tres fases en curso.

1. **Planeación y análisis:** generar y adoptar uno o más planes espaciales minuciosos e integrados para la protección, mejoramiento y uso sostenible, y el desarrollo de los mares y sus recursos. La fase de planeación y análisis se basará en un conjunto de iniciativas de investigación (incluido el mapeo) que aborden los procesos ambientales y humanos.
2. **Implementación:** implementar el plan a través de la ejecución de inversiones o programas de trabajo, facilitando el cambio y fomentando el mejoramiento, y mediante la regulación y los incentivos, y la aplicación de los cambios propuestos y las actividades en curso a lo largo, ancho y profundo del mar, de conformidad con los planes.
3. **Monitoreo y evaluación:** evaluar la efectividad de los planes, sus escalas de tiempo y mecanismos de implementación, considerando las formas en que deben mejorarse y establecer procedimientos de revisión y adaptación. Los resultados de la evaluación son retroalimentados al elemento de planeación y análisis de la gestión, y el proceso comienza de nuevo.

La decisión final sobre qué espacio se asignará para qué uso (o no uso) es una cuestión de elección social y política. Las personas son fundamentales para el proceso de toma de decisiones y las partes interesadas relevantes, incluido el público en general, deben participar de manera efectiva en todo el proceso de la planeación estratégica marina. Todos los pasos de este proceso necesitan un financiamiento continuo para alcanzar las metas y los objetivos de gestión.

Charles Ehler y Fanny Douvere

Gestión de áreas marinas protegidas

Muy pocas veces los administradores de AMP gestionan sistemas naturales o especies marinas específicas *per se*; por lo general, lo que hacen es manejar los impactos humanos dentro o sobre su AMP (Day, 2006). La gestión de las AMP suele depender del uso de una combinación de herramientas de manejo (incluidas las herramientas espaciales como los planes de zonificación o los planes de manejo, las herramientas temporales como los cierres estacionales por aves que anidan o períodos clave de desove, y las herramientas legislativas como regulaciones o permisos), junto con varios enfoques de gestión (como educación, evaluación de impactos, monitoreo, alianzas y ejecución). Dichos enfoques se utilizan para regular el acceso y controlar o mitigar los impactos asociados con las actividades (como la recreación, el turismo, la pesca o la navegación) o para abordar las presiones (como el declive en la calidad del agua o el cambio climático). Más adelante se discuten con detalle muchos de estos enfoques y herramientas clave de gestión y manejo.

Por lo general, se considera que la gestión es un proceso continuo, interactivo, adaptativo y participativo, que comprende un conjunto de tareas relacionadas que deben llevarse a cabo en su totalidad para lograr un conjunto deseado de metas y objetivos. Es importante que estas metas y objetivos no solo se establezcan claramente desde las primeras etapas en la vida de un AMP, sino también que se conozcan ampliamente y que puedan proporcionar el punto de referencia contra el cual evaluar la efectividad del manejo.

Los patrones de uso y los enfoques tecnológicos cambian constantemente, por lo que la gestión de las AMP también debe ser flexible, adaptable y receptiva. De manera similar, el entorno marino en sí mismo es dinámico y está sujeto tanto a cambios naturales como a diferentes patrones de uso. En consecuencia, para una gestión eficaz de las AMP es esencial un enfoque de gestión adaptativa (Capítulo 8). Particularmente en grandes AMP, esto se logra mejor a través de la interacción regular entre las agencias, en todos los niveles de gobierno y con los grupos de interés y las comunidades locales.

Planeación espacial marina y planeación de la gestión

La planeación de un AMP suele requerir la consideración de una gama de legislaciones nacionales o estatales o provinciales, especialmente para garantizar que la planeación se ajuste a los mandatos legales para el área.

Estudio de caso 20.4 Planeación sistemática y gestión de AMP: aplicación en la práctica del concepto de ecorregiones

Los objetivos generales de la conservación marina deberían ser proteger tantos componentes de la diversidad biológica marina como sea posible y, al mismo tiempo, permitir el uso sostenible, como la pesca. Para lograr este objetivo, las áreas elegidas para la conservación –como AMP– deberían incluir áreas "representativas" y áreas "distintivas". Las ecorregiones proporcionan un marco natural para utilizar este enfoque. Para una conservación marina eficaz, la designación de las AMP dentro de una ecorregión debe basarse en la mejor información biogeográfica y ecológica disponible que esté ensamblada dentro de un marco coherente.

El objetivo general para la conservación de al menos el 10% de las ecorregiones marinas (CBD, 2011) todavía está definido de una forma más bien arbitraria. Si bien este objetivo se acepta provisionalmente en este ejemplo, algunos autores, como Roff y Zacharias (2011), han sugerido métodos que definan un marco para las AMP regionales que no sea arbitrario respecto a la proporción total del área que debe protegerse.
El proceso de selección de las AMP con el objetivo de conservar todos los componentes reconocidos de la biodiversidad es complejo y se logra mejor con un análisis computacional de la gama de opciones. Con un análisis por computador pueden seleccionarse los conjuntos de candidatos para AMP, luego los elegidos pueden presentarse ante los responsables de la toma de decisiones y después los factores políticos y socioeconómicos adicionales pueden incorporarse en los procesos para la toma de decisiones.
En la misma etapa del proceso de planeación debe realizarse una evaluación para determinar si un conjunto coherente elegido de AMP también puede formar una verdadera red de AMP.

Planear una verdadera red de AMP implica el conocimiento de varios factores adicionales que incluyen: patrones de circulación atmosférica y oceanográfica local y regional (mareas, corrientes, vientos, etc.) y los tiempos de desarrollo de las formas larvales de vertebrados e invertebrados (u otros tipos de propágulos). Con tal información, además de las estimaciones del período larval de especies importantes o representativas (generalmente larvas de peces), pueden modelarse o calcularse los patrones de conectividad entre las AMP candidatas de una región, y entonces pueden decidirse las distancias adecuadas entre las AMP.

John Roff

La planeación también puede estar orientada por obligaciones específicas en virtud de las convenciones internacionales pertinentes, y en el caso de los TICCA también puede haber requerimientos de la comunidad.

La planeación en el entorno marino incluye numerosos desafíos, muchos de los cuales no se enfrentan cuando se hacen planes para las áreas protegidas terrestres, por ejemplo:

- La interdependencia con las comunidades ecológicas vecinas y la interconexión de los entornos costeros y marinos.
- Los impactos de áreas marinas o terrestres adyacentes que podrían amenazar la integridad incluso del AMP mejor administrada.
- Los aspectos tridimensionales (columna de agua) de un área que requieren gestión (pocas AMP son bien conocidas, fáciles de visualizar o pueden "delinearse" fácilmente para fines de gestión).
- El problema de que la mayoría de las partes del medio ambiente marino no se vean o comprendan fácilmente ("ojos que no ven, corazón que no siente").
- Cuestiones de propiedad. En la mayoría de las áreas marinas de todo el mundo, los recursos de libre acceso están regulados de manera deficiente o insuficiente (Day, 2006) y es posible que la jurisdicción en la interfaz tierra-mar de la costa no sea clara.

La planeación espacial marina eficaz debe ser estratégica e integrada (véase el Cuadro 20.4). En el Estudio de caso 20.4 se discute cómo se puede aplicar un proceso de planeación sistemática a través del concepto de "ecorregiones". La gestión integrada de un área extensa que tiene zonificaciones dentro de un AMP grande se considera más efectiva que una serie de áreas pequeñas y aisladas altamente protegidas dentro de un área más amplia no manejada, debido a que:

- A nivel ecológico: esta reconoce las escalas temporales/espaciales en las que operan los sistemas ecológicos y garantiza que toda el AMP siga siendo viable como ecosistema en funcionamiento.
- A nivel práctico: es más fácil de administrar; amortigua y diluye los impactos de las actividades en áreas adyacentes a las áreas "centrales" altamente protegidas.
- A nivel social: puede ayudar a resolver y separar los usos conflictivos y a garantizar que puedan llevarse a cabo todos los usos razonables con un conflicto mínimo; también ayuda a minimizar la confusión al tener solo una agencia de administración con responsabilidad en lugar de una multitud de agencias diferentes.
- A nivel económico: por lo general, la integración dentro de un área más grande tendrá costos de administración más bajos por área espacial que una serie de pequeñas AMP administradas por separado (Day, 2002).

Un concepto erróneo común en la planeación de las AMP es la expectativa de que todas las actividades e impactos se pueden abordar de manera efectiva con un único enfoque de planeación bidimensional, como la zonificación. Por ejemplo, en el Parque Marino de la Gran Barrera de Coral, la zonificación es solo una de las muchas herramientas de gestión que se usan, y sobre la zonificación subyacente se aplican muchas otras herramientas o estrategias de manejo espacial y temporal. Estas incluyen:

- Permisos (a menudo vinculados a zonas específicas o áreas más pequeñas dentro de las zonas y que ofrecen un nivel detallado de arreglos de manejo que no son posibles con la zonificación).
- Planes de manejo para áreas que requieren arreglos legales de manejo más específicos, como limitar números o aplicar políticas aprobadas.
- Planes de sitios y áreas de manejo especial para áreas específicas con un alto uso o donde se pueden aplicar arreglos locales especiales.
- Otras restricciones espaciales (como áreas de entrenamiento de defensa, áreas de navegación y acuerdos con propietarios tradicionales).

La zonificación no siempre es la forma más eficaz de gestionar todas las actividades o los impactos sobre el AMP, y muchos desafíos de manejo, como la contaminación proveniente de la tierra, el aumento del desarrollo costero e incluso algunos impactos dentro de un AMP pueden gestionarse mejor con otras herramientas de manejo espacial y temporal.

Un enfoque de planeación completamente integrado es la única forma de lograr una conservación marina eficaz, al igual que una sostenibilidad social y económica a largo plazo para las comunidades e industrias que dependen del medio ambiente marino. Para ser eficaz, la planeación integrada debe considerar, y siempre que sea posible, involucrar:

- Todos los niveles relevantes de gobierno (nacional, provincial o local) que tengan un papel dentro del AMP o cualquier papel relacionado con los usos/actividades que tengan un impacto sobre el AMP.
- Todos los grupos sectoriales/de usuarios/industriales relevantes.
- Aspectos sociales, económicos y culturales relevantes, así como los aspectos ecológicos más obvios.
- La necesidad de "pensar fuera del cuadrado del AMP" (especialmente a lo largo de la interfaz costa-mar, ya que la integración a lo largo de este límite tierra-agua es esencial para un manejo efectivo del AMP).
- Tomar en consideración "líneas de base ambientales cambiantes" (sucesivas generaciones que comparan los cambios contra las líneas de base ya alteradas).

Conectividad marina en la planeación de la conservación

Debido a los altos niveles de conectividad tanto al interior como entre los ecosistemas marinos, la planeación de las AMP debe tratar de considerar la conectividad de las siguientes maneras:

- Tratar explícitamente de proteger ejemplos representativos de todos los tipos de hábitats y comunidades (como arrecifes, macroalgas *Halimeda* y praderas marinas) y de los tipos de ambientes físicos (como cayos y canales), distintos niveles de exposición a factores de estrés medioambiental (tales como radiación ultravioleta, viento, olas, etc.) con el uso de la planeación de la biorregionalización y la aplicación de los principios clave de la planeación biofísica (Fernandes *et al.,* 2005).
- Garantizar deliberadamente que la red de AMP incluya una diversidad que comprenda diferentes latitudes, plataformas y rangos de profundidad para abarcar las conexiones potenciales dentro de las redes.
- Tratar de garantizar que las redes de reservas incorporen un rango de distancias de dispersión, pero especialmente distancias de menos de treinta kilómetros.
- Diseñar específicamente las AMP para maximizar tanto como sea posible los procesos ecológicos y los patrones de conectividad conocidos (espaciales o temporales), tales como surgencias oceánicas, sitios de anidación de tortugas marinas y aves marinas, áreas de desove de peces; al igual que los arrecifes "fuentes" o "sumideros" conocidos.
- Buscar la replicación de zonas de no extracción mediante la protección de múltiples ejemplos dentro de cada biorregión, si es posible, con el fin de dispersar el riesgo de los posibles impactos (McCook *et al.,* 2009).

Un enfoque sistemático y bien estructurado para el diseño y la implementación de redes de AMP puede tener beneficios amplios, y algunas veces imprevistos. Por ejemplo, McCook *et al.* (2010) discuten los beneficios esperados e inesperados de un enfoque de diseño sistemático para el Parque Marino de la Gran Barrera de Coral.

Cuadro 20.5 Desarrollo de resiliencia mediante una gestión eficaz

La operacionalización de los conceptos de resiliencia en la gestión y el manejo ha sido el objetivo de una serie de programas clave, y se requieren acciones y políticas a nivel de los agentes de campo/comunitarios, de los administradores de áreas protegidas e incluso de los responsables de la toma de decisiones en las agencias. Los aspectos clave de la gestión basada en la resiliencia incluyen los siguientes.

- Cuestiones relacionadas con el diseño y la selección del sitio, incluidas las decisiones sobre la ubicación, tamaño y número de las zonas centrales del AMP y la representación y replicación de hábitats clave en el paisaje marino (Grimsditch y Salm, 2006; Salm *et al.*, 2006; McLeod *et al.*, 2009). Una pregunta importante que aún no se resuelve de manera concluyente es si es más eficaz establecer menos AMP grandes de no extracción, múltiples AMP pequeñas de no extracción con un área equivalente o AMP aún más grandes de usos múltiples con pequeñas áreas de no extracción dentro de ellas.
  Una característica deseable es la capacidad de ajustar la zonificación de las AMP en respuesta a amenazas futuras y la condición de los sistemas protegidos. La selección de áreas críticas en un paisaje marino es un componente esencial para mantener la resiliencia, ya que algunos sitios clave (como las concentraciones de peces para la reproducción o las áreas fuente para replantar las áreas afectadas) tienen una importancia única para mantener la resiliencia en las áreas geográficas más grandes.
- La reducción de las amenazas que socavan los ecosistemas saludables es la primera línea de defensa contra cualquier perturbación, ya sea menor o catastrófica, temporal o a largo plazo.
  Por ejemplo, los corales que están expuestos a factores de estrés como la contaminación, la sedimentación, las actividades dañinas o la sobrepesca corren un mayor riesgo de sucumbir al estrés provocado por las tormentas, el aumento en las temperaturas del agua de mar y la acidificación de los océanos. En consecuencia, tanto como sea posible, los administradores de las AMP deben priorizar la reducción de los factores de estrés manejables.
- La conectividad en los ecosistemas marinos es un determinante clave del repoblamiento de larvas y esto es importante para la resiliencia después de cualquier perturbación importante, ya que retiene procesos ecológicos como la productividad y los ciclos de vida de muchos organismos marinos. Como se indicó anteriormente, en la planeación y la manejo de las AMP se considera cada vez más la conectividad, y las investigaciones recientes han demostrado un mayor grado de repoblamiento de lo que se pensaba (Harrison *et al.*, 2012).
  El mantenimiento de una red conectada de sitios saludables dentro y fuera de las AMP se convertirá en las próximas décadas en un objetivo de gestión cada vez más importante, lo cual estará respaldado por mejoramientos en la ciencia de la conectividad.

Si bien los factores anteriores se centran en los elementos biológicos de la resiliencia, la eficacia de la gestión (Salm *et al.*, 2006; Capítulo 28) sigue siendo un factor determinante para el éxito en el uso de los conceptos de resiliencia, con la aplicación a los aspectos de diseño, la reducción de amenazas y el manejo del comportamiento de las personas. En muchas partes del mundo, la eficacia de los programas de manejo depende de la disposición de las comunidades vecinas, especialmente de aquellas que recolectan los recursos, de acatar las regulaciones y apoyar los esfuerzos de gestión. Para lograr dicha colaboración, los administradores no solo necesitan materiales y medidas claras de comunicación, sino también fomentar la participación de la comunidad en la planeación y las acciones de manejo. La cogestión de los recursos marinos se usa cada vez más a un nivel popular –por ejemplo, en el ordenamiento pesquero–.

En el futuro, las estructuras de gobernanza de la gestión deberán hacer que las instituciones y las prácticas de manejo sean más adaptables y reflejen los conceptos de resiliencia ecológica y social (al promover la capacidad adaptativa). En este momento, la mayoría de los programas de manejo y las estructuras de gobernanza para las AMP son demasiado rígidas para hacer frente al cambio. De manera ideal, una parte integral del proceso de análisis y revisión de los planes y políticas de gestión debe incluir el ajuste de las zonas y límites de las AMP para hacer frente a las amenazas u oportunidades emergentes. Para mejorar la aplicación y la adaptabilidad de los enfoques de gestión basados en la resiliencia pueden utilizarse la gestión basada en ecosistemas, la gestión costera integrada, la planeación espacial marina y otros enfoques de gestión basados en áreas. Un ejemplo persuasivo es el trabajo de Harrison *et al.* (2012), el cual demuestra que las redes de reservas marinas bien planeadas y adecuadamente protegidas pueden contribuir de manera significativa a la reposición de las poblaciones de peces tanto en áreas de no extracción como en áreas de pesca dentro de los treinta kilómetros del área protegida.

David Obura y Rod Salm

Cuadro 20.6 La Caja de Herramientas de Resiliencia de los Arrecifes

La Caja de Herramientas de Resiliencia de los Arrecifes se desarrolló como parte del Programa de Resiliencia de los Arrecifes, una alianza liderada por The Nature Conservancy. Esta caja de herramientas desarrolla la capacidad de los administradores y profesionales en arrecifes de todo el mundo para abordar mejor los impactos sobre los arrecifes de coral que generan el cambio climático y otros factores de estrés. Por medio de recursos como la creación de redes, los seminarios de capacitación en línea y la difusión de la ciencia de la resiliencia, la caja de herramientas ofrece acciones de manejo útiles para mejorar las perspectivas de supervivencia de las comunidades de los arrecifes de coral. Esto incluye:

- Proteger múltiples muestras de una gama completa de tipos de arrecife, en representación del posible complemento de biodiversidad, para dispersar entre ellas el riesgo de que alguna se pierda totalmente como consecuencia de un evento de estrés como el blanqueamiento relacionado con el calor.
- Identificar y proteger totalmente a las comunidades de coral que tengan un riesgo bajo de sucumbir a eventos como el estrés por calor y el blanqueamiento de corales, ya que estas sobrevivirán para reproducirse y repoblar áreas susceptibles, lo que ayudará a su recuperación (West y Salm, 2003)
- Proteger totalmente otros hábitats críticos como las concentraciones de peces para la reproducción y los sitios de cría, y tratar de incluir en áreas de no extracción todo el complemento de hábitats críticos para las etapas del ciclo de vida.
- Restaurar la funcionalidad de los hábitats degradados, como después de los eventos de blanqueamiento y gestionar y monitorear las áreas resilientes para permitir su recuperación; esto como una base para la reproducción y la repoblación efectiva de los sitios menos resilientes.
- Gestionar sitios susceptibles para facilitar la recuperación. Incluso, por ejemplo: eliminar depredadores del coral, prohibir o reducir la pesca de herbívoros, evitar prácticas pesqueras destructivas, controlar los impactos del turismo y cerrar temporalmente la pesca de arrecifes en y alrededor de arrecifes blanqueados o afectados de otras maneras.
- Incluir las AMP en marcos de gestión más amplios, como grandes reservas de uso múltiple, regímenes integrados de gestión costera o ambos, con el fin de mantener la alta calidad del agua y permitir el control efectivo de las amenazas que se originan corriente arriba y en las áreas circundantes (Salm *et al.,* 2006)
- Monitorear las AMP contra los datos de línea base y comparar con los arrecifes de control fuera de las AMP para determinar la efectividad de las estrategias de manejo.
- Regular los desarrollos corriente arriba o en las áreas adyacentes relacionadas que puedan comprometer la salud de las comunidades de coral, como los desarrollos frente a la playa, los cuales causarían escorrentías o descargas de sedimentos, agua dulce o contaminantes.
- Facilitar y fomentar tanto la investigación como los estudios científicos en los sitios por medio de alianzas con universidades locales y científicos investigadores que puedan no solo ofrecer datos científicos robustos y un asesoramiento externo, sino también generar credibilidad para la entidad y el apoyo político para las acciones de manejo encaminadas a desarrollar resiliencia.
- Obtener y compartir información a través de la investigación, las redes de aprendizaje, la educación, los programas interpretativos y los programas de voluntariado como el "reloj de blanqueamiento".
- Implementar un sistema de evaluación de la efectividad del manejo para el AMP que permita mejorar la gestión de los arrecifes para mantenerlos lo más sanos posible y, por lo tanto, con una mayor capacidad de sobrevivir o recuperarse rápidamente de un evento de estrés.

Rod Salm, Paul Marshall y David Obura

Arreglos de manejo a nivel de sitio

Los arreglos de manejo a nivel de sitio son planes localizados para el uso de un sitio en particular. Estos identifican los valores significativos de un sitio específico, y no solo describen los arreglos de manejo actuales, sino que se concentran en problemas específicos del uso e impactos acumulativos en el sitio. Por ejemplo, el Plan de Gestión de Whitsundays en la Gran Barrera de Coral asigna la mayoría de los arrecifes, bahías y áreas costeras a un "ambiente", que va desde el uso intensivo (Ambiente 1) hasta la protección (Ambiente 5), y establece los límites máximos para cada ambiente (Tabla 20.4). Los usuarios recreativos pueden acceder a todos los ambientes siempre que respeten los límites, mientras que solo un número limitado de operadores de turismo que cuenten con los permisos relevantes pueden acceder a las áreas del Ambiente 5.

Resiliencia y gestión del riesgo marino

Un riesgo es el efecto de la incertidumbre sobre los resultados que se buscan, en términos de: a) las consecuencias del riesgo, que pueden ser benéficas o perjudiciales y b) la probabilidad de que se materialice el riesgo (Standards Australia, 2013). El "efecto" es una desviación de lo

Estudio de caso 20.5 Ejemplos de áreas protegidas para mamíferos marinos que ofrecen conectividad y una mayor resiliencia

Para los mamíferos marinos, la resiliencia puede desarrollarse, al menos en parte, mediante la replicación de AMP administradas de manera eficaz. Si los animales disminuyen o desaparecen en un área, otras áreas podrán ayudar a proteger esa especie. Dado que los mamíferos marinos tienen una vida prolongada, pueden pasar muchas décadas antes de que los beneficios de una mayor resiliencia lleven a mejores resultados de conservación. Si bien es difícil aislar las condiciones responsables del éxito, hay muchos otros beneficios que se acumulan, como una mayor participación del público y la apreciación de estos animales que tienen una gran dispersión. A continuación, se presentan algunos ejemplos exitosos.

- Parque Marino de la Gran Barrera de Coral en Australia: como resultado de la rezonificación y mayores niveles de protección, ha mejorado la protección de los dugongos al reducir la captura accidental y otras presiones (Grech y Marsh, 2008).
- Nueve santuarios de mamíferos marinos en el Océano Pacífico: al cubrir las ZEE de los países insulares del Pacífico, estos han sido capaces de ofrecer una mayor protección y resiliencia potencial para los dugongos mediante la replicación de hábitats protegidos adecuados. La conectividad a esta escala se brinda, al menos en parte, gracias al enfoque compartido para la conservación de los mamíferos marinos a través de la Secretaría del Programa Regional del Pacífico Sur para el Medio Ambiente.
- Focas monje del Mediterráneo (*Monachus monachus*) en Madeira, una especie en peligro crítico que es protegida de manera eficaz en las Islas Desertas (Portugal). Estos animales han prosperado y ahora comenzaron a trasladarse a la isla principal de Madeira (Pires *et al.*, 2008).
- Santuarios hermanos del Océano Atlántico: el primer santuario hermano se estableció entre el Santuario Marino Nacional del Banco Stellwagen en el golfo de Maine, EE.UU. y el Santuario de Mamíferos Marinos en la República Dominicana. Esto reconoce a las dos áreas estacionales clave en el Océano Atlántico Norte para las ballenas jorobadas (*Megaptera novaeangliae*) –el sitio del norte es para la alimentación y el sitio del Caribe es para la cría–. En 2009, para cooperar en los esfuerzos de conservación de las jorobadas y otros mamíferos marinos, los dos sitios se unieron al recién creado Santuario Agoa de Martinica, Guadalupe, San Martin y San Bartolomé en el Caribe oriental (Hoyt, 2012).
- Pacífico Nororiental: los antiguos sitios de caza de ballenas grises de la laguna de Scammon (laguna Ojo de Liebre) en Baja California se convirtieron en la primera área protegida de cetáceos en 1972. Más tarde, México protegió una segunda laguna en San Ignacio, seguida por la bahía Magdalena y luego una reserva de la biosfera "sombrilla" llamada El Vizcaíno. Con estas acciones se protegieron de manera efectiva las áreas de reproducción de esta especie, y con una mayor resiliencia gracias a la replicación de la protección en varias lagunas y diferentes niveles de gestión que podrían ofrecer la oportunidad de comparar los resultados (Hoyt, 2011). La ballena gris (*Eschrichtius robustus*) se considera una historia de éxito en la conservación y son la primera (y hasta ahora la única) ballena en regresar a los niveles previos a la caza de ballenas.

Erich Hoyt y Giuseppe Notarbartolo di Sciara

Tabla 20.4 Límites para la planeación de los ambientes

Ambiente	Longitud de la embarcación	Tamaño del grupo
1. Desarrollado	Máximo 70 metros	Sin límite
2. Uso alto	Máximo 35 metros	Sin límite
3. Uso moderado	Máximo 35 metros	Máximo 40 personas
4. Natural	Máximo 35 metros	Máximo 15 personas
5. Protegido	Máximo 20 metros	Máximo 15 personas

esperado (positivo o negativo), y la "incertidumbre" es el nivel de certeza sobre la información relacionada con la comprensión o el conocimiento de un evento, sus consecuencias o su probabilidad.

La gestión del riesgo implica realizar una evaluación del riesgo sobre la probabilidad y las consecuencias de los impactos, como la contaminación causada por el ser humano sobre las especies o hábitats o localidades clave, como bahías, islas o arrecifes. Una evaluación eficaz del riesgo ayuda a tomar una decisión de manejo informada y también debe considerar los riesgos sociales, culturales, económicos y de reputación para el AMP.

La resiliencia del ecosistema se refiere a la capacidad que tiene un ecosistema marino de resistir o recuperarse de perturbaciones naturales como ciclones o enfermedades, o de impactos relacionados con los humanos, y mantener las funciones clave sin colapsar o cambiar a un estado diferente. Los ecosistemas resilientes son capaces de

Cuadro 20.7 Consejos prácticos para la evaluación y manejo de los impactos acumulativos sobre las AMP

Hay varias cuestiones prácticas que deben considerarse cuando se utilice la evaluación de efectos acumulativos como un procedimiento sistemático para identificar y evaluar la importancia de los efectos de múltiples presiones o actividades.

1. Tenga claro lo que intenta lograr. ¿El alcance de la evaluación o las decisiones sobre el trabajo de los efectos acumulativos se definen en la legislación o se especifican en los objetivos, como para la gestión de un AMP individual? Mientras que muchas evaluaciones se enfocan en actividades o proyectos del mismo tipo –como los desarrollos petroleros– las de las AMP se enfocarán en los receptores, como el hábitat o la especie para los que se designa un AMP, y por lo tanto podrían abarcar la gama de actividades/proyectos que interactúan con tales receptores.
2. Los efectos acumulativos pueden presentarse con el tiempo, por lo que se debe tener cuidado al ver una "imagen fija" de las actividades en curso. Lo más probable es que los efectos acumulativos ya hayan ocurrido cuando se establezca una línea de base, es decir, cuando se designe el AMP. Si bien podría ser deseable hacer una "retrospección" para describir o cuantificar un estado anterior no impactado, quizás sea mejor enfocar los recursos, cuando sean escasos, en evitar un declive adicional y promover la recuperación de algún tipo.
3. Dada la complejidad del tema, se logrará más al reducir el ámbito del trabajo sobre los efectos acumulativos a la menor cantidad de receptores posible. Así existe una mayor probabilidad de lograr una comprensión suficientemente profunda de los problemas para justificar una intervención de gestión. Esto puede lograrse fácilmente en las AMP cuando ciertos hábitats o especies son la razón principal para la designación.
4. Con frecuencia, un panorama complejo de múltiples presiones puede simplificarse al identificar las pocas presiones "dominantes". Por ejemplo, para la evaluación inicial de la Directiva Marco de la Unión Europea sobre la Estrategia Marina, se consideró que, para muchas características del ecosistema, los efectos acumulativos de las presiones humanas están dominados por una o unas pocas presiones. Por consiguiente, para que las evaluaciones sean eficientes y enfocadas, es necesario diferenciar las presiones dominantes.

Para priorizar aún más, quizás sea necesario identificar *hotspots* con una gran diversidad de intereses de conservación y altos efectos acumulativos (véase Halpern *et al.*, 2008).

5. La intervención de la administración para evitar o reducir los efectos acumulativos identificados se logrará más fácilmente si existe un mandato claro, tal como lo establece la legislación y los objetivos que sustentan el AMP. Incluso cuando este sea el caso, si se trata de más de una actividad o más de una jurisdicción, es posible que la acción requiera de la coordinación entre varias agencias u organismos (como el gobierno nacional y estatal o local). En caso de duda, intente mantener la metodología lo más simple posible. Ya es bastante desafiante hacer solo un mapeo y luego gestionar el impacto de solo tres actividades que generen presión sobre un hábitat o una especie.

Paul Gilliland y Michael Coyle

resistir o recuperarse de los impactos que de otra forma dañarían los componentes del sistema si siguieran ocurriendo durante el tiempo suficiente.

En paralelo con el crecimiento exponencial en el estudio de la resiliencia ecológica (y social) de los ecosistemas marinos poco profundos, en la última década se ha observado una rápida expansión e innovación en el uso de conceptos de resiliencia en la gestión de las AMP (véase el Capítulo 10). Un manejo efectivo ayuda a desarrollar la resiliencia del arrecife (como se describe en el Cuadro 20.5), y en los últimos años se ha facilitado mediante el desarrollo de un práctico "Juego de Herramientas de Resiliencia de los Arrecifes" para los profesionales de las AMP (Cuadro 20.6). En el Estudio de caso 20.5 se describe un ejemplo de cómo las áreas protegidas para mamíferos marinos brindan conectividad y aumentan la resiliencia.

Efectos acumulativos

Un aspecto clave de la resiliencia es la interacción acumulativa entre los impactos: diferentes impactos pueden combinarse o exacerbarse entre sí, de modo que los impactos acumulativos pueden ser mucho mayores que cualquier impacto individual. Estos pueden interactuar simplemente (por ejemplo, de manera aditiva, como en "1 + 1 = 2") o de una manera más compleja (por ejemplo, de manera sinérgica, como en "1 + 1 = 3... o 4").

Esto tiene importantes consecuencias para la gestión de las AMP, incluida la necesidad de manejar tantos impactos como sea posible para reducir los efectos acumulativos y el reconocimiento de que las reducciones en un impacto pueden disminuir los efectos de otros, lo que aumenta la "resiliencia" del ecosistema para hacer frente a otros impactos menos manejables, como los causados por el cambio climático. Si bien existe un reconocimiento generalizado de la necesidad de manejar los efectos acumulativos y puede encontrarse una serie de documentos de orientación sobre enfoques y metodologías, ha sido difícil hacer progresos prácticos, incluso en las AMP bien establecidas y con un buen número de investigaciones.

Es importante considerar la escala en la que se producen los efectos acumulativos. Halpern *et al.* (2008) consideraron los efectos acumulativos a escala global, pero de acuerdo con el tamaño de un sitio o la fuente de una presión, los efectos pueden abordarse más fácilmente a la escala de un AMP individual. No obstante, parece que hay pocos casos con evidencias específicas para la evaluación de efectividad del manejo de los efectos acumulativos. Es probable que esto se deba a que es demasiado pronto para sacar conclusiones de los ejemplos en los que se dio tal intervención.

Los efectos acumulativos pueden surgir de múltiples presiones, como en el caso de una bahía que sufre un enriquecimiento con nutrientes tanto de descargas directas puntuales (por ejemplo, aguas residuales) como de la escorrentía agrícola difusa. Por otro lado, puede ser la misma presión que afecta repetidamente un rasgo a lo largo del tiempo, como los rasgos del lecho marino expuestos a la pesca episódica (como la pesca de arrastre con aparejos de arrastre de fondo) o diferentes presiones derivadas del mismo desarrollo que actúan acumulativamente sobre un rasgo –por ejemplo, el desarrollo de infraestructura en los bajos intermareales de lodo que conduce a la perturbación (a través del aumento en el uso de embarcaciones) y a la pérdida del hábitat (pisadas)–.

Al evaluar los efectos acumulativos, lo ideal es que se comprenda el grado de presión o impacto que es sostenible y que permita el logro de los objetivos de conservación para un AMP. Si bien hay casos en los que se utilizan ampliamente los umbrales cuantitativos (por ejemplo, estándares de calidad del agua), resulta difícil derivar umbrales ecológicos y las técnicas de evaluación suelen implicar alguna forma de modelado predictivo o juicio experto. En el Cuadro 20.7 se ofrecen consejos prácticos para evaluar y manejar los impactos acumulativos sobre las AMP.

Participación de la comunidad

Es muy raro que una sola comunidad o agencia de AMP tenga el control jurisdiccional sobre todas las actividades que se realizan dentro de una AMP, por lo que suele existir la necesidad de integrar una gestión efectiva de las AMP dentro de una variedad de instituciones, industrias y partes interesadas. Desde los primeros días de las AMP se reconoce la importancia que tiene involucrar a las comunidades locales para ayudar a proteger los valores naturales y culturales. A comienzos del siglo XXI, este compromiso de mantener alianzas efectivas y significativas con los pueblos indígenas, las comunidades locales y los usuarios es aún más fuerte, no solo con el fin de conservar los valores de un AMP, sino también para mejorar

Cuadro 20.8 Lecciones aprendidas sobre la participación efectiva del público durante un programa de planeación para un AMP

- **En el caso de muchas AMP no existe una manera simple de crear un mecanismo consultivo libre de conflictos:** aunque muchos responsables de la toma de decisiones desean tomarlas con base en el consenso, este "no es una meta alcanzable en los procesos de las partes interesadas que abordan cuestiones de esta magnitud" (Helms, 2002, citado en Day *et al.*, 2004, p. 258).
- **La gente debe entender que hay un problema antes de aceptar que se requiere una solución:** por lo general, antes de que las partes interesadas estén dispuestas a aceptar que una parte de la solución es un nuevo enfoque para la gestión, es necesario informar a las partes interesadas que un AMP está bajo presión y que el nivel de protección de la biodiversidad es insuficiente.
- **Muchas partes interesadas tienen poca comprensión de los problemas clave:** muchas personas no saben lo que significa "biodiversidad", ni entienden su importancia para el futuro de las aguas marinas, por lo que es necesario utilizar un lenguaje simple para comunicarse con la mayoría de las partes interesadas.
- **Diferentes mensajes para diferentes públicos objetivo:** diferentes grupos de partes interesadas tienen intereses en diferentes aspectos de la planeación marina, así que la comunicación debe ajustarse a la audiencia.
- **Algunos elementos de la participación de la comunidad tienen más éxito que otros:** en el caso de la Gran Barrera de Coral, las sesiones para informar a la comunidad en los centros regionales y locales demostraron ser mucho más exitosas que las reuniones públicas. Aunque estas sesiones requirieron una organización considerable y un gran compromiso en términos de recursos y personal, los resultados valieron la pena.
- **Hay quienes apoyan el aumento propuesto en el nivel de protección, pero no expondrán abiertamente sus puntos de vista:** con frecuencia, la mayoría silenciosa puede ser "ahogada" por la minoría vocal que está muy motivada para expresar sus preocupaciones. Es necesario alentar a los partidarios a esforzarse por expresar su aprobación para una mayor protección.

Fuente: adaptado de Day *et al.*, 2004

Coral (*Echinopora lamellosa*) con algas coralinas crustosas rosadas y peces (probablemente pargos, *Lutjanus kasmira*), islas exteriores de Seychelles, República de Seychelles

Fuente: James Tamelander

la resiliencia del medio marino de tal manera que pueda hacer frente a las presiones inevitables. Por lo general, la participación de la comunidad es un requisito constante para la implementación efectiva de un AMP, y esta puede darse de varias maneras:

- **Establecimiento de comités asesores marinos locales:** estos comités voluntarios de base comunitaria pueden ofrecer asesoría sobre asuntos de gestión a nivel local. Los miembros pueden ser independientes o representar a una comunidad o un grupo industrial, a partir de los cuales coordinan la retroalimentación. El objetivo es contar con una representación equilibrada de la gente local que participa en el manejo o el uso del AMP. Los principales beneficios de los comités incluyen una oportunidad para el flujo bidireccional de información entre la comunidad local y las agencias de gestión.
- **Establecimiento de comités asesores basados en la experticia:** estos pueden establecerse para asesorar a las agencias de gestión respecto a problemas o asuntos específicos –por ejemplo, un comité asesor indígena o de turismo–. Si bien suelen estar compuestos por expertos designados, dichos comités pueden incluir a otros miembros de la comunidad para garantizar que la asesoría sea equilibrada.
- **Tener una comunicación regular:** la comunicación con la comunidad se lleva a cabo a través de una variedad de medios, incluido el correo electrónico, las publicaciones en Facebook o un boletín electrónico (véase el Capítulo 15).
- **Implementación de programas "Amigos del AMP XXX":** a menudo, estos programas incorporan voluntarios como una parte clave del programa. Los programas como las Escuelas Protectoras del Arrecife (Reef Guardians Schools) y el Consejo Protector del Arrecife (Reef Guardian Council), tal como se establecieron en la Gran Barrera de Coral, son buenos ejemplos de las alianzas y la participación de la comunidad, y en estos programas ahora participa el 10% de la población total vecina del arrecife.

Un ejemplo en el que se canalizaron recursos adicionales durante períodos específicos e intensos de participación de la comunidad con el fin de lograr resultados importantes y específicos es el de las actividades participativas durante la gran rezonificación del Parque Marino de la Gran Barrera de Coral a finales de la década de 1990 (Cuadro 20.8) (véase Day *et al.,* 2012b).

A fin de proteger los valores culturales y patrimoniales y conservar la biodiversidad en un AMP, es esencial que se establezcan alianzas efectivas y significativas con los pueblos indígenas, las comunidades locales, el sector privado y los usuarios. Las alianzas se distinguen de otros tipos de participación comunitaria por compartir el poder y la responsabilidad de su uso entre los participantes. El éxito de la participación depende no solo de la disposición de los socios para involucrarse en asuntos que sean importantes para ellos, sino también del nivel de compromiso de los administradores para que su participación se lleve a cabo de la manera correcta. Los aliados informados e involucrados son esenciales para que un AMP se use y administre de una manera que reconozca la estrecha relación entre los medios de subsistencia sostenibles de la comunidad, el reconocimiento de los valores y tradiciones de esta, y la gestión y protección eficaces del AMP. Algunos principios detrás de las alianzas eficaces incluyen:

- Los participantes comparten el poder y la responsabilidad, sin que ningún aliado sea responsable de las decisiones o las acciones de otros.
- Expectativas realistas, con valores de relación e intención compartidos.
- Los coordinadores de las alianzas tienen una tenencia adecuada para desarrollar relaciones personales a largo plazo entre los participantes (Oliver, 2004).

Gestión del cumplimiento

La gestión del cumplimiento es un enfoque planeado para garantizar que las personas y entidades que interactúan con el AMP, con el propósito de obtener algún valor de ella, lo hagan de conformidad con la legislación, las regulaciones, las condiciones del permiso o las instrucciones

Cargador de carbón encallado en la Gran Barrera de Coral, Australia

Fuente: © Autoridad del Parque Marino de la Gran Barrera de Coral

legales. No obstante, la gestión del cumplimiento implica una consideración mucho más amplia que la simple ejecución. La actividad humana puede incluir la recreación, el turismo, la pesca comercial, procesos de extracción o la navegación. Las AMP costeras también pueden preocuparse por las actividades terrestres que tengan un impacto sobre la calidad del agua, como las prácticas agrícolas, la expansión de la comunidad y el desarrollo costero.

Por consiguiente, ya que equilibra la protección con el uso sostenible, la gestión eficaz orientada al cumplimiento es clave para alcanzar las metas estratégicas de la gestión del AMP. De manera ideal, el cumplimiento se incluye como un indicador clave del desempeño y un elemento crucial de cualquier evaluación externa del AMP y su certificación. Cuando se integra adecuadamente en el ciclo de gestión del AMP, la gestión orientada al cumplimiento apoya el logro de resultados como la conservación, la gestión del uso, la sostenibilidad, el involucramiento de la industria, las empresas y el público, y la participación indígena.

Al centrarse en el monitoreo, la medición y la evaluación, un enfoque eficaz para la gestión orientada al cumplimiento también indicará las tendencias que puedan requerir ajustes en el plan de gestión del AMP y el uso permitido.

Las bases de la gestión orientada al cumplimiento se apoyan en una serie de disciplinas que incluyen el derecho, la aplicación de la ley, el comportamiento humano, la gestión de riesgos, el manejo de datos, el manejo de las partes interesadas, la medición y la evaluación, el análisis de inteligencia y las relaciones públicas. Un enfoque estructurado comienza con un análisis demográfico detallado de la comunidad bajo regulación, el análisis y categorización de los comportamientos, la evaluación de los impactos de los comportamientos, la identificación y evaluación de amenazas y riesgos, y la determinación de los tratamientos adecuados para mitigar los riesgos. La aplicación de la ley y procesamiento judicial pueden ser tratamientos de último recurso, y otros tratamientos pueden ser más apropiados dada la amenaza, el comportamiento humano y el impacto ambiental. Tales tratamientos incluyen la información, la educación, la vigilancia y el monitoreo, la auditoría, las alertas, las cartas de advertencia o las notificaciones de infracción. El objetivo es lograr una autorregulación informada con la mayoría de los usuarios y los pocos recursos deben enfocarse en los comportamientos no deseables de alto impacto.

La gestión orientada al cumplimiento puede involucrar una amplia gama de intereses, así como otras agencias regulatorias y de aplicación de la ley, cuya responsabilidad principal puede ser la navegación, la pesca, el turismo o la comunicación, y las cuales pueden recibir apoyo del equipo de cumplimiento del AMP para lograr resultados de cumplimiento relacionados con sus áreas de especialidad.

Esto requiere un enfoque eficaz para la gestión orientada al cumplimiento, inicialmente con un plan estratégico que suele tener una perspectiva de tres años. El primer año del plan trienal progresivo, refinado con más detalle, identifica las operaciones y los recursos requeridos para los siguientes doce meses. Esto permite un enfoque minucioso para destinar los recursos y lograr e informar los resultados del cumplimiento. Los objetivos clave del AMP podrían verse comprometidos por no tener en cuenta una serie de susceptibilidades alrededor de la gestión orientada al cumplimiento.

Para tomar decisiones sobre las amenazas, los riesgos y la aplicación de estrategias de gestión orientada al cumplimiento, es necesario recabar, manejar y analizar datos de forma rutinaria. Además de informar la eficacia de los esfuerzos de gestión orientada al cumplimiento, el análisis de datos indica las tendencias que permiten orientar mejor el esfuerzo de gestión. El requisito de justificar los recursos al demostrar un impacto positivo tanto en el comportamiento del usuario como en los resultados del ecosistema requiere la aportación de especialistas en ciencias del mar. Tal colaboración ayuda a enfocarse en la planeación e implementación de estrategias que aborden la protección y el uso sostenible. La presentación de informes debe ser regular e integral con el fin de divulgar los resultados a lo largo y ancho de la organización y mejorar la rendición de cuentas en todos los niveles.

El desarrollo de una capacidad de gestión orientada al cumplimiento requiere no solo una buena planeación, sino también recursos adecuados y el apoyo de los niveles superiores de la entidad. La capacidad madurará con el tiempo, conforme crezcan la experiencia, las competencias del personal y las lecciones aprendidas, y aumente el valor de los datos recabados. La estructura organizacional de una unidad de cumplimiento debe tener como objetivo proporcionar todas las funciones clave, incluida la inteligencia, la planeación, las operaciones, el manejo de las partes interesadas, la medición y la evaluación, así como la investigación y la vigilancia. Una ventaja distintiva es la asesoría legal al interior de la unidad. Una auditoría experta puede contratarse externamente. Dada la diversidad de funciones, la variedad de partes interesadas y la importancia de la gestión orientada al cumplimiento para el logro de los objetivos estratégicos de las AMP, es importante un liderazgo fuerte y una estrategia para promover sus servicios y transmitirlos a otros.

Se requieren sistemas informáticos para respaldar la vigilancia, el monitoreo, el análisis de datos y la administración de la información, que de manera ideal deben alojarse en una sala de acceso restringido donde los equipos de manejo de datos y monitoreo electrónico puedan ubicarse de manera confidencial.

El personal debe estar capacitado a un nivel apropiado en la gestión orientada al cumplimiento respecto a los estándares de competencia definidos. En una unidad de gestión orientada al cumplimiento hay suficiente variedad y diversidad de actividades para ofrecer al personal una carrera a largo plazo. Actualmente, hay pocos gestores de cumplimiento profesionales, por lo que existe la necesidad de apoyar un programa de capacitación integral que brinde calificaciones de especialización; la Autoridad del Parque Marino de la Gran Barrera de Coral desarrolló dicho marco.

Problemas de la gestión marina

Cambio climático

De todos los problemas emergentes que enfrentan las AMP y los ambientes marinos en todo el mundo, el cambio climático sigue siendo uno de los más desafiantes. El aumento de la acidez del océano y de las temperaturas del mar, los cuales conducen a cambios en los patrones de circulación y de precipitaciones, así como el aumento del nivel del mar, son amenazas reales, graves y a largo plazo que enfrentan los ecosistemas marinos y las comunidades que viven en la zona costera.

El último informe del Grupo Intergubernamental de Expertos sobre el Cambio Climático (IPCC, 2013) muestra que varias variables del cambio climático ya están cambiando, y de acuerdo con una combinación de proyecciones climáticas globales y observaciones y modelos regionales, se prevé que cambien mucho más en los próximos cincuenta años (véase el Capítulo 17). Por ejemplo, a los científicos de los arrecifes de coral les preocupa que el blanqueamiento de los corales sea cada vez más frecuente y más grave, incluso en escenarios climáticos optimistas producidos por el IPCC.

Contaminación

La contaminación del mar puede ocurrir cuando se generan efectos dañinos o potencialmente dañinos por la entrada al océano de productos químicos, partículas, desechos industriales, agrícolas y residenciales, ruido o la propagación de organismos invasores. La mala calidad del agua y el tipo de sedimentos son los problemas de contaminación conocidos más graves que afectan los entornos costeros y marinos de muchas naciones. La contaminación proveniente de sistemas terrestres contribuye con hasta el 80% de toda la contaminación marina (NOAA National Ocean Service, 2014) y es una gran amenaza para la salud a largo plazo de los sistemas marinos cercanos a la costa, ya que afecta los procesos ecológicos, la salud pública y los usos sociales y comerciales de los recursos marinos.

Con frecuencia, la contaminación proviene de fuentes no puntuales, como la escorrentía agrícola, los restos transportados por el viento y el polvo. Los aportes excesivos de nutrientes (generalmente nitrógeno o fósforo) son la causa principal de la eutrofización de las aguas superficiales, lo que estimula el crecimiento de algas. Cuando los plaguicidas ingresan al ecosistema marino, estos se absorben rápidamente en las redes tróficas marinas, y una vez en la red alimentaria, los pesticidas pueden causar mutaciones y enfermedades que pueden ser nocivas para los humanos y para toda la red trófica.

Seguridad durante operaciones marinas, en la embarcación Shearwater II del Servicio de Parques Nacionales y Vida Silvestre, Costa Sur de Nueva Gales del Sur, Australia
Fuente: Graeme L. Worboys

Embarcación de la administración, Parque Marino de la Gran Barrera de Coral, Australia
Fuente: © Autoridad del Parque Marino de la Gran Barrera de Coral

Las fuentes puntuales de contaminantes incluyen la escorrentía urbana, la descarga de aguas residuales, la contaminación industrial y los desarrollos costeros no regulados. Los metales tóxicos también pueden ingresar en las redes tróficas marinas y causar un cambio en la composición de los tejidos, en la bioquímica, en el comportamiento y la reproducción, y suprimir el crecimiento de la vida marina. Las toxinas en el mar pueden transferirse a los animales terrestres a través de la harina de pescado en los suplementos alimenticios, y pueden aparecer más tarde en la carne y los productos lácteos.

Dragado y desarrollo portuario

El dragado y el posterior vertimiento en el mar de los restos del dragado pueden tener impactos importantes, en especial el cambio de las condiciones hidrográficas dentro de un AMP o en áreas adyacentes a un AMP. El alcance de los efectos depende de una amplia gama de factores, incluida la ubicación del área de dragado y del área de eliminación, el método y la tasa de extracción, y el tipo de maquinaria, así como la naturaleza de la superficie del fondo del mar, los sedimentos, los procesos costeros y la fragilidad de los hábitats y las especies.

A menos que se impongan los controles apropiados, los impactos del dragado o la construcción de instalaciones portuarias pueden causar no solo perturbaciones en el lecho marino, sino también el transporte o resuspensión de contaminantes, la alteración del movimiento de los sedimentos y cambios en los procesos costeros. Estos impactos pueden ser significativos, y a menos que se tomen medidas cautelares y preventivas durante las fases de construcción y operación, un puerto puede causar impactos negativos significativos a corto y largo plazo sobre las comunidades locales (tanto ecológicas como sociales) de las áreas adyacentes.

Extracción de minerales y arena

La grava y la arena marina, así como los minerales de interés que se encuentran sobre o en el interior del lecho marino, son recursos no renovables. Es enorme la cantidad de arena y grava que se explota actualmente. Por ejemplo, solo en el Océano Atlántico Nordeste, se estima que durante los años noventa la extracción de arena y grava tuvo un promedio de cuarenta millones de metros cúbicos por año. En consecuencia, es posible que la presión lleve a permitir su extracción en las AMP, aunque los posibles impactos son similares a los descritos para el dragado (véase la información anterior).

Petróleo y gas

Las operaciones de petróleo y gas alejadas de la costa han aumentado dramáticamente y se expanden cada vez más desde las aguas costeras poco profundas hacia las áreas más profundas mar adentro. Algunas actividades asociadas con las operaciones de petróleo y gas, incluidas las prospecciones y las actividades de perforación y producción, pueden, si están adyacentes a las AMP, tener diferentes impactos sobre estas. El derrame de petróleo de la plataforma Deepwater Horizon en el Golfo de México en 2010 fue el derrame marino de petróleo más grande en la historia de la industria petrolera y tuvo un efecto devastador sobre la vida marina del golfo.

Impactos de la navegación

La navegación tiene el potencial de dañar un AMP por colisiones, encallamientos, la introducción de plagas marinas invasivas, derrames de petróleo y químicos, la introducción de pinturas antiincrustantes, la eliminación de desechos y el daño provocado por las anclas. Incluso un pequeño derrame de petróleo puede causar impactos locales sobre las especies costeras, incluidos los manglares, los cangrejos y los organismos que habitan en los sedimentos. La navegación siempre tiene el potencial de introducir especies no nativas en los ecosistemas marinos, y el agua de lastre es una fuente importante de plagas marinas introducidas.

Pesca insostenible

La pesca, ya sea comercial o recreativa, puede afectar a las especies objetivo y no objetivo y a sus hábitats, y en consecuencia tiene el potencial de producir efectos ecológicos tanto en las zonas de pesca como en el medio marino en su conjunto. Se sabe poco acerca de los efectos sobre los ecosistemas y los impactos acumulativos de la pesca. Los estudios científicos han demostrado que, además de afectar la abundancia y las características de las especies objetivo en las zonas de pesca, la pesca también puede afectar a las especies de presas y a las redes tróficas más ampliamente. Por lo tanto, a fin de lograr la sostenibilidad ecológica, es crucial que se desarrolle un enfoque estratégico para el manejo de la pesca comercial, recreativa e indígena.

Muchas técnicas de pesca (por ejemplo, líneas, redes y jaulas) pueden tener poco impacto en los hábitats. No obstante, si no se maneja adecuadamente, la pesca de arrastre puede causar daños en el hábitat. Si bien algunas herramientas para el ordenamiento pesquero, como los límites a las capturas y al tamaño, pueden ayudar a proteger la sostenibilidad de una pesquería, no abordan completamente el impacto de las actividades extractivas sobre el ecosistema, incluido el impacto sobre otras especies no objetivo. En Pears *et al.* (2012) se encuentra en un buen ejemplo de una evaluación integral del riesgo ecológico de una pesquería comercial que examina especies objetivo y no objetivo (captura incidental), hábitats y procesos ecológicos.

Turismo insostenible

El turismo, cuando no está regulado o limitado, particularmente en las áreas de alto uso, puede generar impactos tanto en el entorno marino como en las islas adyacentes. Por ejemplo, el anclaje repetitivo de embarcaciones turísticas en la misma localidad tiene el potencial de dañar hábitats de corales y pastos marinos. Pueden emplearse diferentes acuerdos obligatorios y voluntarios para minimizar el impacto de las operaciones turísticas.

El daño por el anclaje puede reducirse mediante la instalación de amarres públicos y privados en áreas de alto uso, la designación de áreas de anclaje y no anclaje, marcadores para la protección de arrecifes y la introducción de guías para las mejores prácticas. Es posible que se necesite la descarga de aguas residuales por parte de todos los usuarios, incluidas las operaciones de turismo, si no hay instalaciones terrestres suficientes para atender los requerimientos de bombeo del área. La planeación para el turismo debería considerar los pronósticos de crecimiento en el número de turistas, así como las predicciones sobre los crecientes impactos del uso.

Maricultura

La maricultura, a menos que se administre de manera apropiada, puede modificar, degradar o destruir el hábitat marino, interrumpir los sistemas tróficos, reducir drásticamente las reservas naturales de semillas, transmitir enfermedades y reducir la variabilidad genética. La expansión de la maricultura en áreas costeras no solo puede conducir a una alteración física significativa de los ambientes costeros, sino también puede reducir la protección costera y otras funciones del ecosistema. Otros impactos incluyen la contaminación por nutrientes, antibióticos y agentes antiincrustantes.

Personal, activos, tarifas y licencias

La gestión del AMP se basa en las habilidades y el compromiso del personal (tanto el personal de campo como el personal de oficina) y en el apoyo que reciben para realizar sus funciones (véase el Capítulo 8). Los administradores deben garantizar el acceso a:

Científica mientras realiza trabajos de monitoreo, Parque Marino de la Gran Barrera de Coral, Australia

Fuente: © Autoridad del Parque Marino de la Gran Barrera de Coral

Visitantes de los arrecifes, Parque Marino de la Gran Barrera de Coral, Australia

Fuente: © Autoridad del Parque Marino de la Gran Barrera de Coral

- Una mano de obra calificada y con el número adecuado de funcionarios.
- Una infraestructura para la administración que sea operativa y tenga una ubicación adecuada.
- Una flota de embarcaciones adecuada para las tareas, que esté bien mantenida y sea operativa.
- Sistemas y tecnología capaces de ayudar con las tareas de una manera informada, contemporánea y oportuna.

Una gestión eficaz y eficiente de las AMP requiere una mano de obra calificada y el número adecuado de funcionarios con las habilidades y los recursos que necesitan para desempeñar sus funciones (véase el Capítulo 9). Al determinar los niveles y habilidades adecuados para el personal, un foco debe ser asegurar al personal con habilidades que no se consigan fácilmente en otros lugares (por ejemplo, de otras agencias gubernamentales, la industria o la comunidad). El compromiso del personal y el liderazgo eficaz son dos de los elementos más importantes para el éxito de una organización de AMP (véase el Capítulo 12).

La capacitación, las necesidades de equipos y la capacidad operativa deben revisarse periódicamente y deben ser partes importantes del plan empresarial anual de una institución. Es fundamental garantizar la seguridad y el bienestar de quienes realizan operaciones de gestión en campo dentro de un AMP o un entorno insular, especialmente si las tareas de campo se llevan a cabo en localidades remotas. Esto requiere que se brinden capacitaciones, equipos y lugares de trabajo seguros, y que el personal sea competente para garantizar que todas las tareas necesarias se realicen de manera segura.

Administración de activos

La administración de activos físicos de las AMP (como embarcaciones o una base de operaciones) debe tener el objetivo de ofrecer el nivel de servicio requerido de la manera más rentable posible. La administración de activos físicos debe considerar el "ciclo de vida completo" de un activo, incluido el diseño, la construcción, la puesta en servicio, la operación, el mantenimiento, la reparación, la modificación, el reemplazo y el desmantelamiento o eliminación (véase el Capítulo 24).

La preferencia obvia es tener embarcaciones confiables, seguras, adecuadas, que estén en buen estado y sean operativas, aunque a veces pueden compartirse las patrullas de embarcaciones para algunas tareas (como con otras agencias gubernamentales o con el sector privado). Si las embarcaciones son propiedad de la agencia del AMP, un cronograma priorizado para el remplazo de embarcaciones debe ser parte de la estrategia de negocios revisada regularmente (por ejemplo, reemplazo de motores fuera de borda cada cuatro a cinco años o reemplazo de las embarcaciones más grandes cada diez a quince años).

Más allá de una presencia física en el agua, los administradores de las AMP deben aumentar su capacidad de campo con la adopción de tecnologías y sistemas avanzados (como el monitoreo satelital), particularmente donde ayuden a capturar y retener observaciones, aumenten la recolección de inteligencia y apoyen el despliegue eficiente de los activos físicos del AMP. Es probable que dicha tecnología sea más aplicable para mejorar el cumplimiento de las normas y las capacidades de monitoreo de los recursos naturales de una manera informada, contemporánea y oportuna en ubicaciones remotas y de alto riesgo.

Tarifas y cargos

Si bien muchas áreas protegidas, como parques nacionales y sitios históricos, han implementado con éxito el cobro de una tarifa de entrada para los visitantes (véase el Capítulo 23), rara vez es tan fácil en un AMP, especialmente si hay una multitud de puntos de acceso o no hay una forma efectiva de recaudar el dinero. Cuando un AMP atrae a un gran número de turistas y una tarifa o cargo puede recaudarse de manera efectiva, pueden obtenerse ingresos importantes. Sin embargo, es posible que se presenten inconvenientes.

Uno de los principales obstáculos a los que se enfrentan los departamentos gubernamentales para implementar mecanismos de generación de ingresos, como el cobro de tarifas a los usuarios, las donaciones públicas o las ventas en las tiendas de regalos, es que suele ser difícil separar y asignar dichos ingresos para el AMP, sobre todo cuando se espera que los ingresos del Gobierno se depositen en un fondo consolidado y se asignen de acuerdo con las prioridades nacionales (Geoghegan, 1998). Es posible que las ONG no cuenten con sistemas adecuados para la responsabilidad financiera y los usuarios o los socios de la gestión pueden llegar a cuestionar su autoridad como recaudadores de ingresos. Además, el proceso para cobrar las tarifas puede ser tan complejo o impracticable que costaría más cobrar o exigir el pago que los fondos que se generen.

No obstante, en todo el mundo hay algunos buenos ejemplos –como el "Cargo de Gestión Ambiental" en la Gran Barrera de Coral, que genera más de 6,5 millones de dólares al año (la mayor parte proveniente del turismo)–. Estos fondos se utilizan para la gestión, manejo e investigación en la Gran Barrera de Coral; sin embargo, otras asignaciones presupuestarias del Gobierno para la Gran Barrera de Coral están influenciadas por la cantidad de cargos de gestión ambiental que se generen.

También hay buenos ejemplos de procesos exitosos para el cobro de tarifas en AMP mucho más pequeñas en el Caribe: en Bonaire (Saba) y las Islas Vírgenes Británicas, los usuarios de los recursos marinos, incluidos los buzos, deben cancelar una tarifa, y en las Islas Vírgenes Británicas también deben hacerlo los fletadores de yates. Los sistemas de tarifa para el usuario se implementan en estrecha colaboración con los operadores comerciales de buceo y de fletes de barcos, quienes cobran las tarifas a los clientes, mantienen los registros de uso y realizan tanto una información interpretativa básica como funciones de vigilancia en nombre de las áreas protegidas (Geoghegan, 1998). En algunas AMP, las tarifas de los visitantes se complementan con otras fuentes de financiación, como los suvenires, las ventas en las tiendas de regalos o las donaciones de los visitantes (como las generadas por los "Amigos del Parque Marino Saba").

Para desarrollar estrategias de generación de ingresos para un AMP, Geoghegan (1998) recomienda comenzar con el desarrollo de un presupuesto deseado para el AMP, el diseño de una estrategia de recaudación de fondos a través de un enfoque consultivo con todas las partes interesadas principales, con la garantía de lograr la resiliencia gracias a diferentes fuentes de financiamiento con una reducción en la dependencia del apoyo directo del Gobierno año a año, y con la optimización de las alianzas y acuerdos de cogestión para aumentar la eficiencia de la gestión y reducir los costos.

Licencias y permisos

En algunas AMP, ciertas actividades requieren un permiso. Por ejemplo, las siguientes actividades requieren un permiso de Parques Marinos para operar en la Gran Barrera de Coral:

- Realizar la mayoría de las actividades comerciales, incluidas prácticamente todas las operaciones turísticas.
- Instalación y operación de estructuras tales como muelles, atracaderos, pontones e instalaciones de acuicultura.
- Cualquier trabajo como reparaciones de estructuras, dragado y descarga de escombros, y colocación y operación de amarraderos.
- Anclaje o amarre por un período prolongado.
- Descarga de desechos desde una estructura fija.
- Investigación (excepto para la investigación de impacto limitado).

Los arreglos complementarios en virtud de la legislación nacional y estatal de las AMP significan que en la Gran Barrera de Coral solo se requiere un permiso, y no se requiere ninguno para las actividades recreativas. En la legislación se encuentra la información necesaria para solicitar un permiso y el proceso de evaluación; y la experiencia a lo largo de muchas décadas ha demostrado la necesidad de un proceso de permisos claro, que incluya definiciones inequívocas, criterios de evaluación claros y los beneficios de un sistema de permisos implementado de manera eficaz. Si una propuesta puede restringir el uso razonable por parte del público de una parte del parque marino, uno de los requisitos antes de que se emita un permiso es la notificación pública de la propuesta, en la que se alienta a las personas a dar su opinión.

Efectividad del manejo

Evaluar la efectividad del manejo de un AMP es un desafío que enfrentan los administradores de la mayoría de las AMP en todo el mundo. Cada vez más se espera que la administración sea capaz de demostrar que, además de lograr sus metas y objetivos, también es rentable, eficiente y proactiva. En consecuencia, la efectividad del manejo debe evaluarse y demostrarse de una manera sistemática que permita comparaciones útiles a lo largo del tiempo (Day *et al.*, 2002). El marco de la Comisión Mundial de Áreas Protegidas (CMAP) de la UICN para la evaluación de la efectividad del manejo (Hockings *et al.*, 2006) sugiere que una evaluación integral de la efectividad del manejo debe evaluar seis elementos de gestión (véase el Capítulo 28):

1. Una comprensión del "contexto" del AMP, incluidos sus valores, las amenazas que enfrenta y las oportunidades disponibles, sus partes interesadas y los entornos políticos y de gestión.
2. "Planeación" que establece la visión, las metas, los objetivos y las estrategias para conservar los valores y reducir las amenazas.
3. Los "insumos" (recursos) de personal, dinero y equipo necesarios para lograr los objetivos.
4. Implementación de acciones de manejo de acuerdo con "procesos" aceptados.
5. Producción de "productos" (bienes o servicios, que por lo general deberían estar delineados en los planes de trabajo y gestión).
6. Muchos productos y acciones que resultan en impactos o "resultados" que logran las metas y los objetivos definidos.

Una evaluación integral de la gestión del AMP debe evaluar los seis elementos. Tal evaluación puede tener muchos beneficios, incluidos:

- Mejorar la toma de decisiones y el manejo constante en un entorno cambiante.
- Revisar las políticas y los programas del AMP.
- Dar retroalimentación sobre la gestión a los responsables de la toma de decisiones y a los grupos de interés.
- Ayudar a contabilizar los gastos de administración existentes.
- Justificar la necesidad de recursos adicionales.

Monitoreo

El monitoreo es una herramienta fundamental de gestión y manejo que brinda información no solo para analizar y documentar los impactos ambientales, tanto naturales como antropogénicos, sino también para evaluar la efectividad de las acciones de gestión marina. Monitorear el desempeño de la gestión es una tarea importante para saber si un AMP es eficiente y eficaz (Day *et al.*, 2002), y en este proceso se comparan los cambios en el ambiente marino a lo largo del tiempo frente a una línea de base.

El monitoreo de los ambientes marinos evoluciona conforme cambian los requerimientos del manejo. La mayoría de los programas de monitoreo se han dirigido hacia aspectos biológicos, biofísicos o sociales, y suelen llevarse a cabo como tareas de monitoreo o investigación "independientes". Algunos de estos programas evalúan la efectividad de acciones de manejo específicas, pero pocos ofrecen una evaluación integrada de la eficacia general de un área marina administrada, o hacen un monitoreo específico frente a los objetivos para los cuales se declaró inicialmente dicha área. Una serie de lecciones aprendidas a partir de la realización de programas de monitoreo marino incluyen comenzar con un programa de monitoreo modesto, entender que una combinación de métodos de monitoreo puede proporcionar una evaluación más confiable que un solo método, y explorar oportunidades para alentar la participación de las partes interesadas o el aporte local al proceso de monitoreo general (Day *et al.*, 2002). No espere hasta tener todas las respuestas ni una ciencia perfecta antes de tomar las medidas de manejo adaptativo apropiadas que surjan de la información del monitoreo.

Conclusión

El océano representa el 70% de la superficie de nuestro planeta y casi el 98% de su espacio habitable. Si bien el océano es el motor ecológico que potencia nuestra supervivencia, múltiples presiones –incluida la pesca no sostenible, el cambio climático global, la destrucción del hábitat, las especies invasoras y la contaminación– han llevado a una disminución de la salud de los océanos.

Con el número creciente de AMP, en comparación con algunos años atrás, ahora tenemos más posibilidades de alcanzar una protección del 10% para 2020. Sin embargo, la pregunta "¿es un 10% suficiente?" continúa suscitando preocupación, con algunas estimaciones sobre la protección adecuada del océano en el rango del 20%-30% (o incluso más) para garantizar una salud de los océanos a largo plazo (IUCN, 2003). Otro debate entre las partes interesadas de la comunidad de conservación marina es sobre qué tipo de estrategias de conservación deben emprenderse para alcanzar la Meta 11 de Aichi, y cómo medir la eficacia de las AMP.

La rápida expansión de la protección marina, en especial el establecimiento de mega AMP, también implica el desafío de implementar una gestión eficaz. Además, para tener éxito en el logro de la meta, la red de AMP deberá ser no solo ecológicamente representativa, sino también manejada de manera equitativa y eficaz, y tener una importancia especial para los servicios ecosistémicos, como se menciona en el texto de la Meta 11 de Aichi. No obstante, sin una guía clara, esta seguirá siendo una meta ambiciosa y el mundo luchará por mantener un ritmo globalmente consistente. En conclusión, lograr la meta cuantitativa del 10% será un primer paso importante, pero solo un primer paso.

Si la proeza de la designación de AMP no fue suficiente, dos problemas importantes siguen generando una carga sobre el sistema: uno es un problema de vieja data –la noción de "parques de papel"–. El otro es una creación más reciente –la noción de "regresión" del progreso–. Los parques de papel son áreas designadas por nombre pero que no están protegidas por acciones de manejo. Un paso clave para avanzar en la agenda de las AMP consiste en abordar la preocupación generalizada de que muchas AMP en todo el mundo son en su mayoría ejercicios legislativos y no brindan los niveles de protección necesarios (World Bank, 2006).

A nivel mundial, existen pocos datos sólidos para cuantificar y categorizar verdaderamente el nivel de efectividad del manejo a escalas locales o más grandes. Aunque la mayoría de las evaluaciones de efectividad del manejo se han realizado en áreas protegidas terrestres, existe un creciente reconocimiento internacional sobre la necesidad de evaluar y comprender hasta qué punto los esfuerzos de gestión de las AMP son efectivos y cumplen sus objetivos, y la mejor manera de robustecer su eficacia (Hockings *et al.*, 2000, 2006; Toropova *et al.*, 2010).

La regresión –o "retroceso"– es la reversión del progreso y las acciones de los gobiernos respecto a los compromisos de las AMP. A menudo atribuida a la desaceleración financiera mundial en 2008, esta situación ha sido utilizada por los gobiernos como una oportunidad para reducir sus compromisos con la protección de los océanos y, en el peor de los casos, para eliminar las designaciones existentes y los acuerdos de conservación. Muchos países como el Reino Unido y Australia han sido acusados por algunos de reducir drásticamente los planes para las AMP, junto con la reducción o eliminación de áreas en los planes de redes que contienen altos niveles de protección para especies y ecosistemas marinos. Tal retroceso lo destaca el programa de Degradación, Reducción o Pérdida de Protección de las Áreas Protegidas (Protected Area Downgrading, Downsizing, and Degazettement, PADDD) del Fondo Mundial para la Naturaleza (WWF, 2014).

La planeación y la gestión eficaces de las AMP ayudarán a abordar muchos de los desafíos que enfrentan nuestros océanos; no obstante, las AMP por sí solas no son la única respuesta para contrarrestar desafíos tan complejos como el cambio climático. También se requiere una gestión más eficaz de todos nuestros océanos y nuestras cuencas de captación. No obstante, no podemos esperar hasta que tengamos todas las respuestas ni toda la información; debemos actuar ahora y estar preparados para hacer una gestión adaptativa a medida que aprendamos más.

Referencias

Lecturas recomendadas

Alcala, A.C.; Russ, G.R.; Maypa, A.P. y Calumpong, H.P. (2005). A long-term, spatially replicated experimental test of the effect of marine reserves on local fish yields. *Canadian Journal of Fisheries and Aquatic Sciences*, 62, 98-108.

Almany, G.R.; Hamilton, R.J.; Bode, M.; Matawai, M.; Potuku, T.; Saenz-Agudelo, P.; Planes, S.; Berumen, M.L.; Rhodes, K.L.; Thorrold, S.R.; Russ, G.R. y Jones, G.P. (2013). Dispersal of grouper larvae drives local resource sharing in a coral reef fishery. *Current Biology*, 23(7), 626-630.

Ban, N.C.; Bax, N.J.; Gjerde, K.M.; Devillers, R.; Dunn, D.C.; Dunstan, P.K.; Hobday, A.J.; Maxwell, S.M.; Kaplan, D.M.; Pressey, R.L.; Ardron, J.A.; Game, E.T. y Halpin, P.N. (2014). Systematic conservation planning: a better recipe for managing the high seas for biodiversity conservation and sustainable use, *Conservation Letters*, 7, 41-54. Doi:10.1111/conl.12010

Bertzky, B.; Corrigan, C.; Kemsey, J.; Kenney, S.; Ravilious, C.; Besançon, C. y Burgess, N.D. (2012). *Protected Planet Report: Tracking progress towards global targets for protected areas*. Gland y Cambridge: IUCN y UNEP-WCMC.

Cappo, M. y Kelley, R.A. (2001). Connectivity in the Great Barrier Reef World Heritage Area - an overview of pathways and processes. En: E. Wolanski (ed.). *Oceanographic Processes of Coral Reefs: Physical and biological links in the Great Barrier Reef*, pp. 161-187. Boca Ratón, Estados Unidos: CRC Press.

Cisneros-Montemayor, A.M.; Barnes, M.; Al- Abdulrazzak, D.; Navarro-Holm, E. y Sumaila, U.R. (2013). Global economic value of shark ecotourism: implications for conservation. *Oryx*, 47(3), 381-388.

Convention on Biological Diversity (CBD). (2004). COP 7 Decision VII/28, séptima asamblea Conference of the Parties to the Convention on Biological Diversity, Kuala Lumpur, Malaysia, 9-20 de febrero.

(2008). COP IX Decision VIII/20, octava asamblea Conference of the Parties to the Convention on Biological Diversity, Bonn, Germany, 19-30 de mayo.

(2011). *Strategic Plan for Biodiversity 2011-2020 and the Aichi Targets*. Montreal: Secretariat of the Convention on Biological Diversity. Recuperado de: www.cbd.int/doc/strategic-plan/2011-2020/Aichi-Targets-EN.pdf

Convention on Biological Diversity Subsidiary Body on Scientific, Technical and Technological Advice (CBD SBSTTA). (2014). *Progress report on describing areas meeting the criteria for ecologically and biologically significant marine areas*. Presentado en la 18ª asamblea Subsidiary Body on Scientific, Technical and Technological Advice, Montreal, 23-28 de junio.

Corrigan, C. y Granziera, A. (2010). *A Handbook for the Indigenous and Community Conserved Areas Registry*. Cambridge: UNEP-WCMC.

Cullis-Suzuki, S. y Pauly, D. (2008). MPA costs as "beneficial" fisheries subsidies: a global evaluation. *Coastal Management*, 38, 113-121.

Day, J.C. (2002). Zoning - lessons from the Great Barrier Reef Marine Park. *Ocean y Coastal Management*, 45, 139-156.

(2006). Marine protected areas. En: M. Lockwood, G.L. Worboys y A. Kothari (eds.). *Managing Protected Areas: A global guide*, pp. 497-527. Londres: Earthscan.

Roff, J.C. (2000). *Planning for Representative Marine Protected Areas: A framework for Canadas oceans*. Toronto: WWF Canada.

Dudley, N.; Hockings, M.; Holmes, G.; Laffoley, D.; Stolton, S. y Wells, S. (2012). *Guidelines for Applying the IUCN Protected Area Management Categories to MPAs*. Gland: IUCN.

Fernandes, L.; Lewis, A. y Innes, J. (2004). RAP. An ecosystem level approach to biodiversity protection planning. En: *Proceedings of the Second International Tropical Marine Ecosystems Management Symposium*, pp. 251-265. Manila: ICRI.

Hockings, M. y Jones, G. (2002). Measuring effectiveness in marine protected areas. Principles and practice. En: *Proceedings World Congress on Aquatic Protected Areas*. Cairns, Australia. Recuperado de: www.researchgate.net/publication/43465429

Wren, E. y Vohland, K. (2012b). Community engagement in safeguarding the world's largest reef: Great Barrier Reef, Australia. En: A. Galla (ed.). *World Heritage: Benefits beyond borders*, pp. 18-29. París: UNESCO y Cambridge: Cambridge University Press.

Deloitte Access Economics (2013). *Economic Contribution of the Great Barrier Reef 2011-2012*. Townsville, Australia: Great Barrier Reef Marine Park Authority.

Department of Oceans and Fisheries Canada (2014). *Spotlight on Marine Protected Areas in Canada*. Ottawa: Department of Oceans and Fisheries Canada. Recuperado de: www.dfo-mpo.gc.ca/oceans/marineareas-zonesmarines/mpa-zpm/spotlight-pleinsfeux/index-eng.htm

Done, T.J.; Ogden, J.C.; Wiebe, W.J. y Rosen, B.R. (1996). Biodiversity and ecosystem function of coral reefs. En: H.A. Mooney, J.H. Cushman, E. Medina, O.E. Sala y E.D. Schulze (eds.). *Functional Roles of Biodiversity: A global perspective*, pp. 393-429. Chichester, Reino Unido: Wiley.

Dudley, N. (ed.). (2008). *Guidelines for Applying Protected Area Management Categories*. Gland: IUCN.

Dunn, D.C.; Ardron, J.; Bax, N.; Bernal, P.; Cleary, J.; Cresswell, I.; Donnelly, B.; Dunstan, P.; Gjerde, K.; Johnson, D.; Kaschner, K.; Lascelles, B.; Rice, J.; von Nordheim, H.; Wood, L. y Halpin, P.N. (2014). The Convention on Biological Diversitys ecologically or biologically significant areas: origins, development, and current status. *Marine Policy*, 49, 137-415.

Ehler, C. y Douvere, F. (2007). *Visions for a sea change. Report of the First International Workshop on Marine Spatial Planning*. IOC Manual and Guides No. 48, IOCAM Dossier No. 4. París: Intergovernmental Oceanographic Commission and Man and the Biosphere Programme, UNESCO.

(2009). *Marine spatial planning: a step-by-step approach toward ecosystem- based management*, IOC Manual and Guides No. 53, ICAM Dossier No. 6. París: Intergovernmental Oceanographic Commission and Man and the Biosphere Programme, UNESCO.

Fernandes, L.; Day, J.C.; Lewis, A.; Slegers, S.; Kerrigan, B.; Breen, D.; Cameron, D.; Jago, B.; Hall, J.; Lowe, D.; Innes, J.; Tanzer, J.; Chadwick, V.; Thompson, L.; Gorman, K.; Simmons, M.; Barnett, B.; Sampson, K.; Death, G.; Mapstone, B.; Marsh, M.; Possingham, H.; Ball, I.; Ward, T.; Dobbs, K.; Aumend, J.; Slater, D. y Stapleton, K. (2005). Establishing representative no-take areas in the Great Barrier Reef: large-scale implementation of theory on marine protected areas. *Conservation Biology*, 19(6), 1733-1744.

Freestone, D.; Johnson, D.; Ardron, J.; Killerlain Morrison, K. y Unger, S. (2014). Can existing institutions protect biodiversity in areas beyond national jurisdiction? Experiences from two on-going processes. *Marine Policy*, 49, 167-175.

Geoghegan, T. (1998). *Financing Protected Area Management: Experiences from the Caribbean*. Puerto España, Trinidad: Caribbean Natural Resources Institute. Recuperado de: www.canari.org/finance.pdf

Gjerde, K.M. y Rulska-Domino, A. (2012). MPAs beyond national jurisdiction: some practical perspectives for moving ahead. *International Journal of Marine and Coastal Law*, 27, 351-373.

Graham, R. T. (2004). Global whale shark tourism: a "golden goose" of sustainable and lucrative income. *Shark News*, 16, 8-9.

Great Barrier Reef Marine Park Authority (GBRMPA). (2013). *Great Barrier Reef Region Strategic Assessment: Strategic assessment report. Draft for public comment*. Canberra: Great Barrier Reef Marine Park Authority, Commonwealth of Australia.

(2014). *Traditional Use of Marine Resources Agreements*. Great Barrier Reef Marine Park Authority. Townsville. Recuperado de: www.gbrmpa.gov.au/our-partners/traditional-owners/traditional-use-of-marine-resources-agreements

World Bank and International Union for Conservation of Nature (IUCN). (1995). *A Global Representative System of Marine Protected Areas*. Vols. I-IV. G. Kelleher, C. Bleakley y S. Wells (eds.). Washington D.C.: The World Bank.

Grech, A. y Marsh, H. (2008). Rapid assessment of risks to a mobile marine mammal in an ecosystem-scale marine protected area. *Conservation Biology*, 22(3), 711-720.

Green, A.; Smith, S.E.; Lipsett-Moore, G.; Groves, C.; Peterson, N.; Sheppard, S.; Lokani, P.; Hamilton, R.; Almany, J.; Aitsi, J. y Bualia, L. (2009). Designing a resilient network of MPAs for Kimbe Bay, Papua New Guinea. *Oryx*, 43(04), 488-498.

Grimsditch, G.D. y Salm, R.V. (2006). *Coral Reef Resilience and Resistance to Bleaching*. Gland: IUCN.

Halpern, B.S. (2003). The impact of marine reserves: do reserves work and does reserve size matter? *Ecological Applications*, 13, 117-137.

Walbridge, S.; Selkoe, K.A.; Kappel, C.V.; Micheli, F.; DAgrosa, C.; Bruno, J.F.; Casey, K.S.; Ebert, C.; Fox, H.E.; Fujita, R.; Heinemann, D.; Lenihan, H.S.; Madin, E.M.P.; Perry, M.T.; Selig, E.R.; Spalding, M.; Steneck, R. y Watson, R. (2008). A global map of human impact on marine ecosystems. *Science*, 319(5865), 948-952.

Harborne, A.R.; Renaud, P.G.; Tyler, E.H.M. y Mumby, P.J. (2009). Reduced density of the herbivorous urchin *Diadema antillarum* inside a Caribbean marine reserve linked to increased predation pressure by fishes. *Coral Reefs*, 28(3), 783-791.

Harrison, H.B.; Williamson, D.H.; Evans, R.D.; Almany, G.R.; Thorrold, S.R.; Russ, G.R.; Feldheim, K.A.; van Herwerden, L.; Planes, S.; Srinivasan, M.; Berumen, M.L. y Jones, G.P. (2012). Larval export from marine reserves and the recruitment benefit for fish and fisheries. *Current Biology*, 22(11), 1023-1028.

Helms, G. (2002). Citado en: Balancing ecology and economics: lessons learned from the planning of a marine reserve network in the Channel Islands (US). *MPA News*, 4(6). Recuperado de: depts.washington.edu/mpanews/MPA37.htm.

Hockings, M.; Stolton, S. y Dudley, N. (2000). *Evaluating Effectiveness: A framework for assessing the management of protected areas*. Gland: IUCN-WCPA.

Stolton, S.; Leverington, F.; Dudley, N. y Courrau, J. (2006). *Evaluating Effectiveness: A framework for assessing management effectiveness of protected areas*. 2ª ed. Gland: IUCN.

Hoyt, E. (2011). *Marine Protected Areas for Whales, Dolphins and Porpoises. A world handbook for cetacean habitat conservation and planning*. 2ª ed. Londres y Nueva York: Earthscan.

(ed.). (2012). *Proceedings of the Second International Conference on Marine Mammal Protected Areas (ICMMPA 2)*. Fort-de-France, Martinica, noviembre 7-11 de 2011.

Intergovernmental Panel on Climate Change (IPCC). (2013). Summary for policymakers. En: T.F. Stocker, D. Qin, G.-K. Plattner, M. Tignor, S.K. Allen, J. Boschung, A. Nauels, Y. Xia, V. Bex y P.M. Midgley (eds.). *Climate Change 2013: The physical science basis. Contribution of Working Group I to the Fifth Assessment Report of the Intergovernmental Panel on Climate Change*, pp. 1-35. Cambridge: Cambridge University Press.

International Union for Conservation of Nature World Commission on Protected Areas (IUCN WCPA). (2003a). *The Durban Accord*. Fifth IUCN World Parks Congress, Durban.

(2003b). *Fifth IUCN World Parks Congress Recommendations*. Gland: IUCN WCPA.

International Union for Conservation of Nature (IUCN) y United Nations Environment Programme World Conservation Monitoring Centre (UNEP-WCMC). (2014). *Global Statistics from The World Database on Protected Areas: August 2014*. Cambridge: UNEP-WCMC.

Johnston, R.J.; Gregory, D.; Pratt, G. y Watts, M. (2000). *The Dictionary of Human Geography*. 4ª ed. Oxford: Wiley-Blackwell.

Jones, G.P.; Planes, S. y Thorrold, S.R. (2005). Coral reef fish larvae settle close to home. *Current Biology*, 15(14), 1314-1318.

Jones, P.J.S. (2014). *Governing Marine Protected Areas: Resilience through diversity*. Londres: Earthscan.

Qiu, W. y de Santo, E.M. (2011). *Governing marine protected areas: getting the balance right*. Reporte técnico. Nairobi: United Nations Environment Programme.

Kellner, J.B.; Tetreault, I.; Gaines, S.D. y Nisbet, R.M. (2007). Fishing the line near marine reserves in single and multispecies fisheries. *Ecological Applications*, 17(4), 1039-1054.

Kennedy, E.V.; Perry, C.T.; Halloran, P.R.; Iglesias-Prieto, R.; Schönberg, C.H.L.; Wisshak, M.; Form, A.U.; Carricart-Ganivet, J.P.; Fine, M.; Eakin, C.M. y Mumby, P.J. (2013). Avoiding coral reef functional collapse requires local and global action. *Current Biology*, 23(10), 912-918.

Kloiber, U. (2013). *Chumbe Island Coral Park. Conservation and education, status report 2013*. Zanzíbar, Tanzania.

Kothari, A.; Corrigan, C.; Jonas, H.; Neumann, A. y Shrumm, H. (eds.). (2012). *Recognising and Supporting Territories and Areas Conserved by Indigenous Peoples and Local Communities: Global overview and national case studies*. Technical Series No. 64. Montreal: Secretariat of the Convention on Biological Diversity, ICCA Consortium, Kalpavriksh and Natural Justice.

Leenhardt, P.; Cazalet, B.; Salvat, B.; Claudet, J. y Feral, F. (2013). The rise of large-scale marine protected areas: conservation or geopolitics? *Ocean y Coastal Management*, 85(Part A), 112-118.

Lester, S.E.; Halpern, B.S.; Grorud-Colvert, K.; Lubchenco, J.; Ruttenberg, B.I.; Gaines, S.D.; Airamé, S. y Warner, R.R. (2009). Biological effects within no-take marine reserves: a global synthesis. *Marine Ecology Progress Series*, 384, 33-46.

Ling, S.D. y Johnson, C.R. (2012). Marine reserves reduce risk of climate-driven phase shift by reinstating size- and habitat-specific trophic interactions. *Ecological Applications*, 22(4), 1232-1245.

McClanahan, T.R.; Graham, N.A.J.; Calnan, J.M. y MacNeil, M.A. (2007). Toward pristine biomass: reef fish recovery in coral reef marine protected areas in Kenya. *Ecological Applications*, 17, 1055-1067.

McCook, L.J.; Almany, G.R.; Berumen, M.L.; Day, J.C.; Green, A.L.; Jones, G.P.; Leis, J.M.; Planes, P.; Russ, G.R.; Sale, P.F. y Thorrold, S.R. (2009). Management under uncertainty: guidelines for incorporating connectivity into the protection of coral reefs. *Coral Reefs*, 28, 353-366.

Ayling, T.; Cappo, M.; Choat, J.H.; Evans, R.D.; de Freitas, D.M.; Heupel, M.; Hughes, T.P.; Jones, G.P.; Mapstone, B.; Marsh, H.; Mills, M.; Molloy, F.J.; Pitcher, C.R.; Pressey, R.L.; Russ, G.R.; Sutton, S.; Sweatman, H.; Tobin, R.; Wachenfeld, D.R. y Williamson, D.H. (2010). Adaptive management of the Great Barrier Reef: a globally significant demonstration of the benefits of networks of marine reserves. *Proceedings of the National Academy of Sciences*, 107(43), 18.278-18.285.

McLeod, E.; Salm, R.; Green, A. y Almany, J. (2009). Designing marine protected area networks to address the impacts of climate change. *Frontiers in Ecology and the Environment*, 7, 362-370.

Mulongoy, K.J. y Gidda, S.B. (2008). *The Value of Nature: Ecological, economic, cultural and social benefits of protected areas*. Montreal: Secretariat of the Convention on Biological Diversity.

Mumby, P.J.; Dahlgren, C.P.; Harborne, A.R.; Kappel, C.V.; Micheli, F.; Brumbaugh, D.R.; Holmes, K.E.; Mendes, J.M.; Broad, K.; Sanchirico, J.N.; Buch, K.; Box, S.; Stoffle, R.W. y Gill, A.B. (2006). Fishing, trophic cascades, and the process of grazing on coral reefs. *Science*, 311, 98-101.

National Oceanic and Atmospheric Administration (NOAA). National Ocean Service (2014). *What is the Biggest Source of Pollution in the Ocean?* Silver Spring, Estados Unidos: National Oceanic and Atmospheric Administration National Ocean Service. Recuperado de: oceanservice.noaa.gov/facts/pollution.html

O'Connor, S.; Campbell, R.; Cortez, H. y Knowles, T. (2009). *Whale Watching Worldwide: Tourism numbers, expenditures and expanding economic benefits, a special report from the International Fund for Animal Welfare*. Yarmouth Port, Estados Unidos: International Fund for Animal Welfare.

Oliver, P. (2004). Developing effective partnerships in natural resource management. En: C. Richards y L. Aitken (eds.). *Social Innovations in Natural Resource Management: A handbook of social research in natural resource management in Queensland*, pp. 58-60. Brisbane, Australia: Department of Natural Resources and Mines.

OSPAR Commission (2013). *2012 Status Report on the OSPAR Network of MPAs*. Londres: OSPAR Commission.

Pala, C. (2013). Giant marine reserves pose vast challenges. *Science*, 339, 640-641.

Pears, R.J.; Morison, A.K.; Jebreen, E.J.; Dunning, M.C.; Pitcher, C.R.; Courtney, A.J.; Houlden, B. y Jacobsen, I.P. (2012). *Ecological Risk Assessment of the East Coast Otter Trawl Fishery in the Great Barrier Reef Marine Park: Summary report.* Townsville, Australia: Great Barrier Reef Marine Park Authority.

Pires, R.; Costa Neves, H. y Karamanlidis, A.A. (2008). The critically endangered Mediterranean monk seal *Monachus monachus* in the archipelago of Madeira: priorities for conservation. *Oryx*, 42(2), 278-285.

Roff, G. y Mumby, P.J. (2012). Global disparity in the resilience of coral reefs. *Trends in Ecology and Evolution*, 27(7), 404-443.

Roff, J.C. y Zacharias, M.A. (2011). *Marine Conservation Ecology*. Londres: Earthscan.

Russ, G.R.; Cheal, A.J.; Dolman, A.M.; Emslie, M.J.; Evans, R.D.; Miller, I.; Sweatman, H. y Williamson, D.H. (2008). Rapid increase in fish numbers follows creation of world's largest marine reserve network. *Current Biology*, 18, 514-515.

Stockwell, B. y Alcala, A.C. (2005). Inferring versus measuring rates of recovery in no-take marine reserves. *Marine Ecology Progress Series*, 292, 1-12.

Salm, R.V.; Clark, J. y Siirila, E. (2000). *Marine and Coastal Protected Areas. A guide for planners and managers.* 3ª ed. Gland: IUCN.

Done, T. y McLeod, E. (2006). Marine protected area planning in a changing climate. En: *Coral Reefs and Climate Change: Science and management*, pp. 207-221. Washington D.C.: American Geophysical Union.

Selig, E.R.; Turner, W.R.; Tröeng, S.; Wallace, B.P.; Halpern, B.S.; Kaschner, K.; Lascelles, B.G.; Carpenter, K.E. y Mittermeier R.A. (2014). Global priorities for marine biodiversity conservation, *PLoS ONE*, 9(1).

Spalding, M.D.; McIvor, A.L.; Beck, M.W.; Koch, E.W.; Möller, I.; Reed, D.J.; Rubinoff, P.; Spencer, T.; Tolhurst, T.J.; Wamsley, T.V.; van Wesenbeeck, B.K.; Wolanski, E. y Woodroffe, C.D. (2014). Coastal ecosystems: a critical element of risk reduction. *Conservation Letters*, 7(3), 293-301.

Standards Australia. (2013). *Risk Management Guidelines. Companion to AS/NZS ISO 31000:2009.* Sidney: Standards Australia.

Steneck, R.S. y Dethier, M.N. (1994). A functional group approach to the structure of algal-dominated communities. *Oikos*, 69, 476-498.

The Economics of Ecosystems and Biodiversity (TEEB). (2010). *The Economics of Ecosystems and Biodiversity: Mainstreaming the economics of nature. A synthesis of the approach, conclusions and recommendations of TEEB.* Nairobi: TEEB.

Toonen, R.J.; Wilhelm, T.A.; Maxwell, S.M.; Wagner, D.; Bowen, B.W.; Sheppard, C.R.; Taei, S.M.; Teroroko, T.; Moffitt, R.; Gaymer, C.F.; Morgan, L.; Lewis, N.; Sheppard, A.L.S.; Parks, J. y Friedlander, A.M. (2013). One size does not fit all: the emerging frontier in large-scale marine conservation. *Marine Pollution Bulletin*, 77(1), 7-10.

Toropova, C.; Meliane, I.; Laffoley, D.; Matthews, E. y Spalding, M. (eds.). (2010). *Global Ocean Protection: Present status and future possibilities.* Brest, Francia: Agence des aires marines protégées; Gland: IUCN WCPA; Cambridge: UNEP-WCMC; Arlington, Estados Unidos: The Nature Conservancy, y Tokio: UNU.

United Nations (UN). (2002, septiembre). *Plan of Implementation of the World Summit on Sustainable Development, A/CONF.199/20,* capítulo 1, resolución 2. Johannesburgo.

(2014). *Chronological Lists of Ratifications of, Accessions and Successions to the Convention and the Related Agreements as at 29 October 2013.* Nueva York: Division for Ocean Affairs and the Law of the Sea, Office of Legal Affairs, United Nations. Recuperado de: www.un.org/depts/los/reference_files/chronological_lists_of_ratifications. htm

Vianna, G.M.S.; Meekan, M.G.; Pannell, D.J.; Marsh, S.P. y Meeuwig, J.J. (2012). Socio-economic value and community benefits from shark-diving tourism in Palau: a sustainable use of reef shark populations. *Biological Conservation*, 145, 267-277.

Weeks, R.; Aliño, P.M.; Atkinson, S.; Beldia, P.; Binson, A.; Campos, W.L.; Djohani, R.; Green, A.L.; Hamilton, R.; Horigue, V.; Jumin, R.; Kalim, K.; Kasasiah, A.; Kereseka, J.; Klein, C.; Laroya, L.; Magupin, S.; Masike, B.; Mohan, C.; da Silva Pinto, R.M.; Vave-Karamui, A.; Villanoy, C.; Welly, M. y White, A.T. (2014). Developing marine protected area networks in the Coral Triangle: good practices for expanding the Coral Triangle Marine Protected Area System. *Coastal Management*, 42(2), 183-205.

Weil, E. y Rogers, C.S. (2011). Coral reef diseases in the Atlantic-Caribbean. En: *Coral Reefs: An ecosystem in transition*, pp. 465-491. Springer, Países Bajos.

West, J.M. y Salm, R.V. (2003). Resistance and resilience to coral bleaching: implications for coral reef conservation and management. *Conservation Biology*, 17(4), 956-967.

White, A.T.; Aliño, P.M.; Cros, A.; Fatan, N.A.; Green, A.L.; Teoh, S.J.; Laroya, L.; Peterson, N.; Tan, S.; Tighe, S.; Li, R.V.; Walton, A. y Wen, W. (2014). MPAs in the Coral Triangle: progress, issues, and options. *Coastal Management*, 42(2), 87-106.

Williams, I.D. y Polunin, N.V.C. (2000). Differences between protected and unprotected reefs of the western Caribbean in attributes preferred by dive tourists. *Environmental Conservation*, 4, 382-391.

Wood, L.J.; Fish, L.; Laughren, J. y Pauly, D. (2008). Assessing progress towards global marine protection targets: shortfalls in information and action. *Oryx*, 42(3), 340-351.

World Bank. (2006). *Scaling up marine management: the role of marine protected areas*. Reporte No. 36635. Washington D.C.: The World Bank. Recuperado de: siteresources.worldbank.org/ENVIRONMENT/Resources/Scaling_Up_MPA_ESW-May2011.pdf

World Bank and Food and Agriculture Organisation (FAO). (2009). *The Sunken Billions: The economic justification for fisheries reform*. Washington D.C.: The International Bank for Reconstruction and Development and The World Bank y Roma: FAO.

World Wide Fund for Nature (WWF). (2014). *PADDDtracker: Tracking protected area downgrading, downsizing, and degazettement*, [version beta]. www.PADDDtracker.org

CAPÍTULO 21

GESTIÓN Y MANEJO DE ÁREAS PROTEGIDAS PARA LA DIVERSIDAD BIOLÓGICA Y LAS FUNCIONES DEL ECOSISTEMA

Autores principales:
Stephen Woodley, Kathy MacKinnon, Stephen McCanny, Richard Pither, Kent Prior, Nick Salafsky y David Lindenmayer

Contenido

IUCN WCPA WORLD COMMISSION ON PROTECTED AREAS Convention on Biological Diversity

AUTORES PRINCIPALES

STEPHEN WOODLEY es ecólogo y trabaja con la Comisión Mundial de Áreas Protegidas (CMAP) de la Unión Internacional para la Conservación de la Naturaleza (UICN), Canadá.

KATHY MACKINNON es la presidenta adjunta de la CMAP de la UICN en el Reino Unido.

STEPHEN MCCANNY dirige el grupo de monitoreo e información ecológica de Parks Canada.

RICHARD PITHER es especialista en conservación de especies con Parks Canada.

KENT PRIOR es el director nacional de gestión activa y restauración ecológica de Parks Canada.

NICK SALAFSKY es codirector de Foundations of Success, EE.UU.

DAVID LINDENMAYER es profesor de ecología y becario laureado del Consejo Australiano de Investigación en la Escuela Fenner de Medio Ambiente y Sociedad, Universidad Nacional de Australia.

AGRADECIMIENTOS

Agradecemos a Ian Pulsford y a tres revisores anónimos por sus útiles comentarios sobre el manuscrito. Nuestro aprecio se extiende a James MacKinnon por su contribución.

CITACIÓN

Woodley, S.; MacKinnon, K.; McCanny, S.; Pither, R.; Prior, K. Salafsky, N. y Lindenmayer, D. (2019). Gestión y manejo de áreas protegidas para la diversidad biológica y las funciones del ecosistema. En: G L. Worboys, M. Lockwood, A. Kothari, S. Feary e I. Pulsford (eds.). *Gobernanza y gestión de áreas protegidas*, pp. 697-734. Bogotá: Editorial Universidad El Bosque y ANU Press.

FOTOGRAFÍA DE LA PÁGINA DEL TÍTULO

Meseta de Ram en el Parque Nacional Nahanni, Territorios del Noroeste, Canadá
Fuente: Alison Woodley

Introducción

Las áreas protegidas son las piedras angulares de los esfuerzos globales para conservar la biodiversidad. Para tener éxito, los administradores de áreas protegidas deben considerar la diversidad biológica (biodiversidad) y las funciones del ecosistema, que son los componentes fundamentales de todo ecosistema (Cuadro 21.1). Este capítulo analiza la relación entre la diversidad biológica y la función ecológica, las amenazas contra cada uno de ellas y cómo evaluar y monitorear los ecosistemas.

Cada vez más, las áreas protegidas son los últimos lugares que quedan para gran parte de la biodiversidad del planeta. La Lista Roja de Especies Amenazadas de la Unión Internacional para la Conservación de la Naturaleza (UICN), la cual incluye las especies con un alto riesgo de extinción a nivel mundial, revela que muchas de estas ahora se encuentran solo en áreas protegidas (Le Saout *et al.,* 2013). Por ejemplo, los rinocerontes de Java (*Rhinoceros sondaicus*) se encuentran solo en el Parque Nacional Ujung Kulon de Indonesia. Del mismo modo, los rinocerontes indios (*Rhinoceros unicornis*), que antes se encontraban por toda Asia, ahora están restringidos a áreas protegidas que incluyen el Parque Nacional Kaziranga en India y el Parque Nacional Royal Chitwan en Nepal. Conservar la biodiversidad en las áreas protegidas significa conservar tanto las especies como las funciones ecológicas de las que estas dependen.

Cuadro 21.1 Definiciones clave

La diversidad biológica, o biodiversidad, se refiere a la variabilidad entre los organismos vivos de todas las fuentes, incluidos los ecosistemas terrestres, marinos y otros ecosistemas acuáticos y los complejos ecológicos de los que forman parte; esto incluye la diversidad dentro de las especies, entre ellas y de los ecosistemas. La biodiversidad se mide en tres niveles jerárquicos principales.

- *La diversidad genética* incluye los diferentes genes que contienen todos los individuos de plantas, animales, hongos y microorganismos. La diversidad de especies es una medida, dentro de una comunidad ecológica, de la cantidad de especies y la homogeneidad de su distribución. La diversidad del ecosistema incluye todos los diferentes hábitats, las comunidades biológicas y los procesos ecológicos, así como la variación dentro de los ecosistemas individuales.
- *Las funciones del ecosistema* son los procesos físicos, químicos y biológicos que contribuyen al funcionamiento de un ecosistema. Algunas definiciones de biodiversidad incluyen las funciones del ecosistema. Algunos ejemplos de las funciones del ecosistema son la productividad primaria (conversión de la luz solar en energía), el ciclo de nutrientes y el ciclo del agua.
- *Los servicios ecosistémicos* son aquellos beneficios que los ecosistemas brindan a la humanidad, incluidos productos como alimentos y agua potable, y procesos como la polinización, la descomposición de desechos o la regulación de inundaciones. Vistos desde una perspectiva humana, los servicios ecosistémicos son un subconjunto de la diversidad biológica y la función del ecosistema (Daily, 1997).

La relación entre la biodiversidad y la función ecológica

La necesidad de gestionar la diversidad biológica, incluida la función ecológica, es inherente a la definición de la UICN de un área protegida. Un área protegida es "[un] espacio geográfico claramente definido, reconocido, dedicado y gestionado, mediante mecanismos legales u otros tipos de medios eficaces para conseguir la conservación de la naturaleza a largo plazo, de sus servicios ecosistémicos y sus valores culturales asociados" (Dudley, 2008, p. 8).

Desde una perspectiva de la conservación, un papel clave de las áreas protegidas es mantener las estructuras ecológicas (genes, especies y ecosistemas) y las funciones ecológicas que respaldan dichas estructuras. Además de proteger la biodiversidad, las áreas protegidas también tienen un papel clave en la protección de los servicios ecosistémicos que sustentan el bienestar humano (véase el Capítulo 6). Las áreas protegidas también conservan los elementos no vivos o abióticos de los ecosistemas. Por ejemplo, las áreas protegidas protegen tanto la diversidad geológica como la biodiversidad asociada con ciertos rasgos geológicos (Capítulo 18).

La interacción de la estructura ecológica, principalmente de las especies, con la función es compleja y todavía poco conocida. Aún existen preguntas clave como, ¿algunas especies son redundantes? Si las especies se extirpan de un ecosistema (o un área protegida), ¿esto afectará las funciones ecológicas en ese lugar? Comprender esta relación se vuelve más crítico con el aumento en la tasa de eliminación de especies de los ecosistemas mediante extirpaciones locales (desaparición de especies de un área determinada) o incluso extinciones (pérdida total de la especie) (véase Butchart *et al.,* 2010).

La preocupación por la relación entre la estructura ecológica y la función ha llevado a una amplia gama de investigaciones científicas, como la Evaluación de

Cuadro 21.2 Seis declaraciones de consenso sobre la relación entre la función y la estructura ecológica (especies)

1. En este momento existen evidencias inequívocas de que la pérdida de la biodiversidad reduce la eficiencia con la que funcionan las comunidades ecológicas, incluida la producción de biomasa y la descomposición y el reciclaje de nutrientes biológicamente esenciales (Figura 21.1).
2. Existen cada vez más evidencias de que la biodiversidad aumenta la estabilidad de las funciones del ecosistema a través del tiempo.
3. El impacto de la biodiversidad sobre cualquiera de los procesos ecosistémicos no es lineal. La mayoría de los estudios experimentales indican que las pérdidas iniciales de la biodiversidad en diversos ecosistemas tienen un impacto relativamente pequeño sobre las funciones del ecosistema, pero las pérdidas crecientes conducen a tasas aceleradas de cambio (Figura 21.1).
4. Las comunidades biológicamente diversas son más productivas porque contienen especies clave que tienen una gran influencia sobre la productividad. Las diferencias de los rasgos funcionales entre los organismos aumentan la captura total de recursos. Las funciones del ecosistema están controladas tanto por la identidad como por la diversidad de organismos.
5. La pérdida de diversidad entre los niveles tróficos tiene el potencial de influir sobre las funciones del ecosistema con una intensidad incluso mayor que la pérdida de diversidad dentro de los niveles tróficos. Las interacciones de la red trófica son mediadoras clave del funcionamiento ecosistémico. La pérdida de consumidores en los niveles más altos puede generar un efecto de cascada a través de una red trófica y llevar no solo a alteraciones en la estructura de la vegetación y la frecuencia de los incendios, sino también a epidemias en una variedad de ecosistemas.
6. Los rasgos funcionales de los organismos tienen un gran impacto sobre la magnitud de las funciones del ecosistema, por lo que la pérdida de una especie en particular puede tener un impacto muy variable sobre la función del ecosistema. El grado en que las funciones ecológicas cambian después de la extinción de una especie depende en gran medida de cuáles rasgos biológicos se extirpen.

Fuente: adaptado de Cardinale *et al.*, 2012

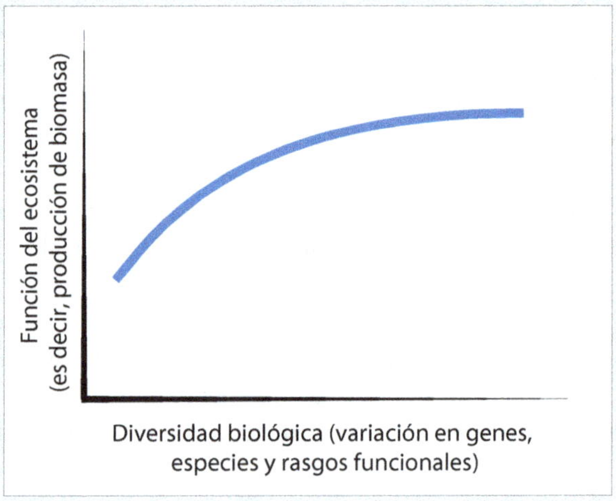

Figura 21.1 La relación entre la función ecológica y la biodiversidad

Fuente: Cardinale *et al.*, 2012

El rinoceronte blanco *(Ceratotherium simum)*, al igual que otros herbívoros de gran tamaño, desempeña un papel importante en las funciones del ecosistema en África y requiere un hábitat con áreas grandes y seguras, Reserva de caza Mkhuze, Sudáfrica

Fuente: Ian Pulsford

Ecosistemas del Milenio encargada por organismos internacionales (Schulze y Mooney, 1993; Heywood, 1995) y el trabajo del Instituto de Recurso Mundiales (World Resources Institute, 2005). Un importante artículo de revisión publicado en *Nature* (Cardinale *et al.*, 2012) resumió la literatura mundial sobre la relación entre la función y la estructura ecológica con seis declaraciones de consenso (Cuadro 21.2).

Las lecciones para los administradores de áreas protegidas a partir de estas consideraciones incluyen lo siguiente:

- Tanto como sea posible, las áreas protegidas deben gestionarse para conservar todas las especies nativas, a fin de mantener la función ecológica y, en última instancia, la integridad ecológica. La mejor política es asumir que todas las especies son importantes.

El Parque Nacional Nahanni en Canadá, contiene algunos de los ríos salvajes más espectaculares de Norteamérica, con profundos cañones, enormes cascadas y espectaculares sistemas de cavernas, aguas termales y terrenos cársticos

Fuente: Alison Woodley

- El manejo de áreas protegidas debe centrarse en identificar y mantener los procesos ecológicos conocidos por ser importantes para el ecosistema en cuestión. Esto incluye procesos disruptivos como los incendios (para los ecosistemas adaptados al fuego) y las inundaciones.
- Los administradores deben prestar una atención especial a mantener los roles funcionales de las especies entre los diferentes niveles tróficos (niveles en una red trófica). Por ejemplo, se entiende que los grandes depredadores proporcionan una regulación de los ecosistemas de arriba hacia abajo y son esenciales para mantener la integridad ecológica (Estudio de caso 21.6).

Patrones de biodiversidad global

La diversidad de la vida en un área protegida está determinada por las mismas fuerzas impulsoras que determinan los patrones de vida en la Tierra. En un sentido general, estos patrones pueden describirse de una manera clara y sencilla; sin embargo, cuando se trata de la biodiversidad de un área protegida individual, los patrones globales a gran escala están altamente influenciados por factores locales. Para una revisión detallada de los patrones de la diversidad global, los lectores deben remitirse a Gaston (2000) (véase también el Capítulo 3). La mayoría de los análisis de la variación espacial se refieren a la biodiversidad medida por el número de especies observadas o estimadas en un área (riqueza de especies). La mayor atención se ha prestado a la variación latitudinal en la riqueza de especies y se conoce relativamente poco sobre la variación en la diversidad de genes, individuos o poblaciones a lo largo de gradientes latitudinales.

Los patrones generales de biodiversidad son los siguientes:

- En general, la mayoría de las especies terrestres y de agua dulce se encuentran en los trópicos, y la riqueza de especies disminuye desde los trópicos hasta los polos. Este patrón general también se aplica a los océanos.
- En general, hay niveles más altos de biodiversidad en elevaciones más bajas, en áreas con niveles más altos de precipitación anual y en áreas de temperaturas de verano más cálidas.
- En general, los diferentes taxones (categorías de especies, como los reptiles) muestran el mismo tipo de variación a nivel regional. Por ejemplo, a escala global, las áreas de alta diversidad de aves también tendrán una gran diversidad de plantas o anfibios (véase la Figura 21.2). Sin embargo, existe una

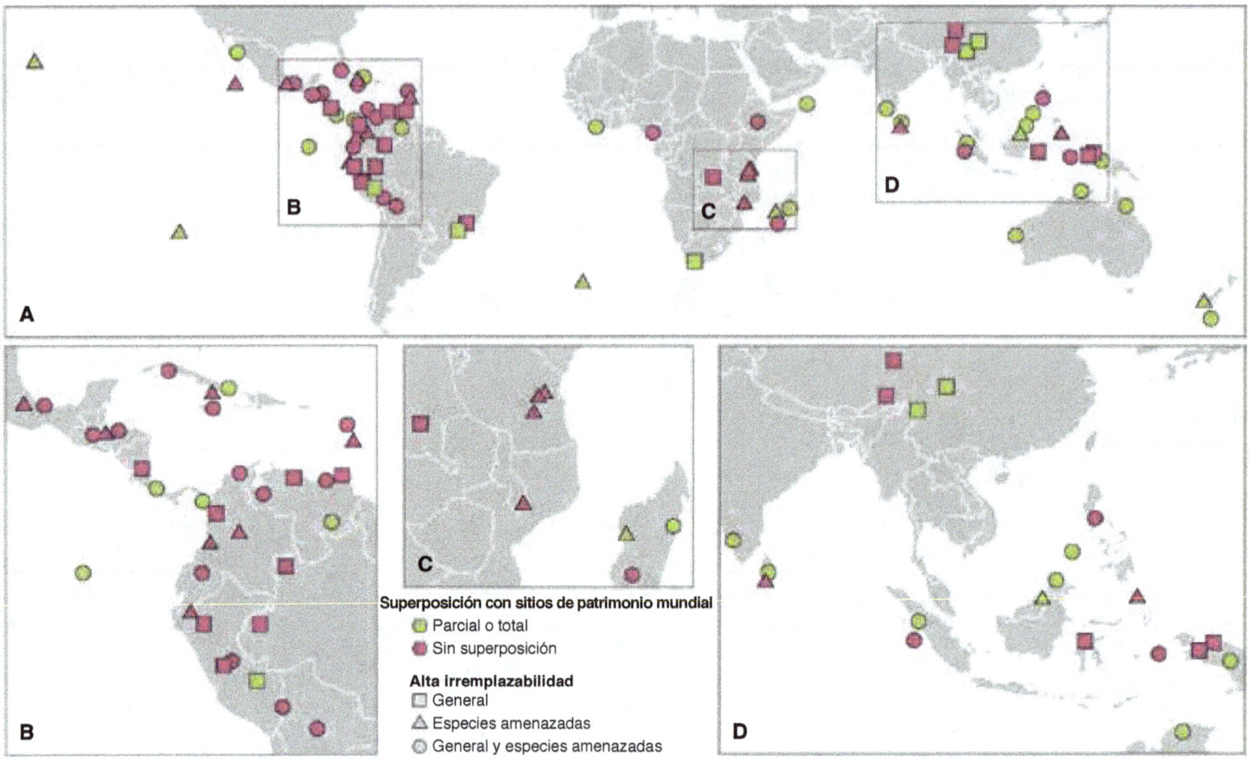

Figura 21.2 Algunas de las áreas protegidas más importantes del mundo para la conservación de especies de anfibios, aves y mamíferos: (A) Distribución global; (B) Centro y Sur América; (C) África Oriental; (D) Asia meridional y Sudeste asiático

Fuente: adaptado de Le Saout *et al.*, 2013

Cuadro 21.3 Un sistema anidado simple de clasificaciones ecosistémicas y sus usos para la gestión de áreas protegidas

Bioma: una gran comunidad natural de flora y fauna que ocupa un hábitat importante, por ejemplo, un bosque o un desierto.

Ecorregión: un patrón de ecosistemas a escala regional asociado a combinaciones características de suelo, accidentes geográficos y vegetación que caracterizan a esa región, por ejemplo, las sabanas boscosas de miombo-acacia.

Ecodistrito: una subdivisión de una ecorregión con patrones más uniformes de suelo, topografía y vegetación, por ejemplo, las colinas forestadas con acacias y orientadas al sur.

Fuente: Klijn, 1994

enorme variación en este patrón general. A nivel regional, no es posible predecir razonablemente la diversidad de un taxón simplemente con conocer la diversidad de otro.

- Estos patrones generales son importantes a grandes escalas, pero no siempre explican bien las condiciones locales en las áreas protegidas. La biodiversidad puede sufrir grandes modificaciones por el terreno, la pendiente, el agua, el lecho de roca, el tipo de suelo y el desarrollo, así como por la historia de la colonización ecológica y las perturbaciones.

Para la gestión de un área protegida es importante pensar tanto en la biogeografía regional como en la local (Cuadro 21.3). Se han hecho muchos esfuerzos para describir sistemáticamente los patrones globales de la organización biológica (Klijn y de Haes, 1994).

Con base en los siguientes ejemplos se han desarrollado muchas listas y esquemas de clasificación ecológica de tierras.

- Biogeografía: la clasificación ecológica de tierras es un conjunto de enfoques que organiza los tipos de ecosistemas globales según los patrones de clima, topografía y vegetación. Algunos enfoques, como las "provincias biogeográficas", toman en cuenta tanto la flora como la fauna.
- Botánica: los botánicos han identificado "provincias florísticas" basadas en comunidades vegetales.

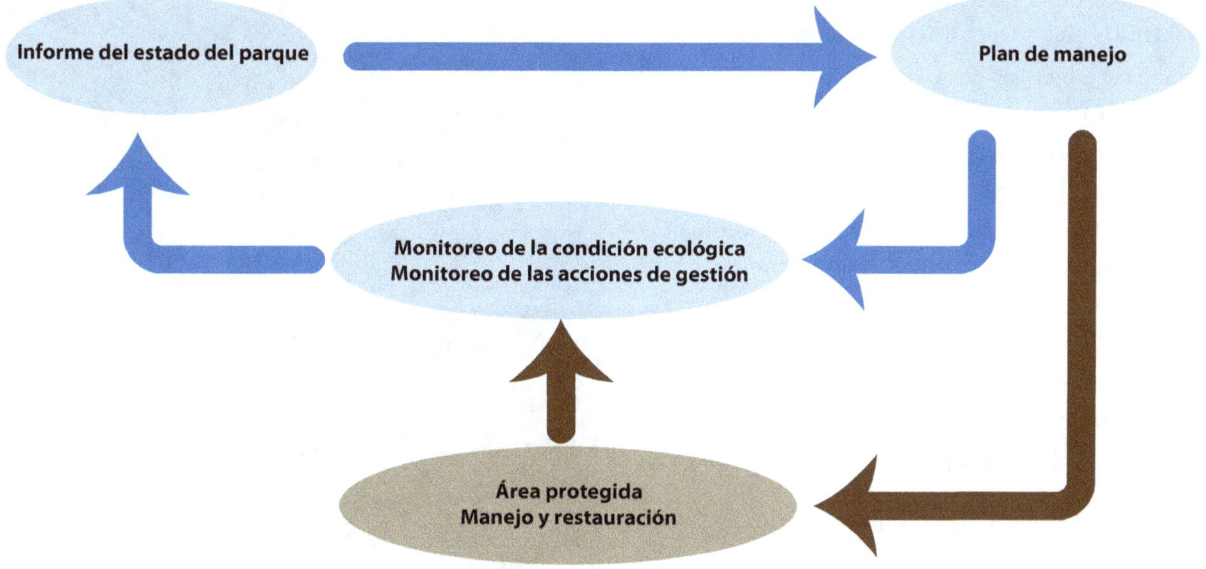

Figura 21.3 El bucle de gestión del área protegida
Fuente: Stephen Woodley

- Zoología: los zoólogos han identificado "regiones zoogeográficas" que se basan en comunidades faunísticas o incluso sistemas basados en grupos, como las "provincias de mamíferos".
- Geología y pedología (estudio del suelo): la materia física y la energía que constituyen la Tierra.

Quizás lo más útil para la gestión de áreas protegidas sea el "Sistema de Clasificación Ecológica de Tierras/ Mares" que, en lugar de centrarse en un solo elemento, integra una serie de factores ecológicos. Las unidades ecológicas pueden describirse de forma conveniente de acuerdo con el lecho de roca, el clima, la fisiografía y la vegetación correspondiente, lo que crea un sistema de clasificación ecológica de tierras.

Las referencias clásicas son el mapa y el documento de la UICN preparado por Udvardy (1975) titulado "Una clasificación de las provincias biogeográficas del mundo". Desde una perspectiva de áreas protegidas, el Fondo Mundial para la Naturaleza (WWF) ha liderado el desarrollo de sistemas globales de clasificación ecológica, que se completa con mapas y descripciones en línea. Los lectores deben consultar las descripciones globales de ecorregiones terrestres desarrolladas por Olson *et al.* (2001), también para una mejor descripción disponible de las ecorregiones terrestres. Para las regiones costeras marinas, los lectores deben consultar Spalding *et al.* (2007).

Estos sistemas de clasificación son esenciales para muchos aspectos de la gestión de áreas protegidas, tales como:

Cactus del género *Opuntia* (*Opuntia sp.*), Parque Nacional Big Bend, Texas, Estados Unidos
Fuente: Stephen Woodley

- Planeación de la conservación a nivel regional para evaluar los vacíos en el sistema de áreas protegidas.
- Establecer objetivos para la representación de áreas protegidas y la planeación de la conservación.
- Determinar el nivel de importancia de un área protegida a nivel regional o global.
- Evaluar el estado de las características ecológicas (por ejemplo, mapeo de tipos de ecosistemas, cuenca hidrográfica intacta).
- Informe sobre el estado de las áreas protegidas.
- Estudio de los regímenes naturales de perturbación en un contexto más amplio que el de un área protegida.
- Definir zonas de semillas para proyectos de restauración.

La distribución espacial de las especies en riesgo puede expresarse al examinar las ubicaciones donde el sistema de áreas protegidas existente alberga las especies que están en la Lista Roja de la UICN (Figura 21.2).

Es importante que se piense en las áreas protegidas y en los sistemas de áreas protegidas dentro del contexto de los patrones globales de biodiversidad; no obstante, el hecho de que un área protegida no esté ubicada en un área de gran biodiversidad, no disminuye su valor para la conservación de la naturaleza. La conservación eficaz requiere una representación adecuada de todas las especies y ecosistemas dentro de las áreas protegidas (Woodley *et al.,* 2012). Además, algunas especies clave de interés para la conservación se encuentran en lugares pobres en especies, como las plantas en ambientes muy ricos en minerales.

Evaluación de la condición de las áreas protegidas: integridad ecológica

Por definición, las áreas protegidas se establecen para conservar la naturaleza, y el ecosistema debe estar en condiciones adecuadas para que pueda conservar su biodiversidad a largo plazo. La gestión del área protegida depende de conocer la condición ecológica de la misma como parte fundamental del manejo. Con base en esta información y otros datos, pueden tomarse decisiones sobre la gestión y la restauración. Las tareas clave de la gestión de las áreas protegidas son:

1. Comprender cómo funciona el ecosistema.
2. Definir indicadores adecuados para evaluar la condición ecológica.
3. Monitorear esos indicadores y determinar la condición ecológica.

Aves acuáticas descansan durante su migración anual en la Playa Nacional de Isla del Padre, Texas, EE.UU.
Fuente: Stephen Woodley

4. Tomar medidas de gestión cuando esos indicadores se encuentren fuera de un rango aceptable.

Un aspecto central del proceso de gestión es el monitoreo de la información sobre la condición ecológica y los resultados de las acciones de gestión (Figura 21.3).

Gestión y manejo orientados a la integridad ecológica

Históricamente, las áreas protegidas se han gestionado con metas imprecisas, como la conservación de áreas "naturales" o "silvestres". En la realidad, muchas áreas protegidas se han gestionado con objetivos de conservación de especies específicas, como la conservación de grandes manadas de caza en los parques africanos, o de especies emblemáticas como los tigres y los elefantes en los parques más importantes de India (MacKinnon *et al.,* 1986). Los administradores de áreas protegidas adoptan cada vez más los términos "integridad ecológica" y "salud del ecosistema" para describir sus objetivos de gestión de los ecosistemas. Numerosos estatutos y declaraciones políticas oficiales ahora articulan el concepto de integridad como un objetivo, incluido el Acuerdo sobre Calidad del Agua de los Grandes Lagos (International Joint Commission, 1978) y el Convenio sobre la Diversidad Biológica (CBD, 2004). La noción de integridad ecológica se ha discutido desde muchas perspectivas (Edwards y Regier, 1990; Woodley *et al.,* 1993; Pimentel *et al.,* 2000). Con respecto a un área protegida, la integridad ecológica se refiere a una condición característica de su región natural con probabilidad de persistir, incluidos los componentes abióticos y la composición y abundancia de las especies nativas y las comunidades biológicas, las tasas de cambio y los procesos de soporte. Es importante tener en cuenta que esta definición tiene una base ecológica y que no requiere la ausencia de personas. De hecho, la integridad ecológica es un concepto que puede aplicarse a los ecosistemas con o sin la presencia de gente y que juega un papel ecológico clave.

Las lecciones respecto a las mejores prácticas para determinar la condición ecológica de un área protegida son las siguientes:

- Todas las áreas protegidas deben tener metas y objetivos de gestión claros para la biodiversidad y los procesos ecosistémicos. De lo contrario, el propósito de la gestión es incierto.
- Los objetivos ecológicos deben incluirse en el plan de manejo del área protegida.
- Considerar el uso de la integridad ecológica como el criterio de valoración de la gestión. Muchas agencias de áreas protegidas han adoptado la integridad ecológica y existe una gran cantidad de información sobre cómo medirla.

Integridad ecológica y áreas protegidas

Comprender la integridad ecológica en el contexto de las áreas protegidas requiere una reflexión profunda sobre cómo se estructura y funciona un ecosistema. A partir de la ciencia de la ecología, entendemos que los ecosistemas exhiben una serie de características cuya medición es importante (Woodley, 2010).

1. Las áreas protegidas deben conservar todas las especies nativas. Los ecosistemas pierden su integridad cuando pierden especies. Algunas de las causas principales de la pérdida de especies son la pérdida y fragmentación del hábitat; muchas áreas protegidas pierden especies porque son demasiado pequeñas. Por ejemplo, los parques occidentales de Norteamérica han experimentado tasas de extinción que están inversamente relacionadas con el tamaño del parque (Newmark, 1995). Otros ejemplos de ecosistemas estresados que pierden especies incluyen los bosques boreales canadienses sujetos a altas emisiones de dióxido de azufre (Freedman y Hutchinson, 1980), los bosques templados caducifolios sujetos a una exposición a la radiación (Woodwell, 1970), y las comunidades estuarinas de diatomeas sujetas a la contaminación con metales pesados (Patrick, 1967).
2. Las poblaciones de especies en áreas protegidas deben ser viables. Por razones prácticas, solo será posible que los administradores de áreas protegidas verifiquen la viabilidad de unas pocas especies, llamadas "especies indicadoras". Existe una gran cantidad de literatura sobre la selección de especies indicadoras (véase Simberloff, 1998; Lindenmayer y Lichens, 2010). Por lo general, el estado de las especies indicadoras se determina con un análisis de las tasas poblacionales (por ejemplo, natalidad, mortalidad, inmigración y emigración) y el uso de tales métricas para determinar la probabilidad de supervivencia (o la probabilidad de extinción), típicamente para cien o mil años (Soulé y Simberloff, 1986).
3. Los niveles tróficos de los ecosistemas en las áreas protegidas deben estar intactos. Los ecosistemas tienen interacciones y niveles característicos de productores primarios, herbívoros y carnívoros, a menudo descritos como redes tróficas. Los ecosistemas altamente afectados tienden a tener redes tróficas que son simples en comparación con los ecosistemas no modificados. Por ejemplo, la pérdida de los principales carnívoros puede dar lugar a poblaciones de ungulados demasiado abundantes, cuyos efectos adversos en cascada impactan en las comunidades vegetales (Estes *et al.,* 2011; véase también los Estudios de caso 21.5 y 21.6).
4. Los regímenes de perturbación en las áreas protegidas deben funcionar para mantener las comunidades biológicas con una combinación de clases etarias. Los ecosistemas son inherentemente dinámicos, y son impulsados por el fuego, el clima, el estado del tiempo y los herbívoros. Después de la perturbación, los ecosistemas pasan por estadios de sucesión, que a veces son predecibles. Los eventos de perturbación repetitivos crean un mosaico de comunidades biológicas tanto en el tiempo como en el espacio. La configuración resultante de tipos de comunidades de diferentes tamaños y edades determina la supervivencia de especies individuales. Debido a que algunas alteraciones (por ejemplo, incendios y herbivoría) pueden ser influenciadas por los administradores de las áreas protegidas, este

Estudio de caso 21.1 Planeación de áreas protegidas basada en la información sobre el régimen de perturbaciones, Australia

Muchos factores respaldan el diseño de las áreas protegidas, incluidas las especies, las comunidades, los ecosistemas o los procesos ecológicos que son objeto de conservación. Un tema importante en el diseño de sistemas o áreas protegidas es la consideración de los impactos de las principales perturbaciones naturales sobre la biodiversidad y los procesos ecológicos clave. En los ecosistemas con perturbaciones recurrentes de gran intensidad, estos procesos son esenciales para importantes valores ecológicos, así como para poblaciones de especies de interés para la conservación (Lindenmayer y Franklin, 2002).

Los bosques de fresno de montaña australiano (*Eucalyptus regnans*) en las Tierras Altas Centrales de Victoria, al sudeste de Australia, ofrecen una valiosa ilustración de las interrelaciones entre el diseño de las áreas protegidas y las perturbaciones naturales. Estos bosques albergan algunas de las plantas con flores más altas del mundo, con árboles viejos que alcanzan alturas de cien metros. Los bosques de fresno de montaña australiano proporcionan un hábitat para muchas especies, incluido el falangero de Leadbeater (*Gymnobelideus leadbeateri*), que está en peligro de extinción –una especie focal en este ecosistema– (Lindenmayer, 2009).

Los incendios son la principal forma de perturbación natural en los bosques de fresno de montaña australiano. Antes de la colonización europea, el régimen de incendios era poco frecuente, con incendios forestales que ocurrían a fines del verano (Ashton, 1981), y con una intensidad que permitía la supervivencia de algunos árboles. Los bosques de fresno de montaña australiano han sufrido alteraciones por más de un siglo con una tala de alta intensidad, aumentos de los incendios forestales y la combinación de incendios y tala (Lindenmayer *et al.*, 2011). Actualmente está bajo protección cerca del 20% del bosque de fresno de montaña australiano en las Tierras Altas Centrales de Victoria; no obstante, el tamaño total del sistema de áreas protegidas es demasiado pequeño para mantener los bosques y poblaciones viables de especies como el falangero de Leadbeater. Se necesita un área más extensa de bosque protegido, particularmente si se producen más incendios en los próximos cincuenta a cien años. Cualquier ampliación del sistema de reserva debe ser lo suficientemente grande como para garantizar que, incluso si se presenta un incendio forestal, quede suficiente hábitat forestal para albergar poblaciones viables de especies raras de marsupiales (Baker, 1995).

Pueden utilizarse varios factores para orientar la mejor ubicación de la expansión del área de reserva forestal. La expansión debe incluir lugares que conecten no solo áreas clave de hábitat para especies focales como el falangero de Leadbeater, sino también las reservas existentes. Una conectividad ecológica mejorada permite la dispersión de especies a lo largo de los paisajes forestales, incluidos los que se regeneran después de un incendio forestal. Por otra parte, una expansión del área de reserva forestal debe abarcar áreas de bosques primarios, así como áreas que puedan ser hábitats adecuados para especies focales, como el falangero de Leadbeater (Lindenmayer *et al.*, 1999).

Este estudio de caso destaca la importancia de incorporar los efectos de las perturbaciones en el diseño y establecimiento de áreas protegidas eficaces.

Falangero de Leadbeater (*Gymnobelideus leadbeateri*), una especie amenazada, Victoria, Australia

Fuente: David Lindenmayer

aspecto de la integridad ecológica está al menos bajo el control parcial de la gestión (Estudio de caso 21.1).

5. En las áreas protegidas, la productividad y la descomposición deben operar dentro de los límites para la persistencia del sistema. La mayoría de los ecosistemas está impulsado por la productividad primaria, esto es, la cantidad de materia orgánica producida por la actividad biológica por unidad de área en un período determinado (Hooper *et al.*, 2012). Los problemas del ecosistema comienzan cuando ocurren cambios sutiles en la productividad, y se observan problemas importantes cuando la energía del ecosistema se pierde de manera descontrolada. Por ejemplo, en los sistemas estresados, como los bosques que sufren una tala intensa, las tasas de descomposición aumentan significativamente. En ecosistemas específicos, la productividad y la descomposición operan dentro de un rango. Cuando estos procesos vitales se mueven fuera de este rango, el ecosistema se ve afectado en sus bases y pierde su integridad. Los cambios en la productividad pueden medirse con un índice satelital de fácil acceso, llamado "índice de vegetación de diferencia normalizada" (*Normalised Difference Vegetation Index*, NDVI) (Tucker *et al.*, 2005).

Estudio de caso 21.2 Aumento del tamaño de las áreas protegidas para la diversidad genética

En general, cuanto más pequeña sea un área protegida más activa será la gestión para mantener importantes componentes de la biodiversidad. El Parque Whiteman en los suburbios de Perth, Australia, incluye una reserva forestal de cincuenta hectáreas y una instalación electrificada a prueba de depredadores que fue diseñada para la reproducción y el hábitat de especies raras y en peligro de extinción, incluido el canguro-rata colipeludo (*Bettongia pencillata*), una especie en peligro crítico de extinción (Pacioni *et al.,* 2011). Los administradores estaban preocupados por la viabilidad a largo plazo de las poblaciones pequeñas y aisladas de especies raras dentro de la reserva y solicitaron la asesoría de un genetista con el fin de desarrollar un plan de manejo para el canguro-rata colipeludo. El plan requería un aumento en el tamaño de la reserva de cincuenta a doscientas hectáreas, que según el análisis duplicaría el tiempo que la colonia mantendría un nivel aceptable de heterocigosidad (una medida de la diversidad genética), que es una medida clave de la salud genética (Rafferty y Pacioni, 2012). El plan también recomendó un programa regular de suplementación con la introducción de canguros-rata colipeludos de otros lugares para mantener la diversidad genética dentro de la colonia.

Estudio de caso 21.3 Translocaciones para mantener la diversidad genética

En Estados Unidos, al sudeste de Illinois, donde se han perdido casi todos los pastizales de las praderas nativas, los administradores han tratado de mantener al urogallo grande (*Tympanuchus cupido pinnatus*), una especie emblemática de los pastizales, en dos áreas protegidas pequeñas (Westemeier *et al.,* 1998). Los esfuerzos anteriores incluyeron la restauración de los pastizales y el aumento del hábitat para la especie, pero esto resultó ser insuficiente para recuperar la población (Figura 21.4). El monitoreo durante 35 años indicó que a medida que disminuía el tamaño de la población, también lo hacía la fertilidad, el éxito de la nidada y la diversidad genética (Bouzat *et al.,* 1998). Preocupados por que la menor diversidad genética contribuía a la reducción de la aptitud, y por consiguiente exacerbaba los efectos negativos del reducido tamaño poblacional, los administradores implementaron un programa de translocación en el que trasladaban aves de poblaciones más grandes y saludables del oeste (Westemeier *et al.,* 1998).

Las translocaciones demostraron ser exitosas porque restauraron la diversidad genética, contrarrestaron los efectos de la depresión endogámica, condujeron a un aumento de la aptitud (viabilidad del huevo y éxito de la nidada), y finalmente a un aumento de la viabilidad de la población a largo plazo (Bouzat *et al.,* 2009). Esto demuestra la importancia de hacer una gestión específicamente para la diversidad genética con el fin de mantener la biodiversidad en las áreas protegidas.

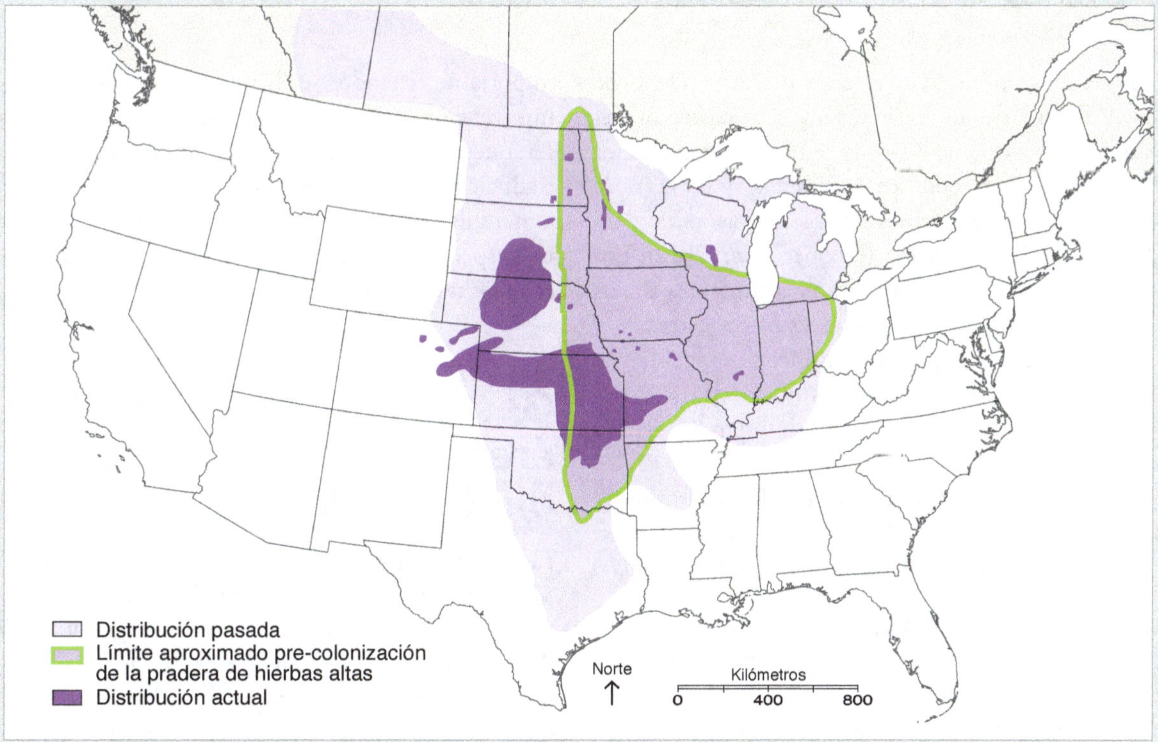

Figura 21.4 Distribución actual e histórica del urogallo grande (*Tympanuchus cupido pinnatus*), EE.UU.

Fuente: modificado de W. Daniel Svedarsky, Centro de Investigación de Vida Silvestre de las Praderas del Norte, Jamestown, Dakota del Norte, EE.UU.

Estudio de caso 21.4 En el Parque Nacional Banff se restablece la conectividad para mantener la diversidad genética

El Parque Nacional Banff, que alberga el espectacular panorama de las Montañas Rocosas y la megafauna, atrae más visitantes que cualquier otro parque nacional en Canadá. Este parque está dividido en dos por la Autopista Transcanadiense y la línea principal del Ferrocarril Canadiense del Pacifico; ambas son vías extremadamente transitadas que fragmentan los hábitats naturales del parque y generan una mortalidad significativa de vida silvestre (Clevenger y Sawaya, 2010). En un esfuerzo por restablecer la conectividad y el flujo de genes de un lado al otro de los corredores de transporte, Parques Canadá construyó 38 pasos inferiores y seis pasos superiores de vida silvestre, e instaló cercas a lo largo de algunos tramos de la carretera (Clevenger *et al.*, 2009). Cerca de treinta años de monitoreo han registrado más de ciento veinte mil cruces, que incluyen la mayoría de las especies de mamíferos grandes: lobos (*Canis lupus*), coyotes (*Canis latrans*), pumas (*Puma concolor*), venados (*Odocoileus virginianus*), ciervos canadienses (*Cervus canadensis*), alces (*Alces alces*), osos pardos (*Ursus arctos horribilis*) y osos negros (*Ursus americanus*). En los últimos años, los investigadores han probado técnicas no invasivas para recolectar muestras de pelo y así obtener ADN con el fin de evaluar los efectos genéticos y a nivel poblacional de los cruces de vida silvestre en el Parque Nacional Banff (Sawaya *et al.*, 2013). Aunque actualmente no hay evidencias empíricas que indiquen un flujo genético significativo a través de los pasos elevados, los pasos inferiores o los corredores (Corlatti *et al.*, 2009), parece factible que contrarrestar los efectos de la fragmentación puede mejorar la diversidad genética, la viabilidad poblacional y finalmente la biodiversidad en las áreas protegidas (van der Ree *et al.*, 2009).

Cruce de vida silvestre en la Autopista Transcanadiense en el Parque Nacional Banff, Canadá

Fuente: Parques Canadá

6. En las áreas protegidas, el ciclo de nutrientes debe estar dentro de los límites para la persistencia del sistema. La disponibilidad de nutrientes es un factor limitante casi en todos los ecosistemas, y las tasas de circulación de nutrientes son fundamentales para la función del ecosistema (Hooper *et al.*, 2012). Los ecosistemas circulan y conservan los nutrientes a tasas características. A medida que estos se estresan y pierden integridad, pierden también su capacidad de retener nutrientes y muestran cambios en las tasas de circulación de nutrientes y en la abundancia relativa de las reservas de los mismos (Likens *et al.*, 1978). Los rangos del ciclo de nutrientes pueden determinarse a partir de valores en la literatura científica y en comparación con ecosistemas saludables de referencia.

Lo más crítico es que el concepto de integridad ecológica proporciona una base medible y clara para la gestión del área protegida. Si las metas y objetivos de esta no pueden medirse, no hay forma de saber si la gestión es exitosa o no (Lindenmayer y Lichens, 2010). Esto es particularmente importante cuando se llevan a cabo una gestión e intervención activas en los procesos del ecosistema. La integridad ecológica ofrece un marco que permite traducir los objetivos de protección de la naturaleza, que a menudo son amplios y vagos, en criterios de valoración más específicos y medibles, de acuerdo con las condiciones ecológicas deseables que puedan monitorearse.

Gestión y manejo de áreas protegidas para la biodiversidad

El manejo exitoso de las áreas protegidas requiere que se piense en ellas como un sistema integrado que tiene una meta a nivel de sistema, como la integridad ecológica. A menudo, la gestión práctica de la integridad ecológica significa manejar la diversidad biológica (con mucha frecuencia, las especies) y las funciones ecológicas. A nivel global, las áreas protegidas configuran

Estudio de caso 21.5 Nutrias marinas y su impacto sobre los ecosistemas costeros

Una de las especies clave más conocidas es la nutria marina (*Enhydra lutris*), que se alimenta de una gran variedad de presas. Lo que es más importante, consume erizos de mar, que se alimentan de algas marinas. Si no se controlan, los erizos de mar pueden arrasar paisajes marinos de algas, lo que conduce a cascadas tróficas. Al ayudar a controlar la abundancia de erizos de mar, las nutrias marinas ayudan indirectamente a mantener los ecosistemas de los bosques de algas marinas, los cuales brindan alimento y refugio para muchas otras especies (Duggins, 1980). Por desgracia, la caza de nutrias marinas por su preciado pelaje resultó en la extirpación de la especie de muchas partes de su área de distribución y su inclusión como una especie en peligro en Estados Unidos (Benz, 1996). Se han intentado muchas reintroducciones para restaurar esta importante especie clave (Raesly, 2001). Varias décadas después de un esfuerzo de reintroducción en la Bahía de Checleset, Columbia Británica, las nutrias marinas son abundantes de nuevo y la bahía alberga un saludable ecosistema de algas marinas. Se estableció una reserva ecológica específicamente para proteger a las nutrias marinas y, por consiguiente, al ecosistema nativo de las algas marinas.

Erizo de mar morado (*Strongylocentrotus purpuratus*)

Fuente: © Jeff Rotman

una herramienta primaria para mantener la biodiversidad. Esta sección cubre los principios de gestión para que las áreas protegidas conserven la biodiversidad en los tres niveles: genético, especies y ecosistemas. Para cada nivel de la biodiversidad se dan ejemplos con estudios de caso. Hay muchos más estudios de caso disponibles, ya sea en línea o al contactar a los especialistas de áreas protegidas en su región.

Gestión y manejo de áreas protegidas para la diversidad genética

Es frecuente que las áreas protegidas se establezcan para conservar rasgos únicos o para conservar ecosistemas y especies representativas. Pocas veces estas se establecen o diseñan explícitamente con la genética en mente, a pesar de que la diversidad genética representa el componente básico para la evolución y la adaptación (Hughes *et al.*, 2008). Una reducción en la diversidad genética limita el potencial de adaptación de una población y, a menudo, está relacionada con una reducción en la aptitud (Frankham, 2005; Mattila y Seeley, 2007). Una reducción en la aptitud ecológica a nivel individual se suma a los desafíos que enfrentan las poblaciones pequeñas y aisladas, lo que contribuye a lo que se conoce como el "vórtice de extinción" (Gilpin y Soulé, 1986; Caughley, 1994; Fagan y Holmes, 2006). Incluso se ha demostrado que la diversidad genética tiene efectos importantes en los procesos ecológicos, como la productividad primaria (Hughes *et al.*, 2008).

Mejores prácticas para gestionar la diversidad genética

Mantener la diversidad genética y evitar el vórtice de extinción son desafíos importantes para muchas áreas protegidas pequeñas y aisladas. Las posibles soluciones incluyen lo siguiente:

- Aumentar el tamaño del hábitat efectivo del área protegida para que pueda contener más individuos de una especie determinada. Esto puede hacerse mediante la adquisición de tierras o la restauración ecológica (Estudio de caso 21.2).
- Aumentar las poblaciones pequeñas con la translocación de individuos de poblaciones más grandes y más saludables con el fin de aumentar el

Estudio Caso 21.6 Cascada trófica de un depredador superior

Un ejemplo bien conocido de una cascada trófica fue resultado de la reintroducción del lobo en el Parque Nacional Yellowstone, EE.UU. (Fortin *et al.*, 2005). Después de ser extirpados en 1926, a partir de 1995 se han reintroducido lobos (46 individuos) en el parque. La cascada ecológica que resultó del restablecimiento de un depredador superior está bien documentada e ilustra el papel ecológico crítico que desempeñan los depredadores superiores (Ripple *et al.*, 2001). Sin lobos ni caza aborigen, la población del ciervo rojo (*Cervus elaphus*) aumentó a niveles extremos, con la eliminación de las arboledas de álamo temblón y la reducción de la cobertura riparia de los arbustos de sauce. El declive dramático del álamo temblón y del sauce llevó a la desaparición del castor americano (*Castor canadensis*) en una gran parte del parque, lo que afectó los caudales y causó la erosión de los arroyos. La reintroducción de lobos redujo significativamente el número de ciervos rojos, el álamo temblón y el sauce están recuperándose, y los castores están regresando a las áreas del parque. Todo el proceso tardará décadas en desarrollarse. Este ejemplo ilustra no solo el papel de los grandes depredadores en la regulación de arriba hacia abajo de los ecosistemas, sino también el papel de las áreas protegidas como sitios de investigación a largo plazo para la comprensión ecológica. Las estrategias de las áreas protegidas que se centran en el papel clave que desempeñan los carnívoros autóctonos ayudarán enormemente al mantenimiento de la integridad del ecosistema y la biodiversidad.

Ciervo rojo (*Cervus elaphus*) en Mammoth, en el Parque Nacional Yellowstone, EE.UU.
Fuente: Graeme L. Worboys

tamaño de la población local y la diversidad genética (Bouzat *et al.*, 2009). Este es un principio bien establecido con muchos ejemplos en todo el mundo, como la reintroducción de tigres (*Panthera tigris tigris*) en el Parque Nacional Sariska en India, de tities león dorado (*Leontopithecus rosalia*) en los bosques atlánticos de Brasil y del urogallo grande (*Tympanuchus cupido pinnatus*) en Estados Unidos (Estudio de caso 21.3).

- Trabajar a nivel regional y del paisaje para garantizar la conectividad ecológica entre áreas protegidas separadas y asegurar la integración con poblaciones con el uso de paisajes funcionales alrededor de las áreas protegidas. La conectividad aumenta el tamaño efectivo de la población y permite el flujo de genes entre áreas protegidas y naturales (di Minin *et al.*, 2013; Sawaya *et al.*, 2013; Estudio de caso 21.4).

Gestión y manejo de áreas protegidas para la diversidad de especies nativas

En la actualidad, muchas áreas protegidas se manejan para conservar especies o grupos de especies raras y endémicas. La gestión y manejo de áreas protegidas para la diversidad de especies nativas puede ser muy difícil porque las diferentes especies suelen requerir acciones de manejo muy diferentes. Cuando los recursos financieros y humanos son limitados, el desafío es decidir en qué acciones enfocarse. A continuación, se presenta una breve descripción de varias opciones, centrada en la gestión de especies clave, niveles tróficos, polinizadores, especies raras y a nivel de la población.

Especies clave

Cada especie ejerce una influencia diferente sobre los ecosistemas (Simberloff, 1998). Unas pocas especies muestran efectos desproporcionados a su tamaño y abundancia sobre la estructura y los procesos del ecosistema y, en consecuencia, sobre la composición de las especies (Mills *et al.*, 1993). Estas se describen como "especies clave". Este término fue acuñado por primera vez en 1969 por Robert T. Paine, cuya investigación demostró que la eliminación de una sola especie de estrella de mar tuvo un efecto significativo sobre un ecosistema de llanura de marea en el Estado de Washington, EE.UU. Una vez se eliminó la estrella de mar, la zona de marea quedó dominada por los mejillones –la presa de las estrellas de mar– que a su vez desplazaron a otras especies y redujeron la diversidad de especies del ecosistema (Paine, 1969).

Gorila de montaña (*Gorilla beringei beringei*), una especie en peligro de extinción (en el Parque Nacional Bwindi Impenetrable, Uganda

Fuente: Stuart Cohen

Del mismo modo, el carpintero negro (*Campephilus magellanicus*) se considera una especie clave porque ayuda a crear estructuras de hábitat que son utilizadas por otras ocho especies de aves y un mamífero en el Parque Nacional Nahuel Huapi, Argentina (Ojeda, 2007). La explotación maderera de los bosques de hayas al sur de Argentina y Chile condujo a una disminución en la abundancia del carpintero negro, con impactos adversos en las especies asociadas. Una lección crucial de estos estudios es que los administradores deben comprender los roles de las especies individuales para gestionar, comprender y restaurar los ensamblajes ecológicos.

Niveles tróficos y cascadas tróficas

Un nivel trófico se refiere a la posición que ocupa una especie en la cadena alimentaria. En su forma más simple, la cadena alimentaria incluye productores (por ejemplo, plantas o algas), consumidores (por ejemplo, herbívoros y carnívoros) y descomponedores (por ejemplo, bacterias y hongos), con una transferencia de energía a lo largo de la cadena (Pimm, 1982). Por supuesto, los ecosistemas reales son mucho más complejos, a menudo con varios niveles en múltiples redes tróficas (Estes *et al.*, 2011). La gestión de las áreas protegidas requiere una comprensión de los niveles tróficos inherentes porque la energía fluye principalmente entre estos, no dentro de ellos, y la interrupción de ese flujo podría conducir a cambios importantes en los ecosistemas. Típicamente, tales cambios resultan de la eliminación o (re)introducción de depredadores, ya sea por la liberación o control (respectivamente) de herbívoros, y a menudo conducen a cambios dramáticos en la estructura del ecosistema y en el ciclo de nutrientes (Estudio de caso 21.5 y 21.6).

Polinizadores

Los grandes carnívoros no son los únicos taxones que afectan a los ecosistemas; los polinizadores también juegan un papel muy importante. Hay cerca de trescientas cincuenta mil especies de plantas con flores (WCSP, 2008), y aunque algunas dependen del viento para la polinización, la gran mayoría (más del 85%) depende de la polinización por animales, lo que destaca la importancia de los polinizadores en el mantenimiento de la biodiversidad (Ollerton *et al.*, 2011). Los polinizadores incluyen alrededor de veinte mil especies de abejas, junto con polillas, mariposas, avispas, escarabajos, moscas, murciélagos, ardillas, monos y aves, entre otros.

Con frecuencia, las áreas protegidas que tienen procesos naturales limitados o están aisladas de otras áreas naturales tienen que desarrollar técnicas prácticas de gestión para mantener la biodiversidad nativa. Por ejemplo, la Reserva Natural Provincial Punta del Pez (Fish Point Provincial Nature Reserve), que se encuentra en una isla altamente desarrollada en el lago Ontario, es uno de los puntos más al sur de Canadá y es el hogar de varias plantas raras.

Al reconocer la realidad de una reducción en la diversidad y abundancia de los polinizadores regionales, el plan de manejo del parque de 2005 instó a la polinización manual, la recolección de semillas y la propagación asistida como herramientas necesarias para ayudar a mantener la diversidad de plantas en el parque. Un estudio en Sudáfrica descubrió que incluso en lugares ricos en áreas protegidas y biodiversidad, los servicios de polinización disminuyeron con la distancia respecto a las áreas naturales. Por consiguiente, no solo la biodiversidad de un área protegida se beneficiará del manejo de los polinizadores, las granjas vecinas también lo harán (Janzen, 1999; Carvalheiro *et al.*, 2010; Chan *et al.*, 2006).

Mantener polinizadores dentro de las áreas protegidas puede beneficiar la biodiversidad a distancias considerables. Por ejemplo, el Parque de Conservación Isla Indooroopilly en Australia es un importante lugar de descanso para tres especies de zorros voladores. Todas las noches estos zorros voladores pueden volar hasta cien kilómetros para alimentarse, y podrían funcionar como importantes vectores de larga distancia para el polen.

Guardaparques armados de la Autoridad de Vida Silvestre de Uganda mientras patrullan en el Parque Nacional del Monte Elgon. Los guardaparques protegen el parque contra la caza furtiva de animales salvajes raros y en peligro, y de la invasión de las comunidades vecinas

Fuente: Stuart Cohen

Así, los esfuerzos de gestión del parque para conservar el hábitat de los zorros voladores también ayudarán a mantener la diversidad genética y biológica en el ecosistema en general (Martin, 1990).

Especies raras

A menudo, la gestión de áreas protegidas le da prioridad a las acciones que mantengan la integridad ecológica y beneficien a las especies comunes, pero no necesariamente a las especies raras (Simberloff, 1998; Niemi y McDonald, 2004), aunque muchas especies son raras y estas son las que más aportan a la biodiversidad de una región –un patrón observado por Charles Darwin–. Por ejemplo, un análisis de especies de árboles en las tierras bajas amazónicas encontró que la mitad de todos los árboles pertenecían a 227 especies "hiperdominantes", mientras que el resto estaba representado por once mil especies (Steege *et al.*, 2013). En otras palabras, la gran mayoría de las especies (más del 98%) eran raras, al menos en términos de abundancia; sin embargo, muchas de las especies con pocos árboles estaban proporcionalmente diseminadas a lo largo de las tierras bajas y tenían un gran número total de individuos.

Esto plantea la pregunta: ¿qué significa "raro" y cómo se mide? Una especie que puede parecer rara en un país puede ser abundante en otro. Rabinowitz (1981) sugirió que las especies podían considerarse raras si tenían un tamaño poblacional regional pequeño, una distribución geográfica o de hábitat restringidas (alta especificidad de hábitat).

Los administradores también deben considerar cuán amenazada está una especie, es decir, su estado de conservación. La Lista Roja de Especies Amenazadas de la UICN se basa en una serie de criterios con umbrales precisos que incluyen el tamaño y la tendencia de la población, el rango geográfico (según la extensión de la presencia y el área de ocupación) o la probabilidad de extinción, en caso de que existan suficientes datos para realizar un análisis (IUCN, 2001). Con base en una combinación de los criterios, las especies se clasifican de la siguiente manera:

1. En peligro crítico (CR): riesgo extremadamente alto de extinción en estado silvestre.
2. En peligro (EN): riesgo alto de extinción en estado silvestre.
3. Vulnerable (VU): riesgo alto de convertirse en una especie en peligro de extinción en estado silvestre.
4. Casi amenazada (NT): es probable que se convierta en una especie en peligro de extinción en un futuro cercano.
5. Preocupación menor (LC): el riesgo más bajo; no califica para una categoría de mayor riesgo.

Estudio de caso 21.7 Áreas protegidas y pérdida de bosques

A pesar del estatus legal de las áreas protegidas, su designación no garantiza por sí sola la protección de los ecosistemas. Aunque las áreas protegidas suelen tener una menor deforestación en relación con las áreas desprotegidas, aún puede darse un cambio en el uso de la tierra dentro de ellas (Clark *et al.*, 2008).

Un análisis de la deforestación en zonas tropicales húmedas (Hansen *et al.*, 2008) estimó que entre 2000 y 2005 se perdieron globalmente veintiún millones de hectáreas de bosques tropicales húmedos, esto es, una reducción del 2% en la cobertura forestal. Durante este período se talaron más de 1,7 millones de hectáreas dentro de áreas protegidas en zonas tropicales húmedas (0,81% del bosque que contenían). A nivel mundial, las áreas protegidas de manera más estricta (categorías I-II de la UICN) tuvieron tasas más bajas de pérdida de bosques tropicales húmedos (0,53%) que la red de áreas protegidas en su conjunto. Esto tiene implicaciones tanto para la biodiversidad como para el cambio climático. Según los estimados de la deforestación, el Centro Mundial de Monitoreo de la Conservación del Programa de las Naciones Unidas para el Medio Ambiente (CMMC-PNUMA) calculó que la pérdida de bosques en las áreas protegidas contribuyó con cerca de novecientos noventa megatoneladas de dióxido de carbono equivalentes a las emisiones mundiales de dióxido de carbono entre 2000 y 2005, o alrededor del 3% de las emisiones totales por la deforestación tropical (Campbell *et al.*, 2008).

En una revisión sistemática de la eficacia de las áreas protegidas para reducir la pérdida de los bosques y la disminución de las poblaciones de especies, Geldmann *et al.* (2013) concluyeron que hay buenas evidencias de que las áreas protegidas han servido para proteger el hábitat forestal. Sin embargo, la evidencia no es concluyente sobre si las áreas protegidas han sido efectivas para conservar las poblaciones de especies, aunque en la literatura se informan resultados más positivos que negativos. En la literatura rara vez se evalúan las conexiones causales entre las aportaciones de la gestión y los resultados de conservación en las áreas protegidas. En general, la evidencia disponible sugiere que las áreas protegidas ofrecen resultados positivos para la biodiversidad, pero aún existen pocas evidencias empíricas sobre las condiciones bajo las cuales las áreas protegidas tienen éxito o no respecto al logro de los resultados de conservación.

En última instancia, las áreas protegidas se tratan de la gestión de características clave (especies, ecosistemas, oportunidades de esparcimiento y valores de patrimonio) y su protección contra las amenazas. En un mundo con pocos recursos financieros y de personal, no siempre los administradores de áreas protegidas pueden abordar todas las cuestiones ni los problemas que estas características enfrentan. Por el contrario, los administradores necesitan estar en capacidad de enfocar sus acciones y sus esfuerzos de monitoreo en los desafíos más importantes. Con este fin, es crucial que puedan identificar y diseñar estrategias realistas para contrarrestar las amenazas contra características específicas en áreas protegidas individuales.

En 2012, la Lista Roja de la UICN incluía casi cuatro mil especies catalogadas en peligro crítico, 5766 en peligro y más de diez mil vulnerables, aunque no se ha hecho una evaluación de la mayoría de los grupos de invertebrados. Dado que muchas especies son raras a nivel local, pero están muy diseminadas, a veces los administradores deben usar redes de áreas protegidas para mantener las poblaciones. Con frecuencia, las áreas protegidas son demasiado pequeñas para conservar una cantidad viable de especies y se requiere una red de áreas protegidas. Los administradores de áreas protegidas individuales deben estar al tanto de lo que hacen sus pares en otras áreas protegidas dentro de la misma ecorregión (Noss, 1983). Por ejemplo, esto se reconoció en Sudáfrica, donde el objetivo del enfoque de red estaba consagrado en la legislación, "[garantizar] el establecimiento, desarrollo y gestión eficaz de una red de áreas formalmente protegidas con el fin de conservar la biodiversidad autóctona, muestras representativas de ecosistemas naturales y hábitats de especies críticamente amenazadas o importantes" (North West Parks and Tourism Board Act, 1997).

Manejo de la población

Muchas áreas protegidas no son lo suficientemente grandes como para mantener poblaciones viables de todas las especies. En estos casos, los administradores deben hacer más que proteger un sitio y confiar en los procesos naturales para mantener las especies (Gurd *et al.*, 2001; Landry *et al.*, 2001; Deguise y Kerr, 2006). En consecuencia, a menudo se requiere una gestión activa. Como regla general, cuanto más pequeña sea la reserva, más necesaria será la gestión activa (MacKinnon *et al.*, 1986). A veces, esto incluye la necesidad de adoptar medidas para el manejo de la población con el fin de hacer frente a las fluctuaciones de la población, las metapoblaciones o garantizar la viabilidad de las poblaciones.

Todas las poblaciones de vida silvestre experimentan cierto grado de fluctuación en su abundancia, en función de las tasas de natalidad y mortalidad, los cambios en los recursos, la temperatura y la precipitación, la depredación, la enfermedad y los eventos estocásticos (Boyce y Daley, 1980). En general, hay cuatro tipos de fluctuaciones poblacionales:

Cuadro 21.4 Definiciones clave para entender las amenazas contra el ecosistema

- *Objetivos de biodiversidad:* las entidades biológicas (especies, comunidades o ecosistemas) que un proyecto intenta conservar (por ejemplo, una población de una especie específica de pez o un ecosistema forestal). Algunos profesionales también incluyen como objetivos procesos y fenómenos evolutivos y ecológicos (por ejemplo, régimen de incendios, migración estacional, flujo genético).
- *Objetivos de bienestar humano:* los componentes del bienestar humano afectados por el estado de los objetivos de conservación de la biodiversidad. Los ejemplos pueden incluir medios de subsistencia para los humanos a partir del uso de recursos biológicos o valores espirituales derivados de sistemas naturales.
- *Factores de estrés:* atributos ecológicos de un objetivo de conservación que están deteriorados directa o indirectamente por actividades humanas (por ejemplo, tamaño reducido de la población o fragmentación del hábitat forestal). Un factor de estrés no es una amenaza en sí mismo, sino más bien una condición degradada o "síntoma" del objetivo que resulta de una amenaza directa.
- *Amenazas directas:* las actividades o los procesos humanos próximos que han causado, causan o pueden causar la destrucción, degradación o deterioro de los objetivos de biodiversidad (por ejemplo, la pesca no sostenible o la tala). Las amenazas pueden ser pasadas (históricas), en curso o probables en el futuro. En algunas situaciones, los fenómenos naturales también pueden considerarse amenazas directas.
- *Factores contribuyentes:* los factores fundamentales –generalmente socioeconómicos, políticos, institucionales o culturales– que permiten o aumentan la ocurrencia o la persistencia de amenazas directas inmediatas (por ejemplo, las políticas agrícolas del Gobierno o las fuerzas del mercado que aumentan la expansión de las tierras agrícolas o la sobreexplotación de recursos como la pesca).
- *Acciones de conservación:* intervenciones emprendidas por el personal o los aliados del proyecto y que están diseñadas para alcanzar los objetivos del proyecto y las metas de conservación fundamentales (por ejemplo, la reintroducción de una especie en peligro o la creación de un área protegida). Pueden aplicarse acciones sobre los factores contribuyentes, las amenazas directas o sobre los objetivos mismos.
- *Equipos de proyectos:* los grupos de personas involucrados en el diseño, implementación, manejo y monitoreo de proyectos (por ejemplo, una alianza entre una organización no gubernamental o una comunidad local y el personal de un parque nacional).

1. Estable: cuando las poblaciones fluctúan ligeramente por encima o por debajo de la capacidad de carga.
2. Irruptiva: cuando una población que normalmente es estable experimenta un gran aumento en la abundancia como resultado de un aumento temporal en la capacidad de carga.
3. Irregular: cuando una población fluctúa por un motivo que no se ha identificado.
4. Cíclica: cuando una población fluctúa con una frecuencia regular. Esto incluye especies que siguen ciclos depredador-presa.

Además de las fluctuaciones en el tiempo, las poblaciones pueden variar en el espacio, especialmente en paisajes heterogéneos (Tilman y Kareiva, 1997). Esto hace que sea difícil establecer una línea base poblacional para una especie particular sin que existan datos distribuidos espacialmente y a largo plazo. Además, suele ser difícil separar las fluctuaciones naturales de los efectos de las actividades humanas sobre las poblaciones de especies (Pechmann *et al.*, 1991).

En ausencia de depredadores o procesos naturales, el tamaño poblacional de una especie puede crecer sin control, potencialmente hasta que alcance la capacidad de carga del área, definida como la cantidad de individuos que un área puede albergar de acuerdo con los recursos disponibles (Stokes, 2012). Las poblaciones anormalmente abundantes pueden llegar a agotar los recursos locales, lo que ocasiona un colapso de la población –como los elefantes en algunas áreas protegidas de África (Whyte, 2007)– o conflictos con los vecinos humanos. Por ejemplo, un gran número de ciervos rojos encontró refugio de los lobos del parque nacional dentro de la ciudad de Banff en Canadá. Aunque son animales majestuosos, también pueden ser muy peligrosos para los humanos, especialmente durante la temporada de celo. Después de una serie de incidentes humanos versus vida silvestre, Parques Canadá estableció un Comité Asesor sobre Ciervos Rojos basado en la comunidad para desarrollar propuestas que abordaran el problema. Las acciones de gestión comenzaron en 1999 con los objetivos de restaurar los procesos ecológicos naturales en las tierras adyacentes a la ciudad y la reducción de los conflictos entre ciervos rojos y humanos. Las acciones incluyeron la captura de más de doscientos ciervos rojos habituados y su reubicación en otro valle montañoso, un programa continuo de acondicionamiento aversivo para alentar a los ciervos rojos a evitar la ciudad, y la restauración de corredores de vida silvestre para aumentar la depredación de los ciervos rojos cerca de la ciudad. Los resultados son alentadores, con menos conflictos entre ciervos rojos y humanos, una mejor condición de los ecosistemas adyacentes a la ciudad y una reducción de la herbivoría (White *et al.*, 2007).

El Servicio de Parques Nacionales de Estados Unidos (NPS, 2006) desarrolló una política para abordar la gestión de las fluctuaciones poblacionales, en la cual se aclara el deseo de confiar en los procesos naturales, pero se estipulan las condiciones en las que se justifica la intervención:

1. La intervención no causará impactos inaceptables sobre las poblaciones de la especie ni sobre otros componentes y procesos de los ecosistemas que las sustentan.
2. La gestión de la población es necesaria:
    - Porque la fluctuación es el resultado de influencias humanas.
    - Para proteger especies raras.
    - Para proteger a los humanos y la propiedad.

Metapoblaciones

Cuando se administran áreas protegidas para la biodiversidad, es importante reconocer que algunas especies pueden existir como metapoblaciones. Por lo general, una metapoblación comprende subpoblaciones discretas. Cada subpoblación tendrá su propia dinámica (tasas de natalidad, mortalidad, inmigración y emigración) (Hanski y Simberloff, 1997). Las metapoblaciones no deben confundirse con una sola población que tiene una distribución por parches, pero la misma dinámica. Es importante que los administradores entiendan si están manejando una población o una metapoblación de una especie determinada (Chapman *et al.*, 2003). La implicación para la gestión de áreas protegidas es que es necesario permitir la conectividad entre subpoblaciones o emprender acciones de gestión específicas para una subpoblación.

Viabilidad de la población

Quizás el objetivo que se cita con mayor frecuencia cuando se hace una gestión para poblaciones en áreas protegidas es el de una población "viable". La viabilidad se entiende mejor como la probabilidad de que una especie determinada persista durante un período definido. El primer análisis de viabilidad poblacional (AVP) se atribuye a Mark Shaffer, quien en 1978 calculó la probabilidad de extinción de los osos pardos (*Ursus arctos horribilis*) en el Parque Nacional Yellowstone (Shaffer, 1978). Desde entonces, los AVP se han vuelto más sofisticados y complejos, con la incorporación de numerosas variables que pueden afectar la viabilidad de una especie (Gilpin y Soulé, 1986; Traill *et al.*, 2010), y finalmente terminaron en un *software* que llevó el AVP a las computadoras de muchos biólogos en los parques (para ejemplo, RAMAS, VORTEX). No obstante, el uso del AVP para las decisiones de gestión en las áreas protegidas no está exento de controversias (Flather *et al.*, 2011). Se requieren grandes cantidades de datos para realizar AVP robustos, especialmente datos de un trabajo de campo intensivo y específicos de la especie (Beissinger y McCullough, 2002). Además, los resultados de los AVP suelen tener intervalos de confianza amplios y, por lo tanto, son propensos a grandes errores (Flather *et al.*, 2011). Sin embargo, los AVP pueden aportar algunas ideas a las decisiones de gestión, siempre que se utilicen con cautela y sean útiles para determinar qué variables tienen la mayor influencia sobre la viabilidad de las especies (Akçakaya y Sjögren-Gulve, 2000). Por ejemplo, un estudio de una cebra de montaña en la Reserva Natural de la Montaña Gamka (Gamka Mountain Nature Reserve) en Sudáfrica determinó que la quema controlada y frecuente del hábitat preferido era una de las acciones de gestión más importantes que podía mejorar la viabilidad de esa especie en peligro (Watson *et al.*, 2005).

Manejo de amenazas contra las áreas protegidas

A escala mundial, las causas principales de la pérdida de biodiversidad y la extinción de especies son la pérdida y la fragmentación del hábitat, junto con otras amenazas importantes como la degradación y contaminación del hábitat, la sobreexplotación, el impacto de especies exóticas invasoras y, cada vez más, el cambio climático. Aunque existen algunas evidencias de que el estatus del área protegida puede brindar una protección adicional para los hábitats naturales (Geldmann *et al.*, 2013), muchas áreas protegidas siguen amenazadas por la pérdida y degradación del hábitat (Estudio de caso 21.7).

En las últimas dos décadas, la Alianza para las Medidas de Conservación desarrolló un marco común para identificar las amenazas contra la diversidad biológica y los procesos ecosistémicos (Margoluis y Salafsky, 1998; TNC, 2000, 2007; Salafsky *et al.*, 2003, 2008; CMP, 2013). Este marco puede aplicarse a la gestión de áreas protegidas (Cuadro 21.4 y Tabla 21.1). Cuando se trata de áreas protegidas, es importante distinguir los factores de estrés (que a menudo están dentro del área protegida y pueden requerir trabajos de restauración) de las amenazas directas (que generalmente provienen de afuera del área protegida). A menudo, en un sitio individual, o incluso a nivel del sistema, los administradores de áreas protegidas solo pueden abordar las amenazas directas y no con las causas de fondo. Esto es especialmente cierto cuando las amenazas contra las áreas protegidas dependen de políticas nacionales o locales y de factores sociales y económicos sobre los cuales un administrador de un área protegida individual puede tener poca o ninguna influencia, por ejemplo, las políticas gubernamentales sobre agricultura y redes de transporte (MacKinnon, 2005). Por otro lado, las amenazas directas dentro e inmediatamente adyacentes a las áreas protegidas pueden abordarse a través de acciones de gestión –por ejemplo, control de especies invasoras, manejo de visitantes y de conflictos entre humanos y vida silvestre–.

A fin de cuentas, la conservación se lleva a cabo por medio de "proyectos" de conservación (Salafsky *et al.*, 2008), que varían en escala desde los esfuerzos de una comunidad pequeña para gestionar sus zonas tradicionales de pesca hasta un programa de financiación global para proteger los océanos del mundo. Con base en una revisión de los términos utilizados por los diferentes profesionales de la conservación, Salafsky *et al.* (2008) y la Alianza para las Medidas de Conservación (CMP, 2013) han propuesto definiciones para describir los componentes generales de cualquier proyecto de conservación (Cuadro 21.4). Para los administradores de áreas protegidas, el alcance del proyecto suele estar definido por los límites del área protegida y cualquier zona de amortiguación circundante (véase el Capítulo 13).

Clasificación de las amenazas

La Tabla 21.1 ilustra la clasificación de las amenazas de acuerdo con la Alianza para las Medidas de Conservación-UICN. La clasificación se construye de forma jerárquica con tres niveles diferentes, análogos a las familias, los géneros y las especies en el sistema de Linneo. El primer nivel se indica con números enteros y texto en negrita, por ejemplo, "**1. Desarrollo residencial y comercial**". El segundo nivel se indica con números decimales y texto sin negrita, por ejemplo, "1.2. Áreas comerciales e industriales". El tercer nivel se indica con el texto en cursiva, por ejemplo, "*Plantas de manufactura*". La clasificación está diseñada para ser integral, consistente y excluyente para el primer y el segundo nivel, lo que significa que todas las posibles amenazas contra la diversidad biológica deberían encajar en el sistema, con cada amenaza asignada a una sola categoría.

Evaluación de la magnitud de la amenaza para la gestión y manejo de áreas protegidas

El último paso para desarrollar un enfoque sistemático para las amenazas implica desarrollar una forma estándar de medir y comparar la magnitud de la amenaza. Si el interés es simplemente evaluar una amenaza específica contra una característica/objetivo de conservación específico o un área protegida a lo largo del tiempo, la medida obvia es hacer una evaluación directa y seguir de cerca el tamaño de la amenaza con el uso del mejor indicador cuantitativo disponible –por ejemplo, el número de incidentes de caza furtiva de elefantes o el porcentaje de bosque en la zona de amortiguación que se pierde por la invasión de la frontera agrícola–. No obstante, si el interés es comparar niveles combinados de amenazas con diferentes objetivos/características o con diferentes áreas protegidas en el tiempo y en el espacio, se requiere una metodología más compleja.

Las evaluaciones de la magnitud de la amenaza son importantes para una serie de tareas clave que realizan los administradores de áreas protegidas. En particular, sin mediciones en común de las amenazas, es difícil que los administradores de áreas protegidas:

- Establezcan prioridades: para comparar áreas protegidas dentro de un sistema general y establecer prioridades en la inversión de recursos, así como para planear cuáles de estos lugares prioritarios deben abordarse de inmediato y cuáles pueden posponerse.
- Desarrollen estrategias eficaces: para seleccionar qué amenazas abordar dentro de un área protegida determinada y para comparar el posible apalancamiento obtenido mediante el uso de diferentes estrategias, y decidir cuál usar.
- Midan el estado y la eficacia de la conservación: para determinar y comparar los cambios en el estado de las amenazas en un lugar a lo largo del tiempo y para determinar la eficacia relativa de las diferentes acciones de conservación en relación con los objetivos basados en las amenazas.
- Aprendan de la experiencia: para comparar las experiencias de un administrador con las de otros, lo cual es la base de cualquier tipo de aprendizaje sistemático sobre cómo enfrentar de manera eficaz y costo-efectiva cada tipo de amenaza.

A fines de la década de 1990 y comienzos de la de 2000, varias organizaciones de conservación iniciaron el desarrollo de métodos sistemáticos para evaluar la magnitud de las amenazas de una manera más estandarizada (por ejemplo, Salafsky y Margoluis, 1999; TNC, 2000; Ervin, 2002; WCS, 2002). A mediados de la década de 2000, un grupo de trabajo de la CMP revisó estos diferentes sistemas y los utilizó para crear una metodología estándar que calificara las amenazas, la cual se convirtió en la base de la metodología de "calificación simple de amenazas" en el *software* Miradi (Miradi, 2007).

Tabla 21.1 Categorías de amenazas y algunos ejemplos de la actual clasificación unificada de las amenazas contra la conservación de la Alianza para las Medidas de Conservación de la UICN

Amenazas por nivel de clasificación	Definición
1. Desarrollo residencial y comercial	Asentamientos humanos u otros usos no agrícolas del suelo con una huella importante
1.1. Vivienda y áreas urbanas *Zonas urbanas, suburbios, pueblos, residencias vacacionales, áreas comerciales, oficinas, escuelas, etc.*	Ciudades, pueblos y asentamientos humanos, incluido el desarrollo no relacionado con la vivienda típicamente integrado con la vivienda
2. Agricultura y acuicultura	Amenazas por la agricultura y la ganadería como resultado de la expansión e intensificación agrícola, incluidas la silvicultura, la maricultura y la acuicultura
2.4. Acuicultura marina y de agua dulce *Acuicultura de camarón o de peces de aleta, estanques de peces en granjas, criaderos de salmón, criaderos de mariscos, lechos de algas artificiales*	Animales acuáticos criados en un lugar con recursos agrícolas o no locales; también peces de criadero a los que se les permite deambular en el medio natural
3. Producción de energía y minería	Amenazas por la producción de recursos no biológicos
3.1. Perforación de petróleo y gas *Pozos petroleros, perforación de gas natural en aguas profundas*	Exploración, desarrollo y producción de petróleo y otros hidrocarburos líquidos
4. Corredores de transporte y servicios	Amenazas por los corredores de transporte largos y angostos y de los vehículos que los utilizan, incluida la mortalidad asociada de la vida silvestre
4.1. Carreteras y ferrocarriles *Carreteras, carreteras secundarias, caminos madereros, puentes y calzadas, obras viales, cercas asociadas con carreteras, ferrocarriles*	Transporte de superficie en carreteras y vías dedicadas
5. Uso de recursos biológicos	Amenazas por el uso consuntivo de los recursos biológicos "silvestres", incluidos los efectos deliberados y no intencionales de la recolección; también persecución o control de especies específicas
5.1. Caza y recolección de animales terrestres *Caza de animales silvestres para carne, cacería de trofeos, captura de pieles, recolección de insectos, explotación de miel o de los nidos de las aves, control de depredadores, control de plagas, persecución*	Matar o atrapar animales silvestres terrestres o productos de origen animal con fines comerciales, recreativos, de subsistencia, de investigación o culturales, o por razones de control/persecución; incluye mortalidad accidental/captura incidental
6. Intrusiones y perturbaciones humanas	Amenazas por actividades humanas que alteran, destruyen o perturban hábitats y especies asociadas con usos no consuntivos de los recursos biológicos
6.1. Actividades recreativas *Vehículos todoterreno, lanchas con motor, motos de agua, motos de nieve, aviones ultraligeros, barcos de buceo, avistamiento de ballenas, bicicletas de montaña, excursionistas, observadores de aves, esquiadores, etc.*	Personas que pasan tiempo en la naturaleza o que viajan en vehículos fuera de los corredores de transporte establecidos, generalmente por motivos recreativos
7. Modificaciones del sistema natural	Amenazas por acciones que convierten o degradan el hábitat al prestar un servicio de "manejo" de los sistemas naturales o seminaturales, a menudo para mejorar el bienestar humano
7.1. Incendios y supresión de incendios *Supresión de incendios para proteger hogares, manejo inapropiado de incendios, incendios agrícolas que se salen de control, incendios provocados, fogatas, incendios para la caza*	Supresión o aumento en la frecuencia o intensidad del fuego más allá de su rango de variación natural

Amenazas por nivel de clasificación	Definición
8. Especies invasoras y otras especies problemáticas, y genes	Amenazas por patógenos/microbios, plantas y animales no nativos y nativos, o materiales genéticos, que tienen o se prevé que tengan efectos perjudiciales para la biodiversidad después de su introducción, propagación o aumento de su abundancia
8.1. Especies no nativas/exóticas invasoras *Ganado feral, mascotas, mejillones cebra, enfermedad holandesa del olmo o tizón del castaño, árbol invasivo Miconia, introducción de especies para control biológico, hongo quítridio que afecta a anfibios fuera de África*	Plantas, animales, patógenos y otros microbios dañinos que no se encontraban originalmente en los ecosistemas en cuestión y que las actividades humanas directa o indirectamente introdujeron y diseminaron en el mismo
8.2. Especies nativas problemáticas *Venados nativos sobreabundantes, algas sobreabundantes debido a la pérdida de peces nativos que se alimentaban de ellas, plantas nativas que se hibridan con otras plantas, plagas que afectan a los roedores*	Plantas, animales o patógenos dañinos y otros microbios que se encontraban originalmente dentro de los ecosistemas en cuestión, pero que las actividades humanas "desequilibraron" o "liberaron" directa o indirectamente
9. Contaminación	Amenazas por la introducción exótica o excesiva de materiales o energía de fuentes puntuales y no puntuales
9.2. Efluente industrial y militar *Productos químicos tóxicos de las fábricas, vertimientos ilegales de productos químicos, desechos mineros, arsénico de la minería de oro, fugas de tanques de combustible, policlorobifenilos en los sedimentos fluviales*	Contaminantes transportados por el agua desde fuentes industriales y militares, incluidas la minería, la producción de energía y otras industrias de extracción de recursos, incluidos nutrientes, productos químicos tóxicos o sedimentos
10. Eventos geológicos	Amenazas por eventos geológicos catastróficos
10.2. Terremotos/maremotos	Terremotos y eventos asociados
11. Cambio climático y clima severo	Cambios climáticos a largo plazo que pueden estar relacionados con el calentamiento global y otros eventos climáticos severos fuera del rango de variación natural, los cuales podrían aniquilar a una especie o hábitat vulnerable
11.1. Cambios y alteraciones del hábitat *Aumento del nivel del mar, desertificación, descongelamiento de la tundra, blanqueo de los corales*	Cambios importantes en la composición y ubicación del hábitat
11.2. Sequías *Ausencia prolongada de precipitaciones, pérdida de fuentes de agua superficiales*	Períodos en los que la lluvia cae por debajo del rango de variación normal

Fuente: clasificación de las amenazas contra la biodiversidad de la Alianza para las Medidas de Conservación de la UICN (Versión 1.1), CMP, 2013

Miradi, el método de calificación simple de amenazas

Miradi, el *software* de gestión adaptativa (Miradi, 2007), está diseñado para aplicarse en la evaluación del impacto de una amenaza específica sobre un objetivo de conservación dado, con el uso de una combinación de alcance (área) y gravedad (intensidad), que cuando se combinan, brindan un indicio de la magnitud de la amenaza. Miradi usa escalas específicas de calificación de cuatro puntos para cada criterio (muy alto, alto, medio y bajo), que cuando es posible, se relacionan con porcentajes específicos. Los umbrales entre los criterios están diseñados para representar puntos de quiebre significativos entre las categorías, tanto ecológicos como prácticos. Por lo general, el sistema de evaluación de amenazas Miradi debe aplicarse a áreas protegidas de todos los tipos y tamaños; sin embargo, es posible que el sistema tenga que adaptarse para manejar evaluaciones de características que no son de conservación, así como los factores de estrés que suponen las amenazas, como el cambio climático. Al combinar las calificaciones de alcance y gravedad se obtiene una calificación general de la magnitud de la amenaza (Figura 21.5). Con respecto a las acciones de gestión, también es útil considerar la irreversibilidad (el grado en que pueden revertirse los efectos de una amenaza) en combinación con la magnitud para comparar o priorizar las amenazas (Figura 21.6). Los efectos de una amenaza sobre múltiples objetivos o de múltiples amenazas sobre un objetivo pueden combinarse o acumularse con varios sistemas basados en reglas (para más detalles, véase Miradi, 2007). Esto produce una tabla final con el resumen de las amenazas (Figura 21.7).

	ALCANCE			
GRAVEDAD	Muy alta	Alta	Media	Baja
Alta	Alta	Alta	Media	Baja
Media	Medium	Medium	Media	Baja
Baja	Baja	Baja	Baja	Baja

Figura 21.5 Calificaciones combinadas de amenaza y gravedad para determinar la magnitud de la amenaza

Fuente: Miradi, 2007

	IRREVERSIBILIDAD			
MAGNITUD	Muy alta	Alta	Media	Baja
Muy alta	Muy alta	Muy alta	Muy alta	Alta
Alta	Muy alta	Alta	Alta	Media
Media	Alta	Media	Media	Baja
Baja	Media	Baja	Baja	Baja

Figura 21.6 Evaluaciones combinadas de la irreversibilidad y la magnitud de la amenaza para priorizar las acciones de gestión

Fuente: Miradi, 2007

Amenazas versus valores	Elefante asiático	Ecosistema forestal	Corredor funcional	Pastizales de Terai	Rinoceronte indio	Tigre	Resumen de la calificación de las amenazas
Pastoreo de ganado		Alta	Baja	Alta			Alta
Invasión		Muy alta	Muy alta	Alta			Muy alta
Recolección de leña		Alta	Media				Media
Matanza ilegal de vida silvestre					Muy alta	Muy alta	Muy alta
Explotación forestal		Baja	Baja				Baja
Sobreexplotación de productos no maderables		Baja	Baja	Baja			Baja
Resumen de la calificación de los objetivos	Ninguna	Alta	Alta	Alta	Alta	Alta	Muy alta

Figura 21.7 Calificación resumida de las amenazas para un ecosistema de ejemplo

Fuente: Miradi, 2007

Estudio de caso 21.8 Monitoreo de incendios forestales a nivel mundial

Los incendios forestales y los incendios para la agricultura de corte y quema son dos de las causas más importantes de la deforestación en Madagascar. El uso de sensores remotos satelitales para detectar incendios puede permitir que los administradores de áreas protegidas y de otros bosques respondan rápidamente a los incendios ilegales. El espectrorradiómetro de imágenes de resolución moderada (Moderate-Resolution Imaging Spectroradiometer, MODIS) de la NASA a bordo de los satélites Aqua y Terra proporciona datos térmicos y de infrarrojo medio cuatro veces al día, lo que permite la detección de incendios. Sin embargo, los datos requieren interpretación y análisis, lo que dificulta su uso por parte de los administradores en campo. Para desarrollar un producto fácil de usar, Conservación Internacional, la Universidad de Maryland y el Departamento Forestal de Madagascar desarrollaron un sistema de alerta contra incendios que ofrece a los usuarios alertas diarias por correo electrónico en función de su área geográfica de interés.

En Madagascar, las alertas de incendio brindan al personal forestal y de áreas protegidas una información oportuna y precisa sobre los incendios ilegales y las actividades de invasión. Esto permite que los administradores en campo reaccionen rápidamente ante la invasión y también proporciona valiosas estadísticas de monitoreo para hacer un seguimiento de las amenazas de incendio en diferentes sitios. Los datos sobre incendios también pueden utilizarse para mejorar la comprensión de los patrones de amenazas contra los bosques a escala nacional y se han utilizado como base para el desarrollo de la estrategia nacional para mitigar el cambio climático mediante la Reducción de Emisiones por Deforestación y Degradación Forestal (REDD).

Al comienzo, en 2002, el sistema de alerta de incendios enviaba a los usuarios registrados una lista simple de los incendios detectados con su posición exacta.

Un sistema más avanzado desarrollado en 2007 permite que los usuarios definan la frecuencia de alertas y reciban mapas ajustados a sus áreas específicas de interés –por ejemplo, regiones administrativas, parques nacionales individuales e incendios dentro de bosques naturales–. El sistema, conocido como Firecast, se ha ampliado para incluir a Bolivia, Perú e Indonesia, y ahora también incluye alertas de predicción del riesgo de incendio. Firecast es gratis y accesible (Firecast, 2014).

James Mackinnon

Incendios cerca del Parque Indígena Xingu, Brasil

Fuente: Jacques Descloitres, Equipo de Respuesta Rápida de MODIS, Centro de Vuelos Espaciales Goddard de la NASA, rapidfire.sci.gsfc.nasa.gov

En los últimos años, la comunidad de conservación de la biodiversidad ha logrado grandes avances en el desarrollo de métodos estandarizados para definir y medir las amenazas contra las especies y los ecosistemas. En la gestión de áreas protegidas existe un gran potencial para el uso de estas herramientas, pero tendrán que hacerse modificaciones para optimizar y ajustar estos métodos a las necesidades específicas de los administradores de áreas protegidas.

Monitoreo y evaluación de la condición ecológica en las áreas protegidas

En esta sección nos referimos al monitoreo tanto en dicha dimensión como en la de inventario. El inventario es el primer paso esencial y el monitoreo suele tratarse de medidas repetitivas del primer inventario o de partes del mismo. Aunque es esencial entender si el área protegida tiene éxito en la conservación de la naturaleza y el cumplimiento de los objetivos de conservación establecidos, muy pocas áreas protegidas hacen un buen trabajo de monitoreo ecológico. Además, invertir en el monitoreo evita sorpresas y problemas irresolubles en el futuro. El desarrollo del monitoreo en la gestión del parque debe considerarse una parte fundamental de la gestión del mismo. A largo plazo, el monitoreo puede ahorrar dinero al evitar costosos proyectos de restauración (véase también el Capítulo 28).

Incluso si no existen sistemas de monitoreo en el momento, la mayoría de las áreas protegidas pueden valerse de algunos datos útiles para evaluar la condición ecológica. De manera regular, los visitantes, el personal, los científicos y los pueblos indígenas y locales hacen observaciones sobre la tierra y el agua de las áreas protegidas. Los sistemas de sensores de todo el mundo, incluidos los satélites y las estaciones meteorológicas, hacen observaciones continuamente, y cada vez hay más información satelital gratuita

(Estudio de caso 21.8). El paso inicial para desarrollar un sistema de monitoreo de la diversidad biológica y de los procesos ecosistémicos es organizar y catalogar estos datos existentes a fin de contar con la mejor evidencia disponible para tomar decisiones de manejo.

En cuanto a las áreas protegidas, hay dos preguntas clave de monitoreo. Esta sección ayudará a comprender y desarrollar respuestas a estas preguntas:

1. ¿Qué es la condición ecológica: debemos tomar acciones de gestión?
2. ¿Las acciones de gestión fueron eficaces?

Para responder a estas preguntas, los administradores querrán tener la mejor información posible. De hecho, ya que ambas preguntas son complejas, esto es desafiante. Como punto de partida, no se preocupe demasiado por la cantidad de dinero y la experticia disponible para observar el área protegida. Un poco de información es mejor que nada, aunque las decisiones de gestión deben basarse en lo que se conoce y se desconoce. Incluso la información simple y bien organizada es más persuasiva que la que está descontextualizada y poco documentada. La mejor práctica es trabajar con lo que está disponible y crear alianzas para el monitoreo a largo plazo con el fin de complementar el monitoreo realizado por el personal del área protegida.

Este capítulo no ofrece una guía completa de todos los elementos involucrados en el diseño de un programa de monitoreo, o en la recopilación y el análisis de los datos. Los lectores son referidos a manuales sobre el tema, tales como Lindenmeyer y Likens (2010) y Gitzen (2013). Además, pueden consultarse sitios web de agencias que contienen información detallada sobre el monitoreo y los protocolos de monitoreo, como el Programa de Inventario y Monitoreo del Servicio de Parques Nacionales de Estados Unidos (NPS, 2014). Finalmente, en línea puede encontrarse una gran cantidad de guías específicas para taxones y ecosistemas. Esta sección cubre consideraciones básicas respecto al diseño y la implementación de un programa de monitoreo de la biodiversidad y la función de los ecosistemas para áreas protegidas.

¿Qué observar?

Monitoreo de la condición

Para responder a la pregunta "¿qué es la condición ecológica?": deben tomarse acciones de manejo. El primer requisito es saber qué se debe medir para evaluar la condición ecológica. Tiene sentido comenzar por evaluar las especies y los procesos a los que se hacen referencia en el documento de establecimiento o en los planes de gestión del área protegida. Es probable que el punto más importante para comenzar sean las especies que se identifiquen inmediatamente con el sitio y los procesos ecológicos que mantienen su aspecto característico (por ejemplo, los incendios en la sabana) (véase la sección anterior "Evaluación de la condición de las áreas protegidas: integridad ecológica"). La política y la legislación institucional del área protegida también pueden brindar una orientación sobre la selección de especies y procesos específicos a monitorear, por ejemplo, especies raras y objetivos clave de conservación. Para evitar el sesgo del investigador, es importante que en el monitoreo se mantenga un enfoque sistemático e imparcial. Los administradores de áreas protegidas deben usar un marco estructurado para seleccionar indicadores. En la mayoría de los casos, debe seleccionarse un conjunto de indicadores para cada uno de los principales ecosistemas en un área protegida, es decir, bosques, humedales, pastizales, etc. Se ilustra el ejemplo de una plantilla para el monitoreo ecológico utilizada por Parques Canadá, la cual incluye como componentes de un marco de monitoreo a la biodiversidad, la función del ecosistema y los factores de estrés conocidos (Tabla 21.2).

Tabla 21.2 Ejemplo de una plantilla de selección para las medidas de monitoreo de la integridad ecológica

Biodiversidad	Funciones del ecosistema	Factores de estrés
Listas de especies • Cambio en la riqueza de especies • Números y extensión de las exóticas **Dinámica poblacional** • Tasas de mortalidad/natalidad de especies indicadoras • Inmigración/emigración de especies indicadoras • Viabilidad poblacional de las especies indicadoras **Estructura trófica** • Distribución de clase del tamaño de la fauna • Niveles de depredación	**Sucesión/regresión** • Tamaño y frecuencias de perturbación (incendios, insectos, inundaciones) • Distribuciones de clase de edad de la vegetación **Productividad** • Remoto o por sitio **Descomposición** • Por sitio **Retención de nutrientes** • Calcio y nitrógeno por sitio o por cuenca	**Patrones de uso de la tierra** • Mapas de uso de la tierra, densidades de vías, densidades poblacionales **Fragmentación del hábitat** • Tamaño del parche, distancia entre parches, interior del bosque **Contaminantes** • Alcantarillado, petroquímicos, etc. • Transporte a larga distancia de toxinas **Clima** • Datos del estado del tiempo • Frecuencia de eventos extremos **Otros** • Problemas específicos del parque

Fuente: Woodley, 1993

Estudio de caso 21.9 Monitoreo con la ayuda de los ciudadanos y el conocimiento tradicional

El Proyecto Noé (Project Noah, 2014) es un sitio web innovador que registra la ubicación y la fecha de las fotografías de vida silvestre tomadas por científicos ciudadanos. Las fotografías son tomadas por personas interesadas y hay un conjunto de instrucciones para subir imágenes de cierto tipo. Por ejemplo, Las Aves del África Subsahariana (The Birds of Sub-Saharan Africa) tiene 101 participantes y más de mil quinientos avistamientos de aves. Es fácil hacerse miembro y cargar imágenes desde un teléfono inteligente. Las fotografías pueden restringirse a una campaña intensiva de muestreo biológico (bioblitz) de un fin de semana dentro de un área protegida o pueden enfocarse en temas como polinización, fenología o especies invasoras.

Inuit Qaujimajatuqangit, Canadá

Inuit Qaujimajatuqangit o IQ, es la sabiduría duramente ganada de los pueblos indígenas del Territorio Nunavut de Canadá, sobrevivientes en el duro paisaje del norte. Este conocimiento ecológico local es un componente clave de la gobernanza local, especialmente en la gestión de los recursos naturales. Gilchrist *et al.* (2005) examinaron la eficacia del IQ, especialmente con respecto a las tendencias recientes de población y distribución de cuatro especies de aves migratorias. En dos de las especies estudiadas, el conocimiento local identificó cambios poblacionales previamente desconocidos para la ciencia occidental. En general, el grado de contacto con la especie fue un factor importante para determinar la calidad de las observaciones. En un caso, la distribución de la especie era poco comprendida por los cazadores locales a pesar de las capturas estacionales. Por lo tanto, como con cualquier fuente de información, debe haber un escrutinio de la confiabilidad.

Después de seleccionar una lista de posibles especies, funciones y amenazas, los administradores deben considerar el costo en tiempo y dinero de medir estos aspectos. Con frecuencia, existen formas de hacer las cosas de una manera más económica para lograr algunos resultados útiles. Por ejemplo, los recuentos precisos de poblaciones podrían reemplazarse por un índice de abundancia más simple a partir del recuento de heces. El fototrampeo puede generar una información útil sobre la presencia y distribución de especies (OBrien, 2014). En línea puede encontrarse un Manual para el Monitoreo de Vida Silvestre con Fototrampeo (*Handbook for Wildlife Monitoring Using Camera Traps*) (Ancrenaz *et al.*, 2012). En lugar de utilizar un avión, la extensión espacial de una perturbación puede estimarse con un sistema de posicionamiento global (GPS) en tierra.

Monitoreo de la efectividad

En las áreas protegidas que cuenten con programas activos de gestión y restauración, es importante monitorear si se logran o no los objetivos ecológicos de las acciones de gestión. Por lo general, elegir qué medir es sencillo, ya que los esfuerzos suelen dirigirse a determinadas especies o tipos de hábitats y a las tendencias deseadas –por ejemplo, especies nativas más abundantes, especies invasoras menos abundantes o perturbaciones similares a las que dan bajo la presencia humana de baja densidad–.

¿Quién puede hacer la observación?

Quién puede hacer un monitoreo ecológico no es algo obvio. Esencialmente, el monitoreo ecológico es una actividad que se basa en la ciencia. De manera ideal, los programas de monitoreo fueron diseñados por personas con formación científica, revisados por pares y sometidos a pruebas de campo. No obstante, una vez que se diseña un método claro o un protocolo de monitoreo, muchas personas pueden recibir capacitación para recabar la información. Por ejemplo, los guardias y guardaparques son candidatos ideales porque realizan patrullas con regularidad y observan grandes extensiones de las áreas protegidas. Cada vez es más frecuente que los científicos ciudadanos reciban capacitación para proporcionar datos de monitoreo, incluso con el uso de dispositivos como los teléfonos inteligentes.

Para el monitoreo de áreas protegidas, debe considerarse seriamente la oportunidad de incluir a visitantes y poblaciones locales e indígenas. Involucrar a estas poblaciones y respetar sus conocimientos beneficiará a un área protegida de formas que van más allá de la preparación de la información estándar para los visitantes. Con frecuencia, estas son las mismas personas a las que hay que convencer sobre la necesidad de tomar acciones en el área protegida. Incluir a las personas al inicio del proceso genera confianza y comprensión. Son cruciales tanto los sentimientos como el significado espiritual ligados a las observaciones de las poblaciones locales e indígenas, así como de los visitantes, aunque sea difícil incluir estas observaciones dentro de un marco común junto con las del personal y los científicos invitados (Estudio de caso 21.9).

Debe diseñarse un programa de monitoreo en torno a las necesidades y la situación única del área protegida individual. En muchos casos, los científicos estarán cerca en universidades, agencias gubernamentales u organizaciones no gubernamentales (ONG), y quizás estén interesados en realizar estudios de monitoreo a largo plazo. En otros casos, un

La grulla americana (*Grus americana*) es una especie amenazada y solo una pequeña población permanece en estado silvestre, EE.UU.

Fuente: Alison Woodley

área protegida contará con personal capacitado. No obstante, en muchas circunstancias, y especialmente cuando las áreas protegidas carecen de su propio personal de investigación, los ciudadanos locales y los gestores tradicionales de la tierra pueden ofrecer una comprensión adicional y útil de sus ecosistemas. Tal vez la mejor manera de pensar en quién debería participar en el monitoreo es ver el programa como una alianza, la cual puede evolucionar con el tiempo. El desafío para un administrador de áreas protegidas es garantizar que haya suficiente gente, con suficiente capacitación, de tal manera que puedan brindar información sobre las condiciones ecológicas.

Protocolos de monitoreo

El monitoreo de cualquier entidad ecológica requerirá el desarrollo de un protocolo de monitoreo, es decir, un conjunto de condiciones por escrito que especifiquen cómo, qué, cuándo, dónde y por qué del monitoreo. Esto incluye lo siguiente:

1. ¿Cuál es la pregunta de monitoreo?
   Por ejemplo, ¿cuál es la población de grullas en el área protegida? ¿Dicha población está cambiando?

2. ¿Cuál es la variable ecológica a medir y cómo se relaciona con la pregunta de monitoreo? Por ejemplo, una forma fácil de determinar el número de grullas podría ser con recuentos de grullas en la primavera, cuando las aves llegan a reproducirse, ya que son muy fáciles de ver y de contar en ese momento.

3. ¿Qué certeza es necesaria para detectar el cambio? Esta es una pregunta de gestión y de estadística. Por ejemplo, si se hace un recuento de las grullas durante dos días cada primavera, solo sería posible conocer la población con una variación de más o menos el 20%. Por lo tanto, de acuerdo con la frecuencia de muestreo, el administrador no podrá detectar cambios anuales, a menos que sean superiores al 20%. Sin embargo, si la grulla es una especie amenazada, es posible que el administrador quiera saber si la población está cambiando con una certidumbre superior al 20%. Este análisis de la capacidad de detectar cambios se denomina "análisis de poder". Pueden encontrarse guías para esto en la mayoría de los textos de estadística, al igual que en línea o con un estadista (por ejemplo, Ellis, 2010). Casi siempre existe un equilibrio entre el nivel de certeza para detectar el cambio y el costo de un programa de monitoreo.

Los administradores de parques utilizan cerramientos para el monitoreo a largo plazo con el fin de determinar los impactos de las especies introducidas, como los caballos salvajes en el Parque Nacional Alpino en Victoria, Alpes Australianos

Fuente: Ian Pulsford

Métodos de campo

Debe tenerse por escrito un conjunto claro de métodos para detectar cambios. De acuerdo con el ejemplo anterior de la grulla, los métodos deben especificar todos los detalles requeridos para un conteo de primavera, incluidos a dónde ir, cuándo contar, si deben contarse los juveniles por separado de los adultos, y así sucesivamente. Esta sección de métodos debe ser muy específica para que los métodos puedan ser repetidos fácilmente por los diferentes observadores.

Recopilación y almacenamiento de datos

Esta parte de un protocolo incluye cómo se recabarán los datos, cómo se almacenarán y qué controles de calidad son necesarios. Por ejemplo, puede haber una hoja de datos de campo para los recuentos de grullas con todos los metadatos (nombre del observador, fecha, ubicación, etc.) y también con los datos del recuento real. La hoja de datos entonces se ingresará en un almacenaje de archivos (tal vez se copie para tener una copia de respaldo) o se digitará en una hoja de cálculo o en una base de datos informática. Un buen protocolo incluiría normas de control de calidad para garantizar que las observaciones se transfieran correctamente de la hoja de trabajo de campo a la computadora. El control de calidad también puede incluir una persona independiente que verifique los números.

Análisis de datos

Un protocolo debe especificar cómo se analizará un conjunto de mediciones, incluidos los métodos estadísticos y las formas de determinar la significancia del hallazgo. De nuevo con el ejemplo de las grullas, si diez años de datos mostraron con una confianza del 95% que las grullas estaban disminuyendo a una tasa del 2% anual, ¿esto conduciría a una acción de gestión?

Otros requerimientos

Los elementos finales de un protocolo deben garantizar que se consideren todos los otros factores para el éxito. Esto incluye capacitación, equipos especializados, permisos de investigación y comunicaciones. Por consiguiente, es posible que todo el personal de campo involucrado en un recuento de grullas requiera de capacitación para diferenciar con éxito a los machos de las hembras o a los juveniles de los adultos.

Interpretación de los resultados del monitoreo: algunas consideraciones generales

Analizar e interpretar los datos recopilados de un programa de monitoreo son quizás las partes más difíciles de monitorear la biodiversidad y los procesos del ecosistema. Esto se ha vuelto aún más difícil en el contexto actual del cambio climático y la exposición generalizada a especies invasoras.

Muy pocas veces está totalmente claro el nivel de una medición elegida en un ecosistema saludable. No obstante, los siguientes pasos ayudarán a dar sentido a las observaciones:

- Haga preguntas claras de monitoreo.
- Asegúrese de que el diseño del monitoreo puede responder a estas preguntas.
- Elija indicadores que sean simples y repetibles, y que se interpreten de la misma manera por diferentes observadores.
- Resuma las respuestas a estas preguntas de monitoreo y haga una recomendación si deben tomarse medidas.

Hay algunas preguntas básicas que pueden hacerse sobre los resultados del monitoreo a una especie característica o a un proceso ecológico.

1. ¿Es alto o bajo dentro del rango de valores posibles?
2. ¿Está cambiando? Si está cambiando, ¿el cambio está en la dirección deseada? (por ejemplo, un aumento en la abundancia de las especies objetivo o una reducción de las especies invasoras). Con frecuencia el monitoreo se centra más en las tendencias que en los números absolutos.
3. ¿Los resultados están afectados por amenazas conocidas a la conservación? (Tabla 21.1)
4. ¿El resultado se ve afectado por las interacciones con otras especies o procesos?

Para responder estas preguntas, los administradores necesitan un diseño de monitoreo. Todo programa de monitoreo hace una serie de suposiciones sobre el área de la reserva que será afectada, los cambios que pueden detectarse y los niveles de certeza. Un estadista o un científico pueden ayudar a nombrar estas suposiciones y fortalecer el diseño. Se brinda cierta orientación sobre el número mínimo de observaciones necesarias para responder a ciertas preguntas (Tabla 21.3).

El monitoreo solo es útil si los resultados se analizan, evalúan e integran en la acción de gestión para el seguimiento. La Tabla 21.3 recomienda algunos tamaños mínimos de muestra para detectar diferencias bastante obvias en un ecosistema. Cada diseño en la tabla asume una probabilidad del 20% de un resultado falso positivo y una probabilidad del 20% de un resultado falso negativo.

En general, el análisis de los datos para responder a la pregunta "¿las acciones de manejo fueron eficaces?" es más fácil de abordar que el monitoreo de la condición. En lugar de preguntarse qué "debería" hacer un ecosistema, el administrador pregunta si este hizo lo que se esperaba después de un tratamiento específico de manejo. Con frecuencia es importante enmarcar la cuestión de la eficacia en el marco temporal de la gestión práctica, cualquiera sea la expectativa de vida de las especies involucradas o la velocidad de los procesos, porque en la gestión de áreas protegidas el financiamiento de proyectos suele ser a corto plazo y, por lo tanto, requiere de medidas del éxito a corto plazo. No obstante, debido a que los ecosistemas tienen retrasos en el tiempo de respuesta, el

Cuadro 21.5 Encontrar un repositorio para almacenar la información de monitoreo

Es posible que muchos gobiernos u ONG ya tengan un catálogo de datos abiertos en el que puedan publicarse datos (por ejemplo, datacatalogs.org). También puede haber un sitio web interno en el que se publique información para el acceso del personal.

También hay varios repositorios específicamente para áreas protegidas y conservación. La Infraestructura Mundial de Información sobre Biodiversidad (Global Biodiversity Information Facility, GBIF) es una infraestructura internacional de datos abiertos para la información sobre biodiversidad. Esta permite que cualquier persona, en cualquier lugar, tenga acceso a datos sobre todos los tipos de vida en la Tierra, los cuales se comparten a través de las fronteras nacionales gracias a Internet.

Planeta Protegido es un sitio web dinámico (www.protectedplanet.net) organizado por el CM-VC-PNUMA, que busca describir las áreas protegidas del mundo. La Red Abierta de Parques es una fuente de conocimiento para los profesionales de parques, la cual alberga archivos digitalizados e información difícil de encontrar (OPM, 2014).

Tabla 21.3 Directrices generales sobre el número de observaciones requeridas para detectar tendencias

¿Qué desea detectar?	Análisis y tamaño del efecto	Número de muestras
Un año inusual	Prueba *t* de una muestra; diferencia de una desviación estándar entre un año inusual y el promedio anterior	Siete observaciones anuales
Una tendencia en el tiempo	Prueba *z* de una muestra; un fuerte coeficiente de correlación > 0,7	Nueve observaciones independientes durante un período
Un cambio en el valor promedio	Prueba *t* pareada; una diferencia promedio entre medidas repetidas en los mismos sitios o individuos que equivalen a la mitad de la desviación estándar en los datos	Diecinueve observaciones repetidas en cada uno de dos años
Una diferencia entre dos tratamientos	Pruebas *t* de dos muestras; una diferencia de la mitad de la desviación estándar en los datos entre los valores promedio de dos tratamientos	37 observaciones en cada tratamiento

Fuente: Stephen McCanny

monitoreo de la eficacia también debería tener medidas a más largo plazo en relación con el programa de monitoreo de la condición para el área protegida.

Los objetivos para el monitoreo de la eficacia pueden ser las expectativas claras de los impactos, el porcentaje del área tratada con éxito o el tamaño poblacional de la especie que se alcanzó. Estos objetivos previstos deberían representar una respuesta del ecosistema en lugar de una medida del esfuerzo aplicado. Por lo general, el logro de estos objetivos requiere menos atención a los supuestos estadísticos, que son muy importantes en el monitoreo de la condición.

Registro a largo plazo de las observaciones de monitoreo

La información de monitoreo debe almacenarse en un lugar de fácil acceso, debe estar segura a largo plazo y debe estar debidamente documentada. La mayoría de las organizaciones de áreas protegidas se beneficiarían de un mejor manejo de los datos. A largo plazo, muchas observaciones se pierden o no tienen los metadatos adecuados. Existen estándares formales de metadatos que describen lo que debe ir junto con la información recopilada, incluida la forma en que se recopiló, quién la recopiló, los métodos exactos utilizados, las ubicaciones, etc. Los metadatos son tan importantes como el dato en sí mismo. Un estándar común de metadatos para los datos de biodiversidad es *Darwin Core*, el cual está disponible en línea (Wieczorek *et al.*, 2012). *Darwin Core* es simplemente una lista de verificación de cosas que deberían estar en los metadatos, como la fecha, el nombre de la especie y las coordenadas geográficas. Hay muchísimos datos que no son útiles simplemente porque faltan los metadatos.

Las observaciones recurrentes de los administradores de áreas protegidas y de los pueblos indígenas pueden traducirse en estándares de manejo de datos que fortalezcan la comprensión del área protegida a lo largo del tiempo. Las claves para el monitoreo incluyen:

1. Protocolos de monitoreo claros que mantengan una técnica de medición consistente a través del tiempo, las ubicaciones y los observadores.
2. Almacenamiento de datos accesible que mueva las observaciones al dominio público. Es importante encontrar un repositorio adecuado (Cuadro 21.5).

El objetivo de preservar los datos a largo plazo no es publicar los datos de monitoreo junto con su protocolo. Para garantizar la accesibilidad de los datos de monitoreo a largo plazo (cincuenta a cien años) se tendrá que prestar atención a los cambios en los medios electrónicos. La información electrónica, al igual que los archivos en papel, debe estar bajo custodia. Asimismo, esta se enfrenta al riesgo adicional de ser eliminada por procedimientos defectuosos para hacer copias de respaldo. La mejor manera de asegurar que los datos de monitoreo sobrevivan es garantizar que tengan un uso regular y sean actualizados por las organizaciones de conservación.

Conclusión

La gestión y manejo de áreas protegidas es un trabajo cada vez más complejo que requiere una buena comprensión de la ecología del lugar, así como algunos fundamentos sobre cómo funcionan los ecosistemas. A continuación, se resumen los mensajes clave de este capítulo para los administradores de áreas protegidas.

1. Las áreas protegidas, como ecosistemas, tienen tanto biodiversidad como funciones de soporte del ecosistema. Los dos están conectados y se afectan entre sí. No es posible administrar solo para una especie o un tipo de ecosistema, sin considerar también los procesos ecológicos que los soportan.
2. El monitoreo de la condición del ecosistema y las acciones de manejo es una parte fundamental de la gestión de áreas protegidas. Los sistemas de monitoreo deben hacer parte del marco de gestión general de un área protegida. Un sistema de monitoreo debe basarse en una comprensión fundamental de la estructura y la función del ecosistema.
3. La ciencia aplicada de la biología de la conservación ofrece una gama de herramientas y enfoques bien desarrollados para la gestión de la biodiversidad en todas las escalas, desde la genética hasta la comunidad ecológica. Los enfoques de gestión de la población son los mejor desarrollados e incluyen consideraciones detalladas para manejar la diversidad genética, las metapoblaciones y la viabilidad.
4. En muchas áreas protegidas es posible y necesaria la gestión de las funciones ecológicas. Un buen ejemplo es el uso de incendios en los ecosistemas adaptados al fuego.
5. Gran parte de la gestión de áreas protegidas se centra en el manejo de amenazas ecológicas. Este capítulo presenta un enfoque formal y estructurado para definir, evaluar y calificar las amenazas ecológicas en las áreas protegidas.

La ciencia que respalda la aplicación de un manejo a la biodiversidad y a la función del ecosistema es abundante y crece todos los días. Si bien este capítulo pretende brindar una visión general de los principios y nociones más importantes, no puede abarcar todas las áreas. Para obtener ayuda en la resolución de los desafíos de gestión en las áreas protegidas, los administradores deben aprovechar la experticia de los voluntarios dentro de las comisiones de la UICN, incluida la Comisión Mundial de Áreas Protegidas.

Referencias

Lecturas recomendadas

Akçakaya, H.R. y Sjögren-Gulve, P. (2000). Population viability analyses in conservation planning: an overview. *Ecological Bulletins*, 9, 9-21.

Ancrenaz, M.; Hearn, A.J.; Ross, J.; Sollmann, R. y Wilting, A. (2012). *Handbook for Wildlife Monitoring Using Camera Traps*. Sabah, Malasia: BBEC II Secretariat, Natural Resources Office, Chief Ministers Department.

Ashton, D.H. (1981). Fire in tall open forests (wet sclerophyll forests). En: A.M. Gill, R.H. Groves y I.R. Noble (eds.). *Fire and the Australian Biota*, pp. 339-366. Canberra: Australian Academy of Science.

Baker, W.L. (1995). Long-term response of disturbance landscapes to human intervention and global change. *Landscape Ecology*, 10, 143-159.

Balmford, A.; Carey, P.; Kapos, V.; Manica, A.; Rodrigues, A.S.L.; Scharlemann, J.P.W. y Green, R.E. (2009). Capturing the many dimensions of threat. *Conservation Biology*, 23, 482-487.

Beissinger, S.R. (2002). Population viability analysis: past, present, future. En: S.R. Beissinger y D.R. McCullough (eds.). *Population Viability Analysis*, pp. 5-17. Chicago: University of Chicago Press.

McCullough, D.R. (eds.). (2002). *Population Viability Analysis*. Chicago: University of Chicago Press.

Benz, C. (1996). Evaluating attempts to reintroduce sea otters along the California coastline. *Endangered Species Update*, 13, 31-35.

Bouzat, J.L.; Cheng, H.H.; Lewin, H.A.; Westemeier, L.; Brawn, J.D. y Paige, K.N. (1998). Genetic evaluation of a demographic bottleneck in the greater prairie chicken. *Conservation Biology*, 12, 836-843.

Johnson, J.A.; Toepfer, J.E.; Simpson, A.; Esker, T.L. y Westemeier, R.L. (2009). Beyond the beneficial effects of translocations as an effective tool for the genetic restoration of isolated populations. *Conservation Genetics*, 10, 191-201.

Boyce, M.S. y Daley, D.J. (1980). Population tracking of fluctuating environments and natural selection for tracking ability. *American Naturalist*, 115(4), 480-491.

Bruner, A.G.; Gullison, R.E.; Rice, R.E. y Fonseca, G.A.B. (2001). Effectiveness of parks in protecting tropical biodiversity. *Science*, 291, 25-128.

Burns, C.E.; Johnston, K.M. y Schmitz, O.J. (2003). Global climate change and mammalian species diversity in US national parks. *Proceedings of the National Academy of Sciences*, 100, 11.474-11.477.

Butchart, S.H.M. *et al.* (2010). Global biodiversity: indicators of recent declines. *Science* 328, 1164-1168.

Cairns, J. (1977). Quantification of biological integrity. En: R.K. Ballentine y L.J. Guarraia (eds.). *The Integrity of Water*. Washington D.C.: US EPA Office of Water and Hazardous Materials, US Government Printing Office.

Campbell, A.; Kapos, V.; Lysenko, I.; Scharlemann, J.P.W.; Dickson, B.; Gibbs, H.K.; Hansen, M. y Miles, L. (2008). *Carbon Emissions from Forest Loss in Protected Areas*. Cambridge: UNEP-WCMC.

Cardinale, B.J.; Duffy, J.E.; Gonzalez, A.; Hooper, D.U.; Perrings, C.; Venail, P.; Narwani, A.; Mace, G.M.; Tilman, D.; Wardle, D.A.; Kinzig, A.P.; Daily, G.C.; Loreau, M.; Grace, J.B.; Larigauderie, A.; Srivastava, D.S. y Naeem, S. (2012). Biodiversity loss and its impact on humanity. *Nature*, 486, 59-67.

Carvalheiro, L.G.; Seymour, C.L.; Veldtman, R. y Nicolson, S.W. (2010). Pollination services decline with distance from natural habitat even in biodiversity-rich areas. *Journal of Applied Ecology*, 47, 810-820.

Caughley, G. (1994). Directions in conservation biology. *Journal of Animal Ecology*, 63, 215-244.

Chan, K.M.; Shaw, M.R.; Cameron, D.R.; Underwood, E.C. y Daily, G.C. (2006). Conservation planning for ecosystem services. *PLoS Biology*, 4(11), e379.

Chapman, C.A.; Lawes, M.J.; Naughton-Treves, L. y Gillespie, T. (2003). Primate survival in community-owned forest fragments: are metapopulation models useful amidst intensive use? En: L.K. Marsh (ed.). *Primates in Fragments: Ecology and conservation*, pp. 63-78. Nueva York: Kluwer Academic/Plenum Publishers.

Clark, S.; Bolt, K. y Campbell, A. (2008). *Protected areas: an effective tool to reduce emissions from deforestation and forest degradation in developing countries*. Cambridge: Working Paper, UNEP-WCMC.

Clevenger, A.P. y Sawaya, M.A. (2010). Piloting a non-invasive genetic sampling method for evaluating population-level benefits of wildlife crossing structures. *Ecology and Society*, 15, 7.

Ford, A.T. y Sawaya, M.A. (2009). *Banff wildlife crossings project: integrating science and education in restoring population connectivity across transportation corridors*. Reporte final. Columbia Británica: Parks Canada Agency, Radium Hot Springs.

Conservation Measures Partnership (CMP). (2005). *Taxonomies of Direct Threats and Conservation Actions*. Washington D.C.: Conservation Measures Partnership.

(2013). *The Open Standards for the Practice of Conservation*. Conservation Measures Partnership. Wvationmeasures.org

Convention on Biological Diversity (CBD). (2004). *Programme of Work on Protected Areas*. Montreal: Secretariat of the Convention on Biological Diversity. Recuperado de: www.cbd.int/programmes/pa/pow-goals-alone.pdf

Corlatti, L.; Hacklaender, K. y Frey-Roos, F. (2009). Ability of wildlife overpasses to provide connectivity and prevent genetic isolation. *Conservation Biology*, 23, 548-556.

Daily, C. (ed.). (1997). *Natures Services: Societal dependence on natural ecosystems*. Washington D.C.: Island Press.

Deguise, I.E. y Kerr, J. (2006). Protected areas and prospects for endangered species conservation in Canada. *Conservation Biology*, 20(1), 48-55.

Di Minin, E.; Hunter, L.T.; Balme, G.A.; Smith, R.J.; Goodman, P.S. y Slotow, R. (2013). Creating larger and better connected protected areas enhances the persistence of big game species in the Maputaland-Pondoland-Albany biodiversity hotspot. *PloS ONE*, 8, e71788.

Dudley, N. (ed.). (2008). *Guidelines for Applying Protected Area Management Categories*. Gland: IUCN WCPA.

Dufrene, M. y Legendre, P. (1977). Species assemblages and indicator species: the need for a flexible asymmetrical approach. *Ecological Monographs*, 67, 345-366.

Duggins, D.O. (1980). Kelp beds and sea otters: an experimental approach. *Ecology*, 61, 447-453.

Edwards, C.J. y Regier, H.A. (eds.). (1990). *An Ecosystem Approach to the Integrity of the Great Lakes in Turbulent Times*, Special Publication 90-4. Ann Arbor, Estados Unidos: Great Lakes Fishery Commission.

Ellis, P.D. (2010). *The Essential Guide to Effect Sizes: An introduction to statistical power, meta-analysis and the interpretation of research results*. Cambridge: Cambridge University Press.

Ervin, J. (2002). *WWF Rapid Assessment and Prioritization of Protected Area Management (RAPPAM) Methodology*. Gland: WWF.

Estes, J.A.; Terborgh, J.; Brashares, J.S.; Power, M.E.; Berger, J.; Bond, W.J. y Wardle, D.A. (2011). Trophic downgrading of planet Earth. *Science*, 333(6040), 301-306.

Fagan, W.F. y Holmes, E.E. (2006). Quantifying the extinction vortex. *Ecology Letters*, 9(1), 51-60.

Ferraro, K.P.J.; Pfaff, A.; Sanchez-Azofeifa, A. y Robalino, J. (2008). Measuring the effectiveness of protected area networks in reducing deforestation. *Proceedings of the National Academy of Science*, 105(41).

Firecast. (2014). Firecast Forest and Fire Monitoring and Alert System for the Tropics. firealerts.conservation.org

Flather, C.H.; Hayward, G.D.; Beissinger, S.R. y Stephens, P.A. (2011). Minimum viable populations: is there a "magic number" for conservation practitioners? *Trends in Ecology and Evolution*, 26(6), 307-316.

Fortin, D.; Beyer, H.L.; Boyce, M.S.; Smith, D.W.; Duchesne, T. y Mao, J.S. (2005). Wolves influence elk movements: behavior shapes a trophic cascade in Yellowstone National Park. *Ecology*, 86, 1320-1330.

Foundations of Success (FOS). (2014). *Foundations of Success*. Recuperado de: www.fosonline.org/

Frankham, R. (2005). Genetics and extinction. *Biological Conservation*, 126, 131-140.

Freedman, B. y Hutchinson, T.C. (1980). Long term effects of smelter pollution at Sudbury, Ontario, on surrounding forest communities. *Canadian Journal of Botany*, 58, 2123-2140.

Gaston, K.J. (2000). Global patterns in biodiversity. *Nature*, 405, 220-227.

Geldmann, J.; Barnes, M.; Coad, L.; Craigie, I.D.; Hockings, M. y Burgess, N.D. (2013). Effectiveness of terrestrial protected areas in reducing habitat loss and population declines. *Biological Conservation*, 161, 230-238.

Gilchrist, G.; Mallory, M. y Merkel, F. (2005). Can local ecological knowledge contribute to wildlife management? Case studies of migratory birds. *Ecology and Society*, 10, 20.

Gilpin, M.E. y Soulé, M.E. (1986). *Conservation Biology: The science of scarcity and diversity*. Sunderland, Estados Unidos: Sinauer Associates.

Gitzen, R.A.; Millspaugh, J.J.; Cooper, A.B. y Licht, D.S. (eds.). (2012). *Design and Analysis of Long-Term Ecological Monitoring Studies*. Nueva York: Cambridge University Press.

Gurd, D.B.; Nudds, T.D. y Rivard, D.H. (2001). Conservation of mammals in eastern North American wildlife reserves: how small is too small? *Conservation Biology*, 15, 1355-1363.

Hall, J.A. y Fleischman, E. (2010). Demonstration as a means to translate conservation science into practice. *Conservation Biology*, 24, 120-127.

Hansen, M.C.; Stehman, S.V.; Potapov, P.V.; Loveland, T.R.; Townshend, J.R.G.; de Fries, R.S.; Pittman, K.W.; Arunarwati, B.; Stolle, F.; Steininger, M.K.; Carroll, M. y di Miceli, C. (2008). Humid tropical forest clearing from 2000 to 2005 quantified by using multitemporal and multiresolution remotely sensed data. *Proceedings of the National Academy of Sciences*. Doi:10.1073/pnas.0804042105

Hanski, I. y Simberloff, D. (1997). The metapopulation approach, its history, conceptual domain, and application to conservation. En: I. Hanski and M.E. Gilpin (eds.). *Metapopulation Biology: Ecology, genetics, and evolution*, pp. 5-26. San Diego: Academic Press.

Hebblewhite, M.; White, C.A.; Nietvelt, C.G.; McKenzie, J.; Hurd, T.E.; Fryxell, J.M.; Bayley, S.E. y Paquet, P. (2005). Human activity mediates a trophic cascade caused by wolves. *Ecology*, 86, 2135-2144.

Heywood, V.H. (ed.). (1995). *Global Biodiversity Assessment.* Cambridge: Cambridge University Press.

Hooper, D.U.; Adair, E.C.; Cardinale, B.J.; Byrnes, J.E.K.; Hungate, B.A.; Matulich, K.L.; Gonzalez, A.; Duffy, J.E.; Gamfeldt, L. y O'Connor, M.I. (2012). A global synthesis reveals biodiversity loss as a major driver of ecosystem change. *Nature*, 486, 105-108.

Hughes, A.R.; Inouye, B.D.; Johnson, M.T.; Underwood, N. y Vellend, M. (2008). Ecological consequences of genetic diversity. *Ecology Letters*, 11, 609-623.

International Joint Commission. (1978). *Revised Great Lakes Water Quality Agreement of 1978.* Estados Unidos y Canada: International Joint Commission.

International Union for Conservation of Nature (IUCN). (2001). *IUCN Red List Categories and Criteria. Version 3.1.* Gland: Species Survival Commission, IUCN.

(2005a). *Conservation Actions Authority File. Version 1.0.* Cambridge: IUCN Species Survival Commission. Recuperado de: iucn.org/webfiles/doc/SSC/RedList/AuthorityF/consactions.rtf

(2005b). *Threats Authority File. Version 2.1.* Cambridge: IUCN Species Survival Commission. Recuperado de: iucn.org/webfiles/doc/SSC/RedList/AuthorityF/threats.rtf

(2006). *Habitats Authority File. Version 1.0.* Cambridge: IUCN Species Survival Commission. Recuperado de: iucn.org/webfiles/doc/SSC/RedList/AuthorityF/habitats.rtf

Janzen, D. (1999). Gardenification of tropical conserved wildlands: multitasking, multicropping and multiusers. *Proceedings of the National Academy of Sciences*, 96, 5987-5994.

Klijn, F. (1994). Ecosystem classification for environmental management. *Ecology and Environment*, 2, 85-116.

de Haes, H.A.U. (1994). *A Hierarchical Approach to Ecosystems and its Implications for Ecological Land Classification.* Berlín: Springer.

Landres, P.B.; Verner, J. y Thomas, J.W. (1988). Ecological uses of vertebrate indicator species. *Conservation Biology*, 2, 316-328.

Landry, M.; Thomas, V.G. y Nudds, T.D. (2001). Sizes of Canadian national parks and the viability of large mammal populations: policy implications. *George Wright Forum*, 18(1), 13-23.

Le Saout, S.; Hoffmann, M.; Shi, Y.; Hughes, A.; Bernard, C.; Brooks, T.M.; Bertzky, B.; Butchart, S.H.M.; Stuart, S.N.; Badman, T. y Rodrigues, A.S.L. (2013). Protected areas and effective biodiversity conservation. *Science*, 15, 803-805.

Levins, R. (1970). Extinction. *Lectures on Mathematics in the Life Sciences*, 2, 75-107.

Likens, G.E.; Bormann, F.H.; Pierce, R.S. y Reiners, W.A. (1978). Recovery of a deforested ecosystem. *Science*, 199, 492-496.

Lindenmayer, D.B. (2009). *Forest Pattern and Ecological Process: A synthesis of 25 years of research.* Melbourne: CSIRO Publishing.

Franklin, J.F. (2002). *Conserving Forest Biodiversity: A comprehensive multiscaled approach.* Washington D.C.: Island Press.

Lichens, G.F. (2010). *Effective Ecological Monitoring.* Melbourne: CSIRO Publishing.

Hobbs, R.J.; Likens, G.E.; Krebs, C. y Banks, S.C. (2011). Newly discovered landscape traps produce regime shifts in wet forests. *Proceedings of the National Academy of Sciences*, 108, 15.887-15.891.

Mackey, B.G.; Mullen, I.C.; McCarthy, M.A.; Gill, A.M.; Cunningham, R.B. y Donnelly, C.F. (1999). Factors affecting stand structure in forests. Are there climatic and topographic determinants? *Forest Ecology and Management*, 123, 55-63.

McCullough, D.R. (ed.). (1996). *Metapopulations and Wildlife Conservation.* Washington D.C.: Island Press.

MacKinnon, J.; MacKinnon, K.; Child, G. y Thorsell, J. (1986). *Managing Protected Areas in the Tropics*. Cambridge: IUCN y UNEP.

MacKinnon, K. (2005). Parks, peoples and policies: conflicting agendas for forests in Southeast Asia. En: E. Bermingham, C.W. Dick y C. Moritz (eds.). *Tropical Rainforests: Past, present and future*, pp. 558-582. Chicago: University of Chicago Press.

Hatta, G.; Halim, H. y Mangalik, A. (1996). *The Ecology of Kalimantan: Indonesian Borneo*. Singapur: Periplus.

Margoluis, R. y Salafsky, N. (1998). *Measures of Success: Designing, managing, and monitoring conservation and development projects*. Washington D.C.: Island Press.

Margules, C.R. y Pressey, R.L. (2000). Systematic conservation planning. *Nature*, 405, 243-253.

Martin, L. (1990). Flying foxes of the Brisbane River. En: P. Davie, E. Stock and D. Low Choy (eds.). *The Brisbane River: A source-book for the future*. Brisbane, Australia: Australian Littoral Society in association with the Queensland Museum.

Mattila, H.R. y Seeley, T.D. (2007). Genetic diversity in honey bee colonies enhances productivity and fitness. *Science*, 317(5836), 362-364.

Mills, L.S.; Soulé, M.E. y Doak, D.F. (1993). The keystone-species concept in ecology and conservation. *BioScience*, 43(4), 219-224.

Miradi. (2007). Miradi Adaptive Management Software for Conservation Projects. www.miradi.org

Murphy, C. y Robertson, A.W. (2000). *Preliminary Study of the Effects of Honey Bees (*Apis mellifera*). in Tongariro National Park*. Wellington, Nueva Zelanda: New Zealand Department of Conservation.

National Parks Service (NPS). (2006). *US National Parks Service Management Policies: The guide to managing the national park system*. Washington D.C.: US National Parks Service. Recuperado de: www.nps.gov/policy/mp/chapter4.htm

(2014). *US National Parks Service Inventory and Monitoring Program*. Washington D.C.: US National Parks Service. Recuperado de: science.nature.nps.gov/im/

Nel, P. (1997). *Conservation and Management of Biodiversity in Protected Areas in the North West Province*. Mafikeng, Sudáfrica: Conservation Management Division, North West Parks and Tourism Board, Recuperado de: www.cbd.int/doc/meetings/nbsap/nbsapcbw-seafr-01/other/nbsapcbw-seafr-01-nwptb-pa-en.pdf

Newmark, W.D. (1995). Extinction of mammal populations in western North American national parks. *Conservation Biology*, 9, 512-526.

Niemi, G.J. y McDonald, M.E. (2004). Application of ecological indicators. *Annual Review of Ecology, Evolution and Systematics*, 35, 89-111.

Noss, R.F. (1983). A regional landscape approach to maintain diversity. *BioScience*, 33(11), 700-706.

(1990). Indicators for monitoring biodiversity: a hierarchical approach. *Conservation Biology*, 4, 355-364.

Oakley, K.L.; Thomas, L.P. y Fancy, S.G. (2003). Guidelines for long-term monitoring protocols. *Wildlife Society Bulletin*, 31, 1000-1003.

O'Brien, T. (2014). *Camera Traps for Conservation: Monitoring protected area investment*. Londres: Zoological Society of London.

Ojeda, V.S.; Suarez, M.L. y Kitzberger, T. (2007). Crown dieback events as key processes creating cavity habitat for magellanic woodpeckers. *Austral Ecology*, 32(4), 436-445.

Ollerton, J.; Winfree, R. y Tarrant, S. (2011). How many flowering plants are pollinated by animals? *Oikos*, 120, 321-326.

Olson, D.; Dinerstein, E.; Wikramanayake, E.D.; Burgess, N.D.; Powell, G.V.N.; Underwood, E.C.; dAmico, J.A.; Itoua, I.; Strand, H.; Morrison, J.C.; Loucks, C.J.; Allnutt, T.; Ricketts, T.H.; Kura, Y.; Lamoreux, J.F.; Wettengel, W.W.; Hedao, P. y Kassem, K.R. (2001). Terrestrial ecoregions of the world: a new map of life on earth. *BioScience*, 51, 933-938.

Open Parks Network (OPM). (2014). Open Parks Network. openparksnetwork.org/

Pacioni, C.; Wayne, A.D. y Spencer, P.B.S. (2011). Effects of habitat fragmentation on population structure and long-distance gene flow in an endangered marsupial: the woylie. *Journal of Zoology*, 283, 98-107.

Paine, R.T. (1969). A note on trophic complexity and community stability. *American Naturalist*, 103, 91-93.

Patrick, R. (1967). Diatom communities in estuaries. *American Association for the Advancement of Science*, 83, 311-315.

Pechmann, H.K.; Scott, D.E.; Semlitsch, R.D.; Caldwell, I.P.; Vitt, L. y Gibbons, J.W. (1991). Declining amphibian populations: the problem of separating human impacts from natural fluctuations. *Science*, 253, 892-895.

Pimentel, D.; Westra, L. y Noss, R. (eds.). (2000). *Ecological Integrity: Integrating environment, conservation, and health*. Washington D.C.: Island Press.

Pimm, S.L. (1982). *Food Webs*. Londres: Chapman y Hall.

Project Noah. (2014). A Tool to Explore and Document Wildlife and a Platform to Harness the Power of Citizen Scientists Everywhere, Project Noah. www.projectnoah.org

Rabinowitz, D. (1981). Seven forms of rarity. En: H. Synge (ed.). *The Biological Aspects of Rare Plant Conservation*, pp. 205-217. Hoboken, Estados Unidos: John Wiley & Sons.

Raesly, E.J. (2001). Progress and status of river otter reintroduction projects in the United States. *Wildlife Society Bulletin*, 29, 856-862.

Rafferty, C. y Pacioni, C. (2012). Woodland reserve, Whiteman Park: a case study in the conservation value of post-care animals. Australian Wildlife Rehabilitation Conference, Townsville, Queensland. Recuperado de: www.awrc.org.au/uploads/5/8/6/6/5866843/rafferty_pacioni_value_post_care_2012.pdf

Ripple, W.J.; Larsen, E.J.; Renkin, R.A. y Smith, D.W. (2001). Trophic cascades among wolves, elk, and aspen on Yellowstone National Parks northern range. *Biological Conservation*, 102, 227-234.

Rivard, D.H.; Poitevin, J.; Plasse, D.; Carleton, M. y Currie, D.J. (2000). Changing species richness and composition in Canadian national parks. *Conservation Biology*, 14, 1099-1109.

Salafsky, N. y Margoluis, R. (1999). Threat reduction assessment: a practical and cost- effective approach to evaluating conservation and development projects. *Conservation Biology*, 13, 830-841.

Butchart, S.H.M.; Salzer, D.; Stattersfield, A.J.; Neugarten, J.; Hilton-Taylor, C.; Collen, B.; Master, L.; OConnor, S. y Wilkie, D. (2009). Pragmatism and practice in classifying threats: reply to Balmford *et al. Conservation Biology*, 23, 488-493.

Salzer, D.; Ervin, J.; Boucher, T. y Ostlie, W. (2003). *Conventions for Defining, Naming, Measuring, Combining, and Mapping Threats in Conservation: An initial proposal for a standard system*. Conservation Measures Partnership. Recuperado de: www.conservationmeasures.org

Salzer, D.; Stattersfield, A.J.; Hilton-Taylor, C.; Neugarten, R.; Butchart, S.H.M.; Collen, B.; Cox, N.; Master, L.L.; OConnor, S. y Wilkie, D. (2008). A standard lexicon for biodiversity conservation: unified classifications of threats and actions. *Conservation Biology*, 22, 897-911.

Sawaya, M.A.; Clevenger, A.P. y Kalinowski, S.T. (2013). Demographic connectivity for ursid populations at wildlife crossing structures in Banff National Park. *Conservation Biology*, 27, 721-730.

Schulze, E.D. y Mooney, H.A. (1993). *Biodiversity and Ecosystem Function*. Nueva York: Springer Verlag.

Shaffer, M. (1978). Determining minimum viable population sizes: a case study of the grizzly bear (*Ursus arctos*). [Tesis doctoral]. Durham, Estados Unidos: Duke University.

Simberloff, D. (1998). Flagships, umbrellas, and keystones: is single-species management passé in the landscape era? *Biological Conservation*, 83, 247-257.

Soulé, M.E. y Simberloff, D. (1986). What do genetics and ecology tell us about the design of nature reserves. *Biological Conservation*, 35, 19-40.

Spalding, M.D.; Fox, H.E.; Allen, G.R.; Davidson, N.; Ferdaña, Z.A.; Finlayson, M.; Halpern, B.S.; Jorge, M.A.; Lombana, A.; Lourie, S.A.; Martin, K.D.; McManus, E.; Molnar, J.; Recchia, C.A. y Robertson, J. (2007). Marine ecoregions of the world: a bioregionalization of coastal and shelf areas. *Bioscience*, 57, 573-583.

Steege, H. *et al.* (2013). Hyperdominance in the Amazonian tree flora. *Science*, 342, 1243092.

Stokes, M. (2012). Population ecology at work: managing game populations. *Nature Education Knowledge*, 3(10), 5.

The Nature Conservancy (TNC). (2000). *The Five-S Framework for Site Conservation: A practitioners handbook for site conservation planning and measuring conservation success.* Vol. 1, 2ª ed. Arlington, Estados Unidos: The Nature Conservancy.

(2007). *Conservation Action Planning: Developing strategies, taking action and measuring success at any scale.* Arlington, Estados Unidos: The Nature Conservancy.

Tilman, D. y Kareiva, P.M. (eds.). (1997). *Spatial Ecology: The role of space in population dynamics and interspecific interactions.* Vol. 30. Princeton, Estados Unidos: Princeton University Press.

Tingley, M.W.; Estes, L.D. y Wilcove, D.S. (2013). Climate change must not blow conservation off course. *Nature*, 500, 271-272.

Traill, L. W.; Brook, B.W.; Frankham, R.R. y Bradshaw, C.J. (2010). Pragmatic population viability targets in a rapidly changing world. *Biological Conservation*, 143, 28-34.

Tucker, C.J.; Pinzon, J.E.; Brown, M.E.; Slayback, D.A.; Pak, E.W.; Mahoney, R.; Vermote, E.F. y El Saleous, N. (2005). An extended AVHRR 8-km NDVI dataset compatible with MODIS and SPOT vegetation NDVI data. *International Journal of Remote Sensing*, 26, 4485-4498.

Udvardy, M.D.F. (1975). *A classification of the biogeographical provinces of the world.* IUCN Occasional Paper No. 18. Gland: IUCN.

Underwood, A.J. (1994). On beyond BACI: sampling designs that might reliably detect environmental disturbances. *Ecological Applications*, 4, 3-15.

Van der Ree, R.; Heinze, D.; McCarthy, M. y Mansergh, I. (2009). Wildlife tunnel enhances population viability. *Ecology and Society*, 14(2). Recuperado de: www.ecologyandsociety.org/vol14/iss2/art7/

Watson, L.H.; Odendaal, H.E.; Barry, T.J. y Pietersen, J. (2005). Population viability of Cape mountain zebra in Gamka Mountain Nature Reserve, South Africa: the influence of habitat and fire. *Biological Conservation*, 122, 173-180.

Westemeier, R.L.; Brawn, J.D.; Simpson, S.A.; Esker, T.L.; Jansen, R.W.; Walk, J.W.; Kershner, E.L.; Bouzat, J.L. y Paige, K.N. (1998). Tracking the long-term decline and recovery of an isolated population. *Science*, 282, 1695-1698.

Westman, W.E. (1990). Managing for biodiversity. *Bioscience*, 40, 26-33.

White, C.A. y Fisher, W. (2007). Ecological restoration in the Canadian Rocky Mountains: developing and implementing the 1997 Banff National Park Management Plan. En: M. Price (ed.). *Mountain Area Research and Management*, pp. 217- 42. Londres: Earthscan.

Hurd, T.E.; Hebblewhite, M. y Pengelly, I.R. (2007). Mitigating fire suppression, highway and habitat fragmentation effects in the Bow Valley ecosystem, Banff National Park: preliminary evaluation with a before-after-control-impact (BACI). design with path analysis. Artículo presentado en Monitoring the Effectiveness of Biological Conservation Conference, Richmond, British Columbia, noviembre 2-4, 2004. Recuperado de: www.forrex.org/events/mebc/papers.html

Olmsted, C.E. y Kay, C.E. (1998). Aspen, elk, and fire in the Rocky Mountain national parks of North America. *Wildlife Society Bulletin*, 26, 449-462.

Whyte, I.J. (2001). Headaches and heartaches - the elephant management dilemma. En: D. Schmidtz y E. Willot (eds.). *Environmental Ethics: Introductory readings*, pp. 293-305. Nueva York: Oxford University Press.

Wieczorek, J.; Bloom, D.; Guralnick, R.; Blum, S.; Döring, M.; de Giovanni, R.; Robertson, T. y Vieglais, D. (2012). Darwin Core: an evolving community-developed biodiversity data standard. *PLoS ONE*, 7(1), e29715. Doi:10.1371/journal.pone.0029715

Wildlife Conservation Society (WCS). (2002). Using conceptual models to set conservation priorities. *Living Landscapes Bulletin*, 5, 1-4.

Williams, W.T. (1980). Air pollution disease in the Californian forests: a base line for smog disease on ponderosa and Jeffery pines in the Sequoia and Los Padres National Forests, California. *Environmental Science y Technology*, 14, 179-182.

Woodley, S. (1993). Monitoring and measuring ecosystem integrity in Canadian national parks. En: S.J. Woodley, G. Francis y J. Kay (eds.). *Ecosystem Integrity and the Management of Ecosystems*, pp. 155-716. Delray Beach, Estados Unidos: St Lucie Press.

(2010). Ecological integrity: a framework for ecosystem-based management. En: D.N. Cole y L. Yung (eds.). *Beyond Naturalness: Rethinking park and wilderness stewardship in an era of rapid change*, pp. 106-125. Washington D.C.: Island Press.

Bertzky, B.; Crawhall, N.; Dudley, N.; Londoño, J.M.; MacKinnon, K.; Redford, K. y Sandwith, T. (2012). Meeting Aichi Target 11: what does success look like for protected area systems? *PARKS*, 18(1), 23-36.

Francis, G. y Kay, J. (eds.). (1993). *Ecosystem Integrity and the Management of Ecosystems*. Boca Ratón, Estados Unidos: St Lucie Press.

Woodwell, G.E. (1970). Effects of pollution on the structure and physiology of ecosystems. *Ambio*, 11, 143-148.

World Checklist of Selected Plant Families (WCSP). (2008). *World Checklist of Selected Plant Families*. Kew, Reino Unido: The Board of Trustees of the Royal Botanic Gardens. Recuperado de: www.kew.org/wcsp

World Resources Institute (2005). *Ecosystems and Human Well-Being: Biodiversity synthesis*. Washington D.C.: World Resources Institute.

CAPÍTULO 22

GESTIÓN DE RASGOS Y USOS CULTURALES

Autores principales:
Fausto Sarmiento y Edwin Bernbaum

Autores de apoyo:
Jessica Brown, Jane Lennon y Sue Feary

CONTENIDO

IUCN WCPA World Commission on Protected Areas Convention on Biological Diversity

AUTORES PRINCIPALES

FAUSTO SARMIENTO es profesor de Geografía y director del Colaboratorio de Montología Neotropical en la Universidad de Georgia, Atenas, EE.UU.

EDWIN BERNBAUM es copresidente del Grupo de Especialistas sobre Valores Culturales y Espirituales de Áreas Protegidas de la Unión Internacional para la Conservación de la Naturaleza (UICN) e investigador principal del Instituto de la Montaña, Berkeley, California.

AUTORES DE APOYO

JESSICA BROWN es directora ejecutiva de la New England Biolabs Foundation y presida del Grupo de Especialistas en Paisajes Protegidos Terrestres/Marinos de la Comisión Mundial de Áreas Protegidas (CMAP) de la UICN.

JANE LENNON es geógrafa historiadora con más de treinta años de experiencia en la gestión del patrimonio natural y cultural, y es profesora honoraria de patrimonio paisajístico en la Universidad de Melbourne, Australia.

SUE FEARY es arqueóloga y administradora de parques nacionales, con veinticinco años de experiencia en la gestión del patrimonio natural y cultural, y en consultoría con aborígenes australianos.

AGRADECIMIENTOS

Los autores desean agradecer a Josep-María Mallarach, Thymio Papayannis, Mark Infield, Arthur Mugisha, Shalini Dhyani y Deepak Dhyani por sus contribuciones a los estudios de caso. También, agradecen a Alejandro Argumedo por el ejemplo del Parque de la Papa y a Randall Borman por el ejemplo de la Reserva Ecológica Cofán Bermejo. Gracias a Sharon Sullivan por su revisión crítica y muy útil del borrador inicial del capítulo.

CITACIÓN

Sarmiento, F.; Bernbaum, E.; Brown, J.; Lennon, J. y Feary, S. (2019). Gestión de rasgos y usos culturales. En: G.L. Worboys, M. Lockwood, A. Kothari, S. Feary e I. Pulsford (eds.). *Gobernanza y gestión de áreas protegidas*, pp. 735-764. Bogotá: Editorial Universidad El Bosque y ANU Press.

FOTOGRAFÍA DE LA PÁGINA DE TÍTULO

Parque Nacional de Göreme y los Sitios de la Roca de Capadocia, sitio patrimonio mundial, Turquía: al erosionarse, las débiles rocas volcánicas formaron espectaculares pilares y formas de minarete. Hay asentamientos desde la época romana e incluyen muchos santuarios excavados en la roca

Fuente: Ingrid Iversen

Introducción

En este capítulo exploramos el manejo de los usos culturales y la gestión de los rasgos culturales dentro de las áreas protegidas. Nuestra revisión enfatiza algunos de los cambios emergentes en el pensamiento sobre el patrimonio cultural, como la integración de la protección de los objetivos naturales y culturales, los emergentes paradigmas en la conservación de los paisajes culturales y la diversidad biocultural, así como la creciente atención al papel de los pueblos indígenas y comunidades locales en la administración de las áreas protegidas. También discutimos los principios y las prácticas aplicables a la gestión de los rasgos culturales, incluido el patrimonio construido y los lugares de significado religioso.

Los humanos usan el sistema moderno de áreas protegidas de muchas maneras diferentes y, en cierto sentido, todo uso humano es cultural. Los usos pueden ser promovidos por el estatus de área protegida en sí mismo, que puede ofrecer, por ejemplo, oportunidades únicas de recreación y turismo educativo o comercial. Los usos también pueden incluir prácticas religiosas o actividades que dieron forma al ambiente mucho antes de que se estableciera el área protegida.

El hecho de reconocer que la diversidad biológica y cultural ha coevolucionado y que la conservación de la diversidad biológica suele estar vinculada a los estilos de vida tradicionales de las comunidades indígenas y locales provocó cambios importantes en el pensamiento de las áreas protegidas. El uso de términos como "diversidad biocultural" y "patrimonio biocultural" refleja un cambio de paradigma que contempla la actividad humana como parte del proceso del ecosistema. El uso cultural abarca toda la actividad humana dentro de un área protegida, y la gestión de ese uso tiene muchas dimensiones diferentes. Esta puede incluir la aplicación de la ley contra actividades ilegales, a través de la devolución del poder a las comunidades locales para administrar su propio uso de los recursos dentro de un área protegida. En este capítulo nos centramos en enfoques integrados para gestionar el uso contemporáneo de las áreas protegidas por comunidades indígenas y locales. También presentamos información sobre las complejidades de manejar el uso de sitios sagrados por diferentes grupos religiosos y el público.

Además del patrimonio inmaterial, la mayoría de las áreas protegidas contienen evidencias tangibles del uso humano en el pasado, las cuales pueden comprender miles de años y ser valiosas, raras o irremplazables. Estos rasgos culturales pueden incluir sitios arqueológicos antiguos, paisajes culturales, edificaciones, monumentos o caminos, o complejos de rasgos. Muchos de estos rasgos aún tienen un gran significado para las personas que están asociadas con ellos. Por consiguiente, la gestión de estos rasgos culturales va más allá de gestionar o preservar la evidencia histórica (a veces denominada "tejido"); en este sentido, puede tratarse de interactuar con una comunidad local, familia o grupo indígena cuyos antepasados construyeron la edificación o crearon el paisaje cultural. Aplicamos los principios y las prácticas de gestión del patrimonio cultural a la conservación de los rasgos culturales.

Cuevas budistas, Kanheri, Parque Nacional Sanjay Gandhi, India: las cuevas talladas en brecha volcánica demuestran la influencia budista en el arte y la cultura de la India
Fuente: Graeme L. Worboys

Gestión de prácticas culturales contemporáneas

El sistema de clasificación de la Unión Internacional para la Conservación de la Naturaleza (UICN), desde la Categoría I hasta la Categoría VI, representa un grado decreciente de naturaleza y un grado creciente de "cultura" (Dudley, 2008, véase el Capítulo 2, Figura 2.1). Esto ofrece una orientación para aquellos que designan o administran áreas protegidas a nivel del sitio o del sistema. En el siglo XXI, la mayoría de las áreas protegidas del mundo experimentan algún nivel de uso humano, que puede variar desde "dejar solo las huellas" hasta el uso de recursos para subsistencia por parte de los pueblos y comunidades indígenas que viven en las áreas protegidas o cerca de ellas.

Los objetivos para las diferentes categorías de la UICN ayudan a formular el tipo y el alcance del uso cultural. Por lo tanto, las áreas protegidas de la Categoría I (reserva natural y vida silvestre) fomentan las caminatas de bajo impacto y el disfrute pasivo. Las áreas protegidas de la Categoría II (parque nacional) suelen promoverse por sus valores recreativos y turísticos, y algunas reciben niveles muy altos de visitantes en busca de estos valores (véase el Capítulo 23). La investigación y la educación, especialmente en los niveles de educación primaria y secundaria, también son características de un parque nacional. La Categoría III (rasgos o monumentos naturales) se relaciona con los rasgos naturales, pero los sitios de esta categoría pueden ser muy importantes como sitios sagrados y, por lo tanto, reciben un gran número de visitas de peregrinos y del público en general. La Categoría IV (área de manejo de hábitat/especies) puede tener bajos niveles de uso cultural, a menos que el hábitat de la especie sea uno culturalmente determinado, por ejemplo, la Reserva de Producción de Fauna Chimborazo en Ecuador. Esta reserva se creó a finales de la década de 1970 para permitir la reintroducción de camélidos andinos cuyas poblaciones casi habían desaparecido en la región. El gobierno ecuatoriano reintrodujo la vicuña (*Vicugna vicugna*) en el área que rodea el volcán Chimborazo y también introdujo llamas (*Lama glama*) para que las comunidades indígenas locales las criaran y manejaran.

Las áreas de la Categoría V (paisaje terrestre/marino protegido) son lugares visiblemente forjados por las interacciones de los humanos con el entorno natural, estos son paisajes bioculturales o culturales, cuya existencia depende de procesos que sostienen esta relación y que se lograron gracias al papel que las comunidades locales e indígenas tienen como cuidadores (Brown *et al.,* 2005). El uso cultural constante de los paisajes protegidos es fundamental para su existencia. Las áreas de la Categoría VI combinan la conservación del ecosistema con los sistemas tradicionales de gestión del uso de los recursos naturales. La mayor parte del área permanece en un estado natural con una proporción sujeta a un uso no industrial y de bajo nivel de los recursos naturales. Si bien en todas las categorías es aplicable y se combina el conocimiento ecológico tradicional con la ciencia occidental, esto suele tener su nivel más alto de expresión en las categorías V y VI.

Una herramienta útil para los administradores de áreas protegidas y los profesionales de la conservación es la matriz creada al combinar las categorías de gestión verticales con los estilos de gobernanza horizontales (véanse los Capítulos 7 y 8). Este marco de matriz reconoce que las áreas protegidas son creadas y atendidas por una gran variedad de custodios. Esta herramienta y otros eventos han reforzado un cambio importante en el pensamiento, desde la visión convencional de que las áreas protegidas son creadas y administradas solo por los gobiernos, a una que reconoce que también son lugares creados y administrados por comunidades, organizaciones privadas o individuos en diversos arreglos. Todas las áreas protegidas, desde una reserva natural estricta hasta una reserva extractiva, pueden ser gestionadas por cualquiera de los regímenes de gobernanza. La UICN ahora alienta a los países a ampliar sus sistemas nacionales de áreas protegidas mediante la incorporación de toda la gama de tipos de gobernanza (Kothari *et al.,* 2013). La matriz de áreas protegidas puede facilitar la inclusión del paradigma del patrimonio biocultural –la apreciación de la coevolución de la naturaleza y la cultura– en todas las categorías de gestión y opciones de gobernanza (Dudley, 2008; Borrini-Feyerabend *et al.,* 2013).

El Quinto Congreso Mundial de Parques en 2003 produjo el Acuerdo de Durban, el cual consagró los derechos y responsabilidades de las comunidades indígenas y locales, y elevó el perfil de diversos regímenes de gobernanza, en particular los relacionados con la gobernanza colaborativa y comunitaria (Brown y Kothari, 2011). En el congreso, el papel de las comunidades en la creación y gestión de las áreas protegidas fue, por primera vez, una parte central del debate, y dio inicio a un trabajo significativo sobre el tema de la gobernanza. También se destacó el tema de la protección de paisajes terrestres y marinos bioculturales/culturales, lo cual se exploró en un taller que presentó experiencias de estudios de caso de diversas regiones, lo cual resultó en un libro sobre un nuevo enfoque para trabajar con las comunidades locales en el cumplimiento de objetivos de conservación que integren la naturaleza y la cultura (Brown *et al.,* 2005).

Sesión plenaria del Congreso Mundial de Parques de Durban de 2003, Sudáfrica

Fuente: Graeme L. Worboys

Estudio de caso 22.1 Entrenamiento de guardaparques por parte de los Cofán

El pueblo Cofán (o AI) logró una mayor protección para su territorio dentro de la extensa Reserva Ecológica Cofán-Bermejo en Ecuador, Sudamérica. Ellos capacitaron a un selecto grupo de guardaparques indígenas y guías turísticos que se encargan de patrullar los límites de la reserva e informar a los visitantes sobre los mecanismos clave establecidos para la protección de la biodiversidad.

Bajo el liderazgo de Randall Borman, un chamán multilingüe de la nación Cofán, pudieron negociar la remediación ambiental de los ecosistemas ribereños contaminados por petróleo de las cabeceras de la cuenca del río Napo, incluidas las Cascadas La Coca (anteriormente San Rafael), una de las cascadas más fotografiadas en una de las ecorregiones más biodiversas de la Tierra (Cepek, 2012).

Junto con el Acuerdo de Durban, el congreso produjo un "Mensaje para el Convenio sobre la Diversidad Biológica", con recomendaciones específicas relacionadas con la participación de las comunidades indígenas y locales y los enfoques de conservación basados en los derechos. Es importante destacar que estos puntos se abordaron posteriormente en el Programa de Trabajo sobre Áreas Protegidas (PTAP) del Convenio sobre la Diversidad Biológica (CDB), lo cual contribuyó a configurar la política en los países que son signatarios del convenio (Kothari *et al.,* 2013).

Entre los principios rectores de la administración y la gestión de áreas protegidas, actualmente se encuentran el apreciar y trabajar con la diversidad de culturas, lo que surge del reconocimiento de que la protección del mundo natural y cultural puede depender del apoyo y el conocimiento de las personas que viven en las áreas protegidas o cerca de ellas. Otrora excluidas, hoy por hoy las comunidades locales e indígenas tienen un papel fundamental que desempeñar como custodios del paisaje (Brown y Hay-Edie, 2013). Esto refleja el reconocimiento de la importancia que ha tenido el cuidado practicado por las comunidades locales e indígenas desde la antigüedad en el mantenimiento de los valores que le otorgan al área su estatus de protección (Rössler, 2003). Esta tendencia de cuidado indígena se ilustra con un ejemplo de Latinoamérica (Estudio de caso 22.1). Este ejemplo resalta la creciente influencia de las iniciativas impulsadas por la comunidad para la conservación "desde la base hacia arriba". Estas iniciativas contrastan con los enfoques de arriba hacia abajo que caracterizaban la declaración de áreas protegidas en las décadas pasadas. El ejemplo también demuestra el renacimiento cultural indígena (Sarmiento y Hitchner en prensa) junto con una participación más asertiva de grupos culturales locales, principalmente las naciones indígenas, tanto a nivel de la gobernanza política nacional como del liderazgo intelectual internacional, y especialmente en el programa de patrimonio mundial (Te Heuheu *et al.,* 2012). La consideración de los usos y valores culturales es ahora un paso necesario en la planeación de la conservación, y su importancia se refleja en los programas bidireccionales de capacitación y aprendizaje (Estudio de caso 22.2).

Gestión del uso cultural con enfoques integradores

Históricamente, los ideales del mundo occidental han impulsado, orientado y a veces controlado la conservación de la naturaleza a través de la designación formal de áreas protegidas (véanse los Capítulos 4, 5 y 7). Ahora se reconoce que satisfacer las necesidades de los medios de subsistencia y reconocer el conocimiento ecológico local y tradicional construido durante siglos para administrar los paisajes modificados culturalmente son posibles formas de mejorar las prácticas de conservación en las áreas protegidas de cada designación. Las áreas protegidas son elementos clave en cualquier estrategia para conservar y mantener la biodiversidad en el paisaje terrestre y marino, y tender un puente sobre la división entre la naturaleza y la cultura puede ser importante para hacer que las áreas protegidas satisfagan las necesidades humanas y respondan a los futuros desafíos de conservación de la naturaleza. Si no adoptamos una gama diversa de valores o componentes naturales y materiales e inmateriales de la cultura dentro de la planeación, designación y gestión de las áreas protegidas (Phillips, 2003), nos arriesgamos a ignorar el valor total de las áreas protegidas (Harmon y Putney, 2003).

Tres tendencias importantes en esta dirección son: la creación de áreas protegidas basadas en la Categoría V; el progreso continuo en la designación de paisajes culturales de patrimonio mundial en diversas regiones geográficas, particularmente en nominaciones lideradas por comunidades indígenas y locales, y el surgimiento del concepto de "patrimonio biocultural".

Áreas protegidas de la Categoría V de la UICN

Las áreas protegidas de la Categoría V de la UICN, asociadas desde hace mucho tiempo con las áreas protegidas de Europa, se han adoptado y aplicado cada vez más en diversas regiones del mundo, en lugares como los Andes sudamericanos, África Oriental y Oceanía (Brown *et al.,* 2005; Dudley y Stolton, 2012), e incluyen las áreas relacionadas con la protección de la agrobiodiversidad y la seguridad alimentaria (Amend *et al.,* 2008). Estas designaciones relativamente recientes

Estudio de caso 22.2 La integración de los valores culturales locales en la gestión del Parque Nacional de las Montañas Ruwenzori, Uganda

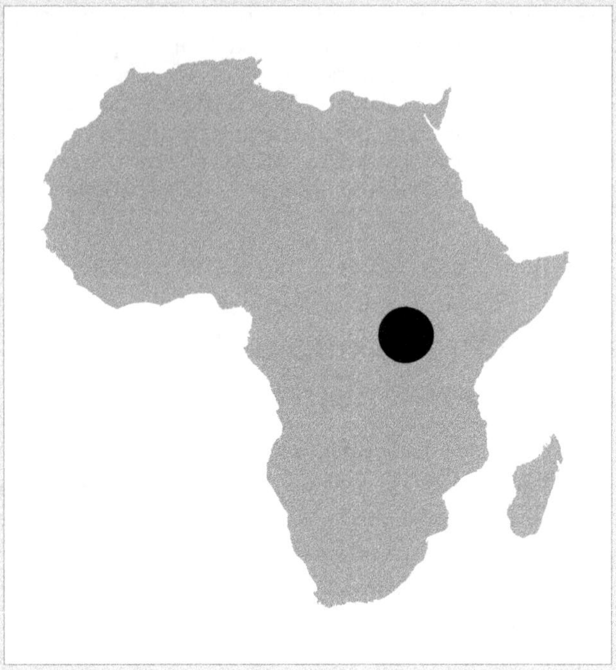

Figura 22.1 Ubicación indicativa en el continente africano, Parque Nacional de las Montañas Ruwenzori, Uganda

Fuente: Servicio de Parques Nacionales de Estados Unidos

En 2006, Fauna y Flora Internacional y la Autoridad de Vida silvestre de Uganda (Uganda Wildlife Authority, UWA) comenzaron una alianza para integrar los valores culturales locales en la conservación y gestión del Parque Nacional de las Montañas Ruwenzori. Sin embargo, los objetivos de conservación no se cumplían debido a la falta de apoyo político y de las poblaciones locales, lo que dio como resultado que las relaciones entre la gente y los administradores del parque seguían siendo difíciles y distantes. El Proyecto de Cultura, Valores y Conservación buscó mejorar esta situación al reconocer la importancia de los valores e intereses locales para lograr los resultados de conservación.

El principio subyacente del proyecto fue que involucrar a las comunidades al investigar sobre sus valores culturales y trabajar para integrarlos en la gestión del parque sería más efectivo para crear un apoyo local y una participación activa que describir la importancia del parque en términos de ciencia y economía y explicar la necesidad de protegerlo con el uso de los valores de Occidente.

Los Banyarwenzururu, o la gente de la montaña, viven en estas zonas desde hace siglos y cultivan las estribaciones, cosechan los recursos en los bosques y cazan en los páramos de las tierras altas y en las llanuras de las tierras bajas. La organización social y política se basa en las cordilleras montañosas que descienden de los picos a las llanuras. Cada cordillera es "servida" por un sitio sagrado. El poder espiritual se origina en Kithasamba, quien habita en las cumbres nevadas de las montañas, y las áreas protegidas pasan al Rey (Omusinga). Desde el Rey, el poder fluye a los jefes de los clanes (Ise Malhambo) y luego a los líderes de las crestas (Bakulu Bbulhambo) responsables de las ceremonias para purificar las cordilleras, proteger y traer buena suerte a la comunidad. Los líderes de la cresta también garantizan el comportamiento apropiado y respetuoso de las personas, quienes al cosechar o cazar en las montañas, comparten el espacio con los dioses.

Aunque no se entendían como conservación en el sentido occidental moderno, estas instituciones y normas culturales ayudaban a mantener el orden natural y social. Los líderes de la cresta administraban eficazmente el uso de los recursos en los bosques por parte de la comunidad de la cresta. La administración del parque no comprendió la efectividad de esta gobernanza tradicional que funcionaba a través de las crestas e impidió el acceso a los sitios sagrados, lo que debilitó la conexión cultural entre la gente y la montaña.

Para integrar la cultura Banyarwenzururu en el parque, el proyecto:

- Presentó las ideas básicas del enfoque a los guardianes y guardaparques, y ayudó a desarrollar la capacidad y el interés en un enfoque de valores culturales.
- Involucró al equipo de planeación de áreas protegidas de la UWA para integrar la evaluación de los valores culturales en los procesos formales de planeación de los parques.
- Se acercó a grupos e instituciones comunitarias para alentarlos a trabajar con el parque y los ayudó a evaluar los valores de las montañas Ruwenzori que eran importantes para ellos.
- Facilitó las negociaciones para ayudar a que las comunidades y los administradores de los parques acordaran los valores clave para el parque que podrían apoyar tanto los intereses y objetivos de la comunidad como los del parque.
- Apoyó a los líderes locales de valores y prácticas al vincular a la población local con el parque y los ayudó a involucrarse con el personal de este para integrar los valores locales en la gestión cotidiana del parque.
- Ayudó a la UWA a revisar sus políticas, prácticas y programas desde una perspectiva de valores culturales usando logros, problemas encontrados y lecciones aprendidas.
- Alentó a las instituciones culturales y a las autoridades del parque a negociar mecanismos de colaboración que armonizaran los intereses tradicionales y oficiales.
- Ayudó a redactar memorandos de entendimiento y a revisar los planes de gestión del parque, de tal manera que se reflejaran explícitamente los acuerdos sobre los valores culturales.

Adoptar un enfoque de valores culturales no abordará todos los desafíos que enfrenta la conservación, pero ofrece la promesa de demostrar incentivos mutuamente benéficos para la gestión de áreas protegidas, paisajes circundantes y recursos naturales, además de crear un grupo más amplio para la conservación que proteja la biodiversidad de una manera sostenible, más efectiva y equitativa (Infield y Mugisha, 2013).

Mark Infield y Arthur Mughisa, Fauna y Flora Internacional

de paisajes terrestres/marinos protegidos suelen basarse en la definición de la Categoría V tal como aparece en las directrices de la UICN, y se adaptan a un contexto nacional o provincial específico. Después de la revisión de 2008 de las categorías de gestión de áreas protegidas de la UICN, en la versión actual de las directrices de la UICN se incluye la siguiente definición actualizada de las áreas protegidas de la Categoría V:

> Un área protegida en la que la interacción entre los seres humanos y la naturaleza ha producido un área de carácter distintivo con valores ecológicos, biológicos, culturales y estéticos significativos, y en la que salvaguardar la integridad de dicha interacción es vital para proteger y mantener el área, la conservación de su naturaleza y otros valores. (Dudley, 2008, p. 20)

Algunos ejemplos recientes de diversas regiones son ilustrativos. La provincia canadiense de Quebec creó una designación llamada "paisaje vivo" (*paysage humanisé*), conforme a la Categoría V, y la modeló según los parques naturales regionales de Francia y Bélgica. La Provincia introdujo la designación como un medio para aumentar la conservación de la biodiversidad, particularmente en tierras privadas, y al mismo tiempo fomentar el desarrollo rural sostenible (Blattel *et al.*, 2008). El sistema de áreas protegidas de Brasil incluye el Área de Protección Ambiental (*Area de Proteçao Ambiental*), una designación similar a la Categoría V (Lino y Britto de Moraes, 2005). En Ecuador, con la introducción de una nueva Ley de Cultura en 2014, se explora la posible creación de una designación de "paisaje de patrimonio cultural ecuatoriano". Tal designación se basaría en los valores de la identidad ecuatoriana, el mantenimiento de la diversidad biológica y cultural, y la declaración de patrimonio en el sentido andino de "patrimonio" que vale la pena proteger (Sarmiento y Viteri, en prensa).

Hace poco, el Área Protegida Indígena Dhimurru, en Australia, fue ampliada y reconocida formalmente por los gobiernos de Australia y el Territorio del Norte como un área protegida de Categoría V. El Área Protegida Indígena (API) ahora comprende unas quinientas cincuenta mil hectáreas que abarcan extensas áreas de tierra y mar, en consonancia con la visión holística de los pueblos aborígenes costeros, quienes ven a la tierra y al mar como componentes indivisibles de su comarca tradicional (Gilligan, 2006). El plan de manejo del API Dhimurru detalla específicamente su compatibilidad con la definición y las directrices de la Categoría V.

El establecimiento de resguardos indígenas (o reservas indígenas) se produjo durante la colonización española de Colombia. Hoy, quince reservas son propiedad comunal de grupos étnicos locales de las tierras altas del Macizo Colombiano. Estas reservas cubren el 27% del país e incluyen el 43% de las áreas forestales naturales (SIAC, 2014). En reconocimiento de sus valores de biodiversidad, algunas de las reservas están clasificadas como "reservas naturales de la sociedad civil". Una vez que se registran legalmente, las reservas naturales se reconocen como parte del Sistema Nacional de Áreas Protegidas (SINAP) (SINAP, 2014).

Los objetivos para la gestión de estos ecosistemas culturalmente definidos incluyen el mantenimiento de sistemas de gestión cultural, cuando estos tienen una biodiversidad única asociada. Se requiere una intervención constante porque el ecosistema fue creado, o cuando menos, modificado sustancialmente por la gestión.

Paisajes culturales

Un cambio importante para facilitar la incorporación de temas culturales en la conservación de la naturaleza ocurrió en Estados Unidos en 1981, cuando el Servicio de Parques Nacionales (National Park Service, NPS) reconoció los paisajes culturales como un tipo específico de patrimonio cultural y, junto con este reconocimiento, se realizó la publicación de *Paisajes culturales: distritos históricos rurales en el sistema de parques nacionales* (Melnick, 1984), en el que se establecen los criterios para identificar y definir los paisajes culturales. Desde entonces, el NPS ha brindado un liderazgo intelectual y en el terreno a través de sus boletines de registro y publicaciones, sus propias investigaciones, interpretaciones, tratamiento y gestión de paisajes culturales dentro del sistema de áreas protegidas (Conservation Studies Institute, 2005). El NPS (2014) define un paisaje cultural como "un área geográfica (incluidos los recursos culturales y naturales y la vida silvestre o los animales domésticos en ella) asociada a un evento, persona o actividad histórica, o que exhibe otros valores culturales o estéticos".

La inclusión en el marco de la Convención del Patrimonio Mundial de la categoría "Paisajes culturales" en 1992 creó una nueva oportunidad para inscribir sitios que no solo representaran ejemplos sobresalientes de las interacciones entre los humanos y la naturaleza, sino también que comprendieran diversos valores materiales e inmateriales (Rössler, 2005; Finke, 2013). Estudios recientes han documentado la considerable superposición entre las áreas protegidas de la Categoría V y los paisajes culturales de patrimonio mundial (Phillips, 2003; Rössler, 2005; Finke, 2012). Las tres categorías adoptadas por la Organización de las Naciones Unidas para la Educación, la Ciencia y la Cultura (UNESCO) –es decir, paisaje definido claramente, paisaje evolucionado orgánicamente y paisaje asociativo (véase el Capítulo 4)–desarrollaron principios que los administradores de áreas protegidas pueden adaptar y utilizar (UNESCO, 2009).

Cuadro 22.1 Recomendaciones para fomentar el cuidado comunitario de los paisajes culturales

Los paisajes culturales, que son el resultado de una larga y compleja relación entre las personas y la naturaleza, nos acompañan hoy en día gracias al cuidado pasado y presente de las comunidades que viven en sus proximidades. En el siglo XXI, mantener esta relación requerirá de enfoques de conservación que incluyan una amplia gama de opciones de gestión y gobernanza, y que se construyan sobre el impulso humano de cuidar de algo. En 2012, una sesión sobre el cuidado comunitario en una conferencia en la Universidad de Rutgers sobre "Paisajes culturales: desafíos de la preservación en el siglo XXI", exploró estos temas a través de estudios de caso de diversas regiones. A través de presentaciones y discusiones, surgieron varias recomendaciones. El apoyo a las comunidades indígenas y locales para el cuidado de los paisajes culturales requerirá de nuevas alianzas que tengan en cuenta la necesidad de:

- Mantener los valores centrales que subyacen al cuidado como la tradición, el idioma, el respeto y el amor, al garantizar que estos se reflejen en la educación de la próxima generación y se traduzcan en políticas que afecten a las comunidades.
- Reforzar el papel central de las comunidades, no solo en la gestión sino también en la gobernanza, ya sea como gobernanza por parte de las comunidades o en las relaciones de colaboración y para una gestión adaptativa.
- Honrar la importancia de las relaciones espirituales distintivas con la tierra (consagradas como un derecho humano por las Naciones Unidas), las prácticas tradicionales asociadas y los lugares sagrados que son puestos en custodia para los vivos, los muertos y los que están por nacer.
- Reconocer los conocimientos tradicionales junto con los sistemas científicos de Occidente, garantizar que estos sirvan de base para las políticas de gestión y apoyar a las comunidades para transmitir este conocimiento y prácticas asociadas (como lenguas indígenas, formas de alimentación, sistemas de manejo del agua y artesanías) a través de las generaciones en formas que fomenten la identidad y el orgullo.
- Apoyar y desarrollar oportunidades de medios de subsistencia, con el reconocimiento de la naturaleza dinámica de este desafío en el contexto de la globalización, de tal manera que los jóvenes tengan la opción de vivir en las comunidades de las que proceden (Brown, en prensa [a]).

La categoría de paisaje cultural asociativo resalta los valores culturales, espirituales y estéticos de los sitios naturales y los paisajes en las áreas protegidas. Los primeros dos sitios de patrimonio mundial que recibieron una designación como paisajes culturales asociativos fueron el Parque Nacional Tongariro en Nueva Zelanda y el Parque Nacional Uluru-Kata Tjuta en Australia, ambos sitios naturales sagrados para pueblos indígenas. El concepto se aplica igualmente a las áreas protegidas que el público valora por motivos diferentes a los sagrados, por su valor como lugares de renovación espiritual e inspiración artística y como iconos de la identidad nacional y local. Por ejemplo, el Parque Nacional del Distrito de los Lagos en el Reino Unido consagra para el pueblo británico la poesía y el arte del Movimiento Romántico Inglés con su celebración de la naturaleza y el espíritu humano, como se ejemplifica en las obras de poetas y artistas como William Wordsworth y John Constable (Mallarach, 2008). El pueblo chino atesora los espectaculares picos y los retorcidos pinos del Parque Nacional Huangshan como temas sublimes de poesía, arte y fotografía (incluso hay una importante escuela de pintura de paisajes llamada Huangshan) (Pungetti *et al.*, 2012), y los japoneses consideran al monte Fuji como un símbolo de Japón (Bernbaum, 2006).

Parque Nacional Uluru-Kata Tjuta, Territorio del Norte, Australia

Fuente: Graeme L. Worboys

La UNESCO publicó un manual para la conservación y gestión de paisajes culturales de patrimonio mundial, organizado en torno a seis principios rectores que pueden adaptarse para su aplicación a la tarea más amplia de gestionar los usos culturales en áreas protegidas (Mitchell *et al.*, 2009).

1. Las personas que valoran el paisaje cultural, sin importar cuán distantes estén, son partes interesadas importantes.

Estudio de caso 22.3 El recorrido de Rusia hacia el reconocimiento del patrimonio biocultural

La historia de la conservación de la naturaleza en Rusia está estrechamente alineada con los cambios dramáticos en el clima político. El sistema moderno de áreas protegidas *Zapovedniks* (que significa prohibido o protegido), comenzó en 1916 bajo el dominio zarista y tenía como objetivo preservar modelos de naturaleza intacta (principalmente con la exclusión de las personas) y alentar la investigación de la naturaleza. Los bolcheviques asumieron el poder después de la revolución rusa y en 1922 se formó la Unión de Repúblicas Socialistas Soviéticas (URSS). Bajo el gobierno de Lenin, los *Zapovedniks* recibieron el apoyo del Gobierno y de las comunidades locales. Aunque la población en general no veía las áreas protegidas como parte de su vida cotidiana, los científicos solían trabajar con las comunidades locales que apreciaban sus esfuerzos.

Esto cambió dramáticamente cuando Stalin llegó al poder. Él vio a los *Zapovedniks* como enemigos del Socialismo y los abrió para la explotación de recursos a gran escala. Durante los años setenta y ochenta se expandió el sistema de áreas protegidas, pero el apoyo de la comunidad disminuyó. Después de que se desmanteló la URSS, el financiamiento para la conservación de la naturaleza prácticamente desapareció y las áreas protegidas recurrieron a las comunidades locales y los gobiernos regionales para obtener un apoyo financiero. Obtener ese apoyo significó un cambio de enfoque.

La exclusión histórica de las personas causó conflictos con las comunidades locales, enojadas porque ya no podían ingresar al parque y usar sus recursos. Si bien esto se superó parcialmente a través de programas efectivos de educación ambiental con niños escolares, el desarrollo de alianzas colaborativas con las comunidades locales resultó ser más fructífero.

Las últimas décadas han visto una mayor integración de los *Zapovedniks* en la estructura socioeconómica local mediante el apoyo a la agricultura rural y la apreciación del valor del conocimiento tradicional en la gestión de la naturaleza.

Un ejemplo de esto último es el empleo de "apicultores guardaparques", que tienen la tarea de manejar poblaciones de abejas silvestres en el Zapovednik Shulgan Task en los montes Urales. El conocimiento de la apicultura silvestre se remonta a más de mil años y se pasa entre los hombres de la familia. Su conocimiento se utiliza para mantener poblaciones silvestres en colmenas artificiales, lo cual es valioso para mantener la población de abejas silvestres, así como el conocimiento tradicional asociado.

Fuente: Williams, 2003

2. La gestión exitosa es incluyente y transparente, y la gobernanza se configura mediante el diálogo y el acuerdo entre las principales partes interesadas.
3. Los valores del paisaje cultural se basan en la relación entre las personas y el medio ambiente.
4. El centro de la gestión está en retener los valores del paisaje cultural, tanto naturales como culturales.
5. La gestión de los paisajes culturales se integra en un contexto más amplio de ecosistemas más grandes y vínculos culturales.
6. La gestión exitosa contribuye con medios sostenibles de apoyo a las comunidades locales que protegen el paisaje y sus valores.

En el Cuadro 22.1 se presentan algunas recomendaciones para fomentar el cuidado.

Zapovednik Katunsky, República de Altái, Siberia meridional, Rusia

Fuente: Graeme L. Worboys

Diversidad biocultural

La diversidad biocultural es un término incluyente que se refiere a la diversidad de la vida en todas sus manifestaciones –biológica, cultural y lingüística– interrelacionadas dentro de un complejo sistema socioecológico adaptativo (Apgar *et al.*, 2011). Este paradigma más centrado en las personas se acepta cada vez más en todo el espectro de conservación, pero prevalece más en situaciones en las que el uso cultural es una característica definitoria del área protegida, como en los Territorios y Áreas Conservados por Pueblos Indígenas y Comunidades Locales (TICCA), las áreas protegidas de las categorías V y VI, y cuando existe una gestión colaborativa que involucre a un grupo étnico local –por ejemplo, las API en Australia–.

Existen fuertes sinergias entre los paisajes culturales y los paisajes bioculturales (también la diversidad biocultural o el patrimonio biocultural), y es posible que la distinción entre ellos no sea muy útil desde una perspectiva de la gestión. No obstante, muchos consideran que la primera

Estudio de caso 22.4 Parque de la papa

Un ejemplo de un área de patrimonio biocultural indígena es el Parque de la Papa en el altiplano peruano, donde el empoderamiento local de unas seis mil personas de cinco comunidades Quechua alrededor del poblado de Pisac, en el Valle Sagrado del Inca, ha transformado el área de Sacaca, Chawaytire, Pampallaqta, Paru Paru y Amaru en una empresa cohesiva basada en la comunidad. Antes del Parque de la Papa, eran cinco grupos, pero ahora con el parque, son solo uno. Todos los proyectos son gestionados colectivamente por las comunidades para garantizar la participación efectiva y el intercambio de beneficios.

Legalmente, las comunidades forman parte de la Asociación de Comunidades del Parque de la Papa, que es el organismo administrativo comunal del parque. Esta Asociación ANDES, que administra las normas y regulaciones con respecto a la explotación de los recursos naturales dentro del área del patrimonio biocultural, se convierte en un ente de planeación, administrador y guardaparques *de facto* de la reserva; por lo tanto, es un verdadero custodio. Sus miembros aplican los principios andinos de dualidad, reciprocidad y equilibrio. Para proteger sus derechos y su papel como centro de origen y diversidad de las papas, las comunidades del parque promueven la conservación de la naturaleza con un enfoque ambiental.

Dentro de las comunidades andinas, las leyes consuetudinarias siempre han asignado un papel importante a la administración de la biodiversidad (incluidos los recursos genéticos, las especies y los ecosistemas) y, sobre todo, a la equidad, el equilibrio de poder, el libre acceso a los recursos de la Pacha Mama (Madre Tierra) y la resolución de conflictos. Los principios fundamentales que conforman la visión cosmológica andina son la base de los patrones de comportamiento y las leyes consuetudinarias. En el caso del Parque de la Papa, los puentes epistemológicos dictados por el enfoque del área de patrimonio biocultural vinculan las interpretaciones tradicionales y las basadas en la ciencia sobre las múltiples funciones de la biodiversidad agrícola –incluida la interacción cercana entre la diversidad de vegetales y animales silvestres y domésticos– y cómo estas sostienen los medios de subsistencia locales (Argumedo, 2008).

expresión privilegia el pensamiento occidental de las áreas protegidas y no refleja adecuadamente la interacción de la naturaleza y la cultura. La expresión alternativa, el patrimonio biocultural, reconoce explícitamente el contexto social y cultural en el que las sociedades étnicas de todo el mundo han transformado la frontera naturaleza/cultura a través de su gestión a largo plazo. En los paradigmas de integración de la naturaleza y la cultura, el patrimonio biocultural es sinónimo de patrimonio cultural.

El concepto de "patrimonio biocultural" busca integrar el conocimiento adquirido colectivamente de las comunidades indígenas y locales con enfoques científicos para la gestión de la conservación de la naturaleza. Este conocimiento tradicional abarca un campo diverso de información sobre, por ejemplo, variedades de cultivos y ganado, plantas medicinales, alimentos silvestres y parientes de cultivos silvestres. La aplicación del conocimiento tradicional en el uso y la gestión de los recursos naturales ha creado un sistema simbiótico complejo que ha perdurado durante siglos e incluso milenios (Berkes y Folke, 1998). Por ejemplo, en el Estudio de caso 22.3 se describe el desarrollo de los enfoques del patrimonio biocultural en Rusia.

Actualmente, una parte considerable de la diversidad biocultural se encuentra en los territorios ancestrales donde los pueblos indígenas viven todavía (Loh y Harmon, 2005). Por consiguiente, es importante entender los procesos comunitarios subyacentes que nutren la diversidad biocultural, los cuales están enraizados en las interacciones históricas de las personas y la naturaleza, y cuyos objetivos son la autodeterminación y el bienestar de las comunidades en el entorno donde viven. Por ende, comprender y apoyar la autodeterminación de

Leopardo de las nieves (*Panthera unicia*)
Fuente: Graeme L. Worboys

los pueblos indígenas son estrategias importantes para garantizar que la diversidad biocultural siga nutriéndose (Apgar *et al.,* 2011).

Estudio de caso 22.5 Conservación del patrimonio indígena con pueblos indígenas y locales en la Reserva de la Biosfera Nanda Devi y el Santuario de Vida Silvestre Kedarnath, India

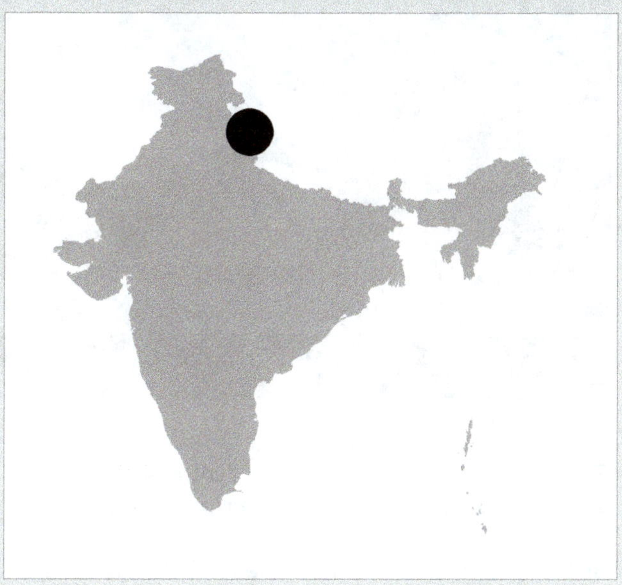

Figura 22.2 Ubicación indicativa en el subcontinente indio, Reserva de la Biosfera Nanda Devi, India

Fuente: Servicio de Parques Nacionales de Estados Unidos

La Reserva de la Biosfera Nanda Devi, un sitio de patrimonio mundial y la segunda reserva de la biosfera declarada en la India, ocupa un lugar especial en la región más alta del Himalaya del país. Las comunidades Tolchha y Marchha del grupo étnico Bhotiya son los principales habitantes de los valles de Niti y Mana en la región Chamoli de Garhwal que forman la zona de amortiguamiento de la reserva. Estas dos comunidades practican la trashumancia y tienen dos asentamientos, uno a mayor altura y el otro a una altitud menor. Las comunidades Tolcha y Marchha han sido los principales custodios de este paisaje cultural y espiritual desde antes de que el área fuera declarada reserva de la biosfera. Toda la reserva se considera un paisaje cultural. El pico más alto en el área es Nanda Devi, que se reconoce como una importante diosa hindú. En todas las aldeas de la reserva se encuentran pequeños templos de Nanda Devi. La gente local adora a la diosa de la montaña y protege los bosques de la zona. La cría de ganado solía ser su principal opción de subsistencia, pero en los últimos años los lugareños han cambiado al cultivo de plantas medicinales y aromáticas, al ecoturismo y a las alternativas de alojamiento en casas de familias para garantizar el mínimo daño a su frágil entorno. Los lugareños solo permiten el uso sostenible de los recursos forestales, ya sea de leña, forraje o plantas medicinales y aromáticas.Las mujeres de las aldeas practican la recolección en rotación de los recursos en diferentes bosques para garantizar la regeneración adecuada de las especies y la conservación del hábitat de muchas especies únicas de flora y fauna silvestre, incluido el leopardo de las nieves (*Panthera unicia*), el monal colirrojo (*Lophophorus impejanus*) y el ciervo almizclero del Himalaya (*Mochus chyrsogaster*). La urbanización aún no afecta la vida de las personas que viven en estos pueblos, y todavía siguen un estilo de vida de subsistencia.

El Santuario de Vida Silvestre Kedarnath se encuentra en el distrito de Rudraprayag del estado de Uttarakhand, y al norte limita con una serie de antiguos santuarios hindúes. Esta es una reserva natural administrada que alberga cinco populares santuarios de Shiva, conocidos localmente como los Panch Kedar: Kedarnath, Rudranath, Tungnath, Gopinath y Madhamaheshwar. Estos santuarios son visitados cada año por una gran cantidad de peregrinos de la India y del extranjero.

Shalini Dhyani y Deepak Dhyani, científicos del proyecto, Uttarakhand, India

En el Estudio de caso 22.4 se presenta un ejemplo de un área designada con el propósito de conservar la diversidad biocultural mediante el cuidado del medio ambiente y de las personas.

Durante la última década, estos y otros desarrollos han demostrado el valor del enfoque paisajístico en las políticas y prácticas de conservación, con una trascendencia que va más allá de los límites existentes de las áreas protegidas y de maneras que abarcan diversos regímenes de gobernanza e involucran a las comunidades en el cuidado de la naturaleza (Brown, en prensa [b]). Estos sientan las bases para estrategias que unan más estrechamente las "políticas para la conservación de la naturaleza" y las "políticas de planeación territorial", lo cual afecta no solo el paisaje en general sino también la afirmación de la identidad nacional que repercute en los pueblos indígenas locales. Un desafío clave sigue siendo comprender la compleja gama de vínculos entre las dos y, según la definición de la Categoría V de la UICN, salvaguardar la integridad de esta interacción, reconocer que los paisajes protegidos implican procesos y lugares, y mantener una relación entre las personas y la tierra, es básico para su futuro. En el Estudio de caso 22.5 se presenta un ejemplo de esta importante integración.

Hoja de ruta de un administrador para integrar la cultura y la naturaleza

La eficacia de un programa de conservación que enfatice la integración de la naturaleza y la cultura depende de una estrategia clara de comunicación. Esta debe abordar el paradigma cambiante de los paisajes culturales y el patrimonio biocultural, además de fortalecer el surgimiento de nuevos paradigmas de un mundo cada vez más urbano. Para muchos administradores de la conservación, la cultura y la naturaleza ya no son parte de una dicotomía en el proceso de toma de decisiones para administrar un área. Para garantizar un enfoque integrado, se recomiendan los siguientes principios de la práctica de gestión de sitios (Taylor y Lennon, 2012):

- **Reconocimiento de la interfaz entre la cultura y la naturaleza**: existe una nueva comprensión del vínculo entre la naturaleza y la cultura, en la que los paisajes saludables fueron moldeados por la interacción humana, y donde la diversidad biológica suele coincidir con la diversidad cultural.
- **Expresiones de la diversidad cultural y de la identidad de las personas como una respuesta al paisaje**: existe una nueva consideración de los valores inmateriales, de la inclusión social, de la consulta comunitaria y del patrimonio como los principales anclajes de la identidad cultural posicionada en el corazón del desarrollo comunitario.
- **Integración de la biodiversidad por medio de prácticas tradicionales en el paisaje**: las comunidades en las que se mantienen la integridad y la diversidad del idioma, las instituciones sociales, las tradiciones culturales y las prácticas de uso de la tierra también contribuyen a la diversidad y resiliencia de los ecosistemas circundantes.
- **Metas de sostenibilidad para el uso de la tierra, la mitigación climática y la protección de los medios de subsistencia**: estos paisajes vivientes desempeñan un papel fundamental en el mantenimiento de la agrobiodiversidad, así como en los valores inherentes de la biodiversidad silvestre, lo que garantiza la función de los ecosistemas, el apoyo a los medios de subsistencia y la seguridad alimentaria con una la huella de carbono mucho menor.
- **Sistemas tradicionales de conocimiento ecológico**: la retención del conocimiento indígena depende de su uso; no solo está incrustado en las mentes de las personas, sino también en el entorno en el que viven.
- **Patrimonio inmaterial expresado a través de rituales y estilos de vida**: la mayoría de los ecosistemas y paisajes deben verse como sistemas socioecológicos acoplados cuya resiliencia también depende de estas prácticas.
- **Distribución clara de tareas y cumplimiento de la matriz de conservación de los sitios con regímenes de gobernanza diferenciados**: el reposicionamiento del patrimonio como parte del desarrollo comunitario ha traído cambios, incluso en el mundo occidental; los valores del patrimonio ya no residen exclusivamente en su tejido y forma física, sino en conceptos intangibles que, por su propia naturaleza, están en constante cambio y deben hacer parte de cada categoría de conservación con cada tipo de gobernanza.

Bahía Disaster y la proclamada Área de Vida Silvestre de Nadgee en la parte central-izquierda a la distancia (parte de la Reserva Natural Nadgee). La imagen fue tomada desde el Parque Nacional Ben Boyd, al sur de Nueva Gales del Sur, Australia. El área es muy importante para las comunidades aborígenes locales y ha sido frecuentada por aquellos durante miles de años

Fuente: Graeme L. Worboys

Gestión de valores culturales espirituales

Los valores culturales y espirituales de las personas conducen a fuertes sentimientos que pueden aprovecharse con el fin de generar apoyo para las áreas protegidas a través del involucramiento de la comunidad y los procesos participativos que dan un mayor énfasis a estos valores. Un problema importante que suele surgir es la gestión de las áreas silvestres. Además de su valor científico para la preservación y el estudio de los ecosistemas y la biodiversidad, la vida silvestre en muchas sociedades de hoy tiene un gran valor cultural y espiritual. Para muchos pueblos, las áreas silvestres representan lugares de renovación espiritual, donde las personas pueden regresar al origen de su ser y recuperar la frescura de un nuevo comienzo (véase el Capítulo 4). En las sociedades occidentales, la idea de las áreas silvestres como ejemplo de naturaleza intacta genera visiones del Jardín del Edén, y para muchos simboliza el estado de libertad natural de la humanidad. En las culturas del este de Asia, como China, Japón y Corea, las pinturas de paisajes de montañas y ríos evocan el *Dao*, la esencia espiritual de la realidad que fluye a través de la naturaleza (Bernbaum, 1997). Las apelaciones a este tipo de valores culturales y espirituales se encuentran entre las fuentes más sólidas de apoyo que los administradores pueden aprovechar para comprometer e involucrar al público general en el desarrollo y la implementación de medidas para establecer y preservar las áreas silvestres.

Por el contrario, los pueblos indígenas consideran las áreas silvestres no como espacios intactos, sino como lugares en los que viven y donde encuentran su sustento desde hace siglos o milenios, con o sin alteraciones en la apariencia del entorno natural. Ellos valoran estos lugares por razones que deben identificarse e integrarse en la gestión de áreas protegidas, de tal manera que se aborden sus inquietudes y aspiraciones.

Otra forma relacionada de involucrar al público es trabajar con organizaciones no gubernamentales (ONG) que tengan un interés en un área protegida en particular o en la gestión de áreas protegidas en general. Apelar a los valores culturales y espirituales puede ser particularmente efectivo para impulsar la acción pública y apoyar las principales necesidades e inquietudes. Un ejemplo sorprendente de esto ocurrió en la década de 1960 cuando el Congreso de los Estados Unidos estaba dispuesto a otorgar el permiso para hacer una represa en el río Colorado en el Parque Nacional del Gran Cañón. El trato estaba casi terminado cuando el Club Sierra, una importante organización medioambiental en los Estados Unidos, publicó anuncios en los periódicos de todo el país preguntando: "¿Deberíamos también inundar la Capilla Sixtina para que los turistas puedan acercarse al techo?" La comparación implícita con la profanación de un famoso sitio sagrado de gran valor estético y religioso provocó una indignación generalizada. Los congresistas fueron inundados con cartas de protesta del público, lo que los obligó a revertir su decisión y cancelar la construcción de la represa (Nash, 2001).

Los valores culturales y espirituales también pueden dificultar que las cosas se hagan. Los administradores deben abordar los conflictos entre los intereses de sus áreas protegidas y los de diversos sectores del público general, así como los conflictos entre los diferentes grupos que valoran las áreas protegidas por diferentes motivos. Por ejemplo, el Parque Nacional de las Montañas Rocosas en Estados Unidos quería colocar una serie de carteles que destacaran la importancia cultural y espiritual de las montañas en todo el mundo. Un pequeño sector del público se opuso de manera enérgica, con la exigencia de un enfoque exclusivo sobre las montañas del parque que valoraban como "sus montañas" por encima de todas las demás, y lograron abolir el proyecto. Una función importante de los administradores de áreas protegidas es mantener el apoyo y el interés del público, incluso cuando las decisiones van en contra de los intereses de algunas partes interesadas.

Para que los valores asociativos no desaparezcan, las asociaciones culturales deben mantenerse. Esto requiere la cooperación y la colaboración entre los líderes de los grupos comunitarios, los titulares de conocimientos y los administradores de áreas protegidas, y podría incluir programas de educación, actividades de temporada, reuniones intergeneracionales o campamentos culturales donde el conocimiento se transmita a las generaciones más jóvenes, así como festivales para dar a conocer rituales y artesanías, incluida la enseñanza y el uso de idiomas/dialectos locales. Todo esto da un sentido de orgullo sobre el vestuario y la cocina local y ayuda a mantener los comportamientos rituales y religiosos.

Al gestionar el patrimonio cultural en las áreas protegidas, los administradores deben saber qué valores culturales se encuentran en sus paisajes y garantizar que los regímenes de gestión protejan y realcen tanto la expresión intangible de estos valores como su evidencia física. No obstante, al igual que la cultura, los valores son dinámicos, así que evolucionan y cambian con el tiempo debido a influencias externas. Las estrategias de gestión deben ser conscientes de los valores cambiantes en las comunidades locales. Por ejemplo, en Australia, hasta la década de 1970 los aborígenes tenían tan poco poder que rara vez hablaban sobre los impactos de los desarrollos sobre sus sitios sagrados. Hoy, los jóvenes aborígenes son mucho más expresivos e influyentes sobre lo que sucede dentro de las áreas protegidas de la nación.

Es esencial que el personal reciba capacitación sobre la gestión de los conflictos en torno a los valores culturales y espirituales. Al igual que con cualquier resolución de conflictos, esto requiere respeto, la capacidad de escuchar y la capacidad de crear una situación en la que las diferentes partes puedan encontrar una solución (véase el Capítulo 14).

Los siguientes grupos pueden proporcionar recursos útiles y asistencia para programas de capacitación y otros asuntos relacionados con los valores culturales y espirituales de los sitios naturales sagrados y los paisajes culturales:

- Grupo de Especialistas en Valores Culturales y Espirituales de las Áreas Protegidas de la Comisión Mundial de Áreas Protegidas (CMAP) de la UICN.
- Iniciativa de Sitios Naturales Sagrados.

Monasterio de Taktsang (Nido del Tigre), uno de los sitios budistas más sagrados y conocidos de Bután
Fuente: Sue Feary

- Iniciativa Delos sobre la Conservación de Los Sitios Naturales Sagrados en Sociedades Tecnológicamente Desarrolladas.
- Red de Cultura de Ramsar.
- Centro de patrimonio mundial.
- Alianza para las Religiones y la Conservación.
- Foro sobre Religión y Ecología.
- Centro Cambridge para el Paisaje y los Pueblos (Cambridge Centre for Landscape and People), un punto focal para la investigación sobre los valores culturales y espirituales del paisaje y la naturaleza.
- Proyecto Fílmico Tierra Sagrada (Sacred Land Film Project).
- La Fundación WILD.
- Programa de Manejo Comunitario de Áreas Protegidas para la Conservación (Community Management of Protected Areas Conservation Programme, COMPACT).

Gestión del uso cultural de sitios sagrados

Los sitios sagrados son vistos y venerados de múltiples maneras, por ejemplo, como centros del cosmos; lugares de poder; moradas de deidades, antepasados y espíritus; fuentes de agua, vida y otras bendiciones; símbolos de identidad, o lugares de revelación, contemplación e inspiración. A través de su visión de los lugares sagrados y las creencias y prácticas asociadas a ellos, las personas de diferentes culturas y tradiciones, tanto modernas como ancestrales, creen que experimentan una realidad más profunda que les da sentido y vitalidad, y las vincula a algo más grande que sus identidades individuales (Verschuuren *et al.*, 2010).

Los sitios sagrados pueden ser lugares creados por humanos, como Machu Picchu, las estatuas de Rapa Nui (Isla de Pascua) o las iglesias y los monasterios pertenecientes a diferentes religiones. Tales lugares suelen encontrarse en escenarios naturales espectaculares y es frecuente que los sitios sagrados combinen elementos naturales y culturales.

Los rasgos del entorno natural, como las montañas, los ojos de agua o las arboledas, pueden ser sagrados para las culturas indígenas y tribales, cuya conexión con el entorno natural es fundamental para su identidad cultural. En algunos casos, la sacralidad de un lugar dio como resultado la protección de su biodiversidad, y cada vez más se reconocen los vínculos entre las prácticas culturales indígenas/tribales y la conservación de la biodiversidad. No obstante, los sitios sagrados naturales son vulnerables a la profanación por ignorancia, una legislación inadecuada y la falta de justicia. Como era de esperar, el reconocimiento y la protección de los sitios sagrados naturales han sido un foco importante de organismos internacionales como la UICN y la UNESCO, lo que ha llevado a la expansión de las definiciones del patrimonio cultural para incluir el patrimonio inmaterial (véase el Capítulo 4).

Muchas áreas protegidas se designan por razones biológicas y científicas que incluyen rasgos naturales que tienen una importancia cultural y espiritual especial para las comunidades locales y las tradiciones indígenas, así como para los seguidores de las principales religiones que los reverencian como lugares de peregrinación y contemplación. En algunos casos, toda el área protegida es un sitio natural sagrado, por ejemplo, el Parque Nacional Tongariro en Nueva Zelanda y el monte Taishan en China. Además, algunas áreas protegidas están incluidas dentro de grandes sitios naturales sagrados, por ejemplo, los parques y las reservas de la biosfera en el Himalaya de India, donde toda la cordillera se considera sagrada en la tradición hindú.

Los sitios naturales sagrados se distinguen de otros rasgos del medio ambiente en virtud de su asociación con valores inmateriales: antiguas redes de mitos, creencias y prácticas que los envuelven y vinculan a las comunidades locales, las tradiciones indígenas o las principales religiones. Por ejemplo, los Hopi consideran los Picos de San Francisco del suroeste de Estados Unidos como la morada de los *katsinas* (o *kachina*), espíritus ancestrales a quienes invocan e invitan a traer lluvias vivificantes a través de danzas ceremoniales que realizan en sus aldeas sobre mesetas a la vista del sitio sagrado. Los hindúes a lo largo de la India creen que Shiva, una de las tres formas de la deidad suprema, habita en la cumbre no escalada del Monte Kailas en Tíbet, y muchos de ellos aspiran a hacer un ritual de peregrinación alrededor de la montaña sagrada.

La UICN cuenta con directrices para la protección de sitios naturales sagrados en áreas protegidas. Las directrices identifican seis principios generales:

- Reconocer los sitios naturales sagrados ubicados en las áreas protegidas.
- Integrar los sitios naturales sagrados en los procesos de planeación y programas de gestión.
- Promover el consentimiento, la participación, la inclusión y la colaboración de las partes interesadas.
- Fomentar un mejor conocimiento y comprensión de los sitios naturales sagrados.
- Proteger los sitios naturales sagrados, y a la vez proporcionar una gestión apropiada del acceso y el uso.
- Respetar los derechos de los custodios del sitio natural sagrado dentro de un marco apropiado de la política nacional (Wild y McLeod, 2008, p. 21).

Estudio de caso 22.6 Un enfoque integrado para la gestión del monte Athos

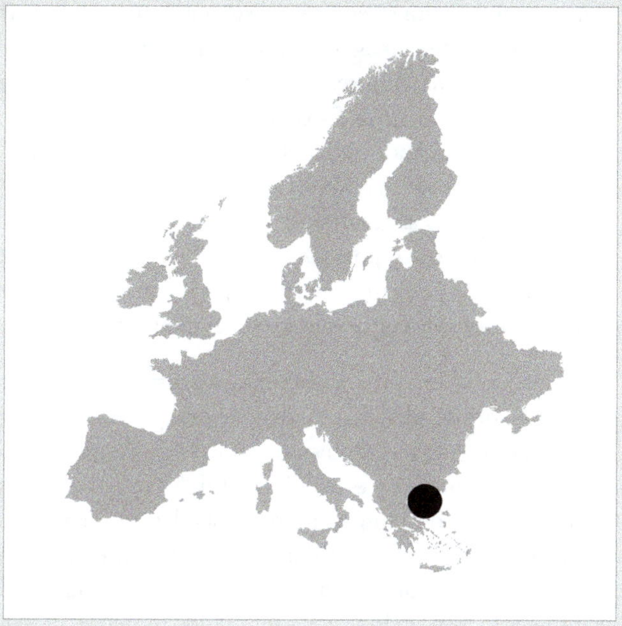

Figura 22.3 Ubicación indicativa en Europa, monte Athos, Grecia

Fuente: Servicio de Parques Nacionales de Estados Unidos

En el norte de Grecia, la tercera península Calcídica está dominada por el cono del monte Athos, que se eleva abruptamente a 2033 metros. La península de Atonita, densamente poblada por bosques mediterráneos y con una gran biodiversidad, alberga veinte monasterios ortodoxos orientales y sus dependencias con una tradición milenaria viviente, cultural y espiritual. Es por esto que en 1988 el área fue designada como un sitio de patrimonio mundial para la naturaleza y la cultura, y recientemente como un área protegida Natura 2000 en su totalidad. Hasta ahora, el monte Athos ha sido manejado por sus monasterios y sus vibrantes hermandades monásticas de una manera esencialmente autónoma, con intervenciones limitadas del estado griego a través de los servicios públicos.

En 1994, cuando el Príncipe Felipe, presidente para ese entonces del Fondo Mundial para la Naturaleza (WWF), visitó el monte Athos, trató de convencer a la santa comunidad de la necesidad de un enfoque integrado para la gestión de la península con el fin de salvaguardar su rico patrimonio natural y cultural. Mucho más tarde, una misión de la UNESCO al monte Athos en 2006 identificó la misma necesidad y el Comité de patrimonio mundial intervino enérgicamente para promover el concepto. En 2010, el enfoque integrado fue aceptado por la santa comunidad, la cual representa a los veinte monasterios soberanos. En diciembre de 2012 se aprobó un estudio preliminar sobre el "marco estratégico para la conservación y gestión del patrimonio cultural y natural del monte Athos", el cual fue preparado por un grupo de científicos y monjes, coordinado por Thymio Papayannis. Este documento preliminar revisa la situación en el monte Athos y los desafíos y amenazas que presenta. Asimismo, este documento formula un conjunto de principios en los que debe basarse toda la iniciativa de gestión, e indica las áreas prioritarias que el estudio principal abordará.

En un clima positivo de cooperación, en 2013 se inició la preparación del estudio final de gestión. Aunque la santa comunidad mantiene la iniciativa del enfoque integrado para la gestión de la península de Atonita, el Ministerio de Cultura y el Ministerio del Medio Ambiente de Grecia, así como el Centro de patrimonio mundial, trabajan estrechamente con las autoridades monásticas para garantizar una gestión inteligente y una conservación efectiva de este sitio único, lo cual se basa en una ciencia sólida y el respeto por las tradiciones espirituales del monte Athos. Una parte esencial del ejercicio será el desarrollo de un plan de acción que garantice la implementación efectiva de las recomendaciones y propuestas del estudio de gestión. En este espíritu, a finales de agosto de 2013, se celebró en Tesalónica un taller internacional y multidisciplinario con la participación de los tres lados (UNESCO, ministerios griegos y la comunidad sagrada), que no solo debatieron los principios básicos y los contenidos del estudio integrado de gestión, sino también revisaron sus especificaciones.

Thymio Papayannis

En el informe de una conferencia de la UNESCO de 2006 celebrada en Tokio puede encontrarse otro conjunto de directrices, en el que se destacan algunos principios adicionales que los administradores de áreas protegidas deben tener en cuenta en la gestión de los sitios naturales sagrados:

- La necesidad de la participación voluntaria de la población local en la conservación de los sitios naturales sagrados.
- La importancia de no presionar a las comunidades locales para que comprometan el secreto de sus sitios naturales.
- Permitir la recolección de especies de plantas y animales para fines rituales.
- Utilizar tanto la ciencia moderna como el conocimiento tradicional en la gestión y conservación de sitios naturales sagrados.
- Establecer zonas de amortiguamiento alrededor de los sitios naturales y monumentos sagrados para ayudar a protegerlos y permitir actividades tradicionales.
- La necesidad de programas de capacitación y desarrollo de capacidades sobre la gestión de sitios naturales sagrados y el desarrollo de sensibilidad cultural y habilidades sociales para interactuar con las comunidades locales (Schaaf y Lee, 2006).

Estos principios se centran en sitios naturales sagrados que tengan una particular importancia para las comunidades locales y las tradiciones indígenas. La mayoría de los sitios naturales sagrados para las comunidades indígenas y locales tienen un significado local y son importantes para pocas personas en comparación con las religiones tradicionales. Además, la ubicación de tales lugares sagrados y el conocimiento asociado con ellos suelen mantenerse en secreto y es posible que solo una persona los conozca, como en la sociedad aborigen australiana.

En general, los custodios en las tradiciones indígenas y las comunidades locales provienen de las inmediaciones de un sitio en particular. A menudo, la posición se pasa dentro de la familia, que bien puede tener intereses económicos, espirituales y culturales en el sitio, al cual consideran su posesión personal y lo valoran como su fuente de sustento.

Numerosas áreas protegidas y rasgos naturales principales también tienen una gran importancia cultural y espiritual para las religiones principales y el público en general, por ejemplo, el monte Fuji para el Budismo y el sintoísmo, y para el pueblo japonés, y la península del monte Athos para el Cristianismo ortodoxo oriental y gran parte del público griego. Estos sitios tienen características y requerimientos importantes que difieren de los sitios naturales sagrados asociados con las religiones indígenas y tribales (Estudio de caso 22.6). En las siguientes secciones examinamos las formas en que los administradores de áreas protegidas pueden trabajar con las religiones principales para administrar sitios sagrados, ya sean naturales o construidos.

Gestión de sitios sagrados mediante la participación de las religiones principales y el público en general

Tal como se discutió anteriormente, las prácticas y creencias (patrimonio inmaterial) asociadas con los sitios sagrados de las religiones principales pueden diferir de aquellas asociadas con sitios sagrados para las comunidades indígenas y locales, con importantes implicaciones para la gestión de áreas protegidas. La diferencia más obvia es la cantidad de personas para quienes un sitio es sagrado. Los sitios naturales sagrados para las religiones principales, como el monte Sinaí en el Protectorado de Santa Catalina (un parque nacional egipcio) o el monte Musa en el Área de patrimonio mundial de Santa Catalina, Marruecos, son importantes para millones de fieles y atraen visitantes de todo el mundo en grandes cantidades, lo que plantea tanto desafíos para la gestión de las áreas protegidas como oportunidades para divulgar mensajes de conservación ambiental basados en ideas religiosas. Muchos sitios naturales sagrados de las religiones principales son lugares venerados de peregrinación, y atraen a un gran número de peregrinos de muy lejos con poca conexión o conocimiento de las comunidades locales y los problemas ambientales. Por ejemplo, millones de cristianos van a recibir bendiciones de una imagen de la Virgen Negra oculta entre las torres de roca de Montserrat, dentro del Parque Natural de Montserrat en Cataluña, España (Mallarach y Papayannis, 2007). Los peregrinos budistas y taoístas escalan Taishan, la montaña sagrada más importante de China, para rendir culto en diversos santuarios, y en el caso de las mujeres mayores, para rezar por sus nietos (Bernbaum, 1997). No todos estos peregrinos se preocuparán por sus posibles impactos sobre las culturas locales y el medio ambiente.

El monacato es otra característica distintiva de las religiones principales. Las tradiciones religiosas, desde el Cristianismo hasta el Budismo, han elegido lugares con significado sagrado en escenarios naturales remotos como bosques, desiertos y montañas para establecer monasterios donde monjes y monjas puedan practicar la contemplación en soledad lejos de las distracciones de la civilización. Por ejemplo, en Japón la mayoría de los monasterios zen se denominan "montañas" en reconocimiento al hecho de que las culturas del este de Asia consideran las montañas como lugares ideales para meditar y alcanzar la iluminación (Bernbaum, 2007). Al reconocer la importancia de proteger los entornos naturales propicios para el desarrollo espiritual, los monasterios en lugares como la península del monte Athos en Grecia han manejado tradicionalmente las tierras que los rodean de maneras que han preservado la biodiversidad, la cual se ha perdido en las áreas circundantes.

Muchos sitios naturales son venerados porque un ermitaño reconocido, como el profeta bíblico Elías en el Judaísmo y el Cristianismo o el yogui Milarepa en el Budismo tibetano, ha vivido y practicado allí, lo que imbuye al sitio con un aura de santidad. Los seguidores de las religiones principales acuden a estos sitios para recibir las bendiciones que creen que quedaron allí gracias al poder espiritual de tales ermitaños. A menudo, los monasterios de las religiones principales tienen conexiones cercanas con eremitorios, y crecieron alrededor de un lugar donde un ermitaño consagrado en su tradición vivió y meditó, lo cual atrajo seguidores que eventualmente desarrollaron una comunidad monástica. Dado que los entornos naturales solían desempeñar un papel importante en la vida y las prácticas de los ermitaños –lo que atestigua, por ejemplo, la importancia de los animales, las plantas y otros rasgos de la naturaleza para San Francisco de Asís– existe una inclinación natural a proteger el medio ambiente asociado con estos lugares. Los administradores pueden aprovechar estas inclinaciones naturales para robustecer las medidas que implementen en conjunto con las partes interesadas de las religiones principales (Papayannis y Mallarach, 2009).

En las religiones principales, los sitios naturales sagrados tienen asociados mitos y creencias que comparten un gran número de personas. Cientos de millones de hindúes, budistas y jainistas reverencian el monte Kailas en Tíbet como el centro del universo y la morada de las principales deidades y seres iluminados en sus respectivas tradiciones. La historia bíblica del encuentro de Moisés con Dios en el monte Sinaí y la revelación y el pacto que se cree tuvieron lugar allí han tenido una profunda influencia no solo en el Judaísmo, el Cristianismo y el Islam, sino también en el curso de la civilización occidental.

Según el mito, el pueblo coreano en su conjunto, tanto del Norte como del Sur, desciende de Paekdu o Changbai Shan, un volcán en la frontera de Corea del Norte con Manchuria (Price *et al.*, 2013). Las religiones monoteístas del Judaísmo, el Cristianismo y el Islam reverencian los lugares naturales sagrados no como deidades sino como lugares de culto, como iglesias y sinagogas, o como lugares de la creación divina de Dios que merecen amor y respeto. Tales creencias, tanto monoteístas como no monoteístas, tienen una poderosa influencia que puede utilizarse para motivar a millones de personas a apoyar las áreas protegidas en particular y la conservación del medio ambiente en general.

Los siguientes puntos se ofrecen como una orientación para los administradores de áreas protegidas que trabajan con las religiones principales.

1. Los administradores de las áreas protegidas deben trabajar con las autoridades religiosas y las asociaciones de peregrinaje para manejar el flujo de peregrinos, proporcionar instalaciones y servicios, y educar sobre la necesidad de proteger el medioambiente natural y respetar la cultura local. La situación suele ser muy compleja y puede involucrar a muchas partes.
2. Los administradores de áreas protegidas que incluyan monasterios pueden trabajar con los líderes de las comunidades monásticas para involucrarlos en sus planes de gestión e integrar sus prácticas en los sistemas de gestión (Papayannis y Mallarach, 2009). Por ejemplo, los abades de los monasterios budistas tibetanos en el Parque Nacional Sagarmatha de Nepal controlan las arboledas sagradas alrededor de sus monasterios y tienen el poder de designar "bosques de los lamas" como lugares que las comunidades locales de sherpas tienen poderosas motivaciones para respetar, incluso más que las áreas oficialmente protegidas por el parque (Mallarach, 2008).
3. Debido a que atraen a un gran número de peregrinos y son lugares de comunidades monásticas, muchos sitios naturales sagrados en las religiones principales están asociados con grandes estructuras creadas por el ser humano. Un santuario de peregrinación importante como Badrinath en el Himalaya indio debe brindar instalaciones y templos para albergar y servir las necesidades religiosas de los cuatrocientos mil peregrinos que visitan el sitio cada verano. Grandes monasterios con iglesias y alojamientos para los monjes se posan sobre peñascos y se ocultan en bosques dentro de las áreas protegidas de varias partes de Europa, en particular los Balcanes, así como en los Cedros del Líbano en el Medio Oriente.
4. Los administradores deben prestar una atención especial a los desafíos asociados con el mantenimiento de las estructuras hechas por el ser humano y las tradiciones relacionadas con ellas, y al mismo tiempo preservar el entorno natural que las rodea y les da un significado especial. Esto requiere trabajar en estrecha colaboración con los líderes religiosos y las autoridades monásticas, además de las comunidades locales. Un punto adicional a considerar es que muchos monasterios en Europa y Asia tienen propiedades inmensas que incluyen grandes extensiones de naturaleza relativamente intacta que pueden estar asociadas con áreas protegidas existentes o ser candidatas para convertirse en nuevas áreas de protección (Papayannis y Mallarach, 2009).
5. Los sitios naturales sagrados para las religiones principales pueden ser mucho más grandes que los sitios para las tradiciones indígenas y las comunidades locales; sin embargo, en la cosmología de los aborígenes australianos, los senderos ancestrales "del tiempo del sueño" de los seres de la creación pueden vincular rasgos naturales a lo largo de vastas distancias. Por ejemplo, los hindúes en India consideran como sagrada la totalidad del río Ganges y de la cordillera del Himalaya. Estos grandes rasgos naturales y paisajes pueden atravesar múltiples áreas protegidas, cuyos planes y sistemas de gestión podrían fortalecerse al integrar los valores culturales y espirituales que los unen, no solo para las personas que viven cerca de ellos, sino también para los seguidores más distantes de las religiones que los reverencian. En cierto sentido, estos forman corredores culturales similares en algunos aspectos a los corredores para la vida silvestre.
6. Algunos sitios naturales son sagrados para más de una religión principal, o también pueden ser sagrados para las tradiciones indígenas. El lago Manasarovar, un sitio Ramsar en el Tíbet, es considerado por los hindúes y por muchos budistas tibetanos como el lago más sagrado del mundo, y tiene un significado especial para la tradición indígena Bon del Tíbet. El Pico de Adán en el Área Protegida del Pico Wilderness de Sri Lanka es un importante lugar de peregrinación para hindúes, budistas, cristianos y musulmanes; todos estos deben tenerse en cuenta en la gestión del área (Bernbaum, 1997). Los sitios naturales que son sagrados para

Estudio de caso 22.7 El papel de la religión, la cultura y la espiritualidad en la montaña sagrada de Montserrat, Cataluña, España

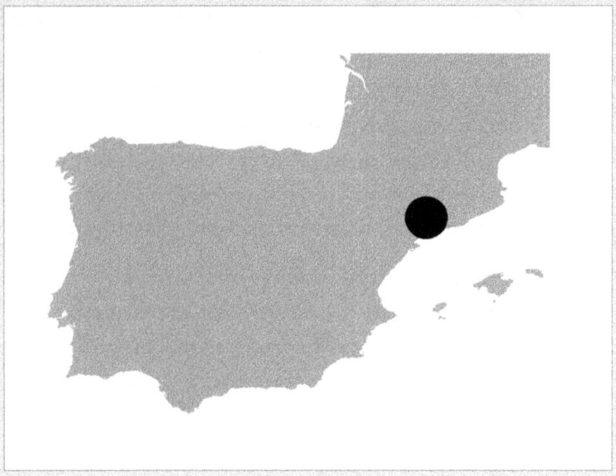

Figura 22.4 Ubicación indicativa en la Península Ibérica, Montserrat, Cataluña, España

Fuente: Servicio de Parques Nacionales de Estados Unidos

Montserrat se encuentra a unos cincuenta kilómetros al norte de Barcelona. A pesar de su modesta altitud (1120 metros) y su tamaño relativamente pequeño, el singular relieve caracterizado por miles de asombrosos pináculos pedregosos lo convierte en una montaña única, mágica y majestuosa. Montserrat incluye destacados sitios de patrimonio geológico de importancia nacional, más de mil doscientas especies de plantas vasculares mediterráneas, de las cuales cuarenta se consideran raras o amenazadas, y veintinueve especies de animales consideradas raras, amenazadas o vulnerables.

Anidado en la montaña, sobre los acantilados, se encuentra el famoso monasterio benedictino de Santa María, donde se venera la imagen negra de la Santísima Virgen. Durante muchos siglos el santuario de la patrona de Cataluña, una obra maestra del arte sacro del siglo XII, ha sido uno de los santuarios más importantes de la Virgen en el mundo católico. Además, la parte superior de Montserrat tiene doce ermitas, la mayoría de ellas aferradas a los pináculos rocosos, donde los ermitaños han vivido durante la mayor parte de los últimos milenios. La comunidad monástica todavía utiliza dos ermitas para retiros, mientras que los escaladores utilizan otras dos como refugio. En 1954, sobre una cresta en una elevación más baja, se construyó el monasterio para las monjas de San Benito. La tradición de la peregrinación a pie para venerar la santa imagen de la Virgen data de la época medieval. Hoy en día, aunque la mayoría de la gente usa medios mecánicos, los grupos de peregrinos todavía suben a pie por los senderos históricos de peregrinación.

Por todas estas y muchas otras razones históricas, políticas y sociológicas, Montserrat se considera la identidad y el corazón espiritual de Cataluña. En 1989, Montserrat fue declarado parque natural (Categoría V de la UICN) con una reserva natural (Categoría III de la UICN) por decreto de la Generalidad de Cataluña. El área protegida es de aproximadamente nueve mil cuatrocientas hectáreas, con casi dos mil hectáreas de reserva natural. Todo el macizo se incluyó en la red europea Natura 2000. La Junta de Montserrat es presidida por el presidente de Cataluña y el abad del monasterio de Santa María.

Durante casi diez siglos, la comunidad benedictina ha sido el custodio principal de Montserrat. La influencia cultural y la importancia de la comunidad monástica pueden medirse a partir de los siguientes hechos.

1. escuela de música litúrgica.
2. Tiene una de las editoriales más antiguas de Europa.
3. Su biblioteca tiene más de trescientos mil volúmenes, incluidos manuscritos únicos.
4. El museo cuenta con una de las mejores colecciones de pinturas de paisajes de Cataluña.
5. El trabajo cultural de los monjes incluye estudios bíblicos, liturgia, teología, historia monástica, musicología, así como temas espirituales y pastorales, autoría o traducción de numerosos trabajos anualmente.
6. Los monjes organizan numerosas actividades culturales.

Además, las áreas que rodean el Monasterio de Santa María son un museo al aire libre, que incluye una serie de grupos escultóricos del siglo XIX que se mezclan con las paredes rocosas a lo largo de los senderos.

Josep-Maria Mallarach, Asociación Silene

más de una tradición indígena o religiosa plantean el desafío de abordar los conflictos que puedan surgir entre estas tradiciones. Es posible que los administradores tengan que lidiar con la cuestión de qué tradición, si es que hay alguna, tiene primacía sobre un sitio en particular, aunque es mejor que las partes se pongan de acuerdo (véase la discusión anterior en este capítulo).

7. Muchas tradiciones indígenas de hoy temen la invasión de sus sitios sagrados por parte de las religiones principales, un temor que los administradores deben abordar para asegurarse de que todos los puntos de vista e intereses de las partes estén representados en los planes y sistemas de gestión. Además, existen conflictos entre las diferentes tradiciones indígenas y las comunidades locales que reclaman el mismo sitio, por ejemplo, las disputas entre los Hopi y los Navajo por los lugares sagrados en el suroeste de Estados Unidos, muchos de ellos en áreas protegidas.
8. En las religiones principales, los custodios de los sitios suelen provenir de lugares distantes y son asignados por líderes de instituciones religiosas con oficinas centrales en otros sitios. Por ejemplo, el director del Monasterio de Santa Catalina a cargo del monte Sinaí o del monte Musa, proviene de Grecia y recibe su nombramiento de la jerarquía de la Iglesia Ortodoxa Oriental (Mallarach, 2008). En el Estudio de caso 22.7 se muestra la influencia monástica en la eficacia de la conservación.

Monasterio y Parque Natural de Montserrat, Cataluña, España
Fuente: Graeme L. Worboys

9. Los sitios sagrados para múltiples tradiciones indígenas y religiosas pueden tener varios custodios, que a su vez pueden tener objetivos contrapuestos, y los administradores deben reconocer la naturaleza diversa y los intereses de los custodios. En el Cristianismo se enfatiza la noción de cuidado, en lugar de la custodia *per se*, lo cual cambia el enfoque de la propiedad y el control a la obligación y la responsabilidad. Los hindúes pueden considerar que el verdadero custodio de un sitio sagrado es la deidad que vive allí y tiene poder sobre el lugar, como la diosa Nanda Devi en la Reserva de la Biosfera con este mismo nombre. En el caso de algunos sitios sagrados no existen personas señaladas como custodios (o el conocimiento pudo fragmentarse o perderse debido a la colonización), y en lugar de eso, varias partes interesadas y organizaciones religiosas y de peregrinación pueden ser responsables de cuidar el sitio –y en algunos casos puede que no haya un encargado de proteger el lugar–.
10. Los sitios sagrados que atraen muchos peregrinos y a otros visitantes ofrecen la oportunidad de difundir ideas de conservación basadas en la religión, no solo para un sitio en particular, sino también para el medio ambiente en general. Los sitios naturales sagrados en las áreas protegidas pueden enfocar la atención y destacar de manera concreta tales mensajes de las principales figuras de las religiones principales respecto a la urgente necesidad de respetar y cuidar la naturaleza. Por ejemplo, un proyecto que contaba con el trabajo conjunto de líderes religiosos y científicos para restablecer un bosque sagrado en Badrinath, una ciudad sagrada de India, instituyó ceremonias de plantación de árboles que atrajeron mucha atención y difundieron la idea de plantar y cuidar de los árboles en otras partes de la India por motivos que surgían de las creencias y prácticas hindúes tradicionales (Pungetti *et al.*, 2012). El fallecido Papa Juan Pablo II y el Patriarca Bartolomé I de Constantinopla utilizaron su autoridad religiosa para alentar a los seguidores de sus tradiciones a respetar y cuidar el medio ambiente (Dudley *et al.*, 2005).

Manejo de turistas en sitios sagrados

Debido a su belleza natural e interés cultural, muchos sitios sagrados conocidos son atracciones turísticas importantes para el público secular, tanto nacional como internacional. Un gran número de turistas viene a ver estos sitios, con impactos potencialmente adversos sobre sus valores naturales y culturales. Al mismo tiempo, estos visitantes generan ingresos que pueden ayudar a apoyar las áreas protegidas y las comunidades locales. Además, los principales sitios naturales sagrados, como el monte Sinaí y el monte Fuji, son bien conocidos por la mayoría del público que, a pesar de no tener la oportunidad de visitarlos, quisiera saber que son preservados para la posteridad.

Educación e interpretación

Los administradores pueden involucrar al público en la gestión de los sitios sagrados a través de programas de educación e interpretación que alienten a los visitantes a respetar los valores tradicionales, preservar el entorno natural y explicar el papel de las áreas protegidas en la protección de los sitios naturales sagrados. Estos programas deben no solo explicar los valores que los sitios tienen para las tradiciones indígenas, las comunidades locales o las religiones tradicionales, sino también relacionar estos valores con los que tienen los visitantes para que puedan comprender, apreciar y apoyar más fácilmente la conservación ambiental y cultural de las áreas protegidas. El énfasis debe estar en desarrollar el respeto mutuo y la inclusión para que todas las partes se sientan motivadas a trabajar de la mano por el bien común de los sitios y las personas. Por ejemplo, Sir Tumu Te Heuheu Tukino VIII, jefe supremo de la tribu Ngati Tuwharetoa y expresidente del Comité del patrimonio mundial de la UNESCO, escribió sobre el Parque Nacional Tongariro en Nueva Zelanda, un importante sitio sagrado maorí:

> Al poner en práctica todos los parámetros de *kaitiakitanga* o de tutela, también somos muy conscientes de la necesidad de equilibrar el interés mundial en el paisaje con los intereses tribales y la conservación de la veracidad cultural. El desafío no es tanto reconocer la relación entre el parque

Cartel en la base de la subida a Uluru, Parque Nacional Uluru-Kata Tjuta, Territorio del Norte, Australia

Fuente: Graeme L. Worboys

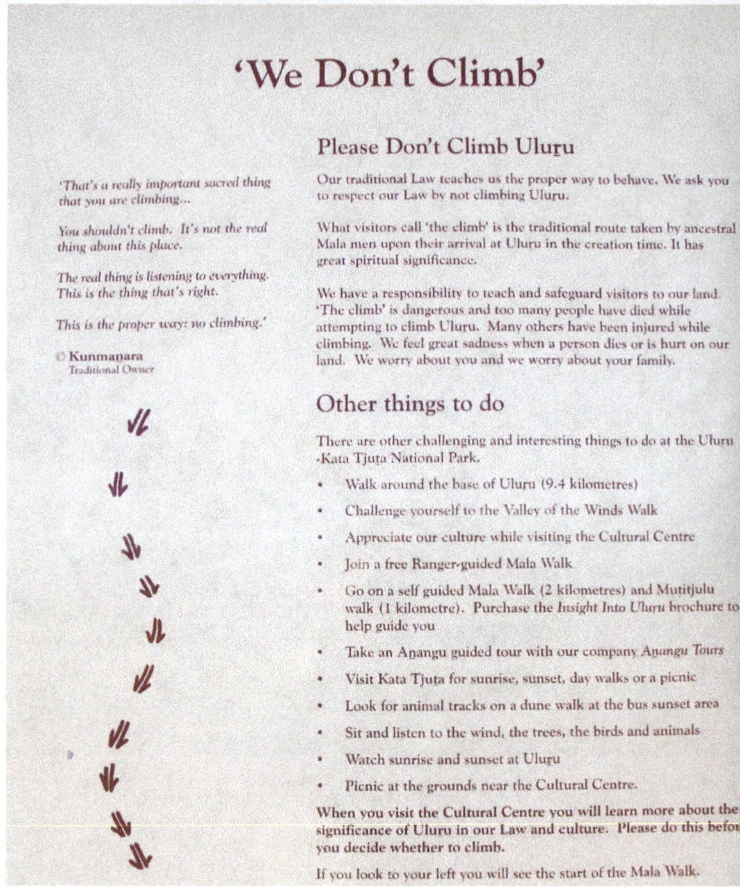

Detalle del cartel en la base de la subida a Uluru, Parque Nacional Uluru-Kata Tjuta, Territorio del Norte, Australia

Fuente: Graeme L. Worboys

> nacional y la tribu, porque eso ya se afirma en las disposiciones del patrimonio mundial. El desafío es abrazar y gestionar el entusiasmo global con la integridad tribal, de tal manera que ambos puedan ser comprendidos, apreciados y compartidos por quienes nos sigan en los años por venir. (Schaaf y Lee, 2006, p. 226)

En 1985, al reconocer la importancia cultural y espiritual de Uluru, un monolito sagrado para el pueblo Anangu, el gobierno australiano devolvió el Parque Nacional Uluru-Kata Tjuta a sus propietarios tradicionales; los Anangu, a su vez, hicieron un acuerdo de arrendamiento posterior (*lease-back*) con el Gobierno dentro de un acuerdo de gestión conjunta. En los últimos años, los programas educativos y los materiales interpretativos desarrollados e implementados por los Anangu y el parque nacional, en los que se pide a los visitantes que no escalen Uluru por respeto a las tradiciones y a la cultura Anangu, lograron reducir drásticamente el número de turistas que escalan el sitio sagrado (Verschuuren *et al.,* 2010). Este ejemplo demuestra la importancia de que las personas para quienes un sitio es sagrado desempeñen un papel preponderante en los programas de gestión, educación e interpretación. Esto también destaca la forma en que dichos programas pueden llegar a los miembros del público en general y alterar su comportamiento a través del respeto y la comprensión en lugar de imponer reglas y sanciones que puedan generar resentimiento e incumplimiento (Taylor y Lennon, 2012).

Gestión del uso recreativo

Los usos recreativos, en particular la escalada en roca y el esquí, pueden amenazar la santidad de los sitios sagrados a los ojos de aquellos que los reverencian. Por ejemplo, los Lakota y otras tribus en Wyoming, consideran el ascenso a la Torre del Diablo (o Mato Tipila) en el Monumento Nacional de la Torre del Diablo como un acto de profanación, especialmente durante su temporada ceremonial en junio. Los administradores del parque trataron de prohibir la escalada durante este período, pero un pequeño grupo de escaladores lo impugnó en la corte y ganó, al argumentar que violaba sus derechos. Ahora la administración le pide a la gente que voluntariamente se abstenga de subir a la torre volcánica en junio por respeto a las tradiciones de los nativos americanos, y la gran mayoría de escaladores aceptó no hacerlo (Wild y McLeod, 2008).

La expansión del Arizona Ski Bowl y el uso de aguas residuales para crear nieve artificial en los Picos de San Francisco, considerados sagrados, han enfrentado a tribus como los Hopi y los Navajo contra el área y el público del esquí. Los nativos americanos han ganado el apoyo de organizaciones ambientales como el Club Sierra, pero hasta este punto no han tenido éxito en la corte para detener el uso de aguas residuales y otros aspectos del esquí recreativo que ellos consideran como profanaciones de la montaña sagrada (Papayannis y Mallarach, 2009).

Otro ejemplo importante de la gestión de sitios naturales sagrados proviene del pueblo Dai, que vive en la convergencia del noroeste de Vietnam, el este de Myanmar, la parte superior de Laos, el norte de Tailandia y la región de Yunnan en el sudoeste de China. Antes de la introducción del Budismo Hinayana con la dinastía Tang, los Dai eran animistas y vinculaban las fuerzas de la naturaleza con el reino espiritual a través de la idea de Shu, el espíritu de la montaña. Solo con un consentimiento comunitario y religioso, los Dai han mantenido e incrementado el potencial de biodiversidad y la abundancia de flora y fauna nativas en las colinas sagradas (o Nongs), al mantener rituales para controlar el espíritu maligno de Shu, asociado con el uso de madera y otros recursos, como medicinas o alimentos. La recolección de madera de especies como *Paramichelia baillonii*, *Cinnamomum comphora*, *C. glanduliferum* y *Gmelina arborea* requiere el consentimiento de un comité de la aldea, lo que ha conservado los bosques de las colinas dentro de un paisaje agrícola transformado de arrozales, huertos familiares y campos cultivados, lo cual satisface al benevolente espíritu de Shu. Las almas respetadas de los caciques Dai residen en las colinas boscosas de la Nong Man local o de la Nong Meng más grande, y según los informes contribuyen con la preservación de los paisajes locales y regionales (Xu *et al.*, 2006).

Gestión de rasgos culturales (patrimonio cultural material)

La mayoría de las áreas protegidas tienen un considerable patrimonio cultural material, pero a menudo es de naturaleza fragmentaria y sutil –arqueológica más que monumental–. Normalmente el patrimonio cultural no comprende edificaciones prominentes o sitios de arte rupestre conocidos. La gestión de estos sitios de patrimonio más sutiles y a menudo más frágiles requiere una gama de técnicas sofisticadas y con frecuencia en un entorno de pocos recursos. El administrador del área protegida, tal como se mencionó anteriormente en este capítulo y en el Capítulo 4, suele ser alguien sin experiencia en gestión del patrimonio cultural y es posible que no reconozca muchos de los valores de este en un área protegida, sin la ayuda de especialistas en patrimonio cultural o la comunidad local. Localizar, identificar, inventariar y evaluar estos sitios y paisajes son prerrequisitos para formular las estrategias de gestión. Las metodologías para la gestión deben comenzar con una discusión de estos temas y las estrategias sugeridas para su consecución. Después de esto, a menudo la mejor estrategia es escribir un plan de manejo para la conservación del patrimonio cultural en general, en lugar de centrarse inicialmente en sitios específicos.

Es importante señalar que no estamos sugiriendo que la evidencia tangible, como el entorno construido, esté separada del paisaje circundante; todo es parte de un sistema holístico integrado que involucra la evolución de la naturaleza y la cultura en conjunto (diversidad biocultural). Sin embargo, la gestión y la protección de las evidencias tangibles suelen requerir prácticas de gestión y conocimientos técnicos específicos, y nuestra discusión se centra en estos requisitos especiales.

El documento de política internacional más importante para conservar el patrimonio cultural material, específicamente el patrimonio construido, es la Carta Internacional sobre la Conservación y Restauración de Monumentos y Sitios, conocida como la Carta de Venecia, que resultó de las deliberaciones de los profesionales acerca de la restauración de los edificios dañados por la inundación en Venecia en 1964, y que dio lugar al Consejo Internacional de Monumentos y Sitios (International Council on Monuments and Sites, ICOMOS) (Lennon, 2006). Otras agencias mundiales relacionadas con el ICOMOS en la gestión y protección del patrimonio cultural incluyen la UNESCO, el Centro Internacional de Estudios para la Conservación y la Restauración de los Bienes Culturales, el Consejo Internacional de Museos (International Council of Museums, ICOM), la Convención del Patrimonio Mundial y la UICN. Varias naciones han adaptado los principios rectores del ICOMOS para ajustarse a sus circunstancias particulares, como la Carta de Burra de Australia, establecida en 1979, los Principios de China (2004), la Carta de Preservación para las Ciudades Históricas y áreas de Estados Unidos de América (Estados Unidos/ICOMOS 1992), y la Carta para la Preservación del Patrimonio de Quebec (ICOMOS Canadá) (Lennon, 2006). Los Protocolos Hoi An de la UNESCO (UNESCO, 2009) ofrecen directrices profesionales para preservar la autenticidad de los sitios de patrimonio en el contexto de las identidades culturales diversas y perdurables de Asia. A pesar de estas pautas universales, las mejores prácticas de gestión varían de un continente a otro, incluso de un país a otro, por una variedad de razones, incluidos los fondos disponibles para administrar los paisajes y las edificaciones históricas, así como el número de visitantes.

En las áreas protegidas de todo el mundo se encuentran edificaciones históricas; a veces incluso pueden ser la razón del área protegida, o pueden ser incidentales a la razón principal, por ejemplo, las cabañas de ganaderos y mineros en el Parque Nacional Kosciuszko, Australia (véase el Capítulo 4). A menudo, la importancia de un rasgo construido no es evidente para todos, y mucho menos para un administrador de áreas protegidas. Por ejemplo, es posible que lo significativo no sea el tejido o la evidencia física, sino los eventos históricos asociados con el lugar.

Construcción familiar histórica en el Cooleman Homestead Complex, Parque Nacional Kosciuszko, Nueva Gales del Sur, Australia: una estructura conservada activamente por el Servicio Nacional de Parques y Vida Silvestre de Nueva Gales del Sur, según lo establecido en la Carta de Burra del ICOMOS

Fuente: Graeme L. Worboys

Etapa 1: recabar y analizar evidencias; describir los valores de patrimonio

Paso 1: identificar el sitio/lugar/paisaje y sus asociaciones

Paso 2: identificar/contactar personas o grupos con interés en el lugar

Paso 3: Recabar y registrar información sobre el lugar que sea suficiente para comprender su importancia (documental histórica, oral, física)

Paso 4: Brindar una descripción de los valores de patrimonio como una declaración de importancia

↓

Etapa 2: desarrollar políticas

Paso 5: identificar las obligaciones derivadas de los valores identificados y de patrimonio

Paso 6: recabar información sobre otros factores que afecten el futuro del lugar (necesidades y recursos del propietario/administrador, factores externos, condición física, restricciones)

Paso 7: desarrollar la política

↓

Etapa 3: implementar políticas y emprender una gestión continua

Paso 8: preparar un plan de gestión para la implementación de políticas

Paso 9: administrar el lugar de acuerdo con el plan de gestión

Paso 10: monitorear y revisar

Figura 22.5 Pasos en el proceso de planeación de la conservación

Fuente: adaptado del ICOMOS de Australia, 2013

En general, la forma en que se gestiona un rasgo construido depende de sus valores y del nivel de importancia de los valores. El proceso de asignar valores y luego evaluar la importancia marca el inicio del proceso de planeación de la conservación, que se discute más adelante.

El proceso de planeación de la conservación

Tal como se discutió en el Capítulo 4, la gestión y la conservación de los rasgos culturales, incluidos los paisajes culturales y la diversidad biocultural, deberían orientarse en una planeación cuidadosa y rigurosa de la conservación, a menudo por expertos en patrimonio. Esto implica desde un proceso de evaluación basado en valores, seguido de una serie de pasos bien definidos, hasta el informe y monitoreo del estado de los valores identificados (Figura 22.5). Estos pasos suelen articularse a través de un plan de manejo de la conservación, particularmente cuando el rasgo es sustancial o de gran importancia. Cualquiera de estos planes debería ser coherente con cualquier otro plan relevante para el área protegida.

La investigación exhaustiva de todas las fuentes disponibles conduce a una comprensión del lugar y permite una evaluación de sus valores. Los valores del patrimonio pueden residir en la forma, los materiales, la artesanía y el entorno del lugar, y también en las asociaciones y recuerdos que las personas tengan con un lugar. Los valores del patrimonio difieren de una cultura a otra y de diferentes períodos de la historia social. Asimismo, estos valores están estrechamente vinculados con la autenticidad tanto en el tejido como en la evidencia documental asociada. El documento de Lennon (2006) contiene información útil sobre los valores, la autenticidad y la importancia. En la Tabla 22.1 se muestran los cinco valores identificados por el ICOMOS de Australia (véase también el Capítulo 4).

Tabla 22.1 Valores del patrimonio cultural

Tipo de valor cultural	Descripción
Valor estético	Percepción sensorial, como forma, escala, color, textura y material del tejido, o los olores y sonidos asociados con el lugar y su uso
Valor histórico	Un lugar ha influido sobre, o ha sido influenciado por, una figura, un evento, una fase o una actividad histórica; sitio de un evento importante
Valor científico/de investigación	Importancia de los datos; rareza, representatividad, grado en que el lugar puede contribuir con información sustancial
Valor social	Cualidades por las que un lugar se ha convertido en un foco de sentimiento espiritual, político, nacional u otro sentimiento cultural para un grupo mayoritario o minoritario
Valor espiritual	Se utiliza para capturar el vínculo entre los humanos y el lugar/entorno natural, y es más específico que lo social o lo estético

Fuente: ICOMOS de Australia, 2013

Una vez se identifican los valores y existe un consenso entre las partes interesadas (no siempre es fácil de lograr), una evaluación de la importancia cultural demuestra el grado en que los rasgos del patrimonio poseen los valores definidos. Se prepara una declaración clara y concisa de la importancia cultural, la cual puede ser para un rasgo en su totalidad o puede haber enunciados aparte para elementos separados que constituyan un rasgo grande y complejo.

Mientras que la primera etapa se centra en el lugar en sí, la segunda etapa se ocupa del desarrollo de políticas, con una ponderación de las obligaciones derivadas de la evaluación de importancia contra los factores externos que puedan influir en la gestión futura del lugar. Por ejemplo, no sería útil tener una política de restauración total de una edificación si no hay fondos disponibles.

Es probable que la segunda etapa implique largas discusiones entre el profesional del patrimonio, los administradores del parque y las partes interesadas. Una vez se desarrollen las políticas, puede prepararse un plan de gestión que las convierta en objetivos y acciones priorizadas y financiadas. El plan de gestión debe incluir un proceso efectivo de monitoreo y revisión. Un plan de gestión de la conservación debe ser claro sobre lo que es y lo que no es aceptable para el rasgo del patrimonio; por ejemplo, si una edificación puede moverse, si el patrimonio mueble puede trasladarse a un museo, la cantidad de nuevos tejidos que pueden introducirse, el tipo apropiado de muebles a utilizar y la cantidad de fondos que se asignarán para mantener una edificación vieja o abandonada. En el momento de desarrollar un plan de gestión de la conservación, sería importante considerar los siguientes factores:

- **Uso de visitantes**: debe evaluarse la sostenibilidad de los niveles de visitantes para determinar si son compatibles con la retención del significado cultural del área protegida.
- **Interpretación**: en caso de que exista un uso por parte del público, deben delinearse los métodos para revelar al público los valores significativos del lugar. Esto puede implicar el tratamiento de un tejido para mostrar sus significados históricos, el uso del lugar de una manera consistente con su uso original, el uso de material interpretativo introducido o el empleo de personas locales como guías.
- **Restricciones sobre la investigación**: pueden existir razones culturales, sociales, éticas o religiosas que impidan o limiten la investigación del paisaje cultural o el acceso a sitios históricos por parte de investigadores, trabajadores o el público.
- **Futuros desarrollos que puedan darse**: el plan de conservación debe examinar los posibles desarrollos futuros y su impacto sobre los valores de patrimonio. Los desarrollos de cualquier escala también deben evaluarse por medio de procedimientos para la evaluación del impacto ambiental y estrategias de mitigación apropiadas.

El objetivo es un plan de conservación factible que pueda adaptarse a las condiciones cambiantes, al tiempo que se conserva la importancia de los valores de patrimonio expresados en el lugar.

El plan de manejo puede incorporar condiciones para escenarios alternativos, lo que permite que el administrador responda a los cambios en el uso o la condición física del lugar. Las acciones de tratamiento pueden ir desde el mantenimiento y la restauración cíclica hasta la continuación de los modos de vida tradicionales o la reutilización adaptativa. Antes de que comience cualquier trabajo, debe evaluarse cuidadosamente la idoneidad de los tratamientos particulares. La idoneidad de los tratamientos también variará según el tipo de área protegida y la escala del impacto. Por ejemplo, en los paisajes diseñados puede darse la reconstrucción de elementos faltantes, como en el Paisaje Cultural de Lednice-Valtice, patrimonio mundial, en la República Checa, uno de los paisajes artificiales más grandes de Europa; la rehabilitación y restauración luego de los daños en los jardines del Palacio de Hampton Court en el Reino Unido; y la reconstrucción por medio de la replantación de cincuenta mil árboles en Versalles después de las fuertes tormentas de 1999 que devastaron los jardines franceses formales que se remontan a la época de Luis XIV.

También son útiles los principios de gestión para los lugares incluidos en el registro del Patrimonio Nacional de Australia.

La popular caminata de Mala guiada por un guardaparques en la base de Uluru y hacia la garganta de Kantju, Parque Nacional Uluru-Kata Tjuta, Territorio del Norte, Australia. Esta caminata presenta espectaculares salientes y cuevas, pinturas aborígenes y sitios de especial importancia para la comunidad aborigen. La protección de estos rasgos viene dada por el diseño de plataformas de observación elevadas y la ruta del sendero

Fuente: Graeme L. Worboys

- Los objetivos en la gestión de los paisajes de patrimonio son identificar, proteger, conservar, presentar y transmitir, a todas las generaciones, sus valores de patrimonio.
- La gestión de los lugares de patrimonio debe no solo emplear los mejores conocimientos, habilidades y estándares disponibles para estos lugares, sino también incluir continuos aportes técnicos y de la comunidad para las decisiones y acciones que puedan tener un impacto significativo sobre sus valores de patrimonio.
- La gestión de los paisajes de patrimonio debe respetar todos los valores del lugar.
- La gestión de los lugares de patrimonio debe garantizar que su uso, presentación e interpretación de los visitantes sean consistentes con la conservación de sus valores de patrimonio.
- La administración de los sitios de patrimonio debe contemplar una participación oportuna y apropiada de la comunidad, especialmente de las personas que tengan un interés particular en el lugar o una asociación con el mismo, y que puedan verse afectadas por la gestión del lugar.
- Los pueblos indígenas son la principal fuente de información sobre el valor de su patrimonio, y su participación activa en la identificación, evaluación y gestión es esencial para la protección efectiva de los valores del patrimonio indígena.
- La gestión de los paisajes de patrimonio debería brindar un seguimiento, revisión e información regular sobre la conservación de los valores patrimoniales de los sitios (Department of the Environment, 2014).

Altar con incrustaciones de madreperla, Iglesia del Sagrado Corazón, antigua Misión Aborigen de la bahía de Beagle, Península de Dampier, Territorio del Norte, Australia. La iglesia fue construida en 1890 por monjes trapenses franceses y atrae ingresos para la comunidad aborigen local por medio de donaciones
Fuente: Sue Feary

Para mantener vivos los valores asociativos, es importante conservar las asociaciones culturales, tal como se detalla en la evaluación de la importancia realizada como parte del proceso de planeación de la conservación. Esto requiere que los líderes de los grupos comunitarios, los titulares de conocimientos y los administradores de las áreas protegidas cooperen y colaboren entre sí. Esto puede incluir programas de educación, actividades de temporada, reuniones intergeneracionales y festivales para transmitir rituales y artesanías, el idioma y el orgullo por el vestuario local. Aunque los valores pueden ser dinámicos, estos evolucionan y cambian. La evaluación de la condición y el conocimiento sobre estos valores debe actualizarse y, por lo tanto, las estrategias de gestión deben estar en capacidad de cambiar para proteger los valores expresados de las áreas protegidas.

Gestión de visitantes en sitios históricos

Muchas edificaciones históricas están abiertas al público, a veces para recaudar fondos que ayuden a su mantenimiento. El plan de conservación para edificaciones históricas debería identificar el tipo de circulación de visitantes y su frecuencia a lo largo de pasillos, corredores o escalinatas específicas. Por ejemplo, cuando visitan el Palacio Real en Londres, los visitantes pueden dirigir su atención a estatuas emblemáticas o a murales de primer orden como indicadores del tipo de colecciones en exhibición. Cuando se visitan edificaciones históricas sensibles, es posible que se solicite una lectura en silencio o el uso de visitas audiovisuales autoguiadas, con horarios restringidos. En los templos históricos en Kioto, Japón, los visitantes pueden acceder a ciertas habitaciones de la planta principal, solo si se quitan los zapatos o si usan los cubre-zapatos desechables provistos por la administración. Las edificaciones históricas que exhiben colecciones bibliográficas entregan a los visitantes autorizados máscaras para la boca y guantes de algodón.

Otros impactos sobre las edificaciones y los monumentos históricos pueden incluir la acumulación de hollín y polvo en las superficies expuestas, así como la contaminación visual y acústica en áreas urbanas. Los sitios de patrimonio deberían tener un espacio de amortiguamiento, por ejemplo, un jardín. Este amortiguamiento puede mejorar estos problemas y proporcionar un espacio de privacidad para el sitio.

Un gran número de visitantes puede generar un gran impacto sobre el patrimonio construido, lo que puede mejorarse de varias maneras. Los números pueden limitarse a un máximo en cualquier momento, las áreas construidas abiertas al público pueden restringirse, o el sitio puede cerrarse en ciertas épocas del año. No obstante, el apoyo del público puede disminuir, a menos que existan buenos programas educativos que expliquen la necesidad de tomar tales medidas.

Las señales normativas internacionales en Angkor Wat, Camboya, se utilizan para ayudar a proteger el sitio de la contaminación física (restos de comida, colillas de cigarrillos y basura) y acústica, y para lograr una vestimenta culturalmente aceptable. Los escalones de madera ayudan a proteger la entrada de piedra del intenso tráfico peatonal
Fuente: Graeme L. Worboys

Los ingresos también pueden disminuir, lo que podría tener consecuencias negativas para la autoridad de gestión y las comunidades locales.

Alternativamente, los sitios pueden "endurecerse". En el Sitio Histórico del Parque Throsby (Throsby Park Historic Site), una enorme hacienda georgiana de arenisca en Nueva Gales del Sur, Australia, las frágiles alfombras se cubrieron con plástico resistente para permitir que los visitantes caminaran por la edificación sin causar daños. Pueden construirse pasarelas elevadas alrededor de los sitios arqueológicos, como en Çatal Hüyük, de ocho mil años de antigüedad, patrimonio mundial, en Turquía (véase el Capítulo 4), o en los refugios rocosos que contengan galerías de pinturas antiguas. Es crucial que se haga un monitoreo de los impactos de los visitantes para garantizar que los servicios no se sobrecarguen y se dañe un tejido importante, y para identificar cuándo se necesitan obras para conservar la importancia del lugar.

Cuando corresponda, la señalización debe ser multilingüe. Los visitantes del sitio deben tener a su disposición algunos folletos, siempre que estos no causen un problema de basura. En el sitio también podría desarrollarse un centro de recursos, donde los visitantes puedan tener acceso a una información relevante sobre la historia del sitio y la importancia cultural. Los enlaces a los sitios de redes sociales deben exhibirse claramente para aquellos que deseen vincularse con otras personas y bloguear sus experiencias.

Lo más importante es que los arquitectos, arqueólogos, guardaparques, comunicadores, ecólogos, sociólogos y otros profesionales involucrados en los sitios de patrimonio deben recibir una instrucción sobre determinado sitio y una capacitación que les presente la filosofía y las técnicas de conservación, restauración y operación del sitio, conforme apliquen a la ubicación específica.

En algunos casos, los turistas pueden experimentar el patrimonio cultural sin verlo directamente. Por ejemplo, las obras de arte en las paredes de las cavernas pueden ser demasiado frágiles para someterse a los turistas y su aliento rico en dióxido de carbono. Los visitantes no pueden ingresar a estas cuevas; en cambio, reciben una instrucción visual en centros de interpretación diseñados para acomodar a un gran número de personas que llegan al lugar, como en las Cuevas de Altamira cerca de Antillana del Mar, Cantabria, en el norte de España.

Si se requiere de acceso al sitio, los senderos especiales pueden marcarse con una estricta dirección de circulación y señales claras que hagan que la experiencia se explique por sí sola. Siempre que sea posible, son deseables los senderos interpretativos con una señalización ilustrativa que permitan el acceso de discapacitados. Es posible que también se requieran notificaciones sobre no utilizar el *flash* para las fotografías u otras prácticas invasivas de observación.

Gestión de los rasgos de patrimonio en un mundo cambiante

Los sitios de patrimonio importantes pueden verse afectados por muchos eventos, tanto naturales como humanos. Por ejemplo, los procesos generados por el cambio climático, como el derretimiento de los glaciares, pueden amenazar a los santuarios en las zonas montañosas. Un ejemplo de un caso extremo de intervención humana es la eliminación del complejo del Gran Templo de Abu Simbel para permitir la construcción de la represa de Asuán en Egipto. La estructura fue completamente reconstruida en otra ubicación con los mismos materiales y el mismo diseño de la estructura original. El rasgo original se cortó en bloques y las piezas se volvieron a ensamblar en su nueva ubicación (Fitzgerald, 2008).

En el lado positivo, las estructuras antiguas que quedaron bajo el agua por procesos naturales o por razones sociopolíticas pueden servir como exhibiciones subacuáticas *in situ* que los turistas pueden ver al bucear (véase el Capítulo 4 sobre patrimonio subacuático). Bucear alrededor de estructuras sumergidas es una forma relativamente nueva de turismo que se está haciendo popular en las aldeas hundidas de Ngibtal y Babeldaob en Palaos, Micronesia, en la península de Yucatán en el Caribe y en algunos naufragios de la ruta comercial romana en el Mediterráneo. Aún no se determina la sostenibilidad de esta actividad, ya que el saqueo es un peligro constante (Guérin *et al.*, 2010).

Gestión de la investigación en los sitios arqueológicos

Si bien la mayoría de las naciones y sus instituciones de enseñanza tienen principios y políticas bien establecidos para orientar la investigación en los sitios de patrimonio, cada sitio tiene sus propias circunstancias únicas con las que los profesionales deben familiarizarse. Por ejemplo, cuando se necesite una excavación arqueológica en un área protegida para obtener datos relevantes que permitan comprender o manejar el sitio, debe prevalecer la mejor práctica arqueológica, no solo en relación con las metodologías de excavación, sino también para asegurar la remoción y el depósito seguro del sedimento excavado, para mantener la integridad del paisaje del área protegida o de los bienes culturales, y cuando sea relevante, la tranquilidad y el ritmo lento del estilo de vida de las comunidades en la región.

En general, la maquinaria pesada de excavación no se permite en las excavaciones arqueológicas dentro de un área protegida, aunque esto se orientará en los planes de gestión y las estrategias de conservación pertinentes. Siempre que sea posible, debe emplearse a los miembros de la comunidad local para ayudar con la investigación arqueológica. Esto no solo ofrece empleo a nivel local, también permite que las personas se conecten con su patrimonio a través de la participación directa en la investigación y la gestión, como en el caso de la Banda Oriental de los Cherokee en la operación del museo y el centro comunitario en Carolina del Norte. La participación de los aborígenes australianos en la investigación arqueológica es un requisito, no solo de las autoridades regulatorias estatales y nacionales, sino también de los comités de ética de la mayoría de las universidades en Australia.

Gestión y conservación de registros

Si bien los administradores de áreas protegidas en el mundo occidental han trabajado con la tecnología informática durante muchas décadas, hay países donde el *hardware* y el *software* no están disponibles. Idealmente, los archivos, los registros y los materiales de archivo, incluidos mapas, diseños y fotografías, deben digitalizarse y salvaguardarse dentro de un sistema electrónico, con al menos tres copias de seguridad almacenadas en ubicaciones diferentes. El Comité Internacional de Documentación del Patrimonio Cultural (International Committee for Documentation of Cultural Heritage, CIPA), una de las subdivisiones técnicas del ICOMOS, no solo brinda asesoría sobre la adquisición de datos e información con el fin de documentar el patrimonio cultural, sino también gestiona la información y ofrece educación y capacitación a diferentes niveles. El buen mantenimiento de los archivos de los registros históricos, que son un patrimonio en sí mismos, es un elemento crítico de la gestión del patrimonio cultural. La UNESCO cuenta con pautas para manejar los registros históricamente relevantes (CIPA, 2007).

Hay muchos países en los que las instalaciones y los servicios de computación, archivo y catalogación son limitados, inexistentes o incipientes. Un ejemplo son las Islas Salomón, cuyos archivos ubicados en la capital de la nación, Honiara, contienen muchos registros escritos, incluidos los de la colonización británica, y la historia de las actividades de iglesias y misioneros durante muchas décadas. Un suministro de electricidad poco confiable, los desastres naturales, la falta de equipos y de capacitación de la población local ponen estos valiosos registros en gran riesgo. El gobierno de las Islas Salomón resolvió el problema con la asistencia extranjera del Gobierno de Australia a otros países y una alianza con la Universidad Nacional de Australia para digitalizar muchos de sus registros. Se solicitaron voluntarios bajo el esquema de Voluntarios Australianos en el Extranjero para escribir los manuales y capacitar al personal en el manejo de los registros. También se obtuvieron fondos para comprar un generador y así combatir los inevitables cortes de electricidad a diario.

Conclusión

En este capítulo vimos cómo las filosofías de las áreas protegidas respondieron y cambiaron para adaptarse a nuevos conceptos tales como los paisajes culturales y el patrimonio biocultural. Estos conceptos reconocen el uso humano pasado y vigente de los ambientes de áreas protegidas y nos muestran un camino a seguir en la gestión de las áreas protegidas y sus preciosos valores naturales y culturales. En muchas partes del mundo, una forma efectiva de mantener los valores del patrimonio cultural de las áreas protegidas es a través del uso continuo por parte de las personas para prácticas espirituales y culturales o para su subsistencia. Este uso continuo mantiene el valor del patrimonio en una posición destacada y en algunos casos podría significar la mejor protección para los valores naturales y culturales.

Este capítulo promovió la importancia de adoptar un enfoque integrado para la gestión de la cultura y la naturaleza, y brindó una orientación sobre cómo lograrlo mediante estudios de caso y ejemplos. Consideramos la importancia del proceso de planeación de la conservación en la gestión del patrimonio cultural, y cómo los valores respaldan la evaluación de la importancia cultural, que luego forma una base para las políticas y los objetivos de una manera racional y transparente.

Se exploró la gestión de algunos aspectos del patrimonio cultural material, en particular la apertura para el turismo de masas de edificaciones del patrimonio y de lugares religiosos sagrados. Una gran parte del capítulo se dedicó a la discusión sobre la gestión de los sitios sagrados de las religiones principales, tanto naturales como construidos. Muchos de estos sitios tienen un valor universal reconocido, son bien conocidos y reciben altos niveles de visitas por parte de peregrinos y turistas, lo que exige una gestión activa.

Referencias

Lecturas recomendadas

Amend, T.; Brown, J.; Kothari, A.; Phillips, A. y Stolton, S. (eds.). (2008). *Protected Landscapes and Agro-Biodiversity Values*, Values of Protected Landscapes and Seascapes Series, Vol. 1. Heidelberg, Alemania: IUCN y GTZ, Kasparek-Verlag.

Apgar, J.; Ataria, J. y Allen, W. (2011). Managing beyond designations: supporting endogenous processes for nurturing biocultural development. *International Journal of Heritage Studies*, 17(6), 555-570.

Argumedo, A. (2008). The Potato Park, Peru: conserving agrobiodiversity in an Andean indigenous biocultural heritage area. En: T. Amend, J. Brown, A. Kothari, A. Phillips y S. Stolton (eds.). *Protected Landscapes and Agrobiodiversity Values*, pp. 45-58, Protected Landscapes and Seascapes Series, Vol. 1. Heidelberg, Alemania: IUCN y GTZ, Kasparek-Verlag.

Australia International Council on Monuments and Sites (Australia ICOMOS). (2013). *The Burra Charter: The Australia ICOMOS charter for places of cultural significance.* Melbourne: Australia ICOMOS Secretariat.

Berkes, F. y Folke, C. (1998). *Linking Social and Ecological Systems: Management practices and social mechanisms for building resistance.* Cambridge: Cambridge University Press.

Bernbaum, E. (1997). *Sacred Mountains of the World.* Berkeley: University of California Press.

(2006). Sacred mountains: themes and teachings. *Mountain Research and Development,* 26, 304-309.

(2007). Great Smoky Mountains (shagonage) and Qualla boundary: Tennessee and North Carolina, southern Appalachian Mountains, United States of America. En: J.-M. Mallarach y T. Papayannis (eds.). *Nature and Spirituality in Protected Areas: Proceedings of the first workshop of the Delos Initiative,* pp. 201-218. Gland y Barcelona: IUCN y Publicacions de lAbadia de Montserrat.

Blattel, A.; Gagnon, G.; Côté, J. y Brown, J. (2008). Conserving agro-biodiversity on the Gaspé Peninsula of Québec, Canada. A potential role for *paysage humanisé* designation. En: T. Amend, J. Brown, A. Kothari, A. Phillips y S. Stolton (eds.). *Protected Landscapes and Agrobiodiversity Values,* pp. 96-104, Protected Landscapes and Seascapes Series, Vol. 1. Heidelberg, Alemania: IUCN y GTZ, Kasparek-Verlag.

Borrini-Feyerabend, G. (2002). Interview on local communities and protected areas. *Parks,* 12(2), 2-5.

Dudley, N.; Jaeger, T.; Lassen, B.; Pathak, N.; Phillips, A. y Sandwith, T. (2013). *Governance of Protected Areas: From understanding to action,* Best Practice Protected Area Guidelines Series, No. 20. Gland: IUCN.

Brown, J. (En prensa [a]). Stewardship of protected landscapes by communities: diverse landscapes, diverse governance models. En: K. Taylor, A. St Clair y N. Mitchell (eds.). *Cultural Landscapes: Preservation challenges in the 21st century.* Nueva York: Routledge.

(En prensa [b]). Bringing together nature and culture: integrating a landscape approach in protected areas policy and practice. En: R. Gambino y A. Peano (eds.). *Nature Policies and Landscape Policies: Towards an alliance.* Torino, Italia: European Documentation Centre on Nature Park Planning and Springer Verlag.

Hay-Edie, T. (2013). COMPACT: *Engaging communities in the stewardship of world heritage.* Nueva York: UNDP.

Kothari, A. (2011). Traditional agricultural landscapes and community conserved areas: an overview. *Management of Environmental Quality,* 22(2), 139-153.

Mitchell, B. y Beresford, M. (eds.). (2005). *The Protected Landscape Approach: Linking nature, culture and community.* Gland: IUCN.

Cepek, M. (2012). *A Future for Amazonia: Randall Borman and Cofán environmental politics.* Austin: University of Texas Press.

Conservation Studies Institute. (2005). *A Handbook for Managers of Cultural Landscapes with Natural Resource Values.* Woodstock, Estados Unidos: US National Park Service. Recuperado de: www.nps.gov/csi

Department of the Environment. (2014). *Managing National Heritage Places.* Canberra: Government of Australia. Recuperado de: www.environment.gov.au/topics/heritage/about-australias-heritage/national-heritage

Dudley, N. (ed.). (2008). *Guidelines for Applying Protected Area Management Categories.* Gland: IUCN.

Stolton, S. (eds.). (2012). *Protected Landscapes and Wild Biodiversity.* Values of Protected Landscapes and Seascapes Series, Vol. 3. Gland: IUCN.

Higgins-Zogib, L. y Mansourian, S. (2005). *Beyond Belief: Linking faiths and protected areas to support biodiversity conservation.* Manchester y Gland: WWF, Equilibrium and the Alliance of Religions and Conservation (ARC).

Environmental Information System of Colombia (SIAC). (2014). *Indian Reservation.* Recuperado de: www.siac. gov.co/Estado_Ecosistemas_Bosque/Resguardos_indigenas1.aspx

Finke, G. (2012). *Landscape Interfaces: World heritage cultural landscapes and IUCN protected areas.* Gland: IUCN World Heritage Programme.

(2013). *Linking Landscapes: Exploring the relationships between World Heritage cultural landscapes and IUCN protected areas.* Gland: IUCN.

Fitzgerald, S. (2008). *Ramses II: Egyptian pharaoh, warrior and builder.* Nueva York: Compass Point Books.

Gilligan, B. (2006). *The National Reserve System Programme Evaluation: Indigenous Protected Area programme*. Canberra: Australian Department of Environment and Heritage.

Guérin, U.; Egger, B. y Penalva, V. (eds.). (2010). *Underwater Cultural Heritage in Oceania*. París: The Society for International Cultural Exchange, UNESCO.

Harmon, D. y Putney, A.D. (2003). *Full Value of Parks: From the economics to the intangible*. Lanham, Estados Unidos: Rowman y Littlefield.

Hay-Edie, T.; Howard, P.; Martin, G. y McCandless, S. (2011). The roles of local, national and international designations in conserving biocultural diversity on a landscape scale. *International Journal of Heritage Studies*, 17(6), 527-536.

Infield, M. y Mugisha, M. (2013). *Culture, Values and Conservation: A review of perspectives, policies and practices*. Cambridge: Fauna and Flora International.

International Committee for Documentation of Cultural Heritage (CIPA). (2007). *Recording, Documentation and Information Management for the Conservation of Heritage Places: Guiding principles*. Los Ángeles: CIPA, ICOMOS y UNESCO, The Getty Conservation Institute.

International Council on Monuments and Sites (ICOMOS). (1987). *The Dresden Declaration on Colonial Buildings*. París: UNESCO-ICOMOS.

Kothari, A.; Camill, P. y Brown, J. (2013). Conservation as if people also mattered: policy and practice of community-based conservation. *Conservation and Society*, 11(1), 1-15.

Lennon, J. (2006). Cultural heritage management. En: M. Lockwood, G. L. Worboys y A. Kothari (eds.). *Managing Protected Areas: A global guide*, pp. 448-473. Londres: Earthscan.

Lino, C. F. y Britto de Moraes, M. (2005). Protecting landscapes and seascapes: experience from coastal regions of Brazil. En: N. Mitchell and M. Beresford (eds.). *The Protected Landscape Approach: Linking nature, culture and community*, pp. 163-178. Gland: IUCN.

Loh, J. y Harmon, D. (2005). A global index of biocultural diversity, *Ecological Indicators* 5: 231-241.

Mallarach, J.-M. (ed.). (2008). *Protected Landscapes and Cultural and Spiritual Values*. Heidelberg, Alemania: IUCN, GTZ y Obra Social la Caixa Catalunya.

(2012). *Spiritual Values of Protected Areas of Europe: Workshop proceedings*. Bonn: BfN Bundesamt für Naturschutz.

Papayannis, T. (eds.). (2007). *Protected Areas and Spirituality: The proceedings of the first workshop of the Delos Initiative*. Gland y Barcelona: IUCN y Publicacions de lAbadia de Montserrat.

Comas, E. y de Armas, A. (2012). *El patrimonio inmaterial: valores culturales y espirituales–manual para su incorporación en las áreas protegidas*. Madrid: Ed. Fundación Fernando González Bernáldez.

Melnick, R. (1984). *Cultural Landscapes: Rural historic districts in the national Parks, system*. Washington D.C.: US National Park Service.

Mitchell, N.; Rössler, M. y Tricaud, P.-M. (2009). *World Heritage Cultural Landscapes: A handbook for conservation and management*. París: UNESCO World Heritage Centre.

Nash, R. (2001). *Wilderness and the American mind*, 4ª ed. New Haven, Estados Unidos: Yale University Press.

National System of Protected Areas (SINAP). (2014). National System of Protected Areas (Sistema Nacional de Áreas Protegidas). Colombia: Runap. Recuperado de: parquesnacionales.gov.co/index/contenido/seccion/acercaderunap

Papayannis, T. y Mallarach, J.-M. (eds.). (2009). *The Sacred Dimension of Protected Areas: Proceedings of the second workshop of the Delos Initiative*. Gland y Atenas: IUCN y Med-INA.

Parque de la Papa. (2013). *The Potato Park as an Indigenous Biocultural Heritage Area (IBCHA)*. Perú: Parque de la Papa. Recuperado de: www.parquedelapapa.org/eng/03parke_01.html

Phillips, A. (2003). Cultural landscapes: IUCNs changing vision of protected areas. En: M. Rössler (ed.). *Cultural Landscapes: The challenges of conservation*. World Heritage Papers, No. 7. París: UNESCO World Heritage Centre.

Posey, D. (ed.). (1999). *Cultural and Spiritual Values of Biodiversity*. Nairobi: UNEP.

Price, M.; Byers A.; Friend, D.; Kohler, T. y Price, L. (eds.). (2013). *Mountain Geography: Physical and human dimensions*. Berkeley: University of California Press.

Pungettti, G.; Oviedo, G. y Hooke, D. (eds.). (2012). *Sacred Species and Sites: Advances in biocultural conservation*. Nueva York: Cambridge University Press.

Rodwell, D. (2007). *Conservation and Sustainability in Historic Cities*. Oxford: Blackwell.

Rössler, M. (2003). Linking nature and culture: world heritage cultural landscapes. En: M. Rössler (ed.). *Cultural Landscapes: The challenges of conservation*. World Heritage Papers, No. 7. París: UNESCO World Heritage Centre.

(2005). World heritage cultural landscapes: a global perspective. En: J. Brown, N. Mitchell y M. Beresford (eds.). *The Protected Landscape Approach: Linking nature, culture and community*, pp. 37-46. Gland: IUCN.

Russiaenhoven, F.J.W.; Mijatovic, D. y Eyzaguirre, P.B. (2011). Social-ecological indicators of resilience in agrarian and natural landscapes. *Management of Environmental Quality*, 22(2), 154-173.

Sarmiento, F.O. y Hitchner, S. (eds.). (En prensa). *Indigenous Revival and Sacred Sites Conservation in the Americas*. Environmental Anthropology and Ethnobiology Series. Nueva York: Berghahn Books.

X. Viteri O. (En prensa). Discursive heritage: sustaining Andean cultural landscapes amidst environmental change. En: A. St Clair, K. Taylor y N. Mitchell (eds.). *Cultural Landscapes: Preservation challenges in the 21st century*. Nueva York: Routledge.

Schaaf, T. y Lee, C. (eds.). (2006). *Conserving Cultural and Biological Diversity: The role of sacred natural sites and cultural landscapes. International Symposium, Tokyo*. París: UNESCO.

Sierra Nevada de Santa Marta. (2014). Página web. www.sacredland.org/sierra-nevada-de-santa-marta/

Taylor, K. y Lennon, J. (2011). Cultural landscapes: a bridge between culture and nature. *International Journal of Heritage Studies*, 17, 6.

(eds.). (2012). *Managing Cultural Landscapes*. Nueva York: Routledge.

Te Heuheu, T.; Kawharu, M. y Tuheiva, R. (2012). World heritage and indigeneity. *World Heritage* 62(1), 8-17.

United Nations Educational, Scientific and Cultural Organization (UNESCO). (2001). *Thematic Experts Meeting on Asia-Pacific Sacred Mountains, Final Report*. París y Tokio: UNESCO, Agency for Cultural Affairs of Japan and Wakayama Prefectural Government.

(2009). *Hoi An Protocols for Best Conservation Practice in Asia*. Bangkok: UNESCO.

United States National Park Service (NPS). (2014). *Guidelines for the Treatment of Cultural Landscapes: Defining landscape terminology*. Washington D.C.: US National Park Service. Recuperado de: www.nps.gov/tps/standards/four-treatments/landscape-guidelines/terminology.htm

Verschuuren, B.; Wild, R.; McNeely, A. y Oviedo, G. (eds.). (2010). *Sacred Natural Sites: Conserving nature and culture*. Londres: Earthscan.

Wild, R. y McLeod, C. (eds.). (2008). *Sacred Natural Sites: Guidelines for protected area managers*. Gland: IUCN.

Williams, L. (2003). Keeping a sweet tradition alive. *Russian Conservation News*, 32, 2-4. Recuperado de: www.wild-russia.org

Xu, J.; Ma, E.T.; Tashi, D.; Fu, Y.; Lu, Z. y Melick, D. (2006). Integrating sacred knowledge for conservation: cultures and landscapes in southwest China. *Ecology and Society*, 10(2), 7. Recuperado de: www.ecologyandsociety.org/vol10/iss2/art7/

CAPÍTULO 23

MANEJO DE VISITANTES

Autores principales:
Anna Spenceley, Jon Kohl, Simon McArthur, Peter Myles, Marcello Notarianni, Dan Paleczny, Catherine Pickering y Graeme L. Worboys

Contenido

IUCN WCPA WORLD COMMISSION ON PROTECTED AREAS Convention on Biological Diversity

AUTORES PRINCIPALES

ANNA SPENCELEY es consultora con sede en Sudáfrica, presidenta del Grupo de Especialistas en Áreas Protegidas y Turismo de la Comisión Mundial de Áreas Protegidas (CMAP) de la Unión Internacional para la Conservación de la Naturaleza (UICN) y miembro del Grupo de Expertos de la Alianza Global sobre Turismo Sostenible.

JON KOHL con sede en Costa Rica, es facilitador y coordinador del Consorcio de Planeación del Uso Público para el Patrimonio Mundial y especialista en interpretación del patrimonio y diseño de la experiencia del visitante.

SIMON McARTHUR es consultor con sede en Australia y trabaja en planeación, viabilidad y desarrollo del turismo de interés especial. Ha desarrollado modelos de turismo sostenible en China, Bahamas, Australia y Canadá.

PETER MYLES trabaja en Sudáfrica, está registrado en la Organización Mundial del Turismo (OMT) de las Naciones Unidas como colaborador turístico y es miembro del comité directivo que fundó la Sociedad Internacional de Turismo Costero y Marino.

MARCELLO NOTARIANNI es consultor con sede en Italia, con más de dieciséis años de experiencia en el desarrollo sostenible del turismo. Es un experto panelista para la OMT de la ONU, la CMAP de la UICN y la Organización Internacional del Trabajo (OIT).

DAN PALECZNY es director de política, planeación y relaciones aborígenes con el Departamento de Medio Ambiente en Yukón, Canadá, y miembro del Grupo de Especialistas en Áreas Protegidas y Turismo de la CMAP.

CATHERINE PICKERING es profesora del Instituto de Investigación sobre Futuros Ambientales, Universidad de Griffith, Australia.

GRAEME L. WORBOYS es co-vicepresidente de Conservación de la Conectividad y Montañas de la Comisión Mundial de Áreas Protegidas de la Unión Mundial para la Conservación de la Naturaleza y becario adjunto en la Escuela Fenner, Universidad Nacional de Australia.

AGRADECIMIENTOS

Pema Bhutia y Katherine Turner prepararon estudios de caso para este capítulo. Aquí se reconoce el uso de apartes de estudios e investigaciones sobre vida silvestre y áreas protegidas publicados por el Centro de Investigación Cooperativa sobre Turismo Sostenible, Australia.

CITACIÓN

Spenceley, A.; Kohl, J.; McArthur, S.; Myles, P.; Notarianni, M.; Paleczny, D.; Pickering, C. y Worboys, G.L. (2019). Manejo de visitants. En: G.L. Worboys, M. Lockwood, A. Kothari, S. Feary e I. Pulsford (eds.). *Gobernanza y gestión de áreas protegidas*, pp. 765-802. Bogotá: Editorial Universidad El Bosque y ANU Press.

FOTOGRAFÍA DE LA PÁGINA DEL TÍTULO

Visitantes, Cataratas Yosemite, Parque Nacional Yosemite, EE.UU.
Fuente: Graeme L. Worboys

Introducción

A las áreas protegidas asisten muchos tipos diferentes de visitantes. Estos pueden ser invitados oficiales a un parque nacional, investigadores que trabajan en una reserva natural estricta, voluntarios que ayudan con un programa de trabajo en el parque nacional, grupos educativos que aprenden sobre el patrimonio cultural o natural especial o personas que llevan a cabo sus negocios dentro de un área protegida, incluidos contratistas y propietarios de tiendas. Es importante destacar que los visitantes también incluyen turistas y excursionistas. En este capítulo examinamos brevemente los tipos de visitantes que los administradores de áreas protegidas podrían tener que abordar y las consideraciones de gestión asociadas con este uso por parte de los visitantes. No obstante, en este capítulo nos centramos en el turismo y su gestión. De acuerdo con la categoría de área protegida de la Unión Internacional para la Conservación de la Naturaleza (UICN), el turismo y la recreación son usos comunes de las personas que visitan la mayoría de las áreas protegidas, quienes contribuyen de manera importante a las economías locales y nacionales. Como parte de la gestión de áreas protegidas para los turistas, describimos un marco de gestión que brinda no solo una gama de oportunidades de recreación dentro de las reservas, sino también servicios e instalaciones para los visitantes y las respuestas de gestión frente al impacto de los visitantes.

El imperativo de la conservación

La Unión Internacional para la Conservación de la Naturaleza (UICN) facilitó el desarrollo de una definición internacionalmente aceptada de áreas protegidas. Esta definición establece que un área protegida es "[un] espacio geográfico claramente definido, reconocido, dedicado y gestionado, mediante medios legales u otros tipos de medios eficaces para conseguir la conservación a largo plazo de la naturaleza, de sus servicios ecosistémicos y sus valores culturales asociados" (Dudley, 2008, p. 8).

Cada palabra de la definición es importante (véase el Capítulo 2) y brinda una orientación sólida para la gestión del turismo dentro de las áreas protegidas. Específicamente, "dedicado" significa un compromiso vinculante a largo plazo del área protegida con la conservación de la naturaleza y "gestionado" significa que se toman medidas activas a fin de conservar los valores naturales (y posiblemente otros) para los que se estableció el área protegida. Además, "a largo plazo" reconoce que las áreas protegidas deben manejarse a perpetuidad y no como una estrategia de gestión temporal o de corto plazo, y "naturaleza" siempre se refiere a la biodiversidad, a nivel genético, de especies y de ecosistemas, y también a la geodiversidad, a los accidentes geográficos y a los valores naturales más amplios (Dudley, 2008). Los "valores culturales" incluyen aquellos que no interfieren con el resultado principal de la conservación de la biodiversidad (Dudley, 2008).

Esta definición orienta el manejo de los visitantes y del turismo en las áreas protegidas, y según Dudley (2008), se aplican los siguientes principios:

- La conservación de la biodiversidad y de la naturaleza debe primar en las decisiones.
- Cualquier práctica de explotación o manejo que sea perjudicial para los objetivos de la designación debe evitarse o eliminarse cuando sea necesario.
- El manejo de los visitantes y del turismo debe operar bajo la guía de un plan de manejo y un programa de monitoreo y evaluación que respalde la gestión adaptativa.

El uso de las áreas protegidas por parte de los visitantes es una parte integral de la operación cotidiana de las áreas protegidas (Tablas 23.1 y 23.2). Este uso brinda oportunidades educativas, genera beneficios recreativos, desarrolla el apoyo del público para la protección y puede ofrecer beneficios para las comunidades locales y residentes en consonancia con los otros objetivos de la gestión (Dudley, 2008). En todas las categorías de áreas protegidas de la UICN, tal uso puede darse bajo la forma de actividades de investigación científica de bajo impacto y monitoreo ecológico que estén relacionados y sean consistentes con los valores del área protegida (Dudley, 2008). En algunas categorías de áreas protegidas, el turismo ofrece beneficios económicos fundamentales. En particular, las áreas protegidas de la Categoría II de la UICN brindan oportunidades de uso por parte de los visitantes y el turismo. La UICN cuenta con directrices sólidas para el uso de las áreas protegidas de la Categoría II por parte de los visitantes, y los objetivos complementarios de la gestión para esta categoría son "[manejar] el uso de los visitantes con fines de inspiración, educativos, culturales y recreativos a un nivel en el que no cause una degradación biológica o ecológica significativa de los recursos naturales;", y "[contribuir] a las economías locales mediante el turismo" (Dudley, 2008, p. 16).

Los administradores y las agencias de áreas protegidas enfrentan una tensión constante respecto al manejo de estos dos objetivos para las áreas de la Categoría II y de otras categorías. Es posible que sea muy difícil de lograr el equilibrio correcto, especialmente en el contexto de una industria turística que suele ser exigente y en favor del desarrollo, y que está bien conectada. La tensión

Visitantes, Parque Nacional Banff, Canadá
Fuente: Graeme L. Worboys

Estudiantes de geología que visitan e investigan la Costa Jurásica, sitio de patrimonio mundial, y sus secuencias geológicas del Triásico, Jurásico y Cretácico, Costa de Dorset y East Devon, Reino Unido
Fuente: Graeme L. Worboys

puede incluir dos formas de ver el mundo. Una forma es conservar la condición natural de un destino para las generaciones futuras (respaldada por el propósito de establecer el área protegida) y la otra es una perspectiva de la industria del turismo que cree que es "obvio" que una ubicación tan privilegiada y espectacular se desarrolle para el turismo. A menudo, no puede haber una afectación si se quiere preservar la condición natural e intergeneracional de un destino.

Algunas veces, los grupos de cabildeo en favor del desarrollo que buscan el acceso a lugares privilegiados describen las áreas protegidas como "bloqueadas". Por supuesto, en oposición a este reclamo están los millones de visitas anuales a las áreas protegidas en todo el mundo, como las Islas Galápagos, el Parque Nacional Yellowstone, las Cataratas Victoria, el Parque Nacional Kruger y la Gran Barrera de Coral. Por ejemplo, Australia, con una población de 20,3 millones de personas en 2005, tuvo 108 millones de visitas a sus áreas protegidas (Worboys, 2007). "Bloqueado" también puede ser un eufemismo para los desarrollos no permitidos con el fin de favorecer la conservación de los valores naturales, que es, por supuesto, el objetivo primordial de un área protegida. Además de ser especiales por no estar desarrollados, los valores naturales de las áreas protegidas contribuyen cada año de manera activa y positiva a la sociedad de múltiples maneras distintas al turismo (véase el Capítulo 6). Bajo un manejo efectivo (véase el Capítulo 28) y un uso sostenible, estos beneficios no disminuirán, sino que contribuirán a perpetuidad.

Manejo de visitantes

Tipos de visitantes

Las áreas protegidas se han designado para lograr la conservación a largo plazo no solo de la naturaleza, sino también de los servicios ecosistémicos y los valores culturales (Capítulo 2). Los administradores deben responder y satisfacer las necesidades de los visitantes oficiales al área protegida (Tabla 23.1), ya que ellos suelen tener necesidades especiales. Esto puede incluir servicios especiales de apoyo tales como acceso, transporte, servicios públicos, seguridad y necesidades administrativas especiales. Además de dicho "uso oficial" por las comunidades indígenas y locales, y de las agencias de áreas protegidas responsables de su gestión (Tabla 23.1), el uso de las áreas protegidas por parte de los visitantes, incluido el turismo, ayuda a los administradores a proteger, conservar y apreciar los valores para los que se estableció el área (Tabla 23.2). El uso de las áreas protegidas es una consideración cultural (véanse los Capítulos 4 y 22) y varios tipos de uso se consideran apropiados. La UICN reconoce seis categorías de áreas protegidas, cuyos objetivos de gestión ayudan a definir el propósito de cada reserva (véanse los Capítulos 2 y 8). Esto a su vez ayuda a identificar los tipos de uso de los visitantes que son los más apropiados para un área protegida en particular (Tabla 23.2) (Dudley, 2008). Por ejemplo, el turismo suele ser una característica especial de las áreas protegidas de la Categoría II de la UICN, aunque está subordinado a los principales objetivos de conservación del patrimonio de estas áreas. El turismo en sí mismo incluye una amplia gama de usos (Tabla 23.2).

Tabla 23.1 Tipos de visitantes oficiales en las áreas protegidas (incluidos los territorios y áreas conservados por pueblos indígenas y comunidades locales, así como las áreas protegidas privadas)

Visitantes	Propósito de las visitas	Categorías de áreas protegidas de la UICN					
		I	II	III	IV	V	VI
Miembros de la comunidad responsables de un área protegida	Todos los aspectos de la gestión de la conservación en tierras indígenas y en áreas conservadas por la comunidad	✓	✓	✓	✓	✓	✓
Miembros de la comunidad local, de pueblos indígenas o de operadores privados involucrados en un área protegida	Posible emprendimiento turístico de una comunidad ancestral o tradicional, o de un privado, con un uso sostenible oficial y aprobado de los recursos naturales (respectivamente) de un área indígena, de un área conservada por la comunidad o de un área protegida privada. Esto puede incluir el pastoreo de renos, la pesca y la caza (con niveles acordados de captura de peces), o cuotas privadas de caza	✓	✓	✓	✓	✓	✓
Administrador de áreas protegidas	Planeación, monitoreo, investigación, respuesta a las amenazas, respuesta a los incidentes, aplicación de la ley, manejo de visitantes	✓	✓	✓	✓	✓	✓
Trabajador de áreas protegidas	Implementación del programa de trabajo, como el control de animales plaga, incluida la caza, el control de malezas, el control de incendios y la restauración de suelos erosionados	✓	✓	✓	✓	✓	✓
Contratista de áreas protegidas	Programa de trabajo delegado que se implementa en nombre de una organización de áreas protegidas	✓	✓	✓	✓	✓	✓
Personal militar	Programa delegado para proteger los recursos de conservación del patrimonio	✓	✓	✓	✓	✓	✓
Personal de servicio a la comunidad	Funcionarios de organizaciones como la policía, los bomberos o las ambulancias que tienen un rol oficial dentro del área protegida		✓	✓		✓	✓
Arrendatario	Persona o empresa con el derecho legal de llevar a cabo cierto uso de un área protegida, como los servicios de alojamiento o guía		✓	✓			
Licenciatario	Persona o empresa con el derecho legal de proporcionar servicios dentro de un área protegida, como el transporte de visitantes o la eliminación de desechos		✓	✓			
Personas muy importantes	Invitados oficiales de un gobierno, de la organización de áreas protegidas o de la administración del área protegida	✓	✓	✓	✓	✓	✓

Fuente: adaptado de Dudley, 2008

Tabla 23.2 Uso indicativo de los visitantes de áreas protegidas

Tipo de visitante	Tipo de uso del visitante	Categorías de áreas protegidas de la UICN					
		I	II	III	IV	V	VI
Voluntarios (oficialmente reconocidos y apoyados)	Bomberos y personal de búsqueda y rescate	✓	✓	✓	✓	✓	✓
	Mantenimiento y restauración de sitios históricos		✓	✓	✓	✓	✓
	Mantenimiento de senderos		✓	✓	✓	✓	✓
	Eliminación de plantas introducidas	✓	✓	✓	✓	✓	✓
	Protección de la fauna, como la vigilancia y protección del sitio de anidación de aves migratorias	✓	✓	✓	✓		
	Soporte de los servicios para visitantes, como guardias de campamento o guías voluntarios		✓	✓		✓	✓
	Investigadores, como los que realizan una evaluación de la biodiversidad	✓	✓	✓	✓	✓	✓

Tipo de visitante	Tipo de uso del visitante	Categorías de áreas protegidas de la UICN					
		I	II	III	IV	V	VI
Investigadores (permitidos oficialmente)	Todos los aspectos de la investigación del patrimonio natural, incluida la medición de la línea base, las tendencias en las condiciones y los procesos de los ecosistemas, y la investigación del patrimonio cultural y social	✓	✓	✓	✓	✓	✓
Usuarios comerciales (permitidos oficialmente)	Cineastas de naturaleza		✓			✓	✓
	Servicios de acceso para los visitantes, incluidos animales de carga, bicicletas, taxis, autobuses, aviones, lanchas a motor y motos de nieve, entre otros		✓			✓	✓
Turistas y excursionistas (uso sostenible)	Visitantes enfocados en la educación		✓	✓	✓	✓	✓
	Turistas en vehículos, ciclismo, fotografía, pintura		✓	✓		✓	✓
	Personas que hacen picnic, caminan, hacen senderismo o acampan		✓	✓		✓	✓
	Estudio de la naturaleza y conocimiento cultural		✓			✓	✓
	Orientación, carreras a campo traviesa		✓			✓	✓
	Uso de rutas oficiales de equitación, ciclismo de montaña, 4x4 y motocicletas		✓			✓	✓
	Uso sostenible (como la cacería aprobada por la administración en áreas protegidas privadas y la pesca)						✓
	Vuelo sin motor, ala delta, parapente, vuelo en globos de aire caliente, previa aprobación		✓			✓	✓
	Actividades acuáticas, pesca, natación, bronceado, canotaje, paseos en bote, navegación, *rafting*		✓			✓	✓
	Esquiadores de nieve y hielo, practicantes de tabla sobre nieve, escaladores de hielo		✓			✓	✓
	Montañismo y espeleología		✓	✓		✓	✓
Usuarios espirituales y culturales (oficialmente avalados y apoyados)	Acceso formal a las áreas protegidas por razones espirituales, ceremoniales y culturales, como las rutas de acceso tradicionales	✓	✓	✓	✓	✓	✓
Usuarios conmemorativos (oficialmente avalados y apoyados)	Acceso a áreas protegidas con fines conmemorativos, como visitantes que regresan a sitios de importancia cultural dentro de un área protegida		✓	✓		✓	✓

Fuente: adaptado de Dudley, 2008

Gente "fuera del radar"

Algunas personas que visitan las áreas protegidas no están autorizadas y no desean ser detectadas mientras se encuentran allí, incluidas las personas involucradas en actividades ilegales y delictivas. Tales actividades incluyen la recolección no autorizada de recursos naturales en las áreas protegidas (caza furtiva, recolección de madera, agricultura), el cultivo de drogas como la marihuana, y personas no autorizadas que usan el área como un lugar para vivir.

Las consideraciones de seguridad para los visitantes son críticas. Observación del tigre de Bengala en estado salvaje (*Panthera tigris*) desde los elefantes (*Elephas maximus*), Parque Nacional Bandhavgarh, India

Fuente: Ashish Kothari

Consideraciones de manejo

Existe una gran variación en el uso de las áreas protegidas, ya sea oficial o de los visitantes. Esto inmediatamente introduce una gama de consideraciones de manejo (Tabla 23.3). La identificación de estas necesidades de manejo por el uso de los visitantes también expone un principio clave: las áreas protegidas siempre deben ser el destino natural protegido, cuando sea posible, con una infraestructura limitada y discreta para los visitantes u otros usos. Por supuesto, las áreas protegidas de la categoría V se gestionan de manera diferente (véase el Capítulo 8). Por motivos logísticos o de seguridad, también pueden existir excepciones para las áreas protegidas de las categorías I-IV, como el alojamiento en algunas de las mayores áreas protegidas de vida silvestre en África.

Tabla 23.3 Consideraciones de la gestión de visitantes para las áreas protegidas

Consideraciones de gestión	Notas
Política y planeación	
Uso adecuado	Existe un estándar mínimo aceptable para el visitante respetuoso y el uso oficial de cada área protegida que es consistente con sus valores, propósito y objetivos. Esto debe articularse y comunicarse, y es especialmente relevante cuando existen residentes oficiales dentro de las áreas protegidas
Diversidad de oportunidades de esparcimiento	Idealmente, para un área protegida de la Categoría II, habrá una gama de oportunidades de esparcimiento disponibles. Algunas de estas incluirán deliberadamente destinos naturales no desarrollados
Niveles de servicio	Las organizaciones de áreas protegidas deben identificar el nivel de servicio que brindarán en los destinos de los visitantes. Típicamente, esto estará vinculado a una evaluación de gestión de riesgos, las categorías del espectro de oportunidades de esparcimiento y las limitaciones del presupuesto disponible
Gestión de la oferta y la demanda	Las estrategias de mercadeo para visitantes y su influencia sobre la demanda deben estar directamente relacionadas con la capacidad de ofrecer un destino confiable y de alta calidad
Desarrollo económico compatible	Las áreas protegidas juegan un papel importante en las economías locales. El desafío es mantener la calidad del destino protegido de tal manera que las áreas locales siempre se beneficien del uso
Operacional	
Calidad del sitio	Los destinos limpios, bien diseñados, libres de residuos, libres de malezas, bien mantenidos, sin vandalismo y seguros son una parte integral de las áreas protegidas que albergan visitantes. Esto requiere un trabajo y una inversión constantes por parte de las organizaciones de áreas protegidas
Información para los visitantes	La información básica para los visitantes antes de su llegada a un área protegida, la información durante su visita y la información después de su visita son inversiones importantes. Esto podría incluir todo tipo de información sobre el alojamiento para investigadores visitantes; información en mapas para excursionistas; información sobre los sitios donde puede observarse la vida silvestre para entusiastas de la naturaleza; señales sobre la ubicación de los cortafuegos para los miembros de las brigadas de voluntarios y otros tipos de información. La información puede comunicarse por diferentes medios
Información sobre los visitantes	Es crítico que la administración conozca los datos básicos sobre el uso de los visitantes. Esto puede incluir datos básicos de presencia y ausencia, contribuciones de horas voluntarias, retroalimentación sobre el servicio al cliente, actitudes de los visitantes y otros datos
Requisitos de cuarentena	Es posible que en muchas áreas protegidas se necesiten requisitos estrictos de cuarentena, en especial en las áreas protegidas de la Categoría Ia. Esto ayudará a proteger las áreas protegidas de la propagación de patógenos, malezas y animales plaga
Acceso	En las áreas protegidas puede ofrecerse un rango de accesos que por lo general se planea cuidadosamente. El acceso puede ser a pie, en animales de apoyo, en automóvil, en avión, en barcos y en vehículos sumergibles, y a través de una variedad de estructuras tales como caminos, senderos, carreteras, túneles y puentes
Instalaciones	Puede ofrecerse una variedad de instalaciones recreativas que sean adecuadas para un área protegida y estén orientadas por un marco de planeación. Típicamente, tales instalaciones son discretas, y a menudo reflejan el ambiente cultural y social de su entorno. Muchas áreas protegidas (o zonas dentro de ellas, como las zonas de vida silvestre) conservarán ambientes sin instalaciones como base para conservar una diversidad de oportunidades de esparcimiento

Consideraciones de gestión	Notas
Apoyo del personal	Los asistentes de la estación de entrada, los oficiales de información, los oficiales de campo y los guardaparques estarán bien informados, entrenados y uniformados, y ofrecerán una valiosa guía y comunicación que ayude a que los visitantes disfruten de su tiempo dentro de un área protegida. Aprender sobre los valores naturales y culturales de un área es una característica clave del ecoturismo que es muy valorada por estos visitantes
Disfrute silencioso	Con un enfoque en la conservación de la biodiversidad y la naturaleza, existe la expectativa básica de que los visitantes del área protegida puedan participar y disfrutar de un ambiente respetuoso con la naturaleza. Los administradores deben ser perceptivos a los impactos de disfrute del visitante, los cuales incluyen la contaminación del aire y ruido
Manejo de multitudes	Pueden presentarse aglomeraciones en los destinos populares durante las horas de mayor afluencia. La planeación y aplicación de los límites de uso de los visitantes en las áreas protegidas no solo respaldan los niveles de uso ecológicamente sostenibles, sino también ayudan a asegurar condiciones adecuadas que permitan el acceso del personal de respuesta en caso de una emergencia. Para aquellos que prefieren áreas con poca gente, esto ofrece un grado de confort social
Tensiones entre grupos	En algunas ocasiones, pueden surgir tensiones entre dos o más personas o entre grupos de personas. La planeación y la zonificación de las oportunidades de esparcimiento pueden ayudar a minimizar estas situaciones. Los sistemas para reservar el uso del sitio pueden ayudar a minimizar la tensión entre los grupos
Seguridad	La seguridad de los visitantes es primordial y la vigilancia es obligatoria. Se espera que las áreas protegidas completen las evaluaciones de gestión de riesgos, de tal manera que puedan garantizar que su personal está debidamente capacitado para enfrentar los incidentes de seguridad, y que el equipo o el apoyo necesarios están disponibles, en servicio y en alerta
Instalaciones sanitarias	Típicamente, las instalaciones sanitarias son indispensables dentro de las áreas protegidas. Estas pueden variar en su sofisticación; sin embargo, siempre deben estar limpias y con un mantenimiento adecuado
Administración	
Administración de ingresos	La gestión de los ingresos, como la recaudación de las tarifas de entrada o por acampar, requerirá el manejo de dinero en efectivo y otros ingresos, y traerá consigo los requisitos de seguridad y de auditoría
Manejo de alojamiento	Es posible ofrecer alojamiento para turistas, investigadores visitantes y trabajadores de áreas protegidas. El manejo del alojamiento conlleva responsabilidades en materia de reservaciones, manejo de ingresos, limpieza, servicio, mantenimiento y consideraciones de seguridad
Alimentos y bebidas	Puede ofrecerse el servicio de restaurante e instalaciones de autoservicio, ya sea por parte de la administración o por un licenciatario o arrendatario. Estos pueden pagar un alquiler a los administradores de áreas protegidas y ofrecer un medio para el empleo y la adquisición de bienes y servicios a nivel local
Instalaciones comerciales	Dentro de las áreas protegidas pueden operar tiendas que venden artesanías, regalos, mapas, guías turísticas, equipos de observación de la vida silvestre y alimentos. Tales instalaciones requerirán servicios de apoyo que incluyen servicios públicos, seguridad e inspecciones de salud

Gestión del turismo

En las áreas protegidas, la gestión activa del turismo es crucial para garantizar que las futuras generaciones puedan disfrutar de los recursos naturales y culturales que protegen. Es importante aprender sobre la industria del turismo, los intereses y el comportamiento de los visitantes, no solo para planear mejor las instalaciones y las actividades en las áreas protegidas, sino también para definir las estrategias de gestión adecuadas. Del mismo modo, es fundamental comprender el alcance, los tipos y las intensidades de los impactos del turismo y las formas de prevenirlos, minimizarlos y revertirlos.

La gestión del turismo en las áreas protegidas es crucial porque el turismo de naturaleza solo puede ser sostenible si se conservan los bienes naturales y culturales. En todo el mundo existen muchos ejemplos de cómo el turismo puede ser benéfico al brindar motivación y apoyo para la conservación del medio ambiente. De hecho, sin el incentivo financiero para la conservación que se deriva del turismo es posible que muchos organismos del sector público no presten mucha atención a la protección del medio ambiente natural (Swarbroke, 1988).

El principal riesgo del turismo de naturaleza es que también amenaza con destruir los recursos de los que depende. Por lo tanto, los impactos de las visitas sobre estos recursos deben manejarse, dirigirse y mitigarse cuidadosamente, y la cuestión clave es determinar qué impactos son aceptables (Eagles *et al.*, 2002; Newsome *et al.*, 2002). Para planear el turismo en las áreas protegidas e identificar las estrategias de manejo adecuadas, es importante aprender más sobre la industria del turismo y los intereses y comportamientos de estos y otros visitantes.

Definición de turismo

La Organización Mundial del Turismo de las Naciones Unidas (UNWTO, 2014a) tiene las siguientes definiciones.

- Viaje/turismo: el viaje se refiere a la actividad de los viajeros. Un viajero es alguien que se mueve entre diferentes ubicaciones geográficas, para cualquier propósito y duración. El visitante es un tipo particular de viajero y, en consecuencia, el turismo es un subconjunto del viaje.
- Turista: un visitante (doméstico, receptor o emisor) se clasifica como turista (o visitante que pernocta) si su viaje incluye una pernoctación.
- Visitante: un visitante es una persona que viaja a un destino principal distinto al de su entorno habitual, por una duración inferior a un año, con cualquier finalidad principal (ocio, negocios u otro motivo personal) que no sea la de ser empleado por una entidad residente en el país o lugar visitados. Un visitante (interno, receptor o emisor) se clasifica como turista (o visitante que pernocta), si su viaje incluye una pernoctación, o como visitante del día (o excursionista) en caso contrario.

En relación con las áreas protegidas, en este capítulo utilizamos una definición más específica en la que un turista se refiere a alguien que viaja y pernocta fuera de casa por disfrute o recreo y las actividades que van con esto, e incluye industrias y servicios que buscan satisfacer las necesidades de los turistas (Worboys *et al.*, 2005).

Turismo sostenible

Uno de los resultados de la Cumbre de la Tierra de 1992 en Río fue un plan de acción mundial llamado Agenda 21. En relación con el turismo, la Agenda 21 promovió como estrategia para el desarrollo sostenible la formulación de programas de turismo ambientalmente racionales y culturalmente sensibles (UN, 1992). Las Naciones Unidas subrayaron la necesidad de un enfoque equilibrado para el desarrollo sostenible y sugirieron que el desarrollo económico, el desarrollo social y la protección del medio ambiente son tres componentes interdependientes del desarrollo sostenible que se refuerzan mutuamente (UN, 1997). Elkington (1997) se refirió a esta búsqueda simultánea de prosperidad económica, calidad ambiental y equidad social como el "triple resultado final" del desarrollo sostenible. Como tal, el turismo sostenible se define como el "[turismo] que tiene plenamente en cuenta las repercusiones actuales y futuras, económicas, sociales y medioambientales para satisfacer las necesidades de los visitantes, de la industria, del entorno y de las comunidades anfitrionas" (UNEP y UNWTO, 2005, pp. 11-12).

Turismo socialmente sostenible en áreas protegidas

El uso socialmente sostenible también puede tener una mayor sensibilidad en las áreas protegidas, especialmente cuando existe el potencial de impactar las comunidades dentro de las áreas protegidas o cuando las aglomeraciones pueden resultar en una experiencia menos satisfactoria para el visitante. Debe prestarse una atención especial a las comunidades anfitrionas, como en los sitios del patrimonio mundial, con el deseo de conservar la integridad cultural de estas comunidades.

Turismo financieramente sostenible en áreas protegidas

Idealmente, la importancia de mantener los ingresos del turismo para un área protegida individual y para una organización de áreas protegidas se relaciona con ayudar a respaldar un servicio al cliente de calidad y destinos seguros y limpios. Los administradores de áreas protegidas deben responder a las necesidades comerciales –por ejemplo, para evitar que los visitantes tengan experiencias negativas, puede programarse el horario/cronograma de las operaciones de manejo como la quema, el control de animales plaga, el control de malezas y las tareas de mantenimiento–.

Turismo ecológicamente sostenible en áreas protegidas

Algunas interpretaciones del "uso ambientalmente sostenible" se centran en consideraciones como la calidad del aire, la calidad del agua, la eliminación de desechos y el consumo de energía. El "uso ecológicamente sostenible" centra la atención en los ecosistemas y la biodiversidad (CoA, 1991). El turismo en áreas protegidas debe manejarse para obtener resultados ambiental y ecológicamente sostenibles. A fin de proteger los destacados valores universales inscritos,

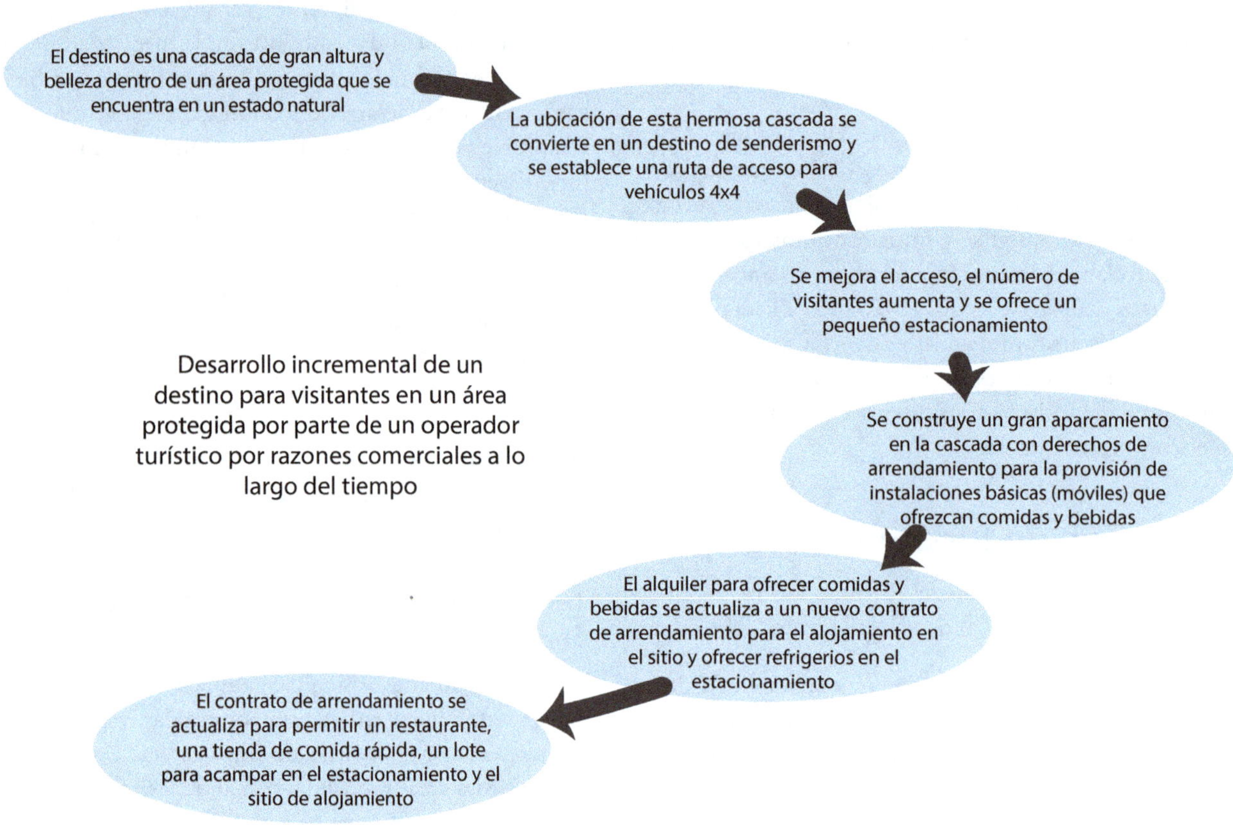

Figura 23.1 Ilustración de desarrollos incrementales impulsados por operadores de turismo dentro de áreas protegidas, para la hipotética atracción de una cascada

la Convención del patrimonio mundial y las Directrices Prácticas asociadas (UNESCO, 2011) recomiendan el uso ecológicamente sostenible de sus sitios de patrimonio mundial natural. La Directriz Práctica 119 advierte que los sitios de patrimonio mundial pueden soportar un uso ecológicamente sostenible, siempre que este no tenga un impacto adverso sobre los Valores Universales Excepcionales (UNESCO, 2011). Muchos de estos sitios de patrimonio mundial son áreas protegidas.

Las contribuciones de la gestión de áreas protegidas al turismo ecológicamente sostenible (en adelante denominado "turismo sostenible") pueden incluir:

- Asesorar a los visitantes sobre el cuidado sostenible especial que se implementa en el área protegida y cómo los visitantes ayudan con la gestión sostenible.
- Brindar oportunidades especiales de uso de bajo impacto para los visitantes, como ayudar a los investigadores con su recopilación de datos en las áreas protegidas.
- Minimizar los impactos sobre los destinos naturales al planear las oportunidades de esparcimiento, al determinar la naturaleza de las instalaciones que se ofrecerán (como no contar con instalaciones en algunos lugares) y al establecer límites en la planeación del uso de los visitantes para los sitios.
- Mediante un buen diseño y una planeación eficaz, armonizar las instalaciones con los contextos ambientales y sociales del entorno de las áreas protegidas y, si corresponde, maximizar la eficiencia energética y el uso de fuentes de energía renovables.
- Minimizar los impactos sobre la flora y la fauna nativas a través de la investigación, el monitoreo y la gestión adaptativa del uso de los visitantes y los límites de uso.
- Minimizar el consumo de energía para contribuir a una disminución en las emisiones de gases de efecto invernadero.
- Minimizar, reutilizar y reciclar los desechos sólidos y líquidos.
- Minimizar el consumo de los recursos de agua dulce.
- Con la licitación de oportunidades de turismo con licencia, dar preferencia a los operadores de turismo que posean credenciales apropiadas y reconocidas de la industria del turismo sostenible (como la ecocertificación de la industria o los premios a la excelencia en la gestión ambiental).
- Consistente con el plan de manejo del área protegida, brindar oportunidades económicas para las comunidades y empresas locales, incluida la propiedad de negocios turísticos, la provisión de

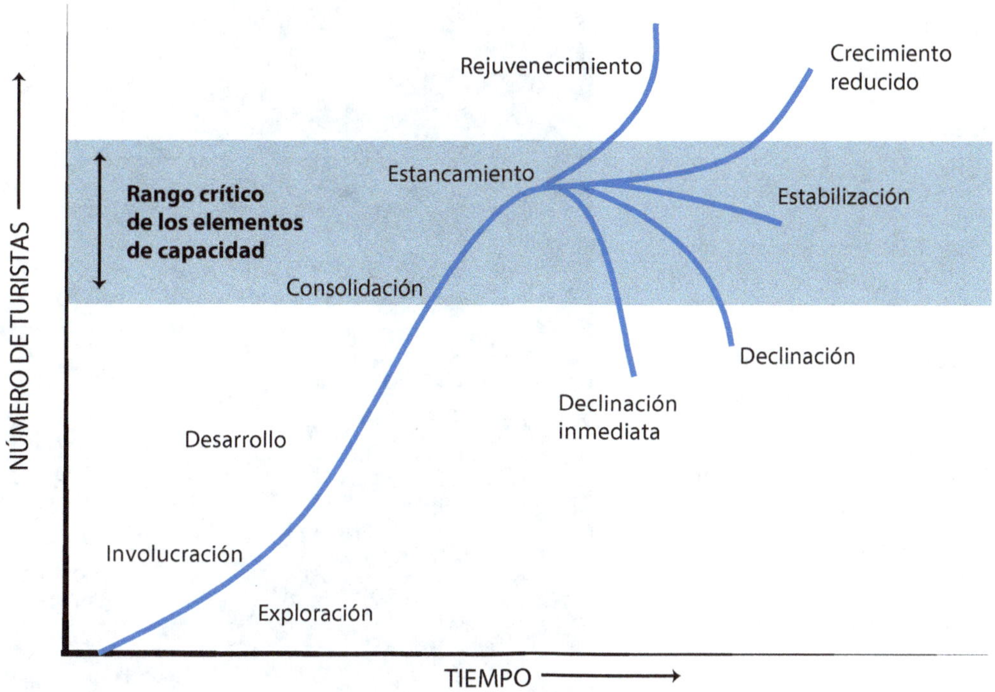

Figura 23.2 Ciclo de vida de un destino turístico de Butler
Fuente: adaptado de Butler, 1980

productos y servicios para el área protegida y sus visitantes, y el empleo dentro del área protegida.
- Comercialización con preferencia a atracciones culturales, particularmente aquellas que son de interés tanto para turistas como para residentes.

Las áreas protegidas son destinos preferidos por millones de personas en todo el mundo y de gran interés para la industria del turismo. Para muchos operadores de turismo, estas áreas son un destino principal que puede garantizar ingresos y lograr ganancias para los accionistas. Las ganancias son el foco, y el destino suele ser una fuente de ingresos. Cuando no existen directrices de gestión claras, obtener el acceso legal a un área protegida a través de un arrendamiento o una licencia de turismo puede, con el tiempo, conducir a un incremento en los desarrollos comerciales. Las decisiones comerciales conscientes, estratégicas e incrementales pueden transformar un antiguo sitio natural protegido en un sitio urbanizado (Figura 23.1). Por ejemplo, la sobre-comercialización de la tierra y el agua en las áreas protegidas de la Categoría II está generando desafíos en muchas partes del mundo (Dudley, 2008). La respuesta de la administración debe enfocarse en garantizar que los arrendamientos o licencias iniciales sean rigurosos y ayuden a proteger el destino natural a largo plazo.

Una forma de considerar los destinos de las áreas protegidas a lo largo del tiempo es con el modelo de Butler de un ciclo de vida de los productos turísticos (Butler, 1980). Butler conceptualizó el ciclo de vida de un producto turístico en el que los productos pasan por varias etapas durante su evolución, las cuales incluyen el desarrollo, la consolidación, el estancamiento, y la posibilidad de terminar en un declive (Figura 23.2). La relevancia del ciclo de vida de los destinos turísticos para las áreas protegidas radica en el desarrollo de destinos y productos turísticos sostenibles. Este propósito incorpora el objetivo de evitar las posibles etapas de estancamiento y declive del ciclo de vida al enfatizar el uso estable del turismo desde perspectivas económicas, ambientales, sociales y culturales.

Tipos de operadores de turismo

Trabajar con operadores turísticos dentro de las áreas protegidas es una parte fundamental para lograr resultados de turismo sostenible. En las áreas protegidas cada operación de turismo es diferente, y aunque todas las operaciones suelen respetar los requerimientos de arrendamiento o licencia, la experiencia en la gestión de las áreas protegidas ha demostrado que los operadores se ocupan del estatus de protección del destino turístico de diferentes maneras. Aquí se reconocen y describen tres paradigmas respecto a los enfoques de los operadores turísticos para las áreas protegidas (adaptado de Worboys *et al.*, 2005). Comprender estas diferencias es especialmente importante para los administradores de áreas protegidas que se encuentren en la negociación de acuerdos legales con los operadores de turismo.

Operación del ecoturismo

Una operación del ecoturismo dentro de un área protegida:

- Tiene licencia para operar.
- Ofrece servicios básicos como acceso, alojamiento, transporte y comida.
- Funciona sobre una base comercial; algunas ganancias pueden devolverse al área protegida y a las comunidades locales.
- Tiene una política corporativa que afirma un compromiso con el medioambiente, la sociedad, la cultura y la economía local.
- Cuenta con credenciales apropiadas de turismo sostenible de la industria (u otra).
- Tiene un enfoque proambiental.
- Brinda una educación ambiental de alta calidad a los visitantes, y también a los residentes locales.
- Emplea a la población local y compra productos y servicios locales para apoyar la economía local.
- Invierte en mejoramientos para la gestión ambiental.
- Trabaja estrechamente con los administradores para ayudar a cuidar el área protegida.

Operación rutinaria del turismo

Típicamente, una operación rutinaria del turismo dentro de un área protegida:

- Tiene licencia para operar.
- Ofrece servicios básicos como acceso, alojamiento, transporte y comida.
- Es profesional en su trabajo con la organización de áreas protegidas.
- Ejecuta una operación "con fines de lucro".
- Brinda una información básica de apoyo para los visitantes.
- No es necesariamente pro-área protegida o pro-ambiental.
- Puede hacer alguna contribución positiva ocasional al área protegida.
- No tiene un personal permanente con calificaciones ambientales.

Operación del turismo orientado al desarrollo

Típicamente, una operación de turismo orientado al desarrollo dentro de un área protegida:

- Cuenta con un contrato de arrendamiento o licencia para operar.

Ecoturistas y guías en una visita guiada al bosque lluvioso, cabeceras del Amazonas, Ecuador
Fuente: Graeme L. Worboys

- Ofrece servicios básicos como acceso, alojamiento, transporte y comida.
- Tiene un enfoque ideológico a favor del comercio y centrado en las ganancias.
- Paga por el arrendamiento o la licencia y realiza los trabajos obligatorios (legales).
- Utiliza un soporte legal y político de alto nivel para facilitar decisiones pro-comerciales dentro de un área protegida.
- Ve a las áreas protegidas como un sitio de destino, solo con fines comerciales.
- Tiene una baja tolerancia a las consideraciones de gestión ambiental y solicitudes de acciones de conservación.
- Brinda empleo con base en el turismo.
- Ofrece un servicio eficiente para los visitantes.
- No tiene empleados permanentes con experiencia en la gestión ambiental.

En general, las operaciones de turismo (negocios) dentro de las áreas protegidas se compran y venden a lo largo del tiempo. Al negociar los contratos de arrendamiento a largo plazo para las operaciones turísticas, los administradores de áreas protegidas siempre deben negociar los términos y condiciones como si se tratara de una operación de turismo orientado al desarrollo.

Números y tipos de turistas

Según los pronósticos de la OMT, la llegada de turistas internacionales tendrá un crecimiento anual del 4% al año entre 2013-2020. En 2013, hubo 1,087 millones de llegadas internacionales (UNWTO, 2014b). Este crecimiento previsto tiene repercusiones directas para los administradores de áreas protegidas de todo el mundo, quienes tendrán que gestionar activamente el turismo dentro de las áreas protegidas.

Existe una amplia gama de sectores turísticos relacionados con las áreas protegidas, como el turismo de masas, el turismo de naturaleza, el turismo de aventura, el ecoturismo, el turismo de conservación, el turismo cultural, el turismo voluntario, el turismo educativo y el turismo religioso.

El turismo de masas es sinónimo de un gran número de visitantes que realizan actividades con una diferenciación y una inmersión limitadas en la autenticidad. Por lo general, los visitantes se "desconectan" y se vuelven ambivalentes con su entorno y con cualquier expectativa del anfitrión. En consecuencia, es menos probable que el turismo de masas logre los objetivos de gestión de las áreas protegidas en comparación con algunos de los sectores turísticos de nicho descritos a continuación.

El turismo de naturaleza se describe como toda forma de turismo que "utilice los recursos naturales en forma silvestre o no desarrollada –incluidas las especies, el hábitat, el paisaje, el panorama y los rasgos de agua dulce y salada–. El turismo de naturaleza es un viaje con el propósito de disfrutar de la vida silvestre o de las áreas naturales no desarrolladas" (Goodwin, 1996, p. 15).

El turismo de aventura es una forma de turismo de naturaleza que incorpora un elemento de riesgo, mayores niveles de esfuerzo físico y, a menudo, la necesidad de habilidades especializadas –por ejemplo, el *rafting* en el Parque Nacional del Gran Cañón, EE.UU.– (Buckley, 2006).

El ecoturismo es un subconjunto del turismo de naturaleza con una ética más fuerte. Este fue definido por La Sociedad Internacional de Ecoturismo como un viaje responsable a las áreas naturales para conservar el medio ambiente y mejorar el bienestar de la gente local (TIES, 1990), y por Frangialli (2001, p. 4) como "toda forma de turismo en la que la principal motivación de los turistas sea la observación y la apreciación de la naturaleza, que contribuye con la conservación y que genera mínimos impactos sobre el medio ambiente natural y el patrimonio cultural".

El turismo de conservación toma aún más la ética del ecoturismo, y se define como el turismo que funciona como una herramienta de conservación –lo que supone una contribución neta positiva desde el punto de vista

Visitantes, templo de Ta Prohm, Angkor, Camboya
Fuente: Graeme L. Worboys

ecológico a la conservación efectiva de la diversidad biológica– (Buckley, 2010). El turismo de conservación involucra al turista en actividades de conservación durante parte o la mayoría de su experiencia. Los operadores turísticos, operadores de alojamiento y operadores de atracciones pueden ofrecer este tipo de turismo. Uno de los ejemplos más conocidos es aquel en el que las tierras con gran importancia para la conservación y un uso histórico de pastoreo o agricultura se compran, rehabilitan y manejan para la conservación de áreas protegidas, como las reservas de caza en África y las propiedades de Wildlife Conservancy en Australia.

El turismo cultural es un segmento del turismo que se centra en la cultura de un país, incluida la historia, el arte, la arquitectura y la religión. Este se originó como parte del "gran *tour*" del continente europeo por parte de la aristocracia en los siglos XVII, XVIII y XIX (Chee *et al.,* 1997). Este turismo también puede incluir el turismo en áreas rurales y áreas protegidas que exhiban un patrimonio cultural, como los sitios de arte antiguo, las edificaciones históricas y el patrimonio inmaterial. El patrimonio cultural inmaterial comprende "aquellas prácticas, expresiones, conocimientos y habilidades, así como los objetos asociados y los espacios culturales que las comunidades y los individuos reconocen como parte de su patrimonio cultural" (UNWTO, 2012, p. 2).

Cualquier tipo de descanso vacacional que incluya el servicio voluntario en el destino se considera turismo voluntario. El turista no recibe ningún tipo de compensación financiera mientras realiza diversos tipos de trabajo y en muchos casos debe proporcionar contribuciones financieras. Por ejemplo, los voluntarios en la Reserva Natural de la isla Montague, en Nueva Gales del Sur, pagan una tarifa para participar en el trabajo voluntario en la isla (Pacey, 2013).

El turismo educativo implica viajes para participar en experiencias educativas en la localidad y en el extranjero, pero no para inscribirse en un programa de estudios en el extranjero que otorgue créditos. Muchas organizaciones de voluntarios que están orientadas por misiones ofrecen viajes de aprendizaje para grupos escolares (en todos los niveles educativos, y en algunos casos para adultos) en los que obtienen una experiencia práctica en algunos campos culturales, científicos o de desarrollo comunitario, incluidas las áreas protegidas. Por ejemplo, la Reserva Biológica Bosque Nuboso Monteverde en Costa Rica, una reserva privada, tiene un importante enfoque educativo (TSC, 2014), al igual que la mayoría de las áreas protegidas de la Categoría II.

El turismo religioso, o turismo de fe, es cuando las personas viajan para peregrinaciones, misiones o actividades de relajación, como el acceso a sitios importantes dentro del Gran Parque Nacional del Himalaya en India, en lo que se refiere a importantes ceremonias religiosas (Weaver y Lawton, 2002).

Otros tipos de turismo que pueden realizarse en las áreas protegidas privadas y en las áreas protegidas de las categorías V y VI en particular incluyen el turismo rural, el agroturismo y el turismo de consumo (en los que la vida silvestre o las plantas se recolectan, cazan o pescan de manera administrada y sostenible).

La recreación es una actividad que se realiza voluntariamente, sobre todo por disfrute y satisfacción, durante el tiempo libre, y es una característica habitual de las áreas protegidas (Worboys *et al.,* 2005). En el marco de este capítulo, se considera que el término "turismo" también se refiere a la recreación.

Turistas nacionales versus extranjeros

Según la OMT, el turismo receptor comprende las actividades realizadas por un visitante no residente en el país de referencia, como parte de un viaje turístico receptor (UNWTO, 2014a). El turismo interno comprende el turismo interno más el turismo receptor, y abarca las actividades de los visitantes residentes y no residentes dentro del país de referencia como parte de los viajes turísticos nacionales o internacionales. El turismo emisor abarca las actividades realizadas por un visitante residente fuera del país de referencia, ya sea como parte de un viaje turístico emisor o como parte de un viaje turístico interno. Finalmente, el turismo internacional incluye el turismo receptor y el turismo emisor, incluidas las actividades realizadas por los visitantes residentes fuera del país de referencia como parte de sus viajes turísticos internos o emisores, y las actividades realizadas por los visitantes no residentes en el país de referencia como parte de sus viajes turísticos receptores.

Turistas de un solo día versus los que pernoctan

De acuerdo con su disponibilidad de tiempo y las instalaciones o productos ofrecidos por el destino, los turistas que pernoctan y los visitantes de un día participarán en diferentes tipos de actividades en las áreas protegidas. Es importante conocer cuántos visitantes pernoctan y cuántos son de un solo día para ayudar a evaluar los tipos de alojamiento, la infraestructura y los servicios que deben ofrecerse fuera de las áreas protegidas y para los destinos de un día dentro de los parques.

Tours organizados versus viajeros independientes

Los turistas pueden hacer parte de tours organizados o ser viajeros independientes. Los posibles visitantes del área protegida pueden comprar un paquete turístico a un operador turístico local o a un agente de viajes, ya sea a través de su hotel o resort todo incluido, o cada vez más a través de Internet. Las áreas protegidas ofrecen a las empresas de turismo la oportunidad de agregar valor a las excursiones que ofrecen, y para muchos operadores turísticos especializados, las visitas a sitios de alta calidad con reconocimiento mundial pueden ser importantes para las ventas. Por lo general, los *tours* grupales organizados están dirigidos por operadores turísticos autorizados, que suelen ser los responsables de informar claramente a los viajeros sobre sus derechos y obligaciones durante su visita a un área protegida.

Algunos visitantes pueden ser viajeros independientes y libres que hicieron arreglos basados en el voz a voz, por recomendaciones en redes sociales o por sugerencias de un hotel local, un guía turístico, una oficina de información turística o sitios web oficiales. En las áreas protegidas puede ser más difícil manejar las acciones de los turistas individuales que de los que van en *tours* organizados.

El trabajo con la industria del turismo

Establecer el contexto

Por lo general, el trabajo de los administradores de áreas protegidas con la industria del turismo comienza con la comprensión de las necesidades, expectativas

Figura 23.3 Escalas de los negocios turísticos

Fuente: adaptado de ONU Medio Ambiente (UNEP, 2005)

y oportunidades. Trabajar en conjunto requiere un reconocimiento inequívoco de que el turismo en las áreas protegidas debe ser coherente con los objetivos de las mismas, incluida la primacía de los objetivos de conservación y el reconocimiento de los costos y beneficios asociados con el turismo en dichas áreas. Los costos incluyen la provisión y el mantenimiento de la infraestructura turística y los impactos ambientales del turismo (incluidos los costos de minimizar los impactos y subsanar los daños una vez que ocurran). Los beneficios incluyen resultados sociales y económicos –por ejemplo, contrataciones y empleo a nivel local, y beneficios del servicio social local–.

¿Qué necesitan los operadores de turismo de los administradores de áreas protegidas?

La industria del turismo necesita para sus clientes destinos turísticos seguros, confiables, limpios, accesibles, bien administrados y adaptados al cliente. Esta industria también necesita que la administración de sus contratos de arrendamiento y licencias sea ordenada y con plazos amplios en caso de cualquier cambio (por ejemplo, las tarifas). Si es posible, las operaciones de áreas protegidas que puedan tener un impacto sobre el turismo, tales como obras viales, programas de reducción de incendios y programas de control de malezas y animales plaga deben realizarse durante tiempos de bajo uso por parte de los visitantes. Tales cortesías formarían parte de una alianza sana y positiva con los operadores de turismo. Más allá de estas necesidades clave hay muchos más requerimientos relacionados y de soporte, como proporcionar y mantener la infraestructura necesaria para el acceso, contar con instalaciones básicas para que los visitantes disfruten del área protegida, como refugios y amenidades, y ofrecer no solo una información relevante e interesante, sino también la interpretación sobre el área protegida para los visitantes.

¿Qué necesitan los administradores de áreas protegidas de los operadores de turismo?

Los administradores de áreas protegidas tienen múltiples responsabilidades y se concentran en una variedad de problemas, además, pueden verse beneficiados si los operadores de turismo dentro del parque pueden ayudar con la gestión al:

- Comunicar a sus invitados un mensaje sobre la importancia del área protegida y el trabajo que hacen los administradores "tras bambalinas" para que el área siga siendo especial.
- Identificar cualquier ayuda especial que los huéspedes puedan ofrecer para proteger el área –por ejemplo, no tocar las pinturas rupestres–.
- Identificar cómo su negocio contribuye positivamente a un mejor manejo del área protegida.
- Respetar las solicitudes de protección del área.

Beneficios del turismo bien manejado para las áreas protegidas

El turismo bien manejado puede contribuir a la gestión de las áreas protegidas al:

- Elevar el perfil del área protegida a nivel local, nacional e internacional.
- Llevar a los visitantes al área protegida, en particular a las personas que necesitan servicios e instalaciones para hacer el viaje.
- Interpretar para los visitantes los valores y los problemas de conservación y de gestión.
- Proporcionar una justificación económica para declarar y gestionar el área protegida (lo que genera

el gasto de los visitantes, el empleo e inversión en el área protegida o en la comunidad circundante).

- Proporcionar un apoyo financiero a las áreas protegidas a través del pago de cargos y tarifas.
- Proporcionar un apoyo de recursos humanos a través de la actividad del turismo de conservación.
- Proporcionar un apoyo político para la conservación del área protegida y los recursos necesarios para hacerlo de manera efectiva.

Planeación de la colaboración con la industria del turismo

La amplia gama de turistas y de empresas de viajes y turismo significa que los administradores de áreas protegidas deberán considerar una serie de estrategias para colaborar con la industria del turismo –no existe un modelo estándar para desarrollar tales relaciones y cada caso debe considerarse en su contexto– (UNEP, 2005). Debido a la forma en que se organiza la industria del turismo, es frecuente que los operadores turísticos emisores (o las empresas internacionales de turismo, como las líneas de cruceros) no tengan enlaces directos con las áreas protegidas. Si bien los operadores de *tours* receptores suelen tener algunos contactos, es probable que las empresas locales tengan los contactos más cercanos con las áreas protegidas vecinas (Figura 23.3).

Las estrategias y actividades para conectar los administradores de áreas protegidas con la industria del turismo también estarán determinadas por la manera en que se organicen las visitas a un área protegida específica y la manera en que los turistas aprendan sobre estas. Los siguientes tres escenarios son un punto de partida para considerar qué estrategias pueden ser más adecuadas para trabajar con la industria del turismo (UNEP, 2005).

1. Si los turistas acuden como parte de un paquete comprado en el extranjero, entonces es probable que sean importantes las conexiones con los operadores turísticos internacionales –inicialmente al establecer vínculos con los operadores locales receptores que las empresas internacionales utilizan–.
2. Si los viajeros compran su viaje o *tours* a nivel local, entonces serán más adecuados los contactos con los operadores turísticos locales y con las agencias de viajes.
3. Si los turistas organizan su propio viaje, entonces los contactos más importantes serán con los hoteles locales, las oficinas de información turística, los centros de visitantes, los sitios web, las redes sociales y los foros de viajeros en la web.

Área protegida marina de reabastecimiento, cayos Exuma, Bahamas: casilla de recolección de la tarifa para visitantes

Fuente: Simon McArthur

También es relevante que los administradores tengan en cuenta si desean participar activamente en el turismo mediante la creación y administración de productos y servicios turísticos por sí mismos, o participar de manera más "pasiva" mediante actividades de hospedaje que sean operadas por terceros (por ejemplo, con el uso de concesiones y manejo de contratos por externalización).

Arrendamientos y licencias

Un marco estructurado y claro para el turismo dentro de un área protegida ayuda a establecer expectativas y crea un espacio para las oportunidades. En el nivel más básico están las herramientas contractuales legales que utiliza un administrador para aprobar que un operador turístico tenga acceso al área protegida. Ejemplos de estas herramientas incluyen concesiones, permisos, licencias y arrendamientos. Estos contratos no solo establecen las expectativas de operación y cualquier tarifa requerida, sino también cuentan con marcos temporales fijos y pueden ampliarse con un pago simple o pueden requerir revisiones y actualizaciones periódicas.

Política y planes de turismo

En un nivel más avanzado están las políticas y los planes de turismo para las áreas protegidas, los cuales cambian la gestión de una posición reactiva a una proactiva mediante la introducción de enfoques estratégicos para hacer que el turismo sea más sostenible. Estos pueden integrarse dentro de los planes de gestión para un área protegida o pueden ser documentos independientes.

Las políticas de turismo pueden abordar:

- Justificación para permitir el turismo en las áreas protegidas.
- Tipos de turismo y actividades permitidas.
- Elementos del turismo sostenible, incluidos la conservación y el impacto sobre la economía local.
- Actividades y tipos de turismo preferidos.
- Requisitos contractuales.
- Sistemas de cobro de tarifas.

Los planes de turismo pueden abordar:

- Visitas actuales y previstas.
- Perfiles de visitantes actuales y mercados objetivo deseados.
- Impactos actuales del turismo y las maneras de minimizarlos.
- Mejoramientos de la infraestructura y de los servicios turísticos.
- Mejoramientos de la interpretación.
- Zonificación para diferentes formas y niveles de desarrollo turístico.
- Ubicaciones para nuevas inversiones, instalaciones o actividades turísticas.
- Ideas para nuevas experiencias turísticas.

Ingresos por turismo

Muchas agencias de gestión de áreas protegidas carecen de los fondos para responder adecuadamente a las necesidades y al manejo del turismo (Emerton *et al.*, 2006a). A menudo, los fondos son mayores en los países desarrollados que en los países en desarrollo, y suelen ser más abundantes cuando se concentran la actividad y el desarrollo del turismo. Sin embargo, el costo de administrar estas áreas es más alto –lo cual suele anular las ganancias–. Bajo el principio de que el usuario paga, los fondos para manejar el turismo pueden obtenerse de fuentes directas e indirectas.

Tarifa de entrada

El ingreso más común por el turismo es a través de una tarifa directa por ingresar al área protegida (Font *et al.*, 2004), aunque las tarifas de actividad también generan ingresos. Las áreas protegidas con áreas importantes de concentración turística pueden obtener el 40%-60% de sus fondos a partir de las tarifas que se cobran a los usuarios (UNWTO, 1995; Emerton *et al.*, 2006b).

Un desafío importante es garantizar que los fondos se reinviertan en la gestión de las áreas protegidas. Muchos gobiernos transfieren los fondos recaudados a su gestión centralizada de ingresos y no equiparan las redistribuciones con la fuente de los ingresos originales de modo que, en el mejor de los casos, un área protegida paga por otra, y en el peor de los casos, los ingresos del área protegida pueden contribuir con servicios gubernamentales generales no relacionados, como la defensa. Otros gobiernos utilizan los ingresos por tarifas para reducir su asignación presupuestal tradicional para el área protegida, de modo que, si los ingresos por tarifas de los visitantes disminuyen, la administración queda desfinanciada significativamente. Las agencias de parques a las que se les permite administrar sus propios fondos suelen ser más autónomas, emprendedoras y eficientes (Phillips, 2000; Lockwood *et al.*, 2006). Por ejemplo, una organización de áreas protegidas, el Servicio Nacional de Parques y Vida Silvestre de Nueva Gales del Sur en Australia, negoció una fórmula con el Gobierno de Nueva Gales del Sur gracias a la cual puede retener los ingresos recaudados sin recibir una sanción por la nueva recaudación.

El segundo gran desafío al cobrar tarifas de entrada es garantizar que el costo de la recaudación sea significativamente más bajo que los ingresos generados. A menudo es poco rentable cobrar tarifas en áreas remotas, mientras que en áreas de temporada suele ser económico cobrar en el período pico y no en la temporada baja. Si el margen de ganancia es pequeño, es difícil mostrar dónde se invierten los ingresos, lo que reduce el apoyo de las partes interesadas para el cobro de las tarifas.

El tercer desafío es establecer tarifas que reflejen los niveles de uso y los costos de manejo sobrevinientes. A menudo, no se considera justa una tarifa de entrada plana, ya que algunos visitantes usan el área más que otros, crean mayores impactos negativos o más demanda de manejo. En la Tabla 23.4 se mencionan algunas alternativas a una tarifa de entrada estándar.

Aunque su administración es más compleja, una tarifa de usuario es más efectiva que una tarifa de entrada porque el precio se ajusta mejor al uso y la gestión posterior.

Tabla 23.4 Métodos alternativos para el cobro de las entradas

Alternativa	Explicación	Ejemplo
Cobro por tiempo	Cobro de una tarifa por día, con más por la estadía de una noche	Un estacionamiento con el cobro por tiempo
Cobro de diferentes cantidades por usar diferentes áreas	Cobrar más por las áreas que tengan una administración costosa y menos por las áreas de bajo costo. O más por visitar o hacer uso de las áreas altamente deseables	Mayor precio por acampar frente a la playa que por hacerlo en el interior
Tarifa de usuario	Cobrar más por actividades que requieran más infraestructura y administración	Mayor precio por esquiar en la nieve en comparación con los visitantes de verano
Mayor precio para aquellos que puedan pagar más	Precio más alto para visitantes internacionales, tarifa con descuento para nacionales, entrada gratuita para locales	Cobrar más a los visitantes internacionales que a los visitantes nacionales o locales
Cobro por el uso en las horas de máxima afluencia o en las horas con menos visitantes	Cobrar tarifas más altas por la entrada durante la época más popular del año	Tarifas más altas durante los períodos de vacaciones, o para los esquiadores durante los meses de invierno

Tabla 23.5 Métodos utilizados para recaudar ingresos a partir de la industria del turismo

Cargo del operador	Explicación	Sector de turismo ideal
Tarifas de permisos	Se cobra un pequeño cargo anualmente o según corresponda	Para operaciones irregulares, como eventos y funciones, y negocios y actividades de temporada muy pequeños
Tarifas de concesiones y licencias	Se aplica un cargo anual modesto como parte de una licencia que documenta cómo puede darse la operación dentro del área protegida. A menudo, esto puede ofrecerse con disposiciones de exclusividad, lo que brinda oportunidades para obtener mayores rendimientos	Para operaciones regulares pequeñas y medianas, como operadores de transporte y turismo
Renta basada en el arrendamiento	Cobro mensual o trimestral de una cantidad fija de alquiler, que generalmente aumenta con la inflación. A menudo, esto puede ofrecerse con disposiciones de exclusividad, lo que brinda oportunidades para obtener mayores rendimientos	Para las empresas con operaciones fijas que obtienen importantes ingresos y requieren un apoyo significativo de la administración, tales como alojamiento (resorts, albergues, campamentos), alimentos y bebidas (restaurantes, centros de comidas, cafeterías), atracciones (parque de aventuras, teleféricos) y transporte fijo principal (aeropuertos, puertos, puertos deportivos y trenes)
Cargo por exceso sobre el volumen de ventas	Una vez que el volumen de ventas es mayor que una cantidad acordada, el operador paga una parte de las ventas adicionales al administrador del área protegida	Para empresas con potencial de crecimiento, particularmente a través de emprendimientos cooperativos con la administración del área protegida
Acuerdos de servicios compartidos	El operador acuerda asumir funciones que de otro modo serían realizadas por la administración del área protegida, a cambio de menores cargos financieros	Para las empresas que pueden proporcionar servicios de forma más rentable a través de cargos de empleados con múltiples tareas y al compartir infraestructura y equipos –por ejemplo, el mantenimiento de caminos y senderos, la limpieza y el mantenimiento de amenidades, la prestación de servicios de interpretación y actividades básicas de conservación–

Cargos al operador

Las empresas de turismo operan en el interior y obtienen dinero del uso de las áreas protegidas. Por lo tanto, los administradores de áreas protegidas tienen el derecho legítimo de cobrar al operador por el uso que hagan del área. En la Tabla 23.5 se describen algunas de las formas en que pueden obtenerse ingresos por cargos al operador.

Muchos operadores considerarán con gusto cualquier acuerdo compartido para reducir los costos que de otro modo le pagarían al administrador del área protegida. Un mayor uso de este enfoque beneficiaría conjuntamente al turismo y a la gestión de áreas protegidas. La mayoría de las empresas turísticas aceptan que se les cobre, pero al igual que los visitantes, esperan que los fondos se reinviertan en los servicios y la gestión del área protegida donde se recaudan los ingresos. Cuando la organización de áreas protegidas aumenta las tarifas del operador con una notificación inferior a un año, las empresas enfrentan impactos significativos. Los operadores tienen plazos prolongados para las reservas de terceros, por lo que ya establecieron los precios y recibieron el pago por los productos vendidos, así que el aumento de los cargos no podría recuperarse.

Negocios comerciales de la agencia de áreas protegidas

Algunas agencias de administración de áreas protegidas optan por dirigir su propio negocio comercial de turismo y recaudar ingresos a través de ganancias comerciales, como es el caso de SANParks en Sudáfrica (SANParks, 2011). Las agencias de áreas protegidas pueden operar cualquier cosa que haga la industria del turismo, incluido el alquiler de equipos, la venta de alimentos, bebidas y mercadería, y el servicio de guías. Por lo general, las agencias optan por operar el negocio porque:

- Creen que pueden generar más ingresos que el operador (debido a que tienen una ventaja competitiva).
- Hay poco interés o capacidad por parte de la industria.
- La agencia quiere maximizar el control sobre el producto o servicio.

Se necesitan políticas y procedimientos claros y una gestión sólida para garantizar un ambiente operacional transparente, justo y sin corrupción (Font *et al.*, 2004).

Mercadeo

El mercadeo de las áreas protegidas debe ser manejado activamente por una organización de áreas protegidas. A través de dicho manejo puede administrarse de manera profesional la importante relación entre el suministro de destinos dentro de un sistema de áreas protegidas y la demanda de su uso. Esta es una forma importante en la que las organizaciones de áreas protegidas garantizan que los destinos no sean invadidos por demasiados turistas, con los consiguientes impactos sobre los valores de la biodiversidad y la degradación del sitio. Asimismo, al garantizar el suministro de experiencias de alta calidad para los visitantes, esto puede ayudar con los aspectos sociales y financieros a largo plazo de una industria de turismo sostenible. Cómo, cuándo y dónde se comercializan los destinos de las áreas protegidas no debe delegarse solamente a la industria del turismo; en cambio, se necesita una asociación de trabajo positiva y activa entre las organizaciones de turismo y las organizaciones de áreas protegidas.

El mercadeo es una de las herramientas más poderosas para un manejo efectivo de los visitantes y el turismo. El mercadeo es mucho más que promoción y ventas; es la tarea de crear, promover y entregar bienes y servicios a los consumidores y las empresas (Kotler, 2003). El mercadeo convencional se basa en las cinco "P" (Aaker, 1995).

1. Qué servicios y experiencias ofrecer a quién (producto).
2. Cuánto cobrar, a quién y bajo qué términos y condiciones (precio).
3. Dónde ofrecer el producto (plaza).
4. Quién entregará el producto y cómo tratarán al cliente (personas).
5. Cómo generar conocimiento e interés en el producto (promoción).

Aquí nos enfocamos en los siguientes elementos estratégicos para un mercadeo efectivo:

- Investigación del mercado y de visitantes
- Segmentos del mercado
- Creación de marca y posicionamiento del destino
- Promoción efectiva.

Investigación del mercado y de visitantes

No hay dos visitantes iguales en lo que respecta a quiénes son, qué es lo que desean, qué hicieron, qué pensaban del área protegida y a quién le contaron al respecto. La investigación de visitantes está diseñada para responder a estas preguntas, y posteriormente, empoderar a los administradores con el conocimiento de qué ofrecer a quién y por qué. Sin este conocimiento, los administradores de áreas protegidas terminan tratando de ser "todo para todas las personas", impresionando a pocas personas y sintiéndose totalmente frustrados. En la Tabla 23.6 se presentan algunas de las herramientas para la investigación de visitantes que están disponibles para los administradores de áreas protegidas. Típicamente, el administrador de áreas protegidas completa el recuento de visitas y diligencia cuestionarios sencillos, mientras que los consultores de turismo e investigación de mercados son quienes suelen completar otras herramientas más sofisticadas. Al elegir una herramienta, los administradores deben sopesar el típico equilibrio entre costo-efectividad y el grado de conocimiento y descubrimiento que pueden generarse de manera confiable. Obtener la experticia para ayudar a determinar esto suele ser una inversión pequeña pero rentable.

Tabla 23.6 Herramientas de investigación sobre los visitantes

Herramienta de investigación sobre los visitantes	Fortalezas	Limitaciones
Recuento de visitantes	El recuento de visitantes proporciona indicaciones del nivel de uso y, hasta cierto punto, la naturaleza del uso (tiempo, duración de la estadía, tamaño del grupo). El recuento de visitantes proporciona datos de referencia para identificar tendencias históricas, pronósticos y modelos económicos y financieros	Si se utiliza solo, la dependencia en el número de visitantes puede ser peligrosa, ya que alienta a pensar que todos los visitantes son iguales. Pocas veces el recuento es exacto y ha generado algunas percepciones erróneas (por ejemplo, podría parecer que las visitas aumentan, cuando en realidad el aumento se debe a la introducción de más contadores)
Observaciones del comportamiento	Muy útil para explorar lo desconocido, para que otra herramienta de investigación lo use como marco de referencia para formular su estructura. Generalmente se usa para mapear a dónde va una persona, qué hace y por cuánto tiempo lo hace. Las observaciones estructuradas anticipan el comportamiento y registran los datos en tablas que pueden analizarse de manera cuantitativa. Las observaciones no estructuradas miran lo que pasa y pueden utilizar un análisis cualitativo	En general, dependen de los recursos humanos, lo que las hace costosas, particularmente cuando hay pocos visitantes y aun así debe pagarse por el observador. Requiere un análisis minucioso *a posteriori* y las habilidades de análisis cualitativo son más difíciles de conseguir
Cuestionarios	En general, las preguntas preestablecidas se administran por escrito, en línea o cara a cara, lo que proporciona un alto grado de control sobre los datos y la capacidad de analizar y comparar fácilmente los resultados, incluidas las pruebas estadísticas	Los cuestionarios mal escritos generan resultados deficientes y poco confiables. Los resultados pueden verse afectados por el orden incorrecto de las preguntas, respuestas con múltiples opciones que sean irrelevantes y preguntas mal formuladas. Los resultados pueden manipularse o malinterpretarse para que se ajusten a los objetivos del investigador
Entrevistas cara a cara	Similares a un cuestionario cara a cara, pero suelen utilizar menos preguntas. El objetivo es hacer que el encuestado hable con más libertad y, por lo tanto, descubrir más información en profundidad, como la causa subyacente de los problemas o cómo se puede desarrollar e implementar una solución	Por lo general, dependen de los recursos humanos, lo que las hace costosas, particularmente por el tiempo que se pasa viajando para entrevistar a cada persona. Dependen del proceso de selección al elegir a los entrevistados más apropiados, que no siempre son los que están en el poder o con un alto perfil
Grupos focales	A partir de una entrevista cara a cara, cuentan con un grupo de personas puede generar una mayor discusión y revelación conforme cada persona agrega valor a las contribuciones de los demás	Mucho más costosos que los cuestionarios y requieren una preparación considerable para estructurar la discusión, una considerable experiencia en facilitación y una gran cantidad de tiempo para analizar los resultados
Redes sociales	El análisis de datos de las redes sociales sobre los destinos de áreas protegidas es una fuente de información importante	Los datos de usuario y recomendación están disponibles, por ejemplo, en aplicaciones de *software* como Yelp.

Fuente: adaptado de Hall y McArthur, 1998; Yeo, 2005

La investigación del mercado hace un muestreo de los no visitantes o de los anteriores visitantes a un área protegida. Algunas de estas personas podrían persuadirse para volverse visitantes, y algunas podrían incluso tener una mejor concordancia con el área protegida que algunos de los visitantes existentes. Los administradores de áreas protegidas utilizan las investigaciones de mercado para identificar los perfiles de estos no visitantes (particularmente sus necesidades y deseos) y luego determinan qué perfiles pueden considerarse posibles visitantes, los que se convierten en el público objetivo para diseñar experiencias y atraer al área protegida. Dado que es más difícil encontrar a los no visitantes e interactuar con ellos, es frecuente que la investigación del mercado utilice primero cuestionarios en línea para identificar los mercados potenciales y luego grupos focales para investigar con mayor profundidad las necesidades y probar nuevas ideas. A veces, este trabajo lo realizan los consultores de turismo e investigación de mercados contratados por el administrador del área protegida.

Segmentos de mercado y mercados objetivo

El mercadeo masivo es cuando hay producción masiva, distribución masiva y promoción masiva de un producto para todos (Tynan y Drayton, 1987). El mercadeo masivo crea el mercado potencial más grande, lo que conduce a los costos potenciales más bajos, lo que a su vez puede llevar a los precios más bajos o a márgenes más altos (Aaker, 1995; Dibb y Simkin, 2009). El mercadeo masivo no funciona para las áreas protegidas porque su legislación impide que sean "todo para todas las personas". El mercadeo masivo puede hacer que algunas personas vayan a un área protegida con la intención de realizar actividades que pongan en riesgo al lugar y a otros visitantes.

La alternativa es dividir el mercado de masas en segmentos de mercado y elegir los segmentos cuyas necesidades se ajusten mejor al producto –los mercados objetivo– (Hunt y Arnett, 2004; Yeo, 2005). Más allá de esto, el administrador puede enfocarse en el desarrollo de la experiencia, la promoción y la fijación de precios de acuerdo con las necesidades del mercado objetivo. El monitoreo de visitantes puede incluir preguntas para identificar a los encuestados, lo cual refleja las características de los mercados objetivo, y luego procesar sus respuestas en otras preguntas de mayor importancia (como la satisfacción y la probabilidad de regresar o de recomendar la visita).

Un segmento de mercado es un grupo de personas con características similares –especialmente un conjunto similar de necesidades– (Yankelovich y Meer, 2006). Típicamente, los segmentos de mercado se dividen en:

- Geográfico (residencia y lugar de trabajo por área local, región, estado, país o continente).
- Demográfico (edad, sexo, tamaño de la familia, ciclo de vida, ingresos, ocupación, educación, etc.).
- Psicológico (actitudes, riesgo, motivación, etc.).
- Características psicográficas (estilo de vida, actividades, intereses, opiniones, necesidades y valores).
- Comportamiento (lealtad a la marca, frecuencia de uso, beneficios que busca y utiliza).

Por lo general, la industria del turismo utiliza la segmentación basada en las características geográficas y demográficas, ya que son simples y de bajo costo. Sin embargo, debido a que estas características son demasiado genéricas, tienen un valor limitado cuando se desarrolla la marca, el posicionamiento, el producto o la experiencia de un área protegida. La segmentación del mercado ofrece una serie de usos prácticos para el administrador de áreas protegidas, los que incluyen la posibilidad de:

- Definir el mercado desde el punto de vista del consumidor.
- Racionalizar las políticas para las marcas y productos existentes (para mejorar la competitividad y la cuota de mercado).
- Posicionar una gama de marcas y productos.
- Identificar brechas en el mercado que ofrezcan nuevas oportunidades (Lunn, 1978, citado en Tynan y Drayton, 1987).

Es posible desarrollar un cuestionario para determinar de qué segmentos de mercado provienen los visitantes de un área protegida. Otra forma práctica de usar los segmentos del mercado es en el monitoreo de la representación de los mercados objetivo versus otros mercados dentro de los visitantes de un área protegida.

Creación de marca y posicionamiento del destino

Una marca es la fuente de una promesa distintiva para los clientes a partir de un producto, servicio o lugar (Baker, 2012). Determinar una marca para un área protegida es más complejo de lo que la mayoría de los administradores creen, y también es una iniciativa cuya idoneidad debe considerarse con mucho cuidado. Fundamentalmente, cualquier marca desarrollada para un área protegida debe ser consistente con su estatus de área protegida. Para un destino específico dentro de un área protegida, la marca también incluye la manera en que las personas interpreten el destino por sí solas (Aaker, 1997), por lo que se necesita una considerable consulta e investigación de mercados para comprender cómo las personas perciben un área y la marca.

La pirámide de marca se crea a partir de la consulta y la investigación (Figura 23.4). Los dos niveles inferiores de la pirámide son los atributos obvios del destino y los beneficios para el visitante. Luego comienza la destilación y se crea una personalidad de la marca. De esta personalidad de la marca viene su valor y posteriormente su esencia. La esencia de la marca es el corazón y el alma de la marca, y a menudo se refleja en una frase o lema conciso. Por ejemplo, la esencia de la marca para Parques Victoria (Australia) es "Parques sanos, gente sana". Otros elementos incluyen un logotipo, una imagen fotográfica, un estilo de escritura, tipos de letra y colores.

Para ayudar a comunicar la marca hay un conjunto único de estímulos visuales, auditivos y de otro tipo que dan forma a las percepciones del mercado. Dos de los elementos de comunicación más útiles para un área protegida son el eslogan y una fotografía única, los cuales deben usarse de manera asidua y constante. Un logotipo no es básico para el mercadeo de un área protegida (pero es importante para crear la marca de la institución). Todo lo que hace un administrador de áreas protegidas en colaboración con sus aliados y partes interesadas debe estar diseñado para brindar constantemente esta percepción de mercadeo. Cuantas más personas conozcan una marca, mayor será el valor o activo que tenga y, por consiguiente, la institución podrá utilizarla más para impulsar sus propios objetivos. La marca también puede ser muy útil como marco de referencia para considerar el desarrollo de nuevas experiencias para los visitantes al preguntar: ¿esto refleja o atenúa nuestra marca?

Una vez que el administrador desarrolle la marca, es necesario posicionarla. Para el administrador de áreas protegidas, el posicionamiento es el arte de desarrollar y comunicar diferencias significativas entre lo que ofrece su área y las de sus competidores que atienden mercados similares (Baker, 2012). En la Tabla 23.7 se describen algunas formas alternativas de posicionar un área protegida. La clave para decidir el posicionamiento es la alineación entre las oportunidades de turismo sostenible en las áreas protegidas y las necesidades del mercado.

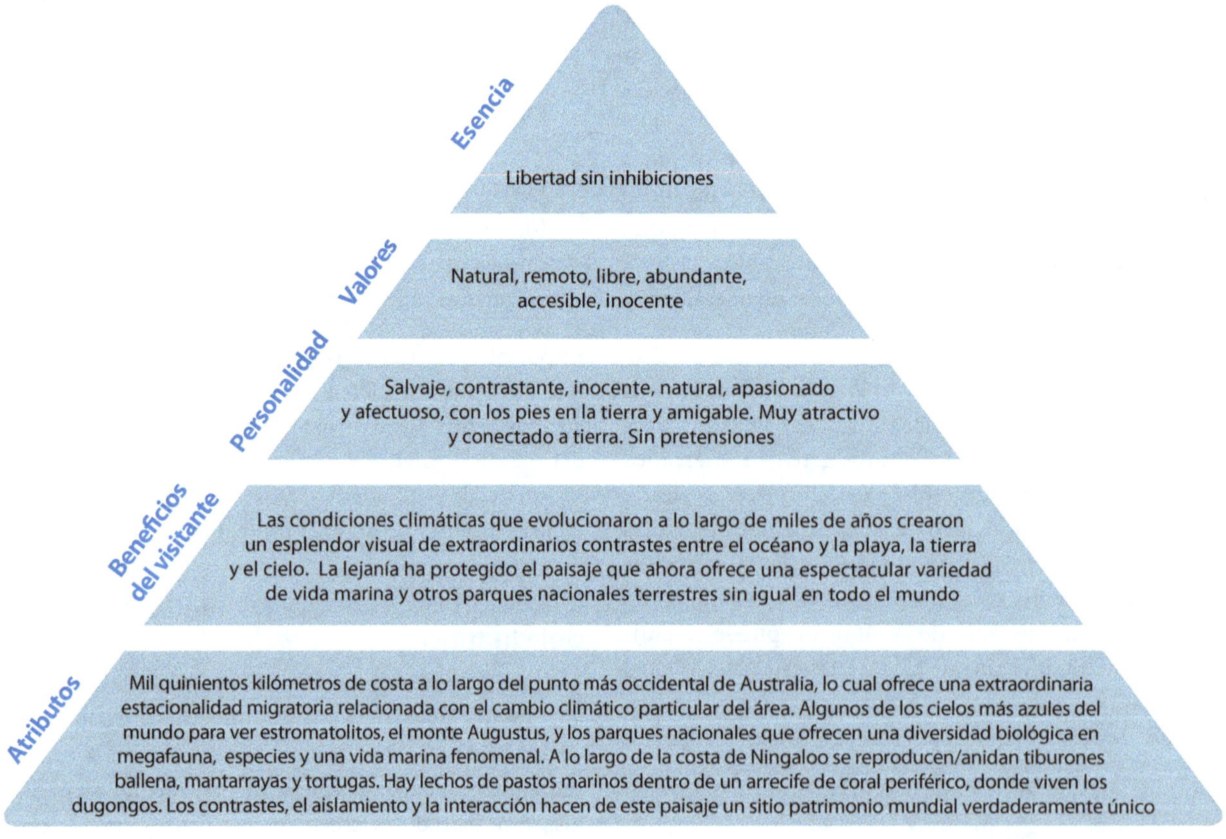

Figura 23.4 Pirámide de posicionamiento de marca, Ningaloo-bahía Tiburón, Australia

Fuente: adaptado de Tourism Australia, 2010

Tabla 23.7 Posicionamiento de un área protegida

Alternativa de posicionamiento	Ejemplo para un área protegida
Atributo de singularidad	Un rasgo que es el más grande, el más pequeño, el más alto, el más bajo, el más antiguo, el más rápido, el más prolífico, el más peligroso, el más venenoso o un excelente representante de su clase, etc.
Escasez	Rara, vulnerable, en peligro Bajo ataque, está desapareciendo
Clase de producto	Uso en la lista de importancia local, regional o nacional Uso mediante la inscripción como sitio patrimonio mundial
Necesidad o beneficio para el usuario	Aire o agua pura, falta de multitudes, sentido de libertad, conexión con el patrimonio familiar
Asociación con el estilo de vida	Aventurero, confiado, tomador de riesgos
Famosa asociación contemporánea con el producto	Locación de un evento o del rodaje de una película famosa Lugar donde una personalidad conocida vivió o hizo algo significativo
Valor por el dinero	Comparar la experiencia interpretativa y el precio con el de una película en el cine o la entrada a un parque de diversiones
Retroalimentación positiva	Utilizar un alto nivel de comentarios positivos para sugerir que, si funcionó tan bien para los visitantes anteriores, también debería hacerlo para los futuros

Fuente: Hall y McArthur, 1998

Promover una experiencia para el visitante

Tradicionalmente, la industria del turismo ve su papel como el proveedor de productos turísticos vendibles, como *tours*, atracciones, alojamiento o restaurantes. En su mayoría, los administradores de áreas protegidas ven su papel como la aceptación de ciertas actividades y la provisión de infraestructura e instalaciones para visitantes en apoyo a la industria. Durante la última década se ha producido un movimiento para que ambos sectores pongan más empeño en la creación, el mercadeo y la revitalización ocasional de las experiencias turísticas (Wearing *et al.*, 2007).

Una experiencia turística es mucho más que una actividad o un producto; es la combinación de actividad, entorno, interacción social y la conexión personal que surge (Tourism Australia, 2012). Una experiencia compromete los sentidos, así que es física, emocional o espiritual (o los tres). Una experiencia ofrece descubrimiento y aprendizaje, y crea recuerdos perdurables. Las experiencias van más allá de lugares agradables y buenas vistas; conectan a los visitantes con el lugar –el medio ambiente y la cultura– (Tourism Australia, 2012). Una forma de mejorar estas experiencias es al crear un sentido de pertenencia basado en el *genius loci*. Los turistas y visitantes aprenderán y apreciarán más un área protegida cuando puedan conectarse con el lugar que visitan. Esto se llama "crear un sentido pertenencia" y se basa en los recursos naturales y culturales y el "espíritu" del área. Esto tiene sus bases en la gente, las comunidades locales que viven en el área, su "conocimiento" y sus tradiciones.

Para convertir un área protegida en un destino turístico efectivo, esta debe tener:

- Experiencias distintivas, a menudo referidas en el sector turístico como experiencias heroicas o icónicas ya que se destacan por reflejar totalmente la marca, abrir el camino en la atracción del interés y lograr la satisfacción de los visitantes.
- Apoyo a las experiencias de los visitantes, idealmente al reflejar partes de la marca o su totalidad y al ofrecer oportunidades adicionales a la experiencia distintiva.
- Bienes, servicios, productos e infraestructura auxiliares que sean accesibles en el área protegida, como aeropuertos y carreteras de acceso, estaciones de servicio, aparcamientos e información para visitantes.

Si el mercadeo de un área protegida se realiza de manera eficaz, puede atraer los mercados objetivo en lugar de los mercados masivos, y puede establecer las expectativas de estas personas antes de su llegada (Hall y McArthur, 1998; Reid *et al.*, 2008). Es mucho más fácil y proactivo que en el mercadeo se establezcan expectativas realistas, y no tener que regular inútilmente, endurecer un sitio o tratar de cambiar el comportamiento de los visitantes en el sitio.

El mercadeo de un área protegida para fines turísticos debe tomar la iniciativa con un mercado objetivo mientras realiza la experiencia distintiva, posicionada competitivamente, y refleja el eslogan y la personalidad de la marca. Las fotografías deben demostrar poderosamente estos elementos y deben reflejar la esencia de la experiencia y el impacto emocional que esta tiene sobre el mercado objetivo. Por desgracia, la mayoría de las imágenes utilizadas carecen de poder, por lo que el material publicitario promocional se pierde entre otros competidores o incluso otras promociones. Las Figuras 23.5a y 23.5b comparan el enfoque tradicional basado en el paisaje para comercializar un área protegida con una imagen de mercadeo basada en la experiencia contemporánea. Lo ideal es que los administradores de áreas protegidas contraten a un consultor de mercadeo turístico para programar una sesión fotográfica que capture todos los elementos. Después de esto, la imagen principal de la experiencia distintiva debe exhibirse servilmente y utilizarse tanto como sea posible en la promoción.

Figura 23.5a Parque Nacional Uluru-Kata Tjuta y sitio patrimonio mundial, Australia: imagen estándar

Fuente: Simon McArthur, 1999

Figura 23.5b Parque Nacional Uluru-Kata Tjuta y sitio patrimonio mundial, Australia: "Experimente Uluru"

Fuente: Melbourne Business Community, 2013

Gestión de las oportunidades de recreación

Una herramienta clave para planear y gestionar las oportunidades de recreación es el "espectro de oportunidades de esparcimiento" (*Recreation Opportunity Spectrum*, ROS). El ROS se enfoca en el entorno del área protegida en el que ocurre la recreación (Clark y Stankey, 1979). Un entorno es la combinación de condiciones físicas, biológicas, sociales y administrativas que dan valor a un lugar. Por consiguiente, una oportunidad incluye cualidades proporcionadas por la naturaleza (vegetación, paisaje, topografía, paisaje), cualidades proporcionadas por el entorno sociocultural, cualidades asociadas con el uso recreativo (niveles y tipos de uso) y condiciones ofrecidas por la administración (desarrollos, caminos, regulaciones). Múltiples oportunidades implican una elección para los excursionistas; las personas deben conocer las oportunidades y las oportunidades deben comprender las condiciones deseadas por los excursionistas. Por consiguiente, las oportunidades son una función de las preferencias del usuario y un producto de las acciones de manejo diseñadas para brindar los entornos deseados y hacer que las personas conozcan su existencia.

La suposición básica que subyace al ROS es que la calidad de la recreación al aire libre se asegura mejor a través de la oferta de un conjunto diverso de oportunidades (Clark y Stankey, 1979). Entre los posibles visitantes existe una amplia gama de gustos y preferencias respecto a las oportunidades de esparcimiento. Ofrecer diversos entornos que varíen en el nivel de desarrollo, acceso y demás garantiza que un segmento más amplio de posibles visitantes encuentre experiencias recreativas/turísticas de calidad. Las personas varían enormemente en lo que desean de sus actividades recreativas, incluso dentro de las categorías específicas de excursionistas; no todos los campistas, caminantes o usuarios de la naturaleza son iguales. El diseño de programas de manejo en torno a los gustos promedio puede llevar al fracaso, ya que es posible que no responda adecuadamente a la variación en los gustos (Shafer, 1969).

La diversidad garantiza la flexibilidad necesaria para mitigar los cambios o las perturbaciones en el sistema de recreación que se deriven de factores como el cambio social (así por ejemplo el cambio en la estructura etaria de una población) o el cambio tecnológico (como una mayor disponibilidad de vehículos de recreación al aire libre). Pero la diversidad es solo un medio para un fin. La recreación de calidad, que produce la satisfacción deseada y los beneficios para los participantes es el objetivo y la preocupación tanto de los administradores como de los excursionistas.

En la gestión de una diversidad de oportunidades de recreación dentro de un área protegida, la tarea administrativa a largo plazo más difícil para los administradores de áreas protegidas suele ser el mantenimiento de los entornos naturales. A menudo, el endurecimiento del sitio es una respuesta administrativa intuitiva al daño en un destino de visitantes, pero suele ser exactamente la respuesta incorrecta. Cuantos más entornos naturales se endurezcan, menos entornos naturales quedarán y mayor será la disminución en la diversidad de entornos de recreación dentro de un área protegida. Conforme avancemos en el siglo XXI, los entornos de recreación intactos serán los más raros y valiosos. Existen otras formas de manejar los impactos para conservar los valores intactos –lo que incluye un rechazo profesional frente a los constantes llamados al desarrollo–. Las acciones podrían incluir establecer límites al número de visitantes y a la frecuencia de uso de un sitio, con restricciones de acceso en los días de lluvia, con la rotación en el uso de los sitios y con otras acciones (Cuadro 23.1). Un peligro es que se dé un cambio de enfoque cuando el administrador de áreas protegidas termine su periodo al mando y comience un nuevo administrador. Este peligro puede minimizarse con una planeación del ROS que sea clara y precisa y que cubra a todos los destinos turísticos dentro de un sistema de áreas protegidas, y con una inducción y una información minuciosa para los nuevos miembros del personal.

Cuadro 23.1 Reducción de los impactos en los destinos de los visitantes

En general, pueden utilizarse cuatro enfoques estratégicos para reducir los impactos negativos de los visitantes sobre las áreas protegidas.

1. Manejar la oferta de oportunidades para los visitantes o el turismo. Por ejemplo, al establecer cuotas, al utilizar de manera eficiente el espacio o el tiempo disponible para dar cabida a un mayor uso.
2. Manejar la demanda de visitas. Por ejemplo, a través de restricciones en la duración de la estadía, el número total o el tipo de uso.
3. Administrar las capacidades de los recursos para resistir el uso. Por ejemplo, con el endurecimiento del sitio o de ubicaciones específicas, o el desarrollo de instalaciones.
4. Gestionar el impacto del uso. Por ejemplo, al reducir el impacto negativo del uso con modificaciones en el tipo de uso o con una dispersión o concentración del uso.

El asunto principal es determinar qué grado de impacto es aceptable.

Servicios e instalaciones para los visitantes

Antes de ofrecer servicios e instalaciones para visitantes en un área protegida, los administradores deben estar seguros de por qué lo hacen. En gran medida, la provisión de servicios e instalaciones debería depender de las oportunidades para las experiencias deseadas por los visitantes, que a su vez surgen de los objetivos de gestión subyacentes. Dichos objetivos incluyen protección, conservación, educación, relaciones públicas, investigación, recaudación de fondos y recreación, entre otros.

Si bien la mayoría de los administradores reconocen que los turistas requieren una variedad de servicios e instalaciones para experimentar un sitio, otros tipos de visitantes también deben compartir los servicios e instalaciones de los visitantes para experimentar el mismo sitio. Los niños en edad escolar necesitan comida, baños y un lugar para comer; los científicos necesitan guías, instalaciones de laboratorio, alimentos, senderos, recursos de la biblioteca y conexiones a Internet; los reporteros deben ser atendidos por funcionarios que conozcan bien el parque; los políticos obtienen una atención VIP y administradores de información altamente calificados.

Con frecuencia, las contribuciones que los visitantes brindan en apoyo a los objetivos del parque dependen de si disfrutaron su estadía. Si tienen una experiencia positiva, su disposición a participar aumenta (Ham, 2013). Si tienen una experiencia negativa, no solo podría desplomarse cualquier sentido de cooperación, sino también su inclinación a dar recomendaciones negativas podría dañar las relaciones públicas del parque (Priskin y McCool, 2006; Cole y Williams, 2012).

Desde mediados del siglo XX, los administradores de recreación hacen llamados por una mayor diversidad de oportunidades recreativas (Driver *et al.*, 1987) no solo para aumentar la calidad y satisfacer las demandas de una mayor variedad de visitantes, sino también para dejarlos más satisfechos e inducirlos a un mayor apoyo a los objetivos de gestión (Manning, 1985; Kohl, 2007). No obstante, los administradores no pueden garantizar experiencias personales, solo las oportunidades para que los visitantes tengan experiencias. Una experiencia es muy personal, y aunque se crea en la mente del visitante, depende de muchos factores. Pine y Gilmore (1999) definen una experiencia de la siguiente manera: (EVENTO [situación + actividad + recursos] ® REACCIÓN ® RECUERDO) = EXPERIENCIA.

No solo los visitantes buscan cada vez más la autenticidad en el mercado (por ejemplo, una experiencia que sea más primitiva o diferente a sus estilos de vida), sino que el grado de autenticidad varía significativamente, lo que afecta la calidad de su experiencia. Por este motivo, los administradores deben comprender cómo la autenticidad influye en las experiencias de los visitantes y cómo hacer un manejo en pro de la autenticidad para mejorar estas oportunidades.

La experiencia, y por lo tanto los servicios prestados (o la falta planeada de servicios prestados), comienzan mucho antes de que el visitante llegue al sitio. El visitante crea expectativas basadas en la información de sitios web, redes sociales, materiales promocionales y voz a voz. La experiencia continúa después de que el visitante regresa a casa conforme reflexiona sobre lo que sucedió y sobre cualquier material de seguimiento o comunicaciones recibidas de los proveedores de servicios o personas que conocieron en el camino. Una vez más, los administradores de áreas protegidas pueden ofrecer información previa y posterior al viaje para dar el toque final a la experiencia del visitante. Otros proveedores de servicios también agasajan a los viajeros al ofrecer información, transporte, alojamiento y otros servicios que también pueden influir en la calidad de la experiencia.

Aunque todos los visitantes generan una experiencia, no todos la buscan específicamente. Puede pensarse que cada visitante demanda oportunidades en diferentes niveles. Cuanto más bajo sea el nivel en una "jerarquía de demandas del visitante", mayor es su autoconocimiento (Driver y Brown, 1978). Este modelo postula que los visitantes demandan actividades (caminatas, canotaje, observación de aves) en ciertos entornos (áreas naturales no modificadas, lugares con modificaciones parciales o totales) para lograr ciertas experiencias (soledad, ideas), en última instancia para beneficiarse de resultados socio-psicológicos específicos (mejorar relaciones familiares, aptitud, apreciación de la naturaleza, confianza en sí mismo). A la luz de tal diversidad, no podemos identificar una persona como el "visitante promedio". Por el contrario, cada visitante persigue diferentes configuraciones de demandas (Cole y Williams, 2012).

Ya sea que clasifique las oportunidades de experiencia del visitante con el ROS, con la segmentación del mercado o con otra clasificación, cada visitante requiere distintos tipos de experiencias, y por lo tanto diferentes combinaciones de servicios para satisfacer sus necesidades de calidad, comodidad, seguridad, entornos ambientales y niveles de autenticidad.

Tipos de servicios e instalaciones

Instalaciones y servicios de soporte

Estos son los tipos de servicios e instalaciones ofrecidos para ayudar a dar soporte, mantener y restablecer las necesidades "básicas" de los visitantes. Obviamente, lo que constituye una necesidad "básica" depende del contexto, ya que las necesidades "básicas" de algunos son vistas como "lujos" por otros o en otros contextos. Por consiguiente, los servicios e instalaciones básicas de soporte podrían ser una letrina y el "lujo" podría ser el acceso al agua potable. Los servicios de soporte y las instalaciones apropiadas pueden ser complejos y abarcar una diversidad de servicios e instalaciones, como se ve en algunos centros de visitantes. Es importante que los administradores sepan con qué tipos de necesidades, deseos y expectativas llegan los visitantes y cómo empalmarlos con la realidad de las instalaciones que pueden ofrecerse. Esta es la razón por la cual en las áreas protegidas son tan importantes la planeación y la zonificación basadas en el espectro de oportunidades de esparcimiento.

Instalaciones y servicios de orientación

Es esencial que los administradores conozcan qué tipos de instalaciones y servicios de orientación pueden necesitar los turistas. Estos tipos de servicios e instalaciones podrían incluir señalización, folletos informativos (precios, horarios de funcionamiento, procedimientos, emisión de boletos, información de contacto, etc.), guardaparques y guías, puntos de encuentro designados, sitios web, mapas, líneas directas de información, aplicaciones para teléfonos celulares y otras técnicas que puedan ayudar a mantener a los visitantes orientados en el tiempo y el espacio.

Instalaciones y servicios de seguridad

Esta categoría de servicios e instalaciones permite que las personas accedan a lugares que de otra forma evitarían debido al peligro y a los impedimentos físicos o sociales. Aunque estos servicios e instalaciones suelen ser invisibles para los visitantes y son subestimados por ellos –como la provisión de vigilantes del parque y controles perimetrales– deben calcularse dentro de los costos generales. Los ejemplos incluyen sistemas electrónicos de seguridad como las cámaras de vigilancia, la señalización que explica las normas, las recomendaciones de seguridad y los materiales educativos para los visitantes.

Instalaciones y servicios de interpretación

La interpretación es un enfoque de comunicación que conecta intelectual y emocionalmente a las personas con los objetos interpretados para profundizar su apreciación de tal objeto. En el contexto de las áreas protegidas, el objeto es el patrimonio de un sitio. Con una apreciación más profunda, surge la disposición de cuidar y de ayudar al cumplimiento de los objetivos de gestión. Las instalaciones y servicios interpretativos incluyen todos los servicios e instalaciones de educación y de otro tipo que mejoren y mantengan la experiencia del visitante y que no se mencionaron anteriormente. Los ejemplos incluyen guías interpretativos, señalización, exhibiciones, videos, materiales educativos impresos, guías automatizadas, representaciones teatrales, programas de radio, demostraciones de historia viviente e interpretación itinerante. Muchas áreas protegidas tienen un fuerte enfoque en la educación, e incluyen programas directamente relacionados e involucrados con los planes de estudio de la escuela.

Múltiples servicios e instalaciones

Con frecuencia, los servicios y las instalaciones ofrecidos se superponen y se encuentran en los mismos medios y espacios. Por ejemplo, los centros de visitantes suelen combinar todas las áreas al ofrecer exposiciones interpretativas (interpretación), mostradores de información (orientación),

Grafiti con rocas en un paisaje natural de montaña con rocas dispersas, sitio patrimonio mundial de los Dolomitas, Italia

Fuente: Graeme L. Worboys

baños y venta de alimentos (reconstituyentes), instalaciones para discapacitados (por ejemplo, es frecuente que de los centros de visitantes se desprendan senderos para ciegos o sillas de ruedas), tiendas (interpretativas y reconstituyentes) y el acceso al personal.

Gestión del impacto de los visitantes

El número cada vez mayor de problemas con el impacto de los visitantes que hoy enfrentan los administradores de áreas protegidas, además de caracterizarse por una serie de complejidades e incertidumbres, se presenta en un contexto de condiciones ambientales cambiantes y diferentes niveles de capacidad organizacional. Como resultado, los administradores de áreas protegidas tienen el desafío de comprender la naturaleza de los problemas y las posibles soluciones. En esta sección consideramos una gama de impactos de los visitantes y exploramos una variedad de marcos para evaluar y manejar tales impactos. Los impactos sociales y comunitarios del turismo son una consideración importante en la planeación y la respuesta a los impactos de los visitantes en las áreas protegidas.

Impactos del visitante sobre el ambiente

Los visitantes en las áreas protegidas tienen una amplia gama de impactos ambientales que incluyen los suelos, las plantas, los animales y los sistemas acuáticos (Liddle, 1997; Newsome *et al.,* 2002). En cuanto a los animales, los impactos pueden incluir:

- Cambios en el comportamiento y la fisiología de los animales, como desencadenar la respuesta de huida en las aves.
- Cambios en el éxito y los patrones de reproducción, como el daño a las aves que anidan en el suelo.
- Introducción de animales externos (animales domesticados, incluidos animales de pastoreo y ferales).
- Daño y eliminación del hábitat.
- Muerte de animales, ya sea deliberadamente (pesca, caza) o accidentalmente (atropellamiento en las carreteras).

Los impactos sobre las plantas pueden incluir:

- Daño directo por pisoteo.
- Eliminación de vegetación durante la construcción de infraestructura.
- Cambios en la composición como resultado de la introducción de nuevas especies (malezas, plantas de jardín).
- Cambios en el entorno abiótico que afectan a las plantas (suelo, luz, viento, nutrientes, etc.).
- Fragmentación del hábitat por senderos y otra infraestructura.
- Incendios a nivel del paisaje que los visitantes comenzaron deliberada (pirómanos) o accidentalmente (fogatas).

Los impactos sobre los sistemas acuáticos incluyen cambios en la concentración de oxígeno, turbidez, caudal, escorrentía, contaminación y recolección de agua, así como cambios en los nutrientes por las actividades en esta (natación, paseos en bote, etc.) y en las áreas alrededor de ríos, arroyos y lagos (camping, pisoteo, etc.). Los impactos en los suelos incluyen la compactación del suelo, los cambios en los nutrientes como la nitrificación, la escorrentía, la erosión y la pérdida del suelo por cambios a gran escala como los deslizamientos de tierra.

Los tipos y el grado de los impactos varían de acuerdo con la naturaleza de las actividades, el uso estacional, la intensidad del uso, el comportamiento de los usuarios y la resiliencia de los ecosistemas. Por ejemplo, se ha demostrado que algunas actividades, como montar a caballo, tienen un impacto con un alcance y una intensidad mayores que otras actividades, como el senderismo. En algunas épocas del año, las actividades de los visitantes tienen más impacto que en otras. Por ejemplo, el ruido y la contaminación lumínica pueden tener un mayor impacto sobre el comportamiento de los animales durante la temporada de reproducción que en otros momentos. De manera similar, el daño por pisoteo a la vegetación puede ser mayor durante la época de floración que cuando las plantas están en estado dormante.

Estudio de caso 23.1 Iniciativa de cero residuos en la ruta de senderismo del Himalaya en Sikkim, India

El gobierno de Sikkim creó el Parque Nacional Khangchendzonga en 1977. Con un área de 1784 kilómetros cuadrados, que limita con Nepal y Tíbet, el parque tiene un rango de elevación de 1829 a 8586 msnm e incluye el monte Khangchendzonga, la tercera montaña más alta en el mundo. Este punto, además de contar con una gran biodiversidad y conservar especies en peligro de extinción como los leopardos de las nieves (*Pantera uncia*), también es un paisaje sagrado, y las comunidades locales lo consideran una deidad protectora. Todos los ríos, lagos, colinas y cuevas se consideran sagrados y se cree que fueron bendecidos por el gurú budista Padma Sambhava. Por este motivo, las comunidades locales se han opuesto sistemáticamente a las propuestas para construir proyectos hidroeléctricos en la región.

El parque fue abierto a los turistas en 1982 para promover el turismo de aventura y generar el empleo local. Inicialmente, pocos grupos organizados visitaban el parque, ya que era muy difícil obtener permisos. En 1992, el sistema de permisos se volvió más laxo, lo que resultó en un aumento de las visitas. No obstante, durante este período había menos preocupación por la conservación entre algunos turistas y los operadores. Esto dio lugar a una variedad de impactos, incluida la acumulación de basura; la deforestación por leña para cocinar, calefacción y fogatas; el sobrepastoreo por animales de carga; la biopiratería por parte de los visitantes que recolectaban plantas medicinales, flores alpinas, semillas e insectos; los campamentos al azar sobre las praderas de gran altitud; la caza furtiva y la caza de animales salvajes por parte del personal del senderismo, y la contaminación de los humedales de tierras altas. La gente local estaba disgustada por esta profanación del paisaje sagrado.

Para abordar estos problemas, en 1996 se formó una ONG comunitaria, el Comité de Conservación de Khangchendzonga, en Yuksam, la base para el senderismo en el parque. Este comité movilizó a la comunidad local y a las partes interesadas en el turismo para llevar a cabo una serie de actividades de conservación, las cuales incluyeron la promoción de actividades de ecoturismo basadas en la comunidad tales como campañas de limpieza de las rutas de senderismo, la educación para la conservación, la capacitación de las partes interesadas en el turismo, el manejo de basuras, el monitoreo de la biopiratería y la prohibición de uso de leña dentro del parque. Se desarrolló un código de conducta para la conservación y se introdujeron estrategias para establecer sitios apropiados para acampar y minimizar los impactos del pastoreo de los animales de carga. También se desarrolló el alojamiento con familias (entre las primeras de India) como una forma de que las familias locales obtuvieran más ingresos.

Con el fin de abordar el problema de la basura en el parque, en 2007 se organizó una campaña de limpieza a lo largo de las rutas de senderismo y sitios para acampar más populares. Se involucró al personal de turismo, incluidos los porteadores, los operadores de animales de carga, los guías y cocineros, junto con los miembros de la comunidad y los maestros de escuela y estudiantes. Desde entonces, el Departamento de Turismo, las agencias de viajes y algunas personas han organizado varias campañas de limpieza de los senderos.

No obstante, al darse cuenta de que esto por sí solo no era una solución a largo plazo, el comité conceptualizó un nuevo sistema llamado “Cero residuos en la ruta de senderismo”. Bajo esta iniciativa, todos los visitantes del parque deben recuperar todos los residuos no biodegradables declarados en su formulario de inscripción. En Yuksam, donde los visitantes abandonan la ruta de senderismo, los funcionarios, después de asegurarse de que todos estos desechos fueron sacados del parque, separan la basura en latas, baterías y residuos de medicamentos, prendas de vestir, papel aluminio y paquetes de fideos, plásticos, papeles y cartones.

Esta basura luego se lleva a un “centro de recuperación de recursos” cercano, donde se limpia y se separa aún más. Todos los artículos reciclables se venden, mientras que los artículos como los paquetes de galletas y papas fritas, que no son reciclables, se trituran y se usan para hacer cojines u otros productos. Parte del papel reciclado se fabrica con papel y cartón de desecho. El centro se ha convertido en un destino popular para los visitantes, lo que da un fuerte mensaje de que el senderismo no debe ser a costa del medio ambiente y las comunidades locales. Gracias a estos esfuerzos, los senderos del parque, que son utilizados por aproximadamente seis mil quinientos visitantes al año, están prácticamente libres de basura.

Pema Gyaltshan Bhutia, Comité de Conservación de Khangchendzonga

Un mayor uso tiende a causar más daño, aunque la forma de esta relación puede variar (Monz *et al.,* 2013). Por ejemplo, la relación puede ser curvilínea, de manera que la mayoría del daño ocurre con el primer uso, y después de cierta cantidad de uso hay un daño adicional limitado. Tal relación puede ser lineal, caso en que el daño se relaciona consistentemente con la cantidad de uso, o puede ser sigmoidea, con daños limitados en los niveles bajos de uso, luego aumentar rápidamente y entonces volver a aplanarse. La forma que toma esta relación es muy importante para los administradores, ya que afecta qué opciones de gestión serán más efectivas, como la elección entre un uso disperso y uno concentrado (Monz *et al.,* 2013). Debido a diferencias en su comportamiento, algunos visitantes pueden causar más daño que otros. Los visitantes pueden variar en su conocimiento, capacidad y disposición para cumplir con las prácticas de mínimo impacto.

La infraestructura ofrecida a los visitantes también tiene una amplia gama de impactos, incluso durante la construcción, el mantenimiento y el uso. Estos impactos pueden ser a corto plazo y localizados, aunque también pueden ser graves, a largo plazo y generalizados. La selección cuidadosa, el diseño y el mantenimiento de la infraestructura pueden reducir drásticamente su impacto ambiental. Una cuestión clave para los administradores de áreas protegidas es cómo minimizar y mejorar estos impactos ambientales de los visitantes (véase, por ejemplo, el Estudio de caso 23.1).

Estudio de caso 23.2 Principios del desarrollo turístico de un grupo indígena: un ejemplo de Columbia Británica, Canadá

La Comunidad Gitga'at de las Primeras Naciones de la bahía Hartley en la costa norte de Columbia Británica (Canadá) y el Instituto de Recursos Naturales de la Universidad de Manitoba, colaboraron en una investigación que examinaba los puntos de vista de la comunidad sobre el desarrollo del turismo. Una propuesta liderada por la comunidad para avanzar en el desarrollo del turismo brindó una plataforma para que los miembros de la comunidad reflexionaran sobre sus experiencias con los desarrollos turísticos existentes y discutieran e identificaran un conjunto de principios para guiar los desarrollos futuros. Descubrimos que los miembros de la comunidad consideraban los desarrollos turísticos apropiados y deseables, pero solo en los casos en que mantenían y mejoraban la salud de sus tierras, personas y formas de vida.

La comunidad Gitga'at considera que su bienestar depende de la salud ecológica de su tierra y agua, la cual se mantiene gracias a su cuidado de la tierra y el mar. Para que estas relaciones sean fuertes, deben crearse oportunidades para permitir que las personas que trabajan y sus familias permanezcan en el territorio, en lugar de trasladarse a centros urbanos fuera de las reservas. Como expresó un miembro de la comunidad, "hay varias cosas que son Gitga'at –que son preciosas para la comunidad Gitga'at– y ninguna de ellas puede verse afectada". Como resultado, cuando se consideren los tipos de actividades de desarrollo económico local que sean deseables, debe buscarse un buen equilibrio entre la integridad cultural, comunitaria y ecológica. A partir de esto se formularon los principios para el desarrollo del turismo –todos alrededor de un tema simple y poderoso: "queremos vivir aquí"–.

- Integridad cultural: los líderes y clanes tradicionales deben participar en la toma de decisiones, y el uso comercial de los recursos es mejor cuando se vincula con las prácticas y modos de vida tradicionales.
- Integridad de la comunidad: deben buscarse oportunidades económicas de bajo impacto, pero los máximos beneficios del desarrollo deben ser para la comunidad Gitga'at y deben distribuirse equitativamente dentro de esta.
- Integridad ecológica: deben respetarse otras especies y deben minimizarse los impactos ecológicos del desarrollo.

También se identificaron mecanismos para apoyar estos principios:

- Garantizar la gestión y el control local de cualquier emprendimiento.
- Organizar la distribución de los beneficios de manera justa, razonable y transparente.
- Establecer protocolos y otros acuerdos, particularmente con investigadores visitantes, para proteger los recursos y el conocimiento de la comunidad Gitga'at.
- Llevar a cabo una supervisión y una evaluación cuidadosas y regulares de los impactos sociales y ecológicos de cualquier actividad turística, junto con un proceso significativo y continuo de consulta local.
- Facilitar las relaciones interculturales respetuosas entre los visitantes y los miembros de la comunidad a través de la interpretación y el soporte a los visitantes por parte de los guías de la comunidad Gitga'at.
- Establecer áreas "no permitidas" para los visitantes que protejan la privacidad de la comunidad y garanticen mejor la seguridad de los recursos locales, incluido el conocimiento (por ejemplo, información sobre plantas medicinales) y los espacios físicos (por ejemplo, lugares de cosecha y lugares especiales, como tumbas).

Los investigadores identificaron estos mecanismos como formas importantes de salvaguardar el bienestar de las personas y el territorio de la comunidad Gitga'at, lo que incluye mantener el flujo de información y el diálogo necesarios para adaptar los servicios turísticos de tal manera que reflejen mejor las necesidades e intereses de la comunidad. Cuando consideraron estos principios, muchas personas en la comunidad recurrieron a su experiencia con emprendimientos turísticos pasados o existentes en la zona, incluida la observación de la vida silvestre, las visitas culturales al poblado de la bahía Hartley (Hartley Bay Village), la pesca deportiva y los albergues ecológicos (*ecolodges*). Las características consideradas deseables de algunos de estos ejemplos incluyeron el bajo impacto ecológico, la participación y el empleo de los miembros de la comunidad, y la operación de las empresas de acuerdo con los protocolos culturales de la comunidad Gitga'at, incluido el respeto por la autoridad en la toma de decisiones de los líderes tradicionales y locales. No obstante, la capacidad de generar más beneficios culturales, económicos y ecológicos para la comunidad Gitga'at a través de controles locales surgió como una prioridad para el turismo en el futuro.

El proyecto encontró que muchos integrantes de la comunidad Gitga'at ven este turismo basado en principios como un foro, junto con un nuevo tipo de motivación, en el que los jóvenes y otros miembros de la comunidad aprenden sobre la cultura y los modos de vida de la comunidad Gitga'at, incluido el idioma Sm'algyax, las habilidades para la recolección y el procesamiento de alimentos, los conocimientos ecológicos tradicionales y otras habilidades culturalmente importantes. Como explicó un miembro de la comunidad: "Usted necesita alguien que pueda contar la historia de nuestro pueblo [...] Y esto es lo mismo –la experticia que podría desarrollarse– que podría usarse aquí cuando lleguen los turistas".

Katherine L. Turner

Impactos sociales y culturales de los visitantes

A menudo, las comunidades locales son vistas como los beneficiarios del turismo, especialmente en términos de los beneficios económicos derivados del empleo y la oferta de servicios y productos para los visitantes de las áreas protegidas. No obstante, el turismo en las áreas protegidas suele presentar impactos sociales negativos, tales como cambios en el estado económico y social, en

Tabla 23.8 Definiciones de capacidad de carga

Enfoque	Definición
Recreación	El nivel de uso más allá del cual se deteriora el recurso de recreación o la experiencia de esparcimiento
Biofísico	La cantidad máxima de personas que pueden usar un área determinada durante un período específico sin reducir la capacidad de esa área para un uso sostenible
Social	El número máximo de personas que pueden usar un área determinada durante un período específico sin reducir el nivel de satisfacción que cada una de estas personas recibe en el área
Administrativo	El número máximo de personas que pueden alojarse en un área determinada durante un período específico: a) sin degradar el entorno más allá de un determinado nivel de aceptabilidad; b) sin causar impactos socioculturales y económicos inaceptables en la población local, y c) ofreciendo un nivel de satisfacción determinado para un porcentaje dado de los usuarios, según lo establecido por los objetivos del administrador de recreación para el área

Fuente: Ministerio de Bosques de Columbia Británica (British Columbia Ministry of Forests, 1991)

las rutinas diarias, en la calidad de vida y en el tráfico, así como el ruido, la seguridad y el acceso a las áreas tradicionales. Trabajar con las comunidades locales para identificar y abordar la naturaleza de los impactos del turismo en el área protegida puede ser una tarea compleja (véase el Estudio de caso 23.2). Las evaluaciones del impacto social y ambiental son herramientas útiles para ayudar a comprender, predecir y abordar los posibles impactos del turismo en las áreas protegidas y los desarrollos relacionados. La evaluación del impacto social se enfoca en los posibles impactos de diferentes escenarios sobre los individuos y las comunidades (Brown *et al.*, 2006). Con frecuencia, la evaluación del impacto ambiental se realiza con un enfoque más amplio para incluir los posibles efectos positivos y negativos de los desarrollos en las áreas protegidas sobre los componentes naturales, culturales, sociales y económicos (Ontario Parks, 2005). Este enfoque más holístico reconoce que todos estos componentes están interrelacionados y, por consiguiente, deben considerarse de manera simultánea.

Los impactos sociales no se limitan a las comunidades locales, sino que también se producen entre los visitantes. Las actividades, el comportamiento y la infraestructura que se brindan para algunos visitantes pueden afectar la experiencia de otros –tanto positiva como negativamente–. Un gran desafío para los administradores es lidiar con los posibles conflictos entre los diferentes tipos de visitantes. A menudo, el conflicto entre estos gira en torno a cuestiones tales como la idoneidad de una actividad, sus impactos ambientales, sus impactos sociales y el peligro que puede suponer para otros usuarios. En algunos casos, permitir un tipo de actividad hace que algunos visitantes eviten el área protegida. Por ejemplo, la observación de aves y la caza en un área protegida privada no son actividades muy compatibles, y permitir la caza puede provocar el desplazamiento de otros visitantes.

Respuesta a los impactos de los visitantes

La variedad de posibles impactos ambientales y sociales derivados del uso de los visitantes presenta desafíos que requieren la atención de la administración. Según Farrel y Marion (2002), estos impactos pueden:

- Comprometer la realización del mandato y los objetivos del área protegida.
- Afectar negativamente los valores naturales y culturales, y varios impactos pueden tener un efecto aditivo y acumulativo en el tiempo.
- Dar lugar a consecuencias no deseadas, como una disminución en las visitas y en los beneficios económicos; esto a su vez puede afectar el bienestar de las comunidades locales.

Pueden tomarse una serie de medidas proactivas para evitar los impactos no deseados. Tales medidas giran en torno a elementos del enfoque de gestión adaptativa –es decir: realizar una buena planeación desde el comienzo, implementar las acciones prescritas, monitorear los efectos positivos y negativos respecto a los valores, evaluar y aprender de los resultados, y ajustar las acciones de manejo para mejorar y afinar las intervenciones necesarias– (véanse los Capítulos 8 y 13).

El manejo activo de los impactos de los visitantes puede ayudar a minimizar su efecto (Farrell y Marion, 2002). Se han introducido varios marcos de gestión para ayudar a los administradores de áreas protegidas a minimizar el impacto de los visitantes. Un marco de gestión eficaz es un proceso paso a paso que permite a los encargados de la planeación y administradores de áreas protegidas interpretar y explicar los problemas en cuestión (McCool *et al.*, 2007). Un marco ayuda a los administradores a:

- Identificar concesiones mutuas entre la oferta de oportunidades recreativas con los impactos económicos locales resultantes y la protección de los valores de biodiversidad.
- Apreciar y abordar la complejidad.
- Acomodar la variedad de partes interesadas con intereses en el área o el problema.

Los encargados de la toma de decisiones deben evaluar la idoneidad de los marcos para su uso específico. Los investigadores han identificado cinco criterios para evaluar la idoneidad de un marco respecto a la resolución de los problemas de manejo de los visitantes y describen las condiciones propicias para su aplicación exitosa (McCool *et al.*, 2007).

1. Saliente: no todos los marcos fueron diseñados para abordar todos los problemas. Estos deben brindar un proceso para trabajar a través de los problemas específicos en cuestión.
2. Conceptualmente sólido: basado en la teoría y en la ciencia actual.
3. Práctico: en el contexto de la capacidad de la organización, el personal requiere un conjunto adecuado de conocimientos y habilidades técnicas para utilizar y aplicar el marco. El personal debe pensar a nivel de los sistemas para considerar los efectos o las consecuencias regionales en diferentes escalas temporales.
4. Ético: las discusiones deben permitir que se entienda quién se beneficia de las decisiones y quién pagaría el precio. El proceso debe ser abierto y deliberativo para permitir que los participantes se involucren en las discusiones, en un entorno seguro.
5. Pragmático: permitir resultados eficientes y eficaces de tal manera que los recursos humanos y financieros puedan asignarse para abordar los asuntos prioritarios, y lo que es más importante, para que los impactos puedan abordarse realmente.

Si bien el enfoque se centra en estos marcos formales, se reconoce que el personal en campo y las comunidades locales suelen aplicar prácticas y marcos informales que les permiten comprender las relaciones dinámicas en juego. Estos incluyen hacer observaciones diarias que se registran o informan de manera informal, la retroalimentación ocasional hacia y desde las comunidades locales y el personal, pensar y discutir acercamientos alternativos para llevar a cabo proyectos teniendo en cuenta los aspectos a favor y en contra, y otras prácticas. En este capítulo consideramos siete marcos de manejo de visitantes:

- Capacidad de carga.
- Límites de cambio aceptable.
- Proceso de manejo de la actividad del visitante y evaluación de la actividad apropiada.
- Modelo de impacto del visitante.
- Experiencia del visitante y protección de los recursos.
- Modelo de gestión para la optimización del turismo.
- Marco de valores-amenazas.

Capacidad de carga

El concepto de capacidad de carga data de las décadas de 1950 y 1960, cuando las áreas silvestres de Estados Unidos experimentaban grandes aumentos en la recreación al aire libre y hubo la preocupación por las aglomeraciones y los niveles apropiados de uso. La capacidad de carga se define de muchas maneras diferentes (Tabla 23.8).

Se trata de un concepto central que subyace a muchos marcos de impacto de los visitantes. Es fácil de entender y puede ser más simple, menos costoso y más factible de implementar que otros marcos (Farrell y Marion, 2002). En la actualidad, este aún recibe la atención de investigadores académicos y agencias de gestión de tierras públicas. No obstante, este enfoque tiene serias limitaciones, ya que es básicamente un concepto restrictivo, que se fundamenta en límites y restricciones. Aunque este enfoque puede ser adecuado para asuntos muy específicos, como el manejo de áreas de reproducción de vida silvestre, cavernas y otras áreas sensibles, también puede considerarse que actúa en contra de los objetivos de las áreas protegidas diseñados para alentar el disfrute y la valoración adecuada de las áreas protegidas por parte de los visitantes. Los investigadores han identificado algunos problemas importantes en su formulación, validez conceptual y utilidad administrativa:

- La capacidad de carga requiere objetivos específicos, pero a menudo las entidades son reacias a desarrollarlos.
- Debido a que la capacidad de carga es una función de los objetivos, hay muchas capacidades de carga para un sitio; si hay muchas, el concepto pierde su utilidad.
- Para la mayoría de las situaciones relacionadas con la gestión de la recreación, los problemas del impacto son más una función del comportamiento del visitante o de las acciones de desarrollo que de los números.
- En la literatura suele existir una confusión sobre la nomenclatura: capacidad de carga, políticas de límite en el uso y procesos tales como los límites de cambio aceptable.
- Con frecuencia, las condiciones necesarias para establecer una capacidad de carga no están presentes en un sitio de recreación.

- Debido a que la capacidad de carga es un enfoque técnico para problemas fundamentalmente portadores de valores, hay poco espacio para la participación del público (McCool *et al.,* 2007, pp. 40-43).

Además, una premisa importante que subyace a la noción de la capacidad de carga es que el área natural de preocupación es estable e invariable (McCool *et al.,* 2007). Sin embargo, se reconoce que los sistemas biológicos y sociales son dinámicos, complejos y llenos de incertidumbre. Los cambios inducidos por el ser humano, que son el foco de la capacidad de carga, pueden solaparse en las variaciones naturales como las causadas por el clima, los incendios y las inundaciones. Por consiguiente, cuando las capacidades de carga fijas se establecen en un estado de flujo, su validez queda en tela de juicio.

Otros investigadores concluyeron que la capacidad de carga está demasiado simplificada, al poner demasiado énfasis en limitar el uso del visitante cuando pueden ajustarse otros parámetros, de manera que no logra minimizar el impacto del visitante en algunos casos y no incorpora la participación del público o las necesidades de recursos a nivel local (Farrell y Marion, 2002).

Límites de cambio aceptable

El marco "límites de cambio aceptable" (*Limits Of Acceptable Change*, LAC) (Stankey *et al.,* 1984) se basa en el concepto del ROS. Al igual que el ROS, identifica una variedad de experiencias recreativas en diferentes entornos, pero a diferencia de este, está orientado a los problemas (Haider y Payne, 2009). Este marco involucra a las partes interesadas que participan en todo el proceso, incluido el establecimiento de estándares para la cantidad y la extensión de los cambios inducidos por el ser humano que se consideran aceptables para un área. El proceso también identifica las soluciones que los administradores deben ofrecer. La selección de indicadores y estándares medibles –y el monitoreo de seguimiento– es un paso clave, ya que proporciona la base para juzgar si una condición es aceptable o no. No obstante, estas son tareas desafiantes que requieren de capacidades técnicas y tiempo, y como resultado, su implementación puede ser costosa (Brown *et al.,* 2006; de Lacy y Whitmore, 2006). De acuerdo con los objetivos de gestión, pueden seleccionarse indicadores físicos, biológicos y sociales.

Los LAC se han aplicado en todo el mundo, su uso es más adecuado a escala del paisaje y fueron integrados en el marco "experiencia del visitante y protección de los recursos" (*Visitor Experience And Resource Protection*, VERP) (Haider y Payne, 2009). Los LAC comprenden nueve pasos para decidir las condiciones sociales y de recursos más importantes y aceptables.

1. Identificar las preocupaciones y problemas del área.
2. Definir y describir las clases de oportunidades (basadas en el concepto del ROS).
3. Seleccionar indicadores de las condiciones sociales y de recursos.
4. Hacer un inventario de las condiciones sociales y de recursos existentes.
5. Especificar los estándares para los indicadores sociales y de recursos para cada clase de oportunidad.
6. Identificar asignaciones alternativas para la clase de oportunidad.
7. Identificar acciones de manejo para cada alternativa.
8. Evaluar y seleccionar las alternativas preferidas.
9. Implementar acciones y monitorear las condiciones (Stankey *et al.,* 1984).

Proceso de gestión de la actividad del visitante y evaluación de la actividad apropiada

El "proceso de manejo de la actividad del visitante" (*Visitor Activity Management Process*, VAMP) fue desarrollado por Parques Canadá a finales de los años ochenta. Combina los principios de las ciencias sociales con los del mercadeo, para centrarse en el análisis de las oportunidades, en lugar de hacerlo en el impacto de los visitantes. Este marco es particularmente útil para tomar decisiones operativas y estratégicas de mercadeo sobre los mercados objetivo y la posición del mercado, y para identificar las actividades recreativas e interpretativas apropiadas, así como las instalaciones de servicio (Brown *et al.,* 2006). Los pasos en el VAMP son los siguientes.

1. Producir los términos de referencia del proyecto.
2. Confirmar el propósito del parque existente y las declaraciones de objetivos.
3. Organizar una base de datos que describa los ecosistemas y entornos del parque, las posibles oportunidades educativas y recreativas para los visitantes, las actividades y los servicios existentes para los visitantes, y el contexto regional.
4. Analizar la situación existente para identificar los temas patrimoniales, la capacidad e idoneidad de los recursos, las actividades apropiadas para los visitantes, el papel del parque en la región y el papel del sector privado.
5. Producir conceptos alternativos de la actividad del visitante para estos entornos, las experiencias que se apoyarán, los segmentos de mercado de los

visitantes, las directrices para los niveles de servicio y los roles de la región y el sector privado.

6. Crear un plan de manejo del parque que incluya el propósito y la función del mismo, los objetivos y directrices de gestión, las relaciones regionales y el papel del sector privado.
7. Establecer prioridades para la conservación del parque y su planeación del servicio, y luego realizar el plan (Brown *et al.*, 2006).

El VAMP tiene una capacidad excepcional; en los parques nacionales de Canadá se ha utilizado para comprender y gestionar el uso humano, evaluar y gestionar los riesgos e identificar las actividades apropiadas (Haider y Payne, 2009). El VAMP hizo una transición a la "evaluación de actividades adecuadas" (*Appropriate Activity Assessment*, AAA), la cual reconoce que no todos los tipos de actividades son adecuados en las áreas protegidas. A través de los siguientes principios de la AAA, las actividades recreativas en los parques nacionales, sitios históricos nacionales y áreas nacionales de conservación marina de Canadá:

- Mantendrán o mejorarán el carácter del lugar.
- Respetarán los recursos naturales y culturales.
- Facilitarán oportunidades para que los visitantes tengan experiencias excepcionales.
- Promoverán la comprensión y el aprecio del público.
- Valorarán e involucrarán a las comunidades locales (Haider y Payne, 2009).

El VAMP se basa en el ROS y está diseñado para la planeación regional. Este puede incorporar fácilmente los principios de los LAC, de la VIM y de la VERP.

Manejo del impacto de los visitantes

El manejo del impacto de los visitantes (*Visitor Impact Management*, VIM) fue desarrollada por investigadores de la Asociación de Conservación y Parques Nacionales, con sede en Estados Unidos. Esta aborda tres cuestiones relacionadas con el impacto del visitante, a saber: las condiciones del problema, los posibles factores causales y las posibles estrategias de manejo (Nilsen y Tayler, 1998). El proceso emplea tanto la ciencia como –lo que es muy importante– el juicio profesional, y enfatiza la necesidad de entender los factores causales cuando se identifican las estrategias de manejo. Al abordar los impactos de los visitantes, la VIM se relaciona con la capacidad de carga ecológica y social. Tal como se muestra en los pasos, los administradores deben especificar estándares ecológicos y el monitoreo de las áreas protegidas (Haider y Payne, 2009). Con el proceso de la VIM hay ocho pasos clave asociados.

Visitantes mientras observan la espectacular garganta del río Liwu, Parque Nacional Taroko, Taiwán. Este sitio también se conoce como "la garganta de mármol" debido al corte del río en la roca caliza metamorfoseada
Fuente: Graeme L. Worboys

1. Llevar a cabo una revisión de la base de datos previa a la evaluación.
2. Revisar los objetivos de gestión.
3. Seleccionar los indicadores de impacto clave.
4. Seleccionar los estándares para los indicadores de impacto clave.
5. Comparar estándares y condiciones existentes.
6. Identificar las causas probables de los impactos.
7. Identificar estrategias de manejo.
8. Implementar la estrategia (Nilsen y Tayler, 1998).

La VIM es una variante de los LAC y se ha incorporado al proceso de la VERP (Brown *et al.*, 2006). Su uso es más adecuado cuando hay menos recursos disponibles para monitorear la investigación.

Experiencia del visitante y protección de los recursos

Desarrollado por el Servicio de Parques Nacionales de EE.UU., el método "experiencia del visitante y protección de los recursos" (*Visitor Experience And Resource Protection*, VERP) integra los problemas de capacidad de carga ecológica y social con los indicadores y estándares de calidad (Haider y Payne, 2009). El proceso incluye un enfoque en la zonificación espacial para integrar recursos y condiciones sociales, lo cual puede ser desafiante. La VERP se basa en los marcos LAC y VAMP, y consta de nueve pasos.

1. Reunir un equipo interdisciplinario para el proyecto.
2. Desarrollar una estrategia para involucrar al público.
3. Desarrollar declaraciones de la importancia y el propósito del parque, y temas principales de interpretación; identificar restricciones y mandatos de planeación.
4. Analizar los recursos del parque y el uso de visitantes existente.
5. Describir un rango potencial de experiencias para los visitantes y las condiciones de los recursos (posibles zonas prescriptivas).
6. Asignar las zonas potenciales a ubicaciones específicas dentro del parque (zonificación de manejo prescriptivo).
7. Seleccionar indicadores y especificar estándares para cada zona; desarrollar un plan de monitoreo.
8. Monitorear los indicadores sociales y de recursos.
9. Emprender acciones de manejo (Haider y Payne, 2009).

Modelo de gestión para la optimización del turismo

El "modelo de gestión para la optimización del turismo" (*Tourism Optimisation Management Model*, TOMM) se desarrolló en la década de 1990 en Australia para la planeación del turismo regional que incluyera áreas protegidas (McArthur, 1999). El objetivo de este modelo es monitorear y cuantificar los beneficios y los impactos de las actividades turísticas, y evaluar los problemas y las alternativas emergentes para un turismo sostenible en el futuro (Brown *et al.*, 2006). Si bien el modelo se basa en el proceso de los LAC, el nombre quita énfasis a la connotación negativa relacionada con los "límites". El TOMM amplía el concepto de los LAC a los parques y comunidades de entrada al considerar los intereses comerciales y comunitarios en todas las etapas de la implementación y el monitoreo (Haider y Payne, 2009). Las principales fortalezas de este modelo incluyen su aplicación en el contexto de los entornos económicos, políticos y sociales en los que opera el turismo, así como la participación de las partes interesadas a lo largo del proceso. Dada la cobertura más amplia, requiere de mucha información, y por lo tanto exige recursos importantes para el manejo de datos y el compromiso a largo plazo de una amplia gama de partes interesadas. El marco del TOMM comprende cinco dimensiones:

- Económica (contribuciones financieras de la actividad turística).
- Oportunidades de mercado (características clave del perfil comercial y actividad de mercadeo).
- Experiencial (la naturaleza de la experiencia básica del visitante que se ofrece).
- Comunidad (la calidad de vida de los residentes locales e indígenas que tengan una conexión con el área).
- Ambiental (el entorno biofísico, que abarca desde la biodiversidad y el estado de la vida silvestre hasta los patrones de consumo de energía) (McArthur, 1999).

El TOMM comprende seis pasos.

1. Planear el proceso y comenzar el involucramiento de las partes interesadas mediante la identificación de las mismas y la generación de escenarios turísticos.
2. Recopilar y escribir una descripción de contexto para definir la situación actual. Revisar los documentos de planeación y políticas para la región. Continuar el involucramiento de las partes interesadas y comenzar la participación mediante una sesión informativa con estas.
3. Desarrollar un programa de monitoreo que identifique qué y cómo medirlo, y que defina los estándares para la generación de informes.

Delinear un conjunto de condiciones óptimas e investigar los indicadores asociados.

4. Refinar la descripción del contexto y el programa de monitoreo a través de un proceso de talleres con las partes interesadas. Reducir el número de indicadores y determinar el rango aceptable y el punto de referencia para cada indicador.
5. Preparar el borrador y las versiones finales de un plan del TOMM e informar a las partes interesadas.
6. Implementar y refinar el modelo. Comenzar el monitoreo. Después del primer ciclo, identificar los indicadores fuera del rango aceptable; identificar las posibles relaciones de causa y efecto para desarrollar respuestas de gestión. El proceso iterativo continúa con el refinamiento continuo de indicadores, condiciones y rangos óptimos (McArthur, 1999).

Marco de valores-amenazas

Un enfoque alternativo para abordar los impactos de los visitantes es a través de la aplicación de enfoques de valores-amenazas, en los que los valores naturales del área protegida son la base para examinar las amenazas en contra de su viabilidad. Los Estándares Abiertos para la Práctica de la Conservación (CMP, 2013) proporcionan un marco sólido y amplio para la planeación, la gestión y el monitoreo basados en resultados. Estos se encuentran arraigados en los conceptos de planeación y gestión adaptativas (véase el Capítulo 13). En Egipto, Paleczny (2010) adaptó y aplicó este marco en un contexto más amplio para abordar explícitamente los valores no relacionados con la diversidad biológica –es decir, los valores culturales, recreativos, turísticos y de bienestar de la comunidad local–. El "marco de gestión del impacto de los visitantes de áreas protegidas" (Farrell y Marion, 2002) empleó elementos del marco de estándares abiertos en Centro y Suramérica.

Conclusión

El uso de los visitantes y el uso oficial de las áreas protegidas son partes integrales del manejo de las mismas. Se identificaron los tipos comunes de uso por parte de los visitantes para las seis categorías de áreas protegidas de la UICN, junto con las implicaciones de dicho uso para la gestión. Es posible que el mayor uso de las áreas protegidas sea el turismo, de manera que se describieron los múltiples aspectos de la gestión del turismo en estas áreas especiales. Es muy importante trabajar en asociación con la industria del turismo, razón por la que se describieron las bases para que los administradores de áreas protegidas trabajen con dicha industria, así como los posibles beneficios. El enfoque principal de este capítulo fue brindar una gama de herramientas y guías para los administradores de áreas protegidas que les permita cuidar la condición natural a largo plazo de los destinos de visitantes en las áreas protegidas, como base para conservar la biodiversidad y el patrimonio y, en consecuencia, para un verdadero uso sostenible por parte de los visitantes.

Referencias

Lecturas recomendadas

Aaker, D.A. (1995). *Strategic Market Management.* Nueva York: Wiley.

Aaker, J.L. (1997). Dimension of brand personality. *Journal of Marketing Research*, 34(1), 347-356.

Baker, B. (2012). *Destination Branding for Small Cities: The essentials for successful place branding*, 2ª ed. Portland, Estados Unidos: Creative Leap Books.

British Columbia Ministry of Forests. (1991). *Recreation Manual.* British Columbia, Canada: Ministry of Forests. Recuperado de: www.for.gov.bc.ca/hfp/publications/00201/

Brown, G.; Koth, B.; Kreag, G. y Weber, D. (2006). *Managing Australias Protected Areas: A review of visitor management models, frameworks and processes.* Gold Coast, Australia: Sustainable Tourism Cooperative Research Centre, Griffith University.

Buckley, R. (2006). *Adventure Tourism.* Wallingford, Reino Unido: CAB International.

(2010). *Conservation Tourism.* Wallingford, Reino Unido: CAB International.

Pickering, C.M. y Weaver, D. (eds.). (2003). *Nature-Based Tourism, Environment and Land Management.* Cambridge: CAB International.

Butler, R.W. (1980). The concept of a tourism area life cycle of evolution: implications for management of resources. *The Canadian Geographer*, 24(1), 5-12.

Chee, C.G.; Makens, J.C. y Choy, D.J.L. (1997). *The Travel Industry*, 3ª ed. Nueva York: Van Nostrand Reinhold.

Clark, R.N. y Stankey, G.H. (1979). *The Recreation Opportunity Spectrum: A framework for planning, management, and research.* Washington D.C.: General Technical Report PNW-98, US Department of Agriculture Forest Service.

Cole, D.N. y Williams, D.R. (2012). Wilderness visitor experiences: a review of 50 years of research. En: D.N. Cole (ed.). *Wilderness Visitor Experiences: Progress in research and management, 2011 April 4-7; Missoula, Montana, Proceedings*, RMRS-P-66, pp. 3-20. Fort Collins, Estados Unidos: US Department of Agriculture Forest Service, Rocky Mountain Research Station.

Commonwealth of Australia (CoA). (1991). *Ecologically Sustainable Working Groups: Final report*. Canberra: Commonwealth of Australia.

Conservation Measures Partnership (CMP). (2013). *The Open Standards for the Practice of Conservation*. Recuperado de: www.conservationmeasures.org/

De Lacy, T. y Whitmore, M. (2006). Tourism and recreation. En: M. Lockwood, G.L. Worboys y Kothari (eds.). *Managing Protected Areas: A global guide*, pp. 497-527. Londres: Earthscan.

Dibb, S. y Simkin, L. (2009). Implementation rules to bridge the theory/practice divide in market segmentation. *Journal of Marketing Management*, 25(3-4), 3753-3796.

Driver, B.L. y Brown, P.J. (1978). The opportunity spectrum concept and behaviour information in outdoor recreation resource supply inventories: a rationale. En: H.G. Lund, V.J. LaBau, P.F. Folliott y D.W. Robinson (eds.). *Integrated Inventories of Renewable Natural Resources: Proceedings of the workshop*. General Technical Report RM-55, pp. 24-31. Fort Collins, Estados Unidos: US Department of Agriculture Forest Service, Rocky Mountain Forest and Range Experimental Station.

Driver, B.; Nash, R. y Haas, G. (1987). Wilderness benefits: a state-of-knowledge review. En: R.C. Lucas (ed.). *Proceedings: National Wilderness Research Conference issues, state-of-knowledge, future directions*. General Technical Report INT-220, pp. 294-319. Ogden, Estados Unidos: US Department of Agriculture Forest Service Intermountain Research Station.

Dudley, N. (2008). *Guidelines for Applying Protected Area Categories*. Gland: IUCN. Recuperado de: www.iucn.org/pa_categories

Eagles, P.F.J.; McCool, S.F. y Haynes, C.D.A. (2002). *Sustainable Tourism in Protected Areas: Guidelines for planning and management*. Gland: IUCN.

Eagles, P. y Legault, K.M. (2013). *Guidelines for the Planning and Management of Concessions, Leases, Licenses, and Permits in Parks and Protected Areas*. Ontario: University of Waterloo.

Elkington, J. (1997). *Cannibals with Forks: The triple bottom line of 21st century business*. Oxford: Capstone.

Emerton, L.; Bishop, J. y Thomas, L. (2006a). *Best Practice Protected Area Guidelines Series*, No. 013. Queensland: IUCN World Commission on Protected Areas, James Cook University.

(2006b). *Sustainable Financing of Protected Areas: A global review of challenges and options*. Cambridge: IUCN.

Farrell, M. y Marion, J.L. (2002). The protected area visitor impact management (PAVIM) framework: a simplified process for making management decisions. *Journal of Sustainable Tourism*, 10, 31-51.

Font, X.; Cochrane, J. y Tapper, R. (2004). *Tourism for Protected Area Financing: Understanding tourism revenues for effective management plans*. Leeds, Reino Unido: Leeds Metropolitan University.

Frangialli, F. (2001). World Tourism organization perspectives on the International Year of Ecotourism. *Industry and Environment*, 24(3-4) (julio-diciembre), 4. Recuperado de: www.uneptie.org/media/review/vol24no3-4/UNEP_p1_49.pdf

Goodwin, H. (1996). In pursuit of ecotourism. *Biodiversity and Conservation*, 5, 277-292.

Haider, W. y Payne, R.J. (2009). Visitor planning and management. En: P. Dearden y R. Rollins (eds.). *Parks and Protected Areas in Canada*, 3ª ed. Ontario: Oxford University Press Canada, Don Mills.

Hall, C.M. y McArthur, S. (1998). *Integrated Heritage Management: Principles and practice*. Londres: The Stationery Office.

Ham, S. (2013). *Interpretation: Making a difference on purpose*. Golden, Estados Unidos: Fulcrum Publishing.

Higginbottom, K.; Carter, R.W.; Moore, S.; Rodger, K. y Narayanan, Y. (2010). *Current Practices in Monitoring and Reporting on Sustainability of Visitor Use of Protected Areas*. Gold Coast, Australia: Sustainable Tourism Cooperative Research Centre, Griffith University.

Hunt, S.D. y Arnett, D.B. (2004). Market segmentation strategy, competitive advantage, and public policy: grounding segmentation strategy in resource-advantage theory. *Australian Marketing Journal*, 12(1), 7-25.

Kohl, J. (2007). Dodging cuts: surviving budget cuts for heritage interpretation means becoming relevant. *Parks and Recreation Magazine*, March. Recuperado de: www.jonkohl.com/publications/a-m/avoid-cuts.htm

Kotler, P. (2003). *Marketing Management*, 11ª ed. Upper Saddle River, Estados Unidos: Prentice Hall.

Liddle, M. (1997). *Recreation Ecology*. Londres: Chapman y Hall.

Lockwood, M.; Worboys, G.L. y Kothari, A. (2006). *Managing Protected Areas: A global guide*, 2ª ed. Londres: Earthscan.

McArthur, S. (1999). Visitor management in action: an analysis of the development and implementation of visitor management models at Jenolan Caves and Kangaroo Island. [Tesis doctoral]. Canberra: University of Canberra.

McCool, S.F.; Clark, R.N. y Stankey, G.H. (2007). *An assessment of frameworks useful for public land recreation planning*. General Technical Report PNW-GTR-705. Portland, Estados Unidos: US Department of Agriculture Forest Service, Pacific Northwest Research Station.

Manning, R.E. (1985). Diversity in a democracy: expanding the recreation opportunity spectrum. *Leisure Sciences*, 7(4), 377-399.

Melbourne Business Community. (2013). *News: Business events in Northern Territory*. Recuperado de: www.melbournebusinesscommunity.com.au/2013/07/business-events-in-the-northern-territory

Monz, C.A.; Pickering, C.M. y Hadwen, W.L. (2013). Recent advances in recreation ecology and implications of different relationships between recreation use and ecological impacts. *Frontiers in Ecology and Environment*, 11(8), 441-446.

Newsome, D.; Moore, S.A. y Dowling, R.K. (2002). *Natural Area Tourism: Ecology, impacts and management*. Clevedon, Reino Unido: Channel View.

Nilsen, P. y Taylor, G. (1997). A comparative analysis of protected area planning and management frameworks. *Proceedings-Limits of Acceptable Change and Related Planning Processes: Progress and Future Directions*, pp. 49-57, General Technical Report INT-GTR-371. Ogden, Estados Unidos: United States Department of Agriculture, Forest Service, Intermountain Research Station.

Ontario Parks. (2005). *A Class Environmental Assessment for Provincial Parks and Conservation Reserves*. Peterborough, Canadá: Ontario Ministry of Natural Resources.

Pacey, L. (2013). *The Lure of Montague*, 3ª ed. Narooma, Australia: Laurelle Pacey.

Paleczny, D.R. (2010). Protected area assessment and reporting: an examination of current approaches and evolving needs with application of an integrated model in Egypt. [Disertación doctoral]. Reino Unido: University of Greenwich e International Centre for Protected Landscapes.

Phillips, A. (2000). *Financing Protected Areas: Guidelines for protected area managers*. Cambridge: IUCN.

Pine, B.J. II y Gilmore, J.H. (1999). *The Experience Economy: Goods and services are no longer enough. Work is theatre and every business is a stage*. Cambridge: Harvard Business School Press.

Priskin, J. y McCool, S.F. (2006). The visitor experience challenge. [Editorial]. *Parks: The International Journal for Protected Areas Managers*, 16(2), 65.

Reid, M.; Wearing, S. y Croy, G. (2008). *Marketing of Protected Areas as a Tool to Influence Visitors Pre-Visit Decisions*. Gold Coast, Australia: Sustainable Tourism Cooperative Research Centre, Griffith University.

Shafer, E.L. (1969). *The average camper who doesn't exist*. Research Paper NE-142. Upper Darby, Estados Unidos: US Department of Agriculture Forest Service, Northeastern Forest Experiment Station.

South African National Parks (SANParks). (2011). Tourism sales and marketing report. En: *2010-2011 Annual Report*, pp. 18-27. Pretoria, Sudáfrica: SANParks.

Stankey, G.H.; McCool, S.F. y Stokes, G.L. (1984). Limits of acceptable change: a new framework for managing the Bob Marshall Wilderness complex. *Western Wildlands*, 103(3), 33-37.

Swarbroke, J. (1988). *Sustainable Tourism Management.* Nueva York: CAB International.

The International Ecotourism Society (TIES). (2014). *What is Ecotourism?* The International Ecotourism Website. Recuperado de: www.ecotourism.org/what-is-ecotourism

Tourism Australia. (2010). *Ningaloo-Shark Bay: A guide to making the most of your landscape positioning.* Canberra: Australias National Landscapes Program.

(2012). *Experience Development Strategies: Guidelines for Australias National Landscape Steering Committee,* 2ª ed. Canberra: Australian Government Director of National Parks.

Tropical Science Centre (TSC). (2014). *Monteverde Cloud Forest Reserve Educational Programmes.* San José, Costa Rica: Tropical Science Centre. Recuperado de: www.reservamonteverde.com/programs.html#2

Turner, K.L.; Berkes, F. y Turner, N.J. (2012). Indigenous perspectives on ecotourism development: a British Columbia case study. *Journal of Enterprising Communities, Special Issue: Indigenous communities, the bioeconomy and natural resource development,* 6(3), 213-229.

Tynan, C. y Drayton, J. (1987). Market segmentation. *Journal of Marketing Management,* 2(3), 301-335.

United Nations (UN). (1992). *Agenda 21.* Earth Summit. Nueva York: United Nations. Recuperado de: www. un.org/esa/sustdev/documents/agenda21/english/agenda21chapter1.html

(1997). *Agenda for Development.* Nueva York: United Nations.

United Nations Educational, Scientific and Cultural Organization (UNESCO). (2011). *Operational Guidelines for the Implementation of the World Heritage Convention.* París: UNESCO.

United Nations Environment Programme (UNEP). (2005). *Forging Links between Protected Areas and Tourism Sector: How tourism can benefit conservation.* París: UNEP.

United Nations World Tourism Organization (UNWTO). (2005). *Making Tourism More Sustainable: A guide for policy makers.* Madrid: UNWTO.

United Nations World Tourism Organization (UNWTO). (1995). *Technical Manual. Number 2: Collection of tourism expenditure statistics.* Madrid: UNWTO.

(2012). *Summary: Study on tourism and intangible cultural heritage.* Madrid: UNWTO. Recuperado de: dtxtq4w60xqpw.cloudfront.net/sites/all/files/docpdf/summaryview.pdf

(2014a). *Understanding Tourism: Basic glossary.* Madrid: UNWTO. Recuperado de: media.unwto.org/en/content/understanding-tourism-basic-glossary

(2014b). *World Tourism Barometer.* Madrid: UNWTO. Recuperado de: dtxtq4w60xqpw.cloudfront. net/sites/all/files/pdf/unwto_barom14_02_apr_excerpt.pdf

Wearing, S.; Archer, D. y Beeton, S. (2007). *The Sustainable Marketing of Tourism in Protected Areas: Moving forward.* Gold Coast, Australia: Sustainable Tourism Cooperative Research Centre, Griffith University.

Weaver, D. y Lawton, L. (2002). *Tourism Management,* 2ª ed. Brisbane, Australia: John Wiley & Sons.

Worboys, G.L. (2007). *Evaluation subjects and methods required for managing protected areas.* [Tesis doctoral]. Gold Coast Campus, Australia: Griffith University.

Lockwood, M. y de Lacy, T. (2005). *Protected Area Management: Principles and practice.* Melbourne: Oxford University Press.

Yankelovich, D. y Meer, D. (2006). Rediscovering market segmentation. *Harvard Business Review,* 84(2), 112-131.

Yeo, G. (2005). Understanding users and use: a market segmentation approach. *Journal of the Society of Archivists,* 26(1), 25-53.

CAPÍTULO 24

MANEJO DE OPERACIONES Y ACTIVOS

Autor principal:
Peter Jacobs

Autores de apoyo:
Graeme L. Worboys, Steve Mossfield y Tony Varcoe

CONTENIDO

IUCN WCPA WORLD COMMISSION ON PROTECTED AREAS Convention on Biological Diversity

AUTOR PRINCIPAL

PETER JACOBS es jefe de guardaparques (jubilado) del Parque Nacional Alpino de Victoria en Parques Victoria, Australia. Actualmente es consultor de "People in Nature".

AUTORES DE APOYO

GRAEME L. WORBOYS es co-vicepresidente de Conservación de la Conectividad y Montañas, Comisión Mundial de Áreas Protegidas de la Unión Mundial para la Conservación de la Naturaleza, y becario adjunto en la Escuela Fenner, Universidad Nacional de Australia.

STEVE MOSSFIELD trabaja para el Servicio Nacional de Parques y Vida Silvestre de Nueva Gales del Sur, Australia, y ha contribuido significativamente a la administración de activos y operaciones.

TONY VARCOE es el gerente de Ciencia y Efectividad del Manejo en Parques Victoria, Australia, y ha contribuido significativamente a las herramientas de apoyo para la toma de decisiones.

AGRADECIMIENTOS

Se agradece a Patrizia Rossi, exdirectora del Parque Natural Alpi Marittime, Italia, y a Peter Jenkins, coordinador de prácticas sostenibles de Parques Victoria, Australia, quienes contribuyeron con este capítulo.

CITACIÓN

Jacobs, P.J.; Worboys, G.L.; Mossfield, S. y Varcoe, T. (2019). Manejo de operaciones y activos. En: G.L. Worboys, M. Lockwood, A. Kothari, S. Feary e I. Pulsford (eds.). *Gobernanza y gestión de áreas protegidas*, pp. 803-842. Bogotá: Editorial Universidad El Bosque y ANU Press.

FOTOGRAFÍA DE LA PÁGINA DEL TÍTULO

Inicio del sendero, sendero del patrimonio de la Cabaña Wallace, Parque Nacional Alpino, Victoria, Australia

Fuente: Anthony Thomas

Introducción

La asignación de áreas para la conservación es un gran comienzo para la protección de la naturaleza, la cultura y el disfrute del visitante, pero la tierra no se administra por sí sola. En su mayoría, las áreas protegidas requieren una gestión activa, ya que es muy probable que hayan experimentado algún grado de intervención humana que afecte los procesos naturales. Uno de los propósitos de las áreas protegidas es que los visitantes experimenten y aprendan sobre el medio ambiente; también involucrar a las comunidades que viven dentro de ellas o en sus alrededores. La administración proactiva y eficaz del área protegida implica reaccionar mediante una serie de actividades operativas según corresponda para cumplir con los objetivos establecidos para el área. El buen cuidado de las áreas protegidas se logra a través de la identificación, planeación y ejecución de los programas y proyectos definidos. La implementación eficaz de un proyecto operacional implica la conversión de insumos y recursos de gestión en productos y resultados positivos en el terreno. Esta es la función de las operaciones de la gestión de áreas protegidas.

Es importante destacar que en las áreas protegidas, las operaciones sobre el terreno solo deben llevarse a cabo después de un proceso de planeación exhaustivo y lógico, de tal manera que se garantice que las obras son la respuesta correcta a un problema, que los impactos se tuvieron en cuenta y que los recursos se utilizan con sensatez.

Este capítulo presenta un rango de las posibles operaciones en las áreas protegidas y los cuatro pasos clave en la ruta de las operaciones para las mismas: programación de operaciones, planeación de proyectos, ejecución de proyectos y revisión de la eficacia (Figura 24.1). Aquí se describe el proceso para establecer prioridades, los pasos detallados de la planeación del proyecto para preparar la ejecución y las consideraciones para la implementación y la revisión operacional. El capítulo también considera la importancia de los sistemas de administración de activos construidos para las áreas protegidas. Las estrategias de gestión descritas en este capítulo se desarrollaron durante muchos años en economías y culturas occidentales como Australia, Nueva Zelanda, Norteamérica y Europa; no obstante, es probable que estos enfoques brinden una valiosa orientación para los administradores de todo el mundo.

Operaciones en áreas protegidas

Las operaciones en áreas protegidas son la implementación táctica de proyectos asociados con programas estratégicamente enfocados (véase el Capítulo 8). Puede esperarse que los proyectos estén asociados principalmente con programas diseñados para cumplir con los requisitos de la legislación nacional y estatal, así como los requisitos de los planes de gestión de las áreas protegidas (véase el Capítulo 13). En términos generales, los programas pueden incluir:

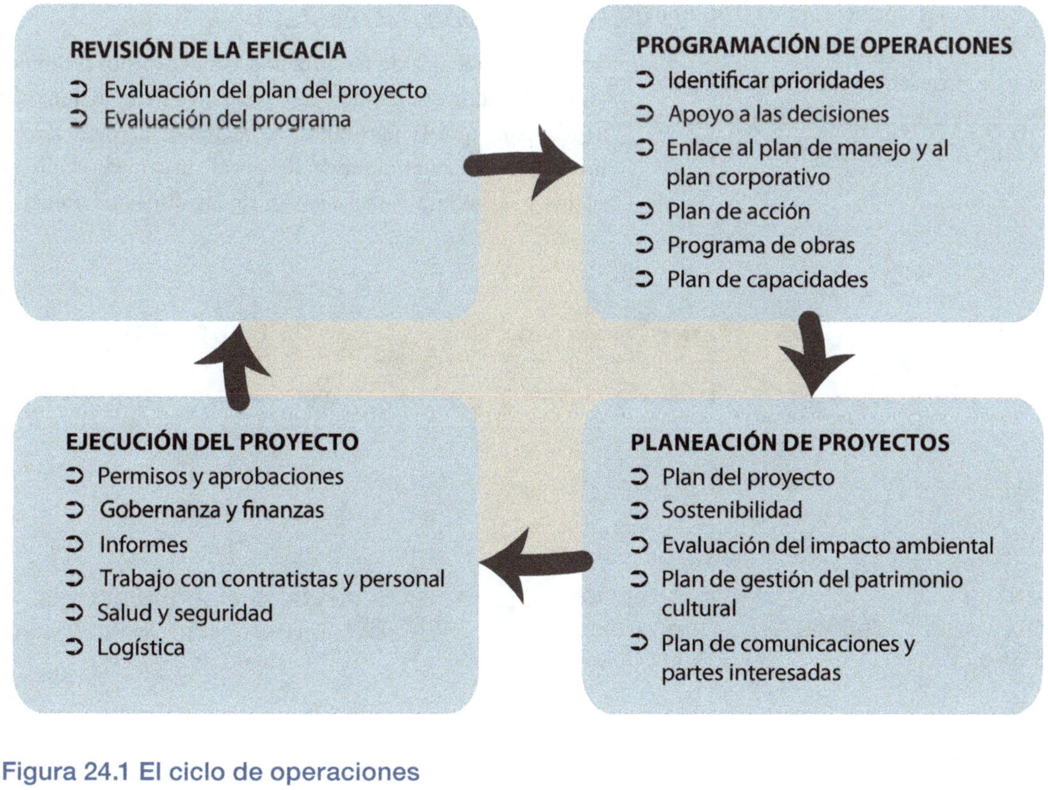

Figura 24.1 El ciclo de operaciones

- Manejar las amenazas contra las especies, los hábitats y otros valores ambientales y culturales.
- Presentar los valores y atributos del área protegida a los visitantes.
- Brindar experiencias de recreación y turismo para los visitantes.
- Participar y trabajar con la comunidad, incluidos los propietarios tradicionales.
- Apoyar los medios de vida sostenibles que dependan legalmente de las áreas protegidas.
- Implementar alianzas económicas.
- Trabajar con los vecinos.

En el mejor de los casos, los proyectos se identifican a través de un proceso lógico de pensamiento y planeación, y deben tener una línea de visión clara de las prioridades estratégicas de la organización y del área protegida (Figura 24.2). Para una ejecución eficaz, estos proyectos deben no solo estar bien planeados a nivel operacional, sino también incluir una revisión de la efectividad. No obstante, algunas veces hay influencias externas que alteran las prioridades.

Tipos de operaciones

Las operaciones en áreas protegidas son muchas y variadas, y el personal operativo en campo se enfrenta a una gran variedad de proyectos que implementar. Las operaciones pueden llevarse a cabo en áreas terrestres, ambientes marinos, en la cima de montañas, en desiertos o en entornos urbanos. Fundamentalmente, cuando están bien planeadas y ejecutadas, las operaciones contribuirán a la salud ambiental del área protegida y la comunidad. Hay muchos ejemplos de proyectos y actividades operacionales que caen dentro de amplios tipos de programas en áreas protegidas, y aquí se presentan algunos de ellos.

Programas de medio ambiente, tierra y agua

Amenazas por plantas introducidas

Se llevan a cabo proyectos para contener o reducir el impacto de las plantas introducidas sobre los valores de la biodiversidad, prevenir la introducción de nuevas plantas, y si es posible, erradicar las plantas nuevas y emergentes que amenacen los resultados de conservación. Con frecuencia, las plantas introducidas son muy comunes y están muy diseminadas, por lo que su control o erradicación no son factibles, así que los recursos se dirigen contra aquellas que representen el mayor riesgo para los valores más altos (véase el Capítulo 16).

Amenazas por animales introducidos

Se llevan a cabo proyectos para controlar el impacto de animales introducidos que amenacen los resultados de conservación. Esto incluye depredadores introducidos que amenacen la vida silvestre nativa y los grandes animales no nativos de pezuñas duras que afecten ambientes sensibles.

Especies y comunidades amenazadas

Se llevan a cabo proyectos para proteger la flora y la fauna raras o en peligro de extinción. Esto suele apuntar a la eliminación de amenazas como los impactos de visitantes, el pastoreo, los depredadores o las plantas introducidas. También puede incluir la reintroducción de especies que alguna vez se encontraban en el área o los trabajos que faciliten los programas de reproducción.

Restauración del hábitat

Se realizan trabajos de restauración para entornos fragmentados, dañados o alterados. Este trabajo puede incluir una ayuda para que la naturaleza se recupere después de los incendios forestales a través de obras de conservación de suelos y resiembra; la protección de las dunas de arena en

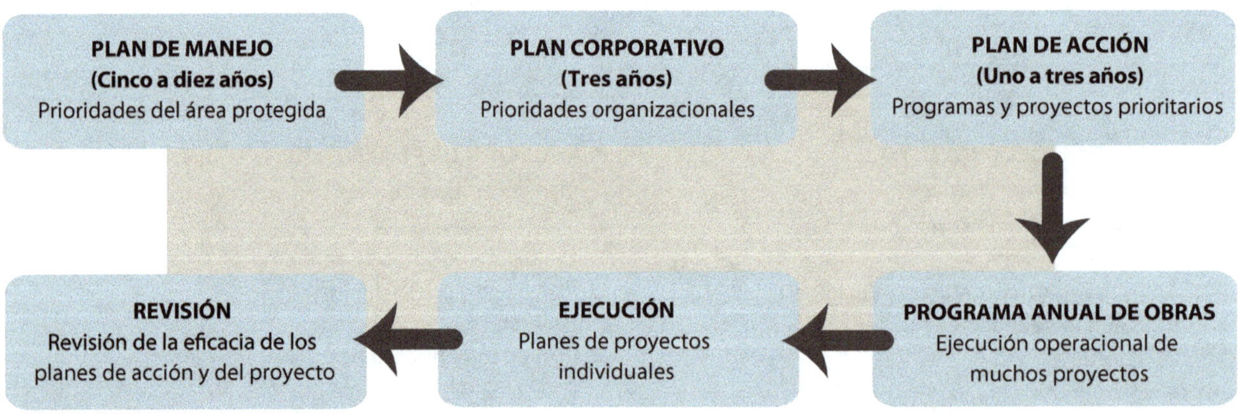

Figura 24.2 "Línea de visión" corporativa para las operaciones

Este cercado a prueba de depredadores en el Santuario Mulligans Flat Woodland en el Territorio de la Capital Australiana, Australia, permite que los administradores reintroduzcan especies perdidas y en peligro de extinción, como el canguro rata de Tasmania (*Bettongia gaimardi*)

Fuente: Ian Pulsford

las costas que sufren daños por los visitantes; la rehabilitación de humedales que sufren daños por el pastoreo de ganado; y la restauración de la biodiversidad remanente (véase el Capítulo 21).

Manejo de animales nativos

Las especies de animales nativos sobreabundantes deben ser controladas con acciones tales como la translocación, el control de la fertilidad y el sacrificio. La sobrepoblación de especies nativas puede presentarse debido al aislamiento con cercas de un área protegida, la fragmentación y la reducción del hábitat o la pérdida de depredadores naturales, lo que puede provocar un alto impacto en las plantas y los suelos, y una disminución de la población.

Cuencas hidrográficas y agua

Se realizan obras para restaurar la hidrología alterada y manejar las condiciones del suelo y la biodiversidad de la cuenca hidrográfica a fin de colaborar con el suministro de agua y la salud de la cuenca. Esto puede incluir la restauración de turberas y humedales, así como la restauración posterior a incendios de las perturbaciones por supresión mecánica. Las cuencas hidrográficas sanas de las áreas protegidas abastecen muchos depósitos de agua para hidroelectricidad, irrigación y suministro de agua en todo el mundo.

Incendios ecológicos

La quema programada se realiza en áreas que requieren del fuego para mantener la regeneración, la salud y los procesos ecológicos naturales. Se presenta una frecuencia de incendios artificialmente baja debido a la supresión de los incendios naturales por parte de las autoridades encargadas de su manejo. Esto incluye el monitoreo posterior al fuego de las condiciones de la flora y la fauna. En las áreas protegidas, la reintroducción basada en estudios de los incendios controlados es cada vez más común en aquellas que tradicionalmente han suprimido todos los incendios, como en Australia y Norteamérica.

Programas de experiencia del visitante

Creación, renovación y reemplazo de activos

Los proyectos de mejoramiento del capital construyen y renuevan activos importantes asociados con estructuras de las instalaciones para visitantes, nuevas carreteras y senderos, y alojamiento para el personal, oficinas y depósitos. Estos proyectos pueden incluir la preservación o la reutilización adaptativa de edificaciones históricas. Asimismo, estos suelen requerir habilidades especializadas de construcción y edificación, y se ejecutan como parte de los programas de obras más importantes.

Mantenimiento de activos

Estos proyectos implican el mantenimiento y la reparación de activos existentes para cumplir con los estándares de diseño y los requisitos de condición para su utilización. Estos pueden incluir el mantenimiento de carreteras, senderos para caminar, senderos para bicicletas, áreas de pícnic, sitios para acampar, carteles informativos, muelles, embarcaderos, oficinas de personal y depósitos.

El mantenimiento de sitios históricos como la Cabaña Cascades, Parque Nacional Kosciuszko, Nueva Gales del Sur, Australia, requiere una inversión constante y la participación de la comunidad
Fuente: Ian Pulsford

Servicio de activos

Las tareas regulares de limpieza y mantenimiento del parque, así como la gestión de la higiene y el mantenimiento de los equipos son muy importantes. Por lo general, estas tareas las llevan a cabo contratistas y pueden incluir la limpieza de las instalaciones, el corte del césped, la jardinería, la presentación general del parque y de las amenidades, así como la eliminación de desechos. Para la administración de áreas protegidas, esto incluye la limpieza de oficinas y depósitos, la seguridad y el mantenimiento de los equipos operativos tales como vehículos, embarcaciones, motosierras y herramientas básicas del oficio.

Evaluación de la condición de los activos

La administración de un sistema de gestión de activos para monitorear el riesgo y el cumplimiento de los estándares regulatorios, con inspecciones periódicas de los activos, es un gran proyecto en el terreno y de rutina.

Seguridad de los visitantes

Se llevan a cabo proyectos para garantizar, en la medida de lo posible, que dentro del área protegida exista un entorno de bajo riesgo para los visitantes. Las actividades incluyen garantizar que las instalaciones estén en condiciones seguras (en relación con los estándares de diseño), como el manejo del riesgo de caída de árboles en los sitios de visitantes, las medidas de seguridad en el agua y los riesgos alrededor de los bordes de los acantilados y las áreas de avalanchas de nieve.

Operaciones comerciales

Existen múltiples proyectos que ofrecen servicios comerciales en las áreas protegidas para ayudar a lograr los objetivos de ingresos de la organización de áreas protegidas de acuerdo con los planes empresariales para los sitios comerciales (véase la subsección "Ejecución de operaciones" más adelante).

Turismo, gestión y participación de los visitantes

Hay proyectos que apoyan a los visitantes a lo largo de todo su ciclo de viaje y que apuntan a lograr altos niveles de satisfacción del visitante. Estos incluyen el mercadeo motivacional, la provisión de contenidos del sitio web, la entrega de información antes de la visita y en el parque, la organización del personal del centro de información y los programas de educación e interpretación de "guardaparques". Tales proyectos también pueden incluir el manejo directo de los visitantes para actividades específicas intensas o de mayor riesgo, tales como el esquí, el ciclismo de montaña, los juegos en la nieve, el canotaje, la escalada y el rapel, así como la gestión de eventos especiales. Por lo general, la ejecución exitosa de estos programas implica una estrecha colaboración con la industria del turismo y los operadores de turismo.

Despeje de los cortafuegos de árboles y ramas caídos. Una operación de gestión esencial para mantener el acceso de visitantes, lo que permite las operaciones para el manejo de incendios y otras actividades de gestión esenciales. Parque Nacional Kosciuszko, Nueva Gales del Sur, Australia

Fuente: Ian Pulsford

Avión mientras esparce químicos ignífugos (Phos-Chek) para controlar incendios forestales, Parque Nacional Morton, Nueva Gales del Sur, Australia

Fuente: Ross Constable

Programas de patrimonio cultural

Gestión de lugares de comunidades locales e indígenas

Esto incluye proyectos asociados con los valores y las conexiones culturales continuas con el territorio de los pueblos indígenas que tienen una ocupación anterior o actual de un área protegida. Esto puede incluir trabajos de conservación cultural a fin de mitigar las amenazas contra los sitios y paisajes del patrimonio cultural indígena y contra el patrimonio cultural inmaterial, como la documentación y la aplicación del conocimiento tradicional.

Gestión de un lugar histórico

Se llevan a cabo proyectos y programas para la conservación del patrimonio, los cuales gestionan y mitigan las amenazas contra las colecciones, edificaciones, paisajes y sitios de alta prioridad histórica.

Programas para la gestión de incendios y otros incidentes

Disposición

Hay muchos proyectos asociados con que pueda garantizarse que el personal del área protegida esté capacitado y preparado en caso de incendios y otros incidentes. Esto incluye tener y poner a prueba con regularidad los diferentes planes de manejo de incidentes, como en el caso de incendios, tormentas severas, terremotos, maremotos, avalanchas, búsqueda y rescate, eventos de contaminación, varamiento de cetáceos y otros incidentes de vida silvestre (véase el Capítulo 26).

Reducción de combustible para incendios y educación comunitaria

La implementación de programas para la reducción de combustibles de incendios basados en el riesgo dentro y cerca de las áreas protegidas, así como la ejecución de programas de educación comunitaria sobre el peligro de ignición de incendios en climas severos, son proyectos importantes.

Respuestas ante incidentes

Un proyecto importante es la facilitación de respuestas efectivas ante los incidentes. Esto puede incluir la evacuación de visitantes lesionados, la búsqueda y el rescate, los accidentes de vehículos y aeronaves, los incendios, las inundaciones o avalanchas, las respuestas a los varamientos de cetáceos y la limpieza de derrames de petróleo (véase el Capítulo 26).

Medios de subsistencia sostenibles

Muchas áreas protegidas, como las de las categorías V y VI, apoyan los medios de subsistencia sostenibles de las personas que viven en el área y sus alrededores,

Cuadro 24.1 Ejemplos de herramientas de apoyo a la toma de decisiones y análisis de decisiones con múltiples criterios

Lógica del programa

La lógica del programa es una herramienta de planeación, comunicación y evaluación que busca articular qué es el programa, qué espera este hacer y cómo se medirá el éxito. Los modelos de lógica del programa brindan un marco construido en torno a una serie de pasos estructurados que vinculan los resultados del programa (corto, mediano y largo plazo) con los productos y los insumos del programa. Los modelos de lógica del programa son particularmente útiles para aclarar supuestos y desarrollar relaciones entre los resultados deseados, las acciones y las mediciones de éxito.

Modelos conceptuales

Los modelos conceptuales ecológicos o socioecológicos se utilizan para examinar, comparar y contrastar hipótesis que puedan explicar los patrones observados de influencias humanas y no humanas sobre los sistemas naturales (White, 2012b). Los modelos conceptuales buscan reunir el mejor conocimiento disponible sobre cómo opera un sistema complejo con opciones de gestión alternativas. Respecto a la gestión de áreas protegidas, los modelos conceptuales pueden identificar e integrar factores ambientales o sociales, atributos, objetivos de gestión, procesos amenazantes e indicadores que sean determinantes para la eficacia de la gestión, y permiten poner a prueba suposiciones sobre las intervenciones de gestión alternativas. Para la conservación y la gestión de parques se han desarrollado y aplicado varios tipos de modelos conceptuales. Estos incluyen mapas causales, mapas cognitivos difusos, modelos de transición de estados y redes de creencias bayesianas (White, 2012a).

Estándares Abiertos para la Práctica de la Conservación

Los Estándares Abiertos para la Práctica de la Conservación son un conjunto de pautas para la gestión adaptativa desarrolladas a través de la Alianza para las Medidas de Conservación. El objetivo de esta alianza es crear un "lenguaje" común y un proceso estructurado para mejorar los estándares de planeación, ejecución y generación de informes de la conservación, y compartir este conocimiento ampliamente. Los estándares abiertos –que en algunas organizaciones se conocen como "planeación de acciones de conservación" (*Conservation Action Planning*, CAP)– se organizan en un ciclo de gestión de proyectos de cinco pasos:

- Conceptualizar la visión y el contexto del proyecto.
- Planear acciones y monitorear.
- Implementar acciones y monitorear.
- Analizar datos, usar los resultados y adaptarlos.
- Capturar y compartir el aprendizaje.

El proceso de la CAP se aplica en paisajes de todo el mundo a diversas escalas, desde las nacionales y biorregionales hasta las cuencas hidrográficas y las reservas individuales (véase el Capítulo 13).

Los Estándares Abiertos para la Práctica de la Conservación también han servido como marco para el desarrollo del *software* de gestión adaptativa Miradi. El *software* orienta a los profesionales por medio de un "asistente", con un trabajo paso a paso en el proceso de la CAP. Los usuarios crean modelos visuales y cuadros de texto que demuestran las interacciones entre los activos focales, las amenazas, la evaluación de la viabilidad, los objetivos, los factores contribuyentes y las estrategias de gestión. El *software* también cuenta con funciones como el monitoreo de prioridades, los planes de trabajo, las cadenas de resultados y la generación de informes de paneles.

Toma de decisiones estructuradas

La toma de decisiones estructuradas (*Structured Decision-Making*, SDM) es un marco establecido para pensar críticamente sobre las decisiones, que brinda un enfoque organizado y basado en la evidencia para identificar y evaluar alternativas creativas y tomar decisiones defendibles en situaciones de decisiones difíciles

Un helicóptero vierte agua sobre una quema controlada como parte de un programa para restaurar el hábitat de reproducción del pingüino pequeño (*Eudyptula minor*), una especie amenazada, en la Reserva Natural de la Isla Montague, Nueva Gales del Sur, Australia

Fuente: Ross Constable

(Gregory *et al.*, 2012). La SDM tiene seis pasos:

1. Definir el marco de decisión.
2. Definir los objetivos.
3. Desarrollar alternativas.
4. Estimar las consecuencias esperadas.
5. Evaluar las compensaciones y seleccionar una alternativa.
6. Implementar y monitorear.

Un componente clave que distingue la SDM de otros métodos de evaluación de decisiones es un énfasis en el desarrollo de posibles alternativas. La SDM puede utilizarse para integrar juicios de causa y efecto con respecto a la efectividad de las alternativas de gestión para conservar los valores identificados de los parques, así como los juicios de valor relativos a las compensaciones entre la conservación de los valores identificados de los parques, los costos y otras consideraciones relevantes. La SDM puede cuantificar las compensaciones, calcular puntajes de decisión generales para cada alternativa e incorporar niveles de incertidumbre. Por lo general, esta utiliza la inducción de expertos para realizar estas tareas.

Análisis de costo beneficio
El análisis de costo-beneficio implica comparar opciones en función de su desempeño financiero; se selecciona la mejor opción en función de los resultados financieros, y suele utilizarse para la administración de activos construidos.

Herramientas para el análisis de decisiones con múltiples criterios
El análisis de decisiones con múltiples criterios considera una serie de características que tienen las opciones en competencia y toma una decisión basada en un total acumulativo de comparaciones de las características individuales. Existen muchas herramientas de apoyo a la toma de decisiones y de análisis de decisiones con múltiples criterios, tanto de código abierto como productos patentados. Muchas de estas herramientas incluyen una función de análisis espacial. Existen varias herramientas de análisis con múltiples criterios que se basan en el espacio. Estas incluyen la herramienta de Análisis Múlti-Criterios para el Apoyo de Decisiones Espaciales (Multi-Criteria Analysis Shell for Spatial Decision Support, MCAS-S) (Lesslie *et al.*, 2008), desarrollada por la Oficina Australiana de Ciencias Rurales.

Basado en el riesgo
Un marco basado en el riesgo analiza las decisiones de administración de activos a través de un prisma de eliminación o reducción de los riesgos.

Aplicaciones
Recientemente se han aplicado marcos de decisión para fundamentar mejor las decisiones y las prioridades de gestión para las áreas protegidas en Victoria, Australia. La toma de decisiones estructuradas y los modelos bayesianos se utilizaron con el fin de clasificar una serie de estrategias de gestión alternativas para abordar objetivos de conservación específicos dentro de las áreas protegidas en el suroeste de Victoria.
Se aplicaron modelados y tomas de decisiones estructuradas para fundamentar las prioridades espaciales respecto al control de los sauces invasores dentro del Parque Nacional Alpino.

al permitir que la comunidad tradicional utilice constantemente los recursos. Esto puede incluir un uso ecológicamente sostenible, como el pastoreo de ganado, el cultivo, el abastecimiento de materiales para la construcción y el ecoturismo comunitario. Los programas operacionales regulan y apoyan estas actividades.

Eficacia organizacional

Eficacia del conocimiento y la gestión

En este caso el conocimiento generado en investigaciones se traduce en información que los administradores de áreas protegidas pueden utilizar, incluida la determinación de la condición y la salud de las áreas protegidas y la medición de la eficacia de los programas.

Programas comunitarios

Estos son proyectos que promueven, mejoran y administran programas comunitarios de voluntariado y asociación, incluida la administración de subvenciones para proyectos (véase el Capítulo 14).

Cumplimiento

Los proyectos de cumplimiento garantizan el respeto a las reglamentaciones establecidas para la protección de las áreas protegidas y cuentan con el apoyo de actividades de patrulla y cumplimiento de la ley, el uso de tecnologías de vigilancia y programas educativos. Tales proyectos para hacer cumplir la ley pueden variar desde infracciones menores a las normas hasta operaciones mayores y peligrosas, como en el caso de la caza furtiva para marfil en África y la pesca ilegal a gran escala en alta mar.

Estándares para el bienestar del público y de los empleados

Las organizaciones de áreas protegidas son responsables de la seguridad y el bienestar de los empleados, los contratistas y el público en las áreas protegidas. Existen proyectos importantes que están asociados con el cumplimiento de regulaciones y estatutos. La falta de cumplimiento podría exponer al administrador de la tierra a un litigio. Esto puede incluir las regulaciones asociadas con estándares de alojamiento, requisitos de detección de incendios y advertencia de incendios, provisión de señalización para los riesgos y la seguridad vial, provisión de agua potable, estructuras construidas de acuerdo con los estándares de diseño y la provisión de un lugar de trabajo seguro que contemple la salud ocupacional y los estándares de seguridad. Los programas de apoyo al empleado brindan servicios de asesoría y consejería para mejorar la salud y el bienestar del personal.

Programación de operaciones

La programación eficaz de las operaciones es fundamental no solo para lograr buenos resultados en el terreno, sino también un uso eficiente de los recursos, una buena relación calidad-precio y un equipo del área protegida comprometido y solidario. El ciclo de operaciones (Figura 24.1) describe los componentes de la fase de programación de operaciones. El proceso de programación involucra:

- Identificación de tareas y acciones necesarias para cumplir los objetivos de gestión del área protegida.
- Priorizar acciones para propuestas de financiamiento.
- Convertir las acciones aprobadas en un plan de acción ratificado.
- Preparar un programa de trabajo para la ejecución oportuna del plan de acción.
- Desarrollar un plan de capacidad para identificar las habilidades y los recursos necesarios.
- Después de la ejecución, revisar la eficacia del proyecto y del programa.

Las actividades de operación deben determinarse y programarse a través de un marco de planeación y un proceso de apoyo a la toma de decisiones que sea minucioso y defendible que, si se lleva a cabo de manera eficaz, conduzca a un proyecto que tenga respaldo.

Herramientas de apoyo a la toma de decisiones para fundamentar la planeación operacional y la asignación de recursos

La mayoría de los sistemas naturales son complejos, con muchos componentes que interactúan y muchos posibles resultados de las acciones de gestión (White, 2012a). Estos interactúan con sistemas sociales igualmente complejos, con muchas demandas y expectativas del público respecto a las áreas protegidas. Los administradores de parques se enfrentan al desafío de cumplir con muchas obligaciones y demandas ambientales y sociales que compiten entre sí, generalmente con recursos limitados. Al decidir cómo y dónde llevar a cabo los

Restauración de humedales alpinos de gran valor después de ser afectados por incendios, Parque Nacional Alpino, Victoria, Australia

Fuente: Iris Curran

programas de gestión, los administradores de áreas protegidas deben identificar:

- Los valores y los activos más significativos, dónde están y su condición actual y deseada.
- Las amenazas clave y los niveles de riesgo para los valores y activos.
- Las estrategias y acciones que puedan lograr el mejor resultado con los recursos disponibles.
- La eficacia de las acciones de gestión para lograr objetivos definidos.

Existe una amplia gama de herramientas de apoyo a la toma de decisiones que brindan un enfoque estructurado para establecer las preferencias entre las opciones, lo que permite una gestión adaptativa más transparente y basada en la evidencia (Cuadro 24.1). Dichas herramientas pueden ayudar a los administradores de parques a:

- Documentar más claramente cómo se establecen las prioridades para la gestión.
- Poner a prueba los supuestos sobre el éxito potencial de las intervenciones propuestas.
- Evaluar las compensaciones y realizar un análisis de costo-beneficio de las intervenciones alternativas.
- Documentar cómo las acciones de gestión se conectan con objetivos definidos y medibles para los activos de conservación prioritarios.

El objetivo de estas herramientas de apoyo a la toma de decisiones no es dar una respuesta, sino permitir que los responsables de la toma de decisiones (desde los asesores de políticas hasta los administradores de áreas protegidas locales) sistematicen y estructuren los procesos de toma de decisiones y establezcan prioridades mediante el uso de los mejores conocimientos disponibles. Las herramientas pueden apoyar la programación, planeación y ejecución de proyectos operacionales.

Los niveles de protección y los niveles de servicio (y las variaciones de estos) son procesos de programación que las agencias de áreas protegidas suelen utilizar para determinar las prioridades operacionales, tal como lo hace Parques Victoria, Australia.

Programas de patrimonio ambiental y cultural

La determinación y asignación de los "niveles de protección" son procesos escalonados que pueden usarse para desarrollar y programar prioridades operacionales para los programas ambientales, de tierras y de patrimonio cultural, y pueden incorporar elementos de las herramientas para la toma de decisiones descritas en el Cuadro 24.1. Esto pretende identificar los valores ambientales y culturales clave del área protegida y priorizar las amenazas relacionadas con tales valores, y así determinar la respuesta más adecuada y hacer el mejor uso de los recursos de respuesta disponibles.

En cierta medida, el proceso se basa en la información disponible sobre los valores y las amenazas, y es posible que las decisiones se tomen con base en una información limitada. En el caso de una información inadecuada, debe emitirse un juicio y debe utilizarse el principio de precaución mientras se recaban suficientes datos. En la Figura 24.3 se ilustra el proceso de aplicar los niveles del proceso escalonado de protección con el fin de determinar las prioridades operacionales para los programas ambientales y culturales.

Áreas para acampar establecidas para apoyar un programa de ecoturismo comunitario, Santuario de Vida Silvestre Sakteng, Bután

Fuente: Gillian Anderson

Programas de experiencia del visitante

La determinación y la asignación de los "niveles de servicio" son procesos escalonados que pueden usarse con el fin de desarrollar y programar prioridades operacionales para programas de experiencia de los visitantes, y pueden incorporar elementos de las herramientas para

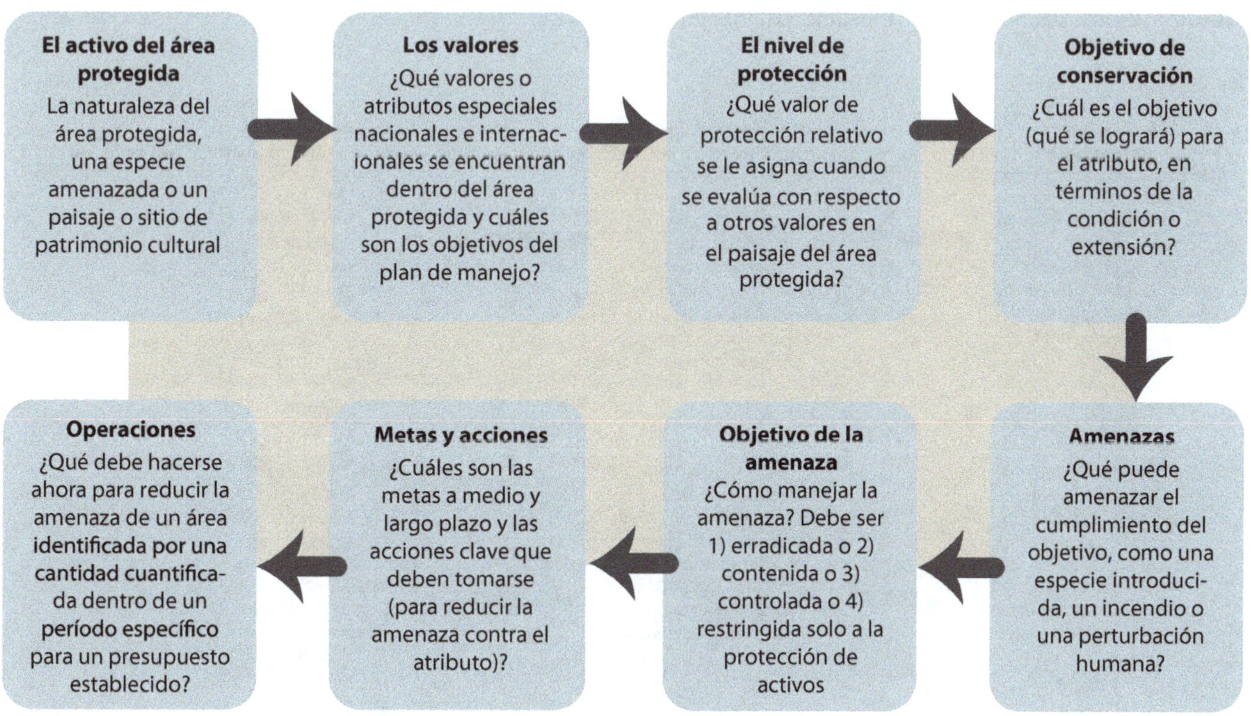

Figura 24.3 Proceso escalonado de los "niveles de protección" para determinar las prioridades operacionales del programa ambiental y cultural

la toma de decisiones descritas en el Cuadro 24.1. Esto tiene como objetivo proporcionar las experiencias de visitantes más adecuadas en el lugar correcto y en el momento adecuado, y hacer el mejor uso de los recursos disponibles para el área protegida. Esto también orienta la planeación para racionalizar y cumplir con las restricciones de ahorro si es necesario, y se ejecuta en paralelo con los "niveles de protección" para garantizar que exista una coherencia entre la experiencia del visitante y la protección del medio ambiente.

Los niveles de servicio se consideran a lo largo de un paisaje y se tienen en cuenta las experiencias clave de los visitantes, los viajes y los destinos. Los sitios o recintos para visitantes en el área protegida se evalúan en cuanto a su importancia y valor para contribuir a la experiencia del visitante y qué nivel de servicio se requiere para mantener ese valor. El nivel de servicio asignado variará a lo largo de un espectro, desde sitios con un excelente mantenimiento hasta sitios con solo un nivel básico de mantenimiento.

Esto, entonces, orienta la programación de inversiones y la asignación de recursos operacionales para:

- Acceso.
- Amenidades.
- Información, interpretación y educación.
- Instalaciones recreativas.
- Servicios de gestión.

El servicio a los visitantes puede ofrecerse bajo un contrato de arrendamiento o licencia con un operador privado (véase las subsecciones "Ejecución de operaciones" y "Arrendatarios, licenciatarios y concesionarios" más adelante). En la Figura 24.4 se ilustra la aplicación del proceso escalonado de los "niveles de servicio" a fin de determinar las prioridades operacionales para los programas de experiencia del visitante.

La reducción de los servicios a los visitantes para alinear las prioridades con los fondos disponibles puede generar una reacción muy negativa de la comunidad, lo que puede traer otras consecuencias para las agencias de áreas protegidas. Una estrategia de comunicación es un componente necesario de dicha acción (véase la subsección "Plan de comunicaciones y partes interesadas" más adelante).

Financiamiento de proyectos

Todos los proyectos tendrán que asegurar los fondos para proceder. Este financiamiento puede ser uno de los siguientes:

- **Financiamiento condicionado:** se trata de un financiamiento mediante subvenciones otorgadas por gobiernos, organizaciones no gubernamentales (ONG), comunidades, patrocinadores o donantes para una iniciativa o resultado en particular, y tendrán requerimientos específicos para la presentación de informes.
- **Financiamiento recurrente:** este es un financiamiento base que suele encontrarse disponible dentro de las organizaciones para servicios recurrentes y se asigna cada año. Por lo general, estos fondos son la fuente de financiamiento para la reparación y mantenimiento

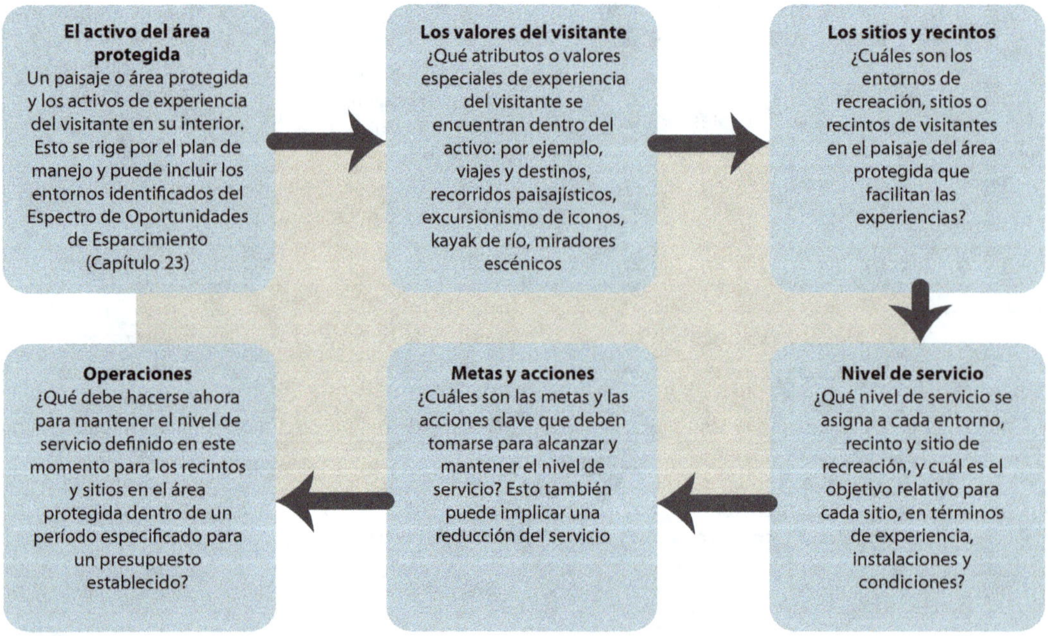

Figura 24.4 Proceso escalonado de los "niveles de servicio" para determinar las prioridades operacionales del programa de experiencia del visitante

de activos, la administración de áreas protegidas y las operaciones comerciales.

Plan de acción

Es posible planear varios proyectos prioritarios para un área protegida, y estos pueden tener una organización adicional. Algunas organizaciones utilizan el concepto de "plan de acción" del área protegida. El proceso del plan de acción evalúa las acciones propuestas contra las fuentes de financiamiento disponibles (que pueden ser escasas) y los criterios de prioridad corporativa utilizados para la aprobación. Un plan de acción no solo enumera todos los programas de obras aprobadas que se llevarán a cabo durante un período específico en el área protegida, sino también dirige el negocio operacional del grupo de trabajo. Típicamente, el período es un ciclo presupuestario de un año, pero puede incluir una perspectiva durante un período de tres o más años. El plan de acción identifica la "línea de visión" desde el área de programas corporativos de una organización de áreas protegidas hasta las acciones en el terreno. Un plan de acción tendría, como mínimo, los componentes indicados en la Figura 24.5. Las operaciones en el terreno solo deben proceder una vez se considere y apruebe este proceso de planeación y programación.

Programación de obras

Durante el año de implementación, el grupo o centro de trabajo responsable de las obras en un área protegida enfrentará una miríada de tareas operativas, de planeación y de administración, con elementos críticos de "tiempo y eventos" para la ejecución. Típicamente, la secuencia ordenada a lo largo del año de la ejecución de las tareas operativas identificadas en el plan de acción se realiza a través de un "programa de obras". Cuando el plan de acción se aprueba, se prepara un programa de obras para la ejecución. Esto incluye la planeación efectiva de los recursos para que la ejecución sea oportuna, bien organizada y en línea con los objetivos. El programa de obras también fundamenta el desarrollo de los "planes de trabajo" individuales del personal para que cada uno comprenda sus responsabilidades y expectativas al contribuir con la ejecución del plan de acción. El programa de obras debe considerar todo el ciclo de ejecución del proyecto, incluida la provisión adecuada de la planeación del mismo (incluidos los aspectos de diseño). Una causa común de las fallas en la ejecución es que no se otorgue el tiempo suficiente para la planeación y la preparación del proyecto operacional.

Planeación de las capacidades

La planeación de las capacidades es cuando en el programa de obras se considera la disponibilidad de recursos y habilidades para determinar si existen vacíos en los recursos o en las habilidades. El "plan de capacidades" es más efectivo cuando se aplica al emparejar los programas de trabajo con todo el grupo de trabajo para compartir las habilidades y la disponibilidad en todo el equipo. Cuando los requerimientos de recursos superan la disponibilidad, deben considerarse otras opciones en lugar de tratar de hacer que encajen. Estas opciones incluyen buscar en otras partes de la organización, adquirir mano de obra y habilidades a través de contratistas, buscar apoyo de voluntarios o, si es necesario, revisar los programas de trabajo y eliminar las tareas de menor prioridad.

Agenda comercial anual

Típicamente, el ciclo anual del negocio operacional de las organizaciones de áreas protegidas tendrá varios informes clave e hitos corporativos que deberán cumplirse a lo largo del año. Estos son esenciales para el correcto funcionamiento de un entorno de operaciones. El director de operaciones tendrá tareas relacionadas con los hitos corporativos que están programadas dentro de la capacidad de la unidad de trabajo, a fin de garantizar que se manejen de manera fluida y eficiente. Un enfoque

PLAN DE ACCIÓN DEL ÁREA PROTEGIDA

Descripción del programa corporativo	Objetivos del programa	Lista de proyectos/ acciones	Prioridad	Evaluación de riesgos	Presupuesto y fuente de financiamiento	Persona responsable y apoyo
			➲ Alta ➲ Media ➲ Baja	➲ Pérdidas potenciales ➲ Reputación ➲ Financieros ➲ Legales ➲ Lesiones ➲ Interrupción comercial ➲ Ambientales ➲ Culturales		

Figura 24.5 Componentes del plan de acción del área protegida

Tabla 24.1 Lista de verificación indicativa de los hitos de las operaciones empresariales

Hito de las operaciones empresariales	Lista de verificación de las tareas
Planeación	Completar la planeación y la programación de la actividad operacional
Plan de acción	Preparación y aprobación del plan de acción
Presupuesto	Carga presupuestaria
Personal	Preparación y aprobación de planes de trabajo del personal
	Preparación de los planes de capacidad
Plan del proyecto	Preparación y aprobación del plan del proyecto
Listados del personal	Listados mensuales presentados para su aprobación
Evaluación del proyecto	Informes mensuales sobre la ejecución
	Revisión y refinamiento del plan del proyecto
Preparación operacional	Revisión anual de los planes de manejo de emergencias
Revisión de los activos	Validación e informe de las condiciones de los activos
Revisión de la seguridad y la salud ocupacional	Auditorías de seguridad en el centro de trabajo
Revisión del personal	Revisión de los planes de trabajo del personal

útil es desarrollar un calendario anual de operaciones que designe los hitos comerciales conocidos durante todo el año para ayudar al personal (Tabla 24.1).

Obras principales y especialistas

Las tareas operacionales se dividen en dos grandes categorías: principales y menores. Las obras principales son proyectos con grandes presupuestos, diseños y estándares altamente técnicos, y suelen ser complejos. A menudo, estos proyectos están asociados con edificaciones y estructuras, carreteras y puentes, e infraestructura de servicios como agua, alcantarillado y energía. Estas operaciones requieren especialistas técnicos y se gestionan de manera más efectiva a través de las principales divisiones de trabajo de las organizaciones o se subcontratan a los gerentes de proyecto. Las obras menores son las operaciones más regulares para las que el personal del área protegida está capacitado y tiene los recursos para llevar a cabo. Estas incluyen la mayoría de los proyectos ambientales, incendios y emergencias, el mantenimiento y la reparación de las instalaciones para visitantes, y el desarrollo de instalaciones menos complejas, como los senderos más pequeños para caminar. Es importante que, antes de embarcarse en operaciones más complejas, se conozca el nivel de habilidad técnica requerida y se cuente con los recursos necesarios.

Planeación de operaciones

Una vez que el plan de acción está aprobado y los programas de obras y los planes de capacidad están preparados, es hora de comenzar la planeación y la organización del proyecto. El ciclo de operaciones (Figura 24.1) describe los componentes de la fase de planeación de las operaciones. Esto incluye la gobernanza del proyecto, los aspectos del diseño, las evaluaciones del impacto ambiental, las necesidades de investigación, la licitación de contratistas, las consultas con las partes interesadas cuando corresponda, los acuerdos con los aliados, el enlace con los vecinos, los requerimientos de salud y seguridad ocupacional, cumplir con los objetivos del proyecto, obtener los permisos y las aprobaciones, y evaluar el éxito, entre muchos otros. Sin una buena gestión en el proyecto, muchas cosas pueden salir mal.

Aquí es donde comienza la gestión de proyectos operacionales en el terreno. Es crucial contar con un plan de proyecto claro y aprobado para una ejecución exitosa. Una parte clave de la programación de obras es permitir el tiempo suficiente para la preparación y la aprobación de un plan de proyecto. La naturaleza y complejidad del proyecto debe reflejar la complejidad del plan.

El plan del proyecto

Las organizaciones de áreas protegidas han desarrollado directrices para la gestión de proyectos; en la Tabla 24.2 se presenta una síntesis de estas. Los marcos de planeación de proyectos, como el marco de la Alianza para las Medidas de Conservación y su *software* de apoyo Miradi o el marco de la CAP (Cuadro 24.1 y Capítulo 13) también apoyan la planeación de proyectos.

Esta visión general de la planeación del proyecto se presenta en su forma más integral y representa una guía de mejores prácticas para grandes proyectos manejados a través de programas con los recursos adecuados y por agencias de áreas protegidas establecidas. Algunos proyectos pueden ser más pequeños y menos complejos, y los aspectos de estas directrices no serán relevantes, por lo que la tabla debe adaptarse a las circunstancias locales. Las pautas, los manuales y la asesoría de especialistas (Estudio de caso 24.1) son recursos críticos cuando se planean operaciones.

Tabla 24.2 Componentes de un plan de proyecto para operaciones

Componente	Descripción
Nombre del proyecto	Un nombre que identifica breve y claramente el título y la naturaleza del proyecto
Detalles corporativos y administrativos	Identifica la conexión con las acciones comerciales prioritarias de la organización, los números de archivo, los códigos del proyecto, los presupuestos, la fuente de financiamiento, el director del proyecto, la asignación de personal y las previsiones presupuestarias previstas para los próximos tres años. Líneas de tiempo para el inicio de la planeación, el período de implementación y la fecha prevista de finalización
Evaluación de riesgos comerciales	Una evaluación del riesgo negativo del proyecto para la empresa que considera la probabilidad y las consecuencias de las fallas en la ejecución del proyecto. La evaluación puede encontrar que: • El riesgo para la empresa de una falla en la ejecución está por debajo del umbral corporativo establecido (o es bajo) y solo se necesita un plan de proyecto corto • El riesgo para la empresa de una falla en la ejecución está por encima del umbral establecido (o es alto) y el proceso del plan del proyecto sería más incluyente, con una evaluación completa de los riesgos, una evaluación del impacto ambiental y un plan de gestión de comunicaciones
Descripción del proyecto	Aquí es donde se describen los detalles del proyecto en preparación para su aprobación. La descripción del proyecto delineará la visión, describirá por qué se hace, qué implica, cómo se ejecutará, cuándo se completará y quién realizará el trabajo. La descripción incluirá la consideración de las habilidades, los recursos y las competencias necesarias, los estándares de diseño o de la industria que pueden aplicarse y la logística del proyecto. La descripción también proporcionará una declaración del contexto geográfico para el proyecto que incluya una descripción muy breve del área protegida, su importancia y sus valores especiales
Objetivos	Enumerar los objetivos clave que el proyecto pretende alcanzar en su visión. Garantizar que los objetivos escritos sean claros y se presenten como declaraciones "sucintas, medibles, alcanzables, con recursos y con un tiempo determinado" (*Succinct, Measurable, Achievable, Resourced and Timely*, SMART)
Mediciones del desempeño	Cada objetivo debe tener una medición del desempeño relacionada y así determinar cómo debe medirse e informarse el éxito en el cumplimiento de los objetivos
Plan de evaluación del proyecto	Preparar un plan de evaluación del proyecto para todo el proyecto que incluya medidas para evaluar el desempeño en cada hito clave
Evaluación de riesgos operacionales, ambientales y culturales	Se identifican, evalúan y califican los posibles riesgos operacionales asociados con la realización de un proyecto, y se describe su tratamiento. Una calificación del riesgo es la consideración de las probabilidades (la probabilidad o frecuencia de ocurrencia) y las consecuencias (el grado de resultado o impacto de la ocurrencia) que se presentan en una matriz. Los riesgos de las ejecuciones operacionales en las que podría requerirse un tratamiento incluyen: • La disponibilidad oportuna de recursos, servicios y habilidades • Clima favorable • Comunicaciones efectivas • Minimización de las interferencias con la comunidad y los visitantes • Sensibilidades políticas • La salud y la seguridad del personal, los contratistas y el público Se consideran los riesgos ambientales y culturales. Los procedimientos para orientar esto se encuentran en la subsección "Evaluación del impacto ambiental", más adelante
Alcance del proyecto	La definición del alcance del proyecto describe cuándo debe completarse cada tarea y qué soporte y recursos se necesita. Para proyectos complejos, las tareas y los hitos se presentan mejor en un diagrama de Gantt
Revisión de las consideraciones de sostenibilidad	El alcance del proyecto incluye la selección de materiales y el método de implementación (véase la subsección "Sostenibilidad en las operaciones y la administración de activos", más adelante)
Fases presupuestarias	El desglose del presupuesto total en el gasto mensual previsto del presupuesto y los recursos proporciona una "fase mensual" que puede usarse para las revisiones del control presupuestario
Aprobaciones, permisos y notificaciones	Los proyectos tendrán que cumplir con las aprobaciones de planeación internas y externas, y existe la necesidad de considerar todos los posibles permisos de planeación, así como los requerimientos legales y legislativos. Estos pueden incluir esquemas de planeación gubernamental, regulaciones ambientales, requerimientos de conservación de la biodiversidad, licencias de descarga, regulaciones de plaguicidas, aprobaciones de patrimonio cultural y regulaciones de salud y seguridad ocupacional. También pueden ser relevantes los permisos o el asesoramiento de las autoridades responsables de los servicios esenciales
Comunicación con las partes interesadas; planeación de las comunicaciones	Para proyectos grandes y complejos, es común que se prepare un plan integral de comunicaciones para las partes interesadas y los medios (véase la subsección "Gestión de medios, plan de comunicaciones y partes interesadas", más adelante)
Firma del plan del proyecto	Por lo general, el director del proyecto (y el personal clave) prepara un plan del proyecto y este es aprobado por un oficial superior con las delegaciones adecuadas
Evaluación del proyecto	La evaluación del desempeño del proyecto se lleva a cabo (según el plan de evaluación) durante el proyecto y al momento de su finalización (véase la subsección "Revisión de la efectividad de las operaciones", más adelante)

Estudio de caso 24.1 Un manual para la gestión de senderos en el área protegida transfronteriza de Alpi Marittime-Mercantour

Alpi Marittime y Mercantour son dos áreas protegidas de montaña contiguas en los Alpes del sudoeste, en Italia y Francia. Debido a la ubicación geográfica y la historia de la zona, estas dos áreas están conectadas por una densa red de trochas de mula y de senderos de montaña, que van de un país a otro y que a menudo cruzan las fronteras nacionales a grandes alturas (dos mil ochocientos a tres mil metros). Desde el comienzo fue evidente para los administradores que era necesaria la cooperación entre los dos países, no solo en el campo de la gestión de la vida silvestre sino también en el mantenimiento y la restauración de los senderos.

Lo primero fue un acuerdo con respecto a la señalización común para los pasos de montaña en la frontera, y luego se decidió ampliar esta cooperación a la totalidad de los senderos a ambos lados. Gracias a los fondos de subvención de la Unión Europea para la cooperación transfronteriza, los dos parques produjeron un manual, en francés e italiano, dirigido no solo al personal operacional de ambos parques, sino también a los servicios técnicos de las administraciones locales de Francia e Italia.

El texto se complementa con varias imágenes de las obras en los caminos y en particular con dibujos técnicos prácticos. Aunque una parte de la información recopilada proviene del conocimiento tradicional local a ambos lados de las montañas sobre la construcción de caminos, también incluye algunas soluciones técnicas innovadoras y nuevos materiales probados por el personal de campo de ambos parques. El manual proporciona información para el personal de operaciones y las comunidades con una conexión con el área sobre los siguientes temas:

- Historia de los senderos: el área tiene sus orígenes en tiempos inmemoriales, desde el Neolítico hasta el Imperio Romano, desde la Edad Media hasta la Revolución Industrial; las rutas de sal en los Alpes, los grandes cambios en los siglos XIX y XX; las conexiones religiosas, los senderos de caza para el rey, las carreteras militares y después de la Segunda Guerra Mundial, los primeros turistas.
- Análisis de los problemas y evaluación de los senderos: guías sobre cómo segmentar y evaluar un sendero, analizar y observar su degradación, compilar una grilla/lista de verificación para el análisis de los problemas, planear las obras y proporcionar preguntas y respuestas comunes.
- Restauración y mantenimiento de los senderos: información técnica sobre el recubrimiento de la superficie de los caminos, drenaje, pavimentación, manejo de gradientes, muros de piedra seca, estabilización de taludes y pendientes, y definición de senderos.
- Algunos ejemplos prácticos del campo.
- Senderos en el amplio contexto nacional/regional francés/italiano.

El manual promueve los valores de los senderos.

- Los senderos tienen múltiples funciones: en el pasado tuvieron importantes usos comerciales, agrícolas y pastoriles (trashumancia), y una función religiosa para las peregrinaciones. En el siglo XXI, su propósito es principalmente recreativo y para los visitantes. Por este motivo, son un recurso económico importante. En Europa, unos diez millones de personas usan los senderos.
- Los senderos son un patrimonio cultural físico: estos son un componente importante para comprender y descubrir la historia social, económica y cultural de todo un territorio. Sin embargo, los caminos también son un lugar para los aspectos espirituales y la autorregeneración, ya que nos ponen en contacto con la belleza de la naturaleza y sus paisajes relajantes.
- Los senderos son una herramienta para el descubrimiento y la comunicación en el contexto de las áreas protegidas. Un sendero bien administrado da una impresión positiva de la gestión general de toda el área protegida. Estos también son una herramienta de gestión importante para conducir o redirigir los flujos de visitantes y monitorear el uso a través de ecocontadores. Esto proporciona una información importante sobre los patrones y las necesidades de los visitantes.

Cada vez más, los senderos son una herramienta para el desarrollo sostenible. Cuando se planeen obras en los senderos, deben considerarse los siguientes principios:

- El proyecto debe contar con el apoyo de las partes interesadas a nivel local; estas deben ser consultadas y sus sugerencias deben ser tenidas en cuenta.
- El proyecto debe generar beneficios para la población local, incluidos los rendimientos económicos sostenibles.
- Las soluciones técnicas elegidas deben ajustarse al entorno, respetar el territorio y su historia, e interpretar el "espíritu del lugar"; el material utilizado debe reflejar esto y, cuando sea adecuado, debe ser de origen local, de acuerdo con su tradición.
- Debe evitarse cualquier impacto negativo, directo o indirecto.
- Toda decisión debe considerar una perspectiva a largo plazo, incluidos los fondos disponibles para el mantenimiento continuo del sendero.

Bajo nuestros pies, los senderos nos cuentan historias únicas sobre tiempos pasados. Estos son una memoria colectiva, y los medios a través de los cuales podemos acercarnos a la naturaleza. Nuestros senderos son preciosos; hagamos lo mejor para su conservación.

Patrizia Rossi

Reconstrucción de un sendero antiguo en el área protegida transfronteriza de Alpi Marittime-Mercantour, Italia

Fuente: PNAM

Evaluación del impacto ambiental

Una responsabilidad fundamental de los administradores de áreas protegidas es garantizar que se haga una evaluación completa de cualquier impacto que las operaciones puedan tener sobre los valores del patrimonio natural y cultural de un área protegida (Capítulos 3 y 4). El nivel de evaluación del impacto dependerá de la complejidad, alcance y naturaleza de los trabajos de las operaciones. El enfoque de la evaluación del impacto ambiental (EIA) variará de un país a otro de acuerdo con la legislación y la política, y los términos empleados pueden tener diferentes significados; no obstante, los principios generales son los mismos.

La evaluación de riesgos como paso inicial en la planeación del proyecto (Tabla 24.2) ayudará a determinar el nivel de evaluación del impacto que se requiere. El resultado de esa evaluación inicial puede ser:

- Simplemente una lista de las medidas identificadas de gestión de riesgos en el plan de proyecto aprobado.
- Un plan de gestión ambiental (environmental management plan, EMP) para respaldar una operación aprobada que identifique aún más los impactos y formule las acciones de mitigación que deben incorporarse en la ejecución del proyecto para evitar o minimizar los efectos.
- Una "revisión de los factores ambientales" a nivel interno o un documento equivalente que haga un seguimiento cuidadoso de los procedimientos exhaustivos de una organización de áreas protegidas para la evaluación del impacto ambiental que involucren a muchos especialistas, a fin de evaluar y aprobar una operación propuesta.
- Una declaración del impacto ambiental (*Environmental Impact Statement*, EIS) completa, que solo se emplea en el caso de proyectos con el potencial de un alto impacto y grandes consecuencias, cuando la legislación exige que se prepare una EIS completa para su aprobación por parte del nivel ejecutivo del Gobierno.

Dichos documentos reflejan una organización de áreas protegidas que actúa de manera responsable (y consistente), y también pueden proporcionar un mecanismo de verificación interno revisado por pares para garantizar que una operación tenga poco o ningún impacto. Es posible que la preparación, revisión y aprobación de estos documentos sea demorada y costosa, por lo que es vital que se consideren los tiempos para su desarrollo de tal manera que se cumpla con los plazos de ejecución de las operaciones.

Plan de gestión ambiental

El propósito de un plan de gestión ambiental (*Environmental Management Plan*, EMP) es apoyar un proyecto más complejo, según lo formulado en el plan del proyecto aprobado. En comparación con el plan del proyecto, el EMP identificará con más detalle los impactos potenciales y formulará las medidas de mitigación que deben incorporarse en la ejecución del proyecto para evitar o minimizar tales impactos y, cuando sea necesario, dirigirá la gestión en curso.

- Describir el alcance del proyecto.
- Identificar en detalle los valores y atributos ambientales, del agua y de la cuenca hidrográfica, incluidos la biodiversidad y los suelos.
- Identificar restricciones, requisitos y aprobaciones legales.
- Esbozar una estrategia general de gestión ambiental con objetivos y mediciones del desempeño.
- Identificar los riesgos y las medidas de control.
- Identificar los métodos operacionales más eficaces y las acciones de mitigación que minimicen los impactos sobre el medio ambiente y maximicen la seguridad en el lugar de trabajo.
- Identificar los roles y responsabilidades de las partes interesadas y la obligación de rendir cuentas de las funciones operacionales, incluidas las necesidades de comunicación.

Plan de gestión ambiental que se implementa para eliminar los peligrosos árboles que murieron por los incendios en el Parque Nacional Alpino, Victoria, Australia

Fuente: región noreste de VicRoads

- Identificar las habilidades y las competencias, así como la capacitación y la inducción necesarias para llevar a cabo el trabajo del proyecto.
- Describir un proceso para abordar la falta de cumplimiento con el plan.
- Identificar un programa de monitoreo y entrega de informes.
- Evaluar otros factores, como los impactos sobre la comunidad y los visitantes.
- Abordar los requerimientos de gestión y rehabilitación del sitio.
- Identificar acciones de seguimiento continuas y a largo plazo.

Declaración de impacto ambiental

Esta es la evaluación de impacto ambiental con el nivel más alto y solo es apropiada para proyectos que puedan tener un alto impacto y grandes consecuencias, según lo exija la legislación ambiental nacional o estatal. En relación con una actividad dentro de un área protegida, una EIS suele requerir una evaluación integral de los valores del patrimonio natural y cultural de la zona afectada y los posibles impactos y amenazas de una operación sobre esos valores. En general, el objetivo de la EIS es proteger el medio ambiente, mejorar la participación pública en las decisiones del Gobierno, minimizar los costos (si corresponde) y maximizar los beneficios de los procesos de aprobación (Thomas, 2001, p. 11).

Por lo general, las organizaciones de áreas protegidas cuentan con procedimientos para la evaluación del impacto ambiental con algún tipo de "desencadenante" que lleva a que se requiera una EIS. El Servicio de Parques Nacionales de EE.UU. brinda una orientación a través de sus "disposiciones del director" (NPS, 2013; Cuadro 24.2). Para una orientación detallada sobre el contenido, muchos gobiernos y organizaciones de todo el mundo se han apoyado en la Ley Nacional de Política Ambiental de EE.UU. y sus requerimientos en relación con una EIS. Esta legislación describe los contenidos requeridos para una EIS (DOE, 1998; Thomas, 2001).

Revisión de factores ambientales

Una revisión de factores ambientales (*Review of Environmental Factors*, REF) es un proceso interno de aprobación organizacional que determina si una actividad debe continuar y que, en la medida de lo posible, tiene en cuenta todas las cuestiones que afectan o pueden afectar el medio ambiente. Esta también ayuda en el desarrollo de las condiciones apropiadas en caso de que se apruebe y puede prescribir la necesidad de que se preparare un EMP para dirigir la actividad. La revisión también ayuda a determinar si es probable que la actividad tenga un efecto significativo sobre el medio ambiente, en cuyo caso tendrá que prepararse y considerarse una EIS antes de que se otorgue la aprobación. Una REF puede incluir muchos elementos y a menudo toma la forma de una lista de verificación, de la siguiente manera:

- Clima.
- Geología y geomorfología.
- Suelos.
- Plantas (especies y comunidades).
- Animales (especies y hábitats).
- Cuenca hidrográfica y calidad del agua.
- Importancia para las comunidades indígenas y locales.

Cuadro 24.2 Criterios del Servicio de Parques Nacionales de EE.UU. para determinar si una evaluación del impacto ambiental es apropiada

El siguiente es un resumen de diez criterios del manual 12 de disposiciones del director (NPS, 2013) para determinar si una evaluación del impacto ambiental es apropiada:

1. Impactos que pueden tener aspectos benéficos y adversos, pero en los que los adversos pueden ser significativos.
2. El grado en que se ven afectadas la salud y la seguridad del público.
3. Cualquier característica única del área.
4. El grado en que los impactos pueden llegar a ser muy polémicos.
5. El grado en que los impactos potenciales son altamente inciertos.
6. Si la acción puede establecer un precedente para acciones futuras con efectos significativos.
7. Si la acción está relacionada con otras acciones que pueden tener impactos insignificantes a nivel individual pero efectos significativos cuando se acumulan.
8. El grado en que la acción puede afectar adversamente las propiedades históricas u otros recursos científicos, arqueológicos o culturales importantes.
9. El grado en que una acción puede afectar negativamente una especie en peligro o amenazada, o su hábitat.
10. Si la acción amenaza con una violación de la ley federal, estatal o local, o de los requerimientos impuestos para la protección del medio ambiente.

Fuente: NPS, 2013

- Sitios históricos.
- Recreación y entornos para visitantes.
- Valores del paisaje.
- Usos tradicionales y existentes.
- Calidad del aire (Worboys *et al.*, 2006, p. 233).

Los impactos ambientales que pueden ser motivo de preocupación pueden incluir:

- La contaminación del aire.
- La contaminación acústica.
- El tráfico de vehículos.
- El movimiento de aeronaves.
- La alteración de los sitios de geopatrimonio, incluidos los sitios cársticos.
- La alteración y erosión de los suelos.
- La alteración de las corrientes y la contaminación del agua.
- Los impactos sobre especies y hábitats de animales nativos.
- Los impactos sobre las especies y comunidades de plantas nativas.
- El impacto de especies vegetales introducidas.
- El impacto de especies animales introducidas.
- La introducción de incendios no programados.
- La perturbación del patrimonio cultural y de los lugares sagrados.
- Los impactos de la perturbación (caza furtiva, robos, vandalismo, perturbación de la vida silvestre) sobre los valores de las áreas protegidas.
- La perturbación del proyecto a los vecinos, las comunidades locales y a la industria del turismo (Worboys *et al.*, 2006, p. 233).

Existen asuntos operacionales que, como cuestión de costumbre, deberían considerarse como parte de la minimización del impacto de un proyecto a cualquier nivel. Estos incluyen:

- El diseño de un lugar de trabajo temporal y su contención.
- El almacenamiento seguro de productos químicos y combustibles.
- El movimiento planeado y el estacionamiento/ubicación de la planta y los vehículos.
- Los regímenes de limpieza para los vehículos y la maquinaria con el fin de prevenir la introducción de plantas y patógenos.
- Evitar y minimizar la perturbación de la biodiversidad y, de ser necesario, contrarrestar los impactos.
- Evitar y minimizar la perturbación a los suelos, a los sedimentos y al movimiento del agua.
- Tener cuidado con el uso de productos químicos dado su potencial para impactar en valores que no son objetivos.
- Introducción de medidas para controlar el polvo y el ruido.
- Organizar la eliminación de los residuos del proyecto fuera del sitio y preferiblemente fuera del área protegida.
- Implementar medidas para la prevención de incendios.
- Estar preparados para incidentes en el proyecto, como la gestión de derrames y emergencias.
- Retener "fondos de garantía" para la restauración del sitio del proyecto y cualquier obra de seguimiento.
- Como parte del "proyecto" extendido, implementar el monitoreo de la recuperación de la biodiversidad.

Patrimonio cultural

Un plan de proyecto debe identificar la necesidad de permisos o la preparación de planes más específicos para gestionar el patrimonio ambiental, el patrimonio cultural y los valores históricos. Esta necesidad, apuntalada por la legislación o el buen juicio, proporciona la base para preparar los planes de gestión del patrimonio cultural antes de la aprobación del proyecto. Si se espera que las operaciones perturben los paisajes culturales delicados o los sitios registrados, se requerirán permisos o la aprobación de un plan de gestión del patrimonio cultural. Por lo general, su preparación requiere conocimientos y habilidades detallados y suele involucrar a muchos especialistas diferentes, incluidos los propietarios tradicionales.

El requerimiento de un plan de gestión del patrimonio cultural puede estar asociado a la legislación relacionada con la propiedad tradicional indígena o la asociación con la tierra o con paisajes y sitios históricos registrados (Estudio de caso 24.2). Los valores del patrimonio cultural pueden estar asociados con los pueblos indígenas y la propiedad tradicional, con asociaciones históricas de pueblos indígenas y no indígenas, o con ambos. Si la naturaleza del proyecto es tal que la ley no exige un plan de gestión del patrimonio cultural, el administrador del proyecto puede elegir la inclusión de una evaluación del patrimonio cultural como parte del proceso de evaluación del impacto ambiental. El propósito de un plan de gestión del patrimonio cultural es:

- Evaluar y documentar la presencia del patrimonio cultural y sus valores asociados.
- Investigar la extensión y la naturaleza de los valores y el estatus legal.
- Identificar los valores del patrimonio cultural en riesgo.

Estudio de caso 24.2 Planeación del patrimonio cultural indígena: sendero Hotham-Dinner Plain en el Parque Nacional Alpino, Victoria, Australia

El paisaje aborigen de los Alpes Australianos está interconectado y entretejido con lugares significativos y sitios sagrados unidos por senderos y rutas de viaje, frecuentados por una rica variedad de grupos lingüísticos y clanes aborígenes. Los registros de ocupación se remontan a más de veinte mil años (Flood, 1996), con una rica historia de ceremonias y reuniones entre clanes. El advenimiento de los asentamientos europeos desde la década de 1830 diezmó la población aborigen con enfermedades, masacres y desplazamientos, lo que dio como resultado graves trastornos sociales.

Hoy en día, los Alpes Australianos son un popular destino para los visitantes durante todo el año; estos son atendidos por pueblos y centros turísticos alpinos. Se estableció un nuevo sendero multipropósito de trece kilómetros que une los pueblos alpinos de Dinner Plain y Mount Hotham, en el Parque Nacional Alpino de Victoria y el cercano Resort Alpino del Monte Hotham. El tema para la interpretación a lo largo del sendero es "viajar con propietarios tradicionales a lo largo de un antiguo sendero de montaña para aprender del pasado, comprender el presente y descubrir las aspiraciones futuras de los pueblos aborígenes de los Alpes". En el sendero se puede caminar, correr, esquiar o andar en bicicleta. El método de construcción propuesto implicó remover el césped y el suelo a lo largo del sendero de dos metros de ancho, a una profundidad de docientos milímetros y luego rellenar con grava.

Toda la ruta del sendero sigue un antiguo camino de los aborígenes que buscaban una ruta segura desde las tierras bajas hasta la comarca alta para las reuniones y el festín de polillas o para atravesar los Alpes (Muhlen-Schulte, 2010). Para los propietarios tradicionales –los Gunaikurnai, Dhudhurhoa y Yaithmathang– esta ruta representa un importante vínculo con el lugar, el parentesco y el territorio, y su riqueza y diversidad complementan otras partes de su comarca tradicional. Las Regulaciones de Victoria sobre el Patrimonio de los Aborígenes de 2007 exigían la preparación y aprobación de un plan de gestión del patrimonio cultural (*Cultural Heritage Management Plan*, CHMP), ya que el trabajo representaba una actividad de alto impacto. En este caso, esto se define como la perturbación por el uso de maquinaria en un área sensible (un parque nacional). El CHMP evalúa y documenta la presencia, la naturaleza y el alcance del patrimonio cultural aborigen, y determina si el daño puede evitarse y, de no ser así, al menos minimizarse. El plan debe ser aprobado por la parte representante aborigen registrada, o en caso de no existir, por Heritage Victoria, la autoridad legal para el patrimonio aborigen en el estado de Victoria.

La preparación del CHMP para el sendero multipropósito de Hotham-Dinner Plain (Muhlen-Schulte, 2010) se hizo en colaboración con representantes de los tres grupos de propietarios tradicionales que participaron en las encuestas de sitios. Estos propietarios identificaron y describieron diecinueve "lugares aborígenes", que son lugares de importancia cultural para los pueblos aborígenes de Victoria y están registrados en virtud de la Ley de Patrimonio Aborigen de 2006. El plan concluyó que la actividad propuesta podía desarrollarse bajo las siguientes condiciones (resumidas):

- Un supervisor dirigirá las obras y permanecerá en el sitio para garantizar que se minimice la perturbación del terreno.
- Antes de comenzar el trabajo, todos los contratistas y trabajadores deben tener una inducción sobre el

Pasarela elevada construida para proteger un sitio aborigen de gran valor en el Parque Nacional Alpino, Victoria, Australia

Fuente: Gillian Anderson

sitio con los propietarios tradicionales y el autor del CHMP, de tal manera que exista una concientización del patrimonio cultural y se garantice que estén claras las responsabilidades legales.

- Toda el área de actividad debe estar demarcada con cinta de señalización para asegurar que no se presenten alteraciones fuera de ella.
- Para minimizar el daño, la extensión de los diecinueve lugares aborígenes debe estar claramente demarcada.
- Dos lugares aborígenes identificados como los más importantes no deben ser perturbados; en uno se instalará un pasillo elevado sin maquinaria y un arqueólogo estará en el sitio durante la construcción para registrar y restituir los artefactos. En el otro, la grava debe colocarse sobre un geotextil.
- En los sitios aborígenes no se utilizarán marcadores del sendero y la instalación de carteles interpretativos debe involucrar a un arqueólogo para registrar y restituir cualquier artefacto perturbado.
- El sendero debe ser renombrado con un nombre aborigen que los propietarios tradicionales consideren apropiado.
- Todos los artefactos recolectados deben ser restituidos en colaboración con los propietarios tradicionales.

Los principales valores y resultados que el CHMP trajo a este proyecto son:

- Una mayor comprensión de la importancia del área para la ciencia y la cultura aborigen.
- Oportunidades para que los administradores de las tierras trabajen con los propietarios tradicionales a través de su reconexión con la comarca.
- La oportunidad para que los visitantes disfruten de manera segura y cómoda de la naturaleza y la cultura de los Alpes Australianos mientras aprenden sobre la historia aborigen, la conexión de los propietarios tradicionales con la comarca y sus aspiraciones futuras.
- Evitar o minimizar el impacto sobre el patrimonio aborigen.

Los aprendizajes clave para el director de operaciones del área protegida fueron los siguientes.

- Investigar desde el comienzo (a lo largo del plan del proyecto) el impacto potencial de la actividad y determinar si se necesita un CHMP (o algo similar). Quizás sea posible evitar un CHMP al revisar el alcance o la metodología del proyecto. Esto es completamente legítimo, ya que pretende que se eviten los impactos.
- Presupuesto para costos significativos y el tiempo asociado con la preparación del CHMP. Esto implicará los honorarios de consultores así como el trabajo y el análisis de las encuestas a los propietarios tradicionales, quienes, como consultores y titulares de conocimientos, requieren el pago por sus servicios.
- Es posible que existan intereses en disputa de los propietarios tradicionales; esto puede tardar cierto tiempo en resolverse.
- Permitir el costo de implementar las condiciones que puedan surgir del CHMP.
- Apreciar la valiosa información y las relaciones que un CHMP revelará para el área y el desarrollo profesional que vendrá con la experiencia.

- Identificar y trabajar con propietarios indígenas tradicionales, según corresponda.
- Identificar y trabajar con comunidades y personas con conexiones históricas, cuando sea relevante.
- Considerar si pueden evitarse los daños a los valores y, si no es posible, evitarlos o formular estrategias para minimizarlos.
- Obtener la aprobación para proceder según el plan.

En muchos países, esto requerirá la comunicación con el organismo gubernamental responsable de implementar la legislación sobre el patrimonio cultural histórico e indígena. Los principios y directrices del Consejo Internacional de Monumentos y Sitios (ICOMOS) respaldan la planeación del patrimonio cultural histórico en todo el mundo (Capítulos 4 y 22).

Sostenibilidad en las operaciones y la administración de activos

Si bien las áreas protegidas desempeñan un papel vital en la preservación de los activos del patrimonio natural y cultural de nuestro planeta, es difícil vislumbrar cómo en el futuro estas áreas no estarán bajo una presión creciente si no existe un compromiso generalizado con los principios y prácticas de la sostenibilidad ambiental. Puede decirse que la forma en que los humanos se comporten fuera de los límites de las áreas protegidas puede ser un determinante clave en el destino de las mismas. Es por esta razón que los administradores de áreas protegidas deben aprovechar la oportunidad de demostrar liderazgo en el campo de la sostenibilidad ambiental.

Política de sostenibilidad

Las organizaciones de áreas protegidas pueden demostrar su liderazgo en la sostenibilidad a través del desarrollo de una política sólida de sostenibilidad.

Un guardia armado garantiza que la seguridad de los visitantes sea lo más importante cuando se observan animales de caza mayor, como en la Reserva de Caza Mkhuze en Sudáfrica

Fuente: Ian Pulsford

Típicamente, la posición de la organización se presenta a través de un protocolo o sistema de gestión ambiental (SGA) que contiene objetivos y metas ambientales, e identifica roles, responsabilidades y mecanismos de revisión. Esto generará un pensamiento de sostenibilidad dentro de las organizaciones al apoyar la evaluación del impacto ambiental y orientar las operaciones.

El caso comercial para la sostenibilidad ambiental

Las políticas y procedimientos de sostenibilidad deben reflejar un enfoque de triple resultado final (*Triple Bottom Line*, TBL) (DEH, 2003), lo que significa que se tienen en cuenta todos los beneficios ambientales, sociales y económicos. El marco del TBL es el mejor soporte para el argumento comercial necesario para justificar los mejoramientos de la sostenibilidad ambiental, ya que ayuda a cuantificar el retorno sobre la inversión (*Return On Investment*, ROI) con una comprensión más holística de los beneficios. El ROI es un término comercial común que puede respaldar la comunicación de los resultados buscados frente a una audiencia convencional con mentalidad empresarial.

En algunos casos, los proyectos de eficiencia energética pueden tener un ROI relativamente atractivo ya que los ahorros en los costos de energía que conllevan los mejoramientos de la eficiencia energética pueden permitir que la inversión se amortice rápidamente. Una vez se recupera el costo de las obras, los ahorros acumulados pueden usarse para implementar más trabajos de eficiencia energética o pueden reorientarse a otras prioridades operacionales. La reducción en el consumo de energía de combustibles fósiles contribuye a una reducción en las emisiones de gases de efecto invernadero y otros impactos atmosféricos y terrestres. Esto a su vez puede brindar grandes dividendos ambientales, sociales y económicos para la comunidad en general.

Principios clave de sostenibilidad para las operaciones en las áreas protegidas

Existen cuatro principios clave de sostenibilidad que los administradores de proyectos deben considerar para las operaciones en áreas protegidas.

Liderazgo: ejercer liderazgo para lograr principios y prácticas de sostenibilidad, no solo cuando se lleven a cabo operaciones, sino también cuando se tomen decisiones respecto al diseño y los materiales de los activos.

Triple resultado final: los objetivos de sostenibilidad ambiental, social (incluidos los culturales) y económica orientan el diseño, la construcción, el mantenimiento y la eliminación al final de la vida útil de los activos construidos. Las decisiones de diseño que ayudan a la sostenibilidad ambiental son una inversión, no simplemente un costo financiero. Algunos ejemplos de consideraciones prácticas de triple resultado final para el liderazgo de las operaciones en áreas protegidas incluyen:

- Llevar a cabo evaluaciones apropiadas del impacto ambiental, social y cultural (véase "Planeación de operaciones" en la información anterior) e implementar las acciones requeridas para evitar o minimizar los impactos.

- Colaborar con las comunidades locales y los propietarios tradicionales para ser sensibles a las necesidades, fomentar la participación y la apropiación, y minimizar o evitar el impacto sobre los valores sociales y culturales.
- Desarrollar una justificación económica basada en el TBL que ofrezca el retorno de la inversión más apropiado e influencie la inversión en un buen diseño.
- Garantizar que el trabajo se lleve a cabo de manera segura para los trabajadores y la comunidad.
- Dar preferencia al uso de materiales no tóxicos o de baja toxicidad.
- Maximizar el valor económico para las comunidades locales y utilizar materiales y servicios locales, siempre que sea posible.
- Usar materiales de construcción sostenibles que cumplan con los estándares de acreditación contemporáneos y aceptados internacionalmente (como las maderas sostenibles certificadas).
- Considerar la huella de carbono de las obras y minimizar o compensar esta contaminación.

Pensamiento de activos para toda la vida: la evaluación de los costos y beneficios ambientales y materiales de un activo construido se lleva a cabo de manera holística al observar todas las etapas de la vida de un activo, incluidos el diseño, la fabricación, la construcción, el mantenimiento y la disposición al final de la vida útil. Las consideraciones del pensamiento para toda la vida en las operaciones incluyen:

- Diseños que busquen optimizar el alcance para las técnicas de fabricación, construcción y mantenimiento ambientalmente sensibles.
- Minimización de los costos del ciclo de vida mediante el uso de materiales y equipos de bajo mantenimiento, con una máxima vida útil esperada.

Eficiencia de los recursos: si se consideran los presupuestos modestos y decrecientes que muchas áreas protegidas tienen disponibles, la eficiencia de los recursos en las operaciones es crítica y también responsable globalmente. Un buen diseño, así como el tipo de materiales y los requisitos de mantenimiento son aspectos que pueden minimizar los costos. Algunos ejemplos sobre la manera de lograr la eficiencia de los recursos en las operaciones incluyen:

- Diseñar activos construidos que sean proporcionales a las necesidades y reutilizar de manera adaptativa las instalaciones existentes cuando sea factible.
- Diseñar activos construidos para que minimicen el consumo de recursos, energía, agua y la generación de residuos.
- Cumplir con los estándares predeterminados de cantidad y calidad para el consumo de energía y la generación y eliminación de residuos.
- Utilizar materiales de contenido recuperado o reciclado, cuando sea práctico y seguro hacerlo.
- Maximizar la recuperación de materiales al final de la vida del activo.
- Incorporar sistemas de energía renovable donde sea práctico, factible y rentable.
- Minimizar el uso de materiales de construcción cuyo ciclo de vida requiera una gran cantidad de energía, desde su fabricación hasta su eliminación.
- Realizar un diseño paisajístico con el uso de especies locales del área protegida para facilitar la moderación segura y durante todo el año de la temperatura interna de las edificaciones.
- Apuntar a un futuro bajo en carbono para el proyecto finalizado, lo que puede incluir compensaciones de gases de efecto invernadero.

En la figura 24.6 se resumen relaciones entre estos principios y los beneficios de la sostenibilidad.

Gestión de medios, plan de comunicaciones y partes interesadas

Durante la ejecución de un proyecto pueden surgir asuntos positivos y negativos que involucren a la comunidad y a otras partes interesadas. Estos pueden variar desde cuestionamientos menores por parte de individuos hasta la indignación de la comunidad. La forma más efectiva de manejar esto es con una planeación previa y con una actitud proactiva en las comunicaciones. Durante la preparación del plan del proyecto, una evaluación de la complejidad y el riesgo del proyecto determinará si los asuntos relacionados con las comunicaciones y los medios son de bajo riesgo y pueden abordarse simplemente en el plan del proyecto, o si se requiere un plan de comunicaciones y partes interesadas más integral (Capítulo 15). Un plan integral podría ahorrar un tiempo valioso más adelante al evitar los problemas que surjan de la mala comunicación. Algunos de los asuntos que pueden ser polémicos y que se beneficiarían al abordarse en un plan de comunicaciones y partes interesadas incluyen:

- Impactos por el humo de la quema planeada para la reducción de combustibles.
- Cierre de carreteras, senderos e instalaciones por seguridad o para su mantenimiento.

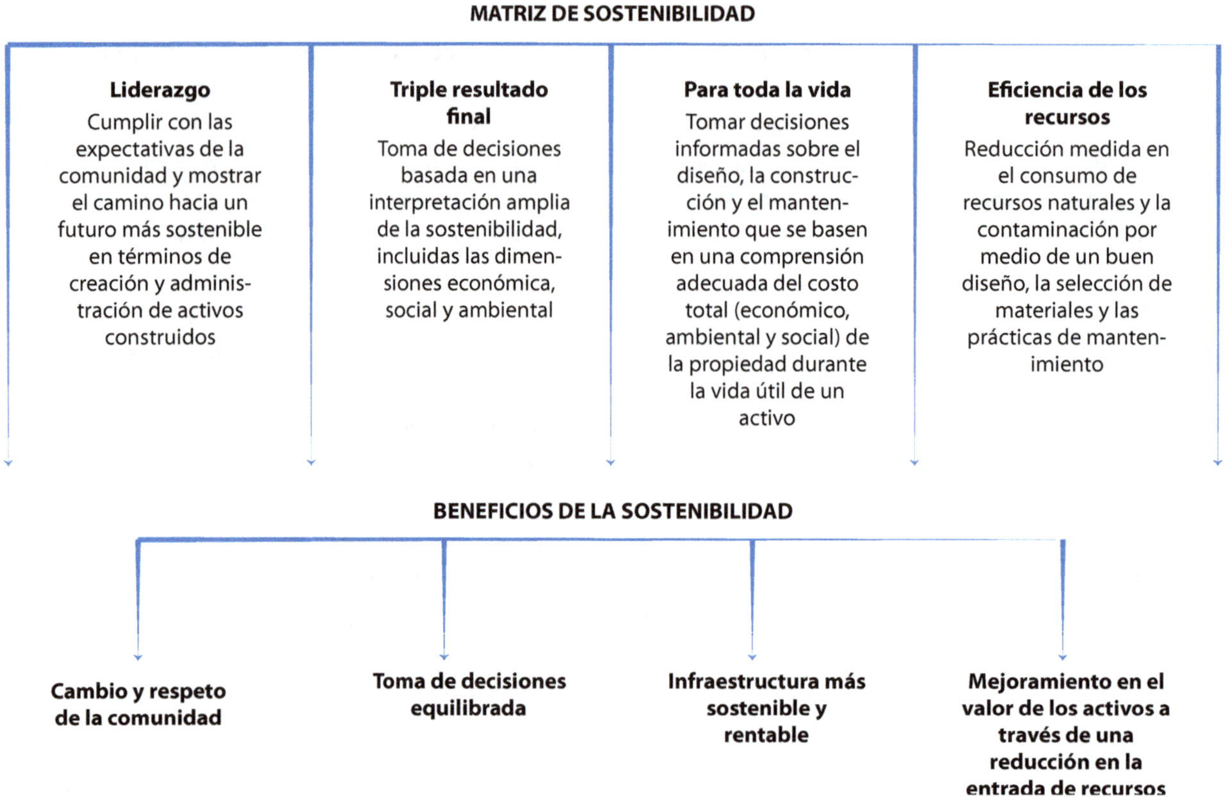

Figura 24.6 Principios y beneficios de la sostenibilidad

- Eliminación o control de plantas o animales introducidos y el sacrificio de animales nativos.
- Eliminación de estructuras, especialmente en lo que respecta a estructuras históricas.
- Desarrollo de instalaciones.
- Reducción de servicios para los visitantes debido a presiones presupuestarias.
- Ejecución de un servicio o una instalación que no avanza al ritmo planeado.

El objetivo de un plan de comunicaciones y partes interesadas es informar e interactuar con la comunidad y las partes interesadas, de tal manera que no se sientan excluidos de la toma de decisiones, y explicarles por qué se toman las medidas operacionales y cuáles son los beneficios. El nivel ejecutivo del gobierno puede ser una parte interesada clave identificada por el plan. El plan debe desarrollarse con el equipo de ejecución del proyecto e incluye nueve secciones clave (Figura 24.7).

Ejecución de operaciones

Para este momento, el proceso de identificación de prioridades operacionales, la obtención de fondos, la programación de las obras, la identificación de las capacidades, la preparación de un plan del proyecto y la obtención de aprobaciones ya se completaron y finalizaron. Es hora de comenzar las obras y ejecutar el proyecto. Aquí presentamos algunas consideraciones clave que son importantes para la ejecución exitosa de las operaciones.

Liderazgo

La implementación de las operaciones requiere un liderazgo efectivo, que muestre no solo confianza y enfoque en la organización y los procesos eficientes, sino también resultados y productos de calidad y a tiempo. Constantemente surgen desafíos que necesitan acciones oportunas y decisiones eficaces para mantener el proyecto en el camino correcto. Un buen líder de operaciones administra y delega eficazmente, brinda una orientación constante y positiva al personal y a los contratistas, mantiene informadas a las partes interesadas, insiste en altos estándares de comportamiento, de prácticas laborales, de calidad y de gobernanza, mantiene el enfoque, presta atención a los detalles y gestiona la carga laboral de la unidad de manera efectiva para reducir el estrés. Tal liderazgo también significa mantener una comunicación efectiva e informar del progreso hacia arriba y hacia abajo de la cadena de gestión, y no dudar en buscar la asesoría especializada si surgen problemas (véase el Capítulo 12). Sobre todo, un líder garantiza que el trabajo se lleve a cabo en un lugar de trabajo seguro, con el cumplimiento de las normas de seguridad y salud ocupacional.

Alcance del proyecto	Describir el proyecto y lo que puede ser polémico, lo que puede llegar a impactar a las partes interesadas y cualquier oportunidad para mensajes positivos
Meta de comunicación	Describir qué se logrará a través de la comunicación y cuáles son los mensajes clave para comunicar
Audiencia clave y partes interesadas	Identificar a quién van dirigidos los mensajes de comunicación. Enumerar las partes interesadas dentro y fuera de la organización y el gobierno, sus intereses, la actitud esperada hacia el proyecto y el mensaje relevante
Identificar oportunidades para la participación del público	Identificar los aspectos del proyecto en los que el público puede participar en la toma de decisiones y brindar una retroalimentación, y cómo esto se comunicará y se gestionará
Herramientas	Identificar las herramientas más efectivas para cada audiencia y parte interesada. Estas pueden incluir información en un sitio web, historias para los medios de comunicación, boletines informativos, reuniones con audiencias específicas, comunicaciones y reuniones personales para brindar información, avisos, programas de educación e interpretación o el establecimiento de un grupo específico de partes interesadas
Rendición de cuentas y sincronización	Durante la fase de ejecución, identificar cuándo se usará cada herramienta y quién será el responsable
Preguntas frecuentes	Preparar una lista de posibles preguntas que pueden hacerse sobre el proyecto y preparar las respuestas. Estas pueden publicarse al inicio del proyecto o utilizarse como una herramienta interna si surgen problemas
Portavoz	Identificar al portavoz de este proyecto. Esto debe cumplirse estrictamente para que el mensaje sea consistente y preciso. La persona debe conocer bien los medios y sentirse segura al hablar en público. Los medios, la comunidad y las partes interesadas prefieren tener un contacto regular (véase el Capítulo 15)
Presupuesto	Hacer un presupuesto y asignar los fondos del proyecto adecuados para la comunicación y la gestión de las partes interesadas
Mediciones del desempeño	Identificar medidas clave del desempeño para evaluar el éxito en la implementación del plan

Figura 24.7 Secciones clave en un plan de comunicaciones y partes interesadas

Trabajo con el personal

La ejecución de los proyectos depende en gran medida del personal del área protegida, ya sea a través de acciones directas o mediante la gestión de contratistas. Por lo general, la participación del personal en la ejecución del proyecto puede identificarse en su plan anual de trabajo y capacidades, de tal manera que son claras sus prioridades del año y la relación entre los proyectos. Esto le brinda al personal la oportunidad de discutir con su director los detalles de la secuencia operacional y otros aspectos prácticos. Los puntos de partida más importantes con el personal son la participación y el empoderamiento. Involucrar al personal operacional en la fase de planeación facilitará la apropiación y, por lo tanto, un mayor deseo de un buen resultado. El tiempo invertido al inicio de un proyecto para analizar el plan del mismo, lo que se quiere lograr y la descripción de las responsabilidades, expectativas y funciones individuales propuestas, no solo facilitará la participación y el entusiasmo en el proyecto, sino también sacará a la luz problemas inesperados o la falta de coherencia con las habilidades y competencias del personal. Delegar tanto como sea posible y razonable empoderará a las personas para que se desempeñen bien y tomen un liderazgo personal. El personal debe entender que con la responsabilidad viene la rendición de cuentas y ser capaces de responder por las acciones y decisiones tomadas.

La confianza del personal en el liderazgo del proyecto también se logra al describir un pensamiento dedicado a garantizar un lugar de trabajo seguro y la disponibilidad de recursos suficientes. La fatiga es un factor negativo importante para la ejecución del proyecto, y si no se maneja, provocará un rendimiento deficiente.

Seguridad y salud ocupacional

Brindar un lugar de trabajo y un espacio público seguro es la principal responsabilidad de un director de proyectos y de todo el equipo, ya sean administradores, supervisores, contratistas o trabajadores. El director del proyecto debe tener un buen conocimiento práctico de la legislación sobre seguridad y salud ocupacional, al igual que de las políticas y procedimientos de seguridad organizacional en el lugar de trabajo. El plan del proyecto debe considerar y evaluar los riesgos en el lugar de trabajo asociados con el proyecto. Luego, esto debe ponerse en funcionamiento a través de un análisis de seguridad laboral, que es un análisis específico de las tareas de las operaciones, los riesgos potenciales relacionados y las acciones de mitigación. Esto se desarrolla con el aporte de todo el equipo del proyecto o contratistas y el director del proyecto lo firma. Es prudente que el director del proyecto tenga reuniones informativas diarias con el personal de operaciones o contratistas para discutir las actividades del día y revisar las acciones y el análisis de seguridad laboral. Las consideraciones para gestionar los riesgos de seguridad de las operaciones en el lugar de trabajo incluyen:

- Proporcionar directrices, procedimientos y capacitación para el uso de instalaciones, vehículos, herramientas y equipos específicos; el uso de productos químicos; el uso seguro de armas de fuego; y operaciones de búsqueda y rescate.
- Garantizar que las acreditaciones y capacitaciones específicas del personal estén actualizadas.
- Brindar pautas para trabajar en condiciones climáticas extremas.
- Uso de equipos de protección personal.
- Proporcionar servicios de primeros auxilios, capacitación en primeros auxilios y procedimientos de evacuación de emergencia.

También debe considerarse la seguridad del público y de los trabajadores. Esto puede implicar:

- El cierre de caminos, senderos y estructuras construidas.
- El cierre de áreas que incluyan zonas de pasos elevados y de caídas.
- El cierre de grandes áreas para operaciones de sacrificio.
- El cierre de áreas que estén en recuperación después de eventos a escala del paisaje, como incendios e inundaciones.
- Colocar señales de advertencia adecuadas y apropiadas en los lugares de trabajo.

Los cierres de las áreas protegidas por motivos de seguridad pueden requerir una aprobación de alto nivel. Tales cierres deben planearse y cumplirse mucho antes que las operaciones del proyecto.

Implementación: el plan del proyecto

El plan del proyecto y los documentos asociados, como los planes de gestión ambiental, del patrimonio cultural, de riesgos y de comunicaciones, deben dirigir firmemente la implementación del proyecto, con una atención especial a los plazos y a la ruta crítica (véase "Planeación de operaciones", en la información anterior). Es posible que surjan situaciones en las que el plan original del proyecto deba revisarse; de hecho, es frecuente que los proyectos sean flexibles y se adapten a circunstancias cambiantes o a nueva información. Sin embargo, cualquier cambio debe enmendarse formalmente en el plan del proyecto y aprobarse nuevamente.

Aprobaciones, permisos y notificaciones

El plan del proyecto identificó todas las aprobaciones, permisos y notificaciones necesarios para implementar el trabajo. Es posible que algunas aprobaciones requieran de monitoreo e informes de seguimiento. La implementación del proyecto no se llevará a cabo hasta que se reciban todos los documentos aprobados y las condiciones requeridas se incluyan cuidadosamente en el plan del proyecto.

Soporte de gestión de proyectos

Para que los proyectos más complejos sigan de acuerdo a lo planeado, es posible que la comunicación y la toma de decisiones necesiten involucrar a un grupo más amplio de partes interesadas y de personal. De acuerdo con la naturaleza del proyecto, pueden formarse grupos de gobernanza, dirección, consultoría y referencia técnica. Es posible que estos grupos requieran un apoyo administrativo. A menudo, en los proyectos complejos es prudente establecer un pequeño grupo de control del proyecto para dirigirlo. Normalmente, este es liderado por el patrocinador del proyecto o un director senior e involucra a otros tomadores de decisiones clave. El director del proyecto le reporta al grupo de control del proyecto, pero no forma parte de él, para garantizar su independencia en la gobernanza. El pequeño grupo de control del proyecto no es un grupo técnico o consultor, sino que su función principal es dirigir la gobernanza y los procedimientos del proyecto.

En los proyectos grandes puede establecerse un comité directivo. Este reúne una gama de personal interno con diversas habilidades y funciones relacionadas con el proyecto, a fin de guiarlo hacia un resultado exitoso. En el caso de los proyectos que involucran a muchas partes interesadas o cuando son de interés para la comunidad, es aconsejable establecer un grupo de referencia de partes interesadas para garantizar que estas se mantengan informadas a lo largo del proyecto. El grupo de referencia de partes interesadas puede ser un grupo más grande y operar a manera de mesa redonda para colaborar y brindar asesoría, pero no es un grupo que tome decisiones. Los proyectos de una naturaleza altamente técnica se beneficiarán del establecimiento de un grupo de expertos para brindar asesoría sobre cuestiones técnicas que puedan surgir y sobre las investigaciones pertinentes.

Informes

Tanto la organización como las partes interesadas recibirán del director del proyecto informes regulares sobre el progreso en la ejecución del mismo. Por lo general, tales informes se realizan mensualmente y contienen información sobre el progreso de las cuatro etapas clave de un proyecto: planeación, adquisición, ejecución y revisión. El uso mensual de informes corporativos del tipo "semáforo" es un sistema de informe simple. Verde indica que el proyecto avanza según lo planeado para su ejecución a tiempo y dentro del presupuesto; el amarillo indica que existen riesgos para ejecutar el proyecto a tiempo, y el rojo indica una falla probable. Los indicadores amarillo y rojo requieren que en el informe se incluyan propuestas de acciones. Si se forma un grupo de referencia de las partes interesadas, normalmente se entrega un informe cualitativo sobre el progreso del proyecto.

Contingencias

En cuanto a los términos, la planeación de lo inesperado puede ser una contradicción; sin embargo, es algo crítico. La planeación del proyecto implica considerar las contingencias para hacer frente a lo inesperado y cómo podrá manejarse. Algunos ejemplos incluyen:

- Los costos de los materiales o de los contratistas son más altos de lo esperado.
- Incendios y otros incidentes que afectan la disponibilidad del personal y de contratistas.
- Condiciones climáticas que no corresponden con la estación, lo que afecta los cronogramas de ejecución.
- Personal clave que deja de estar disponible.
- Contratistas que no cumplen con las condiciones del contrato.
- Maquinaria y equipos que no están disponibles cuando están programados.

Algunas de estas contingencias pueden manejarse al asignar una proporción del presupuesto (a menudo cerca del 10%) para hacer frente a cuestiones financieras. También es prudente contar con acuerdos de continuidad comercial para los períodos de alto riesgo como las temporadas de incendios o de inundación. Esto puede incluir que los contratistas estén en posición para operar de manera independiente o el ingreso de otros supervisores y especialistas si el personal clave deja de estar disponible. Un buen director piensa en el futuro todo el tiempo y anticipa las posibles interrupciones del proyecto.

Arrendatarios, licenciatarios y concesionarios

Las alianzas con negocios externos pueden brindar servicios al área protegida a través de acuerdos formales de licencia o arriendo. Estos pueden estar asociados con servicios en un área grande, como un parque o un grupo de parques, un sitio en particular o un servicio móvil. Estos pueden incluir:

- Cafeterías y restaurantes.
- Centros de visitantes.
- Recaudación de ingresos.
- Zonas para acampar.
- Alojamiento techado en tiendas de estilo safari, cabañas u hoteles.
- Educación e interpretación para los visitantes.
- Servicios de guía y portería.

El director de operaciones debe establecer fuertes relaciones y alianzas con la empresa para garantizar que exista una comprensión mutua del equilibrio entre los valores y los objetivos del área protegida y el entorno empresarial comercial. Cuanto más exitosa sea una empresa en un área protegida, mayor es la probabilidad de que la empresa comprenda y administre bien los valores del área y de que la relación con el administrador del área protegida sea saludable.

Trabajo con contratistas

Los contratistas pueden ser un recurso crítico para realizar operaciones en las áreas protegidas. Estos ofrecen habilidades y mano de obra especializadas que pueden utilizarse de manera regular. El personal que trabaja con contratistas debe tener una capacitación adecuada en la gestión de contratos y procedimientos organizacionales relevantes. Algunos de los usos comunes de contratistas para las operaciones en las áreas protegidas incluyen:

- Construcción y mantenimiento de carreteras y senderos.
- Construcción, mantenimiento y reparación de instalaciones y edificaciones.

Contratistas que prestan servicios especializados de control de malezas, Parque Nacional Alpino, Victoria, Australia
Fuente: Rick Box

- Trabajos de control de plantas y animales introducidos.
- Trabajos de restauración en sitios perturbados.
- Servicios de gestión de proyectos.
- Evaluación de las obras propuestas respecto a su impacto sobre el patrimonio cultural y ambiental.
- Trabajos de protección y extinción de incendios que involucren el uso de maquinaria.
- Suministros de vivero para trabajos de restauración.
- Servicios de seguridad.
- Servicios de transporte, incluidos servicios de helicóptero.
- Llevar a cabo investigaciones y monitoreos.
- Preparar estrategias y planes de gestión
- Servicios para visitantes.

Mantener una buena relación con los contratistas especializados y desarrollar un conocimiento profundo de las competencias y estándares que se esperan de ellos permite que los administradores de áreas protegidas cuenten con la capacidad y una base de recursos eficiente y eficaz. Esto puede ser más eficiente que desarrollar tales habilidades, maquinarias y recursos internamente en la capacidad de la organización. Contar con recursos externos disponibles para la ejecución operacional también reduce la probabilidad de una falta de ejecución cuando los recursos de la organización se redirigen a otras necesidades, como los incendios y las emergencias. No obstante, es importante estar en línea con la intención de los acuerdos relevantes de relaciones laborales con respecto al uso apropiado del personal y los contratistas, y tener claro su papel en la representación de la imagen pública de la organización.

No debe dejar de recalcarse cuán importante es contar con una "oferta de servicios" o un "pliego" bien pensado para un contratista. Muchas organizaciones de áreas protegidas tienen documentos legales estandarizados para las ofertas de servicios, licitaciones y contratos. El tiempo y el esfuerzo puestos en el pliego evitan problemas futuros con los contratos mal definidos. Con base en el plan del proyecto, el pliego de la licitación debe ofrecer al licitante del contrato una clara indicación de:

- El entorno donde se requieren los trabajos y cualquier restricción ambiental, cultural o comunitaria, o condiciones climáticas especializadas.
- Los arreglos comerciales de la organización del área protegida que buscan un contratista.
- La tarea y exactamente qué productos y resultados se buscan, dónde, cuándo y por qué.
- Hitos clave a cumplir.
- Acreditaciones, seguros, políticas y procedimientos de salud y seguridad ocupacional, y otros requisitos comerciales del contratista.
- Método de pago, hitos de pago y presupuesto.

Por lo general, los contratos para productos y servicios se cancelan con uno de los dos principales métodos de pago: pago general o pago con una estructura tarifaria.

Los contratos de pago general requieren una sola cotización definitiva por el costo total de la ejecución. Pueden usarse dos metodologías. En la primera, para orientar al contratista sobre el alcance, puede divulgarse el presupuesto disponible para el proyecto, en cuyo caso se selecciona al adjudicatario con la mejor probabilidad de lograr una ejecución de calidad. En la segunda, cuando el precio es el diferencial clave, se busca una cotización general sin divulgar el presupuesto. Los contratos de pago general son los más adecuados para trabajos que pueden especificarse y articularse de manera clara. El valor positivo de las cotizaciones de pago general es que se conoce el costo de la ejecución del proyecto antes de comenzar. El valor negativo es que los contratistas acumulan un riesgo significativo en sus cotizaciones, en particular si las especificaciones son imprecisas, y es posible que el proyecto no obtenga la mejor relación calidad-precio.

En los contratos con una estructura tarifaria se solicitan cotizaciones que se basan en una tarifa diaria o por hora para los servicios. Estos contratos son más adecuados para trabajos que no pueden especificarse o articularse de manera precisa y cuando el director del proyecto necesita cierta flexibilidad para adaptarse a circunstancias cambiantes. El valor positivo es la flexibilidad y los contratistas son más competitivos dado que no necesitan aumentar el riesgo ya que simplemente se les paga por el tiempo que trabajan. El valor negativo es que el director del proyecto debe administrar los fondos más de cerca para garantizar que se mantenga dentro del presupuesto y no hay garantía de que todos los resultados se logren dentro de este.

El pliego u oferta de servicios debe indicar de manera clara al licitante de un proyecto los criterios de selección utilizados para elegir al adjudicatario. Algunos criterios de selección comunes incluyen:

- Calificaciones apropiadas o acreditación requerida para la tarea.
- Experiencia demostrada en el campo de trabajo.
- Calidad del personal y equipo.
- Mejor relación calidad-precio.
- Disponibilidad en momentos críticos.
- Buen historial de seguridad y una adecuada política de salud y seguridad ocupacional de la compañía.
- Habilidad demostrada para completar la tarea.

Por lo general, se forma un comité de licitaciones para evaluar las ofertas y hacer una recomendación al director de operaciones. Para evitar cualquier posibilidad de corrupción, los miembros del comité de licitaciones deben hacer una declaración sobre cualquier relación con cualquiera de los licitantes y la naturaleza de dichas relaciones. Bajo algunas circunstancias, tales integrantes no podrán pertenecer al comité de licitaciones. Se realiza una verificación de antecedentes y los auditores corroboran el carácter y la calidad del trabajo del contratista. Finalmente, es aconsejable verificar quién estará realmente en el sitio y hará el trabajo. Usted podría pensar que contrató a un operador de calidad y enterarse de que el trabajo lo llevan a cabo otros empleados o subcontratistas.

El uso de "paneles de proveedores preferenciales" de contratistas es una forma eficiente para su contratación. Esto reduce la necesidad de solicitar cotizaciones o licitaciones para que cada proyecto cumpla con los requisitos. Los paneles se establecen con el fin de pre-aprobar contratistas para diferentes grupos de funciones operacionales, como un panel de "control de plantas y animales introducidos". El panel de proveedores preferenciales de contratistas se establece con una invitación a los posibles contratistas para que presenten sus detalles comerciales relevantes, tales como seguros y planes de salud y seguridad ocupacional, habilidades y competencias, personal empleado, equipos y esquemas tarifarios. Acto seguido, se aprueba a los proveedores que cumplan con los estándares adecuados para que sean miembros del panel. El director del proyecto puede consultar directamente el panel para invitar y seleccionar al contratista más apropiado en función de la mejor combinación de competencias, recursos y tarifas para el trabajo.

Gestión de contratistas

La gestión de contratistas debe darse bajo los principios de imparcialidad, respeto, confianza y beneficio mutuo. Los administradores también deben comprender y respetar las necesidades comerciales de los contratistas, incluida su necesidad de ser rentables. Para el administrador de áreas protegidas, la construcción de una relación justa y sana con los contratistas de calidad es un logro importante.

La gestión de contratistas debe darse de manera similar a la de los empleados y es importante garantizar que el contratista cumpla con todos los estándares organizacionales y comunitarios que se esperan. En la gestión de contratistas, algunos de los factores clave a considerar son los siguientes.

Sesión informativa e inducción para el contratista

Antes de comenzar el trabajo, el contratista principal debe comprender claramente el contrato, el uso de subcontratistas, el alcance de las obras y las mediciones del desempeño, y los requisitos de todos los planes pertinentes. Antes de comenzar el trabajo, los contratistas, sus empleados y subcontratistas deben recibir una inducción completa sobre el lugar de trabajo del área protegida. Por lo general, la inducción incluye:

- Información del contexto geográfico del sitio del proyecto en el área protegida.
- Un código de ética y comportamiento apropiado.
- Seguridad laboral, seguridad del público, identificación de riesgos y análisis de la seguridad laboral.
- Respuesta a emergencias y procedimientos de evacuación.
- Cuestiones ambientales y culturales.
- Personal clave y sus funciones.
- Partes interesadas clave.
- Herramientas y canales de comunicación.

Es prudente que se ofrezcan anotaciones de inducción y hacer que todos los que asistan a la inducción firmen y declaren que asistieron y que entienden todos los temas planteados. Si se contratan nuevos subcontratistas o empleados para el trabajo, el contratista debe asegurarse de que también asistan a una inducción.

Supervisión del contratista

La clave para una supervisión eficaz del contrato es una comunicación clara y decisiva que garantice la existencia de canales de comunicación bidireccionales entre el supervisor del proyecto y el contratista. El contrato debe ser claro en cuanto a la autoridad, de modo que los contratistas no reciban instrucciones y comentarios de diferentes miembros del personal. Esto puede llevar a que el contratista se confunda con las instrucciones, lo que lleva a resultados deficientes y reclamos de los contratistas por las variaciones debidas al tiempo perdido.

El supervisor del proyecto debe desarrollar una buena relación de trabajo con el contratista, tanto profesional como de confianza. Esto se logra mejor mediante la programación de reuniones regulares con los contratistas en lugar de que el supervisor del proyecto ejerza una vigilancia e interferencia constantes, y aquel debe atender al contratista cuando este lo solicite.

Informes, cumplimiento y bonos renovables

En las reuniones regulares de contratistas y supervisores se entregarán informes sobre el progreso, y estos se vincularán con hitos críticos para que puedan autorizarse los pagos según el progreso. Con respecto a los trabajos en el terreno, esto implica la entrega de informes sobre el progreso en la entrega de productos y resultados. Para los licenciatarios o concesionarios, esta es una reunión programada con una agenda estándar de elementos sobre la relación área protegida / área de licencia y las condiciones de la licencia. Este es el momento para discutir el cumplimiento de las condiciones del contrato o de la licencia y plantear cualquier problema que deba abordarse. En caso de que se identifiquen problemas graves con el cumplimiento, estos deben ponerse en conocimiento del contratista o licenciatario por escrito, a la espera de una respuesta formal para la rectificación. En caso de que no se aborde adecuadamente el cumplimiento de las condiciones, después de que se permita un tiempo justo y razonable para hacerlo, esto puede constituir una causa para cancelar el contrato o la licencia, y potencialmente para solicitar una indemnización a fin de rectificar los problemas. Los contratos deben incluir una cláusula para resolver disputas y nominar a un mediador independiente.

En algunos casos, los contratos se preparan con la inclusión de una tarifa en forma de un bono "renovable". El administrador del contrato puede usar este bono para restaurar cualquier perturbación no autorizada en el área protegida. De acuerdo con el contrato, el monto reservado se repone de manera automática e inmediata una vez se gasta, y puede utilizarse nuevamente si hay otra infracción.

También puede exigirse que los contratistas registren e informen sobre la ubicación de su actividad. Por ejemplo, esto es frecuente con los trabajos relacionados con el control de malezas, en los que se requiere que el contratista no solo trate las especies de malezas, sino también que registre la ubicación con un GPS, al igual que la fecha, el herbicida utilizado y otros datos requeridos por el administrador. Esto es invaluable cuando el administrador del área protegida prepara los datos para el mapeo de malezas y la actividad de control con el fin de ayudar a determinar el desempeño general de los programas y las necesidades futuras. En este caso, la habilidad del contratista para proporcionar correctamente esta información es tan importante como aplicar el herbicida de manera apropiada.

Desempeño y consideraciones de pago

Los pagos contractuales estarán sujetos al cumplimiento de los resultados de desempeño definidos en el contrato. Cuanto más clara sea la definición del resultado esperado en el contrato, más clara será la justificación para autorizar el pago o para negarlo. Los contratos más grandes implicarán pagos parciales conforme se alcancen hitos definidos. Para reclamar el pago adeudado, el contratista entregará un informe por escrito sobre el logro de estos hitos. Para autorizar los pagos, el administrador a cargo del contrato evaluará el informe, analizará los resultados en el terreno y determinará si el hito se cumplió adecuadamente de acuerdo con el estándar requerido. Los contratistas pueden solicitar el pago anticipado para tener flujo de caja. Si bien esto puede ser tentador con el fin de mantener las relaciones de trabajo, debe evitarse para prevenir una experiencia profesional vergonzosa en la que un contratista abandona un proyecto después de recibir el pago por un trabajo sin terminar.

De vez en cuando, los contratistas tienen un desempeño inferior en sus obligaciones acordadas. Es importante que al comienzo del proyecto el supervisor del contrato busque indicios de un posible bajo rendimiento y los resuelva de manera decisiva. Los primeros signos pueden incluir un retraso en los plazos de entrega, la toma de atajos, la asistencia inconstante al lugar de trabajo, las comunicaciones evasivas o los informes deficientes. En las reuniones con los contratistas, ya sean reuniones regulares o especiales, se identifican y discuten las deficiencias en el desempeño. El supervisor del proyecto debe presentar formalmente los problemas de bajo rendimiento, en busca de su corrección, con una anotación en las minutas de la reunión y con un seguimiento por escrito con el contratista para su evaluación en la próxima reunión. En caso de que el desempeño no sea satisfactorio, se enviará una carta para advertir al contratista que podría darse por terminado el contrato si el desempeño no mejora. El primer paso en la gestión del desempeño es que las expectativas al respecto de este sean establecidas con claridad en el contrato. No es aceptable ni defendible pedir que un contratista rinda cuentas por mediciones del desempeño que no estén establecidas.

También es posible que el supervisor del proyecto no cumpla con un estándar esperado, por ejemplo, que no entregue a tiempo algunos mapas o informes importantes. En caso de ser necesario, el contratista debe tener un conducto regular para presentar quejas.

Logística

Planear la logística es una tarea fundamental para la ejecución eficaz de los proyectos. No puede subestimarse la habilidad y el tiempo invertidos en alinear las herramientas, los vehículos, la maquinaria y los equipos adecuados, así como los materiales, los recursos humanos y los servicios de soporte en el momento adecuado. Si el proyecto es ejecutado por un contratista, es aconsejable desarrollar la función logística tanto como sea posible en las responsabilidades de este, de modo que tenga que cubrir los costos generados por los retrasos. Las típicas consideraciones logísticas para los proyectos son las siguientes:

Transporte

El transporte es necesario para que el personal, la maquinaria, los equipos, los materiales de construcción y de desecho puedan ingresar y salir del proyecto de manera eficiente. El transporte puede incluir bicicletas, motocicletas, vehículos 4x4, camiones, autobuses, embarcaciones, aerodeslizadores, aviones de ala fija, aeronaves de ala giratoria y otros medios de transporte. En áreas montañosas remotas, esto puede incluir el uso de animales como yaks, llamas, caballos, burros y mulas. Los directores del proyecto deben equilibrar cuidadosamente los impactos, la logística y la eficiencia asociados con las opciones de transporte y así seleccionar los medios más adecuados.

Consideraciones de cuarentena

Restringir la propagación de determinados patógenos o especies invasoras es un propósito en muchas áreas protegidas. Algunas de estas tienen estaciones donde las personas deben limpiar sus botas y equipos antes de entrar o requieren el lavado de las embarcaciones antes de la disposición final. Muchas áreas protegidas son importantes santuarios de vida silvestre con disposiciones de cuarentena en vigor. Las estaciones de lavado para la maquinaria pesada movilizada durante las operaciones de incendios forestales se están convirtiendo en una práctica normal. La limpieza y desinfección minuciosa de todos los equipos que ingresan a un área protegida se considera una práctica básica deseable, particularmente en áreas conocidas por malezas o patógenos.

Mulas que transportan mercancías en el Santuario de Vida Silvestre Sakteng, Bután

Fuente: Peter Jacobs

Alojamiento y alimentación

Algunos sitios del proyecto pueden contar con un alojamiento cercano con comida, refugio e instalaciones sanitarias, mientras que otros están aislados, lo que significa largos desplazamiento a los campamentos base remotos. Cualquiera sea el caso, es vital que se suministren agua y alimentos sanos, instalaciones de primeros auxilios, alojamientos e instalaciones sanitarias limpios, y que se permitan patrones de sueño adecuados y actividades recreativas fuera del horario laboral. Para el trabajo en áreas remotas, los acuerdos sobre el lugar de trabajo pueden permitir que se introduzcan turnos diurnos más prolongados a cambio de una semana laboral más corta o salarios especiales.

Sitios del proyecto

Los sitios del proyecto deben diseñarse, ubicarse y restringirse cuidadosamente, con una separación de las áreas para animales, vehículos, aterrizaje de aeronaves, equipos, materiales y desechos de las áreas de refugio, dormitorios, cocinas e instalaciones sanitarias.

Maquinaria y equipos

El director del proyecto debe asegurarse de que la maquinaria del proyecto sea apropiada y esté acreditada, operativa y disponible, y debe verificar no solo la existencia de piezas de repuesto, herramientas de mantenimiento, combustibles y aceites, sino también que durante el proyecto se realice un mantenimiento de rutina.

Sanitario de diseño contemporáneo con un manejo de residuos del tipo *fly-out* en el área de acampar de Dibbin Hut, con el cual se remplazó la antigua letrina, Parque Nacional Alpino, Victoria, Australia

Fuente: Kevin Cosgriff

Garantizar el acceso a las aeronaves puede ser un desafío. Es complejo adquirir la aeronave adecuada, asegurar el equipo y el personal especializado para llevar a cabo las operaciones de vuelo, preparar los planes de operaciones y las aprobaciones, y asegurar áreas de aterrizaje autorizadas.

Materiales

El director del proyecto debe asegurarse de que los materiales requeridos para el trabajo se adquieran y almacenen de manera segura en el sitio mucho antes de que se necesiten. Las consideraciones incluyen:

- ¿Es el material lo más adecuado para el propósito?
- ¿Es el material compatible con el sitio del proyecto?
- ¿Proviene el material de una fuente local, sostenible y acreditada?
- ¿Hay alternativas sostenibles fabricadas disponibles en acero y materiales artificiales?
- ¿Está el material libre de sustancias químicas potencialmente dañinas?
- ¿Está el material libre de especies de plantas y patógenos introducidos?

Equipo de protección personal

Los directores de proyectos deben asegurarse de que el personal del sitio reciba el equipo de protección personal adecuado para el trabajo, como cascos, overoles, botas, protección auditiva, mascarillas y, cuando se usen productos químicos, overoles y guantes especializados, máscaras e instalaciones de lavado después del trabajo.

Seguridad

Los sitios de proyectos en áreas protegidas son vulnerables al acceso no autorizado, vandalismo, robo y en algunos casos terrorismo. Los directores de proyectos tendrán que considerar que se ofrezca un sitio de trabajo seguro proporcional a la amenaza. Esto puede incluir un cerco de seguridad y el apoyo de un servicio de seguridad.

Gobernanza de las operaciones

La gobernanza se refiere a los procesos mediante los cuales las organizaciones son dirigidas, controladas y rinden cuentas (Capítulo 7). La gobernanza es una función operativa fundamental para las organizaciones de áreas protegidas, y aquí se describen algunos principios de "buena gobernanza" para las operaciones. Los directores de operaciones deben asegurarse de estar bien informados sobre los requerimientos de gobernanza de los proyectos que dirigen. Los asuntos a considerar incluyen:

- Autoridad de aprobación del proyecto.
- Autoridad de aprobación financiera.
- Planes comerciales, planes de acción y planes del proyecto aprobados por la organización.
- Políticas y procedimientos organizacionales, en particular con respecto a la adquisición de bienes y servicios.
- Legislación relevante.
- Contratos, consentimientos y documentos aprobados por la organización.

Una buena gobernanza requiere que:

- La adquisición de bienes y servicios se lleve a cabo de una manera abierta, justa y transparente, y libre de discriminación o de ventajas injustas.
- Todos los proyectos y contratos se administren para lograr los mejores resultados posibles con el dinero disponible.
- Todos los proyectos y contratos se gestionen de conformidad con los planes de acción, los planes del proyecto, los contratos y las obligaciones legales

aprobadas, y que cualquier variación esté aprobada y registrada.

- Todas las compras, adquisiciones y otras transacciones, incluidos los contratos y las decisiones clave, se registren y archiven en el sistema de archivo oficial de la organización y en todo momento estén disponibles para su auditoría.
- Se utilicen documentos estándar oficiales (a menos que la asesoría legal indique lo contrario) para todos los acuerdos y arreglos contractuales.
- El personal declare cualquier conflicto de intereses y se aparte de la toma de decisiones si lo considera necesario.
- El personal se asegure de que todas las decisiones y acciones que tomen estén dentro de su autoridad y que se implementen de manera coherente con la ley y las políticas y procedimientos de su organización.
- Cualquier recomendación se haga después de considerar minuciosamente los riesgos relativos a los resultados esperados.
- En los proyectos complejos, se cuente con la asesoría legal en la fase de planeación, como una medida prudencial.

Administración de activos y operaciones

Las operaciones de las áreas protegidas dependen de una gama de activos construidos para su implementación eficaz. Los activos pueden ser de naturaleza portátil o de capital, propios o arrendados. Típicamente, los activos portátiles son plantas y equipos, y van desde herramientas manuales, motosierras, vehículos todoterreno, pistolas, jaulas de animales, embarcaciones, cortadoras de césped y cortadores de matorrales hasta unidades de pulverización, camiones y tractores. Por lo general, los bienes de capital incluyen talleres, oficinas, centros de visitantes, cobertizos de almacenamiento, instalaciones para visitantes e infraestructura, como carreteras, senderos y puentes. El rango y la naturaleza de los activos construidos estarán influenciados por el tipo de área protegida (Capítulo 2) y los recursos de la organización de áreas protegidas. Esta sección describe cómo las organizaciones de áreas protegidas administran sus activos construidos.

La definición de activo puede ser amplia entre las diferentes industrias (IPWEA, 2011; IASB, 1998). No obstante, en el marco de las áreas protegidas, aquí se definen como "objetos físicos construidos por personas con el fin de brindar servicios para el disfrute o la gestión de un área protegida". Según esta definición, los activos son objetos reales y no son ideas intangibles como la propiedad intelectual o la buena voluntad. Estos no son animales salvajes, paisajes o personas. Al estar construidos, inevitablemente dejan de funcionar de manera efectiva en algún momento. Los bienes:

- Existen para proporcionar servicios, los cuales pueden incluir un valor inherente, como la importancia para la comunidad o el patrimonio.
- Tienen un valor financiero que cambia a lo largo de la vida de un activo.
- Tienen un valor fiscal, y esto significa que se contabilizan, se administran y están bajo un seguimiento formal dentro de las organizaciones más grandes con el uso de herramientas para el seguimiento de activos.

Muchas categorías y variedades de activos construidos se utilizan comúnmente o existen para apoyar la gestión de áreas protegidas. Estos pueden ser propios, arrendados o contratados por la organización del área protegida. Algunos ejemplos incluyen:

- Cercas, barreras y puertas.
- Senderos, carreteras, aparcamientos, puentes y señales.
- Instalaciones para visitantes.
- Oficinas y depósitos.
- Cortafuegos, helipuertos y pistas de aterrizaje para aeronaves.
- Servicios públicos, energía, agua y sistemas de alcantarillado.
- Torres de comunicación, teléfonos y radios.
- Vehículos y equipos pesados.
- Herramientas de mano, plantas y equipos pequeños.
- Computadoras y *software* asociado.
- Herramientas técnicas como dispositivos meteorológicos y sistemas de posicionamiento global, entre otros.

El número, el valor y el propósito de los activos construidos en un área protegida varían de acuerdo con los objetivos de gestión. Las áreas protegidas icónicas, como el Parque Nacional Yosemite en EE.UU., tienen una gran cantidad de activos de gran valor financiero. Por el contrario, las áreas protegidas de la Categoría I de la UICN suelen tener un número escaso de activos, que se brindan solo para fines de gestión. Los activos son importantes para:

- Protección del patrimonio natural y cultural; al minimizar el impacto de los visitantes mediante la provisión de un acceso sostenible e información y el acceso para las actividades de gestión.

- Experiencias de los visitantes; al respaldar una gama de experiencias seguras a través de la provisión de infraestructura e instalaciones.
- Operaciones; mediante la provisión de oficinas, alojamiento, talleres e instalaciones y equipos.
- Economías locales; al ofrecer destinos de alta calidad para visitantes que generen beneficios económicos.
- Comunidades locales; a través de las organizaciones de áreas protegidas, al ser un buen vecino y aprovechar su capacidad para ayudar con instalaciones y equipos durante operaciones conjuntas e incidentes.

La administración de los activos construidos es un campo en rápido desarrollo de la gestión de áreas protegidas, y los sistemas de gestión de activos son esenciales para un enfoque profesional y sistemático de cómo se organizan y mantienen los activos. La mayoría de las áreas protegidas requieren oficiales especializados que sean responsables de garantizar que los activos construidos no solo se mantengan de forma adecuada, sino también que cuenten con sistemas de apoyo para gestionarlos y estándares que garanticen su seguridad y su diseño adecuado.

El Manual Internacional de Gestión de Infraestructura define la gestión de activos (construidos) como "las actividades y prácticas sistemáticas y coordinadas de una organización para alcanzar sus objetivos de manera óptima y sostenible mediante la gestión rentable del ciclo de vida de los activos (es decir, desde la fabricación o construcción hasta la jubilación efectiva)" (IPWEA, 2011, p. xii).

La administración de activos es más efectiva cuando se lleva a cabo de una manera estratégica e incluyente. Una organización de áreas protegidas debe abordar tres preguntas importantes.

1. ¿Qué servicio deben brindar los activos?
2. ¿Qué estrategias del ciclo de vida de los activos permiten que estos brinden los servicios?
3. ¿Qué se necesita para apoyar los procesos de planeación y decisión de la administración de activos?

Sistemas de gestión de activos

Los sistemas de administración de activos (*Asset Management Systems*, AMS) (IPWEA, 2011) abarcan todos los aspectos de la administración de activos y comprenden los insumos, los procesos y los productos que brindan servicios de administración de estos pertenecientes a un grupo. Estos sistemas pueden ser simples o sofisticados. El tipo de AMS utilizado debe obedecer al tamaño, la exposición al riesgo, la cartera de activos y el presupuesto de una organización de áreas protegidas. Los componentes de un AMS son los siguientes:

Política y planeación

Establecer una política de administración de activos es el primer paso en el diseño de un AMS. Una política como "la administración de activos ayudará a proteger los valores para los que se estableció este sistema de áreas protegidas" captura rápidamente la esencia de la gestión de activos en toda la organización. Un plan de administración de activos para un área protegida, una región o una organización refleja la política y brinda la orientación necesaria para garantizar que los servicios requeridos se brinden y se alineen con otras prioridades de la planeación corporativa. El plan destacará las estrategias y los vacíos del ciclo de vida e indicará las necesidades de planeación para las decisiones futuras relacionadas con los activos.

Funciones y responsabilidades

Las funciones y responsabilidades de la administración de activos deben definirse cuidadosamente y asignarse al personal debidamente calificado. El equipo de administración de activos de una organización puede estructurarse de muchas maneras, incluida la separación de los roles, como el propietario del activo, el administrador del activo y el proveedor de prestación de servicios.

Sistema de información de activos

Las organizaciones de áreas protegidas necesitan saber qué poseen y en qué condiciones se encuentran dichos activos. Estas organizaciones necesitan establecer, como mínimo, un registro de activos, o en una forma más sofisticada, un sistema de información de activos (*Asset Information System*, AIS). Tal registro permite el almacenamiento de una serie de datos sobre los activos. Por lo general, la información sobre estos incluye la identificación y el tipo de activo, su ubicación, su valor y los costos de reemplazo, su condición, los requerimientos de mantenimiento y su vida restante.

El AIS permite el análisis de estos datos para ayudar con las decisiones estratégicas de la administración de activos. El AIS permite pronosticar los costos futuros de reemplazo de capital, no solo para estimar las tasas y los costos por el uso del activo, sino también para predecir el declive en la condición del mismo (y los programas de mantenimiento consecuentes) y modelar escenarios "qué tal si" para su administración. Establecer un AIS requiere muchos recursos y necesita el apoyo de la organización para la actualización periódica. No todos los datos son siempre necesarios, por lo que debe tenerse cuidado de comenzar con activos y datos críticos. Si es posible, el AIS debe integrarse con otros sistemas empresariales de manejo de áreas protegidas y esto puede ir desde sencillas hojas de cálculo y procesos de soporte hasta un *software* corporativo.

Estudio de caso 24.3 Cave Creek: un trágico caso de falla en la administración de activos

Cave Creek se encuentra en el Parque Nacional Paparoa en la Isla Sur de Nueva Zelanda. El parque es conocido por su sistema cárstico de piedra caliza y Cave Creek teje su trayecto debajo y a través de este paisaje. Las actividades son diversas y se han construido muchos activos para estas. En 1994, el Departamento de Conservación (Department of Conservation, DOC) de Nueva Zelanda erigió una plataforma de observación sobre un abismo de treinta metros de profundidad en Cave Creek. En ese momento, los procedimientos generales y el marco para la construcción de dicha estructura no se guiaron por estándares apropiados de diseño o construcción ni por los protocolos de recursos y dotación de personal.

La plataforma de observación colapsó el 28 de abril de 1995 y produjo la muerte de catorce personas. El día de la tragedia, un grupo de estudiantes visitaba el parque con dos oficiales del DOC. El grupo se dividió en dos; el grupo con la mayoría de los estudiantes y uno de los oficiales del DOC llegó primero a la plataforma y, cuando estaban en el frente, esta cayó hacia el abismo. Carolyn Smith, una sobreviviente, describió la escena: "de repente, sin previo aviso, excepto por los gritos de sorpresa, la plataforma cayó bajo nuestros pies. Comenzó a deslizarse aproximadamente a treinta grados y luego tropezó y cayó con todos cayendo delante de ella" (New Zealand Department of Internal Affairs, 1995, p. 13). De los diecisiete estudiantes que cayeron con la plataforma, trece murieron y cuatro sobrevivieron con lesiones graves. El oficial del DOC que estaba con los estudiantes también murió.

Se reunió una comisión de investigación para determinar la causa del colapso. En resumen, la investigación encontró que:

- La plataforma no fue diseñada ni aprobada por un ingeniero con las calificaciones adecuadas.
- La construcción de la plataforma no fue manejada apropiadamente.
- No se siguieron los requerimientos legales para construcciones, salud y seguridad.
- No hubo inspecciones ni un régimen de inspección.
- No había señales de advertencia con respecto a los límites de carga.
- Hubo una falla de los sistemas corporativos, particularmente la falta de sistemas de gestión de proyectos.

La comisión también encontró que el DOC funcionaba en un entorno de pocos recursos y con frecuencia se veía obligado a aceptar estándares de baja calidad. Se reconoció que el DOC admitió de manera rápida y adecuada sus fallas y adoptó las medidas correctivas.

Después del colapso, el DOC puso en práctica una serie de medidas para mejorar sus operaciones. Más de quinientas veinte estructuras fueron inspeccionadas en las áreas protegidas de toda de Nueva Zelanda y 65 fueron cerradas para reparaciones. La revisión también condujo a la eliminación de un gran número de estructuras en terrenos públicos y en el resto se colocaron muchos avisos de seguridad en relación con los límites de carga. Se contrataron ochenta ingenieros para escribir los estándares de seguridad y diseñar estructuras nuevas y modificadas. Se asignaron fondos adicionales para continuar la actualización de la infraestructura para visitantes. Se examinó la red de trece mil kilómetros de caminos en toda Nueva Zelanda y se documentaron, fotografiaron, numeraron y evaluaron todas las edificaciones y estructuras, incluidas las señalizaciones, para el mantenimiento requerido. Toda esta información se registró en un sistema de gestión de activos para visitantes nuevo y centralizado. El uso de dicho sistema puso de relieve algunas estructuras de alto riesgo que se habían pasado por alto. A menudo, las constantes limitaciones de recursos significaban que si el DOC no podía mantener una cabaña, puente u otra estructura dentro de un estándar considerado "seguro", quizás tendría que eliminarlo. En algunos casos, la eliminación fue polémica y las organizaciones comunitarias acordaron mantenerlas voluntariamente dentro de un estándar acordado. El Gobierno también encargó una revisión completa del DOC, lo que dio lugar a cambios en los procesos de presentación de informes y rendición de cuentas. Es importante destacar que el DOC examinó numerosos sistemas corporativos, incluidos los sistemas de gestión de riesgos y gestión de proyectos, y ahora opera en un entorno consciente de la administración de activos.

La tragedia de Cave Creek es un claro recordatorio para los administradores de áreas protegidas sobre la importancia de la administración de activos. Las lecciones clave son las siguientes:

- La falla de los activos puede provocar muertes. Es fundamental un sistema de gestión de activos que aborde las siguientes preguntas:
  a. Planeación. ¿El activo cumple con las necesidades deseadas y el marco de planeación de la legislación pertinente? ¿Se obtuvieron todas las aprobaciones? ¿La planeación la realizan personas debidamente calificadas?
  b. Estándares. ¿Los estándares están establecidos, son accesibles, se entienden y utilizan? ¿El diseño cumple con los estándares apropiados?
  c. Construcción. ¿La construcción es consistente con el plan y la realizan personas calificadas?
  d. Uso. ¿El activo tiene información adecuada sobre su uso y dicha información está disponible para el personal y los usuarios?
  e. Inspección. ¿El activo tiene un régimen de inspección adecuado durante y después de la construcción, y este se lleva a cabo?
  f. Mantenimiento. ¿Se estableció un régimen sistemático de mantenimiento, y se lleva a cabo?
  g. Renovación. ¿El activo se somete a una renovación oportuna y apropiada en función de las necesidades actuales y futuras?
  h. Desmantelamiento. ¿El activo se desmantela de manera oportuna y apropiada?
- La evaluación constante de los riesgos es una parte importante de la administración del activo.
- Las decisiones respecto a la administración de activos deben tomarse con pleno conocimiento de las limitaciones de recursos y financiación.
- Se necesitan sistemas para registrar, mantener, actualizar y comunicar la información y las responsabilidades designadas para las decisiones de administración de activos. Esto debe hacerse en toda la organización y ser coherente con la política organizacional.

Steve Mossfield

Condición del activo

La condición del activo se registrará en el AIS y esta puede variar desde muy buena hasta inutilizable. Evaluar la condición de un activo implica examinar su condición física y se centra en si el activo es capaz de prestar el servicio para el que fue diseñado y durante cuánto tiempo. La evaluación de la condición del activo evalúa críticamente el riesgo para los usuarios y la organización, y respalda los programas de mantenimiento y reemplazo. Dicha evaluación debe incluir información tal como la probabilidad de falla de los activos, el tratamiento de mantenimiento que se necesita, la edad y la vida restante. El esfuerzo puesto en la evaluación de la condición debe estar en función del tipo, tamaño e importancia funcional del activo o grupo de activos. La evaluación de la condición del activo requiere un nivel adecuado de habilidades y experiencia del personal, y debe validarse de forma regular (Estudio de caso 24.3). La evaluación de la condición de construcciones históricas es una habilidad especializada particular en la que los valores inherentes de los activos no se expresan simplemente como una condición.

Activos claves

En el AIS se identifican los activos claves como una prioridad. Estos son activos de gran importancia que tienen un mayor riesgo de falla y que pueden tener un gran impacto sobre el logro de los objetivos de una organización. Es necesario identificar estos activos claves y evaluar los riesgos empresariales. Las evaluaciones de riesgos ayudan a identificarlos. Un proceso de evaluación de la gestión de riesgos implica establecer el contexto de la gestión de riesgos, identificar y evaluar las opciones de tratamiento, implementar el tratamiento, monitorear y revisar. Por consiguiente, los activos claves con una alta probabilidad de falla y consecuencias tendrán una mayor prioridad de mantenimiento o reemplazo antes que otros activos.

Niveles de servicio

Los niveles de servicio son los productos que un cliente recibe de una organización y están determinados por la experiencia del visitante u otro servicio de gestión proporcionado (IPWEA, 2011). Para las operaciones y la administración de activos es fundamental la noción de que un activo está en su lugar para suministrar un nivel definido de servicio, no porque sí.

Pronóstico de la demanda futura

La capacidad de pronosticar la demanda de servicios no solo permite que un administrador de áreas protegidas planee mejor la expansión, contracción, adaptación o cambio de activos individuales o de un grupo de activos, sino también fundamenta el plan de administración de activos. No obstante, esta puede ser una tarea difícil, y la reducción en el servicio puede generar que las partes interesadas tengan una respuesta hostil. Los administradores deben primero monitorear la demanda actual por un servicio y observar los aspectos que conducen a esa demanda. Respecto al uso de los visitantes, este monitoreo y análisis podría incluir la evaluación de los cambios en el tamaño y la composición de la población de un país, el crecimiento económico, las tendencias en el tiempo de ocio o incluso las influencias del cambio climático. En las ciencias sociales existen mecanismos bien establecidos para monitorear estas tendencias. Pueden desarrollarse pronósticos de demanda y realizarse el modelado de escenarios. También vale la pena observar estos escenarios en diferentes marcos temporales y con nueva información.

Estrategias del ciclo de vida en la administración de activos

Es crucial que se consideren el uso y los costos del ciclo de vida del activo. Esto incluye la definición del propósito y uso, financiamiento, creación, operaciones, mantenimiento, rehabilitación, actualización, renovación, revaluación, depreciación y eliminación. Esto permite que se hagan pronósticos financieros a largo plazo, los cuales garantizan que las futuras necesidades de servicios correspondan con el financiamiento. Esta información se recopila para el AIS y el plan de administración de activos.

Planes de activos operacionales

Las estrategias y planes operacionales ayudan a determinar cómo se utilizará un activo de manera eficiente y eficaz. Esto ayudará a lograr el uso óptimo de equipos costosos, como la maquinaria para el movimiento de tierras. Las consideraciones importantes de planeación incluyen:

- La naturaleza y el patrón de uso.
- La cantidad de uso programado disponible versus la demanda.
- La probabilidad de que incidentes fuera de lo esperado afecten al uso programado.
- Programas de mantenimiento planeado.

La implementación exitosa de estos planes puede no solo resultar en un menor riesgo de falla de los activos, sino también diferir los reemplazos o actualizaciones de activos y ofrecer una mejor prestación de servicios por parte de los mismos. Esto también proporciona la base para las actividades cotidianas del personal o contratistas de las áreas protegidas, y por lo tanto, tiene una fuerte relación con los programas de obras. Idealmente, las organizaciones deben esforzarse por mantener todos los mantenimientos como una actividad planeada.

El administrador de área Tony Baxter, Servicio Nacional de Parques y Vida Silvestre de Nueva Gales del Sur, en un antiguo bosque lluvioso de barranco del Parque Nacional Monga, al sur de Nueva Gales del Sur. Las responsabilidades operacionales de Tony incluyen ayudar a proteger estos hábitats relativamente raros y localizados que se encuentran en barrancos a lo largo de la cresta de las Grandes Cordilleras del Este y dentro de un ambiente forestal dominado por eucaliptos que es susceptible a incendios forestales regulares

Fuente: Graeme L. Worboys

Procedimientos de inversión de capital

Por lo general, las inversiones en activos de capital son decisiones financieras importantes a largo plazo y deben planearse cuidadosamente (véase la sección "Programación de operaciones" en la información anterior). El AMS incluirá un procedimiento estructurado para las decisiones relacionadas con la inversión de capital. Tales decisiones comparan la necesidad de un activo nuevo con el reemplazo o la renovación de los activos existentes o el replanteamiento del nivel de servicio y la necesidad del activo. Cuando se consideren las inversiones de capital, también debe pensarse en compartir la propiedad del activo con otras organizaciones con necesidades similares y así compartir los costos.

Herramientas de apoyo para la toma de decisiones

Las herramientas para la toma de decisiones se describieron en la sección "Programación de operaciones". Los métodos y marcos para la toma de decisiones sobre activos permiten que un administrador evalúe diversas opciones de administración de activos. Los resultados serán mejores cuando existan datos de calidad, se comprueben los supuestos y objetivos subyacentes, se identifiquen las sensibilidades y se presenten las opciones y estimaciones. Un AMS debe incorporar una herramienta adecuada para el apoyo a las decisiones.

Prestación y calidad del servicio

La gestión de calidad, los altos niveles de servicio al cliente y el mejoramiento continuo son resultados con los que un buen sistema de gestión de activos puede contribuir al logro de los objetivos del área protegida. Históricamente, los modelos de prestación de servicios significaban que el personal y los administradores de áreas protegidas hacían todo el trabajo ellos mismos.

No obstante, este caso es cada vez menos frecuente, y deben considerarse otros modelos de prestación. Un método de prestación de servicios es mediante una alianza con una parte interesada. Otros métodos incluyen alianzas público-privadas o la contratación y el arrendamiento.

Revisión de la efectividad de las operaciones

La evaluación de la efectividad del manejo de un área protegida involucra una amplia gama de consideraciones y procesos (Capítulo 28). La evaluación de la efectividad del manejo de una operación hace una contribución importante a la evaluación estratégica de programas completos, de un área protegida o de un sistema de áreas protegidas. La evaluación de una operación puede basarse en el marco de efectividad del manejo de la UICN (Hockings *et al.,* 2006), y bajo condiciones normales utilizaría un plan de evaluación desarrollado específicamente para el proyecto y al principio de la etapa de planeación del mismo. La tarea de revisar la efectividad operacional no se deja para el final del proyecto; más bien comienza en la fase de planeación y se integra en el alcance y las tareas a lo largo del plan. El marco de la UICN brinda una orientación sobre lo que puede incluirse en el plan de evaluación del proyecto:

- Planeación: la necesidad constante de refinar y perfeccionar el plan del proyecto durante la implementación del mismo.
- Insumos: cuán bien y con qué tiempo razonable se aseguran los recursos financieros, los recursos humanos, los materiales y las instalaciones.
- Proceso: verifica si los procedimientos y estándares de implementación y protección ambiental se llevan a cabo correctamente.
- Producto: puede vincularse a hitos importantes dentro del proyecto, con una posible medición de cada producto en función de su contribución al objetivo general.
- Resultado: identifica cuán bien se lograron los objetivos del proyecto.

El plan del proyecto identifica los objetivos y luego, lo que es más importante, define mediciones cuantitativas o cualitativas del desempeño para cada objetivo. Unas mediciones del desempeño bien pensadas y planeadas al inicio del proyecto hacen que el proceso constante de revisión sea más significativo y eficiente.

El proceso de revisión de las mediciones de desempeño, para determinar si se cumplieron los objetivos del proyecto, debe llevarlo a cabo el director del mismo con la participación de todo el equipo, así como especialistas y contratistas, y en algunos casos, también de las partes interesadas externas. Si no se cumplieran, podría hacerse la pregunta "¿por qué no se cumplieron?", junto con "¿qué puede aprenderse y adaptarse?". Este proceso también puede revelar que las mediciones del desempeño no estaban bien alineadas con el objetivo. La revisión de la efectividad del proyecto forma parte del proceso de planeación y se envía al encargado de aprobar el proyecto para su firma. El resultado de la revisión influirá en:

- La planeación y la programación: brinda las bases para la próxima ronda de programación y planeación empresarial, que considerará la continuación del proyecto en los futuros planes de acción, la adaptación para abordar el bajo rendimiento, el aumento o la disminución de los presupuestos, o el desistimiento.
- La ejecución operacional: identifica la efectividad de la ejecución operacional y las lecciones aprendidas, y el personal operativo considera la adaptación de las técnicas de gestión de proyectos para cumplir con cualquier bajo desempeño en la fase de ejecución.
- Un plan de proyecto revisado: si el proyecto operacional se aprueba nuevamente en el siguiente plan de acción, el plan del proyecto revisado se adaptará para abordar los problemas de bajo desempeño detectados en la revisión.

Conclusión

Los principios clave para administrar las operaciones y los activos son los siguientes.

1. Las áreas protegidas requieren una gestión activa. La gestión proactiva y efectiva del área protegida implica llevar a cabo una serie de actividades operacionales, según corresponda, con el fin de cumplir con los objetivos establecidos para el área. La gestión cuidadosa de las áreas protegidas se logra a través de la identificación, planeación y ejecución de programas y proyectos definidos.

2. La programación eficaz de las operaciones es fundamental no solo para lograr buenos resultados en el terreno, sino también un uso eficiente de los recursos, una buena relación calidad-precio y un equipo solidario y comprometido de áreas protegidas y partes interesadas. Las actividades operacionales deben determinarse y programarse a través de un marco de planeación y un proceso de apoyo a la toma de decisiones que sea minucioso y defendible. Esto garantiza que el proyecto sea la respuesta adecuada a un problema, amenaza o iniciativa y que cuente con el respaldo de la organización, la financiación adecuada y la capacidad de ejecución.

3. Para una ejecución operacional exitosa es crucial un plan de proyecto claro y completo, y ningún proyecto en un área protegida debería proceder sin uno. Una parte clave de la programación de las obras es permitir el tiempo suficiente para la pre-

paración y la aprobación de un plan del proyecto. La naturaleza y la complejidad del proyecto reflejarán la complejidad del plan y el nivel de la evaluación del impacto ambiental que se requiere.

4. La sostenibilidad en las operaciones significa que los activos construidos deben incorporar materiales sostenibles y consideraciones de diseño sostenible; estos deben mantener la eficiencia de los recursos a lo largo de su vida útil, y sus funciones de uso sostenible deberían ayudar a educar a la comunidad. Los directores de operaciones y del proyecto deben practicar los cuatro principios clave de la sostenibilidad: el liderazgo, el triple resultado final, el pensamiento de activos para toda la vida y la eficiencia de los recursos.

5. La implementación de las operaciones requiere un liderazgo efectivo, que demuestre confianza y se centre no solo en una organización y los procesos eficientes, sino también en productos y resultados de calidad y a tiempo. Tal liderazgo también significa la excelencia en la gestión del personal y los contratistas, mantener una comunicación efectiva, informar el progreso de manera ascendente y descendente dentro de la cadena de gestión y no dudar en buscar un asesoramiento especializado. Por encima de todo, un líder se asegura de que el trabajo se lleve a cabo en un lugar seguro y que cumpla con las normas de seguridad y salud ocupacional.

6. La gobernanza es una función operativa fundamental para las organizaciones de áreas protegidas, y los directores de operaciones deben asegurarse de estar bien informados sobre los requerimientos, procedimientos y herramientas de gobernanza disponibles para los proyectos que administran.

7. La gestión y la participación de las partes interesadas, así como la comunicación eficaz con la comunidad, los medios, las partes interesadas clave y al interior de las organizaciones, son vitales para lograr una ejecución operacional eficiente y el apoyo de las partes. Un plan de comunicaciones y partes interesadas ahorrará tiempo valioso más adelante al evitar los problemas que puedan surgir por una comunicación deficiente.

8. Los activos construidos son un componente fundamental de las áreas protegidas. La gestión de los activos construidos es más efectiva cuando se lleva a cabo de manera estratégica, en colaboración con la comunidad, cuando cuenta con sistemas de apoyo para administrarlos y estándares que garanticen su seguridad y su diseño adecuado. Un AMS es un marco efectivo para lograr esto.

9. La evaluación de la efectividad del manejo de una operación es vital para el aprendizaje y la adaptación, y contribuye a la evaluación estratégica de programas completos, de un área protegida o de un sistema de áreas protegidas. La tarea de revisar la efectividad operacional no se deja para el final del proyecto; más bien comienza en la fase de planeación del proyecto y se integra en el alcance y las tareas a lo largo del plan del proyecto. Las mediciones del desempeño bien pensadas y planeadas al inicio del proyecto hacen que el proceso constante de revisión sea más significativo y eficiente.

Las actividades operacionales en las áreas protegidas pueden ser de naturaleza compleja y variada, tanto en el ámbito técnico como político. El marco y los procedimientos descritos en este capítulo ayudarán a que los administradores programen, planeen y lleven a cabo operaciones técnicamente eficientes y eficaces con el fin de lograr grandes resultados para las áreas protegidas. No obstante, debido al alto grado de sensibilidad política y la amplia gama de actitudes de la comunidad hacia las áreas protegidas y las opiniones sobre cómo deben administrarse, son inevitables las influencias externas sobre la capacidad y el grado de control del director de operaciones. Aunque esto es intrínseco a un enfoque de participación comunitaria para la gestión de las áreas protegidas, puede ser un desafío para los administradores que intentan implementar programas y proyectos importantes.

A la luz de los desafíos políticos y de las partes interesadas, los administradores de áreas protegidas deben continuar con su trabajo con base en principios sólidos y presentar una toma de decisiones basada en evidencias científicas. Sin embargo, si las influencias políticas perturban las operaciones, esto no refleja las habilidades del director operacional respecto al seguimiento de un proceso sólido.

Referencias

Lecturas recomendadas

Department of Energy (DOE). (1998). *Environmental Impact Statement Summary*. Washington D.C.: US Department of Energy.

Department of Environment and Heritage (DEH). (2003). Triple bottom line reporting in Australia. En: *A Guide to Reporting against Environmental Indicators*. Canberra: Australian Government.

Department of Environment, Climate Change and Water. (2010). *National Parks and Wildlife Service, Park Facilities Manual 3: Principles for facility design*. Sídney: NSW Department of Environment, Climate Change and Water.

Flood, J.M. (1996). *Moth Hunters of the Australian Capital Territory: Aboriginal traditional life in the Canberra region*. Canberra: J.M. Flood.

Gregory, R.; Failing, L.; Harstone, M.; Long, G.; McDaniels, T. y Ohlson, D. (2012). *Structured Decision Making: A practical guide for environmental management*. Chichester, Reino Unido: Wiley Blackwell.

Hockings, M.; Stolton, S.; Leverington, F.; Dudley, N. y Courrau, J. (2006). *Evaluating Effectiveness: A framework for assessing management effectiveness of protected areas*, 2ª ed. (No. 14). Gland: IUCN World Commission on Protected Areas.

Institute of Public Works Engineering Australia (IPWEA). (2011). *International Infrastructure Management Manual*, international ed. Sídney: Institute of Public Works Engineering.

International Accounting Standards Board (IASB). (1998). *International Accounting Standard 38: Intangible assets*. Londres: International Accounting Standards Board.

Lesslie, R.G.; Hill, M.J.; Hill, P.; Cresswell, H.P. y Dawson, S. (2008). The application of a simple spatial multi-criteria analysis shell to natural resource management decision making. En: C. Pettit, W. Cartwright, I. Bishop, K. Lowell, D. Pullar y D. Duncan (eds.). *Landscape Analysis and Visualisation: Spatial models for natural resource management and planning*, pp. 73-96. Berlín: Springer.

Muhlen-Schulte, R. (2010). *Hotham-Dinner Plain Multi-Purpose Trail, Alpine National Park*. Aboriginal Affairs Victoria Management Plan Project No. 10.320. Melbourne: NE Victoria, Aboriginal Cultural Heritage Management Plan, Aboriginal Affairs Victoria.

National Parks Service (NPS). (2013). *National Parks Service Directors Order 12: Conservation planning. Environmental impact analysis and decision making*. Washington D.C.: US National Parks Service.

New Zealand Department of Internal Affairs. (1995). *Commission of Inquiry into the Collapse of a Viewing Platform at Cave Creek near Punakaiki on the West Coast, Part 1*. Wellington, Nueva Zelanda: Department of Internal Affairs.

Stasinopoulos, P.; Smith, M.H.; Hargroves, K. y Desha, C. (2009). *Whole System Design: An integrated approach to sustainable engineering*. Londres: Earthscan.

Thomas, I. (2001). *Environmental Impact Assessment in Australia: Theory and practice*, 3ª ed. Sídney: Federation Press.

White, A.L. (2012a). *Conceptual models for Victorian ecosystems. Pilot programs: grasslands*. Parks Victoria Technical Series No. 64. Melbourne: Parks Victoria.

(2012b). *Ecosystem conceptual models for Victorian ecosystems*. Parks Victoria Technical Series No. 65. Melbourne: Parks Victoria.

Worboys, G.L.; Winkler, C. y Lockwood, M. (2006). Threats to protected areas. En: M. Lockwood, G.L. Worboys y A. Kothari (eds.). *Managing Protected Areas: A global guide*, pp. 223-261. Londres: Earthscan.

CAPÍTULO 25

GESTIÓN DEL USO DE RECURSOS Y DESARROLLO

Autores principales:
Ashish Kothari y Rosie Cooney

Autores de apoyo:
Danny Hunter, Kathy MacKinnon, Eduard Müller, Fred Nelson, Krishna Oli, Sanjeeva Pandey, Tahir Rasheed y Lubomira Vavrova

CONTENIDO

IUCN WCPA World Commission on Protected Areas Convention on Biological Diversity

AUTORES PRINCIPALES

ASHISH KOTHARI es miembro fundador del grupo ambiental Kalpavriksh de India, ha trabajado como docente en el Instituto de Administración Pública de India, co-presidió el Grupo Temático y Dirección Estratégica de Gobernanza, Comunidades, Equidad y Medios de Vida en Áreas Protegidas (TILCEPA) de la Unión Internacional para la Conservación de la Naturaleza (UICN) y ayudó a fundar el Consorcio TICCA mundial.

ROSIE COONEY es presidenta de la Comisión de Política Ambiental, Económica y Social (Commission on Environmental, Economic and Social Policy, CEESP) / Grupo de Especialistas en Medios de Vida y Uso Sostenible (Sustainable Use and Livelihoods Specialist Group, SULi) de la Comisión de Supervivencia de Especies (Species Survival Commission, SSC) de la UICN y miembro de la Junta Consultiva Científica de las Naciones Unidas. Es consultora sobre políticas de biodiversidad para gobiernos, organizaciones no gubernamentales y el sector privado, y dicta conferencias en el Instituto de Estudios Ambientales, Universidad de Nueva Gales del Sur.

AUTORES DE APOYO

DANNY HUNTER es científico principal de Bioversity International y miembro de la CMAP de la UICN.

KATHY MACKINNON es presidenta adjunta de la CMAP de la UICN, fue especialista principal sobre biodiversidad en el Banco Mundial y trabajó en proyectos en África, Centro y Suramérica, Asia del Sur, Asia Oriental, Asia Central y Europa del Este.

EDUARD MÜLLER es vicepresidente de Educación y Aprendizaje, Comisión Mundial de Áreas Protegidas de la Unión Internacional para la Conservación de la Naturaleza, presidente de la Universidad para la Cooperación Internacional, Costa Rica, Catedra UNESCO de Reservas de Biosfera y Sitios patrimonio mundial Naturales y Mixtos, y Coordinador de la Alianza Global para la Profesionalización de la Gestión de las Áreas Protegidas de la CMAP.

FRED NELSON es director ejecutivo de Maliasili Initiatives, una organización que promueve el manejo sostenible de los recursos naturales y la conservación en África. Ayudó a establecer el Foro de Recursos Naturales de Tanzania.

KRISHNA PRASAD OLI trabajó con el Centro Internacional para el Desarrollo Integrado de las Montañas (International Centre for Integrated Mountain Develpment, ICIMOD) hasta su jubilación, y antes de eso con varias otras agencias, incluida la UICN en Nepal.

SANJEEVA PANDEY, como oficial del Servicio Forestal de India, ejerce como jefe principal conservador de bosques en el Departamento Forestal Himachal Pradesh de India y ha sido director del Gran Parque Nacional del Himalaya (Great Himalayan National Park, GHNP).

TAHIR RASHEED actualmente está afiliado a LEAD Pakistán como director general y ha centrado su trabajo en el uso sostenible, la investigación de políticas y adaptación al cambio climático, y en la implementación de proyectos integrados de conservación y desarrollo.

LUBOMIRA VAVROVA es consultora independiente y trabajó en Conservación Estatal de la Naturaleza de la República Eslovaca en Banská Bystrica (2002-2006) y con la Oficina del Programa para Europa Sudoriental de la UICN en Belgrado (Serbia) como oficial de proyectos de biodiversidad.

AGRADECIMIENTOS

Se agradece a Thora Amend, Richard B. Harris, Ernesto Noriega, Tatjana Puschkarsky, Mikko Rautiainen y Vivienne Solis por sus aportes a este capítulo.

CITACIÓN

Kothari, A.; Cooney, R.; Hunter, D.; MacKinnon, K.; Muller, E.; Nelson, F.; Oli, K.P.; Pandey, S.; Rasheed, T. y Vavrova, L. (2019). Gestión del uso de recursos y el desarrollo. En: G.L. Worboys, M. Lockwood, A. Kothari, S. Feary e I. Pulsford (eds.). *Gobernanza y gestión de áreas protegidas*, pp. 843-878. Bogotá: Editorial Universidad El Bosque y ANU Press.

FOTOGRAFÍA DE LA PÁGINA DEL TÍTULO

Productos forestales del bosque conservado por la comunidad, parcelas de la colina Chittagong, Bangladesh

Fuente: Ashish Kothari

WCPA World Commission on Protected Areas · BIOPAMA · UNEP WCMC · Australian National University PRESS · University of Tasmania · The Great Eastern Ranges connecting people...connecting nature · Universidad El Bosque

Introducción

En las áreas protegidas y sus alrededores son frecuentes diferentes tipos de uso de los recursos y actividades de desarrollo. Estos tienen diversos impactos sobre los valores de conservación, están relacionados de varias maneras con la vida y los medios de subsistencia de los pueblos locales y otros sectores de la sociedad, y se abordan de distintas maneras en la gobernanza y gestión de áreas protegidas. Este capítulo brinda una visión amplia de las experiencias con el uso de recursos y el desarrollo dentro y cerca de las áreas protegidas.

La primera sección principal del capítulo trata sobre el uso de los recursos. Por lo general, se reconoce que el uso sostenible de los ecosistemas y los recursos biológicos puede desempeñar un papel importante en la gestión y la conservación de las áreas protegidas. Sin embargo, existen cuestiones complejas sobre la escala y el tipo de uso, y sobre los tipos y la fragilidad de los ecosistemas y las poblaciones de vida silvestre en que se produce dicho uso. Los enfoques convencionales que separan a las personas de las áreas protegidas u otras maneras de restringir el uso de los recursos, han comenzado a dar paso a enfoques más incluyentes. Este capítulo ayuda a entender de qué manera los modelos de uso sostenible contienen ingredientes tales como valores comunes, roles definidos, derechos y responsabilidades, mecanismos de resolución de conflictos y otras medidas que son esenciales para la gobernanza equitativa y la gestión eficaz de las áreas protegidas. El enfoque general es que la gestión de áreas protegidas es tanto una cuestión de manejar el uso humano y reconocer los vínculos de la gente con el resto de la naturaleza, como una cuestión de las características intrínsecas de los sistemas naturales. También se abordan los proyectos integrados de conservación y desarrollo (*Integrated Conservation and Development Projects*, ICDP), un conjunto de procesos que conectan el desarrollo y el uso de los recursos.

La segunda sección principal trata sobre los proyectos y procesos de desarrollo e infraestructura en las áreas protegidas y sus alrededores. Una faceta de esto son los proyectos que se llevan a cabo para la misma área protegida (Capítulo 24). La otra faceta son los proyectos que se llevan a cabo para otros propósitos, como la satisfacción de las necesidades y aspiraciones de las poblaciones dentro o fuera del área protegida, o de personas más alejadas, incluidas las industrias extractivas y de otro tipo, la infraestructura y la generación de energía, entre otros. Estos proyectos suelen tener un impacto negativo sobre los valores de conservación de las áreas protegidas y, por lo tanto, deben abordarse mediante respuestas apropiadas a nivel legal, social y administrativo.

Uso de recursos dentro y alrededor de las áreas protegidas

En su mayoría, las áreas protegidas de todo el mundo han sido tradicionalmente habitadas o utilizadas por humanos. Los usos residenciales, móviles o estacionales de tierras, aguas y especies silvestres dentro de dichas áreas son antiguos y están generalizados. Aunque no se cuenta con evaluaciones minuciosas a nivel mundial, las extrapolaciones basadas en estudios indicativos de diversas regiones y países citados más adelante sugieren que es probable que una gran proporción, si no la mayoría, de las áreas protegidas estén habitadas o la gente haga uso de sus recursos.

Las cifras disponibles de algunas regiones o países sugieren que la cantidad de personas que actualmente utilizan recursos dentro de las áreas protegidas es de, al menos, varias decenas de millones. Un análisis global de la situación a finales de la década de 1990 reveló que cerca del 70% de los más de treinta mil (en ese entonces) sitios en la lista de áreas protegidas de las Naciones Unidas permitía algún uso local de los recursos naturales (Pretty, 2002). En India, el 69% de las aproximadamente doscientas cincuenta áreas protegidas encuestadas a finales de la década de 1980 estaba habitado, y el 64% contaba con arrendamientos, concesiones o derechos comunitarios; de tres a cuatro millones de personas viven dentro de las áreas protegidas, y en las áreas adyacentes varios millones más que usan los recursos dentro de ellas (Kothari *et al.,* 1989). Es poco probable que la situación haya cambiado significativamente desde entonces. Al menos cinco áreas protegidas informaron una población de más de cien mil personas al interior de sus linderos. Casi el 90% de los 1984 parques nacionales declarados hasta 1991 en Suramérica estaban habitados o tenían cierto uso de sus recursos (Amend y Amend, 1995). En Europa, un número considerable de áreas protegidas también alberga poblaciones humanas.

Si se incluyen los "nuevos" tipos de gobernanza de las áreas protegidas (véase el Capítulo 7) que no son necesariamente parte del sistema formal, como los Territorios y Áreas Conservados por Pueblos Indígenas y Comunidades Locales (TICCA) y las Áreas Protegidas Privadas (APP), hay una proporción aun mayor de áreas que están habitadas o son utilizadas, y la cantidad de personas involucradas aumenta varias veces. No obstante, no existen cifras exactas sobre este tipo de áreas protegidas.

Las mujeres son particularmente dependientes del uso de los recursos relacionados con las áreas protegidas

Fuente: Ashish Kothari

Tipos de uso de los recursos y su importancia para las poblaciones locales

La ocupación humana de las áreas protegidas y el uso de los recursos en ellas van desde asentamientos permanentes a estacionales, desde la agricultura sedentaria hasta la agricultura itinerante, y desde el pastoreo residente al pastoreo estacional y nómada. Los tipos de usos van desde la tala de árboles hasta la recolección de productos forestales no maderables (PFNM), desde la pesca hasta la recolección de productos acuáticos y desde la cacería ocasional hasta la frecuente (véase el Estudio de caso 25.1 y el Capítulo 6). El uso ha sido y es para fines domésticos o localizados, para la recreación de los visitantes del área, para la educación, la investigación y la enseñanza o para fines comerciales que involucren el comercio local o con sitios lejanos. Tales usos pueden tener sus bases en estilos de vida y ocupaciones muy antiguos, como en el caso de los cazadores-recolectores, o muy nuevos, como en el caso de los colonos y turistas recientes.

En todo el mundo, los pueblos indígenas o las comunidades locales utilizaban las tierras, el agua y los recursos mucho antes de que las áreas protegidas fueran declaradas sobre sus territorios y, con frecuencia, antes de la formación del Estado-nación (véanse los Capítulos 2 y 7). La comprensión y apreciación de estos usos anteriores (muchos de los cuales sobreviven en los tiempos actuales) son el fundamento de las tendencias recientes en políticas de conservación más incluyentes. Sin embargo, también existen muchos contextos en los que la ocupación o el uso de los recursos comenzaron después del establecimiento del área protegida, a menudo por compulsión económica (como la gente sin tierra que tala bosques para el cultivo) o como parte de movimientos sociopolíticos para ocupar territorios.

El uso de recursos en las áreas protegidas puede ser extremadamente importante para sustentar los medios de vida y mantener las conexiones culturales con la tierra y la naturaleza. A menudo, el uso de subsistencia o doméstico se complementa con diversas formas de uso comercial. Por ejemplo, en muchas áreas marinas protegidas (AMP) las comunidades de pescadores recolectan productos acuáticos tanto para el autoconsumo como para la venta, mientras que en los ecosistemas terrestres es común la venta de madera, de Productos Forestales No Maderables (PFNM), de forrajes y de otros productos. Otros usos comerciales incluyen el turismo (véase el Capítulo 23) y la caza recreativa comercial. Además de los medios de subsistencia, estos usos pueden ser importantes para la economía local o regional, en la generación de ingresos para el área protegida y para ganar el apoyo de la población local. Asimismo, las formas de uso de los recursos locales suelen ser un componente crítico para mantener la diversidad de especies a través de diversas formas de perturbación ecológica –por ejemplo, existe una extensa documentación sobre cómo las prácticas de los pastores, incluido el uso tradicional de incendios, mejoran la diversidad de especies en muchos paisajes de África Oriental y en otras partes del mundo– (Western y Gichohi, 1993).

La Declaración de Política de la UICN acerca del Uso Sostenible de los Recursos Vivos Silvestres (IUCN, 2000) reconoce que el uso es fundamental para las economías, culturas y bienestar de las personas, y destaca que el uso sostenible es una herramienta de conservación importante porque ofrece incentivos a las personas para la conservación.

Uso de recursos y categorías de áreas protegidas de la UICN

Los tipos de áreas protegidas varían ampliamente en términos del nivel de uso de recursos silvestres que permiten; mientras que la Categoría Ia (Reserva natural estricta) suele excluir la extracción y el uso de recursos, es posible que algún nivel de uso sea compatible con todas las demás categorías (Dudley, 2008). Por ejemplo, en la definición de la Categoría Ib (Área natural silvestre) se incluye el objetivo de permitir que los pueblos indígenas

Estudio de caso 25.1 Ejemplo del uso de recursos dentro de áreas protegidas en Pakistán

En Pakistán, las áreas protegidas ofrecen bienes y servicios para un gran número de personas (Ley Forestal de Pakistán de 1927, Ley de Vida Silvestre de Pakistán de 1974; Jan, 1992). Las áreas forestales protegidas (inicialmente declaradas para mantener los recursos forestales, pero más recientemente también orientadas a la conservación de la vida silvestre) se dividen en las categorías de propiedad estatal o de propiedad privada/comunitaria: según Jan (1992), el 66% son bosques estatales, mientras que el 34% son propiedad de las comunidades locales o de privados. En ambas categorías se incluyen ciertos privilegios y derechos de uso.

Los bosques protegidos designados (de propiedad estatal) permiten algunos derechos y concesiones, incluidos el pastoreo, el corte de hierba y la recolección de madera seca, a menos que el Gobierno los prohíba.

Los bosques de Guzara (subsistencia) (de propiedad privada/comunitaria) se reservaron para satisfacer las necesidades legítimas de las comunidades locales, especialmente en las áreas de Malakand y Hazara en Pakistán. En estos bosques, los titulares de derechos consuetudinarios tienen derecho al 60%-80% de los ingresos por extracción de madera (llevada a cabo por el Departamento Forestal), a cortar árboles verdes (a través de permisos) y a la recolección de PFNM. Tanto los titulares de derechos consuetudinarios como otros residentes dentro de un radio de ocho kilómetros pueden recoger madera seca y llevar sus animales a pastar.

En la mayoría de las áreas protegidas se crean zonas de amortiguamiento principalmente con el fin de proporcionar productos de uso o valor (cultivos comerciales) para la población local.

sigan estilos de vida tradicionales, lo cual abarca el uso de recursos de manera compatible con los objetivos de conservación. Estas áreas también son promovidas por sus valores turísticos, particularmente el ecoturismo. Del mismo modo, las áreas protegidas de la Categoría II (Parque nacional) pueden tener dentro de sus objetivos la inclusión de las necesidades de los pueblos indígenas y locales en términos del uso sostenible de los recursos para fines de subsistencia. Algunas veces, la Categoría IV (Áreas de manejo de hábitats/especies) dependerá de patrones tradicionales de uso de recursos (por ejemplo, pastoreo) para mantener los valores de conservación deseados, mientras que uno de los principales objetivos de la Categoría V (Paisaje terrestre/marino protegido) es mantener los patrones de interacción entre los humanos y el paisaje terrestre/marino a través de prácticas tradicionales. Finalmente, el uso sostenible es el foco de las áreas protegidas de la Categoría VI (Área protegida con uso sostenible de los recursos naturales). Tales áreas cubren ahora el 32% del área global de las categorías de áreas protegidas asignadas de la UICN (la más grande) y se ha observado que tienen niveles similares de naturalidad o influencia humana que las áreas de la Categoría II (Parque nacional) (Bertzky *et al.*, 2012).

Actitudes hacia el uso de los recursos en áreas protegidas

Una historia de exclusión: el modelo Yellowstone

En muchas partes del mundo, el establecimiento de áreas protegidas formales siguió el "modelo Yellowstone", establecido en 1872 con la declaración del Parque Nacional Yellowstone en Estados Unidos. Este paradigma solía ser proteccionista y excluyente, con las creencias intrínsecas de que el uso humano es necesario o inherentemente perjudicial para los objetivos de conservación y que el aparato estatal es el enfoque de gobernanza más eficaz para lograr los objetivos de conservación (Neumann, 1988; Kothari *et al.*, 1995; Adams, 2004). Desde entonces, el enfoque en Yellowstone y en muchas otras áreas protegidas ha evolucionado. Sin embargo, el enfoque excluyente sigue siendo prevalente en muchas partes del mundo y es raro que se tomen medidas para restituir los derechos consuetudinarios en los lugares de donde fueron retirados.

Con frecuencia, las áreas protegidas administradas por el Gobierno se establecen sin consultar a las comunidades que viven en ellas o utilizan sus recursos. La tenencia de la vida silvestre y los recursos suele pertenecer legalmente al Estado, lo que provoca el deterioro de los sistemas de tenencia consuetudinarios e incluso la expulsión de las comunidades de usuarios y de los residentes locales de sus áreas ancestrales –los Nativos Americanos fueron expulsados de Yosemite y de otros parques nacionales en EE.UU., los Masáis fueron expulsados de reservas ahora icónicas como Serengueti en Tanzania; lo mismo sucedió con los Batwa ("pigmeos") de Bwindi en Uganda, con los Karen de las reservas en Tailandia y con varias comunidades habitantes del bosque de las reservas de tigres en India. Los Basarwa ("bosquimanos") de Botsuana también fueron expulsados de la Reserva de Caza del Kalahari Central (de áreas que habían ocupado durante treinta mil años) y estos no son los únicos casos (Spence, 1999; West *et al.*, 2006; Dowie, 2009; Lasgorceix y Kothari, 2009). Esto solo se sumó al despojo y desempoderamiento de las comunidades con propósitos de colonización e industrialización.

No obstante, en algunas regiones como Europa y partes de la cuenca amazónica, el uso de los recursos y las poblaciones locales existentes se integraron desde el principio en la visión y el manejo de las áreas protegidas. Algunos ejemplos de esto aparecen más adelante en este capítulo.

Las primeras leyes de caza en Sudáfrica y África Oriental estaban dirigidas principalmente a quienes ocuparon las tierras en la época colonial, cuyas acciones conducían a una reducción drástica en el número de grandes mamíferos (por ejemplo, comerciantes de marfil, trofeos de caza y cazadores deportivos) o a la eliminación de la vida silvestre en algunas áreas para los asentamientos agrícolas (Anderson y Grove, 1987). Las primeras áreas protegidas en África Oriental mantuvieron los derechos consuetudinarios de la tierra y el uso de los recursos de las comunidades locales (Nelson *et al.*, 2007). Durante la primera mitad del siglo XX, las políticas de áreas protegidas se desplazaron hacia una postura más excluyente, lo que desincentivó la residencia y el uso de los recursos por parte de las comunidades locales. Los principales debates tuvieron lugar en el período anterior y posterior a la independencia en África Oriental, por ejemplo, en torno a la residencia de los pastores en reservas clave de vida silvestre como el Parque Nacional Amboseli en Kenia y el Parque Nacional Serengueti en Tanzania (Neumann, 1998). A menudo, este cambio hacia la exclusión era impulsado más por nociones externas sobre la necesidad de una "naturaleza prístina e inviolable" que por cualquier análisis empírico de los impactos positivos o negativos de las comunidades locales sobre la conservación (Homewood y Rodgers, 1991; Neumann, 1998); sin embargo, tal como se reconoce más adelante, esto no significa que las comunidades siempre hayan estado en armonía con su entorno natural.

En varios países donde se mantienen los privilegios locales sobre el uso de los recursos dentro de las áreas protegidas por el Estado, esto suele ser más la excepción que la regla, en particular con referencia a las áreas dentro de las categorías I, II y IV de la UICN. Nuevamente, la historia del Serengueti en Tanzania es aleccionadora. Cuando las comunidades Masáis fueron desalojadas y el Parque Nacional Serengueti fue declarado como área protegida excluyente en 1959, esto se basó en un compromiso con estas comunidades, con la exclusión de las tierras altas del Ngorongoro y la parte adyacente de las llanuras del Serengueti del parque y su inclusión en la nueva Área de Conservación de Ngorongoro (Ngorongoro Conservation Area, NCA), la cual tiene múltiples usos (Homewood y Rodgers, 1991). El NCA se estableció explícitamente –y en África Oriental, de manera excepcional– como un área de conservación administrada por el Estado con el mandato de equilibrar la conservación de la vida silvestre y el desarrollo económico local. Los derechos consuetudinarios de los Masáis a la residencia y a los usos de los recursos, principalmente a través del pastoreo tradicional del ganado, se incorporaron explícitamente en el sistema de administración y estatutos del NCA.

En 1998, en Sudáfrica, mediante el proceso de reclamación de tierras posapartheid y las negociaciones relacionadas con la autoridad del parque nacional, la comunidad Makuleke recibió la adjudicación de aproximadamente veinte mil hectáreas de tierra dentro del Parque Nacional Kruger (Reid, 2001). Sin embargo, esta reclamación solo se reconoció sobre la base de que no se permitiría un cambio de uso en las tierras de conservación, y que los Makuleke luego arrendarían sus tierras como un parque nacional contractual a Parques Nacionales de Sudáfrica. En general, los administradores de áreas protegidas en muchas partes de África siguen siendo reacios a incorporar el uso local o la cogestión en las principales áreas protegidas, particularmente en los parques nacionales (Steenkamp y Uhr, 2000).

En el subcontinente indio existe una larga historia de conservación y protección dentro de una amplia diversidad de formas, tanto por las comunidades como por los gobernantes. No obstante, en tiempos más modernos, el modelo Yellowstone se adoptó de manera uniforme para la declaración de áreas protegidas formales (Saberwal *et al.*, 2001). La biodiversidad suele concentrarse en áreas donde la pobreza (en el sentido convencional de la palabra) tiende a ser dominante y donde el alcance de los programas de desarrollo del Gobierno suele ser limitado (Pandey y Wells, 1997). A menudo, el establecimiento de un área protegida en tales circunstancias resulta en la interrupción del uso de los recursos por parte de la comunidad. En India, entre cien mil y seiscientas mil personas fueron físicamente desalojadas y otros cientos de miles fueron privadas de sus medios de subsistencia (Wani y Kothari, 2007; Lasgorceix y Kothari, 2009).

Latinoamérica tiene una historia más heterogénea. En Costa Rica, Chile y Argentina, las áreas protegidas se establecieron relativamente temprano en su historia, especialmente bajo el concepto de "parques nacionales", en el que la mayoría de la tierra es propiedad del Estado (aunque en casos como Costa Rica, el Gobierno todavía debe a los propietarios originales el pago por la expropiación de un poco menos de la mitad de la tierra ahora incluida en las áreas protegidas) (Programa Estado de la Nación, 2006). En México, solo un pequeño porcentaje de la tierra en las áreas protegidas es propiedad del Gobierno Federal, con un alto porcentaje bajo regímenes de propiedad comunitaria o privada, lo que significa que el sistema de áreas protegidas debe negociar constantemente con los propietarios para su protección (Bezaury-Creel y Carbonell, 2009).

La evolución a partir de un enfoque de exclusión

La última parte del siglo XX atestiguó un nuevo examen de algunos de estos enfoques para la conservación de la biodiversidad. A menudo, la planeación para la conservación emplea enfoques "de arriba hacia abajo" y de planeación central que prestan poca atención a las necesidades o aspiraciones de las comunidades locales (Hunter y Heywood, 2011). Con frecuencia, estas estrategias de "comando y control" perpetúan la pobreza, la desigualdad y las estructuras de poder que obstaculizan la realización de la conservación de la biodiversidad y las metas de bienestar sostenible desde el principio. Las comunidades indígenas y locales en países ricos en biodiversidad han estado estrechamente vinculadas a sus ambientes naturales durante milenios y tienen un conocimiento profundo de los hábitats y sus especies silvestres de plantas y animales, una relación que suele interrumpirse con los enfoques de conservación convencionales (UN, 2009). Por ejemplo, la zona marítima territorial de Costa Rica ha impedido que los pescadores en pequeña escala y las comunidades costeras tengan acceso a la tierra y a los recursos de los que dependen (Fonseca, 2009). Cada vez más se reconoce que no es políticamente factible ni éticamente justificable negar a las comunidades locales el uso de los recursos naturales sin proporcionarles medios alternativos de subsistencia o administrar las áreas protegidas sin su empoderamiento y apoyo (McNeely *et al.,* 1990; Wells *et al.,* 1992; WRI *et al.,* 1992). En algunos casos, el uso regulado de los recursos también puede proporcionar un flujo de ingresos para el manejo de áreas protegidas.

El crecimiento de las becas para propiedades comunes desde finales de la década de 1980, así como los estudios recientes, han resaltado la capacidad de la población local para gestionar de manera sostenible y eficaz los recursos naturales y los ecosistemas (Berkes, 1989; Ostrom, 1990; Hayes, 2006; Porter-Bolland *et al.,* 2011; Nelson y Chomitz, 2011). De ninguna manera esto es universal y en varios casos también hay evidencias de insostenibilidad (Terborgh, 2004), incluidas las extinciones causadas por pueblos antiguos, pero este es un fenómeno lo suficientemente extendido como para requerir una mayor atención que la prestada por las políticas de conservación convencionales. Un factor particularmente importante es la capacidad de las comunidades para diseñar y hacer cumplir las normas que rigen el uso de los recursos, lo que destaca la necesidad de delegar derechos claros a los usuarios locales sobre los recursos dentro y alrededor de las áreas protegidas (Chhatre y Agrawal, 2009). Estos hallazgos científicos no solo han aumentado la legitimidad de más formas comunitarias para la gobernanza y gestión de las áreas protegidas, sino también han resaltado que en muchos casos las áreas protegidas de uso múltiple o las tierras indígenas pueden ser instrumentos de conservación tan efectivos como las áreas protegidas estrictas de las categorías I o II, especialmente cuando existen presiones comparables (Nelson y Chomitz, 2011). Esto no quiere decir que los pueblos indígenas y las comunidades locales estén en todas las situaciones y casos orientados a la conservación; muchos están sujetos a influencias externas e internas que afectan sus formas tradicionales o consuetudinarias, y también existen múltiples influencias y presiones para que las generaciones más jóvenes adopten estilos de vida no sostenibles. No obstante, si no hay variaciones en todos los otros factores, parece que para una conservación eficaz deben adaptarse cada vez más los enfoques participativos basados en los derechos.

Debido a estas dinámicas multifacéticas, la exclusión estricta del uso de los recursos, cuando sea necesaria y benéfica en situaciones en que dicho uso sea intrínsecamente perjudicial para las especies o ecosistemas locales (tales situaciones se tratan más adelante en este capítulo), también puede tener impactos nocivos y perjudiciales. Tales impactos incluyen: distanciar a las comunidades locales de los esfuerzos de conservación, lo que elimina cualquier incentivo para cooperar con los administradores y las regulaciones del área protegida; perder los beneficios de la conservación y la gestión del conocimiento y las prácticas tradicionales de manejo de recursos; empeorar el uso ilegal; cambiar el uso de recursos a otras áreas, con una intensificación de los impactos; aumentar el uso ilegal por parte de "extraños", al eliminar los derechos y la presencia de los custodios tradicionales; alterar las complejas redes tróficas con consecuencias imprevistas sobre las especies que son objetivo de conservación, y eliminar opciones para la financiación sostenible y necesaria de las áreas protegidas.

La eliminación de las ovejas domésticas del propuesto Parque Nacional Patagonia es un factor que inadvertidamente podría conducir a la disminución de la especie que pretende proteger; el ciervo huemul (*Hippocamelus bisulcus*) (Wittmer *et al.,* 2013). se cree que la prohibición del pastoreo de búfalos en el emblemático Parque Nacional Keoladeo (Bharatpur) de India provocó cambios en el hábitat que van en detrimento de la conservación de la grulla siberiana en peligro de extinción (Vijayan, 1991). Se ha documentado que la prohibición de los incendios forestales en una reserva de tigres en el sur de India tuvo impactos ecológicos negativos que los pueblos indígenas preveían (véase el Estudio de caso 8.1 sobre incendios y la tribu Soliga).

Cambio de paradigmas: mayor inclusión y nuevos modelos para la gestión y manejo de áreas protegidas

La misión de las áreas protegidas públicas se expande cada vez más, desde la conservación de la biodiversidad hasta la incorporación de consideraciones para mejorar el bienestar humano. El resultado es un cambio a favor de las áreas protegidas que permitan el uso sostenible de los recursos locales (Naughton-Treves *et al.*, 2005) o formas recreativas, de investigación, educativas o comerciales del uso de recursos que beneficien a las personas y las comunidades locales. Aunque las áreas protegidas son designadas o están destinadas principalmente a la conservación de la biodiversidad, cada vez más se las considera también como impulsoras y proveedoras de beneficios sociales y económicos (Brandon *et al.*, 1998).

En general, ahora se considera que la participación comunitaria es fundamental para alcanzar los objetivos económicos, políticos, sociales y ambientales que sustentan la conservación, mientras que la conservación excluyente se cuestiona por motivos sociales, institucionales y de sostenibilidad (Saberwal *et al.*, 2001). Cada vez se reconocen más no solo los derechos y reclamaciones de los pueblos indígenas y las comunidades locales sobre sus tierras y recursos tradicionales, sino también los impactos negativos que el establecimiento de áreas protegidas suele tener sobre estos (West *et al.*, 2006). Encuestas globales y análisis comparativos de estudios de casos han resaltado que los profesionales y administradores de la conservación ahora consideran la participación como uno de los factores de éxito más importantes para la gestión y el manejo (Stoll-Kleemann y Welp, 2008), aunque la participación no siempre se traduce en beneficios económicos para la población local (Galvin y Haller, 2008).

Otros se refieren a este cambio como el alejamiento del "enfoque de preservación" –tratar de aislar y mantener la biodiversidad en áreas protegidas al excluir a las comunidades indígenas y locales– hacia un enfoque más biocultural (los vínculos inextricables entre la naturaleza y la cultura), lo cual permite la actividad humana como parte del proceso y, por lo tanto, genera una estrategia de conservación mucho más exitosa– (Hunter y Heywood 2011) (véanse también los Capítulos 4 y 23). A menudo, parte de estos enfoques es mantener o habilitar diversas formas de uso de los recursos en las áreas protegidas. Por ejemplo, la Reserva Nacional Niassa en el norte de Mozambique es la más grande (42.000 kilómetros cuadrados) en el sistema de áreas protegidas de vida silvestre del país, con cerca del 80% de los elefantes en Mozambique, e incorpora el uso local consuetudinario, la residencia y la coexistencia, con una población residente de alrededor de 35.000 personas (Wikipedia, 2014; Niassa Carnivore Project, 2013).

El manejo comunitario de los recursos naturales (*Community-Based Natural Resource Management*, CBNRM), uno de los modelos incluyentes más comunes, representa un cambio de un enfoque centralizado a uno en el que se delega más. El CBNRM es básicamente un término general que denota una amplia gama de prácticas mediante las cuales, instituciones colectivas o grupos de personas locales, organizados formal o informalmente, manejan y utilizan sus tierras, recursos y propiedades comunales. Esto puede o no involucrar un área protegida. Una revisión reciente del impacto de los enfoques de CBNRM en África destacó algunos logros ecológicos, económicos e institucionales notables (Roe *et al.*, 2009). No obstante, tal como señalaron muchas revisiones durante las últimas dos décadas, la CBNRM depende en última instancia de que a nivel local se delegue la autoridad y la tenencia sobre la tierra y los recursos, y esto suele verse obstaculizado por barreras político-económicas (Gibson, 1999; Nelson, 2010; de Beer, 2013).

Los proyectos integrados de conservación y desarrollo (*Integrated Conservation and Development Project*, ICDP) son un subconjunto de estos enfoques más incluyentes, los cuales vinculan la conservación de la biodiversidad, a menudo en o alrededor de áreas protegidas, con el desarrollo social y económico local (Wells *et al.*, 1999). Por lo general, los ICDP se dirigen tanto al área protegida (mediante el fortalecimiento de la gestión) como a las comunidades locales (al ofrecer incentivos, como las oportunidades de desarrollo rural, a fin de reducir la presión de las actividades perjudiciales para los hábitats y los recursos naturales). Aunque muchos de los ICDP comenzaron como iniciativas pequeñas dirigidas por ONG, despegaron realmente cuando los donantes internacionales adoptaron el concepto de vincular la conservación con el alivio de la pobreza. En la actualidad, muchas áreas protegidas participan en modelos de ICDP que varían en tamaño y alcance, desde los esfuerzos basados en el sitio hasta los programas de gran envergadura que intentan integrar la conservación con el desarrollo regional (por ejemplo, véase Cadman *et al.*, 2010). Estos proyectos ofrecen un cóctel casi irresistible de beneficios percibidos –conservación de la biodiversidad, mayor participación de la comunidad local, distribución más equitativa de los beneficios y desarrollo económico para los pobres de las zonas rurales–. Algunos de estos proyectos han logrado éxitos notables e inspiradores, pero muchos ICDP no han cumplido sus objetivos de conservación o desarrollo (Brandon *et al.*, 1998; Hackel, 1999; Oates, 1999; Wells *et al.*, 1999; McShane y Wells, 2004; Alers *et al.*, 2007).

Estudio de caso 25.2 Ecodesarrollo en el Gran Parque Nacional del Himalaya, India

En la década de 1990, los enfoques de ICDP se introdujeron en varios lugares de India, incluido el Gran Parque Nacional del Himalaya (GHNP). El programa comenzó aquí en 1994 con un Proyecto de Extensión y Educación para la Investigación Forestal (Forestry Research Education and Extension Project, FREEP) financiado por el Banco Mundial, el cual tenía un subproyecto adicional, la Conservación de la Biodiversidad (CoB) (Pandey y Wells, 1997). Al finalizar el proyecto, los administradores del parque comenzaron programas basados en los medios de subsistencia en el área de amortiguamiento con el objetivo de establecer sistemas comunitarios alternativos para el manejo de los recursos naturales y la resolución de conflictos entre humanos y animales a través de un modo de gestión participativa (Tandon, 2002; Pandey, 2008).

Dentro de la zona de amortiguación, las mujeres pertenecientes a los hogares más pobres y más dependientes de los recursos del parque se organizaron a través de programas para el desarrollo de capacidades en Grupos de Ahorro y Crédito para Mujeres (Women's Savings and Credit Groups, WSCG). Cerca de mil mujeres en 95 WSCG recibieron actividades alternativas generadoras de ingresos: vermicompostaje, producción de aceite de albaricoque, productos de cáñamo, ecoturismo, teatro callejero y trabajo asalariado. Se están desarrollando mecanismos para que los WSCG fortalezcan el consejo de aldea (*panchayat*) y se vuelvan sostenibles.

El enfoque de ecodesarrollo en el GHNP también ha sido criticado por investigadores y activistas. No hubo un proceso democrático para determinar si un parque nacional, que por ley requiere la eliminación de todos los usos humanos, era la categoría de conservación apropiada para aplicarse aquí; no se consideró un enfoque integrado de conservación y medios de subsistencia, y la compensación es insuficiente cuando se compara con la pérdida de medios de subsistencia debido al cese de actividades como la recolección de hierbas (Baviskar, 2003; Chhatre y Saberwal, 2006). Además, si bien los usos tradicionales de los pueblos se detuvieron, el parque está sometido a un desarrollo hidroeléctrico altamente perjudicial. Así, el proceso en el GHNP refleja las contradicciones del enfoque convencional de áreas protegidas prevaleciente en India (Saberwal *et al.*, 2001).

Aldea en la zona de amortiguación del Gran Parque Nacional del Himalaya, India

Fuente: Sanjeeva Pandey

Esta experiencia diversa con los ICDP se ilustra en el caso de India. En algunos sitios, los comités de ecodesarrollo empoderaron a los aldeanos con información y vías de participación, crearon grupos juveniles y de mujeres, permitieron que los aldeanos accedieran a oportunidades de medios de subsistencia adicionales y a recursos de desarrollo a través de esquemas de gobierno local (*panchayat*), liberaron a comunidades tribales y a otros aldeanos pobres de los prestamistas, y aumentaron en gran medida la cooperación entre las comunidades y los oficiales forestales. En la Reserva de Tigres Periyar, los recolectores de corteza de canela fueron alentados a abandonar sus actividades de caza furtiva y en su lugar a utilizar sus conocimientos forestales para guiar a los turistas. Aunque sus ingresos del turismo eran inferiores a los de la actividad ilícita, ya no estaban en conflicto con el Departamento Forestal ni en deuda con los prestamistas para pagar sus multas, y mejoraron su posición social dentro de la comunidad (Periyar Tiger Reserve, 2012). No obstante, estas ganancias no se materializaron en otros sitios; a nivel nacional, el esquema de ecodesarrollo en curso se ha caracterizado por debilidades conceptuales serias, un monitoreo inadecuado o nulo de los impactos, la falta de evaluaciones independientes y la falta de poder compartido con las comunidades locales en relación con la toma de decisiones (Das, 2007; Shahabuddin, 2010; véase también el Estudio de caso 25.2). En la propia Periyar, un estudio independiente sugirió que los beneficios para las comunidades locales pueden ser menores a los que se afirman oficialmente (Gubbi *et al.*, 2008).

Las principales debilidades comunes a muchas intervenciones de ICDP son: objetivos poco realistas y a menudo contradictorios; no identificación correcta de la fuente de amenazas y las intervenciones enfocadas consecuentes; un monitoreo deficiente que lleva a que sea difícil vincular de manera efectiva una mejor conservación con las actividades del proyecto, y la falta de apoyo a largo plazo para continuar con el desarrollo de capacidades y mantener las ganancias más allá de su duración (Alers *et al.*, 2007). Otros incluyen la falta de capacidad para identificar y promover tradiciones, conocimientos, prácticas y cosmovisiones indígenas o locales que ayuden a la conservación, ya que gran parte del tiempo se ve a la gente local como "presiones" sobre el ecosistema y la vida silvestre, y no se comparte de manera significativa el poder sobre la toma de decisiones.

Promover nuevas oportunidades de medios de subsistencia es solo una forma de beneficiar a las comunidades locales; es posible que otras estrategias sean más efectivas para alentar el apoyo a largo plazo respecto al cambio de comportamientos, como las oportunidades de empleo a través de emprendimientos turísticos (véase el Capítulo 23) o en el área protegida al ofrecer mano de obra o trabajo en la eliminación de especies exóticas invasoras. En otras partes, las áreas protegidas han tratado de abordar los problemas de equidad y sostenibilidad a través de microfinanzas o mecanismos de financiamiento a largo plazo con el fin de brindar recursos para actividades de desarrollo –por ejemplo, en varias áreas protegidas de Perú (PROFONANPE, 2012)–.

El monitoreo de todas las actividades del ICDP frente a los objetivos de reducción de amenazas y conservación de la biodiversidad es elemental. En algunos lugares podrá observarse un vínculo claro entre una mejor protección y la conservación –por ejemplo, un aumento de las poblaciones de peces en las áreas protegidas marinas o actividades de desarrollo y protección del hábitat. En otros lugares, los vínculos pueden ser menos evidentes. Cuando el monitoreo se enfoca más en el número de beneficiarios que en los resultados de la biodiversidad y la reducción de amenazas, es cada vez más difícil entender cuándo y dónde las intervenciones son eficaces para la conservación. A menos que los vínculos entre las actividades del proyecto y las metas de conservación sean claros y estén respaldados por las partes interesadas locales, es poco probable que el ofrecimiento de nuevas oportunidades de medios de subsistencia conduzca a beneficios en la conservación. El monitoreo participativo por parte de los miembros de la comunidad puede ser un complemento útil para el monitoreo realizado por el personal del área protegida gubernamental y los institutos de investigación (Margoulis y Salafsky, 2001; Danielsen *et al.,* 2005).

El uso sostenible de los recursos suele ser un objetivo clave y un pilar de las áreas protegidas y otros sitios de conservación gobernados por actores no gubernamentales, incluidos los TICCA y las APP (véase el Capítulo 7). Por ejemplo, esto es la base de miles de bosques comunitarios en Asia del Sur, cientos de áreas marinas administradas localmente en el Pacífico Sur, el Sudeste Asiático y algunos países africanos, vastos territorios de pueblos nómadas en Asia Central y el Cuerno de África, y muchos otros TICCA (Borrini-Feyerabend *et al.,* 2010; Bassi y Tache, 2011; Kothari *et al.,* 2012; Naqizadeh *et al.,* 2012; véanse también los Capítulos 7, 20 y 21). Esto también es una motivación clave para las APP, como aquellas que trabajan en la conservación de mamíferos grandes (y

Pueblos móviles en migración a través de sus TICCA, Irán

Fuente: CENESTA

la vida silvestre asociada) en varios países africanos (véase en otros apartes de este capítulo).

Reconocimiento del papel del uso sostenible en la conservación

Cada vez más se reconoce que el uso sostenible de los recursos puede ser bastante compatible con los objetivos de conservación, así como contribuir con ellos. En algunos casos, los usos humanos tradicionales han hecho parte de la configuración del paisaje terrestre o marino en formas que los conservacionistas consideran importantes, o tales usos pueden proporcionar incentivos para la protección y los esfuerzos de conservación, o generar los ingresos necesarios para financiar las áreas protegidas. En algunos casos, la recolección puede aumentar la densidad del recurso –por ejemplo, en el desierto de Australia Occidental, los lagartos monitores de arena son más abundantes donde la caza es más intensa debido a las técnicas de quema por parches utilizadas por los cazadores aborígenes (Bird *et al.,* 2013)–, aunque no está claro cuáles son los impactos generales sobre la biodiversidad.

En Guatemala, la cosecha y el comercio sostenibles de palmas pequeñas (para uso florístico en los países desarrollados) han permitido que las comunidades locales generen importantes ingresos, al tiempo que les brinda incentivos para mantener el recurso, lo cual conduce a la conservación del bosque. En la Reserva de la Biosfera Maya, el paisaje protegido más importante de Guatemala, las concesiones de uso sostenible respaldan una serie de prácticas de gestión privadas y comunitarias que llevan a una conservación más efectiva (Radachowsky *et al.,* 2012). Todos los años, decenas de miles de tortugas laúd llegan casi simultáneamente a anidar en el Refugio Nacional de Vida Silvestre Ostional, Costa Rica. Las comunidades locales pueden recolectar un porcentaje de los huevos puestos "tempranamente", muchos de los cuales serían destruidos por los arribos posteriores. Este enfoque ha generado un enorme apoyo de la comunidad local para la conservación y prácticamente ha eliminado la recolección furtiva e ilegal de huevos a nivel local, mientras que la población de tortugas sigue aumentando (Campbell *et al.,* 2007). En Brasil, la recolección tradicional de nueces de Brasil en los bosques amazónicos para obtener ingresos económicos ha resultado en una fuerte protección de estos bosques por parte de los recolectores contra los madereros y los ganaderos (Amazon Conservation Association, 2013).

En Europa Central, las llanuras de inundación del río Morava son ecosistemas seminaturales que ahora dependen por completo del manejo humano. En Eslovaquia, una gran área de las llanuras de inundación (casi cinco mil hectáreas) se incluyó en el Área de Paisaje Protegido de Záhorie. La forma más adecuada de gestión para mantener los valores de biodiversidad es la producción de heno. Esto evita que las praderas sean invadidas por la vegetación y que las especies invasoras se propaguen, y mantiene biotopos adecuados para la flora (por ejemplo, las orquídeas) y la fauna (por ejemplo, las mariposas) en peligro de extinción. El monitoreo ha confirmado que la biodiversidad es significativamente más alta en las praderas bajo un manejo regular que en las que no cuentan con dicho manejo (Rybanič *et al.,* 1999). Por consiguiente, mantener este uso beneficia tanto a la conservación de la biodiversidad como al desarrollo socioeconómico local. Otro ejemplo que destaca la compatibilidad de la conservación y el uso de los recursos es el Parque Natural Lonjsko Polje, ubicado en las llanuras de inundación del río Sava en Croacia. Este parque es un ejemplo único de un paisaje evolucionado orgánicamente que mantiene usos tradicionales de la tierra, con la preservación de un sistema medieval de pastoreo en tierras comunes que fue típico de toda Europa Central hasta la segunda mitad del siglo XIX (Gugić, 2009). Este sistema tradicional de cría de animales se lleva a cabo con razas autóctonas de caballos, cerdos, reses y gansos.

En Irlanda, la geología local única y el clima del Burren (un paisaje cárstico en el noroeste del condado de Clare, gran parte del cual está designado como un área especial para la conservación) no solo han dado lugar a paisajes únicos, sino que también han contribuido al desarrollo de una forma distintiva de trashumancia conocida como "*winterage*" –una práctica tradicional de pastoreo que ha moldeado su patrimonio cultural y natural– (Parr *et al.,* 2010). En los últimos cuarenta años, los factores socioeconómicos han contribuido a cambios significativos en la agricultura con impactos perjudiciales sobre la biodiversidad. Recientemente, esta tendencia se ha revertido a través del concepto de "agricultura para la conservación", que ha revitalizado el interés en la agricultura en *winterages*, lo que desempeña un papel fundamental en la restauración del paisaje y su biodiversidad. BurrenLIFE es el primer gran proyecto de "agricultura para la conservación" en Irlanda y marca la primera alianza de trabajo entre el Servicio Nacional de Parques y Vida Silvestre, la Autoridad de Desarrollo Agrícola y Alimentos y la sucursal de Burren de la Asociación Irlandesa de Agricultores (BurrenLIFE, 2014).

Las áreas protegidas en el este y el sur de África (con sus poblaciones de vida silvestre y condiciones de avistamiento excepcionales a nivel mundial) no solo tienen fines de conservación, sino que también generan ingresos y empleos a través del turismo. A su vez, estos ingresos financian los esfuerzos de conservación y crean incentivos a nivel local y nacional para las inversiones en la gestión de la vida silvestre (Spenceley, 2008; Child, 2004).

Los paisajes terrestres y marinos de satoyama y satoumi de Japón, conocidos por el uso altamente productivo de sus recursos, son cada vez más reconocidos como ejemplos de un uso sostenible que contribuye a la conservación (Bélair *et al.,* 2010; UNU-IAS OUIK, 2011).

Principios generales y enfoques para el uso de recursos en áreas protegidas

Derechos de uso y gobernanza

Dos cuestiones importantes, y a veces controvertidas, son quién tiene los derechos de acceso y extracción de los recursos de un área protegida (terrestre o marina) y quién tiene el derecho a participar en la gestión (véase el Capítulo 7). Los derechos pueden surgir de la tenencia y prácticas indígenas, tradicionales o consuetudinarias, o pueden desarrollarse a través de políticas y legislación. Estos pueden mantenerse de manera comunitaria o individual, y pueden asignarse o transferirse permanentemente por compra. Los derechos de gestión especifican quién puede participar en la toma de decisiones para la gestión de áreas protegidas: tales derechos pueden ser ejercidos por gobiernos, pueblos indígenas y comunidades locales, o por alguna combinación de ambos (cogestión). Los derechos de uso especifican quién puede tener acceso a un área protegida o un recurso (derechos de acceso) y cuánta actividad (por ejemplo, el número de recolectores o días de pesca) o extracción (por ejemplo,

Estudio de caso 25.3 Protección de las zonas de pesca ancestrales de los Sangha-Sangha, República Centroafricana

Los Sangha-Sangha son una comunidad pesquera en la zona de amortiguación del Parque Nacional Dzanga-Ndoki de la República Centroafricana. Debido a sus notables valores de biodiversidad, en 2012 el área fue inscrita en la Lista de Patrimonio Mundial como sitio trinacional de Sangha junto con los parques fronterizos de Camerún y Congo. Los cazadores-recolectores Baka y los Sangha-Sangha son los primeros habitantes de esta región. Con el tiempo, ellos desarrollaron una relación íntima y sinérgica con su territorio, la que ha definido sus valores, ha configurado su organización social y ha generado sofisticados sistemas de conocimiento y gestión ambiental. Un ejemplo de esto es un sistema interconectado de canales y zonas de inundación que los ancestros Sangha-Sangha crearon a lo largo del río Sangha, lo que brinda condiciones favorables de refugio y reproducción para los peces.

Desde la incursión de las compañías madereras en los años ochenta y noventa, los nuevos colonos han practicado técnicas de pesca insostenibles, incluido el uso de venenos. En respuesta, en 2008, los Sangha-Sangha crearon la Asociación para el Desarrollo de los Sangha-Sangha (Association pour le Développement Sangha-Sangha, ADSS), con el objetivo de reinstituir la gobernanza local y las prácticas consuetudinarias.
En 2012, la ADSS inició los diálogos con la administración del parque nacional y otras autoridades locales, y se concedió un decreto municipal que prohibía el uso de sustancias tóxicas de origen industrial y equipos no convencionales para la pesca, se asignaron derechos de pesca exclusivos a familias o clanes específicos reconocidos por las autoridades tradicionales, y se declaró que el incumplimiento de estas disposiciones podría dar lugar a un proceso penal. La entrada ilegal a los territorios ancestrales de los Sangha-Sangha y los métodos de pesca insostenibles se convirtieron en actos delictivos.
Desde entonces, la ADSS ha emprendido actividades para promover el uso sostenible de los recursos y fomentar la transmisión de conocimientos ecológicos y técnicas culturales, especialmente entre los jóvenes.

Ernesto Noriega y Tatjana Puschkarsky

Miembros de la comunidad Sangha-Sangha en un humedal
Fuente: José Martial Betoulet

el volumen de leña o toneladas de captura) se permiten (derechos de extracción) (Charles y Wilson, 2009). Cada vez más se considera crítico el reconocimiento apropiado y equitativo de estos derechos de uso de los recursos para lograr una gestión eficaz del uso sostenible de los recursos (Charles y Wilson, 2009; Charles, 2011).

Un proceso constante de restitución o reconocimiento de derechos es el de la Ley sobre las Tribus y Otros Grupos Tradicionales que Habitan en los Bosques de India (Reconocimiento de los Derechos Forestales), acta 2006. Bajo esta ley, pueden reconocerse y registrarse los derechos individuales y comunitarios a las tierras y recursos forestales que tradicionalmente existían pero que no se reconocían desde tiempos coloniales. Incluidos en esta ley están el derecho y los poderes para gobernar los bosques. Desde 2008, cuando entró en vigencia la ley, se han reconocido más de seis mil kilómetros cuadrados de tierras forestales (incluidas un par de áreas protegidas del Gobierno) y en algunos casos las comunidades hacen planes no solo con respecto a la mejor manera de conservarlas y utilizarlas de manera sostenible, sino también sobre cómo excluir lo que consideran actividades destructoras del "desarrollo" y la explotación maderera (Vasundhara y Kalpavriksh, 2012; Desor, 2013).

Conocimiento tradicional e indígena

La gestión eficaz de los recursos debe basarse en una buena información, la cual puede estar integrada en los sistemas de ciencia o conocimiento tanto indígenas como tradicionales y en las prácticas culturales prevalentes, o puede derivarse de métodos científicos occidentales, e idealmente de una combinación de estos (Posey, 1999; Failing *et al.*, 2007; Tebtebba Foundation, 2008; Parrotta y Trosper, 2012). Por ejemplo, el conocimiento indígena/tradicional y local puede tener una importancia central en el mapeo de hábitats y áreas de uso de recursos, en el establecimiento de zonas de uso de recursos laboral y socialmente aceptables, en las estrategias centradas en la restauración del paisaje, en el aumento de la resiliencia de los ecosistemas y en una mejor adaptación al cambio climático (véase el Estudio de caso 25.3). Esto es particularmente importante en áreas protegidas marinas, verbigracia, donde los usuarios de los recursos locales tienden a tener un conocimiento profundo de las condiciones ambientales, la distribución y la abundancia de los recursos, y en contextos en los que los recursos son móviles y el monitoreo es difícil (Drew, 2005). En Eastport, en la isla de Terranova en Canadá, el conocimiento de los pescadores de la comunidad local sobre los posibles hábitats de cría de los juveniles de langosta sirvió como base para tomar decisiones respecto a las áreas vedadas para la pesca de langosta con el fin de mejorar la producción de huevos y aumentar el reclutamiento (Charles y Wilson, 2009). Este enfoque es típico de muchos TICCA y brinda lecciones para las áreas protegidas privadas o formales y administradas por el Gobierno (véase el Capítulo 7).

Uso sostenible y equitativo

La gestión del uso con el fin de lograr la sostenibilidad y la equidad es una prioridad fundamental para mantener los valores de biodiversidad. La Declaración de política de la UICN acerca del uso sostenible de los recursos vivos silvestres (IUCN, 2000) reconoce que el uso sostenible es una herramienta de conservación importante porque ofrece incentivos a las personas para la conservación en forma de beneficios sociales, culturales y económicos. Esto es más relevante en el caso de las áreas protegidas y también destaca la importancia de la gestión adaptativa, las limitaciones biológicas de las especies y los ecosistemas, las estructuras de gobernanza, si los usuarios tienen intereses formales o informales en los recursos que utilizan y la eliminación de incentivos perjudiciales. Por medio de un proceso de análisis regionales y estudios de casos globales liderado por la UICN, también se ha demostrado la importancia de una tenencia clara y segura de la tierra y los recursos como base para motivar a los usuarios locales a lograr un uso sostenible (Oglethorpe, 1999).

Bajo el Convenio sobre la Diversidad Biológica (CDB), en los Principios y Directrices de Addis Abeba, se elaboraron los principios para lograr el uso sostenible (uno de los tres objetivos principales del convenio) (CBD, 2004). Estos principios y documentos asociados proporcionan un marco importante para gestionar el uso de los recursos en áreas protegidas.

Al igual que con la sostenibilidad, la equidad socioeconómica es un componente crucial del uso de los recursos. Por ejemplo, incorporar aspectos de género en el pensamiento, la estrategia y la gestión de todas las formas de áreas protegidas es fundamental, de lo contrario el acceso y uso de los recursos por parte de las mujeres podría verse marginado (FAO, 2012; Harper *et al.*, 2013). Debe reconocerse la importancia de las mujeres dentro de la pesca, en particular en los sectores anteriores y posteriores a la recolección. A menudo, las mujeres en las comunidades pesqueras carecen de acceso a la pesca y se les puede negar un papel en la toma de decisiones debido a las normas culturales existentes; pueden además enfrentar problemas más grandes como la falta de crédito y servicios de transporte, y la subestimación de su trabajo. Del mismo modo, las desigualdades en el acceso a los recursos, como las que existen entre diferentes grupos étnicos, clases, castas y otras divisiones sociales, podrían obstaculizar seriamente el uso sostenible de los recursos y deben abordarse con sensibilidad.

Gestión del uso de los recursos en áreas protegidas: enfoques y ejemplos

La gestión del uso de los recursos en las áreas protegidas debe ser no solo altamente sensible al contexto, sino también receptiva a la forma de uso involucrado, a las características del recurso y al contexto socioeconómico. En esta sección se discuten algunos de los principales tipos de uso basados en ejemplos provenientes de una amplia variedad de regiones.

Recolección de productos vegetales silvestres (uso y comercio local)

Los bosques, humedales, pastizales y ambientes marinos protegidos son la fuente de una amplia gama de productos forestales no maderables (PFNM), definidos como todos los materiales biológicos diferentes a la madera en rollo industrial y los productos resultantes que se recolecten al interior y en los bordes de bosques manipulados o perturbados (Chamberlain *et al.*, 2004). Si bien el término puede incluir tanto productos vegetales como animales, esta sección se enfoca principalmente en productos vegetales, con una discusión de los productos de origen animal en la siguiente sección. Los PFNM son de gran valor económico y de subsistencia. Por ejemplo, Schippmann *et al.* (2006) estiman que hasta setenta mil especies de plantas superiores (alrededor del 20% de la flora mundial estimada) se utilizan como medicina en todo el mundo, de las cuales alrededor de tres mil se comercializan internacionalmente. Además, se ha estimado que las plantas son la principal forma de medicina disponible para el 80% de la población mundial (Kamboj, 2000, Parrotta y Trosper, 2012). Solo en India, cerca de 275 millones de personas dependen de los PFNM, con el uso de más de diez mil especies de plantas y animales para alimento, combustible, forraje, medicinas, vivienda, implementos y usos culturales (TPCG y Kalpavriksh, 2005). El valor global de los PFNM en 2005 alcanzó $16.839 millones de dólares (FAO, 2010). Esto incluye el uso extenso y generalizado al interior y alrededor de las áreas protegidas.

Los recolectores de PFNM participan cada vez más en emprendimientos comerciales impulsados por la demanda del mercado nacional y mundial, con la ruptura de estructuras de administración tradicionales, lo cual amenaza la sostenibilidad de la base de recursos. Por ejemplo, la industria de la medicina alternativa en Europa, Norteamérica, Australia y Nueva Zelanda utiliza una amplia variedad de hierbas medicinales, y ha adoptado muchas de las prácticas de las medicinas tradicionales ayurvédicas, budistas y chinas, por lo que se ha convertido en una industria multimillonaria de rápido crecimiento. La recolección de plantas medicinales silvestres se ha convertido en un emprendimiento comercial organizado en muchos lugares, donde los agentes emplean a personas locales para la recolección (Battharai *et al.*, 2003). Esto también es una preocupación con otros productos de la vida silvestre, como el marfil, con un importante aumento reciente en la caza furtiva para satisfacer la demanda de los nuevos ricos en Asia (CITES, 2013).

Por lo general, los *hotspots* de biodiversidad vegetal se encuentran en países tropicales con un Índice de Desarrollo Humano (IDH) bajo, donde puede ser alta la presión para aumentar el desarrollo económico y humano. En muchas áreas protegidas, los administradores tienen la responsabilidad de determinar si la cosecha de plantas, el pastoreo u otros usos a largo plazo tienen implicaciones benéficas, perjudiciales o neutrales para lograr los objetivos de gestión; en otras, esta es una responsabilidad de las comunidades de usuarios u organizaciones de la sociedad civil. En algunas, existen sistemas bien establecidos y científicamente rigurosos para medir, controlar, evaluar e informar sobre las actividades (véase el Capítulo 28). También es necesario determinar a qué nivel es sostenible la actividad y establecer límites, lo cual se hace mejor con la participación de las comunidades de usuarios locales. Por ejemplo, la cosecha de pastos en un área de humedal puede ser benéfica para el hábitat de las aves, pero el aumento o la disminución de la recolección o los cambios en la forma en que se lleve a cabo puede hacer que la actividad sea perjudicial. Siempre que sea posible, es deseable un monitoreo constante de las condiciones ambientales y sociales para evaluar el impacto de tales actividades. En todo el mundo, muchos TICCA y áreas protegidas comanejadas emplean métodos de monitoreo, que van desde indicadores tradicionales y puntos de referencia que suelen basarse en siglos de observación, hasta los más modernos, que suelen ser más cuantificados (Estudio de caso 25.4).

En las nuevas herramientas para evaluar la sostenibilidad de la recolección de plantas medicinales y otras plantas silvestres, como el Estándar FairWild, se están incorporando medidas para evitar la sobreexplotación y otras para evaluar los aspectos ecológicos y sociales (FairWild, 2009; Kathe *et al.*, 2010; Kathe, 2011; Unnikrishnan y Suneetha, 2012). Los planes de manejo de especies también son un mecanismo para monitorear y prevenir la sobreexplotación (Estudios de caso 25.4 y 25.5). Los esfuerzos de la política internacional en torno al uso sostenible de los recursos vegetales incluyen, entre otras, las Directrices Sobre la Conservación de las Plantas Medicinales (actualmente en revisión) de la Organización Mundial de la Salud (OMS), y la Estrategia Mundial para la Conservación de las Especies Vegetales bajo el CDB (Unnikrishnan y Suneetha, 2012). En el caso de las áreas protegidas administradas por el Gobierno, quizás sea necesario negociar con las comunidades para detener las prácticas que dañen el área protegida. En el caso de los TICCA, es frecuente que los miembros de la comunidad lleven a cabo estas negociaciones internamente, y quizás tengan que lidiar con presiones tanto internas como externas (Estudio de caso 25.3). En India, los nuevos enfoques para salvaguardar y conservar las plantas medicinales incluyen el establecimiento de áreas

Estudio de caso 25.4 Cómo se enfrenta la sobreexplotación a través de la negociación y la acción comunitaria en Uganda e India

El Parque Nacional Kibale en Uganda (categoría de la UICN no definida) ilustra el éxito de un enfoque de negociación. El parque está rodeado por veintisiete parroquias en las que viven aproximadamente ciento veinte mil personas. Las comunidades en los límites extraen más de veinte productos del parque para satisfacer algunas de sus necesidades comerciales, culturales, medicinales y de subsistencia. Si bien la prohibición fue la primera estrategia de manejo que se intentó, se descubrió que la aplicación de la ley requería mucho tiempo y era costosa para los administradores de los parques. Se descubrió que la mayoría de las actividades ilegales procedían de las comunidades fronterizas. Con la ayuda del Proyecto de Conservación y Desarrollo Kibale Semuliki se negociaron acuerdos colaborativos de gestión de recursos con las comunidades fronterizas locales, en los que se establecieron límites acordados sobre quién podía recolectar en el parque y qué productos podían extraerse. Tomó dos años identificar, negociar y firmar los primeros acuerdos y un promedio de seis meses para los siguientes acuerdos. El éxito de los acuerdos colaborativos aumentó cuando se brindaron apoyos para desarrollar alternativas a la recolección de recursos en el parque. Las relaciones entre la comunidad y el parque mejoraron, se notó un declive significativo en las actividades ilegales y los miembros de la comunidad se involucraron en la denuncia de actividades ilegales (Chhetri *et al.*, 2003).

La aldea de Mendha-Lekha en India, con un bosque conservado por la comunidad de casi dos mil hectáreas, ha liderado una serie de movimientos asertivos para recuperar los derechos sobre los bosques comunitarios y evitar que una planta papelera reduzca drásticamente el hábitat local de bambú. Después de obtener el título legal en virtud de la Ley de Derechos Forestales de 2006, esta aldea ha reforzado sus normas y regulaciones consuetudinarias, y las ha actualizado para incluir la recolección sostenible de bambú (que anteriormente estaba bajo el control del Departamento Forestal del Estado). Ahora la aldea obtiene ingresos sustanciales de esto, y el dinero depositado en la cuenta de la aldea se utiliza en la generación de medios de subsistencia para los aldeanos a través de actividades relacionadas con el desarrollo forestal, designación de hábitats de vida silvestre y otras actividades. La aldea ahora puede ofrecer salarios justos y préstamos oportunos, no solo a los residentes sino también a otros aldeanos que deseen trabajar en la aldea (siempre que cumplan las normas locales) (Pathak Broome y Dash, 2012).

Estudio de caso 25.5 Plan de manejo de especies para el árbol de canela (*Cinnamomum capparu-coronde*)

El árbol de canela (*Cinnamomum capparu corondo*) es una especie medicinal endémica altamente amenazada en Sri Lanka. La Reserva de la Biosfera de Kanneliya-Dediyagala-Nakiyadeniya (KDN) en el sur de Sri Lanka alberga poblaciones sustanciales, conocidas localmente como "Kapuru Kurundu". Existen 78 aldeas alrededor de la reserva; el 50% de los hogares viven por debajo del umbral de la pobreza y dependen del bosque para la madera y los PFNM. El árbol de canela se usa localmente para curar bronquitis, reumatismo, mordeduras de serpientes, fracturas y dolor de dientes, entre muchas otras dolencias. El eugenol es un importante ingrediente químico que se extrae de la planta.

En un intento por evitar la sobreexplotación de esta importante especie endémica, la reserva forestal KDN fue seleccionada para desarrollar o implementar un plan de manejo de especies. El objetivo es mantener la población de Kapuru Kurundu por medio del monitoreo de los cambios en la densidad entre 2009 y 2019 en dos macroparcelas dentro de la reserva KDN. La implementación del plan la realiza el Departamento Forestal con el apoyo de comunidades locales e investigadores de la Universidad de Ruhuna y otras agencias. En el plan de manejo de la reserva, al cual está vinculado el plan de manejo de especies, el Departamento Forestal también tuvo en cuenta las necesidades económicas y culturales más amplias de las comunidades que viven en la periferia de la reserva.

Fuentes: Sathurusinghe *et al.*, 2010; Hunter y Heywood, 2011

para la conservación de plantas medicinales (*Medicinal Plant Conservation Areas*, MPCA) y los parques para la conservación de plantas medicinales (*Medicinal Plant Conservation Parks*, MPCP) (Unnikrishnan y Suneetha, 2012). Hasta 2012, se habían establecido 112 MPCA en trece estados de India. Otras estrategias incluyen limitar la extracción de recursos a ciertas áreas, permitir que solo personas específicas recolecten el recurso, establecer cuotas basadas en un rendimiento sostenible y plantar las especies codiciadas fuera del área protegida.

Caza y pesca

En algunas áreas protegidas se llevan a cabo diferentes formas de caza y pesca, de manera legal e ilegal, para fines comerciales y de subsistencia. Durante mucho tiempo, la caza de animales silvestres ha sido importante para las

Estudio de caso 25.6 Manejo de la caza en áreas protegidas estatales, norte de Finlandia

En el norte de Finlandia, incluidas las regiones de Laponia, Kainuu y partes de Ostrobotnia del Norte, los residentes locales tienen permitida la caza en la mayoría de los parques nacionales y otras reservas naturales protegidas, si esto no amenaza los objetivos recreativos o de conservación. En el norte de Finlandia, cerca de cincuenta mil personas tienen tales derechos. En la mayoría de las otras reservas naturales protegidas, los no residentes también tienen permitida la caza con licencia. La caza está prohibida en las reservas naturales estrictas.

Las regulaciones para la caza se describen en el decreto o ley de cada reserva natural. Las restricciones pueden ser temporales o territoriales, y específicas por especie. Los planes de gestión se preparan con la participación de las partes interesadas locales. Todas las especies de caza tienen temporadas de caza nacionales o regionales fuera de los períodos vulnerables o de reproducción. Si una población se ve amenazada, la temporada de caza se restringe con un decreto del Ministerio de Agricultura y Silvicultura.

Las principales partes interesadas con derechos de uso tradicional incluyen pastores de renos representados por asociaciones de pastores y su federación nacional (su área en el extremo norte de Finlandia cubre una tercera parte del país), y los lapones que tienen aquí sus tierras natales tradicionales. Más del 90% de esta área pertenece al Estado y es administrada por el Metsähallitus, la agencia nacional de áreas protegidas de Finlandia. El pueblo lapón tiene una larga tradición en el pastoreo de renos y la captura del lagópodo común (*Lagopos lagopus*). Las asociaciones para el manejo de la caza representan los intereses de los cazadores residentes.

Los resultados de los censos de vida silvestre demuestran las fluctuaciones naturales y la estabilidad a largo plazo en las poblaciones de caza en el norte de Finlandia. Con base en esto, puede considerarse que el sistema de manejo de la caza es ecológicamente sostenible. Los mayores desafíos se relacionan con la sostenibilidad social, lo cual afecta el trabajo voluntario del cual dependen los censos triangulares de vida silvestre y las medidas de control de depredadores invasores, como el perro mapache (*Nyctereutes procyonoides*) y el visón americano (*Neovison vison*).

Mikko Rautiainen

comunidades rurales y muchas áreas protegidas permiten una caza y pesca de subsistencia limitada. La carne de monte es un término que suele utilizarse para describir la carne obtenida de la caza de animales silvestres, principalmente en ambientes forestales de países donde el ganado doméstico no es común. Esta es ahora una importante actividad comercial y de subsistencia en África y, en menor medida, en Suramérica y Asia. En algunas áreas, como la cuenca del Congo, esta actividad satisface la mayoría de las necesidades humanas de proteínas y grasas. Con una pequeña inversión de capital necesaria para involucrarse en esto, los hombres jóvenes en las comunidades pobres pueden participar fácilmente, y el comercio descentralizado significa que una gran parte del valor de los bienes va al productor primario (el cazador) (Nasi *et al.*, 2008, 2011; van Vliet *et al.*, 2012; Schulte-Herbrüggen *et al.*, 2013).

En África, 42 especies de mamíferos de interés para la conservación global se ven afectadas por el comercio de carne de monte, incluidos chimpancés, elefantes y gorilas (CITES, 2000; Redmond *et al.*, 2006). Las estructuras de gobernanza débiles a nivel local y las malas prácticas industriales dificultan la regulación y la gestión del comercio.

Las fuerzas del mercado pueden crear un valor para la vida silvestre y ofrecer incentivos para la conservación privada o comunitaria, y también pueden impulsar la sobreexplotación de las poblaciones. En el Parque Nacional Cuc Phuong, Vietnam, la caza ilegal ha reducido las poblaciones de grandes mamíferos y los conflictos con las poblaciones humanas locales obstaculizan el manejo efectivo (Compton y Le, 1998; McNeely, 1998). Muchas áreas acuáticas protegidas enfrentan problemas de sobrepesca por la incursión de las comunidades vecinas o por la presencia ilegal de operaciones a gran escala. En la Gran Barrera de Coral de Australia, la pesca de arrastre de langostinos a gran escala, tanto con licencia como ilegal, ha reducido a la mitad las poblaciones de algunas especies; por cada tonelada de langostinos capturados, se sacrifican entre seis y diez toneladas de otras especies marinas. El organismo de investigación del gobierno australiano, la Organización de Investigación Científica e Industrial de la Commonwealth (CSIRO), identificó cincuenta operadores ilegales en el área de 362.400 kilómetros cuadrados (Australian Committee for IUCN, 1999; Zinn y Vidal, 1999).

En los casos en que tales actividades se restringen o prohíben, a veces se ofrece una compensación por la pérdida de ingresos (particularmente si el uso era legal). Este es el caso de la recolección de plantas medicinales en el Himalaya de India (véase el Estudio de caso 25.2). A menudo, esto también se hace en los TICCA, donde la decisión colectiva de detener alguna actividad de uso de recursos o cambiar el uso de la tierra se compensa por medio de nuevas oportunidades de medios de subsistencia, como el turismo comunitario o la entrega de tierras en otros lugares. En India, en el humedal de Mangalajodi protegido por la comunidad, una decisión de la comunidad inspirada por una organización de la sociedad civil para detener la caza de aves acuáticas fue seguida por un emprendimiento de ecoturismo que empleó a algunos de los antiguos cazadores (Kothari, 2010). No obstante, es posible que en tales casos las medidas compensatorias no coincidan con la escala de la pérdida.

En los sitios con una gestión adecuada, la caza puede ser sostenible y contribuir al manejo y la conservación del área protegida (Estudio de caso 25.6), y cada vez más se reconoce que enfrentar el problema de la carne de monte, como en África, requiere que se establezca un uso sostenible legalmente regulado de los recursos de carne a partir de animales silvestres (Nasi *et al.*, 2008). En algunos casos, esto se ha logrado a través de acuerdos con las comunidades locales o al hacer que el manejo de la vida silvestre sea responsabilidad de las comunidades locales. En muchos de los TICCA relativamente nuevos, puede adoptarse una combinación de restricciones tradicionales y nuevas (véase el Capítulo 7). Por ejemplo, en el estado de Nagaland en India, varias docenas de aldeas declararon prohibiciones estacionales sobre la caza o designaron áreas forestales donde está totalmente prohibida (Kothari y Pathak, 2005). Las áreas protegidas privadas pueden incluir la caza sostenible para aumentar los ingresos –por ejemplo, la Reserva de Caza Privada Campbell en Sudáfrica, la cual se administra con fines comerciales, ofrece experiencias de caza que se asemejan a las de los bosquimanos del Kalahari, dentro de límites sostenibles (Campbell Private Game Reserve, 2004, citado por Lockwood *et al.*, 2006)–.

En particular, la caza turística o de "trofeos" con tarifas altas se lleva a cabo en muchas formas de áreas protegidas a lo largo del África subsahariana, África meridional y Tanzania. La mayor parte de estas actividades de caza de trofeos tiene lugar en tierras privadas y algunas tierras comunales. Algunas se llevan a cabo en áreas protegidas administradas por el Estado. En Tanzania, aproximadamente la mitad de todas las concesiones de caza se ubican en áreas protegidas estatales llamadas "reservas de caza", donde no residen personas, así como en áreas de caza controlada (*Game Controlled Areas*, GCA), en las que la Ley de Conservación de la Vida Silvestre de 2009 prohibió recientemente la residencia y el uso humano. Esta disposición de la Ley de 2009 es extremadamente problemática, ya que antes de 2009 las GCA no eran áreas protegidas excluyentes, y en todo el país albergaban entre quinientos mil y un millón de personas. En 2013, después de que el gobierno propusiera que mil quinientos kilómetros cuadrados de antiguas tierras comunitarias se convirtieran en un GCA excluyente o "corredor de vida silvestre", se presentó un conflicto de grandes proporciones sobre el GCA de Loliondo (Ngoitiko y Nelson, 2013). En Tanzania, por cincuenta años se han disputado tales contiendas entre la conservación de la vida silvestre, los usos comerciales como la caza y los derechos sobre las tierras y los recursos locales. La cacería en las reservas de caza se basa en la división de estas áreas protegidas en "bloques" o áreas de concesión, y el Ministerio de Recursos Naturales y Turismo concede una cuota anual para cada bloque. La caza brinda una importante justificación económica para conservar esta tierra como hábitat de vida silvestre, aunque es evidente que existen debilidades considerables con respecto a la gobernanza y regulación de la caza, incluida la corrupción (Leader-Williams *et al.*, 2009; Nelson *et al.*, 2013).

Marjor (*Capra falconeri*) en la zona conservada de la comunidad de Torgarh, Beluchistán, Pakistán
Fuente: Tahir Rasheed

En Namibia, bajo el modelo de conservación comunitaria, las comunidades generan ingresos a través del turismo fotográfico y de caza, la venta de animales de caza vivos y la "cosecha de animales de caza" para carne y pieles. Este enfoque aumentó drásticamente el valor social y económico de la vida silvestre para las personas, transformó las actitudes y condujo a cambios a gran escala en el uso de la tierra, desde tierras pastoriles degradadas hasta la conservación de la vida silvestre, con una recuperación de las poblaciones de especies como elefantes y rinocerontes blancos y negros (Naidoo *et al.*, 2011; Nelson *et al.*, 2013).

La caza de trofeos de grandes animales en Pakistán ha emergido como una aproximación a la conservación que ayuda a mejorar los medios de subsistencia locales (Frisina, 2000; Frisina y Tareen, 2009). El marjor, el urial y el íbice son algunas de las principales especies de vida silvestre que se encuentran en diferentes partes de Pakistán y que tienen un mercado internacional para la caza de trofeos. No obstante, debido a la caza a gran escala y la pérdida de hábitat, las poblaciones de estas y otras especies han disminuido progresivamente desde la época colonial. La idea de la caza de trofeos organizada

Pastoreo introducido como una medida de manejo en el Parque Nacional Linnansaari, Finlandia

Fuente: Ashish Kothari

y legal como un medio para revertir este declive fue desarrollada por primera vez por el Programa de Apoyo Rural Agha Khan, WWF-Pakistán y la Alianza para la Protección y Conservación de Torghar. La caza del marjor comenzó en 1997 cuando la Convención sobre el Comercio Internacional de Especies Amenazadas de Fauna y Flora Silvestres (CITES) aprobó una cuota. En virtud de la ley y bajo la regulación de los departamentos nacionales y provinciales de vida silvestre, el 80% de los ingresos por la caza de trofeos se devuelven a las comunidades locales. Los ancianos de la comunidad, a través de una *jirga* (reunión de ancianos) tradicional, imponen una prohibición sobre cualquier actividad comercial o caza ilegal en sus áreas y establecen reglas para la distribución equitativa de los ingresos. Con un ingreso sustancial para los beneficios colectivos, las actitudes locales se han vuelto cada vez más positivas sobre la conservación. Cuando la *jirga* resolvió intentar este enfoque, en el área de Torghar en Beluchistán había un estimado de doscientos uriales (*Ovis arientalis*) y menos de cien marjores (*Capra falconeri*); para 2005, la población de marjores había aumentado a 2540 y la de los uriales a 3145 (Arshad y Khalid, 2008).

El manejo de la caza en Estados Unidos –independientemente de la categorización deportiva, recreativa, de trofeos o de subsistencia– suele estar bajo el dominio de los estados individuales, los que tienen agencias financiadas con dineros públicos que se encargan de esta responsabilidad (Bolen y Robinson, 2003; United States Fish y Wildlife Service, 2014). Las tribus nativas americanas reconocidas a nivel federal manejan la caza por separado de los gobiernos estatales y la mayoría tiene sus propias agencias de administración.

Agricultura

Tanto la agricultura de subsistencia como la orientada al mercado se practican ampliamente en ciertos tipos de áreas protegidas, especialmente pero no de manera exclusiva, en la Categoría V de la UICN (Amend *et al.*, 2008). A menudo, los sistemas de cultivo y ganadería se complementan con recursos de los ecosistemas naturales. Los bosques y humedales cercanos se utilizan para diversos fines, incluida la recolección de hojarasca, productos para el control de plagas, medicamentos, alimentos, forraje y combustible.

En todo el mundo, la agricultura itinerante, o agricultura de roza y quema, se practica ampliamente como una forma de agricultura de subsistencia, especialmente en partes de Asia, África, las islas del Pacífico, y Centro y Suramérica (Heywood, 1999; Cairns, 2014). Por lo general, en condiciones de bajas densidades poblacionales y cuando se practica por los agricultores tradicionales, la agricultura itinerante tiene un mínimo impacto a largo plazo sobre un bosque tropical. Por lo general, este sistema se considera sostenible cuando el período en que se deja la tierra en barbecho es de siete a viente años (Shriar, 1999). En muchos lugares, diferentes factores han reducido la sostenibilidad de los cultivos itinerantes, incluida la entrada de las fuerzas del mercado y el aumento de la población local.

En algunas áreas protegidas del Gobierno, la zonificación define las áreas donde se permite la agricultura. En el Parque Nacional de Samoa Americana, el Servicio de Parques Nacionales de Estados Unidos (National Park Service, NPS) arrendó a varias aldeas (las cuales querían proteger el bosque) el medio ambiente terrestre y marino en el parque durante cincuenta años. El NPS maneja la tierra y los arrecifes dentro del parque, pero los aldeanos se reservan el derecho al uso tradicional, incluida la agricultura de subsistencia, mientras que la tala y el cultivo están prohibidos en los bosques primarios y secundarios maduros (Graves, 2004; NPS, 2014). En España, en el Parque Natural de la Zona Volcánica de la Garrotxa en Cataluña, las autoridades del parque realmente fomentan la reactivación de las prácticas hortícolas tradicionales ya que están vinculadas a la conservación de muchos elementos de la naturaleza (Bassols Isamat *et al.*, 2011).

Varios TICCA brindan ejemplos aleccionadores de tales interacciones –moldeados como son por la interacción dinámica de las personas y la naturaleza a lo largo del tiempo, y ricos en biodiversidad agrícola, así como en vida silvestre y valores culturales y espirituales–. Estos pueden verse como sistemas bioculturales cuya resiliencia depende de las prácticas comunitarias. Muchos también albergan importantes reservorios genéticos de los parientes silvestres de ganados y cultivos domesti-

Estudio de caso 25.7 Pastoreo sostenible en el Parque Nacional Retezat, Rumania

El Parque Nacional Retezat es el parque nacional más antiguo de Rumania. Este protege un rincón único de las montañas de los Cárpatos y contiene un rico ensamblaje de plantas y poblaciones viables de varios mamíferos grandes. El parque fue designado como reserva de la biosfera en 1979.

El pastoreo tradicional todavía se practica; más del 20% de las áreas alpinas son pasturas de propiedad y uso de los aldeanos locales. Los derechos de los aldeanos a estas pasturas se remontan a un acuerdo gubernamental de 1922; sin embargo, con los años ha disminuido el control local sobre el pastoreo en esta área y ahora presenta un sobrepastoreo, lo que ha alterado la diversidad natural y la riqueza de los pastizales alpinos. El desafío para la autoridad de administración del parque ha sido alentar a las personas locales a volver a niveles sostenibles de pastoreo.

El Proyecto Rumano de Gestión para la Conservación de la Biodiversidad ha financiado proyectos que promueven el pastoreo sostenible en las pasturas alpinas. Se ha establecido un comité de subvenciones, el cual incluye representantes de todas las comunidades con derechos de propiedad u otras participaciones en el parque. La población local recibe capacitación para mejorar sus capacidades de redacción de proyectos y actividades de recaudación de fondos.

Desde 2001, las autoridades locales han ayudado en el desarrollo de protocolos y programas conjuntos que no solo establecen normas para las actividades de pastoreo, incluso dentro de la zona central del parque, sino también protegen los derechos de pastoreo de los propietarios locales de animales. Como resultado, desde 2002 se ha observado una disminución en el nivel de actividades de pastoreo en los prados alpinos. Una evaluación en 2013 reconoció estos esfuerzos de gestión y recomendó proseguir con el Diploma Europeo de Áreas Protegidas del parque.

Fuentes: adaptado de Wieting, 2004; Galland, 2013

cados (Brown y Kothari, 2011; van Oudenhoven *et al.*, 2011). En Oaxaca, México, 126 sitios de conservación comunitaria repartidos en 375.500 hectáreas incorporan sistemas agroforestales y agroecológicos, como milpas y plantaciones de café con sombrío, lo que convierte a estas áreas en importantes reservorios de vida silvestre y agrobiodiversidad. En el Parque de la Papa cerca de Pisac, Perú, seis comunidades indígenas quechuas conservan su paisaje para que la agricultura y el pastoreo sean ecológicamente sostenibles y biológicamente diversos (Argumedo, 2008).

Pastoreo de ganado

Algunos estudios han encontrado que ciertos niveles de pastoreo, además de ser sostenibles, también pueden ser esenciales para mantener ciertos pastizales altamente diversos, y la eliminación de la gente y el ganado conduce a una disminución de la biodiversidad en el área protegida (Infield, 2003; Parr *et al.*, 2010; Nelson, 2012). En África y Asia Occidental, pastores nómadas condujeron sus ganados en algunas áreas de forma sostenible durante siglos. Es frecuente que, cuando las culturas tradicionales se basan en el cuidado de rebaños, los sistemas establecidos por ellas durante largos períodos no solo moldeen el paisaje, sino también que su uso se vuelva esencial para mantener los procesos ecológicos y la biodiversidad (Farvar, 2003; Borrini Feyerabend *et al.*, 2004; véanse también las referencias en la sección "Agricultura" de la información anterior). En Europa, gran parte de la biodiversidad en las áreas protegidas se desarrolló conjuntamente con las prácticas pastoriles tradicionales (Estudio de caso 25.7).

Incluso cuando el pastoreo de ganado no es parte de un paisaje biocultural establecido desde hace mucho tiempo, a veces puede ser útil para cumplir con los objetivos de gestión de las áreas protegidas. Por ejemplo, en Costa Rica, el pastoreo se ha utilizado en la restauración del ecosistema del bosque tropical seco del Parque Nacional Guanacaste para la dispersión de semillas, el control de pastos exóticos y la generación de apoyo local (Evans, 1999). En el Parque Nacional Palo Verde, también en Costa Rica, el pastoreo de ganado ha ayudado con la conservación de un humedal en particular (Vaughan *et al.*, 1996).

No obstante, las decisiones sobre el pastoreo de ganado en áreas protegidas deben tomarse caso por caso. En Australia, una extensa investigación demostró que el pastoreo de ganado causa daños considerables a la vegetación nativa alpina y subalpina, a los suelos y a las vías fluviales en el Parque Nacional Kosciuszko y en el Parque Nacional Alpino (Williams, 1990; Wahren *et al.*, 1994). En algunas áreas protegidas, las presiones para aumentar la producción agrícola han llevado al sobrepastoreo, pero en lugar de una prohibición, se han desarrollado medidas participativas para minimizar el daño (Estudio de caso 25.7). En muchos TICCA (véase el Capítulo 7) –por ejemplo, los bosques comunitarios en Asia del Sur– las comunidades regulan voluntariamente el pastoreo mediante un cese temporal o estacional de toda la actividad de pastoreo, lo que permite la regeneración de los paisajes degradados.

Uso de recursos marinos y costeros

Con frecuencia, los ecosistemas costeros en áreas marinas protegidas (AMP) tienen un uso importante de recursos con fines comerciales y de subsistencia (Spalding *et al.*, 2013). La recolección incluye recursos comestibles como peces de aleta, mariscos, mamíferos marinos y algas ma-

Estudio de caso 25.8 Área Marina de Manejo de Soufrière, Santa Lucía

El área marina de manejo de Soufrière en Santa Lucía es un área de usos múltiples que incluye reservas marinas de no extracción, zonas prioritarias de pesca y zonas de otros usos. Antes de su establecimiento en 1994, eran constantes y numerosos los conflictos entre los pescadores tradicionales locales, los turistas, los visitantes de un día y los yatistas que navegaban por las Indias Occidentales. Los buzos visitantes hacían agujeros en las trampas para peces con el fin de liberar los peces de arrecife; los yatistas anclados en bahías arenosas interferían con la pesca local de peces pelágicos costeros, y las instalaciones turísticas tenían restringido el acceso a la playa y al mar. Las poblaciones de peces de arrecife estaban bajo amenaza por la pesca submarina ilegal y la pesca con jaulas, y las anclas dañaban el arrecife (Salm *et al.*, 2000).

En 1992, el Departamento de Pesca y el Instituto de Recursos Naturales del Caribe iniciaron la negociación, la resolución de conflictos y la planeación participativa. Se realizó un mapeo de todos los usos y se llegó a un acuerdo preliminar para zonificar once kilómetros de costa. La implementación de esto fue exitosa; sin embargo, solo por dos o tres años, luego de lo cual dejó de funcionar debido a violaciones por algunas de las partes, ya que el acuerdo no tenía un respaldo legal. Después de una completa revisión institucional, se desarrolló un nuevo régimen de administración basado en una misión claramente acordada, una estructura de gestión transparente y una sólida base legal (Salm *et al.*, 2000; Geoghegan y Renard, 2002).

En 2005, el Área Marina de Manejo de Soufrière celebró su décimo aniversario. Un estudio anterior a esto mostró que la biomasa de peces comerciales en la reserva marina se multiplicó por cuatro y en la zona de pesca se triplicó. Gracias a las tarifas de buceo y de amarre para yates el área se volvió autosuficiente desde el punto de vista financiero. La capacidad institucional aumentó en todos los grupos de partes interesadas y el turismo trajo beneficios a la comunidad local (Gell y Roberts, 2002). Los desafíos siguen apareciendo, pero todas las partes interesadas están comprometidas cuando se trata de enfrentarlos.

rinas; recursos para construcción tales como postes de manglar, bloques de coral, arena y cal; recursos para uso ornamental como conchas, perlas y coral; para uso científico, lo que incluye una amplia gama de especies; para uso industrial, como almejas gigantes y especies de las que se extraen productos farmacéuticos, y para la maricultura, como los mejillones y las ostras. Cada vez más, el ecoturismo y la educación son componentes importantes del uso del medioambiente marino.

En muchos casos, la protección de las pesquerías sostenibles es uno de los objetivos principales de la designación del AMP. En la isla de Terranova en Canadá, el AMP comunitaria de Eastport fue motivada por la dependencia histórica de la comunidad local en la pesca y uno de sus objetivos fue salvaguardar las poblaciones de langosta, en particular después del colapso de las poblaciones de peces del fondo marino y la disminución de capturas en la pesca de langosta (Charles y Wilson, 2009). Del mismo modo, parte de la motivación para que las comunidades establezcan y administren la ahora extensa red de áreas marinas manejadas localmente (*Locally Managed Marine Areas*, LMMA) en el Pacífico Sur es garantizar que estas áreas ofrezcan un flujo sostenible de beneficios pesqueros (Govan, 2009).

Al igual que con el uso de los recursos terrestres, las sociedades indígenas y tradicionales contaban con regulaciones en el derecho consuetudinario para brindar una protección contra el uso excesivo de los recursos marinos. Por ejemplo, en Corea, son las mujeres las que tradicionalmente bucean. Ellas se autorregulan al acordar el no uso de equipos de buceo, aunque estén disponibles, de modo que todo lo que tomen sea lo que puedan reco-

Área Marina de Pesca Responsable de Tárcoles, Costa Rica

Fuente: CoopeSolidar RL

lectar aguantando la respiración y buceando de la manera tradicional. Ellas recolectan pulpos, abulones, erizos de mar, babosas de mar, pepinos de mar y algas marinas, y comercializan sus productos desde la década de 1970 (Onishi, 2005; Pfeiffer, 2009).

En Costa Rica, después de dos años del reconocimiento del Área Marina de Pesca Responsable de Tárcoles y la presentación de estudios por parte de los pescadores a las instituciones estatales, las comunidades pesqueras locales recibieron un permiso de uso sostenible por tres meses (Madrigal Cordero y Solís Rivera, 2012). En estos lugares los sistemas autorregulados aún funcionan de manera eficaz, aunque es frecuente que los cambios en la tenencia y el uso de la tierra interrumpan las prácticas en vigor durante milenios. Al noreste de Madagascar, en el Parque Marino Nosy Atafana, parte de la Reserva de la Biosfera de Mananara-Nord de la Organización de las Naciones Unidas para la Educación, la Ciencia y la Cultura (UNESCO), un acuerdo entre las autoridades de la reserva y las comunidades locales especifica las actividades permitidas y prohibidas relacionadas con el pulpo, el pepino de mar y otras especies de la fauna (IUCN, 2004).

No obstante, las AMP siguen manejándose de manera excluyente en muchas partes del mundo, lo que lleva a la suspensión o restricción incluso de los usos tradicionales que no van en detrimento de la biodiversidad, o a otros modos de despojo de las comunidades locales –uno de sus resultados es el empeoramiento de hostilidades hacia las AMP–. Cuando un proceso consultivo y negociado está en capacidad de demostrar que las zonas de no extracción pueden ayudar a aumentar las poblaciones de peces fuera de ellas, hay más posibilidades de que las personas acepten una variedad de estrategias, incluida la exclusión estricta de algunas áreas o durante un período determinado, por ejemplo, en la Reserva de la Biosfera Seaflower en Colombia (Friedlander *et al.*, 2003). En algunos casos, las comunidades locales se han organizado para recuperar los derechos perdidos, como en el caso de Tárcoles en Costa Rica mencionado anteriormente, y luego desarrollar sus propias estrategias de uso sostenible.

El caso de Santa Lucía (Estudio de caso 25.8) ilustra el camino a menudo difícil para el acuerdo y el uso sostenible de los recursos en un área declarada por el Gobierno, mientras que el caso de la isla de Corón (Estudio de caso 25.9) demuestra cómo los pueblos indígenas pueden organizarse contra usos no sostenibles externos para conservar sus TICCA.

Uso de recursos y cambios globales

En muchas partes del mundo, los impactos proyectados del cambio climático sobre las áreas protegidas obligarán a reconsiderar su papel en la conservación de la biodiversidad y el uso sostenible (Hunter y Heywood, 2011; véase también el Capítulo 17). Los límites políticos de las áreas protegidas son fijos, pero el paisaje biológico no lo es. El diseño de tales áreas necesitará un replanteamiento significativo, lo que tiene importantes implicaciones para la gestión y manejo de las áreas protegidas (Schliep *et al.*, 2008).

A mediados de este siglo, se espera que el cambio global impulse un aumento en el número de refugiados por causas ambientales cercano a los doscientos millones (Myers, 1997). Los impactos de esto sobre la conservación y el uso de la biodiversidad podrían ser significativos, ya que estas personas migrarán a territorios que no tienen la capacidad de albergarlos o alimentarlos sin alteraciones a gran escala. Esto también conducirá a un aumento en los incidentes conflictivos entre los usuarios de los recursos. Por su propia naturaleza, las personas desplazadas dependen en gran medida de su entorno para obtener alimentos, leña y otras necesidades de subsistencia, lo que suele conducir a la degradación o pérdida de bosques y otros recursos (Hunter y Heywood, 2011).

En estos contextos, lograr la conservación y el uso sostenible de los recursos requerirá un cambio de paradigma en la forma en que abordamos la gestión, el diseño y la conectividad de las áreas protegidas, y necesitaremos alianzas más efectivas entre las administraciones de áreas protegidas, los departamentos forestales y agrícolas que trabajen a través de agroecosistemas tradicionales, y los movimientos sociales e indígenas (Perfecto *et al.*, 2009; Padulosi *et al.*, 2011).

Desarrollo y áreas protegidas

A menudo, los proyectos a gran escala que hacen parte del crecimiento económico nacional o subnacional, así como las estrategias de desarrollo, pueden estar dentro o adyacentes a un área protegida. Estos incluyen, entre otros, la minería y otras formas de extracción; los proyectos de hidroelectricidad e irrigación; las carreteras y autopistas; los puertos; las instalaciones deportivas y turísticas; las líneas de comunicación y de transmisión de energía, y la expansión urbana. Muchos de estos proyectos representan serias amenazas para los ecosistemas, las especies y las poblaciones humanas dentro de las áreas protegidas.

Estudio de caso 25.9 Contrarrestar las amenazas externas en la isla de Corón, Filipinas

Con frecuencia, las luchas de la comunidad para mantener o revivir el uso sostenible se han incorporado o han conducido a luchas políticas más amplias por los derechos y el control; este es especialmente el caso de muchos TICCA. El pueblo Tagbanwa de Filipinas, que habita la increíblemente bella isla de piedra caliza de Corón, estableció estrictas regulaciones de uso en su isla (Ferrari y de Vera, 2003) (véase la fotografía de la página del título, Capítulo 8). Los recursos forestales solo se utilizan para fines domésticos. Casi todos los lagos de agua dulce son sagrados. La entrada a esos lagos está estrictamente prohibida para todos, excepto para fines religiosos y culturales. El único lago accesible para un turismo altamente regulado es el lago Kayangan.

Hasta hace poco, los derechos territoriales de los Tagbanwa no tenían un reconocimiento legal, lo que llevó a la invasión de pescadores migrantes, operadores turísticos, políticos que buscaban acuerdos de tierras y agencias gubernamentales. Esto condujo al empobrecimiento de los ecosistemas y los recursos marinos.

A mediados de la década de 1980, los isleños se organizaron en la Fundación Tagbanwa de la isla de Corón (Tagbanwas Foundation of Coron Island, TFCI) e hicieron cabildeo para recuperar el control del manejo de sus recursos naturales. Primero solicitaron un Acuerdo Comunitario de Cuidado Forestal (Community Forest Stewardship Agreement, CFSA), el cual se otorgó en 1990 sobre las 7748 hectáreas de la isla de Corón y una isla vecina, Delian, pero no sobre las áreas marinas. Los Tagbanwa continuaron su lucha y en 1998 obtuvieron un Certificado de Reclamo de Dominio Ancestral por 22.284 hectáreas de tierras y aguas marinas. Finalmente, en 2001, después de delinear un mapa de alta calidad y un Plan de Manejo de Tierras Ancestrales, lograron obtener un Certificado de Título de Dominio Ancestral (Certificate of Ancestral Domain Title, CADT), el cual otorga derechos colectivos sobre la tierra.

Existen pocas evaluaciones nacionales o regionales sobre el nivel y los tipos de amenazas que el desarrollo plantea para las áreas protegidas. En India, la encuesta nacional de áreas protegidas (Kothari *et al.*, 1989) encontró que el 62% de las 293 áreas protegidas encuestadas tenían uno o más de los siguientes: carreteras, vías férreas, minería, represas, canales, industria o líneas de transmisión. Un estudio reciente de Kalpavriksh, una ONG de India, encontró que entre 1998 y 2009 cerca de trescientos proyectos que requerían el cambio de uso de tierras dentro de las áreas protegidas, solicitaron la aprobación ante la Junta Nacional para la Fauna Silvestre del Gobierno Central; aunque muchos quedaron pendientes de una decisión, de los que se abordaron, la mayoría fueron aprobados y pocos fueron rechazados (Menon *et al.*, 2010). Curiosamente, casi todas las propuestas mineras fueron aprobadas, lo cual es difícil de entender dado que la minería es extremadamente dañina.

Uno de los problemas más debatidos en relación con el desarrollo de la infraestructura que afecta a las áreas protegidas en Europa Central es la construcción de carreteras y autopistas. Con frecuencia, las carreteras y las autopistas cruzan importantes hábitats o corredores de migración para especies protegidas, como los osos pardos (*Ursus arctos*), el lince euroasiático (*Lynx lynx*), los gatos monteses (*Felis silvestris*) y los lobos (*Canis lupus*). Findo *et al.* (2007) descubrieron que la mayoría de las colisiones vehiculares con osos ocurrieron durante el período en que estos requieren altos niveles de alimentos nutritivos, desde mediados de julio hasta la hibernación entre noviembre y diciembre, cuando cubren grandes áreas atravesadas por carreteras. El resultado es que se presentan muchas colisiones vehiculares con osos dentro y fuera de las áreas protegidas. Este es un problema grave a nivel mundial, aunque hay avances recientes en el diseño de pasos superiores e inferiores que permiten un movimiento más libre de la fauna de un lado a otro (por ejemplo, véase Locke, 2010).

Durante la mayor parte del siglo pasado, la deforestación en Latinoamérica se debió a la expansión de la agricultura. No obstante, en los últimos años se ha producido una mayor deforestación debido principalmente a las agencias corporativas y sus actividades. Con el aumento en la intensidad de los patrones de consumo debido a la globalización, existe una mayor presión sobre las áreas protegidas para la producción de biocombustibles y soja, energía (geotérmica e hidroeléctrica), minería y petróleo. Actualmente, muchos países enfrentan enormes amenazas por parte de los gobiernos que intentan desafectar, reducir el tamaño o reducir la categoría de protección de las áreas protegidas (WWF, 2014). Por ejemplo, la producción de soja en Argentina, Paraguay y Brasil, y más recientemente en Bolivia, ha invadido cientos de miles de hectáreas de las áreas protegidas. Es posible que las plantaciones de aceite de palma para la producción de biocombustibles sean la principal causa de los cambios en el uso de la tierra en Asia tropical, incluso dentro de áreas protegidas gubernamentales y en muchas tierras indígenas y comunitarias que podrían conformar TICCA (Campbell *et al.*, 2008).

En otros lugares también están bajo amenaza los TICCA y otras áreas cruciales para la conservación. Debido a la construcción de varias represas hidroeléctricas en el río BioBio en Chile, los grupos indígenas Mapuche-Pehuenche libran una batalla legal contra el

Río Skeena, territorio indígena Gixtsan, Canadá
Fuente: Francois Depey

Resistencia contra la propuesta de un oleoducto/ gasoducto a través de los territorios indígenas del Skeena
Fuente: Leah Macknak

Gobierno ante la Corte Interamericana de Derechos Humanos (OLCA, 2014). En Brasil, la construcción de la represa de Belo Monte tendrá consecuencias devastadoras en un área de más de mil quinientos kilómetros cuadrados de bosque lluvioso y provocará el desplazamiento forzoso de entre veinte mil y cuarenta mil personas (Washington Post, 2013). La necesidad de "energía limpia" (un nombre inapropiado, dado que los grandes embalses tienen graves impactos ecológicos y en cuanto a cambio climático) se ha puesto muy por encima de la necesidad de la conservación y los derechos de las comunidades. La cuenca hidrográfica del Skeena en la Columbia Británica, Canadá, que alberga varios grupos indígenas y contiene una fauna importante, está amenazada por los proyectos de oleoductos y gasoductos, minas, pesquerías comerciales, silvicultura y líneas eléctricas (Skeena Watershed Conservation Coalition, 2014; SkeenaWild Conservation Trust, 2014)

En la ecozona del Gran Parque Nacional del Himalaya de India (véase el Estudio de caso 25.2), existen importantes cambios ecológicos causados o amenazados por megaproyectos hidroeléctricos como el Proyecto Parvati Hydel (Chhatre y Saberwal, 2006). Para el desarrollo hidroeléctrico se destinaron más de mil hectáreas de tierras forestales primordiales dentro del área protegida. Varios de estos proyectos a mayor o menor escala, en varios caudales adyacentes al parque, están restringiendo aún más los rangos de hogar de diferentes especies. Esto es irónico si se tiene en cuenta que en nombre de la conservación se prohibieron las actividades menos intrusivas de los aldeanos dentro del Gran Parque Nacional del Himalaya (véase el Estudio de caso 25.2).

Los TICCA, las APP y otras iniciativas de conservación que no tienen un reconocimiento oficial o un estatus formal de área protegida enfrentan amenazas incluso mayores relacionadas con los proyectos de desarrollo e infraestructura (Borrini-Feyerabend *et al.,* 2010; Kothari *et al.,* 2012). Al menos en el caso de las áreas protegidas formales, la mayoría de los países tiene algunos mecanismos legales o políticos que pueden usarse para regular tales desarrollos, pero este no es el caso para las iniciativas y los sitios de conservación no reconocidos.

Debido al gran tamaño de la red de áreas protegidas de África Oriental y Meridional, y la escala de las necesidades y aspiraciones de desarrollo económico de la región, la mayoría de las agencias de administración de áreas protegidas tienen marcos para llevar a cabo planes generales de gestión que racionalizan el desarrollo de infraestructuras como carreteras, agua, instalaciones para el personal, instalaciones y servicios turísticos, así como la planeación de la conservación y el manejo del paisaje. Estos marcos, a menudo descritos en la legislación nacional de vida silvestre o de áreas protegidas, también tienden a definir los requerimientos para las evaluaciones de impacto ambiental y social (EIAS) que deben emprenderse cuando se hace la planeación de desarrollos de infraestructura en áreas protegidas. A su vez, los requerimientos y procedimientos de las EIAS son una característica central de las leyes de gestión ambiental que, por ejemplo, fueron adoptadas en Kenia, Uganda y Tanzania durante la década de 1990 y que se han implementado gradualmente, en diversos grados y a lo largo y ancho de la región (véase el Capítulo 24).

Minería dentro de la Reserva de Tigres Sariska, India

Fuente: Ashish Kothari

La naturaleza de los procesos y hallazgos de las EIAS, así como la naturaleza legalmente procesable de la legislación ambiental en términos de responsabilizar a los encargados de tomar decisiones estatales de las decisiones e impactos regulatorios ambientales, juegan un papel importante en los debates sobre el desarrollo de infraestructura en las principales áreas protegidas regionales. En los últimos años, el más notable de estos ha sido la propuesta del gobierno de Tanzania de construir una carretera en la parte norte del Parque Nacional Serengueti para unir diferentes áreas urbanas en esa zona del país. Los biólogos expresaron su preocupación de que una carretera de este tipo podría conducir a un aumento sustancial de la mortalidad durante la migración anual norte-sur de los ñus entre las llanuras del Serengueti y la Reserva Nacional Maasai Mara al norte de Kenia (Dobson *et al.*, 2010; Norwegian University of Science and Technology, 2013). Se propusieron varios diseños de compromiso para una carretera que uniera las grandes poblaciones humanas del lago Victoria con los centros urbanos del este y se encargaron EIAS adicionales; en 2014, el diseño final de esta carretera aún era incierto. En Kenia, en la década de 2010 tuvo lugar un debate similar, aunque más limitado en términos espaciales, alrededor de una nueva carretera circunvalar en Nairobi que habría invadido los límites del Parque Nacional Nairobi, el cual se encuentra adyacente a la capital de la nación. Recientemente, esta carretera fue cuestionada con éxito en los tribunales y ahora su diseño y construcción definitivos son inciertos (Koross, 2013).

Al sur de Tanzania se desarrolló una nueva e importante mina de uranio en terrenos que fueron recientemente recortados de la Reserva de Caza Selous (Tairo, 2014). La reserva Selous es un sitio patrimonio mundial, donde no se permite la minería, por lo que el recorte primero tuvo que ser aprobado por el Comité del patrimonio mundial de la UNESCO. No obstante, cuando entran en juego intereses comerciales o de infraestructura, dichos procesos plantean la posibilidad de que puedan desafectarse otras áreas protegidas, incluso aquellas con un alto nivel de reconocimiento internacional (véase el Estudio de caso 25.2).

En un contexto global, hay poco equilibrio entre el desarrollo y la conservación. En términos más generales, el contexto mundial de crecimiento económico, el aumento en los niveles de consumo, la globalización económica y financiera, el cambio climático y otros factores similares están teniendo un grave impacto en varios ecosistemas. La Evaluación de Ecosistemas del Milenio, la cual se centra en los cambios ecosistémicos que se han producido a escala global en los últimos cincuenta años, prevé que las consecuencias perjudiciales de la degradación de la Tierra pueden empeorar en los próximos cincuenta años (MEA, 2005). Advertencias similares pueden encontrarse en numerosas ediciones de la Perspectiva Mundial sobre la Diversidad Biológica (CBD, 2010).

La sostenibilidad a largo plazo de las áreas protegidas y de los esfuerzos de conservación dependerá de que se establezcan intervenciones y mecanismos institucionales eficaces para abordar mejor las verdaderas causas de la pérdida de biodiversidad. Por lo general, las autoridades del área protegida solo son responsables de la gestión y manejo dentro de las reservas, aunque la mayoría de las amenazas provienen de afuera de los límites de las áreas protegidas. Esto exige que los administradores de áreas protegidas trabajen con otras agencias y el sector privado para garantizar que las consideraciones de integridad y conservación del parque se integren en la planeación local y regional. En algunos casos, una sola agencia puede ser responsable tanto de la gestión de áreas protegidas como de la planeación del desarrollo sectorial –por ejemplo, en Madagascar, la Asociación Nacional de Gestión de Áreas Protegidas (Association National de Gestion des Aires Protégées, ANGAP) es responsable del turismo y de las áreas protegidas, pero esta es una excepción y no la regla. Los gobiernos locales pueden ser aliados valiosos para garantizar que la planeación del desarrollo complemente los objetivos de las áreas protegidas. Garantizar esta cooperación requiere no solo buenas relaciones personales, sino también un fuerte apoyo y coordinación a nivel estatal/provincial y entre los ministerios a nivel nacional. Es más probable que los gobiernos locales respalden la conservación cuando reconocen los beneficios que las áreas protegidas brindan al impulsar el crecimiento económico local (por ejemplo, el turismo en muchos países) o al mantener funciones ecosistémicas cruciales como el suministro de agua (por ejemplo, el Parque Nacional Chingaza en Colombia, la fuente de agua para Bogotá, su capital; véase Parques Nacionales Naturales de Colombia, 2008).

Uno de los pocos intentos de abordar esto sistemáticamente y a nivel mundial es la incidencia de la UICN para salvaguardar ciertas categorías de áreas protegidas. Por ejemplo, en el segundo Congreso Mundial de la Conservación de la UICN (en Amman, Jordania, en 2000), los miembros adoptaron la Recomendación 2.82 (Protección y conservación de la diversidad biológica de las áreas protegidas de cara a los efectos negativos de la exploración y extracción minera). Esta recomendación:

1. Pide que los Estados miembros de la UICN prohíban la exploración y extracción minera en áreas protegidas de las categorías I-IV.
2. Recomienda controles estrictos sobre tales actividades en áreas protegidas de las categorías V y VI.
3. Insta a que cualquier cambio en los límites de las áreas protegidas para acomodar las actividades mineras se rija por estándares estrictos.
4. Recomienda evaluaciones del impacto ambiental para garantizar que las actividades mineras fuera de las áreas protegidas no tengan un impacto negativo en ellas.

Si bien esto no fue ampliamente aceptado, en 2003 la UICN y la UNESCO lograron convencer al Consejo Internacional de Minería y Metales (Council on Mining and Minerals, ICMM) de una moratoria voluntaria sobre la minería en sitios patrimonio mundial (ICMM, 2003). Pero esto deja fuera muchas áreas protegidas que tienen una gran importancia para la conservación; la moratoria solo es voluntaria y es susceptible de violación en varios países con una gobernanza ambiental débil; el ICMM no incluye muchas compañías mineras, y posiblemente lo más importante, las áreas protegidas que no están formalmente reconocidas –así la mayoría de los TICCA y las APP, como se señaló anteriormente y en el Capítulo 7– no reciben protección de la misma. Los críticos de la minería alegan que el acuerdo es solamente un "lavado de imagen verde", ya que la industria paga poco o ningún costo, pero gana credibilidad. Además, es frecuente que algunos gobiernos estén dispuestos a recortar tierras de las áreas protegidas para permitir tales actividades (como el ejemplo de la reserva Selous mencionado anteriormente). En muchas partes del mundo, los nuevos desarrollos en la exploración petrolera, incluida la fractura hidráulica, amenazan con dañar aún más los ecosistemas naturales.

Conclusión

Vale la pena mencionar algunas observaciones finales para los dos aspectos tratados en este capítulo: el uso de los recursos y los proyectos de desarrollo.

El uso de los recursos puede contribuir de varias maneras al logro de los objetivos de conservación, en términos ecológicos (por ejemplo, cuando los valores de la biodiversidad se mantienen mediante el uso), en términos económicos (por ejemplo, cuando permitir el uso sostenible genera ingresos para la gestión del parque) y en términos sociales (por ejemplo, cuando permitir el uso local sostenible genera o mantiene el apoyo local y el "compromiso" con la conservación). Las políticas y prácticas de conservación deben ser flexibles para acomodar el uso de los recursos que las comunidades locales realizan, especialmente aquellos que son cruciales para la supervivencia y los medios de subsistencia, cuando son o pueden llegar a ser compatibles con los objetivos de conservación (asumiendo que estos objetivos se establecieron de manera democrática y se basan en los mejores conocimientos disponibles y los principios y prácticas de "buena gobernanza" descritos en el Capítulo 7). En el caso de los TICCA, y hasta cierto punto en las áreas protegidas cogestionadas, esto suele ocurrir de manera natural, pero puede requerir una atención especial en muchas áreas protegidas manejadas por el Gobierno.

En muchos casos, cuando tal uso de los recursos no es compatible con los objetivos de conservación, se han tomado medidas para imponer restricciones y la provisión o la facilitación simultánea de alternativas (por ejemplo, en el Parque Nacional Kibale; véase el Estudio de caso 25.4). Sin embargo, no siempre estas alternativas compensan adecuadamente las pérdidas (como en el caso del Gran Parque Nacional de Himalaya; Estudio de caso 25.2), o pueden ser culturalmente inapropiadas y económicamente inviables. Como se discutió anteriormente, tales deficiencias son una lección clave de las iniciativas de los ICDP en varias partes del mundo, y deben considerarse de manera especial en la planeación de la gestión y manejo de áreas protegidas.

Es importante tener en cuenta que cada situación es única; lo que funciona perfectamente para que el uso de los recursos sea sostenible en un sitio puede no funcionar en otro. Entre los sitios y las situaciones pueden establecerse algunos puntos en común, y entre los diferentes sitios pueden existir lecciones aprendidas, pero para cada sitio y situación se necesitan nuevas evaluaciones, estudios y monitoreos basados en el conocimiento local y externo. Para que toda la comunidad participe de manera eficaz en la conservación es importante que se resuelvan los conflictos inter e intracomunitarios, especialmente los relacionados con la tenencia y la propiedad de la tierra, el acceso a los recursos y la distribución de los beneficios de tales usos.

La seguridad de la tenencia, los derechos territoriales, los derechos sobre los recursos, el derecho a participar en la toma de decisiones y las responsabilidades concomitantes con la conservación y el prójimo se consideran cada vez más cruciales, no solo para la participación de las poblaciones locales en todos los tipos de gobernanza de las áreas protegidas, sino también para aclarar las funciones y responsabilidades de las agencias gubernamentales en el caso de las áreas protegidas manejadas por el Gobierno (véase el Capítulo 7).

La gestión eficaz de los recursos debe basarse en una buena información, la cual puede derivarse de métodos científicos modernos o estar integrada en la ciencia, el conocimiento y las prácticas culturales indígenas y tradicionales. El conocimiento indígena/tradicional y local puede ser de importancia central en el mapeo de hábitats y áreas de uso de recursos y en el establecimiento de zonas de uso de recursos que sean viables y socialmente aceptables.

Es importante incorporar estrategias para lidiar con diferentes tipos de falta de privilegios sociales y económicos, incluidos las desigualdades de género, las desigualdades y los prejuicios étnicos, la captura de beneficios por parte de la élite y otros factores que podrían distorsionar la distribución equitativa de las capacidades y poderes sobre la toma de decisiones y de los beneficios de conservación.

Pueden aprenderse lecciones de varios tipos de gobernanza –por ejemplo, muchos TICCA han ideado modos adaptativos y procesos institucionales para determinar niveles y tipos de uso de recursos que no pongan en peligro los ecosistemas ni las especies relevantes, de los cuales el Gobierno y otros pueden aprender. Muchas áreas protegidas manejadas por el Gobierno han desarrollado sistemas robustos de planeación de la gestión y el manejo, de los cuales los TICCA podrían aprender. A nivel nacional y subnacional, deben crearse plataformas para compartir y aprender.

Es probable que factores globales actuales y potenciales como el cambio climático, alteren la situación respecto al uso de los recursos en el interior y alrededor de las áreas protegidas. Para lograr una adaptación a tales cambios, no solo se necesitará una considerable resiliencia y flexibilidad, sino también una conectividad a lo largo de los grandes paisajes terrestres y marinos, y la colaboración entre varios titulares de derechos y partes interesadas.

Los proyectos de desarrollo e infraestructura que tengan un impacto sobre las áreas protegidas y otros sitios de conservación deben pasar por procesos de tamizaje y toma de decisiones basados en la Democracia y el conocimiento, en los que las autoridades del área protegida y las poblaciones locales deben tener una voz central. Idealmente, las políticas nacionales deben designar sitios que sean cruciales para la conservación ecológica y de la biodiversidad como áreas restringidas donde no se permitan actividades a gran escala que tengan un impacto perjudicial; esto también debería aplicarse a las "cuencas de captación" o "zonas de impacto" fuera del área protegida donde tales actividades puedan tener un impacto sobre la misma.

Si bien tales medidas, o los esfuerzos más globales como la presión de la UICN para que ciertas categorías de áreas protegidas quedan fuera del alcance de la minería, son pasos para limitar los impactos adversos del desarrollo sobre estas áreas, también hay un enfoque creciente sobre la necesidad de reorientar el marco del desarrollo. Sin esto, el daño ecológico generalizado causado por la industria extractiva, la infraestructura y otros procesos de "desarrollo", que son inherentes a un modelo que coloca al crecimiento económico por encima de todo, seguirán socavando la biodiversidad y las comunidades, especialmente las más dependientes del entorno natural. Una de las líneas de dicha reorientación es tomar el camino del "desarrollo sostenible", en el que los impactos ambientales se integran más centralmente en la planeación del desarrollo y la economía se mueve hacia procesos, tecnologías, responsabilidades y otras medidas más ecológicas. Este es el énfasis de la declaración de resultados de la Conferencia de las Naciones Unidas sobre el Desarrollo Sostenible Río + 20 (UNCSD, 2012) y de las negociaciones en curso para una agenda post-2015 que reemplace los Objetivos de Desarrollo del Milenio (Sustainable Development Knowledge Platform, 2014). Otra tendencia sostiene que esto será inadecuado ya que el desarrollo todavía depende del crecimiento económico, que es imposible de mantener en un mundo con límites ecológicos. Por lo tanto, esto hace un llamado a un cambio fundamental hacia estrategias e indicadores del bienestar humano que no se basen en el crecimiento, y que no solo estén en sintonía con los límites de la naturaleza, sino también que sean más acordes con que todos tengan un acceso directo a las necesidades básicas (agua, alimentos, vivienda, saneamiento, vestimenta, aprendizaje, salud, relaciones sociales, etc.) (Rijnhout *et al.*, 2014). Este capítulo no es el lugar para abordar estos temas con más detalle, pero los administradores de áreas protegidas, los titulares de derechos, las partes interesadas y todos los interesados en la conservación deberán comprometerse de una forma u otra con este contexto más amplio de las vías de desarrollo y bienestar.

Referencias

Lecturas recomendadas

Adams, W.M. (2004). *Against Extinction: The story of conservation*. Londres: Earthscan.

Alers, M.; Bovarnick, A.; Boyle, T.; Mackinnon, K. y Sobrevila, C. (2007). *Reducing Threats to Protected Areas: Lessons from the field*. Nueva York: The World Bank and United Nations Development Programme.

Amazon Conservation Association. (2013). Amazon Conservation Association. Recuperado de: www.amazonconservation.org/ourwork/livelihoods.html

Amend, S. y Amend, T. (1995). *National Parks without People? The South American experience*. Quito: IUCN y Parques Nacionales y Conservacion Ambiental.

Amend, T.; Brown, J.; Kothari, A.; Phillips, A. y Stolton, S. (eds.). (2008). *Protected Landscapes and Agrobiodiversity Values*. Values of Protected Landscapes and Seascape, vol. 1. Heidelberg, Alemania: IUCN y GTZ, Kasparek Verlag.

Anderson, D. y Grove, R.H. (eds.). (1987). *Conservation in Africa: Peoples, policies and practice*. Cambridge: Cambridge University Press.

Argumedo, A. (2008). The Potato Park, Peru: conserving agrobiodiversity in an indigenous biocultural heritage area. En: T. Amend, J. Brown, Kothari, A. Phillips y S. Stolton (eds.). *Protected Landscapes and Agrobiodiversity Values*. Values of Protected Landscapes and Seascape, vol. 1, pp. 45-58. Heidelberg, Alemania: IUCN y GTZ, Kasparek Verlag.

Arshad, M. y Khalid, U. (2008). Ungulate population estimate of Torghar, Pakistan. [Manuscrito inédito].

Australian Committee for IUCN. (1999). *Great Barrier Reef World Heritage Area: Condition, management and threats*. Sídney: Australian Committee for IUCN.

Bassi, M. y Tache, B. (2011). The community conserved landscape of the Borana Oromo, Ethiopia: opportunities and problems. *Management of Environmental Quality: An International Journal*, 22(2), 174-186.

Bassols Isamat, E.; Perramon Ramos, B.; Mallarach Carrera, J.M. y Falgarona Bosch, J. (2011). The conservation of the agrobiodiversity of La Garrotxa Volcanic Zone Natural Park. *Management of Environmental Quality: An International Journal*, 22(2), 233-249. Recuperado de: www.emeraldinsight.com/journals. htm?issn=1477-7835yvolume=22yissue=2yPHPSESSID=gnubmq2ks8b72aepclqldtg7v2

Battharai, B.; Ojha, H.; Ram Banjade, M. y Luintel, H. (2003). *Effect of NTFP Market Expansion on Sustainable Local Livelihoods*. Nepal: Forest Resource Action Team.

Baviskar, A. (2003). States, communities and conservation: the practice of ecodevelopment in the Great Himalayan National Park. En: V. Saberwal y M. Rangarajan (eds.). *Battles over Nature: Science and the politics of conservation*. Nueva Delhi: Permanent Black.

Bélair, C.; Ichikawa, K.; Wong, B.Y.L. y Mulongoy, K.J. (eds.). (2010). *Sustainable use of biological diversity in socio-ecological production landscapes. Background to the Satoyama Initiative for the benefit of biodiversity and human well- being*, Technical Series No. 52. Montreal: Secretariat of the Convention on Biological Diversity.

Berkes, F. (1989). *Common Property Resources: Ecology and community-based sustainable development*. Londres: Belhaven Press.

Bertzky, B.; Corrigan, C.; Kemsey, J.; Kenney, S.; Ravilious, C.; Besançon, C. y Burgess, N. (2012). *Protected Planet Report 2012: Tracking progress towards global targets for protected areas*. Gland: IUCN y Cambridge: UNEP-WCMC.

Bezaury-Creel, J. y Gutiérrez Carbonell, D. (2009). *Áreas naturales protegidas y desarrollo social en México, en Capital natural de México. Volume II: Estado de conservación y tendencias de cambio*. México: Conabio.

Bird, R.B.; Tayor, N.; Codding, B.F. y Bird, D.W. (2013). Niche construction and Dreaming logic: Aboriginal patch mosaic burning and varanid lizards (*Varanus gouldii*) in Australia. *Proceedings of the Royal Society B: Biological Sciences*, 280(1772), 20 132 297.

Bolen, E.G. y Robinson, W.L. (2003). *Wildlife Ecology and Management*, 5ª ed. San Francisco: Pearson Benjamin Cummings.

Borrini-Feyerabend, G.; Kothari, A. y Oviedo, G. (2004). *Indigenous and Local Communities and Protected Areas: Towards equity and enhanced conservation*, IUCN WCPA Best Practice Series No. 11. Cambridge: IUCN.

(2010). *Strengthening what works: recognizing and supporting the conservation achievements of indigenous peoples and local communities*, Briefing Note No. 10. Gland: IUCN WCPA- CEESP TILCEPA, ICCA Consortium, CEESP TGER, GEF SGP, WAMIP, Cenesta y GTZ.

Brandon, K.; Redford, K.H. y Sanderson, S.E. (eds.). (1998). *Parks in Peril: People, politics and protected areas*. Washington D.C.: The Nature Conservancy and Island Press.

Brown, J. y Kothari, A. (2011). Traditional and agricultural landscapes and community conserved areas: an overview. *Management of Environmental Quality: An International Journal*, 22(2), 139-153.

BurrenLIFE. (2014). *The BurrenLIFE Project*. Carron, Irlanda. Recuperado de: www.burrenlife.com/

Cadman, M.; Petersen, C.; Driver, A.; Sekhran, N.; Maze, K. y Munzhedzi, S. (2010). *Biodiversity for Development: South Africa's landscape approach to conserving biodiversity and promoting ecosystem resilience*. Pretoria, Sudáfrica: South African National Biodiversity Institute. Recuperado de: www.undp.org/content/undp/en/home/librarypage/environment-energy/ecosystems_and_biodiversity/biodiversity_fordevelopment/

Cairns, M.F. (2014). *Shifting Cultivation and Environmental Change: Indigenous people, agriculture and forest conservation*. Oxford: Routledge.

Campbell, A.; Kapos, V.; Lysenko, I.; Scharlemann, J.P.W.; Dickson B.; Gibbs H.K.; Hansen, M. y Miles, L. (2008). *Carbon Emissions from Forest Loss in Protected Areas*. Cambridge: UNEP World Conservation Monitoring Centre.

Campbell, L.; Haalboom, B. y Trow, J. (2007). Sustainability of community-based conservation: sea turtle egg harvesting in Ostional (Costa Rica) ten years later. *Environmental Conservation*, 34(2), 122-131.

Chamberlain, J.L.; Cunningham, A.B. y Nasi, R. (2004). Diversity in forest management: non-timber forest products and bush meat. *Renewable Resources Journal* (verano), 11-19.

Charles, A. (2011). Human rights and fishery rights in small-scale fisheries management. En: R.S. Pomeroy y N.L. Andrew (eds.). *Small-Scale Fisheries Management: Frameworks and approaches for the developing world*, pp. 59-74. Wallingford, Reino Unido: CAB International.

Wilson, L. (2009). Human dimensions of marine protected areas. *ICES Journal of Marine Science*, 66, 6-15.

Chhatre, A. y Agrawal, A. (2009). Trade-offs and synergies between carbon storage and livelihood benefits from forest commons. *Proceedings of the National Academy of Sciences*, 106(42), 17.667-17.670. Doi:10.1073/pnas.0905308106

Saberwal, V. K. (2006). *Democratizing Nature: Politics, conservation and development in India*. Nueva Delhi: Oxford University Press.

Chhetri, P.; Mugisha, A. y White, S. (2003). Community resources use in Kibale and Mt Elgon National Parks, Uganda. *Parks*, 13, 28-49.

Child, B. (ed.). (2004). *Parks in Transition: Biodiversity, rural development, and the bottom line*. Londres: Earthscan.

Compton, J. y Le, Q.H. (1998). *Borderline: An assessment of wildlife trade in Vietnam*. Hanoi. WWF Indochina Programme.

Convention on Biological Diversity (CBD). (2004). *Addis Ababa Principles and Guidelines*. Montreal: Convention on Global Biodiversity Secretariat. Recuperado de: www.cbd.int/sustainable/addis.shtml

(2010). *Global Biodiversity Outlook*. Montreal: Convention on Global Biodiversity Secretariat. Recuperado de: www.cbd.int/gbo/

Convention on International Trade in Endangered Species of Wild Fauna and Flora (CITES). (2000). *Bushmeat as a trade and wildlife management issue*, CoP11 Doc. 11.44. Eleventh Meeting of the Conference of the Parties, abril 10-20. Gigiri, Kenya. Recuperado de: www.cites.org/eng/cop/11/doc/44.pdf

(2013). *Status of African elephant populations and levels of illegal killing and the illegal trade in ivory: a report to the African Elephant Summit, December 2013*. Ginebra: CITES Secretariat, IUCN/SSC African Elephant Specialist Group y TRAFFIC International.

Danielsen, F.; Jensen, A.E.; Alviola, P.A.; Balete, D.S.; Mendoza, M.; Tagtag, A.; Cistodio, C. y Enghoff, M. (2005). Does monitoring matter? A quantitative assessment of management decisions from locally-based monitoring of protected areas. *Biodiversity and Conservation*, 14, 2633-2652.

Das, P. (2007). The politics of participatory conservation - the case of Kailadevi Wildlife Sanctuary, Rajasthan. En: G. Shahabuddin y M. Rangarajan (eds.). *Making Conservation Work*, pp. 113-46. Nueva Delhi: Permanent Black.

De Beer, F. (2013, octubre 4). Community-based natural resource management: living with Alice in Wonderland? *Community Development Journal* 48, 555-570. Recuperado de: journals.ohiolink.edu/ejc/article.cgi?issn=00103802yissue=v48i0004yarticle=555_cnrmlwaiw

Desor, S. (2013). *Citizens report 2013 on community forest rights under Forest Rights Act*. Pune, India: Kalpavriksh; Bhubaneshwar, India: Vasundhara, Oxfam India, Delhi, en nombre de Community Forest Rights Learning and Advocacy Process.

Dobson, A.P.; Borner, M.; Sinclair, A.R.E.; Hudson, P.J.; Anderson, T.M.; Bigurube, G. y Davenport, T.B.B. (2010). Road will ruin Serengeti. *Nature*, 467(7313), 272-273.

Dowie, M. (2009). *Conservation Refugees: The hundred-year conflict between global conservation and native peoples*. Cambridge, Estados Unidos: MIT Press.

Drew, J.A. (2005). Use of traditional ecological knowledge in marine conservation. *Conservation Biology*, 19(4), 1286-1293.

Dudley, N. (ed.). (2008). *Guidelines for Applying Protected Area Management Categories*. Gland: IUCN.

Evans, S. (1999). *The Green Republic: A conservation history of Costa Rica*. Austin: University of Texas Press.

Failing, L.; Gregory, R. y Harstone, M. (2007). Integrating science and local knowledge in environmental risk management: a decision-focused approach. *Ecological Economics*, 64, 47-60.

FairWild. (2009). FairWild Foundation. Cambridge y Zurich. www.fairwild.org/

Farvar, M.T. (2003). Myths, challenges and questions on mobile pastoralism in West Asia. *Policy Matters*, 12, 31-41.

Ferrari, M.F. y de Vera, D. (2003). A "participatory" or a "rights-based" approach? Which is best for protected areas and indigenous peoples in the Philippines? *Policy Matters*, 12, 166-170.

Fin'o, S.; Skuban, M. y Koreň, M. (2007). *Brown Bear Corridors in Slovakia*. Eslovaquia: Carpathian Wildlife Society.

Food and Agriculture Organization (FAO). (2010). *Second Report on the State of the Worlds Plant Genetic Resources for Food and Agriculture*. Roma: Food and Agriculture Organization.

(2012). *The State of World Fisheries and Aquaculture*. Roma: Food and Agriculture Organization.

Fonseca, A. (2009). *Decimosexto Informe Estado de la Nación en Desarrollo Sostenible. Informe Final. Estado de la Nación en la zona marino costera*. San José, Costa Rica: Proyecto Estado de La Nación Costa Rica.

Friedlander, A.; Sladek Nowlis, J.; Sanchez, J.A.; Appeldoorn, R.; Usseglio, P.; McCormick, C.; Bejarano, S. y Mitchell-Chui, A. (2003). Designing effective marine protected areas in Seaflower Biosphere Reserve, Colombia, based on biological and sociological information. *Conservation Biology*, 17(6), 1769-1784.

Frisina, M.R. (2000). Suleiman markhor (*Capra falconeri jerdoni*) and Afghan urial (*Ovis orientalis cycloceros*) population status in the Torghar Hills, Balochistan Province, Pakistan. [Reporte inédito para Society for Torghar Environmental Protection and the United States Fish and Wildlife Service].

Tareen, S.N.A. (2009). Exploitation prevents extinction: case study of endangered Himalayan sheep and goats. En: B. Dickson, J. Hutton y B. Adams (eds.). *Recreational Hunting, Conservation and Rural Livelihoods: Science and practice*, pp. 141-156. Oxford: Wiley-Blackwell.

Galland, P. (2013). *Appraisal Report: Retezat National Park with extension to Piatra Craiului (Romania)*. Convention on the Conservation of European Wildlife and Natural Habitats, T-PVS/DE (2013) 3. Council of Europe. Recuperado de: wcd.coe.int/ViewDoc.jsp?id=2042185ySite=

Galvin, M. y Haller, T. (2008). *People, Protected Areas and Global Change: Participatory conservation in Latin America, Africa, Asia and Europe*. Berna, Suiza: University of Bern, NCCR North-South.

Gell, F.R. y Roberts, C.M. (2002). *The Fishery Effects of Marine Reserves and Fishery Closures*. Washington D.C.: WWF.

Geoghegan, T. y Renard, Y. (2002). Beyond community involvement: lessons from the insular Caribbean, *Parks* (Special Issue on Local Communities and Protected Areas), 12(2), 16-26.

Gibson, C.C. (1999). *Politicians and Poachers: The political economy of wildlife policy in Africa*. Cambridge: Cambridge University Press.

Govan, H. (ed.). (2009). *Status and Potential of Locally Managed Marine Areas in the South Pacific: Meeting nature conservation and sustainable livelihood targets through widespread implementation of LMMAs*. Numea, Nueva Caledonia: Initiative for the Protection and Management of Coral Reefs in the Pacific. Recuperado de: SPREP/WWF/WorldFish-Reefbase/CRISP.

Jupiter, S. y Comley, J. (2012). Recognition and support of ICCAs in Fiji. En: A. Kothari, with C. Corrigan, H. Jonas, A. Neumann y H. Shrumm (eds.). *Recognizing and Supporting Territories and Areas Conserved by Indigenous Peoples and Local Communities: Global overview and national case studies*, pp. 138-913, CBD Technical Series No. 64. Montreal: Secretariat of the Convention on Biological Diversity, ICCA Consortium, Kalpavriksh y Natural Justice.

Graves, A. (2004). *Mapping Subsistence Agriculture in the National Park of American Samoa*. National Park Service. Washington D.C.: US Department of the Interior. Recuperado de: www.nps.gov/gis/mapbook/tech/30.html

Gubbi, S.; Linkie, M. y Leader-Williams, N. (2008). Evaluating the legacy of an integrated conservation and development project around a tiger reserve in India. *Environmental Conservation*, 35, 331-339. Doi:10.1017/S0376892908005225

Gugić, G. (2009). *Managing Sustainability in Conditions of Change and Unpredictability: The living landscape and floodplain ecosystem of the Central Sava River Basin*. Krapje, Croatia: Lonjsko Polje Nature Park Public Service.

Hackel, J.D. (1999). Community conservation and the future of Africa's wildlife. *Conservation Biology*, 13, 726-734.

Harper, S.; Zeller, D.; Hauzer, M.; Pauly, D. y Sumaila, R.U. (2013). Women and fisheries: contribution to food security and local economies. *Marine Policy*, 39, 56-63. Doi:10.1016/j.marpol.2012.10.018

Hayes, T.M. (2006). Parks, people, and forest protection: an institutional assessment of the effectiveness of protected areas. *World Development*, 34(12), 2064-2075.

Heywood, V.H. (1999). Trends in agricultural biodiversity. En: J. Janick (ed.). *Perspectives on New Crops and New Uses*, pp. 2-14. Alexandria, Estados Unidos: ASHS Press.

Homewood, K.M. y Rodgers, W.L. (1991). *Maasailand Ecology: Pastoralist development and wildlife conservation in Ngorongoro, Tanzania*. Cambridge: Cambridge University Press.

Hunter, D. y Heywood, V.H. (2011). *Crop Wild Relatives: A manual of in situ conservation*. Londres: Earthscan.

Infield, M. (2003). National parks as cultural entities. *Policy Matters*, 13, 64-70.

International Council on Mining and Metals (ICMM). (2003). *ICMM Position Statement on Mining and Protected Areas*, Londres: International Council on Mining and Metals. Recuperado de: www.icmm.com/publications/497ICMMPositionStatementonMiningandProtectedAreas.pdf

International Union for Conservation of Nature (IUCN). (2000). *IUCN Policy Statement on Sustainable Use of Wild Living Resources*, Resolution 2.29, First World Conservation Congress. Gland: IUCN.

(2004). Themesheet I6: Octopus and sea cucumber fisheries. En: *Managing Marine Protected Areas: A toolkit for the Western Indian Ocean*. Nairobi: IUCN Eastern African Regional Programme. Recuperado de: wiomsa.org/mpatoolkit/Themesheets/I6_Octupus_and_sea_cucumber_fisheries.pdf

United Nations Environment Programme (UNEP) y World Wildlife Fund (WWF). (1980). *World Conservation Strategy: Living resource conservation for sustainable development*. Gland: IUCN y WWF y Nairobi: UNEP.

Jan, A. (1992). *Review and Analysis of Forest Polices of Pakistan*. Islamabad: Government of Pakistan.

Kamboj, V.P. (2000). Herbal medicine. *Current Science*, 78(1), 35-39.

Kathe, W. (2011). The new FairWild standard - a tool to ensure sustainable wild-collection of plants. *Medicinal Plant Conservation*, 14, 14-17.

Pätzold, B.; Leaman, D.; Timoshyna, A.; Newton, D.; Khou, E.; Kinhal, G.; Sapkota, I.B.; Pasha, M.K.S.; Ndam, N.; Melisch, R.; Bundalo, S.; Honnef, S.; Osborn, T.; Buitrón, X. y Liu, X. (2010). *Wild for a Cure: Ground-truthing a standard for sustainable management of wild plants in the field.* Cambridge: TRAFFIC International.

Koross, K. (2013, mayo 31). Bypass stopped from encroaching on Nairobi National Park. *The Star* (Nairobi). Recuperado de: www.the-star.co.ke/news/article-122527/bypass-stopped-encroaching-nairobi-national-park

Kothari, A. (2010, marzo 7). The birds are back. *The Hindu Sunday Magazine*. Recuperado de: hindu.com/thehindu/mag/2010/03/07/stories/2010030750400700.htm

Pathak, N. (2005). Tragopans and tribals: a Naga transformation. *Sanctuary Asia*, 25(5), 60-63.

Corrigan, C.; Jonas, H.; Neumann, A. y Shrumm, H. (eds.). (2012). *Recognizing and Supporting Territories and Areas Conserved by Indigenous Peoples and Local Communities: Global overview and national case studies*, CBD Technical Series No. 64. Montreal: Secretariat of the Convention on Biological Diversity, ICCA Consortium, Kalpavriksh y Natural Justice.

Pande, P.; Singh, S. y Variava, D. (1989). *Management of National Parks and Sanctuaries in India: A status report.* Nueva Delhi: Indian Institute of Public Administration.

Singh, N. y Suri, S. (1995, octubre 28). Conservation in India: a new direction. *Economic and Political Weekly*, 30(43), 2755-2766.

Lasgorceix, A. y Kothari, A. (2009, diciembre 5). Displacement and relocation of local communities from protected areas in India: a synthesis and analysis of case studies. *Economic and Political Weekly*, XLIV(49), 37-47.

Leader-Williams, N.; Baldus, R.D. y Smith, R.J. (2009). The influence of corruption on the conduct of recreational hunting. En: B. Dickson, J. Hutton y B. Adams (eds.). *Recreational Hunting, Conservation and Rural Livelihoods*, pp. 296-316. Oxford: Wiley-Blackwell.

Leida, R.; de Zoysa, U.; Kothari, A. y Healy, H. (2014). Towards a global agenda of sustainability and equity: civil society engagement for the future we want. *UNEP Perspectives*, 12. Recuperado de: www.unep.org/civil-society/Portals/24105/documents/perspectives/ENVIRONMENT_PAPERS_DISCUSSION_12.pdf

Locke, H. (2010). Yellowstone to Yukon Connectivity Conservation Initiative. En: G.L. Worboys, W. Francis y M. Lockwood (eds.). *Connectivity Conservation Management: A global guide*. Londres: Earthscan.

Lockwood, M.; Worboys G.L. y Kothari, A. (2006). *Managing Protected Areas: A global guide*. Londres: Earthscan.

McNeely, J.A. (1998). *Mobilizing Broader Support for Asia's Biodiversity: How civil society can contribute to protected area management.* Manila: Asian Development Bank.

Miller, K.R.; Reid, W.V.; Mittermeier, R.A. y Werner, T.B. (1990). *Conserving the Worlds Biodiversity.* Washington D.C.: The World Bank y Gland: IUCN.

McShane, T.O. y Wells, M.P. (2004). *Getting Biodiversity Projects to Work. Towards more effective conservation and development.* Nueva York: Columbia University Press.

Madrigal Cordero, P. y Solís Rivera, V. (2012). Recognition and support of ICCAs in Costa Rica. En: A. Kothari, C. Corrigan, H. Jonas, A. Neumann y H. Shrumm (eds.). *Recognising and Supporting Territories and Areas Conserved by Indigenous Peoples and Local Communities: Global overview and national case studies*, pp. 127-129. CBD Technical Series No. 64. Montreal: Secretariat of the Convention on Biological Diversity, ICCA Consortium, Kalpavriksh y Natural Justice.

Margolius, R. y Salafsky, N. (2001). *Is Our Project Succeeding? A guide to threat reduction assessment for conservation.* Washington D.C.: Biodiversity Support Programme.

Martin, G.; Camacho Benavides, C.; del Campo García, C.; Fonseca, S.A.; Chapela Mendoza, F. y González Ortiz, M.A. (2011). Indigenous and community-conserved areas in Oaxaca, Mexico. *Management of Environmental Quality: An International Journal*, 22(2), 250-266.

Menon, M.; Kohli, K. y Samdariya, V. (2010). Diversion of protected areas: role of the Wildlife Board. *Economic and Political Weekly*, XLV(26-27), 18-21.

Millennium Ecosystem Assessment (MEA). (2005). *Millennium Ecosystem Assessment.* Washington D.C.: Island Press. Recuperado de: www.maweb.org

Myers, N. (1997). Environmental refugees. *Population and Environment*, 19(2), 167-182.

Naqizadeh, N.; Abbas, D. y Farvar, T. (2012). Recognition and support of ICCAs in Iran. En: A. Kothari, with C. Corrigan, H. Jonas, A. Neumann y H. Shrumm (eds.). *Recognizing and Supporting Territories and Areas Conserved by Indigenous Peoples and Local Communities: Global overview and national case studies*, pp. 132-134, CBD Technical Series No. 64. Montreal: Secretariat of the Convention on Biological Diversity, ICCA Consortium, Kalpavriksh y Natural Justice.

Naidoo, R.; Weaver, L.C.; Stuart-Hill, G. y Tagg, J. (2011). Effect of biodiversity on economic benefits from communal lands in Namibia. *Journal of Applied Ecology*, 48(2), 310-316. Doi:10.1111/j.1365-2664.2010.01955.x

Nasi, R.; Brown, D.; Wilkie, D.; Bennett, E.; Tutin, C.; van Tol, G. y Christophersen, T. (2008). *Conservation and Use of Wildlife-Based Resources: The bushmeat crisis.* CBD Technical Series 33. Montreal: Secretariat of the Convention on Biological Diversity y Bogor, Indonesia: Center for International Forestry Research.

Taber, A. y van Vliet, N. (2011). Empty forests, empty stomachs? Bushmeat and livelihoods in the Congo and Amazon Basins. *International Forestry Review*, 13(3), 355-368.

National Park Service (NPS). (2014). *National Park of American Samoa: Laws and Policies.* Recuperado de: www.nps.gov/npsa/parkmgmt/lawsandpolicies.htm

Parques Nacionales Naturales de Colombia. (2008). *Parque Nacional Natural: Chingaza.* Recuperado de: www. parquesnacionales.gov.co/PNN/portel/libreria/php/decide.php?patron=02.02021202yf_patron=02.020212

Naughton-Treves, L.; Holland, M.B. y Brandon, K. (2005). The role of protected areas in conserving biodiversity and sustaining local livelihoods. *Annual Review of Environment and Resources*, 30, 219-252. Doi:10.1146/annurev.energy.30.050504.164507

Nelson, A. y Chomitz, K.M. (2011). Effectiveness of strict vs. multiple use protected areas in reducing tropical forest fires: a global analysis using matching methods. *PLoS One*, 6(8), e22722. Doi:10.1371/journal.pone.0022722

(ed.). (2010). *Community Rights, Conservation and Contested Land: The politics of natural resource governance in Africa.* Londres: Earthscan.

(2012). Natural conservationists? Evaluating the impact of pastoralist land use practices on Tanzanias wildlife economy. *Pastoralism*, 2(1), 1-19.

Lindsey, P. y Balme, G. (2013). Trophy hunting and lion conservation: a question of governance? *Oryx*, 47(4), 501-509.

Nshala, R. y Rodgers, W.A. (2007). The evolution and reform of Tanzanian wildlife management. *Conservation and Society*, 5(2), 232.

Neumann, R.P. (1998). *Imposing Wilderness: Struggles over livelihood and nature preservation in Africa. Volume 4.* Berkeley: University of California Press.

Ngoitiko, M. y Nelson, F. (2013, octubre 8). What Africa can learn from Tanzanias remarkable Masai lands rights victory. *The Guardian*. Recuperado de: www.theguardian.com/global-development/poverty-matters/2013/oct/08/africa-tanzania-masai-land-rights-victory

Niassa Carnivore Project (2013). Niassa Carnivore Project. Recuperado de: niassalion.org/index.php

Norwegian University of Science and Technology. (2013, mayo 23). Serengeti road divides biologists: will a road across the northern tier of Serengeti National Park ruin it? *ScienceDaily*. Recuperado de: www.sciencedaily.com/releases/2013/05/130523082921.htm

Oates, J. (1999). *Myth and Reality in the Rain Forest: How conservation strategies are failing in West Africa.* Berkeley: University of California Press.

Observatorio Latinoamericano de Conflictos Ambientales (OLCA). (2014). Santiago. Recuperado de: olca.cl/oca/chile/region11/represas56.htm

Oglethorpe, J.A.E. (ed.). (1999). *Tenure and Sustainable Use.* Gland: IUCN.

Onishi, N. (2005, febrero 15). South Koreas "sea women" trap prey and turn tables. *The New York Times*. Recuperado de: www.nytimes.com/2005/02/15/international/asia/15udo.html?_r=0

Ostrom, E. (1990). *Governing the Commons: The evolution of institutions for collective action*. Cambridge: Cambridge University Press.

Padulosi, S.; Hunter, D.; Jarvis, A. y Heywood, V. (2011). Underutilized crops and climate change - current status and outlook. En: S. Yadav, B. Redden, J.L. Hatfield y H. Lotze-Campen (eds.). *Crop Adaptation to Climate Change*, pp. 507-521. Ames, Estados Unidos: Wiley-Blackwell.

Pandey, S. (2008). Linking ecodevelopment and biodiversity conservation at the Great Himalayan National Park, India: lessons learnt. *Biodiversity and Conservation*, 17, 1543-1571.

Wells, M. (1997). Ecodevelopment planning at Indias Great Himalayan National Park for biodiversity conservation and participatory rural development. *Biodiversity and Conservation*, 6(9), 1277-1292.

Parr, S.; Dunford, B.; Moran, J.; Williams, B. y Conchuir, R. (2010). BurrenLIFE - farming for conservation in the Burren. En: C. Belair, K. Ichikawa, B.Y.L. Wong y K.J. Mulongoy (eds.). *Sustainable Use of Biological Diversity in Socio-Ecological Production Landscapes: Background to the Satoyama Initiative for the Benefit of Biodiversity and Human Well-Being*, pp. 142-148, CBD Technical Series No. 52, Montreal: Secretariat of the Convention on Biological Diversity.

Parrotta, J.A. y Trosper, R.L. (eds.). (2012). *Traditional Forest-Related Knowledge*. Nueva York: Springer.

Pathak Broome, N. y Dash, T. (2012). Recognition and support of ICCAs in India. En: A. Kothari, C. Corrigan, H. Jonas, A. Neumann y H. Shrumm (eds.). *Recognizing and Supporting Territories and Areas Conserved by Indigenous Peoples and Local Communities: Global overview and national case studies*, pp. 130-2, CBD Technical Series No. 64. Montreal: Secretariat of the Convention on Biological Diversity, ICCA Consortium, Kalpavriksh y Natural Justice.

Perfecto, I.; Vandermeer, J. y Wright, A. (2009). *Natures Matrix: Linking agriculture, conservation and food sovereignty*. Londres: Earthscan.

Periyar Tiger Reserve. (2012). *India Eco Development Project*. Thekkadi, India: Periyar Tiger Reserve. Recuperado de: www.periyartigerreserve.org/indian.php

Fondo de Promoción de las Áreas Naturales Protegidas del Perú (PROFONANPE). (2012). Lima. Recuperado de: www.profonanpe.org.pe/index.php/en/projects

Pfeiffer, C. (2009, febrero 7). Mermaids of the deep. *Sydney Morning Herald Traveller*. 7 February. Recuperado de: www.smh.com.au/travel/activity/surfing-and-diving/mermaids-of-the-deep-20090204-7xbg.html

Porter-Bolland, L.; Ellis, E.A.; Guariguata, M.R.; Ruiz-Mallen, I.; Negrete-Yankelevich, S. y Reyes-Garcia, V. (2012). Community managed forests and forest protected areas: an assessment of their conservation effectiveness across the tropics. *Forest Ecology and Management*, 268 (marzo), 6-17. Doi:10.1016/j.foreco.2011.05.034

Posey, D. (ed.). (1999). *Cultural and Spiritual Values of Biodiversity*. Nairobi: United Nations Environment Programme y Londres: Intermediate Technology Publications.

Pretty, J. (2002). People, livelihoods and collective action in biodiversity management. En: T. ORiordan y S. Stoll-Kleemann (eds.). *Biodiversity, Sustainability, and Human Communities: Protecting beyond the protected*, pp. 61-86. Cambridge: Cambridge University Press.

Programa Estado de la Nación. (2006). *Duodécimo informe Estado de la Nación en Desarrollo Humano Sostenible/Programa Estado de la Nación*. San José, Costa Rica. Recuperado de: www.estadonacion.or.cr/files/biblioteca_virtual/006/info6cap4.pdf

Radachowsky, J.; Ramos, V.H.; McNab, R.; Baur, E.H. y Kazakov, N. (2012). Forest concessions in the Maya Biosphere Reserve, Guatemala: a decade later. *Forest Ecology and Management*, 268, 18-28. Doi:10.1016/j.foreco.2011.08.043

Redmond, I.; Aldred, T.; Jedamzik, K. y Westwood, M. (2006). *Recipes for Survival: Controlling the bushmeat trade*. Londres: World Society for the Protection of Animals.

Reid, H. (2001). Contractual national parks and the Makuleke community. *Human Ecology*, 29(2), 135-155.

Rijnhout, L.; de Zoysa, U.; Kothari, A. y Healy, H. (2014). Towards a global agenda of sustainability and equity: civil society engagement for the future we want. *UNEP Perspectives*, 12 (marzo), 1-12. Recuperado de: www.unep.org/post2015/Publications/TowardsAGlobalAgendaOfSustainabilityAndEqui/tabid/133352/Default.aspx

Roe, D.; Nelson, F. y Sandbrook, C. (eds.). (2009). *Community Management of Natural Resources in Africa: Impacts, experiences and future directions*. Natural Resource Issues No. 18. Londres: International Institute for Environment and Development.

Rybanič, R.; Šeffer, J. y Čierna, M. (1999). Economic valuation of benefits from conservation and restoration of floodplain meadows. En: J. Šeffer y V. Stanová (eds.). *Morava River Floodplain Meadows - Importance, restoration and management*, pp. 147-160. Bratislava: DAPHNE-Institute of Applied Ecology.

Saberwal, V.; Rangarajan, M. y Kothari, A. (2001). *People, Parks and Wildlife: Tracts for the times*, 14. Nueva Delhi: Orient Longman.

Salm, R.V.; Clark, J.R. y Siirila, E. (2000). *Marine and Coastal Protected Areas: A guide for planners and managers*. Gland: IUCN.

Sathurusinghe, A.; Seneneyake, S.J.G.N.; Wijesundara, D.S.A. y Wijesekara, G.A.W. (2010). Species management plan for *Cinnamomum capparu-coronde Blume*. En: B. Marambe y A. Wijesekara (eds.). *Conservation and Utilization of Crop Wild Relatives of Sri Lanka*, pp. 35-36. Sri Lanka: Department of Agriculture and Ministry of Environment and Natural Resources.

Schippmann, U.; Leaman, D. y Cunningham, A.B. (2006). Cultivation and wild collection of medicinal and aromatic plants under sustainability aspects. En: R.J. Bogers, L.E. Craker y D. Lange (eds.). *Medicinal and Aromatic Plants: Agricultural, commercial, ecological, legal, pharmacological and social aspects*. Dordrecht, Países Bajos: Springer.

Schliep, R.; Bertzky, M.; Hirschnitz, M. y Stoll- Kleemann, S. (2008). Changing climate in protected areas? Risk perception of climate change by biosphere reserve managers. *GAIA*, 17(1), 116-124.

Schulte-Herbrüggen, B.; Cowlishaw, G.; Homewood, K. y Rowcliffe, J.M. (2013). The importance of bushmeat in the livelihoods of West African cash-crop farmers living in a faunally-depleted landscape. *PloS One*, 8(8), e72807.

Shahabuddin, G. (2010). India ecodevelopment project: a fragmented legacy. En: G. Shahabuddin *Conservation Crossroads: Science, society and the future of Indias wildlife*, pp. 166-186. Delhi: Permanent Black.

Shriar, A. (1999). Resource conservation and rural neglect: an example from Petén, Guatemala. *Delaware Review of Latin American Studies*, 1(1). Recuperado de: www.udel.edu/LASP/vol1Avrum.html

Skeena Watershed Conservation Coalition. (2014). Skeena Watershed Conservation Coalition, Old Hazelton, British Columbia. skeenawatershed. com

Skeena Wild Conservation Trust (2014). Skeena Wild Conservation Trust. British Columbia: Terrace. Recuperado de: skeenawild.org

Spalding, M.D.; Meliane, I.; Milam, A.; Fitzgerald, C. y Hale, L.Z. (2013). Protecting marine spaces: global targets and changing approaches. *Ocean Yearbook*, 27, 213-248.

Spence, M. (1999). *Dispossessing the Wilderness: Indian removal and the making of the national parks*. Nueva York: Oxford University Press.

Spenceley, A. (ed.). (2008). *Responsible Tourism: Critical issues for conservation and development*. Nueva York: Routledge.

Steenkamp, C. y Uhr, J. (2000). *The Makuleke Land Claim: Power relations and community-based natural resource management*. Londres: International Institute for Environment and Development.

Stoll-Kleemann, S. y Welp, M. (2008). Participatory and integrated management of biosphere reserves. *GAIA*, 17, 161-168.

Sustainable Development Knowledge Platform. (2014). Sustainable Development Knowledge Platform. sustainabledevelopment.un.org

Tairo, A. (2014, mayo 13). Tanzania gives go ahead to uranium mining in Selous Game Reserve. *eTurboNews*. Recuperado de: www.eturbonews.com/45745/tanzania-gives-go-ahead-uranium-mining-selous-game-reserve

Tandon, V. (2002). Getting women to choose: case study on sustainable livelihoods and poverty alleviation. Bishkek, Kyrgyzstan: Mountain Forum E-Consultation for the UNEP/Bishkek Global Mountain Summit, octubre 29 - noviembre 1.

Tebtebba Foundation. (2008). *Indicators Relevant for Indigenous Peoples: A resource book*. Tebtebba Foundation. Baguio City, Philippines. Recuperado de: www.tebtebba.org/index.php/content/123-indicators-relevant-for-indigenous-peoples-a-resource-book%20%20

Technical and Policy Core Group (TPCG) y Kalpavriksh (2005). *Securing India's future: final technical report of the National Biodiversity Strategy and Action Plan*. Pune, India: Technical and Policy Core Group and Kalpavriksh. Recuperado de: www.kalpavriksh.org/index.php/conservation-livelihoods1/72-biodiversity-and-wildlife/national-biodiversity-strategy-action-plan/224-nbsap-final-technical-report.html

Terborgh, J. (2004). *Requiem for Nature*. Washington D.C.: Island Press.

United Nations (UN). (2009). *State of the Worlds Indigenous Peoples*. Nueva York: United Nations.

United Nations Conference on Sustainable Development (UNCSD). (2012). *The Future We Want*, A/Conf.216/L.1. Nueva York: United Nations. Recuperado de: www.uncsd2012.org/content/documents/774futurewewant_english.pdf

United Nations University Institute of Advanced Studies Operating Unit Ishikawa/Kanazawa (UNU-IAS OUIK). (2011). *Biological and Cultural Diversity in Coastal Communities: Exploring the potential of satoumi for implementing the ecosystem approach in the Japanese Archipelago*, Technical Series No. 61. Montreal: Secretariat of the Convention on Biological Diversity.

United States Fish y Wildlife Service. (2014). *Refuge-Specific Hunting and Sport Fishing Regulations*. National Wildlife Refuge System. Recuperado de: www.fws.gov/refuges/hunting/huntfishregs.html

Unnikrishnan, P.M. y Suneetha, M.S. (2012). *Biodiversity, traditional knowledge and community health: strengthening linkages*, UNU-IAS Policy Report. Yokohama, Japón: United Nations University Institute of Advanced Studies. Recuperado de: www.ias.unu.edu/resource_centre/Biodiversity%20 Traditional%20Knowledge%20and%20 Community%20Health_final.pdf

Van Oudenhoven, F.; Mijatovic, D. y Eyzaguirre, P. (2011). Social-ecological indicators of resilience in agrarian and natural landscapes. *Management of Environmental Quality: An International Journal*, 22(2), 154-173.

Van Vliet, N.; Nasi, R.; Abernethy, K.; Fargeot, C.; Kumpel, N.F.; Obiang, A.N. y Ringuet, S. (2012). The role of wildlife for food security in Central Africa: a threat to biodiversity? En: C. de Wasseige, P. de Marcken, N. Bayol, F. Hiol-Hiol, P. Mayaux, B. Desclee, R. Nasi, A. Billand, P. Defourny y R. Ebaa Atyi (eds.). *The Forests of the Congo Basin: State of the forest 2010*, pp. 123-135. Luxembourgo: Publications Office of the European Union. Doi:10.2788/47210

Vasundhara and Kalpavriksh. (2012). *A National Report on Community Forest Rights under Forest Rights Act: Status and issues. An output of the Community Forest Rights Learning and Advocacy Process*. Delhi y Pune: Vasundhara, Bhubaneshwar y Kalpavriksh.

Vaughan, C.; McCoy, M.; Fallas, J.; Chaves, H.; Barboza, G.; Wong, G.; Rau, J.; Carranza, M. y Carbonell, M. (1996). *Management and Development for Palo Verde National Park and Lomas Barbudal Biological Reserve*. Heredia, Costa Rica: National University of Costa Rica.

Vijayan, V.S. (1991). *Keoladeo National Park Ecology Study: 1980-90. Final report*. Bombay: Bombay Natural History Society.

Wahren, C.-H.; Papst, W.A. y Williams, R.J. (1994). Long-term vegetation change in relation to cattle grazing in subalpine grassland and heathland on the Bogong High Plains: an analysis of vegetation records from 1945 to 1994. *Australian Journal of Botany*, 42, 607-639.

Wani, M. y Kothari, A. (2007). Protected areas and human rights in India - the impact of the official conservation model on local communities. *Policy Matters*, 15, 100-114.

Washington Post. (2013, mayo 27). In Brazil, Amazonian Indians protest hydroelectric dam. *Washington Post*, Recuperado de: www.washingtonpost.com/world/in-brazil-amazonian-indians-protest-hydroelectric-dam/2013/06/10/f90539b6-cee5-11e2-8845- d970ccb04497_gallery.html#photo=1

Wells, M.; Brandon, K. y Hannah, L. (1992). *People and Parks: Linking protected area management with local communities*. Washington D.C.: The World Bank, WWF y US Agency for International Development.

Guggenheim, S.; Khan, A.; Wardojo, W. y Jepson, P. (1999). *Investing in Biodiversity: A review of Indonesia's integrated conservation and development projects*. Washington D.C.: The World Bank.

West, P.; Igoe, J. y Brockington, D. (2006). Parks and peoples: the social impact of protected areas. *Annual Review of Anthropology*, 35, 251-277.

Western, D. y Gichohi, H. (1993). Segregation effects and the impoverishment of savanna parks: the case for ecosystem viability analysis. *African Journal of Ecology*, 31(4), 269-281.

Wieting, R. (2004). *Sustainable Land Use in European Protected Areas*. Bruselas: IUCN Regional Office for Europe.

Wikipedia. (2014). *Niassa Reserve*. Recuperado de: en.wikipedia.org/wiki/Niassa_Reserve

Wildlife Institute of India (WII). (1999). *An Ecological Study of the Conservation of Biodiversity and Biotic Pressures in the Great Himalayan National Park Conservation Area: An ecodevelopment approach. Volumes 1-6*, Reporte final, Forestry Research Education and Extension Project - Great Himalayan National Park. Dehradun, India: Wildlife Institute of India.

Williams, R.J. (1990). Cattle grazing within subalpine heathland and grassland communities on the Bogong High Plains: disturbance, regeneration and the shrub-grass balance. *Proceedings of the Ecological Society of Australia*, 16, 255-265.

Wittmer, H.U.; Mark Elbroch, L. y Marshall, A.J. (2013). Good intentions gone wrong: did conservation management threaten endangered huemul deer *Hippocamelus bisulcus* in the future Patagonia National Park? *Oryx*, 47(3), 393-402. Doi:10.1017/S0030605312000531

World Resources Institute (WRI), International Union for Conservation of Nature (IUCN) y United Nations Environment Programme (UNEP). (1992). *Global Biodiversity Strategy: Guidelines for action to save, study, and use Earth's biotic wealth sustainably and equitably*. Gland: WRI, IUCN y UNEP.

World Wildlife Fund (WWF). (2014). *PADDDtracker: Tracking protected area downgrading, downsizing, and degazettement*. Recuperado de: www.PADDDtracker.org

Zinn, C. y Vidal, J. (1999, enero 14). How prawn cocktails and tourists are taking the life out of the Great Barrier Reef . *The Guardian*. Recuperado de: www.theguardian.com/world/1999/jan/14/johnvidal

CAPÍTULO 26

MANEJO DE INCIDENTES

Autor principal:
Graeme L. Worboys

CONTENIDO

IUCN WCPA World Commission on Protected Areas Convention on Biological Diversity

AUTOR PRINCIPAL

GRAEME L. WORBOYS es co-vicepresidente de Conservación de la Conectividad y Montañas en CMAP de la UICN y becario adjunto en la Escuela Fenner, Universidad Nacional de Australia.

AGRADECIMIENTOS

Se agradece al Dr. Malcolm Gill de la Universidad Nacional de Australia, a Stuart Ellis del Consejo de la Autoridad de Servicios de Emergencia e Incendios de Australasia y a Gregor Manson del Gobierno de Australia por sus revisiones del manuscrito del capítulo. Doy las gracias al Dr. Malcolm Gill por su preparación de los Cuadros 26.5 y 26.6.

CITACIÓN

Worboys, G.L. (2019). Manejo de incidentes. En: G.L. Worboys, M. Lockwood, A. Kothari, S. Feary e I. Pulsford (eds.). *Gobernanza y gestión de áreas protegidas*, pp. 879-908. Bogotá: Editorial Universidad El Bosque y ANU Press.

FOTOGRAFÍA DE LA PÁGINA DEL TÍTULO

La tripulación de respuesta inicial contra incendios parte en una misión helitransportada en un área remota, Parque Nacional Yosemite, California, EE.UU.

Fuente: Graeme L. Worboys

Introducción

Por desgracia, los incidentes naturales o causados por el ser humano son eventos comunes en las áreas protegidas. Nuestro objetivo en este capítulo es ayudar a que los profesionales de áreas protegidas estén preparados para enfrentar estos incidentes. Para hacerlo, describimos los tipos de incidentes comunes, cómo el cambio climático influye en la naturaleza de estos, la planeación y la preparación que pueden hacerse antes del incidente, el manejo real de los mismos (con el uso de sistemas mundialmente aceptados para respuestas de múltiples organizaciones) y una descripción de los requisitos del seguimiento posterior.

Nuestro enfoque en este capítulo describe el manejo de incidentes en el contexto de las respuestas a estos en las áreas protegidas de los países con una Índice de Desarrollo Humano (IDH) de moderado a alto. A menudo, estos países cuentan con amplios recursos logísticos de soporte, como en el caso de los incendios forestales (también conocidos como incendios no planeados) con camiones cisterna, buldóceres y aeronaves de extinción de incendios, y también pueden acceder a diferentes fuentes de información de incidentes para la respuesta de manejo, como satélites de teledetección, observadores en aeronaves y capacidades de modelado y pronóstico de incidentes por computadora. Es entendible que muchos países con un IDH bajo no siempre cuentan con tales recursos y que las respuestas a los incidentes tendrán que ver menos con las máquinas. No obstante, aún se aplican los principios de manejo de incidentes. Tales principios también se aplican a todos los entornos de gobernanza de áreas protegidas, especialmente si se considera que la mayoría de los incidentes a gran escala involucran a muchas organizaciones y comunidades, y el sistema de manejo de incidentes ofrece un marco muy adecuado para hacer esto. Por ejemplo, un sistema de gobernanza apropiado para un incidente en un área protegida sería uno que incluya el apoyo de múltiples organismos internacionales de socorro.

Entonces, ¿qué es exactamente un incidente? Aquí presentamos dos definiciones. La primera de ellas es más general (menos técnica): "es un evento o un conjunto de eventos que puede ser accidental, intencional o de origen natural, y que requiere una respuesta de emergencia o de aplicación de la ley" (Worboys y Winkler, 2006, p. 474). Una definición más técnica desde una perspectiva de control de incidentes es:

> [Un] evento, acontecimiento o conjunto de circunstancias que tiene una extensión espacial definida; tiene una duración definida; requiere la intervención humana; tiene un conjunto de condiciones finales que pueden definirse, y está o estará bajo el control de un individuo que tiene la autoridad para tomar decisiones sobre los medios por los cuales se llevará a una resolución. (AFAC, 2013, p. 1)

Aunque este capítulo se centra en consideraciones operacionales, somos conscientes de que enfrentar el manejo de emergencias e incidentes requiere lidiar con el desarrollo de políticas estratégicas y asuntos procedimentales en los niveles más altos de las organizaciones y el Gobierno (Handmer y Dovers, 2013). Tales consideraciones de alto nivel son el tema del Capítulo 12.

Tipos de incidentes

Existen muchos tipos diferentes de incidentes naturales que ocurren en o afectan las áreas protegidas y las personas, y muchos otros incidentes causados por el ser humano que afectan o impactan a los humanos y a estas áreas (Tabla 26.1). Por lo general, las áreas protegidas son extensas y en su mayoría son áreas terrestres y marinas naturales que existen en un mundo dinámico. Estas enfrentan, a pesar de una operación de manejo las veinticuatro horas del día y los siete días de la semana, la realidad de que los incidentes ocurrirán tarde o temprano. Anticipar esta inevitabilidad y manejarla son una parte integral del día a día de la gestión. Es importante comprender qué tipos de incidentes pueden ocurrir y cuándo y cómo pueden ocurrir. Este enfoque suele estar relacionado con las evaluaciones de la gestión de riesgos realizadas por las organizaciones de áreas protegidas (véase el Capítulo 8).

Los tipos de incidentes identificados, tanto naturales como causados por el ser humano, pueden afectar una parte o la totalidad de un área protegida, pueden estar confinados a un único sitio, pueden tener una influencia local y, cuando son más graves, pueden tener una escala regional. Típicamente, esto significa que los administradores de áreas protegidas serán parte de una respuesta a incidentes y parte de un equipo cooperativo de múltiples organizaciones que se ocupará de un incidente. Lidiar con los incidentes por cuenta propia es cosa del pasado. No es frecuente que un solo servicio de emergencia pueda manejar una emergencia sin alguna forma de cooperación o asistencia de otros servicios de emergencia u organismos de socorro (Yates, 1999). Esto también significa que el proceso de identificar el riesgo de incidentes particulares es bastante crítico, ya que esto respalda el desarrollo de capacidades organizacionales (véase el Capítulo 9), el estado de preparación y la disposición a trabajar con otras organizaciones.

Tabla 26.1 Incidentes relevantes para las áreas protegidas

Incidentes naturales que pueden afectar las áreas protegidas	Incidentes en áreas protegidas causados por, o que involucran a, personas
Ciclones, huracanes, tifones	Personas perdidas en ambientes terrestres y marinos, y bajo tierra
Tornados	Personas heridas o enfermas, o personas que requieren rescate
Tormentas que podrían incluir vientos fuertes, polvo, rayos, granizo, frío intenso o calor intenso	Colapso de la infraestructura
Mareas de tormenta	Accidentes de vehículos, incluidos camiones con productos químicos tóxicos, contaminantes u otros materiales nocivos
Inundaciones	Accidentes aéreos
Deslizamientos de lodo y tierra	Accidentes de buques
Desborde violento de un lago glacial	Eventos de contaminación
Ventiscas y avalanchas de nieve	Lluvia radioactiva
Sequías	Incidentes entre la vida silvestre y los humanos
Incendios forestales	Caza furtiva
Terremotos	Tráfico de vida silvestre
Maremotos	Incendios accidentales
Erupciones volcánicas y eventos asociados tales como caída de ceniza, flujos piroclásticos y lahares	Incendios provocados y otros delitos, asesinatos, agresiones, agresiones sexuales y actos de terrorismo
Colapso de estructuras geológicas	Robo de recursos
Impactos de meteoritos (un evento raro pero histórico)	Tensiones sociales y protestas
Plagas	Guerra y conflicto
Enfermedades, incluidos brotes de enfermedades humanas y de la vida silvestre	Refugiados y personas desplazadas
Afectación de la vida silvestre/mortandad masiva	Drogas
Varamiento de cetáceos	

Un mundo cambiante

Al igual que las condiciones previstas, los eventos históricos pueden ofrecer una orientación amplia sobre los riesgos de incidentes que un área protegida particular puede enfrentar. En la primera parte del siglo XXI, la realidad del cambio climático y la trayectoria de la contaminación global por dióxido de carbono en los niveles más altos previstos (véase el Capítulo 17) traen consigo una serie de fenómenos climatológicos alterados con una mayor energía atmosférica los cuales deben ser anticipados por los administradores de áreas protegidas, quienes deben estar preparados para ellos. Esto difiere de los problemas que enfrentaron las generaciones anteriores de administradores de áreas protegidas. A pesar de los eventos extremos como las sequías, los grandes incendios forestales, los ciclones, los tornados y otros incidentes climáticos, los administradores anteriores no tuvieron que lidiar tanto con la dinámica de los cambios rápidos y los extremos climáticos. Dicha variación se ha relacionado directamente con la contaminación atmosférica por dióxido de carbono producida por los humanos y el consiguiente cambio climático. Los encargados del manejo de incidentes en las áreas protegidas (y en otros lugares) tienen que enfrentarse con un mundo

Los seres humanos y la vida silvestre mientras comparten el espacio, Nazinga, Burkina Faso, África Occidental

Fuente: Geoffroy Mauvais

cambiante y es importante analizar algunas de las implicaciones del cambio climático. Los investigadores, con sus sofisticados modelos climáticos, pueden brindar una idea del futuro. Aquí se identifican algunas de sus predicciones sobre el cambio climático y las implicaciones para el manejo de incidentes (Tabla 26.2).

Tabla 26.2 Predicciones e implicaciones del cambio climático para el manejo de incidentes

Fenómeno	Predicción	Implicaciones de riesgo para el manejo de incidentes en áreas protegidas
Dióxido de carbono	En algunas áreas, los niveles más altos de dióxido de carbono generan un efecto fertilizante sobre la vegetación (en 2013, las concentraciones atmosféricas de dióxido de carbono, metano y óxido nitroso habían aumentado a niveles sin precedentes en los últimos ochocientos mil años)	Eventos de incendio que pueden ser más intensos por el crecimiento de la vegetación leñosa y niveles más altos de combustible para incendios
Temperatura	Temperaturas medias más altas, mayores que 1,5°C para el año 2100 (hasta 2013, cada una de las últimas tres décadas fue sucesivamente más cálida que cualquier década anterior a 1850) (En 2013, Australia experimentó su año más caluroso registrado)	Más incidentes de incendio debido a períodos más prolongados de condiciones más cálidas Mayores temperaturas medias en el día, lo que afecta el comportamiento del fuego. Mayores temperaturas medias en la noche durante incendios forestales, lo que afecta el control de incidentes y la seguridad Nuevos incidentes con la fauna nativa por el movimiento de vida silvestre hacia los polos Nuevos incidentes de enfermedad por los rangos de distribución de los vectores de enfermedades, como en el caso de los mosquitos Más incidentes relacionados con el agua, por el mayor uso de playas y cuerpos de agua por parte de visitantes
Sequía	Un aumento de la desecación en muchas partes del mundo, incluido un aumento en el número de sequías	Incidentes entre los humanos y la vida silvestre derivados de las condiciones de sequía Tensiones sociales influenciadas por la sequía e incidentes de refugiados por la sequía
Calor extremo	Un aumento en la frecuencia de condiciones extremas de calor (en enero de 2014, en Australia se formó un "domo" de aire caliente en Australia Occidental, el cual se movió en sentido contrario a las manecillas del reloj alrededor de Australia y causó temperaturas extremas y prolongadas superiores a los 40°C en varios estados y territorios)	El calor intenso no solo crea condiciones extremas de comportamiento del fuego, sino también condiciones muy peligrosas para el control del comportamiento del fuego en cualquier incidente de incendio Hay un aumento en las olas de calor, su impacto sobre los visitantes del área protegida y la posibilidad de incidentes de emergencia que requieren primeros auxilios
Incendios forestales	Un aumento en el número de incendios extremos debido a temperaturas más altas, una reducción en las precipitaciones, una mayor disponibilidad de combustible para incendios y cambios en las condiciones del viento (en Australia, el promedio del Índice de Peligro de Incendios Forestales [Cuadro 26.1] aumentó en muchas localidades del 10% al 40% durante el período 2001-2007 versus 1980-2000)	La implementación de procedimientos mejorados de seguridad en la respuesta a los incendios El potencial de fenómenos meteorológicos generados por el fuego, como tornados de fuego Mejor capacitación para los controladores de incidentes y los encargados de la planeación
Clima extremo	Condiciones más cálidas y mayor energía en la atmósfera, lo que conduce a tormentas más intensas	Los incidentes de tormentas intensas incluyen los efectos de tormentas eléctricas, mini tornados, tornados, rayos, vientos fuertes y granizo Las tormentas de rayos sin lluvias pueden provocar múltiples incendios en un paisaje. Los incidentes de ciclones (huracanes, tifones) son más poderosos, con vientos extremos, mareas de tormenta y fuertes lluvias e inundaciones

Fenómeno	Predicción	Implicaciones de riesgo para el manejo de incidentes en áreas protegidas
Frío extremo	Los eventos climáticos de frío extremo seguirán presentándose en un contexto del calentamiento global por el cambio climático	Incidentes relacionados con tormentas de nieve y ventiscas, como búsqueda y rescate de personas perdidas en áreas protegidas remotas
Nieve	Reducción o aumento en los depósitos de nieve invernal en latitudes más altas y ambientes montañosos, y mayor variación en las temperaturas invernales	Los incidentes que involucran avalanchas pueden desencadenarse debido a capas de nieve más líquidas durante condiciones más cálidas, lo que conduce a una acumulación de nieve más inestable
Hielo	El continuo derretimiento mundial del permafrost, los glaciares y las capas de hielo	Incidentes asociados con el colapso de paredes rocosas geológicas inestables en entornos montañosos empinados tras el derretimiento del permafrost Incidentes de inundación valle abajo causados por el colapso de los lagos de deshielo glacial
Precipitación: cantidad y patrón	Las temperaturas más cálidas pueden significar una mayor evaporación y eventos de lluvia más intensos	Incidentes causados por la inundación de áreas protegidas, los cuales pueden involucrar fauna silvestre varada
Escorrentías rápidas	Tormentas extremas más frecuentes y lluvias torrenciales que causan escorrentías rápidas e inundaciones	Incidentes en áreas protegidas donde la infraestructura se ve afectada y las personas quedan atrapadas por las inundaciones
Inundaciones	Inundaciones más frecuentes debido a una mayor humedad atmosférica	Incidentes en los que las áreas protegidas se inundan y las personas, la infraestructura y la vida silvestre pueden verse afectadas
Aumento de los niveles del mar y mareas de tormenta	Los niveles globales del mar están aumentando con el derretimiento de los casquetes polares y los glaciares (Entre 1901 y 2010 los niveles mundiales del mar han aumentado un promedio de 0,19 metros) Los niveles más altos del mar y las tormentas más intensas aumentan los impactos sobre la costa por las mareas de tormenta	Incidentes que afectan las áreas protegidas costeras, especialmente durante las tormentas cuando la costa se ve afectada por niveles de agua más altos y grandes olas

Fuentes: ANU, 2009; Williams *et al.,* 2009; Climate Council, 2013; Hannam, 2013, 2014; IPCC, 2013

Valle de Yosemite lleno de humo durante los incendios forestales en julio de 2008, Parque Nacional Yosemite, EE.UU.

Fuente: Graeme L. Worboys

Estudio de caso 26.1 Los catastróficos eventos de incendio de 2009 en Victoria

El 7 de febrero de 2009, Melbourne (capital de Victoria, Australia) experimentó una temperatura récord de 46,4°C. En los peores días de peligro de incendios forestales se registraron vientos con fuerza de tormenta y velocidades de noventa kilómetros por hora con ráfagas de 115 kilómetros por hora; la humedad era del 6% y el Índice de Peligro de Incendios Forestales (Forest Fire Danger Index, FFDI) (Cuadro 26.1) excedió su valor de calibración más alto de cien "Extremo", con una lectura de más de ciento cincuenta. En 2009, bajo estas condiciones, las autoridades de bomberos de Victoria tuvieron que lidiar con 316 incendios (PoV, 2010).
Por encima se asomaba rápidamente lo peor de estos, con poderosas columnas convectivas que desarrollaron pirocúmulos hasta ocho mil quinientos metros. Estos fenómenos y una atmósfera inestable complicaron el desarrollo de los eventos de incendio con sus propios relámpagos y fuertes vientos (Tolhurst, 2009).
Se registraron récords respecto a la dispersión punteada de brasas ardientes con distancias de hasta 35 kilómetros, al igual que fenómenos de dispersión punteada en masa a corta distancia (PoV, 2010). Lamentablemente, estos múltiples incendios intensos provocaron la muerte de 173 personas y, en consecuencia, quince de estos incendios intensos fueron objeto de una Comisión Real (PoV, 2010). En las entrevistas posteriores a los incendios, tanto los voluntarios experimentados como los bomberos profesionales informaron, uno tras otro, que nunca habían visto algo como esto (ABC, 2010). La historia muestra que los incendios de 2009 en Victoria fueron uno de los peores desastres naturales de Australia y esto llevó a la creación de una nueva categoría del FFDI que está más allá de "Extremo" –llamada "Catastrófico" o Código rojo"–. Este comportamiento extremo del fuego es una contundente advertencia para el futuro, ya que los científicos predicen que los eventos de incendios catastróficos como este serán más frecuentes, especialmente dadas las temperaturas más altas y las condiciones más secas. Para los incendios de 2009 en Victoria, el organismo de investigaciones de Australia, la Organización de Investigación Científica e Industrial de la Commonwealth (Commonwealth Scientific and Industrial Research Organisation, CSIRO), informaron que las temperaturas extremadamente altas del evento de incendio eran parte de una tendencia al calentamiento global influenciada por los humanos (CSIRO, 2009).

Cuadro 26.1 El Índice de Peligro de Incendios Forestales

El Índice de Peligro de Incendios Forestales (FFDI) de McArthur combina temperatura, velocidad del viento, humedad y una medida de la sequedad del combustible. Este índice se desarrolló en Australia en la década de 1960, está calibrado en una escala de cero (sin peligro de incendio) a cien para bosques y pastizales, y se basa en el peor evento de incendio de Australia en la historia registrada para ese momento, el evento de incendio "Viernes Negro" de 1939. Un FFDI superior a cincuenta indica que, debido al comportamiento de los incendios en las copas de árboles y arbustos y su patrón de dispersión punteado en los bosques australianos dominados por eucaliptos, el clima se convierte en el indicador dominante del comportamiento del fuego, y el fuego se vuelve muy intenso y es difícil combatir un frente de incendio forestal activo (Campbell, 2009).

Un ejemplo de un incidente influenciado por los efectos del aumento de las temperaturas por el cambio climático es el de los episodios catastróficos de incendios forestales de 2009 en Victoria, Australia, los cuales devastaron diferentes tipos de uso de la tierra, incluidas las áreas protegidas (Estudio de caso 26.1).

Planeación y preparación previa al incidente

Anticipar los incidentes es una parte fundamental de la planeación y preparación antes del mismo. Una vez que se identifica el potencial, una evaluación de gestión de riesgos proporciona una importante herramienta de planeación para que las organizaciones de áreas protegidas respondan a dicho potencial. Para orientar este proceso pueden utilizarse los marcos de gestión de riesgos, tales como el estándar AS/NZ ISO 31000. Por ejemplo, el Servicio Nacional de Parques y Vida Silvestre (National Parks and Wildlife Service, NPWS) de Nueva Gales del Sur en Australia, con su sistema de 867 áreas protegidas que cubren más de siete millones de hectáreas (8,8% del estado) (CAPAD, 2010), opera dentro de una zona propensa a incendios en el este de Australia. Al realizar su evaluación de riesgos para los incidentes de incendio, el NPWS identificó las principales áreas de responsabilidad para su enfoque de gestión basada en el riesgo (NPWS, 2012) (Tabla 26.3).

Tabla 26.3 Gestión de riesgos en el manejo de incendios del Servicio Nacional de Parques y Vida Silvestre de Nueva Gales del Sur

Riesgo	Mecanismo de control para reducir el riesgo	Acciones para la reducción del riesgo
Riesgos para la salud y la seguridad del personal y los visitantes, incluidas las lesiones y la muerte	Planeación y documentos procedimentales para: Prevención Preparación Respuesta Recuperación	Uso de equipos aprobados y evaluados Uso del sistema de manejo de incidentes Planes individuales de quema para la quema programada Planes de acción de incidentes para la supresión de incendios forestales Capacitación y competencias apropiadas para todo el personal Reunión informativa después del incidente Asesoría Acciones para garantizar la seguridad de visitantes y vecinos
Riesgos para los valores del patrimonio natural y cultural	Existen áreas prioritarias para acciones específicas en el manejo de incendios	Los valores naturales y culturales son reconocidos en las estrategias de manejo de incendios de las áreas protegidas La gestión de incendios minimiza los eventos de contaminación
Riesgos para la comunidad, incluida la interrupción de la actividad económica y la estructura y el tejido social, y pérdida de confianza en el Servicio Nacional de Parques y Vida Silvestre	Aportes del público y de las partes interesadas a la gestión de incendios. Cumplimiento con las regulaciones y requisitos legales	El manejo de incendios del Servicio Nacional de Parques y Vida Silvestre implica la cooperación con los vecinos y la minimización de los impactos de los incendios forestales sobre los activos públicos y privados, incluidos los negocios
Riesgos para la administración y las finanzas, y especialmente el nivel excesivo de gastos en las operaciones de supresión	Las operaciones contra incendios siguen los procedimientos establecidos por el manual financiero	Durante el evento de incendio, el controlador de incidentes tiene la responsabilidad financiera de los gastos

Fuente: Servicio Nacional de Parques y Vida Silvestre (NPWS, 2012)

Seguridad y bienestar de las personas

La seguridad es lo primero en el manejo de un incidente. Son primordiales la seguridad y el bienestar de todas las personas, ya sean funcionarios, visitantes, vecinos u otros. Esto incluye consideraciones tales como:

- Contexto del incidente, incluida la naturaleza del incidente, cuán peligroso es para las personas y pronósticos constantes que ayuden a evaluar el comportamiento futuro.
- Niveles de habilidad, competencia y aptitud del personal, y la idoneidad de su participación en un incidente.
- Calidad, condición de mantenimiento e idoneidad del equipo operativo que se utilizará.
- Disponibilidad en espera de señales de tráfico temporales, como las barreras para el cierre de carreteras.
- Eficacia de los sistemas de manejo de incidentes para hacer un seguimiento de las oportunidades de despliegue, descanso y rotación, y la duración del servicio durante el incidente (en particular para el seguimiento de las horas de servicio del piloto y la tripulación en un incidente prolongado).
- Provisión de refugio, alimentos, primeros auxilios y capacidad de evacuación médica para las personas involucradas en el incidente.

Planeación

Los incidentes no están planeados y casi nunca ocurren en un momento conveniente, así que los administradores de áreas protegidas siempre tienen trabajo por hacer. Algunas áreas protegidas tienen incidentes recurrentes. Ya sea por fenómenos climáticos, susceptibilidad a los incendios, problemas con la vida silvestre, un gran número de visitantes u otras razones, es sensato tener planes para lidiar con dichos tipos de incidentes recurrentes. Tales planes se deben revisar regularmente y es necesario brindar una verificación constante de si están o no organizados los equipos, las capacitaciones y otros arreglos respecto al estado de alerta.

Se han adoptado varios tipos de planes de manejo de incidentes (Tabla 26.4). Estos planes ilustran la diversidad de la planeación previa para eventos de incidentes que las organizaciones de áreas protegidas de todo el mundo podrían realizar. Un elemento vital y común de todos estos planes es la importancia de reconocer claramente los arreglos específicos de gobernanza para tipos de incidentes particulares. Estos arreglos de gobernanza variarán de un incidente a otro, al igual que la responsabilidad y la rendición de cuentas de las organizaciones de áreas protegidas frente a cada tipo. Los planes de manejo de incidentes identificarán estos requerimientos y funciones.

Manejo de un incidente de incendio (quema controlada durante un incendio forestal), Carretera de las Montañas Nevadas en las Cuevas Yarrangobilly, Parque Nacional Kosciuszko, Nueva Gales del Sur, Australia

Fuente: Andy P. Spate

Tabla 26.4 Posibles planes de manejo de incidentes en áreas protegidas

Posible plan de manejo de incidentes	Tipo de evento/incidente	Algunas consideraciones específicas de la planeación
Fauna silvestre		
Plan para el varamiento cetáceos	El plan aborda los varamientos de mamíferos marinos en las costas, los cuales pueden incluir ballenas y delfines	El plan podría incluir: Guía de identificación de especies Necesidades de respuesta de rescate para especies individuales Consideraciones de seguridad para los rescatistas, especialmente por el agua fría Requerimientos para el manejo de los espectadores Equipo especializado para el apoyo de rescates La participación de expertos en mamíferos marinos Protocolos de gobernanza de incidentes y listas de verificación de enlace con las partes interesadas
Plan para incidentes con animales peligrosos	El plan brinda una guía para responder a los animales peligrosos, como cocodrilos, elefantes y tigres que afectan a los humanos y sus medios de subsistencia	El plan podría considerar: Consideraciones políticas y de seguridad para las personas Consideraciones de seguridad para los encargados del manejo de la vida silvestre Equipo especializado de captura y transporte Soporte veterinario Procedimientos para la aprobación de la eutanasia Protocolos de gobernanza de incidentes
Plan para incidentes de contaminación marina por petróleo	El plan se ocupa de los derrames de petróleo en un entorno marino que afecten las costas y las especies nativas de vida silvestre en las áreas protegidas	Normalmente, este documento hace parte de un plan de respuesta a incidentes más amplio que involucra a muchas organizaciones y que podría incluir: Procedimientos para limpiar el crudo de la vida silvestre afectada Procedimientos para limpiar el crudo de los entornos costeros Protocolos de gobernanza de incidentes y listas de verificación de enlace con las partes interesadas

Posible plan de manejo de incidentes	Tipo de evento/incidente	Algunas consideraciones específicas de la planeación
Visitantes		
Plan de búsqueda y rescate	El plan trata con visitantes de áreas protegidas que se pierden o requieren asistencia en eventos extremos	El plan podría incluir: Orientación para el desarrollo de capacidades vocacionales, como el desarrollo de habilidades para: primeros auxilios en áreas remotas, navegación, observación aérea, uso de vehículos, acceso a medios acuáticos, acceso a medios con nieve, espeleología y alpinismo Directrices de gobernanza, identificación de asociaciones y listas de verificación de enlace con otras organizaciones y especialmente con la policía, quienes podrían tener la responsabilidad general del incidente
Plan para la evacuación de emergencia de visitantes	Aunque este plan suele utilizarse para emergencias de evacuación médica, ayudará a lidiar con las evacuaciones de seguridad causadas por incendios forestales o tormentas intensas que impacten las áreas protegidas	El plan proporcionaría una guía para: Los niveles de competencia para la capacitación en primeros auxilios que el personal del área protegida requiere Aspectos logísticos, tales como métodos para evacuaciones médicas, sistemas de radiocomunicación, operaciones de helicópteros y consideraciones de seguridad Protocolos de gobernanza de incidentes
Incendios forestales		
Plan para el manejo de incidentes de incendios forestales	Este plan abordaría todos los aspectos de la respuesta a eventos de incendios no programados en un área protegida	El plan detallaría aspectos tales como: detección, ataque inicial, mapeo, predicción del comportamiento del fuego y activación de los procedimientos del sistema de control de incidentes Competencias del personal requeridas, necesidades de capacitación, preparación de equipo, sistema de turnos del personal y disposiciones del estado de alerta, y responsabilidades sobre la detección La evaluación previa de los combustibles de incendio, el riesgo de incendio en el terreno y el potencial de incendio Disposiciones de gobernanza sobre los incidentes de incendio, acuerdos sobre la presentación de informes y organizaciones clave con las que deben establecerse alianzas colaborativas
Eventos de contaminación terrestre		
Plan de respuesta a incidentes de contaminación	El plan proporcionaría una orientación para responder a una variedad de eventos de contaminación como la contaminación del aire (incendios), contaminación de arroyos o ríos (como la descarga de productos derivados del petróleo) y contaminación por accidentes de vehículos (como productos químicos tóxicos)	El plan podría incluir: Competencias del personal necesarias para reconocer y responder a los incidentes con contaminantes tóxicos Respuestas planeadas previamente para cada tipo de evento de contaminación Arreglos de gobernanza de los eventos de contaminación y protocolos de respuesta a los incidentes Lista de contactos para obtener asesoría sobre incidentes de contaminación
Incidentes de desastres naturales		
Plan para el manejo de incidentes de desastres naturales	El plan brindaría una guía para las áreas protegidas y reservas con una alta probabilidad de ser afectadas por desastres naturales tales como inundaciones, ciclones, terremotos, maremotos, erupciones volcánicas y lahares	El plan podría incluir: Arreglos de gobernanza de los incidentes naturales El papel de la organización del área protegida como parte de una respuesta al incidente a mayor escala El despliegue de equipos y personal para ayudar con las respuestas al desastre La identificación de la capacitación vocacional necesaria para hacer frente a tales incidentes

Preparación

Dentro de las organizaciones de áreas protegidas, la planeación y la preparación para los incidentes se llevan a cabo a nivel estratégico, táctico y operacional.

Preparación estratégica

Las políticas y procedimientos organizacionales para enfrentar cada tipo de incidente individual estarán establecidos y serán muy claros. Para el personal, estos podrían incluir asuntos tales como los requerimientos de seguridad y salud ocupacional, uniformes y ropa de protección, estándares mínimos de capacitación, requerimientos de competencia, seguros y remuneración, y sistemas de turnos laborales. Para las instalaciones y los equipos, los sistemas de administración de activos garantizarían el reemplazo sistemático de los equipos viejos por nuevos (véase el Capítulo 24) y se identificarían estándares mínimos de competencia para que el personal opere dichos equipos. Para el presupuesto organizacional, habría asignaciones contempladas para la capacitación vocacional que garantice la existencia del suficiente personal con las habilidades y competencias adecuadas para las operaciones de incidentes. Para las organizaciones de áreas protegidas que trabajen con otros organismos a nivel de todo el Gobierno, el mensaje sobre el estatus, la función y el papel especial de conservación de las áreas protegidas debe integrarse dentro de la psique y el *modus operandi* respecto a incidentes de organizaciones tales como defensa, silvicultura, servicios de emergencia, servicios de incendios forestales, cuerpos de bomberos, policía y departamentos de agricultura.

Preparación táctica

Por lo general, el personal de campo de las agencias y sus sistemas de áreas protegidas nacionales o subnacionales se ubican dentro o cerca de las áreas protegidas individuales, y, por lo tanto, están dispersos en un área nacional o subnacional. Cuando un incidente impacta un área protegida individual, muchas organizaciones suelen hacer esfuerzos cooperativos locales de respuesta a incidentes. Para los administradores de áreas protegidas, el número de su personal de respuesta a incidentes puede ser reforzado por el personal perteneciente a otras áreas del sistema general de áreas protegidas (tal vez nacional). Esto es particularmente importante cuando un incidente es a gran escala y necesita múltiples recursos de personal y equipos de apoyo, o tiene una larga duración y necesita el personal de ayuda a incidentes para que el personal operacional descanse; o ambos. La preparación táctica garantizaría la existencia de planes y procedimientos para movilizar y apoyar la transferencia del personal del área protegida durante los incidentes.

Salvavidas de surfistas y seguridad de los nadadores (nado entre las banderas) en el Parque Nacional Promontorio Wilson, un popular destino de *camping* y playa en Victoria, Australia
Fuente: Graeme L. Worboys

La preparación táctica garantizaría la existencia de arreglos cooperativos de manejo de incidentes en una región más grande, la cual puede incluir múltiples áreas protegidas, y que existan buenas relaciones de trabajo entre las agencias y los grupos de voluntarios. Muchos incidentes son mucho más grandes que las áreas protegidas individuales y es posible que requieran una planeación y preparación previas al incidente a una escala mucho mayor. Los impactos de un ciclón tropical (huracán o tifón) son un ejemplo de un evento a gran escala.

Preparación operacional

Típicamente, las áreas protegidas individuales y su personal cuentan con una serie de medidas de preparación implementadas. De acuerdo con la naturaleza del posible incidente, podrían implementarse sistemas de turnos del personal que anticipen incidentes, y el personal con la capacitación adecuada podría ponerse en estado de alerta. Las instalaciones y el equipo recibirían mantenimiento y estarían en capacidad funcional; algunos se mantendrían en alerta bajo ciertas condiciones climáticas (como una unidad de lucha contra incendios bajo condiciones de incendio extremas). Cuando la probabilidad de incidentes sea alta, pueden implementarse algunas operaciones especiales de patrullaje de guardaparques, al igual que acciones preventivas como la prohibición de fogatas en áreas protegidas, las alertas meteorológicas, las alertas de vida silvestre o incluso los cierres temporales de las áreas protegidas. Para las operaciones contra incendios, las torres de observación

Salvavidas de surfistas y su equipo de rescate en estado de alerta en el río Tidal, Parque Nacional Promontorio Wilson, Victoria, Australia

Fuente: Graeme L. Worboys

de incendios estarían en funcionamiento; después de las tormentas eléctricas se realizarían vuelos de aeronaves de ala fija para la detección de incendios, y las aeronaves de extinción de incendios estarían organizadas y en estado de alerta. Todos los planes de manejo de incidentes estarían actualizados, al igual que un documento que identifique todos los contactos y otra información logística necesaria durante un incidente (el plan de acción del incidente).

Prevención

La naturaleza es garantía de que siempre ocurrirán incidentes. Sin embargo, hay algunos incidentes para los cuales una evaluación de riesgos identifica que pueden prevenirse o reducirse la frecuencia de su ocurrencia. Aquí se describen algunas de estas acciones de prevención (Tabla 26.5).

Tabla 26.5 Acciones de prevención para minimizar incidentes

Incidente potencial	Acción de prevención en áreas protegidas	Anotaciones	Implicaciones de la acción
Avalancha	Reforestación	La restauración de bosques alterados ayuda a estabilizar las capas de nieve y prevenir avalanchas	El número de avalanchas se reduce
Escorrentía extrema por aguas lluvias	Restauración de la cubierta vegetal de la cuenca de captación	La restauración incluye el control de la erosión del suelo y la replantación de vegetación	La vegetación ralentiza la escorrentía y reduce los impactos aguas abajo
Deslizamientos de tierra	Restauración de la cubierta vegetal de la cuenca de captación	La restauración de la vegetación da soporte a las laderas empinadas de las montañas	Se reduce el riesgo de inestabilidad de la pendiente y de los deslizamientos de tierra
Incendio forestal	Quema para la reducción de combustible	Reducción estratégica del combustible, como cerca de una interfaz entre una zona urbana y un área protegida	La reducción de combustible aumenta la posibilidad de éxito en la supresión de incendios y en el control de cualquier ignición local
Incendio forestal	Corte de hierba y tala de vegetación	Corte de pastizales y tala de vegetación en la interfaz entre una zona urbana y un área protegida	La reducción de combustible aumenta la posibilidad de éxito en la supresión de incendios y en el control de cualquier ignición local

Incidente potencial	Acción de prevención en áreas protegidas	Anotaciones	Implicaciones de la acción
Incendio forestal	Mantenimiento de los senderos para la lucha contra incendios	El mantenimiento constante de los senderos para la lucha contra incendios permite un acceso oficial rápido para la extinción de incendios	Un ataque inicial rápido contra los incendios ayuda a suprimir los incendios forestales
Incendio forestal	Prohibición de incendios en las áreas protegidas	La prohibición de todos los incendios al aire libre	Las prohibiciones de incendios reducen la posibilidad de incendios accidentales
Fauna silvestre	Construcción de barreras para la vida silvestre	Cercas eléctricas y otras barreras prácticas para la vida silvestre	Las barreras ayudan a minimizar los incidentes entre los humanos y la vida silvestre, incluida la destrucción de cultivos por animales grandes, como los elefantes
Inundaciones	Prohibición de nadar en áreas protegidas	El cierre de un popular sitio de natación en río dentro de una zona protegida	Las prohibiciones de natación previenen de manera oficial el nado en condiciones peligrosas por ríos crecidos
Playas: olas o corrientes fuertes	Nadar entre las banderas o el cierre de la playa	Es posible que la organización de áreas protegidas tenga que contratar salvavidas de surf	Aumenta la seguridad de los visitantes del área protegida
Clima extremo	Cierre del área protegida	El cierre de un área protegida debido a condiciones climáticas extremas, como vientos ciclónicos, calor o frío extremos	Los cierres de áreas protegidas minimizan o evitan las operaciones de búsqueda y rescate, la amenaza de caída de árboles y la amenaza de exposición al calor o al frío

Respuesta a incidentes

Los sistemas de gestión de respuesta a incidentes están diseñados para ayudar a que las organizaciones logren una respuesta coordinada a las emergencias. En Estados Unidos, el Sistema Nacional Interagencial para el manejo de Incidentes (National Interagency Incident Management System, NIIMS), desarrollado en la década de 1980, ofrece un marco de respuesta para enfrentar eventos que representen una amenaza potencial o real, como desastres naturales, terrorismo doméstico, accidentes aéreos y actividades para hacer cumplir la ley. Este sistema es utilizado por todas las agencias de los condados, así como las estatales y federales de EE.UU. involucradas en eventos de incendios forestales (Annelli, 2006). El NIIMS está respaldado por el Sistema de Comando de Incidentes (Incident Command System, ICS), el cual se estableció en 1970 después de unos incendios graves en California y permite el manejo de un incidente por medio de objetivos establecidos y la dirección de ejecutivos y oficiales de línea (Annelli, 2006). El NIIMS fue bastante exitoso y sirvió como base para el desarrollo en 2003 del Sistema Nacional para el Manejo de Incidentes (National Incident Management System, NIMS) de Estados Unidos (Annelli, 2006). El NIIMS se centraba en los incendios forestales, mientras que el NIMS aborda los desafíos de todos los peligros o eventos terroristas y pone más énfasis en la prevención y la preparación. En Estados Unidos, el NIMS es el marco oficial de respuesta a incidentes.

Sistema Conjunto para el Manejo de Incidentes de Australasia

Desarrollado en la década de 1980, el Sistema Conjunto para el Manejo de Incidentes de Australasia (Australasian Inter-service Incident Management System, AIIMS) se basó en el NIIMS, pero se modificó para las condiciones de Australia. El AIIMS responde a una necesidad clave de la organización: el manejo eficaz de las emergencias requiere los esfuerzos coordinados de múltiples agencias (AFAC, 2013, p. ii). Este ofrece un sistema común de manejo de incidentes para todas las agencias y el personal de respuesta, y se ha aplicado al manejo de eventos de incendios e inundaciones, incidentes de vendavales y maremotos, manejo de plagas de langostas, manejo de varamientos de ballenas y eventos que no son emergencias, como la respuesta coordinada a la visita de una "persona muy importante".

Dada la aplicabilidad universal de los conceptos de manejo de incidentes, aquí se presentan los aspectos

Cuadro 26.2 Definiciones de términos clave

El AIIMS utiliza las siguientes definiciones en el manejo de incidentes por parte de múltiples agencias que pueden involucrar personal interestatal e incluso internacional.

Comando

El comando es la dirección interna de los miembros y los recursos de una agencia en el desempeño de las funciones y tareas de la organización, por acuerdo y de conformidad con la legislación pertinente.

Control

El control se refiere a la dirección general de las actividades de manejo de emergencias en una situación de este tipo. La autoridad para el control se establece en la legislación o en un plan de emergencia. El control conlleva la responsabilidad de asignar tareas a otras organizaciones de acuerdo con las necesidades de la situación. El control se relaciona con situaciones y opera horizontalmente entre las organizaciones.

Coordinación

La coordinación es la reunión de organizaciones y otros recursos para apoyar una respuesta de manejo de emergencias. Esta implica la adquisición y aplicación sistemática de recursos (organizacionales, humanos y de equipos) en una emergencia.

Fuente: AFAC, 2013, p. 18

fundamentales del enfoque del AIIMS para los administradores de áreas protegidas de todo el mundo. A fin de garantizar la precisión de nuestra introducción a este sistema de manejo de incidentes, en el siguiente texto nos basamos en el manual del AIIMS, publicado por el Consejo de Autoridades de los Servicios de Emergencia e Incendios de Australasia (AFAC, 2013). No obstante, recomendamos que los profesionales de áreas protegidas se valgan de su propia copia del manual del AIIMS (AFAC, 2013) o su equivalente y, si es posible, realicen un curso formal sobre manejo de incidentes. Este capítulo no pretende ser un sustituto de dicho desarrollo esencial de la capacidad vocacional. Comenzamos nuestra introducción al AIIMS con sus definiciones para tres términos clave (Cuadro 26.2).

Principios del AIIMS

El sistema de manejo de incidentes de Australasia se basa en cinco principios básicos que ayudan a que el sistema sea viable y fácil de entender. El AIIMS es adaptativo, situacional, se basa en la claridad de propósito, está diseñado para no ser demasiado difícil de manejar y tiene muy claro quién está a cargo y cuáles son las tareas principales. Esta es una razón clave por la que el sistema es esencialmente exitoso en los tiempos (potencialmente) más caóticos. Los cinco principios son los siguientes (AFAC, 2013, pp. 11-20).

1. Flexibilidad: dado que se emplea en muchos tipos diferentes de incidentes, en la implementación del AIIMS se adopta un enfoque flexible.
2. Gestión por objetivos: es un proceso de gestión (véase el Capítulo 8) en el que se establecen los resultados deseados para el incidente, y estos objetivos de los incidentes se comunican a todos los involucrados. Los objetivos se revisan regularmente en contra del progreso en la resolución del incidente.
3. Gestión funcional: consiste en estructurar una organización de respuesta a incidentes en secciones y unidades en función del trabajo que se realizará. Por lo general, se reconocen ocho funciones y un controlador de incidentes puede delegarlas como responsabilidades administrativas que son parte de una respuesta a incidentes. En esta sección se describen estas funciones.
4. Límite de control: se refiere al número de grupos o individuos que una persona puede supervisar con éxito. La proporción ideal es 1:5, pero esto puede variar.
5. Unidad de comando: refuerza que hay un conjunto de objetivos para un incidente que generan un plan para todos los que responden al incidente.

Niveles de incidentes

Comunicar la naturaleza de los incidentes es rutinario e importante, y se ha desarrollado un lenguaje común para describir cuán grande y complejo es un incidente. La identificación de los "niveles" de un incidente ayuda a que los posibles participantes identifiquen inmediatamente el grado de respuesta que pueda requerirse y quién podría estar involucrado. Por este motivo, el AIIMS reconoce tres clases de incidentes.

Por lo general, los incidentes de nivel uno son locales y un equipo de respuesta inicial puede atenderlos. Los incidentes de nivel dos son más complejos y se caracterizan por el despliegue de recursos más allá de la respuesta inicial, un incidente que se ha dividido en sectores de respuesta o ha sido testigo del establecimiento de secciones funcionales o una combinación de estas respuestas. Los incidentes de nivel tres son complejos y pueden requerir el establecimiento de divisiones para un manejo eficaz y la delegación de todas las funciones a un equipo de manejo de incidentes más grande (AFAC, 2013, p. 22). Para un manejo más eficaz, algunos incidentes que son muy grandes, complejos y prolongados

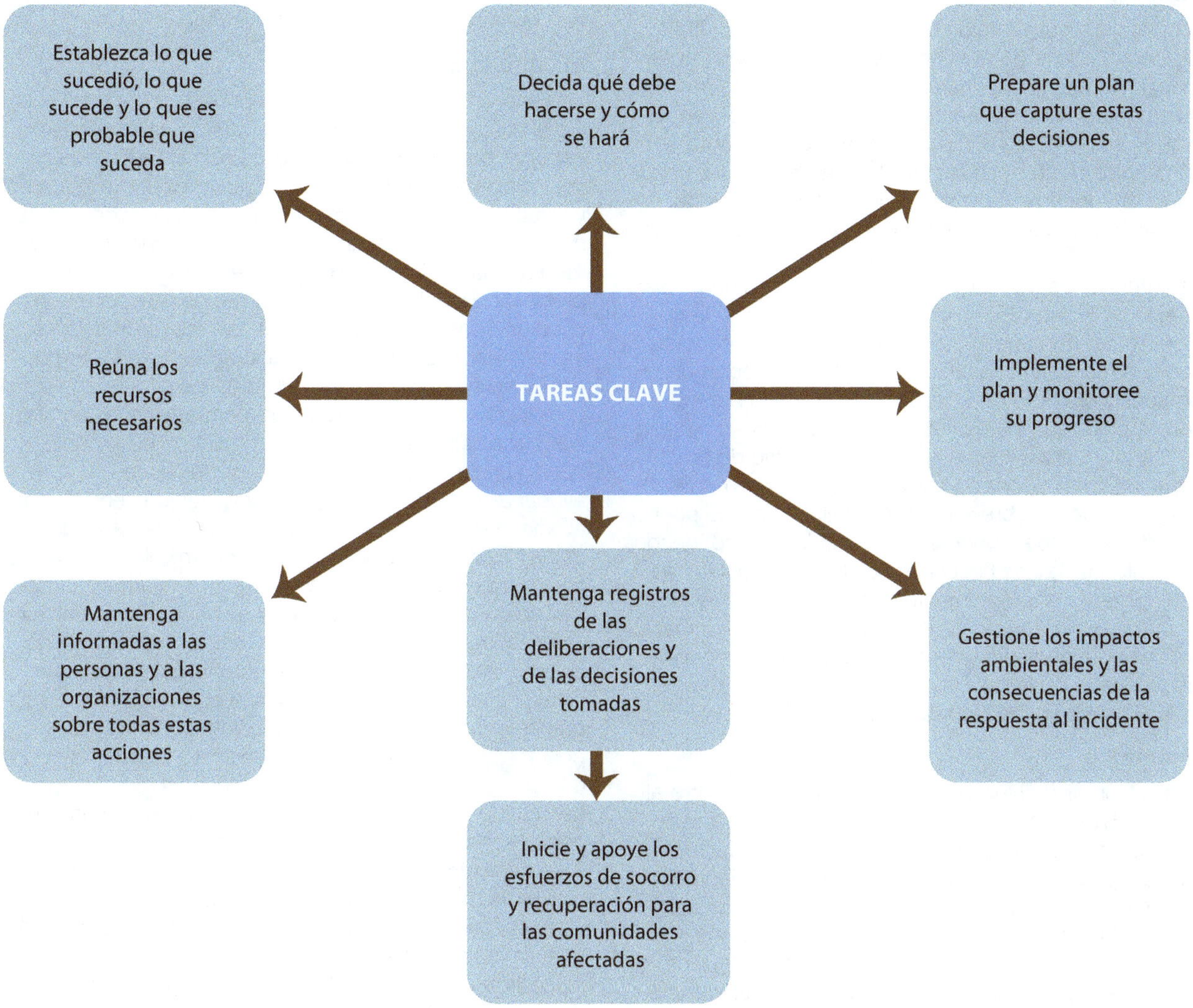

Figura 26.1 Tareas clave para el controlador de incidentes
Fuente: AFAC, 2013, p. 32

pueden dividirse (geográfica o funcionalmente) en dos o más equipos de incidentes (AFAC, 2013, p. 25).

Manejo de un incidente

Antes del incidente

El AIIMS se aplica en el contexto australiano de las responsabilidades legislativas y los acuerdos establecidos con las organizaciones estatales y territoriales (AFAC, 2013, p. 28). Para las organizaciones de áreas protegidas, es imperativo que los administradores de los niveles superiores y medios se aseguren de que las organizaciones de manejo de incidentes, su personal sénior y los posibles controladores de incidentes estén bien informados y sean conscientes de las necesidades especiales de las áreas protegidas. Parte de este trabajo sería la anticipación de eventos de incidentes, la planeación previa de respuestas y la información exhaustiva a las partes interesadas clave sobre la protección de sitios especiales, como las áreas cársticas.

Respuesta a un incidente

Para los incidentes de los niveles dos y tres, típicamente el controlador de incidentes establece un equipo de manejo, y para incidentes más grandes y complejos, este delega la mayoría de las funciones administrativas clave. Este equipo de manejo de incidentes trabaja dentro de una red de agencias de apoyo, y la cadena de mando de cada organización opera más allá de la estructura del equipo (AFAC, 2013, p.31). Las tareas clave del controlador de incidentes y del equipo de manejo de incidentes se relacionan con el sentido común, pero no son necesariamente secuenciales y pueden evolucionar en el entorno algo "desorganizado pero que se vuelve organizado" de la respuesta inicial (Figura 26.1).

Estudio de caso 26.2 Sesión informativa en el cambio de turno del controlador de incidentes

El incidente

En Australia, el sistema de control de incidentes AIIMS funciona desde la década de 1980 y las lecciones aprendidas, así como la experiencia adquirida durante muchos años, han contribuido a mejores prácticas. En el verano de 1994 se aprendió una de estas lecciones acerca de los cambios de turno eficaces. Para ese entonces, una sequía prolongada había afectado muchas partes del este de Australia; hacía calor, la yesca estaba seca y las tormentas eléctricas habían iniciado incendios en grandes extensiones de matorrales en los parques nacionales al oeste de Sídney. Estos incluyeron los parques nacionales de las Montañas Azules y Wollemi. Los incendios eran enormes, se había luchado contra ellos por muchas semanas y era hora de un relevo programado para que un controlador de incidentes tuviera el descanso necesario. Sin lluvia, era evidente la alta probabilidad de que los incendios continuaran durante muchas más semanas y se necesitaba este breve período de descanso. El controlador de relevo fue llevado en avión hacia el norte, desde las Montañas Azules hasta el valle Hunter, y hacia una línea norte-sur aparentemente continua de fuego y humo de más de treinta kilómetros de longitud. Al acercarse, se hizo evidente que este gran frente de fuego era en realidad una serie de frentes que se movían enérgicamente hacia el este bajo los fuertes vientos.

El contexto

El valle Hunter de Nueva Gales del Sur se encuentra al norte de Sídney e inmediatamente al este del Parque Nacional Wollemi. Los grandes acantilados y escarpados del parque brindan al valle un entorno majestuoso. En Australia, este valle es bien conocido por sus excelentes caballerizas, sus pintorescos viñedos y sus excelentes vinos, y quizás sea famoso de manera negativa por sus grandes minas de carbón a cielo abierto que producen carbón negro de alta calidad para la industria y la exportación. El incendio en Bulga de 1994 fue grande y ardió en la pendiente oriental del parque; destino del controlador de incidentes de relevo. Justo al este del incendio de Bulga se encontraba una de las grandes minas de carbón del valle Hunter y un depósito de carbón negro en forma de "v" invertida de muchos kilómetros de largo, con una orientación de norte a sur (lista para el transporte). El depósito de carbón estaba en ángulo recto con el frente del incendio, estaba a sotavento y a pocos kilómetros del fuego, con un pronóstico de cambio a un estado del tiempo severo.

El cambio de turno

La sesión informativa antes del anochecer fue memorable; fue al punto. Se pronosticaron vientos con intensidades capaces de expandir el fuego al carbón apilado e incluso más allá. Pero esto no era todo. Entre el depósito de carbón y el fuego se almacenaban los explosivos utilizados en las minas, y hacia el sur, había un área de entrenamiento militar llena de matorrales y con municiones sin estallar –un área prohibida para el personal o el equipo de extinción de incendios–. Las reuniones informativas incluyeron detalles del frente meteorológico, el pronóstico del estado del tiempo de veinticuatro horas, la seguridad del personal y una oferta de equipos pesados (buldóceres) por parte de las compañías mineras de carbón. El plan de control de incidentes que se brindó al nuevo equipo de incidentes fue claro. Para ayudar a cortar el fuego que se movía rápidamente hacia el este, de norte a sur a lo largo del suelo del valle Hunter debía trazarse con buldóceres una enorme línea de control para la interrupción del combustible. Los enormes camiones de bomberos interestatales y de Nueva Gales del Sur se encontraban en el sitio para ayudar a detener el fuego en este importantísimo corte de combustible. Dadas las circunstancias, el cambio de turno real tuvo que darse rápidamente y el plan de acción del incidente también tuvo que ponerse en funcionamiento de inmediato. Durante la noche, con la ayuda de algunos de los buldóceres más grandes del mundo provenientes de las partes más profundas de la cercana mina de carbón del valle Hunter, se construyó una línea de control de muchos kilómetros de largo y al menos cincuenta metros de ancho, la cual era patrullada por múltiples camiones de bomberos. El incendio fue detenido y reprimido en su flanco oriental, y los depósitos de carbón no se incendiaron. La sesión informativa durante el cambio de turno había sido clara, puntual y exitosa, y los objetivos del plan de incendios se implementaron con éxito para ese turno de doce horas.

Preparación para el próximo cambio de turno

Después del drama y la volatilidad de los eventos de la noche, aún tenía que desarrollarse la siguiente edición del plan de acción de incidentes y prepararse la reunión informativa para el turno del nuevo equipo de control de incidentes, ya que el fuego había sido controlado en un solo flanco y aún ardía.

El controlador de incidentes y el equipo de manejo del incidente se reunirán regularmente y evaluarán el estado del incidente, incluida la planeación, los recursos, la implementación, la seguridad y el bienestar de las personas que controlan el incidente, los impactos sobre la infraestructura y el medioambiente, y la eficacia (y eficiencia) de la operación.

Cambio de turno

Una etapa crítica de una operación de incidentes es la transición de un turno al siguiente. Los cambios de turno serán frecuentes durante un período de veinticuatro horas, aunque la frecuencia real dependerá de la naturaleza del incidente. A menudo, para los incendios forestales en áreas protegidas el cambio de turno es cada doce horas. En el caso de incidentes en áreas marinas, como el varamiento de ballenas, en los que los encargados de la respuesta se sumergen en el agua durante algún tiempo, la frecuencia de los cambios de turno será mucho mayor.

El cambio de turno incluye la transferencia de información de un equipo operacional de incidentes al nuevo equipo. Por ejemplo, en el caso de un incidente de incendio, el sistema obtiene beneficios por cada nuevo equipo de incidentes que posea habilidades y competencias muy similares a las del equipo de incidentes anterior. Por supuesto, parte de las responsabilidades de los dos controladores de incidentes que administran su operación combinada de veinticuatro horas es garantizar que exista una armonización de las competencias individuales del personal en ambos turnos de doce horas. Si el incidente de incendio se extiende por muchas semanas, los controladores de incidentes también tendrán que considerar una estrategia efectiva de reemplazo/descanso para sus equipos altamente capacitados, conforme las personas clave se tomen unos días de descanso bien merecidos. En un cambio de turno, una típica sesión informativa del controlador de incidentes podría incluir los siguientes detalles clave:

- Situación actual.
- Objetivos del incidente y estrategias para el incidente.
- Peligros especiales.
- Exposiciones a riesgos clave (políticos, económicos, sociales, de salud pública y ambientales).
- Plan de acción del incidente actual.
- Plan de acción del incidente que heredará el nuevo turno.
- Contactos clave (como contactos interorganizacionales y comunitarios) (AFAC, 2013, p. 33).

El Estudio de caso 26.2 ilustra una sesión informativa durante el cambio de turno: las circunstancias y la interacción entre dos controladores de incidentes en un grave evento de incendios forestales en el valle Hunter, Australia. Es posible que los cambios de turno en un incidente a gran escala sean logísticamente complejos y difíciles de implementar. Por lo general, tardan mucho más de lo planeado y el objetivo de los controladores de incidentes es siempre refinar los cambios de turno para que sean eficientes. Los cambios de turno también pueden ser peligrosos –por ejemplo, si hay retrasos en el reemplazo de las cuadrillas en los sitios clave de control del fuego–. Dada esta complejidad, el AIIMS brinda algunos consejos para el manejo del cambio de turno (Cuadro 26.3).

Cuadro 26.3 Sugerencias para el cambio de turno

Las lecciones aprendidas para mejorar la eficacia de los cambios de turno incluyen:

- El cambio de turno se hace mejor durante el día.
- Estos deben ser planeados y el personal debe estar preparado para ellos.
- La planeación debe darse en todos los niveles operativos.
- Deben desarrollarse sesiones informativas de cambio de turno específicas para cada nivel operacional.
- El personal/las cuadrillas deben hacer el cambio de turno en un área segura y adecuada cerca de su área operacional.
- El personal debe ser transportado en grupos en relación con su destino.
- El turno entrante debe alimentarse antes y el turno saliente después del cambio de turno.
- Deben evitarse horarios del cambio de turno que sean críticos para la operación de manejo de incidentes (AFAC, 2013, p. 34).

Para los incidentes de incendio, los horarios de cambio de turno suelen darse en el fresco de la noche y temprano en la mañana para evitar el peligroso comportamiento del fuego que se presenta durante el calor del día. Los principales cambios en el estado del tiempo influirán en estos horarios.

Planes de acción de incidentes

Estos planes no solo se desarrollan y refinan continuamente en un entorno dinámico, sino también pueden ser informales o, a medida que aumentan la escala y la complejidad de un incidente, pueden ser documentos formales. La planeación incluye la recopilación y el análisis de información, una evaluación de riesgos para los encargados de responder a los incidentes y, para aquellos directamente afectados por el incidente, el establecimiento de los objetivos y las estrategias del incidente y la implementación del plan. El plan se desarrolla con el aporte de los líderes funcionales de todo el equipo de manejo de incidentes, entre otros. En general, un plan no detalla las tácticas para lograr una estrategia; en su lugar, este nivel de detalle lo formula el equipo de operaciones (Figura 26.2). En el AIIMS se describe el posible contenido de un plan de acción de incidentes (Cuadro 26.4).

El panorama común de operaciones

El panorama común de operaciones es el lenguaje importante del AIIMS para la descripción acordada y compartida de un incidente (AFAC, 2013, p. 65). Este describe lo sucedido, lo que sucede en este momento y lo que se espera que suceda, y proporciona un conocimiento situacional común del incidente. Este panorama hace parte del lenguaje de un incidente que ayuda a que el manejo de incidentes funcione. Dado que el controlador de incidentes es responsable de todos los aspectos de un incidente, también es responsable de garantizar que el panorama común de operaciones sea claro, de ser necesario.

Cuadro 26.4 Lista de verificación del contenido del plan de acción del incidente

Los planes de acción de incidentes se desarrollan y refinan constantemente, y respaldan las acciones de un controlador de incidentes. Para las operaciones de incendios, con sus turnos de doce horas, se desarrollan dos planes cada veinticuatro. Dado que hay muy poco tiempo para completar este trabajo, algunas organizaciones tienen planes proforma que deben diligenciarse para una mayor eficacia. El contenido de un plan de acción de incidentes puede incluir:

- La situación actual.
- Predicciones del posible desarrollo del incidente y el riesgo.
- Objetivos de la respuesta al incidente.
- Planes de contingencia y estrategias alternativas.
- Riesgos y acciones de mitigación.
- Personal y estructura del manejo de incidentes.
- Arreglos de manejo (como el establecimiento de sectores y divisiones con sus roles).
- Recursos a ser asignados.
- Mapas del incidente y geografía de la gobernanza de la respuesta (divisiones, sectores).
- Plan médico y cuestiones de salud y seguridad ocupacional, como el manejo de sustancias químicas peligrosas, animales agresivos o aparatos de respuesta que puedan ser peligrosos.
- Plan de comunicaciones, el cual incluye información sobre todas las agencias.
- Cronogramas de las reuniones y los cambios de turno.
- Arreglos de alojamiento y bienestar.
- Arreglos logísticos.
- Plan de manejo del tráfico para el incidente.
- Un plan de información para el manejo de consultas (AFAC, 2013, p. 49).

Sesiones informativas

En todo incidente, es clave que las personas estén totalmente informadas sobre todos los aspectos del mismo antes de su despliegue, a intervalos regulares durante el incidente y especialmente durante los cambios de turno. Es fundamental realizar una reunión para informar lo ocurrido después de cada turno y antes del desplazamiento al sitio del incidente (AFAC, 2013, p. 68).

El equipo de manejo de incidentes

La estructura de un equipo de manejo de incidentes puede incluir el control de incidentes y siete funciones de soporte clave, así como el enlace, la seguridad y el cargo de controlador de incidentes delegado (Figura 26.2).

Controlador de incidentes

El controlador de incidentes asume la responsabilidad de administrar todas las actividades relacionadas con un incidente. Esta puede llegar a ser una tarea enorme y con frecuencia la oficina designada cuenta con una amplia experiencia y una capacitación avanzada. Es posible que se designe a los administradores de áreas protegidas más experimentados como controladores de incidentes, en particular cuando un incidente está confinado a un área protegida. Las responsabilidades del controlador de incidentes pueden incluir la necesidad de:

- Hacerse cargo y ejercer el liderazgo de la respuesta y el equipo de respuesta.
- Establecer una estructura de gestión.
- Establecer los objetivos de la respuesta (incluida la seguridad de las comunidades afectadas).
- Desarrollar y aprobar el plan de acción del incidente.
- Implementar el plan de acción del incidente.
- Brindar información y advertencias a los demás.
- Establecer un enlace y cooperación efectivos con todas las partes interesadas relevantes.
- Obtener y mantener el soporte humano necesario, así como otros recursos y servicios.
- Aplicar un enfoque de gestión de riesgos centrado en la seguridad.
- Garantizar que se aborden las consideraciones de socorro y recuperación, y que se presten los servicios a los afectados.
- Garantizar la colaboración entre las agencias de respuesta y recuperación (AFAC, 2013, p. 80).

Planeación

La planeación suele ser una función que el personal de administración de áreas protegidas se ve obligado a emprender dentro de una respuesta de múltiples organismos a un incidente. Por lo general, esto refleja su conocimiento del área local del incidente y su amplia capacitación en la gestión de recursos naturales. Las responsabilidades del oficial de planeación pueden incluir:

- Analizar información sobre la situación actual y proyectada del incidente.

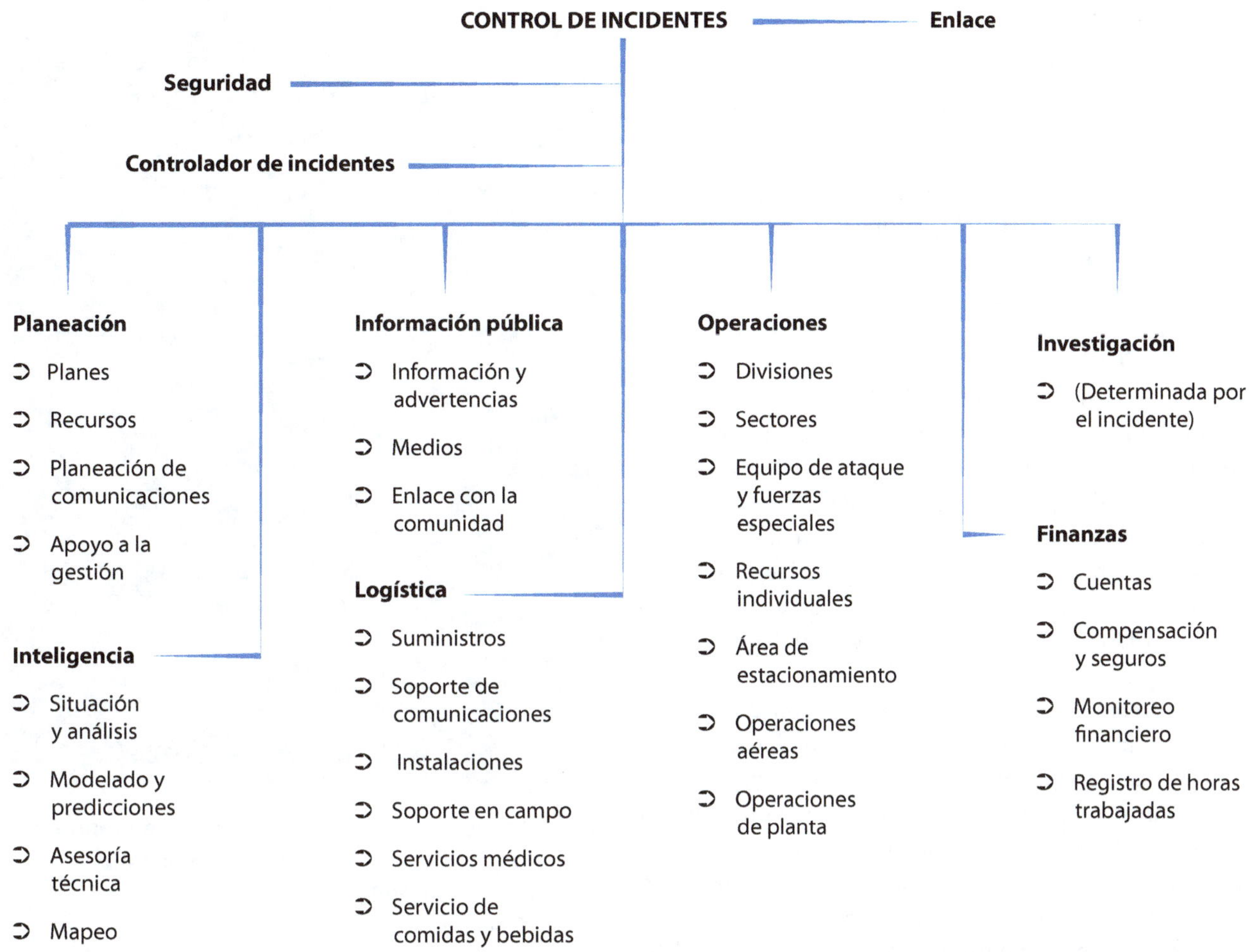

Figura 26.2 Estructura del equipo de manejo de incidentes
Fuente: AFAC, 2013, p. 40

- Identificar riesgos nuevos y emergentes (riesgos políticos, económicos, sociales, de seguridad pública o ambientales).
- Desarrollar estrategias y objetivos alternativos para el incidente a fin de apoyar a los encargados de la toma de decisiones.
- Diseminar información relevante para controlar el incidente y los posibles problemas de seguridad (Figura 26.2).
- Documentar el plan de acción del incidente para el siguiente período de operaciones.
- Desarrollar un plan de comunicaciones para el incidente (basado en el último plan de acción) que incluya una guía para el controlador de incidentes y el equipo de información pública.
- Planear cualquier contingencia en la implementación del plan de acción del incidente.
- Mantener un registro efectivo de todos los recursos solicitados, en ruta, asignados y entregados en el incidente.
- Considerar la recuperación y rehabilitación en el plan de acción del incidente.
- Desarrollar planes para el cambio de turno y la desmovilización.
- Recopilar, cotejar y almacenar los registros del incidente (AFAC, 2013, p. 92).

Inteligencia

Con frecuencia, la responsabilidad de la inteligencia recae en el equipo de planeación, aunque para incidentes complejos y a gran escala esta puede establecerse como una sección por aparte. La inteligencia puede recibir el apoyo de una unidad de situación y análisis, una unidad de modelado y predicción, una unidad de asesoría técnica y una unidad de mapeo. Normalmente, esta se apoya en la información recibida de una variedad de fuentes, incluidos los observadores terrestres y aéreos, el conocimiento local, las predicciones meteorológicas y otras fuentes. El análisis de inteligencia incluye el abordaje de una serie de preguntas clave en relación con el incidente (AFAC, 2013, p. 103).

- ¿Qué pasa?
- ¿Por qué sucede?
- ¿Cómo pueden reconciliarse las diferentes versiones de lo que sucede?
- ¿Qué es probable que suceda después?
- ¿Cuáles son los riesgos/oportunidades que surgen en el incidente?
- ¿Cuál es el peor escenario posible?

Información pública

Esta función básica garantiza la disponibilidad de una información precisa y oportuna para las partes interesadas en el incidente y para la comunidad en general aparte del equipo de manejo de incidentes. Este trabajo incluye la divulgación de advertencias e información, el manejo de los medios y de los problemas con estos, y la consulta y el enlace con las comunidades afectadas (AFAC, 2013, p. 111). Este trabajo con los medios puede incluir sesiones informativas, conferencias de prensa, comunicados de prensa, consultas de los medios e inspecciones de los medios en el área del incidente. El trabajo con las comunidades locales puede significar que tengan que organizarse reuniones comunitarias y preparar actualizaciones de la información para la comunidad. Para retroalimentar a la unidad de inteligencia, también debe hacerse una recopilación de información, como en las redes sociales, del público en general y de los medios de comunicación.

Operaciones

El oficial de operaciones tiene la responsabilidad de implementar acciones que ayuden a resolver el incidente y de cuidar a todas las personas y equipos asignados a la sección de operaciones. Por lo general, el oficial de operaciones enfrenta una situación en constante cambio y debe ser experto en lidiar con dicho cambio. Un ejemplo de un entorno altamente dinámico son las condiciones de los incendios, las cuales cambian rápidamente con las variaciones en el estado del tiempo. Para un incidente a gran escala, las operaciones pueden contar con comandantes de división, comandantes de sector, directores del área de estacionamiento, directores de operaciones aéreas y directores de operaciones en planta (AFAC, 2013, p. 123). Las responsabilidades pueden incluir:

- Garantizar la seguridad y el bienestar del personal de operaciones.
- Ayudar a desarrollar el plan de acción del incidente.
- Establecer procesos para informar adecuadamente al personal antes de su despliegue.
- Garantizar que el personal esté debidamente equipado.

Incendio de muy baja intensidad que se manejó como un incidente. Área protegida urbana, Canberra, Australia

Fuente: Graeme L. Worboys

- Mantener al personal informado de la situación en el incidente (especialmente sobre los asuntos de seguridad).
- Establecer procesos para informar al personal después del turno o de la tarea.
- Entregar informes regulares sobre el progreso al controlador de incidentes.
- Identificar riesgos nuevos y emergentes en el incidente y garantizar que se aborden de manera efectiva (AFAC, 2013, p. 121).

Investigaciones

Los incidentes complejos pueden requerir que se establezca una unidad de investigación. Por ejemplo, en un incidente de incendio las investigaciones pueden requerirse para establecer el punto de origen; en inundaciones, para evaluar el funcionamiento o las rupturas en el banco del dique contra inundaciones; en bioseguridad, para determinar cómo ingresó o se propagó una enfermedad en una región (AFAC, 2013, p. 133). Las responsabilidades de un oficial de investigaciones pueden incluir:

- Documentar en el plan de acción del incidente tanto el propósito como el resultado esperado de la investigación.

Cuadro 26.5 Una gran variedad de fenómenos del fuego

Los "fenómenos del fuego" pueden considerarse espectaculares, como los tornados de fuego (McRae *et al.*, 2013), los pseudo-frentes de llamas (Byram, 1959) y los pirocumulonimbos (Fromm *et al.*, 2010); aunque algunos fenómenos pueden parecer triviales –ignición, propagación y forma del fuego– son importantes para lograr una comprensión de los incendios, estar seguros durante los incendios y predecir el comportamiento del fuego. Lo "trivial" puede volverse más interesante a medida que la investigación se vuelve más profunda: así, la "ignición" se vuelve más interesante cuando se consideran la combustión espontánea (Armstrong, 1973), los incendios provocados (Willis, 2004) y las diversas formas de rayos (Fuquay *et al.*, 1979). A continuación, solo se consideran algunos fenómenos –algunos espectaculares y otros triviales–.

La secuencia habitual para un evento de incendio es: ignición cuando la sequedad del combustible lo permite; el fuego se propaga cuando el combustible es continuo –o cuando las discontinuidades pueden superarse debido a la propagación cuesta arriba o cuando los vientos provocan que las llamas se inclinen y conecten parches–; aceleración hasta que se alcanza una tasa de dispersión cuasi-equilibrada (Cheney y Sullivan, 2008, p. 32); un período con una tasa de dispersión cuasi-equilibrada, que varía según el clima, los combustibles y la topografía; un cese de la propagación, y un momento en que todas las llamas y la combustión latente se extinguen. La máxima tasa de propagación en cuasi-equilibrio en los pastizales australianos es de aproximadamente seis metros por segundo (Noble, 1991), mientras que la de los bosques es de aproximadamente la mitad (Gould *et al.*, 2007, p. 100).

Si las llamas son lo suficientemente altas, el fuego puede alcanzar las copas de los arbustos y árboles ("antorcheo") o incluso propagarse allí ("coronación") (Van Wagner, 1977). Si hay un substrato de turba debajo de la superficie del suelo, el fuego puede extenderse dentro de él por combustión latente, pero a una tasa muy lenta de tres a doce centímetros por hora (Wein, 1983). Si un incendio sobre la superficie del suelo orgánico inicia múltiples incendios en la superficie de turba, el área cubierta en un período determinado aumentará. Los incendios de turba pueden ser una causa importante de contaminación por humo, lo que causa problemas de salud y grandes gastos durante varios meses, como sucedió en Indonesia y en varios países vecinos en 1997-1998 (Cochrane, 2009a).

El fuego calienta el aire a su alrededor, lo cual causa que el aire caliente y el humo suban y se expandan. Con el ascenso del calor y el humo, el aire es arrastrado a la base del fuego y a niveles más altos en la columna de convección. Las llamas son alejadas del combustible no quemado a menos que la pendiente o el viento en el ambiente puedan vencer el efecto. En incendios extremadamente intensos y a gran escala, el viento en el ambiente puede ser capturado por la columna de convección y actuar efectivamente como un cortaviento (Raupach, 1990). En el perímetro de los incendios pueden desarrollarse torbellinos de fuego (vórtices), que pueden ser grandes o pequeños, horizontales o verticales (Forthofer y Goodrick, 2011). El vórtice más extremo es el tornado de fuego (McRae *et al.*, 2013).

En vientos suaves, el humo se eleva verticalmente o en un ángulo alto y puede desarrollar un pirocúmulo en su punto máximo debido a la condensación de humedad en la columna de convección. En un incendio intenso y a gran escala, las ondulantes nubes de humo pueden estar coronadas por un pirocumulonimbo que puede alcanzar hasta quince kilómetros sobre el suelo, del cual puede caer granizo negro y dar origen a tornados (Fromm *et al.*, 2006); el humo puede desplazarse a través de la estratosfera a varios países (Fromm *et al.*, 2010).

La clásica forma elíptica del fuego arrastrado por el viento (ardiendo con ángulos rectos a favor y en contra del viento) se estrecha a medida que aumenta la velocidad del viento (Alexander, 1985). En 2009, los trágicos incendios forestales del sureste de Australia mostraban una forma casi rectangular justo antes de que un fuerte cambio en el viento provocara la formación de indentaciones de fuego en un costado (Cruz *et al.*, 2012; Figura 7). El perímetro del incendio no siempre es uniforme (véase, por ejemplo, Coen, 2011).

A lo largo de una cresta en un terreno accidentado, Sharples *et al.* (2012) detectaron cintas de fuego que se propagaban rápidamente, perpendiculares a la dirección del viento ("canalización"). Albini (1993) observó una cinta de fuego que surgía del flanco del incendio y se propagaba paralela a, y más rápido que, el frente principal, mientras que Radke *et al.* (2000) observaron "dedos de la muerte" y Coen *et al.* (2004) vieron "dedos flameantes" que emergían de los perímetros del incendio. Después de un fuerte cambio en el viento puede desarrollarse un patrón indentado a sotavento, con cambios dramáticos en la forma general del perímetro a medida que el fuego se extingue (véase, por ejemplo, Cruz *et al.*, 2012; Figura 7).

De acuerdo con los patrones del viento en el ambiente y la convección a lo largo del perfil del incendio, las piezas de material en combustión –brasas ardientes– pueden ser elevadas y arrojadas en varios lugares por delante del frente principal del incendio, lo que provoca "incendios puntuales" hasta treintaitrés kilómetros adelante del incendio (Cruz *et al.*, 2012). Cerca del frente mismo, las grasas ardientes pueden ser comunes y causar incendios puntuales; en casos extremos, estos pueden ser tan numerosos que el frente del incendio consiste de puntos ardientes en lugar de una línea identificable –los pseudo-frentes de llama de Byram (1959)–.

Los incendios consumen una gran variedad de combustibles en una amplia gama de situaciones topográficas con grandes fluctuaciones climáticas. Estos pueden no solo oscurecer prematuramente la superficie o iluminar un cielo nocturno, sino también gotear o correr cuesta arriba, crujir y explotar, o crear un rugido tan fuerte que no se escuchen los gritos de alguien que esté cerca. Los incendios en el paisaje exhiben un espectro complejo e intrigante de fenómenos que desafían nuestro entendimiento pero que son importantes para la seguridad pública y la predicción del daño y la recuperación de nuestros activos sociales, económicos y ambientales (Gill *et al.*, 2013).

A. Malcolm Gill

Cuadro 26.6 Regímenes de incendios y biodiversidad

Los incendios de mayor envergadura llegan a los titulares. Por consiguiente, un incendio en particular, o un episodio de incendios, llaman la atención especialmente por sus consecuencias nefastas para la vida y las propiedades de los humanos. Sin embargo, cuando la flora y la fauna son motivo de preocupación y deben entenderse los efectos de los incendios, quizás deba considerarse la ocurrencia de más de un incendio en un lugar dado (véase, por ejemplo, Bradstock *et al.,* 2002, 2012). Esto tiene una importancia especial para la conservación de la biodiversidad –la variedad de plantas, animales y otros organismos autóctonos ("nativos")–.

En un incendio a gran escala –un evento de incendio– el fuego arde a través de una gama de tipos de vegetación, con combustibles de diferentes composiciones y cantidades dispuestos de diversas maneras y con diferentes contenidos de humedad; el fuego puede cruzar colinas y valles durante el día y la noche, y arder bajo diferentes cambios de clima. En el camino, el fuego puede afectar diversos activos ambientales, económicos y sociales.

A medida que avanza, el incendio afecta poblaciones de animales y plantas en diversos grados, de acuerdo con las variaciones en sus propiedades según se propaga. Algunas plantas son exterminadas fácilmente cuando todas sus hojas y yemas mueren, pero esto no ocurre necesariamente en todas las partes del incendio y para todas las poblaciones de la misma especie debido a las variaciones en la intensidad del fuego a nivel local, esto es, la cantidad de calor liberado por metro de perímetro del incendio (Byram, 1959). Es posible que las poblaciones de una especie vegetal sufran una defoliación total por el fuego, pero estas pueden rebrotar fácilmente. Es posible que algunos animales mueran, pero muchos sobrevivirán. Después de un incendio intenso y a gran escala puede observarse fácilmente la mortandad de aves y animales grandes, pero es posible que los animales muertos constituyan solo una fracción de la población; antes de que se haga un juicio sobre los efectos del evento de incendio debe determinarse la supervivencia de la población de diferentes especies.

Los efectos inmediatos de los incendios constituyen su "gravedad" (véase, por ejemplo, Keeley, 2009; Medler, 2010). La "gravedad" del incendio, en sus términos más simples, radica en si las plantas individuales o la vegetación en general tienen las partes superiores verdes, marrones (chamuscadas) o negras (carbonizadas) (Gill, 2009). Si el incendio quema y elimina un sustrato orgánico profundo o solo quema la superficie del suelo –"tipo de incendio" (Gill, 1975, 1981)– puede ser importante para la supervivencia de las plantas. Así, la eliminación del sustrato puede provocar la muerte incluso de árboles altos ya que muchas de las raíces quedan destruidas y estos caen sobre lo que podría ser un sustrato que todavía está ardiendo. Entonces, la "gravedad" puede medirse como la magnitud del daño a las raíces.

La recuperación a partir de la gravedad del incendio puede depender de cosas tales como: suministros de semillas; poblaciones locales de reproducción; las cantidades y tipos de precipitación en varios momentos después del incendio; mezclas de alimentos y refugio para herbívoros; distancia a la fuente de reproducción más cercana; tiempo para florecer y producir fruta o reproducirse, y el nivel de depredación (para animales) o pastoreo (para plantas). Si se dejan demasiado tiempo, algunas plantas pueden envejecer y morir sin un reemplazo; otras plantas pueden diseminarse durante el período entre incendios. Algunos animales pueden proliferar a medida que mejoran sus hábitats y luego declinan conforme se desarrolla otro hábitat en el mismo lugar y aumentan las poblaciones de otras especies animales.

Los factores asociados con la ocurrencia de los incendios (intensidad, estación, tipo e intervalo) y los factores asociados con el ambiente local (altura de los árboles, distancias a las fuentes de reproducción, especies presentes, etc.) pueden ser importantes para la persistencia de una especie a nivel local. En su conjunto, los factores de ocurrencia de incendios constituyen las variables del régimen de incendios –"un concepto clave en muchos dominios científicos" (Krebs *et al.,* 2010, p. 53)–, mientras que los factores relacionados con el ambiente brindan el contexto dentro del cual operan las especies y ayudan a determinar su éxito o su fracaso. En lo que respecta a la aplicación de los efectos del fuego, los "regímenes de incendios" representan la historia relevante de los incendios y sus propiedades en un punto del paisaje.

Con cada evento de incendio concentrado en un lugar y tiempo diferentes, se desarrolla un patrón de edad de los combustibles. La huella del evento de incendio original en consideración se cubre gradualmente con las huellas de otros incendios. La extensión de la superposición varía mucho, no solo por la posición de cada incendio sino también por la gran variación en las áreas de los mismos (Williams y Bradstock, 2008). En cualquier punto temporal, en un paisaje propenso a incendios pueden ocurrir una serie de variaciones de los intervalos, intensidades y tipos de estos. En resumen, las variables del régimen de incendios varían en el tiempo, alrededor de un promedio y en el espacio.

Al tratar de comprender y predecir los efectos de los regímenes de incendios sobre las especies de plantas y animales, se ha prestado una mayor atención al intervalo de los incendios, como en el artículo clásico de Noble y Slatyer (1980) en el que se utilizaron las respuestas ante el fuego de las plantas, el tiempo de regeneración de plántulas y los marcadores de la historia de vida. Cada vez con mayor frecuencia se consideran la intensidad y la estación. Hasta ahora, muy pocas veces se ha considerado el "tipo de incendio", quizás porque los de turba no pueden presentarse en el área de preocupación o solo son pequeños.

Los millones de especies de organismos que el fuego afecta en todo el mundo, ya sea en bosques lluviosos (Cochrane, 2009b), desiertos (Brooks y Minnich, 2006) o en los numerosos ambientes y ecosistemas intermedios, se comportan de muchas maneras diferentes como respuesta a los regímenes de incendios presentes y pasados. Hoy por hoy es esencial que se preste atención a la naturaleza de los futuros ambientes y regímenes de incendios. Los regímenes de incendios están cambiando como consecuencia indirecta (por los cambios en la atmósfera y el clima, el manejo más intensivo y el aumento en la tierra cultivada) o directa del aumento de las poblaciones humanas y sus impactos (por la supresión de incendios, los incendios programados, las igniciones no deseadas, los cambios en los combustibles).

El cambio en la composición atmosférica altera las tasas de crecimiento de las plantas y los combustibles se acumulan; es probable que el cambio climático involucre más extremos en las temperaturas (más cálidas), las precipitaciones (más o menos abundantes), la humedad relativa, la velocidad del viento y posiblemente las igniciones por relámpagos –y todo afecta la naturaleza de los regímenes de incendios (Cary *et al.*, 2012)–. El desafío es considerar los efectos de todos los componentes del régimen de incendios sobre todos los organismos propensos a incendios (Gill y Stephens, 2009) en un entorno cambiante como una guía para predecir el éxito o fracaso de nuestros esfuerzos por conservar la biodiversidad.

A. Malcolm Gill

- Desarrollar un plan de investigación.
- Establecer una comunicación con otras áreas funcionales del equipo de gestión de incidentes.
- Mantener informado al controlador de incidentes respecto a la necesidad de enlace con organismos externos, como la policía (AFAC, 2013, p. 134).

Logística

El oficial de logística brinda apoyo para el control de un incidente, lo cual incluye recursos humanos, instalaciones, servicios y materiales (AFAC, 2013, p. 139). Este puede ser un papel muy difícil, en particular cuando se necesita el apoyo logístico en un área muy grande, como el frente de un incendio. Solo piense en cómo garantizar para el perímetro de un incendio en un sitio difícil, accidentado y remoto, la alimentación de los bomberos, el combustible de sus vehículos y la reparación de sus equipos, así como la atención de sus consideraciones de seguridad y salud. Luego duplique este desafío porque se trata de dos turnos al día y añada la complejidad de que uno de los turnos es en la noche.

Para llevar a cabo tales tareas, la logística puede apoyarse en una unidad de suministros que adquiere y distribuye equipos y materiales, una unidad de apoyo de comunicaciones (radio, comunicaciones y tecnologías de la información), una unidad de instalaciones (alimentación, saneamiento, alojamiento), una unidad de apoyo en tierra (transporte del personal, alimentos y recursos), una unidad financiera, una unidad de servicios médicos y una unidad de servicios de comidas y bebidas. Las responsabilidades de un oficial de logística pueden incluir:

- Ofrecer un entorno de trabajo seguro para el personal de logística.
- Desarrollar la sección de logística del plan de acción del incidente.
- Planear cómo funcionará la sección de logística.
- Adquirir los recursos humanos según se requieran.
- Adquirir otros recursos físicos, instalaciones, servicios y materiales.
- Establecer un enlace efectivo.
- Realizar informes de progreso sobre el apoyo logístico.
- Estimar las necesidades de servicio y soporte en el futuro.
- Facilitar que se establezcan áreas de estacionamiento para apoyar a la sección de operaciones (AFAC, 2013, p. 139).

Finanzas

A menos que un incidente sea muy extenso y prolongado, la logística suele ocuparse de las finanzas del incidente. El oficial de finanzas puede estar apoyado por una unidad contable, una unidad de compensación y seguros, una unidad de monitoreo financiero y una unidad de control de horas trabajadas. Este trabajo tiene una gran complejidad, por ejemplo, cuando los laudos industriales para los trabajadores de las organizaciones están vinculados a la cantidad de horas trabajadas, y cuando existe la posibilidad de que se paguen multas adicionales si los trabajadores superan cierta cantidad de horas trabajadas. Cuando se establece una sección de finanzas, las responsabilidades de un oficial de finanzas pueden incluir la supervisión de toda la gestión financiera y el mantenimiento de registros financieros, así como la supervisión de la gestión de reclamaciones de seguros y compensaciones derivadas del incidente (AFAC, 2013, p. 148).

Manejo de incidentes

Esta sección describe incidentes naturales y causados por el ser humano que pueden afectar las áreas protegidas. Se discutió la planeación previa en anticipación a tales incidentes y se presentó el enfoque del AIIMS para coordinar múltiples organismos de respuesta a incidentes, particularmente en lo que se refiere a las áreas protegidas. Describimos de qué manera las organizaciones de áreas protegidas pueden lidiar con algunos de los incidentes más comunes que se presentan en estas o que las afectan.

Los guardaparques guiaron a la gente lejos de este peligroso ciervo rojo (*Cervus elaphus*) durante la temporada de apareamiento. Mammoth, Parque Nacional Yellowstone, EE.UU.

Fuente: Graeme L. Worboys

Cocodrilo de agua salada (*Crocodylus porosus*), Parque Nacional Kakadu, Territorio del Norte, Australia. Para ayudar a prevenir cualquier incidente, los guardaparques colocan advertencias y señales, y llevan a cabo una extensa campaña de sensibilización sobre este animal extremadamente peligroso

Fuente: Graeme L. Worboys

Incidentes de incendios forestales

En muchas áreas protegidas del mundo pueden anticiparse eventos de incendios forestales y pueden emprenderse muchas acciones antes y durante la temporada de incendios. Muchas de estas acciones se describen en Worboys y Winkler (2006). Aquí, al discutir algunas consideraciones adicionales de la respuesta a incidentes de incendio en las áreas protegidas, nos enfocamos más en el mundo del cambio climático de principios del siglo XXI.

Necesidades de información

Es de esperar que tenga que garantizarse la existencia de mejores datos y el acceso a una información analizada oportunamente para poner en funcionamiento el modelado cada vez más sofisticado que se utiliza para planear y pronosticar el comportamiento de los incendios. Esto podría incluir:

- Aumentar la sofisticación en la recopilación y el uso de datos en tiempo real sobre la condición ambiental del área protegida, tales como temperaturas, humedad, sequedad del suelo, cargas de combustible y disponibilidad de este en cada sitio.
- Aumentar la sofisticación en la recolección, almacenamiento, recuperación y uso de los recursos naturales del área protegida e información del terreno (una base de datos) con el uso de un sistema de información geográfica o un sistema equivalente que sirva como base para otras aplicaciones de *software* y análisis de datos.
- Un modelado más sofisticado del comportamiento del fuego para la gama de comunidades vegetales nativas de las áreas protegidas que se integre no solo con una base de datos establecida de las áreas protegidas, sino también con datos en tiempo real sobre las condiciones ambientales de las áreas protegidaws e información meteorológica adicional obtenida de organizaciones meteorológicas, la cual incluye condiciones atmosféricas superficiales y superiores.
- Un rango de fuentes de datos sobre los incidentes de incendios activos tales como información de sensores infrarrojos y observaciones obtenidas de una variedad de fuentes tales como satélites, drones y aviones tripulados.

Habilidades y competencias

Un comportamiento extremo del fuego significa que durante los días de "explosión" el despliegue del personal cerca de incidentes importantes será mucho más precario de lo normal. Los administradores de áreas protegidas involucrados en incidentes de incendio tendrán que observar minuciosamente el comportamiento del fuego y su potencial, mientras que la capacitación vocacional y

La Reserva Natural de la Isla Montague es un importante sitio para las focas y la reproducción de aves que se encuentra a varios kilómetros de la costa de Narooma en la costa sur de Nueva Gales del Sur, Australia. El acceso del barco de servicio a la isla es desde Narooma y a través de una entrada estrecha y muy peligrosa conocida como "Narooma Bar", donde las aguas estuarinas de flujo rápido se encuentran con las olas del océano abierto en un mar que suele ser caótico. El Servicio Nacional de Parques y Vida Silvestre de Nueva Gales del Sur mantiene una presencia permanente de personal en la isla, y la planeación de incidentes reconoce la posibilidad de emergencias médicas (incluida la imposibilidad de evacuar al personal en mares agitados), incendios por rayos, incendios en estructuras, eventos de contaminación e incidentes marítimos, como los accidentes de embarcaciones

Fuente: Graeme L. Worboys

El arroyo Spencers, en el Parque Nacional Kosciuszko, es una corriente de la cabecera alpina del río Snowy, uno de los ríos icónicos de Australia. Charlotte Pass Village y sus instalaciones de esquí durante invierno se encuentran en la misma cabecera del arroyo Spencers. Si se tienen en cuenta los antecedentes históricos, los cuales incluyen la contaminación accidental del arroyo Spencers con fuelóleo, los incendios y las personas perdidas, la planeación de incidentes por parte de los administradores del parque ha sido fundamental para minimizar los posibles impactos

Fuente: Roger B. Good

la investigación personal de la literatura serán partes importantes de su desarrollo (Cuadro 26.5). La capacitación vocacional también deberá garantizar que exista:

- Personal que tenga competencias en el uso del *software* de modelado de incendios, de tal manera que durante los incidentes de incendio pueda generar información en tiempo real sobre la propagación del fuego y el comportamiento del incendio, y así atender eficazmente las necesidades de la unidad de inteligencia y de los encargados de la planeación en un equipo de control de incidentes.
- Personal con capacitación avanzada en todos los aspectos del manejo de incidentes a fin de garantizar que la agencia de áreas protegidas contribuye activamente a la gobernanza de los incidentes de incendio en los niveles más altos.
- Personal que no solo entienda los efectos de los incidentes de incendio sobre los valores de la biodiversidad y su protección, sino también que pueda comunicar estos aspectos de tal manera que formen parte de las consideraciones en la toma de decisiones durante el manejo del incidente (Cuadro 26.6).

Incidentes de la vida silvestre

Para el año 2050, se anticipa que la población humana de la Tierra será de unos nueve mil millones. Este aumento de dos mil millones a partir de la primera parte del siglo XXI significará más presiones sobre los hábitats naturales y un incremento de los encuentros humanos-vida silvestre. Los administradores de áreas protegidas tendrán que lidiar con estos incidentes de la vida silvestre. Algunas consideraciones incluyen:

- Fomentar y facilitar que las comunidades locales toleren la vida silvestre nativa.
- Manejar los incidentes de la vida silvestre de tal manera que sean atendidos por profesionales entrenados en el manejo de la vida silvestre y no por los guardias.
- Capacitar al personal para tratar los incidentes que involucren animales peligrosos para los humanos como elefantes, felinos grandes, gorilas, cocodrilos y serpientes.
- Garantizar que se establezcan alianzas adecuadas con veterinarios de vida silvestre nativos como base para tratar incidentes imprevistos con animales problemáticos y brotes de enfermedades en la vida silvestre.
- Garantizar la disponibilidad de los equipos adecuados, y de ser necesario, su uso para trasladar animales problemáticos lejos de las comunidades.
- Compartir experiencias e intercambiar métodos de manejo de vida silvestre con colegas profesionales en otras áreas protegidas.
- Trabajar con las comunidades locales para construir barreras físicas (como trincheras contra los elefantes) o dispositivos que hagan ruido y causen temor, o plantar cercos con espinas.
- Sembrar cultivos no palatables como el té o el pasto cerca del límite del área protegida.
- Trabajar con las comunidades para lidiar con animales problemáticos, como los potamóqueros de río, los babuinos y los gorilas; por ejemplo, con la obstaculización de los gorilas que asaltan cultivos, por parte de guardias voluntarios de la comunidad.
- Trabajar en asociación con organizaciones no gubernamentales (ONG) internacionales que puedan apoyar mejores medidas de gestión de la vida silvestre.
- Para incidentes en el entorno marino, como el varamiento de cetáceos, garantizar que se cuente con la experticia adecuada de vida silvestre para dirigir la respuesta al incidente en relación con las necesidades de los animales y que los rescatistas tengan los equipos adecuados para solventar las necesidades de dichos incidentes.
- En caso de un incidente de contaminación marina a gran escala, trabajar en estrecha colaboración con múltiples organizaciones de respuesta para atender la vida silvestre afectada por el crudo y limpiar las áreas protegidas contaminadas.
- En los sitios afectados por la caza furtiva de especies silvestres a gran escala, planear una respuesta con el uso del sistema de manejo de incidentes (Worboys y Winkler, 2006).

Fenómenos naturales

Se pronostica que durante el siglo XXI los eventos climáticos extremos influenciados por el cambio climático serán más frecuentes, incluidas tormentas violentas con vientos fuertes, tormentas de polvo extremas, lluvias torrenciales, nevadas fuertes y tormentas de granizo intensas. Puede esperarse que los administradores de áreas protegidas participen cada vez más como parte de las respuestas de múltiples organizaciones a tales incidentes. Es posible que la gran experiencia del personal del área protegida, especialmente su conocimiento de la geografía local, sea necesaria para ayudar a, por ejemplo:

- La búsqueda y rescate en áreas protegidas montañosas cuando se presenten tormentas de nieve intensas y posibles eventos de avalanchas.

- Lidiar con áreas y cuevas cársticas, cuando espeleólogos o turistas queden atrapados por la inundación de las cuevas después de lluvias torrenciales.
- Dar respuesta a las personas y a la vida silvestre que queden atrapadas por el aumento en las inundaciones.
- Tratar con animales peligrosos para los humanos que sean desplazados por las inundaciones, como serpientes venenosas y cocodrilos.
- Ayudar con la respuesta de evacuación para turistas y lugareños durante erupciones volcánicas imprevistas en las áreas protegidas que incluyan volcanes.

Desastres humanitarios

Por desgracia, los desastres humanitarios naturales y causados por el ser humano seguirán sucediendo durante el siglo XXI. Las áreas protegidas pueden verse afectadas directamente por estos eventos, incluido el traslado de personas de sus hogares a centros de alojamiento temporal de emergencia. Los administradores de áreas protegidas tendrán que ser comprensivos y serviciales, pero también vigilantes. Si es posible y apropiado, puede que deban ayudar con la atención de emergencia de las personas necesitadas, ya que es muy probable que un área protegida se vea afectada de manera grave e inmediata para satisfacer las necesidades básicas tales como leña, materiales para construir refugio, alimentos y agua. Estas necesidades tendrán que satisfacerse y el desafío será lograrlo sin la destrucción del área protegida. En la medida de los posible, los administradores de áreas protegidas deberían ayudar a brindar soluciones. Algunas consideraciones podrían incluir:

- Participar con la organización responsable de la gestión de un centro de evacuación (el equivalente de un equipo de manejo de incidentes) y de hacer frente a las necesidades humanitarias.
- Trabajar con los líderes de los evacuados en el centro de evacuación a fin de responder a las necesidades básicas que de otro modo puedan obtenerse del área protegida y ganar apoyo para ayudar a conservarla.
- Establecer acuerdos de seguridad que ayuden a defender el área protegida.

Cuando existan conflictos humanos en las áreas protegidas o cerca de ellas, la mayor prioridad es salvar vidas, y es posible que el personal sea evacuado de las áreas protegidas afectadas. Para cualquier administrador de áreas protegidas que decida quedarse, el consejo es mantener la neutralidad e imparcialidad, y generar confianza (Worboys y Winkler, 2006); aunque es evidente que la situación podría ser difícil y peligrosa. En tales situaciones, la seguridad del personal del área protegida siempre es la mayor prioridad.

Recuperación

Justo después de un incidente, se espera que los administradores de áreas protegidas participen u organicen:

- Servicios de asesoría confidencial para cualquier funcionario que necesite dicho servicio a través de un programa de asistencia al empleado.
- Una reunión interna de la organización de áreas protegidas para hablar de lo sucedido.
- Una reunión para hablar de lo sucedido que involucre a múltiples organismos.
- Reuniones con organizaciones comunitarias para hablar del incidente.
- Restauración de cualquier sitio del patrimonio cultural que haya sufrido perturbaciones.
- Restauración de cualquier perturbación en el área protegida.
- Respuestas para cualquier fauna nativa que pudiera verse afectada.

El objetivo es simplemente garantizar que puedan hacerse los mejoramientos necesarios en el manejo de incidentes, que la comunidad tenga la oportunidad de contribuir a estos mejoramientos y que se identifiquen los mejoramientos necesarios entre las diferentes organizaciones. Para incidentes más grandes y complejos, o cuando se pierdan propiedades o vidas, se esperaría que los administradores de áreas protegidas contribuyan con el establecimiento de consultas más formales para revisar el incidente.

Lamentablemente, los incidentes siempre harán parte de la rutina de la gestión y manejo de áreas protegidas. Anticipar estos eventos inevitables incluye la identificación de incidentes potenciales (con base en la historia y la experiencia), la planeación previa al incidente y la preparación que incluya una capacitación del personal, arreglos del estado de alerta y trabajos de prevención. También es crítica la capacitación en sistemas de manejo de incidentes, como el sistema AIIMS, ya que esto permite que durante los incidentes los administradores de áreas protegidas estén en posición de ser un miembro valioso de un equipo de manejo de incidentes más grande y con múltiples organizaciones.

Conclusión

Lamentablemente, los incidentes siempre harán parte de la rutina del manejo de áreas protegidas. Anticipar estos eventos inevitables incluye la planeación previa al incidente, la preparación –que incluye la capacitación del personal– y los trabajos de prevención. También es fundamental estar familiarizado con los sistemas de manejo de incidentes, como el sistema AIIMS, ya que esto permite que durante los incidentes los administradores de áreas protegidas estén en posición de contribuir activamente como parte de un equipo de incidentes más grande.

Referencias

Lecturas recomendadas

Albini, F.A. (1993). Dynamics and modelling of vegetation fires: observations. En: P.J. Crutzen y J.G. Goldammer (eds.). *Fire in the Environment: The ecological, atmospheric, and climatic importance of vegetation fires. Proceedings of the Dahlem Conference 1992*, pp. 39-52. Nueva York: Wiley & Sons.

Alexander, M.E. (1985). Estimating the length-to-breadth ratio of elliptical forest fire patterns. En: L.R. Donoghue y R.E. Martin (eds.). *Proceedings of the Eighth Conference on Fire and Forest Meteorology, Detroit, Michigan*, pp. 287-304. Bethesda, Estados Unidos: Society of American Foresters.

Annelli, J.F. (2006). The National Incident Management System: a multi-agency approach to emergency response in the United States of America. *Revue scientifique et technique (International Office of Epizootics)*, 25(1), 223-231.

Armstrong, J. (1973). *Spontaneous combustion of forest fuels: a review*, Information Report FF-X-42. Ottawa: Canadian Forestry Service, Forest Fire Research Institute.

Australian Broadcasting Corporation (ABC). (2010). *Inside the Firestorm: The story of Australia's worst peacetime disaster*. Sídney: ABC DVD.

Australian Fire and Emergency Service Authorities Council (AFAC). (2013). *The Australasian Inter-service Incident Management System: A management system for any emergency*, 4ª ed. Melbourne: Australian Fire and Emergency Service Authorities Council Limited.

Australian National University (ANU). (2009). *Implications of Climate Change for Australia's World Heritage Properties: A preliminary assessment*, reporte para Department of Environment, Water, Heritage and the Arts. Canberra: Fenner School of Environment and Society, The Australian National University.

Bradstock, R.A.; Gill, A.M. y Williams, R.J. (eds.). (2012). *Flammable Australia: Fire regimes, biodiversity and ecosystems in a changing world*. Melbourne: CSIRO Publishing.

Williams, J. E. y Gill, A.M. (eds.). (2002). *Flammable Australia: The fire regimes and biodiversity of a continent*. Cambridge: Cambridge University Press.

Brooks, M.L. y Minnich, R.A. (2006). Southeastern deserts bioregion. En: N.G. Sugihara, J.W. van Wagtendonk, K.E. Shaffer, J. Fites-Kaufman y A.E. Thode (eds.). *Fire in California's Ecosystems*, pp. 391-414. Berkeley: University of California Press.

Bushfire Cooperative Research Centre (Bushfire CRC). (2009). *2009 Victoria Bushfire: Research response. Interim report*. Melbourne: 2009 Victorian Bushfires Royal Commission, State Government of Victoria. Recuperado de: www.royalcommission.vic.gov.au/getdoc/237e7653-8d96-437f-8252-45c3a1170470/ CRC.300.001.0001_R.pdf

Byram, G.M. (1959). Forest fire behaviour. En: K.P. Davis (ed.). *Forest Fire Control and Use*, pp. 90-123. Nueva York: McGraw-Hill.

Campbell, A. (2009, febrero 10). Thoughts on the Victorian bushfires. Recuperado de: www.myenvironment.net.au/index.php/me/Work/Fire/Fire-Resources/Thoughts-on-the-Victorian-Bushfires

Cary, G.J.; Bradstock, R.A.; Gill, A.M. y Williams, R.J. (2012). Global change and fire regimes in Australia. En: R.A. Bradstock, A.M. Gill y R.J. Williams (eds.). (2012). *Flammable Australia: Fire regimes, biodiversity and ecosystems in a changing world*. Melbourne: CSIRO Publishing.

Cheney, P. y Sullivan, A. (2008). *Grassfires: Fuel, weather and fire behaviour*, 2ª ed. Melbourne: CSIRO Publishing.

Climate Council. (2013). Off the Charts: 2013 was Australias hottest year. Sídney: Climate Council. Recuperado de: www.climatecouncil.org.au

Cochrane, M.A. (2009a). Fire in the tropics. En: M.A. Cochrane (ed.). *Tropical Fire Ecology: Climate change, land use and ecosystem dynamics*, pp. 1-23. Berlín: Springer.

(ed.). (2009b). *Tropical Fire Ecology: Climate change, land use and ecosystem dynamics*. Berlín: Springer.

Coen, J.; Mahalingam, S. y Daily, J. (2004). Infrared imagery of crown-fire dynamics during FROSTFIRE. *Journal of Applied Meteorology*, 43, 1241-1259.

Coen, J.L. (2011). Some new basics of fire behavior. *Fire Management Today*, 71, 37-42.

Collaborative Australian Protected Area Database (CAPAD). (2010). *Collaborative Australian Protected Area Database*. Canberra: Department of Environment, Government of Australia. Recuperado de: www.environment.gov.au/topics/land/nrs/science/capad/2010

Commonwealth Scientific and Industrial Research Organization (CSIRO). (2009). *Climate Change and the 2009 Bushfires*. Canberra: Report prepared for the 2009 Victorian Bushfires Royal Commission, CSIRO.

Cruz, M.G.; Sullivan, A.L.; Gould, J.S.; Sims, N.C.; Bannister, A.J.; Hollis, J.J. y Hurley, R.J. (2012). Anatomy of a catastrophic wildfire: The Black Saturday Kilmore East fire in Victoria, Australia. *Forest Ecology and Management*, 284, 269-285.

Forthofer, J.A. y Goodrick, S.L. (2011). Vortices and wildland fire. En: P.A. Werth, B.E. Potter, C.B. Clements, M.A. Finney, S.L. Goodrick, M.E. Alexander, M.G. Cruz, J.A. Forthofer y S.S. McAllister (eds.). *Synthesis of Knowledge of Extreme Fire Behavior. Volume 1 for Fire Managers*, pp. 89-105, PNW-GTR-854. Portland, Estados Unidos: US Department of Agriculture Forest Service.

Fromm, M.; Lindsey, D.T.; Servranckx, R.; Yue, G.; Trickl, T.; Sica, R.; Doucet, P. y Godin-Beekman, S. (2010). The untold story of pyrocumulonimbus. *American Meteorological Society*, 91, 1193-209.

Tupper, A.; Rosenfeld, D.; Servranckx, R. y McRae, R. (2006). Violent pyro-convective storm devastates Australia's capital and pollutes the stratosphere. *Geophysical Research Letters*, 33(L05815). Doi:10.1029/2005GL025161

Fuquay, D.M.; Baugham, R.G. y Latham, D.J. (1979). *A model for predicting lightning ignition in wildland fuels*, Research Paper INT-217. Ogden, Estados Unidos: US Department of Agriculture Forest Service.

Gill, A.M. (1975). Fire and the Australian flora: a review. *Australian Forestry*, 38, 4-25.

(1981). Adaptive responses of Australian vascular plant species to fires. En: A.M. Gill, R.H. Groves y I.R. Noble (eds.). *Fire and the Australian Biota*, pp. 243-272. Canberra: Australian Academy of Science.

(2009). *Underpinnings of Fire Management for the Conservation of Biodiversity in Reserves*. [Edición revisada, online]. Melbourne: Victorian Department of Sustainability and Environment. Recuperado de: www.dse.vic.gov.au/fire-and-other-emergencies/publications-and-research/fire-research-reports/research-report-73

Stephens, S.L. (2009). Scientific and social challenges for the management of fire-prone wildland-urban interfaces. *Environmental Research Letters*, 4, 1-10.

Stephens, S.L. y Cary, G.J. (2013). The worldwide "wildfire" problem. *Ecological Applications*. 23(2), 438-454.

Gould, J.S.; McCaw, W.L.; Cheney, N.P.; Ellis, P.F.; Knight, I.K. y Sullivan, A.L. (2007). *Project Vesta, Fire in Dry Eucalypt Forest: Fuel structure, fuel dynamics and fire behavior*. Perth, Australia: Ensis-CSIRO Canberra and Department of Environment and Conservation.

Handmer, J. y Dovers, S. (2013). *Handbook of Disaster Policies and Institutions*. Londres: Routledge.

Hannam, P. (2013, noviembre 11). Typhoon Haiyan influenced by climate change scientists say. *Sydney Morning Herald*. Recuperado de: www.smh.com.au/environment/climate-change/typhoon-haiyan-influenced-by-climate-change-scientists-say-20131111-2xb35.html

(2014, enero 20). Heatwave one of the most significant on record says Bureau of Meteorology. *Sydney Morning Herald. Recuperado de: www.smh.com.au/environment*/weather/heatwave-one-of-the-most-significant-on-record-says-bureau-of-meteorology-20140120-314od.html

Intergovernmental Panel on Climate Change (IPCC). (2013). Summary for policymakers. En: *Climate Change 2013: The physical science basis*, pp. 1-35. Ginebra: IPCC. Recuperado de: www.climatechange2013.org/images/uploads/WGI_AR5_SPM_brochure.pdf

Keeley, J.E. (2009). Fire intensity, fire severity and burn severity: a brief review and suggested usage. *International Journal of Wildland Fire*, 18, 116-126.

Krebs, P.; Pezzati, G.B.; Mazzoleni, S.; Talbot, L.M. y Conedera, M. (2010). Fire regime: history and definition of a key concept in disturbance ecology. *Theory in Biosciences*, 129, 53-69.

Lauder, S. (2013, octubre 25). Climate Council links NSW bushfires to climate change. *The World Today.* Recuperado de: www.abc.net.au/news/2013-10-25/climate-council-links-bushfires-to-climate-change/5046164

McRae, R.H.D.; Sharples, J.J.; Wilkes, S.R. y Walker, A. (2013). An Australian pyro-tornado genesis event. *Natural Hazards,* 65, 1801-1811.

Medler, M.J. (2010). Pyrogeography: mapping and understanding the spatial patterns of wildfire. En: N. Hoalst-Pullen y M.W. Patterson (eds.). *Geospatial Technologies in Environmental Management. Geotechnologies and the Environment,* vol. 3, pp. 29-47. Nueva York: Springer. Doi:10.1007/978-90-481-9525-1_3

New South Wales National Parks and Wildlife Service (NPWS). (2012). *Fire Management Manual,* 2012-2013. Sídney: Office of Environment and Heritage.

Noble, I.R. y Slatyer, R.O. (1980). The use of vital attributes to predict successional changes in plant communities subject to recurrent disturbances. *Vegetatio,* 43, 5-21.

Noble, J.C. (1991). Behavior of a very fast grassland wildfire on the Riverine Plain of southeastern Australia. *International Journal of Wildland Fire* 1(3), 189-96.

Parliament of Victoria (PoV). (2010). *Final Report. Volume 1: 2009 Victorian Bushfires Royal Commission.* Melbourne: Government Printer.

Radke, L.F.; Clark, T.L.; Coen, J.L.; Walther, C.A.; Lockwood, R.N.; Riggan, P.J.; Brass, J.A. y Higgins, R.G. (2000). The Wildfire Experiment (WiFE), observations with airborne remote sensors. *Canadian Journal of Remote Sensing,* 26(5), 406-417.

Raupach, M.R. (1990). Similarity analysis of the interaction of bushfire plumes with ambient winds. *Mathematical and Computer Modelling,* 13(12), 113-121.

Sharples, J.J.; McRae, R.H.D. y Wilkes, S.R. (2012). Wind-terrain effects on the propagation of wildfires in rugged terrain: fire channeling. *International Journal of Wildland Fire,* 21, 282-296.

Tolhurst, K. (2009). *Report on the Physical Nature of the Victorian Fires occurring 7th February 2009.* Melbourne: 2009 Victorian Bushfires Royal Commission, State Government of Victoria.

Van Wagner, C.E. (1977). Conditions for the start and spread of crown fire. *Canadian Journal of Forestry Research,* 7, 23-24.

Wein, R.W. (1983). Fire behavior and ecological effects in organic terrain. En: R.W. Wein y D.A. MacLean (eds.). *The Role of Fire in Northern Circumpolar Ecosystems,* pp. 81-95. Toronto: John Wiley & Sons.

Williams, R.J. y Bradstock, R.A. (eds.). (2008). Large fires and their ecological consequences. *International Journal of Wildland Fire Special Issue,* 16(6).

Gary, G.J.; Enright, N.J.; Gill, A.M.; Liedloff, A.C.; Lucas, C.; Whelan, R.J.; Anderson, A.N.; Bowman, D.J.M.S.; Clarke, P.J.; Cook, G.D.; Hennessy, K.J. y York, A. (2009). *Interactions between Climate Change, Fire Regimes and Biodiversity in Australia: A preliminary assessment.* Canberra: Department of Climate Change, Department of the Environment, Water, Heritage and the Arts.

Willis, M. (2004). *Bushfire Arson: A review of the literature.* Canberra: Australian Institute of Criminology.

Worboys, G.L. y Winkler, C. (2006). Incident management. En: M. Lockwood, G.L. Worboys y A. Kothari (eds.). *Managing Protected Areas: A global guide,* pp. 474-496. Londres: Earthscan.

Yates, J. (1999). Improving the management of emergencies: enhancing the ICS. *Australian Journal of Emergency Management,* 14(2), (invierno), 22-28.

CAPÍTULO 27

GESTIÓN DE LA CONSERVACIÓN DE LA CONECTIVIDAD

Autores principales:
Ian Pulsford, David Lindenmayer, Carina Wyborn, Barbara Lausche, Maja Vasilijević y Graeme L. Worboys

Autor de apoyo:
Ted Lefroy

Contenido

AUTORES PRINCIPALES

IAN PULSFORD es consultor independiente y miembro del grupo Conservación de la Conectividad y Montañas, Comisión Mundial de Áreas Protegidas de la Unión Internacional para la Conservación de la Naturaleza, Australia.

DAVID LINDENMAYER es profesor de ecología, becario laureado del Consejo de Investigación Australiano en la Escuela Fenner de Medio Ambiente y Sociedad, Universidad Nacional de Australia, miembro de la Academia de Ciencias de Nueva York y de la Academia Australiana de Ciencias, Australia.

CARINA WYBORN es socióloga de la Universidad de Montana, EE.UU., miembro de la Red de Profesionales Jóvenes y Montañas y Conectividad, sección Oceanía de la CMAP de la UICN.

BARBARA LAUSCHE es directora del Instituto de Políticas Marinas, Laboratorio Marino Mote, y es miembro de la CMAP y de la Comisión Mundial de Derecho Ambiental (CMDA) de la UICN, Florida, EE.UU.

MAJA VASILIJEVIĆ es directora de Eco Horizon y presida del Grupo de Especialistas en Conservación Transfronteriza de la CMAP, Croacia.

GRAEME L. WORBOYS es co-vicepresidente de Conservación de la Conectividad y Montañas, CMAP de la UICN, y becario adjunto en la Escuela Fenner, Universidad Nacional de Australia.

AUTOR DE APOYO:

TED LEFROY es profesor de ciencias ambientales y director del Centro para el Medio Ambiente en la Universidad de Tasmania, Australia.

AGRADECIMIENTOS

Queremos agradecer las enormes contribuciones durante las últimas décadas que han hecho un gran número de propietarios de tierras, grupos comunitarios (incluidos grupos indígenas), agencias gubernamentales, gobiernos locales, empresas e investigadores en la restauración de conexiones del paisaje y en el trabajo para lograr una mejor conservación de la biodiversidad y una gestión más sostenible de la tierra. También agradecemos la asesoría de los editores y pares revisores independientes.

CITACIÓN

Pulsford, I.; Lindenmayer, D.; Wyborn, C.; Lausche, B.; Worboys, G.L.; Vasilijević, M. y Lefroy, T. (2019). Gestión de la conservación de la conectividad. En: G.L. Worboys, M. Lockwood, A. Kothari, S. Feary e I. Pulsford (eds.). *Gobernanza y gestión de áreas protegidas*, pp. 909-948. Bogotá: Editorial Universidad El Bosque y ANU Press.

FOTOGRAFÍA DE LA PÁGINA DEL TÍTULO

Holbrook Landcare: los propietarios de tierras (incluidos los profesionales de áreas protegidas) trabajan juntos para restablecer las conexiones entre bosques, humedales, zonas boscosas y ribereñas en tierras privadas y el Parque Nacional Woomargama en la sección Laderas hasta la Cumbre (Slopes to Summit) del corredor de las Grandes Cordilleras del Este, Nueva Gales del Sur, Australia

Fuente: Ian Pulsford

Introducción

A medida que la población mundial crece rápidamente por encima de la marca de los siete mil millones, la sobreexplotación de nuestro planeta ha continuado hasta tal punto que ahora existen evidencias inequívocas de que la Tierra se encuentra en la sexta extinción en masa de su historia evolutiva (Wilson, 1992, 2002), el calentamiento del sistema climático global es una realidad y es casi seguro que esto puede atribuirse a las actividades humanas (IPCC, 2013). La destrucción y fragmentación de los hábitats a nivel mundial, que conduce a una parcelación de los paisajes, es causada por el crecimiento de la población humana y las actividades de desarrollo. Esto ha resultado en la sexta extinción en masa de la biodiversidad en la historia evolutiva de la Tierra y la primera en 65 millones de años (Wilson, 2002). Los problemas a esta escala requieren soluciones de grandes proporciones.

Como respuesta, somos testigos de una revolución social y política en el cuidado y la gestión de la biodiversidad global (Worboys y Mackey, 2013). En las últimas décadas, los propietarios de tierras, las organizaciones comunitarias y los gobiernos han emprendido acciones para abordar la destrucción en masa de los hábitats. Una respuesta clave de este movimiento global es el establecimiento de sistemas de áreas protegidas en cada continente para conservar los baluartes restantes más significativos de la biodiversidad y el patrimonio, aunque durante la última década, conceptos más estratégicos como la integralidad, la idoneidad y la representatividad han impulsado dicho proceso. Por desgracia, se reconoce ampliamente que esta acción es insuficiente por sí sola para prevenir la pérdida continua de especies (CBD, 2011). En parte, esto se debe a que el sistema de reservas nunca será lo suficientemente grande como para retener todas las especies y ecosistemas. A menudo, las áreas protegidas siguen siendo "islas" en medio de usos insostenibles de la tierra y el agua. Muchas especies necesitan moverse entre las áreas protegidas y el paisaje circundante, ya sea estacionalmente o conforme cambien los ecosistemas.

La conservación de la conectividad ha surgido como una respuesta de pensamiento de alto nivel a una variedad de amenazas a la biodiversidad que incluyen la degradación y destrucción del hábitat, la fragmentación, el cambio de los regímenes de incendios, la propagación de especies introducidas y un clima cambiante. La gestión de la conservación de la conectividad es un enfoque estratégico que ayuda a conectar hábitats a lo largo de grandes paisajes, lo que podría permitir que las especies y sus ecosistemas se muevan o adapten a medida que cambien las condiciones. La conservación de la conectividad es una forma de mantener las conexiones de la naturaleza con la participación de la gente. Entonces, ¿cuál es la base científica para la conservación de la conectividad?, ¿cómo se lleva a la práctica?, ¿cuáles son los beneficios? En este capítulo, nuestro objetivo es abordar estas preguntas al reunir una amplia gama de expertos que han trabajado extensamente en el campo de la ciencia de la conservación de la conectividad, otros conocimientos, la gobernanza, la gestión y el manejo. El énfasis de este capítulo es la gestión de áreas o corredores de conservación de la conectividad.

La tala industrial del fresno de montaña australiano (*Eucalyptus regnans*), la angiosperma más alta del mundo, es una amenaza significativa para una especie en peligro de extinción, el falangero de Leadbeater (*Gymnobelideus leadbeateri*), en el valle del alto Yarra, Victoria, Australia

Fuente: Ian Pulsford

La ciencia de la gestión de la conservación de la conectividad

El término "conectividad" se utiliza ampliamente en la literatura sobre el cambio del paisaje y las prácticas de conservación, y por lo general se refiere a la facilidad con que los organismos se mueven entre elementos paisajísticos particulares, el número de conexiones entre los parches de hábitat en relación con el número máximo de conexiones potenciales o las interconexiones de procesos clave al interior y entre los ecosistemas (Lindenmayer y Fischer, 2007).

Existen otras formas de conocimiento que también son importantes y pueden incluirse, como los sistemas de conocimiento de los pueblos indígenas y otras comunidades locales, pero estos no son el foco de esta sección. El concepto científico de conectividad incorpora las relaciones entre los procesos ecológicos clave, el patrón espacial y la escala de la cubierta vegetal, no solo en paisajes naturales, sino también en paisajes seminaturales e incluso altamente modificados (Forman, 1995). En las últimas tres décadas, el concepto de "conectividad" se ha vuelto cada vez más importante como resultado de la modificación de los ecosistemas y las subsecuentes disminuciones en la biodiversidad resultantes de una variedad de influencias humanas directas e indirectas, incluido el desmonte (y la pérdida resultante de hábitats), la alteración en los regímenes de incendios, la invasión de especies exóticas y el cambio climático (Crooks y Sanjayan, 2006; Fitzsimons *et al.,* 2013a).

Si se tiene en cuenta que la conectividad tiene múltiples y multifacéticos significados, no es sorprendente que aunque el concepto se considere importante de manera universal, a menudo se lo conciba de forma muy amplia, lo que hace que sea difícil de usar en la práctica y genere un gran debate académico (por ejemplo, sobre el valor ecológico de los corredores de vida silvestre, véase Simberloff *et al.,* 1992; Beier y Noss, 1998; Lindenmayer y Fischer, 2007).

Conectividad del paisaje y otros conceptos de conectividad

Para aclarar mejor varios temas asociados con la conectividad, es útil hacer una distinción explícita entre cuatro tipos de conectividad (Lindenmayer y Fischer, 2007). En el primer caso, la conectividad del hábitat puede definirse como la conexión entre parches de hábitats adecuados para una especie individual, que es lo opuesto al aislamiento de hábitats (en el cual las áreas con hábitats adecuados para una especie dada están subdivididas y se hacen más pequeñas). En el segundo caso, la conectividad del paisaje puede definirse desde una perspectiva humana de la conectividad de los patrones de cobertura vegetal en un paisaje determinado. Normalmente, esto implica la conexión física de la vegetación natural entre dos parches de vegetación natural que de otra manera estarían aislados. En el tercer caso, la conectividad de procesos ecológicos puede definirse como la conexión de procesos ecológicos a través de múltiples escalas, incluidos los procesos relacionados con especies altamente dispersivas, especies fuertemente interactivas, regímenes de perturbaciones y flujos hidroecológicos (Lindenmayer y Fischer, 2006; Soulé *et al.,* 2006; Mackey, 2007; Mackey *et al.,* 2013). En el cuarto caso, la conectividad de procesos evolutivos se refiere a procesos naturales espaciales que pertenecen tanto a la macroevolución (que conduce a la especiación) como a la microevolución, incluidas las interacciones coevolutivas y las adaptaciones locales de una población a las condiciones ambientales. La dimensión espacial de los procesos evolutivos se relaciona con el intercambio de material genético entre poblaciones, la medida en que estas están abiertas o cerradas a los flujos de entrada y de salida, el grado en que el cambio climático provocará movimientos forzados y los impactos de otros procesos amenazantes. Para muchos animales grandes y especies dispersivas, los procesos evolutivos implican el movimiento sobre largas distancias (Soulé *et al.,* 2006; Worboys y Mackey, 2013).

Aunque estos conceptos de conectividad están interrelacionados, no son sinónimos entre sí. La conectividad del paisaje puede aumentar la conectividad de los hábitats para algunas especies, pero no para otras (Driscoll *et al.,* 2014). De manera similar, la baja conectividad de hábitats para especies funcionalmente redundantes (*sensu* Walker, 1992) puede tener un impacto relativamente pequeño sobre la conectividad general de los procesos ecológicos. No obstante, para otras especies que cumplen funciones ecológicas irremplazables, la pérdida de la conectividad de los hábitats puede tener un impacto importante sobre la conectividad ecológica. Por ejemplo, algunas especies de aves y murciélagos en Centroamérica funcionan como dispersores de semillas de las plantas del bosque lluvioso entre las áreas agrícolas (Galindo-González *et al.,* 2000), lo que contribuye a la viabilidad genética de las poblaciones vegetales (Cascante *et al.,* 2002). La pérdida de la conectividad del hábitat para estas especies de vertebrados tendría graves implicaciones para la conectividad ecológica porque se perdería el proceso ecológico clave de la dispersión de semillas, con posibles consecuencias negativas para numerosas especies de plantas y los animales que dependen de ellas.

La siguiente sección de este capítulo se centra principalmente en una perspectiva humana de los ecosistemas, y por lo tanto su enfoque principal es el paisaje (Cuadro 27.1). Más adelante en este capítulo se discuten otras formas de conectividad. Cuando corresponda, se identifican los enlaces entre la conectividad del hábitat, la conectividad del paisaje, la conectividad de procesos ecológicos y la conectividad de procesos evolutivos.

Efectos negativos de una reducción en la conectividad del paisaje

Se asume que los paisajes que retienen más conexiones entre parches de áreas de vegetación aisladas, y por lo tanto tienen mayores niveles de conectividad del paisaje, mantienen poblaciones de varias especies que habitaban el paisaje original (Brown y Kodric-Brown, 1977; Haddad y Baum, 1999). Por el contrario, la falta de conectividad del paisaje puede tener una variedad de impactos negativos sobre los ensamblajes. Esta puede resultar en parches de vegetación que permanecen desocupados por grupos de especies (Robinson, 1999; Driscoll *et al.*, 2014), lo que significa que la distribución espacial de estos taxones podría no corresponder directamente con la distribución espacial del hábitat disponible para ellos (Stenseth y Lidicker, 1992; Wiens *et al.*, 1997; Driscoll *et al.*, 2014). Esto se observa en algunos taxones de aves forestales que no pueden cruzar las brechas y evitan las áreas abiertas (Desrochers y Hannon, 1997). De manera similar, los conjuntos de especies en parches de vegetación remanente donde la matriz circundante no es apta para la búsqueda de alimento tienen una mayor probabilidad de extinguirse que los ensamblajes donde la matriz brinda una conectividad del paisaje (Laurance, 1991; Driscoll *et al.*, 2013).

Un caso particular de reducción en la conectividad del paisaje es la disección que hacen las carreteras (*sensu* Forman, 1995) de la vegetación anteriormente continua. Las carreteras pueden influir negativamente sobre una amplia gama de especies, por lo que no solo alteran fundamentalmente el patrón del paisaje, sino que también reducen la conectividad de los hábitats para muchas especies individuales y los procesos ecológicos cambiantes (es decir, deterioran la conectividad ecológica). Como ejemplo, en Norteamérica las carreteras tienen un impacto negativo significativo sobre la migración de poblaciones de ciervos canadienses (*Cervus canadensis*) y el movimiento de depredadores como los lobos (*Canis lupus*) y los osos pardos (*Ursus arctos horribilis*) (Foreman, 2004; Canadian Parks y Wilderness Society, 2013).

Las especies cuyo hábitat primario no corresponde con los parches de vegetación definidos por el ser humano también pueden verse negativamente afectadas por una reducción en la conectividad del paisaje debido a la alteración de los procesos ecológicos. Por ejemplo, Gray *et al.* (2004) examinaron el efecto de la estructura del paisaje sobre dos especies de ranas en playas de humedales de los Llanos Altos Meridionales en el centro de Estados Unidos: el sapo montícola de espuela (*Spea multiplicata*) y el sapo de espuelas de las planicies (*S. bombifrons*). Descubrieron que el mayor desarrollo agrícola aumentaba los niveles de sedimentación y disminuía la duración de las áreas de agua. Esto a su vez reducía la conectividad del paisaje para ambas especies de anfibios.

Por último, la reducción en la conectividad del paisaje puede alterar la conectividad ecológica, lo que lleva a una gama de efectos en cascada. Por ejemplo, la pérdida de la conectividad del paisaje puede alterar la estructura

Cuadro 27.1 Conectividad del paisaje versus conectividad del hábitat

La conectividad del paisaje refleja las percepciones humanas de la conectividad del paisaje sobre los patrones de vegetación de un paisaje. El patrón de un paisaje dado puede corresponder con una baja conectividad del hábitat para algunas especies, pero una alta conectividad del hábitat para otras, incluso dentro del mismo ensamblaje.

En el Experimento de Fragmentación de Tumut en el sudeste de Nueva Gales del Sur, Australia (revisado en Lindenmayer, 2009), especies como el mielero alirrufo (*Anthochaera carunculata*) y el silbador dorado (*Pachycephala pectoralis*) estaban dentro de un conjunto de taxones con una abundancia significativamente menor en áreas con bajos niveles de conectividad del paisaje y muchos parches de vegetación remanente desconectados espacialmente versus las zonas donde las áreas restantes de bosques de eucaliptos nativos estaban consolidadas como un pequeño número de rodales contiguos (Lindenmayer *et al.*, 2002).

Por el contrario, el falangero de cola anillada (*Pseudocheirus peregrinus*) y la rosella carmesí (*Platycercus elegans*) mostraron la respuesta inversa, quizás porque son especies atraídas a los ecotonos (Youngentob *et al.*, 2013), y los linderos más extensos que se crean en los paisajes caracterizados por muchos parches separados espacialmente hacen que estas áreas sean más adecuadas para ellas (Lindenmayer, 2009). Esto enfatiza el hecho de que los niveles más altos de conectividad del paisaje, tal como los percibe el ser humano, no siempre corresponden directamente con niveles más altos de conectividad del hábitat para una especie individual dada, o viceversa.
Esto también refuerza la lógica de la distinción clave entre la conectividad del hábitat para especies individuales y la conectividad del paisaje como aquella, definida por el ser humano, de la cobertura vegetal dentro de un paisaje.

Se mantuvo una isla remanente de bosque de eucaliptos en los bosques de pinos recientemente plantados cerca de Tumut, Nueva Gales del Sur, Australia

Fuente: David Lindenmayer

Cuadro 27.2 Corredores de vida silvestre: conectividad del paisaje, conectividad del hábitat y conectividad ecológica

Levey *et al.* (2005) estudiaron la dispersión de semillas por aves en relación con los corredores de vida silvestre en un ecosistema forestal de Carolina del Sur, Estados Unidos. Establecieron ocho paisajes experimentales, cada uno con una mezcla de parches de bosque conectados por corredores de vida silvestre y parches inconexos. El estudio se centró en el árbol de la cera (*Myrica cerifera*) y uno de sus principales dispersores de semillas, el azulejo gorjicanelo (*Sialia sialis*). Las observaciones del comportamiento del azulejo gorjicanelo sugirieron que era más probable que la especie viajara a lo largo del ecotono de los corredores de vida silvestre en lugar de cruzar la matriz no boscosa. Este modo de uso del corredor inspiró la "hipótesis de la deriva de la cerca" (*drift-fence hypothesis*), la cual establece que los corredores de vegetación interceptan y dirigen el movimiento de las especies que de lo contrario se moverían a través de la matriz (Levey *et al.,* 2005). Además, Levey *et al.* (2005) estaban interesados en saber en qué parte del paisaje se dispersaban las semillas del árbol de la cera. Una pregunta en particular fue si era más probable que las semillas se dispersaran entre los parches que estaban conectados por corredores de vida silvestre que entre los parches inconexos. Para responder a esta pregunta, en algunos parches Levey *et al.* (2005) aplicaron una solución diluida de polvo fluorescente sobre los frutos del árbol de la cera. Este método permitió la identificación de las semillas del árbol de la cera que eran defecadas en los parches de bosque en otras partes del paisaje. Los resultados demostraron que, en promedio, las semillas tenían un 37% más de probabilidad de dispersarse en parches conectados que en parches inconexos. Este estudio demostró que a veces los corredores de vida silvestre pueden proporcionar una conectividad del hábitat –para el azulejo gorjicanelo y el árbol de la cera–. Finalmente, al mantener un proceso ecológico importante –la dispersión de semillas– en todo el paisaje, el estudio también demostró que los corredores de vida silvestre tienen el potencial de mejorar la conectividad ecológica.

Remanente del corredor forestal de eucaliptos dentro de una matriz paisajística fragmentada con plantaciones de pinos en Tumut, Nueva Gales del Sur, Australia

Fuente: David Lindenmayer

de las redes tróficas (Holyoak, 2000; Galetti *et al.,* 2013) e interrumpir procesos ecológicos como la descomposición de desechos (Klein, 1989), la dispersión de semillas (Cordeiro y Howe, 2003) o la polinización (Paton, 2000; Tscharntke *et al.,* 2012).

Características que contribuyen con la conectividad del paisaje y los corredores de vida silvestre

Uno de los objetivos clave de la gestión del paisaje es aumentar su conectividad. Tres tipos amplios de características pueden contribuir con la conectividad del paisaje:

corredores de vida silvestre, puntos intermedios de paso y una matriz "blanda". Las diferentes características darán como resultado una mayor conectividad del hábitat para diferentes especies y mantendrán diferentes aspectos de la conectividad ecológica. El foco del resto de esta sección está en los corredores de vida silvestre.

Los corredores de vida silvestre son conexiones físicas entre parches de vegetación nativa (véase, por ejemplo, Bennett, 1998) incluso al interior y entre las áreas protegidas centrales. Los corredores de vida silvestre contribuyen a la conectividad del paisaje y pueden facilitar una mayor conectividad del hábitat para algunas especies (por ejemplo, Bennett, 1990; Beier y Noss, 1998). Muchos estudios han intentado examinar la contribución que los corredores de vida silvestre pueden hacer a la conectividad del paisaje. Un conjunto detallado de estudios de Haddad (1999a, 1999b) y sus colegas (por ejemplo, Tewksbury *et al.,* 2002; Haddad y Tewksbury, 2005; Levey *et al.,* 2005) exploraron las respuestas de una serie de biotas al establecimiento de corredores de vida silvestre en un ecosistema de plantación forestal en Carolina del Sur, EE.UU. En este trabajo pionero se encontraron muchos resultados interesantes. Por ejemplo, los corredores de vida silvestre dirigieron el movimiento de varias especies de animales, aunque algunos taxones también se movieron a través de la matriz (Haddad *et al.,* 2003). Las densidades poblacionales de varios grupos de especies fueron significativamente más altas en los parches conectados que en los aislados (Haddad y Baum, 1999). Quizás lo más significativo es que el trabajo demostró que la conectividad del paisaje que los corredores ofrecen tiene el potencial de mejorar tanto la conectividad del hábitat de algunas especies como la conectividad ecológica de algunos procesos ecosistémicos clave (Cuadro 27.2).

Algunas especies pueden beneficiarse de los corredores de vida silvestre que unen hábitats adecuados (Gilbert *et al.,* 1998; Haddad *et al.,* 2003), incluidas las especies que no utilizan áreas fuera de los corredores, como las áreas

El Parque Nacional Río Fitzgerald hace parte de un *hotspot* de biodiversidad reconocido internacionalmente en el corredor Gondwana Link de Australia Occidental

Fuente: Graeme L. Worboys

abiertas (Berggren *et al.,* 2002), así como aquellas que se dispersan solo a través de un hábitat adecuado (por ejemplo, Nelson, 1993; Driscoll *et al.,* 2014).

No todas las especies usan corredores (Lindenmayer *et al.,* 1993), y su uso puede depender de la ecología de la especie en cuestión –por ejemplo, su escala de movimiento (Amarasekare, 1994), patrones de comportamiento (Lidicker, 1999) o estructura social (Horskins, 2004)–. Del mismo modo, los atributos de los corredores, como su amplitud y longitud, la idoneidad del hábitat para una especie en particular, la ubicación en el paisaje y una serie de otros factores, pueden afectar el uso de los corredores por parte de la vida silvestre.

Áreas protegidas y conectividad

Las reservas ecológicas a gran escala y las redes de áreas protegidas brindan una conectividad importante sobre áreas extensas y en el tiempo (Soulé *et al.,* 2004; Worboys *et al.,* 2010). Por ejemplo, un trabajo reciente en el sur de África demostró que las redes de áreas protegidas son fundamentales para ayudar a los movimientos distributivos de una variedad de especies de aves en respuesta a los cambios en el clima (Beale *et al.,* 2013). Las redes de áreas conectadas constituyen la base para establecer corredores enormes que se extiendan a escalas regionales e incluso continentales –por ejemplo, Yellowstone a Yukon, las Grandes Cordilleras del Este, el Arco de Terai y el Corredor Biológico Mesoamericano (Bennett, 1998; Foreman, 2004; Fitzsimons *et al.,* 2013a)–.

Mantenimiento de la conectividad como principio clave para la conservación de la biodiversidad

En resumen, la importancia ecológica de las cuatro formas generales de conectividad descritas anteriormente significa que el mantenimiento de la conectividad es uno de los principios clave para conservar la biodiversidad y las funciones del ecosistema y, por lo tanto, un principio clave en la gestión informada del paisaje (Lindenmayer *et al.,* 2008; Worboys *et al.,* 2010). La mejor forma de mantener la conectividad dependerá no solo del ecosistema en cuestión, sino también de los patrones de heterogeneidad del paisaje, las especies y los procesos objeto de la conservación, así como los procesos que amenazan a un área determinada. Los enfoques para mantener o mejorar la conectividad pueden variar, desde la declaración de grandes reservas ecológicas (Beale *et al.,* 2013), la protección de reservas más pequeñas (mesoescala), como las franjas riparias de amortiguamiento, y la planeación de carreteras y otras infraestructuras hechas por el ser humano para evitar la subdivisión de las áreas (Foreman, 2004) y así "suavizar" la matriz al retener o árboles y otras plantas en áreas fuera de las reservas (Franklin, 1993; Gustafsson *et al.*, 2012). En muchos casos, una combinación de estos enfoques en diferentes escalas satisfará mejor los requerimientos de un conjunto diverso de especies y procesos ecosistémicos clave y, por lo tanto, ofrecerá resultados positivos para el mantenimiento no solo de la conectividad del hábitat, sino también de la conectividad del paisaje, de la conectividad ecológica y de la conectividad de los procesos evolutivos.

La red global de corredores de conectividad

Desde el punto de vista histórico, los corredores de vida silvestre son un concepto relativamente reciente, implementado inicialmente a pequeña escala y por lo general para cumplir con las nociones de amenidad paisajística, para la retención y movimiento de la vida silvestre y para la recreación, incluida la caza (Crooks y Sanjayan, 2006). Durante las últimas décadas del siglo XX, el desmonte de tierras a escala industrial se aceleró en todo el mundo, lo que eliminó o fragmentó casi toda la vegetación nativa en muchos lugares. Esto se produjo principalmente en las tierras bajas más cultivables y productivas de muchos países, lo que alteró drásticamente las funciones ecosistémicas y disminuyó el espacio disponible para las especies silvestres. A medida que la población mundial aumentaba, la extinción en masa de especies silvestres se aceleró rápidamente (Crooks y Sanjayan, 2006; Hilty *et al.*, 2006). Hasta la década de 1990, la mayoría de los esfuerzos de conservación se centraban en establecer redes de áreas protegidas como respuesta a la embestida del desmonte. Las áreas protegidas se establecieron para conservar partes de los paisajes naturales, aunque muchas permanecieron como "islas" en un mar de tierras agrícolas despejadas. A menudo, los corredores de vegetación nativa eran accidentales, formados por lo que quedaba después de que se desmontaba la tierra más valiosa. Con frecuencia, la vegetación restante se limitaba a las franjas que bordean las carreteras, a las áreas que eran demasiado empinadas o áridas o que estaban a lo largo de las orillas de arroyos y ríos. Por lo general, las comunidades locales y los terratenientes bien informados conservaban otros parches de bosque para diversos propósitos. En muchos países, los programas de las últimas décadas que involucraban a agricultores y otros propietarios de tierras establecieron pequeños corredores lineales como rompevientos y grupos de árboles para conservar la vida silvestre o para mejorar la productividad y compensar la degradación de la tierra.

De la década de 1990 en adelante, la acción comunitaria informada por la ciencia emergente de la biología de la conservación también ayudó a impulsar la agenda de conservación para concebir un nuevo enfoque de conservación del paisaje mucho más amplio e incluyente. Se requería un nuevo enfoque audaz para el pensamiento conservacionista. Este nuevo enfoque fue más allá de los límites de conectar los hábitats o paisajes de una sola biorregión o reserva de la biosfera. La primera de las muchas redes de corredores de conservación a escala continental fue la "Iniciativa de Conservación de Yellowstone a Yukón o Y2Y". La Y2Y se concibió en 1993 (Chester, 2006) y se extiende a lo largo de más de 5150 kilómetros de las Montañas Rocosas desde el Parque Nacional de Yellowstone en Estados Unidos hasta la región de Yukón en el noroeste de Canadá. Eventualmente abarcará 1,2 millones de kilómetros cuadrados e involucrará a más de trescientas organizaciones de conservación (Chester, 2006). Desde entonces, en todos los continentes, excepto en la Antártida, y en todos los reinos biogeográficos terrestres del mundo se han establecido muchos corredores extensos y a escala continental, incluidos los corredores transfronterizos (Worboys *et al.*, 2010) (Figura 27.1).

Río Yellowstone, Parque Nacional Yellowstone, EE.UU. El corredor de Yellowstone a Yukón se extiende a lo largo de las Montañas Rocosas, desde el Parque Nacional Yellowstone en Estados Unidos hasta la región de Yukón en Canadá

Fuente: Graeme L. Worboys

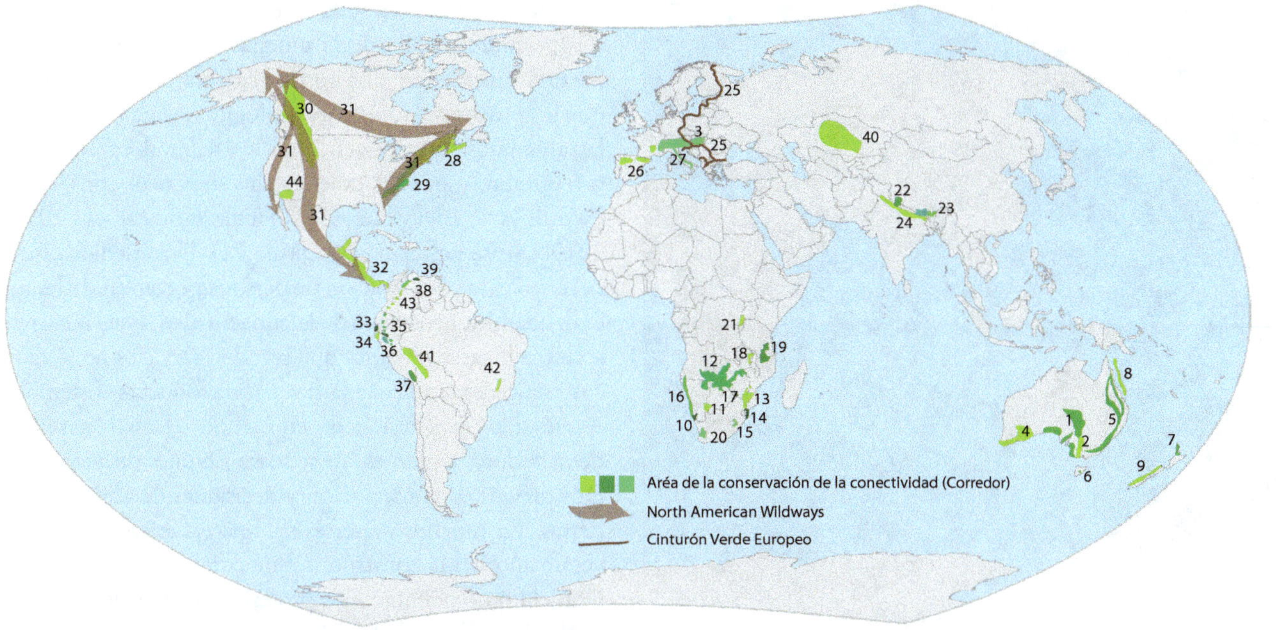

	ÁREA DE CONSERVACIÓN DE LA CONECTIVIDAD (CORREDOR)	PAÍSES
1	South Australian Nature Links	Australia
2	Habitat 141	Australia
3	Red alpina de áreas protegidas (ALPARC)	Francia, Italia, Suiza, Alemania, Austria, Eslovenia, Principados de Liechtenstein y Mónaco
4	Gondwana Link	Australia
5	Grandes Cordilleras del Este	Australia
6	Midlandscapes	Australia
7	Reconnecting Natural Northland	Nueva Zelanda
8	Parque Marino de la Gran Barrera de Coral (sitio patrimonio mundial)	Australia
9	Te Wāhipounamu - sitio patrimonio mundial - sudoeste de Nueva Zelanda	Nueva Zelanda
10	Parque Transfronterizo de Ai/Ais - Richtersveld	Sudáfrica y Namibia
11	Parque Transfronterizo de Kgalagadi	Botsuana y Sudáfrica
12	Área de Conservación Transfronteriza Kavango Zambezi (Kavango Zambezi, KAZA)	Angola, Botsuana, Namibia, Zambia y Zimbabue
13	Parque Transfronterizo del Gran Limpopo	Mozambique, Sudáfrica y Zimbabue
14	Área de Conservación Transfronteriza de Lubombo	Mozambique, Suazilandia y Sudáfrica
15	Área Transfronteriza de Conservación y Desarrollo Maloti Drakensberg	Lesoto y Sudáfrica
16	Área de Conservación Transfronteriza Iona - Costa de los Esqueletos	Angola y Namibia
17	Área de Conservación Transfronteriza del Gran Mapungubwe	Botsuana, Sudáfrica y Zimbabue
18	Área de Conservación Transfronteriza Malawi-Zambia	Malawi y Zambia
19	Corredor de protección de la vida silvestre de Selous y Niassa	Mozambique y Tanzania
20	Corredor de biodiversidad del Gran Cederberg	Sudáfrica
21	Corredor de biodiversidad del Gran Virunga	Uganda, Ruanda
22	Paisaje sagrado Kailash	China, India y Nepal

	ÁREA DE CONSERVACIÓN DE LA CONECTIVIDAD (CORREDOR)	PAÍSES
23	Complejo de Conservación Biológica de Bután	Bután
24	Arco de Terai	India y Nepal
25	Cinturón Verde Europeo	*** véase la lista al final**
26	Gran Conector Ecológico: Sierras del Norte de Portugal - Cordillera Cantábrica - Pirineos - Macizo Central - Alpes Occidentales	España, Francia, Italia
27	Espace Mont Blanc	Francia, Italia, Suiza
28	Iniciativa de conectividad de la región Acadiana/Apalaches septentrionales	Estados Unidos/Canadá
29	Ecorregión de los Apalaches meridionales	Estados Unidos
30	Iniciativa de conservación de Yellowstone a Yukón	Estados Unidos/Canadá
31	North American Wildways Network	México/EE.UU./Canadá
32	Corredor Biológico Mesoamericano	México, Guatemala, Belice, Honduras, El Salvador, Nicaragua, Costa Rica, Panamá
33	Amotape	Perú
34	Bosque seco	Perú
35	Amazonas	Perú
36	San Martín	Perú
37	Sur	Perú
38	Corredor Sierra Nevada - Sierra de La Culata - Tapo Caparo	Venezuela
39	Corredor San Esteban - Henri Pittier - Codazzi - Macarao	Venezuela
40	Iniciativa de conservación de Altyn Dala	Kazakstán
41	Corredor de Conservación Vilcabamba-Amboró	Bolivia, Perú
42	Reserva de la Biosfera Serra do Espinhaço	Brasil
43	Corredor Ecológico Llanganates - Sangay	Ecuador
44	Alianza Internacional del Desierto Sonorense	Estados Unidos/México

* PAÍSES DEL CINTURÓN VERDE EUROPEO: Finlandia, Rusia, Noruega, Estonia, Letonia, Lituania, Polonia, Alemania, República Checa, Austria, Eslovaquia, Hungría, Croacia, Eslovenia, Italia, Serbia, Rumanía, Bulgaria, Macedonia, Kosovo (de conformidad con RCSNU 1244 y opinión de la CIJ), Montenegro, Albania, Grecia, Turquía

Figura 27.1 Mapa indicativo de las áreas de conservación de la conectividad a gran escala gestionadas activamente (corredores) en la Tierra

Fuente: Ian Pulsford, 2014. Compilado a partir de datos agregados por Rod Atkins e Ian Pulsford, Red Internacional para la Conservación de la Conectividad de la CMAP, Canberra, Australia

Muro Mani budista cerca de la vista de la aldea Khumjung del Ama Dablam (pico) en el Parque Nacional Sagarmatha; el parque y su gente forman un núcleo del corredor del Paisaje Sagrado del Himalaya

Fuente: Ian Pulsford

Gestión de los corredores de conservación de la conectividad

Esta sección, además de describir los principios del establecimiento y la gestión de los corredores de conectividad, también brinda un resumen del marco de gestión de la conservación de la conectividad de la Unión Internacional para la Conservación de la Naturaleza (UICN) y un marco para monitorear y evaluar la efectividad.

Establecimiento de la gestión de los corredores

La experiencia adquirida en muchas iniciativas de conectividad demuestra que el establecimiento de un gran corredor de conservación es una tarea de enorme envergadura que entraña muchos desafíos, incluida la obtención de fondos y otras demandas (Fitzsimons *et al.,* 2013b; Pulsford *et al.,* 2013). Para tener éxito, se ha encontrado que es muy importante una visión mutuamente acordada. También debe existir un liderazgo inspirador y habilidoso, una evaluación minuciosa de los valores de biodiversidad, una comprensión clara de los contextos sociales y políticos, una planeación estratégica de todo el corredor y una priorización de las inversiones, así como una implementación versada (véase la subsección "Requerimientos y principios de gobernanza" más adelante). El éxito requiere un compromiso a largo plazo por parte de muchas organizaciones con el fin de implementar una gestión adaptativa que garantice que los procesos y funciones ecológicas se mantengan, que las amenazas se mitiguen, que los hábitats se conserven o restauren, y que las especies silvestres sean conservadas (Worboys y Lockwood, 2010; Fitzsimons *et al.,* 2013a, 2013b; véase también el Capítulo 21). Una medida crucial del éxito es la participación de personas y comunidades que entiendan los beneficios de la conectividad. Esto incluye el acceso a lugares silvestres que brinden servicios ecosistémicos esenciales, como agua limpia y productos sostenibles. A menudo, la decisión de emprender el establecimiento de corredores a gran escala se toma después de años de logros previos de conservación y decisiones de asignación de tierras. En muchos países existe una experiencia de diez a veinte años en la construcción de corredores a gran escala. Con el fin de orientar a los profesionales actuales y futuros y a los formuladores de políticas que deseen emprender un proyecto de corredores, la UICN desarrolló un marco de gestión de la conservación de la conectividad (Worboys y Lockwood, 2010) que se resume a continuación.

Consideraciones del marco de gestión

Los corredores de conectividad incluyen muchos paisajes grandes y complejos con muchas tenencias de tierra y actividades, y para ser eficaces necesitan una gestión activa en los niveles del sitio, del paisaje y de todo el corredor. Esto requiere un enfoque estratégico basado en un marco que unifique los elementos clave del concepto de gestión de la conservación de la conectividad. Con el fin de brindar un enfoque sistemático para la gestión y manejo de las áreas de conectividad, la Comisión Mundial de Áreas Protegidas (CMAP) de la UICN desarrolló un marco de gestión de la conservación de la conectividad (Worboys y Lockwood, 2010; Figuras 27.2 y 27.3). Este tiene que ver con los corredores que son muy grandes, geográficamente diversos, ambientalmente variados y que incluyen muchas personas, una variedad de tenencias y múltiples sectores de la sociedad. El marco reconoce una visión audaz y orientadora que brinda no solo la dirección, sino también el "elemento cohesivo" para las numerosas iniciativas individuales que ayudan a conservar la biodiversidad dentro del corredor. Las áreas de conservación de la conectividad están en constante cambio, por lo que el marco reconoce la necesidad de monitorear de cerca los contextos dinámicos de "naturaleza", "personas" y "gestión", y esta información se utiliza todo el tiempo para ayudar a la implementación de las cuatro funciones de la gestión (Figuras 27.2 y 27.3).

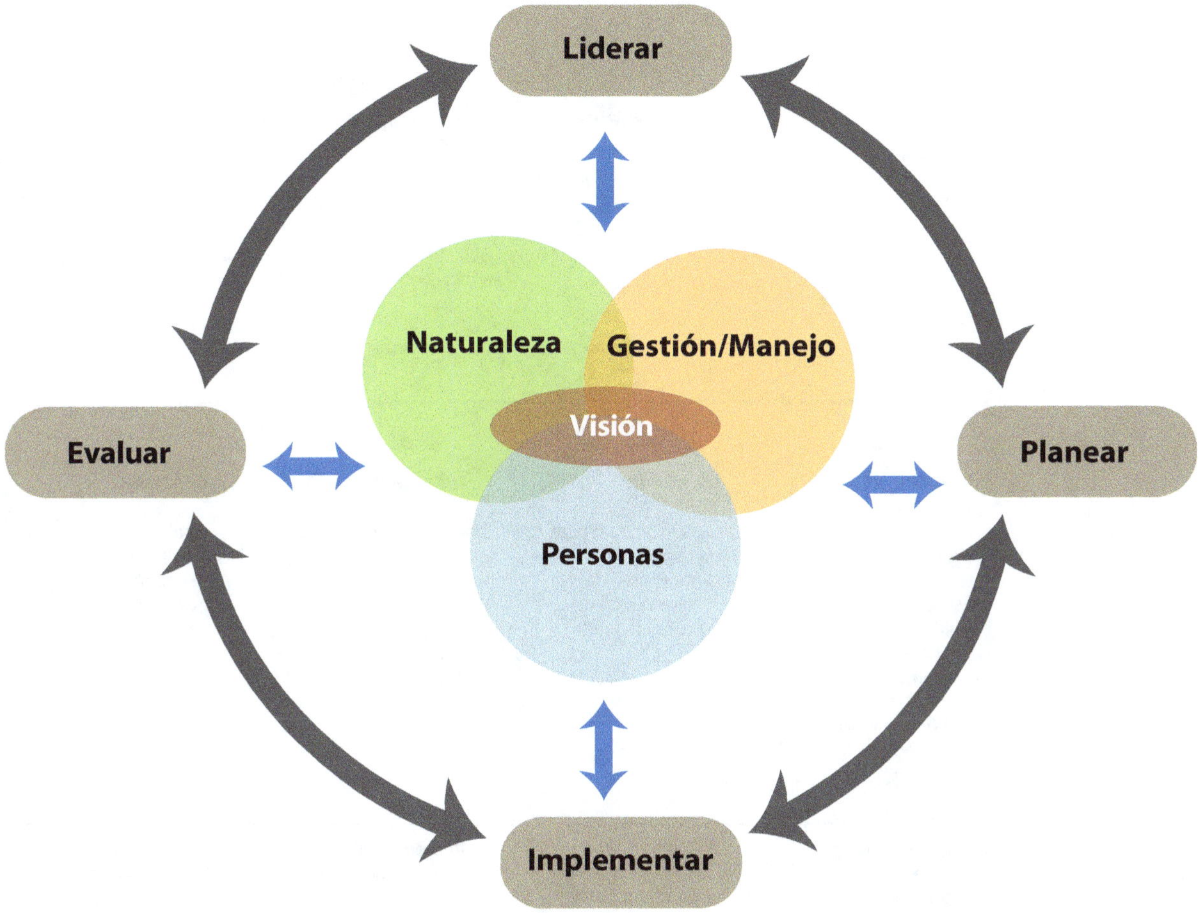

Figura 27.2 Marco de gestión de la conservación de la conectividad, CMAP de la UICN
Fuente: Worboys *et al.*, 2010

Contexto

Comprender el contexto de un área de conservación de la conectividad es un primer paso fundamental. El corredor se ubica en un paisaje que experimenta cambios constantes. Durante largos períodos se han implementado muchas decisiones sobre el uso de la tierra, las cuales proporcionan la historia, el contexto y el escenario para las estrategias y acciones de conservación de la conectividad. Necesariamente, toda propuesta de un corredor involucrará a la gente, por lo que lo más importante es comprender las necesidades, las aspiraciones y la disposición de las personas a involucrarse. También es necesario tener en cuenta las políticas gubernamentales, la legislación y las necesidades competitivas por los recursos financieros y las habilidades. Estos tres "contextos" se describen más delante.

Contexto de la naturaleza

El contexto de la naturaleza es el principal impulsor y motivo para establecer una iniciativa de conservación de la conectividad. Este no opera de manera aislada de otros factores, especialmente de la gente, e interactúa con ellos de una manera dinámica que requiere de una revisión y adaptación constantes. El contexto de la naturaleza consta de cuatro consideraciones que interactúan; la necesidad de evaluar:

1. La conectividad del paisaje.
2. La conectividad ecológica.
3. La conectividad del hábitat.
4. La conectividad de los procesos evolutivos, incluido el grado de fragmentación del hábitat, la presencia de hábitats remanentes como puntos intermedios de paso y las oportunidades para rehabilitar conexiones en el contexto del cambio climático y otras amenazas.

Contexto de las personas

Las personas viven en y utilizan los recursos dentro de un área de conservación de la conectividad. Por lo general, el corredor se compone de múltiples tenencias de tierra que se utilizan para una variedad de otras actividades que apoyan los medios de subsistencia. Este conocimiento garantiza que las personas y las comunidades estén debidamente informadas e involucradas. Sin la participación y el apoyo de la gente, es poco probable que se logren la visión y las metas.

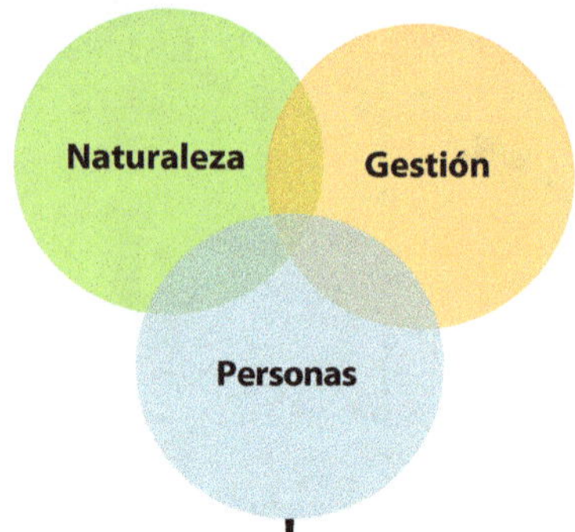

	LIDERAR	PLANEAR	IMPLEMENTAR	EVALUAR
1. Escala de toda el área de conservación de la conectividad	Establecer y promover la visión Establecer la capacidad política, social y financiera para implementar la visión Integrar la visión de la conectividad en el paisaje regional	Desarrollar un plan estratégico para toda el área de conservación de la conectividad	Alcanzar una capacidad para operar Responder a las amenazas críticas contra el área de conservación de la conectividad	Establecer necesidades y sistemas de evaluación
2. Escala transfronteriza internacional	Facilitar una alianza internacional de cooperación para el corredor de conectividad	Establecer un plan transfronterizo y un memorándum de entendimiento	Implementar tareas cooperativas	Identificar las necesidades internacionales de información de la evaluación y evaluar
3. Escala nacional o estatal	Lograr la aprobación y el apoyo del Gobierno	Integrar la visión en estrategias nacionales para la biodiversidad y el desarrollo sostenible	Implementar respuestas a problemas nacionales, como el cambio climático	Evaluar el desempeño de las acciones nacionales de implementación
4. Escala del paisaje	Lograr el apoyo de la comunidad	Desarrollar múltiples planes de tareas cooperativas	Implementar múltiples tareas cooperativas	Evaluar el desempeño de las tareas cooperativas
5. Escala de sitio individual	Fomentar "embajadores" individuales y sus iniciativas	Facilitar planes de proyectos individuales	Proporcionar apoyo y asistencia a proyectos individuales	Evaluar la gestión del proyecto contra los objetivos

Figura 27.3 Aplicación en diversas escalas espaciales del Marco de gestión de la conservación de la conectividad, CMAP de la UICN

Fuente: Worboys *et al.*, 2010

Contexto de la gobernanza y la gestión

Evaluar el contexto de la gobernanza y la gestión implica:

- Identificación de cómo se organiza, planea y gestiona la tierra a nivel legal e institucional, incluidos los requerimientos comunitarios y las leyes y políticas de los gobiernos, la tenencia de la tierra y la forma en que se gestiona, y el estado de planeación de las tierras.
- Legislación u otros instrumentos de gobierno que puedan facilitar o alentar la participación de los propietarios de tierras.
- Identificación de programas e incentivos para lograr acciones de conservación sobre el terreno que deban ajustarse a las necesidades individuales de las comunidades.

La gestión del corredor debe tener en cuenta una larga historia de decisiones anteriores del Gobierno y la comunidad.

También es importante comprender las capacidades y habilidades de los administradores de tierras y de las comunidades locales.

Funciones de gestión

La gestión activa de un área de corredor tendrá en cuenta el contexto siempre cambiante y priorizará la gestión y el esfuerzo con base en, al menos parcialmente, estas contribuciones. La implementación de la gestión dentro de un corredor tendrá en cuenta cuatro importantes funciones de gestión que pueden darse en tres niveles: todo el paisaje, el paisaje regional y el sitio o el proyecto.

Liderazgo

La función más crítica de cualquier iniciativa es el liderazgo. Los líderes carismáticos y hábiles pueden inspirar y motivar la participación. Para que el liderazgo sea exitoso, se requerirá un enfoque verdaderamente colaborativo que inspire la apropiación de la iniciativa por parte de muchas personas y organizaciones. El liderazgo es mejor si garantiza que un individuo u organismo no domine la organización. En general, los líderes son personas visionarias, consistentes, que tienen una comprensión profunda de la conservación de la conectividad, que son valientes, decididas, flexibles y que tienen la capacidad de tomar medidas que cambien el *statu quo* (IUCN WCPA, 2006).

Planeación

La planeación es un proceso para determinar las metas de un curso de acción futuro requerido para lograr un resultado deseado. La planeación del uso de la tierra (corredor) puede ocurrir en varias escalas geográficas y organizacionales. La planeación puede hacerse para todo el corredor y pueden existir planes separados que detallen las acciones que tendrán que llevarse a cabo en las áreas centrales de conservación, las zonas de amortiguamiento y las brechas de conectividad. La planeación puede identificar las áreas donde deben llevarse a cabo acciones críticas y determinar el cronograma para lograrlo, incluida la manera en que la comunidad puede participar. Por lo general, los planes se llevan a cabo en tres niveles de detalle. El propósito general del corredor, la dirección y las metas organizacionales. Las formas de lograr estos objetivos se describen en un plan estratégico que baja en la jerarquía hasta una serie de planes regionales o tácticos y operacionales. También se lleva a cabo una planeación "de abajo hacia arriba", que influye en estos tres tipos de planeación.

Participantes en un taller internacional de la UICN para la planeación de la conservación de la conectividad llevado a cabo en 2008 en Dhulikhel, Nepal

Fuente: Graeme L. Worboys

Implementación

La implementación implica el proceso de poner en práctica las acciones de gestión y manejo, generalmente de acuerdo con un plan del corredor y un plan del proyecto. Las acciones de gestión y manejo pueden ser implementadas por una serie de organizaciones o individuos que trabajan por separado o en conjunto en muchas escalas espaciales diferentes. La implementación requiere una comunicación estratégica y la coordinación de las actividades individuales y cooperativas.

Evaluación

Para determinar el logro de la visión y los objetivos deseados, es crítico que de vez en cuando se evalúe el progreso y el éxito de cualquier esfuerzo de conservación. De lo contrario, es posible que se requiera un nuevo curso de acción o acciones adicionales para garantizar que las especies o ecosistemas no disminuyan más. Para hacer esto, un plan de evaluación por separado es una buena inversión (Magoluis y Salafsky, 1998). Se requerirá una variedad de técnicas de monitoreo y evaluación (véase la sección "Monitoreo y evaluación del desempeño del corredor" más delante), incluidas técnicas para hacer

Reserva Biológica Bosque Nuboso Monteverde en Costa Rica, parte del Corredor Biológico Mesoamericano, el cual enlaza las metas de conservación con las iniciativas de desarrollo sostenible de los pueblos locales en nueve países de Centroamérica

Fuente: Graeme L. Worboys

seguimiento del panorama general (todo el corredor) a partir de una línea base establecida y la preparación de informes sobre el progreso de las acciones en el terreno.

La implementación de las cuatro funciones de gestión reconoce la necesidad de una gestión con un enfoque ordenado pero dinámico, orientado por la comprensión de este contexto cambiante. El liderazgo tiene primacía en el marco y es responsable de impulsar las cuatro funciones de gestión para lograr la visión. El marco también se aplica en tres escalas de las áreas de conservación de la conectividad. Estas incluyen la escala nacional y de todo el continente, que incluye consideraciones internacionales; la escala del paisaje (regional) con su posible necesidad de una gestión transfronteriza, y las escalas de sitios, que pueden, por ejemplo, ser propiedades individuales. El marco reconoce que la gestión será situacional. Es posible que los enfoques locales para la conservación de la biodiversidad en un área no sean apropiados para otras partes del mismo corredor. La planeación local ayuda a resolver este asunto, aunque una vez más, la visión ofrece una orientación amplia y general para toda el área de conservación de la conectividad. El marco también identifica dieciséis acciones clave que sustentan el establecimiento, ejecución y tareas transversales de la gestión de las áreas de conservación de la conectividad.

Tareas de gestión

Típicamente, el inicio y la ejecución de una iniciativa de conservación de la conectividad involucran dieciséis tareas genéricas, divididas en "acciones fundamentales", "tareas de ejecución" y "tareas transversales". En general, los proyectos de conservación de la conectividad a gran escala se implementan en paisajes semi-modificados que son sistemas complejos en los que las actividades humanas y los usos de la tierra interactúan con las especies individuales y los hábitats naturales remanentes (Lindenmayer y Fischer, 2007; Lambert, 2013). El manejo de estas interacciones en múltiples escalas es una consideración clave de las acciones de gestión de la conservación de la conectividad (Hilty *et al.*, 2012; Pulsford *et al.*, 2013). Al igual que las tareas, las funciones de conservación de la conectividad (liderazgo, planeación, implementación y evaluación) deben implementarse en un rango de escalas espaciales, como el corredor completo, para regiones o zonas individuales dentro del corredor y a nivel del sitio.

Acciones fundamentales

1. **Viabilidad y alcance**: un primer paso podría incluir un proceso para discutir y acordar la necesidad de establecer la conectividad. Esto requiere acceso a una buena información, la cual puede obtenerse mediante la realización de algún tipo de estudio. Se necesita una evaluación para brindar una base sólida que permita el desarrollo de una propuesta de corredor que incluya límites externos e internos. Dicha evaluación podría implicar la revisión de los valores naturales intrínsecos, incluidas las consideraciones de conectividad, los valores sociales, espirituales y culturales, y los contextos políticos y de gestión. Los temas a revisar que podrían ser importantes incluyen la ubicación y distribución de las especies y comunidades ecológicas, las brechas en la conectividad, la fragmentación del hábitat, el diseño de los límites del corredor, así como la identificación de amenazas clave e influencias dinámicas tales como incendios, inundaciones, especies plaga, contaminación, desarrollo y factores sociales. Cuando se haga una evaluación de los valores sociales, quizás sea importante determinar si una iniciativa es deseable y viable antes de tomar la decisión de proceder.
2. **Establecer una visión comunitaria compartida**: una visión de conservación de la conectividad audaz es un elemento crítico que proporciona una dirección para las acciones individuales locales.
3. **Realizar una planeación previa (como focalizarse en las tierras estratégicamente más importantes):** Durante esta fase de establecimiento y gestión de corredores, es muy conveniente que se lleve a cabo

Los propietarios de tierras en Atherton Tableland, Queensland, Australia, trabajan juntos para replantar y reconectar el bosque lluvioso remanente, hábitat de varias especies de marsupiales y canguros arborícolas sensibles al cambio climático y en peligro de extinción

Fuente: Campbell Clarke

una planeación sistemática de la conservación para identificar las áreas núcleo, al igual que las conexiones y las brechas en la conectividad (Margules y Pressey, 2000; Bottrill y Pressey, 2009, Pressey *et al.*, 2009, Capítulo 13). La planeación sistemática de la conservación puede brindar una base científicamente defendible para el establecimiento de un corredor. Esta también puede usarse para identificar brechas en la conectividad y áreas que están degradadas o bajo amenaza o que contienen comunidades o especies restringidas o en peligro que requieren una mayor atención. La planeación de la conservación puede utilizarse como base para el desarrollo de un documento de propuesta base, el cual puede desarrollarse en sociedad con grupos comunitarios interesados y guiar la priorización temprana y el trabajo de investigación.

4. **Establecer la gobernanza y la administración (que pueden incluir la gobernanza transfronteriza):** la gobernanza es el mecanismo que identifica quién dentro de una organización toma las decisiones y cómo se toman (véase la sección "Gobernanza de la conservación de la conectividad" más adelante). Muchas iniciativas de corredores traspasan los límites jurisdiccionales. Estas pueden ser transfronterizas, ya sea al cruzar los límites entre diferentes jurisdicciones del mismo país o al cruzar las fronteras de varios países (véase la sección "Gobernanza de corredores transfronterizos" más adelante).

5. **Establecer requerimientos y prioridades de la gestión estratégica**: la gestión estratégica se ocupa de la gestión del corredor a nivel general y se rige por la visión y las metas acordadas. Esto se logra mejor mediante el desarrollo de un plan estratégico (que puede incluir un plan empresarial) para todo el corredor y un plan separado para cada área del componente regional. Los planes de conservación deben identificar las metas, las prioridades, las inversiones, los recursos, los aliados y un cronograma para la inversión en el terreno. A fin de garantizar ala apropiación y el compromiso de la comunidad, la planeación de la conservación debe llevarse a cabo en consulta con los aliados de la iniciativa y ajustarse a las necesidades de la comunidad local.

6. **Monitoreo y evaluación**: una parte esencial del ciclo de gestión estratégica de cualquier proyecto es la implementación de un proceso periódico de revisión y evaluación (véase la sección "Monitoreo y evaluación del desempeño del corredor" más adelante).

Tareas de ejecución

Se ha identificado que son siete tareas clave de ejecución las que caracterizan la fase de implementación de una iniciativa de conservación de la conectividad.

1. **Administrar las finanzas, los recursos humanos y los activos**: administrar los fondos, las personas y cualquier activo no solo es una tarea esencial que debe hacerse de manera competente, también es un requisito básico. Existe una amplia gama de responsabilidades legales para administrar las finanzas y el personal de manera segura y eficaz, las cuales varían según el país y la organización.
2. **Poner en funcionamiento instrumentos que fomenten la conservación de la conectividad (como incentivos financieros para los propietarios) en áreas prioritarias para la conservación de la biodiversidad**: una meta clave de la conservación de la conectividad es coordinar los esfuerzos de muchas organizaciones e individuos para lograr la ejecución integrada de los programas de conservación. Es posible utilizar una amplia gama de instrumentos (véase la sección sobre "Consideraciones legales" más adelante y el Estudio de caso 27.4). Los instrumentos pueden utilizarse de una manera más efectiva si se dirigen a los propietarios de tierras cuyas propiedades se encuentran en áreas identificadas como áreas prioritarias de conservación de la conectividad.
3. **Gestionar activamente las amenazas (factores de estrés) (como responder a las especies introducidas)**: una amenaza importante para la conservación de la conectividad y la gestión de la tierra es aquella contra la integridad del ecosistema que suponen los impactos de las especies introducidas, el cambio en los regímenes de incendios, la contaminación y otras perturbaciones. Se requiere que todos los administradores de tierras, públicos y privados, hagan una inversión tanto estratégica como oportuna en un corredor. Los planes estratégicos del corredor pueden identificar áreas que requieren una inversión prioritaria para controlar malezas y animales plaga, como en las áreas de brecha de la conectividad, en las áreas de amortiguamiento alrededor de las áreas protegidas y en toda la matriz del corredor, incluidas las tierras públicas y privadas. Si se implementa de manera efectiva, un beneficio clave será el probable mejoramiento de la sostenibilidad y la productividad de las granjas, especialmente en el caso de los propietarios que dependen de sus tierras para su sustento.
4. **Ayudar con el manejo de incidentes**: en el corredor, el manejo de incidentes por parte de agencias clave o de autoridades del uso de la tierra incluye el manejo de incendios forestales, de los impactos generados por tormentas, como las inundaciones, de los eventos de contaminación y de otras actividades nocivas o ilegales para el medioambiente como la caza furtiva de vida silvestre o la explotación forestal no autorizada. El manejo eficaz de incidentes requiere una respuesta significativa y generalmente coordinada por una agencia gubernamental. Típicamente, el aliado del corredor, las organizaciones de gestión de la tierra y los voluntarios de la comunidad colaborarán con la respuesta.
5. **Velar por el uso sostenible de los recursos**: un componente importante de la gestión de los corredores es el uso sostenible y productivo de los recursos naturales. El uso sostenible ayuda a garantizar que todas las partes de la matriz del corredor ayuden a mantener la vida silvestre y las personas a largo plazo. El uso sostenible de los recursos puede incluir el uso de áreas protegidas para la recreación y el turismo; el uso de los árboles maderables, de los suministros de semillas o de los campos de pastoreo de propiedad gubernamental, comunitaria o privada, y garantizar que las fuentes de agua, incluidas las aguas subterráneas, se utilicen de una manera que mantenga la biodiversidad, la agricultura, las poblaciones y la industria a largo plazo.
6. **Rehabilitar áreas degradadas (con métodos como la restauración ecológica a gran escala):** la rehabilitación de áreas degradadas y brechas en los corredores de conectividad requiere inversiones bien planeadas y a largo plazo, basadas en las mejores técnicas y ciencia disponibles. El campo de la ecología de la restauración se basa en un amplio y creciente conjunto de conocimientos científicos y prácticos, como las guías de restauración preparadas por la UICN (Keenleyside *et al.*, 2012). Una selección cuidadosa de las áreas focales prioritarias que deben ser objeto de las actividades de restauración puede generar los resultados más rentables y biológicamente benéficos.
7. **Proporcionar y gestionar oportunidades de investigación**: comprender la biología de la conservación contribuye de manera importante a los principios y acciones de gestión de la conservación de la conectividad. El análisis espacial de los valores biológicos permite priorizar la inversión en las actividades de conservación en campo que deben ejecutarse en los lugares correctos de la manera

Tabla 27.1 Tipos de monitoreo, incluidos su propósito, objetivos y riesgos asociados

Tipo de monitoreo	Cumplimiento	Respuesta	Eficacia
Objetivos	***Acciones de gestión*** Acción 1 Acción 2 Acción 3, y así sucesivamente	***Respuesta a las acciones de gestión*** Producto 1 Producto 2 Producto 3, y así sucesivamente	***Resultados*** Viabilidad de especies, comunidades y procesos ecosistémicos
Riesgos	***Procedimental*** Interno: no llevar a cabo las acciones acordadas debido a la falta de recursos, falta de compromiso o falta de claridad de la responsabilidad Externo: cambios en la tenencia, zonificación o planeación que hacen que las acciones sean imposibles o irrelevantes	***Científico*** La relación entre la acción y el producto depende de la comprensión de los vínculos entre las intervenciones y una mejor conectividad funcional; el principal riesgo es la comprensión inadecuada de estos vínculos, que es muy común ya que los datos disponibles suelen ser inadecuados o tienen escalas temporales o espaciales insuficientes para detectar cambios	***Deliberativo*** Falta de claridad en los resultados, resultados inalcanzables, escala de intervención inadecuada, tiempo insuficiente transcurrido entre las intervenciones y las respuestas anticipadas, nuevas amenazas tales como especies invasoras y enfermedades

más rentable posible. Las investigaciones sobre la conservación de la conectividad proporcionan una base para comprender los cambios que tienen lugar en los paisajes de los corredores, para evaluar las amenazas y para medir la condición del corredor y la efectividad de las acciones de conservación, que a menudo deben evaluarse en múltiples escalas.

Tareas transversales

1. **Trabajar con aliados**: la conservación de la conectividad promueve modelos innovadores de gobernanza colaborativa para conectar la ciencia a escala del paisaje con la acción a escala local. Esto se basa en la premisa de que el todo colaborativo tendrá un mayor impacto de conservación que la suma de las partes. Establecer relaciones efectivas a largo plazo con una amplia gama de aliados es una tarea compleja, crucial y desafiante. Para tener éxito, es necesario que entre estos niveles de gobernanza existan buenos vínculos institucionales formales e informales.

2. **Trabajar con las partes interesadas, las comunidades y los titulares de los derechos**: la conservación de la conectividad implica trabajar con muchos cientos, sino miles, de partes interesadas ubicadas en ciudades, pueblos, aldeas y granjas en todo el paisaje del corredor. La conservación a escala del paisaje puede lograrse al trabajar, comunicar, motivar e involucrar a un gran número de partes interesadas. Los propietarios de tierras son partes interesadas clave que deben brindar su apoyo para tomar medidas que ayuden a restaurar y manejar los paisajes. Sin su apoyo y cooperación, poco puede lograrse. Las organizaciones aliadas que son clave en la ejecución pueden ofrecer programas de conservación en campo a través de una gama de instrumentos de conservación voluntarios, que pueden incluir el pago de incentivos. Diferentes aliados pueden participar en distintos niveles. En la escala de todo el corredor, las iniciativas del corredor pueden establecer aliados, como las organizaciones gubernamentales nacionales, para ayudar en tareas tales como el manejo de migraciones de la vida silvestre a gran escala, la gestión transfronteriza y la gestión de datos ambientales.

3. **Realizar comunicaciones (como publicitar constantemente una visión inspiradora)**: la conservación de la conectividad requiere una comunicación y una comercialización eficaz y frecuente de una visión inspiradora, así como una retroalimentación sobre los programas, proyectos y contribuciones individuales implementados para ayudar a alcanzar esta visión. Es importante contar con un plan estratégico de comunicaciones para todo el corredor y, en algunos casos, un plan de comunicaciones para partes de un corredor o para proyectos específicos. Los productos incluyen folletos de información y libros de ciencia sobre los corredores, videos y un sitio web administrado activamente y desde el cual se pongan a disposición de una audiencia más amplia los posibles comunicados de prensa, tecnologías de audio/radio, informes sobre el progreso, informes científicos y técnicos, y otros materiales que puedan descargarse (Pulsford *et al.*, 2013). En la medida de lo posible, esto debería darse en los idiomas locales. Pueden emplearse herramientas de comunicación que usen redes sociales, incluidas las tecnologías como teléfonos inteligentes y aplicaciones especializadas que

permitan el registro de datos científicos ciudadanos (como observaciones de la vida silvestre) e informar las amenazas e impactos sobre los corredores (véase el Capítulo 15).

Monitoreo y evaluación del desempeño del corredor

El monitoreo es el proceso de registrar la condición de una característica para determinar en qué medida coincide con un estándar u objetivo predeterminado. El monitoreo proporciona un marco sistemático para responder preguntas referentes a la conectividad tales como "¿para qué? ¿dónde? ¿cuándo? ¿por quién? y ¿cómo?". Hay tres tipos principales de monitoreo que pueden usarse para ayudar a responder estas preguntas (Tabla 27.1).

1. El monitoreo del cumplimiento implica determinar si las acciones se llevaron a cabo de acuerdo con un plan acordado. Si bien la conservación de la conectividad es un medio para lograr resultados ecológicos, es una actividad compleja llevada a cabo por una mezcla de diversos grupos e individuos a lo largo de grandes escalas espaciales y períodos prolongados, por lo que depende de un proceso de monitoreo sólido.
2. El monitoreo de la respuesta implica poner a prueba algunas hipótesis. Esto significa que deben hacerse pruebas con diseños robustos y validados estadísticamente para medir hasta qué punto las acciones de manejo están logrando su resultado intermedio de mantener o mejorar la conectividad funcional en un paisaje, una región o un corredor completo, y la medida en que están logrando su resultado final de mantener o mejorar la viabilidad de las poblaciones, las comunidades y los procesos ecosistémicos.
3. El monitoreo de la eficacia se ajusta específicamente para evaluar e informar los resultados de alto nivel de los programas o intervenciones de manejo. Si bien la tarea es más compleja cuando se monitorea la eficacia de la conservación de la conectividad en paisajes con tenencias mixtas, los enfoques de la efectividad del manejo utilizados con respecto a las áreas protegidas ofrecen precedentes útiles (véase el Capítulo 28).

El monitoreo requiere la selección de una gama de indicadores, métricas y análisis espaciales adecuados para medir si se están logrando los objetivos claros establecidos, de tal manera que puedan determinarse cambios oportunos en las prioridades que lleven a la acción más apropiada. La capacidad de medir el cambio en un proyecto de conservación de la conectividad siempre será un reto, ya que las acciones de gestión suelen tardar décadas en tener un impacto medible dado que las intervenciones deben ocurrir en grandes áreas antes de que sea detectable cualquier cambio, y los resultados pueden verse influenciados por muchos factores naturales y humanos aparte de las intervenciones planeadas.

Gobernanza de la conservación de la conectividad

La gobernanza se refiere a las estructuras y procesos utilizados para negociar y alcanzar metas colectivas (Lemos y Agrawal, 2006). Se aplica a los mecanismos internos de una sola entidad, pública o privada, pero también puede relacionarse con interacciones, alianzas, colaboraciones o redes entre actores. La gobernanza incluye tanto reglas formales –leyes, regulaciones, negociación, mediación, resolución de conflictos, elecciones, consultas populares e interacciones informales– como normas y principios que moldean la toma de decisiones. Más allá del poder compartido y la distribución equitativa de los recursos, la gobernanza debe engendrar un propósito compartido, la confianza y el entendimiento mutuo (IUCN, 2007).

La conservación de la conectividad incluye y promueve el reconocimiento y el apoyo de diversos tipos de gobernanza en todo el paisaje (véase el Capítulo 7). Estos requieren un enfoque de gobernanza en mosaico que respete los mandatos y requisitos legales de diferentes tipos de gobernanza de áreas protegidas como "otras medidas efectivas de conservación basadas en áreas" a fin de difundir y fortalecer la gestión de la conservación de la conectividad en todo el paisaje. Estas medidas incluyen Territorios y Áreas Conservados por Pueblos Indígenas y Comunidades Locales (TICCA), un término genérico que incluye nombres específicos utilizados en diferentes países, como las áreas conservadas por la comunidad (ACC), las áreas protegidas indígenas (API), los sitios de patrimonio biocultural, las reservas comunitarias, las áreas marinas manejadas localmente, etc. Los TICCA pueden ser tan extensos y abarcar tanta área (si no más) como las áreas protegidas gubernamentales, y tienen importantes valores culturales, de conservación, de subsistencia y de otros tipos (Couto y Gutiérrez, 2012; Kothari *et al.*, 2012; véase también el Estudio de caso 27.1 y el Capítulo 7).

Tenencia de la tierra, uso de la tierra y derechos de propiedad

Las tierras fuera de los límites de las áreas protegidas se manejan para diversos usos: conservación, agricultura, silvicultura, recreación, turismo y minería. A menudo, estos usos de la tierra se correlacionan con diferentes requerimientos regulatorios y de tenencia, los cuales representan un reto para la conservación coordinada a escala de paisaje (Binning y Fieldman, 2000).

La tenencia de la tierra encarna los derechos de propiedad legal, el uso de la tierra implícito o prescrito y las normas de acceso; sin embargo, los derechos de propiedad también son culturales, y reflejan los valores profundamente arraigados de apropiación, así como las motivaciones y expectativas en los derechos de un individuo a administrar su tierra.

La conservación de la conectividad brinda un marco para integrar un enfoque estratégico de todo el paisaje para fomentar la conservación en tierras con diversos usos, tenencias y posesiones. En consecuencia, la conservación de la conectividad no puede implementarse adecuadamente sin un enfoque de colaboración entre múltiples personas y múltiples agencias. La planeación eficaz de la conservación requiere que los administradores de tierras participen en la toma de decisiones, con una planeación incorporada en las instituciones responsables de la ejecución del programa (Knight *et al.*, 2006).

Consideraciones sociales y culturales

La conservación de la conectividad se enmarca activamente como un enfoque centrado en la gente para la conservación de la biodiversidad. Es poco probable que sin una conectividad social e institucional se cumplan los objetivos ecológicos de la conservación de la conectividad. Tal como sucede con la necesidad de trabajar dentro de los requerimientos legales existentes de la tenencia de la tierra, la gobernanza de la conectividad requiere de sensibilidad ante las dinámicas sociales y culturales locales. La participación en actividades de cooperación para la conservación de la conectividad en el terreno suele ser voluntaria, lo que genera la necesidad de que estas iniciativas inspiren la participación en lugar de exigirla. Es más probable que las comunidades locales brinden su apoyo cuando una iniciativa respeta los valores y las relaciones que la comunidad tiene con el paisaje. Cuando una iniciativa de conectividad atraviesa grandes regiones y cruza fronteras políticas internacionales o nacionales, es importante reconocer las diversas aspiraciones de las comunidades que viven en un área de conectividad.

Conectividad y desarrollo

En comparación con las naciones más desarrolladas, las áreas de menor desarrollo socioeconómico, particularmente los países con un bajo Índice de Desarrollo Humano (IDH), presentan diferentes condiciones para la gobernanza de la conectividad. En estos casos, el progreso de la conservación puede crear amenazas reales o percibidas para el desarrollo económico (véase el Capítulo 25). Mediante una toma de decisiones descentralizada, la gobernanza de la conectividad tiene el potencial de brindar una voz necesaria para los actores locales de la conservación. No obstante, la descentralización también puede reforzar las estructuras locales de poder, lo que socava las aspiraciones democráticas relacionadas con dar voz a las comunidades marginadas (Ribot, 2008). Estos problemas son graves en áreas donde las comunidades locales no tienen el capital social, financiero y humano para participar efectivamente en la toma de decisiones.

Consideraciones entre las escalas

Worboys y Lockwood (2010) identifican cinco escalas de operación relevantes para la conservación de la conectividad: sitio individual, paisaje, toda el área de conectividad, nación o estado, y (cuando sea relevante) escala transfronteriza internacional (Figura 27.3). Las decisiones tomadas en una escala influirán en los resultados de otra. Enfocar las actividades en una de estas escalas es insuficiente para lograr los resultados de conservación deseados a escala de paisaje. La operación eficaz entre múltiples escalas requiere una gobernanza coherente en la que las normas que operan en una escala no menoscaben la capacidad de los participantes en otras para alcanzar sus objetivos. Sin embargo, como estos actores suelen distribuirse a lo largo de grandes distancias, y operan en diferentes contextos sociales, ecológicos e institucionales, la gobernanza de la conectividad requiere mecanismos para apoyar la coordinación y la comunicación entre diferentes escalas.

Requerimientos y principios de gobernanza

Los principios de la buena gobernanza ambiental (véase el Capítulo 7) se aplican fácilmente a la gobernanza de la conectividad. En resumen, esto implica desarrollar procesos para generar confianza, integridad, inclusión, transparencia, rendición de cuentas, flexibilidad, reciprocidad y comunicación como fundamentos de una buena gobernanza y colaboración (Lockwood *et al.*, 2010). La gobernanza debería facilitar el trabajo hacia valores y objetivos compartidos y al mismo

Estudio de caso 27.1 Himalaya Occidental, India: conservación del paisaje con un mosaico de modelos de gobernanza y gestión

El paisaje montañoso que se extiende desde la cadena montañosa de Nandadevi hasta el valle de Askot en el estado de Uttarakhand en el Himalaya Occidental de India alberga varias especies de plantas y animales de importancia mundial, culturas humanas excepcionales y funciones ecosistémicas esenciales que benefician a millones de personas. Actualmente, este paisaje es gobernado y gestionado de diversas maneras, incluso bajo áreas protegidas designadas por el Gobierno, como el Parque Nacional Nanda Devi y el Santuario de Askot, TICCA como *van panchayats* (bosques bajo la administración formal de comités de la aldea), sitios naturales sagrados, reservas y bosques protegidos bajo la gestión gubernamental y otras tierras gubernamentales, comunitarias y privadas.
Una parte sustancial del oeste de esta región se encuentra bajo la Reserva de la Biosfera de Nanda Devi –también designada como sitio patrimonio mundial–. Varias de estas designaciones o usos de la tierra se superponen –por ejemplo, un tercio del Santuario de Askot está bajo *van panchayats* u otros bienes comunes de la aldea–. Además, cuando se ven en el mismo mapa, los diversos tipos de gobernanza en conjunto forman áreas mucho más grandes de contigüidad y conectividad que si solo se consideraran las áreas protegidas designadas formalmente (véase la Figura 27.4). Por medio de este enfoque puede apreciarse uno de los paisajes de conservación más grandes de la India, que se extiende por más de dos mil quinientos kilómetros cuadrados.

No obstante, en el pasado solo hubo unos pocos intentos de ver este paisaje en términos de conectividad. Por otra parte, en otras épocas, la falta de consulta y participación en la designación y manejo de las áreas protegidas del Gobierno causó hostilidad, alienación y pérdida de los medios de subsistencia entre las comunidades locales. Finalmente, la falta de coordinación interdepartamental en el Gobierno Estatal permitió el establecimiento de una serie de proyectos hidroeléctricos, entre otros, que amenazan tanto la biodiversidad como las comunidades locales.

En 2010, el Instituto de Vida Silvestre de India y la ONG Kalpavriksh iniciaron un proceso de diálogo entre funcionarios gubernamentales, miembros de la comunidad local, organizaciones de la sociedad civil e investigadores de la vida silvestre. Los objetivos eran debatir y resolver los problemas de contención antes mencionados, y visualizar colectivamente el paisaje como uno en el que la conservación y los medios de subsistencia puedan integrarse a través de un enfoque en mosaico. Existen varios procesos en curso que podrían representar oportunidades para un enfoque de este tipo: la presencia de la reserva de la biosfera, en la que ya se proyecta tal visión integrada (e incluye algunas aportaciones de ecodesarrollo a las aldeas); el Proyecto de Mejoramiento de los Medios de Vida Rurales y Conservación de la Biodiversidad del Gobierno de India (financiado por el Banco Mundial, con Askot como uno de los sitios principales); la posibilidad de reconocer la conservación comunitaria basada en los derechos en virtud de la Ley de Derechos Forestales de 2006, y la movilización entre las comunidades para asegurar los medios de subsistencia, incluso a través de nuevos enfoques, como el ecoturismo comunitario.

Se han llevado a cabo cuatro conversaciones, incluidas dos para la participación de una serie de titulares de derechos y partes interesadas en las áreas de Nanda Devi y Askot, y una en la capital del estado para incorporar altos funcionarios de la burocracia forestal y científicos de la vida silvestre que trabajan en estas áreas. Estas charlas fueron co-organizadas por el Departamento Forestal del Estado de Uttarakhand y ONG como Alianza para el Desarrollo (Alliance for Development) e Himal Prakriti. Estos diálogos generaron una serie de recomendaciones sobre cómo pueden acoplarse los distintos tipos de gobernanza y las categorías de gestión, qué tipos de medios de subsistencia pueden fomentarse y mejorarse, y cómo pueden incorporarse los principios de buena gobernanza, como la participación (véase el Capítulo 7). Se distribuyó un documento de debate sobre un posible acuerdo institucional para la integración de la gobernanza, la planeación y la gestión de la región. Todo esto también se envió al Gobierno Estatal para su consideración. La marcha ha sido lenta, ya que el enfoque sugerido es bastante nuevo en India y debe superar los desafíos institucionales, informativos y actitudinales, incluida la generación de confianza entre las distintas partes interesadas y la creación de una mayor transparencia en el funcionamiento gubernamental. La constante planeación de arriba hacia abajo de los proyectos hidroeléctricos también es un factor limitante. En 2014, las organizaciones promotoras planeaban la próxima serie de consultas y acciones.

Ashish Kothari, Kalpavriksh, Pune, India

tiempo crear mecanismos para abordar la diversidad y el conflicto (Schliep y Stoll-Kleemann, 2010). La colaboración requiere un fuerte liderazgo, particularmente en redes dispersas que son desafiadas por escalas espaciales que separan a los actores a lo ancho de un paisaje (Folke *et al.*, 2005). Sin embargo, la colaboración no debe basarse únicamente en la fortaleza de una o dos personas clave. La institucionalización de la gestión colaborativa permitirá que el impulso continúe después de que las personas clave se marchen, mientras se desarrolla la capacidad individual e institucional (Carr, 2002).

Dado que es probable que muchos de los aliados involucrados en la conservación de la conectividad se distribuyan a lo largo de grandes paisajes, no puede dejar de recalcarse la importancia de los mecanismos de comunicación –páginas web, correos electrónicos, boletines impresos, mensajeros humanos, teléfonos, radio, TV/cable y reuniones cara a cara– (véase el Capítulo 15).

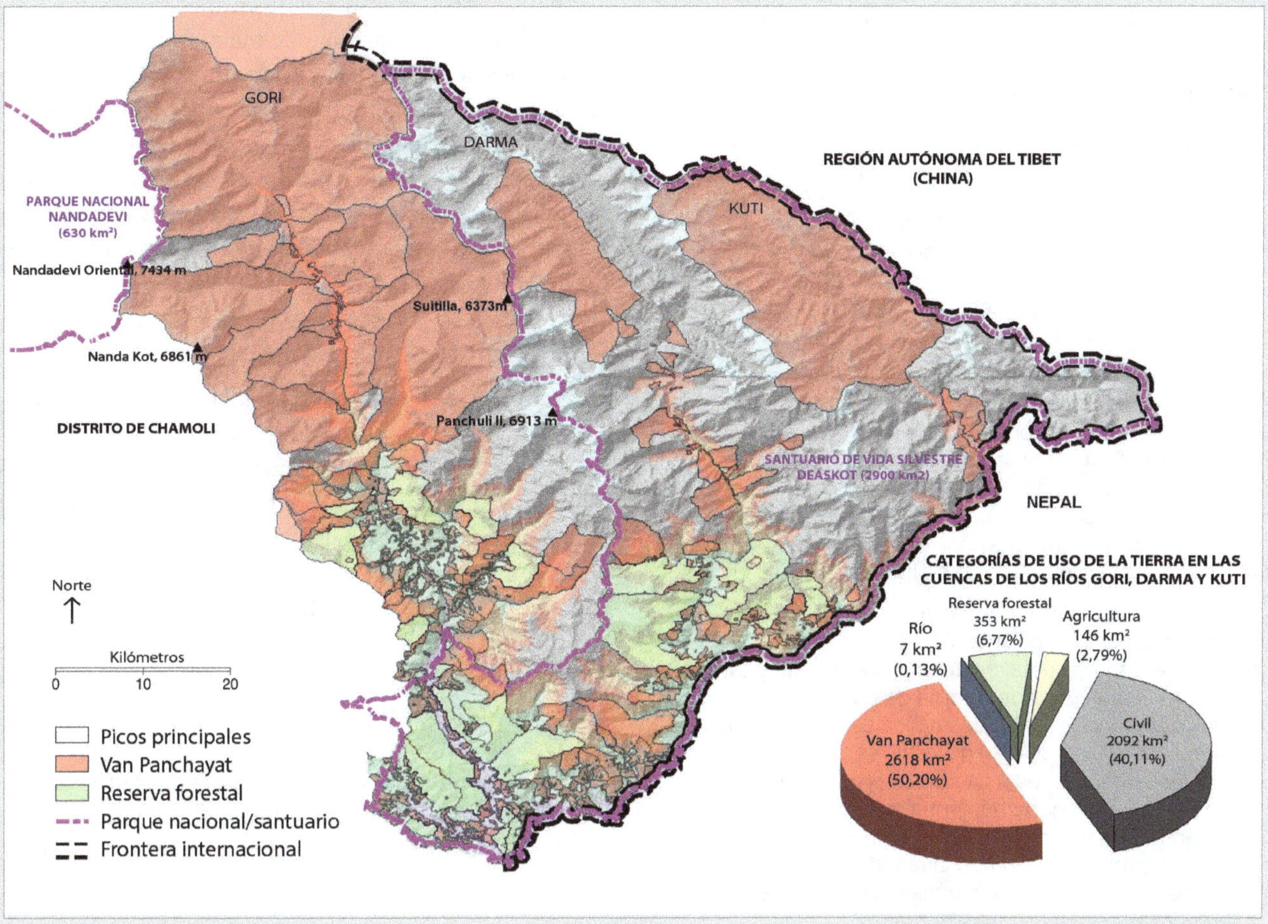

Figura 27.4 Áreas protegidas comunitarias y estatales de las cuencas de los ríos Gori, Darma y Kuti en el Himalaya Occidental

Fuente: modificado de la Fundación para la Seguridad Ecológica

Gobernanza entre las escalas

El éxito en la gobernanza de la conectividad requiere que se preste atención a cómo funciona una iniciativa en múltiples escalas. A menudo, la gobernanza de la colaboración a gran escala implica anidar unidades de toma de decisiones más pequeñas dentro de un marco más amplio (Ostrom, 2005). En Australia, muchas de las principales iniciativas de conservación de la conectividad operan en tres escalas: la implementación a escala del sitio, la planeación a escala regional y la gobernanza en toda el área de conectividad. No todos los aliados trabajan en toda la región, por lo que las unidades de planeación más pequeñas operan a una escala que permite que la planeación se ajuste y se negocie dentro del contexto específico. Esto requiere que la iniciativa considere qué tareas se realizan mejor a escala local, regional o de toda la iniciativa (Wyborn y Bixler, 2013).

Colaboración

Por lo general, la colaboración implica: participación de diversas partes interesadas, igualdad de oportunidades para participar en la toma de decisiones, procesos de toma de decisiones enfocados en el consenso y un compromiso constante con la resolución colectiva de los problemas (Margerum, 2008). En la práctica, el término se aplica ampliamente y se refiere a compartir información, coordinar acciones o tomar decisiones de manera participativa. Cualquiera de estos enfoques es apropiado para la gobernanza de la conectividad; sin embargo, es crucial que los aliados compartan sus expectativas respecto a los

Cuadro 27.3 Seis posibles modelos de gobernanza para la conservación de la conectividad

1. Organización única, "de arriba hacia abajo": la autoridad se confiere a una sola organización con amplios poderes o recursos con la responsabilidad exclusiva de una iniciativa. Es probable que este modelo sea adoptado por una agencia gubernamental o una ONG grande con la capacidad de emprender las tareas de gobernanza y coordinar los actores locales.
2. Organización única, de "abajo hacia arriba": otro enfoque de organización única; sin embargo, el rol principal de la gobernanza lo asume un grupo indígena o una organización comunitaria local. Ya que muchas iniciativas a escala local tienen un alcance limitado en un paisaje grande, este enfoque suele girar en torno a la conexión de una serie de iniciativas locales a lo largo de todo el paisaje.
3. Autoridad descentralizada: la descentralización es un proceso mediante el cual una autoridad centralizada (generalmente un gobierno) delega la responsabilidad de la toma de decisiones a las autoridades regionales o locales. Esto podría implicar que se deleguen ciertos aspectos de la toma de decisiones a diferentes organizaciones, o una agencia gubernamental que delega la autoridad a una organización local. Es posible que surjan problemas cuando la responsabilidad de la toma de decisiones se transfiere sin el poder o los recursos necesarios para actuar.
4. Autoridad representativa: la gobernanza representativa implica un proceso electoral mediante el cual el órgano rector se legitima mediante una votación formal. Dada la diversidad de intereses en un área de conectividad, quizás sea difícil la pregunta de quién puede votar: ¿la votación está restringida a los residentes en el paisaje, a las organizaciones en una colaboración o cualquiera que esté interesado en la región?
5. Federación representativa: la gobernanza a través de una federación surge cuando un grupo de organizaciones formaliza su colaboración o alianza. Si bien las reglas y las estructuras de gobernanza variarán según el contexto, las federaciones tienden a involucrar a los aliados que moldean colectivamente la dirección estratégica de una iniciativa. En este enfoque, la federación suele considerarse una entidad separada que comprende más que la suma colectiva de los aliados.
6. Confederación laxa: bajo una confederación laxa, los aliados se enfocan en una visión común; sin embargo, bajo este modelo, los aliados individuales operan de forma independiente unos de otros. Cada aliado es libre de implementar actividades bajo la visión sin tener que consultar con otros aliados. El esfuerzo colectivo es la suma de los esfuerzos de los aliados.

Fuente: adaptado de Worboys y Lockwood, 2010

procesos y resultados de la colaboración. La colaboración con una distribución equitativa del poder y la toma de decisiones por consenso requieren mucho tiempo y recursos. Si tal colaboración es la meta, deben encontrarse los recursos necesarios para que sea una realidad. No obstante, si la meta es garantizar que las acciones regionales de conservación cumplan con un resultado particular, podría ser más eficiente o eficaz una interpretación más modesta de la colaboración o un enfoque diferente para la gobernanza (regulatoria o basada en el mercado) (Estudio de caso 27.1).

Participación del público

La gobernanza de la conectividad incluye una participación más amplia de la comunidad. Las áreas de conservación de la conectividad cubren tenencias de tierras públicas y privadas, lo que crea un imperativo ético y práctico para que una iniciativa considere las perspectivas de las comunidades locales y regionales. La participación eficaz puede mejorar la calidad, la legitimidad y la capacidad de la toma de decisiones ambientales al tiempo que genera confianza en la comunidad (Dietz y Stern, 2008). La opinión de la comunidad puede obtenerse a través de varios mecanismos formales e informales. La Asociación Internacional para la Participación Pública ofrece una "caja de herramientas" con enfoques que pueden brindar una mayor orientación (IAP2, 2006).

Representantes de cuatro ONG aliadas principales (OzGreen, National Parks Association, Greening Australia y Nature Conservation Trust) y del Departamento de Medio Ambiente, Cambio Climático y Agua de Nueva Gales del Sur asisten a la firma de un memorando de entendimiento en mayo de 2010 para brindar liderazgo respecto a la Iniciativa de las Grandes Cordilleras del Este

Fuente: Ian Pulsford

Estudio de caso 27.2 Cinturón Verde Europeo: un corredor migratorio de vida silvestre que atraviesa el continente

Los corredores migratorios transfronterizos pueden variar desde escalas locales hasta continentales (Vasilijević y Pezold, 2011). Un ejemplo destacado de un corredor migratorio transfronterizo a escala continental es el Cinturón Verde Europeo. Además de brindar beneficios de conservación de la biodiversidad, el Cinturón Verde Europeo aborda el simbolismo específico de la reconciliación y la cooperación renovada después del largo período de la "Cortina de Hierro". Esta iniciativa tiene como objetivo consolidar una red de áreas protegidas ubicadas en las áreas fronterizas de países soberanos desde una parte de Fenoscandia al norte de Europa hasta los mares Adriático y Negro en el sur. Este ejemplo no solo es relevante por el asunto de la escala, también deja ver los grandes desafíos que enfrentan los protagonistas en el desarrollo de iniciativas transfronterizas en las que existen dinámicas y circunstancias socioeconómicas y sociopolíticas muy diferentes.

Maja Vasilijević, directora de Eco Horizon, Croacia

Gobernanza flexible y adaptativa

La gobernanza eficaz no es estática; en lugar de esto, las instituciones eficaces evolucionan en respuesta a las circunstancias cambiantes. Los sistemas sociales, políticos y ecológicos cambian constantemente a diferentes ritmos en respuesta a factores de estrés internos o externos: los actores y las políticas cambian con las fluctuaciones del Gobierno, y el conocimiento de un sistema y sus factores de estrés cambian en respuesta a dinámicas sociales, políticas o ecológicas más amplias. La gobernanza en sí misma es un proceso en evolución: es improbable que un arreglo factible para la fase de puesta en marcha de una iniciativa siga siendo viable a medida que las colaboraciones se consolidan y comienzan a atraer grandes sumas de dinero. Las iniciativas de conectividad se guían por visiones a largo plazo (de cincuenta a cien años) para el cambio del paisaje. Operar entre estos marcos temporales requiere una gobernanza flexible y adaptativa, así como un liderazgo fuerte para permanecer relevante frente al cambio.

Tareas de gobernanza

Si bien los detalles específicos deben negociarse en contexto, las tareas de gobernanza pueden agruparse en cuatro áreas generales: mantenimiento de la comunicación interna y externa, planeación estratégica, obtención de recursos financieros y garantía de la rendición de cuentas (Mitchell y Shortell, 2000). Además de estas tareas genéricas, la gobernanza de la conectividad requiere la coordinación y el apoyo colaborativo entre los diversos actores, así como los mecanismos de diálogo y resolución de conflictos. Los mecanismos de la gobernanza de la conectividad deben respaldar la alineación interna con las características de los aliados y la alineación externa con el contexto y las necesidades de comunidades y paisajes específicos.

Un marco para la gobernanza de la conectividad

Puede pensarse que la gobernanza de la conectividad opera en la intersección de cuatro dominios: contexto, conocimiento, visión y acción colectiva (Wyborn, 2013). La gobernanza de la conectividad será más efectiva cuando los arreglos estén ajustados para adaptarse a un paisaje particular, cuando se base en el mejor conocimiento local, científico y sociológico disponible, cuando tenga una visión claramente articulada, y cuando brinde un marco coherente para ayudar a que los actores trabajen hacia la visión. Articular y negociar los elementos cubiertos por estos cuatro dominios ofrece un marco para que los profesionales de la conectividad adapten los arreglos de gobernanza a su contexto.

Algunos administradores de áreas protegidas firman nuevamente un acuerdo transfronterizo de cinco años para la gestión cooperativa, Zapoved.ik Katunsky (Rusia) y Parque Nacional Katon-Karagay (Kazajstán), parte de la propuesta del mega-corredor de conservación de la conectividad de Altái-Sayán

Fuente: Graeme L. Worboys

Contexto

El contexto considera las dimensiones sociales, ecológicas e institucionales de una iniciativa. Esto implica identificar los actores clave en el proceso, el contexto paisajístico (uso principal de la tierra, amenazas, objetivos y activos de conservación), la economía de la región, los principales impulsores del mercado, las organizaciones involucradas o afectadas y el contexto institucional y regulatorio general que dificulta o facilita la acción colectiva. Para poder adaptar de manera más efectiva la gobernanza a las características específicas de un lugar en particular, es deseable una comprensión profunda de los factores contextuales. Es fundamental la identificación de los recursos financieros, ya que la disponibilidad de recursos determina la naturaleza de la gobernanza y la implementación.

Conocimiento

El conocimiento necesario para apoyar la conservación y la gobernanza es diverso. El contexto de conocimiento de una iniciativa dará forma a cómo se entienden los desafíos de la conservación, la gestión y la gobernanza; de qué manera se monitorean y evalúan la gobernanza, la planeación y la intervención; cómo el aprendizaje se comparte y se acumula con el tiempo, y lo que cuenta como conocimiento creíble y relevante en el contexto de un problema particular.

Visión

La visión de una iniciativa requiere que los profesionales imaginen un futuro deseado. Un elemento crítico que brinda un contexto a las acciones individuales locales es una visión audaz de conservación de la conectividad. La visión es un componente clave del marco de gestión (Figuras 27.3 y 27.4) y actúa como el "elemento cohesivo" que ofrece orientación a las múltiples partes interesadas que implementan acciones en múltiples escalas en todo el paisaje. Una visión debe ser convincente y motivadora. Las partes interesadas deben creer que la visión es alcanzable y que sus propias acciones individuales pueden marcar la diferencia. Las declaraciones de visión que funcionan mejor utilizan imágenes poderosas y se captan y aceptan fácilmente (Robinns *et al.*, 2003). Un ejemplo es la declaración de la visión de la Iniciativa de las Grandes Cordilleras del Este:

> Conservar y gestionar una "línea de vida continental" de tres mil seiscientos kilómetros de hábitats, paisajes y personas, que no solo respaldará la supervivencia continuada de plantas y animales nativos a lo largo de las Grandes Cordilleras del Este, desde Grampians en Victoria hasta el extremo norte de Queensland, sino también mantendrá los procesos naturales de los que ellos dependen. (OEH, 2012, p. 2)

Acción colectiva

Las dimensiones de la acción colectiva de la gobernanza de la conectividad se refieren a las dimensiones sociales e institucionales de pasar de la visión a la acción. Estas dimensiones de gobernanza giran en torno a procesos de liderazgo, generan confianza entre los participantes, y crean un entorno en el que puede darse un aprendizaje mutuo y conjunto (aprendizaje social) y puede construirse el capital social necesario para crear relaciones laborales viables. La cultura y las relaciones que surgen de estas interacciones forman las reglas y normas informales, a menudo no escritas, de la gobernanza. Después de las reglas informales vienen los procesos más formales y las dimensiones estructurales de la gobernanza. Esto implica contar con líneas claras de rendición de cuentas, procesos transparentes para la toma de decisiones, claridad en torno a las funciones y responsabilidades respectivas de los actores, y procesos incluyentes para la toma de decisiones.

Los beneficios del corredor para la comunidad

Los corredores eficaces y su gobernanza ofrecen muchos beneficios para la biodiversidad, las personas y las comunidades. Por ejemplo, mantener paisajes conectados aumenta la amenidad paisajística para la recreación y el disfrute, puede ayudar a aumentar la productividad y sostenibilidad de las granjas, puede mantener o aumentar la conectividad con la naturaleza y otros administradores de tierras, y genera un bienestar físico, espiritual y económico. Esto se debe a que los corredores se extienden a través de múltiples tenencias que pueden usarse para muchos propósitos y pueden incluir áreas protegidas y áreas utilizadas para asentamientos, silvicultura, agricultura, pastoreo, pesca e incluso minería.

Tipos de arreglos de gobernanza

La conservación de la conectividad se esfuerza por ofrecer una gobernanza flexible que responda al contexto local, al tiempo que mantiene la coherencia y la alineación entre las escalas verticales (jurisdicciones) y horizontales (tenencia de la tierra). Esto puede lograrse a través de una variedad de medios diferentes: alianzas de múltiples niveles que vinculan a las organizaciones locales y los gobiernos nacionales; colaboraciones multisectoriales que involucran a actores públicos, privados y de la

Estudio de caso 27.3 Parque Transfronterizo de Kgalagadi

En el extremo noroccidental de Sudáfrica hay una pequeña porción de tierra de cerca de 235 kilómetros que se encuentra apretujada entre Botsuana al este y Namibia al oeste. Aquí, la frontera entre Sudáfrica y Botsuana es el río Nosob, mientras que la frontera entre Sudáfrica y Namibia es una línea recta que corre de norte a sur. Si bien estas dos fronteras se demarcaron en diversos procesos políticos, la primera es una clara ilustración de la necesidad de la cooperación transfronteriza para lograr los objetivos de conservación. Esto es particularmente cierto si se tiene en cuenta que esta zona se encuentra al sur del desierto de Kalahari, donde la escasez de agua es un factor clave de la funcionalidad de los ecosistemas y, por lo tanto, tendría sentido que Botsuana y Sudáfrica consideren su límite internacional como uno que debe administrarse de manera cooperativa.

Sudáfrica proclamó el Parque Nacional Kalahari Gemsbok en 1931 y Botsuana proclamó el Parque Nacional Gemsbok en 1971. No obstante, la gestión cooperativa de estas áreas adyacentes se ha dado *de facto* desde 1948 gracias a un acuerdo verbal entre los dos países. Desde 1964, la guardia del Parque Nacional Kalahari Gemsbok y algunos de los guardaparques son reconocidos como guardias de caza honorarios de oficio en Botsuana. El 7 de abril de 1999, el Parque Transfronterizo de Kgalagadi se reconoció formalmente mediante la firma de un acuerdo bilateral entre el Departamento de Parques Nacionales y Vida Silvestre de Botsuana y Parques Nacionales de Sudáfrica (SANParks) y así se creó el primer parque transfronterizo formal en África. El 12 de mayo de 2000, el presidente de Botsuana, Festus Mogae, y el presidente sudafricano, Thabo Mbeki, inauguraron oficialmente el Parque Transfronterizo de Kgalagadi. Esto fue precedido por el establecimiento de un comité de gestión conjunto entre las respectivas agencias de conservación en junio de 1992 y la aprobación del plan de manejo revisado en 1997.

El establecimiento de este parque transfronterizo de 35.551 kilómetros cuadrados (Figura 27.5) no solo permite que se mantengan los procesos ecosistémicos y el movimiento sin obstáculos de grandes mamíferos, sino también garantiza la reincorporación de importantes vínculos y características culturales. Aunque Namibia no contribuye al parque transfronterizo en términos de territorio, la apertura de las instalaciones de acceso turístico Mata-Mata, el 12 de octubre de 2007, reunió a las comunidades locales, ya que es un punto de acceso histórico entre Namibia y Sudáfrica. Además, un exitoso acuerdo de distribución de tierras entre las comunidades ‡Khomani San y Mier, el Gobierno de Sudáfrica y SANParks, permitió la transferencia a las comunidades de un terreno de quinientos kilómetros cuadrados dentro del Parque Nacional Kalahari Gemsbok.

Kevan Zunckel, Servicios ecológicos y ambientales ZUNCKEL, Sudáfrica

Gran parte de la información que se presenta en este estudio de caso se obtuvo y resumió de la Fundación Parques para la Paz (2014), a menos que se indique lo contrario.

Representantes de las comunidades ‡Khomani San y Mier mientras rastrean dentro del Parque del Patrimonio ¡Ae!Hai Kalahari, con la Posada !Xaus al fondo en el horizonte, Sudáfrica

Fuente: Posada !Xaus

Figura 27.5 Ubicación del Parque Transfronterizo de Kgalagadi y sus parques nacionales constituyentes en Botsuana y Sudáfrica

Fuente: Adaptado de la Fundación Parques para la Paz

sociedad civil; o alianzas multi-organizacionales con grupos del mismo entorno o sector para trabajar de manera conjunta (Cuadro 27.3).

Alianzas

Independientemente del modelo de gobernanza desarrollado, las alianzas son fundamentales para la conservación de la conectividad. La naturaleza de las alianzas dependerá en gran medida de las organizaciones presentes y del nivel de diversidad representado en los aliados. La complejidad de la alianza aumenta en colaboraciones más heterogéneas, y pueden tardar más en llegar a un acuerdo o consenso (Huxam, 2003). La composición de la alianza y las expectativas de la colaboración influirán en la naturaleza y la formalidad de los acuerdos de gobernanza. Es poco probable que las alianzas basadas en el intercambio de información entre organizaciones de tamaño y entorno similar requieran estructuras complejas de gobernanza. En contraste, las alianzas multisectoriales entre organizaciones públicas, privadas y de la sociedad civil que buscan recaudar y distribuir colectivamente los fondos tienen más probabilidades de requerir una gobernanza formal que determine los roles y responsabilidades de los diferentes aliados.

Secretaría

Es necesario considerar una serie de tareas para respaldar una iniciativa de conectividad que se extienda más allá del ámbito de las alianzas centradas en la implementación sobre el terreno. Estas incluyen: el liderazgo para promover la visión, el desarrollo de una planeación estratégica para toda la iniciativa, el apoyo a la capacidad administrativa y operacional para una comunicación y coordinación entre los aliados, el trabajo para integrar la visión en la planeación del uso de la tierra y el establecimiento, apoyo y comprobación de una evaluación constante en todas las escalas (Worboys y Lockwood, 2010). En iniciativas más formalizadas, este trabajo suele recaer en una "secretaría" que actúa como el rostro público de una iniciativa y realiza muchas de estas tareas en colaboración con los aliados. Por ejemplo, en 2014, la secretaría de la Iniciativa de las Grandes Cordilleras del Este en Australia estaba integrada por un director, un gerente de conservación, un experto en comunicaciones y un diseñador web.

¿De arriba hacia abajo o de abajo hacia arriba?

La cuestión de si la gobernanza es más efectiva cuando se dirige por medio de una jerarquía de arriba hacia abajo o de iniciativas comunitarias descentralizadas es en gran parte filosófica. Para aquellos a favor de una jerarquía, esta trae líneas claras de responsabilidad y toma de decisiones eficiente, ya que las directivas fluyen desde un director ejecutivo o una junta. No obstante, la gobernanza de arriba hacia abajo puede carecer de las conexiones locales necesarias para que una iniciativa de conectividad se empalme verdaderamente con un lugar.

Por el contrario, se considera que la gobernanza desde abajo brinda mejores conexiones con un lugar, el conocimiento local, las comunidades y las "manos en el terreno" que llevan a cabo el trabajo de conservación. Sin embargo, sin una coordinación entre esfuerzos dispares, puede perderse el impacto acumulativo a escala del paisaje. Un coordinador o un "rostro" centralizado puede cotejar y promover lo que de otro modo serían esfuerzos locales dispares. El impacto acumulativo de estos puede brindar una mayor voz para una región en los debates sobre políticas o planeación del uso de la tierra que impulsan el cambio paisajístico; no obstante, la pasión y la conexión con el lugar proporcionan la visión y la motivación para la conservación de la conectividad.

El papel de los administradores de áreas protegidas en los corredores

Los administradores de áreas protegidas comunitarias, privadas y públicas pueden tener un papel fundamental en el liderazgo y la gobernanza de las alianzas para la conservación de la conectividad (Worboys *et al.*, 2010). Esto se debe a que administran permanentemente tierras protegidas y estas áreas suelen ser los hábitats centrales más prístinos e importantes que quedan en un corredor. Las áreas protegidas son una piedra angular para la conservación de la conectividad. Además, los administradores de áreas protegidas aportan habilidades especializadas de gestión de la conservación que son valiosas para el área del corredor más grande y su manejo. Los administradores deben gestionar los ecosistemas dentro de la reserva de tal manera que se cumplan los objetivos para los que se estableció el área protegida. A menudo, esto solo puede lograrse si los administradores trabajan más allá de los límites de las áreas protegidas con el fin de garantizar que estén interconectadas dentro de los paisajes más grandes. Esto pueden lograrlo al trabajar en alianzas con los propietarios de las tierras y muchas organizaciones gubernamentales y no gubernamentales que operen en diversas escalas. La creación de nuevas áreas protegidas puede jugar un papel importante como catalizador de las iniciativas de conservación de la conectividad. Por ejemplo, en Australia, es frecuente que la compra de grandes áreas privadas por parte de ONG para establecer áreas protegidas dé como resultado la formación de iniciativas de conectividad que se extienden más allá de sus límites (Fitzsimons y Wescott, 2005).

Gobernanza de corredores transfronterizos

Muchos corredores de conservación de la biodiversidad que forman parte de áreas de conservación de la conectividad abarcan fronteras internacionales. Estos son importantes para la conservación de hábitats que permiten el movimiento y el sostenimiento de poblaciones de especies viables, a la vez que conservan servicios ecosistémicos que mejoran el bienestar de las comunidades locales y los sistemas socioeconómicos más alejados. La conservación transfronteriza puede permitir el libre movimiento de la vida silvestre y la migración de especies, especialmente de los animales que requieren grandes áreas (también permite la conectividad ecológica –por ejemplo, la libre circulación de las vías fluviales–). Tal migración de especies sin perturbaciones conduce a un intercambio genético más fácil y un menor aislamiento, lo que resulta en la reducción del riesgo de pérdida de la biodiversidad. La conservación transfronteriza permite el sostenimiento de poblaciones de especies sanas y viables gracias a las medidas de manejo coordinadas a través de las fronteras. Ya que las amenazas transfronterizas pueden abordarse mediante una acción coordinada, este puede ser un enfoque eficaz para la conservación de la diversidad biológica; no obstante, establecer una gobernanza compartida y una gestión cooperativa –una necesidad en los enfoques transfronterizos de conservación– suele ser un proceso dinámico y complejo a largo plazo (Estudio de caso 27.2).

Evaluación de la necesidad de una conservación transfronteriza

Al abrir nuevos canales de cooperación, los enfoques transfronterizos para la conservación brindan nuevas oportunidades, y pueden generar múltiples beneficios si se planean y administran bien. Debido a una variedad de elementos que deben negociarse entre dos o más países, es posible que estos sean uno de los "tipos" de conservación más complejos. Este es el motivo por el que, antes de involucrarse en una iniciativa transfronteriza, debe realizarse una evaluación cuidadosa de las necesidades y las posibles oportunidades y beneficios. Vasilijević (2012) presenta una herramienta práctica de diagnóstico para los encargados de la planeación de la conservación transfronteriza, la cual permite una autoevaluación mediante un cuestionario, cuyo diligenciamiento ayuda a decidir si se debe o no participar en una iniciativa transfronteriza. La herramienta está diseñada para ayudar a las autoridades de áreas protegidas y otras agencias gubernamentales, ONG, comunidades locales y todas las partes interesadas a examinar su disposición a iniciar un proceso de conservación transfronterizo, sin descuidar las razones ecológicas o de biodiversidad para la conservación transfronteriza y las oportunidades y riesgos potenciales que van de la mano. La UICN dispone de una herramienta de diagnóstico que permite la generación automatizada de informes (Vasilijević, 2012).

Beneficios de los enfoques transfronterizos

Si bien la conservación de la biodiversidad es el objetivo principal de los corredores migratorios transfronterizos, la conservación transfronteriza puede tener muchos otros beneficios potenciales y puede brindar oportunidades importantes que quizás no existían antes de establecer una iniciativa transfronteriza (Estudios de caso 27.2 y 27.3). Esta no solo permite una interacción regular y un intercambio de información constante entre las autoridades de áreas protegidas, sino también apoya un proceso de aprendizaje y establece conexiones entre culturas, lo que permite que se generen confianza y amistades entre las comunidades locales; asimismo, mejora el desarrollo económico del área dada y permite el establecimiento o fortalecimiento de relaciones diplomáticas bilaterales y multilaterales. Esta lista no es exhaustiva y los posibles beneficios e implicaciones positivas de la conservación transfronteriza van más allá de los sugeridos aquí. Sin embargo, lo más importante es el desarrollo de la confianza entre las partes interesadas clave. Sin comprensión y confianza entre las partes, son muy pocas las posibilidades de lograr una buena cooperación.

Consideraciones legales

Esta sección ofrece una descripción general de los principales instrumentos jurídicos nacionales e internacionales que respaldan la gestión de corredores y la conservación de la conectividad, junto con sus consideraciones de gobernanza. Esta se basa en "Los aspectos legales de la conservación de la conectividad: un documento conceptual" (The Legal Aspects of Connectivity Conservation: A concept paper) (Lausche, 2013) y el documento principal, "Guías para la legislación de áreas protegidas" (Guidelines for Protected Areas Legislation) (Lausche, 2011).

Marcos legales internacionales

A continuación, se incluyen los instrumentos legales internacionales más importantes con un alcance global o regional respecto a su rol para la promoción directa o indirecta de la conservación de la conectividad.

Instrumentos globales

- **Convenio sobre Diversidad Biológica (CDB)**: si bien no se aborda con muchas palabras, varias disposiciones del convenio son directamente pertinentes, en particular el Artículo 8 sobre la conservación *in situ*. Ese artículo insta al establecimiento de sistemas de áreas protegidas y otras áreas donde deben tomarse medidas especiales para conservar la biodiversidad –tales medidas incluyen necesariamente la conectividad–. El Programa de Trabajo sobre Áreas Protegidas del CDB es claro sobre la necesidad de redes ecológicas, corredores ecológicos y zonas de amortiguamiento como parte de los marcos de áreas protegidas. Varias Metas de Aichi para la Diversidad Biológica (5, 11 y 14) también refuerzan directamente la necesidad de la conectividad, al igual que las decisiones posteriores de las partes. Por ejemplo, la Meta 11 insta a "sistemas de áreas protegidas administrados de manera eficaz y equitativa, ecológicamente representativos y bien conectados y otras medidas de conservación eficaces basadas en áreas, y están integradas en los paisajes terrestres y marinos más amplios" (CBD, 2011, p. 2). Para más ejemplos y una discusión, véase Lausche *et al.* (2013).

- **Convención Marco de las Naciones Unidas sobre el Cambio Climático**: los mecanismos creados para implementar esta Convención –en particular la Reducción de Emisiones por Deforestación y Degradación Forestal (Reducing Emissions from Deforestation and Forest Degradation, REDD) y REDD+– pueden generar "co-beneficios" para la conservación de la conectividad al ofrecer incentivos para la conservación de los bosques naturales y sus servicios ecosistémicos. Esto se debe a que el desplazamiento de REDD a REDD + en 2010 reflejó un mecanismo con una perspectiva cambiante y un propósito más orientado a la conservación. REDD + no solo ve los bosques naturales como reservas de carbono, sino también como una parte importante de los sistemas naturales que sustentan la biodiversidad y ofrecen servicios ecosistémicos que a su vez ayudan a mantener la estabilidad de los paisajes terrestres y marinos respecto a la retención y mejoramiento de su almacenamiento de carbono. REDD + ofrece incentivos para tomar medidas, incluidas las acciones para la conservación de la conectividad, lo que ayuda a la mitigación del cambio climático a la vez que juega un papel importante en la conservación de la biodiversidad y los ecosistemas.
- **Convención sobre la Conservación de las Especies Migratorias de Animales Silvestres (Convention on the Conservation of Migratory Species of Wild Animals, CMS)**: las partes de la CMS reconocen que los objetivos de la convención no pueden lograrse sin que se garantice una adecuada conservación de la conectividad y la protección de las redes ecológicas (véase, por ejemplo, la Resolución 10.3, 2011). Para las especies en peligro en el Apéndice 1, el Artículo III(4) llama a las partes a prevenir, eliminar, compensar o minimizar los efectos adversos de actividades u obstáculos que eviten o impidan gravemente la migración de las especies, y los acuerdos establecidos bajo la convención tienen como objetivo conservar y, cuando sea necesario y viable, restaurar los hábitats que sean importantes para mantener un estatus de conservación favorable (Artículo IV[1][4]). Los instrumentos complementarios de la CMS (acuerdos y memorandos de entendimiento) son importantes para promover la conservación de la conectividad con un enfoque en grupos específicos de especies.
- **Convención sobre la Protección del Patrimonio Mundial – CPM**: tanto como sea posible, cada parte de la CPM debe integrar la protección de su patrimonio natural en programas de planeación integral y tomar las medidas apropiadas (incluidas medidas legales) para proteger, conservar y rehabilitar este patrimonio (Artículo 5). Las directrices operacionales instruyen a las partes a proporcionar medidas de conectividad específicas, como zonas de amortiguamiento, para tales sitios de patrimonio. En este contexto, las obligaciones de la CPM pueden extenderse a la conservación de la conectividad.
- **Programa sobre el Ser humano y la Biosfera de la UNESCO**: como complemento de los instrumentos jurídicamente vinculantes, como los mencionados en la información anterior, existen otros acuerdos mundiales pertinentes que no son jurídicamente vinculantes. Un acuerdo notable es el Programa sobre el Hombre y la Biosfera de la Organización de las Naciones Unidas para la Educación, la Ciencia y la Cultura (UNESCO), con su concepto de reserva de la biosfera aplicable a las áreas terrestres, costeras, marinas e insulares. Las importantes funciones de conectividad son abordadas por las reservas de la biosfera más allá de sus áreas centrales (normalmente un área protegida formal) ya que requieren extensiones a las zonas de amortiguamiento y a las zonas de transición (que pueden no ser áreas protegidas formales) (UNESCO, 2013).

Instrumentos regionales y supranacionales

- **Tratados regionales**: muchos instrumentos legales regionales tienen relevancia para la conservación de la conectividad. Algunos ejemplos incluyen: Convención Africana sobre Conservación de la Naturaleza y los Recursos Naturales (1968, revisada en 2003, aún no está vigente); Convenio relativo a la Conservación de la Vida Silvestre y del Medio Natural de Europa (Convenio de Berna, 1979); Convención para la Protección de la Naturaleza y Preservación de la Vida Silvestre del Hemisferio Occidental (Convención del Hemisferio Occidental, 1940); Conservación de la Biodiversidad y Protección de Áreas Silvestres Prioritarias en América Central (1992); Convenio Europeo del Paisaje (2000); Convenio de los Alpes (1991), y en particular, su Protocolo sobre la Conservación de la Naturaleza y el Campo (1994); Convenio de los Cárpatos y su Protocolo sobre la Conservación y el Uso Sostenible de la Diversidad Biológica y Paisajística (2003); Protocolo al Tratado Antártico sobre Protección del Medio Ambiente (1991), y una gama de instrumentos auxiliares de la CMS.

- **Natura 2000 de la Unión Europea (UE)**: como órgano supranacional, la legislatura de la UE promulgó dos instrumentos jurídicos principales que respaldan la biodiversidad y la conectividad. Estos son la Directiva de Aves (Directiva 2009/147/CE) y la Directiva de Hábitats (Directiva 92/43/CEE). Entre otras cosas, las directivas llaman al establecimiento de una red ecológica que garantice un estatus de conservación favorable de los hábitats naturales y las especies objetivo. En conjunto, estas directivas han facilitado la creación de una red ecológica coherente y a lo largo de Europa llamada Natura 2000. El marco legal de esta red incluye un conjunto de normas legalmente vinculantes para los veintisiete Estados miembros de la UE (Artículo 3, Directiva de Hábitats).

Herramientas legales nacionales para la conservación de la conectividad

La mayoría de los sistemas legales nacionales ya cuentan con una variedad de herramientas legales que pueden usarse para promover y administrar corredores y otras medidas de conservación de la conectividad basadas en áreas. Luego de una breve información sobre las consideraciones de gobernanza, el resto de esta sección revisa los instrumentos clave en la legislación nacional que pueden usarse para apoyar los corredores y la conectividad.

Enfoques legales de la gobernanza

Al igual que ningún modelo único de gobernanza funciona para todos los sistemas de áreas protegidas, ningún enfoque único funciona para todas las áreas de conservación de la conectividad. Deben ser posibles diversos enfoques de gobernanza –desde los apropiados para sitios de conectividad a pequeña escala (por ejemplo, setos vivos, parches de vegetación, bosques pequeños, parques urbanos) hasta aquellos apropiados para sitios a gran escala (sistemas fluviales principales, cadenas de islas, zonas costeras, mares y océanos). Esto significa que las leyes y políticas pertinentes, además de brindar autoridad, normas e incentivos para respaldar dicha diversidad, también deben brindar flexibilidad para los cambios en las alianzas, las condiciones biofísicas (incluido el cambio climático) y las necesidades de gestión y manejo (Worboys y Pulsford, 2011).

Leyes de conservación y uso sostenible para apoyar los corredores y la conectividad

A fin de lograr sus metas, la mayoría de las leyes de conservación y uso sostenible requieren o están de alguna manera vinculadas a la conectividad natural.

- Legislación de conectividad autónoma: si bien la investigación no encontró una legislación promulgada de carácter genérico, existen algunas legislaciones específicas del sitio –por ejemplo, la Ley de Corea del Sur sobre la Protección del Sistema Montañoso de Baekdu Daegan de 2003 (Ley No. 7038, reformada en 2009).
- Legislación de áreas protegidas: los marcos legales de las áreas protegidas son una herramienta fundamental para la conservación de la biodiversidad. Como tal, la conservación de la conectividad debería ser una consideración en toda la legislación, desde el diseño del sistema hasta la selección de sitios, la planeación de la gestión y el manejo, la coordinación, la gobernanza y el monitoreo.
- Leyes de biodiversidad/conservación de la naturaleza: algunos países han promulgado leyes nacionales de biodiversidad o de conservación de la naturaleza como leyes marco –por ejemplo, la Ley de Conservación de la Biodiversidad y Protección del Medio Ambiente de 1999 de Australia–. Para alcanzar sus metas de biodiversidad, estas leyes deben considerar la conservación de la conectividad.
- Leyes de conservación de la vida silvestre: la mayoría de los países tiene una legislación sobre la conservación de la vida silvestre, generalmente en uno o más instrumentos, que típicamente cubre las especies en peligro o amenazadas, la conservación general de la vida silvestre y la caza. Por lo general, estas leyes asumen o requieren ciertos estándares para el manejo y protección de especies que hacen que la conservación de la conectividad sea una consideración esencial.
- Leyes de uso sostenible para recursos o ecosistemas: alrededor del mundo son cada vez más comunes las leyes para garantizar el uso sostenible de los recursos naturales (bosques, suelos, turberas, praderas, pesquerías, tierras agrícolas) y tipos específicos de ecosistemas (cuencas hidrográficas, humedales, zonas costeras, caudales hidrológicos). El objetivo es mantener la conectividad de los sistemas biológicos que

Estudio de caso 27.4 Instrumentos legales: Iniciativa de las Grandes Cordilleras del Este

La Iniciativa de las Grandes Cordilleras del Este (Great Eastern Ranges, GER) tiene como objetivo establecer un corredor de conservación de tres mil seiscientos kilómetros de norte a sur en el interior de la costa este de Australia. El corredor está definido principalmente por la Gran Cordillera Divisoria y los Grandes Acantilados del este de Australia (Mackey *et al.,* 2010).

En este país no existe una legislación que reconozca específicamente la conservación de la conectividad, aunque las reservas de la biosfera que incorporan inherentemente la conservación de la conectividad están reconocidas en la Ley de Conservación de la Biodiversidad y Protección del Medio Ambiente (Environment Protection and Biodiversity Conservation, EPBC) de 1999. Un reciente Anteproyecto del Plan Nacional de Corredores de Vida Silvestre (National Wildlife Corridors Advisory Group, 2012) recomendaba una Ley Nacional de Corredores de Vida Silvestre, pero esto solo habría proporcionado un proceso legal para la nominación comunitaria y la declaración gubernamental de los corredores nacionales de vida silvestre, no las herramientas para lograrlo. Posteriormente, la legislación propuesta se abandonó en favor de un proceso no legislativo (Government of Australia, 2012).

En la práctica y de manera tradicional, los estados y territorios australianos asumen la responsabilidad de la gestión ambiental, y uno de los desafíos legales es que el corredor atraviesa cuatro jurisdicciones –los estados de Victoria, Nueva Gales del Sur y Queensland, y el Territorio de la Capital Australiana– cada una con su propia legislación ambiental. No obstante, el gobierno federal puede promulgar una legislación relativa a los "asuntos externos" (Australian Constitution, s. 51[xxix]). Esto permite implementar las obligaciones de Australia en virtud de las convenciones internacionales de conservación de la naturaleza (Commonwealth v Tasmania, [1983] 158 CLR 1), incluido el CDB. La ley de EPBC identifica una serie de "asuntos ambientales de importancia nacional", incluidas las especies y comunidades ecológicas que figuren como amenazadas a nivel nacional. Cualquier actividad que pueda tener un impacto significativo sobre estos asuntos debe ser evaluada y aprobada por el gobierno federal, además de obtener las aprobaciones requeridas por la ley estatal (Ley EPBC, Parte 3, División 1). Lo que esto significa es que el gobierno federal puede imponer condiciones rigurosas sobre el desarrollo aprobado a nivel estatal, e incluso vetarlo por completo.

La variedad de tenencias de la tierra plantea otro desafío legal. En Nueva Gales del Sur, mientras que el 59% del corredor son terrenos públicos, incluido el 39% dentro de áreas protegidas, el 41% es propiedad de entes privados. En Queensland, el corredor incorpora áreas significativas de terrenos públicos arrendados a entes privados y terrenos privados (Pulsford *et al.,* 2012). Las brechas controladas por entes privados entre las áreas protegidas representan un desafío para el desarrollo del corredor. Hasta el momento, estas áreas son el principal interés de la iniciativa.

El centro de la actividad se encuentra en el estado de Nueva Gales del Sur, aunque recientemente se han formado nuevas alianzas de la GER en las otras jurisdicciones. La iniciativa en Nueva Gales del Sur está liderada por un grupo de aliados principales (tres ONG de conservación, un organismo estatutario semiindependiente y la agencia ambiental del gobierno de Nueva Gales del Sur). Se han establecido ocho alianzas regionales de la GER, las cuales cubren diferentes secciones del corredor. Estas involucran de diez a 35 organizaciones, incluidas ONG, grupos empresariales, agencias gubernamentales, gobiernos locales, grupos indígenas e instituciones académicas. Cada alianza regional tiene su propio enfoque de planeación e implementación. A pesar de que no se han diseñado específicamente para la conservación de la conectividad, se están utilizando varios procesos de planeación estratégica. Por ejemplo, las prioridades de inversión para la conservación sobre el terreno en un área se fundamentan en dos planes regionales de recuperación de comunidades ecológicas/multi-especies que establecen las acciones necesarias para maximizar la supervivencia a largo plazo en la naturaleza. Los planes de recuperación pueden aprovecharse para lograr los objetivos de conectividad, ya que el mejoramiento en la conectividad del hábitat es una estrategia clave para mantener la capacidad de dispersión y la viabilidad de las especies en el contexto del cambio climático (DECCW, 2010, p. 42). En otra sección del corredor, en virtud de la ley EPBC, la planeación estratégica para la conservación de la biodiversidad se fusiona en torno a la evaluación estratégica de las minas de carbón propuestas que puedan llegar a tener un impacto significativo sobre los asuntos ambientales de importancia nacional.

Cuando se trata de la implementación de acciones de conservación sobre el terreno en tierras privadas, las ONG tienen que confiar en el voluntarismo. Incluso en los casos en que el Gobierno juega un papel, es importante que se utilicen instrumentos voluntarios en lugar de los regulatorios (OEH, 2013).

Los instrumentos voluntarios utilizados incluyen la compra directa de tierras por parte de las ONG conservacionistas y acuerdos de manejo con los propietarios de tierras. Los acuerdos que vinculan a los propietarios actuales y

Garth Dixon, Medalla de la Orden de Australia, en su propiedad "Warriwillah" cerca de Canberra. Firmó un acuerdo de conservación a perpetuidad con el Servicio Nacional de Parques y Vida Silvestre de Nueva Gales del Sur en la sección que va de Kosciuszko a la Costa, de la Iniciativa de las Grandes Cordilleras del Este

Fuente: Ian Pulsford

futuros de la tierra a perpetuidad siguen siendo el santo grial de la conservación en tierras privadas. No obstante, en Australia, a diferencia de Estados Unidos, es raro que las ONG puedan entrar en tales acuerdos. Según la legislación, tales acuerdos solo están disponibles para los órganos estatutarios, aunque las ONG pueden concertar acuerdos de cooperación. Estos organismos estatutarios también pueden emplear "fondos rotatorios", lo que les permite comprar tierras y luego venderlas sujetas a un contrato de promesa sobre la venta, y luego invertir los ingresos en futuras compras.

Los propietarios de tierras que celebran promesas a perpetuidad o compran tierras que ya están sujetas a ellos suelen estar motivados por una ética ambiental en lugar de incentivos específicos, aunque se les recompense con beneficios fiscales. En Nueva Gales del Sur, se suma a esta recompensa un alivio de las tarifas del gobierno local. En el otro extremo, existen acuerdos y esquemas de registro que son principalmente simbólicos y duran solo mientras el propietario de la tierra lo desee. El objetivo es asegurar un compromiso inicial con la esperanza de ampliar su duración y profundidad a lo largo del tiempo.

La práctica varía en medio de estos extremos. La meta de obtener un compromiso exigible que brinde seguridad a largo plazo debe sopesarse frente a la reticencia de los terratenientes si los incentivos son insustanciales, incluso en un contexto en el que la acción coercitiva es poco probable. Un enfoque requiere acuerdos durante al menos cinco años cuando las intervenciones de manejo requeridas sean modestas (por ejemplo, el manejo del pastoreo) pero un mínimo de quince años cuando se trate de restauración (revegetación, cercado para la exclusión del ganado y manejo de malezas). Si el único objetivo es el control de animales ferales o la supresión de malezas por un propietario de tierras después de la eliminación de malezas por la otra parte en el acuerdo, es posible que existan unas pocas formalidades, sin compromisos jurídicamente vinculantes.

Para garantizar la cooperación de los propietarios privados en la gestión activa y constante, es esencial un enfoque voluntario en lugar de uno regulatorio. No obstante, un trasfondo regulatorio es un precursor esencial para controlar el desarrollo propuesto que amenace la conectividad existente. En la GER, este trasfondo lo brindan los controles estatales sobre el desarrollo y el desmonte de vegetación nativa y la regulación que la Commonwealth hace de las propuestas que tengan un impacto significativo sobre los asuntos ambientales de importancia nacional. Además, los esquemas de planeación del gobierno local pueden tratar de proteger los corredores a través de la zonificación o mediante superposiciones ambientales que deban considerarse al determinar las solicitudes de desarrollo. La existencia de una regulación directa mejora fundamentalmente la posición de negociación de aquellos que intentan negociar acuerdos de gestión con los propietarios de tierras. Estos procesos regulatorios se establecieron mucho antes del surgimiento de la conservación de la conectividad, con un énfasis en el voluntarismo. Aunque la conservación de la conectividad no es el objetivo de estos procesos, son elementos básicos importantes para lograrla.

David Farrier, Facultad de Derecho, Universidad de Wollongong, Australia

respaldan la producción de recursos y el funcionamiento saludable de los ecosistemas con el tiempo, incluso frente a las amenazas actuales y los cambios globales, como el cambio climático.

Instrumentos de control de tierras y desarrollo

La ley de planeación del uso de la tierra (también denominada a veces ley de "ordenamiento territorial") desempeña un papel importante al establecer las normas regulatorias básicas que apoyan la conservación de la conectividad. La atención se centra en el desarrollo futuro y el uso de herramientas reguladoras como la zonificación para controlar, desarrollar y proteger áreas de conservación importantes, incluidas las áreas de conectividad, frente a un desarrollo incompatible en el futuro. Aquí son relevantes varios puntos.

- La planeación del uso de la tierra depende de una regulación directa para controlar el desarrollo futuro propuesto. Aunque esta no depende de la cooperación voluntaria de los propietarios de tierras o titulares de derechos, establece el marco dentro del cual las iniciativas voluntarias pueden promover objetivos específicos de conservación en la tierra.
- Los planes modernos sobre el uso de la tierra deben incorporar planes de conservación y ser consistentes con las disposiciones de dichos planes al identificar las áreas que sean ecológicamente importantes, junto con los valores de conservación específicos que requieren de protección en estas áreas, incluida la conservación de la conectividad.
- La legislación sobre la evaluación del impacto ambiental no solo juega un papel crucial en la implementación de planes para el uso de la tierra y controles de apoyo para el desarrollo que sean consistentes con las necesidades y valores de conservación de un paisaje o sitio, sino también garantiza el cumplimiento con otras leyes ambientales (por ejemplo, sobre el control de la contaminación).
- La regulación del desarrollo es esencial, no solo para mantener la conectividad sino también para garantizar que los paisajes fragmentados que están bajo restauración sean protegidos del desarrollo incongruente.
- Las jurisdicciones con planes totalmente desarrollados para el uso de tierras urbanas y rurales tienen el mayor potencial para ejecutar controles integrales sobre el desarrollo y para mantener o restaurar valores de conectividad importantes en un paisaje. Particularmente en Europa y Australia, la planeación legalmente vinculante del uso de la tierra es una tradición bien establecida para las áreas urbanas y rurales.

Cruce de vida silvestre, Parque Nacional Banff: la carretera transcanadiense y otras carreteras atraviesan un importante corredor migratorio norte-sur para la vida silvestre, parte del corredor de Yellowstone a Yukón (Y2Y). En respuesta a esta situación, en el parque se construyeron 44 pasos superiores e inferiores y muchos animales los utilizan, como el oso negro (*Ursus americanus*), el oso pardo (*Ursus arctos*), los lobos (*Canis lupus*), el puma (*Felis concolor*) y los ciervos rojos (*Cervus elaphus*). Las estructuras ayudan a mantener la conectividad de la vida silvestre, mantienen la efectividad del corredor Y2Y y reducen el número de incidentes entre vehículos y vida silvestre en las carreteras del parque

Fuente: Graeme L. Worboys

El eucalipto de nieve (*Eucalyptus pauciflora*) en su límite altitudinal, Charlotte Pass, Parque Nacional Kosciuszko, Nueva Gales del Sur. El parque hace parte de la Iniciativa de las Grandes Cordilleras del Este. Esta área de conservación de la conectividad se extiende más de tres mil kilómetros hacia el norte, desde Victoria, pasando por los parques nacionales alpinos de Australia y toda Nueva Gales del Sur, hasta el sitio patrimonio mundial de los Trópicos Húmedos de Queensland, y más allá

Fuente: Graeme L. Worboys

Herramientas económicas y basadas en el mercado

En contraste con la planeación del uso de la tierra (que se centra en la regulación de los usos futuros, no en los usos existentes), los instrumentos económicos brindan una herramienta adicional con respecto a los usos existentes. Los instrumentos económicos pueden usarse para alentar y dirigir la gestión activa de dichos usos, incluso para respaldar mejor la conservación voluntaria de la conectividad. Los instrumentos económicos introducen el elemento de la elección. Estos utilizan incentivos negativos (por ejemplo, impuestos y cargos) e incentivos positivos (por ejemplo, pagos de administración y créditos fiscales) para influir en las personas a fin de que cambien su comportamiento.

En la práctica, es frecuente que las herramientas económicas y basadas en el mercado se utilicen de manera combinada. La regulación directa puede utilizarse para proteger las áreas existentes frente al desarrollo propuesto cuando este sea incompatible con la conservación de la conectividad; los incentivos económicos pueden utilizarse para alentar a los propietarios de tierras y titulares de derechos a cambiar voluntariamente las prácticas existentes en apoyo a la conservación de la conectividad (por ejemplo, implementar prácticas agrícolas o forestales tradicionales y proyectos de restauración).

La herramienta económica llamada "pago por servicios ecosistémicos" (PSE) es un ejemplo de un incentivo económico específico. El PSE es un arreglo contractual mediante el cual un propietario de tierras acuerda brindar y mantener ciertos servicios ecosistémicos a través de usos de la tierra que sean compatibles con la producción de tales servicios (por ejemplo, proteger una cuenca hidrográfica para sus recursos hídricos) y a cambio, el beneficiario (por ejemplo, las empresas de servicios públicos o privados) se compromete a pagar una cantidad acordada por ese servicio durante un periodo prolongado.

Otro ejemplo es la "banca de conservación", una herramienta emergente orientada al mercado que es reconocida en algunos sistemas legales y ahora está en prueba principalmente en los países occidentales. Este mecanismo no solo permite que los propietarios de tierras creen créditos de conservación a través de acciones de gestión activa de la conservación en sus tierras que aumenten sus valores de biodiversidad, sino también establece los arreglos para garantizar la seguridad a largo plazo de estos créditos.

Instrumentos legales especiales para la conservación voluntaria

A fin de brindar seguridad a todas las partes a largo plazo, los arreglos de conservación voluntaria necesitan algún reconocimiento legal. Las herramientas más comunes que brindan una base legal para la conservación voluntaria, incluida la conservación de la conectividad, son los acuerdos de conservación, las servidumbres y los contratos de promesas.

Acuerdos de conservación voluntaria

Muchos países (por ejemplo, Australia, Reino Unido, Estados Unidos y varios países de Latinoamérica) prevén el uso de acuerdos de conservación para establecer compromisos y otros elementos para las áreas que se conservan de manera voluntaria. Tales compromisos pueden darse en áreas importantes para la conservación de la conectividad que califiquen para ser parte del sistema formal de áreas protegidas, o pueden estar fuera del sistema formal, pero son importantes para apoyar las necesidades de conectividad del sistema. La extensión de esta herramienta a áreas importantes para la conservación de la conectividad es particularmente trascendental a la luz de la diversidad de situaciones de gobernanza, principalmente dominadas por tierras privadas o comunitarias, que probablemente existan en tierras o recursos dentro o fuera del sistema formal de áreas protegidas, pero que son importantes para su sostenibilidad. Un acuerdo de conservación –en algunas jurisdicciones llamado "acuerdo de conservación voluntaria" o simplemente un acuerdo– es un contrato legalmente vinculante entre las partes para una conservación a largo plazo mutuamente acordada y otros acuerdos voluntarios y condiciones asociadas. En el mejor de los casos, estos acuerdos se aplican a perpetuidad; sin embargo, incluso un acuerdo de plazo fijo puede formar los cimientos para llegar a un compromiso permanente.

En los sistemas formales, es frecuente que los acuerdos de conservación voluntaria a largo plazo anexos a la tierra se registren en la oficina de catastro para que el público y los futuros propietarios o titulares de derechos estén informados de que las medidas de conservación "van con la tierra", sea quien sea el propietario. Todo incentivo que se condicione al acuerdo permanente (por ejemplo, reducción en los impuestos, obtención de ingresos, seguridad de la tenencia) debe identificarse claramente en el acuerdo y también debe permanecer vigente incluso si los propietarios cambian. Para otorgarle pleno valor y efecto legal, el acuerdo suele ser aprobado o respaldado por un organismo gubernamental de alto nivel responsable de vigilar la implementación.

Uno de los elementos importantes que debe cubrirse en un acuerdo de conservación voluntaria es el arreglo de gobernanza que se aplicará al sitio. Esto incluye las instituciones específicas que lideran la gobernanza y la administración, ya sea que estas funciones se unan, se separen o se combinen en una institución o entidad. Cuando se prevén cambios en los arreglos de gobernanza con el tiempo, es aconsejable que la legislación permita separar los documentos en un uno marco y un plan de manejo, de tal manera que los cambios gerenciales puedan realizarse sin modificar dicho acuerdo marco.

Servidumbres y pactos

Algunos sistemas legales utilizan las servidumbres y los pactos con fines de conservación; a veces se denominan "servidumbres de conservación". Existen diferencias legales importantes sobre cómo las diferentes jurisdicciones pueden aplicar, usar o reconocer los términos "acuerdo de conservación" y "pacto de conservación" (o servidumbre). Esto se debe a que estos términos evolucionaron con diferentes marcos legales. Una servidumbre de conservación es una forma particular de acuerdo legal formal que compromete al propietario o titular de derechos a ciertas obligaciones con respecto a la tierra o el recurso. Esta puede limitar el tipo o la cantidad de desarrollo de la propiedad (normalmente protege la tierra del desarrollo no deseado) –entendida legalmente como una servidumbre negativa–. Puede también obligar a la parte a llevar a cabo acciones específicas sobre la tierra o a utilizar la tierra de una determinada manera relacionada con la gestión activa y la conservación –legalmente entendida como una servidumbre afirmativa–. Después de que se firme la servidumbre, se inscribe ante el registro oficial de catastro correspondiente que sea responsable de los títulos de propiedad y todos los futuros propietarios están obligados a respetar la servidumbre. Como tal, esta funciona esencialmente como "un pacto que va con la tierra".

Un pacto o servidumbre de conservación que va con la tierra puede ser atractivo para un gobierno (o una organización de conservación que pueda comprar la servidumbre) ya que garantiza un interés legal parcial sobre la tierra para la conservación sin requerir que dicho gobierno u organización de conservación compren la tierra. Esto es de interés para los propietarios privados porque conservan el título y la propiedad, lo que permite su uso continuo a perpetuidad, siempre que sea coherente con los términos del pacto o servidumbre. Además, los sucesores están igualmente obligados.

En Estados Unidos, Reino Unido, Australia y algunos países de Latinoamérica, se otorgan incentivos fiscales para llevar a término estas servidumbres, siempre que sea a perpetuidad y cumpla con ciertas condiciones. Para recibir estos incentivos fiscales, por lo general en forma de deducciones de impuestos, normalmente debe determinarse que la propiedad tiene un valor de conservación significativo (Estudio de caso 27.4).

Herramientas legales para la planeación estratégica

En algunos países, una herramienta legal para la planeación estratégica más amplia de la conservación de la conectividad es la evaluación ambiental estratégica (EAE). Esta herramienta representa una forma de integrar las consideraciones de conservación en los procesos estratégicos nacionales y de planeación del uso de la tierra. En una EAE debe evaluarse el impacto sobre el medio ambiente de una propuesta de uso de la tierra o plan de desarrollo. Obviamente, los principales proyectos de infraestructura y los grandes desarrollos espaciales, como las nuevas áreas residenciales, pueden tener un gran impacto sobre la conectividad, ya que pueden formar barreras gigantescas para la vida silvestre. Es importante que los requerimientos de conectividad, con el uso de la mejor información científica disponible, estén bien representados y evaluados en las EAE, de tal manera que se tengan en cuenta a este nivel. Este instrumento es una herramienta nueva y emergente, y su aplicación hasta la fecha solo tiene algunas experiencias.

Conclusión

La conservación de la conectividad es un enfoque del siglo XXI para la gestión de paisajes y ecosistemas. En el mundo actual de rápidos cambios y en el futuro, no es y no será posible que las áreas protegidas por sí solas conserven adecuadamente la biodiversidad. Solo a través del trabajo para comprender y gestionar eficazmente las áreas protegidas como parte de los paisajes circundantes e interconectados, aseguraremos que la mayor cantidad posible de especies y ecosistemas puedan moverse y adaptarse a medida que cambien el clima y otras condiciones. La conservación de la conectividad tiene muchos beneficios para las personas y la naturaleza, y proporciona una solución natural para ayudar a mitigar los efectos del cambio climático. La conservación de la conectividad se fundamenta en una sólida base científica. El concepto es ahora lo suficientemente maduro como para que la UICN desarrollara un marco global de gestión y gobernanza que facilite el trabajo conjunto de las personas en grandes regiones. La implementación de estos enfoques es a nivel mundial, incluidas muchas iniciativas que trascienden las fronteras jurisdiccionales. Este marco comienza a abordar la necesidad de que la conservación de la conectividad tenga el respaldo de distintos instrumentos legales y herramientas existentes en la mayoría de los sistemas legales nacionales. Se necesita un enfoque doble: hacer un mejor uso de los instrumentos existentes y fortalecer los marcos existentes con herramientas y procesos nuevos e innovadores, cuando sea factible. Los lectores pueden consultar dos fuentes documentales importantes (Lausche, 2011 y 2013) y sus extensas listas de referencias de artículos, informes y sitios web para análisis más detallados de estos temas, así como lecturas adicionales sobre las leyes y la conservación de la conectividad.

Referencias

Lecturas recomendadas

Amarasekare, P. (1994). Spatial population structure in the banner-tailed kangaroo rat. *Dipodomys spectabilis, Oecologia*, 100, 166-176.

Beale, C.M. Baker, N.E.; Brewer, M.J. y Lennon, J.J. (2013). Protected area networks and savannah bird biodiversity in the face of climate change and land degradation. *Ecology Letters*, 16, 1061-1068.

Beier, P. y Noss, R. (1998). Do habitat corridors provide connectivity? *Conservation Biology*, 12, 1241-1252.

Bennett, A.F. (1990). *Habitat Corridors: Their role in wildlife management and conservation*. Melbourne: Department of Conservation and Environment.

(1998). *Linkages in the Landscape: The role of corridors and connectivity in wildlife conservation*. Gland: IUCN.

Berggren, A.; Birath, B. y Kindvall, O. (2002). Effects of corridors and habitat edges on dispersal behavior, movement rates and movement angles in Roesels bush-cricket (*Metriopetra roeseli*). *Conservation Biology*, 16, 1562-1569.

Binning, C. y Fieldman, P. (2000). *Landscape conservation and the non-government sector*. Research Report 3. National Research and Development Program on Rehabilitation, Management and Conservation of Remnant Vegetation. Canberra: Environment Australia.

Bottrill, M. y Pressey, R.L. (2009). *Designs for Nature: Regional conservation planning, implementation and management*. Best Practice Protected Areas Guidelines Series. Gland: IUCN.

Brown, J.H. y Kodric-Brown, A. (1977). Turnover rates in insular biogeography: effect of immigration on extinction. *Ecology*, 58, 445-449.

Canadian Parks y Wilderness Society. (2013). *Yellowstone to Yukon*. Recuperado de: cpaws-southernalberta.org/campaigns/yellowstone-to-yukon

Carr, A. (2002). *Grass Roots and Green Tape: Principles and practices of environmental stewardship*. Sídney: Federation Press.

Cascante, A.; Quesada, M.; Lobo, J.J. y Fuchs, E.A. (2002). Effects of dry tropical forest fragmentation on the reproductive success and genetic structure of the tree. *Samanea saman, Conservation Biology*, 16, 137-147.

Chester, C. (2006). *Conservation Across Borders*. Washington D.C.: Island Press.

Convention on Biological Diversity (CBD). (2011). *Strategic Plan for Biodiversity 2011-2020 and the Aichi Targets*. Montreal: Secretariat of the Convention on Biological Diversity. Recuperado de: www.cbd.int/sp/targets/default.shtml

Cordeiro, N.J. y Howe, H.F. (2003). Forest fragmentation severs mutualism between seed dispersers and an endemic African tree. *Proceedings of the National Academy of Sciences of the United States of America*, 100, 14.052-14.056.

Couto, S. y Eugenio Gutiérrez, J. (2012). Recognition and support of ICCAs in Spain. En: A. Kothari, with C. Corrigan, H. Jonas, A. Neumann y H. Shrumm (eds.). *Recognizing and Supporting Territories and Areas Conserved by Indigenous Peoples and Local Communities: Global overview and national case studies*, pp. 143-145, Technical Series No. 64. Montreal: Secretariat of the Convention on Biological Diversity, ICCA Consortium, Kalpavriksh y Natural Justice.

Crooks, K.R. y Sanjayan, M.A. (eds.). (2006). *Connectivity Conservation*. Conservation Biology 14. Cambridge: Cambridge University Press.

Department of Environment, Climate Change and Water (DECCW). (2010). *Border Ranges Rainforest Biodiversity Management Plan: NSW y Queensland*. Sídney: NSW Department of Environment, Climate Change and Water. Recuperado de: www.environment.gov.au/biodiversity/threatened/publications/recovery/border-ranges/

Descheemaeker, J. (2013). *Auñamendi Encyclopedia 2013*, [en español], Eusko Media Foundation, Facería, Spain. Recuperado de: www.euskomedia.org/aunamendi/53956

Desrochers, A. y Hannon, S.J. (1997). Gap crossing decisions by forest songbirds during the post-fledging period. *Conservation Biology*, 11, 1204-1210.

Dietz, T. y Stern, P.C. (eds.). (2008). *Public Participation in Environmental Decision Making*. Washington D.C.: National Academies Press. Recuperado de: www.nap.edu/catalog.php?record_id=12434

Driscoll, D.; Banks, S.; Barton, P.; Ikin, K.; Lentini, P.; Lindenmayer, D.B.; Smith, A.; Berry, L.; Burns, E.; Edworthy, A.; Evans, M.; Gibson, R.; Howland, B.; Kay, G.; Munro, N.; Scheele, B.; Stirnemann, I.; Stojanovic, D.; Sweaney, N.; Villaseñor, N. y Westgate, M. (2014). The trajectory of dispersal research in conservation biology. *PLoS ONE*, 9(4), e95053. Doi:10.1371/journal.pone.0095053

Driscoll, D.A. y Lindenmayer, D.B. (2009). Empirical test of metacommunity theory using an isolation gradient. *Ecological Monographs*, 79, 485-501.

Banks, S.C.; Barton, P.S.; Lindenmayer, D.B. y Smith, A.L. (2013). Conceptual domain of the matrix in fragmented landscapes. *Trends in Ecology and Evolution*, 28(10), 605-613.

Fitzsimons, J.; Pulsford, I. y Wescott, G. (eds.). (2013a). *Linking Australia's Landscapes: Lessons and opportunities from large-scale conservation networks*. Melbourne: CSIRO Publishing.

(2013b). Challenges and opportunities for linking Australia's landscapes: a synthesis. En: J. Fitzsimons, I. Pulsford y G. Wescott (eds.). *Linking Australia's Landscapes: Lessons and opportunities from large-scale conservation networks*, pp. 287-296. Melbourne: CSIRO Publishing.

Fitzsimons, J.A. y Wescott, G. (2005). History and attributes of selected Australian multi-tenure reserve networks. *Australian Geographer*, 36: 75-93.

Folke, C.; Hahn, T.; Olsson, P. y Norberg, J. (2005). Adaptive governance of social-ecological systems. *Annual Review of Environment and Resources*, 30, 441-473.

Foreman, D. (2004). *Rewilding North America: A vision for conservation in the 21st century*. Londres: Earthscan.

Forman, R.T. (1995). *Land Mosaics: The ecology of landscapes and regions*. Nueva York: Cambridge University Press.

Franklin, J.F. (1993). Preserving biodiversity: species, ecosystems, or landscapes? *Ecological Applications*, 3, 202-205.

Galetti, M.; Guevara, R.; Cortes, M.C.; Fadini, R.; von Matter, S.; Leite, A.B.; Labecca, F.; Ribeiro, T.; Carvalho, C.S.; Collevatti, R.G.; Pires, M.M.; Guimaraes, P.R.; Brancalion, P. H.; Ribeiro, M. y Jordano, P. (2013). Functional extinction of birds drives rapid evolutionary changes in seed size. *Science*, 340, 1086-1090.

Galindo-González, J.; Guevara, S. y Sosa, V.J. (2000). Bat- and bird-generated seed rains at isolated trees in pastures in a tropical rainforest. *Conservation Biology*, 14, 1693-1703.

Gilbert, F.; Gonzalex, A. y Evens-Freke, I. (1998). Corridors maintain species richness in the fragmented landscapes of a microsystem. *Proceedings of the Royal Society of London Series B*, 265, 577-582.

Government of Australia. (2012). *National Wildlife Corridors Plan: A framework for landscape scale conservation*. Canberra: Department of Sustainability. Environment, Water, Population and Communities. Recuperado de: www.environment.gov.au/biodiversity/wildlife-corridors/index.html

Gray, M.J.; Smith, L.M. y Leyva, R.I. (2004). Influence of agricultural landscape structure on a Southern High Plains, USA, amphibian assemblage. *Landscape Ecology*, 19, 719-729.

Gustafsson, L.; Baker, S.C.; Bauhus, J.; Beese, W.J.; Brodie, A.; Kouki, J.; Lindenmayer, D.B.; Lõhmus, A.; Martínez Pastur, G.; Messier, C.; Neyland, M.; Palik, B.; Sverdrup-Thygeson, A.; Volney, J.A.; Wayne, J. y Franklin, J.F. (2012). Retention forestry to maintain multifunctional forests: a world perspective. *BioScience*, 62, 633-645.

Haddad, N.M. (1999a). Corridor and distance effects on interpatch movements: a landscape experiment with butterflies. *Ecological Applications*, 9, 612-622.

(1999b). Corridor use predicted from behaviors at habitat boundaries. *The American Naturalist*, 153, 215-227.

Baum, K.A. (1999). An experimental test of corridor effects on butterfly densities. *Ecological Applications*, 9, 623-633.

Tewksbury, J.J. (2005). Low-quality habitat corridors as movement conduits for two butterfly species. *Ecological Applications*, 15, 250-257.

Bowne, D.R.; Cunningham, A.; Danielson, B.J.; Levey, D.J.; Sargent, S. y Spira, T. (2003). Corridor use by diverse taxa. *Ecology*, 84, 609-615.

Hilty, J.A.; Chester, C.C. y Cross, M.S. (eds.). (2012). *Climate and Conservation: Landscape and seascape science, planning, and action*. Washington D.C.: Island Press.

Lidicker, W.Z. y Merenlender, M.A. (2006). *Corridor Ecology: The science and practice of linking landscapes for biodiversity conservation*. Washington D.C.: Island Press.

Holyoak, M. (2000). Habitat subdivision causes changes in food web structure. *Ecology Letters*, 3, 509-515.

Horskins, K. (2004). The effectiveness of wildlife corridors in facilitating connectivity: assessment of a model system from the Australian wet tropics. [Tesis de doctorado]. Brisbane: Queensland University of Technology.

Huxham, C. (2003). Theorizing collaboration practice. *Public Management Review*, 5(3), 401-423.

Intergovernmental Panel on Climate Change (IPCC). (2013). Summary for policymakers. En: T.F. Stocker, D. Qin, G.-K. Plattner, M. Tignor, S.K. Allen, J. Boschung, A. Nauels, Y. Xia, V. Bex y P.M. Midgley (eds.). *Climate Change 2013: The physical science basis. Contribution of Working Group I to the Fifth Assessment Report of the Intergovernmental Panel on Climate Change*. Cambridge: Cambridge University Press.

International Association for Public Participation (IAP2). (2006). *The IAP2s Public Participation Toolbox*. International Association for Public Participation. Recuperado de: c.ymcdn.com/sites/www.iap2.org/resource/resmgr/imported/06Dec_Toolbox.pdf

International Union for Conservation of Nature (IUCN). (2007). *Connectivity Conservation: International experience in planning, establishment and management of biodiversity corridors*. Gland: IUCN.

International Union for Conservation of Nature World Commission on Protected Areas (IUCN WCPA). (2006). Attributes of a connectivity conservation leader, Minutes of the IUCN WCPA Papallacta meeting, Ecuador, noviembre de 2006. Recuperado de: www.mountains-wcpa.org

Keenleyside, K.A.; Dudley, N.; Cairns, S.; Hall, C.M. y Stolton, S. (2012). *Ecological Restoration for Protected Areas: Principles, guidelines and best practices*. Gland: IUCN.

Klein, B.C. (1989). Effects of forest fragmentation on dung and carrion beetle communities in central Amazonia. *Ecology*, 70, 1715-1725.

Knight, A.T.; Cowling, R.M. y Campbell, B.M. (2006). An operational model for implementing conservation action. *Conservation Biology*, 20, 408-419.

Kothari, A.; Corrigan, C.; Jonas, H.; Neumann, A. y Shrumm, H. (eds.). (2012). *Recognizing and Supporting Territories and Areas Conserved by Indigenous Peoples and Local Communities: Global overview and national case studies*, Technical Series No. 64. Montreal: Secretariat of the Convention on Biological Diversity, ICCA Consortium, Kalpavriksh y Natural Justice.

Lambert, J. (2013). Social aspects of linking the people and their landscapes. En: J. Fitzsimons, I. Pulsford y G. Wescott (eds.). *Linking Australia's Landscapes: Lessons and opportunities from large-scale conservation networks*, pp. 245-254. Melbourne: CSIRO Publishing.

Laurance, W.F. (1991). Ecological correlates of extinction proneness in Australian tropical rainforest mammals. *Conservation Biology*, 5, 79-89.

Lausche, B. (2011). *Guidelines for Protected Areas Legislation*. Gland: IUCN. portals.iucn.org/library/efiles/documents/eplp-081.pdf

Farrier, D.; Verschuuren, J.; La Viña, A.G.M.; Trouwborst, A.; Born, C.-H. y Aug, L. (2013). *The Legal Aspects of Connectivity Conservation: A concept paper*. Gland: IUCN. Recuperado de: data.iucn.org/dbtw-wpd/edocs/EPLP-085-001.pdf

Lechner, A. y Lefroy, E.C. (2014). *GAP-CLoSR: A general approach to planning connectivity from local scales to regions*. Landscapes and Policy Hub. Hobart: University of Tasmania.

Lemos, M.C. y Agrawal, A. (2006). Environmental governance. *Annual Review of Environment and Resources*, 31(1), 297-325.

Levey, D.J.; Bolker, B.M.; Tewksbury, J.J.; Sargent, S. y Haddad, N.M. (2005). Effects of landscape corridors on seed dispersal by birds. *Science*, 309, 146-148.

Lidicker, W.Z. (1999). Responses of mammals to habitat edges: an overview. *Landscape Ecology*, 14, 333-343.

Lindenmayer, D.B. (2009). *Large-Scale Landscape Experiments: Lessons from Tumut*. Cambridge: Cambridge University Press.

Fischer, J. (2006). *Habitat Fragmentation and Landscape Change: An ecological and conservation synthesis*. Melbourne: CSIRO Publishing.

Fischer, J. (2007). Tackling the habitat fragmentation panchreston. *Trends in Ecology and Evolution*, 22, 127-132.

Cunningham, R.B. y Donnelly, C.F. (1993). The conservation of arboreal marsupials in the montane ash forests of the Central Highlands of Victoria, south-east Australia. IV. The distribution and abundance of arboreal marsupials in retained linear strips (wildlife corridors) in timber production forests. *Biological Conservation*, 66, 207-221.

Cunningham, R.B.; Donnelly, C.F.; Nix, H.A. y Lindenmayer, B.D. (2002). The distribution of birds in a novel landscape context. *Ecological Monographs*, 72, 1-18.

Hobbs, R.J.; Montague-Drake, R.; Alexandra, J.; Bennett, A.; Burgman, M.; Cale, P.; Calhoun, A.; Cramer, V.; Cullen, P.; Driscoll, D.; Fahrig, L.; Fischer, J.; Franklin, J.; Haila, Y.; Hunter, M.; Gibbons, P.; Lake, S.; Luck, G.; MacGregor, C.; McIntyre, S.; MacNally, R.; Manning, A.; Miller, J.; Mooney, H.; Noss, R.; Possingham, H.; Saunders, D.; Schmiegelow, F.; Scott, M.; Simberloff, D.; Sisk, T.; Tabor, G.; Walker, B.; Wiens, J.; Woinarski, J. y Zavaleta, E. (2008). A checklist for ecological management of landscapes for conservation. *Ecology Letters*, 11, 78-91.

Lockwood, M.; Davidson, J.; Curtis, A.; Stradford, E. y Griffith, R. (2010). Governance principles for natural resource management. *Society y Natural Resources*, 23(10), 986-1001.

Mackey, B. (2007). Climate change, connectivity and biodiversity conservation. En: M. Taylor y P. Figgis (eds.). *Protected Areas: Buffering nature against climate change*, pp. 90-96. Proceedings of a WWF and IUCN WCPA Symposium, Canberra, junio 18-19 de 2007. Sídney: WWF-Australia.

Watson, J. y Worboys, G.L. (2010). *Connectivity conservation and the Great Eastern Ranges corridor*. Independent report to the Interstate Agency Working Group (Alps to Atherton Connectivity Conservation Working Group) convened under the Environment Heritage and Protection Council/Natural Resource Management Ministerial Council. Recuperado de: www.environment.nsw.gov.au/resources/nature/ccandger.pdf

Mackey, B.G.; Possingham, H.P. y Ferrier, S. (2013). Connectivity conservation principles for Australia's national wildlife corridors. En: J. Fitzsimons, I. Pulsford y G. Wescott (eds.). *Linking Australia's Landscapes: Lessons and opportunities from large-scale conservation networks*, pp. 233-244. Melbourne: CSIRO Publishing.

Margerum, R. (2008). A typology of collaboration efforts in environmental management. *Environmental Management*, 41, 487-500.

Margoluis, R. y Salafsky, N. (1998). *Measures of Success: Designing, managing and monitoring conservation and development projects*. Washington D.C.: Island Press.

Margules, C.R. y Pressey, R.L. (2000). Systematic conservation planning. *Nature*, 45, 243-253.

Mitchell, S.M. y Shortell, S.M. (2000). The governance and management of effective community health partnerships: a typology for research, policy, and practice. *Milbank Quarterly*, 78(2), 241-289.

National Wildlife Corridors Advisory Group. (2012). *Draft National Wildlife Corridors Plan*. Canberra: National Wildlife Corridors Advisory Group. Recuperado de: www.environment.gov.au/biodiversity/wildlife-corridors/publications/pubs/draft-wildlife-corridors-plan.pdf

Nelson, M.E. (1993). Natal dispersal and gene flow in white-tailed deer in northeastern Minnesota. *Journal of Mammalogy*, 74, 316-322.

Office of Environment and Heritage (OEH). (2012). *The Great Eastern Ranges Business Plan 2012-15*. Sídney: NSW Office of Environment and Heritage.

(2013). *Great Eastern Ranges*. Sídney: NSW Office of Environment and Heritage. Recuperado de: www.greateasternranges.org.au/office-of-environment-and-heritage-nsw

Ostrom, E. (2005). *Understanding Institutional Diversity*. Princeton: Princeton University Press.

Paton, D.C. (2000). Disruption of bird-plant pollination systems in southern Australia. *Conservation Biology*, 14, 1232-1234.

Peace Parks Foundation. (2014). *!Ae!Hai Kalahari Heritage Park in the Kgalagadi Transfrontier Park*. Stellenbosch, Sudáfrica: Peace Parks Foundation. Recuperado de: www.peaceparks.org/programme. php?pid=25y-mid=1112

Pressey, R.L.; Watts, M.E.; Barrett, T.W. y Ridges, M.J. (2009). The C-plan conservation planning system: origins, applications and possible futures. En: A. Moilanen, K.A. Wilson y H. Possingham (eds.). *Spatial Conservation Prioritization: Quantitative methods and computational tools*, pp. 211-234. Londres: Oxford University Press.

Pulsford, I. (2014). *Indicative map of actively managed large-scale connectivity conservation corridors on Earth*. [Compilado a partir de datos agregados por Rod Atkins]. Canberra: WCPA International Connectivity Conservation Network.

Howling, G.; Dunn, R. y Crane, R. (2013). Great Eastern Ranges Initiative: a continental-scale lifeline connecting people and nature. En: J. Fitzsimons, I. Pulsford y G. Wescott (eds.). *Linking Australia's Landscapes: Lessons and opportunities from large-scale conservation networks*, pp. 123-134. Melbourne: CSIRO Publishing.

Worboys, G.L.; Howling, G. y Barrett, T. (2012). Australia's Great Eastern Ranges corridor. En: J.A. Hilty, C.C. Chester y M.S. Cross (eds.). *Climate and Conservation: Landscape and seascape science, planning, and action*, pp. 202-216. Washington D.C.: Island Press.

Ribot, J. (2008). *Building Local Democracy through Natural Resource Interventions: An environmentalists responsibility*. Washington D.C.: World Resources Institute.

Robbins, S.P.; Bergman, R.; Stagg, I. y Coulter, M. (2003). *Foundations of Management*. Sídney: Pearson Education Australia.

Robinson, W.D. (1999). Long-term changes in the avifauna of Barro Colorado Island, Panama, a tropical forest isolate. *Conservation Biology*, 13, 85-97.

Rudnick, D.A.; Ryan, S.J.; Beier, P.; Cushman, S.A.; Dieffenbach, F.; Epps, C.W.; Sandwith, T.; Shine, C.; Hamilton, L. y Sheppard, D. (2001). *Transboundary Protected Areas for Peace and Co-Operation*. Gland: IUCN.

Schliep, R. y Stoll-Kleemann, S. (2010). Assessing governance of biosphere reserves in Central Europe. *Land Use Policy*, 27(3), 917-927.

Simberloff, D.; Farr, J.A.; Cox, J. y Mehlman, D.W. (1992). Movement corridors: conservation bargains or poor investments? *Conservation Biology*, 6, 493-504.

Soulé, M.E.; Mackey, B.G.; Recher, H.F.; Williams, J. y Woinarski, J.C. (2006). The role of connectivity conservation in Australian conservation. En: K.R. Crooks y M.A. Sanjayan (eds.). *Connectivity Conservation*, pp. 649-675. Cambridge: Cambridge University Press.

Mackey, B.G.; Recher, H.F.; Williams, J.E.; Woinarski, J.C.Z.; Driscoll, D.; Dennison, W.C. y Jones, M.E. (2004). The role of connectivity in Australian conservation. *Pacific Conservation Biology*, 10, 266-279.

Stenseth, N. y Lidicker, W. (eds.). (1992). *Animal Dispersal*. Londres: Chapman y Hall.

Tewksbury, J.J.; Levey, D.J.; Haddad, N.M.; Sargent, S.; Orrock, J.L.; Weldon, A.; Danielson, B.J.; Brinkerhoff, J.; Damschen, E.I. y Townsend, P. (2002). Corridors affect plants, animals and their interaction in fragmented landscapes. *Proceedings of the National Academy of Science*, 99, 12.923-12.926.

Tscharntke, T.; Tylianakis, J.M.; Rand, T.A.; Didham, R.K.; Fahrig, L.; Batary, P.; Bengtsson, J.; Clough, Y.; Crist, T.O.; Dormann, C.F.; Ewers, R.M.; Frund, J.; Holt R.D.; Holzschuh, A.; Klein, A.M.; Kleijn, D.; Kremen, C.; Landis, D.A.; Laurance, W.; Lindenmayer, D.B.; Scherber, C.; Sodhi, N.; Steffan-Dewenter, I.; Thies, C.; van der Putten, W.H. y Westphal, C. (2012). Landscape moderation of biodiversity patterns and processes - eight hypotheses. *Biological Reviews*, 87, 661-685.

United Nations Educational, Scientific and Cultural Organization (UNESCO). (2013). *The Man and Biosphere Programme: Ecological sciences for sustainable development*. París: UNESCO. Recuperado de: www.unesco.org/new/en/natural-sciences/environment/ecological-sciences/man-and-biosphere-programme/

Van der Linde, H.; Oglethorpe, J.; Sandwith, T.; Snelson, D.; Tessema, Y.; Tiéga, A. y Price, T. (2001). *Beyond Boundaries: Transboundary natural resource management in sub-Saharan Africa*. Washington D.C.: Biodiversity Support Program.

Vasilijević, M. (2012). Diagnostic tool for transboundary conservation planners: suggested questions to determine feasibility for transboundary conservation. En: B. Erg, M. Vasilijević y M. McKinney (eds.). *Initiating Effective Transboundary Conservation: A practitioner's guideline based on the experience from the Dinaric Arc*, pp. 42-58. Gland y Belgrado: IUCN Programme Office for South-Eastern Europe. Recuperado de: www.tbpa.net/page.php?ndx=22

Pezold, T. (eds.). (2011). *Crossing Borders for Nature: European examples of transboundary conservation.* Gland y Belgrado: IUCN Programme Office for South-Eastern Europe.

Walker, B.H. (1992). Biodiversity and ecological redundancy. *Conservation Biology*, 6, 18-23.

Wiens, J.A.; Schooley, R.L. y Weekes, R.D. (1997). Patchy landscapes and animal movements: do beetles percolate? *Oikos*, 78, 257-264.

Wilson, E.O. (1992). *The Diversity of Life*. Cambridge: Belknap Press.

(2002). *The Future of Life*. Nueva York: Alfred E. Knopf.

Worboys, G.L.; Francis, W.L. y Lockwood, M. (eds.). (2010). *Connectivity Conservation Management: A global guide*. Londres: Earthscan.

Lockwood, M. (2010). Connectivity conservation management framework and tasks. En: G.L. Worboys, W.L. Francis y M. Lockwood (eds.). *Connectivity Conservation Management: A global guide*, pp. 301-341. Londres: Earthscan.

Mackey, B. (2013). Connectivity conservation initiatives: a national and international perspective. En: J. Fitzsimons, I. Pulsford y G. Wescott (eds.). *Linking Australia's Landscapes: Lessons and opportunities from large-scale conservation networks*, pp. 7-22. Melbourne: CSIRO Publishing.

Pulsford, I. (2011). *Connectivity conservation in Australian landscapes*. Reporte preparado por Australian Department of Sustainability. Canberra: Environment, Water, Population and Communities on behalf of the State of the Environment 2011 Committee, DSEWPaC.

Wyborn, C. (2013). Adaptive governance and connectivity conservation: examining the interplay between science, governance and scale. [Tesis de doctorado]. Canberra: The Australian National University.

Bixler, P.R. (2013). Collaboration and nested environmental governance: scale dependency, scale framing and cross-scale interactions in collaborative conservation. *Journal of Environmental Management*, 123, 58-67.

Youngentob, K.N., Wood, J.T. y Lindenmayer, D.B. (2013). The response of arboreal marsupials to landscape context over time: a large-scale fragmentation study revisited. *Journal of Biogeography* 40(11), 2082-2093.

CAPÍTULO 28

EFECTIVIDAD DEL MANEJO DE ÁREAS PROTEGIDAS

Autores principales:
Marc Hockings, Fiona Leverington y Carly Cook

Contenido

IUCN WCPA World Commission on Protected Areas Convention on Biological Diversity

AUTORES PRINCIPALES

MARC HOCKINGS es profesor y director del Programa sobre Gestión Ambiental en la Escuela de Geografía, Planeación y Gestión Ambiental de la Universidad de Queensland, Brisbane, e investigador principal del Centro Mundial de Vigilancia de la Conservación de ONU Medio Ambiente.

FIONA LEVERINGTON es directora de la firma consultora Protected Area Solutions y becaria de investigación adjunta en la Escuela de Geografía, Planeación y Gestión Ambiental de la Universidad de Queensland, Brisbane.

CARLY COOK es profesora de ecología en la Escuela de Ciencias Biológicas de la Universidad de Monash, Melbourne.

AGRADECIMIENTOS

Un reconocimiento a Diane Matar, Geoffroy Mauvais, Andrew Growcock, Tony Varcoe y Gail Cleaver-Christie por sus contribuciones a los estudios de caso.

CITACIÓN

Hockings, M.; Leverington, F. y Cook, C. (2019). Efectividad del manejo de áreas protegidas. En: G.L. Worboys, M. Lockwood, A. Kothari, S. Feary e I. Pulsford (eds.). *Gobernanza y gestión de áreas protegidas*, pp. 949-990. Bogotá: Editorial Universidad El Bosque y ANU Press.

FOTOGRAFÍA DE LA PÁGINA DEL TÍTULO

Instalaciones cuidadosamente ubicadas de inicio del sendero, de aparcamiento y de información para los visitantes. Estas instalaciones, desarrolladas en consulta con los propietarios indígenas tradicionales, brindan acceso a la espectacular Sierra Bungle Bungle en el Parque Nacional Purnululu, sitio patrimonio mundial, en la región de Kimberley, Australia Occidental

Fuente: Ian Pulsford

Introducción

Ya en 1746, el estadista británico Philip Stanhope le dijo a su hijo "si vale la pena hacerlo, vale la pena hacerlo bien" (Widger, 2012). Este es un consejo que podríamos seguir hoy día en la gestión de la creciente red de áreas protegidas de todo el mundo. En los capítulos anteriores de este libro se documentó el cambio de paradigma en las áreas protegidas y el crecimiento espectacular en el número y la cobertura de las mismas. No tenemos duda de que las áreas protegidas "valen la pena" y tenemos muchos consejos sobre cómo manejarlas bien, como es evidente en los capítulos anteriores de este libro. Sin embargo, sabemos poco de si estamos siguiendo este consejo y nos mantenemos en línea con lo dicho por Stanhope respecto a manejarlas bien.

El creciente interés en la efectividad del manejo de las áreas protegidas puede rastrearse a través del surgimiento del tema en los congresos decenales de Parques Mundiales (Hockings *et al.,* 2004); surgió en algunos documentos del tercer congreso (en Bali) en 1982, ganó impulso en el cuarto congreso diez años después (en Caracas) y se convirtió en uno de los temas prioritarios discutidos en el quinto congreso en Durban en 2003, después de un esfuerzo significativo de la Unión Internacional para la Conservación de la Naturaleza (UICN) y otros para avanzar en el trabajo sobre este tema en el período intermedio. La efectividad del manejo de áreas protegidas es ahora un elemento clave de un examen más amplio del progreso hacia el Plan Estratégico del Convenio sobre la Diversidad Biológica (CDB) y sus Metas de Aichi, especialmente la Meta 11 que aborda la contribución que un sistema de áreas protegidas administrado de manera eficaz y equitativa puede hacer a los objetivos generales del Convenio:

> Para 2020, al menos el 17% de las zonas terrestres y de aguas continentales, y el 10% de las zonas marinas y costeras, especialmente aquellas de particular importancia para la diversidad biológica y los servicios de los ecosistemas, se conservan por medio de sistemas de áreas protegidas *administrados de manera eficaz y equitativa*, ecológicamente representativos y bien conectados, así como otras medidas de conservación eficaces basadas en áreas. Dichas áreas están integradas en los paisajes terrestres y marinos más amplios. (CBD, 2011, énfasis añadido)

Woodley *et al.* (2012) analizaron este objetivo en detalle y establecieron los vínculos entre la efectividad del manejo y otros temas clave para el éxito de las áreas protegidas. Ellos argumentan a favor de una "interpretación holística de la Meta 11 como una forma para que la comunidad global utilice las áreas protegidas para cambiar las actuales tendencias inaceptables en la pérdida global de la biodiversidad" (Woodley *et al.,* 2012, p. 23).

Después del Cuarto Congreso Mundial de Parques de 1992 en Caracas, se desarrollaron varias metodologías para evaluar la efectividad del manejo de áreas protegidas, principalmente en Centro y Sudamérica (Courrau, 1997; de Faria, 1993; Izurieta, 1997) y Australia (Hockings, 1998). En 1996, la Comisión Mundial de Áreas Protegidas (CMAP) de la UICN comenzó a trabajar en un marco y directrices para evaluar la efectividad del manejo de áreas protegidas, lo que condujo a la primera edición de las guías de la UICN para evaluar la efectividad: un marco para evaluar el manejo de áreas protegidas (Hockings *et al.,* 2000). Desde entonces, este marco, revisado en 2006 (Hockings *et al.,* 2006), se constituyó en la base de la mayoría de los sistemas de evaluación de áreas protegidas desarrollados y aplicados en todo el mundo. Gran parte de este capítulo se refiere a aquel como el marco CMAP/UICN.

La expansión de las evaluaciones de la efectividad del manejo de áreas protegidas está en consonancia con el aumento general de los análisis sobre evaluación y desempeño dentro de los gobiernos y otros organismos públicos de todo el mundo. En el sector ambiental, los donantes, los gobiernos y otros organismos requieren cada vez más que los órganos de gestión demuestren que su dinero se gasta bien (Saterson *et al.,* 2004; Keene y Pullin, 2011). Durante los últimos quince a veinte años, la importancia de la evaluación en el manejo efectivo y los ciclos de proyectos se reconoce cada vez más en muchos campos de actividad, incluidos la salud, el desarrollo internacional y la conservación. En una variedad de campos se han desarrollado nuevas metodologías y enfoques, con muchos problemas comunes y algunos intercambios productivos de ideas entre los sectores (Foundations of Success *et al.,* 2003). La gestión y el manejo de áreas protegidas no solo involucra factores biofísicos, culturales, socioeconómicos y gerenciales, sino también numerosas partes interesadas, por lo que el monitoreo y la evaluación deben recurrir a herramientas de una amplia gama de disciplinas. Muchas ideas útiles provienen de enfoques como la evaluación rural participativa y la gestión del ciclo del proyecto.

En este capítulo describimos los principales enfoques para evaluar la efectividad del manejo de áreas protegidas, el propósito y el proceso de evaluación, y cómo pueden diseñarse métodos y procesos de evaluación para producir resultados relevantes y confiables. Esta guía está dirigida a los profesionales responsables del diseño y la implementación de los sistemas de evaluación, así como a los directores senior que son responsables de las políticas y los programas y que estarán entre los usuarios

Tabla 28.1 Enfoques para evaluar la efectividad de las áreas protegidas

Enfoque		Preguntas clave que sustentan el enfoque
1	Evaluación de la extensión y la ubicación de las áreas protegidas, incluida su cobertura de la diversidad biológica y paisajística	¿Cuántas áreas protegidas hay en un país o región, y cuál es su área total? ¿Con qué eficacia las áreas protegidas cubren las ecorregiones o hábitats clave? ¿Cuán bien las áreas protegidas representan la diversidad de ecorregiones y hábitats? ¿Con qué eficacia las áreas protegidas representan otros rasgos, como elementos del paisaje, tipos de humedales y especies?
2	Evaluación de la efectividad de las áreas protegidas como mecanismo de conservación a mayor escala, y el impacto de las áreas protegidas en las personas	¿Las áreas protegidas han reducido la deforestación y otras pérdidas de hábitat? ¿Cómo han afectado las áreas protegidas a las comunidades locales? ¿Han aumentado o aliviado la pobreza?
3	Evaluación general de la efectividad del manejo de áreas protegidas (PAME)	¿Cuán bien están diseñados el área protegida y el sistema de áreas protegidas? ¿Se cuenta con planeación, recursos y procesos adecuados para permitir el manejo? ¿Las áreas protegidas logran sus objetivos y conservan sus valores?
3A	Resultados de las áreas protegidas en la conservación de sus valores de biodiversidad (un subconjunto del enfoque 3 pero centrado solo en los resultados)	¿Las áreas protegidas protegen hábitats y especies? ¿Se conservan o restauran valores como las especies en peligro de extinción? ¿Cuál es el impacto de las áreas protegidas en las comunidades?

más importantes de los resultados de la evaluación. El capítulo concluye con consejos y ejemplos de cómo las evaluaciones de la efectividad del manejo pueden usarse para adaptar y mejorar la gestión. Si bien muchos de los ejemplos utilizados en el capítulo se relacionan con evaluaciones de la efectividad del manejo realizadas por organizaciones no gubernamentales (ONG) u organismos de administración de áreas protegidas en un gran número de sitios, los principios y enfoques son aplicables a todos los sistemas y áreas protegidas independientemente de su tamaño y tipo de gobernanza.

¿Qué es la evaluación de la efectividad del manejo de áreas protegidas?

Cuando se considera el impacto de los sistemas de áreas protegidas y de las áreas protegidas, pueden tomarse cuatro enfoques complementarios para la evaluación de la efectividad del manejo (Leverington *et al.,* 2010a), como se muestra en la Tabla 28.1.

Enfoque uno: extensión y ubicación del área protegida

El primer enfoque evalúa el alcance y la ubicación de las áreas protegidas, especialmente en relación con el rango de valores de biodiversidad que estas pretenden conservar. El gráfico bien conocido que muestra el aumento en el número y extensión global de las áreas protegidas (Capítulo 2, Figura 2.2) es la medida más simple de este aspecto, pero cada vez más la atención se dirige a la ubicación de las áreas protegidas en relación con la distribución de especies y hábitats. Los enfoques para identificar tales sitios incluyen las Áreas de Importancia para la Conservación de las Aves (AICA) y la Alianza para la Cero Extinción (ACE) (Butchart *et al.,* 2012), y están cubiertos de manera más general por los esfuerzos actuales para identificar las áreas clave de biodiversidad y utilizarlas como una guía importante para el establecimiento de nuevas áreas protegidas (Eken *et al.,* 2004; véase también el Capítulo 3). En este enfoque también se incluyen los estudios sistemáticos de planeación de la conservación (Margules y Pressey, 2000), pero el foco está en la representación de ecorregiones y hábitats en lugar de especies o colecciones de especies (véase el Capítulo 13).

En el Parque Nacional Geikie Gorge, los visitantes observan los acantilados de piedra caliza, restos de un antiguo arrecife del Devónico que se extienden a lo largo de la remota región de Kimberley, Australia Occidental

Fuente: Ian Pulsford

Enfoque dos: evaluaciones a gran escala

Un segundo enfoque evalúa la medida en que puede demostrarse que las áreas protegidas reducen los impactos a gran escala, como la tala de bosques o la degradación del hábitat, o al menos en qué medida la ubicación de las áreas protegidas puede correlacionarse con niveles más bajos de impacto. Aunque la mayoría de los estudios se han realizado en entornos de bosques tropicales (Bruner *et al.,* 2001; Scharlemann *et al.,* 2010; Barber *et al.,* 2012; Green *et al.,* 2013), también se han examinado los sistemas marinos (Selig y Bruno, 2010). Si bien los resultados de estos estudios son mixtos, la mayoría ha demostrado la efectividad de las áreas protegidas en la reducción de las tasas de transformación de hábitats (Geldmann *et al.,* 2013). Con el uso de herramientas económicas y espaciales pueden evaluarse los impactos económicos y ambientales de las áreas protegidas a escala nacional (Sims, 2010, 2014).

Enfoque tres: efectividad del manejo de áreas protegidas

Por lo general, las evaluaciones que utilizan el tercer enfoque se conocen como evaluaciones de la "efectividad del manejo de áreas protegidas" (*Protected Area Management Effectiveness*, PAME). Este enfoque es el tema principal de este capítulo. Importantes esfuerzos se realizan desde finales de la década de 1990 para desarrollar y aplicar evaluaciones de la PAME en áreas protegidas individuales, grupos de sitios y sistemas completos de áreas protegidas (Leverington *et al.,* 2010a). La UICN define la evaluación de la efectividad del manejo como "la evaluación de cuán bien se maneja el área protegida" (Hockings *et al.,* 2006, p. 1).

Enfoque tres (a): resultados de las áreas protegidas

Un enfoque en desarrollo para la evaluación de la efectividad del manejo que constituye un subconjunto de la PAME examina los resultados del manejo de áreas protegidas con base en un monitoreo detallado e informes sobre la condición y tendencia de los valores de las áreas protegidas, especialmente los valores de la biodiversidad (Geldmann *et al.,* 2013). Grupos como The Nature Conservancy (Parrish *et al.,* 2003) y las agencias de administración de parques en Sudáfrica, Australia y Canadá (Growcock *et al.,* 2009; Timko y Innes, 2009) han desarrollado metodologías para dirigir, emprender e informar tales estudios detallados de una manera sistemática que ayude a la gestión adaptativa. De manera ideal, dicha información detallada debe ser la base para juzgar los

Cuadro 28.1 Definiciones de la efectividad del manejo

Por lo general, la evaluación de la efectividad del manejo se logra mediante la valoración de una serie de criterios (representados por indicadores cuidadosamente seleccionados) contra objetivos o estándares acordados. Las siguientes definiciones se refieren específicamente al contexto de la efectividad del manejo de áreas protegidas.

- Evaluación de la efectividad del manejo: se define como la evaluación de cuán bien se maneja el área protegida, principalmente en qué medida protege los valores y logra las metas y objetivos. El término efectividad del manejo refleja tres temas principales:
  1. Asuntos de diseño relacionados con sitios individuales y sistemas de áreas protegidas
  2. Conveniencia e idoneidad de los sistemas y procesos de gestión
  3. Ejecución de los objetivos de las áreas protegidas, incluida la conservación de los valores.
- Evaluación: la medición o estimación de un aspecto del manejo.
- Valoración: el juicio sobre el estatus/condición o el desempeño de algún aspecto del manejo con respecto a criterios predeterminados (por lo general, un conjunto de estándares u objetivos), en este caso, incluidos los objetivos para los que se establecieron las áreas protegidas.
- Marco de evaluación de la efectividad del manejo de la CMAP de la UICN: un sistema para diseñar evaluaciones de la efectividad del manejo de áreas protegidas a partir de seis elementos (contexto, planeación, insumos, procesos, productos y resultados). En sí mismo no es una metodología, sino una guía para desarrollar sistemas integrales de evaluación.
- Elemento: un componente principal del marco de evaluación definido por el aspecto del manejo que se está evaluando. Los elementos se relacionan con los pasos en un ciclo de planeación y gestión estratégica. El desempeño dentro de cada elemento se evalúa por referencia a una serie de criterios definidos.
- Sistema: un proceso específico para realizar monitoreo y evaluación, generalmente acompañado de pasos u orientación (equivalente a un enfoque de evaluación según lo definido por Stem *et al.*, 2005).
- Criterio: una categoría principal de condiciones o procesos –cuantitativos o cualitativos –que ayuda a definir lo que se mide. Un criterio se caracteriza por un conjunto de indicadores relacionados.
- Indicadores: variables cuantitativas o cualitativas que brindan una información útil acerca de un criterio y pueden usarse para ayudar a recopilar una imagen del estado y las tendencias en la efectividad del área protegida.
- Herramienta: un instrumento que ayuda a la verdadera realización de la evaluación –por ejemplo, un cuestionario o una tabla de puntuación– (Stem *et al.*, 2005).
- Monitoreo: recopilación repetitiva de información sobre los indicadores a lo largo del tiempo con el fin de descubrir tendencias en el estatus del área protegida y las actividades y procesos de manejo.

Fuente: Hockings *et al.*, 2006, p. xiii

resultados que puedan lograrse con evaluaciones de la PAME más amplias y vincularse con otros elementos del ciclo de evaluación (Cuadro 28.1).

No obstante, el escaso monitoreo de las poblaciones de especies en las áreas protegidas significa que la disponibilidad de tales datos detallados de las áreas protegidas tiende a ser la excepción y no la regla. Cuando se dispone de información de monitoreo detallada, los estudios de la PAME (enfoque tres) pueden jugar un papel crítico en la interpretación de la información y hacerla relevante para los administradores, por lo que realmente se usa en la toma de decisiones. Por ejemplo, Growcock *et al.* (2009) indican que el estado del sistema de evaluación de parques en Nueva Gales del Sur (Australia) no sustituye el monitoreo y la investigación de especies, sitios o temas específicos, pero este hace que los resultados de dichos estudios estén disponibles más fácilmente para la toma de decisiones al considerar los resultados dentro de un marco de evaluación de la efectividad del manejo.

Propósitos de la evaluación de la efectividad del manejo de áreas protegidas

En las grandes organizaciones, los estudios de la efectividad del manejo son cada vez más una parte aceptada del ciclo de gestión, pero ¿cuál es su propósito? Hay una serie de razones por las que las personas y las organizaciones desean evaluar la efectividad del manejo. En términos generales, tales evaluaciones pueden:

- Habilitar y respaldar un enfoque adaptativo para la gestión al brindar información esencial a los administradores de todos los niveles sobre el grado de implementación y éxito de las intervenciones de manejo.

- Ayudar en la asignación efectiva de recursos al indicar los vacíos y las áreas de mayor necesidad y probabilidad de éxito –en algunos casos, al facilitar un "protocolo de intervención" cuando los recursos son escasos–.
- Promover la rendición de cuentas y la transparencia al permitir que la alta dirección, los organismos de financiación, los grupos de partes interesadas y el público cuenten con información sobre cómo se toman las decisiones y se utilizan los recursos.
- Involucrar a la comunidad, crear un grupo para apoyar las áreas protegidas y promover los valores de las mismas en un sitio en particular o, de manera más general, a lo largo de un sistema de áreas protegidas.

Además de estos beneficios sustantivos, el mismo proceso de evaluación de la efectividad del manejo puede brindar una serie de beneficios procedimentales, como una mejor comunicación y cooperación entre los administradores y otras partes interesadas. Los administradores tienen la oportunidad de reflexionar sobre los desafíos que enfrentan al manejar sus sitios y sistemas desde una perspectiva diferente, lejos de las preocupaciones cotidianas de la gestión y el manejo. Muchos administradores indicaron que los principales beneficios para ellos se dieron durante el proceso de evaluación más que en cualquier informe formal producido a partir del proceso de la PAME. Growcock *et al.* (2009) indican que el proceso de evaluación de la efectividad del manejo en Nueva Gales del Sur, Australia, no solo busca lograr los cuatro propósitos, también ha facilitado la gestión adaptativa, la planeación y la toma de decisiones soportadas, y ha permitido que los administradores tengan una mayor claridad al determinar las prioridades. En una encuesta de 62 estudios de efectividad del manejo en diecinueve países, el 97% de los encuestados dijo que el proceso fue útil para el personal (Paleczny, 2010).

Además, la evaluación tiene beneficios al exponer a los administradores de áreas protegidas y otras partes interesadas a la "cultura de la evaluación", una forma de pensar que de otro modo podría ser bastante extraña y nueva para muchos profesionales, pero que les ayuda a interactuar mejor con los organismos de financiación y la administración de niveles superiores. Los beneficios de este proceso de "aprender a aprender" pueden durar mucho más que los hallazgos de la evaluación inicial (Patton, 1998). Birnbaum y Mickwitz (2009) llaman la atención sobre el lento desarrollo de la evaluación en el ámbito ambiental, en parte debido a la complejidad de los problemas ambientales y las dificultades que esto representa para la evaluación.

Participación de la comunidad: los niños escolares hacen el baile de la grulla cuellinegra (*Grus nigricollis*) frente a la comunidad en el decimoquinto festival anual de la grulla cuellinegra en el valle de Phobjikha adyacente al Parque Nacional de la Montaña Negra, Bután, para sensibilizar a la comunidad y mejorar el apoyo a la conservación de esta especie migratoria en gran peligro de extinción

Fuente: Ian Pulsford

Algunos ejemplos de los valores de la evaluación incluyen: claridad, especificidad y enfoque; ser sistemático y hacer suposiciones explícitas; poner en funcionamiento conceptos, ideas y objetivos del programa; diferenciar los insumos y procesos de los resultados; valorar la evidencia empírica, y separar las declaraciones de hechos de las interpretaciones y juicios. Estos valores constituyen formas de pensar que no son naturales para las personas y que son bastante ajenas para muchos. Cuando llevamos a las personas a través de un proceso de evaluación –al menos en algún tipo de proceso participativo o involucramiento de las partes interesadas–, ellas aprenden cosas sobre la cultura de la evaluación y a menudo aprenden a pensar de esta manera (Patton, 1998, p. 226).

Evaluación de la efectividad del manejo de áreas protegidas a nivel mundial

La PAME ha crecido rápidamente; de ser un concepto nuevo y no probado en la década de 1990, se convirtió en una parte integral de las agendas de conservación a nivel nacional y mundial. Como requerimiento estándar, el Fondo Mundial para el Medio Ambiente (Global

Cuadro 28.2 Programa de Trabajo sobre Áreas Protegidas del CDB

El PTAP abordó explícitamente la efectividad del manejo como parte del Elemento 4 que trata de estándares, evaluación y monitoreo. Aunque ya pasó la fecha objetivo de 2010 para el PTAP, las metas aún son relevantes para los países en el período actual de las Metas de Aichi del CDB anteriores a 2020. La Meta 4.2.2 del PTAP se actualizó en la reunión de la Conferencia de las Partes del CDB en 2010 de la siguiente manera.

Meta 4.2 Evaluar y mejorar la efectividad del manejo de áreas protegidas: para 2010, marcos de monitoreo, evaluación y presentación de informes relacionados con la efectividad del manejo de sitios y sistemas nacionales y regionales de áreas protegidas y áreas protegidas transfronterizas fueron adoptados y aplicados por las partes.

Actividades sugeridas para las partes:

4.2.1 Para 2006, elaborar y adoptar métodos, estándares, criterios e indicadores adecuados para evaluar la efectividad del manejo y gobernanza de las áreas protegidas, y organizar una base de datos conexa, teniendo en cuenta el marco de la Comisión Mundial de Áreas Protegidas de la UICN para evaluar la efectividad del manejo y otras metodologías pertinentes, que deberán adaptarse a las condiciones locales.

4.2.2 Realizar evaluaciones de la efectividad del manejo de por lo menos 30% de las áreas protegidas de cada parte para 2010 y de los sistemas nacionales de áreas protegidas y, según proceda, redes ecológicas (actualizado hasta el 60% de la totalidad de las áreas protegidas para 2020).

4.2.3 Incluir información obtenida de la evaluación de la efectividad del manejo de áreas protegidas en los informes nacionales presentados en virtud del Convenio sobre la Diversidad Biológica.

4.2.4 Aplicar las recomendaciones clave resultantes de las evaluaciones de la efectividad del manejo en la planeación de sitios y sistemas, como parte integral de las estrategias de gestión adaptativa.

Actividades de apoyo sugeridas para el secretario ejecutivo

4.2.5 Recopilar y divulgar información sobre la efectividad del manejo, por conducto del mecanismo de facilitación, crear una base de datos de expertos en evaluación de la efectividad del manejo de áreas protegidas y considerar la posibilidad de organizar un taller internacional sobre métodos, criterios, e indicadores apropiados para la evaluación de la efectividad del manejo de las áreas protegidas.

4.2.6 En cooperación con la CMAP-UICN y otras organizaciones pertinentes, recopilar y divulgar información sobre prácticas óptimas en el diseño, creación y manejo de áreas protegidas (CBD, 2010b).

Fuente: CBD, 2004

Environment Facility, GEF) adoptó el uso de la Herramienta para el Seguimiento de la Efectividad del Manejo (Management Effectiveness Tracking Tool, METT), que fue desarrollada por el Banco Mundial y el Fondo Mundial para la Naturaleza (WWF) como un medio para hacer seguimiento del progreso contra su objetivo conjunto de la iniciativa forestal de mejorar el manejo de setenta millones de hectáreas de áreas forestales protegidas. El GEF exige el uso de la METT para evaluar la eficacia del manejo en la evaluación inicial, intermedia y final de todos los proyectos financiados en áreas protegidas.

En línea con las recomendaciones del Quinto Congreso Mundial de Parques de la UICN, en 2004 el CDB desarrolló su Programa de Trabajo sobre Áreas Protegidas (PTAP) (CDB, 2004) con un objetivo y metas asociadas para promover el desarrollo y la adopción de sistemas de PAME (Cuadro 28.2). Este ha sido quizás el desarrollo más significativo a nivel de la política internacional, ya que promueve la necesidad de un manejo efectivo de las áreas protegidas y los sistemas de monitoreo e información necesarios para impulsar este mejoramiento. Si bien en 2010 no se había alcanzado el objetivo de evaluar la

Sendero natural de Serchu en el Real Parque Botánico, Nepal

Fuente: Ian Pulsford

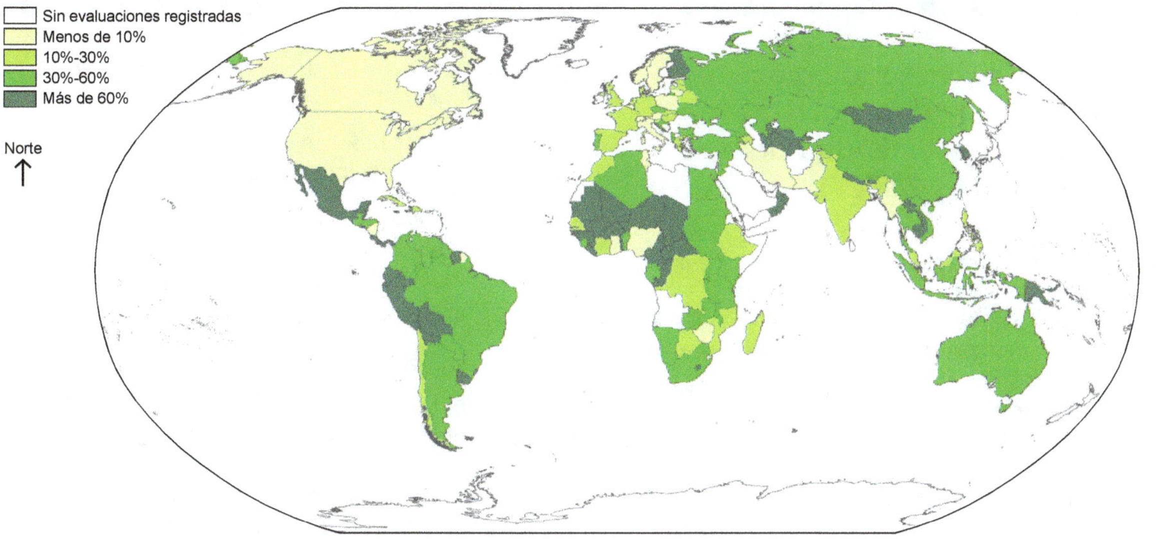

Figura 28.1 Avance nacional hacia los objetivos de 30% y 60% del CDB para las evaluaciones de la PAME
Nota: el progreso se mide por el porcentaje evaluado del área total de la red de áreas protegidas designadas a nivel nacional.
Fuente: Coad *et al.*, 2013

efectividad del manejo del 30% de las áreas protegidas, el progreso había sido tan alentador que la Conferencia de las partes en el CDB decidió pedirles que "ampliaran e institucionalizaran las evaluaciones de efectividad del manejo para trabajar hacia una evaluación del 60% del total de las áreas protegidas para el año 2015 con el uso de diversas herramientas nacionales y regionales, e informar los resultados en la base de datos mundial sobre la efectividad del manejo" (CBD, 2010a, énfasis añadido).

La información sobre las evaluaciones de la efectividad del manejo de todo el mundo se encuentra almacenada en una base de datos mundial vinculada a la Base de Datos Mundial sobre Áreas Protegidas (BDMAP) del Centro Mundial de Vigilancia de la Conservación (CMVC) de ONU Medio Ambiente. La base de datos de la efectividad del manejo registra la fecha, ubicación y metodología utilizada, así como los resultados de cada evaluación cuando es posible, e incluye informes escritos cuando están disponibles (Leverington *et al.*, 2010a, 2010b; Nolte *et al.*, 2010). Esta recopilación fue posible gracias a un estudio colaborativo de la Universidad de Queensland, la UICN, la Universidad de Oxford, el CMVC-ONU Medio Ambiente, la Alianza sobre Indicadores de Biodiversidad y las principales ONG como WWF y The Nature Conservancy, y ha recibido el apoyo de muchos que comparten el deseo de recopilar información sobre la efectividad del manejo de áreas protegidas a nivel global.

Coad *et al.* (2013) utilizaron esta información para evaluar el progreso hacia la meta de PAME del PTAP (Figura 28.1). A finales de 2012, existían registros de al menos una evaluación de la PAME para el 29% del terreno de las áreas protegidas designadas a nivel nacional, con el mayor progreso en África y Latinoamérica (Coad *et al.*, 2013). De las 194 partes en el convenio, noventa países habían cumplido la meta de 2010 del 30% de las áreas protegidas evaluadas, y 45 ya habían alcanzado la meta del 60% establecida para 2015 (Coad *et al.*, 2013).

Hubo un sesgo respecto al lugar donde se realizaron las evaluaciones: las áreas protegidas más grandes y los sitios de la Categoría II de la UICN tuvieron una mayor probabilidad de ser evaluados. Se registraron más evaluaciones en los países con puntajes bajos en el Índice de Desarrollo Humano (IDH) (Coad *et al.*, 2013), aunque estos también tuvieron puntajes generales más bajos (Leverington *et al.*, 2010c). Es probable que esta asociación entre la extensión de las PAME y el IDH sea el resultado tanto del enfoque de los proyectos del GEF en países con un bajo IDH (y las consecuentes evaluaciones con la METT, véase el Cuadro 28.3) como de la concentración en estos países de evaluaciones patrocinadas por ONG con el uso de una variedad de métodos de evaluación de la PAME.

La efectividad del manejo de áreas protegidas también fue adoptada por el CDB como uno de los indicadores de áreas protegidas que se utilizan para evaluar el progreso hacia el cumplimiento de los objetivos de conservación de la biodiversidad, y para hacer un seguimiento de este indicador se recopila información sobre la cobertura y los resultados de las evaluaciones (Leverington *et al.*, 2010a; Coad *et al.*, 2013). A nivel nacional, muchos países adoptaron la PAME como parte de su política nacional de áreas protegidas –como en Australia, donde el Consejo Ministerial para el Manejo de Recursos

Cuadro 28.3 Dos metodologías ampliamente utilizadas para la evaluación de la efectividad del manejo: RAPPAM y METT

La metodología de Evaluación Rápida y Priorización del Manejo de Áreas Protegidas (Rapid Assessment and Prioritisation of Protected Area Management, RAPPAM) (Ervin, 2003) se ha implementado en más de cincuenta países y en más de mil ochocientas áreas protegidas en Europa, Asia, África, Latinoamérica y el Caribe. La metodología se basa en cuestionarios y se implementa mediante uno o más talleres que reúnen a los administradores de áreas protegidas con otras partes interesadas y expertos para recabar y compartir conocimientos. Esta metodología está diseñada para hacer comparaciones a gran escala entre muchas áreas protegidas, que en conjunto conforman una red o sistema de áreas protegidas. Esta metodología puede:

- Identificar las fortalezas, limitaciones y debilidades de la gestión.
- Analizar el alcance, la gravedad, la prevalencia y la distribución de una variedad de amenazas y presiones.
- Identificar áreas de alta vulnerabilidad e importancia ecológica y social.
- Indicar la urgencia y la prioridad de conservación para áreas protegidas individuales.
- Ayudar a desarrollar y priorizar intervenciones políticas apropiadas y pasos de seguimiento para mejorar la efectividad del manejo de las áreas protegidas.

Esta también puede responder una serie de preguntas importantes:

- ¿Cuáles son las principales amenazas que afectan al sistema de áreas protegidas, y cuán graves son?
- ¿Cómo se comparan las áreas protegidas entre sí en términos de infraestructura y capacidad administrativa? Y ¿cómo se comparan en la producción efectiva de productos y resultados de conservación como consecuencia de su gestión?
- ¿Cuál es la urgencia para tomar acciones en cada área protegida?
- ¿Cuáles son las brechas de gestión importantes en el sistema de áreas protegidas?
- ¿Cuán bien apoyan las políticas nacionales y locales el manejo efectivo de las áreas protegidas?
- ¿Existen vacíos en la legislación, y cuáles son los mejoramientos en la gobernanza que se necesitan?
- ¿Cuáles son las intervenciones más estratégicas para mejorar todo el sistema?

La Herramienta para el Seguimiento de la Efectividad del Manejo (METT) (Stolton *et al.,* 2007) se ha implementado en más de cien países y más de dos mil áreas protegidas. Se requiere al comienzo, en el intermedio y al final de todos los proyectos de áreas protegidas que reciben fondos a través del Banco Mundial y el Fondo Mundial para el Medio Ambiente.

La metodología es una evaluación rápida basada en un cuestionario con tabla de puntuación. La tabla de puntuación incluye los seis elementos de gestión identificados en el marco de la CMAP de la UICN (contexto, planeación, insumos, proceso, productos y resultados), pero tiene un énfasis en el contexto, la planeación, los insumos y los procesos. Esta herramienta es básica y simple de usar, y ofrece un mecanismo para monitorear el progreso hacia un manejo más efectivo en el tiempo. Esta se utiliza para permitir que los donantes y los administradores de parques identifiquen las necesidades, restricciones y acciones prioritarias para mejorar la efectividad del manejo de áreas protegidas.

Esta herramienta está diseñada principalmente para hacer un seguimiento del progreso en el tiempo (en lugar de comparar sitios) y puede revelar tendencias, fortalezas y debilidades en áreas protegidas individuales o en grupos de ellas. Con solo treinta preguntas, es rápida de completar; sin embargo, si se aplica en una situación de taller, conduce a una buena cantidad de discusión y reflexión. Si está totalmente diligenciada, con comentarios y "pasos a seguir", puede ser valiosa para establecer las direcciones y evaluar el progreso hacia el mejoramiento de la gestión del área protegida.

Naturales incluyó la PAME en la política del sistema nacional de áreas protegidas (NRMMC 2009)– o implementaron sistemas integrales de evaluación en sus redes de áreas protegidas (por ejemplo, Colombia, República de Corea y Sudáfrica). En la mayoría de estas evaluaciones se utilizan metodologías de evaluación desarrolladas a partir del marco de evaluación de la CMAP de la UICN.

Las necesidades, metas y circunstancias de las evaluaciones de áreas protegidas son diversas. Como se discutió anteriormente, los estudios de efectividad del manejo pueden servir para varios propósitos, y la demanda de información proviene de muchas fuentes. Los administradores, las comunidades locales y otras personas directamente involucradas en el manejo de un sitio o sistema de áreas protegidas serán los más interesados en la información que pueda usarse para respaldar la planeación y la gestión adaptativa (Estudio de caso 28.1). Es probable que los administradores senior, los donantes y los responsables de la formulación de políticas no solo busquen información que pueda utilizarse para mejorar la asignación de recursos, sino también estén

Estudio de caso 28.1 personas resilientes, naturaleza resiliente: PAME en Líbano

En medio de un contexto político y socioeconómico frenético, determinados grupos de personas son resilientes en sus esfuerzos por conservar el patrimonio natural y cultural de las montañas de Líbano. Este pequeño país del Mediterráneo oriental (10.452 kilómetros cuadrados) no solo es conocido por su emblemático cedro del Líbano (*Cedrus libani*) –que adorna la bandera nacional– sino también por su rico ecosistema y valores de biodiversidad. Líbano también es un lugar de descanso preferido en una ruta migratoria de aves. Los sitios designados a nivel internacional incluyen las Reservas de la Biosfera de la Organización de las Naciones Unidas para la Educación, la Ciencia y la Cultura (UNESCO) de Shouf y Jabal Moussa. Estos sitios, cogobernados por autoridades nacionales y ONG, demuestran casos interesantes de iniciativas de PAME en diferentes etapas de planeación e implementación (Abu-Izzedin, 2013).

Evaluación de la efectividad del manejo: integral para la planeación de la gestión, Reserva de la Biosfera de Jabal Moussa (Jabal Moussa Biosphere Reserve, JMBR)

Jabal Moussa (que en árabe significa "Montaña de Moisés") es una reserva de la biosfera montañosa situada a cuarenta kilómetros de la capital, Beirut. La reserva se extiende por más de 65 kilómetros cuadrados y su área central constituye un sitio natural y forestal protegido a nivel nacional. El valor de conservación de Jabal Moussa es de importancia nacional e internacional, ya que alberga más de 720 especies de plantas, de las cuales veintiséis son endémicas a nivel nacional, y más de diecinueve mamíferos, incluido el lobo (*Canis lupus*), la hiena rayada (*Hyaena hyaena*) y el damán de las rocas (*Procavia capensis*). En la reserva se han observado más de 137 especies de aves, algunas de las cuales están globalmente amenazadas –de ahí su designación como Área de Importancia para la Conservación de las Aves–.

Aunque relativamente nueva en la región, la JMBR pudo lograr muchos de sus objetivos en un corto período. Estos incluyen: establecer un equipo calificado, principalmente reclutado a partir de la comunidad local; definir su visión y objetivos a largo plazo, y construir buenas relaciones con aliados nacionales e internacionales. En parte, esto podría deberse al aprovechamiento proactivo del conocimiento a partir de diferentes fuentes locales e internacionales y al aprendizaje a partir de las reservas de la biosfera más establecidas.

Un proyecto esencial que responde a los requerimientos del Programa sobre el Hombre y la Biosfera (MAB) de la UNESCO es el plan de gestión decenal. El plan se desarrolló con un enfoque innovador que combina directrices y conceptos de planeación reconocidos provenientes de las áreas protegidas y de los sistemas de reservas de la biosfera (Jaradi y Matar, 2012).

Sus estrategias integradas se basan en un inventario exhaustivo de la biodiversidad y los valores culturales, y se centran en el esquema de zonificación funcional de las reservas de la biosfera, al tiempo que enfatizan la importancia de establecer fuertes alianzas con las comunidades rurales.

Con las guías para la planeación sistemática de la conservación y los requisitos del CDB como base, el plan de gestión incluyó el monitoreo y la evaluación como partes esenciales de su plan de acción detallado. Para una implementación más concreta, este objetivo se pormenorizó más en acciones con los indicadores correspondientes (biológicos y de gestión) que permitieran el seguimiento. Se asignaron recursos y prioridades para este y otros objetivos. Bajo esta perspectiva, el caso de la JMBR demuestra que una PAME eficaz comienza en la etapa de planeación, aunque el éxito recae finalmente en la implementación y el seguimiento. Recientes observaciones de campo realizadas por científicos locales, personal y visitantes mostraron un aumento en las poblaciones de angiospermas como el ciclamen de Líbano (*Cyclamen libanoticum*, endémica del JMBR) y la peonía *Paeonia kesrouanensis* (endémica de la región). Por otra parte, los encuentros con mamíferos como el damán de las rocas se han vuelto más frecuentes, lo que indica mejoramientos en la condición del hábitat.

Evaluación de la efectividad del manejo para la gestión adaptativa: Reserva de la Biosfera Shouf

La Reserva de la Biosfera de Shouf (Shouf Biosphere Reserve, SBR) consiste en una zona núcleo (161 kilómetros cuadrados), una zona de amortiguamiento (54 kilómetros cuadrados) y una zona de desarrollo (233 kilómetros cuadrados). El área núcleo fue declarada reserva natural en 1996. La reserva alberga tres magníficos bosques de cedros con los mayores rodales de cedros del Líbano (*Cedrus libani*), que representan el 25% de los cedros que quedan en el país. La reserva de la biosfera alberga 32 especies de mamíferos salvajes, de los cuales nueve son de importancia internacional, además de 270 especies de aves y veintisiete especies de reptiles y anfibios.

La SBR se encuentra entre las reservas de la biosfera mejor administradas de la región. Esta es particularmente

Familia de damanes de las rocas (*Procavia capensis*) en la Reserva de la Biosfera de Jabal Moussa, Líbano

Fuente: Asociación para la Protección de Jabal Moussa

Cedro del Líbano (*Cedrus libani*) en la Reserva de la Biosfera de Shouf, Líbano

Fuente: Nizar Hani

conocida por sus sólidas alianzas con las comunidades locales en el ecoturismo y la producción sostenible de productos rurales centrada en el empoderamiento de las mujeres. En 2011, el Comité Asesor Internacional del Programa sobre el Hombre y la Biosfera de la UNESCO seleccionó la reserva entre 106 solicitantes como uno de los pocos ganadores del "Premio Michel Batisse", el cual reconoce los esfuerzos de gestión que cumplen con estándares internacionales.

En 2009, en la SBR se realizó por primera vez una evaluación de las amenazas contra los valores de conservación con el uso de una versión modificada de la herramienta de Evaluación de Reducción de Amenazas (modified Threat Reduction Assessment, mTRA) en un taller participativo con el personal (Matar y Anthony, 2010). La mTRA es un método creado por Salafsky y Margoluis (1999) y modificado por Anthony (2008) que da cuenta de las tendencias negativas en las amenazas. Esta se utiliza para evaluar cuantitativamente las tendencias en las amenazas contra la biodiversidad y las áreas protegidas durante un período definido, como una medida indirecta del alcance de los objetivos de conservación.

El equipo calificó la herramienta mTRA como muy útil para examinar las tendencias en las amenazas locales, como el pastoreo excesivo de cabras, los incendios inducidos por el ser humano y la caza recreativa. El índice mTRA mostró que el equipo de gestión logró reducir las amenazas generales en un 51% dentro de un período de tres años hasta 2009. Los resultados de la evaluación se integraron en el último plan de gestión de la SBR, el cual se actualizó para incluir las acciones adecuadas para reducir las amenazas. (Abu-Izzedin, 2013). El caso demuestra un buen uso de las herramientas de la PAME, como la mTRA, como parte de un enfoque de gestión adaptativa.

En Líbano se han llevado a cabo otras iniciativas de PAME; en especial, la evaluación exitosa de dos áreas protegidas marinas con la METT como parte de un proyecto conjunto de la UICN y el Ministerio de Medio Ambiente que tiene como objetivo desarrollar y fortalecer la red nacional de áreas protegidas marinas. Los resultados de la evaluación dieron lugar a recomendaciones útiles para mejorar la gestión de áreas protegidas marinas en el país (Allam Harash y El Shaer, 2011).

Las iniciativas de la PAME en Líbano reflejan que recientemente ha aumentado el conocimiento de su importancia a nivel internacional; no obstante, hasta ahora se han llevado a cabo como evaluaciones "únicas" dentro de proyectos específicos y la implementación de las recomendaciones resultantes carece de seguimiento. Los factores clave que determinarán el éxito futuro son:

1. Desarrollar capacidades internas para que el personal realice evaluaciones sistemáticas en lugar de depender de recursos externos.

2. Encontrar mecanismos de financiación confiables para emprender acciones adaptativas.

3. Integración de la PAME en las estrategias nacionales de áreas protegidas y seguimiento de la implementación.

Si se superan estos desafíos, también mejorará el cumplimiento de los requerimientos del CDB respecto a implementar e informar los resultados de la PAME.

En el escenario del conflicto, las dificultades económicas y los pocos recursos, los logros de gestión registrados hasta la fecha demuestran un gran nivel de perseverancia y pasión por la naturaleza. Las áreas protegidas en Líbano, como en muchos otros países que experimentan conflictos, tienen un mensaje de esperanza para la reconciliación y la paz.

Diane Matar, Políticas y Ciencias Ambientales, Universidad Central Europea, Budapest

interesados en la rendición de cuentas y la eficiencia. Si bien la información relacionada con la rendición de cuentas es principalmente para informar a las audiencias externas, los administradores también estarán interesados en este aspecto de la evaluación. Algunas partes interesadas pueden esperar que las evaluaciones revelen deficiencias en el financiamiento o la política, mientras que los científicos están más interesados en que pueda demostrarse que las áreas protegidas salvaguardan de manera efectiva los valores particulares.

Esta diversidad significa que un solo sistema para evaluar la efectividad del manejo no podrá abordar todas las necesidades y circunstancias. Por este motivo, la CMAP de la UICN propuso un marco para evaluar la efectividad del manejo. El marco se ha utilizado con el fin de desarrollar metodologías específicas para la evaluación que coincidan con los propósitos, las capacidades y otras necesidades particulares, al mismo tiempo que mantienen una lógica subyacente común y un enfoque de evaluación, criterios similares y, en algunos casos, métodos y herramientas de evaluación comunes (Estudio de caso 28.2). El uso de un marco común también puede dar credibilidad y promover una mayor aceptación del sistema de evaluación ya que las personas pueden ver que tanto el enfoque como los criterios de evaluación concuerdan con un estándar internacional.

El marco de la efectividad del manejo de áreas protegidas de la UICN

El Marco de Evaluación de la Efectividad del Manejo de la UICN se basa en un ciclo de gestión simple (Figura 28.2) que:

- Comienza con la comprensión del contexto del área protegida, incluidos sus valores, las amenazas que

Estudio de caso 28.2 Evaluación de la efectividad del manejo en África Occidental y Central, 2008-2011

La efectividad del manejo de las áreas protegidas es cada vez más una preocupación importante en el mundo de la conservación. El Programa sobre Conservación y Áreas Protegidas Africanas (Program on African Protected Areas and Conservation, PAPACO) de la UICN emprendió un importante proyecto con el apoyo del Fondo Mundial para el Medio Ambiente francés y la Agencia Francesa para el Desarrollo. Este proyecto tuvo como objetivo mejorar no solo la gestión de las áreas protegidas en África Occidental y Central, sino también su capacidad para cumplir sus misiones y, en consecuencia, sus resultados. Este cubrió el África subsahariana, desde Mauritania (en el oeste) hasta Burundi (en el este), una región donde la mayoría de las áreas protegidas aún no logran sus objetivos de conservación o desarrollo.

Las evaluaciones a nivel del sitio o del sistema se basaron en la metodología global desarrollada por la CMAP de la UICN. El proyecto adaptó este marco al contexto regional, luego capacitó a un equipo de evaluadores africanos y llevó a cabo múltiples evaluaciones piloto. Se evaluaron catorce sistemas nacionales, así como cuatro redes de sitios (áreas protegidas marinas, sitios Ramsar, áreas forestales protegidas de África Central y sitios patrimonio mundial) y sitios individuales, con una inclusión final de aproximadamente ciento setenta sitios con el uso de metodologías como RAPPAM, METT o Mejorando Nuestra Herencia (Enhancing our Heritage, EoH). Estas evaluaciones permitieron que el PAPACO de la UICN desarrollara una breve síntesis de todas las evaluaciones y brindara apoyo técnico a los sitios seleccionados con cursos de capacitación específicos para responder a los principales problemas identificados (con el apoyo de la Universidad Senghor de Alejandría, Egipto). El proyecto prestó una atención especial al uso de los resultados de la evaluación en el desarrollo de nuevos proyectos, el desarrollo de capacidades y las iniciativas relacionadas para mejorar la conservación y la gestión del sitio.

Al comienzo del proyecto se creó un comité científico y técnico compuesto por miembros de la CMAP de la UICN y otros expertos relevantes con el fin de garantizar la coordinación de las evaluaciones. El proyecto ayudó a identificar las fortalezas y debilidades del manejo, así como ejemplos de las mejores prácticas de manejo sobre el terreno. Los resultados se usaron para realizar estudios relacionados con aspectos de la gestión de áreas protegidas y para comenzar a trabajar en un reconocimiento más formal de las buenas prácticas de manejo como una forma de mejorar la gestión.

Geoffroy Mauvais, PAPACO-UICN, Nairobi

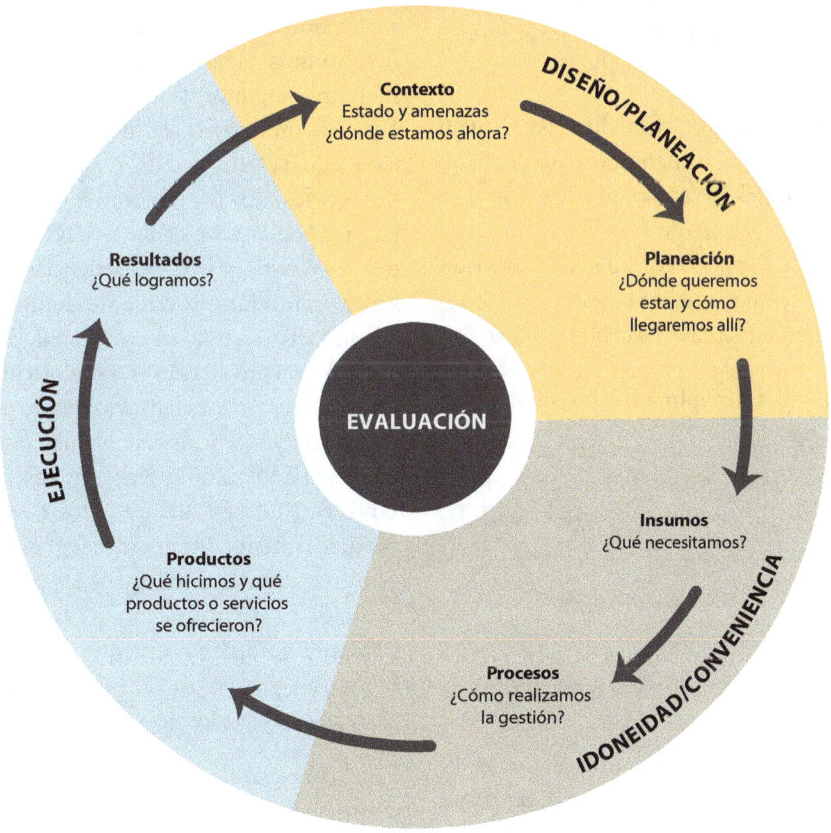

Figura 28.2 Marco de la UICN para evaluar la efectividad del manejo de áreas protegidas (Protected Area Management Effectiveness, PAME)

Fuente: Hockings *et al.*, 2006

enfrenta y las oportunidades disponibles, las partes interesadas y el entorno político y de gestión.

- Progresa a través de la planeación: establece una visión, metas, objetivos y estrategias para conservar los valores y reducir las amenazas.
- Asigna insumos (recursos) de personal, dinero y equipo para trabajar hacia los objetivos.
- Implementa acciones de gestión según los procesos aceptados.
- Eventualmente genera productos (bienes y servicios, que por lo general deben describirse en los planes de gestión y los planes de trabajo).
- Resulta en impactos o resultados, con la esperanza de alcanzar metas y objetivos definidos.

La evaluación de los resultados –incluidos los resultados de biodiversidad, sociales, culturales y económicos de la gestión de áreas protegidas– es un componente crítico de la PAME. Sin embargo, solo comprender los resultados no es suficiente. Si la PAME quiere lograr alguno de los cuatro propósitos de la evaluación descritos anteriormente, también debemos comprender los otros cinco elementos en el ciclo de evaluación y las relaciones entre ellos. Esto es especialmente crucial para que los resultados de la evaluación puedan utilizarse para respaldar la gestión adaptativa cuando sea importante comprender los factores que conducen o limitan el éxito.

En las guías para la evaluación de la efectividad del manejo de la CMAP de la UICN pueden encontrarse más detalles sobre los elementos del ciclo y cómo pueden aplicarse (Hockings *et al.*, 2006). De acuerdo con la terminología de la evaluación, la PAME puede considerarse como un sistema de evaluación, ya que tiene los cuatro criterios requeridos, como lo describen Leeuw y Furubo (2008):

1. Una perspectiva y una disciplina distintivas.
2. Las actividades de evaluación son realizadas por evaluadores dentro de las instituciones y estructuras organizacionales y no solo (o en gran medida) por evaluadores individuales sin conexión con las agencias de administración.
3. Permanencia o uso a largo plazo.
4. Un enfoque en el uso previsto de los resultados de las evaluaciones.

El marco de la PAME de la IUCN se ha utilizado en el diseño de una serie de metodologías de evaluación, las cuales varían en alcance y escala (Hockings, 2003; Leverington *et al.*, 2008), desde evaluaciones relativamente rápidas y basadas en cuestionarios que realizan unos pocos funcionarios de las áreas protegidas hasta talleres con las partes interesadas para realizar evaluaciones más exhaustivas basadas en el monitoreo de campo, así como talleres y consultas con las partes interesadas (Hockings *et al.*, 2009a; Carbutt y Goodman, 2013).

Además de las evaluaciones realizadas en respuesta al GEF y otros requerimientos de los donantes, las evaluaciones de la PAME han sido ampliamente aplicadas por ONG como WWF y The Nature Conservancy (Ervin, 2002, 2003), así como por organizaciones internacionales como la UICN y la UNESCO (Hockings *et al.*, 2008). Cada vez más, los sistemas de PAME se integran en las operaciones de las agencias de administración, con ejemplos destacados de Colombia (Mayorquin *et al.*, 2010), Sudáfrica (Cowan *et al.*, 2010; Carbutt y Goodman, 2013), Corea del Sur (Korean National Parks Service, 2009; Heo *et al.*, 2010) y los estados de Nueva Gales del Sur (DEC, 2005; Hockings *et al.*, 2009a) y Victoria (Parks Victoria, 2007) en Australia.

Diseño e implementación de evaluaciones

En esta sección describimos ocho principios clave y cuatro fases para diseñar e implementar un programa de evaluación de la efectividad del manejo. A continuación, describimos cada uno de estos pasos con más detalle e incluimos algunos de los conceptos teóricos subyacentes. Esta sección recopila algunos de los hallazgos de las evaluaciones de la efectividad del manejo de áreas protegidas en las últimas dos décadas, tal como se documentan en los talleres, las guías de la CMAP de la UICN, los artículos publicados en revistas y otras experiencias. La extensa literatura sobre evaluación proveniente de otros campos, incluidos la salud, el desarrollo internacional, la silvicultura y la agricultura, ha contribuido en gran medida al desarrollo de las PAME. Existen excelentes alianzas, publicaciones y sitios web para ayudar y alentar evaluaciones que sean efectivas y éticas (CMP, 2004; Kusek y Rist, 2004; DAC, 2006; UNDP, 2009).Se alienta a los profesionales que estén particularmente interesados en este campo a explorar estos recursos. El concepto y las prácticas de "evaluación centrada en la utilización" (Patton, 1997) son particularmente apropiados, ya que se concentran en mejorar la gestión y el logro de los resultados, en lugar de ser evaluaciones académicas.

En el contexto de las áreas protegidas, varios autores han enumerado las características de las "buenas" evaluaciones de la efectividad del manejo. Courrau (1999) definió los principios básicos, los cuales se recomiendan en el manual del Programa Ambiental Regional para Centroamérica (PROARCA) (Corrales, 2004a). En el informe sobre el fortalecimiento de la PAME en la región de los

Fase 1 Inicio: Definir objetivos y expectativas de la evaluación	➲ Aclarar los propósitos de la evaluación del área protegida y su lugar en el ciclo de gestión ➲ Obtener apoyo ➲ Determinar el alcance de la evaluación (es decir, escala y frecuencia) ➲ Acordar la capacidad, los recursos y el nivel de evaluación
Fase 2 Plan: Elegir o desarrollar una metodología	➲ Elegir o desarrollar una metodología general ➲ Desarrollar y documentar el plan para el proceso de evaluación y para analizar, comunicar e implementar los resultados ➲ Decidir cómo llevar a cabo la evaluación y a quién involucrar; organizar la contratación externa o la capacitación según se requiera ➲ Obtener la aprobación final y el apoyo para el plan de evaluación
Fase 3: Implementar la evaluación y analizar los datos	➲ Llevar a cabo la evaluación ➲ Recabar información ➲ Llevar a cabo consultas ➲ Analizar los datos y desarrollar recomendaciones
Fase 4 Retroalimentación: comunicar e implementar los hallazgos	➲ Reportar los resultados y comunicar a todos los involucrados ➲ Implementar recomendaciones para un mejoramiento del manejo

Figura 28.3 Proceso de diseño e implementación de la PAME

Andes también se presentó una excelente síntesis de las directrices (Cracco *et al.,* 2006). Las directrices de la CMAP de la UICN sobre la efectividad del manejo (Hockings *et al.,* 2006) son una lectura altamente recomendada y proporcionan una guía detallada sobre cómo planear e implementar las evaluaciones. Parte del material de este capítulo se basa en estas, mientras que las recomendaciones y resúmenes en relación con las metodologías pueden encontrarse en documentos producidos por el estudio global (Leverington *et al.,* 2010b, 2008) y un estudio de la PAME en Europa (Leverington *et al.,* 2010c; Nolte *et al.,* 2010).

A partir de todas las fuentes, en esta sección se incluyen ocho principios para la PAME. En resumen, estos principios establecen que las evaluaciones de la efectividad del manejo de las áreas protegidas deberían ser/estar:

- Parte de un ciclo de gestión eficaz, vinculado a valores, políticas y objetivos definidos, y ser parte de la planeación estratégica, la planeación del parque y los ciclos comerciales y financieros.
- Fáciles de implementar con los recursos disponibles, con un buen equilibrio entre la medición, los informes y la gestión.
- Útiles y relevantes para mejorar el manejo de las áreas protegidas; para generar explicaciones y mostrar patrones, y para mejorar la comunicación, las relaciones y la conciencia.
- Lógicas y sistemáticas: con un trabajo dentro de un marco lógico y aceptado con un enfoque equilibrado.
- Basadas en buenos indicadores, que sean holísticos, equilibrados y útiles.
- Precisas: deben brindar una información fidedigna, objetiva, coherente y actualizada.
- Cooperativas y participativas: con una buena comunicación, trabajo en equipo y participación de los administradores de áreas protegidas y las partes interesadas a lo largo de todas las etapas del proyecto, siempre que sea posible.
- Centrarse en la comunicación positiva y oportuna, y la aplicación de resultados.

Cuadro 28.4 Evaluaciones a nivel de sistema

Además de recabar información sobre las evaluaciones a nivel del sitio, es necesario evaluar cuán bien se gestionan los sistemas completos de áreas protegidas. En virtud de los requerimientos del CDB, los países se comprometieron a desarrollar marcos para informar sobre la efectividad del manejo a nivel nacional y subnacional, así como a nivel del sitio.

Se necesita una gestión sólida y efectiva a nivel del sistema, en el que suelen darse desembolsos y una administración financiera crítica, así como la adquisición de áreas protegidas, la participación comunitaria a gran escala y las iniciativas generales de planeación y políticas. En el caso de las agencias nacionales o regionales, es frecuente que estas importantes actividades se concentren en la oficina central o en la sede central del distrito. También es vital el apoyo desde estos centros para el manejo a nivel del sitio. Los sistemas de PAME que consideran estos indicadores, así como los que se ocupan del manejo de áreas protegidas individuales, lograrán una mejor medición del progreso en el manejo de áreas protegidas a nivel del país y de todo el sistema.

Algunas metodologías, en especial la RAPPAM (Ervin, 2003), están diseñadas para evaluar áreas protegidas en todo un sistema de áreas protegidas e incluyen una serie de preguntas relacionadas con el diseño y la gestión del sistema como un todo. Tales estudios se han llevado a cabo en muchos países, incluidos Brasil, Rusia, Papúa Nueva Guinea y en países de Europa del Este y África Occidental. Un valioso estudio realizado en Finlandia (Gilligan *et al.*, 2005; Heinonen, 2006) se enfocaba en el nivel del sistema, y aunque los evaluadores visitaron varios parques y consideraron información relacionada con áreas protegidas individuales, todos los indicadores estaban a nivel del sistema. Otras evaluaciones de sistemas de áreas protegidas incluyen un estudio similar en Lituania (Ahokumpu *et al.*, 2006) y una extensa evaluación constante en India (Vinod Mathur, comunicación personal). También se han llevado a cabo evaluaciones a nivel del sistema en Corea, Colombia y Tailandia (parques marinos) (Heo *et al.*, 2010; Hockings *et al.*, 2012).

En otros estudios, los datos se recaban a nivel del área protegida, pero los informes disponibles para el público "acumulan" los datos y presentan los resultados a nivel del sistema o del grupo de áreas protegidas.
Con frecuencia, estos estudios se realizan como el elemento central de un sistema de evaluación del "estado de los parques" que se repite en un ciclo regular, generalmente cada tres años. Los ejemplos incluyen Colombia, Corea del Sur, Sudáfrica y los estados de Nueva Gales del Sur y Victoria en Australia. De esta manera, la evaluación se refiere a la del sistema como un todo y no a la evaluación de áreas individuales. Algunas veces, las agencias se muestran reacias a discutir públicamente los resultados de la evaluación a nivel del sitio del área protegida y es más probable que compartan e informen de manera transparente los resultados a nivel del sistema.

Volcán Puyehue en el Parque Nacional Puyehue, Patagonia, Chile (antes de que en 2011 comenzaran las grandes erupciones)

Fuente: Eduard Müller

Como se muestra en la figura 28.3, el proceso de una evaluación de la PAME puede dividirse en cuatro fases principales.

1. Definir exactamente por qué se lleva a cabo una evaluación y garantizar que esta se ajusta a un ciclo de aprendizaje de gestión.
2. Planear la evaluación y elegir o desarrollar una buena metodología.
3. Implementar el estudio (recopilación y análisis de los datos).
4. Informar, comunicar e implementar los hallazgos.

Fase uno: objetivos y expectativas

La evaluación de la efectividad del manejo se lleva a cabo por una serie de razones. Esto influye en gran medida sobre el cómo se planeará e implementará. Es esencial contar con claridad sobre el propósito, el alcance y los objetivos de la evaluación y así evitar confusiones y disputas posteriores. Es decir que al comienzo de un proyecto de evaluación es importante saber qué se espera lograr y comprender los niveles de recursos y apoyo que pueden esperarse. Antes de seleccionar o desarrollar una metodología más detallada, debe garantizarse que todos los aliados están de acuerdo sobre los objetivos y el alcance de la evaluación. Sin embargo, es muy probable que se presenten algunos cambios durante el proceso, y las expectativas no deberían ser demasiado rígidas. En la mayoría de los casos, un estudio de la PAME debe ser una parte integral del ciclo de gestión de la agencia de administración u otra organización involucrada con el área protegida. Este es el primer principio de la efectividad del manejo.

- Principio 1: la evaluación debe hacer parte de un ciclo de gestión eficaz vinculado a políticas, valores y objetivos definidos.

Las evaluaciones que están integradas en la cultura y los procesos de gestión son más exitosas y eficaces para mejorar el desempeño de la gestión a largo plazo. La PAME debe no solo hacer parte del ciclo gerencial central y de los requisitos de informe de la agencia, sino también estar estrechamente relacionada con la planeación, el monitoreo, la investigación y los programas anuales de trabajo del área protegida.

El paso inicial

El primer paso para realizar una evaluación de la efectividad del manejo es definir los objetivos generales para el ejercicio, con una consideración de su propósito y alcance (incluidas la escala y la frecuencia) a la luz de los recursos disponibles para la evaluación y el nivel subsiguiente de la evaluación que se intentará. La evaluación puede llevarse a cabo a escala de:

- Un área protegida individual (o algunas veces parte de un área protegida grande).
- Un grupo de áreas protegidas (agrupadas geográficamente, por categoría, por bioma o vinculadas a proyectos específicos).
- Todas las áreas protegidas administradas por una sola agencia (incluidas las comunidades u organizaciones).
- Todas las áreas protegidas dentro de un país (Cuadro 28.4).

Frecuencia

En algunos casos puede realizarse una evaluación puntual para un propósito particular, pero en general, la evaluación es más útil como una herramienta para mejorar la efectividad del manejo si se repite a intervalos regulares, ya que esto ofrece una mejor información sobre las tendencias y también muestra si los cambios de gestión mejoran las condiciones del sitio. Cuando las áreas protegidas se encuentran en una fase de establecimiento o fortalecimiento o bajo una amenaza particular, es posible que requieran evaluaciones anuales; sin embargo, por lo general los intervalos de dos a cinco años son adecuados para revelar cambios y orientar el manejo.

Nivel de la evaluación

El nivel de la evaluación, es decir, si se trata de una evaluación relativamente rápida basada en los datos disponibles o una evaluación más profunda, estará determinado por el propósito, los recursos disponibles, la capacidad de la organización y la voluntad de realizar una evaluación.

Áreas de observación y senderos elevados permiten que los visitantes tengan un acceso restringido a la erosionada duna "Paredes de China", un sitio sensible y con un alto significado cultural en el Parque Nacional Mungo, sitio patrimonio mundial, Nueva Gales del Sur, Australia. Mungo es uno de los lugares más importantes de Australia para estudiar las condiciones del pasado y los pueblos que vivieron allí

Fuente: Ian Pulsford

Las evaluaciones más rápidas y baratas requieren poca o ninguna investigación de campo adicional y usan metodologías de evaluación establecidas. Este tipo de evaluación dependerá en gran medida de la investigación en la literatura y las opiniones informadas de los administradores de los sitios o sistemas o evaluadores independientes, la evaluación del contexto de la red de áreas protegidas o sitio individual junto con la idoneidad de la planeación, los insumos y los procesos de gestión, y una evaluación limitada de los productos y resultados. Es probable que una evaluación más detallada incluya algún monitoreo adicional, particularmente de los productos y resultados de la gestión y las metodologías. Las evaluaciones más detalladas y exhaustivas pondrán el mayor énfasis en monitorear el grado de logro de los objetivos de gestión al centrarse en los productos y los resultados, así como en el contexto, la planeación, los insumos y los procesos. Esto nos lleva a la cuestión de los recursos. El segundo principio se relaciona con el equilibrio de los recursos entregados a la PAME en comparación con los otros aspectos del manejo.

- Principio 2: la evaluación debe ser práctica y no demasiado costosa de implementar, y debe ofrecer un buen equilibrio entre la medición, los informes y la gestión. La evaluación es importante, pero no debe absorber demasiados recursos que sean necesarios para la gestión y el manejo. Las metodologías que son demasiado costosas y demoradas no se repetirán, y son menos aceptables para el personal y las partes interesadas. Es muy importante la capacidad de aprovechar al máximo la información existente (a partir del monitoreo y la investigación preexistentes). Es fundamental que todos los procesos de monitoreo y evaluación dentro de un área particular estén alineados, que la información se comparta tanto como sea posible y que se evite la repetición por diferentes organizaciones y métodos.

Fase dos: planeación de la evaluación

Encontrar una metodología

Una vez que los ejecutivos y los profesionales tienen claro lo que desean lograr, el siguiente paso para planear una evaluación será seleccionar, adaptar o desarrollar una metodología. Hay ventajas en adoptar o adaptar una metodología de PAME que se haya utilizado y probado ampliamente: aparte del ahorro en tiempo y dinero, puede utilizarse la experiencia previa de otras personas, y los evaluadores podrán compartir datos y hallazgos a lo largo de las áreas protegidas y las fronteras. Al utilizar un enfoque de "módulo", pueden tomarse y combinarse todas o algunas partes de las metodologías más comunes para desarrollar una metodología que se adapte a las circunstancias.

Las metodologías de la PAME que se aplican con mayor frecuencia son las siguientes.

- RAPPAM (Ervin, 2003), que mide la efectividad en un grupo de áreas protegidas dentro de una región o país, se ha utilizado en más de 57 países de todo el mundo.
- METT (Stolton *et al.,* 2007) es un requisito para todos los proyectos del GEF en áreas protegidas, y se ha aplicado en al menos ciento diez países.
- Evaluación con la tabla de puntuación PROARCA/CAPAS (Corrales, 2004b), que se ha aplicado en varias ocasiones en seis países de Centroamérica.
- Tabla de puntuación para la consolidación de sitios del Programa Parques en Peligro (The Nature Conservancy Parks in Peril Program, 2004), que se aplicó en quince países de Latinoamérica como parte del programa de ayuda Parques en Peligro.
- Evaluaciones del estado de los parques en los estados australianos de Nueva Gales del Sur y Victoria (por ejemplo, Growcock *et al.,* 2009 y Estudio de caso 28.3), que evaluaron más de mil doscientas áreas protegidas al menos tres veces en la última década. El sistema de evaluación, basado en un enfoque común, se ha adaptado para ajustarse a los sistemas de gestión individuales en cada uno de los estados y también se ha utilizado como modelo para el desarrollo de sistemas de evaluación en Corea del Sur y Tailandia.
- Metodología Mejorando Nuestra Herencia (Hockings *et al.,* 2008). Aunque fue desarrollada por la UICN y la UNESCO para su aplicación en sitios patrimonio mundial natural, posteriormente se adaptó y aplicó en otras áreas protegidas. Esta representa uno de los sistemas más detallados para la evaluación a nivel del sitio.

Los principios tres, cuatro y cinco se relacionan con el diseño de metodologías y los profesionales pueden considerarlos cuando elijan lo más adecuado para sus necesidades.

- Principio 3: la metodología no solo es útil y relevante para mejorar el manejo del área protegida, también genera explicaciones, muestra patrones y mejora la comunicación, las relaciones y la comprensión.

Todas las evaluaciones del manejo de áreas protegidas deben, de alguna manera, mejorar el manejo de las áreas protegidas, ya sea directamente a través de la gestión adaptativa en el terreno o menos directamente a través del mejoramiento de la financiación y los enfoques de conservación nacionales e internacionales. Los beneficios del proceso también deberían ser claros y duraderos. Los indicadores utilizados deben ser claramente relevantes para el área protegida y las necesidades de manejo, y deben ayudar a comprender si la gestión del área protegida logra sus objetivos o hace avances. El paso del contexto inicial en el marco de la CMAP de la UICN especifica la definición o aclaración de los valores de las áreas protegidas como la base para el proceso de evaluación. Esto puede ser útil ya que muchas áreas protegidas carecen de una definición explícita de los valores. La metodología permitirá que se hagan comparaciones útiles a lo largo del tiempo para mostrar el progreso y, si se desea, también permitirá la comparación o el establecimiento de prioridades en las áreas protegidas. Incluso análisis simples mostrarán patrones y tendencias, y permitirán explicaciones y conclusiones sobre la gestión del área protegida y cómo podría mejorarse.

Escala de los indicadores

Muchas metodologías usan una estructura jerárquica que contiene diferentes capas de indicadores o preguntas que evalúan cualquier elemento o dimensión particular. Las capas de preguntas deben avanzar de una manera lógica y vincularse desde un nivel muy general (por ejemplo, biodiversidad o relaciones comunitarias) a un nivel más específico y medible (por ejemplo, la población de una especie animal registrada en un momento en un lugar, o las opiniones de las partes interesadas sobre

Tabla 28.2 Criterios para cada elemento en el marco de la CMAP de la UICN

Contexto	Planeación	Insumos	Procesos	Productos	Resultados
➲ Valores e importancia ➲ Amenazas ➲ Actitudes y relaciones de las partes interesadas ➲ **Influencia del** ambiente externo	➲ Estado legal/ declaratoria ➲ Problemas de tenencia ➲ Idoneidad de la legislación ➲ Diseño del sistema ➲ Diseño del sitio ➲ Planeación de la gestión	➲ Personal ➲ Financiación ➲ Equipos e instalaciones ➲ Información	➲ Gobernanza y liderazgo ➲ Desarrollo de políticas ➲ Administración, programación de trabajo y organización interna ➲ Evaluación ➲ Mantenimiento de infraestructura, instalaciones, equipos ➲ Capacitación del personal ➲ Gestión de recursos humanos ➲ Aplicación de la ley ➲ Participación de la comunidad ➲ Comunicación, educación e interpretación ➲ Asistencia al desarrollo de la comunidad ➲ Uso sostenible de los recursos - gestión y auditoría ➲ Restauración y rehabilitación de la gestión de visitantes ➲ Protección de recursos y reducción de amenazas ➲ Investigación y monitoreo	➲ Lograr productos/ resultados del programa de trabajo	➲ Alcanzar los objetivos ➲ Condición de valores definidos ➲ Tendencia de los valores definidos ➲ Efecto del área protegida en la comunidad

un tema en particular). Esta estructura jerárquica y anidada significa que la información puede "enrollarse" o desagregarse fácilmente para responder a diferentes necesidades y requisitos respecto a la generación de informes.

- Principio 4: la metodología es lógica y sistemática y trabaja en un marco lógico y aceptado con un enfoque equilibrado.

Un sistema de evaluación coherente y aceptado, como el marco de la CMAP de la UICN, brinda una sólida base teórica y práctica para la evaluación, y mejora la capacidad de armonizar la información entre diferentes evaluaciones. Es preferible que una metodología esté publicada o al menos debe contar con una documentación clara y estar disponible, de modo que los resultados sean defendibles y estén claramente relacionados con un enfoque sólido.

Si bien algunas metodologías pueden centrarse en aspectos particulares de la gestión, es conveniente medir los seis elementos del marco de la PAME de la UICN, con un equilibrio en la necesidad de evaluar el contexto, los insumos, la planeación, el proceso, los productos y los resultados de la gestión. También debería existir un equilibrio entre los diferentes temas o dimensiones de la gestión –por ejemplo, gobernanza y administración, integridad natural/ecológica, integridad cultural y aspectos sociales, políticos y económicos–.

Tabla 28.3 Encabezados de la matriz de indicadores

Dimensiones del manejo	Integridad natural				Cultural y espiritual				Socioeconómica, participación de la comunidad y recreación					
Campos / Elementos	Biodiversidad	Función del ecosistema	Paisaje y geología	Resiliencia ante el cambio climático	Cultura material	Cultural (otro)	Espiritual	Estético/escénico	Recreación	Uso sostenible de los recursos	Económico	Ciencia y uso educativo	Comunidad	Bienestar y salud humana
Contexto														
Planeación														
Insumos														
Proceso														
Productos														
Resultados														

Nota: en los encabezados de las filas solo se muestran los elementos de la gestión, pero una matriz completa también incluiría los criterios más detallados que se muestran en la Tabla 28.2.

Cuando las evaluaciones están estrechamente relacionadas con la planeación de la gestión o del proyecto, la metodología sistemática también puede basarse en ideas como la lógica del programa, en la que se identifican claramente las cadenas causales y los supuestos entre las estrategias y los resultados deseados.

Temas e indicadores: ¿qué evaluamos?

Los temas e indicadores en la PAME representan los aspectos del manejo que se toman como esenciales para que un área protegida se considere "efectiva". Un paso clave en la evaluación de la efectividad del manejo es el desarrollo o la adopción de indicadores sólidos. El quinto principio de la PAME enfatiza la necesidad de que la información para la administración sea equilibrada y útil.

- Principio 5: la metodología se basa en buenos indicadores, que son holísticos, equilibrados y útiles. Los indicadores y los sistemas de puntuación están diseñados para permitir un análisis robusto.

Los indicadores elegidos tienen algún poder explicativo, o pueden vincularse con otros indicadores para explicar causas y efectos.

La selección de temas e indicadores de evaluación tiende a reflejar los intereses y puntos de vista de las personas que diseñan o llevan a cabo la evaluación; por consiguiente, para contar con evaluaciones equilibradas, debe evitarse el sesgo. Por ejemplo, científicos y académicos pueden considerar que solo los resultados de la gestión son importantes, mientras que la alta gerencia tiende a interesarse en la eficiencia y la relación calidad-precio. Los indicadores elegidos por los propietarios tradicionales aborígenes para evaluar las áreas protegidas en Australia se centraron principalmente en los procesos, particularmente los relacionados con la gobernanza y las relaciones sociales (Stacey *et al.*, 2013). En la revisión del estudio global (Leverington *et al.*, 2010a), fue notable la falta de indicadores relacionados con los aspectos culturales y sociales del manejo.

La mayoría de las metodologías de la PAME utiliza un enfoque jerárquico que tiene entre dos y cinco niveles de organización. Los nombres para estos niveles varían, por lo que aquí nos referiremos a ellos como "temas" e "indicadores". En el primer nivel hay una pequeña cantidad de temas generales, a menudo una combinación de los siguientes: administración, asuntos sociales y políticos, gestión de recursos naturales y culturales, participación comunitaria y aspectos legales. Otras metodologías utilizan específicamente los elementos del marco de la CMAP de la UICN como primer nivel de organización.

A continuación, se enumeran las características que son importantes para un buen manejo en el siguiente nivel más específico, y se establecen los estándares y las expectativas. En este nivel, los factores comunes identificados incluyen: buenos sistemas de administración financiera, personal y financiación adecuados, comunicación con las partes interesadas, programas de educación ambiental, planeación del manejo, aplicación de la ley y

Tabla 28.4 Ejemplo de una escala de cuatro puntos que mide los aspectos de la integridad ecológica

RESUMEN DE VIABILIDAD GENERAL - ESTE DE MOLOKAI - HAWÁI

OBJETIVOS DE CONSERVACIÓN		Contexto del paisaje	Condición	Tamaño	Rango de viabilidad
1	Bosques y acantilados de la costa norte	Aceptable	Bueno	Aceptable	Aceptable
2	Bosque húmedo montano	Aceptable	Muy bueno	Aceptable	Bueno
3	Matorrales y bosque mésico de la vertiente sur	Deficiente	Bueno	Deficiente	Aceptable
RANGO GENERAL DE SALUD DE LA BIODIVERSIDAD					Aceptable

Fuente: TNC, 2000

demarcación de los linderos. En el último nivel de organización se eligen y describen indicadores específicos para cada uno de estos aspectos.

Cuando las metodologías utilizan específicamente el marco de la CMAP de la UICN, la base principal para organizar los indicadores puede ser el ciclo de gestión. Al trabajar con los elementos del marco, los métodos prestan una atención sistemática a todas las partes del ciclo de gestión, incluidos los problemas de contexto (valores, amenazas e influencias externas sobre la gestión), los productos (logro de los programas de trabajo, productos y servicios) y los resultados (logro de objetivos, cambios en los valores y efectos sobre la comunidad). Algunos de estos elementos pueden estar subrepresentados en las metodologías de evaluación rápida que se centran en los indicadores de "insumos" y "procesos". En los casos en que las metodologías se diseñaron con el uso de diferentes formas de organizar los indicadores, el marco de la CMAP de la UICN todavía puede aplicarse, con la codificación o etiquetado adecuado de las preguntas o indicadores. Quizás el enfoque más útil sea el que organice o analice los indicadores de acuerdo con los elementos del marco y los campos de gestión designados con mayor frecuencia.

Una matriz en rejilla representa una forma conveniente de ver la compleja gama de indicadores potenciales y existentes. Como vimos anteriormente, los elementos del ciclo de gestión son la base del marco de la CMAP de la UICN y proporcionan evaluaciones con herramientas poderosas para comprender y mejorar el manejo. Debajo de cada elemento hay una serie de criterios (Tabla 28.2).

Con frecuencia, las metodologías organizan los indicadores según lo que administren las áreas protegidas, lo que refleja la organización de la agencia de administración y las necesidades de informes. Por ejemplo, encabezados relacionados con la conservación de la biodiversidad, el manejo de malezas o la gestión recreativa, o con un asunto de capacidad como la dotación de personal, el contexto y la planeación. Nos referimos a estos como las "dimensiones del manejo" (y debajo de ellos, los "campos del manejo").

Una matriz permite entender más fácilmente la diversidad y las similitudes de los indicadores, gracias a que ubica los elementos y criterios del marco de la CMAP de la UICN frente a las dimensiones de la gestión del parque. La mayoría de los problemas, preguntas e indicadores pueden ubicarse fácilmente en una celda de la grilla, aunque algunas veces una pregunta cubre dos o más celdas. En muchos casos se harán múltiples preguntas acerca de una celda –por ejemplo, la celda de "valor de la biodiversidad"–.

Esta matriz puede usarse para mapear o generar indicadores para estudios a cualquier nivel, desde muy generales hasta muy detallados. Para comprender las preguntas más frecuentes formuladas en las evaluaciones, durante el proceso del estudio global se mapearon más de dos mil indicadores en una matriz basada en lo que se muestra en la Tabla 28.3. Este análisis luego se utilizó para ayudar a generar un "formato de informe común", el cual permitió el análisis de los estudios de la PAME con el uso de una amplia gama de metodologías.

Si bien existe una enorme variedad de posibles indicadores y preguntas de interés, es importante mantener la cantidad de indicadores a un nivel razonable. Una forma de hacerlo es enfocarse en los aspectos más importantes de la gestión que afectan las áreas protegidas. Si bien esto variará de una región a otra o se verá afectado por otras circunstancias que rodean a un sistema de áreas protegidas, es probable que algunos temas se consideren importantes en muchas partes del mundo.

Escalas y puntuación

En las metodologías de la PAME se usa una gama de diferentes sistemas de clasificación y puntuación. Una vez que se definen los temas e indicadores de evaluación, la mayoría de los métodos sigue un proceso de cuatro pasos.

1. **Definir la situación ideal para cada indicador –o en algunas metodologías**, el objetivo se establece como un nivel alcanzable dentro de un marco temporal elegido–.
2. **Definir un sistema de puntuación y calificación.** Por lo general, el puntaje más bajo representa la falta de progreso, un progreso insignificante o una situación muy deficiente, y el más alto representa la situación actual. Algunas metodologías, incluida la mayoría de las adoptadas en los países de Latinoamérica, utilizan una escala de cinco puntos, como lo proponen Cifuentes *et al.* (2000). La mayoría de estas metodologías luego miden o estiman el estado actual como un porcentaje de un estado definido óptimo o alcanzable. Otras metodologías, como la METT y la RAPPAM, siguen una escala de cuatro puntos para evitar la tendencia de las respuestas a agruparse en un punto medio. La escala de cuatro puntos también se corresponde bien con el trabajo de evaluación ecológica realizado por The Nature Conservancy (TNC), el cual propone que una escala de "deficiente", "aceptable", "bueno" y "muy bueno" tiene mérito científico (Parrish *et al.*, 2003), como se muestra en la Tabla 28.4. El significado de estas cuatro categorías está definido claramente, y en nuestra experiencia el esquema es bien aceptado por los administradores de áreas protegidas. Esta escala de cuatro puntos con colores de rojo a verde también fue bien aceptada por los propietarios tradicionales en Australia, y la presentación visual de la información se consideró muy efectiva (Stacey *et al.*, 2013).
3. **Definir el significado de los grados o puntajes**, los que representan los niveles de progreso hacia el logro del estado óptimo. La mayoría de las metodologías definen minuciosamente lo que cada uno de estos niveles representa (es decir, definen criterios precisos para cada nivel de puntaje) o establecen pautas para que el parque individual o el sistema definan estos estándares. En algunos casos, se incluyen instrucciones o subindicadores bastante detallados a fin de garantizar que se utilice un método objetivo y cuantitativo para calcular los puntajes para el personal, las finanzas o el equipo. Cuanto más claramente se definan las categorías para las circunstancias locales, más precisas y consistentes serán las respuestas. En ocasiones, los términos subjetivos –como "adecuado", "suficiente" y "apropiado"– se utilizan deliberadamente para garantizar que las categorías de evaluación puedan aplicarse a áreas protegidas con una variedad de contextos diferentes. Por ejemplo, el nivel de visitantes que es adecuado para una reserva natural que está específicamente protegida por características biológicas importantes será muy diferente al de las reservas protegidas como espacios de recreación. En estos casos, es importante garantizar que las definiciones de lo que es apropiado sean claras para todos los evaluadores, de tal manera que se eviten errores derivados del uso de un lenguaje poco definido (Regan *et al.*, 2002).
4. **Considerar ponderaciones para los indicadores**, de modo que los puntajes de los indicadores individuales puedan combinarse o "acumularse" en el nivel o niveles por encima. Los indicadores en cada nivel pueden ponderarse para reflejar la importancia relativa y la contribución al campo. Cualquier ponderación debe desarrollarse y explicarse

La fauna insustituible, como la iguana terrestre de Galápagos (*Conolophus subcristatus*) en el Parque Nacional Galápagos, Ecuador, se conserva gracias a que los impactos de los visitantes se reducen mediante la aplicación estricta de las limitaciones a las actividades y el número de turistas
Fuente: Ian Pulsford

cuidadosamente, con los supuestos descritos, o la validez de la evaluación puede verse reducida.

Garantizar la precisión en las evaluaciones

Hay un creciente nivel de escrutinio de las evaluaciones de la PAME, y en la literatura se plantean problemas de credibilidad y precisión (por ejemplo, Carbutt y Goodman, 2013). Un enfoque actual para los profesionales es encontrar formas de aumentar y demostrar claramente la confiabilidad de los resultados, como se discute en el sexto principio.

- Principio 6: La metodología es precisa y proporciona una información veraz, objetiva, coherente y actualizada.

Los resultados de las evaluaciones pueden tener implicaciones de gran alcance y deben ser veraces y capaces de soportar un examen riguroso. Para garantizar la credibilidad, los datos recopilados deben ser lo más precisos y objetivos que sea posible. En la mayoría de las áreas protegidas existen restricciones significativas sobre la calidad de ciertos tipos de información, particularmente aquellos que son útiles para medir los resultados y el estado de los valores del parque. A menudo, la evaluación debe aprovechar al máximo la información disponible; sin embargo, la evaluación de la efectividad del manejo mejora si se respalda con información obtenida de un monitoreo robusto a largo plazo del estado de los valores fundamentales y de las tendencias en los indicadores, como el uso de los recursos naturales y los patrones de visitantes. Los enlaces con una planeación clara y una aclaración de los supuestos son importantes para que pueda corroborarse cualquier inferencia derivada de las evaluaciones.

Redacción cuidadosa

La mayoría de las evaluaciones de la efectividad del manejo se basan en el "intercambio de saberes entre expertos" mediante el uso de talleres, entrevistas o cuestionarios que capturan el conocimiento de los evaluadores. Como tales, estas son propensas a errores y sesgos cognitivos (Burgman, 2001; Martin *et al.*, 2010; Speirs-Bridge *et al.*, 2010). En particular, las herramientas de evaluación cualitativa pueden ser propensas a lo que se conoce como el "efecto marco", por el cual las personas tienen diferentes interpretaciones de lo que se les pide que evalúen (Fischhoff, 1995). Las preguntas de evaluación poco definidas pueden llevar a que se malinterpreten varios aspectos de la manera en que la pregunta se enmarca (el marco de evaluación), particularmente el alcance (qué aspectos de la gestión se consideran), la escala (qué partes del área protegida se consideran) o el marco temporal (el período en el que se consideran los resultados) (Cook *et al.*, 2014a). Estos tipos de error se conocen como "efectos de marco" y significan que los evaluadores consideran diferentes cosas al hacer sus juicios, de modo que las evaluaciones no pueden compararse de manera confiable entre diferentes áreas protegidas. Por ejemplo, un asesor puede evaluar los resultados en toda el área protegida, mientras que otro solo evalúa el área de la reserva bajo una gestión activa. Para minimizar los efectos de marco, es importante garantizar que estos aspectos de la evaluación queden claros en la redacción de las preguntas de evaluación (Cook *et al.*, 2014a). No puede suponerse que los evaluadores entiendan lo que se espera de ellos sin instrucciones explícitas.

Puede ser particularmente difícil obtener respuestas consistentes a las preguntas que evalúan varias cosas al mismo tiempo y que ofrecen opciones de respuesta que son bastante complicadas. Por ejemplo, preguntas que miden tanto el número como la capacidad del personal, o aquellas que evalúan la disponibilidad y el estado de implementación de los planes de manejo. Esto debe evitarse. Para permitir una mayor coherencia entre las diferentes metodologías y estudios, algunos aspectos de la efectividad del manejo pueden basarse en clasificaciones y léxicos estándar (CMP, 2013), como la clasificación estándar de amenazas (Salafsky *et al.*, 2008).

Medición de las tendencias

Otro aspecto de las evaluaciones que debe hacerse explícito es de qué manera las evaluaciones monitorean las tendencias en la efectividad del manejo a lo largo del tiempo. Las tendencias pueden capturarse de una de estas dos formas:

1. Usar categorías de evaluación que capturen la tendencia actual en un problema de manejo, por ejemplo, los impactos de las plantas invasoras están aumentando, disminuyendo o permanecen estables.
2. Usar categorías de evaluación que capturen el estado actual de un problema de manejo (como los impactos de las especies invasoras son menores, moderados o mayores) y luego usar evaluaciones consecutivas para construir una imagen del cambio a lo largo del tiempo.

La ventaja de las evaluaciones que abordan las tendencias actuales es que no se requieren múltiples años de evaluaciones para determinar si un problema de manejo tiene una trayectoria positiva o negativa. Esto puede ser particularmente importante si es poco probable que se realicen evaluaciones regularmente durante un período prolongado. Sin embargo, la desventaja de capturar tendencias dentro de las categorías de evaluación es que las evaluaciones posteriores pueden ser difíciles de interpretar. Por ejemplo, si la evaluación determina que los impactos actuales de las especies invasoras van en aumento, los impactos pueden haber aumentado del 5% al 10% o del 90% al 95% –dos situaciones muy diferentes–. Del mismo modo, una evaluación que indique que los impactos van en aumento en un período de evaluación y luego una evaluación que indique que los impactos están disminuyendo en un período de evaluación posterior puede indicar un cambio muy grande o muy pequeño en los impactos. En estos casos, es más significativo registrar el estado actual y luego proporcionar una indicación de la tendencia de los impactos respecto al período de evaluación anterior (por ejemplo, aumento, estabilidad, disminución) junto con el estado actual. En estos casos, sería útil alentar a los evaluadores a proporcionar más detalles sobre las tendencias en un campo explicativo.

Puntajes descriptivos versus cuantitativos

Los puntajes de evaluación pueden definirse con el uso de declaraciones cualitativas que brinden descripciones generales del estado de la gestión, como categorías descriptivas de la medida en que los valores naturales del área protegida están intactos o degradados (Hockings *et al.,* 2009a). De manera alternativa, las categorías de evaluación pueden definirse como umbrales cuantitativos (Timko y Innes, 2009), como la proporción de comunidades de vegetación nativa dentro del umbral de frecuencia de incendios aceptable o la proporción adecuadamente demarcada de los linderos protegidos (Corrales, 2004a).

La elección respecto al uso de categorías cualitativas o cuantitativas de evaluación puede depender del problema de manejo que se evalúa. Las categorías cuantitativas de evaluación tienden a ser más adecuadas para los aspectos del manejo que pueden medirse numéricamente, como el estado de los atributos biológicos (por ejemplo, estado de la población o condición de la vegetación) y el número de visitantes a un área protegida. No obstante, algunos aspectos del manejo son menos adecuados para las medidas cuantitativas; por ejemplo, si los administradores de áreas protegidas tienen suficiente información sobre los valores de las áreas protegidas para tomar decisiones de manejo informadas. En estos casos se requieren descripciones cualitativas para capturar la información relevante.

Por lo general, las evaluaciones de efectividad del manejo se basan en un conjunto de cuatro o cinco categorías de evaluación. En el mejor de los casos, estas categorías reflejan una escala de calificación uniforme de los estándares de manejo, de modo que el intervalo entre los estándares de manejo deficientes y moderados es igual al intervalo entre los estándares de manejo buenos y muy buenos. La ventaja de usar categorías de evaluación cuantitativas es que se limita la subjetividad en el proceso de evaluación, por lo que no hay ambigüedad acerca de qué categoría de evaluación debe seleccionarse para un valor particular. Cuando el 50% de las comunidades vegetales se encuentran dentro de los umbrales de frecuencia de incendios, la evaluación siempre será "moderada", y cuando el 60% se encuentre dentro del umbral, la evaluación siempre será "buena", independientemente de quién realice la evaluación. Otra ventaja de una escala de evaluación cuantitativa es que el motivo de una evaluación particular en un año determinado también es transparente y puede verificarse al consultar los datos disponibles.

Por el contrario, el uso de declaraciones cualitativas para las categorías de evaluación introduce una subjetividad adicional al proceso de evaluación, por lo que las evaluaciones pueden variar entre evaluadores y entre diferentes períodos de evaluación debido a las diferencias en cómo se interpretan y aplican las categorías (Cook *et al.,* 2014a). No obstante, pueden emplearse varios enfoques metodológicos para limitar la influencia de la subjetividad en las evaluaciones, como proporcionar a los evaluadores una capacitación presencial y pautas escritas que describan cómo deben interpretarse las categorías de evaluación cualitativa (Cook y Hockings, 2011). Algunas metodologías también reúnen a las partes interesadas y a los administradores de áreas protegidas en el terreno para realizar las evaluaciones en un escenario de taller. Estos talleres facilitan la discusión y pueden estandarizar cómo se aplican las categorías de evaluación en diferentes áreas protegidas, y ayudan a minimizar la influencia de cualquier punto de vista particular (Cook y Hockings, 2011).

Proceso de evaluación cualitativo versus cuantitativo

Ya sea que las categorías de evaluación se definan con declaraciones cualitativas o valores cuantitativos, la selección del grado o puntaje apropiado para el área protegida bajo evaluación debe basarse en la mejor evidencia disponible. El tipo de evidencia más adecuado para respaldar una evaluación está influenciado por el tipo de problema de gestión que se evalúa (Hockings *et al.,* 2009b). La evaluación de los resultados del manejo, como las evaluaciones de la condición ecológica, se adapta mejor a los datos empíricos (por ejemplo, datos de investigación y monitoreo), mientras que las medidas del proceso de manejo, como la idoneidad de las directrices de gestión, se adaptan mejor a las evidencias cualitativas (por ejemplo, opinión de expertos o experiencia). Aunque los datos empíricos pueden ser los más adecuados bajo algunas circunstancias, a menudo estos datos no están disponibles para fundamentar las evaluaciones, por lo que los evaluadores deben confiar en otras fuentes de evidencia, como los datos de encuestas cualitativas (por ejemplo, encuestas de satisfacción de visitantes), las opiniones de expertos (por ejemplo, científicos u otros expertos con conocimiento detallado del área protegida) o el conocimiento local (por ejemplo, propietarios tradicionales y administradores de áreas protegidas) (Cook *et al.*, 2010).

La ventaja de utilizar datos empíricos es que pueden ser fuentes objetivas de evidencia, lo que reduce la subjetividad y proporciona un punto de referencia independiente para aquellos que desean comprender por qué se dio una evaluación en particular. Por el contrario, la información cualitativa puede ser más subjetiva, lo que significa que el motivo de una evaluación particular es menos transparente y, por lo tanto, puede ser menos repetible en los años posteriores. Este tipo de subjetividad también puede significar que una información similar sea interpretada de manera diferente por distintos individuos, lo que lleva a una variación en la forma en que se hacen las evaluaciones entre las diferentes áreas protegidas. La distinción entre la confiabilidad de la evidencia cuantitativa y la cualitativa puede ser una dicotomía engañosa, ya que la calidad de la evidencia disponible es el factor más importante respecto al tipo de evidencia más robusta (Sechrest y Sidani, 1995). Es posible diseñar, probar y calibrar los procesos de elicitación de expertos para obtener un alto grado de rigor, y esto es importante cuando se tomen decisiones en función de los resultados de la evaluación (Martin *et al.*, 2012).

Para los evaluadores es valioso registrar la evidencia en la que basaron la evaluación y la justificación de su juicio. Las fuentes de evidencia utilizadas para fundamentar la evaluación pueden registrarse por medio de categorías genéricas como "datos de monitoreo", "plan de manejo" y "conocimiento local" (Hockings *et al.*, 2009a). Las fuentes de evidencia también pueden documentarse de manera detallada. La justificación de una evaluación puede plasmarse en una casilla de texto libre, lo que ubica a la evaluación en un contexto (por ejemplo, un incendio reciente en el área protegida destruyó toda la infraestructura) y garantiza que el razonamiento sea transparente. La captura de esta información adicional puede ofrecer una valiosa fuente de información para quienes realicen evaluaciones en el futuro.

Revisión de evaluaciones

Quizás sea importante que dentro de las evaluaciones de la efectividad del manejo se incluyan procesos de revisión que permitan a gerentes de línea, pares revisores o un comité directivo la verificación de las evaluaciones a fin de garantizar la consistencia entre las áreas protegidas. No obstante, es importante garantizar que este proceso sea constructivo. Cuando se cambie la evaluación original de un área protegida debido a una inconsistencia detectada durante un proceso de revisión, la evaluación del administrador no debe ser simplemente anulada. Un proceso de revisión no consultivo puede hacer que los evaluadores sientan que su perspectiva no es valorada. Una opción para evitar que un proceso de revisión sea una experiencia negativa es garantizar que sea colaborativo, que los revisores analicen de manera constructiva con el evaluador cualquier inquietud que tengan sobre las evaluaciones y que todas las partes acuerden la necesidad de un cambio.

Triangulación

La triangulación es un proceso en el que se buscan varias piezas de evidencia para verificar o refutar una conclusión particular, y esto se recomienda desde hace mucho tiempo para aumentar la validez de los datos cualitativos (Patton, 1997). Con cualquier evidencia existe una incertidumbre asociada, ya sea por del error en la medición o por otras formas de sesgo (Regan *et al.*, 2002), pero cuando múltiples fuentes diferentes de evidencia respaldan una visión particular, estas brindan una mayor certeza de que una conclusión sea correcta (Sechrest y Sidani, 1995). La triangulación puede incorporarse en un proceso de evaluación al alentar a los evaluadores a consultar una variedad de diferentes tipos de pruebas, lo que lleva a evaluaciones más confiables. Dado que los administradores de áreas protegidas buscan múltiples líneas de evidencia para respaldar sus decisiones de manejo (Cook *et al.*, 2012), un proceso de triangulación también puede conducir a evaluaciones más completas, que capturen las perspectivas ecológicas, sociales, políticas y económicas relevantes. Por ejemplo, la respuesta de un guardaparques a un cuestionario que pregunte por el nivel de amenaza de las especies invasoras podría respaldarse con un mapeo espacial y con la opinión de un experto externo.

Pilotos

Es poco probable que la fase de diseño inicial conduzca a una herramienta perfecta para la evaluación de la efectividad del manejo. Es posible obtener grandes beneficios al diseñar una herramienta de evaluación preliminar que se ponga a prueba con una muestra representativa de evaluadores a fin de garantizar que las preguntas sean claras y que las evaluaciones representen toda la gama de contextos de manejo considerados. Es probable que esta etapa piloto proporcione una retroalimentación valiosa que pueda usarse para lograr una herramienta de evaluación más efectiva y representativa. El piloto también puede ser una alternativa más económica que realizar una encuesta completa y darse cuenta de que la herramienta de evaluación necesita modificaciones.

Cualquier cambio realizado en una herramienta de evaluación significará que al menos algunos de los datos recopilados no se puedan comparar entre períodos de evaluaciones posteriores. La compensación entre garantizar que se desarrolle la mejor herramienta de evaluación y lograr la continuidad entre los conjuntos de datos de evaluación significa que es mejor invertir en la renovación de la herramienta tan pronto como sea posible. Esto puede lograrse al llevar a cabo una o más rondas piloto de la herramienta con una sección representativa de las áreas protegidas antes de realizar la encuesta inicial a lo largo de la red. Otra ventaja de poner a prueba la herramienta de esta manera es que puede garantizarse que los evaluadores estén familiarizados con las preguntas de evaluación.

Fase tres: implementar la evaluación y analizar la información

Comunidades, aliados y partes interesadas

La práctica de la gestión de áreas protegidas se mueve cada vez más hacia el reconocimiento de los derechos que tienen las comunidades locales, los vecinos y otras partes interesadas sobre la planeación y la toma de decisiones. Siempre que sea posible, este enfoque participativo debe aplicarse a la evaluación de la efectividad del manejo. Tal como se reconoce en el séptimo principio, desde el comienzo del proceso de evaluación, incluida la fase de planeación, debe adoptarse un enfoque cooperativo.

- Principio 7: el proceso de evaluación es cooperativo, con una buena comunicación, trabajo en equipo y participación de los administradores de áreas protegidas y las partes interesadas a lo largo de todas las etapas del proyecto, siempre que sea posible.

Durante toda la evaluación es fundamental y debe garantizarse que se obtenga la aprobación, la confianza y la cooperación de las partes interesadas, especialmente de los administradores de las áreas protegidas a evaluar. A fin de evitar la sospecha mutua, los sistemas de evaluación deben establecerse con una postura amigable. Los resultados de la evaluación, siempre que sea posible, deben ser positivos, con la identificación de desafíos en lugar de culpar a alguien. Si se percibe que la evaluación puede "castigar" a los participantes o reducir sus recursos, es poco probable que ellos sean útiles para el proceso.

En el mejor de los casos, la evaluación debería involucrar una alianza entre muchos jugadores, en la que se comparte el poder, la información y los beneficios que se derivan de dicho proceso. Los miembros de la comunidad tienen diferentes perspectivas, y a menudo tienen una historia más larga y un conocimiento más profundo de algunos aspectos del manejo que el personal del área protegida. La participación de ellos en el proceso de evaluación es importante, no solo porque pueden tener información y una perspectiva que los administradores no comparten, sino también porque sus puntos de vista sobre el sitio están estrechamente relacionados con el éxito general de la gestión. Involucrar a los aliados y a la gente local en la evaluación también puede ayudar a que todas las partes entiendan otros puntos de vista. En las áreas protegidas manejadas por indígenas y comunidades, es esencial que la evaluación colaborativa sea una medición del manejo conjunta y del desempeño del área protegida, así como un proceso de negociación y de generación de confianza (Stacey *et al.*, 2013). El enfoque participativo mejora la precisión, la integridad, la aceptación, el uso de la información, la transparencia y la cooperación; aunque su implementación es más costosa y lleva más tiempo, logra resultados más creíbles y sostenibles que los procesos que son puramente internos (Paleczny y Russell, 2005; Paleczny, 2010).

Para ayudar a garantizar la participación efectiva de las partes interesadas en la evaluación, tanto las partes interesadas como los aliados deben recibir información periódica sobre:

- El proceso de planeación para el monitoreo y la evaluación y su propio rol en el proceso, en algunos casos, incluidas decisiones sobre indicadores y metodologías.
- Oportunidades para participar en el ejercicio de evaluación.
- Cuestiones sobre las cuales se les pedirá su opinión.
- Cómo se usarán sus opiniones.
- Cómo se les informará sobre el progreso de la evaluación y los resultados finales.
- Cómo se usarán los resultados.

Una vez se identifique a todos los aliados, será necesario aclarar las expectativas y los roles, y en particular debe evitarse que los participantes reciban una impresión falsa de lo que ofrece la evaluación. Para que el proceso de evaluación sea riguroso, especialmente si se basa en el enfoque de autoevaluación, es aconsejable crear un equipo de representantes de las partes interesadas para trabajar con los administradores a fin de desarrollar y acordar el proceso de monitoreo y evaluación. Este equipo debe incluir tanto al personal clave del área protegida (por ejemplo, el administrador del sitio)

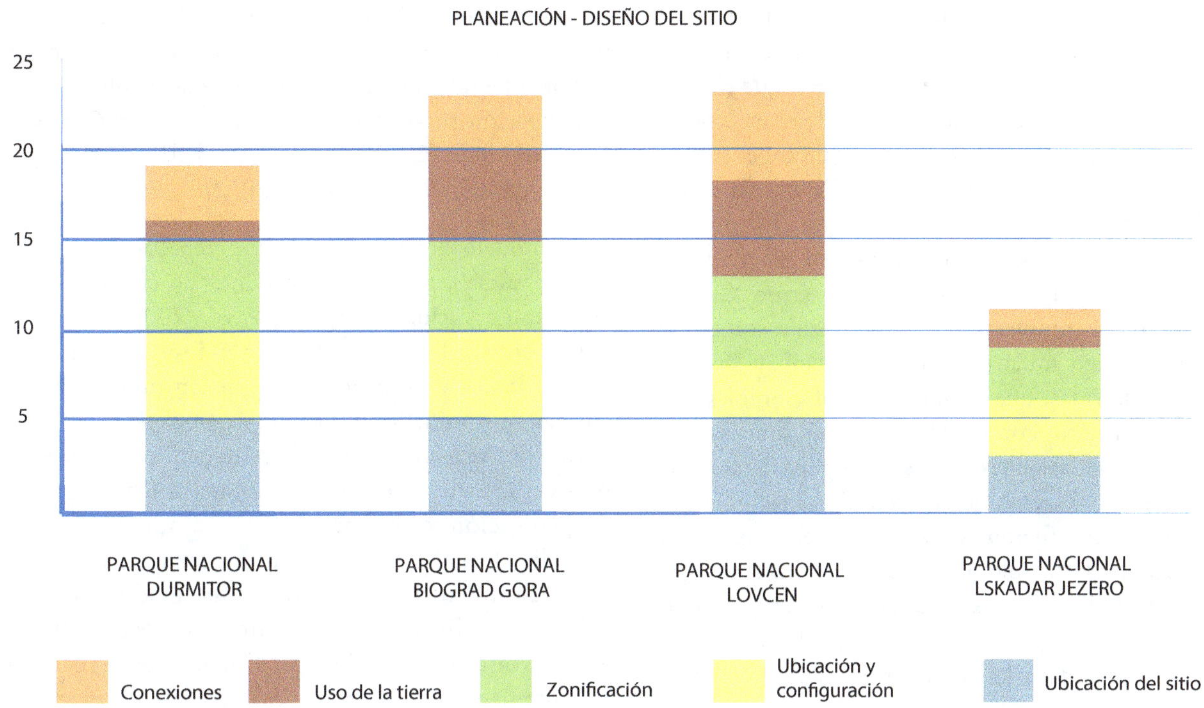

Figura 28.4 Ejemplo de un informe gráfico simple, a partir de un informe de la RAPPAM

Nota: la escala en el eje y representa los puntajes acumulados de los cinco indicadores en una escala de uno a cinco.
Fuente: Stanišić, 2009

como a otras personas involucradas en asuntos de gestión. Debe manejarse con cuidado el proceso de llevar a cabo reuniones y entrevistas y es importante considerar cómo manejar cualquier conflicto que pueda surgir de la discusión sobre el desempeño de la gestión.

¿Asesores internos o externos?

Una consideración importante en la planeación de una evaluación de la efectividad del manejo es quién dirigirá o realizará la evaluación. En muchos casos, las evaluaciones son realizadas por los administradores de áreas protegidas en el terreno (autoevaluación). Esto tiene la ventaja de acceder a su conocimiento profundo de los procesos de gestión y las condiciones dentro del área protegida. Esto también puede representar un tiempo valioso para que los administradores se reúnan y reflexionen sobre los resultados de la gestión, compartan información y faciliten las actividades de la planeación estratégica. Sin embargo, las autoevaluaciones pueden ser inexactas si los administradores están preocupados de que las evaluaciones negativas se reflejen de manera desfavorable en su desempeño laboral, particularmente en culturas donde se evita la autocrítica y "quedar mal". Por el contrario, el deseo de atraer fondos adicionales para las acciones de gestión en el terreno puede dar un incentivo para que los administradores generen evaluaciones excesivamente pesimistas (Cook *et al.*, 2010). Además, es posible que los nuevos miembros del personal no tengan la comprensión necesaria para la evaluación. Estos problemas pueden resolverse si los gerentes de línea revisan las evaluaciones para verificar la precisión y la consistencia, aunque este proceso también podría ser objeto de malas interpretaciones.

Los pocos estudios que han investigado la precisión de las autoevaluaciones de la efectividad del manejo no han encontrado evidencias que sugieran la tergiversación de las autoevaluaciones que los administradores hacen de la gestión de su área protegida (Cook *et al.*, 2014b). Los intentos preliminares de validar las autoevaluaciones para una red de áreas protegidas en Australia sugieren que el 75% de los administradores de áreas protegidas generan evaluaciones de las condiciones de las áreas protegidas que coinciden con los datos cuantitativos. Cuando los administradores hacían evaluaciones que no coincidían con las evaluaciones medidas, tendían a ser conservadores en sus juicios sobre la condición y subestimaban los resultados de la gestión en relación con las evaluaciones medidas (Cook *et al.*, 2014b).

Los evaluadores externos también realizan evaluaciones, ya sea de forma independiente o en nombre de la agencia de administración. Los evaluadores externos pueden ser consultores, científicos o miembros de organizaciones civiles. Una ventaja de los evaluadores externos es que son independientes del proceso de gestión y, según su procedencia, pueden ser más imparciales que los administradores y las partes interesadas. Estos pueden aportar una visión fresca y tener una mayor experiencia en procedimientos de facilitación y evaluación; también es posible que planteen problemas que se pasaron por alto. La desventaja de los evaluadores externos es que existe la posibilidad de que no se capture el conocimiento detallado de las condiciones actuales e históricas ni el historial de gestión del área protegida. Además, los administradores pueden ser recelosos respecto a admitir fallas y problemas frente a evaluadores externos. Cuando la evaluación la completan personas externas, a menudo se llevan consigo mucha de la información y las perspectivas adquiridas, que ya no estarán disponibles para la administración. Por desgracia, los administradores locales y las comunidades locales son algunas veces marginados de la evaluación de proyectos internacionales de conservación que fueron realizados por equipos de expertos visitantes que solo podían quedarse en el área por un corto período. Quizás sea deseable un código de ética similar al utilizado por los evaluadores del Programa de las Naciones Unidas para el Desarrollo (UNDP, 2009).

A fin de lograr lo mejor de ambos enfoques y hacer una evaluación objetiva, los evaluadores externos pueden trabajar en cooperación con los administradores de áreas protegidas y otros aliados y partes interesadas para capturar el conocimiento local sobre el terreno y las otras fuentes de evidencia disponibles.

¿Cómo debe recabarse la información?

Tal como se discutió anteriormente, parte de la información utilizada en las evaluaciones de la PAME se deriva de datos preexistentes, incluidos los datos de monitoreo, que pueden recopilarse e interpretarse en cualquier etapa de la evaluación. A menudo, antes de que se apliquen los talleres o los cuestionarios, es útil que los evaluadores cuenten con esta información, incluidos mapas o datos espaciales actualizados.

De acuerdo con las circunstancias, los procesos de intercambio de saberes de expertos pueden realizarse a través de encuestas en línea o por escrito, entrevistas individuales, grupos focales o talleres con el personal, administradores, aliados y otras partes interesadas del área protegida. Las pautas para llevar a cabo dichos procesos de una manera ética y con el máximo efecto se encuentran en algunas de las metodologías de la efectividad del manejo, y también en otros manuales sobre extensión y trabajo de campo en general. Es esencial que los talleres estén bien planeados y organizados y cuenten con una buena facilitación y mantenimiento de registros; si los talleres son caóticos o aburridos, la gente no querrá participar la próxima vez. Existe una amplia gama de técnicas para involucrar a todos los participantes en el proceso. Por ejemplo, los ejercicios más detallados de evaluación de las áreas protegidas con comunidades pueden hacer uso de herramientas tales como ayudas visuales, historias orales e hilos argumentales que se desarrollaron para la evaluación rural participativa, la gestión adaptativa y métodos afines (Chambers, 1997; Salafsky *et al.*, 2001; UNPD, 2009; Petheram *et al.*, 2012).

Los "modelos conceptuales" que representan visualmente valores, amenazas y cadenas de causa y efecto en la conservación (Margoluis *et al.*, 2009) son particularmente útiles para los talleres en los que se discuten los resultados y los procesos, y pueden funcionar bien con las comunidades indígenas y con el personal y expertos de áreas protegidas (C. Mitchell, comunicación personal). Estos pueden incorporarse a los programas de planeación y evaluación por computadora, como Miradi, el cual se utiliza como una herramienta de evaluación dentro de un proceso integrado por varias ONG y administradores de áreas protegidas (CMP 2013; véase el Capítulo 13). Cuando los recursos lo permiten, el uso de imágenes espaciales proyectadas también puede ser una herramienta poderosa, de tal manera que las amenazas, los valores y los otros elementos de la gestión de áreas protegidas puedan mapearse y registrarse con los participantes en los escenarios de los talleres. Estos mapas se incluyen luego en presentaciones e informes de evaluación, y los datos espaciales se almacenan con otra información.

En algunas metodologías de la efectividad del manejo se han utilizado con éxito herramientas informáticas en línea para facilitar la recopilación, el almacenamiento, el análisis y la generación de informes simplificados. Ahora las herramientas en línea pueden usarse a través de teléfonos inteligentes, tabletas u otros dispositivos portátiles en el campo y en talleres, y también en las computadoras. La ventaja de estas herramientas es que los datos ingresados a través de la interfaz en línea se transfieren automáticamente a una base de datos. Estos sistemas también permiten la consulta del conjunto de datos para diferentes propósitos y pueden facilitar que los evaluadores vean y muestren información relevante, incluidos detalles de evaluaciones anteriores, mientras realizan la evaluación actual. Sin embargo, estos sistemas solo son posibles cuando hay acceso a las habilidades informáticas, equipos e infraestructura necesarios.

Los estudios que evalúan las herramientas existentes para la evaluación de la efectividad del manejo ofrecen las siguientes recomendaciones sobre cómo optimizar las evaluaciones y hacer que sean más fáciles de completar para los evaluadores (Hockings *et al.*, 2009a; Cook *et al.*, 2014a).

- Garantice que el marco de evaluación sea claro y lo primero en la mente de los evaluadores cuando hagan su evaluación. Esto puede lograrse al hacer explícitos en la redacción de las preguntas los aspectos importantes de cómo los evaluadores deben enmarcar sus evaluaciones.
- Brinde mecanismos para que los evaluadores puedan resolver sus inquietudes sobre cómo interpretar las preguntas de evaluación.Existen muchas opciones para minimizar el sesgo asociado con los aspectos de las evaluaciones que estén abiertos a la interpretación. Esto incluye el ofrecimiento de sesiones de capacitación, talleres facilitados, guías escritas y una línea directa a la que los evaluadores pueden llamar para buscar asesoría durante el período de evaluación. Cualquiera de estos enfoques, o todos, pueden ayudar a que los evaluadores busquen aclaraciones sobre lo que se les pide que evalúen (Cook y Hockings, 2011).
- Permita que los evaluadores indiquen cuándo sienten que no hay suficiente información para emitir un juicio con confianza sobre un problema de manejo en particular. Permitir que los evaluadores opten por no contestar algunas preguntas evitará que ellos sientan que deben adivinar, lo cual introduciría niveles más altos de incertidumbre en algunas evaluaciones y podría llevar a evaluaciones inexactas. Tener un registro de los problemas y de las áreas protegidas que carecen de información adecuada permitiría que las agencias de administración identifiquen las brechas de conocimiento. Las mejores prácticas para obtener la opinión de expertos incluyen pedir que estos indiquen su confianza en el juicio que emitieron (Speirs-Bridge *et al.*, 2010).
- Aliente a los evaluadores a registrar tanta información como sea posible durante la evaluación. Completar evaluaciones integrales de la efectividad del manejo puede llevar mucho tiempo, y los administradores de áreas protegidas pueden ser reacios a gastar mucho tiempo para generar evaluaciones detalladas. Sin embargo, hay muchos beneficios en alentar a los evaluadores a documentar las consideraciones que hacen, la justificación de su juicio, las evidencias que utilizaron y las dificultades que tuvieron para completar la evaluación. Estos detalles adicionales proporcionan un contexto valioso para verificar la coherencia, ayudan a los evaluadores a realizar evaluaciones en el futuro y brindan información importante para interpretar los resultados de las evaluaciones actuales. Esta información puede ser un recurso invaluable para los nuevos administradores de áreas protegidas y puede formar la base de una inducción al área protegida.

Almacenamiento y análisis de datos

Aunque el almacenamiento y el análisis de datos se enumeran como parte de esta tercera fase de evaluación, para ahorrar tiempo y recursos es vital que estos se consideren muy bien desde el comienzo del proceso de evaluación. Obviamente, los sistemas de datos que pueden recopilar y cotejar información y permitir diferentes análisis e informes sin volver a ingresar datos, ahorrarán tiempo y minimizarán la probabilidad de cometer errores. Además, pensar en análisis futuros desde el principio influirá en qué datos (incluidos los metadatos) se recaban y cómo se organizan. Esto puede beneficiar tanto al análisis local como a la compilación de datos nacionales e internacionales. Por ejemplo, el registro de información consistente sobre el área protegida, como el código de la BDMAP, el área reservada actual, el presupuesto, el número de visitantes y la cantidad de personal, permitirá analizar los patrones de gestión exitosos en relación con muchas otras áreas protegidas. Ya que los conjuntos de datos de la evaluación de la efectividad del manejo pueden ser muy grandes, es importante contar con buenos sistemas para almacenar y manejar los datos.

El análisis de los datos puede llevarse a cabo en varios niveles. El primer nivel de análisis es una compilación simple de datos recabados, ya sea para un sitio o entre varios; generalmente en forma de tablas y gráficos (Figura 28.4).

Resultados sumariales

Muchas metodologías de evaluación pueden derivar resultados sumariales, que resumen muchos datos de cada área protegida en un puntaje o en un pequeño número de indicadores principales. Estos puntajes sumariales ofrecen una manera rápida y fácil para que una audiencia determine las condiciones comparativas. Si bien los administradores de áreas protegidas suelen preferir informes, datos cuantitativos y análisis más detallados, los puntajes son atractivos para los responsables de la formulación de políticas y las ONG, ya que ofrecen una visión general instantánea del éxito relativo y una forma de comparar las áreas protegidas. Los informes visuales con colores que representan el progreso son particularmente efectivos para comunicarse con una amplia gama de audiencias, incluidos los principales responsables de la toma de decisiones.

No obstante, los puntajes totales o promedio corren el riesgo de una simplificación excesiva de los problemas complejos, una distorsión de los resultados y una interpretación errónea. Cuando las personas resumen o promedian puntajes para producir un resultado global, suponen dos cosas:

Estudio de caso 28.3 Herramientas de evaluación de la efectividad del manejo del "estado de los parques"

El "estado de los parques" (*State of the Parks*, SoP) es un enfoque de todo el sistema para evaluar la efectividad del manejo de áreas protegidas, el cual se centra en evaluar todas o la mayoría de las áreas protegidas dentro de una red (Hockings *et al.*, 2009). El enfoque utiliza indicadores consistentes en todos los sitios, aunque los indicadores específicos utilizados se adaptan a la jurisdicción, en lugar de utilizar un enfoque único para todos. La meta de las evaluaciones del SoP es mejorar el manejo mediante el uso del mejor conocimiento disponible sobre el estado de los valores del parque y sus amenazas, logros, brechas y problemas emergentes más importantes para fundamentar las prioridades futuras; no obstante, a menudo hay múltiples propósitos, como fundamentar las decisiones de planeación estratégica y aumentar la rendición de cuentas a través del informe al público sobre la condición y las presiones de las áreas protegidas (Leverington *et al.*, 2008). El enfoque del SoP se ha utilizado en muchos países diferentes, incluidos Canadá, Estados Unidos, Brasil, Finlandia y Australia (Hockings *et al.*, 2009).

El enfoque del SoP se ha adoptado ampliamente en Australia; este estudio de caso se centra en el enfoque desarrollado por dos agencias de gestión en particular: la Oficina de Medio Ambiente y Patrimonio (Office of Environment and Heritage, OEH) de Nueva Gales del Sur y Parques Victoria (PV). En la OEH de Nueva Gales del Sur, las evaluaciones del SoP se utilizan para analizar todas las áreas protegidas administradas por las agencias, mientras que la herramienta del SoP desarrollada por PV se utiliza para evaluar las trescientas áreas protegidas más importantes y otros parques dentro de su jurisdicción (10% del número de parques, pero aproximadamente el 90% del área administrada). En ambos casos, las herramientas de evaluación tienen el objetivo principal de fundamentar y mejorar la toma de decisiones de manejo. Si bien estos dos sistemas de evaluación del SoP se ordenaron con el mismo propósito y tienen muchas características en común, son dos herramientas de evaluación distintas diseñadas para el contexto y las necesidades específicas de cada agencia.

Los sistemas australianos de gestión de áreas protegidas están a cargo de proteger los activos naturales y culturales dentro de las reservas, además de facilitar que la gente disfrute de estos espacios de propiedad pública. Las herramientas de evaluación del SoP brindan una visión integral de la efectividad del manejo en estos diferentes aspectos de la administración. Las herramientas del SoP de la OEH de Nueva Gales del Sur y de PV se desarrollaron en torno a los diferentes aspectos del marco de la UICN (Figura 28.2), y todos estos aspectos se evalúan dentro de la herramienta. El contexto de cada área protegida se captura al registrar los valores, las amenazas y las partes interesadas más relevantes para la reserva. Se registran los planes más importantes que sean relevantes para la reserva. Los insumos, procesos, productos y resultados de la gestión se analizan mediante una serie de preguntas de evaluación dirigidas que abordan una amplia gama de aspectos del manejo, como la idoneidad de la información, los ajustes de la planeación y la dirección, la aplicación de la ley y la gestión de activos, junto con el manejo de los visitantes, del patrimonio indígena y de la biodiversidad. Dentro de las herramientas de evaluación de la efectividad del manejo es raro el énfasis en los productos y resultados de la gestión (Cook y Hockings, 2011), pero brindan una comprensión mucho más clara de la condición y presiones de las reservas individuales y del sistema de áreas protegidas.

Las preguntas de evaluación dentro de las herramientas del SoP se basan en cuatro criterios de evaluación cualitativa (véase Hockings *et al.*, 2009) que reflejan estándares de gestión –por ejemplo, al considerar la condición de un valor en pobre, moderada, buena y muy buena– y son evaluados por el administrador de la reserva principal o por el grupo de trabajo. Para garantizar que los enunciados cualitativos que forman los criterios de evaluación sean aplicables a las áreas protegidas dentro de una amplia gama de contextos, estos se construyen alrededor de términos subjetivos, tales como "adecuado", "suficiente" y "apropiado", que se interpretan de acuerdo con las circunstancias para la reserva y se definen en las guías. Por ejemplo, en ambas jurisdicciones, las reservas naturales se instauran principalmente para la protección de la biodiversidad y se desaconseja la visita. Por consiguiente, las instalaciones para visitantes que son adecuadas en las reservas

Un cercado a prueba de herbívoros ubicado en los bosques de montaña de la cabecera del río Murray en el Parque Nacional Alpino, Victoria, Australia. Esta parcela proporciona pruebas científicas del impacto del pastoreo y el pisoteo por parte de una gran población de caballos salvajes (caballos cimarrones) para el informe del Estado de los Parques

Fuente: Ian Pulsford

naturales difieren significativamente de las que se encuentran en las reservas de usos múltiples, como los parques nacionales.

Siempre que sea posible, las evaluaciones cualitativas categorizadas deben basarse en información medida (por ejemplo, resultados del monitoreo de la biodiversidad), pero cuando esto no sea posible, las evaluaciones deben basarse en opiniones de especialistas y otros conocimientos. En otros casos (por ejemplo, el grado de participación de la comunidad en la toma de decisiones), las evaluaciones cualitativas son el método más apropiado.

Estas evaluaciones cualitativas van acompañadas de una justificación en la que se presenta el razonamiento de la evaluación que se da, lo que brinda un contexto vital para la interpretación de las evaluaciones. La justificación también permite que los administradores registren eventos importantes, como incendios forestales, que pudieron alterar significativamente la condición de la reserva de un período de evaluación a otro. También se les pide a los administradores que registren la evidencia disponible para respaldar sus evaluaciones. En Victoria, esto se hace a través de categorías genéricas, como el monitoreo sistemático o la evidencia anecdótica. En Nueva Gales del Sur, las categorías genéricas van acompañadas de la capacidad de brindar detalles específicos, como el nombre de los planes de manejo, los artículos de investigación o los datos de monitoreo subyacentes.

Si bien las evaluaciones cualitativas pueden introducir un sesgo en las evaluaciones, las herramientas del SoP tienen varias características que intentan minimizar esto. Cada pregunta de evaluación permite que los administradores opten por no dar una evaluación cuándo no estén seguros por falta de información. Para maximizar la consistencia y minimizar el sesgo, ambas agencias han establecido procesos integrales para garantizar la calidad. Aunque se han realizado informes públicos de los resultados del SoP, ambas agencias se han centrado principalmente en la aplicación de la herramienta del SoP para el conocimiento y la gestión adaptativa a través de un extenso programa de talleres de "cierre del ciclo" con el personal del parque. En ambas agencias, esto incluye el desarrollo de herramientas para la generación de informes centradas en el usuario y basadas en la web que permitan que todo el personal de la agencia acceda y comparta los resultados.

Una de las características más importantes del programa del SoP de ambas agencias es el seguimiento activo de los resultados a través de talleres de "cierre del ciclo" con el personal de parques. Estos talleres retroalimentan los resultados a los administradores, preguntan "por qué" se logró un resultado de evaluación particular y buscan fundamentar las respuestas de gestión para el próximo período de planeación.

Carly Cook, Universidad de Monash; Andrew Growcock, Oficina de Medio Ambiente y Patrimonio de Nueva Gales del Sur; Tony Varcoe, Parques Victoria

1. Asumen que las categorías de evaluación obedecen a una escala lineal, por lo que la diferencia entre el rendimiento bueno y el muy bueno es igual a la del rendimiento bueno y moderado. Esto puede ser difícil de lograr cuando se definen categorías de evaluación con declaraciones cualitativas.
2. Asumen que todos los indicadores y subindicadores son de igual importancia. Esto rara vez es cierto y debe pensarse mucho en cómo los puntajes se "acumulan" o se combinan. En un proceso participativo pueden utilizarse métodos como el "proceso analítico jerárquico" (Saaty, 1995) para garantizar que la ponderación refleje las percepciones sobre la importancia relativa de los indicadores.

Análisis estadístico

Es posible realizar análisis estadísticos más avanzados que examinen las tendencias en los datos e intenten dibujar patrones más amplios (Kelman, 2010). Sin embargo, la manipulación de resultados a través de la suma y el promedio, o la asignación de ponderaciones a diferentes indicadores, así como el uso de escalas e índices, puede generar resultados engañosos, particularmente si los datos tienen limitaciones en cantidad o calidad. En particular, todo dato cualitativo que se convierta en dato cuantitativo debe tratarse con cuidado y sus limitaciones deben reconocerse totalmente.

Los análisis multivariados pueden brindar información importante sobre si una mayor inversión financiera conducirá a mejores resultados de gestión, y dónde puede haber factores, como la proximidad a áreas densamente pobladas, que puedan representar desafíos insolubles para la gestión de las áreas protegidas. El posible uso de los datos de evaluación para alguno o todos estos propósitos debe orientar la forma en que se diseñe la herramienta de evaluación.

Si se consideran análisis avanzados, es posible que se requiera de una asesoría estadística. La mayoría de los datos de efectividad del manejo pueden considerarse "ordinales", ya que las calificaciones se ordenan de menor a mayor. Las brechas entre los diferentes puntajes no son totalmente uniformes ni consistentes, y en ocasiones son difíciles de cuantificar. Sin embargo, un conjunto de datos puramente ordinal simplemente ordenaría respuestas de lo mejor a lo peor, mientras que todas las metodologías de la PAME intentan desarrollar calificaciones que reflejen los pasos hacia la gestión ideal y que tengan la mayor uniformidad posible. Entonces, aunque no puede decirse de manera definitiva que un puntaje de cuatro es dos veces mejor que un puntaje de dos, esto es lo más cercano a la verdad (Leverington *et al.*, 2010a). En muchos aspectos, estas puntuaciones son análogas a las escalas de Likert que suelen utilizarse en muchas

Estudio de caso 28.4 El valor de evaluar la efectividad del manejo de las áreas protegidas: la Junta de Conservación de la Naturaleza del Cabo Occidental, Sudáfrica

En 2008, el organismo gubernamental nacional responsable de la conservación en Sudáfrica, el Departamento de Asuntos Ambientales (Department of Environmental Affairs, DEA), desarrolló la Herramienta para el Seguimiento de la Efectividad del Manejo de Sudáfrica (METT-SA) con el fin de proporcionar una herramienta uniforme para la evaluación del desempeño que evaluara la efectividad del manejo de las áreas en el país. La METT-SA se implementó en todas las áreas protegidas de Sudáfrica y los resultados se publicaron en el informe del DEA, *Efectividad del manejo de las áreas protegidas de Sudáfrica* (Cowan *et al.*, 2010).

El DEA, en acuerdo con el foro de directores ejecutivos de áreas protegidas, estableció la norma nacional para la efectividad del manejo de áreas protegidas en Sudáfrica en un mínimo del 68%.

Después del informe de Cowan *et al.* (2010), se identificaron acciones a nivel del área protegida (sitio), del nivel organizacional (provincial) y del nivel nacional (Tabla 28.5). CapeNature desarrolló planes de acción para cada reserva con el fin de abordar al menos cinco temas al año relacionados con la METT-SA.

CapeNature llevó a cabo evaluaciones con la METT-SA en 2008, 2011, 2012 y 2013 en las áreas protegidas, incluidas las áreas protegidas marinas; los resultados se resumen en la Tabla 28.6. Los puntajes de la METT aumentaron de solo cinco áreas protegidas que cumplían con la norma nacional (5%) en 2008 a 92 áreas protegidas (84%) en 2013.

Inicialmente, las evaluaciones con la METT-SA encontraron cierta resistencia por parte del personal, pero a medida que CapeNature evolucionaba y prestaba apoyo a los administradores de áreas protegidas para abordar los desafíos de mayor nivel, su adhesión a este proceso fue abrumadora. Una lección aprendida muy valiosa fue el papel que los cuatro ecologistas regionales desempeñaron para garantizar la consistencia en la interpretación de las preguntas y el puntaje resultante.

Tabla 28.5 Un resumen de las acciones emprendidas para mejorar la efectividad del manejo en Sudáfrica, 2010-2014

Efectividad del manejo	Nivel del área protegida (sitio)	Nivel organizacional (provincial)	Nivel nacional
Estatus legal y demarcación de linderos	Títulos de propiedad y agrimensor - diagramas generales obtenidos para la tierra verificada	Verificación de declaraciones y descripciones de los linderos de las áreas protegidas Traslado de un miembro del personal para evaluar la transferencia requerida de tierras estatales del gobierno nacional al provincial a fin de asegurar la tierra en términos de la Ley Nacional de Gestión Ambiental: Áreas Protegidas (National Environmental Management: Protected Areas Act, NEMPAA)	Guías para la declaración de áreas protegidas Desarrollo de una base de datos geográfica de las áreas protegidas y de conservación de Sudáfrica (2013)
Expansión del área protegida	Manejo de tierras adicionales como parte del área protegida	Plan de expansión de áreas protegidas de CapeNature (provincial) (Purnell *et al.*, 2010) Expansión de áreas protegidas en alianza con WWF-SA y Leslie Hill Succulent Karoo Trust, con la compra de más de cien mil hectareas	Resultado 10 - objetivos nacionales de expansión de áreas protegidas Estrategia Nacional para la Expansión de Áreas Protegidas (2008) Intervención con el Departamento de Minerales y Energía con respecto a su objeción a la proclamación de la Reserva Natural Knersvlakte
Regulaciones de áreas protegidas		Revisión legal para alinear la ordenanza provincial con la nueva legislación, incluida la NEMPAA (proyecto de la Ley de Biodiversidad)	Reserva Natural Especial de Brenton Blue Aplicación para sitio de patrimonio mundial de la Región Floral del Cabo Regulaciones de la NEMPAA 2003 para la gestión adecuada de las reservas naturales (2012) Proyecto de normas y estándares para la gestión de áreas protegidas (2013)

Planes estratégicos y marcos de desarrollo de la conservación	Planes de gestión completados para veintiún áreas protegidas	El establecimiento de equipos multidisciplinarios de planeación de la gestión para guiar el desarrollo de planes de acción y procesos a fin de garantizar que los resultados del monitoreo y la investigación fundamenten las decisiones de gestión como parte del proceso de planeación de la gestión Implementación de la planeación estratégica de la gestión a través del desarrollo e implementación del llamado Plan de 71 pasos La priorización de los marcos de desarrollo de la conservación para las áreas protegidas con alto potencial turístico y un proceso para desarrollar la zonación de sensibilidad de las áreas protegidas	Guías para el desarrollo de un plan de gestión para un área protegida en términos de la NEMPAA (Cowan y Mpongoma, 2010)
Comité asesor/ vecinos/ comunidad	El establecimiento de comités asesores de áreas protegidas para garantizar la participación de la comunidad en los procesos de planeación de la gestión del área protegida y su implementación	Guías para el establecimiento de comités asesores de áreas protegidas desarrollados	

Esto aseguró la consistencia en toda la provincia. El aumento en los puntajes de 2008 a 2011 podría atribuirse en gran parte al esfuerzo realizado para garantizar que los ecologistas regionales se pusieran de acuerdo respecto a la interpretación de las preguntas. El mejoramiento de los puntajes de la METT se ha relacionado con el desempeño individual en CapeNature, lo que garantiza que el personal sea recompensado por un buen trabajo.

El mayor mejoramiento en la efectividad del manejo puede verse cuando todo el equipo de trabajo de áreas protegidas, incluidos todos los servicios de apoyo, trabajan conjuntamente de manera eficiente. Los puntajes más bajos de la METT se han relacionado con la falta de recursos y de trabajo en equipo.

La alianza y el compromiso de todos los niveles de gobierno para abordar las deficiencias han mejorado significativamente la efectividad del manejo en Sudáfrica y en la Provincia del Cabo Occidental. Los constantes esfuerzos para mejorar la efectividad del manejo están dando buenos resultados.

Gail Cleaver-Christie, CapeNature, Dirección: Gestión de la Conservación, Stellenbosch, República de Sudáfrica

Tabla 28.6 Resultados de la METT-SA de CapeNature

Año	Número de áreas protegidas evaluadas	Área evaluada (ha)	Número de áreas protegidas con un puntaje en la METT-SA >67%	Porcentaje con un puntaje en la METT-SA >67%	Área (ha) con un puntaje en la METT-SA >67%	Porcentaje del área (ha) con un puntaje >67%
2008	93	789.923	5	5	32.192	4
2011	97	817.907	36	37	347.936	43
2012	100	822.535	54	54	538.020	84
2013	111	839.120	92	84	753.818	90

Taller de gestión marina, bahía de Lambert, Sudáfrica, septiembre de 2010
Fuente: Gail Cleaver-Christie, CapeNature

investigaciones sociológicas (Likert, 1932), y en la literatura se debate constantemente la naturaleza de los datos derivados de dichos cuestionarios.

Análisis DOFA

El análisis de "debilidades, oportunidades, fortalezas y amenazas" (DOFA) puede ser una herramienta útil para estudiar aún más la información, y este suele llevarse a cabo en un taller con el personal de la agencia u otras partes interesadas. El análisis DOFA implica categorizar datos y evaluaciones iniciales bajo alguno de estos encabezados. Este método puede generar un resumen rápido de la efectividad del manejo en un formato adecuado para la comunicación con altos directivos y políticos ocupados, y también es una forma valiosa de identificar los pasos a seguir para la gestión (véase el Capítulo 8).

Modelos conceptuales

El manejo de áreas protegidas es un proceso complejo y puede ser muy difícil atribuir productos y resultados a una sola causa. En general, es importante entender lo más posible las razones de los resultados. Los intentos por mejorar el desempeño o emular programas exitosos pueden ser ineficaces si no se entienden las razones del éxito o el fracaso del manejo. Es muy probable que una evaluación que analice todos los elementos discutidos anteriormente con preguntas claramente enmarcadas, indicadores cuidadosamente elegidos, un buen monitoreo y una metodología sólida, revele algunos enlaces y explicaciones útiles. Los modelos conceptuales para comprender la dinámica del área protegida, su gestión y manejo pueden ayudar mucho en la interpretación de los resultados (Margoluis *et al.,* 2009).

Análisis comparativo

El análisis suele fortalecerse con la observación de los cambios en el tiempo o el espacio, como al comparar varias áreas protegidas dentro de un sistema o al medir cómo la efectividad de un área protegida individual cambia con el tiempo. La comparación entre áreas protegidas puede ser valiosa, pero debe tratarse con precaución, especialmente si se involucran diferentes evaluadores (o incluso diferentes sistemas de evaluación). La metodología de RAPPAM de WWF (véase en la información anterior) está diseñada para que se evalúen todas las áreas protegidas dentro de un país o distrito en un escenario de taller en el que los administradores ofrecen cierto grado de revisión por pares para cada área. Las comparaciones son útiles no solo para identificar tendencias (que incluyen, por ejemplo, amenazas o debilidades comunes) que

Elefantes africanos de sabana (*Loxodonta africana*) en el parque nacional Kruger, Sudáfrica. Mantener poblaciones sanas de especies icónicas, como los elefantes, ofrece una poderosa evidencia de la efectividad del manejo

Fuente: Ian Pulsford

puedan necesitar un abordaje a nivel de los sistemas, sino también para identificar áreas protegidas que son particularmente más robustas o más débiles que el promedio. La comparación entre países también genera datos interesantes, pero aquí los riesgos de distorsión son mayores y los resultados siempre deben tratarse con precaución.

Es posible que la comparación de áreas protegidas individuales a lo largo del tiempo sea muy valiosa. Por lo general, vale la pena repetir las evaluaciones a intervalos para verificar el progreso e identificar las tendencias. Excepto en el caso de las evaluaciones de una sola vez con fines especiales, casi siempre es deseable repetir las evaluaciones y es importante adoptar un sistema de evaluación con costos suficientemente bajos que lo permitan. Anualmente podrían aplicarse evaluaciones muy simples, mientras que los ejercicios más costosos y lentos valdrían la pena con intervalos de unos pocos años. Este enfoque se aplica en Colombia, cuyo sistema de evaluación cuenta con elementos anuales, de mediano y largo plazo. La evaluación no tiene que cubrir todos los aspectos todas las veces. Por ejemplo, la mayoría de los administradores de áreas protegidas querrán hacer un seguimiento de la implementación de los planes de manejo y de los planes de trabajo con bastante regularidad, y a menudo se requieren evaluaciones regulares para proyectos específicos dentro de las áreas protegidas.

Algunas veces, el deseo de comparar evaluaciones a lo largo del tiempo entra en conflicto con la oportunidad de mejorar el sistema de evaluación. La evaluación es en sí misma una experiencia de aprendizaje; mejores indicadores, circunstancias diferentes y el acceso a mejores tecnologías tenderán a dar forma a los proyectos de evaluación a lo largo del tiempo. Por su naturaleza, las evaluaciones participativas deben ser flexibles y responder a las necesidades y percepciones de las personas. Sin embargo, es evidente que el cambio de la metodología o de los indicadores hará que sea mucho más difícil comparar los resultados a lo largo del tiempo. En general, los cambios en los instrumentos de encuesta deben limitarse a los que sean realmente importantes y deben realizarse ajustes estadísticos y otros posibles ajustes para ayudar a mantener los resultados comparables.

Fase cuatro: comunicar resultados e implementar hallazgos

Incluso el mejor estudio de la PAME será ineficaz o tendrá impactos negativos si no hay un seguimiento que resulte en un mejoramiento del manejo, o si el proceso de evaluación causa fricciones graves y la pérdida de confianza entre las partes. Cuando las evaluaciones muestran tendencias negativas, es crucial un manejo sensible de la situación para fomentar el mejoramiento. Los equipos de evaluación deberían analizar de antemano cómo abordar los casos en que las evaluaciones revelen una incompetencia real, o en el peor de los casos, un mal uso deliberado del poder o los recursos.

- Principio 8: la comunicación de los resultados es positiva y oportuna, y se lleva a cabo de una manera que sea útil para los participantes. Los beneficios a corto plazo de la evaluación deben demostrarse claramente, siempre que sea posible. Los hallazgos y las recomendaciones de la evaluación deben retroalimentarse al interior de los sistemas de gestión para influir en los planes futuros, las asignaciones de recursos y las acciones de gestión.

Si bien existe un foco en los datos provenientes de los estudios de efectividad del manejo, los informes que brindan contexto, explicaciones y recomendaciones para el mejoramiento pueden ser más útiles en el perfeccionamiento del manejo. Los informes de evaluación deben ser claros y lo suficientemente específicos como para mejorar las prácticas de conservación –y además de ser realistas, abordar los temas prioritarios y las soluciones factibles–.

Todos los participantes y partes interesadas deben recibir algún tipo de retroalimentación tan pronto como sea posible, en el formato que mejor se adapte a la audiencia prevista. Los métodos de presentación, el lenguaje y la terminología deben ser comprensibles para la mayoría, aunque para algunas audiencias será apropiado un lenguaje más técnico. A menudo, los altos ejecutivos y los políticos requieren informes muy breves y precisos con elementos visuales atractivos.

Los posibles métodos de comunicación incluyen sitios interactivos de Internet; informes impresos y disponibles *online*; publicaciones atractivas y folletos para aumentar el interés del público, así como presentaciones para administradores, tomadores de decisiones, grupos de interés y otras partes interesadas; días de campo y eventos especiales, y la cobertura de medios y proyecciones.

En el informe de evaluación deben identificarse las limitaciones y los defectos en el proceso y los posibles mejoramientos, así como las fortalezas y debilidades de la gestión. También se debe formular recomendaciones claras para mejorarla. Las evaluaciones deben detallar la necesidad de un cambio planeado o deben fomentar el refuerzo de lo que va bien a nivel del sitio o de la organización.

Hacer la diferencia: hacia un manejo más efectivo

Las evaluaciones de la efectividad del manejo son útiles cuando conducen a un mejoramiento del manejo y de los resultados, tanto ecológicos como sociales (Estudio de caso 28.4). Esto puede resultar rápida y directamente del proceso de evaluación, lo que conduce a una mejor cooperación, a entendimientos más claros y al aprendizaje entre todos los aliados. Los administradores de áreas protegidas pueden relacionarse con nuevas fuentes de información y nuevos puntos de vista, mientras que otras partes interesadas obtienen una mayor comprensión de los desafíos que enfrentan los administradores y las comunidades. En algunos casos, un taller de evaluación también inspira o recuerda a los administradores que deben tomar medidas inmediatas para remediar una situación o comenzar una nueva iniciativa.

El proceso de mejoramiento "sustancial" más formal ocurre cuando se analizan los resultados para abordar las deficiencias. Siempre que existan suficientes recursos disponibles, parece que los casos en los que se toman medidas específicas para aumentar los puntajes de efectividad del manejo son muy exitosos. Por ejemplo, gracias a un esfuerzo concertado para abordar los vacíos de gestión y mejorar todas las reservas para que fuesen consideradas "sólidamente manejadas", las áreas protegidas en la Provincia del Cabo Oriental de Sudáfrica mejoraron en un 33% los puntajes de efectividad del manejo en un período de tres años (Jeckelman *et al.,* 2012). Dos factores clave determinan si los hallazgos de la evaluación harán una diferencia práctica en el manejo:

- Un alto nivel de compromiso con la evaluación por parte de los administradores y propietarios de las áreas protegidas.
- Mecanismos, capacidades y recursos adecuados para abordar los hallazgos y las recomendaciones (Hockings *et al.,* 2006).

Conclusión

En las últimas dos décadas, la evaluación de la efectividad del manejo se ha convertido en una parte integral de un buen manejo de las áreas protegidas. Cada vez más, los responsables de formular políticas, los altos directivos, los donantes, las partes interesadas y los administradores de áreas protegidas en el terreno buscan esta información como una parte clave de su arsenal de planeación y toma de decisiones. Lo que es más importante, el proceso de evaluación de la efectividad del manejo se está institucionalizando dentro de los sistemas de gestión. Esto permite tener confianza en que la evaluación de la efectividad del manejo no será una "moda pasajera", sino parte de un enfoque contemporáneo para las mejores prácticas de gestión. Ciertamente, el enfoque adaptativo para la planeación, la gestión y el manejo que una buena PAME puede respaldar será necesario si las áreas protegidas cumplen su papel como elemento clave de los esfuerzos globales para la conservación de la naturaleza. Quedan muchos desafíos. Uno de ellos es el mejoramiento en la evaluación de los aspectos sociales, económicos, comunitarios y de gobernanza de la gestión de áreas protegidas. El establecimiento de estándares más explícitos para orientar a los administradores de áreas protegidas y la necesidad de un monitoreo más extenso de los valores clave de las áreas protegidas son otros retos en los que la UICN y su CMAP continuarán trabajando en los próximos años.

Referencias

Lecturas recomendadas

Abu-Izzedin, F. (2013). *Shouf Biosphere Reserve Management Plan.* [Documento interno]. Líbano: Shouf Biosphere Reserve.

Ahokumpu, A.; Brueggemann, J.; Gullbiinas, Z. y Kotiimäkii, T. (2006). Management effectiveness of Lithuanian protected areas. En: *Institutional strengthening and modernization of state protected areas service administrations,* Report of Phare Project Europe Aid/114746/D/SV/LT. Lituania: Savcor Indufor, Metsahallitus, COWI SA, Lithuanian University of Agriculture Consortium.

Allam Harash, K. y El Shaer, H. (2011). *Management effectiveness evaluation of two nature reserves in Lebanon (Tyre Coast Nature Reserve-Palm Islands Nature Reserve).* [Reporte preparado dentro del IUCN Project from the Lebanese Ministry of Environment]. Beirut.

Anthony, B. (2008). Use of modified threat reduction assessments to estimate success of conservation measures within and adjacent to Kruger National Park, South Africa. *Conservation Biology*, 22, 1497-1505.

Barber, C.P.; Cochrane, M.A.; Souza, C. y Veríssimo, A. (2012). Dynamic performance assessment of protected areas. *Biological Conservation*, 149, 6-14.

Birnbaum, M. y Mickwitz, P. (2009). Environmental program and policy evaluation: addressing mythological challenges. [Notas del editor]. *New Directions for Evaluation*, 122, 1-7.

Bruner, A.G.; Gullison, R.E.; Rice, R.E. y da Fonesca, G.A.B. (2001). Effectiveness of parks in protecting tropical biodiversity. *Science*, 291, 125-128.

Burgman, M.A. (2001). Flaws in subjective assessments of ecological risks and means for correcting them. *Australian Journal of Environmental Management*, 8, 219-226.

Butchart, S.H.M. *et al.* (2012). Protecting important sites for biodiversity contributes to meeting global conservation targets. *PLoS ONE*, 7, e32529.

Carbutt, C. y Goodman, P.S. (2013). How objective are protected area management effectiveness assessments? A case study from the iSimangaliso Wetland Park. *Koedoe*, 55(1), 1-8.

Chambers, R. (1997). *Whose Reality Counts? Putting the first last.* Londres: Intermediate Technology Publications.

Cifuentes, M.; Izurieta, A. y de Faria, H. (2000). *Measuring Protected Area Management Effectiveness.* Gland: WWF, GTZ y IUCN.

Coad, L.; Leverington, F.; Burgess, N.D.; Cuadros, I.C.; Geldmann, J.; Marthews, T.R.; Mee, J.; Nolte, C.; Stoll-Kleemann, S.; Vansteelant, N.; Zamora, C.; Zimsky, M. y Hockings, M. (2013). Progress towards the CBD protected area management effectiveness targets. *Parks*, 19, 13-24.

Conservation Measures Partnership (CMP). (2004). *Open Standards for the Practice of Conservation.* Conservation Measures Partnership. Recuperado de: www.conservationmeasures.org/CMP/Library/CMP_Open_Standards_v1.0.pdf

(2013). *Open Standards for the Practice of Conservation. Version 3.0,* Conservation Measures Partnership. Recuperado de: www.conservationmeasures.org

Convention on Biological Diversity (CBD). (2004). *Programme of Work on Protected Areas.* Montreal: Secretariat of the Convention on Biological Diversity.

(2010a). *COP 10 Decision X/31, 19a.* Montreal: Secretariat of the Convention on Biological Diversity. Recuperado de: www.cbd.int/decision/cop/?id=12297

(2010b). *COP 10 Decision VII/28.* Montreal: Secretariat of the Convention on Biological Diversity. Recuperado de: www.cbd.int/decision/cop/?id=7765

(2011). *Strategic Plan for Biodiversity and the Aichi Targets*. Montreal: Secretariat of the Convention on Biological Diversity. Recuperado de: www.cbd.int/doc/strategic-plan/2011-2020/Aichi-Targets-EN.pdf

Cook, C.N. y Hockings, M. (2011). Opportunities for improving the rigor of management effectiveness evaluations in protected areas. *Conservation Letters*, 4, 372-382.

Carter, R.W. y Hockings, M. (2014a). Measuring the accuracy of management effectiveness evaluations of protected areas. *Journal of Environmental Management*, 139, 164-171.

Carter, R.W.; Fuller, R.A. y Hockings, M. (2012). Managers consider multiple lines of evidence important for biodiversity management decisions. *Journal of Environmental Management*, 113, 341-346.

Hockings, M. y Carter, R.W. (2010). Conservation in the dark? The information used to support management decisions. *Frontiers in Ecology and the Environment*, 8, 181-186.

Wardell-Johnson, G.; Carter, R.W. y Hockings, M. (2014b). How accurate is the local ecological knowledge of protected area practitioners? *Ecology and Society*, 19(2), 32.

Corrales, L. (2004a). *Midiendo el éxito de las acciones en las áreas protegidas de Centroamérica: Medición de la Efectividad de Manejo.* Guatemala de la Asunción, Guatemala: Tegucigalpa, PROARCA/APM.

(2004b). *Manual for the Rapid Evaluation of Management Effectiveness in Marine Protected Areas of Mesoamerica*. Ciudad de Guatemala: PROARCA/APM, USAID y TNC.

Courrau, J. (1997). *Estrategia de monitoreo de áreas protegidas de Centro América*, PROARCA/CAPAS, Resultados del Primer Taller de Monitoreo de Areas Protegidas de Centroamérica Tegucigalpa, Honduras.

(1999). *Strategy for Monitoring the Management of Protected Areas in Central America*. PROARCA, CAPAS, CCAD y USAID.

Cowan, G.I. y Mpongoma, N. (2010). *Guidelines for the Development of a Management Plan for a Protected Area in terms of the National Environmental Management: Protected Areas Act, 2003*. Pretoria, Sudáfrica: Department of Environmental Affairs.

Mpongoma, N. y Britton, P. (2010). *Management Effectiveness of South Africa's Protected Areas*. Pretoria, Sudáfrica: Department of Environmental Affairs.

Cracco, M.; Calvopiña, J.; Courrau, J.; Medina, M.M.; Novo, I.; Oetting, I.; Surkin, J.; Ulloa, R. y Vásquez, P. (2006). *Fortalecimiento de la Efectividad de Manejo en los Ande*. Análisis comparativo de herramientas existentes. Quito: UICN.

De Faria, H.H. (1993). A procedure to measure the effectiveness of protected wildlands management and its application in two protected areas of Costa Rica. [Tesis de maestría]. Costa Rica Tropical Agricultural Research and Higher Education Center.

Department of Environment and Conservation (DEC). (2005). *State of the Parks 2004*. Sídney: NSW Department of Environment and Conservation.

Development Assistance Committee (DAC). (2006). *DAC Evaluation Quality Standards (for Test Phase Application).* París: DAC Evaluation Network, OECD.

Eken, G.; Bennun, L.; Brooks, T.M.; Darwall, W.; Fishpool, L.D.C.; Foster, M.; Knox, D.; Langhammer, P.; Matiku, P.; Radford, E.; Salaman, P.; Sechrest, W.; Smith, M.L.; Spector, S. y Tordoff, A. (2004). Key biodiversity areas as site conservation targets. *BioScience*, 54, 1110-1118.

Ervin, J. (2002). *WWF Rapid Assessment and Prioritization of Protected Area Management (RAPPAM) Methodology*. Gland: WWF.

(2003). Rapid Assessment of Protected Area Management Effectiveness in four countries. *Bioscience*, 53(9), 833-842.

Fischhoff, B. (1995). Risk perception and communication unplugged - 20 years of process. *Risk Analysis*, 15, 137-145.

Foundations of Success, Wildlife Conservation Society and Conservation International. (2003). *Conservation synthesis for the measuring conservation impact study*. [Borrador].

Geldmann, J.; Barnes, M.; Coad, L.; Craigie, I.D.; Hockings, M. y Burgess, N.D. (2013). Effectiveness of terrestrial protected areas in reducing habitat loss and population declines. *Biological Conservation*, 161, 230-238.

Gilligan, B.; Dudley, N.; Fernandez de Tejada, A. y Toivonen, H. (2005). *Management Effectiveness Evaluation of Finland's Protected Areas*, Nature Protection Publications of Metsähallitus, Series A, 147. Finlandia.

Green, J.M.; Larrosa, C.; Burgess, N.D.; Balmford, A.; Johnston, A.; Mbilinyi, B.P.; Platts, P.J. y Coad, L. (2013). Deforestation in an African biodiversity hotspot: extent, variation and the effectiveness of protected areas. *Biological Conservation*, 164, 62-72.

Growcock, A.; Sutherland, E. y Stathis, P. (2009). Challenges and experiences in implementing a management effectiveness evaluation program in a protected area system. *Australasian Journal of Environmental Management*, 16(4), 218-226.

Heinonen, M. (2006). Case study V: "Management effectiveness evaluation of Finlands protected areas". En: M. Hockings, S. Stolton, N. Dudley, F. Leverington y J. Courrau (eds.). *Evaluating Effectiveness: A framework for assessing the management of protected areas*, pp. 73-78, 2ª ed. IUCN Best Practice Protected Area Guidelines Series. Gland: IUCN.

Heo, H.Y.; Hockings, M.; Shin, W.W.; Chung, H.J.; Dudley, N.; Shadie, P.; Vaisanen, R.; Vincent, G.; Kim, H.; Park, S.Y. y Yang, S.W. (2010). Management effectiveness evaluation of Koreas protected area system. *Journal of National Park Research*, 1, 169-179.

Hockings, M. (1998). Evaluating management of protected areas: integrating planning and evaluation. *Environmental Management*, 22, 337-345.

(2003). Systems for assessing the effectiveness of management in protected areas. *BioScience*, 53, 810-823.

Cook, C.N.; Carter, R.W. y James, R. (2009a). Accountability, reporting, or management improvement? Development of a state of the parks assessment system in New South Wales, Australia. *Environmental Management*, 43, 1013-1025.

Ervin, J. y Vincent, G. (2004). Assessing the management of protected areas: the work of the World Parks Congress before and after Durban. *Journal of International Wildlife Law and Policy*, 7, 1-12.

James, R.; Stolton, S.; Dudley, N.; Mathur, V.; Makombo, J.; Courrau, J. y Parrish, J. (2008). *Enhancing our Heritage Toolkit: Assessing management effectiveness of natural World Heritage sites.* París: UNESCO.

Shadie, P.; Vincent, G. y Suksawang, S. (2012). *Evaluating the management effectiveness of Thailand's marine and coastal protected areas. Report for the Mangroves for the Future project.* Bangkok: IUCN Asia Office.

Stolton, S. y Dudley, N. (2000). *Evaluating Effectiveness: A framework for assessing the management of protected areas.* Gland: IUCN.

Stolton, S.; Dudley, N. y James, R. (2009b). Data credibility: what are the "right" data for evaluating management effectiveness of protected areas? *New Directions for Evaluation*, 122, 53-63.

Leverington, F.; Dudley, N. y Courrau, J. (2006). *Evaluating Effectiveness: A framework for assessing management effectiveness of protected areas*, 2ª ed. Gland: IUCN Best Practice Protected Area Guidelines Series, IUCN.

Izurieta, A. (1997). Evaluación de la eficiencia del manejo de áreas protegidas: validación de una metodología aplicada a un subsistema de áreas protegidas y sus zonas de influencia. El Área de Conservación Ossa, Costa Rica. [Tesis de maestría]. Turrialba, Costa Rica: CATIE.

Jaradi, G.R. y Matar, D. (2012). *Jabal Moussa Biosphere Reserve Management Plan 2013-2023.* [Documento interno]. Líbano: Association for the Protection of Jabal Moussa.

Jeckelman, J.; Fielding, P. y Norval, M. (2012). *ECPTA Provincial Nature Reserves METT Assessment Report 2012.* East London, Sudáfrica: Eastern Cape Parks and Tourism Agency.

Keene, M. y Pullin, A.S. (2011). Realizing an effectiveness revolution in environmental management. *Journal of Environmental Management*, 92, 2130-2135.

Kelman, J. (2010). *Analysis of Protected Area Management Effectiveness Evaluation Data and its Application for Increasing Understanding of Management.* Brisbane: University of Queensland.

Korean National Parks Service. (2009). *Korea's Protected Areas: Evaluating the effectiveness of South Korea's protected areas system.* Seúl: Korean National Parks Service.

Kusek, J.Z. y Rist, R.C. (2004). *Ten Steps to a Results-Based Monitoring and Evaluation System: A handbook for development practitioners.* Washington D.C.: The World Bank.

Leeuw, F.L. y Furubo, J.E. (2008). Evaluation systems: what are they and why study them? *Evaluation,* 14, 157-169.

Leverington, F.; Costa, K.; Pavese, H.; Lisle, A. y Hockings, M. (2010a). A global analysis of protected area management effectiveness. *Environmental Management,* 46, 685-698.

Costa, K. L.; Courrau, J.; Pavese, H.; Nolte, C.; Marr, M.; Coad, L.; Burgess, N.; Bomhard, B. y Hockings, M. (2010b). *Management Effectiveness Evaluation in Protected Areas: A global study.* 2ª ed. Brisbane: University of Queensland, IUCN WCPA, TNC y WWF.

Hockings, M.; Pavese, H.; Costa, K. T. y Courrau, J. (2008). *Management effectiveness evaluation in protected areas - a global study. Supplementary report No. 1: Overview of approaches and methodologies.* Brisbane: University of Queensland, TNC, WWF y IUCN WCPA.

Kettner, A.; Nolte, C.; Marr, M.; Stolton, S.; Pavese, H.; Stoll-Kleeman, S. y Hockings, M. (2010c). Protected area management effectiveness assessments in Europe: overview of European methodologies. *BfN-Skripten,* 271b. Vilm, Alemania:-German Federal Agency for Nature Conservation.

Likert, R. (1932). A technique for the measurement of attitudes. *Journal of Social Psychology,* 5, 228-238.

Margoluis, R.; Stem, C.; Salafsky, N. y Brown, M. (2009). Using conceptual models as a planning and evaluation tool in conservation. *Evaluation and Program Planning,* 32, 138-147.

Margules, C.R. y Pressey, R.L. (2000). Systematic conservation planning. *Nature,* 405, 243-253.

Martin, T.G.; Burgman, M.A.; Fidler, F.; Kuhnert, P.M.; Low-Choy, S.; McBride, M. y Mengersen, K. (2010). Eliciting expert knowledge in conservation biology. *Conservation Biology,* 26, 29-38.

Matar, D.A. y Anthony, B.P. (2010). Application of modified threat reduction assessments in Lebanon. *Conservation Biology,* 24, 1174-1181.

Mayorquín, A.; Valenzuela, S. y Rangel Ch, J. (2010). Evaluación de la efectividad de manejo en reservas naturales de la sociedad civil: una propuesta metodológica. *Caldasia,* 32, 381-397.

National Reserve System Task Group, Natural Resource Management Ministerial Council (NRMMC). (2009). *Australia's Strategy for the National Reserve System 2009-2030.* Canberra: National Reserve System Task Group, Natural Resource Management Ministerial Council.

Nolte, C.; Leverington, F.; Kettner, A.; Marr, M.; Nielsen, G.; Bomhard, B.; Stolton, S.; Stoll-Kleeman, S. y Hockings, M. (2010). Protected area management effectiveness assessments in Europe: a review of applications, methods and results. *BfN-Skripten,* 271a. Vilm, Alemania: German Federal Agency for Nature Conservation.

Paleczny, D. (2010). *Protected Area Assessment and Reporting: An examination of current approaches and evolving needs with application of an integrated model in Egypt.* Reino Unido: University of Greenwich.

Russell, S. (2005). Participatory approaches in protected area assessment and reporting. En: *Proceedings of the Parks Research Forum of Ontario,* pp. 87-95. Ontario: University of Guelph.

Parks Victoria. (2007). *Victoria's State of the Parks Report.* Melbourne: Parks Victoria.

Parrish, J.; Braun, D.P. y Unnasch, R.S. (2003). Are we conserving what we say we are: measuring ecological integrity within protected areas. *BioScience*, 53, 851-860.

Patton, M.Q. (1997). *Utilization-Focused Evaluation: The new century text*, 3ª ed. Thousand Oaks: Sage.

(1998). Discovering process use. *Evaluation*, 4, 225.

Petheram, L.; Stacey, N.; Campbell, B.M. y High, C. (2012). Using visual products derived from community research to inform natural resource management policy. *Land Use Policy*, 29, 1-10.

Purnell, K. Kirkwood, D. y Maree, K. (2010). *CapeNature Protected Area Expansion Strategy and Implementation Plan 2010-2015*. Bridgetown, Sudáfrica: CapeNature.

Regan, H.M.; Colyvan, M. y Burgman, M.A. (2002). A taxonomy and treatment of uncertainty for ecology and conservation biology. *Ecological Applications*, 12, 618-628.

Saaty, T. (1995). *Decision Making for Leaders: The analytical hierarchy process for decisions in a complex world*. Pittsburgh: RWS Publications.

Salafsky, N. y Margoluis, R. (1999). The threat reduction assessment (TRA) approach to measuring conservation success: a practical and cost-effective framework for evaluating project impact. *Conservation Biology*, 13, 830-841.

Margoluis, R. y Redford, K. (2001). *Adaptive Management: A tool for conservation practitioners*. Washington D.C.: Biodiversity Support Program.

Salzer, D.; Stattersfield, A.J.; Hilton-Taylor, C.; Neugarten, R.; Butchart, S.H.M.; Collen, B.; Cox, N.; Master, L.L.; OConnor, S. y Wilkie, D. (2008). A standard lexicon for biodiversity conservation: unified classifications of threats and actions. *Conservation Biology*, 22, 897-911.

Saterson, K.A.; Christensen, N.L.; Jackson, R.B.; Kramer, R.A.; Pimm, S.L.; Smith, M.D. y Wiener, J.B. (2004). Disconnects in evaluating the relative effectiveness of conservation strategies. *Conservation Biology*, 18, 597-599.

Scharlemann, J.P.; Kapos, V.; Campbell, A.; Lysenko, I.; Burgess, N.D.; Hansen, M.C.; Gibbs, H.K.; Dickson, B. y Miles, L. (2010). Securing tropical forest carbon: the contribution of protected areas to REDD. *Oryx*, 44, 352-357.

Sechrest, L. y Sidani, S. (1995). Quantitative and qualitative methods: is there an alternative. *Evaluation and Program Planning*, 18, 77-87.

Selig, E.R. y Bruno, J.F. (2010). A global analysis of the effectiveness of marine protected areas in preventing coral loss. *PLoS One*, 5(2). Doi:10.1371/journal.pone.0009278

Sims, K.R.E. (2010). Conservation and development: evidence from Thai protected areas. *Journal of Environmental Economics and Management*, 60, 94-114.

(2014). Do protected areas reduce forest fragmentation? A microlandscapes approach. *Environmental and Resource Economics*, 58, 303-333.

Speirs-Bridge, A.; Fidler, F.; McBride, M.; Flander, L.; Cumming, G. y Burgman, M. (2010). Reducing overconfidence in the interval judgments of experts. *Risk Analysis*, 30, 512-523.

Stacey, N.; Izurieta, A. y Garnett, S.T. (2013). Collaborative measurement of performance of jointly managed protected areas in northern Australia. *Ecology and Society*, 18(1), 19.

Stanišić, N. (2009). *Results of the Initial Evaluation of Protected Area Management in Montenegro using RAPPAM Methodology*. Podgorica, Montenegro: Ministry of Tourism and Environment of Montenegro y WWF Mediterranean Program.

Stem, C.; Margoluis, R.; Salafsky, N. y Brown, M. (2005). Monitoring and evaluation in conservation: a review of trends and approaches. *Conservation Biology*, 19(2), 295-309.

Stolton, S.; Hockings, M.; Dudley, N.; MacKinnon, K.; Whitten, T. y Leverington, F. (2007). *Reporting Progress in Protected Areas: A site-level management effectiveness tracking tool*, 2ª ed. Gland: World Bank/WWF Forest Alliance.

The Nature Conservancy (TNC). (2000). *The Five-S Framework for Site Conservation: A practitioner's handbook for site conservation planning and measuring conservation success*. Arlington: The Nature Conservancy.

The Nature Conservancy Parks in Peril Program. (2004). *Measuring Success: The Parks in Peril site consolidation scorecard manual*. Arlington: The Nature Conservancy.

Timko, J. y Innes, J. (2009). Evaluating ecological integrity in national parks: case studies from Canada and South Africa. *Biological Conservation*, 142, 676-688.

United Nations Development Programme (UNDP). (2009). *Handbook on Planning, Monitoring and Evaluating for Development Results*. Nueva York: UNDP,

Widger, D. (ed.). (2012). Letter 1 Bath, October 9, 1746. En: *The Project Gutenberg Edition of Chesterfields Letters to His Son, by the Earl of Chesterfield*. Project Gutenberg. Recuperado de: snowy.arsc.alaska.edu/gutenberg/3/3/6/3361/3361-h/3361-h.htm

Woodley, S.; Bertzky, B.; Crawhall, N.; Dudley, N.; Londoño, J.M.; MacKinnon, K.; Redford, K. y Sandwith, T. (2012). Meeting Aichi Target 11: what does success look like for protected area systems. *Parks*, 18, 23-36.

CAPÍTULO 29

CONCLUSIÓN

Autores principales:
Sue Feary, Ashish Kothari, Michael Lockwood, Ian Pulsford y Graeme L. Worboys

IUCN WCPA WORLD COMMISSION ON PROTECTED AREAS Convention on Biological Diversity

AUTORES PRINCIPALES

SUE FEARY es arqueóloga y administradora de parques nacionales, con veinticinco años de experiencia en la gestión del patrimonio natural y cultural, y consultoría con aborígenes australianos.

ASHISH KOTHARI es miembro fundador del grupo ambiental Kalpavriksh de India, ha trabajado como docente en el Instituto de Administración Pública de India, co-presidió el Grupo Temático y Dirección Estratégica de Gobernanza, Comunidades, Equidad y Derecho a la Subsistencia en Relación con las Áreas Protegidas (TILCEPA) de la Unión Internacional para la Conservación de la Naturaleza (UICN) y ayudó a fundar el Consorcio TICCA mundial.

MICHAEL LOCKWOOD es profesor asociado de Geografía y Ciencias Espaciales en la Escuela de Suelos y Alimentos, Universidad de Tasmania, Australia.

IAN PULSFORD es consultor independiente y miembro de Conservación de la Conectividad y Montañas, Comisión Mundial de Áreas Protegidas de la Unión Internacional para la Conservación de la Naturaleza, Australia.

GRAEME L. WORBOYS es co-vicepresidente de Conservación de la Conectividad y Montañas, CMAP de la UICN, y becario adjunto en la Escuela Fenner, Universidad Nacional de Australia.

CITACIÓN

Feary, S., Kothari, A., Lockwood, M., Pulsford, I. y Worboys, G.L. (2019). Conclusión. En: G.L. Worboys, M. Lockwood, A. Kothari, S. Feary e I. Pulsford (eds.). *Gobernanza y gestión de áreas protegidas*, pp. 991-994. Bogotá: Editorial Universidad El Bosque y ANU Press.

FOTOGRAFÍA DE LA PÁGINA DEL TÍTULO

Cascadas sobre las murallas naturales de travertino, los senderos de madera asociados y los visitantes, Parque Nacional Lagos de Plitvice, sitio patrimonio mundial, Croacia. El parque es famoso no solo por su impresionante paisaje cárstico de piedra caliza y sus veinte lagos, sino también por la vista de un valle con acantilados, cascadas de travertino y su flora y fauna naturales. Este es un destino turístico popular y bien gestionado que recibe cerca de 1,2 millones de visitantes al año
Fuente: Graeme L. Worboys

En este libro se demuestra que las áreas protegidas contribuyen significativamente a la conservación de la biodiversidad, la geodiversidad y el patrimonio cultural de la Tierra. Estas áreas, además de ser una inversión intergeneracional, también ayudan a mantener las funciones y los procesos ecológicos que son esenciales para la salud y el bienestar de los ecosistemas y las personas, y mitigan los impactos del cambio climático. En tiempos en los que los impactos humanos sobre la Tierra aumentan rápidamente y las presiones sobre las especies y los ecosistemas del mundo se intensifican, las áreas protegidas enfrentan cada vez más amenazas y demandas de un uso no sostenible, y estas se vuelven día a día más importantes.

Aunque las áreas protegidas son ahora una presencia significativa en casi todas partes del mundo, si se quiere conservar el patrimonio natural y cultural de la Tierra, se necesitan más reservas, particularmente en ambientes marinos. Además de su extensión, la efectividad de las áreas protegidas para lograr sus objetivos es una consideración clave. Está claro que la designación por sí sola no es suficiente para garantizar que estas áreas sean efectivas en la conservación de los valores del patrimonio natural y cultural. Si bien la cobertura de áreas protegidas ha aumentado, la pérdida de la biodiversidad ha ido en constante aumento, a pesar de que las poblaciones de vida silvestre en las áreas protegidas muestran mejores resultados que el promedio mundial. Este es un recordatorio aleccionador de que hay mucho por hacer para: (a) lograr que las áreas protegidas sean más efectivas y (b) difundir las prácticas de conservación en otros tipos de uso de la tierra y el agua, incluido el reconocimiento de otras medidas efectivas de conservación basadas en áreas.

Los diversos contextos sociales, culturales, económicos, políticos y ambientales en los que se encuentran las áreas protegidas exigen elecciones complejas respecto a las formas apropiadas de gobernanza y enfoques de gestión idóneos. La integridad ética y la efectividad respecto al logro de resultados son dos directrices esenciales para tales elecciones. Tal como se establece en varios capítulos de este libro, la diversificación del sistema de áreas protegidas de cada país para incluir las áreas manejadas por el Gobierno, las conservadas por pueblos indígenas y comunidades locales, las protegidas por privados y las cogobernadas tiene un gran potencial para aumentar la cobertura de la conservación y hacerla más efectiva. Es necesario garantizar que las áreas protegidas se rijan según los principios de legitimidad, igualdad, participación, transparencia y respeto por los derechos locales. Cada área protegida también necesita mecanismos de monitoreo y evaluación que determinen si los resultados están de acuerdo con los objetivos de gestión y brindan las bases para el aprendizaje y el mejoramiento.

Hay mucho por hacer con respecto a la diversificación de los tipos de gobernanza y los principios de la buena gobernanza; sobre el uso sinérgico de diversas formas de conocimiento, incluidos los saberes locales/tradicionales y científicos; en el reconocimiento de varias visiones del mundo y modos para lograr la conservación, y en expandir estos más allá de las áreas protegidas hacia el paisaje terrestre y marino en general, de modo que la conservación no se restrinja a "islas" mientras que el resto de la Tierra se dirige hacia el declive ecológico.

Las áreas protegidas son altamente dinámicas y requieren operaciones de veinticuatro horas al día y siete días a la semana, las cuales abordan una amplia gama de amenazas históricas, contemporáneas y emergentes. A nivel mundial, la más acuciante y omnipresente de estas amenazas es el cambio climático, y es necesario que la gobernanza y la gestión respondan ya sea con un apoyo a la resiliencia socioecológica o con una negociación de la transformación del sistema con una mínima pérdida del valor. El cambio constante y la complejidad son la norma. No hay panacea; no hay una "talla única" para todos. De nuevo, a través del aprendizaje continuo y la adaptación o la transformación deben implementarse, probarse y perfeccionarse o descartarse diversas formas de gobernanza y enfoques de gestión que estén respaldados por diversas formas de conocimiento.

Este libro y sus predecesores destacan el creciente reconocimiento global de la necesidad de profesionalizar la gobernanza, gestión y manejo de las áreas protegidas, y de fomentar profesionales capacitados en la conservación comunitaria, que suele basarse en formas de vida holísticas en las que la conservación es una característica inherente. La Comisión Mundial de Áreas Protegidas de la Unión Internacional para la Conservación de la Naturaleza está muy consciente de la necesidad de invertir en esta y las siguientes generaciones de directores y administradores de áreas protegidas, y el libro es una respuesta a esta necesidad. Los capítulos contienen información que ayudará al desarrollo de capacidades de las personas en la gestión operacional y de campo, así como a los cargos superiores y ejecutivos en todas las categorías de áreas protegidas. Esta información es parte de una inversión a largo plazo que la Unión Internacional para la Conservación de la Naturaleza hace en la gobernanza y gestión ética y efectiva de las áreas protegidas de todo el mundo.

Al igual que con cualquier texto, este libro captura momentos en la evolución constante de la gestión, manejo y gobernanza de áreas protegidas y sus orientaciones filosóficas. Aunque el libro obedece a un enfoque del siglo XXI, ha mostrado cómo este enfoque se fundamenta y enmarca en el cambio temporal de dos frentes. Por un lado están los conocimientos, las prácticas, las visiones del mundo

Monte Beluja (4506 metros) y el glaciar de los Hermanos Tronov, Montañas Doradas del Altái, sitio de patrimonio mundial, República de Altái, Rusia. La montaña y su glaciar son las cabeceras del río Katun, un afluente del poderoso río Ob que fluye hasta el océano Ártico. El Monte Beluja es un área protegida, y además de tener una especial importancia espiritual y cultural para muchos pueblos, también es un destino importante para los visitantes

Fuente: Graeme L. Worboys

y las tradiciones bioculturales de los pueblos indígenas y las comunidades locales que impulsan el cambio social. Los temas clave de este cambio son la adopción de principios de desarrollo ecológicamente sostenibles, el respeto por la justicia social y los derechos, el reconocimiento del conocimiento y las tradiciones bioculturales y la disminución de la pobreza. Estos temas se articularon elocuentemente en el Congreso Mundial de Parques de 2003 en Durban, y se incluyeron en el Programa de Trabajo sobre Áreas Protegidas del Convenio sobre la Diversidad Biológica. Por otro lado, están los grandes avances en la ciencia y la tecnología que permiten sistemas sofisticados para capturar datos en el ambiente biofísico y monitorear el cambio ambiental y conductual, que a su vez fundamentan respuestas de manejo efectivas.

En comparación con un libro similar escrito quizás hace veinticinco años, ahora las áreas protegidas son más numerosas, existen en formas más diversas y se han vuelto más multifuncionales. También se han vuelto cada vez más importantes para proteger los sistemas naturales y culturales frente al desarrollo acumulativo y la extracción de recursos a escala industrial. Las áreas protegidas, además de ser consideradas críticas para un bienestar humano equitativo, también existen en un momento de incertidumbres geopolíticas y climáticas y un apoyo ciudadano impredecible. Este libro desentrañó estos desafíos y mostró formas de enfrentarlos.

Finalmente, este libro no trata solo de cómo administrar y gobernar las áreas protegidas a través del desarrollo de las capacidades humanas; también tiene argumentos persuasivos del por qué son críticas las áreas protegidas. Inevitablemente, el cómo cambiará con el tiempo, pero somos optimistas de que las inversiones en el por qué serán compromisos duraderos que asumirán los pueblos, las comunidades y las naciones de la Tierra.

Índice temático